ACCESO GRATIS *a la Lectura en la Nube*

Para visualizar el libro electrónico en la nube de lectura envíe junto a su nombre y apellidos una fotografía del código de barras situado en la contraportada del libro y otra del ticket de compra a la dirección:

ebooktirant@tirant.com

En un máximo de 72 horas laborables le enviaremos el código de acceso con sus instrucciones.

TRATADO DE DERECHO PENAL ESPAÑOL

PARTE ESPECIAL (II)

DELITOS PATRIMONIALES Y ECONÓMICOS

Volumen 1

Procedimiento de selección de originales, ver página web:
www.tirant.net/index.php/editorial/procedimiento-de-seleccion-de-originales

TRATADO DE DERECHO PENAL ESPAÑOL PARTE ESPECIAL (II)

DELITOS PATRIMONIALES Y ECONÓMICOS

Volumen 1

2ª Edición

Director

FCO. JAVIER ÁLVAREZ GARCÍA

Coordinadores

ARTURO VENTURA PÜSCHEL

NOEL VILLALBA LÓPEZ

tirant lo blanch

Valencia, 2026

En caso de erratas y actualizaciones, la Editorial Tirant lo Blanch publicará la pertinente corrección en la página web www.tirant.com.

EDITA: TIRANT LO BLANCH
C/ Artes Gráficas, 14 - 46010 - Valencia
TELFS.: 96/361 00 48 - 50
FAX: 96/369 41 51
Email: tlb@tirant.com
www.tirant.com
Librería virtual: www.tirant.es
DEPÓSITO LEGAL: V-489-2026
ISBN: 979-13-7040-005-7 (Volumen 1)
ISBN: 979-13-7021-683-2 (Obra completa)

Si tiene alguna queja o sugerencia, envíenos un mail a: *atencioncliente@tirant.com.* En caso de no ser atendida su sugerencia, por favor, lea en *www.tirant.net/index.php/empresa/politicas-de-empresa* nuestro procedimiento de quejas.

Responsabilidad Social Corporativa: http://www.tirant.net/Docs/RSCTirant.pdf

A los casi siete mil quinientos ancianos muertos durante la epidemia de COVID en residencias públicas de la Comunidad de Madrid, víctimas de la apropiación lucrativa de la sanidad pública por fondos de inversión y dirigentes políticos, y también de la cobardía y la ausencia de un mínimo atisbo de humanidad

Listado de autores

ÁLVAREZ GARCÍA, FRANCISCO JAVIER
Catedrático de Derecho Penal, Universidad Carlos III de Madrid

ALONSO RIMO, ALBERTO
Catedrático de Derecho Penal, Universitat de València

ANDRÉS DOMÍNGUEZ, CRISTINA
Profesora Titular de Derecho Penal, Universidad de Burgos

BAÑERES DE FRUTOS, MANUEL
Inspector de Hacienda del Estado

BAÑERES SANTOS, FRANCISCO
Fiscal Superior de la Fiscalía de Cataluña

CARRASCO ANDRINO, MARÍA DEL MAR
Catedrática de Derecho Penal, Universidad de Alicante

CASAS HERVILLA, JORDI
Fiscal adscrito al Fiscal de Sala de Delitos contra la Administración Pública

CUGAT MAURI, MIRIAM
Catedrática de Derecho Penal, Universitat Autònoma de Barcelona

DE LA CUESTA AGUADO, PAZ
Catedrática de Derecho Penal, Universidad de Cantabria

ESCUDERO GARCÍA-CALDERÓN, BEATRIZ
Profesora Titular (A.) de Derecho Penal, CUNEF Universidad

GARROCHO SALCEDO, ANA M.
Profesora Titular (A.) de Derecho Penal, Universidad Carlos III de Madrid

GÓMEZ PAVÓN, PILAR
Profesora Titular de Derecho Penal, Universidad Complutense de Madrid

GUTIÉRREZ CASTAÑEDA, ANA
Profesora Contratada Doctora de Derecho Penal, Universidad de Cantabria

HAVA GARCÍA, ESTHER
Catedrática de Derecho Penal, Universidad de Cádiz

MANJÓN-CABEZA OLMEDA, ARACELI
Catedrática de Derecho Penal, Universidad Complutense de Madrid

MARTÍNEZ GUERRA, AMPARO
Profesora Titular de Derecho Penal, Universidad Complutense de Madrid

MOYA FUENTES, MARÍA DEL MAR
Profesora Titular de Derecho Penal, Universitat d'Alacant

OTERO GONZÁLEZ, PILAR
Catedrática de Derecho Penal, Universidad Carlos III de Madrid

PASTRANA SÁNCHEZ, MARÍA ALEJANDRA
Profesora Ayudante Doctora de Derecho Penal, Universidad de Cádiz

PÉREZ RIVAS, NATALIA
Profesora Contratada Doctora, Universidade de Santiago de Compostela

POMARES CINTAS, ESTHER
Catedrática de Derecho Penal, Universidad de Jaén

REBOLLO VARGAS, RAFAEL
Catedrático de Derecho Penal, Universitat Autònoma de Barcelona

ROCA DE AGAPITO, LUIS
Catedrático de Derecho Penal, Universidad de Oviedo

RODRÍGUEZ MESA, MARÍA JOSÉ
Catedrática de Derecho Penal, Universidad de Cádiz

ROIG TORRES, MARGARITA
Catedrática de Derecho Penal, Universitat de València

SÁNCHEZ TOMÁS, JOSÉ MIGUEL
Profesor Titular de Derecho Penal, Universidad Rey Juan Carlos de Madrid

VÁZQUEZ-PORTOMEÑE SEIJAS, FERNANDO
Catedrático de Derecho Penal, Universidade de Santiago de Compostela

VENTURA PÜSCHEL, ARTURO
Profesor Colaborador de Derecho Penal, Universidad Complutense de Madrid

Índice general

VOLUMEN 1

Lección 5ª
ROBO Y HURTO DE USO DE VEHÍCULOS
Jordi Casas Hervilla

Lección 6ª
USURPACIÓN, ALTERACIÓN DE LINDES Y DISTRACCIÓN DE LAS AGUAS
Luis Roca de Agapito

Lección 7ª
ESTAFA (I)
Francisco Javier Álvarez García / Amparo Martínez Guerra

VOLUMEN 2

Lección 28ª

EL DELITO CONTABLE

Francisco Javier Álvarez García / Margarita Roig Torres

Lección 29ª

DELITOS CONTRA LOS DERECHOS DE LOS TRABAJADORES

Esther Pomares Cintas

Lección 36ª

DELITOS RELATIVOS A LA ENERGÍA NUCLEAR Y RADIACIONES IONIZANTES

Paz de la Cuesta Aguado

Lección 37ª

ESTRAGOS

Ana Gutiérrez Castañeda

Lección 38ª

OTROS DELITOS DE RIESGO PROVOCADOS POR EXPLOSIVOS Y OTROS AGENTES

Ana Gutiérrez Castañeda

Lección 41ª

TRÁFICO DE DROGAS (I)

M. Alejandra Pastrana Sánchez

Lección 45ª

DELITOS DE FALSIFICACIÓN DE MONEDA Y EFECTOS TIMBRADOS

José Miguel Sánchez Tomás

Lección 46ª

DELITOS DE FALSEDAD DOCUMENTAL

José Miguel Sánchez Tomás

Prólogo

1. El partido del Gobierno, y el principal de la oposición (junto con otros grupos parlamentarios de la derecha), han declarado la guerra a la reincidencia delictiva en el ámbito patrimonial en particular, mejor: a la multirreincidencia mediante la presentación de una Proposición de Ley de modificación de la disciplina. Empeño éste que, en sí, no es de criticar porque sea insólito. Prueba de ello es que a lo largo de cientos de años los distintos regímenes políticos gobernantes en la Península, desde los reinos altomedievales, han hecho lo mismo, aunque con evidente fracaso; al menos si el éxito se cifra en hacer desaparecer, o al menos disminuir de forma relevante, la presencia del dicho fenómeno. En todo caso el problema sigue siendo protagonista de los estudios monográficos efectuados por MARTÍNEZ ZAMORA, MIR PUIG, LANDÍN CARRASCO, ASÚA BATARRITA, MARÍN DE ESPINOSA CEBALLOS, GUISASOLA LERMA, FERNÁNDEZ DÍAZ, y multitud de artículos, comentarios, y referencias en los manuales por parte de los más variados autores.

Por lo que se refiere al dictado de normas sobre la materia, ya en el Libro de los Fueros de Castilla (Capítulo 158)[1] se advierte con la horca al que por segunda vez comete delito de hurto. Lo mismo ocurre en el Fuero Real (Libro IV, Título V, Ley VI, Título XIII, Ley II), o en las Partidas (VII, Título XIV, Ley XVIII), aunque a diferencia de otros ordenamientos se consagraba en éstas la idea de que "por razon de furto non deben matar nin cortar miembro á ninguno", si bien se excepcionaba este principio en el caso de que se tratare de "ladron conoscido"; en definitiva, "el habitual" de semejante conducta —aunque en puridad no tenía por qué serlo pero pareciera que ese era el sentido de la norma. La legislación posterior incidió, especialmente, en los hurtos (y robos y asaltos…) que se producían en los caminos, y en ese sentido, sin empacho alguno, la pena podía llegar, sin más, al ahorcamiento o a cualquiera otra forma de dar la muerte (y posterior descuartizamiento): bastaba con la pertenencia a un heterogéneo grupo (de ladrones) para merecer el mayor castigo ya en el momento mismo de la persecución; y, desde luego, si el hurto se había cometido en la Corte o en las siete leguas circundante, la muerte se aplicaba desde el primer delito (Pragmática de Felipe V de 23 de febrero de 1734).

---

1 Utilizamos la edición del BOE, *Los Fueros de Castilla Estudios y edición crítica del Libro de los Fueros de Castilla, Fuero de los fijosdalgos y las Fazañas del Fuero de Castilla, Fuero Viejo de Castilla y demás colecciones de fueros y fazañas castellanas,* edición preparada por J. ALVARADO PLANAS y G. OLIVA MANSO, Madrid, 2004, pág. 308.

La reincidencia permaneció en nuestro primer Código Penal histórico; incluso en el último Código Penal previo al de 1995, el de la Dictadura de 1973, las formas de aparición de la agravación fueron plurales y multiformes, y muchos delitos contenían modalidades específicas (no sólo en injustos patrimoniales, sino también en otros como, verbigracia, delitos de juegos ilícitos o defraudaciones de fluido eléctrico) de reincidencia (reiteración y doble reincidencia). También, más allá de las agravaciones genéricas (artículo 10.14 y 15, CP1973), estuvieron previstas formas de conversión de cualquier falta de estafa o hurto en delito si previamente el sujeto hubiera sido condenado por delitos de robo, hurto, estafa, apropiación indebida, cheque en descubierto o receptación (artículos 515.4° y 528.4°, CP1973), y asimismo la sucesión de faltas de hurto, estafa o apropiación indebida llevaban consigo su conversión en delito. Es decir: la reincidencia y reiteración habían adquirido un estatus de normalidad en el Código Penal de 1973, que repercutía en el alcance de la prescripción (con efectos de interrupción, artículo 116, II) condena condicional (con efectos de denegación, artículo 93.1°), rehabilitación (artículo 118, ult.), y un largo etcétera, que comprendía, incluso, algún supuesto en el que la habitualidad poseía efectos constitutivos (usura, artículo 542).

Pero la reincidencia, la institución misma, no es idéntica —a pesar del nombre— ni en su fundamento, finalidad y estructura, en tiempos visigodos o en sociedades gentilicias, que durante los propios de la monarquía austracista, en el franquismo o en los momentos actuales. Ya en otras publicaciones he puesto de manifiesto el significado ideológico, social y criminal de las legiones de pobres y vagabundos que deambulaban, a veces en auténticas procesiones densamente nutridas, por toda la Península en el siglo XVI, y también cómo la estructura política y las finalidades perseguidas por el Estado en los diferentes territorios del Imperio otorgaron un sello distintivo a las herramientas penales, hasta el punto de que hicieron surgir las penas privativas de libertad con finalidad reformadora —en parte de los dominios de la Monarquía Hispánica— antes que lo hiciera en tierras holandesas o británicas.

Así las cosas, el hecho de la multirreincidencia debe ser contemplado, fundamentado y tratado a los ojos del Estado Social y Democrático de Derecho, y con respeto a todos los valores y principios constitucionales, y significativamente de dignidad y humanidad. Fuera de ese ámbito de juego constitucional la lucha contra la reincidencia —que desde aquí creo imprescindible en los términos que se precisarán— no es otra cosa más que arbitrariedad, injusticia y vergüenza para todos.

2. Pues bien, ese enfrentamiento con la multirreincidencia exige, en primer término, poner los números de la misma encima de la mesa. Aunque este intento está muy condicionado —en realidad frustrado— por la multirreinciden-

te incompetencia de nuestros gobernantes que no han sido capaces, hasta el presente, de constituir una verdadera "oficina de estadística criminal" (policial y judicial) que nos ofrezca números sobre los cuales tomar responsablemente decisiones (algo que sí ha empezado a hacerse con éxito por parte de la Policía Autónoma Vasca, que no ha dudado en hacer públicos datos que incomprensiblemente eran considerados, hasta el momento, secretos, y que esperamos siga ampliando con el tiempo). Legislar tal y como se está haciendo, sin contar con unas cifras acabadas, suficientemente desagregadas, que analicen los muchos aspectos que importan en el delito, constituye toda una demostración de irresponsabilidad y aboca, en buena medida, al fracaso legislativo.

2.1. Según el INE, que no aporta cifras específicas sobre reincidencia, el número total de condenados adultos en España se incrementó, en 2024, en un 9,4%, cifra que ilustra poco sobre la realidad de la delincuencia por los muchos factores de los que depende dicha cifra, aunque pudiera hacer pensar —en parte— en un efecto de reincidencia. Así, los condenados por cuatro o más delitos fueron 14.319, sin mayores desgloses (más allá de la diferenciación entre hombres y mujeres), lo que no hace muy útil la cifra. Del total de condenados (455.705), 145.448 lo fueron por delitos contra el patrimonio y el orden socioeconómico (32%), de los cuales hurtos 73.364, robos (indiferenciados) 25.572 y defraudaciones, 26.696. El "hueco" dejado a los socioeconómicos es el de apenas unos pocos centenares (frustración de la ejecución 332, insolvencias punibles 147, alteración de precios 0), lo que dice mucho, también, sobre pertenencia de clase de autores y tipologías delictivas (por más que las estafas sean muy transversales en este sentido; engañan y perjudican económicamente a pobres y ricos, y no respetan en la realización de sus conductas defraudatorias ni siquiera los tiempos de calamidad pública, como se demostró en la reciente epidemia de COVID, aunque en este caso las diferencias de "clase" también se notaron: obtuvieron ganancias muy superiores los estafadores de clase alta, "caso mascarillas", que los miserables: nunca entenderé por qué no se dictó —a pesar de que se solicitó— una ley penal temporal en aquellos momentos, lo que va a provocar penas livianas para los más carroñeros).

En lo que importa a la nacionalidad de los sujetos activos de los delitos patrimoniales y socioeconómicos 99.930 son españoles; es decir: el 68,7%. No sabemos su condición económica. El número de extranjeros en España es del 14,1%, por lo que, sin duda, están sobre representados en los números anteriores. Si acudimos a otras tipologías como la de delitos contra la libertad sexual, el número total de condenados en 2024 ascendió a 5.703, de los cuales extranjeros el 42%, con lo cual se confirma la idea anterior de la sobrerrepresentación.

2.2. En cuanto a las estadísticas, policiales, sobre delitos patrimoniales por "hechos conocidos", el Ministerio del Interior, para 2024, proporciona las siguientes cifras: el total de hechos delictivos según el Ministerio del Interior fue en 2024 de 2.454.206, de los cuales el 73,7% (1.809.484) fueron por hechos de contenido patrimonial, alcanzando los hurtos el número de 648.963 (35%), y los robos con fuerza (262.222) y violencia e intimidación (62.976); un porcentaje total de robos, pues, del 17,9% (325.198), siendo las estafas (517.271), especialmente las informáticas (412.850) que no hacen más que aumentar su peso estadístico, las que, sustancialmente, terminan de conformar el gran cuadro delictivo de los delitos patrimoniales (junto con los daños, 210.805). Del resto del universo de los ilícitos penales sólo las lesiones (123.028), malos tratos en el ámbito familiar (104.625), delitos contra la seguridad vial (53.480) y las falsedades (45.715) alcanzan números significativos para la total estadística.

En materia de hurto y robo resultan relevantes los diferentes números que presentan las comunidades autónomas, destacando por encima de todas Cataluña con 168.501 hurtos y una tasa por cien mil habitantes de 2.067[2]; muy alejada de las tasas de la Comunidad de Madrid (1.642), País Vasco (1387), Comunidad Valenciana (1.346) o Andalucía (1.062). En cuanto a los robos, Cataluña presenta una tasa por cien mil de 1.042, nuevamente muy alejada de la Comunidad de Madrid (725), País Vasco (554), Comunidad Valenciana (762) o Andalucía (579).

En lo que se refiere a la nacionalidad de los sujetos activos los detenidos e investigados extranjeros por hurto fueron 45.870, sobre un total de 96.412 personas; por robo fueron 23.024 de un total de 52.080. Es decir, en hurto el porcentaje de extranjeros es de 47,57% y en robo de 44,2%. Cifras que exigen explicación urgente y decisiones. Pero estos números alcanzan otra perspectiva si los desagregamos por comunidades autónomas. En efecto, en Cataluña los detenidos e investigados extranjeros por hurto fueron 21.293 sobre un total de 33.930, un porcentaje de 62,7% de extranjeros; en la Comunidad de Madrid, 10.757 sobre un total de 23.148 (46%); en el País Vasco 359 sobre 454 (79%), aunque esta cifra resulta muy poco creíble y colisiona con la que proporciona la Policía Autonómica Vasca[3]; en la Comunidad Valenciana 4.400 sobre 9544 (46%), y en Andalucía 3.263 sobre 11.651 (28%).

---

2 Según las estadísticas presentadas por la Policía Autonómica de Cataluña los delitos de hurto cometidos en 2024 fueron 203.108, disminuyendo respecto al 2023 en un 1,36%.

3 De acuerdo con las novedosas estadísticas hechas públicas por la Policía Autonómica Vasca, que suponen todo un hito en la estadística criminal de España y que abarcan los hechos delictivos cometidos entre enero y septiembre de 2025, el 82,4% de los hurtos cometidos en el País Vasco lo fueron (presuntamente, es decir, los datos se refieren a detenciones o imputaciones policiales, no a condenas) por extranjeros. Estas cifras se corresponden con que el porcentaje de extranjeros detenidos por todos los delitos cometidos alcanza el 64,2%. En todo caso esa cifra no se relaciona correctamente con el porcentaje de extranjeros en Euskadi (10%)

En cuanto a los robos, los detenidos e investigados extranjeros en Cataluña fueron 6.033, sobre un total de 8.827 (68,3%)[4]; en la Comunidad de Madrid, 4.694 sobre 9.302 (50,4%); en el País Vasco 881 sobre un total de 1.181 (74%), que son datos, también, poco confiables; en la Comunidad Valenciana, 3.700 sobre 8.005 (46,2%), y en Andalucía 2.325, sobre 9.122 (25,4%).

3. En lo que importa a la reincidencia los datos que manejamos son muy escasos, porque globalmente puede decirse que no hay. Ni siquiera los proporciona la Policía Vasca en su magnífico y pionero informe, y desde luego en ningún caso el INE ni el Ministerio del Interior en sus informes sobre criminalidad. Sí las estadísticas de la Policía Autonómica Catalana las cuales señalan que en relación a delitos patrimoniales el 4% de los detenidos (15.270 personas, un 5% más que 2023 y un 46% más que 2020) lo han sido más de 7 veces, y han pasado de 250 a 637 personas: 253 varones detenidos lo han sido entre 7 y 8 veces, 266 entre 9 y 15 veces, 42 entre 16 y 19 ocasiones, 33 entre 20 y 37 y 5 lo han sido entre 41 y 52. Debe subrayarse que de estos multirreincidentes el 57,5% son marroquíes y argelinos. En cuanto a las tipologías delictivas realizadas por los "multidetenidos" las más habituales son los hurtos (35,5%), robos con violencia o intimidación (24,6%) y robos con fuerza (20,7%).

Sí contamos con las cifras sobre reincidencia referidas a la delincuencia juvenil (algo antiguas) proporcionadas por el Gobierno Vasco, que desde luego señalan por dónde debe caminarse (también hay otras procedentes de diversas instancias y, asimismo, del mundo penitenciario). Según la evaluación llevada a cabo por el Plan de Justicia Juvenil para 2024, elaborada por el Gobierno Vasco, la reincidencia entre menores ha descendido en un 11% (lo que significa que de todo el universo analizado el 89% no reincide). Los datos para el período 2018-2021 indican que la tasa de reincidencia se situó en un 13,1% frente al 17,6% del período 2015-2018. En todo caso es de resaltar que sólo (en comparación con las cifras proporcionadas más arriba y referidas a adultos) el 28% de los menores —mayoritariamente entre 16 y 17 años— son extranjeros; aunque esta última referencia está en estrecha dependencia con la elección de la muestra.

Algunos estudios académicos realizados muy recientemente en el total ámbito español, sobre jóvenes adolescentes, ofrecen cifras de reincidencia más crecidas

---

o el número de personas nacidas en el extranjero y que habitan en la comunidad autónoma (14%).

Por lo que se refiere a los robos con violencia o intimidación los autores extranjeros alcanzan un porcentaje del 81,9% (insisto que son estadísticas de detenciones, no de condenas, es decir: policiales, lo que puede incluir muchos sesgos a los que más abajo me referiré).

4 Según las estadísticas de 2024 de la Policía Autonómica Catalana, en robos con violencia o/y intimidación el 66% de los autores son extranjeros.

que las acabadas de reflejar[5]: el porcentaje de reincidencia en alguno de estos trabajos llega hasta el 32,60%.

En cuanto al ámbito penitenciario, el Estudio de Reincidencia Penitenciaria 2009-2019 llevado a cabo por la Secretaría General de Instituciones Penitenciarias[6], arroja una tasa de reincidencia del 19,98%, con una mayor reincidencia entre los españoles de origen (24,83%) que entre extranjeros (7,92%). El Estudio sobre reincidencia penitenciaria de 2020 efectuado por la Generalidad de Cataluña[7], señala tasas de reincidencia de un 21,1% en población adulta. Algún estudio académico, diseñado exclusivamente para mujeres, indica una cifra de reincidencia del 24,8%[8].

4. A las anteriores cifras hay que unir una "sensación" que está presente en, sólo, algunas ciudades de España, y que a otras nos llega únicamente como un eco: la inseguridad, o el temor de a ser posible víctima de delitos[9]. Una sensación de inse-

---

5 Véase, FERNÁNDEZ MORENO, A, REDONDO, N y GRAÑA, JL "La Reincidencia Delictiva en los Adolescentes que Cometen Delitos Graves y Tienen un Consumo de Drogas Elevado", en *Anuario de Psicología Jurídica*, 2025 (https://journals.copmadrid.org/apj/archivos/1133-0740-apj-35-0013.pdf?utm_source=chatgpt.com). Se trata de un estudio con limitaciones que no debe compararse, sin más, con el del Gobierno Vasco, pues se ha realizado exclusivamente sobre 95 adolescentes (la edad media de los participantes al inicio del internamiento era de 16.97 años, todos varones y más de la mitad de nacionalidad extranjera —un 60.9%) que habían cumplido una medida judicial de internamiento dentro del Sistema de Justicia Juvenil Español, entre enero de 2016 y enero de 2018, todos ellos habían sido seguidos tras su puesta en libertad un mínimo de doce meses. Todos los participantes en el estudio mostraban una trayectoria delictiva y un consumo de drogas elevado.

6 *Documentos Penitenciarios*, núm. 30, Madrid, 2022 (accesible en: https://www.interior.gob.es/opencms/pdf/archivos-y-documentacion/documentacion-y-publicaciones/publicaciones-descargables/instituciones-penitenciarias/Estudio_de_reincidencia_penitenciaria_2009-2019_DP-30_126220415.pdf).

7 https://repositori.justicia.gencat.cat/bitstream/handle/20.500.14226/638/Taxa_reincidencia_penitenciaria_2020_RESUMEN_EJECUTIVO_ESP.pdf?sequence=3

8 AÑAÑOS, FT, NISTAL, J y MOLES, E "La reincidencia penitenciaria en España: género, factores asociados y prevención", en *Psychology, Society & Education* ¿2020?, https://digibug.ugr.es/bitstream/handle/10481/69395/3489-17142-1-PB.pdf?sequence=1&isAllowed=y El ámbito de estudios está referido a reincidencia penitenciaria de las mujeres en cumplimiento de condena en medio abierto y las percepciones frente el delito. La investigación se realizó sobre una muestra válida de 310 mujeres.

9 El Segundo Barómetro de Barcelona de 2023, situó la inseguridad como la principal preocupación ciudadana para uno de cada cuatro encuestados (en la primera oleada del Barómetro de 2024 ascendió al 27,4%), por delante del acceso a la vivienda (11,7 %). En 2025, sin embargo, la vivienda pasa a primer lugar (32,8%) y la inseguridad ocupa un segundo término (25,2%), mientras la tercera preocupación (limpieza) se queda en un muy escaso 6,8% (https://media-edg.barcelona.cat/wp-content/uploads/2025/12/31102143/Barometre_Segona_onada.pdf).

guridad que puede ser "vivida" con independencia de su correspondencia con la realidad, pero que en muchas ocasiones se acaba imponiendo a ésta. Sin embargo de lo acabado de afirmar que afecta a concretas localidades, según el Barómetro de GAD3[10], efectuado a nivel nacional, la preocupación por la inseguridad ciudadana está postergada entre las que afectan a los ciudadanos (sólo un 7% frente al 38% de la vivienda), lo que se correspondería con la disminución en la comisión de delitos en el total nacional. No obstante lo anterior, más de la mitad de la población española (54%) cuando son preguntados directamente por la seguridad creen que ésta ha empeorado, lo que tiene mucho que ver con las noticias que proporcionan unos medios de comunicación cada vez más derechizados y amarillos, y posiblemente con algunos fenómenos creadores de alarma para la defensa de determinados intereses[11], en concreto:

i) el absoluto deterioro de la Administración de Justicia, con jueces cada vez más ideologizados y que no excepcionalmente se alejan de la norma en el dictado de sus resoluciones; y paralelamente una Fiscalía, igualmente ideologizada y que ha dejado estos años atrás a los más vulnerables (los ancianos de las residencias de la Comunidad de Madrid durante el COVID) al margen de toda protección. Una Fiscalía ansiosa por llegar a acuerdos de conformidad con los acusados, en muchas ocasiones "a cualquier precio", sin meditar en absoluto las repercusiones, y la sensación de impunidad e injusticia que producen muchos de esos acuerdos;

ii) la sensación de impunidad ante la actuación de organizaciones criminales en ciertas zonas del territorio nacional (desembocadura del Guadalquivir, en donde los delincuentes no dudan en enfrentarse a fuego con las Fuerzas de Seguridad, y dar muerte a sus integrantes); o las andanzas en la Costa del Sol —fundamentalmente, aunque no sólo— de organizaciones criminales extranjeras

---

Por su parte, en el DeustoBarómetro social XXIV. Invierno 2025, la vivienda ocupa el primer lugar en la preocupación de los ciudadanos (49,5%), la subida de precios el segundo (40,1%), la sanidad el tercero (32,6%) y la inseguridad ante la delincuencia el cuarto (23,3%) (consultable en https://www.deusto.es/document/deusto/es/deustobarometro-resultados.pdf?_gl=1*1k2gep5*_up*MQ..*_ga*OTE1NDE3NzU0LjE3NjczMTM4OTQ.*_ga_ZVJ1XGGKPL*czE3NjczMTM4OTQkbzEkZzAkdDE3NjczMTM4OTQkajYwJGwwJGgw).

Sobre el desarrollo teórico de la inseguridad, véase SERRANO MAILLO, A "Actitudes hacia los delincuentes multirreincidentes en España. Un enfoque explicativo", en *InDret* 2.2020, págs. 394 y ss., y bibliografía allí citada.

10 https://www.gad3.com/barometro-abc-principales-preocupaciones/

11 Es evidente: existen grupos políticos y económicos interesados en crear sensación de miedo e inseguridad, porque les interesa para sus propios fines. En este sentido, la estrategia de los partidos de extrema derecha y de derecha extrema de crear alarmas a través de sus medios de comunicación para influir en el electorado, es capaz de hacer creer a sectores muy importantes numéricamente que en España —estadísticamente uno de los países más seguros del mundo— se vive en medio de un conglomerado criminal.

(rusas, italianas, "del Este"...), y los crímenes de sicarios cada vez más públicos y evidentes (suecos, colombianos...);

iii) percepción de desorden, incompetencia y discriminación en esferas fundamentales para los ciudadanos (curiosamente objeto de transferencia a las autonomías o campo de competencia nuclear para las administraciones locales), como son la sanidad (sensación enorme de inseguridad ante el desmantelamiento del Sistema Nacional de Salud y su entrega a empresas privadas que la gestionan desde fondos de inversión, en las que se preocupan y priorizan —caso Torrejón y Grupo Ribera Salud, por ejemplo— el beneficio empresarial por encima de la correcta práctica médica, desconociéndose en este caso si la Fiscalía del TSJ de Madrid verá algo incorrecto en el caso acabado de mencionar o continuará con "desprendimiento de retina"), educación (en pleno declive por la privatización de la misma a despecho, incluso, de las necesidades de investigación en las universidades públicas) u orden (o desorden) municipal urbano. Esta última característica se cohonesta con la percepción de inseguridad en aquellas entidades locales en las que la comisión de hechos delictivos que originan especial alarma, ha crecido. Es el caso de Barcelona, para la cual la Encuesta de Servicios Municipales del presente año[12] señala la seguridad ciudadana como principal preocupación (26,5%).

Desde luego se trata lo que hablamos de una sensación (estamos en el campo de las emociones) que tiene mucho que ver con la efectividad de las instituciones, la imagen que se tiene de las mismas y, quizá, con la personal fortaleza económica y social.

Una última reflexión en este punto: si acudimos al Balance de Criminalidad efectuado por el Ministerio del Interior y que abarca el primer trimestre de este año 2025[13], resulta que el crimen, en conjunto, ha disminuido un 2,8% respecto del mismo período de 2024, (por más que la cibercriminalidad está "disparada" —aunque haya caído este trimestre—, que los delitos contra la libertad sexual se incrementan en un 3,8% y el tráfico de drogas también lo hace en un 4,9% —aunque aquí la cifra negra es tan crecida que este porcentaje dice poco sobre la criminalidad real—, lo que se compensa con una disminución relevante en otros ítems delictivos), hasta arrojar un total de 589.683 delitos, situando a España con una tasa de 40,6 delitos por mil habitantes, una de las más bajas del mundo: casi la mitad del Reino Unido o Bélgica y cerca de veinte puntos menos que Alemania o Dinamarca. Evidentemente también hay retroceso en hurtos (un 3,3% menos), robos violentos o intimidatorios (un 9,4% menos), robos con fuerza en domici-

[12] https://www.barcelona.cat/infobarcelona/es/encuesta-de-los-servicios-municipales-2025-la-ciudad-mejora-su-imagen_1557779.html

[13] https://estadisticasdecriminalidad.ses.mir.es/publico/portalestadistico/

lios y establecimientos (un 14,3% menos). En conjunto, los delitos patrimoniales descienden un 5,3%; cifra especialmente relevante sobre todo si tenemos en cuenta que estos delitos representan un 42,6% de la criminalidad "convencional" (a la que habría que añadir la acabada de aludir "cibercriminalidad" con incidencia directa sobre el patrimonio, debiendo tenerse en cuenta que de los delitos informáticos las estafas representan un 87,8%).

5. Las propias condiciones de vida y la vulnerabilidad socioeconómica de los ciudadanos, afectan inmediatamente a la (in)seguridad percibida. A este respecto, la altísima tasa de riesgo de pobreza en España[14] (con alquiler de vivienda imputado), de 17, 9% (INE, 2024), en el total nacional, es muy reveladora de lo que se dice, aunque no en el sentido que puede creerse. En efecto, tomando como referencia Cataluña (la segunda región en PIB de España, sólo por detrás de la Comunidad de Madrid[15]) resulta que una de las regiones con menor tasa de riesgo de pobreza (13,1) y mayor PIB, presenta una de las tasas más altas de percepción de inseguridad. La explicación se encuentra en que la catalana es una de las sociedades menos igualitarias, en la que la tasa de riesgo de pobreza o exclusión social es de 20,7%, y con carencia material severa de 9,4% (siendo la media nacional de esta última de 8,4%). A los datos anteriores hay que unir el que, según Caritas/FOESSA, en Barcelona, a octubre de 2025, 1.581 personas se encuentran sin techo (que si se unen los que viven en asentamientos o alojamientos temporales se elevan a 4.200), cifra que ha crecido en el mes de diciembre en otras 500 personas (negras, mayoritariamente) a consecuencia de la expulsión de africanos efectuada por el PP en uno de los municipios que gobierna (Badalona). Merece recordarse la actitud del Ayuntamiento de Badalona cuando, en los peores momentos de la ola de lluvia y frío de 2025 (un 17 de diciembre), expulsó de una casa okupada a más de cuatrocientos inmigrantes —fundamentalmente africanos— sin darles una alternativa habitacional, siquiera temporal Esta última política seguramente acrecerá el "sinhogarismo" por la "aportación municipal" de otros grupos de extrema derecha en Cataluña: VOX y Aliança Catalana[16].

En el extremo opuesto se encuentra Extremadura, con una tasa de pobreza calculada en 23,8% (tasa de riesgo de pobreza o exclusión social, 32,8%, pero

---

14 El umbral de pobreza para este año 2025 (AROPE) se ha fijado en 10.800€. Véase *15º Informe. 2025. El estado de la pobreza. EAPN. Seguimiento de indicadores de la Agenda UE 2030,* Madrid, 2025, págs. 9 y ss.

15 Aunque en PIB per cápita se adelantan a Cataluña otras comunidades Autónomas; en efecto, la estadística nos proporciona las siguientes cifras: Comunidad de Madrid: 44.755 €; País Vasco: 41.016 €; Navarra: 39.076 €, y Cataluña: 37.426 €, siendo la media española: 32.633 €.

16 Resulta imposible saber cuál es el número de las personas sin techo en Madrid (capital), pues no se ofrecen datos en los portales de transparencia del municipio, o no están cruzados u ocultan realidades.

con carencia material severa de "sólo" 5,6%) o Castilla-La Mancha, 24,1% y tasa de riesgo de pobreza o exclusión social de 34,7%, pero con carencia material severa de 8,3%.

Ciertamente han de ser consideradas otras muchas variables para explicar el mayor índice de percepción de delincuencia en Cataluña en relación al resto de España y respecto de otras regiones; entre otras, y fundamentalmente, la falta de integración social de decenas de miles de personas (que afecta en menor o mayor porcentaje a otras autonomías pero que en Cataluña tiene una fuerte presencia), lo que obedece a no pocas variables: precios inalcanzables en materia de vivienda (cada vez más personas sin hogar que duermen en "cualquier sitio" resulta que tienen un trabajo estable… que no les alcanza por la cuantía de su salario —o el rechazo de su raza— para alquilar un lugar para vivir, o han de hacerlo en condiciones penosas en habitaciones compartidas o no[17]), deficiencias alimentarias en los niños (más de 500.000 en toda España[18], y más de 50.000 se denunciaban por el Síndico de Agravios en Cataluña ya en 2013), pobreza infantil que alcanza niveles nunca vistos[19], barreras idiomáticas (los dos idiomas suponen una fuente adicional de dificultad), fuerte presencia inmigratoria no asimilada (hay que tener en cuenta que el 54% de los habitantes de Barcelona son o nacidos en el extranjero[20] —35,4%— o provenientes de otra comunidad autónoma[21]), frecuencia de atentados contra la propiedad que producen especial rechazo (robos con violencia o intimidación o en la propia vivienda), turismo masivo[22] (lo que es un mal en toda España, y destroza cualquier intento de cohesión interna en barrios y comunidades ciudadanas), estigmatización de algunos barrios, y un largo

17 Véase el Informe ESADE/Caritas "Exclusión compartida. Vivir en una habitación en un contexto de exclusión residencial y social", 2025.

18 https://www.educo.org/blog/espana-medio-millon-de-ninos-no-comen-proteina#:~:text=Actuamos-,En%20Espa%C3%B1a%20m%C3%A1s%20de%20500%20mil%20ni%C3%B1os%20y%20ni%C3%B1as%20no,alta%20en%20casi%2020%20a%C3%B1os&text=Desde%20nuestra%20ONG%20denunciamos%20que,C%C3%A9spedes%2C%20nuestra%20directora%20de%20Incidencia.

19 Que ha llevado al Ayuntamiento de Barcelona a lanzar un plan específico, 2025-2030, y también a la Generalidad, para tratar de reducir los porcentajes de pobreza/exclusión (https://dixit.gencat.cat/es/detalls/Noticies/govern-presenta-estrategia-lluita-contra-pobresa-infantil-catalunya-pla-accio-2025). En este sentido la Encuesta de Condiciones de Vida (Institut d'Estadística de Catalunya) sitúa al 34,8% de menores de 16 años en exclusión social.

20 En el extremo opuesto se encuentra Extremadura, con la tasa más baja de extranjeros, 6,02%, siendo la media nacional del 19,26% (https://www.ine.es/jaxiT3/Tabla.htm?t=5231&L=0). En cuanto a personas con nacionalidad extranjera son el 24,56% de los residentes en Barcelona (https://www.idescat.cat/poblacioestrangera/?b=10&geo=mun:080193&lang=es).

21 https://opendata-ajuntament.barcelona.cat/data/es/dataset/pad_imm_mdbas

22 Véase, https://observatoriturisme.barcelona/es/anys/2024-es/

etcétera que ponen de manifiesto dificultades de integración y exigen cambios en las políticas públicas.

De entre todos los motivos, desde luego, destaca la cuestión de la vivienda, respecto de la cual los poderes públicos han decidido cambiar un derecho constitucional por un producto financiero. Debiéndose tener en cuenta que el problema afecta no sólo a los que viven en "malas condiciones" sino también a todos aquellos que no pueden vivir en las circunstancias que ellos elegirían por más que habitacionalmente vivan, objetivamente, en condiciones confortables (en la vivienda de sus progenitores u otros familiares). Obviamente se trata de una relación indirecta —la existente entre situación habitacional y delito— que exige más estudio, tratándose de una vinculación predisponente que requiere profundización sociológica y criminológica.

6. Un primer aspecto queremos abordar en relación a la multirreincidencia que no afecta directamente a ésta sino a sus consecuencias: las víctimas. que únicamente adquieren protagonismo jurídico como consecuencia de ser, precisamente, víctimas de delitos. Es evidente: el Estado debe protegerlas y no dejarlas al albur de posibles delincuentes. Más aún cuando, tratándose de delitos contra la propiedad, las víctimas por delitos de hurto, y teniendo como referente a particulares, pueden eventualmente convertirse en sujetos pasivos de delitos más graves; en concreto, las que lo son de hurto pueden transmutarse en cualquier momento en unas de robo violento o intimidatorio, o de lesiones o, incluso, de homicidio.

Olvidar esto constituye una absoluta irresponsabilidad: las normas jurídicas (de cualquier naturaleza) han de proteger a todos los ciudadanos, también a quienes las transgreden (ya los delincuentes no son, por el mero hecho de serlo, "expulsados de la sociedad" como ocurría otrora), pero desde luego, y con especial energía, a quienes sufren conductas delictivas. Conviene recordar esto sobre todo cuando frecuentemente nos encontramos ante corrientes que, en ocasiones, no son suficientemente reflexivas, y que llevadas por un fervor cuasi religioso únicamente ponen los ojos en los sujetos activos: no piensan ni en las víctimas ni en los perjudicados, y hacen recaer sobre estas últimas el peso de su "política social" con los autores de infracciones. Esto, obviamente, no es asumible. Es más, resulta radicalmente inaceptable.

Lo acabado de decir pertenece a la esencia del pacto político originario: el Estado se justifica por su acción en beneficio de los ciudadanos, a quienes protege a cambio de la observancia por estos de sus determinaciones y de, en lo que nos interesa, que reconozcan sólo al poder público el derecho a castigar y residencien en él el ejercicio de la fuerza, de la violencia. En este sentido conviene —por sabido— recordar que ya desde los antecedentes más cercanos de nuestro actual Estado, me refiero ahora al "Estado visigodo", el, avant la lettre, pacto social (Concilio IV de Toledo, canon 75) implicaba, en un sentido muy amplio, obligaciones de lealtad de los súbditos y de renuncia a la tiranía por parte del rey; es decir: observancia de determinaciones normativas por parte de los súbditos y paralela protección por el lado del rey y renuncia de éste a ejercicios despóticos del poder.

Este pacto, modernizado, actualizado, sometido a los derechos fundamentales y enmarcado en el Estado de Derecho, obliga al Legislativo, en cuyas manos se ha dejado la regulación y represión de conductas, a tomar medidas para evitar perjuicios injustificados a los ciudadanos. Ello teniendo en cuenta, siempre y en todo caso, que su falta de acción o la adopción de medidas injustas (por ejemplo, impedir que los obligados a atender sanitariamente a los ancianos adopten las medidas sanitarias precisas) libera a los ciudadanos de su sumisión a las normas. Pues, ¿qué obediencia al Ordenamiento puede reclamarse al anciano que es obligado a permanecer en la habitación, cerrada por fuera, de su "residencia", condenado a morir en las peores condiciones, sin asistencia alguna, ni siquiera la del agua?[23], ¿acaso sus deudos —en semejante escenario— no están legitimados para ejercer la defensa de presente o la venganza de futuro? Pero sin llegar a límites tan extremos, y que desgraciadamente fueron tan reales en la España del año 2020, ¿no le es exigible al Estado que proteja a los ciudadanos (todos) de la comisión de hechos delictivos "comunes", más en concreto "patrimoniales"? Desde luego no me cabe duda de que ello es así, de la misma forma que lo sería en conexión con otros ilícitos no patrimoniales y de titularidad tanto individual como colectiva.

---

23 Véase mi "Prólogo" a ÁLVAREZ GARCÍA, FJ (Dir.) *Tratado de Derecho Penal Español. Parte Especial (I). Delitos contra las personas,* 3ª ed., Valencia, 2021, págs. 44 y ss. Véanse también el demoledor Informe de la organización Médicos sin Fronteras "Poco, tarde y mal. El inaceptable desamparo de los mayores en las residencias durante la COVID-19 en España", agosto 2020, https://msfcovid19.org/wp-content/uploads/2020/08/aaff-msf-informe-covid19-residencias-baja-nota.pdf. Asimismo, el Informe de Amnistía Internacional *Abandonadas a su suerte. La desprotección y discriminación de las personas mayores en residencias durante la pandemia covid-19 en España,* Madrid, 2020.

Una negligencia criminal más durante la epidemia de COVID, imposible de perdonar y ni siquiera atenuar, se puso de manifiesto a raíz de las declaraciones del Presidente de la Alianza de la Sanidad Privada Española (ASPE), de acuerdo con las cuales 2.200 camas UCIs privadas estuvieron libres y a disposición de los enfermos COVID en toda España, y sin ocupar, mientras 12.000 ancianos morían sin atención médica suficiente en las residencias de toda nuestra nación (https://www.elmundo.es/ciencia-y-salud/salud/2020/04/19/5e9b579521efa084288b45de.html). ¿Qué ha hecho al respecto la Fiscalía General del Estado?, les adelanto la respuesta: nada. Urge introducir un delito de prevaricación de los fiscales, pues la impunidad con la que ejercen su profesión debilita extraordinariamente el Estado de Derecho.

Pues bien, si en 2024 hubo en España 2.454.206 de delitos ello quiere decir que el número de ciudadanos españoles víctimas[24] directas está muy cercano a esa cifra aunque el de perjudicados (personas "afectadas" directamente por esos delitos —en una comprensión muy amplia que excede la procesal, y que puede incluir repercusión económica, sentimental o tuitiva—) es mucho más amplia[25]. En efecto, ¿no se ha de considerar, en el sentido acabado de exponer, "perjudicado" por el delito al hijo de la mujer al que un facineroso le desapodera de la nómina mensual, o de una joya? Procesalmente los conceptos de víctima, perjudicado, ofendido…por el delito han de tener mayores restricciones, pero desde el punto de vista sociológico eso no es así. Pero sea con un concepto estricto o uno amplio, ¿acaso no debe velar el Estado, anticipadamente, porque los ciudadanos no se conviertan en víctimas (o perjudicados)? ¿es que, insisto, no pertenece semejante obligación al núcleo del pacto político?

Una postrer reflexión sobre algunas víctimas en concreto de, especialmente, delitos de hurto: si se examinan los datos más recientes sobre condenas en apelación por delitos de hurto dictadas por la Audiencia Provincial de Madrid, se pueden detectar los siguientes datos: a) Buena parte de los hechos delictivos objeto de condena corresponde a los que hasta la desgraciada reforma de 2015 del

---

[24] La Sociedad Española de Victimología define a la víctima como "toda persona que haya sufrido personalmente, de modo directo o indirecto, las consecuencias de un hecho delictivo, haya sido declarada formalmente o no como tal la existencia del mismo por parte de un órgano jurisdiccional. En un sentido más extenso también son consideradas víctimas las personas que hayan sufrido los efectos de la guerra, enfrentamiento armado, catástrofe natural o accidente" (tomado de TAMARIT SUMALLA, JM "La Victimología: cuestiones conceptuales y metodológicas", en BACA BALDOMERO/ECHEBURUA ODRIOZOLA/TAMARIT SUMALLA, *Manual de Victimología*, Valencia 2006, pág. 23.

[25] El concepto de "víctima" y "perjudicado" no es uno bien delimitado y su precisión depende de los muchos contextos en los que puede ser empleado. Véase en este sentido el artículo 2 de la Ley 4/2015, de 27 de abril, del Estatuto de la víctima del delito ("*Las disposiciones de esta Ley serán aplicables: a) Como víctima directa, a toda persona física que haya sufrido un daño o perjuicio sobre su propia persona o patrimonio, en especial lesiones físicas o psíquicas, daños emocionales o perjuicios económicos directamente causados por la comisión de un delito. b) Como víctima indirecta, en los casos de muerte o desaparición de una persona que haya sido causada directamente por un delito, salvo que se tratare de los responsables de los hechos*" (y nombra a continuación a toda una serie de parientes). Un criterio más abierto es el utilizado, a efectos de conceptualizar a las "víctimas", por la Ley 29/2011, de 22 de septiembre, de Reconocimiento y Protección Integral a las Víctimas del Terrorismo. Véanse también, y entre otras, la Ley 35/1995, de 11 de diciembre, de ayudas y asistencia a las víctimas de delitos violentos y contra la libertad sexual; la Ley Orgánica 1/2004, de 28 de diciembre, de Medidas de Protección Integral contra la Violencia de Género o la Ley Orgánica 10/2022, de 6 de septiembre, de garantía integral de la libertad sexual.
Véanse en todo caso, CARRASCO ANDRINO, MM "Víctima, sujeto pasivo y perjudicado por el delito", en *La Ley Penal*, núm. 136, enero-febrero 2019, *passim.*, y DÍAZ CABIALE, JA y CUETO MORENO, C "Víctimas, ofendidos y perjudicados: concepto tras la LO 8/21", en *Revista electrónica de Ciencia Penal y Criminología*, 24-4-2022, *passim.*

CP —con seguridad la peor habida, tanto técnica como político criminalmente, desde la muerte del Dictador hasta hoy—, eran hurtos de menor entidad —cuantitativamente— realizados en grandes superficies; b) Un número importante de ellos quedan en fase de tentativa; c) Los objetos materiales producto del delito pueden, en no pocos casos, volver a ponerse a la venta pues no han sufrido deterioro durante la realización del ilícito ataque patrimonial; d) La pena que se impone es de multa de muy pocos euros (resulta irónico que la pena a los que, en muchos casos, son miserables sea de contenido económico).

De lo anterior no resultan comprensibles dos hechos: el primero, ¿cómo es posible que hurtos de escasísima cuantía "hayan llegado" en apelación hasta las salas de la Audiencia Provincial? Nos estamos refiriendo, en ocasiones, a hurtos por un valor que no llega al euro en su objeto material, que ha quedado en tentativa y se ha recuperado el producto hurtado. ¿Ignoran, acaso, fiscales y jueces las exigencias del principio de lesividad en la constitución de lo injusto? ¿Cómo es posible que no se aplique el principio de insignificancia y se derrochen importantes recursos de la Administración de Justicia en la persecución de semejantes conductas?

Por otra parte, ya en su momento, ante un incremento de los asaltos a joyerías, bancos, oficinas de farmacia, gasolineras, administraciones de lotería, etc., se dispuso la obligación para las entidades que se dedicaran a los citados negocios de implementar ciertas medidas de seguridad. Un ejemplo de lo acabado de referir lo constituyó el, hoy derogado, RD 1338/1984, de 4 de julio, de medidas de seguridad en entidades y establecimientos públicos y privados, que venía a sustituir a otros reales decretos que incidían sobre la misma materia (Reales Decretos números 2113/1977, de 23 de julio; 1084/1978, de 30 de marzo; 2212/1978 de 25 de agosto, y 3062/1979, de 29 de diciembre). El RD 2364/1994, de 9 de diciembre, por el que se aprueba el Reglamento de Seguridad Privada (dictado en ejecución de lo previsto en la Ley 23/1992, de 30 de julio, de Seguridad Privada, derogada por la LO 4/2015, de 30 de marzo, sobre protección de la seguridad ciudadana), que derogó el anterior, en sus artículos 119 y ss., 127 y ss., 130, 131 y ss., determina las medidas de seguridad en toda una serie de establecimientos, norma que se ha complementado, entre otras, por la Orden INT/317/2011, de 1 de febrero, sobre medidas de seguridad privada. Pues bien, en relación a las grandes superficies comerciales, y más allá de las medidas de seguridad pensadas fundamentalmente para la protección de los compradores, habría que implementar —normativamente— medidas similares a las de los establecimientos acabados de mencionar, dirigidas a prevenir infracciones penales, que deberían ser de aplicación también a establecimientos de tamaño, al menos, medio. Esas medidas inciden en la prevención del delito.

Es decir: aunque el patrimonio de las grandes, medianas y pequeñas superficies también debe ser protegido por el Ordenamiento[26], les es exigible a sus titulares que prevean medidas de seguridad como autoprotección en evitación de riesgos, ya que la mera existencia de tales comercios atrae a posibles infractores que dirigen sus ataques no sólo contra la gran superficie sino también contra los particulares que acuden a dichos establecimientos.

7. Evidentemente, la reacción contra actos ilícitos que originan víctimas debe ser medida; y ello no sólo por razones de proporcionalidad, lo que ya constituiría un sólido argumento, sino también de oportunidad y, asimismo, y principalmente, democráticas.

Desarrollemos mínimamente este último punto: la previsión de medidas de represión legítima de conductas anti normativas está condicionada, entre otros factores, a la previa dación a los potenciales infractores de oportunidades de participación real en el sistema social[27]. Ello prioriza las modalidades de reacción hasta el punto de exigirse programar medidas de integración (asistenciales, si se quiere) conjuntamente (y previamente) con las meramente represivas, especialmente, pero no sólo, si éstas poseen naturaleza penal. El principio de "intervención mínima", así, integra otras medidas jurídicas como alternativa a las penales (administrativas, civiles, laborales, etc.), y también actuaciones de orden social. ¡De ninguna manera está legitimado democráticamente castigar lo que no son más que, en ocasiones, actos de subsistencia cuando a sus autores no se les ha ofrecido siquiera verdaderas posibilidades sociales de participación! En este sentido no es de recibo el argumento —blandido por la extrema derecha nacional e internacional dando un verdadero salto atrás de ciento cincuenta años— de que un porcentaje importante de los infractores no son nacionales: tal argumento, que desapoderaba a los extranjeros de cualquier derecho que sólo les era reconocido como mera concesión estatal (autolimitación del Estado[28]) en el ámbito internacional (escuela alemana de Derecho Público del último tercio del siglo

---

26 Por más que los dichos empresarios tengan asegurados los bienes que ponen a la venta, siendo los consumidores quienes pagan la cuantía de la póliza mediante su cargo en el artículo de que se trate.

27 Ciertamente no todos los sujetos activos de los delitos de hurto son personas que viven en los márgenes de la sociedad, pues los hay también —y al margen de los profesionalizados— ocasionales que por muy diversas motivaciones (diversión, travesura, curiosidad, desafío u otras) realizan el hecho delictivo, pero generalmente estos son accesibles a la intimidación y, desde luego, no suelen plantear problemas de reincidencia.

28 Véase, JELLINEK, G *Teoría General del Estado* (trad. Francisco de los Ríos Urruti), Buenos Aires, 1943, pág. 307. Véase también como una explicación de lo anterior, VILLACORTA CAÑO-VEGA, A "La etapa del surgimiento y desarrollo de los derechos públicos subjetivos vinculada a la escuela alemana del derecho público", en *Anuario Facultad de Derecho - Universidad de Alcalá X* (2017) págs. 323 y ss.

XIX), quedó arrumbado tras la Primera Guerra Mundial y el triunfo de la escuela francesa de los derechos humanos[29], lo que tras la Segunda Guerra Mundial quedó consagrado en las declaraciones internacionales de derechos: resulta sorprendente en este sentido que haya que recordar constantemente estos extremos.

Debe reconocerse, sin embargo, que actualmente y desde hace apenas dos años se está llevando a cabo en la práctica una impugnación en toda regla de la Declaración Universal de los derechos humanos (una "ContraDeclaración" de los derechos humanos) en el denominado "mundo occidental"; primero por el Estado judío, en Gaza, con el amparo de EEUU y el apoyo moral de la Presidencia de la UE —pero no de los europeos—, y luego directamente por el propio EEUU: a día de hoy las personas vulnerables —inmigrantes, pobres, "diferentes", extranjeros…— se están quedando en parte del mundo sin valedores. Y lo que es peor: se ha iniciado en el mundo una "guerra de los imperios", similar a la comenzada en los años 20 del pasado siglo, que terminará con todo, y la primera víctima serán los derechos humanos.

Pero, fundamentalmente, hay un argumento de eficacia que impugna la decisión únicamente represora: resulta realmente irracional crear las condiciones para la multiplicación del delito y, posteriormente, reprimir aquello que se ha propiciado. Sencillamente carece de sentido. Obviamente no todos los delitos, ni los delincuentes, obedecen en sus conductas a las condiciones objetivas creadas, o no suprimidas (pues hay elementos personales difícilmente influenciables) por los poderes públicos, y sobre ellos habrá que hacer recaer contundentemente la represión penal, mas en la supresión de esos incentivos se encuentra el primer paso para propiciar un correcto orden social, siempre que se parta de planteamientos que se correspondan con el Estado Democrático.

En el sentido anterior, la reducción de las situaciones de vulnerabilidad asociadas a la pobreza es exigible en un Estado Social de Derecho como política general y política criminal en particular; y en concreto: la incapacidad de las personas, especialmente las más jóvenes pero no sólo, para obtener ya no el desarrollo de su personalidad (en términos del artículo 10, CE) sino para el cumplimiento del mínimo vital emancipatorio, es exigencia democrática elemental: la persistencia, como ya he indicado más atrás, en una política de conversión de un derecho (a la vivienda) en producto financiero constituye un acto criminal, que no sólo conculca el Ordenamiento constitucional (incluido el comunitario, artículo 34.3 de la Carta de los derechos fundamentales de la Unión Europea, también indirectamente los artículos 1, 7 y 31[30]), sino que crea estatutos de vul-

---

29 Véase DUGUIT, L *Soberanía y libertad* (trad. José G. Acuña), Madrid, 1924, *passim.*

30 La Carta Social Europea, artículo 31, también lo reconoce expresamente, y asimismo está recogido en el principio 19 del pilar europeo de derechos sociales de forma suficientemente

nerabilidad institucional, tanto para los directamente afectados como para el resto de los ciudadanos. En la dirección anterior no es cierto que en España falte vivienda[31] para procurar techo a todos los ciudadanos y sea necesario construir mucho más, sino que sobran especuladores inmobiliarios y dirigentes políticos que les protegen. Desde luego que lo dicho en relación a la vivienda se expresa también en lo que importa a otros derechos, entro otros el de percibir un salario justo, pues cada vez hay más trabajadores por cuenta ajena que reciben mensualmente su estipendio que, sin embargo, se ubican en los márgenes de la pobreza, incluso —como advertí más atrás— entre los "sin techo" o con un "techo" muy precario.

8. Dentro de esa bolsa de vulnerabilidad cabe situar también a sectores inmigrantes; no debiendo olvidar que la exclusión es un factor que puede llevar a la comisión de delitos patrimoniales: el disfrute del estatuto del ciudadano, de una integración en la sociedad de acogida en condiciones de igualdad, es negado a los inmigrantes.

Los extranjeros cometen más delitos. Sí. Mejor dicho: más determinados delitos. Es cierto, y las cifras son inapelables en este sentido, y cualquier discusión al respecto no constituye más que intentos erróneos de ideologizar los datos, que se han estado ocultando —y se sigue haciendo en buena medida— mucho tiempo. Pero también es evidente que cometen más delitos no por ser extranjeros ni de "otra comunidad autónoma", o de un lugar determinado. No. Cometen más delitos porque los pobres, sean extranjeros o no, también quieren comer, cobijo y participar en el sistema social; es decir: los inmigrantes también "comen", es la exclusión la que lleva al delito. Esa integración, precisamente, es lo que les es negada por nuestra sociedad; rectius: por los dirigentes políticos y económicos, pues la exclusión también tiene nombres y clases. Éstos, además, nos pueden estar abocando a serias conflictividades sociales, como ha ocurrido, como sucede, en otros países donde la violencia se está expresando de forma más colectiva,

---

explícita: "*a. Deberá proporcionarse a las personas necesitadas acceso a viviendas sociales o ayudas a la vivienda de buena calidad. b. Las personas vulnerables tienen derecho a una asistencia y una protección adecuadas frente a un desalojo forzoso. c. Deberán facilitarse a las personas sin hogar un alojamiento y los servicios adecuados con el fin de promover su inclusión social*"

31 Según el INE (censo de viviendas de 2021) el número de viviendas existente entonces era de 26.623.708, siendo 3.828.307 las vacías (para un total de 47 millones y medio de personas). El número de viviendas construidas en 2024 supera ligeramente las cien mil, siendo ciento treinta y seis mil las iniciadas (cifras del Observatorio de Vivienda y Suelo); para los años anteriores los números son similares. En definitiva, unas ciento diez mil viviendas al año.
La política de construir más y más viviendas no soluciona el problema, sino que abre más el negocio a los especuladores y arrincona más a la población vulnerable, y, además, supone una agresión insoportable para el medio ambiente y los recursos naturales.

menos individualizada y más agresivamente. Me refiero a naciones como Suecia, Bélgica, Dinamarca, o la Francia de hoy…, donde la política de arrinconar (guetos) a los más vulnerables (extranjeros o no) en determinadas zonas de las ciudades ha llevado a la constitución de reductos que de forma regular explotan en gravísimos desórdenes sociales. El problema se encuentra en los barrios de excluidos, es decir: en la exclusión. Esa política suicida —suicida para todos, también para quienes la fomentan— de creación de "reservas" se está llevando a cabo, también, en nuestros país, donde hay barrios enteros en los que están empezando a concurrir todas las condiciones discriminatorias —mas allá de los números de la actual delincuencia—, educativas, sociales, económicas… para que en un próximo futuro se produzcan grandes estallidos sociales (es el caso de Madrid, en barrios como Usera, La Cañada Real o Entrevías; Sevilla, Las 3.000 viviendas o Los Pajaritos; y en Barcelona en Sant Adriá, La Mina y El Raval…).

Por todo lo anterior una política criminal correcta no puede consistir en un mero incremento de las penas, o sólo en un incremento o mejor distribución de las penas, sino que debe asentarse principalmente sobre un suelo de medidas sociales —incluida la alimentación en los niveles más básicos[32]—, tuitivas y capaces de realizar proyectos emancipadores, en suma: de integración, que reduzcan efectivamente la base social de la delincuencia. E insistimos que esa política es, como se señaló más arriba, la única exigible y aceptable tanto desde el punto de vista de un Estado Democrático como desde el de la efectividad.

9. ¿Cuál ha sido la política criminal seguida en España, desde la desventurada reforma de 2015, en materia de hurto? En verdad no ha habido una política criminal (que abarca, entiendo, muchos aspectos como se ha dejado ya entrever) sino meramente penal. En efecto, y en lo que ahora me interesa, la Ley Orgánica de Reforma 1/2015, de 30 de marzo, más allá de introducir la reincidencia internacional para todos los delitos incorporando un párrafo tercero al artículo 22.8ª, CP ("Las condenas firmes de jueces o tribunales impuestas en otros Estados de la Unión Europea producirán los efectos de reincidencia salvo que el antecedente penal haya sido cancelado o pudiera serlo con arreglo al Derecho español", en aplicación de la Decisión Marco 2008/675/JAI del Consejo, de 24 de julio de 2008), modificó el artículo 235.1.7º, CP, al objeto de crear un tipo agravado de hurto con motivo de la reincidencia del sujeto[33]. Es decir: incrementar las penas.

---

[32] Téngase en cuenta que sólo los Bancos de Alimentos atienden en España anualmente a más de 1.200.000 personas (familias enteras en no pocos casos), con suministros básicos (https://www.fesbal.org.es/).

[33] Decía así el Preámbulo de la Ley de Reforma: "*La revisión de la regulación de los delitos contra la propiedad y el patrimonio tiene como objetivo esencial ofrecer respuesta a los problemas que plantea la multirreincidencia y la criminalidad grave. Con esta finalidad se suprime la falta de hurto, y se introduce un supuesto agravado aplicable a la delincuencia habitual. Los supuestos de menor gravedad, que ante-*

Sin embargo, y como expongo con abundancia en otro lugar[34], ese deseo se vería abortado por la rebelión de la Sala Segunda del Tribunal Supremo que decidió no aplicar la ley penal y asaltar el Congreso, transitando así del Palacio de Justicia al de las Cortes sin pasar por las elecciones (en afortunada expresión de TORÍO LÓPEZ). En efecto, la STS 481/2017, de 28 de junio (doctrina que ha sido posteriormente confirmada por otras muchas resoluciones), resolvió "..., para interpretar los arts. 234 y 235 del C. Penal en un sentido que resulte congruente el concepto de multirreincidencia con el concepto básico de reincidencia y que se respete al mismo tiempo el principio de proporcionalidad de la pena, ha de entenderse que cuando el texto legal se refiere a tres condenas anteriores éstas han de ser por delitos menos graves o graves, y no por delitos leves. Y ello porque ése es el criterio coherente y acorde con el concepto básico de reincidencia que recoge el Código Penal en su parte general, y porque, además, en ningún momento se afirma de forma específica en los arts. 234 y 235 que las condenas anteriores comprendan las correspondientes a los delitos leves... Por consiguiente, ha de entenderse que la interpretación de los arts. 234 y 235 del C. Penal que permite acoger un sentido de la norma que resulte más restrictiva y acorde con el concepto legal de reincidencia y con las consecuencias punitivas que conlleva la multirreincidencia es el de que, hasta que no se diga de forma específica y expresa en las referidas normas, no pueden operar en la multirreincidencia los antecedentes penales por delitos leves".

La Sala Segunda, en la resolución citada y transcrita en uno de sus pasajes (confirmada, como acabo de señalar, por otras muchas dictadas posteriormente), prescindió de las limitaciones impuestas por el Tribunal Constitucional —a las que más abajo hago referencia— y decidió "hacer de su toga un sayo", paralizando la aplicación de la ley penal, o lo que es lo mismo: dando un golpe de estado constitucional. Pues ahora va a resultar que el Legislador no va a ser únicamente las Cortes (artículos 81 y ss., CE), y controlador de la constitucionalidad de las leyes —con carácter general— el Tribunal Constitucional (artículos 159 y ss., CE), sino también la Sala Segunda del Tribunal Supremo que va a compartir con los anteriores sus competencias específicas..., eso sí, careciendo de la legitimidad democrática de las primeras y de la atribución constitucional del segundo.

---

riormente se sancionaban como falta, se regulan ahora como delitos leves; pero se excluye la consideración como leves de todos aquellos delitos en los que concurra alguna circunstancia de agravación —en particular, la comisión reiterada de delitos contra la propiedad y el patrimonio—. De este modo, se solucionan los problemas que planteaba la multirreincidencia: los delincuentes habituales anteriormente eran condenados por meras faltas, pero con esta modificación podrán ser condenados como autores de un tipo agravado castigado con penas de uno a tres años de prisión". Desde luego que en estas líneas quedaba clara cuál era la voluntad del Legislador.

34 "La multirreincidencia en el delito de hurto", en SOLA RECHE, E y otros (Coord.), *Homenaje al Profesor Dr. D. Carlos Romeo Casabona* (en prensa), págs. 53 y ss.

Dese cuenta en este sentido que el órgano jurisdiccional no se limitó a plantear una cuestión de constitucionalidad, lo que hubiera sido lo correcto en términos de legalidad si hubieran concurrido las condiciones para ello, sino que directamente decidió no aplicar la norma: rebelarse.

Desde luego que en la motivación de esta sentencia de la Sala Segunda se exceden las competencias propias de la Jurisdicción ordinaria, pues como se ha encargado de poner de manifiesto el Tribunal Constitucional (STC 150/1991, de 4 de julio): "…el juicio sobre la proporcionalidad de la pena, tanto en lo que se refiere a la previsión general en relación con los hechos punibles como a su determinación en concreto en atención a los criterios y reglas que se estimen pertinentes, es competencia del legislador en el ámbito de su política criminal, siempre y cuando no exista una desproporción de tal entidad que vulnere el principio del Estado de Derecho, el valor de la justicia, la dignidad de la persona humana y el principio de culpabilidad penal derivado de ella (STC 65/1986, antes citada)". Desde luego que la Sala 2ª del Tribunal Supremo en su Sentencia 481/2017, y en las que le siguieron exponiendo la misma cuestión, no expresó en ningún momento que hubiere habido, en la regulación de la reincidencia específica del hurto, una desproporción en la construcción de la norma que pudiera entenderse diera lugar a la vulneración del "principio del Estado de Derecho, el valor de la justicia, la dignidad de la persona humana y el principio de culpabilidad penal derivado de ella". Nada. Sencillamente incumplió la Ley, realizó un acto de tiranía[35].

El Tribunal Supremo en las aludidas resoluciones toma dos decisiones: 1ª) entiende, erróneamente, que la expresión "delitos" es interpretable en varios sentidos, y 2ª) se decide por aquel (delitos "graves o menos graves") que respeta el principio de proporcionalidad, realizando así una interpretación conforme a la CE.

Lo primero está mal, porque si el Legislador dice "delitos", se refiere a "todos los delitos" (cuando quiere diferenciar entre delitos graves, menos graves y leves, lo hace expresamente), luego la interpretación del Tribunal Supremo sobrepasa el tenor literal del precepto, lo cual es inconstitucional.

Pero convendría señalar que lo segundo no estaría mal en sí (si concurriera la oportunidad de hacerlo, cosa que sostengo no sucede), porque los jueces también están vinculados a la CE y, en virtud de ello, cuando tengan (o crean tener) ante ellos varias interpretaciones compatibles con el tenor literal de un precepto, deben decantarse por una, y para hacerlo han de, precisamente, elegir la opción más alineada con el contenido de la CE. Sólo deben acudir a la cuestión de in-

[35] Para otros argumentos esgrimidos en esa sentencia del Tribunal Supremo, véase mi trabajo acabado de citar sobre "multirreincidencia".

constitucionalidad, o a lo previsto en el art. 4.3 CP, cuando no aprecien (o duden de que exista) ninguna interpretación de la norma compatible con la CE.

En fin, se trata de una deficiente interpretación gramatical del precepto, a la que después se liga una (no inconstitucional en sí misma, sino tal y como he señalado por "arrastre" del error anterior) interpretación conforme a la CE.

A la vista de la decisión del Tribunal Supremo y de las peticiones de distintas entidades locales catalanas, el Gobierno llevó a las Cortes, que es a quien le corresponde legislar, una nueva modificación del delito de hurto en los términos que hoy se reflejan en el segundo inciso del artículo 234.2, I, CP. Pues bien, si la pretensión, con la citada reforma, era la de disminuir las cifras del hurto y de la reincidencia y multirreincidencia en Cataluña, especialmente, el fracaso ha sido patente pues los porcentajes delictivos no han parado de subir, y no podía ser de otra manera, pues tal y como he expuesto más atrás una política meramente penal, de incremento de las penas, no puede tener éxito, y los delitos, y sobre todo las víctimas, ¡las víctimas! de los mismos, continuarán incrementándose. Todo ello en, desde luego, un asqueroso clima de injusticia social.

10. Nada de lo acabado de decir debe entenderse en el sentido de que "justifique" de algún modo la impunidad de los "pequeños delitos" contra el patrimonio, pues no es así. Ni de los pequeños ni de los grandes. Sencillamente entiendo que el Legislador español debe comprender, no lo ha hecho hasta el momento, que la Edad Media ya pasó aunque haya nostálgicos, y que frente al delito la respuesta no debe consistir en un mero incremento —por una u otra vía— de las penas. Ha de entenderse en el Congreso que esto no se corresponde ni con las exigencias del Estado Democrático ni, desde luego, y a las pruebas me remito, con la imprescindible eficacia que se espera de las decisiones normativas.

En efecto, como expongo con mayor profundidad en mi trabajo citado sobre la "multirreincidencia", históricamente la reincidencia (y la multirreincidencia) se han estudiado como un problema ligado fundamentalmente a los delitos patrimoniales (estafa, hurto, robo…), y, además, bajo el prisma "personal" de la profesionalidad, habitualidad, "modo de vida", "forma de ser", etc. La verdad, sin embargo, es que este enfoque debería ser si no cambiado al menos alterado o complementado. En efecto, en relación a muchos ilícitos (penales y administrativos) la multirreincidencia se está manifestando, sobre todo, como una cuestión de "modelo de negocio", y eso se lleva denunciando desde hace mucho tiempo, lo que ha dado lugar a modificaciones en los tipos penales. Es el caso de los injustos medioambientales, cuya comisión constituye, en no pocos casos, parte esencial de un modelo de negocio, de explotación empresarial. Dicho de otra forma: la infracción normativa de que se trate, y la correspondiente sanción, se integran en la normalidad del negocio contaminante (incluso del "negocio criminal", como se puede comprobar en decisiones urbanísticas de construcción en "zonas inundables" o de "avenida", en las que ante el fenómeno de lluvias torrenciales más frecuentes cada día como consecuencia del cambio climático, se producen desastres, cada vez "menos naturales", pues son producto de la voracidad de políticos y promotores inmobiliarios criminales). Es decir: el pago de las multas que imponen las administraciones públicas por hechos contaminantes en el desarrollo de la actividad empresarial se termina integrando en la normalidad contable y presupuestaria. Ello por una sencilla razón: resulta "más barato" abonar las sanciones económicas que realizar los cambios necesarios en el modelo de negocio. Por ello, precisamente, afirmo que la reiteración de las infracciones pasa a formar parte del modelo de explotación empresarial. Las administraciones públicas, singularmente los ayuntamientos, también son adelantados en esa técnica de integrar sanciones en los presupuestos…y seguir contaminando, como se demuestra día a día en la resistencia de no pocos municipios a depurar las aguas (estrategia ésta a la que se contribuye desde las confederaciones hidrográficas con sus ridículas sanciones por los vertidos contaminantes). Son sólo algunos ejemplos, hay muchos más.

Un modelo de negocio también es practicado, en relación a los delitos de hurto y robo, por las organizaciones criminales, que dedican a sus integrantes a la realización de hechos delictivos, a menudo de alto impacto; y no existe motivo para no aplicar a las personas pertenecientes a las mismas asociaciones criterios de multirreincidencia, más allá, desde luego, de injustos relativos a organización criminal. Pero en lo que importa a la reincidencia "individual", y al margen de lo anterior, el fundamento de su castigo (de la agravación de la conducta de que se trate) no debe radicar ni en la "personalidad criminal" del reincidente, ni en sus tendencias delincuenciales, ni en su modo de vida, sino en la implementación de un "modelo de negocio", su personal "modelo de explotación", en el que la realización del ulterior ilícito sirve únicamente de demostración externa de su "plan empresarial", y sería la ejecución de esa estrategia criminal-empresarial-de negocio misma lo que se castigaría de forma agravada. Es un problema, pues, de injusto y no de culpabilidad.

No hay por qué eximir de la aplicación de la reincidencia (o multirreincidencia) al sicario que ha profesionalizado actos de homicidio (¿algún autor se negaría a castigar con dureza esa profesionalización del asesino?); y de la misma manera al autor de delitos de hurto que se ha consagrado (el carterista "de toda la vida") a esta clase de injustos en las estaciones de tren, aeropuertos u otros medios de comunicación, o aprovechando el "despiste" con el que circulan los turistas en las ciudades que visitan. Es decir: se trataría de sancionar más gravemente a los arquitectos e integrantes de modelos de negocio ilícitos, criminales, que transitan paralelamente sus estructuras —personales o societarias— al lado de los negocios que se expresan en la legalidad. No impugno, así, desde aquí una "forma de ser", sino de establecimiento mercantil-criminal, que en cuanto a lo estructural puede ser sancionado, en ocasiones y si fuera colectivo, como tal estructura (pertenencia a grupos y organizaciones criminales, las clásicas asociaciones ilícitas), y en otras debe ser contemplado, alternativamente o también, como un ilícito particular imputable exclusivamente a un sujeto concreto, al criminal. Por eso, en el caso del delincuente individual, autónomo, en el que no cabe una sanción adicional por "asociación ilícita", únicamente la consideración de la reincidencia puede expresar suficientemente la totalidad de su injusto. Posteriormente, en el equilibrio entre injusto[36] y culpabilidad es donde se puede hallar un punto de encuentro que excluya la injusticia social, y al mismo tiempo proteja a las víctimas actuales y potenciales.

El "Programa", así, consistiría en la adopción de medidas de prevención a base de brindar protección a los más vulnerables (económica, social, educativamente...), sin lo cual cualquier medida represora no está justificada democráticamente (es decir: convirtiendo lo asistencial, cuando proceda, en la primera reacción estatal frente a lo ilícito penal), y posteriormente reprimir, ante la comisión de injustos penales, a aquellos que conculquen el Ordenamiento, respetando las exigencias de su culpabilidad y a la vista de su posición frente al mismo; y hacerlo más duramente con aquellos que han convertido el crimen en un concreto modelo de negocio...a pesar de lo que opine la Sala Segunda del Tribunal Supremo, que en esta materia se ha apartado claramente de la legalidad. En este último sentido, la protección a las víctimas ha de convertirse en objetivo central de la política criminal.

11. No es, sin embargo, la anterior ruta la transitada por la reforma del Código Penal en materia de reincidencia, apenas iniciada, promovida con la Proposición de Ley presentada por un grupo parlamentario de la derecha extrema (Junts per Catalunya[37]), a quien en su tramitación se han unido PSOE y PP. Ello resulta especialmente llamativo cuando, insisto y lo seguiré haciendo, en 2024, según Eurostat, la tasa de pobreza o exclusión social afecta al 25,8% de la población española, lo que supone que doce millones y medio de conciudadanos (donde entran todos, con independencia de su origen, clase, raza, etnia o reli-

---

36 La política de "tolerancia cero" en lo injusto en lo que importa a los posibles conflictos "de necesidad" debe ser medida y revisada; más allá de los muchos estudios interesantes sobre aporofobia LANDERA LURI, M reflexiona con originalidad en "Del hurto famélico a las políticas empresariales de recortes", en PÉREZ MACHIO, A (Dir.) y otros *Contra la política criminal de tolerancia cero. Libro-homenaje al Profesor Dr. Ignacio Muñagorri Laguía*, Navarra, 2021.

37 https://www.congreso.es/public_oficiales/L15/CONG/BOCG/B/BOCG-15-B-97-1.PDF Proposición de Ley Orgánica en materia de multirreincidencia, por la que se modifica la Ley Orgánica 10/1995, de 23 de noviembre, del Código Penal y el Real Decreto de 14 de septiembre de 1882, por el que se aprueba la Ley de Enjuiciamiento Criminal (BOC, Congreso de los Diputados, 12 de abril de 2024, núm. 97-1).

gión) se encuentran en esa situación, destacando un 29,2% de pobreza infantil: el porcentaje más alto de la UE, debiéndose tener en cuenta que "pobre" en España se considera a quien tiene unos ingresos inferiores a los diez mil euros anuales. Obviamente no hace falta decir que las personas más vulnerables en ese arco son las mujeres, niños y jóvenes adultos. En este escenario en el que el acceso a la vivienda, educación y sanidad es, para buena parte de la población, o imposible (vivienda) o muy retardada hasta el punto del fallecimiento (sanidad, cada vez más convertida en un activo financiero), o muy frágil (educación); en el que los inmigrantes están o sobreexplotados o en situación de extrema vulnerabilidad; en el que muchos jóvenes, sencillamente, carecen de oportunidades para incorporarse al mercado de trabajo y a la vida social…, los partidos políticos con mayor representación parlamentaria optan por endurecer el régimen de la reincidencia como única respuesta a una sociedad en conflicto, aunque, afortunadamente para quienes se aprovechan y explotan esa situación, se trata de una "sociedad domada", de la que no es de esperar, momentáneamente, una explosión social.

En la Exposición de Motivos de la Proposición de Ley presentada por Junts se afirma: "Desde el año 2021, numerosos alcaldes y alcaldesas han venido denunciando una situación que se viene produciendo de alarma social en términos de inseguridad entre gran parte de sus vecinos y vecinas. Se referían a la circunstancia de que, en sus municipios, un reducidísimo grupo de personas fueran autoras de oleadas de delitos poco graves, especialmente hurtos, y, en ocasiones, peleas, que «el sistema —ya sea policial, administrativo o judicial—» no era capaz de evitar[38]. Referían que la policía, con frecuencia, conseguía arrestar a los autores de los hechos, en la mayor parte de las ocasiones en que se producían estos hurtos; pero que cuando pasaban a disposición judicial, los infractores eran dejados en libertad y continuaban delinquiendo impunemente una y otra vez, trasladando visiblemente a la ciudadanía, por un lado, la impunidad con la que actúan, y por otro, una sensación de inseguridad cada vez mayor". A continuación, se refiere a la aprobación de la LO 9/2022, de 28 de julio[39], "que añadió un párrafo en el art. 234 del Código Penal, haciendo posible la imposición de una pena de prisión entre 6 y 18 meses en los reos reincidentes", y al fracaso de ésta en sus intenciones de atajar la reincidencia. Añadiendo: "El pasado mes de febrero de este año, el Comisario jefe de la policía catalana advertía que la delincuencia había crecido

[38] Sería prudente preguntarse por qué, tratándose de "reducidísimos" grupos de personas, por lo tanto fácilmente identificables, hay tantas dificultades en "reducirles". Es decir: ¿es el Código Penal el que fracasa o son otras instancias las que no logran resultados, singularmente las policiales, administrativas y procesales?

[39] Sobre la explicación de esta reforma véase MARAVER GÓMEZ, M "La regulación de la multirreincidencia en los delitos de hurto tras la reforma producida por la Ley Orgánica 9/2022, de 28 de julio", en *Revista Electrónica de Ciencia Penal y Criminología,* 25-13 (2023), *passim.*

un 6% en toda Cataluña. Expresaba así la preocupación de la policía catalana por el aumento de la delincuencia, asegurando que se detecta un incremento significativo de la multirreincidencia en los hurtos, entre otros. El responsable policial aseguraba que es necesario actuar en varios frentes a la vez para evitar que la percepción de la inseguridad se siga deteriorando. Y entre las distintas acciones que identificó, afirmó que «resulta necesaria una reforma urgente del Código Penal para afrontar la multirreincidencia, ya que la anterior, hace sólo un año y medio, y no ha dado resultados»".

Desde luego resulta llamativo el que se aborde la reforma del Código Penal atendiendo a las necesidades, exclusivamente, de una comunidad autónoma, casi de determinados núcleos urbanos dentro de la misma (como ya se realizó con la reforma del hurto de 2022). ¿No sería más lógico, habida cuenta de que las cifras del hurto están disminuyendo en toda España[40] excepto en Cataluña[41], plantearse que fenómenos en particular ocurren en esas tierras para que se pro-

---

40 El Balance de Criminalidad del Ministerio del Interior que comprende hasta el tercer trimestre de 2025, arroja un incremento de sólo el 1%, habiendo caído en hurtos en un 2,2%, y siendo las estafas informáticas las que han experimentado un fortísimo repunte (6,4%). Incluso en comunidades autónomas como la Comunidad de Madrid, que goza de una elevada criminalidad, los hechos delictivos totales han disminuido en un 0,8%, y los hurtos en un 6,0% (https://estadisticasdecriminalidad.ses.mir.es/publico/portalestadistico/datos.html?type=jaxi&title=Tercer%20trimestre&path=/DatosBalanceAnt/20253/).

41 Los hechos delictivos totales en Cataluña han aumentado, según los Mossos d'Esquadra, en 2023 (608.449) un 6,72% respecto a 2022; en cuanto a los delitos contra el patrimonio el incremento ha sido del 7,27% (505.239), dentro del cual el de los hurtos (206.023), de un 4,52%; el mayor crecimiento entre los patrimoniales se ha dado en las estafas que han crecido hasta un más que alarmante 23,5%. (https://mossos.gencat.cat/es/els_mossos_desquadra/indicadors_i_qualitat/estadistica/index.html).

Los números que ofrece Interior en su Balance de Criminalidad referido a Cataluña y al tercer trimestre difieren de los reflejados en las estadísticas de los Mossos d'Esquadra en el siguiente sentido: las infracciones totales experimentarían un descenso del 2,8%, y los hurtos también un descenso del 2,8%.

Desde luego, ni los números, ni los porcentajes, ni las tendencias del Balance de Criminalidad del Ministerio del Interior, comprendiendo hasta el tercer trimestre de 2025, se compadecen con las cifras ofrecidas por la Policía Autonómica Catalana, y ello es así, aunque el período de tiempo sea diferente.

Lo mismo sucede con los datos anuales del 2023: según Interior las infracciones totales en Cataluña fueron de 510.172 y los hurtos llegaron a 170.164 (véanse las cifras referidas a Cataluña que se reflejan en el primer párrafo de esta nota). Pues bien, habida cuenta que los números de Interior se elaboran sobre los proporcionados por la Comunidad Autónoma Catalana, habrá que concluir que son los proporcionados por la Policía Autonómica los más correctos (y la conclusión general es que los números totales referidos a España también serían erróneos). ¿Es tan difícil elaborar unas estadísticas fiables?

De todas formas, si se acude a las series anuales, el total de infracciones penales en España, según el Ministerio del Interior, ha disminuido, pues de 2.464.759 en 2023 ha pasado a 2.454.206 en 2024, lo que implica una reducción…lo que no se corresponde con el Balance

duzcan tales crecidas delictivas? Pues es evidente que, si todo se debe a un fenómeno de convivencia, el incremento de la represión en toda España por vía de la reincidencia no servirá para nada, como tampoco lo hizo la reforma de 2022 en la materia. El incremento de las plantillas judiciales, la disminución de los "tiempos procesales", una nueva Ley de Enjuiciamiento Criminal o parches a la vigente..., todo eso son instrumentos que deben servir, sí, para optimizar la persecución penal en relación a todos los delitos y en todos los territorios. Pero llevar a cabo una reforma penal del calado de la que se plantea únicamente porque en algunas concretas poblaciones no funciona adecuadamente la inhibición frente a las conductas delictivas, es completamente irracional y disparatado, quiebra materialmente la idea constitucional de que el Código Penal sea para toda la Nación, y sólo se explica por los deseos del Gobierno de complacer a su, a veces sí y a veces no, socio de Gobierno: el partido de la derecha extrema Junts.

En todo caso, y desde luego, es evidente que —con independencia de la consideración que nos merezcan las agravaciones del artículo 235, CP— ni la reforma del 22 ni la que está en marcha, hubieran sido necesarias con una política penal como la que se introdujo con la reforma llevada a cabo con la LO 1/2015, si los magistrados de la Sala Segunda del Tribunal Supremo se hubieran atenido a la Ley, y no rebelado frente al Poder Legislativo (pareciera que los magistrados desconocen no sólo el principio de separación de poderes consagrado en la CE sino también el tenor del artículo 4 del CP: "1. Las leyes penales no se aplicarán a casos distintos de los comprendidos expresamente en ellas. 2. En el caso de que un Juez o Tribunal, en el ejercicio de su jurisdicción, tenga conocimiento de alguna acción u omisión que, sin estar penada por la Ley, estime digna de represión, se abstendrá de todo procedimiento sobre ella y expondrá al Gobierno las razones que le asistan para creer que debiera ser objeto de sanción penal. 3. Del mismo modo acudirá al Gobierno exponiendo lo conveniente sobre la derogación o modificación del precepto o la concesión de indulto, sin perjuicio de ejecutar desde luego la sentencia, cuando de la rigurosa aplicación de las disposiciones de la Ley resulte penada una acción u omisión que, a juicio del Juez o Tribunal, no debiera serlo, o cuando la pena sea notablemente excesiva, atendidos el mal causado por la infracción y las circunstancias personales del reo".

12. La Proposición de Ley de modificación de la disciplina de la reincidencia afecta, de acuerdo con el Dictamen de la Comisión del Congreso (BOC, núm. 97-6, de 18 de diciembre de 2025), a la LECri., en sus artículos 13 (se introduce la finalidad de "evitar la reiteración delictiva" entre las primeras diligencias), 105 al que se adiciona un apartado 3 para dar mayor cobertura a la decisión de

---

de Criminalidad que acoge las cifras del mismo Ministerio del Interior (aunque se advierte en él que no están consolidadas) hasta el tercer trimestre de 2025.

algún Ayuntamiento —singularmente al de Barcelona que puso en marcha un Protocolo para "amparar" a las víctimas de los delitos— de personarse como acusación popular en los procedimientos seguidos por delitos patrimoniales, y 544 bis, modificando su primer párrafo para extender a las finalidades de dificultar la reiteración delictiva, las medidas cautelares de prohibición de residencia y otras que se pudieran adoptar en aplicación de este precepto.

Como puede verse, incluso las modificaciones procesales tienen un indudable tufo de castigo: mayor amplitud de las medidas cautelares, más actores para perseguir a los delincuentes (pareciera que no basta con el Ministerio Fiscal y por ello deben añadirse otros acusadores "públicos", aunque sean disfrazados como "acusación popular"), reconceptualización de fases procesales... pero nada se ha arbitrado para agilizar los procesos (juicios rápidos) frente a lo que produce más sensación de inseguridad en los ciudadanos: los robos violentos o intimidatorios y los robos con fuerza en viviendas[42]. Sería preciso, en este sentido, pensar en remover algunos obstáculos que tienen esos procedimientos, y ello es esencial en la lucha contra el delito porque a la prevención general negativa le es inherente una pronta justicia. ¿Cómo van a intimidar las penas de los robos cuando pasan años entre la realización del hecho delictivo y la condena firme? Parece evidente, a los proponentes les interesa más incrementar la dureza de la represión durante el proceso que solucionar el problema delictivo. Lo que nos lleva a una conclusión: están haciendo populismo punitivo.

El resto de las modificaciones que plantea la Proposición de Ley comentada afectan al Código Penal, y por lo que ahora interesa son las siguientes: primera, se altera la redacción del artículo 22.8ª, II, con el objeto de ampliar la aplicación de la reincidencia a los delitos leves afectados por la agravación de multirreincidencia del artículo 235; segunda, se revisa el artículo 66.2 para extender a los delitos leves recogidos en el artículo 234.2 las reglas de determinación de la pena previstas en el apartado 1 de este mismo precepto; tercera, se corrige el artículo 80.2.1ª, con objeto de endurecer el régimen de la suspensión de la pena referida a los delitos leves afectados por multirreincidencia; cuarta, se reforma el artículo 234.2, que pasará, si la iniciativa legislativa triunfa —lo que es de suponer dado que está apoyada, como digo, por el partido socialdemócrata y dos más de derecha extrema (PP y Junts)— a tener la siguiente redacción: "2. *Se impondrá la pena de multa de uno a tres meses si la cuantía de lo sustraído no excediese de 400 euros, salvo si concurriere alguna de las circunstancias del artículo 235. No obstante, en el caso de que el culpable hubiera sido condenado ejecutoriamente al menos por tres delitos de la misma*

[42] Es evidente, y no es necesario más que escuchar anuncios de compañías de seguridad y de alarmas, que la real o imaginaria inseguridad es potenciada por empresas con objeto de obtener mayores beneficios. Por ello potencian la inseguridad y exageran los hechos que la ocasionan.

naturaleza, comprendidos en este Título, y siendo al menos uno de ellos leve, se impondrá la pena prevista en el apartado 1 de este artículo.- No se tendrán en cuenta los antecedentes penales cancelados o que debieran serlo". De esta forma se amplía el ámbito de aplicación del tipo de hurto leve en caso de reiteración delictiva, que ya no queda limitado por la cuantía; quinta, se reformula el artículo 235.1.7º, que pasaría a acoger en la multirreincidencia específica únicamente los casos en los cuales las condenas anteriores lo fueran por delitos menos graves o graves, restringiendo, pues, el campo de la aplicación de la agravante; sexta, se añade un segundo inciso al artículo 248, III, en idéntico sentido que en el caso del artículo 234.3; sexto, se modifica el artículo 250.1.8º, en el mismo sentido que en el caso del artículo 235.1.7º, aunque la referencia en este último artículo es al Título y en el tipo agravado de la estafa al Capítulo (casi con seguridad la diferencia no ha sido producto de reflexión inteligente que pudiera estar justificada —la consideración del hurto, o robo, de diferente naturaleza que la estafa—, de la misma forma que alguno de los cambios en la redacción tampoco lo son).

En la Disposición Final Primera se hace "un brindis al sol" acerca de la planta judicial al establecer una relación entre población y plazas judiciales, con objeto de acelerar la Administración de Justicia. Sin embargo, es lo cierto que nunca los gobiernos de la Nación, nunca, y tampoco los de las comunidades autónomas —con la excepción, seguramente, del País Vasco, y estando siempre a la cola la Comunidad de Madrid—, han realizado esfuerzo alguno para dotar al Poder Judicial de los medios ni siquiera aproximadamente necesarios para realizar dignamente su función, ni siquiera en los momentos de mayor bonanza económica.

13. La política criminal reduccionista de la Proposición de Ley no puede ser más medieval o absolutista, lo que se prefiera: desde luego lleva la impronta de la Pragmática de Felipe V de 23 de febrero de 1734 —lo que no deja de ser curioso para una organización independentista catalana—; es decir: frente al incremento de delitos respuesta exclusivamente penal en el sentido de incremento de las sanciones. Es la política del garrote: el encierro parece ser la única solución[43].

---

[43] En los países de la UE, con datos de 2021 tomados de Eurostat, había 475.038 presos, lo que supone una tasa de 106 presos por cien mil personas. España, naturalmente, está por encima de esta media (116), junto con los países más autoritarios o de tradición más autoritaria de Europa, lo que contrasta con el hecho de que España sea, como he dejado más atrás de manifiesto, uno de los países con menos criminalidad del mundo. A este problema se une el del hacinamiento, que según las estadísticas del Consejo de Europa para 2023 arroja, como media en todos los países del Consejo, un porcentaje de 93,5 reclusos por cada cien plazas disponibles; en este rubro España ostenta una tasa baja de 74 personas por cada cien plazas (aunque en lo que se refiere a dotación de funcionarios por recluso los déficit son notables, lo que incrementa la conflictividad y dificulta la correcta llevanza de programas de prevención especial, especialmente en el País Vasco que tiene transferida, junto con Cataluña, la competencia en materia de prisiones).

Todos los planteamientos exquisitamente democráticos (que además atienden a la eficacia) que quieren hacer entrar en vigor el principio de igualdad material de todas las personas, lo que exige el brindar oportunidades sociales a los más vulnerables, son radicalmente ignorados. De esta manera, no se van a reducir los futuros contingentes de delincuentes contra el patrimonio, porque la miseria lleva a las personas a hacerse con lo que no tienen y poseen otros con objeto de encontrar una cierta integración social. Los pobres, los que no tienen absolutamente nada, seguirán cometiendo hurtos y robos, el número de injustos no descenderá, el de delincuentes tampoco (sólo se cambiarán unos por otros, se producirá un efecto de sustitución, de constante renovación entre los autores de los delitos), los ciudadanos tendrán cada vez más sensación de incertidumbre, las ciudades cada vez serán menos seguras y las víctimas seguirán creciendo. Éste va a ser el resultado de la Proposición de Ley. Frente a ello otra vez el borbón, como sucede ahora, como ocurrió con las reformas de 2015 y 2022, volverá a proponernos más pena, más cárcel, más dureza y más represión.

No es éste el camino democrático, y no lo es porque, entre otras razones, está sobradamente comprobado que ampliar el catálogo de delitos e incrementar las penas a una sociedad más autoritaria.

En Getafe, a 18 de diciembre de 2025

Fco. Javier Álvarez García
Catedrático de Derecho Penal
Universidad Carlos III

Atribución de epígrafes a cada autor

ÁLVAREZ GARCÍA, FRANCISCO JAVIER
Lecciones 3ª, 4ª y 8ª
Lección 7ª (en coautoría con Amparo MARTÍNEZ GUERRA)
Lección 28ª (en coautoría con Margarita ROIG TORRES)

ALONSO RIMO, ALBERTO
Lección 11ª

ANDRÉS DOMÍNGUEZ, CRISTINA
Lección 14ª

BAÑERES DE FRUTOS, MANUEL
Lección 27ª (en coautoría con Miriam CUGAT MAURI y Francisco BAÑERES SANTOS)

BAÑERES SANTOS, FRANCISCO
Lección 27ª (en coautoría con Miriam CUGAT MAURI y Manuel BAÑERES DE FRUTOS)

CARRASCO ANDRINO, MARÍA DEL MAR
Lecciones 16ª, 17ª, 18ª y 19ª

CASAS HERVILLA, JORDI
Lección 5ª

CUGAT MAURI, MIRIAM
Lección 27ª (en coautoría con Francisco BAÑERES SANTOS y Manuel BAÑERES DE FRUTOS)

DE LA CUESTA AGUADO, PAZ
Lecciones 31ª, 36ª, 39ª y 40ª

ESCUDERO GARCÍA-CALDERÓN, BEATRIZ
Lección 24ª

GÓMEZ PAVÓN, PILAR
Lección 44ª

GUTIÉRREZ CASTAÑEDA, ANA
Lecciones 37ª y 38ª

HAVA GARCÍA, ESTHER
Lecciones 33ª, 34ª y 35ª

MANJÓN-CABEZA OLMEDA, ARACELI
Lección 15ª

MARTÍNEZ GUERRA, AMPARO
Lección 7ª (en coautoría con Francisco Javier ÁLVAREZ GARCÍA)

MOYA FUENTES, MARÍA DEL MAR
Lección 21ª

OTERO GONZÁLEZ, PILAR
Lecciones 32ª y 47ª

PASTRANA SÁNCHEZ, MARÍA ALEJANDRA
Lecciones 41ª, 42ª y 43ª

PÉREZ RIVAS, NATALIA
Lección 13ª

POMARES CINTAS, ESTHER
Lecciones 29ª y 30ª

REBOLLO VARGAS, RAFAEL
Lección 26ª

ROCA DE AGAPITO, LUIS
Lecciones 6ª, 9ª, 10ª y 25ª

RODRÍGUEZ MESA, MARÍA JOSÉ
Lección 2ª

ROIG TORRES, MARGARITA
Lección 28ª (en coautoría con Francisco Javier ÁLVAREZ GARCÍA)

SÁNCHEZ TOMÁS, JOSÉ MIGUEL
Lecciones 20ª, 23ª, 45 y 46ª

VÁZQUEZ-PORTOMEÑE SEIJAS, FERNANDO
Lección 12ª

VENTURA PÜSCHEL, ARTURO
Lecciones 1ª y 22ª

Abreviaturas

AAN	Auto de la Audiencia Nacional
AAP	Auto de Audiencia Provincial
AD	Anales de Derecho
ADC	Anuario de Derecho Civil
ADPCP	Anuario de Derecho Penal y Ciencias Penales
ADUM	Anales de Derecho de la Universidad de Murcia
AFD	Anuario de Filosofía del Derecho
AFDO	Anuario de la Facultad de Derecho de Ourense
AFDUAH	Anuario de la Faculta de Derecho de la Universidad de Alcalá de Henares
AFDUAM	Anuario de la Facultad de Derecho de la Universidad Autónoma de Madrid
AFDUC	Anuario da Facultade de Dereito da Universidade da Coruña
AFDUEx	Anuario de la Facultad de Derecho. Universidad de Extremadura
AFDUL	Anales de la Facultad de Derecho de la Universidad de La Laguna
AJA	Actualidad Jurídica Aranzadi
AJCVP	Auto del Juzgado Central de Vigilancia Penitenciaria
AJP	Auto de Juzgado de lo Penal
AJVP	Auto de Juzgado de Vigilancia Penitenciaria
AN	Audiencia Nacional
AP	Audiencia Provincial / Actualidad Penal
Art.	Artículo
ATC	Auto del Tribunal Constitucional de España
ATS	Auto del Tribunal Supremo
BOE	Boletín Oficial del Estado
Cap.	Capítulo
CC	Código Civil
CCo	Código de Comercio
CDJ	Cuadernos de Derecho Judicial
CE	Constitución Española
CEDH	Convenio Europeo de Derechos Humanos
CGPJ	Consejo General del Poder Judicial
(coord.)/(coords.)	Coordinador/coordinadores
CP	Código Penal
CP 1973	Código Penal de 1973

CPC	Cuadernos de Política Criminal
CPM	Código Penal Militar
DA	Documentación Administrativa
(dir.)/(dirs.)	Director/directores
D. J.	Documentación Jurídica
DLL	Diario La Ley
DUDH	Declaración Universal de Derechos Humanos
EBEP	Estatuto Básico del Empleado Público
(ed.)/(eds.)	Editor/editores
EDJ	Estudios de Derecho Judicial
EJB	Enciclopedia Jurídica Básica, Madrid, 1995
EJMF	Estudios Jurídicos del Ministerio Fiscal
EOMF	Estatuto Orgánico del Ministerio Fiscal
EPB	Enciclopedia Penal Básica, Granada, 2002
EPC	Estudios Penales y Criminológicos
ET	Estatuto de los Trabajadores
FFCCS	Fuerzas y Cuerpos de Seguridad
FGE	Fiscalía General del Estado
JGTS	Acuerdos de Pleno no jurisdiccional de la Sala 2ª del TS
JMer	Juzgado de lo Mercantil
J. P.	Juzgado de lo Penal
JpD	Jueces para la Democracia
JVM	Juzgado de Violencia sobre la Mujer
JVP	Juzgado de Vigilancia Penitenciaria
LAJ	Letrado de la Administración de Justicia
LCS	Ley de Contrato de Seguro
LEC	Ley de Enjuiciamiento Civil
LECrim	Ley de Enjuiciamiento Criminal
LGT	Ley General Tributaria
LH	Libro Homenaje / Ley Hipotecaria
LJCA	Ley de la Jurisdicción Contencioso-Administrativa
LO	Ley Orgánica
LOGP	Ley Orgánica General Penitenciaria
LOPJ	Ley Orgánica del Poder Judicial
LOTJ	Ley Orgánica del Tribunal del Jurado
LL	Diario La Ley
LLP	La Ley Penal

LOFSC	Ley Orgánica de Fuerzas y Cuerpos de Seguridad
LOPJ	Ley Orgánica del Poder Judicial
LOPSC	Ley Orgánica de Protección de la Seguridad Ciudadana
LPAC	Ley de Procedimiento Administrativo Común
LRJSP	Ley del Régimen Jurídico del Sector Público
LSP	Ley de Seguridad Privada
Mº F.	Ministerio Fiscal
MFC	Manuales de Formación Continuada, ed. CGPJ
NEJ	Nueva Enciclopedia Jurídica
PIDCP	Pacto Internacional de Derechos Civiles y Políticos
PIDESC	Pacto Internacional de Derechos Económicos, Sociales y Culturales
PJ	Revista Poder Judicial
POUM	Plan de Ordenación Urbana Municipal
PT	Práctica de Tribunales
RAD	Revista Aranzadi Doctrinal
RCG	Revista de las Cortes Generales
RCCP	Revista de Ciencias Penales
RDPC	Revista de Derecho Penal y Criminología
RDPP	Revista de derecho y proceso penal
REALA	Revista de Estudios de la Administración Local y Autonómica
ReCRIM	Revista de l'Institut Universitari d'Investigació en Criminologia i Ciències Penals de la UV
RECPC	Revista Electrónica de Ciencia Penal y Criminología
REDA	Revista Española de Derecho Administrativo
RDFHP	Revista de Derecho Financiero y de Hacienda Pública
REDC	Revista Española de Derecho Constitucional
REDM	Revista Española de Derecho Militar
REJ	Revista de Estudios de la Justicia
REP	Revista de estudios políticos
RFDUCM	Revista de la Facultad de Derecho de la Universidad Complutense de Madrid
RFDUG	Revista de la Facultad de Derecho de la Universidad de Granada
RGD	Revista General de Derecho
RGDA	Revista General de Derecho Administrativo
RGDP	Revista General de Derecho Penal
RGLJ	Revista General de Legislación y Jurisprudencia
RJA	Repertorio de Jurisprudencia Aranzadi

RJCat	Revista Jurídica de Cataluña
RJCyL	Revista Jurídica de Castilla y León
RJUAM	Revista Jurídica de la Universidad Autónoma de Madrid
RP	Revista Penal / Reglamento Penitenciario
RPMex	Revista Penal México
RSistPC	Revista Sistema Penal Crítico
RVAP	Revista Vasca de Administración Pública
RXUSC	Revista Xuridica da Universidade de Santiago de Compostela
SAN	Sentencia de la Audiencia Nacional
SAP	Sentencia de la Audiencia Provincial
SJP	Sentencia de Juzgado de lo Penal
STC	Sentencia del Tribunal Constitucional de España
STEDH	Sentencia del Tribunal Europeo de Derechos Humanos
STS	Sentencia del Tribunal Supremo
STSJ	Sentencia del Tribunal Superior de Justicia
TC	Tribunal Constitucional de España
TEDH	Tribunal Europeo de Derechos Humanos
Tít.	Título
TJCE	Tribunal de Justicia de las Comunidades Europeas
TS	Tribunal Supremo de España
TSJ	Tribunal Superior de Justicia
VV.AA.	Varios autores

Bibliografía general

Manuales y obras generales

ACALE SÁNCHEZ, M. (coord.) *Lecciones y materiales para el Estudio del Derecho penal. Tomo IV. Derecho penal. Parte especial (Derecho penal económico)*, 3ª ed. Madrid, 2023.

ACALE SÁNCHEZ, M. y TERRADILLOS BASOCO, J. (coords.) *Temas de Derecho Penal Económico*, Madrid, 2004.

AGUDO FERNÁNDEZ, E., JAÉN VALLEJO, M. y PERRINO PÉREZ, Á. L. *Derecho penal aplicado. Parte especial. Delitos contra el patrimonio y contra el orden socioeconómico*, 2ª ed., Madrid, 2019.

ÁLVAREZ GARCÍA, F. J. (dir.) *Derecho Penal Español. Parte Especial (I)*, 4ª ed., Valencia, 2024.

ÁLVAREZ GARCÍA, F. J. (dir.) *La adecuación del Derecho Penal español al Ordenamiento de la Unión Europea. La Política Criminal europea*, Valencia, 2009.

ÁLVAREZ GARCÍA, F. J. (dir.) *Doctrina Penal de los Tribunales Españoles*, 2ª ed., Valencia, 2007.

ÁLVAREZ GARCÍA, F. J. y GONZÁLEZ CUSSAC, J. L. (dirs.) *Comentarios a la Reforma Penal de 2010*, Valencia, 2010.

ÁLVAREZ GARCÍA, F. J. y GONZÁLEZ CUSSAC, J. L. (dirs.) *Consideraciones a propósito del Proyecto de Ley de 2009 de modificación del Código Penal*, Valencia, 2010.

ÁLVAREZ GARCÍA, F. J. y otros *Código Penal Comentado*, Madrid, 1990.

AYALA GÓMEZ, I. y ORTIZ DE URBINA GIMENO, Í. (coords.) *Memento práctico Penal económico y de la empresa*, Madrid, 2016.

BACIGALUPO ZAPATER, E. (dir.) *Curso de Derecho penal económico*, 2ª ed., Madrid, 2005.

BAJO FERNÁNDEZ, M. (dir.) *Compendio de Derecho Penal (Parte Especial). Volumen II*, Madrid, 1998.

BAJO FERNÁNDEZ, M. *Derecho penal económico aplicado a la actividad empresarial*, Madrid, 1978.

BAJO FERNÁNDEZ, M. y BACIGALUPO SAGESSE, S., *Derecho penal económico*, 2ª ed., Madrid, 2010.

BASCUÑÁN, A. y WILENMANN, J., *Derecho Penal Económico chileno. Tomo I.*, Santiago de Chile, 2023.

BOIX REIG, J. (dir.) *Derecho Penal. Parte Especial. Volumen II. Delitos económicos*, 2ª ed., Madrid, 2020.

BOIX REIG, J. (dir.) *Diccionario de Derecho Penal Económico*, 2ª edición, Madrid, 2017.

BOLDOVA PASAMAR, M. Á., ROMEO CASABONA, C. Mª y SOLA RECHE, E. (coords.) *Derecho Penal. Parte Especial*, 3ª ed., Granada, 2023.

BUSTOS RAMÍREZ, J., *Manual de Derecho Penal. Parte Especial*, Barcelona, 1986.

BUSTOS RUBIO, M. y ABADÍAS SELMA, A., *Temas prácticos para el estudio del Derecho penal económico*, 2ª ed., Madrid, 2022.

BUSTOS RUBIO, M., GÓMEZ PAVÓN, P. y PAVÓN HERRADÓN, D., *Delitos económicos. Análisis doctrinal y jurisprudencial*, Barcelona, 2019.

CALDERÓN CEREZO, Á. y CHOCLÁN MONTALVO, J. A., *Código penal comentado*, Bilbao, 2005.

CAMACHO VIZCAÍNO, A. (dir.) *Tratado de Derecho Penal Económico*, Valencia, 2019.

CLIMENT DURÁN, C. *Código Penal con jurisprudencia sistematizada*, 3ª ed., Valencia, 2010.

COBO DEL ROSAL, M. (coord.) *Derecho Penal español. Parte Especial*, 2ª ed., Madrid, 2005.

COBO DEL ROSAL, M. (dir.) *Compendio de Derecho Penal Español (Parte Especial)*, Madrid, 2000.

COBO DEL ROSAL, M. (dir.) *Comentarios al Código Penal*, varios tomos, Madrid, 1996-1999.

COBO DEL ROSAL, M. (dir.) *Curso de Derecho penal español. Parte Especial*, 2 vols., Madrid, 1996-1997.

COBOS GÓMEZ DE LINARES, M. Á., RODRÍGUEZ RAMOS, L. y SÁNCHEZ TOMÁS, J. M., *Derecho penal. Parte especial. Tomo III: Delitos contra el Patrimonio y el orden socioeconómico*, Madrid, 1999.

COBOS GÓMEZ DE LINARES, M. Á., LÓPEZ BARJA DE QUIROGA, J. y RODRÍGUEZ RAMOS, L., *Manual de Derecho Penal. Parte Especial. II*, 2ª. ed., Madrid, 1991.

CONDE-PUMPIDO FERREIRO, C. (dir.) *Código Penal comentado. Con concordancias y jurisprudencia*, 3ª ed., Barcelona, 2012.

CORCOY BIDASOLO, M. y MIR PUIG, S. (dirs.) *Comentarios al Código Penal. Reforma LO 1/2015 y LO 2/2015*, Valencia, 2015.

CORCOY BIDASOLO, M. y GÓMEZ MARTÍN, V. (dirs.) *Manual de Derecho penal económico y de empresa. Parte general y Parte especial. Doctrina y jurisprudencia con casos solucionados. Tomo 2*, 2ª ed., Valencia, 2020.

CÓRDOBA RODA, J., y GARCÍA ARÁN, M. (dirs.) *Comentarios al Código Penal. Parte Especial*, Madrid, 2004.

CRUZ PALMERA, R., GONZÁLEZ VAZ, C., PINTO PALACIOS, F. y SANTOS MARTÍNEZ, A. M. *Manual práctico de Derecho Penal: Parte Especial: delitos y sus penas*, 2ª ed., Madrid, 2023.

CUELLO CALÓN, J. *Derecho Penal. Parte Especial*, T. II, Barcelona, 1949.

DEMETRIO CRESPO, E. (dir.) *Derecho penal económico y teoría del delito*, Valencia, 2020.

DEMETRIO CRESPO, E. y NIETO MARTÍN, A. (dirs.) *Derecho penal económico y Derechos Humanos*, Valencia, 2018.

DEMETRIO CRESPO, E. y SERRANO-PIEDECASAS FERNÁNDEZ, J. R. (dirs.) *Cuestiones actuales de Derecho penal económico*, Madrid, 2008.

DE URBANO CASTRILLO, E. *Derecho penal económico: 101 casos resueltos por el Tribunal Supremo*, Madrid, 2020.

DÍEZ RIPOLLÉS, J. L. y ROMEO CASABONA, C. Mª (coords.), *Comentarios al Código Penal. Parte Especial*, Valencia, 2004.

FERNÁNDEZ TERUELO, J. G. *Instituciones de Derecho penal económico y de la empresa*, Valladolid, 2013.

FERRER SAMA A. *Comentarios al Código Penal*, t. I.-IV, Murcia, 1946-1956.

GALÁN MUÑOZ, A. y NÚÑEZ CASTAÑO, E. *Manual de Derecho Penal Económico y de la Empresa*, 5ª ed., Valencia, 2023.

GARCÍA CAVERO, P. *Derecho penal económico. Parte General*, 4ª ed., Lima, 2022.

GARCÍA CAVERO, P. *Derecho penal económico. Parte Especial*, Lima, 2015.

GARCÍA VALDÉS, C., MESTRE DELGADO, E. y FIGUEROA NAVARRO, C. *Lecciones de Derecho Penal. Parte Especial*, 3ª ed., Madrid, 2017.

GÓMEZ BENÍTEZ, J. M. *Curso de Derecho penal de los negocios a través de casos*, Madrid, 2001.

GÓMEZ-JARA DÍEZ, C. *Cuestiones fundamentales de Derecho penal económico. Parte general y parte especial*, Buenos Aires, 2014.

GÓMEZ RIVERO, Mª C. (dir.) *Fundamentos de Derecho Penal. Parte Especial. Volumen I.*, 2ª ed., Madrid, 2023.

GÓMEZ RIVERO, Mª C. (dir.) *Fundamentos de Derecho Penal. Parte Especial. Volumen II*, Madrid, 2023.

GÓMEZ RIVERO, Mª C. (coord.) *Nociones fundamentales de Derecho Penal. Volumen II. Parte especial*, Madrid, 2019.

GÓMEZ TOMILLO, M. (dir.) *Comentarios prácticos al Código Penal. Tomo III: Delitos contra el patrimonio y socioeconómicos. Artículos 234-318 bis*, Pamplona, 2015.

GÓMEZ TOMILLO, M. (dir.) *Comentarios al Código Penal*, 2ª ed., Valladolid, 2011.

GONZÁLEZ CUSSAC, J. L. (dir.) *Tratado de Derecho Penal Económico y de la Empresa 2 Tomos*, Valencia, 2025.

GONZÁLEZ CUSSAC, J. L. (coord.) *Derecho Penal. Parte Especial*, 8ª ed. Valencia, 2023.

GONZÁLEZ CUSSAC, J. L. (dir.) *Comentarios a la Reforma Penal de 2015*, 2ª ed., Valencia, 2015.

GROIZARD Y GÓMEZ DE LA SERNA, A. *El Código Penal de 1870, concordado y comentado*, 2ª ed., Madrid, 1902.

JUANES PECES, A. (dir.) *Reforma del Código Penal. Perspectiva económica tras la entrada en vigor de la Ley Orgánica 5/2010 de 22 de junio. Situación Jurídico-Penal del Empresario*, Madrid, 2010.

LAMARCA PÉREZ, C. (coord.) *Delitos. La parte especial del Derecho penal*, 7ª ed., Madrid, 2022.

LANDECHO VELASCO, C. M. y MOLINA BLÁZQUEZ, C. *Derecho penal español. Parte Especial*, Madrid, 1996.

LIÑÁN LAFUENTE, A. (coord.) *Delitos económicos y empresariales*, Madrid, 2020.

LÓPEZ GARRIDO, D./GARCÍA ARÁN, M. El Código Penal de 1995 y la voluntad del legislador, Madrid, 1996.

LUZÓN CUESTA, J. M. *Compendio de Derecho Penal. Parte Especial*, 25ª ed., Madrid, 2023.

LUZÓN PEÑA, D. M. (dir.) *Enciclopedia Penal Básica*, Granada, 2002.

MARCOS GUTIÉRREZ, J. F. *Práctica Criminal de España*, 2ª ed., Madrid, 1819.

MARÍN DE ESPINOSA CEBALLOS, E. (dir.) *Lecciones de Derecho Penal. Parte Especial*, 5ª ed., Valencia, 2025.

MARTÍNEZ-BUJÁN PÉREZ, C. *Derecho penal económico y de la empresa. Parte Especial*, 7ª ed., Valencia, 2023.

MARTÍNEZ-BUJÁN PÉREZ, C. *Derecho penal económico y de la empresa. Parte General* 6ª ed., Valencia, 2022.

MOLINA FERNÁNDEZ, F. (coord.) *Memento práctico Penal*, Madrid, 2024.

MORENO CANOVÉS, A. y RUIZ MARCO, F. *Delitos socioeconómicos*, Zaragoza, 1996.

MORILLAS CUEVA, L. (dir.) *Estudios sobre el Código Penal reformado. (Leyes Orgánicas 1/2015 y 2/2015)*, Madrid, 2015.

MUÑOZ CONDE, F. *Derecho Penal. Parte Especial*, 25ª ed., Valencia, 2023.

NAVAS MONCADA, I. (dir.) *Derecho penal económico. Parte general*, Valencia, 2024.

OLMEDO CARDENETE, M. D. y TÁRRAGO RUIZ, A. (dirs.) *Casos prácticos de Derecho penal económico con jurisprudencia*, Madrid, 2016.

ORTIZ DE URBINA GIMENO, Í. (coord.) *Memento experto Reforma penal 2010*, Madrid, 2010.

PACHECO Y GUTIÉRREZ CALDERÓN, J. F. *El Código Penal. Concordado y comentado*, 3ª ed., Madrid, 1867.

PAÍNO RODRÍGUEZ, F. J. (coord.) *Derecho Penal. Parte Especial*, Madrid, 2025.

POLAINO NAVARRETE, M. (dir.) *Lecciones de Derecho Penal. Parte Especial*, 2ª ed., Madrid, 2019.

QUERALT JIMÉNEZ, J. J. *Derecho Penal Español. Parte Especial*, 7ª ed. Valencia, 2015.

QUINTANO RIPOLLÉS, A. *Comentarios al Código Penal*, 2ª ed., Madrid, 1966.

QUINTANO RIPOLLÉS, A. *Curso de Derecho Penal, Tomo II*, Madrid, 1963.

QUINTANO RIPOLLÉS, A. *Tratado de la Parte Especial del Derecho Penal. Tomo II. Infrac— ciones patrimoniales de apoderamiento*, 2ª ed., Madrid, 1977.

QUINTANO RIPOLLÉS, A. *Tratado de la Parte Especial del Derecho Penal. Tomo III. Infracción sobre el propio patrimonio, daños y leyes especiales*, 2ª ed., Madrid, 1978.

QUINTERO OLIVARES, G. (dir.) *Comentarios al Código Penal Español*, 8ª ed., Cizur Menor, 2024.

QUINTERO OLIVARES, G. (coord.) *Comentario a la reforma penal de 2015*, Cizur Menor, 2015.

RAGUÉS I. VÀLLES, R. y ROBLES PLANAS, R. (dirs.) *Delito y empresa: estudios sobre la teoría del delito aplicada al derecho penal económico-empresarial*, Barcelona, 2018.

RODRÍGUEZ DEVESA, J. Mª y SERRANO GÓMEZ, A. *Derecho Penal español. Parte Especial*, 18ª ed., Madrid, 1995.

RODRÍGUEZ MOURULLO, G. (dir.) *Comentarios al Código Penal*, Madrid, 1997.

RODRÍGUEZ RAMOS, L., RODRÍGUEZ-RAMOS LADARÍA, G. y RODRÍGUEZ DE MIGUEL RAMOS, J. (dir.) *Código Penal concordado y comentado con jurisprudencia*, 7ª ed., Madrid, 2023.

ROMA VALDÉS (dir.), A *Código Penal comentado*, 2ª ed., Madrid, 2022.

RUBIO LARA, P. Á. *Parte especial de derecho penal económico español: una aproximación al estado de la cuestión en la doctrina y jurisprudencia españolas*, Madrid, 2006.

SERRANO BUTRAGUEÑO, I. (dir.) *Código Penal de 1995. (Comentarios y Jurisprudencia)*, 3ª ed., Granada, 2001.

SERRANO GÓMEZ, A., SERRANO MAÍLLO, A., SERRANO TÁRRAGA, Mª D. y VÁZQUEZ GONZÁLEZ, C. *Curso de Derecho Penal. Parte Especial*, 6ª ed., Madrid, 2021.

SERRANO GÓMEZ, A. y SERRANO MAÍLLO, A. *Derecho penal. Parte Especial*, 16ª ed., Madrid, 2011.

SERRANO TÁRRAGA, Mª D. (coord.) *Derecho Penal. Parte Especial*, 2ª ed., Valencia, 2024.

SILVA SÁNCHEZ, J. Mª (dir.) *Lecciones de Derecho Penal. Parte Especial*, Barcelona, 10ª ed., 2025.

SILVA SÁNCHEZ, J. Mª (dir.) *Lecciones de derecho penal económico y de la empresa. Parte general y especial*, 2ª ed., Barcelona, 2023.

SILVA SÁNCHEZ, J. Mª *Fundamentos del Derecho penal de la empresa*, 2ª ed., Madrid, 2016.

SUÁREZ-MIRA RODRÍGUEZ, C. (dir.) *Manual de Derecho Penal. Parte Especial. Tomo II*, 9ª ed., Navarra, 2023.

TIEDEMANN, K. *Manual de Derecho Penal Económico. Parte General y Especial*, Valencia, 2010.

VÁZQUEZ IRUZUBIETA, C. *Código Penal comentado*, Barcelona, 2015.

VIVES ANTÓN, T. S. (dir.) *Comentarios al Código Penal de 1995*, Valencia, 1996.

VIZMANOS, T. M. y ÁLVAREZ MARTÍNEZ, C. *Comentarios al Código Penal. Tomo II*, Madrid, 1848.

Libros Homenaje

CORRECHER MIRA, J., GILI PASCUAL, A., GUARDIOLA GARCÍA, J., LLABRÉS FUSTER, A., MARTÍNEZ GARAY, L., RAMÓN RIBAS, E., TOMÁS-VALIENTE LANUZA, C. y VIANA BALLESTER, C. (coords.) *Estudios Penales en homenaje al Profesor Juan Carlos Carbonell Mateu*, Valencia, 2025.

AMARAL MACHADO, B., ANITUA, G. I., MONCLÚS MASÓ, M. y ROTTA ALMEIDA, B. (coords.) *Penalidad y derechos humanos entre Europa y Latinoamérica: homenaje a Iñaki Rivera Beiras*, Barcelona, 2025.

BRANDARIZ GARCÍA, J. Á., FARALDO CABANA, P., PUENTE ABA, L. Mª, RAMOS VÁZQUEZ, J. A. y SOUTO GARCÍA, E. Mª (coord.) *Un derecho penal moderno para una democracia del siglo XXI: Libro homenaje al Prof. Dr. Carlos Martínez-Buján Pérez*, Valencia, 2025.

DE PABLO SERRANO, A., GÓMEZ TOMILLO, M., JAVATO MARTÍN, A. y MATEOS BUSTAMANTE, .J. (coords.) Liber amicorum *en Homenaje a la Profesora Mercedes Alonso Álamo,* Valladolid, 2024.

DÍAZ Y GARCÍA-CONLLEDO, M., GARCÍA MOSQUERA, M., LUZÓN PEÑA, D. M. y RODRÍGUEZ VÁZQUEZ, V. (dirs.) *Libro homenaje al profesor Javier de Vicente Remesal por su 70º. aniversario,* Madrid, 2024.

CEREZO DOMÍNGUEZ, A. I., GARCÍA ESPAÑA, E., GARCÍA PÉREZ, O., MUÑOZ SÁNCHEZ, J. (dirs.) *Estudios político-criminales, jurídico-penales y criminológicos: libro homenaje al profesor José Luis Díez Ripollés,* 2ª ed., Valencia, 2023.

LASCURAÍN SÁNCHEZ, J. A. y PEÑARANDA RAMOS, E. (coords.) Liber Amicorum. *Estudios en homenaje a Julio Díaz-Maroto y Villarejo,* Madrid, 2023.

BOLEA BARDÓN, C., GALLEGO SOLER, J. I., GÓMEZ MARTÍN, V. HORTAL IBARRA, J. C. y JOSHI JUBERT, U. (dirs.) *Un modelo integral de Derecho penal: libro homenaje a la profesora Mirentxu Corcoy Bidasolo,* Madrid, 2022.

CARPIO BRIZ, D. I., CASTELLVÍ MONSERRAT, C., FERNÁNDEZ BAUTISTA, S. y SANTANA VEGA, D. Mª (dirs.) *Una perspectiva global del Derecho Penal: Libro homenaje al profesor Dr. Joan J. Queralt Jiménez,* Barcelona, 2022.

AYALA GARCÍA, J. M., DEL OLMO GÁLVEZ, J. y SÁNCHEZ SISCART, J. M. (coords.) *Libro en Homenaje a María Poza Cisneros. Una Magistrada para el siglo XXI,* Valencia, 2022.

DE VICENTE MARTÍNEZ, R., GÓMEZ INIESTA, D. J., MARTÍN LÓPEZ, Mª T., MUÑOZ DE MORALES ROMERO, M. y NIETO MARTÍN, A. (coords.) *Libro Homenaje al Profesor Luis Arroyo Zapatero. Un Derecho penal humanista,* Madrid, 2021.

DE LA CUESTA ARZAMENDI, J. L. y PÉREZ MACHÍO, A. I. (dirs.) *Contra la política criminal de tolerancia cero: libro-homenaje al Profesor Dr. Ignacio Muñagorri Laguía,* Pamplona, 2021.

ABEL SOUTO, M., BRAGE CENDÁN, S. B., GUINARTE CABADA, G., MARTÍNEZ-BUJÁN PÉREZ, C. y VÁZQUEZ-PORTOMEÑE SEIJAS, F. (coord.) *Estudios penales en homenaje al profesor José Manuel Lorenzo Salgado,* Valencia, 2021.

NÚÑEZ PAZ, M. Á., OLMEDO CARDENETE, M., POLAINO ORTS, M. y SANZ MULAS, N. (coords.) *Ciencia penal y generosidad. De lo mexicano a lo universal. Libro Homenaje a Carlos Juan Manuel Daza Gómez.* In memoriam, Barcelona, 2021.

MARÍN DE ESPINOSA CEBALLOS, E. (dir.) *El derecho penal en el siglo XXI.* Liber amicorum *en honor al profesor José Miguel Zugaldía Espinar,* Valencia, 2021.

DE ANDRÉS DOMÍNGUEZ, A. C., IGLESIAS RÍO, M. Á., MARTÍN LORENZO, M., PÉREZ MANZANO, M. y VALLE MARISCAL DE GANTE, M. (coords.) *Estudios en homenaje a la profesora Susana Huerta Tocildo,* Madrid, 2020.

DE VICENTE REMESAL, J., DÍAZ Y GARCÍA-CONLLEDO, M., LOMBANA VILLALBA, J. A., OLAIZOLA NOGALES, I., PAREDES CASTAÑÓN, J. M., ROSO CAÑADILLAS, R., y TRAPERO BARREALES, Mª A. (dirs.), *Libro homenaje al Profesor Diego Manuel Luzón Peña con motivo de su 70º aniversario,* Madrid, 2020.

GONZÁLEZ CUSSAC, J. L. (dir.), *Estudios jurídicos en memoria de la Profesora Doctora Elena Górriz Royo,* Valencia, 2020.

BASSO, G., CANCIO MELIÁ, M., FAKHOURI, Y., GUÉREZ TRICARICO, P., MARAVER GÓMEZ, M., y RODRÍGUEZ HORCAJO, D. (eds.), *Libro Homenaje al Profesor Dr. Agustín Jorge Barreiro,* Madrid, 2019.

PORTILLA CONTRERAS, G. y VELÁSQUEZ VELÁSQUEZ, F. (dirs.) *Un juez para la democracia: libro homenaje a Perfecto Andrés Ibáñez,* Madrid, 2019.

CHINGUEL RIVERA, A. I. y GARCÍA CAVERO, P. (coords.) *Derecho Penal y Persona: Libro homenaje al Prof. Dr. H. C. Mult. Jesús María Silva Sánchez, Lima*, 2019.

MEDINA CUENCA, A. (coord.) *Perspectiva multidimensional del conflicto penal, de la política criminal a la concreción normativa: "la línea invisible". Libro homenaje a la profesora Dra. María Acale Sánchez*, La Habana, 2019.

DÍAZ Y GARCÍA-CONLLEDO, M. y LUZÓN PEÑA, D. M. (dirs.) *Un puente de unión de la ciencia penal alemana e hispana:* Liber amicorum *en homenaje al profesor doctor Jürgen Wolter por su 75° aniversario*, Madrid, 2018.

DE LA CUESTA AGUADO, P. y otros Liber Amicorum. *Estudios Jurídicos en Homenaje al Prof. Dr. Dr.h.c. Juan Mª. Terradillos Basoco*, Valencia, 2018.

GARCÍA ALBERO, R., MORALES PRATS, F. y TAMARIT SUMALLA, J. Mª (coords.) *Represión penal y estado de derecho: homenaje al profesor Gonzalo Quintero Olivares*, Pamplona, 2018.

RAMÍREZ BARBOSA, P. A. (dir.) *Desafíos del derecho penal en la sociedad del siglo XXI: libro homenaje a Ignacio Berdugo Gómez de la Torre*, Bogotá, 2018.

GÓMEZ-JARA DÍEZ, C. (coord.) *Persuadir y Razonar: Estudios Jurídicos en Homenaje a José Manuel Maza Martín*, Navarra, 2018.

BARQUÍN SANZ, J., BENÍTEZ ORTÚZAR, I. F., JIMÉNEZ DÍAZ, M. ªJ. y SÁINZ-CANTERO CAPARRÓS, J. E. (dirs.) *Estudios jurídico penales y criminológicos. En homenaje a Lorenzo Morillas Cueva*, Madrid, 2018.

CASTIÑEIRA PALOU, Mª T., CORCOY BIDASOLO, M., QUERALT JIMÉNEZ, J. J. y SILVA SÁNCHEZ, J. Mª (coords.), *Estudios de derecho penal: homenaje al profesor Santiago Mir Puig*, Buenos Aires/Montevideo, 2017.

MEDINA CUENCA, A. (coord.) *Luces y sombras de la reforma penal y procesal penal en Iberoamérica: Libro Homenaje al profesor Dr. Ignacio F. Benítez Ortúzar*, La Habana, 2017.

BACIGALUPO SAGGESE, S., FEIJÓO SÁNCHEZ, B. y ECHANO BASALDÚA, J. I. (coords.) *Estudios de Derecho Penal. Homenaje al profesor Miguel Bajo*, Madrid, 2016.

MAQUEDA ABREU, Mª L., MARTÍN LORENZO, M. y VENTURA PÜSCHEL, A. (coords.) *Derecho Penal para un estado social y democrático de derecho: estudios penales en homenaje al profesor Emilio Octavio de Toledo y Ubieto*, Madrid, 2016.

ÁLVAREZ GARCÍA, F. J., COBOS GÓMEZ DE LINARES, M. Á., GÓMEZ PAVÓN, P., MANJÓN-CABEZA OLMEDA, A. y MARTÍNEZ GUERRA, A. (coords.) *Libro homenaje al profesor Luis Rodríguez Ramos*, Valencia, 2013.

CORTÉS BECHIARELLI, E., FERRÉ OLIVÉ, J. C., LORENZO SALGADO, J. M., MUÑOZ CONDE, F. y NÚÑEZ PAZ, M. Á. (coords.) *Un derecho penal comprometido: libro homenaje al prof. Dr. Gerardo Landrove Díaz*, Valencia, 2011.

LUZÓN PEÑA, D. M. (dir.), *Derecho penal del estado social y democrático de derecho: Libro homenaje a Santiago Mir Puig*, Madrid, 2010.

CARBONELL MATEU, J. C., GONZÁLEZ CUSSAC, J. L. y ORTS BERENGUER, E. (dirs.) *Constitución, derechos fundamentales y sistema penal (Semblanzas y estudios con motivo del setenta aniversario del Profesor Tomás Salvador Vives Antón)*, Valencia, 2009.

MORALES PRATS, F. y QUINTERO OLIVARES, G. (coords.) *Estudios de Derecho ambiental: Libro homenaje al profesor Josep Miquel Prats Canut*, Valencia, 2008.

MUÑOZ CONDE, F. (dir.) *Estudios homenaje a María del Mar Díaz Pita. Problemas actuales del Derecho penal y de la Criminología*, Sevilla, 2008.

ALCÁCER GUIRAO, R., CUERDA RIEZU, A. R., GARCÍA VALDÉS, C., MARTÍNEZ ESCAMILLA, M., y VALLE MARISCAL DE GANTE, M. (coords.) *Estudios penales en homenaje a Enrique Gimbernat*, Madrid, 2008.

PÉREZ ÁLVAREZ, F. (ed.) *Universitas vitæ: Homenaje a Ruperto Núñez Barbero*, Salamanca, 2007.

BUENO ARÚS, F., KURY, H., RODRÍGUEZ RAMOS, L., Y ZAFFARONI, E. R. (dirs.) *Derecho penal y criminología como fundamento de la política criminal. Estudios en homenaje al profesor Alfonso Serrano Gómez*, Madrid, 2007.

AA.VV. *Derecho y justicia penal en el siglo XXI. En Homenaje al profesor Antonio González-Cuéllar García*, Madrid, 2006.

BENÍTEZ ORTÚZAR, I. F., MORILLAS CUEVA, L. y PERIS RIERA, J. M. (coords.) *Estudios jurídico-penales sobre genética y biomedicina: Libro-homenaje al Prof. Dr. D. Ferrando Mantovani*, Madrid, 2006.

AA.VV. *Homenaje al Profesor Dr. Gonzalo Rodríguez Mourullo*, Madrid, 2005.

CARBONELL MATEU, J. C., DEL ROSAL BLASCO, B., MORILLAS CUEVA, L., ORTS BERENGUER, E. y QUINTANAR DÍEZ, M. (coords.) *Estudios penales en Homenaje al Profesor Cobo del Rosal*, Madrid, 2005.

VELÁSQUEZ VELÁSQUEZ, F. (coord.) *Derecho penal liberal y dignidad humana: libro homenaje al Doctor Hernando Londoño Jiménez*, Bogotá, 2005.

LÓPEZ BARJA DE QUIROGA, J. y ZUGALDÍA ESPINAR, J. M. (coords.) *Dogmática y Ley Penal. Libro homenaje a Enrique Bacigalupo*, Madrid, 2004.

CORTÉS BECHIARELLI, E., GURDIEL SIERRA, M., y OCTAVIO DE TOLEDO Y UBIETO, E. (coords.) *Estudios penales en recuerdo del profesor Ruiz Antón*, Valencia, 2004.

DE FIGUEIREDO DIAS, J., POLITOFF LIFSCHITZ, S., SERRANO GÓMEZ, A. y ZAFFARONI, E. R. (dirs.) *Manuel de Rivacoba y Rivacoba: homenaje. El penalista liberal. Controversias nacionales e internacionales en Derecho penal, procesal penal y Criminología*, Buenos Aires, 2004.

MONTEALEGRE LYNETT, E. (coord.) *El funcionalismo en Derecho penal. Libro Homenaje al profesor Günther Jakobs*, Bogotá, 2003.

PÉREZ ÁLVAREZ, F. (ed.) *Serta: In memoriam Alexandro Baratta*, Salamanca, 2004.

DÍEZ RIPOLLÉS, J. L., GRACIA MARTÍN, L., HIGUERA GUIMERÁ, J. L. y ROMEO CASANOVA, C. Mª (coords.) *La ciencia del derecho penal ante el nuevo siglo. Libro homenaje al profesor doctor Don José Cerezo Mir*, Madrid, 2002.

ECHANO BASALDÚA, J. I. (coord.) *Estudios Jurídicos en Memoria de José María Lidón*, Bilbao, 2002.

MORALES PRATS, F. y QUINTERO OLIVARES, G. (coords.) *El Nuevo Derecho Penal Español. Estudios Penales en Memoria del Profesor José Manuel Valle Muñiz*, Pamplona, 2001.

ARROYO ZAPATERO, L. y BERDUGO GÓMEZ DE LA TORRE, I. (coords.) *Homenaje al Dr. Marino Barbero Santos: in memoriam*, Cuenca, 2001.

ZUGALDÍA ESPINAR, J. M. y ROCA ROCA, E. (coords.) *Los Derechos Humanos. Libro Homenaje al Excmo. Sr. D. Luis Portero García*, Granada, 2001.

BERISTAIN IPIÑA, A., CEREZO MIR, J., ROMEO CASABONA, C. M. y SUÁREZ MONTES, R. F. (eds.) *El nuevo Código Penal: presupuestos y fundamentos. Libro Homenaje al Profesor Doctor Don Ángel Torío López*, Granada, 1999.

AA.VV. *Estudios jurídicos en memoria del profesor Dr. D. José Ramón Casabó Ruiz*, Valencia, 1997.

GONZÁLEZ RUS, J. J. (coord.) *Estudios penales y jurídicos. Homenaje al Prof. Dr. Enrique Casas Barquero*, Córdoba, 1996.

AA.VV. *Hacia un Derecho penal económico europeo. Jornadas en honor del Profesor Klaus Tiedemann*, Madrid, 1995.

SCHÜNEMANN, B. y DE FIGUEIREDO DIAS, J. (coords.) *Fundamentos de un sistema europeo del Derecho penal. Libro-Homenaje a Claus Roxin con ocasión de su doctorado* honoris causa *por la Universidad de Coimbra,* Barcelona, 1995.

AA.VV. *Política Criminal y reforma penal. Homenaje a la memoria del Prof. Dr. D. Juan del Rosal,* Madrid, 1993.

DE LA CUESTA ARZAMENDI, J. L., DENDALUZE SEGUROLA, I. y ECHEBURÚA ODRIOZOLA, E. (comps.) *Criminología y Derecho penal al servicio de la persona, 1989. Libro-homenaje al profesor Antonio Beristain,* San Sebastián, 1989.

AA.VV. *Estudios penales en memoria del profesor Agustín Fernández Albor,* Santiago de Compostela, 1989.

AA.VV. *Estudios de Derecho penal y criminología. Homenaje al Prof. J. M. Rodríguez Devesa,* Madrid, 1989.

AA.VV. "Homenaje al Prof. José Antonio Sainz Cantero", *Revista de la Facultad de Derecho de la Universidad de Granada,* nº 12, 1987.

AA.VV. "Homenaje a Jiménez de Asúa", *Revista de la Facultad de Derecho de la Universidad Complutense de Madrid,* nº 11, 1986.

CÓRDOBA RODA, J., MIR PUIG, S., y QUINTERO OLIVARES, G. (coords.) *Estudios jurídicos en honor del profesor Octavio Pérez-Vitoria,* Barcelona, 1983.

BARBERO SANTOS, M., CEREZO MIR, J., GIMBERNAT ORDEIG, E. y NÚÑEZ BARBERO, R. (coords.) *Estudios penales. Libro homenaje al prof. J. Antón Oneca,* Salamanca, 1982.

AA.VV. *Problemas actuales de las Ciencias Penales y de la Filosofía del Derecho. En homenaje al Profesor Jiménez de Asúa,* Buenos Aires, 1970.

Lección 1ª

Introducción a los Delitos contra el patrimonio y contra el orden socioeconómico

ARTURO VENTURA PÜSCHEL

SUMARIO. I. INTRODUCCIÓN: LA RÚBRICA DEL TÍTULO XIII CP. II. EL PATRIMONIO COMO BIEN JURÍDICO PENALMENTE PROTEGIDO. 1. Concepto de patrimonio. 2. Propuesta de clasificación de los delitos patrimoniales. 3. Estadísticas. III. EL ORDEN SOCIOECONÓMICO: CONCEPTO Y DELIMITACIÓN RESPECTO DE OTROS DELITOS. IV. BIBLIOGRAFÍA.

I. INTRODUCCIÓN: LA RÚBRICA DEL TÍTULO XIII CP

El Título XIII del Código Penal, sin duda el más amplio de toda la Parte Especial del Código Penal, aglutina, bajo la rúbrica de *Delitos contra el patrimonio y contra el orden socioeconómico*, una larga lista de infracciones penales, agrupadas en 15 capítulos, de los cuales, y conforme con la literalidad del art. 268 —al que el Código destina, junto al art. 269, un capítulo intermedio, el Capítulo X, titulado *Disposiciones comunes a los capítulos anteriores*— pareciera que los nueve primeros capítulos agruparían los delitos legalmente calificados como *patrimoniales* (hurtos, robos, extorsión, robo y hurto de uso de vehículos, usurpación, estafas, administración desleal, apropiación indebida, defraudaciones de fluido eléctrico y análogas, frustración de la ejecución e insolvencias punibles, alteración de precios en concursos y subastas públicas, daños), siendo los Capítulos XI a XIV aquellos destinados a regular los llamados delitos contra *el orden socioeconómico* (delitos relativos a la propiedad intelectual y a la propiedad industrial, espionaje empresarial, desabastecimiento de materias primas o productos de primera necesidad, publicidad engañosa, fraude de inversores, facturación fraudulenta, maquinaciones para alterar el precio de las cosas, utilización fraudulenta de información privilegiada, corrupción en los negocios y en el deporte, sustracción de cosa propia a su utilidad social o cultural, delitos societarios, receptación y blanqueo de capitales).

La distinción legal, aparentemente nítida, entre dos clases distintas de delitos: los patrimoniales y los socioeconómicos, parece apuntar a dos categorías de bienes jurídicos protegidos también diferentes, a saber: el "patrimonio" y el "orden socioeconómico", lo que ha permitido a un sector de la Doctrina hablar de "dos familias delictivas que conviven en el Título XIII del Libro II del Código Penal" (FEIJOO SÁNCHEZ), abonando sin embargo las críticas de aquellos otros autores que patrocinan un tratamiento diferenciado —bajo distintas rúbricas por razón de los diferenciables bien jurídicos— de unos y otros delitos (ZUGALDÍA ESPINAR). En opinión de este último sector doctrinal, de una parte debieran agruparse *los delitos contra el patrimonio* (o *contra la propiedad y el patrimonio*), las más de las veces calificados como delitos *tradicionales* y constitutivos del llamado Derecho Penal *nuclear*, orientado a la protección de los intereses más elementales de los ciudadanos (i); de otra *los delitos contra el orden socioeconómico*, delitos más modernos, vinculados a la necesidad de protección de nuevos intereses sociales como la garantía de determinadas condiciones básicas o elementos esenciales para el funcionamiento de la economía de mercado, o, por mejor decir, de la actividad económica en el marco de la economía de mercado (ii).

En realidad, y como casi siempre, la razón de ser, tanto del *nomen iuris* de las categorías cuanto de su agrupamiento en un único Título del Libro II del Código Penal con la rúbrica reseñada, es más contingente de lo que pudiera parecer, y, sin perjuicio de su importancia relativa —"cuestión que en verdad carece de interés" al decir de QUINTERO OLIVARES—, dicha sistemática encuentra su explicación, junto con la evolución de la propia realidad criminal en el ámbito económico y su necesidad de plasmación en el CP, en la también necesaria acomodación de nuestro Ordenamiento penal al modelo económico instaurado en su día por la Constitución de 1978 y reforzado tras nuestra integración en la Unión Europea allá por el año 1986.

En lo que hace a los delitos recogidos en el presente Título, su tratamiento conjunto bajo la denominación como *Delitos contra el patrimonio y contra el orden socioeconómico* se consolida con la aprobación del Código Penal de 1995, si bien la diferenciación en las dos categorías comprendidas bajo ese título común se remonta al Proyecto de Código Penal de 1980, el primero en efectuar una mención específica a los *Delitos contra el orden socioeconómico*, optando por agruparlos de forma independiente en el Título VIII del Libro II, frente a los *Delitos contra el patrimonio* aglutinados en el Título V del Libro II de dicho Proyecto.

Repárese en que, al tiempo de aprobarse el mencionado Proyecto, que nunca entró en vigor merced a la disolución de las Cortes de 1982, regía el Código Penal de 1973, que, bajo la rúbrica de *Delitos contra la propiedad* —heredada desde el CP de 1848—, en el Título XIII del Libro II, dedicaba once capítulos, por este orden, a los robos, hurtos, usurpaciones, defraudaciones, maquinaciones para alterar el precio de las cosas, usura, receptación, incendio y otros estragos, daño, cheque en descubierto y disposiciones comunes. Los autores del citado Proyecto de CP de 1980, en consonancia con la mayoritaria opinión de la doctrina acerca de la "ancestral vetustez" (DÍAZ PALOS) del CP entonces vigente, adoptaron tres decisiones sistemáticas relevantes: el desterramiento de la categoría de los hasta entonces llamados *Delitos contra la propiedad* y su sustitución por la de *Delitos contra el patrimonio* (i), la creación de una nueva categoría denominada *Delitos contra el orden socioeconómico* (ii), y la distribución de las distintas figuras delictivas —ya fueran las que hasta entonces figuraban bajo la rúbrica de "delitos contra la propiedad", ya aquellas otras introducidas *ex novo* en el Proyecto de 1980— bajo una u otra categoría en función de que, respectivamente, tuvieran por objeto la protección de un bien jurídico patrimonial individual, o trascendiendo dicha protección, recogieran comportamientos que *además* atacaran un interés colectivo o comunitario. Añadidamente debe significarse cómo bajo la etiqueta de *Delitos contra el orden socioeconómico* el Proyecto de CP de 1980 recogía tres subcategorías de delitos, a saber:

1.– Delitos contra la economía (o delitos económicos en sentido estricto): conforme con la doctrina dominante, se trata de aquellas infracciones penales que atentan o pueden atentar contra la actividad interventora y reguladora del Estado en la economía (*ad exemplum*, los *Delitos contra la Hacienda Pública*);

2.– Delitos que trasciende la dimensión patrimonial puramente individual (junto a los anteriores, delitos económicos en sentido amplio): se trata de delitos que tienden a la protección penal del orden económico en sentido amplio, como equivalente a regulación de la producción, distribución y consumo de bienes y servicios (MARTÍNEZ-BUJÁN PÉREZ). Los hoy llamados *Delitos contra el mercado y los consumidores* serían el máximo exponente de esta subcategoría);

3.– Delitos sin un contenido económico material propiamente dicho pero de gran relevancia social y concomitancias con el sector de producción, justificando la ampliación del objeto de protección del *orden económico* al *orden socio-económico* (por ejemplo, los *delitos laborales*, los *medioambientales* o los *urbanísticos*).

Los sucesivos Anteproyectos y Proyectos para un nuevo Código Penal (también las Propuestas de Anteproyecto) mantuvieron ya, de forma inalterada, la denominación categorial del Proyecto de CP de 1980, si bien procedieron a una paulatina y significativa depuración de la materia delictiva agrupada bajo la categoría de *Delitos contra el orden socioeconómico* (es el caso, por ejemplo, de la Propuesta de Anteproyecto de 1983 que desgajó de la misma, para independizar su regulación en Títulos propios, varios de los delitos correspondientes a las subcategorías 1 y 3 antes referidas, decisión que ya se ha mantenido hasta el vigente CP), renunciando seguidamente a consagrar formalmente la autonomía de la categoría de los delitos socioeconómicos, que se refundieron en un mismo título con los delitos contra el patrimonio individual (así los Proyectos de 1992 y de 1994). Y lo anterior, sin perjuicio de algunas "idas y venidas" de determinados delitos de una categoría a otra; la más reciente, la del delito de administración desleal. O de la inequívoca apreciación acerca de la distinta naturaleza material de los diversos delitos: predominantemente patrimonial (i) o socioeconómica (ii), en función de la aplicabilidad o no de la causa personal de exclusión de la pena que para los delitos pertenecientes a la primera categoría recogía ya el CP1973 y hoy se residencia en el art. 268 CP.

Como consecuencia de dicho proceso, y desde la premisa unánimemente advertida de la incorrección e insuficiencia de la vieja rúbrica como *Delitos contra la propiedad* que hacía el CP1973, finalmente se optó y así se mantiene hasta la actualidad por la agrupación en un solo Título, y bajo una rúbrica común suficientemente amplia y genérica —*Delitos contra el patrimonio y contra el orden socioeconómico*— de todos los delitos anteriormente reseñados, recogidos a lo largo de los 15 capítulos del extenso Título XIII del Libro II del vigente CP. La referida decisión, seguida de la aparente distinción de dos subcategorías distintas y diferenciables: *delitos contra el patrimonio* y *delitos contra el orden socioeconómico*, más allá de promover la discusión doctrinal a propósito de la corrección o incorrección de la adscripción de algunos de los delitos bajo una u otra subcategoría, ha comportado la reconocida consecuencia —por lo demás compartida con otros muchos Títulos del Libro II CP— de que *ni son todos los que están ni están todos los que son* (BAJO FERNÁNDEZ/PÉREZ MANZANO).

Se califica la subdivisión en dos categorías como meramente aparente, precisamente en mérito a la dificultad conceptual de deslindar lo patrimonial —relaciones jurídico-económicas de carácter individual— de lo socioeconómico —otros valores patrimoniales o económicos de interés colectivo—, según expresamente advirtió la Exposición de Motivos del Proyecto de CP de 1992. En la Doctrina, sin embargo, hay quien considera que dicha distinción es formalmente "nítida" en el CP1995, apelando a tal efecto, y junto a la ya citada aplicabilidad del art. 268 CP tan sólo a los delitos que lo preceden, a la literalidad del art. 298 CP que, "en materia de receptación, y con vocación de ser aplicado a todos los delitos del Título, declara paladinamente que los delitos recogidos en el Título XIII son exclusivamente de dos clases, «patrimoniales» o «socioeconómicos», sin que pueda inferirse la existencia de delitos de naturaleza intermedia" (MARTÍNEZ-BUJÁN PÉREZ). Por lo que hace a la polémica sobre la adscripción de algunos delitos a una u otra subcategoría, resulta reveladora la discusión en torno a las *insolvencias punibles*, de las que, pese a su actual incardinación legal como *delitos contra el patrimonio*, se destaca ya desde hace mucho tiempo su dimensión "metapatrimonial o macrosocial" lo que permite concluir que ocupan un lugar fronterizo (BAJO FERNÁNDEZ/BACIGALUPO SAGGESE y MARTÍNEZ BUJÁN-PÉREZ) o incluso "de bisagra" (QUINTERO OLIVARES) entre los delitos patrimoniales y los delitos contra el orden socioeconómico. Seguramente, cabrían las mismas apreciaciones respecto de otros delitos, tanto los que permanecen inamovibles en el apartado "patrimonial" —por ejemplo, las modalidades agravadas de hurto de los apartados 1° y 2° del art. 235 CP o las de estafa, de los apartados 1° y 3° del art. 250 CP— cuanto los que recientemente se han *mudado* atravesando la *frontera* que representa el Capítulo X —nos referimos al delito de administración societaria que ha dejado de ser un delito societario (ex art. 295 CP, hoy sin contenido por mor de la reforma del CP operada por la nefasta LO 1/2015) para integrarse en la modalidad general de administración desleal del art. 252 CP.

Finalmente, y respecto al dudoso valor de la rúbrica —más allá de que se considere o no que incluya dos subcategorías perfectamente delimitadas— se destaca críticamente en la Doctrina, tanto la inclusión en el Título de delitos con difícil engarce en su rúbrica —es el caso de algunas modalidades de los delitos societarios, o de los delitos contra la propiedad intelectual (cuya inclusión tampoco se preveía en el Proyecto de 1992 y en la Propuesta de 1983)— cuanto la exclusión de otras familias de delitos que, en coherencia con la amplitud del criterio legislativo de inclusión bajo la referida rúbrica de cualesquiera infracciones contra el "orden socioeconómico", debieran asimismo haber sido englobadas en el Título XIII y no en un Título independiente: es el caso de los delitos relativos a la ordenación del territorio (Título XVI, Cap. I)) o de los delitos contra la Hacienda Pública y la Seguridad Social (Título XIV)) de innegable naturaleza socioeconómica. Mas también sería el caso de los delitos contra los derechos de los trabajadores (Título XV) que, como acertadamente nos recuerda MARTÍNEZ-BUJÁN PÉREZ con remisión a la "Memoria explicativa" del Proyecto de 1980, es el único grupo que podría justificar la pervivencia de la expresión "*socio*-económico" que adjetiva el sustantivo "orden" en la tantas veces citada rúbrica del Título XIII del CP.

Con todo, y aunque se parta, como aquí hacemos, del presupuesto de la escasa relevancia del debate a propósito de la rúbrica del Título XIII, se impone abordar en esta lección preliminar, siquiera sea sucintamente, los conceptos de *patrimonio* y de *orden socioeconómico* como aparentes objetos de tutela jurídico penal. Ello permitirá comprender mejor los análisis que en las sucesivas lecciones se efectúan en relación con los concretos bienes jurídicos protegidos en cada uno de los tipos penales que constituyen su objeto, favoreciendo, así también, la comprensión de la importancia, más allá del limitado alcance de la rúbrica del Título, que la subdivisión categorial, tiene en relación con determinadas instituciones jurídico penales.

En efecto, y en relación con este último aspecto, sucede que la adscripción de cada uno de los delitos prevenidos en el Título XIII CP a las dos principales categorías en que parece subdividirse aquella —delitos patrimoniales o delitos socioeconómicos— puede tener implicaciones prácticas allí donde nuestro CP apela a delitos o preceptos de "igual o semejante naturaleza". Así sucede, por ejemplo, en el ámbito de la circunstancia agravante de reincidencia, recogida en el art. 22. 8ª CP, y cuya aplicación exige la previa condena ejecutoria del culpable "por un delito comprendido en el mismo Título de este Código, *siempre que sea de la misma naturaleza*"; o en materia de concursos de leyes y de delitos, cuando, en este último caso, exige para el delito continuado una "pluralidad de acciones u omisiones que ofenda a uno o varios sujetos e infrinjan el mismo precepto penal o *preceptos de igual o semejante naturaleza*" (art. 74.1 CP), o, más concretamente, en el apartado 2 del art. 74, cuando en materia de delito continuado, y a efectos de imposición de la pena, apela al perjuicio total causado *si se tratare de infracciones contra el patrimonio*".

Añadidamente, y para finalizar, no puede dejar de indicarse ahora la evidente relación que el presente Título guarda con otras ramas del Ordenamiento Jurídico, siquiera sea en mérito a la profusa y generalizada utilización en los diversos tipos penales que configuran el presente Título de elementos normativos propios de otras ramas del Derecho (principalmente civil, sobre todo en el caso de los delitos patrimoniales, pero también mercantil y/o administrativo). La cuestión, enmarcada como un problema de interpretación de los tipos penales, hace tiempo que ha dejado de ser polémica en la Doctrina, siendo así que se ha impuesto una concepción que, superando la llamada *teoría sancionatoria* del Derecho Penal (conforme con la cual el intérprete penal se encontraría sujeto al contenido y/o significado originario de dichos elementos normativos), patrocina una cierta autonomía del Derecho penal, basada en la también autónoma función del mismo, atenta a la vigencia del principio de exclusiva protección de bienes jurídicos. Así las cosas, se parte de la necesidad de tomar en consideración el significado que en los diversos ámbitos —civil, mercantil, administrativo— tienen los términos o instituciones referidos en los tipos penales, sin renunciar al específico prisma penal que obliga a analizar tales elementos "desde el punto de vista del ámbito de protección específicamente fijado por las tipicidades contenidas en las normas jurídicas penales, comprobando las consecuencias que se derivan de su aplicación" (MUÑOZ CONDE). Como se comprobará en las siguientes Lecciones, la consolidación de la llamada *teoría autónoma del Derecho Penal* comporta, en lo atinente a los delitos agrupados bajo el Título XIII CP, la más que generalizada modificación, si quiera sea parcial, del significado originario de los referidos elementos normativos. Algo que no debe extrañar, en tanto en cuanto afecta, ya desde el principio, a un elemento de la propia rúbrica del Título, el concepto de *patrimonio,* según se expone seguidamente.

II. EL PATRIMONIO COMO BIEN JURÍDICO PENALMENTE PROTEGIDO

1. Concepto de patrimonio

Ya hemos anticipado cómo la expresión "patrimonio" es aquella por la que, esencialmente, opta el Legislador penal en 1995 para sustituir a la de "propiedad" que, tradicionalmente y desde 1848, venía siendo el objeto de referencia de la rúbrica de los delitos agrupados bajo el Título XIII del Libro II del Código Penal. Respondía así a la cuasi unánime crítica que desde la Doctrina, al menos a partir de la aprobación de la Constitución de 1978, venía siendo desplegada en contra de la rúbrica *Delitos contra la propiedad.* De dicha rúbrica, y por lo que hacía a los delitos tradicionalmente agrupados bajo la misma, se decía, con carácter general, que no se correspondía con el contenido del Título en tanto en cuanto aglutinaba conductas lesivas de otros bienes jurídicos —otros derechos o valores patrimoniales diferentes de la propiedad— (i) y que se encontraba anclada en una concepción económica de corte exclusivamente liberal, propia de las constituciones liberales del siglo XIX, y ajena al nuevo orden económico implantado por la Constitución de 1978 (ii).

Dicho nuevo orden, aunque respetuoso con el derecho a la propiedad privada y la libertad de empresa en el marco de una economía de mercado, se diferencia del llamado modelo liberal en la atención que presta, tanto a la "función social" de la propiedad privada, cuanto al "interés general" al que subordina la riqueza del país, con expreso reconocimiento de la iniciativa pública en la actividad económica (arts. 33, 38, 128 y 131 CE).

Centrados en la evidencia de que algunos delitos agrupados bajo el Título XIII afectaban a otros valores, intereses o derechos con contenido económico distintos del derecho de propiedad (*ex* art. 348 CC) —era y es usual la cita al *furtum possesionis* del antiguo art. 532 CP1973, hoy art. 236 CP, o al delito de daños en cosa propia de utilidad social o cultural del antiguo art. 562 CP1973, hoy art. 289 CP— se impuso así la expresión "patrimonio" como parcial objeto de referencia de los delitos recogidos bajo el referido Título, desde la consideración de que con dicha decisión de agrupamiento como *Delitos patrimoniales* se ganaba exactitud en relación con los bienes jurídicos protegidos y se eludía "la sensación de una exclusiva protección del derecho de propiedad al estilo de la concepción económica liberal" (BAJO FERNÁNDEZ/PÉREZ MANZANO).

La referida decisión legislativa reabrió sin embargo el debate a propósito del propio concepto de "patrimonio" y su consideración, en tanto que una unidad (*universitas iuris*) objeto de protección jurídico penal, o como la suma de concretos y diversos valores patrimoniales susceptibles, a su vez, de concretos ataques típicos (contra el derecho de propiedad, la posesión, la titularidad de otros derechos reales, derechos de crédito, el derecho de uso, u otros factores que integran la capacidad competitiva en el mercado, etc.). El referido debate se entremezcló, además, con la reconocida circunstancia de que en términos generales, se manejan al menos tres concepciones diferentes del patrimonio: la *económica*, la *jurídica* y la *mixta* (o económico-jurídica).

El patrimonio, desde el punto de vista económico, se centra en el valor conjunto y esencialmente objetivo del llamado acervo patrimonial, así como en la capacidad o poder, desde el punto de vista fáctico, que los sujetos tienen sobre los elementos que lo integran, con abstracción, entre otros factores, del origen —lícito, ilícito— de las posiciones patrimoniales. Desde esta perspectiva, y en mérito a la consideración del Ordenamiento Jurídico como una unidad básica, se ha argumentado la ineficacia de dicho concepto para su consideración como objeto de protección jurídico penal, so pretexto del conflicto que ello representaría con otras ramas del Ordenamiento jurídico.

El concepto jurídico de patrimonio se asienta o pivota sobre la específica relación, de naturaleza jurídica, que el sujeto ha de tener con los diversos elementos que integran el ante citado acervo patrimonial, desentendiéndose, en principio, del valor económico de aquellos. El patrimonio, jurídicamente entendido, estaría integrado por el conjunto de derechos patrimoniales de una persona física o jurídica, obligando entonces a concretar qué derechos merecen tal calificación y generando el problema, caso de ser adoptado dicho concepto como objeto de protección jurídico penal, de otorgar protección respecto de conductas que afectando un determinado derecho de orden patrimonial —por ejemplo el derecho de propiedad—, sin embargo no representan un menoscabo o pérdida de naturaleza económica para su titular (VIVES ANTÓN menciona, por ejemplo, el supuesto de quien, mediante engaño, obtiene una cosa a cambio de una contraprestación del mismo valor, comportamiento que, tomando como referencia el concepto jurídico de patrimonio, tendría que ser considerado como una estafa).

Con el tiempo, y por lo que se refiere a la Doctrina española, junto a la clara relativización del concepto de patrimonio como objeto de protección penal —de "fórmula sintética" afortunada, aunque no exacta, hablan BAJO FERNÁNDEZ/ PÉREZ MANZANO— ha causado estado el patrocinio, a efectos jurídico penales, de una concepción mixta, jurídico-económica de patrimonio que, al decir de HUERTA TOCILDO, impone que sólo pueda hablarse de un delito patrimonial si tiene como objeto material un bien dotado de valor económico —estimable en dinero— con el que el sujeto pasivo debe mantener una relación protegida por el Ordenamiento jurídico. Cuestión distinta, y aún hoy discutida, es la de si todos los llamados delitos patrimoniales exigen un perjuicio consistente en una efectiva disminución, económicamente evaluable, del acervo patrimonial de una persona considerado en su conjunto, o de si, conforme con el criterio dominante en la Doctrina, dicho perjuicio global tan sólo se exige en el delito de estafa, cuyo bien jurídico es, precisamente, el patrimonio considerado en su conjunto, bastando, en otros casos, con la afección de la concreta relación patrimonial contemplada por cada tipo, sin necesidad de que tal afección comporte un perjuicio patrimonial (concreto o desde el punto de vista del patrimonio en su globalidad).

En defensa de la primera concepción se apelaba —y se apela— de manera casi exclusiva a la tipicidad del delito de estafa en tanto que en la misma no se incorpora la determinación del concreto derecho patrimonial lesionado por el acto de disposición del engañado que determina el perjuicio patrimonial; en sostén de la segunda, se argumenta que la lesión del patrimonio, como un todo —un conjunto de derechos y obligaciones de contenido económico formado por el activo y pasivo patrimonial— no deja de ser una *petitio principii*, que, además, habría que negar en aquellos casos en que, aun lesionado un determinado derecho patrimonial, el conjunto económico no padece.

RODRÍGUEZ DEVESA/SERRANO GÓMEZ se refieren, en este contexto, a lo inadmisible que resultaría, dejar "impune el hurto de una cosa en cuyo lugar se ha dejado un valor equivalente". También es habitual ejemplificar estos supuestos con aquellos casos de hurto o robo con fuerza en los que la víctima tiene contratada una póliza de aseguramiento en cuya virtud la indemnización derivada del "siniestro" no solo resarce al asegurado sino que, incluso, mejora su activo patrimonial. Lo anterior enlaza, sin duda, con algunas propuestas doctrinales como la efectuada por los autores citados, relativa a la oportunidad, al menos en los casos de los delitos patrimoniales sin violencia, de "condicionar la apertura del procedimiento a la denuncia del perjudicado (...) con la consecuencia de que el perdón extinguiera la responsabilidad criminal, perdón que sin duda se produciría en numerosos supuestos si mediara un resarcimiento del mal causado".

La pervivencia del debate ha llevado a un sector de la Doctrina a renunciar al planteamiento del problema del concepto y contenido del patrimonio entre las cuestiones generales y comunes a los delitos agrupados en el Título XIII, remitiendo, como asimismo hacemos ahora nosotros, al análisis de cada una de las figuras delictivas al objeto de determinar el respectivo bien jurídico protegido. Con todo y para finalizar merece ser destacado ahora cómo, siendo evidente que en la mayoría de los casos la consumación de las conductas calificadas como delitos patrimoniales comportará un perjuicio patrimonial para el titular del derecho o valor patrimonial objeto del delito —al punto de que la frontera entre los delitos y las otrora consideradas faltas (hoy delitos leves) patrimoniales se vincula, precisamente, a dicho valor, actualmente fijado en 400 euros—, lo cierto es que el núcleo de la antijuridicidad de estas conductas no se encuentra en el referido perjuicio —que, salvo en la estafa, no exigen los tipos penales; tampoco en la afección al concreto bien o derecho patrimonial objeto de ataque. El eje central de los delitos patrimoniales se encuentra, a nuestro entender, las más de las veces, en el desvalor de la acción que comporta un enriquecimiento ilícito del autor (o de un tercero): la antijuridicidad de las conductas descansa, pues, esencialmente, en la ilegitimidad del cauce de acceso del sujeto activo al patrimonio ajeno, ilegitimidad que comprende, desde la ausencia de voluntad del titular o poseedor (caso del hurto) hasta el empleo de medios en sí mismos violentos (robo, extorsión, usurpación), desleales o defraudatorios (administración desleal, apropiación indebida, estafa). Por eso, y salvo para la distinción entre los delitos menos graves y delitos leves, o para la configuración de determinadas modalidades agravadas, no resulta esencialmente relevante, desde el punto de vista jurídico penal, el grado de afección del patrimonio de la víctima. O, dicho de otro modo: es más grave el apoderamiento de un bien valorado en 401.-euros, constitutivo de un delito de hurto, o el ocasionamiento de un daño por encima de ese valor aunque el daño comporte una ventaja patrimonial a su titular, que un incumplimiento contractual del que se derive un perjuicio patrimonial multimillonario para uno de los contratantes. Se trata de la lógica consecuencia de la vigencia de los principios de fragmentariedad y subsidiariedad del Derecho Penal.

A estos efectos, y enlazando con la consideración formulada más a arriba, a propósito de la vinculación de los tipos penales con otras ramas del Derecho, esencialmente del Derecho Privado, resulta imprescindible, desde la perspectiva del desvalor de la acción, proceder a una nítida distinción entre el dolo civil y el dolo penal. La cuestión se aborda en este Tomo II del Tratado, fundamentalmente, a propósito del elemento típico del "engaño" en el delito de estafa, lugar al que ahora nos remitimos.

2. *Propuesta de clasificación de los delitos patrimoniales*

Al margen del debate a propósito de la posibilidad de reconducir a un mismo bien jurídico los diversos delitos *patrimoniales*, constituye asimismo un uso consolidado en la Doctrina la propuesta de una clasificación sistemática de dichas conductas típicas, atendiendo a diversos criterios. Sobre la base de las consecuencias patrimoniales para el autor de las mismas (con o sin enriquecimiento injusto), y, subsidiariamente, a la estructura de su acción típica (apoderamiento —con o sin violencia o intimidación— o fraude), se propone aquí la siguiente tabla clasificatoria, sin perjuicio de que, a efectos expositivos, en el presente Manual se respete fielmente el orden de incriminación del propio CP:

DELITOS CONTRA EL PATRIMONIO (arts. 234 a 267 CP):

A. Con enriquecimiento:

A.1. De apoderamiento:

+ sin fuerza, violencia o intimidación:
  - Hurto de bienes muebles (arts. 234 a 236 CP)
  - Hurto de uso de vehículo de motor (art. 244.1 CP)
  - Alteración de términos o lindes (art. 246 CP)
  - Distracción de aguas (art. 247)

+ con fuerza, violencia o intimidación:
  - Robo de bienes muebles (arts. 237 a 242 CP)
  - Robo de uso de vehículos de motor (art. 244. 2 y 4 CP)
  - Extorsión (art. 243 CP)
  - Usurpación de derechos reales o bienes inmuebles (art. 245 CP)

A.2. Defraudaciones:

+ engaño o fraude como principio rector:
  - Previo al desplazamiento patrimonial: Estafas (arts. 248 a 251 bis CP)
  - Posterior al desplazamiento patrimonial: Apropiación indebida de bienes muebles o activos patrimoniales (arts. 253 y 254 CP)

+ accesoriedad del fraude:
  - Administración desleal (art. 252 CP)
  - Defraudaciones de fluido eléctrico y análogas (arts. 255 y 256 CP)
  - Alzamiento de bienes y Frustración de la ejecución (arts. 257 a 258 ter CP) e Insolvencias punibles (arts. 259 a 261 bis CP)
  - Alteración de precios en concursos y subastas públicas (art. 262 CP)

Aunque, conforme se verá en la lección correspondiente, resulta difícil englobar este último delito del art. 262 CP como una modalidad de fraude, en tanto en cuanto linda con el delito de maquinaciones y se entiende mejor como delito socioeconómico, hemos optado por su reseña en este apartado por razones formales.

B. Sin enriquecimiento:

- Daños dolosos:
  + sin mediar incendio o explosiones o estragos (arts. 263 a 265 CP)
  + mediando incendio o explosiones o estragos (art. 266 CP)
- Daños imprudentes (art. 267 CP)

3. Estadísticas

No podemos concluir el presente apartado introductorio, relativo a los delitos contra el *patrimonio*, sin dejar de reseñar cómo, según confirmaban las Memorias del Ministerio Fiscal relativas a los años 2022 y 2023, en los últimos 15 años se habrían reducido porcentualmente tanto las diligencias incoadas cuanto el número de condenas impuestas por delitos de apoderamiento con y sin fuerza, violencia o intimidación, pese al incremento que, para la etapa posterior a la pandemia del COVID, asimismo se viene reportando. Si en la primera edición de esta obra, que se remonta al año 2011, significábamos cómo durante los años 2008 y 2009, singularmente en lo atinente a las modalidades de hurto y de robo con fuerza en las cosas, eran éstas las que ofrecían entonces "cada año los índices más abultados en las estadísticas nacionales y en los diferentes órganos territoriales", superando el 50 por 100 de las infracciones registradas por el Ministerio Fiscal en cada uno de los referidos años, resulta evidente el paulatino descenso de dichos índices porcentuales al menos a partir del año 2019, hasta el punto de que durante los años 2022 y 2023 los porcentajes relativos a diligencias abiertas por "delitos contra el patrimonio se mantienen en el 20%, misma proporción sobre el total que en 2022 y 2021". Y si nos centramos en el número de condenas, en la última Memoria del Ministerio Fiscal consultada, publicada en 2024, y pese al moderado incremento de las causas incoadas por estos delitos, *la palma* se la siguen llevando los delitos contra la seguridad vial: "los delitos con mayor presencia en las sentencias condenatorias, al igual que en años anteriores, han sido los tipos contra la seguridad vial y contra el patrimonio, con porcentajes del 35% y 19% respectivamente, muy similar a los de 2022 del 36% y 18,5% (35% y 18% en 2021)".

Las cifras nunca son coincidentes si la fuente consultada es el Instituto Nacional de Estadística: un análisis comparativo de los datos que reflejábamos en la 1ª edición de esta obra, relativos al año 2009, con los ahora obtenidos respecto al año 2023 —de conformidad con los datos publicados por el citado organismo en su página web— muestra la siguiente evolución de las cifras de condenas por delitos patrimoniales intentados o consumados: hurtos (8.621/60.348), robos (26.033/21.414), robos y hurtos de vehículos de motor (3.023/1.409), usurpaciones (588/2.874), defraudaciones (5.101/22.488), insolvencias punibles (418/414, incluido el delito de frustración de la ejecución), alteraciones de precios en concursos y subastas (1/0) y daños (3.483/9.338).

Obviamente no podemos abordar aquí la contextualización de los anteriores datos, máxime tomando en consideración que existe una no calculada cifra opaca de delitos contra el patrimonio —esencialmente hurtos— que o no son objeto de denuncia o, aun siéndolo, las denuncias o subsiguientes diligencias penales incoadas se archivan por la imposibilidad de identificar a los autores, pero merece la pena ser destacado ahora cómo, pese al notorio y reconocido incremento del número de inmigrantes que desde el año 2009 han recalado en nuestro país[1], si nos atenemos a las cifras relativas al delito de hurto, que son las que significativamente determinan un incremento exponencial de las condenas en este período de 15 años, lo que se mantiene estable es el porcentaje de autores de nacionalidad española de tales delitos respecto del de extranjeros no comunitarios: 39.667 de un total de 53.969; es decir el 73,5%, no llegando al 15% la cifra de condenados por hurto con nacionalidades del continente africano.

---

1 Conforme con la información arrojada por el propio INE, la variación de ciudadanos extranjeros residentes en España, desde 2009 (5.430.184, sobre un total de 46.367.550) hasta 2024 (6.632.064, sobre un total de 48.797.875) refleja un incremento de 1.201.880 (sobre una variación de la población total, entre esos mismos años, de 2.430.325 habitantes residentes). Los índices porcentuales tampoco varían si incluimos los datos relativos a la inmigración irregular al menos a partir del año 2015, por cuanto, según informa la web de Statista ((https://es.statista.com/estadisticas/1095033/inmigrantes-regulares-e-irregulares-llegados-a-espana/), las cifras de inmigración irregular llegada a España han variado de 16.292 en el año 2015 (342.114 regulares) a 56.852 en el año 2023 (1.258.894 regulares). Es decir: en 8 años la inmigración irregular ha crecido aproximadamente en 40.500 personas (un crecimiento del 28,7%), mientras que la de los inmigrantes regulares lo ha hecho en 916.780 personas (un crecimiento que representa el 72,8% para dicho período).

III. EL ORDEN SOCIOECONÓMICO: CONCEPTO Y DELIMITACIÓN RESPECTO DE OTROS DELITOS

Conforme a una corriente doctrinal que podríamos calificar de dominante en la actualidad y que reconoce en Klaus TIEDEMANN a su principal referente científico, el "orden socieconómico", concepto abstracto o de "contornos difusos", constituye en su acepción amplia, en realidad, el objeto de protección del llamado Derecho Penal Económico. Se trata de una rama del Derecho Penal que aglutinándose "en torno al denominador común de la actividad económica" (BAJO FERNÁNDEZ/SUÁREZ GONZÁLEZ) englobaría en el criterio de sus patrocinadores todos aquellos delitos que "suponen la lesión de bienes jurídicos supraindividuales y resultan frecuentemente pluriofensivos" y en los que, para su configuración típica, no se ha considerado preferente su reconocida virtualidad para lesionar también el interés individual privado —al menos de algunos de esos delitos económicos—, "sino su incidencia en la regulación jurídica de la producción, distribución y consumo de bienes y servicios" (GONZÁLEZ RUS). En otras palabras, y al decir de FEIJOO SÁNCHEZ, "los delitos socioeconómicos son delitos que consisten en la infracción de deberes básicos de los ciudadanos cuando actúan en el subsistema económico o en un rol que podemos definir como económico (deudor, gestor empresarial, etc.), que en algunas ocasiones puede afectar a bienes jurídicos colectivos (Derecho Penal económico en sentido estricto) mientras que en otras representan agresiones contra bienes jurídicos individuales, especialmente de tipo patrimonial (Derecho Penal económico en sentido amplio)".

Al referido concepto de delitos contra el orden socio económico se llega como consecuencia de una lenta evolución doctrinal en la que, como informa HORMAZÁBAL MALARÉE, "los planteamientos criminológicos han precedido al tratamiento normativo del tema y han sido ellos los que han dado lugar a que en el Derecho Penal se haya creado la categoría especial 'delitos económicos o socioeconómicos' como se las prefiere llamar en la actualidad y que han dado fundamento a algunos autores para redimensionar ciertos delitos que hasta ahora venían siendo estudiados desde una perspectiva patrimonial individual".

Constituyen una referencia unánime, en este sentido, los estudios a propósito de los llamados "delitos de cuello blanco", término acuñado por el sociólogo estadounidense Edwin H. SUTHERLAND, en 1939, con ocasión de su discurso en la reunión anual de la Sociedad Sociológica Estadounidense de la que era presidente, discurso después ampliado en su monografía *White Collar Crime* (traducida al castellano, en 1969, como Delitos de cuello blanco), centrada en los delitos corporativos, más que en la infracción individual de la ley. La referida obra es considerada un antecedente inmediato de las primeras decisiones jurisprudenciales de incriminación de las personas jurídicas habidas en el ámbito anglosajón (la llamada doctrina de la responsabilidad penal social), incorporada a nuestro Código Penal a partir del año 2010 y finalmente completada en el año 2015, tras una mínima reforma en 2012, para incorporar al elenco de personas jurídicas posibles sujetos activos, a los partidos políticos y a los sindicatos, inicialmente excluidos. Merece la pena ser destacado cómo son precisamente los delitos socioeconómicos aquellos en los que mejor encaja la por lo demás discutida decisión de ampliar la responsabilidad penal también a las personas jurídicas (al menos de la manera en que se optó por hacerlo).

Desde un punto de vista constitucional, el orden socioeconómico, en su consideración como objeto de protección penal, vendría a coincidir (así BAJO FERNÁNDEZ/SUÁREZ GONZÁLEZ) con el entendimiento del "orden económico y social justo" al que apela el Preámbulo de la Constitución española de 1978 como escenario para "garantizar la convivencia democrática dentro de la Constitución y de las leyes". De este modo, enlaza el "orden socio económico" con el sistema de economía mixta —economía libre, de mercado, pero con una notable intervención estatal— propio de la configuración de España como un Estado Social ex art. 1.1 CE, estableciéndose en el ámbito jurídico penal lo que, en este contexto, la Exposición de Motivos del Proyecto del Código Penal de 1992 calificó como la "incriminación de las reglas mínimas de juego" en materia económica.

Las anteriores aseveraciones no implican, sin embargo, que la protección penal del referido "orden socioeconómico" se agote con los delitos agrupados en los cuatro capítulos que conforman el segundo bloque del Título XIII del CP (Capítulos XI a XIV); tampoco, que dicho "orden socioeconómico" se presente como un bien jurídico directamente protegido por los tipos penales aglutinados bajo dicha subcategoría en el referido Título XIII:

1. En relación con la primera consideración, ya hemos anticipado en el apartado relativo al análisis de la rúbrica del presente Título, cómo a partir del Proyecto de CP de 1980, en los sucesivos Proyectos o Anteproyectos de reforma del CP, y hasta el CP1995, se desgajan del Título, para integrar un Título independiente, o para salir del propio ámbito del CP, los delitos que de manera directa protegen el llamado "orden económico" en sentido estricto, entendido como "regulación jurídica de la participación estatal en la economía de un país"; a saber: los delitos fiscales y contra la seguridad social, los delitos monetarios y los delitos de contrabando —por excepción, sin embargo, se refiere la Doctrina (PÉREZ MANZANO) al mantenimiento en el Título XIII, si bien que legalmente agrupado como delito contra el patrimonio, del delito de alteración de precios en concursos y subastas públicas, del art. 262 CP, que se considera una modalidad de ataque al orden económico en sentido estricto—. Añadidamente, también se independizan los delitos que justificaron la adición del componente "social" al "orden económico", como los delitos laborales, los medioambientales o los urbanísticos. El paulatino vaciamiento del Título, junto con la evidencia de que, por lo demás, existen otras figuras delictivas con un claro contenido económico que nunca fueron llamadas a integrarse en la categoría de delitos contra el orden socioeconómico (*ad exemplum,* fraudes alimentarios, tráfico de influencias en la vida económica…) han dejado servida la crí-

tica a propósito del carácter discrecional, fragmentado e incompleto del agrupamiento legal (especialmente crítico ZUGALDÍA ESPINAR cuando expresaba que el Legislador "se ha dejado llevar por el esnobismo"), que al decir de la Doctrina gira alrededor de un concepto, el "orden socioeconómico", que "no representa más que una idea, o si se quiere constituye un bien jurídico categorial" (VIVES ANTÓN/GONZÁEZ CUSSAC).

2. Lo que antecede enlaza con la segunda consideración que hacíamos más arriba, a propósito de que el orden socioeconómico nunca se presenta como bien jurídico directamente protegido por los delitos comprendidos en los arts. 270 a 304 del vigente CP. El respectivo bien jurídico protegido "deberá precisarse, o concretarse en intereses o bienes jurídicos específicos en cada tipo delictivo" (VIVES ANTÓN/GONZÁEZ CUSSAC), seguramente de la mano de las respectivas rúbricas de los cuatro capítulos —y, en su caso, de sus respectivas secciones— en que se agrupan las presentes figuras delictivas. Añadidamente, no debe olvidarse que conforme con la opinión de algunos autores, determinados delitos, formalmente agrupados en el CP bajo la presente categoría, ni siquiera constituyen delitos contra el orden socioeconómico (ZUGALDÍA ESPINAR en expresa referencia a los delitos societarios, si bien que apelando al "orden socioeconómico constitucional") o, de otro modo, tan sólo pueden ser considerados como tales desde la premisa de un cuasi vaciamiento de su ya de por sí difuso contenido (sería el caso del nuevo delito de "corrupción en el deporte", del apartado 4 del art. 286 bis CP, introducido mediante la reforma operada por la LO 5/2010, de 22 de junio, con la pretensión de preservar la limpieza de las pruebas y/o competiciones deportivas profesionales).

Sea como fuere, lo cierto es que el Legislador, al limitar el alcance de la rúbrica del Título XIII, relativa a los delitos contra el orden socioeconómico, a los delitos comprendidos en los capítulos XI a XIV de dicho Título, ha optado por una agrupación formal, seguramente caracterizada por la conexión que la mayoría de tales delitos aún mantienen con los delitos patrimoniales (i) y por la falta de un criterio de identidad lo suficientemente significativo como para que ganen independencia formal para agruparlos bajo uno o varios Títulos independientes (ii). Y lo anterior, desde el respeto a un concepto, el llamado "orden socioeconómico", que al decir de SUAREZ GONZÁLEZ "goza de aceptación en la literatura científica" y que, como asimismo resaltara GONZÁLEZ RUS, no deja de ser digno de resaltar que sea *ahora* considerado innecesario o incluso inconveniente por una Doctrina que sin embargo "ha estado solicitando durante años y desde antiguo, con casi unánime coincidencia, la necesidad de un título de delitos socioeconómicos o contra el orden económico".

Los cuatro capítulos referidos se destinan, por este orden, a la defensa jurídico penal de determinados derechos de contenido patrimonial (propiedad intelectual e industrial) de la competencia, del mercado y de los consumidores —Capítulo XI, bajo la rúbrica de *Delitos relativos a la propiedad intelectual e industrial, al mercado y a los consumidores* (i); a la defensa de la función social de la propiedad privada —Capítulo XII, bajo la rúbrica *De la sustracción de cosa propia a su utilidad social o cultural* (ii); a la protección del patrimonio social, de los derechos de los socios y de los terceros acreedores de las entidades que operan de modo permanente en el mercado, so pretexto de conductas lesivas de sus administradores y/o de otros socios —Capítulo XIII, bajo la rúbrica *De los delitos societarios* (iii); y a la incriminación de conductas de encubrimiento y/o favorecimiento lucrativo de otros delitos patrimoniales o socioeconómicos —caso de la receptación de delitos— y, en general, bajo la etiqueta del blanqueo de capitales, a la prohibición de cualquier conducta de legitimación de activos patrimoniales provenientes de una "actividad delictiva" propia o ajena —Capítulo XIV, bajo la rúbrica *De la receptación y el blanqueo de capitales* (iv).

Siendo dispar y heterogéneo el objeto de tutela de las diferentes figuras delictivas así agrupadas, no resta ahora sino remitirnos al contenido de cada una de las lecciones subsiguientes en las que se aborda su concreto análisis y estudio. Con todo, no queremos concluir la presente lección introductoria sin formular una última reflexión a propósito de la más que dudosa voluntad de instaurar y promover un efectivo plan de lucha contra la criminalidad económica sobre la base de la pretensión de alcanzar un "orden económico y social justo". La crítica es predicable no sólo del Legislador penal español, sino también de los restantes Estados integrados en la UE, y, más genéricamente, de los Estados del llamado "primer mundo", que asientan sus sistemas económicos en los principios del llamado "capitalismo moderno". En los referidos países, comúnmente identificados como "los de nuestro entorno", resulta cada vez más evidente el abandono por parte del Estado de su condición de agente económico, determinando un acelerado proceso de privatización de las empresas públicas y de las actividades de prestación de servicios (públicos), que algunos han entendido como una loable "ampliación de los ámbitos de libertad económica" en pos de una supuesta mejora de la competitividad en un mercado globalizado y heterogéneo, sin reparar en la correspondiente ampliación de los riesgos de afectación del llamado "orden socioeconómico justo". Formalmente se apela a la reinstauración de la llamada "ética en los negocios" como cláusula de salvaguarda de los referidos riesgos —filosofía que tiene su reflejo, simbólico, en la tipificación de algunas novedosas conductas delictivas: léase "corrupción en los negocios" o en la supuesta adopción empresarial de la llamada "cultura de la legalidad" al amparo de los protocolos asociados al *Compliance*— y se adoptan, con idéntica función, políticas financieras —así la política de la Unión Europea en materia de defensa de la competencia— concretadas, esencialmente, en el control, pretendidamente férreo, de las ayudas públicas a las empresas.

Sin embargo y paralelamente, se tolera desde la estrategia belicista con fines económicos (i), hasta la descarada opacidad de los llamados "paraísos fiscales" —hoy llamados de países de "jurisdicción no cooperativa"— (ii), y todo ello sin frenar —más bien fomentándolo— el que en la 1ª edición de esta obra llamamos el progresivo e injustificado enriquecimiento de los directivos de las grandes empresas (iii).

Por lo que atañe a la estrategia bélica citada en primer lugar, desafortunadamente tan crítica en el momento de escribir estas líneas por lo que atañe a la invasión rusa de Ucrania o la invasión israelí de Gaza y su asociado genocidio palestino, basta darse una vuelta por internet para encontrar las miles de entradas que responden al binomio guerra+comercio. A modo de ejemplo, véase el resumen publicado en su "Rincón de contenidos" actualizado al 26.05.2025, sobre la interrelación de la guerra con el comercio y la economía, la auto calificada "incubadora/aceleradora en línea número uno que opera a nivel mundial", FasterCapital LLC-FZ, empresa americana afincada sin embargo en Dubái, y especializada en la prestación de "servicios de desarrollo técnico y desarrollo de negocios por capital para startups" [https://fastercapital.com/es/contenido/Warf-Economics--como-los-conflictos-afectan-el-comercio-y-el-comercio.html#analizar-los-efectos-directos-de-las-guerras-en-los-mercados-globales.html].

En lo atinente al progresivo e injustificado enriquecimiento de los directivos de las grandes empresas, citado en tercer lugar, ya lo denunciamos en la primera edición de esta obra, con especial referencia a aquellos directivos cuyas decisiones estuvieron en el origen de la última gran crisis financiera (2007-2012): en efecto, sigue resultando chocante y no parece haberse tomado nota al respecto, que un contexto histórico en el que millares de familias se quedaron sin casa y sin pensión a causa de una crisis financiera que engulló billones de dólares/euros públicos, las grandes corporaciones —financieras o no— mientras aparentemente decidían imponer políticas de gestión asentadas en una "nueva" ética de los negocios", mes tras mes, años tras año, fueron acordando un progresivo aumento de las retribuciones de sus directivos. En Estados Unidos, sede central de aquella crisis, se embolsaron, de media, 15 millones de dólares cada uno (datos de 2007); los directivos españoles no se quedaron a la zaga, siendo así, a título de mero ejemplo, que Amadeus, con ocasión de su salida a Bolsa (enero de 2010), repartió la nada desdeñable suma de 54 millones de euros entre sus 7 directivos principales (301 millones globales para toda la plantilla). Añadidamente, algunos de los directivos de las corporaciones multinacionales, mientras aplicaban las llamadas medidas de choque contra la crisis —léase, entre otras, despidos masivos—, retiraban, como ya venían haciendo sus principales, sus millonarios ingresos a "paraísos fiscales" que, a nuestro entender, y pese a su aparente declive (la cifra oficial que reconoce la UE en el mundo se ha reducido así a la mitad desde el año 2010), constituyen uno de los pilares fundamentales de la preocupante deriva capitalista de los últimos 30 años. Dicho de otro modo, existe una relación consustancial entre "ética empresarial" por una parte y los paraísos fiscales por otra.

Como botón de muestra de esta relación, reseñábamos en la 1ª edición el entonces conocido como el caso del delator fiscal (en referencia a Heinrich Kieber, *insider* del Banco LGT, vinculado a la Casa Real de Liechtenstein, quién "robó" y vendió los soportes informáticos con las listas de más de 1400 defraudadores fiscales de toda Europa), lo que permitió conocer, por ejemplo, que mientras en Alemania se producían drásticas medidas de ajuste empresarial determinantes de despidos masivos (Siemens, General Motors, Nokia, BMW,...), resulta que Klaus Zumwinkel —principal accionista de Deutsche Post y Presidente del consejo de vigilancia de Deutsche Telekom— tenía abiertas algunas "fundaciones" en Liechtenstein para evadir impuestos. Ciertamente este directivo acabó siendo condenado en Alemania, en el año 2009, por fraude fiscal. Tan cierto, empero, como que evitó la prisión a cambio de aceptar una multa de 1,5 millones de euros, cifra levemente superior a los 1,2 millones de euros de renta anual vitalicia que tenía (y tiene) reconocida.

Al hilo de lo anterior, y asociando ahora dicho aspecto con el segundo de los relacionados, a saber, la transigencia cuando no el fomento de los paraísos fiscales hoy transmutados en "países de jurisdicción no colaborativa", resulta seguramente revelador que Liechtenstein, que tiene aproximadamente 35.000 habitantes, siga contando con más de 50.000 fundaciones domiciliadas, siendo así que la "fundación" no es una persona física y por tanto queda al margen de la laxa directiva de la UE que exige controles "sólo" sobre los depósitos privados en los paraísos fiscales. Esos "oasis" fiscales constituyen un mecanismo central del sistema financiero internacional y el andamiaje necesario para la operativa de los bancos de negocios, fondos de inversiones, fondos *hedge*, fondos *private equity*, y toda la amalgama de productos financieros, podríamos decir, de diseño y para el "apartamiento" de la riqueza al objeto de preservarla en manos de una ínfima minoría. Mientras tanto, y ya transcurridos casi 15 años desde la publicación de la 1ª edición de esta obra, ya no sorprende el archivo de las investigaciones entonces iniciadas sobre Liechtenstein, seguramente a raíz de la suscripción entre la UE y dicho microestado, el 24 de mayo de 2018, del Acuerdo relativo a la profundización de la cooperación transfronteriza, en particular en materia de lucha contra el terrorismo y la delincuencia transfronteriza [véase, al respecto, la Decisión (UE) 2019/1172 del Consejo, de 6 de junio de 2019; https://www.boe.es/buscar/doc.php?id=DOUE-L-2019-81145].

En este mismo contexto, y desde el anterior punto de vista, llama la atención el creciente interés por atajar el llamado "lavado o blanqueo de dinero", determinante de progresivas decisiones político criminales orientadas a luchar contra el "afloramiento" de los beneficios provenientes, primero del narcotráfico, y, seguidamente, de cualquier conducta delictiva. Sin ánimo de profundizar, y sin perjuicio así también de las evidentes deficiencias de la incriminación de dichas conductas en nuestro vigente CP (véase, sobre el particular, la Lección 26ª de este Tomo II), resulta llamativa, por contradictoria, la decisión político criminal ligada a la pretendida preservación del llamado "orden socioeconómico", que impone severas barreras a la incorporación al mercado de las ganancias "sucias" (de procedencia delictiva), mientras se favorece, por tolerancia, la salida del mismo de las ganancias "limpias" (de procedencia lícita). Dicho de otro modo: se tolera el binomio "negocio lícito + fraude", pero se estigmatiza el binomio inverso "fraude + negocio lícito".

Por lo demás, sigue en plena ebullición la circunstancia del trasvase entre los consejos de administración de las corporaciones y los puestos de responsabilidad en organismos tanto nacionales como internacionales que asimismo denunciábamos hace casi 15 años, y al que se han venido a unir destacados casos de cabildeo o *lobbismo*, practicado como actividad profesional por ex responsables políticos en orden a la favorecer los intereses económicos de sus clientes cerca del poder. Por lo que atañe a lo primero, el fenómeno popularmente conocido como de las "puertas giratorias", en nada vino a paliarlo la Ley 5/2006, de 10 de abril, de regulación de los conflictos de intereses de los miembros del Gobierno y de los Altos Cargos de la Administración General del Estado, que, como resulta sabido, limita a un período de dos años los condicionantes para la asunción de responsabilidades en empresas privadas por parte de ex altos cargos que abandonen su puesto. En lo que atañe a lo segundo, aún está por ver la luz que arroja la investigación penal actualmente en curso en España del llamado "caso Montoro", en referencia a Cristobal Montoro, quien ocupó la cartera de Hacienda en casi tres legislaturas de mayoría del Partido Popular (2000 a 2004, con Jose María Aznar de presidente del Gobierno y 2011 a 2018, con Mariano Rajoy) y que junto al referido ex ministro involucra a una decena de personas que formaban parte de la cúpula del Ministerio de Hacienda. Según parece Montoro aprovechó su posición como ministro para "legislar a la carta", es decir, en beneficio de los clientes del despacho privado profesional que dicho ministro (quien, por cierto, también ha sido europarlamentario y miembro de la Comisión de Asuntos Económicos y Monetarios del Parlamento Europeo, y es, además, y desde 1989, catedrático de Hacienda Pública en la Universidad de Cantabria) había fundado antes de entrar en el gobierno de Rajoy. No se me ocurre un ejemplo más preclaro de filibusterismo, no en su moderno sentido parlamentario, sino en su primigenio sentido etimológico; a saber: el del original holandés, *freebooter (n.)*, al parecer adoptado allá por 1560, de saqueador, ladrón, el de persona «que se hace del botín libremente».

IV. BIBLIOGRAFÍA

ABANTO VÁSQUEZ, M. A. "Hacia un nuevo Derecho penal de las empresas: más allá de la solución penal y meramente administrativa del «delito económico»", *RP*, nº 21, 2008; AGUSTINA SANLLEHÍ, J. R. *Delito en la empresa. Estrategias de prevención de la criminalidad intra-empresarial y deberes de control del empresario*, Barcelona, 2010; ALBRECHT, H. J. "Investigaciones sobre criminalidad económica en Europa: conceptos y comprobaciones empíricas", en AA.VV. *Modernas tendencias en la Ciencia del Derecho penal y en la Criminología*, Madrid, 2001; ALONSO PÉREZ, F. *Delitos contra el patrimonio y contra el orden socioeconómico. Aspectos penales y criminológicos. Legislación. Comentarios. Jurisprudencia*, Madrid, 2003; ARROYO ZAPATERO, L. "El Derecho Penal económico en la República Federal de Alemania", en BARBERO SANTOS, M. (ed.) *Los delitos socioeconómicos*, 1985; id. "Delitos socioeconómicos", *EDJ*, 2, 1996; id. "Derecho penal económico y Constitución", *RP*, nº 1, 1998; ARROYO ZAPATERO, L./TIEDEMANN, K. *Estudios de Derecho penal económico*, Cuenca, 1994; ARROYO ZAPATERO, L./DE VICENTE MARTÍNEZ, R. *Derecho Penal Económico*, 2ª ed., Barcelona, 2002; AUGER LIÑÁN, C. "El Derecho penal de la Economía. Problemática", *CDJ*, 1993 t. XXII; BACIGALUPO SAGGESE, S. "El concepto de Derecho penal económico en la Constitución europea", en AA.VV. *Constitución Europea y Derecho penal económico*, 2006; BACIGALUPO SAGGESE, S./SÁNCHEZ-VERA GÓMEZ-TRELLES, J. *Cuestiones prácticas en el ámbito de los delitos de empresa*, Madrid, 2006; BACIGALUPO ZAPATER, E. (dir.) *Curso de Derecho penal económico*, Madrid, 1998; 2ª ed., 2005; BAIGÚN, D. "El peligro en los delitos contra el orden económico", *LH-Gimbernat Ordeig*, 2008; BAJO FERNÁNDEZ, M. "El Derecho penal económico. Un estudio de Derecho positivo español", *ADPCP*, 1973; id. *Derecho penal económico aplicado a la actividad empresarial*, Madrid, 1978; id. "La delincuencia económica. Un enfoque criminológico y político criminal", *CPC*, nº 5, 1978 [= *LH-Antón Oneca*, 1982]; id. "Los delitos contra el orden socio-económico en el Proyecto de Código penal", *RFDUCM*, monogr. 3, 1980; id. "El Proyecto de Código penal y el art. 38 de la Constitución", en AA.VV. *La reforma penal y penitenciaria*, Santiago de Compostela, 1980; id. "Marco constitucional del Derecho penal económico (art. 38 CE)", *CLP*, t. I., 1982; id. "Política criminal y reforma penal. Delitos patrimoniales económicos", *LH-Del Rosal Fernández*, 1993; id. "Los delitos patrimoniales y económicos en el Proyecto de Código Penal español", *Icade*, nº 29, 1993; id. "Desarrollo económico, protección penal y cuestiones político-criminales", *LH-Tiedemann*, 1995; id. "El error de prohibición en el Derecho penal económico", *LH-Sánchez Calero*, t. V, 2002; id. "Concepto de Derecho penal económico", en AA.VV. *Diccionario de DPE*, 2009; id. "Constitución económica y bien jurídico", en AA.VV. *Diccionario de DPE*, 2009; BAJO FERNÁNDEZ, M./BACIGALUPO SAGGESE, S. *Derecho penal económico*, Madrid, 2001; id. "Derecho administrativo sancionador-Derecho penal económico", en AA.VV.: Diccionario de DPE (2009); BALL, R. A. "El enfoque de la teoría general de sistemas aplicado a los delitos organizacionales de cuello blanco", *LH-Serrano Gómez*, 2006; BARBERO SANTOS, M. (ed.) *Los delitos socio-económicos. (II Coloquio Hispano-Alemán sobre la Reforma Penal)*, Madrid, 1985; BARBERO SANTOS, M. "Los delitos contra el orden socioeconómico: presupuestos", en BARBERO SANTOS, M. (ed.) *La reforma penal: cuatro cuestiones fundamentales*, Madrid, 1982; id. "Los delitos económicos en el Derecho italiano", en BARBERO SANTOS, M. (ed.) *Los delitos socio-económicos*, 1985; id. "Los delitos económicos en la legislación española", *RFDUCM*, nº 72, 1987; BAUCELLS I. LLADÓS, J. "La protección penal de los intereses económicos de los consumidores: Una propuesta de bien jurídico", *RdPP*, nº 8, 2002; BENSON, M. "Carreras delictivas de delincuentes de cuello blanco", *LH-Serrano Gómez*, 2006); BERGALLI, R. "Criminología del «White-Collar crime»: forma-estado y proceso de concentración económica", *EPC*, t. VII, 1984; id. "Criminalidad económico-social: Una digresión sobre la tropología del discurso jurídico-penal", ADPCP 1986; BERISTAIN IPIÑA, A. "Eficacia de las sanciones penales frente a la delincuencia económica", RGD 1982 y 1983 (=en Beristain Ipiña, Ciencia penal y criminología, Madrid, 1986); BOTTKE, W. "Sobre la legitimidad del Derecho Penal Económico en sentido estricto y de sus descripciones típicas específicas", LH-Tiedemann (1995) (trad.

N. de la Mata Barranco); id. "Criminalidad económica y Derecho criminal económico en la República Federal de Alemania", RP 4 (1999) (trad. Arroyo Alfonso); BUENO ARÚS, F. "Algunas consideraciones sobre la protección de la propiedad en el Anteproyecto de Código Penal español de 1992 desde una perspectiva constitucional", AP 1992; BUSTOS RAMÍREZ, J. "Perspectivas actuales del Derecho penal económico", LH-J. del Rosal (1993); CARUSO FONTÁN, M. V. "Prevención y criminalidad de empresa. Una mirada hacia el Derecho norteamericano", en AA.VV.: Temas de Derecho penal económico (2004); CASTALDO, A. "Técnicas de tutela y de intervención en el nuevo Derecho penal bancario italiano", ADPCP 1994-3; CERVINI, R. "Macro criminalidad económica contemporánea. Nuevas reflexiones sobre aspectos conceptuales y metodológicos", RDPC 14 (2004); CHOCLÁN MONTALVO, J. A. "Sobre la agravación de delitos económicos por la circunstancia de afectar a múltiples perjudicados", AJA (3 julio 2002); id. "Protección penal del sistema financiero", LL 2003-4; CORCOY BIDASOLO, M. (dir.): Derecho penal de la empresa, Pamplona, 2002; CÓRDOBA RODA, J. "Delincuencia económica y responsabilidad de los representantes de sociedades mercantiles en Derecho español", EPC t. X (1987); DE LA CUESTA AGUADO, P."Derecho penal económico y nuevas tecnologías", en AA.VV.: Sistema penal de protección del mercado y de los consumidores (2002); DE LA CUESTA ARZAMENDI, J. L./BLANCO CORDERO, I. "Delincuencia económica", en AA. VV.: Diccionario de DPE (2008); id. "Justificación en Derecho penal económico", en AA.VV.: Diccionario de DPE (2008); DE URBANO CASTILLO, E. Derecho penal económico: 101 casos resueltos por el Tribunal Supremo, La Ley, 2020; DEMETRIO CRESPO, E. Responsabilidad penal por omisión del empresario, Madrid, 2009; id. "Fundamento de la responsabilidad en comisión por omisión de los directivos de las empresas", en AA.VV.: Cuestiones actuales de derecho penal empresarial (2010); DÍAZ Y GARCÍA CONLLEDO, M. "El error en derecho penal económico", en AA.VV.: Cuestiones actuales de derecho penal empresarial (2010); DÍAZ PALOS, F. "Los delitos en especie. Glosa al Tratado de Quintano Ripollés. Infracciones patrimoniales", ADPCP 1969; id. "Infracciones contra el patrimonio", RJCat nº extr. 1980; DONINI, M. "¿Una nueva Edad Media penal? Lo viejo y lo nuevo en la expansión del Derecho penal económico", en AA.VV.: Temas de Derecho penal económico (2004); FEIJOO SÁNCHEZ, B. "Bien jurídico y delitos socioeconómicos", en AA.VV.: Diccionario de DPE (2008); id. "Política criminal y delitos socioeconómicos", en AA.VV.: Diccionario de DPE (2008); id. "Sanciones penales y prevención de delitos socioeconómicos", en AA.VV.: Diccionario de DPE (2008); id. "Imputación objetiva en el Derecho penal económico y empresarial. Esbozo de una teoría general de los delitos económicos", InDret 627 (2/2009) [=AA.VV., Cuestiones actuales de derecho penal empresarial (2010)]; FERNÁNDEZ ALBOR, A. Estudios sobre criminalidad económica, Barcelona, 1978; id. "Los delitos contra el patrimonio y el arbitrio judicial en el Proyecto de Código penal de 1980", en La reforma penal y penitenciaria, Santiago de Compostela, 1980; FERNÁNDEZ ALBOR, A./MARTÍNEZ-BUJÁN PÉREZ, C. Delincuencia y economía, Santiago de Compostela, 1983; FERNÁNDEZ STEINKO A. La economía ilícita en España, Madrid, 2021; FERNÁNDEZ TERUELO, J. G. Estudios de Derecho penal económico, Madrid, 2003; id. "La expansión selectiva del Derecho penal español", en Revista Digital de la Facultad de Derecho de la UNED 1 (2009); DE FIGUEIREDO DIAS, J. "Sobre a autonomia dogmática do direito penal económico. Uma reflexão à luz do novo direito penal económico portugués", EPC t. IX (1986); FOFFANI, L. "Criminalidad organizada y criminalidad económica", RP 7 (2001) (trad. Pifarré de Moner); id. "Escándalos económicos y reformas penales: prevención y represión de las infracciones societarias en la era de la globalización", RP 23 (2009); GARCÍA ARÁN, M. El fenómeno de la internacionalización de la delincuencia económica, Madrid, 2005; GARCÍA VALDÉS, C. "El título VIII del Proyecto de Código penal de 1980: Notas sobre una imposible reforma", RJCast-La Mancha nº extraord. 7 (1989) [=Temas de D. P. (1992)]; id. "El nuevo derecho penal de los negocios y de las sociedades mercantiles", LH-Aurelio Menéndez (1996); GEIS, G. "El delito de cuello blanco como concepto analítico e ideológico", LH-Serrano Gómez (2006); GIMENO JUBERO, M. A. (dir.): Derecho penal Económico, Madrid, 2006; GIMENO

SENDRA, V. "Los delitos económicos en el nuevo Código Penal", AJA 249 (6 junio 1996); id. "La aplicación procesal del nuevo Código Penal con especial referencia a los delitos contra el orden socio-económico", RP 1 (1998); GÓMEZ BENÍTEZ, J. M. "Notas para una discusión sobre los delitos contra el orden socio-económico y el patrimonio", ADPCP 1980; id. "Delitos contra el patrimonio en el Anteproyecto de Código Penal de 1983 (hurtos, robos, estafas e insolvencias punibles)", RFDUCM monogr. 6 (1983); id. "Delitos contra el patrimonio", D. J. nº 37-40 (1983), vol. 1; id. Curso de Derecho penal de los negocios a través de casos. Reflexiones sobre el desorden legal, Madrid, 2001; GÓMEZ PAVÓN, P. "Cuestiones actuales del Derecho penal económico: el principio de legalidad y las remisiones normativas", RDPC nº extr. 1 (2000); GÓMEZ-JARA DÍEZ, C. "Constitución europea y Derecho penal económico", en AA.VV.: Diccionario de DPE (2008); id. "Gobierno corporativo y Derecho penal", en AA.VV.: Diccionario de DPE (2008); GONZÁLEZ CUSSAC, J. L. "Los delitos contra el patrimonio en la Reforma Penal de 2003", CDJ 2005 t. III; id. "Los delitos contra el patrimonio en el Proyecto de reforma del Código Penal de 2007", en AA.VV.: La reforma de la justicia penal, Valladolid, 2008; GONZÁLEZ RUS, J. J. "La reforma de los delitos económicos y contra el patrimonio. Consideraciones críticas", EPC t. XVII (1994); id. "Aproximación a los delitos contra el orden socioeconómico en el proyecto de Código Penal de 1992", LH-Tiedemann (1995); id. "Derecho penal europeo y Derecho penal económico europeo: convencimientos y dudas", en AA. VV.: Constitución Europea y Derecho penal económico (2006); GRACIA MARTÍN, L. "Elementos subjetivos en los delitos económicos", en AA.VV.: Diccionario de DPE (2008); id. "La responsabilidad penal de los administradores y representantes de la empresa por delitos especiales", en AA.VV.: Cuestiones actuales de derecho penal empresarial (2010); GUTIÉRREZ ZARZA, M. A. "Investigación y enjuiciamiento de los 'delitos de cuello blanco' en el sistema judicial norteamericano", ADPCP 1997; GREEN, S. Mentir, hacer trampas y apropiarse de lo ajeno. una teoría moral de los delitos de cuello blanco, Madrid, 2013; HEREDERO SALAMANCA, E. "Investigación y prueba de los delitos económicos", en AA.VV.: Cuestiones actuales de derecho penal empresarial (2010); HORMAZÁBAL MALARÉE, H. "Los delitos socioeconómicos, el bien jurídico, el autor, su hecho y la necesaria reforma del sistema penal español", LH-Tiedemann (1995); HUERTA TOCILDO, S. "Los delitos patrimoniales en el proyecto de Código Penal de 1980", CPC 1981; IGLESIAS RÍO, M. A. "Criminalidad organizada y delincuencia económica: aproximación a su incidencia global", LH-Valle Muñiz (2001); JAÉN VALLEJO, M. "Criminalidad económica", en Revista de Ciencias Jurídicas (Universidad de Las Palmas de Gran Canaria) 5 (2000); JAKOBS, G. "La privación de un derecho como delito patrimonial. A la vez, una contribución a la generalización de la Parte Especial", InDret 580 (4/2008) (trad. N. Pastor Muñoz); JIMÉNEZ VILLAREJO, C. "La prueba pericial en los delitos económicos (con particular referencia a la intervención de los Inspectores de Finanzas del Estado)", JpD 31 (1998); id. "Los delitos económicos. Los límites de la cooperación internacional", en AA.VV.: La cooperación internacional frente a la criminalidad organizada (2001); id. "Problema derivados de la internacionalización de la delincuencia económica", EDJ 61 (2004); id. "La tolerancia judicial ante la delincuencia financiera", RGDP 11 (2009); KAISER, G. "La lucha contra la criminalidad económica. Análisis de la situación en la República Federal de Alemania", en Barbero Santos (ed.), Los delitos socio-económicos (1985); KERNER, H. J. "Experiencias criminológicas con las recientes reformas para la lucha contra la criminalidad económica en la República Federal de Alemania", en Barbero Santos (ed.), Los delitos socio-económicos (1985); KINDHÄUSER, U. "Acerca de la legitimidad de los delitos de peligro abstracto en el ámbito del Derecho Penal Económico", LH-Tiedemann (1995) (trad. F. Molina Fernández); LANDROVE DÍAZ, G. "La represión de la delincuencia económica", JpD 31 (1998); LÉAUTÉ, J. "Responsabilidad penal y grupos económicos, según el anteproyecto de Código Penal francés", RJCat nº extr. 1980 (trad. E. Giménez-Salinas Colomer); LÓPEZ HERNÁNDEZ, G. "Sobre la tutela penal del patrimonio", ADPCP 1965; LÓPEZ REY Y ARROJO, M. "La criminalidad económico-social en la política criminal de las Naciones Unidas", en Barbero Santos (ed.), Los delitos socio-económicos (1985); MAGRO SERVET, V. Guía práctica y casuística de delitos contra el patrimonio y el orden socioeconómico, Madrid, 2002; MANZANARES SAMANIEGO, J. L. "Delito y abuso de poder: ¿infracciones e infractores fuera del alcance de la Ley? (La respuesta del Proyecto español del Código Penal)", CPC 1981; MARÍN DE ESPINOSA CEBALLOS, E. Criminalidad de empresa. La responsabilidad penal en las estructuras jerárquicamente organizadas, Valencia, 2003; MARTÍNEZ ARRIETA, A. "Derecho penal económico", en AA.VV.: Constitución europea y Derecho penal económico (2006); MARTÍNEZ-BUJÁN PÉREZ, C. Derecho penal económico y de la empresa, Valencia, 2016; id. Derecho penal económico y de la empresa, Valencia, 2015; MARTÍNEZ-BUJÁN PÉREZ/PUENTE ALBA, L. M. Derecho penal económico y de la empresa, Valencia, 2014; id. Derecho penal económico y de la empresa, Valencia, 2014; id. Derecho penal económico y de la empresa, Valencia, 2011; id. Derecho Penal Económico. Parte General, Valencia, 1ª ed., 1998; 2ª ed., 2007; id. Derecho Penal Económico. Parte Especial, Valencia, 1ª ed., 1999; 2ª ed., 2005; id. Derecho Penal Económico, Valencia, 2002; id. "Algunas reflexiones sobre la moderna teoría del Big Crunch en la selección de bienes jurídico-penales (especial referencia al ámbito económico)", LH-Cerezo Mir (2002); id. "Instrumentos jurídicos frente a la globalización de los mercados", en AA.VV.: El Derecho penal ante la globalización, Madrid, 2002; id. "Las reformas penales de la LO 15/2003 en el ámbito patrimonial y socioeconómico", EPC t. XXV (2005) [=LH-Núñez Barbero (2007), 451]; MARTOS NÚÑEZ, J. A. Derecho penal económico, Madrid, 1987; id. "Los fundamentos jurídico-constitucionales de la delincuencia socioeconómica", CPC 1989; MAZZACUVA, N. "Delitos contra el orden socioeconómico", en González Rus (coord.), El Código Penal de 1995, cinco años después, Córdoba, 2002; MOLINA BLÁZQUEZ, C. "Los delitos socio-económicos en el Proyecto de Código Penal de 1992", AP 1994; MUÑOZ CONDE, F. "La ideología de los delitos contra el orden socio-económico en el Proyecto de Ley Orgánica de Código penal", CPC 1982 (=RJCat 1982); id. "La reforma de los delitos contra el patrimonio", D. J. nº 37/40 (1983), vol. 1; id. "La reforma de los delitos contra el patrimonio", RFDUCM monogr. 6 (1983); id. "Delincuencia económica: Estado de la cuestión y propuestas de reforma", LH-Tiedemann (1995); id. "Cuestiones dogmáticas básicas en los delitos económicos", RP 1 (1998); MUÑOZ CONDE/MOYA AMAYA, "Delitos socio-económicos", EJB; MUSCO, E. "El nuevo Derecho penal económico entre poder legislativo y poder ejecutivo", en AA.VV.: Temas de Derecho penal económico (2004); NAUCKE, W. El concepto de delito económico-político: una aproximación, Madrid, 2015 (ed. lit. EC Sarrabayrouse); NIETO MARTÍN, A. "Ordenamiento Comunitario y Derecho penal económico español. Relaciones en el presente y en el futuro", AP 1995; id. "El programa político-criminal del Corporate Goverment (Derecho penal de la empresa y gobierno corporativo)", RdPP 11 (2004); id. "¿Americanización o europeización del derecho penal económico?", RP 19 (2007); id. "Derecho penal (económico) europeo", en AA.VV.: Diccionario de DPE (2008); NOVOA MONREAL, E. "Reflexiones para la determinación y delimitación del delito económico", ADPCP 1982; NÚÑEZ CASTAÑO, E. Responsabilidad penal en el ámbito empresarial, Valencia, 2001; NÚÑEZ FERNÁNDEZ, J. "Algunos aspectos conceptuales y políticos de la criminalidad de cuello blanco", CPC 2000; PALACIOS CRIADO, M. T./FUENTES MARTÍNEZ, J. J. Judicatura y notariado ante los delitos económicos, Madrid, 2006; PALIERO, C. E. "La sanción administrativa como medida moderna en la lucha contra la criminalidad económica", LH-Tiedemann (1995) (trad. C. Suárez González); PALOMO DEL ARCO, A. "Asistencia internacional en la delincuencia económica", EDJ 61 (2004); PAREDES CASTAÑÓN, J. M. "Los delitos de peligro como técnica de incriminación en el Derecho penal económico: bases político-criminales", RDPC 11 (2003); id. "La determinación del nivel de riesgo permitido: un caso de Derecho penal económico", RdPP 12 (2004); PASTOR MUÑOZ, N. "La respuesta adecuada a la criminalidad de los directivos contra la propia empresa: ¿Derecho penal o autorregulación empresarial?", InDret 380 (4/2006); PEDRAZZI, C. "El bien jurídico en los delitos económicos", en Barbero Santos (ed.), Los delitos socio-económicos (1985); PRADEL, J. "Derecho penal económico francés. Algunos aspectos actuales", PJ 49 (1998); PRIETO DEL PINO, A. M. "Una contribución al estudio de la delincuencia económica: el sistema económico diseñado por la Constitución española", RDPC 12 (2003); QUINTERO OLIVARES, G. Els delictes econòmics, Barcelona, 2014; id. "La política penal para la propiedad y el orden económico en el futuro Código Penal español", EPC t. III (1979); id. "Economía e instrumentos represivos", Papers 13 (1980); id. "Sobre los presupuestos y limitaciones de la legislación penal económica", LH-Pérez Vitoria (1983) t. II; id. "El principio de intervención mínima y algunos delitos patrimoniales y societarios", LH-Valle Muñiz (2001); RIGHI, E. "Las garantías individuales y la represión de la delincuencia económica", CPC 8 (1979); id. Derecho penal económico comparado, Madrid, 1991; RIVACOBA Y RIVACOBA, M. "Los llamados delitos socio-económicos en los Códigos penales y en los Proyectos iberoamericanos y en la Propuesta de Anteproyecto español del Nuevo Código Penal", en Barbero Santos (ed.), Los delitos socio-económicos (1985); ROBLEDO VILLAR, A. Delitos contra el patrimonio y el orden socioeconómico, Barcelona, 1997; RODRÍGUEZ DEVESA, J. M. "Consideraciones generales sobre los delitos contra la propiedad", ADPCP 1960; id. "La reforma «socialista» de los delitos contra la propiedad en el Código Penal español", RDPúb nº 96-97 (1984); RODRÍGUEZ MOURULLO, G. "Los delitos económicos en el Proyecto de Código penal", ADPCP 1981; id. Estudios de Derecho penal económico, Madrid, 2009; RODRÍGUEZ RAMOS, L. Secundariedad del Derecho penal económico. Reflexiones sustantivas y procesales, Madrid, 2001; RODRÍGUEZ SOL, L. "La investigación de la delincuencia económica en el Espacio Judicial Europeo", LL 2005-3; RUIZ RODRÍGUEZ, L. R. "Limitaciones técnicas, jurídicas e ideológicas para el conocimiento y sanción de la criminalidad económica", RDPC 1 (2009); RUIZ VADILLO, E. "La Reforma penal y la delincuencia económica. Especial referencia a la protección del consumidor", en Reformas penales en el mundo de hoy, Madrid, 1984; id. "Algunas consideraciones sobre los delitos económicos. (La sociedad ante nuevas formas de delincuencia)", RGLJ 262 (1987); id. "Algunas consideraciones sobre la delincuencia económica y la colaboración de los estados en la lucha contra este tipo de delitos", LH-Fernández Albor (1989); SÁNCHEZ ULLED, E. J. "Estrategias de investigación en los delitos económicos complejos: la criminalidad económica organizada", EDJ 72 (2005); SCHÜNEMANN, B. "Cuestiones básicas de dogmática jurídico-penal y de política criminal acerca de la criminalidad de empresa", ADPCP 1988 (trad. Brückner/Lascurain Sánchez); id. "¿Ofrece la reforma del Derecho penal económico alemán un modelo o un escarmiento?", en Jornadas sobre la «Reforma del Derecho penal en Alemania», Madrid, 1992 (=Schünemann, Temas actuales y permanentes del Derecho penal después del milenio, Madrid, 2002); id. "Los fundamentos de la responsabilidad penal de los órganos de dirección de las empresas", en Schünemann, Temas actuales y permanentes (trad. L. Baza); id. "Responsabilidad penal en el marco de la empresa. Dificultades relativas a la individualización de la imputación", ADPCP 2002 (trad. B. Spínola Tártalo/M. Sacher); SHOVER, N. "El delito de cuello blanco: una cuestión de perspectiva", LH-Serrano Gómez (2006); SIEBER, U. "Estado de la evolución y perspectivas del Derecho Penal Económico europeo", LH-Tiedemann (1995) (trad. S. Bacigalupo Saggese/C. Espósito Massicci); SILVA SÁNCHEZ, J. M. "Legislación penal socio-económica y retroactividad de disposiciones favorables: el caso de las «leyes en blanco»", RJCat 1994 [=LH-Tiedemann (1995)]; id. "El Derecho penal bancario en España", AP 1994; id. "Ingeniería financiera y Derecho penal", CDJ 1999 t. IX; SILVA SÁNCHEZ, J. M. (coord.): ¿Libertad económica o fraudes punibles? Riesgos penalmente relevantes e irrelevantes en la actividad económico-empresarial, Madrid, 2003; SKUPINSKI, J. "Los delitos económicos en el Derecho polaco", LH-Jiménez de Asúa (1986); SOLAZ SOLAZ, E. (dir.): La instrucción de los delitos económicos y contra la Hacienda Pública, Madrid, 2005; SORIANO SORIANO, J. R. "Delictes contra el patrimoni i contra l'ordre socioeconòmic", en El Codi penal de 1995: part especial, Ed. Generalitat de Cataluña, Barcelona, 1996; STAMPA BRAUN, J. M./BACIGALUPO ZAPATER, E. "La reforma del Derecho Penal económico español", RJCat nº extr. 1980; SUÁREZ GONZÁLEZ, C. J. "Aspectos político-criminales de los delitos socioeconómicos en el Código Penal de 1995, con especial referencia a los delitos societarios", en AA.VV. *Derecho penal de la empresa*, Pamplona,

2002; id. "Derecho penal económico y Constitución europea: ¿armonización o integración?", en AA.VV.: Constitución Europea y Derecho penal económico (2006); SUÁREZ MONTES, R. F. "Particularités des delits economiques dans le droit espagnol", en Trabaux de L.'association Henri Capitant, París, 1963; TERRADILLOS BASOCO, J. "Los delitos contra el orden socioeconómico en el Derecho penal francés. Aspectos generales", en Barbero Santos (ed.), Los delitos socio-económicos (1985); id. "Globalización, administrativización y expansión del Derecho penal económico", en AA.VV.: Temas de Derecho penal económico (2004); id. "Responsabilidad por el producto. Una lectura jurisprudencial", en AA.VV.: Cuestiones actuales de derecho penal empresarial (2010); TIEDEMANN, K. "Delitos contra el orden económico", en Barbero Santos (ed.), La reforma penal: cuatro cuestiones fundamentales, Madrid, 1982; id. "Aspectos penales y criminológicos de las actividades de las empresas transnacionales", EPC t. VI (1983); id. "La criminalidad económica como objeto de investigación", CPC 1983 (trad. Bacigalupo Zapater); id. "La reforma del Derecho penal económico alemán y el Proyecto de Código penal Tipo para Ibeoroamérica", CPC 1983 (trad. Cobos Gómez de Linares); id. Poder económico y delito. Introducción al Derecho penal económico y de la empresa, Barcelona, 1985 (trad. A. Mantilla Villegas); id. "El concepto de Derecho económico, de Derecho penal económico y de delito económico", CPC 1986; id. Lecciones de Derecho penal económico. (Comunitario, español, alemán), Barcelona, 1993; id. "Presente y futuro del Derecho Penal Económico", LH-Tiedemann (1995); id. "Sobre el estado de la teoría del error, con especial referencia al derecho penal económico y al derecho penal accesorio. Consideraciones de derecho comparado y conclusiones", LH-Casabó Ruiz (1997), vol. 2 (trad. C. Suárez González); id. "El concepto de delito económico en la Constitución europea", en AA.VV.: Constitución Europea y Derecho penal económico (2006); TIEDEMANN, K. (dir.): Eurodelitos. El derecho penal económico en la Unión Europea, Cuenca, 2003; TSITSOURA, A. "La criminalidad económica. Actividades del Consejo de Europa", en Barbero Santos (ed.), Los delitos socio-económicos (1985); DE URBANO CASTRILLO, E. "Delincuencia económica", LL-penal 15 (2005); id. "Especialidad de las sentencias en los delitos económicos", EDJ 93 (2006); DE VICENTE MARTÍNEZ, R. "Las consecuencias jurídicas en el ámbito de la delincuencia económica", AP 1997 [=AA.VV.: Estudios de Criminología II (1999)]; id. "Hacia una interpretación plausible del delito patrimonial continuado", JpD 38 (2000); id. "El delito continuado. Especial referencia al tratamiento penológico en las infracciones contra el patrimonio continuadas", LH-Valle Muñiz (2001); DE VICENTE REMESAL, J. "Delitos contra la propiedad y el patrimonio", EJB; id. "Delitos contra el patrimonio", EPB; VIDALES RODRÍGUEZ, C. "Los delitos socioeconómicos en el Código penal de 1995: la necesidad de su delimitación frente a los delitos patrimoniales", EPC t. XXI (1998); VILADÁS JENÉ, C. "Delincuencia económica. Comentarios a propósito de las II Jornadas Internacionales de Londres de 1977", RJCat 1978; id. "Notas sobre la delincuencia económica en España", ADPCP 1978; id. "Delincuencia económica: la Tercera Jornada Internacional (Siracusa 1979)", CPC 12 (1980); id. "Propuesta de Anteproyecto de Código Penal y delincuencia económica", D. J. nº 37-40 (1983), vol. 2 [=RFDUCM monogr. 6 (1983)]; id. "Introducción a la delincuencia económica", LH-Pérez Vitoria (1983), t. II; AA.VV.: Hacia un Derecho penal económico europeo: Jornadas en honor del profesor Klaus Tiedemann, Madrid, 1995; AA.VV.: «Delitos socioeconómicos en el nuevo Código Penal», CDJ 1996, t. XX; AA.VV.: "Empresa y delito en el nuevo Código Penal", CDJ 1997, t. II; AA.VV.: "Empresa y Derecho penal (I)", CDJ 1998, t. V; AA.VV.: "Empresa y Derecho penal (II)", CDJ 1998, t. X; AA.VV.: I. Congreso hispano-italiano de Derecho penal económico, La Coruña, 1998 (coord. P. Faraldo Cabana/I. Valeije Álvarez); AA.VV.: "Derecho penal económico", MFC 14 (2001); AA.VV.: "Tratamiento de los delitos socio-económicos", RP 9 (2001); AA.VV.: Derecho penal de la empresa, Pamplona, 2002 (dir. M. Corcoy Bidasolo); AA.VV.: "Derecho penal económico", CDJ 2003, t. II (dir. Conde-Pumpido Tourón); AA.VV.: "El fenómeno de la internacionalización de la delincuencia económica", EDJ 61 (2004); AA.VV.: "La instrucción de los delitos económicos y contra la Hacienda Pública", EDJ 64 (2004); AA.VV.: Temas de Derecho penal económico, Madrid, 2004 (coord. M.

Acale Sánchez/J. Terradillos Basoco); AA.VV.: "Derecho penal económico", EDJ 72 (2005); AA.VV.: Fraude y corrupción en el Derecho penal económico europeo, Cuenca, 2006; AA.VV.: Constitución Europea y Derecho penal económico. Mesas redondas [de] Derecho y Economía, Madrid, 2006 (dir. M. Bajo Fernández y coords. C. Gómez-Jara Díez/S. Bacigalupo Saggese); AA.VV.: "Delincuencia económica", EDJ 93 (2006); AA.VV.: "Aproximación al Derecho penal económico y financiero", EDJ 119 (2008); AA.VV.: Diccionario de Derecho penal económico, Madrid, 2009 (dir. J. Boix Reig); AA.VV.: Cuestiones actuales de derecho penal empresarial, Madrid, 2010 (dir. J. R. Serrano-Piedecasas Fernández/E. Demetrio Crespo); AA.VV.: El derecho penal económico y empresarial ante los desafíos de la sociedad mundial del riesgo, Madrid, 2010 (dir. J. R. Serrano-Piedecasas Fernández/E. Demetrio Crespo); AA.VV.: Derecho penal económico en la era del *compliance*, Valencia, 2013 (dirs. L. Alberto Arroyo Zapatero y A. Nieto Martín); AA.VV.: La delincuencia económica, Valencia, 2014 (dir. M. García Arán); AA.VV.: Diccionario de derecho penal económico, Iustel, 2017, 2ª ed. (dirs. P. LLoría y J. Boix Reig); AA.VV.: Derecho penal económico y derechos humanos, Valencia, 2018 (coords. M. Maroto Calatayud, M. P. Marco Francia; dirs. E. Demetrio Crespo y A. Nieto Martín; DE LA MATA BARRANCO, N. J./DOPICO GÓMEZ-ALLER, J./LASCURAÍN SÁNCHEZ, J. A./ NIETO MARTÍN, A. Derecho penal económico y de la empresa, 2ª ed., Madrid, 2018; id. Derecho penal económico y de la empresa, Madrid, 2018; AA.VV.: Tratado de derecho penal económico, Valencia, 2019 (dir. A. Camacho Vizcaíno); AA.VV.; Derecho penal parte especial: delitos económicos, 2ª ed., Valencia, 2020 (dir. FJ Boix Reig); AA.VV.: Derecho penal y distribución de la riqueza en la sociedad tecnológica, Valencia, 2023 (coords. P. de la Cuesta Aguado, B. San Millán Fernández); ZUGALDÍA ESPINAR, J. M. "Los delitos contra la propiedad, el patrimonio y el orden socioeconómico en el nuevo Código Penal. (Consideraciones generales sobre el Título XIII del Nuevo Código Penal)", en Jornadas sobre el nuevo Código Penal de 1995, San Sebastián, 1998 (=CPC 1996); id. "Delitos contra el orden socioeconómico", en González Rus (coord.), El Código Penal de 1995, cinco años después, Córdoba, 2002.

Lección 2ª

Delitos de hurto y *furtum possessionis*

MARÍA JOSÉ RODRÍGUEZ MESA

Artículo 234

1. El que, con ánimo de lucro, tomare las cosas muebles ajenas sin la voluntad de su dueño será castigado, como reo de hurto, con la pena de prisión de seis a dieciocho meses si la cuantía de lo sustraído excediese de 400 euros.

2. Se impondrá una pena de multa de uno a tres meses si la cuantía de lo sustraído no excediese de 400 euros, salvo si concurriese alguna de las circunstancias del artículo 235. No obstante, en el caso de que el culpable hubiera sido condenado ejecutoriamente al menos por tres delitos comprendidos en este Título, aunque sean de carácter leve, siempre que sean de la misma naturaleza y que el montante acumulado de las infracciones sea superior a 400 €, se impondrá la pena del apartado 1 de este artículo.

No se tendrán en cuenta antecedentes cancelados o que debieran serlo.

3. Las penas establecidas en los apartados anteriores se impondrán en su mitad superior cuando en la comisión del hecho se hubieran neutralizado, eliminado o inutilizado, por cualquier medio, los dispositivos de alarma o seguridad instalados en las cosas sustraídas.

Artículo 235

1. El hurto será castigado con la pena de prisión de uno a tres años:

1.º Cuando se sustraigan cosas de valor artístico, histórico, cultural o científico.

2.º Cuando se trate de cosas de primera necesidad y se cause una situación de desabastecimiento.

3.º Cuando se trate de conducciones, cableado, equipos o componentes de infraestructuras de suministro eléctrico, de hidrocarburos o de los servicios de telecomunicaciones, o de otras cosas destinadas a la prestación de servicios de interés general, y se cause un quebranto grave a los mismos.

4.º Cuando se trate de productos agrarios o ganaderos, o de los instrumentos o medios que se utilizan para su obtención, siempre que el delito se cometa en explotaciones agrícolas o ganaderas y se cause un perjuicio grave a las mismas.

5.º Cuando revista especial gravedad, atendiendo al valor de los efectos sustraídos, o se produjeren perjuicios de especial consideración.

6.º Cuando ponga a la víctima o a su familia en grave situación económica o se haya realizado abusando de sus circunstancias personales o de su situación de desamparo, o aprovechando la producción de un accidente o la existencia de un riesgo o peligro general para la comunidad que haya debilitado la defensa del ofendido o facilitado la comisión impune del delito.

7.º Cuando al delinquir el culpable hubiera sido condenado ejecutoriamente al menos por tres delitos comprendidos en este Título, siempre que sean de la misma naturaleza. No se tendrán en cuenta antecedentes cancelados o que debieran serlo.

8.º Cuando se utilice a menores de dieciséis años para la comisión del delito.

9.º Cuando el culpable o culpables participen en los hechos como miembros de una organización o grupo criminal que se dedicare a la comisión de delitos comprendidos en este Título, siempre que sean de la misma naturaleza.

2. La pena señalada en el apartado anterior se impondrá en su mitad superior cuando concurrieran dos o más de las circunstancias previstas en el mismo.

I. EL HURTO EN EL DERECHO HISTÓRICO

A diferencia del robo, cuya procedencia etiológica se encuentra en el latín vulgar, y más concretamente en el término germánico *raubôn* —actualmente *rauben* en alemán y *reave* en inglés— que significa saquear o arrebatar, la palabra hurto procede directamente del vocablo latino *furtum*. No obstante, el *furtum* en el Derecho romano era una conducta que se utilizaba también para designar otros comportamientos distintos a la sustracción o apoderamiento ilegítimo de la cosa ajena. Ya previsto y regulado en las XII Tablas, el *furtum* era un delito privado que, como tal, posteriormente se recogió en el Libro XLVII del Digesto, dedicado a los *delicta privata*.

Según el Digesto (*De Furtis, I., 3*) "*Furtum est contrectatio rei fraudulosa lucri faciendi gratia vel ipsius rei, vel etian usus possessionisve*". De esta definición se derivan tres formas de *contrectatio*: la *contrectatio rei*, que viene a coincidir con el actual concepto de hurto, ya que la propiedad de la cosa pasaba de quien la tenía en su poder al autor del hecho; la *contrectatio usus*, que en la actualidad podría equivaler al hurto de uso (vehículos de motor); y la *contrectatio possessionis*, consistente en la sustracción de la cosa por parte del propietario de la misma a su legítimo poseedor, antecedente del actual hurto de posesión tipificado en el art. 236 CP. En cualquiera de los tres casos, el *furtum* era una acción dolosa llevada a cabo con ánimo de lucro.

A partir del concepto de *furtum* previsto en las XII Tablas, los jurisconsultos empezaron a expandir su aplicación a otras conductas (*cfr.* RODRÍGUEZ MOURULLO) y a elaborar supuestos de *furtum* cualificados, como fue el caso de la *rapina*, consistente en apoderarse violentamente de cosa ajena, antecedente romano del robo, cuya diferenciación —a veces sutil— del hurto permitió que la Partidas establecieran una distinción formal entre el hurto (apoderamiento de cosa ajena de modo encubierto y clandestino), y el robo (el que se realizaba de modo violento), similar a la prevista en el Derecho romano.

La Partida VII (tít. 14, ley 1), define al hurto como la "*malfetria que facen los homes que toman alguna cosa mueble agena ascondidamente sin placer de su señor, con entencion de ganar el señorio ó la posesion, ó el uso della*". El hurto es un "tomar" encubierto de una cosa "mueble" sin la voluntad de su dueño y con ánimo de lucro. El hurto puede afectar a la propiedad de la cosa, a la posesión o al derecho de uso.

Tras la codificación, la distinción entre robo y hurto se asienta definitivamente en el CP de 1822, y perdura en todas las reformas y Códigos Penales posteriores hasta nuestros días.

Pero antes de entrar a valorar las dificultades que han planteado los delitos de robo y hurto en los diferentes Códigos Penales, y especialmente las importantes reformas padecidas por el delito de hurto en el CP de 1995, parece preciso hacer una breve alusión a la regulación del hurto en el derecho hispano musulmán, ya que los musulmanes estuvieron asentados en España durante más de ocho siglos, lo que provocó que fuera el único país europeo que desarrollara un derecho musulmán propio que se aplicó en gran parte del territorio español (*cfr.* AGUILERA BARCHET).

A partir de los casos concretos que aparecen en las *fatwas* andalusíes, EL OUAZZANI CHAHDI nos ilustra sobre el delito de robo en el derecho hispano musulmán. Frente al bandidaje o robo extraordinario, este derecho sólo contempla otro delito cuyo objeto sean los bienes: el robo ordinario, "que consiste en la acción de apoderarse a escondidas de un bien perteneciente a otra persona guardado en un lugar seguro (*hirz*). El pillaje (*intihab*), la ratería (*ijtilas*) y el robo con homicidio (*gila*), son considerados bandidaje o robo extraordinario.

El hurto básico, tal y como es entendido por el derecho romano y visigodo, es desconocido, por tanto, en el derecho hispano musulmán, por lo que arrebatar abiertamente algo de un lugar no "*hirz*", aunque sea con ánimo de lucro, no está sujeto a pena. Aunque referido al robo, es necesario que el objeto sustraído/apoderado tenga un valor determinado (*nisab*) para que el comportamiento se considerase delictivo. El robo ordinario del derecho hispano musulmán se correspondería en cierto modo con el robo en casa habitada, pero para este derecho el objeto robado ha de tener una utilidad legal y utilización lícita. Aunque la pena prevista para el robo era la amputación de la mano, en *Al-Ándalus* rara vez fue aplicada.

II. LAS SUCESIVAS REFORMAS DEL DELITO DE HURTO

El hurto es el primero de los delitos tipificados en el Título XIII del CP, "Delitos contra el patrimonio y contra el orden socioeconómico". Su regulación en el Capítulo I, bajo la denominación "De los hurtos", pone ya de manifiesto su autonomía y diferenciación respecto de otros tipos penales contra el patrimonio, como puede ser la estafa, la apropiación indebida y, sobre todo, el robo.

Esta distinción entre robo y hurto ha sido una constante en todos los Códigos Penales, desde el de 1822 hasta nuestros días. No obstante, hasta el CP de 1995 el hurto también contemplaba conductas de apropiación indebida, o de sustracción de la cosa perdida. Ambos comportamientos se tipifican en el CP de 1995 entre los delitos de apropiación indebida como modalidades de defraudación (arts. 253 y 254 CP). El concepto de hurto se mantuvo sin variaciones (excepto en la cuantía de lo sustraído) desde el CP de 1822 hasta el de 1973, y tanto aquél como todos los posteriores han contemplado como supuesto agravado la reincidencia o la habitualidad. Así, también, todos ellos han tenido en cuenta para la determinación de la pena el valor de la cosa sustraída, aunque incorporando determinados supuestos agravados en función de la naturaleza de la cosa, como por ejemplo el hurto de objetos religiosos o litúrgicos que se mantuvo hasta el CP de 1973.

El CP de 1995 contenía, en su primera versión, una regulación clara y sencilla del hurto. La diferencia entre el delito de hurto (art. 234 CP) y la falta de hurto (art. 623 CP) la marcaba el valor de los sustraído (50.000 pesetas, que en la reforma llevada a cabo por la LO 15/2003, de 25 de noviembre, pasó a ser 400 euros).

El delito de hurto sólo contemplaba cuatro tipos agravados (podían agravar la pena de prisión hasta los tres años) en función de la naturaleza de la cosa sustraída, el perjuicio económico, la situación en la que se quedara la víctima o que el delito se hubiera cometido abusando de ésta. Pero quizá la principal modificación en materia de hurto es que, a diferencia de los Códigos anteriores, el art. 234 CP no incluye expresamente, como elemento típico de naturaleza negativa, que la acción se lleve a cabo "sin violencia o intimidación en las personas ni fuerza en las cosas". Es cierto que, en virtud del principio de especialidad, cuando exista violencia o intimidación en las personas estaremos ante un delito de robo y no de hurto; pero en el caso de la fuerza en las cosas, el art. 238 CP establece un listado taxativo de los supuestos que pueden considerarse robo, por lo que, de no darse ninguno de ellos, podría aplicarse el delito de hurto cuando se haya aplicado otra forma de fuerza en las cosas. El CP de 1995 también prescindió, por primera vez, de las agravaciones específicas por reincidencia o habitualidad previstas por los Códigos anteriores para los autores de varias faltas o delitos de hurto.

Aunque con sus imperfecciones, se puede decir que el CP de 1995 era en sus orígenes un buen texto normativo. Como advirtió en su momento DE LA CUESTA ARZAMENDI, "sin ser perfecto, puede decirse que el nuevo Código, aprobado en 1995, responde, en lo esencial, a las necesidades de una sociedad moderna en el ámbito criminal y penal". Forjado, en gran medida, a partir de las reformas del CP de 1973 y, sobre todo, elaborado con la intención de proporcionar una respuesta penal propia de un Estado Social y de Derecho, tal y como el que se configura en la Constitución Española de 1978. Además de presentar una estructura y sistemática coherente, introdujo otras sanciones alternativas a la pena privativa de libertad para las faltas y algunos delitos menos graves, con el fin de "alcanzar, en lo posible, los objetivos de resocialización que la Constitución le asigna" (E. M. de la LO 10/1995, de 23 de noviembre, del Código Penal).

Las casi cincuenta reformas del CP, algunas de ellas de importante calado, desmontan la pretensión de "estabilidad y fijeza" previstas en la EM En este sentido, afirma con rotundidad ÁLVAREZ GARCÍA, en el prólogo a la 33ª ed. del Código Penal y la Ley del menor, que "el diagnóstico sobre la legislación penal española promulgada desde el Código Penal de 1995 es fácil de hacer: lamentable". Como el propio autor advierte, algunas leyes que lo han modificado nacieron y se aprobaron con serios problemas de constitucionalidad, hasta llegar a la situación actual, en la que las sucesivas y constantes reformas han convertido al CP en una amalgama de normas sancionadoras falta de sistemática, y en muchas ocasiones contradictorias entre sí, lo que dificulta enormemente su comprensión y, lo que es peor, su correcta aplicación por los jueces. Pero, además, y ello es aún más grave, en contra del espíritu de un Derecho penal mínimo previsto en la E. M., las distintas reformas han supuesto un expansionismo punitivo que, en algunas ocasiones, es contrario a la propia idea de un Estado Social y Democrático de Derecho.

Los delitos contra la propiedad, especialmente el hurto y el robo, han sido objeto de numerosas reformas, todas ellas expansivas, a pesar de que, como reconoce el propio legislador, en los supuestos de hurto estamos generalmente ante delitos leves. Las razones de esta desproporcionalidad punitiva con respecto a otros delitos patrimoniales o socioeconómicos es que, "a pesar de su aparente menor gravedad, provoca una mayor sensación de inseguridad ciudadana en determinados espacios públicos, como comercios, transportes públicos o zonas turísticas" (E. M. de la Proposición de ley 122/000285 de 27/01/2023). Junto a ello, también ha jugado un importante papel la presión por parte de las entidades representativas del sector de distribución que calculan que el hurto les produce unas pérdidas anuales de 1.800 millones de euros. Según datos de 2024, los comercios pierden más de 2.000 millones de euros al año debido a la comisión de estos delitos.

La primera reforma del delito de hurto (LO 11/2003, de 29 de septiembre) añade un párrafo al art. 234 CP cuyo objetivo es castigar como delito la habitualidad o multirreincidencia en la comisión de las faltas de hurto previstas en el art. 623.1 CP.

Como destaca la FGE, se trata de una modalidad delictiva "construida artificialmente" que planteó en su momento importantes dudas interpretativas, como por ejemplo si las faltas a tener en cuenta tenían que haber sido enjuiciadas o no, cuestiones de prescripción, así como su posible coexistencia con el delito continuado de hurto. Además de los problemas interpretativos e incluso de inconstitucionalidad, la introducción de este modelo, como afirmó en su momento GONZÁLEZ CUSSAC, "es caótico, puesto que, para hacer frente al fenómeno de la reiteración delictiva, se limita a acumular sin sentido, ni orden, ni coordinación, mecanismos múltiples: reincidencia como agravante con efectos varios; habitualidad de faltas sólo en algunos delitos; confusión con delito continuado, con concurso real y con las normas procesales de conexidad".

La LO 1/2015, de 30 de marzo, por la que se suprimieron las faltas en el CP, modificó el art. 234.2 CP al tipificar como delito leve la anterior falta de hurto tipificada en el art. 623.1 CP, para aquellos casos en los que el valor de los sustraído fuera inferior a 400 euros. Así mismo, y en coherencia con la desaparición de las faltas, eliminó la tan criticada fórmula por la que se elevaba a delito la reiteración de la falta del art. 623.1 CP en el plazo de un año cuando el montante conjunto superara los 400 euros.

La regla especial que permitía convertir las faltas en delito en función de la reiteración delictiva (cuatro faltas en el plazo de un año) y el montante conjunto de todas las sustracciones (superior a 50.000 pesetas), había sido introducida por la LO 11/2003, de 29 de septiembre como una de las medidas —junto con una nueva circunstancia agravante de multirreincidencia en el art. 66.1º.5 CP— de lucha contra la delincuencia profesionalizada, principalmente en aquellos supuestos en los que, por su escasa cuantía, el delito no recibía una respuesta adecuadamente disuasoria. La LO 5/2010, de 22 de junio, volvió a reformar el art. 234.2 CP, rebajando a tres el número de faltas cometidas y actualizando el importe a 400 euros.

El hecho de que no se exigiera que el culpable hubiera sido previamente condenado por las faltas cuya reiteración permitía elevar la última de las faltas cometidas a delito, además de ser muy criticado por la Doctrina desde un punto de vista político criminal e incluso constitucional, planteaba importantes problemas prácticos en su aplicación, tanto a nivel sustantivo como procesal, tal y como pusieron de manifiesto ÁLVAREZ GARCÍA, CANO CUENCA, VIVES ANTÓN/ GONZÁLEZ CUSSAC, QUINTERO OLIVARES, AGUADO LÓPEZ o GUARDIOLA LAGO, entre otros.

III. LA EXACERBADA RESPUESTA PUNITIVA EN LOS DELITOS DE HURTO

1. La incidencia criminológica del hurto

Según los datos del Ministerio del Interior, en términos absolutos el delito de hurto es el que tiene las cifras más altas tanto en cuanto a hechos investigados como condenados. En términos relativos, desde el año 2013 a 2023 el delito de hurto ha reducido ligeramente su porcentaje con respecto del total de hechos investigados y detenidos, pasando del 15,9% del total de los investigados y detenidos en 2013 al 14,2% en 2023. El porcentaje ha oscilado durante estos últimos diez años un par de puntos, con la excepción de los años 2020 y 2021, en los que disminuyó al 11,8% y 12,7%, respectivamente, como efecto del confinamiento por el COVID19. El porcentaje de condenados es prácticamente proporcional al de los delitos investigados y detenidos.

A partir de la reforma penal de 2015, por la que las faltas de hurto se convierten en delitos leves y por tanto pasan a formar parte de las estadísticas de delitos, los porcentajes se siguen manteniendo en torno al 15% hasta el año 2021. La inclusión en las estadísticas de lo que anteriormente eran faltas no supuso un incremento del número de delitos investigados y detenidos, lo que en la práctica significó una reducción del porcentaje de hurtos respecto del total de infracciones penales frente a los años anteriores. A partir de 2022 se produce un repunte, pero sigue manteniéndose 2,7 puntos porcentuales por debajo del de 2013. No obstante, y como destaca SÁNCHEZ BENITEZ, aunque en términos cuantitativos el delito de hurto se trata de una tipología relevante, "desde un punto de vista cualitativo, las conductas de hurto, en las que no concurren ni violencia ni intimidación ni fuerza en las cosas y que mayoritariamente constituyen delitos leves (antiguas faltas), no revisten una especial gravedad".

2. Hacia una política criminal securitaria y de exclusión

A pesar de la elevación de la falta a delito, los delitos de hurto han ido en descenso en los últimos años, por lo que no se entiende la proposición de ley presentada por Junts, y avalada por el PSOE y el PP en septiembre de 2024, por la que se pretende endurecer las penas de hurto cuando haya multirreincidencia (condena de seis a dieciocho meses, aunque el monto total de lo sustraído sea inferior a 400 euros) y cuando el objeto robado sea un teléfono móvil u otro dispositivo electrónico. En este último caso, la propuesta de Junts pretende que se integre como un tipo agravado del art. 235 CP, castigado con una pena de uno a tres años de prisión. Junto a las reformas de los arts. 234 y 235 CP, se propone una reforma de la LECrim con el objetivo de que los ayuntamientos puedan personarse, en lugar de la Fiscalía, para ejercer la acción penal en casos puntuales de delincuentes "habituales".

El motivo de la proposición de reforma de Junts radica en una situación de "alarma social" que se remontaría en Cataluña al año 2021. Es cierto que el porcentaje de hurtos respecto del total de los delitos cometidos es, al menos en la provincia de Barcelona, superior al del resto de provincias españolas, llegando en el año 2023 al 29,5% de los delitos investigados y detenciones. Sin embargo, ello no es motivo suficiente para una reforma penal que siga incrementado las penas por el delito de hurto. Seguir la línea del mayor punitivismo debido a la alarma social o inseguridad ciudadana que crean determinados delitos, sobre todo cuando, como en el hurto, se trata de delitos no violentos, supone desconocer absolutamente el principio de proporcionalidad.

El principio de proporcionalidad, entendido como proporcionalidad entre el delito y la pena, "tiene una raíz garantista que pretende evitar la instrumentalización del individuo, actuando como freno a la actividad punitiva del Estado" (NAVARRO FRÍAS). Del triple juicio establecido por el TC para evitar un desequilibrio patente e irrazonable entre la pena y el fin perseguido, uno de los criterios es el de la proporcionalidad en sentido estricto, lo que implica una ponderación entre las libertades restringidas y los derechos que pretenden protegerse. La previsión de una pena de prisión para el autor del hurto de un teléfono móvil —con independencia de su valor— es, por tanto, flagrantemente contrario al principio de proporcionalidad, ya que la restricción que supone para el derecho fundamental "libertad ambulatoria" es mucho más grave que la posible lesión al derecho de propiedad.

En cuanto a la elevación de la multirreincidencia a delito menos grave aun cuando el monto total de las sustracciones sea inferior a 400 euros, no sólo es contrario al principio de proporcionalidad en sentido estricto, sino que además no constituye una medida idónea ni necesaria para una mayor protección del bien jurídico. La multirreincidencia evidencia el fracaso del sistema penal, y la experiencia nos demuestra que el incremento de la pena en estos supuestos no es la solución.

El perfil del multirreincidente en delitos de hurto leve suele ser el de un sujeto marginal, desempleado, con problemas de integración debido a condiciones tales como la drogadicción, extranjeros sin regularizar que no pueden acceder a un empleo lícito, falta de formación laboral, etc. (*cfr.* AGUADO LÓPEZ) El hurto, sobre todo el hurto leve, es uno de los delitos más relacionado causalmente con los factores económicos que afectan al ciudadano de a pie, y que en momentos de recesión económica sufre en mayor medida la falta de bienes y servicios básicos. En este sentido, resulta paradójico plantear un incremento de las penas de hurto (leve) en una ciudad en la que el precio del alquiler de la vivienda ha subido en el último año un 14,4%, debido principalmente a la turistificación y el incremento de alquileres de corta duración (*cfr.* ampliamente MALDONADO GUZMÁN).

Frente a ello, no se proponen medidas sociales y económicas que procuren la reintegración y el aumento de posibilidades de una vida digna para el autor del delito, sino que, de nuevo, se pretende acudir al Derecho penal —que recordemos que es *última ratio*— para intentar solucionar problemas de seguridad ciudadana que difícilmente van a poder solventarse acudiendo a un mayor punitivismo, si no se acompaña de todo un arsenal de medidas de política económica y social que contribuyan a disminuir los índices de marginalidad y pobreza. Tal y como afirma GORGAL, con referencia a Argentina pero perfectamente trasladable a nuestro país, "la ciencia no informa al debate ni guía a las políticas, y estas, —en general— se facturan a espaldas de la más mínima evidencia científica".

En aras de una mayor seguridad ciudadana (objetiva o subjetiva) en los delitos contra la propiedad individual se sigue un modelo de Derecho penal securitario basado, como advierte TERRADILLOS BASOCO, en una "política criminal de exclusión", apoyada por "agencias internacionales de *lobbying*", en el que la pertinencia y eficacia de las tácticas político-criminales se determinan en función de su eficacia con relación a los principios políticos generales. Y, en caso de ser excluyentes, la funcionalidad se define como la habilidad para establecer programas de control y exclusión para determinados individuos, hayan entrado o no en contacto efectivo con los mecanismos de control penal, control y exclusión que se incrementarán a medida que se fortalezcan las categorías valorativas legitimadoras de un modelo de relaciones de poder entre grupos. La política criminal, prosigue el citado autor, es efectiva, por excluyente, en la medida en que replica y fortalece la exclusión ya existente: la identifica, la penaliza y le proporciona medidas punitivas que legitiman un orden, o sea, un modelo de relaciones de poder entre grupos.

> En palabras de JAKOBS, "el carácter dominante de la economía queda demostrado de modo especial en el caso de jóvenes desempleados, que nunca tuvieron la oportunidad de aprender e internalizar la conducta de una persona que es necesaria en una profesión: a falta de deber, no son persona, y a falta de costumbre de comportarse como persona tampoco se comportan como si lo fueran. Y no cabe esperar otras reacciones de no-personas".

Frente a esta política criminal funcionalista, securitaria y de exclusión seguida frente a los sujetos pertenecientes a los grupos sociales más desfavorecidos, cuando se trata de delitos socioeconómicos o de la protección de bienes jurídicos colectivos, la política criminal seguida es la opuesta. Frente al delincuente funcional que comete delitos mucho más graves que el hurto de un teléfono móvil, se lleva a cabo una política criminal tolerante, y, por supuesto, menos punitivista. Un ejemplo de esta es la aplicación de la atenuante muy cualificada (pena inferior hasta en dos grados) en los supuestos de regularización posterior al comienzo del proceso penal en los delitos contra la hacienda pública, fundamentando dicha atenuación en las elevadas cantidades a las que asciende el montante a reparar [STS 374/2017, 24-5 (*Tol 6110618*), y SAP, Madrid, Sección 17ª, 53/2019, 22-1 (*Tol 7168238*)]. En ambos casos, en los que se condena a famosos futbolistas, los Tribunales utilizan todos los resquicios legales posibles para que la pena sea inferior a 24 meses y, de ese modo se pueda proceder a la suspensión de esta. Como afirma DE LA HERRÁN RUIZ-MATEOS, tras el análisis de estas sentencias, hay un tratamiento jurisprudencial privilegiado para quienes tienen una situación económica que les permite restituir grandes sumas y eludir la entrada en prisión, por lo que no sólo el Derecho penal material, sino también la aplicación de este por parte de la jurisprudencia, son proclives a la impunidad de los grandes delincuentes económicos.

Ello no significa que el Derecho penal no deba intervenir en delitos como el hurto, en el que se vulnera un bien jurídico merecedor de protección tal y como es la propiedad individual. Pero como indica TERRADILLOS BASOCO, ello no implica recurrir a un punitivismo exacerbado, sino a un Derecho penal de mínimos junto con una protección real de los derechos sociales de todos los ciudadanos.

Para concluir, puede afirmarse que los delitos de hurto y robo, en cuanto productores de "inseguridad ciudadana", fomentada en gran parte por los "creadores de opinión" y ampliamente divulgada a través de las redes sociales, son la máxima expresión en el Derecho penal del avance del neoliberalismo conservador, en el que, como acertadamente advierte QUINTERO OLIVARES, "no hay lugar para otorgar al derecho penal otra misión que la de castigar y mantener el orden o el control social a través de la represión, olvidando o dejando en un plano muy secundario, la lucha contra las causas determinantes de los delitos".

IV. BIEN JURÍDICO PROTEGIDO

El hurto forma parte de los delitos patrimoniales, concretamente se trata de un delito patrimonial de apoderamiento sin uso de fuerza, violencia ni intimidación. Con respecto al bien jurídico protegido en el delito de hurto, es posible distinguir hasta tres posiciones doctrinales. La opción por alguna de las tesis propuestas no es una cuestión baladí, pues de ello dependerá la delimitación de elementos típicos tales como los sujetos pasivos, el ánimo de lucro, la relación entre los arts. 234 y 236 CP, así como cuestiones concursales y de atipicidad.

Para un sector muy minoritario de la Doctrina, conforme a la intitulación del Título XIII, el bien jurídico protegido en el delito de hurto sería el patrimonio. El TS, por su parte, considera el patrimonio como bien jurídico protegido de forma genérica en su STS 712/2006, 3-7 (*Tol 964510*). En opinión de PERIS RIERA y CUESTA PASTOR, quienes apuestan por el patrimonio como bien jurídico protegido omiten tener que pronunciarse sobre el debate existente en torno a si el objeto jurídico de protección en el delito de hurto es la propiedad o la posesión, "ya que al entenderse el patrimonio mobiliario como la relación fáctica que se establece entre el objeto mueble y su titular, es indiferente el título jurídico que los una (propiedad, posesión, usufructo o mera tenencia), siempre que posea valor económico".

En relación a esta posición sobre el bien jurídico protegido en el delito de hurto, apenas relevante tanto en la Doctrina como en la Jurisprudencia, hay que tener en cuenta que el contenido del patrimonio, desde el punto de vista jurídico, es el conjunto de derechos patrimoniales de una persona, por lo que, como advierte VENTURA PÜSCHEL, su consideración como bien jurídico protegido en los delitos patrimoniales —entre ellos el hurto— exigiría concretar qué derechos forman parte del patrimonio, y, sobre todo, si todo los delitos patrimoniales —y no sólo el de estafa— "exigen un perjuicio consistente en una efectiva disminución, económicamente evaluable, del acervo patrimonial de una persona considerado en su conjunto". BRANDARIZ GARCÍA, por su parte, apela a la naturaleza abstracta del patrimonio, lo que dificultará enormemente el análisis de los elementos concretos de cada delito patrimonial. En su opinión, dicho bien puede ser tenido en cuenta como "interés jurídico mediato o genérico" que desempeña su función como *ratio legis* en la interpretación de los distintos delitos patrimoniales, pero en modo alguno puede ser concebido como objeto jurídico de protección en primera instancia, al menos en aquellos delitos en los que no se ataca al patrimonio en su totalidad, como sucedería en el delito de estafa, en el que, como destaca VALLE MUÑIZ, el patrimonio es concebido como *univeristas iuris.*

Con la concepción mixta o jurídico-económica del patrimonio, entendida por WELZEL como "la suma de los valores económicos puestos a disposición de alguien bajo la protección del ordenamiento jurídico", se eliminan, como advierte SOUTO GARCÍA, "la inclusión en el concepto de patrimonio de los objetos carentes de valor económico y la protección de la posesión antijurídica". Si éste fuera, efectivamente, el bien jurídico protegido en todos los delitos patrimoniales, incluido el hurto, la antijuricidad de la conducta dependería de la existencia o no de un perjuicio económico para el patrimonio del sujeto pasivo o dueño de la cosa, por lo que habría que plantearse cómo resolver los supuestos en los que el dueño de la cosa mueble hurtada, que tenía asegurada, recibe por parte de la compañía de seguros un valor superior al del bien sustraído, ya que en este caso no sólo no habría un perjuicio patrimonial, sino un enriquecimiento del patrimonio del sujeto pasivo del hurto.

En este sentido, ZUGALDÍA ESPINAR, quien considera que el bien jurídico protegido en el hurto es la propiedad, nos ilustra acerca de las diferentes consecuencias prácticas de considerar que el bien jurídico protegido sea la propiedad o el patrimonio. En los delitos contra la propiedad la afectación al bien jurídico sólo requiere "la reducción de la posibilidad de disponer de una cosa por parte del propietario", con independencia de que se haya producido o no un perjuicio en el patrimonio del sujeto pasivo. En los delitos contra el patrimonio, sin embargo, lo condicionante es el hecho de que el patrimonio de la víctima (entendido en su sentido jurídico-económico) después de la infracción sea menor que antes de la infracción.

También el TS (excepto en el supuesto aislado comentado anteriormente), ha manifestado, al menos tácitamente, que el delito de hurto se estructura en torno a una acción contra la propiedad, por lo que no pueden ser considerados delitos contra el patrimonio o de enriquecimiento ilícito. Así, por ejemplo, la STS 1848/2002, 28-3 (*Tol 298130*), referida a una falta de hurto (y trasladable con la regulación actual al delito de hurto leve) reitera que "el hurto, al menos en la modalidad de falta, no requiere que la cosas objeto del mismo tengan valor en sí mismas. La ley sólo requiere considerar el valor para graduar la pena aplicable, pero no para establecer la tipicidad. El Código no establece un valor mínimo para la falta y éste, además, no es conceptualmente necesario para la existencia de una cosa, como lo demuestra el art. 333 del Código Civil que no hace ninguna referencia al valor del objeto de la apropiación".

Aunque la inclusión de nuevos delitos en el Título XIII del CP, como los relativos al mercado y a los consumidores y los delitos societarios, exigía un cambio de la rúbrica, AGUDO, JAÉN Y PERRINO consideran que la sustitución de la expresión "propiedad" por la de "patrimonio" no fue una decisión acertada, al unificar en una misma rúbrica delitos cuyo objeto jurídico de protección es distinto. Destacan estos autores cómo "el propio legislador de la LO 1/2015, en su EM es plenamente consciente de ello cuando se refiere expresamente a «la revisión de la regulación de los delitos contra la propiedad y el patrimonio» (apartado XIV), mencionando, pues, expresamente, los delitos contra la propiedad".

Una vez descartado que el patrimonio sea el bien jurídico directamente protegido por el delito de hurto, existe un debate que cada vez va adquiriendo mayor fuerza sobre si el bien jurídico protegido es la propiedad o la posesión. Ambas tesis esgrimen argumentos interesantes tanto para defender su posición como para deslegitimar a la contraria. Incluso, algunas sentencias del TS han afirmado expresamente que el bien jurídico protegido en el delito de hurto es la propiedad y la posesión, lo que compaginaría ambas tesis, en principio incompatibles.

La tesis tradicionalmente mayoritaria tanto en la Doctrina como en la Jurisprudencia es la que defiende que el bien jurídico protegido en el delito de hurto es la propiedad de los bienes muebles, entendida tal y como dispone el art. 348 CC como "el derecho de gozar y disponer de una cosa, sin más limitaciones que las establecidas en las leyes". Nuestro legislador penal estaría utilizando un concepto liberal de la propiedad que, al transformar a su titular en un soberano sobre sus bienes, ignora, como subraya ÁLVAREZ GARCÍA, la función social de la propiedad (art. 33 CE) y los derechos que pudieran corresponderles a otras personas distintas del propietario, especialmente al poseedor de la cosa.

No obstante, la propiedad, como indica entre otros JAÉN VALLEJO, no se protege en el delito de hurto en el sentido técnico jurídico del derecho de propiedad, sino en cuanto al dominio, entendido como el poder gozar y disponer de la cosa. Y esto es así porque, como subrayan, entre otros, GALLEGO SOLER y CORCOY BIDASOLO, el hurto propio no afecta a la existencia del "derecho a la propiedad" (la cosa mueble hurtada sigue siendo propiedad de su dueño y no del sujeto activo del hurto), sino sólo a las facultades jurídicas vinculadas a la detentación fáctica y disposición de la cosa por parte de su dueño.

Son varios los argumentos esgrimidos por quienes defienden que es la propiedad de la cosa mueble, y no su posesión, el bien jurídico protegido en el delito hurto propio. Entre tales argumentos destacan:

a) La ajenidad de la cosa mueble objeto del delito, lo que implica que la cosa es propiedad de un tercero distinto del sujeto activo. Ello significa, como resalta BORJA JÍMENEZ, que la acción específica del sujeto activo sobre la cosa mueble viene revestida por la nota de ajenidad, por lo que el bien jurídico tutelado no puede ser otro que "la propiedad de las cosas de un tercero".

b) La falta de consentimiento del dueño como elemento del tipo. Si el consentimiento del dueño impide apreciar la tipicidad de la conducta como hurto propio, es porque el dueño —que no tiene por qué coincidir con quien en ese momento detenta la posesión legítima o ilegítima de la cosa— es, como propietario, el titular del bien jurídico, que no puede ser otro que la propiedad.

c) El T. S. ha declarado en reiterada Jurisprudencia que en el caso de delito leve (anteriormente falta) no es necesario que la cosa tenga un valor económico para que se considere cometido el delito de hurto. No obstante, en la medida en que el que el valor de cuantía de la cosa sustraída es referente esencial a afectos de distinguir entre delito leve (anteriormente falta) y grave, VIVES ANTÓN Y GONZÁLEZ CUSSAC consideran evidente que ese referente sólo adquiere pleno significado con respecto a la propiedad y no frente a otros derechos patrimoniales.

d) Si el bien jurídico protegido fuese la posesión y no la propiedad, el dueño de la cosa podría ser sujeto activo del delito de hurto propio, por lo que, como indica ÁLVAREZ GARCÍA, no tendría ningún sentido la tipificación específica del *furtum possessionis* en el art. 236 CP.

Para otro sector doctrinal, el bien jurídico protegido en el delito de hurto es la posesión de la cosa mueble. Expresamente en este sentido MUÑOZ CONDE afirma que el "bien jurídico común a todos los supuestos de hurto tipificados en el Cap. I del Tít. XIII es la posesión, si bien indirectamente resultará lesionado el derecho de propiedad de alguien". Esta tesis fue ya defendida por CUELLO CALÓN, quien denunciaba la inexactitud de la designación "delitos contra la propiedad", ya que no todos los delitos incluidos en ese epígrafe iban dirigidos contra el derecho a la propiedad, "sino también contra la posesión, hasta en su forma más rudimentaria de mera tenencia de las cosas". Con relación al delito de hurto, el citado autor señala que el bien jurídico protegido es la posesión de hecho de las cosas muebles, cualquiera que sea su origen (propiedad, posesión o mera tenencia de la cosa).

Uno de los argumentos esgrimidos para mantener esta postura es que, como anteriormente se ha comentado, el derecho a la propiedad de la cosa hurtada no se lesiona, ya que seguirá existiendo en la medida en que la cosa subsista, aunque sea en poder de un tercero. De ahí que NÚÑEZ concluya que lo concretamente ofendido por el hurto es la tenencia de la cosa, como supuesto específico dentro del género propiedad, y no la propiedad en sí misma. También CARRARA considera que el hurto viola la posesión de la cosa, pero no la posesión civil —como defiende NÚÑEZ— sino la posesión natural, de modo que el poseedor civil puede resultar en algunos casos culpable de hurto, si sustrae la cosa a su poseedor natural.

AMBOS, por su parte, considera que la posesión expresa equivale objetivamente a una relación de dominio o control, complementado subjetivamente con la voluntad de poseer. En consecuencia, el poseedor puede ejercer un dominio real (efectivo) o potencial (posible) sobre la cosa. Para este autor, por tanto, frente a terceros la posesión con justo título equivale a propiedad.

La traslación del *furtum possessionis* de las estafas al Capítulo dedicado a los hurtos (art. 236 CP) lleva a GARCÍA ARÁN a afirmar, con razón, que al menos un tipo de hurto protege la posesión. La cuestión, prosigue la autora, es si el hurto propio (art. 234 CP) protege sólo la propiedad y el art. 236 CP sólo la posesión frente al propietario, o si la posesión es el bien jurídico inmediato protegido tanto el hurto propio como en el *furtum possessionis.*

Uno de los argumentos esgrimidos por GARCÍA ARÁN es que si negamos la autonomía a la posesión en el hurto propio admitiéndola sólo en el *furtum possessionis,* a pesar de que la relación del propietario con la cosa es más intensa, dicha relación cedería ante la posesión cuando le sustrae la cosa al poseedor legítimo; mientras que si la sustracción la lleva a cabo un tercero no propietario al poseedor legítimo, "la relación de propiedad adquiría tanta importancia como para absorber el injusto de la desposesión, constituyéndose en el bien jurídico protegido *prima facie* y relegando la posesión al ámbito de la responsabilidad civil o, todo lo más, a un interés protegido en función de la protección de la propiedad".

Frente a esta argumentación podría alegarse la distinta naturaleza del hurto propio y del *furtum possessionis.* En el primer caso, la propiedad se ve afectada en la medida en que se lesiona una de sus facultades, como es la posesión y disponibilidad de la cosa, aunque en ese momento el poseedor sea un tercero y no el propietario. En el caso del *furtum possessionis,* sin embargo, la propiedad, a diferencia de lo que mantiene la autora, no cede frente a la posesión; la propiedad no resulta alterada ni es de peor condición que la posesión. El objetivo, en este caso, es evitar la alteración de la posesión legítima por parte del propietario de la cosa; se trata de garantizar el *ius possidendi* frente al propietario de la cosa.

Es cierto que la consideración de la "propiedad" como bien jurídico inmediato protegido en el delito de hurto propio deja sin respuesta penal el derecho a la tenencia de la cosa (*ius possessionis*) por parte del poseedor (legítimo o ilegítimo), que sería un mero perjudicado por el delito, aunque con derecho, según el caso, a la tutela sumaria de la posesión prevista en el ordenamiento civil. No obstante, si se considera que el bien jurídico protegido es la posesión y no la propiedad, será el poseedor de la cosa el sujeto pasivo del delito y su propietario no poseedor un mero perjudicado. Situación que no parece tener mucho sentido en la mayoría de los supuestos, aunque también es cierto que podría ayudar a resolver otros sin necesidad de acudir a una interpretación forzada del tipo.

En efecto, la posesión es una facultad de la propiedad que consiste en el uso y disfrute del bien, y que puede ejercer el propietario o un tercero. Pero en el caso de que la ejerza un tercero puede limitarse a la simple tenencia (por ejemplo, el depositario) y, en todo caso, el poseedor carece de la plena facultad de disposición que ostenta el propietario.

No puede negarse, por tanto, la íntima relación existente entre la posesión y la propiedad. La cuestión es determinar cuál de los dos bienes jurídicos es el que se ve afectado directamente por el delito. BORJA JIMÉNEZ enfatiza esta relación cuando afirma, en la línea de RODRÍGUEZ DEVESA, que frente a lo puede ocurrir en otros delitos (como la apropiación indebida o la estafa), en el hurto, al igual que en el robo, "el ataque al bien jurídico 'propiedad' se lleva a cabo exclusivamente a través de una previa desposesión de la cosa con ánimo de lucro". Propiedad y posesión serían, por tanto, "los bienes jurídicos mediato e inmediato que se encuentran en la misma línea de ataque".

En un sentido similar se pronuncia la Jurisprudencia del TS, al exigir para la consumación del delito de hurto la extracción de la cosa del ámbito de poder del propietario o poseedor, y que el sujeto activo llegue a tener la disponibilidad —aunque sea de manera fugaz— del objeto. Por tanto, la desposesión de la cosa (*aprehensio*), aunque necesaria para el delito de hurto, sólo constituiría una tentativa de este, siendo necesario para su consumación la disponibilidad de la cosa (*illatio*), con lo que se estaría afectando a la propiedad de esta.

ROBLES PLANAS, en consonancia con la posición jurisprudencial, considera que en el hurto se llega a lesionar la propiedad a través de la lesión de la posesión, en cuanto que ésta implica un poder fáctico sobre la cosa tendente a impedir otra voluntad de dominio sobre ella. A partir de esta consideración, sigue una tesis —a la que podríamos denominar intermedia— en la que, a pesar de defender que el bien jurídico protegido es la propiedad, afirma que su tutela será directa cuando el propietario y el poseedor sean el mismo sujeto, mientras que cuando exista una disociación de ambos derechos en sujetos distintos, la posesión sería el bien jurídico en primera instancia, al igual que en el *furtum possessionis*.

En mi opinión, el problema central que plantea considerar la propiedad como bien jurídico inmediatamente protegido (aunque se admita la posesión como bien jurídico mediato), es la dificultad para resolver determinados supuestos en los que no es posible saber si se cuenta o no con el consentimiento del dueño de la cosa, o se trata de cosa ajena sobre la que todavía no existe un título de propiedad, como por ejemplo en el caso de bienes incluidos en la herencia yacente. Es cierto que admitir una postura intermedia, como la propuesta por ROBLES PLANAS —parece que seguida también por SOUTO GARCÍA—, en la que el bien jurídico protegido de forma directa es la propiedad o la posesión en virtud de la naturaleza de la posesión y de quien sea el sujeto activo, podría resolver estos supuestos. No obstante, el *iter criminis* del delito de hurto, cuya consumación exige la disponibilidad de la cosa ajena —y sólo el dueño puede disponer o consentir que se disponga de la misma— nos lleva a la necesidad de afirmar que el bien jurídico protegido es la propiedad actual o potencial, entendida esta última como expectativa de propiedad.

Cuestión distinta, que no afecta al bien jurídico protegido sino al sujeto pasivo del delito, es la de determinar quién es el dueño de la cosa sustraída, en el sentido de que puede disponer libremente de la cosa, ya que en la medida en que el Código Civil admite la posesión en concepto de dueño, este poseedor sería el sujeto pasivo del delito y no un simple perjudicado. Pero no porque en este caso se proteja la posesión, sino porque la sustracción del objeto lesiona su "propiedad actual o potencial". Esta cuestión se tratará más detenidamente al analizar los sujetos del delito.

En Derecho comparado, atendiendo a la mayoría de los Códigos Penales —al no incluir referencia expresa al consentimiento del dueño de la cosa— puede considerarse sin problema que el objeto de tutela en el hurto es la posesión de la cosa, ya sea sustraída al propietario o a un tercero.

Así, el art. 625 del CP italiano castiga como sujeto de hurto a "El que toma posesión de un bien mueble ajeno, quitándoselo a quien lo posee para sacar provecho de él para sí mismo o para otros". En Alemania, el art. 242 del *StGB* considera autor de robo (sin violencia ni fuerza en las cosas) a "Quien tome de otro bienes muebles ajenos con la intención de apropiarse ilícitamente de ellos para sí o para un tercero". En Francia, el art. 311-1 CP define el hurto (*vol*) como la sustracción fraudulenta del bien ajeno. El CP portugués define al hurto en su art. 203.º como la conducta de "el que, con intención ilegítima de apropiarse para sí o para otra persona, sustrae cosa mueble o animal ajeno". En Latinoamérica son varios los Códigos con formulaciones similares. Así, por ejemplo, el art. 207 del CP salvadoreño castiga como hurto al "que con ánimo de lucro para sí o para un tercero, se apoderare de una cosa mueble, total o parcialmente ajena, sustrayéndola de quien la tuviere en su poder". El art. 162 del CP argentino establece que "será reprimido con prisión de un mes a dos años, el que se apoderare ilegítimamente de una cosa mueble, total o parcialmente ajena". El CP colombiano, por su parte, sigue idéntica fórmula a la del *StGB*, al castigar como autor de hurto en su art. 162 a "el que se apodere de una cosa mueble ajena, con el propósito de obtener provecho para sí o para otro". Por último, el CP del Perú castiga como autor de hurto simple en su art. 185º al "que, para obtener provecho, se apodera ilegítimamente de un bien mueble, total o parcialmente ajeno, sustrayéndolo del lugar donde se encuentra.

En todos estos casos, al no hacerse referencia a la falta del consentimiento del dueño, la ajenidad de la cosa lo único que implica es que el sujeto activo no puede ser su propietario, tal y como ocurre en el hurto propio en el Derecho penal español. Sin embargo, el sujeto pasivo es el poseedor de la cosa, que puede ser tanto el dueño como un poseedor legítimo e incluso ilegítimo, por lo que en estos casos parece quedar claro que el bien jurídico inmediatamente protegido es la posesión de la cosa sustraída. La configuración del hurto en la mayoría del Derecho penal comparado permitiría, por tanto, abarcar otros supuestos, distintos a los de previstos en el CP español, en los que se afecta a la relación de poder material que tiene el poseedor frente a la cosa, oponible frente a terceros y generadora de efectos jurídicos. No obstante, y debido a su colisión con el derecho a la propiedad, la mayoría de la Doctrina comparada entiende que el bien jurídico protegido, aunque no se haga referencia a la falta de consentimiento del dueño, es la propiedad de la cosa objeto del delito.

VIVES ANTÓN/GONZÁLEZ CUSSAC señalan, con respecto a esta cuestión, que una vez que el valor de lo sustraído ya no constituye el eje central de la penalidad, parece que hay que descartar la idea de que el bien jurídico protegido en los delitos de robo o hurto propio sea la posesión, por lo que sólo las sustracciones dirigidas a despojar la propiedad serán típicas. No obstante, llevan razón estos autores al admitir que la consideración de la propiedad como bien jurídico protegido en estos delitos puede plantear problemas, tanto por la impunidad de determinadas conductas, como por el hecho de que ciertos atentados contra la posesión sólo sean punibles si son realizados por el propietario, porque respecto de él solo existe la figura del art. 236 CP.

V. SUJETOS ACTIVO Y PASIVO

El sujeto activo del delito de hurto propio puede ser cualquier persona que no sea el dueño de la cosa. A la vista tanto de la redacción del art. 234 CP, que incorpora como elemento negativo del tipo la falta de consentimiento del dueño de la cosa sustraída, como de la existencia de un tipo específico de *furtum possessionis* o hurto de cosa propia (art. 236 CP) en el que el sujeto activo es el dueño de la cosa y el pasivo el poseedor legítimo de la misma, parece obvio deducir que el dueño de la cosa no puede ser sujeto activo del hurto básico del art. 234 CP.

Distinta es la situación con respecto del tercero poseedor de la cosa, quien obviamente no puede realizar la acción típica del hurto porque no se puede "tomar" lo que ya se tiene, pero cabe la posibilidad de plantearse que pueda ser también partícipe por cooperación necesaria o complicidad.

El sujeto pasivo del delito es el dueño de la cosa sustraída, tanto si esta estaba en su poder como si estaba en poder de un tercero (poseedor). Hasta tal punto ello es así que es el consentimiento del dueño, y no el del poseedor, el que convertiría la conducta en atípica a los efectos del art. 234 CP.

El problema se plantea con respecto a la interpretación que haya que dársele al término "dueño". Frente a la Doctrina mayoritaria, que identifica los términos dueño y propietario —por lo que el sujeto pasivo del delito sería quien ostenta la propiedad de la cosa—, se alza una Doctrina minoritaria, planteada en profundidad por GARCÍA ARÁN, y asumida de forma indirecta por otros autores como DE VICENTE MARTINEZ, para la que el concepto de "dueño" no tiene porqué identificarse necesariamente con el de "propietario", ni obliga a limitar el bien jurídico a la lesión estricta de la propiedad.

Desde una concepción relacional del concepto de "dueño", GARCÍA ARÁN defiende que "cuando propietario y poseedor no son la misma persona, la disponibilidad del poseedor varía y debe ser valorada según cuál sea la relación concreta con la cosa y con otras personas". Para argumentar su tesis plantea dos supuestos con los que intenta demostrar que tanto el poseedor arrendatario como el usufructuario son "dueños" a los efectos de los delitos de hurto.

En el caso del poseedor arrendatario, entiende que "es dueño de la cosa frente a terceros porque si dispone de la misma consintiendo su desplazamiento, los terceros no la toman en el sentido típico del hurto". El arrendatario podría responder frente al propietario civilmente o por un delito de apropiación indebida, pero nunca por hurto ya que ni toma la cosa —que ya está en su poder—, ni lo hace sin consentimiento de su dueño, porque desde este planteamiento él es "dueño" de la cosa.

En efecto, el arrendatario "no toma la cosa", pero ello no impide que el tercero que sí lo hace con consentimiento del arrendatario poseedor sea responsable de un delito de hurto, si realiza el comportamiento con ánimo de lucro y con conocimiento de que quien consiente el desplazamiento del bien no es su propietario, ni tiene capacidad para disponer del mismo. En cuanto al arrendatario poseedor, según el caso, podrá ser responsable de un delito de apropiación indebida, de estafa o incluso de hurto, en la medida en que colabore en el desplazamiento ilícito de la cosa.

Cuestión distinta es la del "poseedor en concepto de dueño". Según el art. 432 CC, la posesión de los bienes se puede tener en concepto de dueño (aunque no lo sea realmente) o en el de tenedor de la cosa o derecho para conservarlos o disfrutarlos, perteneciendo el dominio a otra persona (usufructuario, arrendatario, depositario, administrador, etc.). La posesión en concepto de dueño, como afirma CARRIÓN OLMOS "no puede identificarse con la "posesión del propietario", sino con la de aquél que se comporta como "dueño" (en el caso, como propietario) sin serlo en realidad".

La posesión en concepto de dueño es requisito esencial básico tanto de la usucapión ordinaria como de la extraordinaria. Según Jurisprudencia reiterada del TS, se requieren dos requisitos para reconocer la posesión en concepto de dueño:

1.– Un elemento causal o precedente objetivo que revele que el poseedor no es mero detentador, sin que exista ningún precepto que sostenga que la posesión en concepto de dueño deba presumirse (por lo quedan excluidos los usufructuarios, depositarios, administradores o cualquier otro tenedor de la cosa cuyo dominio pertenece a otra persona). Doctrina reiterada en la STS, Sala de lo Civil, 480/2018, 23-7 (*Tol 6677581)*, en referencia a las SSTS, Sala de lo Civil, 9-2-1935, 3-10-1962; 395/1984, 19-7; 737/1986, 5-12; 660/1993, 28-6 (*Tol 166304*); 902/1994, 18-10; y 58/1997, 7-2 (*Tol 5114442)*, entre otras muchas. Ese elemento causal o precedente objetivo estaría constituido, en principio, por un acto o negocio jurídico idóneo para transmitir o adquirir el dominio, como puede ser, por ejemplo, la compra de un bien mueble a un *non domino* en la creencia de que es su propietario, o la herencia de un bien que en realidad no pertenecía al causante. A la pregunta de qué circunstancia depende el concepto en el que se posee, CARRIÓN OLMOS responde que dependerá del título en virtud del cual se adquirió la posesión: "si el título en cuya virtud se empezó a poseer es un título apto en abstracto para la transmisión del dominio..., la posesión lo será en concepto de dueño, y al revés". Es decir, si el título por el cual se inicia la posesión no era apto para transmitir la propiedad, la posesión resultante será una posesión en título distinto de dueño, como puede ser arrendatario, usufructuario, depositario, etc.

Tanto la Doctrina como la Jurisprudencia admiten que, al no existir en nuestro CC una fórmula de presunción de no precariedad, el elemento causal o precedente objetivo necesario para ser poseedor en concepto de dueño no exige obligatoriamente la existencia de un título que, en abstracto, sea idóneo para transmitir la propiedad. El elemento objetivo o causal puede consistir en la existencia de "actos inequívocos, con clara manifestación en el tráfico [SSTS 3-10-1962; 271/1983, 16-5; 1995/1992, 29-2; 547/1993, 3-6 (*Tol 1663047*); 902/1994, 18-10; 1209/1994, 30-12 (*Tol 1665247*); 58/1997, 7-2 (*Tol 5114442*), y 1188/1999, 30-12 (*Tol 5157501*), entre otras]; en "la realización de actos que solo el propietario puede por sí realizar" [STS 547/1993, 3-6 (*Tol 1663047*); o "actuar y presentarse en el mundo exterior como efectivo dueño y propietario de la cosa sobre la que se proyectan los actos posesorios" [STS 1209/1994, 30-12 (*Tol 5157501*)].

2.- Junto al elemento objetivo de la tenencia de la cosa como dueño, es preciso además un elemento subjetivo consistente en la intención de haber la cosa como suya, en concepto de dueño [STS 547/1993, 3-6 (*Tol 1663047*)], sin reconocer el dominio de otra persona sobre la cosa que posee.

"El poseedor en concepto de dueño tiene a su favor la presunción legal de que posee con justo título y no se le puede obligar a exhibirlo" (art. 448 CC). Es el "verdadero propietario" quien tendrá que probar plena y satisfactoriamente su propio título de dominio si quiere recuperar la propiedad de la cosa tenida por un tercero en concepto de dueño.

Pues bien, dada las especiales características del poseedor en concepto de dueño, también éste podrá ser sujeto pasivo del delito de hurto, y será quien tiene que prestar su consentimiento para que la conducta no sea típica. Pero no en concepto de poseedor, sino en concepto de "dueño", en virtud de lo dispuesto en el art. 432 CC.

Si se trata de cosa mueble, como lo es el objeto material del delito de hurto, el art. 464 CC establece que "la posesión de los bienes muebles, adquirida de buena fe, equivale al título".

Para quienes defienden la denominada tesis germanista, esta primera regla del citado artículo vendría a establecer una regla general de adquisición automática y a *non domino*, es decir por transmisión de quien no tenía poder de disposición para enajenarlo. No obstante, y como excepción a esta regla general, a continuación, se dispone: "sin embargo, el que hubiese perdido una cosa mueble o hubiese sido privado de ella ilegalmente podrá reivindicarla de quien la posea".

El concepto de privación ilegal, como sugiere DE PABLO CONTRERAS, ha de ser interpretado de forma restrictiva, referido exclusivamente a los supuestos de hurto y robo, ya que en caso contrario "la excepción anularía prácticamente la regla general". Esta postura encuentra además un refrendo legal en el párrafo segundo del art. 464 que se refiere a "cosa sustraída", y en el art. 1962 CC que excluye literalmente los casos "de hurto o robo" de la regla general de prescripción de las acciones reales que regula.

Frente a los partidarios de la tesis germanista, el sector doctrinal que defiende la denominada tesis romanista, así como la Doctrina mayoritaria del TS, entienden que la función de la regla general del art. 464 CC es atribuir al adquirente de buena fe de una cosa mueble a *non domino* "la posesión en concepto de dueño" y no la propiedad automática de la cosa, ya que no impide el defecto de la falta de disposición del transmitente. El art. 464 CC otorga el título y la posesión en concepto de dueño al adquirente de buena fe de una cosa mueble transmitida por quien no tiene poder de disposición sobre la misma, por lo que, si el adquirente mantiene la posesión en concepto de dueño y con buena fe durante tres años, adquirirá la propiedad por usucapión ordinaria, momento a partir del cual los bienes no serán reivindicables en función de los previsto en el art. 111.2 CC. Durante esos tres años, el adquirente de buena fe a *non domino* será "poseedor en concepto de dueño", por lo que también será el sujeto pasivo del delito de hurto y su consentimiento determinará la falta de tipicidad de la conducta.

Con relación al usufructuario, GARCÍA ARÁN partiendo del ejemplo planteado por SANCHEZ TOMÁS del "usufructuario (no propietario) que sustrae la cosa a su depositario y, por tanto, legítimo poseedor", considera que el usufructuario no cometería un delito del art. 234 CP, porque "en la relación usufructuario-depositario, el «dueño» es el primero y también lo sería si no existiera el depósito, a los efectos de consentir el desplazamiento de la cosa destipificando el hurto si la sustrajera un tercero. Por eso, la calificación de la sustracción cometida por el usufructuario al depositario debe ser la de *furtum possessionis*: el sujeto activo es dueño de la cosa, pero actúa fuera de su capacidad, afectando a la posesión legítima y recibe una pena menor a la del hurto porque es titular de derechos sobre la cosa, actuando más allá de los mismos. Es la misma relación que se produce si es el propietario quien sustrae la cosa al usufructuario".

Tal y como se ha visto con anterioridad, el art. 432 CC distingue entre poseedor en concepto de dueño y tenedor de la cosa, animal o derecho para conservarlos o disfrutarlos, perteneciendo el dominio a otra persona. Desde el punto de vista civil, por tanto, el usufructuario es un detentador de la cosa, animal o derecho para su uso y disfrute, pero el propietario o dueño de esta es el nudo propietario, que es quien tiene la disponibilidad del bien, respetando siempre el usufructo constituido. Así se deriva también de los arts. 480 y 486 CC.

Si, como aquí se defiende, el bien jurídico protegido en el delito de hurto propio es la propiedad, el usufructuario no es dueño ni posee a título de dueño la cosa sobre la que recae el usufructo, por lo que en el caso de que, sin consentimiento del nudo propietario, el usufructuario tomare la cosa sobre la que recae el usufructo de quien la posee legítimamente, cometerá un delito de hurto. Ahora bien, si lo que se toman por parte del usufructuario, sin consentimiento del nudo propietario, son los frutos o bienes obtenidos de la cosa sobre la que recae el usufructo (por ej. la cosecha de aceitunas procedentes del olivar objeto de usufruto), entonces sí que habrá que tratarlo como dueño, porque la propiedad de esos bienes le pertenece como usufructuario, aunque no sea "dueño" del olivar. En ese caso, será sujeto pasivo del delito de hurto propio, y podrá ser sujeto activo del delito de *furtum possessionis*, pero no por su condición de usufructuario o de "poseedor en concepto de dueño", sino como dueño o propietario de pleno dominio de esos bienes.

En conclusión, podrá ser sujeto activo del hurto propio (art. 234 CP), cualquier persona excepto el propietario, el poseedor en concepto de dueño y el usufructuario con relación a los frutos o bienes obtenidos de la cosa mueble o animal sobre la que recae el usufructo. Estos mismos serán los potenciales sujetos pasivos del delito, mientras que el poseedor de la cosa, en caso de ser un tercero, será un perjudicado que, en su caso, podrá emprender las acciones civiles previstas.

VI. ESTRUCTURA DEL DELITO

El verbo típico tomar, como se verá posteriormente, implica en el delito de hurto una traslación del ámbito de dominio del titular de la cosa sustraída al ámbito dominical del sujeto activo del delito. Ello significa que el delito no se consuma con el simple contacto con la cosa objeto de delito, sino que es preciso que, al menos momentáneamente, el sujeto activo tenga una mínima disponibilidad de la cosa, o como sostiene reiteradamente la Jurisprudencia del TS, "una disponibilidad potencial, que no efectiva sobre la cosa". Estamos, por tanto, ante un delito de resultado en el que es posible la tentativa, como así lo pone de manifiesto reiteradamente la Jurisprudencia tanto de los órganos jurisdiccionales menores como del TS.

El delito hurto propio es un delito común, cuyo autor puede ser cualquiera, excepto el dueño o "poseedor en concepto de dueño" de la cosa objeto material de delito. Se trata de un delito de medios indeterminados en los que la acción típica "tomar" se puede llevar cabo de formas que no exigen necesariamente el contacto físico con la cosa, e incluso ni siquiera el desplazamiento físico de la misma. Lo decisivo, como indican GONZÁLEZ RUS y ÁLVAREZ GARCÍA, no es que el sujeto toque o no la cosa, "sino que la sustraiga de la esfera de dominio del legítimo propietario, como ocurriría en los supuestos en los que al autor mediato se vale de un tercero para que tome la cosa de quien la posee y se la guarde en su domicilio por un tiempo, en la creencia —por parte del tercero utilizado como instrumento—, de que le pertenece al autor mediato.

En cuanto a la falta de desplazamiento físico de la cosa, aunque se trata de supuestos excepcionales, también habría un delito de hurto cuando, sin consentimiento del dueño, y tratándose de bienes muebles consumibles, el sujeto activo consume el bien objeto de hurto en el lugar en el que se encuentra, como por ej. sería el caso del empleado que, sin estar autorizado a utilizar la impresora de la empresa para fines propios, imprime libros de texto que posteriormente vende a los compañeros de su hijo, consumiendo varios tóneres de la impresora valorados cada uno de ellos en 300 euros. También sería el supuesto del grupo de personas que entran en una plantación no vallada de una fruta exótica de especial valor y allí mismo consumen frutos por valor de 500 euros.

Aunque se trate de un delito de "medios indeterminados", el hecho de que el robo sea un delito especial respecto del hurto implica que la conducta de este último se ha de llevar a cabo sin violencia ni intimidación en las personas. En cuanto a la fuerza en las cosas, la conducta será constitutiva de robo cuando la fuerza se emplee en las cosas para acceder o abandonar el lugar donde éstas se encuentran y concurra, además, alguna de las circunstancias establecidas taxativamente en el art. 238 CP, por lo que, de no darse estos requisitos, el uso de la fuerza no convierte al hurto en robo. Tampoco se puede llevar a cabo mediante engaño, pues en ese caso sería de aplicación preferente el delito de estafa.

Con relación a su afectación al bien jurídico protegido, una parte minoritaria de la Doctrina considera que se trata de un delito de peligro concreto y no de lesión. Expresamente se pronuncia en este sentido BORJA JIMÉNEZ, al afirmar que "el bien jurídico protegido directamente por la norma en los delitos de hurto y de robo es la propiedad, proyectada sobre las cosas muebles, frente a supuestos de desposesión previa constitutivos de peligro concreto de pérdida de las mismas".

Si se entiende que en el delito de hurto propio el bien jurídico protegido no es la propiedad como derecho real, sino alguna de las facultades que implica la propiedad, concretamente el ejercicio del dominio sobre la cosa, dicho dominio queda menoscabado con la sustracción de la cosa, por más que el derecho real de la propiedad como tal no se lesione con la sustracción de la cosa (aunque puede llegar a lesionarse si la cosa sustraída acaba siendo usucapida por un tercero de buena o mala fe, o por el propio sujeto activo del delito). En este sentido, es cierto que el hurto constituye un peligro para la propiedad, pero para el bien jurídicamente protegido "disponibilidad de la cosa como ejercicio de la facultad dominical" el hurto supone un menoscabo o lesión, por lo que estaríamos ante un delito de lesión y no de peligro.

VII. EL TIPO BÁSICO DE HURTO (ART. 234.1 CP). TIPO OBJETIVO

El art. 234.1 CP tipifica, como delito menos grave, el tipo básico del delito de hurto, consistente en *tomar las cosas ajenas sin la voluntad de su dueño*, cuando estas tuvieran un valor superior a 400 euros. El núm. 2 del art. 234 CP contempla dos supuestos: un tipo atenuado que se castiga como delito leve cuando el valor de la cosa sustraída no exceda de 400 euros; y un supuesto de multirreincidencia de delitos de hurto leves que lo equipara al delito menos grave del número primero. Por último, el art. 234.3 CP contempla un subtipo agravado del hurto básico cuando "*en la comisión del hecho se hubieran neutralizado, eliminado o inutilizado, por cualquier medio, los dispositivos de alarma o seguridad instalados en las cosas sustraídas*".

El art. 235.1 CP incluye nueve circunstancias agravantes específicas comunes al delito de hurto y robo con fuerza en las cosas, entre las que se incluye la controvertida agravante específica de habitualidad. El núm. 2 de este mismo precepto contempla un tipo hiperagravado para el supuesto en el que concurran dos o más circunstancias de las previstas en el número primero.

1. Conducta típica

La acción típica del delito de hurto consiste en tomar la cosa ajena sin la voluntad de su dueño. Desde un punto de vista gramatical el verbo "tomar" consiste en "coger o asir algo con la mano" (1ª acepción del DRAE), o "coger, aunque no sea con la mano" (2ª acepción del DRAE). Tal y como indica la STS 51/1979, 19-1 (*Tol 2306074*), si una posición doctrinal, siguiendo un criterio formal estima perfeccionada la infracción contra la propiedad tan pronto concurre la *contrectatio* o *aprehessio*, es decir, cuando se ase, toma o aprehende el objeto, una segunda opinión sitúa el momento consumativo en la *ablatio*, esto es en el instante en que las cosas o cosa mueble cambiando de lugar, se separan de la posesión. No obstante, como se tendrá ocasión de ver a continuación, ninguna de las dos tesis puede considerarse mayoritaria en la Doctrina ni en la Jurisprudencia.

Frente a la tesis de la *contrectatio* o *aprehessio*, procedente de la teoría romanista y sin acogida en nuestro entorno, es posible distinguir dos tesis en nuestra Doctrina sobre la acción típica en el delito de hurto: una mayoritaria, para la que "tomar" implica la disponibilidad sobre la cosa, a la que en ámbito de subjetividad se le exige que sea "con ánimo de lucro"; y una postura, todavía minoritaria y resultado de la recepción de las tesis alemanas, en las que el apoderamiento se entiende como apropiación.

Así, la tesis mayoritaria en la Doctrina española equipara los verbos "tomar" y "apoderarse" utilizados respectivamente por el legislador en los delitos de hurto y robo. Lo relevante desde una perspectiva material en ambos casos, no es el hecho de tomar la cosa (*contreactio*) ni su desplazamiento material del ámbito de posesión (*ablatio*), sino "que el infractor haya tenido la libre disponibilidad (*illatio*) —facultad propia y característica del dominio que se trata de adquirir— de la cosa mueble de que se trate, siquiera sea de modo momentáneo, fugaz o de breve duración. En este sentido, como afirma TERRADILLOS BASOCO, la acción típica no consiste sólo en entrar en contacto con la cosa, sino disponer de ella, sin exigir el efectivo y autónomo dominio sobre la misma que pertenecería ya al agotamiento del delito y no a la conducta típica. Como dice ÁLVAREZ GARCÍA, tanto el hurto como el robo se caracterizan "por la realización de un acto de desposesión mediante la aprehensión del objeto material", y en ambos, la acción nuclear consiste en "trasladar una cosa de la esfera de disposición del sujeto activo a la del sujeto pasivo".

"Tomar" (en su acepción 6ª de la DRAE) y "apoderarse" pueden entenderse desde un punto de vista gramatical como sinónimos. No obstante, como matiza el autor citado anteriormente, entre ambas expresiones existe una diferencia derivada del contexto en el que se emplean, ya que mientras que en el caso del robo el "apoderarse" está íntimamente unido a los medios empleados para ello (susceptibles de doblegar la voluntad), en el hurto lo está a la mera ausencia de voluntad (sorprender esa voluntad).

En todo caso, para esta tesis tanto el verbo "tomar" del art. 234 CP como el "apoderarse" del art. 237 CP, describen, como afirma expresamente MATA Y MARTÍN "la total secuencia del delito: desapoderamiento como alejamiento del poder fáctico de la cosa sobre la cosa del titular legítimo de la custodia y apropiación, en el sentido de la configuración por el autor de un poder autónomo sobre la misma cosa". En sentido similar se pronuncian entre otros, SOUTO GARCÍA, DE VICENTE MARTÍNEZ, BORJA JIMÉNEZ, VIVES ANTÓN/GONZÁLEZ CUSSAC, TERRADILLOS BASOCO.

Como advierte SOUTO GARCÍA, esta línea es la seguida por el TS cuando afirma que el "verbo 'apoderar', requisito formal y núcleo o esencia de la definición ofrecida por el art. 237 CP, implica la apropiación de la cosa ajena, que pasa a estar fuera de la esfera del control y disposición de su legítimo titular, para entrar en otra en la que impera la iniciativa y autonomía decisoria del aprehensor, a expensas de la voluntad del agente" [STS 1122/2003, 8-9 (*Tol 312037*)].

Frente a posibles interpretaciones erróneas, es preciso subrayar que el resultado del delito, implícito en la expresión "tomar", no supone en modo alguno el desplazamiento patrimonial de la cosa objeto del delito; el resultado es el desplazamiento de una de las facultades de la propiedad, la de la disponibilidad de la cosa, pero en modo alguno exige la incorporación de ésta al patrimonio del sujeto activo. El resultado es la traslación del poder de disponer del dueño al sujeto activo, no la propiedad. Por lo que el delito de hurto, en principio, no produce una afectación o menoscabo del patrimonio del sujeto pasivo, aunque es cierto que merma una de las principales facultades de la propiedad, la de poder disponer libremente de ella, excepto en los casos previstos en las leyes. El resultado del delito de hurto no es la apropiación de la cosa en el sentido de hacerla propia —ello pertenece al ámbito subjetivo del tipo de injusto—, sino la facultad de disponer de la misma, aunque sea momentáneamente. De este modo, mientras que "tomar" (art. 234 CP), "apoderarse" (art. 237 CP) y "sustraer" (art. 244 CP) pueden entenderse sinónimos desde el punto de vista gramatical —aunque existan diferencias de significado en función del contexto—, no pueden ser equiparados a la expresión "apropiarse" utilizada por el legislador en el art. 253 CP. La apropiación, en este último caso, supone adquirir la propiedad de la cosa; el desplazamiento del objeto del delito del patrimonio del sujeto pasivo al del sujeto activo o de un tercero va más allá del resultado exigido en los delitos de hurto y robo.

Es cierto, como destaca GARCÍA ARÁN, que, aunque el ánimo de lucro pertenezca al ámbito subjetivo y sea en ese ámbito en el que hay que analizarlo, hay un sector doctrinal, entre los que se encuentran VIVES ANTON/GONZÁLEZ CUSSAC, MUÑOZ CONDE, BAJO FERNÁNDEZ/PÉREZ MANZANO, GONZÁLEZ RUS o BRANDARIZ GARCÍA entre otros, que al identificar el ánimo de lucro con el ánimo de apropiación —como ánimo de obtener la ventaja patrimonial derivada de la apropiación— utilizan ocasionalmente la expresión "incorporar al patrimonio" como definidora del tomar la cosa o el apoderamiento, erigiendo de ese modo la única diferencia con la apropiación indebida en el hecho de que exista o no desplazamiento de la cosa.

Sin embargo, como destaca la citada autora, existen suficientes argumentos en la Doctrina mayoritaria "como para concluir que el apoderamiento o el tomar la cosa es la adquisición de disponibilidad sobre la misma, mientras que el ánimo de lucro es el ánimo de apropiación equivalente al ánimo de incorporación al patrimonio como propietario de la cosa".

Frente a esta postura mayoritaria, existe un sector doctrinal minoritario que, a partir de la recepción de las tesis alemanas sobre la diferenciación entre el hurto y la apropiación indebida intentan trasladar al Derecho penal español algunas de las teorías elaboradas por la Doctrina alemana para distinguir entre usos impunes y usos que suponen apropiación. Uno de los principales representantes de esta tesis en nuestro país es ZUGALDÍA ESPINAR, quien considera que tanto en el delito de hurto como en el delito de robo "la conducta típica se integra por un acto de *apropiación* de cosas muebles ajenas", al igual que en los delitos de apropiación indebida. En su opinión, el concepto de apropiación contiene básicamente dos elementos:

a) el primero es la apropiación, *al menos transitoria*, por la que el sujeto activo se comporta como dueño de la cosa (*se ut dominum gerere*) por un determinado periodo de tiempo. En este caso, y desde la teoría de la función, existiría apropiación punible si, después del uso, el propietario no puede ejercer su dominio de la misma forma que lo hacía antes, mientras que la conducta sería atípica en caso contrario. En un sentido similar se pronuncia DE LA MATA BARRANCO, quien también adopta la teoría de la función para distinguir entren usos apropiativos y excluir la tipicidad del *furtum usus*.

b) el segundo de los elementos, según ZUGALDÍA ESPINAR, sería la expropiación (permanente) "por la que se priva al propietario de la posesión real sobre la cosa —la custodia— (siempre y cuando ello esté calculado para una larga duración)".

Una de las principales consecuencias de esta tesis, además de admitir supuestos de hurto de uso tanto punibles como impunes, es la de entender el concepto de apropiación como una mera especificación legislativa del dolo, de manera que sería irrelevante cualquier finalidad adicional. Su principal problema es que, al partir del Derecho penal alemán, en el que las relaciones entre el hurto y la apropiación indebida son mucho más estrechas que en el Derecho penal español, no sea adecúan bien a la redacción ni sistemática de los tipos en nuestro CP.

Es preciso, por tanto, diferenciar entre la parte objetiva y la subjetiva del hurto. Desde el punto de vista objetivo, la conducta típica consiste en el desplazamiento de una de las facultades de la propiedad, la de su disponibilidad, de modo que, como defiende GARCÍA ARÁN, desde el punto de vista objetivo el tipo penal admite el hurto de uso; otra cosa es que la conducta sea impune, o al menos no constitutiva de hurto, si desde el punto de vista subjetivo no puede probarse el ánimo de lucro.

El hecho de que el verbo nuclear "tomar" incluya tanto la acción típica como el resultado, no significa que la estructura del delito de hurto sea la de los delitos de mera actividad. La acción y el resultado se producen en momentos diferentes, lo que permite diferenciar entre delito consumado y tentativa.

La conducta típica viene delimitada por dos elementos negativos: la ausencia de consentimiento del dueño; y que la conducta no sea llevada a cabo con violencia o intimidación en las personas o fuerza en las cosas.

a) Sin la voluntad del dueño: la ausencia de consentimiento del dueño de la cosa objeto del delito, sea o no poseedor de la misma, es un elemento del tipo objetivo expresado en forma negativa y en coherencia, como recuerda ÁLVAREZ GARCÍA, con el carácter disponible del bien jurídico protegido. De modo que el consentimiento libre, voluntario, espontáneo y expreso por parte del dueño —entendiendo por tal tanto el propietario como a quien "posee en concepto de dueño"—, impide apreciar un delito de hurto.

No obstante, y como se verá posteriormente, en caso de que el dueño consienta que un tercero que tome la cosa de su legítimo poseedor, la conducta será atípica a efectos del art. 234 CP, pero podrá ser típica, al menos para el dueño, a efectos del delito de *furtum possessionis*, previsto en el art. 236 CP o, en su caso, de otros delitos especiales como puede ser el de insolvencias punibles.

b) Que la acción se lleve a cabo sin violencia o intimidación en las personas ni fuerza en las cosas. Aunque este elemento no viene expresamente recogido en el tipo, se deriva implícitamente de la relación entre los arts. 234 y 237 CP. El delito de robo tipificado en el art. 237 CP es un tipo especial frente al delito de hurto, de modo que de realizarse la conducta típica utilizando alguno de los medios previstos en el art. 237 CP, el delito habrá de ser calificado como robo, desplazando, por la regla de la especialidad, al delito de hurto.

El hurto propio es la figura base de los delitos patrimoniales de apoderamiento físico de los bienes, sobre la que se construyen históricamente las figuras específicas más graves. El robo no se integra con cualquier presencia de presión física o de fuerza, sino sólo con las modalidades de fuerza legalmente descritas, por lo que toda fuerza diferente de esas permite que subsista la calificación de hurto [STS 573/2019, 24-11 (*Tol 7611548)*]. "Cualquier ampliación de la fuerza allí descrita vulneraría el principio de taxatividad de la descripción de los tipos penales, derivado del principio de legalidad" [STS 941/2021, 1-12 (*Tol 8690166)*].

Así, por ej., la STS 569/2024, 6-6 (*Tol 10047270)*, considera que el delito cometido es el de hurto y no el de robo en el caso del empleado del bar que entraba en el mismo cuando estaba cerrado para sustraer dinero de la caja utilizando la llave que le había suministrado el empleador para abrir y cerrar el bar, pues al no tratarse de llave falsa según lo previsto en el art. 239 CP, no se puede apreciar el uso de llaves falsas como supuesto de fuerza (art. 238. 4º CP), y por tanto no es posible apreciar un delito de robo. En el mismo sentido la STS 220/2020, 22-5 (*Tol 7966219)* en la que se considera hurto y no robo la conducta del empleado que se apoderó de sobres con dinero en efectivo de la empresa en la que trabajaba, "empleando la llave de la que disponía por sus anteriores funciones laborales".

Además, la fuerza ha de llevarse a cabo "para acceder o abandonar el lugar donde se encuentran las cosas". Uno de los supuestos de fuerza en las cosas es cuando concurre escalamiento para acceder o abandonar el lugar en el que se encuentra la cosa. Según jurisprudencia reiterada del TS hay escalamiento "cuando se entra o sale de lugar con exigencia de destreza o fuerza de cierta importancia, equiparable a la superación violenta de obstáculos normalmente predispuestos para la defensa de la propiedad", por lo que la STS 898/2022, 16-11 (*Tol 9296424)*, entre otras, estima que hay un delito de hurto y no de robo al no considerar escalamiento "la entrada por una ventana a un lugar cerrado sin que conste sus características, ni su altura u otras dificultades para el acceso al inmueble".

Con relación a la violencia en las personas, el TS considera que concurre cuando es necesario el empleo de fuerza física para vencer la resistencia anterior o concomitante de la víctima desapoderada del objeto del robo. De manera excepcional, admite la posibilidad de inexistencia de violencia sólo cuando el factor sorpresa ha predominado sobre el empleo de fuerza física. En todo caso, la violencia o intimidación ha de ejercerse durante el proceso de apoderamiento de los bienes sustraídos [STS 65/2013, 29-1 (*Tol 3019872)*].

Como mantiene el TS, "la acción nuclear del robo y hurto es la misma: se trata de una sustracción de cosas muebles ajenas con ánimo de enriquecimiento. La línea diferencial se encuentra en el *modus operandi* del infractor. En el robo con violencia —dejando aparte el robo con fuerza— existe un control y vigilancia personal por el propietario sobre sus bienes y que el infractor debe vencer, de lo que se deriva un desapoderamiento violento. En el hurto, la acción es de aprehensión de lo que está a la mano sin existencia de vigilancia dispuesta por el propietario por lo que el infractor no debe vencer ninguna resistencia de aquel, que, de existir, convertiría el hecho en robo con violencia" [STS 1041/1998, 15-9 (*Tol 175001)*]. Ello puede dar lugar, por tanto, a que una conducta que comienza como hurto acabe siendo robo por el ejercicio de violencia o intimidación contra el poseedor de la cosa durante la ejecución del delito o de las personas que le persiguen durante la huida. Este es el caso, por ej., del supuesto de hecho de la STS 1122/2003, 7-9 (*Tol 312037)*, en el que el acusado tras entrar en un supermercado y esconder una botella de ron en sus pantalones y traspasar la línea de caja fue apercibido por el dueño para que le devolviera la botella. En ese momento el acusado sacó de su pantalón una jeringuilla con la que amenazó al propietario diciéndole "te pego el sida", y salió corriendo del establecimiento, siendo seguido por el propietario quien no le dio alcance, pero sí vio como arrojaba la botella en un jardín próximo recuperándola.

Un supuesto no siempre fácil de deslindar entre hurto y robo es el del "tirón". Según reiterada Jurisprudencia [STS 920/1998, 8-7 (*Tol 211184)*], el apoderamiento de la cosa mediante el procedimiento del "tirón" (generalmente sustracción de bolsos en la vía pública) no puede calificarse como delito de robo con fuerza en las cosas, pues no se ejerce la fuerza típica (art. 238 CP) para acceder al lugar en el que se encuentra la cosa. Ahora bien, si como consecuencia de la fuerza ejercida sobre el objeto para intentar vencer la resistencia del portador, se produce la caída del sujeto pasivo o lesiones, ha de admitirse la existencia de violencia, constituyendo el hecho un delito de robo y no de hurto.

En este sentido, como se afirma en la STS 1417/1999, 5-10 (*Tol 137461)*, es pacífica y reiterada la Doctrina de que el llamado tirón consiste en la acción o efecto de tirar con violencia o golpe impetuoso y ha de ser incardinada en el art. 242.1 CP porque supone una violencia material sobre la persona que porta el objeto apetecido por el agente. El apoderamiento de la cosa mediante el procedimiento del "tirón" sólo podrá considerarse hurto y no robo "cuando la sustracción se verifique con notoria y manifiesta preponderancia de la habilidad y la destreza propia del hurto, sobre la fuerza propia del robo". En este caso el TS desestima el fallo de la Audiencia Provincial que había condenado al acusado por una falta de hurto y otra de amenazas, al entender que se trata de un delito que comienza como hurto, pero se transmuta en robo, ya que la intimidación se lleva a cabo durante la ejecución del hecho, pues, aunque el acusado tenía la detentación de la cosa, no había tenido, ni siquiera de manera fugaz, la disponibilidad de esta. En el mismo sentido, y sobre un supuesto de hecho similar, la STS 204/2002, 12-2 (*Tol 4965043)*, recuerda que el TS ha considerado "que cuando se utiliza la violencia o la intimidación antes de alcanzarse la consumación del delito de apoderamiento, como medio de conseguir la disponibilidad sobre los objetos sustraídos, aun cuando el apoderamiento inicial se haya producido sin violencia ni intimidación, éstas se integran con el apoderamiento y transmutan el hurto en robo". Asimismo, en el Pleno no jurisdiccional de la Sala 2ª del TS, de 21-1-2000, se adoptó como criterio jurisprudencial unificado el acuerdo de que "la violencia física o intimidación ejercidas antes de la consumación delictiva, y como medio de conseguir el apoderamiento, integran el delito de robo violento", criterio aplicado en todas las resoluciones posteriores.

Según el Acuerdo del Pleno no Jurisdiccional de la Sala 2ª del TS, de 24-4-2018 (*Tol 6645342*), se considera cometido un delito de robo y no de hurto cuando "aprovechando la comisión de un ilícito penal en el que se haya empleado violencia, y en la misma relación de inmediatez y unidad espacio temporal se realiza un apoderamiento de cosas muebles ajenas".

2. *Objeto material*

Con independencia del debate que pueda existir en torno al bien jurídico, existe unanimidad tanto en la Doctrina como en la Jurisprudencia que el objeto material del delito de hurto propio, tal y como se establece en el tipo penal, es la "cosa mueble ajena".

Frente a estas dos características no discutidas, entre otros motivos porque vienen exigidas por el tipo, existen otras particularidades del objeto jurídico del delito sobre las que existe cierto debate en la Doctrina, concretamente si la cosa tiene que ser económicamente valorable y, en su caso, las reglas de valoración para la distinción entre hurto leve (hasta 400 euro) y hurto grave (superior a 400 euros); o, si es preciso que el propietario de la cosa sea conocido, a efectos de determinar su ajenidad.

2.1. La preexistencia de la cosa

Con carácter previo al análisis de las características de la cosa que puede ser objeto material del delito de hurto, es preciso hacer una breve referencia a la "preexistencia de la cosa". La STS 30/2009, 20-1 (*Tol 1448772*) establece que "la prueba sobre la preexistencia de la cosa sustraída es indispensable para la afirmación del juicio de tipicidad. El objeto del delito forma parte del tipo y su acreditación es ineludible".

La cuestión radica en qué medios de prueba pueden ser utilizados para probar la preexistencia de la cosa, y por tanto desvirtuar la presunción de inocencia del art. 24.2 CE. En los delitos de hurto y en cualquiera otro en el que deba hacerse constar la preexistencia de la cosa objeto del delito, el art. 364 LECrim establece que "si no hubiere testigos presenciales del hecho, se recibirá información sobre los antecedentes del que se presentare como agraviado, y sobre todas las circunstancias que ofrecieren indicios de hallarse éste poseyendo aquéllas al tiempo en que resulte cometido el delito". Puede deducirse de ello, que son válidas para probar la preexistencia de la cosa pruebas documentales como título, factura, fotografía, etc., u otras pruebas indiciarias de la preexistencia de la cosa. En el ámbito jurisprudencial, la STS 2054/1989, 30-6 (*Tol 2374766)* afirmó que no existen razones legales que impidan admitir a tales fines la propia declaración de la víctima, ya que el art. 364 LECrim no impone límite alguno a las medidas con las que se puede acreditar la posesión de las cosas por las víctimas del hecho. En su Sentencia 196/1993, 3-2 (*Tol 51152*) el TS puntualiza que "si se excluyera tal posibilidad en los delitos de robo o hurto de dinero en efectivo, se establecerían exigencias que prácticamente serían incompatibles". En sentido similar, el ATS 1273/2010, 24-7 (*Tol 1910483)*, al indicar que "la preexistencia de esos objetos resulta de las declaraciones de las víctimas, a las cuales la Audiencia Provincial de instancia les otorga plena credibilidad, siendo sus manifestaciones pruebas de cargo válidas en este sentido, puesto que de lo contrario, de no ser suficiente la declaración de la víctima como prueba de la preexistencia del objeto sustraído, nos encontraríamos en muchas ocasiones, con la imposibilidad de acreditar el objeto del robo o hurto".

El ATS 554/2021, 17-6 (*Tol 8513644)*, puntualiza, no obstante, que "la regla del art. 364 LECrim, en orden a la obligación de hacer constar la preexistencia de las cosas sustraídas, es muy criticada por la Doctrina, por considerar que no debía ser la regla general sino la excepción. De ahí que el nuevo art. 762, regla 9ª LECrim, reformado por Ley 38/2002 considera que "la información prevenida en el art. 364 solo se verificará cuando a juicio del instructor hubiera duda acerca de la preexistencia de la cosa objeto de sustracción o defraudación" [STS 45/2011, 11-2 (*Tol 2053544)*].

No existe, por tanto, ningún impedimento legal para que en caso de duda de la preexistencia de la cosa objeto del delito, el juzgador pueda evaluar la credibilidad de los declarantes "y formar su convicción en conciencia según el resultado de la confrontación de las declaraciones, otorgando valor superior a la versión de los hechos que trasluce mayor verosimilitud y concordancia lógica con los restantes elementos objetivos de prueba". En este sentido, la STS 1823/1999, 20-12 (*Tol 5150768)* recuerda que "el Juzgador de instancia goza de la facultad que le atribuye el art. 741 de la LECrim para valorar la prueba y formar la convicción sobre la realidad de los hechos en las declaraciones que le merezcan más verosimilitud, siendo especialmente útil a estos efectos la inmediación con la que observa y escucha a los testigos en sus explicaciones para valorar su credibilidad en uno u otro sentido".

Sirvan de ejemplos las SSAP, Asturias, Sección 3ª, 52/2019, 13-2 (*Tol 7161005)*, y Almería, Sección 2ª, 581/2015, 4-12 (*Tol 565962*). En la primera de las sentencias citadas, sobre la preexistencia de un iphone 7, junto con otros objetos, en el bolso de la víctima, la declaración congruente de la víctima en todo momento y las contradicciones en las que incurre el acusado lleva al juez de lo penal a considera de mayor valor probatorio la declaración de la víctima, y por tanto aceptar la preexistencia del *iphone* 7 entre los elementos contenidos en el bolso. En la segunda sentencia, sin embargo, consistente en la denuncia del hurto de varias joyas valoradas en casi 6.000 euros, la Audiencia Provincial, en contra del criterio del juzgado, considera "que la parte denunciante no ha aportado justificación alguna de la preexistencia de las joyas que se dicen sustraídas de su domicilio, lo que resultaba procedente en orden al establecimiento de la realidad del hecho. Fácilmente se podían haber aportado facturas, referencias testificales por parte del vendedor o de personas que conocieran la detentación de estas por los denunciantes que sirvieran para conocer la realidad de su sustracción y de las características de las indicadas joyas, facilitando la posterior tasación pericial, lo que no sucede en este caso". En este último caso, la Audiencia Provincial absuelve a los acusados de hurto por no poder probarse la preexistencia de las cosas "supuestamente" hurtadas.

2.2. Cosa mueble

Según el DRAE, por cosa se entiende "todo lo que tiene existencia corporal o espiritual, real, abstracta o imaginaria". No obstante, si tenemos en cuenta la acción típica "tomar", sólo podrán considerarse cosa a los efectos del art. 234 CP aquellas que puedan aprehenderse, cogerse en el sentido material. Ello implica que ha de tratarse de una cosa corpórea o material, tangible, que ocupe un lugar en el espacio y que pueda trasladarse físicamente. En este sentido, quedarían excluidas del objeto material del tipo de hurto todas aquellas cosas inmateriales o con contornos espaciales no delimitados como es el caso, por ejemplo, de la energía, las señales electromagnéticas, y cualquier tipo de fluido. La utilización fraudulenta o clandestina de energía, agua o fluidos ajenos con los medios establecidos en el art. 255 CP no será por tanto delito de hurto. Otra cuestión es que el fluido esté dentro de un recipiente y se sustraiga el recipiente con el fluido dentro. En ese caso, no es de aplicación el art. 255 CP, pues no tipifica esa modalidad de conducta, pero sí podría admitirse la existencia de un hurto, en la medida en que la cosa en la que se encuentra el fluido es material y trasladable físicamente.

En este sentido la STS 1164/1979, 6-11 (*Tol 2305177)* condena por delito de hurto al conductor de un camión cisterna destinado al transporte de gasolina de la empresa Campsa que, aprovechando que el tanque del camión conducido disponía de dos compartimentos de distinto volumen comunicados con una llave de paso entre ambos, al efectuar la descarga, manipulaba la misma consiguiendo que parte del producto quedara retenido en el compartimento de menor capacidad por trasvase a éste del líquido descargado, que después en el viaje de retorno era sacado mediante una goma y depositado en bidones de 200 litros, que vendía a otro coautor. También la SAP, Valladolid, Sección 2ª, 318/2003, 6-11, condena como "tentativa de falta de hurto" (por no haberse podido acreditar la cantidad sustraída, y por tanto el valor de la cosa) al acusado que, observando estacionado un camión propiedad de Transportes Mayor y Guardián S.L. abrió el tapón del depósito de gasolina donde colocó una goma a modo de manguera con la que estaba extrayendo gas-oil cuando fue sorprendido por agentes de la Guardia Civil. La STS 73/2019, 25-11 (*Tol 7611548)*, condena como autores de hurto agravado a dos sujetos que alquilaron parte de una finca por la que pasaba la tubería del oleoducto Rota-Zaragoza, propiedad de la empresa Compañía Logística de Hidrocarburos, S.A. a un metro de profundidad. Sirviéndose de su alquiler de la propiedad, y por tanto su libre acceso a la misma, efectuaron una perforación para acceder a la tubería consiguiendo así extraer grandes cantidades de gasóleo, que mediante válvulas y mangueras de alta presión introducían en contenedores de plástico de mil litros, que posteriormente transportaban en camiones para su venta a terceros. Con base a lo anterior, puede afirmarse, por tanto, que los fluidos ostentan la naturaleza de cosa mueble a los efectos del delito de hurto siempre que puedan ser trasladados de un lugar a otro.

Un supuesto controvertido puede ser el de la cubrición de una yegua no consentida por el dueño del semental. En ese caso, no podríamos hablar de hurto —del semen del semental— ya que falta la acción típica consistente en tomar, en el sentido que se ha dado con anterioridad a este término. Cuestión distinta es que el semen esté enfrascado y congelado y el sujeto activo lo tome, sin consentimiento del dueño del semental, para inseminar artificialmente a la yegua; en este caso sí podríamos afirmar que estamos ante un delito de hurto.

El art. 335 CC califica en primer lugar como bien mueble a todos los que se pueden transportar de un punto a otro sin menoscabo de la cosa inmueble a la que estuvieren unidos. No se consideran bienes muebles, cosas que, a pesar de poder ser trasladadas y susceptible de apropiación, se consideran inmuebles por accesión, por destino, o por su pertenencia a un inmueble (como todos los bienes previstos en el art. 334 CC), de modo que si la cosa no está incluida en dicho precepto habrá que considerarla a efectos civiles cosa mueble por imperativo legal.

El hurto, al igual que otros delitos, emplea por tanto un concepto —cosa mueble— que ya posee un significado preciso en otra rama del ordenamiento jurídico, concretamente en el Derecho civil. No obstante, la autonomía del Derecho, penal permite otorgar un significado diferente, un significado propio que sea funcional al tipo penal. La protección penal de la propiedad y el sentido de la acción típica "tomar" determinan que lo importante, a efectos penales, es como puntualiza GALLEGO SOLER "que sea un objeto susceptible de aprehensión física y de desplazamiento sin menoscabo de su esencia". Así, tal y como viene estableciendo el TS desde su Sentencia 877/1986, 13-6 (*Tol 5111704*), hasta la actualidad, el concepto penal de cosa mueble es un concepto "funcional", "es aquella cosa que puede ser movilizada, es decir, separada fácticamente del patrimonio de una persona e incorporada al del agente".

Este concepto de cosa mueble es, por una parte, más amplio que el concepto civil, pues incluye los que en Derecho civil se consideran inmuebles por accesión (instalaciones de un inmueble como por ejemplo las puertas), algunos inmuebles por naturaleza (como la tierra o los minerales de una mina), inmuebles por destino (fuentes, estatuas…), o por representación (documentos que dan cuenta de que una persona es la propietaria del bien). Pero, por otra parte, también es más limitado que el concepto civil de cosa mueble, que incluye entre los mismos "las energías".

No obstante, como advierte ÁLVAREZ GARCÍA, no se trata de optar por una posición privatista o autonomista, ya que el contenido específico que haya de dar a los conceptos vendrá determinado por las exigencias particulares de cada tipo penal, por lo que lo decisivo, según este autor, para la fijación de un concepto de bien mueble o inmueble "son las concretas necesidades tuitivas, ya no de cada ordenamiento en su conjunto sino de cada función protectora".

Para que el bien se considere susceptible de desplazamiento es necesario que la fuerza necesaria, en su caso, para su traslado sea mínima. Por ejemplo, en el caso de la sustracción de un bungaló habrá que diferenciar si éste todavía no ha sido instalado (se hurta de las instalaciones de venta o el camión que lo transporta), o si ha sido ya ubicado en el terreno de forma permanente con las tuberías, anclajes, etc. En el primer caso, estaríamos ante un delito de hurto; en el segundo, sin embargo, el hecho de que el bungaló esté ya instalado e incorporado al terreno como residencia, la fuerza y actuaciones necesarias para su desplazamiento van más allá de lo característico del delito de hurto [aunque referida al delito de apropiación indebida, véase en este sentido la STS 4087/1978, 23-5 (*Tol 4241889*)].

En el caso de los animales, también son considerados bienes muebles a los efectos del delito de hurto. No obstante, hay que tener en cuenta que a partir de la entrada en vigor de la Ley 7/2023, de 28 de marzo, de protección de los derechos y el bienestar de los animales, y su consideración —con algunas excepciones— de los animales como seres sintientes, si además del hurto se produjese alguna de las conductas tipificadas en el Título XVI bis del CP, tendríamos que acudir a un concurso de delitos. Por otra parte, se puede plantear una laguna de punibilidad con respecto de los animales de compañía. Como se verá posteriormente, es necesario que la cosa objeto de hurto tenga un valor económico, aunque sea mínimo ¿qué ocurriría en el caso del hurto de un perro mestizo, recogido en un refugio por su propietario, que no tiene ningún valor económico? Quizá, la solución sería incluir esta conducta en el Título XVI bis, con independencia de cuál sea el ánimo del sujeto activo.

La Jurisprudencia ha considerado constitutivo de hurto, por la naturaleza penal (que no civil) de cosa mueble del objeto sustraído, conductas como la tala de árboles o quitarlos de raíz, llevar ganado a predio ajeno a pastar, el mineral obtenido directamente de la mina, la tierra producto de una excavación por un tercero en su terreno, la sustracción de enjambres de abejas, de ganado, de instrumentos de labranza, o la sustracción de frutos, entre otras.

2.3. Con valor económico

Aunque a partir de la reforma de 1983 el valor económico del objeto del hurto tan sólo tenía efectos para delimitar el delito de la falta, y con la reforma de 2015 para deslindar el hurto grave del hurto leve, la naturaleza del bien jurídico protegido (la propiedad como elemento del patrimonio) exige que la cosa hurtada tenga un valor económico, estimable en dinero, aunque sea mínimo.

La SAP, Castellón, 105/2000, 15-5, absuelve por un delito de hurto a quien toma seis botes de leche caducada, ya que en este caso no sólo no consta el valor de la cosa, "sino que además se puede perfectamente deducir su ausencia pues difícilmente puede darse un valor económico y patrimonial a seis botes de leche caducados. Ello implica el apreciar la ausencia y falta del principal elemento del hurto y en consecuencia la necesidad de acordar la absolución del acusado, ya que su condena por tal delito de hurto o por una falta requería una interpretación en contra del reo proscrita en nuestro derecho".

Como afirma DE VICENTE MARTÍNEZ, cuando la cosa carece de valor económico, si tiene un valor afectivo o sentimental, el perjudicado tendrá que acudir al Derecho civil para llevar cabo la acción restitutoria o solicitar una indemnización, pero la conducta queda excluida del ámbito penal.

Una parte minoritaria de la Doctrina, encabezada por ZUGALDÍA ESPINAR, considera, sin embargo, que, a partir de la reforma de 1983, y como ocurre en otros ordenamientos penales, como el bien jurídico protegido en el delito de hurto es la propiedad y no el patrimonio, no es necesario que la cosa sustraída tenga un valor patrimonial (económico), ni es necesario que el hecho produzca un perjuicio patrimonial. Estima, por tanto, que los objetos sin valor económico también tienen que ser posibles objetos materiales del hurto, ya que en caso contrario no estaría protegiendo penalmente la propiedad de tales objetos.

En oposición a la tesis anterior cabe argumentar que, frente a la naturaleza formal del concepto civil de propiedad (art. 348 CC), el Derecho penal debe manejar un concepto material de propiedad que permita aprehender la idea de funcionalidad entre objeto y sujeto, de modo que el criterio funcional sólo pueda invocarse como complementario al económico. Es el valor económico de la cosa (función objetiva), y no las otras funciones de carácter extraeconómico que el titular pueda asignarle (funciones subjetivas), la que el ordenamiento jurídico-penal tiene en cuenta para su protección en los delitos contra la propiedad.

Como subraya DE VICENTE MARTÍNEZ, lo importante a efectos penales es que la cosa tenga valor económico, con independencia de que se cause o no un perjuicio económico a su propietario (no obstante, si el perjuicio material es superior al valor del objeto se puede reclamar la diferencia como responsabilidad civil *ex delito*). En los delitos contra la propiedad, un Derecho penal mínimo, como puntualiza GARCÍA ARÁN, no debe proteger en abstracto el dominio sobre los objetos, sino el valor económico que supone su titularidad.

Desde otro punto de vista, la exigencia típica del ánimo de lucro implica, como afirma HUERTA TOCILDO, que la cosa tenga un valor económico del que pueda lucrarse el sujeto activo. También la propia literalidad del art. 234 CP, al distinguir entre hurto grave y leve, puede considerarse que exige que la cosa objeto de sustracción tenga un valor mínimo, pues si el legislador pretendiese proteger también la propiedad de las cosas muebles sin valor económico habría utilizado una redacción más clara en la que se incluyeran las cosas sin dicho valor. Ello permite afirmar, con ÁLVAREZ GARCÍA, la existencia de un tipo de injusto de hurto incluso en los supuestos en los que el sujeto activo sustituye la cosa sustraída por su valor efectivo, que sólo tendría efectos —en su caso— en cuanto a la indemnización en caso de no restitución de la cosa, pero no sobre la tipicidad de la conducta.

Cuestión distinta es la consideración de hurto en casos en los que el valor de lo sustraído es insignificante (talonario de cheques, billetes de lotería, documento de identidad, etc.), en la medida en que, como sostiene GARCÍA ARÁN, se trata de objetos con aptitud para intervenir en relaciones jurídicas, lo que "fundamenta su valorabilidad económica como barrera político-criminal y justifica la propia intervención penal. Un ejemplo de estos supuestos es la STS 521/1992, 27-10-1993 (*Tol 186722)*, en la que se castiga el hurto de unos cartones de bingo, depositados en Hacienda para su destrucción y posteriormente vendidos a salas de juegos.

En lo que se refiere a las tarjetas de crédito sustraídas a su titular, hay que tener en cuenta que, a partir de la reforma del art. 249 CP por el art. 1.3 de la LO 14/2022, de 22 de diciembre, la apropiación o adquisición de forma ilícita de tarjetas de créditos o débito para su utilización fraudulenta será castigado como delito de estafa en el art. 249. 2.b) CP. La utilización de forma fraudulenta de las tarjetas de crédito o débito, sin sustracción previa, también se castiga como estafa en el art. 249.1.b) CP. Ahora bien, si la sustracción se lleva a cabo sin voluntad de su utilización fraudulenta (el sujeto activo desconoce que entre el contenido del bolso que ha sustraído hay una tarjeta de crédito y no tiene la intención de utilizarla fraudulentamente) la conducta no sería típica de hurto, porque como indica la STS 984/2022, 21-12 (*Tol 9356663)* —citando abundante jurisprudencia— "la sustracción de tarjetas de crédito, cheques o talonarios —y, en su caso, recetas— no es un delito de hurto, porque el ánimo de lucro es esencial para la existencia de este delito y aquellas por sí mismas no reportan beneficio al carecer de valor, aunque puedan servir y ser utilizadas como instrumento para la comisión de otros delitos".

2.4. La ajenidad de la cosa

Como afirma MUÑOZ CONDE, la ajenidad es un concepto civil por el que hay que entender "la no pertenencia de esa cosa a un sujeto". Ello viene a coincidir, en parte, con el concepto de ajenidad propuesto por BAJO FERNÁNDEZ, coincidente a su vez con el empleado por la STS 1059/1988, 25-4 (*Tol 2357877)*, que se refiere a la ajenidad a partir de la constatación de dos características negativas: que la cosa no sea propia y que no sea susceptible de ocupación.

No es suficiente, sin embargo, a los efectos del delito de hurto, que la cosa no le pertenezca al sujeto activo, sino que, además, esa cosa debe tener un propietario que puede ostentar o no su posesión, y puede ser conocido o desconocido, pero en todo caso ha de tener la titularidad dominical de la cosa objeto del delito. Por tanto, y como advierte TERRADILLOS BASOCO, la ajenidad es un concepto normativo, a definir con criterios jurídicos-civiles.

Tal y como se ha mantenido al analizar los sujetos del delito, la cosa es ajena para todo aquél que no sea su propietario o la posea en concepto de dueño, y lo mismo sucede respecto de cualquier otro poseedor legítimo o ilegítimo: la cosa le es ajena al no ostentar el poder de dominio que implica la propiedad. Cuestión distinta es que el poseedor, legítimo o ilegítimo, no pueda ser sujeto activo del delito de hurto en cuanto a que no le es posible tomar lo que ya tiene en su poder. A pesar de la aparente simplicidad de esta cuestión, hay supuestos en los que es necesario analizar la naturaleza ajena de la cosa, lo cual repercute, como es obvio, en la tipicidad de la conducta.

2.4.1. Res nullius

Es una expresión latina que se utiliza pare referirse a las cosas que carecen de dueño o que, teniéndolo, es imposible su determinación. Según el art. 610 CC, son susceptibles de ocupación tanto las cosas que carecen de dueño como las cosas muebles abandonadas. Entre las cosas *res nullius* se incluyen los animales carentes de dueño, incluidos los que pueden ser objeto de caza y pesca, con independencia de que pueda existir infracción administrativa en virtud de los dispuesto en las leyes especiales que regulan estas actividades, y con las excepciones que puedan derivar de otras normas destinadas a su identificación, protección o preservación.

En cuanto a los animales carentes de dueño, como es el caso de los gatos y perros callejeros, al ser *res nullius* cualquiera puede apropiarse de ellos por ocupación. No obstante, y a diferencia de otros animales, los gatos y perros callejeros no son animales silvestres, viven en un entorno humano y, por tanto, se consideran seres sensibles por Ley 7/2023, de 28 de marzo, de protección de los derechos y el bienestar de los animales. En virtud del art. 3.e) de la citada ley se consideran animales abandonados los gatos y perros callejeros, excepto los gatos comunitarios pertenecientes a colonias felinas, respecto de los que se establecen unas reglas especiales. El art. 22 de la ley atribuye a los ayuntamientos la recogida de animales abandonados y extraviados y su alojamiento en un centro de protección animal. Este precepto no implica que los animales a los que hace referencia pasen a ser propiedad de los ayuntamientos o centros púbicos de recogida, por lo que a efectos penales siguen siendo *res nullius* y su apropiación no será constitutiva de un delito de hurto, aunque sí que puede dar lugar a una infracción administrativa en el caso de que no se cumpla con lo establecido en la ley para la tenencia de animales de compañía.

En cuanto a la caza, pesca, y aprovechamientos forestales, el art. 36.1 de la Ley 43/2003, de 21 de noviembre, de Montes, establece que "el titular del monte será en todos los casos el propietario de los recursos forestales producidos en su monte, incluidos frutos espontáneos, y tendrá derecho a su aprovechamiento conforme a lo establecido en esta ley y en la normativa autonómica". No obstante, excepto los supuestos de hurto de piñas o tala de árboles para madera en lo que existe alguna Jurisprudencia menor en la que se considera hurto, la recolección de frutos silvestres, como por ejemplo las setas, orégano, y otras plantas comestibles o medicinales en montes públicos o privados, en mi opinión sólo podría considerarse hurto si hay una prohibición expresa por parte del propietario o concesionario del monte, especialmente cuando se trata de montes de titularidad pública o comunales (pertenecientes a las entidades locales, aunque su aprovechamiento corresponde al común de los vecinos). En este sentido, se pronuncia la SAP, Soria, 77/2001, 28-9 (*Tol 127620)*, en la que se absuelve por hurto a quien recoge setas silvestres en la finca del denunciante, porque al no existir coto micológico se consideran *res nullius*, y no frutos o bienes que pertenecen al dueño del terreno por accesión, a semejanza con lo que ocurre con la caza y pesca, salvo legislación especial.

A diferencia de la *res nullius*, que son cosas vacantes con vocación de pertenecer al primer ocupante que se apodere de ellas, las llamadas *res communes omnium*, son cosas que por su naturaleza no pertenecen a nadie y cuyo uso es común a todos, como por ejemplo el aire, el agua, el mar, el sol, etc. En principio se trata de cosas no susceptibles de apropiación y, por tanto, no podrían ser objeto del delito de hurto.

En cuanto a las cosas abandonadas por su dueño o *res redelictae*, también son susceptibles de ocupación según el art. 610 CC. Con respecto a qué se entiende por cosa abandonada se ha planteado tanto por la Doctrina como por la Jurisprudencia si los objetos depositados en determinados lugares pueden considerarse cosas abandonadas o no a los efectos del delito de hurto. Concretamente se trata de las cosas depositadas en bidones de basura de reciclaje, en bidones para ropa o juguetes destinados a la beneficencia, y en los denominados "puntos limpios".

Con respecto a esto últimos, la Jurisprudencia menor mantiene dos posiciones contrarias: la primera es la que considera que los bienes que se encuentran en los puntos limpios deben ser considerados bienes ajenos pues no están físicamente abandonados en un lugar de libre acceso, sino en un espacio cerrado, generalmente protegido por una valla y de acceso controlado para proteger, por su valor los efectos que se depositan en su interior y "para que sea notorio para la generalidad de las personas que no es posible hacerse con los efectos allí depositados sin el consentimiento de quienes son sus nuevos titulares y han establecido tales medidas de protección [SSAP, Madrid, Sección 30, 258/2018, 4-5 (*Tol 6717914)*, y 214/2024, 11-4 (*Tol 10070472)*], entre otras. La segunda línea jurisprudencial afirma, sin embargo, que los bienes depositados en los "puntos limpios" son bienes abandonados, por lo que la ausencia de la nota de ajenidad impide que su sustracción pueda ser considera robo o hurto, dado que los propietarios que entregan sus propiedades muebles en los referidos sitios, o que los dejan en los lugares adecuados para su reciclaje "realizan auténticos actos de abandono de la propiedad, convirtiéndolos en *res redelictae*. Así, según la SAP, Toledo, Sección 2ª, 38/2014, 7-5, en estos casos se produce un abandono del objeto en condiciones especiales que hacen posible el aprovechamiento de los elementos reciclables o peligrosos, o que precisan de un tratamiento posterior una vez usados. A este abandono, según la sentencia, "no lo sustituye una ocupación hábil para adquirir la propiedad ni es lo que pretende el sistema de gestión de residuos, de forma que el gestor del reciclaje no adquiere la propiedad, sino una autorización administrativa para dar a los objetos el destino administrativo autorizado".

A la vista de estas dos posiciones, el TS se ha manifestado a favor de la primera de ellas al entender, en su STS 90/2022, 6-2 (*Tol 8803773)*, que un "punto limpio" es un lugar al que se llevan los objetos para desprenderse de ellos, pero no se trata de simple basura, sino de materiales o equipos, destinados en principio a ser reciclados y darle nuevos usos, por lo que estamos ante objetos con valor económico real y que ni mucho menos han sido abandonados. Los dueños entregan el bien a la empresa encargada de la gestión del punto de limpio que con el rendimiento económico derivado de las partes aprovechables sufragan parte de sus gastos, por lo que quien toma, sin consentimiento del nuevo dueño, una cosa mueble de un "punto limpio" está tomando una cosa mueble ajena con valor económico, y por tanto su conducta cumple con el tipo de injusto del hurto, o en su caso, del robo.

Algo similar sucede cuando el bien se deposita en "buzones" destinados a la recogida de ropa, zapatos y juguetes para la beneficencia. En este caso se trata de depósitos cerrados en los que aparece el logo de la entidad (generalmente una ONG) a la que se entrega el bien. No se trata, por tanto, de bienes abandonados, sino donados a una determinada entidad. Distinta es la situación cuando el bien se deposita en un contenedor de basura, aunque sea de reciclaje de residuos urbanos, ya que, en ese caso como indica GOYENA HUERTA no hay una transmisión de la propiedad, sino una simple colaboración en la gestión de residuos.

2.4.2. Las cosas perdidas

Hasta la reforma del CP por la LO 8/1983, de 8 de junio, el apoderamiento de las cosas perdidas se encontraba regulado entre los delitos de hurto como "hurto de hallazgo". Compartía con el hurto propio el hecho de apoderarse de una cosa ajena, pero a diferencia de este, faltaba el elemento fundamental que distingue al hurto de la apropiación indebida, el desplazamiento de la disponibilidad de la cosa de quien la posee a quien la sustrae, por lo que el legislador posterior decidió ubicarlo sistemáticamente entre los supuestos de apropiación indebida. El CP de 1995 introdujo además un nuevo supuesto de apropiación indebida, consistente en la apropiación del bien transmitido por error, conducta que no podía incardinarse en el delito de hurto en cuanto faltaba la acción típica consistente en "tomar la cosa".

La LO 1/2015 de 30 de marzo, a efecto de evitar lagunas punitivas, modifica el art. 254 CP convirtiéndolo en un tipo residual de la apropiación indebida por parte del legítimo poseedor, al condenar a "quien fuera de los supuestos del artículo anterior se apropiare de una cosa mueble ajena".

Por tanto, quien se apropia de una cosa mueble perdida, recibida por error, o simplemente ajena, sin realizar la conducta típica del hurto consistente en "tomar la cosa" de quien la posee, no comete un delito de hurto, sino de apropiación indebida castigado con una pena bastante inferior a la del hurto menos grave cuando se trate de delito menos grave, y similar a la del hurto de una cosa mueble con valor igual o inferior a 400 euros en los supuestos de delito leve.

También se tratará de un supuesto de apropiación indebida, y no de hurto, el apropiarse de la totalidad del tesoro oculto descubierto por casualidad en propiedad ajena o del Estado, ya que según el art. 351 CC el descubridor sólo tendrá derecho a la mitad del tesoro.

Cuestión distinta es cuando el sujeto "toma la cosa perdida" de una oficina de objetos perdidos. En este caso, se trata de una cosa ajena, aunque el dueño no esté identificado, por lo que, si el sujeto toma la cosa en el sentido expresado en el delito de hurto (desposesión y disponibilidad), la conducta realizada sería de hurto y no de apropiación indebida. En el ejemplo propuesto por GARCÍA ARÁN de "quien se apropia de un objeto depositado en una oficina de objetos perdidos con el consentimiento de su responsable, en condiciones que no le obligan a indagar sobre su capacidad real para autorizar", entiendo con dicha autora que el sujeto que recibe el objeto no comete un delito de hurto, pero no porque "sea desproporcionado y requiera presumir el consentimiento en contra del propietario desconocido", sino porque no se ha realizado la conducta típica del hurto, ya que el sujeto no ha tomado la cosa en el sentido típico del hurto, sino que le ha sido entregada por quien aparentemente tiene capacidad para disponer de la cosa. El responsable de la oficina de objetos perdidos que entrega el bien a un tercero cometería el delito de apropiación indebida tipificado en el art. 253 CP como depositario legítimo de la cosa (mientras quien la recibe realiza, en principio, la conducta típica de apropiación indebida del art. 254 CP —apropiarse de cosa ajena fuera de los supuestos previstos en el art. 253 CP—), pero al existir un error de tipo, concretamente sobre el consentimiento del titular, su conducta sería atípica.

2.4.3. La copropiedad de la cosa

¿Es posible el hurto entre copropietarios? ¿Se puede hablar de cosa ajena en esos supuestos? La respuesta a la primera cuestión debe partir, como advierte ÁLVAREZ GARCÍA, de que "una cosa no puede ser al mismo tiempo propia y ajena", por lo que como acertadamente afirma el citado autor, serían rechazables todos aquellos planteamientos que imputan el hurto, aunque el sujeto sólo se haya apoderado de su cuota ideal. Supuesto en el que otros autores como MUÑOZ CONDE consideran que hay hurto "si la acción perjudica el valor económico del todo". Frente a esta última posición, cabe objetar que dicho perjuicio será reclamable por la vía civil, pero no puede integrar el delito de hurto, en la medida en que, mientras que la relación de los propietarios con la cosa y entre ellos no permita ni siquiera una atribución ideal de cuotas, la cosa sustraída no es ajena. Además de la responsabilidad civil, podría incurrirse, en su caso, en un delito de daños (QUERALT JIMÉNEZ).

Una vez atribuida la cuota, aunque sea ideal, el apoderamiento por parte de uno de los copropietarios de un exceso de su cuota, sin consentimiento de los demás copropietarios, sí puede considerarse una conducta típica, aunque, como se verá posteriormente, no necesariamente constitutiva de hurto propio (art. 234 CP).

En contra de esta tesis se manifiesta QUINTANO RIPOLLES, quien afirma que "tratándose de un perfecto *condominium iuris romanum*, en que la cosa pertenece por parte ideales a todos los condóminos (*pro indiviso*), como es el caso de nuestro Derecho civil, el apoderamiento realizado por uno de ellos suele quedar fuera de la esfera penal". Por tanto, en su opinión, sólo podría darse la figura de hurto entre copropietarios cuando media el reparto real de porciones conocidas o de frutos individualizables en condición o especie.

En sentido similar se pronuncian VIVES ANTÓN/GONZÁLEZ CUSSAC en base a dos argumentos: en primer lugar, al considerar que el requisito de la ajenidad de la cosa exigido por el hurto y el robo no se cumple "cuando lo que resulta ajeno es meramente una porción matemática de las mismas"; pero, sobre todo, porque en los supuestos de condominio (regulados por los arts. 392 y ss. CC) falta el desplazamiento posesorio necesario para para integrar el tipo de los delitos de hurto y robo, "dada la existencia de una previa (co—)posesión del condueño.

Frente a esta tesis cabe argumentar que, tanto mientras que la cosa pertenece *pro indiviso* —pero con asignación de cuotas ideales—, como una vez asignadas las cuotas reales a cada uno de los copropietarios, no tiene por qué estar en posesión de todos los copropietarios, pudiendo ser uno de ellos el depositario de la cosa mueble de la que sólo le corresponde una cuota en concepto de copropietario. La cuestión es si en estos casos, la apropiación del exceso de su cuota (ideal o real) constituye un delito de hurto propio o la conducta responde al tipo de injusto de otro delito.

Imaginemos el supuesto de la cosa mueble copropiedad de dos hermanos, en la que se ha establecido que la cuota ideal de cada uno de ellos es la mitad del valor de la cosa, quedando el objeto depositado en el domicilio del hermano mayor. Si éste, como legítimo depositario, se apropiara con ánimo de lucro para sí o para un tercero de la cosa mueble, su conducta no sería constitutiva de hurto, sino de apropiación indebida del art. 253 CP con respecto de la mitad de la cosa propiedad de su hermano menor. Si es el hermano menor —copropietario del bien— quien la sustrae por sí mismo o por un tercero del domicilio del hermano mayor, el delito cometido no sería el de hurto propio, pues la cosa no le es totalmente ajena, sino como mantiene GARCÍA ARÁN un *furtum possessionis*, cometido por el propietario de la cuota o de la cosa indivisa contra el legítimo poseedor de la misma, pues, como indica la citada autora, "nada impide que el «legítimo poseedor» sea también copropietario de la cosa que, de esta forma, resulta protegido frente al (co) propietario de la misma".

Sí que podría apreciarse un delito de hurto si, dividida la cosa en función de las cuotas reales pertenecientes a cada uno de ellos, uno de los copropietarios sustrae los bienes que corresponden en exclusiva al otro copropietario. Sería, por ejemplo, el caso de dos copropietarios de un olivar que una vez realizada la cosecha de aceitunas la reparten en partes iguales —en función de la igualdad de sus cuotas sobre el olivar—, y uno de ellos, sin consentimiento del otro, toma (en el sentido del hurto) la parte de la cosecha correspondiente al otro propietario. En este caso se dan todos los elementos del hurto propio, pues el sujeto activo no es dueño de la mitad de la cosecha que toma (en el sentido de desposesión y disponibilidad del hurto).

2.4.4. Bienes gananciales

A diferencia de lo que ocurre en el condominio, de tradición romanista, en el que es posible atribuir cuotas ideales a los condóminos, la sociedad de gananciales o comunidad matrimonial de bienes surge en el derecho germánico, sin que fuera conocida en el Derecho romano. Por ello, un importante sector de la Doctrina civilista, como es el caso de LACRUZ BERDEJO, VALLET DE GOYTISOLO, o la propia DGRN, se inclinan por esa concepción de tipo germánico o propiedad en mano común, en cuya función se trataría de un patrimonio autónomo, separado y común, del que serían titulares indistinta e indeterminadamente ambos cónyuges sin tener ninguno de ellos el derecho actual a una cuota hasta que no se disuelva la sociedad de gananciales. En sentido similar se pronuncia la Jurisprudencia, que la considera como un "conjunto de bienes en cotitularidad ordinaria en la que cada comunero ostenta una cuota abstracta sobre el *totum* ganancial". La "comunidad postmatrimonial", por tanto, es un patrimonio colectivo en liquidación con la lógica indeterminación de la titularidad sobre los bienes concretos.

Aunque la "sustracción" por parte de uno de los cónyuges de bienes muebles pertenecientes a la sociedad de gananciales podría dar lugar, en su caso, a un delito de apropiación indebida y no de hurto, a efectos de la consideración o no de la ajenidad del bien la STS 1013/2005, 17-11 (*Tol 765925)* establece que "la sociedad de gananciales es una masa patrimonial, ajena a la propiedad de cada esposo, respecto de la que los esposos tienen facultades de administración en los términos dispuestos en el Código Civil", así como "una expectativa de atribución por la mitad de los mismos, al tiempo de la disolución". Desde esta perspectiva, el TS, en su Acuerdo del Pleno no Jurisdiccional de 25 de octubre de 2005, ha establecido que "el régimen de la sociedad de gananciales no es obstáculo para la comisión de un delito de apropiación indebida en su modalidad de distracción por uno de los cónyuges (sin perjuicio de la aplicación, en su caso, de la excusa absolutoria del art. 268 del Código Penal)". No obstante, hay que precisar que lo que indica el TS es que la sociedad de gananciales no excluye necesariamente la comisión delictiva, pero no que siempre exista, lo cual dependerá de las circunstancias de cada hecho concreto.

En todo caso, lo que queda excluida es la posibilidad de apreciar tanto el hurto propio como el *furtum possessionis* porque, aunque se admita que la titularidad de la comunidad de bienes matrimonial o postmatrimonial es la sociedad de gananciales y no los cónyuges o excónyuges, lo cierto es que como administradores de esta podrán, en su caso y con la concurrencia de determinadas condiciones, cometer un delito de apropiación indebida, pero no de hurto.

2.4.5. *La herencia yacente*

Según HERNÁNDEZ DÍAZ AMBRONA, la yacencia se produce cuando la herencia se encuentra a la espera de un titular, lo cual puede ocurrir bien porque no ha sido aceptada por el heredero potencial, por indeterminación o desconocimiento de la persona llamada a la sucesión. Frente al sistema germánico de adquisición *ipso iuris*, nuestro Código Civil se decanta por el sistema romano, en el que no hay adquisición hasta que el heredero opta por aceptar o renunciar la herencia. Por tanto, mientras que la herencia se encuentra yacente carece de titular de forma provisional hasta que es aceptada. Ahora bien, ello no la convierte en *res nullius* porque, aunque no exista un titular o titulares determinados de los bienes que componen la herencia hasta que se produzca su aceptación, finalmente lo habrá, pues incluso si la herencia se queda vacante su titular será el Estado.

> Tal y como afirma la STS 885/2023, 29-11 (*Tol 9802870)*, la herencia yacente, por tanto, ostenta un interés de conservación jurídicamente protegido, sin que resulte condición "sine qua non" para brindar dicha protección la existencia de un derecho actual e inmediatamente atribuido a una persona física o jurídica determinada. Ello se traduce en que la lesión patrimonial de la herencia yacente, mediante una acción constitutiva de delito, debe considerarse penalmente relevante. Se lesiona la propiedad, como bien jurídico protegido, aunque no se conozca todavía quién es su titular.

Desde esta perspectiva, los bienes muebles pertenecientes a la herencia total o parcialmente yacente son "cosas ajenas" a los efectos de los delitos de hurto, robo y apropiación indebida por parte de un tercero ¿Y qué ocurre si quien se apropia de parte de los bienes muebles de la herencia yacente es uno de los llamados a heredar? Es el caso, por ejemplo, de que una vez muerta la madre, y mientras que la herencia está yacente, uno de los hijos acude al domicilio de la difunta y, sin consentimiento de sus hermanos, se lleva todas las joyas que pertenecían a la madre junto con un relicario de un gran valor económico. En mi opinión, se trata de un supuesto de hurto propio, ya que se trata de cosa ajena (sin dueño determinado, aunque por determinar) de la que el llamado todavía no es propietario y realiza la conducta típica del hurto: "toma la cosa". En caso de que el hermano que sustrae los objetos fuera el depositario de estos mientras dura la yacencia estaríamos fuera del ámbito del hurto para entrar en el de la apropiación indebida del art. 253 CP.

También podría constituir una conducta atípica el caso de cónyuges o parejas de hecho o de derecho en el que uno de los miembros de la pareja fallece y el otro se lleva bienes muebles del domicilio en el que convivían, pues como afirma la STS 399/2005, 28-3 (*Tol 619642)*, en estos supuestos la titularidad de los bienes es algo que tiene que resolverse previamente por vía civil, por lo que al no estar probado si los bienes en cuestión eran de su propiedad o formaban parte del haber hereditario, la conducta no se puede estimar típica de un delito de hurto.

3. Reglas de valoración. Supuestos específicos

3.1. Los títulos valores y otros documentos asimilables

Una de las cuestiones más debatidas a nivel jurisprudencial y doctrinal es cómo se lleva a cabo la determinación del valor de la cosa. No se trata de una cuestión baladí, pues de ello depende la diferencia entre delito menos grave y delito leve. E incluso en los casos en los que no sea posible establecer el valor de la cosa, generalmente la Jurisprudencia condena por delito leve (hay una especie de presunción de un valor de la cosa inferior a 400 euros a favor del reo). El valor, como afirman VIVES ANTÓN/GONZÁLEZ CUSSAC, ha de entenderse en sentido económico, como valor de mercado o valor de cambio de las cosas que se trate.

Los títulos valores son documentos mercantiles que recogen derechos distintos, y cuya posesión es necesaria para el ejercicio del derecho contenido en él.

La LO 14/2022, de 22 de diciembre, por la que se lleva a cabo la transposición la Directiva (UE) 2019/713 del Parlamento Europeo y del Consejo, de 17 de abril de 2019, sobre la lucha contra el fraude y la falsificación de medios de pago distintos del efectivo, ha introducido una importante reforma en el art. 249 CP, que pasa a ser un tipo específico de estafa cuyos elemento objetivos y subjetivos difieren del delito de estafa propiamente dicho —tipificado en el art. 248 CP. Por una parte, se amplían los medios de las estafas llevadas a cabo mediante tarjeta de crédito o débito o cheques de viajes, a los que se añade "cualquier otro instrumento de pago material o inmaterial distinto del efectivo o los datos obrantes en cualquiera de ellos, realicen operaciones de cualquier clase en perjuicio de su titular o de un tercero". Esta conducta pasa a estar tipificada en el art. 249.1.b) CP, sustituyendo el ánimo de lucro por un dolo general, ya que lo que se exige son dos elementos objetivos, consistentes en la utilización de forma fraudulenta y el perjuicio para su titular o un tercero. Por otra parte, se introduce una nueva conducta típica en el art. 249.2.b) CP, consistente en sustraer, apropiarse o adquirir de forma ilícita tarjetas de crédito o débito, cheques de viaje o cualquier otro instrumento de pago material o inmaterial distinto del efectivo, para su utilización fraudulenta. En este último caso la utilización fraudulenta sí es un elemento subjetivo del tipo que conforma un dolo específico, pero no se requiere ningún tipo de perjuicio, pues realmente estamos ante un acto preparatorio elevado a la categoría de delito autónomo.

La inclusión de cualquier otro instrumento "de pago material" o inmaterial distinto del efectivo" podría llevarnos a pensar que la sustracción tanto de los títulos valores propios como impropios, así como de los títulos de tradición, dejan de ser objeto del hurto para ser objeto del delito de estafa del art. 249.2.b) CP. El ánimo de lucro exigido en el delito de hurto consiste en estos casos en la utilización del documento para obtener el valor que representan, por lo que también se podría considerar cumplido el tipo subjetivo del art. 249.2.b) CP.

El art. 399 ter CP contiene una definición auténtica de lo que ha de entenderse por medios de pago distintos del efectivo, que coincide con la prevista en el art. 2.a) de la Directiva (UE) 2019/713. La principal característica de estos medios de pago radica, como indica la Consulta a la FGE 1/2024, de 21 de marzo (*Tol 10022579*), "en su idoneidad para transferir dinero o valor monetario a través de medios digitales de intercambio". El art. 2.c) de la Directiva (UE) 2019/713, con base al art. 2.2, de la Directiva 2009/110/CE, define el dinero electrónico como "Todo valor monetario almacenado por medios electrónicos o magnéticos que representa un crédito sobre el emisor, se emite al recibo de fondos con el propósito de efectuar operaciones de pago, según se definen en el art. 4, punto 5, de la Directiva 2007/64/CE, y que es aceptado por una persona física o jurídica distinta del emisor del dinero electrónico".

Conforme a lo anterior se coincide, con BORJA JIMÉNEZ, en que los únicos instrumentos de pago materiales que se añaden *ex novo* al art. 249 CP son las tarjetas prepago y los monederos electrónicos. Por tanto, estos dos medios de pago, las tarjetas de crédito o débito y los cheques de viaje serán objeto del delito de estafa, y no de hurto, cuando el autor los haya sustraído con la intención de utilizarlos fraudulentamente.

El art. 3 de la Ley 21/2011, de 26 de julio, de dinero electrónico, no considera dinero electrónico el valor monetario "almacenado en instrumentos que puedan utilizarse para la adquisición de bienes o servicios únicamente en las instalaciones del emisor o, en virtud de un acuerdo comercial con el emisor, bien en una red limitada de proveedores de servicios o bien para un conjunto limitado de bienes o servicios, de acuerdo con las condiciones que se establezcan reglamentariamente". Ello excluye del ámbito del art. 249 CP las tarjetas prepago de teléfono, tarjetas regalo, títulos de transportes públicos, y todos aquellos que no impliquen la transferencia de valor monetario, sino la simple disposición del dinero previamente abonado (BORJA JIMÉNEZ; Circular FGE 1/2024, de 21 de marzo, sobre algunas cuestiones relacionadas con la utilización fraudulenta de instrumentos de pago distintos del efectivo).

Con respecto de los documentos que podrían ser objeto de hurto y no de estafa, como por ejemplo un cheque al portador, el problema se plantea porque una cosa es el documento, que como tal es cosa mueble, y otra el valor que incorpora. En este sentido, la Jurisprudencia considera mayoritariamente que el concepto de cosa en el hurto no se agota en la materia objeto de apropiación, sino que también alcanza al valor que la cosa representa o corporiza. El hurto se comete, pues, "tanto cuando el autor se apropia de la materia de la cosa, como cuando lo hace del valor que ésta materializa" [STS 955/2002, 24-5 (*Tol 173714)*].

En el caso de los títulos valores, será necesario distinguir entre los supuestos en los que la simple posesión o tenencia del documento es suficiente para exigir el cumplimiento de la prestación documentada en el mismo, de aquellos otros en los que la posesión del documento es necesaria, pero no suficiente. El ejemplo típico del primer caso sería el de los cheques o títulos al portador; y ejemplo del segundo serían los títulos nominativos o a la orden.

En los cheques al portador, el valor económico de este es la cuantía prevista en el cheque. En este caso, "aunque el valor representado por el cheque no se hubiera llegado a hacer efectivo, la desapropiación del titular de este lo priva de un instrumento necesario para el ejercicio de su derecho de crédito y con ello se lesiona su propiedad de una manera típica" [STS 955/2002, 24-5 (*Tol 173714)*].

Cuando lo que se sustrae es un título nominativo o a la orden, la conducta no sería típica ante la ausencia de valor de lo sustraído (aunque una Doctrina y Jurisprudencia minoritarias consideren que en este caso habría un delito leve de hurto por el valor material del papel o documento).

También son susceptibles de hurto los títulos de tradición, como la carta de porte, conocimiento de embarque o resguardos de almacenes generales de depósito, ya que otorgan a su poseedor la posesión mediata de las mercancías que mencionan, la facultad para exigir su restitución y el poder de disposición sobre ellas mediante la simple transmisión del título.

Lo mismo ocurre con los denominados títulos impropios, emitidos por personas físicas o jurídicas que se obligan a cumplir una prestación objetiva a un colectivo anónimo e indeterminado. Tal es el caso de las entradas de espectáculos, billetes de transporte público, bonos no nominativos de comedor, etc. En todos estos casos el valor del bien será el valor económico del título pues, como indica GADEA SOLER, "la posesión del documento legitima para exigir la prestación y, además, como esos documentos no excluyen la transmisión, circulan, al margen de la cesión, por medio de entrega o tradición".

Una cuestión que se plantea la Doctrina es el valor de los cupones o décimos de lotería sustraídos antes del sorteo y que posteriormente resultan premiados. Parece claro, y además es la línea que sigue la Jurisprudencia, que en el caso de que se trate de cupones o décimos no premiados, el valor a tener en cuenta es el precio de venta. En el caso de que lo sustraído sean cupones o décimos premiados, el valor de lo sustraído se corresponde con el valor del premio. El problema se plantea, como indica ÁLVAREZ GARCÍA, cuando resultan premiados después de la sustracción. En este punto la Doctrina se encuentra dividida. Así, VIVES ANTÓN/GONZÁLEZ CUSSAC y BAJO FERNÁNDEZ/PÉREZ MANZANO consideran que habrá que atender al valor del billete, por exigencias obvias de conocimiento del tipo. MUÑOZ CONDE propone un concurso entre un delito leve de hurto (valor de los billetes) y un delito menos grave (valor del premio). QUERALT JIMÉNEZ entiende que no se puedc hablar de delito consumado hasta después del sorteo, y siempre que haya resultado premiado y el sujeto haya hecho efectivo el premio.

En mi opinión, si el cupón no resulta premiado hay un hurto consumado por el valor del precio del cupón o décimo de lotería, por lo que no es necesario, como indica QUERALT JIMÉNEZ, que resulte premiado y el sujeto cobre el premio. Es cierto que cuando el sujeto se apropia de la lotería antes del sorteo lo hace con la expectativa de que pueda resultar premiado, pero también lo es que, a partir de la sustracción, el sujeto activo pasa a tener la disponibilidad del billete, privando de la misma, y de la expectativa de cobrar el premio en caso de resultar agraciado en el sorteo, al legítimo propietario. Tampoco me parece correcta la posición que mantiene que, si la sustracción es anterior al sorteo, aunque el billete resulte premiado, el valor del hurto es el del billete y no el del premio, pues en caso contrario habría un desconocimiento de un elemento del tipo.

Como indica GARCÍA ARÁN, quien compra un billete de lotería lo hace con la expectativa de que pueda resultar premiado, así que quien lo sustrae también lo hace con la misma expectativa, de modo que cuando comete el delito conoce que el valor de lo sustraído puede ser mayor que el que tiene en ese momento, por lo que no habría desconocimiento de ningún elemento del tipo. De ahí que considere que la tesis más acertada es la propuesta por la citada autora, en virtud de la cual si el billete resulta premiado el valor de lo sustraído se corresponderá con el valor del premio. A diferencia de MUÑOZ CONDE, no veo necesario acudir a un concurso de delitos, siendo suficiente con añadir al valor del premio el valor de los billetes sustraídos.

3.2. Las cosas extra comercio (*res extra commercium*)

Ya el Derecho romano distinguía entre *res quarum commercium non est* o cosas *extra commercium* y *res intra commercium.* Esta división se basa en la naturaleza comerciable o no del bien, esto es, que pueda ser o no objeto de derechos y negocios patrimoniales privados. Nos informa V. PONTE que el jurista GAYO (Inst. II, 1) optó por una denominación diferente, distinguiendo entre cosas *quae in nostro patrimonio sunt* y cosas *quae extra nostrum patrimonium habentur.* Esta división se centra en la situación de la cosa con relación al patrimonio. En cualquier caso, lo que caracteriza a la *res extra commercium* en el Derecho romano es que quedan fuera de la disponibilidad privada, por lo que no son idóneas para formar parte de un patrimonio privado.

Los civilistas incluyen entre las cosas extra-comercio las "cosas de tráfico prohibido" como armas, explosivos, drogas ilegales, etc. También se incluye en esta categoría el cuerpo humano, incluso tras la muerte. En este sentido, la Ley 30/1979, de 30 de octubre, sobre trasplante de órganos, prohíbe expresamente la venta de órganos, tanto en vida como después del fallecimiento del sujeto. En cuanto a los embriones *in vitro,* reciben el tratamiento de cosa desde su concepción hasta los 14 días siguientes, según la Ley 14/2006, de 26 de mayo, de técnicas de reproducción asistida.

En el caso de los órganos y material humano (como por ejemplo la sangre, el plasma o los preembriones hasta los 14 días desde su fecundación) son cosas fuera de comercio, pero ello no impide que puedan ser objeto de hurto, pues el hecho de que no puedan transmitirse de forma onerosa no impide que tengan un valor económico. Como indica ÁLVAREZ GARCÍA, aunque la sangre humana está fuera de comercio, se estima que el coste (de extracción, manipulación, conservación, etc.) de una bolsa de sangre donada es de aproximadamente seiscientos euros. La sustracción de varias bolsas de sangre de un banco de sangre o de embriones fecundados en un banco de embriones supone una pérdida económica, por el valor de coste, para su titular. Existe ajenidad de la cosa, ánimo de lucro y valor económico, por lo que en estos casos no parece problemático aceptar la posibilidad de un delito de hurto.

En cuanto las cosas de tráfico prohibido, como es el caso, por ejemplo, de la droga, los estupefacientes o el tabaco de contrabando, aunque sean cosas fuera del comercio, cuando estén depositadas para su destrucción son de titularidad del Estado, por lo que se trata de cosas ajenas que en el tráfico comercial ilícito tienen un valor económico. El problema se plantea cuando la droga es hurtada, por parte de un tercero, a quien la posee ilícitamente con objeto de tráfico. En este caso la Jurisprudencia [véanse las SSTS 526/2019, 31-10 (*Tol 756954*), y 963/2013, 18-12 (*Tol 4072647*)] admite la existencia de un delito de hurto o de robo, según el caso.

> La tesis jurisprudencial se sustenta en la ajenidad de las cosas *extra comercium*, "sin que haya que ceñir el concepto legal a las cosas de lícito comercio, [pues] los objetos de comercio o tráfico intervenido por una reglamentación legal que los excluya del comercio normal, como ocurre con las drogas o estupefacientes, pueden ser objeto de los delitos de hurto y robo, aunque su tenedor lo sea ilegalmente o contrario a la norma legal, en cuanto que es materia susceptible de propiedad, y ello implica el carácter ajeno que tiene para el sujeto activo de la infracción". [SSTS 872/1982, 21-6 (*Tol 2310245)* y 100/1984, 26-1 (*Tol 2312862)*].

La Doctrina se encuentra dividida entre quienes, como ANDRÉS DOMÍNGUEZ, ROBLES PLANAS, DE VICENTE MARTÍNEZ, GARCÍA ARÁN o QUINTERO OLIVARES, utilizando distintos argumentos, afirman, al igual que la Jurisprudencia mayoritaria, que estos bienes son susceptibles de hurto o robo, ya que lo único que requiere el tipo es la ajenidad de los bienes, o que se trate de cualquier objeto dotado de valor económico, incluyendo los objetos *extra commercium* de carácter ilícito como son las drogas. Por su parte, BORJA JIMÉNEZ, ÁLVAREZ GARCÍA o VIVES ANTÓN/GONZÁLEZ CUSSAC, entre otros, consideran, sin embargo, que la droga u otros estupefacientes poseídos ilícitamente, ya sea para el consumo o tráfico, no son susceptibles de constituir el objeto material del delito de hurto, ya que el "Derecho Penal no debe proteger situaciones patrimoniales ilícitas, pues de otro modo el Ordenamiento jurídico entrará en contradicción consigo mismo". En este sentido, ÁLVAREZ GARCÍA considera que admitir que en estos casos existe robo o hurto, "significaría extender la protección del Ordenamiento a relaciones de hecho sobre sustancias respecto de las cuales no puede sostenerse un derecho de propiedad por particulares —fuera de algunos casos expresamente admitidos por la ley, o del supuesto en que sea el Estado el propietario de las sustancias...". Además, como argumenta el citado autor, no se estarían protegiendo bienes jurídicos del sujeto al que se le sustrae la droga, sino que se estarían castigando "conductas de apoderamiento sin referencia alguna al bien jurídico protegido, a la antijuridicidad material".

Aunque desde el punto de vista del bien jurídico protegido —la propiedad—, como desde la propia coherencia del Ordenamiento jurídico penal, esta última postura se plantea como la más correcta, aceptarla supone admitir, desde un punto de vista penal y por exigencia del principio de legalidad, su permisibilidad (sólo es delito lo que la ley penal tipifica como tal). Ello, no obstante, provoca una laguna de punibilidad de comportamientos que pueden llegar a ser extremadamente peligrosos para otros bienes jurídicos, pues en el caso de que intervengan bandas organizadas, aquello que no resuelve el Derecho penal será resuelto por vías ilícitas que pueden llegar a afectar a bienes jurídicos más importantes de los afectados por la sustracción de la droga.

Entiendo por ello que, aunque no sea la mejor solución, desde un punto de vista político-criminal, o se tipifica entre los delitos contra la salud pública la conducta consistente en apoderarse ilícitamente de la droga u otros estupefacientes que estén en posesión ilícita de un tercero, o se consideran integradas en el tipo penal de hurto o robo, aun a costa de forzar el tipo penal.

Tampoco sería coherente con el ordenamiento jurídico penal tipificar como delito la conducta consistente en poseer drogas tóxicas para su tráfico o favorecimiento del consumo ilegal previo pago al intermediario, y dejar impune a quien en vez de pagar el precio, las sustrae al intermediario para su posterior tráfico con ánimo de lucro. Ante las dos opciones posibles, parece preferible considerar que en estos casos se estaría ante un delito de hurto o robo en concurso, en su caso, con un delito de tráfico de drogas. La otra opción supondría ampliar el ámbito punitivo del delito de tráfico de drogas a quien la adquiera por cualquier medio —incluida la sustracción—, lo que podría derivar, en última instancia, en el castigo del comprador para consumo propio o colectivo (el controvertido supuesto de quien días antes de una fiesta recauda el dinero de varios amigos y se encarga de comprar la droga que van a consumir).

De este modo, habría que admitir, con el TS, que para apreciar la ajenidad de la cosa mueble exigida por los delitos de hurto y robo es indiferente "que la titularidad dominical del que las posea esté afecta de vicio de ilegitimidad por la adquisición susceptible de impugnarse o no estar protegida por el ordenamiento jurídico la ilicitud, como ocurre en todas aquellas en que su tráfico es ilícito" [STS 559/1992, 20-2 (*Tol 5105334)*].

En cuanto a los bienes culturales, históricos y artísticos, pueden ser extracomercio por decisión de sus titulares, como por ejemplo un legado de obras de arte a una fundación, o un bien catalogado que sea de titularidad pública. No obstante, hay que tener en cuenta que no todos estos bienes están fuera del comercio, aunque pueden contar con ciertas limitaciones. Así, por ejemplo, los bienes muebles declarados de interés cultural pueden ser objeto de comercio lícito, aunque existe un derecho de adquisición preferente a favor del Estado o de las CCAA.

3.3. Cosas sustraídas en establecimiento público

El valor de las cosas sustraídas en establecimientos públicos no es una cuestión pacífica en la Doctrina, y menos aún en la Jurisprudencia, donde pueden distinguirse, al menos en la Jurisprudencia menor, dos líneas distintas con respecto a la valoración de la cosa a partir de la inclusión del párrafo segundo del art. 365 LECrim, por la disposición final 1.2.e) de la LO 15/2003, de 25 de noviembre.

Art. 365 LECrim

"Cuando para la calificación del delito o de sus circunstancias fuere necesario estimar el valor de la cosa que hubiere sido su objeto o el importe del perjuicio causado o que hubiera podido causarse, el Juez oirá sobre ello al dueño o perjudicado, y acordará después el reconocimiento pericial en la forma determinada en el capítulo VII de este mismo título. El secretario judicial facilitará a los peritos nombrados las cosas y elementos directos de apreciación sobre que hubiere de recaer el informe. Si tales efectos no estuvieren a disposición del órgano judicial, el secretario judicial le suministrará los datos oportunos que se pudieren reunir, a fin de que, en tal caso, hagan la tasación y regulación de perjuicios de un modo prudente, con arreglo a los datos suministrados.

La valoración de las mercancías sustraídas en establecimientos comerciales se fijará atendiendo a su precio de venta al público".

Con anterioridad a la inclusión del párrafo segundo del art. 365 LECrim, la determinación del valor de la cosa objeto del delito se llevaba a cabo en todo caso mediante una tasación pericial. Sin embargo, a partir de 2003, el párrafo segundo del citado artículo incorpora una regla especial de valoración cuando el objeto sea sustraído en un establecimiento comercial, ya que en ese caso "se fijará *atendiendo* a su precio de venta al público".

Son varias las cuestiones que se plantean con relación a este párrafo: su respeto al principio de legalidad; la observancia de los principios de seguridad jurídica e igualdad, y si el IVA y el margen de beneficio comercial han de tenerse en cuenta o no para fijar el valor de la cosa, como parte del precio de venta al público.

La posible inconstitucionalidad del art. 365 LECrim por vulneración de la reserva de ley orgánica (art. 81.1 CE) se basa en el hecho de que, en la medida en que la distinción entre delito menos grave y leve (falta, en su momento) se determina en función de la cuantía de lo sustraído, el art. 365 LECrim, en cuanto que se trata de una norma penal sustantiva que integra los tipos penales de hurto y robo, debería tener rango de ley orgánica y no de ley ordinaria

Frente a este argumento, el ATC (Pleno) 72/2008, 26-2, esgrime que el art. 365 LECrim no constituye un elemento normativo ni complementario de los tipos penales de hurto y robo. El TC hace suyas las alegaciones del Fiscal General del Estado acerca de la admisibilidad de la cuestión de inconstitucionalidad, presentado el 30 de julio de 2007, por las que se considera que la existencia de un límite cuantitativo entre delito y falta (a partir de la reforma de 2015 entre delito menos grave y delito leve) no implica que la norma que determina los criterios de valoración de la cosa sustraída sea un elemento nuclear del tipo penal, en cuyo caso sí que requeriría la naturaleza de ley orgánica. En opinión del TC, aunque no cabe negar que la cuantía de 400 euros es un elemento que diferencia el delito de la falta de hurto (actualmente delito menos grave de delito leve), el art. 365 LECrim no define un elemento del delito, ni extiende la aplicación del tipo a nuevas conductas, por lo que "no puede afirmarse que la norma cuestionada afecte directamente al derecho de libertad reconocido en el art. 17.1 CE, ya que no determina los supuestos y las condiciones en los que la privación de libertad es legítima". En idéntico sentido se pronuncia la FGE (Consulta 2/2009, de 21 de diciembre), al entender con el TC que el art. 365 LECrim aplicado al hurto, se limita a fijar un criterio para la valoración probatoria.

En la misma cuestión de constitucionalidad, planteada por la AP de Sevilla (Sección 4ª), el TC —en consonancia con las alegaciones del FGE— determina que, al utilizarse un criterio eminentemente objetivo, como es el precio de venta al público, permite al sujeto activo *ex ante* prever las eventuales consecuencias de su conducta, por lo que no afecta en modo alguno al principio de seguridad jurídica previsto en el art. 9.4 CE.

Por último, en cuanto a la posible infracción del principio de igualdad (art. 14 CE) el hecho de que el mismo objeto pueda tener un distinto valor de precio de venta al público en función del comercio en el que se lleve a cabo la sustracción, en la medida en que el valor establecido por cada establecimiento para el objeto es la misma para cualquier sujeto activo, no se produce ninguna diferencia de trato entre grupos o categorías de personas, por lo que el principio de igualdad no resulta afectado.

La inadmisión de la cuestión de constitucionalidad relativa al art. 365.2 LECrim por parte del TC, resuelve definitivamente —aunque no de forma satisfactoria— el tema de su posible inconstitucionalidad. No obstante, queda por resolver aquellos supuestos en que lo que determina que el precio de venta al público sea superior a 400 euros es precisamente el importe del IVA con el que está gravado el objeto sustraído.

En la Jurisprudencia menor podemos distinguir dos posiciones: en primer lugar, la mayoritaria es partidaria de incluir el IVA en el precio de venta al público, al entender que este constituye el precio que el cliente debe abonar al establecimiento para adquirir legítimamente la mercancía.

Véanse, entre otras, las SSAP, Barcelona, Sección 3ª, 634/2008, 8-9 (*Tol 1463791)*; Barcelona, Sección 5ª, 63/2009, 27-1 (*Tol 1487689)*; Madrid, Sección 1ª, 181/2009, 23-4 (*Tol 6806735)*; Asturias, Sección 3ª, 174/2011, 27-6 (*Tol 2292227)*; Madrid, Sección 1ª, 306/2012, 12-7 (*Tol 2620580)*; Madrid, Sección 16ª, 239/2017, 17-4 (*Tol 6219343)*; Madrid, Sección 6ª, 430/2017, 4-7 (*Tol 6315626)*; Pontevedra, Sección 5ª, 381/2014, 28-7 (*Tol 4488122)*, y el Acuerdo de la AP de Valencia de 25-10-2002.

Esta posición mayoritaria es la asumida por FGE en respuesta a la Consulta 2/2009, de 21 de diciembre, presentada por la Fiscalía de la Comunidad Autónoma Andaluza sobre si la "valoración de las mercancías sustraídas en establecimiento comerciales según lo previsto en el párrafo segundo del art. 365 de la Ley de Enjuiciamiento Criminal, debe excluirse el importe del IVA del valor total del precio al público. La mayoría de los fiscales asistentes a la Junta de Fiscales de febrero de 2009 consideraban que en los supuestos del art. 365 LECrim debía detraerse el importe del IVA del montante del precio de venta al público por entender "que el precio de venta al público constituye la base imponible del IVA, lo que permite distinguir entre aquel y el precio total a pagar, que resultaría la suma del primero y el porcentaje correspondiente al impuesto". En dicha Junta, el Fiscal Superior, sin embargo, mantenía la tesis contraria, partidaria de incluir el valor del IVA (y el margen comercial de beneficios) en el precio de venta al público.

La respuesta de la FGE a la consulta planteada se basa principalmente en dos argumentos para considerar que el IVA forma parte del precio de venta al público, y por tanto ha de tenerse en cuenta para fijar el valor de la cosa sustraída. Por una parte, argumenta que, si el IVA incide directamente en los consumidores porque éstos no pueden deducírselo, no parece justificado que en el ámbito penal se detraiga el importe del IVA tan solo en aquellas mercancías o bienes que hayan llegado a poder del sujeto como consecuencia de una sustracción, de un ilícito penal, ya que para el adquirente legítimo es un coste que debe pagar. El argumento utilizado por la Fiscalía es fácil de desmontar, ya que lo que viene a decir es que el comprador paga el IVA y a quien sustrae la compra, sin embargo, se le excluye, mientras que aquí lo que se está discutiendo es si el IVA forma parte del precio de venta o es un importe añadido al mismo.

El segundo argumento utilizado por la Fiscalía es exclusivamente de economía procesal, pues se basa únicamente en el trabajo que supondría averiguar cuál es el IVA, y por tanto el importe a descontar de precio de venta al público. Sin embargo, no parece que se trate de una cuestión difícil de dilucidar en la mayoría de las sustracciones de mercancía de un establecimiento público, y ello además no es razón suficiente para considerar que el IVA es un componente del precio de venta al público, que es el valor al que hace referencia el art. 365 LECrim.

También la STS 327/2017, 9-5 (*Tol 6100858*), lleva a cabo una interpretación favorable a incluir el importe del IVA en el precio de venta al público, que debe interpretarse como la cantidad que debe abonarse para su adquisición. Así, utilizando los mismos argumentos que la FGE, el TS determina que, "despejadas las dudas de constitucionalidad del precepto, su aplicación debe garantizar la seguridad jurídica en esta materia, unificando la valoración de lo sustraído en función del precio de venta al público del producto, incluido el IVA correspondiente". Este es el criterio seguido en todas sus sentencias por el TS

La posición minoritaria, por su parte, entiende que el 365 LECrim no exige incluir el importe del IVA en el precio de venta al público, ya que, como argumenta la SAP, Madrid, Sección 7ª, 302/2010, 5-4 (*Tol 1875970*), el precepto en cuestión "no declara que el valor será el precio de venta al público, sino que para realizar la necesaria valoración judicial de ese elemento esencial del tipo habrá que atender a su precio de venta. Atender según el Diccionario de la Real Academia de la Lengua significa "tener en cuenta o en consideración algo". Por lo tanto, lo único que el legislador ordena es que para establecer el valor de lo sustraído —en los delitos patrimoniales cuyo sujeto pasivo sea un establecimiento comercial y no simplemente que se produzcan en un establecimiento comercial— se tome en consideración, se tenga en cuenta ese dato, pero no que ese sea el valor de la cosa objeto del delito".

Por tanto, para determinar el valor de la cosa, que será el valor de mercado, habrá de partirse del precio de venta al público y posteriormente deducir el importe del IVA, pues como argumenta la SAP, Barcelona, Sección 5ª, 108/2006, 13-1 (*Tol 866585*), al no haberse producido "el hecho imponible generador de la obligación de pagar dicho impuesto —la venta del bien o servicio— ninguna obligación tributaria nace para el vendedor de declararlo". En este sentido, afirma con razón la AP de Madrid en la Sentencia anteriormente citada, que "precio es la contraprestación económica a satisfacer al propietario por un producto, el IVA es el impuesto estatal que graba el hecho imponible de la entrega del bien (art. 4 de la Ley 37/1992) y que sólo debe abonar el consumidor, sin que esta dualidad de conceptos desaparezca por el hecho de que la repercusión del impuesto se haya de efectuar en la factura y pueda verse oscurecida —en las ocasiones en las que el Reglamento del IVA lo permite— por la no consignación separada de la base imponible y la cuota devengada". En este mismo sentido se pronuncian las SSAP, Barcelona, Sección 6ª, 983/2005, 9-11 (*Tol 792896*), y Madrid, Sección 17ª, 1028/2005, 31-10 (*Tol 784369*), entre otras.

Es cierto que el RD 3423/2000, de 15 de diciembre, por el que se regula la indicación de los precios de los productos ofrecidos a los consumidores y usuarios, define en su art. 2 a) el precio de venta como "el precio final de una unidad del producto o de una cantidad determinada del producto, incluidos el Impuesto sobre el Valor Añadido (IVA) y todos los demás impuestos". No obstante, esa definición, tal y como indica la norma, es a efectos de ese RD, por lo que no tiene por qué ser trasladable al concepto de "precio de venta al público" al que hace referencia el art. 365 LECrim, que, como indica el TC, sólo cumple una función probatoria del valor de la cosa sustraída a los efectos de los delitos de hurto y robo, por lo que en modo alguno va referida a los consumidores y usuarios. Desde un punto de vista teleológico, la finalidad del art. 356.2 LECrim, como reconocen el TC, la FGE y el TS es, en concordancia con el párrafo 1º, determinar el valor de la cosa. Y en la determinación de ese valor no puede incluirse el IVA ni ningún otro impuesto, pues como afirma ÁLVAREZ GARCÍA, "el citado impuesto es un gravamen cuya base imponible es el propio precio de venta al público de la cosa (además de que en caso de sustracción no se produce el hecho imponible —la venta del producto— y por tanto no surge la obligación tributaria). A pesar de estos argumentos, tras el ATC, la respuesta de la FGE y, sobre todo, el criterio interpretativo del TS, es complicado evitar la interposición de recurso por parte de la acusación contra aquellas sentencias en las que se excluye el importe del IVA del precio de venta al público de la cosa sustraída.

Cuestión distinta sería que el hurto se lleve a cabo en el propio establecimiento o a la salida de este, y tenga como objeto pasivo al particular que acaba de comprar el bien, abonando el IVA correspondiente. En ese caso el valor de la cosa será el que el sujeto pasivo ha pagado por la misma, entre el cual se incluye el IVA repercutido al cliente.

VIII. EL TIPO BÁSICO DEL HURTO. TIPO SUBJETIVO (ART. 234.1 CP)

El delito de hurto es un tipo penal de apoderamiento con enriquecimiento, en el que, junto al dolo, el tipo subjetivo exige un elemento adicional consistente en "el ánimo de lucro". A diferencia de la estafa, en la que el ánimo de lucro se entiende como "ánimo de enriquecimiento personal", tanto el TS como la Doctrina mayoritaria entienden que el ánimo de lucro en los delitos de hurto, robo y apropiación indebida equivale al ánimo de hacer la cosa como propia. El ánimo de lucro vendría a coincidir así con el ánimo de apropiación —*animus rem sibi habendi*—, lo que permite distinguir, como afirma, la STS 44/2001, 5-1 (*Tol 4932832*), "entre la apropiación, en sentido típico, y el uso".

Así, como indica GARCÍA ARÁN, la frontera entre el hurto propio y el simple uso impune radica "en el ánimo de apropiación", elemento negativo, por otra parte, del hurto de uso de vehículos de motor en cuyo tipo subjetivo se incluye "sin ánimo de haberlo como propio". La interpretación del ánimo de lucro como "ánimo de apropiación", esto es, como intención y voluntad de incorporar definitivamente la cosa al propio patrimonio se desprende, como advierten VIVES ANTÓN/GONZÁLEZ CUSSAC, a *sensu contrario*, de la comparación con el hurto de uso de vehículos de motor del art. 244 CP, "único supuesto de hurto de uso punible, en el que se requiere expresamente la ausencia de ánimo de apropiación".

Para quienes, como ZUGALDÍA ESPINAR, equiparan la conducta típica "tomar" con la de "apropiarse" de la cosa mueble, el ánimo de lucro es un elemento superfluo, ya que constituiría la esencia misma del dolo. Sin embargo, si la conducta típica se entiende como "disponibilidad, aunque sea momentánea, de la cosa sustraída", el ánimo de lucro es un elemento distinto y adicional al *dolus generalis*, ya que la conducta típica, desde un plano objetivo, no implica apropiarse definitivamente de la cosa ni su desplazamiento patrimonial. Como subraya GARCÍA ARÁN, "si se concibe el apoderamiento como el desplazamiento de la cosa con adquisición de disponibilidad sobre la misma, ello no supone todavía su incorporación al patrimonio a título de propietario puesto que éste es el contenido del ánimo de apropiación".

Una vez admitida la equiparación del ánimo de lucro con el ánimo de apropiación, queda por determinar si esa intención de hacer la cosa propia exige un enriquecimiento patrimonial del sujeto pasivo, o es suficiente con la obtención de cualquier ventaja o utilidad.

Tras un repaso de la Doctrina del TS, ÁLVAREZ GARCÍA advierte que la Jurisprudencia mayoritaria de este Tribunal se refiere al ánimo de lucro en un sentido muy amplio, "como equivalente a cualquier ventaja o utilidad". Ello, como denuncia el citado autor, además de impedir diferenciar entre el hurto propio y el hurto de uso de vehículos de motor (art. 244 CP) con base al ánimo de lucro, ampliaría el ámbito de la tipicidad del art. 234 CP hasta el hurto de uso, ampliación que resulta incompatible con el bien jurídico protegido.

En efecto, la interpretación del ánimo de lucro no puede ser tan extensa que pierda su funcionalidad, pero tampoco puede ser tan estricta que nos lleve a limitar los supuestos ánimo de lucro a aquellos en los que la intención del autor sea la de obtener un beneficio económico directo, como parecen sugerir, entre otros, GARCÍA ARÁN o SAINZ DE ROBLES.

Si el ánimo de lucro es ánimo de apropiación, lo relevante es que la intención del autor al tomar la cosa sea la de apropiársela; esto es, comportarse con respecto del bien sustraído como si fuera propio, con independencia de que ello le reporte o no un beneficio económico. Es el caso, por ejemplo, de quien hurta una famosa y valiosa obra de arte, pero no lo hace para venderla en el mercado negro, sino para colgarla en la pared de su dormitorio y poder admirarla todas las mañanas. En este supuesto, el sujeto no obtiene un valor económico de la cosa, pero la disfruta como si fuera propia; existe una apropiación duradera de la obra de arte que priva a su legítimo propietario del dominio de esta, como facultad inherente a la propiedad plena. El sujeto, al incorporar la obra de arte a su propio patrimonio —aunque sea para un uso contemplativo— está negando la propiedad ajena.

A estos efectos es indiferente que el sujeto pretenda obtener un beneficio económico directo o sólo disfrutar de la cosa como si fuera su propietario de forma duradera en el tiempo; en ambos casos el sujeto desplaza el bien del patrimonio ajeno y lo incorpora en el propio: actúa con ánimo de apropiación. Si la intención del legislador fuera la de equiparar ánimo de lucro con la intención de obtener un beneficio económico, habría modificado el art. 234 CP del mismo modo que la reforma de 2015 modificó el elemento subjetivo del tipo básico del art. 270 CP, sustituyendo el ánimo de lucro por la "obtención de un beneficio económico".

Distinto es el caso de quien toma un libro de una biblioteca ajena con la intención de devolverlo una vez que lo haya leído. En este último caso no hay ánimo de lucro, pero no porque el sujeto no haya obtenido un beneficio económico, sino porque no existe ánimo de apropiación. Se trataría, por tanto, de un supuesto de hurto de uso impune.

El ánimo de lucro, en cuanto ánimo de apropiación, tiene que ir referido a la cosa sustraída (*lucrum ex re*), con independencia de que la apropiación de la cosa le reporte al sujeto activo un beneficio económico o no, directo o indirecto. Tal sería el caso de quien se apodera del tractor de su vecino con la intención de apropiárselo de forma duradera y lo mantiene escondido en su granero, para de ese modo "obligar" al vecino endeudado, que no puede comprar otro tractor, a que le venda sus tierras. En este caso, si por ánimo de lucro se entiende ánimo de apropiación, convergen todos los elementos típicos objetivos y subjetivos del hurto. Y ello porque el elemento que caracteriza el ánimo de lucro es la intención de apropiarse del bien, que por supuesto, y en atención al bien jurídico protegido, ha de tener un valor económico. Pero la intención de obtener un beneficio económico directo o indirecto sería un elemento adicional, no exigible para apreciar el ánimo de lucro propio del hurto.

Por ello también ha de considerarse cometido un delito de hurto cuando alguien sustrae una cosa mueble, sin consentimiento de su dueño, con la intención de donárselo a un tercero. Hay hurto porque, como subraya GARCÍA ARÁN, el sujeto se apropia de la cosa y actúa respecto de ella como si fuera su propietario, ejerciendo una de las facultades del dominio como es la donación a terceros. Según la citada autora, la calificación de hurto en este caso no responde a un concepto subjetivo de lucro, sino a la razón objetiva de la incorporación de la cosa con su valor económico al patrimonio del sujeto activo y el consecuente ejercicio sobre esta de facultades propias del dominio.

Pero, desde esta perspectiva objetiva, también hay apropiación de la cosa (incorporación de la cosa con su valor económico al patrimonio del autor) y se actúa respecto de ella como propietario cuando se ejerce la facultad del goce y disfrute del bien, pues también se trata de una de las facultades del dominio pleno. Es cierto, como dice GARCÍA ARÁN anticipándose a las posibles críticas, que también ejerce facultades propias del dominio quien sustrae una cosa para destruirla, "y en tal sentido se la apropia, pese a lo cual comete un delito de daños". No obstante, y como seguidamente reconoce la autora, no son casos equiparables, pues basta la existencia del delito de daños para excluir al delito de hurto.

Lo anterior no supone desconocer que el ánimo de lucro, en cuanto ánimo de apropiación, implica un incremento patrimonial del sujeto activo con la consiguiente merma patrimonial del sujeto pasivo. Lo que se niega es que el ánimo de lucro, como ánimo de apropiación, exija la intención de obtener un beneficio económico de la cosa sustraída, más allá del incremento patrimonial que pueda suponer para el sujeto activo o para un tercero la apropiación de la cosa sustraída.

Un supuesto conflictivo puede ser el de la apropiación de una cosa mueble ajena para cobrarse una deuda. Está claro que los elementos objetivos del tipo se cumplen, y también el dolo, pero ¿existe ánimo de lucro? Tanto la Doctrina como la Jurisprudencia mayoritaria mantienen que en este caso no cabe calificar el hecho como hurto al faltar el ánimo de lucro, ya que ni el sujeto pasivo sufre una merma en su patrimonio, ni el sujeto activo se enriquece. Además, como acertadamente señala la Doctrina, si se considerara típico del hurto este comportamiento resultaría castigado con una pena más grave que el de quien lleva a cabo la misma acción, pero con violencia, intimidación o fuerza en las cosas (realización arbitraria de un derecho).

En relación a ello, la prevalencia del delito de realización arbitraria de un derecho (art. 455 CP) frente al delito de robo parece indicar que la intención del legislador es la de no considerar punible la conducta consistente en la realización arbitraria de un derecho cuando no concurran las circunstancias del art. 445 CP.

Si el ánimo de lucro es ánimo de apropiación en el sentido de apropiarse de la cosa sustraída, detrayéndola del patrimonio del deudor e incorporándola al patrimonio del acreedor, de las distintas soluciones dadas a esta cuestión parece que la más acertada la propuesta por GARCÍA ARÁN, a la que posteriormente se ha adherido una parte importante de la Doctrina: entender que, en aquellos casos en los que la deuda esté vencida y se haya hecho algún requerimiento de pago, aunque sea informal, el acreedor que se apropia de una cosa mueble del deudor de valor equivalente al de la deuda no comete delito de hurto porque no actúa con ánimo de lucro. En efecto, en este caso el sujeto actuaría con ánimo de cobrar lo adeudado, por lo que su intención no es la apropiación del bien sustraído, en el sentido de sustraerlo del patrimonio del deudor e incorporarlo en el suyo propio, sino que su intención es la de "cobrar una deuda", por lo que faltaría el ánimo de lucro. Y en todo caso, como argumenta la citada autora, mediante la apropiación no se produce un incremento del patrimonio del sujeto activo, ya que lo que ha llevado a cabo es el ejercicio de un crédito que ya formaba parte de su patrimonio.

Ahora bien, si la deuda no es todavía exigible, o el importe del bien sustraído es superior al de la deuda, sí que sería apreciable un delito de hurto. En el caso de que la deuda sea exigible, si se utiliza violencia o intimidación en las personas o fuerza en las cosas, será de aplicación el art. 455 CP.

En cuanto al dolo, dada la estructura del tipo sólo es de aplicación el dolo directo, que debe abarcar tanto la ajenidad de la cosa mueble como la falta de consentimiento del dueño. De modo que en aquellos supuestos en los que el autor del delito crea erróneamente que la cosa le pertenece, que está abandonada, o que cuenta con el consentimiento del dueño, se podrá apreciar un error de tipo, que dará lugar a la impunidad de la conducta tanto si es invencible como vencible, al no estar prevista la modalidad imprudente.

No es preciso que el dolo abarque la cuantía de lo sustraído que, tal y como tiene expresado la Jurisprudencia, sólo es relevante a efectos de penalidad. Lo que si tiene que ser abarcado por el dolo es que lo que se pretende sustraer tiene un valor económico. El hecho de que una vez realizado el hurto se compruebe que la cosa sustraída no tiene ningún valor económico o este sea insignificante, podrá lugar al castigo por tentativa inidónea, pero no afecta al desvalor de la conducta. Por tanto, como sugiere ÁLVAREZ GARCÍA, "el problema del dolo respecto del valor de la cosa hurtada debe referirse a las expectativas que tenga el sujeto teniendo en cuenta las características de la cosa".

Si la prueba del dolo, como elemento perteneciente a la esfera interna del autor, ya es una cuestión que plantea dificultades de índole procesal, la prueba de los elementos subjetivos del tipo de injusto, como es el caso del "ánimo de lucro", no resulta menos problemática. Si se analiza la Jurisprudencia del TS, se puede observar cómo en la mayoría de sus sentencias considera que, una vez probada la acción dolosa, se presupone el "ánimo de lucro". En este sentido la STS 56/2005, 20-1 (*Tol 603618*) sostiene que "la sustracción de dinero…no puede entenderse, según la experiencia general, sino como el propósito de obtener alguna clase de ventaja, utilidad o beneficio". Más explícita es la STS 400/1987, 14-3 (*Tol 2335701*), en la que expresamente se afirma que "el ánimo de lucro se presume siempre en el apoderamiento de las cosas de ajena pertenencia, salvo prueba en contrario". Es cierto, como sostiene DÍAZ PALOS, que lo frecuente en las conductas de despojo de la propiedad ajena es el ánimo de lucro, y por ello se presume *iuris tantum*, de modo que si se desvanece el presunto *animus lucrandi* desaparece el delito patrimonial.

Tal interpretación, al admitir prueba en contrario, no llega a constituir un supuesto tan amplio como el de *dolus in re ipsa*, definido por DEI MALATESTA a partir de la idea de que "...cuando un medio no corresponde sino a determinado fin criminoso, el agente no puede haberlo empleado sino para lograr ese fin". No obstante, constituye una inversión de la carga de la prueba poco respetuosa con el principio de presunción de inocencia en el ámbito penal. Como sostiene QUINTERO OLIVARES, supone "una renuncia a indagar sobre el dolo declarando su existencia a partir de la realización de la acción, lo cual, si era de difícil aceptación en los ejemplos tradicionales de *dolus in re ipsa*, es imposible cuando se trata de delitos de resultado". Es cierto que, como elemento subjetivo, la prueba del ánimo de lucro sólo puede derivarse de indicios, pero estos han de venir fundamentados en las circunstancias del hecho, las reglas de la experiencia, así como en el conocimiento de los elementos objetivos del tipo que tendría un hombre medio, sin que pueda presumirse a partir de la mera realización de la acción.

Tampoco es admisible afirmar o negar el "ánimo de lucro" en función de si la cosa sustraída tiene o no un valor económico, como hace el TS en sus Sentencias 591/2006, 29-5 (*Tol 956095*), y 929/2004, 8-7 (*Tol 483741*), al rechazar la existencia del ánimo de lucro en la sustracción de talonarios o de una tarjeta de crédito, debido a la falta de valor económico. En estos casos la conducta ha de considerarse atípica, pero no por falta de ánimo de lucro, sino por la ausencia de un elemento objetivo del tipo que determina la lesividad de la conducta para el bien jurídico, como es el valor económico de lo sustraído. Y al faltar un elemento objetivo del tipo, no es necesario llegar hasta la parte subjetiva del tipo para negar su tipicidad.

Tampoco es necesario plantearse la concurrencia o no de ánimo de lucro para declarar la inexistencia de hurto, como hace la STS 399/2005, 28-3 (*Tol 619642*), en un caso en el que que se absuelve a la acusada de dicho delito al considerar que su creencia errónea de que determinadas cosas muebles de la herencia yacente le correspondían a ella en propiedad, precisamente por excluir el ánimo de lucro, el cual se está confundiendo el dolo general del delito de hurto, referido entre otros elementos a la ajenidad de la cosa objeto de apropiación. En este caso, la conducta no es típica, pero no por inexistencia del ánimo de lucro, sino por la presencia de un error de tipo que excluye ya el dolo genérico del delito de hurto.

IX. CAUSAS DE JUSTIFICACIÓN

De entre las distintas causas de justificación previstas en el art. 20 CP, la única de posible aplicación a los delitos patrimoniales es el estado de necesidad (art. 20.5 CP), concretamente en su modalidad de “hurto famélico”. A pesar de que el CP de 1995 atenuó los requisitos exigidos para el estado de necesidad, al eliminar el elemento subjetivo “impulsado por un estado de necesidad”, las sentencias en las que se justifica el delito de hurto o robo por esta circunstancia son una excepción, y en su caso, generalmente lo que se admite es una eximente incompleta.

En las primeras sentencias del TS al respecto, se exigía que el conflicto se diese entre la propiedad y el peligro para la vida como consecuencia de la inanición. Así, por ejemplo, en la STS 474/1950, 7-12 (*Tol 4454150)* para la aplicación de la eximente de estado de necesidad a los hurtos famélicos se exigía como requisito esencial y primario “la constancia plena en los hechos probados, de que el culpable, al ejecutar el acto, se hallaba realmente en aquella situación aflictiva y angustiosa, careciendo de lo indispensable para su sustento o el de sus familiares, con grave peligro de la salud de los mismos, y después de haber agotado inútilmente las peticiones o auxilio a la beneficencia pública y caridad privada, todo ello debido a causas extrañas e independientes de su voluntad, ajenas en absoluto a vagancias y vicios”.

Contra este criterio excesivamente restrictivo se manifestaron RODRÍGUEZ DEVESA/SERRANO GÓMEZ, quienes proponían una interpretación más amplia, al entender que el conflicto no tenía que darse necesariamente entre el peligro para la vida y la propiedad, sino entre el sufrimiento causado por el hambre o el frío y la propiedad.

Posteriormente el TS ha ido suavizando su postura, de modo que ya no es necesario que el conflicto lo sea para la vida por inanición, siendo suficiente que quede probado que los bienes ajenos se toman sin la voluntad de su dueño, “para subvenir a las más primarias y perentorias necesidades humanas, tales como alimentación, vestido, habitación y asistencia médico-farmacéutica”, de forma que se considera que puede existir un conflicto entre la propiedad de los bienes ajenos y “los sufrimientos que el hambre, la desnudez, la intemperie o la enfermedad desatendida, deparen al ser humano” [STS 1788/1985, 9-12 (*Tol 5023439*)).

No obstante, y a pesar de este cambio de criterio, el problema —como subraya GARCÍA ARÁN— radica principalmente en que la comprobación de la situación de necesidad en concreto se lleva a cabo con criterios muy restrictivos. En el mismo sentido indica ÁLVAREZ GARCÍA que, a pesar de esta flexibilidad, los requisitos que establece la Jurisprudencia para la apreciación del hurto famélico como causa de justificación "vienen a impedir en la práctica la exención de responsabilidad".

Una de las últimas sentencias en las que el TS ha tenido ocasión de pronunciarse sobre esta cuestión admite la eximente incompleta (no la admite completa por exceso del mal causado) en un supuesto de hurto famélico al considerar que la "inevitabilidad" propia del estado de necesidad ha de interpretarse en estos casos con una cierta flexibilidad, "pues el recurso subsidiario de acudir a la beneficencia pública o privada no siempre será factible por la urgencia del caso, lugar en que ocurra la necesidad, crisis económica que dificulta tal recurso, etc." [STS 20-03-1991 (*Tol 2431861*)].

No obstante, en su sentencia de 13-6-1991 (*Tol 2423258*), el TS introduce un criterio de política criminal para reducir la estimación del hurto famélico o miserable como estado de necesidad, al advertir "que en estos supuestos si se aplicara la pretendida exención plena, dado el carácter más o menos continuado en el tiempo de la necesidad a que se quiere atender, se estaría consagrando una impunidad de carácter permanente, incompatible con la propia finalidad preventiva que al Derecho Penal corresponde como medio para disuadir al ciudadano respecto de la realización de aquellos hechos que por su gravedad el legislador incluye entre los que han de ser castigados como punibles".

Por otra parte, del análisis de la Jurisprudencia menor de los últimos años se deduce que son principalmente dos los motivos que se alegan para no apreciar la eximente ni siquiera de forma incompleta: que los bienes (principalmente alimentos) sustraídos no son estrictamente de primera necesidad; y, sobre todo, el hecho de que actualmente existen recursos sociales como ONGs, comedores sociales o bancos de alimentos en lo que poder satisfacer las necesidades más básicas sin necesidad de cometer un ilícito penal.

En este sentido de no apreciar la concurrencia de la circunstancia de estado de necesidad en supuestos en los que alega el hurto famélico se han pronunciado, entre otras, la SSAP, Madrid, Sección 15ª, 266/2023, 23-5 (*Tol 9662202*), y SAP, Asturias, Sección 3ª, 73/2023, 7-2 (*Tol 9439372*): Según esta última, "en el supuesto de que se encontrara necesitado el denunciado pudo acudir a las instituciones de ayuda social a fin de procurarse el alimento…". La SAP, Ciudad Real, Sección 2ª, 4/2014, 9-1 (*Tol 4079742*), llega a afirmar que "aun quedando —afortunadamente— distantes los tiempos en los que, para la operancia de esta circunstancia —como eximente o como atenuante— se exigía un previo y penoso peregrinar en demanda de auxilio por establecimientos, públicos y privados, de beneficencia, así como que se probara que constituía, la penuria, un peligro inminente para la vida, hallándose, el necesitado, al borde de perecer por inanición… la jurisprudencia actual exige para la estimación de esta modalidad de estado de necesidad: realidad, gravedad e inminencia del mal; que se actúe a instancias o impulsos del estado de precariedad, penuria o indigencia en que se halle el sujeto activo o su familia; que no se trate de mera estrechez económica, más o menos agobiante; que se pruebe que se han agotado todos los recursos que, en la esfera personal, profesional y familiar, podía utilizar; que no haya otra solución que la de proceder de modo antijurídico; y que, las cosas o bienes obtenidos, sean aplicados a la satisfacción de las necesidades primarias del reo o las de su familia, sin que se haya tomado más de lo estrictamente indispensable".

Especialmente críticos a esta exigencia de acudir a la beneficencia para poder estimar la causa de justificación se muestran VIVES ANTÓN/GONZÁLEZ CUSSAC, quienes proponen que en estos casos se aplique al menos la eximente como causa de exculpación.

El estado de necesidad en el hurto se ha alegado también en supuestos de crisis de abstinencia a las drogas, al entenderse equiparable al hurto famélico en cuanto que tanto la inanición como la abstinencia causan una perturbación psicológica en el sujeto que disminuye su inteligencia con reducción considerable del dominio o control ejercido sobre las resoluciones de su voluntad.

El TS niega dicha posibilidad, afirmando que "una solución permisiva y exonerativa favorablemente enjuiciadora, conduciría irremisiblemente a la concesión a los drogadictos de una patente de impunidad de nefastas consecuencias para la sociedad y, por otra, ese característico círculo vicioso o de noria —ingestión de sustancia estupefaciente, efectos consecutivos, breve lapso de normalidad, crisis de abstinencia, infracción delictiva para conseguir la droga o el dinero para adquirirla, nuevo consumo de la misma y así sucesivamente— si no cae de lleno en la doctrina de las *actiones liberae in causa* se halla muy próximo a ella, pues el drogadicto sabe que se le van a presentar, una y otra vez, los estados carenciales y, a pesar de ello, lejos de acudir a los medios adecuados de desintoxicación, prefiere escudarse en una inimputabilidad que él mismo ha provocado" [STS 1082/1982, 16-9 (*Tol 2309637)*].

Con independencia de que se pueda estar más o menos de acuerdo con los argumentos del TS —más político-criminales que dogmáticos—, lo cierto es que ya desde el primer momento hay un error de planteamiento, pues a diferencia de la abstinencia, el hurto famélico no afecta al dominio o voluntad del sujeto activo, sino a la necesidad de satisfacer una necesidad vital. Es cierto que, para el consumidor de droga, su consumo es también una necesidad "vital", y que ello le puede llevar a una situación de trastorno mental transitorio u otra situación que puede afectar a su plena capacidad de imputabilidad, pero en modo alguno a justificar el delito cometido.

X. CULPABILIDAD

Entre las principales causas de exclusión de la culpabilidad que se pueden considerar en el delito de hurto se encuentran la adicción a las drogas u otros estupefacientes y otras conductas adictivas como la adicción al juego. A estos dos supuestos habría que añadir el de la cleptomanía.

Según la Jurisprudencia del TS [SSTS 493/2000, 25-2 (*Tol 3482614*); 992/1999, 19-6 (*Tol 5150920*); 1374/2002, 18-7 (*Tol 4926384*), y 1351/2003, 16-10 (*Tol 4977678*)], la drogadicción puede originar:

a) La exención completa en los supuestos excepcionales de extraordinaria dependencia psíquica o física del sujeto que produzca la total eliminación de sus facultades de inhibición.

b) La exención incompleta en los casos ordinarios de toxifrenias que deterioran de modo considerable las facultades cognoscitivas o volitivas del sujeto.

c) Cuando la incidencia de la adicción sobre el conocimiento y la voluntad del agente es más bien escasa, sea porque se trate de sustancias de efectos menos devastadores, sea por la menor antigüedad o intensidad de la adicción, lo procedente es la aplicación de la atenuante analógica sin que sea aconsejable recurrir a la atenuante muy cualificada, pues los supuestos de especial intensidad que pudieran justificarla tienen un encaje más adecuado en la eximente incompleta.

Como causa de exención, la relevancia de la drogadicción descansa en la concurrencia de dos condiciones necesarias:

a) La existencia de un síndrome de abstinencia resultante de falta de la sustancia a la que se es adicto (eximente del art. 20.2 CP); o en el deterioro psicoorgánico que haya provocado la adicción, provocando un verdadero y crónico deterioro mental (eximente del art. 20.1 CP).

b) Que por alguna de esas causas el sujeto no disponga de la capacidad para comprender la ilicitud del hecho o para actuar conforme a esa comprensión (arts. 20.1 y 20.2 CP). En ese caso, si la carencia es plena o total dará lugar a la exención de la responsabilidad penal. Si la carencia es parcial pero grave, es decir, se trata de una alteración que, sin ser absoluta, es de una especial intensidad y gravedad, será de aplicación la eximente incompleta del art. 21.1 CP.

En caso de no darse esas circunstancias, todavía podrá apreciarse como atenuante ordinaria en los supuestos de alteración leve o ligera de las facultades cognoscitiva o volitiva del sujeto. En estos casos no es preciso acudir a la atenuante por analogía (art. 21.7 CP), ya que la atenuante establecida en el art. 21.2 CP recoge expresamente que el culpable haya actuado por su grave adicción a las sustancias previstas en el art. 20.2 CP.

La aplicación de la atenuante exige la concurrencia de dos requisitos: que la adicción sea grave y exista relación causal o motivacional entre esa dependencia y la comisión del delito. En este sentido, el TS ha sostenido en múltiples precedentes que la drogadicción por sí misma carece de efectos atenuantes propios si no se dan estos requisitos en el momento de la comisión del hecho delictivo [STS 1793/1999, 22-12 (*Tol 51315*)].

Por último, y sobre todo en el caso de hurtos reincidentes principalmente en establecimientos públicos, "la cleptomanía, en supuestos de excepcional gravedad puede dar lugar a la apreciación de una eximente completa o incompleta cuando pericialmente se acredite fuera de toda duda una anulación absoluta o cuasi absoluta de la capacidad de raciocinio o voluntad del acusado" [STS 569/2012, 27-6 (*Tol 2596025*)]. Se entiende que, en aquellos supuestos que no sean de especial gravedad, pero disminuyan la capacidad racional o volitiva del individuo, podrá ser de aplicación la atenuante analógica del art. 21.7 CP con relación a la atenuante prevista en el art. 21.2 CP.

> El DSM-5 clasifica la cleptomanía en la categoría "Trastornos disruptivos, del control de los impulsos y de la conducta" y es definida como "un fracaso recurrente para resistir el impulso de robar objetos que no son necesarios para uso personal ni por su valor monetario", que implica "aumento de la sensación de tensión inmediatamente antes de cometer el robo; placer, gratificación o alivio en el momento de cometerlo".

En el caso de la ludopatía, clasificada por el DSM-5 dentro de los "trastornos relacionados con sustancias y trastornos adictivos", la respuesta penal ha de ser la misma que la propuesta para los supuestos de cleptomanía.

XI. AUTORÍA Y PARTICIPACIÓN

Advierte GÓMEZ BENÍTEZ que "la necesidad inicial de diferenciar al autor del partícipe ha quedado muy desdibujada al haberse recurrido con gran frecuencia a criterios estrictamente causales para definir la autoría, y subjetivos para delimitar la participación respecto a aquella".

En materia de autoría y participación nos encontramos, como pone de relieve MUÑOZ CLARES, ante "una situación insostenible", consecuencia de los problemas que plantea una "Jurisprudencia errática" que, de espaldas a la Doctrina, "ha convertido la autoría y la cooperación en un todo soldado", lo que imposibilita la necesaria diferencia conceptual entre coautor y cooperador necesario, y lo que es más grave, no establece pautas claras o regulares para distinguir entre la autoría, los supuestos asimilados a esta y la mera complicidad en el delito. Esta discordancia jurisprudencial, advierte el citado autor —con el que se está plenamente de acuerdo— afectan de pleno a los principios de seguridad jurídica y de legalidad, ya que la no establecerse unas pautas claras y regulares sobre las consecuencias jurídicas de una acción determinada, "el arbitrio desplegado por el aplicador de la ley deviene en pura arbitrariedad, corriendo suertes muy distintas los reos según la Sala y el magistrado llamado a resolver su caso".

Y es que un simple acercamiento a la Jurisprudencia del TS sobre esta cuestión, por no hablar de la Jurisprudencia menor, permite comprobar que se califica una misma conducta, como puede ser la de vigilancia, indistintamente como de cooperación necesaria o coautoría [*cfr.* SSTS 27-9-1986 (*Tol 2324525*), 16-2-1987 (*Tol 2329577*), 31-3-1987 (*Tol 2332787*), 12-2-1988 (*Tol 2359687*), 26-3-1988 (*Tol 2351555*), 19-4-1988 (*Tol 2354520*), 2-4-1990 (*Tol 2392003*), y 736/2001, 7-5 (*Tol 4925640*)], asimilando lo que es una forma de participación en el hecho ajeno con la realización conjunta del hecho propio.

Es cierto que la cooperación necesaria se equipara legalmente en cuanto a la pena a la autoría, y por tanto a la coautoría, pero dogmáticamente la distinción es importante a efectos de la accesoriedad limitada de la participación. Todas las resoluciones judiciales mencionadas, pero especialmente la STS 736/2001, 7-5 (*Tol 4925640*), además de pasar por alto que el art. 28 CP dice expresamente "también se consideraran autores..." (lo que implica que ni el cooperador necesario ni el inductor lo son en términos estrictos), utilizan como argumento para considerar autor al cooperador necesario "que una vez admitido el autor mediato, que no realiza la acción típica personalmente, sino por medio de otro, no cabe duda de que la realización del verbo típico no es una condición esencial de la autoría y, consiguientemente, que es posible también ser coautor de un robo sin ejecutar las acciones del núcleo del tipo penal". Tal argumento no solo impide delimitar los contornos de la figura del cooperador necesario, sino que contribuye a dificultar la distinción entre la autoría y la participación.

En otras sentencias, sin embargo, se califica al vigilante como cómplice, al no ser determinante su cooperación en la ejecución del delito, pues de todos modos el delito se habría cometido sin su participación, o bien se dice que no tiene el dominio del hecho. También la conducta consistente en ayudar en la huida es calificada alternativamente de coautoría, cooperación necesaria o complicidad, en atención a la tesis *ad hoc* utilizada por el tribunal para determinar la delimitación entre las distintas figuras.

La incongruencia es tal que algunas sentencias, como la STS 21-2-2003 (*Tol 265633*), utilizan indistintamente las tres tesis mayoritarias elaboradas por la Doctrina en materia de autoría y participación (teoría del dominio del hecho, teoría de la *conditio sine qua non* y teoría de los bienes escasos) para determinar el grado de participación del acusado. De modo que la conducta se califica como de coautoría o de cooperación necesaria (términos utilizados indistintamente en la sentencia) si se cumplen los requisitos previstos por alguna de las tres tesis expuestas, sin tener en cuenta el marco en el que se desarrolla dogmáticamente cada una de ellas.

Desde una posición más cercana la teoría objetivo-formal, en algunos de sus pronunciamientos el TS requiere inexcusablemente una contribución material al hecho para apreciar la autoría o la coautoría. Así, en su ATS 1/3/2000 (*Tol*

440273) exige "que todos aporten durante la fase de ejecución un elemento esencial para la realización del propósito común", es decir, que se lleve a cabo una (co)ejecución o (co)realización de los actos ejecutivos, sin clarificar cuál es la línea que separa la autoría de la cooperación necesaria, y, sobre todo, qué es lo que se considera esencial y no esencial, a efectos de distinguir entre cooperación necesaria y complicidad.

Como acertadamente indica MUÑOZ CLARES, es preciso establecer unas reglas medianamente claras para diferenciar entre autoría, cooperación necesaria y complicidad en los delitos patrimoniales.

Frente a las tesis que defienden un concepto unitario de autor, apenas presentes en la Doctrina, pero sí en la Jurisprudencia, el concepto restrictivo de la autoría defendido por la tesis objetivo-formal mantiene que sólo es autor quien realiza total o parcialmente la acción típica. El problema, como advierte DÍAZ Y GARCÍA-CONLLEDO, es que las tesis objetivo-formales no ofrecen un criterio material para determinar en qué consiste "realizar el tipo", especialmente en los delitos de resultado, como es el caso del hurto. Y ello aunque se reconozca que no cualquier contribución causal al resultado constituye dicha realización.

En mi opinión, ese problema queda resuelto con la tesis de la determinación objetiva y positiva del hecho propuesta por LUZÓN PEÑA y ampliamente desarrollada por DÍAZ Y GARCÍA-CONLLEDO, en función de la cual las notas características de un concepto de autor serían "la realización por el sujeto del tipo de la parte especial y como criterio material que concreta el anterior, la posesión por el sujeto del dominio o determinación del hecho", dominio o determinación del hecho tiene que ser objetivo y positivo. En un sentido similar, aunque con matices, DÍEZ RIPOLLÉS considera como elementos clave de la autoría el "acceso al tipo" y el "control del suceso típico", que se concretarían en el "dominio objetivo del suceso".

A partir de esta concepción, serán autores de hurto quienes realicen el tipo del art. 234 CP decidiendo de forma objetiva y positiva el sí y el cómo de la conducta típica. En el caso del hurto será autor, desde una perspectiva formal y material, quien "toma" la cosa ajena. Y ello con independencia de que para responder jurídico penalmente como autor sea preciso que el sujeto lleve a cabo la acción típica con dolo y ánimo de lucro. Así, quien toma la cosa ajena creyendo que le pertenece es autor en sentido objetivo y material, pero no responde jurídico penalmente como tal porque no actúa con dolo (incurre en un supuesto de error de tipo).

Estaríamos ante un supuesto de coautoría cuando la realización conjunta de la acción típica se lleve a cabo por más de un sujeto, lo que, según DÍAZ Y GARCÍA-CONLLEDO, se concreta en los delitos puramente resultativos mediante el criterio de la "determinación positiva conjunta del hecho". Su apreciación requiere un acuerdo o plan común y la realización conjunta "de la acción típica", sin que sea suficiente, como defiende ROXIN, con un "dominio funcional del hecho" consistente en el "poder desbaratar el plan común con sólo retirar la contribución propia". Así, para ROXIN, el empleado de una joyería que, de acuerdo con una banda de ladrones, deja la puerta de la joyería abierta y no conecta las alarmas sería coautor porque tiene el dominio funcional del hecho; bastaba con que hubiese dejado la puerta cerrada para desbaratar el plan. Ello amplía la figura de la coautoría a supuestos de contribución esencial en los que no se tiene un dominio positivo del hecho pues, como indican GIMBERNAT ORDEIG o LUZÓN PEÑA, el dominio que confiere cualquier contribución esencial es puramente negativo, por lo que con su actuación no puede decidir positivamente que el hecho se produzca.

Serían coautores, sin embargo, quienes de acuerdo con un plan previo y conociendo que el vecino nunca cierra la puerta con llave, entran en casa de este, y cada uno de ellos toma parte del botín. Aunque es cierto que, como alega ROXIN en contra de la tesis defendida por LUZÓN PEÑA/DÍAZ Y GARCÍA-CONLLEDO, cada uno de los que toman una cosa ya sería autor individual, replica DÍAZ Y GARCÍA-CONLLEDO que la existencia del plan común y el reparto de tareas los convierte en coautores del conjunto del hurto (de todas las cosas), lo cual es relevante a efectos de la determinación del valor de la cosa sustraída y, por tanto, de la pena a imponer.

Según el art. 28 CP, son autores mediatos quienes realizan el hecho por medio de otro del que se sirven de instrumento. En el supuesto de que A con ánimo de lucro induzca a error a B para que tome la cosa y se la entregue (por ejemplo, porque le dice que la cosa es suya y le pide que se la traiga), LUZÓN PEÑA/DÍAZ Y GARCÍA-CONLLEDO considerarían que la conducta de A es de participación mediata, pues la acción que realiza el instrumento es la acción de tomar, la acción típica. Frente a esta solución, entiendo que quien realiza objetiva y positivamente el hecho por medio de otro es autor mediato, aunque quien lleva a cabo la conducta típica sea el instrumento. Y ello porque el propio CP establece expresamente que es autor quien realiza el hecho (típico) por medio de otro que actúa como instrumento. A realiza la acción típica y es autor porque es quien tiene el dominio objetivo y positivo del hecho típico "tomar" que ejecuta mediante B, al que utiliza como mero instrumento.

Una vez determinados quiénes son autores o coautores, serán partícipes todos los que, sin ser autores conforme a los establecido anteriormente, contribuyan a la realización del hecho típico del autor. Como se sabe, son formas de participación la inducción, la cooperación necesaria y la complicidad.

Delimitada la autoría, y sin que la inducción plantee ninguna problemática digna de subrayar en el delito de hurto, la cuestión se ha de centrar en la distinción entre cooperación necesaria (castigada con la pena de la autoría) y la complicidad (a la que corresponde una pena menor).

A fin de evitar el elemento hipotético de otras tesis, como la de la necesidad o la de la naturaleza insustituible de la acción, un sector doctrinal cada vez más mayoritario sigue la teoría de los bienes y actividades escasos propuesta por GIMBERNAT ORDEIG, según la cual "es cooperador necesario quien contribuye al hecho del autor con un bien o actividad escasa". Al respecto, resulta interesante la concepción de LÓPEZ PEREGRÍN, que considera cooperador necesario a quien, sin realizar actos típicos, incrementa *ex ante* sustancialmente el riesgo de lesión o puesta en peligro del bien jurídico por parte del autor, de forma que al retirar su aportación pueda desbaratar el plan delictivo, siempre que *ex post* resulte causal para el resultado. El cooperador necesario tendría por tanto un dominio negativo del hecho (y no positivo como el autor), dominio que se establece a partir de la teoría de los bienes y actividades escasos. No obstante, el problema de la tesis defendida por esta autora es que, al igual que ROXIN, el dominio negativo llevado a cabo en fase ejecutiva se considera un supuesto de coautoría y no de cooperación necesaria. En mi opinión, y en contra de los partidarios del dominio funcional del hecho, lleva razón DIAZ Y GARCÍA-CONLLEDO cuando afirma que "las contribuciones constitutivas de cooperación necesaria y de complicidad pueden prestarse tanto durante la fase preparatoria como durante la ejecutiva.

De lo anterior se puede inferir que será cooperador necesario aquél o aquellos que *ex ante* o en fase ejecutiva tengan el dominio negativo del hecho; esto es, aporten bienes o actividades esenciales al hecho típico cuya retirada pueda desbaratar el plan del autor. Será cómplice, por el contrario, aquél cuya aportación haya tenido alguna influencia en el hecho del autor, pero sin llegar a tener el dominio negativo del hecho. Para determinar quién tiene o no el dominio negativo del hecho habría que acudir a esencialidad de la contribución, que puede valorarse tanto por el criterio de la escasez propuesto por GIMBERNAT ORDEIG, como por el que propugna entender que la cooperación será necesaria cuando, "aun no siendo esencial en sí misma es tenida como tal por el autor o los autores, de modo que condicione su actuación a que se preste la citada aportación" (DIAZ Y GARCÍA-CONLLEDO).

Lo anterior puede ilustrarse con un ejemplo: A, único empleado de una joyería, se pone de acuerdo con B y C. para dejar la puerta de la joyería abierta y las alarmas desconectadas a fin de que puedan entrar en el establecimiento y llevarse las joyas. B y C. contactan con D. para que vigile mientras están en la joyería. En este caso, A es cooperador necesario, pues tiene un dominio negativo del hecho ya que si cierra la puerta y conecta las alarmas desbarata el plan delictivo. No es coautor, porque no tiene un dominio objetivo y positivo del hecho. B y C. son coautores, tienen el dominio objetivo y positivo del hecho y realizan la acción típica. En cuanto a D., el vigilante, según GIMBERNAT ORDEIG, es cómplice cuando únicamente aporte un fortalecimiento de la decisión delictiva ya adoptada, mientras que, si la vigilancia tiene influencia causal sobre el resultado, ya sea reforzando meramente la decisión ya tomada o decidiendo al delincuente a llevar a cabo la acción, constituirá cooperación necesaria (en el mismo sentido DIAZ Y GARCÍA-CONLLEDO).

XII. *ITER CRIMINIS*

Al tratarse de un delito de resultado es posible la tentativa, tanto acabada como inacabada. Los actos preparatorios han de considerarse no punibles en el delito de hurto, en virtud de los dispuesto en el art. 269 CP.

Según la STS 526/2019, 3-10 (*Tol 7569541)*, "Es reiterada jurisprudencia la que recuerda los distintos momentos de consumación en los delitos patrimoniales: a) la "*contrectatio*" que supone el contacto o tocamiento de la cosa; b) la "*aprehenssio*", o aprehensión de la cosa; c) la "*ablatio*", que implica la separación de la cosa del lugar donde se halla; y d) la "*illatio*", que significa el traslado de la "res furtiva" a un lugar que permite la disponibilidad de la misma (SSTS. 2530/2001 de 18 de abril de 2002, 1502/2003 de 14 de noviembre); no se consuma el robo con la mera aprehensión de la cosa (*contrectatio*) ni con el hecho de separarla de la posesión material del ofendido (*ablatio*), sino cuando el sujeto agente obtiene la disponibilidad de la cosa (*illatio*), siquiera sea potencialmente, aunque no se llegue a disponer de ella de manera efectiva porque así obtiene la facultad esencial del dominio, siquiera sea durante un lapso temporal breve".

El TS, como establece en su Sentencia 96/2022, 9-2 (*Tol 8800650)*, ha optado por el criterio de la *illatio* para distinguir entre el delito consumado e intentado, tanto en el delito de robo como en el de hurto. La consumación exige, pues, "la apropiación del bien expoliado, que pasa a estar fuera del control y disposición de su legítimo titular, para entrar en otro control, en que impera la iniciativa y autonomía decisoria del aprehensor". Habrá consumación cuando el autor ha podido huir con el objeto del hurto en su poder, abandonando el lugar dentro del cual era posible considerar que la cosa todavía podía obrar en el ámbito de la custodia del sujeto pasivo. Cuando, pese a la aprehensión de la cosa por el sujeto, este es sorprendido *in fraganti*, o perseguido inmediatamente después de realizado el hecho hasta darle alcance, no se ha traspasado el área característica de la de la tentativa, aunque el delito se consuma cuando el infractor ha tenido la libre disponibilidad, siquiera sea de modo momentáneo, fugaz y de breve duración. Tal disponibilidad se alcanza si la persecución se interrumpe, y el autor del hurto es perdido de vista durante algún tiempo.

El art. 62 CP prevé para los autores de tentativa de delito la pena inferior en uno o dos grados a la señalada en la ley para el delito consumado, atendiendo al grado de ejecución alcanzado. Este precepto distingue, pues, a efectos de pena entre tentativa acabada (pena inferior en grado) y tentativa inacabada (pena inferior en dos grados). Conforme a la clasificación jurisprudencial de la consumación de los delitos patrimoniales, se entiende que habrá tentativa inacabada cuando se produce la *aprehenssio* o aprehensión de la cosa; y tentativa acabada en los supuestos de *ablatio*, que implica la separación de la cosa del lugar donde se halla.

Según PÉREZ MANZANO, el inicio de la acción ejecutiva comenzaría con la mera *contrectatio* o tocar la cosa, supuesto que según la citada autora habría de calificar como de tentativa inacabada, mientras que la tentativa acabada culminaría con la *ablatio*. En mi opinión, y en la medida en que el legislador ha decidido expresamente no penalizar los actos preparatorios en el delito de hurto, es necesario exigir algo más que entrar en contacto físico con la cosa para poder hablar de tentativa. El verbo típico es "tomar", y el simple hecho de tocar la cosa mueble no supone siempre la realización de un acto externo que objetivamente debería producir el resultado, tal y como exige el art. 16 CP; para que den comienzo los actos ejecutivos es preciso, como señala YAÑEZ, que exista al menos "la ruptura, quiebre o vulneración de un hito posesorio o resguardo", como, por ejemplo, podría ser introducir la mano en el bolsillo del afectado en el que lleva la cartera o abrir la cremallera del bolso.

Habrá delito imposible o tentativa inidónea en aquellos casos en los que el delito no pueda consumarse por inexistencia del objeto, aunque si lo que se trata es de un objeto diferente al previsto por el delincuente el hecho será punible. Así, se cometería un delito imposible, por ejemplo, si al entrar el sujeto en el camión de donde debía sustraer las mercancías, estas no habían sido todavía cargadas. También habría delito imposible o tentativa inidónea cuando el sujeto utiliza medios no idóneos para conseguir el resultado, como el caso de quien pretende utilizar la fuerza mental para trasladar la cosa a su dominio. Cuestión distinta es que el camión esté lleno de cajas que el sujeto sustrae en la creencia de que están cargadas con la mercancía, resultando que, una vez transportadas s a una nave de su propiedad, al abrirlas comprueba que su contenido es papel inservible. En este caso se estaría ante una tentativa idónea de delito de hurto, pues el sujeto ha realizado todo o parte de los hechos típicos, pero no se ha consumado porque la cosa hurtada carece de valor económico.

XIII. EL DELITO CONTINUADO DE HURTO

1. *Particularidades de la continuidad delictiva en el delito de hurto*

Como infracción penal patrimonial, al hurto le es de aplicación el delito continuado previsto en el art. 74 CP. Con anterioridad a la reforma llevada a cabo por la LO 1/2015 de 30 de marzo, el inciso segundo del art. 234 CP castigaba con la pena del delito menos grave a quien en el plazo de un año realizara la falta del art. 623.1 CP, siempre que el montante total de lo sustraído fuera superior a 400 euros. Se trataba de una fórmula específica de delito continuado, por lo que, como acertadamente manifestaba la Doctrina, era incompatible con la aplicación del art. 74 CP, en virtud del principio *non bis in idem*.

> La LO 1/2015 de 30 de marzo, que supuso la desaparición de las faltas, incluyó un segundo párrafo en el art. 234 CP, por el que se castigaba como delito leve de hurto la falta prevista en el derogado art. 623.1 CP. En este caso no existía ninguna incompatibilidad entre los arts. 234.2 y 74 CP.

El art. 234.2 CP fue modificado de nuevo por la LO 9/2022 de 28 de julio, castigando con la pena del delito menos grave del art. 234.1 CP cuando "el culpable hubiera sido condenado ejecutoriamente al menos por tres delitos comprendidos en este Título, aunque sean de carácter leve, siempre que sean de la misma naturaleza y que el montante acumulado de las infracciones sea superior a 400 €". Como puede observarse, la situación cambia con respecto a la prevista antes de la reforma de 2015, ya que ahora la agravación no tiene su fundamento en la continuidad delictiva, sino en la multirreincidencia del sujeto activo. Por tanto, la incompatibilidad del inciso final del art. 234.2 CP se presentará con respecto a la agravante genérica de reincidencia y al tipo agravado del art. 235.7 CP. Ahora bien, ante la existencia de varios delitos que todavía no han sido objeto de condena no sería de aplicación el inciso final del art. 234.2 CP, por lo que podría devenir en aplicación la continuidad delictiva prevista en el art. 74 CP. Esto puede dar lugar a situaciones diversas:

a) Responsable de varios delitos de hurto (menos grave o leve) en continuidad delictiva, sin que haya sido condenado ejecutoriamente por, al menos, tres delitos de hurto con montante conjunto superior a 400 euros:

- Si todos los delitos en continuidad delictiva son delitos menos graves, será aplicable un delito continuado menos grave de hurto de los arts. 234.1 y 74 CP. En caso de que no sea de aplicación el inciso segundo del art. 74.2 CP (modalidad agravada del delito continuado, o delito masa: pena superior en uno o dos grados, si el hecho revistiere notoria gravedad y hubiere perjudicado a una generalidad de personas), se impondrá la mitad superior de la pena prevista en el art. 234.1 CP.
- Si todas las infracciones en continuidad delictiva son delitos leves, será aplicable un delito continuado leve de hurto de los arts. 234.2 y 74 CP. En caso de que no sea de aplicación el inciso segundo del art. 74.2 CP, se impondrá la mitad superior de la pena prevista en el inciso primero del art. 234.2 CP. No obstante, según la Circular 1/2022, de 12 de diciembre de la FGE, si el importe conjunto de lo sustraído supera los 400 euros la calificación jurídica sería de delito continuado menos grave de hurto de los arts. 234.1 y 74.2 CP. En contra de esta interpretación, entiendo que cuando todos los delitos en continuidad delictiva sean leves, el precepto de referencia para el delito continuado es el 234.2, inciso primero, CP con independencia del

valor conjunto de lo sustraído, ya que de aceptar la posición de la Fiscalía se estaría transmutando dos o más delitos leves en un delito continuado menos grave, excediéndose del alcance del art. 74 CP. Además, ello daría lugar a una infracción del principio *non bis in idem*, pues por la vía del delito continuado se castigarían conductas constitutivas de delito leve con la pena del delito menos grave, junto con la agravación propia de la continuidad delictiva (*cfr.* RODRÍGUEZ CENTENO).

– En el caso de que los delitos en continuidad delictiva sean tanto leves como menos graves (y el hecho no constituya un delito masa), será de aplicación el art. 234.1 y 74.1 CP, ya que deberá imponerse la pena del delito más grave (234.1 CP) en su mitad superior.

b) Responsable de varios delitos de hurto (menos graves o leves) en continuidad delictiva, cuando el sujeto haya sido condenado ejecutoriamente por, al menos, tres delitos de hurto con montante conjunto superior a 400 euros:

– Si todos los delitos cometidos en continuidad delictiva son menos graves, serán de aplicación los arts. 234.1 y 74 CP, con independencia de que pueda aplicarse, en su caso, la agravante de reincidencia prevista en el art. 22.8 CP, cuando concurrieran los presupuestos para ello.

– Si todos los delitos cometidos en continuidad delictiva son leves, serán de aplicación los arts. 234.2 inciso segundo y 74 CP, sin que pueda aplicarse la agravante de reincidencia prevista en el art. 22.8 CP. Aunque en este caso no tiene relevancia práctica en cuanto que la pena es la misma, se rechaza la posición de la FGE que considera de aplicación en este caso un delito del art. 234.1 CP y 74 CP cuando el montante conjunto de lo sustraído sea superior a 400 euros, por las razones expuestas anteriormente.

– En el caso de que los delitos cometidos en continuidad delictiva sean menos graves y leves, serán de aplicación los arts. 234.1 y 74 CP. En caso de que no sea de aplicación el inciso segundo del art. 74.2 CP (delito masa) se impondrá la mitad superior de la pena prevista en el art. 234.1. La agravante de reincidencia prevista en el art. 22.8 CP sólo sería de aplicación, en caso de concurrir los presupuestos para ello, si entre los delitos en continuidad delictiva dos o más son delitos menos graves.

2. *La unidad de acción en el delito continuado de hurto*

A la luz de lo dispuesto en el art. 74 CP, la Jurisprudencia exige, como primer requisito, una pluralidad de acciones u omisiones que individualmente contempladas pudieran constituir infracciones independientes. Ello nos lleva a la necesidad de determinar los criterios que permiten delimitar entre la pluralidad de acciones y la unidad de acción, pues solo en el primer caso se cumplirá el primero de los requisitos exigidos para la apreciación de un delito continuado.

El problema se plantea porque la Jurisprudencia oscila entre un concepto de unidad natural de acción y un concepto normativo de unidad típica de acción. En el primer caso, para afirmar existencia de unidad de acción la Jurisprudencia exige que todos los actos estén vinculados espacial y temporalmente, que concurra un único dolo y que se dé la identificación en la tipología delictiva [SSTS 7-5-1999 (*Tol 151133)*, 26-10-2001 (*Tol 4964109)*, 29-7-2002 (*Tol 1551737)*, 16-7-2003 (*Tol 4921204)*, 24-9-2004 (*Tol 501602)*, 11-5-2006 (*Tol 942-260*), 20-12-2006 (*Tol 1026950)*, 24-2-2009 (*Tol 1463032)*, y 7-10-2014 (*Tol 4525400)*].

El concepto normativo de la acción típica, sin embargo, atiende sustancialmente al precepto infringido y al bien jurídico protegido, de modo que la acción se consuma cuando se alcanza el resultado previsto por la norma, cualesquiera que sean los hechos naturales (únicos o plurales) que requiera tal infracción para que se produzca en el mundo real [SSTS 348/2004, 18-3 (*Tol 365597*); 1277/2005, 10-11 (*Tol 765940)*; 566/2006, 9-5 (*Tol 956090)*, y 291/2008, 12-5 (*Tol 1330993)*].

En el caso del delito de hurto, la Jurisprudencia viene aplicando el criterio de la unidad natural de acción, pues esta modalidad es la que se viene aplicando a los delitos contra la libertad sexual, y sería una contradicción que emplease un criterio más restrictivo en delitos en los que se tutelan bienes jurídicos de índole material, como es el caso del delito de daños.

Así, cuando los hechos albergan una unidad espacial y una estrechez o inmediatez temporal, la Jurisprudencia viene apreciando un único supuesto fáctico subsumible en un tipo penal [SSTS 566/2006, 9-5 (*Tol 956090*), y 291/2008, 12-5 (*Tol 330993*), entre otras]. Por el contrario, cuando los diferentes actos no presentan la inmediatez y proximidad propias de la unidad natural de acción subsumibles en un solo tipo penal, pero tampoco alcanzan la autonomía fáctica propia del concurso de delitos, ha de acudirse a la figura intermedia del delito continuado.

XIV. EL TIPO ATENUADO DE HURTO (ART. 234.2, INCISO 1º, CP)

El inciso primero del art. 234.2 CP tipifica como delito leve la anterior falta de hurto prevista en el derogado art. 623.1 CP. La diferencia fundamental es la pena, que en la falta era localización permanente de cuatro a doce días o multa de uno a dos meses, mientras que en delito leve es de uno a tres meses de multa.

Pero, además, al pasar a ser delito le son de aplicación los supuestos agravados del art. 235 CP, excepto el 235.1.7 CP, ya que en caso de reiteración delictiva será de aplicación preferente el inciso segundo del mismo artículo.

A diferencia de las faltas, los delitos leves generan antecedentes penales conforme al art. 136.1.a) CP, en el que se mantiene el plazo de seis meses sin delinquir de nuevo para obtener el reconocimiento del derecho a la cancelación de dichos antecedentes penales.

Con respecto a la suspensión de la pena, el art. 80.2.1 CP establece que no se tendrán en cuenta las anteriores condenas por delitos imprudentes o por delitos leves, aunque se podrá revocar la suspensión cuando el penado "sea condenado por un delito cometido durante el período de suspensión y ello ponga de manifiesto que la expectativa en la que se fundaba la decisión de suspensión adoptada ya no puede ser mantenida" (art. 86.1.a CP), lo que incluye los delitos leves, infracciones que cuando estaban tipificados como faltas no resultaban relevantes a estos efectos. También son tenidos en cuenta para la revocación de la libertad condicional (art. 90.5 y 91.4 CP) y la revocación de la suspensión del resto de la pena en la ejecución de una pena de prisión permanente revisable (art. 92.3 CP).

XV. EL DELITO DE HURTO LEVE "HABITUAL" (ART. 234.2, INCISO 2º CP)

1. *Cuestiones previas*

La LO 1/2015, al convertir la falta de hurto en delito leve eliminó la cláusula agravatoria por reiteración delictiva prevista en el art. 234.2 CP, pero a su vez introdujo en el art. 235.7 CP un supuesto de agravación por multirreincidencia que permitía imponer en tales supuestos la pena de prisión de uno a tres años. Así, y hasta la reforma introducida por la LO 9/2022, de 28 de julio, la situación era la siguiente:

– Tipo básico de hurto (art. 234.1 CP. Delito menos grave): valor de la cosa superior a 400 euros.

– Tipo atenuado de hurto (art. 234.2 CP. Delito leve): valor de la cosa igual o inferior a 400 euros, siempre que no concurra una circunstancia del art. 235 CP.

– Tipo agravado de hurto (art. 235.7 CP): Cuando al delinquir el culpable hubiera sido condenado ejecutoriamente al menos por tres delitos comprendidos en el Título XIII CP, siempre que fueran de la misma naturaleza.

– Agravante genérica de reincidencia (art. 21.8 CP): cuando, al delinquir, el culpable haya sido condenado ejecutoriamente por un delito comprendido en el mismo título del Código, siempre que sea de la misma naturaleza. A los efectos de reincidencia no se tendrán en cuenta los delitos leves.

– Agravante genérica de multirreincidencia (art. 66.5 CP): cuando concurra la circunstancia agravante de reincidencia con la cualificación de que el culpable al delinquir hubiera sido condenado ejecutoriamente, al menos, por tres delitos comprendidos en el mismo título del CP, siempre que sean de la misma naturaleza.

Ni el art. 21.8 CP, y en consecuencia tampoco el art. 66.5 CP, eran aplicables a los supuestos de multirreincidencia del tipo atenuado de hurto al tratarse de un delito leve. Así, la única opción posible para tener en cuenta la multirreincidencia en los delitos leves de hurto era acudir al subtipo agravado de hurto del art. 235.7 CP, en cuya virtud podía incrementarse la pena hasta tres años de prisión. Y esta era precisamente la voluntad del legislador expresada en la EM de la LO 1/2015:

> "La revisión de la regulación de los delitos contra la propiedad y el patrimonio tiene como objetivo esencial ofrecer respuesta a los problemas que plantea la multirreincidencia y la criminalidad grave.
>
> Con esta finalidad se suprime la falta de hurto, y se introduce un supuesto agravado aplicable a la delincuencia habitual. Los supuestos de menor gravedad, que anteriormente se sancionaban como falta, se regulan ahora como delitos leves; pero se excluye la consideración como leves de todos aquellos delitos en los que concurra alguna circunstancia de agravación —en particular, la comisión reiterada de delitos contra la propiedad y el patrimonio—. De este modo, se solucionan los problemas que planteaba la multirreincidencia: los delincuentes habituales anteriormente eran condenados por meras faltas, pero con esta modificación podrán ser condenados como autores de un tipo agravado castigado con penas de uno a tres años de prisión".

Sin embargo, el TS frustró las expectativas del legislador penal, al llevar a cabo una interpretación restrictiva de la agravación de las penas de hurto establecida por la LO 1/2015, y rechazando la aplicación del tipo agravado de multirreincidencia en los supuestos de delitos leves de hurto.

De este modo, el pleno de la Sala Segunda del TS, en su Sentencia 481/2017, 28-6 (*Tol 6197903*), acordó, con el voto particular de seis de los diecisiete Magistrados que lo componían, que "el hecho de que por tres condenas anteriores por delitos leves de hurto se pueda aplicar un tipo hiperagravado que permita convertir una multa máxima de tres meses en una pena de prisión que puede alcanzar hasta los tres años, con un suelo de un año, resulta sustancialmente desproporcionado". Junto a la desproporcionalidad de la pena resultante, el TS alega que si en el concepto genérico de reincidencia del art. 21.8 CP se excluye el cómputo de los delitos leves para apreciarla, no parece razonable hablar de multirreincidencia ignorando el concepto básico de la parte general del CP de lo que debe entenderse por reincidencia. Así pues, la interpretación de los arts. 234 y 235 CP debía realizase "en un sentido que resulte congruente el concepto de multirreincidencia con el concepto básico de reincidencia y que se respete al mismo tiempo el principio de proporcionalidad de la pena", de modo que "ha de entenderse que cuando el texto legal se refiere a tres condenas anteriores éstas han de ser por delitos menos graves o graves, y no por delitos leves".

La consecuencia a la que llegaba el TS procedía, en gran medida, de la deficiente técnica legislativa utilizada para castigar con mayor pena la multirreincidencia en el delito de hurto. Como pone de manifiesto DE VICENTE MARTÍ-

NEZ, tanto en la agravante de multirreincidencia del art. 66.1.5ª CP como en el tipo agravado de hurto por multirreincidencia introducido en el art. 235 CP, el legislador omitió la distinción entre delitos leves y graves o menos graves, y por tanto desconoció las diferentes consecuencias que se producen en uno y otro caso. Tal omisión provocó una doble exacerbación de la pena difícilmente justificable en el caso de los delitos leves, ya que por la vía del art. 235 CP se convertían en delitos agravados conductas que antes de la reforma de 2015 eran constitutivas de falta. El salto cuantitativo de la pena que suponía aplicar la agravante de multirreincidencia del art. 235 CP a los delitos de hurto leve era muy superior al que hubiera resultado de aplicar la agravante genérica de reincidencia o las reglas de multirreincidencia del art. 66 CP, frente al que el art. 235.7 CP se erigía como norma especial, y, por tanto, de aplicación prioritaria.

A fin de corregir esta situación y subsanar los defectos técnicos señalados por el TS, la LO 9/2022, de 28 de julio modifica el art. 234.2 CP que pasa a tener la siguiente redacción:

> "Se impondrá una pena de multa de uno a tres meses si la cuantía de lo sustraído no excediese de 400 euros, salvo si concurriese alguna de las circunstancias del artículo 235. No obstante, en el caso de que el culpable hubiera sido condenado ejecutoriamente al menos por tres delitos comprendidos en este Título, aunque sean de carácter leve, siempre que sean de la misma naturaleza y que el montante acumulado de las infracciones sea superior a 400 €, se impondrá la pena del apartado 1 de este artículo".

El legislador opta por una solución intermedia, que permite sancionar más gravemente los casos de hurtos leves no superiores a 400 euros cuando se producen de forma multirreincidente, pero evitando el salto desproporcionado de pena criticado por el TS y la mayor parte de la Doctrina.

> La E. M. de la LO 9/2022 establece expresamente que "en los casos de hurtos leves o inferiores a 400 euros se aumente la pena siempre que el autor sea multirreincidente y la cuantía total de lo sustraído, incluyendo los delitos de hurto cometidos con anterioridad, exceda los 400 euros. En tal caso, sin embargo, se deberá imponer no ya la pena del tipo agravado del artículo 235.1 del Código Penal, sino la pena del tipo básico del artículo 234.1 del Código Penal, que es una pena de prisión de 6 a 18 meses. De esta forma, se consigue dar a los casos de multirreincidencia una respuesta penal más disuasoria y ajustada a la gravedad de la conducta, sin incurrir en un incremento desproporcionado de la pena".

2. *Fundamento*

La primera cuestión que plantea este precepto es su compatibilidad con el principio *non bis in idem*, ya que se están teniendo en cuenta para aplicar una pena superior delitos que ya han sido objeto, cada uno de ellos, de su correspondiente proceso finalizado con sentencia firme. En este sentido, y con relación a la reforma introducida por la LO 11/2003, la FGE (Circular 2/2003, de 18 de diciembre) sugería que, en el caso de que se pretendiese construir el tipo mediante la mera acumulación de condenas previas, se podría estar vulnerando el principio *non bis in idem.*

No obstante, la misma Circular reconoce que existen tipos penales, como el del art. 173.3 *in fine* CP, en los que la ley permite que se tengan en cuenta las conductas ya enjuiciadas para integrar una figura delictiva distinta que, al construirse sobre la nota de la habitualidad, constituye un ataque, no sólo cuantitativa, sino cualitativamente más grave al bien jurídico protegido en el tipo básico.

El TC, con respecto a la posible incompatibilidad de la agravante genérica de reincidencia con el principio *non bis in idem*, ya manifestó en su stc 150/1991, 4-7 (*Tol 80562),* que del propio significado de dicho principio se desprende que la agravante de reincidencia no lo conculca. Concluye el TC que "con la apreciación de dicha agravante de reincidencia, ya se entienda que afecta al núcleo del delito o sólo a la modificación de la pena, no se vuelve a castigar el hecho anterior o los hechos anteriores, por lo demás ya ejecutoriamente juzgados y con efectos de cosa juzgada (efectos que no se ven, pues, alterados), sino única y exclusivamente, el hecho posterior".

La Jurisprudencia del TC requiere para que concurra un supuesto de *bis in ídem* en el plano sustantivo que sea castigado un sujeto dos veces por unos mismos hechos. Y a la hora de interpretar la expresión "unos mismos hechos", considera que se da este supuesto en los casos que concurra la identidad de sujeto, hecho y fundamento sancionador. En la citada Sentencia, manifiesta expresamente que "si bien es indudable que la repetición de delitos propia de la reincidencia presupone, por necesidad lógica, una referencia al delito o delitos repetidos, ello no significa, desde luego, que los hechos anteriores vuelvan a castigarse, sino tan sólo que han sido tenidos en cuenta por el legislador penal para el segundo o posteriores delitos, según los casos, bien (en función de la perspectiva que se adopte) para valorar el contenido de injusto y su consiguiente castigo, bien para fijar y determinar la extensión de la pena a imponer".

El TS, en la Sentencia anteriormente aludida, admite que aunque esta interpretación ha sido muy criticada por la Doctrina, al entender que la alusión por parte del TC a que "los hechos anteriores sólo se han tenido en cuenta... para valorar el contenido de injusto" es difícilmente compatible con la negación de que se esté castigando dos veces por el mismo hecho, lo cierto es que la posición del TC está plenamente consolidada, por lo que tiene que quedar excluida la tesis de que el hecho de que se tengan en cuenta las condenas anteriores en la sentencia que aplica la reincidencia suponga una infracción del principio *non bis in idem.*

Una segunda cuestión sería la de la posible vulneración del principio de culpabilidad por el hecho por parte del art. 234.2 *in fine.* Aunque el TC ha rechazado que la reincidencia encuentre su fundamento en una mayor culpabilidad del sujeto, un sector tanto de la Doctrina española como de la alemana e italiana (véase GUISASOLA LERMA) justifican el aumento de pena que supone la agravante de reincidencia en una mayor gravedad de la culpabilidad del reincidente, exteriorizada por medio de una personalidad o actitud opuesta al Derecho y jurídicamente desaprobada. Frente a esta posición, cabe objetar que en un Estado Social y Democrático de Derecho, en el que uno de los valores fundamentales es la dignidad humana, sólo es admisible un concepto de culpabilidad basado en el hecho, o más concretamente en el reproche al individuo por la realización de un hecho antijurídico. Si en la culpabilidad se valoran elementos como la personalidad o actitud del individuo frente al Derecho, nos acercamos irremediablemente a un Derecho penal de autor en el que las penas se determinan en atención a la personalidad del reo y no según la culpabilidad de éste en la comisión de hechos delictivos [STC 150/1991, 4-7 (*Tol 80562)*].

MIR PUIG, entre otros autores, fundamenta el incremento de pena en los supuestos de reincidencia en la mayor gravedad del hecho, derivado del especial desprecio por los bienes jurídicos lesionados o puestos en peligro que se pone de manifiesto con la conducta reincidente. En este sentido se ha pronunciado también el TS en alguna ocasión, al mantener que la lesión al bien jurídico es más grave cuando es repetida, y por tanto supone un mayor contenido de injusto [STS 21-2-1992 (*Tol 400263)*]. No obstante, el que el sujeto haya delinquido con anterioridad no tiene porqué implicar necesariamente un ataque más grave al bien jurídico. Como advierte MARAVER GÓMEZ, "en tanto que el desprecio mostrado no se convierta de alguna forma en una mayor amenaza hacia el bien jurídico protegido, es un aspecto que debería tener menos relevancia que otros aspectos que inciden materialmente en la lesión o puesta en peligro del bien jurídico".

Otros autores, como COBO DEL ROSAL/VIVES ANTÓN, justifican la agravación de la reincidencia en la mayor peligrosidad criminal del autor, que mediante la reiteración de sus actos delictivos demuestra su persistencia en delinquir. También en este sentido se expresa BACIGALUPO ZAPATER, quien considera que "la repetición del comportamiento delictivo tiene sobre todo un significado sintomatológico caracterológico. Es indicativa de la tendencia del autor y, por lo tanto, de otros posibles ataques a bienes jurídicos, o sea de su peligrosidad". El TS, en su oscilante vacilar sobre el fundamento de la reincidencia, también se ha hecho eco de esta posición, al afirmar que mediante la reincidencia no se trata de sancionar un mismo hecho dos veces, "sino simplemente de tener en cuenta un mayor índice (o plus) de peligrosidad a la hora de medir la pena a imponer" [STS 17-2-1992 (*Tol 399360)*]. Sin embargo, como destacan MUÑOZ CONDE/ GARCÍA ARÁN, "ni la peligrosidad puede presumirse *iuris et de iure* como hace el Código en esta materia, ni es un concepto en el que pueda asentarse una mayor gravedad de la pena". Y en todo caso, si su fundamento fuera la mayor peligrosidad, la respuesta adecuada no sería el incremento de la pena, sino la imposición conjunta de una medida de seguridad, tal y como proponen MARÍN DE ESPINOSA y MONGE FERNÁNDEZ, entre otros.

También se ha aludido a razones de prevención general y especial. Así, por ejemplo, el TS se refiere en varias de sus sentencias a la mayor necesidad de pena por razones de prevención especial [por todas, la STS 1250/2003, 30-9 (*Tol 4194213)*], aunque el propio Tribunal reconoce que "desde otra perspectiva más criminológica, la reincidencia acredite el fracaso de la respuesta carcelaria". En cuanto a la prevención general como posible fundamento de la reincidencia, GARCÍA ARÁN advierte que "si las penas se estableciesen no en atención a la importancia del bien jurídico sino prioritariamente por el grado de necesidad preventivo general, se podrían imponer penas exacerbadas para delitos poco graves o muy repetidos".

Por tanto, hay que dar la razón a COBO DEL ROSAL/QUINTANAR DÍEZ cuando afirman, con relación a la agravante de reincidencia, que quizás "constituya hoy, la que mayor polémica doctrinal suscite en punto a su dudosa fundamentación en ninguno de los principios del hecho y de culpabilidad que sustentan el cuadro general de agravantes de nuestro CP. Tampoco los fines de la pena, esto es, ni la prevención general ni la especial, por lo menos por relación a los citados principios, explican satisfactoriamente la pervivencia de esta circunstancia de agravación".

Así, una vez descartadas razones basadas en un mayor grado de injusto o de culpabilidad, habría que concluir que la regla del art. 234.2 *in fine* CP, responde a una decisión político criminal dirigida a "disuadir" a la pequeña delincuencia patrimonial mediante un incremento de las penas, entendiendo que en los casos de reiteración de pequeños hurtos estamos ante un sujeto que ha hecho de la delincuencia su forma de vida.

Así lo reconoce expresamente la propia E. M. de la LO 9/2022, de 28 de julio que ante las presiones de la Fiscalía, y de determinados sectores públicos y privados establece que, debido a la interpretación del TS, los delitos leves de hurto que se cometen de manera multirreincidente no cuentan con una suficiente respuesta penal, "a pesar de que son delitos que están siendo objeto de una creciente preocupación por afectar directamente no solo al turismo, al comercio y a la economía en general, sino también a la propia seguridad de los ciudadanos. Por ese motivo, se considera necesaria una reforma del artículo 234.2 del Código Penal que permita sancionar más gravemente los casos de hurtos leves no superiores a 400 euros cuando se producen de forma multirreincidente".

3. Tipo objetivo

El art. 234.2 CP *in fine* contempla un tipo específico de multirreincidencia en el que se aplica la pena del tipo básico del art. 234.1 CP. Como indica MARAVER

GÓMEZ, "se trata de una de una multirreincidencia *sui generis* que no se basa únicamente en la reiteración del delito, sino también en el valor acumulado de lo sustraído", que ha de coincidir con el del tipo básico, a cuya penalidad se remite.

Ello nos lleva a plantearnos, en primer lugar, la propia naturaleza del art. 234.2 CP *in fine*: si efectivamente estamos ante una simple acumulación de delitos previos, o si se trata, como afirmaban CUGAT MAURI/AGUILAR ROMO/ CUENCA GARCÍA y otros con relación al tipo introducido en la reforma de 2003, de un tipo específico de hurto, concretamente un delito habitual de hurto en el que la conducta típica se construye con la existencia de al menos tres condenas y la exigencia de un montante conjunto equiparable al del tipo básico.

El sujeto activo del delito tiene que haber sido anteriormente condenado ejecutoriamente por tres delitos del mismo Título del CP, incluso de carácter leve, pero de la misma naturaleza. El momento de la comisión del delito tiene que ser posterior a la condena firme de los otros delitos, firmeza que no se alcanzará hasta que no se hayan agotado todos los recursos (art. 14.5 LECrim), siempre y cuando los antecedentes no hayan sido o debieran haber sido cancelados. Es indiferente que la condena se haya cumplido o esté pendiente de cumplimiento.

Al no venir expresamente recogido, las condenas de Tribunales extranjeros no serán tenidas en cuenta a efectos de este delito. En cuanto a los antecedentes que debieran haber sido cancelados, en caso de duda, porque no consten los datos pertinentes o no sea posible establecerlos de forma cierta, el TS aplica el principio *in dubio pro reo* considerando el antecedente como cancelado.

El delito que da lugar a la aplicación de art. 234.2 *in fine* CP, tiene que ser un delito de hurto leve, pues de tratarse de un hurto menos grave sería de aplicación el tipo agravado del art. 235.7 CP con relación al art. 234.1 CP. Para la aplicación del art. 234.2 *in fine* CP es indiferente que los hurtos por los que el sujeto haya sido previamente condenados sean graves, menos graves o leves, pues lo que importa es que el último de ellos, que da lugar a la aplicación del art. 234.2 *in fine* CP, sea un delito leve de hurto.

De otra opinión es RODRÍGUEZ CENTENO, quien considera que si los tres delitos por los que había sido condenado el sujeto eran hurtos menos graves o graves, aunque el delito cometido sea un hurto leve, el art. 235.1.7 CP desplaza al art. 234.2 *in fine* CP en virtud del principio de especialidad, pues en caso contrario la nueva redacción del art. 234.2 *in fine* CP supondría la derogación tácita del art. 235.1.7 CP. En el mismo sentido se pronuncia la STS 281/2022, 23-3 (*Tol 8893338*).

No es posible, sin embargo, estar de acuerdo con esta interpretación, pues de una parte el tenor literal del art. 234.2 *in fine* ("... aunque sean de carácter leve"), *sensu contrario*, prevé la posibilidad de que los delitos por los que el sujeto ha sido previamente condenado sean graves, menos graves o leves, siempre que el delito que lleve a su aplicación sea de naturaleza leve. De otra, el propio legislador, en la Exposición de Motivos de la LO 9/2022, establece expresamente que cuando se den las circunstancias del art. 234.2 *in fine* CP será de aplicación la pena prevista en el art. 234.1 CP, sin que pueda acudirse al tipo agravado del art. 235.1.7 CP. Precepto, por otra parte, que no queda derogado tácitamente por el art. 234.2 *in fine* CP, pues sigue siendo aplicable en los casos en los que el nuevo hurto cometido, por quien ya tenía tres o más condenas ejecutorias previas, sea un delito menos grave (art. 235.1 CP).

Ya antes de la reforma de 2022, y con relación al art. 235.1.7 CP, JUANATEY DORADO entendía que, conforme a los principios constitucionales del Derecho penal, deberían excluirse del tipo agravado "los supuestos en que el nuevo delito enjuiciado fuese de carácter leve, aunque los antecedentes fuesen por delitos menos graves". Y con respecto a la regulación actual, hay que estar de acuerdo con MARAVER GÓMEZ cuando defiende que no solo desde el punto de vista gramatical, sino también teleológico, el art. 234.2 *in fine* CP es ley especial frente al art. 235.1.7 CP y su relación con el inciso primero de este mismo art. 234.2 CP.

Otro de los requisitos establecidos por el art. 234.2 *in fine* CP es que los delitos por los que haya sido condenado previamente el sujeto sean de la misma naturaleza. Esto es, tanto los delitos anteriores ya condenados como el último de los delitos que permite la aplicación del art. 234.2 *in fine* CP han de estar comprendidos en el mismo Título y ser de la misma naturaleza. Así, al igual que ocurre en las agravantes genéricas de reincidencia (art. 21.8 CP) y multirreincidencia (art. 66.5 CP) combina de forma cumulativa dos sistemas: el puramente formal o sistemático, que entiende producida la reincidencia específica cuando el delito que vuelva a cometerse lo sea de la misma rúbrica legal (título, capítulo, sección), y el de la identidad o semejanza de naturaleza, en el que predomina la interpretación judicial en aras de una mayor semejanza delictiva [STS 16-12-2002 (*Tol 240878*)].

Con respecto a la identidad de la naturaleza de los delitos, la FGE [Consulta 8/1997, 29-11 (*Tol 5433842)*] entiende que el dato fundamental es la identidad de su objeto de tutela. En la Doctrina, COBO DEL ROSAL/VIVES ANTÓN, CUERDA ARNAU y GUISASOLA LERMA, entre otros, proponen que la exigencia de identidad de naturaleza deba ir orientada a exigir la identidad o similitud de tipos, o la identidad del bien jurídico violado.

La Jurisprudencia del TS no es unitaria en esta cuestión. La STS 281/2022, 23-3 (*Tol 8893338)*, mantiene que el hurto y el robo con fuerza en las cosas son de la misma naturaleza, "en tanto que son conductas sustractivas de bienes muebles, de ajena pertenencia, en el que las modalidades comisivas se sitúan en progresión, pues junto a la sustracción típica del hurto, en el delito de robo con fuerza en las cosas, se emplean medios de fuerza, previstos en la tipicidad, para posibilitar la sustracción del bien mueble de ajena pertenencia". No obstante, en la STS

1250/2003, 30-9 (*Tol 4194213*), junto al criterio de lesión o puesta en peligro del mismo bien jurídico protegido, el TS exige, además, que en todos los delitos se utilice "el mismo modo de ataque al bien jurídico protegido". Esta interpretación, además de restringir el ámbito de aplicación del tipo por cuestiones materiales, puede apoyarse en la Disposición Transitoria 7ª CP, según la cual, a efectos de la agravante de la reincidencia, "se entenderán comprendidos en el mismo Título de este Código aquellos delitos previstos en el Cuerpo legal que se deroga y *que tengan análoga denominación y ataquen del mismo modo a idéntico bien jurídico*".

Por tanto, la aplicación del art. 234.2 *in fine* CP, sólo será posible cuando los delitos por los que haya sido previamente condenado el sujeto sean de hurto, no existiendo homogeneidad con el delito de robo pues, como sostiene GUISASOLA LERMA, "si bien hay identidad en los bienes protegidos, no se dan los otros dos criterios correctores, la identidad de gravedad y el mismo modo de ataque. Tampoco existe homogeneidad con el delito de apropiación indebida ni con el delito de estafa, al tratarse de delitos con una estructura típica distinta.

El segundo requisito exigido por el art. 234.2 *in fine* CP es que "que el montante acumulado de las infracciones sea superior a 400 €". El montante total estará integrado por el valor de lo sustraído en los delitos ya condenados junto con el valor del nuevo hurto leve cometido.

En el caso de que las condenas previas lo fueran por delitos leves de hurto y/o alguna modalidad agravada de hurto del art. 235 CP, si la hoja histórico-penal no permite conocer si el montante total acumulado supera los 400 euros, la FGE [Circular 1/2022, 12-2 (*Tol 9310754)*] establece que "las/los fiscales recabarán de los respectivos órganos judiciales testimonio íntegro de cada una de las sentencias condenatorias, permitiendo de ese modo conocer con seguridad dicho extremo al objeto de acreditarlo con las necesarias garantías".

El inciso segundo del art. 234 CP puede suscitar, y de hecho suscita, el rechazo de la mayor parte de la Doctrina, principalmente porque su único fundamento es de política criminal, sin que el incremento de la pena que prevé suponga un mayor contenido de injusto o de culpabilidad.

No obstante, como destacan DE VICENTE MARTÍNEZ o MARAVER GÓMEZ, aunque el incremento de la pena de prisión no sea la solución óptima para este tipo de criminalidad, la solución intermedia adoptada por legislador de 2022 es más ajustada al principio de proporcionalidad que la pretendida por la reforma de 2015, ya que al equiparar la pena prevista para el delito habitual de hurto a la del delito menos grave cuando el valor total de lo sustraído sea igual o superior al previsto en este último, equipara también, en cierto modo, el desvalor de resultado respecto del bien jurídico protegido.

XVI. EL SUBTIPO CUALIFICADO (ART. 234.3 CP)

Entre las reformas introducidas en el delito de hurto por la LO 1/2015, de 30 de marzo, se incluye un subtipo cualificado consistente en la eliminación de alarmas o dispositivos electrónicos (distinto de los supuestos agravados previstos en el art. 235 CP) en el art. 234 CP, concretamente en su número tercero.

El fundamento de esta agravante se encuentra en que, además de tomar la cosa, se rompen las barreras de defensa establecidas para proteger los bienes (BORJA JIMÉNEZ). Como indica GALLEGO SOLER, hasta la reforma de 2015 no estaba claro cómo había que tratar los supuestos en los que se suprimen los mecanismos de alarma o seguridad en establecimientos o grandes almacenes.

En la medida en el que el art. 238.5 CP considera robo con fuerza en las cosas aquellos casos en que concurra la "inutilización de sistemas específicos de alarma o guarda", surgía la duda de cómo calificar la sustracción de objetos a los que se han incorporado dispositivos dirigidos a evitar su sustracción del establecimiento, mediante la activación de una alarma situada en los controles de salida de aquél, previo desprendimiento o fractura de dichos dispositivos. Concretamente la cuestión a dilucidar era si se trataba del supuesto previsto en el art. 238.5 CP o, por el contrario, debía ser calificado como hurto.

Según la FGE [Consulta 13/1997, 14-11 (*Tol 5433842)*] aunque en un principio pudiera parecer un supuesto típico del art. 238.5 CP, es preciso tener en cuenta que el art. 238 CP va referido al art. 237 CP, que tipifica como robo con fuerza en las cosas cuando la fuerza se emplea para acceder o abandonar el lugar donde éstas se encuentran. Sin embargo, la duda se plantea con relación a objetos que incorporan tales dispositivos, pero se hallan al alcance del público, permitiendo su manipulación para un examen más detallado o, incluso, en el caso de prendas de vestir, para su prueba. En este caso, y a diferencia de otros objetos expuestos en vitrinas cerradas, en los que su apoderamiento sólo es posible tras la fractura o desactivación de los mecanismos que impiden el acceso a los mismos, la inutilización de los sistemas de alarma no se lleva a cabo para acceder al objeto, no se trata de una fuerza medial como la exigida en el caso del robo, por lo que estos supuestos serían calificables de hurto y no de robo con fuerza en las cosas.

Un supuesto intermedio sería el de la fractura de la carcasa con alarma en la que se encuentra el objeto (generalmente bebidas alcohólicas o video juegos). Antes de la introducción del art. 234.3 CP por la LO 1/2015 podían distinguirse dos líneas jurisprudenciales: la primera (minoritaria), con base el ATS 7-4-2000 (*Tol 440237)*, que declaraba constitutiva de robo con fuerza la fractura de una caja metálica, con la finalidad de sustraer su contenido, estimaba que la fractura de la carcasa para acceder al objeto que se encontraba en su interior también era un supuesto típico de robo del art. 238.5 CP. Pero en la medida que esta interpretación podía dar lugar a consecuencias penológicas desproporcionadas, la Jurisprudencia mayoritaria optaba por entender que en estos casos el delito cometido era hurto y no robo, al considerar que este tipo de carcasas dificultan, pero no impiden, apoderarse de la cosa, ya que se trata de carcasas movibles o de fácil apoderamiento, sin necesidad de que se tenga que proceder a su apertura. Tras la reforma de 2015 existen argumentos más sólidos para mantener la segunda de las tesis expuestas.

El art. 234.3 CP es un tipo de medios alternativos en el que pueden incluirse conductas como la extracción de la alarma, cortar las etiquetas o la llamada jaula de Faraday, consistente en envolver el objeto en papel de aluminio para que no se active la alarma en el control de salida.

Este tipo puede entrar en concurso con un delito de daños. En estos casos el delito de hurto generalmente subsume al daño realizado, pero en los supuestos en los que el daño sea superior al valor del objeto sustraído o que se pretende sustraer, habrá que acudir a un concurso medial de delitos, imponiéndose la pena del delito más grave en su mitad superior.

XVII. LOS TIPOS AGRAVADOS DEL ART. 235.1 CP

1. Cuestiones generales

La LO 1/2015, de 30 de marzo, lleva a cabo una importante modificación en los tipos agravados de hurto, que pasan de cinco supuestos a nueve. Además, amplía el ámbito de la agravante referida a la situación de la víctima o circunstancia que se aprovecha para realizar el hecho y aumenta de 14 a 16 años la edad del menor cunado este sea utilizado para cometer el delito. Por último, introduce el art. 235.2 CP, un tipo hiperagravado para los supuestos en los que concurran en el hecho dos o más de las agravantes previstas en el art. 235.1 CP.

Tal y como ya mantenían VIVES ANTÓN/GONZÁLEZ CUSSAC con anterioridad a la reforma de 2015, en el ámbito material se confirma que ni eran, ni lo son tras la modificación del precepto, verdaderas «circunstancias», sino más bien elementos típicos que definen la especificidad de una serie de subtipos agravados pues, última instancia, intensifican el contenido de injusto del comportamiento típico. Esta postura es también la mantenida tradicionalmente por la Jurisprudencia.

Al tratarse de tipos agravados específicos no se puede aplicar el régimen general de las circunstancias agravantes y atenuantes (art. 66 CP), en el sentido de que no es posible compensarlas por las atenuantes genéricas que eventualmente concurran en el hecho (TERRADILLOS BASOCO). Por la misma razón no están sometidas al régimen del art. 65 CP (ÁLVAREZ GARCÍA). Así como advierte

MUÑOZ CONDE, las circunstancias del art. 235.1 CP "conforman distintos tipos cualificados en los que se matiza el contenido del injusto del hurto en atención a su especial gravedad".

Se trata de circunstancias comunes al hurto y al robo con fuerza en las cosas, sin que sean de aplicación al *furtum possessionis*, ni al robo con violencia o intimidación en las personas (ÁLVAREZ GARCÍA). Por otra, advierte SOUTO GARCÍA, tal y como se dispone en el art. 67 CP, no podrán aplicarse aquellas circunstancias agravantes del catálogo del art. 22 CP expresamente recogidas en el art. 235 del CP o que tengan semejante fundamento.

Como componentes del injusto, las circunstancias deben ser cubiertas por el dolo del autor, al menos con dolo eventual, por lo que, si el dolo sólo es predicable de la acción de apropiación, sin que abarque a las circunstancias cualificadoras, se aplicará el delito base despojado de cualquier agravante conforme a lo dispuesto en el art. 14.2 CP (*cfr.* SOUTO GARCÍA, MUÑOZ CONDE, ÁLVAREZ GARCÍA). Como reiteradamente ha manifestado nuestro TC, el dolo ha de versar sobre cada uno de los elementos típicos de la infracción, precisamente partiendo de las figuras más complejas de los delitos patrimoniales [SSTC 14/1985, 1-2 (*Tol 115924*); 25/1988, 23-2 (*Tol 80136*); 93/1994, 21-3 (*Tol 82501*), y 95/1995, 19-6 (*Tol 82834*)]. En cuanto que tipos cualificados del hurto, si media coautoría o participación, —con independencia del acuerdo previo—, sólo se aplicarán a quienes conozcan la integridad del tipo (QUERALT JIMÉNEZ).

En caso de ejecución imperfecta o de participación criminal, la determinación de la pena se hará, en su caso, con referencia al marco penal fijado en el art. 235 CP (ÁLVAREZ GARCÍA)

El art. 235 CP es aplicable tanto en relación con el art. 234.1 CP como con el art. 234.2 CP —que acoge el tipo privilegiado por razón de la cuantía—, de ahí que, como indica DEL CARPIO DELGADO, "no cabe hablar de delito leve de hurto cuando concurra cualquiera de las circunstancias contempladas en el art. 235.1 CP".

2. *Cosas de valor artístico, histórico, cultural o científico*

El fundamento de esta cualificación se encuentra vinclulada con el mandato dirigido al legislador penal incluido en el art. 46 CE: "Los poderes públicos garantizarán la conservación y promoverán el enriquecimiento del patrimonio histórico, cultural y artístico de los pueblos de España y de los bienes que lo integran, cualquiera que sea su régimen jurídico y su titularidad. La ley penal sancionará los atentados contra este patrimonio".

El legislador penal ha dado respuesta a dicho mandato en los delitos contra el patrimonio histórico, artístico y cultural, mediante la introducción de tipos específicos dirigidos a su protección (arts. 312.1 a 324 CP) y la introducción de tipos cualificados en los supuestos de hurto, robo, o estafa, entre otros. No obstante, como denuncia ÁLVAREZ GARCÍA, si se lleva a cabo una comparación entre las penas asignadas a atentados contra bienes individuales y las previstas en los casos en los que el objeto de protección es nuestro patrimonio histórico, artístico y cultural, podrá comprobarse que el Código Penal de la Democracia "sigue respondiendo, como eje fundamental, a los intereses individuales y a los intereses económicos vinculados a la propiedad o al crédito, sin embargo los intereses colectivos siguen valiendo muy poco".

BAJO FERNÁNDEZ/PÉREZ MANZANO entienden el tipo cualificado como una ley penal en blanco integrada por el elemento normativo ya valorado en la Ley 16/1985 de 25 de junio de Patrimonio Histórico Español y los reales decretos que la desarrollan. Concretamente, en opinión de los citados autores, el objeto material del tipo cualificado serían bienes (muebles) declarados de interés cultural, y por tanto inventariados. Frente a esta tesis restrictiva, la Doctrina mayoritaria y la Jurisprudencia entienden que, en efecto, el tipo cualificado del art. 235.1.1° CP contiene un elemento normativo, pero valorable judicialmente en cada caso concreto. Por tanto, en palabras de VIVES ANTÓN/GONZÁLEZ CUSSAC, "la determinación de lo que posee un relevante interés histórico, artístico o cultural habrá de llevarse a cabo por el intérprete, atendiendo a las valoraciones sociales imperantes en el momento de la aplicación del precepto".

Y ello porque la propia Constitución extiende su mandato a todos los bienes que tengan valor histórico, artístico y cultural, con independencia de su régimen jurídico y de que su titularidad sea pública o privada (MUÑOZ CONDE y VÁZQUEZ GONZÁLEZ). El hecho del inventario, como subraya ÁLVAREZ GARCÍA, abre el acceso a niveles de mayor protección, pero no condiciona su naturaleza. El interés colectivo objeto de protección "ni aumenta ni disminuye por el hecho de que el bien de que se trate se halle o no inventariado" (VIVES ANTÓN/GONZÁLEZ CUSSAC). La característica de todos ellos, como resalta GONZÁLEZ RUS, es que poseen un valor cultural objetivo. Y, por supuesto, al tratarse de una cualificación del delito de hurto, ha de tratarse de una cosa mueble.

En este mismo sentido se ha pronunciado reiteradamente la Jurisprudencia del TS. Así, en su Sentencia 189/2003, 12-2 (*Tol 254124*) defiende una interpretación amplia de lo que ha de considerarse cosas de valor artístico, histórico, cultural o científico (art. 235.1.1° CP), "aunque no reúna los requisitos formales de orden administrativo, contemplados en la Ley del Patrimonio Histórico de 21 de enero de 1994, lo cual se apoya en el art. 46 de la Constitución que encomienda a los poderes públicos la conservación del patrimonio histórico, cultural y artístico de los pueblos de España, cualquiera que sea su régimen jurídico y su titularidad".

En este sentido, la Jurisprudencia del TS y la Doctrina dominante consideran que no es preceptiva una previa declaración administrativa sobre la condición especial del bien sustraído: "El mandato constitucional resuelve negativamente la cuestión de si la protección penal del art. 235.1° exige una previa declaración administrativa que resuelva la integración de los bienes del patrimonio histórico, cultural o artístico. Dicha disposición constitucional permite que se actúe la protección penal cualquiera que sea el régimen jurídico de los bienes y su titularidad" [SSTS 830/2021, 29-10 (*Tol 8642941*); 747/2015 19-10 (*Tol 864941*); 189/2003, 12-2 (*Tol 254124*); 722/1995, 3-6 (*Tol 178148*), y 12-11-1991 (*Tol 178148*)].

De especial relevancia es, a estos efectos, la STS 641/2019, 20-1 (*Tol 7673815)*, que, aunque referida al art. 323 CP, es de plena aplicación a al art. 235.2 CP. Según el Alto Tribunal, "El artículo 323 del Código Penal, cuando establece como elemento típico que el daño recaiga sobre bienes de valor histórico, artístico, científico, cultural o monumental (o en yacimientos arqueológicos, terrestres o subacuáticos), remite a un elemento normativo cultural, para cuya valoración el juzgador debe atender a elementos o valores que configuran la normativa administrativa en esta materia; sin necesidad de que ese bien previamente haya sido administrativamente declarado, registrado y/o inventariado formalmente con ese carácter, pues no es exigencia prevista en la norma y no satisfaría adecuadamente el mandato del artículo 46 CE".

Su posición coincide de esa forma con la mejor Doctrina, que deriva la conveniencia de esa interpretación en sede penal no vicaria de decisiones administrativas de la tutela exigida por el art. 46 CE [STS 335/2010, 19-6 (*Tol 7983499)*].

Este tipo cualificado puede entrar en concurso de normas con el delito de expolio de bienes de valor histórico, artístico, científico, previsto en el art. 323.1 *in fine* CP. El término expoliar es sinónimo de "despojar, desposeer, arrebatar o robar" por lo que un mismo hecho puede ser un delito de hurto agravado por el art. 235.1.1° CP, o un delito de expolio del art. 323.1 *in fine* CP. El legislador, al abordar en la reforma de 2015 el delito de expolio, pudo contemplar que había otros tipos penales que incluían modalidades de tutela del patrimonio histórico —hurto o apropiación indebida—, pero colocó los tipos señalados en una relación de concurso de normas frente al nuevo delito de expolio. Concurso que, conforme a las reglas del art. 8 CP, debe resolverse, por su carácter preferente, por la regla de la especialidad. Es decir, en caso de confrontación entre el art. 323.1.2° *in fine* CP y los tipos de hurto o apropiación indebida, debe prevalecer, con arreglo a la regla de la especialidad, el delito de expolio (*cfr.* ANTÓN Y ABAJO). Con esta interpretación, respetuosa con lo previsto en el art. 8 CP, difícilmente será de aplicación el art. 235.1.1° CP cuando el hurto de los bienes previstos en el precepto se lleve a cabo en "yacimientos arqueológicos, terrestres o subacuáticos".

Estamos, de nuevo, ante un ejemplo de la pésima técnica legislativa, que incluye delitos o modifica las penas sin tener en cuenta el CP en su conjunto. La consecuencia es que cuando el hurto o hurto continuado de bienes de valor histórico, artístico o científico se lleve a cabo en yacimiento arqueológicos, la pena a imponer puede resultar inferior (de seis meses a tres años de prisión o multa de doce a veinticuatro meses) que cuando el hurto de alguno de esos bienes no se lleve a cabo en dichos yacimientos. Es cierto que el art. 323.2 CP contempla un tipo agravado para los supuestos de especial gravedad, pero solo aplicable a los daños, y no a los actos de expolio.

> Así, por ejemplo, el sujeto que en una exposición de objetos de valor histórico procedentes del conjunto arqueológico *Baelo Claudia* sustrae (sin violencia, intimidación ni fuerza en las cosas) un azulejo romano, puede ser castigado con mayor pena que el personal de seguridad que cada día se lleva varias piezas del yacimiento arqueológico con la intención de venderla a compradores de antigüedades.

Con respecto a las cosas de valor científico, se trata también de un concepto normativo de contenido social que, como advierte GALLEGO SOLER, "no incluye a los derechos de creación y usos de ideas con valor científico", ya que estos se protegen en los delitos contra la propiedad industrial e intelectual. Comprende no sólo los bienes científicos derivados de la creación humana, sino también soportes que tengan atribuidos ese valor (ÁLVAREZ GARCÍA). A efectos de limitar su excesiva amplitud, QUINTERO OLIVARES vincula el concepto "científico" al "patrimonio arqueológico, etnográfico, documental y bibliográfico o a cualquier otro del que pueda predicarse tal condición".

Se pueden plantear situaciones concursales entre el contenido del art. 235.1 CP y los referidos a la propiedad intelectual e industrial. La condición para la aplicación de estos últimos preceptos es que la cosa haya sido registrada o patentada, de forma tal que, como indica PÉREZ MANZANO, con anterioridad a que se produzca ese proceso las referidas creaciones podrían encontrar su protección a través de este art. 235.1.1º CP.

3. Cosas de primera necesidad y desabastecimiento

El legislador no define lo que ha de entenderse por cosas de primera necesidad, por lo que, como indica DE VICENTE MARTÍNEZ, nos encontramos ante un elemento normativo que ha de estimar el Juez en cada caso concreto. Con relación al subtipo agravado homólogo que establece para la estafa el art. 250.1.1.º CP, la Jurisprudencia del TS ha delimitado un concepto de "cosas de primera necesidad" que, partiendo de su definición léxica como "aquellas de las que no se puede prescindir", lo identifica con "los productos de consumo imprescindibles para la subsistencia o la salud de las personas", como los alimentos o las medicinas [(SSTS 103/2001, 30-1 (*Tol 4921322)*, y 981/2001, 30-5 (*Tol 4926164)*].

La Doctrina mayoritaria identifica las cosas de primera necesidad con bienes indispensables para la vida como la alimentación, medicamentos, vestidos, artículos de limpieza o aseo y todos aquellos que sean de uso ordinario en las facetas más imprescindibles de la vida, excluidos, naturalmente, los artículos de lujo (véase por todos VAELLO ESQUERDO). ÁLVAREZ GARCÍA, sin embargo, se muestra crítico con un concepto tan vital de las cosas de primera necesidad, incluyendo en estas "cualquiera de las que se consideran indispensables para el desarrollo de la vida en el actual estado de la civilización".

El art. 235.1.2º CP exige que el hecho provoque además una situación de desabastecimiento, entendiéndose por tal "la situación de peligro concreto para el normal funcionamiento de los canales de distribución" (PÉREZ MANZANO y GALLEGO SOLER, entre otros). Como indica MUÑOZ CONDE, "se trata de un concepto de notable inconcreción que sólo puede entenderse con la finalidad de limitar el alcance de la cualificación a los supuestos de mayor gravedad". En todo caso, tal y como subraya la Doctrina, es difícil que un hurto pueda provocar una situación de desabastecimiento, salvo casos muy excepcionales, como pudo ser el hurto masivo de mascarillas durante la pandemia del COVID o actos de pillaje en situaciones de catástrofe. Se trata por tanto de un tipo cualificado con una mínima incidencia práctica.

4. Cableado, suministros eléctricos, etc.

La reforma de 2015 eliminó la cualificación del hurto de cosas "destinadas a un servicio público, siempre que la sustracción ocasionare un grave quebranto a éste o una situación de desabastecimiento. En contrapartida, introdujo la cualificación del art. 235.1.3º CP que, según la EM de la LO 1/2015, viene a dar respuesta "al grave problema generado por la sustracción de cable de cobre de las redes de servicio público e interés general". El legislador de 2015 también consideró conveniente incorporar una agravación cuando los delitos de hurto o robo afecten a conducciones de suministro eléctrico o de telecomunicaciones, así como a las conducciones o infraestructuras de hidrocarburos.

En el Informe de 2013 del Consejo Fiscal al Anteproyecto de Ley Orgánica, por la que se modifica la Ley Orgánica 10/1995, de 24 de noviembre, del Código Penal, se califica de acierto el "agravar la penalidad de estos comportamientos delictivos que generan grandes perjuicios económicos a las compañías eléctricas y telefónicas, e incluso a las ferroviarias, afectando a servicios públicos y creando en ocasiones problemas de suministro". Frente a esta opinión, la Doctrina mayoritaria considera que la incorporación de esta agravante específica era innecesaria, ya que en caso de que se trate de bienes públicos y se produjese una grave perturbación o desabastecimiento era de aplicación el anterior art. 235.1.2º CP; y en caso de que se tratase de un bien privado y se produjeran perjuicios de especial consideración sería de aplicación tipo cualificado del anterior art. 235.1.3º CP. De no producirse grave perjuicio o perturbación se aplicaría el tipo básico o atenuado de hurto.

Aunque el legislador lleva a cabo una enumeración de las infraestructuras objeto del tipo cualificado, no se trata de una lista cerrada, ya que el tipo incluye como cláusula de cierre “otras cosas destinadas a la prestación de servicios de carácter general”. En tanto que cláusula abierta, y en virtud del principio de intervención mínima, resulta precisa una interpretación restrictiva del estilo a la propuesta por DEL CARPIO DELGADO, al indicar que ha de tratarse de cosas que tengan una “relación directa con las conducciones de suministro eléctrico o de los servicios de telecomunicaciones”, como pueden ser las tuberías de agua o de gas.

El objeto material de la sustracción han de ser los bienes previstos en el precepto, por lo que, en el caso de las conducciones de gas o líquido, este tipo cualificado será de aplicación cuando se sustraiga todo o parte de la conducción (por. ejemplo la tubería o conducto material por el que circula el gasoil), pero no el contenido, con independencia de que tal hecho pueda ser constitutivo de otro tipo cualificado de hurto o de un delito diferente. En este mismo sentido, DEL CARPIO DELGADO ha manifestado que en ningún caso debe tratarse de la sustracción de los hidrocarburos (como podría desprenderse del sentido de la enmienda nº 884 planteada en el Congreso por el Grupo parlamentario Popular —BOCG Serie A. Núm. 66-2), sino “de la infraestructura utilizada para su conducción”. No se puede estar de acuerdo, por tanto, con la STS 573/2019, 23-11 (*Tol 7611548*) que, en un supuesto de hurto continuado de gasoil mediante la perforación de un oleoducto, considera que sería de aplicación este tipo agravado de hurto (aunque no lo llega aplicar en virtud del principio de la ley más favorable).

Ante esta situación, según QUERALT JIMÉNEZ, se plantean dos hipótesis: que el servicio aun no esté en marcha, por lo que no se podría producir el grave quebranto exigido por el precepto; o que el servicio esté en marcha, lo que daría lugar, según el autor, a la aplicación del art. 560.3 CP. En efecto, si el servicio está en marcha puede plantearse una relación concursal con el delito de desórdenes públicos tipificado en el art. 560.3 CP. No obstante, para la delimitación del delito de hurto o robo y este delito el TS considera, con gran parte de la Doctrina, que la finalidad de alterar el orden público es la que da todo sentido al delito de desórdenes públicos, hasta constituir un elemento subjetivo del injusto, de modo que sólo cuando se detecte tal propósito como impulsor del apoderamiento del material u objeto destinados al servicio público deberá aplicarse tal precepto, reservando el delito de hurto agravado, siempre que se trate de cosas destinadas a un servicio público y se produzca una grave perturbación del servicio, para los demás apoderamientos, en tanto no aparezca aquella finalidad primordial (criterio subjetivo). Por tanto, en caso de que el servicio público esté en funcionamiento habrá que acudir al dolo del autor para aplicar el art. 235.1.3º o el art. 560.3 CP.

Los bienes sustraídos tienen que estar “destinados a la prestación de servicios de interés general”. SÁNCHEZ ROBERT entiende que el término “interés general" supone una descripción más amplia que la relativa a "servicios públicos", evitando la problemática que podía suscitarse con la prestación de servicios públicos por parte de empresas privadas concesionarias. No obstante, la Doctrina mayoritaria considera que el cambio de denominación no afecta a su contenido, por lo que tiene que tratarse de servicios que desempeñen una función esencial y básica para la colectividad ya que, como expresamente indican GARCÍA ARÁN, ÁLVAREZ GARCÍA y PÉREZ ALONSO con relación al anterior art. 235.2 CP, lo importante es la relación necesaria y directa de la cosa con el desempeño de la función pública, y ello con independencia de que el servicio sea prestado por la administración pública o por una empresa privada concesionaria del servicio público.

Para la aplicación del tipo cualificado es preciso además que la sustracción ocasione un grave quebranto al servicio público. Para ello el juzgador ha de tener en cuenta la gravedad del perjuicio ocasionado, el número de afectados, la importancia del servicio quebrantado, así como la duración de la falta del servicio. El TS ha apreciado la agravación en hurto de hilo de cobre de RENFE [STS 3-12-1992 (*Tol 398064)*], en hurto de cables de alumbrado [STS 20-11-1991 (*Tol 4277664)*] o en hurto de cables de cobre de línea telefónica [STS 17-3-1989 (*Tol 2365113)*], en todos los casos por tratarse de cosas destinadas a un servicio público con grave perturbación de este. Por su parte, la SAP, Barcelona, 192/2011, 14-2, considera que existe también una grave perturbación del servicio público en el supuesto del hurto de los cables de telefonía que afectó a 50 personas que se quedaron sin línea telefónica ni internet durante más de 24 horas. En todo caso, el quebranto tiene que suponer una disminución cualitativamente importante del servicio o la interrupción de este para que pueda justificarse la aplicación del tipo agravado (ÁLVAREZ GARCÍA).

El CGPJ (en su Informe al Anteproyecto de Ley Orgánica por la que se modifica la Ley Orgánica 10/1995, de 23 de noviembre, del Código Penal) se muestra crítico con este requisito, al considerar que su eliminación "dotaría al precepto de un alcance disuasorio de mayor envergadura, que será muy útil para poner coto al constante incremento de esta modalidad delictiva y, además, evitaría que la punición agravada dependiera de los factores circunstanciales asociados al funcionamiento al servicio o suministro". En contra de esta posición se manifiesta expresamente DEL CARPIO DELGADO, ya que, como acertadamente indica, el fundamento de la agravación no radica en las características o cualidades de las cosas sustraídas, sino "en el destino general de la cosa a la prestación de un servicio público" a fin de que los usuarios no se vean impedidos de su prestación.

Por supuesto, como indica GALLEGO SOLER, el grave quebranto debe ser acreditado en cada caso concreto, sin que pueda operar una presunción *iuris tantum* del mismo cuando se sustrae alguno de los bienes a los que se refiere el precepto.

5. Productos agrarios o ganaderos

El Preámbulo (Apdo. XIV) de la LO 1/2015, fundamenta la introducción de este tipo cualificado en el hecho de que "se trata de infracciones cometidas en explotaciones en las que difícilmente es posible adoptar medidas eficaces de protección, circunstancia que es aprovechada para la comisión de estos delitos, y que conllevan la causación a sus propietarios de un perjuicio extraordinariamente elevado, muy superior al que corresponde a la mera valoración de los productos sustraídos, y son causa de una grave sensación de desprotección e inseguridad para quienes los sufren".

En palabras de QUERALT JIMÉNEZ, su fundamento se debe más al alarmismo mediático que a un aumento significativo en condenas por hurtos o robos derivados de estas sustracciones. El estudio criminológico realizado por ESTÉVEZ MARÍN pone de manifiesto que, aunque nos encontramos con un problema creciente, este tipo de conductas supone un pequeño porcentaje tanto del total de hurtos como del total de delitos cometidos en España en los años inmediatamente anteriores a la reforma de 2015.

La Doctrina mayoritaria destaca la inutilidad de la inclusión de este tipo cualificado, ya que en caso de "causarse un perjuicio grave", elemento exigido por el art. 235.1.4º CP, podría ser perfectamente de aplicación el art. 235.1.5º CP. Como destaca CANO CUENCA, el legislador penal, debido a la demanda fuertemente reiterada de agricultores y ganaderos, individualiza las acciones realizadas en determinados ámbitos, lo que podría resultar innecesario con una adecuada aplicación del tipo agravado siguiente. Además, en palabras de GONZÁLEZ URIEL, la especificación o concreción del objeto en un determinado sector productivo o de actividad genera un notable agravio comparativo con otras profesiones y sectores económicos que también pueden verse desprotegidos.

La aplicación del art. 235.1.4º CP requiere la presencia de tres elementos:

a) Naturaleza del objeto sustraído: en cuanto a los productos objeto de sustracción han de ser "agrarios o ganaderos". Los productos "agrarios" (o agrícolas) son los derivados de plantas que se pueden cultivar y cosechar extensivamente, y pueden referirse tanto a las partes cosechadas o no cosechadas, como a la cosecha en un estado más refinado. Así, por ejemplo, en el caso de una explotación de olivares en la que disponen de su propio molino para extraer el aceite, habrá que entender por producto agrícola los olivos, las aceitunas (cosechadas o no), así como el aceite extraído. Los productos agrícolas pueden estar destinados al consumo humano o industrial, por lo que incluyen, entre otros, los cultivos forrajeros y de césped, de algodón, de esparto, semillas oleaginosas, cultivos de granos y piensos, frutas y verduras, etc.

Aunque el concepto de producto agrícola ya incluye las aves de corral y el ganado, el legislador ha decidido distinguir entre unos y otros, de modo que por producto ganadero habrá de interpretarse lo que forma parte de un "ganado", entendido como el conjunto de animales de una misma especie criados por el hombre, sobre todo mamíferos, para la producción de carne y sus derivados destinados a la alimentación humana. Según el Ministerio de Agricultura, Pesca y Alimentación, los sectores ganaderos son; el vacuno lechero y de carne, el ovino-caprino, el porcino, el avícola de puesta y de carne, el equino, el cunícula (cría de conejos para el consumo), el apícola y el helicícola (granjas de caracoles). Todos los anteriores habrán de considerarse productos ganaderos, así como los derivados de ellos: huevos, leche, miel, la carne de los animales sacrificados que estén todavía en la explotación ganadera, etc.

SOUTO GARCÍA se plantea si la literalidad del precepto permite una acepción amplia que incluya la cría de peces en cautividad, concretamente en piscifactorías o esteros, cuestión que, según la autora, habrá de resolver la Jurisprudencia. La cuestión estaría resuelta si el legislador se hubiera referido exclusivamente a productos agropecuarios, pero en la medida en que expresamente menciona sólo a los productos agrícolas y ganaderos, la inclusión de los peces criados en cautividad implica una interpretación extensiva que va más allá de la literalidad del precepto. En efecto, una vez incluido este tipo cualificado parece que no tiene sentido dejar al margen de su aplicación a los peces criados en cautividad que, sobre todo, cuando son criados en esteros son objeto de una importante pesca furtiva. Con ello se vuelve a poner de manifiesto que la intención del legislador era dar respuesta a los sectores que demandaban una mayor seguridad, entre los que, quizá por su menor representación, no se encontraban los dedicados a la acuicultura.

También puede ser objeto material de este precepto la sustracción de los instrumentos o medios que se utilizan para la obtención de los productos agrícolas o ganaderos. En este sentido es importante señalar que, como subraya QUERALT JIMÉNEZ, los medios o instrumentos se limitan a los que cumplan la función de "obtención del producto", por lo que se incluirían aperos de labranza, maquinaria, el pienso almacenado del ganado, fertilizantes, insumos agrícolas, etc., pero no otros como, por ejemplo, los vehículos para el transporte del ganado o la mercancía, las básculas, etc.

b) Lugar de comisión del delito: el hurto ha de cometerse en una explotación agrícola o ganadera, lo que deja al margen de la aplicación del precepto los hurtos cometidos durante su transporte o en cualquier otro lugar en el que se encuentren los objetos para su venta, comercialización u otra finalidad (DEL CARPIO DELGADO), como ejemplo en una feria de ganado. El Ministerio de Agricultura, Pesca y Alimentación incluye en el concepto de explotación agrícola tanto la destinada a obtener productos agrícolas como ganaderos. Así, por explotación agrícola o ganadera se entiende "la unidad técnico-económica de la que se obtienen productos agrarios bajo la responsabilidad de un titular. Dicha unidad técnico-económica se caracteriza por la utilización en común de mano de obra y de los medios de producción: maquinaria, tierras, edificios, abonos, etc. Es decir, es una unidad de carácter agrícola (conjunto de tierras y/o ganado), bajo una gestión única, situada en un emplazamiento geográfico determinado y que utiliza los mismos medios de producción". Aunque la norma no lo requiere, por razones de seguridad jurídica, entiendo que este tipo cualificado sólo sería de aplicación cuando el hurto se cometa en una explotación agraria o ganadera que esté dada de alta como tal en el registro de explotaciones agrarias y/o ganaderas. Quedan al margen del tipo los hurtos cometidos en explotaciones forestales y acuícolas.

c) Resultado: además de los requisitos anteriores es preciso que el hecho "cause un perjuicio grave a las explotaciones". El perjuicio causado tiene que ser valorado independientemente tanto del valor de los objetos sustraídos (en sentido contrario se manifiesta SOUTO GARCÍA), como del perjuicio tenido en cuenta para la responsabilidad civil (SÁNCHEZ ROBERT). Como propone DEL CARPIO DELGADO, "la valoración del resultado debe realizarse teniendo en cuenta otros efectos de la sustracción de los objetos distintos de su propia naturaleza o destino. Este perjuicio grave a la explotación agrícola o ganadera debe equivaler a una disminución patrimonial elevada, que supere el valor intrínseco de los productos sustraídos, de carácter objetivo y económico".

Como conclusión, puede afirmarse que estamos de nuevo ante una expresión del Derecho penal simbólico que acude al incremento punitivo innecesariamente y en sustitución de otros medios más eficaces como sería, tal y como plantea GONZÁLEZ URIEL, el incremento de la vigilancia en las zonas rurales. Sin embargo, como igualmente reconoce el citado autor, ello implicaría el incremento de partidas presupuestarias, "de donde se infiere que el legislador haya preferido un atajo más rentable en términos económicos, pero más discutible desde postulados de política criminal".

6. Especial gravedad o perjuicios de especial consideración

Con anterioridad a la reforma de 2015, esta cualificación del delito hurto (prevista actualmente en el art. 235.1.51°CP) se encontraba tipificada en el art. 235.1.3° CP. Presenta una redacción alternativa, consistente en "la especial gravedad, atendiendo al valor de los efectos sustraídos", o cuando se "produjeren perjuicios de especial consideración". Se trata de un tipo abierto que requiere de una valoración judicial tanto de la especial gravedad, como de la especial consideración de los perjuicios (VAELLO ESQUERDO). En virtud del principio *non bis in idem,* no podrá aplicarse conjuntamente, a los efectos del art. 235.2 CP, con otro tipo cualificado en el que también se exija como resultado una especial gravedad o perjuicio.

La especial gravedad constituye un elemento normativo del tipo cuyo contenido se debe referir exclusivamente al valor de los efectos sustraídos (DE VICENTE MARTÍNEZ). La valoración de la especial gravedad podía hacerse mediante un sistema de cuantías expresadas en la norma, o dejar a la discrecionalidad judicial la fijación del límite cuantitativo a partir del cual debe aplicarse la cualificación. Cada una de las fórmulas mencionadas presentan sus ventajas e inconvenientes: la determinación legal de la cuantía proporciona una mayor seguridad jurídica, pero puede provocar un salto de pena por un solo euro (GARCÍA ARÁN). Por su parte, la determinación judicial deja abierta la cualificación a la decisión del tribunal, pero a la vez impide aplicar la agravante de forma automática cuando se sobrepase, aunque sea mínimamente, la cuantía establecida; y permite ir adecuando dicha cuantía a la realidad económica, sin necesidad de reformar el CP.

El legislador ha optado por la segunda de estas vías: la especial gravedad será apreciada por los Jueces y debe tenerse en cuenta con relación al valor de los efectos sustraídos, por lo que ha de ir referida exclusivamente a la cuantía económica de estos. En este sentido, señala GARCÍA ARÁN que el contenido de la circunstancia es absolutamente objetivo y referido a la cuantía del objeto, sin hacerlo depender de otras valoraciones. La circunstancia es evidentemente objetiva en su inicio, aunque después venga determinada por una serie de factores valorativos que deberán ser todos ellos abarcados por el dolo específico del delito en el entorno de un ánimo de lucro especialmente reprochable [SSTS 23-1-1989 (*Tol 2373652*), y 21-2-1989 (*Tol 455017*)].

La Jurisprudencia ha ido perfilando el concepto de especial gravedad tratando de encajarlo en los diferentes supuestos de hecho que la realidad plantea. Para encontrar una referencia válida es necesario tener en cuenta y manejar diversos indicadores —fundamentalmente de carácter económico—, que nos llevan a estimar las cifras que pueden ser consideradas como de especial gravedad atendido el valor de los efectos sustraídos. Los índices variarán según los indicadores económicos que atribuyen un determinado valor al dinero en relación con la coyuntura económica cronológicamente considerada que no es otra que la del momento de comisión del hecho delictivo. Las cifras serán siempre relativas, pero siempre existirán cantidades que, por su cuantía, merecen una especial consideración por el Juzgador, no sólo consideradas en sí mismas, sino en relación con la fecha en que se cometió el delito. [STS 8-7-1992 (*Tol 400051*)].

Desterrado el sistema de cuantías, es necesario ponderar una serie de circunstancias o baremos para encajar el valor económico de los efectos sustraídos dentro de los supuestos específicos contemplados por el Legislador como circunstancias agravatorias del delito. Para determinar el punto a partir del cual se puede considerar que entra en juego el mecanismo agravatorio, se debe tener en cuenta, a ser posible, factores objetivos, como los índices de renta media de los ciudadanos españoles o los ingresos por cápita. Con estos módulos podemos acercarnos a cifras próximas al 1.000.000 de pesetas —en el año en que los hechos fueron cometidos—, para integrar la agravante que atiende al valor de los efectos sustraídos [STS 16-12-1991 (*Tol 2420569*)].

Durante los primeros años de la década de los noventa del siglo pasado, la cifra fijada jurisprudencialmente para considerar "la especial gravedad" estaba en torno a los dos millones de pesetas, aunque es cierto que algunas sentencias manejaban cifras inferiores. La STS 761/2014, 12-11 (*Tol 4698331*) ha considerado aplicables en esta circunstancia los criterios correspondientes a los tipos agravados de la estafa y la apropiación indebida, pese a las diferencias gramaticales con la redacción del art. 250 CP, el cual, en cuanto al "valor de lo defraudado", fija el límite inicial en la cantidad de 50.000 euros (a favor de esta interpretación VÁZQUEZ GONZÁLEZ). Frente a esta posición del Alto Tribunal, cabe replicar que si bien son necesarias reglas que aporten seguridad jurídica, si el legislador ha decidido suprimir la regla de la cuantía exacta para determinar la especial gravedad en el delito de hurto, dejándolo al juicio discrecional del juzgador, pero lo que no puede éste es sustituir la voluntad del legislador aplicando automáticamente y por analogía las cuantías previstas para los delitos agravados de estafa y apropiación indebida. Como indica MUÑOZ CONDE, es positivo que Tribunales no establezcan una cantidad exacta a partir de la cual el hurto se considere de especial gravedad, ya que al fijarse por la Jurisprudencia las cantidades en términos aproximados se evita que, por la vía del automatismo jurisprudencial, se regrese al superado sistema de cuantías. El dato más reciente lo aporta el ATS 21-9-2023 (*Tol 9724302*), en el que, sin que se fije una cuantía mínima, se considera de aplicación la circunstancia de especial gravedad en un supuesto en el que el valor de los sustraído alcanzaba los 150.000 euros.

La segunda modalidad prevista en el art. 235.1.5º CP es que se causen perjuicios de especial consideración. El hecho de que se diferencie entre el valor de los objetos sustraídos y el perjuicio ocasionado lleva a entender, con MUÑOZ CONDE, que el perjuicio es un concepto más amplio, en el que han de incluirse otras lesiones patrimoniales no constitutivas de delito distinto y evaluables económicamente. No serán de inclusión en el perjuicio el valor económico de lo sustraído ni los otros supuestos previstos en el art. 235.1 CP (como la especial afectación económica a la víctima, el abuso de ésta, etc. —ÁLVAREZ GARCÍA), ni los perjuicios morales, que formarían parte del contenido de la responsabilidad civil. Lo mismo ocurre con el lucro cesante, ya que, como indica SOUTO GARCÍA, el fundamento de la agravación radica en el incremento de la afectación al patrimonio.

Por tanto, se puede considerar con GARCÍA ARÁN que "el perjuicio de especial consideración equivale a la disminución patrimonial que supera el valor intrínseco de la cosa, de carácter objetivo y económico, como notas que permiten diferenciar esta situación de otras próximas y, especialmente, del ámbito de la responsabilidad civil indemnizatoria". La SAP, Madrid, 369/2003, 7-7, no considera aplicable esta circunstancia al no quedar acreditado los perjuicios causados, en cuanto la víctima "tenía un alto nivel de vida, no solo por el lugar donde vive, el servicio doméstico que puede mantener, el jardinero, sino los objetos caros que había adquirido, además de los viajes a que se refiere en sus declaraciones".

No obstante, como ha sugerido el propio TS al manifestar que esta circunstancia es la que mayor ámbito de discrecionalidad deja al juzgador, hay que admitir con ÁLVAREZ GARCÍA que cualquier esfuerzo hermenéutico es inútil e inconveniente "ante preceptos como éste que padece de todas las tachas de inconstitucionalidad imaginables".

Tanto en esta circunstancia, como en aquellas otras en las que el valor de lo hurtado o el perjuicio producido por el hurto ya haya determinado un cambio de calificación jurídica y la correlativa agravación, no procederá el efecto agravatorio de la regla primera del art. 74 CP en caso de apreciarse un delito continuado, pues la aplicación de dicha regla a aquellos delitos en los que el importe total del valor de lo sustraído o del perjuicio ocasionado desplazan del tipo básico al subtipo agravado, implicaría el menoscabo de la prohibición constitucional de *bis in idem.* [STS 76/2013, 31-1 (*Tol 3011619*)].

7. *Circunstancias que debilitan la defensa del ofendido o facilitan la comisión impune del delito*

Los supuestos de esta circunstancia, redactados de forma alternativa en el art. 235.1.6º CP, han sido objeto de una ampliación por parte de la LO 1/2015. El precepto anterior, previsto en art. 235.4 CP, sólo contemplaba como circunstancias agravantes la grave situación económica en que se pusiera a la víctima o a su familia, o cuando se abusare de sus circunstancias personales.

En opinión de MUÑOZ CONDE, la contemplación de la grave situación económica en la que se coloca a la víctima como circunstancia agravante del hurto implica la inclusión de un criterio material de valoración del bien jurídico que contempla la propiedad no como un valor absoluto, sino con relación a las circunstancias económicas concretas del sujeto pasivo.

El fundamento de la agravación, como indica DE VICENTE MARTÍNEZ, "reside en la intensidad cuantitativa del daño patrimonial producido", lo que obliga a considerar la afectación del patrimonio con relación a la capacidad económica de su titular (GALLEGO SOLER). En este sentido, la STS 1365/1985, 3-10, indica que su fundamento radica "en el desvalor del resultado, siempre en apreciación relativa a la vista de las condiciones patrimoniales del sujeto pasivo y de las cargas o atenciones económicas a que haya de proveer". Así, como señala TERRADILLOS BASOCO, cuando el hurto disminuye el patrimonio del potentado disminuyendo de manera notable su nivel de consumo, que, en condición de potentado, sigue siendo notoriamente alto, no será de aplicación esta agravante, sino, en su caso, la del precepto anterior.

Esta consideración del fundamento de la agravante es lo que permite distinguir esta circunstancia de las anteriores (GARCÍA ARÁN). La STS 10-10-1988 (*Tol 5110614*), citada por GONZÁLEZ RUS, reafirma la independencia de esta circunstancia respecto de las del precepto anterior, al descartar la grave situación económica de la víctima, aceptando que puedan suponer perjuicios de especial consideración.

La "grave situación económica" debe entenderse referida a la imposibilidad o grave dificultad para hacer frente a las obligaciones económicas ordinarias de la víctima o del concreto núcleo familiar (ÁLVAREZ GARCÍA). La gravedad de la situación económica no debe interpretarse, por tanto, en el sentido de llegar a dejar a la víctima en una situación de indigencia o miseria [SSTS 10-2-1988 (*Tol 2358463*), y 26-5-1994 (*Tol 5154201*)], sino simplemente arrojarla a un problema económico grave (SAP, Madrid 147/2000, 10-4). Como acertadamente señala SOUTO GARCÍA, "la casuística es inevitable", por lo que cada caso concreto habrá de ser analizado en función de la situación económica en la que queda la víctima o su familia, y ello con independencia del valor de lo sustraído y del perjuicio ocasionado. La STSJ, Andalucía, 92/2020, 6-5 (*Tol 8327928*), aprecia esta circunstancia en un supuesto en el que, a consecuencia de las continuadas detracciones, la víctima "quedó en situación económica de precariedad absoluta, debiendo ser auxiliada por la Cruz Roja para cubrir las más elementales necesidades vitales". También la SAP, Barcelona, 549/2019, 3-9, justifica la aplicación de esta circunstancia en el caso del hurto "de todos los enseres personales y de uso cotidiano del perjudicado, y que incluso tras el transcurso de un tiempo no había podido reponer por falta de recursos económicos para ello, teniendo que ser auxiliado por familiares y amigos".

Aunque el sujeto pasivo sea la víctima, la circunstancia agravante también se aplica cuando a quien se deja en una grave situación económica es a la familia de la víctima. El criterio de interpretación de lo que de entenderse por "familia" a efectos de esta circunstancia no puede circunscribirse al respectivo concepto civil. Como señala ÁLVAREZ GARCÍA, la naturaleza de la norma exige que la interpretación se realice en un sentido restrictivo/económico, entendiendo por familia a estos efectos "el del conjunto de personas que participan de una economía común, con independencia de su vinculación parental y de que vivan en el mismo lugar". Obviamente, como resalta el citado autor, los integrantes de la familia podrán ser perjudicados a efectos de responsabilidad civil, pero no necesariamente víctimas o sujetos pasivos del delito.

La Doctrina mayoritaria entiende que también puede ser sujeto pasivo de esta circunstancia agravante la persona jurídica, pero siempre que ello tenga una repercusión en personas físicas que resulten afectadas (véase por todos QUINTERO OLIVARES).

Con respecto a las restantes circunstancias previstas, esto es, la situación de desamparo y otras circunstancias contextuales, GALLEGO SOLER apunta que el fundamento de la agravante en estos casos radica en un mayor desvalor de comportamiento del sujeto activo, pues sabe que el sujeto pasivo no dispone de los suficientes mecanismos de autotutela patrimonial. En un sentido similar se pronuncia SOUTO GARCÍA, al entender que "el debilitamiento de la defensa del ofendido y la facilidad de la comisión impune del delito" ha de constatarse en todas las circunstancias del art. 235.1.6º CP, excepto en la primera. También CANO CUENCA entiende que se trata de circunstancias que denotan una mayor facilidad para la comisión del hurto o un mayor desvalor de acción.

En este sentido hay que tener en cuenta que, como advierte TERRADILLOS BASOCO, el abuso de las circunstancias, permanentes o coyunturales, en que se halle la víctima responde a las mismas razones político-criminales que alguna de las agravantes genéricas del art. 22 CP, por lo que el art. 235 CP actuará, de ordinario, como *lex consumens.* En idéntico sentido se pronuncia SOUTO GARCÍA.

En cuanto al abuso de las circunstancias personales de la víctima, un análisis pormenorizado de la Jurisprudencia evidencia que se aprecia dicha circunstancia cuando por razones de edad o condiciones físicas a la víctima le es difícil o imposible reaccionar. Así, por ejemplo ha sido objeto de apreciación en supuestos "demencia senil de la víctima, que presentaba un deterioro cognitivo severo [STS 832/2004, 30-6 (*Tol 483723)*]; la elevada edad de la víctima (85 años) frente a tres personas jóvenes [SAP, Teruel, 14/2021, 4-2 (*Tol 8435642)*]; sustracción de la mochila a una vendedora de la ONCE con visión casi nula [(SAP, Las Palmas, 318/2009, 17-11 (*Tol 1745386)*]; también la menor edad de las víctimas ha sido tenida en cuenta para la aplicación de esta circunstancia (SAP, Madrid, 309/2000, 2-7).

> La SAP, Barcelona, 914/2012, 11-10, señala que la literalidad del texto hace que no sea servible a los efectos interpretativos la agravación paralela que para el delito de estafa establece el art. 250 CP, puesto que este precepto alude al abuso de las "relaciones" personales", lo que presupone un vínculo previo existente entre sujeto activo y pasivo. El mayor desvalor de la conducta, en el hurto, radica en ese aprovechamiento de circunstancias que determinan una mayor facilidad de comisión del delito y que tenga que ver con la concreta situación de la víctima. Así, por ejemplo, la SAP, Madrid, 369/2003, 7-7, no considera que exista abuso de las circunstancias personales de la víctima (extranjera, que llevaba unos meses en España sin arraigo, indefensa, sin posibilidad de control de sus bienes, que confiadamente había dejado en las únicas manos que conocía en el país) porque el legislador lo que trata de recalcar es que se trata de abusos en relación con las circunstancias personales de la víctima, es decir, no en atención a la situación en que se encuentra la víctima o en que ella voluntariamente se ha colocado dando su confianza o admitiendo al inculpado en su casa.

Las condiciones del sujeto pasivo son, por tanto, las determinantes para la aplicación de esta circunstancia, y entre esas condiciones cabe perfectamente la edad de las víctimas, personas invidentes, con discapacidad o cualquier otra circunstancia personal que afecte a su posibilidad de tutelar sus objetos patrimoniales. Como dice QUINTERO OLIVARES, el ámbito de esta situación cualificante se reduce a la inferioridad por razón de edad o condiciones físicas que dificultan la reacción de la víctima. Queda claro, por tanto, que el "hurto con abuso de confianza" no debe incluirse en esta figura agravada, pudiendo, sin embargo, apreciarse en el hurto general la agravante genérica del art. 22.6 CP, cuando concurra. Señala QUERALT JIMÉNEZ en este sentido que, a diferencia de la agravante genérica de abuso de confianza, aquí se trata de que el sujeto activo se aproveche de la circunstancia personal en la que encuentra la víctima para sustraerle un bien.

Como señala DEL CARPIO DELGADO, "la Doctrina y Jurisprudencia mayoritarias coinciden en que la aplicación de esta cualificación debe limitarse a los casos en los que el autor aprovecha conscientemente esa situación de inferioridad en la que se encuentra la víctima, excluyendo los supuestos de abuso creado por el sujeto activo mediante la interposición de actos positivos que debiliten la defensa de ésta".

A las circunstancias personales de la víctima, la LO 1/2015 agrega el "abuso de la situación de desamparo de la víctima". Aunque un sector doctrinal considera que esta circunstancia ya se podía considerar incluida en el abuso de las circunstancias personales de la víctima, en mi opinión se trata de cuestiones diferentes. En el primer caso ha de tratarse de condiciones personales de la víctima físicas, psíquicas o por razón de edad que le impiden defenderse; la situación de desamparo, sin embargo, es independiente de las circunstancias personales, e iría referida a otras circunstancias situacionales relacionadas con la víctima que supongan una ventaja para el sujeto activo del delito (DEL CARPIO DELGADO).

En este sentido, el abuso de la situación de desamparo de la víctima podría entenderse "en cierto sentido" similar a la agravante prevista en el art. 22.2 CP, consistente en aprovechar las circunstancias de lugar, tiempo o auxilio de otras personas que debiliten la defensa del ofendido o faciliten la impunidad del delincuente. Sin embargo, en mi opinión, "la situación de desamparo", entendida como situación desvalimiento o indefensión, es más restrictiva que la agravante genérica, sin que se pueda considerar como tal las situaciones en las que por determinadas razones la víctima no se encuentra en su vivienda (hospitalización, encarcelamiento, viaje, etc.), y en las que sí puede ser de aplicación la agravante genérica cuando el autor se aproveche de esa situación.

Por último, la LO 1/2015 introduce la circunstancia consistente en el aprovechamiento de "la producción de un accidente o la existencia de un riesgo o peligro general para la comunidad que haya debilitado la defensa del ofendido o facilitado la comisión impune del delito." En este caso se trata de penar más gravemente de lo que resultaría con la aplicación de la agravante genérica del art. 22.2 CP supuestos de pillaje en situaciones de catástrofes, de apagones de luz, etc. En todo caso, subraya QUERALT JIMÉNEZ, en la medida en que el legislador establece una cualificación específica que supera en penalidad a la resultante de aplicar la agravante genérica, será necesaria la acreditación de que se ha debilitado efectivamente la defensa de la víctima, sin que pueda aplicarse la circunstancia cuando se deba a un descuido del sujeto pasivo.

8. Multirreincidencia

La finalidad última del legislador al introducir esta circunstancia agravante específica para el delito hurto (aplicable también, como el resto de las circunstancias, al delito de robo con fuerza en las cosas) es la de castigar más duramente la "delincuencia profesionalizada" o, como se decía en la primera versión del proyecto, la actuación con profesionalidad, "con el ánimo de proveerse una fuente de ingresos no meramente ocasional". Posteriormente se cambió la redacción del texto por su más que posible inconstitucionalidad, ya que, tal y como ya había tenido ocasión de pronunciarse el TC en su Sentencia 185/2014, 6-11, con relación al anterior art. 623.1.2º CP, la única forma de salvar la inconstitucionalidad del precepto y la aplicación de un derecho penal de autor era interpretar que para apreciar la reiteración, las faltas de hurto tenían que haber sido objeto de condena firme en otro proceso, o ser enjuiciadas y objeto de condena en el proceso en el que se planteara la aplicación del precepto (véase ampliamente sobre la tramitación de este precepto PERRINO PÉREZ y DEL CARPIO DELGADO).

El legislador optó finalmente por la fórmula de la multirreincidencia en términos similares a los previstos en el art. 66.1.5º CP, con la única diferencia que el art. 235.1.7º CP es de aplicación preceptiva, mientras que la aplicación de la agravante genérica de multirreincidencia es facultativa. Existe también una ligera diferencia en cuanto a la penalidad: si se aplicara al hurto básico del art. 234.1 CP la agravante del art. 66.1.5º CP la pena sería de 18 meses y un día a dos años y tres meses, mientras que al aplicar la agravante específica la pena prevista es de uno a tres años.

Al eliminarse la posibilidad de aplicar la agravante genérica de reincidencia, y por tanto la de multirreincidencia prevista en el art. 66.1.5º CP, a los antecedentes penales que correspondan a delitos leves, el legislador de 2015 pretendía, con la incorporación de esta agravante, castigar la multirreincidencia de hurtos leves.

No obstante, y tal y como ya se ha tenido ocasión de exponer, el TS frustró las expectativas del legislador al considerar no aplicable esta circunstancia a los supuestos en los que el delito enjuiciado era un delito leve (antigua falta) del art. 234.2 CP, por vulneración del principio de proporcionalidad; y ello con independencia de que los anteriores delitos por los que hubiera sido condenado fueran leves o menos graves.

En el caso de que los delitos previamente cometidos sean menos graves, la relación entre este precepto y la agravante de multirreincidencia prevista en el art. 66.1.5º es de concurso de normas, resuelto a favor de la agravante específica por el art. 67 CP.

El art. 235.1.7º CP establece expresamente, como no podía ser de otra forma, que no se tendrán en cuenta los antecedentes cancelados o que debieran serlo.

9. Utilización de menores de dieciséis años para la comisión del delito

La reforma del CP llevada a cabo por la LO 5/2010 introdujo una nueva circunstancia agravante del hurto consistente en utilizar a menores de catorce años para la comisión del delito (anterior art. 235.5 CP). Mediante esta modificación se pretendía sancionar con mayor pena a quienes emplearen a menores de edad no responsables penalmente para la comisión del hurto. El fundamento de esta nueva circunstancia —sobre el que no se pronunciaba la EM de la LO 5/2010— podría ser la especial tutela a los menores de edad para impedir que sean utilizados como instrumento en la comisión de delitos contra la propiedad, y de esa forma iniciarlos en la carrera delictiva. No obstante, la no alusión a los incapaces hace sospechar que la razón última de la circunstancia era más de política criminal que tuitiva. Como señala QUINTERO OLIVARES, cuando se incluyó este tipo cualificado en el año 2010 se partía de "una realidad criminológica comprobada": la utilización de menores por bandas, generalmente formadas por extranjeros, para la comisión de delitos de hurto y robo formaba parte en la mayoría de las ocasiones de una delincuencia organizada adulta en la que posteriormente acaban integrándose estos menores. Desde un punto de vista dogmático, se trataba de un supuesto de autoría mediata con instrumento no imputable, ya que al tratarse de un menor de 14 años carece de responsabilidad penal y se presume su instrumentalización por parte del adulto.

La LO 1/2015, sin proporcionar ningún tipo de justificación para ello, modifica la circunstancia (tipificada ahora en el art. 235.1.8º CP), elevando la edad del menor utilizado para la comisión del delito a los dieciséis años. Tal decisión, por supuesto, no va acompañada de un estudio de política criminal que justifique incrementar la edad, y tampoco se aclara el porqué se eleva hasta los dieciséis años y no hasta los dieciocho, como en el resto de las agravaciones similares que recoge el CP. Nos encontramos, de nuevo, con una decisión arbitraria del legislador que se lleva a cabo sin ponderar adecuadamente las consecuencias de sus decisiones en el ámbito penal.

Ya durante la tramitación del proyecto, el Grupo parlamentario socialista se opuso a la modificación de esta circunstancia, al entender que la utilización de adolescentes en la comisión de un hurto no es un hecho que tenga la misma gravedad que la utilización de menores de catorce años desde una perspectiva penal, ya que la Ley Orgánica de Responsabilidad Penal del Menor parte de la base de que el menor de 14 años no es responsable penalmente de sus actos; por tanto, la utilización mayores de 14 y menores de 16 años para la comisión de delitos patrimoniales generaría en principio responsabilidad para el menor y no puede presumirse que ha sido instrumentalizado por el adulto (BOCG Serie A, núm. 66-2. Enmienda núm. 681).

En este sentido, hay que estar de acuerdo con GONZÁLEZ URIEL cuando indica que la *ratio* de su introducción en el año 2010 era evitar lagunas de punibilidad y, en todo caso, la frontera se trazaba en la irresponsabilidad penal de los menores. Sin embargo, no se alcanza a descubrir cuál es el sentido de la modificación. En palabras del citado autor, "se trata de un cambio innecesario, no reclamado y que únicamente puede ser comprendido en una política gestual o teatralización, en orden a mostrar una protección total de los menores: si bien, si ésta es la causa, ha de agregarse que se trata de una tutela discordante y asistemática en relación con otros pasajes del texto punitivo".

En el caso de los menores de entre catorce y dieciséis años, una parte de la Doctrina entiende que la circunstancia cualificativa sería de aplicación tanto en los supuestos de autoría mediata (instrumento no doloso) como en los de inducción. En este sentido, ROBLES PLANAS, desde una acepción amplia del significado del verbo "utilizar", considera que "la utilización no debe entenderse en el sentido de la autoría mediata, sino más ampliamente, abarcando todos los supuestos en los que se haga intervenir —con o sin violencia, intimidación o engaño— a un menor de dieciséis años en el delito". En este último caso el mayor de catorce años y menor de dieciséis que intervenga dolosamente sería responsable como autor o partícipe del delito de hurto, mientras que quien lo "utiliza" sería responsable como inductor, coautor o partícipe de un hurto agravado del art. 235.1.8º CP.

Frente a esta posición, que podría estar sustentada en el hecho de que la finalidad sea la de impedir que se involucre a menores y adolescentes en delitos que los puede llevar al inicio de una carrera criminal (finalidad no expresada por parte del legislador), hay que tener en cuenta la literalidad del precepto, que emplea expresamente el término "utilización". En la segunda acepción del DRAE, el verbo utilizar se define como "aprovecharse de algo o de alguien", lo que hay que diferenciar de lo que sería una participación dolosa por parte del menor. Por ello, como expresamente señalan DEL CARPIO DELGADO, SOUTO GARCÍA, GONZÁLEZ URIEL y QUINTERO OLIVARES, el verbo nuclear "utilizar" ha de ser interpretado en sentido estricto. Ello implica que si el menor tiene menos de catorce años se trata de un instrumento no imputable (QUERALT JIMÉNEZ) utilizado por el autor (mediato) del delito. En estos supuestos, la inimputabilidad del menor lo convierte en objeto de instrumentalización por parte de quien lo utiliza.

Así, en los casos de menores de catorce años, la cualificación sería aplicable tanto en los supuestos de autoría mediata como de inducción teórica, pues en ambos casos al tratarse de la "utilización" de un inimputable se presume que existe una instrumentalización de éste. En el caso de que el menor de dieciséis años sea mayor de catorce, sólo existe "utilización" —en el sentido restrictivo aquí defendido— cuando se trate de un instrumento no doloso; esto es, sólo en los casos de autoría mediata. Y ello porque, si el menor participa en el delito o lo comete dolosamente, al ser imputable no se presume una instrumentalización por parte del inductor. Para la aplicación de la agravante en estos casos es preciso que se pruebe que el menor actuó sin dolo o incurriendo en un supuesto de error de tipo o de prohibición; sólo en esos casos se puede considerar que ha habido una "utilización del menor", por lo que esta circunstancia no será de aplicación cuando no pueda probarse la instrumentalización del mayor de catorce años y menor de dieciséis.

Como fundamento a esta interpretación, SOUTO GARCÍA trae a colación el Acuerdo de Plno no jurisdiccional de la Sala 2ª del TS, de 26-3-2009 (*Tol 2090042*), que, aunque referido a la conducta cualificada del art. 370.1º CP, relativo al uso de menores en los delitos relacionados con el tráfico de drogas, es de utilidad para interpretar el tipo cualificado de hurto del art. 235.1.8º CP. En este caso, el TS entiende que "el tipo agravado previsto en el art. 370.1 del CP resulta de aplicación cuando el autor se sirve de un menor de edad o disminuido psíquico de modo abusivo y en provecho propio o de un grupo, prevaliéndose de su situación de ascendencia o de cualquier forma de autoría mediata".

A partir de este pronunciamiento, prosigue la citada autora, puede deducirse que el TS tiene claro que en los casos de autoría mediata podrá aplicarse dicha modalidad agravada. Pero para ello será necesario que se pruebe que el menor ha sido un instrumento inimputable o no consciente en manos de otro.

10. Miembros de una organización o grupo criminal

Esta última circunstancia, incluida *ex novo* por la LO 1/2015, fue introducida en el Senado. Durante la tramitación parlamentaria, el Grupo parlamentario socialista propuso su eliminación, al considerarla innecesaria y perturbadora por la existencia de los arts. 570 bis y 570 ter CP (BOCG. Serie A. Núm. 66-2. Enmienda núm. 682). En el mismo sentido se ha pronunciado la Doctrina mayoritaria, la cual pone de manifiesto tanto su innecesaridad como los problemas interpretativos y concursales a los que puede dar lugar su aplicación. También han expresado su disconformidad con la inclusión de esta nueva circunstancia el CGPJ, el Consejo de Estado y la propia FGE, quienes consideran que al existir ya una sanción autónoma de la pertenencia a organización o grupo criminal, la incorporación de esta cualificación es innecesaria y perturbadora.

Las expresiones "organización criminal" y "grupo criminal" son conceptos normativos, cuya interpretación auténtica viene dada en los arts. 570 bis y 570 ter CP. (CANO CUENCA).

Según el art. 570 bis CP "a los efectos de este Código se entiende por organización criminal la agrupación formada por más de dos personas con carácter estable o por tiempo indefinido, que de manera concertada y coordinada se repartan diversas tareas o funciones con el fin de cometer delitos".

El art. 570 ter CP recoge un concepto subsidiario de "grupo criminal", al entender como tal "la unión de más de dos personas que, sin reunir alguna o algunas de las características de la organización criminal definida en el artículo anterior, tenga por finalidad o por objeto la perpetración concertada de delitos".

Con respecto a la "organización criminal", el TS requiere para su apreciación "la existencia de una pluralidad de personas asociadas para llevar a cabo una determinada actividad, que se concreta en tres o más, existencia de una estructura más o menos compleja con relaciones de jerarquía y disciplina, permanencia en el tiempo, el acuerdo asociativo ha de ser duradero y no puramente transitorio y con el fin de la comisión de delitos como producto de una "voluntad colectiva", superior y diferente a la voluntad individual de sus miembros" [STS 167/2024, 23-2 (*Tol 9911959)*].

En cuanto a la definición legal de "grupo criminal", el TS ha declarado que sólo requiere de dos elementos: la pluralidad subjetiva, entendida como la unión de más de dos personas; y la finalidad criminal, consistente en la perpetración concertada de delitos. El grupo deberá presentar una cierta estabilidad, aunque sea menor de la exigida para la organización criminal, lo que permitiría apreciar su existencia aun cuando su formación tenga por objeto la comisión de un solo delito, siempre que esté presente una cierta complejidad y una exigencia de mantenimiento temporal relevante, que vendría a permitir nuevos delitos similares [SSTS 822/2022, 18-10 (*Tol 9271109*); 219/2023, 23-3 (*Tol 9490839*; y 485/2023, 21-6 (*Tol 9652214)*].

En cuanto a la diferencia entre el grupo criminal de los supuestos de mera codelincuencia, la STS 150/2022, 22-2 (*Tol 8830662)*, con cita de otras anteriores como la 309/2013, 1-4 (*Tol 3537029)*, establece que la codelincuencia se apreciaría, en primer lugar, en aquellos casos en los que la unión o agrupación fuera solo de dos personas. Ello no quiere decir que cuando el número de integrantes sea mayor haya de apreciarse siempre la presencia de un grupo criminal. El criterio diferenciador, según la STS 485/2023, 21-6 (*Tol 9652214)*, habrá de encontrarse en las disposiciones internacionales que constituyen el precedente de las disposiciones del CP, entre ellas la Convención de Palermo, de cuyo art. 2 se deriva a *sensu contrario* que "la codelincuencia se apreciaría en los casos de agrupaciones o uniones de solo dos personas, o cuando estando integradas por más de dos personas, se hubieran formado fortuitamente para la comisión inmediata de un delito".

Tanto la organización como el grupo están predeterminados a la comisión de una pluralidad de hechos delictivos. Por ello, cuando se forme una agrupación de personas para la comisión de un delito específico, nos encontraremos ante un supuesto de codelincuencia, en el que no procede aplicar las figuras de grupo ni de organización criminal [SSTS 544/2012, 2-7 (*Tol 2583902*), y 719/2013, 9-10 (*Tol 3984808*), entre otras]. En este sentido, las SSTS 719/2013, 9-10 (*Tol 3984808*); 852/2016, 11-11 (*Tol 5870591*), y 379/2017, 25-5 (*Tol 6144511*), señalan que "no puede conceptuarse como organización o grupo criminal la ideación y combinación de funciones entre varios partícipes para la comisión de un solo delito, por lo que ha de valorarse en cada caso la finalidad del grupo u organización".

La organización o grupo criminal debe tener por objeto la comisión de delitos comprendidos en el Título XIII CP, siempre que sean de la misma naturaleza. QUINTERO OLIVARES critica que el precepto aluda a "la misma naturaleza", ya que se trata de un "concepto impreciso que puede resolverse, incorrectamente, incluyendo en esa condición a todos los delitos del Título XIII". El Título XIII CP incluye delitos de muy diversa naturaleza, especialmente cuando se trata de delitos contra el patrimonio o delitos contra el orden socioeconómico, por lo que en mi opinión resulta acertada la concreción a que se trate de delitos de la misma naturaleza. Ahora bien, a diferencia de la interpretación que ha de hacerse de la expresión "misma naturaleza" a efectos de reincidencia y multirreincidencia, con base a la Disposición Transitoria 7ª CP, en este caso entiendo que por misma naturaleza habrá que entender los delitos patrimoniales, concretamente el hurto, robo, usurpación y apropiación indebida.

En cuanto las cuestiones concursales que se plantean con los delitos previstos en los arts. 570 bis y 570 ter CP, no están exentas de problemática. Por una parte, como indica QUERALT JIMÉNEZ, esta circunstancia "pasa por alto el concurso de delitos". En caso de no haberse incorporado esta nueva circunstancia, la solución sería la aplicación de la regla general del concurso real (art. 73 CP) por la que se sumarían las penas correspondientes al delito de hurto y a la pertenencia a organización o grupo criminal, dando lugar a una pena mayor que la resultante de aplicar el art. 235.1.9º CP.

Descartado el concurso real de delitos por la infracción que supondría del principio *non bis in idem* (Circular de la FGE 1/2002, de 19 de febrero) el único recurso que queda es el de acudir al concurso de leyes previsto en el art. 8 CP.

La Circular de la FGE 2/2011, de 2 de junio, pone de manifiesto la pésima técnica legislativa que ha llevado a que, en algunos subtipos agravados por la pertenencia a una organización o asociación criminal, la pena prevista sea inferior a la que resultaría de aplicar un concurso de delitos entre el tipo básico correspondiente y el de los arts. 570 bis o 570 ter CP, de modo que la aplicación preferente del subtipo agravado, en virtud del principio de especialidad, supondría un trato más favorable respecto a la pena imponible como resultado de tal concurso en caso de no existir el tipo agravado. La LO 5/2010 introdujo una regla expresa para solucionar el concurso de normas en este supuesto, al establecer que "en todo caso, cuando las conductas previstas en dichos artículos estuvieran comprendidas en otro precepto de este Código será de aplicación lo dispuesto en la regla 4ª del art. 8".

Parte de la Doctrina entiende que cuando existen tipos agravados específicos que acogen figuras de pertenencia a organización o grupo criminal, ha de estarse al principio de especialidad, ya que la referencia del art. 570 *quater* CP al art. 8.4 CP ha de entenderse referida a todo el art. 8, en la medida en que el principio de alternatividad sólo deviene en aplicación en defecto de los anteriores (GARCÍA ALBERO), siendo por tanto de aplicación preferente el art. 234.1.9º CP.

No obstante, según la FGE, aunque es cierto que la regla prevista en el art. 8.4 CP tiene carácter subsidiario respecto del resto de los criterios establecidos en el art. 8 CP para la resolución de los conflictos de normas, "su aplicación directa ha de prevalecer por decisión del legislador expresada en el citado art. 570 quater.2 *in fine* CP, opción justificada desde el planteamiento de que el mayor desvalor del hecho determina la aplicación de la pena más grave para evitar sanciones atenuadas incongruentes por la existencia de discordancias punitivas entre los distintos tipos penales".

Esta solución es la que mantienen expresamente MUÑOZ CONDE y DEL CARPIO DELGADO, por imperativo de lo dispuesto en el párrafo 2 *in fine* del art. 570 quater CP. La aplicación de la regla de la alternatividad supone volver a un concurso real entre el delito de hurto cometido y el art. 570 bis o 570 ter CP, ya que la pena resultante va a ser siempre superior a la prevista en art. 234.1.9º CP, por lo que la aplicación de esta circunstancia va a ser prácticamente nula.

XVIII. EL TIPO HIPERAGRAVADO DEL ART. 235.2 CP

El apartado 2 del art. 235 CP introduce un tipo hiperagravado por la concurrencia de dos o más de las circunstancias previstas en el art. 235.1 CP. La pena en estos casos sería de dos años y un día a tres años de prisión.

La inclusión de este tipo hiperagravado de hurto es una muestra más del rigor punitivista del legislador cuando se trata de bienes patrimoniales individuales, especialmente si se tiene en cuenta que todas las circunstancias del art. 235.1 CP (excepto la núm. 7) son aplicables tanto a los delitos de hurto menos graves como a los leves.

La aplicación de este precepto supone que el Tribunal no puede imponer una pena inferior a dos años de prisión, con lo que se imposibilita con carácter general la suspensión de la ejecución de la pena (QUINTERO OLIVARES, QUERALT JIMÉNEZ y GONZÁLEZ URIEL). A ello hay que añadirle la desproporción de las consecuencias punitivas, en especial cuando estemos ante delitos de hurto leve en el que concurran dos de las circunstancias.

El Juez o Tribunal, ante el imperativo legal, habrá de ser muy restrictivo en la interpretación de las agravantes, de modo que algunas de ellas puedan excluirse entre sí. Por ejemplo, no sería de aplicación la circunstancia prevista en el art. 235.1.5º CP (perjuicios de especial consideración) cundo sí lo sean las circunstancias previstas en los números 2º, 3º y 4º, en las que ya se tiene en cuenta el especial quebranto o perjuicio.

En el supuesto de la agravante prevista en el art. 235.1.9º CP, en caso de que lo que se aplique sea un concurso real entre el delito de hurto y el art. 570 bis o 570 ter CP en aplicación del principio de alternatividad, la pertenencia del sujeto a una organización o grupo criminal tampoco podrá considerarse a los efectos del art. 235.2 CP.

Por supuesto, como advierte SOUTO GARCÍA, tampoco será de aplicación el tipo hiperagravado cuando el hurto se lleve a cabo con dos de las circunstancias alternativas de un mismo número, como por ejemplo abusando de las circunstancias personales de la víctima y colocándola en grave situación económica (art. 235.1.6º CP).

La inclusión de este tipo hiperagravado puede vulnerar el principio de proporcionalidad, en especial cuando se trata de hurtos leves; impide la suspensión condicional de la pena en el caso del delincuente primario o con antecedentes cancelados; exacerba la pena del delito de hurto frente a otros delitos que afectan a bienes colectivos; y, por último, su naturaleza imperativa impide que el juzgador pueda aplicar o no el tipo hiperagravado en función de las circunstancias de cada caso concreto.

XIX. EL DELITO DE FURTUM POSSESSIONIS (ART. 236 CP)

Artículo 236

1. Será castigado con multa de tres a doce meses el que, siendo dueño de una cosa mueble o actuando con el consentimiento de éste, la sustrajere de quien la tenga legítimamente en su poder, con perjuicio del mismo o de un tercero.

2. Si el valor de la cosa sustraída no excediera de 400 euros, se impondrá la pena de multa de uno a tres meses.

1. Antecedentes

El art. 236 CP tipifica como delito el *furtum possessionis* del Derecho romano, que a través del Fuero Real se introdujo en nuestro Derecho. El CP de 1822 incluye el delito de *furtum possessionis*, también denominado hurto impropio, entre los delitos de estafa, exigiendo como requisito que "la cosa fuera quitada a la fuerza", con lo cual, en este Código, como advierte CAMARGO HERNÁNDEZ, no se castigaba el *furtum possessionis*, sino lo que podríamos denominar *rapina possessionis*, entendida como la sustracción violenta de la posesión legítima. El CP de 1848 modificó el delito *furtum possessionis* mediante una nueva redacción que ha perdurado hasta nuestros días. No obstante, hasta la entrada en vigor del CP de 1995, el *furtum possessionis* estaba tipificado como delito de estafa (art. 532.2° CP 1973). Esta sistemática fue muy criticada ya por PACHECO, principal comentarista del CP de 1848, quien destaca que en este caso falta el elemento fundamental de la estafa —el engaño—, que es sustituido por la idea de perjuicio. En palabras de autor, "cuando el dueño de una cosa mueble la sustrae de quien la tiene legítimamente en su poder, no tenemos necesidad de inquirir el medio de que se haya valido, sino del daño, el perjuicio que hubiese ocasionado...". El CP de 1995, aun manteniendo la redacción vigente desde 1848, lleva a cabo una mejora sistemática al incluirlo en el Capítulo I del Título XIII del CP, relativo a los hurtos.

2. Bien jurídico

Según QUINTANO RIPOLLÉS, el *furtum possessionis* no es un delito contra la propiedad, ni como hurto ni como estafa, en cuanto que falta la mínima condición de ajenidad en la cosa. En un sentido similar se pronunciaba la Doctrina mayoritaria, al considerar que no se trataba de una estafa porque el perjuicio no se causa mediante un engaño, sino por la sustracción de una cosa mueble; pero, en rigor, tampoco era un hurto, ya que no ataca la propiedad, sino la posesión legítima, siendo además su propietario el sujeto activo del tipo.

La rúbrica del Título XIII del actual CP, en la que se cambia "delitos contra la propiedad" por "delitos contra el patrimonio y el orden socioeconómico" proporciona una mayor amplitud al ámbito del bien jurídico que se trata de proteger pues, como indica MUÑOZ CONDE, el patrimonio está compuesto por "el conjunto de relaciones jurídico-patrimoniales, que tiene un valor económico". Ello permite establecer la adecuada tutela a la posesión como integrante del patrimonio (CANDIL JIMÉNEZ).

La STS 25-6-1985 (*Tol 2314471)* reconoció expresamente que el bien jurídico protegido con la tipificación del *furtum possessionis* "es la posesión que se ha trasmitido o confiado a persona distinta a la del titular —posesión legítima que se tutela frente a los ataques del propietario y de quien pueda actuar con el consentimiento de éste". Doctrina y Jurisprudencia coinciden en que el bien jurídico protegido en este precepto es la posesión de la cosa mueble, y más concretamente la posesión legítima.

Según el art. 432 CC, la posesión en los bienes, en los animales y en los derechos, además de en concepto de dueño, se puede tener "en el de tenedor de la cosa, animal o derecho para conservarlos o disfrutarlos, perteneciendo el dominio a otra persona". Por tanto, se reconoce tanto la posibilidad de ser poseedor sin ostentar el derecho dominical, como la de ser titular del derecho real de propiedad, pero no el *ius possidendi* o el *ius possessionis.*

Nuestro Código Civil no distingue entre posesión legítima e ilegítima. Según ALBADALEJO, "la posesión legítima a efectos penales debe entenderse tanto como poder jurídico, señorío, o poder exclusivamente de hecho, lo que quiere decir que el poder fáctico o la simple posesión precaria de la cosa, también obtiene protección en el derecho punitivo, no pudiendo ser privado el poseedor sino por vía lícita". Según este autor, por tanto, la posesión precaria también sería una posesión legítima, y en consecuencia objeto de protección por el art. 236 CP.

> La posesión del precarista es una posesión de hecho y legitimada por la licencia o tolerancia del concedente, y para que dicha posesión se torne en ilegítima es requisito indispensable que se haga patente y manifiesta la finalización de tal tolerancia.

3. Tipo objetivo

3.1. Conducta típica

La acción típica consiste en "sustraer la cosa" de su legítimo poseedor. El CP utiliza los verbos "tomar" y "sustraer" como sinónimos, tal y como puede inferirse del tipo básico del hurto propio —en el que se utiliza el término "tomar"— y los supuestos agravados en los que en ocasiones se utiliza el término "sustracción".

Al igual que en el hurto propio, lo determinante es privar al poseedor legítimo de su *ius possidendi* o derecho a poseer.

En el caso de que la conducta sea realizada por un tercero, es preciso, además, que lo haga con el consentimiento del dueño. El art. 236 CP no exige que el consentimiento sea expreso, pero en todo caso ha de tratarse de un consentimiento libre del dueño de la cosa con capacidad para emitirlo. En este sentido, indica ÁLVAREZ GARCÍA que, a diferencia de otros supuestos del CP, en este caso el consentimiento puede ser expreso o tácito, a cambio de precio, recompensa o promesa, y, por supuesto, sin necesidad de ninguna formalidad.

En cuanto a la función que desempeña "el consentimiento del dueño" cuando la sustracción es llevada a cabo de un tercero, es preciso tener en cuenta que, como advierte JARQUE, "la naturaleza del consentimiento sólo puede ser determinada en función del delito de que se trate". En este caso, el consentimiento del dueño es un elemento objetivo del tipo para los supuestos en los que la sustracción se lleve a cabo por un tercero, por lo que la falta de consentimiento daría lugar a la atipicidad de la conducta del tercero, a no ser que actúe con ánimo de lucro, en cuyo caso sería autor de un delito de hurto. El consentimiento no forma parte, por tanto, de la acción típica, ni supone un acto ejecutivo.

La exigencia del consentimiento del dueño implica que, si el tercero que toma la cosa cree erróneamente que lo hace con la voluntad de su dueño, incurrirá en un error de tipo que daría lugar a la impunidad de la conducta. Tampoco existirá responsabilidad penal del tercero cuando haya sido utilizado (engañado) por el dueño como un mero instrumento para la comisión del delito.

En cuanto al objeto material, ha de tratarse de una cosa mueble propiedad de quien la sustrae o de quien presta su consentimiento para la sustracción. La naturaleza de cosa mueble es la misma que la que se ha tenido en cuenta en el delito de hurto, pero además debe estar afectada al derecho real o cuasi-real de un tercero, "quien tiene la cosa legítimamente en su poder" (CASTILLO GONZÁLEZ), ya que en caso contrario no habría hurto propio ni impropio. Ha de tratarse también de cosa mueble susceptible de valoración económica, lo que además sirve para determinar la pena a imponer dependiendo de que la cosa sustraída tenga un valor superior o inferior a 400 euros. En ambos casos se trata de un delito leve.

Frente a las distintas opciones posibles (véase ÁLVAREZ GARCÍA) se entiende que la cuantía económica ha de ir referida al valor del objeto y no al valor de la posesión. En caso de que no se hiciera ninguna referencia al valor económico podría considerarse típico el *furtum possessionis* de cosas sin dicho valor económico, sino meramente afectivo o sentimental.

A diferencia del hurto propio, en el que se exige el ánimo de lucro, el art. 236 CP lo que exige para la existencia de este delito es que se haya producido "un perjuicio" para el poseedor o un tercero, requisito que resulta coherente con el principio de intervención mínima del Derecho penal. En la medida en que el Derecho civil contempla una serie de acciones tanto para recuperar la posesión como para exigir el pacífico disfrute de ésta, existen instrumentos no penales tanto para el propietario que considera ilegítima la posesión de un tercero, como para el poseedor legítimo que ha sido privado de la posesión de la cosa. Por tanto, el factor que convierte una cuestión civil en delito es la producción de un perjuicio al poseedor o a un tercero. En este sentido, la STS 25-6-1985 (*Tol 2314471*) considera "indispensable el perjuicio para quien tenga la cosa en su poder legítimo o para un tercero, aunque no su exacta precisión cuantitativa".

Este perjuicio, como indica CAMARGO HERNÁNDEZ, tiene que ser real y efectivo, sin que sea suficiente con la intención de causarlo ni la posibilidad de su producción. El perjuicio debe ser, además, de naturaleza patrimonial, sin que sea suficiente el moral o afectivo.

Así, por ejemplo, la SAP, Málaga, 166/2020, 16-6 (*Tol 8039795*), en el que se condena por un delito de *furtum possessionis* al propietario de un vehículo que se lo sustrae a su mujer (con la que estaba en trámites de separación) a sabiendas de que era la persona que utilizaba el coche. En este caso la Audiencia considera que existe un perjuicio, pues la legítima poseedora "tuvo que proveerse de otro vehículo distinto al que utilizaba normalmente".

Según la Doctrina y la Jurisprudencia mayoritarias, el perjuicio es el resultado material del delito, de forma que cuando se realice la desposesión, pero no se cause perjuicio patrimonial al legítimo poseedor o a un tercero podría apreciarse un supuesto de tentativa. Para una Doctrina minoritaria el perjuicio es una condición objetiva de punibilidad, por lo que el delito se consumaría con la sustracción, pero no resultaría punible si falta el perjuicio. No obstante, y como expresamente indica ÁLVAREZ GARCÍA, el hecho de que el perjuicio esté causalmente enlazado con la acción del sujeto activo que lo conoce y lo quiere, excluye —desde un punto de vista dogmático— la posibilidad de construir condiciones objetivas de punibilidad.

En efecto, el perjuicio es un elemento objetivo del tipo que integra el resultado del delito y no una condición objetiva de punibilidad. Sin embargo, no podemos olvidar que, al igual que en el hurto propio, la lesión al bien jurídico requiere en este caso la desposesión de la cosa a su legítimo poseedor, existiendo tentativa también en los supuestos en los que el sujeto (sea el dueño o un tercero) no llega a poseer la cosa por causas ajenas a su voluntad. En este sentido, hay que tener en cuenta que el legislador se refiere a la sustracción de la cosa legítimamente poseída "con" perjuicio del poseedor o de un tercero. Tal redacción permite concluir que el resultado del delito es la separación de la cosa del ámbito de posesión del poseedor legítimo con perjuicio para éste o para un tercero. De este modo, podría admitirse la tentativa cuando falte alguno de los elementos del resultado material, bien porque, por razones ajenas a la voluntad del sujeto activo, no se haya llegado a apartar la cosa del ámbito del poseedor; o bien porque, aunque la cosa haya llegado a ser sustraída, no exista efectivo perjuicio para el poseedor legítimo o un tercero.

3.2. Sujetos

En torno a cuál es la naturaleza del *furtum possessionis* en función del sujeto activo pueden encontrarse hasta tres posturas doctrinales: la de quienes, como GALLEGO SOLER, consideran que se trata de un delito especial impropio; una postura intermedia, defendida por VIVES ANTÓN/GONZÁLEZ CUSSAC, quienes consideran que estamos ante un delito a la vez especial propio y común (especial propio con respecto del dueño, y común con relación al tercero que actúe con consentimiento del dueño); y una tercera postura, asumida expresamente, entre otros, por ÁLVAREZ GARCÍA, que entiende que el art. 236 CP es un delito común que, por tanto, puede cometer cualquiera. La única particularidad sería que si el sujeto activo es un tercero ha de contar con el consentimiento del dueño de la cosa.

De estas tres posturas, descartamos la que considera que se trata de un delito especial impropio, ya que este constituye una modalidad que se corresponde con un delito común, pero que en virtud de la cualificación del autor se configura como delito autónomo. En este caso, no existe un delito común correspondiente, pues además del sujeto activo, el *furtum possessionis* presenta importantes diferencias con el hurto, tales como la naturaleza de la posesión, la inexigibilidad del ánimo de lucro, y la necesidad de que se produzca un perjuicio para el sujeto pasivo o un tercero.

En cuanto a la consideración de un delito especial propio con respecto del dueno de la cosa y común con relación al tercero que actúa con su consentimiento, se coincide con ÁLVAREZ GARCÍA en que, en la medida en que el art. 236 CP no incluye ninguna limitación con respecto a los sujetos que pueden cometer el delito, el hecho de que se refiera expresamente al dueño no lo convierte en un delito especial propio con respecto a este. Se trata, por tanto, de un delito común que puede ser realizado por cualquiera que tenga el consentimiento del dueño, incluido el propio dueño de la cosa. Esta es también la solución más acorde con el bien jurídico protegido —la posesión legítima— que se protege "frente a todos, incluido el titular de los derechos dominicales".

GARCÍA ARÁN considera que por dueño ha de entenderse no sólo al propietario, sino también a un no propietario (por ej. usufructuario) frente a un poseedor de mejor derecho. Frente a esta postura, se puede alegar que el CP utiliza el término "dueño", lo que implica la titularidad del derecho de propiedad, con independencia de que algunos de los derechos implícitos a tal derecho los ostente un tercero, como el *ius utendi*, el *ius fruendi* o *ius possidendi*. Por lo que el usufructuario, como titular del *ius utendi* y/o *ius fruendi* no puede considerarse dueño, pues carece del *ius disponendi*, elemento esencial del derecho de propiedad.

Cuestión distinta es, como vimos anteriormente, la del poseedor en concepto de dueño, o la del usufructurario que sustrae los bienes derivados del usufructo a quien los tenga legítimamente en su poder. También se ha tenido ocasión de analizar la situación en los supuestos de condominio, considerándose que existe *furtum possessionis*, y no hurto propio, cuando una vez asignada la cuota ideal o real, uno de los copropietarios o condóminos sustrae el bien o los bienes por encima de la cuota que le pertenece al copropietario que en ese momento tiene la posesión legítima del bien. Es el caso, por ejemplo, de dos herederos de una obra de arte en el que se asigna una cuota ideal de la mitad del valor de la obra a cada uno de ellos, llegándose al acuerdo de que quedará en depósito de uno de los copropietarios hasta que sea subastada, momento en el cual se llevará cabo el reparto en partes iguales del valor obtenido. Si el copropietario no depositario sustrae al copropietario depositario la obra de arte, existirá *furtum possessionis*, pues como advierte GARCÍA ARÁN nada impide que el sujeto pasivo del art. 236 CP "además de tener la cosa en su legítimo poder, sea copropietario de la misma".

Sujeto pasivo del delito es quien posee la cosa de forma legítima; esto es, quien posee la cosa como tenedor de esta o con derecho para conservarla o disfrutarla, incluido el poseedor en precario. Hay que tener en cuenta que el sujeto pasivo no siempre tiene por qué coincidir con el poseedor inmediato: es posible que dueño de la cosa o un tercero con su consentimiento la sustraigan al poseedor inmediato, mientras que el sujeto pasivo del delito será el poseedor mediato.

La SAP, Almería, 255/2019, 7-6 (*Tol 7672140)*, condena al propietario de un tractocamión que tenía arrendado por su sustracción mientras que el vehículo se encontraba en un taller de reparación. El acusado alega, por una parte, que el arrendatario no era poseedor legítimo porque le debía varias cuotas, y, en segundo lugar, que cuando la sustracción se llevó a cabo el vehículo estaba depositado en un taller de reparaciones. La Audiencia considera que el alegato no puede prosperar, pues la posesión del arrendatario era legítima, respaldada en un título válido, concretamente el contrato de arrendamiento que tenía firmado con el acusado. "La falta de pago del precio convenido generaba una serie de acciones a favor del arrendador para reclamar el cumplimiento o la resolución del contrato (art. 1124 del Código Civil) pero en modo alguno le devolvía de forma automática la posesión". En cuanto al hecho de que el camión se sustrajera del taller de reparaciones, se trata de una cuestión circunstancial, que "lo único que provoca es que su posesión pase a ser mediata, siendo el dato irrelevante a los efectos del tipo".

4. *Tipo subjetivo*

Se trata de un delito que sólo puede realizarse en su forma dolosa, incluido el dolo eventual. El dolo ha de abarcar tanto la legitimidad de la posesión, como el perjuicio que pueda ocasionar mediante el acto de desposesión. Así, en el caso de que el dueño crea firmemente que la posesión es ilegítima estaríamos ante un supuesto de error de tipo que daría lugar a la impunidad de la conducta tanto si es vencible como invencible. El error, por parte del dueño, alcanzaría también al tercero que sustrae la cosa creyendo que el dueño tiene derecho a recuperar su posesión.

5. Autoría y participación

En los supuestos en los que el dueño de la cosa es el que realiza por sí mismo la sustracción no existe problema alguno: el dueño sería autor único del delito. En caso de que la sustracción se lleve a cabo por varios copropietarios, todos ellos serían coautores del delito. La cuestión se problematiza cuando es el tercero quien realiza el delito con la voluntad del dueño, o cuando el dueño interviene con un tercero en la sustracción.

5.1. Sustracción de un tercero con la voluntad del dueño

Cuando la acción de sustraer es llevada a cabo exclusivamente por el tercero, con la voluntad del dueño, el tercero es el autor del delito, sin que pueda considerarse coautor al dueño, ya que no realiza el acto ejecutivo típico. Si el dueño, además de prestar su voluntad, induce al tercero a la sustracción de la cosa, será responsable como inductor. En caso de que utilice al tercero valiéndose de un inimputable o induciéndole a error, será responsable como autor mediato. Pero, ¿qué ocurre cuando el dueño simplemente se limita a consentir que el tercero lleve a cabo la desposesión?

Descartada la posibilidad de coautoría, y admitida la inducción y la autoría mediata sólo para aquellos supuestos en los que, como hemos visto, se den los presupuestos para ello, cabe plantearse si el dueño que sólo presta su consentimiento a la sustracción de la cosa por parte de un tercero es penalmente responsable, y en su caso a título de qué.

Es difícil admitir que el consentimiento del dueño pueda considerarse una “acción dolosa” mediante la cual tiene el dominio negativo del hecho (cooperación necesaria) o favorezca efectivamente la ejecución o la tentativa de realización del hecho principal (complicidad). El consentimiento del dueño, cuando la sustracción se lleva a cabo por un tercero, es un elemento objetivo del tipo cuya ausencia impide que la conducta pueda considerarse típica a los efectos del art. 236 CP, pero no se trata de una acción propia que concurra con la actuación del tercero en la dinámica delictiva, por lo que no concurren los requisitos necesarios para estimar la responsabilidad penal a título de cooperador necesario o de cómplice.

De este modo, el art. 236 CP responde a la naturaleza de los delitos plurisubjetivos en forma anómala o pseudo plurisubjetivos, categoría en la que GRISPINI incluye los supuestos en los que la plurisubjetividad se da sólo respecto de una de las modalidades típicas en un tipo mixto alternativo. Así, el delito de *furtum possessionis* es monosubjetivo cuando el autor es el dueño de la cosa, y plurisubjetivo cuando lo es un tercero.

Los delitos plurisubjetivos son aquellos en los que el tipo exige la concurrencia de varias personas, bien concurriendo uniformemente para la consecución del mismo objeto, como sucede en los delitos de convergencia —asociación ilegal, rebelión; bien autónomamente como partes de una misma relación delictiva, como en los delitos de encuentro —el cohecho, en el que interviene el funcionario y la persona que lo soborna— (MUÑOZ CONDE/GARCÍA ARÁN).

A partir de su concepción como delito plurisubjetivo, cuando es un tercero quien realiza la acción típica, una posible solución aportada por parte de la Doctrina sería la de considerar que el art. 236 CP tipifica un delito de convergencia, en el que el dueño que presta su consentimiento podría ser responsable a título de cooperador necesario o cómplice. Sin embargo, el delito de convergencia se caracteriza por no ser cometido mediante un solo acto, sino por la sucesión o acumulación de varios actos dirigidos a un mismo fin [STS 459/2019, 14-9 (*Tol 7515425)*]. Sin embargo, como acertadamente indica ÁLVAREZ GARCÍA, en el *furtum possessionis* "la prestación del consentimiento al tercero para llevar a cabo un despojo …no es equiparable a la actividad de cada uno de los integrantes de los delitos de convergencia".

Se trataría, como defiende el citado autor basándose en la concepción del delito plurisubjetivo de CARRASCO ANDRINO, de un delito de encuentro, en el que el dueño y el tercero actúan de forma autónoma como partes de una misma relación delictiva. Es más, el consentimiento del dueño ni siquiera es un hecho típico, sino una condición para que la conducta del tercero sea típica. Así, y en la medida en que el comportamiento del dueño (consentimiento para la sustracción) no tiene punición autónoma o equiparable a la del autor directo, su simple consentimiento sería impune.

5.2. Sustracción por parte de un tercero en la que participa el dueño de la cosa

Aparte del supuesto de coautoría, presente en aquellos casos en que tanto el tercero como el dueño sustraigan conjuntamente la cosa, la conducta del dueño puede ser de autoría, cooperación necesaria o complicidad.

Será responsable a título de autor el dueño que sustrae la cosa con ayuda de un tercero, el cual podrá ser responsable a título de cooperador necesario o de cómplice, según su contribución al hecho delictivo. Así, por ejemplo, el empleado del taller de reparaciones en el que está depositado el vehículo cuya poseedora legítima es la exmujer del dueño, y que, a sabiendas de esto, le proporciona al dueño las llaves para que pueda llevarse el vehículo en base a la amistad que les une. En este caso el autor sería el dueño del vehículo, y el empleado del taller cooperador necesario.

El dueño sería responsable a título de cooperador necesario si proporciona a un tercero las llaves del vehículo, cuya poseedora legítima es su exmujer, para que lo sustraiga del garaje y se lo traiga.

En estos casos, el dueño responde penalmente porque su acción va más allá que la de prestar el consentimiento para la sustracción.

6. Concursos

En el caso de que el hurto de la cosa propia se llevase a cabo con fuerza, violencia o intimidación (y al no existir un tipo correspondiente al *furtum possessionis* en los delitos de robo), si los medios comisivos tuvieran la relevancia suficiente como para ser constitutivos de infracción penal habría que apreciar un concurso medial de delitos con el de daños, coacciones o amenazas (TERRADILLOS BASOCO).

En el supuesto de que el sujeto entrare en morada ajena para sustraer la cosa, habría que apreciar un concurso medial entre el delito de *furtum possessionis* y el de allanamiento de morada. Se trataría, por ejemplo, del caso del cónyuge divorciado, que utiliza las llaves que guarda de la que era la vivienda familiar, y cuyo usufructo se ha adjudicado al otro cónyuge, para sustraer la televisión y los muebles del salón que habían sido aportados antes del matrimonio (bienes privativos), pero su posesión se había asignado al otro cónyuge en el acuerdo de divorcio.

Con relación al delito de realización arbitraria del propio derecho (art. 455 CP) puede plantearse un concurso de leyes que queda resuelto mediante el análisis del bien jurídico protegido y de los elementos típicos de cada uno de los delitos. La STS 359/1999, 1-3 (*Tol 5151179)* indica que el delito del art. 455 CP es un delito pluriofensivo, que atenta contra el bien jurídico Administración de Justicia y contra el patrimonio del deudor atacado. En el *furtum possessionis,* sin embargo, el bien jurídico protegido es la legítima posesión de la cosa.

No se comparte, por tanto, la solución que ofrece la SAP, Toledo, 27-4-2001 (*Tol 113764)*, en el caso del vendedor de un automóvil que no recibe el precio del mismo por el comprador, al determinar que "en cualquier caso, el hecho de que el acusado fuese todavía propietario del vehículo y el ofendido simple poseedor legítimo del mismo, excluida la aplicación al caso de la figura del *furtum possessionis*, prevista en el art. 236 del CP y que protege dicho estado posesorio, ante el empleo de fuerza en las cosas en la sustracción y la finalidad no lucrativa sino de hacerse pago del sujeto, en nada obsta su tipicidad con arreglo al art. 455 del CP, pues, como ya se ha dicho, no estamos ante un delito contra la propiedad o el patrimonio sino contra la Administración de Justicia".

El hecho de que se haya empleado fuerza no convierte al *furtum possessionis* en un delito de realización arbitraria del propio derecho. En primer lugar, porque en el *furtum possessionis* el sujeto activo no actúa en ejercicio de un derecho, ya que si la posesión del tercero es legítima carece del *ius possidendi*. En segundo lugar, la Sentencia da por hecho que el art. 236 CP exige ánimo de lucro, por lo que cuando el delito se comete para hacerse pago de lo debido no sería de aplicación este precepto. El *furtum possessionis*, como ya hemos tenido ocasión de ver, no exige ánimo de lucro, tan sólo el dolo respecto a la desposesión y al perjuicio que se causa con la misma, sin que se exija una intención específica, por lo que si la intención del dueño es hacerse cobro de lo debido nada obsta a la aplicación del art. 236 CP, si el dolo abarca los restantes elementos del tipo. Y, por último, hay que tener en cuenta que la pena prevista en ambos artículos (excepto en el *furtum possessionis* cuando el valor del objeto sea inferior a 400 euros) es la misma (de tres a doce meses de multa), por lo que, de seguir el criterio mantenido por la sentencia de la AP de Toledo, no se tendría en cuenta el desvalor que supone el uso de violencia, intimidación o fuerza en las cosas.

En el *furtum possessionis* el sujeto activo no actúa en el ejercicio de un derecho propio fuera de los cauces legales, sino que lesiona el derecho de posesión que corresponde a un tercero. En el caso de la realización arbitraria del propio derecho, el sujeto activo ejercita un derecho que tiene y que podría hacer valer por los cauces legales, pero se tipifica como delito por el empleo de la violencia, intimidación o fuerza en las cosas. Por tanto, en aquellos casos en los que el sujeto no tiene el derecho de posesión legítima, por corresponderle a un tercero, será de aplicación el art. 236 CP, y en modo alguno el art. 455 CP, ya que faltaría el elemento intencional consistente en "para ejercer un derecho propio". Así, y como se ha dicho anteriormente, si concurre fuerza, violencia o intimidación, el art. 236 CP entrará en concurso de delitos con los otros delitos eventualmente producidos, pero no será de aplicación el art. 455 CP.

Por último, y en cuanto a los elementos típicos, el sujeto activo del art. 455 CP es quien ostente un derecho propio sobre la cosa, mientras que en el art. 236 CP el dueño no tiene el derecho de posesión de la cosa. El art. 455 CP no castiga la sustracción de la cosa, sino la realización de ese derecho propio al margen de las vías legales y utilizando violencia, intimidación o fuerza en las cosas.

XX. BIBLIOGRAFÍA

AGUADO LÓPEZ, S. *La multirreincidencia y la conversión de faltas en delito. Problemas constitucionales y alternativas político-criminales*, Madrid, 2008; AGUDO FERNÁNDEZ, E., PERRINO PÉREZ, A. y

JAÉN VALLEJO, M. *Derecho penal aplicado: parte especial: delitos contra el patrimonio y contra el orden socioeconómico*, 2ª ed., Madrid, 2019; AGUILERA BARCHET, B. *Iniciación histórica al derecho. musulmán*, Madrid, 2007; ÁLVAREZ GARCÍA, F. J. *Prólogo al Código Penal y Ley Penal del Menor*, 33ª ed. anotada, Valencia, 2023; *id.* "Los delitos de hurto y el «*furtum possessionis*»", en MANJÓN-CABEZA OLMEDA, VENTURA PÜSCHEL Y ÁLVAREZ GARCÍA (coords.) *Derecho penal español. PE II*, Valencia, 2011; ANDRÉS DOMÍNGUEZ, A. C. "Artículos 234 a 236: de los hurtos", en GÓMEZ TOMILLO (dir.) *Comentarios al Código penal*, Vol. 3, Valladolid, 2011; ANTÓN Y ABAJO, A. "El delito de expolio y su problemática concursal: (Un caso paradigmático: la SAP Lleida, Sección 1ª, de 20 de marzo de 2019)", *Diario La Ley*, nº 9508, 2019; ARROYO DE LAS HERAS, A. y GOYENA HUERTA, J. *El hurto, el robo y el hurto y robo de uso de vehículos*, Pamplona, 1998; BACIGALUPO ZAPATER, E. "El robo y el hurto en la reforma penal de 1983", *Estudios sobre la PE*, Madrid, 1991; BAJO FERNÁNDEZ, M. "Ánimo de lucro y ánimo de hacerse pago", *ADPCP*, 1975; *id.* "Algunas consideraciones sobre la protección jurídico penal de la posesión", *RDPúb*, nº 64, 1976; BAJO FERNÁNDEZ, M./PÉREZ MANZANO y M./SUÁREZ GONZÁLEZ, J. *Manual de derecho penal: (parte especial), 2ª ed.*, Madrid, 1993; BORJA JIMÉNEZ, E."Sobre el objeto de tutela en los delitos patrimoniales de apoderamiento (hurto, robo, robo y hurto de uso de vehículos de motor)", *InDret*, nº 2, 2016; BORJA JIMÉNEZ, E. "Delitos contra bienes jurídicos patrimoniales de apoderamiento", en GÓRRIZ ROYO, E., MATALLÍN EVANGELIO, Á. y GONZÁLEZ CUSSAC, J. L. (dirs.) *Comentarios a la reforma del Código Penal de 2015*, Valencia, 2015; BRANDARIZ GARCÍA, J. A. *El delito de robo con violencia o intimidación en las personas*, Granada, 2003; CAMARGO HERNÁNDEZ, C. "Hurto impropio y otorgamiento de contrato simulado", *ADPCP*, nº 17-2, 1964; CANDIL JIMÉNEZ, F. "En torno al *furtum possessionis* (análisis crítico del art. 532, 1º Cp)", *ADPCP*, 1980 [= LH-Antón Oneca, 1982]; CANO CUENCA, A. "El delito de hurto (arts. 234 y ss. CP)", en GÓRRIZ ROYO, E., MATALLÍN EVANGELIO, Á. y GONZÁLEZ CUSSAC, J. L. (dirs.) *Comentarios a la reforma del Código Penal de 2015*, Valencia, 2015; CARRARA, F. *Programa del curso de derecho criminal dictado en la Real Universidad de Pisa*, v. IV, Buenos Aires, 1946; CARRASCO ANDRINO, Mª M. *Los delitos plurisubjetivos y la participación necesaria*, Alicante, 2002; CARRIÓN OLMOS, S. "La posesión", en DE VERDA Y BEAMONTE, J. R. y SERRA RODRÍGUEZ, A. (coords.) *Derecho civil III. Derechos reales*, 4ª ed., Valencia, 2015; COBO DEL ROSAL, M. y QUINTANAR DÍEZ, M. *Instituciones de Derecho Penal Español*, Madrid, 2004.; COBO DEL ROSAL, M. y VIVES ANTÓN, T. S. *Derecho Penal. Parte General*, 5ª ed., Valencia, 1999; CORCOY BIDASOLO, M. y CARDENAL MONTRAVETA, S. *Manual práctico de Derecho penal, Parte Especial*, Valencia, 2002; CUELLO CALÓN, E. *Código Penal revisado de 1963", T. II, Parte Especial*, Barcelona, 1967; CUERDA ARNAU, M. L. en VIVES ANTÓN (coord.) *Comentarios al Código penal de 1995*, Valencia, 1996; CUGAT MAURI, M., AGUILAR ROMO, M., CUENCA GARCÍA, M. J., GUARDIOLA LAGO, M. J., NAVARRO BLASCO, E. y REBOLLO VARGAS, R. "Objectius i carències de la política criminal contra la petita delinqüència", *Revista Catalana de Seguretat Pública*, nº 5, 2012; DE LA CUESTA ARZAMENDI, J. L. "Introducción al nuevo Código Penal español: líneas directrices y contenido fundamental", *EGUZKILORE*, nº extraordinario 10, 1997; DE LA HERRÁN RUIZ-MATEOS, S. "La incidencia de la capacidad económica del defraudador tributario en la graduación de la responsabilidad penal por delitos fiscales", *Revista Sistema Penal Crítico*, nº 2, 2021; DE LA MATA BARRANCO, N. J. *Tutela penal de la propiedad y delitos de apropiación: (el dinero como objeto material de los delitos de hurto y apropiación indebida)*, Barcelona, 1994; *id.* "Observaciones para una discusión sobre el concepto funcional de propiedad y patrimonio", *LH-Tiedemann*, 1995; DE VICENTE MARTÍNEZ, R. "El hurto hiperagravado por multirreincidencia: su aplicabilidad o inaplicabilidad a los supuestos de hurtos leves", *LH-Luzón Peña*, v. 2, Madrid, 2020; *id. Los hurtos cualificados: Práctica jurisprudencial*, Madrid, 2021; *id. El delito de robo y hurto de uso de vehículos*, Valencia, 2007; *id.* El hurto agravado por la multirreincidencia y la pena de prohibición de acudir al lugar donde se cometió el delito", *Revista de Derecho y Proceso Penal*, nº 62, 2021; DE VICENTE MARTÍNEZ, R., BAUCELLS I. LLADÓS, J. y BRAGE CENDÁN, S. B. "Delito de hurto", en ÁLVAREZ GARCÍA, F. J. (dir.) *Estudio Crítico Sobre el Anteproyec-*

to de Reforma Penal de 2012, Valencia, 2013; DE VICENTE REMESAL, J. y otros "Autoría o participación en determinados supuestos de vigilancia: comentarios a la STS de 21 de febrero de 1989. Poder Judicial, (27), 189-216. "Autoría o participación en determinados supuestos de vigilancia: Comentarios a la STS de 21 de febrero de 1989", *PJ*, nº 27, 1992; DEL CARPIO DELGADO, J. "Sobre la innecesaria reforma de los delitos de hurto. A propósito del Anteproyecto de 2012 de reforma del Código Penal", *Foro, Nueva época*, nº 16-2, 2013; DÍAZ PALOS, F. "Infracciones contra el patrimonio", *RJCat*, nº 79, 1980; DÍAZ Y GARCÍA-CONLLEDO, M. "Autoría y participación", *Revista de Estudios de la Justicia*, nº 10, 2008; *id.* "Un diálogo crítico con Claus Roxin y su teoría de la autoría", *CPC*, nº 123, 2017; *id. La autoría y sus clases en derecho penal: (especial consideración del concepto de autor en la autoría directa y la coautoría)*, León, 1989; DÍEZ RIPOLLÉS, J. L. "Una interpretación provisional del concepto de autor en el nuevo Código Penal", *CDJ*, T. XXVII, 1996. [= *RDPC*, nº 1, 1998]; EL OUAZZANI CHAHDI, L. "El delito de robo en el Derecho Penal Hispano-Musulmán", *Cuadernos de historia del derecho*, nº 12, 2005; ESTÉVEZ MARÍN, I. "Hurtos y robos en explotaciones agrícolas y ganaderas en la provincia de Málaga: Una aproximación al fenómeno desde la teoría de las actividades cotidianas", *Boletín Criminológico*, v. 24, nº 175, 2018; GADEA SOLER, E. *Los títulos-valor: Letra de cambio, cheque y pagaré*, Barcelona, 2009; GALLEGO SOLER, J. I. "Teoría General. Hurto", en CORCOY BIDASOLO, M. (dir.), *Manual de Derecho Penal. Parte Especial, t. I.: (adaptado a las LLOO 1/20/, 2/2019, 2/2023, 3/2023 y 4/2023 de Reforma del Código Penal)*, Valencia, 2023; GARCÍA ALBERO, R. "De las organizaciones y grupos criminales". *Comentarios al Código Penal español*, v. 2, 2011; GARCÍA ARÁN, M. *El delito de hurto*, Valencia, 1998; *id. Fundamentos y aplicación de penas y medidas de seguridad en el Código Penal de 1995, Navarra*, 1997; GIMBERNAT ORDEIG, E. *Autor y cómplice en Derecho penal*, 2ª ed. reimp., Montevideo-Buenos Aires, 2010; GÓMEZ BENÍTEZ, J. M. "El dominio del hecho en la autoría (validez y límites)", *ADPCP*, nº 37, 1984; GONZÁLEZ CUSSAC, J. L. "La contrarreforma penal de 2003: nueva y vieja política criminal", *Revista xurídica galega*, nº 38, 2003; GONZÁLEZ CUSSAC, J. L. "Los delitos contra el patrimonio en la Reforma Penal de 2003", *CDJ*, T III, 2005; GONZÁLEZ CUSSAC, J. L., MIRA BENAVENT, J., PEÑARANDA RAMOS, E., SUÁREZ GONZÁLEZ, C., DÍAZ Y GARCÍA-CONLLEDO, M., DE VICENTE REMESAL, J., BALDÓ LAVILLA, F. y SILVA SÁNCHEZ, J. Mª "Autoría o participación en determinados supuestos de "vigilancia". (Comentarios a la STS de 21 de febrero de 1989. Ponente: Excmo. Sr. Bacigalupo Zapater)", *PJ*, nº 27, 1992; GONZÁLEZ RUS, J. "Presupuestos constitucionales de la protección penal del patrimonio histórico, cultural y artístico", *LH-Casas Barquero*, 1996; *id. Delito de hurto"*, *PJ*, nº 71, 2004; GONZÁLEZ URIEL, D. "Los hurtos agravados: Análisis del art. 235 CP tras la reforma de la LO 1/2015. Una visión en perspectiva", *RGDP*, nº 37, 2022; GORGAL, D. P. "Reflexiones críticas sobre la correlación entre condiciones socio-económicas y delito", *Cuadernos del CEDEOP*, nº 26-2, 2023; GOYTISOLO VALLET, J. B. "En torno de la naturaleza de la sociedad de gananciales", *Anuario de Derecho Civil*, nº 43, 1990; GUARDIOLA LAGO, M. J. "La reforma penal en el delito y falta de hurto: (arts. 234, 235 y 623.1.º)", en GONZÁLEZ CUSSAC, J. L. (dir.) *Comentarios a la Reforma Penal de 2010*, Valencia, 2010; GUISASOLA LERMA, C. *Reincidencia y delincuencia habitual: (regulación legal, balance crítico y propuesta de "lege ferenda")*, Valencia, 2008; HERNÁNDEZ DÍAZ AMBRONA, M. D. *La herencia yacente*, Barcelona, 1995; HUERTA TOCILDO, S. *La protección penal del patrimonio inmobiliario*, Madrid, 1980; JAÉN VALLEJO, M. "Delitos contra el patrimonio y contra el orden socioeconómico. Artículos 234 a 272", en COBO DEL ROSAL (dir.), *Comentarios al Código Penal, t.* 7, Madrid, 1999; JIMÉNEZ DÍAZ, M. J. "Los nuevos tipos de 'habitualidad' en las lesiones, hurto y robo y hurto de uso", *LH-Cobo del* Rosal, 2005; JAKOBS, G. "Sobre la génesis de la obligación jurídica", *Doxa. Cuadernos de Filosofía del Derecho*, nº 23, 2000; JUANATEY DORADO, C. "El delito de hurto propio: algunas cuestiones de dogmática y política criminal, con especial referencia a la multireincidencia", *RGDP*, nº 3, 2020; LACRUZ BERDEJO, J. L. y SANCHO REBUDILLA, F. *Elementos de Derecho Civil, t. IV: Derecho de Familia*, Barcelona, 1982; LÓPEZ PEREGRÍN, C. *La complicidad en el delito*, Valencia, 1997; LUZÓN PEÑA, D. M. "La determinación objetiva del hecho: Observaciones sobre la autoría en delitos dolosos e imprudentes de resultado", *ADPCP*, nº 42, 1989; LUZÓN PEÑA, D. M. y DÍAZ y GARCÍA-CONLLEDO, M. "Determinación objetiva y positiva del hecho y realización típica como criterios de autoría", *Libertas: Revista de la Fundación Internacional de Ciencias Penales*, nº 12, 2023; MALDONADO GUZMÁN, D. J. *Gentrificación turística, desorganización social y delincuencia urbana. El caso Barcelona*, Barcelona, 2024; MARAVER GÓMEZ, M. "La regulación de la multirreincidencia en los delitos de hurto tras la reforma producida por la Ley Orgánica 9/2022, de 28 de julio", *RECPC*, nº 25, 2023; MARTÍNEZ-BUJÁN PÉREZ, C. "Las reformas penales de la LO 15/2003 en el ámbito patrimonial y socioeconómico", *EPC*, *t.* XXV, 2005; MATA Y MARTÍN, R. M. *El delito de robo con fuerza en las cosas*, Valencia, 1995; MIR PUIG, S. "Sobre la constitucionalidad de la reincidencia en la Jurisprudencia del Tribunal Supremo y del Tribunal Constitucional", *ADPCP*, 1993; MUÑOZ CLARES, J. *El robo con violencia o intimidación*, Valencia, 2003; MUÑOZ CONDE, F. *Derecho Penal. Parte especial*, 25ª ed., Valencia, 2023; MUÑOZ CONDE, F. y GARCÍA ARÁN, M. *Derecho Penal. Parte General*, 11ª ed., Valencia, 2022; NAVARRO FRÍAS, I. "El principio de proporcionalidad en sentido estricto: ¿principio de proporcionalidad entre el delito y la pena o balance global de costes y beneficios?", *InDret*, nº 4, 2024; NÚÑEZ, R. C. *Tratado de Derecho penal*, t. IV, Córdoba-Argentina, 1989; PACHECO, F. *El código penal, concordado y comentado*, t. III, Madrid, 1848; PÉREZ ALONSO, E. *Teoría general de las circunstancias: especial consideración de las agravantes "indeterminadas" en los delitos contra la propiedad y el patrimonio*, Madrid, 1995; PERIS RIERA, J. y CUESTA PASTOR, P. "Título XIII. Delitos contra el patrimonio y contra el orden socioeconómico: hurto", en SERRANO-PIEDECASAS FERNÁNDEZ, J. R. (comp.), *Derecho Penal. Parte Especial*, Madrid, 2003; PONTE, V. *Régimen jurídico de las vías públicas en Derecho romano*, Madrid, 2008; QUERALT JIMÉNEZ, J. J. *Derecho penal español*, Valencia, 2015; QUINTANO RIPOLLÉS, A. *Tratado de parte especial de derecho penal*, 2ª ed., Madrid, 1977; QUINTERO OLIVARES, G. "El hurto (arts. 514, 515 y 516 del Código Penal)", *CLP*, t. V, vol. 2, 1985; *id.* "La política penal para la propiedad y el orden económico ante el futuro Código Penal español", *EPC*, 1979; *id.* "Populismo y Derecho penal", *Doxa. Cuadernos de Filosofía del Derecho*, 2024; *id.* "Las vicisitudes del dolo y la subsistencia de la preterintencionalidad", *LH-Vives Antón*, Valencia, 2009; ROBLES PLANAS, R. "Delitos contra el patrimonio (I)", en SILVA SÁNCHEZ, J. Mª (dir.) *Lecciones de Derecho penal: Parte especial*, Barcelona, 2006; RODRÍGUEZ CENTENO, R. "Penalidad de la multirreincidencia en los delitos leves de hurto. Modificación 234 Código Penal. ¿Hacia una nueva y efectiva aplicación?", *DLL*, nº 10246, 2023; RODRÍGUEZ DEVESA, J. M. "Hurto", en AA.VV. *Nueva Enciclopedia Jurídica*, t. 11, 1966; *id. El hurto propio*, Madrid, 1946; RODRÍGUEZ DEVESA, J. M. y SERRANO GÓMEZ, A. *Derecho Penal Español. Parte Especial*, 18ª ed., Madrid, 1995; RODRÍGUEZ MOURULLO, G. "La distinción hurto-robo en el derecho histórico español", *Anuario de historia del derecho español*, 1962; ROXIN, C. *Täterschaft and Tatherrschaft*, 7ª ed., Berlín/Nueva York, 1999; SÁINZ DE ROBLES SANTA CECILIA, C. "El ánimo de lucro: Ensayo de aproximación histórico-material al concepto", *LH-Rodríguez Devesa*, v. 2, 1989; SÁNCHEZ BENÍTEZ, C. "Aporofobia y derecho penal: el delito de hurto y la circunstancia agravante de multirreincidencia", *Revista Sistema Penal Crítico*, nº 1, 2020; SÁNCHEZ ROBERT, M. J. "Hurto, *furtum possesionis*, robo, robo y hurto de uso de vehículos de motor, usurpación", en MORILLAS CUEVA, L. (dir.), *Estudios sobre el Código Penal reformado: (Leyes Orgánicas 1/2015 y 2/2015)*, Madrid, 2015; SOUTO GARCÍA, E. Mª *Los delitos de hurto y robo: Análisis de la regulación tras la reforma operada por la LO 1-2015 de 30 de marzo*, Valencia, 2017; *id.* "Los delitos de apoderamiento a revisión: la reforma penal de 2015 y los delitos de hurto y robo", en AA.VV. *Década de reformas penales: análisis de diez años de cambios en el Código Penal (2010-2020)*, Barcelona, 2020; *id: Los delitos de alzamiento de bienes en el Código Penal de 1995*, Valencia, 2009; TERRADILLOS BASOCO, J. M. "Política criminal de exclusión: aporofobia y plutofilia", *Rev.P.*, nº 46 2020; *id.* "Delitos contra el patrimonio (I)", en TERRADILLOS BASOCO, J. M. (coord.), *Derecho penal. Parte especial*, v. 1-t. 3, Madrid, 2016; VAELLO ESQUERDO, E. "Las cualificaciones del hurto", *LH-Fernández Albor*, Santiago de Compostela, 1989; VALLE MUÑIZ, J. M. *El delito de estafa*, Barcelona, 1989; VÁZQUEZ GONZÁLEZ, C. "Delitos contra el patrimonio y el orden socioeconómico (I). Hurto, robo, extorsión y usurpación", en SERRANO TÁRRAGA, Mª D. (coord.) *Derecho Penal. Parte especial*, Valencia, 2023; VENTURA PÜSCHEL, A. "Introducción a los Delitos contra el patrimonio y contra el orden socioeconómico", en ÁLVAREZ GARCÍA, F. J. (dir.) *Derecho penal español. Parte Especial*, t. II, Valencia, 2011; VIVES ANTÓN, T. S. y GONZÁLEZ CUSSAC, J. L. "Delitos contra el patrimonio y el orden socioeconómico (III)", en AA.VV. *Derecho Penal. Parte Especial*, Valencia, 2011; WELZEL, H. *Das Deutsche Strafrecht. Ein Systematische Darstellung*, 11ª ed., Berlin, 1969 [cit. por SOUTO GARCÍA, E. M. *Los delitos de alzamiento de bienes en el Código Penal de 1995*, Valencia, 2009]; ZUGALDÍA ESPINAR, J. M. "Hurto y apropiación indebida: criterios de demarcación", *CPC*, 1986 [= *LH-Jiménez de Asúa*, 1986]; *id.* "Delitos contra la propiedad, el patrimonio y el orden socioeconómico (II)", en MARÍN DE ESPINOSA CEBALLOS, E. (dir.) *Lecciones de Derecho Penal. Parte especial*, 4ª ed., Valencia, 2023; *id. Delitos contra la propiedad y el patrimonio*, Madrid, 1998.

REFERENCIAS LEGALES

- Consulta a la FGE 1/2024, de 21 de marzo, sobre algunas cuestiones relacionadas con la utilización fraudulenta de instrumentos de pago distintos del efectivo (*Tol 10022579*).
- Proposición de ley 122/000285 de 27-01-2023 (BOCD, Serie B, 309-1).
- Ley Orgánica 14/2022, de 22 de diciembre, de transposición de directivas europeas y otras disposiciones para la adaptación de la legislación penal al ordenamiento de la Unión Europea, y reforma de los delitos contra la integridad moral, desórdenes públicos y contrabando de armas de doble uso (*Tol 9328596*).
- Circular de la FGE 1/2022, de 12 de diciembre, sobre la reforma del delito de hurto operada en virtud de la Ley Orgánica 9/2022, de 28 de julio (*Tol 9310754*).
- Ley 43/2003, de 21 de noviembre, de Montes (*Tol 319216*).
- Ley 7/2023, de 28 de marzo, de protección de los derechos y el bienestar de los animales (*Tol 9466453*).
- Ley Orgánica 9/2022, de 28 de julio, por la que se establecen normas que faciliten el uso de información financiera y de otro tipo para la prevención, detección, investigación o enjuiciamiento de infracciones penales, de modificación de la Ley Orgánica 8/1980, de 22 de septiembre, de Financiación de las Comunidades Autónomas y otras disposiciones conexas y de modificación de la Ley Orgánica 10/1995, de 23 de noviembre, del Código Penal (*Tol 9141413*).
- Directiva (UE) 2019/713 del Parlamento Europeo y del Consejo, de 17 de abril de 2019, sobre la lucha contra el fraude y la falsificación de medios de pago distintos del efectivo y por la que se sustituye la Decisión Marco 2001/413/JAI del Consejo (*Tol 7205919*).
- Ley Orgánica 1/2015, de 30 de marzo, por la que se modifica la Ley Orgánica 10/1995, de 23 de noviembre, del Código Penal (*Tol 4788288*).
- Informe del Consejo Fiscal al Anteproyecto de Ley Orgánica por la que se modifica la Ley Orgánica 10/1995, de 24 de noviembre, del Código Penal, 2013.
- Ley Orgánica 5/2010, de 22 de junio, por la que se modifica la Ley Orgánica 10/1995, de 23 de noviembre, del Código Penal (*Tol 1867500*).
- Circular de la FGE 2/2011, de 2 de junio, sobre la reforma del Código Penal por Ley Orgánica 5/2010 en relación con las organizaciones y grupos criminales (*Tol 2119120*).
- Ley 21/2011, de 26 de julio, de dinero electrónico (*Tol 2172360*).

- Ley Orgánica 5/2010, de 22 de junio, por la que se modifica la Ley Orgánica 10/1995, de 23 de noviembre, del Código Penal (*Tol 1867500*).
- Directiva 2009/110/CE del Parlamento Europeo y del Consejo, de 16 de septiembre de 2009 sobre el acceso a la actividad de las entidades de dinero electrónico y su ejercicio, así como sobre la supervisión prudencial de dichas entidades, por la que se modifican las Directivas 2005/60/CE y 2006/48/CE y se deroga la Directiva 2000/46/CE Texto pertinente a efectos del EEE (*Tol 1722581*).
- Consulta a la FGE 2/2009, de 21 de diciembre, acerca de si en la valoración de las mercancías sustraídas en establecimientos comerciales según lo previsto en el párrafo segundo del art. 365 de la Ley de Enjuiciamiento Criminal, debe excluirse el importe del IVA del valor total del precio de venta al público (*Tol 5433842*).
- Informe del CGPJ al Anteproyecto de Ley Orgánica por la que se modifica la Ley Orgánica 10/1995, de 23 de noviembre, del Código Penal (*Tol 1391120*).
- Directiva 2007/64/CE del Parlamento Europeo y del Consejo de 13 de noviembre de 2007 sobre servicios de pago en el mercado interior, por la que se modifican las Directivas 97/7/CE, 2002/65/CE, 2005/60/CE y 2006/48/CE y por la que se deroga la Directiva 97/5/CE (*Tol 1974119*).
- Ley 14/2006, de 26 de mayo, sobre técnicas de reproducción humana asistida (*Tol 893267*).
- Circular de la FGE 2/2003, de 18 de diciembre, sobre la aplicación práctica del nuevo delito consistente en la reiteración de cuatro faltas homogéneas (*Tol 333237*).
- Ley Orgánica 15/2003, de 25 de noviembre, por la que se modifica la Ley Orgánica 10/1995, de 23 de noviembre, del Código Penal (*Tol 228956*).
- Ley Orgánica 11/2003, de 29 de septiembre, de medidas concretas en materia de seguridad ciudadana, violencia doméstica e integración social de los extranjeros (*Tol 306322*).
- Circular de la FGE 1/2002, de 19 de febrero, sobre aspectos civiles, penales y contencioso-administrativos de la intervención del Fiscal en materia de extranjería (*Tol 120092*).
- Ley Orgánica 5/2000, de 12 de enero, reguladora de la responsabilidad penal de los menores (*Tol 110219*).
- Real Decreto 3423/2000, de 15 de diciembre, por el que se regula la indicación de los precios de los productos ofrecidos a los consumidores y usuarios (*Tol 586248*).
- Consulta a la FGE 13/1997, de 14 de noviembre. Acerca del alcance atribuible al número 5 del artículo 238 del Código Penal, en relación con el renovado concepto del delito de robo con fuerza en las cosas (*Tol 5433842*).
- Ley Orgánica 10/1995, de 23 de noviembre, del Código Penal (*Tol 223185*).
- Ley 30/1979, de 27 de octubre, sobre Extracción y Trasplante de Órganos (*Tol 6188*).
- Ley Orgánica 8/1983, de 25 de junio, de reforma urgente y parcial del código penal (BOE» núm. 152, de 27 de junio de 1983).
- Real Decreto de 24 de julio de 1889, por el que se aprueba el Código Civil (*Tol 220310*).
- Real Decreto de 14 de septiembre de 1882, por el que se aprueba la Ley de Enjuiciamiento Criminal (*Tol 214466*).

Lección 3ª

Robo con fuerza en las cosas

FRANCISCO JAVIER ÁLVAREZ GARCÍA

SUMARIO. I. CONSIDERACIONES GENERALES. II. CONDUCTA: 1. Generalidades. 2. Modalidades de fuerza en las cosas. 2.1. Escalamiento. 2.2. Fractura exterior. 2.3. Fractura interior. 2.4. Llaves falsas. 2.5. Inutilización de sistemas específicos de alarma o guarda. III. *ITER CRIMINIS*. IV. TIPOS AGRAVADOS: 1. Casa habitada y sus dependencias. 2. Edificio o local abiertos al público y sus dependencias. 3. Cuando los hechos a los que se refieren los apartados anteriores revistan especial gravedad por la forma de comisión o los perjuicios ocasionados. 4. La concurrencia de alguna de las circunstancias expresadas en el art. 235, CP. V. CONCURSOS: 1. De delitos. 2. De leyes. VI. CUESTIONES PROCESALES. VII. BIBLIOGRAFÍA.

Artículo 237

Son reos del delito de robo los que, con ánimo de lucro, se apoderaren de las cosas muebles ajenas empleando fuerza en las cosas para acceder o abandonar el lugar donde éstas se encuentran o violencia o intimidación en las personas, sea al cometer el delito, para proteger la huida, o sobre los que acudiesen en auxilio de la víctima o que le persiguieren.

Artículo 238

Son reos del delito de robo con fuerza en las cosas los que ejecuten el hecho cuando concurra alguna de las circunstancias siguientes:

1.° Escalamiento.

2.° Rompimiento de pared, techo o suelo, o fractura de puerta o ventana.

3.° Fractura de armarios, arcas u otra clase de muebles u objetos cerrados o sellados, o forzamiento de sus cerraduras o descubrimiento de sus claves para sustraer su contenido, sea en el lugar del robo o fuera del mismo.

4.° Uso de llaves falsas.

5.° Inutilización de sistemas específicos de alarma o guarda.

Artículo 239

Se considerarán llaves falsas:

1. Las ganzúas u otros instrumentos análogos.

2. Las llaves legítimas perdidas por el propietario u obtenidas por un medio que constituya infracción penal.

3. Cualesquiera otras que no sean las destinadas por el propietario para abrir la cerradura violentada por el reo.

A los efectos del presente artículo, se consideran llaves las tarjetas, magnéticas o perforadas, los mandos o instrumentos de apertura a distancia y cualquier otro instrumento tecnológico de eficacia similar.

Artículo 240

1. El culpable de robo con fuerza en las cosas será castigado con la pena de prisión de uno a tres años.

2. Se impondrá la pena de prisión de dos a cinco años cuando concurra alguna de las circunstancias previstas en el artículo 235.

Artículo 241

1. El robo cometido en casa habitada, edificio o local abiertos al público, o en cualquiera de sus dependencias, se castigará con una pena de prisión de dos a cinco años.

Si los hechos se hubieran cometido en un establecimiento abierto al público, o en cualquiera de sus dependencias, fuera de las horas de apertura, se impondrá una pena de prisión de uno a cinco años.

2. Se considera casa habitada todo albergue que constituya morada de una o más personas, aunque accidentalmente se encuentren ausentes de ella cuando el robo tenga lugar.

3. Se consideran dependencias de casa habitada o de edificio o local abiertos al público, sus patios, garajes y demás departamentos o sitios cercados y contiguos al edificio y en comunicación interior con él, y con el cual formen una unidad física.

4. Se impondrá una pena de dos a seis años de prisión cuando los hechos a que se refieren los apartados anteriores revistan especial gravedad, atendiendo a la forma de comisión del delito o a los perjuicios ocasionados y, en todo caso, cuando concurra alguna de las circunstancias expresadas en el artículo 235.

I. CONSIDERACIONES GENERALES

1. El Código Penal español, y ante los diferentes sistemas utilizados en Derecho Comparado para expresar la relación entre robo y hurto, ha optado —siguiendo la tradición francesa— por construir un delito autónomo (también VIVES ANTÓN/ GONZÁLEZ CUSSAC), antes que acudir al hurto agravado como, por ejemplo, hacen el legislador italiano (art. 625) o el alemán (parágrafo 243). No obstante lo acabado de señalar, alguna doctrina española (PÉREZ MANZA-

NO, GONZÁLEZ RUS) entiende que la naturaleza jurídica del robo es la de hurto agravado; y en apoyo de esa opinión acude a tres tipos de razones: 1ª) Su ubicación tras el hurto; 2ª) La posibilidad de que le sean aplicadas al robo con fuerza las mismas agravaciones que al hurto, y 3ª) La coincidencia de pena entre el tipo básico de robo y los hurtos agravados.

Ninguna de las razones esgrimidas abunda, no obstante, en lo que tiene que constituir la referencia básica para decidir si estamos o no ante un tipo agravado; es decir, motivos de injusto, y en este campo resulta evidente que más allá de coincidencias en objeto material y bien jurídico, las modalidades de ataque (y lo mismo sucede con el robo violento o intimidatorio) en hurto y robo son radicalmente distintas. En aquél prima la habilidad o el aprovechamiento del descuido, en este la aplicación de la fuerza. Además, las razones esgrimidas por aquéllos autores no son, en absoluto, suficientes para avalar su opción. Por lo que importa a la primera, la proximidad geográfica del robo al hurto lo único que indica es su cercanía en punto al bien jurídico protegido, pero nada más; en cuanto a la segunda, sólo decir que no son pocos los casos en que semejante situación se repite; en fin, por lo que se refiere a la tercera tampoco son escasos los supuestos en los que un enunciado normativo reenvía a otro —que contempla una figura delictiva completamente diferente— para la fijación de la pena; es el caso, por ejemplo, del delito de apropiación indebida en relación a la estafa, pero ello, desde luego, no dice nada acerca de los injustos respectivos por más que pudiera ser significativo a efectos del principio de proporcionalidad. Como conclusión, pues, decir que estamos ante un delito autónomo.

2. El CP contiene un concepto normativo, apartado del vulgar, de lo que deba entenderse por robo con fuerza en las cosas [STS 2315/1992, 28-10 (*Tol 397699*)], de donde se extrae la consecuencia de que todo supuesto de apoderamiento en el que no se haya empleado alguno de los medios típicos a los que se refiere el art. 238 CP, deberá ser considerado —y a pesar de que materialmente se haya utilizado fuerza en la dinámica delictiva— hurto (o robo violento si se ha acudido a los medios a los que se refiere el art. 242, CP). Pero este concepto normativo es, a la vez, más amplio y más restringido que el que se le otorga en el uso corriente del lenguaje; más amplio porque incluye supuestos como el de la utilización de llave falsa o inutilización de sistemas de guarda, que no son considerados como supuestos de fuerza en el uso normal del español; y más restringido porque no incorpora casos en los que en la utilización coloquial del lenguaje se identifican como de fuerza (los conocidos supuestos a los que alude la STS 777/1992, 6-4: apoderamiento de una estatua desarraigándola del pedestal, apoderamiento de una radio arrancándola de los cables de funcionamiento del aparato, etc.)

Acudiendo a lo preceptuado en los arts. 237 y 238 CP puede definirse el robo con fuerza como: el apoderamiento de las cosas muebles ajenas, con ánimo de lucro, y empleando, para acceder o abandonar el lugar donde éstas se encuentran, alguno de los medios a los que se refiere el art. 238 CP.

Así pues, el robo con fuerza tiene en común con el hurto, además del bien jurídico, toda una serie de elementos (objeto material y elemento subjetivo de lo injusto) a los cuales ya nos hemos referido cuando se ha tratado de ese delito, y al que, por tanto, nos remitimos para su comprensión. Asimismo, al hilo de la hermenéutica del "tomare" típico del hurto también sugerimos una interpretación similar del término "apoderamiento", característico de las figuras del robo; pues bien, por las mismas razones que en el caso anterior, a lo ya dicho en esos aspectos nos remitimos. También reenviamos a lo que se dirá en materia de autoría y participación cuando tratemos el delito de robo violento.

Sólo señalar, por último, que a diferencia de lo que sucedía con el hurto nunca ha existido una falta de robo con fuerza en las cosas, ya que la utilización de la fuerza, y de la misma forma que sucede con el robo violento o intimidatorio, ha llevado a considerar la conducta, en todo caso, como delictiva (en sentido estricto).

3. En cuanto a la criminología de este delito ya hemos indicado anteriormente las enormes dificultades que se presentan en España para el tratamiento de la estadística criminal, por lo que, con todas las cautelas, se puede señalar que, de acuerdo con la estadística del Ministerio del Interior, en 2019 (se toma este año como referencia porque fue a partir del mismo cuando se integran en las estadísticas de Interior los números que proporcionan los *Mossos d'Esquadra*, uniéndose así a los referenciados por Guardia Civil y Policía Nacional) se conocieron 298.098 hechos de robo con fuerza en las cosas, que descendieron en 2021 a 229.137, se incrementaron hasta 265.901 en 2022 para acabar en 2023 con 272.638. De estos últimos, 84.721 lo fueron en el interior de viviendas, que en 2019 habían sido 98.326 y, de la misma forma que en los robos con fuerza totales fueron disminuyendo hasta la cifra indicada (un 14%, menos). La conclusión es fácil: ha habido una disminución muy considerable de los hechos de robo (a pesar del repunte de los último dos años), más aún si tomamos una perspectiva de diez años y nos situamos en un punto anterior a la reforma del CP por la LO 1/2015; en efecto, en 2014 los hechos de robo en vivienda fueron de 120.783, y los robos con fuerza totales de 344.875. La mención a la reforma del CP no debe entenderse como aceptación de que haya sido la dicha reforma, como consecuencia del poder de intimidación general de la amenaza penal, la causa de la disminución de los hechos de hurto. Eso no ha sido así, sino que la caída de los hechos de robo, que alcanzaron en 2010 los 443.772, viene de mucho antes. ¿Las causas? Las ignoramos, pero con razonable seguridad podemos afirmar que se deben a razones distintas a las reformas que han sufrido los respectivos tipos, por la potísima razón de que no hay coincidencia entre el dictado de las normas y la disminución de los hechos delictivos (los cambios metodológicos en las esta-

dísticas no nos permiten ir mucho más allá en la cuantificación de estos hechos ilícitos).

En lo anterior nos referimos a "hechos" de hurto; "hechos" de los cuales muchos no terminarán siendo objeto de procedimiento, y ello, entre otras razones, como consecuencia de la reforma de la LECrim, llevada a cabo por la Ley 41/2015, que alteró la redacción del artículo 284 de aquélla al que se le dio la siguiente: "*1. Inmediatamente que los funcionarios de la Policía judicial tuvieren conocimiento de un delito público o fueren requeridos para prevenir la instrucción de diligencias por razón de algún delito privado, lo participarán a la autoridad judicial o al representante del Ministerio Fiscal, si pudieren hacerlo sin cesar en la práctica de las diligencias de prevención. En otro caso, lo harán así que las hubieren terminado.– 2. No obstante, cuando no exista autor conocido del delito la Policía Judicial conservará el atestado a disposición del Ministerio Fiscal y de la autoridad judicial, sin enviárselo, salvo que concurra alguna de las siguientes circunstancias...*". Por ello, precisamente, la distancia entre hechos cometidos y procedimientos incoados ha crecido exponencialmente.

La Memoria de la FGE de 2023 insiste en este aspecto al decir: "En el ámbito de los delitos contra el patrimonio y el orden socioeconómico, la entrada en vigor de la Ley 41/2015, de 5 de octubre produjo efectos especialmente significativos puesto que son muy frecuentes las denuncias de hechos delictivos sin autor conocido, que no dan lugar a la remisión al juzgado del atestado y, por tanto, la incoación de un procedimiento penal. Como consecuencia, estos delitos dejaron de ser los más numerosos en cuanto al número de procedimientos incoados. Dejando al margen el grupo de «delitos sin especificar», siguen constituyendo el segundo grupo de delitos más numeroso, solo por detrás de los delitos de lesiones". El problema está en que, como en muchos aspectos de la criminalidad, la reforma aludida parece "razonable" a la vista de la situación de atasco permanente de la Administración de Justicia española —y las escasas plantillas de policías habida cuenta de las necesidades— provocado por la escasa inversión de recursos públicos. Como consecuencia de todo lo anterior, el ciudadano "carga" con las consecuencias de esa escasa financiación de la seguridad y ve como los delitos a los que hay que dedicar cuantiosos esfuerzos, sencillamente no son investigados: se archivan en las comisarías, en las casas cuartel. Así lo que parece razonable (no redirigir los expedientes, las denuncias, a los juzgados y fiscalías dado el desconocimiento sobre la identidad de los autores de los ilícitos) en realidad esconde una decisión autoritaria en materia de seguridad que deja indefensas a las víctimas.

Las consecuencias de la modificación del art. 284 LECrim se proyecta también en los "números" de incoaciones que maneja la FGE y de las denuncias registradas ante las policías. En este sentido, en la citada Memoria de la FGE de 2023 se asevera: "Los delitos de hurto se vieron extraordinariamente condicionados por las restricciones derivadas de la pandemia. Dada su habitual forma comisiva, en la que los delincuentes aprovechan zonas de alta afluencia de personas, las medidas de confinamiento y de distanciamiento dificultaron notablemente la perpetración de estos delitos. Estas circunstancias, que aún se mantuvieron en alguna medida a lo largo del año 2021, supusieron un descenso en el número de incoaciones por este delito. Desde los 80.601 procedimientos por delitos de hurto del año 2019, se pasó en el año 2020 a un número de 59.145 incoaciones, cifra muy similar a la del año 2021.– Este año 2022, la cifra vuelve a aumentar, aunque sin llegar a términos similares al comentado año 2019. En concreto, el número de incoaciones fue de 68.781, lo que supone un incremento del 15,8%.– En cuanto a los delitos de robo con fuerza, la situación es diferente. El pronunciado descenso en el número de procedimientos incoados como consecuencia de este delito desde el año 2019 se ha mantenido constante hasta el 2022, sin que se haya producido un incremento similar al de los delitos de hurto. De facto, este año se han vuelto a reducir las incoaciones por este delito en un 3,2%. Esta circunstancia supone un descenso acumulado de un 21,3% en este tipo delictivo con respecto al año 2019". Tal cosa, sin embargo, no sucede con los denunciados "hechos" de robo; en efecto, en 2020, el año de la peste, se produjo un descenso considerable de estos hechos: 219.091, frente a los 298.098 de 2019 y 229.137 de 2021. La explicación es que las denuncias que "viajan" a las fiscalías y los juzgados van "filtradas" por el nuevo art. 284 LECrim, y de ahí que el número de los procedimientos resulte radicalmente engañoso, y sólo refleja el trabajo de los fiscales no la realidad delictiva.

4. En la pena prevista para este delito es en lo que se ha reflejado, y como veremos lo continúa haciendo, el valor que el Legislador concede al bien jurídico protegido. En efecto, hasta la reforma penal de 1983 la pena prevista para el delito de robo con fuerza podía llegar a ser absolutamente desmedida (de seis a doce años de prisión, en el tipo básico, si el valor de la cosa mueble excediere de 25.000 pesetas —tras la reforma de 1973), especialmente si era de aplicación algún tipo agravado (pena de diez a doce años), y si concurría el tipo súper agravado (presencia contemporánea de las agravantes de portar armas u otros medios peligrosos y realización del hecho en casa habitada o edificio público o destinado al culto) la pena sería la misma del homicidio (de doce años y un día a veinte años) y superior a casi todos los supuestos del robo violento. Con esta equiparación de penas entre el robo violento y el robo con fuerza, el modelo por el que el Legislador histórico español había optado —el de construir, como se apuntó más atrás, un escalón intermedio, los *furta periculosa* del Derecho común, entre el hurto y el robo violento— dejó de tener sentido, pues con ella se alteraron completamente las relaciones entre hurto, robo con fuerza y robo violento.

En fin, este auténtico dislate (ideológico dislate) fue enmendado casi en términos bastante razonables con las modificaciones de la acabada de aludir reforma penal de 1983, donde se volvieron a respetar, en términos generales, las relaciones entre los tres delitos.

Sin embargo, tras la modificación operada por la LO 5/2010, y en relación al robo violento, la situación ha vuelto a desequilibrarse. En efecto: tiene el Legislador la costumbre, mala costumbre, de "no mirar a los lados" cuando efectúa una reforma en algún precepto, de forma y manera que no evalúa la incidencia, para el total sistema penal, de cualquiera de las modificaciones normativas que efectúa. Véase en este sentido lo sucedido tras la incorporación de un número 4 al art. 242, CP, que permite la disminución de la pena en un grado en todos los tipos —básico y agravados— del robo violento. Pues bien, ello permitirá que en relación al tipo básico el robo violento sea castigado con la pena de uno a dos años de prisión, y los tipos agravados con la de diez y ocho meses a tres años y medio de prisión; sin embargo, en el caso del robo con fuerza el límite máximo del tipo básico no bajará de tres años de prisión, y en los tipos agravados el marco penal abarcará un período comprendido entre los dos y los cinco años de prisión. Es decir: será más grave realizar un robo con fuerza en casa habitada (y también un hurto agravado o una extorsión), que un robo con violencia en idéntico ámbito o utilizando armas. Un ejemplo más, pues, de que el Legislador penal español, desaprovechando la mejor generación de penalistas que ha habido nunca en España, se dedica a cometer auténticas tropelías en la elaboración de la legislación criminal.

¿Sería razonable introducir un tipo atenuado en el delito de robo con fuerza en las cosas? Con carácter general no somos partidarios de confeccionar tipos agravados ni atenuados a los tipos de la Parte Especial; entendemos que sólo en tipos determinados, por el fundamento, la estructura, criminología y razones de política criminal, puede resultar conveniente. Es el caso del tipo atenuado del art. 368, CP, cuya introducción constituyó, entendemos, una de las decisiones legislativas más acertadas desde el CP1995. Pues bien, seguramente en el caso del robo con violencia (no con intimidación) sea indicado, pues aun considerando que los malos tratos de obra se subsumen en el tipo y los que excedan el ámbito del art. 147.3, CP han de llevarse a concurso (ideal), es lo cierto que el ámbito de lo que se considera "violencia" cubre un abanico muy grande y posiblemente, sólo "quizá", fuera conveniente el tipo atenuado; y matizamos mucho la necesidad porque la razón de que el robo violento se constituya como un delito autónomo respecto del hurto (y del robo con fuerza), y de que nunca haya existido una "falta" de robo violento o intimidatorio, radica en que la utilización de los medios típicos, en un delito complejo como éste, siempre supone, *per se*, un plus de peligrosidad sobre la propia de los delitos patrimoniales (no es casual la vinculación histórica entre atentado patrimonial y homicidio o lesiones —presente hasta en el CP1973).

Sin embargo, en el robo con fuerza no están presentes las anteriores consideraciones (entre otras razones porque el concepto normativo de lo que sea "fuerza" lo impide), por lo que lo único procedente, como veremos más adelante, es jugar con las causas generales de atenuación de la pena del art. 22, CP.

5. Referir, finalmente, que el delito de robo con fuerza en las cosas resultó modificado por la desdichada LO 1/2015, y ello con la finalidad manifestada en el Preámbulo de la Ley, de endurecer la disciplina del delito. En efecto, en el Preámbulo de la dicha novela se afirmaba: "La revisión de la regulación de los delitos contra la propiedad y el patrimonio tiene como objetivo esencial ofrecer respuesta a los problemas que plantea la multirreincidencia y la criminalidad grave". Si se acude a continuación a la total regulación del robo con fuerza deducida de la última Ley citada, se pueden individualizar, siguiendo a GÓRRIZ

ROYO, los siguientes aspectos de endurecimiento: 1) ampliación del concepto de fuerza que se extiende también al abandono del lugar; 2) alusión expresa en el art. 240.2, CP, a la aplicabilidad de las circunstancias del hurto del art. 235, CP; 3) ampliación del subtipo agravado de realizar el hecho en local abierto al público "*fuera de las horas de apertura*" (art. 241.1, II, CP); 4) incorporación de nuevos tipos agravados cuando el hecho se realice en casa habitada o establecimientos abiertos al público, y revista especial gravedad en los términos que veremos más abajo (art. 241.4, CP).

II. CONDUCTA

1. Generalidades

El delito de robo con fuerza en las cosas posee una estructura que se corresponde con la de un delito compuesto con un tipo mixto alternativo, en el que basta, por tanto, con la concurrencia de uno de los medios típicos para afirmar el delito, siendo irrelevante desde el punto de vista penal que convergieran en los hechos más de una de las modalidades típicas.

Advertía RODRÍGUEZ DEVESA que en el caso de que las exigencias del robo con fuerza estuvieran ya satisfechas con la concurrencia de una de las modalidades típicas, habría que contemplar la eventualidad de que la realización de una de las otras modalidades constituyera un delito independiente. Pues bien, entendemos que esta posibilidad presenta no pocos problemas, en ocasiones porque el acto mismo del apoderamiento no es comprensible sin que se sume a la modalidad ya realizada —por ejemplo, rompimiento de techo— una segunda —fractura de, verbigracia, armario; en otras porque la dinámica del delito exige el empleo —para acceder al lugar donde se encuentra la cosa— de varias modalidades típicas: por ejemplo, escalo para superar el vallado perimetral, anulación de los sistemas de alarma y rompimiento de pared. Por ello puede decirse que salvo alguna rara excepción (que estaría más relacionada con los "males de lujo" desvinculados de las modalidades típicas), la realización de una pluralidad de las citadas modalidades únicamente tendría contemplación en la responsabilidad civil, si es que se produjo algún daño.

La fuerza en las cosas debía aplicarse (hasta la LO 1/2015) para "*acceder al lugar donde éstas se encuentren*", a lo que la citada modificación legislativa ha unido el "*abandonar el lugar donde éstas se encuentran*". De esto se desprendía que:

1°) La cosa había de encontrarse en algún lugar delimitado del espacio exterior —lo que mostraría la voluntad de exclusión del titular del bien jurídico— al que es preciso acceder de fuera hacia dentro [véanse SSTS 663/2009, 30-5 (*Tol 1567569*), y 369/2007, 9-5 (*Tol 1079745*)], por lo que si la cosa no está dentro de algún espacio de estas característica no sería posible —y con independencia de la existencia de ciertas remisiones legales a las que luego se hará referencia— hablar de robo con fuerza.

El que haya que acceder a un lugar no quiere decir que éste haya de estar cerrado —por más que eso sea lo habitual— a la manera tradicional; es decir: con muros, techo, etc. Es posible, en cambio, la utilización de las ya no tan nuevas tecnologías (laser, células fotoeléctricas, cámaras, etc.) para "reservar" un lugar de todo acceso no deseado o no permitido (así, PÉREZ MANZANO y GARCÍA ARÁN). En este sentido bastaría para afirmar la fuerza típica con la anulación de esos sistemas específicos de guarda a los que se refiere el art. 238.5º, CP. VIVES ANTÓN/GONZÁLEZ CUSSAC entienden, sin embargo, que el lugar al que se refiere el tipo es uno cerrado, y ello lo deducen, en una interpretación teleológica, de la enumeración de las distintas modalidades del robo. No coincidimos, sin embargo, en esta ocasión con los admirados penalistas, pues nos parece evidente que en el art. 238, CP lo que ha hecho el Legislador es prever diferentes posibilidades de delimitar un lugar, en unos casos claramente con barreras físicas ("rompimiento de pared...") pero en otros admitiendo distintas posibilidades ["sistemas...(de) guarda"] entre las que se encuentran las electrónicas aludidas u otras "más rudimentarias", como pudieran ser por medio de animales atados que controlaran un cierto territorio.

Un supuesto particular es el de los automóviles aparcados en la vía pública que son substraídos mediante una grúa; en estos casos no puede hablarse de robo con fuerza dado que el sujeto activo no ha precisado acceder a ningún lugar para apoderarse de la cosa (en la misma situación nos hallaríamos aunque el sujeto rompiera una ventanilla —o una cadena en el caso de los ciclomotores o de las bicicletas— para ponerse al volante del vehículo, ya que en ninguno de esos supuestos la fuerza se ha ejercido para llegar al lugar donde se encuentra la cosa). Caso distinto es el del supuesto en el que el vehículo se encuentra guardado en un garaje al que se accede mediante la fractura de su puerta, o cuando lo que persigue el sujeto es apoderarse de objetos que se hallan en el interior del vehículo —no, pues, del vehículo mismo—, para lo cual fuerza la cerradura o fracturan el automóvil en alguna de sus partes.

Se plantean problemas en aquellos casos en los que el sujeto entró en el inmueble con una finalidad distinta de la de tomar una cosa ajena. En este sentido la STS 595/2015, 15-10, contempla el supuesto del sujeto que utilizando violencia entró en una vivienda con dolo de violar y matar a la moradora, y sólo más tarde surgió la intención de tomar la cosa. En tales casos, entendió la resolución citada, debe rechazarse la calificación como robo con fuerza por no cumplirse la condición expresada en el art. 237, CP, de "que la fuerza utilizada ha de serlo con el propósito de acceder a los bienes apetecidos y de los que pretende apoderarse el sujeto agente". Por lo tanto, la conducta debe ser calificada como de hurto.

2º) Con anterioridad a la reforma de la LO 1/2015 era preciso, decimos, que la fuerza (las modalidades en las que ésta normativamente se concretaba) se utilizara para acceder al lugar, por lo tanto la fuerza *subsequens* quedaba fuera del tipo, y asimismo cualquiera otra que no estuviera funcionalmente dirigida al acceso al lugar en el que se encontrara la cosa [SSTS 1193/2001, 20-6 (*Tol 67124*), y 586/1999, 15-4 (*Tol 1345*)], aunque el delito no se hubiera todavía consumado.

Así el escalamiento no para acceder al lugar donde estuviera la cosa sino para huir del mismo, la fractura de una puerta para salir del local donde se hubiesen ejecutado los hechos, etc., serían modelos de fuerza en las cosas que no integrarían el tipo, y por lo tanto no impedirían la calificación de la conducta como de hurto (STS 777/2002, 30-4).

En el mismo sentido se pronunciaba la STS 1030/1999, 25-6, al decir: "El art. 237 establece un requisito adicional al exigir que las modalidades típicas de fuerza se empleen específicamente 'para acceder al lugar' donde las cosas se encuentren. El legislador ya no define el robo, diferenciándolo del hurto, mediante la exclusiva referencia al empleo de fuerza en las cosas (art. 514 del Código Penal 1973), sino que concreta el significado instrumental de la utilización de la fuerza, exigible para que ésta tenga virtualidad jurídica a fin de convertir el apoderamiento en robo: posibilitar el 'acceso' al lugar donde se encuentran, debidamente protegidas, las cosas muebles ajenas. En consecuencia, sólo aquellas modalidades típicas de fuerza, encuadrables en lo prevenido en el art. 238 del Código Penal 1995, que sean utilizadas instrumentalmente en el sentido determinado por el art. 237, tienen relevancia jurídico-penal suficiente para transmutar la mera sustracción (hurto) en el delito más grave de robo".

Ciertamente estas formas de delimitación de la conducta del robo en la que se exigía la utilización de fuerza para acceder, tenía el inconveniente de que dejaba fuera de la tipicidad supuestos, cada vez más frecuentes, en los que los sistemas de seguridad se activaban precisamente para evitar la huida del sujeto activo (muy utilizables, por ejemplo, en bancos, joyerías, etc.); ciertamente se podía alegar que en estos supuestos la mayor energía criminal que caracterizaba la utilización de los medios de fuerza no se ponía de manifiesto, lo que podía ser cierto en algunos casos pero desde luego no en otros.

Esta idea de que la fuerza *subsequens* quedaba fuera del tipo se aplicó, incluso, por doctrina y Jurisprudencia mayoritarias (la excepción en la Jurisprudencia la representaría la STS de 23-5-1987) con la redacción del viejo artículo 500, CP1973 ("*son reos del delito de robo los que, con ánimo de lucrarse, se apoderan de las cosas muebles ajenas... empleando fuerza en las cosas*"), en el que, aún, no se exigía expresamente que la fuerza fuera para "*acceder al lugar*".

La incorporación, como momento típico de la fuerza, de la referencia a abandonar el lugar donde la cosa estuviera, ha ampliado considerablemente, como se puede ver teniendo en cuenta lo acabado de decir, el ámbito de la tipicidad, reconduciendo al robo parte de lo que hasta ese momento "pertenecía" al hurto: todos los casos de fuerza *subsequens* cuando esa fuerza estuviere dirigida a abandonar el lugar; en el caso de que la fuerza no tuviera semejante destino —y tampoco ninguna de las modalidades de fuerza a las que se refiere el art. 238, CP— habrá que plantearse la posibilidad del correspondiente concurso con, generalmente, un delito de daños. En conclusión: la fuerza aplicada al continente donde se encuentra el objeto material se debe entender como bidireccional: para entrar y para salir.

Según el Preámbulo de la LO 1/2015, "Se modifica la definición de robo con fuerza, que pasa a incluir los supuestos en los que la fuerza se utiliza para abandonar el lugar con el botín (el problema habitual se planteaba en los supuestos de desactivación de los sistemas de alarma desde el interior del lugar)". Sin embargo, como se ha podido ver, las consecuencias de la modificación no se han limitado a la afectación a los sistemas de alarma, sino que se refiere a todas las formas normativas de fuerza que acoge el art. 238, CP.

3º) El despliegue de la fuerza típica pone de manifiesto la mayor energía criminal del sujeto, y eso es lo que explica, precisamente, el apartamiento del concepto de fuerza empleado en el tipo, del correspondiente al uso normal o vulgar del lenguaje (RODRÍGUEZ DEVESA).

4º) La fuerza empleada sobre el objeto material del apoderamiento no convierte la conducta en robo del art. 237 CP.

Sin embargo, a este respecto no pueden ocultarse algunas disfunciones presentes en la descripción del robo con fuerza ya desde el CP1932. En efecto, y como señaló RODRÍGUEZ DEVESA, al exigirse en el párrafo introductorio del art. 497 del Código republicano que los medios típico fueren usados para introducirse en el lugar del robo, se plantearon problemas casi imposibles de superar a la hora de la interpretación y aplicación de la modalidad de fractura de "arcas u otra clase de muebles u objetos cerrados o sellados…". Pues bien, en el texto vigente sucede algo parecido, pues ¿cómo justificar la tipificación como robo por uso de una mayor energía criminal, cuando el sujeto lo que hace es romper un sobre lacrado —u otro objeto similar, como una bolsa de plástico— para tomar el cheque que se encuentra en su interior? Ciertamente se puede decir, desde una perspectiva estrictamente formal, que se ha aplicado fuerza en el recipiente que contenía la cosa de la cual se apoderó el sujeto, pero desde el punto de vista del fundamento del robo con fuerza resulta difícilmente justificable hablar en casos como este de otra cosa que no sea hurto.

Precisamente esa falta de fundamento es lo que ha llevado al Tribunal Supremo a considerar como un supuesto de hurto, que no de robo con fuerza, los casos en los que un sujeto se limita a separar el mecanismo de alarma que en los grandes almacenes llevan adherido las prendas de vestir u otras mercancías (véase STS 1030/1999, 25-6). La incorporación del número 3 del art. 234, CP (*"Las penas establecidas en los apartados anteriores se impondrán en su mitad superior cuando en la comisión del hecho se hubieran neutralizado, eliminado o inutilizado, por cualquier medio, los dispositivos de alarma o seguridad instalados en las cosas sustraídas"*), viene a resolver las posibles dudas que se pudieran plantear de concurso de leyes, a favor del hurto en los últimos casos aludidos.

De cualquier forma se están planteando cada vez más frecuentemente supuestos en los cuales el sujeto activo ejerce fuerza sobre la cosa para separar parte de ésta de un universo mayor; es el caso de los hurtos de cable de cobre (cada vez más frecuentes por el alto precio que desde hace seis años ha alcanzado en España ese material) en obras, en los que el autor corta con unas tenazas unos metros de cable de un rollo, los tribunales están condenando por hurto [(véase por todas SAP, Gerona, Sección 3ª, 308/2010, 24-5 (*Tol 1920401)*]. Estos casos son, obviamente, distintos de aquellos en los que para llevarse el cable de cobre el sujeto activo fuerza previamente una tapa de registro de una farola, una arqueta, etc. [véanse al respecto, SSAP, Lérida, Sección 1ª, 158/2010, 6-5 (*Tol 1920448);* Madrid, Sección 23ª, 304/2010, 29-3, y 164/2010, 17-2 (*Tol 1852108)*]. Precisamente para salir al paso de esta forma de criminalidad, y desde la perspectiva del hurto, la LO 1/2015, incorporó al art. 235.1, CP, el apartado 3º que tiene el siguiente tenor: *"Cuando se trate de conducciones, cableado, equipos o componentes de infraestructuras de suministro eléctrico, de hidrocarburos o de los servicios de telecomunicaciones, o de otras cosas destinadas a la prestación de servicios de interés general, y se cause un quebranto grave a los mismos"*; añadido legal que es explicado en el Preámbulo de la LO en los siguientes términos: "Asimismo, debido al grave problema generado por la sustracción de cable de cobre de las redes de servicio público e interés general, también se ha considerado conveniente incorporar una agravación cuando los delitos de hurto o robo afecten a conducciones de suministro eléctrico o de telecomunicaciones". La Jurisprudencia de la Sala 2ª aplica las figuras, ora de hurto ora de robo con fuerza, dependiendo, como es natural, de la dinámica delictiva, para posteriormente calificar de acuerdo con el tipo agravado. En este sentido se opta por el robo con fuerza en las SSTS 739/2018, 6-2, y 731/2018, 1-2-2019, ya que en ambos casos para acceder a las instalaciones hubieron de vencer los obstáculos constituidos por vallas perimetrales con las que se trataba de asegurar el recinto. Como hurto se califican otros supuestos como los contemplado en las SSAP, Santa Cruz de Tenerife, 2ª, 155/2023, 12-6 (apertura de arquetas de alumbrado público y toma de cableado de cobre); Ciudad Real, 1ª, 144/2022, 19-12 (apoderamiento de cable de una catenaria), o en el mismo sentido SAP, La Coruña, 2ª, 206/2020, 26-5, entre otras.

2. Modalidades de fuerza en las cosas

El escogitamiento de las tipologías de fuerza en las cosas hunde sus raíces en la obra legislativa de Alfonso X (para la Alta Edad Media, la época visigoda y el período anterior de vigencia del Derecho Romano, véase extensamente RODRÍGUEZ MOURULLO). En concreto, y por lo que a nosotros se nos alcanza, en la "Leyes" del Estilo (Ley LXXIIII) se asevera: "*En el título De las penas sobre la ley que comiença: «Todo omne que foradare casa, muera por ello». Et esso mismo a de morir si sobiere por paret, o entrare por finiestra, o por teiado a la casa, que deue morir; o si abriere la puerta con llaue, o en otra manera, o si abriere con llaue o descerraiare arca, o si entrare en otra guisa por la puerta seyendo abierta, o lo fallaren que estaua ascondido en casa, que deue morir por ello por justicia*". MATA Y MARTÍN dice, con acierto, de este texto que tiene la virtualidad de recoger las tres grandes modalidades del robo con fuerza: escalamiento, fractura y uso de llaves falsas (obviamente no podían realizar previsión, ni las Leyes de Estilo ni el autor últimamente citado, de la actual modalidad recogida en la circunstancia 5ª, del art. 238, CP). Esta interpretación que efectúan las Leyes de Estilo de los preceptos del Fuero Juzgo se verá reflejada a partir de ese momento en la legislación, primero, castellana, y después (en realidad a partir de Felipe V) en la territorial que correspondiera al reino, de muy diversa forma tal y como corresponde a una legislación anterior a la codificación (es decir: sin una sistematización precisa). Así, la citada proyección de la interpretación del robo en las Leyes de Estilo puede comprobarse, parcialmente y en lo que importa al Derecho castellano, en las leyes de Partidas (en lo que importa a las modalidades de ejecución no al *nomen iuris*, así en la Partida VII, XIV, IV: "*Et decimos que darie ayuda al ladron todo home quel ayudase á subir sobre alguna pared porque pudiese furtar, ó le diese escalera con que subiese, ó le emprestase ferramienta ó le mostrase otra arte con que pudiese descerrajar ó abrir alguna puerta ó alguna arca, ó para foradar pared, ó en otra manera qualquier quel diese ayuda á sabiendas que fuese semejante de alguna destas para facer furto*"). En lo que importa al robo en sentido propio las Partidas —y coincidimos en este extremo con lo dicho por RODRÍGUEZ MOURULLO en su brillante estudio— no contienen una definición del mismo (se limitan a lo siguiente: "*Robo es una manera de malfetria que cae entre furto et fuerza*"), sí le otorgan esta calificación a ciertas situaciones de despojo con ocasión de una guerra, si se lleva a cabo en despoblado o si se efectúa aprovechando una calamidad —VII, XIII, pr., y I. El Ordenamiento de Alcalá no progresó, por razones estrictamente políticas, en el sentido apuntado por la legislación alfonsina dando un paso atrás en la delimitación de las figuras (véase Título XXX, Ley Única), y a continuación —y cuanto más se avanzaba en los tiempos peor—, de la legislación, y también de la doctrina, se apoderó una confusión infinita. En este sentido RODRÍGUEZ MOURULLO dice: "Resulta sorprendente que esta distinción conceptual…se derrumbe en los tiempos modernos". También MATA Y MARTÍN: "En este período existen constantes alusiones a modalidades del robo con fuerza, dentro de un gran confusionismo en las relaciones hurto-robo y careciéndose por completo de sistemática en torno a este tema".

Obviamente hubo algunos autores que escaparon de esa mediocridad general. Fue el caso, como no podía ser de otra manera, de ANTONIO GÓMEZ que definía el hurto como sigue: "El delito privado de hurto es una contrectacion fraudulenta de la cosa agena e contra la voluntad de su dueño con ánimo de lucrar. De esta definicion se colige que quando alguno por su propia autoridad toma para algun uso la cosa de otro, creyendo que este lo habia de permitir, por haberlo dicho á presencia de algunos, por ser consanguíneo, ó por otra cansa justa que concurra·, no se comete hurto".

Es el CP de 1822 (art. 726) el que proporciona —apoyándose en las Partidas, y según alguna doctrina en el Código Penal francés de 1810, véanse al respecto MATA Y MARTÍN, QUINTANO RIPOLLÉS y CUELLO CALÓN— un concepto normativo de robo con fuerza o violencia hecha a las cosas (RODRÍGUEZ MOURULLO), e incorpora ya alguna de las modalidades del robo con fuerza tal y como las consideramos hoy en día, aunque con esa sistemática que acerca en no pocas ocasiones el cuerpo legal al que nos estamos refiriendo más a las recopilaciones que a lo que se entiende por un Código. No es, sin embargo, hasta el CP de 1848 cuando se refleja, ya de forma sistematizada de acuerdo a las modernas tendencias, lo que sería un concepto normativo, más acabado, de robo "con fuerza en las cosas" tal y como lo entendemos ahora, aunque ampliado con otras referencias como el lugar de realización del hecho, valor de la cosa robada o algunas circunstancias personales. Se trató de una regulación (no en vano formó parte de la comisión redactora PACHECO) con gran influencia del Derecho Penal francés (arts. 381 y 390 y ss., del reformado de 1832), en cuya legislación, de la misma forma que en la castellana y española, ya había preocupado la mayor energía criminal que reflejaba la realización del hecho con determinadas modalidades (en otras legislaciones, como la austríaca, napolitana o brasileña, los puntos de referencia estaban mayoritariamente referidos al lugar de comisión del hecho, el valor de la cosa, el aprovechamiento de alguna desgracia pública o el disfraz; aunque en el Código de Nápoles cualificaba el robo el empleo de la fractura exterior, uso de llaves falsas o escalamiento). El Código de 1870 lleva a cabo una unificación en la definición tanto del robo con violencia como del llevado a cabo con fuerza (frente a lo sucedido con el CP1848), aunque no la completa en la regulación concreta del robo con fuerza donde aunque sin tanta diversidad de situaciones como las que se consagraban en el CP1848 (donde existía diferente regulación del robo con fuerza dependiendo de que el delito sucediera en casa habitada o iglesia, con armas o sin ellas o, por el contrario, ocurriera en lugar no habitado), seguía existiendo diversidad de tratamiento entre los robos llevados a cabo "con armas en casa habitada ó edificio público ó destinado al culto religioso", y los ejecutados sin armas —art. 521; asimismo, el valor de lo robado seguía jugando un papel determinante en la tipificación. Fue, por otra parte, en ese Código (*rectius*, en la 2ª edición "original" del texto), cuando se introdujo la fractura interior y la efectuada fuera del lugar del robo a las que aludiremos más abajo, y que tantos problemas sigue causando. Asimismo se incorporó un concepto normativo de llaves falsas (art. 529) que sigue presente en el vigente Código Penal, y un delito de sospecha acogido al art. 528.

Fue el extraño CP1928, tan corto en su vigencia como el de 1822, pero en no pocos casos superior técnicamente a sus predecesores, el que definió el robo con fuerza atendiendo exclusivamente a los medios empleados (art. 694), e imponiendo la pena con referencia única al valor de la cosa tomada (art. 695). A partir de ese punto una serie de circunstancias hacían entrar en juego tipos agravados (el lugar donde se cometió el hecho, destino de la cosa, presencia de cuadrilla, etc.), que llevaban la pena al límite superior; incorporando también el nuevo cuerpo legal una mejor definición de "local habitado", dependencias del mismo, asimismo un robo específico por referencia al objeto material (documentos —art. 699—, o aves de corral —art. 701). Este Código, como consecuencia de su orientación política criminal y el papel concedido a la peligrosidad, adelantó considerablemente las barreras penales hasta el punto de castigar, en ciertos casos, tentativa y frustración a título de consumación, y a los cómplices con la misma pena que a los autores (art. 692). Asimismo, consagraba la responsabilidad objetiva al decir: "*Cuando con motivo u ocasión de estos delitos se causare la muerte o lesiones a alguna persona se impondrá la pena de veintiocho años de reclusión a muerte, y en los demás casos de doce a veinte años de reclusión, si conforme al artículo 688 no correspondiera pena más grave*" (art. 692, último).

El CP de 1932 supuso una vuelta al de 1870 con algunas pequeñas modificaciones no especialmente relevantes. El de 1944, aunque pasando por encima del republicano y volviendo al de 1870, introdujo alguna de las buenas aportaciones del CP1928, especialmente la definición de robo con fuerza con apoyo, exclusivamente, en las modalidades comisivas, dejando otras circunstancias como de lugar, personales, etc., con el mero papel de agravación. Sí hay que anotar como hecho relevante la modificación del sistema de penas en el que se acogió la propuesta del CP1928, con lo que, como se apuntó más atrás, se llegó a la posibilidad de imponer mayor pena por robo con fuerza que por robo con violencia, al reducirse las penas de este último en algunos casos; una tendencia que permaneció en los códigos penales de 1963 y 1973 (arts. 501 y s., y 504 y ss.).

2.1. Escalamiento

En la interpretación de esta modalidad ha tenido un peso determinante, hasta fechas recientes, la definición que se incluía de tal medio de acceso en el CP de 1848. En efecto, decía el art. 421.1° de este cuerpo legal que "*hay escalamiento cuando se entra por una vía que no sea la destinada al efecto*".

Esta definición ("Fórmula lapidaria —dijo de ella QUINTANO RIPOLLÉS— que acredita y hace añorar, las dotes de precisión léxica que adornaron a nuestros legisladores ochocentistas") pervivió en la Parte Especial del CP en el texto de 1850 (art. 431). En el CP1870 se incluyó, con idéntica redacción pero en la Parte General, como agravante genérica en el art. 10.21ª. De este último Código pasó al art. 66.9ª, Il CP1928, aunque con una redacción ligeramente diferente: "*Hay escalamiento cuando se penetra en lugar cerrado por una vía que no sea la destinada al efecto*" (seguramente la tendencia a entender que el "lugar" al que se refiere el Código como escenario del apoderamiento ha de ser "cerrado", fue lo que justificó el cambio de redacción, así como posteriores tendencias hermenéuticas a las que más arriba ya nos hemos referido). En el CP de 1932 volvió la referencia exclusiva al escalamiento, sin definición, en la Parte Especial (art. 501.1ª), y se suprimió de la Parte General ("porque el escalamiento y la fractura, que sólo deben tenerse en cuenta en ciertos delitos, como los robos y el quebrantamiento. de condena, ya se toman en consideración en esas infracciones que especialmente agravan", decía la "Exposición de Motivos" a la Ley de aprobación del CP1932); lo mismo ocurrió con alguna de las otras circunstancias agravantes que figuraban en el CP1870, como por ejemplo el hecho de "ser vago" ("porque es absurdo que se aumente la pena en delitos en que el ocio no es relevante, como, por la extraña fórmula de vagancia que el viejo Código consagró, totalmente inconciliable con las normas democráticas de la incipiente República española", rezaba la referida Exposición de Motivos). En este sentido el CP1944 mantenía la misma redacción que su precedente de 1932.

Esta definición del escalamiento, como decimos, ha servido como guía hermenéutica para la interpretación Jurisprudencial durante muchos años; así lo ha entendido tradicionalmente el Tribunal Supremo [por todas, SSTS 1644/1998, 28-12 (*Tol 78492)*, y 2315/1992, 28-10 (*Tol 397699)*; véase también JGTS 24-5-1991]. Sin embargo, desde los años 2000 [por todas, STS 933/2001, 23-5 (*Tol 103211)*, donde se citan también algunos precedentes de los años 90)] comenzó a transitar una interpretación más acorde con el principio de legalidad y el significado —ante la carencia de un concepto normativo— corriente del término, cuya referencia es a "subir", "ascender", "trepar" u otra conducta similar. Es decir: a comportamientos que exigen la realización de un esfuerzo físico [STS 852/2002, 16-5 (*Tol 162241)*] "tendente a superar las barreras protectoras para la defensa no sólo de la intimidad de los recintos de las viviendas, sino también de elementos arquitectónicos que tratan de canalizar el acceso por las vías normales utilizadas para tener acceso a una vivienda" [STS 529/2002, 23-3 (*Tol 162333)*], o la demostración de una habilidad o destreza [STS 933/2001, 23-5 (*Tol 103211*)] para lograr superar la barrera que el sujeto pasivo haya implementado para la delimitación de un lugar; o por decirlo con las palabras del ATS 1441/2001, 29-6: "Se limita el escalamiento de entrada a aquellos supuestos, más acordes con los principios de legalidad y proporcionalidad, en los que la entrada por lugar no destinado al efecto haya exigido 'una destreza o un esfuerzo de cierta importancia, destreza o esfuerzo presentes en la noción estricta de escalamiento (trepar o ascender a un lugar determinado), que es el punto de referencia legal del que dispone el intérprete".

Así pues, ya desde principios de este siglo dejó de considerarse escalamiento el acceder a la vivienda a través de una ventana abierta situada a escasa altura del suelo [STS 143/2001, 7-2 (*Tol 27338*)], como por el contrario se estuvo entendiendo por la Jurisprudencia durante años [entre otras en STS 1644/1998, 28-12 (*Tol 78492*); véase también STS 1370/2002, 18-7 (*Tol 203137*)].

Actualmente, y por las razones indicadas más atrás de exigencia de una mayor energía criminal traducida en un empleo de fuerza física o destreza considerables, debe entenderse que todos esos casos en los que, en definitiva, por razones arquitectónicas o/y de descuido del sujeto pasivo, el activo no precisa un mayor despliegue criminal, la calificación procedente será la de hurto. De esta forma queda absolutamente olvidado como criterio hermenéutico el empleado en las viejas definiciones normativas de "escalamiento" (en contra MUÑOZ CONDE).

Tal tendencia jurisprudencial es la que sigue predominando hoy en día. Así la STS 595/2016, 6-7 (*Tol 5776427*), tras una larga disertación histórica, asevera: "Actualmente se restringe el concepto de escalamiento a aquellos supuestos, más acordes con los principios de legalidad y proporcionalidad, en los que la entrada o la salida por lugar no destinado al efecto haya exigido 'una destreza o un esfuerzo de cierta importancia, destreza o esfuerzo presentes en la noción estricta de escalamiento' (trepar o ascender a un lugar determinado), que es el punto de referencia legal del que dispone el intérprete. Y el hecho de tener que salvar esa altura (unos tres metros y medio) supone una especial 'energía criminal', suficiente para ser equiparable a una fuerza física en sentido estricto" [en el mismo sentido, y entre otras muchas, SSTS 90/2022, 7-2 (*Tol 8803773*), y 898/2022, 16-11 (*Tol 9296424*)].

Un segundo grupo de casos discutidos en la Doctrina se refiere a los supuestos en los que la cosa está separada del sujeto activo por una altura significativa que media entre aquélla y el suelo; el ejemplo más utilizado por la Doctrina es el de las bombillas de las farolas (al que se pueden añadir los objetos situados en los alfeizares de las ventanas o los adornos suspendidos entre las fachadas de las calles u otros similares). A nuestro modo de ver no estamos, en estos casos, ante los supuestos de escalamiento típico al que se refiere el robo con fuerza, y ello porque el "escalar" debe estar referido a la conducta que consiste en utilizar esa modalidad de fuerza ya no para acceder a la cosa, sino para acceder al lugar en el que se encuentra la cosa; un lugar que, aunque no necesite estar cerrado tal y como argumentábamos más atrás, sí precisa estar delimitado por algún medio (físico o electrónico) del exterior, y que exija el empleo de una significativa energía criminal para llegar a él. Pues bien, en el caso de los adornos, del alfeizar de la ventana o de la bombilla, no se dan estas condiciones al no considerarse la mera altura como un medio de interposición, y al no estar los objetos en un lugar separado del exterior al que sea preciso "acceder" superando barreras para apoderarse de la cosa.

La altura en concreto de los obstáculos que hayan de superarse ha sido también objeto de atención por la Jurisprudencia (que se introduce así en un casuismo poco aconsejable). Resumiendo el sentido de las resoluciones dictadas al respecto puede decirse que para el caso de los muros la altura a superar a partir de la cual se entiende que hay escalo es de metro y medio [por todas, SSTS 1665/2002, 11-10 (*Tol 4976599*), y 36/2002, 25-1 (*Tol 4976704*); por lo tanto, si el muro sólo se elevaba un metro del suelo no cabría la calificación de robo con escalamiento (STS 1615/2001, 5-11 (*Tol 47964066*))]; si se trata de vallas, la STS 1961/2001, 23-10, apunta a una altura de dos metros y medio (también la 1723/2000, 10-11 (*Tol 4920302*)), aunque en alguna resolución se satisface con una altura de dos metros (STS 1390/2000, 14-9 (*Tol 4920374*)). Otro de los supuestos de escalo más frecuentes se refiere a introducirse por una ventana que esté a una cierta distancia del suelo, al menos la necesaria para que el sujeto deba hacer un esfuerzo superador; en este sentido, la STS 852/2002, 16-5 (*Tol 4920907*), se refiere a una altura de metro y medio; alguna otra resolución apunta a ventanas situadas a dos metros de altura (STS 1144/1999, 13-7 (*Tol 4925328*)).

En este sentido, y referido a cables telefónicos, la STS 17164/1992, 2-10 (*Tol 5019955*), aseveró, lo que sentó doctrina, que: "La fuerza que caracteriza el delito de robo es una fuerza típica, descrita en los supuestos legalmente previstos en el art. 504 del Código Penal; en los demás casos, aunque medie fuerza en sentido natural, podrá existir un delito de hurto, más hay que descartar el delito de robo con fuerza en las cosas. En el supuesto que examinamos, la sustracción de los cables de la línea telegráfica se produjo tras trepar los recurrentes a tres postes y cortar con unos alicates los cables de dicha línea. Es unánimemente admitido que tales conductas no pueden incardinarse en el escalamiento, ya que sólo cabe apreciar el robo con escalo cuando esta modalidad se utiliza para entrar, lo que indudablemente no se ha producido en el caso que examinamos, que tampoco puede incluirse en ningún otro supuesto típico de robo con fuerza. La jurisprudencia de esta Sala ha negado la figura delictiva de robo en situaciones similares, como es exponente la Sentencia de 20 de noviembre de 1991. Tienen, pues, razón los recurrentes al aducir que sus conductas no son constitutivas de robo y que pueden calificarse como constitutivas de un delito de hurto. El valor de los 400 metros de cable supera con creces, como consta en el informe pericial incorporado a las actuaciones, las 30.000 ptas., incardinando, por consiguiente, la conducta de los recurrentes en un delito de hurto, en grado de frustración, previsto y penado en los arts. 514, 515, 516.1.°, todos del Código Penal, lo que determina la estimación del segundo de los motivos del recurso" [véase en el mismo sentido, SAP, Coruña, 2ª, 206/2020, 26-5 (*Tol 8001759*); también SAP, Granada, 2ª, 435/2009, 18-9 (*Tol 1776640*)].

Un último conjunto de supuestos está referido a si el acceso al lugar para allí apoderarse de la cosa ha de hacerse personalmente como sugiere algún autor (MUÑOZ CONDE) o cabría realizarlo a través de medios mecánicos. Pues bien, entendemos que en Derecho Penal contemporáneo hay que ir olvidando la representación puramente física de las conductas delictivas, y de la misma forma que se ha aceptado la interposición de medios exclusivamente tecnológicos para delimitar un "lugar" del exterior, deben admitirse también los medios tecnológicos (una *lunga manu* del autor) para acceder al lugar donde se encuentra la cosa; por lo tanto, a nuestro modo de ver, la utilización de "brazos articulados" o de drones para acceder al lugar donde se encuentra la cosa, y el uso de estos —o de las herramientas que aquéllos porten— para apoderarse del bien mueble aun sin presencia personal del sujeto activo en el espacio de que se trate, cumpliría las exigencias típicas del robo con fuerza.

QUINTANO RIPOLLÉS plantea algún otro grupo de casos, como aquellos que se caracterizan porque ha mediado consentimiento para el acceso al lugar aunque fue dado para realizar una tarea distinta del apoderamiento de cosas muebles. Es el caso del amante que trepa por una escalera para tener un encuentro amoroso en el dormitorio con su amada, y aprovecha para llevarse algún objeto —dolo sobrevenido y no antecedente. En semejantes supuestos y otros similares (obreros a los que se autoriza a acceder por el balcón de la vivienda, mediante escaleras, con la finalidad de arreglar cables eléctricos o revocar la fachada), entendemos que el fundamento de la modalidad decae puesto que el sujeto pasivo "levanta" las barreras que había interpuesto para delimitar su "lugar", y el sujeto activo no precisa desplegar una particular energía criminal. Tema distinto es que el consentimiento para ese acceso hubiera sido obtenido mediante engaño, en tal caso no vemos obstáculos para insistir en la tipicidad de la conducta.

Debe tenerse en cuenta, en todo caso, que el escalamiento, tras la reforma efectuada por la LO 1/2015, puede utilizarse para "salir" del lugar donde se encontraba la cosa.

2.2. Fractura exterior

La segunda modalidad de robo con fuerza recogida en el art. 238 CP es la de "*rompimiento de pared, techo o suelo, o fractura de puerta o ventana*".

Se trata de una forma de proceder ya presente en el CP1848 (y con claro precedente en el art. 726 CP1822) y que únicamente experimentó la incorporación de la referencia al "suelo" en el CP1870 (artículo 521.2°), permaneciendo desde ese momento relativamente invariable, pues debe tenerse en cuenta, como ya fue advertido, que tanto en el CP1848 (arts. 431 y ss.) como en el CP1870 se establecían diferencias en la tipicidad

—no idénticas en ambos casos— dependiendo del lugar donde se realizare el hecho (habitado o no, sagrado o no, etc.), de si se usaren o no armas, etc. Asimismo, tanto en un código como en el otro, en el caso de que se tratare de estancia habitada (sagrada, etc.) o no, se diferenciaba —en este último supuesto, no en el primero— entre fractura interior y exterior.

Estamos usando, y continuaremos haciéndolo, los términos "fractura exterior" —la aludida en el art. 238.2ª, CP— y "fractura interior", que es la recogida en la circunstancia 3ª del artículo 238, CP y que se refiere al rompimiento de cosas muebles en el interior de la vivienda para apoderarse del objeto material. VIVES ANTÓN/GONZÁLEZ CUSSAC refieren que hubiera sido más acertado hablar de fractura inmobiliaria y fractura mobiliaria, atendiendo a la distinta naturaleza jurídica de los objetos sobre los que se ejerce la fuerza.

Una última advertencia: aunque, como ya ha quedado dicho, el concepto de "fuerza" es normativo, y está como tal delimitado en este precepto, es inevitable que este delito sea muy circunstanciado, lo que plantea problemas ante la posibilidad de que se acuda a la analogía *in malam partem*. En efecto, hay que tener en cuenta que en la interpretación de esta modalidad, y como indicaba QUINTANO RIPOLLÉS, en la que se unen supuestos en los que se tiene que desplegar una gran energía para proceder a la vulneración de la barrera interpuesta —casos de rompimiento de paredes fabricadas con mortero— con otros en los que el esfuerzo debe ser mínimo —rotura de un frágil cristal—, se viene a poner de manifiesto el verdadero contenido material de lo injusto: "la vulneración de un signo inequívoco de protección a la propiedad mediante cerramiento", o como señalaba GROIZARD Y GÓMEZ DE LA SERNA se trata de castigar las formas "no naturales" de llegar a un lugar. Por esta razón, y a nuestro entender, las paredes, suelos, techos, ventanas o puertas, pueden tener cualquier fábrica mientras sirvan para realizar la función expresada; por tanto será irrelevante que hayan sido elaboradas con ladrillo, cristal, elementos metálicos como alambrada [en contra STS 7-5-1992 (*Tol 398876*), por entender que una pared debe ser algo compacto; sin embargo, en un caso similar la SAP, Albacete, Sección 1ª, 18/2002, 14-3 (*Tol 174415*), mantiene la tesis opuesta], materiales plásticos, lona, etc.; en conclusión: cualquier tipo de material capaz de proporcionar una mínima consistencia a esos elementos delimitadores y que sirva a tal efecto [véase SAP, Barcelona, Sección 2ª, 296/2022, 27-4, que contempla el supuesto de unos sujetos que rajan la lona de un camión para tomar la mercancía, y SAP, Barcelona, Sección 9ª, 372/2022, 30-5 (*Tol 9299835*); también SAP, Madrid, Sección 30ª, 15/2023, 11-1]. Problemas especiales plantea también el supuesto de las "persianas", y es conflictivo este caso por las muy variadas tipologías y funciones que cumplen éstas, pues algunas cumplen claramente una delimitación de un cierto espacio del exterior [SSTS 116/2024, 7-2 (*Tol 9883709*), y 272/2019, 29-5 (*Tol 7271631*)], incluso en ciertos casos se trata de elementos de "alta seguridad", y en otros las dichas persianas son, efectivamente, un artilugio que no tiene la finalidad de establecer un límite interior/exterior sino que sirven para quitar el sol o están integradas en otro elemento (cristales de las ventanas, generalmente); y ocurre, asimismo, que en algunos casos tras violentar la persiana se hace lo propio sobre un cristal, ventana o puerta (SSTS 493/2022, 20-5; 317/2017, 3-5, y 500/2010, 28-5) o incluso en ocasiones la persiana está integrada, como hemos comentado, en el cristal de la ventana o puerta en cuestión. Ciertamente en no pocas de las ocasiones en las que el sujeto activo ha violentado la persiana de que se tratare, posteriormente lo ha efectuado también sobre algún otro elemento del local asaltado (caja registradora por lo general), lo que da lugar a una calificación tanto por fractura exterior como por fractura interior (en este sentido STS 704/2022, 11-7).

No consideramos, sin embargo, "romper" el acto por el cual el sujeto tira con las manos de la tapa, con cerradura, que delimita el lugar donde se encuentra la cosa —cajetín de teléfonos que alberga dinero—, y aunque aquél está cerrado procede a abrirse sin rotura aparente en la tapa ni alteración significativa en el mecanismo de la cerradura (véase STS 293/1999, 26-2), por lo que la conducta deberá ser considerada hurto. También merecerá esta tipificación —y al margen de posibles concursos que más tarde se abordarán— los supuestos en los que el sujeto fractura una puerta o parte del cerramiento, no para penetrar en el lugar que guardan sino para apoderarse de tal elemento.

Por lo que se refiere a los objetos sobre los cuales ha de recaer la acción típica, pareciera que no es preciso tratar de delimitarlos conceptualmente por tratarse de objetos de la vida cotidiana y sin especiales problemas para su comprensión. Sin embargo, es lo cierto que se presentan algunos problemas en supuestos criminológicamente frecuentes; así en los casos en los que un sujeto fuerza la cerradura del portaequipajes de un vehículo para hacerse con las cosas que haya en su interior. Para PÉREZ MANZANO estos supuestos serían atípicos, nosotros entendemos, por el contrario, que encajan en el precepto penal; efectivamente, por puerta debe entenderse, simplemente, tanto un lugar de acceso a un inmueble como un dispositivo que nos permite acceder a un vehículo, un mueble, etc. (segundo significado de "puerta" en el Diccionario de la RAE); así, el Tribunal Supremo ha extendido la protección a las máquinas de refrescos o las tragaperras (por todas, STS 198/2022, 3-3). En este sentido no hay problema alguno de legalidad para conceptuar todos esos supuestos como de robo con fuerza (la SAP, Barcelona, Sección 8ª, 560/2022, 16-9, por el contrario, entiende que el forzamiento del "maletero" de una moto para tomar cosas de su interior, constituye robo con fuerza, pero del núm. 3º del art. 238, CP, es decir: fractura interior). La Jurisprudencia ha conceptualizado como un supuesto de fuerza el aplicarla sobre la cerradura de un vehículo para acceder al interior del mismo (así, SAP, Madrid, 669/2019, 19-12); o también el forzar la tapa del depósito de un vehículo, o el depósito mismo, para extraer combustible (SSAP, Jaén, Sección 2ª, 129/2015, 26-5, —referido al forzamiento de los depósitos de gasoil de camiones—, y Valencia, Sección 5ª, 117/2017, 16-2 —perforación de un depósito de gasoil).

En cuanto a los medios típicos, por "romper" se entiende "separar con más o menos violencia las partes de un todo, deshaciendo su unión", mientras que por fracturar "romper o quebrantar con violencia algo"; en lo que importa a "quebrantar" por tal entendemos "cascar o hender algo; ponerlo en estado de que se rompa más fácilmente;... Forzar, romper, venciendo una dificultad, impedimento o estorbo que embaraza para la libertad" (Diccionario de la RAE). Como puede verse, pues, en ambos casos la referencia se efectúa a un modo violento de separar las partes que componen un todo. Ello permite llegar a las siguientes conclusiones:

1ª) El referir en el tipo además de "romper", "fracturar", no constituye, como por el contrario señala algún autor, una repetición inútil y viciosa (tautológica), puesto que uno de los significados de fracturar es el de "forzar", que no necesariamente requiere "romper", por lo que acogería supuestos de "doblar" u otros similares que están lejanos a la "separación de sus componentes" pero que abarca casos como el de "deformar", lo que es especialmente interesante de cara a dar cobertura típica a alguna de las formas tradicionales del robo con fuerza: el apalancamiento sin fragmentación de la cosa sobre la que se ejerce fuerza. Debe tenerse en cuenta, además, de que cómo se encarga de señalar GARCÍA ARÁN el Legislador ha empleado términos distintos para referirse a los elementos delimitadores más contundentes, rompimiento en el caso de techo, suelo o paredes, y fractura en relación a puerta y ventana, todo lo cual apoya la distinción que hemos otorgado a esas expresiones;

No parece ser ésta la interpretación que concede el Tribunal Supremo a la dualidad de términos referidos. En efecto, para el Alto Tribunal "fracturar" resultaría sinónimo de "romper". Así en la STS 894/2021, 18-11, se afirma: "En nuestra opinión, ello conduce a exigir, para poder apreciar este supuesto de fractura exterior, que se haya producido la rotura material del elemento de seguridad o de cerramiento, el efectivo rompimiento de este siquiera en alguna medida; sin que se pueda aplicar el art. 238.2 CP en los casos en que se consigue superar el elemento de seguridad o cerramiento pero sin rotura de ellos... En el diccionario de la R.A.E. 'fractura' es la acción y efecto de fracturar o fracturarse; 'fracturar' es romper o quebrantar con violencia una cosa; y 'quebrantar' es romper, separar con violencia". En realidad, el Tribunal Supremo mezcla demasiadas cosas cuando se expresa así, sin precisar excesivamente, lo que lleva a la incertidumbre. Muestra de lo que afirmamos es lo que permite al Tribunal continuar diciendo: "En nuestra opinión, la Ley exige que se produzca 'fractura', y esto, a nuestro entender, exige inequívocamente que se hayan ocasionado daños en el elemento de defensa o cierre. Otra cosa nos parece una interpretación analógica del precepto *in malam partem*, proscrita por el principio de legalidad (específicamente, el art. 4.1 CP), al reputar como fractura o equiparar a esta supuestos en que, según hemos visto, no hay tal". Fíjense que en este pasaje no habla de "rotura" sino de "daño" lo que, obviamente, es más extenso que rotura, y abarcaría la deformidad a la que nos acabamos de referir con nuestra interpretación.

Desde luego que los hechos declarados probados en la sentencia objeto del recurso de casación no son un modelo de concreción y no proporcionan los datos necesarios para efectuar una calificación que vaya más allá del hurto: "accedió al garaje comunitario ... donde tras forzar el vehículo de ... que se encontraba estacionado ... accedió a su interior, apoderándose de efectos consistentes en un mando junto, con la llave de apertura del garaje, un 'ipad', 20 cd y 3 juegos de llaves de 3 domicilios, recuperándose por agentes del Cuerpo Nacional de Policía en poder del acusado el día 27/01/19 un juego de llaves con mando de garaje y otro mando de garaje". Obviamente, como bien y acertadamente apunta la Sala 2ª y hemos indicado más arriba, "el relato de hechos probados que se contiene en la sentencia dictada en la primera instancia, y que la Audiencia Provincial hizo propio, no proporciona el soporte histórico indispensable para que aquéllos puedan considerarse ínsitos en la descripción normativa: 'rompimiento de pared, techo, suelo, o fractura de puerta o ventana". En otros casos el mismo tribunal, STS 586/2024, 13-6, se refiere a "desencajar y extraer la ventanilla de la puerta delantera izquierda del vehículo", como supuesto de robo con fuerza.

La Jurisprudencia de Audiencia proporciona alguna casuística interesante sobre esta modalidad de robo que ayuda a comprender mejor el problema. Así, la SAP, Barcelona, Sección 9ª, 105/2024, 3-6, enuncia: "La fractura… puede realizarse en cualquier parte de los elementos descritos en su definición, esto es, tanto en una ventana, como en su marco, las bisagras, el cristal, u otro elemento de protección. La fractura, finalmente, puede realizarse tanto en bienes inmuebles como en bienes muebles, por ejemplo, cuando se fuerzan las puertas o las cerraduras o se rompen las ventanillas de un vehículo". La SAP, Barcelona, Sección 8ª, 125/2023, entendió que constituía este delito el hecho de: "[entrar] en el supermercado…, que se encontraba en dicho momento abierta al público. Y una vez en su interior … arrancó el cajón de la caja registradora (en cuyo interior había alrededor de €130 en billetes y monedas) tras romper el cable de conexión y huyó… [E.] l acusado no se limitó a desconectar el cable de la caja, sino que de un tirón provocó su rotura, así la conducta del acusado al realizar este forzamiento, ha incurrido en el supuesto del apartado tercero del art. 238 CP, toda vez, que el cable además de suministrar electricidad a la caja, cumplía la función de asegurar la permanencia de la caja al establecimiento, motivo por lo que el acusado para realizar de forma rápida su actuación da un tirón provocando incluso el rompimiento del cable, además de la necesaria obertura por la fuerza de la caja para extraer lo que en ella contenía". En este último sentido recordar que el Tribunal Supremo se refiere a violentar "cualquier mecanismo de cierre o seguridad ya sea electrónico o mecánico" (STS 894/2021, 18-11).

2ª) La división del objeto material sobre el que se descarga la acción de romper puede llevarse a cabo de muy distintas formas, tanto con una fractura muy violenta —verbigracia, golpeando con un mazo la ventana— como de menor fuerza y mayor habilidad —desmontando la dicha ventana en sus distintas partes. 3ª) Las puertas tienen una pluralidad de componentes, con lo que la fuerza aplicada a cualquiera de ellos convertiría en típica la conducta; es decir: es indiferente que se aplique al marco, la cerradura, los goznes, etc. El acuerdo de que la actuación sobre las cerraduras constituye un supuesto de fuerza en el sentido del art. 238.2º, CP es extendido en la Jurisprudencia; así STS 332/2024, 18-4, y, especialmente interesante, STS 249/2024, 13-3. Existe alguna controversia sobre los candados pues estos, en sentido estricto, no forman parte de la puerta o ventana, etc.; así y todo, véanse STS 58/2024, 19-1, donde se condena por robo con fuerza en las cosas al haber roto el sujeto un candado, y también STS 971/2022, 16-12).

En todo caso, del conjunto de la Jurisprudencia del Tribunal Supremo se extrae, una y otra vez, la necesidad de que en las resoluciones sometidas a casación se especifique, se concrete exactamente, cuál es la fuerza en particular que se aplicó sobre el objeto de que se trate, no bastando con genéricos "forzó", o "aplicó fuerza", pues no permiten someter a un efectivo control los hechos declarados probados en la sentencia impugnada; véase en este sentido, y por todas, STS 894/2021, 18-11.

2.3. Fractura interior

1. Se refiere la circunstancia 3ª del art. 238, CP a la "*fractura de armarios, arcas u otra clase de muebles u objetos cerrados o sellados, o forzamiento de sus cerraduras o descubrimiento de sus claves para sustraer su contenido, sea en el lugar del robo o fuera del mismo*", que como la anterior tiene sus precedentes en los Códigos penales del XIX.

Dice DOPICO GÓMEZ-ALLER, y le asiste la razón a nuestro entender, que esta modalidad de robo, que se introdujo fraudulentamente en el CP1870 mediante una "corrección de errores" cuando en realidad se trataba de un acto legislativo, no obedece a la estructura tradicional del robo con fuerza, y desde luego no a las características que para éste se exigen en el art. 237, CP: "*empleando fuerza en las cosas para acceder o abandonar el lugar donde éstas se encuentran*". Ello es así porque, sigue el autor citado, ya no se trata de que el sujeto activo entre en casa habitada, edificio público, etc., y allí tomare las cosas que le placiesen. No: el sujeto activo no "entra" en los armarios o arcas…, sino que simplemente los fractura "para sustraer su contenido", lo que no tiene necesariamente que realizarse en el lugar donde estos se encontraren, sino que puede acontecer en otro distinto —más abajo veremos con qué calificación jurídica. De esta forma, continúa señalando nuestro autor, el delito de robo con fuerza pareciera que no exige, en esta modalidad, el concreto apoderamiento de la cosa deseada para poderse afirmar la consumación.

> Así pues, este peculiar robo se sale de la definición que para el robo con fuerza se proporciona en el art. 237, CP. Es por ello un "cuerpo extraño" en el robo, pues el sujeto activo no tiene por qué acceder ni abandonar el lugar ejerciendo alguna de las fuerzas típicas a las que se refiere el precepto (el sujeto activo no es un "Gulliver" que entra en el sobre lacrado y luego sale de él con la cosa ajena). Por lo tanto, se trata de una modalidad que construye un tipo de robo peculiar: tenemos dos tipologías de robo con fuerza, pues.

DOPICO GÓMEZ-ALLER identifica con claridad el problema habido en la Jurisprudencia, pasada y presente, a la hora de la delimitación del momento consumativo de esta modalidad de robo con fuerza. En efecto, señala que en el CP1870 el precepto que recogía este supuesto incluía una cláusula de equiparación al robo con fuerza en los casos en los que el sujeto en lugar de fracturar el armario, etc., y tomar la cosa, lo que hacía es, sencillamente, llevarse el armario para fracturarlo más tarde en otro lugar. De esa forma, se evitaban problemas de prueba (art. 521.4º: "*Con fractura de puertas, armarios, arcas ú otra clase dé muebles ú objetos cerrados ó sellados, ó su sustracción para ser fracturados ó violentados fuera del lugar del robo*") en aquellos casos en los que lo único cierto es que la prueba adveraba que el sujeto se llevó el arca, baúl, etc., pero no que tomara la cosa que se hallara en su interior. Lo cierto es que esa cláusula estuvo presente en nuestros códigos hasta el de 1995, momento en que se cambia —irreflexivamente— dicha redacción desapareciendo, como hemos visto, la tal cláusula. No obstante lo anterior, la Jurisprudencia ha seguido interpretando este precepto tal y como lo hacía cuando poseía otra redacción; e invocando expresamente sentencias de aquellos años (véase por todas, STS 47/1998, 19-1).

En el CP de 1822 fractura exterior e interior se acogían en el mismo precepto (art. 726), con una redacción bastante casuística —como siempre fue la del robo en el Derecho histórico—, en la que en relación a cofres, arcas, etc., se exigía la fractura de los mismos para "tomar o coger lo ajeno"; la toma de muebles, sin fuerza o violencia en las cosas, se reconducía al hurto (art. 746). Es en el CP1848 donde se diferencia entre fractura interior y exterior en el robo en lugar no habitado ("*Fractura de puertas interiores, armarios, arcas, u otra clase de muebles u objetos cerrados o sellados*" —art. 433.3ª), derivando al hurto el apoderamiento de cofres, etc., para fracturarlos fuera del lugar del robo. Este mismo texto redactado, es el que se plasmó en la redacción original del CP1870 (art. 525.4º, con sólo una salvedad, la de que se eliminó en "las puertas" la referencia a que fueran "interiores", lo que únicamente contribuyó a la confusión entre tanta puerta), y fue la razón por la que en la "corrección de errores" de 1871 se modificara el artículo, pues como indicó GROIZARD Y GÓMEZ DE LA SERNA: "El silencio de la ley acerca de esta clase de atentados contra la propiedad, produjo la consecuencia legal de que solo en concepto de autores de hurto podían ser penados los que los practicaban. Se creyó esto, con razón, contrario á la justicia y á los principios que informan la distribución técnica de la materia penal, y para obviar el inconveniente, se aprovechó la ocasión que ofrecía la nueva edición oficial del Código, mandada hacer por Real Decreto de 1,° de enero de 1871, para incluir en él, á título de omisión, el actual número 4.° del artículo 521, pasando á ser el 5.° el que en la primera edición ocupaba aquel lugar. Ganamos con esto el que dejasen de ser castigados como hurto actos que tenían la gravedad y las condiciones suficientes para ser reprimidos como robo. Pero por un sensible descuido, colocando la nueva declaración en el lugar impropio en que fué insertada, resultó la extraordinaria contradicción que entre el primer párrafo del artículo y el número 4.° hemos hecho resaltar".

Dos tipos, pues, de robo se contemplaban en el art. 521 CP1870: uno consistente en un delito de resultado que se consumaba cuando el sujeto tomaba la cosa tras la fractura de los objetos a los que se refería el tipo (al cambiarse la redacción en el CP1995 este tipo deja de abarcar el apoderamiento, pues el tipo lo que viene a exigir es la fractura "para" sustraer el contenido del arca, etc.); el segundo, un delito de resultado cortado, presente un elemento subjetivo de lo injusto, que se consumaba con la toma del continente (del cofre, arca...) con el propósito de fracturarlo en otro lugar ("sustracción para ser fracturados ó violentados fuera del lugar del robo"). Adelantamiento de barreras penales y, como se ha indicado, "eliminación" de los problemas de prueba que podían entorpecer la sentencia de condena.

Tras el CP1995, como se indicó más arriba, se modifica la clara cláusula hasta entonces vigente ("*ó su sustracción para ser fracturados ó violentados fuera del lugar del robo"*), y se sustituye por la hoy vigente con la que se añaden complicaciones a la correcta intelección del precepto (*"sea en el lugar del robo o fuera del mismo"*).

2. ¿Qué estructura presenta el vigente art. 238.4°, CP? Veamos: partimos del hecho de que, en principio, en el art. 237, CP, se pretenden delimitar los elementos típicos, y aparentemente comunes, tanto del robo con fuerza como del robo violento o intimidatorio. Por lo que ahora nos importa, esos elementos comunes consisten en i) apoderarse de una cosa, ii) mueble, iii) con ánimo de lucro, iv) empleando fuerza en las cosas para acceder o abandonar el espacio donde la cosa se halle. Pues bien, está claro que este último requisito, por lo ya dicho, no concurre en el caso del art. 238.3°, y tampoco en el 238.5°, ambos del CP. Es decir: que, combinando los arts. 237 y 238, ambos del CP, resultará que nos encontramos con cuatro grandes supuestos:

1°) Exige la entrada (por cualquiera de los medios recogidos en los apartados 1°, 2° o 4° del art. 238, CP) en el lugar —o el abandono del mismo— donde se encuentra la cosa, y el apoderamiento de la misma. Es decir, que la consumación no se produce hasta que se lleva a cabo ese apoderamiento, que si se entiende como "disponibilidad" —tal y como hace la mayoría de la doctrina y Jurisprudencia— podrá exceder en la mayoría de los casos al momento de abandono del lugar de los hechos.

2°) Se trata en este caso de la fractura del recipiente (arca, armario...) donde se encuentre la cosa ("*sea en el lugar del robo*") sin que se exija el efectivo apoderamiento de la misma ("Fractura de armarios...para sustraer su contenido..."). El recipiente podrá estar o no en un lugar físico delimitado con voluntad de exclusión (puede encontrarse, perfectamente, al aire libre, en la calle; piénsese no sólo en vehículos, que desde luego, sino también en quien ha dejado temporal o definitivamente un recipiente —máquina de "alimentos", *v.gr.*— en el exterior), no siendo necesario, pues, que el sujeto activo "entre" o "salga" de un determinado lugar, aquel donde se encuentre la cosa, utilizando escalo, fractura exterior o llave falsa. Con lo cual ese acceder o abandonar el lugar donde la cosa se encuentre utilizando determinados medios, deja de ser un elemento común a todas las modalidades de "fuerza" que se concretan en el art. 238, CP (es evidente, sin embargo, que en no pocos casos se producirá una acumulación de formas comisivas: fractura exterior o escalo y posterior fractura interior). Además, en este caso, el efectivo apoderamiento de la cosa constituirá un momento del perfeccionamiento del delito, no de su consumación. Al respecto, la descripción legal no deja lugar a dudas: fracturar "para" apoderarse; preposición final que indica un propósito, y el Legislador ha querido, en el caso en el que el sujeto activo fracture arcas, armarios..., adelantar el momento consumativo a ese instante: cuando fractura o fuerza para sustraer el contenido.

3º) El tercero se refiere a los casos en los que el sujeto activo no fractura o fuerza el continente y toma la cosa en el lugar donde se halla, sino a los supuestos en que se lleva el continente (arca, armario…) mismo "para" fracturarlo (o forzarlo, o descubrir sus claves) en otro lugar ("fuera del mismo") y, allí, apoderarse de la cosa. A diferencia, pues, del caso anterior, la consumación —en un tipo que es distinto del anterior— se produce con la traslación de la cosa presente la finalidad a la que nos hemos referido.

4º) El postrer supuesto, en el que no abundaremos ahora, se refiere a la inutilización de los sistemas de alarma o guarda que llevare la cosa.

Es decir: sólo en el primer caso se exige violación del lugar en el que la cosa se encuentre, utilización de los medios típicos presentes en los números 1º, 2º y 4º para acceder o abandonar el lugar y apoderamiento de la cosa. En el 2º no se requiere ese acceso o abandono de un determinado lugar, sólo la fractura o forzamiento del armario, arca, etc., en el lugar donde se hallare la cosa, pero no el apoderamiento mismo de ésta aunque sí ese ánimo de sustraer. En el 3º no se requiere ni entrada ni abandono del lugar por ninguno de los medios típicos, tampoco apoderamiento físico de la cosa pero sí del armario, cofre, etc., que la contuviera, con ánimo de sustraer la misma en otro lugar ("*fuera del mismo*"), y efectiva fractura o forzamiento del continente.

Como puede verse no se trata de meras modalidades distintas que se construyan en todos los casos sobre la definición del robo con fuerza presente en el art. 237, CP (pues no participan todas ellas de los mismos elementos), y ni siquiera sobre el delito de hurto (puesto que en algunas de las modalidades no se requiere para la consumación apoderamiento de la cosa), sino de tipos autónomos que se construyen sobre sí mismos.

En realidad ¿qué elementos comunes participan en todas las formas de robo con fuerza? Desde luego el carácter de cosa mueble sería uno (ya sea el objeto sobre el que recae la acción de fracturar o forzar, el continente que es desplazado para violentarlo fuera del lugar donde se ha tomado o la cosa efectivamente aprehendida en los apartados 1º, 2º, 4º o 5º, del art. 138, CP), y también el ánimo de lucro y la ajenidad de la cosa. Pero ninguno más. Desde luego no el "apoderarse", pues en el supuesto de la fractura *in situ* basta el forzamiento con ánimo de sustraer su contenido para considerar consumado el tipo. Tampoco el acceder, con los medios típicos, a un lugar que se ha querido preservar de terceros (o el abandonarlo).

¿Están justificadas esas distintas variedades de robo con fuerza y su agrupamiento a pesar de la diferente estructura? Desde luego que sí en sus formas clásicas (escalo, fractura exterior, llave falsa o inutilización de sistemas de alarma). En cuanto a la fractura de determinados objetos *in situ* para apoderarse del contenido, no cabe duda de que con esa conducta se pone a la cosa mueble en peligro inmediato de pérdida y el sujeto activo ha mostrado una considerable energía criminal. Por lo que importa al apoderamiento del continente para trasladarlo a otro lugar, se trata de una conducta que implica tomar también la cosa ansiada (el que se apodera de una caja fuerte lo hace también de su contenido, y éste se aleja del ámbito posesorio del sujeto pasivo aunque ello no suponga su disponibilidad para el sujeto activo) y la posterior ruptura de esos cofres supone evidenciar la persistencia del sujeto en su propósito.

3. En cuanto a los casos de fractura interna, decir que se tratan, en realidad, de dos modalidades; la primera de morfología similar a la fractura externa (QUINTANO RIPOLLÉS), y a la que es en buena medida aplicable todo lo que se ha dicho para ésta. Únicamente destacar los siguientes aspectos:

1°) La inclusión de la expresión "objetos" —presente en la redacción desde el CP1848— amplía considerablemente el ente sobre el que debe recaer la fractura, de forma tal que cabría en la modalidad cualquier cosa mueble (ya que sólo a objetos de semejante naturaleza jurídica se refiere el precepto) capaz de contener algo en su interior (incluidos sobres, paquetes, cajas, maletas, etc.).

2°) Las dichas cosas muebles —que son las que deben contener el objeto de apoderamiento— deben estar cerradas o selladas. El cerramiento puede ser de muy variado tipo y no sólo, o no necesariamente, de aquellos que entendemos como cerraduras mecánicas (es decir, incluye también desde los precintos hasta las más modernas cancelas electrónicas). Pero tiene que tratarse en todo caso de artilugios que no se limiten a sujetar la cosa (como por ejemplo la cadena con la que se ata la bicicleta a una farola, cuya rotura no daría lugar a la calificación de robo con fuerza; en este sentido STS 1598/2002, 1-7), sino a clausularlas, sin constituir por lo tanto tal los cobertores, lonas o similares que puedan eventualmente cubrirlas, por ejemplo, cajas de camiones, depósitos o similares (véase, sin embargo, más arriba y por lo que se refiere a camiones, la estimación de la Jurisprudencia en referencia a la fractura exterior). Decimos que el continente debe estar cerrado o sellado, por lo tanto si es accesible aunque el sujeto activo lo rompa o deteriore con su manipulación, estaríamos ante un mero delito de hurto en posible concurso con daños. Por el mismo argumento quedan fuera del tipo aquellos casos en los que la cosa está simplemente escondida, aunque lo sea bajo tierra y haya que cavar para hacerse con ella, en este sentido no puede asimilarse lo oculto o lo de difícil acceso a lo cerrado o sellado.

La Jurisprudencia entiende que la perforación de una tubería (oleoducto) transportadora de combustible no constituye robo sino hurto porque "la función esencial de la tubería no es la de impedir o dificultar la sustracción de ese fluido, en este caso el combustible, sino la de conducirlo de un punto a otro, y el hecho de que ese conducto sea cerrado se debe a necesidades técnicas y no a un función de protección", además de que la inclusión del tipo agravado, en el art. 235.1.3°, CP, llevaría estos supuestos al hurto (STS 573/2019, 25-11, confirmando la SAP, Sevilla, Sección 4ª, de 23-3-2018; en el mismo sentido SAP, Sevilla, Sección 3ª, 463/2022, 25-10). Sí lo sería adueñarse del combustible de un vehículo mediante una perforación en el depósito de la gasolina, constituye fractura interna en el sentido del art. 138.3º, CP (SAP, Albacete, Sección 2ª, 139/2019, 3-4). También el forzamiento de las cajas de recaudación de máquinas recreativas (STS 899/2003, 20-6), no, en cambio, el rompimiento de una hucha de barro o el de los precintos que lleve una caja, estos no podrán estimarse como fuerza en las cosas en el sentido típico del término porque el interior del objeto no se entiende cerrado a los efectos del número 3 del artículo 238 si se halla en la situación que, normalmente, permite su apertura (STS 20/06/1989). Constituye, asimismo, robo con fractura interna, el forzar la cerradura de un caparazón de metacrilato fijado a un mostrador o expositor, dentro del cual se encontraba un ordenador (SAP, Jerez de la Frontera, 380/2014, 26-11), o doblar la puerta metálica de un armario de ese mismo material (SAP, León, 291/2012, 30-4). Sí lo es forzar el cierre lateral de una máquina de bebidas (SAP, San Sebastián, Sección 1ª, 158/2012, 30-3), o sustraer de un establecimiento una hucha metálica para reventarla fuera y hacerse con su contenido (SAP, Albacete, 275/2011, 21-10).

3º) A las cerraduras como sistema de clausura se equipara expresamente el "descubrimiento" de sus claves. Por "clave", en este ámbito, debe entenderse: el conjunto finito de caracteres que forman una serie secreta que sirve a uno o más usuarios para acceder a un determinado objeto. De acuerdo a esta definición la "clave" debe reunir los siguientes requisitos: a) El conjunto de caracteres puede ser de cualquiera naturaleza, numérico, alfabético de signos, una combinación de ambos, impulsos electromagnéticos, etc.; b) Ha de ser secreto (de conocimiento limitado o no público), de otra forma no se puede afirmar que la clave sirva de cierre, que la cosa esté cerrada o que el sujeto la haya "descubierto", pues en este último caso si la clave es ya de conocimiento público no es posible "descubrirla"; y por la misma razón no es posible considerar típica la mera utilización abusiva de las claves; c) Debe servir para abrir el objeto y no sólo para saber quién accede a él en cada momento; d) No constituye "clave" la utilización fraudulenta de huellas dactilares u otros referentes físicos de autorizados para acceder a la cosa, y e) En cuanto a la forma de haber "descubierto" la clave cabe cualquiera, lo decisivo es que esa aprehensión sea inconsentida o en su toma de conocimiento (verbigracia, el sujeto abre la agenda del sujeto pasivo y lee en ella la clave que la víctima lleva apuntada) o en su uso (casos en los que el sujeto pasivo se hace dar por un tercero, y a la presencia del activo, la clave, lo que éste último aprovecha para tomar nota de ella para posteriormente abrir el objeto de que se trate).

Finalmente, y en lo que importa a la clave, indicar que aunque el tipo se refiere únicamente al "descubrimiento" (es decir, a tomar conocimiento) de la misma, es evidente (y en este sentido PÉREZ MANZANO) que no es conforme con una interpretación teleológica del tipo el adelantar la consumación del robo a la mera entrada en conocimiento de la serie que la integra, sino que la consumación sólo se producirá tras la utilización de la misma para acceder a la cosa y posibilite su apoderamiento. Pero a esa conclusión debe llegarse no sólo mediante el canon interpretativo al que se refiere la última autora citada, sino principalmente en aplicación estricta del sentido gramatical del precepto. En efecto, en el párrafo introductorio del art. 238, CP el Legislador refiere que son reos del delito de robo "los que ejecuten el hecho". ¿A qué hecho se refiere? Pues obviamente al descrito en el art. 237, CP, es decir: al que se apoderare de las cosas muebles ajenas con fuerza o violencia; de esta forma el art. 238, CP, requiere para la consumación típica que el sujeto se apodere de la cosa tras la fractura o el descubrimiento y utilización de la clave. Es decir: que no es suficiente haber fracturado el objeto que contiene la cosa o haber descubierto la clave, sino que se requiere el apoderamiento para afirmar la consumación. El mero descubrimiento sería, así (y si la entrada en conocimiento de la clave se ha realizado dolosamente), un acto ejecutivo que abriría el camino a la calificación de la conducta como de tentativa.

4. La segunda modalidad que se integra en esta circunstancia 3ª del art. 238, CP, cubre el supuesto de que el sujeto activo decida sustraer la cosa donde se encuentra el bien mueble al que quiere hacer objeto de apoderamiento, para, en un lugar distinto de donde el sujeto pasivo ha ubicado el bien, proceder a la fractura del mismo con la finalidad de apoderarse de su contenido.

Parte de la Doctrina (por todos QUINTANO RIPOLLÉS) no deja de poner de manifiesto que se trata de una extraña tipificación al entender que el delito se consuma con la mera sustracción del continente para, en otro lugar, proceder a su apertura. A esta argumentación hemos acabado de responder poniendo de manifiesto que, en todos los supuestos, se exige por el tipo la accesibilidad al interior del objeto mediante su fractura o forzamiento, no requiriéndose el apoderamiento de la cosa que se halle en su interior (modificamos con esta última matización la posición que manteníamos en la primera edición de esta obra).

En esta modalidad de robo con fuerza se plantean algunas cuestiones controvertidas relacionadas con la consumación. En efecto, el momento consumativo se produce —en la modalidad de fractura en el lugar del robo— tras haber sido forzado el cofre, arca..., en el lugar donde éste se hallare, y tener la disponibilidad para acceder a la cosa ("*fractura de armarios...para sustraer su contenido...*"). En el caso de que se tome el cofre, etc., en el lugar donde se hallare "para" sustraer su contenido fuera del lugar del robo, la consumación no se producirá hasta que se haya fracturado o forzado la cosa, pues el tipo lo que exige es, precisamente, la realización de esa actividad: fractura, forzamiento o descubrimiento en el caso de las claves; obviamente, será menester que el sujeto activo haya extraído la cosa del lugar en que ésta se hallare. Pero todo el *iter* desde el momento en que el sujeto activo toma la cosa hasta que la fractura en otro lugar, serán tiempos de actos ejecutivos anteriores a la consumación.

Naturalmente que, como hemos dicho, el delito puede consumarse con anterioridad a la fractura del cofre, arca, etc., si el sujeto activo ha vencido alguna barrera de la forma que indica el art. 238, CP —escalamiento, fractura exterior, llaves falsas— para acceder al lugar, y allí se ha apoderado de una cosa mueble con un contenido en el interior. En ese caso no será preciso esperar a que posteriormente, y en otro lugar, fracture o fuerce la cosa para considerar cometido el delito. Bastará con que, cerrado o no el objeto, haya tenido disponibilidad sobre el mismo.

2.4. Llaves falsas

El número 4º del art. 238, CP incorpora, como uno de los supuestos de robo con fuerza, el "*uso de llaves falsas*". QUINTANO RIPOLLÉS, otra vez él, comentaba que la especialidad del robo con llaves falsas es de reciente configuración histórica —más allá del empeño que siempre tienen algunos de encontrar precedentes históricos de todo en el Derecho Romano— "posiblemente por presuponer una cierta técnica de refinamiento, en contraste con la brutalidad y rudeza que suponen los *modus operandi* de fractura y escalamiento, o quizás, en una dialéctica de materialismo histórico, en razón de los progresos de las artes de cerrajería".

Nos encontramos ante el caso más claro de artificiosidad en la construcción normativa del concepto de "fuerza en las cosas", pues como se pone de manifiesto por numerosos autores éste es un supuesto claramente de habilidad que no de fuerza. Su integración en el robo sólo puede explicarse como una de las consecuencias de la revolución burguesa y de su esencial defensa de la propiedad privada, lo que se concretó en el Código de Napoleón de donde pasó al nuestro de 1822.

El de llave falsa constituye un concepto en parte descriptivo y en parte normativo, explicitándose este último en el art. 239, CP. A esta comprensión se llega fácilmente observando la dicción del párrafo introductorio del art. 239, CP: "*Se considerarán llaves falsas*", una expresión con la que se manifiesta que "llave falsa" no es sólo la que se comprende en esta expresión, sino otros objetos que genuinamente no son "llave falsa" pero que el Legislador quiere considerar ("*se considerarán...*") como tal a los efectos del robo con fuerza en las cosas.

Por lo tanto, lo primero que hay que precisar es qué se entiende por "llave" a los efectos del artículo 238. 4º, CP: "Instrumento, comúnmente metálico, que, introducido en una cerradura, permite activar el mecanismo que la abre y la cierra" (RAE). Se trata de una definición que deja abierto el material del que está hecha la llave: "comúnmente metálico", pero que no cierra la posibilidad a que tenga una fábrica de un material distinto al metal. En segundo término, requiere que se trate el tal instrumento de algo a introducir en la cerradura, que accione sobre el mecanismo mismo de apertura y cierre de la cerradura. De lo que se deduciría que cualquiera otro procedimiento que no opere sobre aquélla no podrá considerarse "llave" a los efectos del artículo 238.4º, CP, dado que el precepto no lo acoge; en efecto, la norma no dice, lo que podría haber hecho: "Uso de cualquier procedimiento que no sea el légitimo...". Sino que la referencia es a la llave, exclusivamente a la llave.

En cuanto a la extensión del concepto de "llave falsa" que se recoge en el art. 239, CP, lo primero que debe resaltarse es que como "llave falsa" se comprenden no sólo los instrumentos que quieren substituir a la verdadera llave (ganzúas u otros), sino también ésta, la verdadera, cuando es obtenida por ciertos procedimientos (mediante, por ejemplo, hallazgo, hurto, etc.).

Nuevamente la influencia francesa se pone de manifiesto en esta regulación. En efecto, tal y como indica QUINTANO RIPOLLÉS y hemos señalado nosotros más arriba, el CP de 1822 se infectó, en este punto, del Código napoleónico de 1810, y asimiló a la que se pudiera llamar genuinamente "llave falsa" (es decir, la no verdadera) casos de llave verdadera con uso no autorizado (art. 726: *"Entiéndase que hace fuerza o violencia a las cosas, el que usa de falsa llave, de ganzúa, o de cualquiera otro instrumento que no sea la llave propia y verdadera, o de esta sin consentimiento del dueño"*). El CP1848, sin embargo, prescindió, no se conocen las razones, de la asimilación (véanse los arts. 421.3° y 433.3ª) al igual que el CP de 1850 (arts. 431.3° y 433.4ª), pero en el de 1870 (art. 529) se introdujo —tal y como se comentó más arriba— un concepto normativo de llave falsa que ha ido ampliando la equiparación de la verdadera a la falsa, en ciertos supuestos, hasta llegar a la fórmula actual.

En segundo término debe señalarse que cuando el CP acude a un concepto normativo la definición legal limita absolutamente el entendimiento de aquél, de modo que aun la comprensión ordinaria del concepto quedará excluida de éste si no se ajusta al aserto legal. Dicho de otra forma: llave falsa sólo y exclusivamente será lo que se desprenda directamente de su concepto tal y como es presentado en el art. 238.4°, CP, y lo que el art. 239 CP dice que es; y no también cualquiera otro objeto que en el concepto popular se entienda por tal. En ese sentido el intérprete queda absolutamente limitado en su hermenéutica. Así, "llave falsa" no será término equivalente a cualquier mecanismo funcional para abrir una puerta sin producir rotura en la cerradura [como por el contrario dicen las SSTS 15/2020, 28-1, y 197/2000, 16-2 (*Tol 48613*)], sino sólo los que encajen en las definiciones de los arts. 238 y 239, ambos del CP.

No es, sin embargo, la expresada la opinión mayoritaria en la Jurisprudencia, sino que para ésta basta "que el instrumento en la práctica sea apto para accionar un mecanismo de cierre de una puerta dejando abierto y expedito lo que previamente estaba cerrado. La jurisprudencia ulterior incide en que el concepto de llaves falsas no se corresponde con el significado vulgar y usual de la misma sino que es eminentemente funcional; como destaca y recopila la STS 257/2000, de 18 de febrero" (también en este sentido, SSTS 15/2020, 28-1, y 257/2000, 18-2). Expresivamente en esta línea, la última resolución citada manifiesta: "la llave no tiene que ser un instrumento metálico o compuesto de un material determinado, como dice la definición primera que nos ofrece al respecto el Diccionario de la Real Academia de la Lengua Española [esto, como acabamos de ver, no es exacto, lo que la RAE dice es que se trata de un instrumento "comúnmente metálico", lo que no excluye cualquiera otra composición], pudiendo ser de cualquier material y cualquiera que sea el mecanismo de apertura o cierre, exigiéndose simplemente que sirva para abrir o cerrar tal mecanismo sin producir rotura, con cuya utilización conforme a su propio destino se logra acceder al lugar o al interior del objeto donde se encuentra la cosa mueble que se sustrae". Como puede comprobarse la Sala 2ª se separa del concepto de "llave" en el idioma castellano.

2.4.1. Por "ganzúas" se entiende el "Alambre fuerte y doblado por una punta, a modo de garfio, con que, a falta de llave, pueden correrse los pestillos de las cerraduras" (Diccionario de la RAE), concepto aceptado y ampliado por la Jurisprudencia hasta incluir en él —valiéndose de la cláusula de analogía incluida en la definición: "u otros instrumentos análogos"— a cualquier artificio que funcionalmente pueda servir para abrir una cerradura [STS 257/2000, 18-2 (*Tol 17840*)], con lo que ha terminado desdibujando la diferencia entre "llave falsa", "ganzúa" y artificio análogo a ésta, edificando un constructo en el cual ubica todo instrumento que demuestre utilidad para abrir una puerta, con independencia de su mecanismo de actuación.

Desde luego que semejante interpretación de la Jurisprudencia excede de la letra del Código, analogía incluida. Es decir, lo que expresa el Código es que se equipara a ganzúa cualquier instrumento análogo a la ganzúa misma, pero lo que no dice es que se considere ganzúa cualquier instrumento del que se valga el sujeto apto para abrir una cerradura. Sin embargo, en este último entendimiento los tribunales han venido considerando ganzúa, y por esa vía "llave falsa": un hilo muy fino y papel de celofán con el que se une aquél a una moneda [STS 257/2000, 18-2 (*Tol 17840*)], una tira de plástico duro que se introduce entre el marco de la puerta y el resbalón (SSAP, Madrid, Sección 1ª, 329/2023, 19-9; Valencia, Sección 2ª, 446/2022, 20-9; Valencia, Sección 4ª, 110/2000, 14-4, y Murcia, Sección 1ª, 132/1999, 28-10), y un largo etcétera, que se condensa en: cualquier cosa que sirva para abrir una puerta. El problema es que no es eso lo que dice el tipo penal.

En el sentido anterior resulta especialmente interesante la STS 249/2024, 13-3, que describe los siguientes hechos que sirven de base a la afirmación de utilización de ganzúa, y por esa vía a la determinación del robo con fuerza: "Una vez se ha utilizado la ganzúa y la cerradura está girada un cuarto de vuelta, cada pitón estará a la altura correspondiente, como si estuviera la llave puesta, siendo en ese momento cuando se introduce un hilo en el agujero de la cerradura por el que habitualmente se introduce la llave, justo encima de los pitones, con la ayuda de un utensilio muy delgado tipo alambre o similar, que se va introduciendo hasta acabar llenando todo el hueco interno del cilindro. El hilo va rellenando todo el agujero que está ocupado por los pitones y por tanto, adoptará la forma exacta de la llave, siendo así que se puede girar la cerradura tantas veces como se necesite, logrando abrir la puerta ya que los pitones no podrán regresar a su posición para bloquear la cerradura".

2.4.2. El número 2 del art. 239, CP se refiere en su primer inciso a las "llaves legítimas perdidas por el propietario". El primer problema que se plantea es qué entender por "llaves legítimas". Pues bien, consideramos que tal concepto debe comprender, exclusivamente, aquellas que el propietario tiene bajo su custodia, y esa tenencia es la que las otorga legitimidad (de ello se derivaría que no serían "legítimas", en el sentido del texto, las llaves verdaderas que el vendedor de la cosa —bien inmueble, puerta, cerradura— hubiere mantenido en su poder tras la enajenación del bien).

La segunda cuestión es la de qué entender por "propietario". En este sentido creemos que las necesidades tuitivas excluyen atenerse a un concepto estrictamente civil, y exigen acercarse más al de mero usuario de la cosa; así, sería posible entender como llave falsa no sólo la perdida por el titular dominical (como es el caso reflejado en la STS 190/2000, 7-2) sino también por cualquier usuario (en el concepto que fuera) de la misma —entre los que se incluyen a hijos, dependientes, y en general toda persona a la que el titular del bien hubiera hecho depositario de una llave para entrar en la vivienda o abrir la cosa de que se tratare, o para que, sencillamente, la tuviera en depósito para salir al paso de cualquier eventualidad que pudiera presentarse.

Por lo que se refiere a la "pérdida", abarca aquellos casos en los que el propietario ha dejado de ejercer su capacidad de disposición sobre la cosa por razón de ignorar su ubicación espacial.

El segundo inciso de este precepto abarca el supuesto en el que las llaves legítimas hayan sido obtenidas por el sujeto activo por un medio que constituya infracción penal. Lo primero que debe decirse al respecto es que "infracción penal" comprende los hechos constitutivos tanto de delito grave o menos grave como de leve —las antiguas faltas— [ATS 10-10-2001, y STS 1313/2001, 25-6 (*Tol 103250)*], pues todos ellos son "infracción" en el sentido de la ley. Fijando con más amplitud el concepto, la STS 635/97, 27-6, manifiesta, que cuando el precepto habla de llaves "obtenidas por un medio que constituya infracción penal" ha de entenderse los casos de robo, hurto, "retención indebida", acción engañosa o, en definitiva "por un medio que constituya infracción penal", entre lo que incluye la apropiación indebida, comprendiendo tanto a los delitos como a las faltas, y así consideró "falsa" la llave que poseía el actor cuando trabajaba en el local, pero que no devolvió una vez despedido (apropiación indebida).

Pero, quizás, el problema más importante que se plantea en esta modalidad es el del uso indebido. En efecto, no pocas resoluciones entienden que la utilización no autorizada de una llave que se ha dejado en depósito integraría esta infracción (la del portero a quien se ha dejado la llave del piso para que franquee la puerta para realizar una inspección de la instalación del gas, y sin embargo la utiliza para entrar y apropiarse de objetos diversos; otras, en cambio y recientemente, se inclinan por el hurto, como la STS 16/2021, 14-1). Pues bien, entendemos que esa interpretación excede lo permitido por la norma por los siguientes motivos: 1°) Porque el "hurto de uso" de una llave o de cualquiera otra cosa mueble que no sean los objetos a los que se refiere el art. 244, CP, no constituye infracción penal; 2°) Porque la utilización indebida de llave de la que se tiene *ab initio* una posesión legítima constituye un supuesto claro de abuso de confianza, y de hurto; 3°) Porque con carácter general la ampliación por vía hermenéutica de conceptos que ya están normativamente ampliados respecto de su significado gramatical, excede las exigencias de taxatividad. Es decir, y como se ha indicado más arriba, en casos en los que las exigencias de determinación típica están ya comprometidas por la redacción utilizada, parece razonable concluir que no es aceptable más que una interpretación restrictiva, pues una extensiva resultaría, en este contexto, contraria al mandato de determinación de los tipos penales; 4°) Porque se trata, en todo caso, no de supuestos de interpretación extensiva, sino analógica no autorizada.

La cuestión es que en la interpretación extensiva, y al contrario de lo que sucede con la analogía —en que el supuesto no puede ser abarcado por la literalidad de la norma—, "las palabras usadas por el Legislador pueden ser entendidas en su significado hasta el punto de comprender el caso" (CADOPPI y VENEZIANI), lo que quiere decir que el "caso" que se contempla no está fuera de la norma, y en ese sentido la interpretación extensiva no resulta conculcadora del Principio de Legalidad, por más que haya que estar vigilantes en relación a la misma por el peligro de tránsito de lo extensivo a lo analógico (STILE). En realidad, como apunta CONTENTO "la interpretación extensiva no es más que la correcta interpretación, es decir una interpretación que observa los cánones metodológicos fijados...No es otra cosa, en sustancia, sobre el plano lógico, de la interpretación restrictiva, con la cual, paradójicamente, termina por coincidir, puesto que en ambos casos el intérprete termina declarando siempre, y solamente, la originaria *voluntas legis*, sin aportar integración ni, mucho menos, heterointegración alguna". CUELLO CONTRERAS parece coincidir con esta opinión cuando afirma que lo correcto es distinguir entre "aplicación del Derecho dentro del tenor literal de la ley (permitida y necesaria en Derecho penal) y aplicación del Derecho más allá del tenor literal de la ley (prohibida en Derecho penal con carácter general)".

En todo caso señalar que la Jurisprudencia más reciente [por todas STS 729/2010, 16-7 (*Tol 1921973*)] entiende que estos supuestos a los que estamos aludiendo de "uso indebido" integran la figura del hurto y no la del robo [véase también la STS 216/1992, 8-2 (*Tol 399330*)]. En este mismo sentido, la STS 569/2024, 6-6, manifiesta: "de igual modo, en la reciente sentencia de Pleno 266/2024, de 18 de marzo, se indica que lo decisivo, conforme a una reiteradísima doctrina jurisprudencial, es que 'la llave usada para abrir el mecanismo de protección del objeto robado, llegue a la esfera de poder y disponibilidad del autor a través de un modo que entrañe falta de autorización del propietario'; en cuya consecuencia, constando como probado que el acusado accedió al bar con la llave que el mismo tenía como empleado del mismo, es decir facilitada por su empleador, el hecho debe calificarse como hurto".

Caso ligeramente distinto al acabado de plantear es el de los supuestos en que las llaves no están en poder del sujeto que luego las usa en su provecho, pero sí a su disposición como a la de otro número limitado de personas. Son los supuestos de los hoteles en los que las llaves de todas las habitaciones están al alcance de todos los empleados. Pues bien, en este caso entendemos que ese "estar las llaves a disposición" de cualquiera y también del sujeto activo, hace innecesario la realización por éste de una conducta específica de apoderamiento, y acerca el comportamiento más a un hurto con abuso de confianza que a un robo con fuerza (también STS 569/2024, 6-6; asimismo STS 8-2-1992, recordada por la STS 16/2021, 14-1). De la misma forma tampoco se realizaría el tipo de robo con fuerza si la llave utilizada por el sujeto hubiera estado puesta en la cerradura, de modo que sólo hubo necesidad de girarla para acceder al lugar donde estaba la cosa [en este sentido STS 22-12-1997 (*Tol 407743)*, y SAP, Tarragona, Sección 4ª, 257/2023, 25-7].

Supuesto distinto es el contemplado en la STS 18-5-1993, recordada por la STS 266/2024, 18-3, en el que se resuelve el siguiente supuesto de hecho: el autor del delito accede a un Juzgado por medio de una llave que se hallaban colgada detrás de la puerta del vestíbulo principal y se hace con la llave de la caja de caudales, que se encontraba en el fondo de un cajón de la mesa del Sr. Secretario. Se mantiene la condena por delito de robo por considerar que "... en el caso de autos es claro que tanto la caja de caudales como el archivo fueron abiertos con unas llaves obtenidas de un modo ilegítimo, tomándolas del lugar donde las mantenía ocultas su propietario o detentador y contra la voluntad tácitamente expresada del mismo, quien al guardar así las llaves lo hacía en forma que indudablemente pretendía excluir a terceros del acceso a ellas. Y como ya señalaron las sentencias de 27 de mayo de 1985 y 14 de diciembre. de 1992, junto con las demás en ellas citadas, debe entenderse como "propietario" a todo tenedor legítimo de la llave y como "sustracción" toda obtención de tal llave tomándola del lugar donde habitualmente la guarda o esconde su normal usuario, sea tal lugar encontrado tras una previa búsqueda, sea conocido previamente del sustractor por circunstancias de vigilancia previa o de aprovechamiento de una situación de confianza. Lo esencial para considerar ilegítima una llave es su obtención burlando el mecanismo u obstáculo que el propietario o titular de la misma ha puesto para que únicamente él y no un tercero pueda acceder a ella. Lo que se da en el hecho de autos, en el que el acusado hubo de rebuscar las llaves y obtenerla del lugar donde las ocultaba y guardaba su tenedor legítimo, con propósito de que otros no accedieran a las mismas".

2.4.3. El número 3 de este art. 239, CP se refiere a "Cualesquiera otras que no sean las destinadas por el propietario para abrir la cerradura violentada por el reo".

Se trata, nuevamente, del contagio directo del CP francés de 1832 —art. 398— sobre el CP1870 y antes sobre el de 1848, aunque en este último caso "recortadamente", pues no se incluyó la cláusula que sí tuvo vigencia en el art. 529 CP1870, de "*Cualesquiera otras que no sean las destinadas por el propietario para la apertura de la cerradura violentada por el culpable*":

> Artículo 398:
> *"Se califican de llaves falsas, los ganchos, ganzúas, llaves maestras, llaves imitadas, falsificadas ó alteradas ó que no hubiesen sido destinadas por el propietario, inquilino, posadero ó patrón de hostelería, á las cerrajas, candados ó cualesquiera otras cerraduras á las que las hubiese aplicado el culpable".*

GROIZARD Y GÓMEZ DE LA SERNA critica que la circunstancia de "uso de llave falsa" no resultara acogida entre las agravantes genéricas, como por el contrario sí lo estaban el escalamiento o la fractura exterior (lo que provenía del CP1848, aunque de forma más contenida —art. 10.21ª), y de esta forma incrementar el castigo de los reos que mostraran mayor energía criminal. Razonaba así el ilustre comentarista: "En buenos principios parece que el empleo de llaves falsas puede compararse con el escalamiento y con el rompimiento y fractura, y en nuestro concepto puede y hasta debió añadirse en cualquiera de las circunstancias de que tratamos en el presente comentario. —El que utiliza el medio reprobado de una llave falsa para abrir puertas, ventanas etc. con el fin de cometer un delito, demuestra, como el que escala, rompe ó fractura, mas resolución, mas perseverancia y mayor perversidad que aquel que aprovecha un descuido y que realiza el hecho sin el empleo de aquellos recursos. Por esta razón merece nuestra aprobación el establecimiento de dichas agravantes y estrañamos que el Código, al hablar de estas circunstancias genéricas, no haya considerado como tal la ejecución del hecho por medio de llaves falsas".

La Jurisprudencia viene entendiendo que este apartado se refiere a los casos de duplicados de llaves genuinas [SAP, León, Sección 3ª, 54/2004, 9-7 (*Tol 495412*); véanse asimismo los supuestos recogidos en las SSTS 955/2001, 28-5; 170/1999, 2-2; 23-1-1985, y 22-11-1984)]. Pero, además, creemos que deberían integrar este epígrafe las llaves "maestras" (véase, SAP, Cantabria, Sección 1ª, 151/2024, 12-4) y los supuestos aludidos más arriba de las llaves verdaderas que quedan en depósito en la firma que proporcionó el bien —cerrajerías, fábricas de coches, etc.—, o sencillamente aquellas con las que se quedó el vendedor del bien. Todas esas llaves son "verdaderas" en cuanto originarias o auténticas, pero no son las destinadas por el propietario para la apertura de la cosa.

En esta línea por la STS 635/1997, 27-6, se entendió que la siguiente relación de hechos probados constituían un supuesto de robo con fuerza, por utilizar llaves falsas en el sentido de no ser las *"destinadas por el propietario para abrir la cerradura..."*: "Iván..., accedió al interior de la panadería..., utilizando una llave que tenía en su poder por haber trabajado unos meses antes en el establecimiento, sin que conste como la obtuvo, con el fin de apoderarse del dinero que pudiera encontrar, siendo sorprendido por el propietario...".

Finalmente decir que la referencia a "violentar la cerradura" debe entenderse, como señalan VIVES ANTÓN/GONZÁLEZ CUSSAC, como una metáfora referida a la contradicción a la voluntad del propietario.

2.4.4. El último párrafo del art. 239, CP incorpora una cláusula de equiparación a llaves de distintos efectos que modernamente se usan para franquear una barrera (puerta o elemento que la sustituya), culminando la norma con la utilización de una cláusula analógica construida sobre la funcionalidad de cualquier instrumento para conseguir idéntico efecto. Pues bien, diversas consideraciones merece este precepto:

1ª) Que como se ha señalado ya más atrás cualquier cláusula analógica usada a continuación de unos referentes con los que ya de por sí se amplía un elemento típico, debe ser interpretada muy restrictivamente para no conculcar el Principio de Legalidad.

Cuando el Legislador, en el tipo penal que corresponda y éste sería el caso, hace alusión expresa a unos medios y no a otros hacia los que sencillamente extiende el tipo mediante una, por ejemplo, construcción analógica, está estableciendo implícitamente una diferenciación axiológica que se refleja en la contemplación, expresa o no, de determinados referentes, estando, en principio, la norma dirigida a la protección del bien jurídico contra ataques en los que se utilizan los concretos medios comisivos que se recogen explícitamente en el tipo (que son los que han alentado la creación de la figura, en este caso las tarjetas magnéticas o perforadas, los mandos o instrumentos de apertura a distancia), desempeñando los otros, los que autoriza el Legislador a "integrar" en la tipicidad, una función meramente auxiliar que se suele justificar como evitadora de "lagunas", de esas "lagunas" que el intérprete tiene, en el Ordenamiento Penal, prohibido integrar. Por ello, las herramientas interpretativas dirigidas a unos u otros elementos no pueden ser idénticas.

2ª) Que tanto la redacción ejemplificativa como la cláusula analógica se refieren a instrumentos que puedan realizar la función de una llave; es decir de un "Instrumento, comúnmente metálico, que, introducido en una cerradura, permite activar el mecanismo que la abre y la cierra" (Diccionario de la RAE). Es decir, no encajarían en este supuesto las claves alfanuméricas, los conjuntos de palabras clave (significativas), ni similares; y por supuesto tampoco características biológicas de ningún tipo. Por lo tanto, la intención del Legislador de dejar abierta una cláusula que permitiera integrar cualquier avance tecnológico, resulta defraudada en la medida en que toda una serie de posibilidades de apertura cada vez más utilizadas (las claves) no podrán ser entendidas como "llave falsa" (que únicamente encontrarán acomodo en el art. 238.3°, CP); ello no obsta para entender que se ha producido, con la reforma operada con la LO 5/2010, de 22 de junio, una considerable extensión del concepto de "llave falsa" en relación al incorporado con el CP1995.

En este mismo sentido, la STS 663/2009, 30-5 (*Tol 1567569*) niega "la consideración como llaves de las tarjetas cuando se precisa la introducción de una clave digital, basándose en que lo que entonces realiza la función de apertura del cajero y el inicio de los procedimientos que permiten el acceso al dinero no es la tarjeta en sí, sino los elementos contenidos en la banda magnética, de naturaleza incorporal y ajenos por tanto al sentido 'corporal' de las llaves en nuestro derecho".

3ª) En cuanto a la tipificación de los casos en los que un sujeto utilizaba una tarjeta de otro (de la cual se había apoderado ilícitamente) para en un cajero automático obtener fondos de la cuenta corriente de su víctima, la Jurisprudencia, y la Doctrina han oscilado entre su consideración como robo (la doctrina más antigua) y estafa. La reforma penal de 2010 ha tratado de acabar con la polémica, que parecía no tener fin, mediante la introducción del art. 248.2.c), CP —que ocasionalmente entrará en concurso con la falsedad del art. 399 bis, CP— según el cual:

"Los que utilizando tarjetas de crédito o débito, o cheques de viaje, o los datos obrantes en cualquiera de ellos, realicen operaciones de cualquier clase en perjuicio de su titular o de un tercero".

De todas formas y dado que la legislación anterior a la entrada en vigor de la LO 5/2010 continuará siendo aplicable años, no es inoportuno plasmar la Jurisprudencia al respecto con sus dos alternativas:

1º) Robo con fuerza: "El artículo 237 se refiere al empleo de fuerza (típica) para acceder al lugar donde las cosas objeto de apoderamiento se encuentran. Acceder procede del latín '*accedere*', acercarse. Entre los significados del término, según el DRAE, está 'entrar en un lugar o pasar a él'. Acceso, por su parte, significa 'acción de llegar o acercarse' y también 'entrada o paso'. A su vez, llegar, que es uno de los sinónimos de acceder, tiene entre sus significados 'tocar o alcanzar algo'. Relacionando la acción que describen dichos términos con el apoderamiento de las cosas que se encuentran en un lugar, debe comprenderse en su significado gramatical tanto el acceso mediante la entrada física en el lugar como la llegada a su interior, y por lo tanto a las cosas que en él se encuentran, mediante la puesta en marcha de un mecanismo que resulte hábil para extraerlas" [STS 35/2004, 22-1 (*Tol 352513)*].

2º) Estafa. La STS 663/2009, 30-5 (*Tol 1567569)* niega que haya robo porque: "Al operar con la tarjeta en un cajero, lo esencial es que se introducen datos en el ordenador y que el sistema efectúa una disposición patrimonial no consentida con el titular que se llega a registrar contablemente. Es accesorio que se acceda con la tarjeta (lo que no siempre es así) al recinto donde se halla el cajero y no cabe afirmar que se acceda al lugar donde el dinero se guarda. Los arts. 238 y 239 no son aplicables a estos supuestos. El empleo de la tarjeta como llave permite calificar de robo cuando con la misma se accede al lugar donde están las cosas (*v.gr.*: la tarjeta es la llave de la habitación del hotel a la que se consigue entrar para robar algún objeto). Finalmente, refuerza esta interpretación que no es preciso que el dinero termine expulsado por el mecanismo que subrepticiamente se activa, en clave jurídica, no mecánica, sino bastaría una transferencia de fondos de cuenta a cuenta, sin 'tocar' el dinero físico transferido. Aquí no existe acceso alguno al lugar en donde se guarda el metálico, pero la transferencia colma, aún más si cabe, las exigencias típicas del mencionado art. 248.2 del Código penal. Y la operación de obtención de dinerario, es similar que la tradicional extracción mediante cajero automático".

La calificación como estafa se fundamenta, según la STS 369/2007, 9-5 (*Tol 1079745)*, en que "el Código Penal de 1995 introdujo [en] el párrafo 2º del art. 248 del Código Penal una modalidad específica de estafa para tipificar los actos de acechanza a patrimonios ajenos realizados mediante la realización de manipulaciones y artificios que no se dirigen a otros, sino a máquinas en cuya virtud ésta, a consecuencia de una conducta artera, actúa en su automatismo en perjuicio de tercero. Estos supuestos no cabían en la anterior comprensión de la estafa pues el autor no engañaba a otro, sino a una máquina. En el supuesto enjuiciado, la utilización de una tarjeta de crédito aparentando ser su titular no podía ser integrado en el concepto clásico de la estafa en cuanto el 'engaño' era realizado a la máquina que automáticamente efectuaba la disposición patrimonial. El engaño siempre presupone una relación personal que no es posible extenderlo a una máquina.

La actual redacción del art. 248.2 del Código Penal permite incluir en la tipicidad de la estafa aquellos casos que mediante una manipulación informática o artificio semejante se efectúa una transferencia no consentida de activos en perjuicio de un tercero admitiendo diversas modalidades, bien mediante la creación de órdenes de pago o de transferencias, bien a través de manipulaciones de entrada o salida de datos, en virtud de los que la máquina actúa en su función mecánica propia.

Como en la estafa debe existir un ánimo de lucro; debe existir la manipulación informática o artificio semejante que es la modalidad comisiva mediante la que torticeramente se hace que la máquina actúe; y también un acto de disposición económica en perjuicio de tercero que se concreta en una transferencia no consentida. Subsiste la defraudación y el engaño, propio de la relación personal, es sustituido como medio comisivo defraudatorio por la manipulación informática o artificio semejante en el que lo relevante es que la máquina, informática o mecánica, actúe a impulsos de una actuación ilegítima que bien puede consistir en la alteración de los elementos físicos, de aquéllos que permite su programación, o por la introducción de datos falsos.

Cuando la conducta que desapodera a otro de forma no consentida de su patrimonio se realiza mediante manipulaciones del sistema informático, bien del equipo, bien del programa, se incurre en la tipicidad del art. 248.2 del Código Penal. También cuando se emplea un artificio semejante. Una de las acepciones del término artificio hace que este signifique artimaña, doblez, enredo o truco. La conducta de quien aparenta ser titular de una tarjeta de crédito cuya posesión detenta de forma ilegítima y actúa en connivencia con quien introduce los datos en una máquina posibilitando que ésta actúe mecánicamente está empleando un artificio para aparecer como su titular ante el terminal bancario a quien suministra los datos requeridos para la obtención de fondos de forma no consentida por el perjudicado.

Doctrina esta reiterada en la STS 692/2006 de 26 de junio que contempló un supuesto parecido castigando como estafa informática la utilización de tarjetas desde una terminal de punto de venta (TPV) para el uso de tarjetas de pago".

2.5. Inutilización de sistemas específicos de alarma o guarda

Sistemas de alarma son aquellos elementos de seguridad pasivos que por medio de detectores —de movimiento, calor, magnéticos, inerciales, etc.— y utilizando diversos mecanismos como el sonido, señales luminosas, combinaciones de las dos anteriores, aviso telefónico, radiofónico o informático, advierten de la realización de una intrusión y, en su caso, pueden accionar, además, procedimientos de seguridad —como el cierre de puertas, iluminación de una zona, etc. "Sistemas de guarda" son los que a través de diferentes dispositivos como las células fotoeléctricas, protecciones de activación automática y similares, tienen como finalidad seleccionar el acceso a un lugar (en este mismo sentido STS 1030/1999, 25-6). Se trata pues de dos mecanismos, los de alarma y guarda, que están al servicio de la defensa de los bienes, y que van más allá de los tradicionales físicos de tapias, alambradas, zanjas, etc., y cuya eliminación convierte a los bienes en vulnerables; de ahí que su eliminación o inutilización sea considerada por el Legislador como caso de "fuerza".

Por "inutilización" se entiende cualquier procedimiento por el que se vuelvan ineficaces los dichos sistemas de protección ("la inutilización supone la desaparición de sus cualidades y utilidades", manifiesta la SAP, Madrid, Sección 23, 1/2024, 18-1), y pueden consistir tanto en el corte de los cables eléctricos o telefónicos de los que se sirve el mecanismo para transmitir la señal o para alimentarse [véanse SSAP, Sevilla, Sección 7ª, 443/2015, 23-9, y Cantabria, Sección 1ª,

2019/2005, 14-2 (*Tol 600932)*], como en la manipulación para evitar la detección de la intrusión (colocación de un plástico en un detector volumétrico, AAP, Lérida, Sección 1ª, 273/2009, 20-4), su desconexión [SAP, Coruña, Sección 2ª, 23/2010, 28-1 (*Tol 1866839)*], el uso de inhibidores de frecuencia (SAP, Madrid, Sección 16ª, 435/2023, 3-10), etc.

Aquí sí es posible considerar típica la utilización de una clave siempre que ésta sirva para inutilizar el sistema de alarma, generalmente en el sentido de provocar su desconexión, o de guarda —levantando las barreras, de cualquier índole, que se hayan interpuesto para evitar el intrusismo (véase SAP, Cuenca, Sección 1ª, 102/2024, 25-6). Sin embargo, en el caso de que el sujeto activo sea un empleado de la empresa de que se trate y posea las llaves del local y la clave de la alarma, no estaremos, ni por un caso ni por el otro, ante un robo con fuerza. En este sentido, la STS 569/2024, 6-6, expresa: "Recuerda que el acusado era empleado del establecimiento y poco antes de la hora de apertura entró con sus llaves al establecimiento y cogió el dinero de la caja, por lo que conforme a dicha doctrina jurisprudencial no puede considerarse la sustracción que realizó como robo; y aunque la Audiencia no ponderó que se desactivara la alarma, en cualquier caso si se atendiera a dicha circunstancia, tampoco devendría la sustracción en robo, pues tal y como consta declarado en los hechos probados, el acusado accede al establecimiento con sus propias llaves y desactiva el sistema de alarma con la clave, que igualmente ya conocía, previamente porque se la había dado a conocer el dueño del establecimiento" (sin embargo, alguna Jurisprudencia contradice este criterio, que es el mayoritario, y condena por robo en casos en los que el sujeto activo era trabajador de la empresa y en virtud de tal poseía las llaves del local y el instrumento preciso para desactivar la alarma, véase SAP, La Coruña, Sección 2ª, 23/2010, 28-1).

Se plantean problemas con los mandos a distancia que sirven, en todos los coches modernos, para abrir o cerrar los vehículos. Pues bien, la jurisprudencia los conceptúa como sistema de "guarda", y la utilización de mecanismos, como los inhibidores, para anular las acciones que se llevan a cabo con esos mandos, sería típica en el sentido del art. 238.5, CP. En este sentido, la SAP, Barcelona, Sección 7ª, 504/2024, 28-6, dice: "El uso del inhibidor bloquea la señal del mando a distancia, "inutilizando" el mecanismo con el que el propietario o poseedor pretende proteger la cosa. La tipicidad de la modalidad comisiva en cuestión guarda íntima analogía con los demás casos que conforme al art. 238 del CP cualifican la sustracción, elevándola a la condición de robo con fuerza, y comparte su finalidad, la de sancionar la mayor energía criminal demostrada por quien utiliza medios dirigidos a superar o neutralizar los medios de protección erigidos por los propietarios". Igualmente, tiene la consideración de inutilización del sistema de guarda el hecho de acallar (con uno u otro sistema) un perro que desempeñaba dicha función en la finca de que se tratara (AAN, Sección 3ª, 93/2007, 17-7).

No consideramos, en cambio, típica a tenor de este precepto la utilización de una clave para abrir una cerradura, y ello porque el tratamiento particular de las cerraduras en los arts. 238.4º y 239, CP, lo impediría.

Se plantean problemas en relación con aquellos casos en los que el sistema de guarda utilizado sea un animal; pues bien, entendemos que no existe obstáculo para comprender esos casos en el tipo puesto que de sistema de guarda se trata, ya que la referencia legal a que sean "específicos" no exige ni reclama, como por el contrario considera GONZÁLEZ RUS, instalación de artificio alguno, sino simplemente que el sistema de que se trate haya sido implementado precisamente para la salvaguarda del bien afectado.

En todo caso es necesario distinguir entre inutilización —lo que requiere actuar sobre los sistemas mismos de alarma o guarda— y elusión —que implica únicamente la burla del sistema.

Finalmente señalar que, en coherencia con lo dicho más atrás, los sistemas específicos deben haber sido emplazados para evitar el acceso al lugar donde está la cosa, pues si se tratara de sistemas que están incorporados a la cosa misma (como los que llevan algunos artículos en los grandes almacenes) la conducta no sería típica a tenor de este precepto (en este sentido STS 1030/1999, 25-6). De la misma forma que tampoco lo sería en el caso del hurto de un vehículo, no, en cambio, si el sujeto lo que pretendiere fuera apoderarse únicamente de las cosas que se hallan dentro de él y para ello inutiliza la alarma.

III. *ITER CRIMINIS*

La consumación aparecerá cuando tras el empleo de alguna de las modalidades de fuerza acaezca el apoderamiento —con la excepción que hemos referido más arriba en relación con las modalidades de "fractura interna". Esto, como hemos indicado más atrás, reza incluso para los casos de fractura interior, en los que no es suficiente haber fracturado el objeto que contiene la cosa o haber descubierto la clave, sino que se requiere el apoderamiento de la cosa mueble para afirmar la consumación. El mero descubrimiento de la clave sería, así (y si la entrada en su conocimiento se ha realizado dolosamente), un acto ejecutivo que abriría el camino a la calificación de la conducta como de tentativa.

La tentativa, el comienzo de los actos ejecutivos típicos, acaecería, en general, con el comienzo de la realización de la modalidad ejecutiva; es decir, con el del escalamiento, rompimiento de pared, etc. En este sentido la tentativa en el robo se adelanta al momento de inicio de la tentativa en el hurto, porque en aquél no es preciso que haya comenzado la ejecución del apoderamiento para afirmarla, como sucede en éste.

IV. TIPOS AGRAVADOS

Dispone el art. 241, CP, la imposición de la pena de dos a cinco años de prisión si concurriere alguna de las circunstancias recogidas en el art. 235 CP —respecto de cuyo comentario nos remitimos a lo ya dicho más atrás en el delito de hurto—, o si el robo se cometiere "en casa habitada, edificio o local abiertos al público o en cualquiera de sus dependencias".

1. Casa habitada y sus dependencias

1. El fundamento de esta agravación radica en la mayor peligrosidad que para la vida y la integridad de los eventuales ocupantes de la casa o de los edificios o locales abiertos al público y sus dependencias, significa la comisión del delito en esos lugares, así como por el ataque que comporta al derecho a la intimidad [véanse SSTS 853/2023, 22-11; 693/2009, 17-6 (*Tol 1570708*); 1193/2001 20-6 (*Tol 67124*), y 1723/2000, 10-11 (*Tol 8020*)].

2. Por casa habitada se entiende, de acuerdo con lo previsto en el art. 241.2, CP, "todo albergue que constituya morada de una o más personas, aunque accidentalmente se encuentren ausentes de ella cuando el robo tenga lugar". El problema hermenéutico fundamental que presenta esta definición es, según la mayoría de la Doctrina, el del ámbito que hay que conceder a la referencia a la accidentalidad; pues bien, entendemos que el significado de la dicha alusión quedará más fácilmente resuelto si previamente se fija el de "morada". Así, por "morada" entendemos: "Estancia de asiento o residencia algo continuada en un lugar" y "Lugar donde se habita" (Diccionario de la RAE). Esta precisión lingüística nos permite, por una parte, afirmar que será morada todo lugar donde un sujeto esté efectivamente, en tiempo presente, habitando; en ese sentido puede constituir morada la habitación de un hotel, pensión, hostal o casa de huésped [STS 2335/1992, 30-10 (*Tol 397718*)].

En cuanto a las autocaravana y caravanas entiende el Alto Tribunal que también tienen la consideración de morada aunque sólo en el período que se destina a habitación [en este sentido se pronuncia la STS 36/2002, 25-1 (*Tol 135706*)]. No obstante, la dicha declaración resulta limitativa; debe tenerse en cuenta que, como señala la resolución de Audiencia que citamos a continuación, "se refiere a un supuesto concreto en el que la Sentencia de instancia no ha hecho referencia en los hechos probados al uso que el propietario de la caravana daba a la misma"; de ahí la "limitación" que introduce el Supremo. Una decisión posterior, la SAP, Guipúzcoa, Sección 3ª, 92/2017, 16-11, en cambio, y partiendo de la idea de que "la caravana adosada a un vehículo de motor o formando parte íntegra de él, que tiene en su parte habitable todo lo necesario, más o menos para hacer eficaz la morada de los pasajeros, es apta para constituir el domicilio de una persona como soporte básico del derecho a la intimidad personal y familiar, sin que la circunstancia de tratarse de un vehículo itinerante excluya tal carácter —SSTS de 19 de septiembre de 1994, 17 de marzo de 2000, 25 de enero de 2002"—, considera que debe reconocérsele a la caravana el mismo status que le corresponde a una vivienda convencional, lo que significa la consideración de la misma como morada aunque sólo esté habitada en momentos vacacionales).

Se incluyen también por la Jurisprudencia las habitaciones de los "colegios mayores", y así en la SAP, Madrid, Sección 1ª, 13/2001, 19-1, se afirma: "realizando tales hechos en una casa habitada, pues como tal ha de conceptuarse la habitación de una persona que reside en un Colegio Mayor, ya que constituye morada de la misma, como lo es también, por ejemplo, la habitación de un hotel (STS 16-2-91, 27-2-92 y 19-6-92)".

También tiene consideración de morada la vivienda de temporada [STS 1272/2001, 28-6 (*Tol 103316)*; en el mismo sentido, SSAP, Barcelona, Sección 9ª, 489/2023, 8-5, y Cádiz, Sección 4ª, 151/2022, 30-6, entre otras muchas]. Se incluyen asimismo, bajo el concepto de morada, las tiendas de campaña y cualquier otro habitáculo por humilde que fuera [STS 1448/2005, 18-11 (*Tol 781375)*], con independencia de su estado de conservación o habitabilidad STS 181/1997, 15-2 (*Tol 407497)*], e incluso de su existencia registral [STS 1370/2002, 18-7 (*Tol 203137)*]; y serán morada con independencia de que en el momento de producción del hecho esté o no ocupada por sus moradores (ahí es donde la "accidentalidad" referida en el tipo cumple su función).

Es decir, que se entiende constituyen morada no sólo la habitual, sino también "las habituales", entendiendo por tales las que sirvan para esa función con alguna continuidad. Es decir, en el concepto se integran no solamente las que son residencia habitual sino también, como acabamos de señalar, las de "fines de semana" o las de "temporada" (en contra MUÑOZ CONDE porque estima que esa interpretación desborda el sentido literal posible del precepto, y supone la aplicación de una analogía in *malam partem*; en el mismo sentido GARCÍA ARÁN), porque en todas ellas se mora de forma "algo continuada" (así también ATS 11-2-2000). En ese sentido es irrelevante el tiempo que estén sin que efectivamente se halle morando alguien, pues el robo realizado en ellas se considerará siempre agravado. En este caso la "accidentalidad" aludirá al tiempo que esté la casa desocupada o, también, al que estando sirviendo actualmente de morada se encuentre ocasionalmente vacía. La voluntad legislativa se cumple, pues, incluso cuando existen varias moradas, a pesar de que se hallen en ciudades distintas, siempre que sirvan de habitación con posibilidad de "presentarse en cualquier momento el morador ausente" (STS 295/1999, 24-2; en el mismo sentido, ATS 2265/2000, 21-9).

Sin embargo, no se aplicará la agravación a las casas que están siendo acondicionadas —encontrándose en obras en el momento en que se produjo el atentado patrimonial— para ser habitadas (SAP, Burgos, Sección 1ª, 261/2020, 9-10). Sí, en cambio, cuando el sujeto ha penetrado en una dependencia (terraza) deshabitada de una vivienda que sí constituye morada (SAP, Madrid, Sección 4ª, 550/1999, 14-12). También cuando lo hace en la parte habitada de una casa que tiene un sector deshabitado (SAP, Vizcaya, Sección 6ª, 90350/2015, 16-9).

En definitiva, y de forma genérica, se reputa por morada: "todo espacio cerrado en el que el individuo pernocte y tenga guardadas las cosas pertenecientes a su intimidad, ya sea de manera permanente o esporádica o temporal, como puede ser la habitación de un hotel y respecto a los cuales se pueda presumir que se hallan destinados a su uso exclusivo con voluntad de excluir a todos los demás, por lo que en tales recintos no se puede penetrar sin su consentimiento o en virtud de la autorización judicial concedida mediante el correspondiente mandamiento judicial, pues el precepto constitucional anteriormente referido ha de interpretarse a la luz de los principios constitucionales que tienden a extender al máximo la protección a la dignidad y a la intimidad de la persona, por lo que, en consecuencia, procede estimar el motivo, aunque su estimación sea inoperante a efectos decisorios dado que por las razones que se expondrán a continuación, aunque se declare la nulidad de la diligencia policial de registro practicada, la realidad de los hechos punibles imputados al procesado y la participación de éste en la realización de los mismos ha quedado acreditada por otras pruebas válidas por haber sido practicadas con todas las formalidades legales" (STS 14-1-1992).

El estado de habitabilidad en el que se encuentre la morada es indiferente a los efectos de su consideración como tal, en este sentido STS 587/2020, 6-11. Insiste la STS 844/2022, 26-10, en este sentido al decir: "a los efectos del art. 242.2 CP el concepto de 'casa habitada' se extiende al descrito en el presente caso, no haciéndolo inhábil para su consideración jurídica su estado, sino la referencia de que se trataba de una vivienda donde los perjudicados dormían allí con habitualidad y lo hacían en el concepto técnico-jurídico de su 'habitabilidad' por los perjudicados de forma permanente. En esencia, era 'su casa', prescindiendo del concepto propiedad o estado de la misma, los cuales quedan al margen de su uso por los perjudicados en concepto de 'casa habitada'. No se trata en este caso del concepto de propiedad, o si en las condiciones tenidas por normales la mayoría de las personas habitarían allí, sino que los perjudicados sí que lo hacían, lo que atrae el concepto utilizado en la sentencia para aplicar el art. 242.2 CP".

3. Por dependencias de casa habitada se entiende "sus patios, garajes, y demás departamentos o sitios cercados y contiguos al edificio y en comunicación interior con él, y con el cual formen una unidad física". Cuatro notas, pues, deben reunir las dependencias para que se extienda a ellas la protección penal: a) Que sean lugares cercados; b) Contiguos al edificio; c) En comunicación interior con aquél, y d) Que formen una unidad física con el edificio.

El Acuerdo del Pleno No Jurisdiccional de la Sala 2ª del TS, de 15-12-2016, ratifica lo anterior en el siguiente sentido: "Los trasteros y garages comunes sitos en edificio de propiedad horizontal, donde también se integran viviendas, tendrán la consideración de dependencia de casa habitada, siempre que tengan las características siguientes: a) Contigüidad, es decir, proximidad inmediata o directa con la casa habitada; que obviamente puede ser tanto horizontal como vertical; b) Cerramiento, lo que equivale a que la dependencia esté cerrada, aunque no sea necesario que se halle techada ni siquiera murada; c) Comunicabilidad interior o interna entre la casa habitada y la dependencia; es decir, que medie puerta, pasillo, escalera, ascensor o pasadizo internos que unan la dependencia donde se comete el robo con el resto del edificio como vía de utilizable acceso entre ambos. d) Unidad física, aludiendo al cuerpo de la edificación".

La Jurisprudencia ha considerado dependencias de casa habitada a las terrazas ("por ser contiguos al edificio y en comunicación interior con él, sino en realidad por formar una unidad física con la propia vivienda, ya que, cuando existen tales terrazas, son parte integrante de los pisos, tienen comunicación propia, no son accesibles sino mediante la entrada a la vivienda y a través de una de sus habitaciones, y se reseñan registralmente como parte de un piso o finca" (STS 729/2000, 24-4), balcones, garajes de entrada limitada y no de libre acceso [STS 729/2000, 24-4 (*Tol 22736)*], jardines, despenseros [STS 598/2000, 5-9 (*Tol 272175)*], trasteros [SSTS 1380/2000, 11-9 (*Tol 11947)*, y 204/1999, 12-2], almacenes (STS 28-12-1991), patios, corrales, bodegas, graneros, pajares, cocheras y cuadras [STS 955/1992, 24-4 (*Tol 398991)*], las azoteas o terrazas finales de la escalera de acceso, sin comunicación interior con morada o domicilio estricto (STS 159/1972, 7-2), el portal de una vivienda en régimen de propiedad horizontal ("No cabe duda que el portal del edificio donde se ubica la casa habitada es por sí un espacio significativo para el desarrollo de algunas facetas de la vida privada y que, por ello, genera para el titular determinadas expectativas de privacidad —entre otras, impedir a terceros no legitimados el acceso; salvaguardar del conocimiento de personas extrañas al edificio el concreto lugar donde habita; situarse al abrigo de las miradas u observaciones de terceros etc.— y expectativas, también, de mayor seguridad que el que ofrece el espacio público que deben ser protegidas", STS 279/2022, 23-3), el bar de un cuartel, sólo abierto a los residentes (STS 112/2000, 26-1).

Se plantean problemas concursales en relación al art. 202, CP, que recoge el delito de allanamiento de morada. El Tribunal Supremo (STS 728/1999, 6-5) ha dictaminado al respecto que: "la Sala de instancia califica correctamente los hechos descritos…, como constitutivos de robo con intimidación en las personas de los arts. 237 y 242.1 en concurso medial con un delito de allanamiento de morada del art. 202 CP, pues siguiendo la doctrina de esta Sala de la que es exponente la sentencia 12.12.2005…, cuando la acción se subsume en el robo con intimidación, que ha tenido lugar en la propia morada con entrada inconsentida en la misma, no existe el tipo complejo, aplicable en el robo con fuerza en las cosas en casa habitada del art. 241, y funcionan autónomamente ambos desvalores por lo que es necesario imponer la pena de acuerdo con las normas del concurso, teniendo en cuenta que se trata de acciones distintas, entrar y apoderarse, si bien pueden considerarse ligadas por un vínculo instrumental o de preordenación. Así se ha pronunciado esta Sala en otras ocasiones (STS 928/99 de 6.5), entendiendo que existen diversos bienes jurídicos tutelados por la norma en los delitos de robo violento y allanamiento de morada, en cuanto el primero protege el patrimonio y el otro la intimidad y la inviolabilidad del domicilio, sin que el art. 202 del CP. exija un específico ánimo subjetivo en la figura del allanamiento domiciliario, si bien alguna vez la doctrina jurisprudencial lo exigió, la doctrina mayoritaria se conformó con el dolo genérico —sentencias de 9 de febrero de 1990 y 2107/1994, de 28 de noviembre y 858/1999 de 26 d mayo". Criterio que el Alto Tribunal redondea al continuar afirmando que "si el morador se hubiera encontrado ausente, la calificación del hecho como robo con fuerza en las cosas hubiera conducido a la aplicación del tipo agravado de robo en casa habitada del art. 241 del Código Penal vigente. Tal tipo agravado no es, según el motivo, sino una consecuencia de la específica agravación en el plano legal del concurso de lesión simultánea de dos bienes jurídicos de la persona, propiedad e intimidad, tratándose en realidad de un tipo complejo en el que se adecuan los elementos de dos tipos —el robo con fuerza en las cosas y el allanamiento de morada. Por ello, cuando se aplica tal tipo no cabe penar separadamente el allanamiento, pues en otro caso se conculcaría el principio de *non bis in idem.* Pero cuando la acción se subsume en el robo con intimidación, que ha tenido lugar en la propia morada con entrada inconsentida en la misma, no existe el tipo complejo y funcionan autónomamente ambos desvalores por lo que es necesario imponer la pena de acuerdo con las normas del concurso, teniendo en cuenta que se trata de acciones distintas, entrar y apoderarse, si bien pueden considerarse ligadas por un vínculo instrumental o de preordenación".

2. Edificio o local abiertos al público y sus dependencias

2.1. El precepto, con anterioridad a la reforma efectuada por la LO 1/2015, rezaba así: *"Se impondrá la pena de prisión de dos a cinco años cuando concurra alguna de las circunstancias previstas en el artículo 235, o el robo se cometa en casa habitada, edificio o local abiertos al público o en cualquiera de sus dependencias"*, y posteriormente no se establecía diferencia alguna a los efectos de pena entre que el hecho se realizara fuera o dentro de las horas de apertura.

Actualmente este tipo agravado se presenta con dos modalidades: que los hechos se hubieren realizado o no en las horas de apertura. En el primer caso la pena amenazante sería de dos a cinco años de prisión, en el segundo caso de uno a cinco años (lo que tiene singular importancia de cara a una posible suspensión de la pena —ex artículo 80, CP).

Para la Jurisprudencia anterior a 2015 había de tratarse de "lugar destinado a una actividad que se desarrolla con puertas abiertas para que pueda entrar quien lo desee... [y] que efectivamente en el momento concreto del hecho delictivo se encuentre abierto, de modo que en aquellas horas o días en que se halle cerrado...", no cabría aplicar la agravación [STS 1506/2001, 20-7 (*Tol 67131)*]. Se entendía, por lo demás, irrelevante que el edificio fuera de titularidad pública o privada [STS 1506/2001, 20-7 (*Tol 67131)*]. PÉREZ MANZANO entendía, creemos que con razón, que era indiferente también que se tratara de un bien mueble o inmueble, y en ese sentido se refería a la posibilidad de la existencia de una discoteca o bar flotantes.

El punto central de discusión alrededor de esta circunstancia giraba —con anterioridad a la perversa reforma perpetrada por la LO 1/2015— alrededor de lo que se entendiera por "abierto al público" (DE VICENTE MARTÍNEZ), lo que tenía capital importancia, pues sólo se comprendía en el tipo agravado el llevar a cabo el hecho, como hemos reflejado, en "edificio o local abiertos al público". Pues bien, si se parte del fundamento de la agravación (mayor peligrosidad para la vida y la integridad de los eventuales ocupantes si se realizan los hechos delictivos estando ocupados los edificios o locales, así como el ataque a la intimidad; o en palabras de la SAP, Tarragona, Sección 4ª, 442/2023, 17-11: "el subtipo agravado encuentra su justificación en la peligrosidad que se plantea para las posibles personas que pudieran encontrarse en el lugar del robo frente a la eventual conducta reactiva del autor del acto predatorio") la conclusión necesaria era la de que fuera de los horarios de apertura —es decir, cuando ya no hubiera nadie ni siquiera los "servidores del local", pues la presencia de estos en el edificio determinaría la aplicación del tipo agravado por más que el público general no tuviera ya acceso—, no era posible la aplicación del tipo agravado.

Parte de la doctrina mantenía, sin embargo, la opinión de que la exigencia de que se tratara de un edificio abierto al público definía, sin más, un tipo de espacio, y no una limitación temporal vinculada a la utilización que el público pudiera hacer de él (VIVES ANTÓN/GONZÁLEZ CUSSAC; ciertamente esta opinión la mantenían los reconocidos autores en referencia a la legislación vigente con anterioridad a la reforma llevada a cabo por la LO 1/2015, en la que el tipo agravado únicamente se refería —como hemos recordado— a horarios de apertura al público —"edificio o local abiertos al público"), por lo que resulta indiferente que esté en horario de apertura o no. Nosotros entendíamos, sin embargo, que la comprensión debía ser otra tanto por el argumento del fundamento de la agravación —a lo que más arriba se ha hecho ya alusión— como por la extraordinaria amplitud de la referencia legal, pues no tendría sentido, si no fuera exclusivamente dentro de los horarios de apertura, extender la protección a tanta variedad de edificios y locales como los que caben en la previsión legal. Tampoco convencía el argumento de que en las horas de apertura resultará punto menos que imposible la comisión del delito de robo con fuerza dado que no tenía el sujeto que ejercerla para acceder al lugar donde eventualmente pudiera encontrarse la cosa, y no es aceptable el argumento si se tiene en cuenta que, como argumenta la STS 591/1997, 16-6 (*Tol 407078*): "... hoy día en los grandes almacenes, y no digamos en otros establecimientos como las joyerías, los objetos y productos de mayor valor se hallan protegidos por sistemas de cierre individual o colectivo, lo que necesariamente obliga al agente comisor al uso de la fuerza para su obtención. Además, tampoco cabe olvidar que el precepto no solamente se refiere a locales en sí mismos considerados, sino también a *'cualquiera de sus dependencias'*, dependencias que pueden estar perfectamente cerradas y sin público durante el horario de apertura de aquéllos".

2.2. En la tipicidad deducida de la reforma de 2015 y actualmente vigente resulta evidente que la especial protección sólo va dirigida a edificios o locales que tienen, en general, apertura al público ("Por local o edificio abierto al público hay que entender aquel cuyo acceso no está limitado a determinadas personas sino que se encuentre libre para que pueda entrar quien lo desee", STS 1506/2001, 20-7), lo que carece de sentido, pues también en los edificios en los que no hay atención al público se produce esa "debilidad" en el bien jurídico derivada de que estén poblados por trabajadores que desarrollan su actividad en ese lugar en una "intimidad necesaria"; y ciertamente carece de todo sentido que se protejan más los edificios abiertos al público "fuera de las horas de apertura" (cuando, en ocasiones, no hay nadie en su interior) que edificios en plena actividad.

En todo caso la fórmula "edificio o local abiertos al público" es utilizada en el CP, además de en el robo con fuerza y con violencia o intimidación, en otros casos, como en las disposiciones comunes a los delitos de exhibicionismo y prostitución (art. 194, CP, aunque en este caso, con más racionalidad, no se exige que estén abiertos al público), en el allanamiento (art. 203, CP, en este supuesto, lógicamente, sí se requiere que esté abierto al público y que la actividad delictiva se lleve a cabo fuera de las horas de apertura), y en el tráfico de drogas (art. 369.1.3ª, CP, donde la agravación se refiere al aprovechamiento de la cobertura que proporciona la utilización de espacios abiertos al público en la actividad del tráfico ilícito, lo que lleva consigo una mayor facilitación para la actividad ilícita y, también, mayores posibilidades de ocultamiento de la actividad).

2.3. Se debe tratar de un espacio en el que se lleve a cabo alguna actividad de servicio al público, cualquiera que ésta sea, ello lleva consigo que tenga una mínima estructura, o dotación predispuesta para esta finalidad. La exigencia de estar abierto al público (fuera o no de las horas de apertura) implica una delimitación precisa que exige que en su interior se desarrolle una actividad, del carácter que sea, pero que pueda ser atrayente para el público. Éste, el público, debe tener la capacidad de acceder físicamente al interior del establecimiento o local de que se trate; por lo tanto, no abrazaría el concepto a los quioscos callejeros de venta de objetos diversos, pues materialmente no permite la entrada del público a su interior; y tampoco a cualquiera otro tipo de venta callejera en la que la relación entre vendedor y cliente no precisa de cobertura inmobiliaria alguna. Así no se aplicaría la agravación en el caso de las furgonetas y vehículos en general desde los que se efectúan ventas, ya que no permiten materialmente el acceso del público a su interior; tampoco, con mayor razón, en el caso del top manta, y en general no afectaría a ninguna actividad mercantil que se realice en el exterior de un inmueble al que no se acceda desde el exterior (taquillas o ventanillas de cualquier tipo desde las que se atienda al público). En este último sentido la STS 5-5-1994, en relación con una actividad de tráfico de drogas, ha manifestado que "Para la existencia de establecimiento se tiene que partir de una cierta infraestructura y acondicionamiento de un local en el que se pueda encubrir o disimular el tráfico ilícito y no resulta adecuado para estos fines un kiosco que sólo sirve para acoger a una persona que tiene que relacionarse con los compradores a través de una ventanilla mientras éstos permanecen en la vía pública expuestos a las miradas de los transeúntes. A los Policías Municipales les bastó con la observación visual y de lejos para comprobar que se vendían drogas tóxicas. En realidad, nos encontramos ante una variante de la venta callejera de cupones de lotería y que muchas personas realizan apostadas en una esquina mientras a otras se las ha dotado de un refugio frente a la intemperie. La venta callejera, no integra el concepto de establecimiento abierto al público que exige taxativamente el legislador para aplicar el subtipo agravado".

De la configuración legal también se deriva que esa "entrada de público" tiene que ser física, y no de otro carácter. En este último sentido la Consulta 11/1997, de 29 de octubre, sobre robo con fuerza en las cosas cometido en edificio o local abiertos al público, de la Fiscalía General del Estado, manifiesta: "La posible entrada de público al local debe ser entendida como acceso de carácter físico, debiendo erradicarse por ello del concepto de local abierto al público aquellas dependencias a las que el público no accede físicamente sino en forma figurada a través de la atención que reciben, generalmente las veinticuatro horas, mediante líneas telefónicas o servicios informáticos. En estos supuestos no se cubre el requisito del posible acceso de público al local, no concurriendo la justificación del subtipo agravado".

En cuanto a la referencia a que se encuentren los establecimientos o locales en "horas de apertura", debe entenderse no en un sentido estrictamente formal sino referido al tiempo durante el cual se hallen accesibles al público. Por lo tanto, en la franja horaria durante la cual no haya posibilidad de acceso al público por más que en el interior del local se encuentren los sirvientes de los locales, no sería aplicable la agravación por acceso en "horas de apertura".

El problema, en realidad, se plantea no en los casos en los cuales el local o establecimiento está cerrado o abierto, porque en tales supuestos la comprobación de ambos extremos no debe ofrecer dificultades, sino en aquellos supuestos que pudiéramos llamar de "accesibilidad reducida". Es el caso de algunos hoteles en los que a partir de una determinada hora los accesos están más restringidos (a los huéspedes) o más vigilados, pero sin encontrarse "cerrados" en sentido estricto (escenario que se puede complicar para aquellos casos en los que los hoteles en cuestión tienen restaurante o bar de acceso público, incluso hasta altas horas de la madrugada). La STS 1506/2002, 20-7, estudió uno de estos supuestos de "apertura controlada al público" en un hotel en el que el sujeto activo entró al hotel fracturando una ventana a la una de la madrugada; en ese supuesto la Sala estimó que el hotel no estaba abierto al público porque a esas horas lo ordinario es que el huésped deba entrar con su propia llave o a la vista de un empleado cuya función, entre otras, sea la de, precisamente, controlar la entrada por no ser ésta, a determinadas horas, libre. Más problemática se presenta la cuestión cuando la restricción, o prohibición, de acceso se distribuye por áreas o zonas del establecimiento (lo que también ocurre de ordinario en otro tipo de establecimientos abiertos al público y en horas de apertura, en los que sin embargo hay zonas —de administración, dirección o servicios— de acceso restringido a determinadas personas). Pues bien, en todos estos supuestos entendemos que, seguridad jurídica obliga y principio de legalidad también, el fundamento de la circunstancia —esa facilitación de la actividad delictiva por el libre acceso al establecimiento o local— lleva a aplicar la máxima agravación y a la consideración del establecimiento como "abierto al público".

Cuestión interpretativa se origina cuando el sujeto activo aprovecha que algún cliente de gasolinera ha acudido a un lavabo de la misma, que se encuentra fuera del edificio, sin comunicación con el mismo, y al que se accede únicamente cuando, en cada caso, se proporciona la llave previa petición del usuario. En este supuesto la SAP, Tarragona, Sección 4ª, 442/2023, 17-11, entiende que: dado que "El acusado… no pretendió realizar sustracción alguna de las ganancias o eventuales rendimientos de la actividad comercial de la gasolinera, o de los productos que vendía, que sería lo que justificaría el *locus* agravante. Se ha ejercido la violencia y la intimidación para conseguir bienes y objetos propiedad de la…, que no es una 'persona desvinculada' del bien jurídico patrimonial, sí del patrimonio propio de la entidad perjudicada si estuviésemos ante un acto sustractivo, por ejemplo, del dinero que la Sra. Tarsila pudiere tener en la caja; y además se produjo en un lugar en concreto que en aquel momento no estaba abierto a los clientes, no era de libre acceso para el público sin perjuicio del derecho a usarlo, con lo que tampoco habría un aprovechamiento de esa circunstancia ni un incremento del riesgo de la conducta delictiva". Por lo que no es aplicable la agravación de la que tratamos. En realidad, con esta interpretación el Tribunal no hace más que aplicar de forma estricta el art. 241.3, CP: "*Se consideran dependencias de casa habitada o de edificio o local abiertos al público, sus patios, garajes y demás departamentos o sitios cercados y contiguos al edificio y en comunicación interior con él, y con el cual formen una unidad física*".

¿Qué sucede, sin embargo, en los casos en que nada más abrir el establecimiento o próximo el cierre se produce el asalto patrimonial? En este caso la Jurisprudencia nos dice que: "No es inusual que los establecimientos, en minutos próximos a su hora de cierre, puedan permanecer abiertos al encontrarse clientes en los mismos; motivo por el cual lejos de estar cerrados, independientemente del horario estricto que se señale de apertura, están en esos momentos efectivamente abiertos, porque como es el caso, no han cerrado sus puertas y por lo tanto no estaba impedido el acceso de clientes al mismo. En ese momento persistían las circunstancias de aprovechamiento que fundamentan la agravación, en orden al aprovechamiento de la confianza de la apertura de la puerta del local a los clientes y el riesgo que implicaba para los eventuales clientes que pudieran permanecer en el mismo, en este caso la víctima Inés" (SAP, Ciudad Real, Sección 1ª, 22/2023, 11-10).

3. Cuando los hechos a los que se refieren los apartados anteriores revistan especial gravedad por la forma de comisión o los perjuicios ocasionados

La dicción legal acota la aplicación de la agravación a aquellos hechos a que se refieren los apartados anteriores. Es decir, que tiene que tratarse de robo en casa habitada o en local o establecimiento públicos o las dependencias de todos ellos. En segundo término, no dejan de causar cierta extrañeza los marcos penales que se utilizan en este art. 241, CP. En efecto, en el apartado 1, I., la pena es de dos a cinco años de prisión; en el párrafo II del mismo apartado la pena es de uno a cinco años, y ahora en el apartado 4 de dos a seis años. En definitiva, unos márgenes tan mínimos que no se hace posible mensurar adecuadamente las posibles diferencias entre unos y otros.

No debe olvidarse, por otra parte, que con carácter general y de acuerdo con el art. 240.2, CP, la pena del robo con fuerza si concurriere alguna de las circunstancias del art. 235, CP, será de dos a cinco años. Es decir, que esta última norma sería desplazada por la del art. 240.2, CP, si el robo se hubiera cometido en casa habitada, edificio o local abiertos al público o sus dependencias.

Por otra parte, se utilizan unos conceptos en la descripción del tipo agravado que a lo único que llaman es a la falta de taxatividad, y a que, a la postre, los tribunales se vean obligados, otra vez y ante la falta de cuidado del Legislador, a hacer el papel de éste. Términos como: "especial gravedad", "forma de comisión del delito" y "perjuicios ocasionados", nos hunden en la perplejidad.

Por lo que se refiere a la "especial gravedad" en atención a los perjuicios, la Jurisprudencia de nuestro más Alto Tribunal sale en auxilio del torpe Legislador, y haciendo una interpretación pareja a la ya realizada en el art. 235.1.5°, CP, dice en la STS 316/2024, 16-4, lo que marca una línea que ya es seguida por todos los tribunales, y que es de aplicación asimismo a otros injustos, como la receptación o la apropiación indebida: "El concepto normativo de especial gravedad, aun exigiendo una delimitación judicial, debe extraerse de unos parámetros valorativos establecidos por el legislador y que están directamente vinculados con la antijuricidad de la conducta determinante del tipo penal de aplicación. Para el delito de hurto (art. 235.1.5 del Código Penal) y el delito de robo con fuerza en las cosas (art. 240.2 del mismo texto), puesto que la forma de ejecución prevista por el legislador no admite modulaciones que puedan potenciar la antijuricidad de la acción, la agravación viene determinada por aquellos aspectos que sin modificar la naturaleza del delito, potencian la reprochabilidad del autor, esto es, atendiendo al valor de los efectos sustraídos o la relevancia de los perjuicios irrogados con su acción. Para el delito de robo en casa habitada o en local abierto al público, en los que la ejecución puede incorporar elementos relevantes para la antijuricidad de la acción y que no son subsumibles en figuras delictivas más graves, el legislador no solo configura la agravación a partir de los aspectos reflejados en el artículo 235 del Código Penal, sino también por la forma de comisión del delito. La fundamentación del delito de receptación se encuentra en que la actuación del sujeto activo sirve para perpetuar la ilicitud cometida por el autor del delito precedente, estimulando al tiempo la comisión de nuevos delitos contra el patrimonio o el orden socioeconómico. La receptación facilita que los autores del delito precedente puedan realizar el valor de los efectos del delito y obtener el aprovechamiento económico que inspira su comportamiento criminal, impulsando así un marco de comercio que activa la comisión de nuevos delitos contra la propiedad. De este modo, la reprochabilidad del comportamiento de los receptadores, pese a ser sustantivamente distinta que la correspondiente a los autores del delito precedente contra el patrimonio, participa de un entronque común y corre en paralelo a las circunstancias que determinan las agravaciones anteriormente expuestas, siempre, claro está, que pueda identificarse en el sujeto activo una responsabilidad respecto al injusto que determina la mayor punición. Lo expuesto determina que la agravación por una especial gravedad de la receptación contemple, como para los autores de otros delitos contra el patrimonio, el valor de los efectos receptados; lo que debe interpretarse como la cuantificación en 50.000 euros que el legislador contempla para los delitos de estafa, administración desleal o apropiación indebida de los artículos 250.1.5, 252 y 253 del Código Penal respectivamente" (véanse también STS 316/2021, 15-4, y ATS 28-9-2023).

En definitiva, la Jurisprudencia, usando esa "delegación del legislador" por la inconcreción del precepto (GARCÍA ARÁN), ha decidido fijar el referente de este tipo agravado en 50.000 €. Desde luego posee una profunda lógica que se pretenda trazar el mismo límite para la aplicación del tipo agravado tanto en apropiación indebida como en estafa o robo, sin embargo, la fijación del *quantum* es más discutible; ciertamente que los 50.000 € son la referencia en uno de los tipos agravados de estafa (artículo 250.1.5º, CP), o malversación (artículo 432.2 b, CP), y justamente en aquél se trata de un referente fijo con alusión al valor. En cuanto a la malversación se trata, otra vez, de un límite fijo referido al valor de la cosa malversada. Es decir, tiene su sentido, acudiendo a un criterio sistemático, la fijación de una cantidad que se cifra en 50.000 €. De esta forma se dota al precepto de una mayor seguridad en su aplicación.

Algunos autores (VAELLO ESQUERDO, PÉREZ ALONSO, GARCÍA ARÁN) plantean la inclusión en el cálculo del valor del lucro cesante. No hay, sin embargo, motivo alguno, a nuestro entender, para aplicar en este caso un criterio distinto al utilizado en la generalidad de los delitos contra el patrimonio; por lo tanto, el daño emergente referido a la lesión del patrimonio actual es el único que debe utilizarse para el cálculo de la "especial gravedad".

4. La concurrencia de alguna de las circunstancias expresadas en el art. 235, CP

El art. 241.4, CP, considera caso de agravación la acabada de expresar. Pues bien, dentro de las agravaciones del mencionado art. 235, CP (y más allá de la acabada de referir del art. 235.1.5º, CP que de concurrir con la de "*especial gravedad, atendiendo a los perjuicios ocasionados...*", del art. 241.4, CP, resultaría desplazada por ésta en razón de la especialidad —art. 8.1ª, CP), debe hacerse mención especial de la contenida en su apartado 1.7º, que "excluye la aplicación del art. 66.1.5 del Código Penal, y así el art. 67 del Código Penal dispone: '*Las reglas del artículo anterior no se aplicarán a las circunstancias agravantes o atenuantes que la Ley haya tenido en cuenta al describir o sancionar una infracción,...*', por lo que previendo el artículo 241.4 del Código Penal una regla punitiva específica para sancionar la denominada multirreincidencia descrita en el artículo 66.5 del Código Penal, el precepto aplicable es el artículo 241.4 del Código Penal y no el 66.5 del Código Penal prevaleciendo el precepto especial, subtipo agravado, sobre el general" (SAP, Málaga, Sección 2ª, 39/2024, 12-2).

V. CONCURSOS

1. De delitos

1. En la realización del delito de robo con fuerza no es inhabitual que el daño ocasionado con la aplicación de la fuerza llegue a ser superior que el que pudiera tener el objeto material del robo, o que en todo caso se trate de un daño apreciable y valorable. Así se plantea la posibilidad de imputar por dos delitos (robo y daños) o entender que el robo con fuerza absorbe los posibles daños que en aplicación de la fuerza necesaria se causaren (si se tratare de "males de lujo", es decir excesivos o sin vinculación con el delito de apoderamiento, no existen problemas para acudir a un concurso, incluso real, de delitos). En opinión de QUINTERO OLIVARES en los casos en los que la aplicación de la fuerza en las cosas "produzca su propio resultado de menoscabo, no hay inconveniente alguno en apreciar el concurso, con imputación subjetiva por dolo indirecto, con el correspondiente delito de daños".

Para la STS 137/2019, 12-3: "Ordinariamente, los daños causados en un robo con fuerza en las cosas, cuando su origen se sitúe precisamente en el empleo de la fuerza típica, quedarán consumidos en el delito de robo, como acto copenado, al tratarse de resultados unidos indisolublemente al empleo del elemento típico de la fuerza y, por lo tanto, ya previstos con carácter general en la sanción del delito. La cuestión se plantea en otros términos cuando los daños causados presentan tal relevancia que, de ser estimados como delito, serían castigados con pena más grave que la que correspondería al delito de robo. En estos casos, es posible la punición separada, sin perjuicio de la posibilidad de apreciación de un concurso medial. A estos casos pueden equipararse aquellos otros en los que el tipo penal aplicable al delito de daños tiene en cuenta otros bienes jurídicos distintos del patrimonio, pues entonces no puede entenderse que el desvalor asociado a esa conducta haya sido ya previsto por el legislador al establecer la pena para el delito de robo. Así ocurre cuando se trata del artículo 266.1° CP y la razón de su aplicación se centre en la apreciación de la causación de los daños "poniendo en peligro la vida o la integridad de las personas", pues este bien jurídico, incorporado al delito de daños, no aparece contemplado en el delito de robo con fuerza en las cosas".

2. Se plantean problemas en aquellos casos en los que un sujeto penetra en un lugar donde se encuentran múltiples cajas, taquillas, buzones, etc., y "revienta" una pluralidad de ellos. En estos supuestos la Jurisprudencia opta por delito continuado, como lo ha hecho en la STS 199/2007, 1-3 (*Tol 1053734*), para la que: "En el presente caso aparecen una pluralidad de fracturas de cajas de seguridad para apoderarse de sus respectivos contenidos pertenecientes a diferentes dueños. El dato periférico de que las arcas se hallaran en una misma localización no cambia, desde la perspectiva del tipo, la esencia de la pluralidad natural de los hechos: diferentes patrimonios afectados, distintas arcas forzadas, sendos actos de fractura para cada arca, lo que implica pluralidad tanto en la actividad como en el resultado. La existencia de un plan común sólo debe llevar, como llevó, a apreciar la unidad jurídica a que se refiere el art. 74 CP".

3. Con detenciones ilegales se plantean también posibilidades de concurso, y en este caso dice la Jurisprudencia que: "Respecto a la relación entre el delito de robo con violencia y el de detención ilegal, numerosos precedentes jurisprudenciales de esta Sala —STS 385/2010 de 29 de abril, entre otras muchas— han establecido que el delito de robo absorbe la pérdida transitoria de libertad cuando se realiza durante el episodio del hecho, y está pues comprendida dentro de la normal dinámica comisiva, siempre que quede limitada al tiempo estrictamente necesario para efectuar el despojo según el "modus operandi" de que se trate. Por el contrario, el delito de detención ilegal adquiere autonomía propia respecto del robo cuando la privación de libertad es gratuita e innecesaria porque se prolonga más allá de lo que sería necesario para consumar el desapoderamiento. En el primer caso nos encontraríamos ante un concurso de normas que se solucionaría según la regla 3ª del artículo 8 del Código Penal absorbiendo el delito

de robo el de detención ilegal según la técnica de la consunción. En el segundo caso, se produciría una situación de concurso real de delitos, en cuanto la detención ilegal quedaría fuera del ámbito del robo, adquiriendo autonomía propia e independiente del delito contra el patrimonio, debiendo sancionarse por separado cada una de las infracciones. Existe, no obstante, un tercer supuesto o variante, intermedio entre los mencionados, que tiene lugar cuando la privación de libertad de la víctima del robo no está completamente desvinculada del ilícito acto depredador (supuesto primero), ni se desarrolla durante el tiempo estrictamente imprescindible del episodio central del delito contra el patrimonio (supuesto segundo), sino que, aunque no pierda su relación con la actividad depredatoria, la privación de libertad de la víctima alcanza entidad propia y es penalmente reprochable por sí misma, aunque por el contexto en que se desarrolla ha de considerarse como un medio para alcanzar el objetivo pretendido por los autores, de suerte que deberá ser contemplada como un instrumento al servicio del proyecto de apoderamiento de los bienes ajenos. Dicho en otras palabras, se trataría de un delito cometido como medio necesario para cometer el principal perseguido por los autores, por lo que estaríamos ante un concurso medial o instrumental contemplado en el art. 77 CP" (ATS 777/2016, 21-4).

En el caso que dio origen a la doctrina anterior, "Relatan los hechos probados, que hemos de respetar dado el cauce casacional empleado, en síntesis, que una vez consumado el desapoderamiento en el chalet, procedieron a atar a su moradora las manos y los pies con cinta adhesiva, inmovilizándola completamente; situación en la que permanecen desde las 6 y unos minutos de la madrugada hasta las 8:30 horas aproximadamente en que llegó la empleada del hogar y la desató. Tal y como razona la Sala en el fundamento jurídico cuarto, la privación de libertad de la víctima tuvo pues una prolongación, una cierta duración que va más allá de los hechos constitutivos del robo; siendo innecesaria para su comisión. Por tanto, como concluye con acierto la Sala, la detención ilegal queda fuera del ámbito del robo adquiriendo autonomía propia e independiente del delito contra el patrimonio, debiendo sancionarse por separado cada una de las infracciones. En este sentido se ha pronunciado esta Sala en STS de 12-05-2014 y 12-03-2014".

2. De leyes

1. Con el delito de allanamiento de morada del art. 202, CP, que debe resolverse a favor del robo agravado por realizarse en casa habitada (GONZÁLEZ RUS y VIVES ANTÓN/GONZÁLEZ CUSSAC), en tanto que el delito patrimonial absorbe el desvalor del allanamiento.

2. Con el delito de allanamiento de establecimiento mercantil o local abierto al público fuera de las horas de apertura. En este caso la Jurisprudencia conside-

ra que no cabe concurso de delitos en tanto que el ánimo depredatorio absorbe al de allanar, a no ser que el ataque a la privacidad haya ido más allá de lo que es propio en el delito de robo con fuerza [véase VIVES ANTÓN/GONZÁLEZ CUSSAC; asimismo SSTS 1634/2001, 4-11, y 1048/2000, 14-6 (*Tol 273215*); véase también JGTS 19-10-1998].

VI. CUESTIONES PROCESALES

Entiende la Jurisprudencia que no se vulnera el principio acusatorio por condenar por allanamiento de morada cuando la acusación versaba por robo con fuerza en casa habitada "...puesto que, el no acogimiento en la sentencia de los términos de la acusación, fue para condenar por un delito menos grave y que presentaba homogeneidad con el que fue objeto de la acusación" [STS 302/2001, 20-5-2002 (*Tol 162298*)].

VII. BIBLIOGRAFÍA

ALMAÑA OCHAÍTA, S. *El tipo objetivo de robo con fuerza en las cosas*, Madrid, 1993; *id.* "La tarjeta de crédito como «llave falsa» en el delito de robo con fuerza en las cosas (STS de 22 de enero de 2004)", *LL-Penal*, nº 7, 2004; ALONSO PÉREZ, F. "Modalidades comisivas del robo con fuerza en las cosas", *LL*, nº 2, 2003; ÁLVAREZ GARCÍA, F. J. "Delitos compuestos y delitos complejos: problemas concursales en el artículo 242", *LL*, nº 1, 1997; ANTONIO GOMEZ *Compendio de las varias resoluciones de...*, compuesto por Joseph Marcos Gutiérrez, Madrid, 1889 BACIGALUPO ZAPATER, E. "Utilización abusiva de cajeros automáticos por terceros no autorizados", *PJ*, nº esp. 9, 1989, [=*Estudios sobre la Parte Especial*, 1991]; BATLLÓ BUXÓ-DULCE, L. "Tarjetas de crédito y Derecho penal", *LL*, 2004-5; BENÉYTEZ MERINO, L. "El delito de robo en local abierto al público. Derogación virtual de una norma por la jurisprudencia", *AP* 2000; BERNAL DEL CASTILLO, J. "Elementos de agravación del robo con fuerza en las cosas: casa habitada y establecimiento o local abiertos al público", *AJA*, nº 307, 1997; BOLEA BARDÓN, C., y ROBLES PLANAS, R. "La utilización de tarjetas ajenas en cajeros automáticos: ¿robo, hurto o estafa?", *LL*, nº 4, 2001 [=AA.VV.: *Los delitos de robo. Comentarios a la jurisprudencia*, 2002]; BORJA JIMÉNEZ, E. "Algunos aspectos críticos en la jurisprudencia del Tribunal Supremo sobre el robo en casa habitada", *PJ*, nº 6, 1987; *id.* "Una nueva concepción de la fuerza en las cosas", *RGD*, nº 550-551, julio-agosto, 1990; CASTELLÓ NICÁS, N. "La agravante de «edificio o local abiertos al público» del artículo 241.1º del Código Penal", *AP*, 1998; CONDE-PUMPIDO TOURÓN, C. "Las tarjetas de crédito como instrumento para la comisión de un delito: dos sentencias", *PJ*, nº esp. 9, 1989; CORNUDELLA SÁENZ DE VALLUERCA, E. "Delitos de robo", en AA.VV. *Mujer y Justicia. Estudio de la jurisprudencia desde la perspectiva de género*, 2002; DEL CARPIO DELGADO, J. "Análisis crítico sobre la regulación de los delitos de robo en el Proyecto de 2013 de reforma del Código Penal", *Diario La Ley*, nº 8300, 2014; DOPICO GÓMEZ-ALLER, J. "Modificaciones relativas a los tipos de robo con fuerza en las cosas y robo con violencia e intimidación", en ÁLVAREZ GARCÍA, F. J., y GONZÁLEZ CUSSAC, J. L. *Comentarios a la reforma penal de 2010*, Valencia, 2020; *id.*, "La 'consumación subjetiva anticipada' del robo con fractura interna (y los riesgos de la copypasteprudencia)", *Estudios Penales y Criminológicos*, nº 45, 2004; FERNÁNDEZ

ENTRALGO, J. "Falsificación y utilización fraudulenta de tarjetas electrónicas", *CDJ*, t. VI, 2002; FERNÁNDEZ GARCÍA, E. M. "El robo con fuerza en las cosas", *CDJ*, t. XIII, 2004; FERNÁNDEZ GARCÍA, E./LÓPEZ MORENO, J. "La utilización indebida de tarjetas de crédito en el Código Penal de 1995", *PJ*, nº 46, 1997; *id.* "La utilización indebida de tarjetas de crédito y Eprom en el Código Penal de 1995", *CDJ*, t. VI, 2002; FERNÁNDEZ RODRÍGUEZ, M. D. "Llaves falsas y delincuencia patrimonial", *EPC*, t. X, 1987; *id.* "Robo con escalamiento", en *LH-Fernández Albor*, 1989; *id. Robo con fractura exterior*, Barcelona, 1997; GALLEGO DÍAZ, M. "El artículo 512 del Código Penal", *ADPCP*, 1987; GARCÍA NOGUERA, I. "La reforma penal de la falsificación, tráfico y uso ilícito de tarjetas bancarias", *IDP*, nº 5, 2007 (disponible http://www.uoc.edu/idp); GARCÍA QUESADA, M. T. "El robo al cajero automático: comentarios a la sentencia de la Sala II del Tribunal Supremo de 8 de mayo de 1992", *CDJ*, t. XXV, 1993; GIL MARTÍNEZ, A. "Algunos supuestos delictivos de tarjetas de crédito y cajeros automáticos", *PJ*, nº esp. 9, 1989; ÍÑIGO CORROZA, M. E. "Desactivación de sistemas específicos de alarma. ¿Hurto o robo con fuerza en las cosas? Comentario a la STS de 25 de junio de 1999", en AA.VV. *Los delitos de robo. Comentarios a la jurisprudencia*, 2002; JIMÉNEZ ASENJO, R. "Escalamiento", *NEJ*, VIII, 1956; JIMÉNEZ VILLAREJO, J. "Las barreras de defensa en los delitos contra el patrimonio. Entre la confianza y la desconfianza", *CPC*, 1999; JIMÉNEZ-VILLAREJO FERNÁNDEZ, F. "La delincuencia económica y las nuevas tecnologías: el fraude informático", *RDP* nº 27, 2009; LANZAROTE MARTÍNEZ, P. "El delito de robo con fuerza en las cosas cometido en edificio o local abiertos al público", *LL*, nº 6, 1999; LÓPEZ BARJA DE QUIROGA, J. "Constitución y Derecho penal", *CPC*, 1987; LÓPEZ JIMÉNEZ, J. M. *Uso ilícito de las tarjetas bancarias*, Barcelona, 2009; LUQUE MARTÍN, J. P. "El delito de robo con fuerza en las cosas: su configuración", *LL*, nº 3, 1996; MARIÑO LÓPEZ, A. *Uso fraudulento de tarjetas de crédito por terceros no autorizados. Daños y responsabilidad civil*, Madrid, 2006; MARTÍNEZ VAL, J. M. "El artículo 512 del Código penal", *RGD*, 1958; DE LA MATA BARRANCO, N. J. "Utilización abusiva de cajeros automáticos: apropiación de dinero mediante tarjeta sustraída a su titular", *PJ*, nº esp. 9, 1989; MATA Y MARTÍN, R. M. *El delito de robo con fuerza en las cosas*, Valencia, 1995; *id.* "Aproximación histórica al robo con fuerza en las cosas", *Ius fugit. Revista interdisciplinar de estudios histórico jurídicos*, nº 5-6, 1996-1997; *id.* "Observaciones sobre la nueva regulación del robo con fuerza en las cosas", *AP*, 1997; *id.* "Los nuevos sistemas de seguridad desde la perspectiva del robo con fuerza en las cosas. Tratamiento en el proyecto de Código Penal de 1994", en *LH-Casabó Ruiz*, 1997, vol. 2; *id.* "Los modernos sistemas de seguridad en el apoderamiento patrimonial", *PJ*, nº 49, 1998; *id. Estafa convencional, estafa informática y robo en el ámbito de los medios electrónicos de pago. El uso fraudulento de tarjetas y otros instrumentos de pago*, Pamplona, 2007; MATA MARTÍN, R. M., y JAVATO MARTÍN, A. M. "Tratamiento jurídico penal de los fraudes efectuados con tarjetas de pago: doctrina y jurisprudencia", *Revista de Derecho y Nuevas Tecnologías*, nº 20, 2009; MAZA MARTÍN, J. L. "La reforma necesaria del Código Penal en materia de tarjetas bancarias", *CDJ* t. VI, 2002; MUÑOZ CLARES, J. *El robo con violencia o intimidación*, Valencia, 2003; MUÑOZ CUESTA, J. "Atipicidad de faltas o delitos cometidos para obtener objetos o instrumentos que son utilizados en la perpetración de otros delitos. Comentario a la STS, Sala 2ª, de 8 de julio de 2004", *RJA*, nº 6, 2004; *id.* "Utilización de tarjeta de crédito y número secreto sustraídos para extraer dinero de cajero automático: estafa informática o robo con fuerza en las cosas", *RJA*, nº. 23, 2008; MUÑOZ CUESTA, J., ARROYO DE LAS HERAS, A., y GOYENA HUERTA, J. *El hurto, el robo y el hurto y robo de uso de vehículos*, Pamplona, 1998; MUÑOZ CONDE, F., GALÁN MUÑOZ, A. y DEL CARPIO DELGADO, J. *Análisis de las reformas penales. Presente y futuro*, Valencia, 2015; PELLISÉ PRATS, B. "Casa habitada", *NEJ*, III, 1978; PÉREZ ALONSO, E. *Teoría general de las circunstancias: especial consideración de las agravantes "indeterminadas" en los delitos contra la propiedad y el patrimonio*, Madrid, 1995; PÉREZ DEL VALLE, C. "Sobre la posibilidad de aplicación analógica del artículo 242.3 al robo con fuerza en las cosas", *PJ*, nº 70, 2003; PREGO DE OLIVER Y TOLIVAR, A. "Problemas penales de la tarjeta de crédito", *CDJ*, t. XXV, 1993; PUERTA LUIS, L. "Las tarjetas de crédito en el campo penal", *PJ*, nº especial 9, 1989; RAGUÉS I VALLÈS, R. "La comisión del robo con fuerza en las cosas en edificio o local abiertos al público. A propósito de la STS de 16 de junio de 1997", *PJ*, nº 47, 1997 [=AA.VV.: *Los delitos de robo. Comentarios a la jurisprudencia*, 2002]; *id.* "Robo con fuerza y allanamiento de establecimientos abiertos al público: problemas concursales", *AP*, 1999 [=AA.VV.: *Los delitos de robo. Comentarios a la jurisprudencia*, 2002]; RODRÍGUEZ MOURULLO, G. "La distinción hurto-robo en el derecho histórico español", *Anuario de Historia del Derecho Español*, 1962; RODRÍGUEZ RAMOS, L. "Los nuevos delitos de robo", *LL*, nº 2, 1996; ROMÁN PUERTA, L. "Las tarjetas de crédito en el campo penal", *PJ*, nº esp. 9, 1989; ROMEO CASABONA, C. M. "La utilización abusiva de tarjetas de crédito", *AP*, 1987 [=*Revista de Derecho bancario y bursátil*, nº 26, 1987)]; *id.* "Delitos cometidos con la utilización de tarjetas de crédito, en especial en cajeros automáticos", *PJ*, nº esp. 9, 1989; RUIZ ANTÓN, L. F. "Los robos con fuerza en las cosas: nuevos módulos para determinar la pena (arts. 505 y 506 del Código penal)", *CLP*, t. V, vol. 2, 1985; *id.* "Tenencia o fabricación de útiles para ejecutar un delito de robo (art. 509)", *CLP*, t. XIV, vol. 2, 1992; RUIZ RODRÍGUEZ, L. R. "Uso ilícito y falsificación de tarjetas bancarias", *IDP*, nº 3, 2006 (disponible http://www.uoc.edu/idp); RUIZ VADILLO, E. "La punición de los delitos de robo con fuerza en las cosas, hurto y estafa en la reforma parcial del Código penal de 25 de junio de 1983. Las circunstancias de agravación específicas", *EPC*, t. VII, 1984; SÁNCHEZ MORENO, J. *Robo con fuerza en las cosas*, Barcelona, 2000; SORIANO SORIANO, J. R. "Llaves falsas: las legítimas sustraídas al propietario. (Estudio jurisprudencial del art. 510, núm. 2º, del Código Penal)", *CPC*, 1989; *id.* "El robo en casa habitada y sus dependencias: artículos 506.2 y 508 CP. Legislación vigente y Anteproyecto de 1992", *CPC*, 1992; *id.* "Efectos penológicos de las agravantes específicas de los artículos 506 y 516 del Código Penal", *RGD*, 1992; *id. Las agravaciones específicas comunes al robo y al hurto. (Legislación vigente y proyecto de 1992)*, Valencia, 1993; *id.* "El robo en edificio público y sus dependencias (Art. 506.5 del Código Penal)", *CPC*, 1994; SOTO NIETO, F. "Comentario a la STS (Sala Penal) de 8 de mayo de 1998. Robo con fuerza en las cosas. Subtipo agravado de comisión en casa habitada", *PJ*, nº 51, 1998; *id.* "Robo con fuerza en las cosas. Utilización ilegítima de tarjetas de crédito", *LL*, nº 3, 2001; *id.* "El escalamiento en el robo con fuerza en las cosas. Plausible actualización jurisprudencial", *LL*, nº 5, 200; *id.* "Vigilante en el delito de robo. Condición de cooperador necesario", *LL*, nº 6, 2001; *id.* "Utilización ilegítima de tarjetas de crédito. Robo con fuerza en las cosas. Nuevas consideraciones", *LL*, nº 3, 2005; VAELLO ESQUERDO, E. "Las cualificaciones del hurto", en *LH-Fernández Albor*, 1989; VARELA GARCÍA, C. "El robo con fuerza en las cosas", *EJMF*, nº 6, 1999; DE VICENTE MARTÍNEZ, R. "Los delitos de robo: dos cuestiones interpretativas", *AP*, 1997; *id. El delito de robo con fuerza en las cosas*, Valencia, 1999; id. "Sobre el difícil arte de legislar en materia penal", *LL*, nº 5, 2004; DE VICENTE REMESAL, J. "Robo", *EJB*; *EPB*; *id.* "Robo con fuerza en las cosas", *EJB*; *EPB*; VIDAL ANDREU, G. "Robo domiciliario", *LL*, nº 3, 1985; VIDALES RODRÍGUEZ, C. "Protección penal del patrimonio ilícito: el supuesto de drogas tóxicas, estupefacientes y sustancias psicotrópicas (Comentario a la STS de 26 de enero de 1984)", *PJ*, nº 30, 1993; AA.VV.: "Tarjetas bancarias y Derecho penal", *CDJ*, t. VI, 2002; AA.VV.: *Los delitos de robo. Comentarios a la jurisprudencia*, Valencia, 2003.

Lección 4ª

Robo con violencia o intimidación en las personas y extorsión

FRANCISCO JAVIER ÁLVAREZ GARCÍA

Artículo 242

1. El culpable de robo con violencia o intimidación en las personas será castigado con la pena de prisión de dos a cinco años, sin perjuicio de la que pudiera corresponder a los actos de violencia física que realizase.

2. Cuando el robo se cometa en casa habitada, edificio o local abiertos al público o en cualquiera de sus dependencias, se impondrá la pena de prisión de tres años y seis meses a cinco años.

3. Las penas señaladas en los apartados anteriores se impondrán en su mitad superior cuando el delincuente hiciere uso de armas u otros medios igualmente peligrosos, sea al cometer el delito o para proteger la huida, y cuando atacare a los que acudiesen en auxilio de la víctima o a los que le persiguieren.

4. En atención a la menor entidad de la violencia o intimidación ejercidas y valorando además las restantes circunstancias del hecho, podrá imponerse la pena inferior en grado a la prevista en los apartados anteriores.

Artículo 243

El que, con ánimo de lucro, obligare a otro, con violencia o intimidación, a realizar u omitir un acto o negocio jurídico en perjuicio de su patrimonio o del de un tercero, será castigado con la pena de prisión de uno a cinco años, sin perjuicio de las que pudieran imponerse por los actos de violencia física realizados.

I. CONSIDERACIONES GENERALES SOBRE EL ROBO

1. La estructura del robo violento quedó sustancialmente establecida para los siglos XIX y XX en el CP de 1848, y así ha permanecido en nuestros cuerpos legales hasta el CP de 1995. Esa estructura obedecía, aunque no en todos los códigos penales ha estado presente de la misma forma, al siguiente esquema: a) Un tipo básico que acogía como formas comisivas la violencia o la intimidación; b) Una serie de tipos agravados por el resultado vinculado a la violencia ejercida para realizar el apoderamiento (homicidio o lesiones), por la forma comisa o delitos acompañantes (detención bajo rescate o por tiempo determinado, violación) o por la posición de cada uno de los intervinientes en el hecho (jefe de cuadrilla); c) Extensión de la autoría a todos los malhechores presentes (o que habitualmente "andaren" con los autores materiales) en la ejecución del delito y que no trataren de impedir la realización del hecho (el de ser "malhechor" como fuente de obligaciones de garante); d) Un adelantamiento de la consumación del delito al momento en que se hubieran producido las condiciones determinantes de la aplicación de los tipos agravados, aunque aún no se hubiere dado el apoderamiento de la cosa; e) En cuanto a la pena, la de muerte ha estado presente hasta, obviamente, la Constitución de 1978, como amenazante al menos en los casos de resultados más graves (homicidio); de hecho, la más frecuente aplicación de la pena de muerte en España, en delitos comunes, ha tenido que ver no tanto con el asesinato o el parricidio aisladamente considerados como con el robo con homicidio. Evidentemente esa enorme gravedad de la pena y la decisión de exceptuar el robo con violencia de la norma general de los concursos de delitos, respondía al planteamiento que ha sido tradicional en nuestras leyes penales: constituir la propiedad privada en el principal referente penal, lo que no fue herencia del liberalismo sino que se corresponde con toda nuestra legislación histórica.

> En la Partida VII, Título XIV, Ley XVIII, se llegaba a disponer la muerte para los casos de robo —la referencia es hecha al asalto en los caminos—, y en el Libro XII, Título XVII, Ley I de la Novísima Recopilación —que recoge la Pragmática de Felipe IV de 15 de junio y 6 de julio de 1663— se dispone, también, la muerte con despedazamiento, autorizándose a quien los hallare a matar a los ladrones sin temer pena por ello.

Pues bien, entre las reformas penales postconstitucionales y el CP de 1995, haciéndose eco de las reiteradas y unánimes críticas de la doctrina a esa tipificación, se suprimieron todos los tipos agravados (haciendo un reenvío, por lo tanto, al concurso de delitos), el adelantamiento consumativo y el supuesto de extensión de autoría; en cuanto a la pena se siguió manteniendo una sanción importante, aunque el número 4 del art. 242, CP incorpora un tipo atenuado que permite una mejor medida de la pena.

El mejor resumen de las críticas dirigidas a la anterior tipificación se puede encontrar en la excelente Exposición de Motivos del Proyecto de 1992: "... venía siendo crecientemente reclamada por la doctrina... la supresión de las figuras complejas de robo con homicidio, violación, detención, lesiones, figuras que, nacidas con el propósito de acentuar el castigo de estos hechos, no han tenido en ese su principal efecto, sino la generación de un sinfín de dificultades técnicas para su aplicación, derivadas de la imprecisión del nexo de conexión (el motivo o la ocasión) y la imposibilidad de adaptación de una figura compleja a todos los problemas de ejecución imperfecta, codelincuencia, circunstancias modificativas. Por todo ello se propone la solución más racional y sencilla: que la concurrencia de robo con cualquier violencia de lugar a un concurso de delitos a resolver por las normas generales". En los últimos tiempos de aplicación de los tipos del viejo art. 501 CP1973, la Jurisprudencia entendió que la figura de delito complejo había estado marcada por un cierto "versarismo" que generó una línea jurisprudencial teñida de un matiz objetivista [STS 8-11-1990 (*Tol 457039)*], y que no estaba en forma alguna justificada la exclusión de las reglas del concurso en el tratamiento de estas conductas.

La estructura, pues, del vigente delito de robo con violencia o intimidación es la siguiente: a) Un tipo básico (art. 242.1, CP) amenazado con la pena de dos a cinco años de prisión, que incorpora una cláusula concursal; b) Un tipo atenuado (art. 242.4, CP) atendiendo a la menor violencia o intimidación ejercidas y otras circunstancias concurrentes; c) Sendos tipos agravados en consideración, uno, al uso de armas o medios peligrosos y a la reacción del reo frente a los auxiliadores de la víctima o a los que le pudieran perseguir (art. 242.3, CP), y, dos, a si el robo se ha llevado a cabo en casa habitada, edificio o local abiertos al público o en cualquiera de sus dependencias (art. 242.2, CP).

2. En cuanto a la estadística, el Ministerio del Interior comunica que en 2023 hubo 64.711 robos con violencia o intimidación; en 2015 el número fue del todo similar (64.581), a pesar de que tanto la población como el número de turistas fue menor; en 2019 fueron 65.874. Es decir, el número de delitos ha descendido y ello a pesar de que, como se ha indicado, la población es mayor. La parte negativa está en el número de hechos esclarecidos policialmente; en efecto, en 2015 sólo fue de 16.028 (24,8%), y aunque en 2023 llegó hasta 21.381, y un porcentaje más crecido de esclarecimiento (el 33%), un tercio, pues, el número de delitos que quedan en la impunidad resulta excesivo y cuestiona la eficacia policial.

Si a lo acabado de decir unimos los datos que nos proporcionan las últimas encuestan de victimización, el panorama se aparece como mucho más sombrío, aún, de lo que muestran los anteriores números. En efecto, la denominada "Enquesta de Victimització de l'Àrea Metropolitana de Barcelona 2024", elaborada por el Institut Metròpoli, muestra los siguientes datos: únicamente el 21,8% de las víctimas de delitos en el área mencionada denunciaron los hechos, mientras, correlativamente, el 78,2% no lo hizo. Se trata de un porcentaje, el de denunciantes, que ha venido cayendo de forma imparable desde hace más de quince años; en efecto, en 2007 denunciaba el 45,7%. Este progresivo abandono de la denuncia parece deberse, según la misma encuesta, no a desconfianza mayoritaria en las fuerzas policiales (que también la hay en un alto porcentaje) sino a la consciencia sobre la dificultad de resolver, especialmente, los "pequeños delitos", a lo cual se une la desconfianza en la Administración de Justicia y las complicaciones derivadas del hecho de formular denuncia.

La conclusión, si se une —ciertamente que la encuesta de victimización se refiere a una sola ciudad— el bajo porcentaje de denuncias, con el bajísimo de esclarecimiento de los hechos denunciados, es que, no solo los índices de delincuencia son —evidentemente— mucho más altos de lo que muestran las estadísticas, sino que la ola (o el estado) de criminalidad es más preocupante de lo que parece. A ello deben sumarse fallos en sentencias poco eficientes pensando siempre en lo que debe ser la finalidad del Derecho Penal: la evitación de nuevos ilícitos.

Las cifras que proporciona el INE de condenados por todos los delitos de robo violento en el año 2023 es de 7.647 —inferior en quinientas personas, aproximadamente, al número de 2015—, de los cuales españoles son 4.323 (56,5%), una alta tasa teniendo en cuenta que en 2023 el porcentaje de extranjeros sobre el total de población española fue del 12% (en los últimos cuatro años ha aumentado de forma importante la llegada de inmigrantes), lo que lleva a una sobrerrepresentación de estos. Esas cifras suponen una disminución del porcentaje de españoles, pues en 2015 el número de condenados españoles fue de un total de 5.855 sobre un conjunto de condenados de 8.187 (el 71,5%, pues); en cuanto a los extranjeros, 588 fueron nacionales de otros países de la UE y sólo 58 de otros países europeos excluidos los de la UE, africanos 991 y americanos 656. Estas cifras —la disminución de los delitos de robo violento pero al mismo tiempo la mayor tasa de extranjeros como sujetos activos— obligan, en primer lugar, a cambiar la política de integración (en realidad, y en buena medida, a iniciarla) y de protección social a los excluidos, al tiempo que depurar las estrategias de lucha contra las organizaciones criminales que parecen tener un gran protagonismo en estos delitos de robo violento.

II. NATURALEZA JURÍDICA

1. Al respecto se han contemplado (en alguno de los casos a los que se va aludir se hizo en relación al tipo del artículo correspondiente del CP1973), esencialmente, dos posiciones en la doctrina: a) La de aquellos, que como RUIZ ANTÓN, afirmaban que nos hallamos ante un tipo simple, lo que significa que "…el único bien jurídico que recibe tutela en el robo genérico con violencia o intimidación en las personas es el patrimonio; ahora bien, los medios comisivos pueden lesionar otros bienes jurídicos, como la libertad de obrar, en sus más diversas manifestaciones, o la salud; pero en el tipo genérico no se otorga una tutela directa a estos bienes jurídicos, y por ello mismo el número 5º del art. 501 no está construido como un delito compuesto". En este mismo sentido BAJO FERNÁNDEZ aseveraba que no basta con la concurrencia de dos comportamientos —apoderamiento y violencia— para calificar a una determinada figura como delito complejo, pues en otro caso tendríamos que hacer la misma afirmación con otras figuras como las de violación (yacimiento y fuerza) o la realización arbitraria del propio derecho (apoderamiento y violencia), lo que no tendría sentido; b) Tesis contraria a la acabada de exponer es la que sostienen otros autores como QUINTANO RIPOLLÉS, para el cual estamos ante una figura compleja en la que "…el apoderamiento y la coacción aparecen tan íntimamente vinculados y homogéneos, que al faltar el uno forzosamente ha de desaparecer el tipo de robo". En parecido sentido se manifiesta MUÑOZ CONDE para quien nos hallamos ante un delito complejo en el que además de a los derechos patrimoniales

referidos a los bienes se pueden atacar otros como la integridad física, la libertad, etc. En este mismo último sentido VIVES ANTÓN criticó a aquellos que mantenían la tesis según la cual existirían un bien jurídico tutelado principalmente y otros secundariamente protegidos, dado que ello llevaría a confundir los planos de las finalidades perseguidas por el sujeto activo con el de la protección objetivamente dispensada por el Ordenamiento Jurídico, ya que aunque lo perseguido por el delincuente sea el patrimonio de la víctima, ello no impide al Ordenamiento ir más allá de las representaciones del autor y proteger otros bienes que resultan atacados por la conducta del sujeto activo, encontrándonos en todo caso ante un delito complejo. Para la Jurisprudencia nos hallamos, indubitadamente, ante un delito complejo [véanse, por todas, las SSTS 551/2021, 23-6; 406/2003, 17-3 (*Tol 375570)*; 20-3-1989; 7-3-1986, y 18-2-1981; sin embargo, SSTS 385/1998, 23-3 (*Tol 7819*), y 1451/1997, 27-11 (*Tol 407766)*]. De todas formas no siempre está claro cuál sea el concepto que de "delito complejo" contempla el Tribunal Supremo, en este sentido véase la STS 603/2015, 6-10, en la que se considera que el delito de violación es un "delito complejo".

La mejor forma de salir de la incertidumbre acerca de si estamos o no ante un delito complejo es, en primer lugar, determinar qué se entiende por tal. En este sentido, y siguiendo a ÁLVAREZ GARCÍA, podemos definir al delito complejo como una especie del delito compuesto en el que los singulares actos constituyentes de la conducta incriminada, que se hallan vinculados por una determinada relación típica, son por sí mismos constitutivos de delito y como tales atentatorios contra una diversidad de bienes jurídicos. Así, los elementos que constituirían los delitos complejos serían: a) dos comportamientos que individualmente considerados sean constitutivos de delitos; b) afectación de una pluralidad de bienes jurídicos; c) relación típica entre los dos comportamientos, lo que exige que el ataque al bien jurídico preponderantemente protegido se encuentre vinculado con la realización de otro tipo que le sirvió de vehículo comisivo. Solo la presencia de todos estos elementos puede justificar la existencia de estos "concursos ideales tipificados y cualificados", como los ha denominado CARDENAL MURILLO.

En el caso del robo violento o intimidatorio esta doctrina acabada de exponer se concreta en la exigencia de una relación de los medios típicos con el desapoderamiento, de esta forma cuando el uso de la violencia está absolutamente desconectado del delito contra el patrimonio no es posible construir el complejo. Tal cosa sucedía, por ejemplo y con anterioridad a la reforma del artículo 237, CP, por la LO 1/2015, cuando tras fracasar un intento de robo con fuerza o hurto, el sujeto activo, únicamente para posibilitar la huida, hace uso de la violencia o de la intimidación [en este sentido se pronunciaban SSTS 1122/2003, 8-9 (*Tol 312037)*, y 1637/2002, 3-10 (*Tol 222564)*]. O dicho de otra forma:

1º. El ejercicio de la violencia, para que pueda concurrir a la formación del delito complejo debe ser realizado en el marco de la ejecución típica, y dado que ha desaparecido la consumación anticipada ante la presencia del resultado lesivo para la vida o la integridad aunque no se hubiera completado el *iter* del delito patrimonial —que se recogía en el antiguo art. 512 CP1973—, habrá que estar al momento consumativo propio de los delitos de apoderamiento·

2º. La violencia, además, ha de concurrir en esa "relación típica", más arriba aludida, con el delito de apoderamiento: la ausencia de relación entre violencia y apoderamiento llevará a la imposibilidad de aplicación del complejo y a la resolución del supuesto por la vía del concurso de delitos.

3º. Naturalmente no basta con que, objetivamente, la violencia ejercida se halle en "relación típica" con el apoderamiento, sino que se requiere, también, la presencia del elemento subjetivo en el establecimiento de la relación.

2. Establecido lo anterior, debe ahora tenerse en cuenta, como se ha aludido más arriba, la modificación efectuada con la LO 1/2015, de 30 de marzo, que impactó sobre el art. 237, CP, aunque, en nuestra opinión, sin alterar la estructura fundamental del delito complejo que comentamos:

"Son reos del delito de robo los que, con ánimo de lucro, se apoderaren de las cosas muebles ajenas empleando…violencia o intimidación en las personas, sea al cometer el delito, para proteger la huida, o sobre los que acudiesen en auxilio de la víctima o que le persiguieren".

En efecto, entendemos que la nueva redacción no altera la relación fundamental entre la violencia y el apoderamiento. De hecho, el "nuevo texto" se refiere al empleo de la violencia o intimidación "al cometer el delito", es decir: durante la ejecución, antes, pues, de la consumación. A la misma conclusión hay que llegar con la referencia a la "persecución" que, indudablemente, se refiere, también, a un momento anterior a la consumación (y que obliga, además y como más adelante veremos, a precisar el momento de la consumación como aquél en el cual el sujeto tiene disponibilidad de la cosa; libre, pues, de cualquier persecución o impedimento "actual"). En cuanto a la "huida", evidentemente hay que entenderla en el mismo sentido que la persecución, pues la una enlaza la otra. Por lo que se refiere al auxilio de terceros, y aunque en puridad se le podría dar otra interpretación (también se "auxilia" —con el consuelo al que sufre-a quien ya ha sido víctima de un delito), no cabe duda que en este contexto hay que interpretar los términos usados por el Legislador en el sentido de "auxilio para evitar la consumación del delito", un auxilio de impedimento de la conducta del sujeto activo, y en ese sentido necesariamente actuaría la violencia o intimidación anticipadamente a la consumación.

Naturalmente se pueden plantear casos controvertidos por esa vinculación —o ausencia de la misma— entre violencia o intimidación y apoderamiento, que pueden llevar en algún caso a la opción por concursos de delitos, lo que veremos más abajo.

En conclusión, nos encontramos ante un delito complejo que exige la existencia de una cierta relación entre violencia o intimidación y apoderamiento.

III. BIEN JURÍDICO PROTEGIDO

1. De acuerdo con lo apuntado en el epígrafe anterior nos encontramos ante un delito pluriofensivo, en el que se tutela tanto la propiedad (entendida tal y como se ha indicado al tratar del delito de hurto) como la salud o la libertad (en este sentido, también, BENÍTEZ ORTUZAR). Esta configuración del bien jurídico permite incorporar al precepto tanto los ataques a la propiedad como los personales. La cuestión está únicamente en delimitar cuál sea la intensidad de ataque a los bienes jurídicos capaz de ser absorbida por el precepto, y en qué supuestos será necesario acudir a los concursos para incorporar toda la gravedad de lo injusto.

La afirmación de que nos hallamos ante un delito pluriofensivo tiene trascendencia más allá de la mera designación del bien jurídico protegido. En efecto, y como veremos más abajo, esa decisión supone, entre otros efectos, la imposibilidad de aplicar el delito continuado al robo violento, como consecuencia de las limitaciones establecidas al respecto en el art. 74.3, CP.

Por lo que se refiere a la propiedad sólo señalar que cualquiera magnitud de ataque es perfectamente integrable en lo injusto típico, y su extraordinaria importancia no supondrá siquiera —en contraste con lo que sucede con los delitos de hurto y estafa— aplicación de tipo agravado alguno. Esta decisión del Legislador es llamativa e introduce no pocas incoherencias en el tratamiento penal de la figura. En efecto, si se acude al robo con fuerza (cuya tipicidad, y al igual que el robo violento o intimidatorio, no está limitada por la cuantía) se puede contemplar cómo la pena puede incrementarse notablemente (hasta equiparar la prevista en el robo violento o intimidatorio) en el caso de que concurran cualquiera de las circunstancias previstas en el art. 235, CP, incluida la recogida en el apartado 5º de éste precepto, es decir: "*Cuando revista especial gravedad, atendiendo al valor de los efectos sustraídos, o se produjeren perjuicios de especial consideración*". Ello quiere decir que sólo —por lo que ahora interesa— en atención a la cuantía de lo robado, el delito del art. 238 se equipara en pena al del 242, ambos del CP. Más aún, dado el relativamente amplio abanico de circunstancias de agravación previsto para el robo con fuerza (todas las del hurto más las previstas en el art. 241, CP), puede terminar ocurriendo que este tipo parta de un marco penal más grave que el que corresponde al robo violento o intimidatorio a pesar de concurrir en uno y otro idénticas circunstancias. Lo que no tiene sentido; y no lo tiene no solamente por lo acabado de exponer, sino también porque con esa configuración, y al contrario de lo que pueda suponerse, en el tipo que estamos examinando el peso de lo patrimonial pierde fuerza en relación a los otros bienes jurídicos implicados en el complejo delictivo —lo que se pone claramente de relieve si tenemos en cuenta el tenor del tipo agravado en el art. 242.2, CP.

En consecuencia, y a nuestro modo de ver, sería preciso repensar el modelo del delito de robo violento o intimidatorio de forma tal que se ajusten las penas a la distinta gravedad de los injustos.

En efecto, piénsese en el caso de un robo con fractura exterior, en casa habitada, de obras artísticas de considerable valor pertenecientes al patrimonio artístico. El marco penal, de acuerdo con lo preceptuado en el art. 237, en relación con los 238.2º, 240.1, 241.1, 2 y 4, y 235.1.1º, 5º y 2, todos del CP, se establecería entre cuatro y seis años. Sin embargo, el mismo supuesto, pero realizado en lugar de con fractura con violencia o intimidación, daría como resultado una pena que en su límite máximo no superaría los cinco años de prisión…lo que carece completamente de sentido.

Desde luego, que lo expuesto lleva necesariamente a la conclusión de que ha de reformarse profundamente la disciplina de los robos con alguno de los siguientes modelos: bien extendiendo al robo violento las agravaciones del robo con fuerza y hurto (con alguna reformulación), bien construyendo un solo delito de robo con las agravaciones correspondientes, y una súper agravación por uso de violencia o intimidación. Lo que carece completamente de lógica es, por lo ya indicado, mantener el actual esquema relacional robo con fuerza/robo con violencia o intimidación, que además se ha ido pervirtiendo a lo largo del tiempo a medida que se incorporaban tipos agravados en robo con fuerza y hurto.

Sí consideramos, sin embargo, acertado legislativamente distinguir entre hurto, robo con fuerza y robo violento, al contrario de lo que se hace en otros ordenamientos como el italiano, el alemán o el francés. Se trata, el español, de un modelo más claro —lo que redunda en la seguridad jurídica con una evidente mayor predecibilidad del resultado de la evaluación judicial de los hechos—, y con unas penas más proporcionadas a la gravedad del ataque (piénsese que en el caso del Código italiano la pena de reclusión puede llegar a los diez años y con ciertas agravaciones a los veinte —art. 629—; también en el CP francés las penas pueden ser considerablemente más graves que en el español —arts. 311.1 y ss.). Pero, obviamente, resulta preciso corregir lo ya apuntado porque el modelo se ha ido difuminando poco a poco con reformas, en principio, secundarias.

2. En cuanto al uso de la violencia —y con independencia del que consideramos el límite mínimo para integrar el tipo, a lo que se aludirá más adelante—, ha existido, tradicionalmente, acuerdo generalizado en que la superación del —con anterioridad al CP1995— límite de las faltas de malos tratos de obra de los derogados arts. 617.2 y del 620.2°, CP —no así la del art. 617.1, CP— no quedaba cubierta por lo injusto del delito de robo violento o intimidatorio, lo que obligaba a acudir al concurso de delitos. Hoy la referencia debe ser efectuada a los malos tratos de obra del art. 147.3, CP. Ello se deduce inmediatamente del tenor del último inciso del núm. 1 del art. 242, CP: "*…sin perjuicio de la que pudiera corresponder a los actos de violencia física que realizase*". Con este texto trata el Legislador de alejar todo tipo de dudas, que por otra parte no tendrían por qué existir a pesar de la supresión en el CP de 1995 del contenido de los antiguos números 1 a 4 del art. 501 CP1973, en el sentido de que la referencia a la violencia en el contexto del art. 242, CP, no debe ser entendida como omnicomprensiva de cualquier resultado lesivo que se produzca para los sujetos pasivos como consecuencia del ejercicio de esa violencia. En conclusión, los resultados que excedan al mero uso de la violencia deberán ir en concurso.

Decíamos que se trata de una duda que no tendría por qué existir dado que como en otros delitos compuestos o complejos (véanse la violación o las coacciones), lo que se castiga es el ataque a, verbigracia, la libertad sexual a través de ciertos medios (violencia), pero no se sancionan al mismo tiempo los resultados que se pudieren causar por el uso de esos medios. De otra forma entendido estos delitos (el robo, la violación, etc.) en realidad funcionarían como tipos privilegiados del homicidio, de las lesiones graves, etc., transmitiendo a los administrados un mensaje equívoco: que si desean matar a alguien lo más aconsejable es que conecten el homicidio con un robo, de esa forma la pena a imponer sería cinco veces menor; es decir: que a mayor injusto menor pena, lo que, obviamente, no puede ser acertado.

En cuanto a la intimidación la cuestión se plantea de otra forma. En efecto, de la intimidación no es esperable un resultado lesivo que supere a la intimidación misma (excepción hecha de posibles lesiones psíquicas como consecuencia de la intimidación ejercida, en cuyo caso habría que plantearse el posible concurso con el art. 147.1, CP, lo que es aceptable en tanto y cuanto este último delito es prohibitivo de causar, sin medios legalmente determinados, y abraza tanto las lesiones físicas como las psiquicas), por lo que no es posible acudir a concurso alguno con coacciones (ya fueran leves o no) pues el contenido de injusto por lo que a la intimidación se refiere será idéntico con independencia de la gravedad de la coacción —y en ese espacio juega la prohibición de *bis in idem.* Más aún, y como se insistirá más abajo en relación al concepto de violencia, el tenor del último inciso de este núm. 1 del art. 242, CP, llama a concurso, exclusivamente, "a los actos de violencia física que realizase", por lo que se excluye necesariamente a la intimidación del concurso.

El tratamiento de las lesiones psíquicas causadas por la intimidación ha planteado tradicionalmente especiales problemas, y ello derivado de dos factores: 1°. Por la extensión al robo violento o intimidatorio de la Jurisprudencia del Tribunal Supremo referida a las lesiones psíquicas en los delitos sexuales, que ya se ha criticado en el Tomo II de esta obra (afortunadamente, y esa es la única virtud de la reforma penal propiciada por la LO 10/2022, la integración del nuevo art. 194 bis, CP: "*Las penas previstas en los delitos de este título se impondrán sin perjuicio de la que pudiera corresponder por los actos de violencia física o psíquica que se realizasen*", obliga a los tribunales a tener en cuenta, también, las lesiones psíquicas causadas en la ejecución de los delitos sexuales, que ya habían sido incorporadas expresamente con carácter general en las lesiones del art. 147.1, CP); y 2°. Porque aunque no hubiera sido necesario, tal y como se ha indicado más arriba, la inclusión de la cláusula concursal en el último inciso del art. 242.1, CP, para castigar los resultados de lesiones originados por los medios comisivos utilizados, obviamente su incorporación expresa tiene consecuencias que no pueden olvidarse, y la principal se refiere a la exclusión del concurso por resultados conseguidos al margen de las citadas violencias físicas, lo que no nos parece adecuado pero es lo que debe deducirse de la descripción típica.

La Jurisprudencia dictada en estos últimos años está siendo sensible a la posible producción de lesiones psíquicas como consecuencia de las actuaciones violentas o intimidatorias llevadas a cabo por el sujeto activo. Así, y sirva como ejemplo, en la STS 245/2016, 30 3 (*Tol 5688621*), se señala que "para apreciar un delito de lesiones psíquicas, además del delito de robo, agresión sexual, o cualquier otro en cuya ejecución tengan origen aquellas, es preciso que se acrediten actos del autor que por sus características excedan de los naturalmente unidos a la concreta clase de comportamiento delictivo, lo que puede ocurrir por su especial brutalidad o su carácter especialmente vejatorio; y además, desde el punto de vista subjetivo, que vayan directamente dirigidos a causar una perturbación en el ánimo de la víctima que exceda la propia de aquel delito, o bien que en su ejecución se actúe de tal forma que tal perturbación, de superior intensidad a la ordinariamente derivada del delito, sea altamente probable. Es decir, que el autor, respecto a las lesiones psíquicas, actúe con dolo directo o eventual".

IV. SUJETOS

Estamos ante un tipo común que no presenta, en principio, especialidades dignas de resaltar en relación a los sujetos. Sin embargo, parece oportuno hacer notar que dado que nos hallamos ante un delito pluriofensivo la determinación de los sujetos pasivos puede presentar características particulares. Así, en el robo violento o intimidatorio a una entidad mercantil el titular del bien patrimonial será la mercantil, sin embargo, paralelamente, las acciones violentas o intimidatorios pueden recaer (y de hecho así lo harán) sobre terceros ajenos a la sociedad (o empleados o socios de ella pero que a los efectos tuitivos no se identifican con la persona jurídica) titular del patrimonio atacado. Todos estos "terceros" serán también considerados sujetos pasivos del delito como titulares que son de la vida, la salud o la libertad atacadas junto al patrimonio. Pero en todo caso, la pluralidad de sujetos pasivos no provoca, *per se*, pluralidad de delitos del art. 242, CP, de modo que existirá un solo delito de robo violento o intimidatorio por más que concurran en el caso concreto una pluralidad de sujetos pasivos (tema distinto es que ese delito del art. 242, CP, concurra en concurso con un número indeterminado de delitos contra la incolumidad personal o la vida).

V. CONDUCTA TÍPICA

El art. 237, CP, define el robo como el apoderamiento con ánimo de lucro de las cosas muebles ajenas, empleando para ello violencia o intimidación en las personas "*sea al cometer el delito, para proteger la huida, o sobre los que acudiesen en auxilio de la víctima o que le persiguieren*". Prescindiendo de las referencias al "apoderamiento", a la "cosa mueble", a la "ajeneidad" y al "ánimo de lucro" que ya han sido estudiadas al hilo del delito de hurto, la primera delimitación de este tipo de robo violento o intimidatorio hay que hacerla en relación con el robo con fuerza en las cosas. En efecto, si atendemos a los medios comisivos de este último tipo se deberá concluir necesariamente en que del concepto de "violencia" debe quedar extrañado el empleo de fuerza (violencia) sobre las cosas (lo que también se desprende de la descripción realizada en el art. 242, CP, en el que se exige que la violencia o la intimidación sea realizada "en las personas"); además de la dicción tanto del art. 237 como del art. 242, ambos del CP, se deduce que no basta que la violencia o la intimidación "acompañen" al hecho del apoderamiento, sino que han de estar en una cierta relación típica con éste. Finalmente habrá que precisar los límites de la violencia y el contenido de la intimidación.

1. *La relación típica de la violencia o intimidación con el apoderamiento*

Siguiendo a TORÍO LÓPEZ concebimos este delito complejo como un supuesto particular de unificación típica de figuras penales independientes (violencia o intimidación con apoderamiento). Esto supone la exigencia normativa de que la violencia o la intimidación hagan posible, faciliten o aseguren el apoderamiento (RUIZ ANTÓN). La ausencia de tal ligamen, a pesar de la presencia de violencia o intimidación, obligaría, ante un ataque patrimonial, a acudir al concurso de delitos entre hurto y coacciones o lesiones (u homicidio o lesiones, en su caso).

Lo acabado de decir implica necesariamente que la violencia o la intimidación se ejerzan durante la fase ejecutiva del delito (esté presente, como apunta el Acuerdo de Pleno no jurisdiccional de la Sala 2ª del TS, de 21-1-2000, "durante el proceso de apoderamiento de los bienes sustraídos"), previa, pues, a la consumación del mismo. En este sentido los actos violentos o intimidatorios realizados durante la huida para asegurar el apoderamiento [violencia o intimidación sobrevenidas, STS 1722/2001, 2-10 (*Tol 66662)*], y en tanto que todavía no ha sido consumado lo injusto, servirán para constituir la relación típica.

Distinta se planteaba la cuestión en la Jurisprudencia con anterioridad a la reforma del art. 237, CP, por la LO 1/2015; así, en la STS 1637/2002, 3-10 (*Tol 222564)*, se analiza el siguiente hecho: que J. A. "rompió con un destornillador que portaba el cristal de la puerta derecha de la autocaravana...propiedad de... Rafael, accedió a su interior y estuvo revolviendo dicho vehículo hasta que, al percatarse de la presencia del vigilante jurado Blas, salió fuera y, con el citado destornillador, para poder huir le dijo que te pincho y le amedrantó con el destornillador al vigilante, haciendo ademan de pincharle". La Audiencia condenó por un robo con intimidación y uso de medio peligroso en grado de tentativa; pero el Tribunal Supremo casó la resolución y lo hizo por un robo con fuerza, en tentativa, en concurso con unas amenazas. Rechazó la calificación el Tribunal Supremo con la siguiente motivación: "[T]iene declarado esta Sala, como es exponente la Sentencia 1072/2000 de 13 de junio, que la violencia o intimidación típica es aquella instrumental al desapoderamiento, ordenada de medio a fin. La intimidación no dirigida al desapoderamiento, a vencer una voluntad contraria a la sustracción, debe ser calificada de forma independiente a la sustracción pues no va dirigida a constreñir al sujeto pasivo que la recibe a una entrega no querida de un bien mueble. El empleo de la misma debe ser la causa determinante del desapoderamiento". Sin embargo, con la STS 1122/2003, 8-9 (*Tol 312037)*, se llegaba a la conclusión contraria: A. "se introdujo en el Supermercado...con la intención de apropiarse de algún género..., tomando una botella de ron que escondió en sus pantalones, traspasó la línea de caja sin abonar su importe, pero apercibido el propietario Carlos Jesús..., se dirigió a Arturo exigiéndole la devolución de la botella y cortándole el paso al acusado hacia la calle, momento en el que éste sacó de su bolsillo posterior del pantalón una jeringuilla con la que amenazó al propietario diciéndole 'te pego el sida', y salió corriendo del establecimiento...". La Audiencia condenó por dos faltas de hurto y amenazas, más el Tribunal Supremo casó la resolución condenando por robo con intimidación en tentativa, con la argumentación de que como el apoderamiento no se había consumado y con la intimidación se trataba, precisamente, de asegurarla, la calificación que procedía era la de robo.

Se trataba de una contradicción que existía en la Jurisprudencia, y también en la doctrina, vinculada tanto a la determinación del momento consumativo de los delitos de apoderamiento como al papel de la violencia ejercida durante la huida. Precisamente para superar estos problemas aplicativos se modificó el art. 237, CP, en la reforma producida con la LO 1/2015.

Algunos autores (DE VICENTE MARTÍNEZ y MUÑOZ CLARES) entienden que en los casos de violencia sobrevenida —y el mismo esquema sería aplicable a la intimidación— la solución correcta sería la de un concurso entre hurto y las lesiones o malos tratos de obra que se causaran con la agresión posterior; y ello por los siguientes argumentos: a) Porque, acudiendo a una interpretación sistemática, hay que tener en cuenta que en el robo con fuerza se exige la vinculación entre la fuerza y el apoderamiento desde el inicio de los actos ejecutivos, y b) Porque el principio de igualdad exige tratar de modo distinto los casos en los que la violencia está presente desde el inicio, de aquellos otros en los que aparece con posterioridad. Pues bien, ninguno de los dos argumentos se nos antoja convincente, el primero porque es decisión del Legislador el exigir o no esa vinculación típica desde el inicio, y el segundo porque lo relevante no es tanto cuándo se ha utilizado la violencia como el que se haya usado de ella para apoderarse de la cosa: la relación típica entre violencia y apoderamiento. A este respecto hay que recordar, también, el Acuerdo del Pleno no Jurisdiccional de la Sala 2ª del TS, de 24-4-2018, según el cual: "Cuando aprovechando la comisión de un ilícito penal en el que se haya empleado violencia, y en la misma relación de inmediatez y unidad espacio temporal se realiza un apoderamiento de cosas muebles ajenas se entenderá que se comete un delito de robo del art. 237 del Código Penal cuando se haya perpetrado con inmediatez al acto violento y sin ruptura temporal y la violencia empleada facilite el acto del apoderamiento" [véanse SSTS 234/2024, 12-3 (*Tol 6668418*), y 328/2018, 4-7 (*Tol 9955867*)].

Más complicada es la cuestión referida a actos violentos o intimidatorios llevados a cabo sin unidad de acto con el apoderamiento. Al respecto hay que decir que la falta de existencia de esa unidad de acto con el apoderamiento material —con la aprehensión física de la cosa mueble— no impide afirmar que éste haya comenzado ya. Precisamente el delito complejo —que es, como ya ha quedado dicho, algo distinto del hurto, o por mejor decir no es una simple acumulación de hurto y violencia o intimidación— se caracteriza porque su ejecución comienza con la de cualquiera de los componentes; por lo tanto, con la mera presencia de cualquier género de violencia o intimidación que se consideren suficientes a efectos típicos, habrá que entender que el delito se está ejecutando —no cabe hablar, cuando la referencia es al complejo, que por lo que importa a la violencia se está en presencia de actos ejecutivos y en lo que afecta al robo en preparatorios, pues el delito de robo violento o intimidatorio es un tipo *sui generis* cuya realización ejecutiva comienza con la llevanza a cabo de cualquiera de los actos típicos que lo componen aunque no se hayan comenzado a realizar todos los extremos del complejo. En este sentido, es indiferente que el apoderamiento se demore temporalmente respecto del uso de la violencia o la intimidación (es más, lo habitual es que haya una cierta demora —excepto en los casos del empleo de los medios comisivos típicos para asegurar la huida— para que la violencia o intimidación sean instrumentales respecto del apoderamiento). Entendemos, pues, que dado que el ejercicio de la violencia se concibe como aplastamiento de la resistencia que se pueda oponer al ataque patrimonial y el de la intimidación como condicionamiento de la expresión de la voluntad del sujeto pasivo (y ello al margen de lo que se dirá más abajo en cuanto a las diferencias con las amenazas condicionales), la demora en la realización de los actos ejecutivos con significado patrimonial tiene el límite que permita afirmar que la violencia o la intimidación siguen estando presentes y son las que hacen posible el apoderamiento (el sujeto pasivo es atado y amordazado en su local y los sujetos activos esperan durante un largo tiempo —incluso un fin de semana— a que el transporte de dinero haga entrega del numerario para apoderarse de él).

2. El concepto de violencia

2.1. Naturalmente que aunque se admita que el límite mínimo de las violencias pueda estar constituido por el delito de malos tratos o el de coacciones, ello no significa que la interpretación del término "violencia" deba hacerse tal y como se lleva a cabo cuando se trata de realizar el mismo esfuerzo hermenéutico en el seno del delito de coacciones. Dicho de otra manera: aunque la violencia individualmente considerada pudiera ser tipificable en el delito de coacciones, ello no impediría que por "violencia" no podamos entender otra cosa más que el puro acometimiento agresivo hacia las personas; de otra forma entendido, es decir: interpretando el término violencia en sentido amplio, terminaríamos privando de relevancia a la modalidad intimidatoria (véase RUIZ ANTÓN).

Lo acabado de manifestar tiene importancia a la hora de descartar la existencia de concursos de delitos cuando la cantidad de violencia ejercida no haya superado el ámbito de los arts. 147.3 y 172, CP, y asimismo para excluir como violencia típica a alguno de los supuestos que jurisprudencialmente fueron incluidos en el ámbito del viejo artículo 501.5º del CP1973: me refiero a los llamados "tirones" que solo en algunos casos, a nuestro entender, llevan consigo la violencia típica exigida en el ámbito de la falta de malos tratos de obra (más abajo volveremos sobre ello). En cambio, para aquellos —como QUINTERO OLIVARES— que entienden que la violencia requerida en el artículo 242, CP, no tiene por qué ser, ni siquiera, la reclamada por la figura de los malos tratos de obra, la conclusión será la de tener que acudir al concurso de delitos si, también, se realiza el tipo del art. 147.3, CP, y, en cualquier caso, la de ampliar el ámbito de aplicación del art. 242, CP (y en todo caso la de negar la naturaleza de delito complejo para este tipo de robo con violencia, puesto que si uno de los requisitos de esta categoría es que las distintas conductas que forman el complejo sean todas constitutivas de injusto penal, al no serlo uno de los términos de la relación no existirá delito complejo).

Esta última interpretación del art. 242, CP —la de entender que la violencia no tiene por qué ser constitutiva de injusto penal—, no es, creemos, la que más se acomoda a la actual redacción del tipo de robo con violencia; y a esta conclusión se llega, también, realizando una simple comparación entre el texto del art. 246.1 del Proyecto de 1992, y el que, a la postre, ha sido incluido en el vigente 242.1, CP. En efecto, en aquel precepto se enunciaba: "*El culpable de robo con violencia o intimidación en las personas será castigado con la pena de…, sin perjuicio de la que pudiera corresponder a los actos de violencia física que realizase, si fueren constitutivos de delito*". Según esta redacción toda violencia constitutiva de delito —entendiendo "delito" en sentido amplio— debía ser sancionada acudiendo al concurso, por tanto la violencia empleada para el apoderamiento no podía llegar al umbral penal; de otra forma entendido se conculcaría el principio *ne bis in idem.* Sin embargo, del vigente art. 242.1, CP, ha sido suprimido ese último inciso que figuraba en el citado artículo del Proyecto del 92: "*..., si fueren constitutivos de delito*", eliminación que inmediatamente autoriza a realizar una interpretación según la cual la violencia ejercida ha de ser constitutiva de injusto penal (ÁLVAREZ GARCÍA).

A esta interpretación no puede oponérsele, entendemos, el que cupiera en algunos casos realizar el tipo del art. 242 CP sin que la violencia cumpla la figura de, al menos, los malos tratos de obra; ya que, aunque esto pudiera ser así, es decir: aunque cupiera la posibilidad de realizar el tipo del art. 242 CP sin que se cumpliera al mismo tiempo el del art. 147.3, CP, ello no significa que haya que acudir al concurso de delitos y descartar el concurso de leyes. "Sostener lo contrario significaría desconocer lo que es norma ordinaria en la realidad social, esto es, la adopción de una actitud que por su formalismo no puede menos que ser desechada" (CÓRDOBA RODA).

No es inoportuno en este momento recordar algunos de los supuestos que han sido entendidos por la Jurisprudencia como casos de violencia suficientes para conformar el delito complejo. En este sentido, la STS 815/2023, 8-11, efectúa la siguiente recopilación: "Esta Sala viene apreciando la existencia de violencia en todos aquellos casos en que existe un maltrato físico preordenado al apoderamiento de bien de la víctima habiéndose apreciado su concurrencia en actos de fuerza en general (STS 19-6-1999); en la (sic) forcejeos, empujones, sacudidas, magulladuras y actos de fuerza o maltrato aunque no causen lesión (STS 27/03/1989, 05/07/1989, 17/01/1992, 29/05/2000 y 05/06/2000); en una bofetada que causa una pequeña herida (STS 21/09/1998); en un empujón (06/03/1999) o en un simple forcejeo (09/05/1999). En este caso la sentencia describe un maltrato físico directamente dirigido a obtener el apoderamiento de los objetos de valor que llevara, lo que colma las exigencias típicas del artículo 242.3 CP".

2.2.1. Se plantean algunos supuestos problemáticos en lo que importa a su integración o no en el concepto de violencia, fundamentalmente si cabe integrar en el concepto de violencia la llamada impropia, la de qué calificación merecen los supuestos del robo por "el tirón" y los supuestos de aprovechamiento de la violencia desplegada para otros fines.

Por lo que importa al primer problema lo esencial es determinar qué se entiende por "tirón", puesto que despejada conceptualmente la calificación del fenómeno no se plantean especiales dificultades. En este sentido quedarían al margen de la cuestión todos los casos en los que el apoderamiento ha sido "por sorpresa", sin alcance alguno sobre el sujeto pasivo (los casos en los que alguien toma el bolso que se ha dejado colgado en el respaldo de la silla del bar donde se ha sentado su propietario, o el que toma una cosa de un vehículo aprovechando que éste se haya parado en un semáforo y la ventanilla se encuentra abierta). En cambio, en los supuestos en que para el apoderamiento haya habido que vencer alguna resistencia (alertada o no) del sujeto pasivo, deberá afirmarse el robo violento (casos en los que para el apoderamiento del bolso haya habido que actuar físicamente sobre el brazo de su propietaria, "tirando" de la cosa para que con esta fuerza se venza la resistencia de aquél), siempre que se haya realizado como mínimo alguno de los tipos de los artículos 147.3 o 172, CP. Así lo ha venido a entender tradicionalmente la Jurisprudencia [SSTS 339/2008, 30-4 (*Tol 1340421)*, y 1002/2002, 27-5 (*Tol 173733)*] que ha descartado la sorpresa como forma comisiva [STS 1605/2002, 27-9 (*Tol 222683)*], y afirmado el robo del art. 242, CP, en cuanto haya incidido la mínima violencia sobre la persona ["En efecto, el acusado tuvo que hacer uso de su fuerza para 'arrebatar' a la víctima el bolso que portaba, de manera que no se limitó a actuar sobre éste con un simple ejercicio de habilidad, sino que hubo una cierta afectación personal de aquélla, aunque, afortunadamente, sin consecuencias lesivas", STS 1543/2002, 18-9 (*Tol 222619)*]. Debe indicarse, además, que en no pocas ocasiones esta violencia —que en algunos casos es la mínima para componer el complejo— ejercida sobre la víctima puede originar resultados de la máxima gravedad como consecuencia de las características del sujeto pasivo. Es decir, personas de avanzada edad a las que el menor acto de violencia desequilibra, y como consecuencia de lo cual caen al suelo produciéndose fracturas muy importantes [supuesto de hecho de la STS 1221/2000, 8-7 (*Tol 273181)*]; obviamente, en estos casos se debería acudir al concurso de robo violento con lesiones doloso eventuales o imprudentes u homicidio. En efecto, no se debe desconocer que la caída de una persona mayor, por su fragilidad músculo-esquelético, puede ocasionarle una "rotura de cadera" (generalmente del cuello de la cabeza del fémur), y causalmente enlazada a la misma la muerte. Ese es un dato de la realidad con el que se cuenta. Por tanto, a nuestro entender, todo "robo del tirón" que al desequilibrar al sujeto pasivo dé con éste en el suelo produciéndole lesiones o muerte, debe ser castigado, subjetivamente, por la vía del dolo eventual, puesto que es altamente probables en ese escenario que se produzca tal resultado. Otra forma de resolver estos casos (por medio de la imprudencia) es como "echarle" al muerto la responsabilidad de su fallecimiento.

Naturalmente que en aquellos supuestos en los que la violencia ejercida haya sido muy escasa, aunque suficiente, cabe acudir —si el resultado ha sido de lesiones— al tipo atenuado del número 4 de este art. 242, CP. Este sería el caso del supuesto de hecho contemplado en la STS 1592/2002, 4-10 (*Tol 229667)*, según el cual: *"Que R.A... en compañía de otra persona no identificada, se aproximó a J.Q.V. que caminaba por la calle...y conminándole con empujones, se apoderó de su cartera..."*, el Tribunal Supremo consideró que *"Entre las formas de violencia es indudable que se han de incluir los empujones realizados contra la persona a quien se pretende despojar de un bien mueble y con esa finalidad, por lo que, en el presente caso, en el que la narración fáctica de la sentencia recurrida, en la que de manera expresa se dice que el acusado conminó a una persona mediante empujones como medio de apoderamiento de una cartera que contenía dinero..., se describe lo que patentemente constituye un delito de robo con violencia que tiene su encuadre adecuado en los preceptos legales recogidos en los artículos 237 y 242.1 del Código Penal. Ahora bien, también es cierto que aunque los empujones son una forma de violencia, comparándolos con otras formas posibles de la misma, ha de calificarse como de menor entidad, por lo que procede también la aplicación al caso de lo dispuesto"* en el apartado 4 del citado art. 242, CP (en contra de esta calificación VIVES ANTÓN/GONZÁLEZ CUSSAC).

Un buen resumen de la Jurisprudencia del Tribunal Supremo sobre el robo "al tirón" leve, lo constituye la STS 671/2024, 26-6, en la que se afirma: "La Jurisprudencia ha sostenido desde antiguo que el apoderamiento de una cosa ajena mediante el procedimiento del "tirón", debe ser considerado como un robo violento, porque supone una violencia material sobre la persona que porta el objeto apetecido, de tal manera que la ausencia de forcejeo entre acusado y víctima o la ausencia de daño físico en ésta última, nada significa en orden a desvirtuar lo que se ha dicho anteriormente, ya que ni el forcejeo ni el daño físico constituyen elementos del hecho necesario de la figura del robo con violencia, pues en ocasiones la rapidez del hecho o la finura de la joya sustraída, como dice la sentencia recurrida sería el caso, pueden hacer el forcejeo o el daño físico imposible, pero ello no impide considerar el acto como violento ya que se ha producido éste mediante el procedimiento del "tirón", tirón que, en determinados casos, pudiera ser acreedor del privilegio contemplado en el n° 4 del art. 242, que rebaja la pena en un grado en atención a la escasa entidad el modus operandi, o en aquellos supuestos en que la violencia no produce resultado lesivo alguno, pero no es calificable como un delito leve de hurto del art. 234.2 CP como hace la sentencia de instancia".

2.2.2. Por lo que se refiere a la violencia impropia (suministro subrepticio —porque si se lleva a cabo poniendo manos sobre la víctima se integraría en un supuesto claro de violencia sobre las personas— de narcóticos para anular la resistencia del sujeto pasivo, hipnosis o cualquier tipo de sugestión), la mayoría de la Doctrina la excluye como forma comisiva (por todos GONZÁLEZ RUS, PÉREZ MANZANO y VIVES ANTÓN/GONZÁLEZ CUSSAC). La Jurisprudencia, en cambio, la ha asimilado a la violencia típica; así la STS 2395/1993, 30-10 (*Tol 401560*), que, reproduciendo los argumentos de la STS 2442/1992, 16-11 (*Tol 397990*), asevera: *"El uso de un narcótico es, sin duda alguna, una acción material ejercida sobre el cuerpo del paciente para privarle del uso de sus facultades físicas y psíquicas, a la vez de conciencia y voluntad y de movimientos. Es puramente accidental que se use un medio químico (narcótico, gas) en vez de mecánico; el fin perseguido y el resultado alcanzado son los mismos: anular tanto su defensa como su huida y su petición de socorro; toda acción de la víctima renuente a ser despojada. b) La administración de un narcótico que la inmoviliza (tanto o más que si se le atara) es una agresión lesiva no inferior al forcejeo, ligaduras, empujones, etc., culminando tal doctrina: c) Así no se ve razón alguna para equiparar tal procedimiento a la sustracción clandestina, hábil incluso a veces, nunca violenta del ratero o descuidero, en el hurto y sí la hay para incluirla entre las formas de violencia"* [en esta doctrina insisten las SSTS 671/2023, 21-9; 577/2005, 4-5 (*Tol 697844*), y 1332/2004, 11-11 (*Tol 538301*)].

Pues bien, entendemos que esta última opinión —la de la Jurisprudencia— es la preferible, pues ni de la definición legal cabe excluir los narcóticos (el tipo del art. 242, CP se refiere a "violencia en las personas", pero no requiere que ésta sea física), ni el concepto de violencia está apegado a un exclusivo significado físico sino que se le separa cada vez más de éste (lo que se ha puesto de manifiesto claramente en los delitos de lesiones), y además su significado (teleológico) se conecta con el "forzar" a, en este caso, una persona, y ello se puede conseguir tanto mecánicamente como sirviéndose de medios químicos que anulen la voluntad del sujeto (coincide con nuestra opinión GARCÍA ARÁN). Esta última idea (la de "violencia" como equivalente a "forzar") adquiere mayor fortaleza si se presta atención a los efectos de la violencia y a los de la intimidación: mientras que la primera los desarrollaría sobre la capacidad de actuación del sujeto, la intimidación lo haría sobre la capacidad de decisión de la persona a la que se constriñe [véanse en este sentido SSTS 76/2005, 28-1 (*Tol 648741*); 373/2002, 28-2 (*Tol 156135*), y 110/2002, 29-1 (*Tol 135739*)].

2.2.3. En cuanto a la violencia aprovechada es constante la doctrina jurisprudencial en el sentido de afirmar que: "también se considera robo con violencia cuando iniciada ésta con finalidad ajena a lo lucrativo, la situación es aprovechada por el acusado para realizar el apoderamiento" [STS 396/2008, 1-7 (*Tol 1343757*)], argumentación que nos parece correcta pues si bien ab initio la violencia no se encontraba en vinculación con el apoderamiento, posteriormente se redirecciona esa violencia, al aprovecharla, y de esa forma se establece la relación típica entre violencia y apoderamiento.

3. El concepto de intimidación

Por "intimidación" referida al tipo del art. 242, CP entiende la Doctrina "la compulsión psíquica consistente en el anuncio de un mal con el fin de constreñir la libre voluntad del sujeto, a los efectos de conjurar su oposición —real o presunta— a la sustracción de la cosa" (BRANDARIZ GARCÍA).

Los requisitos que debe reunir la intimidación son, según el Tribunal Supremo que ha construido el concepto sobre la base del art. 1267 CC: a) anuncio o conminación de un mal inmediato, grave, personal, concreto y posible; b) que sea susceptible de inspirar en el interlocutor miedo, angustia o desasosiego ante la contingencia de un daño real o imaginario, una inquietud anímica apremiante por aprensión racional o recelo más o menos justificado [SSTS 650/2008, 23-10 (*Tol 1401641)*, y 2366/2001, 14-12 (*Tol 130046)*].

Este anuncio de un mal ha de reunir idoneidad objetiva *ex ante*, aunque para valorar esa idoneidad la Jurisprudencia subjetiviza, en algunas ocasiones, las exigencias y las refiere a las circunstancias del hecho —lugar, tiempo u otros datos facticos susceptibles de valoración [STS 758/1998, 26-5 (*Tol 77424)*], y de la víctima [STS 1568/2001, 15-9 (*Tol 66825)*]—, y en otras determina la gravedad de la conminación de acuerdo a los siguientes factores: a) gravedad o importancia de los males con que se amenaza a la víctima; b) mayor o menor intensidad de los sentimientos de temor o alarma provocados; c) procedimiento empleado para exteriorizar el anuncio o la comunicación del mal, que puede ser puramente verbal o gestual (en este sentido ALASTUEY DOBÓN, que precisa que en semejantes casos hay que tener en cuenta las circunstancias de la víctima y el contexto en el que se lleva a cabo la amenaza), o consistir en la exhibición de un arma o medio peligroso [véanse SSTS 1879/2000, 11-12 (*Tol 117388)*, y 531/2000, 22-3 (*Tol 26515)*], e incluso en actitudes amenazantes [STS 650/2008, 23-10 (*Tol 1401641)*].

Así pues, el concepto de intimidación hay que vincularlo con la capacidad, contemplada *ex ante*, de la amenaza para compeler psíquicamente al sujeto, para sugestionarlo en un cierto sentido y condicionar así la formación de su voluntad ("que el sujeto pasivo de la acción típica haya resultado afectado por el anuncio del mal, esto es, que le provoque temor…", BENÍTEZ ORTUZAR). De esta forma, las cualidades de la amenaza deben referirse a esa capacidad de influencia, con independencia de las posibilidades reales que, *ex post*, se pusieran de manifiesto que tuviera el sujeto activo para hacer realidad la amenaza —o la voluntad de éste de hacer o no realidad lo amenazado en el caso de que la víctima no accediera a sus deseos; y ello porque, como apunta PÉREZ MANZANO, la realización del tipo exige que se debe tratar de conductas objetivamente peligrosas para la libertad y no, además, para la vida o la salud.

La amenaza ha de consistir en el anuncio de causar un mal de cierta gravedad al sujeto pasivo; pero ello no quiere decir —aunque pudiera parecer contradictorio— que el mal tenga que estar necesariamente determinado (ser "concreto" en el sentido requerido por la Jurisprudencia), sino que basta con que el inespecífico temido por la víctima sea suficiente para conseguir ese efecto de compeler su voluntad y de conformar su decisión en un cierto sentido (por ello, precisamente, es típica la amenaza realizada a una persona mayor, en un lugar solitario y por la noche, efectuada por un grupo de personas de "hacérselo pasar mal" si no hace entrega de un bien). Por eso puede decirse también que en el momento de valorar la entidad de la amenaza la referencia ha de hacerse no sólo a lo objetivamente manifestado expresamente por el sujeto activo, sino a lo creado, a lo sugestionado, por éste en la mente del pasivo.

Ese mal anunciado ha de reunir también las cualidades de inmediato, serio, posible —tal y como es representada la amenaza ante la víctima— y capaz de causar en el sujeto pasivo esa reacción de temor que es lo que le hace, o le puede predisponer, a observar una conducta determinada.

En cuanto a los límites de la intimidación para adquirir relevancia típica hay que decir lo siguiente: tanto la naturaleza jurídica del delito de robo con intimidación, como los principios de insignificancia —como criterio hermenéutico—, seguridad jurídica y prohibición de la analogía, exigen que el límite mínimo de la intimidación —y al igual que en el caso de la violencia— esté constituido por un injusto penal; a estas consideraciones de orden general ha de unirse un criterio sistemático: el que la intimidación comparezca en el tipo asemejada a la violencia, provocan que la entidad de aquella deba ser similar al de esta, de otro modo el principio de proporcionalidad sería afectado. En este sentido la referencia debería ser efectuada al art. 172.1, CP, debiendo subrayarse que tradicionalmente —y con la antigua legislación previa a la desaparición de las faltas con la nefasta LO 1/2015— tanto la Jurisprudencia como la Doctrina vinieron requiriendo para constituir la tipicidad del art. 242, CP, que la intimidación revistiera las características a las que más arriba nos hemos referido —y ello suponía, a la vista de la interpretación mayoritaria por lo que importaba a la diferenciación entre amenaza como delito y como falta [SSTS 322/2006, 22-3 (*Tol 948881)*, y 1253/2005, 26-10 (*Tol 738553)*, y PEDREIRA GÓNZALEZ], y lo mismo podía decirse en relación a las coacciones— que en buena medida esa intimidación requerida en el tipo tenía que encajar en un tipo de delito en sentido estricto (arts. 169 y ss., CP).

La Jurisprudencia ha entendido que constituyen supuestos de intimidación (aunque también los ha planteado, alternativamente, como de violencia) el encerrar a otro o el aplicar fuerza sobre las cosas [STS 97/2010, 10-2 (*Tol 1788422)*], la invocación de la condición de policía —mostrando los distintivos propios del cargo— [STS 231/2009, 5-3 (*Tol 1474862)*], la exhibición de una pistola meramente detonadora [STS 120/2010, 27-1 (*Tol 1792983)*], el realizar un gesto con el que se insinúa la posibilidad de recurrir a un arma o instrumento peligroso [STS 190/2001, 14-2 (*Tol 27520)*], portar un aerosol de defensa [STS 1138/2002, 19-6 (*Tol 203147)*], una pistola simulada [STS 494/2009, 7-5 (*Tol 1567553)*], un sacacorchos y un bastón [STS 753/2004, 11-6 (*Tol 483605)*], una jeringuilla sin aguja pero amenazando con ella al sujeto pasivo diciéndole que le iba "a pegar el SIDA" [STS 1122/2003, 8-9 (*Tol 312037)*].

Por lo que se refiere a las clases de intimidación cabe tanto la explícita como la implícita, produciéndose esta última cuando sin uso de armas ni de palabras se genera en la víctima un estado de sobrecogimiento y tensión psicológica que la amedrente; es el supuesto en el que con un gesto se insinúa la posibilidad de recurrir a un arma o instrumento peligroso [STS 190/2001, 14-2 (*Tol 27520)*]. Se habla también de intimidación directa e indirecta, la primera concurrirá cuando la amenaza se dirija derechamente a la persona intimidada, la indirecta tendrá lugar cuando la amenaza se encauce hacia un tercero distinto de la persona a quien se desea intimidar, y en este último caso con independencia de que esa amenaza contra la vida sea real o fingida; en este sentido la STS 245/2003, 21-2

(*Tol 265633*), apreció robo con intimidación en un supuesto en el cual el autor se hallaba en connivencia con la persona teóricamente amenazada en su vida, logrando así que un tercero, creyendo en la realidad de la amenaza, se sintiera intimidado y consintiera en el despojo patrimonial.

Un supuesto particular se presenta en aquellos casos en los que el sujeto pasivo cree que está siendo amenazado por un tercero cuando no es así, y para conjurar esa amenaza entrega el sujeto pasivo sus bienes, que son aceptados por ese tercero. Es el caso de A que transita por un pasaje solitario y sin luz y al que se le acercan B y C. a preguntarle una dirección, creyendo A que le van a causar un mal trata de conjurarlo mediante la entrega de todo lo que lleva de valioso; B y C. dándose cuenta del error de A deciden aprovecharse de la situación y toman lo que éste les ofrece. En estos casos el aprovechamiento que B y C. realizan del error de A les lleva a cometer un robo con intimidación, pues aquellos son conscientes —y en ese sentido ellos no están incursos en el error— de que han provocado una situación intimidatoria en éste y que conectado a ésta se halla la entrega de los bienes; es decir: se han apoderado de las cosas muebles ajenas mediante intimidación.

VI. ELEMENTO SUBJETIVO

El dolo del sujeto debe abarcar todos los elementos del tipo objetivo, entre los que se incluyen (y además de los que son comunes tanto al hurto como al robo con fuerza) la violencia o intimidación y el conocimiento de la relación típica entre el apoderamiento y los medios comisivos de este delito.

En el caso de que concurra un error sobre la existencia de la intimidación y la vinculación de ésta con la disponibilidad sobre la cosa mueble, la conducta resultará atípica, en caso de no poder calificarse de hurto.

VII. AUTORÍA Y PARTICIPACIÓN

Más que en ningún otro delito se manifiesta en éste el hecho de que, en realidad y por más que se hagan invocaciones de teorías más modernas, el Tribunal Supremo continúa sosteniendo un concepto extensivo de autor, que disfraza con invocaciones a la teoría del dominio funcional en punto a la autoría.

En efecto, la Jurisprudencia tradicional ha venido elaborando la coautoría en este delito sobre la exclusiva base del denominado *pactum scaeleris*, prescindiendo del dato de las aportaciones materiales de cada uno de los implicados a la conducta típica (ejemplo de esa línea de pensamiento lo constituye la STS 1259/1995, 15-12 (*Tol 403012*). Obviamente tal planteamiento conculca los principios de tipicidad (la norma exige que el sujeto se apodere de las cosas muebles ajenas con determinados medios, y el artículo 28 CP requiere realizar el hecho sólo o conjuntamente para atribuir la calificación de autor o coautor) y culpabilidad en sentido subjetivo (el dolo del sujeto puede abarcar exclusivamente el realizar una aportación como partícipe pero no como autor), por lo que, poco a poco, se ha ido imponiendo —como doctrina general— lo que no es más que la elaboración llevada a cabo por la doctrina, y seguida por alguna Jurisprudencia [en esta línea la STS 8-2-1991 (*Tol 457326)*, aunque en sentido contrario puede verse la STS 1851/2002, 8-11 (*Tol 229710)*], en el ámbito de la coautoría, que exige no sólo el acuerdo previo, sino también que la aportación sea hecha en la fase ejecutiva del delito y que tenga una determinada significación típica (no en vano el art. 28 CP exige "realizar el hecho conjuntamente").

De esta forma el principio de imputación recíproca de las diversas participaciones que rige en el ámbito de la coautoría encontrará un sólido anclaje en algo más que un mutuo compromiso, y exigirá que el reparto de papeles incluya, para todos los coautores, la realización de actos significativos en relación con la conducta típica. En ese sentido, aun mediando acuerdo previo, los meros actos de vigilancia o de espera no pueden considerarse de autoría [en sentido contrario y entre otras muchas resoluciones SSTS 1070/2024, 22-11 (*Tol 10296415*); 1321/2002, 12-7 (*Tol 203083)*, y 294/2002, 18-2 (*Tol 156016)*]. Autor (y coautor) es quien realiza el verbo típico, en este caso aquél (o aquéllos) que llevan a cabo el apoderamiento mediando actos de violencia o intimidación en el sentido más arriba enunciado. Todos los que no realicen el tipo en este sentido, y por más que hayan acordado con los autores la realización del hecho, serán partícipes —con la pena correspondiente o no del autor, dependiendo de que se traten de actos de inducción o cooperación necesaria o simplemente de colaboración no especialmente relevante en el hecho. De esta forma, los actos de información (sobre el local donde se quiere realizar la acción, o sobre las medidas de seguridad, los horarios de apertura y cierre, de los dueños o empleados del negocio, etc.) nunca pueden ser calificados como de autoría o coautoría, puesto que con ellos no se "realiza" el tipo. Lo mismo debe decirse en relación a los actos de vigilancia y a los que consisten en el mero trasladar a los autores al lugar de realización del delito, o a salvo una vez llevado a cabo el mismo (a no ser que con la conducción para facilitar la huida, se involucrara el sujeto en actos de violencia o intimidación, o que se estimara que el delito no se hubiera consumado y que, por lo tanto, la conducción formara parte de los actos ejecutivos ya que con ella se posibilitaría la disponibilidad sobre la cosa).

No es esta, sin embargo, la mayoritaria opinión en la Jurisprudencia, ya que [y al margen de las muchas sentencias en las que se evidencia una amalgama de teorías en punto a la autoría difícilmente comprensibles, véase en este sentido STS 497/2006, 3-5 (*Tol 935016)*], aun habiéndose superado, teóricamente, el concepto extensivo de autor construido sobre la exclusiva base del "acuerdo previo", se acude al expediente del "condominio funcional" del hecho y —prescindiendo del texto del artículo 28 CP— en la peculiar interpretación que se hace en la Jurisprudencia de tal concepto "todo cabe". Lo dicho implica que, según la Jurisprudencia mayoritaria, cualquier papel que desempeñe un sujeto en el desarrollo de los hechos puede significar que "condomina" el hecho y, por lo tanto, que sea coautor [y ello con independencia de que no haya realizado ninguno de los actos que constituyen el núcleo del tipo, véanse en este sentido SSTS 393/2008, 26-6 (*Tol 1351203)*, y 1031/2003, 8-9 (*Tol 312054)*; véase también STS 81/2009, 10-2 (*Tol 1448767)*, según la cual: "El carácter de la protesta obliga a respetar en su integridad el relato sentencial [sic] y en él se refleja un claro supuesto de coautoría o autoría conjunta, caracterizado por el reparto funcional de roles, al concertarse todos y planificar el delito con asignación a cada uno de una misión o cometido en el proyecto común, vinculación que se produce consecuencia de la resolución compartida. Objetivamente el condominio funcional del hecho surge de la contribución causal que cada uno realiza a la consecución del objetivo común o finalidad perseguida por todos, en la que los concertados cumplen con el papel asignado y cuentan con que los otros cumplirán el suyo, que lo aceptan como necesario para culminar su proyecto delictivo"]. ¡Esto se llama "teoría del acuerdo previo!, y no otra cosa (de esta misma opinión VIVES ANTÓN/GONZÁLEZ CUSSAC). Pues bien, hasta tal punto ha llegado el despego de la Jurisprudencia respecto de las exigencias del Principio de Legalidad en materia de autoría, que ni siquiera en la aplicación de la, para nosotros errónea, teoría del dominio del hecho se realiza un mínimo examen, la mayoría de las ocasiones, sobre la concurrencia de los criterios que se utilizan por los sostenedores de ella para afirmar que existe ese dominio funcional; es decir, la invocación al "condominio funcional" o del hecho, etc., se utiliza a modo de mantra que convierte en autoría todo lo que toca; y eso no es dominio del hecho.

Un ejemplo muy repetido en la Jurisprudencia de lo que se está indicando, lo constituye la STS 552/2006, 16-5 (*Tol 942259)*, según la cual: "bastando el concierto y reparto previo de papeles para la realización, de modo que tanto es autor, quien falsifica materialmente, como quien se aprovecha de la acción, con tal que tenga u ostente el condominio del hecho". Se trata de un pasaje repetido hasta la saciedad por toda la Jurisprudencia (mayor y menor), con el que se afianza la idea de que basta invocar la mágica expresión "condominio del hecho" para automáticamente convertir todo en autoría (coautoría). En realidad se trata, como decimos, de una clara conculcación del Principio de Legalidad, y de una falta de motivación alarmante de las decisiones jurisprudenciales. También muestra reciente de lo que se acaba de decir lo constituye la siguiente resolución: "[L.]a jurisprudencia de esta Sala Segunda (ver por todas STS 232/2024, de 8 de marzo), viene afirmando que el partícipe no ejecutor material del acto homicida que prevé y admite de modo más o menos implícito que el *iter* del acto ilícito pueda llegarse a ataques corporales, cuando menos se sitúa en el plano del dolo eventual, justificándose tanto en el campo de la causalidad como en el de la culpabilidad, su responsabilidad en la acción homicida, por lo cual no se excluye el carácter de coautor en los casos de desviaciones de algunos de los partícipes del plan inicial, siempre que dichas desviaciones tengan lugar en el marco habitual de los hechos emprendidos, es decir, que de acuerdo con las circunstancias del caso concreto, no quepa considerar imprevisibles para los partícipes (SSTS 132012011, de 9 de diciembre; 311/2014, de 16 de abril; 563/2015, de 24 de septiembre; 141/2016, de 25 de febrero; de 604/2017, 5 de septiembre; 265/2018, de 31 de mayo; 687/2018, de 20 de diciembre); y en autos, ninguna imprevisibilidad media, cuando describe el hecho probado que entre ambos lo tiran al suelo y en esa posición, mientras Juan Miguel continúa a su presencia, pisando la cabeza a la víctima y golpeándole con esa especie de catana de 45 cm de hoja, el recurrente alterna posiciones de acceso y vigilancia" (STS 910/2024, 30-10). En verdad que con semejante planteamiento se están confundiendo distintos planos: por una parte, se encuentra el del dolo del partícipe y qué actos alcanza de los realizados por los autores; y por otra la cuestión de la distinción entre actos de autoría y de participación. En esta sentencia se pone de manifiesto, una vez más, no sólo esa mezcla de planos, sino cómo basta con el acuerdo previo para imputar a los partícipes (que lo son porque no han realizado actos ejecutivos típicos que es lo que exige el artículo 28, CP, para la calificación de la conducta como autoría: los que *"realizan el hecho por sí solos, conjuntamente..."*, y obviamente no "realiza el hecho" en el sentido del tipo el sujeto que se limita a esperar o a vigilar.

En realidad, esta posición de la Jurisprudencia (que lleva a calificar, casi siempre, como coautores a todos los que participan en el hecho) no hace más que alargar la vida de la idea central del fenecido artículo 502, II y III CP1973, que establecía presunciones de autoría para todos los malhechores presentes a la ejecución de robo y para todos los que habitualmente "anduvieran" con los autores del mismo. Es decir: no se ha querido comprender que se responde únicamente por hechos propios (y no por los ajenos, que es a lo que obliga la Jurisprudencia a responder con conceptos de autoría como el que emplea), y que no pocos sujetos de los que están dispuestos a participar en un hecho criminal sólo aceptan hacerlo (generalmente por miedo o precaución) en conductas de participación sin llegar a realizar el verbo nuclear del tipo.

En conclusión: se sigue manteniendo en la Jurisprudencia, con escasas excepciones, un concepto extensivo de autor contrario al art. 28, CP. No obstante lo acabado de decir, hay excepciones, o parece que las hay, pues en verdad lo que simulan ser, *prima facie*, excepciones terminan siendo contradicciones. Ejemplo de lo que se dice lo constituye la STS 778/2024, 18-9, según la cual: "La jurisprudencia de esta Sala tiene establecido que la coautoría se aprecia cuando varias personas, de común acuerdo, toman parte en la ejecución de un hecho típico constitutivo de delito Ello requiere, como elemento subjetivo de la coautoría, de la existencia de una decisión conjunta y, como elemento objetivo, de un dominio funcional del hecho con aportación al mismo de una acción en la fase ejecutiva". Con este planteamiento buena parte de los casos ya expuestos, y de los que seguirán, que el Tribunal Supremo ha considerado como de autoría pasarían a ser calificados como de participación. Pero a continuación de lo anterior, la misma resolución acabada de citar, prosigue diciendo: "Respecto del elemento objetivo, no es necesario que cada coautor ejecute por sí mismo todos los actos materiales integradores del núcleo del tipo, sino que el acuerdo, previo o simultáneo, expreso o tácito, permite integrar en la coautoría, como realización del hecho, aquellas aportaciones que no integran el núcleo del tipo, pero que sin embargo contribuyen de forma decisiva a su ejecución"; para concluir diciendo: "aportación esencial para la ejecución de los delitos de robo [serían] funciones de vigilancia y alerta en favor de los ejecutores directos del acto depredatorio". Es decir: un sí es no es.

A partir de lo dicho pueden comprenderse las dificultades existentes para diferenciar entre autoría y participación en las resoluciones del Tribunal Supremo. Así, en algunas ocasiones se denomina coautor a quien traslada a otra persona en su automóvil hasta el lugar del robo y la acompaña al interior del local aunque no realiza acto ejecutivo típico alguno [STS 59/1998, 27-1 (*Tol 8418)*]; en otras el acompañamiento dentro del local es considerado participación [STS 676/1994, 29-3 (*Tol 1403855*)]; los actos de vigilancia exterior son considerados mayoritariamente autoría [SSTS 81/2009, 10-2 (*Tol 1448767)*; 393/2008, 26-6 (*Tol 1351203)*; 725/2006, 26-6 (*Tol 979530)*, y 341/2003, 11-3 (*Tol 265566)*], aunque en algún caso se habla de cooperación necesaria [STS 1025/1996, 17-12 (*Tol 406498)*]; los de información, complicidad [STS 1486/2000, 27-9 (*Tol 7870)*; véase sin embargo ATS 40/1996, 10-1]; los de mero conductor para facilitar la huida, cooperador necesario [SSTS 1015/2000, 7-6 (*Tol 272209)*, y 1543/1999, 26-10 (*Tol 51422)*].

En todo caso para lo que no existen problemas es para construir la autoría mediata ni en este tipo ni en ninguno de los patrimoniales, en tanto que sólo los delitos denominados "de propia mano" imposibilitan tal opción [véase la aplicación que de la autoría mediata se hace al delito de estafa en STS 1105/1996, 31-12 (*Tol 406026*), y al delito de hurto en SAP, Ávila, 30-11-1995].

VIII. CIRCUNSTANCIAS AGRAVANTES GENÉRICAS

1. Alevosía

Como es sabido la Jurisprudencia exige para su aplicación la concurrencia de un elemento normativo: que se trate de "delitos contra las personas" [STS 574/2006, 19-5 (*Tol 952906*)], pero a la hora de concretar qué se entiende por tal se ha convenido que la alusión legal no lo es en sentido formal sino material (ÁLVAREZ GARCÍA), y que por tanto la circunstancia sería aplicable a todos los tipos que sancionan atentados a bienes jurídicos de naturaleza personal como la vida, salud e integridad corporal, y ello aun en el caso de existencia de una pluralidad de bienes jurídicos de otra índole lesionados o puestos en peligro [no falta, sin embargo, alguna resolución en la que se rechaza su aplicación al delito de robo con intimidación, es el caso de la STS 1518/2005, 19-12 (*Tol 809300*)].

Dicho lo anterior debe tenerse en cuenta lo siguiente: de acuerdo con lo más arriba expresado (y lo que más abajo se dirá en el tratamiento de los concursos) si la violencia excede el ámbito de la falta, los posibles delitos de lesiones deberán jugar en concurso con el robo violento: "si bien en el delito de robo con violencia o intimidación, esta segunda variable es inherente al robo, no sucede lo mismo cuando se trata de la violencia, que, cuando es de cierta entidad, y lo es cuando ocasiona lesiones, cobra sustantividad propia, cada una de cuyas acciones ha de merecer su propio reproche, a sancionar por las reglas del concurso de delitos, no así por el de leyes, en cuanto que son bienes jurídicos distintos los afectados, y tanto es esto así, que el propio art. 242.1 CP lo contempla, desde el momento que establece la pena correspondiente al delito de robo 'sin perjuicio de la que pudiera corresponder a los actos de violencia física" (STS 1061/2024, 21-11). En el mismo sentido STS 687/2017, 19-10: "Y en cuanto a la compatibilidad del art. 242.2° CP con el artículo 148.1° CP, se argumenta en la STS 1045/2012, de 27 de diciembre, que ya en la sentencia 2.044/2002, tras afirmar que el principio "non bis in idem" prohíbe aplicar la misma agravación dos veces fundamentándola en el mismo hecho, añadió que ello "no impide castigar dos hechos que dan lugar a dos distintos delitos, con todas sus circunstancias de ejecución", destacando que, desaparecido de nuestro ordenamiento el delito complejo de robo con violencia y uso de armas que preveía el artículo 501 del anterior Código Penal, en el vigente se sanciona el robo que con violencia se cometa "sin perjuicio de la pena que pudiera corresponder a los actos de violencia física que realizase" (artículo 242.2º CP). Ello quiere decir que, si además de un robo hay unas lesiones, habrá dos delitos independientes con sustantividad propia y cada uno de ellos deberá castigarse con las circunstancias cualificadoras que concurran (postura también sostenida en las SSTS 213/2000 y 392/2001)".

Pues bien, en el caso acabado de reflejar la agravación tendrá que acompañar al delito de lesiones exclusivamente [es lo que se hace, por ejemplo, en las SSTS 201/2009, 28-2 (*Tol 1474860*), y 838/2004, 1-7 (*Tol 483645*)], porque no es posible aplicar alevosía a los dos delitos que conforman el concurso (robo con violencia o intimidación y lesiones) pues incurriríamos en la prohibición del *bis in idem*; además hay que tener en cuenta que el delito de robo —como tal— no puede ser agravado por alevosía de acuerdo con la definición del mismo que ofrece el art. 22ª, CP ("*...cuando el culpable comete cualquiera de los delitos contra las personas...*"), y no es posible "individualizar", separar, la violencia que forma parte del complejo...porque en ese supuesto desharíamos el dicho delito complejo.

2. Disfraz

Tratándose de una de las circunstancias que más aplicación tienen en el ámbito del robo, el punto de mayor interés se limita a solucionar los casos en los que uno solo de los delincuentes utilice disfraz en la ejecución del delito. En este caso hay que distinguir:

A) Que el uso forme parte del proyecto criminal, en cuyo caso, 1) La agravación alcanza a todos si el disfraz se utiliza para facilitar la ejecución del delito; 2) Si la utilización tiene por objeto ocultar la identidad con miras a la impunidad, hay que diferenciar: a) que se beneficie el que no porta disfraz, así la agravación alcanza a todos; b) que no se beneficie el que no lo lleva, la agravación sólo alcanza a quien lo porta; 3) Que tenga tanto la finalidad de facilitar la ejecución como de ocultar la identidad, la agravación se comunica a todos.

B) Que el uso del disfraz no forme parte del proyecto delictivo y el que no lo utiliza ignore que lo está usando otro partícipe, en ese caso no se comunica [SSTS 245/2003, 21-2 (*Tol 265633*), y 838/2001, 10-5 (*Tol 27429*)].

3. Abuso de superioridad

Aunque tradicionalmente no ha habido acuerdo en la Jurisprudencia sobre la posibilidad de apreciación de esta circunstancia en el delito de robo violento, pues mientras que en unas sentencias se consideraba que el abuso era inherente al propio delito [SSTS 19-9-1988, y 26-6-1990 (*Tol 456960*)], en otras se entendía lo contrario y se aplicaba la agravación [SSTS 1049/1998, 21-9 (*Tol 174997)*], recientemente, sin embargo, se viene entendiendo que "su compatibilidad no tiene que ofrecer cuestión alguna, ya que esa circunstancia agravante se puede afirmar en todas aquellas conductas delictivas que presupongan una agresión física a la víctima, sin que exista razón alguna que limite su aplicación a los delitos contra la vida o integridad física, como se predica en el caso de la alevosía, y aún en ésta, solamente se acota: delitos contra las personas" [STS 1020/2007, 29-11 (*Tol 1227430)*, y en el mismo sentido las de idéntico Tribunal 842/2005, 28-6 (*Tol 697835)*; 269/2004, 8-3 (*Tol 365510)*, y 1630/2003, 28-11 (*Tol 352328)*].

4. Reincidencia

Los problemas específicos se plantean a la hora de determinar qué debe entenderse como delito "de la misma naturaleza". Pues bien, tal requisito se estima que concurre cuando en ambos delitos se aprecie el mismo bien jurídico y la misma forma de ataque [STS 1024/2002, 30-5 (*Tol 173748)*], pero ello en cuanto sea revelación de una determinada inclinación delictiva [STS 5/2003, 14-1 (*Tol 240863)*]. Estos supuestos de identidad se producen entre el robo del 242 y el robo con fuerza [J. G. 6-10-2000; STS 234/2009, 4-3 (*Tol 1486886)*; véase también Consulta de la FGE 9/1997, de 29 de octubre], o entre robo con intimidación y amenazas condicionales lucrativas [STS 650/2008, 23-10 (*Tol 1401641)*]; pero no entre el robo violento y el hurto [STS 513/2003, 2-9 (*Tol 308166)*], el robo con intimidación y el hurto de uso, porque este último no revela la misma tendencia criminológica que el robo con intimidación, ya que el despojo de la cosa es únicamente temporal [STS 513/2003, 2-9 (*Tol 308166)*, y 1568/2001, 15-9 (*Tol 66825)*], robo y estafa [STS 2337/2001, 10-12 (*Tol 129998)*] o robo y receptación [STS 313/2001, 2-3 (*Tol 27209)*].

IX. *ITER CRIMINIS*

Para la consumación es necesario el apoderamiento en los términos a los que nos hemos referido ya en el delito de hurto (disponibilidad), y que aquél haya tenido como causa la violencia o intimidación ejercida sobre el sujeto (al haberse derogado el viejo art. 512 CP1973 que adelantaba el momento consumativo al de la producción del resultado lesivo "para la vida o la integridad física de las personas"). De forma tal que —en el caso de robo con intimidación— si el sujeto pasivo no se ha sentido constreñido por la amenaza formulada pero el apoderamiento ha tenido lugar aunque sin vinculación con aquélla, se planteará un concurso de leyes entre hurto (o robo con fuerza) y amenazas y una tentativa de robo con intimidación a resolver de acuerdo con los criterios del artículo 8

CP; creemos que esta solución es preferible a la calificación (sin la opción del concurso de leyes) de hurto/amenazas (como hace GONZÁLEZ RUS), porque el que la amenaza no haya tenido el efecto deseado no significa que no fuera idónea para conseguirlo, y si esta idoneidad concurría el fracaso no constituye razón suficiente para negar el comienzo de los actos ejecutivos del delito complejo (tema distinto es que, a pesar del dolo inicial del agente, no hubiera habido intimidación, porque en esos casos —y como apuntaba QUINTANO RIPOLLÉS— dado que la coacción y el apoderamiento aparecen tan íntimamente unidos no surgiría el tipo de robo).

X. CONCURSOS

1. Por las violencias ejercidas

En esta materia (y siguiendo a ÁLVAREZ GARCÍA) podemos establecer lo siguiente:

a) Como la violencia ha de estar en "relación típica" con el apoderamiento, la ausencia de tal relación imposibilitará la apreciación del delito complejo. Como consecuencia, si en el supuesto anterior concurren lesiones habrá de resolverse el problema por la vía del concurso real entre un delito de hurto —o de robo con fuerza en su caso— y otro de lesiones;

b) Si el complejo puede formarse por la presencia de intimidación en relación típica con el apoderamiento, el resultado de una posible violencia ejercida al margen de aquella relación entrará en concurso real con el delito complejo (la alternativa es la de considerar que la intimidación queda absorbida por el uso de la violencia, puesto que el ejercicio de ésta supone siempre la puesta en ser de intimidación; por lo tanto no sería apreciable más que un delito de robo violento —con independencia de que a la hora de la modulación de la pena se tuviera en cuenta la circunstancia);

c) Si el complejo queda integrado por un previo ejercicio de la violencia en relación típica con el apoderamiento, los posteriores actos de violencia que se lleven a cabo, diferenciados en el tiempo y desconectados del apoderamiento, entrarán en concurso real con el delito complejo. Incluso se pueden representar, y de hecho se trata de acontecimientos frecuentes en la práctica, casos en los que presente desde el primer momento la violencia aparejada al apoderamiento —por lo tanto, constituido ya el complejo—, se siguen sucediendo actos de violencia unidos dirigidos a que la víctima confiese a los sujetos activos dónde guarda el objeto patrimonial apetecido. Esos actos violentos, por más que estén vinculados al apoderamiento, entrarán en concurso real si exceden el límite de la violencia absorbible por consunción en el robo violento;

d) En el caso de que en la ejecución del complejo la violencia ejercida, en relación típica con el apoderamiento, supere, causando lesiones, los límites máximos típicamente admisibles, se habrá cometido una pluralidad de delitos; de una parte el complejo compuesto por el apoderamiento y la violencia hasta su límite típico máximo, y de otra el correspondiente al delito de lesiones u homicidio que habrá de castigarse en concurso de delitos con el delito complejo. Todo ello como consecuencia de que ni el tipo de robo con violencia ni el de lesiones, por sí solos, abarcan completamente lo injusto del hecho, lo que nos lleva a concluir: 1°) Primero, que estamos ante un concurso de infracciones y no de leyes; 2°) Segundo, que habrá que acudir a varios tipos penales si queremos cubrir totalmente el desvalor de la conducta. Pues bien, los supuestos en los cuales la presencia del elemento típico violencia suponga la realización de una infracción que implique lesión de los bienes jurídicos incolumidad o vida, deberán ser solucionados mediante la concurrencia ideal del tipo complejo de robo con violencia y el del homicidio o lesiones que proceda.

En este último supuesto concursal, el que más discusiones ha generado, el caso prototípico a solucionar es el siguiente: A) entra en un establecimiento mercantil con la intención de apoderarse del metálico allí depositado, pero como la entidad está protegida por un "Guarda Jurado" —al que llamaremos B)— y con el objeto de evitar que éste llegue a impedir el apoderamiento, A) se acerca sigilosamente a B) asestándole con un objeto contundente un fuerte golpe en la cabeza; una vez "eliminado" el vigilante A) accede al lugar donde se halla el dinero y se apodera de él; B) resulta con lesiones del art. 147.1 en relación con el 148.1°, ambos del CP.

Resulta indiscutible que cuando el sujeto golpea al guarda jurado estamos en presencia de un solo hecho decisivo que ha producido la realización parcial de la descripción típica del art. 242, CP y la total tipicidad en referencia al art. 148.1°, CP; es decir: no se trata de una mera simultaneidad temporal "ni externa de los procesos típicos ejecutivos" (SANZ MORÁN), sino de una auténtica unidad de hecho que provoca la identidad parcial de la descripción que se encuentra en la base de dos tipos penales y que exige, por tanto, y dado que la plena valoración jurídico penal de la conducta requiere la aplicación de varios preceptos penales (CÓRDOBA RODA), tratamiento de acuerdo al art. 77.1, inciso primero, CP. No debe preocupar el que la pena a imponer en estos supuestos, y a pesar de que se hayan realizado dos tipos penales, sea inferior a la que correspondería si entendiéramos que la relación concursal existente fuera la del concurso real; y ello porque, como indica CUERDA RIEZU, "... el concurso ideal representa siempre y por definición un menor contenido de injusto que el concurso real, en cuanto que una misma acción o hecho es común a varios tipos de injusto y en consecuencia no puede ser valorado varias veces en la determinación de la pena, por que lo impide el *non bis in idem* y el principio de proporcionalidad". Es decir, que en casos en los que "un solo hecho constituya dos o más infracciones", con la finalidad de no conculcar el *non bis in idem* y olvidarnos de que el desvalor de la conducta únicamente puede verse satisfecho mediante el recurso a los distintos preceptos en los que el hecho es subsumible, nos vamos a ver obligados a elegir un tipo de sanción que se halle por encima de la contemplación singular de uno de los preceptos aplicables pero, por otro lado, por debajo de lo que resultaría del concurso real de delitos; nominalmente: el concurso ideal del art. 77.1, inciso primero, CP.

Para concluir, pues, los supuestos en los cuales la realización del elemento típico "violencia" incluso en el tipo complejo contemplado en el art. 242, CP, suponga la realización de una infracción que implique lesión de los bienes jurídicos incolumidad o vida deberán ser solucionados mediante la concurrencia ideal del tipo complejo de robo con violencia y el de homicidio o lesiones que proceda.

La Jurisprudencia no se ha mostrado —en general, aunque haya habido resoluciones que apoyaban todas las alternativas— de acuerdo con esta última solución, y lo que tradicional y mayoritariamente ha propugnado se refleja perfectamente en la STS 201/2009, 28-2 (*Tol 1474860)*, y en el mismo sentido 1301/2009, 10-12 (*Tol 1773330)*:

"No toda violencia cometida en el apoderamiento de lo ajeno ha de quedar necesariamente subsumida en su medio comisivo:…como en la violencia física caben intensidades diferentes en posible graduación progresiva de la lesividad para la integridad física o para la vida, la violencia que excede de lo necesario para el logro del desapoderamiento o la ejercida en acción distinta o sin relación con éste, queda fuera del desvalor del robo del art. 242.1, y debe ser calificado con arreglo al tipo penal en que se subsuma. A ello se refiere el art. 242.1, cuando dispone que el culpable de robo con violencia o intimidación será castigado 'sin perjuicio de lo que pudiera corresponder a los actos de violencia física que realizase […] El mecanismo del concurso medial o instrumental, apreciado en la sentencia recurrida por una parte parece resolver este problema ya que presupone una diferenciación de hechos, que se da en la hipótesis que contemplamos en cuanto se diversifican resultados diferentes —apoderamiento violento y además lesiones— lo que permite hablar de hechos también distintos, dado que para la individualización de los hechos se ha de atender a la acción y también al resultado. Pero por otra parte esta solución del concurso medial presenta el inconveniente de que esa instrumentalización de un hecho respecto al otro, propia de este concurso, casa mal con la idea de la innecesariedad funcional o instrumental del exceso lesivo respecto al apoderamiento que ha de cometerse mediante la violencia necesaria. En efecto, la inclusión de toda la violencia en el plan del sujeto no basta para otorgarle carácter medial. La medialidad precisa una relación de necesariedad instrumental objetiva, como ya señalara esta Sala en su Sentencia de 22 de mayo de 1993, cuya doctrina ha sido reiterada en Sentencia de 3 de febrero de 2003… En el caso del robo violento, las lesiones causadas por violencia superior a la que es necesaria para el apoderamiento, se sitúan fuera de la estructura del tipo de robo violento que no exige la causación de tales resultados. Por consiguiente no es predicable de ese exceso lesivo una instrumentalidad medial que solo concurre objetivamente en la violencia que sea necesaria para el logro del ataque a la propiedad.

c) Por ello se postula la solución del concurso real. A su favor un sector doctrinal argumenta: la dicción literal del precepto ('sin perjuicio'); el que la consumación del acto violento y el apoderamiento recorran caminos separados, lo cual se ajusta más a la técnica del concurso real que del ideal; el que no todos los casos en los que concurre violencia o intimidación son medios necesarios para el apoderamiento; y por último las distorsiones penológicas que se producirían en caso de ocasionar varios resultados lesivos, pues la regla del concurso ideal no permite tenerlos a todos en cuenta.

La Sentencia de esta Sala de 16 de mayo de 2005 también señaló la dificultad que plantea un posible concurso ideal ya que exige que un solo hecho constituya dos o mas infracciones, y es por ello inaplicable cuando se trata de dos hechos diferentes, aunque relacionados temporal y espacialmente, uno configurado por el ataque a la persona y el otro por el apoderamiento de sus bienes, constituyendo cada uno de ellos una realidad jurídica y además también una realidad física o natural independiente. El concurso medial se rechazó también en la citada Sentencia por no considerar la acción lesiva como medio necesario para el apoderamiento" (véanse también, entre otras, SSTS 265/2018, 31-5; 366/2014, 12-5, y 958/2010, 10-11). Este ha sido también el pensamiento de la FGE que en su Circular 4/2015, tras la gran —y pésima— reforma de ese año, pues, y sin mayor argumentación, vino a decir que "El robo con violencia y las lesiones causadas durante su ejecución entran en concurso real y no medial".

En la argumentación de esta Sentencia se cometen, a nuestro entender, al menos los siguientes errores: 1º) Olvida el Tribunal Supremo que el art. 77, CP contempla dos supuestos concursales: el del concurso medial y aquél en que con un solo hecho se realizan dos o más infracciones; el Alto Tribunal ha prescindido de la existencia de este segundo tipo de concurso ideal (que, por otra parte, es el genuino), y por ello su razonamiento en el sentido de verse abocado al concurso real, peca de origen; tendría que volver a argumentar teniendo en cuenta el segundo tipo de concurso ideal. 2º) La expresión utilizada en el art. 242.1, CP, de "sin perjuicio" no determina el tipo de concurso. 3º) El argumento de que "la consumación del acto violento y el apoderamiento recorran caminos separados" viene a reforzar la idea del concurso ideal (no instrumental), porque ahí se pone de manifiesto, precisamente, que con el mismo hecho se realiza un tipo penal completo (lesiones) y se inician los actos ejecutivos de otro (robo violento); y eso es, precisamente lo que autoriza a decir que con un solo hecho se realizan dos infracciones. 4º) Si no todas las lesiones están en relación típica con el apoderamiento, esos casos —como se ha dicho más arriba— sí hay que tratarlos como de concurso real, pero no porque excedan de la violencia exigida en el art. 242, CP, sino porque no están incursos en la relación típica. 5º) En cuanto al razonamiento que se utiliza cuando se alude a la STS 16-5-2005 (*Tol 667673)*, único caso en el que se refiere al concurso ideal no instrumental, demuestra que no se ha entendido el problema: por supuesto que hay (al menos) dos hechos: el de la violencia y el apoderamiento; pero cuando se plantea el problema del concurso la referencia no debe ser efectuada a esos dos hechos sino al de una única expresión violenta (el golpear al Guarda Jurado) con la que se realizan dos infracciones (lesiones más comienzo de los actos ejecutivos del robo violento).

Mas, recientemente, alguna Jurisprudencia ha abandonado el camino del concurso real (no toda, véase, *v.gr.*, STS 739/2022, 20-7), que verdaderamente es imposible de transitar tal y como acabamos de poner de manifiesto. Ello se efectúa, aunque sin una argumentación que supere la mera decisión de la solución concursal, con la STS 102/2018, 1-3, donde se opta por el concurso medial del art. 77.3, CP. En la STS 203/2018, 25-4, se opta, también, por el concurso medial…pero se invoca el artículo 77.1 y 2, CP, aunque la pena que se aplica parece ser la recogida en el núm. 3 del artículo acabado de citar. En todo caso no se proporciona una cuidadosa motivación de por qué concurso medial y no real. Pero ya en la STS 354/2018, 12-7, se ofrece alguna motivación más reforzada:

"No obstante, la manifiesta voluntad impugnativa plasmada nos lleva a suscitar de oficio una cuestión no planteada pero que salta enseguida a la vista: el tipo de concurso establecido entre ambos hechos delictivos. No se explica por qué se han catalogado como concurso real cuando debiera ser medial con las consecuencias penológicas que ello comporta y que habrán de reflejarse en la segunda sentencia (art. 77.3). La tentativa de homicidio se presenta como el medio para el apoderamiento patrimonial: es una relación instrumental que ha de castigarse en la forma establecida en el art. 77.3 CP y no como ha llevado a cabo la sentencia de instancia (STS 102/2018, de 1 de marzo)… Como se ha razonado en la anterior sentencia el delito de homicidio en grado de tentativa está en relación de concurso medial con el delito de robo: ello supone que los hechos han de castigarse conforme determina el art. 77.3 CP. La violencia del ataque y las gravísimas lesiones efectivamente producidas así como las demás circunstancias resaltadas en la sentencia de instancia (como la nocturnidad) nos lleva en el delito intentado de homicidio a buscar los tramos superiores de la pena imponible (entre cinco años y diez años menos un día) debiendo imponerse una pena superior a la que le hubiese correspondido

en concreto. La presencia del robo consumado que merecería una pena de tres años y seis meses de prisión, invitan a buscar una duración concreta alta para no dejar casi impune uno de los dos delitos. La pena única de diez años se revela como adecuada".

De todas formas sigue, entendemos, sin ser solucionado correctamente, al menos en todos los casos, el problema concursal. Tanto con ocasión de la concurrencia de delitos de lesiones y robo violento, como en los supuestos en los que concurren robo violento, detenciones ilegales y lesiones.

Comenzando por este último caso se repiten una y otra vez la siguiente relación de hechos probados: A, B y C., entran por la noche en la finca perteneciente a F. y M., allí golpean a estos últimos produciéndoles lesiones, les atan, amenazándoles con mucha agresividad, desvalijan el inmueble y les dejan atados mientras escapan, situación en la que las víctimas permanecieron un largo tiempo. La calificación que se efectúa de los hechos, una y otra vez, y sirva como referente la STS 730/2024, 11-7 (véanse también SSTS 522/2024, 3-6; 64/2024, 24-1, y 357/2022, 7-4), es la siguiente: robo con violencia en concurso medial con detenciones ilegales, y en concurso real con lesiones. Pues bien, entendemos que esa calificación no es adecuada. En efecto, repasando los hechos resulta que los sujetos activos nada más entrar en la vivienda ejercen violencia para someter a los habitantes de la misma con la intención de despojarles de sus bienes. En ese mismo momento resultan concluidos dos delitos: tentativa de robo violento —que luego con el apoderamiento se terminaría consumando— y lesiones: es decir, con un solo acto se realizan esos dos injustos, que obviamente están en relación de concurso ideal (un solo hecho constituye dos delitos —art. 77.1, CP). Las detenciones ilegales sólo se pueden, como veremos inmediatamente más abajo, predicar de la privación de la libertad ambulatoria que supere las necesidades objetivas para la realización del tipo depredatorio; o sea: el tiempo que permanecieron atados en el inmueble tras la huida de los sujetos activos. Por lo tanto, la calificación correcta será, la de robo violento en concurso ideal con lesiones y en concurso real con detenciones ilegales.

En cuanto al primer caso planteado es evidente que la relación típica entre violencia y apoderamiento es lo que da lugar al complejo, y las lesiones "sobrantes" (que vayan más allá del maltrato de obra), consumadas, tienen que ir necesariamente a concurso ideal…, pues ellas supusieron el inicio del delito de apoderamiento y la consumación del injusto de lesiones.

2. *Otros concursos*

2.1. Con detenciones ilegales

La Jurisprudencia del Tribunal Supremo distingue los siguientes supuestos: *"1º. El que podemos considerar ordinario, que parte de la concepción de que en todo delito de robo con violencia o intimidación en las personas hay siempre una privación de la libertad ambulatoria, consecuencia necesaria del acto de amenaza o de fuerza física que paraliza los movimientos de la víctima. Habría aquí concurso de normas, con particular aplicación de la regla de la absorción del nº 3º del art. 8 CP, porque el precepto más amplio o complejo —el mencionado robo— consume en su seno aquel otro más simple —la detención ilegal… 2º. Aquél en que no se produce esa coincidencia temporal, pues, consumado el hecho de la apropiación material del bien mueble ajeno, se deja a la víctima o a algún rehén atado, esposado, encerrado, en definitiva impedido para moverse de un sitio a otro. Si ello se hace en condiciones tales que el autor del hecho puede pensar que esa priva-*

ción de libertad posterior al hecho de la consumación del robo lo ha de ser, no por unos breves momentos, ordinariamente el necesario para poder escapar, sino que cabe prever que tardará algún tiempo en verse libre, nos hallaríamos ante un concurso real de delitos, el primero de robo, y el posterior de detención ilegal a castigar conforme al art. 73 CP.

3°. Por último, puede ocurrir que sí exista esa coincidencia temporal entre los dos delitos pues la detención se produce durante el episodio central del robo, es decir, mientras se están realizando las actividades necesarias para el apoderamiento de la cosa; pero ello durante un prolongado periodo de tiempo, o una entidad vejatoria desproporcionada, durante el cual simultáneamente se está produciendo el despojo patrimonial y el atentado a la libertad personal. Desde el punto de vista del criterio de la valoración jurídica antes referido, hay que decir que en estos casos la significación ilícita de la detención tiene tal relevancia que no cabe afirmar su absorción en el robo como elemento integrante de la violencia o intimidación propia de este último delito. Nos encontraríamos entonces ante un concurso ideal de delitos del art. 77 CP" [STS 1001/2009, 1-10 (*Tol 1747833*); en el mismo sentido, SSTS 822/2024, 2-10, y 500/2023, 22-6].

Resulta importante, en todo caso, subrayar los supuestos, ya aludidos en el pasaje de la sentencia acabada de citar, en que al sujeto pasivo del robo se le deja un tiempo después de la consumación de éste, inmovilizado, para asegurarse la impunidad. Con semejantes hechos es palmario que ninguna conexión puede existir entre las "necesidades propias de la dinámica del robo" con la privación de libertad ambulatoria. Sin duda alguna nos encontraremos ante un concurso real de delitos. Esta idea es participada, como decimos, por la Jurisprudencia para la cual, "es patente que se está ante un concurso real de delitos y por tanto cada delito mantiene su propia autonomía y sustantividad. Son casos en los que la privación de libertad puede coincidir temporalmente con el delito principal, pero no está relacionado con él, no es medio instrumental para la ejecución de éste, o incluso puede aparecer la detención con posterioridad a la ejecución de aquél, generalmente para facilitar la impunidad del mismo. Serían supuestos de este concurso real una detención cuya duración excediera, y con mucho, el tiempo necesario para el acto depredatorio, o llevada a cabo después de éste para facilitar la impunidad "(STS 366/2014, 12-5).

En todo caso, y como idea general, para deslindar correctamente entre detenciones ilegales y robo resulta preciso caracterizar adecuadamente las detenciones ilegales, lo que no siempre se hace. En efecto, el delito de detenciones ilegales es un delito permanente, de consumación instantánea, en tutela de la libertad ambulatoria. Por lo tanto, salvando la insignificancia como en cualquier otro delito (es decir, habida cuenta de la exigencia de significatividad en la lesión del objeto jurídico), en el momento en que se produce una privación de libertad ambulatoria se consuma el delito. Sólo la afirmación de un concurso de leyes, en este caso, con lo necesario para la concreta modalidad de dinámica delictiva por la que haya optado el autor del acto depredatorio, podrá impedir la afirmación de un delito autónomo de detenciones ilegales ante la opción por el concurso de leyes. Todo eso en el bien entendido que no cualquier "capricho" del sujeto activo en la ejecución del robo hará surgir el concurso de normas y la elección por el robo abrazando toda la dinámica delictiva (privación de la libertad ambulatoria incluida). Por lo tanto: no puede dejarse al libre antojo del sujeto activo del delito patrimonial cuándo entra en juego, con sustantividad propia, es decir: en concurso real, el delito de detenciones ilegales. Esto quiere significar que la decisión sobre el concurso (de normas o de delitos) implica una valoración previa sobre la dinámica del robo, en el sentido de objetivar lo que se entienda "necesario", según el abstracto plan del autor, para la comisión del delito patrimonial. En este sentido todo lo que fuera objetivamente excesivo para la realización del ilícito de apoderamiento, debería ir a concurso de delitos: todos los "males de lujo" hay que hacerlos concurrir —refiriéndonos ahora a las detenciones ilegales— en concurso real. De otra forma entendida la cuestión, será el sujeto activo quien decida sobre la entrada en vigor, en lo particular, del delito de detenciones ilegales, lo que es más graves si tenemos en cuenta que ya en el tipo básico (art. 163.1, CP) el delito contra la libertad amenaza con una pena más grave que el delito patrimonial (art. 242.1, CP).

Pues bien, la Sala 2ª del TS, en una reciente resolución, ha caracterizado, a nuestro entender muy acertadamente, los signos distintivos de las detenciones ilegales al punto de simplificar extraordinariamente todos los problemas de concurrencia del robo con las detenciones ilegales. Se trata de la STS 194/2024, 29-2 (Ponente Manuel Marchena Gómez): Es indudable que el tiempo durante el que se mantiene la ofensa al bien jurídico libertad ha de ser necesariamente ponderado por el órgano decisorio en el momento de formular el juicio de tipicidad. Hemos dicho que el delito de detención ilegal supone la privación de libertad ambulatoria del sujeto pasivo mediante conductas que puedan ser comprendidas en el significado de los verbos encerrar o detener. Es una infracción instantánea que se consuma desde el momento mismo en que la detención o el encierro tienen lugar, aunque el tiempo es un factor que debe ser valorado, pues para la consumación es preciso un mínimo relevante (79/2009, 10 de febrero y 812/2007, 8 de octubre). También hemos puntualizado que el hecho de que el delito se consume desde el momento inicial del encierro o detención no excluye la consideración de que el principio de ofensividad exige una mínima duración de la acción típica, para que ésta alcance la relevancia necesaria (STS 48/2005, 28 de enero). Sin olvidar que el mayor o menor lapso durante el cual se proyecta el delito no es lo más relevante, pues lo esencial es la privación de libertad, aunque sea por breve espacio y el ánimo del autor orientado a causarla. Conviene no olvidar, en definitiva, que nuestro sistema constitucional no tolera lo que pudieran considerarse vulneraciones insignificantes de la libertad individual. O la libertad existe y como tal puede ser ejercida o la libertad está siendo menoscabada, en cuyo caso, el delito se consuma. Se trata, en fin, de tutelar un bien jurídico cuya vigencia ha de afirmarse con criterios cualitativos, nunca cuantitativos. Sin perjuicio, claro es, de que la efectiva intensidad de la ofensa a la libertad haya de ser modulada en el juicio de tipicidad o en el proceso de individualización de la pena. En definitiva, no existen detenciones ilegales leves, en atención al menor tiempo transcurrido desde el momento en el que se priva de libertad hasta el instante en el que ésta se recupera. La libertad existe o ha sido restringida. Y en el presente caso, sin duda alguna, fue restringida".

2.2. Con allanamiento de morada

El Tribunal Supremo, tradicionalmente, ha estimado que si la invasión domiciliaria se producía para —como medio— realizar el apoderamiento patrimonial, el concurso sería medial entre el robo violento o intimidatorio y el tipo de allanamiento [STS 544/2009, 20-5 (*Tol 1564625*)]. Esta opción la apoyaba el Alto Tribunal con los siguientes argumentos: a) Que a diferencia de lo que ocurre en el robo con fuerza, en el tipo del artículo 242 CP no se contempla agravación por casa habitada; b) Porque los bienes jurídicos tutelados en uno y otro precepto son diferentes, y c) Porque en el tipo de allanamiento de morada no se exige ningún ánimo específico [STS 864/2009, 13-7 (*Tol 1594288*)].

Sin embargo, en la reforma llevada a cabo por la LO 5/2010, de 22 de junio, se ha incluido un número 2 en el art. 242, CP con el siguiente tenor:

"Cuando el robo se cometa en casa habitada o en cualquiera de sus dependencias, se impondrá la pena de prisión de tres años y seis meses a cinco años".

Pues bien, a la vista del nuevo precepto —que como luego veremos no va a influir normalmente en la determinación de la pena, aunque sí en el caso de que concurriera con uso de armas o se atacare a los auxiliadores del sujeto pasivo— es evidente que los correctos argumentos esgrimidos por el Tribunal Supremo hasta la LO 5/2010 perdieron toda actualidad, y que a partir de esa Ley de reforma en los casos habituales de allanamiento para realizar el apoderamiento se ha aplicado el nuevo tipo agravado —entre la multitud de sentencias, véase STS 910/2024, 30-10— (hay, sin embargo, unos casos que no resultan afectados por el nuevo art. 242.2, CP y en los que se deberá seguir acudiendo al concurso, nos referimos a los supuestos abarcados por el art. 203.1, CP).

2.3. Con delitos de atentado a la autoridad

Los supuestos más habituales son los siguientes: a) Cuando el delincuente sorprendido en la ejecución del robo ya considerado violento o intimidatorio, y para lograr la huida agrede a un agente de la autoridad [supuestos contemplados en las SSTS 350/2022, 6-4; 490/2007, 7-6, y 1872/2000, 5-12 (*Tol 117335*)], y b) Cuando el delincuente para posibilitar el apoderamiento agrede a un agente de la autoridad, siendo la agresión, por lo tanto, parte de la dinámica delictiva planeada para acceder a la cosa. En el primero de los casos, y ante la diversidad de los bienes jurídicos atacados y la imposibilidad de abarcar todo lo injusto del hecho con la exclusiva aplicación del tipo de robo violento, se aplicará un concurso real entre robo violento y delito de atentado a la autoridad (artículo 550, CP, aunque debe advertirse que en no pocas ocasiones se califica como "atentado" lo que en realidad es "resistencia", véase en este sentido la, acabada de citar, STS 350/2022, 6-4; véanse también las SSTS 144/2021, 18-2, donde se condena por atentado cuando, a nuestro entender, lo hubiera debido ser por resistencia, y 245/2016, 30-3, donde correctamente se opta por atentado frente a la resistencia indicando las diferencias entre ambos delitos). En el segundo de los supuestos estimamos que se debe llegar a la solución del concurso ideal (no medial), pues con un solo hecho ha realizado dos tipos penales imposibles de reconducir al sólo robo violento.

Supuesto ligeramente distinto es aquel en el que (como contempla la STS 15/2017, 20-1; ¡los hechos juzgados ocurrieron diez y siete años antes!, y no era preciso llevar a cabo investigaciones particularmente complicadas) el sujeto activo tras utilizar intimidación para apoderarse de la cosa, en la huida se enfrenta a agentes de policía a los cuales hiere y, en algún caso, trata de dar muerte. En esos supuestos la calificación más correcta sería: robo intimidatorio —agravado por uso de armas de fuego—, en concurso real con tentativa de homicidio agravado (art. 138.2 b, CP, aunque en el caso particular se acudió al homicidio simple en concurso ideal con delito de atentado, pues al ser los hechos del año 2000 le era más favorable la legislación vigente en ese momento) que a su vez juega en concurso real con los delitos de lesiones que procediera que entrarían en concurso ideal con delitos de atentado, y en concurso real con delito de tenencia ilícita de armas.

2.4. Con agresiones sexuales

Se plantean varios supuestos, el primero de ellos cuando el autor de un delito de agresiones sexuales tras consumar este delito al que ab initio estaba dirigido exclusivamente su dolo, aprovecha el estado de decaimiento de la víctima por la violencia o intimidación ejercidas para el injusto sexual y atenta contra el patrimonio de su víctima; en estos supuestos se entiende que procede la calificación de concurso real entre las agresiones sexuales y robo violento por el aprovechamiento que el sujeto hace de la violencia anteriormente ejercida [STS 396/2008, 1-7 (*Tol 1343757*)]. El segundo caso sería el inverso al anterior y por idénticas razones su calificación análoga (es el supuesto que, por ejemplo, se contempla en la STS 666/2024, 26-6). En el último relato mencionado nos hallamos ante una violencia o intimidación indiferenciada en cuanto a su concreta finalidad, es decir: el sujeto activo pretende someter a la víctima a su voluntad para posteriormente imponerle diversos comportamientos. Así las cosas, dirige primero su conducta al atentado patrimonial y ante el fracaso en su objetivo por falta de cosa mueble de la que apoderarse, redirecciona posteriormente a la agresión sexual para posteriormente lograr el apoderamiento [caso planteado en la STS 673/2007, 19-7 (*Tol 1123991*); en otras ocasiones primero se pronuncia por el atentado patrimonial y después por el sexual, aunque éste ya había sido dejado "preparado" desde el primer momento, véase el supuesto de la STS 543/2024, 6-6]. Pues bien, esa violencia que preside las diversas acciones del sujeto permitirá afirmar la comisión de los diversos injustos en concurso real.

2.5. Con amenazas

El principal problema reside en diferenciar entre robo con intimidación y amenazas condicionales lucrativas. En ese sentido el criterio mayoritario en la doctrina (por todos RUIZ ANTÓN), y que acogemos, es entender que el robo exige la inmediatez en la entrega de la cosa (que es lo que más y mejor se corresponde con la conducta típica del "apoderamiento" tal y como lo hemos definido más atrás) como consecuencia del contenido de la intimidación ejercida.

Un supuesto particular se produce en aquellos casos, frecuentes por otra parte, en que se profieren amenazas a las víctimas del robo para que no denuncien los hechos o no identifiquen a sus autores; en estos casos la Jurisprudencia entiende que las amenazas no resultan absorbidas por el robo y entrarán en concurso real con éste [STS 1020/2007, 29-11 (*Tol 1227430*); en sentido contrario la STS 396/2008, 1-7 (*Tol 1343757*), al entender que hubo unidad de hecho con el contenido intimidatorio de los actos depredatorios]. Sin embargo, en ocasiones, a esas amenazas para no denunciar proferidas tras acabar los actos de apoderamiento no se les proporciona relevancia (debe tenerse en cuenta —lo repetimos una vez más— que los tribunales están sometidos al principio acusatorio, y si la Fiscalía no acusa resulta imposible jurídicamente condenar). Es el caso, por ejemplo, del ATS 274/2023, 16-3.

2.6. Delitos contra la intimidad

Es el caso contemplado en la STS 543/2024, 6-6, en la que el acusado con un dolo indiferenciado desde el inicio de los comportamientos, lleva a cabo sendos delitos de robo violento, posteriormente un ataque sexual y finaliza con una agresión a la intimidad de la sujeto pasivo (artículo 197.1, CP).

2.7. Delito continuado

La Jurisprudencia viene entendiendo de manera uniforme que al tratarse el delito de robo con violencia de un tipo pluriofensivo en el cual se protegen también bienes eminentemente personales como la vida y la salud, y a la vista de lo dispuesto en el artículo 74.3 CP, no cabe apreciar delito continuado [SSTS 97/2010, 10-2 (*Tol 1788422*), y 85/2009, 6-2 (*Tol 1454057*)]. En este sentido, y recientemente, la STS 405/2021, 12-5, manifiesta: "[L.]os delitos de robo con violencia o intimidación contienen en su estructura típica una pluralidad de bienes jurídicos atacados que se encarnan en el derecho a la propiedad y en el derecho a la vida y a la integridad física y moral, bienes éstos, eminentemente personales que vetan la aplicación del delito continuado aunque ello suponga una agravación de la entidad punitiva que corresponde a cada uno de los delitos penados separadamente. Es evidente que es esa la consideración que merece el delito de robo con violencia e intimidación, en cuanto que, aunque la finalidad sea eminentemente patrimonial (apoderarse mediante medio o violencia de una cosa ajena), la utilización de esos medios afecta a bienes de naturaleza obviamente personal como lo son la integridad física y psíquica de las personas".

2.8. Cadenas de delitos en concurso

No es inhabitual que el sujeto activo realice el tipo de robo violento en concurso ideal con lesiones, y como tipos acompañantes alguno de detenciones ilegales, allanamiento de morada, etc., en concurso real con otros tipos, por ejemplo, atentado contra la autoridad (verbigracia STS 522/2024, 3-6). En esos supuestos y ante las diferentes soluciones ofrecidas tanto por Doctrina como por Jurisprudencia [véase STS 179/2007, 7-3 (*Tol 1053722*)], entendemos que a la vista de lo preceptuado en el art. 77.1, CP y en tanto que la previsión del concurso ideal no impide contemplar más de dos infracciones, que no es posible constituir tantos concursos ideales como veces se haya combinado el robo violento con algún otro tipo (porque ello supondría conculcar el ne bis in idem), y que es menester evitar favorecer a aquél que realiza más tipos penales frente al que cumple menos de ellos (y en ese sentido, para impedir que sufran las finalidades de prevención general negativa), la solución más adecuada sería la siguiente: si con un solo hecho el sujeto ha realizado varios tipos penales lo adecuado es apreciar un solo concurso ideal compuesto por todos esos singulares preceptos penales; si, aUn estando en relación típica con el apoderamiento, el sujeto activo se ha visto precisado a realizar varios hechos (por ejemplo, lesiones en el exceso de violencia y posterior detención ilegal no absorbible en el tipo de robo violento), en ese caso habría que ir a concurso real entre un delito de robo violento en concurso ideal con lesiones y el correspondiente delito de detenciones ilegales.

XI. EL TIPO AGRAVADO DE ROBO EN CASA HABITADA O SUS DEPENDENCIAS

Como más atrás se ha comentado la LO 5/2010, de 22 de junio, ha reenumerado el art. 242, CP e introducido un nuevo núm. 2 con el siguiente contenido: "*Cuando el robo se cometa en casa habitada o en cualquiera de sus dependencias, se impondrá la pena de prisión de tres años y seis meses a cinco años*".

Este precepto no figuraba en el texto remitido por el Gobierno a Las Cortes y fue introducido en el Congreso gracias a una Enmienda —aún más represiva de la que finalmente salió adelante— presentada por el Grupo Popular, cuya justificación lo único que vino a poner de manifiesto es la monumental ignorancia e incompetencia de sus promotores —y de quienes apoyaron la Enmienda, es decir del resto de los Grupos Parlamentarios así como de sus asesores— sobre la legislación, la Doctrina científica y la Jurisprudencia del Tribunal Supremo en materia penal. En efecto, en la citada justificación de la Enmienda se llega a decir:

> *"Actualmente, por concurrencia de diversas circunstancias, proliferan los robos en casa habitada en los que es muy frecuente que se busque por sus autores que los moradores se encuentren dentro de la vivienda...La situación actual del Código Penal determina que, frente a la regulación anterior a la reforma del 95 la agravante de casa habitada sólo es aplicable al robo con fuerza...En definitiva, al actual Código Penal le es indiferente que se trate de un simple 'tirón' de un bolso en la calle con mínima violencia y de escasos segundos de duración que un asalto 'en toda regla' a una casa, invadiendo la intimidad de la morada, con grave violencia e incluso prolongada durante horas y con las graves secuelas psicológicas que supone la agresión en el propio domicilio".*

Pues bien, es radicalmente falso que al "actual Código Penal le sea indiferente" que el robo se haya realizado o no en casa habitada, y a tal efecto la Jurisprudencia —como ya hemos puesto de manifiesto más atrás en materia de concursos— cuando los sujetos activos se han valido de allanamiento para perpetrar el robo, han estado acudiendo al concurso de delitos e impuesto como sanción la pena correspondiente a la mitad superior de la prevista para el delito más grave —excepto casos excepcionales en los que, como indica POMARES CINTAS, se acude al concurso real. Es decir: justamente la que se prevé en el nuevo precepto tras la reforma de 2010, por lo que es fácil llegar a la conclusión de que éste, en el sentido indicado, nada añade. Además, y como ha manifestado DOPICO GÓMEZ-ALLER, los enmendantes en la justificación de su propuesta manifiestan una grave confusión entre el robo en casa habitada y la detención ilegal o toma de rehenes.

La cuestión, sin embargo, no es sólo que los Diputados —la mayoría— no sepan nada de Derecho Penal —lo que, eso sí, no les arredra a la hora de opinar sobre las cuestiones técnicas más complicadas en la materia—, sino que tampoco, como es lógico, poseen memoria histórica sobre legislación criminal, ni se rodean de personas que se la puedan refrescar. Por ello, naturalmente, desconocen los enormes problemas que los antiguos delitos complejos del art. 501 CP1973 habían planteado a la Doctrina y a la Jurisprudencia (por todos RUIZ ANTÓN), y la incertidumbre que suscitaron el ámbito de aplicación y la hermenéutica de la vieja agravación de casa habitada (art. 506.2ª CP1973), todo lo cual ahora, en parte, se volverá a cuestionar (en materia, sobre todo, de error y participación criminal, donde se planteará el viejo problema de si castigar al autor por el tipo agravado y al partícipe y al que actuó en error por el tipo básico, rompiendo así el título de imputación). En fin, que con este Legislador bien se puede decir aquello de que "el tiempo no pasa".

Pero es que, además, mientras tiene todo el sentido construir un tipo agravado por el peligro que para la vida o la salud de los sujetos pasivos puede tener la realización de un robo con fuerza en casa habitada dado el bien jurídico que se protege en el art. 237, CP, no lo tiene en el caso del robo con violencia o intimidación ya que de este injusto forma parte ese mayor peligro (y de ahí que se castigue con una pena superior en el tipo básico a la prevista para el robo con fuerza). Por ello, lo adecuado en el caso de que el ataque se produzca en una casa habitada, sería acudir al concurso de delitos porque lo que hay que tener en cuenta es el bien jurídico protegido en el allanamiento: la intimidad.

Debe hacerse, asimismo, alusión a aquellos casos en los cuales los moradores en el momento en concreto en que se lleva a cabo el asalto no son los habituales de la morada (sean o no propietarios, pues pueden "morar" habitualmente en virtud de otro título, como el de arrendatario, usufructuario, etc., véase, *v.gr.*, STS 711/2021, 21-9), sino unos terceros con autorización del poseedor. Pues bien, se afirma, muy correctamente a nuestro entender, en la SJP, nº 2, León, 18/2019, 25-1, que "Para responder a esta cuestión parece razonable atender al fundamento que, según la jurisprudencia, legitima la imposición de mayor pena en el caso de que los robos se realicen en casa habitada. Así, si como se ha indicado el fundamento de dicha agravante reside tanto en la lesión a la intimidad personal o familiar como en el riesgo a bienes jurídicos de carácter personal (aunque esto va de suyo en el delito de robo con violencia o intimidación en las personas), ambos se ven lesionados con independencia de que el sujeto de la violencia o la intimidación sea el morador o un tercero".

En cuanto a la interpretación de los elementos de la agravante, remitimos a lo ya dicho al analizar el art. 241.1, CP. Sólo añadir que la incorporación de este tipo agravado excluye las reglas del concurso de delitos en el tratamiento del allanamiento de morada (POMARES CINTAS excepciona algunos supuestos en los que habría que acudir al concurso, como en el caso de que el robo violento se perpetre en edificio o local abiertos al público —supuestos del art. 203.1 CP—, ya que esos casos no están integrados en la agravación del robo —este es, por cierto, uno de los peligros de acudir irreflexivamente a las agravaciones específicas, que se pueden dejar fuera del ámbito de esos tipos agravados casos en los que el desvalor es idéntico al de los incluidos).

XII. EL TIPO AGRAVADO DE ROBO CON USO DE ARMAS O INSTRUMENTOS PELIGROSOS Y EL ATAQUE A LOS QUE AUXILIEN A LA VÍCTIMA

1. Uso de armas

1.1. Consideraciones generales

Este precepto ha sufrido dos mínimas modificaciones con la LO 5/2010, de 22 de junio, la primera su reenumeración y la segunda una agravación por utilización de medios (supresión de la exigencia de que las armas o los medios peligrosos los hubiera llevado el sujeto, con lo que se quiere ampliar la agravación a supuestos, nada inhabituales, como los contemplados en la STS 557/2007, 21-6). Dice así el art. 242.3, CP:

"Las penas señaladas en los apartados anteriores se impondrán en su mitad superior cuando el delincuente hiciere uso de armas u otros medios igualmente peligrosos, sea

> *al cometer el delito o para proteger la huida, y cuando atacare a los que acudiesen en auxilio de la víctima o a los que le persiguieren".*

Se trata de un tipo agravado (en el mismo sentido VIVES ANTÓN/GONZÁLEZ CUSSAC) que procede del CP de 1944 aunque en todo nuestro Derecho histórico la tenencia de armas en manos de los sujetos activos de los delitos de robo (especialmente en los referidos a casa habitada y llevados a cabo con alguno de los medios típicos del robo con fuerza), ha estado presente. Desde luego, y en ello se muestra conforme la Jurisprudencia [por todas, STS 517/2002, 18-3 (*Tol 156548)*], la ratio de la agravación se encuentra en el mayor peligro para la vida o la salud que supone el efectivo empleo de los dichos instrumentos en la dinámica del delito de apoderamiento, y ello tanto si se realiza el robo con intimidación como si se lleva a cabo con violencia (PÉREZ MANZANO).

1.2. Ámbito de la agravación

Dada la ratio de la agravación se plantea su aplicabilidad en aquellos supuestos en los que la violencia ejercida se ha concretado en un resultado: lesiones u homicidio. En tales casos, entendemos y para evitar la conculcación del principio *ne bis in idem*, sólo cabría aplicar el tipo agravado cuando el peligro puesto en ser por el uso de armas no ha sido consumido totalmente por el tipo de resultado o se ha manifestado en un momento distinto en la dinámica delictiva (en contra MUÑOZ CONDE). Verbigracia, cuando el uso de las armas se ha dirigido contra una pluralidad de personas y el resultado sólo se ha concretado en una de ellas (se trata de un mecanismo normal de aplicación en los supuestos de concurrencia de tipos de peligro y de lesión), o cuando el uso de armas concurrió en la fase de "poner mano sobre la cosa" o de aprehenderla y su concreta utilización contra la misma persona sólo se produjo más tarde durante la persecución del sujeto activo.

En el caso de la intimidación sólo será posible aplicar la agravación en aquellos casos en los que la compulsión moral se haya realizado con un arma o instrumento, y que se trate, objetivamente, de utensilios que, por sus características, sean capaces de originar el peligro prevenido por el tipo. También abarcaría los casos en los que tras una intimidación sin armas o instrumentos peligrosos o con la utilización de objetos que más allá de lo sugestionado a los sujetos pasivos no representen peligro alguno, se usen en la huida armas o útiles que sí sean capaces de generar el peligro prevenido.

1.3. Concepto de "armas" e "instrumento igualmente peligroso"

"Su fundamento… se halla, no simplemente en la mayor gravedad coactiva o intimidante del autor, sino en el aumento del peligro para los bienes jurídicos de la víctima, la vida o la integridad personal, que es consecuencia del uso de armas o medios peligrosos considerándose comprendidos en estos últimos, las pistolas de balines, de gas, aire comprimido, fogueo y detonadoras (STS 1294/98, de 22 de octubre; 120/2010, de 27 de enero)" (STS 650/2016, 15-7).

La Jurisprudencia ha acogido un concepto amplio de "armas", entendiendo por tal todo instrumento apto para lesionar o defenderse [STS 517/2002, 18-3 (*Tol 156548)*]; comprendiendo en este concepto las armas de fuego —por tales se entiende aquellas que tienen aptitud para propulsar proyectiles [STS 1524/1999, 23-12 (*Tol 273309)*], entre las que se incluyen las pistolas detonadoras (JGTS 21-1-2000), también las pistolas tipo '*airsoft*' de proyectiles plásticos eléctricas [STS 650/2016, 18-3; pero que si no funcionan o no existe prueba de que la tal cosa suceda, pues dado el material del que están hechas pueden alcanzar la consideración de "instrumento peligroso"]—, las llamadas armas blancas (puñales, estiletes, navajas automáticas, cuchillos, machetes, bastones estoque, sable, hacha, etc., [véanse RD 137/1993, de 29 de enero, por el que se aprueba el Reglamento de Armas, y SSTS 133/2008, 10-4 (*Tol 1303040)*, y 74/2001, 22-1 (*Tol 27751)*; también una daga (STS 245/2016, 30-3)], y aquellas otras que obtienen impulso no mediante la deflagración de la pólvora —como las de fuego— sino de otro modo, tales como ballestas, arcos, hondas o aquellas que utilizan sistemas de impulso como el del aire comprimido y similares. "En el caso de que no conste las características del arma, si era real o simulada, se hallaba cargada o no, o se encontraba en buen estado de funcionamiento, no podrá conceptuarse como arma a efectos del precepto que comentamos pero sí como instrumento peligroso, caso de que el arma en cuestión sea esté fabricada con materiales compactos y duros que permitan al agresor utilizarla como objeto contundente" (STS 171/2024, 26-2).

En la expresión "instrumento peligroso" se integran todos aquellos que por su propia naturaleza o forma en que puedan ser manejados, representen un riesgo potencial grave para las personas amenazadas [ATS 28-4-1999 (*Tol 440223)*], entre los que se integran las armas de fuego que se emplean como objetos contundentes [STS 861/2002, 18-5 (*Tol 173683)*], incluidas las inidóneas para el disparo [STS 861/2002, 18-5 (*Tol 173683)*]; aunque en este caso la subsunción no es automática, siendo de apreciar únicamente cuando, teniendo en cuenta las características del arma de fuego —consistencia, tamaño, etc.—, hubiera sido realmente empleada como instrumento contundente para golpear o amenazar con hacerlo; es decir, que la decisión depende del uso agresivo que efectivamente se hubiera dado al arma de fuego inidónea para el disparo. Por lo tanto si el autor amenazó al sujeto pasivo agarrando una escopeta por el cañón para golpearlo con la culata, podría aplicarse el art. 242.2, CP, aunque el arma no sirviera para disparar, pues en tal caso se la habría empleado realmente como medio peligroso. Por el contrario, si sólo se la había exhibido para fingir un arma de fuego, se debería excluir la agravación; véase también en este sentido STS 302/1996, 10-4 (*Tol 406721)* —sin embargo, hay alguna Jurisprudencia [STS 15/2006, 13-1 (*Tol 827097)*] en la que se aplica la agravación, caso de una pistola simulada grande y metálica, por más que únicamente se utilizó para intimidar; en todo caso es preciso conocer las características del arma de fuego simulada, pues si no es así no será posible aplicar el tipo agravado ni siquiera pensando en la utilización del arma únicamente para golpear [en este sentido STS 1482/2005, 2-12 (*Tol 856177)*]. También se consideran instrumentos "igualmente" peligrosos: una barra de hierro [SSTS 650/2016, 15-7; 314/2015, 4-5, y 2144/2001, 13-11 (*Tol 103052)*], una barra metálica terminada en punta afilada [STS 308/2005, 8-3 (*Tol 614360)*], los automóviles, motocicletas y ciclomotores [STS 1595/2002, 25-10 (*Tol 239781)*], botellas de cristal y gas "mostacilla" [STS 1739/2002, 23-10 (*Tol 229847)*], un martillo [STS 1321/2002, 12-7 (*Tol 203083)*], las jeringuillas hipodérmicas (ATS 27-9-2000), pero con su aguja [STS 24/2004, 20-1 (*Tol 352509)*] —si no la llevare, no puede aplicarse el tipo agravado [STS 1122/2003, 8-9 (*Tol 312037)*], un destornillador [STS 1139/1997, 23-9 (*Tol 407779)*], un tenedor de tres puntas [STS 753/2004, 11-6 (*Tol 483605)*], unos "puños americanos" y sprays que se arrojan en la cara [STS 953/2004, 22-7 (*Tol 483703)*], la pistola de fogueo utilizada a corta distancia [STS 329/2002, 27-2 (*Tol 156643)*], o un sacacorchos y un bastón [STS 753/2004, 11-6 (*Tol 483605)*]. Carece, en cambio, de consideración de medio peligroso —aunque no se sabe por cuánto tiempo, dada la deriva extensiva de la Jurisprudencia del Tribunal Supremo en este punto— un bolígrafo o un lápiz [STS 1592/1998, 31-1 (*Tol 11672)*].

Al margen de casuística, la Doctrina (BRANDARIZ GARCÍA) construye el elemento "medio peligroso" sobre la base de su capacidad lesiva, y en ese sentido estima que debe tratarse de un riesgo de lesión cualitativamente distinto al que implican las conductas sancionadas en los restantes tipos de robo, por lo que habrán de excluirse de la cualificación los supuestos en los que el peligro de lesión es sólo leve o aquéllos en los que la utilización de los medios no suponga un plus de peligrosidad respecto a los casos de simple empleo de violencia corporal. En todo caso y tal y como se ha adelantado, la Jurisprudencia está extendiendo, más allá de lo que permite la letra del precepto, el concepto de "medio peligroso", sobre todo si tenemos en cuenta que el tipo penal se refiere a "medios *igualmente* peligrosos"; es decir: la cuestión no es, o no es solamente, que el medio sea peligroso, sino que lo sea igualmente que lo es un arma. Dicho de otra manera: el medio ha de tener la misma potencialidad objetiva de peligro que el arma (que "las armas", que cualquier objeto considerado "arma"), de forma tal que si no lo tuviere por más que su utilización en el caso concreto haya supuesto la causación de un gran peligro, no será posible la aplicación del tipo agravado.

1.4. El uso

Ya se señalaba más atrás cómo en la última reforma penal se ha suprimido la exigencia de que el sujeto llevare consigo las armas o instrumentos de los que después se sirvió en la realización del hecho. De esta forma el Legislador ha querido alcanzar dos finalidades: la primera ampliar al ámbito de aplicación de la agravante, pues en adelante bastará con que el sujeto use el arma o instrumento en el sentido antedicho con independencia de que la llevare o se la encontrare en el lugar de los hechos; y la segunda —y creo que principal a la vista del estudio de la Jurisprudencia, aunque obviamente se entra en un proceso de intenciones al decir esto, ya que el Legislador no ha tenido la gentileza de motivar en este punto la reforma— superar problemas de prueba que continuamente se planteaban. Es decir: uno de los argumentos de las defensas ante la pretensión de las acusaciones de aplicar el tipo agravado, era que el arma no lo llevaba el sujeto activo sino que la había encontrado en el escenario del crimen [véase por ejemplo en este sentido, STS 472/2007, 24-5 (*Tol 1106855*)]; así, en los casos en los que se lograba crear la duda en el órgano sentenciador se beneficiaba el sujeto, como es lógico, del *in dubio pro reo*. Con esta reforma se conseguirá, no cabe duda, incrementar notablemente los supuestos de aplicación del tipo agravado.

Como se indica pues, hasta la entrada en vigor de la reforma operada por la LO 5/2010, de 22 de junio, la Jurisprudencia requería que el arma hubiera sido llevada al lugar de la sustracción por el autor material, y no se apreciaba el uso del arma si se había tomado *"in situ"* [SSTS 1279/2002, 4-7 (*Tol 202466*), y 517/2002, 18-3 (*Tol 156548*); también JGTS 9-2-2001], opción normativa que la Jurisprudencia justificaba "por la mayor potencialidad agresiva que determina...[y] la mayor antijuridicidad del comportamiento penal desplegado" por el sujeto que llevaba ya el arma frente al que lo encuentra en el sitio y la usa [STS 1768/2003, 2-1-2004 (*Tol 352441*)]. Realmente al utilizar estos argumentos la Jurisprudencia estaba acudiendo, a nuestro entender, a criterios criminológicos de autor; creemos, sin embargo, que la integración de este tipo agravado tiene que venir presidido por el mayor peligro que para la vida y la salud de la víctima representa la utilización de armas, y en ese sentido tanto da que el sujeto las llevare consigo o que usare las que encontró en el lugar de los hechos.

Para la mayoría de la Jurisprudencia y la Doctrina el término "uso" no requiere la efectiva utilización, según su función, del arma o instrumento peligroso, bastando a estos efectos su mera exhibición [SSTS 171/2024, 26-2; 444/2023, 14-6; 670/2009, 19-6 (*Tol 1570719*), y 445/2003, 1-9 (*Tol 312039*)]. En este sentido la STS 342/2020, 5-6, afirma: "[L]a doctrina penalista en la interpretación de la agravación del 242.3 CP, en cuanto al uso de armas, ha admitido expresamente que para aplicar este subtipo agravado no se precisa utilizarla propiamente, es decir que si se emplea una escopeta, no se requiere que se dispare el arma, ya que usar un arma significa su mera exhibición, ya que, con ello, de lo que se trata es de mostrar el peligro que, en este caso, el agente de la autoridad va a correr si no se aviene a la pretensión del que utiliza el arma con la mera exhibición".

A la vista de lo anterior no resultará suficiente, por tanto, el "porte" (el llevarla consigo pero sin exhibirla a efectos de la intimidación del sujeto pasivo), pues de otra forma decaería el fundamento de la agravación.

Dentro de la inacabable casuística que se plantea con el "uso" del arma destacan por su frecuencia aquellos supuestos en los que, durante un largo período de tiempo, un sujeto es intimidado por la presencia de un arma, y es objeto de diferentes tipos delictivos (generalmente agresiones sexuales, robo con intimidación, detenciones ilegales y amenazas). En no pocos de estos casos se alega por las defensas conculcación del *bis in idem*, cuando los tribunales aplican la agravación de "uso de armas" en las diferentes tipologías. Pues bien, al respecto existe una consolidada Jurisprudencia de acuerdo con la cual: "el empleo de un cuchillo con el que se intimidó a la víctima no fué una acción instantánea y fugaz, sino mantenida en el tiempo de forma persistente, primero al obligar a la víctima a conducir el vehículo, luego al exigirle la entrega del dinero y finalmente al someterla a una relación sexual contra su voluntad. El uso que se integra en el delito de robo con instrumento peligroso es el concreto empleo del arma en ese momento del apoderamiento de lo ajeno, en tanto que para la agresión sexual el uso del arma integrado en el subtipo agravado es el que se corresponde con un momento posterior. No se trata del mismo acto de usar, sino de dos usos sucesivos del cuchillo que siendo iguales entre sí no son el mismo por pertenecer cada uno a momentos diferenciados y servir instrumentalmente para acciones diferentes, como es primero robar a la víctima y luego agredirla sexualmente... Por lo tanto no hay dos condenas por el mismo hecho, o sea por un hecho único sino por dos hechos parcialmente iguales entre sí pero separados y diferenciados en su singular identidad" [STS 948/2009, 6-10 (*Tol 641312)*].

También en ocasiones se plantean cuestiones interpretativas en la comparación del ámbito de este tipo agravado y del art. 180.1.5ª, CP, tratando de llevar a aquél las conclusiones hermenéuticas que se pueden desprender de éste. En realidad y aunque a primera vista pudiera decirse que el ámbito de la agravación del art. 180.1.5ª, CP es más estrecho que el del 242.3, CP (en tanto que aquél acota las armas y medios peligrosos únicamente a los susceptibles de "producir la muerte o alguna de las lesiones previstas en los artículos 149 y 150 de este Código"), es lo cierto que resulta casi imposible identificar armas o instrumentos que tengan potencialidad para causar las lesiones de los arts. 147 y 148, y no las del 149 o 150, todos del Código Penal [en el mismo sentido STS 396/2008, 1-7 (*Tol 1343757)*].

Un caso particular de uso que no lleva a la aplicación del tipo agravado se plantea por la STS 1347/1999, 24-9, referido al "empleo de una pistola simulada pero susceptible por sus características de ser empleada como maza o martillo no integraría el subtipo en el caso, por ejemplo, de que se empleara para intimidar a los empleados del banco que se encuentran protegidos por cristales de seguridad, lo que impediría que dicho instrumento creara un riesgo para la incolumidad física del asaltado o aumentara la capacidad agresiva del agente". Ello se explica porque "es el aumento de la peligrosidad y del riesgo para la víctima lo que cualifica el subtipo" (STSJ, Castilla-La Mancha, Sección 1ª, 61/2023, 27-11).

1.5. "Sea al cometer el delito o para proteger la huida"

Por "cometer el delito" pareciera que debiera entenderse "para consumar el delito", pero si realizamos semejante interpretación resultaría que la referencia a "proteger la huida" deberíamos llevarla a un momento posterior a la consumación (perfeccionamiento) o incluso a un momento que puede ser, aunque no necesariamente, más tardío que el del perfeccionamiento o sujeto a la aleatoriedad de una postrera identificación del sujeto activo como autor del delito; y desde luego que nada de esto tendría sentido, pues los tipos agravados —otra cosa sería si nos encontráramos ante un tipo absolutamente autónomo del robo, como puede ser la receptación— han de estar directamente vinculados a la consumación del delito base, además de que cualquiera de las opciones representadas no justificaría el por qué agravar el delito base y excedería de los criterios de proporcionalidad por su alejamiento del núcleo de la conducta del tipo de referencia. Por lo tanto, la alusión a la huida debe entenderse dentro de los actos ejecutivos típicos y antes de que se produzca la consumación.

En cuanto a los sujetos pasivos de la acción del autor pueden ser —y a salvo de lo que se diga más abajo— tanto titulares de la cosa mueble como terceros ajenos a cualquier relación con el objeto del apoderamiento —las personas que se encuentren en la sucursal bancaria o los que ajenos a la dinámica delictiva que traten de impedir la huida de los sujetos activos.

1.6. Concursos

En relación con este tipo agravado se plantean concursos especialmente con los delitos de tenencia ilícita de armas (arts. 563 y ss., CP). La posición de la Jurisprudencia a este respecto es clara: el delito de tenencia de armas se encuentra en relación de concurso real con el tipo agravado del art. 242.3, CP [STS 78/2005, 28-1 (*Tol 648712)*]. La argumentación que utiliza el Alto Tribunal no es, sin embargo, siempre compartible; así, en la última resolución citada se limita a decir: "El delito de robo con armas o instrumentos peligrosos, no requiere necesariamente la utilización de una pistola, penalizándose, en consecuencia, su ilícita tenencia aparte. Estamos en presencia de un concurso real" [en el mismo sentido STS 1077/1995, 27-10 (*Tol 405835)*]; no obstante lo dicho en alguna sentencia, excepcionalmente, se considera que el concurso no es real sino ideal, con la siguiente argumentación: "sólo aparece la posesión de la escopeta recortada por parte de Manuel en el momento de la comisión del robo en el surtidor de gasolina objeto de la condena, sin que conste que la hubiera tenido consigo ni antes ni después de ese momento" [STS 530/1999, 7-4 (*Tol 14622)*].

Pues bien, como señalan VIVES ANTÓN/GONZÁLEZ CUSSAC esa argumentación puramente naturalística no es de recibo, y para posicionarse frente al problema hay que razonar en términos de injusto, y preguntarnos si el contenido de injusto de la tenencia ilícita queda o no absorbido por el tipo agravado de robo con uso de armas; y es en esos parámetros donde, con carácter general, se debe contestar que el artículo 242.3 CP no consume el peligro representado por la tenencia, por lo que no queda otra alternativa que acudir a un concurso real de delitos.

La STS 454/2015, 10-7, manifiesta, en el mismo sentido que la doctrina acabada de citar: "La jurisprudencia especifica a la hora de considerar la plena compatibilidad entre los tipos de robo con intimidación y uso de arma y el delito de tenencia ilícita de armas, considerando que ambos se rigen por las normas del concurso real de delitos, SSTS. 29.1.2001, 30.1.2001, reconocen la aplicación en relación de concurso real de ambos tipos delictivos precisamente sobre la base de los diferentes bienes jurídicos en cada uno de los casos y el ATS. 8.9.2005, dice lo siguiente: 'Naturalmente, entre el delito de tenencia ilícita de armas y el robo con violencia no existe una relación de especialidad, subsidiaridad o consecución, ni ninguna otra que permita apreciar un concurso (aparente) de leyes, por lo que difícilmente el primero puede quedar absorbido por el segundo, como lo pretende el recurrente, entre ambos hay, lisa y llanamente, un concurso de delitos, como correctamente ha apreciado el tribunal de instancia".

Con frecuencia se plantea en la Jurisprudencia la oportunidad de aplicar el tipo agravado de uso de armas y, también, el tipo agravado de lesiones del art. 148.1°, ambos del CP. Pues bien, para la citada Jurisprudencia resulta preciso mantener "la constante doctrina conforme a la cual no existe identidad de hecho entre dos comportamientos —sustraer y agredir— que atacan a bienes jurídicos diversos porque en ambos sea utilizado un mismo instrumento. Que la valoración de tal uso lleve a subsumir los diferentes comportamientos en sendos subtipos, cualificados por el medio usado no implica doble valoración de lo mismo. Basta advertir que lo que se valora es el uso y no el medio con independencia de dicho uso. El objeto de la valoración es el comportamiento y éste es diverso cuando consiste en sustraer y cuando consiste en agredir. Por otra parte, el uso de la misma arma para una acción era prescindible para la ejecución de la otra acción. Si, pese a ello, se persiste en acudir a dicho empleo en ambos hechos, éstos han de ser valorados con toma en consideración de todos los elementos que lo configuran. Incluido el uso del arma" (ATS 581/2013, 14-3, con cita de las SSTS 968/2012, 30-11, y 506/2008, 17-7; en el mismo sentido, STS 687/2017, 19-10).

1.7. Penalidad

Debe tenerse en cuenta que el Legislador ha previsto la aplicación de la pena señalada en los apartados anteriores en su mitad superior si concurre esta agravación de "uso de armas" o de ataque a los auxiliadores. Estamos ante lo que puede consistir en un tipo súper agravado dependiendo de que su ámbito de aplicación se constriña al apartado 1 o al 2. En efecto, si el robo se cometiere en casa habitada, y de acuerdo con lo dispuesto en el núm. 2, la pena del tipo básico ya se aplica en su mitad superior (tres años y seis meses a cinco años), pero si concurre, además, la agravación por uso de armas el marco de la pena será de cuatro años y tres meses a cinco años.

1.8. Comunicabilidad

No cabe duda, a la vista de lo preceptuado en el art. 65.2, CP, acerca de la comunicabilidad de la agravación al partícipe que sin haber hecho uso personalmente de arma alguna, conocía que otros sí se iban a valer de tal instrumento en la realización del hecho. El problema más habitual no es, sin embargo, el apuntado, sino el de la comunicabilidad de la circunstancia a aquellos partícipes en el delito que no hubieran pactado la utilización del arma, pero que sí habían acordado la realización de un robo intimidatorio, que conocían que los ejecutores del delito portaban armas o instrumentos peligrosos, o que sabían que (de ahí uno de los efectos a los que más atrás nos hemos referido de la modificación de esta circunstancia por la LO 5/2010, de 22 de junio) los hechos se iban a realizar en un lugar en el que abundaban estos instrumentos peligrosos. Pues bien, el Tribunal Supremo ha ido confeccionando una doctrina según la cual:

"aunque admitiéramos que el 'pactum sceleris' entre los acusados se limitara al apoderamiento del dinero de la víctima mediante una acción meramente intimidatoria, lo cierto es que el supuesto examinado se inscribe en el ámbito de la llamada teoría de las desviaciones previsibles, reiteradamente aplicada por esta Sala al examinar la cuestión de la comunicabilidad de la responsabilidad por la muerte o las lesiones producidas a la víctima del acto depredatorio por uno de los integrantes del robo. A este respecto, la Jurisprudencia de este Tribunal ha establecido que 'el previo concierto para llevar a término un delito de robo con violencia o intimidación que no excluya a priori todo riesgo para la vida o la integridad corporal de las personas, responsabiliza a todos los partícipes directos del robo con cuya ocasión se causa una muerte o unas lesiones, aunque sólo alguno de ellos sean ejecutores de semejantes resultados personales', pues el partícipe no ejecutor material del acto homicida o lesivo que prevé y admite del modo más o menos implícito que en el iter del acto depredatorio pueda llegarse a ataques corporales,

cuando menos se sitúa en el plano del dolo eventual, justificándose tanto en el campo de la causalidad como en el de la culpabilidad su responsabilidad en la acción omisiva o lesiva...[especificándose por alguna Jurisprudencia] que no se excluye el carácter de coautor en los casos de desviaciones de alguno de los partícipes del plan inicial, siempre que dichas desviaciones tengan lugar en el marco habitual de los hechos emprendidos, es decir, que de acuerdo con las circunstancias del caso concreto no quepa considerar imprevisibles para los partícipes, recordándose..., que el uso de armas u otros medios peligrosos del art. 242.2 CP, integra un subtipo agravado de carácter objetivo comunicable a los demás participes siempre que éstos tengan conocimiento al tiempo de la acción, independientemente de quien porte el arma" [STS 107/2009, 17-2 (*Tol 1466692)*].

Desde luego, no cabe duda, y a la vista de la argumentación jurisprudencial expuesta, que el Tribunal Supremo está andando un camino —se ha podido ver claramente en lo que más arriba se indicaba en tema de autoría y participación— que cada vez más se aleja del principio de responsabilidad por hecho propio. No de otra forma se puede interpretar un argumento como el de que "el partícipe no ejecutor material del acto homicida o lesivo que prevé y admite del modo más o menos implícito..., cuando menos se sitúa en el plano del dolo eventual".

Véase también la STS 1306/2011, 19-10, según la cual: "el uso de armas u otros medios peligrosos integran un elemento de carácter objetivo comunicable a los demás partícipes que tengan conocimiento al tiempo de la acción, independientemente de quien porte el arma, de la misma forma que es indiferente quien haya suministrado la misma si todos ellos las tienen a su disposición y la posesión concreta de cada una está en función del papel asignado a cada partícipe, pues lo que castigan los artículos 563 y 564 CP es la tenencia de armas prohibidas o de fuego reglamentadas con independencia de quien las haya aportado al acervo común (también SSTS 134/2010, 84/2010, 690/2009, 434/2007 u 838/2004)". Aplicando este criterio, la STS 291/2023, 26-4, estima: "[E.]l ahora recurrente y su compañero se aproximaron al vehículo, uno por cada lado, comenzando a golpear sus ventanas y exigiendo dinero a sus ocupantes. No satisfechos con la cantidad que Maribel les entregó, uno de ellos, ciertamente no el acusado, exhibió una navaja coaccionando ya sin disimulo alguno a Maribel, para que les entregase todo lo que llevara. Y dicha conducta, exhibición del arma incluida, no solo no sorprendió al acusado, desbordando los términos de la planificación delictiva, sino que resultó asumida por éste con plena naturalidad, aprovechando inequívocamente el empleo de la navaja para acceder al botín, que allí mismo procedió a repartirse con su compañero. El empleo del arma en la comisión del robo le resulta así objetiva y subjetivamente imputable y es procedente la aplicación del artículo 242.3 del Código Penal".

1.9. Cuestiones procesales

Señala la STS 171/2024, 26-2, que "si bien es cierto que en los hechos probados de la sentencia se deben describir las características o morfología del arma o instrumento peligroso utilizado por el autor, no siempre es imprescindible esa descripción. En ocasiones la propia denominación del medio empleado, que remite a unas condiciones o características comunes a todos los de su especie, permite apreciar su peligrosidad. Así ocurre en el caso analizado, en que la sentencia precisa que el autor blandió un cuchillo conminando a la víctima a que le entregara el dinero. Un cuchillo es un arma blanca que tiene una hoja cortante y que es objetivamente peligrosa, al margen de sus concretas características".

2. Ataque a los que auxilien a la víctima o a los perseguidores

Lo primero que hay que señalar es que esta conducta está del todo al margen del uso de armas u otros medios igualmente peligrosos, constituyendo —teóricamente— otro tipo agravado autónomo cuya realización se puede presentar, por tanto, concurriendo o no el uso de armas.

Dicho lo anterior añadir que no se entiende bien cuál pueda ser su *ratio*, y que tampoco si su ámbito de aplicación es, en la práctica, autónomo del tipo de uso de armas. Efectivamente, teniendo en cuenta el concepto de consumación para estos delitos que venimos utilizando (disponibilidad de la cosa), y los términos de la descripción del otro tipo integrado en este mismo número —el uso de armas—, las opciones hermenéuticas son las siguientes y por lo que se refiere al ataque a los perseguidores:

a) Entender, acudiendo a una interpretación sistemática que aquí es obligada, que las referencias a la huida y a la persecución pretenden cubrir ámbitos distintos, de forma tal que el tipo de uso de armas sólo incluye las acciones que se realizan para proteger la huida pero antes de comenzar cualquier tipo de persecución, y que el ataque a los perseguidores se refiere a una dinámica en la que ya ha comenzado la huida (pero en todo caso cuando todavía no se ha consumado el hecho delictivo, es decir hablando en términos siempre de tentativa); esta opción hermenéutica llevaría a entender la expresión "cometer el delito" no como equivalente a todas las fases ejecutivas del tipo de apoderamiento, sino únicamente comprensible de la *contrectatio* y la *aprehensio* (de otra forma no se entiende la utilización, como término alternativo al "cometer el delito", de la referencia a la huida);

b) La segunda posibilidad sería referir el tipo de uso de armas, exclusivamente, a los sujetos pasivos del delito complejo, y el del ataque a los perseguidores a sujetos hasta entonces —hasta que comienzan la persecución— no involucrados en la dinámica delictiva, es decir: a terceros en la relación delictiva a la que se refiere la violencia, la intimidación o la titularidad patrimonial (con lo cual acercaríamos este tipo más a uno contra la Administración de Justicia que al patrimonial). Aunque no hay que olvidar que esa persecución se lleva a cabo cuando todavía no se ha terminado de ejecutar el delito, lo que puede convertir a esos "perseguidores" en sujetos pasivos del mismo; y más aún: en el caso de que los actos de apoderamiento se hubieren realizado como hurto o robo con fuerza, será la violencia dirigida contra los perseguidores lo que servirá para calificar la conducta de robo violento.

Hay, en todo caso, que subrayar que la anterior no es una mera disquisición teórica, sino que puede tener importantísimas repercusiones en tanto que si el ataque se dirige a los que se denominan perseguidores o auxiliadores no se requiere por el tipo el uso de armas para proceder a la agravación, bastando que se produzca efectivamente ese ataque con otros medios. De ahí la importancia de precisar los términos del tipo (GONZÁLEZ RUS entiende que aunque es cierto que el tipo no exige en esta modalidad el uso de armas, el "sentir general" sí lo requiere; nosotros, sin embargo, ni entendemos qué significa ese "sentir general", ni quién lo determina, ni cómo se puede introducir en el método interpretativo, por lo que nuestra conclusión sigue siendo la misma: el ataque a los perseguidores y auxiliadores no requiere la utilización de armas o medios igualmente peligrosos).

En cuanto a qué se deba entender por "auxiliadores" de la víctima, se trata de un término que, en principio, pudiera comprender tanto a los que traten de impedir la huida para evitar la consumación del ataque patrimonial, como a los que ayuden (auxilien) a cualquiera de los sujetos pasivos del delito (por lo tanto no sólo al titular patrimonial sino también al resto de los sujetos pasivos), limitando ahí el alcance del auxilio y no extendiéndolo a la persecución para tratar de conquistar un territorio propio para los perseguidores.

XIII. EL TIPO PRIVILEGIADO

1. Cuestiones generales

Hasta la entrada en vigor de la reforma operada por la LO 5/2010 el actual contenido del número 4 del art. 242, CP se refería, y por lo tanto la posibilidad de aplicar el tipo privilegiado, exclusivamente al número 1 del precepto, es decir únicamente al tipo básico. De ahí que mayoritariamente la Jurisprudencia viniera estimando que la compatibilidad del tipo agravado y privilegiado del art. 242, CP, debía ser interpretada desde la pena básica del robo con intimidación, entendiendo que la menor entidad rebajaba la pena del tipo básico y, sobre ella, procedía imponer la pena en su mitad superior en aplicación del tipo agravado. Esto es, la pena tras reducir en un grado la prevista en el tipo básico del art. 242 es la que media entre 1 y 2 años de prisión, y si concurría la agravación del párrafo segundo procedía imponer la pena en su mitad superior, de 1 año y 6 meses a 2 años [STS 1220/2002, 27-6 (*Tol 173734*); también JGTS 27-2-1998].

Desde posiciones doctrinales se sostenía, sin embargo, la imposibilidad de la concurrencia de los tipos agravado y atenuado; en efecto, se decía, con razón, que la concurrencia del uso de armas u otros medios peligrosos impedía, a continuación, estimar que hubiera habido una violencia calificable como de menor entidad. Estábamos ante dos entidades incompatibles.

La LO 5/2010 ha venido a terminar, al menos en lo potencial, con las diferencias de interpretación, ya que expresamente el nuevo precepto se refiere a los "apartados anteriores", por lo que, en principio podrá ser aplicado directamente, y además de al tipo básico, a los agravados de los núms. 2 y 3 del art. 242, CP. El problema consiste, más allá de los deseos del Legislador, en determinar cuándo es ello posible.

En todo caso la Jurisprudencia ha venido entendiendo [STS 1157/2002, 20-6 (*Tol 203160)*] que la apreciación del tipo privilegiado ha de ser excepcional. La comparación con las penas del delito de robo con fuerza en las cosas conduce a considerar, por vía de principio, ese carácter restrictivo y excepcional, dado que por la mecánica de la aplicación del tipo privilegiado se puede acabar imponiendo, por un delito de robo con violencia o intimidación, una pena más leve que la que corresponde por un delito de robo con fuerza en las cosas, a pesar de la mayor gravedad de aquél respecto de éste. Esa constatación, y para salvar la coherencia del Código, requiere el uso prudente y cauto de esa facultad atenuatoria, sin hacer de la misma una utilización generalizada e indiscriminada, lo que introduciría elementos de descompensación y de desproporción en las penas que administra el Derecho Penal [en el mismo sentido SSTS 994/2024, 11-11, y 1352/2009, 22-12 (*Tol 1788453)*].

El precepto condiciona la aplicación del tipo privilegiado —que en todo caso es potestativo, lo que no ocurre con los tipos agravados que son imperativos— a la concurrencia de dos condiciones: la menor entidad de la violencia o la intimidación, y la valoración de las restantes circunstancias del hecho. Se trata de dos condiciones cumulativas, pues no a otra cosa autoriza la expresión "y valorando además" presente en el precepto. En este sentido, la STS 272/2017, 18-4, dice: "las condiciones para aplicar el supuesto atenuado son cumulativas, es decir, debe atenderse a la menor entidad de la violencia o intimidación ejercidas, sin la cual desde luego no es posible su aplicación, pero además, aun admitiendo en principio dicha menor entidad, deben ser valoradas las restantes circunstancias del hecho, lo que constituye ciertamente un ejercicio de casuismo jurisprudencial de difícil concreción en una regla general".

En cuanto al fundamento de este tipo privilegiado, la STS 643/2019, 20-12, considera que: "En nuestra STS 1605/2000, de 20 de octubre, con cita de la sentencia de 18 de abril de ese mismo año, destacamos que la norma constituye una previsión orientada a la mejor adaptación de la pena a las circunstancias del caso concreto, tratando de evitar una pena desproporcionada para actos que mereciendo la calificación de robo con violencia o intimidación y no de hurto, presentaran un escaso elemento coaccionador contra la víctima y se alejaran de manera sustantiva de la ordinaria lesividad que estos ataques comportan para la libertad individual del sujeto pasivo o para su integridad física. Decíamos en aquella resolución (recogiendo jurisprudencia expresada en SSTS de 21 de noviembre de 1997 o 30 de abril de 1998), que la rebaja de la pena prevista en el actual art. 242.4 del Código Penal viene determinada por la menor antijuridicidad del hecho, no por consideraciones relativas a una culpabilidad disminuida, como claramente se deduce de su propia redacción del precepto, que condiciona su aplicación a la —'entidad de la violencia o intimidación' y a las 'circunstancias del hecho'—, en unos términos que nos conducen al suceso acaecido en su dimensión objetiva. Como decíamos también en la STS 1124/99, de 10 de julio, se consigue así establecer un escalón o enlace natural entre el robo con fuerza y el robo con intimidación, cuando la magnitud del ataque personal está notablemente disminuida" (en este sentido, STS 250/2020, 27-5).

2. *La menor entidad de la violencia o la intimidación ejercidas*

Este requisito expresa una Política Criminal dubitativa en relación al delito de robo. En efecto, si la decisión legislativa va por el camino —e históricamente siempre ha sido así— de imponer una pena durísima a la utilización de la mínima violencia o intimidación para el acceso al patrimonio ajeno, carece de sentido —una vez delimitado un amplio marco penal— la construcción de un tipo privilegiado fundamentado en la "menor entidad de la violencia o la intimidación". Esta contradicción se expresa con mayor radicalidad desde el momento en el que el Legislador renunció —lo que no hizo en el delito de robo con fuerza— a la construcción de un concepto normativo de robo violento o intimidatorio, pues la expulsión del tipo de las formas más leves —si es que ello se pretende— se consigue por la vía de construir ese concepto normativo, pero si no se hace es porque *ab initio* se pretende que cualquier grado de violencia o intimidación sirva para la integración típica. Por ello carece de sentido, y expresa falta de firmeza, decidir primero que no se expulsa ningún grado de violencia de la conformación típica, y a renglón seguido construir un tipo privilegiado que haga descender la pena por debajo del mínimo del marco penal. Se trata de una clara ausencia de criterio, especialmente si se tiene en cuenta que en el caso en que se superen los malos tratos, que quedan absorbidos por el tipo agravado, se debe acudir al concurso de delitos (es decir: ya con las lesiones leves). De forma y manera que podemos hallarnos, al mismo tiempo, en la encrucijada de tener que aplicar concurso ideal de delitos (por ejemplo, con lesiones) y, al mismo tiempo, rebajando la pena haciendo entrar en juego el tipo privilegiado, lo que no parece demasiado coherente.

Para construir este tipo sólo caben dos vías: o establecer criterios generales —pero concretos— aplicables a todos los casos, o acudir a la casuística; esto último es lo que, en definitiva, ha hecho el Tribunal Supremo, y así ha entendido que hay "menor entidad" cuando el sujeto se limita a agarrar y zarandear a la víctima [STS 1957/2000, 15-12 (*Tol 117469)*]; en los casos de "tirón" cuando la víctima no ha llegado a caer al suelo [STS 1938/2000, 11-12 (*Tol 117661)*], o en los leves (SSTS 866/1999, 21-5, y 380/2000, 28-7); los meros empujones [STS 365/04, 22-3, y 1592/2002, 4-10 (*Tol 229667)*]; leves forcejeos tras apropiaciones al descuido (SSTS 1019/99, 16-6, y 1735/99, 10-12); simple intimidación verbal (SSTS

743/1999, 10-5, y 1833/1999, 28-12), o agarrones físicos de corta duración (STS 397/2000, 14-3), etc.

Pero no hay "menor entidad" cuando la intimidación ha permanecido un tiempo considerable [STS 1352/2009, 22-12 (*Tol 1788453)*]; o cuando su mayor gravedad se deduce por la ampliación del círculo de personas a las que se dirigen las amenazas —madre e hijo de la víctima— [STS 1022/2009, 22-10 (*Tol 1649725)*]; si la violencia ha consistido en agarrar a alguien por los cabellos mientras se le acercaba un cuchillo a la cara [STS 948/2009, 6-10 (*Tol 1641312)*], o en agarrar al sujeto del cuello por detrás mientras se le acerca un arma a la cara (STS 878/2024, 17-10), etc. En todo caso, y además de en los supuestos acabados de aludir, entiende la Jurisprudencia que no es aplicable el tipo privilegiado en supuestos como los siguientes: cuando se ha desplegado la acción a partir de amenazas graves, tales como amenazas de muerte en lugares solitarios (SSTS 1432/2004, 2-12; 1509/1998, 1-12, y 93/2003, 20-1); grave coerción psíquica (STS 1022/2009, 22-10); amenazas reiteradas (SSTS 112/1999, 30-1, y 1352/2009, 22-12); amenazas con armas (SSTS 486/2001, 27-3; 8/2002, 18-1; 816/2012, 17-10, y 70/2015, 3-2; véase también ATS 3025/2009, 10-12); utilización de instrumentos peligrosos (STS 1388/2002, 16-7); pluralidad de atracadores (SSTS 1543/1999, 226-10; 1524/2002, 20-9, y 1022/2009, 22-10); acorralamiento y cacheo de la víctima (STS 1709/1999, 4-12, y 397/2000, 14-3); agresión lesiva (SSTS 994/2024, 11-11; 796/1999, 20-5, y 1430/1999, 13-10; también ATS 1666/2007, 18-10); agresión con un marcado riesgo lesivo (SSTS 1442/1999, 18-10, y 758/2002, 22-4); agresión no lesiva pero muy agresiva (SSTS 366/1999, 9-3, y 393/99, 15-2); zarandeo de la víctima (STS 1165/2004, 22-10); detención ilegal (STS 421/2003, 10-4) o agresión sexual (STS 948/2009, 6-10, y ATS, 2351/2009, 22-10). Tampoco sería aplicable en el caso de uso de una "defensa eléctrica" (véase Reglamento de Armas, art. 5.1.c), pues "ya se califique como arma defensiva/ofensiva o instrumento peligroso, constituye potencialmente un medio de intimidación que por su efecto de producir descargas eléctricas en las personas genera en las mismas una consecuencia intimidatoria que no puede reputarse de menor entidad y solo por ello la aplicación de la atenuación sería improsperable. Pero es que además concurren otras circunstancias que refuerzan la entidad de la intimidación, como es la irrupción de dos personas en un establecimiento abierto al público con los cascos de moto calados para impedir su reconocimiento, lo que genera aun mayor desasosiego, cuando además los otros dos coautores les esperaban en la puerta en sendas motocicletas con la finalidad de asegurar su huida. Los hechos descritos no pueden ser considerados de menor entidad y prueba de ello es que no hubo reacción alguna por parte de los empleados de los establecimientos que les dejaron hacer sin oposición" (STS 272/2017, 18-4).

El problema del criterio casuístico es que no ofrece ninguna seguridad por carecer de cualquier referente abstracto; en realidad siempre que el Legislador acude a formulaciones típicas de este carácter está renunciando a la modernidad del Derecho, pues significa subordinar al ciudadano al poder personal del Juez y no al de la norma. La segunda vía es intentar construir el referente a base de conceptos generales que den estabilidad a la interpretación; así, en primer lugar, la menor entidad exigiría que la violencia o la intimidación ejercidas revistieran carácter de falta (requisito que goza de toda razonabilidad pues es coherente con el planteamiento de que todo ejercicio de violencia que supere el umbral de la falta, deberá solucionarse por la vía del concurso de delitos), y en segundo término que no produjera lesiones (pues lo contrario implica un grado de violencia no de "menor entidad"). Al mismo criterio hay que acudir en punto a la intimidación.

Una segunda reflexión: el tipo se refiere a la mayor o menor entidad de la violencia o intimidación "ejercidas"; es decir, se renuncia a cualquier subjetivación de las mismas, que no esté fundamentada en algún dato objetivo [como puede ser el indicado por la STS 8/2002, 18-1 (*Tol 130077)*, que se refiere a una intimidación ejercida por dos o más personas]. Además se requiere no una mera potencialidad del empleo de la violencia o la intimidación, sino su efectivo ejercicio. Sin embargo, el Tribunal Supremo, en su Jurisprudencia, frecuentemente confunde lo que es la menor entidad de la violencia o la intimidación con otras circunstancias concurrentes en el caso; es el supuesto, por ejemplo, de la STS 1893/2000, 11-12 (*Tol 42947)*, en la que rechaza la aplicación de la "menor entidad" porque el medio utilizado hubiera podido haber causado —lo que no sucedió— lesiones de consideración en las víctimas. Con esta interpretación entendemos que el Alto Tribunal supera los límites del tipo.

3. La valoración de las "restantes circunstancias del hecho"

Es en este punto donde cabe contemplar otras perspectivas en el bien entendido que, como hemos señalado más arriba, si la entidad de la violencia o la intimidación no es "menor" resultará imposible la aplicación del tipo privilegiado.

La Jurisprudencia viene entendiendo que por "restantes circunstancias" hay que entender las siguientes: a) El lugar donde se roba. b) El número de sujetos activos, así como su forma de actuación y de organización. c) El número de los sujetos pasivos y su condición en orden a su situación económica o a las mayores o menores posibilidades de defenderse. d) Las circunstancias espacio-temporales. e) El valor de lo sustraído, y en ese sentido puede atenderse como criterio de gravedad a la cifra de 400 € que es la que el Legislador señala como línea divisoria en ciertos delitos contra el patrimonio. Así, las cantidades próximas a esa cifra o superiores a ella no deberían reputarse amparadas por la norma privilegiada [SSTS 643/2019, 20-12, y 545/2001, 3-4 (*Tol 31158)*; en el mismo sentido 1323/2009, 30-12 (*Tol 1762079)*].

> En relación a la última circunstancia aludida —la cuantía de lo sustraído— no cabe duda que se la debe conceder un papel protagonista, pues no en vano estamos ante un delito contra la propiedad; sin embargo, estimamos que ello no autoriza a llegar a las conclusiones de alguna Jurisprudencia según la cual la apreciación del tipo agravado está sujeto a una doble condición: "Por una parte, la menor intensidad del ataque o coacción personal, pudiendo excepcionalmente compatibilizarse con el subtipo agravado del apartado segundo del mismo artículo, y, por otra, la escasa cuantía del perjuicio patrimonial irrogado, pues se trata de un tipo pluriofensivo frente a la persona y la propiedad de forma que deben ser valoradas ambas condiciones a la hora de apreciar la atenuante privilegiada que examinamos, debiendo cuidarse especialmente el principio de proporcionalidad" [STS 207/2006, 7-2 (*Tol 843460)*]. Decimos que no resulta razonable llegar a semejante conclusión porque, sencillamente, a ello no autoriza el tipo, pues aun admitiendo que por vía de interpretación —como acabamos de significar— se deba dar gran protagonismo a la cuantía, el tipo pone en acción otras muchas circunstancias que no cabe subordinar en todo caso a aquélla.

Más allá del casuismo al que, una vez más, acude la Jurisprudencia, entendemos que por "restantes circunstancias", y junto al valor económico del objeto material del delito, hay que entender cualesquiera accidentes que concurran en el hecho capaces de expresar un menor desvalor de acción o de resultado; esa visión de conjunto viene impuesta por la carencia de limitaciones típicas.

4. Concurrencia del tipo privilegiado con la circunstancia genérica de reincidencia y con los tipos agravados de los núm. 2 y 3 del art. 242, CP

Para la STS 643/2019, 20-12: "[La] dimensión objetiva, referida a la existencia de una menor antijuridicidad del hecho en sí mismo considerado, conduce a que nuestra jurisprudencia haya reconocido: a) La posibilidad de aplicar el artículo 242.4 en supuestos en que concurre la circunstancia agravante de reincidencia, 8ª del art. 22 o b) También en los casos en que concurre alguna de las circunstancias de agravación específica previstas en el párrafo 2 y 3 del mismo art. 242, al entenderse que ante la ausencia de una acentuada peligrosidad de los hechos, se muestra también desproporcionada la pena inicialmente prevista para el robo en casa habitada, o en edificio o local abierto al público, o en casos de uso de armas u otros medios peligrosos".

5. Cuestiones procesales

Entiende el Tribunal Supremo que este precepto acoge una facultad discrecional —que incluso puede ser apreciada por el Tribunal sin haber sido alegada [STS 477/2002, 12-3 (*Tol 162187*)] que difícilmente puede ser revisable en casación. Sin embargo tal control casacional es posible cuando el ejercicio de la facultad discrecional resulta "arbitrario o contrario a los presupuestos que la condicionan, lo que sucede cuando se aplica la reducción fuera del supuesto en que se permite por la norma, o cuando, interesada la rebaja por cualquiera de las partes, y concurriendo las exigencias que la posibilitan, se deniega de manera arbitraria o no razonable" [STS 948/2009, 6-10 (*Tol 1641312)*; en el mismo sentido, STS 994/2024, 11-11], o por la vía de determinar "la existencia de los presupuestos que dan lugar a la facultad" [STS 1352/2009, 22-12 (*Tol 1788453)*].

XIV. LA EXTORSIÓN

1. Consideraciones generales

El delito de extorsión recoge una conducta que tiene poca presencia en la práctica, por ello en la Memoria de la FGE de 2010 no hay ni una sola referencia a la extorsión; también la Jurisprudencia sobre este delito es particularmente escasa, así en el año 2009, y entre todos los tribunales, no llegan a veinte las sentencias dictadas. Es verdad, sin embargo, que este delito debe tener una cifra negra nada despreciable, alimentada, especialmente, por las conductas relativas a la trata de personas y a la explotación de la prostitución ajena, pues no son ni mucho menos escasos los supuestos en los que extranjeras a las cuales se les ha obligado a ejercer la prostitución, después de haber sido atraídas a nuestro país con engaños, son víctimas propiciatorias de delitos de extorsión [véase una muestra de lo que se dice en STS 712/2005, 8-6 (*Tol 948878)*; y en la jurisprudencia de Audiencia y recientemente, las SSAP, Palma de Mallorca, Sección 2ª, 399/2024, 10-9, y Lugo, Sección 2ª, 139/2024, 10-7].

En cualquier caso se trata de un delito con amplia tradición en nuestra legislación, pues ya aparece en el CP1848 (como "robo documental", en expresión de QUINTANO RIPOLLÉS), art. 420, en la Sección dedicada al robo violento o intimidatorio, con una redacción ("*El que para defraudar a otro le obligare con violencia o intimidación a suscribir, otorgar o entregar una escritura público o documento, será castigado como culpable de robo con las penas respectivamente señaladas en este capítulo*") que en lo esencial permanecería hasta el CP de 1995, donde se procedió a ampliar el tipo (lo que ya había sugerido hace medio siglo QUINTANO RIPOLLÉS) mediante la sustitución de la referencia a determinados documentos por la de "acto o negocio jurídico en perjuicio de su patrimonio" y a incorporar el ánimo de lucro, aumentando paralelamente la autonomía del delito al desvincularle en su sanción de la pena del robo y al dedicarle un Capítulo autónomo respecto de este último delito.

Nos encontramos ante un delito plurisubjetivo, de los denominados "de encuentro" (en el mismo sentido, STS 235/2024, 11-3), que precisan aunar el comportamiento, en este caso, del sujeto pasivo (que puede serlo tanto del delito como de la acción, ya que el perjuicio no es preciso que gravite sobre el patrimonio propio sino que puede ser sobre el de un tercero) a la conducta desarrollada por el activo. En este escenario, el sujeto pasivo de la acción puede convertirse, también, en sujeto pasivo del delito en lo que importa a las violencias ejercidas sobre su persona, que obviamente no se "transfieren" al sujeto pasivo (en cuanto titular del bien jurídico patrimonial) del delito de extorsión.

Hay que señalar en todo caso que el modelo, presente en toda nuestra legislación histórica, de relación entre extorsión y amenazas, según el cual este último injusto presentaba una configuración amplia que permitía incluir el chantaje y la extorsión se conceptuaba como un supuesto específico de robo (RODRÍGUEZ DEVESA), ha resultado impugnado a partir de la reforma de 1983 —y posteriormente con el CP1995—, donde se ha incluido el delito de chantaje (art. 171.2 y 3, CP) y al de extorsión se le ha dado una considerable mayor extensión (acercándose así al modelo germánico de relación entre amenazas y extorsión), con lo que la coherencia entre los distintos injustos ha sido puesta en cuestión con la consecuencia de que se plantearán una buena cantidad de difíciles problemas concursales.

Desde el punto de vista dogmático los mayores problemas que ha presentado este delito se refieren a su distinción frente al robo y las amenazas. En cuanto importa al primero, actualmente las notas distintivas fundamentales son: 1ª) En la extorsión la acción se dirige a cosas cuya naturaleza puede ser tanto mueble como inmueble, mientras que en el robo debe ser mueble; 2ª) En la extorsión la acción no se proyecta directamente sobre el objeto del delito pidiendo su entrega o tomándolo, sino a la realización de actos o negocios jurídicos complejos que posibiliten la afectación patrimonial; en el robo, sin embargo, el sujeto activo se apodera directamente de la cosa; 3ª) En la extorsión el sujeto pasivo tiene que realizar actos o negocios jurídicos que, aunque nulos en su causa, tengan la apariencia de ser idóneos para entrar en el tráfico jurídico —nos encontramos, por lo tanto, ante un delito plurisubjetivo, un delito de encuentro, en el que los sujetos parten de posiciones diferentes y actúan de forma complementaria; estamos ante una "acción cooperativa", según afortunada expresión de la STS 849/2022, 27-10; en el robo se trata, por el contrario, de acciones directas de despojo en las que no es precisa la colaboración del sujeto pasivo; 4ª) Que en el robo se exige que la cosa mueble pase físicamente al poder del sujeto activo, mientras que la extorsión no requiere el acto de disposición de la cosa por parte de la víctima (en este mismo sentido véase STS 1022/2009, de 22 de octubre —*Tol 1649725*).

Insistiendo en lo anterior, la STS 711/2021, 21-9, se expresa como sigue: "La jurisprudencia de esta Sala ha expresado que en esta figura delictiva la acción típica consiste en buscar la colaboración del sujeto pasivo para que facilite el inconsentido trasvase patrimonial pretendido por el autor, lo que debe de hacerse no sólo con un ánimo lucrativo, sino empleando directamente violencia o intimidación sobre el sujeto pasivo para mover su voluntad. Por ello nos hemos hecho eco de que la proximidad entre el delito de extorsión y el delito de robo reside en el empleo de la violencia o la intimidación para la obtención de un lucro patrimonial, más subrayando como diferencia, no sólo que la extorsión no tiene por qué recaer sobre el contenido mobiliario del patrimonio sino, sustancialmente, que la acción no consiste en el apoderamiento directo del objeto del delito, sino que busca que el sujeto pasivo ejecute un acto de disposición o un negocio jurídico de cierta complejidad jurídica, de modo que cuando el acto pretendido con la violencia o la intimidación sea la simple entrega de la cosa interesada por el autor del delito, nos encontraríamos realmente ante un robo (STS 1022/2009, de 22 de octubre)".

Por lo que se refiere a las amenazas, las diferencias estriban en: 1ª) Que en las amenazas los medios típicos se constriñen a la intimidación —influencia en la formación de la voluntad del sujeto—, mientras en la extorsión los medios legalmente determinados engloban también la violencia; 2ª) Que en las amenazas el mal con el que se intimida está constreñido a un listado determinado, mientras que en la extorsión no hay *numerus clausus* a este respecto; 3ª) Que en las amenazas condicionales la realización de la condición no exige una modalidad determinada, lo que sí ocurre con la extorsión ("realizar u omitir un acto o negocio jurídico"); 4ª) En el caso de la amenaza la finalidad es la de conseguir la entrega de la cosa en el futuro, sin embargo en la extorsión la pretensión es la inmediata realización del acto o negocio jurídico de que se trate —lo que se corresponde perfectamente con su cercanía al robo—, siendo indiferente que la amenaza del mal se concrete de presente o de futuro.

Para la STS 849/2022, 27-10: "Las diferencias entre la extorsión y las amenazas lucrativas se han situado en la inmediatez del mal conminado para la obtención del resultado buscado. Así, mientras que en el delito de extorsión se exige una relación directa entre la intimidación o violencia empleada y el objeto de la acción —que el sujeto pasivo otorgue el acto o el negocio jurídico—, en el delito de amenazas lucrativas la inmediatez del mal se difiere más en el tiempo, es decir, el resultado se sitúa más "a distancia" de la acción conminatoria típica —*vid.* SSTS 1382/99, de 29 de septiembre—. De igual modo, en atención al alcance de la condición establecida o del propósito conminatorio deberá calificarse como extorsión si la conducta esperada del sujeto pasivo es el otorgamiento de un acto o negocio de apariencia jurídica —con independencia de que resulte nulo—, mientras que será amenaza lucrativa si lo que se pretende obtener es cualquier otra prestación, bien o activo con valor económico pero sin forma jurídica".

En cuanto a las "comúnmente denominadas extorsiones a empresarios y profesionales destinadas a allegar fondos a organizaciones terroristas, constituyen, en sentido técnico y jurídico penal, un supuesto de amenazas condicionales de un mal constitutivo de delito, en el que se exige una cantidad de dinero —delito del art. 169.1-2— y por tanto, deberá canalizarse en el... actual art. 573 bis 1-4 CP" (STS 1014/2021, 21-12).

Es pertinente también referirse a las diferencias entre extorsión y estafa (no en vano de este delito se dice que ocupa una zona intermedia entre las amenazas, el robo y la estafa, en este sentido BAJO FERNÁNDEZ), que básicamente hay que referirlas a los medios determinados para la realización del tipo: engaño en la estafa y violencia o intimidación en la extorsión.

En cuanto a la diferenciación con las coacciones (que se complica habida cuenta de la amplia interpretación que ha hecho la Sala 2ª del elemento "violencia"), en caso de que la pulsión sobre la voluntad carezca de ánimo de lucro por parte del agente, la calificación correcta será la de coacciones (véase, SAP, Madrid, Sección 17ª, 642/2011, 10-6).

2. *Bien jurídico protegido*

Hay acuerdo generalizado en la Doctrina en el sentido de que nos hallamos ante un delito pluriofensivo: patrimonio, libertad (MARTÍNEZ GONZÁLEZ) e integridad física [PÉREZ MANZANO; también STS 1221/2001, 14-9 (*Tol 66812*); en sentido contrario, STS 1014/2021, 21-12, donde se entiende que se trata exclusivamente de un delito contra el patrimonio], lo que se explica tanto por los medios comisivos (violencia o intimidación), como por el significado de la conducta (compeler la voluntad del sujeto pasivo), como, en fin, por el resultado ("en perjuicio de su patrimonio", es decir: causando perjuicio al patrimonio de la víctima). En el sentido indicado, la STS 1009/2022, 11-1-2023, señala: "Se trata, por ello, en cuanto a su naturaleza jurídica, de un delito pluriofensivo en el que no hay un único bien jurídico a proteger, pues se castiga el peligro o daño al patrimonio y la lesión a la libertad, con independencia de que en la complejidad del tipo quepan otros como la integridad física y/o moral. No obstante, su ubicación sistemática pone el acento en el aspecto patrimonial".

3. *Estructura típica*

Existe acuerdo tanto en la Doctrina (VIVES ANTÓN/GONZÁLEZ CUSSAC) como en la Jurisprudencia [STS 892/2008, 26-12 (*Tol 1417785*)] al señalar que nos encontramos ante un delito de encuentro ("El delito de extorsión es calificado en la doctrina como un "delito de encuentro" o "experimental" ciertamente de encuentro forzado porque el sujeto pasivo perjudicado es obligado a facilitar el acto o documento que incorpora un valor económico del que resulta un perjuicio para el extorsionado o bien para un tercero (STS 426/2017, de 14-6). Es decir, se precisa una cierta colaboración de la víctima que elige ceder a la presión en vez de arriesgarse a denunciar"; STS 1009/2022, 11-1-1023; también, STS 1014/2021, 21-12). En donde ya el consenso se rompe es en el momento de determinar si nos hallamos ante un delito de resultado material que exige la efectiva producción del perjuicio, o, por el contrario, ante un tipo de resultado cortado en el que basta con que el sujeto haya actuado con la finalidad de perjudicar a alguien.

En realidad el problema es de interpretación de la cláusula "en perjuicio de su patrimonio", pues se discute si debe entenderse como mera finalidad o como efectiva causación de un resultado. Dos órdenes de razones nos llevan a considerar que debe optarse por el delito de resultado: 1ª) Debe tenerse en cuenta que la pena con la que se amenaza la conducta —de uno a cinco años— es la misma que está prevista para las amenazas condicionales lucrativas si se consigue la condición (art. 169.1º, CP), por lo que no exigir en la extorsión la producción del resultado desequilibraría la relación entre amenazas y extorsión; 2ª) La cláusula "en perjuicio" no indica indubitadamente finalidad (como, por el contrario, sí lo hacen construcciones como "para perjudicar", utilizada en los arts. 393 o 395, CP, puesto que "para" tiene la indicación de la finalidad) sino un suceso ("en", como preposición, significa tiempo y lugar en que, ó en donde se está, sucede, ó se hace alguna cosa,), "perjudicando". Es decir, el tipo exige el efectivo perjuicio, por lo que estamos ante un delito de resultado material que se consumará con la producción del deterioro patrimonial (en sentido contrario se pronuncia el Tribunal Supremo, véase por todas STS 849/2022, 27-10; también ALASTUEY DOBÓN).

"En", como preposición, significa tiempo y lugar en que, ó en dónde se está, sucede, ó se hace alguna cosa; también aspecto, limitación o parte (abundante en caza); término de un movimiento (cayó en tierra); medio o instrumento (viajar en tren); precio (lo vendo en 100 euros); causa (lo conocí en el andar); modo y, asimismo, puede unirse a palabras que ya indican finalidad (favor, obsequio, provecho...). A este último grupo pertenece la expresión "en beneficio de" que tiene, en nuestra opinión, una única interpretación de finalidad, pues los seres humanos no solemos obtener beneficios sino de manera premeditada y con no poca planificación y esfuerzo. Parece que "por contagio", la expresión "en perjuicio de" se hubiera podido llegar a entender del mismo modo, más no está nada claro ya que para llevar a cabo acciones perjudiciales somos una especie mejor dotada que para las acciones benéficas; así que podemos perjudicar a otros sin tomarnos muchas molestias ni hacer demasiados planes.

Pues bien, ya se ha puesto de manifiesto *ad nauseam* la necesidad de que el lenguaje jurídico busque la máxima precisión y los significados más próximos al lenguaje ordinario —no debe olvidarse que el destinatario de las normas son todos los ciudadanos y no sólo la clase de los juristas—, abandonando el recurso a expresiones ambiguas, y en caso de que esto no ocurra acudir a primeros significados, contextualizando naturalmente, pues la seguridad jurídica nos va en ello. No cabe duda en este sentido de que si se quiere expresar finalidad debe recurrirse a otras expresiones, como "para perjudicar". El sentido común nos dice que esta expresión sería la más indicada para señalar intención y que deberíamos usar "en perjuicio de" únicamente en los casos donde no necesariamente se supone intencionalidad.

Por otra parte no debe olvidarse que en no pocos casos la expresión "en perjuicio" se está interpretando, sin discusión, en el sentido de exigir la efectiva producción de aquél. El mejor, y más importante, ejemplo es el de la estafa: "un acto de disposición en perjuicio propio o ajeno". Tanto la Doctrina como la Jurisprudencia, sin discrepancias, exigen la efectiva producción del perjuicio para entender consumado el tipo [SSTS 21/2010, 26-1 (*Tol 1788407*), y 1278/2009, 23-12 (*Tol 1762093*)], y es evidente que no se deberían asignar distintos significados a términos idénticos, al menos si no existen razones suficientes para ello (WROBLEWSKI), entre las que pudiera estar alguna a las que se refiere GÓMEZ LANZ. Estas dudas, estas incertidumbres, vienen a avalar todavía más la opción interpretativa que aquí se toma: la expresión "en perjuicio", exige la efectiva producción del deterioro patrimonial (el último autor citado añade a las por nosotros proporcionadas, algunas razones vinculadas al proceso de modificación del precepto que son dignas de atención).

4. Conducta típica

El tipo exige obligar a otro, con violencia o intimidación, a realizar u omitir un acto o negocio jurídico en perjuicio de su patrimonio o del de un tercero, y todo ello actuando con ánimo de lucro.

4.1. Por violencia o intimidación debe entenderse lo ya expuesto al estudiar el delito de robo violento. GONZÁLEZ RUS llama la atención sobre el hecho de que la fuerza en las cosas no se encuentre entre los medios legalmente determinados, aunque señala que eso no quiere decir que esté excluida la fuerza física sobre ellas, si se utiliza como medio para la intimidación del sujeto, en este sentido, también, STS 1014/2021, 21-12 (hay que notar, no obstante, que la fuerza en las cosas sí está incluida como medio legalmente determinado en el delito de realización arbitraria del propio derecho —art. 455, CP; lo que pone de manifiesto que, seguramente, una vez más el Legislador no ha relacionado debidamente las distintas conductas a la hora de proceder a las tipificaciones). No parece, sin embargo, que la propuesta del último autor citado deba aceptarse e integrar por vía de interpretación lo que el Legislador no ha querido hacer expresamente, pues cuando éste ha deseado incorporar como medio típico la fuerza en las cosas al lado de la violencia o intimidación lo ha hecho expresamente —en este sentido el caso del artículo 455 acabado de mencionar constituye todo un ejemplo de lo que se dice.

Acto o negocio jurídico puede definirse como "cualquier comportamiento activo u omisivo con trascendencia en el tráfico jurídico-económico" (VIVES ANTÓN/GONZÁLEZ CUSSAC); esos actos o negocios pueden adoptar cualquier forma de expresión después de que haya sido eliminada del tipo la referencia a la subscripción de un documento, con lo que bastaría también con la forma oral (STS 707/2002, 26-4) e incluso con el puro silencio (obligar a alguien a no ejercer un derecho).

Así por la Jurisprudencia se mencionan supuestos como los siguientes: obligar a otro a traspasar un vehículo [SAP, Murcia, Sección 3ª, 1081/2010, 11-5 (*Tol 887573)*]; obligar a otro a aceptar una deuda con el sujeto activo de 1500 euros mensuales (SAP, Murcia, Sección 3ª, 576/2010, 10-5); obligar a otra persona a firmar una autorización para permanecer en su casa [SAP, Madrid, Sección 17ª, 4520/2010, 29-3 (*Tol 1872225)*]; obligar a otro a renunciar a una indemnización [SAP, Palma de Mallorca —Ibiza—, Sección 1ª, 657/2010, 15-3 (*Tol 1861289)*].

En cuanto al perjuicio por tal ha de entenderse tanto la disminución del activo como el incremento del pasivo (reconocimiento de deudas), o la omisión del ejercicio de derechos que hubieran supuesto un acrecimiento patrimonial [véase en este sentido SAP, Albacete, Sección 1ª, 738/2010, 4-6 (*Tol 1896794)*, en el que con amenazas se logra la renuncia a la prosecución de un contrato].

4.2. Además del dolo se exige la presencia de un elemento subjetivo de lo injusto como es el ánimo de lucro (voluntad de acrecer el propio patrimonio). Está, a nuestro entender, en lo cierto MAGALDI PATERNOSTRO cuando asevera que el dicho ánimo es correlativo al perjuicio que se pretende, pero no necesariamente al sufrido por la víctima de la violencia o intimidación —que es el obligado a realizar u omitir el acto o negocio jurídico de que se trate—, ya que el perjuicio puede recaer sobre un tercero.

5. *Iter criminis*

Para la Jurisprudencia absolutamente mayoritaria, "*la consumación se produce tan pronto se obtiene la realización del acto o negocio jurídico de que se trate, de manera que lo que pueda producirse a partir de ese momento sería referible a la fase de agotamiento del delito*" [STS 112/2010, 15-1 (*Tol 1792949)*]. Obviamente esta consideración es consecuencia de entender el delito como de resultado cortado, tratando al perjuicio como finalidad del sujeto activo y no como resultado material. En este planteamiento coincide la mayoría de la doctrina (así GONZÁLEZ RUS o BENÍTEZ ORTÚZAR; algún autor, sin embargo, como MAGALDI PATERNOSTRO, aun pareciendo aceptar también este planteamiento lo matiza manifestando "aunque ni el enriquecimiento ni el perjuicio deban alcanzarse plenamente para la perfección típica"). Nosotros, no obstante y como consecuencia de la opción tomada más arriba en punto a la interpretación de la expresión "en perjuicio", entendemos que el delito sólo se consuma cuando el perjuicio se haya producido efectivamente. Ello no quiere decir, porque no se exige en la descripción típica, que se requiera además la efectiva producción del desplazamiento patrimonial, al menos no en todos los casos (se excluyen aquellos supuestos en los que el desplazamiento patrimonial es condición para el perfeccionamiento del negocio jurídico); pues para la producción del perjuicio basta —y con independencia de que los actos o negocios jurídicos realizados sean posteriormente declarados nulos— con la realización u omisión del acto o negocio jurídico de que se trate (reconocimiento de deuda, abstención de ejercitar el retracto, donación, etc.), dado que en ese mismo momento se produce la afectación patrimonial. Por lo tanto aunque coincidimos con la mayoría de la Doctrina en el sentido de que el momento consumativo coincidirá con la realización del acto o negocio jurídico de que se trate, ello es así porque con la citada realización se produce el perjuicio (en la generalidad de los casos, como se ha indicado) y no porque nos encontremos ante un delito de resultado cortado.

Atendiendo a lo anterior existirá tentativa en todos aquellos casos en los que aun habiéndose realizado el acto o negocio jurídico, no se haya producido el perjuicio patrimonial; la tentativa, sin embargo, devendrá inidónea si el acto o negocio jurídico que se haya obligado a hacer al sujeto pasivo consiste en una prestación imposible (MUÑOZ CONDE).

Por último señalar que tanto Doctrina como Jurisprudencia han manifestado reiteradamente que el vicio del consentimiento referido a la obtención del mismo bajo violencia o intimidación, determina la nulidad del acto. Pero de ese razonamiento no puede extraerse la conclusión de que ni la consumación sea posible, ni que el perjuicio devenga inexistente. Por lo que importa a lo primero la legislación penal ha concedido relevancia a ese consentimiento a los efectos de considerar cometido un delito; es decir: ese consentimiento es eficaz para producir como efecto la consumación de un delito de extorsión. En lo que importa al perjuicio, éste se produce con independencia de que posteriormente se puedan levantar sus efectos; el tipo no exige la permanencia en el tiempo del perjuicio, sino su mera producción con independencia de que, posteriormente y a través de diversos remedios jurídicos, pueda sanarse la situación (si el sujeto activa los mecanismos correspondientes para ello).

6. Concursos

Serán frecuentes los concursos con el delito de lesiones en el caso de que el sujeto activo acuda a la modalidad violenta; en esos supuestos, y de la misma forma que hemos dejado dicho en relación al delito de robo violento, el concurso será ideal, pues con un mismo acto el sujeto ha comenzado los actos ejecutivos del delito de extorsión (que es dónde se sitúa el inicio de la tentativa) y paralelamente ha consumado el tipo de lesiones de que se trate. En cuanto a los niveles de violencia que queden absorbidos por el tipo (precisión que resulta fundamental para precisar el alcance del último inciso del art. 243, CP), nos remitimos a lo ya dicho en el robo violento.

Se plantearán también frecuentemente concursos con detenciones ilegales, que será real de delitos “cuando la privación de libertad se ha extendido más allá de lo que es consustancial con el delito de extorsión” [STS 946/2009, 6-10 (*Tol 1639027*)], sin embargo, las detenciones ilegales resultarán absorbidas por la extorsión cuando la privación de libertad no excede de lo necesario para la dinámica del delito de extorsión.

Con realización arbitraria del propio derecho se planteará, sin embargo, un concurso de normas, en el que el propósito de realizar un derecho propio (elemento subjetivo de lo injusto en el artículo 455 CP) marcará la diferencia con la extorsión [en este sentido véase también STS 817/2009, 29-6 (*Tol 1577825*)].

De todas formas los verdaderos problemas se plantean en relación a la conexión entre ánimo de lucro (intención de procurarse un beneficio que puede ser lícito o ilícito) e intimidación (que puede o no superar los límites convencionalmente admitidos) o violencia. Así si el sujeto pretende hacerse cobro, empleando intimidación, de unas cantidades que le son adeudadas, quedará excluida la extorsión en tanto que no está presente el ánimo de lucro entendido como intención de incrementar ilícitamente el patrimonio, pero sí podrá cometer el delito de realización arbitraria del propio derecho —se contrapone, así, el ánimo de lucro al ánimo de hacerse pago. Hay, sin embargo, intimidaciones y “ánimos de lucro” que no pueden considerarse tales desde la tipicidad penal; son aquéllos, por ejemplo, que se entienden incluidos en las relaciones de negocios (aunque puedan llevar consigo la causación de gravísimos perjuicios para el sujeto pasivo de la acción, incluida su ruina; por ejemplo, los casos en los que se amenaza con cerrar una línea de crédito sino acepta el sujeto un notable incremento de los intereses; aquí nos hallamos ante un supuesto en el que se une la pretensión de un beneficio lícito con el empleo de una intimidación admitida en las relaciones comerciales). De estas situaciones hay que diferenciar aquellos casos en los que el contenido de la amenaza va referido a la revelación de determinados aspectos de la vida privada o familiar que no sean conocidos, o a la comisión por el amenazado de un delito, supuestos en los cuales será de aplicación preferente el delito de chantaje recogido en el art. 171.2 y 3, CP.

Así, con carácter general se puede afirmar que si el medio utilizado por el sujeto para obtener el lucro es de por sí ilícito, habrá delito que será de extorsión, de realización arbitraria o de amenazas dependiendo de que el sujeto quisiera o no realizar un derecho preexistente, de los bienes jurídicos amenazados y de la entidad de la pena. Si el medio utilizado no es de por sí ilícito, habrá que comprobar si el uso que se hace de él está o no consentido por la ley (por ejemplo, la amenaza de denunciar la comisión de un delito si no es satisfecha una cantidad adeudada). Si, en cambio, se pretende conseguir un objetivo claramente ilícito a través de la amenaza con un mal lícito, nos podríamos hallar ante un delito de chantaje.

7. Cuestiones procesales

Se plantea si en casación es posible cambiar la calificación de la conducta efectuada en instancia como delito de extorsión a la de delito de amenazas lucrativas, sin conculcar los principios acusatorio y de prohibición de la *reformatio in peius*. A este respecto, la STS 849/2022, 27-10, deja sentado que:

"[L.]*a nueva calificación no comporta la introducción de elementos, ni fácticos ni jurídicos, que no hayan sido previamente objeto de debate contradictorio. Como de manera reiterada ha precisado el Tribunal Constitucional, entre las garantías que incluye el principio acusatorio se encuentra la de que nadie puede ser condenado por cosa distinta de la que se le ha acusado y la de que, por lo tanto, haya podido defenderse. En este contexto por 'cosa' no puede entenderse únicamente un concreto devenir de acontecimientos, un 'factum', sino también la perspectiva jurídica que delimita de un cierto modo ese devenir y selecciona algunos de sus rasgos, pues el debate contradictorio recae 'no sólo sobre los hechos sino también sobre su calificación jurídica' —SSTC 145/2011, 223/2015—. El principio acusatorio admite y presupone el derecho de defensa de la persona acusada y, consecuentemente, la posibilidad de contestación o rechazo de la acusación. Provoca en el proceso penal la aplicación de la contradicción, el enfrentamiento dialéctico entre las partes, conocer los argumentos de la otra parte, manifestar ante el Juez los propios, indicar los elementos fácticos y jurídicos que constituyen su base y ejercitar una actividad plena en el proceso —vid. por todas, STC 53/1987—. De tal modo, la regla "nadie puede ser condenado si no se ha formulado contra él una acusación de la que haya tenido oportunidad de defenderse de manera contradictoria" genera una regla de vinculación fuerte en el sentido de que siempre ha de existir correlación entre la acusación y el fallo de la Sentencia —vid. SSTC 11/1992, 95/1995, 36/1996—. El juzgador no puede excederse de los términos en que viene formulada la acusación o apreciar hechos o circunstancias que no han sido objeto de consideración en la misma ni sobre las cuales, por lo tanto, el acusado ha tenido ocasión de defenderse —vid. STC 205/1989—. Lo anterior, sin embargo, no supone, so pena de frustrar la solución más adecuada al conflicto que se ventila en el proceso, que la sujeción de la condena a la acusación pueda ir tan lejos como para impedir que el órgano judicial modifique la calificación de los hechos enjuiciados en el ámbito de los elementos que han sido o han podido ser objeto de debate contradictorio. No existe infracción constitucional del derecho a conocer la acusación si el Juez valora los hechos y los calibra de modo distinto a como venían siéndolo —vid. STC 204/1986, recogiendo doctrina anterior— siempre, claro, que no se introduzca un elemento o dato nuevo al que la parte, por su lógico desconocimiento, no hubiera podido referirse para contradecirlo en su caso —vid. STC 10/1988—. A esto es, precisamente, a lo que se refiere el concepto de homogeneidad en la calificación jurídica. Esta se dará cuando aun constituyendo los delitos modalidades distintas estas se presentan cercanas dentro de la tipicidad penal. De tal suerte que, estando contenidos todos los elementos del tipo de condena en el tipo delictivo objeto de la acusación, no haya ningún elemento nuevo del que el acusado no haya podido defenderse. Identidad o proximidad de elementos que comprende no sólo el bien o interés protegido por la norma sino también, obviamente, las formas de comportamiento respecto de las que se protegen. En suma, el acusatorio quedará preservado cuando entre las calificaciones en liza —las alternativas o las subsidiarias introducidas definitivamente por las acusaciones— y la que sustenta la condena quepa trazar una relación de homogeneidad porque el hecho que configura los tipos correspondientes sea sustancialmente el mismo —vid. STC 12/1981, 4/2002— y, además, la nueva calificación no comporte mayores consecuencias penales que las pretendidas y, además, se derivarían de la aplicación del tipo objeto de acusación.*

De igual modo, tampoco identificamos riesgo de afectación del principio de prohibición de la reformatio in peius. *El delito de extorsión del artículo 243 CP es más grave que el de amenazas condicionales lucrativas del artículo 169.1º, inciso último, CP, aunque la errónea aplicación de la modalidad de tentativa al delito de extorsión pueda sugerir lo contrario. En todo caso, la pena impuesta en la instancia debe seguir actuando como límite de la que pueda imponerse por el delito de amenazas condicionales. En los términos fijados por el Tribunal Constitucional en las sentencias ya mencionadas 123 y 183/2005, el único límite que el artículo 902 LECrim establece a la facultad de revisión de la calificación jurídica de los hechos en el recurso de casación es el de no imponer pena superior a la señalada en la sentencia casada. Es decir, el límite determinado por el principio de prohibición de reforma peyorativa. Como también se precisa en la STC 123/2005, "los términos de comparación para ponderar si la reforma ha sido peyorativa han de ser, en el caso, las respectivas condenas: es decir, si la recaída en segunda instancia empeora la situación que establece el fallo condenatorio de la dictada por el juzgador a quo, y no la relación existente entre la pretensión absolutoria del actor recurrente y el sentido del fallo condenatorio derivado del recurso". Riesgo de ultrapunición que queda descartado pues la concreta pena fijada en la sentencia recurrida puede seguir siendo impuesta con la nueva calificación. Y ello sin perjuicio de lo que resulte de la estimación de otros motivos formulados por infracción de ley y de las consecuencias que, en forma de concursos, puedan derivarse".*

XV. BIBLIOGRAFÍA

ALONSO PÉREZ, F. "Apuntes jurisprudenciales sobre el subtipo agravado de uso de armas o medios peligrosos", *LL*, nº 3, 2003; ÁLVAREZ GARCÍA, F. J. "Delitos compuestos y delitos complejos: Problemas concursales en el artículo 242", *LL*, nº 4207, 1997; *id.* "Robo con violencia o intimidación", en Iustel, Base de Datos, 2003; AYALA GARCÍA, J. "Delito permanente, delito habitual y delito complejo", *CDJ*, 1995; BARBERO SANTOS, M. "El bandolerismo en la legislación vigente", *ADPCP*, 1970; BERISTAIN IPIÑA, A. "Intimidación", *NEJ*, t. XIII, 1968; BERNALDO DE QUIRÓS, C. "Nuevas observaciones sobre el bandolerismo", *RGLJ*, nº 146, 1925; BOIX REIG, J. "La consumación anticipada en el robo con violencia o intimidación", en *La reforma penal y penitenciaria*, Santiago de Compostela, 1980; BRANDARIZ GARCÍA, J. A.: *El delito de robo con violencia o intimidación en las personas*, 2003; *id.* "El tipo privilegiado del robo con violencia o intimidación en las personas", *AP*, 2003; CARDENAL MURILLO, A. "Naturaleza y límites de los delitos cualificados por el resultado", *ADPCP*, nº 2, 1989; CORTÉS CAMACHO, J. "La agravante por uso de armas en el delito complejo de robo", *AP*, 1995; CHIRINOS RIVERA, S. "El delito de robo con toma de rehenes. Comentario a la Sentencia del Tribunal Supremo de 9 de julio de 1986", *PJ*, nº 6, 1987; DE LA HERRÁN RUÍZ MATEO, S., *Fundamentos de los medios comisivos en el tipo de injusto de los delitos compuestos*, Valencia, 2024; DÍAZ-MAROTO Y VILLAREJO, J. "El delito de extorsión", *LL*, nº 2, 1997; DOPICO GÓMEZ-ALLER, J. "Modificaciones relativas a los tipos de robo con fuerza en las cosas y robo con violencia e intimidación", en ÁLVAREZ GARCÍA, F. J. y GONZÁLEZ CUSSAC, J. L. (dirs.) *Comentarios a la Reforma Penal de 2010*; DURÁN SECO, I. "Reflexiones sobre la coautoría en los supuestos del tirón. A propósito de la STS 8-7-1998 (A. 5816)", *RDPC*, nº 6, 2000; ESCUCHURI AISA, E. "Detenciones ilegales y robo con intimidación. (Comentario a la Sentencia del Tribunal Supremo de 28 de marzo de 2003)", *RDPC*, nº 13, 2004; GAGO SEVILLA, J. "Delitos contra el patrimonio: generalidades y modificaciones introducidas por el CP de 1995. La extorsión como tipo pluriofensivo: su problemática", *EJMF*, nº 6, 1999; GALLEGO DÍAZ, M. "El artículo 512 del Código Penal", *ADPCP*, nº 3, 1987; GIMBERNAT ORDEIG, E. "El comportamiento típico en el robo con homicidio", *ADPCP*, 1964; GÓMEZ RECIO, F., y ESPINA RAMOS, J. A. "De las amenazas condicionales a la extorsión, huyendo del jurado", *LL*, nº 1, 2005; GÓMEZ TOMILLO, M. "Art. 242: de la extorsión", en GÓMEZ TOMILLO, M. (dir.) *Comentarios prácticos al Código Penal*, vol. III, Cizur Menor, 2015; HAVA GARCÍA, E., *El control penal de las armas. Análisis del capítulo V del título XXII del Código Penal*, Valencia, 2019; HIDALGO BARAS, I. "Los delitos de robo con violencia o intimidación en las personas. Tipo básico y privilegiado. La realización arbitraria del propio derecho como modalidad del apoderamiento violento sin robo: problemática", *EJMF*, nº 6, 1999; JAREÑO LEAL, A. "El 'uso de armas' en las lesiones y en el robo y el principio *non bis in idem*", *LL*, nº 1, 2001; JAVATO MARTÍN, M. "El dogma de la desaparición del delito complejo de robo, su sustitución por fórmulas de concurso: problemática", *EJMF*, nº 6, 1999; LÓPEZ BARJA DE QUIROGA, J., y RODRÍGUEZ RAMOS, L. "El robo con toma de rehenes", *LL*, nº 3, 1990; LUZÓN PEÑA, D. M. "Detenciones ilegales, coacciones o amenazas, robo con toma de rehenes o intimidatorio y utilización ilegítima intimidatoria: cuestiones concursales. (A propósito de la jurisprudencia posterior a 1983 y de la STS 4-2-1987)", *PJ*, nº 8, 1987 [=*EPC*, t. XI, 1988; *Estudios penales*, 1991]; MADRIGAL MARTÍNEZ PEREDA, C. "La extorsión", en AA.VV. *El nuevo Código Penal y su aplicación a empresas y profesionales*, vol. III, Madrid, 1996; *id.* "La extorsión y el chantaje", en AA.VV. *Delitos y cuestiones penales en el ámbito empresarial*, Madrid, 1999; MARTÍNEZ GONZÁLEZ, Mª I. "El nuevo delito de extorsión", en *LH-Díaz Pita*, 2008: *id.* "El delito de extorsión", *CPC*, nº 44, 1991; *id. El delito de robo con homicidio*, Barcelona, 1988; MARTÍNEZ VALL, J. Mª "El artículo 512 del Código penal", *RGD*, nº 166-167, julio-agosto, 1958; MIR PUIG, S. "Sobre el tipo subjetivo del concurso de delitos. Comentario a la Sentencia del Tribunal Supremo de 20 de abril de 1985 (Recurso nº 1761-85; Ponente: Sr. Hijas)", *ADPCP*, nº 1, 1987; MÓNER MUÑOZ, E. "El delito de robo con violación", *CDJ*, t. XV, 1995; MUÑOZ CLARES, J. *El robo con violencia o intimidación*, Valencia, 2003; MUÑOZ CONDE, F. "La reforma de los delitos contra el patrimonio", *Revista de la Facultad de Derecho de la Universidad Complutense*, Nueva época, núm. monográfico 6, V Jornadas de Profesores de Derecho penal, 1983; MUÑOZ CUESTA, J. "El delito de extorsión: dificultad para diferenciarlo de la actividad comercial que traspasa los límites de la contratación mercantil ordinaria", *AD*, nº 10, 2024; *id.* "Robo con violencia por suministro en bebida de sustancias estupefacientes. Comentario a la STS, Sala 2ª, de 11 de noviembre de 2004", *RJA*, nº 6, 2004; *id.* "El delito de extorsión, autonomía y vigencia a pesar de su infrecuente aplicación. Comentario a la STS, Sala 2ª, de 21 de octubre de 2004", *RJA*, nº 6, 2004; OCTAVIO DE TOLEDO Y UBIETO, E. "Presente y proyecto del delito de extorsión", *LL*, nº 4, 1982; ONECHA SANTAMARÍA, C. "Examen jurídico civil y penal de la intimidación", *RGLJ*, nº 238, 1975; PAZ RUBIO, J. M. "Robo con toma de rehenes", *CDJ*, t. XV, 1995; *id.* "Robo con violencia e intimidación y detención ilegal", *CDJ*, t. XIII, 2004; PEÑARANDA RAMOS, E. *Concurso de leyes, error y participación en el delito*, Madrid, 1991; PÉREZ DEL VALLE, C. "Sobre la posibilidad de aplicación analógica del artículo 242.3 al robo con fuerza en las cosas", *PJ*, nº 70, 2003; POMARES CINTAS, E. "La agravación específica del delito de robo con violencia o intimidación cometido en casa habitada o sus dependencias (art. 242)", en QUINTERO OLIVARES, G. (dir.) *La Reforma Penal de 2010*, Pamplona, 2010; QUESADA SARMIENTO, Mª J. "Comentario a la STS 1009/2022 de fecha 11 de enero de 2023, por la que se resuelve un delito de extorsión en grado de tentativa", *Diario La Ley*, nº 10244, 2023; RODRÍGUEZ DEVESA, J. M. "Contribución al estudio del robo con homicidio", *ADPCP*, 1958; *id.* "Extorsión", *NEJ*, t. IX, 1982; RON MARTÍN, I. "La transmutación del hurto al robo con violencia o intimidación en las personas", *CPC*, 1999; DEL ROSAL, J. "Alevosía, atenuante análoga y encubrimiento en el delito de robo con homicidio", *ADPCP*, 1952; RUIZ ANTÓN, L. F. "Los robos con violencia o intimidación en las personas", en COBO DEL ROSAL, M. (dir.) *Comentarios a la Legislación Penal. La reforma del Código Penal de 1983. Tomo V-Vol. 2° (Libros II y III del Código Penal)*, Madrid, 1985; *id.* "Robo acompañado de violación", en COBO DEL ROSAL, M. (dir.) *Comentarios a la Legislación Penal. La Ley Orgánica de 21 de junio de 1989 de actualización del Código Penal. Tomo XIV-Vol. 2°*, Madrid, 1992; SÁNCHEZ-OSTÍZ GUTIÉRREZ, P. Actos de violencia sobrevenidos durante el apoderamiento: "Hurto o robo violento? Comentario a la Sentencia del Tribunal Supremo de 23 de marzo de 1998", en SILVA SÁNCHEZ, J. Mª (coord.) *Los delitos de robo: comentarios a la jurisprudencia*, 2002; *id.* "Robo violento o intimidatorio de «menor entidad» con «medios peligrosos»: ¿una contradicción?", *RDPC*, n° 6, 2000 [=AA.VV.: *Los delitos de robo. Comentarios a la jurisprudencia*, 2002]; "Consideraciones sobre el delito de robo con armas «que llevare» el autor", *AJA*, n° 512, 2001 [=AA.VV.: *Los delitos de robo. Comentarios a la jurisprudencia*, 2002]; *id.* "Consideraciones sobre el delito de robo violento con medios peligrosos que causan lesiones", *LL*, n° 6, 2001 [=AA.VV.: *Los delitos de robo. Comentarios a la jurisprudencia*, 2002]; SÁNCHEZ MORENO, J. *El robo con violencia o intimidación en las personas*, Barcelona, 2001; SÁNCHEZ TOMÁS, J. M. *La violencia en el Derecho Penal. Su análisis jurisprudencial y dogmático en el CP 1995*, Barcelona, 1999; SANZ MORÁN, A. *El concurso de delitos. Aspectos de política legislativa*, Valladolid, 1986; SERRANO BUTRAGUEÑO, I. *Los robos con violencia o intimidación en las personas*, Madrid, 1993; SORIANO SORIANO, J. R. "El robo en casa habitada y sus dependencias: artículos 506.2 y 508 CP. Legislación vigente y Anteproyecto de 1992", *CPC*, 1992; SOTO NIETO, F. "Características del robo con violencia: Transmutación de hurto en robo violento", *LL*, n° 3, 2003; SUÁREZ GONZÁLEZ, C. "Robo con violación y perdón de la ofendida", *LL*, n° 4, 1982; SUÁREZ MONTES, R. F. "Observaciones a la penalidad del robo con homicidio en la reforma de 1983", *LL*, 1983-4; TORÍO LÓPEZ, A. "La distinción legislativa entre asesinato y robo con homicidio", *Estudios Penales y Criminológicos*, t. VII, 1984; *id.* "Motivo y ocasión en el robo con homicidio", *ADPCP*, n° 3, 1970; VARELA AGRELO, J. A. "El delito de extorsión. Su problemática. Incardinación en el sistema del Código penal", *CDJ*, t. XIII, 2004; DE VICENTE MARTÍNEZ, R. "Cambio de criterio jurisprudencial. De la interpretación literal a la actual interpretación jurisprudencial del párrafo tercero del artículo 242 del Código Penal (delito de robo con violencia o intimidación en las personas)", *RJCLM*, n° 25, 1999; *id.* "El delito de robo con violencia o intimidación en las personas: interpretación y aplicación jurisprudencial", en *LH-Barbero Santos*, tomo II, 2001; *id. El delito de robo con violencia o intimidación en las personas*, Valencia, 2002.; *id. El delito de robo con violencia o intimidación en las personas*, Valencia, 2001; *id.* "Sobre el difícil arte de legislar en materia penal", *LL*, n° 5, 2004; *id.* "El robo con violencia o intimidación en las personas", *CDJ*, t. XIII, 2004; DE VICENTE REMESAL, J. "Extorsión", *EJB*; *EPB*.

Lección 5ª

Robo y hurto de uso de vehículos

JORDI CASAS HERVILLA

SUMARIO. I. ANTECEDENTES LEGISLATIVOS. II. BIEN JURÍDICO PROTEGIDO. III. AUTORÍA Y PARTICIPACIÓN. IV. CONDUCTA TÍPICA. 1. Hurto de uso de vehículo a motor y ciclomotor. 1.1. Sustracción de vehículo a motor y ciclomotor. 1.2. Utilización sin la debida autorización. 2. Robo de uso de vehículo a motor y ciclomotor. 2.1. Robo de uso de vehículo a motor y ciclomotor empleando fuerza en las cosas. 2.2. Robo de uso de vehículo a motor y ciclomotor con violencia o intimidación en las personas. V. RESTITUCIÓN DEL VEHÍCULO A MOTOR O CICLOMOTOR. VI. OBJETO MATERIAL DEL DELITO. VII. ELEMENTO SUBJETIVO. VIII. *ITER CRIMINIS*. IX. CONCURSOS. X. PENALIDAD. XI. RESPONSABILIDAD CIVIL. XII. BIBLIOGRAFÍA.

Artículo 244

1. El que sustrajere o utilizare sin la debida autorización un vehículo a motor o ciclomotor ajenos, sin ánimo de apropiárselo, será castigado con la pena de trabajos en beneficio de la comunidad de treinta y uno a noventa días o multa de dos a doce meses, si lo restituyera, directa o indirectamente, en un plazo no superior a cuarenta y ocho horas, sin que, en ningún caso, la pena impuesta pueda ser igual o superior a la que correspondería si se apropiare definitivamente del vehículo.

2. Si el hecho se ejecutare empleando fuerza en las cosas, la pena se aplicará en su mitad superior.

3. De no efectuarse la restitución en el plazo señalado, se castigará el hecho como hurto o robo en sus respectivos casos.

4. Si el hecho se cometiere con violencia o intimidación en las personas, se impondrán, en todo caso, las penas del artículo 242.

I. ANTECEDENTES LEGISLATIVOS

La primera regulación legal del hurto y robo de uso de vehículos a motor existente en nuestro país la encontramos en los arts. 9 a 11 de la Ley de 9 de mayo de 1950, sobre uso y circulación de vehículos de motor —conocida como Ley del Automóvil. El tipo básico, regulado en el párrafo primero del art. 9 de la esta ley castigaba a quien "sin la debida autorización o sin causa lícita, utilizare un vehículo de motor ajeno" con las penas de arresto mayor o multa de mil a diez mil pesetas.

A su vez, se regulaban tres modalidades agravadas de esta figura delictiva. La primera de ellas, ubicada en el párrafo segundo del art. 9 de la ley, preveía la imposición conjunta de las penas de arresto mayor y multa que en el párrafo primero aparecían como alternativas, en los casos en los que el sujeto activo del delito fuera "la persona encargada de la conducción o custodia del vehículo". La segunda modalidad agravada, también tipificada en el párrafo segundo del art. 9 de la Ley, castigaba con idéntica pena a quien ejecutare la conducta prevista en el tipo básico con la intención de obtener cualquier ventaja económica. Por último, el art. 10 de la Ley del Automóvil castigaba con pena de presidio menor la utilización del vehículo a motor ajeno para la comisión de un delito o para procurarse la impunidad del delito ya cometido.

Según se indicaba en el preámbulo de la meritada ley, el principal objetivo que perseguía el legislador con la tipificación del delito de hurto de uso era proteger la seguridad vial. En concreto, se señalaba que "[l]a frecuencia con que se producen accidentes mediante el uso de vehículos de motor determina la necesidad de sancionar adecuadamente, tanto el uso imprudente de aquellos, que pueda determinar un peligro social, como la utilización ilegítima de dichos vehículos y los actos perturbadores o que impidan su circulación".

De ahí, precisamente, que el art. 11 sancionara al autor del delito de hurto de uso de vehículo de motor, de cualquiera de las modalidades comprendidas en los arts. 9 y 10 de la Ley, con la pena de privación del permiso de conducir por tiempo de 1 a 5 años y con carácter definitivo para el caso de ser reincidente.

La Ley de 9 de mayo de 1950, sobre uso y circulación de vehículos de motor fue derogada por la Ley 122/1962, de 24 de diciembre, sobre uso y circulación de vehículos de motor, que introdujo una novedosa regulación del hurto de uso. El art. 10 de la Ley de 1962, bajo la rúbrica "hurto de uso", castigaba en su párrafo primero al "que sin la debida autorización o sin causa lícita usare o participare a sabiendas en el uso de un vehículo ajeno" con la pena de arresto mayor o multa de cinco mil a cincuenta mil pesetas. Los párrafos segundo y tercero contemplaban, asimismo, dos modalidades agravadas del delito de hurto de uso. En similares términos a los regulados por el párrafo segundo de la Ley del Automóvil, cuando el sujeto activo del delito resultaba ser la persona encargada de la conducción o custodia del vehículo la pena prevista para el tipo básico debía ser impuesta en su grado máximo. No obstante, en los casos en los que "el culpable fuere el conductor habitual" el castigo se condicionaba a la previa denuncia del perjudicado, es decir, a la concurrencia de una condición objetiva de procedibilidad.

Por último, como ya hiciera el art. 10 de la Ley del Automóvil, el párrafo tercero del art. 10 de la Ley de 1962 castigaba con penas de prisión menor y multa de diez a cien mil pesetas la utilización del vehículo a motor ajeno para la comisión de un delito o para procurarse la impunidad del delito ya cometido.

Según opinión de la doctrina mayoritaria, las principales novedades de la Ley sobre uso y circulación de vehículos de motor de 1962 consistieron en la introducción de la locución "hurto de uso", la sustitución del verbo rector del tipo "utilizar" por los verbos "usar" o "participar" y la desaparición de la pena de privación del derecho a conducir. La referenciada modificación del verbo rector del tipo supuso la ampliación del círculo de posibles sujetos activos del delito incriminándose con ello a quienes sin usar el vehículo como conductores lo hicieran como pasajeros. A pesar de la supresión de la pena de privación del permiso de conducir, seguía resultando evidente la íntima conexión existente —a ojos del legislador— entre el delito de hurto de uso y otras figuras delictivas actualmente conceptualizadas como delitos contra la seguridad vial. La propia exposición de motivos de la Ley de 1962 precisaba que "[e]n un esfuerzo de comprensión de los factos de toda índole, físicos, psíquicos y humanos que confluyen en la circulación, ha previsto en lenguaje sencillo y sin pretensiones, una serie de figuras punitivas genuinamente surgidas del ámbito específico a que se refieren, y otras que colman deficiencias y lagunas de la legislación penal ordinaria, y como clave de toda la construcción jurídico-penal, la novedad técnica de conjugar equilibradamente la objetivación característica de leyes de esta índole, cifrada en el resultado producido y la actitud psíquica de temeridad y peligro, plano subjetivo de tan relevante valor en enlace con la política-criminal que se intenta alcanzar…". No en vano, debe advertirse que en el título primero de la ley se aglutinaban figuras delictivas tales como la conducción temeraria (art. 2), la conducción con infracción de reglamentos (art. 3), el quebrantamiento de condena —de anulación o privación del permiso de conducir— (art. 4), la conducción bajo la influencia de las bebidas alcohólicas, drogas y/o estupefacientes (art. 5), la conducción sin haber obtenido permiso (art. 6), la omisión del deber de socorro (art. 7), la falsedad, alteración u omisión de la placa de matrícula (art. 8), y la perturbación de la circulación (art. 9). En definitiva, conductas que, por lo general, lesionaban la seguridad vial y que, desde luego, nada tenían que ver con la protección del patrimonio.

La figura delictiva que ahora nos encontramos analizando resultó finalmente incorporada al CP por Ley 3/1967, de 8 de abril, sobre modificación de determinados artículos del Código Penal y de la Ley de Enjuiciamiento Criminal. Norma que creó un nuevo Capítulo II bis, integrado por un único precepto, el art. 516 bis CP, bajo la rúbrica "Del robo y hurto de uso de vehículos de motor". Capítulo que, a su vez, se hallaba integrado en el Título XIII, del Libro II del CP, intitulado "Delitos contra la propiedad".

El tenor del art. 516 bis CP era el siguiente:

"El que sin la debida autorización y sin ánimo de haberlo como propio usare un vehículo de motor ajeno será castigado con la pena de arresto mayor o multa de cinco mil a cincuenta mil pesetas.

Si ejecutare el hecho empleando fuerza en las cosas, la pena se aplicará en su grado máximo.

Cuando, en los casos previstos en los párrafos anteriores, el culpable dejare transcurrir el plazo de veinticuatro horas sin restituir o abandonar el vehículo se impondrán las penas establecidas en los artículos quinientos o quinientos cinco, respectivamente.

Si en la ejecución del hecho se empleare violencia o intimidación en las personas se impondrán las penas previstas en el artículo quinientos uno de este Código".

Al respecto, la exposición de motivos de la Ley 3/1967 señalaba que "[l]a persistencia y continuidad con que se producen los delitos cometidos con ocasión del tránsito de automóviles y su indudable semejanza con otros previstos en el Código Penal aconsejan la conveniencia de su inserción en el principal texto punitivo, aunque sea preciso, en muy limitados casos, trasplantar al mismo algunos tipos que, configurados en la Ley de Uso y Circulación de Vehículos de Motor, parece necesario conservar en razón a los bienes jurídicos que protegen. Las Leyes penales especiales tienen su razón de ser, bien porque establecen figuras delictivas, cuya naturaleza es esencialmente diversa y aun opuesta a las que comprende el Código, inspiradas en principios distintos, bien porque resuelven problemas determinados por circunstancias transitorias que justifican, en razón a la estabilidad del Código, su independencia respecto de él. La experiencia proporcionada con la aplicación de la Ley especial permite dar ya este paso adelante, encuadrando los delitos que tipificaba en el Código Penal común".

La nueva regulación suprimió como verbo rector del tipo el término "participar", contribuyó a delimitar la figura del hurto y robo de uso de vehículo de motor frente a la del hurto y robo comunes al precisar que el sujeto activo debía obrar sin ánimo apoderamiento definitivo —*animus rem sibi habendi*— e introdujo por primera vez en nuestro ordenamiento jurídico la figura del robo de uso de vehículo de motor así como la fijación del marco penológico en función de si la restitución o abandono del vehículo se producía, o no, en un determinado plazo de tiempo.

La Ley 3/1967, de 8 de abril, incorporó al Código penal la figura del hurto y robo de uso de vehículos de motor solo como delito, es decir, sin prever su equivalente como falta. Sin embargo, por lo que se refiere al hurto común, el art. 587 CP regulaba la falta de hurto, castigando con pena de arresto menor el hurto en el que el valor de la cosa hurtada no excediera de 2.500 pesetas. Dicha circunstancia provocó un vivo debate acerca de la respuesta penal que debía ofrecerse en caso de que el valor del vehículo ilegítimamente usado fuera inferior a 2.500 pesetas. Un importante sector doctrinal sostuvo la atipicidad de dichas conductas en la consideración de que resultaba a todas luces absurdo admitir la posibilidad de que la utilización ilegítima de un vehículo de motor cuyo valor no superase las 2.500 pesetas pudiera castigarse más severamente que un hurto.

Mediante Ley 39/1974, de 28 de noviembre, sobre modificación de determinados artículos del Código Penal, el legislador operó una nueva reforma del delito de robo y hurto de uso de vehículos de motor ofreciendo a tal efecto una nueva redacción al art. 516 bis CP que, una vez más, implicó la introducción de sensibles novedades: (i) ofreció una nueva rúbrica al Capítulo II bis del Título XIII del Libro CP, "Utilización ilegítima de vehículos de motor, ajenos"; (ii) sustituyó el verbo rector del tipo "usar" por "utilizar", recuperando de ese modo la terminología empleada por la Ley de 9 de mayo de 1950, sobre uso y circulación de vehículos de motor; (iii) a fin de zanjar la discusión suscitada respecto a los ciclomotores, se amplió la descripción del objeto material del delito, especificando que podría tratarse de vehículos de motor "cualquiera que fuera su clase potencia o cilindrada"; (iv) el legislador recuperó, asimismo, la preceptiva imposición de la pena de privación del permiso de conducción; y, por último (v) introdujo por vez primera la diferenciación entre restitución directa e indirecta, suprimiendo el término "abandonar" que hasta entonces podía leerse en el art. 516 bis CP.

En concreto, la nueva redacción ofrecida al art. 516 bis CP fue la siguiente:

"El que, sin la debida autorización y sin ánimo de haberlo como propio, utilizarse un vehículo de motor ajeno, cualquiera que fuera su clase potencia o cilindrada, será castigado con la pena de arresto mayor o multa de 10.000 a 100.000 pesetas.

Si ejecutare el hecho empleando fuerza en las cosas, la pena se aplicará en su grado máximo.

Cuando en los casos previstos en los párrafos anteriores, el culpable dejare transcurrir veinticuatro horas sin restituir directa o indirectamente el vehículo, se le impondrán conjuntamente las penas de arresto mayor y multa de 10.000 a 100.000 pesetas, aplicándose en su caso, las de los artículos 515 o 505, respectivamente cuando sean de mayor gravedad.

Si en la ejecución del hecho se empleare violencia o intimidación en las personas, se impondrán las penas señaladas en el artículo 501.

En todos los casos comprendidos en este artículo se impondrá, además, la pena de privación del permiso de conducción por tiempo de tres meses y un día a cinco años o la de obtenerlo en el mismo plazo".

Debe, no obstante, precisarse que, por más que así pareciera pretenderse, la reforma no permitió integrar en el tipo las sustracciones temporales de ciclomotores, pues estos siguieron sin ser considerados vehículos de motor. En palabras de la STS 23-10-1976 (*Tol 4250175*), "las sentencias de esta Sala de 9 y 15 de marzo y 21 de mayo de 1973, terciaron en la controvertida disputa respecto a si el ciclomotor es o no vehículo de motor a efectos del artículo 516 bis del Código Penal, determinando que dicho móvil, por las coincidentes y variadas razones que en dichas sentencias se exponen, y que por lo tanto es ocioso" reiterar, no es vehículo de motor a efectos del mentado artículo 516 bis y consecuentemente, sustracción para simple utilización, sin ánimo de incorporación al patrimonio del sustractor no constituye delito de robo o hurto de uso ni, con la terminología actual, utilización ilegítima de vehículo de motor ajeno. […] la reforma penal de 1974 no ha modificado el valor de esas declaraciones jurisprudenciales, pues en su Exposición de Motivos no se dice que la "*mens legislatoris*" fuera la de incluir los ciclomotores en la letra del remodelado artículo, 516 bis" [*vid.* SSTS 2-4-1975 (*Tol 4252316*), y 25-10-1976 (*Tol 4249424*)].

Previamente la Circular de la FGE núm. 2/1973, ya había alcanzado idéntica conclusión al señalar que "[s]i expresamente el ciclomotor no es automóvil (artículo 4.º g del Código de la Circulación) ni vehículo automotor al modo como es definido en el Convenio de Ginebra, ni tampoco vehículo de motor (artículo 6.º del Reglamento del Seguro Obligatorio, artículo 34 de la Ley Hipoteca Mobiliaria, artículo 1.º de la Convención de Viena) es difícil imaginar que lo sea sólo a los fines específicos del artículo 516 bis del Código Penal. Ciertamente, la confusión quizá tenga su origen en la interpretación gramatical del término escogido para designar a esos vehículos, ya que los vocablos que forman parte de la palabra compuesta (ciclo-motor) tienen, aisladamente considerados, una significación antagónica, pues su ciclo es todo vehículo accionado de forma exclusiva por el esfuerzo del propio conductor, la existencia de un motor es excluyente de la energía humana como origen del movimiento del vehículo. Pero en la definición legal de ciclomotor lo que prima, en definitiva, es su condición de ciclo o bicicleta, si conserva todas las características recogidas en la ley referentes a potencia del motor auxiliar, límite de velocidad a desarrollar, pedales practicables, peso y posibilidad de la transmisión del esfuerzo humano a través de los pedales con independencia del motor".

La LO 3/1989, de 21 de junio, de Actualización del Código Penal, en el marco de una revisión general de la cuantía de las penas de multa con que se castigaban diversas figuras delictivas, se limitó a aumentar la contemplada en el artículo 516 bis CP, que pasó de prever una horquilla de entre 30.000 y 300.000 pesetas a 100.000 y 1.000.000 de pesetas. No obstante, debe precisarse que por vez primera el legislador introdujo en el Título IV del Libro III del Código penal, dedicado a las faltas contra el patrimonio, una falta de hurto de uso de vehículo de motor cuando "el valor de lo sustraído o utilizado no excediere de 30.000 pesetas" (art. 587.1º CP).

> Señalaba el art. 587 CP 1973 lo siguiente: "*serán castigados con arresto menor: 1.º Los que cometieren hurto o utilizaren ilegítimamente un vehículo de motor ajeno, si el valor de lo sustraído o utilizado no excediere de 30.000 pesetas*".

Según precisó la Circular de la FGE 2/1990, de 1 de octubre, sobre la aplicación de la reforma de la Ley Orgánica 3/1989, de 21 de junio, de actualización del Código Penal, el módulo para la aplicación del art. 516 bis o la falta del art. 587 CP era el valor de tasación del vehículo utilizado.

El CP de 1995, aprobado por la LO 10/1995, de 23 de noviembre, introdujo importantes modificaciones en la regulación del delito de hurto y robo de uso de vehículos de motor. Las novedades más destacadas fueron las siguientes:

(i) El tipo delictivo que nos hallamos analizando se ubicó en el Capítulo IV, del Libro XIII, del Libro II del CP, bajo la rúbrica "Del robo y hurto de uso de vehículos".

(ii) En su versión original, el art. 244.1 CP se limitó a sancionar la sustracción de los vehículos a motor y de los ciclomotores ajenos, omitiendo la incriminación de la mera utilización ilegítima de aquellos.

(iii) La penalidad de la conducta pasó a condicionarse a la restitución, directa o indirecta, del vehículo o ciclomotor en un plazo no superior a cuarenta y ocho horas.

(iv) Los apartados 2º, 3º y 4º del precepto pasaron a castigar tres modalidades agravadas para el caso de ejecutarse el hecho empleando fuerza en las cosas, no efectuarse la restitución en el plazo de cuarenta y ocho horas o ejecutarse el hecho con violencia o intimidación en las personas.

La nueva redacción fue, cuando menos en un primer momento, mayoritariamente aplaudida por la doctrina, que, con carácter general, había defendido —bajo la vigencia del art. 516 bis CP— la oportunidad de excluir del tipo los supuestos de utilización ilegítima de los vehículos a motor y ciclomotores cuya posesión hubiera sido previamente adquirida de un modo lícito.

En palabras de la STS 3-2-1998 (*Tol 5141031*), "[l]a nueva regulación mejora sustancialmente la del Código derogado, que con la referencia a la "utilización ilegítima" permitía considerar delictivos supuestos que constituyen meros incumplimientos contractuales, competencia del derecho civil o laboral, y en los que no se justificaba la intervención penal. Por el contrario, la referencia de la rúbrica actual al "robo y hurto de uso", y la configuración del tipo en torno a la sustracción, dejan claro que se contemplen usos que traen su origen de conductas de apoderamiento calificables de hurto o de robo, con exclusión de los casos en los que se adquiere la disponibilidad del vehículo mediante engaño (estafa de uso) o de aquellos en los que se utiliza el vehículo que se tiene con autorización del propietario con fines distintos a los autorizados (apropiación indebida de uso)" [*vid.* SSTS 15-2-1999 (*Tol 5134616*); 3-2-2000 (*Tol 1171954*), y 21-11-2001 (*Tol 4976232*)].

En definitiva, puede afirmarse que el CP de 1995, en la redacción originalmente ofrecida por la LO 10/1995, de 23 de noviembre, descriminalizó las distintas modalidades de apropiación indebida de uso que, según opinión mayoritaria, encontraban acomodo en el art. 516 bis CP. Sin embargo, debe subrayarse que el nuevo tenor ofrecido por el legislador al tipo motivó la aparición de genuinas dificultades interpretativas. En concreto se suscitaron dudas acerca de si la conducta típica exigía la sustracción y posterior uso del vehículo o ciclomotor o tan solo la sustracción, pues el art. 244.1 CP se limitaba a sancionar "[a]l que sustrajere un vehículo a motor o ciclomotor ajenos" sin ánimo de apoderamiento definitivo. Mientras que autores como VIVES ANTÓN, GONZÁLEZ CUSSAC, GARCÍA GONZÁLEZ o CASTRO MORENO abogaron por considerar que la consumación del tipo exigía en todo caso la utilización del vehículo o ciclomotor conforme a su destino, pues, atendida la rúbrica del capítulo, resultaba notorio que el robo o hurto debía recaer sobre el uso, otros como MUÑOZ CONDE, PÉREZ MANZANO, SERRANO GÓMEZ, SUÁREZ LÓPEZ, SERRANO MAÍLLO, QUERALT JIMÉNEZ o CALDERÓN CEREZO afirmaron que el tenor del tipo no exigía más que el apoderamiento temporal del objeto material del delito, abstracción hecha de cualesquiera otras consideraciones ajenas a la descripción de la conducta contenida en art. 244 CP. También se suscitaron dudas acerca de la posibilidad de subsumir en el tipo la conducta de quienes utilizaran el vehículo o ciclomotor en calidad de pasajeros sin haber tomado previamente parte en la sustracción, así como las segundas o ulteriores sustracciones del vehículo.

Respecto de la primera de estas últimas cuestiones planteadas, la doctrina y la jurisprudencia convinieron en la atipicidad de la conducta, pues el art. 244 CP, a diferencia del art. 516 bis CP, únicamente sancionaba la sustracción y no, en cambio, la utilización o uso ilícito del vehículo o ciclomotor. Tal y como señaló la STS 23-2-2000 (*Tol 1171708*), "la interpretación ya consolidada del nuevo artículo 244 del Código Penal vigente ha determinado que se excluya como autor del delito al simple pasajero que no hubiera tomado parte en la sustracción, y aunque conociera la ilícita procedencia del vehículo mismo, conducta que se ha de entender despenalizada porque la taxatividad con que han de entenderse los tipos penales, con proscripción de toda interpretación extensiva de los mismos, impide asimilar la sustracción al simple uso, ya que son vocablos que corresponden a comportamientos y propósitos distintos" [*vid.* SSTS 3-2-1998 (*Tol 5141031*), 17-2-1998 (*Tol 5141159*), 16-9-1998 (*Tol 175000*), 15-2-1999 (*Tol 5134616*), y 28-11-2000 (*Tol 4924934*)].

Mayor controversia suscitó el segundo de los supuestos, esto es, la respuesta penal que debía ofrecerse a las sucesivas sustracciones del vehículo tras su abandono, antes de producirse su efectiva recuperación por quien tuviera derecho a ello. La respuesta que se ofreció por la jurisprudencia a esta cuestión resultó oscilante, generando gran inseguridad jurídica.

Nuestros tribunales se mostraron mayoritariamente proclives a considerar atípicas este tipo de situaciones en la creencia de que todo lo más cabría predicar que se trataría de meras apropiaciones indebidas de uso. En palabras de la STS 1157/2002, 20-6 (*Tol 4922319*), "aun admitiendo que el acusado se hubiese encontrado el vehículo abandonado por los autores de la sustracción a su propietario, y lo hubiese utilizado pese advertir, por la existencia del "puente" en el cableado de ignición, que había sido previamente sustraído, no cabe extender a este la utilización con conocimiento de la ilícita procedencia de la condición de nueva sustracción, pues nos encontramos, a lo sumo, ante una "apropiación indebida de uso" atípica en nuestro ordenamiento" [*vid.* SSTS 21-11-2001 (*Tol 4976232*), y 157/2001, 9-2 (*Tol 4921308*)]. No obstante, también resulta posible hallar algunos pronunciamientos que afirmaban que la conducta sí encontraba perfecto acomodo en el art. 244.1 CP. La STS 3-11-2003 (*Tol 332203*) indicó que "[s]egún el hecho probado, se trata de un vehículo que se encuentra en una situación inequívoca de abandono en la vía pública, por los que originariamente accedieron al mismo, lo manipularon y cambiaron sus placas. Esta situación no lo convierte en una especie de "res nullius" de la que se puede apoderar la primera persona que transite esa vía. El concepto o acción de sustraer equivale, semántica y jurídicamente, a tomar la cosa que se sabe de manera inequívoca que es ajena, utilizando alguna de las modalidades que describe el Código. En este caso, no puede caber duda de que el acusado sabía y conocía que el vehículo era ajeno y que no lo podría sustraer, para su uso sin el consentimiento de su titular, por lo que realiza en este caso concreto una verdadera y típica acción de sustracción que, al no existir fuerza ni intimidación, ni superar el valor del automóvil las cincuenta mil pesetas, se califica correctamente como una falta del artículo 623.3 del vigente Código Penal" [*vid.* SSTS 9-7-1999 (*Tol 14386*), y 3-2-1998 (*Tol 5141031*)].

El art. 244 CP fue objeto de dos reformas de calado en el año 2003. A través de la primera de ellas, que tuvo lugar mediante LO 11/2003, de 29 de septiembre, de medidas concretas en materia de seguridad ciudadana, violencia doméstica e integración social de los extranjeros, el legislador introdujo, al igual que lo hizo en relación con los delitos de lesiones y de hurto, una nueva modalidad delictiva consistente en la realización de cuatro faltas de hurto de uso del art. 623.3 CP, siempre que el valor del vehículo utilizado no excediera de cincuenta mil pesetas.

La Circular de la FGE núm. 2/2003, de 18 de diciembre, sobre la aplicación práctica del nuevo delito consistente en la reiteración de cuatro faltas homogéneas señaló al respecto que, "[u]na de las novedades de la reforma operada por la reciente Ley Orgánica 11/2003, de 29 de septiembre, ha sido la elevación a la categoría de delito de la conducta consistente en cometer cuatro hechos constitutivos de una misma falta, cuando se trate de las faltas tipificadas en los arts. 617, 623.1 ó 623.3 CP y siempre que, en el caso de estas últimas, el valor global de lo sustraído sea superior a 300,50 euros. Así se desprende de la lectura conjunta de los párrafos segundos de los arts. 147.1, 234 y 244.1 CP. Para configurar este nuevo delito, es preciso que un mismo autor haya cometido cuatro veces una falta con encaje en el mismo tipo penal. Es decir, la comisión de tres faltas de hurto del art. 623.1 y de tres faltas de hurto de uso del art. 623.3 siguen siendo seis faltas y no un delito. Sólo cabe hacer una matización al respecto, y es que, al no hacer distinción el nuevo párrafo segundo del art. 147.1 y remitirse genéricamente a la acción descrita en el art. 617, que comprende tanto las lesiones como los malos tratos de obra sin causar lesión, ambas conductas (falta de lesiones o falta de malos tratos de obra) tienen idéntica aptitud para completar el supuesto de hecho del delito; es decir, dos faltas de lesiones y dos de malos tratos son constitutivas de delito, como lo son tres de lesiones y una de malos tratos o viceversa. Análogamente, ninguna consecuencia jurídica se deriva del hecho de que una o varias de las cuatro faltas de sustracción de vehículos, que conforman el tipo penal del párrafo segundo del art. 244.1 CP, se haya cometido empleando fuerza en las cosas. Por el contrario, si se hubiese empleado violencia o intimidación en las personas, resulta evidente que —aunque el valor de lo sustraído sea inferior a 300,51 €— habrá tantos delitos como acciones".

En cualquier caso, debe recordarse que dicha modalidad delictiva resultó destipificada por la LO 1/2015, de 30 de marzo.

Más relevante resultó la reforma operada mediante LO 15/2003, de 25 de noviembre, en cuya virtud se modificó el apartado primero del art. 244 CP.

Las dificultades probatorias para acreditar si el sujeto participó en la "primera sustracción" del vehículo o ciclomotor o si, por el contrario, se hizo con el mismo tras una segunda o ulterior sustracción o, incluso, gracias a su cesión por parte de quien lo sustrajo, convirtieron en prácticamente inoperante la figura delictiva que nos encontramos analizando. En opinión de la Sala Segunda del Tribunal Supremo, las anteriores consideraciones no fueron correctamente analizadas por el legislador al reformar el delito de robo y hurto de uso, razón por la que instó al legislador a introducir las oportunas modificaciones que permitieran recuperar la operatividad de esta figura delictiva. Según se indicaba en la STS 20-10-2000 (*Tol 4923364*), "[e]s probable que el Legislador no valorase suficientemente la problemática probatoria derivada de la nueva redacción del tipo delictivo. La práctica procesal indica que en la mayoría de los supuestos los autores de estos hechos son detenidos cuando conducen o circulan en el vehículo sustraído estando acreditada la utilización, aprovechamiento o disponibilidad del mismo, pero no su intervención en la sustracción a su propietario. Ordinariamente sólo resulta factible acreditar esta intervención, en supuestos excepcionales de confesión o en aquellos otros en que la acentuada proximidad entre la detención y la sustracción del vehículo u otros indicios suficientes, permiten inferir racionalmente con suficiente garantía la participación de los usuarios del vehículo en el apoderamiento del mismo. Ello conduce, en la generalidad de los casos, a la impunidad no sólo de los meros usuarios, como pretendía el legislador, sino también de los partícipes en la sustracción inicial, participación que no resulta acreditada. Ahora bien, si la nueva redacción del tipo ha generado lagunas de impunidad o deficiencias en la tutela penal del bien jurídico que se deseaba proteger ello debe determinar la oportuna reflexión, y eventual corrección, en sede legislativa. No puede el intérprete sustituir dicha función esencial por la interpretación extensiva del tipo, más allá de los límites permitidos por el principio de legalidad. Si el legislador ha sustituido "utilizar" por "sustraer", únicamente cabe sancionar aquellos casos en que la intervención en la sustracción queda acreditada, directa o indiciariamente, pero no convertir los supuestos de utilización en sustracción por la vía de presumir que todos los casos de utilización con conocimiento de la procedencia ilícita equivalen a una sustracción, bien inicial o bien sucesiva".

En opinión de la profesora DE VICENTE MARTÍNEZ, "parece que fueron principalmente las críticas dirigidas a la atipicidad de la utilización del vehículo de motor por quien no ha intervenido en la sustracción, propugnada fundamentalmente por Jueces y Fiscales, las que están en el fondo de la reforma de 2003".

La reforma operada por la LO 15/2003, de 25 de noviembre, ofreció una nueva redacción al art. 244.1 CP al objeto de evitar la impunidad derivada de los problemas probatorios existentes a la hora de acreditar que un sujeto había participado en la sustracción del vehículo. A tal fin, se optó por castigar, además de la sustracción del vehículo, su utilización sin la debida autorización. De ese modo, en opinión de la doctrina mayoritaria, se recuperó la descripción típica vigente antes de la entrada en vigor del CP de 1995 y, con ello, los problemas inherentes a la tipificación del uso ilegítimo de vehículos a motor y ciclomotores que posteriormente analizaremos con mayor detalle.

> La nueva redacción ofrecida al art. 244.1 CP fue la siguiente:
>
> *"El que sustrajere o utilizare sin la debida autorización un vehículo a motor o ciclomotor ajenos, cuyo valor excediere de 400 euros, sin ánimo de apropiárselo, será castigado con la pena de trabajos en beneficio de la comunidad de 31 a 90 días o multa de seis a 12 meses si lo restituyera, directa o indirectamente, en un plazo no superior a 48 horas, sin que, en ningún caso, la pena impuesta pueda ser igual o superior a la que correspondería si se apropiare definitivamente del vehículo.*
>
> *Con la misma pena se castigará al que en el plazo de un año realice cuatro veces la acción descrita en el artículo 623.3 de este Código, siempre que el montante acumulado de las infracciones sea superior al mínimo de la referida figura del delito".*

Por último, la reforma del art. 244 CP operada por LO 1/2015, de 30 de marzo, introdujo diversas novedades. En primer lugar, suprimió la referencia al valor del objeto material del delito. Si hasta entonces se exigía que el vehículo a motor o ciclomotor sobre los que se ejecutaba la acción típica contara con un valor venal superior a 400 euros, a partir de la entrada en vigor de esta reforma dicho extremo pasó a resultar intrascendente. En otras palabras, la posibilidad de subsumir la acción en el tipo dejó de aparecer condicionada por el valor que pudiera tener el vehículo o ciclomotor. Novedad claramente conectada con la eliminación del Libro III del Código penal operada por aquella misma ley, que supuso la eliminación de la falta hasta entonces castigada en el art. 623.3 CP sin que esta pasara a convertirse en delito leve. Asimismo, tal y como ya indicamos anteriormente, la LO 1/2015, de 30 de marzo, también eliminó el delito habitual de hurto de uso del párrafo segundo del art. 244.1 CP consistente en la conversión de cuatro faltas de hurto de uso del art. 623.3 CP en delito menos grave.

II. BIEN JURÍDICO PROTEGIDO

La delimitación del bien jurídico protegido por el delito de robo y hurto de uso de vehículos a motor y ciclomotores resulta una cuestión sumamente compleja y controvertida. Al respecto, pueden distinguirse fundamentalmente tres posiciones en la doctrina; la de quienes entienden que el objeto de protección es el derecho de uso sobre la cosa, la de aquellos que consideran que se trata de la posesión y, por último, la que identifica el bien jurídico con el derecho de propiedad sobre el objeto material del delito. Tesis esta última que en la actualidad puede considerarse mayoritaria (BORJA JIMÉNEZ, BENÍTEZ ORTÚZAR, ZUGALDÍA ESPINAR, DE VICENTE REMESAL, ÁLVAREZ GARCÍA) y que principalmente se sustenta en la creencia de que el tipo excluye del círculo de posibles sujetos activos al propietario por exigir que la sustracción o utilización sean de un vehículo o ciclomotor ajenos, así como también en la consideración de que la propiedad puede sufrir ataques tanto parciales como totales (verbigracia la destrucción de la cosa). En este sentido se apunta que el ocultamiento? del objeto material del delito resultante de la sustracción, aun sin ánimo de apropiación, impide al propietario —con independencia de que haya disociado la posesión en favor de un tercero— ejercer sus derechos dominicales, de forma que se vacía el ejercicio del derecho de propiedad.

Tras la reforma del art. 244 CP operada por LO 15/2003, de 25 de noviembre, la Sala Segunda del Tribunal Supremo no ha abordado específicamente la cuestión. Por su lado, la jurisprudencia menor se encuentra dividida. Numerosos pronunciamientos postulan como bien jurídico protegido el *ius utendi* inherente al derecho de propiedad [SSAP, Cádiz, Sección 6ª, 56/2019, 26-6 (*Tol 7444375*); Las Palmas, Sección 1ª, 194/2016, 24-5 (*Tol 5831851*); Illes Balears, Sección 2ª, 84/2012, 20-4 (*Tol 2546551*); Córdoba, Sección 3ª, 295/2011, 14-11 (*Tol 5379608*), y Sevilla, Sección 7ª, 191/2011, 25-4 (*Tol 2233818*)]. Otros, entienden que se trata del derecho de propiedad [SSAP, Madrid, Sección 6ª. 725/2018, 9-10 (*Tol 6928453*), y Madrid, Sección 7ª, 899/2007, 17-10 (*Tol 1233952*)]. Algunos tribunales, por su parte, identifican el bien jurídico protegido con la posesión [SSAP Madrid, Sección 23ª, 624/2019, 8-10 (*Tol 7633224*); Sevilla, Sección 7ª, 318/2009, 17-6 (*Tol 6708509*), y Barcelona, Sección 5ª, 343/2005, 31-3 (*Tol 637310*)]. También pueden encontrarse resoluciones que entienden que el bien jurídico es el derecho de uso que ostenta el titular de cualquier derecho que conceda el goce y disfrute sobre la cosa [SSAP, Madrid, Sección 30ª, 323/2022, 9-6 (*Tol 9215429*); Málaga, Sección 1ª, 167/2022, 5-5 (*Tol 9246747*); León, Sección 3ª, 88/2020, 25-2 (*Tol 7885573*); Barcelona, Sección 3ª, 191/2018, 23-4 (*Tol 6641595*), y Barcelona, Sección 8ª, 687/2014, 15-9 (*Tol 4536978*).

En nuestra opinión, si bien es cierto que las facultades dominicales que el ordenamiento jurídico reconoce al propietario pueden verse en mayor o menor medida perturbadas por la ejecución del delito descrito en el art. 244 CP, parece razonable pensar que el interés realmente comprometido a resultas de la conducta típica es la posesión. A tal efecto, si bien es patente que el objeto material del delito es el vehículo a motor o ciclomotor, el interés perturbado se identifica con su disfrute durante un tiempo limitado por parte de un sujeto que no tiene intención de apoderarse definitivamente del mismo. De ahí, precisamente, que la sustracción o utilización ilegítima resulte típica, abstracción hecha del valor del vehículo o de la causación de un menoscabo patrimonial al sujeto pasivo de la infracción e, incluso, al margen de que la sustracción o utilización tan solo se prolongue durante un breve espacio de tiempo, siempre que de ello resulte una perturbación relevante para el bien jurídico protegido. A diferencia de lo que sucede en el caso de los delitos de hurto, robo, estafa o apropiación indebida, en los que el sujeto activo del delito obra con la intención de incorporar la cosa a su patrimonio de un modo definitivo, en el delito de hurto y robo de uso son las facultades inherentes al derecho de posesión las que se ven trastornadas por la sustracción o utilización temporales que castiga el art. 244 CP.

La identificación del bien jurídico protegido por el art. 244 CP con el derecho de propiedad conduce a soluciones incongruentes en el marco de un sistema penal orientado a la exclusiva protección de bienes jurídicos —presidido por los principios de *ultima ratio* y fragmentariedad del derecho penal. Así las cosas, parece lógico pensar que en los casos de disociación de la posesión mediata e inmediata sobre el vehículo, fruto de su lícita cesión por el propietario a un tercero, la ejecución del delito de hurto y robo de uso, por lo general, inquietará más gravemente las facultades del poseedor inmediato que las del mediato. Piénsese en los casos de arrendamiento, arrendamiento financiero o usufructo en los que la recuperación del vehículo tenga lugar antes de la extinción del contrato o del meritado derecho; el poseedor inmediato, a pesar de no ostentar la titularidad dominical del vehículo sustraído, en buena lógica sufrirá un "daño" superior al padecido por el propietario.

En relación con el contrato de arrendamiento, recuérdese que en opinión de la doctrina civilista el arrendador no está obligado, con arreglo al art. 1560 CC, a responder de la perturbación de mero hecho que se produce por un tercero sobre el objeto arrendado en la medida en que en esos casos el propio arrendatario tiene acción directa contra el perturbador (interdictos, acciones de responsabilidad civil, etc.). Por ello, las perturbaciones de hecho que sufra el arrendatario no le pueden eximir de su obligación de pago de la renta, tal y como señaló la STS 24-1-1992 (*Tol 1661419*). Ello no significa que el arrendador pierda sus posibilidades de defensa, pues también puede ejercitar el interdicto, ya que es poseedor mediato. De ahí que no falten supuestos en que los tribunales de la jurisdicción civil hayan declarado que el arrendador debe responder frente al arrendatario por el hurto y/o robo del objeto arrendado [SSAP, A Coruña, Sección 3ª, 368/2018, 31-10 (*Tol 6958775*), y Madrid, Sección 11ª, 505/2012, 15-10 (*Tol 2684107*)].

En defecto de pacto en contrario, el art. 1560 CC también resulta de aplicación al contrato de arrendamiento financiero [*vid.*, entre otras, las SSTS 647/2016, 2-11 (*Tol 5871283*); 140/2014, 24-3 (*Tol 417705*), y 44/2013, 19-2 (*Tol 3525590*)].

Existe consenso en que la delimitación conceptual de la posesión —como derecho real— es extraordinariamente compleja, pues goza de una doble naturaleza que le permite aparecer al mismo tiempo como una situación de hecho y de derecho que se da sobre una misma cosa. Por ello, resulta posible afirmar que la posesión otorga simultáneamente —aunque no necesariamente en favor del mismo sujeto— un poder de hecho, o señorío, sobre el bien que constituye objeto de la posesión —al que se denomina *ius possessionis*—, y un poder jurídico que el ordenamiento jurídico reconoce abstracción hecha de quién ostente la dominación efectiva del bien —*ius possidendi*. Resulta así posible que dos sujetos distintos puedan aparecer, simultáneamente, como titulares del *ius possessionis* —tenencia material de la cosa— y del *ius possidendi* —derecho a poseer la cosa. Debe advertirse que la diferencia entre *ius possessionis* y *ius possidendi* no resulta baladí en el orden civil, pues el ordenamiento jurídico civil también tutela la posesión sin título del detentador del "*ius posessionis*" —incluso frente a quien goce del *ius possidendi*— otorgando amparo ante los desapoderamientos ilícitos (art. 250 LEC).

La concreta configuración típica del delito de hurto y robo de uso de vehículos a motor y ciclomotores, y más en concreto el hecho de que el precepto castigue su utilización sin la debida autorización —obviamente, por el titular del *ius possidendi*—, permite inferir que el art. 244 CP tutela al alimón ambas manifestaciones del derecho de posesión. En definitiva, debe convenirse que el tipo penal no tutela situaciones posesorias ilícitas.

En nuestra opinión, las anteriores consideraciones revelan que el tipo penal examinado no tutela cualesquiera derechos a usar y disfrutar la cosa que el sujeto pasivo tiene en su poder, sino únicamente aquellos que traen causa de la previa adquisición de la posesión. A tal efecto, no resulta ocioso recordar que la detentación material de un objeto, incluso cuando se tiene el derecho a usarlo, no siempre comporta la adquisición de su posesión. Piénsese especialmente en los "servidores de la posesión", quienes, tal y como indica la STS 1311/2000,

21-7 (*Tol 4924754*), "no poseen para sí sino para otros, para los dueños de las cosas muebles. Mantienen una situación de proximidad física con la cosa, incluso de detentación temporal, pero tal relación no llega a configurar verdadera posesión, que no es, desde luego, un título de los que producen obligación de entregar o devolver, porque no son títulos posesorios". Supuestos en los que tradicionalmente se ha considerado que al margen de la detención material de la cosa tiene lugar un despojo o desposesión de la misma [*vid.* SSTS 920/2009, 18-9, y 350/2021, 28-4 (*Tol 8422241*)].

Con ello se ofrece una respuesta dogmática y político-criminalmente más razonable a algunos de los supuestos límite que se dan en la práctica. Nos referimos principalmente a los casos de apropiación indebida y estafa de uso a los que hasta la fecha no siempre se ha dado una solución técnicamente satisfactoria y mucho menos unánime.

La rúbrica dada por el legislador al Capítulo IV del Título XIII del Libro II del Código Penal ("*Del robo y hurto de uso de vehículos*") aconseja rechazar la posibilidad de subsumir en el art. 244 CP supuestos distintos a los expresamente referenciados, es decir, al robo y hurto de uso. El hecho de que una de las modalidades típicas contempladas en el precepto consista en utilizar sin la debida autorización un vehículo a motor o ciclomotor ajenos en nada impide aceptar la anterior conclusión. En definitiva, el tipo penal que nos encontramos examinando debe reservarse para los casos en los que el sujeto activo del delito obre sin haber obtenido previamente la posesión del objeto material del delito de forma lícita. Supuestos en los que, por lo tanto, se ven lesionados los derechos del poseedor inmediato, con independencia de la ofensa que pueda sufrir el derecho de propiedad del titular dominical. Desde una perspectiva lógico-sistemática parece razonable entender que si el bien jurídico protegido fuera idéntico al tutelado en el Capítulo I o II, del Título XIII, nada justificaría su ubicación en un capítulo propio.

Conductas tales como ofrecer al vehículo un destino distinto al inicialmente pactado —recorriendo una distancia más larga, circulando a una velocidad superior a la permitida o transitando por vías distintas a las convenidas— o permitir que un tercero haga uso del vehículo, por más que puedan implicar un menoscabo levísimo de las facultades de disposición inherentes al derecho de propiedad, no implican una perturbación relevante del derecho de posesión. La identificación del bien jurídico protegido con la posesión inmediata ofrece importantes argumentos para excluir, con arreglo a criterios de carácter teleológico, lo que en realidad no debieran sino considerarse meros incumplimientos contractuales no merecedores de tutela penal.

Tanto desde una perspectiva teleológica como sistemática no parece acertado entender que el sujeto facultado para otorgar la autorización debida —a que alude el precepto— pueda ser un tercero distinto al poseedor inmediato. Así, por ejemplo, adviértase que el usufructuario se encuentra legitimado para arrendar o enajenar su derecho, incluso a título gratuito, sin necesidad de contar con la aquiescencia del nudo propietario (arts. 480 y 498 CC). Asimismo, el art. 1550 CC faculta al arrendatario a subarrendar la cosa arrendada, en tanto no se prohíba expresamente en el contrato, sin necesidad de recabar la autorización del arrendador. La interpretación del art. 244 CP debe respetar el contenido de la relación jurídico-civil existente entre el propietario y el poseedor inmediato. No resulta admisible que el tipo penal se interprete al margen del ordenamiento jurídico civil, atribuyendo al propietario facultades que la legislación civil no le reconoce y limitando, de un modo a todas luces inopinado, el contenido de los derechos que sí se le reconocen al poseedor inmediato.

Las anteriores consideraciones no aparecen desvirtuadas por el hecho de que el art. 244 CP excluya al propietario del círculo de posibles sujetos activos al exigir que la acción típica tenga por objeto un "vehículo a motor o ciclomotor ajenos". Decisión legislativa que más bien parece obedecer a motivos político-criminales que, a la vista está, no permiten desechar de un plumazo las anteriores conclusiones.

III. AUTORÍA Y PARTICIPACIÓN

El delito de hurto y robo de uso de vehículos a motor y ciclomotores es un delito común. Cualquier persona puede ser sujeto activo de esta infracción con la lógica excepción del propietario. Exclusión que viene impuesta por el tenor literal del art. 244.1 CP y, más en concreto, por el hecho de que al describirse el objeto material del delito se exige que la acción típica recaiga sobre vehículos "ajenos".

En nuestra opinión, el propietario ni tan siquiera podrá ser considerado autor del delito de hurto de la posesión —*furtum posessionis*— del art. 236 CP. Precepto que se limita a castigar la sustracción de una cosa mueble que, a pesar de ser ejecutada por el dueño o por un tercero que actúa con su consentimiento, al igual que el tipo básico de hurto del art. 234.1 CP exige la voluntad de apropiación —o recuperación— definitiva de la cosa. Así se infiere de la concreta ubicación sistemática del art. 236 CP, del carácter excepcional que se atribuye al castigo por la sustracción temporal de un bien mueble, así como de la comparación de los marcos penológicos de los arts. 236 y 244 CP.

Debe subrayarse que en función de la configuración que se ofrezca al bien jurídico protegido tampoco podrá ser considerado sujeto activo del delito el legítimo poseedor inmediato del vehículo o los titulares de un derecho para usar y disfrutar del vehículo sobre el que recae la acción típica. Cuestión que, asimismo, resulta relevante a la hora de determinar el contenido de la locución "sin la debida autorización". Es decir, al objeto de precisar qué persona o personas son las facultades para autorizar a un tercero a utilizar el vehículo.

En apoyo de la tesis que sostenemos, y que identifica el bien jurídico protegido con la posesión inmediata, debe precisarse que el ordenamiento jurídico civil no permite al propietario, en los supuestos en los que la posesión hubiera resultado lícitamente cedida a un tercero, sustraer el objeto entregado o utilizarlo por sí o a través de un tercero sin el consentimiento de aquel. No en vano, el art. 446 CC precisa que todo poseedor tiene derecho a ser respetado en su posición. De ahí que una interpretación lógico-sistemática aconseje entender que el poseedor legítimo del vehículo tampoco puede ser considerado sujeto activo de este delito.

Al hilo de las anteriores consideraciones, conviene subrayar que la concreta configuración ofrecida al sujeto pasivo del delito de hurto y uso de vehículos en función del bien jurídico protegido también repercute en la aplicación de la excusa absolutoria del art. 268.1 CP en cuya virtud "están exentos de responsabilidad criminal y sujetos únicamente a la civil los cónyuges que no estuvieren separados legalmente o de hecho o en proceso judicial de separación, divorcio o nulidad de su matrimonio y los ascendientes, descendientes y hermanos por naturaleza o por adopción, así como los afines en primer grado si viviesen juntos, por los delitos patrimoniales que se causaren entre sí, siempre que no concurra violencia o intimidación, o abuso de la vulnerabilidad de la víctima, ya sea por razón de edad, o por tratarse de una persona con discapacidad". De entenderse que el propietario es el sujeto pasivo del delito pueden llegar a alcanzarse conclusiones poco razonables. *V.gr.* la exención de responsabilidad por la sustracción del vehículo arrendado a un tercero por parte del hermano del propietario, aun cuando la acción típica únicamente hubiera perjudicado al arrendatario y, por contra, el castigo del hijo del arrendatario que utiliza el vehículo para un trayecto de unos pocos kilómetros.

Realizadas las anteriores precisiones, debe señalarse que en nuestra opinión responderá como autor tanto quien sustraiga como quien utilice el vehículo, aun cuando previamente no hubiera intervenido en la sustracción, limitándose a viajar como pasajero. Opción interpretativa que si bien ha sido rechazada por un sector de la doctrina (*vid.* BORJA JIMÉNEZ, QUINTERO OLIVARES, ZUGALDÍA ESPINAR), ha sido admitida por nuestros tribunales en numerosos pronunciamientos [*vid.* SSAP, Madrid, Sección 23ª, 268/2025, 26-5 (*Tol 10626265*); Barcelona, Sección 6ª, 738/2024, 16-9 (*Tol 10346447*); Cádiz, Sección 8ª, 223/2023, 12-9 (*Tol 9832274*); Barcelona, Sección 10ª, 759/2022, 7-12 (*Tol 9847547*); Valladolid, Sección 2ª, 244/2022, 22-9 (*Tol 9338935*); Tenerife, Sección 5ª, 330/2021, 13-9 (*Tol 8667163*); Madrid, Sección 23ª, 181/2020, 16-3 (*Tol 8001501*), y Málaga, Sección 8ª, 342/2022, 30-9 (*Tol 9606088*) —resoluciones que en su mayoría fundamentan su interpretación en la exégesis del art. 244 CP efectuada en la STS

458/2020, 17-9], así como también por alguno de los autores que se han encargado de la cuestión (SUÁREZ LOPEZ, DE VICENTE REMESAL). Por lo demás, no se aprecian singularidades que impidan aplicar las reglas generales en materia de autoría y participación.

IV. CONDUCTA TÍPICA

1. *Hurto de uso de vehículo a motor y ciclomotor*

Según la redacción actualmente vigente del art. 244.1 CP la conducta típica consiste en "sustraer" o "utilizar sin la debida autorización" un vehículo a motor o ciclomotor ajeno. Así las cosas, nos encontramos ante un tipo mixto alternativo que castiga dos conductas perfectamente diferenciadas construidas en torno a dos verbos rectores que gozan de plena autonomía y sustantividad propia: "sustraer" y "utilizar".

1.1. Sustracción de vehículo a motor y ciclomotor

Tal y como expresa ÁLVAREZ GARCÍA, no se trata de términos acumulativos. El tenor literal del precepto no exige que la utilización, para resultar típica, venga precedida de la sustracción del objeto material del delito sobre el que recae la acción o viceversa. De ahí el uso por el legislador de la expresión disyuntiva "o", que expresa alternancia y revela que ambas conductas son independientes y gozan de sustantividad propia.

Así parece sostenerlo la Sala Segunda del Tribunal Supremo en la STS 458/2020, 17-9 (*Tol 8094911*), al precisar que "la LO 15/2003 modificó el artículo 244 CP e incorporó como comportamiento típico en pie de igualdad con la sustracción, la utilización sin la debida autorización, manteniéndose inalterados los restantes apartados del precepto" [*vid.*, en similar sentido, la STS 84/2010, 18-2 (*Tol 1798201*)].

Si bien el CP no nos ofrece una definición auténtica del término "sustraer", impera el más absoluto consenso en la doctrina y la jurisprudencia a la hora de admitir su equiparación con el término "tomar" que el art. 234 CP emplea como verbo rector del delito de hurto. No en vano, el DRAE define "sustraer" —en la segunda de sus acepciones— como "hurtar, robar fraudulentamente".

En palabras de la STS 1210/2004, 28-10 (*Tol 513653*), "sustraer es "tomar las cosas muebles ajenas sin la voluntad de su dueño» (art. 234 Cpenal) [...], es extraer el vehículo de la esfera de disponibilidad del propietario de modo clandestino o subrepticio". Criterio que también late, entre otras, en las SSTS

148/2020, 18-5 (*Tol 7947543*); 1421/2003, 3-11 (*Tol 332203*); 2221/2001, 21-11 (*Tol 4976232*); 1837/2000, 28-11 (*Tol 4924934*); 243/1999, 15-2 (*Tol 5134616*); 198/1998, 17-2 (*Tol 5141159*), o en el ATS 8-9-2000 (*Tol 3457969*).

En definitiva, puede afirmarse que "sustraer" consiste en apoderarse de un objeto, en este caso de un vehículo a motor o ciclomotor, mediante su aprehensión por el sujeto activo del delito. Implica, en consecuencia, el desapoderamiento de un objeto que sufre quien goza de su posesión y el correlativo apoderamiento por parte del autor del delito, que pasa a tenerla en su poder detentándola bien directamente, bien a través de otra persona.

Se discute en la doctrina si esta modalidad típica exige que la sustracción vaya seguida de la efectiva utilización del vehículo a motor o ciclomotor conforme a su destino, es decir, si es preciso que el sujeto activo del delito llegue a circular. En nuestra opinión, dicho planteamiento debe ser rechazado, pues no existen razones que justifiquen ofrecer al término "sustraer" un significado distinto al que se otorga en relación con el delito de hurto del art. 234 CP. Si esa hubiera sido la voluntad del legislador, lógico sería que así lo hubiera plasmado en la redacción del precepto. Al no haberlo hecho no parece razonable añadir por vía interpretativa elementos típicos de carácter objetivo que ni resultan del tenor literal del art. 244.1 CP ni vienen impuestos con arreglo a criterios de carácter teleológico o sistemático.

La ofensa para el bien jurídico protegido, sea este la propiedad, la posesión o el *ius utendi*, no guarda relación alguna con la puesta en marcha del vehículo a motor o ciclomotor o con su efectiva puesta en circulación, sino con su desapoderamiento y consiguiente pérdida de disponibilidad por parte del sujeto pasivo del delito, que de ese modo se ve privado del derecho a detentar, usar y disfrutar del vehículo. En realidad, desde una perspectiva teleológica, esa exigencia solo se hallaría justificada para el caso de entender que el bien jurídico tutelado por el delito de hurto y robo de uso de vehículos a motor y ciclomotores es la seguridad vial. Opción interpretativa que, si bien en el pasado pudo resultar plausible a la vista de que el delito también llevaba aparejada la pena de privación del derecho a conducir vehículos a motor, hoy día resulta insostenible.

Tanto desde la perspectiva del concreto desvalor del acto como del desvalor del resultado exigibles resulta intrascendente si el motor del vehículo llega a activarse o si el sujeto activo del delito llega a circular por la vía pública. Lo único auténticamente relevante y, por lo tanto, digno de consideración en la configuración del injusto penal que nos hallamos examinando es la afectación para el bien jurídico protegido que tiene lugar como consecuencia del desapoderamiento y pérdida transitoria de la posesión del vehículo y, por consiguiente, de la posibilidad de hacer uso del mismo.

Por lo demás debe recordarse que la rúbrica ofrecida por la Ley 39/1974, de 28 de noviembre ("Utilización ilegítima de vehículos de motor, ajenos"), es claramente distinta a la que actualmente presenta el Capítulo IV del Título XIII del Libro II del Código Penal, hecho que revela la similar naturaleza con el delito de hurto y, en lógica coherencia, su carácter estrictamente patrimonial.

1.2. Utilización sin la debida autorización

El CP de 1995 transformó en profundidad el delito de utilización ilegítima de vehículos de motor ajeno castigado por el art. 516 bis ACP.

Abstracción hecha de otras novedades ya analizadas previamente, en la versión del delito de robo y hurto de uso de vehículos ofrecida por la LO 10/1995, de 23 de noviembre, el legislador omitió castigar la utilización ilegítima de vehículos a motor y/o ciclomotores, limitándose a sancionar su sustracción temporal. El tenor literal del art. 244.1 CP no permitía albergar dudas al respecto, al describir la conducta típica en los siguientes términos: "el que sustrajere un vehículo a motor o ciclomotores ajenos, cuyo valor excediere de cincuenta mil pesetas, sin ánimo de apropiárselo, será castigado con la pena de arresto de doce a veinticuatro fines de semana o multa de tres a ocho meses si lo restituyere, directa o indirectamente, en un plazo no superior a cuarenta y ocho horas, sin que en ningún caso la pena impuesta pueda ser igual o superior a la que correspondería si se apropiare definitivamente del vehículo".

En palabras de la STS 1837/2000, 28-11 (*Tol 4924934)*, "[e]l CP vigente no sólo ha recuperado la originaría rúbrica de robo y hurto de vehículos de motor, procedente de la Ley del Automóvil de 9 de mayo de 1950, sino que ha introducido una importante modificación que afecta a la tipicidad pues ya no se describe la conducta con el verbo nuclear "utilizar" sino con el de "sustraer" que lo equipara al tomar o apoderarse de las clásicas figuras del hurto o robo comunes y así lo ha entendido esta Sala en un consolidado cuerpo de Doctrina del que, en más de una ocasión, se ha hecho resumen, como en la S.: 243/1999, de 15 de febrero, que cita otras cinco, o en la 66/2000 de 28 de enero" [*vid.*, asimismo, las SSTS 261/1999, 9-3 (*Tol 5134541)*; 484/2000, 24-3 (*Tol 4922756)*, o 36/2001, 17-1 (*Tol 4923834)*, entre otras muchas].

Tan importante modificación legal respondió a las duras críticas doctrinales vertidas en relación con el art. 516 bis ACP. Tipo penal que, en opinión mayoritaria, resultaba excesivamente amplio, comprendiendo conductas que desbordaban los contornos propios del derecho penal de un Estado constitucional y democrático de derecho. En especial, la reforma supuso la desincriminación de cualesquiera formas de apropiación indebida de uso de vehículos que hasta aquella fecha los tribunales penales de nuestro país castigaban en la convicción, compartida por la doctrina, de que resultaban perfectamente subsumibles en el tenor del precepto.

Así, por ejemplo, pasó a considerarse atípica la indebida utilización del vehículo por quien lo tenía en su poder para repararlo o, incluso, por el conductor habitual que no siendo su propietario lo usaba esporádicamente.

Como señalaba la STS 15-2-1999, "la identificación de la acción del hurto de uso con la del hurto común produce como consecuencia que quedan fuera del tipo las conductas consistentes en usar un vehículo que ya se tiene porque se ha recibido de su propietario para su reparación o custodia. Tampoco comete ahora este delito el conductor habitual del automóvil, si episódicamente usa el automóvil sin autorización en su propio provecho" (*vid.* en similar sentido STS 157/2001, 9-2; 16-9-1998, 9-11-1999, 17-2-1998, 3-2-1998, y 22-7-1999).

También pasó a ser considerada atípica la conducta del pasajero que, sin haber tomado parte en la sustracción y a sabiendas de su ilícita procedencia, viaja en el vehículo.

V.gr. la STS 241/2000, 23-2 (*Tol 4922915*), precisaba que "la interpretación ya consolidada del nuevo artículo 244 del Código Penal vigente ha determinado que se excluya como autor del delito al simple pasajero que no hubiera tomado parte en la sustracción, y aunque conociera la ilícita procedencia del vehículo mismo, conducta que se ha de entender despenalizada porque la taxatividad con que han de entenderse los tipos penales, con proscripción de toda interpretación extensiva a los mismos, impide asimilar la sustracción al simple uso, ya que son vocablos que corresponden a comportamientos y propósitos distintos (sentencia de 3 y 17 de febrero y 11 de diciembre de 1998)".

Mayor controversia suscitó, sin embargo, la solución que debía ofrecerse a los supuestos de segundas o ulteriores sustracciones del vehículo a motor o ciclomotor. Es decir, la calificación jurídica que merecía la conducta de quien conducía un vehículo previamente sustraído y abandonado por otros.

La jurisprudencia, a pesar de no resultar unánime, se mostró mayoritariamente partidaria de declarar la atipicidad de dichos supuestos. Extremo que, en la práctica, generó una notable sensación de impunidad debido a la enorme dificultad que en la práctica entrañaba acreditar en sede judicial que el acusado había sido el sustractor original del vehículo a motor o ciclomotor, pues por lo general se consideró atípico el mero apoderamiento tras su abandono —o incluso entrega— por el autor de la primera sustracción.

La STS 1157/2002, 20-6 (*Tol 4922319*), da buena muestra de ello al señalar que "[e]l propio Tribunal sentenciador señala expresamente que no resulta probada la intervención del acusado en la primera sustracción del vehículo (es decir cuando, varios días antes, se extrajo el vehículo de la disponibilidad de su propietario, sustrayéndolo del lugar donde se encontraba cerrado y aparcado), pero considera que no resulta dudoso que el acusado utilizó el vehículo conociendo su ilícita procedencia, pues la cerradura estaba rota y el puente hecho y a la vista, de manera que indefectiblemente tuvo que apercibirse de esta indisimulada circunstancia, pues el acusado fue sorprendido teniendo el vehículo en su poder y sin contar con el consentimiento del propietario. Esta fundamentación no puede compartirse. En primer lugar porque no consta acreditada la forma en que el vehículo llegase al acusado, bien tomándolo del lugar donde lo habían dejado los autores de la sustracción o bien meramente cedido por éstos para su utilización temporal, por lo que no estando acreditado más que el hecho de que el acusado utilizó el vehículo conociendo su ilícita procedencia pero sin haber participado en la sustracción del mismo a su propietario, nos encontramos ante uno de los supuestos de utilización ilegítima sin sustracción despenalizados por el Legislador en el Código Penal de 1995 (Sentencias de esta Sala de 3 de febrero de 1998, nº 119/98, 17 de febrero de 1998, nº 198/98, 18 de junio de 1998, nº 862/98, 16 de septiembre de 1998, nº 1022/98, 11 de diciembre de 1998, nº 1575/98, 27 de diciembre de 1999, nº 1871/99, 28 de enero del 2000 (nº 66/2000), 12 de abril del 2000 (nº 683/2999) o 14 de marzo del 2000 (nº 484/2000)".

En sentido contrario, la STS 1421/2003, 3-11 (*Tol 332203*), sí apreció la tipicidad del supuesto de hecho analizado, empleando al efecto los siguientes argumentos: "[e]n el caso que nos ocupa, las circunstancias del hecho son especialmente resaltadas por la sentencia. Nos encontramos ante un vehículo, que se encontraba en la vía pública y que había sido sustraído unos cinco días antes de suceder los hechos que estamos enjuiciando. Se imputa, a persona o personas desconocidas, el haber fracturado la puerta, haber confeccionado el denominado "puente" y haber cambiado las placas de matrícula. Por consiguiente, ninguna de estas conductas puede ser atribuida al recurrente. 5.– A partir de esta situación, se afirma que el acusado "deseaba utilizar el referido vehículo", lo puso en marcha y circuló con él hasta el momento de su detención. La cuestión radica, por tanto, en dilucidar si, esta conducta, realizada en las mencionadas circunstancias, puede ser considerada como sustracción sin ánimo apropiatorio, todo ello sin forzar el carácter taxativo y limitado de los tipos penales. [...] Ello nos obliga a delimitar el concepto de sustracción a los efectos del tipo (delito o falta) definido en el presente Código Penal. Es evidente que no nos encontramos ante un transitorio y ocasional usuario, que accede a la invitación del conductor del vehículo. Según el hecho probado, se trata de un vehículo que se encuentra en una situación inequívoca de abandono en la vía pública, por los que originariamente accedieron al mismo, lo manipularon y cambiaron sus placas. Esta situación no lo convierte en una especie de "res nullius" de la que se puede apoderar la primera persona que transite por esa vía. El concepto o acción de sustraer equivale, semántica y jurídicamente, a tomar la cosa que se sabe de manera inequívoca que es ajena, utilizando alguna de las modalidades que describe el Código. En este caso, no puede caber duda de que el acusado sabía y conocía que el vehículo era ajeno y que no lo podía sustraer, para su uso sin el consentimiento de su titular, por lo que realiza en este caso concreto una verdadera y típica acción de sustracción que, al no existir fuerza ni intimidación, ni superar el valor del automóvil las cincuenta mil pesetas, se califica correctamente como una falta del artículo 623.3 del vigente Código Penal".

El legislador trató de poner remedio a dicha situación mediante la reforma del precepto operada por LO 15/2003, de 25 de noviembre, en cuya virtud se ofreció al art. 244.1 CP la siguiente redacción: "El que sustrajere o utilizare sin la debida autorización un vehículo a motor o ciclomotor ajenos, cuyo valor excediere de 400 euros, sin ánimo de apropiárselo, será castigado con la pena de trabajos en beneficio de la comunidad de 31 a 90 días o multa de seis a 12 meses si lo restituyera, directa o indirectamente, en un plazo no superior a 48 horas, sin que, en ningún caso, la pena impuesta pueda ser igual o superior a la que correspondería si se apropiare definitivamente del vehículo".

Reforma que ya previamente había sido reclamada por la Sala Segunda del Tribunal Supremo en su STS 1599/2000, 20-10 (*Tol 4923364)*, señalando que "[e]s probable que el Legislador no valorase suficientemente la problemática probatoria derivada de la nueva redacción del tipo delictivo. La práctica procesal indica que en la mayoría de los supuestos los autores de estos hechos son detenidos cuando conducen o circulan en el vehículo sustraído estando acreditada la utilización, aprovechamiento o disponibilidad del mismo, pero no su intervención en la sustracción a su propietario. Ordinariamente sólo resulta factible acreditar esta intervención, en supuestos excepcionales de confesión o en aquellos otros en que la acentuada proximidad entre la detención y la sustracción del vehículo u otros indicios suficientes, permiten inferir racionalmente con suficiente garantía la participación de los usuarios del vehículo en el apoderamiento del mismo. Ello conduce, en la generalidad de los casos, a la impunidad no sólo de los meros usuarios, como pretendía el legislador, sino también de los partícipes en la sustracción inicial, participación que no resulta acreditada. [...] si la nueva redacción del tipo ha generado lagunas de impunidad o deficiencias en la tutela penal del bien jurídico que se deseaba proteger ello debe determinar la oportuna reflexión, y eventual corrección, en sede legislativa. No puede el intérprete sustituir dicha función esencial por la interpretación extensiva del tipo, más allá de los límites permitidos por el principio de legalidad. Si el legislador ha sustituido "utilizar" por "sustraer", únicamente cabe sancionar aquellos casos en que la intervención en la sustracción queda acreditada, directa o indiciariamente, pero no convertir los supuestos de utilización en sustracción por la vía de presumir que todos los casos de utilización con conocimiento de la procedencia ilícita equivalen a una sustracción, bien inicial o bien sucesiva" [*vid.*, asimismo, la STS 1157/2002, 20-6 (*Tol 4922319)*].

De este modo, el legislador incriminó nuevamente la utilización ilegítima del vehículo a motor o ciclomotor, dejando con ello sin efecto las modificaciones introducidas en esta figura delictiva por el CP de 1995.

En opinión de un importante sector de la doctrina (DE VICENTE MARTÍNEZ, SUÁREZ LÓPEZ), si el legislador únicamente pretendía incriminar de forma expresa la utilización del vehículo a motor o ciclomotor por quien no había tomado parte en la sustracción inicial del mismo hubiera resultado deseable que la redacción ofrecida al precepto fuera otra, evitando en todo caso resucitar la conducta de utilización ilegítima de vehículos a motor del art. 516 bis ACP y, con ello, los problemas dogmáticos que ya en el pasado habían sido ampliamente denunciados. De ese modo, se ha dado pábulo, una vez más, a la posibilidad de sancionar lo que en realidad no son sino meras extralimitaciones en el uso de los vehículos a motor o ciclomotores por quien previamente ha obtenido su posesión de forma lícita.

Como señala ÁLVAREZ GARCÍA, "por "utilizar" debe entenderse el mero "aprovechamiento" de algo (DRAE) y en ese sentido utilizan tanto los que conducen el vehículo como los que lo aprovechan", es decir, quienes viajan como pasajeros [*vid.* STS 458/2020, 17-9 (*Tol 8094911*)].

Si bien la jurisprudencia no se muestra unánime en este punto, entendemos que debe rechazarse la posibilidad de subsumir en el art. 244.1 CP conductas susceptibles de ser consideradas como apropiación indebida de uso o estafa de uso de vehículos a motor o ciclomotores, por más que desde una perspectiva meramente gramatical, la literalidad del precepto lo permita. Poderosas razones así lo aconsejan:

(i) La rúbrica del Capítulo IV del Título XIII ("Del robo y hurto de uso de vehículos"), revela la voluntad del legislador de excluir del tipo las apropiaciones indebidas o estafas de uso de vehículos a motor o ciclomotores. Asimismo, la concreta ubicación sistemática ofrecida al art. 244 CP parece apoyar la anterior conclusión.

(ii) En un derecho penal orientado a la exclusiva protección de bienes jurídicos, informado por los principios de *ultima ratio* y fragmentariedad del derecho penal, los meros incumplimientos contractuales, en la práctica generadores de una nula o muy escasa ofensividad para el objeto tutelado por el art. 244.1 CP, no deben elevarse a la categoría de ilícitos penales. Nótese que existe amplio consenso en que la tutela civil resulta más que suficiente en estos casos (*vid.* GONZÁLEZ RUS, SUÁREZ LÓPEZ, QUINTERO, VIVES ANTÓN, ÁLVAREZ GARCÍA, BENÍTEZ ORTÚZAR).

(iii) Desde una perspectiva teleológica, respetuosa con el concepto de bien jurídico protegido que en estas páginas se propone, la conducta típica que nos encontramos analizando debe quedar reservada para aquellos supuestos en los que el responsable del delito se haga de forma ilícita con la posesión del objeto material del delito. Casos, en definitiva, en los que el sujeto activo del delito lesione de un modo relevante las facultades del legítimo poseedor inmediato del vehículo sobre el que recae la acción típica.

No obstante, nuestros tribunales no se muestran unánimes a la hora de resolver esta cuestión. A modo de ejemplo, la SAP, Illes Balears, Sección 2ª, 84/2012, 20-4 (*Tol 2546551*), admite el castigo de las apropiaciones indebidas de uso al afirmar que "podrá cometer este delito tanto el que se apodera del vehículo para usarlo, como el que poseyéndolo legítimamente hace un uso del vehículo distinto de aquél para el que había sido autorizado por el propietario, como lo es, en este caso, el arrendatario lo usó más tiempo del pactado" [*vid.*, en similar sentido, SAP, Navarra, Sección 1ª, 17/2015, 19-2 (*Tol 4800596*)]. En el sentido opuesto, la SAP, León, Sección 3ª, 88/2020, 25-2 (*Tol 7885573*), señala que "en cuanto a la segunda modalidad comisiva, la de utilización ilegítima, diremos que su perpetración supone una expropiación con apropiación del *ius utendi* y, además, exige el concurso de un elemento negativo, a saber que la utilización del vehículo lo sea sin la debida autorización, elemento que no cabe apreciar en este caso cuando el uso inicial del vehículo controvertido por parte del acusado tenía la cobertura de un contrato de modo que la prolongación de su uso por un plazo superior al pactado, si acaso, dará lugar a un incumplimiento competencia del Derecho civil" [*vid.* SSAP, Madrid, Sección 4ª, 209/2017, 12-5 (*Tol 6199268*), y Cantabria, Sección 3ª, 396/2020, 20-10 (*Tol 8529492*)].

Por otro lado, desde una perspectiva lógico-sistemática no parece acertado admitir la posibilidad de subsumir en el art. 244.1 CP supuestos constitutivos de apropiación indebida o estafa de uso pues, a diferencia del hurto y robo de uso (art. 244.3 CP), el CP no contempla una respuesta específica expresa y clara para los supuestos en que la restitución del vehículo objeto de la apropiación o la estafa de uso se prolonguen por un plazo superior a 48 horas. Hecho que aconseja interpretar que se trata de modalidades no castigadas por el art. 244.1 CP.

La STS 818/2017, 13-12 (*Tol 6460408*), rechaza expresamente la posibilidad de integrar en el art. 244.1 CP supuestos constitutivos de "estafa de uso", indicando que "[c]iertamente el uso de los vehículos a motor sin consentimiento, al menos sin consentimiento válido, del dueño puede dar lugar a las figuras típicas del hurto de uso y robo de uso (artículo 244 del Código Penal). Pero ese mero uso de vehículos de motor no resulta protegido por el delito de estafa. La previsión específica de la lesión a dicho bien por los medios típicos de la sustracción que caracteriza al hurto y al robo y la ausencia de una correlativa tipificación cuando el uso se adquiere mediante engaño, obliga a considerar que el legislador no quiso sancionar penalmente esta hipótesis. Tanto más cuando el último inciso del artículo 244 que remite al hurto o robo del vehículo y no de su mero uso".

2. *Robo de uso de vehículo a motor y ciclomotor*

El art. 244 CP contempla tres modalidades agravadas: (i) el robo de uso de vehículo a motor y ciclomotor empleando fuerza en las cosas (art. 244.2 CP); (ii) el hurto o robo de uso de vehículo a motor y ciclomotor empleando fuerza en las cosas cuando la restitución del vehículo no se efectúe en un plazo no superior a cuarenta y ocho horas; (iii) el robo de uso de vehículo a motor y ciclomotor con violencia o intimidación en las personas (art. 242.4 CP).

2.1. Robo de uso de vehículo a motor y ciclomotor empleando fuerza en las cosas

El apartado segundo del art. 244 CP castiga el robo de uso de vehículos a motor y ciclomotores con fuerza en las cosas. Se trata de una modalidad agravada que se caracteriza por el empleo de fuerza en la ejecución de la sustracción que describe el apartado primero del precepto. De ahí que pueda afirmarse que en esta modalidad típica a los elementos objetivos y subjetivos del delito de hurto de uso del art. 244.1 CP se les suma el uso de fuerza en las cosas.

A pesar de que el art. 244.2 CP no excluye la posibilidad de aplicar esta modalidad agravada a los supuestos de utilización no autorizada del vehículo argumentos de orden sistemático y teleológico parecen impedirlo.

No obstante, en la STS 458/2020, 17-9 (*Tol 8094911*), se dice, en relación con la modalidad de uso sin autorización que "ésta no excluye la posible aplicación de la modalidad agravada del artículo 244.2 CP que el recurso pretende, prevista para cuando "el hecho se ejecutare empleando fuerza en las cosas. Esa remisión al "hecho" sin mayor especificidad, abarca a los dos los comportamientos que el tipo básico del artículo 244 incorpora, la sustracción y la utilización. Si bien la referencia a los medios comisivos que según el propio Código integran el concepto de fuerza en las cosas (artículo 238 CP) se residencia en la regulación del delito de robo con fuerza, el precepto que interpretamos no excluye su proyección sobre modalidades de mero uso, siempre que ello resulte factualmente posible. Y en este caso lo es".

Discrepamos en este caso de las razones esgrimidas por la Sala Segunda del Tribunal Supremo al objeto de extender la aplicación del art. 244.2 CP a los supuestos de uso indebido de vehículo a motor o ciclomotor. Los argumentos del Alto Tribunal conducen a rechazar la sustantividad propia de esta modalidad delictiva, a cuyos autores siempre deberían comunicárseles las circunstancias concurrentes en la sustracción original. Razonamiento más propio de la denominada participación —o coautoría— adhesiva, cuyos elementos, sin embargo, no concurren.

A pesar de que el precepto no contiene una remisión expresa, razones de carácter sistemático y de taxatividad aconsejan interpretar que la fuerza típica ha de entenderse en el sentido expresado en el art. 238 CP, por lo debe estarse para su elucidación a lo dicho al tratarse del delito de robo con fuerza en el capítulo correspondiente. Sobre lo que ya no impera consenso es acerca de si, tal y como exige el art. 237 CP, la fuerza debe ser empleada para acceder al lugar donde se encuentra el vehículo o si, por el contrario, esta también debe apreciarse cuando se emplea sobre el mismo.

En nuestra opinión, debe apreciarse la fuerza típica exigida por el art. 244.2 CP tanto en aquellos supuestos en que esta se emplea para acceder al lugar donde se encuentra el vehículo, como cuando se emplea sobre el propio vehículo para acceder a su interior. No obstante, deberá rechazarse cuando se emplee sobre el propio vehículo a fin de lograr su puesta en marcha.

Con carácter general, los tribunales han apreciado la modalidad agravada de robo de uso mediante el empleo de fuerza en los casos en los que esta se ejerce sobre el vehículo para acceder a su interior, particularmente en los supuestos en que se fractura la cerradura, la puerta o la ventanilla del vehículo [*vid.* SSAP, Toledo, Sección 1ª, 119/2018, 12-12 (*Tol 7071685*); Granada, Sección 1ª, 121/2020, 13-3 (*Tol 8122183*), y Tenerife, Sección 5ª, 330/2021, 13-9 (*Tol 8667163*)]. Por el contrario, se ha rechazado la aplicación del subtipo agravado en los supuestos en que la fuerza se emplea sobre el propio vehículo a fin de ponerlo en marcha, especialmente en los supuestos de uso de "llave falsa" cuando ésta únicamente se utiliza para ponerlo en marcha [*vid.* SSAP, Tarragona, Sección 2ª, 49/2022, 4-2 (*Tol 8945645*); A Coruña, Sección 2ª, 266/2022, 15-6 (*Tol 9175711*). Sin embargo, sí han apreciado fuerza típica las SSAP, Madrid, Sección 16ª, 340/2021, 25-6 (*Tol 8586179*), y Madrid, Sección 2ª, 740/2017, 23-11 (*Tol 6629258*)].

No obstante, no faltan ejemplos en los que nuestros tribunales sí han apreciado la existencia de fuerza típica cuando esta se ejerce sobre el propio vehículo para ponerlo en marcha [SSAP, Barcelona, Sección 10ª, 413/2021, 25-6 (*Tol 8603174*)—fuerza sobre el candado y el bombín de una motocicleta—, y Madrid, Sección 30ª, 219/2021, 19-4 (*Tol 8499513*) —realización del puente].

Razones de orden teleológico aconsejan entender lo contrario, pues el fundamento que justifica la agravación por razón del uso de fuerza en la ejecución de la sustracción no concurre en los supuestos en que ésta únicamente se emplea para poner en marcha el vehículo. Lo contrario conduciría a soluciones claramente asistemáticas, castigando más levemente supuestos en los que la fuerza se ejerce para poner en marcha "vehículos" que no reúnen las características para erigirse en objeto material del delito —según se señalará más adelante—, aun cuando pudieran resultar más valiosos y/o el responsable del delito se apodere de forma definitiva de ellos.

2.2. Robo de uso de vehículo a motor y ciclomotor con violencia o intimidación en las personas

El art. 244.4 CP castiga con las penas previstas para el delito de robo violento del art. 242 CP a quienes ejecuten el hecho descrito en el art. 244.1 CP empleando violencia o intimidación en las personas. A pesar de efectuarse una remisión expresa al marco penológico previsto en el art. 242 CP, debe convenirse, junto con la doctrina mayoritaria, en que nos encontramos ante una modalidad delictiva que goza de sustantividad propia frente al delito de robo del art. 242 CP. En concreto, el delito de robo de uso de vehículo a motor y ciclomotor con violencia o intimidación se caracteriza, frente al robo violento común, por el singular ánimo que preside la actuación del sujeto activo del delito. Y es que, no debe olvidarse que el responsable del delito descrito en el art. 244.4 CP debe obrar movido por el ánimo de usar de modo temporal el vehículo, mientras que el autor del delito castigado en el art. 242 CP lo hace con el ánimo de incorporar la cosa sobre la que recae la acción típica a su patrimonio —*animus rem sibi habendi*. En definitiva, tal y como señala la STS 2206/2001, 23-11 (*Tol 4963993*), la remisión lo es únicamente a los efectos de determinación de la pena.

Debe precisarse que la referencia que se efectúa al marco penológico del art. 242 CP se realiza en bloque y, por lo tanto, sin distinguir entre los distintos supuestos agravados y atenuados que se contienen en el precepto. Dicha circunstancia, unida al hecho de que el art. 244.4 CP utilice en plural el término "penas" permite entender que, en su caso, la sanción a imponer no necesariamente deberá ser la prevista en el tipo básico del art. 242.1 CP. De ahí que en el caso de resultar de aplicación alguna de las modalidades descritas en los apartados segundo, tercero o cuarto del art. 242 CP, la remisión deberá entenderse referida a dicha modalidad agravada o privilegiada del delito común de robo con violencia.

Por lo que se refiere a los conceptos de violencia o intimidación, nos remitimos a lo señalado en la "*Lección 4ª.– Robo con violencia o intimidación en las personas y extorsión*". No obstante, sí parece oportuno precisar que en el caso del art. 244.4 CP la violencia o intimidación típica, además de en los supuestos en los que sirva al sujeto activo para hacerse con el vehículo, también deberá apreciarse en los casos en que se emplee con el objeto de lograr que el conductor, en contra de su voluntad, traslade al responsable del delito en el vehículo a motor o ciclomotor.

En este sentido la STS 231/2010, 23-3 (*Tol 1818580*), señalaba lo siguiente: "[t]al conducta constituye la intimidación propia del art. 244.4 CP [...] sin que para la comisión de la figura básica de dicho precepto sea necesaria la conducción personal del vehículo de motor por el sujeto activo bastando su utilización".

Por último, hemos de precisar que, a diferencia del hurto de uso (art. 244.1 CP) y del robo de uso con fuerza en las cosas (art. 244.2 CP), el momento en que se produzca la restitución del vehículo en el delito de robo de uso con violencia o intimidación en las personas resulta irrelevante, pues no tiene incidencia alguna en la determinación de la pena.

V. RESTITUCIÓN DEL VEHÍCULO A MOTOR O CICLOMOTOR

El tipo básico de hurto de uso del art. 244.1 CP solo es de aplicación en los casos en los que el vehículo o ciclomotor sustraído o indebidamente utilizado sea restituido, directa o indirectamente, en un plazo no superior a cuarenta y ocho horas. Se trata de un elemento del tipo objetivo que sirve para delimitar la aplicación del tipo básico de hurto de uso (art. 244.1 CP) y de robo de uso con fuerza (art. 244.2 CP) frente a la modalidad agravada del art. 244.3 CP, que precisa que "de no efectuarse la restitución en el plazo señalado se castigará el hecho como hurto o robo en sus respectivos casos".

La no restitución dentro de las 48 horas, aunque el uso efectivo del vehículo por el sujeto activo haya sido menor, motiva la aplicación de este subtipo agravado.

Debe insistirse en que en el caso del delito de robo de uso de vehículo a motor y ciclomotor con violencia o intimidación del art. 244.4 CP el momento y términos en que se produce la restitución resulta irrelevante. A diferencia de lo que sucede con los delitos de hurto de uso de vehículo y de robo de uso de vehículo empleando fuerza en las cosas, en el caso del art. 244.4 CP la restitución del vehículo no se toma en consideración al objeto de determinar la pena.

Restituir consiste en "volver algo a quien lo tenía antes" (DRAE). De ahí que, como señala DE VICENTE MARTÍNEZ, deba entenderse que la restitución a que alude el tipo consiste en hacer lo necesario para volver a la situación posesoria existente antes de la ejecución del delito.

La restitución, como ya se señaló, puede ser directa o indirecta. La primera consiste en la puesta a disposición de la víctima del vehículo o ciclomotor que, de ese modo, recupera la posesión inmediata o material del mismo. La segunda modalidad se da cuando el responsable del delito, a pesar de no poner directamente a disposición de la víctima el vehículo, realiza las actuaciones oportunas a fin de que llegue a su conocimiento el lugar donde este se encuentra para que pueda recuperarlo. En palabras de la Circular de la FGE núm. 6/1974, "por restitución indirecta" deben entenderse todos los supuestos en que el vehículo se ponga a disposición de su dueño, sin que sea material y directamente entregado; en particular, puede entenderse por restitución indirecta la información al propietario, a la autoridad o a sus agentes, por cualquier medio, del lugar en que se halla el vehículo, o bien el empleo de otros medios que permitan la recuperación del vehículo dentro del plazo que marca la Ley".

El abandono del vehículo ha sido considerado como una modalidad de restitución indirecta en los supuestos en los que el vehículo resulta estacionado en un lugar de fácil localización, pero no así cuando se efectúa en lugares remotos o en circunstancias que dificultan su hallazgo. Por lo demás, en los casos de destrucción o inutilización del vehículo, su recuperación no supone restitución.

Así lo entendió la STS 301/2020, 11-6 (*Tol 7992467*), en la que se dice lo siguiente: "[s]egún el "factum", los acusados sustrajeron un turismo penetrando en un aparcamiento privado y violentaron un vehículo Seat Toledo para utilizarlo en los hechos posteriores descritos en el "factum". También resulta que el vehículo fue posteriormente calcinado, por lo que, añadimos nosotros, no pudo ser restituido por el recurrente dentro del término de cuarenta y ocho horas siguientes al apoderamiento. [...] En estas condiciones no podemos entender tal restitución como producida, ni directa ni indirectamente" [*vid.* STS 723/2018, 23-1 (*Tol 7011995*)].

Para un sector de la doctrina y la jurisprudencia la restitución dentro del plazo marcado por el art. 244.1 CP opera como prueba del *animus utendi* del sujeto activo del delito (ÁLVAREZ GARCÍA, DE VICENTE MARTÍNEZ, MUÑOZ CONDE). En palabras de la STS 167/2025, 27-2 (*Tol 10427400*), "[p]ara distinguir si existe o no ese ánimo de apropiación, la ley ha fijado el plazo de cuarenta y ocho horas, entendiendo que, si se sustrae durante un plazo igual o inferior a ese tiempo, no existe ánimo de apropiarse del mismo".

En nuestra opinión, el transcurso del plazo de 48 horas no transmuta la conducta típica en delito de robo o hurto comunes o propios. El art. 244.1 CP no introduce reglas de valoración de la prueba ni presunciones de ningún tipo acerca del ánimo que informa la conducta del responsable del delito, sino una simple equiparación punitiva. Cosa distinta sería que en lugar de indicarse que en tales casos "se castigará el hecho como hurto o robo", se hubiera señalado que de superarse el plazo "se considerará" o "se reputará" el hecho como hurto o robo, u otra fórmula similar, que justificara entender que al margen de los efectos punitivos se produce una transformación de la naturaleza del hecho.

VI. OBJETO MATERIAL DEL DELITO

El legislador emplea los términos "vehículo a motor" y "ciclomotor" al describir el objeto material del delito castigado por el art. 244 CP. A pesar de su aparente claridad, la delimitación de ambos conceptos dista, particularmente en la doctrina, de ser pacífica.

Antes de la entrada en vigor del CP de 1995 la cuestión acerca del objeto material del delito de utilización ilegítima de vehículo de motor castigado por el art. 516 bis ACP suscitó una intensa controversia doctrinal y jurisprudencial. En concreto, la discusión se centró en determinar si los ciclomotores constituían vehículos de motor con arreglo al art. 516 bis CP y, por lo tanto, en determinar si su utilización ilegítima resultaba susceptible de ser subsumida en el referenciado precepto.

Ya por aquel entonces para un importante sector de la doctrina el concepto "vehículo de motor" se consideraba de carácter normativo, razón por la que en su opinión resultaba preciso que su delimitación se practicara por remisión a la legislación de tráfico. En otras palabras, ante el silencio de la legislación penal, vehículo de motor debía ser aquello que la legislación administrativa estableciera como tal. Criterio que, por lo demás, fue el asumido por la Fiscalía General del Estado y la Sala Segunda del Tribunal Supremo.

Según señalaba la Circular de la FGE núm. 2/1973, de 26 de febrero, "[a] parte la denominación en el artículo 516 bis no hay más datos capaces de contribuir a la exacta formación del elemento objetivo esencial de la figura punible: el vehículo de motor. Entonces hemos de partir bien de normas sustantivas, en cuyos contornos típicos figuran también los vehículos de motor, aunque con función no idéntica, o bien acudir a otros ordenamientos no penales, y ello porque si el texto del artículo 516 bis no ofrece una tipicidad descriptiva absolutamente delimitadora del objeto de la acción, sino que aquél más bien viene configurado como un elemento típico normativo, habrá de determinarse mediante la valoración de la situación de hecho prevista en la legislación en vigor. En suma, como el Código Penal desconoce el concepto de vehículo de motor, y no alude siquiera al ciclomotor, es manifiesta la imposibilidad de construir una noción penal de vehículo de motor distinta a la fijada en otros ordenamientos extrapenales. [...] en un sentido jurídico propio no debe acogerse la interpretación sumamente restrictiva que identifica vehículos de motor con vehículos automóviles, pues aquella idea es más amplia, pero tampoco como se comprenderán en la expresión legal todos los vehículos con motor o de tracción mecánica, como los ciclomotores [...] En resumen, el Código de la Circulación y disposiciones concordantes nos muestran que campea en ellos un significado restringido del automóvil, el más caracterizado de los vehículos de motor o vehículos de tracción exclusivamente mecánica (ya sean de explosión, eléctrica o de vapor); automóvil y vehículos de motor no automóviles, porque hay vehículos de motor no automóviles (tranvías, trolebuses). No obstante la mayor extensión del concepto de vehículos de motor, no están insertos en él todos los vehículos dotados de motor, sino que cuando estos vehículos, para su normal desplazamiento, cuentan con una tracción doble (humana y mecánica) ideada en forma alternativa y autónoma cada una de ellas, no les cuadra la cualidad de vehículos de motor, y con más razón aún si, como en el caso de los ciclomotores, es preferente la tracción humana sobre la mecánica, dado que en ellos el motor se considera auxiliar".

Criterio que, asimismo, fue el acogido por la Sala Segunda del Tribunal Supremo. Así, en palabras de la STS 22-3-1991 (*Tol 5021073)*, "el objeto material del delito de utilización ilegítima de vehículo de motor ajeno, es vehículo de motor, concepto normativo que excluye de su ámbito al ciclomotor, cuyo hurto o robo de uso tan sólo es perseguible conforme a los artículos 514 o 500 del Código Penal" [*vid.* SSTS 9-3-1974 (*Tol 4254268)*, 2-4-1975 (*Tol 4252316)*, 23-10-1976 (*Tol 4250175)*, 25-10-1976 (*Tol 4249424)*, 23-6-1981 (*Tol 2308491)*, 25-6-1985 (*Tol 2313591)*, 22-12-1989 (*Tol 2363144)*, y 2-2-1995 (*Tol 5102730)*].

Por otro lado, un segundo sector doctrinal entendió que el concepto de vehículo de motor era meramente descriptivo y que por ello gozaba de autonomía y sustantividad propia frente a la legislación administrativa.

El legislador trató de zanjar la polémica mediante la reforma del art. 516 bis CP operada por Ley 39/1974, de 28 de noviembre, sobre modificación de determinados artículos del Código Penal. Frente a lo dispuesto hasta entonces, el objeto material del delito pasó a describirse de un modo más detallado como "vehículo de motor ajeno, cualquiera que fuera su clase potencia o cilindrada". A pesar de resultar notoria la voluntad del legislador de integrar de ese modo a los ciclomotores en el concepto de vehículo de motor, evidenciando con ello que en su opinión el concepto de objeto material del delito manejado por el art. 516 bis CP gozaba de naturaleza descriptiva, lo cierto es que no logró su objetivo. Así pues, ni la doctrina alcanzó consenso ni la jurisprudencia modificó sus criterios.

Claro ejemplo de ello resulta la Circular de la FGE 6/1974, de 27 de diciembre, en donde se precisaba que "con la expresión "vehículo de motor ajeno, cualquiera que fuera su clase, potencia o cilindrada», es posible que aún se discuta si se incluye en la protección penal del tipo a los ciclomotores [...] En efecto, si atendemos al espíritu que inspiró la modificación, parece que los ciclomotores deberían estar sujetos al mismo tratamiento jurídico-penal que los verdaderos vehículos de motor. Ahora bien, la cuestión sigue latente si analizamos en su tenor literal la norma, porque ésta al decir «vehículo de motor ajeno..." nada resuelve, dado que el tema a discutir es precisamente si los ciclomotores son o no, a efectos legales, vehículos de motor. Entonces la situación sigue siendo de interpretación dudosa e idéntica a la anterior, por lo que debe mantenerse por ahora el contenido de la Circular citada [2/1973, de 26 de febrero] que está en la línea marcada con la jurisprudencia más reciente".

Contrariamente a lo que pudiera parecer, tras la expresa inclusión de los ciclomotores en la descripción típica del art. 244 CP, el debate acerca de la naturaleza del objeto material de este delito no se ha zanjado, perdurando la polémica hasta nuestros días. Aunque ya nadie duda de la posibilidad de subsumir la sustracción o uso ilegítimo de los ciclomotores en la figura delictiva examinada siguen existiendo discrepancias acerca de si los conceptos "vehículo a motor" y "ciclomotor" son conceptos normativos o descriptivos. Controversia que, al margen de su interés teórico, presenta innegable trascendencia práctica en tanto condiciona la posibilidad de erigir en objeto material del delito a las aeronaves, las embarcaciones, los trenes, los tranvías, etc.

Los partidarios de atribuir carácter descriptivo a los términos "vehículo a motor" y "ciclomotor" entienden que en la delimitación de ambos conceptos debe prescindirse de referencias a norma extrapenal alguna, incluido, por supuesto las que puedan contenerse en la legislación administrativa. Por ello, entienden que son susceptibles de ser considerados objeto material del delito castigado por el art. 244 CP cualesquiera objetos que para su desplazamiento utilicen autopropulsión proveniente de un motor, es decir, de una máquina destinada a producir movimiento a expensas de otra fuente de energía. Como señala ÁLVAREZ GARCÍA, para los partidarios de esta tesis "todos los vehículos que posean estas características son susceptibles de convertirse en objeto material del delito, con independencia de que su desplazamiento sea por una u otra superficie, de que tenga mayor o menor cilindrada o más o menos, o ninguna, ruedas".

Por el contrario, quienes mantienen el carácter normativo de ambos conceptos entienden que su delimitación debe realizarse con arreglo a la legislación administrativa y, más en concreto, atendiendo a las disposiciones existentes en materia de seguridad vial. Debe, sin embargo, precisarse que el tratamiento ofrecido a esta cuestión por este sector del ordenamiento jurídico no resulta del todo uniforme, apreciándose matices de cierta relevancia práctica entre las definiciones ofrecidas por el Real Decreto Legislativo 6/2015, de 30 de octubre, por el que se aprueba el texto refundido de la Ley sobre Tráfico, Circulación de Vehículos a Motor y Seguridad Vial (LSV) y el Real Decreto 2822/1998, de 23 de diciembre, por el que se aprueba el Reglamento general de Vehículos (RGV).

Según el ordinal 12º del Anexo I de la LSV, el "vehículo de motor" es un "vehículo provisto de motor para su propulsión. Se excluyen de esta definición los ciclomotores, los tranvías y los vehículos para personas de movilidad reducida". Por otro lado, el Anexo II del RGV ofrece la siguiente definición: "vehículo provisto de motor para su propulsión. Se excluyen de esta definición los ciclomotores, los tranvías, los vehículos para personas de movilidad reducida, bicicletas de pedales con pedaleo asistido y los vehículos de movilidad personal". Es decir, que mientras que la LSV excluye de forma explícita de la consideración de vehículos de motor a los ciclomotores, los tranvías y los vehículos para personas de movilidad reducida, el RGV añade a dicha lista las bicicletas de pedales con pedaleo asistido y los vehículos de movilidad personal.

Disquisiciones doctrinales al margen, no resulta ocioso precisar que esta segunda sigue siendo la tesis mantenida por la Fiscalía General del Estado y por la jurisprudencia mayoritaria.

Así se infiere con toda claridad del Dictamen 2/2021 del Fiscal de Sala Coordinador de Seguridad Vial, en donde se especifica que "[l]a referencia de los tipos a los conceptos normativos de "vehículo a motor" y "ciclomotor" obliga a acudir, en un primera aproximación para delimitarlos, a las definiciones que de ellos ofrecen, respectivamente los puntos 12 y 9 del Anexo I del Real Decreto Legislativo 6/2015, de 30 de octubre, por el que se aprueba el Texto Refundido de la Ley sobre Tráfico, Circulación de Vehículos a Motor y Seguridad Vial (en adelante LSV). En esencia, "vehículo de motor" sería provisto para su propulsión, con exclusión de los ciclomotores (lo que explica la referencia de los tipos penales a estas clases de vehículos como realidades distintas incluidas en las conductas delictivas), los tranvías y los vehículos para personas de movilidad reducida (de suerte que estos dos últimos quedarían fuera de la calificación penal)".

Por los tribunales se ha negado la consideración de vehículo a motor a las bicicletas [*vid.* SSAP, Madrid, Sección 29ª, 597/2021, 5-10 (*Tol 8719228*); Madrid, Sección 4ª, 173/2021, 17-3 (*Tol 8450169*, o Madrid, Sección 30ª, 137/2021, 16-3 (*Tol 8454197*)], y a las bicicletas con pedaleo asistido o eléctricas [*vid.* SAP Madrid, Sección 30ª, 256/2021, 18-5 (*Tol 8549185*)]. Por el contrario, se ha reconocido dicha condición a las carretillas elevadoras [*vid.* SSAP, Pontevedra, Sección 5ª, 71/2008, 14-3 (*Tol 7023316*); Las Palmas, Sección 1ª, 177/2015, 31-7 (*Tol 5605698*), y Málaga, Sección 1ª, 18/2021, 22-1 (*Tol 8471592*), entre otras muchas]; a los tractores [*vid.* SSTS 744/2018, 7-2 (*Tol 7059198*), y 134/2022, 17-2 (*Tol 8820363*)]; y a los "patinetes eléctricos" cuando reúnan determinadas condiciones [*vid.* SSAP, Málaga, Sección 1ª, 117/2021, 2-2 (*Tol 8630036*); Murcia, Sección 2ª, 29/2021, 2-2 (*Tol 8393831*); Cáceres, Sección 2ª, 44/2020, 7-2 (*Tol 7791823*), y Pontevedra, Sección 4ª, 228/2019, 30-12 (*Tol 7814554*)].

En relación con los vehículos de movilidad personal (en adelante, VMP) resultan particularmente interesantes las consideraciones que se contienen en el Dictamen 2/2021, del Fiscal de Sala Coordinador de Seguridad Vial:

> *"Los VMP y los ciclomotores son vehículos con conceptos normativos diferentes en la legislación interna y por referencia a la europea. El instrumento típico de los delitos de los arts. 379 y ss. CP es —además del vehículo a motor— el ciclomotor, no el VMP. Los VMP son una categoría autónoma de vehículos, definida de forma independiente en el Anexo II RGV y separada de los vehículos a motor (la nueva definición de éstos dada por el RD 970/2020 excluye expresamente del concepto a los VMP), ciclomotores, ciclos de motor y bicicletas de pedales con pedaleo asistido. No son vehículos a motor ni ciclomotores ni pueden, por ello, considerarse como instrumento de las infracciones penales de peligro vial. Lo que ocurre, como ya se advertía en el Oficio de 13 de diciembre de 2018, es que, al amparo fraudulento de esa nueva categoría de VMP que hasta el RD 970/2020 no estaba jurídicamente definida, se han venido fabricando, comercializando, importando, utilizando y conduciendo vehículos que son, en el mejor de los casos, auténticos ciclomotores y que, por ello, pueden y deben quedar sujetos a la ley penal. [...] A/ Los ciclos y bicicletas de pedales con pedaleo asistido (las conocidas como EPAC, Electronically Power Asisted Cycles), tal como aparecen definidas en el Reglamento UE y, por remisión a éste, en el Anexo II RGV no responden en ningún caso al concepto de ciclomotor ni*

de vehículo de motor a efectos penales, de acuerdo con los puntos 7 y 8 del Anexo I LSV —que equipara los ciclos de pedaleo asistido a los ciclos—, el Anexo II RGV —que las configura como categoría autónoma separada— y el art. 2.2.h/ del Reglamento UE 168/2013 —que los excluye de su ámbito de aplicación—. B/ El Reglamento UE y el RGV las define en cuanto equipadas con un motor eléctrico auxiliar, de potencia nominal continua máxima inferior o igual a 250 W, cuya potencia disminuya progresivamente y que finalmente se interrumpa antes de que la velocidad del vehículo alcance los 25 km/h o si el ciclista deja de pedalear. Su característica esencial, más allá de la potencia y velocidad máxima de 250 W y 25 km/h, es la de funcionar a pedales, teniendo el motor eléctrico una función meramente auxiliar, por lo que quedan excluidos de este concepto los vehículos con motor autónomo que permite su funcionamiento independiente sin pedalear. [...] A/ Como se dice en la conclusión primera los VMP estricto sensu de la que este apartado es desarrollo argumental, no colman el concepto de ciclomotor ni de vehículo de motor como instrumento típico de los delitos viales de peligro al tratarse de vehículos encuadrables en la definición de VMP del Anexo II RGV. Conforme a esa definición, no pueden estar incluidos en el ámbito de aplicación del Reglamento europeo definido en su art. 2.1 y por exclusión en su art. 2.2. Por tanto, quedan fuera del ámbito penal, al no poder alcanzar la categoría mínima de ciclomotor ni de vehículo de motor, los VMP conceptuados en la definición del RGV (entre otras características, velocidad máxima por diseño no superior a 25 km/h, autoequilibrados con o sin asiento (exclusión del art. 2.2.i/ del Reglamento europeo) y los no autoequilibrados sin asiento (exclusión del art. 2.2.j/ del Reglamento europeo). Por el contrario, los vehículos sin sistema de autoequilibrado y con sillín no pueden en ningún caso conceptuarse como VMP en la definición del RGV y estarían en principio sujetos al ámbito de aplicación del Reglamento, pudiendo tener encaje penal como luego se expondrá. B/ Por otra parte, quedan fuera de la categoría de VMP —por debajo— y del ámbito de aplicación del citado Reglamento (art. 2.2.a/) los vehículos cuya velocidad máxima por construcción no supere los 6 km/h, por lo que, conforme a la citada normativa y desde el prisma de su nula potencialidad lesiva, quedarían claramente fuera del encaje penal que estamos examinando. Igual ocurre con los vehículos para personas de movilidad reducida, de acuerdo con el punto 12 del Anexo I LSV y el Anexo II RGV, que los excluye del concepto de vehículo a motor, estando igualmente excluidos del ámbito de aplicación del Reglamento europeo (art. 2.2.b/ referido a los vehículos destinados exclusivamente a ser utilizados por personas con discapacidad física). C./ De conformidad con estos criterios de exclusión, los siguientes vehículos, que han suscitado dudas en cuanto a su encaje típico en los delitos contra la seguridad vial, tampoco integrarían en ningún caso el concepto mínimo de ciclomotor ni de vehículo de motor como instrumento típico de los ilícitos penales de los arts. 379 y ss.: los denominados hoverboard o balance scooter, en cuanto se trata de vehículos autoequilibrados y sin asiento (exclusión del art. 2.2.i/ y j/); los segway, al tratarse de vehículos asimismo autoequilibrados, ya dispongan o no de asiento (exclusión del art. 2.2.i/ y, en su caso, j/); y los airwheel o monociclos eléctricos, asimismo sin asiento y autoequilibrados (exclusión del art. 2.2.i/), y, por otra parte, de una sola rueda. Lo mismo puede decirse de los patinetes eléctricos comunes sin asiento (exclusión del art. 2.2.j/). Todos ellos pueden categorizarse en el concepto de VMP del Anexo II RGV. A sensu contrario, los vehículos con velocidad máxima por construcción superior a 6 km/h que no son autoequilibrados y disponen de una plaza de asiento como mínimo en la que el punto R. se sitúe a altura superior a la definida en el art. 2.2.k/ del Reglamento UE 168/2013 (540 mm para la categoría mínima L1e, el caso más habitual en la práctica de los que se presentan), podrían quedar sometidos al ámbito de aplicación del citado Reglamento y, en cuanto cumplan las características técnicas definidas en su art. 4 y Anexo I., susceptibles de ser integrados en alguna de las categorías L1e a L7e (ciclomotor de dos o tres ruedas, motocicleta de dos ruedas con o sin sidecar, triciclo de motor, cuatriciclo ligero y pesado) y, en cuanto tales, sujetos a homologación y subsumibles teóricamente en el concepto normativo de ciclomotor o vehículo de motor de los delitos de los arts. 379 y ss. CP, aun cuando en la conclusión que sigue se hacen la oportunas matizaciones".

Por su parte, ANDRÉS DOMÍNGUEZ sostiene que "los patinetes eléctricos o vehículos de movilidad personal cuya velocidad máxima no exceda de 20 o 25 km por hora, no pueden ser calificados de vehículos a motor ni ciclomotor", pero sí los que superen dicha velocidad.

En nuestra opinión, abstracción hecha de si la decisión del legislador se considera acertada, debe concluirse que nos hallamos ante un concepto normativo. Solo así se entiende la razón por la que el precepto distingue de forma expresa entre vehículos a motor y ciclomotores a la hora de describir el objeto material del delito. En definitiva, de hallarnos ante un concepto descriptivo no se alcanzaría a comprender la razón por la que el legislador ha introducido dicha diferenciación. Difícilmente puede defenderse que se trata de una lista meramente ejemplificativa que permita considerar comprendidos en el precepto cualesquiera otros tipos de vehículos propulsados a motor pues, en tal caso, el legislador debiera haber introducido una cláusula de cierre que así lo expresara, empleando fórmulas al uso tales como "o cualesquiera otros de similar naturaleza" o bien "o cualesquiera otros análogos". Todo ello sin olvidar que resultaría ciertamente extraño admitir la existencia de una lista ejemplificativa conformada por dos únicos ejemplos.

Por lo demás, no debe perderse de vista que el castigo penal por el uso temporal de un objeto ajeno resulta excepcional y obedece a una finalidad muy concreta, claramente circunscrita a los coches, furgonetas, camionetas, ciclomotores y otros similares, pero no así, por el contrario, a vehículos tales como las aeronaves o las embarcaciones.

VII. ELEMENTO SUBJETIVO

Tanto la sustracción como la utilización no autorizada de un vehículo a motor o ciclomotor ajeno que describe el art. 244 CP son conductas eminentemente dolosas. Ambas modalidades típicas incorporan un elemento subjetivo de carácter negativo consistente en que la sustracción o la utilización se realice sin ánimo de apropiación definitiva, circunstancia que, a su vez, motiva que la conducta del responsable del delito deba hallarse presidida por el denominado "*animus utendi*" o "ánimo de uso". En opinión de algunos autores la exigencia de dicho ánimo se deduce directamente del dolo de realización de los elementos del tipo y, por lo tanto, no constituye un elemento subjetivo del injusto (*vid.* DE VICENTE

MARTÍNEZ, ÁLVAREZ GARCÍA, ZUGALDÍA ESPINAR). En sentido contrario, no faltan quienes consideran que dicho ánimo se configura como elemento subjetivo del injusto (*vid.* QUERALT JIMÉNEZ, GONZÁLEZ RUS, SUÁREZ LÓPEZ, BENÍTEZ ORTÚZAR).

En otro orden de cosas, un sector de la doctrina considera que el ánimo de lucro no resulta una exigencia típica toda vez que el art. 244.1 CP se limita a demandar la concurrencia de "ánimo de uso" (*vid.* ÁLVAREZ GARCÍA, BORJA JIMÉNEZ, ZUGALDÍA ESPINAR). Sin embargo, algunos autores entienden que, a pesar de ello, el ánimo de lucro resulta inherente al uso ilícito del vehículo y a la naturaleza patrimonial de la infracción (*vid.* DE VICENTE MARTÍNEZ, SUÁREZ LÓPEZ, SÁNCHEZ MORENO).

Aunque no se trata de una cuestión pacífica, entendemos que a diferencia de los delitos de hurto (art. 234 ss. CP) y de robo (arts. 237 y ss. CP), el delito de robo y hurto de uso de vehículos a motor y ciclomotores no precisa que el sujeto activo obre con ánimo de lucro, que, por lo demás, no resulta necesariamente inherente al "ánimo de uso". Tanto si se considera que el bien jurídico protegido es la posesión, como si este se identifica con el derecho a usar y disfrutar la cosa —resultante del derecho de propiedad, de la posesión o de cualquier otro derecho sobre el vehículo—, la conducta típica no precisará para su consumación la producción de un quebranto o de un beneficio patrimonial. Así, por ejemplo, el hecho de que antes de ejecutar el delito el responsable ponga a disposición del sujeto pasivo una compensación económica no anulará la significación antijurídica de la conducta, pues lo que lo que el art. 244 CP castiga es el hecho de privar al poseedor inmediato de la disposición de la cosa y, con ello, de sus facultades para usarla y disfrutarla en cualquier momento.

Nuestros tribunales también se encuentran divididos en este punto. Entienden que el sujeto activo debe obrar con ánimo de lucro; por ejemplo, las SSAP, Las Palmas, Sección 1ª, 194/2016, 24-5 (*Tol 5831851*), y Barcelona, Sección 5ª, 123/2019, 18-2 (*Tol 7175756*). En sentido contrario, *vid.* las SSAP, Sevilla, Sección 3ª, 146/2016, 31-3 (*Tol 8626382*), y Tarragona, Sección 2ª, 21/2015, 15-1 (*Tol 4761139*).

El responsable del delito debe conocer que el vehículo a motor o ciclomotor sobre el que recae la acción típica es ajeno, es decir, propiedad de un tercero. Asimismo, debe ser consciente de no hallarse debidamente autorizado para usarlo, sea como conductor o como pasajero.

La existencia de signos externos que revelen el empleo de fuerza para acceder o poner en marcha el vehículo permite tener por acreditado el dolo: *vid.* STS 252/2011, 7-4 (*Tol 2093576*), cuando dice que "se argumenta que el vehículo Mitsubishi tenía signos evidentes de forzamiento, como por ejemplo, la ausencia de cerradura en la puerta izquierda; pero no explicita por qué se llegó a la conclusión de que Justino debía tener conocimiento de la sustracción de la furgoneta Citröen Jumper. La existencia en el primero de ambos vehículos de, al menos, el signo externo tan claramente visible al que acaba de aludirse, hace innecesario cualquier razonamiento al respecto, pues tal desperfecto era en sí mismo la evidencia más elocuente de la objetiva irregularidad de la tenencia del vehículo" [en similar sentido, *vid.* la STS 1117/2010, 7-12 (*Tol 2025502)*].

No existen razones de ningún tipo para excluir la posibilidad de castigar el hecho en aquellos casos en los que el responsable del delito obre con dolo eventual.

Ante la ausencia de elementos de prueba que permitan tener por acreditado que el responsable del delito actuó con la intención de apoderarse de un modo definitivo del objeto material del delito (*animus rem sibi habendi*) debe entenderse que solo resultará posible tener por probada la ejecución de un delito de robo o hurto de uso de vehículo de motor del art. 244 CP por aplicación del principio *in dubio pro reo*.

VIII. *ITER CRIMINIS*

El art. 244.1 CP se configura como un tipo mixto alternativo en el que se recogen dos conductas delictivas claramente diferenciadas: la sustracción de un vehículo a motor o ciclomotor y la utilización de un vehículo a motor o ciclomotor sin contar con la debida autorización. La sustantividad propia de la que gozan ambas figuras aconseja realizar su análisis por separado.

La polémica antes examinada acerca de si la sustracción castigada por el art. 244 CP exige la utilización del vehículo a motor o ciclomotor conforme a su naturaleza, esto es, su puesta en circulación, condiciona la respuesta que debe ofrecerse a la cuestión acerca de cuándo se produce la consumación del delito. En nuestra opinión, tal y como ya indicamos, la sustracción no exige la ulterior puesta en marcha y circulación —en similar sentido ÁLVAREZ GARCÍA. Tesis que permite entender que la consumación de esta modalidad delictiva se produce, al igual que en los delitos de hurto y robo común, desde el momento en que el responsable del delito obtiene la disponibilidad de la cosa, sustituyendo al poseedor en el control del objeto material del delito. En palabras de la STS 148/2020, 18-5 (*Tol 7947543*), "el delito se consuma cuando se produce la aprehensión del objeto sustraído y la disponibilidad del mismo, aunque sea meramente potencial, disponibilidad entendida como constitución sobre la cosa de una nueva posición de dominio de forma independiente, sin que sea preciso que la facultad de disposición haya de producirse con comodidad y sin acoso".

Con arreglo a las anteriores consideraciones la consumación de esta modalidad típica no solo debe apreciarse cuando el sujeto pone en marcha el vehículo y circula sino también cuando lo desplaza, arrastrándolo o mediante el uso de grúas o camiones pulpo, o de cualquier otro modo consigue hacerse con el mismo impidiendo su goce y disfrute a quien tiene derecho a ello.

Por el contrario, quienes sostienen que la sustracción castigada por el art. 244 CP precisa, al margen del apoderamiento del vehículo o ciclomotor, su puesta en marcha y circulación, concluyen, en lógica consecuencia, que la consumación no se produce hasta que el responsable del delito lo pone en funcionamiento y viaja con él.

De asumirse la primera de las tesis expuestas, deberá convenirse que nos hallamos ante un delito de resultado, que admite tanto el castigo de la tentativa acabada como de la inacabada. Por el contrario, de exigirse la puesta en circulación del vehículo con arreglo a su naturaleza para entender consumado el delito, deberemos concluir que nos hallamos ante un delito de mera actividad, tal y como apunta BORJA JIMÉNEZ, que no admite, con arreglo a la jurisprudencia y doctrina mayoritarias, el castigo de la tentativa acabada.

En lo que se refiere a la segunda de las modalidades delictivas referenciadas, esto es, utilizar un vehículo sin la debida autorización, existe consenso en la doctrina y la jurisprudencia en que nos encontramos ante un delito de mera actividad cuya consumación exige que el vehículo sea usado conforme a su destino, por breve que haya sido el tiempo durante el que se haya circulado con el mismo y por corto que haya sido el trayecto.

Las anteriores consideraciones resultan perfectamente trasladables a las modalidades agravadas de robo de uso con fuerza o con violencia y/o intimidación castigadas en los apartados segundo y cuarto del art. 244 CP. No obstante, respecto al subtipo agravado del art. 244.3 CP será necesario, asimismo, que el responsable del delito no haya restituido directa o indirectamente el vehículo en un plazo inferior a 48 horas.

IX. CONCURSOS

Cuando en el curso de la ejecución del delito de hurto o robo de uso de vehículos a motor y ciclomotores sobrevenga en el responsable del delito la intención de apropiarse de modo definitivo del mismo se apreciará una progresión delictiva que motivará la calificación del hecho como un único delito de hurto o robo comunes con arreglo a los arts. 234 o 237 y ss. CP.

Cuando, además de cometer un hurto de uso de vehículo a motor o ciclomotor, el responsable del delito sustrae los objetos que se hallan en el interior del mismo —sin emplear fuerza, violencia o intimidación—, la doctrina y jurisprudencia mayoritarias aprecian un concurso real entre los arts. 244 y 234 CP. En este sentido ya la STS 1138/2001, 14-6 (*Tol 4926048*), precisaba que "si el ánimo de uso respecto del vehículo concurre con un ánimo de apropiación definitiva respecto de los objetos que en él se encuentran, deben ser sancionadas ambas conductas acumulativamente en concurso real (hurto o robo de uso del vehículo y hurto propio de los efectos que en él se encontraban y que son objeto de apoderamiento definitivo cuando se restituye, directa o indirectamente). [...] Procede en consecuencia, estimar el recurso y declarar, en el sentido señalado por el Ministerio Fiscal, que exclusivamente en los supuestos de robo de uso de vehículos utilizando violencia o intimidación en las personas (sancionado legalmente como robo ordinario), la sanción del robo del vehículo absorbe la sustracción de los objetos que en él se encontrasen, aun cuando ésta se realice con ánimo de apropiación definitiva" [*vid.* SAP, Madrid, Sección 17ª, 64/2021, 9-2 (*Tol 8407306*)].

En los casos en los que el responsable del delito emplea fuerza en las cosas para hacerse temporalmente con el vehículo y, al alimón, con los objetos que se hallan en su interior, la doctrina y jurisprudencia mayoritarias aprecian una unidad de acción que justifica la calificación del hecho como un único delito de robo con fuerza en las cosas.

La STS 140/2023, 1-3 (*Tol 9490844*), en línea con lo dicho, precisaba que en estos casos "[n]os encontramos ante tipos de similar factura y significado jurídico: su ubicación sistemática dentro del Código y las continuas referencias que el artículo 244 CP contiene a los preceptos que tipifican el robo así lo evidencian. También nos encontramos ante un comportamiento unitario en la vertiente natural y en la jurídica, de manera que el más grave de los delitos concernidos absorbe de manera suficiente el desvalor" [*vid.* también SSAP, Barcelona, Sección 7ª, 179/2017, 14-3 (*Tol 6124815*); Sevilla, Sección 7ª, 107/2010, 8-3 (*Tol 1863278*); Guadalajara, Sección 1ª, 187/2004, 20-10 (*Tol 7896451*). Similar solución debe ofrecerse a los supuestos en que el sujeto activo del delito emplee violencia o intimidación, apreciando un único delito de robo con violencia o intimidación del art. 242 CP [*vid.* SSAP, Madrid, Sección 17ª, 87/2020, 12-2 (*Tol 7872669*), y SAP, Zaragoza, Sección 3ª, 30-1-2004 (*Tol 432694*)].

Por último, se ha venido entendiendo que la relación concursal entre el delito de detención ilegal del art. 163 CP y el de hurto o robo de uso del art. 244 CP es la de un concurso de delitos en aquellos supuestos en los que se fuerza a la víctima a permanecer en el vehículo.

X. PENALIDAD

La modalidad básica de hurto de uso del art. 244.1 CP aparece castigada con la pena de trabajos en beneficio de la comunidad de treinta y uno a noventa días o, alternativamente, de multa de dos a doces meses. No obstante, el último inciso del párrafo primero del precepto analizado precisa que en ningún caso la pena impuesta podrá ser igual o superior a la que correspondería imponer al responsable del delito si se apropiare definitivamente del vehículo

La determinación de la naturaleza menos grave o leve del delito que nos encontramos analizando tiene relevancia práctica: (i) los antecedentes por delito leve no resultan computables a efectos de reincidencia con arreglo al art. 22.8ª CP; (ii) los antecedentes por delito leve no impiden reconocer la condición de delincuente primario en orden a la concesión del beneficio de la suspensión condicional de la pena privativa de libertad con arreglo al art. 80.2.1ª CP; (iii) el art. 131 CP prevé un distinto plazo de prescripción para los delitos leves y los menos graves; (iv) el art. 53.1 CP contempla la posibilidad de que la responsabilidad personal subsidiaria en el caso de impago de multa impuesta por la ejecución de un delito leve pueda ser cumplida mediante localización permanente; (v) la duración de las prohibiciones susceptibles de ser impuestas con arreglo a los arts. 48 y 57 CP resulta distinta en función de la naturaleza leve o menos grave del delito, etc.

Con arreglo a los arts. 13 y 33 CP, la naturaleza leve, menos grave o grave de un delito se determina con arreglo a la naturaleza y extensión de las penas con las que se castiga. No obstante, el art. 13.4 CP se encarga de precisar que "cuando la pena, por su extensión, pueda incluirse a la vez entre las mencionadas en los dos primeros números de este artículo, el delito se considerará, en todo caso, como grave. Cuando la pena, por su extensión, pueda considerarse como leve y como menos grave, el delito se considerará en todo caso, como leve". Sin embargo, el legislador no ha previsto la solución que deba ofrecerse a los supuestos en que la sanción contemplada en el tipo sea alternativa y una de las penas tenga la consideración de menos grave y otra de leve, tal y como sucede en el art. 244.1 CP.

En tales casos, la jurisprudencia ha entendido de forma recurrente que la pena —y, por lo tanto, el delito— deben reputarse menos graves. En ese sentido, la STS 636/2021, 14-7 (*Tol 8521755*), señalaba que "si la infracción penal está castigada por la ley con una pena menos grave (individual, conjunta o alternativamente impuesta), la naturaleza menos grave viene también aparejada al delito. El delito sólo tiene la consideración de leve si la pena en abstracto con la que está castigado es únicamente leve" [*vid.* SSTS 152/2022, 22-2 (*Tol 8830208*), y 474/2021, 2-6 (*Tol 8463796*)]. Consideraciones que permiten concluir que el delito de hurto de uso del art. 244.1 CP debe ser conceptualizado como delito menos grave.

No obstante, en aquellos supuestos en los que, a resultas de lo dispuesto en el inciso último del meritado precepto, la pena impuesta únicamente tenga la consideración de leve, deberá entenderse que nos encontramos ante un delito leve a todos los efectos, incluidos los procesales, correspondiendo la tramitación por los trámites del juicio por delito leve.

Cuando el responsable del delito empleare fuerza en las cosas, la conducta será castigada como delito de robo de uso de vehículo a motor o ciclomotor con la pena prevista en el art. 244.1 CP en su mitad superior.

Por otro lado, de acuerdo con el art. 244.3 CP, cuando la restitución no se produzca en el plazo de 48 horas el hecho será castigado como hurto o robo, según proceda. En opinión de la doctrina mayoritaria dicha cláusula en ningún caso transforma la naturaleza del hecho. La inexistencia de restitución en plazo no transmuta el hurto o robo de uso en hurto o robo comunes. Muy al contrario, parece más razonable entender que el art. 244.3 CP se limita a introducir una modalidad agravada a los solos efectos penológicos. A tal efecto, no resulta ocioso recordar que tanto el delito de hurto común (art. 234 CP) como el delito de robo (arts. 237 y ss. CP) precisan que el autor obre con intención de apropiarse de un modo definitivo de la cosa sobre la que recae la acción típica. Ánimo que, obviamente, no concurre en el sujeto activo del delito de hurto o robo de uso.

Al hilo de lo anterior, no cabe entender, por más que así lo haga un sector de la doctrina, que el art. 244.3 CP introduce una presunción *iuris et de iure* del ánimo que guía la conducta del responsable del delito. No existen razones dogmáticas que permitan admitir que la falta de restitución en un plazo de 48 horas necesariamente comporte voluntad de apropiación definitiva. No en vano, debe recordarse que caben supuestos de abandono no susceptibles de ser conceptualizados como restitución directa o indirecta que, no obstante, revelarán la voluntad de uso temporal del vehículo por más que su recuperación haya tenido lugar en un plazo superior a 48 horas.

En sentido inverso, tampoco cabe concluir que en todos los supuestos en que la restitución del vehículo tenga lugar dentro de un plazo de 48 horas el responsable del delito no tuviera intención de apoderamiento definitivo. Intención que perfectamente pudiera haber concurrido al momento de producirse el apoderamiento y desaparecer *a posteriori* o que, pudiera haber permanecido inalterable a pesar de la restitución (*v.gr.* supuestos de detención policial). Dicha conclusión no resulta desmentida por el hecho de que desde una perspectiva probatoria resulte francamente complejo acreditar en tales casos la presencia de dicho ánimo en el sujeto activo.

Por último, debe recordarse una vez más que en los supuestos en que se emplee violencia o intimidación a la hora de ejecutar la conducta descrita en el art. 244.1 CP los hechos serán castigados con la pena prevista en el art. 242 CP.

Extremo que, como ya explicamos, no transmuta la naturaleza del hecho, o su calificación jurídica, en un robo común con violencia o intimidación en las personas del art. 242 CP.

XI. RESPONSABILIDAD CIVIL

Según establece el art. 1.1 del Real Decreto Legislativo 8/2004, de 29 de octubre, por el que se aprueba el texto refundido de la Ley sobre responsabilidad civil y seguro en la circulación de vehículos a motor, el conductor de los vehículos a motor es responsable, en virtud del riesgo creado por la conducción de estos, de los daños causados a las personas o en los bienes con motivo de la circulación. Al margen de la responsabilidad civil directa del responsable del delito que con carácter general regula el art. 116 CP, el art. 117 CP prevé que los aseguradores que hubieren asumido el riesgo de las responsabilidades pecuniarias derivadas del uso de los vehículos a motor y ciclomotores también responderán como responsables civiles directos por los daños ocasionados a causa de la utilización de aquellos, hasta el límite de la indemnización legalmente establecida o convencionalmente pactada, sin perjuicio del derecho de repetición contra quien corresponda.

Esta responsabilidad civil de las compañías aseguradoras no alcanza, sin embargo, a los daños ocasionados a terceros por la utilización de vehículos robados. En este sentido, el art. 5.3 del Real Decreto Legislativo 8/2004, de 29 de octubre, establece que "quedan también excluidos de la cobertura de los daños personales y materiales por el seguro de suscripción obligatoria quienes sufrieran daños con motivo de la circulación del vehículo causante, si hubiera sido robado. A los efectos de esta ley, se entiende por robo la conducta tipificada como tal en el Código Penal. En los supuestos de robo será de aplicación lo dispuesto en el art. 11.1 c)". A su vez, el art. 11.c) del RDL 8/2004, de 29 de septiembre, precisa que "corresponde al Consorcio de Compensación de Seguros, dentro del ámbito territorial y hasta el límite cuantitativo del aseguramiento obligatorio: […] c) Indemnizar los daños, a las personas y en los bienes, ocasionados en España por un vehículo que esté asegurado y haya sido objeto de robo o robo de uso".

En similares términos el art. 8 del Real Decreto 1507/2008, de 12 de septiembre, por el que se aprueba el Reglamento del seguro obligatorio de responsabilidad civil en la circulación de vehículos a motor, precisa que "a efectos de la exclusión de la cobertura del seguro obligatorio de los daños a las personas y en los bienes causados por un vehículo robado, se entiende como tal, exclusivamente, el que haya sido objeto de las conductas tipificadas como robo y robo de uso en los artículos 237, 244 y 623.2 del Código penal".

Queda claro, por lo tanto, que el Consorcio de Compensación de Seguros únicamente es responsable de los daños ocasionados en los supuestos de robo común y robo de uso, pero no en los de hurto o hurto de uso. Asimismo, su responsabilidad tan solo alcanza a los daños ocasionados a terceros.

El propietario del vehículo no será responsable, ni tan siquiera de forma subsidiaria, por los daños ocasionados por el autor del delito de hurto o robo de uso del art. 244 CP, pues el art. 120.5º CP condiciona dicha posibilidad a los supuestos en que los daños hubieran sido ocasionados por sus dependientes o representantes o por personas autorizadas para circular con el vehículo. Al efecto, el art. 1.3 del Real Decreto Legislativo 8/2004, de 29 de octubre precisa, que el propietario no conductor únicamente responderá de los daños a las personas y en los bienes ocasionados por el conductor cuando esté vinculado con este por alguna de las relaciones que regulan los artículos 1903 CC y 120.5 CP. A mayor abundamiento, el párrafo segundo del art. 1.3 del Real Decreto Legislativo 8/2004, de 29 de octubre, señala que el propietario no responderá, ni tan siquiera en los supuestos en que el vehículo no estuviera asegurado, cuando este hubiera sido sustraído.

En otro orden de cosas, debe subrayarse que la responsabilidad de la compañía aseguradora, de resultar procedente, solo alcanza a los daños en las personas y los bienes ocasionados con motivo de hechos de la circulación, pero no así a los derivados de la utilización del vehículo a motor como instrumento de un delito doloso (art. 1.6 RDL 8/2004, de 29 de octubre). A tal efecto, en el pleno no jurisdiccional de la Sala Segunda del Tribunal Supremo de 24 de abril se acordó lo siguiente: "[n]o responderá la aseguradora con quien tenga concertado el seguro obligatorio de responsabilidad civil cuando el vehículo de motor sea instrumento directamente buscado para causar el daño personal o material derivado del delito. Responderá la aseguradora por los daños diferentes de los propuestos directamente por el autor".

No obstante, debe precisarse que la Sala Segunda del Tribunal Supremo ha tenido ocasión de matizar los efectos del anterior acuerdo, distinguiendo entre el seguro obligatorio y el voluntario. La STS 212/2019, 23-4 (*Tol 7202185*), constituye un claro exponente de ello al señalar que

> *"lo que determinaba la adopción del acuerdo era la existencia de unos preceptos que obligaban a excluir del ámbito cubierto por el seguro obligatorio aquellas conductas que no pudieran considerarse "hechos de la circulación", concretando la norma que nunca podrían ser considerados como tales los consistentes en la "utilización de un vehículo a motor como instrumento de la comisión de delitos dolosos contra las personas y los bienes". Lo importante, pues, no era que la ley excluyera siempre, con carácter general y para toda clase de seguro, los casos de dolo directo, sino la necesidad de determinar qué se entendía por hecho de la circulación. Y siempre dentro del ámbito del seguro obligatorio regulado para este campo de actividad. Congruentemente, el legislador, al aprobar la nueva regulación no modificó el artículo 76 de la Ley de Contrato de Seguro, que continuó vigente. Por esa razón, en otras sentencias, como la STS nº 1077/2009, de*

3 de noviembre, citada en la anterior, se decía de forma clara que "En consecuencia, lo decisivo no es tanto la presencia de dolo directo en la conducta sino la determinación del concepto de 'hecho de la circulación', que a estos efectos no es identificable con todo suceso relacionado con la circulación de un vehículo, o con una acción realizada aprovechando que el vehículo es un objeto que circula. Quedarán incluidos los casos en los que, circulando un vehículo se cree un peligro no autorizado que después llega a concretarse en un daño o lesión, pero no será considerado hecho de la circulación el empleo del vehículo como instrumento, con dolo directo, encaminado a la causación del daño [...]". Por lo tanto, debe concluirse que la exclusión de esas conductas dolosas del concepto de «hecho de la circulación» se debe a una decisión del legislador dirigida al ámbito concreto para el que se adopta, sin que ello signifique que sea extensible a cualquier otro ámbito, aunque sea el propio de otros seguros de suscripción obligatoria, de los que el legislador no ha considerado oportuno excluir determinadas conductas".

XII. BIBLIOGRAFÍA

ÁLVAREZ GARCÍA, F. J. "Lección 5ª. Robo y hurto de uso de vehículo", en ÁLVAREZ GARCÍA, F. J. (dir.) *Tratado de Derecho penal español*, tomo I., 1ª edición, Valencia, 2011; ANDRÉS DOMÍNGUEZ, A. C. "Una cuestión controvertida: Los Vehículos de Movilidad Personal, ¿Instrumento típico de un delito contra la seguridad vial?, *EPC*, nº 40, 2020; BENÍTEZ ORTÚZAR, I. F. "Capítulo 22. Delitos contra el patrimonio y el orden socioeconómico", en MORILLAS CUEVA, L. (coord.) *Sistema de Derecho penal. Parte especial*, Madrid, 2024; BLASCO GASCÓ, F. P. *Instituciones de Derecho Civil Derechos reales. Derecho Registral Inmobiliario*, Valencia 2022; BORJA JIMÉNEZ, E. "Lección XXII. Delitos contra el patrimonio y el orden socioeconómico (V): Robo y hurto de uso de vehículos. Usurpación", en GONZÁLEZ CUSSAC, J. L. (coord.) *Derecho penal. Parte especial*, 8ª edición, Valencia, 2023; CARRIÓN OLMOS, S. "La posesión", en DE VERDA Y BEAMONTE, J. R. y SERRA RODRÍGUEZ, A. (coords.) *Derecho Civil III. Derechos reales*, 6ª ed., Valencia, 2022; DE AMO SÁNCHEZ, J. M. *Hurtos, robos y defraudaciones*, Madrid, 2021; DE VICENTE MARTÍNEZ, R. *El delito de robo y hurto de uso de vehículos*, Valencia, 2007; DE VICENTE REMESAL, J. *Utilización ilegítima de vehículos de motor*, Pamplona, 1994; GALLEGO SOLER, J. I. "Capítulo IV. Del robo y hurto de uso de vehículos", en MIR PUIG, S. y CORCOY BIDASOLO, M. (dirs.) *Comentarios al Código Penal*, 2ª ed., Valencia, 2024; GARCÍA ARÁN, M. *El delito de hurto*, Valencia, 1998; GRIMALT SERVERA, P., "Título V. De la posesión. Capítulo III. De los efectos de la posesión", en BERCOVITZ RODRÍGUEZ-CANO, R. (dir.), *Comentarios al Código Civil*, Valencia, 2013; GUTIÉRREZ SANTIAGO, P. "Título V. De la posesión. Capítulo I. De la posesión y sus especies", en BERCOVITZ RODRÍGUEZ-CANO, R. (dir.) *Comentarios al Código Civil*, Valencia, 2013; MARTÍNEZ GARCÍA, A. S. "Artículo 244", en GÓMEZ TOMILLO, M. (dir.) *Comentarios prácticos al Código Penal. Tomo III*, Cizur Menor, 2015; MUÑOZ CONDE, F. *Derecho penal. Parte especial*, Valencia, 2023; MUÑOZ CUESTA, J. *Hurto, el robo y el hurto y robo de uso de vehículos*, Cizur Menor, 1998, QUERALT JIMÉNEZ, J. J. *Derecho penal español. Parte especial*, Valencia, 2015; QUINTERO OLIVARES, G. "Capítulo IV. Del robo y hurto de uso de vehículos", en QUINTERO OLIVARES, G. (dir.) *Comentarios a la parte especial del Derecho penal*, 10ª edición, Cizur Menor, 2016; REQUEJO CONDE, C. *Introducción al Derecho penal patrimonial: los delitos de hurto y robo en el Código Penal español*, Cizur Menor, 2022; SÁNCHEZ MORENO, J. *El robo y hurto de uso de vehículos*, Barcelona, 2004; SERRANO FERNÁNDEZ, M. y SÁNCHEZ LERÍA, R. (coords.) *Derecho civil Patrimonial II*, Valencia, 2022; SOUTO GARCÍA, E. M. *Los delitos de hurto y robo. Análisis de su regulación tras la reforma operada por la LO 1/2015, de 30 de marzo*, Valencia, 2017; SUÁREZ LÓPEZ, J. M. *El tratamiento penal del hurto y robo de uso de vehículos a motor*, Madrid,

2013; VÁZQUEZ GONZÁLEZ, C. "Lección 12. Delitos contra el patrimonio y el orden socioeconómico (I). Hurto, robo, extorsión y usurpación", en SERRANO TÁRRAGA M. D. (coord.) *Derecho penal. Parte especial*, 2ª ed., Valencia, 2024; ZUGALDÍA ESPINAR, J. M. "Lección 16. Delitos contra la propiedad, el patrimonio y el orden socioeconómico (II), en MARÍN DE ESPINOSA CEBALLOS, E. (dir.) *Lecciones de Derecho Penal. Parte especial*, 6ª ed., Valencia, 2022.

Lección 6ª

Usurpación, alteración de lindes y distracción de las aguas

LUIS ROCA DE AGAPITO

Artículo 245

1. Al que con violencia o intimidación en las personas ocupare una cosa inmueble o usurpare un derecho real inmobiliario de pertenencia ajena, se le impondrá, además de las penas en que incurriere por las violencias ejercidas, la pena de prisión de uno a dos años, que se fijará teniendo en cuenta la utilidad obtenida y el daño causado.

2. El que ocupare, sin autorización debida, un inmueble, vivienda o edificios ajenos que no constituyan morada, o se mantuviere en ellos contra la voluntad de su titular, será castigado con la pena de multa de tres a seis meses.

Artículo 245.1 (texto vigente hasta el 22-10-2010)

Al que con violencia o intimidación en las personas ocupare una cosa inmueble o usurpare un derecho real inmobiliario de pertenencia ajena, se le impondrá, además de las penas en que incurriere por las violencias ejercidas, una multa de seis a dieciocho meses, que se fijará teniendo en cuenta la utilidad obtenida y el daño causado.

Artículo 246

1. El que alterare términos o lindes de pueblos o heredades o cualquier clase de señales o mojones destinados a fijar los límites de propiedades o demarcaciones de predios contiguos, tanto de dominio público como privado, será castigado con la pena de multa de tres a dieciocho meses.

2. Si la utilidad reportada no excediere de 400 euros, se impondrá la pena de multa de uno a tres meses.

Artículo 246 (texto vigente hasta el 30-6-2015)

El que alterare términos o lindes de pueblos o heredades o cualquier clase de señales o mojones destinados a fijar los límites de propiedades o demarcaciones de predios contiguos, tanto de dominio público como privado, será castigado con la pena de multa de tres a 18 meses, si la utilidad reportada o pretendida excede de 400 euros.

Artículo 624.1 (texto vigente hasta el 30-6-2015)

El que ejecutare los actos comprendidos en el artículo 246 será castigado con multa de 10 a 30 días si la utilidad no excede de 400 euros o no sea estimable, siempre que medie denuncia del perjudicado.

Artículo 246 (texto vigente hasta el 30-9-2004)

El que alterare términos o lindes de pueblos o heredades o cualquier clase de señales o mojones destinados a fijar los límites de propiedades o demarcaciones de predios contiguos, tanto de dominio público como privado, será castigado con la pena de multa de tres a dieciocho meses, si la utilidad reportada o pretendida excede de cincuenta mil pesetas.

Artículo 624 (texto vigente hasta el 30-9-2004)

El que ejecutare los actos comprendidos en el artículo 246, será castigado con multa de diez a treinta días si la utilidad no excede de cincuenta mil pesetas o no sea estimable, siempre que medie denuncia del perjudicado.

Artículo 247

1. El que, sin hallarse autorizado, distrajere las aguas de uso público o privativo de su curso, o de su embalse natural o artificial, será castigado con la pena de multa de tres a seis meses.

2. Si la utilidad reportada no excediere de 400 euros, se impondrá la pena de multa de uno a tres meses.

Artículo 247 (texto vigente hasta el 30-6-2015)

El que, sin hallarse autorizado, distrajere las aguas de uso público o privativo de su curso, o de su embalse natural o artificial, será castigado con la pena de multa de tres a seis meses si la utilidad reportada excediera de 400 euros.

Artículo 624.2 (texto vigente hasta el 30-6-2015)

Será castigado con multa de 10 días a dos meses el que ejecute los actos contemplados en el artículo 247, si la utilidad reportada no excede de 400 euros.

Artículo 247 (texto vigente hasta el 30-7-2004)

El que, sin hallarse autorizado, distrajere el curso de las aguas de uso público o privativo en provecho propio o de un tercero, será castigado con la pena de multa de tres a seis meses si la utilidad reportada excediere de cincuenta mil pesetas.

I. CONSIDERACIONES GENERALES

1. Introducción

A lo largo de la Historia la importancia de los bienes en la Economía ha ido inclinándose de lo inmobiliario a lo mobiliario, y de ahí a lo crediticio y dinerario, que impera en nuestros días. Esta evolución ha tenido su lógica repercusión en la incriminación y sanción penal de los ataques a estos elementos que integran el patrimonio de las personas. Una vez que la Humanidad se asentó y dejó de ser nómada, se castigó con una extraordinaria severidad los atentados perpetrados contra la propiedad inmobiliaria, y singularmente la agrícola, que era la base de aquella rudimentaria Economía —todavía en los Códigos decimonónicos se pueden observar reminiscencias de aquella preeminencia (por ejemplo, los arts. 607-609 CP/1870 que incriminaban diversos supuestos de entrada en heredad ajena sin permiso del dueño, lo que los anglosajones denominan *trespassing*)—. Pero con el transcurso del tiempo y los cambios económicos que han ido sucediéndose, la severidad del castigo viró hacia los objetos muebles y el dinero. A esta consideración obedece la actual configuración de los delitos patrimoniales, que castiga de modo mucho más severo un robo violento o intimidatorio de cinco euros, por ejemplo, que una usurpación, también violenta o intimidatoria, de un bien inmueble que puede valer millones de euros.

Pero a pesar de esta pérdida de valor para el Legislador penal de los bienes inmuebles, su trascendencia económica (y se puede decir lo mismo de los lindes de las heredades y de las aguas) está fuera de toda duda y la protección penal de los derechos reales inmobiliarios está más que justificada, también hoy en día.

Las conductas delictivas contempladas en el Cap. V del Tít. XIII del Lib. II del CP, y particularmente su figura delictiva más importante, la ocupación de bienes inmuebles del art. 245, recaen sobre cosas de gran importancia para las personas, pues pueden ser el legado de nuestros antepasados, el fruto de más o menos años de esfuerzo ahorrando, o sencillamente el lugar destinado a nuestro hogar en donde uno desarrolla su vida familiar, privada o íntima. En términos económicos también los bienes inmuebles tienen mucha importancia, pues, además del valor en dinero que poseen, en muchas ocasiones se encuentran también ligados al desarrollo de alguna actividad económica. Así, en el ámbito rural los bienes inmuebles pueden destinarse a la explotación agrícola, ganadera o forestal; y en el ámbito urbano tales bienes se pueden vincular al desarrollo de una actividad industrial, comercial, artesanal, profesional, recreativa, asistencial, cultural, docente, etc.

Sin entrar todavía en cada una de las figuras delictivas previstas en el citado Cap. V del Tít. XIII, podemos decir que, en términos político-estatales, la intervención penal frente a conductas "usurpadoras" está justificada para proteger el derecho de propiedad y otros derechos reales inmobiliarios. Por otro lado, desde un punto de vista psicológico-social, la convivencia pacífica de las personas resultaría imposible si el Estado se limitara a la mera prevención de este tipo de conductas y pretendiera que tanto la víctima como la sociedad se conformaran con la "usurpación" ya cometida, aceptando vivir con el "usurpador" como si no hubiera habido injusto alguno. Las consecuencias seguras de ello serían la Ley de Lynch y el regreso a la venganza privada.

Pero una cosa es que esté justificada la intervención penal para proteger el patrimonio inmobiliario, y otra distinta es que dicha intervención no esté sujeta a límites o que sea perfecta tal y como está ahora y que no se pueda mejorar. Ello exige un planteamiento político-criminal completo y bien fundamentado criminológicamente, cosa que no es sencilla.

Es cierto que la actual coyuntura social, económica y jurídica explica en gran medida el aumento del número de ocupaciones ilegales de viviendas, si bien no tan exagerado como hacen ver los medios de comunicación.

No hay día que no se incluya en los telediarios o periódicos o redes sociales una noticia relacionada con la usurpación de bienes inmuebles. Sin embargo, si atendemos a las estadísticas oficiales la impresión que se produce es que se magnifica este fenómeno. Es cierto que existe y que ha ido en aumento en los últimos tiempos, pero no es tanto como parece.

Según los datos oficiales de las memorias de la Fiscalía General del Estado y del CGPJ, el máximo de diligencias abiertas por delitos de usurpación se produjo en 2015 con 22.461; y el máximo de condenados por estos delitos se produjo en 2017 con 6.757. Desde entonces ha descendido a 8.584 diligencias y 2.874 condenas en 2023. En 2005 no llegaba a 4.000 las diligencias abiertas y en 2007 fueron 519 los condenados. Por tanto, es cierto que hay más diligencias y más condenas por estos delitos que hace un par de décadas, pero tampoco es tanto como hacen ver los medios de comunicación —insistimos—, ni tampoco es un delito que tenga un gran peso dentro del total de la criminalidad patrimonial. La propia *Memoria de la Fiscalía General del Estado de 2020* lo resalta cuando señala que los datos oficiales *"contrasta[n] con la percepción social del fenómeno de la ocupación"*. El fiscal CASAS HERVILLA considera que el tratamiento que los *mass media* han decidido ofrecer al fenómeno de la ocupación no es objetivo y que subyacen poderosos intereses económicos y políticos tras ello. *"A nadie escapa —*

dice— *que los principales interesados en que se ejerza una mayor presión punitiva sobre este tipo de ilícitos son las entidades bancarias…, al igual que el sector de la seguridad privada… Todo ello, sin olvidar, asimismo, el interés de la Administración local, fruto de la presión social que en ocasiones se genera a causa de los problemas de convivencia e inseguridad ciudadana en algunos casos asociados a este tipo de delincuencia"*. No obstante, estos datos contrastan con los hechos conocidos por la policía, que van en aumento. Según el *Portal Estadístico de Criminalidad* del Ministerio del Interior en 2024 las Fuerzas y Cuerpos de Seguridad del Estado cada vez conocen más hechos por allanamiento y usurpación de bienes inmuebles. En 2010 fueron 2.702, en 2015 ya ascendía a 10.376 y en 2024 llegaron a 16.426, alcanzando la cifra más elevada en 2021 con 17.274. Puede que este incremento tenga que ver con el aumento de la instalación de alarmas.

De conformidad con lo establecido en el art. 48.2 del Real Decreto 2364/1994, de 9 de diciembre, por el que se aprueba el Reglamento de Seguridad Privada (*Tol 1380278*), *"cuando se produzca una alarma, las centrales deben proceder de inmediato a su verificación con los medios técnicos y humanos de que dispongan, y comunicar seguidamente al servicio policial correspondiente las alarmas reales producidas"*. Según el *Anuario Estadístico del Ministerio del Interior 2023*, en dicha anualidad se comunicaron a la Policía 82.516 alarmas y 6.857 a la Guardia Civil. Los motivos de estas habrán sido muy diversos (allanamiento, robo, daños, usurpación…), pero no se desglosan, ni tampoco se especifica el lugar, como se hacía en otros *Anuarios Estadísticos* [*vid.*, por ejemplo, el *Anuario Estadístico de 2016*, que distingue entre establecimientos obligados a tenerlas (bancos, joyerías, gasolineras, farmacias y salas de juegos de azar) y los que no (domicilios particulares, empresas…)]. Este dato de las alarmas comunicadas contrasta con el número de contratos de gestión de alarmas vigentes en España en 2023, que era de 3.103.469. Si relacionamos esta cifra con el número de avisos a la policía, resulta que al año hay 1 aviso por cada 35 contratos. En 2013 el número de contratos era de 1.396.023. Por tanto, se podría decir que en 10 años la facturación de este negocio ha aumentado un 122%. Como dato adicional, cabe destacar que la empresa de seguridad *Securitas Direct* pertenece a la multinacional sueca *Verisure*, en la cual la *Corporación Financiera Alba* en 2019 ha invertido 557 millones de euros.

Aprovechando la actual coyuntura ciertos partidos políticos han abogado por incrementar la intervención penal para hacer frente al fenómeno delictivo de la usurpación de bienes inmuebles. Algunas de estas propuestas pueden ser admisibles, pero otras resultan claramente desproporcionadas, como la incriminación de amplias fases previas a la ejecución de una ocupación, o la de tipificar como delito una ocupación temporal, o la elevación de la pena de prisión hasta los nueve años en algunos casos.

Véanse las Proposiciones de Ley Orgánica nº 122/000065 del Grupo Parlamentario Popular en el Congreso, contra la ocupación ilegal y para la convivencia vecinal y la protección de la seguridad de las personas y cosas en las comunidades de propietarios (BOCG - Congreso, nº 96-1, 17 julio 2020); nº 122/000066 del Grupo Parlamentario Ciudadanos, de garantías para la seguridad y convivencia ciudadanas frente a la ocupación ilegal de viviendas (BOCG - Congreso, nº 97-1, 17 julio 2020); y nos 122/000069 y 122/000070 del Grupo Parlamentario Vox, relativas a la modificación del Código Penal y de la Ley de Enjuiciamiento Criminal, respectivamente (BOCG - Congreso, nos 100-1 y 101-1, 7 septiembre 2020).

Frente a estas propuestas, que merecen en muchos aspectos el calificativo de populistas (ROCA DE AGAPITO; también crítica ROIG TORRES), desde una perspectiva político-criminal más racional, lo correcto sería tratar de mejorar los mecanismos con que contamos. El hecho de que la práctica de los Tribunales o las actuaciones de las Fuerzas y Cuerpos de Seguridad sea en algunos casos insuficiente, no justifica por sí mismo incrementar el castigo penal, ni tampoco va a hacer más eficaz la actuación de dichas instituciones.

Cuestión distinta es la política social para hacer frente a las situaciones de vulnerabilidad en que se puedan encontrar los "okupas". En los últimos años hemos asistido a un abandono prácticamente absoluto de la construcción de viviendas sociales (OBSERVATORIO DE VIVIENDA Y SUELO; PISARELLO PRADOS), y en su defecto, parece como si se pretendiese que suplan dicha tarea, que corresponde a las instituciones públicas, y la asuman particulares soportando la lesión de su derecho a poseer y/o a seguir poseyendo sus bienes inmuebles.

Dentro de las formas de aparición del delito de usurpación de bienes inmuebles u ocupación habría que distinguir entre una okupación con "k" y una ocupación con "c" (JIMÉNEZ PARÍS, MOZAS PILLADO). Distinción que cuenta con el aval de la RAE, pues admite las dos formas de escritura de este sustantivo. La **okupación con "k"** se puede decir que tiene una *motivación principalmente política*. Alude a movimientos políticos, de diversa ideología, pero que en su origen se vincula con grupos de orientación marxista y anarquista (también los hay de extrema derecha). Su reivindicación consiste fundamentalmente en negar el carácter individualista de la propiedad. Por ello, denuncian la acumulación de inmuebles por parte de los particulares y de las diversas corporaciones públicas y privadas, sobre todo cuando se mantienen vacíos. Como alternativa, proponen que la propiedad de los inmuebles sea compartida por todos sus habitantes, de manera que todas las personas puedan satisfacer una necesidad humana básica: una vivienda digna. Pero los edificios okupados no sólo sirven como vivienda, sino que se convierten en centros sociales. Quizás sea ese el aspecto más característico del movimiento okupa con "k": la puesta en práctica de su ideario a través de la convivencia diaria de sus activistas en los Centros Sociales Okupados (CSO) o los Centros Sociales Okupados Autogestionados (CSOA). La **ocupación con "c"** tiene un *carácter fundamentalmente económico, bien por necesidad, bien por afán lucrativo*. Hay personas que, por sus escasos recursos, se ven en la necesidad de introducirse en edificios deshabitados para poder vivir bajo un techo y tener un lugar para resguardarse. En otros casos, lo que hacen es ocupar un terreno, donde luego levantan chabolas o chamizos para vivir. Este sería el caso de personas sintecho, que se han quedado sin hogar, porque no pueden pagar la hipoteca o el alquiler, inmigrantes, vagabundos… Pero también podemos hablar de una ocupación con "c" por motivos lucrativos. Hay personas que cuentan con suficientes recursos económicos, pero que abusan de ciertas garantías jurídicas o se aprovechan de la lentitud de los Tribunales para meterse en viviendas ajenas, a veces de lujo, y así disfrutar durante todo el tiempo posible de dichas viviendas sin pagar por ello. Incluso, desde esta perspectiva lucrativa, también se dan casos de grupos organizados que se dedican a ocupar viviendas y luego las alquilan a otras personas o reclaman un rescate a sus legítimos propietarios para recuperarlas (muy críticas al respecto las SSAP Barcelona, Sección 9ª, 340/2020, 31-7, y 361/2020, 7-9). Por lo que se acaba de explicar, parece claro que la usurpación de bienes inmuebles ajenos tiene una **etiología muy heterogénea**. Se podría decir que confluyen en ella un buen elenco de las teorías criminológicas explicativas de la criminalidad. Desde las clásicas teorías basadas en la racionalidad de la decisión criminal, bien desde un punto de vista de economicista, bien ligada al factor oportunidad, o incluso asociada al entorno físico, hasta las teorías sociológicas como las de la anomia, la de la asociación diferencial o la de las subculturas. No parece que este fenómeno delictivo obedezca a predisposiciones biológicas o psicológicas, sino que su evolución se encuentra vinculada más bien a factores sociológicos (ROCA DE AGAPITO).

La protección penal del patrimonio, en general, es más o menos exhaustiva y completa en lo que se refiere a los bienes muebles, según se ha podido comprobar ya en Lecciones anteriores. En cambio, la del patrimonio inmobiliario es más bien escasa, dispersa, descoordinada y en términos valorativos causa cierta perplejidad.

Llama la atención esta diferencia de trato del Derecho penal frente a la mucho más amplia y detallada del Derecho civil [téngase en cuenta, además de los artículos del CC y de la LEC, la Ley Hipotecaria (*Tol 314711*), el Reglamento Hipotecario (*Tol 275334*), las Leyes de Arrendamientos Urbanos (*Tol 231076*) y Rústicos (*Tol 320222*), la Ley de Propiedad Horizontal (*Tol 230715*), la Ley del Catastro (*Tol 346465*), la Ley de Expropiación Forzosa (*Tol 137638*), la Ley reguladora de los Contratos de Crédito Inmobiliario (*Tol 7105875*), la Ley por la que se regulan las Sociedades Anónimas Cotizadas de Inversión en el Mercado Inmobiliario (*Tol 1622245*), la Ley de Contratos de Aprovechamiento por Turno de Bienes de Uso Turístico (*Tol 2578194*), la Ley sobre Saneamiento y Venta de los Activos Inmobiliarios del Sector Financiero (*Tol 2664652*), entre otras muchas normas]. Es este volumen del Derecho civil inmobiliario el que quizás explique el pequeño número de preceptos penales dedicados a proteger los derechos reales sobre bienes inmuebles.

A lo largo del texto del CP los bienes inmuebles aparecen mencionados en varias ocasiones, lo que sucede es que la Ley penal les presta atención por diferentes motivos. En unas ocasiones, en efecto, de lo que se trata es de proteger el patrimonio inmobiliario (en exclusiva o junto al mobiliario). Así acontece, por ejemplo, con los delitos de usurpación de los arts. 245 y ss., de los cuales nos ocuparemos en esta Lección, pero también con los de extorsión del art. 243, con las estafas de los arts. 250 y 251, con el alzamiento de bienes del art. 257 o con los daños del art. 263 . En otras infracciones lo que sucede es que la atención que se presta a los inmuebles es simplemente porque son el objeto material sobre el que recae la acción o porque son el lugar donde se desarrolla la acción típica, protegiéndose otros bienes jurídicos de naturaleza no patrimonial. Así acontece, por ejemplo, con los delitos de acoso inmobiliario de los arts. 172.1 y 173.1, con el allanamiento de morada de los arts. 202 y ss. , con los robos en casa habitada de los arts. 241 y 242, con los delitos de abuso de mercado del art. 284, con los urbanísticos del art. 319, con los relativos al patrimonio histórico de los arts. 321 y 322, con los estragos del art. 346, con los incendios de los arts. 351 y ss. , con el tráfico ilegal de drogas del art. 369, con los desórdenes públicos del art. 557 o con los delitos contra bienes protegidos en caso de conflicto armado del art. 613, entre otros.

Decíamos que causa perplejidad la protección penal del patrimonio inmobiliario, pues, quizás por un efecto "colateral" no pretendido (GONZÁLEZ RUS) por la **LO 1/2015, de 30 de marzo**, de reforma del CP (*Tol 4788288*), resulta que todos los delitos de usurpación de bienes inmuebles, salvo la ocupación violenta o intimidatoria, **ahora son delitos leves**, lo cual tiene consecuencias importantes no sólo a nivel punitivo, sino también a nivel procesal y policial. A nivel punitivo, la reforma no cambió las penas previstas anteriormente en los art. 245 y ss. Las dejó como estaban (multa de tres a seis meses o a dieciocho meses, según los casos). Pero lo que sí hizo fue cambiar la clasificación de los delitos y de las penas. Por un lado, se añade un inciso final al apart. 4 del art. 13 en virtud del cual "*cuando la pena, por su extensión, pueda considerarse como leve y como menos grave, el delito se considerará, en todo caso, como leve*". Y, por otro lado, se modifica la clasificación de la pena de multa como pena leve en la letra g) del art. 33.4, pasando a ser una «*multa de hasta 3 meses*». Al tener prevista los arts. 245.2, 246.1 y 247.1 una pena de multa de 3 meses como límite mínimo, entonces hay que considerar dicha pena como leve, y, por consiguiente, clasificar esos delitos como leves. La clasificación de estas infracciones como delitos leves supone que no se puedan computar los antecedentes penales a efectos de reincidencia ni de suspensión de la ejecución de penas cortas privativas de libertad (arts. 22.8ª y 80.2.1ª), cabe cumplir la responsabilidad personal subsidiaria en régimen de localización permanente (art. 53.1), la duración de las penas accesorias que se puedan imponer no excederá de seis meses (art. 57.3), no rigen las reglas generales de determinación de la pena (art. 66.2), se reduce el plazo de prescripción de la infracción y de la pena a un año (arts. 131.1 y 133.1) y el plazo de cancelación de los antecedentes penales también se ve reducido a seis meses [art. 136.1.a)]. Esta clasificación, a su vez, tiene importantes consecuencias tanto a nivel policial, como procesal. Así, se enjuiciará por el procedimiento de los delitos leves (arts. 962 y ss. LECr) —si bien la LO 1/2025, de 2 de enero, ha introducido la posibilidad de que también pueda seguir el trámite de los juicios rápidos [art. 795.1.2ª letra j) LECr], esta posibilidad parece que habrá que reservarla sólo para los casos de usurpaciones violentas, puesto que se acudirá a dicha posibilidad "*sin perjuicio de lo establecido para los demás procesos especiales…*" (así lo entiende la AP de Barcelona en el Acuerdo de unificación de criterios de las Secciones penales de 7 de marzo de 2025)]—, siendo competente para ello la Sección de Instrucción del Tribunal de Instancia (art. 14.1 LECr) (también según la redacción dada por la LO 1/2025, de 2 de enero), sin que pueda dar lugar a detención de los autores (art. 495 LECr). Precisamente en estos ámbitos —el policial y el procesal— es donde verdaderamente se pone a prueba la capacidad del Derecho penal para hacer frente a las infracciones contra bienes inmuebles. Si no hay medidas eficaces para poner en práctica los mecanismos legales existentes para prevenir este tipo de delitos a tales niveles, de nada servirá que se modifiquen las penas previstas en el CP. Lo importante es aprovechar y hacer efectivos los cauces existentes (ROCA DE AGAPITO).

A diferencia de la decisión político criminal adoptada por diversos partidos políticos, tal y como mencionamos más arriba, que apuestan por ampliar la intervención penal en este ámbito delictivo, bien incriminando nuevas conductas, bien adelantando la intervención penal, o bien agravando las penas ya previstas para el delito de usurpación (aparte de otras propuestas), el Gobierno de España ha optado por aprovechar los recursos que actualmente prevé el Ordenamiento Jurídico para afrontar el fenómeno delictivo de la usurpación de bienes inmuebles. A tal fin, primero por parte de algunas Fiscalías autonómicas y luego por la Fiscalía General del Estado, así como desde el propio ámbito de las Fuerzas y Cuerpos de Seguridad del Estado, se han adoptado una serie de Protocolos e Instrucciones específicamente dirigidos a ello, que, en nuestra opinión, garantizan que la posesión y demás derechos reales sobre bienes inmuebles sean capaces de una protección eficaz a través de la intervención policial y judicial.

Así, cabe citar la Instrucción del Fiscal Superior de las Islas Baleares de 10 de junio de 2019; el Decreto de la Fiscalía Provincial de Valencia de 20 de agosto de 2020; la Instrucción de la Fiscalía General del Estado nº 1/2020, de 15 de septiembre, sobre criterios de actuación para la solicitud de medidas cautelares en los delitos de allanamiento de morada y usurpación de bienes inmuebles; y la Instrucción nº 6/2020, de la Secretaría de Estado de Seguridad, por la que se establece el protocolo de actuación de las Fuerzas y Cuerpos de Seguridad del Estado ante la ocupación ilegal de inmuebles (*vid. infra* II.8).

2. *La usurpación como delito contra el patrimonio inmobiliario*

El Cap. V del Tít. XIII del CP, bajo la rúbrica «De la usurpación», recoge cuatro modalidades delictivas contra el patrimonio inmobiliario. En primer lugar, la ocupación y usurpación con violencia o intimidación de bienes inmuebles o derechos reales inmobiliarios (art. 245.1). En segundo término, la ocupación pacífica de inmuebles no constitutivos de morada (art. 245.2). En tercer lugar, la alteración de términos o lindes de pueblos y heredades (art. 246); y finalmente, la distracción de aguas de su curso o embalse (art. 247). Las tradicionales faltas previstas en el art. 624 han sido reclasificadas por la LO 1/2015, de 30 de marzo (*Tol 4788288*), como delitos leves en los aparts. 2 de los arts. 246 y 247 .

Todas estas figuras delictivas tienen en común que tratan de proteger el patrimonio inmobiliario, definido como aquella parte del patrimonio de una persona constituida por los bienes inmuebles y los derechos reales inmobiliarios, y además tratan de proteger dicho patrimonio frente a los ataques más graves e intolerables al mismo, cuando otras ramas del Ordenamiento Jurídico hayan fracasado o no puedan protegerlo adecuadamente (principio de subsidiariedad de la intervención penal).

2.1. Contenido del patrimonio inmobiliario

Para determinar el contenido y alcance del patrimonio inmobiliario, primero hay que delimitar el concepto de bien inmueble a efectos penales y luego examinar qué derechos reales estarían comprendidos en estas figuras delictivas.

Siguiendo a HUERTA TOCILDO se puede afirmar que el concepto penal de bien inmueble es autónomo del ofrecido por el Derecho civil (art. 334 CC), y se caracterizaría simplemente por la nota de su inmovilidad o de su incapacidad para poder ser transportado de un lugar a otro. De este modo, bienes inmuebles a efectos penales sólo son aquellas cosas que por su propia naturaleza no son susceptibles de traslado de un lugar a otro.

> *"De acuerdo con ello —*dice HUERTA TOCILDO*—, no son bienes inmuebles sino muebles, en Derecho penal, los enumerados en los apartados 1° (edificios o construcciones que sean separables del suelo sin deterioro ni merma del objeto), 2°, 3°, 4°, 5°, 6°, 7° y 9° (en lo tocante a diques y construcciones flotantes) [del art. 334 CC], constituyendo su aprehensión otras tantas modalidades de robo o hurto. El concepto penal de inmueble queda, pues, limitado a las tierras, edificios y construcciones no movibles y caminos (art. 334.1°), a las minas, canteras y escoriales mientras su materia permanezca unida al yacimiento (artículo 334.8°) y a los diques o construcciones no flotantes (artículo 334.9°), así como a los derechos reales, siempre que su objeto sea un inmueble en sentido penal".*

Cabría añadir que las "*aguas vivas o estancadas*" (calificadas también como inmuebles en el n° 8 del art. 334 CC) tendrían su protección específica en el art. 247 CP, si bien con el matiz de que si se envasaran o estuviesen recogidas en recipientes serían bienes muebles objeto de hurto o de robo, y si fuesen por conductos o tuberías habría que incardinar su defraudación dentro del art. 255 CP.

En cuanto a los derechos reales que recaen sobre los bienes inmuebles, el principal es el derecho de propiedad, pero no es el único. Junto a él aparecen también los derechos reales sobre cosa ajena o limitadores de la propiedad, de los cuales el art. 2 LH ofrece el siguiente catálogo: "*usufructo, uso, habitación, enfiteusis, hipoteca, censos, servidumbre y otros cualesquiera reales*".

> Por ejemplo, en la SAP, Barcelona, Sección 9ª, 392/2019, 18-7, el sujeto pasivo de la ocupación fue una fundación benéfica de tipo asistencial que había recibido la vivienda en virtud de un contrato de cesión de uso para ser destinado a alquiler social.

La posesión no aparece mencionada entre ellos, pero como derecho real que es, aunque de naturaleza peculiar, también es un elemento integrante del patrimonio inmobiliario, ya sea ejercida por el propietario, por el titular de un derecho real sobre inmueble ajeno o por el simple detentador del bien, aun cuando no sea titular de derecho real alguno, pero siempre y cuando dicha tenencia no se derive de un acto ilícito.

Es más, se podría decir que la opinión mayoritaria entre la Jurisprudencia viene a ser precisamente que lo protegido en estos delitos es la posesión. Como dice la STS 800/2014, 12-11 (caso SAT) (*Tol 4587163*), *"la ocupación inmobiliaria tipificada penalmente es la que conlleva un riesgo relevante para la posesión del sujeto pasivo sobre el inmueble afectado, que es lo que dota de lesividad y significación típica a la conducta"* (también la STS 373/2023, 18-5). Así también, por ejemplo, la SAP, Madrid, Secc. 2ª, 126/2010, 23-3 (*Tol 1864681)*, citando el AAP, Cádiz, Secc. 7ª, 166/2003, 18-11, que a su vez se apoya en la SAP, Las Palmas, Secc. 1ª, 149/2001, 19-7, señala que *"el bien jurídico protegido por el delito de usurpación es la posesión, es decir, una relación específica del propietario sobre la cosa, una situación de hecho consistente en el señorío sobre la cosa derivada de su condición de propietario de ella"* [en el mismo sentido, entre otras, las SSAP, Barcelona, Sección 7ª, 665/2008, 18-9 (*Tol 1511463)*; Madrid, Secc. 23ª, 462/2009, 22-4; Navarra, Secc. 3ª, 105/2009, 26-6 (*Tol 1746710)*, y Cuenca, Secc. 1ª, 16/2010, 3-3 (*Tol 1829621)*]. O la SAP, Barcelona, Secc. 5ª, 16-1-2003, que afirma que *"la protección penal atribuida por el nuevo delito de usurpación no violenta, ni intimidatoria, no alcanza al derecho de propiedad inmobiliaria, ni tan siquiera al derecho de posesión o situación jurídica posesoria denominada por la doctrina civil posesión civil, sino la más cercana a la denominada en el mismo ámbito posesión natural o si no se está de acuerdo con este término a la posesión material del bien que determina el señorío directo sobre la cosa, y cuyo contenido es el goce y disfrute de la misma"* (en el mismo sentido, entre otras, las SSAP, Tenerife, Secc. 2ª, 35/2009, 19-1; Madrid, Secc. 17ª, 122/2009, 3-2, y Palma de Mallorca, Secc. 2ª, 176/2010, 4-5).

A este respecto cabe destacar que el art. 38 LH establece que *"A todos los efectos legales se presumirá que los derechos reales inscritos en el Registro existen y pertenecen a su titular en la forma determinada por el asiento respectivo"*. *"De igual modo —continúa— se presumirá que quien tenga inscrito el dominio de los inmuebles o derechos reales tiene la posesión de los mismos"*. La STS 1318/2004, 15-11, consideró que, en virtud de este principio de legitimación registral, el Ayuntamiento de San Pedro Manrique (Soria) contaba con la debida autorización para ocupar todos los bienes Inmuebles del casco urbano de Valdelavilla tras haberlos inscrito en el Registro de la Propiedad a la conclusión de un expediente de investigación de bienes, y posteriormente, tras una subasta pública, ser ocupados por la mercantil Soria Tierras Altas, S.A. A este respecto, la SAP Barcelona, Secc. 10ª, 485/2021, 16-7, afirma que *"según el art. 438 del CC se debe estimar que esta situación de hecho de relación con una cosa se ha entablado cuando hay contacto material con ella o bien cuando hay actos de voluntad en relación con ella. Luego, sin lugar a dudas también hay posesión aun cuando no haya contacto material con la cosa. En estas situaciones, el hecho posesorio queda establecido por los actos de voluntad que denotan el señorío sobre la cosa por el que tiene un derecho sobre ella"*. Y continúa: *"De esta forma, sólo cabe considerar entre las situaciones amparadas por el art. 245.2 del CP, aquellas formas específicas de perturbación de la posesión de un inmueble, vivienda o edificio ajeno consistente en la ocupación o mantenimiento dentro de ellos que signifiquen un riesgo a una posesión que sea clara y socialmente manifiesta"*.

De esto cabe deducir, entre otras, dos cosas importantes para la usurpación:

Por una parte el propietario podrá ser sujeto activo en la modalidad violenta o intimidatoria del art. 245.1, pero no en la modalidad pacífica del art. 245.2

por cuanto que el objeto material en este apartado exige que los inmuebles, viviendas o edificios sean «ajenos». En cambio, la usurpación violenta no sólo recae sobre cosas inmuebles ajenas, sino que incluye también los derechos reales inmobiliarios de pertenencia ajena. Por tanto, dado que lo protegido no es sólo el derecho de propiedad, nada impide que también sea sujeto activo el propietario. Pensemos, por ejemplo, en el propietario del predio sirviente que con violencia o intimidación usurpa una servidumbre a favor del predio dominante (en contra, JIMÉNEZ PARÍS, quien considera que estos casos de usurpación por parte del propietario habría que reconducirlos a las coacciones o a la realización arbitraria del propio derecho).

Y, por otra parte, el usurpador, a su vez, no puede ser sujeto pasivo de este delito. El hecho de que el Derecho civil conceda cierta protección posesoria al ladrón o al usurpador no significa que esa posesión se incluya dentro de un concepto mixto (jurídico-económico) de patrimonio (*supra* Lección 1ª) y, que, por tanto, se les pueda considerar como sujetos pasivos de un delito patrimonial. Quien ocupa un inmueble ya ocupado comete un delito de usurpación, pero no contra el actual ocupante, sino contra el anterior titular del derecho sobre el inmueble: el propietario, o en su caso, el legítimo poseedor.

Como decíamos, el Derecho civil otorga al ladrón de bienes muebles o al usurpador de inmuebles una tutela (protección interdictal: arts. 446 CC y 250.1.4 LEC), primero provisional (sólo frente a terceros, no frente al despojado), y transcurrido un año definitiva (también frente al despojado) (arts. 460.4, 1968.1º CC y 439.1 LEC), que incluso puede acabar consolidándose a través de la prescripción adquisitiva extraordinaria (arts. 1955, 1956 y 1959 CC).

Ya Rudolf von IHERING se preguntaba por el fundamento de esa protección irregular y señalaba la aporía que encerraba. La posesión, como señorío de hecho o poder de hecho que se ejerce sobre un bien (*ius possessionis*), sería la cara visible de una moneda cuya otra cara estaría representada por el derecho de donde emana aquella posesión (*ius possidendi*). Sólo por esto el Ordenamiento Jurídico ya protege esa cara visible (*ius possessionis*), pero sin preguntarse si verdaderamente la moneda tiene otra cara legítima (un derecho real sobre la cosa o un *ius possidendi*). Ello obedecería básicamente a dos razones. Por un lado, como decía SAVIGNY, a la interdicción de la violencia y a la exclusión por completo de las vías de hecho como formas de realización del propio derecho o autotutela, resultando obligado acudir entonces a los cauces legalmente establecidos para hacer valer un mejor derecho a poseer, tal y como establecen los arts. 441 y 446 CC. Según el art. 441 CC: *"En ningún caso puede adquirirse violentamente la posesión mientras exista un poseedor que se oponga a ello. El que se crea con acción o derecho para privar a otro de la tenencia de una cosa, siempre que el tenedor resista la entrega, deberá solicitar el auxilio de la Autoridad competente"*. Y el art. 446 CC establece que *"Todo poseedor tiene derecho a ser respetado en su posesión; y, si fuere inquietado en ella, deberá ser amparado o restituido en dicha posesión por los medios que las leyes de procedimiento establecen"*. En el ámbito penal ello se manifiesta en varios aspectos, como sería la tipificación del delito de realización arbitraria del propio derecho en el art. 455 o la limitación de la eximente de legítima defensa, que en el caso de la defensa de la morada o de sus dependencias sólo cabe, según el art. 20.4, en los supuestos de «entrada indebida en aquélla o éstas» y no a los de mantenerse en contra de la voluntad del morador; o pensemos incluso en el delito de coacciones, previsto en el art. 172.1 CP, que castiga a quien, sin estar legítimamente autorizado y con violencia, «compeliere [a otro] a efectuar lo que no quiere, sea justo o injusto». Ese sería el caso de un tercero —p.ej., las llamadas empresas de desokupación— que obligase con violencia (y el concepto de violencia que manejan los Tribunales en el delito de coacciones es muy amplio) a que los usurpadores de un inmueble lo desalojen. Por otro lado, como proponía el propio IHERING, la protección posesoria o ese reconocimiento de un derecho a seguir poseyendo (o derecho de poseer, *ius possessionis*) se justificaría por ser precisamente la exteriorización de la propiedad (o derecho a poseer, *ius possidendi*). De este modo el propietario no tendría que demostrar su legitimidad a poseer el bien ante cualquiera que le cuestionase su derecho. Pero como también él advertía, ello encierra un peligro, y es que resulta *"imposible conceder esta protección al propietario sin que los no propietarios se aprovechen de ella al mismo tiempo"*, pudiendo suceder al final que la protección de la posesión *"no sirve sólo y exclusivamente a la propiedad, sino que puede también volverse contra ella"*.

Delimitado así el contenido del patrimonio inmobiliario, se puede precisar aún más el bien jurídico protegido en este Capítulo diciendo que sería "*el tranquilo disfrute de las cosas inmuebles entendido como ausencia de perturbación en el ejercicio de la posesión o de cualquier derecho real sobre los mismos*" [HUERTA TOCILDO; siguen a esta autora, entre otros, BAUCELLS I LLADÓS, GONZÁLEZ RUS, MUÑOZ CONDE; o también la SAP, Ávila, Secc. 1ª, 2/2010, 11-1 (*Tol 1788757*)].

A veces se ha querido ver en estos delitos más que un ataque a la relación patrimonial entre el sujeto y los bienes, un ataque a los medios de prueba de dicha relación, constituyéndose en una especie de delito contra la fe pública (ANTOLISEI). Sin embargo, lo relevante para la usurpación no es que el sujeto activo trate de simular una apariencia de legalidad en la ocupación, sino la merma que experimenta el sujeto pasivo en su capacidad de uso y disfrute del bien inmueble o del derecho real inmobiliario. De este modo, aunque es prácticamente inverosímil, se podría dar un concurso de delitos entre la usurpación y la falsedad documental si el usurpador, además de ocupar ilícitamente el bien inmueble, falsificase un asiento en el Registro de la Propiedad, por ejemplo, o hiciese cualquier modificación en la inscripción de un derecho, con la finalidad de que su ocupación revistiere apariencia de legalidad. En cambio, sí que se ha dado en la práctica algún caso en que el usurpador ha falsificado un contrato de alquiler y lo ha presentado en juicio como prueba para tratar de justificar la ocupación (p.ej., la SAP, Madrid, Secc. 4ª, 42/2013, 8-4, condena por usurpación y por falsedad continuada en documento privado al imitar las firmas del propietario en un contrato de alquiler y en un recibo y presentarlos en el procedimiento penal abierto para tratar de eludir la responsabilidad penal por la ocupación del inmueble; en este caso no se apreció estafa procesal, porque la posible resolución de sobreseimiento o absolutoria no produciría el perjuicio típico propio de la estafa, sino más bien un lucro cesante, en vez de un daño patrimonial emergente).

2.2. Protección subsidiaria del Derecho penal frente a los ataques al patrimonio inmobiliario

La relevancia de los ataques al patrimonio inmobiliario contemplados en este Capítulo viene de una característica que tienen en común las conductas contempladas en él (ocupar y usurpar inmuebles, mantenerse en ellos, alterar lindes o mojones y distraer aguas), y es que exigen un contacto físico directo con el objeto material, al igual que puede suceder con los bienes muebles en el hurto o en el robo. Lo que pasa es que mientras que respecto de los bienes muebles ese contacto físico se traduce en un desplazamiento material del objeto, en el caso de los inmuebles esto, por definición, resulta imposible, y lo que se produce es más bien un desplazamiento *de facto* del titular del inmueble o del derecho real inmobiliario. Si se nos permite la licencia, en términos vulgares se podría decir que se produce un "quítate tú que me pongo yo".

También a diferencia de lo que acontece con los bienes muebles, para los inmuebles existe la posibilidad de inscripción de "*los actos y contratos relativos al dominio y demás derechos reales sobre bienes inmuebles*" en el Registro de la Propiedad (art. 1 LH), lo que ofrece una publicidad oficial de su situación jurídica, tratando con ello de dar fijeza y seguridad al tráfico jurídico, tanto para el adquirente de buena fe, como para aquellas personas que figuren inscritas como sus titulares. Para estos últimos el Ordenamiento Jurídico ofrece la posibilidad de hacer valer su derecho inscrito a través del juicio verbal frente a quienes se opongan a ellos o perturben su ejercicio (arts. 41 LH y 250.1.7 LEC). Esta acción registral puede ser una vía frente a la usurpación, aunque no sólo, pues la oposición o perturbación no siempre se tiene que materializar en un delito de usurpación. Por ejemplo, esta acción se ejercitará frente a quien está construyendo un edificio y ejecuta actos que revelan el propósito de levantar parte de la edificación en el solar contiguo, pero ignorando que invadía un fundo ajeno. O también se ejercitará en el caso de quien decide tapiar las puertas y ventanas de la edificación de un vecino creyendo que es suya. Ninguno de estos hechos es constitutivo de delito, pero ambos comportan una oposición o perturbación a derechos reales inscritos.

En realidad, el Derecho civil ofrece varios cauces para proteger los derechos reales inmobiliarios y recuperar también la posesión de los bienes inmuebles por sus legítimos titulares. Algunos de estos cauces, en principio, no parece que resulten aplicables al fenómeno delictivo de la usurpación, ya que estas conductas suponen la pérdida de la posesión en contra o sin la voluntad de su titular. En cambio, tanto el desalojo del inmueble por impago de las rentas del alquiler (art. 250.1.1º LEC), como el desahucio por precario (art. 250.1.2º LEC), serían casos en los que el uso y disfrute del inmueble se ha originado por un previo acuerdo de voluntades o por algún tipo de contraprestación que permite caracterizar dicha relación como contractual, aunque luego el ocupante se niegue a abandonar el bien y se mantenga en él en contra de la voluntad de su titular (así la SAP Tarragona, Secc. 2ª, 103/2020, 21-2; y en la Doctrina, entre otros, JIMÉNEZ PARÍS; por su parte, MAGRO SERVET ha propuesto *de lege ferenda* la elevación a la categoría de delito lo que, desde este punto de vista, no sería más que un incumplimiento contractual o un ilícito civil).

La SAP, Madrid, Secc. 16ª, 156/2021, 30-3, consideró que se trataba de un asunto civil el caso de un matrimonio que había garantizado el pago de una deuda con una casa y transcurrido el plazo pactado para su abono, el acreedor, al ir a intentar a acceder a la vivienda, no pudo porque habían cambiado la cerradura y habían puesto una alarma. Es entonces cuando se interpone una denuncia por usurpación. El Tribunal entiende que "[L]o *que debía haber iniciado es la acción civil para recuperar la posesión... Si no se ha pagado la deuda que garantizaba el bien inmueble y no se ha hecho intención de abonarla a lo largo de los cinco años que pactaron las partes, es una cuestión de índole civil, que habrán de dilucidar los órganos correspondientes... Si alguien venía ocupando una vivienda con legítimo derecho y éste desaparece por las condiciones pactadas entre las partes, no es un acto de usurpación lo que realiza el denunciado, sino el mantenimiento en la posesión que venía disfrutando, por lo que procede solicitar el lanzamiento ante los órganos civiles*". En términos parecidos, la SAP, Madrid, Secc. 29ª, 183/2021, 22-4, absolvió a los acusados que permanecieron en la vivienda en calidad de precaristas o como subarrendatarios por autorización del arrendatario. Fue éste quien incumplió su obligación contractual de devolver la vivienda en plazo y permitió a los denunciados residir en el inmueble. "*Del mismo modo que si [el inquilino] no hubiera abandonado la vivienda una vez cumplido el plazo del arrendamiento, la propiedad hubiera tenido que acudir a la vía civil para desahuciarle, en este caso ocurre lo mismo, pues los denunciados se hallan en la vivienda como consecuencia del contrato de arrendamiento celebrado sobre la misma entre la propiedad y [el inquilino] y se debe al incumplimiento contractual de este último que la propiedad no haya podido recuperar la posesión de la misma*". Asimismo, la SAP, Alicante, Secc. 2ª, 386/2019, 23-10, entendió que al contar con el permiso del hermano del dueño de la vivienda y del dueño mismo, "*las ulteriores discrepancias que puedan surgir entre el titular del inmueble y el poseedor..., no deben salir del ámbito civil dado que la tesis contraria determinaría, por ejemplo, criminalizar a todo precarista que no abandonara la posesión de un inmueble una vez fuera requerido por el titular*".

La SAP, Barcelona, Secc. 5ª, 16-1-2003, tiene "*el criterio —que nos parece pacífico— que el poseedor inmediato del bien inmobiliario, que no constituya morada, en virtud del correspondiente negocio jurídico, en el supuesto de finalización, por ejemplo, del término del contrato careciendo del derecho a continuar poseyendo el bien, una vez el poseedor mediato le exteriorizara su oposición a que se mantuviera en tal posesión y omitiera cesar en ella no realizaría una conducta incardinada en el expresado tipo penal*".

La vía más específica para reponer la situación al estado anterior a la usurpación de los bienes inmuebles (inscritos o no) y satisfacer así a la víctima del despojo es el **juicio sumario de tutela de la posesión** previsto en el art. 250.1.4º LEC, en virtud del cual, "*se decidirán en juicio verbal, cualquiera que sea su cuantía, las demandas siguientes: 4º. Las que pretendan la tutela sumaria de la tenencia o de la posesión de una cosa o derecho por quien haya sido despojado de ellas o perturbado en su disfrute.- Podrán pedir la inmediata recuperación de la plena posesión de la vivienda o parte de ella, siempre que se hayan visto privados de ella sin su consentimiento, la persona física que sea propietaria o poseedora legítima por otro título, las entidades sin ánimo de lucro con derecho a poseerla y las entidades públicas propietarias o poseedoras legítimas de vivienda social*".

La SAP, Barcelona, Secc. 7ª, 212/2021, 3-3, revocó una sentencia absolutoria y condenó, porque "*el defecto interpretativo en el que ha incurrido la Magistrada a quo se basa en entender que el principio de ultima ratio exige que la ocupación tenga una determinada relevancia o gravedad en la perturbación posesoria que no se daría si la entidad tiene expedita y utiliza paralelamente a la presentación de denuncia la vía civil, planteando el desahucio por precario de los ocupantes"*.

Este cauce legal previsto en general para recuperar la posesión de cualquier bien no ofrecía, sin embargo, una solución suficientemente rápida, eficaz y específica para la recuperación de viviendas ocupadas ilegalmente. La Ley 5/2018, de 11 de junio, conocida coloquialmente como la Ley del "*desahucio exprés*", ha tratado de agilizar el tradicional interdicto de recobrar la posesión en estos casos, introduciendo un incidente de entrega inmediata (la STC 32/2019, 28-2 ha declarado la constitucionalidad de este incidente).

La SAP, Barcelona, Secc. 10ª, 485/2021, 16-7, se refiere a esta reforma y afirma que con ella "el legislador ha tratado de dar respuesta a la problemática procesal que en los últimos años se *estaba produciendo con el fenómeno de la ocupación ilegal de viviendas y establecer un proceso ágil y eficaz para que los propietarios y poseedores con título logren la rápida restitución de la posesión en la vía civil sin tener que recurrir a la vía penal*".

Pero hay que diferenciar lo que es la recuperación de la posesión o la restitución del inmueble a su legítimo titular, que puede obtenerse por la vía civil, y otra distinta es si los hechos son o no constitutivos de un delito de usurpación del art. 245 CP. Lo uno no depende de lo otro, y sin embargo, lo confunde la SAP, Álava, Secc. 2ª, 83/2019, 29-3, que pretende deducir de la STC 32/2019, 28-2, que los casos penales en que pueda dictarse una sentencia condenatoria serán *"muy excepcionales o extraordinarios"* (?), porque *"si ese proceso penal (sic) se ha configurado para ciertas especiales personas físicas y jurídicas, que son las legitimadas civilmente, a las que ha querido ofrecer una tutela de su derecho más relevante mediante ese cauce, en lo que concierte a las personas que no lo son, la posibilidad de una tutela penal, en virtud de tal sentencia del TC y a pesar que deja la posibilidad de una acción penal, es aún más remota, puesto que sería absurdo o irracional que se haya querido dar una tutela especial y reforzada a unas personas físicas y jurídicas, a las que más bien se les encamina hacia un proceso civil, y no uno penal, y que precisamente a esas otras personas jurídicas se les brinde un proceso penal como vía ordinaria"*.

Pero dicha Ley también ha tenido en cuenta la situación de vulnerabilidad en que se puedan encontrar los ocupantes y ordena dar traslado de lo acordado a los Servicios Sociales en el ámbito autonómico y local para evitar posibles situaciones de exclusión residencial. En relación con el primer aspecto, el de la recuperación de la posesión, la Ley permite decretar al Juez el desalojo inmediato y la entrega de la posesión de la vivienda al demandante, si en el plazo de 5 días desde la notificación de la demanda no se aportara título que justifique la situación posesoria del demandado. Además, la demanda puede dirigirse genéricamente contra los desconocidos ocupantes de la vivienda (art. 437.3 bis LEC) y notificarse directamente a quien se encuentre en ella. Si el demandante hubiera solicitado la inmediata entrega de la posesión de la vivienda, en el decreto de admisión a trámite de la demanda se requerirá a sus ocupantes para que aporten, en el plazo de cinco días desde la notificación de aquella, título que justifique su situación posesoria. Si no se aportara justificación suficiente, el tribunal ordenará mediante auto el desalojo de los ocupantes y la inmediata entrega de la posesión de la vivienda al demandante, siempre que el título que se hubiere acompañado a la demanda fuere bastante para la acreditación de su derecho a poseer. Contra el auto que decida sobre el incidente no cabrá recurso alguno y se llevará a efecto contra cualquiera de los ocupantes que se encontraren en ese momento en la vivienda. Contra el auto que decida sobre el incidente no cabrá recurso alguno y se reconoce que no es impedimento para su ejecución que en el momento de llevarse a cabo el lanzamiento se encuentren en la vivienda terceros ocupantes que no hayan sido parte en el proceso (art. 441.1 bis LEC). En relación con el segundo aspecto, el de la protección ante situaciones de vulnerabilidad, si ha sido posible la identificación de alguno de los ocupantes, se comunicará inmediatamente y de oficio por el Juzgado la existencia del procedimiento a las Administraciones autonómicas y locales competentes, a fin de que puedan verificar la situación de vulnerabilidad y, de existir esta, presentar al Juzgado propuesta alternativa de vivienda digna en alquiler social a proporcionar por la Administración competente para ello y propuesta de medidas de atención inmediata a adoptar igualmente por la Administración competente, así como de las posibles ayudas económicas y subvenciones de las que pueda ser beneficiaria la parte demandada (art. 441.5 LEC). Presentados los escritos o transcurrido el plazo para ello, el tribunal resolverá a la vista de la información recibida de las Administraciones públicas competentes y de las alegaciones de las partes, sobre si suspende el proceso para que se adopten las medidas propuestas por un plazo máximo de dos meses si el demandante es una persona física o de cuatro meses si se tratara de una persona jurídica. Una vez adoptadas las medidas o transcurrido el plazo máximo de suspensión, se alzará ésta automáticamente y continuará el procedimiento (art. 441.6 LEC). La Ley 12/2023, de 24 de mayo, por el derecho a la vivienda, había previsto requisitos adicionales para el desalojo de estas personas en situación de vulnerabilidad si la parte actora era una gran tenedora, si bien algunas de estas limitaciones han sido declaradas inconstitucionales por la STC 26/2025, de 29 de enero (concretamente los apart. 6 letra c) y 7 del art. 439 LEC).

La Disp. Adicional de la Ley 5/2018, de 11 de junio (*Tol 6632464*) prevé una obligación de cooperación y coordinación entre las distintas Administraciones públicas competentes a fin de dar respuesta adecuada y lo más inmediata posible a aquellos casos de vulnerabilidad que se detecten en los procedimientos conducentes al lanzamiento de ocupantes de viviendas. Al amparo de esta obligación se han firmado múltiples Convenios de colaboración entre el CGPJ y las Administraciones autonómicas y la Federación de municipios en los que se establecen los protocolos de actuación en caso de lanzamientos cuando versen sobre la vivienda habitual en supuestos de ejecuciones hipotecarias y de desahucios por falta de pago de la renta del alquiler, cuya aplicación se ha extendido también al ámbito delictivo de la usurpación de bienes inmuebles.

Con motivo de la declaración del estado de alarma a causa del SARS-CoV-2, el RD-Ley 11/2020, de 31 de marzo (*Tol 7854128*), ordenó la suspensión de los procedimientos de desahucio y de los lanzamientos, cuando afecten a arrendatarios vulnerables sin alternativa habitacional (art. 1) y la prórroga extraordinaria de los contratos de arrendamiento de vivienda habitual (art. 2). En atención a las mismas circunstancias, el RD-Ley 37/2020, de 22 de diciembre (*Tol 8241535*), modifica el art. 1 del RD-Ley 11/2020, introduciendo la posibilidad de que el arrendatario pueda instar un incidente de suspensión extraordinaria del desahucio o lanzamiento por encontrarse en una situación de vulnerabilidad económica; y añade también un art. 1 bis al RD-Ley 11/2020, mediante el cual se otorgaba al Juez la facultad de suspender el lanzamiento hasta la finalización del estado de alarma en los juicios verbales de los aparts. 2º, 4º y 7º del art. 250.1 LEC. En virtud de sucesivas prórrogas —por medio de los RRDD-Leyes 8/2021, 4-5; 16/2021, 3-8; 21/2021, 26-10; 2/2022, 22-2; 11/2022, 25-6; 20/2022, 27-12; 5/2023, 28-6; 8/2023, 27-12; 9/2024, 23/12 [no convalidado]; 1/2025, 28-1; y 16/2025, 23-12— se ha extendido la vigencia de estos preceptos hasta el 31 de diciembre de 2025. Esta facultad de suspensión estaba prevista sólo para los casos en que se tratase de viviendas que perteneciesen a personas jurídicas o a personas físicas titulares de más de diez viviendas y que las personas que las habitasen «sin título» se encontrasen en situación de vulnerabilidad económica (según la definición recogida en el art. 5 del RD-Ley 11/2020). No obstante, en el apart. 7 de este art. 1 bis del RD-Ley 11/2020 se exceptuó de la suspensión del lanzamiento, si la entrada o permanencia en la vivienda hubiera tenido lugar como consecuencia de un «delito» o cuando la entrada en la vivienda se hubiese producido con posterioridad a la entrada en vigor del RD-Ley 37/2020, es decir, el 23 de diciembre de 2020 (véase, por ejemplo, la SAP, Valencia, Secc. 5ª, 435/2020, 4-12, que rechazó la solicitud de nulidad de las actuaciones penales por frustrarse la finalidad del RD-Ley 11/2020). La Disp. Final 1ª del RD-Ley 1/2021, de 19 de enero, modificó los apart. 1 y 7 del citado art. 1 bis y vino a extender dicha facultad de suspensión prevista para la vía civil también para aquellos *"procesos penales"* en los que se hubiese decretado el lanzamiento de la vivienda habitual, modificando igualmente la excepción relativa a que la entrada o permanencia no tuviese causa en un delito, limitándola sólo a aquellos supuestos en los que se hubiese producido mediando *"intimidación o violencia sobre las personas"*. Por tanto, las ocupaciones pacíficas del art. 245.2 CP anteriores al 23 de diciembre de 2020 quedarían incluidas dentro de dicha facultad de suspensión del lanzamiento por razones de vulnerabilidad económica. A mediados de marzo de 2021 el Grupo Parlamentario Popular presentó un recurso de inconstitucionalidad frente a esta Disp. Final 1ª del RD-Ley 1/2021; y la STC 9/2023, 22-2 (*Tol 94408311*), declaró su constitucionalidad, porque entiende que no supone una regulación directa del derecho de propiedad de la vivienda, ni afecta a su contenido esencial.

"La extensión de la suspensión a los lanzamientos que se sustancien en procesos penales —dice esta STC en su FJ 4º— *se hace sobre la premisa... del alcance limitado de la medida: (i) no afecta a todos los propietarios (solamente a los titulares de más de diez viviendas); (ii) no ampara todas las circunstancias de entrada o permanencia de la vivienda sin título habilitador, es más, la medida no se aplica a las viviendas que son domicilio habitual o segunda residencia; (iii) la medida no es general y automática, sino que será adoptada por el juez previa valoración ponderada y proporcional del caso concreto, teniendo en cuenta las circunstancias que concurran (extrema necesidad, existencia o no alternativa habitacional...) y (iv) la medida tiene un carácter temporal. Estamos pues, ante una medida limitada en cuanto a su ámbito de aplicación subjetivo, objetivo y temporal, que no tiene por objeto una regulación directa y general del derecho de propiedad de la vivienda, ni afecta su contenido esencial. Una medida que responde a una finalidad de interés social —protección de las personas en situación de vulnerabilidad como con-*

secuencia de la crisis generada por el Covid-19—, que incide mínimamente y de forma temporal sobre la posesión o capacidad de disposición, incidencia que además podrá ser objeto de compensación económica, como se desprende de las disposiciones adicionales segunda y tercera del Real Decreto-ley 37/2020, de 22 de diciembre".

El Magistrado del TC D. Enrique Arnaldo Alcubilla formuló voto particular a esta STC 9/2023, porque entendió que la medida en cuestión sí afectaba al contenido esencial del derecho a la vivienda de las personas afectadas por dicha medida. *"Es evidente* —afirma— *que los incisos de la norma de urgencia que se impugnan en este proceso constitucional no contienen una regulación general del derecho de propiedad. Sin embargo, en cuanto condicionan necesariamente el poder de disposición sobre determinadas viviendas de sus legítimos propietarios para satisfacer una finalidad de interés social como es la protección de personas consideradas en situación de vulnerabilidad, sí que alteran de manera intensa las condiciones de ejercicio del derecho de propiedad respecto al concreto conjunto de propietarios a los que va dirigida la medida"*. Y es que, desde su punto de vista, la medida en cuestión supone para el propietario de una vivienda en tal situación la imposibilidad temporal de recuperar su disposición. Y dice: *"Dicha privación temporal de ese poder de disposición, por cierto, se ha ido prolongando en el tiempo, como consecuencia de las sucesivas prórrogas de la medida que se han ido aprobando: la última, por el momento, hasta el 30 de junio de 2023. Y eso pese a que la vivienda ha sido ilegalmente ocupada, pues siempre que el juez, sobre la base de lo dispuesto en el art. 1 bis, apartado primero, del Real Decreto-ley 11/2020, así lo decida, se suspende el lanzamiento de la persona que la habite sin título alguno, incluso cuando se trate de un procedimiento penal por ser su ocupación (usurpación) constitutiva de delito, lo que comporta, de hecho, legitimar dicha ocupación y la continuación de la perpetración del delito imputado. Para estos propietarios se trata de una regulación general y es claro que sufren una afectación significativa en su derecho de propiedad en la medida en que, por la decisión del legislador de urgencia (sucesivamente prorrogada, se insiste), se ven privados temporalmente (y de forma extendida en el tiempo, hasta ya tres años) de la disponibilidad del bien y de su posible utilidad económica, pero a la vez siguen obligados a soportar las cargas fiscales, (el impuesto sobre bienes inmuebles y la imputación en el impuesto sobre la renta de las personas físicas o en el impuesto de sociedades, cuando menos) así como las derivadas de la legislación de propiedad horizontal (cuotas de la comunidad ordinarias y extraordinarias) y demás que la titularidad del inmueble comporta"*. *"Que los poderes públicos competentes, y en particular el Gobierno, vengan obligados a promover las condiciones necesarias y a establecer las normas pertinentes para hacer efectivo el derecho de los españoles a disfrutar de una vivienda digna y adecuada (art. 47 CE), no significa que ese principio pueda realizarse sacrificando el derecho de propiedad de otras personas (art. 33 CE)..."*. Según él: *"Una privación completa, aunque sea temporal, de la disponibilidad del bien inmueble y de su utilidad económica convierte la propiedad en una carga que se impone exclusivamente a los propietarios afectados para la utilidad de todos"*. En cuanto a la compensación económica a la que alude la STC, el Magistrado discrepante duda de que pueda ser considerada como una compensación efectiva, pues *"se trata de una compensación peculiar, en la medida en que se hace con cargo a los recursos del plan estatal de vivienda 2018-2021 y, muy especialmente, porque solo cabe pedirla en un caso muy particular, en que la administración pública incurre un funcionamiento gravemente anormal: cuando, emitido informe por los servicios sociales señalando las medidas adecuadas para atender la situación de vulnerabilidad acreditada, estas medidas no se adoptaran en un plazo de tres meses"*. Por tanto, *"si los servicios sociales no emiten su informe no comienza a correr ese plazo"*. Además, *"para solicitar esa compensación se exige que los propietarios perjudicados acrediten que la suspensión del lanzamiento les haya ocasionado perjuicio económico, al encontrarse la vivienda ofertada en venta o arrendamiento con anterioridad a la entrada en el inmueble"*.

Hace suyos estos argumentos relativos a la afectación del derecho de propiedad también la Magistrada Dña. Concepción Espejel Jorquera en su voto particular, a lo que añade que *"la medida de suspensión del lanzamiento afecta al contenido esencial del derecho de propiedad, en cuanto priva al titular tanto de la posesión del bien inmueble, como de su plena disposición, al verse mermada la facultad de transmisión como consecuencia del estado de ocupación ilegal del inmueble"*. Asimismo, se opone a que *"el fin social de la propiedad… pueda alcanzarse perpetuando los efectos de hechos constitutivos de delito, de tal manera que deja al derecho de propiedad irreconocible al privar al propietario de su contenido esencial, que no se sacrifica para utilidad de todos, sino para favorecer el autor de la ilícita usurpación. Sin olvidar que el problema de la vivienda, a resolver por los poderes públicos con sus propios medios, se hace recaer sobre los propietarios particulares, con el añadido de tener que seguir sufragando a su costa las cargas de todo tipo y gastos inherentes a la titularidad del bien del que han sido ilícitamente despojados"*. Y advierte, al final, del peligro añadido que puede acarrear la medida en cuestión: *"La suspensión de los lanzamientos no limita sus efectos a la ejecución del pronunciamiento civil de las sentencias penales a las que afecta. También trasciende de modo grave al ámbito propiamente penal, al perpetuar sine die la comisión de la acción delictiva —sin que se hubiera apreciado la concurrencia de causa alguna de justificación—, que va indisolublemente unida a la ocupación del bien inmueble, constitutiva del delito de usurpación tipificado en el artículo 245.2 del Código penal. El mantenimiento de esta situación es causa de inseguridad jurídica y susceptible de desencadenar desconfianza en el sistema penal, con el riesgo de que la sensación de desprotección por parte del Estado provoque indeseadas respuestas de autotutela"*.

La Ley 12/2023, de 24 de mayo, por el derecho a la vivienda (*Tol 9568821*), ha consolidado en cierta medida esta legislación excepcional adoptada durante la pandemia de Covid-19. Para ello, en la Disp. Final. 5ª, apart. 4, modifica los apart. 1 bis y 5 del art. 441 LEC y añade nuevos apart. 6 y 7 a dicho artículo. Así, en casos de vulnerabilidad económica o social el lanzamiento se podrá suspender durante un plazo máximo de dos meses si el demandante es una persona física o de cuatro meses si se trata de una persona jurídica. Se considerará que existe vulnerabilidad económica si el alquiler más los suministros de electricidad, gas, agua y telecomunicaciones supone más del 30% de la renta de la unidad familiar y el conjunto de dichos ingresos no alcanza el triple del IPREM, con incrementos de este límite en función de las circunstancias familiares. Y se considera que existe vulnerabilidad social en caso de personas dependientes, víctimas de violencia sobre la mujer o la presencia de personas menores de edad.

La Ley 12/2023 no ha mantenido la polémica medida de la suspensión del lanzamiento de viviendas ocupadas ilegalmente, pero sin violencia o intimidación. No obstante, sí que ha incorporado una nueva Disp. Adicional 7ª a la LEC en virtud de la cual si en un procedimiento penal abierto por delito de ocupación pacífica del art. 245.2 CP se adoptase como medida cautelar el desalojo y restitución del inmueble objeto del delito a su legítimo poseedor, siempre que se encuentren personas dependientes, víctimas de violencia sobre la mujer o personas menores de edad entre los ocupantes, se dará traslado a las Administraciones competentes con el fin de adoptar las medidas de protección que correspondan. Por cierto, sobre el alcance de la ponderación judicial para autorizar la entrada en domicilio de cara al desalojo de la vivienda ocupada ilegalmente en la que habitan personas especialmente vulnerables, véase, entre otras, la STS, Sala de lo contencioso-administrativo, nº 1581/2020, 23-11 (*Tol 8226072*), según la cual *"el hecho de que en la vivienda habiten personas especialmente vulnerables no constituye un impedimento absoluto para que pueda ser autorizada la entrada en el domicilio, pero en tal caso el juez habrá de comprobar, antes de autorizar la entrada para el desalojo forzoso, que la Administración ha previsto la adopción de las medidas precautorias adecuadas y suficientes para que el desalojo cause el menor impacto posible a aquellos ocupantes que se encuentren en situación de especial vulnerabilidad"*. En aquel caso se trataba de una mujer víctima de violencia de género que, junto a sus dos hijos de corta edad, ocupaba ilegalmente una vivienda de propiedad de la Agencia de Vivienda Social de la Comunidad de Madrid.

La Enmienda nº 270 presentada por el Grupo Socialista al Proyecto de Ley Orgánica de eficiencia organizativa del servicio público de Justicia, por la que se modifica la Ley Orgánica 6/1985, de 1 de julio, del Poder Judicial, para la implantación de los Tribunales de Instancia y las Oficinas de Justicia en los municipios (nº 121/000098), pretendía introducir un nuevo art. 544 sexies LECr en virtud del cual "*1. En los procesos relativos a allanamientos de morada o usurpación de bienes inmuebles o de un derecho real inmobiliario de pertenencia ajena, el Juez o Tribunal podrá acordar motivadamente el desalojo en el plazo máximo de 48 horas desde la petición a instancia de parte legítima o desde la remisión del atestado policial, sin necesidad de la prestación de caución, si los ocupantes del inmueble no exhibieran en dicho plazo el título jurídico que legitime la permanencia en el inmueble.– 2. Cuando con motivo de la adopción y ejecución del desalojo al que alude el apartado primero se pusiera de manifiesto la existencia de personas en riesgo de exclusión social o de especial vulnerabilidad o una situación de riesgo o posible desamparo de un menor, el Juez o Tribunal lo comunicará inmediatamente a la entidad pública local o autonómica competente en materia de servicios sociales y de protección de menores así como al Ministerio Fiscal, a fin de que puedan adoptar las medidas de protección que resulten necesarias*" (BOCG - Congreso, Serie A, nº 98-2, de 21 de octubre de 2022). Asimismo, también se introduciría una remisión a este artículo en el art. 13 LECr, que regula las medidas cautelares que se pueden adoptar como primeras diligencias. Igualmente, la Enmienda nº 182 del Grupo Parlamentario Plural proponía introducir las mismas modificaciones en la LECr, si bien se circunscribía únicamente al art. 245 CP y no incluía el allanamiento de morada. Algo similar a estas modificaciones de la LECr había propuesto MAGRO SERVET, pero previendo un plazo máximo de 72 horas para la adopción del lanzamiento (propuesta compartida de modo expreso por las SSAP, Barcelona, Secc. 9ª, 340/2020, 31-7 (*Tol 8195421*), y 361/2020, 7-9 (*Tol 8195356*), las cuales aluden también a una propuesta similar elaborada por el Ilustre Colegio de Abogados de Barcelona). Sin embargo, con la disolución de las Cortes Generales por el RD 400/2023, de 29 de mayo (*Tol 9575144*), esta iniciativa legislativa ha decaído. Sería conveniente que en un futuro se retomase dicha iniciativa.

Estas enmiendas no prosperarían finalmente y al final lo que se aprobó fue que el art. 20.15 de la LO 1/2025, de 2 de enero, de medidas en materia de eficiencia del Servicio Público de Justicia, añade dos letras nuevas al art. 795 LECr —las letras i) y j)—, en virtud de las cuales los delitos de allanamiento de morada del art. 202 y los de usurpación del art. 245 CP pasan a ser tramitados por el procedimiento de los juicios rápidos. Sin embargo, cabe poner en cuestión la eficacia práctica de esta reforma, porque el allanamiento de morada es competencia del Tribunal del Jurado y se rige por la LO 5/1995, de 22 de mayo, y, como ya dijimos más arriba, la ocupación pacífica de inmuebles del art. 245.2 CP es un delito leve, que se regirá por el procedimiento previsto en los arts. 964 y ss. LECr. Por tanto, parece que el ámbito de aplicación de esta reforma sobre los juicios rápidos quedaría circunscrita solamente a la usurpación violenta o intimidatoria del art. 245.1 CP (así lo determina el Acuerdo de 7 de marzo de 2025 de unificación de criterios de las Secciones Penales de la AP de Barcelona).

2.3. Justificación de la intervención penal en la protección del patrimonio inmobiliario

Esta protección jurídico-civil suele resultar suficiente para salvaguardar el patrimonio inmobiliario en la mayor parte de los casos. Sin embargo, es preciso tener en cuenta que la existencia del Registro de la Propiedad no puede alegarse con carácter general para concluir la innecesariedad de la vía penal, porque existen gran cantidad de relaciones jurídico-reales no inscritas o que ni siquiera pueden llegar a inscribirse (por ejemplo, la posesión no basada en la titularidad de un derecho real), y que forman parte del patrimonio inmobiliario de una persona.

Las acciones registrales y los interdictos para retener o recobrar la posesión suelen ser vías suficientes, como decíamos, para proteger el patrimonio inmobiliario. Sin embargo, para aquellos casos más graves, la intervención penal resulta completamente justificada. Ahora bien, como en cualquier ámbito delictivo, dicha legitimidad vendrá determinada porque el bien jurídico protegido sea o no merecedor, necesitado y capaz de protección penal.

Que los derechos reales sobre bienes inmuebles deban protegerse penalmente pensamos que no debiera cuestionarse, dada la importancia que tienen en una economía de libre mercado como es la nuestra. La propia Constitución Española reconoce el "*derecho de propiedad privada*" y que "*nadie podrá ser privado de sus bienes y derechos sino por causa justificada de utilidad pública o interés social, mediante la correspondiente indemnización y de conformidad con lo dispuesto por las leyes*" (art. 33 CE).

Es más, una expropiación ilegal de bienes inmuebles sería constitutiva de delito a tenor de lo dispuesto en el art. 541 CP: "*La autoridad o funcionario público que expropie a una persona de sus bienes fuera de los casos permitidos y sin cumplir los requisitos legales, incurrirá en las penas de inhabilitación especial para empleo o cargo público de uno a cuatro años y multa de seis a doce meses*".

No es que dicho precepto constitucional establezca un mandato de protección penal al modo en que lo hace el art. 46 CE, pero como pusimos de relieve al principio (*supra* 1), qué duda cabe que existe un interés público o colectivo en su protección. La desposesión de un bien inmueble no se trata de un mero asunto privado o particular entre dos personas que pueda resolverse con la simple restitución de la posesión del bien. Se trata de una cuestión con trascendencia fundamental para conseguir una convivencia pacífica en sociedad. Nadie podría imaginarse cómo sería vivir en una ciudad o en un pueblo en el que cualquier bien inmueble se considerase como un espacio público o común, del cual pudiese hacer uso quien le apeteciese y como le pareciese. Ni siquiera en una economía planificada, en la cual se lleva a cabo una socialización de los medios de producción y de la propiedad, los bienes inmuebles serían de libre disposición por las personas, debiendo estar destinados a servir colectivamente en vez de cumplir con necesidades particulares. Es por esto por lo que el Legislador penal, no solo actual, sino también histórico, y no solo en España, sino también en otros países, incrimina la usurpación de bienes inmuebles [hacen una exposición del Derecho comparado, entre otros, JIMÉNEZ PARÍS, MOZAS PILLADO; y también las SSAP, Barcelona, Secc. 9ª, 340/2020, 31-7 (*Tol 8195421*) y 361/2020, 7-9 (*Tol 8195356*)]. En este sentido, se puede decir que el disfrute tranquilo y sin perturbaciones de los derechos reales sobre bienes inmuebles es un bien merecedor de protección penal.

No obstante, el delito de usurpación de bienes inmuebles del art. 245 CP no protege los derechos reales inmobiliarios frente a cualquier ataque o perturbación, sino sólo frente a aquellos ataques más graves e intolerables. En virtud de los principios de subsidiariedad y de fragmentariedad del *ius puniendi*, no es necesario acudir a la sanción penal para tutelar cualquier afectación a esos derechos. Así, por ejemplo, el Derecho penal no sanciona tomar prestado un libro en contra de la voluntad del propietario para leerlo y luego devolvérselo. En el ámbito de la usurpación de bienes inmuebles, el Legislador penal, por un lado, delimita la relevancia penal por la concurrencia de la violencia o intimidación (apart. 1 del art. 245); y por otro, por la vocación de permanencia y la intensidad del ataque al ejercicio efectivo de los derechos sobre los bienes inmuebles mediante las conductas típicas de "ocupar", "usurpar" y "mantenerse" (apart. 2 del art. 245). La existencia de estas características típicas dota a la usurpación de la suficiente intensidad, como para que no resulte bastante con acudir a otras vías previstas en el Ordenamiento Jurídico para así resolver este conflicto.

Conviene tener presente que a menudo se alega por parte de los Tribunales el principio de intervención mínima del Derecho penal para no condenar por usurpación, advirtiendo que el conflicto se debe resolver acudiendo a la vía civil. Sin embargo, como recuerda la SAP, Barcelona, Secc. 2ª, 742/2017, 30-10 (*Tol 6508105*), *"el principio de intervención mínima del Derecho penal es un mandato dirigido al legislador que sólo halla un reflejo indirecto en la aplicación del Derecho por parte del Juez y que no es otro que el deber de interpretar restrictivamente los tipos penales con proscripción desde luego de la analogía* in malam partem, *pero también la* in bonam partem, *salvo por la vía del artículo 21.7 CP; no se trata de una causa de exención de la responsabilidad criminal, ni de una causa de atipicidad, ni sirve, por tanto, para fundar en dicho principio una sentencia absolutoria, especialmente —como se acostumbra por parte de determinados órganos jurisdiccionales— con la afirmación de que se trata de un conflicto solucionable por la vía civil. Como no lo es porque no lo exige el tipo que la ocupación 'no perturbe la posesión', afirmación discutible incluso desde el ámbito del Derecho Privado"*.

El CP/1995, en oposición a lo que ha venido siendo la línea histórica mantenida en Códigos precedentes, en los que el Derecho penal sólo intervenía en los casos en que concurriese violencia o intimidación (excepciones hechas de los arts. 570 CP/1848 y 441 CP/1850, que castigaban la usurpación «*sin violencia en las personas*», entre otras razones, porque todavía no se contaba con una protección registral eficaz, que vendría después de la mano de la Ley Hipotecaria de 1861; y el art. 709 CP/1928, que castigaba la ocupación o usurpación "*sin ejercer violencia ni intimidación en las personas*", entre otras razones, por la política criminal autoritaria que le inspiraba), ha optado por incriminar no sólo la ocupación de bienes inmuebles violenta o intimidatoria, sino también la "pacífica". La mayoría de la Doctrina y de la Jurisprudencia considera que ha sido inequívoca la voluntad del Legislador de incriminar el fenómeno de la ocupación sin violencia ni intimidación [por todos, GONZÁLEZ CUSSAC y la STS 1318/2004, 15-11 (*Tol 526584*); no sin dejar de criticarlo, por ejemplo, BAZA DE LA FUENTE, MUÑOZ CONDE, PÉREZ MANZANO, SERRANO-PIEDECASAS FERNÁNDEZ, entre otros; o la SAP, Toledo, Secc. 1ª, 87/2011, 3-11 (*Tol 2281502*), por ejemplo]. Es más, *a fortiori*, la LO 5/2010, de 22 de junio, ha venido a separar claramente los dos apartados del art. 245 CP, al prever para el primero la pena de prisión mientras que para el segundo sigue contemplando una simple pena de multa (crítica con esta reforma, entre otros, ESCUDERO GARCÍA-CALDERÓN). Esta diferencia cualitativa en la sanción debe interpretarse que obedece a una diferencia en los medios comisivos: violentos o intimidatorios en uno, y sin violencia o intimidación en el otro. Sistemáticamente se podría observar cierta similitud, *mutatis mutandi*, con el allanamiento de morada, en el cual se contemplan también unas modalidades con violencia o intimidación y otras sin ellas (arts. 202 y 203 CP).

De este planteamiento se aparta BAUCELLS I LLADÓS, quien interpreta el art. 245.2 CP como un tipo privilegiado del apart. 1, y no cada uno de ellos como dos tipos autónomos, tal y como sostenemos nosotros (*infra* II). Esta interpretación obligaría a exigir la concurrencia de la violencia o intimidación en el art. 245.2 CP. Por cierto, al igual que en este precepto, también se ha previsto una simple multa para las otras modalidades de usurpación incluidas en este Capítulo, y nadie ha dicho que las conductas de los arts. 246 y 247 CP deban ser también violentas o intimidatorias. La interpretación que sostiene el referido autor la hace desde un planteamiento político-criminal que podemos, en principio, compartir, como es que "*limitando la relevancia penal de estas conductas a aquellos casos donde se lleven a cabo las ocupaciones con violencia, dejando las pacíficas en la vía civil, se estará motivando al ciudadano a actuar de forma pacífica*", "*y esa es precisamente la principal finalidad del Derecho penal: estar únicamente al servicio de un marco mínimo de convivencia*"; "*si el Derecho penal logra erradicar la violencia ya ha conseguido su objetivo para que el Derecho pueda encontrar sus soluciones en el ámbito civil*". Pero también se puede justificar la intervención penal ante las ocupaciones pacíficas de otro modo, como exponemos a continuación.

A nuestro modo de ver, la relevancia penal de las usurpaciones pacíficas obedece a la concurrencia de dos circunstancias, que desde el punto de vista teleológico de afectación al bien jurídico protegido hacen que la oposición o perturbación adquiera la suficiente entidad como para necesitar ya la intervención penal, y que son: por un lado, la vocación de permanencia en la ocupación, y por otro, la intensidad en la afectación a la posesión. Tal y como ha puesto de relieve la STS 800/2014, 12-11 (caso SAT) (*Tol 4587163*), "*la ocupación inmobiliaria tipificada penalmente es la que conlleva* ***un riesgo relevante para la posesión*** *del sujeto pasivo sobre el inmueble afectado, que es lo que dota de lesividad y significación típica a la conducta, por lo que ocupaciones ocasionales o esporádicas,* ***sin vocación de permanencia o de escasa intensidad****, son ajenas al ámbito de aplicación del tipo*" (negrita añadida).

Por ocupar o usurpar, tal y como se verá luego, hay que entender la acción de despojar, refiriéndose la ocupación a los inmuebles y la usurpación a los derechos, al no ser posible en estos últimos su ocupación material. Ambas conductas consistirían en el hecho efectivo de disfrutar del inmueble o derecho real como si fuera su titular y de excluir a su legítimo poseedor. Mantenerse no deja de ser igualmente una forma de ocupar o usurpar, es más, quien ocupa o usurpa lo hace para mantenerse en el uso y disfrute de la cosa. Así pues, todas las conductas típicas del art. 245 CP ("ocupar", "usurpar", "mantenerse") conllevan esa **vocación de permanencia** de la que habla el TS A diferencia de lo que acontece con el allanamiento de morada, en el cual el bien jurídico resulta lesionado incluso con una duración momentánea de la conducta lesiva, pues lo protegido se refiere a la esfera íntima del morador, en cambio, en la usurpación el autor lo que pretende es que esa situación tenga cierta continuidad, pretende subrogarse en la posición de su titular, pero no por un instante, sino indefinidamente. En este sentido el delito de usurpación del art. 245 CP es un **delito necesariamente permanente**.

Asimismo, esta oposición o perturbación en el uso y disfrute de los bienes inmuebles mediante las conductas de ocupación, usurpación o mantenimiento previstas en el art. 245 CP adquiere la **ofensividad suficiente** como para requerir la tutela penal cuando dicho ataque se traduce correlativamente en un obstáculo para su titular en el ejercicio efectivo de su derecho sobre la cosa. Para ello, cierta Jurisprudencia viene exigiendo que esa posesión sea real y efectiva, o al menos socialmente manifiesta, entendemos nosotros.

Ya la SAP, Barcelona, Secc. 5ª, 16-1-2003, afirmaba que "La posesión protegida en el orden penal es la que se goza y disfruta de forma efectiva, no sólo porque la *que no se disfruta efectivamente ya tiene protección en el ordenamiento civil mediante el ejercicio de las correspondientes acciones posesorias y reivindicatorias, sino porque el Derecho penal, a nuestro entender, no debe proteger la posesión que no se ejerza obteniendo una utilidad individual (de acuerdo con el Tribunal Constitucional —por ejemplo la STC núm. 37/1987, de 26 de marzo de 1987— ésta configura el contenido esencial de la propiedad privada desde una perspectiva subjetiva) y ello con independencia de que los motivos de la falta de utilización del bien no sean imputables a la propiedad*". Y concluye: "*A nuestro juicio —lo que no es pacífico— el repetido tipo penal no es una infracción de riesgo, sino de lesión al bien jurídico protegido, según hemos ya delimitado, protegiéndose penalmente al poseedor que goce y disfrute efectivamente del bien, lo utilice, en cualquier concepto, alcanzando tal protección también a aquellas situaciones posesorias que aunque de forma transitoria no impliquen utilización del bien tengan una tal vocación que se deducirá de la adopción por el poseedor de las medidas adecuadas para dar efectividad a su utilización*". Siguen este criterio, entre otras, la SAP, Madrid,

Sección 17ª, 270/2007, 12-3; o las SSAP, Barcelona, Secc., 6ª, 550/2018, 10-9, para la cual hubo *"una ausencia de ejercicio de facultades dominicales [durante seis años] que no justifican la tutela penal"*, y esta *"falta de actividad de la propietaria permite inferir una tolerancia de más de seis años de la ocupación"*; Secc. 10ª, 521/2020, 20-10, y Secc. 10ª, 485/2021, 16-7, que llegan a decir que *"la entidad de la vivienda no ha demostrado el uso inmediato, actual, pasado y futuro[?] de la misma"*; Secc. 10ª, 233/2021, 29-3; Secc. 6ª, 596/2021, 9-9, que absuelve porque *"no consta que [el bien inmueble] estuviera introducido en el mercado inmobiliario de ninguna manera, preparado para ser vendido o arrendado y/o se hubiera publicitado de alguna forma a tales efectos (ni siquiera que se pague el impuesto de bienes inmuebles, aunque por sí mismo no puede considerarse un acto suficiente de ejercicio de aquel derecho)"*; Secc. 5ª, 691/2021, 15-10, la cual afirma expresamente que la STS 800/2014, 12-11 (caso SAT) no resulta incompatible con los criterios que en nuestra Sentencia de fecha 16 de enero de 2003, ya citada, señalábamos en cuanto a que *"la posesión protegida en el orden penal es la que se goza y disfruta de forma efectiva"*.

La AP de Tarragona viene sosteniendo que la justificación de la intervención penal en este terreno no se explica por el *ius possidendi* que se deriva de la titularidad de la cosa, sino que *"la posesión penalmente protegida sólo puede ser la del titular inmediato, esto es, la que se deriva del* ius possessionis*, la que da contenido efectivo al derecho subjetivo de goce y disfrute actual de la cosa. De ahí que para que la norma penal pueda entrar en juego, el acto perturbador deba reunir determinadas condiciones de intensidad tanto objetivas como subjetivas"*. Objetivamente *"resulta obligado establecer una relación de contingencia, de actualidad, entre la lesión del* ius possessionis *y el acto perturbador, tal como cabe decantar del propio tenor literal de la norma penal cuando se refiere expresamente a la permanencia en la cosa ocupada en contra de la voluntad de su titular"*. Subjetivamente dichos niveles de lesividad de la conducta punible vendrían delimitados por la *"exigencia de conciencia actualizada de falta de autorización o de expresa conminación al abandono de la cosa o del inmueble"*, de tal modo que una posesión clandestina, sin conocimiento del poseedor titular, tal y como establece el art. 444 CC, no afecta a la posesión, entendida como *ius possidendi*, por lo que resultaría inocua también desde el punto de vista penal. Por tanto, mediante una perturbación posesoria clandestina —dice— *"no se ha lesionado de forma inmediata, directa y grave, el derecho a poseer, a seguir poseyendo de forma real y efectiva a como viniera haciéndose —que no parece ser el caso— antes del denunciado acto perturbador, sino el derecho de poseer. Y esta lesión del genérico contenido del derecho de propiedad por actos posesorios clandestinos, carentes de título, no constituye el resultado prohibido que pueda justificar el reproche penal por aplicación del tipo del artículo 245 del Código Penal"*. Serían ejemplo de esta postura, entre otros, los AAAP, Tarragona, Secc. 2ª, 804/2016, 7-10; 60/2018, 26-1; 260/2021, 26-3; Secc. 4ª, 620/2020, 2-12; 271/2021, 27-4, y las SSAP, Tarragona, Secc. 4ª, 368/2016, 24-10, y 259/2019, 7-6. No compartimos esta atipicidad de la perturbación posesoria clandestina o subrepticia, pues en última instancia lleva a un vaciamiento de la modalidad de ocupar *"sin autorización debida"*, reduciendo el delito de usurpación a la modalidad de mantenerse *"en contra de la voluntad del titular"*. Sería tanto como exigir al usurpador que pida primero permiso al titular, éste se lo niegue y luego ocupe el inmueble o se mantenga en él, cuando la realidad criminológica demuestra que la inmensa mayoría de las ocupaciones son precisamente clandestinas u ocultas al titular del bien. Según esta interpretación, sólo cuando el propietario tiene conocimiento de la ocupación y solicite que abandonen el inmueble (directamente a los ocupantes o acudiendo a las vías legalmente establecidas) es cuando se podría cometer el delito de usurpación. Hasta entonces nada habría sucedido con relevancia penal. Interpretar así el art. 245.2 CP produce un claro efecto criminógeno (ojos que no ven, corazón que no siente). La SAP, Cádiz, Sección 1ª, 36/2013, 29-1, llega a equiparar estos supuestos a *"la antañona figura del* ius usus innocui, *tan útil ahora que, en las grandes conurbaciones modernas, el viejo espigueo tras los segadores ha sido sustituido por esta suerte de «espigueo inmobiliario», en busca de espacios baldíos o edificios arruinados... que no entorpece realmente el ejercicio de facultades posesorias por el titular dominical"*.

Pero una cosa es exigir que la posesión sea real y efectiva para entender que se ha producido un injusto penal, lo cual cabe descartar en casos de inmuebles abandonados durante mucho tiempo o en estado ruinoso, y otra distinta es presumir que no se poseen efectivamente si estos se encuentran vacíos o en desuso. No se puede equiparar la ausencia de ejercicio de facultades dominicales con el abandono o con que el inmueble se convierta en una *res derelicta*. Es como si se dijese que quien lleva tiempo sin acceder a su cuenta de correo electrónico, no la posee actual y efectivamente y ha perdido por ello el secreto de las comunicaciones que la protege. En contra de este parecer de una utilización actual y efectiva de los inmuebles, entre otros, NAVARRO MASSIP/PERETE HORRACH, para quienes "*el delito de usurpación no exige como elemento de tipicidad que el propietario del bien inmueble venga ejerciendo un determinado uso o una especial relación con el inmueble más allá de su condición de titular*".

La SAP, Barcelona, Secc. 6ª, 479/2020, 15-10, afirma que *"sin datos concretos sobre actos posesorios, teniendo en cuenta el tiempo transcurrido entre que se tiene la titularidad de la propiedad y el que denuncian la ocupación, la ausencia de cualquier vestigio de que se haya realizado algún acto tendente o que evidencie el disfrute de la misma, como la puesta a la venta o alquiler, la falta de requerimiento formal de la propiedad a los ocupantes, lo cual afecta directamente a los elementos del delito, a lo que se suma el lapso de tiempo entre la adquisición de la titularidad y la actual denuncia, lo que contradice la inmediatez de la necesidad del denunciante, no puede llegarse a otra conclusión que la de revocar la sentencia y la absolución del recurrente"*. En términos parecidos también las SSAP, Barcelona, Secc. 6ª, 4/2020, 8-1; 305/2020, 30-6, y 450/2021, 21-6.

Desde un punto de vista civilista, la conclusión a que nos llevaría este planteamiento —exagerándolo— sería a vincular la posesión obligatoriamente con una detentación material o física del bien (la SAP Barcelona, Secc. 6ª, 224/2020, 7-4, llega a tener en cuenta que "*nunca se ha penetrado en la vivienda, desconociéndose el estado de la misma*"). Sin embargo, en la actualidad está fuera de toda duda que existe una relación posesoria aun cuando no haya un contacto material con la cosa. Como es sabido, en la evolución histórica de la posesión se observa un proceso de espiritualización que ha encontrado reflejo en el art. 438 de nuestro CC, cuando establece que "*la posesión se adquiere por la ocupación material de la cosa, animal o derecho poseído,* ***o por el hecho de quedar estos sujetos a la acción de nuestra voluntad...***". Por tanto, queda claro que hay posesión aun sin contacto material con la cosa. Pero entonces, ¿cuándo habría una auténtica relación posesoria? La tendencia actual en la doctrina civilista responde a esta pregunta remitiéndose a valoraciones sociológicas, tal y como ya hiciera hace más de un siglo IHERING.

Decía IHERING que "la existencia de la posesión es cuestión de pura experiencia, es una cuestión de la vida ordinaria. La cuestión de saber si se debe admitir una posesión se resuelve simplemente según la manera como el propietario tiene costumbre de tratar las cosas de la especie a que aquella se refiere. [...] La gran ventaja que presenta [esta concepción de la posesión] para los terceros [es] la facultad de reconocer la existencia de una relación posesoria. La cosa misma, por el estado en que se encuentra, anuncia su relación posesoria. Si este estado es *normal* para ella, toda persona que la encuentre debe decirse que esa relación local no descansa en el simple azar, sino en la intención, y que la cosa cumple precisamente en este estado su destino económico, que sirve al propietario. Si es *anormal* este estado para ella, verá de este modo que la cosa se haya *sustraída* al servicio del propietario, y que la relación de *propiedad* está *perturbada* de hecho. [...] La *visibilidad* o la *posibilidad concreta de reconocer* la posesión es de una importancia decisiva para su seguridad. Para el ladrón [y el okupa, añadiría yo] esta cualidad no tiene influencia alguna, mas para el hombre honrado es decisiva".

Por tanto, se puede decir que será la conciencia social la que ofrezca la pauta para juzgar si la relación entre una persona y una cosa constituye o no una relación posesoria, y con ello si se comete o no un injusto penal. En este sentido, HERNÁNDEZ GIL decía que la posesión no se vincula tanto con lo que una persona hace o está en condiciones de hacer, cuanto en la estimación que, en un determinado ámbito social y conforme a los criterios en él imperantes, merecen ciertas situaciones.

Desde este punto de vista, no parece razonable la SAP, Barcelona, Secc. 5ª, 331/2021, 4-5, que llega a considerar que *"la instalación de una alarma en la vivienda, únicamente resulta un indicio de que el titular de la posesión tiene la intención de excluir, a terceros, la entrada en la vivienda, pudiendo tener conocimiento así de forma casi inmediata de cualquier acto de intrusión en el bien, pero ello no denota efectivo ejercicio de su posesión"*. O las SSAP, Toledo, Secc. 1ª, 60/2021, 25-3 y 76/2021, 21-4, que consideran que no se cumplía esta intensidad lesiva propia del delito de usurpación en sendos casos en que el titular del derecho de propiedad eran unas mercantiles dedicadas a la promoción, gestión y desarrollo de todo tipo de operaciones inmobiliarias, ya que no poseían, en el sentido de utilizar y disfrutar los respectivos inmuebles. En cambio, la SAP, Toledo, Secc. 1ª, 190/2021, 3-11, considera que al pertenecer la vivienda a un particular, ser perfectamente habitable y contar o que puede contar con servicios básicos como electricidad y agua corriente, existe una posesión del propietario socialmente manifiesta, *"a diferencia de lo que no ocurre cuando el propietario es una persona jurídica"*. En sentido parecido, la SAP, Las Palmas, Secc. 1ª, 18/2020, 24-1, afirma que *"se hace difícil concretar cómo ha podido afectar [la ocupación] de manera concreta a la actual propiedad [la Sareb]"*, ya que, aunque es cierto que *"la ocupante accede cuando la vivienda está deshabitada y conoce que se trata de propiedad ajena"*, sin embargo, no ha habido prueba que *"acredite que se haya lesionado de forma inmediata, directa y grave el derecho a poseer"*, *"más allá* —dice— *de la mera molestia e incomodidad que la acreditada ocupación pudiera causar de manera eventual a la entidad propietaria"*.

En esa idea de delimitar la posesión en función de valoraciones sociológicas, la SAP, Madrid, Secc. 23ª, 5/2017, 9-1, afirma que *"El bien jurídico protegido por el delito de usurpación —la posesión del patrimonio inmobiliario— se ve afectado con la conducta de la ocupación ilícita aun siendo el titular de la finca un organismo como la Sareb, pues dentro de su derecho se encuentra la plena disposición de la vivienda con finalidad de compra, para lo cual es evidente que precisa estar libre de ocupantes. La experiencia pone de manifiesto que las entidades inmobiliarias tienen en su patrimonio una multiplicidad de fincas destinadas a la venta (más o menos dificultosa; esto es irrelevante) y no por ello ha de negarse el perjuicio que sufren si alguna o algunas de ellas son ocupadas ilícitamente con voluntad de permanencia. Por ello, la invocación del principio de mínima intervención, que en numerosas ocasiones hemos dicho que se dirige al legislador, ha de ceder ante el principio de legalidad, que es el que verdaderamente vincula a los miembros del Poder Judicial..."* (citada por la SAP, Madrid, Secc. 2ª, 122/2021, 4-3). Más clara aún, la SAP, Valencia, Secc. 5ª, 622/2017, 28-11, afirma que el concepto de abandono es un concepto social, una idea social, y que *"el hecho de que una empresa sea propietaria de un inmueble que lo tenga ocupado durante 4 años, no supone, sin más, la idea social de abandono. No consta así que la entidad propietaria hubiese dejado de contribuir a los gastos de comunidad —aunque el denunciado señala que acudió a hablar con el presidente de la comunidad y éste le informó que el piso era del banco y que hacía un año que no pagaba los gastos...—, o que se hubiese abstenido de cualquier reparación que exigiera la vivienda a través de requerimiento de la comunidad y que le hubiese llegado a conocimiento"*. También afirma que *"el hecho de que la titular del bien sea una empresa vinculada a la actividad bancaria no transforma la concepción del derecho de propiedad que asiste a toda persona, física o jurídica. La exposición [de hechos que se efectúa] podría, quizás, tener incidencia sobre el alcance de la lesión del bien jurídico protegido con la acreditación de que el inmueble se encuentra paralizado, fuera del mercado, sin pretensión de disposición razonable alguna por el propietario. [Pero] tal extremo no se ha acreditado en autos"*. No obstante, en este caso particular se revocó la previa condena, porque la defensa consiguió demostrar que se habían iniciado unos trámites para conseguir que la Sareb, a través de la gestión de Solvia, cediese la vivienda en alquiler social a los acusados, con lo que dejaría abierta la posibilidad de la pérdida de interés en mantener la reclamación posesoria de la vivienda por parte de la Sareb, al menos durante algún tiempo, aunque luego puede que se mantuviese en su posición inicial por circunstancias sobrevenidas o falta de cumplimiento de requisitos por parte de los interesados. No habría perjuicio para el patrimonio de la Sareb, porque no es que se negase absolutamente a ceder la casa bajo la fórmula de alquiler social. Por el contrario, parece que la entidad Sareb, por su propio quehacer (en la Sentencia se hace referencia a sus programas sociales), estaba abierta a que la vivienda en cuestión, incluso antes de la propia ocupación, se cediese a quien lo desease bajo la fórmula de alquiler social. *"Con los correos, el origen público de la entidad Sareb y la propia actividad social reconocida por Sareb y con posibilidad de gestión a través de Solvia, queda diluida la persistencia en la intención de Sareb de ejercer la posesión sobre la finca sin opción alguna a su cesión en alquiler social"*. En la SAP, Madrid, Secc. 29ª, 402/2021, 9-9, se alegó también que contaban con la autorización de la Sareb a través de la gestora Solvia, pero no se consideró como probado (no presentan contrato de alquiler y lo que presentan son unas fotocopias en blanco sin firmar, ni recibo de un supuesto pago de 1.200 € a una empleada de Solvia, no es creíble que se entregue suma tan elevada sin recibo ni tampoco que una entidad arriende la vivienda y no cobre nada más).

RAMÓN RIBAS ha delimitado también la relevancia penal de la perturbación posesoria en función de que se produzca "una *efectiva interferencia en el ejercicio actual o dinámico de los derechos posesorios del titular del edificio*", exigiendo demostrar "*que hay[a] un* antes y un después *de la ocupación, que la situación del inmueble, edificio o vivienda se ha[ya] visto sensiblemente modificada*". Para él "*la ocupación de un inmueble en situación de abandono, sobre el cual, por tanto, su titular no ejerce actual-*

mente, en ninguna medida, sus facultades de uso y disfrute, resultará atípica por falta de afección del bien jurídico protegido". No obstante, en cualquier momento el legítimo titular puede actualizar el ejercicio de su derecho real y solicitar el desalojo del inmueble ocupado, con lo que a partir de ese momento puede existir el delito de usurpación en la modalidad de mantenimiento en contra de la voluntad de su titular.

En este sentido de hacer frente a las conductas de ocupación más graves, que tengan una vocación de permanencia y de obstaculización del ejercicio actual en el uso y disfrute de los derechos reales sobre bienes inmuebles, es en el que resulta necesario acudir a la protección más intensa que dispensa el Ordenamiento Jurídico, como es la sanción penal. Por este motivo diríamos que dicho bien jurídico se ve necesitado de protección penal frente a esos ataques más graves, y no frente a otros menos graves. Para estos últimos sería suficiente con recurrir a la vía civil o a la vía administrativa.

Con respecto a la vía administrativa, cabe señalar que la LO 4/2015, de 30 de marzo, de Protección de la Seguridad Ciudadana —en adelante LOPSC— (*Tol 4788339*), en su art. 37.7, ha previsto como infracción de carácter leve: "*La ocupación de cualquier inmueble, vivienda o edificio ajenos, o la permanencia en ellos, en ambos casos contra la voluntad de su propietario, arrendatario o titular de otro derecho sobre el mismo, cuando no sean constitutivas de infracción penal*". Tal y como está previsto al final de su enunciado, esta infracción administrativa tiene carácter subsidiario con respeto al delito de usurpación de bienes inmuebles del art. 245.2 CP. Sólo si la ocupación no reviste carácter delictivo, la conducta podrá ser sancionada como infracción administrativa leve con una multa de 100 a 600 euros, según el art. 39 LOPSC.

En alguna ocasión se ha alegado ante los Tribunales que al ser posterior la LOPSC a la reforma del CP de 2015 y ser idénticas ambas infracciones en cuanto a la descripción de la acción típica, habría que entender tácitamente derogado el delito de usurpación del art. 245.2 CP. Sin embargo, como ha dicho la SAP, Granada, Secc. 1ª, 357/2017, 10-7, "*si bien [la reforma del CP por LO 1/2015] degrada la consideración como leve del delito de usurpación de bien inmueble… en ningún caso lo despenaliza, siendo otras normas de rango administrativo, como la Ley de Seguridad ciudadana, subsidiarias de la regulación penal y de ninguna manera incompatibles*". En el mismo sentido, entre otras, la SAP, Valencia, Secc. 5ª, 622/2017, 28-11.

Si desde un punto de vista gramatical no es posible diferenciar ambas infracciones, habrá que acudir a un criterio teleológico. La diferencia entre el ilícito penal y el ilícito administrativo hay que situarla en la gravedad del ataque al bien jurídico protegido, de tal manera que ocupaciones ocasionales, esporádicas o meramente simbólicas, no reunirán la lesividad y significación propias del ilícito penal y quedarán relegadas al ámbito administrativo. La SAP, Barcelona, Secc. 9ª, 410/2019, 17-7, cifra esa diferencia en la "*intensidad de la conducta (duración constatada de la ocupación y vocación de permanencia con carácter habitacional)*".

La STC 172/2020, 19-11 (*Tol 8227883*), ha declarado la constitucionalidad del art. 37.7 LO 4/2015 y señala que "*el bien jurídico tutelado, en estos casos, sería la seguridad ciudadana concretada en la protección del ejercicio de derechos reconocidos por el ordenamiento jurídico [art. 3 a) LOPSC] y, para el caso de personas jurídico-públicas, en la protección de los bienes de dominio público [art. 3 f) LOPSC]*".

Así pues, en atención a estos parámetros, la infracción administrativa tiene más bien un carácter residual a la hora de hacer frente al fenómeno de la usurpación de bienes inmuebles, siendo las vías principales la civil y la penal.

Por último, hay que decir que por razones preventivo-generales resulta necesario acudir al Derecho penal para evitar este tipo de ataques permanentes a los derechos posesorios sobre los bienes inmuebles ejercitados efectiva y actualmente. Pero, aun así, la sanción penal no está justificada si no es capaz de proteger verdaderamente tales derechos.

La utilidad de la intervención penal en este terreno estaría más que demostrada con tan solo imaginar la situación de absoluta impunidad, como antes se ha dicho. Ante una completa abolición de estas figuras delictivas, el fenómeno de la ocupación aumentaría hasta cifras totalmente inasumibles, y no hay quien descarta que sea esa la actual situación (NAVARRO MASSIP/PERETE HORRACH; también muy pesimista la SAP, Barcelona, Secc. 9ª, 361/2020, 7-9). Sin llegar a tanto, lo que sí resulta pertinente ahora es preguntarse si los medios disponibles para hacer frente al fenómeno delictivo de la ocupación son eficaces o no.

Para empezar, en aquellos casos en los que la usurpación pretenda hacerse sobre una morada, las Fuerzas y Cuerpos de Seguridad cuentan con mayores facultades para impedir su continuidad, que en los casos de usurpación propiamente dicha. No obstante, hay que destacar que el delito de allanamiento de morada es competencia del Tribunal del Jurado [art. 1 LO 5/1995, de 2 de mayo, del Tribunal del Jurado (*Tol 230925*)], lo cual no parece que sea lo más adecuado y conveniente. Con respecto al delito de usurpación, es preciso advertir que la LO 1/2015, de 30 de marzo, de reforma del CP, quizás como "*secuela colateral no pretendida*" (GONZÁLEZ RUS), convirtió la ocupación pacífica del apart. 2 del art. 245 CP en un delito leve, lo cual tiene consecuencias importantes no sólo a nivel punitivo, sino también a nivel procesal y policial, tal y como se expuso más arriba (*supra* I.1). Lo más adecuado sería que fuese una infracción menos grave (así lo propugnan las SSAP, Barcelona, Secc. 9ª, 340/2020, 31-7; 361/2020, 7-9), bastando para ello que el mínimo previsto se incrementase en un día. Lo mismo cabría decir de los arts. 246.1 y 247.1 CP.

II. OCUPACIÓN DE BIENES INMUEBLES

Es opinión mayoritaria, tanto en Doctrina como en Jurisprudencia, que el art. 245.1 CP castiga la ocupación violenta, mientras que el apart. 2 la pacífica. A menudo se denomina a la primera usurpación propia y a la segunda usurpación impropia. Sin embargo, no compartimos esta terminología, porque da la impresión como si la modalidad del art. 245.2 CP se la considerase como una ocupación sin serlo. Lo cierto es que ambas son usurpaciones propiamente dichas.

La opinión de BAUCELLS I LLADÓS de diferenciar las dos modalidades de ocupación de bienes inmuebles en función del objeto material nos parece adecuada, aunque con algunos matices. Él dice que el art. 245.2 CP es un tipo privilegiado respecto del art. 245.1 CP y que la única diferencia entre ambos estriba en que los bienes inmuebles del tipo privilegiado son los que no han estado ocupados nunca o los que están definitivamente abandonados, porque en estos casos no se afectaría a ninguna función económica o social del patrimonio. Podemos admitir una diferencia entre ambos apartados en función del objeto material, como luego se verá, pero entendemos que estamos ante dos tipos autónomos, que tienen en común algunos elementos, pero que en otros aspectos se diferencian. Concretamente, no compartimos la opinión del citado autor de que ambos tipos sean modalidades de ocupación violenta o intimidatoria. Parece fuera de toda duda que la Ley comprende igualmente la ocupación pacífica en el art. 245.2 CP. Gramaticalmente salta a la vista que el citado precepto no recoge expresamente la violencia o intimidación. Históricamente es cierto que la tradición de los Códigos Penales españoles ha sido la de castigar sólo la ocupación violenta (salvo los CCPP de 1848 y de 1928), sin embargo, si ahora el CP/1995 no lo prevé expresamente será porque quiere cambiar con respecto a la Legislación anterior. Aunque la parca Exposición de Motivos del CP nada dice sobre el tema, la mayoría de la Doctrina y de la Jurisprudencia considera que ha sido inequívoca voluntad del Legislador dar una respuesta punitiva al fenómeno de los "okupas" (*squatters* en inglés; *Hausbesetzer* en alemán; "paracaidistas" en México).

Cuestión distinta es que se haga una interpretación restrictiva de otros elementos del tipo (particularmente del objeto material), para tratar de adecuar la regulación a principios básicos del Derecho penal moderno (principio de intervención mínima) y delimitar el ilícito penal respecto del ilícito civil.

Así, la Jurisprudencia ha tratado de restringir el ámbito de aplicación de la ocupación pacífica de bienes inmuebles y ha desarrollado un cuerpo de doctrina, del cual serían expresivas, entre otras, las SSAP, Sevilla, Secc. 1ª, 439/2003, 30-10; Sevilla, Secc. 1ª, 396/2004, 17-9, Málaga, Secc. 2ª, 16/2007, 2-1 (*Tol 1243835*), y Albacete, Secc. 1ª, 81/2010, 4-6 (*Tol 1909113*), según las cuales:

"*1.– No puede reputarse punible cualquier perturbación de la posesión, incluso aquéllas que se desarrollen bajo la forma de ocupación, sino sólo las ocupaciones que supongan un riesgo para el bien jurídico protegido de la posesión por el titular (SSAP Cádiz, Sec. 8ª, 6/10/2000; AP Las Palmas, Sec. 1ª, 13/10/2000). Conforme a ello, la ocupación punible sólo sería aquélla en que el ocupante tiene la intención evidente de ejercer derechos posesorios sobre el inmueble ocupado (SAP Burgos, Sec 1ª, 17/1/2000; SAP Córdoba, Sec 1ª, 9/10/2000), lo que se puede poner de manifiesto con la permanencia en la vivienda ocupada (Córdoba, S. cit.).*

2.– Conforme a este criterio, no serían punibles las ocupaciones de fincas abandonadas (Las Palmas, S. cit.), ni aquéllas en las que no exista una posesión "socialmente manifiesta" (Las Palmas, S. cit.); el mismo espíritu se deja ver en la Sentencia de la AP Madrid, Sec. 5ª de 9/10/2000.

3.– Del mismo modo, tampoco serían punibles con arreglo a este tipo penal las ocupaciones temporales, transitorias u ocasionales, como pueden ser las meras entradas para dormir [SAP Málaga, Sec. 2ª, 9/10/2000 (Tol 1172692), en las que se citan, en el mismo sentido las SSAP Palma de Mallorca 29/10/97; SSAP Zaragoza de 13/7/98, 28/10/98 y 12/6/99; SAP Gerona, 3/5/99 y SAP Segovia 29/10/98], sino que sería necesaria la permanencia en la habitabilidad jurídica de la finca y un requerimiento para que cese (SAP Zaragoza, 16/6/2000). En el mismo sentido, la SAP Granada, Secc. 1ª de 29/5/2000 entiende que el hecho punible ha de consistir en un apoderamiento físico del inmueble, que ocasione una desposesión continuada, permanente y estable en el tiempo del titular. En contra, entendiendo incluidas también ocupaciones ocasionales, SAP Guipúzcoa, Sec. 3ª, 6/6/2000)".

1. Tipo objetivo

1.1. Conducta típica: ocupar, usurpar y mantenerse

1.1.1. Ocupar y usurpar: conductas equivalentes

En Derecho civil (art. 610 CC) la ocupación es un modo de adquirir la propiedad y recae sobre cosas que no tienen dueño o que han sido abandonadas. Por tal se puede entender, en sentido civil, "*la adquisición del dominio por la aprehensión material o por la sujeción al señorío de la voluntad del ocupante de las cosas que el ordenamiento jurídico considera susceptibles de ella*" (DÍEZ PICAZO). Sin embargo, para el delito contemplado en el art. 245 CP este concepto de ocupación no resulta válido. Primero, porque se exige que las cosas inmuebles o los derechos reales inmobiliarios sean de pertenencia ajena, por lo que tienen dueño, no siendo, por tanto, ni *res nullius*, ni *res derelictæ*, ni *res comunis omnium.* Y segundo, porque la ocupación se tiene que realizar sin la autorización del titular del inmueble o del derecho inmobiliario.

La SAP, Murcia, Secc. 3ª, 274/2015, 17-6, por el contrario, interpreta la modalidad de *"ocupar"* como equivalente al *"concepto heredado de la doctrina civilista que lo considera como uno de los modos de adquirir la propiedad, integrándose éste por la toma de posesión de una cosa concreta con intención de haberla como propia".*

A efectos penales por "*ocupar*" hay que entender lo mismo que usurpar, pues son conductas equivalentes, siendo válidas las acepciones vulgares de estos términos. Según el DRAE, ocupar significa "*tomar posesión o apoderarse de un territorio, de un lugar, de un edificio, etc., invadiéndolo o instalándose en él*" y usurpar "*apoderarse de una propiedad o de un derecho que legítimamente pertenece a otro, por lo general con violencia*". Ambas expresiones equivalen, por tanto, a despojar de tales bienes o derechos al titular, refiriéndose la ocupación a los inmuebles y la usurpación a los derechos reales al no ser posible en estos últimos su ocupación material (RODRÍGUEZ DEVESA). En definitiva, la conducta consistiría en el hecho efectivo de disfrutar del inmueble o derecho real como si fuera su titular y de excluir a su legítimo poseedor.

Por otra parte, la ausencia de la expresión "*usurpar*" en el art. 245.2 CP no supone su exclusión, pues se trata de una acción incluida en la de "*ocupar*", como hemos dicho.

BAUCELLS I LLADÓS considera que se tipifica la acción de desposeer físicamente al propietario (ocupar) o titular del derecho real (usurpar) de su vinculación fáctica con el bien inmueble para subrogarse en su posición jurídica. HUERTA TOCILDO, en cambio, distingue entre usurpar y ocupar. Usurpar significaría atribuirse la titularidad de un derecho real sobre un inmueble, en tanto que ocupar no implicaría sino una mera perturbación en tenencia del inmueble, esto es, en su uso o disfrute, pero sin necesidad de que concurra un ánimo de poseer la cosa como propia. Según esta autora el delito estaría previendo, al menos en términos puramente objetivos y sin entrar a valorar el tipo subjetivo, no sólo una ocupación usurpatoria, sino también una ocupación sin usurpación, perfectamente posible en la práctica. Sin embargo, no compartimos esta opinión, pues, en efecto, el tipo subjetivo de ambas modalidades está constituido por una voluntad de apropiación, sin que meras ocupaciones temporales o de uso puedan considerarse como típicas, como entrar en un inmueble a dormir (por ejemplo, SAP, Barcelona, Secc. 6ª, 4-11-2002) o a guarecerse. Por ejemplo, la STS 4-10-1982 consideró que "*si la conducta del acusado consistió en la simple entrada en la finca con el único propósito de recoger la cosecha que el inmueble había producido no se incurre en la infracción*".

1.1.2. Carácter permanente

Definida así la ocupación, hay que deducir cierta permanencia en ella (BAUCELLS I LLADÓS, GONZÁLEZ RUS, SALOM ESCRIBÁ, SERRANO-PIEDECASAS FERNÁNDEZ, entre otros). La STS 800/2014, 12-11 (caso SAT) (*Tol 4587163*), destaca como primer elemento del delito del art. 245.2 CP precisamente el que la ocupación sea realizada con cierta "*vocación de permanencia*".

A diferencia de lo que acontece en otros delitos, como las detenciones ilegales (encerrar o detener) o el allanamiento de morada (entrar), en los que el bien jurídico resulta lesionado aunque el sujeto pretenda simplemente una duración momentánea de la conducta lesiva, en cambio, en la usurpación el sujeto lo que pretende es que la situación tenga cierta continuidad; pretende, como se ha dicho, subrogarse en la posición de su titular, pero no por un instante, sino por un período de tiempo más o menos prolongado. Algo similar a lo que se exige en el delito de usurpación de estado civil (art. 401 CP), el cual precisa también de esa vocación de permanencia. En este sentido el delito de usurpación es un **delito necesariamente permanente**, a diferencia de los otros mencionados, que serían eventualmente permanentes (en cambio, lo consideran eventualmente permanente, entre otros, QUINTERO OLIVARES, o la SAP, Barcelona, Secc. 5ª, 16-1-2003).

JIMÉNEZ PARÍS destaca que el art. 241 de la PANCP/1983 preveía como conductas típicas el «*penetrar* u ocupar, o mantenerse», pero en los sucesivos trabajos legislativos se prescindió del verbo penetrar (así como del sustantivo «habitáculo»), lo que parece apuntar, según MANZANARES SAMANIEGO, a la exigencia de un cierto comportamiento temporal en la acción.

La SAP, Murcia, Secc. 3ª, 274/2015, 17-6, califica la primera modalidad de conducta (ocupar sin autorización debida) como un delito instantáneo, y la segunda (mantenerse en contra de la voluntad del titular) como permanente.

El carácter permanente de este delito tiene consecuencias a efectos de *ley aplicable en el tiempo* (por ejemplo, menor que alcanza la mayoría de edad durante la ocupación o una ocupación inicialmente pacífica pero que luego deviene violenta después de la entrada en vigor de la LO 5/2010), de *prescripción* (mientras no cese el menoscabo del bien jurídico no empieza a correr el plazo de prescripción —así la STS 373/2023, 18-5, según la cual "el delito se está cometiendo, en nuestro caso, mientras la ocupación persiste", y, en consecuencia, "el cómputo de la prescripción no comienza hasta que no se elimine la situación ilícita"—, aunque la responsabilidad penal se podría extinguir por una paralización de más de un año del procedimiento penal, según los arts. 131.1 y 132.2 CP —no fue el caso juzgado en la SAP, Madrid, Secc. 29ª, 133/2017, 16-3, en que se alegó este motivo en el recurso de apelación— o también se extinguiría con la usucapión del bien por el transcurso de 30 años de ocupación —art. 1.959 CC), de *autoría y participación* (mientras se esté consumando cabe cualquier forma de participación punible en la usurpación), de *antijuridicidad y justificación* (puede que la ocupación esté justificada inicialmente para hacer frente a una imperiosa situación de necesidad, pero que esa necesidad no perdure a lo largo del tiempo; o puede que inicialmente se ocupe sin autorización, pero luego el titular la consienta), o de *error* (puede que inicialmente alguien considere que cuenta con la autorización del propietario para ocupar el inmueble, y sin embargo, tras salir de su error, persiste en la ocupación, cometiendo la conducta de «*mantenerse en contra de la voluntad de su titular*»).

También es un **delito de resultado** (así MUÑOZ CONDE; en contra SERRANO-PIEDECASAS FERNÁNDEZ), lo cual permite tanto formas de comisión activas, que son las habituales, como omisivas (como podría ser, por ejemplo, el caso del vigilante de seguridad que no hace nada por impedir la ocupación del inmueble). En estos últimos casos, se podría imputar una usurpación en comisión por omisión, siempre y cuando —claro— se diesen todos los requisitos del art. 11 CP. El resultado consistiría en la obstaculización o perturbación en el uso y disfrute del bien inmueble por parte de su titular, que es algo diferente y separable de la propia acción de ocupar el inmueble o de mantenerse en él. Dicho en términos gráficos: dos personas no pueden estar en el mismo sitio a la vez, una ocupa el inmueble y la otra queda fuera.

No obstante, que el autor consiga mantenerse más o menos tiempo ocupando el inmueble o usurpando el derecho real inmobiliario, no influye en la consumación del delito [no obstante, la SAP, Madrid, Secc. 15ª, 19/2010, 27-1 *(Tol 1817380)*, exigió que la ocupación tuviese cierta duración y absolvió en virtud del principio de insignificancia si se estuvo poco tiempo en el interior del inmueble: "*es claro que la lesión del bien jurídico ha sido insignificante*"; expresamente en contra de esta argumentación, entre otras, la SAP, Málaga, Secc. 9ª, 335/2013, 12-6], pues para la misma basta con el despojo y toma de posesión efectiva de los bienes inmuebles o derechos reales inmobiliarios, aunque eso sí, dicho despojo debe hacerse con una intención de permanecer en tal situación [la SAP, Murcia, Secc. 3ª, 274/2015, 17-6, considera, *in dubio pro reo*, que la simple y breve duración de la entrada no permite deducir racionalmente una verdadera intención de permanecer de manera estable en el inmueble; fue tan rápida la intervención policial, que nada más acceder al inmueble fueron detenidos; en un caso parecido, en que la policía intervino a las 4 o 5 horas de la ocupación, la SAP, Málaga, Secc. 9ª, 335/2013, 12-6, no absolvió, porque dedujo la voluntad de permanecer en la vivienda del hecho de haber cambiado la cerradura, de haber indagado sobre la titularidad y de haber reconocido tanto en sede policial como en fase de instrucción que su intención era vivir allí]. Para BAUCELLS I LLADÓS la permanencia no puede entenderse simplemente como un dato cuantitativo, que pudiera fijarse a través de un determinado número de días o meses, sino que lo fundamental será el dato cualitativo del propósito del autor.

El requisito de la intención de permanecer en la ocupación es una condición admitida generalmente por la Jurisprudencia. La SAP, Asturias, Secc. 2ª, 451/1998, 2-7 afirma que *"si la voluntad del ocupante no engloba una decidida intención de contrariar la legitima posesión del titular inmobiliario, sino que se limita a procurarse una utilización o aprovechamiento pasajeros, transitorios u ocasionales, su conducta no puede entenderse subsumida"* en dicha figura delictiva. O la SAP, Málaga, Secc. 2ª, 442/2009, 16-9 (con ulteriores referencias) afirma que la ocupación debe hacerse con vocación de permanencia y, con ello, desposeer al titular del inmueble de modo continuo y estable. La SAP, Málaga, Secc. 2ª, 442/2009, 16-9, condenó a una persona que sólo se mantuvo unas horas en el inmueble, pero el tribunal pudo inferir de una serie de circunstancias (como barrer la basura y querer buscar trabajo, para lo que necesitaba un lugar en que residir) la voluntad de habilitar el lugar para establecerse. La SAP, Guipúzcoa, Secc. 3ª, 97/2021, 31-3, pudo también inferir la vocación de permanencia y la permanencia misma en *"la realización de los trabajos de acondicionamiento del inmueble en orden a habitarlo unida a la presencia de las [acusadas] en el inmueble en los momentos temporales reseñados"*. El ATS 781/2016, 14-4, dedujo una vocación de permanencia en el hecho de introducir muebles (colchones, estanterías) y enseres (ropa, comida) para instalarse y vivir indefinidamente en la vivienda.

En cambio, la SAP, Barcelona, Secc. 3ª, 13-2-2001 dice que *"la permanencia en el disfrute de la vivienda [no] es un requisito exigido por el tipo penal, el cual sólo exige la ocupación sin autorización debida… la intención de permanencia pertenece a la fase de agotamiento del delito"*.

1.1.3. Mantenerse

De la misma manera que en el allanamiento de morada no sólo se castiga la entrada ilegítima en ésta, sino también el mantenimiento en ella en contra de la voluntad del morador, en la usurpación también sucede así. Aunque la conducta sólo aparece expresamente en el apart. 2 del art. 245 CP, nada impide incluirla igualmente en el apart. 1. Dado el carácter permanente que hemos observado en la conducta de ocupar, ésta necesariamente implica también el mantenerse.

Mantenerse no deja de ser una forma de ocupar o usurpar el bien inmueble o derecho real inmobiliario, o, mejor dicho, quien ocupa lo hace para mantenerse en el uso y disfrute de la cosa.

Así pues, mantenerse hace referencia a quien habiendo entrado en el bien inmueble sin oposición o con permiso de su legítimo titular, pero no para quedarse, permanece en él una vez es requerido por éste para que lo abandone. Lo importante es que el titular del inmueble o derecho se opone a dicha ocupación, que puede surgir desde un principio (ocupar o usurpar), o después (mantenerse).

La SAP, Guipúzcoa, Secc. 3ª, 199/2021, 30-7 (*Tol 8671411*), considera que incurre en esta modalidad "*aquél que con conocimiento de la voluntad contraria de su propietario usa y disfruta de un inmueble que está ya ocupado previamente por terceros, sin haber intervenido en la ocupación o toma de posesión inicial. O aquél que habiendo procedido a una inicial ocupación no dolosa, piénsese en el caso del acceso permitido por quien el ocupante considera titular no siéndolo, sin embargo tras conocer de la voluntad contraria del legítimo titular continua en el uso y disfrute*".

En cambio, quien es desahuciado por falta de pago de rentas y llega a ejecutarse el lanzamiento, si luego vuelve a la vivienda no puede decirse que se haya mantenido, ni mucho menos que se trate de un conflicto que deba resolverse (otra vez) en la vía civil. Sería una ocupación en contra de la voluntad del titular [supuesto como el juzgado en la SAP, León, Secc. 3ª, 126/2021, 19-3 (*Tol 8439763*), en que tras el lanzamiento volvió y cambió la cerradura]. En casos como este, quizás sería conveniente solicitar por la acusación la imposición de la pena de prohibición de acudir a determinados lugares del art. 48.1 CP como accesoria, al amparo de lo dispuesto en el art. 57.3 CP.

1.2. Objeto material

1.2.1. Bien inmueble, viviendas y edificios

Existe una diferencia en cuanto al objeto material entre el apart. 1 y el 2 del art. 245 CP. Por de pronto en el segundo no se mencionan los derechos reales inmobiliarios, por lo que la usurpación pacífica de estos hay que entenderla atípica. Pero también se diferencian en cuanto que el apart. 2 exige que el "*inmueble, vivienda o edificio*" "*no constituyan morada*". Esto no significa que en el apart. 1 tengan que constituir morada, sino que pueden serlo, cosa que en el apart. 2 estaría vetado expresamente.

La SAP, Madrid, Secc. 17ª, 270/2007, 12-3 (*Tol 1091128*), entre otras, hace la siguiente distinción al respecto: "*a) El allanamiento de morada, sin propósito expropiativo, se tipifica y castiga en el artículo 202 del Código Penal, como un delito contra la inviolabilidad de domicilio. b) La ocupación expropiativa violenta o intimidativa de un bien inmueble o de un derecho real inmobiliario se tipifica y sanciona como delito contra la propiedad en el apartado 1 del artículo 245, en concurso ideal con el anterior, si se tratase de una morada ajena. c) La ocupación no violenta de un bien inmueble que no constituya morada, cualquiera que sea su finalidad, se tipifica y castiga por el artículo 245.2 como un delito contra la pacífica posesión de aquél".*

Por tanto, la ocupación violenta o intimidatoria de bienes inmuebles puede tener por objeto, tanto viviendas que constituyan morada, tal y como se concibe en el delito de allanamiento de morada (arts. 202 ss. CP), como inmuebles que no constituyan morada.

La SAP, Las Palmas, Secc. 2ª, 429/2018, 14-11 (*Tol 809481*), absolvió del delito de allanamiento de morada, porque el Jurado excluyó la condición de moradores a las víctimas, y, pese a que se declaró probado que los acusados accedieron a la vivienda con intimidación para vivir en ella, no pudo condenar por el delito de usurpación, por respeto al principio acusatorio, ya que el Tribunal entiende, con buen criterio, que el allanamiento de morada y la usurpación no son delitos homogéneos.

Obviamente hay que recordar que debe tratarse de bienes inmuebles, por lo que las tiendas de campaña, roulottes, chabolas, casas prefabricadas, aunque puedan ser utilizadas como viviendas, al ser bienes muebles no son objetos materiales idóneos del delito del art. 245 CP y su "usurpación" habría que reconducirla a las figuras de hurto o robo, teniendo en cuenta que el hurto de uso (por ejemplo, para dormir o para guarecerse del tiempo) en estos casos sería también atípico.

En cambio, la ocupación pacífica de inmuebles, viviendas o edificios no puede tener por objeto la morada de alguien (por ejemplo, la SAP, Madrid, Secc. 1ª, 189/2020, 26-5, absuelve a la acusada que entró en el domicilio de la víctima mediante la realización de un butrón desde su propio domicilio; podría ser delito de allanamiento de morada o de daños, pero no fue posible la condena por estos delitos por exigencias del principio acusatorio), descartando, por tanto, los inmuebles habitados, las segundas viviendas, así como las dependencias unidas a todos estos. Los domicilios de personas jurídicas y los establecimientos mercantiles abiertos al público, al no considerarse morada, entrarían dentro del ámbito típico de la ocupación pacífica del art. 245.2 CP. En conclusión, el ataque patrimonial sobre inmuebles constitutivos de morada, dejando al margen el allanamiento, sólo tendría la posibilidad de la protección por vía civil, salvo que concurriese violencia o intimidación o que la conducta fuese subsumible en el art. 246 CP (*infra* III).

Entre los inmuebles que pueden ser objeto material tampoco hay por qué restringir su ámbito exclusivamente a viviendas o edificios, siendo éstos simplemente especies del género inmuebles. Así, por ejemplo, la SAP, Madrid, Secc. 6ª, 225/2014, 11-4, condenó por usurpación al ocupar ilícitamente unos terrenos para ubicar ahí unos vertederos de residuos de construcción y demolición; también relativa a un vertedero incontrolado, que llegó a ocupar 5 hectáreas con una altura de 5 metros, la STS 373/2023, 18-5, condenó a uno de los acusados;

o las SSAP, Barcelona, Secc. 8ª, 26-9-2001, y Valladolid, Secc. 4ª, 195/2003, 25-3, entre otras, han considerado que el art. 245.2 CP también puede ser aplicable respecto de las plazas de aparcamiento. No obstante, hay que decir que tiene que haber una clara delimitación del espacio de cada plaza, para que quede constatada sin dudas dicha ocupación (AAP, Madrid, Secc. 16ª, 818/2009, 13-10) y que además no se trate de una simple ocupación temporal u ocasional (SSAP, Sevilla, Secc. 4ª, 207/2004, 29-3, y Navarra, Secc. 1ª, 63/2021, 16-3).

Por ejemplo, la SAP, Madrid, Secc. 6ª, 427/2000, 20-10 consideró que el art. 245.2 CP se refiere a viviendas o edificios "*desocupados, vacíos o abandonados*", por lo que no condenó por usurpación a quien se mantuvo en una vivienda cuando el alquiler había concluido. En cambio, en un caso parecido, la SAP, Islas Baleares, Secc. 1ª, 5/2010, 12-1 (*Tol 1829261*), no vio ningún inconveniente en condenar, y, es más, entre la responsabilidad civil incluyó el lucro cesante por no haber podido alquilar el piso durante los meses que estuvo ocupado.

En nuestra opinión, lo decisivo no es si los inmuebles están desocupados o vacíos, sino si existe una relación posesoria socialmente manifiesta (*supra* I.2.3.), o si, por el contrario, se encuentran abandonados, en estado ruinoso, o que de que de algún otro modo se pueda entender que el bien ha quedado a merced de quien quiera ocuparlo. En estos casos puede excluirse la antijuridicidad de la conducta. Por ejemplo, la SAP, Barcelona, Secc. 21ª, 92/2015, 26-3, que revoca la condena y absuelve, porque "*no existe usurpación penal en el supuesto de autos desde el momento en que el inmueble no sólo está en estado ruinoso, sino respecto al que además la propia Administración ha privado previamente de la posesión material a la denunciante*"; o la SAP, Tenerife, Secc. 2ª, 348/2019, 30-10, que revocó también la condena y absolvió, porque "*conforme a la documentación obrante en la causa y la pericia practicada el estado ruinoso del edificio es absoluto de tal manera que sería procedente su declaración de ruina y demolición, ya que se afirma que incluso constituye un peligro para la integridad física de las personas que pudieran encontrarse en su interior. La norma penal sólo puede proteger la propiedad conforme a su función social, tal y como exige el artículo 33.2 de la Constitución y esa protección no puede alcanzar a los supuestos ruinosos...*". Y es que "*El estado de abandono de la obra ruinosa conlleva que su uso por terceros conlleve una afectación al derecho posesorio de escasa trascendencia en la medida en que su titular ni lo ejerce ni está en condiciones de ejercerlo al perder el bien ruinoso su capacidad de uso conforme al fin predeterminado... En tal supuesto la sanción de las ocupaciones ilícitas deberá resolverse a través de los trámites administrativos de la obra ruinosa o de la jurisdicción civil mediante el precario*". En casos de inmuebles abandonados, la SAP, Barcelona, Secc. 7ª, 441/2021, 8-6, le parece más plausible hablar de "*ausencia de voluntad contraria a la ocupación, si es que el estado de deterioro permite la entrada [...], bien de incumplimiento de la condición de 'inmueble' si estamos ante unas meras ruinas*".

Dice la SAP, Madrid, Secc. 30ª, 331/2018, 31-5, a este respecto, que "*el hecho de que el inmueble estuviera en desuso no implica un abandono de las facultades de la propiedad que excluya la tipicidad penal de los hechos. El local [una antigua discoteca] se encontraba cerrado y los propietarios respondían a los requerimientos municipales, además de haber reaccionado a la primera ocupación. No se trata de un inmueble destinado a vivienda, al que sería exigible un destino conforme a su finalidad social, sino un local de negocio, que por razones que no vienen al caso, permanecía cerrado y no accesible para terceros hasta que lo ocuparon los acusados*".

No obstante, la Jurisprudencia, en atención al principio de intervención mínima del Derecho penal y también al contenido constitucional del derecho de propiedad [véanse, por ejemplo, las SSTC 37/1987, 26-3 (*Tol 79746*); 204/2004, 18-11 (*Tol 516654*) —sobre la atribución al Estado de los saldos de cuentas corrientes inoperativas, contenida en la Ley General Presupuestaria—; 112/2006, 5-4 —sobre la declaración de interés general de determinados acontecimientos deportivos contenida en la Ley 21/1997, de 3 de julio—, o la 93/2015, 14-5 —sobre la obligación de destinar de forma efectiva las viviendas andaluzas a uso habitacional contenida en diversos preceptos del Decreto-Ley 6/2013, de 9 de abril, luego convalidado y tramitado como proyecto de reforma de la Ley andaluza 1/2010, de 8 de marzo], señalan que este derecho constitucional *"se configura y protege, ciertamente, como un haz de facultades individuales sobre las cosas, pero también, y al mismo tiempo, como un conjunto de deberes y obligaciones establecidos, de acuerdo con las Leyes, en atención a valores o intereses de la colectividad, es decir, a la finalidad o utilidad social que cada categoría de bienes objeto de dominio esté llamada a cumplir"*, y por tanto, "*la fijación del contenido esencial de la propiedad privada no puede hacerse desde la exclusiva consideración subjetiva del derecho o de los intereses individuales que a éste subyacen, sino que debe incluir igualmente la necesaria referencia a la función social, entendida no como mero límite externo a su definición o ejercicio, sino como parte integrante del derecho mismo*"; igualmente véase la STC 16/2021, 28-1 (*Tol 8310392*), que declaró la nulidad parcial de diversos preceptos de dos Decretos-leyes del Gobierno de la Generalitat de Cataluña que tipificaban como supuesto de incumplimiento de la función social de la propiedad de la vivienda su desocupación permanente y establecían medidas coactivas para su cumplimiento; y también la STC 9/2023, 22-2 (*Tol 9440831*), que admitió la suspensión durante el estado de alarma por el Covid-19 del lanzamiento de la vivienda ocupada ilegalmente por personas económicamente vulnerables], realiza además una interpretación restrictiva del objeto material para la ocupación pacífica, en cuanto que el "*inmueble, vivienda o edificio*" se tiene que estar utilizando efectivamente o tiene que existir la posibilidad de utilizarlo, ya que si no, no se puede entender que se haya lesionado el bien jurídico protegido. Conforme a ello, también se ha negado la tipicidad de la ocupación pacífica de edificios que no reunían unas condiciones mínimas de habitabilidad, pero ello no excluye a los inmuebles que se encuentren vacíos o desocupados durante más o menos tiempo; más bien lo que hay que ver es si el inmueble está abandonado o en ruinas.

> "*La posesión protegida en el orden penal* —dicen, entre otras, las SSAP, Barcelona, Secc. 5ª, 16-1-2003; Madrid, Secc. 17ª, 270/2007, 12-3 (*Tol 1091128*)— *es la que se goza y disfruta de forma efectiva, no sólo porque la que no se disfruta efectivamente ya tiene protección en el ordenamiento civil mediante el ejercicio de las correspondientes acciones posesorias y reivindicatorias, sino porque el derecho penal, a nuestro entender, no debe proteger la posesión que no se ejerza obteniendo una utilidad individual (de acuerdo con el Tribunal Constitucional —por ejemplo la STC núm. 37/1987, de 26 de marzo de 1987— ésta configura el contenido esencial de la propiedad privada desde*

una perspectiva subjetiva) y ello con independencia de que los motivos de la falta de utilización del bien no sean imputables a la propiedad". Y concluye: *"A nuestro juicio —lo que no es pacífico— el repetido tipo penal no es una infracción de riesgo, sino de lesión al bien jurídico protegido, según hemos ya delimitado, protegiéndose penalmente al poseedor que goce y disfrute efectivamente del bien, lo utilice, en cualquier concepto, alcanzando tal protección también a aquellas situaciones posesorias que aunque de forma transitoria no impliquen utilización del bien tengan una tal vocación que se deducirá de la adopción por el poseedor de las medidas adecuadas para dar efectividad a su utilización"*. Conforme a esta Jurisprudencia, la SAP, Barcelona, Secc. 5ª, 691/2021, 15-10, revocó una condena por usurpación, porque *"no se conocen actos de posesión material por parte de la propiedad que comporten goce y disfrute del bien, de modo que revelen una posesión actual y efectiva"*, pues *"la simple aportación de un título de propiedad no constituye un signo de posesión actual y efectivo por parte del titular"*, y *"el resto de la prueba practicada no avala que la propiedad pretendiera tomar efectiva posesión del inmueble disfrutándolo por sí misma u ofreciéndolo en venta o alquiler"*. En el caso concreto, se concluye que el inmueble se hallaba desocupado desde su adquisición por parte de G.-M. REO II, S.L. en el año 2018 y la propiedad no ha desarrollado una efectiva posesión del inmueble, sino que simplemente lo ha mantenido cerrado, sin destinarlo a uso propio o a uso ajeno, mediante su arrendamiento o venta. En términos parecidos, la SSAP, Barcelona, Secc. 5ª, 338/2019, 20-5, o Málaga, Secc. 2ª, 3/2021, 14-1, que revocó una previa condena, porque *"la titular del inmueble se trata de una entidad jurídica dedicada a la comercialización de inmuebles destinándolos a la venta o alquiler sin que conste que la finca y en concreto la vivienda constituyera morada de persona alguna"*; tampoco *"consta si desde la fecha de adquisición, la misma haya estado arrendada o haya sido utilizada con algún acto de posesión efectiva por parte del titular, por lo que el derecho posesorio alegado no tiene cabida dentro del ámbito de protección penal* [...], *sin perjuicio de sus derechos ante la jurisdicción civil por la vía interdictal"*. También la SAP, Las Palmas, Secc. 1ª, 130/2020, 20-5, entiende que *"no se lesiona la posesión inmediata de la entidad bancaria denunciante, pues cuando la vivienda fue ocupada por el denunciado la misma estaba deshabitada y su destino era la venta"*.

Por su parte, la SAP, Málaga, Secc. 2ª, 442/2009, 16-9, señala que no es solamente el hecho de la ocupación del inmueble lo que debe valorarse, sino las condiciones en que se halla dicho inmueble. Es por ello por lo que *"deben quedar excluidos de la protección penal los inmuebles que no están en condiciones de ser habitados"* y, en definitiva, aquellos supuestos en que por el estado del inmueble no es posible el ejercicio de las facultades inherentes a dicho derecho [también la SAP, Barcelona, Secc. 10ª, 28-12-2006 (*Tol 1092314*)]. La SAP, Barcelona, Secc. 7ª, 125/2010, 4-2 (*Tol 1830412*), entre otras, considera que *"no son punibles las ocupaciones de fincas abandonadas, ni aquéllas en las que no exista una posesión socialmente manifiesta"*. La SAP, Toledo, Secc. 1ª, 87/2011, 3-11, revocó una condena, porque la vivienda ocupada formaba parte de una industria que estaba abandonada, y en casos como este, *"no puede darse la protección penal cuando no existe un derecho de real e inminente ejercicio, esto es, no puede decirse que existe el delito del art. 245 desde el momento en que de modo inmediato no se va a presentar el titular de la vivienda, o quien ostente un derecho de uso, con el fin de ejercitarlo, es decir, ocupar la vivienda"*.

No obstante, que se exija una posesión efectiva y socialmente manifiesta del inmueble no necesariamente implica que se tenga que estar utilizando en esos momentos (sea habitándolo, sea poniéndolo a la venta o alquilándolo, o sea dándole algún uso), sino que bastaría con que exista la posibilidad de utilizarlo. Es más, *"conviene recordar* —dice la SAP, Valencia, Secc. 5ª, 622/2017, 28-11— *que el bien jurídico protegido no es solo la posesión sino la propiedad, y por tanto, la propiedad genera la presunción de derecho posesorio frente al que solo la acreditación de rasgos de desentendimiento de su uso, del uso de la facultad posesoria, puede dar lugar a sombras en la tutela que merezca el hecho dentro del orden penal"*. Conforme a ello, la SAP, Barcelona, Secc. 7ª, 766/2014, 17-9, consideró que se daba el tipo delictivo del art. 245.2 CP, *"sin que la acción merecedora del reproche penal se justifique por el hecho de estar vacío el inmueble durante un cierto tiempo"*. En igual sentido, la SAP, Zaragoza, Secc. 6ª, 261/2013, 24-9, ratificó la condena por la ocupación de un edificio compuesto por seis viviendas, que la denunciante había recibido en herencia, si bien las seis viviendas durante los siguientes ocho años estuvieron vacías sin inquilinos y la propietaria no contrató los servicios de agua y luz. Las puertas de las seis viviendas estaban debidamente cerradas y la del portal también, con llave de seguridad de puntos. La SAP, Vizcaya, Secc. 1ª, 90051/2021, 23-2, considera igualmente que *"si la vivienda es más o menos habitable, no se erige en cuestión nuclear e impeditiva del legítimo derecho de la denunciante..., [dado que] resulta más que evidente que, aunque la vivienda estuviera deteriorada en su caso, le está sirviendo al denunciado quien continúa en posesión de la misma"*.

No consideran que la habitabilidad de la vivienda influya en la tipicidad de la conducta, entre otras, la SAP, Guipúzcoa, Secc. 3ª, 112/2000, 6-6, la cual afirma que *"no puede concluirse que están excluidas de la protección penal los inmuebles, viviendas o edificios que no están en condiciones de ser habitados"*, pues, *"si el Legislador hubiera querido excluir con el parámetro de la habitabilidad dichos inmuebles... no hubiera incluido junto al específico y preciso término «vivienda», los conceptos más genéricos de «inmuebles o edificios»"*. En igual sentido, la SAP, Madrid, Secc. 30ª, 323/2018, 31-5, declara que el hecho de que la vivienda se encuentre sin muebles, sin suministro de luz y agua y en estado de inhabitabilidad o de deterioro no excluye la punibilidad de la conducta. *"Una cosa es —dice— el estado de abandono en que pueda encontrarse la vivienda, que se trate de un bien abandonado o* res derelicta *respecto de la cual el propietario hace dejación de su derecho dominical, que no es el caso, porque las recurrentes, en todo momento han mostrado su voluntad férrea de recuperarlo, si no no estaríamos aquí. Y puesto que el estado en que se encuentre la vivienda no constituye un requisito del tipo, las condiciones de inhabitabilidad de la misma no obstan a que la conducta de la denunciada deba ser subsumida en el tipo delictivo del artículo 245.2 del Código Penal"* (y cita la SAP, Madrid, Secc. 6ª, 19-9-2017).

1.2.2. Ajenidad del inmueble o del derecho real inmobiliario

Los bienes inmuebles y los derechos reales inmobiliarios tienen que ser "*ajenos*" (art. 245.2 CP) o "*de pertenencia ajena*" (art. 245.1 CP). A primera vista da la impresión que al exigir la ajenidad sólo fuese sujeto pasivo el propietario y que además éste nunca podría ser sujeto activo. Sin embargo, ya hemos visto al hablar del contenido del patrimonio inmobiliario (*supra* I.2.1), cómo no sólo se protege el derecho de propiedad, y que por eso mismo el propietario también puede ser sujeto activo.

"La construcción en suelo común por uno solo de los copropietarios, ni es constitutivo de daños, ni de usurpación, ni de ningún otro delito tendente a [lesionar] el patrimonio ajeno o las facultades dominicales más relevantes como la posesión del titular, y ello en cuanto quien lo lleva a cabo es también cotitular del terreno donde se construye" (SAP, Las Palmas, Secc. 6ª, 264/2020, 2-12) (*Tol 8356325*).

Los bienes inmuebles siempre pertenecen a alguien, y en este sentido siempre serían objetos idóneos de usurpación, porque incluso los mostrencos, esto es, los vacantes o abandonados, según lo dispuesto en el apart. 1 del art. 17 Ley 33/2003, de 3 de noviembre, del Patrimonio de las Administraciones Públicas (*Tol 315498*), "*pertenecen a la Administración General del Estado*" [algunas Comunidades Autónomas han aprobado una norma parecida (como Aragón, Navarra o Galicia) (véase la STC 40/2018, 26-4, que declara la constitucionalidad en este punto de la Ley Foral 14/2007, de 4 de abril, del patrimonio de Navarra) (*Tol 6599103*)]. Sin embargo, entendemos que la ocupación de un bien mostrenco no sería punible mientras que la Administración no hubiese tomado "*posesión de los bienes así adquiridos en vía administrativa*" (apart. 3), por lo que "*si existiese un poseedor en concepto de dueño, la Administración General del Estado habrá de entablar la acción que corresponda ante los órganos del orden jurisdiccional civil*" (apart. 4).

En cualquier caso, para que una ocupación o usurpación sea punible es preciso que la ajenidad de los bienes inmuebles o de los derechos reales inmobiliarios quede demostrada de manera clara y rotunda durante el proceso [STS 1318/2004, 15-11 (*Tol 526584*)], incluso como cuestión prejudicial si fuese necesario, porque la mera duda sin que se esclarezca la titularidad del dominio de los bienes inmuebles o de los derechos reales sobre estos excluye la responsabilidad penal, al menos por usurpación, sin perjuicio de la que pueda exigirse por coacciones o realización arbitraria del propio derecho. Es más, el art. 245.2 CP dice expresamente que la ocupación se tiene que hacer "*sin autorización debida*" y el mantenimiento "*contra la voluntad del titular*". Por tanto, antes que nada, debiera quedar clara la titularidad de estos bienes y derechos. Pero obsérvese que en este punto pueden darse resoluciones contradictorias entre un tribunal de lo penal y otro de lo civil, porque, a tenor de lo dispuesto en el art. 6 LECr, los órganos de la jurisdicción penal pueden ventilar esta cuestión en el proceso penal. Pero si el juez penal tiene dudas sobre la titularidad, lo que procedería dictar sería la suspensión del proceso penal, según lo dispuesto en el art. 4 LECr (por ejemplo, AAP, Murcia, Secc. 4ª, 51/2007, 2-4), o sencillamente la absolución [por ejemplo, SSAP, Granada, Secc. 2ª, 295/2002, 15-5; Cuenca, Secc. 1ª, 6/2005, 27-1 (*Tol 613846*), y Málaga, Secc. 7ª, 24/2007, 23-2].

La SAP, A Coruña, Secc. 2ª, 522/2020, 21-12 (*Tol 8001747*), dio por demostrada la ajenidad sin que fuese necesario desplegarse actividad probatoria en el acto del juicio oral sobre este extremo, ya que la perjudicada, con su escrito de personación, aportó la documentación acreditativa de ser la titular de la finca, cuyo contenido y veracidad no fue impugnado en ningún momento, por lo que su valoración, como acreditación de la titularidad del inmueble, no puede estimarse que haya causado indefensión al acusado. En términos parecidos, la SAP, Málaga, Secc. 1ª, 185/2021, 4-5 (*Tol 8631788*), estimó el recurso de apelación interpuesto frente a una sentencia absolutoria, porque sí se consideró demostrado que la titularidad de la vivienda era del Instituto Municipal de la Vivienda del Ayuntamiento de Málaga, ya que "*los denunciados no han opuesto justo título alguno, no cuestionan el dominio de la apelante y admiten llanamente en el acto del juicio que son conocedores de que ocupan el inmueble de forma ilegal. En nada empece al dominio de la denunciante si éste no se cuestiona por los denunciados o aparecen indicios en las actuaciones que nos hagan pensar en una pérdida de aquel".*

En cambio, la SAP, Tenerife, Secc. 2ª, 279/2021, 8-9 (*Tol 8652763*), revocó la condena previa, porque "*no obra en la causa ninguna prueba documental o testifical que avale que la nave... pertenezca a dicha sociedad, la cual por otra parte se afirma estar constituida por cinco partes, sin que haya comparecido sino una de ellas a negar cualquier tipo de autorización o consentimiento*". No obstante, hay que tener en cuenta que en caso de varios cotitulares, prevale la voluntad de quien se oponga a la ocupación frente a la del que la autorice.

1.3. Medios comisivos

Como hemos dicho, entre los dos apartados del art. 245 CP existe una diferencia trascendental, relativa a los medios comisivos. Mientras que el apart. 1 es un **delito de medios determinados**, el apart. 2 es un **delito resultativo**. La modalidad del apart. 1 es violenta o intimidatoria, mientras que la del apart. 2 es pacífica, lo que hace que a una no le sea aplicable la excusa absolutoria del art. 268 CP y a la otra sí.

Los conceptos de "*violencia o intimidación en las personas*" pueden interpretarse como en el delito de robo (HUERTA TOCILDO), por lo que allí nos remitimos. Sin embargo, existe una diferencia entre ambos delitos que conviene señalar, y es que mientras que en el primer caso la violencia o la intimidación han de dirigirse a la perfección del acto de apoderamiento, en la usurpación no necesariamente tiene que ser así. En el art. 245 CP, debido al carácter permanente que tienen las conductas típicas, cabría incluir no sólo la violencia o intimidación ejercida para ocupar inicialmente el inmueble o asumir la titularidad del derecho real de que se trate, sino también la llevada a cabo para seguir actuando como dueño o titular, es decir, para mantenerse. En el hurto o en el robo con fuerza en las cosas, por el contrario, la violencia ejercida con posterioridad a la consumación no convierte aquél en un robo violento, sino que habría que aplicar un concurso de delitos entre el delito consumado de hurto o robo con fuerza en las cosas, por un lado, y por otro, el correspondiente a los actos de violencia ejercida. Por lo tanto, la violencia y la intimidación realizadas con el fin de permanecer en la ocupación (por ejemplo, oponiéndose violentamente al desalojo) determinan también la aplicación del art. 245.1 CP (BAUCELLS I LLADÓS) y no un concurso de delitos, a salvo lo dispuesto en la cláusula concursal.

Precisamente en cuanto a la cláusula concursal contenida en el art. 245.1 CP, hay que insistir en que se refiere sólo a las "*violencias ejercidas*", de tal modo que la intimidación empleada quedaría absorbida por el delito de usurpación, no dando a un concurso de delitos. En cambio, la violencia con cualquier resultado lesivo, por leve que éste fuese, sí que daría lugar a un concurso de infracciones penales entre la usurpación y el delito de homicidio o de lesiones correspondiente.

Habría que recordar también que no puede mantenerse un concepto tan amplio de violencia como el que la Jurisprudencia sostiene respecto del delito de coacciones (*supra* II.4.1. Lección de las amenazas y coacciones), que incluye no sólo la fuerza física ejercida sobre las personas, sino también la intimidación e incluso la fuerza en las cosas. No puede entenderse que la fuerza psíquica o intimidación esté incluida en el concepto de violencia, pues si lo estuviese su mención expresa en el art. 245.1 CP sería totalmente superflua.

La STS 5-6-1960 señala al respecto que "... *al emplear la Ley indistintamente las palabras violencia o intimidación en las personas, claramente da a entender que no es peculiar de la usurpación de las cosas inmuebles el empleo de la fuerza física en las personas, sino que basta una situación de fuerza moral, miedo o temor, que a eso equivale la palabra intimidar, para que el delito se produzca, porque en tal estado la víctima no puede repeler el ataque a su propiedad, y esta indefensión a la que somete a la persona es lo que tipifica la conducta*" [similar también la STS 27-4-1982 (*Tol 164179)*].

Y en cuanto a la fuerza en las cosas, no se puede incluir en el delito del art. 245.1 CP, porque expresamente se dice que la violencia tiene que ser "*en las personas*". Habría que reconducir esta conducta al art. 245.2 CP. La única forma de fuerza en las cosas que pudiera incluirse en el apart. 1 es aquella que esté dirigida a intimidar al sujeto pasivo (ej. el forzudo que dobla delante del sujeto pasivo una barra de hierro para insinuarle lo que le puede suceder si no accede a sus pretensiones).

El lanzamiento de objetos contundentes desde el interior, lo que eufemísticamente los "okupas" denominan "resistencia activa no violenta", da lugar a la aplicación del art. 245.1 CP, pues pueden causar daños en terceras personas. Sin embargo, en la llamada "resistencia pasiva" (atrincherarse) no se emplearía violencia, por lo que habría que reconducir esta conducta al art. 245.2 CP.

La SAP, Sevilla, Secc. 3ª, 631/2009, 17-12, por ejemplo, consideró que no hubo violencia o intimidación "*en las personas*" en el caso de quienes, impidiendo que la titular entrara en el inmueble, opusieron resistencia, colocando un somier y un mueble detrás de la puerta del piso que instantes antes habían ocupado, ya que no hubo contacto físico alguno al estar de por medio la puerta que los implicados empujaban en sentido opuesto.

La violencia o la intimidación no tienen necesariamente que ser ejercidas contra el titular patrimonial (sujeto pasivo del delito), pudiendo recaer también sobre otras personas (por ejemplo, la Policía durante el desalojo). Por tanto, sujeto pasivo del delito y sujeto pasivo de la acción pueden ser distintos. Lo que resulta más discutible es que se integren también en el art. 245.1 CP, como defiende HUERTA TOCILDO, supuestos de violencia impropia, que van desde la omisión (por ejemplo, no dar alimentos a un individuo que no está en situación de procurárselos por sí mismo) a supuestos en los que se pone al sujeto en un estado en el que le resulta imposible querer o actuar (por ejemplo, hipnosis, sugestión, narcotización, etc.).

Lo decisivo es que la violencia o intimidación ejercida sea anterior o simultánea a la ocupación, no posterior, por cuanto constituye medio necesario para conseguir o mantener aquélla (SALOM ESCRIVÁ). De este modo, aquellas violencias realizadas con posterioridad al desalojo no tendrán relevancia a efectos de este delito, sino que habrá que reconducirlas, si se dan los restantes requisitos típicos, a delitos de manifestación ilegal, desórdenes públicos, atentados a la autoridad, etc.

1.4. Sin autorización debida o contra la voluntad del titular

Mientras que el art. 245.1 CP castiga la ocupación «*con violencia o intimidación*» de bienes inmuebles o derechos reales inmobiliarios, el art. 245.2 CP habla simplemente de hacerlo "*sin la autorización debida*" o "*contra la voluntad de su titular*". La ocupación tiene que hacerse "*sin autorización debida*" y el mantenimiento "*contra la voluntad del titular*" [no quedó acreditada ni una ni otra en la STS 143/2011, 2-3 (*Tol 2088597*), por lo que absuelve en un caso de ocupación de una nave industrial].

El que se exija la oposición a la voluntad del titular en la modalidad de mantenerse es lógico, pues primero se tiene que haber entrado con su consentimiento, aunque no para quedarse, pues si no ya se habría ocupado ilegalmente el inmueble. La modalidad de mantenerse es subsidiaria de la de ocupación, de lo cual también se deduce que no quepa el concurso de delitos entre ambas conductas. Estamos, por tanto, ante un **delito mixto alternativo**. Las SSTS 800/2014, 12-11 (caso SAT) (*Tol 4587163*) y 373/2023, 18-5, señalan como requisito necesario de la usurpación que el autor carezca de título jurídico que legitime esa posesión, pues en el caso de que hubiera sido autorizado para ocupar el inmueble, aunque fuese temporalmente o en calidad de precarista, la acción no debe reputarse como delictiva, y el titular deberá acudir al ejercicio de las acciones civiles procedentes para recuperar su posesión. Lo mismo se podría decir en caso de revocación de la autorización inicial, pues dicha revocación no tiene por qué convertir automáticamente en delictivo el mantenimiento en el inmueble. Puede tratarse de una disputa puramente civil.

La autorización "*debida*" hay que entender que se refiere a algún tipo de título posesorio (real o contractual) y no meramente a un consentimiento para acceder al inmueble, pero manteniendo la posesión intacta. Si fuese para poseer el inmueble ("te lo alquilo" —arrendamiento—, "puedes vivir ahí mientras estés estudiando el Grado en Derecho" —comodato—; "te lo dejo usar (sin más)" —precario—, etc.), la revocación de la autorización deberá dilucidarse en el ámbito civil (por ejemplo, la SAP, Las Palmas, Secc. 1ª, 309/2019, 20-9, tiene dudas de que el denunciado no tuviese título para poseer, pues era el anterior propietario del inmueble, resulta inverosímil una ocupación inconsentida tan larga y la propia denunciante reconoce que le permitió vivir allí un año). Si la autorización fuese simplemente detentativa, por ejemplo, si el dueño de un piso, que lo quiere poner en alquiler, contrata los servicios de una empresa para que lo limpie, hace entrega de las llaves, pero después de haberlo limpiado resulta que el empleado de esa empresa se queda a vivir en el piso, no podemos decir que éste cuente con una previa autorización "*debida*". Cuando el titular se enteró de ello, su posterior revocación no sería más que la expresión de la voluntad contraria al mantenimiento de esa persona en dicho piso, cuya ocupación sería delictiva desde que finalizó su tarea de limpieza y debió abandonar el inmueble.

No es lo mismo actuar sin permiso que hacerlo contra la voluntad del dueño. Lo primero (el permiso) es un elemento negativo del tipo, que no se tiene que dar para que la conducta sea punible; en cambio, lo segundo (la oposición, la voluntad contraria) es una característica positiva, que se tiene que dar para que la conducta sea punible y además tiene que ser conocida por el sujeto activo.

Se observa cierta confusión entre ambos conceptos, por ejemplo, en la SAP, Madrid, Secc. 15ª, 848/2015, 21-12, cuando afirma que "*la voluntad contraria del titular, como ha matizado ya la jurisprudencia, no es preciso que sea* ex ante, *sino que basta que se produzca en cualquier momento posterior* [...], *no siendo menester ni requisito* sine [qua] non *para la consumación del tipo un requerimiento formal y fehaciente dirigido al usurpador para que abandone el inmueble, bastando que este sepa que el inmueble no es de su propiedad, que no [cuenta] con el consentimiento del propietario y que este lo manifieste en cualquier momento y forma posterior a la ocupación*" (párrafo repetido, entre otras muchas, por las SSAP, Barcelona, Secc. 9ª, 761/2016, 13-10; Las Palmas, Secc. 6ª, 134/2018, 30-3; Cádiz, Secc. 4ª, 260/2019, 3-10, y Murcia, Secc. 2ª, 222/2020, 9-10). Sin embargo, creemos que hay que distinguir entre lo que es la estructura típica del art. 245.2 CP, que es la de un delito mixto alternativo (ocupar sin autorización o mantenerse en contra de la voluntad) y la forma en que se demuestra la concurrencia de cada una de las modalidades típicas. A estos efectos será necesario que en el juicio oral la testifical del titular (o de su representante) se ratifique en la denuncia y ponga de manifiesto que no se otorgó consentimiento en ningún momento o que se opuso a la ocupación, o que de otro tipo de pruebas, como las documentales, se pueda deducir la carencia de permiso o la existencia de oposición. Así, la SAP, Barcelona, Secc. 9ª, 410/2019, 17-7, con razón revocó la previa condena por usurpación debido a que la denuncia la presentó el hijo de la propietaria, sin acreditar representación alguna y sin que constase acreditada en ningún momento del procedimiento (ni en sede policial, ni en sede judicial) la voluntad contraria de ella o la falta de consentimiento de la ocupación: "*la propietaria no ha comparecido personalmente a tal fin ni durante la tramitación, ni durante el juicio, ni esta ha declarado nunca en la causa, ni ha manifestado otorgar o haber otorgado mandato alguno expreso al denunciante a tal efecto, ni consta en las actuaciones que el propietario haya desarrollado acción personal alguna directamente frente a la ocupación tales como presentar denuncia personal, dirigir algún tipo de requerimiento o equivalente a los ocupantes mientras duró la ocupación*".

Esta diferencia entre ambas modalidades típicas también tiene su importancia en términos procesales, porque la carga de la prueba es diferente en uno y otro caso: mientras que hay que demostrar fehacientemente la voluntad contraria, en cambio, la falta de autorización se presume mientras el sujeto activo no pruebe lo contrario.

Así, expresamente la SAP, Las Palmas, Secc. 6ª, 293/2020, 15-12 (*Tol 8359424*), dice que *"no le es exigible a la parte denunciante el acreditar que se ha accedido sin su consentimiento, sino que la defensa ha de probar la existencia del mismo"*. Esto es lo que vino a suceder en el caso de la SAP, Valencia, Secc. 5ª, 622/2017, 28-11 (*Tol 6535657*), en que, mediante la aportación de un correo electrónico, la defensa pudo demostrar que la titular del inmueble (la Sareb, a través de la entidad gestora Solvia) estaba abierta a la cesión de la vivienda en alquiler social en la medida en que se cumpliesen ciertos requisitos, y que de este modo contaba con su autorización. La SAP, Barcelona, Secc. 9ª, 444/2020, 26-10 (*Tol 8223446*), condenó porque *"no hay ni un solo acto de liberalidad, de condescendencia ni de exteriorización de uso tolerante por parte de la propiedad ni ningún tipo de relación previa posesoria con la ocupante… Por lo tanto, nunca la propiedad cedió en arriendo la dicha vivienda de su titularidad, ni permitió su uso a la denunciada, y no consta acreditado lo contrario, y, por lo tanto, ésta no podía desconocer la ajenidad de la dicha vivienda que ilegalmente pasó a ocupar sin conocimiento ni consentimiento ni autorización alguna de la propiedad del inmueble"*.

Tanto la autorización como la voluntad contraria del titular han de manifestarse al exterior de forma concluyente, pero mientras que no es necesario que la voluntad contraria sea de modo expreso, puede ser también de modo tácito, la autorización para ocupar el inmueble sí tiene que ser expresa [véase, por ejemplo, la SAP, Burgos, Secc. 1ª, 100/2010, 21-4 (*Tol 1879343*)].

La SAP, Málaga, Secc. 1ª, 102/2021, 18-3, presume dicha autorización si los titulares dominicales del inmueble dejan transcurrir más de un año desde la ocupación sin que hubieran ejercitado contra los ocupantes acción alguna para recuperar la posesión, "*lo que significa que han venido tolerando o consintiendo esa situación posesoria de los denunciados que, por tal motivo, deben ser considerados como precaristas*". Aun sin conocer exactamente los hechos que dieron lugar a dicho pronunciamiento y que pueden explicar tal decisión (en la sentencia se lee que la Sareb adquirió el inmueble de una sociedad inmobiliaria en proceso de liquidación y que los denunciados ya lo habían ocupado mucho tiempo antes, aunque no consta que ni la una ni la otra lo autorizasen), conviene aclarar que el precario no se puede dar en una posesión clandestina. La posesión clandestina, es decir, aquella que se da sin conocimiento del titular, ni por tanto su voluntad, no da lugar a una posesión en sentido jurídico por el transcurso de más de un año, salvo que ese año cuente desde que cesa su clandestinidad, es decir, desde que se tenga conocimiento (como dice la SAP, Madrid, Secc. 2ª, 218/2021, 12-4 (*Tol 8483099*), "*no es posible sostener como posesión de buena fe la adquirida por vías de hecho*" y "*la ausencia de consentimiento del titular de la finca es flagrante y no requiere expresión concreta al respecto o requerimiento alguno para abandonar la vivienda, no siendo un requisito constitutivo del tipo penal*"). La posesión tolerada, en cambio, no se hace a espaldas o sin la voluntad del titular, sino que precisamente cuenta con ella, y si además se manifiesta expresamente dicha voluntad, entonces podemos hablar de posesión con autorización, constituyéndose así un precario. Se trata, por tanto, de dos situaciones distintas. Por un lado, el precarista posee en virtud de una relación jurídica con el titular de la cosa por la que aquél la usa y disfruta (si fuese por un tiempo determinado estaríamos más bien ante un comodato del art. 1.750 CC); y por otro, la posesión tolerada, que viene a tener más bien un carácter fáctico, en la que todo gira en torno a la voluntad o la intención del titular y que presupone el conocimiento de dicha situación que se admite. En este sentido de contar con la voluntad del titular, previo conocimiento de la ocupación, se puede admitir que una posesión tolerada —por más de un año o por menos, eso daría igual a efectos penales—, sea una "*autorización debida*". Pero que el titular conozca la ocupación tendrá que ser demostrado y no se puede presumir, recayendo la carga de la prueba en este punto sobre la defensa.

Por ejemplo, la SAP, Madrid, Secc. 29ª, 217/2021, 6-5 (*Tol 8517142*), revoca una condena, porque *"la única prueba practicada en el acto del juicio oral ha sido la declaración de los denunciados..., quienes manifestaron que entraron en la vivienda porque estaba vacía en el año 2013, que al mes se presentó un hombre en nombre de la propiedad con el que hablaron de la posibilidad de un alquiler social, sin que desde entonces la propiedad se haya puesto en contacto con ellos"*. Y continúa: *"No puede tenerse como prueba las manifestaciones que la abogada de la entidad denunciante hace al inicio del juicio, no pudiendo ser al tiempo abogada de la parte y testigo... Si realmente la propiedad ha enviado a un agente para comprobar si la vivienda estaba ocupada o no, debió traer a juicio a ese empleado suyo para que contara las gestiones y comprobaciones realizadas, si habló o no con los denunciados, los términos en los que se desarrolló la conversación y porqué durante siete años se ha tolerado la ocupación y el pago por los denunciados de los gastos de comunidad. Es un hecho acreditado que los denunciados viven en la casa desde el año 2013. Ese domicilio aparece en el DNI de los dos hijos menores, presentando los denunciados en juicio los recibos de los gastos que están pagando y que incluso tienen domiciliado. Ante esta larga ocupación, con una aquiescencia de la propiedad, que sabía esa situación o podía y debía saberlo, sin detectar ni siquiera que los gastos de la comunidad no eran pagados por ella ya que los pagan los denunciados, no puede apreciarse que estemos ante una usurpación penal"*. Con independencia de que en el caso concreto consideremos acertada la decisión, resulta llamativo que al final se afirme la existencia por parte del titular del inmueble de un deber de conocimiento de la ocupación (*"podía y debía saberlo"*) y que de su incumplimiento se pueda derivar la demostración de la correspondiente autorización. Con este proceder estaríamos imputando a la propia víctima la lesión del bien jurídico, lo cual parece discutible que deba ser así. Sería tanto como decir que si le han ocupado la vivienda es por culpa suya, por no haber obrado con la suficiente diligencia para salir de su ignorancia. Cuestión distinta es que de todos los hechos declarados probados se pueda inferir que la ocupación ha sido tolerada, porque lo sabía y no hizo nada para impedirlo. Eso sí puede considerarse como una *"autorización debida"*. Por este motivo no podemos compartir la SAP, Barcelona, Secc. 20ª, 216/2017, 7-3 (*Tol 6417214*), la cual comienza diciendo que *"los recursos de apelación van a prosperar, pues la prueba practicada no acredita un elemento que requiere el tipo, en concreto la oposición expresa de la entidad propietaria a la ocupación"*, olvidándose de la modalidad de ocupación sin autorización debida, y lo que ya parece invertir toda la configuración de este delito es cuando afirma que *"no se ha probado que los [acusados] supieran a quien pertenecía el piso a efectos de ponerse de acuerdo con la propiedad para un posible alquiler del mismo, que es la intención que [ellos] expresan en juicio siempre que pudieran pagar la renta que convinieran con la entidad propietaria. En efecto, manifestó [el acusado] que no tuvo conocimiento de a quien pertenecía el piso hasta el momento de la citación a juicio..., pues nunca se pusieron en contacto con ellos, y que él quería hablar con la propiedad para negociar un posible alquiler social"*.

La STS 800/2014, 12-11 (caso SAT) (*Tol 4587163*), no menciona la modalidad de ocupar sin autorización debida, lo cual resulta inexplicable (el CP es claro a la hora de configurar esta infracción como un delito mixto alternativo, ya que ha unido las dos conductas típicas por la conjunción disyuntiva "*o*" y no por la copulativa "*y*"), pero además sostiene que la voluntad contraria a tolerar la ocupación "*deberá ser expresa*", pudiendo manifestarse tanto "*antes*" como "*después de*" producirse la ocupación.

En aplicación de este criterio del TS, la SAP, Murcia, Secc. 2ª, 83/2021, 24-3, revoca una previa condena y absuelve, porque *"de los hechos probados originarios de la sentencia de instancia no se desprende la proclamación taxativa, como probada, de que se manifestara de modo expreso una voluntad contraria por parte de la entidad titular del inmueble a la posesión que ejercía la denunciada"*. Además, añade que dicha voluntad contraria parece construirse sobre la mera posesión del inmueble por parte de la denunciada, *"pero esto no representa la manifestación expresa de la titular de la vivienda de una voluntad contraria a la ocupación, porque no vale como tal la mera interposición de la denuncia inicial del procedimiento que es acto procesal que no puede confundirse con los requisitos del tipo penal. Y en todo caso, cuando se presenta la denuncia se entiende que el delito ya se ha cometido o se está cometiendo y, por tanto, esa manifestación de voluntad contraria expresa a la ocupación debiera haberse producido antes de la formulación de la denuncia penal"*. Del mismo modo, la SAP, Barcelona, Secc. 5ª, 671/2020, 25-11, revoca la previa condena y absuelve, porque *"no consta que la propiedad haya desautorizado la ocupación de un modo diferente a la formulación de la denuncia"*. En cambio, la SAP, Asturias, Secc. 3ª, 170/2015, 29-4, considera que *"la voluntad contraria de la titular a tal ocupación se ha hecho patente desde el mismo momento de la denuncia, siendo así que los recurrentes sabían que el inmueble no les pertenecía, ni podían ocuparlo y que contaban con la oposición de sus titulares, al menos desde que se les recibió declaración en calidad de imputado en el juzgado de instrucción, con lo que al menos desde ese momento tenían pleno conocimiento de la oposición de los titulares del inmueble, manteniéndose en el mismo hasta la actualidad"*.

Estas resoluciones plantean una cuestión muy importante, aunque no haya sido objeto de discusión, que se refiere a la delimitación del objeto del proceso a la hora de juzgar un delito de usurpación de bienes inmuebles. Unas hablan de que la manifestación de voluntad contraria tiene que producirse antes de la presentación de la denuncia o de la querella, descartando, por tanto, que pueda formar parte del objeto del proceso otros hechos posteriores. Es decir, no podría juzgarse el mantenerse en el inmueble después de haber denunciado su ocupación. Sin embargo, a nuestro modo de ver este proceder no se corresponde con la naturaleza necesariamente permanente del delito de usurpación de bienes inmuebles. En este tipo de delitos los hechos posteriores a la denuncia pueden ser objeto del proceso penal mientras no concluya la fase de instrucción, pues el delito sigue cometiéndose y ello tampoco causaría indefensión al investigado. El problema que se plantea con la usurpación pacífica del art. 245.2 CP es que, al ser un delito leve, no hay una fase de instrucción propiamente dicha, sino que todo se lleva a cabo en el juicio oral (art. 969 LECr). La instrucción, por decirlo así, la lleva a cabo la Policía Judicial (art. 964 LECr) practicando ciertas diligencias para la confección del atestado, que será remitido al juzgado correspondiente. Si el juez no sobresee y acuerda la celebración del juicio, entonces se procede a citar al investigado, informándole que puede ser asistido por abogado si lo desea y que debe acudir al juicio con los medios de prueba de que intente valerse, siendo obligado acompañar a la citación del investigado una copia de la querella o de la denuncia que se haya presentado (art. 967 LECr). Puede suceder que hasta el día mismo del juicio oral el denunciado siga manteniéndose en el inmueble, y al haber sido citado, no se puede alegar que desconozca la voluntad contraria del titular a dicha ocupación. Por tanto, llegado el día del juicio oral, si el sujeto no ha abandonado el inmueble, puede condenarse perfectamente por seguir manteniéndose en contra de la voluntad del titular.

Por otra parte, volviendo a la STS 800/2014, 12-11 (caso SAT) (*Tol 4587163*), parece que habría que entender que no cabe una voluntad contraria tácita "*antes de*" la ocupación. Sin embargo, tanto la voluntad expresa como la tácita son reales, existen de verdad y manifiestan la oposición a la ocupación. La voluntad contraria es tácita cuando resulta de una conducta incompatible con la autorización (el edificio está cerrado, vallado o tapiado, por ejemplo, lo que impide el acceso a él). Lo que en ningún caso cabría es una voluntad contraria presunta. Y, por otra parte, al exigirla también "*después de*" la ocupación, ello comporta que la simple ocupación sin autorización del titular nunca sería punible si luego no se comunica a los autores su oposición a ella (la SAP, Guipúzcoa, Secc. 3ª, 199/2021, 30-7 (*Tol 8671411*), lo califica expresamente de "*absurdo*"). Pero esto es tanto como destipificar la modalidad de ocupación sin autorización debida e invertir la carga de la prueba: debieran ser los ocupantes quienes demuestren que contaban con autorización debida para no ser condenados, y no al revés, que el titular del inmueble tenga que demostrar que se ha opuesto expresamente a su ocupación y que además los ocupantes son conscientes de ello.

La STS 373/2023, 18-5, ha venido a matizar la anterior resolución del caso SAT en este punto, en el sentido de que "*resulta irrelevante... que los propietarios de las fincas efectivamente ocupadas no hubieran requerido en momento alguno al acusado para que procediera a dejarlas libres y expeditas, a disposición de aquellos. Ciertamente, el artículo 245.2 del Código Penal, —en paralelo a la técnica reguladora del allanamiento de morada—, contiene dos modalidades comisivas, a saber: la ocupación del inmueble o el mantenimiento en el mismo contra la voluntad de su titular. Por descontado, la primera de ellas en absoluto requiere la existencia de requerimiento ninguno para que el sujeto activo se abstenga de proceder a la ocupación de lo ajeno, a la manera de una suerte de contrapeso del presunto consentimiento general de lo contrario. Dicho requerimiento o manifestación expresa de voluntad sí se precisará, en cambio, en la segunda de las modalidades, en la medida en que quien se mantiene en el inmueble contra la voluntad de su dueño, forzosamente ha de ser debido a que hasta ese momento lo hacía con la voluntad o aquiescencia de éste. Dicho de otro modo: si la ocupación, ya inicialmente, no resultó consentida por el titular del inmueble, el posterior mantenimiento en ella del sujeto activo contra la voluntad de su dueño, —voluntad que nunca tuvo a su favor—, resultaría sobreabundante para colmar las, ya perfeccionadas, exigencias típicas".*

Como dice la SAP, Madrid, Secc. 17ª, 384/2016, 18-7, "*carecería de sentido una interpretación alternativa de modo que, en caso de ocupación inicialmente clandestina y no autorizada, se exigiera la oposición expresa de un titular dominical que la desconociera. Este criterio diferencial se apoya en las enseñanzas de la experiencia vulgar o común de la vida: no se puede presuponer —salvo concurrencia de indicios concluyentes de abandono— que un inmueble quede abierto a su utilización libre por cualquier persona sin contar con el consentimiento del propietario*". Por lo que concluye que "*quien ocupa un inmueble sobre el que carece de derecho posesorio y sin autorización de su dueño (cuya identidad desconoce muy a menudo el ocupante) no puede menos de ser consciente que, al actuar de este modo, perturba el derecho posesorio del titular dominical que constituye un elemento fundamental del haz de poderes y derechos que integran el contenido del dominio*".

La Jurisprudencia estima la falta de autorización cuando queda exteriorizada por "*los perceptibles signos de fractura de los elementos de cierre dispuestos por la propiedad para evitar el acceso indeseado*" (SAP, Navarra, Secc. 2ª, 83/2002, 2-7). Pero esto más que falta de autorización es una tácita voluntad en contra. La SAP, Madrid, Secc. 30ª, 323/2018, 31-5, afirma que para el caso "*de un inmueble cerrado y protegido, incluso tapiado parcialmente para evitar la entrada de terceros, la falta de consentimiento del titular en la ocupación está perfectamente exteriorizada por esas medidas que cualquier persona puede entender como orientadas a vedar el acceso a cualquier persona que no sea el titular*". "*Y el conocimiento de tal voluntad tácitamente emitida en contrario* —concluye— *no obligaría al titular más que a su refrendo posterior en sede procedimental para entenderse concurrente*". La SAP, Barcelona, Secc. 9ª, 132/2020, 2-3, advierte que el hecho de que "*la denunciada fuese citada a juicio ya le pone sobre aviso de que su situación es irregular*".

No obstante, a falta de otros hechos concluyentes, los tribunales han absuelto si no se hace constar notificación o requerimiento alguno para que los eventuales ocupantes desalojaran la casa [entre otras, las SSAP, Huelva, Secc. 2ª, 8-10-1998; Barcelona, Secc. 5ª, 25-2-1999; Castellón, Secc. 2ª, 204-A/2001, 21-7; Zaragoza, Secc. 1ª, 199/2005, 8-6 (*Tol 676119*), y AAP, Pontevedra, Secc. 4ª, 106/2007, 15-3]. Pero, insistimos que, desde nuestro punto de vista, cabe la voluntad contraria tácita y la notificación o requerimiento no se pueden elevar a la categoría de requisito necesario para que la conducta sea punible (no lo entiende así el AAP, Tarragona, Secc. 2ª, 310/2017, 24-4). Simplemente sería un medio de prueba de haber expresado la voluntad contraria a la ocupación, pero eso no significa que sea un requisito típico. La SAP, Barcelona, Secc. 3ª, 21-11-2002, va más allá incluso y considera que la mera denuncia o comunicación verbal del propietario sobre su voluntad contraria a la ocupación no sirve a los efectos de configurar el requisito aludido por el tipo penal y que sólo el ejercicio de las acciones de recuperación posesoria serviría a tal fin, *"porque aún no es indiscutida la titularidad del objeto ni la buena o mala fe del usurpador dado que la buena fe puede mantener la usurpación en términos de usucapión"*.

La autorización tiene que ser inequívoca y expresa, sin que sirva de excusa que *"el propietario o titular desconozca lo sucedido o esté ausente, o cualquier otra dificultad para obtener la autorización"* (SAP, Sevilla, Secc. 7ª, 149/2001, 20-3) o que el ocupante *"no oculte signos externos de ocupación, tales como colgar la ropa en el exterior de la vivienda"* [SAP, Burgos, Secc. 1ª, 100/2010, 21-4 (*Tol 1879343)*], aunque en algunas ocasiones los tribunales han absuelto por falta de una postura clara en contra de la ocupación [SAP, Madrid, Secc. 29ª, 132/2009, 15-6 (*Tol 1573487)*], llegando a exigir un requerimiento expreso de abandono (por ejemplo, la SAP, Barcelona, Secc. 5ª, 25-2-1999 no condenó pese a que los propietarios del inmueble habían ejercido el procedimiento de desahucio del art. 41 LH, pero consideró que era necesaria una expresa oposición a la permanencia en el inmueble, mediante el correspondiente requerimiento o de cualquier otra forma válida en Derecho; en un caso parecido también el AAP, Tenerife, Secc. 2ª, 25-4-2008; incluso la SAP, Barcelona, Secc. 5ª, 331/2021, 4-5, no considera suficiente un burofax aportado, relativo al requerimiento a los "ignorados ocupantes" de la vivienda, en el sentido de que no consta entregado ("No entregado, dejado aviso"), con lo que únicamente consta que se dejó aviso por parte de la empresa "Seur").

Según GONZÁLEZ RUS, la ocupación queda configurada como un tipo abierto, ya que las causas de atipicidad pueden provenir directamente de la voluntad del dueño o de cualquier acto que faculte al sujeto para ocupar el inmueble (decisión judicial o administrativa). En cambio, el mantenerse exige una previa autorización del titular del inmueble apareciendo el delito cuando el dueño la retira.

2. *Tipo subjetivo*

Es un delito doloso. No se ha previsto la incriminación imprudente. La modalidad violenta exige que el dolo sea directo, pues la violencia o intimidación en las personas hacen inviable el dolo eventual; la pacífica, en cambio, sí lo admite (SERRANO-PIEDECASAS FERNÁNDEZ).

El dolo exige el conocimiento de todos los elementos del tipo, en particular el carácter ajeno de los bienes inmuebles y la oposición o la falta de autorización por parte del titular [por ejemplo, la SAP, Barcelona, Secc. 5ª, 732/2009, 14-10 (*Tol 1895828)*, absuelve por falta de ese conocimiento]. Cualquier clase de error (invencible o vencible) sobre los elementos del tipo objetivo conduce a la impunidad de la conducta al no estar incriminada expresamente —como acabamos de indicar— la comisión de este delito por imprudencia (art. 14.1 CP).

Conviene advertir que, si concebimos "*sin autorización debida*" como un elemento negativo del tipo más que como una referencia genérica a la antijuridicidad de la conducta, ello repercute necesariamente en la configuración del elemento cognoscitivo del dolo. Bastaría un conocimiento "débil", bastaría con que el sujeto cuente con la posibilidad de que no se le haya otorgado permiso para ocupar el inmueble. Exigir un conocimiento seguro o "fuerte" de la carencia de autorización, y además tener que demostrarlo, es tanto como presumir *de facto*, incluso en aquellos casos en que el ocupante desconoce quién es el dueño y nada tiene que ver con él, que éste le ha otorgado su autorización. Configurarlo así exigiría siempre actuar con dolo directo. En cambio, no se daría el elemento cognoscitivo cuando el sujeto supone erróneamente que cuenta con dicha autorización o que cree que el titular del bien tolera la ocupación, cuando no es así. Pero en estos casos esa creencia equivocada tendría que verse corroborada por la presencia de determinadas circunstancias objetivas que lo atestigüen y le corresponde a la defensa demostrarlas. Por otra parte, los casos en que el ocupante cree erróneamente que actúa en contra de la voluntad del dueño o sin su permiso, cuando en realidad cuenta con él o al menos éste tolera la ocupación, pero no lo sabe, son supuestos que habría que calificar como delito putativo o imaginario más que como delito imposible, que pudiera ser punible como tentativa inidónea. Y es que la prohibición de la ocupación de bienes inmuebles ajenos es una norma cuya existencia depende exclusivamente de la voluntad de los titulares de dichos bienes. No hay usurpación, por mucho que lo quiera el sujeto activo, si el dueño se lo permite.

No admite esta configuración del dolo en el delito de usurpación, alterando con ello sustancialmente toda la carga de la prueba del tipo subjetivo, la SAP, Madrid, Secc. 17ª, 104/2021, 26-2 (*Tol 8419883*), la cual revocó una condena, añadiendo al relato de hechos probados en primera instancia que *"no ha quedado acreditado que los denunciados fueran conscientes de la ausencia de autorización o manifestación de la oposición del titular"*. Y es que en los fundamentos jurídicos de esta resolución se viene a negar la punibilidad del dolo eventual, configurando el delito de usurpación de bienes inmuebles más bien como un delito doloso de primer grado. Se puede leer lo siguiente: "[…] *esta Sala* […] *considera que no se ha conseguido desvirtuar el principio de presunción de inocencia, ya que ninguna prueba de cargo puede deducirse de lo actuado que permita sostener una sentencia condenatoria respecto de ninguno de los dos denunciados, teniendo en cuenta que no ha resultado acreditado que estos hubieran forzado valla o puerta alguna y hay dudas razonables de la concurrencia de dolo del autor, lo cual abarca el conocimiento de la ajenidad del inmueble y de la ausencia de autorización o de la manifestación de la oposición del titular del edificio. Se trata* —dice— *de un delito doloso que no admite la imprudencia y exige conciencia de la ajenidad del bien, no contar con la autorización del poseedor u ocuparlo a sabiendas de la negativa expresa de que continúe la situación. En este caso, los denunciados abandonaron voluntariamente el inmueble una vez que tuvieron conocimiento de la denuncia, tras la citación por el funcionario policial, y por ello de la voluntad contraria del titular*".

La SAP, Valencia, Secc. 5ª, 49/2021, 3-2 (*Tol 8332374*)), calificó este desconocimiento, a nuestro modo de ver equivocadamente, como un error de prohibición, cuando se trataría más bien de un error de tipo, y aun así, también de modo más que discutible, porque una cosa es no conocer (o poder conocer —dice—) quién es el titular de la vivienda (*"no consta que el denunciado pudiera haber tenido conocimiento de quién era el titular de la vivienda, habiendo tenido conocimiento de este dato una vez iniciado el procedimiento penal"*) y otra distinta es que no sepa que el inmueble es de propiedad ajena o que crea que no es de nadie y que está abandonado. Además, el mero hecho de afirmar que el acusado se metió a vivir en la vivienda a principios del año 2020, *"porque estaba vacía"*, y que *"no consta que por la entidad apelada se efectuase requerimiento alguno al ocupante de la vivienda"*, no significa que el sujeto creyese —equivocadamente—, que contaba con autorización de su titular para ocuparla o que dicha vivienda estuviese abandonada. Parece, por la amplia explicación que hace de los interdictos de recuperación de la posesión y por la normativa excepcional de suspensión temporal de estos procedimientos de lanzamiento, que podría creer equivocadamente que su conducta estaría permitida o que contaría con una autorización legal para ocupar el inmueble mientras durase el estado de alarma. Sin embargo, aun entendiéndolo así, que se podría calificar como un error indirecto de prohibición, tampoco se explica por qué se califica el error como invencible, y no como vencible. Por último, tampoco parece razonable, como hace esta sentencia, *"proceder a dejar sin efecto el lanzamiento acordado, debiendo remitir a la entidad apelada a los procedimientos civiles pertinentes en aras a obtener el desalojo de la citada vivienda"*. Si se revoca la condena por apreciar un error de prohibición invencible, hay que tener en cuenta que el art. 118.2 CP no excluye la responsabilidad civil en casos de error (ya sea de prohibición o de tipo y ya sea vencible o invencible), lo que obligaría a restituir el bien inmueble usurpado por error. Esta misma argumentación se vuele a repetir en la SAP, Valencia, Secc. 5ª, 306/2021, 10-6.

También es necesaria la voluntad de apropiarse del patrimonio inmobiliario ajeno, que se concreta en la voluntad de establecerse y de permanecer en el inmueble (SSAP Jaén, Secc. 2ª, 27/2010, 3-3; Madrid, Secc. 4ª, 368/2020, 28-12, y Madrid, Secc. 15ª, 407/2021, 7-9). La STS 800/2014, 12-11 (caso SAT) (*Tol 4587163*) habla de "*voluntad de afectación del bien jurídico tutelado por el delito, es decir, la efectiva perturbación de la posesión del titular de la finca ocupada*" y que "*este elemento concurre, en consecuencia, cuando consciente y voluntariamente se supera la naturaleza de acto simbólico que la ocupación tenía inicialmente como protesta social, para convertirse en una ocupación permanente o indefinida, que necesariamente tenía que perturbar, y perturbó de un modo intenso y relevante, la posesión del titular*".

La SAP, Murcia, Secc. 3ª, 274/2015, 17-6, afirma que *"la primera modalidad de 'ocupación sin autorización' requiere de una duración temporal de suficiente entidad, no meramente simbólica, y una voluntad real del sujeto de mantener* sine die *la situación así producida. De ahí que el término 'ocupar' (primera modalidad) deba interpretarse en su justa medida, que no es otra que la que se desprende de la propia dimensión jurídica tradicional que se da a la ocupación, concepto heredado de la doctrina civilista que lo considera como uno de los modos de adquirir la propiedad, integrándose éste por la toma de posesión de una cosa concreta con intención de haberla como propia, el* animus rem sibi habendi, *lo que significa que 'ocupar' requiere necesariamente, insistimos, una voluntad estable y duradera en el tiempo que acredite una clara intención del sujeto activo de poseer la cosa definitivamente como propia"*.

En cambio, la SAP, Valencia, Secc. 5ª, 435/2020, 4-12, entiende que la causación de cierto perjuicio patrimonial al sujeto pasivo no entra dentro del elemento volitivo del dolo propio del delito de usurpación, pues considera que *"no exige una intención deliberadamente encaminada a desposeer a su propietario del goce de la cosa, sino que basta el conocimiento de lo ajeno y la voluntad de disfrutar de su tenencia con cierta permanencia"*.

Simples usos temporales, como dormir o guarecerse, no serían punibles (SAP, Cuenca, Secc. 1ª, 16/2010, 3-3 (*Tol 1829621*)]. Esto responde también al principio general de atipicidad de las conductas de uso.

Además de otros ejemplos ya citados, cabe traer a colación la SAP, Valladolid, Secc. 2ª, 730/1998, 2-7, que no apreció la intencionalidad usurpadora u ocupadora en un caso en el que se cercó una chopera (chopos) e introdujo caballos y burros, con la intención de evitar la salida de los animales hacia las fincas contiguas, y retiró toda la instalación en cuanto tuvo conocimiento de la voluntad contraria de uno de los propietarios. La SAP, Málaga, Secc. 1ª, 26/2021, 27-1, entiende que se habría producido una ocupación temporal, sin intención de permanencia en el tiempo, ni de ejercer derechos dominicales o posesorios sobre la vivienda, porque los acusados se marcharon voluntariamente al poco tiempo de ocuparla, constan diversas notificaciones realizadas por el Juzgado en domicilios distintos, no el de la vivienda ocupada, y existe un oficio de la policía nacional en el que consta que la vivienda la ocupan otras personas.

A menudo se discute si es necesaria o no la presencia de ánimo de lucro. Entendemos que no, pues no figura como un requisito típico, pero con la aclaración de que el ánimo de lucro en estos delitos no sería una finalidad trascendente a la acción, como pueda ser en el hurto o en la estafa, sino que es inherente a la misma. Al ocupar ya se estaría lucrando.

La SAP, Madrid, Secc. 2ª, 65/2017, 27-1, afirma que el elemento subjetivo debe abarcar el "*ánimo de lucro o aprovechamiento, concretado en su utilización en beneficio propio o ajeno*". La SAP, Albacete, Secc. 1ª, 339/2012, 20-12, absuelve a un Alcalde acusado de haber ocupado una porción de terreno en contra de la voluntad de los titulares al trazar por en medio de la parcela un camino, cuando ellos permitían que fuese por la linde de la finca. Es cierto que dicha ocupación conlleva evidentemente un perjuicio para el propietario, "*ahora bien* —dice la Sentencia— *de ello no cabe inferir que en este caso el acusado haya procedido a ocupar con carácter exclusivo una porción de terreno para lograr un beneficio económico, o con la finalidad de atentar contra la posesión u otras facultades que el derecho de propiedad confiere, puesto que si bien por su iniciativa se realizaron tales obras de acceso considerando que se recuperaba un camino antiguo que discurría por la parcela, no puede afirmarse que mientras se mantuvo dicha ocupación contra la voluntad del propietario tuviese un beneficio exclusivo y directo, pues tal acceso fue usado y aprovechado, de hecho, por una generalidad indeterminada de personas que usaron dicho acceso, ya que tal acceso beneficiaba a todo el pueblo de Povedilla y también a los vecinos de los pueblos colindantes al poder desplazarse más rápidamente desde dicha localidad para enlazar con el camino público denominado Ruta de Don Quijote*".

3. Causas de justificación

No hay inconveniente en admitir la legítima defensa (con los límites del art. 20.4 CP) por parte de quien va a ser o está siendo desposeído con violencia o intimidación (hay que recordar que la usurpación es un delito permanente). La ocupación pacífica, en cambio, tendría limitada en gran medida (sobre todo si ha pasado más de un año desde la ocupación inicial) la posibilidad de defensa de hecho por los particulares, porque, según se vio, existen vías legales para tutelar la posesión (acciones registrales e interdictos posesorios) (*supra* I.2.2). Si el propietario no acude a estas vías, pudiera incurrir en un delito de coacciones (art. 172 CP, con la agravación de la pena prevista en el párr. 3° del apart. 1 relativa a impedir el legítimo disfrute de la vivienda) o de realización arbitraria del propio derecho (art. 455 CP), si emplea violencia, intimidación o fuerza en las cosas para recuperar la posesión del inmueble. La AP de Barcelona, en un Acuerdo de 7 de marzo de 2025 para la unificación de criterios de las Secciones Penales, considera que "*en caso de que el titular de una finca (en régimen de propiedad o cualquier otro título que habilite su uso), ocupada o que haya sido objeto de allanamiento de morada, no mantenga el alta de los suministro o el abono de los mismos, no será constitutivo de un delito de coacciones*".

Pese a que muchos de los casos que llegan a los Tribunales por estos delitos son relativos a gente como muy escasos recursos económicos, la Jurisprudencia no suele admitir como eximente el estado de necesidad (art. 20.5 CP), ya que existen servicios sociales, vías legales para acceder a la vivienda, se puede contar con la ayuda de familiares, de ONGs, etc., que hacen injustificable acudir a medios delictivos para solventar esa situación de necesidad (MIRAPEIX LACASA). Así, han excluido la aplicación del estado de necesidad, entre otras muchas, las SSAP, Málaga, Secc. 9ª, 458/2009, 17-9; Madrid, Secc. 17ª, 916/2009, 14-9 (*Tol 1626426*) —aunque pide el indulto; Madrid, Secc. 16ª, 649/2009, 15-10 (*Tol 1760525*); Madrid, Secc. 17ª, 278/2014, 20-2; Madrid, Secc. 6ª, 578/2016, 20-10; Madrid, Secc. 30ª, 904/2016, 19-12; Madrid, Secc. 15ª, 125/2021, 15-3; Guadalajara, Secc. 1ª, 51/2021, 17-3; Murcia, Secc. 2ª, 308/2020, 23-12, y Madrid, Secc. 29ª, 9/2021, 12-1.

La SAP, Vizcaya, Secc. 1ª, 90051/2021, 23-2, viene a considerar que el carácter permanente del delito de usurpación influye también decisivamente en la no apreciación de la eximente de estado de necesidad, pues dice: "*no apreciamos que una posesión que se prolonga por tiempo superior a dos años responda a la necesidad de actuar con carácter inmediato lesionando un bien jurídico para salvar una inmediata situación de riesgo o de peligro*", y además, "*durante más de dos años ha debido intentar solicitar ayuda de las instituciones para acometer su problema de vivienda, y el que no se haya hecho, no puede negar ni impedir los legítimos intereses de la perjudicada por su conducta delictiva*". Asimismo, la SAP, Madrid, Secc. 16ª, 375/2021, 6-7, excluye la eximente de estado de necesidad "*no porque el Tribunal quiera desconocer que la acusada atraviese una difícil situación económica (está documentado que tiene dos hijos menores de edad a cargo y que cuenta como ingreso con una renta mínima, que escasamente rebasa la suma de cuatrocientes euros), sino porque... esa situación, si bien podría componer un escenario que podría llevar a apreciar cierta minoración de la responsabilidad criminal ante una necesidad puntual (acceder a una vivienda sin autorización, con hijos menores de edad a cargo), con una ocupación temporal, se diluye cuanto más se mantiene en el tiempo*

(SAP Madrid, Secc. 30ª, nº 385/20, de 15 de octubre), privando de la posición al titular del inmueble que, contrariamente a lo esgrimido por la recurrente, no tiene obligación de procurarle una vivienda". En este caso la ocupación se mantuvo durante más de seis meses.

La SAP, Madrid, Secc. 17ª, 789/2019, 25-11, señala también que *"los particulares no tienen obligación de soportar la necesidad de vivienda que los sectores menos favorecidos por la sociedad puedan tener, sino que las administraciones públicas, estatal, autonómica o local deben sufragar dichas necesidades, sin que exista una obligación de sacrificio de un bien jurídico por parte de los particulares en beneficio de otro particular, ya que el sistema tributario es directo y proporcional en sentido de que los que más tengan deben aportar más para que los menos favorecidos puedan acceder, al menos, a bienes de primera necesidad, pero no existe la obligación amparada por la ley de sacrificar bienes particulares en beneficio de lo que se consideran necesidades de tipo social"*.

No obstante, en casos muy extremos sí se ha llegado a apreciar como completa [entre otras, SSAP, Madrid, Secc. 6ª, 556/1999, 1-12; Murcia, Secc. 3ª, 39/2002, 9-5; Castellón, Secc. 3ª, 329/2004, 26-11 (*Tol 581897*); Cáceres, Secc. 2ª, 49/2005, 22-4 (*Tol 622694*); Madrid, Secc. 1ª, 160/2020, 25-5; Segovia, Secc. 1ª, 33/2020, 30-12; Barcelona, Secc. 7ª, 568/2021, 16-7], o como incompleta [entre otras, SSAP, Murcia, Secc. 4ª, 50/1998, 29-5; Murcia, Secc. 2ª, 87/1998, 3-9; Madrid, Secc. 15ª, 176/2000, 28-4, y Madrid, Secc. 15ª, 234/2004, 28-5 (*Tol 771966*)], o como atenuante por analogía (SAP, Málaga, Secc. 9ª, 335/2013, 12-6, debido a la precaria situación económica de los acusados, que además debían hacerse cargo de un menor de dos años), sin olvidar que la responsabilidad civil se sigue manteniendo (SSAP, Madrid, Secc. 16ª, 34/2019, 23-1, y Secc. 30ª, 67/2021, 11-2) y también que en algunos casos se absuelve por falta del tipo subjetivo (bien porque se trata de una ocupación temporal, bien porque se desconoce la falta de autorización del titular; por ejemplo, SAP, Badajoz, Secc. 3ª, 72/2007, 12-4).

4. *Autoría y participación*

No plantea problemas específicos, salvo los propios de la debida identificación de los responsables, particularmente en casos de ocupación colectiva de un inmueble.

Por ejemplo, la STSJ, Andalucía, Secc. 1ª, 36/2013, 21-11 (caso SAT), declara que inicialmente fueron unas quinientas personas las que entraron en la finca, si bien sólo unos cuarenta individuos permanecieron luego en la finca ocupada entre el 24 de julio y el 10 de agosto de 2012. El TSJ entendió que sólo cinco personas quedaron debidamente identificadas a efectos de resultar responsables penalmente de la ocupación. Y es que, aunque hubo 49 acusados, aparte de los 5 identificados, sin embargo, se les absolvió por falta de pruebas. Dice: *"Habida cuenta de que el atestado no tiene más valor que el de denuncia, y que los agentes que intervinieron en las diligencias de identificación no han comparecido como testigos para ratificar la veracidad de las identificaciones y exponer el modo en que se llevaron a cabo, únicamente existe como prueba practicada en juicio la genérica ratificación de lo manifestado en sus sucesivos atestados por el Instructor de los mismos, el Capitán de la Guardia Civil, siendo dudoso que una ratificación tan genérica de una mera denuncia tenga la suficiente intensidad probatoria como para vencer la presunción de inocencia de las 49 personas restantes"*. Y continúa: *"La referida prueba únicamente acreditaría que estas 49 personas se encontraban en la zona ocupada de la finca en la madrugada del día 10 de agosto, entre las 6.30 y las 9.00 horas, es decir, en el momento final de la ocupación, sin que pueda presumirse con efectos de responsabilidad penal que participaron en la entrada en la finca y posterior decisión de instalarse en acampada, ni que hubiesen realizado actos posesorios o de dirección de las operaciones de ocupación"*.

Igualmente, la SAP, Tenerife, Secc. 2ª, 267/2021, 27-7 (*Tol 8650958*), no consideró suficiente para la identificación de los autores la declaración del representante legal de la entidad denunciante, quien afirmó haber hablado con las dos personas que se introdujeron en la vivienda aportando sus datos personales, ni un oficio de la Policía Local en el que se hizo constar la identificación de los ocupantes de la vivienda, ni tampoco que los denunciados recogieron la citación judicial precisamente en la vivienda afectada. Y es que los acusados no figuraban identificados en la denuncia inicial; al no comparecer los denunciados al acto del juicio oral, el representante legal de la entidad denunciante tampoco les pudo reconocer; tampoco acudieron al acto del juicio oral los agentes de la policía local que identificaron a los moradores del inmueble y corroborar dicha identificación ante la Jueza; y finalmente, la cédula de citación a la vista del juicio oral sólo deja constancia de la recepción de dicha citación, pero carece de eficacia probatoria para acreditar los hechos denunciados.

Al ser un delito permanente, como ya se indicó, aquellas personas que intervengan durante la ocupación serían también autores o partícipes, incluso durante el desalojo.

Ahora bien, tienen que darse todos los elementos del tipo, y por ejemplo, en la SAP, Madrid, Secc. 15ª, 363/2003, 10-9 (*Tol 325711)*, no se condenó ni como autor, ni como partícipe, a quien se encontraba junto con otros en la azotea del edificio ocupado el día del desalojo, porque ni fue autor por sí mismo de una ocupación, ya que no se demostró que tuviese intención de "hurtar" la posesión del inmueble, ni tampoco cooperador de la ocupación de otros, ya que no colaboró a que otros se mantuviesen en ella, pues todos ellos, tras las oportunas conversaciones y el correspondiente requerimiento, accedieron voluntaria y pacíficamente a descender de la azotea. Así pues, ni ocupó el inmueble, ni tampoco colaboró a que otros se mantuviesen en dicha ocupación.

En parecidos términos, también la SJP, Bilbao nº 5, 21/2015, 4-2, que no se puede fundamentar una condena por delito de usurpación a los 23 acusados *"por el solo hecho de su presencia en la azotea esa noche ni que participaran en la entrada en el inmueble y posterior decisión de instalarse en el inmueble [que data de 1998], ni que los acusados hubiesen realizado actos posesorios o de dirección de las operaciones de ocupación"*. *"Aunque pueda sospecharse que algunos… de quienes estaban el día del desalojo en la azotea… pudieron formar parte del grupo que participó en la toma de decisiones para el mantenimiento de la ocupación del edificio, eso no puede predicarse de 'cada uno' de ellos, lo que impide su condena sin vulnerar la presunción de inocencia"*. En conclusión: *"No consta que ninguno de los acusados adoptara la decisión ni participara materialmente en cerrar los accesos, lo cual se realizó semanas antes de ejecutarse el desalojo y todos los acusados niegan su participación en tales decisiones o actos"*.

Se puede considerar cooperador (necesario o no en función de las circunstancias) a quien colabora para que otro ocupe el inmueble, como sucedió en el caso juzgado por la SAP, Sevilla, Secc. 1ª, 396/2004, 17-9 (*Tol 7890591*) (la ayuda consistió en la recolocación de la puerta a fin de que su hija —menor de edad— pudiese utilizar la vivienda, lo que se estimó como complicidad).

5. Iter criminis

No son punibles los actos preparatorios de conspiración, proposición y provocación (art. 269 CP).

Hemos calificado este delito de resultado, consistiendo éste en el despojo y toma de posesión efectiva de los bienes inmuebles o derechos reales inmobiliarios, por lo que es posible la tentativa, tanto acabada como inacabada. En cambio, si se concibe como un delito de mera actividad, sólo sería posible la tentativa inacabada.

La Jurisprudencia ha admitido casos de tentativa, como por ejemplo las SSAP, Madrid, Secc. 2ª, 458/2002, 17-10: no logró entrar en la vivienda debido a la llegada de la Policía; Sevilla, Secc. 1ª, 396/2004, 17-9; Madrid, Secc. 6ª, 465/2006, 24-11: ante la presencia policial sale huyendo, y Madrid, Secc. 1ª, 179/2014, 11-4: mientras una vigilaba, el otro violentó la puerta de entrada a la vivienda, sin lograr su propósito al ser sorprendidos por agentes del CNP, quienes les intervinieron una máquina radial con sus discos, dos destornilladores y una palanca metálica (no condenó por tentativa de robo, pero sí por usurpación).

6. Concursos

En cuanto a la relación de las distintas modalidades de usurpación entre sí, diremos que la usurpación violenta o intimidatoria es preferente frente a las pacíficas, incluidas las de los arts. 246 y 247 CP, sin que pueda haber un concurso ideal de delitos entre ellas.

Bien porque la usurpación se lleve a cabo de un modo violento o intimidatorio, bien por el carácter permanente que tienen las propias conductas típicas, hay que excluir la posibilidad de apreciar un delito continuado de usurpación sobre el mismo bien inmueble. No obstante, nada impide apreciar un delito continuado de usurpación en el caso de quien, por ejemplo, va ocupando sucesivas viviendas en un mismo edificio, pasando de una a otra, aprovechándose de la falta de atención o de celo por parte de sus respectivos dueños. En estos casos no tiene sentido aplicar la regla penológica específica prevista en el art. 74.2 CP, pues la sanción prevista para el delito de usurpación no se gradúa en función del perjuicio causado o del bien sustraído. No hay aquí una graduación similar a la que se establece en el hurto (art. 234.1 y 2 CP) o en la estafa (arts. 249, 250.1.5º y 250.2 CP), por ejemplo. Habría que castigar, entonces, según la regla penológica general que disciplina el delito continuado del art. 74.1 CP. No obstante, lo normal será que en casos de sucesivas ocupaciones de viviendas estemos ante un concurso real de delitos —diferentes acciones que dan lugar cada una de ellas a un delito— [p.ej., la SAP, Barcelona, Secc. 8ª, 41/2021, 14-1 (*Tol 8390136*)].

Es frecuente que la ocupación de bienes inmuebles entre en concurso con el delito de daños (fractura de cerradura, puerta, pared, ventana, etc., para acceder al interior del inmueble —concurso medial—; o destrozos como represalia ante el próximo desalojo —concurso real—), pero hay que demostrar más allá de cualquier duda razonable, que quien ocupa el inmueble es quien ha cometido los daños. Por eso, en muchas sentencias se acaba absolviendo por este delito [por ejemplo, SSAP, Barcelona, Secc. 6ª, 838/2009, 10-12 (*Tol 1794541*); Barcelona, Secc. 5ª, 487/2010, 14-5 (*Tol 1918195*)]. No hay inconveniente en apreciar la continuidad delictiva en los daños. No obstante, también en muchos casos no se acusa por daños y se condena simplemente al abono de una indemnización por los daños y perjuicios ocasionados.

La modalidad violenta o intimidatoria puede entrar en concurso (ideal) con un delito de allanamiento, si la vivienda ocupada constituye morada (*supra* II.1.2.1.). La modalidad pacífica, por expresa previsión legal (art. 245.2 CP), que excluye como objeto material típico los inmuebles que constituyan morada, es imposible que entre en concurso con el allanamiento. En cambio, al no tratarse de una morada, no estaría excluido el concurso de delitos entre el allanamiento de domicilio de persona jurídica o establecimiento abierto al público del art. 203 CP y la usurpación de bienes inmuebles del art. 245 CP, ya que el desvalor de uno y otro delito es diferente, no bastando con aplicar un solo precepto para comprender todo el contenido desvalorativo del hecho (contrario a este parecer se muestra, entre otros, JIMÉNEZ PARÍS).

El art. 245.1 CP guarda estrecha relación con el art. 172 CP, por cuanto que ambos requieren el empleo de la violencia, pero con independencia del distinto alcance que se otorgue a la misma en uno y otro delito, creemos que la diferencia entre la usurpación violenta y las coacciones estriba en el diferente contenido de injusto de cada uno. En las coacciones lo que se protege es simplemente la libertad de obrar, en la usurpación además el patrimonio inmobiliario. Por eso consideramos que la relación entre ambos es la de un concurso aparente de leyes penales a resolver por especialidad a favor de la usurpación.

La LO 5/2010 permite afianzar esta conclusión, por cuanto que antes la aplicación del art. 245.1 CP en vez del 172 CP podía suponer un privilegio injustificado, en función de las penas previstas (multa en uno frente a prisión en otro). Ahora, con la previsión de una pena de prisión de uno a dos años, el privilegio ya no es tal. Aunque el art. 172 CP sigue teniendo un máximo de hasta tres años, el mínimo es mayor en el art. 245.1 CP y además la usurpación violenta siempre es constitutiva de delito menos grave, mientras que una coacción leve puede ser considerada como delito leve (apart. 3 del art. 172 CP).

La usurpación violenta o intimidatoria no se trata, por tanto, de un delito exclusivamente patrimonial, sino que es un delito pluriofensivo. Esta conclusión entendemos que vendría avalada también por la cláusula concursal del art. 245.1 CP, según la cual habría ciertos aspectos del ataque a la libertad que quedarían absorbidos por el delito de usurpación. Ello incluiría también el supuesto agravado de coacciones de impedir el disfrute pacífico de la vivienda del párr. 3 del art. 172.1 CP.

En el momento del desalojo también se pueden producir otros delitos, como el delito de atentado [por ejemplo, la SAP, Barcelona, Secc. 5ª, 16-1-2003 (*Tol 285893)*]. También cabe el concurso de delitos con los desórdenes públicos del art. 557 ter CP. A este respecto JIMÉNEZ PARÍS sería partidario de limitar el delito de usurpación exclusivamente a aquellas conductas que lesionen el patrimonio inmobiliario (las de los ocupas con "c") y relegar las conductas de okupación (con "k") a los desórdenes públicos, proponiendo que se amplíe el objeto material del art. 557 ter CP y se incluya también "los inmuebles, viviendas o edificios ajenos que no constituyan morada", de tal modo que se protegiese junto al orden público también el patrimonio inmobiliario. Pero esto es una propuesta de *lege ferenda* y no de *lege lata*.

La STS 800/2014, 12-11 (caso SAT) (*Tol 4587163*), consideró que en ese supuesto (ocupación de una finca militar con el fin de reivindicar un uso agrícola o similar) no cabía apreciar un delito de desobediencia grave, pues la negativa de los ocupantes a abandonar voluntariamente la finca fue precisamente el contenido de injusto que integra el delito de usurpación. "*El acto simbólico de protesta social (atípico) se convierte en delictivo porque los acusados habían configurado la ocupación como indefinida, acordando no abandonar la finca hasta que fuesen obligados a ello por la fuerza. No cabe sancionar repetidamente esta acción, ya penada como usurpación, añadiendo una segunda figura delictiva, a través del delito de desobediencia*".

En alguna ocasión ha entrado en concurso con el homicidio, siendo la nave industrial ocupada el lugar donde se mató a la víctima (SAP, Barcelona, Secc. Tribunal del Jurado, 23/2013, 6-6); con los abusos sexuales, siendo el inmueble ocupado el lugar donde se mantuvieron relaciones sexuales con una menor de 16 años (STSJ, Madrid, Secc. 1ª, 199/2021, 11-6), con las defraudaciones de fluido eléctrico o análogas (por ejemplo, la SAP, Castellón, Secc. 2ª, 308/2016, 23-12, por defraudación de energía eléctrica; o la SAP, Madrid, Secc. 6ª, 225/2014, 11-4, en este caso de agua) o con el tráfico de drogas (SAP, Huelva, Secc. 3ª, 148/2015, 22-9).

7. Responsabilidad civil

La responsabilidad civil comprende, por supuesto, la restitución de la posesión del inmueble o derecho real inmobiliario y la indemnización por los daños y perjuicios sufridos, de los cuales puede incluso responderse objetivamente, según lo dispuesto en el art. 457 CC: "[…] *El poseedor de mala fe responde del deterioro o pérdida en todo caso, y aun de los ocasionados por fuerza mayor cuando maliciosamente haya retrasado la entrega de la cosa a su poseedor legítimo*". No obstante, la práctica de los Tribunales es que, si no consta fehacientemente que los ocupantes hayan sido ellos quienes causaron los daños, no responden civilmente (por ejemplo, la SAP, Madrid, Secc. 2ª, 41/2017, 20-1 (*Tol 6042750*), no fija indemnización alguna, "*dado que los hechos probados declaran que no consta el empleo de fuerza alguna para acceder a la vivienda*").

Por ejemplo, la SAP, Madrid, Secc. 6ª, 101/1998, 6-3; igualmente la SAP, Vizcaya, Secc. 1ª, 90051/2021, 23-2, aprecia que el desalojo es de sentido común, porque de no producirse, "*se estaría condenado a una persona por la comisión de un hecho delictivo y al mismo tiempo se le estaría autorizando a que lo continuase cometiendo, se estaría permitiendo una situación de flagrancia delictiva continuada en el tiempo, otorgando bendiciones a la comisión de un delito permanente; situación de todo punto de vista inadmisible para cualquier ciudadano, y menos aún para una Autoridad Judicial*". En este caso, aunque no se dispusiese el desalojo de la vivienda en el fallo de la sentencia en primera instancia, la AP entendió que sea en la fase de ejecución de la sentencia cuando la recurrente lo inste.

El desalojo afecta a todas las personas que se encuentren en el interior del inmueble en el momento de ejecutarlo, incluidos los acusados absueltos (SAP, Madrid, Secc. 30ª, 331/2018, 31-5).

La STSJ, Andalucía, Secc. 1ª, 36/2013, 21-11 (caso SAT), fijó el quantum de la responsabilidad civil englobando tanto los daños y perjuicios *stricto sensu*, como los gastos de limpieza de la zona de acampada, y condenó también subsidiariamente al Sindicato Andaluz de Trabajadores (SAT) a indemnizar al Ministerio de Defensa por los daños y perjuicios, que era el titular de la finca ocupada.

La SAP, Madrid, Secc. 4ª, 42/2013, 8-4, condenó a abonar una indemnización por cada uno de los meses de ocupación ilícita del inmueble, en concepto de lucro cesante derivado de no haber podido arrendar la casa durante ese período. El propietario solicitaba 700 €/mes, pero en el plenario no quedó acreditado que el propietario hubiese podido arrendar su inmueble a semejante precio sin previamente hacer reformas que lo hicieran habitable. Se redujo la indemnización, entonces, a 600 €/mes, porque es la cantidad que el propio acusado afirmó que estaba dispuesto a abonar por el arrendamiento.

También es posible, aunque resulte paradójico, que haya que indemnizar al "okupa", pues muchos de ellos rehabilitan los edificios. Según lo dispuesto en el art. 455 CC: "*El poseedor de mala fe abonará los frutos percibidos y los que el poseedor legítimo hubiera podido percibir, y sólo tendrá derecho a ser reintegrado de los gastos necesarios hechos para la conservación de la cosa. Los gastos hechos en mejoras de lujo y recreo no se abonarán al poseedor de mala fe; pero podrá éste llevarse los objetos en que estos gastos se hayan invertido, siempre que la cosa no sufra deterioro, y el poseedor legítimo no prefiera quedarse con ellos abonando el valor que tengan en el momento de entrar en la posesión*".

8. Aspectos procesales

Cabe la adopción del desalojo del bien inmueble ocupado como medida cautelar para proteger a los ofendidos o perjudicados por el hecho delictivo (art. 13 LECr), pues si "*el desalojo y lanzamiento de quienes ocuparon sin autorización debida un inmueble ajeno debiera practicarse en ejecución de la sentencia que recayera en la causa penal o en un proceso civil si la misma terminara por archivo, supondría tanto como abocar de 'facto' a la imposibilidad de adoptar medidas de carácter cautelar en el marco del proceso penal*" [AAP, Barcelona, Secc. 2ª, 624/2004, 22-12; también lo admite el AAP, Madrid, Secc. 2ª, 214/2005, 18-5 (*Tol 770676*), o la SAP, Murcia, Secc. 2ª, 75/2010, 27-4]. Ahora bien, para que se pueda adoptar como medida cautelar resulta obligado examinar, como con cualquier otra cautelar, que concurra *fumus boni iuris, periculum in mora* y proporcionalidad.

Por ejemplo, la SAP, Madrid, Secc. 29ª, 153/2016, 17-3, consideró que no procedía acordarlo, porque no constaba acreditado un riesgo en la demora para la denunciante (la Sareb), de tal forma que el retraso en la ejecución del desalojo ocasionara a ésta un grave perjuicio o hiciera la devolución de la posesión imposible o de difícil ejecución. Llama también la atención sobre el hecho de que *"el procedimiento por delito leve tiene una nota característica [que es] la concentración de todos los trámites en el juicio oral, por lo que no resulta contrario a su estructura que también en dicho acto se analice la concurrencia de la adopción de una medida cautelar; aunque podría resultar más adecuado que la decisión sobre la medida solicitada se adoptara en auto (con su propio régimen de recursos) y no en la propia sentencia"*. El AAP Córdoba, Secc. 3ª, 313/2019, 13-5, tampoco consideró procedente el desalojo como medida cautelar, *"porque privar del uso de una vivienda a personas cuyo título civil de ocupación se desconoce para satisfacer el derecho constitucional no fundamental de propiedad de la sociedad denunciante, a través de una medida cautelar forzada y a destiempo en un proceso penal por delito de naturaleza leve, resulta significativamente desproporcionado cuando el juicio oral por esta infracción menor en que se tiene que ventilar el conflicto de posesión surgido debiera de ser inminente"*.

El AAP, Madrid, Secc. 2ª, 264/2005, 15-6, no requiere que se identifique a los moradores del edificio para proceder al desalojo. El AAP, Valencia, Secc. 2ª, 883/2020, 2-10, entiende que no se puede resolver sobre el desalojo *inaudita parte* en vía de recurso de apelación y debe ofrecerse la posibilidad de audiencia a los afectados, por lo que debe ser el Juzgado instructor, quien, ofreciendo dicha posibilidad de audiencia, resuelva la cuestión planteada.

A estos efectos, primero por parte de algunas Fiscalías autonómicas (concretamente la Instrucción del Fiscal Superior de las Islas Baleares de 10-6-2019 y el Decreto de la Fiscalía Provincial de Valencia de 20-8-2020) y luego por la Fiscalía General del Estado (con la Instrucción 1/2020, 15-9), así como desde el propio ámbito de las Fuerzas y Cuerpos de Seguridad del Estado (por medio de la Instrucción 6/2020 de la Secretaría de Estado de Seguridad), se han adoptado una serie de Protocolos e Instrucciones específicamente dirigidos a aprovechar y hacer efectivos los cauces existentes para prevenir la usurpación de bienes inmuebles.

Así, la **Instrucción del Fiscal Superior de las Islas Baleares de 10-6-2019** concluye que *"los Cuerpos y Fuerzas de Seguridad actuarán directamente y de forma inmediata sin necesidad de solicitar medidas judiciales cuando la ocupación ilegal de un inmueble revista características de delito, desalojando a los ocupantes ilegales y [procediendo a] su detención, si procede, instruyendo el correspondiente atestado en el que se incluirán, además, aquellas otras conductas que puedan ser constitutivas de otros hechos delictivos"*. Y continúa: *"Sólo cuando existan dudas sobre la naturaleza delictiva de la conducta realizada en los casos de ocupación de inmuebles se solicitarán previamente las correspondientes medidas judiciales"*.

El **Decreto de la Fiscalía Provincial de Valencia de 20-8-2020** dispone que en caso de allanamiento de morada *"procederá el desalojo inmediato de la vivienda por parte de las Fuerzas y Cuerpos de Seguridad del Estado"*, instando las/los Sras/es Fiscales *"la adop-*

ción inmediata, como medida cautelar, del desalojo inmediato y la restitución de la posesión con carácter cautelar al morador por cuanto al tratarse de un delito menos grave y afectar de forma clara y directa a un derecho fundamental (inviolabilidad del domicilio) concurrirán en todo caso los presupuestos de urgencia, necesidad y proporcionalidad de la medida". Y lo mismo predica para el allanamiento de domicilio de persona jurídica o establecimiento abierto al público fuera de las horas de apertura. En el caso de la usurpación de bienes inmuebles, considera que la proporcionalidad de la medida cautelar *"no ha de venir determinada por la calificación jurídica de los hechos, delito leve, sino por las circunstancias concretas del supuesto"* y *"habrá que realizar una ponderación de las circunstancias concurrentes (estado del inmueble ocupado, explicación ofrecida por los ocupantes, realización de actividades en el inmueble que puedan resultar dañinas o peligrosas, necesidad del titular de disponer con urgencia de la posesión, etc.)"*. Particularmente *"será necesario que se haya desplegado una mínima actividad de comprobación de al menos tres extremos: la titularidad del inmueble, falta de autorización y ausencia de título legítimo en la ocupación"*.

Por su parte, la **Instrucción de la FGE 1/2020, 15-9**, sobre criterios de actuación para la solicitud de medidas cautelares en los delitos de allanamiento de morada y usurpación de bienes inmuebles, ordena a las/los Sras./Sres. Fiscales Jefes que, en la primera reunión de la Comisión Provincial de Coordinación de la Policía Judicial, se trasladen una serie de pautas de actuación a las Unidades de Policía Judicial, como que el atestado incluya los documentos, declaraciones y cualesquiera otras fuentes de prueba que sirvan para determinar no solo el título acreditativo del derecho invocado, sino también las circunstancias espacio-temporales en las que se haya producido la ocupación del inmueble, la identidad y número de los posibles autores, su eventual estructura organizativa, la finalidad perseguida con la ocupación... Habrá de dejarse constancia expresa de la voluntad favorable del denunciante a solicitar la medida cautelar de desalojo. También resultará útil interesar del titular, para su unión al atestado, la correspondiente certificación registral firmada electrónicamente, pudiendo obtenerse *on line* en tan solo 7 horas hábiles, aproximadamente.

Para que los Fiscales soliciten la medida cautelar de desalojo de los ocupantes y la restitución del inmueble, se precisará que concurran los requisitos de *fumus boni iuris, periculum in mora* y proporcionalidad. Se respetarán las garantías del investigado, procurando su audiencia a fin de determinar la eventual existencia de título legítimo. Pero en el caso de que el investigado desoyera la citación sin alegar justa causa o cuando su citación o su identificación no se pueda producir a causa de su actuación deliberada, se interesará la adopción de medidas cautelares *inaudita parte,* aunque trasladando la petición a su abogado defensor para que efectúe las alegaciones que estime oportunas.

Respecto del allanamiento de morada, se solicitará la medida cautelar siempre que existan indicios sólidos de su comisión, con excepción de aquellos casos en los que se constate que la posesión del inmueble se ha venido tolerando por el legítimo morador, lo cual revela la inexistencia de *periculum in mora*. Para la usurpación pacífica de bienes inmuebles se solicitará cuando el sujeto pasivo de la infracción sea una persona física, una persona de naturaleza pública o una entidad sin ánimo de lucro de utilidad pública, siempre que se constate la lesión del *ius possidendi* (derecho a poseer el bien) y pudiera producirse una grave quiebra del *ius possessionis* (tenencia material y concreta del bien). En particular, *"en aquellos supuestos en los que el inmueble no parezca gozar de un uso o una expectativa de uso actuales, singularmente en el caso de viviendas deshabitadas y que, a modo de ejemplo, no se encuentren en proceso de comercialización o reforma..., deberá atenderse a la concurrencia de otras circunstancias que aconsejen la adopción de la medida cautelar"*. En el caso de que la víctima sea una persona jurídica de naturaleza privada, se procederá de igual modo que en el caso de los inmuebles que no parezcan gozar de un uso o de una expectativa de uso actuales. En todos estos supuestos se tendrá en cuenta no solo a las víctimas o perjudicados por el delito, sino también a los vecinos y colindantes.

Cuando se observe una situación de especial vulnerabilidad en las personas que ocupen el inmueble (personas en situación de claro desamparo, menores, personas con discapacidad, etc.), los Fiscales interesarán simultáneamente que los hechos se pongan en conocimiento de los Servicios Sociales, a fin de que adopten *"con carácter necesariamente previo al desalojo"* las medidas oportunas, proveyendo en su caso las soluciones residenciales que procedan.

Y la **Instrucción 6/2020, de la Secretaría de Estado de Seguridad**, por la que se establece el Protocolo de actuación de las Fuerzas y Cuerpos de Seguridad del Estado ante la ocupación ilegal de inmuebles, además de ordenar medidas policiales para la prevención e investigación con carácter general de estos delitos —como crear un censo dinámico de las vivientes e inmuebles ocupados ilegalmente, obtener un mapa lo más fidedigno posible sobre las zonas de mayor impacto, establecer contactos y colaboración con asociaciones de vecinos, realizar campañas informativas, reforzar los canales de contacto e información al ciudadano, en particular la aplicación Alertcops, etc.—, se centra sobre todo en la actuación operativa de los miembros de las FCSE.

En el caso de allanamiento de morada, los agentes procederán a la plena identificación de los ocupantes, *"debiendo evitar que esta situación se prolongue en el tiempo y produzca mayores efectos"*. La actuación policial básica debe conllevar: la identificación y ubicación del inmueble; la identificación de todas las personas ocupantes, solicitándoles si disponen de algún título, contrato o autorización del titular; identificación del propietario o persona titular del derecho que le habilite al disfrute del inmueble, informándole que es necesaria la interposición de denuncia; identificación de testigos que hayan presenciado los hechos (particulares, vigilantes, conserjes...); inspección técnico ocular para constatar daños, defraudaciones de fluido eléctrico, así como indicios de los que se pueda deducir la voluntad de permanencia; instrucción del atestado; y en caso de existencia de menores o personas especialmente vulnerables, ponerlo inmediatamente en conocimiento de los servicios sociales para que se hagan cargo de las personas desalojadas, si procediese; así como adoptar las medidas de seguridad convenientes para evitar que vuelva a ser ocupado. Para ser posible el desalojo de los ocupantes por los propios agentes resulta fundamental acreditar la existencia de flagrancia delictiva, pudiendo considerarse que concurre cuando los hechos son presenciados directamente por los agentes, cuando los vecinos y/o testigos avisan que hay personas entrando en un inmueble utilizando la fuerza, mediante el aviso de una central de alarmas, por la manifestación del vigilante de una empresa de seguridad o el conserje, o por otras vías por las que puedan tener conocimiento (redes sociales, por ejemplo). Cabe asimismo proceder a la detención.

En el caso de usurpación (inmuebles que no constituyen morada), hay que distinguir según que esté o no presente la flagrancia en la comisión del delito. Si está presente se actuaría de igual forma que para el allanamiento de morada. *"La falta de constatación [flagrancia] de la comisión del delito supone la imposibilidad de acceder o desalojar el inmueble en cuestión, salvo que se disponga de una previa autorización judicial que así lo acuerde"*. Las actuaciones básicas serán similares a las antes descritas, pero con la particularidad de que, al tratarse de un delito leve, no cabe la detención, pero se identificará plenamente a los presuntos autores.

En caso de que fuese una infracción administrativa (ocupaciones ocasionales o esporádicas, sin vocación de permanencia o de escasa entidad), se seguirá el procedimiento sancionador correspondiente, no siendo obstáculo el que se inicie también un proceso penal. En este caso, si hubiese triple identidad de sujeto, hecho o fundamento, se tendría que paralizar el procedimiento administrativo hasta que se dicte sentencia penal, que vincula en cuanto a los hechos declarados probados.

No cabe apreciar la excepción de cosa juzgada si el sujeto ya ha sido juzgado por un delito de usurpación, pero respecto de la ocupación de vivienda distinta, aunque en el mismo edificio (SAP, Asturias, Secc. 2ª, 231/2002, 24-10). Igualmente, la SAP, Almería, Secc. 2ª, 293/2021, 21-7 (*Tol 8666781*), revoca una condena y absuelve, porque hubo un error en la valoración de la prueba, ya que la vivienda que ocupaba el acusado no es la vivienda propiedad de la denunciante, no produciendo efectos de cosa juzgada respecto de dicha vivienda, "*y la denunciante podrá presentar nueva denuncia para que se identifique a los moradores inconsentidos de su propiedad*".

En caso de ocupación de varias viviendas en un mismo edificio, si no hay concierto entre todos los ocupantes, cada delito dará lugar a la formación de una causa, pues no habría conexidad entre ellos (art. 17 LECr). No obstante, el AAP, Madrid, Secc. 15ª, 623/2011, 30-9, entendió que no había vulneración del derecho a la tutela judicial efectiva ni se producía indefensión, si se atribuyese a un único órgano judicial la competencia para el conocimiento de varios de esos hechos punibles, pues "*el procedimiento seguido es el adecuado para todos los hechos y el órgano judicial es competente, objetiva, funcional y territorialmente*". No habría objeción para oponerse a la tramitación conjunta y siempre cabría dentro de ese mismo procedimiento acudir, para una mayor claridad y agilidad, a la formación de piezas separadas prevista en la regla 6ª del art. 762 LECr.

Si bien la declaración del denunciante puede ser suficiente para acreditar unos hechos ilícitos penalmente, sin embargo, dicha declaración tiene que presentar una serie de requisitos que justifiquen darle tal valor probatorio. En el caso de la SAP, Madrid, Secc. 29ª, 261/2018, 17-5 (*Tol 6717877*), ni siquiera hubo declaración alguna, pues la Letrada de Bankia, que no es su representante legal, fue quien manifestó en el juicio oral que Bankia no autorizaba la ocupación. No hubo una correcta valoración de la prueba, por lo que se revocó la sentencia para no conculcar el derecho fundamental a la presunción de inocencia.

No resulta admisible acordar el sobreseimiento provisional de las actuaciones sin practicar previamente diligencia alguna, tal y como obligan los arts. 299 y 779.1 LECr. No procede acordar dicho sobreseimiento afirmando que el denunciante no ha aportado documentación acreditativa de la titularidad de la vivienda, sin requerirle previamente para que la aporte, sin haberle oído como perjudicado, sin ordenar a la policía que lleve a cabo las gestiones necesarias para el esclarecimiento de lo ocurrido y la identificación de los ocupantes de la vivienda (AAP, Málaga, Secc. 7ª —Melilla—, 32/2020, 25-2).

En el delito leve de usurpación pacífica del art. 245.2 CP, que prevé una pena de multa de tres a seis meses, conforme a lo dispuesto en el párr. 2º del art. 967.1

LECrim, la asistencia Letrada es preceptiva, con lo cual, si el Juez considera que el juicio se podía celebrar en rebeldía de los acusados, debe intervenir en todo caso la Letrada de la defensa [SAP, Las Palmas, Secc. 2ª, 331/2019, 4-11 (*Tol 7884176*)].

La STC 47/2020, de 15 de junio, otorgó el amparo solicitado por quien fue condenada como autora de un delito de usurpación, ya que entiende que "el principio acusatorio requiere, en su contenido constitucional, que la pretensión punitiva se exteriorice en cada una de las instancias, siendo inadmisibles las acusaciones implícitas". La recurrente había sido acusada como autora de un delito leve de usurpación de bienes inmuebles y resultó absuelta por el Juzgado de Instrucción. La Sareb presentó recurso de apelación frente al pronunciamiento absolutorio y solicitó que la acusada fuera condenada como autora del delito leve de usurpación de bienes inmuebles del artículo 245.2 CP. En ninguno de sus apartados especificó una pretensión punitiva acorde con la calificación de los hechos que sustentó, solicitando únicamente en el suplico que, con estimación del recurso, se condenara a la denunciada a la restitución de la posesión del inmueble en un plazo razonable y, en otro caso, a que fuera desalojada de la vivienda mediante la fuerza pública. Presentado el recurso, el abogado de la acusada presentó un escrito en el que informó al Juzgado de Instrucción de que había desalojado voluntariamente la vivienda, entendiendo que, en esa situación, el recurso de apelación contra la sentencia carecía de objeto. Pese a todo, el Juzgado de Instrucción tramitó y remitió el recurso a la Audiencia Provincial, que entendió subsumibles los hechos declarados probados en el art. 245.2 CP y, revocando la sentencia absolutoria, condenó a la acusada como autora del delito leve de usurpación, imponiéndole una pena de multa de tres meses en cuota diaria de 3 €, ordenando la restitución de la posesión del inmueble. De inmediato, la acusación presentó un escrito en el Juzgado de Instrucción encargado de la ejecución. En él reconocía la recuperación del inmueble y solicitaba el archivo de las actuaciones, no obstante, lo cual, el Juzgado de Instrucción requirió a la condenada al pago de la multa.

III. ALTERACIÓN DE LINDES

1. *Bien jurídico protegido*

Entre las facultades dominicales sobre bienes inmuebles, además de las de goce, disfrute y disposición, se encuentra también la facultad de exclusión, es decir, la facultad de impedir a los demás el acceso o el goce de la cosa propia. Se suelen distinguir dos dimensiones en esta facultad de exclusión. Por un lado, en su aspecto represivo, la facultad de exclusión comprendería un conjunto de medidas tendentes a poner término a una perturbación o lesión ya consumada, como, por ejemplo, la acción reivindicatoria (art. 348.2 CC) o el interdicto de recuperación de la posesión (art. 250.1.4º LEC), que ya vimos *supra* I.2.2. Por otro lado, la facultad de exclusión presenta también un aspecto preventivo, que consistiría en la facultad de poner la cosa en determinadas condiciones que eviten una eventual intromisión o perturbación por parte de terceros. Dos manifestaciones concretas de esta dimensión preventiva de la facultad de exclusión serían el derecho que todo propietario tiene a cerrar sus fincas o heredades, reconocido en el art. 388 CC, y la facultad que se otorga al propietario para proceder a su deslinde, con citación de los dueños de los predios colindantes, prevista en el art. 384 CC.

Téngase presente que hasta el siglo XIX no estaba permitido el cerramiento de las fincas rústicas. El de las urbanas nunca se discutió. En el Antiguo Régimen, los usos y privilegios feudales obligaban a los propietarios a dejar sus campos abiertos, sin muros o cercas, tanto para el ejercicio de la caza por el señor feudal o el Rey, como para el pasto de los rebaños trashumantes del Concejo de la Mesta o del ganado de los señores o de otros vecinos, una vez recogidas las cosechas de cereal o en la parte que quedase en barbecho. Fueron las Cortes de Cádiz, las que promulgaron el Decreto de 8-6-1813, que contenía varias medidas para el fomento de la agricultura y ganadería, entre las que se encontraba el declarar todas las dehesas, heredades y demás tierras, pertenecientes a dominio particular, ya fuesen libres o vinculadas, desde ese momento "*cerradas y acotadas perpetuamente, y sus dueños o poseedores podrán cercarlas sin perjuicio de las cañadas, abrevaderos, caminos, travesías y servidumbres, disfrutarlas libre y exclusivamente...*". Acogiendo esta nueva facultad de exclusión de los propietarios, el art. 388 CC contempló la facultad de "*cerrar o cercar sus heredades por medio de paredes, zanjas, setos vivos o muertos, o de cualquier otro modo, sin perjuicio de las servidumbres constituidas sobre las mismas*".

El bien jurídico protegido en el art. 246 CP es la propiedad inmobiliaria como elemento integrante del patrimonio inmobiliario, pero más concretamente "*el derecho de exclusión inmobiliaria que a todo propietario corresponde, como facultad de dominio, en defensa del deslinde e individualización de sus predios en relación con los contiguos ajenos*" [STS 21-4-1981 y SSAP Asturias, Secc. 2ª, 325/1997, 1-12; León, Secc. 3ª, 136/2002, 6-11; Salamanca, Secc. 1ª, 86/2008, 29-10 (*Tol 1466128*), y Burgos, Secc. 1ª, 149/2015, 22-4 entre otras].

La Jurisprudencia considera que el bien jurídico protegido es la *actio finium regundorum* recogida en el art. 384 CC [por ejemplo, SSAP, Córdoba, Secc. 2ª, 14/2003, 30-1 (*Tol 253518*); Valladolid, Secc. 4ª, 354/2009, 17-9 (*Tol 1639583*); Castellón, Secc. 1ª, 250/2010, 28-6 (*Tol 1929837*), y Zamora, Secc. 1ª, 16/2011, 15-2]. Sin embargo, no puede ser que lo que se proteja sea una acción, más bien será el derecho en que se base esa acción. Por su parte, la SAP, Álava, Secc. 2ª, 219/1998, 16-7, afirma que "*dicha conducta alcanza su razón de ser en el propio Código Civil cuando señala que todo propietario tiene derecho a deslindar su propiedad (art. 384) y a cerrar o cercar su heredad (art. 388)*".

No obstante, en este delito no se castiga cualquier afectación a ese derecho de exclusión inmobiliaria. Por ejemplo, en el CP/1973 existían muchas faltas relativas a la invasión de fundos ajenos, pero que hoy no se incriminan y las perturbaciones que puedan ocasionar a los derechos reales se ventilan en la vía civil. Así, "*los que con cualquier motivo o pretexto atravesaren plantíos sembrados, viñedo u olivares*" cometían una falta contra la propiedad (art. 589.2); o "*el solo hecho de entrar en heredad murada o cercada sin permiso del dueño*" (art. 590) era constitutivo de falta. Asimismo, también se castigaba a "*los que destruyeren o destrozaren choza, albergue, setos, cercas, vallados u otras defensas de las propiedades*" (art. 591.2), y a los encargados de ganado que por dolo o imprudencia provocan la entrada de ganado en heredad ajena variando la pena en función de si se producen daños o no y en función del tipo de ganado (vacuno, caballar, mular, asnal, cabrío o lanar) (arts. 592, 593 y 594).

Lo que el delito regulado en el art. 246 CP viene a sancionar son unas conductas muy concretas que afectan al derecho de exclusión en su aspecto preventivo, y que tienen que ver única y exclusivamente con el amojonamiento, es decir, con aquellas señales físicas que señalan de un modo permanente los límites de una finca de un modo material y visible.

Amojonamiento, deslinde y cierre son instituciones distintas, aunque todas ellas constituyen manifestaciones de esa facultad de exclusión. Mientras que el deslinde consiste en trazar, sobre el propio terreno o sobre un plano, los límites entre dos o más fincas hasta entonces dudosos y discutidos; en cambio, el amojonamiento consiste en proveer a unos límites ya ciertos y determinados de signos físicos para hacerlos recognoscibles, bien sea porque no se han puesto nunca o porque esas señales han ido desapareciendo con el tiempo. El amojonamiento es la operación por la que se marcan con hitos o mojones (o mediante otras señales, como una zanja, unas estacas, un montón de piedras, árboles —art. 593 CC—, etc.) los límites cuando no hay contienda sobre cuáles sean estos, o bien la contienda ha quedado resuelta por el deslinde efectuado en cualquiera de sus modalidades (contractualmente, en procedimiento de jurisdicción voluntaria o por procedimiento contencioso). El cierre tiene otra finalidad y se dirige a aislar la finca y vedar que penetren extraños en ella. No necesariamente todo cierre (valla, verja, muro, tapia, sebe…) se considerará como mojón o hito, sino sólo aquellos que reconozcan como tal los propietarios de las fincas contiguas.

Es cierto que el delito de alteración de lindes o mojones, así configurado, tiene cierto componente falsario. De hecho, en algunos países este delito se encuentra regulado entre las falsedades (p.ej., § 274 StGB alemán). Sin embargo, en España, debido a su ubicación sistemática en el Capítulo V del Título XIII del Libro II y a que la pena se gradúe en función de la "*utilidad reportada*" (art. 246.2 CP), la alteración de lindes tiene una naturaleza estrictamente patrimonial. Ello supone que no cualquier alteración de las lindes o de los mojones, aunque afecte a la facultad de exclusión de la propiedad en su vertiente preventiva, dará lugar a un ilícito penal, sino solamente aquella que se traduzca en un deslinde unilateral fraudulento con finalidad apropiatoria.

Por ejemplo, la SAP, Asturias, Secc. 3ª, 294/1998, 30-10, absolvió al no quedar demostrado que el acusado, al quitar el seto vivo y sustituirlo por una valla de estacas y alambre, alterase el término, linde, límite o mojón divisorio de ambas fincas ni invadiera la finca ajena, y el arrancamiento de la sebe y su sustitución por la valla lo llevó a cabo *"en ejercicio de su derecho (que no es otro que el del art. 388 CC)"*.

La SAP, Badajoz, Secc. 3ª, 14/2019, 29-1, absolvió a quien a los mandos de su pala retro excavadora extrajo tierra en una extensión aproximada de 20 metros de ancho a lo largo de la finca colindante, porque afirma que *"el bien jurídico que se protege, es no solo la propiedad, en cuanto derecho genéricamente considerado, sino también la seguridad jurídica de su delimitación y configuración... Se protege así el derecho de exclusión inmobiliaria que a todo propietario corresponde, como facultad de dominio, en defensa del deslinde e individualización de sus predios en relación con los contiguos ajenos, sancionando las alteraciones 'in situ' de los términos o lindes de las heredades, sean de dominio público o privado, realizadas con ilícita apropiación de terreno, que suponga desposesión de un lado y correlativo acrecentamiento de otro, con enriquecimiento sin causa, por tratarse de una infracción de apoderamiento lucrativo, que reporta o debe reportar utilidad al sujeto activo, a medio de una intención dolosa finalista, de lucro injusto implícitamente establecida en el tipo, con el exigido aumento del terreno propio y merma del ajeno, que supone el despojo de la propiedad con ánimo de defraudar, ya que la infracción no se produce por la mera objetividad de la alteración del linde, que sería simple acción lesiva de daños, si no la acompaña el deseo de un beneficio económico ilegal siendo el otro requisito indispensable para la configuración de este delito la antijuridicidad penal, representada por la ajenidad del terreno usurpado, al pertenecer indudablemente a persona o entidad pública o particular distinta del inculpado, dueño de la finca colindante beneficiada"* (la sigue la SJP, Palencia nº 1, 160/2019, 23-5, confirmada por la SAP, Palencia, Secc. 1ª, 61/2019, 22-11).

Si aceptamos esta configuración de la alteración de lindes o mojones del art. 246 CP, al modo de una usurpación parcial no violenta de la finca o heredad, sería una infracción de menor gravedad que la usurpación de bienes inmuebles del art. 245.2 CP, por lo que no se comprende cómo aquélla puede estar más castigada que ésta (en un caso multa de tres a dieciocho meses si la utilidad reportada excede de 400 €, en otro caso multa de tres a seis meses). Podría explicarse este exceso punitivo si incluyésemos dentro del contenido de injusto la afectación a la eficacia probatoria que tienen los hitos o mojones, pero como hemos dicho, ello no se corresponde con la naturaleza estrictamente patrimonial que atribuimos a este delito. Debería corregirse este desfase punitivo.

2. *Tipo objetivo*

Objeto material constituye "*cualquier clase de señales*", hitos o "*mojones*" que sirvan para limitar las lindes de propiedades o términos de los pueblos. Dichos hitos o mojones deben colocarse, al menos, en todos los vértices de los ángulos de la línea de separación de los fundos, de modo que una línea recta lleve de un mojón a otro, coincidiendo siempre con el límite. Los testigos que a veces se colocan alrededor o debajo de los mojones (otras piedras, ceniza, carbón, cal, trozos de tejas o de cerámica…), en cuanto que lo que pretenden es dejar constancia de dónde había estado colocado el mojón, no son elementos del tipo y su alteración no constituiría delito. Lo cual tiene pleno sentido, pues su alteración no tiene ninguna trascendencia patrimonial, ya que el mojón seguiría en su sitio. Al extenderse a "*cualquier clase de señales*" que estén destinadas "*a fijar los límites de propiedades*", el delito no se circunscribe sólo a los predios rústicos, aunque será lo más habitual, sino que también comprende los urbanos. En este sentido, no habría inconveniente en incluir aquí quien borra la línea de una plaza de garaje y traza otra para ampliar la suya, por ejemplo.

Para que se cometa este delito resulta necesaria una actuación física sobre dichos signos o indicaciones, cambiándolos de lugar (que será lo más normal), ocultándolos, haciéndolos irreconocibles o destruyéndolos (p.ej., la SAP, Cáceres, Secc. 2ª, 148/2015, 8-4, confirma una condena por incorporar a su parcela un camino público colindante al proceder a derribar la pared de cerramiento que tenía con el camino lindante de titularidad pública).

El plazo de prescripción empieza a contar desde dicha alteración (SAP, Valladolid, Secc. 4ª, 359/2009, 17-9, y Palencia, Secc. 1ª, 61/2019, 22-11).

Con el gran desarrollo de las tecnologías topográficas y de geolocalización, las diversas representaciones de las lindes que existen en los documentos oficiales de diversos organismos, como puedan ser los mapas del Instituto Geográfico Nacional (https://www.ign.es/), los planos del Catastro (https://www.sedecatastro.gob.es/), las actas de deslinde de las Entidades Locales, o la inscripción gráfica de una finca en el Registro de la Propiedad (https://geoportal.registradores.org/), a pesar de que puedan tener incluso un mayor rango probatorio que los hitos o mojones, y que por este motivo su alteración pueda dar lugar a un delito de falsedad documental, sin embargo, no constituyen el objeto material del delito de alteración de lindes del art. 246 CP. Así, por ejemplo, el AAP, Las Palmas, Secc. 1ª, 48/1999, 8-3, absolvió porque las alteraciones fueron realizadas documentalmente, no sobre el terreno.

Si no existiesen mojones o señales de cualquier tipo, y se pretende establecer unos hitos nuevos en oposición a la titularidad legítima sobre esos fundos o a lo que venía siendo costumbre en el lugar, la conducta no se puede considerar punible, porque faltaría un elemento del tipo: el objeto material (así, QUINTERO OLIVARES). En nuestra opinión, tales conflictos habría que solventarlos en la vía civil. Sólo serían punibles aquellas actuaciones sobre mojones o señales ya existentes, que han hecho visibles los límites ya ciertos y determinados [la SAP,

Guipúzcoa, Secc. 3ª, 49/2010, 16-6 (*Tol 2009050*), confirma una absolución, porque no quedó acreditado que los límites fuesen ciertos].

La SAP, Salamanca, Secc. 1ª, 86/2008, 29-10 (*Tol 1466128)*, aparte de que no estaba clara la ajenidad del terreno, absolvió porque *"ningún elemento que con anterioridad existiera en la zona ha sido modificado, pues por tal no se puede entender la colocación de un cerramiento que, sin alterar la línea delimitadora del callejón, lo único que incorpora es un elemento nuevo"*. No obstante, también existen sentencias que condenan en el caso de colocación *ex novo* de un cercado, sin que se haya constatado la alteración de hitos o mojones ya existentes (SAP, Zaragoza, Secc. 3ª, 406/2009, 16-6).

Hay que insistir en que el mero hecho de alterar las lindes no es suficiente para condenar por este delito (ese hecho podría ser constitutivo de daños), sino que se tiene que demostrar también la anexión de terreno colindante y la utilidad cierta y determinada reportada al autor del hecho (SSAP, Asturias, Secc. 3ª, 396/1998, 31-7, y Jaén, Secc. 3ª, 130/2009, 17-6).

A este respecto, la SAP, Ávila, Secc. 1ª, 2/2010, 11-1 (*Tol 1788757)* dice que: *"El hecho de que el denunciado Damaso estuviera cercando su finca colocando un cerramiento con postes metálicos y alambrada, no supone más que el ejercicio de un derecho amparado en el art. 388 del Código Civil (*«qui ius sui utitur naeminem laedit»*). Lo que debería haberse probado es que la colocación de ese cerramiento supondría una invasión de la finca del denunciante Benjamín"*. Y la SAP, Salamanca, Secc. 1ª, 86/2008, 29-10 (*Tol 1466128)*, afirma que: *"el tipo no se cumple por la mera objetividad de la alteración de la linde, sino que para que pueda calificarse de dolosa la conducta de alterar ésta debe estar presidida por una intención de aprovechamiento o enriquecimiento que deriva de su naturaleza y de la mención expresa a la utilidad pretendida o reportada"*. Igualmente el AAP, Salamanca, Secc. 1ª, 155/2012, 16-4, confirma un sobreseimiento y archivo de las actuaciones porque simplemente se retiró la valla delimitadora entre dos heredades, sin que conste invasión u ocupación de parte de la finca de los denunciantes.

En contra de este criterio, y por ello criticable, la SAP, Guipúzcoa, Secc. 3ª, 37/2016, 5-5, confirma una condena por el simple hecho de retirar un vallado de alambre y estacas delimitador de dos fincas, arrancándolo y dejándolo tirado.

En este punto hay que destacar un cambio importante llevado a cabo por la LO 1/2015, de 30 de junio (*Tol 4788288*). Con anterioridad, la distinción entre delito y falta de alteración de lindes obedecía al importe de la "utilidad reportada *o pretendida*". Es decir, el delito se configuraba como un delito de tendencia interna trascendente, en el cual la utilidad que comportaba la parte del terreno ajeno anexionada era un resultado ajeno a la conducta típica, siendo simplemente la finalidad que perseguía el sujeto activo. Ahora, sin embargo, se habla tan sólo de "utilidad *reportada*", de cuya cuantía depende la aplicación del apart. 1 o el 2 del art. 246 CP, según que exceda de 400 € o no. Ello constituye un elemento del tipo, que delimita en términos objetivos y subjetivos el ámbito de lo punible. Por un lado, la alteración de lindes tiene que producir como resultado típico una utilidad, un provecho para el autor o para otra persona (el delito lo puede cometer cualquier persona, no sólo el colindante, aunque lo más frecuente será que sea él). Debido al afán apropiatorio que imbuye a este ilícito penal, la utilidad reportada no está asociada con la ulterior que pueda resultar de labores de siembra o cultivo, por ejemplo, sino que su cuantificación dependerá exclusivamente del valor del terreno anexionado, lo cual en muchas ocasiones exigirá una prueba pericial para determinar dicho valor. Si no se ha podido cuantificar y está demostrado el desplazamiento de los mojones, por mucha extensión que suponga, sólo se podrá sancionar como delito leve del art. 246.2 CP (*in dubio pro reo*) (así, SAP, Ciudad Real, Secc. 2ª, 33/2011, 24-3). Por otro lado, subjetivamente hablando la conducta de alteración de lindes tiene que ir teñida de la intención de sacar provecho a la misma, lo cual se traduce en la voluntad de apropiación del terreno contiguo. Conforme a ello, el mero hecho de sustraer, destruir u ocultar los mojones, si no va acompañado de la anexión del terreno colindante, como ya hemos dicho, no sería constitutivo de este delito y, o bien se reconduce a otros delitos como los daños (art. 263 CP), o bien no pasa de un mero ilícito civil.

Asimismo, tiene que probarse fehacientemente la realidad jurídica de la delimitación, pues los predios o fincas tienen que ser "*contiguos*" y evidentemente pertenecer a personas distintas (el sujeto activo y el sujeto pasivo no pueden ser la misma persona).

Nada se pudo demostrar de todo ello en el AAP, Navarra, Secc. 1ª, 133/2012, 27-7, lo cual hace también muy difícil la revisión en alzada de una sentencia absolutoria, en particular, si la prueba practicada es únicamente de índole testifical, que precisa de una inmediación y contradicción que sólo en primera instancia puede observarse (SAP, Lleida, Secc. 1ª, 100/2019, 11-3). La mera declaración testifical de la denunciante no suele ser suficiente prueba de cargo si no va acompañada de otras corroboraciones periféricas (SAP, León, Secc. 3ª, 374/2017, 27-7), porque es frecuente, además, que existan antecedentes de malas relaciones entre los colindantes.

Por eso, la ajenidad del terreno anexionado ha de quedar demostrada de manera clara y rotunda durante el proceso, porque la mera duda sin que se esclarezca el dominio excluiría también la responsabilidad penal [entre otras, las SSAP, Salamanca, Secc. 1ª, 86/2008, 29-10 (*Tol 1466128*); Valladolid, Secc. 4ª, 354/2009, 17-9 (*Tol 1639583*); Ávila, Secc. 1ª, 2/2010, 11-1 (*Tol 1788757*); Pontevedra, Secc. 4ª, 64/2010, 21-4 (*Tol 1942412*); Lleida, Secc. 1ª, 100/2019, 11-3, y el AAP, Sevilla, Secc. 1ª, 649/2010, 9-11], al menos por usurpación, sin perjuicio de la que pueda exigirse por daños, coacciones o realización arbitraria del propio derecho. Y es que, como dice la SAP, Barcelona, Secc. 9ª, 656/2018, 14-12, "*si existen dudas acerca de hasta dónde llega la propiedad debe acudirse a la vía civil, que es la competente para resolver… Pero la vía penal no es la adecuada, [porque] para ello es necesario que no exista duda racional alguna acerca de quién es propietario y de forma dolosa quién sabe que no es propietario y con ánimo de hacerse con la propiedad desplaza los lindes*".

La SAP, Cáceres, Secc. 2ª, 148/2015, 8-4, da por probado que el terreno incorporado se trataba de un camino de titularidad pública y no una servidumbre de paso, como alegaba el acusado, pero entiende que "*la ajenidad del terreno se antoja evidente, dada la configuración que tenían las lindes y los predios*". Sin entrar ahora a discutir esta decisión, no obstante, conviene advertir que no hay que confundir cierre con amojonamiento. Puede ser que el muro de una finca no coincida con su linde. Si el camino fuese una servidumbre de paso establecida sobre el predio sirviente, esa porción de terreno que constituye el camino no es ajena, sigue siendo de su propiedad. Con posterioridad a la constitución de esa servidumbre, puede ser que el propietario del predio sirviente haya cerrado su finca para separarla de ese camino y poder así excluir del resto del predio sirviente a aquellas personas que pasasen por ahí, sin que ello signifique un cambio en el límite de su propiedad, que sigue estando al otro lado del camino. Si la "apropiación" del terreno sobre el que se constituyó la servidumbre de paso llegase a cometerse con violencia o intimidación, aunque no fuese constitutiva del delito de alteración de lindes del art. 246 CP, por lo que acabamos de explicar, sin embargo, sí que podría ser constitutiva de una usurpación de un derecho real del art. 245.1 CP, pues existe un "*derecho real inmobiliario de pertenencia ajena*" (*supra* I.2.1). En cambio, la usurpación pacífica de una servidumbre no podría castigarse penalmente, pues el art. 245.2 CP exige ocupar un "*inmueble ajeno*".

La referencia a la alteración de términos o lindes de "*pueblos*" debe ser interpretada, más que en un sentido administrativo de la expresión relativo a la demarcación de las entidades locales [véanse los arts. 17 y ss. del RD 1690/1986, de 11 de julio, por el que se aprueba el Reglamento de Población y Demarcación de las Entidades Locales (*Tol 254970*)], como que con dicha alteración se pretende un ataque patrimonial (como delito incluido en el Tít. XIII del Lib. II del CP) con repercusión en los derechos de propiedad de otro, sea éste persona pública o privada (QUINTERO OLIVARES).

3. Tipo subjetivo

Se trata de un delito doloso, cuya comisión por imprudencia no está expresamente tipificada. No sería punible, por tanto, quien, al arar, por ejemplo, desplaza un mojón y luego lo coloca sin querer en un lugar distinto. Doctrina y Jurisprudencia suelen exigir, además del dolo, un ánimo de lucro, lo cual podría tener una base en la redacción típica del art. 246 CP con anterioridad a la LO 1/2015, de 30 de junio (*Tol 4788288*), que fijaba la pena en función de la "utilidad reportada *o pretendida*". "*Por tratarse de un delito de tendencia* —se dice en numerosas resoluciones—, *la culpabilidad del sujeto activo está integrada por una intención dolosa de lucro injusto que persigue el aumento del terreno propio y la merma del ajeno, suponiendo el despojo cauteloso de la propiedad con ánimo de defraudar, ya que la infracción no se produce por la mera objetividad de la alteración del linde si no la acompaña el deseo de enriquecimiento ilegal*" [entre otras, las SSAP, Córdoba, Secc. 2ª, 30-1 (*Tol 253518*); Málaga, Secc. 9ª, 22/2010, 11-1, y La Rioja, Secc. 1ª, 97/2010, 31-3 (*Tol 1879768*)].

Por eso se absolvió a quien había colocado piedras y ramas para obstaculizar el acceso a un camino público (SAP, Cáceres, Secc. 1ª, 105/2000, 4-12), o a quien había modificado un vallado con la única finalidad de realizar una obra en el terreno de su propiedad (SAP, Burgos, Secc. 1ª, 14-6-1999), o a quien allanó el desnivel que separaba las fincas (AAP, La Rioja, 84/1999, 18-3), o a quien aró en finca ajena al sobrepasar los límites (AAP, Valladolid, Secc. 4ª, 188/2004, 21-5, hechos que tampoco consideró constitutivos de daños), o las invasiones de fincas por ganado [SAP, La Rioja, Secc. 1ª, 43/2006, 15-2 (*Tol 855985*)] o al realizar trabajos con una máquina (SAP, Cuenca, 26/2000, 22-3), o a quienes no incluyeron al titular de una finca en un expediente de reparcelación urbanística, que no podía conducir nunca al apoderamiento de un terreno ajeno porque los trámites burocráticos necesarios para concluir ese proceso de sectorización del suelo deben casar los datos registrales y catastrales de las fincas (SAP, Almería, Secc. 2ª, 34/2013, 1-2). El AAP, Valencia, Secc. 5ª, 372/2018, 23-4, habla de un ánimo defraudatorio, que en el caso concreto descartó. Y el AAP, Cantabria, Secc. 3ª, 334/2014, 30-6, confirma un sobreseimiento, porque tampoco quedó acreditado el necesario "*propósito de incrementar la extensión de su terreno mediante la alteración de los lindes, ni el ánimo específico de menoscabar el patrimonio de su vecino*".

Sin embargo, según ya hemos indicado, dicha reforma suprimió la referencia a la utilidad «pretendida», y ahora sólo se refiere a la utilidad «reportada». Por tanto, la utilidad o el beneficio es un elemento del tipo, viene a ser el resultado típico, que es necesario que se produzca para que el delito esté consumado y además tiene que estar abarcado por el dolo. No estamos ante un delito de resultado cortado, en el que la utilidad pueda ser simplemente pretendida, como antes se decía, sino que esa utilidad no transciende a la propia acción de alteración de las lindes. También podría entenderse que "pretendida" era equivalente a intentada, con lo que estaríamos ante un delito de emprendimiento, en el que se habría equiparado punitivamente la tentativa a la consumación. Esto es, aquellos casos en los que la utilización de la porción de terreno anexionado se impide tan pronto como se produce la alteración de los mojones, porque lo descubre el dueño del fundo afectado y los devuelve a su sitio, que podríamos calificar como tentativa, ya que el resultado no se produce por causas ajenas a la voluntad del sujeto, sería castigada de la misma manera que si el dueño tarda mucho tiempo en hacerlo y el autor del delito se aprovecha de ello. En cualquier caso, bien fuese un delito de resultado cortado, bien como un delito de emprendimiento, al desaparecer como elemento del tipo que la utilidad pueda ser simplemente "pretendida", ya no podríamos configurarlo como un delito de consumación anticipada.

4. Penalidad y concursos

1. Si la utilidad reportada (equivalente al valor del terreno apropiado) fuese superior a 400 € se aplicará el art. 246.1 CP, y si fuese menor o no fuera estimable se aplicaría el art. 246.2 CP. La LO 1/2015, de 30 de marzo (*Tol 4788288*), ha

supuesto también otra modificación importante en este ámbito y es que ha suprimido la condición de perseguibilidad de la previa denuncia del ofendido que antes exigía la falta del art. 624 CP (debiendo tener en cuenta también lo antes dispuesto en el art. 639 CP). Ahora este delito, al igual que el de distracción de aguas del art. 247, son perseguibles de oficio, con independencia del importe de la utilidad reportada. Consideramos que este cambio puede estar más justificado para el delito de distracción de aguas, pero menos en el de alteración de lindes o mojones que afecten a propiedades de titularidad privada. Si conciernen al dominio público también tiene sentido que la acción penal sea pública, e incluso puede tener plena justificación el ejercicio de la acusación popular (como en el caso del AAP, Álava, Secc. 2ª, 494/2018, 17-10, en el que se invade parte de un camino público). Por lo demás, en el delito de alteración de lindes cabe la excusa absolutoria del art. 268 CP, si la disputa se da entre hermanos, por ejemplo, con motivo de una herencia.

2. La relación de la alteración de lindes con la usurpación del art. 245 CP resulta compleja (la SAP, Toledo, Secc. 2ª, 45/2011, 17-11, considera que hubo una modificación sustancial de la acusación al modificar el Ministerio Fiscal sus conclusiones elevadas a definitivas e imputar tardíamente un delito de alteración de lindes en vez de usurpación pacífica, lo que causa indefensión y vulnera el principio acusatorio). Hay argumentos para mantener diversas soluciones, como que toda alteración de lindes del art. 246 quedaría absorbida por una ocupación del art. 245 CP, ya que aquella sería una ocupación parcial, mientras que ésta sería total. Pero nosotros no descartamos que la ocupación del art. 245 CP afecte sólo a parte de un predio. Por ello, entendemos que habría que distinguir entre si concurre o no violencia o intimidación: 1) Si en la alteración de lindes concurre violencia o intimidación habría que aplicar preferentemente el art. 245.1 CP; 2) si después de una pacífica alteración de lindes el sujeto sigue manteniéndose ocupando el terreno anexionado en contra de la voluntad del titular del fundo habría que resolver el conflicto por una relación de alternatividad (siendo aplicable el art. 245.2 CP si la utilidad reportada no excediese de 400 €; pero si excediese de dicha cantidad entonces el precepto aplicable sería el art. 246.1 CP, por tener —quizás indebidamente, pero así es— una pena más severa). Entendemos que no cabe el concurso entre la alteración de los lindes y la ocupación pacífica sin la autorización de su titular, porque los mojones ya implican una voluntad tácita en contra de la utilización de los terrenos que no se ajusten a ese deslinde. Estaríamos, en principio, salvo que se demuestre la autorización por parte del titular, ante una ocupación en contra de su voluntad.

En cambio, con la distracción de aguas del art. 247 CP habría que apreciar un concurso de delitos si el curso de las aguas que sirve de límite entre dos fundos se altera y además se distraen aquéllas con la finalidad de utilizarlas indebidamente.

3. Lo más frecuente es que la alteración de lindes entre en concurso con un delito de daños. No obstante, si la alteración de los hitos o mojones consiste precisamente en su destrucción, los daños quedan absorbidos (p.ej., la SAP, Zamora, Secc. 1ª, 16/2011, 15-2, en que se arrancó la puerta y valla, colocando otra e incorporando más terreno al fundo propio); pero no quedarían consumidos aquellos otros desperfectos que se puedan considerar gratuitos para el propósito invasivo [p.ej., SJP, Murcia nº 6, 102/2020, 31-3 —confirmada por la SAP, Murcia, Secc. 2ª, 74/2021, 16-3—, hormigonado parcial de las parcelas y de una acequia, haciéndola inservible, y el relleno de tierras que alteraba el nivel anterior entre las dos parcelas; o la SAP, Burgos, Secc. 1ª, 149/2015, 22-4 (*Tol 4946744*), en la cual el acusado procedió con una máquina retroexcavadora a modificar unos caminos que lindaban con tres parcelas de su propiedad e invadió las parcelas de otros vecinos al fin de ampliar sus viñedos, lo cual produjo también en las fincas ajenas la retirada parcial de un talud, de un manantial y un arroyo, situación que podía provocar encharcamientos en épocas lluviosas y problemas de erosión, y se eliminó una rampa de entrada a la finca].

También puede entrar en concurso con injurias, amenazas, y si la cosa "va a mayores" con lesiones o incluso homicidio (recordemos el crimen de Puerto Hurraco, que, en su origen, al parecer, hubo una disputa sobre los lindes de una finca), aunque como hemos dicho si en la alteración de lindes se utiliza la violencia o la intimidación habría que aplicar preferentemente el art. 245.1 CP. El concurso con estos otros delitos violentos quedaría reservado para actuaciones posteriores a la consumación de la alteración de lindes.

Cabe igualmente el concurso con el hurto si el autor se apropia también de los frutos del terreno usurpado (así QUINTERO OLIVARES; en contra, MANZANARES SAMANIEGO, quien considera que el hurto de los frutos quedaría absorbido por la alteración de lindes).

La SAP, A Coruña, Secc. 2ª, 303/2021, 27-5, opta por la solución del concurso de delitos *"si en ese terreno existen bienes diferenciados merecedores también de protección por sí y que no tienen por qué estar en ese terreno, esto es, que constituyen un aumento del valor que le dota la propiedad"* —en ese caso fue la madera, al no considerarla inherente al terreno—, y llama la atención sobre la circunstancia de que el hurto está castigado más gravemente que la usurpación, por lo que resulta *"raro asumir que lo que es calificado como delito más grave integre sólo el aprovechamiento de otra cosa más leve"*).

También cabe el concurso con la prevaricación [SAP, Málaga, Secc. 2ª, 719/2007, 21-11 (*Tol 1270727*), aunque en este caso particular absolvió de la alteración de lindes porque existían dudas sobre los límites de las fincas; en cambio, el AAP, Barcelona, Secc. 6ª, 20-11-2002 no considera aplicable el delito de alteración de lindes al funcionario público que prevarica, porque la norma especial —prevaricación— absorbe a la general —usurpación]. No habría concurso de delitos, sino concurso aparente de leyes penales con el delito contra la ordenación del territorio del art. 319 CP consistente en la construcción o edificación no autorizable en suelos destinados a viales, zonas verdes, bienes de dominio público o lugares especialmente protegidos, porque este delito ya comprende el enriquecimiento ilícito patrimonial al especificarse que la multa será de doce a veinticuatro meses, "*salvo que el beneficio obtenido por el delito fuese superior a la cantidad resultante en cuyo caso la multa será del tanto al triplo del montante de dicho beneficio*".

5. Responsabilidad civil

La responsabilidad civil en estos casos conlleva, fundamentalmente, además de la indemnización por los daños y perjuicios sufridos, la restitución del terreno usurpado.

Así, por ejemplo, en la SAP, Asturias, Secc. 3ª, 213/2000, 28-7 se condenó a los acusados a "*hacer lo preciso para la reposición de los mojones al estado que tenían después de instalados así como la eliminación de los vuelos sobre la finca del denunciante, al ser éstos expresión del provecho o utilidad reportada a los autores de la falta*"; o en la SAP, Valladolid, Secc. 2ª, 107/2004, 31-3 (*Tol 412739)*, en la que los acusados procedieron a derribar un muro para construir un edificio en una finca contigua, se les condenó a "*la restitución a su costa del terreno usurpado a la comunidad querellante y a la indemnización correspondiente a la suma que en ejecución de sentencia se determine por los perjuicios ocasionados por la usurpación, y ello sin perjuicio del acuerdo al que en dicho trámite de ejecución de sentencia pudieran llegar las partes en orden a la sustitución de dicha restitución por el pago a la querellante del precio correspondiente al terreno usurpado*".

IV. DISTRACCIÓN DE LAS AGUAS

El delito de distracción de las aguas, también de honda raigambre histórica (por ejemplo, los arts. 476 y 485 CP/1848), ha experimentado varios cambios importantes desde la entrada en vigor del art. 247 CP/1995. En primer lugar, la LO 15/2003, de 25 de noviembre, introdujo varias novedades bastante significativas: 1) antes sólo se preveía las aguas lóticas o corrientes, ahora también las lénticas o quietas y las freáticas o subterráneas; 2) se elimina la alusión a que la distracción sea en provecho propio o de un tercero; y 3) se introduce una falta que antes no estaba prevista. Y, en segundo lugar, la LO 1/2015, de 30 de marzo (*Tol 4788288*), reconvierte esta falta introducida en 2003 en un delito leve, aunque incrementa la pena prevista, que pasa a ser multa de uno a tres meses (antes era de 10 días a dos meses), y se convierte también en una infracción perseguible de oficio.

1. Objeto material: las aguas

El art. 247 CP tiene por objeto material las "*aguas*", pero conviene aclarar algunas cuestiones relativas al régimen jurídico de éstas para delimitar el alcance del citado precepto. El régimen jurídico de las aguas se encuentra regulado, fundamentalmente, en el RD Legislativo 1/2001, de 27 de julio, por el que se aprueba el Texto Refundido de la Ley de Aguas (*Tol 231223*).

Téngase en cuenta también la Directiva 2000/60/CE del Parlamento Europeo y del Consejo, de 23 de octubre, por la que se establece un marco comunitario de actuación en el ámbito de la política de aguas (*Tol 231216*), los arts. 407 ss. CC, la Ley 10/2001, de 5 de julio, del Plan Hidrológico Nacional (*Tol 137031*), los Reales Decretos 849/1986, de 11 de abril, por el que se aprueba el Reglamento del Dominio Público Hidráulico (*Tol 120960*), el 927/1988, de 29 de julio, por el que se aprueba el Reglamento de la Administración Pública del Agua y de la Planificación Hidrológica, el 125/2007, de 2 de febrero, por el que se fija el ámbito territorial de las demarcaciones hidrográficas, y el 907/2007, de 6 de julio, por el que se aprueba el Reglamento de la Planificación Hidrológica, entre otros, así como la normativa autonómica dictada al respecto, como, por ejemplo, la Ley 9/2010, de 30 de julio, de Aguas para Andalucía (*Tol 1862978*), la Ley 10/2014, de 27 de noviembre, de Aguas y Ríos de Aragón, la Ley 12/1990, de 26 de julio, de Aguas para Canarias (*Tol 179555*), o la Ley 9/2010, de 4 de noviembre, de aguas de Galicia.

El art. 7.2 de la Directiva 2003/4/CE del Parlamento Europeo y del Consejo, de 28 de enero, relativa al acceso del público a la información medioambiental, obliga a los Estados a facilitar y difundir información actualizada sobre el medio ambiente, que como mínimo incluirá los textos de tratados, convenios y acuerdos internacionales y los textos legislativos comunitarios, nacionales, regionales y locales sobre el medio ambiente o relacionados con él. Para cumplir con este mandato se ha creado, como Punto Focal Español encargado de estructurar la información en materia de agua continental en nuestro país, *Hispagua* o Sistema Español de Información sobre el Agua, perteneciente a la Secretaría de Estado de Medio Ambiente, en colaboración con el Centro de Estudios y Experimentación de Obras Públicas (CEDEX). Hispagua ofrece una amplísima información en materia de agua continental en España y la difunde a través de un portal de Internet: https://hispagua.cedex.es. Contiene una recopilación muy completa no sólo de bibliografía, sino también de la legislación autonómica, nacional y europea relativa al agua, y de la Jurisprudencia dictada al respecto por parte del TS y del TC. Asimismo, la página web del Ministerio para la Transición Ecológica y el Reto Demográfico ofrece abundante información actualizada sobre el sistema español de gestión del agua (*vid.* https://www.miteco.gob.es/es/agua/temas).

Según la Ley administrativa, todas las aguas integradas en el ciclo hidrológico (aguas continentales superficiales y subterráneas, pero también los acuíferos y las aguas procedentes de la desalación de agua de mar) se consideran como un recurso unitario, subordinado al interés general, formando parte del dominio público hidráulico (art. 1.3 Ley de Aguas). Por tanto, hoy en día no existen aguas privadas, a pesar de lo que se pueda desprender del art. 408 CC, sino que todas son públicas, pudiendo haber usos comunes (art. 50 Ley de Aguas) o privativos (art. 54 Ley de Aguas). Ni siquiera aquellas aguas pluviales que discurran desde su origen únicamente por fincas particulares, cuyo cauce (no el agua) es entonces de dominio privado, se consideran aguas de titularidad privada, prohibiéndose además expresamente que se pueda variar su curso natural (art. 5 Ley de Aguas).

Conforme a esta normativa, las aguas de uso público a las que se refiere el art. 247 CP vendrían a ser, a tenor de lo dispuesto en el art. 50 Ley de Aguas, las "*superficiales, mientras discurren por sus cauces naturales*" y una vez que "*circulen por cauces artificiales, tendrán, además, las limitaciones derivadas de la protección del acueducto*", sin que "*en ningún caso, las aguas puedan ser desviadas de sus cauces o lechos, debiendo respetarse el régimen normal de aprovechamiento*". Las aguas de uso privativo serían, según los arts. 54 y 13 Ley de Aguas, "*las aguas pluviales que discurran por [una finca particular] y las estancadas, dentro de sus linderos*", las "*aguas procedentes de manantiales situados en su interior*" y las aguas procedentes de la "*desalación de agua marina o salobre*". Quedaría fuera del ámbito del art. 247 CP, pudiendo dar todo lo más a una infracción administrativa, la modificación de la fase atmosférica del ciclo hidrológico (art. 3 Ley de Aguas).

2. *Diferencia entre los ilícitos penal y administrativo*

La Ley de Aguas prevé diversas infracciones administrativas, algunas de las cuales pudieran tener un contenido similar al ilícito penal del art. 247 CP.

Concretamente, según el art. 116 Ley de Aguas: *"Se considerarán infracciones administrativas: [...] b. La derivación de agua de sus cauces y el alumbramiento de aguas subterráneas sin la correspondiente concesión o autorización cuando sea precisa. [...] h. La apertura de pozos y la instalación en los mismos de instrumentos para la extracción de aguas subterráneas sin disponer previamente de concesión o autorización del Organismo de cuenca para la extracción de las aguas. [...] Incurrirán en responsabilidad por la infracción de los apartados b y h, las personas físicas o jurídicas siguientes: El titular del terreno, el promotor de la captación, el empresario que ejecuta la obra y el técnico director de la misma"*. La infracción contenida en la letra c. relativa al *"incumplimiento de las condiciones impuestas en las concesiones y autorizaciones administrativas"* resulta discutible que pueda ser compatible con el delito de distracción de aguas, por cuanto que éste exige que el sujeto no se halle autorizado. A este respecto, la SAP, Ciudad Real, Secc. 1ª, 16/2012, 9-7, consideró que, a pesar de que quedó demostrado un exceso de extracción en dos pozos de más de 850.000 m³ en dos años, había que absolver, porque el art. 247 CP *"no es de aplicación al supuesto enjuiciado desde el momento que los pozos que eran utilizados por el acusado se hallaban autorizados, plenamente legalizados y con titularidad de aprovechamiento del arrendador que tenía cedida la explotación de la finca en cuestión"*. No queda claro si se en este caso se absuelve porque, como se dice en los hechos probados, que *"el acuífero 23 contempla la compensación de las concesiones de derechos de riego de varias fincas dentro de la misma explotación"*, o si es que, al estar autorizados los pozos, un exceso en la extracción sólo daría lugar a una infracción administrativa, reservando el delito de distracción de aguas para aquellos casos en que se carece completamente de una autorización administrativa. Si fuese éste el caso, no compartimos dicha interpretación, el exceso en la extracción implica un incumplimiento de las condiciones impuestas y por tanto hay que entender que el sujeto actúa *"sin hallarse autorizado"*.

La diferencia entre la infracción administrativa y el ilícito penal cabe cifrarla en el distinto contenido de injusto de una y otro. Mientras que la infracción administrativa se contentaría con una pura infracción formal del régimen jurídico de las aguas, por ejemplo, sin contar con la correspondiente autorización administrativa, la infracción penal tiene en cuenta algo diferente, que es el valor económico del agua, contemplaría el "hurto" de aguas que son de dominio público o que están siendo utilizadas por otra persona (por ejemplo, una comunidad de regantes, SAP, Ávila, Secc. 1ª, 34/2021, 22-4), lo cual comportaría un beneficio para el sujeto activo y un perjuicio para el sujeto pasivo (el Estado o un particular).

El TS ha exigido, además de demostrar el beneficio obtenido, acreditar el perjuicio causado al tercero: *"supone la apropiación ilegítima de un caudal fecundante en beneficio de determinadas personas no llamadas a su disfrute y que se lucran con las aguas distraídas, con el perjuicio correlativo de aquellos que se vieron desposeídos por la distracción…"* (SSTS 8-5-1952 y 6-3-1972).

Esta concepción del injusto del art. 247 CP implica dejar fuera del ámbito de tipicidad las distracciones de aguas que, a pesar de estar en suelo público o privado, no son aprovechadas de ningún modo por parte de los titulares (BAUCELLS I LLADÓS).

Por ejemplo, la SAP, A Coruña, Secc. 1ª, 57/2009, 18-2, entendió que se trataba de una mera cuestión administrativa el desvío del cauce de un regato sin las oportunas licencias, aunque ello beneficiase al acusado en el sentido de que impedía el encharcamiento de sus terrenos. Pero las aguas desviadas no fueron utilizadas para su uso particular. O también la SAP, Burgos, Secc. 1ª, 215/2013, 8-5, que califica esta infracción como *"de apoderamiento lucrativo"* y que *"reporta, o debe reportar, utilidad al agente del delito o falta, pero que en este caso según se ha indicado no se produce una captación de las aguas por el denunciado, sino que lo que ha procedido a realizar él mismo es precisamente lo contrario, tapar el arroyo"*.

Este derecho al uso de las aguas puede presentar distintas facetas, no sólo las elementales de abastecimiento y regadío, sino que también se pueden utilizar para producir energía eléctrica (hidráulica, térmica, nuclear, o incluso solar a través de paneles solares flotantes), o en la industria, en la acuicultura, los molinos, los usos recreativos, la navegación, el transporte acuático, etc. Por tanto, si está concedido algún derecho al uso de las aguas, en las diferentes vertientes que puede tener, ese sería el bien jurídico protegido por el art. 247 CP (MOYA FUENTES).

HUERTA TOCILDO considera que "el bien jurídico aquí protegido es la utilización o destino *secundum iuris* de una particular categoría de bienes inmuebles, de gran importancia para la satisfacción de intereses económicos por parte de quien tenga su posesión".

Por otra parte, el contenido de injusto del art. 247 CP no incluye el peligro para el medio ambiente que pudiera derivarse de la conducta típica, sino sólo el beneficio-perjuicio patrimonial aludido. De hacer una captación de aguas que pueda perjudicar gravemente el equilibro de los sistemas naturales habría que aplicar el art. 325 CP, y si además se hace sin estar autorizado perjudicando el uso de otras personas, podrían entrar en concurso con la presente modalidad de usurpación (por ejemplo, la SAP, Cádiz, Secc. 7ª, 44/2002, 17-6 condenó al acusado por los dos delitos; en cambio, la SAP, Huelva, Secc. 1ª, 52/2020, 15-2 (*Tol 7891498*), atendiendo a la petición del Fiscal, revoca la condena inicial por distracción de aguas y condena sólo por delito contra el medio ambiente, en un caso de extracción ilegal durante cuatro años para usos agrícolas intensivos, cuando sólo cuenta con autorización para un pozo de uso doméstico, que produce una alteración del balance hídrico).

3. Tipo objetivo

Sujeto activo puede ser cualquiera, siempre que no sea el titular del derecho al uso y disfrute de las aguas. En efecto, el art. 247 CP exige que la conducta se realice "*sin hallarse autorizado*". La autorización puede venir directamente por disposición legal o bien por concesión administrativa.

El art. 50 Ley de Aguas establece en su apart. 1 que *"todos pueden, sin necesidad de autorización administrativa y de conformidad con lo que dispongan las Leyes y Reglamentos, usar de las aguas superficiales, mientras discurren por sus cauces naturales, para beber, bañarse y otros usos domésticos, así como para abrevar el ganado"*, y en el apart. 2 que *"estos usos comunes habrán de llevarse a cabo de forma que no se produzca una alteración de la calidad y caudal de las aguas»*, que *«cuando se trate de aguas que circulen por cauces artificiales, tendrán, además, las limitaciones derivadas de la protección del acueducto»*, y que *«en ningún caso, las aguas podrán ser desviadas de sus cauces o lechos, debiendo respetarse el régimen normal de aprovechamiento"*. El art. 52 Ley de Aguas dispone que *"el derecho al uso privativo, sea o no consuntivo, del dominio público hidráulico se adquiere por disposición legal o por concesión administrativa"*, precisando en el apart. 2 que *"no podrá adquirirse por prescripción el derecho al uso privativo del dominio público hidráulico"*. Así, según el art. 54 Ley de Aguas, por disposición legal *"el propietario de una finca puede aprovechar las aguas pluviales que discurran por ella y las estancadas, dentro de sus linderos, sin más limitaciones que las establecidas en la presente Ley y las que se deriven del respeto a los derechos de tercero y de la prohibición del abuso del derecho»*, así como las *«aguas procedentes de manantiales situados en su interior y aprovechar en él aguas subterráneas, cuando el volumen total anual no sobrepase los 7.000 metros cúbicos"*. Los usos privativos por concesión administrativa se rigen por lo dispuesto en los arts. 59 ss. Ley de Aguas, destacando el art. 61.2 que establece como condición general que *"el agua que se conceda quedará adscrita a los usos indicados en el título de concesión, sin que pueda ser aplicada a otros distintos, ni a terrenos diferentes si se tratase de riegos, con la excepción de"* la posibilidad de cesión de derechos de uso privativo de aguas prevista en el art. 67 Ley de Aguas.

El art. 80 Ley de Aguas obliga a que cada Organismo de Cuenca lleve un Registro de Aguas, que es público y donde se inscriben los derechos al uso privativo de las aguas, adquiridos por sus titulares. No solamente se inscribe el título inicial, sino todas las modificaciones que sufra a lo largo de su vida. La organización y funcionamiento del Registro de Aguas se ha regulado por el RD 670/2013, de 6 de septiembre. A los Organismos de Cuenca y a las Comisarías de Aguas les corresponde también la inspección y vigilancia del cumplimiento de las condiciones de concesiones y autorizaciones relativas al dominio público hidráulico (arts. 24 y 94 Ley de Aguas).

La SJP, Ciudad Real nº 2, 264/2019, 30-5, absuelve al estar todos los aprovechamientos utilizados para el riego debidamente autorizados y legalizados.

La SJP, Huelva nº 1, 386/2021, 23-12, absolvió a los acusados al apreciar un error de tipo en este punto, pues consideraron que contaban con autorización para la extracción de aguas subterráneas, aunque ello acabó causando un riesgo de perjuicio grave al equilibrio de los sistemas naturales de Doñana, de lo cual tampoco fueron conscientes. El Juzgado entendió que en virtud del convenio suscrito entre el Instituto Andaluz de Reforma Agraria y el Ayuntamiento de Almonte, y entre éste y la Asociación de Agricultores de Matalagrana, para la realización de una experiencia de Introducción de Técnicas de Cultivo de Fresa compatibles con el Medio Ambiente, aunque los citados convenios hablaban del uso de "técnicas no agresivas con apoyo mínimo de riego", sin embargo, *"era lógico* —dice—, *de sentido común y según el saber y entender del hombre medio que el uso del agua estaba implícito, pues de lo contrario, el sentido común y la lógica, partiendo de la responsabilidad que es exigible a las Administraciones Públicas en sus actuaciones, debería haber sido la Junta de Andalucía la que debería haber incluido en el convenio de una forma expresa, clara y precisa que estaba excluido su uso, pues si en el convenio no hay matización o prohibición alguna se entiende que lo tiene y ello porque dentro de las estipulaciones del convenio no se recoge que los beneficiarios tengan que obtener una autorización para el agua"*.

La conducta típica consiste en "*distraer las aguas… de su curso… o de su embalse*", es decir, dar a las aguas un uso distinto del natural o artificial que tienen autorizado. Esto produce ya un perjuicio al titular del derecho al uso de esas aguas distraídas, pero no basta simplemente con eso, sino que además tiene que aprovechar esa agua para sí mismo o para un tercero, como pueda ser, por ejemplo, una persona jurídica de la cual es administrador el autor material de la distracción de las aguas [como, p.ej., en la SAP, Ciudad Real, Secc. 1ª, 23/2013, 1-10 (*Tol 3972117*)].

Si el uso de las aguas no está previamente autorizado, el perjudicado será la Confederación Hidrográfica correspondiente. Por ejemplo, en la SAP, Huelva, Secc. 1ª, 329/2017, 5-12, fue la del Guadalquivir, debido a que los acusados durante 4 años extrajeron aguas subterráneas para regar una plantación de 64 hectáreas de arándanos, lo que serían unos 128.410 €, a razón de 32.102 € anuales por el coste del agua.

Si el uso de las aguas ya cuenta con previa autorización, el perjudicado será el particular autorizado. Por ejemplo, la SAP, Lugo, Secc. 2ª, 83/2021, 6-7, condenó a un individuo que instaló una cañería en el depósito de un manantial a fin de aprovecharse de sus aguas, llevándolas a unos 200 m hasta una finca que utilizaba para ganado vacuno. El aprovechamiento legal de dicho manantial estaba autorizado por concesión administrativa a favor del denunciante y de otra persona. El condenado alegó en su recurso que realizó un aprovechamiento de aguas que son públicas, situado en una zona pública y de acceso libre y donde no existía ninguna advertencia de prohibición de aprovechar las aguas. Sin embargo, el tribunal considera que *"el aprovechamiento de las aguas ha de ser el natural u ordinario"*, lo que no ocurrió en ese caso en el que el sujeto utilizó elementos o artificios especiales para dicho uso. Por ello, no cabe invocar desconocimiento de ningún tipo en el aprovechamiento abusivo de las aguas, aunque no fuese en su totalidad, y para lo cual el recurrente no disponía de la preceptiva concesión. O la SAP, Almería, Secc. 2ª, 97/2020, 6-3, en que se condenó a un agricultor por colocar unos tubos en una acequia por la que discurría el agua desde una balsa hasta una plantación. El tribunal estimó que esas aguas eran de uso privativo, que discurrían por un cauce artificial y que eran objeto de distracción mediante la colocación de esos tubos.

La "*utilidad reportada*", de cuya cuantía depende la aplicación del apart. 1 o el 2 del art. 247 CP, según que exceda de 400 € o no, se configura así como un elemento del tipo, que delimita en términos objetivos y subjetivos el ámbito de lo punible (igual que vimos para el delito de alteración de lindes del art. 246 CP, *vid. supra* III.2). Por un lado, en términos objetivos, la distracción de las aguas de su curso tiene que producir como resultado típico una utilidad para el autor o para otra persona. La cuantificación de dicha utilidad es bastante compleja, pues se determina en función del valor económico del agua, y dicho valor varía de un lugar a otro. Y es que el agua no vale lo mismo en todo el territorio español. Por ejemplo, no vale lo mismo el agua de un río asturiano que el agua desalada en Alicante o el agua trasvasada del Tajo a Murcia. Es mucho más valiosa el agua de Alicante o de Murcia, no solo por la escasez que tienen esas regiones, sino también por los costes de inversión y los gastos de explotación y conservación de las obras hidráulicas que permiten poner el agua a disposición de los usuarios allí (captación, almacenamiento, extracción, transporte, distribución, recogida, tratamiento y vertido). Pero es que además hay que tener en cuenta a qué se dedica luego el agua distraída. No es lo mismo destinarla a regar o beber, que destinarla a la producción de energía eléctrica, por ejemplo. La determinación de ese importe, y por tanto, de la "*utilidad reportada*", normalmente le compete a los organismos de cuenca, que en cada ejercicio presupuestario fijan un canon de regulación y una tarifa de utilización de agua (art. 114 Ley de Aguas y arts. 300 y 307 del Reglamento del Dominio Público Hidráulico, que regulan los cálculos que hay que hacer para obtener la cuantía del canon de regulación y de la tarifa de utilización del agua, respectivamente) [en otros preceptos se regulan otros cánones por utilización del agua, como por ejemplo, el RD 198/2015, de 23 de marzo, por el que se desarrolla el art. 112 bis de la Ley de Aguas y se regula el canon por utilización de las aguas continentales para la producción de energía eléctrica en las demarcaciones intercomunitarias (*Tol 4778526*)]. A tal efecto deberá ser objeto de valoración por parte del juez conforme a la documentación que haya podido aportarse o a los peritajes que hayan podido practicarse, particularmente en caso de ausencia de caudalímetro.

Si no hay un aparato medidor, se tendrá que hacer un cálculo aproximado del volumen de agua utilizado. Existen diferentes métodos contrastados científicamente para calcular el uso consuntivo y la evapotranspiración real de las plantas, que vienen a ser dos magnitudes prácticamente equivalentes y que sirven para determinar el agua utilizada para el riego: el método de Penman-Monteith, el de Blaney-Criddle, el de Thornthwait, el de Stephens-Stewart, entre otros. En la SJP, Ciudad Real nº 2, 160/2020, 26-3, consta que los peritos de la Unidad Técnica adscrita al fiscal de Sala de Medio Ambiente y Urbanismo utilizan el primero de esos métodos. En la SJP, Ciudad Real nº 2, 102/2019, 11-3, se utilizó un método indirecto de teledetección, consistente en la combinación de una serie de fotografías térmicas a través de satélite. Mediante dichas fotografías se obtiene la actividad fotosintética de las plantas, que se traduce en una fotografía con una amplia gama de colores rosados y rojizos en función de la mencionada actividad de la planta. Luego, a partir de un número reducido de inspecciones sobre el terreno se puede llegar al conocimiento del tipo de cultivo y la superficie cultivada. Con el conocimiento de estas variables se puede conocer la cantidad de agua extraída. Sin embargo, en este caso no quedó constatado que los agentes del Seprona efectuasen las inspecciones sobre el terreno y que se basaron en la denuncia de la Confederación Hidrográfica del Guadiana para confeccionar su informe, por lo que no se comprobó el tipo de cultivo, que resulta un elemento esencial para determinar la cantidad de agua de riego.

En caso de que se pueda medir directamente el volumen de agua distraída, como, por ejemplo, en la STS 138/2016, 24-2 (*Tol 5655253*), que casa parcialmente la SAP, Murcia, Secc. 5ª, 163/2015, 4-6, y da por probado que el acusado realizó tres pozos sin autorización en las coordenadas…, que fueron descubiertos por la Guardia Civil, estando los mismos enterrados dentro de sendos habitáculos y cerrados por una plancha metálica y un montón de estiércol encima para disimular su existencia, existiendo en uno un contador y en otro la huella de haber quitado el mismo recientemente, habiéndose comprobado que en uno de ellos, se extrajeron 31.300 m³ y luego aplicó un acuerdo de la Junta de Gobierno de la Confederación Hidrográfica del Segura por el que se establecía un valor de 0,30 €/m³ de agua. Por ello estimó una utilidad de 9.300 € y le condenó también a que indemnizase a la Confederación Hidrográfica del Segura en dicha cuantía.

Por otro lado, subjetivamente hablando la distracción de las aguas tiene que ir teñida de la intención de sacar provecho a la misma. Conforme a ello, el mero hecho de distraer para desperdiciar las aguas no sería constitutivo de este delito (no apreció este aprovechamiento, por ejemplo, el AAP, Huesca, Secc. 1ª, 305/2019, 30-9) y, o bien se reconduce a otros delitos como daños (art. 263 CP), estragos por inundación (art. 346 CP), desabastecimiento de poblaciones (art. 560.3 CP), o bien no pasa de una mera infracción administrativa.

La SAP, Barcelona, Secc. 7ª, 49/2002, 18-1 absolvió porque no quedó acreditado ni el tiempo de duración de la conducta, ni el valor del metro cúbico de agua en la circunscripción local en la que los hechos se llevaron a cabo, ni los metros cúbicos aproximados de agua distraída, ni ningún dato que permitiese entender que el sujeto se hubiese beneficiado en más de 50.000 ptas. Hay que aclarar que en aquel entonces no estaba tipificada la falta del art. 624.2 CP. Hoy en día, si el beneficio obtenido no se puede estimar, pero sí consta que se ha aprovechado de las aguas distraídas, habría que calificar la conducta como constitutiva del apart. 2 del art. 247 CP.

4. Tipo subjetivo

Es una infracción exclusivamente dolosa, que debe estar animada por la intención de obtener un lucro ilícito. Que antes de la reforma de 2003 se dijese expresamente que la distracción del curso de las aguas tenía que hacerse "*en provecho propio o de tercero*" y ahora no, no significa que en la actual regulación no se exija la misma intención. Ello se deduce de la distinción entre el apart. 1 y el 2, que se cifra en el importe de la "*utilidad reportada*". Si la utilidad o el beneficio son un elemento del tipo, resulta preciso que esté abarcada por el dolo. No estamos ante un delito de resultado cortado, en el que la utilidad pueda ser simplemente pretendida, sino que esa utilidad no transciende a la propia acción de distracción de las aguas, de tal manera que tiene que producirse realmente para que el delito se entienda consumado.

5. Penalidad y concursos

1. Se ha considerado por parte de la Doctrina (SALOM ESCRIVÁ, SERRANO-PIEDECASAS FERNÁNDEZ) que dicha utilidad debe ponderarse exclusivamente en atención al valor económico del agua sustraída y no en consideración de las mejoras que a consecuencia de la utilización de ellas se hayan producido. Sin embargo, con ser esto cierto y como se acaba de explicar, el valor del agua se determina también en función del uso al que se destina, con lo cual el valor del agua sí tiene en cuenta el beneficio industrial o comercial reportado por su utilización (por ejemplo, pensemos en una central hidroeléctrica). No obstante, si este no fuese estimable habría que calificar el hecho como un ilícito del apart. 2 del art. 247. Aunque una distracción de las aguas prolongada y continuada en el tiempo pueda cuestionar la calificación como delito continuado, nada impide hacerla, por ejemplo, si se tratase de diferentes extracciones de agua de un acuífero en diversos momentos. En estos casos, la pena se determinaría conforme a la regla penológica del art. 74.2 CP.

La SAP, Almería, Secc. 2ª, 97/2020, 6-3, a efectos de prescripción lo califica como un delito de efectos permanentes.

Por otra parte, cabe advertir en los casos más leves, cierta desproporción entre la sanción penal y la administrativa, pues puede ser mucho mayor la multa administrativa que la penal (*vid.* el art. 117 Ley de Aguas). En los casos más graves, si ya existe una afectación al medio ambiente, parece más razonable que la sanción administrativa sea mayor en comparación con esta infracción patrimonial.

2. En cuanto a la relación con otros delitos, de darse violencia o intimidación en las personas para cometer la distracción de las aguas, la mayoría de la Doctrina estima que habría un concurso de delitos con las lesiones, las coacciones o

las amenazas (BAUCELLS I LLADÓS, SERRANO-PIEDECASAS FERNÁNDEZ). Sin embargo, estimamos junto a HUERTA TOCILDO que habría que apreciar un concurso aparente de leyes penales, aplicando preferentemente el art. 245.1 CP, pues en nuestra opinión el art. 247 CP es subsidiario de aquél. La única duda que puede surgir es si las aguas son bienes inmuebles, pero el nº 8 del art. 334 CP los califica como tales.

Quedan excluidas del art. 247 CP aquellas distracciones de aguas que discurran por tuberías o cañerías y en las que se alteren contadores o aparatos medidores, en cuyo caso se aplica preferentemente el art. 255 CP.

Dado el diferente bien jurídico protegido, consideramos que el delito de distracción de aguas del art. 247 CP puede entrar en concurso con el delito contra los recursos naturales y el medio ambiente del art. 325 CP si resulta que de la distracción de las aguas se causan o se pueden causar daños sustanciales al medio ambiente o al equilibrio de los sistemas naturales (no apreció el concurso entre los dos la STS 1577/2003, 24-11, pero podría haberlo hecho, pues declaró probado que la construcción de la represa en el arroyo en cuestión se hizo "*con la finalidad de utilizar para el uso de boca y otros de su caserío, el regadío de unas 20 hectáreas de terreno y para el consumo de ganado existente en la finca —unas 800 cabezas de vacuno, bovino y caballar— las aguas que en toda fecha discurren por el cauce del arroyo [en cuestión]*". En estos casos como este, en que se producen daños contra el medio ambiente derivados de la distracción de las aguas, en la práctica suele ser habitual que el Ministerio Fiscal acuse sólo subsidiariamente por el delito de distracción de aguas del art. 247 CP, con lo cual parece dar a entender que el delito patrimonial sería un hecho copenado y absorbido por el delito ecológico (p.ej., SSJP, Cuenca nº 1, 347/2019, 17-12, y Huelva nº 1, 386/2021, 23-12).

V. BIBLIOGRAFÍA

BLANCO LOZANO, C. "El delito de usurpación en sus orígenes y en el Código Penal de 1995", *RDPC*, nº 6, 1996; BAUCELLS I. LLADÓS, J. *La ocupación de inmuebles en el Código Penal de 1995*, Valencia, 1997; id. "La ocupación de viviendas deshabitadas y el nuevo Código Penal a la luz del principio de intervención mínima", *Revista Jurídica de Cataluña: RJCat* 1997; BAZA DE LA FUENTE, L. "El delito de usurpación no violenta en los Proyecto de Código penal de 1992 y 1994", *Cuadernos de Política Criminal: CPC*, nº 57, 1995; BRAGE CENDÁN, S. "El denominado delito de usurpación pacífica de inmuebles (una forma de recuperar la posesión a través de la vía penal), *Consultor inmobiliario*, nº 27, 2002; CARRETERO SÁNCHEZ, A. "La ocupación sin violencia e intimidación en las personas de bienes inmuebles: El artículo 245.2 del Código Penal", *Diario La Ley: LL*, nº 9823, 6 abril 2021; CASAS HERVILLA, J. "Reflexiones en torno al delito de usurpación pacífica de bienes inmuebles", *LL*, nº 9709, 5 octubre 2020; CASTAÑÓN ÁLVAREZ, M. J. "Delito de usurpación de bienes inmuebles y algunos tipos penales conexos: allanamiento de morada, estafa, coacción y realización arbitraria del propio derecho", *CPC*, nº

145, 2025; ESCUDERO GARCÍA-CALDERÓN, "La usurpación (art. 245.1)", en ÁLVAREZ GARCÍA, F. J. y GONZÁLEZ CUSSAC, J. L. (coord.) *Comentarios a la reforma penal de 2010,* Valencia, 2010; FERNÁNDEZ ALBOR, A. "La supresión del delito de usurpación en el Derecho penal español. Una predicción fallida", *LH-Alfonso Otero,* 1981; FERNÁNDEZ APARICIO, J. M. "Comentario al artículo 245 párrafo 2°", *LL,* 1997-4; FRÍAS MARTÍNEZ, E. "El fenómeno de la ocupación. Aspectos civiles, penales y procesales", *LL,* n° 9768, 12 enero 2021; FUENTES LOJO RIUS, A. *Ocupación de bienes inmuebles. Aspectos civiles, penales y procesales,* Madrid, 2021; GÓMEZ IBARGUREN, P. *El tratamiento del fenómeno "okupa" en el Derecho español,* Barcelona, 2009; GONZÁLEZ CERRÓN, R. "Los delitos relativos a la usurpación", *Estudios Jurídicos del Ministerio Fiscal: EJMF,* n° 6, 1999; GONZÁLEZ RUS, J. J. "Secuelas 'colaterales' no pretendidas de la LO 1/2015, de 30 de marzo, de reforma del Código Penal", *LL,* n° 8553, 3 junio 2015; GUTIÉRREZ I. ALBENTOSA, J. M. "Conceptos básicos sobre el delito de usurpación de inmuebles", *LL,* n° 9763, 4 enero 2021; id. "El delito de ocupación de inmuebles en la jurisdicción de menores", *LL,* n° 9788, 10 febrero 2021; HERNÁNDEZ GARCÍA, J. "La protección constitucional de la vivienda y su proyección penal: especial referencia a los fenómenos 'okupa' y 'mobbing' inmobiliario", *Cuadernos de Derecho Judicial: CDJ,* n° 10, 2005; HERNÁNDEZ GIL, A. *La posesión,* Madrid, 1980; HUERTA TOCILDO, S. *Protección penal del patrimonio inmobiliario,* Madrid, 1980; IBARRA SÁNCHEZ, J. L. "La ocupación de inmueble no destinado a morada: el delito de usurpación del artículo 245.2 del Código Penal", *LL,* n° 7305, 2009; id. "Práctica procesal y bien jurídico protegido del delito de usurpación inmobiliaria del artículo 245.2 del Código Penal, tras la Ley Orgánica 1/2015, de 30 de marzo", *Repertorio Aranzadi Doctrinal: RAD,* n° 5, 2015; IHERING, R. von *Teoría de la posesión. El fundamento de la protección posesoria,* Madrid, 1892; JIMÉNEZ PARÍS, J. M. *Usurpación pacífica de bienes inmuebles,* tesis doctoral UCM, 2016; id. "Ocupación vs., Okupación: ¿dos realidades distintas para un mismo tipo penal?", *La Ley penal: LL-penal,* n° 125, 2017; id. "Desahucio exprés contra la ocupación de viviendas", *LL,* n° 9262, 19 septiembre 2018; LÓPEZ CHOCARRO, I. "La ocupación ilegal y el juicio verbal para la efectividad de los derechos reales inscritos (artículo 250.1.7° LEC). La caución como requisito para acceder al recurso de apelación", *LL,* n° 9204, 24 mayo 2018; id. "Del preocupante fenómeno de la ocupación ilegal al peligroso escenario de la 'reocupación'. O la delgada línea roja que separa el Estado de Derecho con la impunidad ante la falta de respeto tanto a nuestras Leyes como especialmente ante el incumplimiento de las resoluciones judiciales", *LL,* n° 9802, 3 marzo 2021; MACHADO RUIZ, M. D. "La usurpación pacífica de inmuebles: el ocupa como víctima o delincuente", *Revista Sistema Penal Crítico* n° 6, 2025; MAGRO SERVET, V. "La criminalización de la no devolución posesoria por el arrendatario del inmueble en el impago de alquileres", *LL,* n° 6922, 10 abril 2008; id. "Ocupación ilegal de inmuebles. ¿Delito del artículo 245.2 del CP o precario?", *LL-penal,* n° 85, 2011; id. "Soluciones ante la presencia de okupas, pisos patera y defraudación de fluido eléctrico en las comunidades de vecinos. ¿Cómo actuar ante alquileres irregulares u ocupación de viviendas y los enganches ilegales de luz a vecinos?", *LL,* n° 8225, 9 enero 2014; id. "La inminente reforma civil y penal en materia de 'okupación' de inmuebles", *LL,* n° 9204, 24 mayo 2018; id. "Análisis de los títulos de oposición de los 'ocupas' ante demandas por la vía del art. 441.1 bis 2° LEC", *LL,* n° 9419, 21 mayo 2019; MANZANARES SAMANIEGO, J. L. "La llamada usurpación pacífica. Artículo 245.2 del Código Penal", *Actualidad Penal: AP,* 1997; id. "Artículos 245-247", en COBO DEL ROSAL, M. (dir.) *Comentarios,* t. VIII; MARTÍ MARTÍ, J. "Proceso de desahucio frente a los colectivos «ocupas»", *LL,* n° 7442, 9 julio 2010; MARTÍN-RETORTILLO BAQUER, L. "Alcaldesa procesada por delito de usurpación de cursos de agua: el carácter abusivo de los aprovechamientos de agua no inscritos en el registro", *Revista de Administración Pública: RAP,* n° 90, 1979; MIRA BENAVENT, J. "Consideraciones político-criminales sobre el objeto material y el bien jurídico protegido en los delitos de usurpación y ocupación de inmuebles castigados en el artículo 245 del Código Penal", *LH-Carbonell Mateu* (2025); MIRAPEIX LACASA, N. *La usurpación pacífica de inmuebles,* tesis doctoral UPF, 2016; id. "Las ocupaciones de inmuebles por motivos de necesidad", *Revista Electrónica de Ciencia Penal y Crimi-*

nología: RECPC, nº 20-22, 2018; id. "La usurpación de bienes inmuebles. Soluciones desde la interpretación de la legislación vigente", *RJCat*, nº 120, 2021; MAYORDOMO RODRIGO, V. "Desprotección del afectado en ocupaciones ilegales sin violencia ni intimidación: allanamiento de morada y usurpación de inmuebles", *Revista General de Derecho Penal: RGDP*, nº 34, 2020; MOYA FUENTES, M. M. "El delito de distracción de aguas: art. 247 del Código Penal español", en A. Romero Tarín/L.T. Córdoba Hoyos (dirs.), *Los desafíos de España y Colombia en la gobernanza hídrica del siglo XXI*, Cizur Menor (Navarra), 2019; MOZAS PILLADO, J. *Ocupantes ilegales de inmuebles. Una perspectiva penal y criminológica. Especial referencia al desalojo policial*, Barcelona, 2021; MUÑOZ CUESTA, J. "Delito de usurpación por ocupación de finca militar con finalidad reivindicativa", *Actualidad Jurídica Aranzdi: AJA*, nº 900, 2015; MUÑOZ RUIZ, J. "La ocupación pacífica de inmuebles: el delito leve de usurpación (art. 245.2 CP)", *CPC*, nº 134, 2021; NAVARRO MASSIP, J. y PERETE HORRACH, P. J. "El delito de usurpación de bienes inmuebles. Una aproximación a los límites y el alcance de las acciones de la comunidad de propietarios en el proceso penal", *RJCat*, nº 119, 2020; NOGUEIRA GANDÁSEGUI, S. "O novo tipo penal do delicto de usurpación non violenta do artigo 245 do Código Penal", *Revista Xurídica Galega*, nº 14, 1996; id. *Los delitos de usurpación de inmuebles en el Código Penal de 1995. Aspectos sustantivos y procesales*, Cambados (Pontevedra), 1999; OBSERVATORIO DE VIVIENDA Y SUELO, *Boletín Especial Vivienda Social 2020*; OLIVAS DÍAZ, A. "Castigar la disidencia. El movimiento de ocupación en el ordenamiento jurídico", *Jueces para la Democracia: JpD*, nº 54, 2005; PALOP BELLOCH, M. "La problemática social y jurídica sobre el desalojo de viviendas ocupadas ilegalmente", *Justicia*, nº 2, 2019; PÉREZ DAUDÍ, V. y SÁNCHEZ GARCÍA, J. "La protección del propietario frente a los actos de ocupación ilegal de un bien inmueble", *LL*, nº 9008, 26 junio 2017; PISARELLO PRADOS, G. "El derecho a la vivienda: acoso, derribo, resistencias", *JpD*, nº 77, 2013; POMARES CINTAS, E. "La usurpación violenta, art. 245 CP", en AA.VV. *La reforma penal de 2010: análisis y comentarios*, Valencia, 2010; RAMÓN RIBAS, E. "El delito de ocupación ilegal no violenta de bienes inmuebles", *Estudios Penales y Criminológicos: EPC*, nº 40, 2020; ROCA DE AGAPITO, L. "Consideraciones político-criminales sobre el fenómeno delictivo de la usurpación de bienes inmuebles ajenos. (A propósito de las propuestas legislativas presentadas en 2020)", en VÁZQUEZ-PORTOMEÑE SEIJAS, F. (dir.), *Cuestiones actuales de Política Criminal*, Valencia, 2022; RODRÍGUEZ ALMIRÓN, F. J. "Estudio jurisprudencial de las cuestiones más controvertidas en relación con el delito de usurpación del art. 245 CP", *CPC*, nº 132, 2020; RODRÍGUEZ FERNÁNDEZ, R. y VÁZQUEZ RODRÍGUEZ, J. M. "Identificación de tipos penales afectantes a inmuebles. El problema actual de los okupas", *Práctica penal*, nº 68, 2012; ROIG TORRES, M. "Delito de ocupación pacífica de inmuebles (art. 245.2 CP). Una crítica a las últimas proposiciones de ley de reforma", *Revista de Derecho Penal y Criminología: RDPC*, nº 25, 2021; RUBIO PÉREZ DE ACEVEDO, M. P. "La usurpación de inmuebles: estudio del artículo 245.2 del Código Penal", *Revista Jurídica de la Comunidad de Madrid*, nº 29, 2009; RUIZ BLAY, G. "La ineficacia práctica del artículo 245 del Código penal para obtener el desalojo de un inmueble usurpado", *LL*, nº 8429, 26 noviembre 2014; SALOM ESCRIVÁ, J. S. "Los delitos de usurpación de inmuebles y derechos reales", *Revista General del Derecho: RGD*, nº 495, 1985; nº 496-497, 1986; SERRANO-PIEDECASAS FERNÁNDEZ, J. R. "La usurpación (Título XIII, Cap. V CP)", *CDJ*, nº 13, 2004; SOLA RECENA, A. "Aspectos procesales de la recuperación de la posesión de viviendas ocupadas ilegalmente", *Justicia*, nº 2, 2020; VALMAÑA OCHAÍTA, S. "Los delitos de ocupación violenta de bienes inmuebles: análisis típico y propuestas de *lege ferenda*", *LL-penal*, nº 152, 2021; DE VICENTE REMESAL, J. "Usurpación", *Enciclopedia Jurídica Básica: EJB*; y *Enciclopedia Penal Básica: EPB*; AA.VV.: *¿Dónde están las llaves? El movimiento ocupa: prácticas y contextos sociales*, Madrid, 2004 (coord. ADELL ARGILÉS, R. y MARTÍNEZ LÓPEZ, M.).

REFERENCIAS LEGALES

- Real Decreto Legislativo 1/2001, de 20 de julio, por el que se aprueba el texto refundido de la Ley de aguas *(Tol 231223)*.
- Real Decreto 2364/1994, de 9 de diciembre, por el que se aprueba el Reglamento de Seguridad Privada.
- Real Decreto 849/1986, de 11 de abril, por el que se aprueba el Reglamento del Dominio Público Hidráulico.

Lección 7ª

Estafa (I)

FRANCISCO JAVIER ÁLVAREZ GARCÍA / AMPARO MARTÍNEZ GUERRA

Artículo 248

Cometen estafa los que, con ánimo de lucro, utilizaren engaño bastante para producir error en otro, induciéndolo a realizar un acto de disposición en perjuicio propio o ajeno.

Los reos de estafa serán castigados con la pena de prisión de seis meses a tres años, si la cuantía de lo defraudado excediere de 400 euros. Para la fijación de la pena se tendrá en cuenta el importe de lo defraudado, el quebranto económico causado al perjudicado, las relaciones entre éste y el defraudador, los medios empleados por éste y cuantas otras circunstancias sirvan para valorar la gravedad de la infracción.

Si la cuantía de lo defraudado no excediere de 400 euros, se impondrá la pena de multa de uno a tres meses.

Artículo 248 (texto vigente hasta el 11-1-2023)

1. Cometen estafa los que, con ánimo de lucro, utilizaren engaño bastante para producir error en otro, induciéndolo a realizar un acto de disposición en perjuicio propio o ajeno.

2. También se consideran reos de estafa:

a) Los que, con ánimo de lucro y valiéndose de alguna manipulación informática o artificio semejante, consigan una transferencia no consentida de cualquier activo patrimonial en perjuicio de otro.

b) Los que fabricaren, introdujeren, poseyeren o facilitaren programas informáticos específicamente destinados a la comisión de las estafas previstas en este artículo.

c) Los que utilizando tarjetas de crédito o débito, o cheques de viaje, o los datos obrantes en cualquiera de ellos, realicen operaciones de cualquier clase en perjuicio de su titular o de un tercero.

Artículo 249

1. También se consideran reos de estafa y serán castigados con la pena de prisión de seis meses a tres años

a) Los que, con ánimo de lucro, obstaculizando o interfiriendo indebidamente en el funcionamiento de un sistema de información o introduciendo, alterando, borrando, transmitiendo o suprimiendo indebidamente datos informáticos o valiéndose de cualquier otra manipulación informática o artificio semejante, consigan una transferencia no consentida de cualquier activo patrimonial en perjuicio de otro.

b) Los que utilizando, de forma fraudulenta tarjetas de crédito o débito, cheques de viaje o cualquier otro instrumento de pago material o inmaterial distinto del efectivo o datos obrantes en cualquiera de ellos, realice operaciones de cualquier clase en perjuicio de su titular o de un tercero.

2. Con la misma pena prevista en el apartado anterior serán castigados:

a) Los que fabricaren, importaren, obtuvieren, poseyeren, transportaren, comerciaren o de otro modo facilitaren a terceros dispositivos, instrumentos o datos o programas informáticos, o cualquier otro medio diseñado o adaptado específicamente para la comisión de las estafas previstas en este artículo.

b) Los que, para su utilización fraudulenta, sustraigan, se apropien o adquieran de forma ilícita tarjetas de crédito o débito, cheques de viaje o cualquier otro instrumento de pago material o inmaterial distinto al efectivo.

3. Se impondrá la pena en su mitad inferior a los que, para su utilización fraudulenta y sabiendo que fueron obtenidos de ilícitamente, posean, adquieran, transfieran, distribuyan o pongan a disposición de terceros tarjetas de crédito o débito, cheques de viaje o cualquiera otros instrumentos de pago materiales o inmateriales distintos del efectivo.

Artículo 249 (texto vigente hasta el 11-1-2023)

Los reos de estafa serán castigados con la pena de prisión de seis meses a tres años, si la cuantía de lo defraudado excediere de 400 euros.

Para la fijación de la pena se tendrá en cuenta el importe de lo defraudado, el quebranto económico causado al perjudicado, las relaciones entre éste y el defraudador, los medios empleados por éste y cuantas otras circunstancias sirvan para valorar la gravedad de la infracción.

Artículo 250

1. El delito de estafa será castigado con las penas de prisión de un año a seis años y multa de seis a doce meses, cuando:

1.° Recaiga sobre cosas de primera necesidad, viviendas u otros bienes de reconocida utilidad social.

2.° Se perpetre abusando de firma de otro, o sustrayendo, ocultando o inutilizando, en todo o en parte, algún proceso, expediente, protocolo o documento público u oficial de cualquier clase.

3.° Recaiga sobre bienes que integren el patrimonio artístico, histórico, cultural o científico.

4.° Revista especial gravedad, atendiendo a la entidad del perjuicio y a la situación económica en que deje a la víctima o a su familia.

5.° Cuando el valor de la defraudación supere los 50.000 euros, o afecte a un número elevado de personas.

6.° Se cometa abuso de las relaciones personales existentes entre víctima y defraudador, o aproveche éste su credibilidad empresarial o profesional.

7.° Se cometa estafa procesal. Incurren en la misma los que, en un procedimiento judicial de cualquier clase, manipularen las pruebas en que pretendieran fundar sus alegaciones o emplearen otro fraude procesal análogo, provocando error en el Juez o Tribunal y llevándole a dictar una resolución que perjudique los intereses económicos de la otra parte o de un tercero.

8.º Al delinquir el culpable hubiera sido condenado ejecutoriamente al menos por tres delitos comprendidos en este Capítulo. No se tendrán en cuenta antecedentes cancelados o que debieran serlo.

2. Si concurrieran las circunstancias incluidas en los numerales 4º, 5º, 6º o 7º con la del numeral 1º del apartado anterior, se impondrán las penas de prisión de cuatro a ocho años y multa de doce a veinticuatro meses.

Artículo 250 (texto vigente hasta el 30-6-2015)

1. El delito de estafa será castigado con las penas de prisión de un año a seis años y multa de seis a doce meses, cuando:

1.° Recaiga sobre cosas de primera necesidad, viviendas u otros bienes de reconocida utilidad social.

2.° Se perpetre abusando de firma de otro, o sustrayendo, ocultando o inutilizando, en todo o en parte, algún proceso, expediente, protocolo o documento público u oficial de cualquier clase.

3.° Recaiga sobre bienes que integren el patrimonio artístico, histórico, cultural o científico.

4.° Revista especial gravedad, atendiendo a la entidad del perjuicio y a la situación económica en que deje a la víctima o a su familia.

5.° Cuando el valor de la defraudación supere los 50.000 euros.

6.° Se cometa abuso de las relaciones personales existentes entre víctima y defraudador, o aproveche éste su credibilidad empresarial o profesional.

7.° Se cometa estafa procesal. Incurren en la misma los que, en un procedimiento judicial de cualquier clase, manipularen las pruebas en que pretendieran fundar sus alegaciones o emplearen otro fraude procesal análogo, provocando error en el Juez o Tribunal y llevándole a dictar una resolución que perjudique los intereses económicos de la otra parte o de un tercero.

2. Si concurrieran las circunstancias 4ª, 5ª o 6ª con la 1ª del número anterior, se impondrán las penas de prisión de cuatro a ocho años y multa de doce a veinticuatro meses.

Artículo 251

Será castigado con la pena de prisión de uno a cuatro años:

1.° Quien, atribuyéndose falsamente sobre una cosa mueble o inmueble facultad de disposición de la que carece, bien por no haberla tenido nunca, bien por haberla ya ejercitado, la enajenare, gravare, o arrendare a otro, en perjuicio de éste o de tercero.

2.° El que dispusiere de una cosa mueble o inmueble ocultando la existencia de cualquier carga sobre la misma, o el que, habiéndola enajenado como libre, la gravare o enajenare nuevamente antes de la definitiva transmisión al adquirente, en perjuicio de éste, o de un tercero.

3.° El que otorgare en perjuicio de otro un contrato simulado.

Artículo 251 bis

Cuando de acuerdo con lo establecido en el artículo 31 bis una persona jurídica sea responsable de los delitos comprendidos en esta Sección, se le impondrán las siguientes penas:

a) Multa del triple al quíntuple de la cantidad defraudada, si el delito cometido por la persona física tiene prevista una pena de prisión de más de cinco años.

b) Multa del doble al cuádruple de la cantidad defraudada, en el resto de los casos.

Atendidas las reglas establecidas en el artículo 66 bis, los jueces y tribunales podrán asimismo imponer las penas recogidas en las letras b) a g) del apartado 7 del artículo 33.

I. CUESTIONES GENERALES

El Capítulo VI del Título XIII del CP se dedica, siguiendo su rúbrica, a las defraudaciones, y la Sección 1ª del mismo a la estafa. Se trata de un delito que ha estado presente en toda nuestra legislación histórica y que, en las últimas reformas penales (2010, 2015 y 2022) ha sufrido cambios muy significativos que han respondido a cuestiones de naturaleza formal (ordenación sistemática de los preceptos) y sustantiva (configuración de los tipos penales). El ámbito de aplicación de la estafa también se ha visto afectado por otras reformas que, del mismo modo que ocurriera con la previsión de la estafa de inversiones (art. 282 bis CP), vinieron a satisfacer buena parte de los requerimientos de tipificación que se venían haciendo en el ámbito de la estafa desde hace lustros (MARTÍNEZ-BUJÁN PÉREZ). Éste fue también el caso de la introducción del fraude en prestaciones de la Seguridad Social (art. 307. ter CP) mediante la LO 7/2012, 27-12, por la que se modifica la Ley Orgánica 10/1995, 23-11, del Código Penal en materia de transparencia y lucha contra el fraude fiscal y en la Seguridad Social (*Tol 2710755).*

La incorporación del art. 307 ter al CP vino a zanjar una problemática puesta de manifiesto por los órganos jurisdiccionales en relación con comportamientos como el cobro indebido de prestaciones de la Seguridad Social por desempleo, pensiones de jubilación, orfandad, discapacidad y viudedad. Mediante el Acuerdo del Pleno no jurisdiccional de la Sala 2ª del TS, de 25-2-2002, se acordó que las conductas defraudatorias relativas a las prestaciones de desempleo debían de ser reconducidas al art. 308 CP. El resto, las de jubilación, orfandad, viudedad e incapacidad, deberían canalizarse a través del delito de estafa del art. 248 CP. Esta línea jurisprudencial fue apoyada, entre otras muchas, por SSTS como la 435/2002, 1-3, y la 636/2012, 13-7. La dificultad encajar el fraude en subvenciones en el art. 308 CP debido a existencia de condiciones de punibilidad (120.000 € en su redacción original), llevó al legislador a la aprobación de la LO 7/2012, 27-12. Ésta, en el marco de una modificación más amplia, redujo la cuantía del fraude en subvenciones del art. 308 CP, creó una modalidad agravada y, a través de la incorporación del art. 307 ter CP, ofreció un *"tratamiento penal diferenciado de la obtención fraudulenta de ayudas y subvenciones que ofrece una respuesta eficaz frente a los supuestos de fraude con grave quebranto para el patrimonio de la Seguridad Social"* (E. M. LO 7/2012, 27-12).

La reforma operada por la LO 5/2010, 22-5 (*Tol 1867500),* modificó varios aspectos de la estafa. En primer lugar, introdujo una modalidad específica por la utilización de tarjetas de crédito o débito, cheques de viaje o los datos obrantes en cualquiera de ellos. Con ello, el legislador pretendía resolver normativamente algunos casos conflictivos sobre los cuales ya existía consenso jurisprudencial, como era la utilización de tarjetas ajenas para obtener dinero en cajeros automáticos (FARALDO CABANA). También buscaba cubrir supuestas lagunas de punibilidad, como en el caso de utilización de tarjetas ajenas para abono en cajeros automáticos. Finalmente, pretendía zanjar discusiones sobre la tipificación de algunas conductas como las que se producían por el uso de datos de tarjetas ajenas en compras por internet. Sin embargo, para autores como FERNÁNDEZ TERUELO la modificación era innecesaria. Por un lado, porque todas las posibilidades que podían plantearse por la utilización del uso de tarjetas eran todas subsumibles en las figuras de estafa común o informática. Por otro, porque el uso del término "tarjeta" en lugar de "medios de pago", circunscribía el ámbito de la norma a las tarjetas bancarias de crédito y débito, excluyendo otro tipo de tarjetas muy populares como las de telepeaje o prepago. Sin embargo, y como se verá a continuación, esa modificación no sólo llegó para quedarse, sino para ser ampliada por ulteriores reformas a la luz de la evolución y la creación de nuevos medios y figuras de pago.

La reforma de 2010 también reordenó los tipos agravados del art. 250 CP, lo que en algún caso llevó consigo al desdoblamiento de alguno de los antiguos preceptos en aras de un mayor apego al principio de tipicidad. Eso es lo que ocurrió con el viejo art. 250.1.6º CP, del que se extrajo la vaga referencia al valor de la defraudación y con respecto al cual se construyó un nuevo tipo agravado, que concretó en una cifra exacta la alusión a ese mayor desvalor. También ocurrió en otros preceptos, propiciando una nueva configuración del tipo agravado (caso de la estafa procesal, que pasó del art. 250.2º CP al 250.7º CP). En otros casos se produjo la desaparición de alguno de los antiguos tipos agravados como el recogido en el artículo 250.1.3º CP y referido a cuando la estafa "se realice mediante cheque, pagaré, letra de cambio en blanco o negocio cambiario ficticio". En opinión de FERNÁNDEZ TERUELO, esa previsión como tipo agravado no sólo planteaba grandes problemas en el ámbito de los concursos, sino que no conllevaba *per se* "un mayor desvalor que el recurso a cualquier forma o medio de engaño". Finalmente, reforma de 2010 acomodó la cláusula de hiper agravación del artículo 250.2 CP a la reordenación del precepto y, como no podía ser de otro modo, dio paso a una regulación específica de la responsabilidad penal de las personas jurídicas en el entonces nuevo art. 251 bis.

La LO 1/2015, 30-3, por la que se modifica la LO 10/1995, de 23 de noviembre, del Código penal (*Tol 4788288*), afectó de manera muy significativa al delito de estafa. En palabras del propio legislador, la reforma estaba "orientada al principio de intervención mínima" y buscaba "facilitar una disminución relevante del número de asuntos nuevos que, en gran parte", podían "encontrar respuesta a través del sistema de soluciones administrativas y civiles". Sin embargo, el efecto conseguido fue precisamente el contrario. Concretamente, en materia de faltas contra el patrimonio, todas salvo la prevista en el art. 626 CP (deslucimiento de bienes muebles o inmuebles) pasaron a convertirse en delitos leves (BOLDOVA PASAMAR). El incremento generalizado de la punición no solucionó el verdadero problema de la Administración de Justicia: la escasez de recursos humanos y materiales (FERNÁNDEZ HERNÁNDEZ).

La crítica doctrinal fue unánime con respecto a lo inadecuado del contenido y de la técnica de la reforma de 2015 (QUINTERO OLIVARES, BOLDOVA PASAMAR, CUGAT MAURI, FARALDO CABANA, DE VICENTE MARTÍNEZ, FERNÁNDEZ HERNÁNDEZ, entre otros). El argumento tan manido de la "aparición de nuevas normas de criminalidad" llevó a QUINTERO OLIVARES a remitir a las observaciones realizadas con ocasión de la entrada en vigor de la LO 5/2010. El autor, sin negar la evolución tecnológica y económica, no presumía tanta "*fecundidad creativa en materia criminal al ciudadano*" como para necesitar una nueva reforma de aspectos ya reformados recientemente. Tal modificación, así como "la ausencia de estudio y debate sobre los efectos que producidos por la anterior reforma sólo ponía de manifiesto "que la anterior (la de 2010) no surtió efectos".

La LO 1/2015 trajo novedades muy relevantes con respecto al delito de estafa. En primer lugar, la eliminación del Libro III del CP (faltas) y la creación de una nueva categoría de delitos (leves) impactó directamente en la configuración del tipo (*vid. infra* 3. El tipo básico del delito de estafa). Dicha modificación incluyó, en el entonces art. 249 CP, un segundo párrafo con el siguiente tenor literal: "Si la cuantía de lo defraudado no excediere de 400 euros, se impondrá la pena de multa de uno a tres meses". De esta forma, el legislador convertía en delito un comportamiento que hasta la fecha era constitutivo de falta (antiguo art. 623.4° CP) y que se castigaba con una pena de localización permanente o con una alternativa de multa.

Hasta ese momento, para autores como ÁLVAREZ GARCÍA era discutible si lo previsto en el número 2 del art. 248 CP (delito de estafa) era de aplicación en la falta de estafa (art. 623.3° CP). La razón de ser radicaba en que el referido número 2 arrancaba con la expresión "También se consideran reos de estafa". Se trataba, en opinión del autor, de una expresión con la que se venía a reconocer —de la misma forma que sucede con el artículo 28 CP en materia de autoría— que, aunque los supuestos no eran de estafa en sentido propio, se les consideraba como tales a efectos de clasificación y punitivos. El antiguo art. 623.4° CP se limitaba a expresar que "Serán castigados con localización permanente de cuatro a 12 días o multa de uno a dos meses: 4° Los que cometan estafa...". Por ello, en tanto y en cuanto en el precepto no se integraba expresamente supuestos parejos a los recogidos en el art. 248.2 CP, la conclusión era obligada: los supuestos contemplados en el número 2 del art. 248 CP no tenían paralelismo en la falta, algo que, por motivos de Política Criminal, tenía su lógica derivada del principio de intervención mínima.

En segundo lugar, y como ya ocurriera para la nueva categoría de delitos leves, el plazo de prescripción de la nueva categoría delictiva se equiparó al previsto para los delitos de injurias y calumnias. De su cómputo, y para la apreciación de la agravante por reincidencia, quedaron excluidos sus antecedentes penales. No obstante, esta circunstancia no impidió la aparición de una problemática de gran calado relativa a la multirreincidencia, como consecuencia de la interacción entre el delito leve y el también novedoso numeral 8° del art. 250.1 CP. Este último establece una pena de prisión de un año a seis años y multa de seis a doce meses cuando "al delinquir el culpable hubiera sido condenado ejecutoriamente al menos por tres delitos comprendidos en este Capítulo. No se tendrán en cuenta antecedentes cancelados o que debieran serlo". En términos similares, la reforma de 2015 incluyó ese precepto para el delito de hurto en el art. 235.1.7° CP. Con ello, y como acertadamente señala DE VICENTE MARTÍNEZ, la agravación de la pena por el hecho de que el acusado haya sido condenado ejecutoriamente con anterioridad por delitos de la misma naturaleza se establece en tres preceptos distintos. El primero, en el art. 22.8 CP como agravante genérica. El segundo, en el art. 66.1.5ª CP como agravante genérica de multirreincidencia. Finalmente, en el citado art. 235.1.7ºCP como agravante cualificada para el hurto. La STS (Pleno) 481/2017, 28-6 (*Tol 6197903*), dejó sin efecto este aspecto de la reforma del 2015, poniendo de manifiesto la desproporción penológica que se produciría si todos los delitos que conforman la multirreincidencia son leves. En palabras del propio TS, "el legislador no transforma punitivamente el tipo atenuado (art. 234.2) en un tipo básico de hurto, sino que se salta este escalón intermedio". Con ello "nos ubica directamente en las modalidades hiperagravadas (art. 235)", utilizando la "reincidencia como único soporte para conseguir un tipo hiperagravado, al no contar con un nuevo supuesto conductal que legitime la agravación cualificada".

La modificación llevada a cabo por la LO 9/2022, 28-7, por la que se establecen las normas que faciliten el uso de información financiera y de otro tipo para la prevención. Detección, investigación o enjuiciamiento de infracciones penales, de modificación de la Ley Orgánica 8/1980, de 22 de septiembre, de Financiación de las Comunidad Autónomas y otras disposiciones conexas y de modificación de la Ley Orgánica 10/1995, de 23 de noviembre, del Código Penal (*Tol 9141413*), trató de dar solución al problema. Para ello, introdujo un nuevo subtipo agravado en el art. 234.2 CP, que permite imponer la pena prevista en el tipo básico (prisión de 6 a 18 meses). "De esta forma, se consigue dar a los casos de multirreincidencia una respuesta penal más disuasoria y ajustada a la gravedad de la conducta, sin incurrir en un incremento desproporcionado de la pena" (E. M. LO 9/2022). La modificación no impidió que surgieran dudas con respecto a algunos aspectos relativos al delito continuado y al régimen transitorio, puestos de manifiesto por la FGE en su Circular 1/2022, de 12-12, sobre la reforma del delito de hurto operada en virtud del la Ley Orgánica 9/2022, de 28 de julio y por parte de la doctrina. Para autores como MARAVER GÓMEZ, además de los problemas señalados por la FGE, era destacable el hecho de que el legislador no hubiera apostado por otro tipo de penas como la de localización permanente o trabajos en beneficio de la comunidad, habida cuenta del perfil criminológico de los autores de estos ilícitos.

La reforma operada en 2022 afectó sólo a los delitos hurto, a pesar de que ya el Tribunal Supremo había manifestado la misma problemática con respecto a los delitos de estafa. En la STS 203/2020, 3-2 (*Tol 7735198*), el órgano jurisdiccional alertó sobre la desproporción de la aplicación de la multirreincidencia a las estafas. El fallo analizó la agravación penológica introducida por la LO 1/2015 y rechazó su aplicación a la estafa al no estar expresamente prevista como en los hurtos. El tribunal, resolviendo el recurso de casación por infracción de ley y precepto constitucional, concluyó que el art. 250.1 8ªCP vulneraba el principio de culpabilidad por "*la exacerbación punitiva que conlleva*". Además, remitió a la STS (Pleno) 481/2017, 28-6 (*Tol 6197903*), que interpretó la agravación para el caso del hurto, concluyendo que los antecedentes penales por delitos leves no pueden operar en la multirreincidencia. Por ello, la jurisprudencia ha mantenido que "la figura agravada del art. 250.1.8ªCP no podrá conformarse sobre previas condenas por delitos leves, que quedan excluidos en la formulación de la agravante genérica de reincidencia".

El razonamiento anterior se amplió en la STS de 2020 citada anteriormente. Las consideraciones realizadas por la ponente (Ferrer García) ahondan en los problemas constitucionales generados por una disposición cuya interpretación analógica y extensiva debe ser vedada por ser contraria al reo. Pero, sobre todo, las observaciones del fallo destacan por plantear, desde esa comparativa entre la reincidencia del hurto y de la estafa, las razones por las que el legislador pudo proceder a un tratamiento diferente de la multirreincidencia en ambas figuras. Así, destaca la ponente que la exacerbación de la reincidencia no se ha producido en los delitos de estafa posiblemente por las singulares circunstancias criminológicas "que concurren en estos últimos: pues generan una menor alarma social al hallarse estructurados sobre una relación de engaño que en lo que se refiere a las anteriores faltas y a los delitos leves obedecen, en general, más a supuestos propios del entorno de la picaresca como modo ilegal de subsistencia personal, que a una modalidad delictiva que atemorice y sobresalte especialmente a la ciudadanía". Y continúa la ponente señalando que "en la misma dirección puede apuntarse que los hurtos siempre tienen un riesgo de contacto personal, que en algunas ocasiones deriva de situaciones de enfrentamiento o violencia, circunstancias que no se dan en los delitos leves de estafa. Esta diferencia es otro factor consistente al tratar de explicar el criterio del legislador a la hora de operar con la multirreincidencia en el hurto y en la estafa" [STS 203/2020, 3-2 (*Tol 7735198*)]. A pesar de la claridad y contundencia de los argumentos, el legislador obvió esta problemática en la reforma de la estafa implementada apenas seis meses después de la del hurto.

La LO 14/2022, 22-12, de transposición de directivas europeas y otras disposiciones para la adaptación de la legislación penal al ordenamiento de la Unión Europea, y reforma de los delitos contra la integridad moral, desórdenes públicos y contrabando de armas de doble uso (*Tol 9328596*), es, hasta la fecha, la última que ha reformado aspectos del delito de estafa. La norma transpone la Directiva (UE) 2019/713 del Parlamento Europeo y del Consejo de 17 de abril de 2019, sobre la lucha contra el fraude y la falsificación de medios de pago distintos del efectivo y por la que se sustituye la Decisión Marco 2001/413/JAI del Consejo. Esta Directiva actualiza y complementa al instrumento anterior sobre la lucha contra el fraude y la falsificación de los medios de pago distintos del efectivo para "incluir nuevas disposiciones sobre infracciones, en particular las que se refieren al fraude informático, y sobre las penas, prevención y asistencia a las víctimas y cooperación transfronteriza".

La Directiva de 2019 pretende actuar en tres ámbitos de actuación interconectados: la seguridad en las transacciones económicas, la protección del mercado único digital y de los consumidores frente a los riesgos de la delincuencia organizada y la financiación de grupos delictivos. Para ello, apuesta claramente por el adelantamiento de la barrera de protección penal (FARALDO CABANA) mediante la tipificación de conductas como "la obtención y posesión de instrumentos de pago con un propósito fraudulento mediante, por ejemplo, prácticas de suplantación de identidad (*phishing*), clonación o redireccionamiento de usuarios de servicios de pago a sitios web falsos, y su distribución". También apuesta por la inclusión, en los ámbitos de fraude y falsificación de medidos de pago distintos del efectivo, e incluir "nuevos tipos distintos del efectivo". Por los anteriores, según el art. 2 a) de la Directiva se entenderán dispositivos, objetos o registros protegidos, material o inmaterial, o una combinación de estos, exceptuada la moneda de curso legal que, por sí solos o combinados, permiten a los titulares o usuarios transferir dinero. También incluye los llamados "monederos electrónicos" o monedas virtuales, cuyo art. 2 d) define como representación digital de valor que no ha sido emitida ni está garantizada por un banco central ni por una autoridad pública, ni asociada necesariamente a una moneda de curso legal y que tampoco posee condición jurídica de moneda o dinero pero que, sin embargo, puede utilizarse por personas físicas y jurídicas para realizar transacciones, para almacenarse y para negociarse.

La transposición de la Directiva de 2019 a nuestro CP mediante la reforma de la LO 14/2022, 22-12 ha tenido como primer resultado la separación formal entre las llamadas *estafas propias* y las *impropias*. Sobre las particularidades de las llamadas *estafas impropias* ya se había pronunciado la EM de la LO 5/2010, 22-6. En ella, el legislador afirmaba que, "entre las estafas descritas en el artículo 248 del Código Penal, cuyo catálogo en su momento ya se había acrecentado con los fraudes informáticos", había sido preciso "incorporar la cada vez más extendida modalidad consistente en defraudar utilizando las tarjetas ajenas o los datos obrantes en ellas, realizando con ello operaciones de cualquier clase en perjuicio de su titular o de un tercero". El sistema de cualificaciones o agravantes específicas propio de la estafa ha venido planteando problemas interpretativos en la praxis, pues da lugar a que se superpongan dobles valoraciones jurídicas sobre unos mismos elementos del hecho, cosa que es particularmente evidente cuando se trata de la modalidad de uso de cheque, pagaré, letra de cambio en blanco o negocio cambiario ficticio —que, además, puede confundirse con alguna modalidad de falsedad documental— que son, a su vez, instrumento y materialización del engaño, y no algo que se sume al ardid defraudatorio, por lo cual su valoración separada es innecesaria". Tras la adaptación del CP a la Directiva de 2019, las estafas propias han quedado recogidas en el art. 248 CP y las segundas han pasado a consignarse en el art. 249 CP.

La emancipación formal de las estafas impropias ha visto acompañada, como señala ORTEGA CALDERÓN, de una *emancipación cuantitativa* de las estafas informáticas. Así, el incremento de pena de las conductas previstas en el nuevo art. 249 CP cuando el importe de lo defraudado no supere los 400 euros es muy superior al previsto para las llamadas estafas propias del art. 248 CP hasta 400 euros. Si en el primer caso la pena es de prisión de seis meses a tres años, en el segundo lo será de multa de uno a tres meses. Sobre es este aspecto se pronuncia la FGE en su reciente Consulta 1/2024, 21-3, sobre algunas cuestiones relacionadas con la utilización de instrumentos de pago distintos al efectivo. En ella, el órgano determina que, por decisión del legislador "sobradamente reflexionada y a todas luces racional", nuestro ordenamiento jurídico no contempla "un delito leve de estafa impropia en los delitos supuestos de utilización fraudulenta de medios de pago".

El proceso de consolidación del delito de estafa no parece finalizar con las reformas introducidas por la reforma del 2022. Más allá de las cuestiones relativas a la persecución de las estafas informáticas y su dificultad añadida al ser delitos cometidos "a la velocidad de la luz" (ORTIZ PADRILLO), la problemática de la reincidencia del delito de los delitos de hurto anteriormente expuesta (*vid. supra*), persiste con respecto a los de estafa, aunque haya iniciativas legislativas anunciadas al respecto. Sin embargo, la falta de proporcionalidad que tanto doctrina como jurisprudencia han puesto de manifiesto con respecto a los primeros cuando nos encontramos ante delitos leves, puede resultar aun mayor en el caso de las estafas informáticas del art. 249 CP cuando nos encontremos ante ilícitos cuyo perjuicio no supere los 400 euros.

II. CONDUCTA

1. Generalidades

Los injustos de apoderamiento se caracterizan porque la cosa mueble objeto del delito llega al poder del sujeto activo mediante una conducta de expropiación. Frente a ellos, en la estafa propia el comportamiento gira alrededor del engaño, y es a través de éste cómo el autor logra que sea el propio sujeto pasivo de la acción quien, por un error inducido, sitúe la cosa que constituye el objeto material de lo ilícito en el ámbito patrimonial del activo.

En los últimos tiempos, y como con razón señala GONZÁLEZ RUS, la estafa, al menos idealmente, ha estado inmersa en un proceso de expansión a partir de la magnificación de su elemento nuclear: el engaño. Como indica aquel autor, todos los negocios jurídicos están continuamente amenazados por alguna de las partes y, por lo tanto, con su incumplimiento, algo que ha llevado a criminalizar cualquier abuso de la buena fe en las relaciones contractuales. En ocasiones, este proceso expansivo ha logrado sus objetivos a costa de sacrificar las exigencias del Principio de Legalidad, ampliando desmesuradamente el ámbito propio de la estafa para aplicar este delito a supuestos que —con independencia de que se considere que deberían tener su reflejo en el Código Penal— no "cabían" en los tipos vigentes.

Lo señalado anteriormente obliga a realizar dos puntualizaciones: 1ª) Que reconociendo, como no puede ser de otra forma, que el engaño es elemento nuclear del delito de estafa, ello no significa que sea el único elemento constitutivo de aquélla, sino que juega con algunos otros —también elementos integrantes del delito de estafa— con los cuales diseña el tipo; 2ª) Que en Derecho Penal español no tenemos (ni es preciso que lo haya) un delito que proteja en toda su amplitud la buena fe aunque haya afectación patrimonial. Por ello, resulta preciso delimitar con claridad los supuestos que sí son típicos penalmente de los que no poseen esa cualificación. Conforme a lo dicho, es necesario diferenciar el ámbito propio de la estafa del correspondiente al de la nulidad del consentimiento en los contratos. A éste se refiere, con carácter general, el artículo 1265 CC cuando establece que: "Será nulo el consentimiento prestado por error, violencia, intimidación o dolo". Con respecto al dolo, tendrá que hacerse lo propio con el artículo 1269 del mismo cuerpo legal: "Hay dolo cuando, con palabras o maquinaciones insidiosas de parte de uno de los contratantes, es inducido el otro a celebrar un contrato que, sin ellas, no hubiera hecho".

El problema al que nos referimos ha sido resuelto tradicionalmente contraponiendo el llamado "dolo civil" al "dolo penal". Sin embargo, hace más de veinticinco años QUINTERO OLIVARES advertía que tal proceder adolecía de un grave error terminológico, cuando no conceptual, por dos razones. La primera de ellas, "porque el dolo vicio del consentimiento es sólo una de las formas que, junto con el dolo en el incumplimiento de las obligaciones y el dolo en la responsabilidad por actos ilícitos, presenta esta figura en el Código Civil. Es más, se podría afirmar que el dolo vicio del consentimiento no es propiamente dolo, en el sentido de sustrato psicológico del obrar humano voluntario, antes bien, con él se designa un concreto y objetivo ilícito civil: las palabras y maquinaciones insidiosas dirigidas a viciar el consentimiento. Ilícito que, a su vez, contiene su propio dolo, esto es, la intencionalidad con que se actúan las maniobras engañosas o *animus decipiendi.* La segunda, "porque no es correcto denominar al delito de estafa dolo criminal, concepto que debe preservarse para designar el conocimiento y voluntad de realización de los elementos objetivos de un tipo penal. En definitiva, lo único admisible sería delimitar el dolo como elemento subjetivo del tipo de estafa, del *animus decipiendi* como elemento subjetivo del ilícito civil". Este hilo discursivo llevaba a QUINTERO OLIVARES, y también a BAJO FERNÁNDEZ, a residenciar en la tipicidad las diferencias entre dolo civil y dolo penal.

La opción anterior es una de las que la jurisprudencia ha utilizado para resolver la cuestión planteada. DOPICO GÓMEZ-ALLER señalaba la existencia de otras propuestas doctrinales y jurisprudenciales que han tenido cabida a la hora de abordar la cuestión que nos ocupa. Entre ellas destacaba: 1ª) las relativas al resultado típico; 2ª) las basadas en el carácter pleno o parcialmente fraudulento del contrato; 3ª) las relativas al dolo antecedente o simultáneo al incumplimiento; 4ª) las que resuelven un concurso de leyes entre el dolo civil y la estafa atendiendo al elemento subjetivo y 5ª) las centradas en la elaboración del concepto "engaño bastante para producir error". Todas ellas se han visto plasmadas y combinadas en pronunciamientos judiciales diversos, que ponen de manifiesto la complejidad de la cuestión. Así, por lo que respecta a la tipicidad, la jurisprudencia ha reconocido que "es la verdadera enseña y divisa de la antijuridicidad penal, quedando extramuros de ella el resto de las ilicitudes para las que la 'sanción' existe, pero no es penal. Solo así se salvaguarda la función del derecho penal, como última ratio y el principio de mínima intervención que lo inspira" [SSTS 3122/2024, 5-6 (*Tol 10046905*); 105/2017, 21-2, y 1278/2009, 23-12 (*Tol 1762093*)].

La jurisprudencia también ha abordado la problemática desde el engaño, definiéndolo como "el ardid, argucia o treta en que consiste el engaño y el correspondiente animo engañoso, que ha de surgir inicialmente, a diferencia del dolo civil que tiene carácter subsequens, apareciendo posteriormente a la conclusión de un negocio lícito contraído de buena fe, en su fase de cumplimiento y ejecución" [STS 101/2009, 6-2 (*Tol 1448779*], estando el carácter anticipado del dolo referido no necesariamente al momento de la contratación, sino a tiempo del desplazamiento patrimonial (STS 862/2014, 2-1). En el mismo sentido la STS 249/2023, 5-7, al señalar que "el dolo del agente tiene que anteceder o ser concurrente en la dinámica defraudatoria, no valorándose penalmente, en cuanto al tipo de estafa se refiere, el dolo "subsequens", sobrevenido y no anterior a la celebración del negocio de que se trate, aquel dolo característico de la estafa supone la representación por el sujeto activo, consciente de su maquinación engañosa, de las consecuencias de su conducta, es decir, la inducción que alienta al desprendimiento patrimonial como correlato del error provocado y el consiguiente perjuicio suscitado en el patrimonio del sujeto víctima, secundado de la correspondiente voluntad realizativa (STS 394/2022, 21 de abril). Pero ello no impide la consideración, también pacifica, de que la correlación de la concreción temporal del momento en que el dolo se produce, no es exactamente con el de la celebración del contrato, sino con el del desplazamiento patrimonial; de modo que los contratos de tracto único, con inmediata entrega de contraprestaciones recíprocas, suelen coincidir, pero en los contratos de tracto sucesivo, siempre que el engaño pueda ser puesto en escena en el transcurso de tal relación contractual, exigiendo a la parte contraria el cumplimiento de la suya, bajo cualquier ardid que constituya tal modalidad comisiva, integrante de engaño bastante, también cumplimenta los requisitos de la estafa (STS núm. 51/2017, de 3 de febrero, por ejemplo)". La misma posición se mantiene en la reciente STSJ, Madrid, 8982/2024, 23-7. Finalmente, es necesaria la existencia del elemento subjetivo (dolo) para distinguir entre un delito de estafa (art. 251 CP) y un ilícito civil en el caso de una doble venta (STS 247/2014, 3-4).

A nuestro juicio, el problema de la distinción entre un *dolo civil* y un *dolo penal* proviene del hecho de que la estafa se concibe como una mera perversión, una simple desviación, una superación en la mayoría de las ocasiones (dejando aparte algunas modalidades propias, simplemente, de la picaresca), de los márgenes de las estructuras económicas. Dicho de otra manera: el "atentado" contra el patrimonio ajeno se permite siempre que se mantenga dentro de los límites admisibles en el mundo de los negocios. Por esa razón, la pretensión de la jurisprudencia de construir una distinción entre lo civil y lo penal en base a que el engaño sea inicial o *subsequens* no puede llevar a buen puerto. En el mundo de los negocios y, concretamente de la publicidad, se permite la exageración inicial de las cualidades de la cosa o de las posibilidades del negocio, lo que supone siempre un engaño de mayor o menor entidad. Como señala DOPICO GÓMEZ-ALLER, "un engaño leve y socialmente adecuado (una "mentira permitida", como el llamado *dolus bonus* o exageración de las virtudes del producto que se vende) no puede ser ni estafa ni dolo civil". Por ello, precisamente, se niega la imputación en aquellos supuestos en los que, a pesar de existir un engaño inicial, se argumenta que el sujeto pasivo debería haber gestionado mejor sus ámbitos de competencia, impidiendo así que el engaño fructificara. En realidad, la referencia al engaño inicial no sirve —si atendemos a la jurisprudencia de la Sala 1ª del Tribunal Supremo— ni para valorar la existencia o no de dolo civil, ni para diferenciar entre éste y la figura de la estafa.

En este punto debe anotarse que, en lo que se refiere al dolo civil, la Jurisprudencia de la Sala 1ª del Tribunal Supremo no concuerda exactamente con los planteamientos mantenidos por la Sala 2ª. Así puede verse en lo manifestado por la STS, Sala 1ª, 984/2010, 5-3; también en la 554/2010, 16-2 (*Tol 1790735*), cuando se refiere al dolo civil como "aquella estratagema que se utiliza para que se produzca una percepción errónea en el otro contratante y por ello se considera que, en definitiva, el dolo induce a un error, si bien lo que se pone de relieve en este vicio de la voluntad no es tanto el resultado, sino la maquinación utilizada para llegar a él".

La pregunta que surge a continuación es a qué supuestos ha de limitarse la estafa. Desde luego —y esto se cohonesta perfectamente con los planteamientos capitalistas— debe integrar aquéllos en los que el sujeto activo, con su engaño, se limita a crear una completa ficción de negocio —o de relación, presupuesto o estado— que en realidad no existe. Así, por ejemplo, las ventas de cosas inexistentes o sobre las cuales el "vendedor" carece de derechos dominicales [STSS 288/2010, 16-3, y 624/2024, 19-7 (*Tol 9876686*)] y el de la estafa de seguros o similares. También aquellos otros en los que la referencia de valor está radicalmente alterada como en la enajenación de inmuebles con ocultación de gravámenes (STS 171/2014, 20-2) y en la estafa financiera del artículo 282 bis. Por tanto, coincidimos con MUÑOZ CONDE cuando plantea reservar la estafa para aquellos casos verdaderamente graves tanto cualitativa como cuantitativamente. No obstante, no parece ser esta la opción del legislador al haber incluido en el tipo actual conductas defraudatorias con causación de perjuicio patrimonial inferior a 400 euros.

Por lo que respecta a la propuesta de atender a un *negocio jurídico criminalizado* como modalidad de la estafa, la jurisprudencia señala que "aparece —*vid* STS 1998/2001, 29-10— cuando el autor simula un propósito serio de contratar cuando, en realidad, sólo pretende aprovecharse del cumplimiento de las prestaciones a que se obliga la otra parte, ocultando a ésta su decidida intención de incumplir sus propias obligaciones contractuales, aprovechándose el infractor de la confianza y la buena fe del perjudicado con claro y terminante ánimo inicial de incumplir lo convenido, prostituyéndose de ese modo los esquemas contractuales para instrumentalizarlos al servicio de un ilícito afán de lucro propio, desplegando unas actuaciones que desde que se conciben y planifican prescinden de toda idea de cumplimiento de las contraprestaciones asumidas en el seno del negocio jurídico bilateral, lo que da lugar a la antijuridicidad de la acción y a la lesión del bien jurídico protegido por el tipo" [STS 512/2008, 17-7 (*Tol 1353119)*]. En algunos pronunciamientos, el TS ha ido incluso más allá para afirmar que la expresión *negocio jurídico criminalizado* no es correcta, "pues no existe como tal un negocio jurídico sino una apariencia de negocio en el cual uno de los contratantes ha actuado engañando al otro sobre un elemento esencial del contrato [SSTS 580/2018, 22-11; 845/2016, 8-11; 288/2024, 23-5, y 1526/2024, 8-3 (*Tol 9959684)*], entre otras). Todo ello, para acabar concluyendo que "el negocio jurídico criminalizado sólo será instrumento de la estafa si es una pura ficción al servicio del fraude, a través de la cual se crea un negocio vacío que encierra realmente una asechanza al patrimonio ajeno" [STS 3075/ 2023, 5-7 (*Tol 9648087)*].

Los comportamientos que se criminalizan suponen una contradicción radical con el sistema económico burgués, ya que niegan su esencia negocial. Ello impide aceptar la tipicidad de las denominadas *estafas de prestaciones unilaterales* como donaciones de menor valor de las anunciadas o las comprometidas. Así, entendemos que resulta imposible hablar de estafa cuando no hay negocio y ni siquiera apariencia del mismo como sucede con la llamada estafa de polizonaje, al ser clandestino el acceso al medio de transporte (*vid. infra*). De la misma forma, tampoco lo sería cuando la situación de insolvencia que impide afrontar la contraprestación sucede en un momento posterior a la celebración del contrato, y no porque —como afirma la jurisprudencia tradicional— nos encontremos con un dolo *subsequens*, sino porque nos hallamos simplemente ante un fracaso negocial que únicamente se castiga en alguna de sus expresiones más graves a través de las insolvencias punibles (STSJ, Madrid, 8982/2024, 23-7).

Desde luego que el legislador ha incluido en las estafas otras dinámicas delictivas que no responden a los patrones arriba referenciados, pero, en realidad, tampoco lo hacen a los tradicionales de la estafa; simplemente las han ubicado allí. Se trata, por ejemplo, de la llamada "estafa informática" [actual art. 249.1.a) CP y antiguo 248.2.a) CP], que en realidad es un mero "tomar" en el que está ausente cualquiera idea de engaño y error; y ¿qué decir de la punición de actos como los recogidos en el artículo actual art. 249.2.a), antiguo art. CP 248.2.b) CP? ¿Acaso no se trata del castigo de actos preparatorios, a los que se impone la misma pena que a la estafa consumada, que necesitará de una interpretación muy estricta para no terminar acogiendo tipos de sospecha contrarios, obviamente, a la presunción de inocencia? Se trata, en definitiva, de alojamientos típicos forzados, que no responden a la idea de la estafa y que se han incluido en el articulado por su similitud con los fraudes (*vid. supra*).

Dentro de las conductas que el legislador penalizó expresamente con la LO 5/2010, de 22 de junio, se encontraban algunas que la jurisprudencia (y cierta doctrina) venía encajando en el delito de estafa, pero que no respondían ni a su estructura ni a su fundamento. Así, por ejemplo, el caso de la llamada *estafa de crédito* (cuyo supuesto prototípico consiste en solicitar un préstamo a una entidad bancaria aparentando una solvencia que no se posee, o que no se tiene con la amplitud requerida u ofrecida), en la que, en realidad, en el momento de la consumación no se ha producido perjuicio alguno (sí un mayor riesgo de impago). Pero, y prescindiendo ahora de la gran capacidad que se presume a las entidades de crédito para cerciorarse del volumen del patrimonio del peticionario de crédito y de sus deberes de vigilancia respecto de su propia riqueza, ¿acaso no es cierto que el engaño gravita no sobre la obtención del crédito mismo y de la disposición al pago —como contrapartida— sino exclusivamente sobre las garantías? El caso de la criminalización de la denominada "estafa de crédito" es un supuesto evidente de protección del riesgo típico negocial a través del Derecho penal, eliminando completamente el riesgo en el negocio, la esencia de la ganancia en el sistema capitalista. En el mismo sentido se pronuncia DOPICO GÓMEZ-ALLER, para quien, aunque el prestatario ha obrado de manera mendaz para obtener el crédito, no cabe afirmar que tenga dolo de causar un perjuicio patrimonial y, por tanto, no estaríamos ante una estafa. En un sentido parecido se pronuncia FARALDO CABANA, para quien estaremos ante un acto preparatorio de la estafa en aquellos casos en los que el titular de una tarjeta de crédito ha utilizado *engaño bastante* para crear una imagen o apariencia de solvencia que en realidad no se tiene, sin que exista intención alguna de hacer frente a esos pagos.

Llegados a este punto, somos conscientes de que la realidad de la vida económica no permite "petrificar" las estructuras de la estafa dentro de los márgenes diseñados por ANTÓN ONECA en su decisivo trabajo de 1958. Sin embargo, lo anterior no quiere decir que cada vez que exista una necesidad de tipificación, la figura de que se trate deba integrarse en los tipos de estafa, aunque su estructura, su naturaleza, su fundamento incluso nada tengan que ver con estas tipologías. Esa estrategia produce un doble efecto igualmente perturbador: primero el de difuminar el contorno de los elementos típicos del tipo de estafa para tratar de acoger en él a las nuevas formas delictivas; y, en segundo término, que esas nuevas formas delictivas, al intentar encastrarlas en las tipologías de la estafa, van a verse reducidas en su efectividad como consecuencia de la aplicación a las mismas de alguno de los elementos de la estructura típica de las estafas.

En conclusión, el legislador ha querido configurar una estructura delictiva "elástica" en la que incluir no solamente los supuestos que consideramos propios de la estafa y que están caracterizados por la subversión de la esencia del negocio, sino también otra serie de casos más acordes unos con los delitos de apoderamiento y otros con el ámbito propiamente civil.

2. *Estructura típica*

Nos hallamos ante un delito de estructura peculiar en tanto que la dinámica delictiva precisa de la colaboración del sujeto pasivo. Ello es lo que ha llevado a parte de la doctrina a hablar de delitos de relación, de intervención necesaria (MAURACH/GÖSSEL/ZIPF) o también delitos plurisubjetivos (en sentido amplio) o pluripersonales. Se tratan, estos últimos, de injustos caracterizados porque la propia víctima está llamada por el tipo a la realización de alguna aportación que se "encuentra" con la llevada a cabo por el sujeto activo. Pues bien, no creemos que nos hallemos ante delitos plurisubjetivos, pues esta categoría no puede estar integrada por los sujetos en cuyo favor se ha precavido el mal, y, además, exige la causación de daños a terceros, algo que no se da en la conducta de la víctima de estafa (CARRASCO ANDRINO).

Por las razones antedichas, la falta de integración en la categoría de los delitos plurisubjetivos no impide el afirmar que el tipo de estafa exige que el sujeto activo y el sujeto pasivo de la acción se encuentren en una determinada relación, hasta el punto de que la tipicidad requiere que la formación de la voluntad del sujeto pasivo esté determinada por la conducta del sujeto activo. Esto es lo que la jurisprudencia ha venido denominando *elemento relacional,* porque "el delito de estafa descansa y presupone una previa relación existente entre víctima y victimario. Los estudios criminológicos en relación al delito de estafa han hecho referencia a la "puesta en escena" ante la víctima con la suficiente verosimilitud como para moverla en su propio perjuicio y fruto de ese engaño efectuar un acto de desposesión en su propio perjuicio". (STS 343/2014, 30-4). En el mismo sentido, la STS 167/2020, 18-2). Como señala claramente PASTOR MUÑOZ, en el delito de estafa, es el autor quien instrumentaliza a la víctima a través de un engaño bastante.

Las afirmaciones anteriores no deben confundirse con dos elementos que están muy presentes en la estafa. El primero de ellos, el hecho de que, en muchas ocasiones, entre el sujeto activo y el pasivo de la estafa exista o pueda existir una relación estrecha y/o personal que facilite la comisión del delito. Este aspecto deberá, en su caso, ser analizado para poder afirmar la concurrencia de la agravante prevista en el art. 250.1.6º CP siempre y cuando "no haya sido tenida en cuenta para afirmar el injusto típico como engaño antecedente, causante y bastante" (STS 658/2014, 16-10). La segunda, y relacionada con la anterior, es el papel que se le atribuye a la llamada *autoprotección* de la víctima como manifestación de las tesis victimodogmáticas que pueden terminar, "de un modo u otro, dando entrada a la formulación de juicios de culpa o reproche a la víctima" (GÓMEZ RIVERO, CANCIO MELIÁ y MARAVER GÓMEZ, entre otros). Este elemento se abordará a continuación en el apartado 3.3 (*vid. infra* 3.3. La autoprotección de la víctima).

En ocasiones, la peculiar dinámica delictiva de la estafa también llevará a una estructura triangular en aquellos casos en los que no hay identidad entre el sujeto pasivo de la acción y del delito. De esta forma, la víctima encontrará afectado el bien jurídico del que es titular sin haber entrado en relación con el sujeto activo. Estos son los casos del empleado cuya voluntad es captada por el sujeto activo con la finalidad de que entregue un bien perteneciente a su principal, cosa que consigue. También se aprecia la estructura triangular "cuando el autor no engaña al que tendría que realizar la disposición patrimonial, pero engaña a quien tiene poder— otorgado por el propio titular o por la ley— para realizarla en nombre del perjudicado...pues el recurrente, intentó mediante una escritura suscrita por un falso apoderado lograr que dispusiera en el Registro de la Propiedad el traspaso de la propiedad del inmueble que había sido objeto de la compraventa" (STS 799/2002, 8-2). Igualmente, en los casos en los que se produce la ocultación de datos para la obtención de la firma del sujeto que se encontraba hospitalizado con un estado de salud muy precario, falleciendo poco tiempo después y consiguiendo los acusados el cobro de dos cheques a cargo de la herencia del causante [STS 4313/2023, 18-10 (*Tol 9749851)*]. Asimismo, la estructura triangular es la prototípica de la llamada "estafa procesal" donde, quien es inducido a error es el juez, ostentando "la consideración de protagonista involuntario en virtud de la jurisdicción que ejerce", siendo finalmente el condenado el que, "en virtud de esas ocultaciones o engaños, se ve perjudicado en su patrimonio de manera efectiva" (SSTS 3718/2012, 11-5; 828/2005, 14-2, y 6979/2003, 8-11).

3. El tipo básico del delito de estafa

El tipo básico de la estafa viene recogido en el art. 248 CP. En él se incluye una definición de la estafa que obedece al concepto introducido en la que, como señala VALLE MUÑIZ, fue la reforma penal más afortunada de todo el siglo XX: la de 25 de junio de 1983. Con ese concepto se abandona el sistema enumerativo francés y se acoge la definición introducida por ANTÓN ONECA, que había sido adoptada por la Jurisprudencia y la Doctrina española con una rara unanimidad. De acuerdo con lo establecido en art. 248 CP, comete estafa el que con ánimo de lucro utiliza engaño bastante para producir error en otro, induciéndole a realizar un acto de disposición en perjuicio propio o ajeno. Los elementos de la estafa serían, pues: 1º) Engaño bastante; 2º) Error; 3º) Disposición patrimonial; 4º) Perjuicio y 5º) Dolo y ánimo de lucro.

La reforma de la LO 1/2015, 30-3 (*Tol 4788288*), eliminó el Libro III del CP y trasladó gran parte de las conductas al Libro II del CP (*vid. supra* I Cuestiones Generales). Como consecuencia, la nueva categoría de delitos leves pasó a acoger los comportamientos que, en el caso de la estafa "habían estado encuadrados en la extinta falta del derogado artículo 623.4 CP" [STS 203/2020, 3-2 (*Tol 7735198*)]. De esta forma, el valor de la cosa o el importe del perjuicio sirve exclusivamente para delimitar las infracciones patrimoniales (BOLDOVA PASAMAR).

3.1. Engaño

Se trata de una expresión mediante la cual se designa tanto la acción como el efecto de hacer creer a alguien algo que contrasta con la realidad entendida como falta de veracidad objetiva [véase en este sentido STS 161/2002, 4-2 (*Tol 155849*)]. De esta forma, se rechaza que la denominada "falta de veracidad subjetiva" —confrontación entre lo que el sujeto cree que se corresponde con la realidad y lo que expresa— pueda ser, por sí misma, constitutiva de engaño. Así, si el sujeto activo cree erróneamente que el relato de cualidades de la cosa que pretende vender a su pretendida víctima es falso pero resulta verdadero, no se podrá afirmar el engaño.

La Doctrina entiende que el engaño es "una simulación o disimulación capaz de inducir a error a una o varias personas" (ANTÓN ONECA). Ello se puede llevar a cabo tanto con la afirmación de hechos falsos como con la desfiguración de los verdaderos (MUÑOZ CONDE). En todo caso, el engaño debe preceder al error y ser causal del mismo. Este dato diferencia a los delitos de estafa de los de apoderamiento, pudiendo recaer sobre las personas, cosas o la propia causa del contrato a través del cual se engaña [en este sentido STS 298/2003, 14-3 (*Tol 242713*)]. Para la Jurisprudencia, "el engaño consiste en afirmar como verdadero algo que no lo es o en ocultar circunstancias relevantes para la decisión del perjudicado" [STS 1278/2009, 23-12 (*Tol 1762093*)], lo que se ha traducido en ocasiones en la afortunada frase de "la afirmación de hechos falsos o el ocultamiento de hechos verdaderos" [STS 1048/2009, 29-9 (*Tol 1748108*)]. El engaño puede consistir en "cualquier falta de verdad debida a simulación, cualquiera que sea su modalidad… [incluida la] apariencia de verdad" [STS 971/2009, 15-10 (*Tol 1748125*)]. "Además la Sala ha establecido en múltiples precedentes que configura el engaño típico la afirmación del propósito de cumplir las obligaciones que se asumen, cuando el autor sabe desde el primer momento que eso no será posible" [STS 977/2009, 22-10 (*Tol 1641334*)].

A pesar de lo apuntado anteriormente, no es suficiente con que haya engaño, sino que se exige por el tipo que sea "bastante". Para delimitar esta calificación debemos tener en cuenta, en primer término, que hay engaños socialmente adecuados en la práctica mercantil de los que se entiende que no son "bastante".

Nos referimos a exageraciones de carácter publicitario que pueden ir dirigidas a despertar en el posible consumidor la idea de oportunidad comercial única (casos en los que se anuncia falsamente que del producto de que se trate sólo queda un número limitado de unidades que se venden a un precio teóricamente irrisorio), a atribuir a la mercancía cualidades extraordinarias (artilugios destinados a muscular al usuario), o a crear en el destinatario de la publicidad la idea de que facilitará extraordinariamente pesadas tareas cotidianas (máquinas destinadas a las tareas del hogar). Generalmente, se entiende que todos esos casos se mueven en la esfera de lo socialmente adecuado y, por lo tanto, no integran la suficiencia del engaño. En ellos, el uso de la exageración y de la sugestión no deja de ser una "manipulación" aceptada como técnica de venta en la que la utilización de imágenes, sonidos, metáforas y colores sustituye la a información sobre la naturaleza del bien o servicio.

Lo anterior no quiere decir que, conforme a la normativa civil y / o mercantil, tales prácticas no puedan ser constitutivas de ilícitos contra los derechos o expectativas del comprador, de los consumidores e incluso al propio funcionamiento de los mercados por afectar a la libre y leal competencia entre los comerciantes. Su ilicitud está prevista tanto en las normas de protección del consumidor (Ley 34/1988, de 11-11, General de Publicidad; Real Decreto Legislativo 1/2007, 16-11, por el que se aprueba el texto refundido de la Ley General para la Defensa de los Consumidores y Usuarios y otras leyes complementarias) como en las del funcionamiento del mercado nacional y comunitario (Ley 3/1991, 10-1, de Competencia Desleal con respecto al primero y las Directivas 93/113/CEE, 98/6/CE, 2005/29/CE y 2011/83/UE entre otras, modificadas parcialmente por la Directiva 2019/2161/UE, 27-11, en lo que atañe a la mejora de la aplicación y la modernización de las normas de protección de los consumidores de la Unión).

En segundo lugar, hay que valorar en términos de imputación objetiva —de potencialidad para crear el riesgo típico para el patrimonio— la idoneidad del engaño. En palabras de PASTOR MUÑOZ, el engaño debe crear un riesgo de perjuicio patrimonial, ya que lo que se espera del autor es precisamente que cumpla con los deberes de veracidad o que se abstenga de mentir. A nuestro entender, la valoración de la potencial lesividad del engaño para el patrimonio obliga a realizar un juicio de adecuación objetivo-subjetivo. Por un lado, porque el engaño necesitará revestir unas características para desterrar como "bastante" aquél que se limita a incidir en un error previo en el que ya ha incurrido la víctima, y que generalmente estará en dependencia directa de sus creencias (poderes sobrenaturales, extraterrestres, magos, adivinos, etc.). Por otro, porque será necesario, con respecto a la víctima atender a parámetros de *hombre medio* situado en la misma posición del autor y contando con los conocimientos especiales de éste [véase en este sentido STS 1316/2009, 22-12 (*Tol 1768810*)]. Ello no será óbice para valorar la concurrencia del engaño "bastante" teniendo en cuenta las capacidades específicas de la víctima (sobre las que deberá extenderse el dolo del autor), sus limitaciones intelectuales, su especial credulidad, su situación de angustiosa necesidad, avanzada o corta edad, etc. [véase STS 479/2008, 16-7 (*Tol 1353133*)]. Sobre este aspecto se volverá más adelante en el epígrafe 3.3 (La autoprotección de la víctima).

El Tribunal Supremo ha desarrollado, a través de su jurisprudencia, un concepto de "engaño bastante" partiendo del de "engaño no bastante". Esa jurisprudencia se resume de manera clara en la STS 1918/2024, 9-4 (*Tol 9975383*). En ella, el órgano jurisdiccional recuerda que no serán "engaño bastante" ni los socialmente adecuados pueden utilizarse en el ámbito de publicidad ni los "burdos y absolutamente incapaces de provocar error en el sujeto pasivo de forma que el desplazamiento patrimonial se provoque por la desidia de éste", porque como ya determinó en su fallo 271/2010, 30-1, "el engaño tiene que ser bastante para producir error en otro (STS 29.5.2002) es decir que sea capaz en un doble sentido: primero para traspasar lo ilícito civil y penetrar en la ilicitud penal, y en segundo lugar, que sea idóneo, relevante y adecuado para producir el error que quiera el fraude, no bastando un error burdo fantástico o inaccesible, incapaz de mover la voluntad de las personas normalmente constituidas intelectualmente, según el ambiente social y cultural en que se desenvuelven (STS 2.2.2002)". En definitiva, "lo que se requiere es que el engaño sea bastante, es decir suficiente y proporcionado para la consecución de los fines perseguidos, y su idoneidad de apreciarse atendiendo tanto a módulos objetivos como en función de las condiciones del sujeto pasivo, desconocedor o con un deformado conocimiento de la realidad por causa de la insidia o mendacidad del agente y del que se puede decir que en cuanto elemento psicológico intelectivo y doloso de la estafa integrado por una serie de maquinaciones insidiosas a través de las cuales el agente se atribuye poder, influencia o cualidades supuestas, o aparenta la posesión de bienes o crédito, o se vale de cualquier otro tipo de artimaña que tenga la suficiente entidad para que en las relaciones sociales o comerciales pase por persona solvente o cumplidora de sus compromisos, como estímulo para provocar el traspaso patrimonial defraudatorio". Por esa razón, el engaño será bastante cuando "haya producido sus efectos defraudadores, logrando el engañador, mediante el engaño, engrosar su patrimonio de manera ilícita, o lo que es lo mismo, es difícil considerar que el engaño no es bastante cuando se ha consumado la estafa. Como excepción a esa regla sólo cabría exonerar de responsabilidad al sujeto activo de la acción cuando el engaño sea tan burdo, grosero o esperpéntico que no puede inducir a error a nadie de una mínima inteligencia o cuidado" [STS 65/2010, 9-2 (*Tol 1792952*]. No creemos, sin embargo, que sea aceptable valorar la idoneidad del engaño porque en el caso concreto haya producido los efectos buscados; y ello porque supone una total subjetivación de lo injusto; es decir: la conducta sería típica no por su peligrosidad objetiva sino en función de los efectos que haya causado en el sujeto pasivo. Esto supone, materialmente, la desaparición del referente de la tipicidad en la construcción de la teoría del delito; y es que —y contestando a la argumentación de la Jurisprudencia— lo que se exige por la norma es que el engaño sea bastante en el sentido del tipo, no meramente en referencia al sujeto pasivo de la acción.

En la determinación de la suficiencia del engaño, esa regla general podrá quebrarse sólo en situaciones excepcionales. Es en este punto donde tendrán cabida los parámetros subjetivos relativos a la condición o situación específica de la víctima porque la valoración de la suficiencia a los efectos de la excepción habrá de realizarse teniendo en cuenta tanto "módulos objetivos como…las condiciones personales del sujeto engañado y…las demás circunstancias concurrentes en el caso concreto; [debiendo] la maniobra defraudatoria…revestir apariencia de realidad y seriedad suficiente para engañar a personas de mediana perspicacia y diligencia" [STS 65/2010, 9-2 (*Tol 1792952*)]. Ejemplos de esas excepciones son las que ha estimado en Tribunal Supremo en algún supuesto como el siguiente: "El acusado F. mayor de edad, sin antecedentes penales, en esta ciudad, a finales de julio de 2005, con propósito de enriquecimiento injusto y conocedor de la credulidad de C., debido a su estrecha amistad; se concertó con otra persona no identificada pero al parecer de origen mauritano y llamada A, e hizo creer a C. que éste tenía poderes mágicos pues era 'un sabio del desierto', insistiéndole en que a través del 'sabio' su vida iba a cambiar, logrando convencerla de que si entregaba cantidades de dinero, con él, el citado 'sabio' haría más dinero que entregaría a C. Creyendo ésta en tales afirmaciones entregó a F. y su acompañante en su propio domicilio, el día 28 de julio de 2005 la cantidad de 6.800 euros, haciendo A un ritual para que los espíritus lo duplicasen, y al día siguiente C. acompañada de F. obtuvo de un prestamista otros 20.000 euros que entregó también en su casa a aquel y al 'sabio del desierto', el cual hizo un nuevo ritual para que apareciera más dinero; logrando de este modo disponer en beneficio propio el acusado y acompañante de un total de 26.800 euros" [STS 733/2009, 9-7 (*Tol 1570738)*].

También se quiebra esa regla general en los hechos descritos en la STS 407/2005, 23-3 (*Tol 633171)*, con respecto a los cuales se estima que el engaño fue bastante porque el condenado, miembro de la *Societat dÁcupunturs de Catalunya se* "autodenominaba Doctor y especialista en Biocibernética cuántica holográmica y medicina neurofocal, se presentaba como un "profesor" o "doctor" ante revistas médicas y otros medios de comunicación (entre éstos, el Diari de Sabadell, que se publicaba y publica en la población donde ejercía su actividad), como un estudioso de las técnicas curativas de todo tipo de enfermedades". El condenado, en el ejercicio de su actividad, "realizaba actos propios de la condición de médico, ordenando tratamientos y terapias, inyectando y recetando medicamentos que exigen prescripción facultativa". Sin embargo, el TS no estima engaño bastante, en la STS 89/2007, 2-7, donde afirma que, "acudir a una médium a la que se atribuían «poderes especiales» resulta una decisión quizás comprensible, pero que en ningún caso podía inducir a error a los denunciantes. La esperanza es humanamente entendida, pero la confianza en la magia no puede recabar la protección del derecho penal" cuando los médicos les habían advertido de que la curación de la enfermedad que padecía su familiar era imposible. Sin discutir que "los denunciantes estuviesen angustiados ante la grave enfermedad que padecía su padre y que buscasen desesperadamente cualquier tratamiento que pudiera curar su enfermedad", el TS subraya que "en el mundo intercomunicado en el que vivimos, cualquier persona media está en condiciones de conocer cuáles son los efectos de los padecimientos que genéricamente se recogen bajo la denominación genérica de cáncer"... y continúa señalando que "no sería extraño que, aun en contra de los consejos médicos, agotasen todas las posibilidades que la medicina más avanzada pudiera proporcionar para tratar estas dolencias".

En el caso de que el engaño vaya dirigido a captar la voluntad de una persona jurídica, ha de tenerse en cuenta que éste se dirige inmediatamente a la persona física que actúa en nombre o representación de la persona jurídica, y sólo mediatamente a esta última. El esquema es de aplicación, en términos generales, a otros supuestos de representación. Pues bien, la suficiencia del engaño habrá de valorarse teniendo en cuenta que el sujeto pasivo de la acción y del delito coincidan o no, de los protocolos de actuación en ambos casos y de los mecanismos de control adoptados. Para la jurisprudencia en estos casos "es preciso distinguir entre la posibilidad de provocar, mediante la acción engañosa, un error en el empleado con quien se trata, lo que sería relevante a efectos penales, y la posible negligencia de la persona jurídica, como organización, en la puesta en marcha de los mecanismos de control, lo que podría dar lugar a la asunción de responsabilidades de índole civil" [STS 1316/2009, 22-12 (*Tol 1768810*)]. Todo ello sin perjuicio de las observaciones que realizan a continuación relativas a la autoprotección de la víctima para las personas jurídicas (*vid. infra* 3.3).

En opinión de DOPICO GÓMEZ-ALLER, la inclusión de la estafa en el decálogo delitos atribuible a la persona jurídica (art. 251 bis CP) puede cambiar la decisión acerca de la apreciación del *dolo civil vs. dolo penal* en casos como el que nos ocupan. El autor expone su razonamiento utilizando los mismos hechos enjuiciados por la SAP, Barcelona, 6-10-2000, por los que se absolvió a la empresa, al no poder determinar qué empleado de la empresa intermediaria "había falsificado el certificado para engañar a la víctima". A juicio del autor, esa absolución, que no excluía la responsabilidad de la empresa por la existencia de un dolo civil, hubiera recibido un tratamiento muy distinto de haberse cometido con posterioridad a la entrada en vigor de la reforma de la LO 5/2010, siempre y cuando la empresa (persona jurídica) "no hubiera adoptado ningún tipo de medida de control para evitar esa clase de fraudes".

3.1.1. Clases de engaños típicos

1°) Activo y omisivo. Lo primero que hay que decir para abordar correctamente el problema, es que por más que la Doctrina trate de diferenciar con claridad los supuestos de acción y omisión, no son pocos los casos en los que la conducta se caracteriza por un conjunto de acciones y omisiones. Una vez realizada esta operación, habrá que designar la más significativa desde el punto de vista normativo para concluir si estamos ante un delito de acción o de omisión. Como expresaba ANTÓN ONECA, y como subrayan otros muchos autores como VIVES ANTÓN/GONZÁLEZ CUSSAC, en este sentido hay que tener en cuenta que buena parte de los casos que se citan como estafa omisiva son, en realidad, de acción a la que ha seguido una omisión. Sirva como ejemplo GIMBERNAT ORDEIG, aludiendo al caso del guardagujas que no se levanta a la hora convenida para accionar los mecanismos que posibilitan el cambio de vía de los trenes, no impidiendo de tal forma que dos convoyes choquen de frente. Así, recuerda el autor que a esa conducta omisiva de no levantarse de la cama le ha precedido la activa de irse a dormir la siesta en lugar de haberse mantenido vigilante.

Si nos circunscribimos estrictamente a los supuestos que pudiéramos denominar de omisión, parte de la doctrina, centrándose en el conocido caso planteado por ANTÓN ONECA del cajero que por error del cliente recibe de aquél más dinero del debido y no le alerta de lo sucedido, concluye que tales omisiones no son típicas. Y no lo serían, pero "no porque representen un menor desvalor de acción ni porque no puedan calificarse de engaños, sino porque no producen el error tal como exige el art. 248 CP en dichas hipótesis: el error preexiste a la omisión engañosa y no puede, por consiguiente, configurarse como su consecuencia" (VIVES ANTÓN/GONZÁLEZ CUSSAC).

Los problemas que nos encontramos en esos supuestos son principalmente dos. El primero de ellos, que podríamos denominar de *acción por actos concluyentes* [véase STSJ, Madrid, 8982/2024, 23-7; SSAP, Madrid, Sección 7ª, 67/2009, 26-5 (*Tol 1851425*), y SAP, Barcelona, Sección 5ª, 190/2006, 15-3 (*Tol 1029245*)]. En él, el sujeto activo no comunica al pasivo de la acción una información que, en determinadas circunstancias, impedirá que este último salga de un error, que preexiste al comportamiento típico del autor del delito (IZQUIERDO SÁNCHEZ). Es, por ejemplo, el caso del pescadero que sitúa entre los productos frescos marisco congelado, y que, cuando el cliente se dirige hacia él y le manifiesta que quiere dos kilos de esas gambas tan frescas, se abstiene de comunicarle la situación real del alimento. Se trata, obviamente, de un delito en el que se mezcla una acción (que fue realizada cuando situó el marisco congelado entre el fresco) y una omisión de garante (por injerencia), entre las cuales hay que acudir a la más significativa desde el punto de vista normativo que es la acción, porque es la que ha constituido el engaño que ha inducido a error al sujeto. Con la omisión posterior simplemente no se ha "sacado" del error al sujeto [véase en este sentido STS 825/2009, 16-7 (*Tol 1589488*), y recientemente STSJ, Madrid, 8982/2024, 23-7].

La STS 437/2006, 17-4 (*Tol 928535*), contempla un caso interesante en ese sentido; se trata de un supuesto en que un sujeto omite comunicar a una entidad de crédito que le ha sido entregado, por error del ente financiero, un talonario de cheques, no siendo él el titular de la cuenta corriente a la que se refiere el talonario ni, por tanto, teniendo disponibilidad alguna sobre los fondos de esa cuenta. Pero el sujeto no sólo calla y se abstiene de comunicar el error, sino que a través de una acción de carácter engañoso que se manifiesta en aparentar que efectivamente es el titular de la cuenta, libra distintos cheques contra la mencionada cuenta corriente, logrando hacerse con una importante cantidad de dinero. Estaríamos, en estos casos, ante una modalidad de estafa que el TSJ Madrid ha denominado de "aprovechamiento del error", dado que "el acusado venía obligado jurídicamente y por la confianza derivada de las relaciones previas a clarificar una situación y no lo hizo; entonces determinó al sujeto pasivo a actuar por error… por esta razón… no es ocioso recordar que, según nuestro Código Penal, la causalidad inherente a la estafa no consiste sólo en "producir error en otro", sino también en "inducirlo a un acto de disposición", de suerte que en estos casos la actitud del sujeto pasivo, por acción o por omisión, resulta determinante, en tanto que causa, para incurrir en el error que culmina con la merma patrimonial" (STSJ, Madrid, 8982/2024, 23-7).

El segundo problema se plantea en aquellos supuestos en los cuales el sujeto tiene, *ab initio* y de forma genérica, una posición de garante respecto del patrimonio de la víctima. En ellos, en los que el sujeto tiene ese deber genérico de eliminar el error en el que ha incurrido la víctima, sí podemos hablar de estafa omisiva si el garante no realiza la acción esperada.

La Jurisprudencia admite la existencia de la estafa por omisión. Así, el Tribunal Supremo ha aseverado (en un caso de la firma ante notario en la que se omite la información de la existencia de obligaciones al portador): "El delito de estafa, por omisión, no significa más que el incumplimiento del deber de despejar todos aquellos elementos y datos fácticos que al autor le son exigidos legalmente, contribuyendo así a crear un error en los destinatarios, sujetos pasivos del delito, que confiados en el cumplimiento de la norma, son pasto del engaño que tal omisión origina... La defraudación o estafa omisiva requiere que el error de la víctima proceda del incumplimiento por parte del autor de un deber de información propio referido a riesgos procedentes de su mismo ámbito de organización; y la adopción por parte de la víctima de una decisión de disposición patrimonial" [STC 1036/2003, 2-9 (*Tol 452884)*]. "Según la doctrina, la estafa mediante 'engaño omisivo' requiere la concurrencia en el acusado de la condición de 'garante' (que, en principio, puede surgir de una relación contractual) y la relación causal entre la omisión y el perjuicio patrimonial del perjudicado...Así pues desde el punto de vista de la estructura dogmática del delito de comisión por omisión, se precisa que el perjuicio pueda ser considerado como el resultado de una omisión engañosa, como, por ejemplo, la de abstinencia de poner en conocimiento del sujeto pasivo determinados hechos, siempre que el sujeto activo, ya sea como consecuencia de una especifica obligación legal o contractual o por ser responsable de la creación de la situación de riego ostente la posición de garante (STS 9-5-2002). En definitiva, de acuerdo con la doctrina jurisprudencial, el delito de estafa también puede ser cometido por omisión, si bien ello solo será posible en el caso de que el garante no haya impedido el surgimiento de un error en el sujeto pasivo que estaba obligado a evitar. Por el contrario, la opinión dominante no admite la estafa por omisión cuando el omitente simplemente ha omitido despejar un error del sujeto pasivo" [STS 918/2008, 31-12 (*Tol 1432469)*]. La argumentación de la STS 825/2009, 16-7 (*Tol 1589488)*, contrasta vivamente con la acabada de referenciar en lo que se refiere a los criterios para establecer la equivalencia entre omisión y acción, a efectos de lo dispuesto en el artículo 11 CP.

Obviamente uno de los aspectos esenciales en la estructura omisiva es la de determinar qué supuestos generarían deber de informar. Pues bien, el Tribunal Supremo se ha referido, entre otros, a los siguientes: "Por regla general, en el contrato de compraventa el comprador o su representante no están obligados a informar al vendedor de las posibilidades de obtener un precio mayor que el por ellos ofertado. Esta regla general, sin embargo, no es aplicable en el caso de un mandatario, un comisionista o un intermediario que asume en la operación el lugar de su principal y que tiene, por ello, la función de obtener el mayor precio posible para su comitente. En tales casos el deber de informar o comunicar las condiciones reales del negocio al principal se infiere de la naturaleza de la relación jurídica que los vincula" [STS 1359/2009, 4-1-2010 (*Tol 1776354)*]. En lo que importa a la buena fe, entiende el Alto Tribunal que "sólo en un marco de especiales relaciones de confianza cabría recurrir al principio de la buena fe como fundamento legal de la posición de garante. Se ha sostenido, en lo que aquí resulta pertinente, que incluso en tales situaciones 'no es suficiente con la mera infracción mediante el silencio' y que, además, sería ético-socialmente peligroso admitir lo contrario, pues implicaría premiar a quien no ha tomado medidas adecuadas de autoprotección" [STS 710/2008, 30-10 (*Tol 1401636)*]. En este mismo sentido abundan otras resoluciones: "La sentencia sólo habla de un deber de lealtad, que para los recurrentes no es otra cosa que una aplicación al ámbito de la sociedad mercantil del principio general de buena fe, y de tal principio no pueden extraerse obligaciones en el ámbito penal. El deber de informar derivado de la buena fe no puede tener transcendencia penal" [STS 298/2003, 14-3 (*Tol 242713)*]. Sobre deberes de información de los funcionarios a los ciudadanos, el Tribunal Supremo se ha pronunciado en un caso concreto en el sentido de decir que: "Los hechos enjuiciados no constituyen un engaño en el preciso sentido jurídico penal sobre el que se vertebra el delito de estafa, ya que el recurrido se limitó a informarle que la expedición de la certificación solicitada sólo podía efectuarse previo ingreso en la c/c del Ayuntamiento de 160.000 ptas. Ciertamente que el secretario sabía que dicho certificado era gratuito pero el mero hecho de dar esa información conscientemente equivocada no integra el concepto de engaño a efectos del delito de estafa, ya que no le alcanzaba el deber de informar al ciudadano de la gratuidad del mismo si expresamente no le era solicitada tal cuestión" [STS 161/2002, 4-2 (*Tol 155849)*]. Por lo que se refiere a la calificación de los hechos productores del peligro para el bien jurídico, la Jurisprudencia entiende que "En tanto la doctrina no exige actualmente que los hechos generadores del peligro, en este caso el endeudamiento, sean como tales antijurídicos, la infracción del deber de informar de la situación patrimonial a la contraparte del negocio jurídico sobre una situación patrimonial que difícilmente permitirá cumplir las obligaciones contraídas, configura el engaño omisivo que fundamenta la tipicidad" [STS 591/2007, 2-7 (*Tol 1116451)*].

2º) Implícito y explícito. Se engloban en el engaño implícito todos aquellos supuestos en los que el sujeto activo no realiza una manifestación explícita inveraz, pero desde el primer momento de su relación con el sujeto pasivo de la acción tiene decidido no observar la conducta que el trato requiere. Así, por ejemplo, el de los sujetos que se sientan a la mesa de un restaurante con la decisión de no abonar la cuenta que se les presente. Por el contrario, hablamos de engaño explícito en aquellos otros en los que el sujeto lleva a cabo declaraciones que contrastan claramente con la realidad.

El Tribunal Supremo plantea la cuestión, fundamentalmente, alrededor de los llamados "contratos civiles criminalizados". Entre ellos se encuentra la denominada "estafa de hospedaje", que constituye la referencia fundamental de la jurisprudencia en la construcción del engaño "implícito"; pues bien, éste existe "cuando una persona realiza un contrato con el propósito inicial, que evidentemente oculta a la parte contraria, de incumplir totalmente lo que a él incumbe, o de cumplirlo solamente con aquella parte que le es imprescindible para aumentar su lucro, beneficiándose con lo que recibe del otro contratante. En estos supuestos hay una apariencia de contrato correcto acreditándose el engaño anterior, esto es, esa disimulada voluntad de incumplimiento, mediante prueba de indicios, deduciéndola de hechos que se constatan después" [STS 33/2004, 22-1 (*Tol 352448)*]. En cuanto a la aludida "estafa de hospedaje", "en estos casos, el autor, con ánimo de lograr el beneficio que supone el alojamiento gratuito —equivalente a un lucro como es obvio— induce a la persona o empresa que le aloja a prestarle un servicio, esto es, a realizar en su favor un verdadero acto de disposición, mediante un engaño implícito que puede consistir, bien en la apariencia de una solvencia de la que carece, bien en la ocultación del decidido propósito de no pagar los servicios que reciba. La doctrina de esta Sala —SS. de 17-6-86, 14-7-88 y 18-5-95, entre otras—, ha considerado que aunque en estos supuestos el sujeto no realice una maquinación o artificio para inducir a error, existe engaño por el mero hecho de que adopte una actitud que da a entender su disposición a comportarse de acuerdo con las normas que rigen el tráfico mercantil e incluso la mera convivencia social. Esta actitud, sin la que lógicamente no sería aceptado en el establecimiento, se incluye dentro de los hechos concluyentes que, en circunstancias normales, son susceptibles de hacer creer, a los gestores de un hotel u otro negocio parecido, que se encuentran ante un cliente digno de confianza al que, en principio, no hay que someter a prueba precautoria alguna" [STS 981/2004, 8-9 (*Tol 495672)*; véase también 478/2001, 26-3 (*Tol 31576)*]. Obviamente, al margen de la estafa de hospedaje se pueden contemplar en la Jurisprudencia otros supuestos de engaño implícito [véanse en este sentido las SSTS 569/2002, 2-4 (*Tol 162090)*; 300/1999, 1-3 (*Tol 14486)*, y 631/1992, 23-3 (*Tol 400589)*, y también el ATS, 1-12-1999 (*Tol 440177)*].

3.2. Error

El segundo elemento del tipo objetivo de la estafa es el error. Por tal se entiende, generalmente, una falsa representación de la realidad. El error tiene que haber sido causado por el engaño e imputado objetivamente a aquél y, a su vez, ha de ser el motor de la disposición patrimonial. Por esa razón, autores como VALLE MUÑIZ y QUINTERO OLIVARES se refieren al "doble posicionamiento típico del error".

Las principales cuestiones que plantea la determinación de este elemento son las siguientes. La primera, que la falta del mismo determinará la atipicidad de la conducta no sólo porque el precepto lo exige al margen del "engaño bastante", sino por su necesario enlace con el siguiente elemento de la estafa: la disposición patrimonial. Frente a ello, algún autor estima que el Código no exige la concurrencia del error como estado psicológico de la víctima, constituyendo únicamente la medida para determinar lo "bastante" del engaño (GÓMEZ BENÍTEZ). La segunda, el cuestionamiento acerca de si el estado de duda es o no compatible con el error. A este propósito conviene señalar, en primer término, que lo característico del ser humano en la toma de decisiones (acto voluntario en sentido estricto) es debatirse entre varias alternativas, y como resultado de ese proceso de deliberación interna optar por alguna de las posibles alternativas. No es pues el estado de duda algo antitético al error, más aún: sería, en la práctica, muy difícil de señalar momentos de toma de decisiones que no estuvieran precedidos por uno anterior de incertidumbre entre distintas opciones. En segundo lugar, que si el proceso deliberativo termina con la toma de una decisión cuya opción finalmente seleccionada por el sujeto ha estado influenciada por el engaño del sujeto activo, deberá afirmarse la existencia del error típico, con independencia de que previamente el sujeto haya estado inmerso en un estado de duda. La tercera, que el error debe recaer sobre extremos relevantes del hecho, de forma tal que el que verse sobre elementos meramente acompañantes pero que no formen parte del núcleo de la decisión, se estimarán irrelevantes. Finalmente, deberá tenerse en cuenta en la valoración el nivel de diligencia, en su caso, exigible a la víctima en el caso concreto. En este sentido, una negligencia extrema excluirá la imputación del resultado "debido a la responsabilidad predominante de la víctima en su producción, aunque ello no obsta a que el autor sea sancionado por tentativa de estafa" (PÉREZ MANZANO).

La posición de la Jurisprudencia en relación al error y a sus cualidades se refleja perfectamente en la siguiente resolución: "el engaño debe haber producido un error en el sujeto pasivo, el que, a su vez, debe ser causa de la disposición patrimonial. El error, como hemos tenido oportunidad de exponerlo en diversos precedentes, consiste en una falsa representación de hechos relevantes para la decisión del sujeto pasivo, que debe haber sido causado por el engaño. Se trata, por lo tanto, de un presupuesto de la disposición patrimonial. En este sentido es claro que cuando la disposición patrimonial se produce con independencia de la conducta engañosa del autor, porque al sujeto pasivo le resulta indiferente la situación y, teniendo todos los medios necesarios a su disposición, nada hace por comprobar los hechos en los que se apoya su decisión de contratar, la disposición patrimonial, en este caso la celebración del contrato, no ha sido causada por el engaño del acusado, que como vimos existió, sino por la actitud de indiferencia del sujeto pasivo. Si éste hubiera contratado con la diligencia propia de quien debe realizar una disposición patrimonial como la que se ha constatado en esta causa, es claro que el contrato no se hubiera realizado, pues así como se pudo comprobar luego que se habían contraído obligaciones con empresas inexistente, también se hubiera podido conocer tal situación antes de celebrar el contrato. La indiferencia se deduce de haber omitido utilizar, como era normal en una contratación mercantil seria, los medios para una fácil comprobación que el sujeto pasivo tenía a su alcance" [STS 906/2004, 14-7 (*Tol 495674*)].

Un último problema es el referido a la posibilidad de considerar típico el error provocado a una máquina. Pues bien, entendemos que tal conducta es atípica a efectos de la estafa dos razones: 1ª) Debe tenerse en cuenta que, como dijeran ANTÓN ONECA y QUINTANO RIPOLLÉS, el tipo exige que se engañe "a otro". Ese "otro" es un corresponsal del impersonal "los que" a quienes se refiere el precepto, es decir, alguien "como ellos". Por lo tanto, sólo entes que tengan la capacidad de ser sujetos activos de un delito pueden ser considerados como ese "otro". En consecuencia, las máquinas no pueden ser movidas a error en el sentido del tipo [véase en este sentido STS 663/2009, 30-5 (*Tol 1567569*)]. 2ª) Sólo en lenguaje coloquial es posible hablar de que "se engaña a una máquina" o de que ésta "comete un error". En realidad, cuando se realizan semejantes aseveraciones se están "humanizando" las máquinas para poder comprenderlas mejor, para mantener una "conversación" con ellas para integrarlas en "nuestro mundo". Esa "humanización" se hace, también en no pocos casos —incluso gráficamente— en relación con los animales, estando el mundo de los dibujos animados repleto de ejemplos de ello. En verdad ese "hacer creer" en que consiste la acción de engañar, no es posible llevarlo adelante con una máquina porque éstas carecen de voluntad que pueda ser captada y, por ello mismo, no pueden tener una falsa imagen de la realidad. Su representación es la que corresponde a las determinaciones que se le hayan efectuado. Desde este punto de vista puede hablarse de "manipulación" o de "alteración", pero no de error ni de engaño.

3.3. La autoprotección de la víctima

El análisis del concepto de *autoprotección de la víctima* aplicado al delito de estafa no se puede desconectar de los elementos de engaño bastante y error. Sin perjuicio de las consideraciones relativas a la estructura típica y a los elementos victimodogmáticos realizados (*vid. supra* 2. Estructura típica), la relevancia, la repercusión y los vaivenes jurisprudenciales en torno a su significado merecen, a nuestro juicio, un epígrafe específico.

La autoprotección se define, según el diccionario de la Real Academia Española, como la "protección de sí mismo". Se entiende por "protección" el amparar, el favorecer y el defender a alguien o a algo. El propio concepto de *autoprotección* aplicado al sujeto pasivo de la estafa nos reconduce, como señala CANCIO MELIÁ, a los conceptos de responsabilidad y autonomía. Así lo entiende también el TS al reconocer que no se puede imputar al sujeto pasivo el perjuicio causado por su propio comportamiento cuando sujeto activo priva a aquél de autonomía: "En el caso de la estafa no cabe imputar a la víctima el desapoderamiento que resulta cuando no actúa voluntariamente. Y no cabe hablar de voluntariedad, en ese sentido, aun cuando el acto de desplazamiento sea voluntario, si esa voluntad es fruto del engaño, como si lo es de la violencia o de la ignorancia... No existirá la imputación que la doctrina denomina "de segundo nivel", cuando, aun pudiendo predicarse la voluntad del acto en el sujeto, éste actúa bajo error exculpante, que no sobre el tipo. Eso ocurre si no le era exigible una actitud de atención mayor que la desplegada. La víctima no puede entonces estimase "culpable del error padecido. Entonces la imputación solamente podrá hacerse a quien ha puesto tal causa que obsta que pueda hacerse la misma la víctima" [STS 3049/2023, 29-6 (*Tol 9640585*)].

Una vez introducida la autoprotección en el debate, la pregunta a la que se trata de responder es la que acertadamente plantea GALLEGO SOLER: "¿tiene el Derecho Penal patrimonial que proteger a quien no articula mecanismos primarios de protección, esto es, a quien pudiendo protegerse no lo hace?". Cómo enfocar, si es que se debe, la existencia de deberes de autoprotección primarios como elemento que condiciona la cualidad de "bastante" del engaño no ha resultado una cuestión pacífica. Las opciones que se plantean ante ello son varias y las consecuencias de su aplicación muy desiguales.

La primera de esas opciones apostaría por mantener que, ante cualquier tipo de engaño, existe un deber de autoprotección de la víctima En nuestra opinión ello nos llevaría a asumir lo innecesario del tipo de estafa del propio Código penal. Presumir que el hombre o ciudadano medio tiene siempre la posibilidad de vencer cualquier tipo de error es asumir que "nadie le estafa si él no quiere", llegando a plantear incluso la eliminación de la distinción entre el dolo civil y el dolo penal. Al entender que la realización del tipo depende de la conducta de la víctima, le termina atribuyendo a ésta la posibilidad de eliminar la tipicidad. Para la jurisprudencia, medir el engaño en función de la perspicacia de la víctima llevaría, de extremarse este argumento, a que "si los sujetos pasivos fueran capaces siempre de detectar el ardid del autor o agente del delito, no se consumaría nunca una estafa y quedarían extramuros del derecho penal aquellos comportamientos que se aprovechan la debilidad convictiva de ciertas víctimas (los timos más populares en la historia criminal, estampita, engaño de la máquina de fabricar dinero o "filo-misho", billete de lotería premiado o "tocomocho", timo del pañuelo o "paquero", etc." [STS 338/2023, 1-2 (*Tol 9398577*)]. Véanse también las observaciones realizas en III. *Iter criminis*). Esta situación provocaría además una revictimización "porque interpretar ese requisito de la suficiencia con un carácter estricto, es tanto como trasvasar el dolo o intencionalidad del sujeto activo de la acción, al sujeto pasivo, exonerando a aquél de responsabilidad por el simple hecho, ajeno normalmente a su voluntad delictual, de que un tercero, la víctima haya tenido un descuido en su manera de proceder o en el cumplimiento de sus obligaciones. Esa dialéctica la entendemos poco adecuada cuando se trata de medir la culpabilidad del sometido a enjuiciamiento por delito de estafa, y que podría darse más bien en los supuestos de tentativa y, sobre todo, de tentativa inidónea" [SSTS 162/2012, 15-3; 243/2012, 30-3; 344/2013, 30-4, y 4340/2018, 17-12 (*Tol 6976820*)].

> "Llevando al extremo la idea de desprotección y, en definitiva, de no merecimiento de la tutela penal que reivindica la víctima de cualquier despojo podríamos afirmar que aquél a quien se hurta su cartera porque descuidadamente le asoma del bolsillo de su pantalón trasero, aquel que confiadamente se pasea en horas nocturnas en zona especialmente conflictiva o aquel que es objeto de una defraudación porque entrega una tarjeta bancaria para el pago en un establecimiento de dudosa reputación, ha de soportar las consecuencias de una acción delictiva ante la que el sistema no le proporciona defensa" [SSTS 162/2012, 15-3; 3122/2024, 5-6 (*Tol 10046905*)]. Como "recuerdan las sentencias núm. 162/2012, de 15 de marzo y núm. 243/2012, de 30 de marzo, el tránsito de un derecho penal privado a un derecho penal público constituye el fundamento del Estado de Derecho, que sustituye como instrumento de resolución de los conflictos la violencia y la venganza privada por la norma legal y la resolución imparcial del Juez, determinando un avance transcendental de la civilización, tanto en términos de pacificación social como en objetivización, imparcialidad y proporcionalidad" [SSTS 1918/2024, 9-4 (*Tol 9975383*), y 3122/2024, 5-6 (*Tol 10046095*)].

La segunda opción apostaría por entender que los deberes de autoprotección no existen en ningún caso. Ello permitiría afirmar que cualquier tipo de engaño es siempre bastante, al menos desde el punto de vista subjetivo (que no objetivo), para causar un error en el sujeto pasivo y provocar el desplazamiento patrimonial. Incluso aquellos engaños burdos podrían integrarse en el concepto de *engaño bastante.* Como consecuencia, el debate se situaría en el ámbito del principio de mínima intervención, que en este caso podría denominarse de "intervención máxima" porque cualquier engaño sería constitutivo de estafa. La conducta del ciudadano perspicaz o diligente que, en ejercicio de esa capacidad (que no obligación), evitara el desplazamiento patrimonial y, con ello el perjuicio, permitiría el castigo de esas conductas como tentativas de estafa.

La tercera y última opción aceptaría la existencia de deberes de autoprotección con respecto al engaño adaptados a su situación personal y conocimientos (elemento subjetivo), pero también al bien, producto o servicio que está adquiriendo, contratando o intercambiando (elemento objetivo). En consecuencia, y al exigir al sujeto pasivo unos deberes mínimos de autoprotección, la cuestión se desplaza al ámbito de la imputación objetiva, postura mayoritaria entre la doctrina (GALLEGO SOLER, GIMBERNAT ORDEIG, CANCIO MELIA, MARAVER GÓMEZ). Dicho lo anterior, la pregunta que nos surge a continuación es la siguiente: ¿de dónde surge, al menos jurisprudencialmente, la idea de la existencia de deberes de autoprotección de la víctima que lleva más de veinte años impregnando la jurisprudencia del Tribunal Supremo en materia de estafa?

La STS 1217/2004, 2-11, supuso para algunos autores la admisión de la *autoprotección de la víctima* en relación con el fin de protección de la norma en el panorama jurisprudencial moderno (por todos, RODRÍGUEZ DE MIGUEL RAMOS). Así, y utilizando un razonamiento contenido en un fallo anterior (STS 1285/1998, 29-10), el TS afirmaba que "el tipo penal de la estafa protege el patrimonio en la medida en que su titular haya observado el comportamiento exigible en orden a su protección, pero no en el caso en que haya relajado la observancia de sus deberes de autotutela primaria...En estos casos, el error es producto del comportamiento negligente de la víctima"... porque "de acuerdo con el criterio del fin de protección de la norma no constituye el fin del tipo de estafa evitar lesiones patrimoniales fácilmente evitables por el titular del patrimonio que con una mínima diligencia hubiera evitado el menoscabo, pues el tipo penal cumple solo una función subsidiaria de protección y un medio menos gravoso que el recurso a la pena es, sin duda, la autotutela del titular del bien". Y concluye el TS manteniendo que, "si la utilización de los mecanismos de autoprotección que son exigibles al sujeto pasivo son suficientes para vencer el engaño, éste es insuficiente —no bastante— producir el perjuicio patrimonial en el sentido del tipo de la estafa", imponiéndose "necesarias restricciones teleológicas en la interpretación de los tipos penales, de modo que la conducta del autor queda fuera del alcance del tipo cuando la evitación de la lesión del bien jurídico se encontraba en su propio ámbito de competencia".

El razonamiento anterior se ha mantenido, o al menos repetido, a lo largo del tiempo en muchos pronunciamientos jurisprudenciales que siguieron insistiendo en trazar una línea divisoria entre el engaño burdo y mendaz y el resto de las conductas. Qué debe entenderse por *burdo* es algo sobre lo que la jurisprudencia se ha pronunciado de manera reiterada. Así, ha entendido por tal "aquél que puede apreciar cualquiera, impide la concurrencia del delito de estafa, porque, en ese caso, el engaño no es "bastante" y ha relacionado estos casos con aquellos en los "que la propia indolencia y un sentido de la credulidad no merecedor de tutela penal hayan estado en el origen del acto dispositivo, niegue el juicio de tipicidad que define el delito de estafa" [SSTS STS 338/2023, 1-2; 1024/2007, 30-11 (*Tol 1227425*); en el mismo sentido STS 1188/2009, 19-11 (*Tol 1747828)*], pues "no puede acogerse a la protección penal que invoca quien en las relaciones del tráfico jurídico económico no guarde la diligencia que le era exigida en atención al puesto que ocupaba en el contexto en el que se produce el engaño" (STS 1686/2001, 24-9). Sin embargo, "esa doctrina ha de ser manejada con cautela para no cuartear hasta límites intolerables la protección penal del patrimonio desplazando a los particulares una tutela de la que no puede hacer dejación el derecho penal" (SSTS 137/2015, 15-2; 44/2024, 17-1). Por ello, el TS continúa afirmando y repitiendo que, como excepción a esa regla sólo cabría exonerar de responsabilidad al sujeto activo de la acción cuando el engaño sea tan burdo, grosero o esperpéntico que no puede inducir a error a nadie de una mínima inteligencia o cuidado: "Dicho de otra manera: el engaño no puede quedar neutralizado por una diligente actividad de la víctima (sentencia 1036/2003, de 2 de septiembre), porque el engaño se mide en función de la actividad engañosa activada por sujeto activo, no por la perspicacia de la víctima" [*vid.* por todas, STS 3049/2023, 29-6 (*Tol 9640585)*].

El argumento anterior es circular, porque admitirlo nos devuelve a la distinción dolo civil y dolo penal y a excluir del ámbito penal las exageraciones publicitarias, burdas y fáciles de identificar cuando estamos ante negocio jurídico y ante bienes productos o servicios con respecto a los cuales no existan obligaciones específicas de informar (medicamentos, servicios médicos y sanitarios, seguros, alimentación, productos bancarios y financieros…). Así, se reconoce situaciones en específicas en materia, por ejemplo, de estafas relacionadas con tratamientos médicos o cuestiones de salud, cuando además de la lógica remuneración de los actos médicos, "hubo otros pagos que fueron hechos mediante un engaño precedente por parte del recurrente, que fue bastante atendiendo las concretas circunstancias personales de los pacientes, que ansiaban recuperar la salud, por lo que no es de aplicación la teoría del principio de autorresponsabilidad a que en ocasiones ha hecho uso la Sala para estimar como no bastante el engaño —SSTS 520/2000 de 27 de marzo 1537/2001 de 23 de julio, 160/2002 de 4 de febrero, 880/2002 de 14 de mayo. Hubo delito de estafa, además del de intrusismo".

La calificación de error burdo y mendaz requerirá de la combinación de elementos objetivos y subjetivos que permitan analizar si concurre o no en una amalgama de comportamientos que no dejan de ir dirigidos a un sujeto pasivo cuyos condicionantes sociales, económicos, personales, culturales, formativos e incluso y anímicos no pueden obviarse. Ello ha obligado al Tribunal Supremo a navegar entre dos aguas, trazando de "objetivar" algo subjetivo, que es en lo que entendemos que se convierte la información pasada por el "tamiz" concreto, específico, personal e intransferible del sujeto pasivo de la estafa. Sólo esta combinación o aproximación objetivo-subjetiva permitirá determinar cuándo estamos ante un engaño burdo y aparecen, por tanto, las obligaciones primarias del sujeto pasivo de protegerse.

El razonamiento del TS cuando nos encontramos ante comportamientos que pueden producirse en el tráfico mercantil es similar al mantenido en las relaciones entre particulares, pero ajustados a las especificidades de un sujeto activo "profesional" y un sujeto pasivo "consumidor". El primero con obligaciones inherentes de información y veracidad en el tráfico mercantil y, el segundo dotado de unos derechos específicos que le confiere la normativa en materia de protección de consumidores. Por ello, con respecto al tráfico mercantil, la jurisprudencia entiende que, como criterio general, éste "descansa, sin duda, sobre una actitud básica de confianza en la honradez y seriedad negocial ajenas, con lo que aquella barrera tiende, a veces, a debilitarse, favoreciendo la aparición de conductas defraudatorias que una cierta desconfianza —legítima y, en ocasiones, exigible— hubiese podido evitar" [STS 65/2010, 9-2 (*Tol 1792952)*].

La jurisprudencia del TS entiende que la cuestión de cuándo es exigible un comportamiento tendente a la evitación del error depende de cada caso, "de acuerdo con las pautas sociales en la situación concreta y en función de las relaciones entre el sujeto activo y el perjudicado. Se trata de un problema de distribución de riesgos y fundamentación de posiciones de garante, por ejemplo, una estrecha relación mercantil basada en la confianza puede fundamentar el deber de garante en el vendedor que tiene la obligación de evitar la lesión patrimonial de la otra parte. Con todo existe un margen en que le está permitido a la víctima un relajamiento de sus deberes de protección, de lo contrario se impondría el principio general de desconfianza en el tráfico jurídico que no se acomoda con la agilidad del sistema de intercambio de bienes y servicios de la actual realidad socio-económica. El ámbito del riesgo permitido dependerá de lo que sea adecuado en el sector en el que opere, y entre otras circunstancias de la importancia de las prestaciones que se obliga cada parte, las relaciones que concurran entre las partes contratadas, las circunstancias personales del sujeto pasivo y la capacidad para autoprotegerse y la facilidad del recurso a las medidas de autoprotección" [STS 3122/2024, 5-6 (*Tol 10046905)*, y 1918/2024, 9-4 (*Tol 9975383)*]. Igualmente, deben tenerse en cuenta que, en situaciones de especiales relaciones de confianza entre los sujetos, las exigencias de autoprotección se relajan [véase en este sentido STS 785/2009, 22-5 (*Tol 1577829)*]. Los matices introducidos han permitido al TS afirmar que hay que valorar las obligaciones de autoprotección que les corresponden a los sujetos, y que son de distinta intensidad dependiendo de las características de éstos y las circunstancias y relaciones en las que se encuentren; en este sentido la Doctrina viene rechazando como "engaño bastante" aquél respecto del cual si el sujeto pasivo de la acción hubiese obrado de acuerdo con la diligencia que le era exigible, se hubiera identificado correctamente como mendaz".

En el caso de las entidades bancarias como sujeto pasivo, la jurisprudencia ha negado la suficiencia del engaño en casos como los de falta de comprobación de las firmas plasmadas en los cheques [STS 970/2009, 14-10 (*Tol 1726721)*]; también advierte la Jurisprudencia de la excesiva celeridad con la que se llevan a cabo determinadas operaciones financieras lo que no siempre permite aplicar los estándares de seguridad [STS 1024/2007, 30-11 (*Tol 1227425)*]; tampoco sería aplicable la estafa cuando el banco, conocedor de la falsedad o del vacío de las letras, las descontaba porque sabía que tenía la póliza de cobertura [STS 596/2009, 27-5 (*Tol 1589491)*], o cuando "el representante de la entidad [bancaria]... estuvo de acuerdo con formalizar el crédito hipotecario, sin más datos acerca del valor de la finca así gravada, que el ofrecido de manera unilateral por un agente de la propiedad inmobiliaria, cuya cualificación parece ser que no constaba, como tampoco que fuese un tasador homologado" [STS 825/2008, 5-12 (*Tol 1424234)*], o, en fin, cuando "la entidad bancaria... procedió al descuento '...no obstante tener cumplido conocimiento del riesgo que ello comportaba, dada la situación económica precaria que atravesaba..., sin previamente comprobar suficientemente, por todos los medios que se hallaban a su disposición, si realmente dichos efectos respondían a una causa o razón concreta (operación de giro propio de su actividad) así como en torno a la propia realidad y veracidad de la firma que aparecía en el acepto de la letra, disponiendo la citada entidad de la información interna adecuada y suficiente para ello" [STS 1024/2007, 30-11 (*Tol 1227425)*].

Sin embargo, cuando la entidad bancaria es meramente intermediario en una operación, la Jurisprudencia mantiene un criterio que lleva a estimar la suficiencia de un engaño que de otra manera consideraría burdo; así cuando "la estrategia defraudatoria puesta en marcha por el acusado tuvo como destinatarios, no a aquellas dos personas a cuyo cargo se giraron las letras, sino a los empleados del banco que, confiados en la integridad de los títulos valores y en la existencia de relaciones comerciales previas entre denunciantes y denunciado, aprobaron el descuento de las cambiales. El recurrente confunde a los engañados con los perjudicados. De ahí que cualquier reproche formulado a quienes deberían haber asumido el mandato de pago incorporado al título valor, carece de validez (STS 2938/2022, 11-7). Cuando aquéllos se percatan de que con cargo a su patrimonio se habían girado varias letras de cambio que no respondían a ningún negocio causal que justificara su puesta en circulación, el delito de estafa había sido ya cometido" [STS 284/2008, 26-5 (*Tol 1340418)*]. También se aprecia el delito cuando "las entidades afectadas desplegaron la diligencia aconsejable fijándose en el señuelo o ardid de las declaraciones de renta y copias de nóminas aportadas, con visos externos o formales de autenticidad y que, dado que no se trataba de préstamos de importantes sumas, entendieron con buen juicio que, con tales datos, las cautelas exigibles estaban cubiertas" [STS 17/2008, 28-1 (*Tol 1297089)*]. Parecidos problemas que en el caso de las entidades de crédito se plantean cuando las víctimas son profesionales, en tales casos la Jurisprudencia entiende que: "Si el profesional engañado tenía, conforme a [las]... normas reglamentarias escritas o consuetudinarias, un determinado deber de diligencia que no cumplió, y precisamente por ese incumplimiento fue eficaz el engaño en el caso concreto, venimos diciendo que entonces puede faltar el elemento 'bastante" [STS 41/2008, 25-1 (*Tol 1294047)*].

La jurisprudencia moderna utiliza, por tanto, un concepto objetivo-subjetivo para la afirmar el carácter *bastante* del engaño y siempre ligado a la existencia de un perjuicio patrimonial. Si hay perjuicio sin engaño (activo u omisivo) no se estará bajo la órbita del Derecho penal. Este razonamiento ha sido aplicado en supuestos de inversiones arriesgadas en las que no consta la existencia de un engaño, sino la materialización de un riesgo [*vid.* STS 3122/2024, 5-6 (*Tol 10046905)* e *infra* 3.6.7. Estafa en inversiones]. Ello justificaría el amparo penal que se le reconoce a la víctima de la estafa conocida como "timo del tocomocho". Así, razona el TS que, "por ello —hemos dicho en la STS. 918/2008 de 31.12— que modernamente se tiende a admitir la utilización de cierto contenido de "subjetividad" en la valoración objetiva del comportamiento con la idea de que no es posible extraer el significado objetivo del comportamiento sin conocer la representación de quien actúa. En el tipo de la estafa esos conocimientos del autor tienen un papel fundamental, si el sujeto activo conoce la debilidad de la víctima y su escaso nivel de instrucción, engaños que en términos de normalidad social aparecen como objetivamente inidóneos, sin embargo, en atención a la situación del caso particular, aprovechada por el autor, el tipo de la estafa no puede ser excluido. Cuando el autor busca de propósito la debilidad de la víctima y su credibilidad por encima de la media, en su caso, es insuficiente el criterio de la inadecuación del engaño según su juicio de prognosis basado en la normalidad del suceder social, pues el juicio de adecuación depende de los conocimientos especiales del autor. Por ello ha terminado por imponerse lo que se ha llamado módulo objetivo-subjetivo que en realidad es preponderantemente subjetivo (STS 338/2023, 1-2).

Volviendo al principio de nuestra exposición, ¿de dónde procede entonces la discusión en torno a la posible existencia de unos deberes de autoprotección de la víctima en la estafa? Si atendemos a lo establecido por el TS en su jurisprudencia, ello se debe en la citación "tan frecuente como incompleta" de su famosa sentencia de 2004, citación que "además no respeta su sentido". Entiende el TS que dicho fallo vino a modular "la vetusta sentencia de 21 de septiembre de 1988, ya claramente superada en nuestra doctrina que, "de forma matizada, al reconocer que la extensión de las consecuencias del "punto de vista" de que el derecho penal no debiera convertirse en un instrumento de protección penal de aquellos que no se protegen a sí mismos, es hoy una cuestión debatida" [SSTS 1015/2013, 23-12; 35/2020, 6-2; 44/2024, 17-1, y 3122/2024, 5-6 (*Tol 10046905*)]. En definitiva, el TS entiende que no puede aceptarse la existencia de un "mecanismo de autotutela como forma de trasladar la culpa a los sujetos pasivos del delito de estafa, asumiéndola ellos como víctima por haber sido engañados, y pretendiendo con ello, exonerar de culpa a quien ha realizado un acto concertado con otra u otras personas, como aquí se declaró probado". Y concluye el Alto Tribunal realizando unas afirmaciones que no dejan de ser llamativas porque "... una cosa es que la empresa española esté adoptando programas de compliance, cada vez más, con estos mecanismos de vigilancia y otra bien distinta es que sea el autor de un delito de estafa quien marque los parámetros y medidas que debe adoptar la empresa para protegerse, y que si no hace en una elevada graduación de autotutela quedará exonerado el autor del ilícito penal, lo que obviamente no puede admitirse" [STS 3122/2024, 5-6 (*Tol 10046905*)].

Las observaciones del TS son relevantes, pero también imprecisas y vagas; como en muchas ocasiones, no terminan de pronunciarse de manera certera sobre el problema. De ellas deducimos que a las personas jurídicas y a las físicas no nos es exigible un comportamiento más diligente en las relaciones de intercambio y compraventa de bienes y servicios. El contenido de un error burdo y mendaz es algo sigue quedando en el "imaginario colectivo", limitado prácticamente a la actividad publicitaria y, concretamente a sus manifestaciones más exageradas e hiperbólicas. Frente a ellos, y sólo frente a ellos, entendemos que se circunscriben lo que el TS llama "deberes de autotutela primaria". Es cierto que, concretamente en esos ámbitos, la regulación del derecho privado y, sobre todo, del derecho de consumo, acota el campo de juego de la estafa y de los ilícitos civiles. Cuestión distinta es la que se plantea cuando el engaño se produce en el marco de otro tipo de relaciones de naturaleza social o personal (*vid. infra* 3.6.8. Estafa amorosa o *romance scam*). Las pautas sociales cambian, las relaciones comerciales también; la información disponible para los ciudadanos es cada vez mayor y ello, aparentemente debería llevar identificar algunos engaños con mayor facilidad y a calificarlos como "burdos y mendaces". Sin embargo, la desinformación, el uso intensivo de las redes sociales y de las tecnologías de la información, así como de la Inteligencia Artificial (IA) hacen que, en una sociedad con ciudadanos más "informados y perspicaces" y con un mayor acceso a la información, el engaño sea cada vez más sofisticado y difícil de detectar.

3.4. Disposición patrimonial

El acto de disposición patrimonial consiste en una decisión que suponga un traspaso de patrimonio desde el del titular del bien jurídico al del sujeto activo o al de un tercero. La disposición patrimonial puede consistir tanto en un hacer, como en un no hacer (no ejercitar un retracto), en un gravamen o en una prestación [por lo que se refiere a esta última, véanse SSTS 581/2009, 2-6 (*Tol 1564635)*, y 1036/2007, 12-12 (*Tol 1584859)*]. En todo caso tiene que traer su causa del error y ser, a su vez, directamente la del perjuicio. Por ello, en todos aquellos casos en los cuales haya un acto de intermediación entre disposición patrimonial y perjuicio, no podrá afirmarse la estafa [véase STS 1164/2009, 19-11 (*Tol 1747851)*].

La jurisprudencia viene entendiendo por disposición patrimonial: "cualquier comportamiento de la persona inducida a error, que arrastre o conlleve de forma directa la producción de un daño patrimonial en si misma o en un tercero" [STS 1036/2007, 12-12 (*Tol 1584859)*]. Igualmente ha conceptuado como tal, entre otras muchas y además de las tradicionales, "la elusión de la prescripción de una obligación de pago y el renacimiento de una deuda inexistente" [STS 801/2009, 7-7 (*Tol 1577875)*], la renuncia a un usufructo [STS 616/2009, 2-6 (*Tol 1560701)*], la apropiación de una provisión de fondos por trabajos que *ab initio* se tenía decidido no realizar [STS 237/2009, 6-3 (*Tol 1474879)*] el incremento artificial de precios de mercaderías para quedarse con la diferencia entre el real y el simulado [STS 932/2008, 10-12 (*Tol 1441141)*], la validación de apuestas con cheques sin fondos [STS 850/2008, 3-12 (*Tol 1432518)*], y el cobro de numerario por tramitar permisos de residencia que luego no se gestionan [STS 930/2008, 18-12 (*Tol 1413515*)].

El agente de la disposición patrimonial no tiene por qué ser el titular del bien jurídico protegido, por lo que se distingue entre sujeto pasivo de la acción y del delito. Esa disparidad entre los sujetos se puede observar en todos aquellos casos en los que un sujeto (que es el engañado, quien comete el error y realiza la disposición patrimonial) tiene facultades de disposición sobre bienes ajenos [en este mismo sentido, véase STS 1398/2009, 14-12 (*Tol 1793006*)].

3.5. Perjuicio

El último elemento del tipo objetivo consiste en la efectiva producción de un perjuicio, propio o ajeno, no conformándose las exigencias típicas con la mera disposición patrimonial idónea para producir el perjuicio. En el mismo sentido se pronuncia PASTOR MUÑOZ, para quien "el perjuicio tiene un contenido propio que puede diferenciarse del acto de disposición no libre", dado que la estafa no es delito contra la libertad de disposición sino contra el patrimonio.

El resultado del perjuicio patrimonial se produce, en una concepción personal del patrimonio, cuando el activo sale del ámbito patrimonial con independencia del valor económico de la cosa y de que haya habido o no una descompensación patrimonial (comparando el valor económico del patrimonio del sujeto pasivo antes y después de la realización del acto de disposición patrimonial). Lo fundamental es la frustración o no de las finalidades perseguidas con el acto de disposición patrimonial. Nos hallamos, por tanto, ante un delito de resultado material y no meramente de peligro [SSTS 65/2010, 9-2 (*Tol 1792952*), y 786/2009, 6-7 (*Tol 1577923*)]. Así, como señalan VALLE MUÑIZ/QUINTERO OLIVARES, "el desvalor de resultado en el delito de estafa adquiere su plenitud con la lesión del patrimonio ajeno". A la conclusión de que el tipo exige la efectiva producción del perjuicio se llega, desde luego, no sólo por la redacción del art. 248 CP, sino por el tenor de algunos de los tipos agravados de estafa contenidos en el art. 250.1 CP. En ellos el valor de la defraudación (apartado 5°), la entidad del perjuicio y la situación en la que se deja a la víctima (apartado 4°) son referentes para la agravación de la pena.

El resultado del perjuicio patrimonial se produce, en una concepción personal del patrimonio, cuando el activo sale del ámbito patrimonial con independencia del valor económico de la cosa y de que haya habido o no una descompensación patrimonial (comparando el valor económico del patrimonio del sujeto pasivo antes y después de la realización del acto de disposición patrimonial). Lo fundamental es la frustración o no de las finalidades perseguidas con el acto de disposición patrimonial.

El criterio de la jurisprudencia en lo que importa al concepto de patrimonio y, en consecuencia, a cuándo se produce el perjuicio, obedece mayoritariamente a una orientación mixta jurídico-económica. En efecto, se exige detrimento patrimonial económicamente valorable [STS 828/2006, 21-7 (*Tol 1002340)*], por lo que se entiende que el perjuicio se produce "cuando con el acto dispositivo el sujeto pasivo no obtiene el equivalente debido de manera que no recibe nada o el valor de lo que le entrega al sujeto activo es menor de lo que, sin mediar el engaño bastante, hubiera debido recibir como contraprestación" [STS 1036/2007, 12-12 (*Tol 1584859)*]. Hay, sin embargo, alguna resolución aislada en la que se sostiene una concepción personal del patrimonio [SSTS 655/1997, 13-5 (*Tol 407178)*, y 23-4-1992].

Con respecto a la consideración del perjuicio patrimonial en los casos denominados *negocios con causa ilícita* debe decirse que, de la misma forma que argumentamos más atrás en relación al delito de hurto, entendemos que el Derecho penal no debe proteger situaciones patrimoniales ilícitas, pues de otro modo el Ordenamiento Jurídico entraría en contradicción consigo mismo (téngase en cuenta a este respecto lo que dispone el CC en los arts. 1305 y ss.). Piénsese además que, afirmar la comisión de un delito de estafa y convertir al despojado en sujeto pasivo del delito, significa abrir para éste o para un tercero la posibilidad de invocar legítima defensa y, por lo tanto, justificar posibles comportamientos lesivos frente al despojante. Por otra parte, ha de tenerse en cuenta que el engañado, que es quien realiza la prestación con un objeto ilícito, en realidad no ha visto disminuido su patrimonio, pues al no tener apariencia jurídica el dicho objeto no forma parte de él. En todo caso, y como señala MUÑOZ CONDE, aunque se considere la posibilidad de la estafa en los casos acabados de plantear, lo que no podrá exigir en ningún caso el presunto estafado es que se realice el negocio ilícito.

La jurisprudencia se ha mostrado partidaria, de forma absolutamente mayoritaria, de estimar el objeto ilícito en el delito de estafa y también a aquellos casos en los que la víctima perseguía una finalidad ilícita. Así, entiende el Tribunal Supremo que "puede haber estafa cuando el objeto de la misma sea ilícito, pues lo determinante es que con el engaño se produce un perjuicio patrimonial y no la moralidad o inmoralidad del negocio jurídico o del ulterior destino de la cosa (STS 132/2007, 16-2).– Por ello en la moderna dogmática, se sigue manteniendo la posición tradicional que entiende que 'siempre que mediante engaño se produzca la disminución patrimonial con ánimo de enriquecimiento injusto habrá estafa, aunque el engañado se propusiera también obtener un beneficio ilícito o inmoral'.– En efecto, la conducta desvaliosa de la víctima no impide que subsista la contradicción normativa en la conducta del autor, pues la norma penal de la estafa prohíbe que por medio de engaño se acceda al patrimonio de otra persona con fines de obtener un provecho injusto. La norma de prohibición de la estafa se dirige a proteger la potencialidad funcional del patrimonio frente a las injerencias ajenas que mediante engaño pretenden el enriquecimiento a costa del empobrecimiento de la víctima, la prohibición de lesionar o colaborar en el peligro de lesionar otros bienes jurídicos se contiene en tipos distintos a la estafa, a los que habría de reconducir —si fuera posible— la conducta dirigida a esa finalidad delictiva" [STS 581/2009, 2-6 (*Tol 1564635)*]. También lo ha estimado cuando las acusadas, con ánimo de beneficiarse ilícitamente, ponían en conocimiento de las víctimas que contaban con una "amplia red de contactos e influencias en la contratación de personal del SERGAS, haciéndoles creer que les podían conseguir de forma directa un puesto en la administración sanitaria autonómica si previamente les abonaban determinadas cantidades de dinero, y para dar mayor realidad o veracidad a su historia les invitaron a realizar un curso de informática, y les reclamaron la entrega de diversa documentación personal —copia del DNI, hoja de vida laboral, etc— y un curriculum vitae" [STS 1827/2018, 22-5 (*Tol 6618547)*].

En lo que importa a los supuestos en los que tanto estafador como estafado pretenden ser sujetos activos de una estafa, hay que tener en cuenta lo siguiente: 1º) La pretensión del estafado de estafar al estafador formaba parte de la dinámica de la estafa que había diseñado el sujeto activo del delito; 2º) En los supuestos de estafas cruzadas no nos encontramos con un caso similar al de la riña mutuamente aceptada, en la que debe excluirse legítima defensa no sólo porque ambos sujetos están realizando actividades de agresión, sino porque ambos, también, conocen que el otro sujeto tiene en curso una agresión —tanto es así que, como es conocido, si uno de los agresores cambia inopinadamente las condiciones de la riña se podría volver a plantear la aplicación de la causa de justificación; en el caso de la estafa, sin embargo, uno de los sujetos ni siquiera se percata de que está siendo estafado, creyendo que sólo él es el que está poniendo en ser una dinámica de estafa; 3º) El Derecho penal no debe realizar juicios morales sino exclusivamente jurídicos, en ese sentido ha de atender exclusivamente a si el estafado ha visto disminuir su patrimonio como consecuencia de una conducta defraudatoria de un tercero; 4º) En cuanto a la "víctima", el Ordenamiento podría reaccionar contra ella —por su intento de estafar al estafador— sirviéndose del tipo de tentativa de estafa; sin embargo, consideramos que este camino es inviable porque el engaño que el estafado pone en ser frente al estafador carece de viabilidad concreta para lograr la disposición patrimonial; 5º) Aunque la jurisprudencia parecía ir adoptando una posición crítica con los supuestos del estafador estafado, las últimas resoluciones del TS parecen ir en sentido contrario [SSTS 1827/2018, 22-5 (*Tol 6618547)*, y 338/2023, 1-2 (*Tol 9398577)*].

Así, mientras que en resoluciones como la STS 1188/2009, 19-11 (*Tol 1747828)* se afirmaba que "es en estos casos cuando el derecho penal debe contemplar con verdadera prudencia el merecimiento de tutela de aquel que ha sido defraudado en su afán por ser él quien engañe a quien le ofrece una transacción irresistiblemente lucrativa", en otras como STS 161/2013, 20-2, el TS entiende que: "En la moderna dogmática, se sigue manteniendo la posición tradicional que entiende que «siempre que mediante engaño se produzca la disminución patrimonial con ánimo de enriquecimiento injusto habrá estafa, aunque el engañado se propusiera también obtener un beneficio ilícito o inmoral». [...] En efecto, la conducta disvaliosa de la víctima no impide que subsista la contradicción normativa en la conducta del autor, pues la norma penal de la estafa prohíbe que por medio de engaño se acceda al patrimonio de otra persona con fines de obtener un provecho injusto. La norma de prohibición de la estafa se dirige a proteger la potencialidad funcional del patrimonio frente a las injerencias ajenas que mediante engaño pretenden el enriquecimiento a costa del empobrecimiento de la víctima, la prohibición de lesionar o colaborar en el peligro de lesionar otros bienes jurídicos se contiene en tipos distintos a la estafa, a los que habría de reconducir —si fuera posible— la conducta dirigida a esa finalidad delictiva" [postura reiterada en STS 1827/2018, 22-5 (*Tol 6618547)*].

Finalmente, es necesario señalar que existen también algunas discrepancias en lo que se refiere a cuáles deben ser los integrantes del "perjuicio", y en concreto si además de la referencia al daño emergente hay que integrar el lucro cesante. Para la Jurisprudencia, "*todo desplazamiento patrimonial debe referirse al patrimonio existente en el momento de la conducta típica o, lo que es lo mismo, al daño emergente y no al lucro cesante*" [STS 1036/2007, 12-12 (*Tol 1584859)*]. En una resolución anterior a la acabada de citar, el Alto Tribunal ya se refirió al caso de los sujetos que se hicieron "pasar por personal autorizado para el mantenimiento de las instalaciones de gas [no siéndolo lo que] sólo supone un perjuicio para aquellas personas a quienes, indebidamente, cobran unos servicios en realidad innecesarios, pero no se alcanza a comprender las razones por las que también hayan de ser indemnizadas las empresas verdaderamente autorizadas para la realización de tales trabajos" [STS 1798/2002, 31-10 (*Tol 229914)*]. Sin embargo, en alguna otra resolución, y en lo que importa a la responsabilidad civil subsidiaria que se conecta directamente con el perjuicio, el Tribunal integra el lucro cesante [STS 9/2008, 18-1 (*Tol 1245302)*]. Posiblemente la posición más razonable sea aquella que diferencia entre "perjuicio" como elemento del tipo de estafa, y "perjuicio" como componente de la responsabilidad civil. En este sentido y en el ámbito del tipo —y por razones vinculadas inmediatamente al principio de taxatividad— sólo cabe hablar de daño emergente como componente del perjuicio típico. Cuestión distinta es la que se refiere a la correcta calificación como daño emergente o lucro cesante de algunos elementos, como por ejemplo el de algunos derechos de crédito ya vencidos y exigibles.

3.6. Supuestos particulares

En apartados siguientes se exponen, de manera no exhaustiva, algunas de las modalidades más representativas de las estafas. Sobre todas ellas se ha pronunciado y se sigue pronunciando la jurisprudencia, resaltando algunos de los elementos más significativos de las modalidades actuales. Como se señaló con anterioridad, los elementos característicos de la estafa permanecen intactos, variando únicamente el escenario o la puesta en escena del elemento del engaño, que a través del uso de la informática y / o tecnologías de la información lo hacen más creíble.

El uso de las tecnologías de la información extiende la onda expansiva de los efectos de la estafa debido a su capacidad de afectación a un número mayor de víctimas. También provoca problemas relativos a la competencia de los tribunales en la persecución de los ilícitos, que deberán resolverse atendiendo al criterio de *eficacia en la instrucción* establecido en el Acuerdo del Pleno no Jurisdiccional de la Sala 2ª del TS, de 30-4-1999, tal y como establece el ATS 17339/2023, 19-12, pero modulado por la prevalencia del *criterio de la ubicuidad*, fijado en el Acuerdo de 3 de febrero de 2005 (AATS 8801/2020, 26-6; 4719/2024, 11-4; 8797/2024, 3-7; 10061/2024, 4-7; 10069/2024, 16-7; 10087/2024, 17-7, y 100449/2024, 23-7).

En el primero de ellos, el órgano jurisdiccional vino a establecer que "la exigencia de una generalidad de personas en el territorio de más de una Audiencia ha de ser interpretada finalísticamente, en función de posibilidad de instrucción, valorando la transcendencia económica, así como si la necesidad de una jurisdicción única sobre todo el territorio servirá para evitar dilaciones indebidas". En el segundo, el de 2005, el TS reconoció que "el delito (de estafa) se comete en todas las jurisdicciones en las que se haya realizado algún elemento del tipo, en consecuencia, el Juez de cualquiera de ellas que primero haya iniciado las actuaciones procesales, será principio, competente para la instrucción de la causa", donde se han realizado los elementos propios del delito. Es el criterio de la ubicuidad" (ATS 4719/2024, 11-4).

3.6.1. *Estafa de polizonaje*

Se suele referir la doctrina a aquellos casos en los cuales el sujeto utiliza clandestinamente un servicio de transporte sin poseer el título necesario. También a aquéllos otros en los que el sujeto activo, mediante la utilización de un billete manipulado o que corresponde a otra identidad, accede al mismo servicio. La calificación jurídica de este comportamiento está lejos de ser pacífica entre los operadores jurídicos.

Bajo la vigencia del CP 1973, la consulta FGE 4/1993, 23-12, sobre calificación jurídico-penal de las manipulaciones fraudulentas en las tarjetas multiviaje para uso de transportes públicos urbanos, se mostró partidaria de incluir la conducta de manipular las tarjetas multiviaje mediante la colocación de una banda adhesiva en el entonces tipo de estafa (587.2 CP 1973, 623.4° en relación con 248.1 CP 1995. Dicha banda permitía seguir usando dicha tarjeta una vez agotado el número de viajes realmente abonado por el usuario. La consulta había sigo planteada por la Fiscalía del Tribunal Superior de Justicia de Cataluña quien, en su remisión hacía constar que la conducta era "burda y apreciable a simple vista, incapaz de eludir los controles de los revisores, siendo la máquina la que permitía el acceso. La Fiscalía remitente planteaba la posible calificación de la conducta como: 1) un delito del antiguo art. 282 CP 1973 que, como modalidad de delito contra la propiedad intelectual, castigaba la desaparición de sello, billete o contraseña o 2) un delito de falsedad en documento mercantil (arts. 302-303 CP 1973), al tratarse de un título de transporte. La Fiscalía de Cataluña no planteaba su calificación como delito de estafa, algo que para la FGE debía realizarse al concurrir todos los elementos objetivos y subjetivos del tipo de estafa, en aquel caso subsumibles en el antiguo art. 587.2 CP.

En la Jurisprudencia observa una curiosa división con respecto al polizonaje entre lo dicho por la Audiencia de Madrid y por la de Valencia (las resoluciones de otras Audiencias en esta materia son casi anecdóticas). Así, mientras la Jurisprudencia madrileña ha excluido la existencia del tipo de estafa [véanse, entre otras muchas, SSAP —actuando como Tribunal Unipersonal— Sección 16ª, 22-4-2010 (*Tol 1883544*), o Sección 17ª, 82/2004, 3-3], la valenciana ha mantenido la opinión contraria, entendiendo que hay engaño por actos concluyentes (subir al tren sin billete), error (los empleados del ferrocarril creen equivocadamente que todos los viajeros poseen el correspondiente billete, porque esa es la "normalidad de la situación"), disposición patrimonial (pues a pesar de que el tren hubiera realizado el viaje de todos modos "el porteador presta un servicio y esta prestación no le reporta el legítimo beneficio económico que representa el importe del billete") y perjuicio [SAP —actuando como Tribunal Unipersonal—, Sección 2ª, 17-5-2010 (*Tol 1893691*); véase también SAP, Sección 1ª, 8-10-2008 (*Tol 1437984*)].

La argumentación que suele utilizar la AP de Valencia en relación al engaño está bien representada por la siguiente resolución: "El impago del canon o precio el transporte es en sí mismo engañoso y contrario a la probidad y buena fe que han de regir en las relaciones contractuales pues supone una ruptura de la bilateralidad del contrato. El denunciado sabe cómo actúa el transportista que solo de manera aleatoria va a pasar un control a los viajeros. Y ahí está el engaño: se aparenta que se tiene billete, que se acepta el contrato y se accede al servicio con la esperanza de que ese viaje no coincida con el control. Es un engaño sutil, opuesto al burdo que no sería suficiente, es un asechanza sibilina a la buena fe, vieja definición del núcleo de la estafa, o un impostura apta para engañar pero en definitiva un engaño astuto pues se hace, creer que se tiene billete, único título habilitante para acceder a un transporte público, y se espera no ser descubierto, incumpliendo la obligación por todos conocida de pagar el contrato de transporte de viajeros lo que provoca además el nacimiento de los demás elementos de la estafa, pues hay traslado patrimonial y que el agente del ilícito se enriquece en lo que no paga y el transportista s empobrece en lo que no se recibe por haber prestado el servicio" [SAP, Valencia, Sección, 1ª, 10-3-2008 (*Tol 1309017)*]. Existe alguna resolución de la AP de Madrid que se separa en este punto de la jurisprudencia mayoritaria, utilizando una argumentación interesante: "No cabe acoger, por consiguiente, el argumento de que el servicio de transporte se iba a prestar de todas formas y que por tanto no concurre en estos casos un perjuicio económico real. Y ello porque el perjuicio real existe desde el momento en que no se ingresa una prestación económica que se halla protegida jurídicamente por el vínculo específico del contrato de transporte (perjuicio en el patrimonio económico-jurídico de la empresa estafada). Y es que, a fin de cuentas, no cabe obviar el hecho de que la empresa de transporte funciona merced a un cálculo de ingresos y de gastos, y entre los primeros figuran las ganancias procedentes de los billetes que debe abonar el usuario del transporte".

En el particular supuesto en el que el sujeto activo utiliza un abono mensual o semanal que permite la utilización del transporte pero única y personalmente a su titular, alguna resolución niega la existencia del perjuicio con la argumentación de que: "El perjuicio en la estafa, que debe ser correlativo al beneficio ilícito obtenido por el autor, es un elemento objetivo esencial del tipo penal y en el presente caso no ha quedado acreditado el mismo, pues el título de viaje utilizado era real y había sido abonado por su titular, de modo que el transporte realizado por Metro había sido pagado. El titular del abono de transporte quizás habría resultado perjudicado por estos hechos, puesto que él había abonado el precio correspondiente y se había visto privado de la utilización de su abono, previamente pagado, pero el titular de ese título nunca ha sido oído en este juicio y se ignora si, efectivamente, sufrió un perjuicio a causa de los hechos que nos ocupan" (SAP, Madrid, Sección 2ª, 50/2004, 10-2).

En lo que se refiere a la presentación de billetes o carnets (que dan derecho a la utilización del servicio) manipulados o con suplantación de personalidad, la Jurisprudencia madrileña también se ha mostrado muy reacia a la aplicación del tipo de estafa (en el extremo opuesto se encuentra la valenciana). Para ello acude a unas mayores exigencias en materia de engaño [véase en este sentido SAP, Madrid —actuando como Tribunal Unipersonal—, Sección 23ª, 23-12-2009 (*Tol 1806219)*], o al argumento de "que el trayecto del metro o autobús se habría efectuado igualmente con independencia de que en él viajara o no el denunciado y hubiera satisfecho o no el billete", por lo que no hubiera habido "disposición patrimonial en perjuicio de tercero" [SAP, Madrid —actuando como Tribunal Unipersonal—, Sección 3ª, 16-6-2010 (*Tol 1918660)*], lo que lleva a considerar el hecho como una simple infracción administrativa (Junta de Magistrados de la AP de Madrid, de 26-5-2006), conclusión ésta que viene apoyada, en algunos casos, en la dicción de los diferentes Reglamentos de Viajeros.

La opción hermenéutica anterior se mantiene por la jurisprudencia madrileña mayoritaria también en aquellos casos en los que el control de acceso está servido por una máquina. En este sentido se argumenta en una resolución especialmente interesante y en la que se hace un acertado resumen de jurisprudencia que "cuando se introduce el cupón del abono en le torniquete del metro, este solo constata que es un documento válido, y permite el acceso a las instalaciones, pero no tiene capacidad para correlacionar la titularidad del cupón con la persona a cuyo favor se ha emitido el abono de transporte. De hecho, el propio recurrente viene a admitirlo así cuando sostiene que el error en el sujeto pasivo se produce como consecuencia de que la máquina no detecta la superposición de la fotografía en la tarjeta de abono. Obviamente no la detecta porque no es ese su cometido, ni está programada para realizarlo por lo que en el presente supuesto ha de descartarse que nos encontremos ante lo que se conoce como estafa informática, puesto que no hay manipulación informática ni artificio semejante mediante la introducción de datos falsos por el que se haga actuar torticeramente a la máquina" (AAP, Madrid, Sección 7ª bis, 423/2008, 18-12). Como conclusión, puede decirse que la jurisprudencia madrileña moderna se opone a la calificación como estafa de las conductas denominadas de polizonaje, con independencia de su modalidad y que la valenciana se pronuncia en sentido contrario.

A nuestro entender, la posición de la jurisprudencia madrileña mayoritaria es más razonable por los siguientes argumentos. En primer lugar, en lo que se refiere a la entrada clandestina en el medio de transporte, es evidente que no estamos ante una conducta defraudatoria sino de utilización ilegítima de un medio de transporte, que en su dinámica delictiva —y haciendo abstracción del objeto material— se aproximaría más al hurto (el sujeto se "apodera" de la prestación de un servicio) que a la estafa. No hay engaño ni siquiera por actos concluyentes, sino sólo un uso indebido (véase, con una argumentación en un cierto sentido parecida a ésta, el AAP, Barcelona, Sección 6ª, 5-7-2001). A la misma conclusión llegan autores como DOPICO GÓMEZ-ALLER, quien considera meros casos de dolo civil los supuestos de polizonaje, aun sin distinguir entre los tres supuestos del mismo que planteamos aquí (sin billete válido, con billete válido de otra persona y con billete manipulado).

En segundo lugar, y por lo que se refiere a la manipulación de billetes o a la suplantación de personalidad (y al margen de los casos de "engaño" a máquinas, posibilidad que más atrás ya hemos rechazado con diferentes argumentos) y, arrinconando los supuestos de engaño burdo que no tiene acogimiento típico en ninguna modalidad de estafa, entendemos que no se produce ni la disposición patrimonial (el viaje así y todo se iba a realizar) ni el perjuicio (no es integrable, como se ha argumentado más atrás, en el perjuicio el llamado lucro cesante). No son aceptables los argumentos usados por alguna empresa, en el sentido de que los medios automáticos de control de viajeros no tienen capacidad para realizar la función de detección de cambio de fotografías y otros similares y que por ello debe entenderse que hay engaño. Aceptar lo anterior significaría lo mismo que trasladar al sujeto activo las limitaciones de la teórica víctima en la protección de su patrimonio. En el mismo sentido, pero con una argumentación diferente se pronuncia FARALDO CABANA, quien distingue claramente entre la utilización del transporte sin título y sin engaño porque no hay nadie a quien engañar, y la falsificación del título de transporte. Esa falsificación "*puede ser engaño bastante para causar error en otro*" y la prestación del servicio puede suponer un perjuicio patrimonial. Sin embargo, "lo que sí se puede negar es que exista una disposición patrimonial".

Un último argumento que a nosotros nos parece el más importante en la inmensa mayoría de los supuestos, es el límite que debería imponer el principio de insignificancia. Su consideración debería impedir que muchos de los casos que llegan a la Jurisdicción fueran ni siquiera considerados, y ello al margen de los argumentos utilizados por unos u otros tribunales sobre la concurrencia o no de los elementos del tipo de estafa. Es decir, no es aceptable que en una Administración de Justicia ya no "atascada" sino "inmovilizada" como la nuestra, los tribunales tengan que "ver" en dos instancias un supuesto de utilización indebida de un billete de transporte urbano —con un coste que apenas supera los dos euros. Es imprescindible acabar con la contemplación judicial de estos supuestos que constituyen un claro caso de onanismo jurídico. Estamos ante una infracción administrativa o civil y así debería ser tratada.

Supuestos distintos son los que enjuicia, por ejemplo, la reciente STS 3028/2023, 29-6 (*Tol 9638762*). El fallo declara no haber lugar al recurso de casación contra la SAP Barcelona, Sección 6ª, 2-6-2021, que condenó a los acusados por delitos de falsedad en documento mercantil (arts. 390, 1º y 2º CP, 392.1 CP, 400 CP) en concurso medial con un delito de estafa (arts. 248.1, 250.1.5ª CP) y pertenencia a grupo criminal (art. 570 ter.1.c) CP). Entiende el fallo que, "concretamente, tales títulos fraudulentos aparentaban corresponderse con las modalidades T-IO y T50/30 de 1ZONA y suponían una imitación de los originales que los citados acusados conseguían valiéndose de aparatos informáticos y electrónicos que les permitían la impresión gráfica del formato original de los títulos en un soporte físico del mismo tipo (cartulina blanca) en cuya cara posterior adherían una banda magnética de características similares a las originales y sobre la que grababan mediante ingeniería informática la misma información electromagnética que la existente en una banda magnética de un título de transporte auténtico. En otros casos, los acusados utilizaban el soporte físico de títulos de transporte originales, de procedencia desconocida, donde los datos genéricos de impresión y la banda magnética eran preexistentes, sobre el que grababan artificialmente la información electromagnética en la banda magnética que el soporte físico ya llevaba incluida. Los títulos de transporte así manipulados mostraban una apariencia muy similar a la de los títulos de transporte tipo T-IO o T50/30 de 1 ZONA verdaderamente emitidos por ATM y podían ser utilizados en la red integrada de transporte metropolitano de Barcelona como si fueran títulos de transporte originales con el consiguiente perjuicio para la referida entidad que dejaba de percibir el importe correspondiente a dichos billetes. Existe, con ello, una apariencia muy similar a los títulos de transporte reales, lo que aleja el carácter burdo de la falsificación. Pero es que, además, se contó con un sistema de ingeniería informática para lograr una casi total adecuación del título falso con el real. Consta, así, en los hechos probados que el método se lleva a cabo mediante el uso de programas informáticos específicos y otros equipos electrónicos lo que determina que ello era preciso para facilitar, precisamente, la venta por terceros intermediarios que en caso contrario no lo hubieran aceptado de ser burda la falsificación".

3.6.2. Estafa de hospedaje

La llamada "estafa de hospedaje" se plantea en aquellos supuestos en los que un sujeto ocupa una habitación de hotel o la mesa de un restaurante, disfrutando de sus servicios, careciendo de fondos suficientes para afrontar el pago de ellos u ocultando su voluntad de no hacerlo. El Tribunal Supremo entiende que se trata de un caso de "ficción de solvencia" [STS 635/2009, 15-6 (*Tol 1560689*)], en la que el engaño puede adoptar tanto la modalidad de explícito o como la de hechos concluyentes [STS 273/2006, 20-2 (*Tol 956118*)].

En esta tipología de la estafa, "el autor, con ánimo de lograr el beneficio que supone el alojamiento gratuito —equivalente a un lucro como es obvio— induce a la persona o empresa que le aloja a prestarle un servicio, esto es, a realizar en su favor un verdadero acto de disposición, mediante un engaño implícito que puede consistir, bien en la apariencia de una solvencia de la que carece, bien en la ocultación del decidido propósito de no pagar los servicios que reciba. La doctrina de esta Sala —SS. de 17-6-86, 14-7-88, 14-4-93 y 18-5-95, entre otras— ha considerado que aunque en estos supuestos el sujeto no realice una maquinación o artificio para inducir a error, existe engaño por el mero hecho de que adopte una actitud que da a entender su disposición a comportarse de acuerdo con las normas que rigen el tráfico mercantil e incluso la mera convivencia social. Esta actitud, sin la que lógicamente no sería aceptado en el establecimiento, se incluye dentro de los hechos concluyentes que, en circunstancias normales, son susceptibles de hacer creer, a los gestores de un hotel u otro negocio parecido, que se encuentran ante un cliente digno de confianza al que, en principio, no hay que someter a prueba precautoria alguna" [STS 981/2004, 8-9 (*Tol 495672)*, recordando la 478/2001, 26-3 (*Tol 31576)*]. Se entiende que concurre engaño antecedente, causante y bastante requerido por el tipo "pues la conducta engañosa consiste en la apariencia de solvencia deriva del hecho de solicitud de hospedaje sin intención de abono de los gastos ocasionados y del servicio recibido, ya que dicha solicitud presupone una capacidad económica en el peticionario para responder a las prestaciones recibidas por la parte que realiza el servicio recibido, ya que dicha solicitud presupone una capacidad económica en el peticionario para responder a las prestaciones recibidas por la parte que realiza el servicio, máxime cuando los hoteles son de elevado nivel en los que el sistema habitual de admisión no viene precedido por una comprobación de solvencia del huésped" (STS 1715/2000, 2-11).

En realidad, en estos supuestos sólo se plantean problemas respecto del engaño cuando los sujetos activos o bien sufren un error sobre su obligación respecto del pago de los servicios [STS 273/2006, 20-2 (*Tol 956118)*], cuando equivocadamente el sujeto cree que los documentos con los que afronta el pago poseen cobertura [STS 981/2004, 8-9 (*Tol 495672)*], o cuando se produce una insolvencia sobrevenida. Éste último se produce, por ejemplo, cuando el impago de la factura cabe relacionarlo, "no con una conducta dolosa preconcebida —engaño antecedente— sino con un fallo de cálculo acerca de cuándo recibiría el club financiación. La testigo relató, lo que cabe asumir por razones de experiencia, en este tipo de clubes menores, casi seguramente de aficionados, que la financiación del club dependía de patrocinadores que iban abonando cantidades poco menos que de una semana para otra. Que tenía la testigo previsto recibir alguna financiación en la semana siguiente al fin de semana en que se jugó y por lo tanto de cuando se hizo uso del alojamiento y comida, pero que o no se recibió o fue insuficiente, ya que conforme se recibía la financiación se iban pagando gastos del club" (SAP, Madrid, 102202/2016, 4-7).

3.6.3. Timo de la estampita

La jurisprudencia define el conocido "timo de la estampita" como aquél en el que "dos personas puestas de común acuerdo, mientras una de ellas representa el papel de 'tonto' y otra de 'listo', hacen creer a la víctima —un tercero escogido— que el primero se ha encontrado o tiene una gran cantidad de billetes de dinero, y para que se los entregue, consigue, mediante engaños y convencimientos, que la víctima se lo cambie por una cantidad de dinero inferior. Una vez se produce el cambio, desaparecen los timadores y la víctima descubre que el dinero es en realidad un montón de papeles"; [supuesto de la SAP, Castellón, Sección 1ª, 456/2009, 11-12, y en términos similares SAP, Badajoz, 288/2019, 18-3 (*Tol 7191125)*].

A partir de lo que hemos significado previamente en relación a los delitos con causa ilícita, sólo cabe confirmar que se trata de una verdadera estafa, pues la conducta del estafador estafado no elimina la tipicidad de la conducta del sujeto activo; y ni siquiera, según alguna jurisprudencia, sería posible sancionar a la víctima por tentativa de estafa porque supondría "una exagerada anticipación de la tutela penal, lo que conlleva que no merezca la pena el estafador estafado, precisamente por su condición de víctima final conforme a la doctrina de la 'pena material" [SAP, Castellón, Sección 1ª, 722/2008, 16-12 (*Tol 1481240)*]. Como señala recientemente la STS 338/2023, 1-2 (*Tol 9398577)*, "no negaremos que, en el origen de timos como el que nos ocupa, puede encontrarse una ambición más que discutible y poco legítima, pero ello no justifica la actuación de quien pone en escena la representación que induce al desembolso patrimonial, en que el estudio y elección de su víctima y sus circunstancias de todo tipo, con vistas a que el fraude se consume, es un factor fundamental, pues, no deja de estar en ello el ardid engañoso que define el delito de estafa" [en el mismo sentido, SAP, Barcelona 5766/2024, 8-4 (*Tol 10113177)*]. Así, la jurisprudencia considera de forma unánime estos supuestos como de estafa [véase en este sentido STS 301/2000, 24-7 (*Tol 272697)*].

Las dudas acerca de si engaños tan burdos —como los de la estampita y similares— satisfacen las exigencias típicas suelen resolverse con el argumento de que: "lo que se propone es un parámetro mixto, de forma que sobre una base objetiva de idoneidad general del artificio se tomen en consideración posteriormente las aptitudes y circunstancias del sujeto pasivo y las atinentes al medio social donde se producen los hechos. Ni pueden ser desprotegidas penalmente las personas con una aptitud de diligencia inferior al término medio, ni puede entenderse incondicionalmente que el engaño es bastante porque en el caso concreto ha producido el error en el sujeto pasivo, pues, de ser así, todo engaño lo sería" [STS 778/2002, 6-5 (*Tol 162120)*]. No obstante, existe algún pronunciamiento reciente que, sin aplicar el razonamiento al caso concreto que enjuicia, reconoce que "salvo supuestos excepcionales, la doctrina que ahora invoca el recurrente sea de aplicación preferente a aquellos casos en los que la estrategia engañosa del autor se desenvuelve de tal forma que convierte a la víctima en astuto aspirante a ser él quien de verdad defrauda. En efecto, la experiencia ofrece no pocos supuestos

—algunos de ellos fiel expresión de una picaresca de doble recorrido— en los que la puesta en escena desplegada por el autor alienta en la víctima, en un momento dado, la posibilidad de ser ella la que obtenga una valiosa ganancia a costa del verdadero sujeto activo. Es quizás en estos casos cuando el derecho penal debe contemplar con verdadera prudencia el merecimiento de tutela de aquel que ha sido defraudado en su afán por ser él quien engañe a quien le ofrece una transacción irresistiblemente lucrativa".

A los supuestos anteriores se pueden equiparar otras dinámicas como la de la "tinta mágica", en la que la víctima adquiere al sujeto activo los medios para poner en acción un procedimiento, cuasi milagroso, que le permitirá convertir papeles de periódico en billetes de curso legal [véase SAP, Valencia, Sección 2ª, 486/2010, 12-7 (*Tol 1926251)*]; la del "billete de lotería premiado" [SAP, Madrid, Sección 29ª, 223/2009, 29-9 (*Tol 1764827)*]; "cupones de la ONCE" [SAP, Valencia, Sección 2ª, 444/2008, 17-7 (*Tol 1370659)*]; llamadas telefónicas para recoger premios (SAP, Córdoba, Sección 1ª, 71/2008, 6-2); el "sabio del desierto" [SAP, Granada, Sección 2ª, 630/2007, 22-11 (*Tol 1624343)*], la "máquina de fabricar dinero o filo-misho", el "timo del pañuelo o paquero" y un largo etcétera [SAP, Barcelona 5766/2024, 8-4 (*Tol 10113177)*].

3.6.4. Timo del nazareno

La *estafa del nazareno* se materializa, según la jurisprudencia, mediante la creación de una sociedad aparentemente solvente bajo cuya cobertura se realizan pedidos —a crédito— a mayoristas. Una vez vendidos los artículos al por menor —y generalmente a precios sin competencia— o sencillamente hechos desaparecer, el empresario abandona la plaza [SSTS 2437/2013, 23-5, y 263/2006, 28-2 (*Tol 856212)*]. Según el Tribunal Supremo, se trata de una modalidad clásica de estafa dentro de los "llamados negocios jurídicos criminalizados… donde se realiza alguna compra inicial que es abonada para ganar confianza y a continuación concertar las siguientes, ya sin intención de abono alguno" [STS 249/2023, 5-7; STSJ, Castilla La Mancha, 142/2023, 30-1 (*Tol 9398388)*; SSAP, Madrid, 6411/2024, 8-1 (*Tol 10077274)*, y SAP, Oviedo, 2006/2024, 13-5 (*Tol 10148744)*].

El timo del nazareno puede producirse también en las modalidades de prestación de servicios, como por el ejemplo, el interiorista dedicado al acondicionamiento y reforma de viviendas que idea un plan para obtener un beneficio económico a costa de los clientes con los que se compromete a la realización de servicios en sus viviendas, solicitando a estos el anticipo de diversas cantidades de dinero, realizando pequeñas actividades muy puntuales y casi anecdóticas al principio, sin que procedieran a ejecutarse las obras pactadas (STS 249/2023, 5-7).

3.6.5. Estafa de donación

Cuando hablamos de *estafas de donación*, nos encontramos ante supuestos en los que el sujeto activo, invocando una necesidad personal, como puede ser el caso de los mendigos o también social de cualquier tipo, logra donaciones de terceros para, posteriormente, frustrar el fin de dicha donación. En estos casos, y admitiendo que el engaño sea "bastante", no hay obstáculo alguno para afirmar la estafa, ya que si el sujeto pasivo realiza la disposición patrimonial no la hace incondicionada. De esta forma, puede afirmarse que la pérdida patrimonial produce un verdadero perjuicio por la frustración del fin. Ello dejará fuera de la tipicidad los casos en los que, de forma palmaria, aún solicitando la donación para un fin, es evidente que lo puede destinar a otro (caso del mendigo alcohólico que solicita dinero para comer).

La jurisprudencia entiende que existe engaño bastante en el caso de los progenitores que, utilizando la enfermedad genética que sufría la menor catalogada "rara" y "que provoca alteraciones cutáneas, oftalmológicas y trastorno del desarrollo y del lenguaje en un contexto de inteligencia límite, aunque sin riesgo vital inminente para la misma, urdieron un plan para obtener un lucro patrimonial ilícito, constituyendo a tal fin el 28 de febrero de 2009 la Asociación Gracia para la tricotiodistrofia y enfermedades raras de Baleares. Como objeto social se hizo constar el de recaudar fondos y ayudas para la investigación de la enfermedad, informar y ayudar a familias con niños con enfermedades raras e informar a las Administraciones Públicas de enfermedades raras, cuando en realidad la finalidad era obtener el enriquecimiento personal de los acusados". Los acusados ofrecían entrevistas a medios de comunicación en las que manifestaban la necesidad de la menor de recibir caros tratamientos médicos en el extranjero ante el riesgo inminente de muerte. Llegaron a repartir folletos, organizar subastas y tómbolas e incluso a afirmar que el progenitor también padecía una enfermedad grave, recibiendo un total de 412.450, 44 euros. Entiende el TS que, "la simulación generada por los acusados al aparecer en medios de comunicación de masas, compareciendo con su hija de corta edad, apelando a la generosidad del público ante la urgencia de costosas atenciones médicas irreales y anunciando un desenlace de compromiso vital inminente de no recibir tales cuidados, también irreales, al tiempo que facilitaban un número de cuenta bancaria como canal recaudador de los donativos buscados, constituye un marco objetivo perfectamente idóneo para suscitar humanos sentimientos de solidaridad con la niña y sus padres, y, en consecuencia, también mover lesa realizar las aportaciones buscados por los acusados, que lograron de ese modo sorprender la buena fe y la mejor voluntad de diversas personas que pensaban contribuían a la curación de la menor, sin que tuvieran a su alcance ninguna posibilidad de desenmascarar a los defraudadores" [STS 3049/2023, 29-6 (*Tol 9640585)*]. Se utiliza, como ya señalara la STS 4851/1981, 12-12, la explotación de los "sentimientos de caridad y simpatía existentes en todas las gentes buenas y sensibles en favor de tales enfermos" para detraer pequeñas cantidades de una masa de personas. En los mismos términos se pronunció el órgano en la STS 262/2019, 24-5, a raíz del enjuiciamiento de unos hechos muy parecidos, donde además estimó que la utilización del concepto salud y "todos los escenarios relacionados con la misma" deben considerarse incluidos entre los bienes de utilidad social a los que hace referencia el art. 250.1.1º CP y, por tanto, el ilícito que se conecte con ello merece un plus de agravación.

3.6.6. Estafa del IVA

Entre los numerosos supuestos a los que puede dar lugar —algunos de los cuales se tratan en los temas correspondientes al fraude fiscal y al delito contable— se encuentran aquellos en los que el sujeto aparenta ser contribuyente de IVA, cuando en realidad no lo es. A tal efecto, falsifica la documentación necesaria para construir semejante apariencia, reclamando a la Hacienda la devolución de un IVA que realmente no ha soportado. Estos supuestos no deben ser calificados como de fraude fiscal porque semejante delito sólo puede ser cometido por quien pertenezca al círculo de sujetos activos definidos por la ley (obligado tributario). Al tratarse de un delito especial, si no se es contribuyente no puede cometerse el delito contra la Hacienda Pública. La conducta será calificada como de estafa, en concurso con el correspondiente tipo de falsedad documental [véase STS 163/2008, 8-4 (*Tol 1297071)*].

Otras resoluciones, sin embargo, han concluido en la imposibilidad de tipificar estos supuestos como estafa por entender que "En las defraudaciones contra la Administración ésta actúa con independencia del engaño pues se limita a constatar la concurrencia de los requisitos establecidos en la Ley. En el supuesto objeto de la casación que conocemos, el sujeto pasivo que recibe el engaño actúa con independencia del mismo, es decir, realiza la disposición económica tras una comprobación formal de los requisitos sin que el funcionario que atiende la reclamación de la devolución del IVA pueda negar la reclamación, a salvo del estudio de los presupuestos de la devolución. Por ello, el sujeto pasivo, la Administración, se reserva el derecho de realizar comprobaciones posteriores a la disposición, a través de los mecanismos de inspección con que cuenta lo que posibilitará, en su caso, la recuperación de la disposición realizada y la subsunción, si concurren los demás requisitos de la tipicidad en la infracción administrativa o en el tipo penal en función de la cuantía" [STS 325/2004, 11-3 (*Tol 365486)*].

3.6.7. Estafa amorosa (romance scam)

La jurisprudencia subsume las conductas denominadas *engaño amoroso* o *romance scam* en el tipo del art. 248 CP. Esta modalidad de estafa es una de las que mejor refleja esa naturaleza relacional entre el autor y la víctima que la doctrina atribuye a la conducta. En ella, la posición de la víctima es especialmente significativa al existir un elemento personal o sentimental que va incluso más allá de la tradicional relación personal o de confianza profesional.

La dinámica que se describe en la jurisprudencia en los supuestos de las conocidas como *estafas amorosas* es siempre muy parecida: hombre o mujer que conoce a otro hombre o a otra mujer con el/la que empieza a mantener un contacto continuo e intenso, algo que, con el paso del tiempo hace creer en la víctima que mantienen una relación de naturaleza sentimental, amorosa o sexual. Esa creencia puede ser consecuencia de un comportamiento activo del autor, quien a través de manifestaciones, afirmaciones o aseveraciones ha transmitido a la víctima su interés sentimental o sexual. Otras veces, el comportamiento del autor se dirige a crear una imagen de cariño, aprecio, admiración o deseo, que hace nacer en la víctima la idea de que entre ellos existe una relación de naturaleza sentimental. El autor, lejos de sacar a la víctima de su error, lo fomenta y lo refuerza con su comportamiento y lo hace, como señalara el AAP, Castellón, 15/2005, 17-1 (ponente CUERDA ARNAU), ahondando en un error cuya "*idoneidad en abstracto es indiscutible, toda vez que nos hallamos frente a un ardid que precisamente por ser de los que aprovechan los sentimientos más nobles, es de aquellos cuya efectividad es casi indiscutible*".

Un caso prototípico de esta conducta lo encontramos en los hechos probados de la SAP, Madrid, 18804/2023, 11-12 (*Tol 9881392)*, establece que "la maniobra urdida cumple con los requisitos del delito de estafa típica que incluso se conoce en el argot policial como ROMANCE SCAM: —El autor del ilícito crea una relación sentimental ficticia haciendo creer a la víctima que en realidad está viviendo un romance con una persona que no existe, fomentando dicha relación con conversaciones telefónicas diarias que hacen que la víctima crea que está teniendo una relación con una persona real, creando en ella una situación de dependencia y preocupación lógica de las relaciones de pareja. —Una vez creado el vínculo emocional, el estafador inventa un hecho que provoca en la víctima una situación de contrariedad y que impide que puedan llegar a verse, tal y como encontrarse en otro país con un gran problema que se soluciona con el envío de una gran cantidad de dinero por parte de la víctima.– La víctima, que hasta ese momento tiene un concepto inexacto o deformado de la realidad, puesto que cree que tiene una relación sentimental y que la persona que ama tiene un problema real y realiza diversos desplazamientos patrimoniales usando sus ahorros, solicitando incluso adelantos a la empresa en la que trabaja. Se trata sin duda de una puesta en escena fingida, que no responde a la verdad, haciendo creer a la víctima dicho engaño, determinante para que se realice tal desplazamiento".

El carácter "bastante" del engaño vuelve a situarse en el punto de mira del análisis con un imponderable elemento de naturaleza subjetiva: la tendencia al enamoramiento, el grado de sensibilidad y la idealización del amor, mezclados y potenciados por las concretas situaciones personales o familiares de la víctima. Para la valoración de ese engaño es difícil acudir al parámetro objetivo del "hombre medio razonablemente enamorado", porque el elemento sobre el que incide dicho engaño es el amor como sentimiento, pudiendo ser definido este último como "estado de ánimo". Intentar reconducir sentimientos y estados de ánimo a parámetros objetivos que permitan valorar la idoneidad del engaño y, por lo tanto, su carácter de "bastante" para provocar error en la víctima, se antoja complejo cuando no hay otros elementos objetivos u objetivables del engaño. Además, se corre el peligro de poner el foco en la víctima y en sus condiciones personales, con el riesgo de revictimizar o de acudir a un posicionamiento victimodogmático tan presente, en ocasiones, en los delitos de estafa.

Ello es lo que ocurre, por ejemplo, en la SAP, Cáceres, 660/2023, 28-9 (*Tol 9769015)*, en la que se describe al denunciante, atendiendo a su declaración, como una persona lábil, que "sufre un trastorno de la personalidad por consumo de drogas (cocaína, marihuana y otras). El perjudicado seguía consumiendo tóxicos y había abandonado varios tratamientos en el CEDEX. Es una persona soltera, sin familia (procedía de un hospicio) con una pensión aceptable, casa propia y que había recibido un mes antes de estos hechos una importante cantidad de dinero por su jubilación (documento 10 de la denuncia). En suma, tiene todas las características de persona fácilmente influenciable y susceptible de una estafa como la que es objeto de acusación". Pese a lo anterior, el órgano considera que su declaración no cumple el criterio de persistencia y absuelve a la acusada del delito de estafa, siendo confirmada en apelación por la STSJ, Extremadura, 2/2024, 9-1 (*Tol 9846496)*. No así, en el caso de la SAP, Madrid, 18804/2023, 11-12 (*Tol 9881392)*, en la que se estima que "atendiendo a un criterio subjetivo de las circunstancias que provocaron el engaño y posterior desplazamiento cómo (sic) habría que atender al hecho de que la víctima se encontraba en una situación personal complicada, pues se había enfrentado (sic) la pérdida de un ser querido y un divorcio reciente".

El impacto de las tecnologías de la información en esta modalidad delictiva es especialmente relevante. En primer lugar, porque la utilización de las redes sociales, webs de contactos y grupos de interés multiplica las posibilidades de comisión del delito. Por un lado, por el hecho de que este tipo de plataformas permiten el contacto directo, instantáneo y "a la carta" entre quienes buscan establecer (conocidos como los *Yahoo Boys*, los *Tinder Boys*) un contacto con otra u otras personas, seleccionando y filtrando perfiles más adecuados a la búsqueda o grupos de "potenciales víctimas". Por otro, porque el uso de la tecnología permite además ampliar la honda expansiva de la estafa, aumentando de manera exponencial el número de víctimas y, con ello, planteando cuestiones relativas a la aplicación de alguna de las circunstancias agravantes previstas en el art. 250 CP y también de la específica del art. 74.2 CP.

La calificación como estafa del llamado *fraude amoroso* se produce en la STS 4798/1981, 12-12. En ella, el Alto Tribunal realiza una clara y tajante distinción entre un simple fraude amoroso y una estafa amorosa, perpetrada ésta por "el procesado-recurrente (que) se atribuye la cualidad de soltero sin serlo y aparenta unos deseos de contraer matrimonio y comprar un piso con lo que el engaño traspasa el simple fraude amoroso y origina el económico, susceptible de engendrar la estafa". El fallo es especialmente significativo porque parece asumir que, *en el juego del amor*, se admite la existencia de "simples fraudes amorosos". Entendemos con ello, que la jurisprudencia propone acudir a la acepción no jurídica del verbo *defraudar* y situarnos en la esfera de la decepción, la frustración, el desencanto o la desilusión que se produce o se puede producir en las relaciones personales de naturaleza sentimental, sexual y afectivas. Lo anterior implica también asumir la existencia engaños socialmente tolerados en esa fase de "cortejo o flirteo", que serían el equivalente a las retóricas o exageraciones publicitarias en el ámbito comercial y que tienen como finalidad "seducir" al consumidor.

La STSJ, Extremadura, 2/2024, 9-1 (*Tol 9846496)*, absuelve a la acusada de un delito de estafa, al entender que, con independencia de que la reclamación pudiera ser redireccionada a la vía civil, no se dio perjuicio patrimonial ocasionado por la existencia de un engaño bastante en los términos expuestos. Así, el denunciante conoció a la acusada a través de una página de contactos sexuales, actividad a la que se dedicaba profesionalmente la acusada, iniciando con ella "una relación a través del teléfono y video llamadas y con frecuencia diaria, en ocasiones varias veces al día, realizando los correspondientes pagos por los servicios de Elsa. Con esos contactos, el perjudicado se enamoró de la acusada, iniciándose una relación que pasó del mero trato profesional cliente-trabajadora del sexo a una relación similar a la de pareja hasta el punto de que Melchor comenzó a exigir a la acusada que se retirara de su trabajo y para lo cual los envíos de dinero fueron muy superiores, llegando incluso a acordar que Melchor se trasladara a Almería y vivirían en una casa que ella había adquirido el 23 de enero de 2018, para lo cual el perjudicado le enviaba dinero para la compra de muebles y otros objetos de la casa y le abonó el coste de un tratamiento dental. A raíz de que en junio de 2020 Melchor se desplazó a Almería para encontrarse por primera vez con Elsa, ésta le expuso excusas para no verle, rompiendo finalmente la relación al no conseguir encontrarse con Elsa". El denunciante realizó transferencias bancarias, ingresos en efectivo y giros postales a la cuenta corriente de la acusada por una cantidad total de 54.175 euros, en las que casi siempre puso el concepto "préstamo" en la casilla de *concepto*.

Por el contrario, sí se aprecia el engaño bastante en situaciones de falsificación de la identidad y la situación personal, algo muy frecuente en las modalidades de estafa amorosa cometidas a través de las tecnologías de la información y las redes sociales como las siguientes: pareja (hombre y mujer) que habían venido creando perfiles falsos de mujeres jóvenes con cierto atractivo físico en redes sociales de contacto como POF y MEETIC, aprovechando "esta situación para iniciar una relación personal con estas personas (sic), que comenzaban con conversaciones a través de mensajes de teléfono y por correos electrónicos hasta entablar una relación de amistad y conseguir la confianza de dichas personas, a las que haciéndoles patentes situaciones de ficticias de penuria económica, conseguían de ellas que les facilitaran aportaciones de dinero en la creencia de estar ayudando a la persona que habían conocido, llegando la acusada Patricia en alguna ocasión, y para dar mayor credibilidad a su forma de actuar, a quedar con alguno de los perjudicados a fin de lograr su propósito…se trata de una conducta defraudatoria en donde la presencia de un engaño bastante y suficiente con ficción de perfiles falsos y situaciones de penuria económica que permiten su calificación penal de estafa, sin que podamos considerarla como simples préstamos de naturaleza civil como sostuvieron las defensas de los acusados" [SAP, Castellón, 14/2021, 23-2 (*Tol 83655635*)]. En el mismo sentido, la SAP, Madrid, 18804/2023, 11-12 (*Tol 9881392)*, al entender que "la situación creada por el autor no tiene más objetivo que el de provocar el desplazamiento patrimonial de la víctima y conseguir a (sic) efectiva del dinero".

De manera clara también el AAP, Castellón, 15/2005, 17-1, en la que se estima el recurso del recurrente contra el archivo de las actuaciones por parte del Juzgado de Instrucción, al entender que, siguiendo el razonamiento del TS en su sentencia de 1981, "lo que singulariza a la estafa frente a otros delitos contra el patrimonio es justamente el hecho de hacer girar el tipo en torno a la verdad cuando aquella sirve instrumentalmente a la protección del patrimonio, que es lo que podría acontecer en casos como el que nos ocupa, ya que de ser cierto cuanto en la querella se expone, la querellada habría hecho creer al querellado no sólo que padecía una grave enfermedad, sino también, en los inicios de su amistad, que le iba a devolver lo que aquél de buena fe le prestaba y, avanzada su relación afectiva, que iban a iniciar una vida en común, logrando de ese modo que aquél le transfiriese cantidades de dinero cuya entidad sugiere que no hubieran sido entregadas de no mediar el ardid engañoso arriba relatado". Y concluye el fallo señalando que "las referencias que en la resolución recurrida se hacen a la inadecuación del engaño para motivar el error del disponente resultan un tanto prematuras puesto que su lo que exigiría analizar otros pormenores del caso para descartar la adecuación que ab initio se le niega".

Para finalizar, es importante no confundir el doble papel que puede jugar el engaño en una modalidad de *fraude amoroso.* Si los supuestos a los que nos hemos referido anteriormente son subsumibles en el tipo penal de estafa, existen otros en los que, la aparente víctima de ese fraude amoroso acaba convertida en autor de un delito de blanqueo de capitales por imprudencia grave (STS 506/2015, 27-7). En estos casos, el "*engaño realizado en el contexto de enamoramiento*", no excluiría el ánimo ilícito de enriquecimiento de quien, "siguiendo las instrucciones desconocidas, sin adoptar medidas mínimas de cautela e información previa, contando con una cuenta corriente a su nombre" recibió "hasta doce transferencias de dinero procedente de reintegros ilícitamente obtenidos mediante ardides y fraudes informáticos en el extranjero", detrayendo "en su propio provecho y beneficio la comisión pactada (737,90 € deducidos gastos)"...conducta y retribución que se "ajustan al modus operandi de un "mulero" y a la cantidad que habitualmente obtiene por comisión" [STSJ, Extremadura, 1559/2017, 30-11 (*Tol 6513002)*]. Esta conducta puede incluirse también dentro del amplio abanico de comportamientos que se engloban en la modalidad que se aborda en el epígrafe siguiente.

3.6.8. Estafa nigeriana

Bajo la denominación genérica de *estafa nigeriana* se engloban toda una serie de modalidades de estafa entre las que se encuentran las *cartas nigerianas, falsa herencia,* la *oferta de negocio falsa, el hijo en apuros,* el llamado *recovery room o gestión de cobros* e incluso el *timo 419* como referencia al artículo del CP nigeriano que castiga la estafa. La *estafa amorosa* analizada anteriormente también sería susceptible de catalogarse como tal.

Como modalidad de estafa, las llamadas estafas nigerianas tienen como características generales el cometerse utilizando correo ordinario, mensajes de correo electrónico o mensajería instantánea (sms, whatsapp) no deseados (spam) con la finalidad de que el destinatario de los mismos realice una serie de transferencias dinerarias a cambio de recibir, desbloquear o facilitar cuentas o cantidades de dinero que se dicen estar ubicadas en países extranjeros. También son frecuentes las misivas en las que se informa a los destinatarios que son los herederos de una familiar lejano que acaba de fallecer y que ha legado una importante suma de dinero o bienes; que se ha sido agraciado con un premio de lotería a la que no se ha jugado; que se ha sido elegido por un supuesto príncipe africano que tiene cuentas multimillonarias en su país de origen y que necesita ayuda para poder recuperar ese dinero a cambio de una gratificación. A todas ellas se añade la recepción de suculentas ofertas de trabajo para las que no se requiere cualificación alguna, siendo necesarios únicamente conexión a internet y un número de cuenta corriente desde la que poder operar. Esa primera comunicación solicita al destinario un pequeño pago en concepto de *costes de gestión*. Una vez realizado el pago, éste se convierte en el primero de otros que le seguirán provocando el perjuicio patrimonial a la víctima.

El *modus operandi* descrito anteriormente puede observarse entre otras, en las SSTS 413/2015, 30-6; 470/2017, 22-6 (*Tol 6258061*) y 4340/2018, 17-12 (*Tol 6976820*). De acuerdo con los hechos probados de esta última, los acusados se dedicaban a "la adquisición y remisión a varios ciudadanos residentes en el extranjero, por vía postal o e-mail, de copias de documentos en los que se les comunicaba que eran beneficiarios de cuantiosas herencias u otros fondos dinerarios. A tal fin, los acusados elaboraron copias de los documentos supuestamente librados por organismos oficiales que certificaban la información que comunicaban y de documentos de un importante despacho de abogados de Madrid indicando los trámites a seguir con indicación en los mismos de los números de teléfono y cuentas de correo de contacto que eran controladas por los acusados y quienes actuaban con ellos. Para la adquisición de los fondos, los acusados indicaban a los beneficiarios que debían pagar anticipadamente, por gastos de tramitación y gestión unas determinadas cantidades que debían ingresar en unas cuentas abiertas en España a nombre de personas no identificadas en las actuaciones e igualmente controladas por aquéllos".

Como se ha señalado anteriormente con respecto a la modalidad de la *estafa amorosa*, uno de los elementos más relevantes en el análisis de estas conductas es el engaño, y con él su cualidad de "bastante". Con respecto a ello, son aplicables las consideraciones realizadas a lo largo del este trabajo relativas a la autoprotección de la víctima, pero también a las cuestiones de competencia y jurisdicción suscitadas anteriormente (*vid. supra*).

3.6.9. Estafa de inversión

Junto a las tipologías anteriores no podemos dejar de aludir a la conocida como *estafa de inversión*. La inclusión del art. 282 bis (estafa de inversores) en el CP mediante la reforma de la LO 5/2010, 22-6, supuso en opinión de RODRÍGUEZ PUERTA y MORÓN LERMA "un hito fundamental en la protección de todos los intereses que confluyen en el mercado". Según las autoras, la inclusión de este precepto vino a completar la protección del consumidor como inversor, es de decir, como adquirente de bienes financieros en el mercado "con la legitima intención de obtener beneficios". En sentido parecido se manifiesta SÁNCHEZ TOMÁS para quien, el tratamiento penal que reciben a los consumidores-inversores se justifica además por su posición "en una coyuntura de lo que se ha dado en llamar el capitalismo popular". Por eso, como acertadamente expone PUENTE ABA, la existencia de este nuevo tipo penal que castiga el falseamiento de la información bursátil viene a sumarse a una protección del consumidor ya otorgada por el delito publicitario (art. 282 CP) y por el delito de estafa (art. 248 CP). Ello se hace a través de un delito especial propio ubicado sistemáticamente dentro de los delitos contra el mercado y los consumidores (MARTÍNEZ-BUJÁN PÉREZ).

En la Jurisprudencia del Tribunal Supremo podemos encontrar alguna referencia a esta modalidad de estafa, si bien por hechos anteriores a la inclusión de la estafa de inversiones en nuestro art. 282 bis CP. Así, las SSTS 247/1996, 3-4 (*Tol 406667)* y la 2015/2002, 7-12 (*Tol 240832)*, con idéntico ponente (Bacigalupo Zapater) resolvían peticiones de aplicación de una Orden Europea de Detención y Entrega a un ciudadano teutón acusado de la comisión de un delito de estafa de inversiones —(parágrafo 263 StGB) en su país. En el primer fallo, el TS ya adelantaba que el problema más sobresaliente de esta modalidad de estafa se encontraba en la determinación del engaño; pues bien, a ese propósito se indica en la citada STS 2015/2002, 7-12 (*Tol 240832)*: "El contenido del concepto de engaño debe ser estudiado en el marco de las diversas modalidades de la actividad negocial moderna. Precisamente el delito de estafa ha sufrido una considerable ampliación de la hipótesis específica en el derecho europeo como consecuencia de la nueva fenomenología de la contratación y del desarrollo de las técnicas negociales. Por lo general, ello ha conducido a un adelanto de la intervención penal en ámbitos anteriores a la producción del perjuicio con el objeto de aumentar la eficacia de la protección patrimonial. Tal es el caso especialmente de la estafa de seguros, de la estafa de subvenciones y de la estafa de inversiones de capital. Esta última hipótesis, la estafa en las inversiones de capital, pone de manifiesto que en estos casos no sólo se protege el patrimonio individual, sino también el funcionamiento del mercado de capitales, como bien jurídico supraindividual. La reforma del Código Penal de 1995 no se ha sumado a estas tendencias legislativas modernas, aunque mediante ella se ha incorporado el tipo de estafa de subvenciones (art. 308 CP) con una estructuración que no difiere esencialmente de la propia de la estafa genérica del art. 248 CP. Pero ello no significa que el tipo penal del art. 248 CP, cuya redacción ha mantenido el moderno concepto de estafa ya previsto en la reforma de 1983, impida considerar modalidades particulares del concepto de engaño según el ámbito negocial en el que se produzcan, aunque no contemos con un tipo penal específico de estafa en inversiones de capital estructurado como una figura de peligro abstracto semejante al previsto en el CP. alemán § 264 a (introducido en la reforma de 1986). El concepto de engaño en los supuestos de negocios de inversiones de capital ha sido definido en la doctrina como el anuncio frente al inversor de datos ventajosos incorrectos o el silencio respecto de hechos perjudiciales para el inversor. Se trata, como se ve, de un derecho a ser informado de la verdad por parte de quién es el destinatario de la oferta; en particular de aquellas circunstancias que son relevantes para la decisión de invertir. Entre ellos están precisamente las particularidades del negocio jurídico que se ofrece. El autor de la oferta es, por lo tanto, el garante de que esa información veraz llegue al destinatario de la oferta" (en el mismo sentido, AAN, Sección 1ª, 27-7-2007).

La llamada *estafa de inversión* es una modalidad de estafa en la que el vehículo del engaño reviste forma de inversión en bienes o en valores. El fraude puede consistir, como señala FEIJÓO SÁNCHEZ en un acertado estudio, en que se engaña "no sólo en los beneficios esperados y la liquidez del producto, sino también con los riesgos, que son un componente importante del asesoramiento" o, como recuerda el autor que advierte el TS, en *circunstancias que son relevantes para la decisión de invertir*". En conclusión, y como apunta el autor citado: "inducir a un inversor a realizar negocios especulativos o de alto riesgo mediante engaño o no informándole debidamente de las características o naturaleza del negocio, es una conducta que objetivamente puede adquirir el significado de estafa si el error del inversor es objetivamente imputable al intermediario".

En los casos anteriores podría incluirse la conducta del intermediario financiero que, dolosamente —y a pesar de las obligaciones que le impone a ese respecto la Ley del Mercado de Valores— hurta al inversor particular información sobre la peligrosidad —o altísimo riesgo— de determinados productos financieros, siendo así que el intermediario, por su intervención mediadora en la colocación de los dichos productos, se verá retribuido con importantes comisiones. Para terminar de dibujar el mapa de estos casos debe tenerse en cuenta que aquí no sucede como en los casos "normales" de la estafa en la que, en no pocas ocasiones, bastará con que el sujeto pasivo muestre suficiente celo —o no tanta codicia— en la vigilancia de sus propios intereses para desactivar el engaño. Por el contrario, se trata de mercados de casi imposible control por el inversionista privado y al que tienen acceso, únicamente, entidades muy especializadas. En no pocos casos, se tratará de mercados ubicados en el extranjero o sumamente volátiles, lo que dificultará todavía más el control del inversionista. Es decir: éste queda entregado por entero al "buen hacer profesional" del intermediario financiero.

Esa dinámica se refleja, por ejemplo, en los hechos enjuiciados en la STS 4260/2024, 18-7 (*Tol 10124349)*, en la que "los propios acusados refieren haber sido víctimas del mismo engaño, ofreciendo con su descargo la convicción interna de que el engaño será considerado plenamente idóneo para la defraudación que se enjuicia. En todo caso, se constata que los acusados simularon la existencia de una mercantil que canalizaba las inversiones hacia un bróker internacional que efectuaría las inversiones en el extranjero. Crearon además la mercantil, que también domiciliaron en el extranjero con la embaucadora afirmación de que aportaría opacidad fiscal para los inversores. Y abrieron además una cuenta más allá de nuestras fronteras, en la que recibían el importe de las defraudaciones. Con todo, dificultaban cualquier tipo de control financiero, policial y judicial de su actividad, además de imposibilitar que los destinatarios del fraude pudieran verificar la inversión o, incluso, la apariencia de su bondad. Y abordaron su fraude ofreciendo inversiones en un mercado real de divisas y sirviéndose de plataformas que simulaban la realidad de la inversión, además de documentar las inversiones con contratos de apariencia legítima. Todo ello unido a la promesa de una importante rentabilidad y a la falsa afirmación de que había un depósito que garantizaba el retorno de las inversiones fallidas. De este modo, aportaron la apariencia de legitimidad del negocio y los factores necesarios para convencer a unos inversores carentes de conocimientos específicos en materia financiera, introduciendo así el riesgo que específicamente contempla el legislador cuando tipifica las conductas captatorias basadas en el engaño y en la creencia equivocada que hace nacer en los defraudados".

También se observa en asuntos enjuiciados por los tribunales cometidos durante la crisis económica de 2008. Ante ellos, algunas entidades financieras españolas compensaron a sus inversores —a quienes habían aconsejado y "colocado" determinados productos financieros— por el fracaso de esas inversiones, reconociendo de esa forma responsabilidad por mala gestión en esa labor de asesoramiento. Éste fue el supuesto de, por ejemplo, el Banco Santander en relación con el "caso Madoff" en el que la entidad bancaria española acudió a la compensación mediante "una sustitución de activos", por la que a los clientes de banca privada —no institucionales— se les ofreció canjear sus inversiones fracasadas por participaciones preferentes a emitir por el propio Banco. En estos supuestos, lo que puede ocurrir en otros muchos, no ha habido dolo sino, simplemente negligencia en el asesoramiento, por lo que no cabría plantearse la salida de la estafa. Además, debe tenerse en cuenta con carácter general, que las calificaciones efectuadas por las agencias de *rating* pueden llevar al error a los mismos intermediarios financieros. El problema se presenta cuando es el propio actuar doloso del intermediario lo que ha llevado al particular a la aceptación de esas inversiones, no cuando ha habido una mala gestión por parte del intermediario financiero —que puede solucionarse de forma más acabada a través de mecanismos no penales. Éste ha sido precisamente los hechos enjuiciados y compensados por sentencias de diversos tribunales del orden civil en materia de venta y canje de acciones preferentes. Entre ellas destacan la STS (Pleno) 610/2016, 25-2, en la que se condenó a la entidad Catalunya Banc a indemnizar a quienes cajearon preferentes por acciones de la entidad, al entender que se incumplieron los deberes de información sobre productos financieros complejos, incluso dándose el caso de que el cliente tenía "experiencia inversora". En el mismo sentido, también el fallo del orden civil, STS 382/2019, 2-7, en el que la entidad Bankia ofreció acciones de la entidad para canjear las participaciones preferentes y la deuda subordinada de la que eran titulares los demandantes.

Un escenario distinto al acabado de exponer se produce en aquellos casos en los que, generalmente, entidades financieras instan a sus clientes a invertir —por necesidades coyunturales de la propia entidad de crédito que precisa, por ejemplo, incrementar activos— en productos (acciones del propio Banco, depósitos a plazo fijo, deuda subordinada, fondos de inversión, etc.) que no son los más beneficiosos para el cliente, aunque no les causan un deterioro patrimonial, sino sencillamente una menor retribución por su dinero. En esos supuestos se produce igualmente un engaño (generalmente el particular tendrá mayores posibilidades de evaluar su inversión, aunque en la mayoría de los casos sigue siendo la entidad de crédito la única —en esa relación— que posee todas las claves de la misma, y conoce las mejores alternativas que no son las que comunica al cliente, siendo, de esa forma, desleal en su actividad de asesoramiento con el particular), pero lo que no aparece es el elemento del perjuicio siempre que en éste no se incluya el lucro cesante (que es, como se indicó más atrás, la opción de la Jurisprudencia absolutamente mayoritaria). Ciertamente alguno de estos supuestos pudiera encontrar acomodo en el nuevo artículo 282 bis CP —con la ventaja de que en el tipo básico de este precepto no se exige el perjuicio como elemento del tipo—, pero ello sólo ocurrirá, como decimos, con algún supuesto aislado (y, desde luego, no alcanzará a los intermediarios financieros, los cuales sólo podrán responder, en su caso, a título de partícipes).

Dentro de la modalidad de estafa de inversión se encuentra también la *estafa piramidal,* reconocida por la jurisprudencia en asuntos tan relevantes como *Fórum Filatélico* [STS 809/2024, 4-3 (*Tol 7877779)*], *Afinsa* [STS 749/2017, 21-11 (*Tol 6437418)*], *Sociedad Arte y Naturaleza* [STS 94/2018, 23-2 (*Tol 6542214)*], y recientemente *Inversis Forex.* En ese último fallo, el TS identifica la estructura piramidal con un plan diseñado para enriquecerse ilícitamente "mediante la captación de capitales destinados a la inversión en el mercado de divisas (FOREX) que se ofrecían a particulares bajo la apariencia de una inversión sin riesgo de perder el capital, con ofrecimiento y pago inicial de sustanciosas ganancias, muy superiores a las que se podían obtener en el mercado lícito, que en realidad se pagaban con cargo a los nuevos fondos captados, sin que el dinero invertido se destinase a la inversión anunciada". Esa dinámica puede llegar incluso a arrastrar al socio-inversor-víctima, ya que para como reconoce la jurisprudencia ya que, para conseguir los ingresos prometidos es necesaria la captación de socios, que es "en realidad era el único sistema de recuperar el dinero invertido, ya que el dinero para pagar los beneficios se obtenía de las cuotas aportadas por los nuevos socios/víctimas que se van incorporando a la pirámide, siendo los nuevos socios los que posibilitan que la pirámide se sostenga, puesto que si no hay nuevos socios no hay dinero con el que pagar los beneficios, siendo los primeros de la pirámide los que reciben los beneficios, no así los restantes" (SAN 2477/2024, 8-5, asunto *Unetenet*).

A los supuestos anteriores hay que añadir otros también constitutivos de estafa, que deben diferenciarse de modelos de inversiones de alto riesgo en los que no existe engaño algo, sino materialización de un riesgo posible. Así, por ejemplo, los descritos en la STS 2884/2024, 23-5 (*Tol 10040007)*, que confirma la SAP, Madrid, 18511/2019, 26-12 (*Tol 8369551)*, en la que se condenó a los acusados por un delito de estafa, al entender que existió engaño bastante causante del perjuicio patrimonial en la operativa consistente en la creación de la apariencia de un negocio de explotación de unas minas de oro en Senegal. "Para ello se sirvieron de la Sra. Estela una funcionaria de altísimo nivel versada en cuestiones de negocios trasnacionales y de los riesgos que el mismo conlleva negocios. Como colofón en la sentencia de instancia ha quedado suficientemente probado el engaño de los acusados a doña Estela, ofreciéndola invertir en un negocio de comprar de oro, que no existía pero que le presentaron como real, llegándole a enseñar incluso pepitas de oro y los planos de una mina, logrando así que transfiriera 50.000€". De nuevo, como hemos estudiado, la cualidad del "engaño bastante" se situará en el centro del debate.

4. Tipo básico de estafa. Tipo subjetivo

La estafa es, por naturaleza, un tipo doloso. La presencia de la intención de engañar y de provocar una disposición patrimonial mediante el error causado en la víctima, excluye cualquiera otra consideración subjetiva y, en concreto, de la imprudencia [STS 786/2009, 6-7 (*Tol 1577923)*]. Junto a ello, la existencia del ánimo de lucro, inherente a la estafa se manifiesta en la intención del autor "que pretende alguna clase de beneficio, ventaja o utilidad, para sí o para un tercero [STS 492/2014, 10-6 (*Tol 4515545)*]. Es indiferente "que su finalidad sea lucrarse personalmente o que busque un beneficio o ventaja para otro de los autores o incluso de un tercero" [STS 2884/2024, 23-5 (*Tol 10040007)*].

En realidad, la única polémica con respecto al tipo subjetivo se ciñe a la admisibilidad del dolo eventual. A ese respecto, algunos autores como ANTÓN ONECA estiman que no hay obstáculos dogmáticos para ello. Siguiendo esta línea PÉREZ MANZANO entiende que es posible que el sujeto sólo tenga consciencia de la alta probabilidad de estar falseando la realidad y, a pesar de ello, actúe induciendo a realizar un acto de disposición movido por el ánimo de lucro, es decir por el de obtener un beneficio económico para sí mismo o para un tercero. No bastaría, por tanto, un beneficio meramente contemplativo, como por el contrario afirma la STS 411/2004, 25-3 (*Tol 420794)*. En el mismo sentido se pronuncia DOPICO GÓMEZ-ALLER, para quien, admitiendo la posibilidad de dolo eventual en la estafa, mantiene que esta posibilidad debe examinarse cuidadosamente cuando estamos ante situaciones de fracaso del negocio para el que se solicitó el préstamo que no se puede devolver. De lo contrario, se estaría eliminado todo riesgo inherente a la actividad comercial.

> La cuestión del dolo eventual se despeja si se tienen en cuenta supuestos como el siguiente: médico del Sistema Público de Salud que firma recetas de la Seguridad Social a pacientes que no corresponden a su "cupo", que alegan ser "desplazados", pero que con alta probabilidad lo son de la sanidad privada que utiliza de esta forma la pública para subvencionar los medicamentos y aumentar su clientela [caso planteado en la STS 1356/2009, 12-11 (*Tol 1781408)*]. En asuntos como éste, el sujeto activo es sabedor de que con la extensión de las recetas el erario público está realizando una disposición que le supone deterioro patrimonial y, paralelamente, enriquecimiento a un tercero. Todo ello lo lleva a cabo con la conciencia de la alta probabilidad de que está haciendo pasar a enfermos de la sanidad privada (que no tienen derecho a medicinas subvencionadas) por pacientes de la sanidad pública. El dolo eventual va, así, referido al engaño. Por el contrario, el paciente que, junto con la clínica privada, se beneficia del perjuicio sufrido por el Sistema Nacional de Salud, puede, en algún caso, actuar con error sobre un elemento del tipo —el engaño. También se reconoce en otros casos muy significativos relativos a la construcción de viviendas como se exponen con claridad en diversos pronunciamientos. Así, por ejemplo, en las SSTS 691/2013, 3-3; 691/2013, 3-7, y 58/2018, 22-11. En ellas se afirma que, "en el ámbito del elemento cognoscitivo, el autor debe conocer que ofrece o presenta a un tercero una realidad distorsionada; que con ello, en un grado de alta probabilidad, le impulsa a realizar un acto de disposición que no lo realizaría de conocer la distorsión y que con ese acto de disposición se causa un perjuicio

> a sí mismo o a un tercero. Desde la perspectiva del elemento volitivo del dolo, el sujeto ha de querer la utilización de esos elementos engañosos cuya existencia conoce, aceptando, al menos, el probable resultado, lo que generalmente se pone de relieve mediante la comprobación de su utilización real y efectiva" (STS 58/2018, 22-11). Especialmente relevante es el dolo eventual en ámbitos como la construcción de viviendas en las que se mantiene que, también "existe dolo defraudatorio cuando se lleva a cabo el negocio con propósito de cumplir solo si se dan las condiciones necesarias para ello, pero asumiendo y consistiendo la alta probabilidad de que esto no suceda y traspasando por tanto a la víctima el riesgo. Es lo que de forma indudable puede decirse que ha acaecido en este supuesto. Eso es dolo eventual". La "hipotética y no fundada ni segura esperanza de poder cumplir finalmente, no diluye el dolo si el sujeto es consciente de la probabilidad de que no se llegue a esa situación y a pesar de eso opta por efectuar en todo caso la operación para asegurarse su contrapartida (lucro) y hacer cargar al perjudicado con ese alto riesgo que esconce consciente de que, de comunicarlo, no obtendrá el precio pactado y no alcanzará el beneficio patrimonial buscado" (STS 691/2013, 3-7).

Recientemente, el TS ha vuelto a afirmar que "también se colma el tipo subjetivo de la estafa con el dolo eventual. En un plano gráfico de pensamiento supone en el acusado la siguiente reflexión: "prefiero no privarme de la financiación que me reporta el descuento de estas letras falsificadas aun a sabiendas de que será difícil cumplir y en la esperanza remota de que en un futuro pueda arreglarse la situación (STS 691/2013, de 3 de julio antes citada)" ... yo todo ello porque "la esperanza, no fundada en motivos mínimamente razonables, de poder atender a los pagos no excluye un dolo, concebido como la indiferencia hacia un resultado que se percibe como probable: aunque no pueda afrontar los pagos, lo que preferiría, no desisto de la acción engañosa que me va a suponer una importante inyección económica" [STS 2938/2022, 11-7 (*Tol 9142631*)].

Obviamente no hay ningún problema para aplicar la figura del dolo eventual al valor superior a los 400 euros y tampoco para caracterizar el dolo del partícipe que colabora en el engaño urdido por un tercero (véase un supuesto de este tipo en la STS 1312/2009, 21-12 (*Tol 1773321*), en la que se expone el caso de un sujeto que colabora con la emisión de facturas por servicios no prestados a petición de otro). En el mismo sentido se pronuncia la STS 305/2019, 11-6, al afirmar, con respecto al cooperador necesario, que "es bastante el dolo eventual, de forma que no es preciso que el cooperador oriente su conducta de modo directo a la facilitación del hecho del autor principal cuyo propósito de ejecución conoce".

III. *ITER CRIMINIS*

La consumación de la estafa exige, en todos los casos, la producción del perjuicio, no así el beneficio propio o del tercero que formará parte de la fase de agotamiento del delito [en este sentido STS 748/2002, 3-5 (*Tol 162100*)]. Esta afirmación es relevante especialmente, como veremos, para alguna de las estafas agravadas.

La tentativa se produce cuando el sujeto comienza a realizar las maniobras engañosas. Estaremos ante tentativa acabada cuando el sujeto activo haya culminado el engaño [STS 719/2006, 4-7 (*Tol 984885*)], sin que sea necesario que el sujeto pasivo de la acción realice la disposición patrimonial. Lo acabado de la tentativa se refiere al aumento del peligro para el bien jurídico como consecuencia de la realización por el sujeto activo de los diversos momentos típicos. En este sentido no compartimos los planteamientos de aquellos que condicionan la tentativa acabada a la realización del acto de disposición, porque ello implica identificar "idoneidad de la tentativa" y "éxito de la maniobra engañosa". El éxito de dicha maniobra no depende del sujeto activo sino del pasivo. Afirmar lo contrario supondría mantener que el avance de los actos ejecutivos del delito dependería de la conducta desarrollada por el sujeto pasivo y no por el activo, lo que carece de sentido.

> En relación con los actos de tentativa de estafa realizados con ciertas personas jurídicas, la Jurisprudencia ha señalado que "cuando el engaño se dirige contra organizaciones complejas, como ocurre con personas jurídicas del tipo de las entidades bancarias, es del todo evidente que el sujeto pasivo dispone de un potente arsenal defensivo, que correctamente utilizado podría llegar a evitar la eficacia del engaño en numerosos casos. Pero, como se acaba de decir, estas consideraciones no pueden conducir a afirmar que las conductas engañosas objetivamente idóneas que resultan luego fracasadas por la reacción de aquel a quien se pretende engañar son siempre impunes. Será preciso examinar en cada supuesto si, objetivamente valorada ex ante, y teniendo en cuenta las circunstancias del caso, la maniobra engañosa es idónea para causar el error, es decir, para provocar en el sujeto pasivo una percepción errónea de la realidad, aun cuando los sistemas de autoprotección de la víctima lo hayan evitado, finalmente, en el caso concreto.-Por otra parte, el engaño a las personas jurídicas se efectúa mediante la acción dirigida contra las personas físicas que actúan en su nombre o por su cuenta. Por lo tanto, en relación a los aspectos que se acaban de examinar, es preciso distinguir entre la posibilidad de provocar, mediante la acción engañosa, un error en el empleado con quien se trata, lo que sería relevante a efectos penales, y la posible negligencia de la persona jurídica, como organización, en la puesta en marcha de los mecanismos de control, lo que podría dar lugar a la asunción de responsabilidades de índole civil" [STS 1316/2009, 22-12 (*Tol 1768810)*].

En el caso de que el engaño empleado por el sujeto activo sea burdo, nos hallaríamos ante un supuesto de tentativa inidónea. En este punto se pueden producir diferencias en la consideración de la conducta entre quienes entienden que todo engaño exitoso es, por naturaleza, "bastante" —es el caso de la jurisprudencia—, y aquellos otros que entendemos, como ya manifestamos más atrás, que el éxito del engaño no prejuzga necesariamente su tipicidad. Esta postura es coherente con lo mantenido anteriormente en materia de la autoprotección de la víctima (*vid. supra* 3.3. La autoprotección de la víctima).

No se aprecia desistimiento cuando conductor que ideó la simulación de un accidente para obtener un beneficio de la compañía de seguros del vehículo "no compareció en juicio, pese a lo cual el juicio se celebró, de forma que el engaño pretendido no se materializó porque el juez no atribuyó credibilidad alguna a la declaración de los denunciantes y dictó sentencia absolutoria de la conductor [...]. Además, su incomparecencia no determinó que la acción ilícita concluyera. Se trataba de un plan conjunto, que tenía como finalidad el ejercicio de acciones cruzadas, de unos contra otros, y ese plan no concluyó con la incomparecencia, ya que los demás partícipes decidieron continuar con su acción, comparecieron a juicio, formularon pretensiones y se dictó sentencia, no llegándose a materializar el resultado buscado, no porque el recurrente desistiera, sino porque el juez descubrió la falsedad de la denuncia y así lo manifestó expresamente en su sentencia" (STS 471/2018, 17-1).

IV. CONCURSOS

1. De delitos

Medial entre falsedades documentales en documento mercantil y estafa [SSTS 1312/2009, 21-12 (*Tol 1773321*, y 2938/2022, 11-7 (*Tol 9142631*)], de documento oficial y estafa [STS 1291/2009, 9-12 (*Tol 1768837*)] o de documento público y estafa [STS 825/2009, 16-7 (*Tol 1589488*)]. Obviamente, no siempre que estafa y falsedad aparezcan en un mismo proceso se podrá hablar de concurso medial entre ellas sino de real, ya que "la relación de instrumentalidad o de medio a fin propia del concurso medial exige que el delito que hace de instrumento sea medio necesario para la comisión del otro. Y esa necesidad ha de ser real, objetiva y concreta, sin que sea admisible la puramente subjetiva o abstracta (SS. 29 de julio de 1998, y 3 de febrero de 2003). No basta la relación de medio a fin en el propósito del sujeto activo pues la necesidad exigible no queda cumplida con la mera conveniencia o mayor facilidad para cometer el delito, sino que descansa en la conexión instrumental objetiva entre ambos delitos (S. 1 de diciembre de 2004). Menos aún cuando el segundo delito se comete aprovechando el sujeto desde el punto de vista instrumental las ventajas o utilidades ya obtenidas mediante un delito cometido anteriormente con fines más amplios y diversos que la perpetración del concreto delito cometido después" [STS 1318/2009, 18-12 (*Tol 1773338*)].

Se aprecia, por ejemplo, concurso real entre un delito contra los derechos de los trabajadores (art. 311. 1° CP) y otro de estafa (arts. 248, 249, 250.1 1°, 4° y 5° CP) esta última en relación con el art. 74.2° CP, ya que el acusado "por un lado, mediante la apariencia de cooperativa les vulneró sus derechos laborales como a todos, pero es que también, con ese ardid propició no sólo que prestaran sus servicios profesionales, como el resto de perjudicados, sino que además hicieron una serie de desplazamientos patrimoniales especialmente perjudiciales para algunas de estas personas, sabiendo de antemano el acusado que no iba a hacer nada para devolver ese dinero". Como señala el propio fallo, "no se trató de solo de una imposición de condiciones laborales y de seguridad social restrictivas" sino de una provocación de un desplazamiento patrimonial de los trabajadores llevado a cabo con engaño bastante, error en el sujeto pasivo ánimo evidente de lucro claramente constatado y con nexo causal entre el engaño y el perjuicio que cita con acierto el tribunal" [STS 3075/2023, 5-7 (*Tol 9648087)*].

2. De leyes

Entre falsedad en documento privado y estafa cuando aquélla incide en el tráfico, exclusivamente como provocadora del engaño [STS 975/2002, 24-5 (*Tol 162350)*], pues el art. 395 incluye un elemento tendencial que encamina la acción a la producción de un perjuicio. Ello implica que, en estos supuestos, el tipo de la falsedad ya incorpora el desvalor de la defraudación intentada mediante ella. En consecuencia, nos encontramos ante un concurso de normas en el que debe sancionarse, conforme al principio de alternatividad, la conducta más gravemente penada [STS 1097/2006, 10-11 (*Tol 1019020)*]. La aplicación del concurso de delitos en estos casos "supondría una duplicidad o superposición tipológica a la hora de contemplar el perjuicio, que lo refiere tanto la falsedad en documento privado [...] como la estafa [...]" [STS 398/2009, 11-4 (*Tol 1509925)*]. Distinto sería el caso cuando con la entrada del documento falso en el tráfico jurídico se hubieran producido repercusiones, perturbaciones o perjuicios en otras personas o en otros intereses. En tal caso, podría plantearse la no coincidencia de lo injusto y la no equiparación del engaño a la falsedad, aunque tales supuestos serán excepcionales toda vez que las falsificaciones constituyen delitos instrumentales o, lo que es lo mismo, carecen de sentido por sí mismas, hallando su justificación cuando se utilizan como medios para la consecución de otros fines ilícitos [STS 746/2002, 19-4 (*Tol 16235*)].

La STS 407/2005, 23-3 (*Tol 633171)* resume toda una línea jurisprudencial acerca de las situaciones concursales que se pueden producir entre los delitos de estafa e intrusismo profesional con resultados diversos en función de la concurrencia o no de determinadas circunstancias. Por ello, el fallo reconoce que, en ese sentido, se contabilizan "*sentencias tanto en el sentido de estimar absorbida la estafa dentro del intrusismo, o la coexistencia independiente de ambas infracciones, en concurso real*". Estaremos ante un concurso de leyes en el que la estafa quedará absorbida por el delito de intrusismo cuando se haya procedido al cobro de honorarios por parte del intrusista, ya que es una "consecuencia lógica del ejercicio de los esos actos indebidos", aunque una "situación distinta sería la que se presentase en el caso de que el acusado hubiese obtenido un lucro adicional y al margen del cobro de los honorarios debidos por los actos médicos que realizó [...]" y continúa el fallo "[...] más recientemente la STS 41/2002 de 22 de enero en un caso de ejercicio de actos propio de un abogado por quien no lo era, estimó, además, la existencia del delito de estafa condenando por tal (STS 295/96 de 3 de marzo de 1997 [...]. Las sentencias de 7 de junio de 1986 y 3 de marzo de 1997, enfocando la conexión con la estafa en relación al hecho de haber cobrado honorarios el intrusista, estima que no por ello existe estafa y que en toda esta antijuridicidad queda englobada o subsumida dentro del intrusismo, se trata de la retribución del acto, una vieja sentencia de 14 de febrero de 1959 sostenía el mismo criterio de estimar implícita e inherente al delito de percepción de honorarios. En sentido contrario, la STS de 18 de mayo de 1991 atendiendo al bien jurídico protegido por el delito de intrusismo estima que no es un delito patrimonial y por lo tanto no puede incluir en sí mismo el disvalor propio de la estafa, con la consecuencia de optar por la autonomía de ambas figuras" [STS 407/2005, 23-3 (*Tol 633171)*].

3. Delito continuado

A efectos de valorar la aplicación de la continuidad delictiva debe tenerse en cuenta lo establecido en el Acuerdo del Pleno no jurisdiccional de la Sala 2ª del TS, de 30-10-2007, según el cual "el delito continuado siempre se sanciona con la mitad superior de la pena. Cuando se trate de delitos patrimoniales la pena básica no se determina en atención a la infracción más grave sino al perjuicio tal causado. Pero la regla primera del art. 74.1 solo queda sin efecto cuando su aplicación fuera contraria a la prohibición de doble valoración". Esta interpretación de la regla penológica vino a completar lo mantenido previamente en el Acuerdo del Pleno no jurisdiccional de 18-7-2007, que reconoció que "en los delitos continuados patrimoniales, lo previsto en el apartado segundo del art. 74 CP constituye una regla no incompatible con el criterio general de punición de los delitos continuados previsto en el apartado primero de ese mismo artículo".

Desde entonces, la interpretación anterior ha sido mantenida por la Sala Segunda del TS en numerosos pronunciamientos. Entre otros, en las SSTS 947/2016, 15-12 (*Tol 5920362*); 474/2016, 2-6 (*Tol 5745543*), y 813/2022, 14-10, que además recordó que "debe evitarse conforme a nuestra doctrina jurisprudencial, (STS 76/2013, 31-1, o 173/2013, 28-2), que la apreciación de la continuidad delictiva, en supuestos de acumulación de las cantidades que han sido objeto del delito continuado, como sucede en el caso actual, sea tenida en cuenta para la aplicación de un doble efecto agravatorio es dicha acumulación la que determina la aplicación del tipo agravado por el valor de la defraudación y se aplica, además la agravación punitiva del párrafo primero del art. 74 por la continuidad. Es decir, en esos casos la continuidad produciría un doble efecto: en primer lugar, la traslación del tipo básico al agraviado, por efecto de la acumulación prevista en el párrafo segundo del art. 74. Y, en segundo lugar, la aplicación sobre este marco punitivo, ya agravado, de la norma que impone la pena en la mitad superior (art. 74, párrafo primero)". En el mismo sentido se ha manifestado la reciente STS 2884/2024, 23-5 (*Tol 10040007*). La postura fijada en los Acuerdos de los Plenos no Jurisdiccionales citados es especialmente relevante desde la eliminación de la falta de estafa del art. 623.4° por la reforma de 2015 [STS 203/2020, 3-2 (*Tol 7735198*)].

V. PENALIDAD

Las reformas operadas por las LLOO 1/2015 y 14/2022 han reconfigurado de forma muy significativa los marcos abstractos de los tipos penales de la estafa. La primera de ellas, al convertir la antigua falta del entonces art. 623.4°CP en delito leve, sustituyó la pena de arresto de dos a seis fines de semana o multa de uno a dos meses por una de multa de uno a tres meses. Esta nueva sanción es la prevista actualmente para el tipo atenuado de estafa (cuantía de la defraudación inferior a 400 euros, art. 248 III CP). También es la que se impuso finalmente frente a otras opciones mantenidas en los Proyectos de 2012 y 2013, que contemplaban una combinación de localización permanente y multa (VIANA BALLESTER). El art. 248 CP párrafo segundo establece una pena de prisión de seis meses a tres años para el tipo básico de la estafa del párrafo primero, obviando la referencia a la cuantía de la defraudación superior a 400 euros. Esa referencia económica del valor de lo defraudado se ha trasladado la configuración del tipo atenuado.

Para la determinación de la pena, el legislador remite expresamente a cinco criterios que serán tenidos en cuenta exclusivamente cuando estemos ante el tipo básico de estafa. Dichos criterios son: 1°. el importe de lo defraudado; 2° el quebranto económico causado al perjudicado; 3° las relaciones entre éste y el defraudador; 4° los medios empleados por éste y 5° cuantas otras circunstancias sirvan para valorar la gravedad de la infracción. Su utilización es algo que no deja de ser excepcional en la Parte Especial del Código Penal, y a despecho de los fijados en el artículo 66 CP. Por lo que se refiere a la fijación de la pena en los delitos leves de estafa, "*los jueces y tribunales aplicarán las penas a su prudente arbitrio*" (art. 66.2° CP). No estarán, por tanto, ni sujetos a los criterios previstos en el art. 248 CP párrafo segundo, ni a las reglas previstas en el art. 66.1.1ª a 8ª CP.

Lo primero que debe decirse de esos referidos criterios es que coinciden en buena medida con los utilizados para construir los tipos agravados del art. 250 CP, algo que no deja de resultar llamativo. Lo segundo, que algunos de esos criterios atienden al desvalor de acción y otros al de resultado. Así, a los primeros pertenecen las relaciones entre el perjudicado y el defraudador y los medios empleados por éste. En lo que importa al primer criterio, parece evidente que el legislador no ha tenido en cuenta que el engañado no tiene por qué coincidir con el sujeto pasivo del delito, y que lo trascendente en este sentido no son las relaciones entre el perjudicado y el sujeto activo sino, entre éste y el sujeto pasivo de la acción. Estas últimas relaciones sí pueden tener incidencia en la disminución de las precauciones para la salvaguarda del bien jurídico. No obstante, en todo caso debe tenerse en cuenta que si se ha producido abuso de las relaciones entre víctima y defraudador sería de aplicación el tipo agravado recogido en el art. 250.1.6° CP. La jurisprudencia viene insistiendo en la necesidad de aplicar con cautela esta agravación y excluir, en todo caso, su apreciación automática cuando concurra una amistad [SSTS 41/2015, 27-1 (*Tol 4839201)*, y 625/2023, 19-7]. A dicha amistad se le debe exigir un plus ya que, "tanto en los delitos de estafa como en los de apropiación indebida, el "abuso de confianza es inherente al tipo y de apreciarse se vulneraría el *non bis in idem* y el principio de legalidad. Por tanto, si las relaciones existentes entre la víctima y el defraudador se toman en consideración para afirmar el injusto típico como engaño antecedente, causante y bastante, no podrá apreciarse esta situación para la aplicación del subtipo agravado" [STS 2884/2024, 23-5 (*Tol 10040007)*]. Por lo que se refiere a los medios empleados por el defraudador, parece aludir a aquellos que puedan facilitar, por ser más sibilinos, la captación de la voluntad del sujeto pasivo de la acción como, por ejemplo, la utilización de algunos medios puede dar lugar al tipo agravado del art. 250.1.2° CP.

El importe de lo defraudado y el quebranto económico pertenecen al desvalor del resultado. Por lo que importa al primer criterio, dicho importe ya no tendrá que encuadrarse entre los 400 euros que marcan el límite del tipo básico de estafa y los 50.000 euros que determinaban la aplicación de uno de los tipos agravados (art. 250.1.5° CP antes de la modificación de la LO 1/2015, 30-3). Esta reforma adicionó al precepto la circunstancia de afectación "*a un número elevado de personas*". Por lo que se refiere al segundo criterio —quebranto económico— tendría el límite de la "especial gravedad", que haría entrar en aplicación el art. 250.1.4° CP. En todo caso, la naturaleza de estos criterios provoca que sólo sean aplicables en caso de consumación del hecho delictivo.

La cuantía debe calcularse teniendo en cuenta únicamente el daño emergente y su valor debe corresponder al del mercado (excluidos los impuestos y otros derechos). Ello significará que en el caso de un bien inmueble podrá utilizarse como referencia el atribuido en una hipoteca [STS 62/2009, 29-1 (*Tol 1448781)*]. Ciertamente, en ocasiones, se pueden encontrar dificultades a la hora de valorar el perjuicio. Así ocurre en algunos casos en los que la ejecución del delito no ha pasado de la tentativa, cuando el sujeto activo tenía la intención de cargar en el patrimonio del pasivo una cantidad indeterminada de dinero, que dependería del uso fraudulento que hiciera de tecnologías de comunicación y esa cantidad que no fue determinada precisamente por la imposibilidad para el sujeto activo de continuar con la ejecución [SAP, Valencia, Sección 2ª, 609/2009, 2-10 (*Tol 1861424)*]. En tales casos resultará obligado, ante la ausencia de cualquier determinación, considerar la conducta como constitutiva del tipo atenuado de estafa (delito leve). En todo caso debe subrayarse que la determinación del perjuicio resulta especialmente importante y no sólo a efectos de delimitar el tipo básico y el tipo atenuado (delito leve), sino también de determinar la pena o de aplicar el tipo agravado. También lo será a efectos de responsabilidad civil porque, como expresa el Tribunal Supremo, "la indemnización ha de corresponderse con el perjuicio de la víctima del delito, y no con el beneficio del autor, si cupiere tal diferencia de entidad" [SSTS 64/2009, 29-1 (*Tol 1448781)*, y 524/2007, 12-6 (*Tol 1143878)*].

Llegados a este punto, entendemos que es necesario realizar dos breves consideraciones penológicas como consecuencia de la eliminación de las faltas del Libro III que, del mismo modo que ha ocurrido en figuras como el hurto, pueden plantear dudas con respecto a la proporcionalidad de la sanción. La primera de ellas es la aplicación del tipo agravado a estafas cuya cuantía defraudada no superan los 400 euros, pero que recaigan sobre bienes de primera necesidad como la vivienda (art. 250.1.1ºCP). Éste es uno de los supuestos de estudio que se pueden plantear a raíz de la reciente STS 624/2024, 18-6 (*Tol 9876686)*, relativa a la comisión de un delito de estafa de alquiler de vivienda, si bien es cierto que con un valor de lo defraudado superior a 400 euros. Las observaciones realizadas por el Tribunal Supremo al respecto reflejan la gravedad de una conducta que, pese a la cuantía (750 euros), no sólo se considera grave por "utilizar un medio que permite una amplia difusión, como es Internet, para realizar la estafa del falso alquiler con falsas identificaciones y con el aprovechamiento del ámbito de necesidad que provoca hoy en día la búsqueda de vivienda, dados los precios que existen y se manejan, tanto en la compra de vivienda como la de alquiler". Y continúa recordando que "el tensionado mercado de vivienda en alquiler propicia el aumento de las ciberestafas y en cuanto a la metodología la propia Federación nacional de asociaciones inmobiliarias señala que el estafador entra en portales y páginas web y copian (sic) anuncios de propiedades en alquiler utilizando el logo para publicitarlos a un precio más reducido, lo que provoca que personas que buscan un inmueble sean víctimas asequibles cuando el importe (sic) inmueble es superior, que es, en realidad lo que facilita la existencia de la ciberestafa inmobiliaria". Ese tensionado mercado de la vivienda hace que se multipliquen las denuncian por presuntas estafas en el alquiler de habitaciones, cuya cuantía puede no llegar a superar los 400 euros que establece el tipo básico de estafa, pero que recaen igualmente en un bien de primera necesidad cuando "cuando se destina a su uso propio como lugar de residencia, donde puede establece su domicilio", siendo estas las únicas que pueden ser consideradas de primera necesidad [STS 624/2024, 18-6 (*Tol 9876686)*].

La segunda de las consideraciones sobre los efectos penológicos de la reforma de la LO 14/2022, de 22-12, es la relativa al establecimiento de un marco penal específico para las llamadas "estafas informáticas". El art. 249 CP, modificado por esa reforma, prevé una pena privativa de prisión de seis meses a tres años, equiparándola así a la del tipo básico de estafa. A los efectos, el precepto penal establece que "también se consideran reos de estafa" aquéllos que lleven a cabo comportamientos que no constituyen estafas propiamente dichas y en las que "la cuantía ha dejado de ser un elemento del tipo en sentido estricto" (ORTEGA CALDERÓN). Ello implica excluir la aplicación de la pena prevista para el tipo atenuado del art. 248 (párrafo tercero) cuando la conducta, habiendo causado un perjuicio inferior a 400 euros, haya sido cometida mediante la manipulación informática o la utilización de fraudulenta de cheques, tarjetas de débito, crédito o cualquier instrumento de pago material o inmaterial distinto del efectivo o datos obrantes en cualquiera de ellos (art. 249.1.a) y b) CP. Idéntico marco penal se aplicará a las conductas previstas en el art. 248.2 CP que, tras la reforma de 2022, siguen constituyendo un adelanto de la barrera de punición a actos preparatorios (*vid. supra* 1. Generalidades). La única excepción que se prevé es la aplicación de la pena inferior en grado para quienes, sin haber participado en la sustracción apropiación o adquisición fraudulenta y con conocimiento de la ilicitud de su obtención, posean, adquiera, transfieran, distribuyan o pongan a disposición de terceros cheques, tarjetas o cualquier medio de pago material e inmaterial distintos del efectivo (art. 249.3 CP). Repárese en el hecho de que, la posesión y la obtención de dispositivos, datos, programas informáticos se castiga con la pena prevista para el tipo básico (art. 249.2.a) CP, pena de prisión de seis meses a tres años).

Para concluir el análisis de los aspectos relativos a la penalidad de la estafa, no podemos dejar de recordar la existencia de dos marcos penales distintos previstos en los arts. 251 y 251 bis CP. El primero de ellos está previsto frente a la comisión otras modalidades de estafa impropia y para las que se prevé un marco penal de prisión de uno a cuatro años. Por lo que respecta al art. 251 bis CP, contiene dos marcos penológicos distintos cuando la estafa (propia e impropia) se cometa por persona jurídica. Ambos marcos toman como referencia la pena de prisión prevista para la persona física por la comisión de esa conducta. Así, si aquélla es superior a cinco años, el equivalente a la persona jurídica se estimará en multa del triple al quíntuple de la cantidad defraudada. De lo contrario, la pena de multa imponer será del doble al cuádruple. De manera potestativa, y atendiendo a las reglas establecidas en el art. 66 bis CP, se podrán imponer también las penas previstas en el art. 33.7.b) a g) CP. Aunque no resultan aplicables las agravantes previstas en el art. 250 CP y el precepto parece atender única y exclusivamente a la cuantía de lo defraudado como criterio para determinar la cuantía de la multa, la referencia expresa al marco penal señalado por el delito cometido por persona física sí permite tenerlas en cuenta.

VI. RESPONSABILIDAD CIVIL

El perjuicio indemnizado tiene que abarcar la cantidad defraudada, los gastos que eventualmente hubiera podido originar la conducta defraudatoria y los intereses de aquélla desde el momento mismo en que se produjo la salida de la cantidad de que se tratara del patrimonio de la víctima [SSTS 2884/2024, 23-5 (*Tol 10040007*); 918/2022, 24-11 (*Tol 1432469*), y 1034/2007, 19-12 (*Tol 1229911*), entre otras]. Así, por ejemplo, en el caso de la estafa de polizonaje, "el perjuicio se cifra en el valor de la contraprestación que ilícitamente obtuvo la acusada", y en el caso de que hubiera manipulado un cupón que le permitiera realizar infinidad de viajes durante un período de tiempo, "el perjuicio que ha de computarse no es el hipotético o potencial sino el realmente causado y acreditado", que sólo puede cuantificarse en el precio del viaje o viajes que de forma probada se hubieran defraudado (SAP, Madrid, Sección 15ª, 537/2007, 11-12). Especialmente interesante por su novedad en cuanto al medio de restitución resulta la STS 2109/2019, 20-6 (*Tol 7355464*). En ella el Alto Tribunal establece la reparación del daño y la indemnización del perjuicio no puede realizarse a través de la restitución de los *bitcoins*, "sino retornando a los perjudicados el importe de la aportación dineraria realizada (daño), con un incremento como perjuicio que concreta en la rentabilidad de hubiera ofrecido el precio de las unidades bitcoin entre el momento de la inversión y la fecha del vencimiento de sus respectivos contratos".

En atención al art. 576.1 LEC, la reparación procede desde "que fuere dictada en primera instancia, toda sentencia o resolución que condene al pago de una cantidad de dinero líquida determinará, en favor del acreedor, el devengo de un interés anual igual al del interés legal del dinero incrementado en dos puntos o el que corresponda por pacto de las partes o por disposición especial de la ley". Estos últimos, denominados *intereses de la mora procesal*, deben distinguirse de los *intereses moratorios* (daños y perjuicios) recogidos en los art. 1108, 1100 y 1101 CC [doctrina consolidada del TS y recogida en la STS 918/2022, 24-11 (*Tol 1432469*)].

Por lo que se refiere a la responsabilidad civil subsidiaria, la STS 2717/2021, 1-7 (*Tol 8511554*), afirma su existencia en el caso de un delito de estafa cometido por un agente de Bankinter al existir contrato de agencia. Entiende el fallo que, la mercantil creada por el acusado, del que éste era socio y administrador único, determinaba una relación de dependencia directa y no implicaba la interposición de una sociedad que hiciera de "cortafuegos" que rompiera la conexión "entre el acusado y su principal, como agente autorizado para actuar en su nombre. Reiteradamente hemos declarado, por todas STS 865/2015 de 14-1, la necesidad de realizar una interpretación amplia del precepto, 120.4 CP, no sólo afirmando esa responsabilidad en la culpa in eligendo y culpa in vigilando, sino también de acuerdo a la teoría de creación del riesgo, de manera que quien se beneficiade las actividades que de alguna manera puedan generar un riesgo para terceros deben soportar las eventuales consecuencias de orden civil respecto de estos terceros cuando resulten perjudica*dos*". Por ello, continúa el órgano jurisdiccional, "cuando concurren los requisitos de la existencia de una relación de dependencia entre el autor y el principal —que no requiere sea una dependencia jurídica, retribuida o permanente, bastando la meramente funcional, y que el delito que genere la responsabilidad civil, se inscribe en el ámbito del ejercicio, normal o anormal, de las funciones desarrolladas, y consentidas, por el infractor, el hecho generará la responsabilidad atribuidas en el precepto que se denuncia como indebidamente aplicado. El acusado actuaba como agente autorizado de la entidad que recurre, utilizando en su actividad los impresos y sellos de la entidad que los presupuestos de la responsabilidad civil del art. 120.4 CP concurren en el hecho".

Se afirma también la existencia de responsabilidad civil subsidiaria de la entidad BANKIA sobre la base de la culpa *in vigilando* con respecto a adeudos fraudulentos, frente a los que la entidad "debió arbitrar las cautelas necesarias para evitar tal práctica en los adeudos realizados, que no es otro que la constatación de la autorización del deudor ". Resulta evidente la responsabilidad de la entidad bancaria cuando el acusado utiliza el banco como "instrumento vehicular". Por esa razón, "la entidad mercantil perjudicada no puede en modo alguno asumir las consecuencias de una operativa delictiva tan sencilla aparentemente en su ejecución que ha llevado al perjuicio patrimonial producido". Porque, como continúa el TS, "la apertura de una cuenta corriente en una entidad bancaria por una mercantil, o, también, un particular no puede estar a expensas, o asumir un riesgo el cliente, de que cualquier persona pueda llevar a efecto un operativo como el que consta en los hechos probados de la presentación de unos recibos con cargo a la entidad mercantil, o un particular sin que exista ningún vínculo contractual entre ellos y mucho menos una deuda entre la entidad mercantil perjudicada y el condenado por estos hechos. De esta manera, este principio de confianza del cliente con la entidad bancaria conlleva que si se produce un hecho como el que ahora consta probado existirá responsabilidad civil subsidiaria de la entidad bancaria como así ha sido objeto de condena por el Tribunal de instancia en la sentencia recurrida, aunque la ubicación correcta de su condena lo es por la vía del art. 120.3º CP y no por del artículo 120.4 del Código Penal como en su recurso explicamos" [STS 1255/2024, 29-2 (*Tol 9925350)*].

La responsabilidad civil subsidiaria de la entidad financiera no se reconoce, sin embargo, por ser los acusados clientes de la entidad CAIXABANK no estando ligados con el banco por una relación jurídica o de hecho o por cualquier otro vínculo, en virtud del cual se encuentren bajo su dependencia y control. Así, "desde la perspectiva de las normas penales que determinan los casos en los que procede declarar la responsabilidad civil subsidiaria respecto de la indemnización procedente de un delito, puede decirse que ni en los hechos probados consta que existiera por parte de la entidad bancaria o de sus responsables o empleados la omisión de las cautelas necesarias para evitar acciones como la descrita en el relato fáctico, ni los documentos citados permiten afirmarlo, y aunque la jurisprudencia ha tendido a la objetivación, la responsabilidad civil subsidiaria prevista en el artículo 120.3 del Código Penal es preciso que se cumplan algunos requisitos, y entre ellos que haya existido una infracción del deber objetivo de cuidado que afecta a toda actividad para evitar daños a terceros, y una relación entre tal infracción y el daño, lo que aquí, como hemos dicho, no ha existido o que en definitiva no consta en el relato fáctico porque no ha resultado probado" [STS 2806/2024, 23-5 (*Tol 10038319)*].

El mismo fallo recuerda que, para poder derivar al banco la responsabilidad subsidiaria conforme a los previsto en el art. 120.4º CP, es necesario un vínculo jurídico o de hecho entre el infractor y el responsable civil, "en virtud del cual el autor de la infracción que se sanciona haya actuado bajo la dependencia del segundo, o al menos, la actividad desarrollada por él haya contado con su anuencia o conformidad; y de otro lado, que el delito que genera la responsabilidad se halle inscrito dentro del ejercicio normal o anormal de las funciones desarrolladas por el infractor, perteneciendo a su ámbito de actuación. Por lo demás, la interpretación de estos parámetros de imputación se hace con amplitud, no solo según los criterios de la culpa in eligendo y la culpa in vigilando, sino también, y muy especialmente, conforme a la teoría de la creación del riesgo, de manera que quien se beneficia de actividades que de alguna forma puedan generar un riesgo para terceros debe soportar las eventuales consecuencias negativas de orden civil respecto de esos terceros cuando resultan perjudicados. En este caso concreto, entiende el TS que tal situación no se produce porque "la actuación del banco se limitó a la concesión a los acusados de un préstamo hipotecario para financiar una promoción de viviendas, por lo que el beneficio que el banco pudiera obtener estaba relacionado con la percepción de los intereses derivados del contrato de préstamo y no con la actividad comercial de los acusados, en cuyo ámbito estricto, se realizó la conducta que produjo el perjuicio de los compradores, al no cancelar la parte del préstamo correspondiente a las cantidades recibidas en pago y no finalizar las obras, destinando ese dinero a su propio beneficio. En consecuencia, no cabe hablar de la responsabilidad del art. 120.3 CP, porque no se ha acreditado que se produjera una infracción reglamentaria vinculada con la seguridad de la actividad que hubiera podido evitar el delito o de reducir el riesgo de su comisión, no encontrándose acreditados, tampoco, los requisitos referenciados referentes a la responsabilidad a la que se refiere el art. 120.4 del CP" [STS 2806/2024, 23-5 (*Tol 10038319)*].

Lección 8ª

Estafa (II)

FRANCISCO JAVIER ÁLVAREZ GARCÍA / ANA M. GARROCHO SALCEDO

I. ESTAFAS IMPROPIAS

Artículo 249

1. También se consideran reos de estafa y serán castigados con la pena de prisión de seis meses a tres años:

a) Los que, con ánimo de lucro, obstaculizando o interfiriendo indebidamente en el funcionamiento de un sistema de información o introduciendo, alterando, borrando, transmitiendo o suprimiendo indebidamente datos informáticos o valiéndose de cualquier otra manipulación informática o artificio semejante, consigan una transferencia no consentida de cualquier activo patrimonial en perjuicio de otro.

b) Los que, utilizando de forma fraudulenta tarjetas de crédito o débito, cheques de viaje o cualquier otro instrumento de pago material o inmaterial distinto del efectivo o los datos obrantes en cualquiera de ellos, realicen operaciones de cualquier clase en perjuicio de su titular o de un tercero.

2. Con la misma pena prevista en el apartado anterior serán castigados:

a) Los que fabricaren, importaren, obtuvieren, poseyeren, transportaren, comerciaren o de otro modo facilitaren a terceros dispositivos, instrumentos o datos o programas informáticos, o cualquier otro medio diseñado o adaptado específicamente para la comisión de las estafas previstas en este artículo.

b) Los que, para su utilización fraudulenta, sustraigan, se apropiaren o adquieran de forma ilícita tarjetas de crédito o débito, cheques de viaje o cualquier otro instrumento de pago material o inmaterial distinto del efectivo.

3. Se impondrá la pena en su mitad inferior a los que, para su utilización fraudulenta y sabiendo que fueron obtenidos ilícitamente, posean, adquieran, transfieran, distribuyan o pongan a disposición de terceros tarjetas de crédito o débito, cheques de viaje o cualesquiera otros instrumentos de pago materiales o inmateriales distintos del efectivo.

El texto de este precepto, como ya se ha reflejado en la Lección anterior, ha sufrido diversas modificaciones desde el CP1995, en concreto por las LLOO 15/2003, de 25 de noviembre; 5/2010, de 22 de junio; 1/2015, de 30 de marzo, y 14/2022, de 22 de diciembre. Cuatro modificaciones, pues, de un delito central entre los patrimoniales como la estafa, lo que da idea de la poca sensatez del Legislador hispano y de su radical falta de criterio.

1. Estafa cometida mediante manipulación informática [art. 249.1.a) y b), CP]

1.1. El apartado primero del art. 249.1, CP se inicia con la expresión "También se consideran reos de estafa", lo que pone de manifiesto, como ya se señaló en la Lección anterior, que no estamos ante una estafa propia sino ante conductas que se quieren asimilar a la estafa propia pero que no reúnen sus requisitos. En realidad, con esta tipificación expresa el Legislador quiso salir al paso de las dificultades que se oponían para equiparar esta conducta a la de la estafa propia, dificultades que, fundamentalmente, giraban alrededor del engaño, pues la Doctrina mayoritaria consideraba, con razón, que el engaño sólo puede darse entre personas —porque debe comprometer la psicología del engañado—, pero que no es posible "engañar" a una máquina (véase ROMEO CASABONA y NAVARRO FRÍAS). Otras voces ponían el énfasis en algún otro elemento de la estafa; así la Jurisprudencia consideraba que "los aparatos electrónicos no tienen errores como los exigidos por el tipo tradicional de la estafa, es decir, en el sentido de una representación falsa de la realidad. El aparato se comporta según el programa que lo gobierna y, en principio, 'sin error...'" [STS 860/2008, 17-12 (*Tol 1424230*)]. En fin, otros entendían que, en el caso de las máquinas, tampoco comparecía una voluntad personal en la realización de la disposición patrimonial, pues ésta se producía como un mero automatismo (GONZÁLEZ RUS).

En esta línea, la SAP, Valladolid, 2ª, 29/2025, 19-2 (*Tol 10493738)*, emite el parecer que es absolutamente mayoritario y reiterativo en la Jurisprudencia: "el engaño, propio de la relación personal y que cualifica a la genérica [estafa], se sustituye por esa manipulación o artificio, para obtener la entrada o salida de datos". También en este sentido la Sala 2ª manifestó: "El fraude informático está previsto como una modalidad de estafa con configuración propia, que no responde a la estructura tradicional de aquellas. Es un tipo a través del que se pretende proteger el patrimonio de los ataques que propician las nuevas tecnologías y cuyo eje lo constituye lo que el Código describe como 'manipulación informática o artificio semejante" [STS 137/2020, 8-5 (*Tol 7947554*); también STS 49/2020, 12-2 (*Tol 7746112*)]; o, "a diferencia de lo que ocurre respecto a la estafa prevista en el número 1 del artículo 248 del CP el engaño ya no es un elemento básico ni es de imprescindible presencia, sino que se ha visto sustituido en esa función por los artificios prohibidos empleados a estos fines" [véanse, SSTS 845/2014, 2-12 (*Tol 4698054*), y 137/2020, 8-5 (*Tol 7947554*), entre otras].

En conclusión, todos estos óbices fueron los que provocaron la incorporación de este tipo al CP (que ha sido modificado, como se ha apuntado ya, en distintas ocasiones). De todas formas, y aunque su estructura no obedezca, por las razones antedichas, a la de la estafa, ello no impide el que comparta algunos elementos con ésta y de modo sobresaliente el bien jurídico protegido: el patrimonio. Ello, en todo caso, no impide que se trate de conductas que estén más cerca de la sustracción que de la estafa genuina. En este sentido ROMEO CASABONA y NAVARRO FRÍAS apuntan que: "En sentido estricto no es una estafa, sino un comportamiento defraudatorio próximo a ella que da lugar a un acto de disposición patrimonial valiéndose de medios técnicos, y por ello es preferible la denominación de 'fraude informático'". Fraude informático, pues, en el que no hay "engaño" a otro, y en el que la máquina de la que se extrae el dinero "no se equivoca" pues actúa conforme a las instrucciones que recibe y de acuerdo con los programas que tiene instalados, y deposita el dinero que se le reclama a quien introduce la tarjeta y marca la clave.

1.2. El apartado 1.a) recoge un tipo mixto alternativo, con medios legalmente determinados, de resultado, con presencia de un elemento subjetivo de lo injusto (además del dolo típico, lo mismo que sucede en las otras modalidades de este delito), que abarca tres modalidades: i) obstaculizar o interferir indebidamente en un sistema de información; ii) introducir, alterar, borrar, transmitir o suprimir indebidamente datos informáticos; iii) valerse de cualquier manipulación informática o artificio semejante.

i) Por "obstaculizar o interferir" (el funcionamiento de un sistema de información) se entiende dificultar, impedir, estorbar, embarazar…, el funcionamiento de dicho sistema, lo que exige conocer y precisar en cada caso en qué consiste el dicho funcionamiento.

Por "sistema de información" debe comprenderse [y tomamos la definición del artículo 2 a) de la Directiva 2013/40/UE del Parlamento Europeo y del Consejo, de 12 de agosto de 2013, relativa a los ataques contra los sistemas de información y por la que se sustituye la Decisión marco 2005/222/JAI del Consejo]: "todo aparato o grupo de aparatos interconectados o relacionados entre sí, uno o varios de los cuales realizan, mediante un programa, el tratamiento automático de datos informáticos, así como los datos informáticos almacenados, tratados, recuperados o transmitidos por dicho aparato o grupo de aparatos para su funcionamiento, utilización, protección y mantenimiento". Seguramente no es posible ser más preciso, ni siquiera, y es lo que hemos hecho nosotros, acudiendo a un concepto normativo, porque la riqueza de lo referido, y su rápida evolución y distintas tipologías, es tanta, que incluso unos adoradores del principio de legalidad en su sentido más estricto se ven obligados a abandonar toda pretensión de encerrar un elemento del tipo como es el de "sistemas de información", dentro de los límites que exige el Derecho Penal (taxatividad). Así las cosas, nos vemos compelidos a admitir como elemento típico uno inaprensible, en constante evolución, y que en buena medida es sólo una "referencia", pero que forma parte esencial de la "cultura" occidental y cuya protección como "infraestructura crítica" constituye uno de los objetivos de la UE.

La conducta ha de realizarse "indebidamente", es decir: contra el deber, lo que ha de entenderse como ilícitamente en relación al acto en concreto llevado a cabo por el sujeto.

ii) La segunda modalidad se refiere a "introducir" (incorporar), alterar (cambiar), borrar (hacer desaparecer), transmitir (trasladar, transferir), suprimir (hacer desaparecer), datos informáticos, entendiendo por tales: "toda representación de hechos, informaciones o conceptos de una forma que permite su tratamiento por un sistema de información, incluidos los programas que sirven para hacer que dicho sistema de información realice una función" [art. 2.b) de la Directiva 2013/40/UE del Parlamento Europeo y del Consejo, de 12 de agosto de 2013].

iii) La última modalidad se refiere a "valerse" (servirse) de una "manipulación informática o artificio semejante". Por "manipulación informática" (difícilmente cabe una expresión más vaga" hay que entender la alteración clandestina del sistema operativo, instrucciones del programa o datos en un ordenador, mediante su modificación, supresión, ocultamiento o introducción de otros nuevos, con el objeto de provocar una determinada respuesta del sistema.

Así definida la "manipulación informática", resultaría que no forman parte de la misma los casos de acceso no autorizado a cuentas bancarias mediante el uso ilegítimo de tarjetas o de los datos ajenos, porque en tales supuestos no se produce alteración informática alguna y sí un mero apoderamiento en el caso de que se extraiga algún activo. Tampoco estaríamos ante una estafa informática, sino una del art. 248, CP, en un caso de anuncios en páginas web de venta de objetos, logrando un traspaso patrimonial, tras pactarlo por WhatsApp, efectuado a través de un cajero a una cuenta a nombre del sujeto activo, quien más tarde no cumple con lo pactado [SAP, Madrid, 15, 55/2025, 24-1 (*Tol 10475920)*]. Distinto sería el del empleado del Banco que introduce apuntes contables en una cuenta u órdenes de trasferencia, o que imparte al sistema la instrucción de que todo el redondeo de céntimos por debajo de 0,50 se transfiera a una determinada cuenta, pues con ello altera los datos del sistema, sus órdenes.

En esta modalidad de la estafa la "manipulación informática", según algunos autores (VIVES ANTÓN/GONZÁLEZ CUSSAC), sustituye el engaño y el error a los que se refiere la estafa propia, pero se mantendría la naturaleza del fraude. No obstante la autorizada opinión, creemos que la ausencia del engaño y el error (el componente más personal de la estafa) hace nacer una figura que sólo por estar ubicada en el art. 249, CP, adquiere el nombre de estafa impropia, pero que en absoluto participa en la naturaleza del fraude. Tanto es así, que la Jurisprudencia ha determinado que este tipo no es homogéneo en relación con el recogido en el art. 248, CP; en este sentido STS 185/2006, 24-2 (*Tol 850010).*

Por "artificio semejante", es decir por "maniobra similar", debe entenderse algo análogo no en cuanto al soporte sobre el que se actúe —el sistema informático, lo que carecería de sentido dada la amplitud de la referencia típica que no precisa ninguna cláusula que "abra" más la conducta— sino al modo de actuar (lo que, indirectamente, determinará el soporte). Es decir: todo comportamiento con el que, mediante una manipulación, en el sentido más arriba señalado, pueda obtenerse el resultado al que se refiere la figura. En realidad, se trata de actuar sobre un estadio anterior al de la "civilización informática", que es el representado, fundamentalmente, por las máquinas automáticas, pero hacerlo alterando su sistema de funcionamiento, modificando las órdenes a las que obedece el sistema. Esta limitación a lo "análogo" ("semejante") puede hacer fracasar la intención del Legislador de incluir una cláusula de recogida, pues dados los avances casi diarios en las tecnologías de la información y comunicación los referentes (como únicos sobre los que construir el "artificio semejante") pueden quedarse obsoletos en poco tiempo.

Resulta oportuno, en cualquier caso, poner de manifiesto que esta modalidad de estafa exige su realización, precisamente, a través de "*manipulación informática u otro artificio semejante*", por lo que en aquellos supuestos en los que simplemente se utilice un medio informático para realizar el hecho (el más característico es a través del correo informático) no estaremos ante un caso del art. 249.2.a), CP sino del 248.1, CP, es decir del tipo básico de estafa (véanse en la Lección anterior lo dicho respecto a la modalidad de la estafa nigeriana y al envío masivo de emails o sms).

Pues bien, mediante las indicadas modalidades debe conseguirse una "transferencia no consentida". Por "transferencia" ha de entenderse un cambio de adscripción que, en este caso, verse sobre activos patrimoniales, es decir sobre un universo de bienes y derechos que componen el haber de su titular. Por lo que se refiere a lo "inconsentido" de la transferencia, debe entenderse en un sentido muy diferente a lo que sucede en el tipo básico de estafa; en efecto, en esta última la transferencia patrimonial es, en sí misma, consentida, lo que sucede es que está viciada por el engaño; en el caso de la estafa informática la transferencia misma es inconsentida [véase, STS 302/2017, 27-4 (*Tol 6085749)*].

En cuanto a la significación del "perjuicio" y al "ánimo de lucro" nos remitimos a lo ya manifestado en el tipo básico de estafa. Sólo decir que la exigencia del perjuicio revela lo que hemos indicado más arriba: la existencia de un delito de resultado material a través de medios legalmente determinados.

Supuesto clásico de estafa informática mediante manipulación es el llamado *phishing* cuya operativa clásica se describe en la SAP, Santander, 1, 536/2024, 30-12 (*Tol 10449311*): "Que el encausado Ángel, mayor de edad y sin antecedentes penales, de manera directa o con intervención de tercero con su consentimiento, sobre las 16:20 horas del día 30 de diciembre de 2021, confeccionaron un mensaje simulando la página del Banco de Santander con intención de obtener un beneficio patrimonial ilícito al correo de la perjudicada Elisenda, con domicilio en Villafufre, partido judicial de Medio Cudeyo, quien ante la certeza de que accedía a la página Web de su entidad introdujo sus clave de acceso momento en el cual se materializo a una transferencia bancaria por importe de 999 euros desde la tarjeta bancaria de la perjudicada número…asociada al número de cuenta núm. …, a una cuenta de la entidad… titularidad del acusado" [este escenario se repute una y otra vez con muy pocas variantes, véanse por todas SSAP, Zaragoza, 430/2024, 26-12 (*Tol 10492930)*, y Cartagena 277/2024, 17-12 (*Tol 10415753)*].

El relato acabado de efectuar se complementa, en la misma resolución de la AP de Santander, con la conducta del llamado "mulero informático" que ya se ha hecho habitual en nuestra Jurisprudencia y que: "se asienta sobre los siguientes presupuestos: 1) Su participación lo es a título de cooperador necesario, en cuanto que interviene cuando el delito aún no se ha consumado, proporcionando la cuenta bancaria destino a la que directamente irá a parar el dinero fraudulentamente extraído de la cuenta de la víctima; se trata de una aportación sin la cual el delito no se habría cometido según el plan del autor. 2) Su imputación, naturalmente a título de dolo pues de una estafa se trata, deriva de un juicio de inferencia que se realiza a través de los datos objetivos con los que cuenta el tribunal, acudiéndose en ocasiones a la llamada 'ignorancia deliberada' que es la que se atribuye a quien, teniendo a su alcance la posibilidad de despejar las dudas que naturalmente le pueden surgir como consecuencia de la propia mecánica en la que se involucra (como una oferta de trabajo que le ofrece pingues beneficios sin apenas esfuerzo de su parte, el ingreso de dinero en su cuenta bancaria procedente de terceros, el envío del metálico al extranjero) no lo hace dado el provecho a obtener, por lo que al menos cabe atribuir a título de dolo eventual la estafa" [véase STS 845/2014, 2-12 (*Tol 4698054)*]. Esta calificación como "cooperador necesario" resulta discutida por las defensas que reclaman la de complicidad; sin embargo, los tribunales insisten en la cooperación con la siguiente argumentación: "En cuanto a la participación del intermediario, mula o mulero, o es cooperador necesario del delito de estafa o autor de un delito de blanqueo de capitales cometido por imprudencia grave" [SAP, Cartagena, 277/2024, 17-12 (*Tol 10415753)*].

Cabe tentativa en aquellos casos en los cuales iniciadas las maniobras de manipulación informática dirigidas a un banco valiéndose de una suplantación de personalidad, la entidad financiera se percata del hecho y no llega a efectuar la disposición de numerario pretendida por el sujeto activo [véase por todas, SAP, Algeciras, 7, 336/2024, 13-12 (*Tol 10456670)*].

Hay casi infinitas modalidades de manipulación informática, como el *smishing* (mensajes de texto engañosos que inducen a la víctima a "clicar" en un enlace que la conducen a una página fraudulenta), el *vhishing* (manipulación a través de llamadas telefónicas convincentes), *spoofing* (suplantación del teléfono de una entidad para obtener datos), *pharming* (redireccionar el tráfico web), BEC (*business email compromise*), fraude al CEO (*chief executive officer*), u otras, como decimos, innumerables —como introducción de *malware*, uno de los más conocidos—, a través de las cuales se provocan múltiples efectos, como que la propia víctima proporcione los datos que permitirán acceder a sus cuentas, o se otorgue el dominio al *hacker* de los dispositivos, o un largo etcétera.

1.3. Los apartados 1.b), 2 y 3 del art. 249, CP, recogen las infracciones expuestas en los arts. 3 y ss. de la Directiva (UE) 2019/713 (del Parlamento Europeo y del Consejo, de 17 de abril de 2019, sobre la lucha contra el fraude y la falsificación de medios de pago distintos del efectivo y por la que se sustituye la Decisión Marco 2001/413/JAI del Consejo), tratando de ordenar de alguna manera la confusa y reiterativa, en algún aspecto, norma de la UE.

El apartado 1.b) del art. 249, CP, castiga: i) la utilización fraudulenta de determinados medios de pago distintos del efectivo o, ii) la utilización de los datos obrantes en aquellos, para realizar operaciones en perjuicio de su titular o de un tercero. Este apartado debe su redacción a la citada Directiva (UE) 2019/713, que establece las definiciones de los distintos elementos que integran el tipo delictivo.

En el primer "considerando" de la Directiva se pone de manifiesto cuál sea la finalidad de la misma: lucha contra la criminalidad organizada, para la cual el fraude y la falsificación de medios de pago distintos del efectivo supone una fuente de ingresos que facilita la comisión de otros delitos, como terrorismo, trata o tráfico de drogas. Asimismo, se pretende mediante sus disposiciones fortalecer el "mercado único digital".

El tipo [que hasta la reforma producida por la LO 14/2022, estaba recogido en el art. 248.2.c), CP, y procedía de la reforma LO 5/2010] se refiere, en su primera modalidad, a la utilización fraudulenta de:

i) "tarjetas de crédito o débito", es decir de instrumentos de pago emitidos por una entidad bancaria o un comercio (aunque en este caso lo más habitual en España es que sea un banco el emisor de la tarjeta y no el mismo comercio), por medio del cual se hacen pagos sin disponer de dinero en efectivo, pivotando la distinción entre unas y otras en el hecho del cargo inmediato en cuenta de la operación efectuada o en la concesión de un crédito.

Sorprende el empeño del Legislador en especificar la clase de tarjetas a las que alcanza la tipicidad, lo que ha provocado —hecho que suele ser consecuencia lógica del casuismo— dejar fuera de la misma otras clases de tarjetas, que no son ni de débito ni de crédito y en relación a las cuales también se plantean problemas ahora no resueltos, como son, entre otras, las tarjetas pre pago, tarjetas regalo, monedero, etc.

Desde luego, no cabe duda de que el mundo de las tarjetas ya no se limita a las clásicas de débito y crédito, sino que se han multiplicado extraordinariamente en su tipología, desempeñando no pocas de ellas diversas funciones. Es el caso, por ejemplo, de las tarjetas SIM; entre éstas las hay de prepago y de contrato. Estas últimas van asociadas a una cuenta bancaria en la que se carga el gasto que se haya efectuado con el teléfono. Pero en realidad las tarjetas SIM no son un medio de pago sino más bien de registro con las que se comunica a las compañías telefónicas el gasto efectuado, procediendo éstas a continuación a realizar el cargo correspondiente en las cuentas bancarias asociadas al contrato de telefonía móvil. Pero además de esta función de registro del gasto las tarjetas SIM desempeñan otras muchas funciones (de identificación ante la red lo que permite cambiar de terminal, de almacenamiento de datos, y un largo etcétera pues se trata de tarjetas inteligentes).

ii) "cheques de viaje", que son "cheques" (según el Banco de España, "documentos que permiten dar una orden al banco para que pague una determinada cantidad de dinero a otra persona, sin necesidad de tener que recurrir al dinero físico"), en moneda nacional o extranjera, expendidos por entidades bancarias u otras empresas no bancarias (por ejemplo, algunas emisoras de tarjetas).

También resulta llamativa la alusión concreta a un medio que si bien otrora fue muy utilizado hoy se encuentra prácticamente en desuso: los cheques de viaje (mandamiento de pago a librado indeterminado, y que posee numerosas ventajas frente a la sustracción o la pérdida —van numerados, con el nombre y apellidos del tomador, se emiten por cantidades determinadas, aquél debe acreditar su personalidad al tomador y realizar a su presencia una segunda firma, etc.— a pesar de lo cual, y de que son admitidos por una gran cantidad de establecimientos de todo tipo, su utilización ha disminuido extraordinariamente).

iii) cualquier "*instrumento de pago material o inmaterial distinto del efectivo*", el cual se define como "*un dispositivo, objeto o registro protegido, material o inmaterial, o una combinación de estos, exceptuada la moneda de curso legal, que, por sí solo o en combinación con un procedimiento o conjunto de procedimientos, permite al titular o usuario transferir dinero o valor monetario incluso a través de medios digitales de intercambio*" (art. 2.a de la Directiva, en el mismo sentido art. 399 ter, CP).

El art. 2.c) de la Directiva (UE) 2019/713, de 17 de abril, define los "medios digitales de intercambio" como "todo dinero electrónico con arreglo al artículo 2, punto 2, de la Directiva 2009/110/CE del Parlamento Europeo y del Consejo, y las monedas virtuales"; y el art. 2.2 de la Directiva 2009/110/CE, de 16 de septiembre, define el dinero electrónico como "todo valor monetario almacenado por medios electrónicos o magnéticos que representa un crédito sobre el emisor, se emite al recibo de fondos con el propósito de efectuar operaciones de pago, según se definen en el artículo 4, punto 5, de la Directiva 2007/64/CE, y que es aceptado por una persona física o jurídica distinta del emisor del dinero electrónico".

La segunda modalidad alude al uso, siempre fraudulento, de los datos obrantes en los medios de pago referidos. Datos que variarán en función del tipo de instrumento de pago, y pueden ser: nombre y apellidos del titular, los de la cuenta asociada a esos medios de pago, el número de la tarjeta, claves, número de seguridad, fecha de caducidad, los personales del sujeto a cuyo favor se gira el instrumento, el DNI del beneficiario y su firma (por ejemplo, en el endoso de cheques)... Es evidente que la posesión de datos como los referidos pueden servir al sujeto que ilícitamente se haya hecho con ellos, para atacar el patrimonio tanto del titular del medio como de la entidad que lo soporta.

La finalidad del uso fraudulento de los medios de pago o de los datos a ellos incorporados es la de realizar "operaciones de cualquier clase". Las operaciones —y ello está obligado por la ubicación del precepto y su equiparación a las "estafas", por lo que el bien jurídico protegido no puede ser más que el patrimonio en los términos vistos en la Lección anterior— han de ser de carácter financiero y ser capaces de producir un perjuicio (resultado del delito) de carácter patrimonial en el sujeto pasivo. En fin, estas operaciones tienen que ser llevadas a cabo "*en perjuicio de su titular o de un tercero*". Esta expresión ("en perjuicio") no debe ser entendida como portadora de un elemento subjetivo de lo injusto, sino como en el caso del tipo básico de estafa tal y como hemos indicado en la Lección anterior: se trata, pues, del resultado del delito.

Indica MARAVER GÓMEZ, que entre esas operaciones perjudiciales, llevadas a cabo con tarjeta, para el sujeto pasivo, y además de la evidente de la disposición de dinero, "pueden mencionarse la reducción del límite de crédito…la aplicación de un tipo desventajoso para operaciones realizadas en una divisa distinta de la del crédito de la tarjeta…operaciones de cambio de amortización de la deuda acumulada en la tarjeta… el abono en la tarjeta de cantidades sospechosas…".

Ya se han puesto de manifiesto más atrás las profundas discrepancias existentes en Doctrina y Jurisprudencia a la hora de la tipificación de conductas tales como las compras por internet utilizando fraudulentamente datos ajenos, la extracción de numerario de cajeros automáticos mediante el uso ilegítimo de tarjetas y claves ajenas, el uso también indebido de tarjetas de crédito para realizar compras en comercios, etc., etc. Ciertamente, y después de largas controversias, alguno de estos supuestos se había terminado encuadrando en unos u otros tipos delictivos (defraudatorios o de apoderamiento), pero también es verdad que en no pocos casos forzando la tipicidad quizás por, en algún supuesto, una incorrecta opción tipificadora. De cualquier forma, y además, la Decisión Marco 413/2001, de 28 de mayo (sustituida por la Directiva, UE, 2019/713), sobre la lucha con el fraude y la falsificación de medios de pago distintos del efectivo, y diversas solicitudes tanto de la Doctrina como de los Tribunales (véase en este último sentido el Acuerdo del Pleno No Jurisdiccional de la Sala 2ª del Tribunal Supremo, de 28-6-2002) ha llevado al Legislador a introducir diversos preceptos —como el que ahora se comenta y otros como el de falsedades del art. 399 bis, CP— para la protección de estos medios de pago.

De todas formas, es cierto también que como han denunciado diversos autores (MIRA BENAVENT y FERNÁNDEZ TERUELO, entre otros), por lo menos algunos de los casos mencionados tenían una correcta respuesta en nuestro sistema penal sin necesidad de introducir nuevos preceptos. Más aún: en no pocos casos se van a producir duplicidades normativas, y es que a nadie se le puede ocultar que la utilización de "dinero de plástico" no es algo nuevo, y que el sistema penal, con mayores o menores dificultades, ya había arbitrado, al menos en algunos supuestos, respuestas adecuadas.

Por otra parte, tampoco debe olvidarse que en algunos de los casos el auge de los delitos ha venido determinado por la relajación en las medidas de autoprotección, con el objetivo declarado de facilitar las compras —agilizar el negocio— aun a riesgo de abrir la puerta a la realización de conductas delictivas. En ese sentido no es buena Política Criminal utilizar el Derecho Penal para remediar la negligencia ajena. Como conclusión, decir que cada vez más el Código Penal está al servicio de banqueros, grandes empresas de servicios y comerciantes, y menos de los ciudadanos en general.

Cuestión distinta es la del uso de tarjetas ajenas (y sus claves) para la obtención de dinero en cajeros automáticos. Todas las soluciones posibles, además de la atipicidad, se han estado barajando históricamente por Doctrina y Jurisprudencia: hurto, robo con fuerza y estafa; y todas ellas fueron criticadas con uno u otro argumento. Es verdad, asimismo, que la Jurisprudencia optó preferentemente por la calificación de estafa del antiguo artículo 248.2, CP [STS 663/2009, 30-5 (*Tol 1567569)*, y 369/2007, 9-5 (*Tol 1079745)*, al aplicar una interpretación de "manipulación informática" que a nuestro entender, y tal y como hemos puesto de manifiesto más arriba, era errónea; además esa interpretación era avalada por el Tribunal Supremo —en las resoluciones referidas— en un intento de evitar calificaciones dispares —en la extracción de dinero en cajeros y en la utilización de tarjeta en comercios— en lo *"que no es sino una única intención y manifestación delictiva de obtener metálico o efectos mediante las tarjetas, que merece la única respuesta punitiva de la estafa"*], pero tampoco han faltado resoluciones en las que la calificación se ha seguido realizando por robo con fuerza [por más que seguía coleando la discusión sobre la trascendencia que debía darse al hecho de que el cajero estuviera o no situado dentro de un habitáculo, para cuyo acceso hubiera o no que superar una puerta, véase en este sentido STS 35/2004, 22-1 (*Tol 352513)* y su Voto Particular]. Esta situación de incertidumbre abona el acierto de introducir esta nueva tipicidad, al menos para la solución de estos supuestos.

En fin, este tipo del art. 249.1.b), CP, puede plantear problemas concursales, en referencia al apoderamiento de datos, con el art. 197.2, CP, aunque la pena privativa de libertad en este último caso es superior a la prevista para el delito de estafa.

2. *Adquisición de medios informáticos aptos para la comisión del delito de estafa [art. 249.2.a), CP]*

2.1. Se castiga en el art. 249.2.a), CP, con la misma pena que en el núm. 1, a quien fabricare, importare, obtuviere, poseyere, transportare, comerciare, o de otro modo facilitare a terceros dispositivos, instrumentos o datos o programas informáticos, o *"cualquier otro medio diseñado o adaptado específicamente para la comisión de las estafas previstas en este artículo"*.

Obviamente nos encontramos ante una considerable anticipación de barreras penales —es un delito sin resultado, de simple actividad— mediante la tipificación de actos que ni siquiera merecen en todos los casos el calificativo de "preparatorios" en sentido estricto, pues son por completo ajenos a los referidos en los arts. 17 y 18, CP. Estructuras típicas como ésta han sido, y continúan siendo, frecuentes en el Código Penal español —véase, por ejemplo, el art. 400, CP, referido a las falsedades—, y no han dejado de plantear problemas por su posible colisión con el principio de presunción de inocencia (al poder dar paso a estructuras de sospecha, cuestión que se puso sobre la mesa de forma especialmente aguda en relación al art. 509 CP1973 —posesión de útiles para el robo—, y que únicamente puede ser superado mediante exigencias estrictas en el ámbito subjetivo).

En todo caso, la principal crítica que debe dirigirse a este precepto es la referida a la quiebra del principio de proporcionalidad (en el mismo sentido FERNÁNDEZ TERUELO). En efecto, carece de sentido que se imponga la misma sanción por un delito consumado de estafa que por unos actos que ni siquiera llegan en todo caso al estadio de la tentativa, y que generalmente son, por consiguiente y salvo expresa tipificación, impunes. Quizás la única forma de limitar semejante contradicción fuera la de interpretar la referencia típica a "*adaptado específicamente para la comisión de las estafas previstas en este artículo*", de forma tal que únicamente cupieran en el concepto medios que "sólo" admiten ese destino; pero en ese caso, obviamente, el alcance del tipo se habría limitado excesivamente dado que se trata de tecnologías generalmente, o casi siempre, de "doble uso". El problema, sin embargo, radica en que la redacción del precepto lleva directamente a esa conclusión limitativa: "*Los que fabricaren, importaren...o cualquier otro medio diseñado o adaptado específicamente para la comisión de las estafas previstas en este artículo*". Es evidente que el último inciso ("diseñado o adaptado específicamente") gramaticalmente se refiere a todas las actividades, es notorio. Posiblemente, seguro quizá, todo se deba, una vez más, a que el Legislador no ha sabido redactar el precepto; pero, sin embargo, éste dice lo que dice aunque sea absurdo e incongruente, porque si se tratara de "material destinado exclusivamente a la comisión de delitos", carece de sentido que se refiera el tipo a "importar". En conclusión, solamente la hipótesis hermenéutica limitativa se adapta al principio de legalidad, otra cosa es "inventarse la ley y corregir al Legislador".

No debe olvidarse en este sentido que el Tribunal Constitucional ha manifestado (STC 185/2014, 6-11) que: "[E.]l derecho a la legalidad penal fija el límite interpretativo de los preceptos penales en la subsunción en el tipo penal que resulta aplicado, bien por la interpretación que se realiza de la norma, bien por la operación de subsunción en sí [...] Como recuerda la STC 129/2008, de 27 de octubre, FJ 3, la seguridad jurídica y el respeto de las opciones legislativas de sanción de conductas sitúan la validez constitucional de la aplicación de las normas sancionadoras desde el prisma del principio de legalidad tanto en su respeto al tenor literal del enunciado normativo, que marca en todo caso una zona indudable de exclusión de comportamientos, como en su razonabilidad".

Abundando en lo anterior y centrándonos en el precepto penal: el problema interpretativo fundamental viene en relación a la comprensión del giro lingüístico "(estar) específicamente destinados" (los programas, etc.). El Diccionario de la RAE entiende por "específica": "Que es propio de algo y lo caracteriza y distingue de otras cosas". Si tomamos ese significado ello querría decir que los dichos programas tendrían que estar destinados concretamente (otro de los significados de "específico"), aunque admitieran otros usos, de forma principal a la comisión de delitos de estafa (en el sentido del núm. 1 del art. 248, CP, o a las manipulaciones informáticas —delito con medios legalmente determinados—). Pues bien, con este planteamiento las posibilidades de identificar "programas" que cumplan este requisito de forma estricta serían escasas por no decir nulas (por ejemplo, el caso de las *keyloggers* —literalmente "registrador de teclas"—, que es un *software* —aunque también puede hacerse de forma física_ con el que se identifican las pulsaciones que se realizan en un teclado, resulta ser una aplicación idónea para conocer claves que luego permitan llevar a cabo manipulaciones informáticas, pero no sólo o ni siquiera principalmente destinadas a la realización de estafas, aunque resulta ser un programa idóneo para ello), por lo que pareciera que la interpretación podría hacerse, acogiéndose a una hermenéutica teleológica, en el sentido de "especialmente idóneo", lo que daría una salida al problema interpretativo (cabría siempre la posibilidad de entender el "específicamente destinados" no en clave objetiva sino subjetiva, pero esta alternativa chocaría con un doble problema: primero la clave objetivista en la que está redactado el precepto, y segundo las dificultades probatorias).

Naturalmente hubiera sido preferible que, como señala FERNÁNDEZ TERUELO, se hubiera redactado de otra forma e introducido la cláusula de "con el fin de destinarlos a la comisión de estas estafas"; en definitiva: un elemento subjetivo de lo injusto que hubiera proporcionado la seguridad necesaria, al margen de otras cuestiones, a la aplicación típica, pero, evidentemente, este elemento, desde luego, no se puede suponer, por más que su introducción por vía hermenéutica eliminara incertidumbres (en ese sentido no podemos estar de acuerdo con propuestas en esa dirección, como la de FERNÁNDEZ TERUELO, porque supondría reescribir el tipo, lo que sólo le es factible al Legislador).

En todo caso, se interprete de una forma u otra, una de las consecuencias de semejantes estructuras delictivas —en definitiva, de emprendimiento—, que son excepcionales (aunque no insólitas, véase por ejemplo el delito de tráfico de drogas del art. 368, CP), es la de que generalmente no resulta factible castigar formas imperfectas de ejecución ni tampoco la participación criminal, porque o bien éstas ya se encuentran sancionadas a título de autoría o delito consumado, o están tan alejadas de la puesta en peligro del bien jurídico protegido que no es posible —principio de lesividad obliga— la punición.

En cuanto a las modalidades de la conducta típica estamos, nuevamente, ante un tipo mixto alternativo que integra los siguientes comportamientos: a) "fabricar", se entiende por tal producir, elaborar (lo que abarca tanto el diseño de nuevos programas como la modificación de alguno existente); b) "importar", entendemos que debe adoptarse la definición presente en la Ley de Contrabando (art. 1.6) en tanto que la unión aduanera en la UE es una realidad, y por lo tanto habrá que referirse a la entrada de las mercancías —no comunitarias— a las que se alude en el tipo; c) "obtener", alcanzar, hacerse con algo; d) "poseer", tener en su poder (es decir, ejercer el dominio sobre ellos, de forma que la posesión meramente transitoria o no pero sin capacidades de uso, no sería típica); e) "transportar", llevar algo de un lugar a otro; f) "comerciar", intercambiar; g) y cierra la relación la cláusula "o de otro modo facilitaren a terceros"... lo que constituye el objeto material de la acción: 1) "dispositivos" [el "dotado de una medida de seguridad contra la imitación o la utilización fraudulenta, por ejemplo mediante el diseño, un código o una firma", artículo 2 b), Directiva UE 2019/713], 2); "instrumentos" (aquellos que puedan utilizarse para la realización del tipo penal, que están limitados por la Directiva 2013/40/UE —art. 7— a los siguientes: "*un programa informático, concebido o adaptado principal mente para cometer una infracción de las mencionadas en los artículos 3 a 6*" o "*una contraseña de ordenador, un código de acceso o datos similares que permitan acceder a la totalidad o a una parte de un sistema de información*"; la cuestión, sin embargo, es que en el tipo penal no se ha incluido semejante limitación sino que la alusión es a un genérico "instrumentos", y así como podemos utilizar la Directiva a efectos definitorios no es posible hacerlo con fines limitativos, pues la tipicidad es la que condiciona el ámbito delictivo); 3) datos informáticos ["toda representación de hechos, informaciones o conceptos de una forma que permite su trata miento por un sistema de información, incluidos los pro gramas que sirven para hacer que dicho sistema de información realice una función", art. 2 b) de la Directiva 2013/40/UE]; y 4) "programas informáticos" (dado el sentido del precepto habría que incluir programas en cualquier forma, incluso los que están incorporados al hardware); 5) "*o cualquier otro medio diseñado o adaptado específicamente para la comisión de las estafas previstas en este artículo*"; una cláusula de cierre ésta con la que se trata de salir al paso de cualquicra avance de la tecnología.

En lo que importa al ámbito de este precepto, el tipo no lo restringe exclusivamente a las conductas (como pudiera en principio parecer razonable) recogidas en este apartado a) del art. 249.2, CP, sino que la referencia es a "las estafas previstas en este artículo", por lo que es de aplicación tanto a la estafa del núm. 1 como a las del número 2.

2.2. El apartado b) de este art. 249.2, CP, recoge un delito mutilado en dos actos, compuesto por uno de resultado (el hurto, robo...) y la resolución (elemento subjetivo) de posteriormente utilizar fraudulentamente los objetos sustraídos ("para su utilización fraudulenta"). Por lo tanto, nos hallamos ante un tipo de consumación anticipada en el que el sujeto realiza una actividad (sustraer, apropiarse o adquirir de forma ilícita el objeto material de la acción) con la intención de llevar a cabo —lo que, por tanto, no afecta a la consumación— otra posterior: un uso engañoso. Se trata, también, de un tipo mixto alternativo.

Los verbos típicos son "sustraer", "apropiar", "adquirir" (cuyo contenido ya ha sido fijado en otras lecciones), ilícitamente (por esta calificación debe entenderse lo contrario a Derecho, no sólo al Derecho Penal), los objetos, ya examinados en el apartado anterior.

En cuanto al elemento subjetivo, únicamente admite el dolo directo. La FGE (Consulta 1/2014, de 21 de marzo, sobre algunas cuestiones relacionadas con la utilización fraudulenta de instrumentos de pago distintos del efectivo) estima, por el contrario, que cabe también dolo eventual, pues, entiende que "La presencia en la descripción típica de un elemento subjetivo del injusto no constituye un obstáculo que necesariamente impida admitir el dolo eventual en la ejecución del delito. Así, por ejemplo, los tipos penales que exigen que el autor del delito obre con ánimo de lucro usualmente admiten el dolo eventual en su realización". No creemos, sin embargo, que sean casos similares, el del art. 249.2.b) y el del 234, ambos del CP, pues el "ánimo de lucro" en este último puede estar directamente vinculado a una conducta de apoderamiento construida sobre la indiferencia del sujeto activo, por ejemplo, respecto a la titularidad dominical de la cosa que toma. Pero en el caso del art. 249.2.b), CP, se trata de la decisión de realizar, en el momento del apoderamiento de la cosa, una nueva conducta (una utilización fraudulenta), y evidentemente el sujeto tiene que haber tomado esa decisión de llevarla a cabo en el momento en que se produzca el apoderamiento, de otra forma no se daría esta figura (sí la correspondiente al apoderamiento).

Lo cierto es que se trata de una estructura que puede dar resultados penológicos muy dispares (a veces desproporcionados), pues el teórico delito previo puede haber consistido en un mero injusto de hurto leve (con una valoración insignificante del objeto material del mismo —el valor residual de la tarjeta, del plástico, o el del papel—, lo que llevará en realidad a la atipicidad de ese solo hecho) o en un grave delito de robo violento; con la consecuencia de que las penas pueden ser de muy diferente gravedad. También puede darse (véase BENÍTEZ ORTÚZAR) el escenario (muy frecuente) de que el sujeto hurte la cosa y, posteriormente, surja en él el ánimo de utilización fraudulenta…, pero como en este caso el apoderamiento ilícito no fue "para su utilización fraudulenta" la consecuencia es que habrá de acudirse a un concurso de delitos. Concurso que también habrá de plantearse con el art. 249.1.b), CP, si se llega a utilizarse de forma fraudulenta alguno de los instrumentos a los que se refiere el tipo.

Según la Consulta de la FGE 1/2024, ya citada: "Las modalidades delictivas previstas en los arts. 249.2.b) y 249.3 CP suponen un adelantamiento de las barreras de protección penal, que persigue reforzar la tutela del uso fraudulento de los instrumentos de pago distintos del efectivo. En ambos casos nos encontramos ante preceptos que elevan a la categoría de delito autónomo conductas que con anterioridad a la reforma operada por la LO 14/2022 no eran sino meros actos preparatorios impunes. En consonancia con su naturaleza y con su configuración como tipos de peligro, ni el delito del art. 249.2.b) CP ni el delito del art. 249.3 CP precisan la producción de un perjuicio patrimonial efectivo para su consumación".

Caben las formas imperfectas de ejecución pues cualquiera de los verbos típicos acepta la realización imperfecta. Sin embargo, es evidente que la probanza de la ulterior finalidad en un supuesto de tentativa de sustracción es, al menos, casi imposible.

Pueden plantearse concursos en aquellos casos en los cuales un sujeto despoja a un tercero de una cartera con ánimo de apropiarse de todo lo que contenga, y en el caso de que hubiere tarjetas, utilizarlas fraudulentamente. En este caso, habría que abogar por un concurso ideal de delitos entre hurto (que abarcaría los objetos hallados en la cartera que excedieran las tarjetas) y una estafa del art. 249.2.b), CP —por la tarjeta con ánimo de ser usada, con posterioridad, fraudulentamente. La posibilidad de optar por un concurso de normas en evitación de un *bis in idem* debe ser rechazada, pues no recae una doble sanción sobre el hecho de la aprehensión de la tarjeta que nunca podría, por otra parte, ser objeto material de un delito de apoderamiento dado su ínfimo valor por si misma: sólo pasaría a tener valor si es utilizada fraudulentamente, pero por lo que se obtiene con ella no por ella misma, es decir: por su uso fraudulento.

3. *Delito de tenencia o distribución de medios de pago, materiales o inmateriales distintos del efectivo (art. 249.3, CP)*

Se trata de un tipo de resultado cortado ("*para su utilización fraudulenta*"), con la presencia de un especial elemento subjetivo que exige conocimiento sobre la antijuridicidad de la forma de adquisición de los dichos medios de pago ("sabiendo que fueron obtenidos ilícitamente"). En realidad, y atendiendo a su estructura típica, nos podemos encontrar en situaciones, incluso estructuralmente, muy diversas. Si atendemos, por ejemplo, a la modalidad de "adquirir" la cosa en los términos de este precepto, se podría llegar a entrar en concurso de normas con el art. 249.2.b), CP —adquisición ilícita no delictiva para defraudar; y se trataría de una adquisición que, en sí, no es constitutiva de ilícito penal alguno (el adquirir una tarjeta de crédito conociendo que ha sido sustraída y sin un ánimo especial no es constitutivo de delito —ni siquiera a través del art. 298.1, CP por razones de insignificancia; sólo cuando se haya adquirido con la finalidad de "defraudar" surge lo ilícito penal).

En realidad, y aun siendo conscientes de que la transposición de la Directiva no resultaba fácil, se ha terminado componiendo unos tipos muy difíciles de desentrañar, pues mezclan demasiadas cosas: supuestos que podrían ser de participación en hechos de terceros (por ejemplo, sustraer una tarjeta para ponerlas "a disposición de terceros" que pretenden utilizarlas fraudulentamente), con hechos que en cuanto al acto de "hacerse con el plástico de la tarjeta" pueden resultar inanes penalmente (el acabado de referir más arriba), con otros que contienen un ilícito penal de base (un robo con fuerza), y un largo rosario de situaciones.

II. TIPOS AGRAVADOS DE ESTAFA

Artículo 250

1. El delito de estafa será castigado con las penas de prisión de uno a seis años y multa de seis a doce meses, cuando:

1.° Recaiga sobre cosas de primera necesidad, viviendas u otros bienes de reconocida utilidad social.

2.° Se perpetre abusando de firma de otro, o sustrayendo, ocultando o inutilizando, en todo o en parte, algún proceso, expediente, protocolo o documento público u oficial de cualquier clase.

3.° Recaiga sobre bienes que integren el patrimonio artístico, histórico, cultural o científico.

4.° Revista especial gravedad, atendiendo a la entidad del perjuicio y a la situación económica en que deje a la víctima o a su familia.

5.° El valor de la defraudación supere los 50.000 euros, o afecte a un elevado número de personas.

6.° Se cometa con abuso de las relaciones personales existentes entre víctima y defraudador, o aproveche éste su credibilidad empresarial o profesional.

7.° Se cometa estafa procesal. Incurren en la misma los que, en un procedimiento judicial de cualquier clase, manipularen las pruebas en que pretendieran fundar sus alegaciones o emplearen otro fraude procesal análogo, provocando error en el Juez o Tribunal y llevándole a dictar una resolución que perjudique los intereses económicos de la otra parte o de un tercero.

8.° Al delinquir el culpable hubiera sido condenado ejecutoriamente al menos por tres delitos comprendidos en este Capítulo. No se tendrán en cuenta antecedentes cancelados o que debieran serlo.

2. Si concurrieran las circunstancias incluidas en los numerales 4ª, 5ª, 6ª o 7º con la 1a del numeral 1º del apartado anterior, se impondrán las penas de prisión de cuatro a ocho años y multa de doce a veinticuatro meses. La misma pena se impondrá cuando el valor de la defraudación supere los 250.000 euros.

1. Cuestiones generales

Señalar únicamente que estamos ante tipos agravados y no ante meras circunstancias agravantes, y por lo tanto cabe reproducir aquí lo ya dicho cuando hemos analizado los tipos de hurto del art. 235, CP.

Cuestión problemática es la de si estas agravaciones específicas se aplican a todos los supuestos recogidos tanto en el art. 248 como en el 249, CP, o sólo al tipo básico de estafa. La polémica se debe al reconocimiento legislativo de que las estafas recogidas en el art. 249.1, CP, no son auténticas estafas, sino que meramente se "consideran estafas"; en cuanto a los números 2 y 3 del mismo artículo, y aunque a ellos no les alcance la presunción anterior, se limitan a disponer la aplicación de las mismas penas a conductas que poco o nada tienen que ver con la naturaleza de la estafa. Pues bien, aparte de que a alguno de los tipos recogidos en el art. 249, CP, por su estructura, no le son aplicables en absoluto las agravaciones del art. 250, CP —por ejemplo al previsto en el apartado 2.a)—, y a algún otro sólo sería posible dedicarles parte de ellas —nos referimos ahora al apartado 1.a)—, lo cierto es que si se admite que los abarca la referencia genérica a la "estafa" que se realiza en el art. 249, no hay motivo para negar la aplicación de las previsiones del art. 250, CP.

2. Análisis de los concretos tipos agravados

2.1. "Recaiga sobre cosas de primera necesidad, viviendas u otros bienes de reconocida utilidad social"

2.1.1. Respecto a la cualificación contenida en el primer inciso de este apartado nos remitimos a lo ya dicho en el delito de hurto. En todo caso sólo añadir que en una sociedad como la española con una altísima tasa de desempleo (casi el 11% en el momento en que se escribe esta obra, por más que haya mejorado en cinco puntos en los últimos siete años), con casi un 26% de personas en riesgo de pobreza o exclusión social, un crecido porcentaje de extranjeros — "refugiados" en una tasa significativa— en situación de enorme precariedad y vulnerabilidad, debe interpretarse la referencia a "cosas de primera necesidad" en su sentido más amplio, extensivamente. En todo caso ha de tratarse de una "cosa" apta para constituirse en objeto material de la estafa, en el sentido ya expuesto en la Lección anterior.

En el último sentido indicado en el párrafo anterior, conductas de estafa que incidan en la obtención de los "papeles" necesarios para la residencia o para la obtención de trabajo, o el trabajo mismo, deben ser incluidas en esta agravación [así, haciendo gala en este caso de una gran sensibilidad social, se ha manifestado en distintas ocasiones el Tribunal Supremo; véanse a este respecto, SSTS

457/2006, 21-3 (*Tol 948911)*, y 1735/2003, 26-12 (*Tol 352304)*], y seguramente también lo serán en el apartado 4º de este artículo 250.1 CP.

2.1.2. Por "vivienda" ha de entenderse cualquier lugar apto para vivir, sin mayores concreciones porque no las realiza el tipo; por lo tanto, en principio, parecería formar parte de la agravación la estafa referida a viviendas con las que pretendiera el estafado, por ejemplo, "hacer negocio" revendiéndolas a un tercero. Sin embargo ello no es así no porque el concepto "vivienda" no apunte en esa dirección, sino por el contexto en el que está introducido: "*cosas de primera necesidad...u otros bienes de reconocida utilidad social*". Pues bien, semejantes determinaciones nos inclinan a sostener que por vivienda ha de ser entendido el lugar a servir como tal para el perjudicado (y su familia), es decir: para el sujeto pasivo del delito [en este mismo sentido, STS 453/2018, 10-10 (*Tol 6888424)*].

Así lo ha entendido también el Tribunal Supremo que en distintas resoluciones ha puesto de manifiesto que debe de tratarse de vivienda destinada a domicilio o morada del comprador [STS 568/2008, 22-9 (*Tol 1389523)*], rechazando la posibilidad de aplicar el tipo agravado a la compra de viviendas "como inversión" [STS 57/2005, 26-1 (*Tol 591077)*]; incluso el Alto Tribunal llega al extremo de negar la agravación en el caso de que la vivienda en cuestión fuera a constituir "segunda vivienda" o de "recreo" del comprador [SSTS 453/2018, 10-10 (*Tol 6888424)*, y 1256/2009, 3-12 (*Tol 1768831)*]. Esta última limitación, sin embargo, no nos parece adecuada y choca, además, con la especial protección que otorga el CP, en diversos preceptos, a todas las viviendas que tienen consideración de "domicilio" —entre la que se encuentra la "segunda vivienda"; además debe ponerse de manifiesto que si bien en tiempos pasados esa "segunda vivienda" podía constituir un lujo, no lo es así actualmente cuando es relativamente habitual contar con esa "segunda vivienda" que se configura como un elemento de descanso necesario y no de lujo. Al hacer "tabla rasa" con todas las posibles relaciones en las que puede encontrarse el sujeto pasivo con la vivienda (inversión, morada del comprador y segunda vivienda) la Sala 2ª ha cometido, a nuestro entender, un error de valoración.

En cuanto a los supuestos más frecuentes que encajarían en esta agravación deben mencionarse, entre otros, las siguientes:

1º) Entrega de cantidades anticipadas para la compra de vivienda. El gran escándalo inmobiliario del tardofranquismo ("caso Sofico") consistió, precisamente, en una "operación" de entrega a cuenta de cantidades destinadas a la compra de inmuebles (aunque la empresa abordó también otros negocios, y significativamente uno de carácter exclusivamente financiero): la quiebra afectó a miles de personas que en muchos casos habían invertido todos sus ahorros, hechos por los cuales el Tribunal Supremo sólo permitió el procesamiento de dos personas (impidiendo que los prohombres de la Dictadura —generales, presidentes de audiencias— implicados en la estafa fueran sentados en el banquillo). El motivo de acudir a ese tipo de operaciones por parte de los consumidores consiste en que en las "compras sobre plano" ahorra a la promotora gastos financieros (ya que el comprador "adelanta" el dinero necesario para la construcción y gestión de la promoción) que repercuten en el precio de la vivienda. Obviamente, el consumidor queda en una posición de gran debilidad frente al promotor, por ello, y tras escándalos sin cuento en el que los compradores perdían todo su dinero, pues en no pocos casos los vendedores, sencillamente, se apropiaban del dinero entregado a cuenta para la construcción y lo dedicaban a otros menesteres, se empezó a dictar legislación que fortalecía su posición. Con ese espíritu, se dicta la Ley 57/1968, de 27 de julio, sobre percibo de cantidades anticipadas en la construcción y venta de viviendas (derogada por el CP1995; véase la Ley de Ordenación de la Edificación), que imponía deberes para el promotor en un intento de asegurar el destino del capital entregado anticipadamente.

El Acuerdo del Pleno no Jurisdiccional de 23-5-2017, expone: "1.– En el caso de cantidades anticipadas a los promotores para la construcción de viviendas, el mero incumplimiento, por sí solo, de las diligencias previstas en la Disposición Adicional primera de la Ley 38/1999, de 5 noviembre, de ordenación de la Edificación, en la redacción dada por la Ley 20/2015, de 14 de julio, consistentes en garantizar mediante un seguro la devolución de dichas cantidades para el caso de que la construcción no se inicie o no llegue a buen fin, y de percibir esas cantidades a través de cuenta especial en cantidades de crédito, no constituye delito de apropiación indebida. 2.– Cuando las cantidades entregadas no se hayan destinado a la construcción de las viviendas comprometidas con los adquirentes, podrá apreciarse un delito de estafa si concurren los elementos del tipo, entre ellos un engaño determinante del acto de disposición, o bien un delito previsto en los arts. 252 ó 253 CP, si concurren los elementos de cada tipo" [véase STS 406/2017, 5-6 (*Tol 6172202)*]. Esta última sentencia, que desarrolla el Acuerdo transcrito, viene a establecer que: "para aplicar el tipo penal es necesario que el autor, una vez que ha recibido una cantidad de dinero con una finalidad establecida por el título de recepción, proceda dolosamente a darle otra distinta con vocación definitiva, superando lo que se ha llamado el punto de no retorno, y causando de esta forma un perjuicio al titular de ese patrimonio".

Así pues, si el engaño ha sido causante del error del sujeto pasivo y de la disposición patrimonial perjudicial, cabe hablar de estafa [STS 412/2018, 20-9 (*Tol 6828112)*], y éste, en la práctica, es uno de los supuestos más habituales; y como corolario de lo anterior, si el objeto material lo constituía una vivienda en las condiciones a las que se ha hecho referencia en el art. 250.1.1ª, CP, la conclusión será la de la procedencia de la agravación. Es de señalar en todo caso, que en los supuestos de estafa de vivienda no es inusual, antes al contrario, que concurra asimismo el apartado 5° de este mismo precepto, lo que da lugar a la aplicación del art. 250.2, CP, y a un marco penal de cuatro a ocho años de prisión.

Se plantean habitualmente problemas —como acertadamente apunta DOPICO GÓMEZ-ALLER— en materia de prueba de dolo cuando el engaño ha sido sofisticado, o en aquellos casos en los que el promotor inicia la actividad de la construcción pero posteriormente la interrumpe, y trata de esta forma de probar que no hubo dolo antecedente y por lo tanto tampoco engaño [entre otras muchas, STS 207/2024, 6-3 (*Tol 9944344)*, que arrastra la doctrina de la, también, STS 1946/2000, 11-12 (*Tol 4924664)*]. De ahí la dificultad de la probanza del elemento subjetivo, y más en unos negocios que, y sobre todo dependiendo de la época económica que se viva, pueden llegar a tener un elevado riesgo de no conclusión: entre el dolo de engaño y el de conducir a terceros a "acompañar" al promotor en una actividad de alto riesgo, hay una línea muy fina que cabalga entre el dolo eventual y la imprudencia.

Debe, además, tenerse en cuenta en todo caso que el perjuicio se ocasiona no sólo por la falta de entrega final del inmueble concertado, sino también por un retraso relevante o por la entrega en unas condiciones sustancialmente distintas a las pactadas. Ello es así, en tanto que elemento relevante o determinante a la hora de la decisión de la compra ha podido ser el plazo y la concurrencia de ciertas condiciones (que a veces afectan a un solo sujeto —insonorización, por ejemplo, que es *conditio sine qua non* para un intérprete de piano— o a una pluralidad de ellos —la contratada existencia de piscina y zona de juego comunitaria). Sobre cuál de estas situaciones puede dar lugar, exclusivamente, a incumplimiento contractual, y cuál a delito de estafa, dependerá del examen del caso particular (en lo que tendrá una especial importancia la existencia de cláusulas penales y el obligado aseguramiento de las cantidades entregadas a cuenta).

2º) El caso de los vicios ocultos (que constituye uno de los supuestos clásicos de estafa) ha dado lugar a una Jurisprudencia uniforme —que ya hemos referido en la anterior Lección al abordar el requisito del "engaño bastante"— en el sentido de declarar que "únicamente el burdo engaño, esto es, aquel que puede apreciar cualquiera, impide la concurrencia del delito de estafa, porque, en ese caso, el engaño no es "bastante". Dicho de otra manera: el engaño no tiene que quedar neutralizado por una diligente actividad de la víctima (Sentencia 1036/2003, de 2 de septiembre), porque el engaño se mide en función de la actividad engañosa activada por el sujeto activo, no por la perspicacia de la víctima" [STS 228/2014, 26-3 (*Tol 4177019)*, y en el mismo sentido la 705/2020, 17-12 (*Tol 8249465)*]. De forma y manera que con la limitación señalada, y habida cuenta de las obligaciones de información del vendedor a las que nos volveremos a referir en el estudio del siguiente artículo, los vicios ocultos conocidos por el vendedor y no comunicados dolosamente al comprador de la vivienda, dará lugar a la estafa [STS 1094/2006, 20-10 (*Tol 1019027)*; véase también del mismo tribunal, 215/2004, 23-2 (*Tol 365538)*].

2.1.3. Por lo que se refiere a la intelección de la expresión "otros bienes de reconocida utilidad social", debe tenerse en cuenta que pauta interpretativa fundamental es su aparición en la agravación junto a "cosas de primera necesidad y vivienda", por lo que ha de referirse a bienes de especial significación e incidencia social en cualquier ámbito —esta agravación constituye, en realidad, uno de los escasos supuestos en los que "lo colectivo" se impone a lo individual—, como el patrimonio de asociaciones vecinales, organizaciones dedicadas a la atención de enfermos, menesterosos, desvalidos, etc., pero también el destinado a labores de investigación, ayudas al estudio, estancias en el extranjero, etc.; obviamente no se integra en este capítulo el patrimonio de los clubes de fútbol [STS 620/2004, 4-6 (*Tol 483657*)]. A pesar de lo acabado de decir debe subrayarse que no siempre la Jurisprudencia ha distinguido nítidamente entre "cosas de primera necesidad" y de "reconocida utilidad social"; así, la salud la encuadra alternativamente en una u otra sin poderse saber, exactamente, cuál sea el criterio utilizado [véanse en este sentido, v.gr., SSTS 1019/2024, 13-11 (*Tol 10273150*), y 543/2023, 5-7 (*Tol 9648087*)].

2.2. "[A]busando de firma de otro, o sustrayendo, ocultando o inutilizando, en todo o en parte, algún proceso, expediente, protocolo o documento público u oficial de cualquier clase"

2.2.1. Debe tenerse presente que lo que se castiga en este tipo es el "abuso" de firma, no la imitación de la misma [SAP, Vizcaya, Sección 1ª, 66/2004, 21-6 (*Tol 7891094*)]. Pues bien, en lo que importa al "abuso de firma de otro" decir que para constituir esta agravación la rúbrica debe haberse conseguido mediante engaño, es decir pertenecer a la dinámica misma de la estafa; ello se justifica por la especial quiebra de confianza que supone y porque implica un atentado a uno de los signos distintivos de la personalidad: la firma. En todo caso señalar que los posibles supuestos no se tienen por qué constreñir al abuso de firma en blanco (que era la tipificación que se contenía en el viejo artículo 529.5º CP1973), de otra forma no se comprendería el que se haya suprimido en la norma la referencia a "en blanco", sino que pueden comprender cualesquiera casos en los que la estafa se expresa a través de la firma conseguida de otro mediante engaño (por ejemplo, la secretaria que pasa a su principal, entre otros muchos, un documento a la firma en el que ha dejado espacio suficiente para intercalar cualquier leyenda que implique la comisión de una estafa).

> "Hacer mal uso de un poder de representación implica abusar de las firmas estampadas en dicho poder (SSTS 7.5.2008, 16.1.2006, y 11.6.2003). Por lo tanto, concurriría aquí dicha agravación por el uso —ya explicado— del poder en su día otorgado por parte del Sr. Ovidio a favor del acusado cuando, conocedor éste del fallecimiento del poderdante, continuó usándolo como si este hecho fatal no hubiese acaecido" [SAP, León, Sección 3ª, 232/2023, 6-6 (*Tol 9696612*)].

En definitiva, se trata de supuestos en los que se utiliza la firma para fines distintos de aquellos para los que se autorizó [véase en este sentido STS 180/2004,

9-2 (*Tol 352497*)]. "Por ello, tanto si el documento es entregado al sujeto pasivo en blanco, total o parcialmente, para ser completado ulteriormente en la forma previamente pactada o conforme a instrucciones impartidas, como si es depositado para su custodia al autor del acto típico pero sin autorizar su modificación, habrá un abuso de la situación creada y una quiebra de la confianza depositada y de las expectativas del titular o firmante de aquél, puesto que la acción del agente vulnera dicha confianza y expectativas y aprovecha ilícitamente la situación, abusa de ella" [STS 192/2019, 9-4 (*Tol 7189787*)].

Más problemática se plantea la cuestión de si se puede equiparar a la firma de otro la utilización de la clave alfanumérica correspondiente. A este respecto la Jurisprudencia se ha mostrado dividida entre aquellos que consideran —acudiendo a la letra del contrato por el que se le otorgó la clave— que son términos equiparables [verbigracia SAP, Burgos, Sección 1ª, 40/2007, 14-12 (*Tol 7527307*)], y aquellos otros que entienden que con semejante equiparación se incurriría en analogía prohibida [SAP, Pontevedra, Sección 5ª, 47/2009, 15-7 (*Tol 1631211*)]. El Acuerdo del Pleno no Jurisdiccional de la Sala 2ª del TS, de 31-3-2009, sobre esta cuestión tuvo el siguiente sentido: "A los efectos del art. 250.1.4 del CP, la utilización de las claves bancarias de otro no es firma" [confirmado posteriormente por la STS 556/2009, 16-3 (*Tol 1560694*)]. Acuerdo que no terminó con la discusión; así la SAP, Burgos, 1ª, 40/2017, 14-12 (*Tol 7527307*), remitiéndose al contrato bancario, entiende que "..., la clave suministrada por la entidad bancaria tiene la consideración y efectos de firma manuscrita de su titular, por lo que procede aplicar la agravante específica reseñada"; sin embargo, la SAP, Zaragoza, 6ª, 234/2024, 4-6 (*Tol 10182477*) [en el mismo sentido, SAP, Oviedo, 2ª, 352/2022, 4-11 (*Tol 9328872*); SAP, Valladolid, 4ª, 233/2015, 15-7 (*Tol 5433075*), y SAP, Córdoba, 2ª, 69/2011, 4-3 (*Tol 2259303*)], encabezando una Jurisprudencia mayoritaria, se manifiesta en contra con apoyo, precisamente, en el Acuerdo del Pleno de la Sala 2ª.

No infrecuentemente casos de "abuso de firma de otro" se plantean en el desarrollo de la actividad bancaria; nos referimos a supuestos en los que empleados de banco, aprovechándose de su privilegiada posición, se apropian —en algún supuesto constituyendo una "banca paralela"— de fondos de los clientes. Pues bien, hay que significar que, desde el punto de vista procesal, en alguno de estos escenarios los tribunales han venido a negar a las entidades bancarias que tuvieron que indemnizar a sus clientes en las cantidades substraídas, capacidad para personarse como acusación, reconociéndoles únicamente la de actor civil [véase entre otras SAP, Barcelona, Sección 2ª, 839/2008, 11-11 (*Tol 1439639*)].

Alguna cuestión concursal puede plantearse entre esta agravación y el delito de falsedades documentales. En estos casos, establece alguna Jurisprudencia que nos hallamos ante un concurso de normas dado que "el precepto sancionador de la estafa perpetrada abusando de la firma de otro absorbe, la de estos supuestos, al delito de falsedad en virtud del principio de "consunción" (art. 8.3, CP). Ello es así por la sencilla razón de que la propia estructura de la estafa realizada abusando de la firma de otro lleva implícita la falsedad del documento, pues resulta inconcebible que se abuse, con ánimo de lucro, de la firma de otro en su perjuicio o en el de un tercero, sin que se cree una apariencia documental distinta de aquella para la cual fue estampada la firma, es decir, sin que exista una falsedad documental" [STS 516/2013, 20-6 (*Tol 3836681)*].

2.2.2. En lo que importa al segundo inciso, con esta agravación se viene a consagrar la especial protección que no sólo debe otorgarse a determinados protocolos o documentos como los públicos u oficiales (para cuyo concepto remitimos a lo dicho en la lección correspondiente a las falsedades documentales), sino también a ciertas actuaciones judiciales o de la Administración Pública.

La STS 850/2003, 11-6 (*Tol 293930)*, aplicó este segundo inciso de la agravación a quien habiendo sido cesado en su puesto de administrador de una sociedad, lo que fue elevado a escritura pública, oculta el citado documento —y, por lo tanto, finge que continúa ostentando poderes de representación en la empresa— con el propósito de embolsarse determinadas cantidades correspondientes a IVA soportado.

2.3. "Recaiga sobre bienes que integren el patrimonio artístico, histórico, cultural o científico"

En primer lugar, debe subrayarse la idea de que entre este tipo agravado y el correspondiente al hurto (art. 235.1.1°, CP), se establece alguna diferencia en cuanto en el caso del hurto la exigencia típica es que se sustraiga "cosas de valor artístico…", mientras en la estafa se requiere que las cosas "integren el patrimonio artístico…"). Pues bien, entendemos que exigencias elementales de seguridad jurídica lleva a exigir, en ambos casos y a pesar de las diferencias en las redacciones típicas, la "pertenencia" de la cosa al patrimonio artístico, etc. La cuestión, a partir de aquí, radica en decidir si esa pertenencia debe entenderse en el sentido de la Ley 16/1985, de 25 de junio, del Patrimonio Histórico Español, o se trata de una cuestión que debe resolverse caso a caso por los tribunales. Este último es el criterio por el que se ha optado por la Jurisprudencia, y así en la SAP, Madrid, 23, 53/2024, 29-1 (*Tol 999766*), se manifiesta: "A raíz de la entrada en vigor de la Ley 25 de junio de 1985 relativa al Patrimonio Histórico Artístico Español una parte de la doctrina entendió que sólo los bienes inventariados declarados de interés cultural en los términos establecidos en la antedicha Ley pueden considerarse dotados de valor histórico, cultural o artístico. En cambio, la Jurisprudencia consideró innecesario el requisito de una resolución administrativa que califique expresamente los bienes u objetos como tales, y ello atendiendo a las siguientes razones: a) la LO 25 de junio de 1983 que en su día modificó el CPE no exige tal requisito; b) el artículo 46 se impone la protección de los bienes de valor histórico, artístico cultural 'cualquiera que sea su régimen jurídico y titularidad' con independencia de la situación jurídica o de su titularidad pública o privada; y c) porque a pesar de la exactitud con que la L. 25 de junio de 1985 trata de determinar qué bienes deben ser considerados como tales, su texto articulado es de una generalidad en muchos casos difícilmente considerable con la precisión impropia de los tipos penales. Por consiguiente, debe considerarse que está sujeta al arbitrio del órgano judicial en cada caso concreto la determinación de si los bienes objetos afectados por los delitos de robo o hurto ostentan el valor justificativo del tipo agravado, atendiendo siempre a criterios objetivos según el común sentir de la colectividad y como notorios para todas las personas de cultura media".

En este mismo sentido, aunque utilizando términos siempre comprensibles, en la STS 830/2021, 29-10 (*Tol 8642941)*, se asevera: "El Tribunal Constitucional, en su sentencia 181/1998, de 17 de septiembre, ha entendido adecuada esta interpretación material de patrimonio histórico, cultural y artístico, como objeto de tutela penal, donde no integra requisito del tipo que haya precedido a la actuación delictiva, una formal declaración de que los bienes dañados, ostentan la condición de bienes de interés cultural o han sido incluidos en el inventario correspondiente; bastando el valor intrínseco de los bienes. Esta consideración sobre el objeto material del delito previsto en el art. 250.1.3º, permite una tutela penal más conforme al mandato constitucional que restaría sin amparar, tanto en los delitos de estafa y apropiación indebida, como por el resto de la normativa tuitiva del patrimonio histórico dispersa en otros tipos contra el patrimonio, ya directamente en el específico capítulo sobre los delitos sobre el patrimonio histórico, ya como agravaciones específicas, en los delitos de hurto (art. 235.1.1º), robo con fuerza (art. 241.1), o receptación [(art. 298.1.a)]. De modo que así, también proyecta su ámbito la agravación específica del art. 250.1.3º, a: —Los bienes de valor histórico ocultos o no descubiertos. —Los que por la dejadez del titular no han sido declarados. —Los que por la falta de agilización de los procesos o expedientes administrativos no hayan sido catalogados, inventariados o declarados de interés cultural. —Los que por la deliberada descripción espuria de sus características no alcanzan reconocimiento administrativo. —Los excluidos de la consideración por una errónea decisión administrativa" [en este mismo sentido, SSTS 827/2021, 28-10 (*Tol 8643190)*].

Sólo, en fin, añadir al comentario realizado a igual circunstancia en el delito de hurto, que no es de aplicación la agravación en los casos en que la obra de arte de que se trate sea falsamente atribuida a un cierto artista, y ello porque "*La agravación no castiga el atentado contra esos bienes, sino que recaigan sobre bienes de esa naturaleza*" [SAP, Madrid, Sección 15ª, 74/2006, 22-2 (*Tol 937419*); en el mismo sentido SAP, Madrid, Sección 16ª, 171/2008, 14-11 (*Tol 7112960*)]. Tampoco constituiría parte del patrimonio artístico "interpretaciones totalmente actuales de piezas de siglos pasados" [STS 94/2018, 23-2 (*Tol 6542214)*].

En cuanto al resto de los objetos a los que se refiere este tipo agravado, remitimos a lo ya expresado en comentario al art. 235.1.1°, CP (delito de hurto).

2.4. "Revista especial gravedad, atendiendo a la entidad del perjuicio y a la situación económica en que deje a la víctima o a su familia"

Evidentemente se trata de una agravación que atiende al desvalor de resultado y que se refiere a unos criterios que, tal y como se manifestó más arriba, lo son también para la individualización de la pena en el tipo básico, lo que plantea los problemas más arriba indicados. En segundo lugar ha de tenerse en cuenta que la "especial gravedad" ha de valorarse teniendo en cuenta todos los referentes del tipo; es decir: conjuntamente la entidad del perjuicio y la situación económica en la que deje a la víctima [con otro criterio, aunque con argumentos inconsistentes, se ha expresado tradicionalmente la Jurisprudencia del Tribunal Supremo; véanse en este sentido SSTS 513/2021, 10-6 (*Tol 8484980*); 1014/2009, 27-10 (*Tol 1748122*), y 180/2008, 24-4 (*Tol 370020*), para las cuales es irrelevante que el Legislador haya utilizado la conjunción copulativa "y" en la descripción típica, debiendo, además, considerarse que de realizar una aplicación distinta resultarían favorecidos los autores de estafa frente a los de hurto o robo, ya que en estos últimos casos el Legislador no ha unido los distintos referentes por la conjunción "y", por lo que basta la concurrencia de uno sólo de los criterios: otra vez el que debería ser mero intérprete en papel de Legislador, criterio en el que es apoyado por alguna doctrina como GONZÁLEZ RUS].

Este planteamiento que hacemos nosotros —el de exigir la concurrencia, conjuntamente, de los dos elementos—, sin embargo, permitirá huir de una vez definitivamente del sistema de determinación de la pena en atención a las cuantías, lo que es especialmente importante desde que se ha introducido, con la Ley de Reforma 5/2010, una agravación fundamentada exclusivamente en que el valor de la defraudación supere los 50.000 euros. Además, la valoración del perjuicio no debe hacerse exclusivamente en consideración a la cuantía de la cosa, sino al concreto elemento patrimonial afectado por la conducta delictiva, ya que la entidad de daño puede variar enormemente en atención a ese dato (combinado con las circunstancias de la víctima).

La Jurisprudencia de la Sala 2ª es conteste con este criterio nuestro al decir: "En cuanto al tipo agravado previsto en el art. 250.1.4, CP, entiende la doctrina que la especial gravedad de la estafa debe valorarse teniendo en cuenta de modo conjunto la entidad del perjuicio y la situación económica en la que deje a la víctima o a su familia. La entidad del perjuicio es un criterio objetivo que varía en función de la evolución de los índices y costos de la vida, mientras que la situación económica en la que se deja a la víctima o a su familia es un criterio subjetivo, que deberá valorarse desde una perspectiva relativa y personal. No es necesario para apreciar este tipo que se deje a la víctima o a su familia en una situación de indigencia o de absoluta penuria. Basta con que se cause un estado patrimonial difícil o preocupante" [STS 822/2021, 28-10 (*Tol 8638056*); en el mismo sentido, 512/2022, 26-5 (*Tol 8992172*)].

Más allá de la remisión que efectuamos a lo ya dicho en el delito de hurto para la intelección del criterio de "la situación económica en que deje a la víctima o a su familia", es preciso apuntar, como lo hace PÉREZ MANZANO, que para la ponderación de la entidad del perjuicio y de la situación de la víctima se hace preciso "la consideración en concreto del perjuicio" desde una perspectiva *ex post*.

La Jurisprudencia ha aplicado esta agravación en casos como el de provocación de una grave crisis empresarial que llevó como consecuencia el despido masivo de los trabajadores [STS 1354/2004, 25-11 (*Tol 526569*)], cuando el perjudicado tuvo que acudir a un préstamo para poder hacer frente a los pagos de su vivienda [STS 78/2008, 8-2 (*Tol 1294036*)], tratándose de una persona viuda que necesitaba atención y que la estafa le hizo perder todos sus ahorros [STS 33/2004, 22-1 (*Tol 352448*)], o de parados que entregaron al estafador todo su dinero [STS 276/2005, 2-3 (*Tol 619629*)].

Desde la perspectiva de la entidad del perjuicio se ha considerado la agravación en los casos de negativa a repartir un premio de lotería de especial importancia, y ello con la siguiente argumentación "pues aquí puede establecerse una clara distinción entre valor de la defraudación y entidad del perjuicio, que debe cobrar especial relevancia en un título como lo es un billete de lotería que, si bien tiene un escaso valor venal, proporciona una amplia expectativa, que se traduce en un importante perjuicio cuando tal billete resulta premiado, máxime en la cuantía de 6.000.000 €, como es el caso. Por eso el Legislador, no solamente ha puesto el acento agravatorio en la entidad del valor de la defraudación, sino precisamente en la entidad del perjuicio sufrido por la víctima, como criterio mucho más adecuado para cubrir la antijuridicidad penal de los hechos cuando se trata, como aquí ocurre, de un billete de lotería. Parecería un sarcasmo responder jurídicamente a dicha víctima, señalando que el valor de la defraudación es unos pocos euros, cuando la entidad del perjuicio, real y verdadero, es una cifra tan millonaria como la mencionada anteriormente. El Ordenamiento Jurídico no puede desconocer la realidad de las cosas, y arrinconarse en puros criterios formales, sin una suficiente reflexión al problema planteado. Cuando se defrauda un billete de lotería, no solamente se compromete una mera expectativa de aumento patrimonial, sino los perjuicios verdaderamente sufridos en atención a los intereses en juego; el importe del perjuicio sufrido por quien posee un billete premiado, no es solamente la expectativa del premio, como pareciera a primera vista, sino precisamente el alcance cuantitativo del mismo, una vez que ha sido agraciado con una importante suma de dinero. No se puede argumentar que la entidad del perjuicio es meramente ilusoria, sino real; y es tan real, que en el supuesto enjuiciado, se encuentran depositados los mencionados seis millones de euros en la cuenta del acusado, como más arriba hemos dejado expuesto, y, además, por lo que se ha dicho anteriormente, se encuentran produciendo intereses (reales) en la entidad bancaria en donde se hallan depositados" [STS 219/2007, 9-3 (*Tol 1050601*)].

Desde el punto de vista subjetivo obviamente en caso de estafa no se plantean especiales —por la propia dinámica delictiva— problemas acerca del conocimiento del sujeto activo sobre la cantidad defraudada, pero sí sobre la situación en la que queda la víctima del delito; por ello, la falta de dolo sobre la situación o el error sobre la misma (en este caso en aplicación del artículo 14.2 CP), determinarán la inaplicación del tipo agravado y la calificación por el tipo básico de estafa.

Se plantea el problema de la posible compatibilidad de esta circunstancia y la acogida en el número 5º de este mismo precepto. Pues bien, a ese respecto la STS 129/2018, 20-3 (*Tol 6562266*), señala que "resulta difícil imaginar esta agravación sin que además concurra la especial gravedad por cuantía superior a 50.000 euros, que habría de estimarse preferente, pero frente a esta posición, debe prevalecer la opinión que considera ambas agravaciones perfectamente diferenciables y fundadas en razones bien diversas, por lo que no existe una colisión entre ellas que haga preferente la nº 5 en detrimento de la que se examina. Parece evidente que cuando se ponga a la víctima en una grave situación económica lo será normalmente porque la cuantía apropiada es de notoria importancia, pero también puede ocurrir en algunos casos que, en función de las circunstancias de la víctima, con la desapropiación de una cantidad moderada se crea esa difícil situación, mientras que en otros el apoderamiento de una importante suma no causa ese efecto económico, de manera que su producción supone un mal añadido" [en el mismo sentido STS 497/2021, 9-6 (*Tol 8473247*)].

2.5. "El valor de la defraudación supere los 50.000 euros, o afecte a un elevado número de personas"

Como se ha señalado más atrás, la introducción de este tipo por la LO 5/2010 (con lo que se viene a desandar el camino andado con el CP de 1995, dado que con él se produjo la reunificación de las agravaciones que ahora se vuelven a desunir) supone una vuelta, aunque sea parcial, al sistema de las cuantías para la determinación de la pena (en este mismo sentido MIRA BENAVENT y PÉREZ ALONSO), lo que es criticable por más que se enarbole como justificación el haber tratado de superar con esta tipicidad, la inseguridad jurídica que produce dejar al intérprete la determinación de cuándo puede considerarse que estamos ante una cuantía que justifique la especial gravedad de la estafa (lo entiende, sin embargo, como un acierto FERNÁNDEZ TERUELO).

Tómese en cuenta, en todo caso, que la circunstancia en cuestión contempla dos posibilidades, dado que ambos incisos están unidos con una conjunción disyuntiva: "o", de lo que se deduce ausencia de acumulación de requisitos (tipo agravado mixto de carácter alternativo, en este caso, y no habiendo previsión expresa en sentido contrario, con la aplicación de una de las circunstancias sería suficiente para alcanzar la pena a la que se refiere el precepto, sirviendo la otra, exclusivamente, a los efectos de determinación de la pena del art. 66.1.6ª, CP).

Entre los principales problemas de aplicación la Jurisprudencia se ha pronunciado reiteradamente sobre si es posible aplicar la agravación del art. 250.1.5º, CP, en aquellos casos de estafa a una pluralidad de sujetos a cada uno de los cuales se les ha defraudado una cantidad que está por debajo de los 50.000 €, pero que sumadas todas supera y con mucho esa cantidad. Pues bien, la Sala 2ª viene considerando, acertadamente a nuestro entender, que en el caso de que se observe el delito masa (art. 74.2º, inciso segundo, CP) la aplicación conjunta del art. 250.1.5º, CP, supondría conculcar el principio de *non bis in idem* [STS 358/2015, 10-6 (*Tol 5197719)*]. A estos efectos, PÉREZ ALONSO plantea que "cuando un sujeto, en ejecución de un plan preconcebido, dirige su actividad defraudatoria contra una pluralidad o generalidad indeterminada de personas —que como mínimo son un número elevado—, sin vinculación entre ellas, con el propósito de obtener un beneficio económico muy considerable por la suma total de los perjuicios individuales causados a la masa de perjudicados —superior a 50.000 o a 250.000 euros—", estaríamos en presencia de un delito masa de estafa.

En cuanto al delito continuado (véase Acuerdo de Pleno no Jurisdiccional de la Sala 2ª del TS, de 30-10-2007), pueden distinguirse los siguientes supuestos: 1º) Para aplicar esta circunstancia —con la continuidad delictiva— sin incurrir en doble valoración resulta preciso que al menos uno de los delitos cometidos superara en la cuantía los 50.000€ [también en este sentido, STS 1011/2013, 23-12 (*Tol 4065898)*]; 2º) En las ocasiones en las que la suma del perjuicio total causado se tome en consideración para aplicar el subtipo agravado, "resulta redundante aplicar además el efecto agravatorio de la regla primera del artículo 74 CP. Se trata de evitar la aplicación de la regla general agravatoria, prevista en el art. 74.1º del CP, a aquellos delitos en los que el importe total del perjuicio ha determinado ya un cambio de calificación jurídica y la correlativa agravación, es decir a delitos de estafa o apropiación indebida que, por razón de su importe total, se desplazan del tipo básico al subtipo agravado" [STS 192/2019, 9-4 (*Tol 7189787)*; en el mismo sentido 253/2014, 18-3 (*Tol 4218688)*]. 3º) En cuanto a la relación existente entre la cláusula "notoria gravedad y hubiere perjudicado a una generalidad de personas" (art. 74.2º, CP), la del "elevado número de personas" (más inconcreto no puede ser este referente) a la que se refiere el art. 250.1.5º, CP, el supuesto de que el hecho "Revista especial gravedad, atendiendo a la entidad del perjuicio y a la situación económica en que deje a la víctima o a su familia" (art. 250.1.4º, CP) y el caso en que "el valor de la defraudación, supere los 250.000 euros" (art. 250.2, CP) ha establecido el Tribunal Supremo que: "cuando la defraudación supere los 50.000 euros o afecte a un elevado número de personas, o cuando el hecho revista especial gravedad, la pena será de uno a seis años de prisión; cuando la defraudación supere los 250.000 euros, la pena quedará comprendida entre cuatro y ocho años de prisión; y cuando los hechos sean de notoria gravedad y hubieren perjudicado a una generalidad de personas, la pena se extenderá entre seis años y un día y nueve años de prisión si se incrementa en un grado, o entre nueve años y un día y trece años y seis meses si se incrementa en dos" [STS 94/2018, 23-2 (*Tol 6542214)*].

La multipropiedad es (y sobre todo era) otro de los casos que plantea especiales problemas. Se trata de un contrato con el que —en una de sus variantes— se accede, por un cierto precio más una cuota de mantenimiento, a la propiedad compartida de inmuebles, y de acuerdo con el detalle de lo pactado se disfruta cuando corresponda de la vivienda de que se trate (Ley 4/2012, de 6 de julio). El problema surge cuando, con diversas excusas, el gozo de la vivienda no se llega a producir. Atendiendo a uno de estos supuestos, con una larga lista de perjudicados, la Sala 2ª ha dictado la STS 808/2021, 21-10 (*Tol 8634762),* en la que se condena por estafa. Éste sería un supuesto de aplicación de la circunstancia que comentamos, aunque en el caso contemplado no lo fue por aplicación de la ley más benigna.

Estamos ante un supuesto que fotografía perfectamente el deplorable estado de la Justicia en España, y la decisión judicial de hacer "jurisprudencia imaginativa". En lo que importa a lo primero basta tener en cuenta que los hechos corresponden a los años 2000, 2001 y 2002, y la resolución del Tribunal Supremo es de 2021: veinte años tardó en pronunciarse la Justicia; obvio es decir que la pena —tras la aplicación de la atenuante cualificadísima de dilaciones indebidas— no podía cumplir ninguna de sus finalidades en relación con los acusados que sobrevivieron al paso de los años, que no fueron todos. En lo que importa a lo segundo, la Sala ha aplicado la denominada "atenuante analógica de confesión tardía", que obviamente está absolutamente alejada del fundamento de la atenuante de la que se predica "análoga" y no constituye más que una aplicación *contra legem*.

2.6. "Se cometa abuso de las relaciones personales existentes entre víctima y defraudador, o aproveche éste su credibilidad empresarial o profesional"

2.6.1. Dos modalidades presentan esta agravación (nuevamente un tipo mixto alternativo); por lo que se refiere a la primera ("abuso de las relaciones existentes entre víctima y defraudador") debe ser juzgada como desafortunada y de muy difícil, sino imposible, aplicación. En efecto, es evidente que uno de los criterios para la consideración del "engaño bastante" es, precisamente, el de las relaciones personales existentes entre sujeto activo y sujeto pasivo de la acción. Pues bien, en el caso de que esas relaciones interpersonales hayan servido para evaluar la existencia de "engaño bastante", ya no podrán ser, posteriormente, tomadas en consideración para agravar la pena (ne bis in idem). En segundo lugar, y tal y como ya hemos advertido en relación a otras agravaciones, se trata de un criterio que ya ha sido tenido en cuenta en el art. 248, II, CP (con anterioridad a la reforma LO 14/2022, estaba incluso en el art. 249, CP) para determinar la pena [y no cabe hacer "equilibrios" como el efectuado por el Tribunal Supremo que, para justificar la aplicación de la agravación, se refiere a que en ésta debe haber una "confianza mayor" que en la estafa ordinaria [STS 383/2004, 24-3 (*Tol 376905*)]; y se trata de una interpretación imposible porque, entre otras razones, esa "superioridad de la confianza" resulta imposible de mensurar; tal interpretación jurisprudencial, pues, es incompatible con el principio de legalidad].

En realidad, pocos caminos más que el emprendido le caben a la Sala 2ª para tratar de "embridar" el precepto examinado, y así la STS 1114/2024, 4-12 (*Tol 10330916)*, insistiendo en la línea reflejada, asevera: "..., que la aplicación del subtipo agravado por el abuso de relaciones personales del núm. 6 del artículo 250 del Código Penal queda reservada para aquellos supuestos en los que además de quebrantar una confianza genérica, subyacente en todo hecho típico de esta naturaleza, se realice la acción típica desde una situación de mayor confianza o de mayor credibilidad que caracteriza determinadas relaciones previas y ajenas a la relación subyacente, en definitiva un plus que hace de mayor gravedad el quebrantamiento de confianza implícito en delitos de este tipo, pues en caso contrario, tal quebrantamiento se encuentra ordinariamente inserto en todo comportamiento delictivo calificable como estafa (Sentencias 2549/2001, de 4 de enero de 2002, y 1753/2000, de 8 de noviembre)". Mas, insistimos, el Tribunal Supremo es conscientes de las enormes dificultades —casi imposibilidad— que existen para aplicar la agravación, y por ello continúa la resolución anterior diciendo: "Hay que ser cuidadosos y restrictivos en la aplicación del art. 250.1.6º en los delitos de estafa para exigir 'algo más' y soslayar el grave riesgo de incurrir en un *bis in idem.* No faltan posiciones en la dogmática que consideran un equilibrio imposible intentar descubrir como 'dos' confianzas defraudadas: la genérica de toda apropiación indebida o estafa y otra superpuesta, determinante de la agravación. El principio de vigencia obliga a buscar un ámbito para ese subtipo querido por el legislador al menos con toda seguridad para el delito de estafa"; e insiste la resolución citada: "Se encuentra ese espacio tal y como revela la jurisprudencia, exigiendo unas relaciones personales concretas entre víctima y defraudador, de las que se abuse específicamente en la dinámica comitiva y que representen un mayor desvalor", y cita la STS 371/2008, 19-6 (*Tol 1347103)*; véase también la STS 132/2021, 15-2 (*Tol 8319542)*.

Pues bien, a nuestro entender son muy loables —y seguramente obligados en el ámbito de la jurisdicción— los esfuerzos por encontrar un ámbito aplicativo a la agravante específica que tratamos, el problema es que por muchas cabriolas que se efectúen eso no es posible cumpliendo exigencias básicas en el Derecho sancionador, y especialmente la seguridad jurídica, la taxatividad. En efecto, se manifiesta en la invocada STS 371/2008, 19-6 (*Tol 1347103)*: "No puede hablarse de relación de confianza entre autor y víctima (y mucho menos de 'especial relación de confianza') cuando entre ambos no existe, o es muy limitado ese vínculo anímico. Tal sucede en numerosas modalidades de la estafa: tocomocho, 'la estampita', hurto de cheque a persona a quien no se conoce y se utiliza como instrumento de la defraudación patrimonial, etc. Es obvio que en estos casos no existe una relación de confianza inherente al delito de estafa. Pero cuando efectivamente concurra y el sujeto activo se aproveche de esa situación, violando los deberes de lealtad y fidelidad hacia quien, por ese vínculo de especial confianza y fiabilidad recíproca, no activa las medidas de protección y permite al autor una mayor facilidad para ejecutar el delito; en estos casos, repítese, no encontramos óbice alguno para apreciar una mayor reprochabilidad en quien así actúa, que debe tener su traducción en el nivel de antijuridicidad y, consecuentemente, en la respuesta penológica por vía del art. 22.6 CP. Dicho en pocas palabras: no es lo mismo estafar a un amigo que a un desconocido, y esa diferencia debe ser considerada por el derecho punitivo, como así lo hace el legislador al agravar estas conductas en el art. 250.7ª CP, bajo el concepto de 'abuso de relaciones personales". Pero esta interpretación de la Jurisprudencia, sin duda esforzada, no resuelve el problema; efectivamente, el tipo del artículo 250.1.6º, CP, exige realizar la conducta con "abuso de las relaciones personales existentes". Es decir, no se contempla en absoluto el escenario del "tocomocho", sino que la exigencia típica consiste en que ya existieran unas previas "relaciones personales", es decir: no puede establecerse la diferencia, como afirma expresamente la última resolución citada y es acogido por las sentencias más recientes sobre el particular, entre no tener relaciones personales previas y tenerlas. No. La cuestión estriba en diferenciar entre tener relaciones personales previas y abusar de las mismas, cuando es precisamente la existencia de esas relaciones personales previas lo que ha posibilitado la estafa.

En conclusión: resulta imposible, con criterios de taxatividad y de seguridad jurídica, la aplicación del primer inciso de esta circunstancia.

2.6.2. Respecto del aprovechamiento de la credibilidad empresarial o profesional del defraudador se vuelven a plantear parecidos problemas que en el caso anterior. La Jurisprudencia entiende que *"para la concurrencia de esta agravación específica, aplicable a los delitos de estafa..., a fin de no lesionar el principio non bis in idem, es preciso que haya un algo más que añadir a la infracción penal de que se trate, un plus a sumar a la ilicitud propia del tipo base... ha de existir alguna situación, anterior y ajena a los actos defraudatorios en sí mismos considerados, de la que abuse o se aproveche el sujeto activo para la comisión de tal delito"* [STS 1017/2009, 16-10 (*Tol 1649730*); véase también, 822/2021, 28-10 (*Tol 8638056*)]. Esta Jurisprudencia, en realidad, constituye un verdadero imposible, pues si el aprovechamiento de la credibilidad empresarial o profesional es totalmente ajeno a los actos defraudatorios "en sí mismos considerados" ¿por qué agravar la conducta?, y si forma parte del engaño ¿cómo agravar la conducta? Nuevamente es el Legislador quien con una reforma (una tras otra) poco o nada meditada pone a los tribunales ante situaciones normativas imposibles.

En todo caso, para la aplicación de la circunstancia [señala la STS 192/2019, 9-4 (*Tol 7189787*), invocando la 520/2015, 16-9 (*Tol 5512719*)] habría que poner "el acento no tanto en la previa relación entre autor y víctima, sino en las propias cualidades del sujeto activo, cuya consideración en el mundo de las relaciones profesionales o empresariales harían explicable la rebaja en las prevenciones normales de cualquier víctima potencial frente a una estrategia engañosa (STS 422/2009, de 21-4; y 813/2009, de 7-7)" [en el mismo sentido 743/2022, 20-7 (*Tol 9153269*)].

2.7. Estafa procesal

2.7.1. La regulación de la estafa procesal, y más allá de su cambio de ubicación en el artículo 250 CP, ha experimentado modificaciones relevantes con la Reforma del CP operada por la LO 5/2010, en concreto:

1ª) El Legislador ha alterado la definición de la estafa procesal de forma que ha integrado claramente en la misma —lo que, como veremos, será absolutamente determinante para precisar el momento consumativo— los distintos elementos de la definición de la estafa presentes en el art. 248, CP: engaño (manipulación de pruebas o análogo), error (en el Juez o Tribunal), disposición (dictado de resolución judicial) y perjuicio (económico de la otra parte en el litigio o de tercero), y todo ello en el ámbito de un procedimiento judicial de cualquier clase —queda, pues, excluida la posibilidad, que ha sido discutida a propósito de la anterior regulación, de cometer estafa procesal en el seno de un procedimiento administrativo, aunque, en realidad, tras la supresión en el CP de 1995 de la expresión "fraude administrativo análogo" no había argumentos para sostener la tipicidad de la estafa procesal en un expediente administrativo.

Queda, de todas formas, pendiente la cuestión de si la referencia al "procedimiento judicial" es hecha únicamente a los procedimientos contenciosos, o si engloba también, por ejemplo, la Jurisdicción Voluntaria. A este respecto la Jurisprudencia señala que "*En la doctrina, sin embargo, se ha puesto en duda la posibilidad de su comisión en procesos no contenciosos o celebrados en rebeldía, en los que el juez sólo se limita constatar una cierta situación de hecho no controvertida en el juicio y su relevancia jurídica, sin formarse ninguna representación falsa de la realidad, es decir, sin haber sido inducido a error mediante una prueba engañosa. No obstante, en el caso del expediente de dominio regulado por los arts. 199 y stes. de la Ley Hipotecaria como un procedimiento de jurisdicción voluntaria, la posibilidad de comisión del delito de estafa (procesal), como acertadamente lo señala la Audiencia, no puede ser excluida en general; será necesario considerar en el caso concreto la relevancia de la prueba practicada en la toma de decisión del juez*" [STS 1278/2005, 5-4 (*Tol 633173*)]. Antes de proseguir con el problema de la Jurisdicción Voluntaria, y en relación a lo afirmado por la última sentencia citada, debe decirse que cuando en ésta se habla de "procesos no contenciosos o celebrados en rebeldía", se está incurriendo en una redundancia, pues el proceso, por definición, es contencioso, pues cuando no hay posturas contrapuestas —confundiéndose actor y demandado— el proceso concluye; así, en la transmisión de cosas litigiosas —artículo

1291.4, o en la cesión de créditos litigiosos artículo 1535, ambos del CC—, si coinciden actor y demandado y no existe litigio termina el proceso. En cuanto a los procesos en rebeldía debe decirse que no comportan excepción alguna, pues en ellos se tiene al sujeto por "presente" y, según clásicamente se afirma, la rebeldía no implica un tipo o clase de proceso sino "una manera especial de sustanciarse cualquier clase de procesos" (GÓMEZ ORBANEJA).

Pues bien, respecto a la Jurisdicción Voluntaria —que estuvo regulada por el Libro III de la LEC de 1881 hasta la aprobación de la Ley 15/2015, de 2 de julio, de Jurisdicción Voluntaria—, si es de la modalidad encomendada a los Jueces y en tanto y en cuanto esos procedimientos terminan con una resolución que puede ser perjudicial para la parte o un tercero, y dado que en su seno se desarrolla prueba, no hay obstáculo alguno para englobarla en el ámbito del tipo.

2ª) Ha precisado que el engañado ha de ser el Juez pues es él quién debe incurrir en error [en este punto no dejan de plantearse problemas —y a pesar de lo acabado de decir— con la Jurisdicción Voluntaria, pues de acuerdo con el nuevo art. 456.6.b) LOPJ, es al Secretario del Juzgado a quien corresponderá la dicha Jurisdicción, aunque la intervención del Juez está prevista expresamente en no pocos casos por la Ley de Jurisdicción Voluntaria; pues bien, en este sentido sólo una comprensión material del referente "Juez" —el que juzga— puede allanar el camino de la aplicación de la estafa procesal a la Jurisdicción Voluntaria cuando proceda la intervención de los secretarios, puesto que si es el Juez el competente para dictar la resolución que proceda no existen problemas para afirmar la estafa procesal en esta Jurisdicción —véase por todas STS 124/2011, 25-2 (*Tol 2056491*). En todo caso la exigencia de que sea el Juez el engañado aleja del tipo la denominada "estafa procesal impropia", que tenía una amplia acogida por la Jurisprudencia: "...puede producirse el fraude procesal cuando el engañado no es el juez sino la parte contraria, a la cual por determinadas argucias realizadas dentro del procedimiento (ordinariamente pruebas falsas o por simulación de un contrato) se le impulsa a que se allane, desista, renuncie, llegue a una transacción o, en cualquier caso, determine un cambio de su voluntad procesal como solución más favorable" [STS 878/2004, 12-7 (*Tol 513594*); en el mismo sentido SSTS 72/2010, 9-2 (*Tol 792975*), y 720/2008, 12-11 (*Tol 1408418*), entre otras muchas]. De todas formas el que, en nuestra opinión, sea inviable la estafa procesal impropia en el nuevo tipo de estafa procesal [y en este sentido es conteste alguna Jurisprudencia, como SSTS 216/2024, 7-3 (*Tol 9944332*); 81/2023, 9-2 (*Tol 9415027*); 595/2022, 15-6 (*Tol 9100162*); en sentido contrario STS 404/2022, 22-4 (*Tol 8932359*)], no significa que tal conducta tenga que ser necesariamente atípica, pues en algunos casos podrá encontrar cobertura entre los tipos de falsedades documentales, en falso testimonio o, en algún caso, en el tipo básico de estafa.

Es frecuente la utilización por las partes de la estafa procesal como si de "una segunda oportunidad" se tratara. A este respecto la Jurisprudencia ha señalado que "la existencia de la estafa procesal como figura delictiva no puede suponer una nueva posibilidad de cuestionar en vía penal la existencia y consecuencias de los mismos hechos que ya fueron alegados, sin éxito, en vía civil. No se trata de una vía para reexaminar la prueba del pleito civil o las conclusiones alcanzadas por los órganos de esa jurisdicción, sino para sancionar penalmente una conducta basada en un engaño bastante que ha determinado un acto de disposición que, a su vez, ha causado un perjuicio" [STS 72/2010, 9-2 (*Tol 792975)*]. Esta idea ha sido seguida por Tribunales de Audiencia para inadmitir recursos; véanse a este respecto, entre otros, AAP, Valencia, 2ª, 934/2022, 4-11 (*Tol 9571054)*, y Sevilla, 4ª, 775/2011, 20-9, entre otras.

2.7.2. En cualquier caso y con anterioridad a la reforma aludida tanto la Doctrina como la Jurisprudencia (por más que ésta luego no fuera siempre consecuente con esta afirmación primera) eran contestes al afirmar que el delito de estafa procesal se construye como tipo agravado de la estafa básica del delito del art. 248.1, CP [por todas STS 966/2004, 21-7 (*Tol 483704*); actualmente prosigue esa consideración, véanse en este sentido, SSTS 404/2022, 22-4 (*Tol 8932359*), y 899/2021, 18-11 (*Tol 8661778*)], por lo que se compone de todos los elementos típicos propios del tipo básico más la cualificación a la que se refiere el subtipo agravado. En este sentido —y como primer elemento de la tipicidad— corresponde la existencia del engaño bastante, que es el componente legal al que en la estructura defraudatoria le corresponde el papel de desencadenante de la conducta típica [SSTS 72/2010, 9-2 (*Tol 792975*)]. Ese engaño ha de plantearse en la "normalidad del procedimiento", por lo que quedarán fuera de esta figura todos aquellos supuestos en los que el sujeto al margen del proceso manipula la prueba (mediante, por ejemplo, una entrada ilícita en la sede del Tribunal —o aprovechando un descuido del funcionario— durante la cual el sujeto aprovecha para sustituir o alterar el material probatorio).

2.7.3. La cualificación típica como "bastante" del engaño ha llevado a la Jurisprudencia del Tribunal Supremo a establecer —en una doctrina que puede entenderse como muy asentada—, que tal cualidad significa suficiencia y proporcionalidad para la efectiva consecución del fin propuesto, poseyendo la entidad necesaria para que en la convivencia social actúe como un estímulo eficaz del traspaso patrimonial [por todas STS 297/2004, 5-3 (*Tol 392792*)]. Naturalmente que ese concepto de engaño, o por mejor decir: la cualidad de "bastante" de ese engaño, debe ser matizado —como se ha expuesto en la Lección anterior— en atención al ámbito en el que éste se ponga en ser y de las peculiaridades del sujeto pasivo de la acción [por todas SSTS 436/2006, 17-4 (*Tol 928532*), y 298/2003, 14-3 (*Tol 242713*)].

En este sentido, y en Jurisprudencia también muy consolidada, se entiende que, en particular, pero no sólo, a los profesionales les incumbe unos especiales deberes de diligencia, de forma tal que si media incumplimiento de los citados se concluye que el engaño (cuya realidad no se discute) no reviste la cualidad de "bastante" que requiere el tipo [STS 1199/2004, 29-10 (*Tol 514612)*]. En particular, y referido al tráfico mercantil que ha sido fundamentalmente el soporte que ha servido para la construcción de esta doctrina, se afirma por la Jurisprudencia del Tribunal Supremo que, de la misma forma que ya se ha indicado en el tipo básico de estafa, está inspirado simultáneamente por la pauta de la confianza y la desconfianza, y de acuerdo con tal idea no existirá engaño bastante cuando el sujeto no haya actuado con arreglo a la pauta de desconfianza a la que estaba obligado. Consecuente con tal criterio procede excluir la relevancia típica del engaño objetivamente inidóneo, cuando la representación errónea de la realidad captada por el sujeto pasivo deriva de un comportamiento suyo imprudente, no inducido por artimañas o ardides del sujeto activo. En tal supuesto el error de aquél no es imputable objetivamente al engaño de éste, ni por ello las circunstancias subjetivas de la víctima, en el caso, convierten en idóneo un engaño que objetivamente no lo es [STS 462/2006, 27-4 (*Tol 935025*)]. Así pues, en el juicio de idoneidad del engaño entra en juego el principio de auto responsabilidad de la persona engañada, como delimitador de la idoneidad típica del engaño [STS 928/2005, 11-7 (*Tol 674693*)].

En el sentido acabado de indicar es sumamente clarificadora la STS 720/2008, de 12 de noviembre (*Tol 1408418*):

> *"Hay una doctrina de esta sala que, a los efectos de medir el "bastante" exigido para el mencionado engaño, precisa que han de tenerse en cuenta todas las circunstancias del caso concreto, entre las cuales tiene importancia la conducta observada por el sujeto pasivo, el que por el engaño incurre en el error que es causa del acto de disposición, máxime cuando este engañado es un profesional que, en el ejercicio de las funciones propias de su trabajo, tiene unos deberes concretos que unas veces vienen impuestos por normas escritas y otras por unos usos mercantiles de relevancia decisiva. Si el profesional engañado tenía, conforme a esas normas reglamentaria escritas o consuetudinarias, un determinado deber de diligencia que no cumplió, y precisamente por ese incumplimiento fue eficaz el engaño en el caso concreto, venimos diciendo que entonces puede faltar el elemento "bastante" al que nos estamos refiriendo. Véanse las sentencias de esta sala 1081/2000 de 20 de diciembre, 2006/2000 de 22 de diciembre, 161/2002 de 4 de febrero, 1143/2002 de 19 de junio, 298/2006 de 8 de marzo y 1124/2006 de 10 de noviembre, entre otras muchas".*

Se trata la anterior de doctrina absolutamente consolidada en el Tribunal Supremo, compartida por Tribunales inferiores y asumida también, de forma pacífica, por la Doctrina científica.

Pues bien, la idea de que las circunstancias, el ámbito y las peculiaridades del sujeto pasivo contribuyen también a la delimitación del engaño típico, es asumida, decimos, de forma pacífica por la Jurisprudencia de la Sala 2ª del Tribunal Supremo. En este sentido es particularmente llamativo —y congruente con el desarrollo histórico de la Jurisprudencia en materia de estafa— cómo el Alto Tribunal ubica en ciertos procedimientos el ámbito más característico —lo que no quiere significar que sea el único— de la estafa; en concreto, en el ámbito del procedimiento civil, al tener esta "justicia" la característica esencial de rogada, lo que maniata al Juez en relación a las peticiones de parte, y le hace más vulnerable frente a las maniobras engañosas de aquélla. En este sentido, la STS 603/2008, 10-10 (*Tol 1393337)*, confirmando lo que ya se afirmara en las SSTS 514/1992, 9-3 (*Tol 398919)*, y 758/2006, 4-7 (*Tol 964482)*, asevera con carácter general: "*debiendo reconocerse que las posibilidades de inducir a engaño a un Juez aparecen más realizables en el proceso civil en el que tiene que permanecer inactivo y neutral ante las aportaciones de las partes y dejar que ellas decidan sobre el objeto del litigio*" [véanse también, STS 921/2013, 4-12 (*Tol 4049494)*, y el ATS 1030/2018, 28-6 (*Tol 6797002)*].

En efecto, en el procedimiento civil el Juez, normalmente, será un "engañado consecuente" respecto de las partes y letrados personados. En este sentido en la STS 128/2008, 28-2 (*Tol 1292766)*, se afirma:

"*Al juez civil, dada su posición institucional y procesal, no le es exigible el despliegue de una actividad de autoprotección para no ser engañado, ya que resuelve sobre intereses ajenos, cumpliendo con aplicar la Ley de acuerdo con lo alegado y probado.*

Eso hace que al estar privados los jueces civiles de los medios de prueba que debieron aportarse y no se aportaron, se encontraran en situación propicia para ser engañados, en cuyo engaño y subsiguiente error fue causal y determinante la 'torpeza' del querellante y personas de su entorno, que omitieron una actuación que con absoluta seguridad hubiera impedido el error".

De la Jurisprudencia reflejada se deduce inmediatamente la considerable "indefensión" del Juez civil frente al engaño puesto en ser por las partes —excepto en casos extremos—, y la distinta situación —*a contrario sensu*— en la que se halla el Juez Penal por su capacidad de dirección del proceso y las obligaciones, y facultades, de investigación que son inherentes a esa condición. Por ello, precisamente, la Jurisprudencia del Tribunal Supremo exige ciertas características al engaño típico de la estafa para considerar que aporta la cualidad de "bastante"; así, en la STS 754/2007, 2-10 (*Tol 1156513)*, se afirma: "*Es necesario que las maniobras fraudulentas preparatorias del proceso y las que se realicen en su ámbito, posean un grado de verosimilitud suficiente para producir el error razonable del Juez, SSTS 457/2002 de 14.3, 1149/2005 de 7.10 …al utilizar como mecanismo de la estafa el engaño al Juez, que debe tener entidad suficiente para superar la profesionalidad del Juzgador y las garantías del procedimiento (SSTS 794/97 de 30.9, 457/2002 de 14.3)*" [en el mismo sentido SSTS 124/2011, 25-2 (*Tol 2056491)*, y 35/2010, 4-2 (*Tol 1788423)*; asimismo ATS 1111/2017, 6-7 (*Tol 6369839)*].

Esta última referencia a las garantías del procedimiento resulta fundamental para la valoración de lo "bastante" del engaño, pues las pruebas en el proceso no se introducen de cualquier forma sino de una determinada y sometidas en todo caso a los principios de oralidad, publicidad, inmediación, contradicción y concentración. Todo ello provoca que el engaño aunque vaya dirigido al Juez haya de superar también la actividad procesal de la parte, y se tenga que manifestar con respeto a los principios que gobiernan tal fase del procedimiento (de esta forma, lo burdo del engaño tendrá consecuencias diferentes en la estafa procesal que en la común, pues en aquélla su inidoneidad objetiva para superar las garantías procesales determinará la calificación de tentativa imposible, y como tal impune; en realidad, y como hemos manifestado más atrás, aunque no es posible equiparar engaño exitoso a engaño bastante, lo que sí es cierto es que la necesidad de superar las garantías del procedimiento en la estafa procesal convierte, en este ámbito, a todo engaño exitoso en engaño bastante).

También, como se ha indicado con carácter general para la estafa común y especial en la estafa procesal, hay que tener en cuenta que el engañado en esta modalidad de la estafa es un Juez, es decir un profesional especialmente cualificado y cuyos conocimientos en materia jurídica exceden, por lo general, los de la media de los letrados que litigan (característica que se exacerba si tenemos en cuenta la mayor experiencia de jueces y magistrados en relación a los letrados). El Juez se presenta, pues, como un sujeto difícil de engañar por su cualificación profesional, y por lo tanto el engaño idóneo tendrá que reunir unas características que le hagan superar "la profesionalidad del Juzgador" [STS 656/2003, 8-5 (*Tol 275659)*], y las garantías del procedimiento [STS 404/2022, 22-4 (*Tol 8932359)*, y 899/2021, 18-11 (*Tol 8661778)*], y por ello contar con una entidad suficiente [STS 1441/2005, 5-12 (*Tol 795516)*], superior a las exigencias ordinarias en la maniobra defraudatoria.

Pero si esa característica es predicable —como hemos apuntado— con carácter general de todo Juez o Magistrado, lo es de manera especial de los niveles más altos de la organización de tribunales, y en concreto del Tribunal Supremo; por ello, la admisión de la estafa procesal en ese rango ha de ser absolutamente excepcional, y no sólo por el carácter del recurso del que tienen que entender (generalmente de casación), sino también por la metodología de trabajo que se emplea en el Alto Tribunal y que implica el "paso" de los recursos por un Gabinete de Letrados con excelente cualificación profesional (desde luego que si en lugar de un recurso de casación se tratara de uno de revisión con el que se pretende el quebrantamiento de la cosa juzgada que "sólo puede ser viable cuando se trate de sanar situaciones acreditadamente injustas", según señala la STS 385/2008, 16-5 (*Tol 1340407)*, el procedimiento regulado —refiriéndonos únicamente al proceso penal— por los arts. 957 y 958 LECrim, lo extraordinario del recurso y su afectación a la seguridad jurídica, convierte en prácticamente inviable la posibilidad de admitir la estafa procesal. Además en el caso del recurso de revisión el engaño, caso de concebirse, ha de manifestarse en la fase de formalización del recurso, no bastando su presencia en la solicitud de autorización a la que se refiere el art. 957 de la Ley Rituaria Criminal, pues el objeto de esa fase es únicamente la obtención de la autorización para la interposición del recurso, y no se trata del recurso mismo de revisión; por ello la resolución que ponga fin a esa fase preparatoria no puede en ningún caso afectar al patrimonio de nadie, y en ese sentido no puede entenderse que se hayan iniciado los actos ejecutivos del delito. No se estará, pues, ante una tentativa y mucho menos ante delito consumado alguno —obviamente que esos actos preparatorios estarán vinculados, si se llegara a formalizar posteriormente el recurso, con la resolución que pusiera fin al proceso, pero ello de la misma manera que la adquisición de un bate de béisbol lo está con la posterior muerte de un sujeto por aplastamiento del cráneo, lo que no empece para afirmar que la adquisición del dicho bate sea atípica como tal acto preparatorio).

Por todo lo dicho puede afirmarse que en no pocas ocasiones la condena por estafa procesal se parece más a una por desacato que por un auténtico fraude procesal [el problema quizás esté también en la ausencia, y tal y como se asevera en SSTS 1575/2005, 21-12 (*Tol 815678)*, y 493/2005, 18-4 (*Tol 656836)*, de un tipo entre los delitos contra la Administración de Justicia que sancione conductas como la de presentación falsa de pruebas —aunque una parte de la cuales podría tener cobertura, como se ha indicado más arriba, entre las falsedades documentales y el falso testimonio].

2.7.4. La cuestión, tras la reforma penal, es que ese engaño bastante ha de producirse mediante la manipulación de pruebas "en que se pretendieran fundar sus alegaciones" o empleando "otro fraude procesal análogo"; es decir: el Legislador ha circunscrito el engaño a determinadas formas de producción que en todo caso han de ver con la normalidad en el desarrollo del procedimiento; es decir, se trata de un tipo con medios legalmente determinados. Ello es lógico si se tiene en cuenta que es el Juez el destinatario de esas pruebas, en el sentido de que ese material es el que debe servir para formar su convicción, pues el proceso no está destinado a convencer a las partes (y en ese sentido la más atrás aludida estafa procesal impropia carece de espacio) sino al Juez o Tribunal.

a) Por "prueba" hay que entender aquella actividad procesal de las partes, y en su caso del Juez (art. 729, LECrim), dirigida a fundar la razonable convicción del juzgador más allá de cualquier duda razonable (PEDRAZ PENALVA). De ese concepto forman parte, por lo que atañe al procedimiento penal, las mencionadas en los arts. 701 y ss. LECrim (documentos, declaraciones de testigos y periciales), y en lo que importa al civil las referidas en los arts. 264 y ss., 281 y ss. y 299 y ss. LEC.

El principal problema que al respecto plantea el precepto es el de la referencia que hace el Legislador al empleo, por el sujeto activo, de un "fraude procesal análogo" al de la manipulación de las pruebas; y es que ¿cabe un fraude procesal análogo a la manipulación de las pruebas? Pareciera que el Legislador invoca no algo análogo a "manipulación" —ya que ese camino no lleva a ningún lado— sino a un fraude referido a algo análogo a la "prueba". Pues bien, en este sentido dos posibilidades se podrían traer de inmediato a esta sede: la primera concerniente a las diligencias policiales (atestado, declaración de los implicados, registros, etc.), y la segunda a las llamadas pruebas preconstituida y anticipada.

En lo que importa a las primeras, no cabe encontrar analogía alguna con la prueba, pues no se trata ni de actos de parte ni del Juez, ni están rodeadas de las garantías procesales exigibles, ni se realizan en presencia del juzgador. Por el contrario, como la Jurisprudencia ha repetido *ad nauseam*, y en lo que hay el máximo consenso doctrinal, esas diligencias no tienen valor más que de simple denuncia (es decir, de puesta en conocimiento de unos hechos, no de prueba), por lo tanto en nada se puede decir de ellas que sean análogas a la prueba [véase el art. 297 LECrim, y entre las numerosísimas resoluciones de los tribunales, la STS 640/2006, 9-6 (*Tol 961872)*]; más aún, esas actuaciones policiales en lugar de ser medios de prueba son objeto de prueba, lo cual se cohonesta perfectamente con las funciones que tiene atribuida la Policía por el artículo 126 CE: "*averiguación del delito y descubrimiento y aseguramiento del delincuente*". Estas consideraciones, desde luego, son aplicables a los efectos y cuerpo del delito que la Policía está obligada a asegurar y poner a disposición de la Autoridad Judicial; se trata de supuestos, incluso en situaciones de urgencia o necesidad, en los que la Policía ha de intervenir, pero que sólo alcanzarán la naturaleza de prueba tras la intervención judicial, cuando se produzca su exposición en el Juicio Oral [STS 52/2003, 24-2 (*Tol 265659)*] y con sometimiento a los principios, más arriba aludidos, de oralidad, publicidad, inmediación, contradicción y concentración (es lo que ocurre con las fotografías, planos, huellas, test de alcoholemia, etc., que pueden ser introducidas en el proceso como prueba documental a fin de posibilitar su efectiva contradicción por las partes, véase en este sentido STC 173/1997, 14-10 (*Tol 407316)*; caso distinto es el de las declaraciones ante la Policía a las cuales, si se cumplen determinados requisitos en su realización, se les puede reconocer, sin más, pleno valor probatorio, véase a este respecto Acuerdo de Pleno no jurisdiccional de la Sala 2ª del TS, de 28-11-2006, sobre validez de las declaraciones policiales; véase también el Acuerdo de 3-6-2015, sobre el valor de las declaraciones en sede policial a efectos de valorar la presunción de inocencia).

La expuesta es la doctrina más canónica en la relación entre las actuaciones policiales y las propiamente judiciales, entre las actividades de averiguación y la prueba. Sin embargo, es evidente —y la lectura de los arts. 796 y 797 LECrim proporciona suficientes pistas al respecto— que el peso y la autoridad de las actuaciones policiales en el proceso penal es cada vez mayor. En ese sentido expresa PEDRAZ PENALVA cómo con los distintos cambios legislativos el papel de la Policía Judicial ha pasado a ser más autónomo y relevante de cara a actores como los Jueces y el Ministerio Fiscal (un ejemplo claro de lo que se dice está en la atribución por el art. 263 bis.1, I., LECrim —incorporado por el art. 5 de la Ley 8/1992, de 23 de diciembre— a los Jefes de las Unidades Orgánicas de la Policía Judicial, y sin necesidad de que medie urgencia, de la facultad de autorizar a sus agentes la circulación o entrega vigilada de drogas tóxicas, con la única obligación de dar cuenta inmediata al Ministerio Fiscal o al Juez de Instrucción).

En cuanto a las llamadas "prueba anticipada y preconstituida" el Tribunal Constitucional ya ha manifestado desde antiguo "*que también se manifiestan aptas para fundamentar una sentencia de condena siempre y cuando se observe el cumplimiento de determinados requisitos materiales (su imposibilidad de reproducción en el momento del juicio oral: art. 730 LECri.), subjetivos (la necesaria intervención del Juez de Instrucción), objetivos (la posibilidad de contradicción, para la cual se le debe proveer de Abogado al imputado —cfr. arts. 448.1.º y 333.1.º) y formales (la introducción en el juicio oral a través de la lectura de documentos requerida por el art. 730)*" [STC 303/1993, 25-10 (*Tol 82324*)]. Insistiendo en esta línea la STC 29/2008, 20-2 (*Tol 1264013*), recordando la del mismo Tribunal 92/2006, 27-3 (*Tol 870472*), que asevera: "*de acuerdo con la doctrina mantenida en forma constante por este Tribunal a partir de la STC 31/1981, de 28 de julio, únicamente pueden considerarse auténticas pruebas que vinculen a los órganos de la justicia penal en el momento de dictar Sentencia las practicadas en el juicio oral, tal y como establece el art. 741 de la Ley de enjuiciamiento criminal, pues el procedimiento probatorio ha de tener lugar necesariamente en el debate contradictorio que, en forma oral, ha de desarrollarse ante el mismo Juez o Tribunal que debe dictar Sentencia; por el contrario las diligencias sumariales son actos de investigación encaminados a la averiguación del delito e identificación del delincuente (art. 299 LECri.) que no constituyen en sí mismos pruebas de cargo, pues su finalidad específica no es la fijación definitiva de los hechos para que éstos trasciendan a la resolución judicial, sino la de preparar el juicio oral, proporcionando a tal efecto los elementos necesarios para la acusación y defensa y para la dirección del debate contradictorio atribuido al juzgador. Sólo cuando las diligencias o actuaciones sumariales son de imposible o muy difícil reproducción en el juicio oral es posible traerlas al mismo como prueba anticipada o preconstituida, puesto que, estando sujeto también el proceso penal al principio de búsqueda de la verdad material, resulta preciso asegurar que no se pierden datos o elementos de convicción. De esta manera la prueba preconstituida o anticipada poseerá virtualidad para destruir la presunción de inocencia siempre y cuando se haya practicado con observancia de las garantías establecidas en la Constitución y en el ordenamiento procesal y haya sido incorporada al juicio oral mediante su lectura, de tal manera que se permita a la defensa del acusado someterla a contradicción, no bastando con la utilización de simples fórmulas de estilo como la consistente en darla por reproducida*".

Pues bien, la necesidad de introducir la llamada "prueba anticipada o preconstituida" en el proceso a través de lo previsto en el art. 730, LECrim, es lo que mejor pone de manifiesto que no existe prueba preconstituida como tal, es decir: que no estamos ante una prueba en todo su sentido hasta que no se ha introducido en el proceso con las garantías exigibles [en este sentido se ha pronunciado indubitadamente el TEDH, véase el caso Barberá, Messegué y Jabardo contra España, 6-12-1988 (*Tol 117828)*]. En definitiva: no hay nada análogo en lo dicho a la actividad probatoria, pues ésta tiene un ámbito específico, una identidad sustancial propia. Pero dicho esto hay que añadir ¿*quid iuris* si se manipulan esas diligencias policiales o esa prueba preconstituida y luego se introducen en el proceso? Pues que estaríamos ante una manipulación de la prueba —por ejemplo, las diligencias policiales introducidas a través de la testifical— no de algo análogo a la prueba. ¿Y si se manipulan esas diligencias policiales y no se introducen en el proceso? Sencillamente que la tal manipulación sería inane respecto del delito de estafa procesal (falta de comienzo de los actos ejecutivos típicos), por más que la conducta pudiera ser constitutiva de algún otro ilícito —falsedad documental en el caso de alteración del Acta de Entrada y Registro, por ejemplo.

El rechazo de los casos acabados de exponer como constitutivos de supuestos de estafa procesal, no impide la contemplación de otras hipótesis, pero cualquiera que se plantee tiene que obedecer a lo que constituye el objeto de la prueba: la actividad procesal de las partes, y en su caso del Juez (art. 729, LECrim), dirigida a fundar la razonable convicción del juzgador. En este sentido sí cabe encontrar supuestos análogos a la manipulación de las pruebas; valga en esa dirección el ejemplo de la colusión de las partes —puesta de acuerdo de demandante y demandado que provoca una resolución judicial que perjudica a un tercero [por todas, STS 329/2006, 24-3 (*Tol 871906)*, y AAP, Oviedo, 3ª, 559/2018, 31-7 (*Tol 6871886)*]. Se trata de un supuesto que sí puede considerarse como análogo a la prueba, pues son hechos externos que se introducen en el proceso con el objeto de conformar la convicción del juzgador (incluso la colusión entre las partes puede tener por objeto la existencia del proceso mismo, a través del cual se estima por el Juez una pretensión falsa que produce perjuicio en el patrimonio ajeno).

b) ¿Qué se debe entender por manipulación? Una alteración clandestina del material probatorio, lo que presentará distintas caras dependiendo del material probatorio al que se haga referencia (testifical, documental, etc.), lo que, asimismo, podrá dar lugar a concursos de delitos con falso testimonio, falsedades, etc., y a su vez podrá originar responsabilidad criminal por distinto título.

En efecto, puede plantearse que un sujeto, parte en un procedimiento, manipule (induzca) a un testigo para que éste aporte un testimonio falso en un contexto de estafa procesal. En ese caso el testigo sería autor de un falso testimonio y partícipe (como cooperador necesario o cómplice) en el delito de estafa procesal —si le acompaña su dolo—, y sin embargo el inductor del falso testimonio será partícipe en éste —a no ser que "haya presentado" al testigo, en cuyo caso realizaría un tipo autónomo, el del art. 461, CP— y autor directo de una estafa procesal. Con la peculiaridad, además, de que en el caso del inductor del falso testimonio y autor de la estafa estaríamos ante un concurso de normas (a resolver por consunción de acuerdo con el art. 8.3ª, CP), puesto que la inducción al falso testimonio pertenece a la "manipulación" de la prueba característica de la estafa procesal (y en el mismo caso nos hallaríamos en supuestos de falsedad documental). En el caso del autor del testimonio, sin embargo, el concurso, y en tanto aquél ha realizado el tipo de falso testimonio como autor y no como partícipe, el concurso de normas se resolverá, generalmente, a favor del falso testimonio, pero por alternatividad (art. 8.4ª, CP).

Debe, en todo caso, distinguirse entre manipulación y sesgo y deterioro de las pruebas. En efecto, ha de tenerse en cuenta que las pruebas presentadas o inducidas por las partes gozan de evidente parcialidad (más aún, hay que entender que alguna de ellas —como es la confesión del imputado— habitualmente será, simplemente, falsa —como corresponde al constitucionalizado "derecho a mentir", STC 21/2021, 15-2 (*Tol 8347253*), por parte del acusado), e incluso, al decir de PEDRAZ PENALVA, hay que tener en cuenta el "desgaste que supone el tiempo transcurrido; tiempo en el que generalmente se tiende a 'elaborar' y/o 'fabular' los acontecimientos"; y este "desgaste", evidentemente, no puede ser asimilado a manipulación probatoria. En todo caso, además, debe tenerse en cuenta que existen faltas de veracidad que pueden quedar cubiertas por el "riesgo permitido" (en este sentido TORÍO LÓPEZ).

De todas formas la cuestión tiene diferentes características dependiendo que nos encontremos en uno o en otro tipo de proceso; es decir, las obligaciones respecto de la prueba no son idénticas en un proceso penal que en uno civil, aunque desde luego eso no quiere decir que en este último no existan obligaciones de veracidad (y la mejor prueba de ello es que cabe el falso testimonio en un procedimiento civil, y ello porque también en estos procedimientos la pretensión es que se realice el valor "Justicia"); entonces ¿Cuál es el límite, en el proceso civil, entre obligaciones de veracidad y alegaciones de parte? Obviamente la primera referencia debe hacerse a los sujetos y a su distinta posición en el proceso; a ese respecto algunos actores en el procedimiento civil están vinculados por obligaciones de veracidad, otros no, como las partes. En segundo lugar esa distinta situación en el proceso no significa que las partes puedan manipular (alterar) las pruebas, todas las pruebas; en ese sentido hay que diferenciar entre lo que constituyen las simples alegaciones o invocaciones de los pretendientes (que no tienen naturaleza de prueba) de otros hechos que aun cuando hayan sido incorporados al proceso por la parte, están jurídicamente protegidos en su integridad [como los documentos, véase a este respecto STS 1461/2004, 9-12 (*Tol 528671*)].

Por lo que se refiere al demandado, la Jurisprudencia sostiene que *"salvo hipótesis de reconvención, el resultado más favorable que puede esperar en un litigio civil es que le absuelvan, y una sentencia absolutoria no puede suponer ese acto de disposición exigido por la estafa, al no producirse un desplazamiento patrimonial. A lo sumo se producirá el mantenimiento de una situación injusta provocando con el acto engañoso un 'statu quo' que nunca puede equipararse a un empobrecimiento del afectado y correlativo enriquecimiento del sujeto agente"* [STS 966/2004, 21-7 (*Tol 483704)*; en el mismo sentido STS 431/2006, 9-3 (*Tol 928537)*]. De igual forma sostiene la Jurisprudencia que *"Si un acreedor ejercita de su deudor la acción reclamatoria, bien lo haga extrajudicialmente o a través de un proceso, si el deudor o demandado para paralizar la acción se vale de un documento falso, con ello no se provoca un error en el juez determinante de un desplazamiento patrimonial, sino lo que ocurre es que la deuda que pretendía cobrarse no lo ha sido y permanece vigente. Es indudable que ello, aún sin desplazamiento patrimonial, integra un comportamiento desde el punto de vista económico, enriquecedor para una parte y empobrecedor para la otra, al constituir un perjuicio para el reclamante valuable, pero tal condicionamiento ya se halla contemplado en la falsedad de documento privado, en la que es 'condictio sine qua non' del injusto típico que se produzca o se pretenda producir un perjuicio a otro"* [STS 544/2006, 23-5 (*Tol 945189)*].

c) En cuanto a la posibilidad del engaño omisivo, la Jurisprudencia ha afirmado que puede darse la estafa por omisión cuando determinadas relaciones de confianza y de lealtad recíproca imponen un deber de obrar [STS 1036/2003, 2-9 (*Tol 452884)*, y 530/1997, 22-4 (*Tol 83228)*; en idéntico sentido la resolución del mismo Tribunal 1015/2009, 28-10 (*Tol 1641323)*], de modo que alguien, jurídicamente obligado a ello, no impide el surgimiento del error en el sujeto pasivo [STS 661/1995, 18-5 (*Tol 403158)*]. Es el caso de la STS 329/2006, 24-3 (*Tol 871906)*, en el que el demandante oculta al Juez que la hipoteca cuya ejecución solicita se refiere a un bien que ya había sido vendido con anterioridad a la constitución de la hipoteca [véanse también, SAP, Cádiz, 4ª, 135/2018, 8-5 (*Tol 6924542)*; asimismo AAAP, Sevilla, 7ª, 1391/2023, 29-11 (*Tol 9895836)*, y Madrid, 29ª, 382/2017, 18-5 (*Tol 6215894)*].

2.7.5. Por lo que se refiere al error éste debe ser consecuencia del engaño "bastante", por lo tanto hijo de la prueba manipulada en un proceso lógico de valoración de la misma. Es decir: el principio de libre apreciación de la prueba —que no es lo mismo que arbitraria apreciación, lo que llevaría a la conculcación del art. 9.3, CE— no santifica cualquier deducción a la que hubiera podido llegar el Juez con una valoración inadecuada de aquélla. En este sentido, y de la misma forma que se reflejó en el tipo básico de estafa, la demostración de lo "bastante" del engaño no puede consistir en el mero hecho de que el Juez haya incurrido en el error y como consecuencia de ello haya dictado la resolución de que se trate, sino que esa suficiencia tendrá que pasar por el filtro de la racionalidad de la inferencia. Es decir, el juicio de valor tiene que coincidir con el resultado que puede extraerse de la práctica de los medios de prueba (véase PEDRAZ PENALVA).

2.7.6. En cuanto a la resolución tiene que derivarse del error y ha de constituirse en el título del desplazamiento patrimonial y del perjuicio (de la otra parte o de un tercero). Desde este punto de vista no es posible —en ocasiones— separar conceptualmente resolución y perjuicio (a modo de disposición y perjuicio como elementos de la estafa común), pues de la misma resolución se pueden derivar, directamente, atribuciones de titularidad de derechos. Es decir: nos estamos refiriendo a casos en los cuales —y como consecuencia de las peculiaridades del procedimiento entablado y del objeto del proceso— dictado de la resolución y consumación se identifican. Ello es independiente, tal y como insistiremos en el epígrafe siguiente, de los casos en los que la misma resolución contraria al interés del sujeto, por más que no esté ejecutada (es decir, por más que no haya sido efectuada disposición patrimonial alguna) sea una resolución que "perjudica los intereses económicos de la otra parte o de un tercero" (pues se puede alegar frente a terceros, es en determinados supuestos inscribible, limita —aun sin ejecución— la capacidad de obrar de la otra parte —hasta el punto de que puede hacer nacer figuras delictivas como el alzamiento—, etc.).

2.7.7. La Jurisprudencia viene admitiendo la existencia de tentativa en la estafa procesal [en este sentido SSTS 845/2008, 2-12 (*Tol 1413520*), y 720/2008, 12-11 (*Tol 1408418*)] al considerar que se está ante un delito de resultado que exige para su consumación la producción del desplazamiento patrimonial que originará el perjuicio [STS 172/2005, 14-2 (*Tol 619687*)]. Esta posición doctrinal toma cuerpo —y se constituye en opinión absolutamente mayoritaria en la Jurisprudencia— con la resolución acabada de citar. Hasta ese momento convivía —como opinión minoritaria— con la Jurisprudencia según la cual la consumación se daba en el mismo momento del dictado, por el órgano judicial, de la resolución ansiada [véanse, entre otras, STS 1455/2003, 8-11 (*Tol 352267*)], para la cual "En consecuencia al no haberse dictado resolución definitiva que hubiese puesto final al proceso no, se ha llegado nada más que a intentar una manipulación de un órgano judicial, para tratar de conseguir un lucro económico, lo que finalmente no se ha conseguido, por lo que estimamos que el delito debe ser considerado en grado de tentativa como acertadamente resolvió la Sala sentenciadora. Dentro de las posibilidades nos encontramos ante una tentativa acabada ya que se realizaron los actos necesarios para producir el perjuicio patrimonial que se vio frustrado por la decisión del juez"), lo que significaba que la tentativa sólo era posible si no se había dictado la resolución judicial perseguida. Obviamente se trataba de una opinión que en su fundamento apuntaba más a la consideración de la estafa procesal como un delito contra la Administración de Justicia que contra el patrimonio, y suponía, al mismo tiempo, prescindir de un momento esencial a la estafa cual es el desplazamiento patrimonial.

Sin embargo, resoluciones posteriores sitúan, otra vez aunque sin una argumentación especial, la consumación en el momento de dictada la resolución por el Juez. Es el caso de la STS 1020/2024, 14-11 (*Tol 10273075)*, para la cual: "Por ello, lo que verdaderamente consuma el tipo delictivo en la estafa procesal es la producción de una decisión de fondo respecto de la cuestión planteada, pudiendo en los demás casos, integrar la conducta modalidades imperfectas de ejecución y así puede hablarse de tentativa cuando el engaño es descubierto y el Juez se apercibe del mismo pese a poder ser idóneo. En definitiva, el tipo se consuma cuando recae una decisión sobre el fondo de la cuestión planteada y en los demás casos, puede producirse en grado de perfección imperfecta". En sentido contrario, la STS 1/2024, 10-1 (*Tol 9845985)*, para la cual: "En relación con la consumación, al tratarse de un delito patrimonial, es necesario que se produzca el efectivo desplazamiento patrimonial que el tipo penal de la estafa requiere como elemento de la tipicidad. La imperfección delictiva se produciría en el caso de que pese al engaño no se hubiera producido el desplazamiento patrimonial pretendido por quien ha realizado la conducta engañosa". Se pueden encontrar, así, resoluciones en las que se adopta un punto u otro de vista en lo que importa a la consumación, aunque sin la suficiente argumentación. Incluso hay resoluciones en las que, en medio de una gran confusión, se llega a afirmar, refiriéndose al dictado de la resolución como momento consumativo, que: ese es "el criterio seguido por la jurisprudencia de esta sala", cuando es evidente que no es así (se están identificando en los últimos años algunas resoluciones de la Sala 2ª sobre muy distintas materias, en las que se hacen afirmaciones como la acabada de exponer, lo que es preocupante en el sentido del funcionamiento de la Sala). En fin, analizando la Jurisprudencia del Tribunal Supremo, verdaderamente, no podemos reflejar cuál sea verdaderamente su opinión doctrinal.

Es conveniente, en todo caso, advertir, que aunque el desplazamiento patrimonial no se produzca hasta un momento posterior al dictado de la resolución judicial —en ejecución de sentencia—, anteriormente pueden haber aparecido efectos perjudiciales para el patrimonio del sujeto pasivo del delito; ello es consecuencia de que, en ocasiones, lo ilícito de la tentativa ya ha conseguido afectar —por ejemplo, con anotaciones preventivas— al patrimonio del sujeto pasivo [véase en este sentido STS 172/2005, 14-2 (*Tol 619687)*], lo que supondrá el nacimiento de la responsabilidad civil correspondiente pero no el adelantamiento de la consumación del delito de estafa procesal.

2.7.8. En cuanto a los concursos, y más allá de lo referenciado más arriba, entiende la Jurisprudencia que entre falsedad documental en documento privado y estafa procesal se plantea un concurso de normas a resolver por alternatividad [STS 4406/2010, 15-7 (*Tol 1945115*)]; sin embargo, si la falsedad es en documento mercantil la Jurisprudencia aplica concurso de delitos [SSTS 858/2023, 22-11 (*Tol 9816688*); 308/2010, 22-1 (*Tol 1788406*), y 1015/2009, 28-10 (*Tol 1641323*)]. En el caso de que el concurso fuera con el delito del artículo 393 CP (presentar a juicio o hacer uso de documento falso) el concurso será real de delitos [STS 1461/2004, 9-12 (*Tol 528671*)]; en cambio estaremos ante uno medial si hubo simulación de delito o presentación de testigo falso como medio para cometer la estafa procesal [STS 214/2007, 26-2 (*Tol 1080416*)].

2.8. Multirreincidencia

Esta circunstancia se incorporó con la reforma operada por la LO 1/2015, de 30 de marzo, y en ella se especifica el ámbito de aplicación en referencia a los delitos comprendidos "en este Capítulo" (defraudaciones). Es decir: estafas, administración desleal, apropiación indebida y defraudaciones de fluido eléctrico y análogas.

Un primer comentario se impone de la mano del nuevo texto incorporado al art. 234.2, CP, tras la decisión de la Sala 2ª de no aplicar el art. 235.7º, CP, por consideraciones en absoluto atendibles (véase ÁLVAREZ GARCÍA). Pero sea como fuere, el Legislador, mediante la LO 9/2022, de 28 de julio, modificó el art. 234.2, CP, en el siguiente sentido:

> *"2. Se impondrá una pena de multa de uno a tres meses si la cuantía de lo sustraído no excediese de 400 euros, salvo si concurriese alguna de las circunstancias del artículo 235. No obstante, en el caso de que el culpable hubiera sido condenado ejecutoriamente al menos por tres delitos comprendidos en este Título, aunque sean de carácter leve, siempre que sean de la misma naturaleza y que el montante acumulado de las infracciones sea superior a 400 €, se impondrá la pena del apartado 1 de este artículo.— No se tendrán en cuenta antecedentes cancelados o que debieran serlo".*

De esta forma, se produce, con este cambio legislativo, una asimetría entre el tratamiento de las conductas de multirreincidencia entre el hurto y la estafa, apropiación indebida..., lo que carece, obviamente, de todo sentido (otra vez un Legislador que no sabe legislar). Consecuencia: el Tribunal Supremo, y de la misma forma que lo hizo en relación al 234.2, CP, se enfrenta, por idéntico motivo, a la aplicación del art. 250.1.8º, CP, cuando los delitos cometidos, y que son base para la aplicación de la reincidencia, son leves. La cuestión, pues, está en ver si "persiste la rebelión" de la Sala 2ª.

Como decimos, la Sala 2ª del Tribunal Supremo se rebeló contra el Legislador de 2015, y decidió que la legislación dictada ese año no era adecuada y ello por estimar (la Sala 2ª, por su propia mano) que la pena a la que se podía llegar para los reincidentes en ciertos supuestos —precisamente algunos de los que se pretendía acotar por la norma— conculcaba el principio de "proporcionalidad". Así, la STS 481/2017, 28-6 (*Tol 6197903)* —doctrina que ha sido posteriormente confirmada por otras muchas resoluciones—, asevera "..., para interpretar los arts. 234 y 235 del C. Penal en un sentido que resulte congruente el concepto de multirreincidencia con el concepto básico de reincidencia y que se respete al mismo tiempo el principio de proporcionalidad de la pena, ha de entenderse que cuando el texto legal se refiere a tres condenas anteriores éstas han de ser por delitos menos graves o graves, y no por delitos leves. Y ello porque ése es el criterio coherente y acorde con el concepto básico de reincidencia que recoge el Código Penal en su parte general, y porque, además, en ningún momento se afirma de forma específica en los arts. 234 y 235 que las condenas anteriores comprendan las correspondientes a los delitos leves...Por consiguiente, ha de entenderse que la interpretación de los arts. 234 y 235 del C. Penal que permite acoger un sentido de la norma que resulte más restrictiva y acorde con el concepto legal de reincidencia y con las consecuencias punitivas que conlleva la multirreincidencia es el de que, hasta que no se diga de forma específica y expresa en las referidas normas, no pueden operar en la multirreincidencia los antecedentes penales por delitos leves". Además de la invocación del principio de proporcionalidad y de las facultades hermenéuticas de los tribunales, en otras ocasiones en la jurisdicción se invocó, en el caso de la multirreincidencia, conculcación del principio *non bis in idem* (lo que se pone de manifiesto en numerosas resoluciones de la Jurisprudencia menor, pero también del Tribunal Supremo después de la reforma de 2015, véase en este sentido STS 738/2018, 5-2).

El Tribunal Constitucional ha tenido ocasión de pronunciarse sobre la cuestión de la reincidencia desechando los argumentos de aquéllos que sostienen que en todo caso la dicha agravación conculca el principio de *non bis in idem*. En el sentido anterior la STC 150/1991, 4-7 (*Tol 80562)*, ha dejado dicho: "Pero del propio significado del non bis in ídem se desprende que la agravante de reincidencia del art. 10.15 CP no conculca dicho principio constitucional. En efecto, la apreciación de la agravante de reincidencia supone, como al principio se expuso, la obligatoriedad de tomarla en consideración, como cualquier otra agravante, para aumentar la pena en los casos y conforme a las reglas que se prescriben en el propio Código (art. 58 CP), y, más concretamente, para determinar el grado de aplicación de la pena prevista para el delito y, dentro de los límites de cada grado, fijar —discrecionalmente— la extensión de la pena. Es claro, en consecuencia, que con la apreciación agravante de reincidencia, ya se entienda que afecta al núcleo del delito o sólo a la modificación de la pena, no se vuelve a castigar el hecho anterior o los hechos anteriores, por lo demás ya ejecutoriamente juzgados art. 10.15 CP— y con efectos de cosa juzgada (efectos que no se ven, pues, alterados), sino única y exclusivamente el hecho posterior. En este sentido, es una opción legítima y no arbitraria del legislador el ordenar que, en los supuestos de reincidencia, la pena a imponer por el delito cometido lo sea en una extensión diferente que para los supuestos de no reincidencia. Y si bien es indudable que la repetición de delitos propia de la reincidencia presupone, por necesidad lógica, una referencia al delito o delitos repetidos, ello no significa, desde luego, que]Os hechos anteriores vuelvan a castigarse, sino tan sólo que han sido tenidos en cuenta por el legislador penal para el segundo o Posteriores delitos, según los casos, bien (según la perspectiva que se adopte) para valorar el contenido de justo y Su consiguiente castigo, bien para fijar y determinar la extensión de la pena a imponer. La agravante de reincidencia, por tanto, queda fuera del círculo propio del principio *non bis in ídem…*". Cuestión, pues, la del *bis in idem*, constitucionalmente resuelta.

El Tribunal Supremo, sin embargo y como venimos diciendo, se "agarró" al principio de proporcionalidad para rechazar la aplicación del art. 235.1.7º, CP, en sus propios términos. No obstante esa decisión, no hay que olvidar el tenor de la ya citada STC 150/1991 al respecto: "…el juicio sobre la proporcionalidad de la pena, tanto en lo que se refiere a la previsión general en relación con los hechos punibles como a su determinación en concreto en atención a los criterios y reglas que se estimen pertinentes, es competencia del legislador en el ámbito de su política criminal, siempre y cuando no exista una desproporción de tal entidad que vulnere el principio del Estado de Derecho, el valor de la justicia, la dignidad de la persona humana y el principio de culpabilidad penal derivado de ella (STC 65/1986, antes citada); lo que no cabe extraer, en todo caso y necesariamente, de la apreciación de la circunstancia agravante de reincidencia, ya que ésta ha de ser tenida en cuenta por los Tribunales únicamente dentro de unos límites fijados por cada tipo penal concreto y su respectiva sanción: es decir, para determinar el grado de imposición de la pena y, dentro de los límites de cada grado, la extensión de la pena. Por tanto, no cabe apreciar, desde esta perspectiva, la inconstitucionalidad del art. 10.15 CP".

> El Tribunal Supremo, en su sentencia ya citada (STS 481/2017), ha prescindido de las limitaciones establecidas por el Tribunal Constitucional —acabadas de referir— para aplicar el principio de proporcionalidad, y por esa vía restringir la aplicación de los tipos penales: "..., dentro del marco punitivo que establece el legislador, los tribunales, atendiendo a la redacción de la norma y a los principios constitucionales que han de guiar de forma primordial el significado de los preceptos penales, han de acudir cuando concurren interpretaciones en conflicto a seleccionar la que concilie en mayor medida los principios y valores constitucionales con las descripciones y connotaciones que se desprenden del texto legal, tanto desde una dimensión de cada precepto como del conjunto sistemático del Código. Especialmente cuando afloran contradicciones internas tanto de índole textual como sobre todo axiológicas, tal como se ha venido exponiendo en los fundamentos precedentes". Como puede comprobarse nada se dice de que, como exige el TC: "exista una desproporción de tal entidad que vulnere el principio del Estado de Derecho, el valor de la justicia, la dignidad de la persona humana y el principio de culpabilidad penal derivado de ella". Nada. Sencillamente el Tribunal Supremo se apoderó de la legislación penal —es fácil "arropar" con fraseología jurídica una decisión, cosa distinta es "motivar jurídicamente" en sentido propio— y ha obligado al Legislador a volver...a legislar, que es al Congreso de los Diputados a quien corresponde hacerlo (principio democrático) y no al Tribunal Supremo (principio autoritario).

La Jurisprudencia de la Sala 2ª, recordando la STS 684/2019, 3-2, ha dejado sentado que: "el artículo 250.1.8 CP utiliza la reincidencia como único soporte para configurar un tipo agravado, sin contar con un nuevo supuesto conductual que legitime la cualificación. Las restantes figuras del 250 CP (lo mismo ocurre en relación al artículo 235 CP), en mayor o menor medida construyen su base típica sobre nuevos elementos fácticos. No en cambio el nº 8, que se estructura sobre hechos anteriores que ya han sido penados, pese a lo cual, una vez reconvertidos en antecedentes penales, operan de nuevo para integrar el supuesto específico del subtipo, que dispara la pena. Esos previos delitos fueron objeto de su respectiva condena y vuelven ahora a computar para integrar, sobre la base fáctica de esos antecedentes, un subtipo agravado con una penalidad que va mucho más allá de la que reconduce a la mitad superior de la pena, como la reincidencia (artículo 66.1.3ª), o a la superior en grado, si de la multirreincidencia del artículo 66.1.5ª CP se trata" [ATS 112/2021, 23-9 (*Tol 8662887)*].

El razonamiento de la Jurisprudencia acabado de exponer trae razón de lo expuesto en la ya citada y parcialmente reproducida STS 481/2017, 28-6 (*Tol 6197903)* que interpretó esta agravación, aunque el pronunciamiento lo fue en relación al delito de hurto, y que en resumen venía a decir: "que al reconocer el propio legislador el escaso grado de ilicitud del delito leve de hurto dada la pena de multa que le asigna, su agravación hipercualificada sobre el único soporte de otros delitos leves ya condenados nos sitúa en un terreno muy próximo a la infracción del principio de proporcionalidad de las penas e incluso cercano a la vulneración del principio non bis in ídem. A ello ha de sumarse la unilaterización en que puede incurrirse en orden a la operatividad de los fines de la pena, al centrarse la nueva pena hiperagravada en el fin de la prevención general positiva (aminorar la alarma social y generar la confianza en la vigencia de la norma), vaciando prácticamente de contenido el fin de la prevención especial, al mismo tiempo que se debilita sustancialmente la eficacia del principio de culpabilidad como freno a los excesos punitivos cuando se pone en relación con la ilicitud concreta del hecho que se juzga".

Pues bien, teniendo en cuenta lo acabado de reflejar —cuyos fundamentos ya hemos criticado líneas arriba—, la STS 684/2019, 3-2-2020 (*Tol 7735198)*, manifiesta: "en aplicación de tal doctrina, la figura agravada del artículo 250.1.8º CP no podrá conformarse sobre previas condenas por delitos leves, que quedan excluidos en la formulación de la agravante genérica de reincidencia... Todo ello nos aboca a entender que tal salto agravatorio exige una expresa y clara regulación, como la del hurto, sin que, en su defecto, nos sea permitida una interpretación extensiva y analógica".

Pero la "contestación" del Tribunal Supremo no se limita a afectar a la multirreincidencia del artículo 250.1.8º, CP, sino que se extiende a todos los tipos agravados, ya que la Sala 2ª, STS 684/2019, 3-2-2020, considera, contra lo que el Legislador dispone, que:

> "Lo señalado respecto a la agravación del artículo 250.1.8 es aplicable a las restantes circunstancias que el precepto prevé, pues, aunque sustentadas en distinto fundamento y algunas de difícil, cuando no imposible, encaje estructural con un delito leve, deben ser tratadas desde la misma pauta interpretativa. No es posible desde una interpretación extensiva en contra reo, un doble salto penológico desde el delito leve a la modalidad agravada".

La conclusión, por tanto, es, para la Sala 2ª del Tribunal Supremo: el art. 250.1, CP, limita su ámbito de aplicación a aquellos casos en los que el importe de lo estafado supere los 400 euros, lo cual, por cierto, deja en manos de la Sala la configuración de los tipos penales, lo que resultará especialmente grave en relación al art. 250.1.4º, CP.

2.9. Especial agravación de las penas

El número 2 de este art. 250, CP prevé una híper agravación para el caso en el que concurrieran las circunstancias inclusas en los numerales 4º, 5º, 6º o 7º con el 1º del número 1 de este mismo precepto. Es decir, especial gravedad atendiendo a la entidad del perjuicio y a la situación económica en que deje a la víctima o a su familia, al valor de la defraudación o afectación a un elevado número de personas, al abuso de las relaciones personales, al aprovechamiento de la credibilidad empresarial o profesional o tratándose de estafa procesal, combinadas cualquiera de ellas con el hecho de que la estafa haya recaído sobre cosas de primera necesidad, viviendas u otros bienes de reconocida utilidad social. En estos casos la pena a imponer es de cuatro a ocho años de prisión y multa.

Se trata de una agravación de la pena que sitúa a la estafa en niveles superiores a las lesiones del art. 150 CP o en términos parecidos a la tentativa acabada de homicidio, lo que a todas luces resulta muy excesivo. Además, la integración en la hiper agravación de alguna de las circunstancias no resulta del todo aceptable; por ejemplo, es el caso de la especial agravación por la cantidad defraudada, por la entidad del perjuicio o en referencia al contenido del núm. 6º del art. 250.1, CP. Sólo, por razones de prevención general necesarias en un país como el nuestro donde los promotores inmobiliarios campan por sus respetos ante la mirada complaciente de los poderes públicos y causando un daño incalculable a los españoles, sería admisible semejante súper agravación en relación a la vivienda.

En fin, el último inciso de este 250.2, CP, dispone que la misma pena (cuatro a ocho años de prisión y multa) se impondrá "*cuando el valor de la defraudación supere los 250.000 euros*".

III. MODALIDADES ESPECÍFICAS DE LA ESTAFA

Artículo 251

Será castigado con la pena de prisión de uno a cuatro años:

1.° Quien, atribuyéndose falsamente sobre una cosa mueble o inmueble facultad de disposición de la que carece, bien por no haberla tenido nunca, bien por haberla ya ejercitado, la enajenare, gravare, o arrendare a otro, en perjuicio de éste o de tercero.

2.° El que dispusiere de una cosa mueble o inmueble ocultando la existencia de cualquier carga sobre la misma, o el que, habiéndola enajenado como libre, la gravare o enajenare nuevamente antes de la definitiva transmisión al adquirente, en perjuicio de éste, o de un tercero.

3.° El que otorgare en perjuicio de otro un contrato simulado.

1. Consideraciones generales

Más allá de remotos antecedentes históricos que se hunden en el Derecho Romano en el que estas figuras (al margen queda el contrato simulado), rara mezcla de fraude y falsedad, recibieron el nombre de estelionato (aludiendo, como señala LORCA MARTÍNEZ, a un reptil de piel variante que cambia fácilmente de color por la acción de los rayos del sol), debe decirse que se trata de tipos que han estado presentes en nuestra legislación —no así con esta configuración en la de los otros países europeos de referencia, como Italia y Alemania— desde el CP1848, uniendo en una única figura el daño patrimonial y la falsedad.

Nos encontramos ante estafas impropias [en este sentido STS 1197/2009, 1-12 (*Tol 1762126)*], es decir ante supuestos en los que no tienen por qué concurrir los requisitos de la estafa básica (de otra opinión MUÑOZ CONDE para quien estamos ante tipos que obedecen al mismo concepto general de estafa pero con un marco penal específico), reforzándose esta nota de la autonomía por el hecho de su punición independiente de la estafa [en el mismo sentido véase STS 203/2006, 28-2 (*Tol 850002)*]; subrayándose esta idea de la independencia por el hecho de que si se diera el caso de que en un determinado supuesto concurrieran los requisitos de la estafa propia y de la impropia, nos hallaríamos ante un concurso de leyes a resolver por alternatividad (PÉREZ MANZANO).

En la Jurisprudencia se llega a mantener una tercera posición entre la idea de autonomía y la de tipo específico de la estafa, es la sostenida en la STS 333/2012, 26-4 (*Tol 2540303)*, según la cual: "En primer lugar ha de tenerse en cuenta que no es exigible en los supuestos de estafa impropia del art. 251 la aplicación rígida de los elementos de la estafa común, dado que se trata de preceptos autónomos (STS 780/10, de 16 de septiembre, entre otras), por lo que ha de atenderse para la aplicación de estos preceptos a los elementos fácticos que configuran legalmente los respectivos supuestos típicos, sin que sea necesario constatar la concurrencia específica de cada uno de los elementos típicos de la estafa genérica, aun cuando éstos elementos concurren ordinariamente en los supuestos que el Legislador ha seleccionado para su tipificación específica en el art. 251 del Código Penal". Ciertamente no es fácil terminar de comprender a qué se refiere el Tribunal cuando alude a una "aplicación rígida", más parece que se inclina la resolución por la autonomía de la figura, pero obviamente no está claro.

Más allá de este planteamiento, hay sentencias del Alto Tribunal en las que parecen abonarse, al mismo tiempo, todas las teorías, invocándose en ellas una multitud de sentencias que mantienen los más variados trazados en un esfuerzo aclaratorio vano; resoluciones, por otra parte, muy extensas en las que ninguna decisión se tomó para favorecer la síntesis; es el caso, entre otras, de la STS 495/2021, Ponente Magro Servet 9-6 (*Tol 8484831)*, donde se evidencia que no por ser más extenso se es más claro.

Obviamente, y como primera consecuencia del entendimiento de estas estafas como impropias, a las modalidades del art. 251, CP, no le serán aplicables los tipos agravados del art. 250, CP.

Existe un tercer e interesante dato que ponen de relevancia VALLE MUÑIZ/QUINTERO OLIVARES y es que el perjudicado no tiene por qué ser el adquirente de la cosa (por eso en estos tipos, señalan, se admite la posibilidad de que el perjudicado fuere un tercero), es decir puede que el perjudicado sea el primer propietario o aquél a cuyo favor se estableció la carga o gravamen —véase el art. 1473 CC; por ello, añaden aquellos autores, cuando el adquirente no sea el perjudicado no es posible afirmar la estafa común (casos en los que el adquirente en primer lugar demoró la inscripción registral o la toma de posesión sobre la cosa, y sin embargo el segundo adquirente del inmueble sí inscribió); en tales supuestos puede faltar la relación causal entre el engaño y el perjuicio producido "en la medida en que éste no derivaría del acto de disposición del sujeto engañado".

Llegados a este punto —el de la admisión de la autonomía de esta figura de estafa inmobiliaria—, resulta obligado preguntarse ¿por qué esta protección penal específica del patrimonio inmobiliario y mobiliario con una pena superior a la que corresponde al tipo básico de la estafa? El interrogante viene a cuento, especialmente, porque como es sabido los derechos reales sobre bienes inmuebles gozan de protección particularmente reforzada en el Derecho Civil, tutela que les viene dada especialmente a través del Registro; este dato y el carácter subsidiario del Derecho Penal desaconsejarían, para algunos autores, la protección específica otorgada al patrimonio inmobiliario en el antiguo art. 531, CP (y no sólo a través del Registro se ha venido a incrementar la seguridad jurídica de las transmisiones inmobiliarias en España, sino que, como indica LORCA MARTÍNEZ, otra serie de disposiciones dictadas en los últimos cincuenta años han venido a acudir en auxilio de los adquirentes de inmuebles, así sucede con la legislación sobre suelo, con la de propiedad horizontal, de reforma del notariado, de publicidad registral, arrendamientos y un amplio etcétera; lástima que la falta de vigilancia sobre la aplicación de la legislación por parte de los poderes públicos conviertan a unas normas aprovechables en agua de borrajas —como se puso de manifiesto con el hundimiento del mercado inmobiliario a partir del 2007).

Ciertamente algunos autores (HUERTA TOCILDO) propugnan la tipificación presente en el art. 531, CP, con dos argumentos: 1°) Que no es obligatoria la inscripción registral para los derechos reales sobre bienes inmuebles, con lo que puede haber derechos reales que no se benefician de la inscripción registral; 2°) Que hay relaciones jurídicas sobre cosas no susceptibles de inscripción registral.

Pues bien, al margen de que determinados derechos reales son de inscripción registral y de que en ellos ésta es constitutiva (por ejemplo, la hipoteca, arts. 145 LH y 1875 CC), lo cierto es que la ausencia de obligatoriedad de inscripción de los derechos reales nada dice en contra de la existencia de un sistema de protección cuya falta de uso más bien expresa ausencia de diligencia debida, lo que debilita, de hecho, la tutela del bien frente a terceros (obligaciones de autotutela); pero ello no justificaría, a nuestro entender, el considerar que la falta de inscripción pudiera llegar a beneficiar al estafador: la ausencia de inscripción, así, no debe interpretarse como causa de atipicidad.

Por lo que se refiere a la posesión su protección puede darse tanto a través de las acciones procesales ordinarias que se ejerciten ante los Tribunales como por medio de las específicas acciones para la protección posesoria, es decir de los interdictos (O'CALLAGHAN MUÑOZ/PEDREIRA ANDRADE).

De todas formas, hay que tener en cuenta, primero, que el objeto material en los números 1° y 2° de este precepto se refiere no sólo a los bienes inmuebles sino también a los muebles, con lo que el argumento de la protección registral decae (aunque no en todos los casos); en segundo lugar, y como señala GARCÍA

ARÁN, hay que tener presente que se trata de un tipo delictivo que exige que la conducta engañosa se realice por medio de una falsa atribución de facultades de disposición, o un ocultamiento de gravámenes. Es decir, que frente a la amplitud comisiva que caracteriza el engaño en el tipo básico de estafa, aquí nos encontramos ante un delito con medios legalmente determinados.

Finalmente señalar que en todos los procedimientos que se sigan por el art. 251, CP, el Juez penal se tendrá que pronunciar sobre una buena cantidad de cuestiones prejudiciales de orden civil afectantes a una pluralidad de sujetos y a los registros, por lo que tendrán que ser llamados al procedimiento una multiplicidad de partes. Asimismo las acusaciones, y como señala LORCA MARTÍNEZ, han de pedir expresamente en los escritos de calificación y de conclusiones la nulidad o ineficacia de los actos fraudulentos o simulados y, en su caso, la cancelación de las inscripciones registrales pertinentes (arts. 652 y 790.6 LECrim).

Creemos, no obstante las opiniones aludidas más arriba, que es oportuna la protección penal, con las matizaciones que se efectuarán a continuación, y ello por lo siguiente: 1°) Por la frecuencia de este tipo de estafas —las inmobiliarias— que en los últimos años se han acrecentado en referencia a los llamados "arrendamientos vacacionales" (que evidentemente se han incrementado como consecuencia de la utilización de plataformas informáticas —desgraciadamente no es posible proporcionar números dado que las estadísticas criminales oficiales son un desastre sin paliativos, y las cifras que proporcionan de estafas carecen del mínimo desglose). A esta modalidad de fraude hay que unir el tradicional inmobiliario que se ha incrementado como consecuencia del elevado precio de la vivienda y la velocidad en la tramitación de venta y alquileres, aprovechando todo lo cual se formulan por los sujetos activos ofertas muy atractivas en precio que las víctimas acuden rápidamente, y sin garantías, a cubrir, abonando prestamente cantidades de dinero como aseguramiento de una operación que, al final, resulta frustrada. 2°) Porque tratándose de un bien, la vivienda, donde se lleva a cabo la mayor parte de la vida de los ciudadanos, una estafa que recaiga sobre semejante objeto debe ser especialmente castigada. Además, sería oportuna, y dada la participación en algunos de estos casos de abogados, notarios y agentes de la propiedad inmobiliaria que por su profesión debilitan las defensas de las víctimas, la incorporación de un tipo "fuertemente agravado" que refuerce los efectos preventivo generales —lo que, con una agravación "débil", ciertamente, no sería preciso en relación a los notarios, dado lo recogido en el art. 22.7ª, CP.

De lo que no cabe duda es que de alguno de los supuestos recogidos en el art. 251, CP, no es posible —si no es forzando la tipicidad, es decir: olvidándose de las exigencias del tipo— deducir la presencia de "engaño bastante" en el sentido del art. 248, CP (por ejemplo, el gravar un bien una vez que se ha dispuesto de él: ahí no aparece el engaño, se trata, simplemente, de imposición de una voluntad), por más que alguna doctrina se empeñe en ello. Ello obliga al Legislador a meditar sobre el problema de la venta fraudulenta de bienes inmuebles (pensando fundamentalmente en la vivienda).

No es cuestión, sin embargo, pacífica la del engaño, ni en doctrina ni en Jurisprudencia. Así, la STS 653/2022, 29-6 (*Tol 9123947)*, entiende que: "[D.]ebe revestir las mismas características que se exigen para el que opera como requisito de la estafa genérica, es decir, debe ser un engaño bastante para producir el error en otro, induciéndolo a realizar el acto del que se deriva su perjuicio. Así, se ha señalado que el engaño ha de ser idóneo, de forma que ha de tenerse en cuenta tanto su capacidad objetiva para hacer que el sujeto pasivo del mismo, como hombre medio, incurra en un error, como, al mismo tiempo, las circunstancias subjetivas del sujeto pasivo, o dicho de otra forma, su capacidad concreta para resistirse al artificio organizado por el autor, (STS nº 902/2003, de 17 de junio). La atención a las circunstancias del caso ha sido resaltada también en otras ocasiones (STS nº 686/2002, de 19 de abril), señalando que 'el engaño calificado de 'bastante', tanto por el Legislador de 1973 como por el de 1995, debe atemperarse a las circunstancias del caso, considerando parámetros tanto objetivos como subjetivos, siendo trascendental su entidad para definir la clase de responsabilidad exigida (SSTS entre otras de 2-3, 28-3, 19-5 o 5-6-2000 o 22-1 y 14-5-2001)". Otras resoluciones, sin embargo, llegan a la conclusión contraria [STS 633/2021, 14-7 (*Tol 8523918)*]: "esta Sala ha expresado que el tipo penal tiene plena autonomía del delito de estafa común, de modo que no precisa de los elementos de ésta. El delito no requiere que el perjuicio del primer adquirente resulte de una maniobra engañosa que haya determinado el acto de disposición, sino que este daño derive de una conducta posterior realizada con un tercero. El tipo sólo exige que, habiendo sido efectuada la venta y antes de la definitiva transmisión, el bien se venda nuevamente a otro o se grave la cosa (STS 257/2012, de 30 de mayo)".

En realidad, la tipicidad del art. 251, CP, lo único que exige es que la venta, enajenación o gravamen se lleve a cabo por quien no tiene facultades de disposición. Nada más. ¿Dónde está en la descripción típica la exigencia de "engaño bastante" o simplemente "engaño"? Sencillamente en ningún sitio. Su requerimiento por la Jurisprudencia —y alguna doctrina— obedece, probablemente, a que el art. 251, CP, figura en la misma Sección ("De las estafas") de idéntico Capítulo (VI. De las defraudaciones"), más la tipicidad no ampara la interpretación efectuada por los tribunales.

Finalmente debe indicarse que la inclusión como objetos materiales tanto de bienes muebles como inmuebles en el mismo precepto, conduce en algunos casos más que a la desproporción de la pena al esperpento. Véase en este sentido el ejemplo propuesto por DOPICO GÓMEZ-ALLER: si A vende un melón a B y habiendo dicho éste que pasará a buscarlo por el puesto en una hora, A lo vende a C, le correspondería una pena de hasta cuatro años; pero si en lugar de venderlo de nuevo A se lo regala a un tercero o se lo come, la conducta resultará atípica. Lo que constituye un despropósito. En ese sentido, sería oportuno interpretar el tipo restrictivamente, aplicar, desde luego, el principio de insignificancia, y, legislativamente o bien suprimir como objeto material los bienes muebles, o alternativamente —lo que resultaría más adecuado— restringirlos a los registrales (véase, Real Decreto 1828/1999, de 3 de diciembre, por el que se crea el Registro de Bienes Muebles, en el que se incluyen como registrales, entre otros, a buques, aeronaves, vehículos, maquinaria, etc.).

2. Bien jurídico protegido

Por lo que se refiere al objeto de protección en los dos primeros números de este art. 251, CP, la peculiar naturaleza jurídica de la figura del estelionato, esa mezcla entre falsedad y estafa, señala en la dirección de un delito pluriofensivo, en el que se protege lo propio de las falsedades (de la inventada facultad de disposición sobre los bienes o de las cualidades de los mismos) y del patrimonio individual, a través de la represión de unas conductas que se muestran en una determinada relación típica. En efecto, para la realización de la figura del estelionato no basta con que en la dinámica delictiva concurra un elemento de falsedad, si no que se hace preciso que la falsedad haya sido la dinamizadora de la conducta del despojo. Se trata, pues, de un delito compuesto, de resultado material, en el que el sujeto se atribuye facultades de las que no dispone, y con el que se ataca el patrimonio y la seguridad del tráfico.

La mayor parte de la Doctrina —por todos, LORCA MARTÍNEZ— entiende que nos hallamos ante un tipo de resultado cortado, en el que, por consiguiente, el elemento "perjuicio" es tendencial. No creemos, sin embargo, que este sea el planteamiento correcto, y ello por lo siguiente: 1º) En lo que importa a la pena debe tenerse en cuenta que el tipo del art. 251.1º, CP está sancionado con la pena de uno a cuatro años, y sin embargo el de la estafa básica —que indubitadamente exige perjuicio— con la de seis meses a tres años (si el valor de la cosa excede de 400 €). Se plantearía así un grave problema de proporcionalidad si se interpretara el tipo como lo hace la Doctrina mayoritaria, al castigarse con una pena mucho más grave una conducta que puede ser bastante más leve —la falsa atribución de facultades de disposición sobre una cosa mueble—; 2º) Como ya hemos puesto de manifiesto al tratar más atrás el delito de extorsión —y a cuya argumentación nos remitimos—, la expresión "en perjuicio" no indica indubitadamente finalidad. Es decir, el tipo exige el efectivo perjuicio, por lo que estamos ante un delito de resultado material que se consumará con la producción del mentado deterioro patrimonial.

3. Objeto material

La acción —en los dos primeros números del art. 251, CP— ha de recaer sobre un objeto verdaderamente existente (en sentido contrario GARCÍA ARÁN), y a esa conclusión se arriba a partir de la definición típica. En efecto, en el art. 251.1º, CP, la referencia es a atribuirse una facultad de disposición de la que se carece; pues bien ello implica que el objeto es real, pues de otra forma no es que se carezca de facultades de disposición, sino que éstas, sencillamente, no existen —esta distinción entre lo inexistente y lo nulo recorre todo el Ordenamiento Jurídico, y tiene una especial presencia en el ámbito administrativo. Pero, además, la exigencia de la realidad del objeto se cohonesta mejor con el bien jurídico protegido en esa combinación entre falsedad y estafa, puesto que de no existir verdaderamente el objeto no nos hallaríamos ante un delito pluriofensivo, dado que la seguridad del tráfico sólo es posible afectarla cuando se trata de objetos reales (desde luego que lo dicho no impide encontrar otras tipicidades —y singularmente la del tipo básico de estafa— para aquellos casos en los que el objeto sobre el que el sujeto se atribuye imaginarias capacidades no existe).

Objeto material lo es cualquier cosa mueble o inmueble. Por lo que importa a los bienes muebles parte de la doctrina sostiene que objeto material lo constituyen, exclusivamente, las cosas que pueden quedar registradas en los registros jurídicos especiales de gravámenes y las sujetas a limitaciones judiciales de disposición (LORCA MARTÍNEZ). Desde luego que esta interpretación no se vincula a la literalidad del precepto y no se deduce directamente de éste; más aún, históricamente el tipo no ha respondido a semejante planteamiento. En efecto, en el CP1848 el delito de estelionato se refería, genéricamente, a "cosa", sin mayores especificaciones (arts. 444, y 455, CP1850); en el de 1870 se limitó el objeto material a las cosas inmuebles (art. 550), pero sólo referido a la conducta que hoy se recoge en el número 1° del art. 251, CP (no consideró el Legislador la necesidad de alusión directa a los bienes inmuebles en el caso del número 2°, a pesar de que es posible la constitución de gravámenes sobre ciertas cosas mueble —lo que se admitía ya desde el Derecho Romano, incluso en referencia a la hipoteca a la cual se la caracterizaba por oposición a la prenda, y a diferencia de lo que ocurría en el Derecho germánico, sobre la nota de desplazamiento/no desplazamiento— y dadas las limitaciones al respecto, que hacían aceptable la indiferenciación en cuanto a la naturaleza de las cosas), manteniéndose en los mismos términos en los arts. 724.12, CP1928; 525, CP1932; 531, CP1944, y en igual precepto del CP1973. No es hasta el CP1995 cuando en los dos primeros números de este art. 251, CP, aparece la referencia a bienes muebles e inmuebles, sin ninguna limitación más allá de las que se deduzcan de la naturaleza de los bienes y de las prescripciones del Ordenamiento (véase, en referencia a los muebles, la Ley de Hipoteca Mobiliaria y Prenda sin Desplazamiento de posesión, de 16 de diciembre de 1954).

En todo caso no puede dejar de admitirse que la redacción del precepto no es afortunada. En efecto, ha de tenerse en cuenta que el art. 251, CP, y tal y como hemos señalado más arriba, carece de límite mínimo de cuantía, por lo que cualquier bien —indiscutiblemente los inmuebles— con independencia de su valor queda integrado en él (hay autores, como LORCA MARTÍNEZ, que en su magnífico estudio sobre el art. 251, CP, "soluciona" este problema "confiando" en que la naturaleza de los bienes que él considera afectados por el precepto, impida que con un valor inferior a los 400 € puedan ser objeto del delito; sin embargo, teóricamente el problema no está resuelto, y prácticamente hay bienes inmuebles —como pequeñas parcelas inútiles entre dos fundos— que no alcanzan ese valor). Obviamente la conclusión no es aceptable desde el punto de vista de la proporcionalidad, por lo que además de instar la reforma de la ley en este punto en el sentido de establecer un límite con referencia a la cuantía y de introducir una limitación en cuanto a los bienes muebles afectados por el precepto, en el caso concreto se deberá acudir a la solicitud de indulto.

4. Modalidades típicas

Tres son los comportamientos que se sancionan en este art. 251, CP: 1°) Enajenar, gravar o arrendar una cosa mueble o inmueble, atribuyéndose falsamente facultades de disposición sobre la cosa; 2°) Disposición de una cosa mueble o inmueble con ocultación de gravámenes; 3°) Otorgamiento de un contrato simulado.

4.1. La primera modalidad exige como elementos típicos: a) Atribución falsa de facultades de disposición; b) Enajenación, gravamen o arrendamiento; c) Perjuicio propio o de tercero.

a) La facultad de disposición implica capacidad de hacer en relación a tres tipos de actos: enajenación, gravamen o arrendamiento. Debe tratarse de una atribución de facultades de disposición falsa (es decir, de un fingimiento), falsedad que puede derivar tanto de no haberla tenido nunca (lo cual puede ser consecuencia, también, de un exceso sobre poderes ciertos de representación) como de haberla ya ejercido (en este segundo caso, obviamente, nos hallaremos ante un delito especial) y, por tanto, haberse extinguido la facultad correspondiente. En todo caso esa atribución falsa se constituye en el mecanismo de actuación del sujeto activo; ello requerirá, en alguna de las modalidades abrazadas por el precepto —en otras no—, captar la voluntad del sujeto pasivo para llevarle a error, por lo que tiene que estar revestida de la suficiente credibilidad. Ello no supone —porque la tipicidad no lo exige— requerir la existencia de un "engaño bastante", basta con una representación por parte del sujeto activo en el sentido de aparentar que posee facultades de disposición sobre la cosa. En otros casos, simplemente, lo que el autor de la conducta debe hacer es, sencillamente, volver a actuar sobre el bien gravándolo (por ejemplo, sería el caso de atribución mendaz —falsedad documental— de un poder de ruina, mediante el cual se grava un bien).

Debe tenerse en cuenta que la compraventa de cosa ajena no es, de por sí, una conducta prohibida, aunque civilmente ese negocio incluye la obligación a cargo del vendedor, para el perfeccionamiento del contrato, de comprar la cosa objeto del mismo a su dueño o, de otra forma, indemnizar (véanse los arts. 1475 y ss., CC). Esa responsabilidad por evicción es la mejor demostración de la validez del contrato (véase CUENA CASAS, entre otros; sin embargo, algún otro autor —como MANRESA Y NAVARRO— pone en duda la validez del contrato). También la doble venta tiene un ámbito en Derecho civil, dependiendo de la naturaleza del bien y de si se ha efectuado o no la *traditio*, en el art. 1473 CC (véase FERNÁNDEZ CHACÓN).

b) Por "enajenación" hay que entender la transmisión de la propiedad o de un derecho sobre algo; por "arrendamiento", como acto de administración, la transmisión del uso o goce temporal sobre una cosa o derecho (por ejemplo, el usufructo), y por "gravamen" imponer una obligación o limitación sobre una cosa.

La enajenación, gravamen o arrendamiento lo realiza el sujeto activo sin tener facultad de disposición bien por haberla ya ejercido o por no haberla tenido nunca. En cuanto a la primera modalidad nos encontraremos en un caso de doble venta (o arrendamiento o gravamen), que se diferencia del recogido en el apartado 2° de este art. 251, CP, en que en este último caso la venta no se ha consumado por ausencia de *traditio*, sin embargo en el primer supuesto esa transmisión ya se produjo con la consecuencia de que la propiedad se transmitió.

Por eso alrededor del concepto de enajenación utilizado en el apartado 2° del art. 251, CP, se ha originado una considerable controversia. En efecto, al respecto se han enfrentado diversos enfoques como consecuencia de la exigencia o no de la *traditio* para entender consumada la venta: por una parte las que requieren título y modo, de forma tal que a falta de la efectiva *traditio* sostienen que no se puede entender consumada la enajenación; y por otra las posiciones que optan por un concepto más apegado a las exigencias tuitivas del Derecho Penal, para las cuales bastaría la venta en documento privado —aún ante la ausencia de transmisión— para considerar consumada la venta a efectos típicos. Esta última es la posición que se ha manifestado mayoritaria; así, en la STS 819/2009, 15-7 (*Tol 1589487)* [con cita de las precedentes SSTS 1193/02, 28-6 (*Tol 203259)*, y 263/1994, 14-2 (*Tol 402636)*] se sostiene: "*la existencia de la doble venta punible exige que el vendedor mantenga la disposición y la titularidad de los bienes vendidos de tal manera, que cuando realiza la segunda venta sepa y conozca la realización de la anterior, aunque haya sido en documento privado y no haya transmitido la disposición, exteriorizando de esta manera su propósito defraudatorio. Si hubiese dejado de tener la disposición al haberse consumado la venta anterior no existiría propiamente una segunda venta y simplemente se trataría de un contrato simulado o fingimiento de venta, modalidad de estafa que viene prevista en el párrafo primero del artículo 531 antes citado, añadiendo que 'si el vendedor, además de otorgar el documento privado de venta, cumpliéndose el perfeccionamiento del contrato como dispone el artículo 1450 del Código Civil, hubiese seguido la entrega de la cosa vendida, aunque hubiese sido simbólica o instrumentalmente, lo que hubiese determinado la consumación de la compraventa, al entregarse la disposición, la segunda venta no sería tal, sino que el sujeto fingiría ser dueño de algo que ya no es suyo*". En el mismo sentido la STS 1927/2002, 19-11 (*Tol 229801)* estima: "*En otras palabras, los dos párrafos del art. 531 del CP, Texto de 1973, contemplan dos supuestos distintos, el de la venta consumada, mediante la realización del título y el modo, y el de la venta no consumada porque el vendedor, pese a la realización de un contrato —título— no ha transmitido la cosa —modo—, pero la venta ha sido realizada. A esta posición nos adscribimos con reiteración de la jurisprudencia de esta Sala que así ha interpretado este tipo penal. La argumentación de la sentencia impugnada, en cuanto refiere la atipicidad de la conducta declarada probada porque no existió una auténtica compraventa al no concurrir la 'traditio', entendiendo que existe un derecho de crédito del 'comprador' frente al vendedor, pero no una enajenación que pueda ser considerada como tal y presupuesto de la estafa inmobiliaria, no puede ser compartida toda vez que la interpretación conjunta de los dos párrafos del art. 531, permite distinguir los dos supuestos antes referidos: la venta consumada, con título y modo, y la realizada y no transmitida que es objeto de nueva enajenación, doble venta, al que se refiere el segundo párrafo del art. 531 del Código Penal aplicable a los hechos*". En definitiva, y como expresa la STS 46/2009, 27-1 (*Tol 448776)*, el primer contrato de compraventa realizado, aunque carezca de efectos reales, prohíbe al vendedor cualquier acto dispositivo posterior, y todo ello con el objeto de poder así atender la obligación contraída de entregar la cosa en los términos convenidos. Por ello, a efectos típicos, la falta de *traditio* es indiferente para afirmar la concurrencia de "enajenación". Este planteamiento fue consagrado con la nueva redacción que el Legislador otorgó al contenido del actual artículo 251.1 al hacer referencia a "la definitiva transmisión al adquirente" [véase también STS 630/2020, 20-11 (*Tol 8412650)*, con cita de numerosas resoluciones].

Por lo que importa a la segunda modalidad, se trata de casos en los cuales al no haber tenido nunca el sujeto activo facultades de disposición sobre la cosa, entre la atribución falsa de aquéllas y el perjuicio sí se producirá el correspondiente enlace causal.

c) En cuanto al perjuicio constituye una cuestión controvertida especialmente en relación a los supuestos en que el perjudicado —ex art. 1473 CC— resulta ser el primer adquirente de la cosa (si es inmueble), pues aunque tomó posesión de la misma no la inscribió en el Registro cosa que sí hizo el segundo comprador (obviamente cuando el vendedor y el segundo adquirente han actuado de consuno para defraudar al primer comprador, si se logra enervar la presunción de buena fe en el segundo comprador que inscribió la cosa quedará bajo el imperio del primer comprador, ello, desde luego, no impedirá, como señala BAJO FERNÁNDEZ, que el perjudicado lo sea el primer comprador; véase STS 457/2021, 27-5 (*Tol 8463871*).

En el caso del arrendamiento —al no ser aplicable una disposición como la del art. 1473, CC— el perjudicado será el segundo arrendatario, y en el del gravamen dependerá del tipo de limitación que implique éste.

4.2. La segunda modalidad típica es la conocida como doble venta u ocultamiento de gravámenes. En lo que importa a este segundo caso estamos ante supuestos en los que el vendedor (que necesariamente ha de tener facultades de disposición sobre la cosa o derecho que enajena, lo que determina que nos encontramos ante un delito especial) esconde al comprador la existencia de cargas sobre la cosa. Por lo que se refiere a la interpretación del término "carga", ésta viene signada por la antigua dicción del art. 251, CP (art. 531, CP1973). En efecto, en el viejo precepto la referencia era a "gravamen", lo que había originado toda una discusión sobre el alcance, más o menos amplio, de la expresión (véase una exposición de las distintas opciones en STS de 12-11-1987 (*Tol 2346096*). Con la modificación introducida en el precepto con el CP1995 se optó por la interpretación más amplia: cualquier tipo de gravamen, ya sea personal, real, de garantía, *ius ad rem*, derechos de disfrute *in re aliena*, es decir: se incluye cualquier acuerdo que sujete la cosa al cumplimiento de una obligación. En este sentido se pronuncia la Jurisprudencia que, por ejemplo, en STS 109/1999, 27-1 (*Tol 272764*), afirma que por "gravamen" se entiende no sólo prendas o hipotecas, sino también anotaciones preventivas, embargos judiciales y prohibiciones de enajenar. Por cierto, que en relación a lo acabado de expresar debe tenerse en cuenta que el CP1973, en el viejo art. 531, no se refería a "gravamen" como categoría sino a cosa "gravada", lo mismo que sucede en el 251 del CP vigente, a lo que se añade la expresión "carga" en el art. 251.2º.

Sobre la determinación conceptual de lo que sea "carga" resulta de interés la STS 215/2004, 23-2 (*Tol 365538*), dictada para resolver una controversia sobre si ocultar un defecto en la construcción —aluminosis— constituía una "carga" en el sentido del tipo del art. 251.2º, CP. Dice la sentencia citada al respecto: "El concepto de carga, por mucha flexibilidad que el legislador quiera atribuir, no puede desbordar la idea que esta Sala ha venido manejando al considerar como tal: "cualquier gravamen que pudiera pesar sobre la finca afectando de forma directa su valor de mercado", pero en todo caso debe incidir particular e individualizadamente sobre la vivienda o inmueble en general y alguna persona (física o jurídica) debe ostentar la titularidad de tal carga. La doctrina de esta Sala ha llegado a decir que el gravamen a que el precepto se refiere no queda limitado exclusivamente a las reales como prendas o hipotecas, sino también a anotaciones preventivas, embargos judiciales y prohibiciones de enajenar. Pero no debe alcanzar a una resolución general de un Ayuntamiento (Decreto) que trata de paliar una emergencia que ocasiona un daño en las viviendas de un importante número de vecinos, y que con tal finalidad prevé o proyecta un Plan de actuación especial para evitar peligros o favorecer socialmente a las personas afectadas. La carga o gravamen supone una limitación en las facultades de disponer y disfrutar del dueño de la cosa en beneficio de la persona en cuyo favor se constituye. En nuestro caso, las dificultades o limitaciones del disfrute provienen de un vicio oculto o deficiencia de la cosa al que el Ayuntamiento de Badalona trata de subvenir atribuyendo beneficios al titular del inmueble. No puede ser carga —en suma— lo que no limita facultades del titular de la finca gravada sino que establece actuaciones beneficiosas de la Administración en favor de dicho titular".

Pues bien, este ocultamiento de cargas descrito en el tipo (y que puede llevarse a cabo tanto por acción como por omisión aprovechando el error ajeno) tiene de ordinario la importancia de ser decisorio bien en el precio de la cosa, bien en la prestación misma del consentimiento, y de ahí el fraude y el perjuicio. Es decir: hay un ocultamiento de un elemento esencial del negocio para afrontar la decisión de su compra; en este sentido STS 1686/2001, 24-9 (*Tol 67201*) —en materia de vivienda no deben olvidarse las severas obligaciones que impone a los vendedores y arrendadores el RD 515/1989, de 21 de abril, sobre protección de los consumidores en cuanto a la información a suministrar en la compra-venta y arrendamiento de viviendas.

Por lo que se refiere a las obligaciones de autoprotección, la Jurisprudencia estima que incluso respecto de aquellas cargas que son de constitución registral, el ocultamiento de las mismas puede dar lugar a la realización del tipo. En este sentido se afirma: "La inscripción en el Registro de la Propiedad que necesariamente acompaña a toda hipoteca (es un elemento formal constitutivo de la misma) no impide que este delito pueda cometerse. Es claro que cuando el comprador adquiere el inmueble en una Agencia API con establecimiento abierto al Público y oferta de venta del mencionado inmueble, no hay desconfianza en el adquirente que le incite a acudir al Registro Público para comprobar si hay algún gravamen sobre el bien que adquiere. En todo caso, como dice la STS 846/2000 de 22.5, incluso sin las circunstancias específicas del presente supuesto, es claro que la posibilidad de acudir al Registro de la propiedad para conocer la existencia del gravamen no impida la realización del delito" [STS 802/2007, 16-10 (*Tol 1177298*); véase también, STS 336/2020, 19-6 (*Tol 7995789*)].

En cuanto a la modalidad de la omisión en el ocultamiento de cargas debe partirse del dato de que el vendedor tiene obligaciones específicas de información tal y como hemos señalado (también DOPICO GÓMEZ-ALLER) respecto de la existencia de, en este caso, cargas en la cosa objeto del negocio, de forma que si aquél no proporciona esa información que posee sobre la existencia de cargas, estará incumpliendo el correspondiente deber y, por lo tanto, su "no información" se equiparará a "ocultamiento".

Para la Jurisprudencia [STS 333/2012, 26-4 (*Tol 2540303)*], "[s]e trata de resolver si dicha expresión [ocultamiento] se refiere únicamente a un comportamiento omisivo del vendedor, es decir no transmitir al comprador la información normativamente pertinente sobre la existencia de la carga, o también se integra con un comportamiento activo, afirmando falsamente que la carga está cancelada. Y en este sentido procede estimar que ambos comportamientos son punitivamente equivalentes, pues si se afirma falsamente que una carga ha sido cancelada, se está ocultando que la carga persiste, y se está provocando igualmente un error al comprador. Error determinante de un desplazamiento patrimonial mayor del que correspondería realizar en caso de conocer que la carga persiste, ocasionándose con ello al comprador el ilícito perjuicio que la norma penal pretende evitar. En consecuencia, en ambos casos debe tener lugar la imputación objetiva del resultado típico al vendedor porque ha infringido su deber de veracidad al ocultar una información relevante para la decisión del comprador, bien por omisión, al no informar de la existencia de la carga, bien por acción, al informar falsamente sobre su cancelación. Constituye un criterio jurisprudencial consolidado en la aplicación de este tipo delictivo que el precepto demuestra que el Legislador ha querido constituir al vendedor, en el ámbito de la compraventa, en garante respecto del no surgimiento de una falsa representación en el comprador relativa a la ausencia de gravámenes sobre la cosa, ya en el momento de celebración del contrato, y por tanto el vendedor tiene el deber de informar al comprador sobre tales gravámenes en el momento mismo del acuerdo de voluntades generador de la obligación (SSTS de 17 de febrero de 1990 y 18 de julio de 1997, entre otras)".

Tema distinto es el de los niveles de información a proporcionar al sujeto pasivo que debe tratarse de la suficiente, de la relevante, como para que el sujeto pueda comprender globalmente la situación jurídica del bien. Pero esa "suficiencia" dependerá, entre otros extremos, de la calidad del sujeto pasivo, de forma que en caso de tratarse de profesionales de ese tipo de transacciones los deberes de autoprotección se incrementan. DOPICO GÓMEZ-ALLER señala que "[p]ara el Alto Tribunal en este ámbito la buena fe contractual rige de un modo distinto, pues existe en cierta medida un principio de desconfianza mercantil, y los estándares de autotutela que se exigen a los comerciantes son especialmente altos".

Particulares problemas pueden plantear aquellos casos en los que "se cuenta la verdad, pero no del todo" (omitiendo partes significativas del mensaje que debería transmitirse) o las "medias verdades" (que el autor citado a continuación define como "mensaje que, por omitir una matización debida en virtud de un deber de información, significa algo distinto de lo que espera el receptor") o la "omisión de datos relevantes" (utilizo la terminología usada por DOPICO GÓMEZ-ALLER). La cuestión no está únicamente en saber si estamos ante una omisión o no: es verdad, como el último autor advierte y GIMBERNAT ORDEIG y otros también, que en no pocas ocasiones no es posible aislar completamente las acciones de las omisiones (en el ejemplo clásico del guarda agujas que se va a dormir la siesta pero no se levanta en la hora a la que hubiera debido para, precisamente, cambiar agujas, se entrecruzan ambas), y en todo caso ello, en puridad, poco importa, lo fundamental consiste en determinar si la omisión (o la acción con esa "media verdad") era relevante en relación a la información que estaba obligado el vendedor a transmitir al sujeto pasivo para que éste pudiera tomar una decisión "responsable". El problema se complica, además, cuando con "actos concluyentes" —véase DOPICO GÓMEZ-ALLER—, que pueden revestir muy diversas modalidades —además, tácitos o no— puede privarse al comprador de los datos nucleares que, junto con otros, fueran decisivos para adoptar la decisión... en el caso concreto (por ejemplo, se le oculta a este último el dato de que el suelo sobre el que está edificada la vivienda es una concesión administrativa que finaliza en diez años). Así, omisiones, acciones, actos concluyentes, tácitos, expresos. Lo fundamental es que en el caso concreto la información no proporcionada fuera relevante en el negocio que se va a llevar a cabo, lo que no sólo tiene que afectar a comprar o no sino también a hacerlo en unas u otras condiciones que fueran relevantes para el negocio jurídico (por ejemplo, no comunicar deuda relevante con la comunidad de propietario, o decisiones de ésta de llevar a cabo prontamente una reforma del inmueble que implique un gasto significativo para los comuneros).

En cuanto a la doble venta se ha de tener en cuenta, además de lo dicho más atrás sobre el concepto de enajenación y de perjuicio, que en lo que se refiere a la *traditio* son muchas las formas de realizar la traslación del dominio sobre la cosa, así "el otorgamiento de escritura pública es una de las formas de tradición (modo) traslativo del dominio sobre la cosa que el vendedor se ha obligado en el contrato a entregar (título), pero en ningún caso la única. Los arts. 1462 y 1463, CC no exigen esa forma de tradición, sino que la admiten junto a otras formas tales como la entrega de las llaves o el sólo acuerdo o conformidad de los contratantes, en ciertas condiciones, o la más genuina y propia que es poner la cosa en poder y posesión del comprador (art. 1462 párrafo primero)" [STS 1080/2009, 16-10 (*Tol 1747884)*]. De forma tal que si se produjo la *traditio* de acuerdo a cualquiera de las distintas modalidades de la misma, ya no estaremos ante el supuesto del apartado 2° del art. 251, CP si se lleva a cabo una segunda enajenación, sino ante el del número 1° del mismo precepto legal.

En la doble venta el ardid del sujeto activo (que necesariamente tiene que ser alguien que poseía facultades para haber llevado a cabo una enajenación o gravamen sobre la cosa) consiste en fingir una capacidad de disposición que ya no tiene, conducta que se lleva a cabo mediante ocultamiento al contratante de que anteriormente se ha llevado a cabo la enajenación del bien.

4.3. En relación al contrato simulado previsto y penado en el art. 251.3º, CP, lo primero que debe decirse es que la participación en un negocio jurídico simulado, excepción hecha de lo previsto en el art. 251.3º, CP, no constituye un hecho típico [STS 631/2024, 20-6 (*Tol 10083968*)]. En segundo término, no se entiende muy bien el por qué aparece entre las estafas, siendo así que en no pocas ocasiones, y tal y como señala MUÑOZ CONDE, nos encontraremos ante un alzamiento de bienes (cuando la simulación se realiza para perjudicar a un acreedor), en otras ante un fraude fiscal, en unas terceras ante una estafa procesal [véase el supuesto contemplado en la SAP, Madrid, Sección 7ª, 43/2010, 23-3 (*Tol 1899764*)], en algunos casos con falsedad en documento privado [art. 395, CP, de ahí los nombres de falsedad defraudatoria o estafa documental con los que se conoce a este delito de simulación de contrato; que se plantearía un concurso a resolver por alternatividad: STS 4406/2010, 15-7 (*Tol 1945115*)], y muy difícilmente ante algo parecido a una estafa en sentido propio (tanto es así que la Jurisprudencia del Tribunal Supremo [véase STS 1305/2009, 22-12 (*Tol 1781397*)] entiende que hay heterogeneidad entre simulación de contrato y estafa]. A la vista de lo acabado de reflejar es lógico que en punto al bien jurídico protegido se señale no sólo el patrimonio sino el tráfico jurídico [STS 1621/2005, 26-12 (*Tol 839422*)].

4.3.1. Se trata de un delito en el que es necesaria la intervención de una pluralidad de sujetos activos, tratándose, por tanto, de un delito plurisubjetivo; lo "que no impide que excepcionalmente pueda cometerse en casos de autocontratación mediante el correspondiente poder" [STS 631/2024, 20-6 (*Tol 10083968*)].

4.3.2. La STS 669/2009, 1-6 (*Tol 1560674*) exige para poder apreciar este tipo los siguientes condicionamientos: *"a) en cuanto a la acción, el hecho de otorgar un contrato como sinónimo de extender un documento público o privado y a través del que se pone de relieve un negocio jurídico sin existencia real alguna (simulación absoluta) o con ocultación del contrato verdadero (simulación relativa); b) desde la óptica de la antijuridicidad, que el resultado de la simulación tenga una valoración perjudicial de carácter patrimonial, conforme a la normativa jurídica que regula el tráfico de bienes; y c) en cuanto a la culpabilidad, que se tenga conciencia y voluntad libre de la simulación realizada, de la que debe derivarse, con toda claridad, la existencia de un ánimo tendencial dirigido a causar el perjuicio patrimonial que ha de redundar en beneficio de los sujetos activos de la acción".*

Por lo que se refiere a la simulación absoluta, se trata de un supuesto en el que las partes se ponen de acuerdo para aparentar la realización de un contrato cuando verdaderamente no quieren celebrar ninguno —estaríamos así ante un contrato radicalmente nulo por ausencia de causa, ex art. 1275, CC; en el caso de la simulación relativa lo que hacen las partes es encubrir mediante un contrato aparente la celebración de otro distinto (el ejemplo prototípico consiste en aparentar con una compraventa lo que en realidad no pasa de ser una donación).

La existencia de simulación exige la presencia de tres elementos: "*divergencia consciente entre voluntad y declaración, intención de crear una apariencia engañosa para el público, y existencia de un acuerdo simulatorio. Este tercer requisito consiste en un pacto —previo o simultáneo al contrato aparente— en el que las partes, de mutuo acuerdo, deciden la operación en su conjunto, fijando cuál será el contrato aparente y cuál, en su caso, el contrato disimulado. El contenido y función del acuerdo simulatorio varía en la simulación absoluta y en la relativa. En la simulación absoluta (por ejemplo, compraventa fingida), es preciso que, antes o simultáneamente a las respectivas declaraciones de comprar y vender, las partes se hayan puesto de acuerdo para emitir unas declaraciones de voluntad contrarias a su verdadera intención, o sea la de no concluir contrato alguno (ni la compraventa que aparece al exterior ni ningún otro). En la simulación relativa, en el acuerdo simulatorio las partes han de dejar claro que tras el contrato aparente existe otro que es el realmente querido, fijando los términos de éste último; el acuerdo simulatorio es el que dota de contenido al contrato disimulado*" [SAP, Albacete, Sección 2ª, 00009/2010, 16-3 (*Tol 1878622)*].

No constituyen supuestos de simulación, según la STS 653/2022, 29-6 (*Tol 9123947)*, los casos de "el padre que administra bienes del hijo y finge deudas inexistentes (STS 9.5.77) o el dueño del inmueble que finge un contrato de arrendamiento inexistente para evitar el lanzamiento (STS 6.5.76), los contratantes no falsean las facultades o poderes con los que contratan, sino la causa real de su acuerdo que no es la que aparece sino otro objetivo consistente en causar un perjuicio a un tercero que no aparece presente en el contrato simulado (STS 26.2.98 Caso Argentia Trust)".

4.3.3. En lo que importa al perjuicio, su producción condiciona la consumación del tipo delictivo, y tiene que ser consecuencia del otorgamiento del contrato simulado. Así, por ejemplo, cuando para evitar acciones de terceros sobre un inmueble se simula un contrato de arrendamiento [supuestos contemplados en las SSTS 1040/2002, 4-6 (*Tol 202460*), y 1001/2002, 30-5 (*Tol 203274*)].

4.3.4. Finalmente, y en lo que se refiere a la pena, señalar que este precepto no contiene ninguna referencia a un mínimo cuantificable de perjuicio como en cambio ocurre con las estafas de los arts. 248 y s. CP (400 euros), lo que provoca los problemas a los que más atrás se hacía alusión.

5. *Iter criminis*

Se han planteado problemas en la determinación de la consumación en algunos casos en los que, en la modalidad de imposición de gravámenes sobre el inmueble, la, *v.gr.*, hipoteca constituida después de haber sido transmitida la propiedad y careciendo de facultades de disposición, ha sido anulada por un Juzgado de lo Mercantil no habiéndose llegado a ejecutar la misma. Pero este hecho no impide el que se haya producido un perjuicio porque "...el que el perjuicio, en el sentido de disposición patrimonial por parte de los compradores, no se llegara a hacer efectivo, supone confundir, en el caso, lo que es la fase final de agotamiento con la de consumación, porque perjuicio efectivo hubo, desde el momento en que se impone un gravamen sobre unos bienes sobre los que no se tiene facultad de disposición… pues es la hipoteca, como carga para esa propiedad, lo que genera un perjuicio económico, en cuanto repercute en su valor o facilidades de disposición" [STS 69/2024, 25-1 (*Tol 9863564)*].

6. Concursos

6.1. Ya hemos hecho notar más atrás que en la doctrina, partiendo de que en el caso de la estafa inmobiliaria nos encontraríamos ante un tipo autónomo, la conclusión para el supuesto de concurrencia de la estafa común y la inmobiliaria sería la de aplicación del principio de alternatividad (PÉREZ MANZANO; en contra, BENÍTEZ ORTUZAR).

La Jurisprudencia, sin embargo, no resuelve siempre de la misma forma, y podemos encontrar todo tipo de soluciones, también desde luego contradictorias, en los fallos de la Sala 2ª del Tribunal Supremo, más allá de que los supuestos pueden complicarse cuando en el concurso entra la aplicación de distintas agravaciones de las contenidas en el art. 250, CP, singularmente de las contempladas en el apartado 2 del precepto, que pudiera llevar la pena a un marco de entre cuatro y ocho años de prisión [véase un muy largo y tedioso resumen a este respecto en la STS 152/2024, 21-2 (*Tol 9911950)*].

Pues bien, partiendo de que la estafa inmobiliaria no fuera un tipo autónomo, la STS 355/2021, 29-4 (*Tol 8422164)*, concluye: "Por lo tanto, y aunque ello conduzca a la aplicación más restrictiva del tipo básico (arts. 248 y 249) y a la de un primer subtipo agravado respecto del mismo (art. 251), la correcta protección de los bienes jurídicos afectados por conductas que la norma considera más graves, aconseja considerar que, por aplicación del principio de especialidad, será aplicable en primer lugar el artículo 250.1 y 2 (pena de 4 a 8 años de prisión y multa de 12 a 24 meses), cuando concurran las circunstancias previstas en él, es decir, la 1ª del artículo 250.1 junto con las previstas en los apartados 4.º, 5.º, 6.º o 7.º del mismo artículo. En segundo lugar, se aplicará el artículo 250.1 (pena de 1 a 6 años de prisión y multa de 6 a 12 meses) en caso de no concurrir de la forma expuesta las circunstancias antes referidas, pero apreciando la concurrencia de cualquiera de las circunstancias de este artículo 250.1. En tercer lugar, se aplicará el artículo 251 (pena de 1 a 4 años de prisión) cuando, no siendo aplicables los anteriores preceptos, concurran las circunstancias previstas en el mismo. De la misma forma será aplicable en los casos en que por las características de los hechos no sea aplicable el tipo general de la estafa, por no apreciarse la concurrencia del engaño. Y, finalmente, en cuarto lugar, serán aplicables los artículos

248 y 249 (pena de 6 meses a 3 años de prisión), cuando no sean aplicables los anteriores preceptos. De tal manera que la regulación de la estafa vendría constituida por un tipo básico y tres subtipos progresivamente agravados en atención a la gravedad de la conducta y a las necesidades de protección de los bienes jurídicos, de manera que, para resolver el concurso aparente de normas, es aplicable el principio de especialidad. En todo caso, si se reconocieran distintas especialidades sin posibilidad de optar por alguna de ellas de modo preferente, la aplicación del principio de alternatividad conduciría a la misma solución" [en el mismo sentido, STS 476/2023, 16-6 (*Tol 9652194)*].

Es evidente que la opción por el art. 251 o por el 248/250, CP (tipo autónomo aquél o meramente agravado) resulta fundamental, también, a efectos de prescripción del delito en atención al plazo de 5 años que correspondería en el caso del art. 251 y de 10 en el supuesto de aplicación del art. 250, todos del CP.

6.2. En lo que importa al principio acusatorio la Jurisprudencia se inclina por considerar estafa del art. 248 y estafa inmobiliaria del art. 251, ambos del CP, como delitos homogéneos [por ejemplo, SSTS 724/2022, 14-7 (*Tol 9140681*), y 745/2012, 4-10 (*Tol 2665148*)].

Problemas se han planteado, también, sobre homogeneidad, entre los apartados 1° y 2° del art. 251, CP. A este respecto, la STS 164/2019, 27-3 (*Tol 7153682*), indica:

> *"En ambos casos, a los efectos que ahora nos interesan, se dispone o enajena un bien a un tercero, y se ocasiona un perjuicio, bien al nuevo adquirente, bien a un tercero. Y en ambos casos, el enajenante carece de la libre disposición del bien, circunstancia que oculta al tercero y configura el engaño propio del delito de estafa. En el supuesto del número 1 porque ya ha dispuesto previamente del bien y ha transmitido su propiedad a otra persona. Al estar perfeccionada y consumada la primera venta, existe una venta de cosa ajena. Y en el supuesto contemplado en el número 2 porque, no obstante haber realizado un acto de disposición sobre el bien, la venta no se ha perfeccionado al no haberse producido la entrega de la cosa vendida. Al no estar perfeccionada la primera venta, solo existe doble venta. Es el supuesto que, por sus efectos, contempla el artículo 1473 del Código Civil. — La única diferencia radica por ello en que en el primer supuesto, en la primera venta celebrada ha operado la "traditio" y con ello se ha producido la transmisión de la titularidad sobre el bien, mientras que en el segundo aquella todavía no se ha producido, lo que no implica que el titular ostente la libre disposición del bien en cuestión. Y ello porque, aunque no exista la "traditio", real o ficticia, como modo de adquirir el dominio según los arts. 609, 1.095, 1.400 y 1.462 y siguientes del Código Civil, concurre un "ius ad rem" o vocación próxima al derecho real. Ese "ius ad rem" obligacional en su origen y real en su finalidad, es un derecho que recae sobre cosas específicas y resulta incompatible con cualquier otro que se le contraponga, y presenta además una naturaleza sui generis que se aproxima más al derecho real que al obligacional. Por consiguiente, con la celebración del contrato de compraventa se pierde la facultad dispositiva sobre el bien, y al vendedor de un inmueble en contrato privado, aunque la venta no fuese seguida de tradición real o ficticia, le queda rigurosamente prohibido disponer de lo ya vendido, con la trascendencia punitiva prevista ahora en el artículo 251.2 del Có-*

digo Penal. En definitiva, el primer contrato de compraventa realizado, aunque carezca de efectos reales, prohíbe al vendedor cualquier acto dispositivo posterior, bien fuera de enajenación o de gravamen, para así poder cumplir la obligación contraída de entregar la cosa en los términos convenidos.— En consecuencia, debe concluirse estimando que nos encontramos ante delitos homogéneos, por lo que los acusados no se han visto privados de la oportunidad de defenderse frente a los hechos que integraban la calificación finalmente adoptada por el Tribunal".

6.3. Con falsedades documentales, cuya solución dependerá de la naturaleza del documento de que se trate: 1°) En el caso de que fuera un documento privado se trata de concurso de normas —para evitar el bis in idem— entre estafa y falsedad del art. 395, CP. En este caso, y sigo en lo que continúa a DOPICO GÓMEZ-ALLER, se podrían presentar las siguientes opciones: a) concurso entre estafa consumada y falsedad, se aplicará el delito de estafa por consunción al tratarse, la estafa, de un delito de resultado; b) entre estafa intentada y falsedad, se aplica falsedad por especialidad. 2°) Si se tratara, en cambio, de documento público, oficial o mercantil, hay que acudir al concurso de delitos para posibilitar que la calificación abrace la totalidad de lo injusto, concurso que será, generalmente, medial, aunque en ocasiones puede ser real, en casos de que haya desconexión entre ambos (véanse los concursos en la Lección anterior).

IV. RESPONSABILIDAD PENAL DE LAS PERSONAS JURÍDICAS

Art. 251 bis

Cuando de acuerdo con lo establecido en el artículo 31 bis una persona jurídica sea responsable de los delitos comprendidos en esta Sección, se le impondrán las siguientes penas:

a) Multa del triple al quíntuple de la cantidad defraudada, si el delito cometido por la persona física tiene prevista una pena de prisión de más de cinco años.

b) Multa del doble al cuádruple de la cantidad defraudada, en el resto de los casos.

Atendidas las reglas establecidas en el artículo 66 bis, los jueces y tribunales podrán asimismo imponer las penas recogidas en las letras b) a g) del apartado 7 del artículo 33.

En cuanto a este precepto indicar que no es suficiente para imponer la pena a la persona jurídica el mero comprobar su intervención en cualquiera de los delitos comprendidos en esta Sección, sino que, además, han de cumplirse los criterios de imputación a los que se refiere el art. 31 bis, CP.

En este último sentido, se afirma en la STS 958/2023, 21-12 (*Tol 9863964*): "La responsabilidad penal de la persona jurídica surgirá, no porque ella actúe con dolo o con imprudencia, sino porque alguien dependiente de ella y/o actuando en su nombre (un empleado o un directivo: art. 31 bis, CP) ha cometido un delito doloso o imprudente, según los casos. Tratándose de estafa ha de ser necesariamente con dolo (art. 12, CP). Si nadie del entorno o ámbito de la empresa ha intervenido dolosamente en la estafa no podrá nacer responsabilidad penal de la persona jurídica (otra cosa serían las posibles acciones civiles por actuaciones negligentes); no porque su conducta (la de la empresa) no sea dolosa, sino porque falta un presupuesto esencial del art. 31 bis para esa responsabilidad penal de un ente colectivo: que alguien, obrando por cuenta o bajo su dependencia, haya cometido una infracción punible en beneficio de aquél. Sin esa premisa no se activa el mecanismo del art. 31 bis. Si ese presupuesto estuviese cumplido, —solo entonces— sería preciso explorar si existían mecanismos internos de prevención que permiten excluir la responsabilidad penal de la persona jurídica".

V. BIBLIOGRAFÍA

ANTÓN ONECA, J. "Estafa", *NEJ*, t. IX, 1982; ARROYO DE LAS HERAS, A. *Los delitos de estafa y falsedad*, Barcelona, 2006; ASÚA BATARRITA, A. "El daño patrimonial en la estafa de prestaciones unilaterales (subvenciones, donaciones, gratificaciones). La teoría de la frustración del fin", *ADPCP*, 1993; *id.* "Estafa común y fraude de subvenciones: de la protección del patrimonio a la protección de la institución subvencional", en *LH-Tiedemann*, 1995; BAJO FERNÁNDEZ, M. "Estafa de abuso de crédito mediante el descuento bancario de 'letras vacías' o no comerciales", *ADPCP*, 1977; *id.* "La llamada letra de colusión y el delito de estafa", *RDPriv*, 1978; *id.* "Protección penal de los instrumentos de pago y de crédito: presente y futuro", *Revista de Derecho bancario y bursátil*, nº 15, 1984; *id.* "El delito de estafa (art. 528 del Código penal)", *CLP*, t. V, vol. 2, 1985; *id.* "Las faltas de estafa y apropiación indebida (art. 587.3 del Código penal)", *CLP*, t. V, vol. 2, 1985; *id.* "Las circunstancias que agravan la estafa (art. 529 del Código penal)", *CLP*, t. V, vol. 2, 1985; *id.* "Enajenación, gravamen o arrendamiento de un bien enajenado (art. 531 del Código penal)", *CLP*, t. V, vol. 2, 1985; *id.* "Protección penal del crédito", *PJ*, nº esp. 9, 1989; *id.* *Los delitos de estafa en el Código penal*, Madrid, 2004; *id.* "Pequeña reflexión sobre los juicios de valor y la mentira", en *LH-Cobo del Rosal*, 2005; BOIX REIG, J. *Estafas y falsedades. Análisis jurisprudencial*, Madrid, 2005; *id.* "La agravante del artículo 250.1.6ª del Código penal", *LL-penal*, nº 44, 2007; BECERRA BRICEÑO, J. "La evolución histórico dogmática de la estafa procesal en España y Alemania", *InDret*, nº 2, 2018; *id.*, "La evolución de la estafa procesal en el Derecho Penal español", en *LH-Silva Sánchez*, 2019; BOLDOVA PASAMAR, M. A. "La desaparición de las faltas en el proyecto de reforma de Código penal de 2013", *REDPC*, nº 1612, 2014; CAMARGO HERNÁNDEZ, C. "Hurto impropio y otorgamiento de contrato simulado", *ADPCP*, 1964; id. "Estudio histórico-dogmático sobre el artículo 532 del vigente Código penal", en *LH-Pereda*, 1965; CANCIO MELIA, M. *Conducta de la víctima e imputación subjetiva. Estudios sobre los ámbitos de responsabilidad de víctima y autor en actividades arriesgadas*, Montevideo/Buenos Aires, 2022; CARMONA SALGADO, C. "Acerca de algunas estafas específicas del nuevo Código Penal", en *LH-Moreno Quesada*, vol. 1, 2000; CASTIÑEIRA PALOU, M. T., CORCOY BIDASOLO, M., y SILVA SÁNCHEZ, J. Mª "La reforma del artículo 531 del Código Penal", *LL*, nº 4, 1985; CEREZO MIR, J. "La estafa procesal", *ADPCP*, 1966; CERVELLÓ DONDERIS, V. "Algunas cuestiones sobre la delimitación de la estafa", *RGD*, 1991; *id.* "Sujetos pasivo masa y fraude colectivo", en *LH-Broseta Pont*, vol. 1, 1995; CONDE-PUMPIDO FERREIRO, C. *Estafas*, Valencia, 1998; CUE-

LLO CALÓN, E. *La protección penal del cheque,* 3ª ed., Barcelona, 1959; CUELLO CONTRERAS, J. "La intencionalidad como criterio de distinción entre la estafa y el ilícito civil", *Indret,* nº 2, 2019; CUGAT MAURI, M. "La discutible bondad de la supresión del libro III", *CPC,* nº 113, 2014; DE LA MATA BARRANCO, N. "Perjuicio patrimonial sin menoscabo económico (disminución monetariamente evaluable) en el delito de estafa. (Incorporación a la jurisprudencia del Tribunal Supremo del denominado concepto personal de patrimonio en la sentencia de 23 de abril de 1992)", *PJ,* nº 34, 1994; *id.* "El concepto de patrimonio y daño patrimonial en el delito de estafa", en AA.VV. *Fraude y corrupción en el Derecho penal económico europeo,* Cuenca, 2006; DE VICENTE MARTÍNEZ, R. *La nueva regulación de las faltas como delitos leves, infracciones administrativas o ilícitos civiles tras la reforma penal de 2015,* Madrid, 2015; DI MEGLIO, A. "Estafa procesal: el impacto de la calidad especial del juez como sujeto engañado en el requisito de idoneidad del ardid", *RDPC,* nº 7, 2013; DÍAZ PALOS, F. "Cheque (protección penal)", *NEJ,* t. VI, 1975; DÍEZ SABINA, M. "Protección penal del crédito", *PJ,* nº esp. 9, 1989; DOPICO GÓMEZ-ALLER, J. "Los delitos de estafa en el tráfico inmobiliario", en POZUELO PÉREZ, L. (coord.) *Derecho penal de la construcción: aspectos urbanísticos, inmobiliarios y de seguridad en el trabajo,* 2ª ed., Granada, 2012; *id.* "La estafa sobre datos registrales", *InDret,* nº 3, 2006; *id.* "Fraudes de anticipos: estafa inmobiliaria y apropiación indebida", *LL-penal,* nº 59, 2009; *id.*, "Estafa y dolo civil: criterios para su delimitación", *Dereito: Revista xuridica da Universidade de Santiago de Compostela,* nº 1, 2012; *id.*, "Estafas y otros fraudes en el ámbito empresarial", en DE LA MATA BARRANCO, N. J. y otros, *Derecho Penal Económico y de la empresa,* 2ª ed., Madrid, 2024; *id.*, "La 'consumación subjetiva anticipada' del robo con fractura interna (y los riesgos de la copypaste-prudencia), *EPC,* 2024; FARALDO CABANA, P. *Las nuevas tecnologías en los delitos contra el patrimonio y el orden socioeconómico,* Valencia, 2009; *id.*, *Los delitos leves. Causas y consecuencias de la desaparición de las faltas,* Valencia, 2016; FEIJOO SÁNCHEZ, B. "Crisis económica y Derecho Penal: responsabilidad de intermediarios financieros por la comercialización de productos de terceros, incremento de insolvencias y de la conflictividad social", en SERRANO PIEDECASAS, J. R., y DEMETRIO CRESPO, E. (dirs.) *El Derecho Penal económico y empresarial ante los desafíos de la sociedad mundial del riesgo,* Madrid, 2010; FERNÁNDEZ CHACÓN, I. "La doble venta", en *Anuario de Derecho Civil,* nº 3, 2018; FERNÁNDEZ TERUELO, J. G. "Los créditos bancarios y el Derecho penal", *LL,* nº 1, 2000; *id.* "Capítulo 31 Estafas (arts. 248, 249, 250 y 251)", en ÁLVAREZ GARCÍA, F. J., y GONZÁLEZ CUSSAC, J. L. (dirs.) *Comentarios a la Reforma Penal de 2010,* Valencia, 2010; FERRER SAMA, A. "Estafa procesal", *ADPCP,* 1966; GALÁN MUÑOZ, A. "El nuevo delito del artículo 248.3 CP: ¿un adelantamiento desmedido de las barreras de la protección penal del patrimonio?", *LL,* nº 3, 2004; *id. El fraude y la estafa mediante sistemas informáticos. Análisis del artículo 248.2 CP,* Valencia, 2005; GALLEGO SOLER, J. I. *Responsabilidad penal y perjuicio patrimonial,* Valencia, 2002; *id.* "Fundamento y límites de los deberes de autoprotección de la víctima en la estafa. (Comentario a la STS 1217/2004, de 2 noviembre 2004 Ponente: Excmo. Sr. D. J. R. Berdugo y Gómez de la Torre)", *ADPCP,* 2005; GARCÍA MOSQUERA, M. "La respuesta penal ante el fraude de seguro: cuestiones problemáticas de la anticipación de la punibilidad", *RDP,* nº 14 (2005); *id. La estafa de seguro,* Madrid, 2006; GARCÍAS PLANAS, G. "Relaciones concursales entre los delitos de estafa y falsedad", en *Diccionario de DPE,* 2008; GIMBERNAT ORDEIG, E. "Imputación objetiva y conducta de la víctima", *ADPCP,* vol. LVIII, Fasc. 3, 2005; GISBERT POMATA, M. "La estafa procesal en el proceso civil: su apreciación por los tribunales", *Revista de Derecho Procesal,* nº 13, 2004; GÓMEZ BENÍTEZ, J. M. "Función y contenido del error en el tipo de estafa", *ADPC,* 1985 [=*Estudios penales,* 2001]; GÓMEZ LANZ, J. *La interpretación de la expresión "en perjuicio de" en el Código Penal,* Madrid, 2006; GÓMEZ ORBANEJA, I. *Derecho Procesal Civil,* Madrid, 1976; GÓMEZ RIVERO, M. C. "¿Víctimas culpables: ¿victimodogmática, dogmática penal o intuición?", *CPC,* nº 113, 2014; GONZÁLEZ CUSSAC, J. L. "Los delitos contra el patrimonio en el Proyecto de reforma del Código Penal de 2007", en VVVV, *La reforma de la justicia penal,* Valladolid, 2008; *id.*, "Reestructuración de los delitos de estafa y nuevas figuras vinculadas con los medios de pago de pago distintos del efectivo (arts. 248 y 249)", en

AA.VV. *Comentarios a la LO 14/2022, de la reforma del CP,* Valencia, 2023; GONZÁLEZ EXTREMERA, J. *La estafa mediante título mercantil abstracto (art. 250.1.3 CP). Un estudio de la repercusión del Derecho penal sobre el ciudadano,* Tesis doctoral, Universidad de Barcelona, 2000 (disponible en); GUDÍN RODRÍGUEZ-MAGARIÑOS, F. "Absolución de un delito de estafa a una curandera que cobró por comprometerse a curar a un enfermo terminal de cáncer. (Comentario a la STS de 2 de febrero de 2007)", *LL-penal,* n° 38, 2007; VON HENTIG, H. *Estudios de psicología criminal,* t. III (La estafa), Madrid, 1960; HERRERO HERRERO, C. "El concepto plural de estafa en el Código Penal vigente", *LL-penal,* n° 33, 2006; IZQUIERDO ASENSIO, R. "El fraude inmobiliario y el registro de la propiedad", *EDJ,* n° 13, 1998; IZQUIERDO SÁNCHEZ, C. *Estafas por omisión. El engaño y la infracción de los deberes de información,* Barcelona, 2018; JAÉN VALLEJO, M. "Estafa realizada mediante cheque", *RECPC,* 04-j6, 2002; JIMÉNEZ VILLAREJO, J. "Las barreras de defensa en los delitos contra el patrimonio. Entre la confianza y la desconfianza", *CPC,* 1999; JIMÉNEZ-VILLAREJO FERNÁNDEZ, F. "La delincuencia económica y las nuevas tecnologías: el fraude informático", *RDP,* n° 27, 2009; JOVE JANÉ, J. "La necesaria supresión del delito de cheque en descubierto", en *LH-Pérez Vitoria,* t. I., 1983; KINDHÄUSER, U. "Sobre el perjuicio patrimonial en la estafa", *AP,* 2002; LAMATA ROS, M. "A vueltas con el bien jurídico de la estafa procesal", *Diario La Ley,* n° 9756, 2020; LANDROVE DÍAZ, G. *Los fraudes colectivos,* Barcelona, 1978; LÓPEZ BARJA DE QUIROGA, J. "Constitución y Derecho penal", *CPC,* 1987; *id.* "Problemas actuales de los delitos de estafa, fraude de subvenciones, apropiación indebida y administración desleal", *MFC,* n° 14, 2001; LORCA MARTÍNEZ, J. "El carácter pluriofensivo de la estafa del artículo 531 CP", *AP,* 1993; *id. El fraude en la transmisión de bienes,* Madrid, 1992; *id. Las estafas del artículo 251 del Código Penal de 1995,* Pamplona, 1997; *id.* "Estudio de las estafas impropias y de un supuesto de atipicidad", *LL,* n° 1, 2006; LUZÓN CUESTA, J. M. "Cheque en descubierto", *EJB*; MAGRO SERVET, V. "Los contratos civiles criminalizados. Análisis de las diferencias existentes entre el delito de estafa y los meros incumplimientos contractuales del orden civil. ¿Dónde radica el elemento diferencial?", *LL,* n° 6, 2001; *id.* "Consideración de concurso medial de falsedad documental y estafa en la utilización de tarjetas de crédito falsas: acuerdo del Tribunal Supremo de 18 de julio de 2007", *LL,* n° 5, 2007; MANJÓN-CABEZA OLMEDA, A. "Naturaleza de las circunstancias del artículo 529 del Código penal. La circunstancia primera: especial referencia a las viviendas", *LL,* n° 3, 1988; MARAVER GÓMEZ, M. *El Principio de confianza en derecho penal: un estudio sobre la aplicación del principio de autorresponsabilidad en la teoría de la imputación objetiva,* Cizur Menor, 2009; *id.,* "La regulación de la multirreincidencia en los delitos de hurto tras la reforma producida por la Ley orgánica 9/2022, de 28 de julio", *REDPC,* 25-13, 2023; MARTÍN GARCÍA, P. "Falsedad y estafa", *CDJ,* t. XI, 1995; MARTÍNEZ-BUJÁN PÉREZ, C. "Las relaciones entre el delito de estafa y el delito de fraude de subvenciones en el nuevo CP español de 1995", en *LH-Valle Muñiz,* 2001; *id., La estafa de inversores y crédito (El art. 282 bis CP),* Valencia, 2012; MARTOS NÚÑEZ, J. A. *El perjuicio patrimonial en el delito de estafa,* Madrid, 1990; MARZAL RODRÍGUEZ, P. "Cuestiones sobre el delito de estelionato en el derecho histórico español", en *LH-Casabó Ruiz,* vol. 2, 1997; MATA Y MARTÍN, R. M. *Estafa convencional, estafa informática y robo en el ámbito de los medios electrónicos de pago. El uso fraudulento de tarjetas y otros instrumentos de pago,* Pamplona, 2007; *id.* "Los delitos defraudatorios en el sistema penal español", en AA.VV. *Cuestiones actuales de derecho penal empresarial,* 2010; MATA Y MARTÍN, R. M., y JAVATO MARTÍN, A. M. "Tratamiento jurídico penal de los fraudes efectuados con tarjetas de pago: doctrina y jurisprudencia", *Revista de Derecho y Nuevas Tecnologías,* n° 20, 2009-2; MAZA MARTÍN, J. M. "La reforma necesaria del Código Penal en materia de tarjetas bancarias", *CDJ,* t. VI, 2002; MIRA BENAVENT, J. "El delito de estafa en el Proyecto de Ley de reforma del Código Penal de 2007", en AA.VV. *La adecuación del Derecho penal español al ordenamiento de la Unión Europea,* 2008; MONER MUÑOZ, E. "Protección penal del crédito", *PJ,* n° esp. 9, 1989; MUÑOZ CLARES, J. "La tentativa de estafa procesal", *LL,* n° 5, 2003; MUÑOZ CONDE, F. "Falsedad y estafa mediante abuso de crédito e instrumentos crediticios", *CDJ,* t. XI, 1995; *id.* "De la llamada estafa de crédito", *RGDP,* n° 9, 2008; *id.* "Estafa de crédito", en *Diccionario de DPE,* 2008; MUÑOZ CUES-

TA, J. "Estafa a pluralidad de personas y falsedad documental. Comentario a la sentencia del Tribunal Supremo (Sala 2ª) de 10 de mayo de 1990", *LL*, nº 1, 1991; *id.* "Engaño bastante en el delito de estafa: El solo uso de tarjeta de crédito sustraída por quien no es titular no motiva el delito de estafa. Comentario a la STS, Sala 2ª, de 3 de junio de 2003", *RJA*, nº 7, 2003; *id.* "Un paso más en la determinación de la figura del perjudicado en abono de cheque falso por entidad bancaria: Comentario a la STS, Sala 2ª, de 24 de junio de 2008", *RJA*, nº 15, 2008; *id.* "Estafa informática: introducción de datos falsos en operaciones mercantiles vía internet que motivan transferencias de dinero no consentidas", *RAD*, nº 1, 2009; MUÑOZ SABATÉ, L. "La *probatio diabolica* del incendio doloso del asegurado", *LL*, nº 6, 1996; NIETO MARTÍN, A. "El papel del engaño en la construcción de un delito de estafa en la UE", en AA.VV. *Fraude y corrupción en el Derecho penal económico europeo*, Cuenca, 2006; NÚÑEZ CASTAÑO, E. *La estafa de crédito*, Valencia, 1998; OCAÑA RODRÍGUEZ, A. *Transmisiones de bienes fraudulentas*, Madrid, 1998; OLIVA GARCÍA, H. *La estafa procesal*, 2ª ed., Madrid, 1974; ORTEGA CALDERÓN, J. L. "La emancipación cuantitativa de las estafas informáticas tras la reforma operada por la LO 14/2022, de 22 de diciembre", *Diario La Ley*, nº 10.400, 2023; PASTOR MUÑOZ, N. "Engaños punibles y mentiras impunes: un análisis de los límites del engaño típico en el delito de estafa a la luz del caso de la Sentencia del Tribunal Supremo de 18 de julio de 2003, ponente Andrés Ibáñez", *ADPCP*, 2003; *id.* "El redescubrimiento de la responsabilidad de la víctima en la dogmática de la estafa", en SILVA SÁNCHEZ, J. Mª (coord.) *¿Libertad económica o fraudes punibles? Riesgos penalmente relevantes e irrelevantes en la actividad económico-empresarial*, Madrid, 2003; *id. La determinación del engaño típico en el delito de estafa*, Madrid, 2004; *id.* "La construcción de un tipo europeo de estafa: Rasgos de la definición del comportamiento típico", en AA.VV. *Fraude y corrupción en el Derecho penal económico europeo*, Cuenca, 2006; PASTOR ZAPATER, N. "Estafa y negocio ilícito. Algunas consideraciones a propósito de la STS de 13 de mayo de 1997", *RDPC*, nº 5, 2000; PAZ RUBIO, J. M. "Estafa cometida por un administrador societario frente a la propia entidad", *LL-penal*, nº 12, 2005; PEDRAZ PENALVA, E. *Introducción al Derecho Procesal Penal (acotado al ordenamiento jurídico nicaragüense)*, Managua, 2003; PELIGRÍN LÓPEZ, A. "El notario ante la estafa inmobiliaria y la doble venta", en FUENTES MARTÍNEZ, J. J. (coord.) *Delitos económicos: la función notarial y el Derecho penal. Seminario organizado por el Consejo General del Notariado en la UIMP en agosto de 2006*, Cizur Menor, 2007; PÉREZ ALONSO, E. J. *Teoría general de las circunstancias: especial consideración de las agravantes "indeterminadas" en los delitos contra la propiedad y el patrimonio*, Madrid, 1995; *id.* "La estafa de seguro", en *LH-Bacigalupo Zapater*, 2004; *id.* "La estafa de seguro", *LL-penal*, nº 33, 2006; *id.*, "El delito masa y los tipos agravados de estafa por el valor de la defraudación y afectar a un número elevado de personas", en *LH-Martínez Ruiz*, 2022; PÉREZ MANZANO, M. "Acerca de la imputación objetiva en la estafa", en *LH-Tiedemann*, 1995; PÉREZ VALENZUELA, J. "Una lección de Derecho cambiario penal", *RGD*, nº 477, 1984; PÉREZ DEL VALLE, C. "El engaño omisivo en la estafa", *CPC*, 1996; *id.* "La prueba del dolo en la estafa. (Comentario a la STS 393/1996, de 8 de mayo)", *ADPCP*, 1996; POLAINO NAVARRETE, M. "Aspectos penales de la regulación española sobre fraudes inmobiliarios", en *LH-Tiedemann*, 1995; PORTERO GARCÍA, L. "La infracción por cheque en descubierto tras la Ley Cambiaria y del Cheque", *CDJ*, t. XV, 1995; PUENTE ABA, L. M. "Problemas de aplicación de la estafa a posibles supuestos de fraudes bancarios", *RGDP*, nº 61, 2015; *id.*, "El caso Bankia: cuestiones sobre la interpretación de los artículos 282 bis y 290 del Código penal", en *LH-Corcoy Bidasolo*, vol. 2, 2022; QUERALT JIMÉNEZ, J. J. "La doble venta: el artículo 531.II del Código Penal", *CDJ*, t. XV, 1995; QUINTERO OLIVARES, G. "El nuevo delito de cheque en descubierto", *RGLJ*, nº 233, 1972; *id.* "Mitos y racionalidad en el delito de estafa (apuntes sobre el significado práctico de la antijuridicidad)", *RdPP*, nº 3, 2000; *id.* "Fraudes y defraudaciones ante una reforma del Código Penal", en AA.VV. *La reforma del Código Penal tras 10 años de vigencia*, Pamplona, 2006; *id.* "Introducción" en VALLE MUÑIZ, J. M. *El delito de estafa. Delimitación jurídico-penal con el fraude civil*, Barcelona, 1987; REBOLLO VARGAS, R. "Propuestas para la controversia en la delimitación típica del delito de estafa: la distinción con el fraude civil y la reinterpretación del engaño", *RdPP*, nº 19, 2008; *id.* "Engaño en el delito de estafa", en *Diccionario de DPE*, 2008; DE RIVACOBA Y RIVACOBA, M. *El delito de contrato simulado*, Madrid, 1992; RODRÍGUEZ DE MIGUEL RAMOS, J. *La autoprotección en la estafa en la jurisprudencia del Tribunal Supremo*, Valencia, 2013; RODRÍGUEZ INIESTA, G. "La estafa procesal en el ámbito social (CP ART. 250.1.7º)", en ALBELEIRA COLAU, M. (dir.) *Los delitos laborales*, Madrid, 2024; RODRÍGUEZ MONTAÑÉS, T. "Acerca del momento consumativo en la estafa y del concepto de perjuicio patrimonial", *PJ*, nº 39, 1995; RODRÍGUEZ MOURULLO, G. "La protección penal del cheque y de la letra de cambio", en AA.VV. *Derecho cambiario. Estudios sobre la ley cambiaria y del cheque*, Madrid, 1986; *id.* "Defraudación", en *Diccionario de DPE*, 2008; RODRÍGUEZ PUERTA, M. J., y MORÓN LERMA, E. "Capítulo 36 Delitos relativos al mercado y a los consumidores", en ÁLVAREZ GARCÍA, F. J., y GONZÁLEZ CUSSAC, J. L. (dirs.) *Comentarios a la Reforma Penal de 2010*, Valencia, 2010; RODRÍGUEZ RAMOS, L. "¿Derecho penal figurativo, abstracto o surrealista? La prescripción y la estafa en el "Caso de los Albertos" (STS 14 de marzo de 2003)", *AJA*, nº 597, 2003; ROLDÁN BARBERO, H. "Exposición y análisis de la jurisprudencia del Tribunal Supremo sobre las relaciones de la estafa con la falsedad documental cometida por particular", *LL*, nº 5, 1999; ROMEO CASABONA, C. M. "Estafa y defraudaciones", *EJB*; *EPB*; ROMEO MALANDA, S. "La relevancia jurídico-penal de la conducta de la víctima en los delitos de estafa", en *LH-Lidón*, 2002; DEL ROSAL, J. "De la relación concursal entre falsedad y estafa", *ADPCP*, 1949; *id.* "Del dolo penal y civil en la estafa", *ADPCP*, 1954; *id.* "Cheque en descubierto (S. 6 de noviembre de 1967)", *ADPCP*, 1967; RUBIO MAYO, L. "Doble venta y la venta de bienes gravados", *CDJ*, t. XV, 1995; RUIZ ANTÓN, L. F. "Problemas concursales en el cheque en descubierto [art. 563 bis b) últ. párr.]", *CLP*, t. XIV, vol. 2, 1992 [=*AFDUE*, nº 9, 1991]; RUIZ VADILLO, E. "Algunas consideraciones sobre el nuevo delito de cheque en descubierto", *RGD*, 1972; SÁNCHEZ DOMINGO, M. B. "Algunas consideraciones acerca del delito de fraude informático", *RDP*, nº 11, 2004; id. "Criminalidad informática. Reflexiones acerca del tratamiento penal de la estafa informática y la falsedad documental", en AA.VV. *Estudios jurídicos sobre la sociedad de la información y nuevas tecnologías*, Burgos, 2005; SANCHÍS CRESPO, C. (coord.) *Fraude electrónico. Panorama actual y medios jurídicos para combat*irlo, Navarra, 2013; SELCUK, S. "El objeto del delito de estafa", *CPC*, 1986; SERRANO GONZÁLEZ DE MURILLO, J. L. "La duda de la víctima como forma de error en el delito de estafa", *CPC*, 1993; SERRANO HOYO, G. "Algunas consideraciones sobre la estafa procesal", *AFDUE*, nº 14-15, 1996-1997; SERRANO-PIEDECASAS FERNÁNDEZ, J. R. *La estafa en el contrato de seguro*, Barcelona, 1991; SILVA SÁNCHEZ, J. Mª "El Derecho Penal bancario en España", *AP*, 1994; *id.* "La estafa de seguro. (Criminología, dogmática penal y política criminal)", *CPC*, 1987; SOLAZ SOLAZ, E. "Relaciones entre los delitos de estafa y falsedad en el ámbito económico", *EDJ*, nº 93, 2006; *id.* "La especial configuración de las estafas impropias", *LL-penal*, nº 42, 2007; SOTO NIETO, F. "Relaciones concursales entre la falsedad documental y la estafa", *LL*, nº 1, 2000; *id.* "Estafa cualificada por su realización mediante cheque", *LL*, nº 7, 2001; *id.* "De nuevo sobre la estafa realizada mediante la utilización de cheque", *LL*, nº 7, 2002; *id.* "Delito continuado de estafa. Especial gravedad ante el valor de lo defraudado", *LL*, nº 7, 2002; *id.* "Letra de favor. Su relación con el delito de estafa", *LL*, nº 3, 2003; *id.* "La estafa procesal y sus características", *LL*, nº 5, 2003; *id.* "Estafa agravada por utilización de cheque. Supuesto de falsedad", *LL*, nº 5, 2003; *id.* "Estafa de hospedaje", *LL*, nº 5, 2004; *id.* "Estafa procesal en grado de tentativa", *LL*, nº 4, 2005; *id.* "El delito de estafa. Descuento de letra de cambio no comercial", *LL*, nº 2, 2006; *id.* "Estafas impropias. Doble venta de un bien", *LL*, nº 3, 2006; *id.* "Del engaño bastante y del deber de autotutela en el delito de estafa", *LL*, nº 3, 2006; *id.* "Documento privado falso como medio de comisión de un delito de estafa", *LL*, nº 4, 2006; *id.* "Engaño «bastante» en el delito de estafa. Factor subjetivo", *LL*, nº 1, 2009; SUÁREZ MONTES, R. F. *El cheque en descubierto*, Barcelona, 1965; *id.* "Concurrencia de cheque en descubierto y estafa", *RJAst*, nº 8, 1985 [=*EPC*, t. X, 1987]; *id.* "La protección penal de los títulos valores", en *Economía y Derecho Empresarial. El reto europeo a la Empresa Española: Análisis interdisciplinar*, Pamplona, 1988 [=*RJAst*, nº 10-11, 1987-1988]; *id.* "Estafa mediante cheque en el Proyecto de

Código Penal de 1994", en *LH-Aurelio Menéndez*, 1996; *id.* "Estafa mediante cheque en el Código Penal de 1995", *ADPCP*, 1995 (=*RJAst*, nº 20, 1996); TORÍO LÓPEZ, A. "Acción y resultado típico de la estafa procesal", en *LH-Antón Oneca*, 1982; *id.* "Estafa de crédito y abuso punible de letras de cambio en la reforma del sistema penal", *EPC*, t. V, 1982; VALLE MUÑIZ, J. M. "Tipicidad y atipicidad de las conductas omisivas en el delito de estafa", nº 3, *ADPCP*, 1986; *id. El delito de estafa: delimitación jurídico penal con el fraude civil*, Barcelona, 1987; "Sobre algunas circunstancias que agravan la responsabilidad criminal en el delito de estafa. (Art. 529, circunstancias 5ª, 7ª y 8ª del Código penal)", *RJCat*, 1988; VARONA GÓMEZ, D. *Estafa y falsedad en títulos-valores (cheque, pagaré y letra de cambio)*, Pamplona, 2002; VELASCO NÚÑEZ, E. "Fraudes informáticos en red: del phishing al pharming", *LL-penal*, nº 37, 2007; *id.*, *La reforma de la estafa*, Madrid, 2023; VELASCO NÚÑEZ, E., y SANCHÍS CRESPO, C. *Delincuencia informática, tipos delictivos e investigación: con jurisprudencia tras la reforma procesal y penal de 2015*, Valencia, 2019; VILLACAMPA ESTIARTE, C. "Sobre la tipificación de las falsedades documentales en el Código Penal de 1995", *AP*, 1996; VOGEL, J. "Estafa en la UE", en AA.VV. *Fraude y corrupción en el Derecho penal económico europeo*, Cuenca, 2006; AA.VV.: "Falsedad y defraudaciones", *CDJ*, t. XI, 1995; AA.VV.: "Tarjetas bancarias y Derecho penal", *CDJ*, t. VI, 2002.

Lección 9ª

Administración desleal

LUIS ROCA DE AGAPITO

SUMARIO. I. CUESTIONES GENERALES. 1. Necesidad de la incriminación y naturaleza del delito de administración desleal. 2. Distinción con la apropiación indebida (y con la malversación). II. BIEN JURÍDICO PROTEGIDO Y SUJETO PASIVO. III. TIPO OBJETIVO. 1. Sujetos activos. 2. Objeto material. 3. Conducta típica. 4. Resultado. IV. TIPO SUBJETIVO. V. FORMAS DE APARICIÓN. VI. PENA. VII. CONCURSOS. VIII. RESPONSABILIDAD CIVIL. IX. CUESTIONES PROCESALES. X. BIBLIOGRAFÍA.

Artículo 252 (texto vigente desde el 12-1-2023)

1. Serán castigados con las penas del artículo 248 o, en su caso, con las del artículo 250, los que teniendo facultades para administrar un patrimonio ajeno, emanadas de la ley, encomendadas por la autoridad o asumidas mediante un negocio jurídico, las infrinjan excediéndose en el ejercicio de las mismas y, de esa manera, causen un perjuicio al patrimonio administrado.

2. Si la cuantía del perjuicio patrimonial no excediere de 400 euros, se impondrá una pena de multa de uno a tres meses.

Artículo 252 (texto vigente desde el 1-7-2015)

1. Serán punibles con las penas del artículo 249 o, en su caso, con las del artículo 250, los que teniendo facultades para administrar un patrimonio ajeno, emanadas de la ley, encomendadas por la autoridad o asumidas mediante un negocio jurídico, las infrinjan excediéndose en el ejercicio de las mismas y, de esa manera, causen un perjuicio al patrimonio administrado.

2. Si la cuantía del perjuicio patrimonial no excediere de 400 euros, se impondrá una pena de multa de uno a tres meses.

Artículo 295 (texto vigente desde el 24-5-1996)

Los administradores de hecho o de derecho o los socios de cualquier sociedad constituida o en formación, que en beneficio propio o de un tercero, con abuso de las funciones propias de su cargo, dispongan fraudulentamente de los bienes de la sociedad o contraigan obligaciones a cargo de ésta causando directamente un perjuicio económicamente evaluable a sus socios, depositarios, cuentapartícipes o titulares de los bienes, valores o capital que administren, serán castigados con la pena de prisión de seis meses a cuatro años, o multa del tanto al triplo del beneficio obtenido.

I. CUESTIONES GENERALES

1. Necesidad de la incriminación y naturaleza del delito de administración desleal

1.1. Dentro de las defraudaciones, la Secc. 2ª del Cap. VI del Tít. XIII, bajo la rúbrica *"De la administración desleal"*, incrimina en el art. 252 CP un delito consistente en excederse en el ejercicio de las facultades de administrar un patrimonio ajeno causando a éste un detrimento. Inicialmente, el CP/1995 había incluido en el art. 295 el delito de administración desleal, pero limitado exclusivamente al ámbito societario (sobre aquella regulación nos remitimos a la Lección 24ª de la 1ª ed. de este Tomo II, y también a la bibliografía y Jurisprudencia allí citada). Ahora se prevé un delito patrimonial de administración desleal con carácter general.

La **incriminación** de una figura delictiva como la administración desleal es **necesaria**, pues los tradicionales delitos de estafa y de apropiación indebida no cubren suficientemente buena parte de los comportamientos abusivos que puede cometer un administrador, causantes de un perjuicio al patrimonio del administrado y que merecen sanción penal. Sin embargo, como veremos luego (*infra* I.2), tanto el Legislador de 1995 al introducir el delito societario del art. 295 CP, como el Legislador de 2015 al suprimirlo e incriminar un delito genérico de administración desleal en el art. 252, no han estado acertados a la hora de diferenciar claramente estas dos figuras delictivas: la administración desleal y la apropiación indebida.

El injusto del delito de administración desleal consiste, sin entrar ahora en la tipificación concreta de esta figura delictiva, en la causación de un perjuicio a un patrimonio por parte de la persona encargada de gestionarlo, pero sin que su actuación implique a su vez que se apropie de los bienes que integran dicho patrimonio. Esto es lo que diferenciaría la administración desleal de la apropiación indebida.

NIETO MARTÍN pone el siguiente ejemplo: Si A entrega a B 1.000 € para comprar acciones de la empresa X y B se queda el dinero para pagar una deuda personal, comete apropiación indebida; pero si A entrega a B 1.000 € para que los invierta en Bolsa en la sociedad que considere más rentable y B compra acciones de una empresa en que tiene intereses y no es rentable, comete un delito de administración desleal.

Un caso parecido de administración desleal fue el juzgado por la SAP, Madrid, Sección 29ª, 90/2023, 22-2, que condenó a un asesor de inversiones del BBVA, a cuya gestión se encontraban las carteras de inversión de 3 clientes: dos de ellos tenían calificada su cartera como perfil de riesgo bajo (máximo 30% de renta variable) y el otro tenía dos carteras, una de riesgo medio (hasta 50% renta variable) y otra de riesgo alto (hasta 70% en renta variable). Tras cambiar el perfil de riesgo a muy alto, desde noviembre de 2016 hasta enero de 2017 realizó inversiones en dos ETFs (*Exchange Traded Funds* o fondos cotizados), que tuvieron una evolución muy negativa. El gestor llegó a hacer casi 1.400 operaciones de compra en estos ETFs y cuando las inversiones provocaron la pérdida total del saldo de las cuentas (entre los tres clientes más de 6.000.000 €), siguió utilizando fondos de la entidad bancaria, provocando un descubierto de más de 44.600.000 €.

La incriminación específica de la administración desleal es necesaria, porque el delito de estafa no sirve para castigar este tipo de abusos. Podríamos decir que en una administración desleal hay cierta defraudación de la confianza depositada en el administrador, y en este sentido se puede justificar su ubicación sistemática entre «las defraudaciones» (Cap. VI del Tít. XIII del Lib. II del CP). Sin embargo, mientras que la estafa requiere un "*engaño bastante*", la administración desleal supone más bien un abuso de la confianza, sin necesidad de engaño alguno [por eso la SAP, Valladolid, Sección 2ª, 163/2022, 14-6, calificó los hechos como estafa y no como administración desleal por parte del presidente de ASAJA-Valladolid, pues el perjuicio causado por éste a la asociación no fue fruto de un exceso de facultades de administración, sino por una actuación engañosa, que fue la que dio lugar al desplazamiento patrimonial subsiguiente a su favor: presenta demanda en vía laboral frente a la entidad que preside y luego engaña al vicepresidente para que se allane en el acto de conciliación; por cierto, el presidente de ASAJA-Valladolid también ha sido condenado por administración desleal debido a las disposiciones de más de dos millones de euros (a través de cheques, transferencias, reintegros, uso de tarjetas de crédito y la formalización de un contrato de trabajo ficticio) de varias sectoriales vinculadas a dicha asociación —SAP, Valladolid, Sección 2ª, 90/2021, 29-4, y STS 330/2023, 10-5]. Y es que un estafador obtiene la capacidad de disposición de los bienes de la víctima como consecuencia de dicho engaño bastante. El administrador desleal o infiel, en cambio, ya la tiene o la ha obtenido de un modo lícito. E incluso en el caso de que engañase, resulta que el que engaña es el mismo que el que dispone de los bienes, es decir, el administrador, por lo que tampoco habría estafa, ya que es preciso "*producir error en otro, induciéndolo a realizar un acto de disposición*", según el art. 248 CP.

Véase, por ejemplo, la STS 627/2016, 13-7, que anuló la condena por estafa y dicta segunda sentencia por administración desleal del art. 295 CP. El director de una sucursal bancaria, puesto de acuerdo con los administradores de unas empresas dedicadas a la construcción y promoción inmobiliaria, con la finalidad de obtener la liquidez de la que carecían, convinieron en realizar una rueda de pagarés, que no respondían a operación comercial alguna, aprovechando las líneas de descuento que tenían aperturadas en la sucursal. Como quiera que alcanzadas las fechas de los vencimientos de los pagarés muchos de estos no se pagaban, se cubrían o bien con pagarés cada vez de mayor importe, o bien haciendo uso de la cuenta contable interna de la sucursal, llegando incluso a utilizar, sin el conocimiento ni el consentimiento de sus titulares, las líneas de descuento de otras empresas. Así, se llegó a acumular una deuda con el banco cercana a los dos millones y medio de euros. Dice el TS: *"Aquí hay error y engaño (frente a los cuadros directivos o supervisores de la entidad bancaria); hay acto de disposición (producido por este recurrente en favor de los otros condenados y sus sociedades); hay un perjuicio claro de la entidad bancaria. Pero no hay estafa: falta el nexo causal entre el engaño, el error y el acto de disposición. En el caso de una persona jurídica (en este supuesto, la entidad bancaria) el acto de disposición se efectúa necesariamente a través de un representante, una persona física que actúa en su nombre con facultades para ello. Los actos de disposición en perjuicio de la entidad los realiza un apoderado; en concreto el ahora recurrente, que es, a su vez, conocedor de la trama. Podía realizar esos actos de disposición existiendo los pagarés o sin ellos: esa es la prueba de que no son provocados por el engaño. No activa los desplazamientos patrimoniales por creer que los pagarés obedecían a operaciones reales. Más bien el engaño se produce para ocultar a posteriori los actos de disposición fraudulentos. Lo acaecido no es un engaño para obtener el acto de disposición patrimonial; sino una disposición patrimonial fraudulenta realizada por uno de los actores del fraude que, para disimularla y taparla frente a terceros (la entidad bancaria y sus servicios de supervisión) hace generar unos documentos idóneos para ello. Como si el cajero que retiene en beneficio propio parte del dinero que maneja, para no ser descubierto, realizase apuntes contables falsos: estaríamos ante un hurto aunque exista engaño y aunque ese engaño eventualmente facilite que el cajero reitere futuras acciones de sustracción. Ese engaño encubridor no convierte el hurto en estafa; ni en el caso de autos la apropiación indebida (o administración desleal: sobre ello debatiremos luego) en estafa. Podría ser estafa si el hecho probado describiese unas maniobras engañosas que hubiesen provocado error en otros niveles del banco y estos hubiesen realizado actos de disposición (autorizando al director de la sucursal a efectuar algunas de esas operaciones). No es eso lo que narra el factum: el director de la sucursal actuó en su ámbito de atribuciones, sin necesidad de recabar una autorización específica y sin necesidad de provocar un error en otros cuya voluntad fuese presupuesto necesario para esos actos de disposición (prestar financiación)"*.

Otro supuesto parecido en la STS 123/2007, 20-2, relativa al Director de una sucursal bancaria que abría cuentas bancarias sin conocimiento ni consentimiento de quienes figuraban como titulares y luego descontaba en ellas los importes de letras de cambio que no obedecían a negocios jurídicos reales y que servían de justificación o tapadera para realizar tales descuentos de los que dispuso para su propio provecho.

La SAP, Barcelona, Sección 5ª, 149/2020, 28-2, descarta la aplicación del delito de estafa, porque el acusado, aunque confeccionó unas facturas por unas obras inexistentes que no se realizaron, actuó como administrador de hecho de la empresa o como colaborador necesario e indispensable de su madre en la administración social. Por tanto, no hubo una maquinación dirigida a la persona que ostentaba la administración social.

En cambio, la STS 704/2018, 15-1-2019 —caso Terra Mítica—, confirma la condena la SAP, Valencia, Sección 5ª, 244/2016, 26-4, por estafa, porque sí que hubo engaño bastante que llevó a un tercero a sufrir un error y ordenar el pago de unas facturas por trabajos ficticios. Según el relato de hechos declarados probados hubo una *"puesta en escena, el ardid utilizado para provocar engaño en la entidad, que no sufre una distracción del dinero administrado por un empleado, ni este realiza individualmente gastos en el ámbito de sus competencias, sino que a través de engaño, en trama colectiva, logra que la entidad abone cantidades obrantes en facturas que no responden a obra alguna, pero a las que se dota de una falsa apariencia de legitimidad con la adición de sello por parte de los Departamentos Técnico, Contratación y Financiero a cargo de [dos acusados], firma incluida de ambos, que hacen creer que se trata de obras debidamente encargadas, contratadas y realizadas, originando el error que motiva la autorización con la postrera firma del Director General, y consecuentemente que la empresa las abone. Sin el engaño, que posibilita la última y necesaria firma, la conducta del recurrente devenía insuficiente para disponer o distraer los fondos que resultaron desplazados"*.

Tampoco el delito de apropiación indebida sirve para castigar ciertos comportamientos abusivos en los que los administradores causan un perjuicio al patrimonio administrado, pues esto puede suceder sin llegar a efectuar actos de apropiación definitiva en el sentido de realizar actos de disposición de los bienes ajenos incompatibles con el título de posesión que obliga a entregar o devolverlos. Una cosa es efectuar gastos absolutamente superfluos e innecesarios para la entidad, por ejemplo, y otra pagar facturas que obedezcan a causas o servicios simulados o inexistentes, de tal manera que en realidad ocultan o disimulan una transferencia ilícita de dinero de la entidad a favor del administrador o de personas vinculadas a él.

P.ej., no se pueden considerar apropiación indebida supuestos en los cuales el **administrador se concede a sí mismo** o a personas vinculadas a él un **crédito abusivo en condiciones perjudiciales para el administrado** (el llamado *insider borrowing*) (*vid.*, por ejemplo, la SJCP, nº 1 3/2019, 7-2, en la que se condenó por conformidad a un directivo del Banco de Valencia que, en perjuicio de dicha entidad bancaria y en contra de los criterios del Departamento de Riesgos, autorizó ampliaciones del período de carencia, realizó unilateralmente disposiciones de fondos por encima de lo estipulado en un préstamo a empresas de amigos, y también autorizó personalmente un préstamo ICO prescindiendo de las garantías personales exigidas por el Departamento de Riesgos; tanto el préstamo inicial como el préstamo ICO quedaron impagados). Tampoco es apropiación indebida la **compra** por parte del administrado de **bienes del administrador a un precio abusivo**, superior al valor de mercado (*vid.*, por ejemplo, la STS 889/2021, 17-11, que ratificó la condena al administrador de una cooperativa de viviendas, que interpuso en la operación de compraventa del terreno en que se habría de construir a otra sociedad controlada por él, con la única finalidad de incrementar el precio de compra del suelo, incremento con el cual se lucró, habiendo sido el precio del terreno inferior sin la maniobra urdida por el acusado), o al revés, tampoco constituye apropiación indebida la **venta** al propio administrador o a terceros de **bienes del administrado por un precio muy por debajo del de mercado** (*vid.*, por ejemplo, la STS 31/2018, 22-1, que confirma la SAP, Tenerife, Sección 5ª, 372/2016, 19-10, en la cual el administrador vendió siete fincas a favor de otra sociedad mercantil íntegramente contralada por él, sin causa que lo justifique, por un precio de 250.000 €, cuando esas propiedades habían tenido un valor de adquisición de más de 650.000 €; o la STS 867/2022, 4-11, que confirma una condena por administración desleal para un administrador de una mercantil propietaria de una finca, que puesto de común acuerdo con otro, sin conocimiento ni consentimiento de los socios, vendió la fina por 14.000 € a favor de otra entidad de la que administrador el otro condenado, quien conocía la falta de autorización para venta, quien a su vez la transmitió a otra sociedad por 238.000 €, sin reintegrarse el dinero a la originaria de la finca; o la STS 687/2012, 19-9: administradora vende a su cuñado dos fincas pertenecientes a la sociedad administrada por un precio muy inferior al de mercado, reteniendo el comprador del precio el importe correspondiente a los créditos que pesaban todavía sobre los inmuebles, que tampoco los hizo efectivos, pero además, la administradora hizo suyo el resto del precio realmente percibido (absolvió por administración desleal del art. 295, por la ausencia de una valoración pericial válida de los inmuebles, que impedía tener por cierto el perjuicio causado a la sociedad, pero condenó por apropiación indebida por quedarse con el precio recibido); o el "caso Eurobank" —SAN 8/2017, 31-3, y STS 643/2018, 13-12—, en el que se pueden observar un amplio abanico de conductas de administración desleal, como la venta de inmuebles del banco a sociedades directamente vinculadas al principal acusado por un precio inferior al de mercado, entre otras conductas perjudiciales y desleales). Estas conductas hoy habría que reconducirlas al art. 252 CP como administración desleal, aunque en su momento se hayan podido castigar como apropiación indebida.

La regulación originaria del delito de administración desleal en el art. 295 CP/1995, aparte de otras consideraciones que pudiera merecer, sólo se refería al patrimonio de personas jurídicas, y más exactamente de las personas jurídicas previstas en el art. 297 CP, quedando impunes aquellos abusos que se refiriesen a la administración desleal del patrimonio de personas físicas (p.ej., la STS 655/2014, 15-10, casó una condena inicial por el delito de administración desleal, porque el administrador de una comunidad de propietarios no es administrador de una sociedad en el sentido del art. 297 y por tanto no entraba dentro del ámbito del art. 295; por eso las distracciones de dinero por parte de los administradores de comunidades de propietarios se han venido calificando como apropiación indebida, y en buena medida todavía hoy sigue siendo esa la solución que se da por parte de los Tribunales). Se puede decir, por tanto, que había una laguna de punibilidad que había que cubrir (Doctrina mayoritaria; en cambio, CONDE-PUMPIDO TOURÓN considera que no había razón alguna para cambiar el modelo, sin que ello fuese necesario para responder a una demanda social, forense, del mundo económico o del jurisdiccional; él era partidario de mantener el *statu quo*).

La razón fundamental de la reforma de 2015 en este punto sería esa: tipificar la administración desleal como "*un delito patrimonial que puede tener por sujeto pasivo a cualquier persona*", dice la Exposición de Motivos de la LO 1/2015, de 30 de marzo. En este Preámbulo existen también otras afirmaciones sobre esta novedad que deben matizarse, porque no se corresponden exactamente con la realidad. Así, se dice que "*La reforma introduce una regulación moderna de la administración desleal, que no es sólo societaria, entre los delitos patrimoniales, cercana a la existente en las distintas legislaciones europeas*" y "*se aprovecha asimismo para delimitar con mayor claridad los tipos penales de administración desleal y apropiación indebida*". Pues bien, ni es "moderna" (en cuanto novedosa), ni es del todo "cercana" a la regulación alemana, que es en donde se inspiró (sí se acerca al § 153 StGB austríaco, que sólo contempla un tipo penal de abuso), ni mucho menos se consigue "delimitar con mayor claridad" la apropiación indebida y la administración desleal, pues bajo el art. 252 actual se siguen incluyendo conductas que debieran incardinarse en el art. 253, como es el caso del administrador que hace suyo el dinero de su administrado, que en cualquier parte del mundo se califica como una apropiación indebida (CASTRO MORENO/GUTIÉRREZ RODRÍGUEZ), salvo en España, que es una administración desleal. No obstante, también hay que decir que en estos casos se percibe en la Jurisprudencia más reciente cierta vis atractiva de la apropiación indebida con respecto a la administración desleal (*vid. infra* III.4.2 de la Lección siguiente).

El Proyecto de reforma del CP de 2007 (BOCG - Congreso, Serie A, nº 119-1, de 15 de enero de 2007), pretendió introducir, por vez primera, una figura genérica de administración desleal en el art. 254 bis, con una redacción claramente inspirada en el entonces vigente delito societario de administración desleal del art. 295 (*vid.* al respecto HAVA GARCÍA). El nuevo art. 254 bis CP consistía básicamente en disponer fraudulentamente de bienes cuya administración tuviere encomendada o en contraer obligaciones a cargo del administrado, a lo que añadía como novedad también la conducta de ocultar beneficios, todo ello causando un perjuicio directo o —también como novedad— frustrando un beneficio legítimo. En una misma figura delictiva se contemplaba no sólo la administración desleal de particulares, sino también una administración desleal societaria, reservando el delito del art. 295 CP, que mantenía, para una modalidad de gestión fraudulenta de los socios, no de los administradores, cuya deslealtad incardinaba en el art. 254 bis CP.

Con la disolución de la Cortes en 2008, este Proyecto de 2007 no llegó a completar la tramitación parlamentaria, y aunque en el 2009 se presentó otro gran Proyecto de reforma del CP, que sí llegó a convertirse en Ley —la LO 5/2010, de 22 de junio—, sin embargo, no previó ninguna modificación relacionada con el delito de administración desleal. Hubo que esperar al Proyecto de 2013 (BOCG —Congreso, Serie A, nº 66-1, de 4 de octubre de 2013), que a la postre acabaría convirtiéndose en la LO 1/2015, de 30 de marzo, el que finalmente ha hecho realidad la incriminación de una figura genérica de administración desleal. Sin embargo, la redacción inicial del Anteproyecto de 2012, que mantendría el Proyecto de 2013, se diferencia mucho de la que finalmente se aprobó.

El nuevo art. 252 CP que formulaba el Proyecto de 2013 estaba inspirado claramente en el § 266 StGB alemán, que incrimina la llamada *Untreue* o infidelidad o deslealtad patrimonial. Según este precepto del Código penal alemán (vigente desde la Ley de 26 de mayo de 1933), *"quien abuse de la facultad emanada de la ley, del encargo de la autoridad o de un negocio jurídico, para disponer de un patrimonio ajeno o para obligar a otro, o quien infrinja el deber de velar por intereses patrimoniales ajenos, que le incumbe por ley, por orden de autoridad, por negocio jurídico o por una relación fiduciaria, y como consecuencia de ello cause un perjuicio a esos intereses patrimoniales que él debe salvaguardar, será castigado con pena de prisión de hasta cinco años o con pena de multa"*. Según la Doctrina y Jurisprudencia mayoritarias de aquel país, en este precepto se incluirían dos modalidades delictivas: por un lado, una figura básica o genérica (*Treuebruchtatbestand*), que incriminaría un tipo abierto de ruptura de la confianza o de infidelidad en la gestión de un patrimonio de otro (pese a las críticas de falta de taxatividad que se pueden formular a esta modalidad, la STC alemán de 23.06.2010 - 2 BvR 2559/08 declaró la constitucionalidad de este parágrafo, basándose, de un modo discutible, en que es posible aclarar las ambigüedades con ayuda de la Jurisprudencia); y por otro lado, otra figura más específica (*Mißbrauchstatbestand*), que castigaría el abuso de las facultades de administración. El Proyecto de 2013 contemplaba también esas dos modalidades (*vid.* PASTOR MUÑOZ/COCA VILA): una de abuso (apart. 1 del art. 252 CP: infringir las facultades de administración excediéndose en su ejercicio) y otra de infidelidad (apart. 2: quebrantar el deber de velar por intereses patrimoniales ajenos que tiene el deber de salvaguardar). Sin embargo, durante la tramitación parlamentaria se eliminó esta segunda modalidad, la de infidelidad, quedándose sólo con la de abuso (*vid.* Enmiendas nºs 215 y 634 de los Grupos Parlamentarios EPC y Socialista en el Senado, en gran medida inspiradas en los Informes del CGPJ y del Consejo Fiscal al Anteproyecto y podríamos decir que también en las aportaciones de NIETO MARTÍN y de CASTRO MO-

RENO/GUTIÉRREZ RODRÍGUEZ). Conviene poner de relieve que el tipo de infidelidad (dejando al margen la finalidad perversa con que se introdujo al poco de llegar Hitler al poder, que fue hacerse con las propiedades de los judíos), en la época actual dicha modalidad cumple, entre otras a las que más adelante aludiremos, la función de abarcar posibles actuaciones desleales por parte de los miembros de los Consejos de Vigilancia de las sociedades mercantiles alemanas, quienes no tienen poderes de disposición y no podrían incluirse dentro del tipo de abuso.

Por tanto, la regulación de la administración desleal finalmente aprobada sólo en parte responde al modelo alemán y en gran medida ha resultado condicionada por el debate que en España se ha planteado en torno a la distinción entre el delito de administración desleal y el de apropiación indebida, y en particular, con la modalidad de *"distracción"* que estaba prevista en el art. 252 CP antes de 2015 (*infra* I.2).

1.2. Por otra parte, como luego veremos al hablar de la conducta típica y sin entrar ahora en el debate acerca de la admisión o no de los llamados delitos de infracción de deber (Pflichtdelikte), la regulación española de la administración desleal no puede integrarse dentro de esta categoría de delitos, a diferencia de lo que sucede en Alemania, donde la Doctrina más autorizada (ROXIN) así ha calificado al § 266 StGB. Tal calificación parece lógica ya que dicho parágrafo contiene una modalidad genérica de infidelidad en la gestión del patrimonio ajeno. Sin embargo, como hemos explicado antes, el actual art. 252 CP español no ha previsto esa modalidad genérica de infidelidad, sino sólo la de abuso, por lo que habría que configurarlo más bien como un delito de dominio (Herrschaftdelikt), o más precisamente como un **delito especial de dominio** (DÍAZ Y GARCÍA-CONLLEDO). Como es sabido, la categoría de los delitos de infracción de deber respondería a la idea de que en ciertos delitos la autoría no se determinaría por el dominio del hecho, sino por la infracción de un deber extrapenal específico, lo cual implicaría que lo relevante no es quién realiza personalmente la acción o quién domina el acontecer de los hechos, sino quién infringe ese deber extrapenal especial. Ya en la anterior regulación de la administración desleal societaria se debatió si el art. 295 CP era un delito de dominio (así, p.ej., MARTÍNEZ-BUJÁN PÉREZ, o MAYO CALDERÓN, quien, siguiendo a su maestro GRACIA MARTÍN, determinaba la autoría por el criterio del dominio social), o un delito de infracción de deber (así, p.ej., SÁNCHEZ-VERA GÓMEZ-TRELLES). Aunque en la Doctrina se sigan defendiendo ahora ambas posturas (véanse, p.ej., las tesis doctorales de MUÑOZ CASALTA y de VERA RIVERA, que lo califican, respectivamente, como delito mixto de dominio y de infracción de deber o sólo como delito de infracción de deber), sin embargo, consideramos que en virtud de los antecedentes prelegislativos y la actual redacción del art. 252 CP, habría que calificarlo como un delito especial de dominio (la STS 906/2016, 30-11 —caso CAM I.—, en cambio, lo califica como un delito de infracción de deber; también la SAP, La Rioja, Sección 1ª, 154/2015, 17-12).

El tenor literal del precepto solamente sanciona a quienes "*infrinjan [las facultades para administrar] excediéndose en [su] ejercicio*", con lo que la responsabilidad penal se fundamenta no tanto por lo que se deja de hacer (proteger el patrimonio administrado —esto es, la infracción de un deber positivo de gestión leal), como por lo que se hace (abusar de sus facultades de administración y causar un perjuicio —esto es, la infracción de un deber negativo de no lesionar el patrimonio ajeno). Conforme a ello, estaríamos ante un delito de acción, que infringe una norma prohibitiva, pero que, además, obliga a caracterizar la autoría por medio del dominio del hecho, y no ante un delito de omisión, que infringe una norma preceptiva y que delimitaría la autoría simplemente por el hecho de infringir el deber extrapenal de gestión leal del patrimonio y que poco le importaría cómo se infringiese ese deber o el grado de intervención en el acontecer de los hechos. La modalidad apropiativa de malversación que se preveía en el art. 432.1 CP antes de 2015, y que se prevé ahora, después de la LO 14/2022, de 22 de diciembre, sí se puede calificar verdaderamente como un delito de infracción de deber, por cuanto que el tipo incluye no sólo el "*apropiarse*" (o "*sustraer*" en la redacción originaria de 1995), sino también el "*consentir que otro se apropie*", por lo que aunque el funcionario no fuese quien se apropie de los caudales públicos, se le considera autor por no haber impedido su sustracción, esto es, aquí sí, la autoría se construye por la infracción del deber específico de custodiar los caudales que tiene "*a su cargo por razón de sus funciones*". En este sentido, podríamos calificar la administración desleal (art. 252 CP) como un delito especial de dominio, y la malversación (art. 432.1 CP) como un delito de infracción de deber.

1.3. Las **principales novedades** que ha introducido la **LO 1/2015**, de 30 de marzo, en este ámbito delictivo de la administración desleal han sido tres. En primer lugar, contempla un nuevo delito genérico en el art. 252 CP, tanto para el patrimonio de personas jurídicas como para el de personas físicas. En segundo lugar, como consecuencia lógica y ante la falta de necesidad del delito societario de administración desleal, deroga el art. 295 CP. Y en tercer lugar modifica el delito de apropiación indebida, previsto ahora en el art. 253 CP, suprimiendo la administración como título por el que el sujeto activo recibe la cosa previamente y elimina también como conducta típica la modalidad de distracción. Además, ambas figuras delictivas (arts. 252 y 253) se equiparan en pena a la estafa. La **LO 14/2022**, de 22 de diciembre, ha dado nueva redacción al apart. 1 del art. 252 CP, pero sin ningún cambio importante. Simplemente se ha adaptado la remisión de las penas a la reestructuración que esta LO ha hecho de la estafa (así, GONZÁLEZ CUSSAC). Conforme a ello, se sustituye la remisión que antes se hacía al art. 249 CP por el art. 248 CP, que es donde se encuentran previstas ahora las penas para el tipo básico de estafa. En el art. 248 CP también se encuentran previstas las penas del delito leve de estafa, pero como en el art. 252 CP ya se contempla específicamente las penas en este caso, la remisión al art. 248 CP in toto no era necesaria. Hubiese sido mejor que la LO 14/2022, de 22 de diciembre, indicase directamente la pena para el tipo básico de administración desleal (a ser posible inferior a la prevista para la estafa y la apropiación indebida, si bien unido a una remodelación de la conducta típica, *vid. infra* VI), en vez de establecerla por remisión al art. 248 CP; o si se prefiere esto último por cuestiones de estilo, entonces se podría haber suprimido el apart. 2 del art. 252 CP.

La STS 220/2016, 15-3, a efectos de la revisión de una sentencia condenatoria conforme a la anterior normativa, dice que *"del examen de ambas redacciones resulta sin dificultad que las conductas que antes encontraban acomodo en el artículo 295, pueden subsumirse ahora en el artículo 252. Pues en éste no se estrechan los límites de la conducta típica, sino que, al contrario, se suprime la exigencia de que el autor del hecho sea un administrador, de hecho o de derecho, de una sociedad, por lo que puede serlo todo el que tenga facultades para administrar un patrimonio ajeno con independencia de quien sea su titular; no se exige que actúe en beneficio propio o de tercero, sino que basta con que la infracción de las facultades resulte un perjuicio para el patrimonio administrado; no se limita la conducta típica a la disposición fraudulenta de los bienes de la sociedad o a la contracción de obligaciones a cargo de ésta; e incluso desaparece la mención a que el perjuicio sea evaluable"*. En igual sentido, entre otras, la STS 552/2021, 23-6.

2. *Distinción con la apropiación indebida (y con la malversación)*

2.1. La relación entre el delito de administración desleal y el de apropiación indebida ha sido y sigue siendo una cuestión controvertida, tanto antes de la reforma de 2015 como hoy en día. En este sentido, el propósito declarado por la Exposición de Motivos de la LO 1/2015 de *"delimitar con mayor claridad los tipos penales de administración desleal y apropiación indebida"* no podemos decir que se haya logrado llevar a cabo satisfactoriamente.

GONZÁLEZ CUSSAC opina con respecto a la regulación actual que el tipo penal no posee criterios cualitativos y cuantitativos que permitan trazar la delimitación nítida con el ilícito civil, correspondiendo a los tribunales la difícil misión de evitar su expansión aplicativa. Igualmente, GILI PASCUAL afirma que la fórmula resulta "abierta e inquietante", que requiere inmediatas aclaraciones que eviten el desbordamiento del tipo, tarea que deberá ir realizando la Jurisprudencia, con ayuda de la Doctrina.

La opinión tradicional, tanto en la Doctrina como en la Jurisprudencia, es que la administración desleal —con carácter general y sin entrar ahora en la regulación vigente— debe referirse a conductas que impliquen una utilización o aprovechamiento indebido por parte de los administradores (con o sin beneficio propio o de un tercero) de los bienes que integran el patrimonio del administrado, sin que éste obtenga compensación suficiente por ello y sin que tal disposición patrimonial implique una actuación inherente al dominio con pretensión de excluir definitivamente al administrado el control sobre dichos bienes, es decir, sin que implique paralelamente su apropiación. GÓMEZ BENÍTEZ hablaba en estos casos de usos dominicales ilícitos no apropiatorios, expresión clara e indicativa de la esencia de la administración desleal. Por el contrario, si la disposición de los bienes del administrado comporta tal actuación (apropiación-expropiación) habría que calificar los hechos como apropiación indebida. Se puede decir que esta era y es la opinión mayoritaria en la Doctrina a la hora de distinguir ambas figuras.

P.ej., la STS 117/2022, 10-2, trayendo a colación diversas SSTS, como la 476/2015, 13-7, señala que *"la disposición de los bienes con carácter definitivo en perjuicio de su titular sería apropiación indebida; y el mero uso abusivo de aquellos bienes en perjuicio de su titular, pero sin pérdida definitiva de los mismos sería administración desleal"*.

Hace una detenida exposición de la distinción entre ambas figuras delictivas antes y después de la LO 1/2015, entre otras, la STS 278/2018, 12-6.

Sin embargo, la Jurisprudencia no ha sido partidaria de separarlas tan tajantemente, o por lo menos cierto sector de la Jurisprudencia, sino que, haciendo una interpretación extensiva de la modalidad de "*distracción*" que se contemplaba en el art. 252 CP antes de la reforma de 2015, ha entendido que entre la administración desleal y la apropiación indebida existiría una zona común. Por tanto, no habría una distinción completa entre ambos delitos, pues en la distracción se incluirían también los usos dominicales no apropiatorios [*leading case*: STS 224/1998, 26-2 (*Tol 78342*)—caso Argentia Trust].

La STS 867/2002, 29-7 —caso Banesto— marca un punto de inflexión con respecto a esta opinión en el seno de la Jurisprudencia, y habla de dos círculos tangentes (también la STS 9/2009, 26-1, del mismo ponente). Sin embargo, en términos generales la Jurisprudencia ha sido partidaria de otorgar a ambos delitos una zona común, a modo de dos círculos secantes.

Ahora bien, en la evolución posterior de la Jurisprudencia se pueden advertir muchos criterios a la hora de resolver la relación de estos delitos entre sí, si bien habría dos que destacarían sobre los demás.

Las SSTS 206/2014, 3-3; 627/2016, 13-7; 700/2016, 9-9 —caso NovaCaixaGalicia; 643/2018, 13-12; 407/2020, 20-7 —caso Secretario del SOMA-UGT; 56/2021, 27-1, entre otras, exponen las diferentes pautas interpretativas que se han dado en la Jurisprudencia acerca de la delimitación de estos delitos, que han ido desde el concurso de normas a resolver por alternatividad, en otros casos por especialidad, hasta la imposibilidad de apreciar un concurso de normas y distinguirlos en función del objeto material (si recae sobre dinero, entonces sería apropiación indebida) o en función de la estructura típica (la apropiación indebida sería una actuación puramente fáctica, mientras que en la administración desleal habría un ejercicio abusivo de una facultad jurídica), el bien jurídico protegido (en la apropiación indebida sería la propiedad o el patrimonio en sentido estático, mientras que en la administración desleal sería el patrimonio en sentido dinámico, esto es, el interés económico derivado de la explotación de los recursos del titular), en el grado de intensidad de la ilicitud del comportamiento (disposición de los bienes con carácter definitivo en perjuicio de su titular sería apropiación indebida, el mero uso abusivo de esos bienes pero sin pérdida definitiva sería administración desleal), que a veces se ha solapado con la tesis de la naturaleza del exceso (si es extensivo sería apropiación indebida, si es intensivo administración desleal). Todos estos criterios con cita de numerosas Sentencias.

En un principio, como decíamos, la Jurisprudencia sostuvo que entre ambas figuras delictivas existía un solapamiento o coincidencia, dando a la modalidad de «*distracción*» de la apropiación indebida un ámbito de aplicación muy amplio (así, significativamente la STS 224/1998, 26-2 —caso Argentia Trust—, junto con el ATC 146/1998, 25-6; la SAN 16/2000, 31-3 —caso Banesto; la STS 71/2004, 2-2 —caso Grupo Torras I (operación Wardbase); 603/2004, 14-5; 954/2005, 28-6; 1362/2005, 23-11; 769/2006, 7-6; 279/2007, 11-4; 600/2007, 11-9 —caso Grupo Torras II (operaciones Oakthorn I y II, Pincinco y Quail); 754/2007, 2-10; 185/2009, 26-2; 364/2009, 8-4 —caso Grupo Torras III (operación Croesus); 762/2009, 25-6; 1351/2009, 22-12, entre otras; en la Doctrina esta posición era minoritaria, siendo sus principales valedores BACIGALUPO ZAPATER, LÓPEZ BARJA DE QUIROGA, SÁNCHEZ-VERA GÓMEZ-TRELLES, SILVA CASTAÑO). No sólo se ha visto en la «distracción» un delito de apropiación indebida, sino también de administración desleal, al no tener que demostrar que se hubiese producido la efectiva apropiación del dinero, ni tampoco era necesaria la presencia de un *animus rem sibi habiendi*. Además, se consideraba que el art. 252 CP era de aplicación preferente sobre el art. 295, lo cual, a nuestro modo de ver, este proceder dificultaba enormemente la distinción entre uno y otro delito, pudiendo llegar a vaciar de contenido el art. 295 CP.

Como recuerda la STS 1006/2021, 17-12 (citada también por la STS 87/2023, 9-2), trayendo a colación reiterada Jurisprudencia (entre otras, las SSTS 513/2007, 19-6; 228/2012, 28-3; 664/2012, 12-7; 370/2014, 9-5; 588/2014, 25-7; 761/2014, 12-11; 894/2014, 22-12; o 41/2015, 27-1), el TS ha entendido, *"a partir de la distinción de los dos verbos nucleares que incorporaba el citado artículo 252 CP hasta la reforma operada en el mismo por la LO 1/2015, que el mismo sancionaba dos modalidades distintas de apropiación indebida: la clásica de apropiación de cosas muebles ajenas que comete el poseedor legítimo que las incorpora a su patrimonio con ánimo de lucro, o niega haberlas recibido; y la distracción de dinero cuya disposición tiene el acusado a su alcance, pero que ha recibido con la obligación de darle un destino específico"*.

Posteriormente y para dar un ámbito específico a cada uno de estos delitos, aproximándose de este modo en cierta medida a la opinión mayoritaria en la Doctrina, la Jurisprudencia propuso la siguiente separación: el art. 295 CP castigaría un *abuso de poder*, es decir, se trataría de un exceso intensivo en sus competencias, en el cual el sujeto activo actuaría dentro de sus competencias, pero de un modo desleal e infiel, mientras que el art. 252 castigaría una *extralimitación en el poder*, o sea, un exceso extensivo en sus competencias: el sujeto activo actuaría fuera de lo que específicamente permitiría el título por el que reciben los bienes, pero prevaliéndose de su posición (SSTS 915/2005, 11-7; 841/2006, 17-7 —caso BSCH; 565/2007, 21-6; 374/2008, 24-6; 9/2009, 26-1; 462/2009, 12-5; 623/2009,

19-5; 625/2009, 17-6; 1181/2009, 18-11; 47/2010, 2-2; 428/2012, 6-6; 707/2012, 20-9; 687/2012, 19-9; 338/2014, 15-4; 433/2015, 2-7, y 627/2016, 13-7). Lo fundamental para aplicar la apropiación indebida en su modalidad de distracción estribaría, por tanto, en la existencia de una obligación concreta de disposición que el administrador incumple y no la obligación genérica de administrar lealmente

Así se resolvió, p.ej., el caso juzgado por la STS 117/2022, 10-2, que revocó una condena por administración desleal y condenó por apropiación indebida al administrador de una mercantil que recibió dinero de varias personas para invertirlo en la adquisición y rehabilitación de un concreto inmueble, pero luego lo destinó a un fin que nada tenía que ver con lo pactado. En este caso —dice— *"no es que el administrador de una sociedad haya abusado de su condición en perjuicio de ella; es que ha defraudado la confianza depositada, en él o en la sociedad, por terceros que son los perjudicados; eso se castigaba en la fecha de los hechos* [y también hoy en día, añadimos nosotros] *como apropiación indebida"*.

En cambio, siempre que una conducta no esté sometida a obligaciones específicas de entrega o devolución, o respete dichas obligaciones, pero vulnere los deberes de lealtad genéricos de administración leal y fiel (arts. 225 y ss. LSC), sería una conducta de administración desleal del art. 295 CP. Con esta interpretación la Jurisprudencia estaba descartando la posibilidad de apreciar un concurso aparente de leyes penales entre ambos delitos y se aproximaría a la solución patrocinada por la Doctrina de separarlas tajantemente, aunque la Doctrina lo hacía en función de otros parámetros, como es el tipo de conducta realizada.

La confusión entre estos dos delitos que se generaba con este proceder tenía su causa en el hecho de tratar de diferenciar en el delito de apropiación indebida las dos conductas de "*apropiación*" y de "*distracción*", otorgándoles una naturaleza distinta, cuando en realidad el art. 252 CP antes de la reforma de 2015 sólo contemplaba una única conducta, "*apropiarse*", de la cual "*distraer*" no sería más que una modalidad y "*negar haber recibido*" una forma de manifestarse la apropiación ya consumada. Daba igual si los bienes ajenos se habían recibido con amplias facultades de disposición o con facultades limitadas, porque el art. 252 CP antes de la reforma contemplaba la administración como título idóneo de la apropiación indebida, además de los otros títulos que producían obligación de entregar o devolver lo recibido. Por tanto, lo determinante no era el título por el que se tenía la disponibilidad de los bienes ajenos, sino el tipo de conducta llevada a cabo por el administrador.

Así lo ha reconocido también la Jurisprudencia posterior, que vino a coincidir con la solución patrocinada por la Doctrina y no se fijó tanto en la obligación infringida (si es una concreta de dar un destino específico, o si es la genérica de administrar lealmente), como en si la disposición de los bienes fue con carácter definitivo, actuando con vocación de permanencia y sin visos de retorno, o si se les da un destino distinto al que correspondía, pero sin ánimo de disponer de forma definitiva de ellos en perjuicio de la sociedad, de modo que cuenta con un retorno que después no se produce (así, entre otras, las SSTS 517/2013, 17-6; 905/2014, 19-12; 476/2015, 13-7; 719/2015, 10-11; 165/2016, 2-3; 888/2016, 24-11; 574/2017, 19-7; 272/2018, 6-6, y 407/2020, 20-7).

CONDE-PUMPIDO TOURÓN estima que el criterio de distinción en función de las facultades del administrador podrá coincidir con el de la naturaleza de la conducta, pues en toda apropiación se producirá un exceso extensivo, por cuanto que las facultades del administrador nunca le autorizan para apropiarse de los bienes administrados. Pero *"la naturaleza de las diferentes conductas típicas* —dice— *no depende de la naturaleza de la infracción de los deberes del administrador, sino del resultado apropiatorio o no de los bienes de la sociedad"*.

Por tanto, se puede decir que, en aquel momento, al reformarse el CP en 2015, había más o menos acuerdo entre la Doctrina y la Jurisprudencia a la hora de diferenciar ambas figuras delictivas. Sin embargo, la reforma llevada a cabo por la LO 1/2015 en este punto vuelve a generar cierta confusión entre la administración desleal y la apropiación indebida, porque no las distingue en función de la naturaleza de la conducta realizada, sino más bien atendiendo al título por el que se ha recibido o por el que se puede disponer de los bienes ajenos (así, p.ej., GILI PASCUAL considera que a partir de ahora los tipos se distinguen en función de que se tenga una obligación concreta sobre el bien —apropiación indebida— o, en cambio, un margen de gestión con validez jurídica sobre él —administración desleal).

En la EM de la LO 1/2015 se alude a otro criterio para distinguir ambas figuras delictivas, pero es un criterio que no cuenta con base legal. Se distingue en función del objeto material, si se trata de bienes fungibles o no. En el primer caso estaríamos ante una administración desleal, en el segundo ante una apropiación indebida. Esta distinción obedece a que en el Proyecto de 2013 se había excluido el dinero como objeto material de la apropiación indebida, pero durante la tramitación parlamentaria en el Senado, al final, acabó incluyéndose. Así pues, se produce una contradicción entre lo que dice la EM y la redacción final de los arts. 252 y 253 CP. La EM afirma que *"Quien incorpora a su patrimonio, o de cualquier modo ejerce facultades dominicales sobre una cosa mueble que ha recibido con obligación de restituirla, comete un delito de apropiación indebida. Pero quien recibe como administrador facultades de disposición sobre dinero, valores u otras cosas genéricas fungibles, no viene obligado a devolver las mismas cosas recibidas, sino otro tanto de la misma calidad y especie; por ello, quien recibe de otro dinero o valores con facultades para administrarlos, y realiza actuaciones para las que no había sido autorizado, perjudicando de este modo el patrimonio administrado, comete un delito de administración desleal"*. Y más clara aun es cuando dice a continuación que *"Los delitos de apropiación indebida siguen regulados en una sección diferente, quedando ya fuera de su ámbito la administración desleal por distracción de dinero, que pasa a formar parte del tipo penal autónomo de la administración desleal"*. Sin embargo, el art. 253 CP incluye expresamente como objeto material al *"dinero"*. *Vid. infra* III.1 de la Lección siguiente, sobre el objeto material de la apropiación indebida.

Hoy en día y conforme a la regulación vigente, si se tiene la disponibilidad de los bienes en virtud de un título que otorga una facultad de disposición limitada o la obligación de darles un destino concreto estaríamos ante una apropiación indebida (significativo es que se excluya del art. 253 CP la administración como título por el que se reciben los bienes).

Se salta este "pequeño" dato la SAP, Zaragoza, Sección 3ª, 15/2016, 12-1, que, además, absuelve por administración desleal del art. 252 y condena por apropiación indebida del art. 253 CP, sobre la base de que *"el anterior artículo 295 del Código Penal se refería expresamente a la administración desleal en perjuicio del patrimonio del administrado, «en propio beneficio o de un tercero», expresión que ya no se contempla en el vigente artículo 252 del Código Penal y sí en su artículo 253 referido al delito de apropiación indebida"*, cosa que tampoco es verdad.

Si, en cambio, el sujeto activo tiene amplias facultades de disposición o gestión del patrimonio ajeno, con la única limitación de actuar como un "buen padre de familia" (p.ej. arts. 1.094 y 1.104 CC) o como un "ordenado empresario" (art. 225 LSC), estaríamos ante una administración desleal, con independencia de la conducta que se realice, pues esta viene expresada en términos extraordinariamente amplios (el art. 252 CP simplemente dice que se cause un perjuicio al infringir las facultades de administración excediéndose en su ejercicio). Conforme a esta delimitación, y para no generar una laguna de punibilidad, dentro de la administración desleal habría incluir no sólo usos dominicales ilícitos no apropiatorios, sino también conductas de apropiación en sentido estricto. P.ej., la STS 622/2016, 12-7, confirma la condena por apropiación indebida conforme a la Legislación vigente en el momento de los hechos, pero que hoy habría que calificar como administración desleal del art. 252. La SAP, Álava, Sección 2ª, 66/2019, 8-3, al analizar la situación después de la LO 1/2015 entre apropiación indebida y administración desleal, expresamente afirma que "*apropiación definitiva de administrador desleal cometida por administrador en el ejercicio de sus funciones = administración desleal*", ya que "*la eliminación en el renovado art. 253 de la referencia a la administración como título jurídico de la obligación de entrega o devolución, evidencia la voluntad legislativa, corroborada en la Exposición de Motivos, de reconducir al nuevo delito de administración desleal todas las conductas desleales (incluyendo, pues las apropiaciones definitivas) cometidas por un administrador que actúa en el ejercicio de las funciones propias de su cargo*".

Los hechos de la STS 622/2016, 12-7, citada, fueron básicamente los siguientes: Uno de los administradores y el apoderado de la constructora Synze 2003 dispusieron de sus bienes, no en beneficio de ésta como era su obligación, sino de terceros, perjudicando a la sociedad. Así, dispusieron del dinero que la sociedad había obtenido de un préstamo para la construcción de unas viviendas y que luego destinaron a financiar otras sociedades distintas, transfiriendo diversas cantidades del patrimonio de Synze 2003 a las cuentas de la sociedad Inverhouse Sur (309.549,10 €) y Proyectos e Inversiones Andaluzas (1.738.497,82 €). Asimismo, los acusados transfirieron a Obrypar-Spain cantidades de dinero muy superiores a las pactadas para la realización de las obras, pues pagaron sin justificación un sobreprecio de 315.765,63 € más de lo que correspondía por los trabajos efectivamente realizados. Como dice el TS: "*Cuando el administrador sobrepasa las facultades concedidas y hace suyo o incorpora a su patrimonio o al de un tercero, mediante un acto de apropiación o de distracción si se trata de bienes fungibles, parte o todo el patrimonio que administra, no actúa como tal administrador, sino que aprovecha esa posición sobrepasando las facultades conferidas. En definitiva, no actúa facultades jurídicas, sino que acude a vías de hecho. En realidad, aunque se pretenda disfrazar su actuación como la propia de un administrador, ninguna facultad de éste le autoriza a hacer suyo o regalar a un tercero el patrimonio de la sociedad sin contraprestación alguna*".

Estamos de acuerdo con MARTÍNEZ-BUJÁN PÉREZ, quien considera que ambos delitos deberían diferenciarse por la naturaleza de las conductas, más que por el título en virtud del cual se tiene la disponibilidad de los bienes ajenos, y que, además, la apropiación indebida debería ser castigada con mayor pena y no con la misma como está previsto en la regulación actualmente vigente. En igual sentido, CASTRO MORENO/ GUTIÉRREZ RODRÍGUEZ opinan que la apropiación indebida es más grave que la administración desleal y por ello proponían invertir el orden en que se encuentran regulados: primero la apropiación indebida y luego la administración desleal.

En cambio, NIETO MARTÍN es partidario de sancionar más severamente la administración desleal, porque el ataque al patrimonio proviene de "*un enemigo interno, que actúa desde dentro, como un caballo de Troya*", ante el cual se encuentra indefenso. Sin embargo, pensamos que también la apropiación indebida es un ataque "desde dentro" y si nos fijamos en la obligación quebrantada, la administración desleal no tiene por qué ser más grave que la apropiación indebida. Más grave sería quebrantar una obligación específica de destinar los bienes a un fin concreto, que infringir una obligación genérica de administrar, que tiene un amplio margen de discrecionalidad a la hora de ejercerse.

2.2. La LO 1/2015 también modificó profundamente el delito de malversación convirtiéndolo en una administración desleal de patrimonio público cometida por autoridad o funcionario público. Sustituyó las anteriores figuras delictivas previstas en los arts. 432, 433 y 434 CP antes de 2015, por una expresa remisión en el nuevo art. 432.1 CP al delito genérico de administración desleal del art. 252 CP. También contempló en el apart. 2 del nuevo art. 432 CP una remisión al delito de apropiación indebida del art. 253 CP. Asimismo, desincriminó la apropiación indebida cometida por funcionario público abusando de su cargo prevista en el art. 438 CP antes de 2015. Aunque esta nueva configuración de la malversación como una administración desleal del patrimonio público tiene aspectos positivos, como pueda ser el prescindir del ánimo de lucro y dejar de concebirla como un delito de enriquecimiento para pasar a ser un delito de daño, sin embargo, hay que decir que no tiene mucho sentido realizar la descripción de la conducta típica de la malversación por una mera remisión a los arts. 252 y 253 CP. Por lo que se refiere a la remisión a la administración desleal, dejando al margen la falta de taxatividad y la dificultad para abarcar las conductas omisivas, cosa que en el anterior art. 432 CP estaba expresamente previsto ("*o consintiere que otro sustraiga*"), lo que no tiene mucho sentido es equiparar las funciones de administración de lo público con lo privado. Como bien destaca MARTELL PÉREZ-ALCALDE, esa estructura común entre los dos delitos resulta inapropiada para ámbitos tan heterogéneos, en los que de ningún modo pueden equipararse las finalidades, contornos y limitaciones de la gestión del patrimonio público y el privado. Así, la gestión del patrimonio público está sujeta a una exhaustiva regulación (Ley General Presupuestaria, Ley de Haciendas Locales, Ley del Patrimonio de las Administraciones Públicas, Ley de Transparencia, Ley de Estabilidad Presupuestaria y Sostenibilidad Financiera de las Administraciones públicas, Ley Orgánica del Tribunal de Cuentas, y un largo etc.), mientras que en el ámbito privado rige una amplia libertad a la hora de tomar decisiones. Pero es que, además, el gasto público está afecto a satisfacer políticas de interés general, mientras que la administración de un patrimonio privado se rige por aquello que sea mejor para el interés de su titular, y particularmente en el ámbito empresarial, perseguirá la obtención del máximo beneficio posible. Se podría ir incluso más allá y cuestionar la propia remisión al art. 252 CP, porque los funcionarios públicos son meros servidores de la posesión o meros detentadores de los bienes que la Administración Pública posee a través de ellos. Por tanto, se puede incluso cuestionar que se haya remitido al delito de administración desleal y no al hurto, en el cual se quebranta la posesión de otro. En la administración desleal o en la apropiación indebida no se desposee a nadie, sino que ya se posee legítimamente el objeto sobre el que luego recae la acción delictiva.

La LO 14/2022, de 22 de diciembre, ha reformado otra vez el delito de malversación y ha supuesto, en cierto sentido, una vuelta al pasado en la regulación de la malversación (ROCA DE AGAPITO). Ya no se remite a los arts. 252 y 253 CP, como acabamos de ver que hacía la reforma de 2015, sino que recupera en gran medida la configuración originaria de la malversación, como estaba en la LO 10/1995, con figuras autónomas (GONZÁLEZ CUSSAC). La LO 14/2022, de 22 de diciembre, introduce o da nueva redacción a los arts. 432, 432 bis, 433, 433 ter y 434 CP relativos a la malversación. *Vid. infra* más aspectos sobre la distinción entre la apropiación indebida y la malversación en la siguiente Lección, apart. I.2.4.

II. BIEN JURÍDICO PROTEGIDO Y SUJETO PASIVO

1. El bien jurídico protegido en la administración desleal es el "*patrimonio ajeno*". La nueva ubicación sistemática de este delito en el art. 252 CP (entre las "*defraudaciones*" del Cap. VI del Tít. XIII), junto con la justificación que hace de ella la EM de la LO 1/2015, así como la derogación de la administración desleal societaria del art. 295 CP, conducen a asignarle una naturaleza estrictamente patrimonial.

La EM dice textualmente que *"Su desplazamiento desde los delitos societarios a los delitos patrimoniales, que es donde debe estar ubicada la administración desleal de patri-*

monio ajeno, viene exigido por la naturaleza de aquel delito, un delito contra el patrimonio… A través de este delito se intenta proteger el patrimonio en general, el patrimonio de todo aquel, sea una persona individual o una sociedad, que confiere a otro la administración de su patrimonio, o de aquel cuyo patrimonio ha sido puesto bajo la administración de otro, por decisión legal o de la autoridad […]".

Bajo la anterior regulación se barajaron muchas opciones en cuanto a la delimitación del bien jurídico protegido por el art. 295 CP. Había quien opinaba que lo que se protegía con ese delito era la relación de fidelidad y lealtad del administrador para con la sociedad y los socios, o que lo que se trataba de garantizar era la fiabilidad del correcto funcionamiento del sistema societario en su conjunto. Sin embargo, la opinión mayoritaria, que compartimos, consideraba que el bien jurídico protegido era el patrimonio. El art. 252 ha heredado también dicha naturaleza (así, entre otras, la STS 719/2015, 10-11).

No obstante, la EM de la LO 1/2015, de un modo un tanto confuso, afirma que "*El Código Penal de 1995 había optado por tipificar la administración desleal como un delito societario, a pesar de que se trata en realidad de un delito patrimonial*". Decimos confuso, porque también se había considerado que lo que el art. 295 CP protegía era el patrimonio. Da la impresión que dicho fragmento de la EM otorga al art. 295 CP más bien una naturaleza socioeconómica, cuando en realidad la opinión mayoritaria, como decimos, lo había configurado como un delito de naturaleza patrimonial.

El que con la administración desleal se proteja el patrimonio a la vez que aproxima este delito a la estafa (la opinión mayoritaria concibe el patrimonio en los mismos términos en ambos delitos; en cambio, PASTOR MUÑOZ considera que "no necesariamente" tiene que ser así), lo aleja de la apropiación indebida, pues en ésta se protegen los derechos de propiedad y de crédito.

En este sentido, la Jurisprudencia, al distinguir los arts. 252 y 295 CP antes de 2015, asignaba características diferentes al bien jurídico protegido en ambos delitos. Así, p.ej., la STS 407/2020, 20-7 —caso Secretario del SOMA-UGT— afirma que "*mientras que en la apropiación indebida del art. 252 del CP, el bien protegido por la norma sería la propiedad, el patrimonio entendido en sentido estático, en la administración desleal del art. 295, más que la propiedad propiamente dicha, se estaría atacando el interés económico derivado de la explotación de los recursos de los que la sociedad es titular. Tendría, pues, una dimensión dinámica, orientada hacia el futuro, a la búsqueda de una ganancia comercial que quedaría absolutamente defraudada con el acto abusivo del administrador*". Así también CONDE-PUMPIDO TOURÓN, para quien "*El bien jurídico que tutela el delito de administración desleal es el patrimonio, entendido en sentido dinámico, orientado hacia el futuro, a la búsqueda de un beneficio o ganancia, pero no necesariamente en una concepción puramente personal*".

Delimitar el bien jurídico protegido al patrimonio no quiere decir que los otros dos aspectos señalados antes (los deberes de fidelidad y lealtad y el correcto funcionamiento del sistema societario) no tengan importancia en este delito. Lo que sucede es que no llegan a integrar el desvalor de resultado de este delito.

En cambio, un sector minoritario de la Doctrina otorgó carácter pluriofensivo al art. 295 (así, LUZÓN PEÑA/ROSO CAÑADILLAS; también alguna Sentencia, como las SSTS 769/2006, 7-6; 279/2007, 11-4), e incluso hubo quien defendió que en dicho precepto se tutelaba exclusivamente un bien jurídico colectivo (p.ej., MAYO CALDERÓN). Sin embargo, a nuestro modo de ver, la afectación al sistema societario (lesión o puesta en peligro) no era necesario que se produjese, ni que estuviese abarcada por el dolo, por lo que no se podía decir que apareciese como un elemento del tipo.

Por un lado, la infracción de los deberes de fidelidad y lealtad contribuyen únicamente a configurar el desvalor de acción ("*excediéndose*"), pero no el de resultado ("*perjuicio al patrimonio*") (en contra de este parecer, PASTOR MUÑOZ considera que la *lógica de cada injusto* determina que el modo en que dicho tipo protege el patrimonio se deba definir según la *posición de garantía* propia de cada delito); y, por otro lado, el correcto funcionamiento del sistema societario viene a ser parte de la *ratio legis* de este delito, esto es, un interés subyacente que inspira la política criminal en esta materia, pero no el auténtico bien jurídico. El bien jurídico inmediatamente protegido es el patrimonio y el interés mediato o que recibe una protección indirecta, podría ser el correcto funcionamiento de las sociedades mercantiles. Sólo en este sentido se podría decir que la administración desleal constituye un delito socioeconómico.

No obstante, la supresión por completo de un delito societario de administración desleal en el art. 295 CP ha sido cuestionada por cierto sector de la Doctrina, que auspicia el mantenimiento de una figura que pueda contemplar separada y específicamente el desvalor de la administración desleal en el ámbito societario (p.ej., FARALDO CABANA, para quien estaría justificada por el interés general en el correcto funcionamiento de las sociedades mercantiles; también GÁLVEZ JIMÉNEZ) u otros ámbitos, como el sector financiero o bancario (p.ej., MAYO CALDERÓN o GILI PASCUAL). MARTÍNEZ-BUJÁN PÉREZ, en cambio, considera que sería suficiente con añadir al tipo genérico de administración desleal una agravación específica centrada en las entidades de ahorro e inversión, aunque desde la perspectiva por él defendida de un concepto amplio de perjuicio patrimonial que incluya también el peligro y no sólo la lesión.

Por tanto, el patrimonio, como bien jurídico protegido en el delito de administración desleal, es un bien de carácter individual y no supraindividual, aunque el delito se cometa en el seno de una sociedad o afecte a un ente colectivo (como, p.ej., a una asociación; así en la SAP, Las Palmas, Sección 6ª, 57/2021, 12-2: Presidente del Club Camping y Caravaning Gran Canaria Asociación que destinó fondos del Club al abono de facturas particulares). En cualquier caso, el patrimonio debe entenderse como una unidad y no como la suma de cada uno de los componentes que lo integran.

No vamos a entrar en las distintas concepciones que se han barajado sobre el patrimonio (económica, jurídica, mixta jurídico-económica, y personal o funcional). Sobre ello, podemos remitirnos a la Lección 1ª de este Tomo. En todo caso, por la ubicación sistemática (a continuación de la estafa), por los antecedentes prelegislativos y por la determinación de la pena en función de la cuantía económica del perjuicio, podemos sostener un concepto mixto jurídico-económico de patrimonio en el delito de administración desleal.

Resulta muy significativa la supresión de un párrafo que figuraba en la EM del Proyecto de 2013, que aludía a un concepto personal o funcional de patrimonio y que decía así: "*La reforma supera además la referencia a un «perjuicio económicamente evaluable» que contenía el derogado artículo 295 CP, y que había sido en ocasiones interpretada en el sentido propio de un concepto económico de patrimonio: lo determinante para la existencia del perjuicio patrimonial es, en realidad, el valor del patrimonio administrado valorados los fines personales a que el mismo está orientado.* ***Existe perjuicio patrimonial****, no solamente cuando la actuación desleal determina una reducción del activo o la falta de incremento del mismo (por ejemplo, cuando sin autorización o de forma contraria al interés del administrado el administrador deja prescribir los créditos frente a terceros que debió haber cobrado); sino también* ***cuando su actuación****, de un modo no autorizado o contrario a los intereses administrados,* ***frustra el fin perseguido o el que se hubiera adjudicado al bien o valor*** *conforme a la decisión de los órganos sociales, los depositantes o los titulares de dichos bienes o patrimonio (por ejemplo, mediante la adquisición de bienes que no son útiles o que no pueden cumplir la función económica que se habría obtenido mediante una gestión leal y autorizada del patrimonio; mediante el préstamo no autorizado a terceros o su empleo en operaciones no autorizadas o ajenas al interés social o personal, de modo que se limita las facultades de disposición sobre el patrimonio por su titular; o, también, la creación de cajas negras de fondos que se mantienen fuera del conocimiento y control del titular del patrimonio administrado)*" (negrita añadida).

Este texto transcrito, y en particular lo destacado en negrita, no se corresponde luego con que el tipo penal finalmente aprobado exija causar un perjuicio de tipo económico, por cuanto que la pena se determina en función de su cuantía: si aquel no supera los 400 euros, entonces es delito leve (art. 252.2 CP); si excede de 400 euros, pero no supera los 50.000 euros, es delito menos grave (art. 252.1 en relación con el art. 249 CP); y si excede de 50.000 euros es delito grave (art. 252.1 en relación con el art. 250.1 CP), agravándose aún más la pena si excede de 250.000 euros (art. 250.2 CP). Si el patrimonio se concibiese en términos funcionales, la pena se habría graduado exclusivamente en función del nivel de frustración del fin (imposibilidad, grave dificultad, leve entorpecimiento de su consecución) o la importancia de este para el titular (si es o no un fin básico o esencial).

De la concepción mixta jurídico-económica del patrimonio cabe destacar que en el ámbito de la administración desleal tiene suma importancia el reconocimiento jurídico que debe tener la relación patrimonial en cuestión. De la misma manera que no podemos hablar de una administración desleal por parte del contable de una organización criminal que hace un desfalco de un dinero que no es suyo (podríamos hablar, en su caso, de blanqueo de capitales), tampoco podemos negar la existencia de administración desleal en quien pague sobornos con dinero de la empresa, aunque ello acabe beneficiándola económicamente. Esa salida de parte del patrimonio no resulta justificable en el marco de una "economía legal" (PASTOR MUÑOZ). Para una concepción jurídico-económica del patrimonio, solamente merecen protección penal aquellos elementos de valor económico que cuentan con reconocimiento jurídico, por lo que un menoscabo de dichos elementos no podrá ser compensado con beneficios ilícitamente obtenidos.

Las llamadas prácticas *kick back* o el pago de comisiones al administrador de una empresa por la aceptación de una oferta que perjudica a su representado (p.ej., el administrador que, gracias a una dádiva o regalo, se queda con la peor oferta de los diferentes proveedores, que además se ve empeorada por la repercusión del coste del soborno), son conductas que pueden ser constitutivas a la vez de un delito de corrupción entre particulares del art. 286 bis CP y de administración desleal del art. 252 CP. Si se admite, con BOLEA BARDÓN, que el delito del art. 286 bis CP tiene una doble dimensión lesiva (hacia afuera, como afectación de la competencia leal en la contratación de bienes y servicios como medio para asegurar el normal funcionamiento del mercado; pero también hacia adentro, como menoscabo del interés patrimonial de la empresa en que el administrador adquiera bienes o servicios que constituyan la mejor oferta en el mercado), entonces, habrá que estar con la autora citada en que la concurrencia de ambos preceptos debería resolverse conforme a un concurso aparente de leyes penales, para ella según el criterio de especialidad, en favor de la corrupción entre particulares del art. 286 bis, que además tiene prevista pena más grave que el art. 252 CP (salvo que el perjuicio fuese mayor de 250.000 €, hay que decir, pues el art. 250.2 CP prevé una pena mayor que el art. 286 quater). Según otros autores, como OTERO GONZÁLEZ, si se concibe la corrupción entre particulares desde un modelo puro de protección de la competencia leal, entonces habría que apreciar un concurso de delitos.

A este respecto cabe traer a colación la STS 1014/2022, 13-1 —caso Osasuna. El TS opta por un concurso de delitos y condena a directivos del club de fútbol por apropiación indebida (hoy podríamos calificar los hechos como administración desleal) y por corrupción en los negocios al pagar 250.000 € a jugadores del Betis por perder contra el Osasuna en la última jornada de la temporada 2013/14. El TS, en contra del parecer de la SAP, Navarra, Sección 2ª, 111/2020, 23-4, absuelve por pagar 400.000 € por ganar al Real Valladolid, y es que el TS considera, a nuestro modo de ver de modo discutible, que las primas a terceros por ganar son atípicas, porque *"su antijuridicidad formal (predeterminar el resultado deportivo), no lo sería material, en tanto que no infringe el bien jurídico protegido, que es el juego limpio"* [cuestión distinta, en la cual no vamos a entrar, es que este bien jurídico merezca la protección penal, que entendemos que no]. Por el contrario, la SAP, Navarra, Sección 2ª, 111/2020, 23-4, sí que las consideró típicas, pues *"no sólo se está buscando por el club oferente una ventaja, sino que se producen una serie de efectos concatenados como es, entre otros, el perjuicio de otros equipos que dependen de esos resultados de terceros, además de los perjuicios económicos derivados de apuestas o quinielas"* [aquí lo que estaría en liza no es simplemente el juego limpio, sino los intereses económicos de terceros].

2. El sujeto pasivo, en cuanto titular del bien jurídico protegido, se identifica con el titular del "*patrimonio administrado*".

La STS 719/2015, 10-11, afirma que *"el concepto de patrimonio administrado es similar al del art. 295 que, en cierto modo, sustituye"*, y la descripción que hacía este precepto era *"más detallada pero que responde al propio concepto, pues todos esos elementos se corresponden, sin duda, con el concepto de patrimonio administrado"*. *"No puede entenderse* —dice— *que el patrimonio administrado se lesione y a los socios tal perjuicio no les afecte. Económicamente la correspondencia es un hecho innegable*". Y continúa más adelante: "*El perjudicado por este delito no debe ser un tercero a la sociedad, pues si lo fuera el tipo aplicable debería ser el art. 253, tras la LO 1/2015, de 30 de marzo, es decir, constituiría una apropiación indebida*".

Cuando se trate de personas físicas, no se plantean excesivos problemas. Sujeto pasivo será el titular del patrimonio administrado deslealmente. En cambio, cuando estemos ante el patrimonio de personas jurídicas, la cuestión relativa a la delimitación del sujeto pasivo se complica. En comparación con la anterior regulación de la administración desleal prevista en el art. 295 CP, el ámbito de los sujetos pasivos se ha visto ampliado, por un lado, pero por otro se ha reducido. Como ya dijimos, el propósito fundamental de la reforma de 2015 fue extender esta figura delictiva más allá del ámbito societario, al cual estaba circunscrita, pero a la vez, lo que ha sucedido es que la administración desleal genérica se ha limitado exclusivamente a tutelar el patrimonio de la sociedad (incluida no sólo la válidamente constituida, sino también la irregular y la que está en formación), y no se ha incluido, como sí se hacía antes, la protección de los bienes de los "socios", los "depositantes" (el art. 295 CP decía "depositarios", pero debía entenderse como un error del Legislador), los "cuentapartícipes" y los "titulares de los bienes, valores o capital que administren". Los socios, ahora, no son sujetos pasivos por la sencilla razón de que el administrador no administra sus bienes, sino el patrimonio de la sociedad (así, entre otras, la SAP, Barcelona, Sección 7ª, 515/2019, 29-7, de lo cual extrae también la conclusión de que los socios no pueden ejercer la acción penal como acusación particular; la SAP, Burgos, Sección 1ª, 72/2018, 14-2, sí ha incluido a los socios como sujetos pasivos en el caso de una sociedad civil).

No obstante, como advierte la STS 49/2022, 20-1, "*cuando todos los socios, que conforman el cien por cien del capital social, consienten, expresa o implícitamente, gastos o inversiones o destinos a dar a los beneficios o fondos sociales no es viable configurar un* fantasmagórico *perjuicio del ente social, disgregado de sus titulares. Si cupiese semejante construcción (un delito patrimonial de enriquecimiento cometido de consuno por todos los socios en perjuicio exclusivo del ente social) habría que concluir que en todo reparto de beneficios convenido entre los titulares de una mercantil se estaría produciendo un fraude a la sociedad que se ve despojada de sus fondos. No cabe concebir una voluntad de la sociedad como algo absolutamente al margen de la voluntad de sus titulares (unánime o formada con arreglo a las reglas estatutarias con las mayorías requeridas en cada caso). Si todos los socios consentían esa irregularidad contable y el trasiego de fondos que el hecho probado insinúa, aunque no concreta (¿de qué lugar del hecho probado sale la cuantía que los recurrentes fijan como perjuicio y montante de la apropiación?), no puede hablarse de administración desleal. Si todos los administradores actúan de acuerdo y, además, ellos mismos ostentan la titularidad íntegra de la administrada, es inviable tal delito: no cabe la auto-administración desleal, como no cabe la auto apropiación indebida, o el auto-hurto*".

Los cuentapartícipes tampoco resultarán tutelados por este tipo penal, pues el contrato de cuentas en participación (arts. 239-243 CCo) se caracteriza por la colaboración patrimonial que una persona ofrece a un empresario con la finalidad común de participar en los resultados prósperos o adversos de sus negocios, pero transmitiendo la propiedad de los bienes al empresario, con lo que el patrimonio gestionado ya no se puede considerar «ajeno», como exige el art. 252 CP (*vid. infra* III.1). Por último, los titulares de los bienes, valores o capital administrados sí que estarían incluidos dentro de círculo de sujetos pasivos del art. 252 CP. Entre ellos cabría incluir a los partícipes en Instituciones de Inversión Colectiva —IIC— de la Ley 35/2003, de 4 de noviembre, es decir, "*aquellas que tienen por objeto la captación de fondos, bienes o derechos del público para gestionarlos e invertirlos en bienes, derechos, valores u otros instrumentos, financieros o no siempre que el rendimiento del inversor se establezca en función de los resultados colectivos*" (art. 1.1). Sin embargo, habría que distinguir entre aquellas IIC que revisten forma de "fondo de inversión" y las "sociedades de inversión". Mientras que los partícipes en Fondos de Inversión —FI— y Fondos de Inversión Inmobiliaria —FII—, sí pueden considerarse sujetos pasivos del delito de administración desleal, pues según el art. 3.1 de la Ley 35/2003, "*los fondos de inversión son IIC configuradas como patrimonios separados sin personalidad jurídica, pertenecientes a una pluralidad de inversores, incluidos entre ellos otras IIC, cuya gestión y representación corresponde a una sociedad gestora, que ejerce las facultades de dominio sin ser propietaria del fondo...*"; en cambio, los inversores en IIC de carácter societario, como las Sociedades de Inversión de Capital Variable —SICAV—, o las Sociedades de Inversión Inmobiliaria —SII—, no serían sujetos pasivos del art. 252 CP, pues la forma jurídica de estas IIC, según el art. 9.1 Ley 35/2003, es la de una "sociedad anónima" y tienen, por tanto, personalidad jurídica propia. Un inversor en una IIC de carácter societario sería perjudicado del delito de administración desleal a efectos de responsabilidad civil, pero no sujeto pasivo del art. 252 CP.

III. TIPO OBJETIVO

1. Sujetos activos

Sujetos activos del delito de administración desleal son "*los que [tengan] facultades para administrar un patrimonio ajeno*", pero además dichas facultades tienen que venir "*emanadas de la ley, encomendadas por la autoridad o asumidas mediante un negocio jurídico*". Por tanto, esta figura delictiva no puede ser cometida por cualquiera (p.ej., la SAP, Madrid, Sección 29ª, 95/2021, 1-3, absolvió al mánager de David Bustamante, porque no era administrador de las sociedades mercantiles ni del patrimonio del cantante, sino simplemente su asesor). Se trata de un delito especial que requiere dos requisitos para ser sujeto activo. Por un lado, ostentar facultades autónomas de disposición y de organización del patrimonio de otra persona; y, por otro lado, que dichas facultades provengan de un determinado título. El uno sería un requisito material, que atiende al contenido de las facultades, el otro sería un requisito estrictamente formal, que se conforma con el origen o la fuente del cargo de administrador.

La reforma de 2015 no ha previsto la responsabilidad penal de las personas jurídicas para el delito de administración desleal. Pudiera ser por la circunstancia de que, si la administración de una sociedad recae sobre otra persona jurídica, *"será necesario que ésta designe a una sola persona natural para el ejercicio permanente de las funciones propias del cargo"* (art. 212 bis LSC), con lo que en última instancia siempre va a haber una persona física administradora que responda (véase, por ejemplo, la STS 598/2018, 27-11, en la cual el Consejo de Administración de la sociedad Aparcamiento Atocha 70 S.L. tenía entre sus integrantes a sendas sociedades, representadas por dos de los acusados; el capital social pertenecía a su vez a cuatro sociedades limitadas). No obstante, hay quien ha propuesto que se incluya en el catálogo de delitos de los que pueden ser responsables también las personas jurídicas (GÁLVEZ JIMÉNEZ). El AAP, Barcelona, Sección 9ª, 113/2022, 21-2, confirma la inadmisión a trámite de la querella interpuesta contra persona jurídica, pues ni el delito de apropiación indebida (con cita de la STS 630/2019, 18-12), ni el de administración desleal son susceptibles de ser cometidos por las personas jurídicas (con cita de la SAP, Barcelona, Sección 3ª, 718/2021, 28-7).

1.1. Empezando por el primero de los requisitos, el material, diremos que la expresión *"facultades para administrar"* no sólo delimita el círculo de sujetos activos (p.ej., el AAP Granada, Sección 2ª, 751/2021, 29-11, confirma el sobreseimiento por administración desleal porque en los dos contratos de trabajo aportados, en los que el investigado figura como "encargado general" y como "director", no constan el contenido y el alcance de las funciones que éste desempeñaba para la empresa), sino que también se está refiriendo a las modalidades de conducta. No obstante, este segundo aspecto lo dejamos para más adelante, al comentar la conducta típica (*infra* III.3). Ahora nos referiremos tan sólo a la **especial posición en que se sitúa el administrador** para con el patrimonio administrado y las características generales que implican esas *"facultades para administrar un patrimonio ajeno"*.

El Legislador penal se está refiriendo con esta expresión a aquellos supuestos en los que una persona tenga confiada la capacidad para actuar en nombre o representación de otro o para ordenar, disponer u organizar su patrimonio. Por ejemplo, el art. 209 LSC establece que "*es competencia de los administradores la gestión y representación de la sociedad*". Se trata, por tanto, de amplias facultades para gestionar el patrimonio ajeno, y que además lo puede hacer con una gran discrecionalidad a la hora de decidir. Quien administra el patrimonio ajeno puede hacer prácticamente lo mismo que su titular. Puede realizar negocios jurídicos de todo tipo frente a terceros, vinculándole; y puede también gestionarlo internamente, decidiendo a qué fines se destinan los activos, si los bienes que integran el patrimonio se usan o no, por cuánto tiempo, por quién, etc. Tiene, por tanto, unas facultades *ad extra*, para entablar negocios jurídicos con terceros, y también unas facultades *ad intra*, para ordenar o gestionar internamente el patrimonio, que son prácticamente un poder omnímodo.

Por eso, quien ostenta un poder general para actuar o mandato general expreso (arts. 1.712 y 1.713 CC), que otorgue facultades para proceder en nombre y representación de otro y efectuar toda clase de actos y negocios de administración, obligación, disposición y riguroso dominio por medio de toda suerte de contratos y negocios jurídicos, entra dentro del círculo de sujetos activos del delito de administración desleal.

Esta singular posición de poder casi absoluto del administrador es lo que diferencia, según la regulación actualmente vigente, la figura de la administración desleal (art. 252 CP) de la apropiación indebida (art. 253 CP). En esta última, aunque el ataque al patrimonio provenga también por parte de alguien que se aprovecha de una facultad de disponibilidad que tiene sobre los bienes recibidos, sin embargo, es solamente una facultad de disposición limitada y no tan extensa como la del administrador (*vid. supra* I.2).

Así, por ejemplo, un albacea, en principio y salvo que el testador haya establecido otra cosa, no puede ser sujeto activo idóneo por carecer de tales facultades extensas de administración del patrimonio hereditario, ya que lo que tiene que hacer es únicamente *"entregar [los bienes de la herencia] a herederos determinados"* o *"darles la inversión o distribución que el testador hubiese dispuesto"* (*vid.* arts. 902 y 907 CC). Por tanto, es posible que los albaceas, más que facultades para administrar la herencia, lo que tengan es un encargo específico de entregar o dar un destino determinado a los bienes, sin poder de decisión alguno, con lo que no podría decirse que cometen una administración desleal en estos casos. Eso sí, podrán ser responsables, en su caso, de una apropiación indebida del art. 253 (en cambio, JUANES PECES parte de considerar al *"albacea-contador como un gestor"*, por tanto, administrador y susceptible de ser sujeto activo del delito de administración desleal). En la STS 599/2022, 15-6, se condenó por apropiación indebida a uno de los herederos que procedió a retirar la totalidad de dinero que había en una cuenta, pero sin cumplir con la obligación de repartirlo entre sus hermanos. *"El título por el que recibió ese dinero* —dice la sentencia— *es el cuaderno particional suscrito por todos los herederos... Tal título le limitaba la disposición del dinero por quedar afecto o adscrito en el mismo acuerdo particional a un fin concreto, como era la entrega a cada uno de sus hermanos de 5.010,72 €"*.

Del mismo modo, quien actúa con un poder o mandato especial (art. 1.719 CC), *"ha de arreglarse el mandatario a las instrucciones del mandante"*.

Ahora bien, por muchas facultades de disposición hacia fuera y de gestión u organización hacia dentro que tenga el administrador, éste no es el titular del patrimonio, que le autorice a hacer lo que quiera con él. Siempre hay límites.

Por eso parece discutible la absolución decretada por la SAP, Barcelona, Sección 5ª, 439/2021, 3-6, con Voto Particular del Magistrado D. Ignacio de Ramón Fors. En este caso una sobrina vació la cuenta bancaria de su tía pocos días antes de morir ésta y de haber obtenido poder especial para realizar todas aquellas operaciones propias de la operativa bancaria como si se tratara de la propia poderdante. En la semana siguiente y antes de fallecer la tía, la sobrina realizó reintegros y transferencias por un importe total de 338.500 €. Un año antes la tía había otorgado testamento instituyendo herederas universales a sus dos sobrinas a partes iguales. Dice la Sentencia que "*ante la falta de indicación de los motivos por los que podía realizar las disposiciones de dinero, la no acreditación de la voluntad contraria de la poderdante a dichas disposiciones… procede el dictado de una sentencia absolutoria con todos los pronunciamientos favorables, pues no ha quedado acreditado que la acusada infringiese el poder de administración concedido en el ejercicio de dicho poder*". No obstante, como declara el Magistrado discrepante, "*no puede presumirse que quien otorga un poder a otra persona la está facultando para hacer suyos los bienes a los que pudiera tener acceso con ese poder*". "*El poder otorgado por [la tía] era solamente eso, un poder, y no una donación*". "*Es más, si [la tía] hubiera querido beneficiar a la acusada de esa manera, lo lógico hubiera sido otorgar un nuevo testamento, no un poder*", y "*no sería lógico que permitiera que la acusada la despojara de todo su dinero*".

Compárese, en cambio, con el caso de la SAP, Cáceres, Sección 2ª, 41/2020, 4-2, en la cual, poco antes de fallecer el titular de varias fincas y tras haber sufrido un ictus, un familiar, que contaba con un amplísimo poder de administración, procedió a vender esas fincas a su esposa, que las adquiere con carácter ganancial, estableciéndose el precio global alzado de la venta en 25.000 €, que fueron abonados en metálico. En este caso, el poderdante había otorgado testamento en 1990 en el cual había efectuado una serie de legados, entre ellos, algunos relativos a las fincas que vendió el apoderado en febrero de 2010. En diciembre de 2009 el causante sufre un accidente cerebro vascular y fallece en agosto de 2010. En diciembre de 2007 había otorgado ese poder general con amplísimas facultades en favor del marido de la sobrina de su esposa, que luego se utilizaría en la venta de las fincas en febrero de 2010. Sin embargo, el Tribunal absuelve a los acusados, porque, al discutirse si se produjo un uso abusivo del poder concedido, alberga dudas de qué pudo haber sucedido realmente. "*Las pruebas analizadas* —dice— *no nos permiten alcanzar una convicción plena en orden a considerar acreditado que los acusados, cuando otorgaron la escritura de transmisión de las fincas, lo estaban haciendo al margen de lo que el matrimonio les habría expresado con anterioridad y con el propósito de burlar las disposiciones del testamento, aprovechando la desgraciada circunstancia de la enfermedad [del poderdante]*". Y es que la Sala entiende que existen circunstancias y razones que podrían servir de apoyo para avalar cualquiera de las dos versiones [la de la acusación y la de la defensa]. No descarta que los acusados contasen con el conocimiento, la autorización e incluso el impulso del matrimonio, y que resultó acreditada una relación muy estrecha entre ellos, plasmada a lo largo de los años a través de actos, conductas y manifestaciones que han puesto de manifiesto el altísimo grado de confianza que el matrimonio tenía depositado en los acusados. Por eso el Tribunal concluye que "*el resultado de las pruebas practicadas no permite declarar acreditado, fuera de toda duda razonable, que los acusados actuasen de forma unilateral y con abuso del poder otorgado para transmitir los inmuebles propiedad [del poderdante]*", de tal modo que "*la absolución se impone por el principio* in dubio pro reo".

El propietario ha hecho una especie de delegación de todas estas facultades en el administrador, naciendo de ella, de un modo connatural, una estrecha relación de confianza entre el titular del patrimonio y aquél. Si a esto le sumamos el carácter ajeno del patrimonio, se comprenderá que surjan entonces para el administrador unos especiales deberes de diligencia y lealtad en su gestión, como contrapartida a esas amplias facultades que están en sus manos. El principal deber que le obliga es el de salvaguardar o proteger el patrimonio que administra, pero también debe regirse en su actuar exclusivamente por el interés de su titular. Por tanto, todo este conjunto de facultades y de deberes colocan al patrimonio administrado en una especial situación de absoluta dependencia hacia el administrador, y correlativamente podemos decir que éste se encuentra en una posición de garante respecto del bien jurídico, debiendo velar por su indemnidad. En este sentido, también podríamos calificar la administración desleal como un **delito especial propio**, por cuanto que las cualidades especiales del sujeto activo no sólo agravan la punibilidad de la conducta desleal, sino que fundamentan el propio injusto penal.

Para NIETO MARTÍN estos amplios poderes que ostenta el administrador, que generan una situación de indefensión del patrimonio frente a él y que precisamente éste abuse de esos poderes a la hora de atacar el bien jurídico protegido, es lo que convierte a la administración desleal en *"el más grave de los delitos patrimoniales. Si lo comparáramos con los delitos contra la vida sería una situación semejante al asesinato alevoso, por ejemplo, con una metralleta, de un niño de corta edad por su padre. Por esta razón el legislador se ha equivocado al equiparar las penas del art. 252, de la apropiación indebida y de la estafa"*. Debería estar castigado, según él, con mayor pena. En cambio, nosotros pensamos que debería ser al revés. Sobre la cuestión de la penalidad de la administración desleal, *vid. infra* VI.

El que a veces se requiera una autorización para realizar ciertos actos de disposición o para contraer obligaciones no priva al administrador de sus amplias facultades para gestionar el patrimonio y para decidir discrecionalmente qué es lo que hay que hacer y qué no. La autorización previa no es más que una medida de prevención, instituida precisamente por las amplias facultades de administración que tiene ese gestor. La autorización judicial (o la autorización de otros órganos dentro de la estructura societaria, como pueda ser, por ejemplo, la autorización prevista en el art. 489 LSC por parte del Consejo de Control en la sociedad anónima europea), puede limitar la discrecionalidad del que administra, pero no ordena u obliga a adoptar una concreta decisión. Así pues, el *curador* de una persona necesitada de apoyo, aunque necesite autorización judicial para determinados actos (art. 287 CC), no significa que no pueda cometer una administración desleal. Dada la garantía judicial de la previa autorización, será más difícil que se cometa, pero el curador puede perfectamente saltarse esos controles o puede incluso tratar de engañar al juez y manipularlo para que le autorice la operación que él quiere. En este caso resultaría de aplicación preferente el delito de estafa procesal (art. 250.1.7ª CP), por el elemento especializante del engaño al Juez.

1.2. En cuanto al requisito estrictamente formal para ser sujeto activo, las facultades para administrar un patrimonio ajeno tienen que proceder de **determinadas fuentes**. Por tanto, no cualquier facultad de administrar, aunque conlleve deberes de salvaguarda y de gestión ordenada, entra dentro del ámbito de tipicidad de la administración desleal, sino sólo aquellas que procedan de *"la ley"* directamente, hayan sido *"encomendadas por la autoridad" o hayan sido "asumidas mediante un negocio jurídico"*. Si no tienen dicho origen, no estaríamos ante un administrador idóneo para cometer el delito del art. 252 CP. El cargo de administrador a efectos del art. 252 CP debe ser un cargo basado en una determinada posición jurídica para actuar y no en un mero poder fáctico de incidir en la esfera patrimonial ajena (PASTOR MUÑOZ/COCA VILA). La enumeración de dichas fuentes puede resultar innecesaria (así CASTRO MORENO/GUTIÉRREZ RODRÍGUEZ), pero como dice GILI PASCUAL, *"su mención tasada puede tener la virtualidad y la ventaja de excluir del ámbito típico las actuaciones que descansen en una simple relación de confianza"*.

Por ello, no podemos compartir la STS 491/2021, 3-6, que confirma una condena por administración desleal en un supuesto en que *"la acusada llegó a tener facultades para administrar el patrimonio ajeno y que aprovechando la situación de especial vulnerabilidad de la víctima, por los problemas de salud que tenía y de los que ella era conocedora, así como su condición de autorizada en la cuenta del titular, dispuso del mismo hasta dilapidar los ahorros íntegros de su pareja"*. Y en el FJ 6º dice: *"figurar como autorizado para disponer de una cuenta corriente, aunque se aparezca como titular, no significa que el titular sea propietario del saldo existente. Puede ser administrador. Y una administración que desatiende los intereses del propietario y actúa en exclusivo beneficio propio invade el derecho penal"*. Pero el problema es que esas facultades de administración tendrían que haber sido *"asumidas mediante un negocio jurídico"*, lo cual, en aquel caso, no parece que se haya producido, o por lo menos no se fundamentó suficientemente, en nuestra opinión. El apoderamiento del patrimonio de la víctima debió ser calificado como hurto del art. 235.2 CP en relación con los núms. 5º y 6º del apart. 1.

En el anterior delito de administración desleal del art. 295 CP, los sujetos activos eran "*los administradores de hecho o de derecho o los socios…*" (la SAP, Madrid, Sección 5ª, 37/2022, 12-5, rechazó de plano la acusación sostenida por el Ministerio Público, porque en la regulación actualmente vigente "*han quedado excluidos del círculo de sujetos activos aquellos que sólo ostentan la condición de socios*"; sin embargo, un rechazo tan rotundo nos parece discutible en el caso concreto, pues no entró a valorar que la acusada, además de la condición de socia, también tenía un poder de representación de la sociedad que le permitía efectuar actos de adquisición y enajenación de mercancías). Sobre la delimitación del alcance de la expresión "administrador de hecho o de derecho", *vid. infra* el apart. II.2 de la Lección de los Delitos societarios. Ahí se aborda la cuestión del administrador de derecho, de los delegados (consejeros delegados y comisiones ejecutivas), de los apoderados (directores generales, gerentes o directores gerentes) y la responsabilidad de los órganos colegiados (consejo de administración). Pero una cuestión importante, que no resuelve expresamente el art. 252 CP y que da lugar a dudas (así, FARALDO CABANA considera que se genera "*una polémica innecesaria*"), es si dentro de su actual redacción entrarían los llamados **administradores**

de hecho. En los vigentes arts. 290, 293, 294 CP, los administradores de hecho se han equiparado expresamente a los administradores de derecho, pero en el art. 252 CP no. Para solventar estas dudas no se puede acudir a lo dispuesto en el art. 31 CP, por la sencilla razón de que el administrado (la sociedad mercantil, el pupilo, el hijo menor...) no es quien comete el delito de administración desleal; antes al contrario, es el sujeto pasivo del delito.

La STS 552/2021, 23-6 —caso Zentyal—, no tiene ninguna duda al respecto. Entiende que *"las conductas que antes encontraban acomodo en el artículo 295, pueden subsumirse ahora en el artículo 252. Pues en éste no se estrechan los límites de la conducta típica, sino que, al contrario, se suprime la exigencia de que el autor del hecho sea un administrador de hecho o de derecho, de una sociedad, por lo que puede serlo todo el que tenga facultades para administrar un patrimonio ajeno con independencia de quien sea su titular"*. Sin embargo, no entra a valorar el título en virtud del cual se tienen esas facultades para administrar. Considera, sin problema alguno, que el administrador de hecho es sujeto activo del art. 252. Conforme a la Jurisprudencia del TS, administrador de hecho es *"el que, **sin título suficiente**, desempeñe las funciones propias del administrador en la materia que resulte fácticamente de su competencia, adoptando así decisiones que son respetadas y ejecutadas por los demás como si procediesen de un administrador nombrado con todas las formalidades previstas en la ley"* (STS 86/2017, 16-2). Por administrador de hecho se entenderá que es *"quien de hecho manda o quien gobierna desde la sombra. La condición del sujeto activo debe, por ello, vincularse a la disponibilidad de los poderes o facultades que permitan la ofensa del bien jurídico protegido, la condición de sujeto activo lo define el dominio sobre la vulnerabilidad jurídico penalmente relevante del bien jurídico"* (STS 94/2018, 23-2).

La SAP, Málaga, Sección 8ª, 147/2021, 19-3, absolvió porque el acusado simplemente figuraba como secretario de una sociedad mercantil constituida en Delaware, sin que tuviera ninguna función de gestión o administración. Esta resolución señala como elementos propios de un administrador de hecho los siguientes:

– *"Debe haber una actuación efectiva en la administración de la sociedad, actuación basada en la auténtica gestión de la misma.*

– *Esa gestión debe suponer la dirección en relación a la actividad empresarial.*

– *El poder decisorio debe ejercerse con total autonomía y sin sometimiento a las instrucciones de un tercero.*

– *Ello se debe llevar a cabo de forma habitual y regular, pues no se puede considerar como administrador de hecho cuando tales conductas se lleven a cabo de forma aislada o puntual"*.

A juicio de CASTRO MORENO/CARBALLO GARCÍA la administración desleal genérica del art. 252 CP es aplicable también a los administradores de hecho de una sociedad. Sin embargo, los ejemplos que ellos mencionan se refieren a un concepto más bien formal de administrador de hecho, como pueda ser el apoderado de una sociedad o el exadministrador social que continúa estando inscrito en el Registro Mercantil después de haber cesado en el cargo. "*Lo relevante será* —dicen— *el poseer facultades de administración que se obtuvieron por alguna de las fuentes descritas en el precepto*".

A nuestro modo de ver habría que distinguir dos grupos de supuestos en torno a la figura del administrador de hecho, cuyo concepto, por otra parte, no se limita exclusivamente al ámbito de las sociedades mercantiles. Pensemos, por ejemplo, en la figura del tutor de hecho, como sería el caso de unos abuelos que se hacen cargo de sus nietos tras el fallecimiento de sus padres (otro ejemplo, en la SAP, Zaragoza, Sección 1ª, 143/2020, 29-6: sobrino que, a la muerte del tutor legal, se hace cargo de su tío incapacitado), o una tutela constituida con algún vicio, como pueda ser por la nulidad del testamento en que se designa tutor. La STS 236/2023, 30-3, aunque calificó como tutor de hecho al marido de la tutora legal, pues asumió también la gestión de su patrimonio, sin embargo, no le consideró coautor, sino cooperador necesario.

De un lado, estarían aquellos supuestos en los que una persona asume las facultades de administrar un patrimonio ajeno por propia iniciativa, sin conocimiento del titular y sin obligación alguna de hacerlo. El caso paradigmático sería el de la gestión de negocio ajeno sin mandato del art. 1.888 CC. De otro lado, estarían supuestos como los mencionados con anterioridad en los que, pese a haber expirado ya su mandato o no reunir las condiciones exigidas por la ley para el puesto de administrador, éste ha asumido las facultades de administrar el patrimonio ajeno. Solamente en este segundo grupo de supuestos podemos hablar de sujeto activo idóneo para cometer una administración desleal, porque reúne los dos requisitos que exige el art. 252 CP: ejercer materialmente las facultades de administración y tenerlas formalmente en virtud de un determinado título. En aquellos casos en los que el administrador haya sido nombrado legítimamente, pero no reúna las condiciones exigidas por la ley para tal nombramiento, o incluso en aquellos casos en los que lo haga con aquiescencia o tolerancia por parte del titular del patrimonio (p.ej., la SAP, Zaragoza, Sección 1ª, 105/2022, 7-4), se puede decir que ha asumido las facultades para administrarlo mediante un "*negocio jurídico*", aun cuando fuese éste nulo o anulable (en el ámbito societario, véase el art. 236.3 LSC, según el cual "*tendrá la consideración de administrador de hecho tanto la persona que en la realidad del tráfico desempeñe sin título, con un título nulo o extinguido, o con otro título, las funciones propias de administrador, como, en su caso, aquella bajo cuyas instrucciones actúen los administradores de la sociedad*"). En verdad, a efectos del delito de administración desleal del art. 252 CP, en estos casos más que de administrador de hecho se puede hablar en puridad de administrador de derecho, pues reúne los requisitos materiales y formales que exige el tipo: las facultades de administrar y el título. Y lo mismo se puede decir de quienes hayan accedido a la administración de un patrimonio ajeno por "ley" o por nombramiento de "la autoridad", aunque sea con algún defecto de forma, pues aquí no es que se acuerde entre dos partes la cesión y entrega por parte del titular del patrimonio de amplias facultades de administración, sino que nos encontramos con una obligación de asumirlas.

P.ej., la citada SAP, Zaragoza, Sección 1ª, 105/2022, 7-4, estimó que *"el acusado era quien asumía en exclusiva las funciones de gestión de dichas sociedades, como administrador de hecho, mientras su pareja se dedicaba a trabajar y aportar las ganancias que obtenía de su actividad profesional"* (ella era ginecóloga y era socia y administradora única de tres mercantiles).

Por el contrario, quien asume por iniciativa propia la gestión de negocios ajenos sin mandato expreso del interesado, aunque tenga la obligación de "desempeñar su cargo con toda la diligencia de un buen padre de familia" y de "indemnizar los perjuicios que por su culpa o negligencia se irroguen al dueño de los bienes o negocios que gestione" (art. 1.889 CC), incluso si es por "caso fortuito cuando acometa operaciones arriesgadas que el dueño no tuviese costumbre de hacer" (art. 1.891 CC), no podemos decir que tenga facultades de administrar a efectos del art. 252 CP. La gestión de negocios ajenos sin mandato genera obligaciones, cierto, pero que se contraen sin convenio, y la infracción de dichas obligaciones no daría más que a una culpa extracontractual (arts. 1.093 y 1.902 CC). Otra cosa sería si estuviésemos ante un consentimiento tácito por parte del titular, en cuyo caso sí se podría admitir la idoneidad del sujeto activo y su responsabilidad penal, si es que actúa dolosamente. Pero en ningún caso podemos hablar de delito de administración desleal si el gestor actúa sin conocimiento del dueño y con un consentimiento meramente presunto por su parte. Ello no se puede entender como facultades "*asumidas mediante un negocio jurídico*".

Conforme a estos parámetros también podemos resolver los supuestos del *administrador oculto*, esto es, de aquel que usa a un hombre de paja nombrado como administrador, pero es él quien da materialmente las órdenes de gestión que el otro ejecuta formalmente (a éste también se refiere el art. 236.3 LSC). Si esta situación es aceptada por el titular del bien jurídico protegido podríamos admitir la autoría de quien verdaderamente maneja los hilos, pues existe un título idóneo que podría encajar dentro de la asunción de las facultades de administración a través de un «negocio jurídico». En estos casos el hombre de paja sería cooperador necesario *intraneus* (así se valoró en la STS 552/2021, 23-6 —caso Zentyal). En cambio, si el administrador material actúa de espaldas al titular del patrimonio, o incluso en su contra, no podríamos decir que haya asumido la administración mediante un «negocio jurídico». En este caso, su conducta habría que juzgarla más bien como una inducción al delito cometido por el administrador formalmente nombrado.

Por lo que se refiere concretamente a las fuentes de las que provienen las facultades de administración, el art. 252 CP contempla tres: la ley, la encomienda por parte de una autoridad y la asunción mediante negocio jurídico.

A lo largo del trámite parlamentario del Proyecto de 2013 decayó una cuarta fuente, como era la pura "relación de confianza" o una relación fáctica fiduciaria basada simplemente en la buena fe y la lealtad del gestor. Este título se incluía en el tipo de infidelidad, que a su vez era transcripción del § 266 StGB alemán. Al desaparecer este tipo, no se incluyó en el tipo de abuso, el cual, por tanto, se circunscribe exclusivamente al abuso de facultades jurídicas y no meramente fácticas de disposición o gestión.

En primer lugar, "*emanadas de la ley*" implica que es una norma jurídica, que no tiene por qué ser con rango de Ley, la que instituye el cargo de administrador o gestor. Por ejemplo, el art. 1.375 CC establece que corresponde conjuntamente a los *cónyuges* "la gestión y disposiciones de los *bienes gananciales*"; o el art. 154 CC establece que los *padres* tienen respecto de sus hijos menores las facultades para "representarlos" y para "administrar" sus bienes. El art. 164 CC especifica que "los padres administrarán los bienes de los hijos con la misma diligencia que los suyos propios, cumpliendo las obligaciones generales de todo administrador…". Asimismo, corresponde también por ley la "representación *del declarado ausente*…, [así como] la protección y administración de sus bienes y el cumplimiento de sus obligaciones", al cónyuge, al hijo mayor de edad (preferido el conviviente y el mayor al más joven), al ascendiente más próximo y de menos edad o al hermano mayor de edad conviviente con el ausente (art. 184 CC). Otro ejemplo sería la administración de los bienes del *heredero o del legatario instituido bajo condición suspensiva* hasta que la condición se realice, que corresponde a otros herederos o legatarios instituidos sin condición y con derecho de acrecer a aquel (art. 802 CC).

En segundo lugar, la facultad de administrar puede haber sido "*encomendada por la autoridad*". En este caso se procede a un nombramiento por parte de una autoridad pública. Por ejemplo, el art. 208 CC establece que "la autoridad judicial constituirá la tutela mediante un expediente de jurisdicción voluntaria" y el art. 228 CC dispone que "el *tutor* está obligado… 4º A administrar el patrimonio del menor con la diligencia debida". También el *curador* de una persona necesitada de apoyo es nombrado por la autoridad judicial (art. 276 CC), y puede ejercer funciones de representación, aunque necesita autorización judicial para determinados actos (art. 287 CC), debiendo además rendir periódicamente cuentas de su administración (art. 292 CC) (la SAP, Barcelona, Sección 5ª, 144/2022, 25-2, absuelve a la tutora que utilizó fondos del tutelado para comprar una vivienda a nombre de éste, pese a no haberlo comunicado previamente al Juzgado y pese a que algunos de los inventarios de bienes y rendiciones de cuentas fueron incorrectos en cuanto no se consignaron cuando procedían, pero entiende el Tribunal que la compra de una vivienda es una transformación de un activo financiero en otro del mismo valor, siendo generalmente aceptado que resultan más beneficiosas estas últimas inversiones que preservan al titular del demérito por la inflación, y además, tampoco quedó demostrado que se abonase por la vivienda un sobreprecio fuera de mercado). Asimismo, según el art. 1.388 CC, en caso de abandono de familia o cuando uno de los cónyuges se encontrare en imposibilidad de prestar consentimiento, "los Tribunales podrán conferir la administración [de los bienes gananciales] a *uno solo de los cónyuges*", en cuyo caso «tendrá para ello plenas facultades», aunque en algunos casos necesitará autorización judicial (art. 1.389 CC). Igualmente, el *administrador de cosa común* puede ser nombrado por el Juez (art. 398 CC). No obstante, aquellos administradores nombrados judicialmente que cometan una administración desleal a lo largo de un procedimiento de ejecución o durante el transcurso de un proceso concursal, por el principio de especialidad que rige el concurso aparente de leyes penales, deberán ser castigados como autores de una malversación impropia, a tenor de lo dispuesto en el art. 435.3º y 4º CP, siempre y cuando la conducta realizada sea subsumible en la nueva redacción de los arts. 432 ss. dada por la LO 14/2022; si no, seguiría siendo punible por el art. 252.

Y, en tercer lugar, la gestión puede haber sido pactada entre las dos partes y "*asumidas mediante un negocio jurídico*". El supuesto paradigmático es el del *administrador de una sociedad mercantil.* El art. 209 LSC dispone que "es competencia de los administradores la gestión y la representación de la sociedad» y el nombramiento surtirá efecto «desde el momento de su aceptación" (art. 214.3 LSC). También el administrador de bienes donados a una persona necesitada de apoyo (art. 252 CC) o apoderados generales para el caso de que se haya producido una situación de necesidad de apoyo a personas con discapacidad (art. 258 párr. 3º CC) son cargos que se asumen mediante aceptación. Igualmente, ya hemos mencionado el supuesto de quien ostenta un poder general para actuar o *mandato general expreso* (arts. 1.712 y 1.713 CC) (p.ej., la SAP, Barcelona, Sección 7ª, 134/2020, 20-2, condenó a un agente inmobiliario que abusando del poder general para administrar el patrimonio de la poderdante, realizó una serie de disposiciones a su favor, sin conocimiento ni consentimiento de ésta, en efectivo y mediante transferencias bancarias, por un importe total de 41.000 € que no destinó a los fines pactados, sino a sus intereses personales).

2. Objeto material

El art. 252 CP exige que la conducta típica recaiga sobre un "*patrimonio ajeno*". También exige que se cause un perjuicio al "*patrimonio administrado*", sin embargo, en este caso no se estaría refiriendo tanto al objeto material, cuanto al bien jurídico protegido. La primera expresión, que está vinculada a las "*facultades para administrar*", alude más bien al objeto sobre el cual recae la acción típica.

No vamos a referirnos ahora a cómo se concibe el bien jurídico «patrimonio» (*supra* II), sino a qué bienes lo integran, por un lado, y por otro, a la característica de la ajenidad que deben reunir.

2.1. A diferencia del delito de hurto o del de robo, que refieren el objeto material a las "*cosas muebles*" (arts. 234, 236 y 237 CP), o las estafas del art. 251

CP, que aluden a *"cosa mueble o inmueble"*, o la apropiación indebida, que en el art. 253 CP especifica que el objeto material puede ser el *"dinero, efectos, valores o cualquier otra cosa mueble"*, en cambio, la administración desleal en el art. 252 CP habla genéricamente del *"patrimonio"*, sin más. Dada la descripción típica del objeto material y de la propia conducta de apoderamiento, es lugar común exigir en aquellos delitos que el objeto material reúna las notas de corporeidad, aprehensibilidad y que sea valorable en dinero. Sin embargo, en la administración desleal ello no es así. Es más, de ellas la única característica que habría que exigir es que fuese valorable en dinero, para así poder individualizar la pena. Las otras dos características no son necesarias. La aprehensibilidad no es necesaria, porque la conducta típica puede consistir en realizar actos de disposición, y dicha disposición puede ser jurídica, no necesariamente material o física, que es la que comportaría la nota de aprehensibilidad. La que más dudas podría plantear es la corporeidad. Sin embargo, una interpretación gramatical del término "patrimonio" no obliga a exigirla. Según la 4ª definición que el *Diccionario de la RAE* ofrece del sustantivo "patrimonio", éste significa el *"conjunto de bienes pertenecientes a una persona natural o jurídica, afectos a un fin, susceptibles de estimación económica"*; y también interesa señalar que la 6ª definición del término "bienes" equivale a *"cosas materiales o inmateriales en cuanto objetos de derecho"*.

La administración desleal, por tanto, no tiene necesariamente que recaer sobre objetos materiales (bienes muebles o inmuebles), sino que también puede recaer sobre cosas inmateriales, como los derechos o las energías.

Conforme a una interpretación sistemática, tampoco habría que exigir la corporeidad en el objeto material. Nótese la diferencia, a la que antes se aludió, con el objeto material de la apropiación indebida, que se circunscribe a "*cualquier cosa mueble*" (art. 253 CP), ejemplificándolo con el "*dinero*", los "*efectos*" y los "*valores*". Es más, con la supresión como objeto material de la apropiación indebida de "*cualquier activo patrimonial*", queda claro que la apropiación indebida sólo se refiere a cosas materiales muebles. Ese ámbito suprimido en la apropiación indebida cabría reconducirlo ahora a la administración desleal de cualquier activo patrimonial, siempre y cuando se den el resto de requisitos típicos. Ahí entrarían todos los bienes y derechos con valor monetario que pertenecen a una persona (natural o jurídica).

Y una interpretación teleológica del término "*patrimonio*" tampoco lleva a exigir la corporeidad en el objeto material. Así, no ofrece la menor duda que un derecho de crédito forma parte del patrimonio de una persona y un administrador desleal puede disponer de dicho derecho de crédito en perjuicio del administrado, por ejemplo, condonando una deuda sin obtener nada a cambio. También habría que incluir dentro del patrimonio, por ejemplo, los derechos patrimoniales de explotación de una obra objeto de propiedad intelectual o de una patente o un modelo de utilidad objeto de propiedad industrial, o los derechos por subvenciones agrícolas, incluidos los de la PAC, como consideró la SAP, Cáceres, Sección 2ª, 314/2021, 9-12: venta de los derechos de la PAC antes de la liquidación de la sociedad de gananciales a espaldas de su exesposa.

Quizás lo que pueda plantear mayores dudas es si la mano de obra de los empleados de una empresa puede entrar dentro del ámbito de punibilidad de la administración desleal. A nuestro modo de ver, si mantenemos un concepto amplio de "*patrimonio administrado*", como el que hemos ofrecido, no existirían obstáculos insalvables para admitir que se pueda condenar por administración desleal al administrador que utiliza los empleados de una sociedad en otra distinta o de otro modo no autorizado, causando así un perjuicio patrimonial a la primera. Y ello sería posible, no tanto porque los trabajadores pertenezcan a dicha sociedad (la persona no es objeto de derechos, sino sujeto de derechos) y que se pueda apropiar de ellos, como que es un recurso del cual dispone la empresa para llevar a cabo su actividad mercantil y también porque en última instancia hay que pagar a esos trabajadores y ello se haría con dinero perteneciente, este sí, a esa sociedad. No obstante, para evitar dudas al respecto, la Doctrina ha propuesto su inclusión expresa (p.ej., NIETO MARTÍN o MARTÍNEZ-BUJÁN PÉREZ).

En la Jurisprudencia, sin entrar en esta cuestión de la mano de obra, sin embargo, hay casos en los que se ha considerado como parte de la conducta global de administración desleal la derivación por parte del administrador de trabajadores de la empresa administrada hacia otra, despidiéndolos y contratándolos en la nueva creada por él para hacerla competencia (p.ej., STS 446/2017, 21-6).

En la SAP, Zaragoza, Sección 6ª, 314/2018, 19-11, se condenó al apoderado de una sociedad que utilizó las instalaciones y trabajadores para fines privados, como fue la reparación de 7 máquinas de pilates destinadas a un negocio de su esposa. Pero ante la falta de una valoración del coste que supuso el empleo de las instalaciones y trabajadores, se atendió al pago con dinero de la empresa de una factura emitida por otra empresa a la que se externalizó la colocación de unos tubos de acero y unas bancadas de madera en esas máquinas de pilates.

En este punto cabe traer a colación la STS 459/2019, 14-10 —caso *Procés*— (FJ 2.1.19), en donde se planteó la cuestión de si el uso de los colegios como sedes electorales del referéndum del 1 de octubre podía entrar dentro del tipo de malversación (recordemos que entonces la malversación se tipificaba por remisión al art. 252 CP). Técnicos de la Sociedad Mercantil Estatal de Gestión Inmobiliaria de Patrimonio (SEGIPSA) valoraron en 900.906,70 € el teórico alquiler de los 2.259 centros de votación en la jornada del 1 de octubre. Pero el TS no lo tuvo en cuenta *"por la falta de determinación del* ***efectivo perjuicio*** *que tal uso habría conllevado. Ninguna funcionalidad de su destino se ha probado impedida o dificultada. Tampoco se ha acreditado que correlativamente para su atención haya habido que contratar medios o servicios de sustitución. De ahí que ese valor de uso quede excluido en la determinación del tipo objetivo del delito de malversación por el que se formula la acusación"* (negrita añadida). Ese alquiler parece que se estaría refiriendo a un posible ingreso dejado de percibir (lucro cesante), en vez de a los costos o gastos que generó (*"perjuicio efectivo"* o daño emergente). Insistimos que lo que habría que acreditar es el coste de la utilización. ¿Quién pagó y cuánto costaron los servicios (luz, agua, limpieza...) de los colegios electorales utilizados ese día? En el caso de la mano de obra, por hacer un paralelismo con lo señalado por el TS en el caso del *Procés*, una cosa sería lo que cuestan los trabajadores y otra lo que la empresa dejó de facturar por destinar los trabajadores a otros fines. Así, habría que demostrar cuáles fueron los costes que la empresa tuvo que sufragar durante las jornadas en que los trabajadores se destinaron a fines ajenos a la empresa. ¿Quién pagó a los trabajadores y cuánto por cada jornada laboral?

2.2. Por lo que a la segunda cuestión se refiere, el patrimonio tiene que ser *"ajeno"*, es decir, no puede ser propio, por lo que no quedarían incluidos en el art. 252 CP aquellos supuestos en que el administrador sea copropietario de los bienes en común, como sucede, p.ej., en las sociedades unipersonales (arts. 12 ss. LSC), en las sociedades universales de todos los bienes presentes (art. 1.674 CC) o los que se aportan a las cuentas en participación (art. 239 CCo), que a diferencia de lo que sucedía con el art. 295 CP antes de 2015, que mencionaba expresamente a estos últimos, ahora quedan fuera del ámbito de la administración desleal, porque estos contratos transmiten la propiedad de los bienes, con lo que pasan a integrar el patrimonio del propio gestor del negocio (por ello absuelve, por ejemplo, la SAP, Valencia, Sección 2ª, 327/2020, 28-7, confirmada por la STSJ, Comunidad Valenciana, 13/2021, 25-1: coproductores financieros que aportaron una cantidad de dinero a la cuenta bancaria de la mercantil para la realización de una segunda temporada de una serie de televisión, pero sin constituir una nueva sociedad, ni una comunidad de bienes o similar).

En una sociedad unipersonal, en la que hay un único socio propietario de todas las participaciones o acciones, no se puede hablar nunca de un patrimonio ajeno (aparte de que tampoco podríamos constatar exceso alguno en el ejercicio de las facultades de administración, pues "*el socio único ejercerá las competencias de la junta general*", según el art. 15.1 LSC). Sería tanto como si dijésemos que el titular del 100% de las participaciones en una S.L. cometiese hurto por llevarse de la caja del establecimiento abierto al público 600 € que pertenecen a la sociedad, por citar un ejemplo de la STS 94/2023, 14-2. Del mismo modo, afirma que tampoco se le podría condenar por un delito de administración desleal, por muy perjudicial que sea para la S.L., si utiliza el vehículo de la entidad para realizar largos viajes de recreo abonando el combustible con cargo a la sociedad. En realidad, el socio único no hace otra cosa que administrar *sus* bienes a través de *su* sociedad. Otra cosa es que el administrador no socio sea quien comete el delito (ej. STS 686/2020, 14-12: hija que comete apropiación indebida como administradora de sociedad en que su padre tenía al momento de comisión del delito el 100% de las acciones).

Asimismo, tampoco quedarían incluidos aquellos bienes que pasan a integrar un *trust* constituido conforme al modelo anglosajón, ya que el administrador o *trustee* adquiere la propiedad del patrimonio recibido para gestionarlo y administrarlo de acuerdo y en beneficio de lo establecido por el constituyente.

La STS 421/2019, 26-9, revocó una previa condena, porque los bienes eran propios y no ajenos. Se trataba de disposiciones de los bienes que previamente se habían puesto a nombre de la esposa con simulación absoluta, por falta real de precio en las compraventas, a fin de ponerlos a salvo de posibles acreedores del esposo. Luego, con poder general para actuar, los vendió a un hijo habido en una previa relación. El TS entendió que el contrato y las escrituras públicas de compraventa eran nulos por falta de causa y, por tanto, no puede afirmarse que el acusado llevara a cabo la administración de un patrimonio ajeno, al versar tal administración sobre bienes adquiridos por sociedades patrimoniales de carácter privativo y constituidas antes de la celebración de su matrimonio.

Ahora bien, en estos supuestos en los que el patrimonio no es ajeno, y que, por tanto, tampoco quedarían abarcados por el delito de apropiación indebida, se puede acabar generando cierta laguna de punibilidad a la hora de sancionar algunos abusos que pueden causar perjuicios a terceros. Por este motivo, CASTRO MORENO/GUTIÉRREZ RODRÍGUEZ propusieron añadir al adjetivo "ajeno" que la administración desleal también pueda recaer sobre un patrimonio "*del que un tercero resulte beneficiario*". Así se podrían abarcar estos supuestos en los que se transmite la propiedad, y por tanto el patrimonio no es ajeno, pero se administra en beneficio de un tercero. En cambio, no habría problema en admitir la idoneidad del objeto material de administración desleal respecto de aquellos casos en que se haya constituido un patrimonio en favor de un menor (art. 205 CC) o en favor de una persona necesitada de apoyo (art. 252 CC), pues en estos supuestos sí que se trata de un patrimonio ajeno. O en el caso del *trust* si éste se constituye siguiendo el modelo continental, el cual tampoco transmite la propiedad al administrador o *trustee*, según el art. 2.a) del Convenio de La Haya de 1 de julio de 1985 sobre la ley aplicable al *trust* y a su reconocimiento.

A todo ello habría que añadir la circunstancia de que el carácter "*ajeno*" no sólo implica que el patrimonio no sea propio, sino que, además, tiene que pertenecer a otra persona, con lo que se plantean serias dudas de que queden incluidos dentro del ámbito de la tipicidad aquellos patrimonios que carezcan transitoriamente de titularidad, como pueda ser una herencia yacente. Hay quien sugiere acudir a determinadas ficciones de personalidad (como para ser parte y comparecer en juicio, arts. 6.4 y 7.5 LEC) para reconocer la ajenidad. Sin embargo, nos parece discutible. MUÑOZ CASALTA, para estos casos, ha propuesto que se añada al texto vigente la expresión "*o cualquier otro patrimonio de carácter colectivo*".

Por otra parte, la Jurisprudencia viene entendiendo, que los bienes integrantes de la sociedad de gananciales constituyen una masa patrimonial ajena a la propiedad de cada esposo [nosotros no compartimos este planteamiento (*vid. infra* apart. III.2 de la Lección siguiente relativa a la Apropiación indebida) y consideramos que habría que diferenciar según que la sociedad de gananciales esté o no disuelta, y si lo está, si está también liquidada o no]. En virtud del Acuerdo de Pleno no jurisdiccional de la Sala 2ª del TS, de 25-10-2005, se ha considerado que el régimen de sociedad de gananciales no es obstáculo para la comisión de un delito de apropiación indebida en su modalidad de distracción, por uno de los cónyuges, aunque sin perjuicio de la aplicación, en su caso, de la excusa absolutoria del art. 268 CP. Dicha Jurisprudencia se ha trasladado a la administración desleal sin mayor problema (así, entre otras, la SAP, Madrid, Sección 23ª, 462/2020, 5-10, confirmada por STSJ, Madrid, 17/2021, 20-1, y la SAP, Cáceres, Sección 2ª, 314/2021, 9-12: venta de los derechos de la PAC antes de la liquidación de la sociedad de gananciales a espaldas de su exesposa; también partidaria de ello ROSO CAÑADILLAS).

La SAP, Madrid, Sección 23ª, 462/2020, 5-10, afirma que "*No ha de olvidarse que sobre los gananciales existe una expectativa de atribución por mitad de los mismos, al tiempo de la disolución (art. 1.344), siendo la sociedad de gananciales la titular de los bienes mientras los esposos son considerados terceros respecto a esa masa común. Lo anterior indica que la acusada disponiendo de los bienes de la sociedad tal y como lo hizo despreció tal atribución por mitad*". Y continúa más adelante: "*con la nueva regulación de la apropiación indebida del art. 253, es clara la aplicación en estos casos de la administración desleal del art. 252 del CP. Actualmente ha perdido trascendencia la clásica cuestión relativa a la posible apreciación del delito de apropiación indebida en los casos de cotitulares de cuentas corrientes indistintas; muy especialmente, en supuesto de cónyuges casados en régimen de sociedad de gananciales. En la actualidad la apropiación del dinero depositado en cuentas corrientes indistintas, y la consideración de si los mismos son o no ajenos respecto de los cotitulares que tienen facultades de disposiciones sobre ellos, es una cuestión que debe valorarse en sede del nuevo delito de administración desleal del art. 252 al haberse suprimido del art. 253 del CP el término distracción y el título de la administración, como título válido para la comisión del delito de apropiación indebida. En el caso de los cónyuges en régimen de sociedad de gananciales ello es especialmente claro, en tanto que 'administradores' de los bienes que la integran (arts. 1.375 y ss. CC)*".

La Jurisprudencia tampoco ha tenido inconveniente en aplicar la administración desleal a una comunidad de bienes entendiendo que se trata de un patrimonio autónomo.

P.ej., la SAP Segovia, Sección 1ª, 27/2019, 30-12, confirmada por la STSJ, Castilla y León, 55/2020, 30-10, condenó al comunero que constituyó otra mercantil para que actuara de comercializadora de la Comunidad de Bienes, pero sin contar con la socia al 45% de esta última, actuación que perjudicó a la Comunidad de Bienes, al dejar de percibir el margen comercial que constituye su beneficio en la ventas a los clientes finales; en cambio, la SAP, Guipúzcoa, Sección 1ª, 159/2021, 9-11, absolvió porque se produjo una confusión de patrimonios de la Comunidad de Bienes y de los comuneros, ya que la cuenta corriente no estaba a nombre de la comunidad, sino de los tres comuneros y no se pudo demostrar que los gastos cargados a dicha cuenta no tuvieran como destino el negocio de la comunidad de bienes de videos, cabinas y tiendas sex shop, o que las cantidades atribuidas a gastos personales no fueran descontadas posteriormente del sueldo.

Sin embargo, a nuestro modo de ver, la calificación como administración desleal en estos supuestos de comunidad de bienes plantea ciertos problemas, pues a diferencia de una sociedad mercantil, la comunidad de bienes no tiene personalidad jurídica propia, tampoco tributa fiscalmente (aunque pueda tener NIF), sino que lo hacen los comuneros, y la propiedad de los bienes y derechos "*pertenece pro indiviso a varias personas*" (art. 392 CC) y "*el concurso de los partícipes, tanto en los beneficios como en las cargas, será proporcional a sus respectivas cuotas*" (art. 393 CC). Por tanto, no podemos decir que estemos ante un "*patrimonio ajeno*", o al menos, no completamente. Se podría admitir, la administración desleal de la parte aportada por los otros comuneros. Con respecto al art. 295 CP antes de 2015, la cuestión dependía del concepto de sociedad previsto en el art. 297 CP (*vid. infra* apartado II.1. de la Lección sobre los Delitos societarios). En algunas ocasiones, la comunidad de bienes se incluyó dentro de la cláusula abierta que se refiere a "*cualquier otra entidad de análoga naturaleza que para el cumplimiento de sus fines participe de modo permanente en el mercado*". Sin embargo, la naturaleza análoga de una comunidad de bienes debe ir referida a las entidades citadas con anterioridad en dicho artículo, y lo que tienen en común todas ellas es que tienen personalidad jurídica propia, cosa que no sucede con la comunidad de bienes.

De la misma manera se resuelve el problema de la disposición del dinero efectuada por uno de los titulares indistintos de una cuenta bancaria. La Jurisprudencia tampoco tiene inconveniente en condenar por apropiación indebida o en su caso por administración desleal, aunque lo relevante no es la cotitularidad de la cuenta, que por sí sola no determina la existencia de un condominio y menos por partes iguales sobre el saldo de la cuenta. Esto habrá de venir determinado por las relaciones internas entre ambos titulares. Dándose ajenidad respecto del dinero obrante en las cuentas, tampoco habrá mayor inconveniente en el admitir la administración desleal (así lo admitió, por ejemplo, la STS 491/2021, 3-6, aunque criticable en cuanto al sujeto activo, *supra* III.1).

Por último, el carácter ajeno que debe tener el patrimonio en la administración desleal también ha tenido una repercusión no prevista en el ámbito de la malversación impropia del art. 435.3º en relación con el art. 432.1 CP tras la LO 1/2015 y hasta la LO 14/2022, referido a los administradores o depositarios de dinero o bienes embargados, secuestrados o depositados por autoridad judicial que cometan una administración desleal sobre ellos. Probablemente el supuesto más frecuente afectaba más a la modalidad de apropiación indebida del art. 432.2 CP que a la de administración desleal del art. 432.1 CP, porque el nombramiento es normalmente como depositario de dichos bienes, no como administrador judicial. Pero lo relevante es que en muchas ocasiones se nombran depositarios/administradores de los bienes embargados a sus propietarios. Esto implica que la remisión *in toto* a la comisión del "*delito del artículo 252*" o del "*delito del artículo 253*", como hacía la redacción del art. 432 CP tras la LO 1/2015 y hasta la LO 14/2022, conducía a la inaplicación de la malversación impropia en estos casos. Quizás pudiera salvarse esta laguna de punibilidad interpretando que basta con que el dinero o bienes embargados "*pertenezcan a particulares*" (art. 435.3º CP), sin especificar si son propios o ajenos. Sin embargo, el sentido de esta expresión tiene que ver más bien con su diferenciación con los supuestos de malversación (propia o impropia) que recaigan sobre patrimonio público, y no con el carácter propio o ajeno de los bienes. Por tanto, el delito de quebrantamiento de depósito de bienes propios no podía ser constitutivo ni de administración desleal, ni de apropiación indebida, ni, por tanto, tampoco de malversación impropia y habría que calificarlo como un delito de alzamiento de bienes o de frustración de la ejecución del art. 257.1 CP. Tras la reforma llevada a cabo por la LO 14/2022, al suprimirse la remisión expresa del art. 432 CP a los arts. 252 y 253 CP y describirse directamente las conductas típicas de malversación, la exigencia de la ajenidad prevista en aquellos preceptos desaparece y se puede entender que ha vuelto a incriminarse la malversación impropia sobre bienes propios embargados o depositados por autoridad judicial.

3. Conducta típica

3.1. La conducta típica del delito de administración desleal consiste en *"caus[ar] un perjuicio al patrimonio administrado"* infringiendo las facultades que se tienen para administrarlo, pero no de cualquier manera, sino *"excediéndose en [su] ejercicio"*.

El Legislador de 2015 hace un uso desaconsejado e innecesario, según el Diccionario panhispánico de dudas, del término *"mismas"* como mero elemento anafórico, esto es, como elemento vacío de sentido cuya única función es recuperar otro elemento del discurso ya mencionado. El art. 252.1 CP dice textualmente *"excediéndose en el ejercicio de las mismas"*, refiriéndose a *"las facultades para administrar un patrimonio ajeno"*. En su lugar, la RAE recomienda el empleo de los demostrativos, los posesivos o los pronombres personales. Por eso nosotros ponemos entre corchetes el adjetivo posesivo "su".

Tal y como está formulado el tipo, dejando al margen este defecto, se le puede criticar una severa falta de taxatividad a la hora de concretar qué tipo de conductas son las constitutivas del delito de administración desleal. Simplemente se dice "*infringir las facultades para administrar excediéndose en* [*su*] *ejercicio*", pero no sabemos en qué consiste esa infracción y qué comprende el administrar excesivamente. El art. 252 CP dice poco más que el genérico art. 1.902 CC, que regula la responsabilidad por culpa extracontractual: "*El que por acción u omisión causa daño a otro, interviniendo culpa o negligencia* […]". Al menos este precepto todavía dice «por acción u omisión», cosa que ni siquiera aclara el art. 252 CP.

Dicha redacción tan genérica puede dar pie a acusaciones injustificadas, como sucedió en el caso de la SAP, Barcelona, Sección 5ª, 203/2022, 16-3, aunque no llegó a calificarla de temeraria y no condenó en costas a la acusación particular. En dicha Sentencia se absuelve porque no se demostró cuáles pudieran ser los actos de disposición fraudulenta sobre los bienes de la sociedad, o qué obligaciones se habrían contraído que merecieses el calificativo de fraudulentas. Quedó probado que se adquirió una finca, que se obtuvo licencia de obras y que se ejecutó gran parte de la obra (hasta en un 87%), aunque no consta cuánto se pagó. Por tanto, concluye el Tribunal, *"la prueba practicada conduce más bien a inferir que hubo una actividad real y correcta encaminada a realizar la obra, aunque por circunstancias ajenas a la voluntad de los acusados no llegara a culminarse"*. Esto podrá dar lugar a responsabilidad civil/mercantil —de hecho, la sociedad terminó siendo declarada en concurso calificado como culpable—, pero no a responsabilidad penal por un delito de administración desleal.

Lo correcto habría sido especificar las modalidades de conducta en que puede consistir la infracción de las facultades de administración que causan un perjuicio, al modo en que lo hacía el art. 295 CP antes de 2015. Dicho precepto contemplaba dos tipos de conducta: disponer fraudulentamente de los bienes de la sociedad y contraer obligaciones a cargo de ésta. Habrá que entender que el art. 252 CP, ahora, contempla al menos esas dos modalidades.

P.ej., la STS 446/2017, 21-6, ratifica una condena al administrador que constituyó una nueva sociedad con ayuda de su mujer con el mismo objeto que la que administra y vació la sociedad a espaldas de los socios que representaban el 50%, trasladando todos los elementos integrantes de la empresa a la nueva, dejando de contratar con la primera y reconduciendo los clientes a la segunda. La contratación de los trabajadores, el uso de la misma maquinaria, así como el lugar de trabajo o local arrendado, conducente todo ello al vaciamiento respecto a la primera sociedad y volviéndolos a utilizar en la nueva, dirigiendo, a su vez, los clientes a la segunda, es obvio que han provocado la quiebra de la primera al acumular solo deudas que no pueden pagar. Un caso similar en la STS 1217/2004, 2-11. También la SAP, Cáceres, Sección 2ª, 100/2021, 12-4, condenó al administrador que trasladó casi en su totalidad la cartera de clientes, la maquinaria, los trabajadores y el objeto del negocio, de una empresa que formaba parte de la sociedad de gananciales junto a su pareja sentimental a una nueva entidad mercantil creada sólo por él, la cual aumentaba paralelamente su actividad y rendimiento económico.

La STS 889/2021, 17-11, ratificó la condena al administrador de una cooperativa de viviendas, que interpuso en la operación de compraventa del terreno en que se habría de construir a otra sociedad controlada por él, con la única finalidad de incrementar el precio de compra del suelo, incremento con el cual se lucró. El precio del terreno habría sido inferior sin la maniobra urdida por el acusado, lo cual es una actuación desleal desde su condición de administrador de la cooperativa. Además, hubo disposiciones bancarias y préstamos concedidos a entidades vinculadas personalmente con el acusado, sin ninguna razón que justificase esa actividad de riesgo y ajena a los fines sociales de la cooperativa.

Otro ejemplo parecido: La STS 867/2022, 4-11, confirmó la condena por administración desleal al haber vendido, sin conocimiento ni consentimiento de los socios, una finca por 14.000 € a favor de otra entidad, cuyo administrador se había puesto de acuerdo con el de la primera y conocía la falta de autorización para la venta. Luego, este administrador vendió dicha finca por precio abonado de 238.000 € a una tercera entidad, precio que no fue reintegrado a la primera sociedad.

En el "caso Eurobank" (SAN 8/2017, 31-3, y STS 643/2018, 13-12) podemos observar un amplio abanico de conductas de administración desleal: venta de activos del banco haciendo constar una cantidad inferior a la realmente recibida, lucrándose con la diferencia; venta de inmuebles del banco a sociedades directamente vinculadas al principal acusado, por un precio inferior al de mercado; introducción en contrato de venta cláusulas que imponían al banco la obligación de satisfacer determinadas indemnizaciones a sociedad vinculada al acusado, ocupándose él mismo de que se cumpliese la condición impuesta; cobro de comisiones extraordinariamente inferiores a las demás —del 0,4% frente al 7% en otros casos— lo cual provocó un daño evaluable al banco al no estar justificadas; renuncia de avales en operación de alto riesgo, ante lo cual los créditos hubieron de ser provisionados por la propia entidad bancaria perjudicada; pocos días antes de la intervención del Banco de España se ingresaron en cuenta de una sociedad vinculada al principal acusado cheques librados por la misma contra cuentas abiertas en otras entidades bancarias, logrando que el director de riesgos lo aprobase mediante transferencias que dicha sociedad tenía en el banco, lo que causó, al devolverse los cheques en cuestión, un descubierto. Todo ello causó un perjuicio a la entidad bancaria de más de 5.000.000 €.

Pero no todos los abusos que pueden cometer los administradores y que acaban perjudicando al patrimonio administrado se reducen a disponer u obligar. Algunos autores han propuesto *de lege ferenda* ampliar a otras conductas el ámbito de lo punible. En este sentido, NIETO MARTÍN, además del exceso en las facultades de disposición de bienes o de contracción de obligaciones, propone incluir también el dejar de incrementar el patrimonio del administrado, utilizar indebidamente sus bienes o recursos y no evitar lesiones al patrimonio de este. Sin embargo, nada de todo eso se especifica en el art. 252 y simplemente se alude a una conducta genérica de infracción de las facultades de administración, lo cual provoca enormes dificultades de interpretación y de aplicación en la práctica.

3.2. El mayor problema que plantea esa formulación es si el delito de administración desleal se puede cometer o no **por omisión**. Para aquellos que configuren este delito como un delito de infracción de deber, obviamente no tendrán mayor inconveniente en admitir la omisión como forma de administrar deslealmente (así, p.ej., lo afirma *obiter dicta* la STS 906/2016, 30-11 —caso CAM I). Sin embargo, quienes consideramos que estamos ante un delito de acción y de dominio (*supra* I.1), la cuestión resulta más complicada.

Los términos en que está redactado el art. 252 CP ("*excediéndose en* [*su*] *ejercicio*") son claros indicativos de que la Ley sólo ha previsto un tipo de abuso y no de infidelidad. Precisamente en Alemania la función que se ha otorgado al tipo genérico de infidelidad ha sido la de abarcar las conductas omisivas (aparte de servir como cláusula de incriminación de la tentativa, puesto que allí existe un sistema de *numerus clausus* de incriminación de la tentativa). Y resulta muy significativo que el art. 252 CP español en ningún momento mencione la palabra "*deber*" o "*deberes*". Simplemente habla de infringir las facultades excediéndose, lo cual es tanto como decir que el administrador actúa abusando de sus poderes, pero no omitiendo lo que debía hacer, esto es, infringiendo sus deberes, que es en lo que consistiría el tipo de infidelidad. En este sentido, la conducta típica del art. 252 CP es activa y no puede cometerse por omisión (p.ej., la SAP, Guipúzcoa, Secc. 3ª, 65/2020, 13-3, no considera típico el hecho de no haber promovido la disolución de la mercantil; o la SAP, Valencia, Sección 4ª, 281/2020, 13-7, considera que "*la noción de exceso se contrapone a la de defecto y esta última es la que va asociada con la de omisión*", por lo que no consideró, entre otras razones, que un administrador concursal hubiese cometido este delito por no haber evitado que una máquina embargada fuese cargada en camiones y se la llevasen).

BACIGALUPO ZAPATER considera que el hecho de haber eliminado el legislador el tipo de infidelidad previsto en el apart. 2 del art. 252 del Proyecto de 2013 supone una inequívoca voluntad de no incluir la conducta típica de infracción de los deberes lealtad. En cambio, LÓPEZ BARJA DE QUIROGA entiende que ello no impide resucitar el tipo de infidelidad, pues considera que no debe equipararse facultades a poderes (para disponer o contraer obligaciones), sino que existen otras formas de excederse en las facultades conferidas actuando de manera contraria a como lo haría un ordenado administrador, y estos supuestos serían los que abarcaría el tipo de infidelidad. GILI PASCUAL señala que el art. 252 CP otorga un amplio *"margen hermenéutico para ensanchar la tipicidad a supuestos en los que más allá de los supuestos de disposición o contracción de obligaciones jurídicamente válidas, se desatienden también los deberes de velar por los intereses administrados"*. *"Así entrarían en el tipo, la vulneración de las obligaciones de no competencia contraídas por el administrador o, en fin, el tratamiento de comportamientos omisivos* [...]".

Si aceptamos que el art. 252 CP se trata de un delito de acción, de resultado, y además especial propio y de dominio, solamente algunos casos de no realización por parte del administrador de la acción debida para evitar un perjuicio al patrimonio ajeno pueden dar lugar a su responsabilidad en comisión por omisión, siempre y cuando la no evitación del perjuicio patrimonial "*equivalga, según el sentido del texto de la Ley, a su causación*», según establece el art. 11 CP, además de haber infringido un «*especial deber jurídico del autor*". Para NIETO MARTÍN la imputación de resultados por omisión solamente cabría si están directamente vinculados a la "*peculiar situación de indefensión del patrimonio ante su administrador*". Por nuestra parte, también añadiríamos que hay que tener en cuenta las posibilidades reales del administrador de evitación del perjuicio.

Conforme a ello, cabría admitir la comisión por omisión (por equivalencia con la acción) en aquellos casos en los que la no realización de una acción provechosa suponga directamente la asunción de cargas u obligaciones para el administrado (p.ej., el caso de no renunciar a la prórroga automática de un contrato que resulta en ese momento gravemente desfavorable para el administrado; o dejar transcurrir el plazo para abonar una deuda, generando con ello unos intereses que deberá costear el patrimonio del administrado) (así, MARTÍNEZ-BUJÁN PÉREZ). También cabría admitir la responsabilidad de quien administra en aquellos supuestos en que, sin ninguna explicación razonable y como mero acto de liberalidad, se condona una deuda o se renuncia expresamente a reclamar un pago o una indemnización, porque pueden ser concebidos como acciones de disposición de un crédito perteneciente al patrimonio del administrado y que provocan un lucro cesante cierto y concreto (sobre la inclusión del lucro cesante dentro del concepto de perjuicio patrimonial, *vid. infra* III.4). Igualmente, el mero hecho de dejar transcurrir un plazo para reclamar el pago de una deuda puede entenderse como equivalente a la acción (en contra, CASTRO MORENO/ CARBALLO GARCÍA). La acción de reclamar el pago forma parte del derecho de crédito y su ejercicio corresponde exclusivamente al administrador. No ejercitarla es como si se condonase la deuda.

Por el contrario, desaprovechar una buena oportunidad de negocio, por muy probable o casi seguro que sea el beneficio, no puede dar lugar a responsabilidad penal en comisión por omisión, porque ello no comporta directamente un perjuicio para el administrado en la forma de lucro cesante, sino que depende de lo que haga después la otra parte contratante o incluso de terceros o del propio azar. De la misma manera, tampoco parece admisible la responsabilidad del administrador por haber omitido el control y vigilancia sobre otras personas (particularmente sus subordinados o delegados) no impidiendo que cometan una acción perjudicial para el patrimonio social (recordemos en este sentido la STS 234/2010, 11-3, con el voto particular en contra de Bacigalupo Zapater; *vid.* también *infra* II.2 de la Lección relativa a los Delitos societarios). De todas formas, habría que ver en cada caso concreto si es posible construir una responsabilidad a título de partícipe, pero para ello sería necesario que el administrador hubiese colaborado al hecho ajeno removiendo algún obstáculo o impedimento para el autor y no simplemente no evitándolo. No basta simplemente con infringir el deber de garante, sino que su contribución al hecho ajeno tiene que ser equivalente en el plano estructural y material a la acción.

A este respecto, NIETO MARTÍN afirma que *"no constituye administración desleal no impedir el delito que otro administrador o cualquier otra persona, incluidos trabajadores, realizan contra los bienes de la empresa. Su posición de garante le convierte en partícipe de este delito, pero no en autor de un delito de administración desleal. Igual ocurre con el hecho de no impedir daños a los bienes de la empresa que provengan de causas naturales o de su no reparación. En estos casos tampoco el perjuicio se deriva de la peculiar situación de indefensión del patrimonio ante su administrador. Esto no quiere decir que estos supuestos queden impunes: existirá normalmente un delito de daños en comisión por omisión"*.

3.3. En cuanto a que la infracción de las facultades de administración tiene que hacerse *"excediéndose en [su] ejercicio"*, se plantea la duda de cómo interpretar ese exceso. En el anterior art. 295 se utilizaba otra expresión: *"con abuso de las funciones propias de su cargo"*. Cabe recordar en este punto aquella Jurisprudencia que distinguía la administración desleal y la apropiación indebida en función del tipo de exceso que realizase el sujeto activo (*supra* I.2). La administración desleal del art. 295 CP se ceñía a aquellos supuestos en que el sujeto activo actuaba dentro de sus competencias, pero abusando de su poder, es decir, excediéndose en su intensidad. En cambio, la apropiación indebida del art. 252 CP se refería a cuando el sujeto activo actuaba fuera de lo que específicamente permitía el título por el que recibía los bienes, excediéndose en la extensión de sus competencias, por tanto, extralimitándose en el poder.

Esta diferencia recuerda a la que en el ámbito de la función pública distingue entre abuso y prevalimiento del cargo. El abuso es equiparable al exceso intensivo, el prevalimiento al exceso extensivo. Hablamos de abuso de las funciones públicas cuando se actúa dentro del ámbito en el que la autoridad o funcionario debe intervenir por razón del cargo que desempeña (p.ej., el allanamiento de domicilio o la interceptación de comunicaciones mediando causa por delito, pero sin respetar las garantías constitucionales o legales de los arts. 534 y ss. CP). El prevalimiento, en cambio, tiene lugar cuando el carácter público del sujeto activo hace más fácil y sencilla la comisión del delito, pero que no se lleva a cabo en el desempeño de sus funciones (p.ej., el descubrimiento y revelación de secretos o el allanamiento de morada fuera de los casos permitidos por la ley y sin mediar causa legal por delito de los arts. 198 y 204 CP).

La duda que surge ahora es si el exceso a que se refiere el actual art. 252 CP comprende tanto el exceso intensivo como el exceso extensivo, o si sólo alcanza a uno de los dos. Según la EM de la LO 1/2015, parece que sólo se estaría previendo supuestos de exceso extensivo, pues dice que "*a través de este delito se intenta proteger el patrimonio en general..., sancionándose las extralimitaciones en el ejercicio de las facultades de disposición sobre ese patrimonio ajeno*", y a la hora de delimitar "*con mayor claridad los tipos penales de administración desleal y apropiación indebida*", considera que comete administración desleal "*quien recibe de otro dinero o valores con facultades para administrarlos, y realiza actuaciones para las que no había sido autorizado*". En cambio, una interpretación gramatical del art. 252 CP parece que se refiere al exceso de las facultades atribuidas —"*en el ejercicio de las mismas*", dice— y no al ejercicio de otras facultades de administración que no tuviese concedidas.

P.ej., NIETO MARTÍN considera que el tipo penal de la administración desleal se construye sobre el exceso intensivo, ya que *"se trata de sobrepasar lo jurídicamente permitido (*dürfen*), en el marco de lo que jurídicamente puede realizar el administrador (*können*)"*.

No obstante, la redacción del precepto tampoco está clara, porque la proposición subordinada de gerundio ("excediéndose en el ejercicio de las mismas") no se encuentra vinculada al complemento directo (las facultades), sino al sujeto de la oración principal (los administradores). El art. 252 CP está diciendo: "los que teniendo facultades para administrar... y excediéndose en su ejercicio, las infrinjan...". Si además entendemos que se ha hecho un uso intransitivo del verbo excederse (la segunda definición del verbo "exceder", según el *Diccionario de la RAE*, significa "propasarse, ir más allá de lo lícito o razonable"), creemos que dicha proposición subordinada puede abarcar las dos acepciones en disputa, tanto el intensivo o abuso, como el extensivo o extralimitación. En este sentido, CASTRO MORENO/GUTIÉRREZ RODRÍGUEZ hablan de construir el tipo penal sobre la base de un "*uso desviado*" o una "*desviación de poder, evitando la discusión sobre si el mismo debe sobrepasar o no los límites del propio poder*".

Así también la SAP, Álava, Sección 2ª, 66/2019, 8-3, la cual afirma que *"en la administración desleal la ilicitud del administrador no sólo se produce cuando se usan indebidamente las facultades, sino cuando se ejercen facultades que no se tienen en perjuicio del patrimonio administrado"* (en el caso concreto se absolvió, porque no se acreditó un exceso del administrador en las funciones propias de su cargo o que hubiese infringido sus facultades de administrador que ampliamente tenía reconocidas en base a un poder de ruina). También la SAP, Las Palmas, Sección 6ª, 336/2019, 13-11, admite las dos formas de exceso (en el caso concreto entendió que había habido un exceso intensivo, puesto que los acusados, como administradores de hecho y de derecho de la mercantil, procedieron a liquidar el patrimonio de la sociedad sin contar con los demás socios, vendiendo 32 bicicletas sin restituir el dinero obtenido ni destinándolo al abono de las deudas de la sociedad).

La infracción y el exceso habrán de ir referidos a los deberes de diligencia debidos a la hora de administrar un patrimonio ajeno (p.ej., la SAN 4/2022, 14-3 —caso Sa Nostra—, anuló una sentencia absolutoria por falta de valoración en dicha resolución de importantes periciales sobre la deficiente gestión de la entidad bancaria). Sin embargo, a diferencia de lo que pueda existir en la actividad médica, por ejemplo, en la que está muy estipulado el modo de proceder en cada caso, en cambio, cuando se habla de administrar un patrimonio ajeno no hay nada concreto. En la mayor parte de las normas en que se instituye a una persona como administrador no se dice en qué consisten las pautas de comportamiento de un buen gestor, sino que simplemente se alude a que debe actuar con una genérica "diligencia debida" o "de buena fe", o a lo sumo se comporte como un "buen padre de familia" (p.ej. arts. 1.094 y 1.104 CC) o como un "ordenado empresario" (art. 225 LSC). La LSC ha concretado un poco más en qué consisten los deberes de diligencia y de lealtad que obligan a un ordenado empresario. Pero tampoco es que se aclare mucho, porque la verdad sea dicha, tampoco se puede aclarar más. Por un lado, el deber general de diligencia obliga a los administradores a desempeñar el cargo conforme a la legalidad y conforme a lo que haría un ordenado empresario (art. 225 LSC). Evidentemente, no es exigible la misma diligencia a un padre que administra los bienes de su hijo, que a un administrador de una sociedad mercantil, y ni siquiera es lo mismo un administrador de una gran compañía que el de una pequeña sociedad mercantil. La diligencia se nutre necesariamente de elementos subjetivos, tales como los conocimientos específicos que pueda tener el administrador (por su experiencia, por sus funciones concretas, por informes recabados, etc.), por lo que la diligencia debida no es uniforme para todos los administradores, sino que hay que verla caso a caso (así lo pone de manifiesto, p.ej., el AAP, Álava, Sección 2ª, 327/2019, 11-7, al que sigue el AAP, Barcelona, Sección 2ª, 321/2020, 18-5, para el que "*se ha de determinar si existe o no exceso funcional y esa búsqueda es circunstancial, mediante el análisis en el presente caso*"; por ello se revocó un sobreseimiento, en el caso de AP Barcelona, ya que existían indicios de que el investigado, actuando en representación del querellante, pudo haber dispuesto en perjuicio de este de su principal activo, que era la licencia de explotación de una discoteca y de los bienes de explotación). No obstante, en términos generales sí que podemos decir que la diligencia de un ordenado empresario, por ejemplo, obliga al administrador a capacitarse, a informarse, a actuar de buena fe y a tomar la decisión empresarial conforme al procedimiento adecuado. Así, el art. 226 LSC ha establecido unos parámetros de riesgo permitido en los cuales se presume que el administrador ha actuado diligentemente. Por otro lado, el deber de lealtad obliga al administrador a desempeñar el cargo en el mejor interés de la sociedad, sin que pueda ejercitar sus facultades con fines distintos de aquellos para los que le han sido concedidas y sin que intereses particulares (propios o de tercero) puedan entrar en conflicto con su actuación en interés de la sociedad (el art. 229 LSC especifica situaciones de conflicto de interés que el administrador debe evitar).

Este sería el caso, por ejemplo, de **autocontrataciones abusivas**. Así, la SAP, Guipúzcoa, Sección 3ª, 65/2020, 13-3, condenó a los administradores mancomunados de una mercantil que estaba de facto en causa de disolución por inactividad al proceder al abono de las facturas de mayor importe (casi novecientos mil euros) y relevancia económica durante ese período en que la mercantil estaba en causa de disolución, facturas correspondientes a un despacho de abogados, firma de la que era socio uno de los administradores mancomunados, procediendo de este modo a contraer obligaciones con la finalidad de minorar el patrimonio de la sociedad de cara a la posterior liquidación de los activos entre los socios. No obstante, la STS 856/2022, 28-10, casa y anula esta condena, porque considera que no se ajusta al relato de hechos probados. Por una parte, el TS admite que de la documentación obrante en autos a la fecha de los hechos "*los recurrentes [habían perdido] la condición de administradores sociales, al abrirse el período de liquidación y haberse procedido al nombramiento de un liquidador*", pero, además, tampoco habrían quedado recogidos en el relato de hechos probados de la SAP Guipúzcoa los elementos típicos del delito de administración desleal del art. 295 CP, ya que "*se limita a referir determinados hitos en la vida de la sociedad, que no suponen actuaciones ilícitas de los administradores, y a enumerar diferentes pagos efectuados por los administradores acusados, sin describir otros elementos que permitieran considerarlos indebidos o fraudulentos*". En particular, dice que "*en la fundamentación jurídica el Tribunal de instancia no se limita a completar el relato fáctico, sino que añade, especialmente y en primer lugar, un hecho que constituye la base de la imputación, consistente en que los recurrentes no instaron la disolución de la sociedad, causando perjuicio al mantenerla en activo, aspecto respecto del cual nada se dice en los hechos probados. Y, en segundo lugar, se afirma que los pagos al despacho de abogados eran innecesarios, ya que la sociedad debería considerarse disuelta, sin que en el relato fáctico se recojan los aspectos en los que pudiera basarse esa afirmación*". "*No se trata* —dice— *de meros complementos explicativos de hechos ya establecidos en el relato fáctico*".

En otro caso de autocontratación, la SAP, Barcelona, Sección 2ª, 301/2003, 3-4, absolvió por advertir que el alquiler de un solar, que pertenecía a una mercantil cuyo máximo accionista era el administrador de la sociedad arrendataria, que era dueña de una discoteca, obedecía a una estrategia real de competencia empresarial, consistente en evitar que otra discoteca tuviese aparcamiento suficiente que pudiesen utilizar los clientes que se dirigiesen a ella, y además entendió que salvo en un par de años, la renta establecida se encontraba dentro de los parámetros de los valores del mercado.

3.4. Particularmente polémicos han sido en nuestro país los casos de las **retribuciones de consejeros de entidades bancarias** (FARALDO CABANA da cuenta de muchos de estos "desmanes"; igualmente NIETO MARTÍN/PRIETO DEL PINO). Algunos de estos casos se han resuelto en sentido **absolutorio** [p.ej., entre otras, las SSTS 841/2006, 17-7 (*Tol 1002336*) —caso BSCH; 1114/2006, 14-11 —caso BBVA; 906/2016, 30-11 —caso CAM I.; SAP, Barcelona, Sección 8ª, 54/2019, 31-1 —caso Catalunya Caixa; STS 590/2021, 2-7 —caso Caja Segovia]; otros, en cambio, sí han acabado con **condenas** [p.ej., las SSTS 700/2016, 9-9 —caso NovaCaixaGalicia; 80/2018, 15-2 —caso Kutxa; 438/2018, 3-10 —caso de las Tarjetas Black; o la 292/2021, 8-4 —caso CAM II]. Un caso similar en Alemania y con cifras bastante menores —caso Mannesmann— acabó en condena (Urteil BGH, 21.12.2005-3 StR 470/04). GÓMEZ-JARA DÍEZ ha propuesto para resolver estos problemas utilizar dos reglas extraídas de la práctica estadounidense: la *Business Judgment Rule* y el *Pay For Performance*, que, en su opinión, probablemente hubiesen llevado al TS español a otros pronunciamientos en aquellos casos iniciales.

En un principio, la Jurisprudencia se basa en una "*absoluta libertad de mercado*" que rige en este ámbito, con tal que las retribuciones o gratificaciones hayan sido establecidas por los órganos de gobierno de las sociedades mercantiles, que sean adecuadamente fiscalizadas por los órganos de control —internos o públicos—, y aprobadas por la Junta General de accionistas, como máximo órgano de gobierno de la sociedad. La **STS 841/2006, 17-7 —caso BSCH—** (jubilaciones de altos directivos) afirmó que la "*transparencia y aprobación social son elementos que impedirán la actuación del Derecho penal en materia de retribuciones a directivos*", ya que "*los acuerdos sociales no pueden ser perjudiciales para la sociedad en la manera que ésta los acepta y adopta como propios* (voluntas non fit injuria)". En la **STS 1114/2006, 14-11 —caso BBVA—** (fondos de inversión y pensiones a favor de altos directivos), en cambio, la transparencia no fue criterio determinante, pues a pesar de que se trataba de "*fondos extracontables*", empleados, además, en contra de un acuerdo alcanzado entre los Presidentes durante la fusión de las entidades bancarias, sin embargo, su disposición por parte del Presidente del BBVA se hizo en virtud de un poder para constituir fondos o planes de pensiones acordado por el Consejo de administración de la nueva entidad, sin que debiese solicitar ex ante autorización para ejercerlo, y además, el negocio jurídico estaba garantizado por la responsabilidad solidaria del Presidente para el caso de no aprobación de dicha disposición por parte de la Junta.

No obstante, a raíz de la crisis económica de 2008, que dio lugar al "rescate bancario" por parte de la UE, se empezaron a establecer límites legales a aquella total libertad en materia de retribuciones.

Ya la Recomendación de la Comisión Europea de 30 de abril de 2009 (2009/384/CE), en sus considerandos señalaba que *"las inadecuadas prácticas de remuneración aplicadas en el sector de los servicios financieros, aunque no sean la causa principal de la crisis financiera abierta en 2007 y 2008, han favorecido una asunción de riesgos excesivos y contribuido así a las importantes pérdidas sufridas por las principales entidades financieras"*. El art. 5 del RD-Ley 2/2012, de 3 de febrero, fijó una serie de límites a las remuneraciones de los administradores y directivos de las entidades de crédito que recibieron apoyo financiero público para su saneamiento o reestructuración (en función del cargo ostentado y de si la entidad estaba o no participada mayoritariamente por el FROB, la retribución máxima por todos los conceptos era de 50.000, 100.000, 300.000 o 500.000 €/año). La propia UE dictó sus normas para establecer ciertos límites en las remuneraciones, véase el anexo I de la Directiva 2010/76/UE, del Parlamento Europeo y del Consejo, de 24 de noviembre, por la que se modifica, entre otras cuestiones, los puntos 23 y 24 del anexo V de la Directiva 2006/48/CE, en lo que respecta a la supervisión de las políticas de remuneración; y, en particular, los arts. 92 y ss. de la Directiva 2013/36/UE, del Parlamento Europeo y del Consejo, de 26 de junio, relativa al acceso a la actividad de las entidades de crédito y a la supervisión prudencial de las entidades de crédito, que luego fue incorporada a nuestro ordenamiento por la Ley 10/2014, de 26 de junio, de ordenación, supervisión y solvencia de entidades de crédito (sobre la política de remuneraciones, *vid*. arts. 32 y ss., así como el RD 84/2015, de 13 de febrero, por el que se desarrolla dicha Ley). Ello tuvo también reflejo en la regulación general de las sociedades mercantiles, pues por medio de la Ley 31/2014, de 3 de diciembre, se modificó la LSC para la mejora del gobierno corporativo, y se dio nueva redacción al art. 217 LSC sobre la remuneración de los administradores. El art. 217.3 LSC establece ahora que *"el importe máximo de la remuneración anual del conjunto de los administradores en su condición de tales deberá ser aprobado por la junta general y permanecerá vigente en tanto no se apruebe su modificación…"*. *"La remuneración de los administradores* —dispone el art. 217.4 LSC— *deberá en todo caso guardar una proporción razonable con la importancia de la sociedad, la situación económica que tuviera en cada momento y los estándares de mercado de empresas comparables. El sistema de remuneración establecido deberá estar orientado a promover la rentabilidad y sostenibilidad a largo plazo de la sociedad e incorporar las cautelas necesarias para evitar la asunción excesiva de riesgos y la recompensa de resultados desfavorables"*.

Con posterioridad, aun admitiendo como punto de partida el que exista una amplia libertad para fijar las remuneraciones de los administradores y altos directivos, ello no excluye que pueda existir responsabilidad penal si se producen abusos que perjudiquen el patrimonio de la entidad. Para dilucidar si las remuneraciones han sido o no delictivas el TS ha tenido en cuenta varios criterios. Primeramente, corresponde examinar si ha habido simulación, ocultando o pretendiendo ocultar lo que en realidad era una apropiación del haber de la sociedad, extrayéndolo del patrimonio de ésta para incorporarlo al propio. Si se consigue demostrar esta artimaña, el TS ha condenado por apropiación indebida en los casos antes citados, que bajo la Legislación actualmente vigente cabría reconducir al delito de administración desleal del art. 252 CP como un exceso extensivo. Si no ha habido tal fraude, aun así cabría examinar si las remuneraciones fueron notoriamente excesivas o abusivas, bien porque fueron superiores a lo establecido legal, reglamentaria o estatutariamente, o mediante acuerdos internos de la entidad, o bien porque, no superando esos límites, pudieran considerarse absolutamente injustificadas en su misma existencia, en relación con la situación de la sociedad, y, concretamente, con el trabajo realmente realizado, como un exceso intensivo en el ejercicio de las facultades de administración, que podría ser punible también por el art. 252 CP. Habrá que examinar, por tanto, en cada caso la situación y evolución, especialmente económica, de la entidad, la previsión de aumentos y disminuciones retributivos en función de los resultados, las retribuciones en sectores equiparables, el trabajo efectivamente desarrollado, las normas existentes sobre el particular, aunque sólo sean de carácter orientativo, e incluso la transparencia en la forma de retribución.

En la **STS 438/2018, 3-10 —caso Tarjetas Black—** (*vid*. el análisis que hace CORRECHER MIRA, quien llega a afirmar que *"la hegemonía del pensamiento neoliberal favorece la creación de desastres económicos por la* mala praxis *de las entidades bancarias"*) se dio por probado la existencia de una estructura organizativa que permitía a los miembros del Consejo de administración y de la Comisión de control de Caja Madrid, primero, y de Bankia después, así como a otros altos directivos de éstas, la utilización de Tarjetas VISA corporativas, con unos límites de disponibilidad determinados mensual y anualmente, de las que podían disponer cargándose los gastos a una cuenta de la entidad, sin que se les exigiera justificación alguna de tales gastos, sin que esas cantidades tuvieran reflejo alguno en el contrato suscrito por cada uno de ellos con la entidad y no formaran parte de las retribuciones pactadas, cuando se trataba de directivos, ni de las cantidades que en concepto de dietas estaban autorizados a percibir los que pertenecían a los órganos de gobierno, sin que tampoco aparecieran en las declaraciones de los impuestos individuales de cada uno de ellos ni en las certificaciones de haberes. En definitiva, sin más control que los límites mensuales o anuales establecidos. Tal actuación a lo largo de una década (2003-2012) acabó causando un perjuicio total que ascendió a más de 12.000.000 €, siendo condenados 65 altos directivos, entre ellos, como autores los presidentes de Caja Madrid y Bankia Miguel Blesa (penas de prisión de 6 años, multa de 12 meses/cuota diaria de 20 € (= 7.200 €) e inhabilitación especial para el ejercicio de la actividad bancaria) y Rodrigo Rato (penas de prisión de 4 años y 6 meses, multa de 10 meses/cuota diaria de 20 € (= 6.000 €) e inhabilitación especial para el ejercicio de la actividad bancaria durante el tiempo de la condena).

En la **STS 292/2021, 8-4 —caso CAM II—** (remuneración extra al Presidente de la entidad), se demostró que se había articulado *"una artimaña de ingeniería societaria o abuso de la persona jurídica para burlar la clara prohibición estatutaria, para cobrar un dinero en contraprestación a una labor meramente representativa que era por definición gratuita y honorífica"*. Se acordó por parte del Consejo de Administración de la CAM otorgar a su Presidente una remuneración de 300.000 € anuales que vulneraba una clara prohibición normativa y que para ocultarlo se utilizó el subterfugio absurdo, inútil e innecesario de crear un órgano de gobierno en una sociedad participada al 100% por la CAM. Se sostiene que no existió prestación de servicio que conllevara tiempo, dedicación y responsabilidad, al margen de su condición de presidente de la CAM que pudiera justificar su percepción, y, además, bajo una apariencia formal y simulada de transparencia, se quebró de forma abrupta e injustificada la ya generosa política general de retribuciones de los consejeros por su intervención en empresas participadas del grupo. Así, se condenó como coautores al Presidente de la CAM, al Director General, y al Secretario y a tres vocales del Consejo de administración, que a su vez eran miembros de la Comisión de Retribuciones. Se absolvió al resto de los miembros del Consejo de administración, porque aunque pudiera *"decirse que los vocales hicieron dejación de sus funciones de control, que no extremaron su diligencia para estar debidamente informados, que no prestaron cuidado en la necesaria comprobación del fiel reflejo de los acuerdos del consejo en las respectivas actas, y que tampoco verificaron un efectivo seguimiento de la ejecución de sus decisiones, [sin embargo] no puede imputárseles responsabilidad penal alguna sobre la base de un acuerdo que no adoptaron de forma voluntaria, deliberada y consciente"*, porque se les ocultaron los detalles específicos de dicho acuerdo y no tuvieron sospecha alguna ante el informe favorable de la especializada Comisión de Retribuciones. Ninguno de los condenados al final ingresó en prisión, pues el Presidente de la CAM fue condenado a penas de prisión de 9 meses, multa de 5 meses/cuota diaria de 60 € (= 9.000 €) e inhabilitación para el ejercicio de toda actividad bancaria, al llegar a un acuerdo con la Fiscalía y aplicársele las atenuantes muy cualificadas de reparación del daño y confesión. El Director General de la CAM, aunque inicialmente fue condenado por la SAP, Alicante, Sección 10ª, 350/2018, 15-11, a una pena de prisión de 2 años y 6 meses, sin embargo, finalmente el TS la rebajó a 2 años de prisión y 7 meses multa/cuota diaria de 150 € (= 31.500 €). A los restantes miembros del Consejo de administración, que a su vez formaban parte de la Comisión de Retribuciones, y al Secretario del Consejo de Administración el TS les rebajó también la pena a 1 año de prisión y 6 meses multa/cuota diaria de 75 € (= 13.500 €). Las rebajas a estos condenados obedecieron a que no obtuvieron beneficio económico y a que en el caso de los miembros de la comisión de retribuciones y el secretario del consejo tuvieron una participación menor en los hechos.

En la **STS 700/2016, 9-9 —caso NovaCaixaGalicia—** se consideró que, ante la próxima absorción de la entidad y el posible cese como administradores, éstos acordaron el incremento de las indemnizaciones por desistimiento o despido. Para ello *"urdieron un plan para que los cuatro altos directivos que se iban a ocupar de la gestión en principio de NovaCaixaGalicia resultaran beneficiados en el supuesto más que probable, razonable y lógico de que una vez acabadas las ayudas públicas, los nuevos inversores dueños de la entidad decidieran prescindir de sus servicios al ser señalados como máximos gestores de las Cajas fusionadas que habían llevado, o no habían sabido gestionar adecuadamente los intereses de las Cajas en las que prestaban sus servicios, llevándolas a la situación de práctica insolvencia en que se encontraban"*. Esto se llevó a cabo en octubre de 2010. Las mejoras con respecto a los anteriores contratos de alta dirección ascendieron a unos 14 millones de euros más de lo que ya tenían estipulado. En noviembre de 2010 se fusionaron Caixa Nova y Caixa Galicia. En diciembre el FROB aportó 1.162 millones, para la viabilidad en sus inicios de la nueva entidad. Ahora bien, dicha aportación no fue suficiente, y fue necesario acudir a una ampliación de capital en NovaCaixaGalicia, que suscribió íntegramente el FROB por 2.465 millones de euros, haciéndose el FROB con el 93,16% del capital social en octubre de 2011. Entonces se valoró la entidad resultante en 181 millones de euros (haciendo una media de la valoración que hicieron tres grandes consultoras). La AN y el TS consideraron que no había justificación objetiva del incremento retributivo que acordaron los altos directivos con el simple contraste entre las cantidades obtenidas por los directivos acusados —22 millones de euros que fueron cobrados por desistimiento unilateral— y el valor de la entidad nacida de la fusión —181 millones de euros, según la valoración del FROB—, lo cual considera ya *"expresivo de la estrategia urdida"*. Lo que cobraron por su desistimiento unilateral de su relación laboral supuso más del 13% del valor de las Cajas fusionadas y del Banco que se creó.

"Las mejoras introducidas en los acuerdos de 2010 —dice el TS—, *las razones que hacían prever, como más que probable, la rescisión de esos contratos y, en fin, la situación financiera de la entidad resultante de la fusión... dibujaban un panorama en el que el apoderamiento en concepto de retribución de más del 13% del valor total de la entidad que dirigían los acusados, no puede ser considerado como un acto ajeno al Derecho penal"*. No obstante, dada la situación financiera que presentaba la entidad nacida de la fusión, en diciembre de 2012 se inyectaron por el FROB otros 5.425 millones de euros más. Así se llegó a la cifra de 9.052 millones de euros como total de ayudas aportadas por el FROB a la entidad nacida de la fusión hasta que en diciembre de 2013 se vendió en pública subasta el Banco NCG, creado tras el traspaso de todo el negocio bancario de NovaCaixaGalicia, adquirido por Banesco (grupo bancario venezolano perteneciente al banquero Juan Carlos Escotet) por 1.003 millones de euros. En julio de 2014 tomó el control definitivo del BNCG dicho grupo bancario, creando la marca Abanca.

En este caso, el TS declaró que el carácter delictivo de las remuneraciones no exige adentrarse en el debate acerca de la vigencia de las normas administrativas que acordaron fijar límites acerca de la libertad para la determinación de las retribuciones de los directivos. *"La publicación el 14 de diciembre de 2010 de la Directiva 2010/76/UE... no define un antes y un después en la tipicidad de delitos de apropiación indebida cometidos por los directivos de las entidades bancarias. El carácter delictivo de la utilización de las retribuciones como instrumento formal para la ejecución de actos de deslealtad que se traducen en decisiones lucrativas de carácter expropiatorio, no necesitaba entonces, ni necesita ahora, de la vigencia de normas comunitarias o internas de cobertura. Es indudable que, a partir de la fecha de su publicación, la consciente vulneración de los parámetros fijados en la Directiva 2010/76/UE o en las normas de transposición [...] ofrecerá un dato de especial significado en el momento de ponderar el juicio de tipicidad. Pero la decisión acerca de la trascendencia penal de unos contratos promovidos estratégica y anticipadamente por los directivos que temen no poder prolongar su actividad en la entidad bancaria resultante de un agónico proceso de fusión, no depende del simple examen de la vigencia de una legislación administrativa de control. Dicho con otras palabras, la entrada en vigor de un conjunto normativo encaminado a evitar los actos de deslealtad en esta manera no santifica los que ya se hayan producido con anterioridad a la fecha de publicación de la nueva norma"* [FJ 6.1.b)].

No sin criticar en numerosas ocasiones los defectos técnicos de la SAN 40/2015, 22-10 y la exigüidad de las penas, el TS confirmó las condenas que impuso a tres directivos como autores y a otros dos como cooperadores necesarios a 2 años de prisión, otros tantos de inhabilitación especial para el empleo que desempeñaban y de sufragio pasivo, así como una multa de 10 meses con una cuota diaria de 250 euros (= 75.000 €). Sin embargo, revocó el pronunciamiento de la responsabilidad civil por extra petitum con respecto a la acusación formulada por el Ministerio Fiscal, a la cual se adhirieron las defensas, y finalmente la SAN 34/2016, 19-10, cuantificó dicha responsabilidad en 10.445.586,31 €, que, por cierto, se concedió a NovaCaixaGalicia y no al FROB, que declinó reclamar indemnización alguna.

Y en la **STS 80/2018, 15-2 —caso Kutxa—** se condenó al Presidente de Kutxabank como autor de un delito de apropiación indebida, quien, después de recibir una comunicación procedente de una personalidad relevante del mundo político solicitando su colaboración para proporcionar al Delegado del Gobierno en el País Vasco, que había cesado tras el cambio de Gobierno a finales de 2011, una salida u ocupación laboral en el ámbito privado, dio orden al Director de Recursos Humanos de la entidad para que se le abonase la cantidad mensual de 5.783 € durante tres años con cargo a dicha entidad. También se condenó como cooperador necesario al ex Delegado del Gobierno y como cómplice a un abogado que puso su despacho a disposición para llevar a cabo la contratación irregular. La SAP, Vizcaya, Sección 6ª, 9/2017, 20-3, declaró probado que el ex Delegado del Gobierno *"cobró mensualmente las cantidades, ingresando en su cuenta los cheques que le entregaba [el abogado], sabiendo que procedían de Kutxabank, a pesar de no haber suscrito ningún acuerdo o compromiso con dicha entidad y a pesar de no trabajar para ésta"*. Después de su cese como Presidente y de haber sido informado por la nueva Dirección de la entidad de la irregularidad de los pagos al ex Delegado del Gobierno, el autor de los hechos extendió un cheque bancario a favor de Kutxabank por el importe de 243.592,02 € en que la entidad estimó el perjuicio causado. Por estos hechos se condenó al Presidente de Kutxabank a una pena de prisión de seis meses y multa de tres meses con una cuota diaria de 50 € (= 4.500 €), con las accesorias de inhabilitación para el ejercicio del sufragio pasivo y de inhabilitación especial para el cargo de administrador de sociedades mercantiles y para el ejercicio del comercio (ésta añadida después por el TS); al ex Delegado del Gobierno a un año de prisión, con la accesoria de inhabilitación para el ejercicio del sufragio pasivo, y multa de seis meses con una cuota diaria de 50 € (= 9.000 €); y al abogado a seis meses de prisión, con la accesoria de inhabilitación para el ejercicio de sufragio pasivo y multa de tres meses con una cuota diaria de 50 € (= 4.500 €).

En otros casos las absoluciones obedecieron a que no se consiguió demostrar que el órgano creado *ex professo* para cobrar las dietas (un consejo de administración en una sociedad participada al 100% por la CAM) tuviese como única finalidad aportar una justificación formal al percibo ilegítimo de dietas no justificadas para los miembros del Consejo de Control de la CAM (**STS 906/2016, 30-11 —caso CAM I**); o que las prejubilaciones fueron aprobadas por el Consejo de Administración, sin que conste que se ocultase información (**STS 590/2021, 2-7 —caso Caja Segovia**: prejubilaciones de directivos de Caja Segovia). En la **SAP, Barcelona, Sección 8ª, 54/2019, 31-1 —caso Catalunya Caixa—** se absolvió al Presidente de la entidad y a los 16 consejeros acusados por acordar sendos aumentos del sueldo en enero y en octubre de 2010 del Director General y del Director adjunto en un momento en que, pese a que eran conscientes de la situación económica "vulnerable" de la entidad, al entender la AP que no concurría el elemento volitivo del dolo de perjudicar a la entidad, porque lo hicieron *"procurando el bien de la entidad"*. La AP da por buena esta línea de exculpación, porque se vio corroborada por la pericial del Banco de España, y en particular el Director General de Supervisión del Banco de España, quien afirmó que el equipo directivo era *"un equipo con ideas claras, que coincidía con nuestros objetivos"*, y que el Director general (y, por extensión, el entonces nuevo equipo directivo) era *"parte de la solución"* y señalar que *"el desequilibrio si se marchase podía ser tremendo"*, considerando que *"si se va el capitán se desestabiliza el barco"*. Todo ello —concluye— *"imposibilita tener por demostrado el imprescindible dolo que debe impulsar la conducta delictiva imputada"*. Y en particular, respecto de Narcís Serra (Presidente de Catalunya Caixa), afirma que *"lejos de pretender la causación de un perjuicio patrimonial a la entidad (que es lo que requiere el tipo de injusto), perseguía todo lo contrario al procurar garantizar la permanencia del equipo directivo (y en particular del Director general, así como la del Director general adjunto, de quienes conocía su trayectoria en Caixa Manresa...)"*. Al ser preguntado por el Ministerio Fiscal acerca de las retribuciones a la alta dirección (en 2007 de 3.874.000 €, en 2008 de 5.520.000 €, en 2009 de 6.457.000 € y sólo en 6 meses de 2010 de 4.522.000 €) respondió que *"la explicación es que el equipo era muy bueno y eso es caro, con el equipo anterior hubiese habido pérdidas muy superiores a sufragar por dinero público"*. La AP vuelve a dar por buena dicha línea exculpatoria, corroborada por la prueba pericial, que alude a *"la máxima conveniencia y hasta urgencia de mantener el equipo directivo"*. En cuanto al Director general, también acusado, le absolvió, porque no habría concurrido abuso de las funciones propias del cargo (lo que sería un exceso intensivo), quedando, por tanto, "*extramuros de la norma sustantiva el mero aprovechamiento de una concreta situación favorable que además no ha sido provocada personalmente por el acusado, que es lo que efectivamente se ha producido en el supuesto de autos…, indudablemente sabedor de lo imperioso y hasta imprescindible de su mantenimiento en la dirección general a fin de procurar el encauzamiento positivo de la entidad reconduciéndola hacia objetivos plenamente compartidos con el Banco de España como ha puesto de relieve la tantas veces citada pericial, lo que impide el encaje de la conducta en el delito de administración desleal*".

También se absolvió en la **SAN 1/2018, 11-1 —caso Abengoa—**, pues no se consideró acreditado que los contratos de los consejeros celebrados en febrero de 2015 fuesen concebidos y elaborados para favorecer improcedentemente al entonces presidente, ni al consejero delegado de la entidad. En dichos contratos se estipulaba que, entre diversos conceptos retributivos, se abonaría una "*indemnización por cese anticipado*" por un importe igual al 100% de la retribución que hubieran devengado por cualquier concepto. En agosto de 2015, dadas las dificultades económicas y para buscar financiación, la multinacional hizo una ampliación de capital. No obstante, uno de los inversores, el Banco Santander, para participar en ella puso como condición una reestructuración del Consejo de Administración, lo cual condujo al cese del entonces presidente. En julio había dimitido el consejero delegado, porque había sido contratado por BlackRock, como jefe para Latinoamérica. Según la AN, esos contratos fueron confeccionados con los debidos asesoramientos técnicos internos y externos, sin que los acusados intervinieran en la redacción de sus cláusulas, cláusulas que en sus aspectos económicos recogían estipulaciones ya establecidas o bien imperantes en la mayoría de las sociedades mercantiles similares (como fue la controvertida "indemnización por cese anticipado"). Para la AN, "*en modo alguno pueden concebirse tales emolumentos como actos apropiatorios con fines de lucro personal afectantes al patrimonio de Abengoa, sino percepciones legalmente establecidas, debidamente devengadas y correctamente cobradas. Por lo que no pueden tacharse de reprochables excesos en las facultades de administración de los bienes de la mercantil de que se trata ni de abusos en el ejercicio de sus legítimas competencias. Por lo demás, en momento alguno se ha constatado que la crisis de liquidez sistémica que padecía Abengoa, como resultado de los riesgos que corría por la expansión de sus negocios en muchos países, implicara que degenerara en una situación de insolvencia que llevase a la inexistencia de fondos con los que subvenir las percepciones generadas*".

No obstante, la AN sí llegó a condenar a seis directivos de Abengoa en Brasil por apropiación indebida al aumentarse de modo fraudulento en 3.000.000 € sus retribuciones. La **SAN 17/2020, 17-11 —caso Abengoa Brasil—** afirma que, con la intención de lograr una ventaja patrimonial ilícita, los directivos se hicieron "*pagos a sí mismos que carecían de toda causa o justificación, incrementando de este modo y de manera fraudulenta las retribuciones que percibían por su trabajo, ocultándolo a sus superiores y apartándose de las normas y protocolos internos que debían seguirse para adoptar decisiones de ese tipo*". "*Los acusados trataron de justificar esos incrementos fraudulentos de la retribución que percibían por su trabajo en el Grupo Abengoa indicando que se trataba de pagos de bonos extraordinarios por diferentes motivos —como la puesta en marcha de la nueva capacidad de la planta de producción— sin que, en ningún caso, como se dice, dichos pagos hubieran sido autorizados ni conocidos por el Grupo Abengoa al tiempo en que se realizaron*".

4. Resultado

El art. 252 CP exige para su consumación que los administradores se excedan en el ejercicio sus facultades "*y, de esa manera, causen un perjuicio al patrimonio administrado*".

Para la SAP, Madrid, Sección 6ª, 411/2020, 15-10, no es necesario demostrar el destino final de los capitales, basta con que quede probada la salida de dinero de la cuenta de la entidad y su transferencia a la cuenta corriente de los acusados, siendo éstos entonces quienes deben probar que el dinero fue empleado a fines de la sociedad, como el pago de gastos y deudas de ésta. En este caso hubo más de 450.000 € sin justificar, que detrajeron de la cuenta corriente de la sociedad administrada, para transferirlo a la cuenta corriente personal de los dos administradores y cuyo destino final es desconocido.

En cambio, no quedó acreditado el perjuicio patrimonial, ni tampoco la intención de perjudicar que pudiera fundamentar un castigo por tentativa, por ejemplo, en la SAP, Almería, Sección 2ª, 87/2019, 27-2, en la que el traspaso del dinero de la sociedad mercantil fue a cuentas gananciales de las que los dos podían disponer libremente; tampoco en la SAP, Alicante, Sección 10ª, 399/2019, 25-11, en la que la venta de activos de la sociedad estuvo destinada al pago posterior de deudas de ésta; ni en la SAP, Barcelona, Sección 5ª, 144/2022, 25-2, en la que una tutora que utilizó fondos del tutelado para comprar una vivienda a nombre de éste, al entender el Tribunal que la compra de una vivienda es una transformación de un activo financiero en otro del mismo valor, siendo generalmente aceptado que resultan más beneficiosas estas últimas inversiones que preservan al titular del demérito por la inflación; ni tampoco en la SAP, Barcelona, Sección 7ª, 238/2021, 23-3, en la que se absolvió a un administrador que vendió un inmueble de la sociedad sin acuerdo de la junta general [la sociedad estaba participada al 50% por la querellante y el acusado y su único activo era dicho inmueble, por lo tanto, se infringió lo dispuesto en el art. 160.f) LSC, que establece la competencia de la junta para la enajenación de activos esenciales, que se presume cuando la operación supere el 25% del valor de los activos que figuren en el último balance], pero no se ocasionó ningún perjuicio, porque el precio conseguido (530.000 € + IVA) fue superior al valor de tasación (los compradores suscribieron una hipoteca y el Banco tasó la vivienda en 475.000 €); y en un caso muy parecido la SAP, Barcelona, Sección 7ª, 373/2020, 27-7, también absolvió a la administradora que vendió un inmueble de la sociedad sin acuerdo de la junta de socios (el precio de venta del local comercial fue de 160.000 €, superior al valor de tasación del inmueble en ese momento de 155.000 €, además, la mercantil no desempeñaba su objeto social desde hace 8 años, por lo que no podía verse afectada por la enajenación de un inmueble que ya no utilizaba para una actividad inexistente), aunque se la condenó por falsedad en documento mercantil, pues emitió certificación de acta de la junta suponiendo la intervención de una socia que no fue convocada, ni asistió, ni votó el acuerdo de venta; igualmente, tampoco se condenó por administración desleal en la SAP, Cantabria, Sección 3ª, 129/2021, 17-5, pese a que se enajenaron inmuebles, en principio, por un precio muy inferior al valor de mercado, pero resulta que en realidad se habían contabilizado excesivamente, esto es, habría una sobrevaloración de los mismos, tampoco el momento en que se vendieron era de bonanza económica (se dice que era *"una mala época para vender"* y que había mucha oferta y que esos pisos *"no se vendían rápido"*), además, el hecho de que en las operaciones interviniera una agencia inmobiliaria, que cobraba comisiones, no es un factor que permita presumir que el acusado quiera vender a la baja para perjudicar a las sociedades que administraba; y lo que el Tribunal consideró más importante: si lo que el acusado pretendía era hacer suyo el precio de venta, lo propio hubiese sido tratar de obtener la mayor cantidad de dinero posible; y es que sí se le condenó por apropiación indebida, porque efectuó disposiciones en efectivo del dinero producto de la venta de los inmuebles, además, de condenarle por falsedad de documentos societarios por ocultar estas operaciones en las cuentas anuales y por falsedad en documento mercantil al elaborar facturas falsas para intentar encubrir las apropiaciones.

Con dicha expresión el Legislador está haciendo referencia a la necesidad de la producción de un resultado y a que dicho resultado sea imputable objetivamente a la conducta del administrador, y que no sea achacable a otras causas. La administración desleal, por tanto, es un delito de resultado y no de mera actividad o de omisión simple, que se pueda contentar con la mera infracción de los deberes de salvaguarda y gestión leal del patrimonio ajeno (p.ej., la SAN 14/2021, 9-7 —caso Ausbanc—, absuelve a los acusados del delito de administración desleal, porque la asociación de consumidores, conforme a sus estatutos, no operaba como una entidad que debiera compartir con los socios los resultados de la actividad y, en su caso, repartir con éstos los beneficios que pudiera obtener, sino que operaba en defensa de los consumidores, quedando los socios adheridos al margen de la operativa lucrativa, con lo que difícilmente se les ha ocasionado un perjuicio económico; "*otra cosa es* —dice la AN—, *que al socaire de ese despliegue en pro de los consumidores, se haya establecido un sistema de recaudación de ingentes sumas dinerarias aportadas por las entidades, principalmente bancarias, incardinándose por la acusación… en el delito de extorsión, por la presión ejercida a las mismas*", delito por el que al final fueron condenados el presidente de Ausbanc y el secretario general del sindicato Manos Limpias).

En la anterior regulación del art. 295 CP se criticó la inclusión del adverbio "*directamente*" por ser superfluo, ya que no añadía nada a la necesaria relación de imputación objetiva entre el resultado y la acción. En buena medida esa crítica puede reproducirse respecto de la actual locución "*de esa manera*", que no añade nada a la tipicidad de la conducta. Se debe prescindir de lo superfluo y quedarnos sólo con lo esencial.

En el anterior delito de administración desleal societaria el art. 295 CP especificaba que se tenía que causar "*directamente un perjuicio económicamente evaluable*". El Legislador de 2015 ha prescindido de dicha expresión, con lo que puede resultar perfectamente posible que el perjuicio patrimonial se pueda entender en un sentido más amplio que antes.

Al respecto, la STS 841/2006, 17-7 (*Tol 1002336)* —caso BSCH— ha dicho que "*las dificultades que surgieron de una acepción puramente objetiva y económica del patrimonio, referidas al momento de la evaluación comparativa del patrimonio y la incidencia de una valoración personal del mismo, han llevado a la doctrina y a la jurisprudencia a una concepción mixta, que atendiera tanto a su misma conceptuación económica, como a la propia finalidad perseguida por la disminución patrimonial, contablemente considerada. Esto es, que atendiera tanto a la valoración económica como a los derechos patrimoniales del sujeto y a la finalidad pretendida por el autor del perjuicio mediante el desplazamiento realizado. En suma, lo que se pretende es comprender en el requisito del perjuicio no sólo una valoración puramente económica, sino también tener en cuenta la finalidad de la operación enjuiciada"*. En virtud de ello, la SAP, Barcelona, Sección 8ª, 54/2019, 31-1 —caso Catalunya Caixa—, consideró que no existía perjuicio en el incremento del 1,5% del sueldo sobre otro ya acordado ese mismo año para el Director general y el Director general adjunto de la entidad, porque obedecían a *"la asunción de responsabilidades nuevas y más relevantes así como la adaptación de las retribuciones a entidades parecidas en volumen, lo que per se y al margen de resultar razón atendible no cabe tener por perjudicial en el sentido antes expresado"*. Tal incremento *"no hace sino traslucir el repetido objetivo de mantener ('fidelizar' se ha dicho) el equipo de dirección lo que priva de contenido el concepto de perjuicio conforme el sentido jurisprudencial ya expuesto"*.

Sin embargo, de nuevo aquí se advierte la transcendencia de la tramitación parlamentaria, que introdujo importantes cambios a lo que proponía el Proyecto de 2013.

Sobre cómo era interpretado en la anterior regulación, nos remitimos a la 1ª ed. de este Tomo II del Tratado, pero ahora cabe señalar que la referencia típica a que el perjuicio fuese "*económicamente evaluable*" remitía a un concepto mixto económico-jurídico de perjuicio en el que el saldo final después de la operación desleal tenía que ser negativo. Sin embargo, si ya no hay esa limitación típica, ahora el perjuicio podría concebirse también en términos funcionales o personales, en el sentido de que se podría abarcar también aquellos casos en los que, aun no habiendo ese saldo económico negativo, se frustra el fin perseguido o adjudicado al patrimonio. Si se admite esta interpretación, no habría que descartar la comisión del delito de administración desleal en supuestos, por ejemplo, de adquisición de bienes totalmente inútiles para el fin al que está adscrito el patrimonio.

A este respecto, el Informe del Consejo Fiscal sobre el Anteproyecto de reforma señalaba que *"sería mejor que el prelegislador hiciera mención a un criterio individual-objetivo de daño conforme al cual se considera dañoso el acto que, aunque no produzca una pérdida contable, porque las cosas compradas tienen como contrapartida las cosas adquiridas, se compromete la finalidad de la empresa, su funcionamiento futuro u obliga a reducciones en las prestaciones a que está vinculada, como ocurriría en el caso en que un administrador de una compañía de gas comprara 600 obras de arte lujosas sin justificación, concepto que por otra parte sería de gran utilidad para los tipos de malversación"*.

Ahora bien, existen varios argumentos para rechazar que el art. 252 CP haya acogido un concepto amplio de perjuicio patrimonial. Además de la crítica general que se puede dirigir a dicha concepción personal o funcional por su falta de taxatividad y por el peligro que comporta de dejar en manos del titular del patrimonio administrado la decisión, *ex post facto*, de establecer cuándo se han visto frustrados sus intereses o fines, lo cierto es que ni la tramitación parlamentaria, ni el texto finalmente aprobado permiten mantener dicha concepción. Así, por un lado, ha desaparecido una expresa referencia a la frustración de un fin que figuraba en los antecedentes prelegislativos (así, en el art. 254 bis del Proyecto de 2007: "*frustración de un beneficio legítimo*"; o en la EM del Proyecto de 2013 que aludía a que "*existe perjuicio patrimonial, no solamente cuando la actuación desleal determina una reducción del activo o la falta de incremento del mismo…, sino también cuando su actuación, de un modo no autorizado o contrario a los intereses administrados, frustra el fin perseguido…*"), y, por otro lado, resulta decisivo que el tenor literal del art. 252 CP, pues vincula la pena a imponer a la "*cuantía del perjuicio patrimonial*" (apart. 1 por remisión a los arts. 248 y 250 CP y apart. 2 del art. 252 CP), lo cual aboga por una concepción de perjuicio patrimonial restringida en un sentido económico.

MUÑOZ CASALTA añade también como argumento en contra de que el art. 252 CP haya acogido una concepción funcional o personal del perjuicio patrimonial el hecho de que no se haya mantenido el tipo de infidelidad previsto en el Proyecto de 2013. Mientras que el tipo de abuso se refería a la causación de un perjuicio al "*patrimonio administrado*" (expresión que es la que ha quedado), el tipo de infidelidad aludía a perjudicar los "*intereses patrimoniales que tenía el deber de salvaguardar*". Destaca que desde una concepción personal o funcional de patrimonio "*la lesión no se produce sobre los bienes, sino respecto la persona titular de los mismos*". Para este autor, el tipo de abuso acogía un concepto mixto económico-jurídico de patrimonio, mientras que el tipo de infidelidad permitía acoger un concepto personal de patrimonio.

GILI PASCUAL ha llamado también la atención sobre el peligro que conlleva el acogimiento de enfoques personales o funcionales del perjuicio, pues puede simplificar la estructura típica del delito, "*al fundir en uno solo dos de sus elementos (la infracción del deber de salvaguarda patrimonial y el perjuicio, en la medida en que este último puede estimarse concurrente siempre que se disponga del patrimonio de forma contraria al deber)*".

La exigencia de la causación de un perjuicio patrimonial plantea, además, el problema del alcance de dicho requisito, esto es, qué es lo que podemos contabilizar a la hora de determinar la cuantía del perjuicio.

Véase, p.ej., la SAP, Valencia, Sección 4ª, 281/2020, 13-7, que, aunque absolviese al acusado por atipicidad de la conducta, entró a examinar la cuantificación del perjuicio y estimó que "*el único perjuicio evaluable es el pagado en el mercado por la máquina (40.000 euros), o en su defecto el tasado pericialmente (50.000 euros)*", pese a que un año después los manuales explicativos del manejo de la máquina se vendieron a los compradores por un precio superior al de la propia máquina (65.000 €), lo cual ya puede indicar que el valor de la máquina era mucho más elevado].

Para empezar, hay que hacer una valoración en conjunto del patrimonio antes y después del comportamiento, de tal manera que se puede apreciar una minoración conforme al criterio del saldo resultante.

Por este motivo, no debió ratificarse la condena por administración desleal en el caso de la STS 721/2022, 14-7. No puede ser que se aprecie perjuicio, pero a la vez se estime que ha habido beneficio ilícito y se condene como partícipe a título lucrativo. Los hechos eran, en realidad, constitutivos de apropiación indebida en vez de administración desleal. No obstante, dos Tribunales (primero la SAP, Cáceres, Sección 2ª, 247/2020, 30-10 y luego la STS 721/2022, 14-7) confirmaron esa calificación errónea. También es verdad que a efectos punitivos la calificación no tiene ninguna consecuencia práctica. En resumen, los hechos fueron los siguientes: Dos empresas forman una UTE para realizar una obra. Una de ellas subcontrata a dos empresas: una para realizar la cerrajería y estructura metálica de la obra y otra para la realización de los trabajos de encofrado y vertido de hormigón. Dichas empresas pasan sendas facturas por los trabajos realizados a la empresa que les subcontrató y ésta a su vez se las pasa a la otra empresa que formaba parte de la UTE, la cual se las abona mediante dos pagarés por el importe debido. Sin embargo, el representante legal de la empresa que les subcontrató no les entregó el dinero recibido, que estaba destinado al pago de aquellos proveedores. El Juzgado nº 1 de Plasencia condenó por administración desleal (sentencia 263/2020, 4-9). El TS ratifica la condena, dando por bueno lo razonado en la SAP de Cáceres, que para condenar por el art. 252 tomó en consideración como una unidad jurídica las dos empresas implicadas, a raíz del convenio por el que constituyen una Unión Temporal de Empresas (UTE) con relación a la adjudicación y realización de unas obras concretas. *"En suma* —dice el TS—, *la sentencia recurrida entiende que nos encontramos ante un patrimonio común"* y este *"punto de vista puede mantenerse en esta instancia casacional"*, para a continuación confirmar la condena por administración desleal, porque la *"actuación del acusado [causó] un perjuicio en el ente social constituido entre las dos empresas, como una UTE, de modo que al integrar el numerario de la transferencia de ARAPLASA en la entidad mercantil GARACOT, administrada por el acusado, llevó a cabo un acto desleal frente al conjunto social, incurriendo en un exceso intensivo, y perjudicando al conjunto, aunque beneficiando a GARACOT, que fue declarada partícipe a título lucrativo"*. Si al final el dinero quedó en una de las dos empresas que formaban la UTE, pues se la condena como partícipe a título lucrativo en virtud del art. 122 CP a la *"devolución civil de una cantidad que se ha obtenido por un sujeto como injustamente beneficiado de la comisión de un delito"*, ¿dónde está el perjuicio a la UTE? Debió condenarse por apropiación indebida, pues el dinero recibido de ARAPLASA tenía una finalidad muy concreta: destinarlo exactamente al pago de esas dos facturas, y no se había recibido con amplias facultades para gestionarlo o administrarlo discrecionalmente. Por tanto, había un título idóneo del delito de apropiación indebida: *"les hubieran sido confiados en virtud de cualquier otro título que produzca obligación de entregarlos o devolverlos"*. Luego habría que ver si estamos ante una verdadera conducta de apropiación o simplemente ante un incumplimiento contractual.

Pero no basta con eso. Para poder imputar el resultado a la acción habrá que constatar que dicha minoración obedece precisamente a la actuación del administrador, es decir, que el riesgo generado por él con su conducta desleal o infiel es el que se materializa en el resultado, y no otro. La influencia de otros factores en la producción del resultado (competidores, crisis económica, etc.) puede alterar la propia imputación, pero también la cuantificación del perjuicio ocasionado. Autores como KINDHÄUSER han propuesto que la determinación del perjuicio se haga comparando la situación real del patrimonio tras la conducta del autor con la situación hipotética en que tal patrimonio debería encontrarse en caso de que el autor hubiera actuado conforme a deber; esto es, la determinación del perjuicio debe utilizar no sólo parámetros económicos (saldo negativo), sino también criterios valorativos (situación en que debería encontrarse en caso de actuación conforme a deber), por lo que quedarían fuera del perjuicio disminuciones patrimoniales permitidas por la relación interna entre el administrador y el titular del patrimonio.

En buena medida esta discusión es la que se planteó en el caso resuelto por la STS 657/2022, 30-6, en la cual el TS dio por buena una condena basada en el informe de la acusación particular, el cual se fijó en la diferencia entre el precio de coste o producción y su venta final, en el período de los hechos, frente al informe de la defensa que atendía al análisis efectuado de 242 empresas de tamaño similar. Entre las periciales contradictorias el Tribunal *a quo* escogió el de la acusación particular, porque ofrece un criterio objetivo de determinación, fundado sencillamente en la diferencia de facturación que experimenta la empresa en el período considerado, es decir, en el que se produce la salida de la empresa por parte del acusado.

La diligencia de un "buen padre de familia" (arts. 1.094 y 1.104 CC) no tiene por qué obligar a algo más que conservar el valor del patrimonio y a obtener los frutos normales que produzca. No obstante, la diligencia de un «ordenado empresario» (art. 225 LSC) comporta no sólo el deber de conservar el patrimonio, sino también el de incrementarlo (normalmente una empresa procurará maximizar las ganancias), por lo que desaprovechar una posibilidad cierta o bastante segura de obtener un beneficio implica la infracción de las facultades conferidas para administrar el patrimonio de la empresa. Ahora bien, como dijimos antes al hablar de la conducta típica (*supra* III.3), esa pérdida de beneficios tiene que obedecer a una acción por parte del administrador y no a la mera pasividad, porque así lo exige el requisito de excederse en su ejercicio. Es posible que un administrador pasivo, inactivo, infrinja sus deberes para con la sociedad que administra y tenga responsabilidad social (art. 236 LSC), pero no podemos decir que de este modo incurra siempre en una conducta delictiva.

Conforme a ello, no hay inconveniente, desde luego, en admitir que el resultado perjudicial comprenda el daño emergente o la minoración del patrimonio conforme al criterio del saldo, haciendo una valoración en conjunto del patrimonio antes y después del comportamiento en cuestión. Más problemas puede plantear la inclusión del lucro cesante, pero tampoco hay por qué descartarla si se acredita una gran probabilidad o una esperanza fundada de que se iba a producir un incremento patrimonial, no bastando con una perspectiva general, vaga e indeterminada de obtención de beneficios (así, entre otros, MARTÍNEZ-BUJÁN PÉREZ; igualmente, PASTOR MUÑOZ/COCA VILA y siguiéndoles MUÑOZ CASALTA, admiten que la frustración de expectativas de beneficio pueden formar parte del perjuicio patrimonial, pero siempre que cuenten con una base contractual o legal y en las que la realización del lucro dependa únicamente del administrador y su realización sea exigible a este último conforme a la relación interna con el titular del patrimonio, como sería, por ejemplo, el caso del administrador que dolosamente deja prescribir una reclamación de unos intereses de demora).

La realización de conductas que puedan poner en peligro el patrimonio, *v.gr.* la creación de una caja negra o contabilidad "B", que oculta parte del patrimonio al administrado y así puede ser objeto de disposiciones perjudiciales en el futuro sin ser detectadas, no se pueden considerar en sí mismas como constitutivas de administración desleal. Es más, la SAP, Málaga, Sección 3ª, 337/2015, 29-6 (con cita de las SSTS 1318/2000, 14-7, y 1000/2010, 18-11), ha considerado que en caso de actuación consentida por los consocios debe corresponder a las partes acusadoras la prueba del delito, y concretamente, acreditar el propósito o voluntad que guían los actos del acusado, siendo suficiente para el acusado haber acreditado el conocimiento de ese irregular modo de administrar la sociedad. BACIGALUPO ZAPATER no descartó, trayendo a colación dos SSTS alemán (Urteile BGH 18.10.2006 - 2 StR 499/05 —caso Kanther/Weyrauch—, y 29.08.2008 - 2 StR 587/07 —caso Siemens/KWU), que el concepto de perjuicio patrimonial en la anterior regulación de la administración desleal societaria prevista en el art. 295 CP antes 2015 alcanzase también al peligro de perjuicio, como sucedería en estos casos. Sin embargo, en nuestra opinión, ni antes ni ahora podrían serlo. La mera puesta en peligro del patrimonio, sin que se le haya ocasionado un perjuicio cuantificable económicamente, no puede considerarse como un perjuicio patrimonial de los que entren dentro del ámbito de tipicidad de la administración desleal. Del mismo modo, la comisión por parte del administrador de un ilícito que genera la mera posibilidad de que recaiga una sanción sobre el patrimonio administrado, todavía no ha causado un perjuicio.

PASTOR MUÑOZ/COCA VILA, en cambio, entienden que la mera puesta en peligro del patrimonio ya puede suponer su devaluación y ponen como ejemplo la concesión de un crédito a un sujeto de solvencia dudosa, ya que eso ya comportaría un perjuicio efectivo, porque el derecho adquirido tiene un valor inferior al que se debería haber adquirido en caso de celebrar un contrato económicamente racional, esto es, con un cliente solvente.

El problema de considerar estas consecuencias futuras como perjuicios actuales, como pone de relieve MUÑOZ CASALTA, es que tales expectativas pueden verse revertidas con el transcurso del tiempo y que al final se acabe generando un beneficio al patrimonio administrado, lo cual supondría castigar penalmente una conducta que con el tiempo ha resultado beneficiosa para el patrimonio. Además, con dicho proceder no quedaría espacio para la posibilidad de apreciar la tentativa en el delito de administración desleal.

Debido a la ambigüedad de la redacción del art. 252 CP en este punto, GILI PASCUAL no descarta la tipicidad de supuestos de simple peligro concreto, aunque matiza que "*deberá contenerse*" esta tendencia expansiva. MARTÍNEZ-BUJÁN PÉREZ, en cambio, considera "*inaceptable*" interpretar que puedan incluirse supuestos de simple peligro para el patrimonio, ya que las expresiones que emplea el art. 252 CP ("*causar un perjuicio al patrimonio administrado*" en el apart. 1; y "*cuantía del perjuicio patrimonial no excediere de 400 euros*" en el apart. 2) obligan a configurarlo como un delito de lesión.

El Informe del Consejo Fiscal al Anteproyecto explica por qué surgió en Alemania esta interpretación de configurarlo como un delito de peligro. Dicha interpretación "*surge* —dice— *de una peculiaridad del Código penal alemán como es la necesidad, para el castigo de la tentativa, de una previsión expresa en el tipo, previsión que no existe en concreto en el parágrafo 266 y que hace que la tentativa de administración desleal no sea punible en aquel país. Esta previsión de punición de la tentativa se trató de introducir en la Sexta reforma de 1998 y no fue finalmente aprobada, y ha llevado a una interpretación extensiva del perjuicio económico que aproxima al parágrafo 266 a un tipo de peligro concreto cuando fue configurado como un tipo de resultado*".

Distinto de la mera puesta en peligro del patrimonio son los llamados negocios de riesgo o negocios arriesgados que acaban saliendo mal. Estos supuestos no son simplemente puestas en peligro, sino que son auténticos resultados lesivos. Los negocios de alto riesgo (decimos "alto", porque en todo negocio existe incertidumbre acerca del resultado, con lo cual siempre hay un riesgo, por pequeño que sea; aquí estaríamos hablamos de un riesgo mayor del normal) sólo serían punibles como administración desleal si el administrador ha infringido los deberes de lealtad y fidelidad y si no hay consentimiento del administrado a dichas operaciones. En este punto la Jurisprudencia es tajante. Si hay consentimiento por parte del administrado, cualquier perjuicio producido sería imputable a la propia víctima.

Paradigmática en este sentido es la STS 822/2014, 2-12, que absolvió a un administrador del patrimonio de una persona física que hizo una inversión de 60.000 euros en una peña quinielística y lo perdió todo, porque la víctima "*le autorizó a intervenir en todas sus cuentas, con carácter solidario y sin ningún tipo de limitación*", lo cual, a juicio del Tribunal, impide apreciar que se hayan descartado las inversiones de alto riesgo o con un componente aleatorio que, por definición, pueden degradar de manera irremediable el capital recibido en administración.

En el mismo sentido, el ATS 875/2019, 12-9, inadmite el recurso de casación frente a la absolución por un negocio real y potencialmente factible de huertos fotovoltaicos en Grecia, que finalmente fracasó, sin que haya quedado acreditado que el consentimiento estuviese viciado debido a que los acusados hubieran engañado o se hubieran apropiado de las cantidades aportadas.

El AAP, Almería, Sección 3ª, 27/2017, 26-1, confirma el sobreseimiento libre, porque deduce el consentimiento del hecho de vender el administrador social todas sus participaciones en la sociedad al otro socio, que tenía poder concedido, donde se incluyen muchas facultades, entre otras la de disposición de cuentas corrientes de la sociedad. "*Dicha conducta* [la venta de las acciones] *no sería lógica* —dice—, *si como se asevera se estaban desarrollando actividades fraudulentas. Es más, la lógica impone que el administrador jurídico de la sociedad y accionista del 50% de la sociedad, con carácter previo a verificar dicha venta habría comprobado el estado contable de la sociedad antes de ejercer dicha venta. De este modo, a falta de indicio en sentido contrario, se deriva que los socios eran conocedores del estado de la sociedad, de las cuentas sociales y del actuar del denunciado, por lo que ningún ilícito se apreciaría"*.

Y muy llamativo es el AAP, Murcia, Sección 3ª, 156/2020, 25-2, que confirmó un auto de inadmisión a trámite de una querella contra el administrador por haber renunciado al derecho de adquisición preferente como arrendatario, pudiendo haber adquirido la nave industrial por un precio notoriamente inferior al de mercado, y también por haber renunciado al propio arrendamiento. El AAP dice que *"Es posible que, efectivamente, con tales renuncias se pudiera causar un perjuicio a la citada mercantil, porque aparentemente con las mismas en nada se beneficiaba, pero tales perjuicios no pueden invocarlos los recurrentes cuando ellos mismos le concedieron los derechos y también la facultad de ejercitarlos o no, y en definitiva la plena disposición. Los querellantes, al plantear la querella, van contra sus propios actos"*. Y es que el *quid* del caso estriba en que *"los querellantes pretenden hacer valer unos derechos por vía penal que nacieron con una voluntad —al menos aparentemente— defraudatoria de derechos de terceros"*. El caso era el siguiente: Un banco ejecuta la hipoteca que recaía sobre una nave industrial, propiedad de una sociedad mercantil. Para poder seguir desarrollando ésta su actividad en ella, se buscó a una segunda sociedad, en la que se colocó como administrador a una persona de confianza de los socios de la primera sociedad. A continuación, la citada nave se arrendó a la segunda sociedad por 25 años. Cuando la nave industrial sale a subasta pública, el administrador de la sociedad interpuesta renuncia al derecho de adquisición preferente y al contrato de arrendamiento.

La alegación de haber actuado con el consentimiento del sujeto pasivo (como pueda ser el visto bueno del Consejo de Administración o, en su defecto, con la aprobación de la Junta de la Sociedad) tiene que quedar suficientemente demostrada en documento u otro elemento probatorio que pueda apoyarla. Y sería irrelevante que la actuación del administrador, infringiendo los deberes de lealtad impuestos por su cargo, fuese posteriormente aprobada o rechazada por la Junta General o Consejo de Administración, pues "*en ambos supuestos el ilícito ya se habría consumado, de suerte que la decisión del órgano societario, cualquiera que fuere, no privaría de antijuricidad, tipicidad y responsabilidad al hecho previo de la administración desleal*" (STS 55/2021, 23-6).

Incluso no habiendo consentimiento, tampoco el negocio arriesgado que acaba produciendo pérdidas sería punible si el administrador ha cumplido con su deber de informarse sobre la materia objeto de la decisión antes de llevar a cabo el negocio, si el negocio responde al interés social que los administradores deben perseguir en todo caso y si no resulta irracional, en el sentido de que sea posible ofrecer una explicación lógica y coherente de aquel (FARALDO CABANA), incluyendo el plan global del autor. Así, por ejemplo, puede haber acciones que a simple vista pueden causar un perjuicio, como puede ser pagar una deuda ya prescrita, pero que, en perspectiva, sí que pueden considerarse racionales, como sería el tener una buena relación o trato con el proveedor, lo cual deriva en la mejora de las relaciones comerciales que se materializan en mejores precios de compra o simplemente en mantener la reputación empresarial. El art. 226 LSC ha incorporado a nuestro Ordenamiento Jurídico la llamada *Business Jugdment*

Rule norteamericana, en virtud de la cual se establece un nivel de riesgo permitido que hace inmune desde el prisma de la infracción del deber de diligencia del ordenado empresario cualquier decisión, a pesar de que acabe materializándose en pérdidas patrimoniales.

PASTOR MUÑOZ/COCA VILA afirman que para determinar si un acto de gestión entra o no dentro del riesgo permitido se debe observar en su contexto concreto, lo cual implica tener en cuenta "*el nivel de riesgo adecuado a la clase de gestión asumida por el autor, las expectativas a corto y largo plazo vinculadas a la conducta (incorporarse a una multinacional estable, ampliar clientes, obtener un producto cualitativamente superior, atraer inversores, etc.), incluidas expectativas de difícil cuantificación (mejora de la imagen social, mejora del ambiente de trabajo, etc.), y el plan global de gestión del autor*", entendido este último como plan "*económicamente racional*".

Es cierto que en la determinación de la razonabilidad de la decisión tomada por el administrador se pueden tener en cuenta consecuencias económicas a largo plazo o incluso otros intangibles como la mejora de la imagen social o la motivación de los trabajadores. Sin embargo, pensamos que ir más allá e incluir parámetros de este tipo en el cálculo del perjuicio patrimonial resulta discutible, pues no dejan de ser pronósticos, estimaciones, en última instancia, expectativas de difícil cuantificación y que dependen de múltiples factores no imputables directamente al comportamiento del administrador. No se puede decir que tales expectativas formen parte del patrimonio penalmente protegido a efectos del delito de administración desleal.

IV. TIPO SUBJETIVO

En la administración desleal solamente se ha previsto la comisión dolosa. Por tanto, la imprudencia no es punible (art. 12 CP). Se trata de un delito de daño patrimonial y no de enriquecimiento, sin que sea necesario tampoco ningún elemento subjetivo del injusto como el ánimo de lucro. En el anterior art. 295 CP, se requería que el administrador desleal actuase "*en beneficio propio o ajeno*", con lo que esa figura delictiva se podía clasificar como un delito de enriquecimiento (conforme a ello, por ejemplo, la SAP, Almería, Sección 3ª, 365/2020, 30-12, absuelve porque no ha quedado acreditado un ilícito enriquecimiento patrimonial por parte del acusado, o en favor de terceros, más allá de quedar claro que llevó a cabo una desastrosa gestión en las mercantiles que administraba; o la SAP, Asturias, Sección 8ª, 3/2018, 29-1, que absuelve por no existir prueba suficiente de que las extracciones de dinero, los repostajes de gasolina y el uso del teléfono móvil a cargo de la empresa fueran realizadas por el acusado para su aprovechamiento exclusivamente personal y en perjuicio de la empresa). Ahora no se contempla ese requisito, con lo que el delito previsto en el art. 252 CP pasa a configurarse como un delito mixto de daño o de enriquecimiento. Puede haber enriquecimiento, pero también puede no haberlo. Lo relevante no es lo que el administrador pretenda cuando se aprovecha de sus facultades (lo cual tiene relevancia también a efectos procesales en cuanto a la carga de la prueba), sino el perjuicio que causa al sujeto pasivo. Por ello, la actual regulación permite incluir, por ejemplo, conductas de despilfarro, derroche, destrucción o inutilización de bienes del patrimonio administrado sin ningún tipo de justificación, cosa que antes no resultaba posible.

Durante la tramitación parlamentaria también desapareció la previsión inicial en el Proyecto de 2013 de crear un tipo agravado por la concurrencia de ánimo de lucro. Tal supresión, patrocinada en los Informes del CGPJ y del Consejo Fiscal, se ha valorado de forma positiva, pues ello hubiese supuesto atraer hacia la modalidad agravada el grueso de los supuestos de administración desleal. Además, como señalan CASTRO MORENO/GUTIÉRREZ RODRÍGUEZ, al reconducir al tipo agravado de ánimo de lucro la mayor parte de los casos de administración desleal, se produciría el sinsentido de castigar con penas más graves estas conductas desleales no apropiatorias que las de la apropiación indebida. Por ello, proponían la incorporación expresa en la modalidad básica de administración desleal del "beneficio propio o de un tercero".

Aun reconociendo que la inclusión de elementos subjetivos debe ser llevada a cabo expresamente por el legislador, a GILI PASCUAL le parece recomendable exigir por vía interpretativa que se actúe "en beneficio propio o de un tercero". De este modo, se legitimaría mejor la intervención penal en los negocios de riesgo, en los cuales el dolo aparece en su forma eventual. Si al dolo eventual le sumamos el ánimo de enriquecimiento, la punibilidad de la conducta estaría mejor justificada desde el punto de vista del merecimiento de pena y también se ganaría en taxatividad.

No compartimos este punto de vista, pues de este modo se estaría atendiendo sólo a una parte de los deberes que tiene un administrador, que es el de comportarse lealmente y perseguir únicamente el mejor interés para el administrado, sin que haya conflictos de interés de ningún tipo por su parte (art. 228 LSC). Sin embargo, no debemos olvidar tampoco los deberes de diligencia, de comportarse de un modo correcto para con el patrimonio que gestiona, que le obligan a proteger y salvaguardar dicho patrimonio. El deber más básico de comportamiento de un administrador es el de no perjudicar, de no causar un daño al patrimonio que gestiona, no el de no aprovecharse de su cargo para lucrarse a costa del administrado. Y dicha desatención no estaría suficientemente sancionada si acudiésemos simplemente al delito de daños con la agravante de abuso de confianza, castigado con pena de multa en el art. 263 CP. Recordemos que el delito de daños es, con carácter general, un delito subsidiario. Es más, desde el punto de vista del merecimiento de pena, parece más grave actuar con la única intención de perjudicar al administrado, por fastidiar (dolo directo de primer grado de perjudicar), que actuar con la intención de aprovecharse, pero siendo consciente de que ello puede acarrear también un perjuicio para aquel (dolo eventual de perjudicar con ánimo de enriquecimiento). Compartimos la conclusión de que con la exigencia de un elemento subjetivo del injusto adicional al dolo se puede proteger mejor la discrecionalidad empresarial, pero también hay que tener presente que el art. 226 LSC ya exige que se haya "actuado de buena fe" y "sin interés personal en el asunto". Y, en cualquier caso, como dijimos antes respecto de la incriminación o no de los negocios de riesgo, esta decisión depende en última instancia de si se han infringido o no los deberes de lealtad y fidelidad, de si hay o no consentimiento del administrado y de la racionalidad o no de dichas operaciones, y en buena medida la actuación en beneficio propio o de tercero vulnera los deberes de lealtad y condiciona la racionalidad de tal decisión, con lo cual tampoco sería necesaria su previsión típica.

MARTÍNEZ-BUJÁN PÉREZ tampoco es partidario de la introducción de estos elementos subjetivos del injusto (ya sea ánimo de lucro, ya sea en beneficio propio o de tercero). No los considera necesarios, pues no cumplirían las funciones que normalmente se atribuyen a estos elementos subjetivos: "*no aportaría relevancia ni ofensividad al tipo (ni resolvería equivocidad alguna de la conducta objetivamente descrita), ni tampoco serviría para anticipar la línea de punibilidad*". Además, considera que su introducción sería político-criminalmente insatisfactoria, porque "*permitiría excluir injustificadamente de la órbita típica aquellos supuestos en los que no se pudiese acreditar a quién beneficia la acción desleal*", y en última instancia, "*lo relevante es que se cause dolosamente el perjuicio al patrimonio administrado, con independencia de que beneficie a alguien*".

En algunos ámbitos delictivos, particularmente en el blanqueo de capitales o en la cooperación necesaria en estafas informáticas para los llamados "mulas", se ha admitido la ignorancia deliberada como título suficiente para imputar responsabilidad por dolo, en el sentido de que "*quien pudiendo y debiendo conocer la naturaleza del acto o colaboración que se le pide, se mantiene en situación de no querer saber, pero no obstante presta su colaboración, se hace acreedor a las consecuencias penales que se deriven de su antijurídico actuar*" (p.ej., STS 33/2005, 19-1). Sin embargo, en el ámbito de la administración desleal se ha rechazado y se exige un conocimiento real de los elementos del tipo objetivo, como debe ser, dicho sea de paso. Así, la STS 700/2016, 9-9 —caso NovaCaixaGalicia— (la sigue, la SAP, Barcelona, Sección 8ª, 54/2019, 31-1 —caso Catalunya Caixa), señala que "*la condena del acusado sólo puede basarse en lo que éste sabía, no en lo que debió conocer. El reproche penal por lo que se debió conocer y, sin embargo, no se conoce, no puede servir, sin más, de fundamento para la afirmación del dolo*".

> "*Corremos el riesgo* —dice la STS 700/2016, 9-9— *de avalar un entendimiento de aquella doctrina [de la ignorancia deliberada] que, por la vía práctica, ofrezca a los Tribunales de instancia un instrumento más que útil para eludir el deber de motivación respecto del tipo subjetivo y, sobre todo, obviar la prueba del conocimiento sobre el que se construye el dolo eventual. Y es que hoy nadie cuestiona, tanto desde las teorías cognitivas como volitivas del dolo, que sólo aquel que ejecuta la acción típica con alguna forma de conocimiento de los elementos del tipo objetivo, puede hacerse merecedor de pena. Sustituir el conocimiento o la representación de los elementos del delito por la prueba de que el sujeto activo ha evitado deliberadamente abarcar esos elementos, puede implicar nuestro apoyo a una verdadera desnaturalización del desafío probatorio que incumbe a las acusaciones*". Tanto en la STS 700/2016, 9-9 —caso NovaCaixaGalicia—,

como en la SAP, Barcelona, Sección 8ª, 54/2019, 31-1 —caso Catalunya Caixa—, se dio por probado el conocimiento por parte de los miembros del Consejo de Administración de los concretos acuerdos que se estaban tomando y de la situación "vulnerable" en que se encontraban las entidades financieras. Sin embargo, mientras que en el caso Caixa NovaCaixaGalicia se acabó condenando, en cambio, en el caso Catalunya Caixa se absolvió. La absolución se basó en la falta de intención de perjudicar a la entidad, es decir, en la ausencia del elemento volitivo del dolo. El aumento del sueldo del Director General y del Director General adjunto era para que no se fueran, lo cual habría sido "un desastre" para la entidad.

Igualmente, la SAP, Valencia, Sección 4ª, 281/2020, 13-7, llama la atención sobre la necesidad de demostrar el dolo, que para el caso de admitir la comisión por omisión en este delito, *"debe quedar bien significada y probada la premisa de la obligación imperativa previa del acusado de actuar de determinada forma, y de no haberlo hecho así con pleno conocimiento y voluntad de lograr el resultado perjudicial subsiguiente (dolo directo) o con conciencia de la alta probabilidad de que se produzca el resultado perjudicial si se deja de hacer lo que debe, despreciando no obstante esta representación aun sin querer que tenga lugar (dolo eventual)"*.

La SAP, Las Palmas, Sección 2ª, 3/2019, 16-1, confirmada por la STSJ, Canarias, 30/2019, 3-6, absuelve a las acusadas porque no se constata la concurrencia del elemento subjetivo doloso en su actuación, ya que lo único que pretendía era salvaguardar el patrimonio de la empresa durante el tiempo imprescindible para resolver el cese del otro administrador.

La SAP, Barcelona, Sección 5ª, 439/2021, 3-6, también absolvió a una sobrina que vació las cuentas de una tía poco antes de morir. Según la sentencia, ya citada antes (*supra* III.1.1.), la sobrina "*actuó lícitamente en virtud del poder otorgado por su tía ante Notario, pues la amplitud y generalidad del mismo le hacía creer legítimamente que podía disponer del dinero de la cuenta de su tía*". Por ello, concluye el parecer mayoritario del Tribunal, aunque con el voto particular de un Magistrado, que "*procede el dictado de una sentencia absolutoria con todos los pronunciamientos favorables*". No compartimos esta decisión, pues consideramos, como dijimos más arriba, que se da el tipo objetivo de administración desleal, pero la AP de Barcelona podía haber absuelto por error de tipo, cuando dice que la sobrina creía legítimamente que podía disponer del dinero entendiendo (equivocadamente) que tenía facultades para administrar, pero siendo así tendría que haberla condenado en concepto de responsabilidad civil, en virtud de lo dispuesto en el art. 118.2 CP, a restituir en la cuenta corriente de la que era titular la tía la cantidad dispuesta, más los intereses legales.

V. FORMAS DE APARICIÓN

La LO 1/2015, de 30 de marzo, no modificó el art. 269 CP, de tal manera que no incriminó la conspiración, la proposición y la provocación para cometer administración desleal, al menos si recae sobre patrimonio privado, porque si es sobre patrimonio público, sí que las incriminó en el art. 445 CP. Si se ha previsto la incriminación de esos actos preparatorios en la estafa, la apropiación indebida y en la malversación, no alcanzamos a comprender por qué no se han incriminado también en la administración desleal.

Dada la realidad dinámica del patrimonio de una persona, que puede fluctuar a lo largo del tiempo, la determinación del momento consumativo en el delito de administración desleal puede plantear algunos problemas, sobre todo cuando se producen consecuencias negativas a largo plazo. PASTOR MUÑOZ/ COCA VILA son partidarios de valorar la situación económica del patrimonio inmediatamente después de la conducta del autor, considerando dichas consecuencias a largo plazo ya como expectativas actuales de ganancia o pérdida con un valor determinado, a determinar por los peritos. Sin embargo, consideramos que por razones procesales (respeto a la presunción de inocencia, delimitación mejor del objeto de proceso), por razones dogmáticas (la administración desleal es un delito de lesión, no de peligro) y también por razones político-criminales (favorecimiento del desistimiento voluntario) habría que retrasar al máximo el momento consumativo y esperar a la constatación de un modo definitivo de las consecuencias de los actos de gestión. De lo contrario, pudiera suceder que se castigue penalmente una conducta que acaba produciendo un beneficio.

MUÑOZ CASALTA pone como ejemplo de tentativa el caso de un administrador que realiza una venta a un precio notablemente inferior al valor real del bien, pero finalmente la venta no se produce porque el titular del patrimonio administrado, al tener conocimiento de ella, la evita.

En cuanto a la autoría y participación, en caso de administración colegiada y de actuación conjunta resulta posible la coautoría. Pensemos, a tenor de lo dispuesto en el art. 210 LSC, en Consejos de Administración de sociedades anónimas, o en administradores mancomunados (p.ej., la SAP, Guipúzcoa, Sección 3ª, 65/2020, 13-3, ya citada *supra* III.3, que condenó a dos administradores mancomunados en un supuesto de autocontratación por parte de uno de ellos).

En todo caso, la autoría de los hechos debe quedar suficientemente acreditada. Por ejemplo, en la SAP, Barcelona, Sección 9ª, 280/2021, 7-6, se absolvió al acusado, administrador de la sociedad mercantil, pues no era el único apoderado con firma autorizada para desarrollar la operativa bancaria y en la mayoría de los reintegros que se producían no se identificaba al ordenante, ni tampoco se conocía el destino final del dinero. Igualmente, la SAP, Islas Baleares, Sección 1ª, 141/2021, 28-12, absolvió al acusado debido a que, de la práctica de la prueba en el plenario, el Tribunal no pudo llegar a concluir cuál de las dos versiones de los hechos (si la del querellante o la del querellado) era cierta. A pesar de que de la documental aportada parece que fue únicamente el acusado quien realizó pagos en nombre de la entidad que no parecen compatibles con el objeto social. Sin embargo, el Tribunal no descarta que se hubiese pactado entre los dos socios que el acusado pudiese disponer de los fondos para usos personales y sociales, pues la declaración del querellante en el plenario dejó sin clarificar aspectos que generaron dudas sobre cuáles fueron en realidad los acuerdos de las partes en relación con la disposición de fondos.

Al tratarse la administración desleal de un delito especial, resulta de aplicación lo dispuesto en el art. 65.3 CP para los inductores y cooperadores necesarios *extranei*. Por ejemplo, quien colabora con actos necesarios e imprescindibles para desposeer a una sociedad creando otra que la sustituya, aprovechándose de los medios personales y reales de la primera, responde como cooperador necesario (la STS 446/2017, 21-6, ratificó la condena como cooperadora necesaria a la esposa que constituyó una sociedad con su marido, a su vez administrador de otra sociedad que vació sin consentimiento de los socios que representaban el 50%; un caso similar en la STS 1217/2004, 2-11). Asimismo, quien ha hecho posible que los altos directivos de dos Cajas de Ahorro gallegas ingresen importantes cantidades de dinero, gracias a una novación contractual cuidadosa y estratégicamente preparada y defendida —con ocultaciones— ante los órganos de control de la entidad fusionada, responde como cooperador necesario (STS 700/2016-9-9 —caso NovaCaixaGalicia—, la cual descartó la rebaja de la pena al *extraneus*, dado el carácter facultativo de dicha rebaja, asociado a la gravedad de los hechos y al papel asumido por los *extranei* para la ejecución del acto expropiatorio; la STS 423/2018, 15-2 —caso Kutxa—, tampoco rebajó la pena al ex Delegado del Gobierno en el País Vasco que percibió a instancias del Presidente de Kutxabank un sueldo durante tres años a pesar de no trabajar para esta entidad; tampoco lo hizo la STS 867/2022, 4-11). Por no infringir la prohibición de *reformatio in peius*, la STS 627/2016, 13-7, al modificar la condena por estafa a administración desleal, tuvo que mantener la calificación como cooperador necesario *extraneus* de uno de los implicados en la trama, aunque verdaderamente debía haber sido condenado como autor de otro delito de administración desleal diferente, pues fue quien proporcionó los fondos necesarios extraídos de otra sociedad para que pudiese seguir cometiéndose la actividad irregular del autor de la primera administración desleal.

La STS 552/2021, 23-6 —caso Zentyal— ha mantenido el criterio del momento de la contribución para la distinción entre coautoría y cooperación necesaria en el delito de administración desleal: si es en la fase de preparación, será un cooperador necesario, pero no coautor. Esta resolución también se detiene en la distinción entre cooperación necesaria y complicidad, y considera que, si en el plan del autor la cooperación resulta necesaria, entonces será de aplicación el art. 28.2.b), mientras si no lo es, será aplicable el art. 29.

VI. PENA

1. La LO 1/2015, de 30 de marzo, tomó la decisión de castigar con la **misma pena la estafa, la apropiación indebida y la administración desleal**, y la LO 14/2022, de 22 de diciembre, no lo ha cambiado. Los arts. 252 y 253 CP, relativos a estos dos últimos delitos, comienzan remitiéndose a las penas previstas para la estafa: "*serán castigados con las penas del artículo 248 o, en su caso, con las del artículo 250*". El art. 253 CP añade a esto, de un modo innecesario, una cláusula de subsidiariedad expresa ("*salvo que ya estuvieran castigados con una pena más grave en otro precepto de este Código*"). Como no sea que se quiere referir a la malversación prevista en el art. 432 CP, no alcanzamos a ver cuál puede ser ese otro delito patrimonial que tenga mayor pena, pues los tipos agravados de estafa (aplicables también a la administración desleal) prevén ya las penas más graves que existen para los delitos patrimoniales, incluso mayores que la de los robos con violencia o intimidación.

Probablemente esta cláusula de subsidiariedad sea una reminiscencia del Anteproyecto de 2012 que ha pervivido innecesariamente al decaer su inicial fundamento. En el Anteproyecto de 2012 se preveía un tipo agravado de administración desleal cuando concurriese "ánimo de lucro", que castigaba con la pena en su mitad superior. Esa cláusula de subsidiariedad se previó para que se aplicase preferentemente el tipo agravado de administración desleal lucrativa. Sin embargo, con razón los Informes del CGPJ y del Consejo Fiscal advirtieron que esta regulación llevaría en la práctica a una total inaplicación del delito de apropiación indebida, y finalmente, el tipo agravado de administración desleal lucrativa no se incluyó en el Proyecto de 2013, pero se mantuvo de modo innecesario la cláusula de subsidiariedad.

La decisión de equiparar en pena la apropiación indebida y la administración desleal resuelve en buena medida los problemas prácticos de delimitación entre uno y otro delito. En términos penológicos daría igual castigar por apropiación indebida o por administración desleal, porque tienen la misma pena, lo cual, por otra parte, ha evitado también problemas de sucesión de leyes en el tiempo y de revisión de condenas (p.ej., la SAP, La Rioja, Sección 1ª, 154/2015, 17-12). No obstante, en caso de sucesión de leyes y tener que decidir qué regulación es más favorable, en muchas ocasiones no se explica bien por qué se considera aplicable una u otra regulación (así, p.ej., a hechos parecidos de descapitalización de una empresa cometidos antes de 2015, la SAP, Toledo, Sección 1ª, 73/2017, 28-4, estimó más favorable el art. 252 CP después de 2015; pero, en cambio, la SAP, Teruel, Sección 1ª, 16/2017, 9-11, consideró más favorable el art. 295 CP antes de 2015; también confusa en este punto es la SAP, Zaragoza, Sección 6ª, 315/2015, 26-11, ya que si califica los hechos como apropiación indebida y aplica el actual art. 253 CP —lo cual es muy discutible, porque la administración no está incluida en el tipo—, lo que debería haber comparado son las penas conforme a los arts. 252 CP antes y después de la LO 1/2015, y no, como parece hacer, entre el art. 295 y el actual art. 252 CP, que, por lo demás, tiene las mismas penas que el art. 253 CP por el que acaba condenando).

La STS 507/2017, 4-7, al resolver un recurso de casación interpuesto por el gerente de una cooperativa condenado por apropiación indebida al acordar unilateralmente una subida de su sueldo e incentivos, afirma que *"cabría plantear si la conducta descrita tiene o no encaje en la actual redacción del delito de apropiación indebida (art. 253 CP), puesto que no contempla como título hábil el de administrador. Pero sin consecuencia, porque este sí está ahora recogido en la previsión del art. 252 CP que sanciona al que con facultades, atribuidas contractualmente, para administrar un patrimonio ajeno, las infringe, causando un perjuicio al patrimonio administrado. Y lo hace, además, con la misma pena que el precedente art. 252 CP, de modo que el único cambio sería del* nomen iuris, *sin consecuencias, por tanto"*.

En cambio, antes de la reforma de 2015 no tenían la misma pena, y este fue precisamente un gran problema para diferenciar entre sí ambos delitos, porque, paradójicamente, siendo una conducta más grave como la que caracteriza a la apropiación indebida, una condena por este delito podía suponer un privilegio punitivo. Por remisión a la pena de la estafa, la apropiación indebida tenía prevista para el tipo básico una pena de prisión de seis meses a tres años. En cambio, la administración desleal societaria tenía señalada una prisión de seis meses a cuatro años o multa del tanto al triplo del beneficio. El límite máximo de la pena de prisión era mayor en la administración desleal, aunque también es verdad que tenía como alternativa la pena de multa, con lo que no estaba tan claro cuál de los dos resultaba más beneficioso. Eso sólo se podía resolver en concreto, no en abstracto. Para los supuestos agravados de apropiación indebida, en cambio, la administración desleal se convertía en un tipo privilegiado, porque la pena de la apropiación indebida era de uno a seis años de prisión y multa de seis a doce meses. Si se condenaba por administración desleal, porque se entendiese que resultaba prevalente por razón de especialidad (al ser dentro del ámbito societario), se producía un privilegio punitivo sin motivo alguno que lo justificase. La solución mayoritaria para estos problemas punitivos fue resolver el conflicto aparente de leyes penales con el criterio de la alternatividad y condenar por el delito más gravemente sancionado: en unos casos sería la administración desleal, en otros la apropiación indebida.

Esta decisión de equiparación punitiva, a nuestro modo de ver, no parece acertada. Compartimos el criterio de cierto sector doctrinal (entre otros, MARTÍNEZ-BUJÁN PÉREZ, CASTRO MORENO/GUTIÉRREZ RODRÍGUEZ) que considera más grave la apropiación indebida que la administración desleal. Otro sector de la Doctrina, en cambio, considera más grave la administración desleal (así, NIETO MARTÍN), porque es un ataque que viene desde dentro, ante el cual la víctima se encuentra totalmente indefensa, pues ha confiado en esa persona delegando en ella amplísimos poderes de gestión del patrimonio. No obstante, sin negar tal indefensión, tampoco es menos cierto que existe igualmente un quebrantamiento de la confianza en la apropiación indebida. Ha sido la propia víctima quien ha hecho entrega de la cosa al sujeto activo en virtud de un título que produce la obligación de entregarla o devolverla luego. Pero es que a ello habría que sumar, además, que la apropiación indebida implica la expropiación del bien del patrimonio de la víctima y la correspondiente incorporación al del sujeto activo o al de un tercero. En cambio, la administración desleal no necesariamente implica la expropiación (puede permanecer en la esfera patrimonial del sujeto pasivo) y en todo caso no conlleva la apropiación de los bienes, bastando simplemente que se perjudique al sujeto pasivo (otra cosa es que actualmente el art. 252 CP contemple también como administración desleal alguna modalidad de apropiación). Debido a este mayor contenido de injusto, la apropiación indebida debería estar sancionada con mayor pena. Por ello, también parece discutible que en el propio art. 252 CP no se distinga punitivamente las conductas de administración desleal de las de apropiación que caen dentro de su ámbito.

2. La calificación como **delito leve** de una administración desleal por cuantía inferior a 400 €, con la consiguiente pena de multa de uno a tres meses, ha supuesto una considerable rebaja de la pena en comparación con la anterior regulación de la administración desleal societaria del art. 295 CP antes de 2015, que no distinguía a efectos punitivos en función de su importe e imponía siempre la misma pena, aunque la cuantía del perjuicio fuese inferior a 400 € (p.ej., STS 1046/2010, 29-11).

Dada la menor gravedad de las conductas de administración desleal que las de apropiación indebida, CASTRO MORENO/GUTIÉRREZ RODRÍGUEZ propusieron incrementar para la administración desleal la cuantía que separa el delito leve del menos grave. En función de la cuantía que manejaba el Anteproyecto de 2012 de 1.000 €, ellos fijaban la frontera entre el delito leve y el menos grave en la administración desleal en 3.000 €. NIETO MARTÍN, quien considera que la administración desleal es el más grave de los delitos patrimoniales, también ha propuesto un tipo atenuado en función de la "escasa gravedad", que no se podría aplicar si la cuantía fuese superior a 6.000 €. Y MARTÍNEZ-BUJÁN PÉREZ, desde una perspectiva funcional o personal del perjuicio, prefiere renunciar a un límite cuantitativo y basar el tipo atenuado simplemente en la escasa entidad del perjuicio causado.

En la administración desleal está claro el efecto bloqueador del tipo leve, ya que la remisión a los tipos agravados del art. 250 CP está contenida solo en el apart. 1 del art. 252 CP. Cuando la cuantía del perjuicio no excediere de 400 euros, el apart. 2 no tiene esa remisión y, por tanto, no se podrán aplicar las penas del art. 250 CP. Y es que resultaría absolutamente desproporcionado tratar de prevenir infracciones penales de escasa gravedad, como puedan ser administraciones desleales de 5 o 10 €, por ejemplo, con penas de prisión tan elevadas como las del art. 250 CP.

3. A propósito de la remisión punitiva a los arts. 248 y 250 CP, algunos autores consideran que hubiese sido más correcto establecer una penalidad propia para la administración desleal y cuidar la formación indirecta de **tipos cualificados**. Y es que la remisión *in toto* al art. 250 CP, que, por cierto, supone una considerable agravación de la pena con respecto al anterior art. 295 CP, plantea dudas

en cuanto a qué tipos agravados de estafa se pueden aplicar a la administración desleal. Habrá que descartar las modalidades 2ª ("abusando de firma de otro", ya que el administrador no lo necesita, pues tiene amplios poderes de disposición), 6ª ("con abuso de las relaciones personales existentes entre víctima y defraudador, o aproveche éste su credibilidad empresarial o profesional", ya que es inherente a la propia administración desleal) (por el contrario, las SSAP, Lugo, Sección 2ª, 36/2022, 14-2, y Zaragoza, Sección 1ª, 143/2020, 29-6, aplican el tipo agravado de abuso de las relaciones personales) y 7ª del art. 250.1 ("estafa procesal", pues el engaño al juez hace prevalente la estafa) (así, NIETO MARTÍN, GILI PASCUAL). En principio, no habría mayores problemas en aplicar los supuestos agravados 1º, 3º, 4º y 8º del art. 250 CP al delito de administración desleal (la Jurisprudencia aplica el art. 250.1.1º CP a supuestos en los que la administración desleal conlleva de forma directa la pérdida de la vivienda que el perjudicado destina a su residencia, como sucedió en la SAP, Tenerife, Sección 2ª, 129/2021, 14-4, en la que un apoderado, abusando del poder especial que tenía, contrató un préstamo por valor de 327.500 € garantizado con la hipoteca de la vivienda de la poderdante, a quien tampoco hizo entrega del dinero así obtenido; la SAP, Las Palmas, Sección 2ª, 236/2020, 19-10, no aplicó la agravación sobre vivienda, porque el piso era propiedad de una sociedad y no estaba destinado a servir de domicilio habitual de la querellante). Sin embargo, y aunque resulte sorprendente, pueden excluirse en algunos casos las modalidades agravadas en función del valor de la cuantía previstas en los arts. 250.1.5º y 250.2 (cuando se superen los 50.000 o los 250.000 €, respectivamente), por cuanto que dichas modalidades agravadas se refieren al "*valor de la defraudación*" y la administración desleal es solamente de modo eventual un delito de enriquecimiento (no tuvo este problema la SAP, Madrid, Sección 29ª, 90/2023, 22-2, que condenó a un gestor de carteras de inversión por las operaciones no autorizadas que hizo y que produjeron pérdidas por más de 50 millones de euros). Por tanto, podrá admitirse la compatibilidad en aquellos casos en el administrador persigue obtener un beneficio (personal o para un tercero) con su conducta desleal, pero no en aquellos otros en los que solo se perjudica al administrado (así, SOUTO GARCÍA). La STS 434/2019, 1-10 dice que "*el art. 250.1.5ª se refiere al valor de la defraudación y no al valor del perjuicio. Solo lo defraudado (lo que podríamos catalogar como «importe de lo estafado») puede servir para integrar esa agravación*".

4. Por otra parte, la **naturaleza patrimonial** que tiene actualmente el delito de administración desleal (*supra* II) permite aplicar con mayor facilidad la agravante de **reincidencia** a sujetos con antecedentes penales por otros delitos patrimoniales como apropiación indebida (p.ej., la SAP, Barcelona, Sección 5ª, 149/2020, 28-2) o estafa, o a la inversa, excluirla en caso de que tuviese antecedentes por delitos exclusivamente socioeconómicos (así, entre otros, BENÍTEZ ORTÚZAR), como pueda ser el delito de obstaculización de la actividad inspectora o supervi-

sora del art. 294. El art. 22.8ª CP exige que los delitos estén contemplados en el mismo Título, pero que además tengan la "*misma naturaleza*" —patrimonial, en este caso.

Asimismo, la naturaleza patrimonial de la administración desleal obliga en caso de **continuidad delictiva** a aplicar preferentemente la regla penológica contemplada en el apart. 2 del art. 74 CP, pues éste se refiere a las "*infracciones contra el patrimonio*". Los requisitos típicos que exigen una concreta y específica relación entre el sujeto activo y los bienes ("*tener facultades para administrar un patrimonio ajeno*" y "*causar un perjuicio al patrimonio administrado*") no impiden, al menos en el plano teórico, poder apreciar un delito patrimonial masa, pese a que se requiere haber "*perjudicado a una generalidad de personas*" (art. 74.2 *in fine* CP), lo cual se viene interpretando como una pluralidad indeterminada de personas. Sin embargo, pensemos en las grandes gestoras de fondos de inversión que pueden tener decenas o cientos de miles de clientes y que, desde luego, una administración desleal en estos casos puede "*revestir notoria gravedad*".

Igualmente, el carácter patrimonial de este delito conlleva la exención de responsabilidad criminal por las administraciones desleales que se causen entre sí los cónyuges no separados o en proceso de separación, divorcio o nulidad, y los ascendientes, descendientes y hermanos por naturaleza o adopción, según la **excusa absolutoria** prevista en el art. 268 CP (no la apreció la SAP, Jaén, Sección 3ª, 187/2020, 15-7, al entender que no abarca simplemente el hecho de tener una relación sentimental y estable, y además, porque en el caso concreto el autor se aprovechó de la vulnerabilidad de la víctima, que se encontraba en un evidente estado de discapacidad, pues su estado de salud era grave, en coma, sedada y en la UCI; en cambio, la SAP, Zaragoza, Sección 1ª, 105/2022, 7-4, en aplicación del Acuerdo TS de 1-3-2005, sí aplicó la excusa absolutoria a una pareja de hecho con más de trece años de convivencia; tampoco la apreció la SAP, Madrid, Sección 23ª, 462/2020, 5-10, porque, aunque el traspaso de fondos de carácter ganancial por parte de la esposa de una cuenta corriente indistinta a una cuenta particular de ella se efectuó constante matrimonio, sin embargo, se efectuó tres meses antes de plantear la demanda de divorcio, cuando ya existía una separación de hecho y los actos de disposición continuaron también después de ya roto el vínculo matrimonial).

En caso de una administración desleal en el seno de una sociedad mercantil constituida por estos familiares, la Jurisprudencia ha mantenido y mantiene una posición vacilante. Así, en relación con el art. 295 CP, mientras que la STS 42/2006, 27-1 (*Tol 827096*), apreció la excusa absolutoria, en cambio, la STS 1255/2009, 9-12 (*Tol 1762132*), es contraria a ello. En la actualidad, p.ej., las SSTS 686/2020, 14-12; 94/2023, 14-2; el AAP, Valladolid, Sección 4ª, 291/2019, 20-6, o la SAP, Zaragoza, Sección 1ª, 105/2022, 7-4, son partidarios de apreciarla, mientras que la SAP, Almería, Sección 3ª, 365/2020, 30-12, no.

Apoyándose en la doctrina del "levantamiento del velo", decía la STS 42/2006, 27-1, que "*si tal teoría se ha utilizado en contra del reo para impedir que bajo la cobertura societaria se cometan impunemente delitos patrimoniales, con más razón, siguiendo una interpretación "in bonam partem" debemos levantar el velo y concluir que los intereses de la sociedad son los mismos y además coincidentes con los de los socios, todos ellos hermanos de la querellante y por tanto incluidos en el alcance beneficioso u órbita de aplicación de la excusa absolutoria prevista en el art. 268 CP*" (también la STS 170/2022, 24-2). En cambio, la STS 1255/2009, 9-12, señalaba que no procedía la excusa absolutoria, porque "*se está ante una apropiación efectuada a una sociedad, aunque ésta sea familiar*", entendiendo, por tanto, como perjudicada u ofendida por el delito la sociedad, como persona jurídica o ente autónomo, y no sus socios. Dado como hemos configurado el sujeto pasivo del delito de administración desleal, como el titular del patrimonio administrado (*vid. supra* II), en estos casos la sociedad mercantil sería el sujeto pasivo del delito y no entraría entonces en el ámbito subjetivo de la excusa absolutoria; lo cual extenderíamos también al delito de apropiación indebida, si es que fuese de aplicación.

La SAP, Zaragoza, Sección 1ª, 105/2022, 7-4, considera que, aunque "*estamos, ciertamente, ante sociedades con personalidad jurídica propia distinta de la persona física querellante que mantuvo la relación sentimental de pareja de hecho con el acusado, pero con una vinculación plena al patrimonio de ésta*", ello no impide apreciar la excusa absolutoria, pues "*se trata de tres sociedades de las que la pareja del acusado era socia y administradora única* [el Tribunal entendió que el acusado actuaba como administrador de hecho de las empresas], *existiendo, por tanto, una confusión de los respectivos círculos patrimoniales y una coincidencia del eventual interés de dichas sociedades con el de su única titular, por lo que la extensión de dicha excusa respecto de todas las sociedades querellantes resulta también incuestionable*".

La STS 686/2020, 14-12, no tiene inconveniente en aplicarla, pues al momento de la comisión de los hechos, el 100% de las acciones de la sociedad eran del padre de la administradora desleal. Por tanto, "*la excusa absolutoria está correctamente aplicada*".

En otro caso, la SAP, Zaragoza, Sección 6ª, 315/2015, 26-11, no apreció la excusa absolutoria entre dos hermanos socios al existir otro denunciante, también perjudicado y accionista, que era cuñado, y, por tanto, "*no es afín en primer grado, sino en segundo grado, por lo que no es de aplicación la excusa absolutoria del 268.1º del Código Penal a la acusada*".

Al margen de la exclusión o no de la punibilidad (art. 268 CP) en la administración desleal en sociedades familiares, hay que tener en cuenta también la admisibilidad o no del ejercicio de la acción penal y del derecho a mostrarse parte en el proceso (art. 103 LECrim) por estos delitos entre familiares (limitación, por cierto, que no se aplica a las parejas de hecho, *vid.*, p.ej., el ATS 1448/2010, 8-7). Entendemos que tampoco se vulneraría lo dispuesto en la LECrim, si uno de esos familiares actúa en representación de la mercantil perjudicada, ostentando legitimación activa para ello (así, la SAP, Almería, Sección 3ª, 365/2020, 30-12, afirma que "*estando constituida la mercantil... por hermanos, la querellante, en su condición de administradora de la citada mercantil, y en defensa de los intereses de la misma, en todo caso al interponer la querella se cumplió el requisito previsto en el artículo 296.1 del CP, en su condición de perjudicado, de tal forma que la intervención en el proceso por el Ministerio Fiscal ejercitando la acción penal es válida y no se vulnera lo dispuesto en el artículo 103 de la LECriminal*"; también lo considera así la SAP, Zaragoza, Sección 1ª, 105/2022, 7-4, aunque al final apreciase la excusa absolutoria). Incluso, aunque los familiares no puedan ejercer la acción penal por un delito de administración desleal cometido entre sí, ello no impide que puedan denunciar los hechos y que sea el Ministerio Fiscal quien la ejerza, quedando abierta entonces la posibilidad de que aquellos se presenten también como actores civiles en el proceso penal. Es más, aunque se aprecie la excusa absolutoria del art. 268 CP, ello no impide que se pueda ventilar la responsabilidad civil dentro del proceso penal (SSTS 599/2022, 15-6; 94/2023, 14-2). Ahora bien, en este caso, se ha rebajado la cuantía de la responsabilidad civil en función de la participación que tuviese el autor en la sociedad (la STS 94/2023, 14-2, casa la sentencia de instancia en este punto, al considerar que, dado que la sociedad estaba compuesta por dos socios —matrimonio—, y que, como consecuencia de su liquidación, la mitad de esa indemnización le debe ser asignada al acusado, dispone que, como mecanismo de compensación, la indemnización ya prefijada ha de reducirse a la mitad).

5. Se puede imponer como **pena accesoria la inhabilitación especial** para el cargo de administrador de sociedades mercantiles y para el ejercicio del comercio durante el tiempo de la condena, si aquellos derechos hubieran tenido relación directa con el delito de administración desleal (así, entre otras, las que destacamos *supra* III.3.4 a propósito de las retribuciones de consejeros de entidades bancarias: SSTS 700/2016, 9-9 —caso NovaCaixaGalicia; 80/2018, 15-2 —caso Kutxa; 438/2018, 3-10 —caso Tarjetas Black, y 292/2021, 8-4 —caso CAM II). Debe tenerse en cuenta que diversa normativa mercantil limita también la adecuación u honorabilidad de los miembros del órgano de administración, incluso después de haber cumplido la condena (*vid.* al respecto, ÁLVAREZ GARCÍA/ VENTURA PÜSCHEL).

VII. CONCURSOS

Las relaciones de la administración desleal con otros delitos presentan una extraordinaria variedad y en algunos casos son particularmente complejas.

Antes de la reforma de 2015 esa complejidad concursal fue excepcionalmente patente con el delito de apropiación indebida. Sobre las relaciones concursales bajo aquella normativa nos remitimos a la 1ª ed. de este Tomo. Solamente diremos que, a pesar de los intentos de separación entre estas figuras delictivas, existía una zona de confluencia entre ellas (como podría ser el caso del administrador que, con abuso de sus funciones, se apodera de bienes de la sociedad, p.ej., a través de negocios vacíos). En esa zona de confluencia defendimos que la solución que había que dar era la de un concurso de leyes a resolver por el principio de alternatividad (en unos casos ello llevaría a aplicar el art. 295 CP, en otros el art. 252 CP) (véase, por ejemplo, la STS 719/2015, 10-11). Hoy en día esa zona de confluencia quedaría comprendida exclusivamente en el actual art. 252 CP, ya que la administración ha sido expulsada como título de la apropiación indebida. También hay que decir que los antiguos problemas concursales entre ambas figuras han quedado resueltos, no sólo por esto, sino por la equiparación punitiva entre ambas figuras. Aun así, no deja de haber problemas concursales entre ambas figuras. Botón de muestra es la SAP, Vizcaya, Sección 6ª, 44/2022, 13-7, que condenó al gerente de una imprenta por un delito de apropiación indebida por no devolver tras su cese el vehículo y el teléfono móvil propiedad de la mercantil (pena de un año de prisión) y por otro delito continuado de administración desleal (pena de prisión de 2 años y multa de 8 meses) al haberse apropiado, durante el desempeño de su cargo, del importe de varios cheques pagados por los servicios prestados a varios clientes y haber hecho varios reintegros en cajero sin justificación alguna.

1. Por lo que a los **concursos homogéneos** se refiere, aunque el tipo penal esté formulado en plural ("*las infrinjan excediéndose en* [*su*] *ejercicio*"), lo cual apuntaría hacia una unidad típica de acción, al modo de un delito de varios actos o un delito habitual, en el cual el Legislador habría exigido una reiteración de actos y habría querido otorgar un tratamiento punitivo como un único delito aun habiendo varias acciones cada una de ellas constitutivas por separado de administración desleal (así lo interpreta la SAP, Madrid, Sección 23ª, 462/2020, 5-10), sin embargo, entendemos que el delito de administración desleal debe tener el mismo tratamiento que la estafa y la apropiación indebida (la STS 668/2013, 4-7, respecto del art. 295 CP antes de 2015, se muestra reticente a no apreciar la continuidad delictiva, aunque admite que esa interpretación "*podría gozar de más posibilidades de debate…, [pero] que es rechazable sin más cuando nos movemos en el territorio de la apropiación indebida*" refiriéndose a la modalidad de distracción). No sería más que un uso estilístico del plural y bastaría con una sola acción para colmar por completo el injusto de la administración desleal. La naturaleza exclusivamente patrimonial de este delito contribuiría también a admitir la continuidad delictiva.

En caso de reiteración delictiva, por tanto, estaríamos ante un concurso de delitos, a resolver en función de las circunstancias del caso, aunque normalmente estaríamos ante un delito continuado en el que el administrador obra conforme a «*un plan preconcebido o aprovechando idéntica ocasión*» (así lo entendieron, p.ej., las SSAP, Barcelona, Sección 22ª, 937/2021, 18-11; Guipúzcoa, Sección 3ª, 65/2020, 13-3; Madrid, Sección 29ª, 90/2023, 22-2; Navarra, Sección 2ª, 95/2021, 30-3; Tenerife, Sección 2ª, 72/2016, 1-3, y Tenerife, Sección 2ª, 181/2017, 25-4). Eso no quita para que en el caso concreto se pueda apreciar una unidad natural de acción en la conducta del administrador desleal (la SAP, Santa Cruz de Tenerife, Sección 2ª, 181/2017, 25-4, no la apreció al tratarse de una pluralidad de disposiciones a lo largo de un año y distantes las unas de las otras; la SAP, Barcelona, Sección 8ª, 54/2019, 31-1 —caso Catalunya Caixa—, con independencia de la absolución final de los acusados, descartó la continuidad delictiva en los acuerdos adoptados en dos consejos de administración, cuya composición además no fue en su mayor parte coincidente, por la imposibilidad de apreciar un plan preconcebido, debiendo apreciar una dualidad de conductas que aisladamente consideradas conformarían cada una de ellas una infracción penal).

Lo que en el pasado se podía calificar como hechos constitutivos de apropiación indebida y también como administración desleal, que se podían agrupar en continuidad delictiva (así, las SSTS 428/2012, 6-6; 622/2016, 12-7; 209/2018, 3-5; 316/2018, 28-6; 643/2018, 13-12; 407/2020, 20-7, y 56/2021, 27-1, dado el carácter homogéneo de ambas figuras), hoy en día serían constitutivos un único delito continuado de administración desleal del art. 252.

Ese fue el caso del Presidente del Club de fútbol Racing de Santander, al que inicialmente la SAP, Cantabria, Sección 1ª, 41/2020, 25-2, condenó por un delito continuado, por un lado, de administración desleal al contratar y rescindir el contrato al cabo de un año al relaciones públicas del Club por desencuentros personales y abonarle sin justificación una indemnización de 100.000 €, y por comprar en nombre del Club un Audi S8 5.2 FSI por más de 100.000 € destinándolo a su uso exclusivo, y por otro lado, de apropiación indebida al desviar más de 40.000 € en sucesivos pagos que efectuó con la tarjeta de crédito del club a una entidad que no tenía ninguna vinculación con la Escuela deportiva del Club, y sin que dichas sumas fueran aplicadas a intereses del Club. Sin embargo, la STS 701/2022, 11-7, mantuvo la condena por el uso de la tarjeta de crédito, pero revocó la condena correspondiente a los actos constitutivos de administración desleal (la cuantía de la indemnización por despido, el TS entiende que era normal en las cifras que se manejan en un club de Primera División; y en cuanto al uso del coche considera que también se usó para fines representativos del Club).

La STS 56/2021, 27-1, antes citada, afirma que *"la reunificación de ambas figuras en esa reforma legal se presenta como un muy poderoso argumento para justificar su homogeneidad y, en consecuencia, concluir que en la legislación anterior a 2015 nada impedía convertir una acusación por apropiación indebida en una condena por administración desleal"* (cita la STS 627/2016, 13-7). En la STS 56/2021, 27-1, se consideraron constitutivos de apropiación indebida el hecho de cargar a la sociedad administrada los viajes turísticos de la familia, y también el de pagar con la tarjeta de crédito de la mercantil gastos particulares del administrador. En cambio, serían constitutivos de administración desleal el hecho de formalizar pólizas de afianzamiento en beneficio de otra entidad vinculada al administrador, y el de vender productos a esta entidad con un coste mínimo, sin coste o bajo coste. En cambio, no consideró que hubiese apropiación indebida en la venta de un vehículo propiedad de la empresa *"sin que conste que el precio fuera efectivamente ingresado en las cuentas de la sociedad"*, porque esa narrativa no es concluyente, ya que se están reconociendo dudas sobre el núcleo de la conducta delictiva. Tampoco serían constitutivos ni de apropiación indebida ni de administración desleal los actos de competencia desleal consistentes en las ventas a clientes de la sociedad administrada, pero realizadas por la sociedad particular creada por el administrador: *"eso no es sustraer dinero perteneciente a la [primera] entidad, sino defraudar expectativas. No hay apropiación; sí abuso de funciones o competencia desleal, pero en unos parámetros que no alcanzan a cubrir los elementos ni del art. 252 (apropiación indebida), ni del art. 295 (administración desleal)"*. La STS 643/2018, 13-12, rectificó la SAN 8/2017, 31-3, que había condenado a una acusada como cooperadora necesaria en un delito continuado de administración desleal del art. 295 CP a la pena de dos años y tres meses de prisión. El TS apreció un delito continuado de apropiación indebida y administración desleal del art. 252 en relación con el 250.1.6º CP anterior a la reforma del 2015, elevando la duración de la pena de prisión a tres años y seis meses. Si estos hechos se cometiesen hoy en día, puesto que se realizó alguna operación por más de 250.000 euros, la regla penológica del delito continuado del art. 74.1 CP podría operar sobre el marco penal del art. 250.2 CP, dando un marco penal de seis a ocho como mínimo, e incluso, facultativamente, de ocho años y un día a doce años de prisión.

Cuando la conducta desleal del administrador perjudique los intereses patrimoniales de varios sujetos pasivos (p.ej., padres que administran deslealmente los bienes de sus hijos; tutores que hacen lo mismo respecto de los bienes de sus pupilos; administrador de varias sociedades a la vez; gestor financiero del dinero de varios clientes...) habrá un concurso homogéneo de delitos, que, en principio, daría lugar a la figura del delito continuado (art. 74 CP), ya que éste puede afectar a varios sujetos pasivos (así, entre otras, la SAP, Madrid, Sección 29ª, 90/2023, 22-2, que apreció un único delito continuado de administración desleal en las operaciones con las carteras de inversión de tres clientes y con el dinero de la entidad bancaria, es decir, cuatro perjudicados y un delito continuado de administración desleal). También podría ser el caso del administrador de una comunidad de propietarios que realiza diversas disposiciones de dinero sin justificar (así, la SSTS 654/2020, 2-12; 650/2022, 27-6, o la SAP, Madrid, Sección 15ª, 179/2021, 5-4, que condenaron por apropiación indebida, al ser el delito vigente en el momento de los hechos; en un caso parecido, de una sociedad mercantil que actúa, por un contrato de cesión de cartera de clientes, como administradora de varias decenas de comunidades de propietarios, la SAP, Guadalajara, Sección 1ª, 23/2019, 11-12, absolvió por falta de pruebas de una presunta distracción de fondos de las comunidades, que serían las partes perjudicadas). En caso de condenas sucesivas por hechos que se podrían haber aglutinado en un único delito continuado, no hay vulneración de la prohibición de *bis in idem*, ni hay cosa juzgada, si las condenas anteriores no incluyen las disposiciones de dinero juzgadas en el último proceso. Sin embargo, la determinación de la pena deberá tener en cuenta las condenas anteriores, sin que el total de las penas pueda superar el marco punitivo correspondiente al delito continuado de apropiación indebida (puede llegar a ser 6 años, correspondiente al tipo agravado por el valor de la defraudación) (STS 654/2020, 2-12: administrador de fincas condenado por apropiaciones de dinero en diferentes comunidades de propietarios).

Si no se puede apreciar la continuidad delictiva, entonces, cada una de las conductas desleales daría lugar a un delito, a tratar como un concurso real (varias acciones que dan lugar a varios delitos). Y si se diese una unidad de acción, por ejemplo, en el caso de que con una sola acción desleal se perjudicase a dos sociedades con patrimonios diferenciados cabría apreciar un concurso ideal (SAP, Sevilla, Sección 7ª, 95/2000, 27-10). Si el patrimonio administrado no está diferenciado o separado, como puede ser, por ejemplo, el dinero en una cuenta bancaria perteneciente a varias personas, en caso de unidad de acción, estaríamos sencillamente ante un único delito, aunque puedan ser varios los sujetos perjudicados, y no cabría apreciar el delito continuado.

2. En cuanto a la relación con otras figuras delictivas distintas (los **concursos heterogéneos**), ya hemos aludido a la distinción con el delito de estafa (*supra* I.1) y con el delito de apropiación indebida y la malversación (*supra* I.2). La administración desleal cometida en el seno de una sociedad mercantil a menudo entrará en concurso con otros delitos societarios. En este punto nos remitimos a lo explicado *infra* en Lección relativa a los Delitos societarios.

Por lo que a otros delitos se refiere, la administración desleal puede entrar en concurso con el *abandono de familia* (p.ej., STS 121/2014, 19-2: esposa nombrada tutora de su marido que quedó incapacitado como consecuencia de un accidente de tráfico, y que dispuso a su antojo de la indemnización que recibió éste —casi 800.000 €, desatendiendo las obligaciones tanto materiales como morales exigidas); también con el *blanqueo de capitales* (p.ej., la SAP, Jaén, Sección 3ª, 187/2020, 15-7: apoderado que, aprovechándose de la hospitalización de la víctima, pasa a descuento sendos pagarés por 600.000 € cada uno que había recibido la víctima por la venta de una almazara, pero que no tenía interés en descontar anticipadamente debido al elevado coste económico de la operación, y que seguidamente transfiere el dinero recibido desde la cuenta de la víctima a la suya, para a continuación y con la finalidad de ocultar o encubrir el origen ilícito del dinero obtenido, emitir sendos cheques fingiendo el pago de unas supuestas deudas); pero lo más normal será que entre en concurso con las *falsedades documentales* (p.ej., las SSTS 889/2021, 17-11, aunque estimó que la falsedad había prescrito, puesto que, si bien estaba asociada al delito de administración desleal, el concurso era de tipo real y no medial, y, además, los hechos eran anteriores a la reforma de 2010; 56/2021, 27-1: certificaciones falsas de celebración de Juntas de la sociedad en las que se habrían aprobado unos acuerdos; la SAP, Barcelona, Sección 5ª, 149/2020, 28-2, condena por un delito continuado de administración desleal en concurso medial con otro de falsedad en documento mercantil al confeccionar diversas facturas falsas para defraudar a la propia sociedad que administraba; la SAP, Cantabria, Sección 3ª, 129/2021, 17-5, aprecia concurso real en el caso de redacción de facturas falsas para intentar encubrir apropiaciones de dinero de la sociedad, pues la falsedad no es medio para cometer el delito de apropiación indebida y debe castigarse como un delito autónomo).

PASTOR MUÑOZ/COCA VILA, sobre un pormenorizado análisis de la Doctrina y Jurisprudencia alemanas, se han planteado la posibilidad de si las conductas llevadas a cabo por el administrador constitutivas de un ilícito del que se pueda derivar una sanción (penal, administrativa o civil) que perjudique el patrimonio administrado, es decir, si aquellas conductas que conlleven un riesgo de sanción, pueden ser a su vez constitutivas de un delito de administración desleal. Teniendo en cuenta que ellos se plantean la cuestión con respecto al texto del Proyecto de 2013 y que circunscribían dicha posibilidad al tipo de infidelidad, que finalmente no ha sido incluido en el texto aprobado, hoy en día habría que exigir la ejecución de la sanción para apreciar el delito de administración desleal. No bastaría con el simple peligro de sanción, sino que el perjuicio se tendría que haber materializado (*supra* III.4).

Los autores citados admiten el concurso de delitos, porque "*la comisión de un ilícito tiene, debido a la existencia de una relación interna entre el administrador y el patrimonio administrado, una doble dimensión, a saber, una relativa a los intereses protegidos por la norma correspondiente... y otra relativa a la protección de los intereses administrados*". "*La comisión de un ilícito puede tener dos dimensiones normativas: la infracción de la norma que prohíbe el ilícito y la infracción de la norma que obliga a una administración leal*".

Ese podría ser el caso, p.ej., de la STS 316/2018, 28-6, en la que se condenó al administrador de una empresa importadora de carbón, que, además de cargar a las cuentas de la empresa gastos personales por unos 173.000 euros, entre ellos un palco del Sporting de Gijón, vinos, comidas, televisión de pago, móviles de la familia y hasta las cuotas de afiliación a un partido político, hizo desaparecer 9.000 toneladas de carbón, mezcló el mineral extranjero con carbón leonés de peor calidad, y por esas irregularidades en la importación del carbón, además de las quejas y pérdida de clientes, la Agencia Tributaria impuso una multa, con recargos e intereses por más de 700.000 €. A este respecto, el TS afirma que "*el perjuicio está constatado y es evidente, por cuanto la sociedad tuvo que hacer frente a unos pagos derivados de un ilícito penal que le causó una carga económica que no tenía que haber sufrido*". De modo similar, la SAP, Burgos, Sección 1ª, 72/2018, 14-2, incluye dentro del perjuicio económico total ocasionado la elusión por parte del administrador de las cuotas del IVA correspondientes a un ejercicio fiscal, respecto de las cuales la sociedad tenía la condición de obligado tributario.

No hay ningún inconveniente tampoco en apreciar un concurso de delitos entre la administración desleal y las *insolvencias punibles* (arts. 259 ss. CP) cuando se despatrimonializa una sociedad pasando parte del activo a otra sociedad y se perjudica de este modo también a los acreedores de la sociedad (p.ej., las SSTS 462/2009, 12-5; 220/2016, 15-3). La lesividad de la conducta en este caso no quedaría abarcada sólo con la aplicación de la administración desleal, pues dejaría de comprender la defraudación del derecho de los acreedores de la sociedad a obtener una satisfacción en su patrimonio. Bajo la vigencia del art. 295 CP, al ser también sujetos pasivos del delito los socios, si la disposición fraudulenta de los bienes de la sociedad no genera peligro de frustración de los créditos de otros acreedores y los créditos frustrados sólo pertenecen a los propios socios, no debería haber concurso de delitos (p.ej., la STS 119/2010, 1-2; la SAN 8/2017, 31-3 —caso Eurobank—, tampoco apreció el concurso de delitos porque todos los acreedores de la entidad bancaria en suspensión de pagos recibieron el importe de sus créditos, resultando perjudicados exclusivamente los accionistas). Podría entenderse que un solo precepto comprende todo el contenido desvalorativo del hecho. Sin embargo, bajo la vigencia del art. 252 CP, al no estar incluidos como sujetos pasivos los socios, habría que entender que se produce un concurso de delitos. La SAP, Cáceres, Sección 2ª, 314/2021, 9-12, a nuestro juicio de modo incorrecto, afirma en un caso de disposición de bienes gananciales antes de la liquidación que estamos ante un concurso aparente de leyes penales entre la administración desleal y el alzamiento de bienes (art. 257 CP). Sin embargo, mientras que la administración recae sobre «patrimonio ajeno», el alzamiento es sobre bienes propios, por lo que es incoherente afirmar en ese caso que se diese concurso de leyes. Se cometería únicamente una administración desleal de la mitad de los bienes gananciales.

Finalmente, no habría concurso de delitos, sino concurso de leyes, si la administración desleal recae sobre patrimonio público, siendo de aplicación preferente el delito de *malversación* el art. 432.1 CP, y si se trata de una administración judicial de empresas o un administrador concursal serían preferentes las modalidades de *malversación impropia* de los arts. 435.3º y 4º CP, respectivamente. En este último supuesto de los administradores concursales, hay que tener en cuenta, además, que el mero hecho de aprovecharse de su cargo para beneficiarse, aunque no se cause un perjuicio al patrimonio administrado, ya sería constitutivo del *delito de actividades prohibidas* previsto en el art. 440 CP, que castiga la participación en negocios o actuaciones en los que el administrador se debe abstener, y que abarca también a los tutores, curadores o albaceas respecto de los bienes pertenecientes a sus pupilos o testamentarías. No obstante, este precepto tiene carácter subsidiario ("*salvo que esta conducta esté sancionada con mayor pena en otro precepto de este Código*", dice el art. 440 *in fine* CP).

VIII. RESPONSABILIDAD CIVIL

La responsabilidad civil comprende el daño emergente, el lucro cesante y también el enriquecimiento injusto que haya podido obtener el administrador desleal. A este respecto, por lo menos en el ámbito societario, hay que tener en cuenta lo previsto en el art. 227.2 LSC, en virtud del cual "*la infracción del deber de lealtad determinará no solo la obligación de indemnizar el daño causado al patrimonio social, sino también la de devolver a la sociedad el enriquecimiento injusto obtenido por el administrador*".

La indemnización estipulada en concepto de responsabilidad civil no corresponde a los socios, sino que es a favor de la propia entidad. Así, la STS 446/2017, 21-6, rectificó la previa condena en favor de los socios querellantes, y dictó nueva sentencia concediendo la indemnización a la sociedad perjudicada. No obstante, en otras ocasiones, en caso de que el autor fuese socio-administrador, se ha establecido el importe de la indemnización descontando, a modo de compensación, la parte proporcional a su participación en la entidad, pues, en el fondo, tendría derecho a esa parte de la indemnización.

Al perjuicio ocasionado por las disposiciones de dinero en beneficio propio se debe sumar la deuda acumulada con la Agencia Tributaria derivada de las obligaciones contractuales de la sociedad y que debió pagarse con el dinero indebidamente apropiado por las acusadas, si bien en la proporción a su participación en la mercantil, a lo que habría que sumar también los recargos íntegros por retraso en el abono de las obligaciones tributarias (SAP, Zaragoza, Sección 3ª, 15/2016, 12-1: 60% del dinero apropiado por las administradoras, 40% de las deudas tributarias que era la que procedía abonar a las acusadas en proporción a su participación en la sociedad y el 100% de los recargos por el retraso; todo ello sumó más de un millón de euros).

La renuncia al ejercicio de la acción civil frente a un acusado, dándose por satisfechos de la cuota de responsabilidad concerniente a él, pero manteniendo las acciones penales y civiles contra el otro acusado, aunque ambos acusados son responsables civiles directos y solidarios entre sí, la SAP, Ciudad Real, Sección 2ª, 31/2018, 10-12, entiende que también se extiende y se proyecta respecto al otro acusado, de tal modo que el importe de su responsabilidad civil ha quedado reducido, al ser la proporción en que ambos participaban paritaria, a la mitad de las cantidades en las que se cifran los daños y perjuicios ocasionados por los hechos por los que han sido condenados ambos.

IX. CUESTIONES PROCESALES

A raíz de la reforma operada por la LO 1/2015, de 30 de marzo, ha cambiado el régimen de perseguibilidad de la administración desleal. Antes, al ubicarse entre los delitos societarios, el art. 296 CP exigía "*denuncia de la persona agraviada o de su representante legal*" para su persecución. Ahora, al ubicarse entre las defraudaciones, no se exige dicha condición de procedibilidad. El delito de administración desleal del art. 252 CP es ahora un delito público.

Lo explica con suma claridad, "*sin pretender dar una clase magistral*", pero de manera muy clara y concisa el AAP, Álava, Sección 2ª, 365/2020, 6-10, y es que en el caso concreto se apreciaba una "*clara confusión entre lo que es un requisito de procedibilidad, que es, en relación a ciertos delitos, un presupuesto para la punibilidad de una infracción criminal, y la ausencia o carencia de legitimación para actuar como parte acusadora en un proceso penal*". "*El delito de administración desleal* —dice—, *después de la reforma del Código Penal operada por la LO 1/2015, que entró en vigor el día 1 de julio de 2015, es un delito público, por lo que cualquier persona puede denunciar este delito (arts. 259 y siguientes LECr)...*". Por otro lado, la facultad de presentación de un recurso de reforma y luego de apelación, que constituyen manifestaciones del ejercicio de la acción penal, se trata de una cuestión diferente, que afecta a la personación como parte acusadora en el proceso penal y la correspondiente posibilidad legal de ejercitar la acción penal y/o civil derivada del delito por una persona física o jurídica. Para ello, hemos de acudir a lo dispuesto en los arts. 109 y siguientes LECrim.

La SAP, Zaragoza, Sección 3ª, 15/2016, 12-1, rechazó la falta de legitimación activa de la acusación particular ejercida por una mercantil, que, en el momento del juicio oral, había sido extinguida, no teniendo, por tanto, personalidad jurídica. Sin embargo, el Tribunal entiende que *"dada la mayoría de las participaciones sociales de Diagonal Gest en Diagonal Gest Aragón [la perjudicada y extinguida], es la primera quien realmente está ejercitando la acción penal y civil derivada del delito al operarse una subrogación "ope legis" de la primera con la segunda"*.

No hay ningún inconveniente en la personación como acusación particular de la entidad perjudicada por los hechos, aunque luego se desplazase el perjuicio a otra corporación a través de nuevas acciones delictivas. Ello no enturbia su calidad de inicial y principal perjudicada (así, la STS 627/2016, 13-7: en este caso la inicial secuencia delictiva y de la que aparece como víctima el Banco, se sucedió por una nueva fase defraudatoria en la que los autores lograron desviar el perjuicio hacia otra sociedad mercantil; en esta segunda fase, el Banco aparecería como tercero responsable civil, pero esa condición es susceptible de superponerse a la de perjudicada por el primer fragmento de la actuación delictiva). Tampoco hay inconveniente en el ejercicio de la acción penal aunque concurra causa legal de disolución por cese prolongado de actividad, pues ello no equivale a extinción, y, por tanto, sigue manteniendo su personalidad jurídica (STS 396/2023, 24-5).

La STS 627/2016, 13-7, citada, pone el siguiente ejemplo: *"Si Ticio, empleado de la Cía A sustrae X euros de la empresa, ésta será perjudicada. Adquiere legitimación para constituirse como acusación particular. Si para evitar ser descubierto Ticio se aprovecha de su condición para defraudar otros tantos euros de un cliente de la Cía y reponer así el dinero inicialmente sustraído, estaremos ante otra conducta delictiva en la que la empresa es responsable civil subsidiario y Ticio responsable penal y civil. Pues bien, este segundo episodio no cancela las facultades de la entidad de acusar a Ticio, aunque pudiera aparecer también como responsable civil subsidiario por la segunda conducta. Y si, cerrando el paralelismo, para satisfacer su deuda, abona a ese cliente lo defraudado por Ticio, cesará su condición de responsable civil subsidiario (está extinguida la responsabilidad civil) y, además, podrá reclamar en el proceso penal la cantidad a Ticio"*.

La derogación del art. 295 CP y la supresión de los socios como sujetos pasivos del delito de administración desleal en el art. 252 CP (*supra* II) ha afectado también a la legitimación procesal activa. En tanto en cuanto los socios de una sociedad mercantil no son sujetos pasivos de la nueva figura delictiva de la administración desleal, ya que el administrador no administra sus bienes, sino el patrimonio social, tampoco estarán legitimados para personarse en el proceso penal como acusación particular. Podrán intervenir como actores civiles o ejerciendo la acción popular, pero no como acusador particular, en cuanto no tienen la condición de ofendido por el delito o ser su víctima. Serán perjudicados, pero no víctimas (arts. 109 y 109 bis LECrim).

La SAP, Barcelona, Sección 7ª, 515/2019, 29-7, absolvió al administrador acusado precisamente debido a la falta de legitimación de los socios para ejercer la acusación. En aquel caso la persona jurídica ofendida por el delito no se personó en la causa y el Ministerio Fiscal retiró la acusación, lo que llevó a plantearse si la acusación formulada por un socio lo fue en ejercicio de la acción popular u ostentaba la cualidad de acusación particular. Descartada esta última, porque los socios no son sujetos pasivos del delito de administración desleal, sino simplemente perjudicados, pudiendo personarse, eso sí, como actores civiles, concluye entonces que en aquel caso se ejerció la acción popular. Sin embargo, a la luz de la Jurisprudencia de la Sala Segunda del TS sobre la acción popular (*vid*., por ejemplo, las SSTS 1045/2007, 17-12 —caso Botín; 54/2008, 8-4 —caso Atutxa; 8/2010, 20-1 —caso Ibarretxe, y 288/2018, 14-6 —caso Ambuibérica), en virtud de la cual cuando ni el Ministerio Fiscal, ni la acusación particular ejerzan la acción penal o la retiren e interesen el sobreseimiento, sólo resulta posible seguir adelante en exclusiva con la acusación popular y condenar en aquellos supuestos en los que por la naturaleza colectiva de los bienes jurídicos protegidos en el delito no existe posibilidad de personación de un interés particular. Como el delito de administración desleal no tiene dicha naturaleza, sino simplemente individual o particular, se absolvió al acusado. A tenor de lo dispuesto en el art. 782 LECrim y en virtud de la citad Jurisprudencia del TS, la AP de Barcelona entiende que procede la absolución "*en congruente mandato con la cobertura constitucional de la acción popular —que admite limitaciones legales a su ejercicio— y con el actual estado del proceso penal, entre cuyos fines no se encuentra la simple persecución de un hecho que ni el Fiscal ni la acusación particular consideran delictivo*".

Cabe apreciar homogeneidad entre la administración desleal y la apropiación indebida (así, entre otras, las SSTS 627/2016, 13-7, y 491/2021, 3-6, en donde se afirma que han ido a parar al actual art. 252 las conductas antes encajables en el art. 295 CP, "*en una confirmación legislativa —dicho sea de paso— de la homogeneidad*" entre ambos delitos; también la SAP, Barcelona, Sección 5ª, 149/2020, 28-2), pero no con el hurto o la estafa (STS 350/2021, 24-4).

En la STS 350/2021, 24-4, no se condenó por apropiación indebida o administración desleal en el caso de un chino que no hablaba español y se valía de otra persona para que le prestara sus servicios como intérprete y asesor. El chino murió y estando la herencia yacente el intérprete/asesor dispuso de diversos fondos de la sociedad con la que operaba el chino. Para el TS "*esto es insuficiente como para dar el salto de considerarle un administrador de hecho, por más que se pretenda aplicar este concepto; primero, porque la realidad es que el administrador y socio único era Sebastián, quien administraba de hecho [la sociedad] y gestionaba su día a día, pero, asimismo, porque, si se dice que Melchor presta sus servicios como asesor, está definiendo una relación de prestación de servicios, que es lo que es una asesoría, esto es, un contrato de arrendamiento de servicios, por el que se prestan labores de distinto tipo, entre ellas de tipo fiscal, contable o económico, por parte de un profesional que actúa por cuenta propia y cuya misión consiste en orientar al cliente que le contrata para el desempeño de su actividad*". En el caso concreto, aunque es cierto que el intérprete/asesor accediese a esas cuentas sin título alguno que le autorizase a ello y su conducta pudiese considerarse "*reprochable por asociación a otro delito, como hurto o estafa, al no formularse acusación por ellos y no haber homogeneidad con el de apropiación indebida y/o el de administración desleal, por respeto al principio acusatorio, habrá de llevar a un pronunciamiento absolutorio por estos, como se hace en la instancia y se confirma con ocasión del recurso de apelación*".

La STS 72/2021, 28-1, mantiene la condena en costas a la acusación particular, respecto de los delitos de administración desleal, delito continuado de falsedad contable, de impedimento u obstaculización del ejercicio de los derechos sociales y del delito de encubrimiento. Esta resolución contiene una amplia fundamentación sobre la temeridad y mala fe, sobre la distribución de cuotas, y sobre la inclusión de la condena en costas en la petición de absolución "con todos los pronunciamientos favorables". Sobre la condena en costas, también la SAP, Madrid, Sección 29ª, 95/2021, 1-3 —caso Bustamante—, contiene una amplia exposición sobre la temeridad y mala fe.

Para cuantificar el perjuicio, la STS 657/2022, 30-6, confirma la decisión del Tribunal a quo que considera mejor hecho el informe pericial de la acusación particular sobre el cálculo de la pérdida de beneficios. En vez de basarse en el estudio realizado de 242 empresas de tamaño similar, como hace el informe de la defensa, ha acudido al estudio de la diferencia entre el precio de coste o producción y su venta final, en el período de los hechos. Y entre las periciales contradictorias escoge el de la acusación particular, en la medida que ofrece un criterio objetivo de determinación, fundado sencillamente en la diferencia de facturación que experimenta la empresa en el período considerado, es decir, en el que se produce la salida de la empresa por parte del acusado.

En cuanto a la competencia del órgano jurisdiccional, el AAP, Barcelona, Sección 7ª, 312/2019, 17-4, al no tener conocimiento del lugar de consumación del hecho delictivo, pues no podía afirmarse que fuese el del domicilio de la sucursal bancaria en donde radicaba la cuenta corriente desde la que se hicieron los pagos de las pretendidas operaciones fraudulentas (Barcelona), dado que se operó telemáticamente, se vinculó a la del Juez de Instrucción del lugar donde el querellado desempeñaba sus funciones como administrador de la sociedad querellante (Madrid), al igual que el de las otras dos sociedades querelladas. Desestima el recurso frente al Auto de inhibición del Juzgado de Instrucción de Barcelona, porque al no tener conocimiento del lugar de consumación del hecho delictivo, no deviene en aplicación el art. 14.2 LECrim, sino el art. 15.3 LECrim con preferencia al apart. 4 del mismo precepto.

X. BIBLIOGRAFÍA

Sobre la administración desleal societaria antes de la reforma de 2015, *vid.* la Bibliografía citada al final de la Lección 24ª de la 1ª ed. del Tomo II de este *Tratado.* Ya sobre la nueva regulación y los antecedentes prelegislativos cabe citar, entre otros, ÁLVAREZ GARCÍA, F. J. y VENTURA PÜSCHEL, A., "La falta de honorabilidad derivada de una condena: ¿ultraeficacia de la pena?", *LH-Quintero Olivares,* 2018; ANDRÉS DOMÍNGUEZ, A. C. "Los delitos de apropiación indebida y administración desleal tras la reforma de 2015 (Ley Orgánica 1/2015, de 30 de marzo)", *La Ley penal: LL-penal,* nº 121, 2016; BACIGALUPO ZAPATER, E. "Problemas constitucionales de la jurisprudencia del Tribunal Supremo sobre la administración desleal", *LH-Rodríguez Ramos*, 2013; id. "La reforma de la Ley de Sociedades de Capital y el nuevo delito de administración desleal", *Diario La Ley: LL*, nº 8637, 3 noviembre 2015; id. "Omisiones punibles en el ámbito de la administración empresarial", *LL*, nº 9348, 30 enero 2019; id. "Efectos de la discrecionalidad empresarial (art. 226 LSC) en el ámbito del derecho penal", *LL*, nº 9513, 7 noviembre 2019; BENÍTEZ ORTÚZAR, I. F. "De las defraudaciones (II)", en MORILLAS CUEVA, L. (dir.): *Sistema de Derecho Penal. Parte Especial*, 4ª ed., Madrid, 2021; CAMPOS GIL, M. V. "Algunas notas para el análisis del delito de administración desleal", *Revista Penal: RP*, nº 47, 2021; CARDONA TORRES, J. "El delito societario de administración desleal: supresión del artículo 295 del Código Penal", *LL*, nº 8534, 7 mayo 2015; CASTELLÓ NICÁS, N. "Administración desleal y apropiación indebida tras la reforma de 2015: ¿compartimentos estancos?", *Revista Electrónica de Ciencia Penal y Criminología: RECPC*, nº 19-06, 2017; CASTRO MORENO, A. "El nuevo delito de administración desleal de patrimonio público (malversación) en los anteproyectos de reforma del Código penal de 2012 y 2013", en PALOMAR OLMEDA y GARCÉS SANAGUSTÍN (dirs.), *La gestión de los fondos públicos: control y responsabilidades. Los derechos de los ciudadanos, las garantías y las vías de actuación para su efectividad*, Cizur Menor, 2013; CASTRO MORENO, A. y GUTIÉRREZ RODRÍGUEZ, M. "Apropiación indebida y administración desleal de patrimonio público y privado", en ÁLVAREZ GARCÍA, F. J. (dir.), *Estudio crítico sobre el Anteproyecto de Reforma Penal de 2012*, Valencia, 2013; COCA VILA, I. "El consentimiento en el Derecho penal económico. Un estudio a propósito de los delitos de administración desleal (art. 252 CP) y corrupción en los negocios (art. 286 bis CP)", *Revista General de Derecho Penal: RGDP*, nº 28, 2017; id. "La Business Judgment Rule ante la determinación del riesgo permitido en el delito de administración desleal", *LL*, nº 9371, 6 marzo 2019; id. "El pago de los gastos de defensa jurídica y de las penas de multa impuestas a un directivo como delito de administración desleal (art. 252 CP)", *LL-compliance penal*, nº 6, 2021; COCA VILA, I. y PASTOR MUÑOZ, N. *El delito de administración desleal. Claves para la interpretación del nuevo art. 252 del Código penal*, Barcelona, 2016; COLMENERO MENÉNDEZ DE LUARCA, M. "El delito de administración desleal en la jurisprudencia", *Jueces para la Democracia: JpD*, nº 83, 2015; CONDE-PUMPIDO TOURÓN, C. "Administración desleal", en CAMACHO VIZCAÍNO (dir.), *Tratado de Derecho Penal Económico*, Valencia, 2019; CORRECHER MIRA, J. "Responsabilidad penal en el ámbito bancario: la delimitación entre los delitos de apropiación indebida y administración desleal en el caso de las tarjetas black", *Revista de Derecho Penal y Criminología: RDPC*, nº 21, 2019; CUGAT MAURI, M. "La capacidad del Derecho Penal ante la mala gestión bancaria", *LL penal*, nº 105, 2013; DELGADO SANCHO, C. D. "Administración desleal y apropiación indebida tras la reforma de la Ley Orgánica 1/2015", *RGDP*, nº 32, 2019; DÍAZ Y GARCÍA CONLLEDO, M. "Algunas cuestiones en relación con el delito de administración desleal societaria en España, en especial autoría y omisión", *Nuevo Foro Penal*, nº 83, 2014; DOLZ LAGO, M. J. "El delito societario de administración desleal: síntesis jurisprudencial y nuevas perspectivas ante su proyectada derogación, la crisis económica y el paro", *LL*, nº 8290, 10 abril 2014; DOMINGO MONFORTE, J. "Tipicidad penal de las tarjetas de crédito: desviaciones del deber de fidelidad", *Actualidad Jurídica Aranzadi: AJA*, nº 893, 2014; id. "La administración desleal y la excusa absolutoria de parentesco", *LL*, nº 9158, 14 marzo 2018; FARALDO CABANA, P. "Jubilaciones doradas, tarjetas black y otros desmanes de los administradores: del delito societario de administración desleal al delito común de administración desleal de patrimonio ajeno", en PUENTE ABA, L. (dir.), *Corrupción y fraudes a consumidores: perspectivas y casos actuales*, Granada, 2016; GÁLVEZ JIMÉNEZ, A. "Reflexiones sobre el delito de administración fraudulenta: concepto y bien jurídico protegido", *RECPC*, nº 17-02, 2015; ead. "El tratamiento de la administración desleal en el sistema italiano: El delito de infedeltà patrimoniale", *Cuadernos de Política Criminal: CPC*, nº 123, 2017; ead. *El delito de administración desleal (artículo 252 del Código Penal) en el ámbito de las sociedades de capital*, Madrid, 2019 [comentario DOMINGO JARAMILLO, *CPC*, nº 128, 2019]; ead. "El delito de administración desleal (artículo 252 CP)", en BUSTOS RUBIO y ABADÍAS SELMA (dirs.), *Una década de reformas penales: análisis de diez años de cambios en el Código Penal (2010-2020)*, Barcelona, 2020; GANDÍA PÉREZ, E. "La responsabilidad civil derivada del delito de administración desleal en el ámbito de las sociedades de capital", *Anuario de Derecho Penal y Ciencia Penal: ADPCP*, 2020; GARCÍA-VERRO MONTILLA, C. "La venta a infra precio de bienes públicos antes y después de la reforma de la LO 1/2015", *LL*, nº 9141 y 9142, 16 y 19 febrero 2018; GILI PASCUAL, A. "Pago de comisiones en el ámbito de los negocios y kick-backs: entre la administración desleal, la apropiación indebida y la corrupción privada", *CPC*, nº 109, 2013; id. "Administración desleal genérica. Incidencia en la apropiación indebida y otras figuras delictivas (arts. 252 y ss. CP)", en GONZÁLEZ CUSSAC, J. L. (coord.), *Comentarios a la reforma del Código Penal de 2015*, 2ª ed., Valencia, 2015; GÓMEZ GONZÁLEZ, O. "Relación entre los tipos de administración desleal y apropiación indebida: interpretación doctrinal y jurisprudencial", *CPC*, nº 97, 2009; GÓMEZ RIVERO, C. "Estafa, falsedad, administración desleal y fraude de subvenciones: una revisión de sus relaciones concursales", *Revista Penal: RP*, nº 38, 2016; GONZÁLEZ CUSSAC, J. L. "Modificación del precepto de referencia a efectos de penalidad en los delitos de administración desleal y apropiación indebida" y "El retorno a las figuras autónomas de malversación (arts. 432 y siguientes)", en GONZÁLEZ CUSSAC (coord.), *Comentarios a la LO 14/2022, de reforma del Código Penal*, Valencia, 2023; GUTIÉRREZ AZANZA, D. A. "¿Administración desleal o apropiación indebida?", *Repertorio Aranzadi Doctrinal: RAD*, nº 3, 2022; GUTIÉRREZ RODRÍGUEZ, M. "La responsabilidad penal de los administradores de sociedades mercantiles", en ROJO y BELTRÁN (dirs.), *La responsabilidad de los administradores de las sociedades mercantiles*, 6ª ed., Valencia, 2016; JAÉN VALLEJO, M. "Contenido y alcance del deber de garante de los miembros de un consejo de administración: ¿debe extenderse el deber de vigilancia a actos de ilegalidad como la distracción de dinero? (STS núm 234/2010, de 11-3)", *CPC*, nº 102, 2010; id. "Libertad empresarial y administración desleal en la jurisprudencia", *LL*, nº 7510, 16 noviembre 2010; JAVATO MARTÍN, A. M. "Responsabilidad penal en materia de retribuciones abusivas de directivos de entidades financieras", *Revista de Derecho y Proceso Penal: RdPP*, nº 56, 2019; JUANES PECES, A. "Administración desleal y apropiación indebida: criterios de distinción. Análisis de la figura del albacea-contador desde la perspectiva del delito de administración desleal", *LL-penal*, nº 146, 2020; LÓPEZ BARJA DE QUIROGA, J. "La administración desleal en el proyecto de reforma del Código Penal", *Revista del Colegio Notarial de Madrid*, nº 57, 2014; id. *La reforma de los delitos económicos: la administración desleal, la apropiación indebida y las insolvencias punibles*, Cizur Menor, 2015; LUZÓN PEÑA, D. M. y ROSO CAÑADILLAS, R. "La administración desleal societaria en el Derecho penal español", *InDret*, nº 3, 2010; MAGRO SERVET, V. "Diferencias entre el delito de apropiación indebida y la administración desleal", *LL*, nº 9222, 20 junio 2018; MANZANARES SAMANIEGO, J. L. "El nuevo delito de administración desleal", *LL*, nº 8046, 19 marzo 2013; id. "La malversación en anteproyecto de octubre de 2012 para la reforma del Código Penal", *LL*, nº 8104, 13 junio 2013; MARTELL PÉREZ-ALCALDE, C. "El delito de malversación", en QUINTERO OLIVARES, G. (dir.): *Comentarios a la reforma penal del 2015*, Cizur Menor, 2015; MARTÍNEZ-BUJÁN PÉREZ, C. "Pasado, presente y futuro de los delitos de administración desleal y de apropiación indebida", *Estudios Penales y Criminológicos: EPC*, nº 35, 2015, id. *El delito de administración desleal de patrimonio ajeno*, Valencia, 2016; id. "El tipo de acción del nuevo delito de administración desleal del art. 252 del Código Penal", en PUENTE ABA, L. (dir.), *Corrupción y fraudes a consumidores: perspectivas y casos actuales*, Granada, 2016; MAYO CALDERÓN, B. *La tutela de un bien jurídico colectivo por el delito societario de administración fraudulenta: estudio del art. 295 del Código penal español y propuesta de "lege ferenda"*, Granada, 2005; ead. "El nuevo delito de administración fraudulenta regulado en el Anteproyecto de Ley Orgánica de Reforma del Código Penal", *RGDP*, nº 6, 2006; ead. "Elevadas retribuciones a administradores de sociedades anónimas y delito de administración desleal. (Comentario a la Sentencia de la Audiencia Nacional de 13 de abril de 2005)", *RDPC*, nº 17, 2006; ead. "La administración fraudulenta en la jurisprudencia del Tribunal Supremo Español", *Nuevo Foro Penal*, nº 71, 2007; DE LA MATA BARRANCO, N. "El delito de malversación: la administración desleal del patrimonio público", *Teoría y Derecho*, nº 26, 2019; id. "La necesidad de sancionar el peculado en todas sus manifestaciones", *RP México*, nº 20, 2022; MESTRE DELGADO, E. "La administración desleal como delito común", *LL-penal*, nº 121, 2016; MIR PUIG, C. "La malversación y el nuevo delito de administración desleal en la reforma de 2015 del Código Penal español", *ADPCP*, 2015; MORALES PRATS, F. "Apropiación indebida y administración desleal: reflexiones político criminales sobre la Reforma de 2015 del Código Penal", *LH-Octavio de Toledo y Ubieto* (2016); id. "La administración desleal: incertidumbre en torno a los límites de incriminación", *RdPP*, nº 47, 2017; MUÑOZ CASALTA, V. *El delito de administración desleal tras la reforma operada por la Ley Orgánica 1/2015*, tesis doctoral UAB, 2020; id. "El delito de administración desleal del art. 252 del Código penal: ¿delito de dominio, infracción de deber o mixto?", *RGDP*, nº 37, 2022; id. "El delito de administración desleal: análisis de la conducta típica", *Revista Boliviana de Derecho*, nº 34, 2022; MUÑOZ CUESTA, J. "La administración desleal en el proyecto de Código Penal de 20 de septiembre de 2013", *RAD*, nº 8, 2013; id. "Distintos escenarios punitivos de las tarjetas de crédito opacas", *AJA*, nº 893, 2014; NAVARRO FRÍAS, I. "Retribuciones internas y externas de los administradores sociales: algunas repercusiones penales de la última modificación de la Ley de sociedades de capital", *Revista de Derecho Bancario y Bursátil*, nº 141, 2016; NIETO MARTÍN, A. "Administración desleal", en ÁLVAREZ GARCÍA (dir.), *Estudio crítico sobre el Anteproyecto de reforma penal de 2012*, Valencia, 2013; id. "Administración desleal y apropiación indebida", en DE LA MATA BARRANCO, DOPICO GÓMEZ-ALLER, LASCURAÍN SÁNCHEZ y NIETO MARTÍN, *Derecho Penal Económico y de la Empresa*, Madrid, 2018; NIETO MARTÍN, A. y PRIETO DEL PINO, A. M. "La última crisis bancaria en la jurisprudencia penal", en DEMETRIO CRESPO (dir.), *Derecho penal económico y teoría del delito*, Valencia, 2020; PASTOR MUÑOZ, N. "La construcción del perjuicio en el delito de administración desleal. A la vez, una reflexión sobre la naturaleza y las premisas del concepto jurídico-penal de patrimonio y sobre sus raíces históricas en la dogmática de la estafa", *InDret*, nº 4, 2016; PASTOR MUÑOZ, N. y COCA VILA, I. "El nuevo delito de administración desleal en el Anteproyecto de reforma del Código Penal", *Iuris*, nº 194, 2013; eid. "¿Administración desleal mediante la creación del riesgo de sanciones para el patrimonio administrado? Un análisis dogmático a la luz del art. 252 del Proyecto de Reforma del Código Penal de 4 de octubre de 2013", *InDret*, nº 1, 2015; eid. "La administración desleal", en SILVA SÁNCHEZ (dir.): *Lecciones de Derecho Penal*, Barcelona, 2015; eid. "El deber de gestión leal como eje central del nuevo delito de administración desleal del art. 252 CP. Una aproximación a su fundamento y límites", *LL-penal*, nº 128, 2017; eid. "La llevanza de cajas B y los pagos de corrupción a la luz del delito de administración desleal del nuevo art. 252 CP", *LH-Maza Martín*, 2018; PAVÓN HERRADÓN, D. "El delito de malversación ex artículo 432.1 del Código Penal como modalidad especial del delito de administración desleal", *LL-penal*, nº 138, 2019; id. "Algunas reflexiones a la protección del patrimonio de los menores a través del delito de administración desleal", en ABADÍAS SELMA, CÁMARA ARROYO y SIMÓN CASTELLANO (coords.), *Tratado sobre delincuencia juvenil y responsabilidad penal del menor: a los 20 años de la Ley Orgánica 5/2000, de 12 de enero, reguladora de la responsabilidad penal de los menores*, Madrid, 2021; PÉREZ DEL VALLE, C. "Administración desleal, unidad de acción y continuidad delictiva", *LL*, nº 9741, 23 noviembre 2020; QUERALT JIMÉNEZ, J. J. "Apropiación indebida, administración desleal y corrupción privada tras la reforma penal de 2015: otra mala solución", *LH-Bajo Fernández*, 2017; RAMOS RUBIO, C. "El nuevo delito de administración desleal", en QUINTERO OLIVARES (dir.), *Comentarios a la reforma penal del 2015*, Cizur Menor, 2015; ROCA DE AGAPITO, L. "Una primera valoración de la reforma de la malversación: Vuelta al pasado", *LL*, nº 10230, 16 febrero 2023; RODRÍGUEZ FERNÁNDEZ, I. "La malversación como administración desleal de patrimonio público: nuevas perspectivas jurisprudenciales en la lucha contra la corrupción (con especial atención al Caso del Procès)", *LL*, nº 9963, 1 diciembre 2021; ROSO CAÑADILLAS, R. "La relaciones entre la apropiación indebida y la administración desleal y su nueva regulación en el Proyecto de Reforma de 2013", *CPC*, nº 114, 2014; ROSSO PÉREZ, M. E. "La malversación de caudales públicos", *LL*, nº 10108, 12 julio 2022; SAINZ CANTERO

CAPARRÓS, J. E. "Consideraciones sobre el delito de malversación por administración desleal de patrimonio público (art. 432.1)", *LH-Morillas Cueva*, 2018; SÁNCHEZ LÁZARO, F. G. "Sobre la definición legal del delito de administración desleal. Una vez más, sobre la urgencia de una dogmática de lege ferenda", *CPC*, nº 105, 2011; SANZ MULAS, N. "Despilfarro de fondos públicos y nuevo delito de malversación de caudales", *RECPC*, nº 19-05, 2017; SEGRELLES DE ARENAZA, I. "El delito de administración desleal: viejos y nuevos problemas", *LL-penal*, nº 121, 2016; id. "El delito de administración desleal", en DEL ROSAL BLASCO (dir.), *Derecho penal de sociedades mercantiles*, Valencia, 2022; SILVA SÁNCHEZ, J. M. "Deberes de los miembros de un Consejo de Administración [a propósito de la STS núm. 234/2010 (Sala de lo Penal), de 11 de marzo]", *InDret*, nº 2, 2011; SOUTO GARCÍA, E. M. "Las ganancias ilícitas en la configuración de los delitos patrimoniales", en PUENTE ABA, L. (dir.): *Ganancias ilícitas y Derecho penal*, Granada, 2021; STOILOV POCHILEEV, G. "El actor y la acción típica en el delito de administración desleal tras la LO 1/2015", *Anuario de la Facultad de Derecho de la Universidad de Alcalá de Henares: AFDUAH*, nº 9, 2016; DE URBANO CASTRILLO, E. "Administración desleal y acción típica", *RAD*, nº 10, 2019; VALEIJE ÁLVAREZ, I. "Malversación (arts. 432, 433, 434 y 435)", en GONZÁLEZ CUSSAC (coord.), *Comentarios a la reforma del Código Penal de 2015*, 2ª ed., Valencia, 2015; VERA RIVERA, M. V. *El delito de administración desleal: criterios de política criminal, fundamentación del injusto y análisis de la tipicidad objetiva*, tesis doctoral, UCM, 2016; AA.VV., "Sistemas penales comparados: La administración desleal de patrimonio ajeno (Embezzlement)", *RP*, nº 39, 2017.

Lección 10ª

Apropiación indebida

LUIS ROCA DE AGAPITO

SUMARIO. I. CUESTIONES GENERALES. 1. Regulación legal. 2. Distinción con otras figuras afines. 2.1. Apropiación indebida y hurto. 2.2. Apropiación indebida y estafa. 2.3. Apropiación indebida y administración desleal (remisión). 2.4. Apropiación indebida y malversación. II. BIEN JURÍDICO PROTEGIDO. III. TIPO OBJETIVO. 1. Objeto material. 2. Sujeto pasivo. 3. El sujeto activo y su especial relación con el objeto material. 3.1. La recepción del objeto material. 3.2. Título idóneo para la apropiación indebida: disponibilidad limitada. 4. Conducta típica. 4.1. Apropiarse: única conducta típica. 4.2. La distracción de dinero como conducta apropiadora. 4.3. Negar haber recibido: forma de manifestación de la apropiación ya consumada. IV. TIPO SUBJETIVO. V. JUSTIFICACIÓN. VI. *ITER CRIMINIS*. VII. AUTORÍA Y PARTICIPACIÓN. VIII. PENA. IX. CONCURSOS. X. MODALIDAD SUBSIDIARIA DE APROPIACIÓN INDEBIDA (ART. 254 CP). 1. Apropiación de bien perdido o de persona desconocida. 2. Apropiación de bien transmitido por error o sin causa. XI. RESPONSABILIDAD CIVIL. XII. CUESTIONES PROCESALES. XIII. BIBLIOGRAFÍA.

Artículo 253 (texto vigente desde el 12-1-2023)

1. Serán castigados con las penas del artículo 248 o, en su caso, del artículo 250, salvo que ya estuvieran castigados con una pena más grave en otro precepto de este Código, los que, en perjuicio de otro, se apropiaren para sí o para un tercero, de dinero, efectos, valores o cualquier otra cosa mueble, que hubieran recibido en depósito, comisión, o custodia, o que les hubieran sido confiados en virtud de cualquier otro título que produzca la obligación de entregarlos o devolverlos, o negaren haberlos recibido.

Artículo 253 (texto vigente hasta el 11-1-2023)

1. Serán castigados con las penas del artículo 249 o, en su caso, del artículo 250, salvo que ya estuvieran castigados con una pena más grave en otro precepto de este Código, los que, en perjuicio de otro, se apropiaren para sí o para un tercero, de dinero, efectos, valores o cualquier otra cosa mueble, que hubieran recibido en depósito, comisión, o custodia, o que les hubieran sido confiados en virtud de cualquier otro título que produzca la obligación de entregarlos o devolverlos, o negaren haberlos recibido.

2. Si la cuantía de lo apropiado no excediere de 400 euros, se impondrá una pena de multa de uno a tres meses.

Artículo 254 (texto vigente desde el 1-7-2015)

1. Quien, fuera de los supuestos del artículo anterior, se apropiare de una cosa mueble ajena, será castigado con una pena de multa de tres a seis meses. Si se tratara de cosas de valor artístico, histórico, cultural o científico, la pena será de prisión de seis meses a dos años.

2. Si la cuantía de lo apropiado no excediere de 400 euros, se impondrá una pena de multa de uno a dos meses.

Artículo 252 (texto vigente hasta el 30-6-2015)

Serán castigados con las penas del artículo 249 ó 250, en su caso, los que en perjuicio de otro se apropiaren o distrajeren dinero, efectos, valores o cualquier otra cosa mueble o activo patrimonial que hayan recibido en depósito, comisión o administración, o por otro título que produzca obligación de entregarlos o devolverlos, o negaren haberlos recibido, cuando la cuantía de lo apropiado exceda de cuatrocientos euros. Dicha pena se impondrá en su mitad superior en el caso de depósito necesario o miserable.

Artículo 253 (texto vigente hasta el 30-6-2015)

Serán castigados con la pena de multa de tres a seis meses los que, con ánimo de lucro, se apropiaren de cosa perdida o de dueño desconocido, siempre que en ambos casos el valor de lo apropiado exceda de 400 euros. Si se tratara de cosas de valor artístico, histórico, cultural o científico, la pena será de prisión de seis meses a dos años.

Artículo 254 (texto vigente hasta el 30-6-2015)

Será castigado con la pena de multa de tres a seis meses el que, habiendo recibido indebidamente, por error del transmitente, dinero o alguna otra cosa mueble, niegue haberla recibido o, comprobado el error, no proceda a su devolución, siempre que la cuantía de lo recibido exceda de 400 euros.

Artículo 623 (texto vigente hasta el 30-6-2015)

Serán castigados con localización permanente de cuatro a 12 días o multa de uno a dos meses: [...] 4. Los que cometan... apropiación indebida... en cuantía no superior a 400 euros.

I. CUESTIONES GENERALES

1. Regulación legal

El delito de apropiación indebida se encuentra regulado en la Secc. 2ª bis del Cap. VI del Tít. XIII del Lib. II del CP, integrada por dos artículos (arts. 253 y 254 CP). La redacción originaria del CP/1995 situaba la apropiación indebida inmediatamente a continuación de la estafa, dentro del capítulo dedicado a las defraudaciones (sobre esta regulación nos remitimos a la Lección 9ª del Tomo II de la 1ª ed. de este Tratado, y también a la bibliografía y Jurisprudencia allí citada). Pero la LO 1/2015, de 30 de marzo, decidió alterar esa ordenación y situar en medio el delito de administración desleal. De ahí, la ubicación dentro de una nueva Secc. 2ª bis del Cap. VI. La Secc. 2ª la ocupa ahora la administración desleal. Pero la reforma del delito de apropiación indebida producida en 2015 no se ha limitado simplemente a una reubicación de la anterior regulación. Se han producido cambios importantes vinculados fundamentalmente a la introducción de la nueva figura de la administración desleal en el art. 252 CP.

Los cuatro preceptos que antes existían relativos a la apropiación indebida (arts. 252, 253, 254 y 623.4 CP) se reducen ahora a dos: el **art. 253 CP**, que incrimina la apropiación indebida en sentido estricto, y el **art. 254 CP**, que regula, con carácter subsidiario, otras apropiaciones indebidas de cosas muebles ajenas y que viene a comprender las anteriores figuras de apropiación de cosa perdida o de dueño desconocido (art. 253 CP antes de 2015) y la apropiación de cosas recibidas por error del transmitente (art. 254 CP antes de 2015), aunque no sin algunos problemas interpretativos (*infra* X). En los actuales arts. 253 y 254 CP se prevén también sendos delitos leves si el valor de lo apropiado no excede de 400 €, que antes eran constitutivos de falta (art. 623.4 CP antes de 2015). La **LO 14/2022**, de 22 de diciembre, al igual que ha hecho con la administración desleal (*supra* I.1.3. Lección Administración desleal), ha dado nueva redacción al apart. 1 del art. 253 CP, pero sin ningún cambio trascendente. Simplemente se ha adaptado la remisión de las penas a la reestructuración que esta LO ha hecho de la estafa, y en vez de referirse al art. 249 CP, como antes, nombra el art. 248 CP, que es donde se encuentran previstas ahora las penas para el tipo básico de estafa.

Los cambios introducidos por la **LO 1/2015**, de 30 de marzo, en el delito de apropiación indebida, como decíamos, han sido muy importantes. Al introducirse la administración desleal como delito contra el patrimonio en el art. 252 CP, se ha procedido a su vez a *"la revisión de la regulación de la apropiación indebida"*, afirma su Exposición de Motivos. Las modificaciones han sido las siguientes: 1) supresión de la mención expresa de la conducta típica de *"distracción"*; 2) supresión del título de posesión de *"administración"* como presupuesto de la apropiación; 3) introducción de la *"custodia"* como otro título específico de posesión previo a la apropiación; 4) supresión del objeto material *"cualquier activo patrimonial"*; 5) supresión del tipo agravado de apropiación indebida en caso de *"depósito necesario o miserable"*; y 6) sustitución de las anteriores apropiaciones de cosa perdida, de dueño desconocido y de cosa recibida por error por una apropiación genérica de cosa mueble ajena.

Los antiguos supuestos de apropiación indebida que estuvieron previstos en Leyes especiales, ya con anterioridad a la LO 1/2015 no subsistían como tales. Sobre aquellos supuestos relativos a las Leyes 57/1968, de 27 de julio, sobre percibo de cantidades anticipadas en la construcción y venta de viviendas; 50/1965, de 17 de julio, de compraventa de bienes muebles a plazos; y a la Ley de 16 de diciembre de 1954, sobre hipoteca mobiliaria y prenda sin desplazamiento, nos remitimos a la 1ª ed. de este Tomo II.

2. *Distinción con otras figuras afines*

Dentro de los delitos patrimoniales, el delito de apropiación indebida es un delito de enriquecimiento ilícito. Esta característica le asemeja a otros delitos como el hurto, el robo, la estafa, o incluso la malversación (tras la recuperación del ánimo de lucro como elemento típico); y en alguna medida con la administración desleal, aunque este delito puede no ser de enriquecimiento. Sin embargo, entre todos ellos existen diferencias que impiden su aplicación conjunta a un mismo hecho (concurso ideal). La misma conducta no puede ser sancionada a la vez como estafa y apropiación indebida o como hurto y apropiación indebida.

Si fuesen conductas distintas y perfectamente diferenciables no habría problema en admitir un concurso de delitos, como ha sido el caso enjuiciado, por ejemplo, por la STS 1266/2006, 20-12 (*Tol 1026950)*, en la que un comercial, primero, se apropió del importe de los productos que había vendido a diversos clientes en distintas ocasiones sin reintegrárselo a su empresa (delito continuado de apropiación indebida), y luego, además, sustrajo tres cheques que había en la sede de la empresa y que logró hacer efectivos rellenándolos al portador y habiendo imitado en ellos la firma del gerente de la empresa (concurso medial entre estafa y falsedad —no delitos continuados de estafa y de falsedad, porque en el caso concreto hubo unidad de acción). O como ha sido también el caso de la STS 173/2023, 9-3, que condenó por apropiación indebida y hurto, al contratado como gestor de una farmacia que con motivo de dicha relación profesional el titular de la farmacia le hizo conocedor de las claves de la cuenta bancaria del negocio y aquel dispuso de unas cantidades en concepto de préstamos personales a un tercero, cuando el farmacéutico sólo le había encomendado hacer unas transferencias a un fondo de inversión concreto participado por farmacéuticos; pero, además, un mes más tarde, aprovechando que tenía acceso a la rebotica por esta relación laboral y que conocía dónde se guardaba el dinero, cogió 1.000 € de la recaudación de la farmacia que se hallaba dentro de un cajón de la mesa en la que estaba trabajando. Nótese la diferencia que existe entre el acceso al dinero que consigue el contratado en el primer delito, que es por una encomienda muy concreta y que permite considerarla como una posesión legítima en un primer momento, aunque luego se realicen unas transferencias no permitidas, frente al segundo delito, en el que el acceso al dinero es, desde un primer momento, ilícito, lo cual, por cierto, impide incluir esta segunda conducta en la continuidad delictiva de la primera.

También se apreció un concurso real de delitos entre apropiación indebida y estafa en la STS 31/2018, 22-1. En ella se declaró probado que el administrador de una sociedad vendió a otra sociedad controlada por él siete fincas por un valor muy inferior al de mercado (las vendió por 250.000 € cuando se habían adquirido por 651.096 €) —hoy estos hechos habría que calificarlos como administración desleal. Meses después ofreció a otras personas la posibilidad de obtener altos beneficios comprando una participación social en esta sociedad. Sin embargo, las propiedades que podía tener esta sociedad o bien se habían vendido ya, o bien se habían gravado con hipotecas. De este modo, el acusado, aparentando una solvencia inexistente, consiguió hacerse con unas sumas de dinero, bajo engaño de unas expectativas de negocio totalmente ficticias.

La Jurisprudencia, con carácter general, ha configurado el delito de apropiación indebida del siguiente modo: "*pueden distinguirse dos etapas diferenciadas. La primera se concreta en una situación inicial lícita, generalmente contractual, en la que el sujeto activo recibe en calidad de depósito, comisión o administración, por cualquier otro título que produzca obligación de entregarlos o devolverlos dinero, efecto o cualquier otra cosa mueble o activo patrimonial, recepción presidida por la existencia de una convenida finalidad específica de devolución o bien de empleo en un destino determinado, es decir, de entrega a un tercero o terceros para cumplir la finalidad pactada. En la segunda etapa el agente transmuta esta posesión legítima (o propiedad afectada a un destino, en el caso de bienes fungibles), en disposición ilegítima y abusando de la tenencia material de los bienes y de la confianza recibida, dispone de ellos, los distrae de su destino o niega haberlos recibido, es decir, se los apropia indebidamente, en perjuicio del depositante, comitente, dueño o persona que debería percibir los bienes u obtener la contrapartida derivada de su destino pactado*" [p.ej., las SSTS 1000/2010, 18-11; 380/2013, 26-4; 121/2014, 19-2; 184/2015, 24-3; 18/2016, 26-1, y 128/2019, 12-3].

2.1. Apropiación indebida y hurto

En cuanto a su relación con el hurto, a primera vista pudiera parecer que la diferencia estriba en la previa posesión de la cosa. En la apropiación indebida el sujeto activo tiene ya en su poder la cosa de la cual se apropia, mientras que en el hurto hay un desplazamiento físico de la cosa de la esfera patrimonial del sujeto pasivo a la del sujeto activo. La Jurisprudencia tiene señalado que lo que distingue a ambos tipos delictivos es precisamente el dato temporal de la posesión de lo sustraído, pues mientras que en el hurto esa posesión es consiguiente o posterior a la acción, en la apropiación indebida, por el contrario, el sujeto activo ya posee los bienes cuando ilícitamente los hace suyos e indebidamente dispone de ellos. Es decir, en el hurto el culpable toma y se apodera de una cosa que posee otra persona, mientras que en el delito de apropiación indebida aquél se adueña o dispone de lo que él mismo ya posee por haberlo recibido del propietario o de un tercero. Vulgarmente se dice que en el hurto uno "quita" algo a otro (de *amotio* hablaban los romanos: apartar, alejar), mientras que en la apropiación indebida uno "se queda con" o "no devuelve" algo de otro.

Sin embargo, la cuestión no es tan sencilla, pues hay algunos supuestos dudosos. Por ejemplo, el *chauffeur* que se adueña del vehículo, el obrero que se lleva una herramienta con la que trabaja, o la empleada doméstica que se apropia de la cubertería de plata que limpia todos los días. Todos ellos detentan ya el objeto del delito, pero ¿cometen hurto o apropiación indebida? La respuesta debe ser que cometen hurto y no apropiación indebida.

La auténtica diferencia entre el hurto y la apropiación indebida estriba en el título jurídico en virtud del cual se ha hecho entrega de la cosa. Si es uno de los mencionados expresamente en el art. 253 CP (depósito, comisión, custodia u otro que genere obligación de entrega o devolución) habrá apropiación indebida. Si la tenencia o detentación de la cosa no comporta ese especial deber jurídico de custodia o disposición del objeto, habrá simplemente hurto. P.ej., en el caso de apropiación por el usuario de una biblioteca de libros que ha sacado en préstamo (= comodato), los Tribunales no tienen inconveniente en condenar por apropiación indebida (SAP, Guipúzcoa, Sección 3ª, 10/2020, 27-1). Sin embargo, en el caso de que el encargado de un archivo o biblioteca sustraiga libros o documentos de ella, la Jurisprudencia alberga dudas acerca de que constituya un título idóneo para poder calificar esta conducta como apropiación indebida y condena por hurto. Así, p.ej., las SSTS 12-7-1988, 20-12-1991; 189/2003, 12-2 *(Tol 254124)*, que confirma la SAP, Zamora, 4/2001, 15-3 *(Tol 113504)*; o la SAP, León, Sección 3ª, 29/2006, 16-2 *(Tol 1027636)*, han condenado por hurto. El TS dice al respecto que "*las funciones de archivero, bibliotecario y profesor permitían al acusado tener fácil acceso a los libros y documentos que en el archivo y la biblioteca se guardaban, ejerciendo de forma intermitente, en todo caso, alguna general función de custodia*", pero "*al no haber recibido los libros en depósito, comisión o administración, la relación del procesado con la cosa objeto de la infracción, el potencial acceso a las mismas y esporádicas, accidentales o precarias tenencias, no configuran título posesorio alguno capaz de generar, por causa del adueñamiento de los ejemplares, un delito de apropiación indebida*". Y también alberga dudas, lo cual parece más sorprendente, en el caso de que un inquilino que se lleve el mobiliario una vez finalizado el alquiler. Así, p.ej., las SSAP, Madrid, Sección 16ª, 529/2010, 2-9; Cáceres, Sección 2ª, 94/2017, 29-3, condenaron por hurto. También cabe traer a colación, la SAP, Toledo, Sección 1ª, 139/2001, 22-10, que, de modo similar, condenó por hurto a quien se llevó de la habitación de un hotel los mandos a distancia de la TV y del aire acondicionado. En nuestra opinión, en atención a lo dispuesto en los arts. 1.561 y 1.582 CC relativos al arrendamiento, parece más correcto calificar estos hechos como apropiación indebida (así, entre otras, la SAP, Valladolid, Sección 2ª, 310/2015, 24-11; o la SAP, Asturias, Sección 8ª, 26/2018, 30-1, que revoca una condena por hurto, y lo califica como apropiación indebida, pero al no haber sido objeto de acusación por este delito, absuelve) (otra cosa son las dificultades probatorias en estos casos que, a falta de un inventario en el contrato firmado u otro elemento de prueba similar, pueden conducir a una absolución).

La STS 1311/2000, 21-7, hace un detenido análisis de la distinción entre hurto y apropiación indebida, y además del elemento fáctico de la previa tenencia y del elemento normativo del título de recepción, destaca el componente que *"subyace en las conductas típicas de apropiación indebida del quebranto de una situación de lealtad inicial asumida o, en definitiva, un abuso de confianza que normalmente está ausente en el hurto típico"*. *"Existe, pues en la apropiación un componente de deslealtad o «incumplimiento del encargo» —mandato o instrucciones recibidas— que, a la vez de soportarse en un criterio objetivo y abierto de manejo y disposición de los bienes, lleva unido el quebrantamiento del abuso de confianza que el acto de distracción o disposición espuria intrínsecamente lleva consigo y, sin embargo, no se aprecia en el hurto"*.

Por el contrario, en el caso de que exista una posesión autónoma concedida por el dueño que rebase la simple condición de servidor de la posesión, habrá que apreciar apropiación indebida. El servidor de la posesión simplemente ejerce la posesión de otro, en cambio, en la apropiación indebida se puede decir que el sujeto activo ejerce la posesión por sí mismo y con un título legítimo, que le puede conceder alguna facultad (delegada) sobre el bien en cuestión, pero que en todo caso le obliga a entregar o devolver el bien.

Por ejemplo, la SAP, Álava, Sección 2ª, 66/2009, 6-3 (*Tol 1569031)*, calificó como hurto y no como apropiación indebida la apropiación por parte de un mozo de almacén, cuyo cometido se limitaba a trabajar con el material, descargándolo y haciendo paquetes para que los distintos transportistas ("ruteros") se los llevaran a fin de distribuirlos; o la SAP, Valladolid, Sección 4ª, 189/2006, 9-5, calificó como autor de un hurto a un mecánico-montador que, aprovechándose que tenía acceso a piezas propiedad de la empresa, las vendió por su cuenta (el Tribunal consideró que *"el título inicial por el que el acusado dispone de las piezas no es legítimo, él no era un vendedor al que, en depósito, se le entregan las piezas, no, el acusado, en todo caso, tomó las piezas de forma ilegítima desde el primer momento"*). Asimismo, la SAP, Lleida, Sección 1ª, 173/2021, 28-5, calificó los hechos juzgados como hurto y no apropiación indebida, como hacían las acusaciones. Se trataba de un empleado del Club de Tenis que, aprovechando que, por las tareas contables que ejercía, tenía acceso a la caja fuerte del Club, se fue apoderando de diversas cantidades en metálico. Con razón dice que no concurre el primero de los elementos objetivos de la apropiación indebida: la recepción de dinero por título que produzca obligación de entregarlo o devolverlo. *"Antes al contrario, el acusado era lisa y llanamente empleado del Club, en el que llevaba a cabo funciones de tipo contable, pero carecía de cualquier facultad para disponer de sus fondos por cuanto no tenía capacidad de gestión, por más que tuviera acceso a la caja del Club"*. Y es que entiende el Tribunal que *"el acusado, en sus funciones de contable, contabilizaba los ingresos en el sistema de gestión financiera de la empresa y podía comprobar su correspondencia; pero no tenía la tenencia material del dinero recaudado"*.

En cambio, la STS 1311/2000, 21-7 (*Tol 272617)*, antes citada, calificó como apropiación indebida el apoderamiento por parte de la cajera de una entidad bancaria, que por sus específicas facultades y connotaciones operativas, la función de manejo del dinero superaba en exceso el rango puramente burocrático, laboral o de escasa entidad y pasaba a convertirse en una estable función de confianza que aparejaba, además del específico encargo del principal para la recepción, trasiego y destino final del bien fungible en que el dinero consiste, una intensidad, seguridad y permanencia posesoria en su custodia y disponibilidad para dirigir sus destinos que encaja en la fórmula empleada en el tipo de apropiación indebida. También en parecidos términos la SAP, Lugo, Sección 2ª, 185/2008, 22-10 (*Tol 1480569)*, que calificó como apropiación indebida el apoderamiento del dinero de la venta de combustible por parte de un empleado de gasolinera; la SAP, Alicante, Sección 2ª, 612/2009, 15-10 (*Tol 1465601)*, que condenó por apropiación indebida a la encargada de dos gasolineras por no ingresar en el banco parte de la recaudación. Tampoco parece que haya inconveniente en condenar por apropiación indebida, debido a las funciones que desempeñaban los acusados, como se hizo en la SAP, Barcelona, Sección 6ª, 250/2021, 6-4, que condenó a la administrativa de una autoescuela, que durante más de 7 años consiguió apropiarse de más de 125.000 €, al quedarse con la diferencia entre el dinero pagado por los clientes y que ella recibía y el que luego consignaba en el libro dietario, que era una cantidad inferior, y que, al finalizar cada jornada, entregaba al propietario. La diferencia entre las dos cantidades quedaba en su poder. Un caso parecido es el de la STS 950/2022, 14-12, de dos psicólogos, que tenían reconocida la condición de directores de un centro de reconocimiento psicotécnico, que durante más de una década mantuvieron ocultos a la propiedad del Centro muchos de los certificados que semanalmente efectuaban y se apoderaron del dinero de estos certificados que no comunicaban a la propiedad del centro médico. Llegaron a ocultar un total de 5.262 expedientes, causando un perjuicio entre los dos de más de 200.000 €. Además, como consecuencia de esta maniobra fraudulenta, el Centro Médico declaró a la Agencia Tributaria menos expedientes de los efectivamente realizados y Hacienda le acabó sancionando con una multa de algo más de 44.000 €.

No obstante, sin una suficiente explicación sobre esta cuestión, la STS 12/2009, 23-1 (*Tol 1432467)*, condenó por apropiación indebida a dos cajeras que efectuaron multitud de ventas a clientes, reflejando un importe inferior o ninguno al realmente cobrado, quedándose con la diferencia, y también entregaron gran cantidad de mercancía a familiares y amigos sin cobrarles; o la SAP, Las Palmas, Sección 1ª, 2008, 15-4 (*Tol 1376038)*, que condenó también por apropiación indebida a tres cajeras de un supermercado que simulaban inexistentes devoluciones de productos y se apropiaban de su importe (sólo una se apropió de casi 40.000 €); o la STS 844/2000, 12-5 (*Tol 272329)*, que también calificó como apropiación indebida el caso de una empleada, que prestaba sus servicios en un establecimiento en calidad de aprendiz, e hizo suyo el dinero que recibió de las ventas de género; o la SAP, Huelva, Sección 3ª, 38/2019, 8-2, que condenó por apropiación indebida a un socio/trabajador y a otro trabajador que se llevaron piezas y herramientas del taller para fundar otro, pues los *"bienes de los que tenían disponibilidad por su relación con la empresa... [los tenían] con la obligación de entregar o devolver esa cosa mueble, de conservar las mismas en la empresa y su actividad de taller mecánico, las cuales debían ser conservadas conforme al título por el que se les entregó y usaban"*.

La reforma de 2015 puede haber creado cierta confusión en la distinción entre el hurto y la apropiación indebida al introducir la "*custodia*" como título idóneo de la recepción del objeto material, pero entendemos que hay que interpretarla en el mismo sentido que otros títulos idóneos de la apropiación indebida, es decir, como un título legítimo, que conceda alguna facultad (limitada) sobre el bien y que obligue a entregarlo o devolverlo. Custodia no puede ser simplemente tenencia, so pena de desvirtuar el alcance típico del hurto. Los supuestos de apropiación de cosas muebles ajenas por parte de servidores de la posesión deberían seguir siendo calificables como hurto, aunque las detenten previamente, tengan acceso a ellas o se pueda entender de algún modo que están en su poder.

De igual modo, la incriminación en el art. 254 CP de un tipo muy abierto de apropiación de lo ajeno ("*fuera de los supuestos*" de apropiación indebida) tampoco tiene que alterar la tradicional diferencia entre el hurto y la apropiación indebida. Por las razones que luego se verán (*vid. infra* X), consideramos que hay que seguir dando al art. 254 CP el mismo alcance que antes.

2.2. Apropiación indebida y estafa

Por lo que se refiere a la diferencia entre apropiación indebida y estafa, tanto la una como la otra tienen en común que es el sujeto pasivo quien hace entrega de la cosa al sujeto activo. Es cierto que una quiebra de la lealtad en las relaciones económicas se puede observar en ambas infracciones, lo que en buena medida puede justificar la ubicación sistemática de la apropiación indebida entre las defraudaciones.

Como dice la STS 295/2012, 25-3, "*En los sistemas jurídicos de nuestro entorno, ambas infracciones caminan, cada vez con mayor vigor, bajo un solo título de imputación, que se denomina delito de fraude, acomodándose a una u otra formulación, pero bajo el mismo expediente punitivo, de manera que el ardid o el engaño, de uno u otro modo, están presentes en tal figura legal, lo mismo que ocurre en nuestro diseño legal, pues más importante que el momento en que aparece tal designio criminal, antes o con posterioridad a la apropiación, es lo cierto que lo esencial a efectos punitivos lo constituye la maquinación en que consiste el delito, rodeada de engaño, mendacidad o fraude. En el delito de estafa, el engaño es antecedente, y origina el desplazamiento patrimonial mediante la causación de un error; en la apropiación indebida, el fraude es inmediatamente posterior, y las cantidades entregadas y tal legal posesión se transmutan inmediatamente en ilegítima distracción, ante el despliegue del fraude en que consiste tal conducta. La proximidad es, pues, muy cercana, y se tratan conjuntamente en el art. 438 del CP, bajo la denominación de fraude*". Por cierto, entre los cambios efectuados por la LO 1/2015, suprimió la modalidad agravada de apropiación indebida cometida por funcionario del art. 438 CP, decisión, en nuestra opinión, que debería ser revertida (*infra* I.2.4).

Sin embargo, la diferencia entre ambas figuras delictivas estriba en la distinta dinámica comisiva. Mientras que en la estafa la entrega se ha obtenido mediante engaño, por tanto, la posesión es desde un principio ilegítima, en cambio, en la apropiación indebida, la posesión de la cosa se obtiene en virtud de uno de los títulos previstos en el art. 253 CP, y, por tanto, la posesión es inicialmente lícita. La apropiación indebida descansa sobre el abuso de confianza, mientras que la estafa lo hace sobre el engaño.

La Jurisprudencia ha indicado que el delito de apropiación indebida no requiere del engaño como elemento relevante e impulsor de la conducta delictiva, sino que la intención lucrativa surge después de tener el sujeto activo del delito la cosa en su poder que en su día le entregó sin engaño la otra parte. Esto es, el propietario confía la posesión a otro por su libre voluntad y consentimiento no viciado, o sea legítimamente, aunque después de recibirla el receptor quebrante la relación de confianza y el convenio establecido entre ambos por actos ilícitos unilaterales de propia autoridad, convirtiendo antijurídicamente tal posesión en propio y autónomo dominio o disponiendo de la misma como dueño para un destino distinto del pactado en provecho propio, o de otras personas, por lo que el engaño no puede reputarse como elemento constitutivo de este delito. Contrariamente, en la estafa el engaño resulta indispensable para configurar el tipo penal, ya que es el que provoca dolosamente el desplazamiento de la cosa, motivando por error la voluntad y actuación de la víctima que la entrega voluntariamente, pero a causa de dicho engaño [entre otras, las SSTS 224/1998, 26-2 (*Tol 78342*); 767/2000, 3-5 (*Tol*

51067); 867/2000, 29-7; 210/2002, 15-2 (*Tol 135664*); 1557/2002, 17-10 (*Tol 222617*); 5/2003, 14-1 (*Tol 240863*); 84/2005, 1-2 (*Tol 564858*); 1210/2005, 28-10 (*Tol 738462*); 513/2007, 19-6 (*Tol 1106861*), y 700/2007, 20-7 (*Tol 1124025*)].

Así, por ejemplo, la STS 381/2009, 14-4 (*Tol 1509884*), consideró que más que apropiación indebida hubo estafa en la conducta del director de un geriátrico perteneciente a la Fundación San Rosendo (Orense), que con la intención de vaciar las cuentas de un matrimonio y luego los activos inmobiliarios, se hizo pasar por su gestor y con dicha autorización fraudulenta (uno tenía Alzehimer y el otro demencia senil) transfirió su patrimonio a la Fundación (el engaño fue previo a la disposición); la STS 581/2009, 2-6 (*Tol 1564635*), condenó por estafa en un caso en que los perjudicados suscribieron depósitos de inversión o entregaron dinero para la adquisición de inmuebles por medio de subastas judiciales, por la confianza que los acusados les habían generado y presumir de conocer el mundo de las subastas judiciales, haciéndoles creer que iban a obtener por los depósitos una rentabilidad muy superior a la del mercado o iban a lograr la adquisición de un inmueble en subasta judicial a un precio inferior al normal (se puede decir que el engaño también fue previo a la disposición) [en cambio, por albergar dudas en cuanto al carácter previo del engaño, es por lo que la SAP, Las Palmas, Sección 2ª, 33/2009, 23-4 (*Tol 1623295*) —caso Gesfinsa—, condenó por apropiación indebida a un gestor financiero que, habiendo recibido cantidades de dinero para ser invertidas en la compraventa de obligaciones hipotecarias, comprometiéndose a abonar un alto interés, en torno al 17% anual, no las destinó al fin pactado, no realizando inversión alguna del capital recibido]. Por el contrario, se consideró que el engaño fue posterior a la disposición en la STS 1113/2005, 15-9 (*Tol 738501*), que condenó por apropiación indebida a dos directivos que hicieron creer a una empresa japonesa que el precio por la adquisición de un inmueble era superior al real, y primero recibieron en depósito el total de lo declarado y posteriormente mediante maniobras fraudulentas llegaron a concluir un instrumento público por precio falso, que fue el verdaderamente satisfecho a los vendedores, consiguiendo lucrarse con la diferencia (550.000.000 pesetas).

2.3. Apropiación indebida y administración desleal (remisión)

La delimitación entre la apropiación indebida y el delito de administración desleal ha sido y sigue siendo muy polémica. No vamos a entrar ahora en esta cuestión, que ha sido objeto de comentario antes (*supra* I.2. Lección Administración desleal). Ahora simplemente cabe señalar que la diferencia estriba, aparte del bien jurídico protegido (patrimonio vs. propiedad y crédito) y del objeto material (bienes y derechos integrantes del patrimonio vs. cosas muebles), en el título en virtud del cual se tiene la disponibilidad de los bienes objeto del delito. Mientras que en la administración desleal el sujeto activo cuenta con amplias facultades de gestión o administración sobre los bienes (muebles o inmuebles) ajenos, en cambio, en la apropiación indebida el sujeto activo tiene una disponibilidad limitada, ya que tiene la obligación de entregar o devolver los bienes muebles que le ha entregado o confiado su dueño o un tercero.

A efectos punitivos, sin embargo, la diferencia poco importa, pues ambas están sancionadas exactamente con las mismas penas. Tanto el art. 252 como el art. 253 CP comienzan de igual modo: "*serán castigados con las penas del artículo 248 o, en su caso, del artículo 250...*". Por lo tanto, la calificación como apropiación indebida o como administración desleal no tiene consecuencias a efectos punitivos. Tampoco lo tiene si la cuantía es inferior a 400 €, pues los correspondientes delitos leves tienen señalada también la misma pena.

Esta equiparación punitiva (con la cual no estamos de acuerdo, *supra* VI.1. Lección Administración desleal) simplifica las cosas, pero a su vez puede conducir a que se acaben confundiendo ambos delitos, pues daría igual condenar por uno que por otro. De hecho, es muy frecuente que los Tribunales condenen por apropiación indebida, cuando deberían calificar los hechos como administración desleal (*vid. infra* III.4.2. el "batiburrillo" de SSTS citadas); o al revés, como en el caso de la STS 721/2022, 14-7. Los hechos eran más bien constitutivos de apropiación indebida y no de administración desleal. No obstante, primero la SAP, Cáceres, Sección 2ª, 247/2020, 30-10, y luego la STS 721/2022, 14-7 confirmaron esa calificación errónea. En resumen, los hechos fueron los siguientes: Dos empresas (ARAPLASA y GARACOT) forman una UTE para realizar una obra. GARACOT subcontrata a una empresa para realizar la cerrajería y estructura metálica de la obra y a otra empresa para la realización de los trabajos de encofrados y vertidos de hormigón. Dichas empresas pasan sendas facturas por los trabajos realizados a GARACOT y ésta a su vez se las pasa a ARAPLASA, la cual se las abona mediante dos pagarés por el importe debido. Sin embargo, el representante legal de GARACOT no entregó el dinero recibido, que estaba destinado al pago de aquellos proveedores. La SJP, nº 1, Plasencia, 263/2020, 4-9, condenó por administración desleal, la AP de Cáceres la confirma y el TS ratifica tal condena, dando por bueno lo razonado en la SAP de Cáceres, que para condenar por el art. 252 tomó en consideración como una unidad jurídica las dos empresas implicadas, a raíz del convenio por el que constituyeron una Unión Temporal de Empresas (UTE) con relación a la adjudicación y realización de unas obras concretas. "*En suma* —dice el TS—, *la sentencia recurrida entiende que nos encontramos ante un patrimonio común*" y este "*punto de vista puede mantenerse en esta instancia casacional*", para a continuación confirmar la condena por administración desleal, porque la "*actuación del acusado [causó] un perjuicio en el ente social constituido entre las dos empresas, como una UTE, de modo que al integrar el numerario de la transferencia de ARAPLASA en la entidad mercantil GARACOT, administrada por el acusado, llevó a cabo un acto desleal frente al conjunto social, incurriendo en un exceso intensivo, y perjudicando al conjunto, aunque beneficiando a GARACOT, que fue declarada partícipe a título lucrativo*". Si al final el dinero quedó en una de las dos empresas que formaban la UTE, pues se la condena como partícipe a título lucrativo en virtud del art. 122 CP a la "*devolución civil de una cantidad que se ha obtenido por un sujeto como injustamente beneficiado de la comisión de un delito*", ¿dónde está el perjuicio a la UTE como exige el art. 252 CP? Debió condenarse por apropiación indebida, pues el dinero recibido de ARAPLASA tenía una finalidad muy concreta: destinarlo exactamente al pago de esas dos facturas y no se había recibido con amplias facultades para gestionarlo o administrarlo discrecionalmente. Por tanto, había un título idóneo para condenar por apropiación indebida: "*les hubieran sido confiados en virtud de cualquier otro título que produzca obligación de entregarlos o devolverlos*". Luego habría que ver si estamos ante una verdadera conducta de apropiación o simplemente ante un incumplimiento contractual.

2.4. Apropiación indebida y malversación

La apropiación indebida también guarda estrecha relación con el delito de malversación, pues ambas figuras delictivas, en términos generales, podríamos decir que se caracterizan por la apropiación de cosas que se han recibido en confianza y con la finalidad de ser custodiadas o gestionadas (es posible incluso que se cometan conjuntamente, como sucedió en la STS 693/2019, 29-4-2020 —caso Palau de la Música). La propia cláusula de subsidiariedad que incluye el art. 253 CP parece que está aludiendo a la malversación ("*salvo que ya estuvieran castigados con una pena más grave en otro precepto de este Código*").

La distinción entre la apropiación indebida y la malversación se observa en tres puntos: 1) el *sujeto activo*, que en la apropiación indebida puede ser cualquiera, aunque con ciertos requisitos, como luego se verá, mientras que en la malversación es la autoridad o funcionario público, o las personas equiparadas a ellos en el art. 435 CP; 2) el *objeto material*, que en la apropiación indebida es cualquier cosa mueble, mientras que en la malversación es el patrimonio público o los bienes equiparados a él en el art. 435 CP (lo cual, aparte del carácter público que les diferencia, permite incluir los bienes inmuebles y las cosas inmateriales, como derechos o mano de obra, cosa que en la apropiación indebida está descartado); y 3) la *relación que debe existir entre el objeto material y el sujeto activo*, que en la apropiación indebida debe haberse recibido por cualquier título que produzca obligación de entregarlo o devolverlo, mientras que en la malversación se debe tener a su cargo por razón de sus funciones o con ocasión de ellas.

La LO 1/2015, de 30 de marzo, modificó profundamente el delito de malversación convirtiéndolo en un delito especial impropio, en el que su naturaleza patrimonial se vio potenciada enormemente hasta casi arrinconar por completo el carácter de delito contra la función pública, aunque se pudiese seguir considerándola como un delito pluriofensivo (así C. MIR PUIG). Lo que hizo fue sustituir las anteriores figuras delictivas previstas en los arts. 432, 433 y 434 CP antes de 2015, por una expresa remisión a los arts. 252 y 253. Frente a la configuración anterior como un delito especial propio autónomo, en el que el contenido de injusto propio de la malversación giraba en torno a la especial relación entre el sujeto activo y el objeto material ("*tener a su cargo por razón de sus funciones*" los caudales o efectos públicos) (al respecto nos podemos remitir a la Lección 14ª del Tomo III de este Tratado), con la LO 1/2015 la malversación se convirtió, casi, en una mera apropiación indebida/administración desleal agravada (un delito especial impropio derivado).

La LO 14/2022, de 22 de diciembre, ha reformado (otra vez) el delito de malversación y ha supuesto, en cierto sentido, una vuelta al pasado en la regulación de esta infracción (ROCA DE AGAPITO). El Legislador ya no se remite a los arts. 252 y 253 CP para definir las conductas típicas de la malversación, sino que recupera en gran medida la configuración originaria de la malversación, como estaba en la LO 10/1995, con figuras autónomas (GONZÁLEZ CUSSAC). La LO 14/2022 introduce o da nueva redacción a los arts. 432, 432 bis, 433, 433 ter y 434 CP relativos a la malversación (con vigencia desde el 12 de enero de 2023). Pero, en lo que ahora importa, que es la distinción entre la apropiación indebida y la modalidad apropiativa de la malversación del art. 432 CP, pues las otras modalidades tienen que ver con usos indebidos o desviaciones presupuestarias, la reforma de 2022 resulta criticable, dejando al margen otras cuestiones en las que no vamos a entrar, por dos aspectos: uno, la recuperación como elemento típico del ánimo de lucro, que la Fiscalía y el TS ya se han encargado de restarle importancia, *vid.* el Decreto de la FGE de 12 de enero de 2013, y los AATS 12-1-2023 y 20107/2023, 13-2 (ambos en la causa especial nº 20907/2017); y otro, la modificación de la relación que debe unir al sujeto activo con el patrimonio público, que no se configura sólo por la tenencia a su cargo por razón de sus funciones, sino también "*con ocasión de las mismas*". Esta decisión, aunque venga a recoger en el texto legal lo que venía siendo un criterio jurisprudencial más o menos mayoritario, sin embargo, no deja de ser un elemento distorsionador de la distinción entre la apropiación indebida y la malversación (por el contrario, MORALES HERNÁNDEZ la considera "*una sensible mejora*" y este cambio "*se encuentra completamente justificado*").

En la redacción originaria del CP/1995, a la que parece que quiere regresar el Legislador de 2022, el funcionario que cometiese una apropiación indebida de caudales públicos (o de cosas privadas), pero que no tuviese dicha relación específica con ellos era castigado por el art. 438 CP, que preveía una pena específica para una apropiación indebida con abuso del cargo público.

Entonces, según la opinión mayoritaria en la Doctrina (la Jurisprudencia era vacilante en este punto), entre la función pública y la tenencia de los caudales tenía que existir una competencia específica, la cual podía proceder directamente de una norma jurídica concreta, de un contrato o por orden de autoridad competente, exigiéndose que la habilitación no fuese contraria a la lógica de la función pública que el individuo realizase, pues en este caso la orden de habilitación quedaría viciada de nulidad y se cometería más bien una apropiación indebida, como sería el caso, por ejemplo, de encomendar a un celador la custodia y administración de los fondos del centro sanitario. Así, p.ej., en el caso juzgado por la STS 655/2008, 30-10, se condenó por apropiación indebida y no por malversación, porque el ordenanza autorizado a realizar algunas funciones administrativas de tramitación, en ningún caso podía hacerse cargo del importe de las tasas correspondientes, que acabaría sustrayendo.

Tras la reforma de 2015, al configurarse la relación entre el sujeto activo y el objeto material por remisión a los arts. 252 y 253 CP y desaparecer la exigencia de la tenencia a «su cargo por razón de sus funciones» en el art. 432 CP, puede resultar lógico que se suprimiese también la apropiación indebida prevista en el art. 438 CP, pero surgía entonces la duda de dónde ubicar aquellas apropiaciones indebidas de funcionarios no específicamente competentes para custodiar los caudales públicos. Si se ubicaban en la malversación, se produciría, a nuestro modo de ver, una agravación excesiva de la pena, pues se estarían equiparando dos supuestos de diferente gravedad. Pero si se ubican en la apropiación indebida, como parece más razonable, se pierde de vista la importancia del prevalimiento del cargo para cometer el delito, porque la agravante genérica del art. 22.7ª CP se puede compensar con otra atenuante, cosa que con el art. 438 CP antes de 2015 no podía suceder y seguía manteniendo la pena de la apropiación indebida en su mitad superior (las posibles circunstancias modificativas de la responsabilidad penal operarían sobre ese marco penal específico). De modo similar, esta distinción está presente en otros ámbitos delictivos, como en el descubrimiento y revelación de secretos (arts. 198 y 417 CP), por ejemplo.

El problema es que la LO 14/2022, de 22 de diciembre, ha previsto expresamente que la tenencia del patrimonio público a cargo del funcionario pueda ser, simplemente, «*con ocasión de*» sus funciones. Parece que se habrían visto equiparadas todas las apropiaciones indebidas cometidas por funcionarios públicos, calificándolas como malversación, con independencia de si estos tienen o no una competencia específica de gestión y custodia de los bienes públicos, lo cual, a nuestro modo de ver, no resulta correcto. Los tres aspectos que tradicionalmente han diferenciado la malversación y la apropiación indebida, con la reforma de 2015, pero también con la de 2022, parece como si se hubiesen reducido sólo a dos: el sujeto activo y el objeto material.

Sin embargo, por estas razones axiológicas entendemos que ambas expresiones serían sinónimas y habría que seguir defendiendo la exigencia de una competencia específica por parte del funcionario para poder cometer malversación. En caso contrario, habría que reconducir su calificación hacia la apropiación indebida común.

Podríamos añadir también, como argumento para sostener la equiparación de ambas alocuciones, que el *Diccionario de la Lengua Española* de la RAE define la voz "ocasión" como "oportunidad que se ofrece para ejecutar o conseguir algo", pero la segunda acepción del término alude a "*causa o motivo por que se hace o acaece algo*", definición que viene a coincidir con la 5ª del término "razón". Por tanto, gramaticalmente se puede sostener que ambas expresiones ("*por razón de sus funciones o con ocasión de* [*ellas*]") sean sinónimas.

El ejemplo al que antes aludimos del préstamo de libros en una biblioteca puede ser muy clarificador para distinguir lo que sería una apropiación indebida genérica, una apropiación indebida con prevalimiento y una malversación. Imaginemos un profesor de Derecho penal que para preparar sus clases saca de la biblioteca de su Facultad un tomo de este Tratado. Cometería un delito de apropiación indebida si se queda con él, pese a la insistencia del bibliotecario en que lo devolviese, pero el profesor hace caso omiso, porque le ha gustado mucho y se quiere quedar con él. El profesor es funcionario público a efectos penales, tiene en su poder un bien público, pero no lo tiene a su cargo por razón de sus funciones. Tiene el deber de devolver el libro, como cualquier otro usuario de la biblioteca, pero no tiene una competencia específica sobre la custodia y préstamo de ese libro. En cambio, el bibliotecario sí que la tiene "*por razón de sus funciones*" y cometería una malversación en comisión por omisión ("*se apropiare o consintiere que un tercero... se apropie*", dice el art. 432.1 CP), si le permite al profesor quedarse con ese ejemplar y no devolverlo a la biblioteca. Imaginemos que ese libro, en vez de estar depositado en la biblioteca de la Facultad, esté en la sala común del Área de Derecho penal. Si se lo lleva a casa y se apropia del libro, no cometería malversación, sino una apropiación indebida con prevalimiento de su cargo. Ahora, al no estar prevista una apropiación específica para abarcar estos supuestos (art. 438 CP antes de 2015), debería calificarse como apropiación indebida genérica (art. 253) con la agravante de prevalerse del carácter público (art. 22.7ª CP) (o incluso como un simple hurto si no consideramos que el profesor tuviese su custodia).

A nuestro modo de ver, y para defender la naturaleza dual de la malversación (como delito patrimonial, pero también como delito contra la función pública) y justificar así su ubicación en el Título XIX del Libro II del CP, habrá que seguir exigiendo la competencia específica de la autoridad o funcionario público para la custodia y administración de los caudales, sin que sea suficiente con que tenga el patrimonio público a su cargo "con ocasión de" o "en consideración a" su empleo o puesto en la Administración pública. Estos supuestos deberían reconducirse a un tipo específico de apropiación indebida de prevalimiento del cargo, pero a falta de él, castigarse como apropiación indebida genérica con la agravante del art. 22.7ª CP. Habrá que ver a qué ámbito delictivo llevan los Tribunales las apropiaciones de caudales públicos por funcionarios sin competencia específica para tenerlos a su cargo, lo cual, no lo olvidemos, repercute también en la malversación impropia del art. 435 CP.

La STS 208/2007, 14-3 (*Tol 1050615)*, condenó por apropiación indebida al marido de la administradora de loterías que le había dejado la gestión del negocio por problemas de salud y éste hizo suyas cantidades de dinero procedentes de la venta de los billetes, pero absolvió a la titular de la administración de lotería del delito de malversación en comisión por omisión —consentir que otro sustraiga—, porque no tenía conocimiento de las sustracciones. Aunque la STS no entra en la cuestión, tampoco se podría haber condenado al marido por malversación impropia del art. 435.1 CP, pues el encargo no se realizó en las condiciones exigidas por el citado precepto, que requiere de un encargo específico equiparable a la relación que existe en la malversación propia entre el funcionario y los caudales públicos. En efecto, se dice que el encargo fue hecho por problemas de salud de la titular de la administración de lotería y que la intervención en la gestión del establecimiento obedeció simplemente a que era el esposo de la titular.

La SAP, Girona, Sección 3ª, 9/2002, 25-1 (*Tol 263591)*, no apreció malversación impropia y sí apropiación indebida, por dos razones: 1) porque el canon de saneamiento es un tributo autonómico, y el ACP se refería sólo a los fondos provinciales y municipales (art. 399 ACP); y 2) porque no ha habido un nombramiento del administrador de la sociedad suministradora del agua que le extendiese el carácter y condición asimilable a la de funcionario público y que le generase un deber especial de fidelidad para con esos fondos públicos, sería algo así —dice— como que *"el abogado o gestor que recibe de su cliente los dineros para pagar el IVA o el IRPF, dineros claramente destinados al patrimonio público, y que no los ingresa a las arcas públicas, no realiza el delito de malversación de caudales públicos, sino el de apropiación indebida, precisamente porque ninguna autoridad competente le ha extendido, mediante un acto jurídicamente válido, el carácter y condición de funcionario público que genera el deber de fidelidad"*.

Por otra parte, la SAP, Navarra, Sección 2ª, 51/2006, 25-4 (*Tol 950188)*, habla de relación de consunción entre ambas (malversación y apropiación indebida), cuando creemos que el concurso aparente debería resolverse más bien por el principio de especialidad).

II. BIEN JURÍDICO PROTEGIDO

Viene siendo tradicional considerar que el bien jurídico protegido en la apropiación indebida es la propiedad. El propio tenor gramatical del art. 253 CP avala esta consideración, pues, en la medida en que se alude a apropiar, o a negar haber recibido una cosa, se está haciendo referencia a comportamientos que afectan directamente a las facultades inherentes al dominio (de usar, disfrutar y disponer: *iura utendi, fruendi et abutendi*). Se podría decir, por tanto, que el bien jurídico protegido es el derecho de propiedad (así lo entendía, por ejemplo, FERRER SAMA).

Sin embargo, esta conclusión planteaba algún problema en los supuestos de apropiación indebida recogidos en las leyes penales especiales, pues al tener como sujeto activo al propietario de la cosa comprada a plazos o hipotecada (art. 12 Ley 50/1965 y art. 59 Ley de 16-12-1954, respectivamente) era evidente que el bien jurídico protegido no podía ser la propiedad. No es posible que el sujeto activo y el sujeto pasivo fuesen la misma persona. Hoy en día el mismo problema se puede seguir planteando cuando el objeto sobre el que recae la conducta es una cosa fungible, y particularmente el dinero, pues si se admite que quien recibe dinero, dado su carácter ultrafungible, se hace con su propiedad, no se podrían incluir en la apropiación indebida las relaciones consistentes en la entrega de dinero, salvo que se refiriesen a la entrega de unos billetes o monedas específicos y determinados (ej. monedas de colección).

Con ser cierto *prima facie* esta afirmación, sin embargo, requiere alguna matización. En algunos casos puede ser verdad que la transmisión de la posesión conlleva la de su propiedad, pero en otros, evidentemente, no. En el caso del mutuo, por ejemplo, es así. El art. 1.753 CC dispone que *"el que recibe en préstamo dinero u otra cosa fungible, adquiere su propiedad, y está obligado a devolver al acreedor otro tanto de la misma especie y calidad"*. Pero, en cambio, en el contrato de comisión, ello no es así. La comisión, que no es sino el mandato mercantil, puede consistir en la realización de una actividad que implique la recepción de dinero, bien de terceros para el comitente, bien de éste para que el comisionista lo destine a un fin concreto. En el caso de que el comisionista adquiriese la propiedad del dinero, su apropiación no podría calificarse como indebida, si lo que se protege fuese únicamente el derecho real de propiedad del comitente. Sin embargo, el propio art. 264 CCo establece que *"el comisionista que habiendo recibido fondos para evacuar un encargo les diere inversión o destino distinto del de la comisión, abonará al comitente el capital y su interés legal, y será responsable desde el día en que los recibió de los daños o perjuicios originados a consecuencia de haber dejado de cumplir la comisión, sin perjuicio de la acción criminal a que hubiere lugar"*. Nótese el diferente contenido de uno y otro contrato (en uno devolver el *tantumdem*, en otro dar inversión o destino concreto), lo que ya puede explicar que en la comisión se haga remisión expresa a la responsabilidad penal, mientras que en el préstamo no.

Ante las dudas que se pueden plantear en los supuestos en que median entregas de dinero (p.ej., el dinero tampoco puede ser objeto de reivindicación: arts. 1.160 CC o 86 CCo), el Código Penal ha querido zanjar la cuestión incluyendo expresamente como objeto material de la apropiación indebida al "*dinero*", aunque no sin alguna vacilación al respecto (*infra* III.1). Y al hacerlo está poniendo de relieve que para determinar el contenido de injusto del delito de apropiación indebida no sólo hay que prestar atención al menoscabo del derecho real de propiedad sobre una cosa específica o no fungible, sino también al derecho de crédito que el acreedor (propietario) tiene por la cantidad entregada. Pero no se trata de proteger penalmente, y esto es muy importante recalcarlo, cualquier obligación pecuniaria, porque ello significaría incurrir en una prisión por deudas, sino sólo aquellas obligaciones que consistan en la entrega o devolución de una cantidad de dinero que se haya recibido con una disponibilidad limitada, esto es, por uno de los títulos idóneos previstos en el art. 252 CP, y que luego veremos. Tampoco se protege el derecho de crédito que se deriva de la responsabilidad por incumplimiento del débito, pues, el título por el que se recibe la cosa y por el que se está obligado a devolver tienen que ser el mismo.

En consecuencia, se deben distinguir dos bienes jurídicos según el carácter fungible o no del objeto material. Si no lo es, lo tutelado sería el derecho real de propiedad sobre el objeto en cuestión. En el caso de los bienes fungibles el bien jurídico protegido sería el derecho personal o de crédito que el sujeto pasivo (acreedor) tiene a exigir del sujeto activo (deudor) el cumplimiento de la obligación o débito (en función de los casos, a que se le dé el destino pactado o a que se le devuelva el *tantumdem*, es decir, otro tanto de la misma especie y calidad) (véase este planteamiento dualista, entre otros, en BAJO FERNÁNDEZ, MANJÓN-CABEZA OLMEDA, DE LA MATA BARRANCO, PÉREZ MANZANO, VIVES ANTÓN).

Aunque ambos derechos (real de propiedad y personal o de crédito) forman parte del patrimonio del sujeto pasivo, y en este sentido se podría decir que la apropiación indebida es un delito patrimonial, entendemos, sin embargo, que lo que se viene a proteger no es el patrimonio como totalidad, sino más bien su integridad en lo que a estos dos elementos concretos se refiere. Es decir, para que se produzca la lesión del bien jurídico (consumación) no se precisaría una disminución del valor económico total del patrimonio antes y después del hecho, sino que se contentaría con el menoscabo de uno de estos derechos que lo componen.

Otros autores, en cambio, desde diferentes planteamientos (p.ej., PAREDES CASTAÑÓN, siguiendo a su vez la opinión expresada por otros, concibe el patrimonio no como un hecho natural, sino como un "hecho institucional", al que caracterizarían dos notas: la integridad de su composición y su valor económico, de lo que deduce que resultaría preciso este doble ataque para la consumación de los delitos patrimoniales, entre los que incluye la apropiación indebida) sí vendrían a concebir el bien jurídico protegido en este delito como el patrimonio en cuanto totalidad, al exigir una disminución del valor económico total. Esto tiene que ver también con cómo se conciba el perjuicio o daño patrimonial que aparece expresamente como requisito típico en el art. 253 CP. Como luego se verá, entendemos que éste no consiste en una disminución del valor económico total del patrimonio, sino simplemente en la vertiente negativa de la apropiación, es decir, la privación de estos bienes que experimenta el titular del derecho a exigir la entrega o devolución de la cosa y que pierde, por tanto, las facultades inherentes al dominio de usar, disfrutar o disponer (física o jurídicamente) del bien.

III. TIPO OBJETIVO

1. Objeto material

El objeto material de la apropiación indebida viene delimitado legalmente como "*cualquier cosa mueble*". Se mencionan también expresamente el "*dinero*", los "*efectos*" y los "*valores*", pero hay que entender que esto no es más que un pleonasmo. Dichos objetos son especies del género "*cosa mueble*".

A continuación aludiremos al alcance de la expresión *"dinero, efectos y valores"*, pero ya podemos mencionar que entre las *"cosas muebles"* que han sido objeto de apropiación indebida encontramos: joyas [SAP, Madrid, Secc. 16ª, 128/2006, 29-11 (*Tol 1043252)*: relojes de oro], neumáticos [STS 735/2008, 12-11 (*Tol 1401623)*], mercancías [STS 12/2009, 23-1 (*Tol 1432467)*: productos de un supermercado], vehículos a motor (ATS 1055/2022, 24-11), muebles [STS 824/2007, 21-9 (*Tol 1174783)*], herramientas, maquinaria, animales [STS 1021/2009, 23-10 (*Tol 1641310)*], material de oficina [SAP, Navarra, Sección 3ª, 15/2005, 9-2 (*Tol 670157)*, que también se refiere a materias primas y a productos transformados: aluminio], billetes de lotería [SSTS 2059/2001, 29-10 (*Tol 103361)*; 219/2007, 9-3 (*Tol 1050601)*, y 988/2007, 20-11 (*Tol 1213969)*], etc.

La redacción anterior del art. 252 CP incluía dentro del objeto material, además de los ya citados, también cualquier "*activo patrimonial*". Esta expresión, a diferencia de lo que sucede con el dinero, los efectos y los valores, sí puede tener otro significado distinto a cosa mueble. P.ej., la STS 125/2002, 31-1 (*Tol 135744)* estimó que el logotipo o el nombre comercial entrarían dentro del ámbito de tipicidad. También un sector de la Doctrina (PÉREZ MANZANO, VALLE MUÑIZ) y de la Jurisprudencia consideraron que bajo aquella fórmula se incluirían igualmente los bienes inmuebles [p.ej., las SSTS 954/2005, 28-6 (*Tol 697832)*; 1210/2005, 28-10 (*Tol 738462)*; 598/2018, 27-11 —caso parking Atocha 70—, y ATS 1431/2006, 21-6; en contra, SAP, Sevilla, Sección 7ª, 95/2000, 27-10]. Por tanto, referirse a cualquier "*activo patrimonial*" no sería algo superfluo, sino que se estaría ampliando el ámbito del objeto material más allá de las cosas muebles. La LO 1/2015, de 30 de marzo, sin embargo, decidió suprimir aquella mención y ahora no deja lugar a dudas de que el ámbito del objeto material queda exclusivamente circunscrito a las cosas muebles. Por tanto, si conceptualmente admitimos apropiaciones indebidas de activos patrimoniales, aunque no sean cosas muebles, según la legislación vigente no serían subsumibles en el art. 253. Cabría, no obstante, reconducirlas al delito de administración desleal, si es que se dan sus requisitos típicos, ya que no habría obstáculo en que los antiguos activos patrimoniales de la apropiación indebida puedan ser encuadrados ahora dentro del concepto de «*patrimonio*» de la administración desleal (*vid. supra* III.2. de la Lección anterior).

Por "*efectos*" cabe entender los bienes muebles y enseres, tal y como los define el Diccionario de la RAE. Y por "*valores*", como elisión de "títulos valores", habría que entender aquellos documentos representativos en el ámbito mercantil, empresarial o societario de determinados derechos evaluables económicamente, como, por ejemplo, un cheque, una letra de cambio, un pagaré, una acción de una sociedad anónima (p.ej., STS 828/2006, 21-7 (*Tol 1002340)*—caso Montepío Loreto, mutualidad de los trabajadores del sector aéreo: además de metálico, se reciben títulos y valores para negociarlos y entregar el dinero de la venta para la contratación de un depósito, sin que esto suceda apropiándose del importe de la venta), o un billete de lotería.

En cuanto a la apropiación de **premios de lotería habiendo jugado en común entre varios**, en la STS 988/2007, 20-11, se condenó por apropiación indebida, por cuanto que "*el acusado era el depositario de un título al portador con expectativas de ser agraciado con una cantidad de dinero*" y "*tratándose de un título compartido pro-indiviso, una vez cobrado, su condición de depositario se convertía también el de gestor de cobro y responsable del reparto*"; igualmente la STS 119/2016, 22-2, condenó, porque se entendió que "*el título inicial del que surge la obligación de entregar la parte proporcional del premio correspondiente a la denunciante es la copropiedad del cupón premiado, que atribuye a los copropietarios el derecho al reparto del premio a partes iguales, si no se hubiese pactado otra cosa*". En la STS 219/2007, 9-3, también se condenó, porque en una peña se había establecido un pacto de reparto del premio especial, y el acusado, como depositario del billete agraciado, lejos de compartirlo y entregar la parte alícuota correspondiente al pacto convenido, se hizo con dicho premio, ingresándolo en su cuenta personal con fines de hacerlo efectivo. En cambio, la STS 600/2019, 4-12, revocó una previa condena por apropiación indebida y absolvió a la persona que se encargaba de comprar los décimos de lotería y se quedó con la fracción que había resultado agraciada con un premio especial, porque el Tribunal entendió que la acusada "*cumplió con la obligación asumida*", ya que no había asignación de cuotas respecto del premio especial. En este caso se trataba de un grupo de seis personas que llevaban jugando en común más de 15 años. Una de ellas se encargaba de comprar los décimos de lotería, que luego repartía con un recargo del 10%, pero sin que ninguno de ellos tuviera reservada en exclusiva una determinada fracción. Para el sorteo del día 23 de octubre de 2014 la persona encargada compró una serie (diez décimos). Antes del sorteo entregó aleatoriamente dos décimos a dos integrantes del grupo, y después de celebrado y a sabiendas de que a la fracción 5ª le correspondía un premio especial de 1.170.000 €, entregó a los demás miembros del grupo otras fracciones, a las que les correspondía un premio de 30.000 €. Ella se quedó con las restantes fracciones, entre las cuales estaba la del premio especial. El TS considera que, al "*no* [*haber*] *asignación de cuotas respecto del premio especial*", "*la recurrente cumplió con la obligación asumida de repartir los décimos de lotería adquiridos, transmitiendo a cada uno de los jugadores la parte que había comprado*". "*Consecuentemente* —dice—, *la acusada repartió los billetes premiados en la cuantía que cada uno jugaba, el contrato vigente entre quienes jugaban se cumplió*". El Magistrado J. Sánchez Melgar formuló Voto particular, al que se adhirió la Magistrada C. Lamela Díaz, y discrepa de este parecer. Considera que en este caso "*todos ellos tenían una expectativa común sobre un eventual premio especial que correspondiera a los décimos comprados, en proporción a su parte en la serie adquirida, y no precisamente lo contrario, esto es, que el objeto del juego estuviera radicado en una fracción específica que precisamente es determinada después de que se conoce el premio especial y que es repartida a su conveniencia por la acusada*". Según él habría un título compartido proindiviso, y la falta de asignación de cuotas en realidad significa que "*todas las fracciones del número adquirido se compartían por todos los jugadores*". Compartimos su opinión, y consideramos que habría que haber condenado por apropiación indebida, pudiendo añadir además otro dato importante que no se tuvo en cuenta a la hora de decidir, como es que la encargada de comprar los décimos cobraba un recargo por ello, lo que podría significar que estuviésemos ante una especie de comisionista.

La alusión expresa al "*dinero*" ya hemos visto que tiene mucha importancia a efectos de la determinación del bien jurídico, pues permite comprender también el derecho de crédito como objeto de tutela en este delito, y aunque sólo fuera porque se trata del objeto material más común de la apropiación indebida, no está de más su expresa inclusión.

Pero esto lo no tuvo tan claro el Prelegislador de 2013. En el Proyecto de reforma de 2013 se pretendía suprimir dicha referencia al dinero, efectos y valores, y quedarse sólo con la de "*cosa mueble*". Sin embargo, durante la tramitación parlamentaria en el Senado se reintrodujo. Aquella supresión obedecía a una concepción minoritaria del delito de apropiación indebida que lo restringía a objetos no fungibles, mientras que la apropiación de bienes fungibles (particularmente el dinero) sería más bien una administración desleal que estaba incrustada en la apropiación indebida bajo la modalidad de distracción, pero que en puridad debería estar fuera y castigarse aparte. Al introducirse el nuevo delito administración desleal genérica ya no haría falta en la apropiación indebida ni referirse al dinero, ni tampoco a la distracción. Pero, como decíamos, con buen criterio al final se mantuvo en el texto definitivamente aprobado. Aun así, la EM de la LO 1/2015, de 30 de marzo, contiene ciertas expresiones que dan a entender que no cabe la apropiación indebida de cosas fungibles, lo cual no es correcto.

En efecto, en la EM se afirma que *"quien recibe como administrador facultades de disposición sobre dinero, valores u otras cosas genéricas fungibles, no viene obligado a devolver las mismas cosas recibidas, sino otro tanto de la misma calidad y especie; por ello, quien recibe de otro dinero o valores con facultades para administrarlos, y realiza actuaciones para las que no había sido autorizado, perjudicando de este modo el patrimonio administrado, comete un delito de administración desleal"*. Y más adelante dice que *"Los delitos de apropiación indebida siguen regulados en una sección diferente, quedando ya fuera de su ámbito la administración desleal por distracción de dinero, que pasa a formar parte del tipo penal autónomo de la administración desleal"*.

A propósito de esta cuestión, las SSTS 163/2016, 2-3, 700/2016, 9-9, y 407/2020, 20-7 —caso Secretario del SOMA-UGT—, entre otras, afirman lo siguiente:

"En consecuencia la reforma excluye del ámbito de la apropiación indebida la administración desleal por distracción de dinero, pero mantiene en el ámbito del tipo de apropiación indebida, la apropiación de dinero en los supuestos en que el acusado se apropiare para sí o para otros del dinero que hubiera recibido en depósito, comisión o custodia, o que le hubiere sido confiado en virtud de cualquier otro título que produzca la obligación de entregarlo o devolverlo. O negare haberlos recibido. En efecto, la nueva redacción del tipo incluye expresamente en el artículo 253 el dinero entre los bienes que pueden ser objeto de apropiación indebida […]

Algún sector doctrinal, que siempre ha mantenido una posición contraria a la apropiación indebida de dinero, calificándola en todo caso como un supuesto de administración desleal indebidamente inserto en el tipo de la apropiación indebida, pretende ahora enmendar la plana al legislador y sostener que pese a la mención expresa del dinero en el artículo 253 CP, la apropiación de dinero, por su naturaleza fungible, no puede sancionarse como delito de apropiación indebida (diga lo que diga el legislador) sino que debe calificarse en todo caso como administración desleal, sea cual sea el título por el que se haya recibido, y sea cual sea la naturaleza de la acción realizada sobre el mismo (excederse en las facultades de administración o hacerlo propio). Otros sectores mantienen que la mención del dinero en el artículo 253 solo puede referirse a los supuestos en los que el dinero se ha entregado como cosa cierta (identificando la numeración de los billetes y especificando que la devolución debe realizase sobre los mismos billetes entregados).

Este no es el criterio seguido por esta Sala en una ya abundante doctrina jurisprudencial dictada desde la entrada en vigor de la reforma operada por la LO 1/2105, que sigue manteniendo con efectos retroactivos la tipicidad de la apropiación indebida de dinero. En efecto, si se admitiese el criterio de que la apropiación indebida de dinero solo tenía cabida en el anterior artículo 252 CP como "distracción", constituyendo en todo caso una modalidad de administración desleal, y siendo así que la conducta específica de "distracción" ya no figura en la actual redacción del delito de apropiación indebida, podríamos vernos obligados a aplicar retroactivamente esa norma excluyendo la conde-

na por apropiación indebida, sin que resultase sencillo remitir la sanción al nuevo delito de administración desleal que no ha sido objeto de acusación y posible defensa en el procedimiento.

Por el contrario, esta Sala ha mantenido la sanción por delito de apropiación indebida de dinero en numerosas sentencias dictadas después de la entrada en vigor de la reforma. Cabe citar, por ejemplo, STS 433/2013, de 29 de mayo (conducta apropiatoria de dinero en el ámbito societario), STS 430/2015, de 2 de julio (apropiación indebida de dinero por el Consejo Delegado de una empresa que realizó actos de expropiación definitiva, que exceden de la administración desleal), STS 414/2015, de 6 de julio (apropiación indebida por la tutora de dinero de sus pupilos), STS 431/2015, de 7 de julio (apropiación indebida por comisionista de dinero de su empresa), STS 485/2015, de 16 de julio (apropiación indebida de dinero entregado para la cancelación de un gravamen sobre una vivienda), STS 592/2015, de 5 de octubre (apropiación indebida de dinero por Director General de una empresa), STS 615/2015, de 15 de octubre (apropiación indebida de dinero por administrador de fincas urbanas), STS 678/2015, de 30 de octubre (apropiación de dinero por apoderado), STS 732/2015, de 23 de noviembre (apropiación indebida de dinero por mediador en un contrato de compraventa de inmuebles), STS 792/2015, de 1 de diciembre (apropiación indebida de dinero por un gestor), STS 788/2015, de 10 de diciembre (apropiación indebida de dinero por intermediario), STS 65/2016, de 8 de febrero (apropiación indebida de dinero por agente de viajes), STS 80/2016, de 10 de febrero (apropiación indebida de dinero por el patrono de una fundación), STS 89/2016, de 12 de febrero (apropiación indebida de dinero entregado como anticipo de la compra de viviendas), etc. etc.

En realidad, la reforma es coherente con la más reciente doctrina jurisprudencial que establece como criterio diferenciador entre el delito de apropiación indebida y el de administración desleal la disposición de los bienes con carácter definitivo en perjuicio de su titular (caso de la apropiación indebida) y el mero hecho abusivo de aquellos bienes en perjuicio de su titular, pero sin pérdida definitiva de los mismos (caso de la administración desleal), por todas STS 476/2015, de 13 de julio. En consecuencia, en la reciente reforma legal operada por la LO 1/2015, el artículo 252 recoge el tipo de delito societario de administración desleal del artículo 295 derogado, extendiéndolo a todos los casos de administración desleal de patrimonios en perjuicio de su titular, cualquiera que sea el origen de las facultades administradoras, y la apropiación indebida los supuestos en los que el perjuicio ocasionado al patrimonio de la víctima consiste en la definitiva expropiación de sus bienes, incluido el dinero, conducta que antes se mencionaba en el artículo 252 y ahora en el artículo 253".

Luego volveremos sobre esta Jurisprudencia, al hablar de la conducta típica (*infra* III.4.2).

2. *Sujeto pasivo*

El sujeto pasivo es el propietario o el titular del derecho a obtener otro tanto de la misma especie y calidad. El art. 252 CP exige, por tanto, implícitamente la ajenidad del objeto material. Esta es la razón que suele dar la Jurisprudencia a la hora de negar la calificación de apropiación indebida en las disposiciones de dinero efectuadas por uno de los titulares indistintos de una cuenta bancaria [p.ej., STS 1420/2003, 3-11; SSAP, Barcelona, Sección 2ª, 936/2006, 9-11, y Vizcaya, Sección 2ª, 50/2008, 16-6 (*Tol 1625634*)]. Sin embargo, más que por el carácter ajeno del dinero, la razón por la que no cabe condenar en estos supuestos es porque no existe título idóneo para la apropiación indebida, ya que cualquiera de los cotitulares tiene la plena disponibilidad de la totalidad de los fondos, esto es, se trata de un supuesto de solidaridad activa. Distinto sería el caso de una cuenta conjunta sometida al régimen de mancomunidad, o que entre los cotitulares existiese otra relación jurídica al margen de la cuenta, que pudiera ser un título idóneo para la apropiación indebida (MANJÓN-CABEZA OLMEDA).

En efecto, el dinero en realidad es propiedad del banco y los titulares de la cuenta tienen un derecho de crédito contra el banco. Es más, es habitual en la Jurisprudencia de la Sala Civil del TS, al tratar el tema de las cuentas corrientes indistintas, señalar que la titularidad de esta clase lo único que atribuye a los titulares frente al Banco depositario es la facultad dispositiva del saldo que arroje la cuenta, pero no determina, por sí sola, la existencia de un condominio y menos por partes iguales sobre dicho saldo, ya que esto habrá de venir determinado únicamente por las relaciones internas entre ambos titulares, y, más concretamente, por la originaria pertenencia de los fondos o numerario de que se nutre dicha cuenta [p.ej., SSTS, Sala 1ª, 839/1997, 29-9 —dinero proveniente de un bien privativo de la esposa; 1090/1995, 19-12 (*Tol 403340)*; 601/1999, 5-7, y 526/2000, 29-5].

La Sala 2ª del TS se ha contentado con que estuviese determinada la propiedad del dinero para condenar por apropiación indebida, como sucede, por ejemplo, tras el fallecimiento de uno de los cotitulares, a pesar de que el derecho de crédito por la totalidad subsiste aun cuando alguno de los cotitulares indistintos muera o sea incapacitado para actuar en relación a la cuenta corriente [STS 97/2006, 8-2 (*Tol 846367*); y en la Jurisprudencia menor, SSAP, Islas Baleares, Sección 1ª, 103/2007, 18-6 (*Tol 1637426)*, y Las Palmas, Sección 1ª, 119/2008, 31-7].

La SAP, Tarragona, Sección 2ª, 68/2020, 20-2, absolvió al sobrino, designado defensor judicial de su tía incapaz, por disponer de casi 90.000 € de la cuenta bancaria de aquella en la que se había puesto él también como cotitular. El Tribunal entendió que no se acreditó algún límite sobre las facultades dispositivas que le fueron concedidas al acusado, ni tampoco que constase algún otro familiar de la tía que pudiera considerarse perjudicado, y es que acepta lo manifestado por el acusado en el plenario en lo relativo a que tenía autorización de su tío (ya fallecido) para sacar de la cuenta el dinero que necesitase y destinarlo a sus gastos, con la sola condición de que a su tía no le faltara de nada.

La apropiación de una cosa de propiedad compartida por cuotas (comunidad romana) sería constitutiva de delito en lo que sobrepase la cuota, porción, parte o interés, aunque sea ideal o intelectual [SSTS 899/2003, 20-6 (*Tol 305489)*; 78/2008, 8-2 (*Tol 1294036*): venta por uno de los socios de nave perteneciente a ambos, quedándose el vendedor con la totalidad del precio; y 853/2008, 9-12 (*Tol 1432483*): absolvió al cónyuge sobreviviente que, en su calidad de administradora de la herencia, ordenó pagos que no excedían de la cuota indivisa que le correspondía en la sociedad de gananciales].

El TS ha resuelto de modo similar el caso de la **apropiación de los bienes de la sociedad de gananciales** antes de su liquidación (p.ej., la STS 318/2022, 30-3). Conviene aclarar que, en la actualidad, al haber desaparecido la modalidad de distracción del art. 253 CP, estos supuestos habría que reconducirlos al delito de administración desleal del art. 252 (*vid. supra* el apartado III.2. de la Lección relativa a la administración desleal). Ha habido SSTS que han exigido la previa liquidación de la sociedad de gananciales para poder condenar por apropiación indebida (p.ej., la STS 1216/2003, 29-9, consideró que era una cuestión que debiera dilucidarse en la vía civil). Pero también es cierto que otras, en sentido contrario, no la exigieron; simplemente basta con que esté disuelta [p.ej., la STS 111/2005, 1-2 (*Tol 603646*)]. En virtud del Acuerdo de Pleno no jurisdiccional de la Sala 2ª del TS, de 25-10-2005, se ha considerado que el régimen de sociedad de gananciales no es obstáculo para la comisión de un delito de apropiación indebida en su modalidad de distracción, por uno de los cónyuges, aunque sin perjuicio de la aplicación, en su caso, de la excusa absolutoria del art. 268 CP [que no sería aplicable, por ejemplo, si los cónyuges estuviesen separados: en la STS 1013/2005, 7-11 (*Tol 765925*), todavía no se había producido; en cambio, en la STS 318/2022, 30-3 se cometió el mismo día en que se interpuso la demanda de separación, por lo que no se aplicó la excusa]. Incluso se ha llegado a condenar por apropiación indebida en caso de parejas estables, presumiendo un pacto tácito dirigido a formar un patrimonio común equiparable a la sociedad de gananciales, lo cual podría admitirse a efectos civiles, pero parece muy discutible dicha analogía a efectos penales [STS 2059/2001, 29-10 (*Tol 103361*): condenó por apropiación indebida a una mujer que cobró, y luego no lo compartió con su compañero sentimental, un premio de la ONCE de 205.000.000 pesetas, que correspondía a la comunidad de bienes que ambos habrían generado].

La Sala 2ª del TS ha señalado que "*respecto de la sociedad de gananciales, integrada por los bienes del trabajo o industria de cualquiera de los cónyuges, frutos, rentas, etc. (art. 1347 CC) los cónyuges ostentan, salvo pacto en contrario, facultades de administración (art. 1375 CC), necesitando el consentimiento expreso o tácito anterior o posterior del otro cónyuge para la realización de disposiciones sobre esos bienes (art. 1377 CC), y que la sociedad de gananciales es, pues, la titular de los bienes, siendo los esposos considerados terceros respecto a esa masa común, disponiendo los arts. 1362 y ss. CC sus cargas y obligaciones*" [STS 1013/2005, 7-11 (*Tol 765925*)]. Se trataría, en definitiva, de una masa patrimonial ajena a la propiedad de cada esposo, respecto a la que los esposos tienen facultades de administración en los términos dispuestos en el CC, contexto que evidencia la concurrencia del presupuesto del que se nutre la tipicidad de la apropiación indebida [SSAP, Islas Baleares, Sección 2ª, 11/2009, 19-5 (*Tol 1588106*), y Barcelona, Sección 5ª, 719/2007, 5-11 (*Tol 1236306*)], hoy administración desleal [SAP, Madrid, Sección 23ª, 462/2020, 5-10].

A nuestro modo de ver, puede que la conclusión a la que llegan estas resoluciones de condenar al que se apropia de bienes gananciales sea correcta, pero no compartimos su razonamiento. Nosotros partimos, pese al criterio bien asentado en la Jurisprudencia, de que la sociedad de gananciales no es la titular de los bienes, ni de que ésta se trate de una masa patrimonial ajena a la propiedad de cada esposo. Nosotros entendemos que los bienes gananciales son propiedad de los dos, son, por tanto, copropietarios. ¿A nombre de quién se inscriben los bienes?, ¿de la sociedad o de los esposos? ¿Quién celebra los contratos?, ¿la sociedad o los esposos?

En los supuestos de apropiación de bienes del matrimonio en régimen de sociedad de gananciales habría que distinguir tres supuestos: 1) que la sociedad no esté disuelta; 2) que la sociedad esté disuelta pero no liquidada; y 3) que la sociedad esté disuelta y liquidada. En este último caso no hay ningún problema, pues ya está repartida la propiedad de los bienes y está clara entonces la ajenidad de las cosas. Por lo tanto, si el otro cónyuge se apropia de los bienes que no le han sido adjudicados, comete hurto o apropiación indebida en función de las circunstancias de cada caso. Los otros dos supuestos, si se admite nuestro planteamiento de que los esposos son copropietarios de los bienes de la sociedad de gananciales, son menos claros. Antes de la disolución, se puede entender que la naturaleza jurídica de la sociedad de gananciales es de comunidad germánica, es decir, cada esposo es propietario al 100% de todos los bienes gananciales (sin atribución de cuotas), por lo que no se podría decir que los bienes son ajenos. Si uno de los esposos dispone de uno de los bienes perteneciente a ambos, sin el consentimiento del otro, dará lugar a una reclamación civil (civilmente el negocio es válido, pero anulable), pero no a un delito (por este motivo, aparte de por otros, creo que es criticable la STS 2059/2001, 29-10 (*Tol 103361)*, antes citada de la compañera sentimental que no compartió el premio, pues todavía no se habría disuelto esa supuesta sociedad de gananciales). Por el contrario, si la sociedad ya está disuelta (lo cual, según la Jurisprudencia civil, puede acontecer con la simple separación de hecho, si se dan ciertos requisitos), la naturaleza de la sociedad es la de una comunidad romana o por cuotas. Los cónyuges no pueden disponer de los bienes concretos, sino sólo de su cuota ideal en la sociedad de gananciales. Por tanto, si dispone de un bien de la sociedad sí se puede considerar que ha cometido apropiación indebida —hoy administración desleal— (o hurto en su caso) del 50% del bien [p.ej., la STS 865/2005, 24-6 (*Tol 685618)*, condenó a una mujer que se apropió dinero de una sociedad mercantil disuelta al 50%, pero antes de liquidar la sociedad de gananciales; la STS 318/2022, 30-3, habla de una "*propiedad diferida*" y de que "*el cónyuge puede ostentar una titularidad diferida resultante de la liquidación*", significativo es también que la responsabilidad civil consistiese en indemnizar al otro cónyuge en la mitad del dinero dispuesto, y no en restituir a la sociedad de gananciales el importe total].

En cualquier caso, es necesario que quede demostrado el ánimo apropiatorio, lo cual, antes de la disolución de la sociedad de gananciales, no siempre es posible (p.ej., la SAP, Sevilla, Sección 4ª, 179/2000, 10-7, absolvió al marido que, imitando la firma de su esposa, consiguió ingresar en una cuenta bancaria de su exclusiva titularidad la devolución del IRPF —con ello, al no estar disuelta la sociedad de gananciales, estaría incrementando el patrimonio común).

En el caso de que el régimen económico matrimonial fuese de separación de bienes, las conductas de apropiación habría que derivarlas más bien hacia el hurto o la apropiación indebida, como sucedió en el caso conocido por la STS 824/2007, 21-9 (*Tol 1174783)* (mujer que se lleva mobiliario de la vivienda familiar), que absolvió de la acusación por apropiación indebida y tampoco condenó por hurto, porque no había sido acusada de ello.

3. El sujeto activo y su especial relación con el objeto material

Sujeto activo es el legítimo poseedor de las cosas muebles ajenas que se apropia o niega haber recibido. El art. 253 CP castiga a quien, teniendo las cosas en su poder por un determinado título, usurpa las facultades exclusivas del propietario. Por tanto, el sujeto activo no puede ser el propietario. Pero, además, la apropiación indebida es un delito especial, porque entre el sujeto activo y el objeto material tiene que haber una determinada relación: tiene que "*haber recibido*" la cosa mueble o el activo patrimonial en virtud de un "*título que produzca obligación de entregarlos o devolverlos*". A continuación, se examinan estos dos elementos, pero antes diremos que el delito de apropiación indebida del art. 253 CP se trata de un delito especial impropio, porque de no concurrir estos requisitos típicos, la apropiación de una cosa mueble ajena no dejaría de ser punible; sería constitutiva de la apropiación indebida subsidiaria del art. 254 CP. No obstante, como veremos *infra* X, pese a la enorme amplitud de los términos en que se encuentra redactado este precepto, habrá que hacer una interpretación restrictiva de él, de tal manera que no sea un mero "cajón de sastre" al que vaya a parar cualquier apropiación de lo ajeno.

En cuanto a la intervención de personas jurídicas en la comisión de este delito (bien como autoras, bien como partícipes), como dice la STS 630/2019, 18-12, "*por paradójico y poco explicable que ello pueda resultar, [el delito de apropiación indebida] no se encuentra incluido entre aquellos para los que el legislador de 2010 (y luego 2015) implantó un régimen de responsabilidad penal de personas jurídicas… No hay responsabilidad penal corporativa en esta infracción. Sí debe permanecer su responsabilidad civil subsidiaria (que, por cierto, posiblemente hubiera sido preferible catalogar como solidaria —art. 122 CP—, lo que además sería obligado si fuese responsable penal como indebidamente estimó la Audiencia: art. 116.3 CP)*" (en igual sentido la STS 703/2022, 11-7). Por su parte, las SSTS 316/2018, 28-6, y 470/2021, 2-6, advierten de la conveniencia de implantar programas de cumplimiento normativo también para evitar delitos ad intra, como pueda ser una apropiación indebida en el seno de una entidad mercantil. "*Esa ausencia de esta protección* ad intra —dice la STS 470/2021— *no exonera de responsabilidad al recurrente trasladando a la sociedad la inexistencia de estos me-*

canismos de control interno, pero sí abre la puerta a considerar que, de alguna manera, se facilitan actos como los aquí declarados probados que en otras circunstancias podrían haber sido detectados a tiempo, o que, al menos, el programa de cumplimiento normativo hubiera actuado a modo de prevención especial para evitar delitos de la misma naturaleza de los cometidos" (se trataba de un concurso real de delitos de fraude de subvenciones con apropiación indebida, en el que, sin ningún tipo de control ni fiscalización ad intra por nadie, el administrador articuló, diseñó y ejecutó un plan para dirigirse a la Administración Pública para obtener una ayuda pública, evitando así una financiación más costosa a la sociedad, pero con la intención de no devolver ese dinero y apropiárselo).

3.1. La recepción del objeto material

La *recepción* del objeto material por parte del sujeto activo, que tiene que demostrarse [p.ej., la STS 363/2009, 2-4 (*Tol 1499129*), absolvió por falta de prueba en este punto], requiere un acto de entrega material y efectiva, o al menos, una autorización para poder acceder a su disponibilidad que antes no se tenía (p.ej., la STS 173/2023, 9-3, condenó por apropiación indebida al contratado como gestor de una farmacia que con motivo de dicha relación profesional el titular de la farmacia le hizo conocedor de las claves de la cuenta bancaria del negocio y aquel dispuso de unas cantidades en concepto de préstamos personales a un tercero, cuando el farmacéutico sólo le había encomendado hacer unas transferencias a un fondo de inversión concreto participado por farmacéuticos).

No obstante, conviene advertir que este requisito ha sido interpretado de dos formas distintas. Para unos, la recepción exigiría, en efecto, una entrega material y otorgar un acceso al bien, que antes no se tenía. Para otros, en cambio, bastaría con una entrega ficticia; bastaría, por ejemplo, con que la cosa permaneciese en su poder por título posesorio (eso sí, con obligación de entregarla a alguien) una vez transmitida la propiedad (lo que se conoce como *constitutum possessorium*).

No consideramos que fuese ese el caso juzgado por la SAP, Valladolid, Sección 4ª, 106/2020, 10-6, en la que se condenó por delito continuado de apropiación indebida a quien consiguió que se ingresase en una cuenta suya la pensión de quien había sido su pupila, su hermana, tras haber sido removido de su cargo como tutor por otra condena previa también por apropiación indebida. En los hechos probados se dice que, un año después de la primera condena y cuando ya había asumido la tutela una fundación, el acusado "*consiguió, valiéndose del cargo de tutor del que había sido removido, cambiar la domiciliación de la pensión de su hermana a la cuenta de la que era único titular*". Entre agosto de 2016 y diciembre de 2017 consiguió apropiarse de 9.400 €. Dicha condena, en la que se aplicó también la agravante de reincidencia, fue ratificada posteriormente por la STSJ, Castilla y León, 67/2020, 26-11, y por la STS 864/2022, 3-11. Sin embargo, parece discutible sostener la calificación como apropiación indebida, porque no estamos en presencia de una recepción del dinero con un título que produzca obligación de entregarlo o devolverlo. Más bien parece una dinámica propia de la estafa: simulación o disimulación (ocultación de la remoción) que induce a error a otro (INSS) que le lleva a realizar un acto de disposición patrimonial en perjuicio de otro (la hermana) (no sería aplicable el art. 307 ter, porque la perjudicada no resulta la Seguridad Social, sino la hermana); o incluso un simple hurto en autoría mediata, sirviéndose de otro como instrumento para que le ingresen a él la pensión. Tampoco sería apropiación de cosa recibida por error subsumible en el art. 254 CP, porque no se recibe por error, sino por engaño. Es un cobro indebido con el cual se queda, cierto, pero no es que haya habido una equivocación en el número de cuenta, sino que el sujeto activo finge, haciéndose pasar por tutor legítimo, un cambio de domiciliación bancaria.

Distinto fue el caso juzgado por la SAP, Asturias, Sección 8ª, 7/2021, 3-3, respecto del cual sí que se puede admitir una condena por apropiación indebida, aunque mejor hubiese sido por administración desleal. En este caso, un apoderado, inmediatamente después de la revocación de su poder (en un período de nueve días), dispuso en metálico o a través de transferencias bancarias de diversas cantidades del anterior poderdante. Según dicha Sentencia, "*1/ El acusado tuvo una inicial posesión legítima del dinerario perteneciente a Everardo y ello cuanto menos en la modalidad contemplada en el inciso final del 432 del Código Civil —la posesión en los bienes y derechos puede tenerse en uno de dos conceptos: o en el de dueño, o en el de tenedor de la cosa o derecho para conservarlos o disfrutarlos, perteneciendo el dominio a otra persona— mediante la accesibilidad que tenía respecto al mentado efecto tanto si se observa que era persona autorizada o cotitular del correspondiente producto bancario como si se toma en consideración que ostentaba la condición de apoderado habilitado para el desarrollo de determinadas funciones. 2/ El acusado recibió, cuanto menos en la modalidad de la denominada* traditio ficta, *el caudal dinerario perteneciente a Everardo y ello tomando como premisa que, a estos efectos, la jurisprudencia de la Sala 2ª del Tribunal Supremo viene admitiendo todas las formas civiles de recepción, de tal modo que a efectos de comisión del delito no tiene trascendencia alguna que el dinero no haya sido recibido personalmente por el autor […] es suficiente con que éste haya sabido que tenía el dinero en su poder para darle un fin determinado y haya dispuesto del mismo. Sentado lo anterior, a partir del momento en el que el poder inicialmente otorgado fue objeto de expresa revocación y esta, a su vez, fue expresamente comunicada al acusado, es claro que este tenía perfecto y completo conocimiento de la existencia de una obligación de devolución a su legítimo propietario de las facultades de actuación y disponibilidad que, hasta entonces, ostentaba en relación con el dinerario de referencia, devolución que habría de haberse plasmado en una completa abstención por parte del acusado de cualquier comportamiento dispositivo que tuviera por objeto aquel dinero con lo que se hubiera alcanzado una situación de escrupuloso respeto a la material recuperación por parte de aquel propietario de una posición de exclusividad en cuanto al ejercicio de sus propias facultades dominicales*".

No obstante, a nuestro modo de ver hubiese sido más correcto haber calificado estos hechos como administración desleal. En primer lugar, porque como ya se vio en la Lección anterior, el delito del art. 252 CP también comprende conductas de apropiación. Y, en segundo lugar, porque el poder de representación que ostentaba el autor es un título más propio de la administración desleal que de la apropiación indebida, pues otorga amplias facultades de administración del patrimonio del poderdante. Se podría entender que continúa ejerciendo de facto facultades de administración asumidas mediante negocio jurídico, tal y como exige el art. 252 CP. La administración es un título de recepción que ya no está contemplado en el art. 253 CP, pero sí que sería un título idóneo del art. 252 CP. Por tanto, tras la revocación del poder se podría decir que continúa actuando como un administrador de hecho, siendo sujeto activo idóneo para cometer una administración desleal del patrimonio ajeno. Véase, por ejemplo, el art. 236.3 LSC, según el cual "*tendrá la consideración de administrador de hecho… la persona que en la realidad*

> *del tráfico desempeñe sin título, con un título nulo o extinguido... las funciones propias de administrador...*"; o el art. 1.737 CC, el cual establece que "*el mandatario... debe continuar su gestión hasta que el mandante haya podido tomar las disposiciones necesarias para ocurrir a esta falta*". Hay que tener en cuenta, que según el art. 1.733 CC, "*el mandante puede revocar el mandato a su voluntad, y compeler al mandatario a la devolución del documento en que conste el mandato*". Si esto no se ha hecho, el mandatario sigue estando obligado, a tenor del art. 1.719 CC, a "*arreglarse a las instrucciones del mandante*" y a hacer "*todo lo que, según la naturaleza del negocio, haría un buen padre de familia*". No obstante, la SAP de Asturias descartó la condena por administración desleal que formuló la acusación particular, porque "*una vez que el mentado acusado carecía ya de facultad alguna para administrar el patrimonio de Everardo, de tal modo que, simplemente atendiendo a la propia literalidad del precepto de referencia, resulta obligado descartar la posibilidad de que un acusado afectado por una carencia como la recién expuesta pueda ser configurado, ni siquiera en abstracto, como sujeto activo del delito que aquí se examina*".

Este debate tuvo importancia a la hora de resolver los supuestos en los que el empresario no ingresaba en las arcas del correspondiente organismo la retención efectuada del salario de los trabajadores en concepto de IRPF o de las cuotas de la Seguridad Social. La Jurisprudencia utilizó en estos casos, y también en otros similares, un concepto amplio de recepción, lo que permitió condenar en estos supuestos [p.ej., SSTS 30-10-1971; 25-05-1981; 20-12-1985; 24-12-1986; 31-05-1989 (*Tol 458899*); 29-5-1991 (*Tol 459705*); 15-11-1991 (*Tol 454691*); 3-12-1991; 20-2-1992 (*Tol 399362*); 1519/1992, 25-6 (*Tol 398355*); 258/1994, 15-2 (*Tol 404164*); 1395/1994, 4-7 (*Tol 403815*); 591/1995, 25-4 (*Tol 405226*)].

Sin embargo, en virtud de una interpretación gramatical y sistemática entendemos que esta solución no es correcta. El propio sentido del término "recibir" implica tomar algo de alguien, con lo que tiene que haber (como en el hurto) un desplazamiento real del objeto. Pero, además, si ponemos en conexión el art. 253 con los arts. 305 y 307 CP hay que concluir que es necesaria una entrega real del objeto material. En efecto, los arts. 305 y 307 CP han incriminado específicamente las mencionadas conductas como delitos contra la Hacienda Pública y contra la Seguridad Social, con lo que ya no es precisa una interpretación extensiva de la apropiación indebida como la señalada. Pero es que incluso si se diese por buena tal interpretación de la recepción ficticia, resultaría paradójico que se castigase con mayor pena una conducta menos disvaliosa, lo que sucedería si se castigase como apropiación indebida una defraudación por un importe a 120.000 € (pena de prisión de 1 a 6 años y multa de seis a doce meses: art. 253 en relación con el 250 CP), mientras que si fuese superior habría que condenar por un delito contra la Hacienda Pública (pena de prisión de 1 a 5 años y multa del tanto al séxtuplo: art. 305). Con razón ahora el TS considera que estas conductas no pueden reconducirse al delito de apropiación indebida [Acuerdo de Pleno no jurisdiccional de la Sala 2ª del TS, de 17-11-1997; SSTS 760/1997, 18-11 (*Tol 407014*); 1184/1997, 21-11 (*Tol 408104*), y 725/2002, 25-4 (*Tol 162360*)]. Si por debajo de los 120.000 € no puede calificarse como apropiación indebida, quiere esto decir que "*haber recibido*" no equivale a no ingresar o no retener. Se requiere, por tanto, la entrega efectiva de la cosa.

Posteriormente, el caso de la **retención del canon o derecho de remuneración por copia privada a favor de las sociedades de gestión de los derechos audiovisuales** ha planteado un problema parecido. La SAP, Barcelona, Sección 7ª, 541/2008, 4-7 (*Tol 1384867)*, absolvió, señalando que *"la retención de las cantidades correspondientes al canon por la importación y distribución del material apto para grabar y reproducir obras audiovisuales no se puede llegar a la conclusión de la comisión del delito de apropiación indebida. Y ello, de una parte, porque en los casos de esta retención por el importador o el minorista no han 'experimentado' realmente una recepción material y efectiva del dinero destinado al pago del canon, pues dichos importes en todo caso han estado siempre en su poder a pesar de que efectivamente se haya alterado la titularidad dominical sobre las mismas. Y, de otra parte, además, en tales supuestos como el ahora estudiado no se produce en las entidades de gestión el perjuicio típico propio del delito de apropiación indebida, pues las mismas no son titulares de la propiedad del canon en sí mismo considerado, sino del derecho de crédito sobre el mismo; de tal suerte y manera que no se estaría así protegiendo un derecho de propiedad sino un crédito privado que no está amparado en el tipo de la apropiación indebida"*. Por el contrario, la STS 450/2022, 9-5, que confirma la SAP, Madrid, Sección 17ª, 499/2019, 27-6, entiende que sí hay apropiación indebida, porque estamos ante un depósito, y no ante una obligación solidaria de pago que se haya incumplido. *"El artículo 25 de la LPI, en la redacción vigente al tiempo de los hechos, disponía en su apartado 15 que, una vez nacida la obligación de pago o de remuneración 'Los deudores y, en su caso, los responsables solidarios se considerarán depositarios de la remuneración devengada hasta el efectivo pago de la misma conforme establece el apartado 14 anterior'. Lo cual resulta coherente con las obligaciones de retener y entregar que se establecen en otros apartados del mismo artículo"*. Señala, además, lo cual es decisivo, que *"en las facturas expedidas en relación con las ventas… se consignaba de forma separada, el importe abonado correspondiente a las cantidades que resultaron procedentes en concepto de remuneración por copia privada… Lo cual es nuevamente indicativo del depósito constituido"*. Este dato permite entender, por lo menos en aquel caso, que sí se ha producido una efectiva recepción del llamado canon digital con la obligación de entregarlo después a las sociedades de autores.

3.2. Título idóneo para la apropiación indebida: disponibilidad limitada

El objeto material se tiene que haber recibido por un título o negocio que "*produzca la obligación de entregarlo o devolverlo*", enumerando el art. 253 CP, como ejemplos, el "*depósito, comisión o custodia*". Este requisito, según ya se indicó, es el que permite distinguir la apropiación indebida del hurto (*supra* I.2.1) y de la administración desleal (*supra* I.2.3). El elenco de supuestos que entran dentro del ámbito de la tipicidad no está cerrado, sino que admite un sinfín de títulos.

La Jurisprudencia tiene señalado que, dado el carácter abierto de la fórmula, caben en el art. 253 CP *"aquellas relaciones jurídicas, de carácter complejo y atípico que no encajan en ninguna de las categorías concretadas por la ley o el uso civil o mercantil, sin otro requisito que el exigido en la norma penal, esto es, que se origine una obligación de entregar o devolver"* [SSTS 1052/2005, 20-9 (*Tol 731530)*; 1210/2005, 28-10

(*Tol 738462*); 90/2006, 30-1 (*Tol 839460*); 219/2007, 9-3 (*Tol 1050601*); 326/2007, 26-4 (*Tol 1092868*); 374/2008, 24-6 (*Tol 1343759*); 782/2008, 20-11 (*Tol 1413513*); 996/2009, 9-10 (*Tol 1726710*); 1332/2009, 23-12 (*Tol 1773339*), y 211/2017, 29-3]. Además, la Jurisprudencia también precisa, que "*la naturaleza de un contrato o un negocio jurídico viene determinada por sus características propias y no por el nombre que con mayor o menor acierto le asignen sus intervinientes. En el derecho privado negocial hay que atender a lo que se ha querido pactar (art. 1.255 CC). El nombre con que se bautiza un negocio puede ser indicativo u orientativo de esa voluntad, pero nunca es criterio único decisivo ni definitorio*" (SSTS 360/2021, 29-4; 827/2021, 28-10; 963/2021, 10-12; 684/2022, 7-7, y 304/2023, 26-4).

La LO 1/2015, de 30 de marzo, ha supuesto dos novedades en lo que se refiere a la relación entre el sujeto activo y el objeto material. Por un lado, ha suprimido como título de recepción de las cosas muebles ajenas la "*administración*", y, por otro, ha mencionado expresamente la "*custodia*" como otro título específico de posesión previo a la apropiación. Mientras que la primera de estas novedades ha supuesto un cambio trascendental, la segunda no tiene tanta importancia.

En efecto, la administración, como tal, ya no constituye un título idóneo para el delito de apropiación indebida (*supra* I.2.3). No es que el administrador tenga obligación de entregar o devolver los bienes del administrado. Es que tiene la facultad de disponer de ellos y de gestionarlos en interés del administrado, pero ostentando un amplio margen de discrecionalidad al respecto. Por tanto, todos aquellos supuestos en los que el autor ostente una plena facultad de disposición sobre bienes ajenos habrá que reconducirlos al delito de administración desleal del art. 252 CP, y no serían constitutivos de apropiación indebida, como antes.

P.ej., hoy habría que calificar como administración desleal supuestos como los juzgados en las SSTS 309/2006, 16-3 (*Tol 872788*): tutora de una menor que, de acuerdo con su marido, dispone de bienes de la pupila (su sobrina), integrándolos en la sociedad de gananciales; 290/2007, 10-4 (*Tol 1069840*): administrador de comunidad de propietarios que elaboró y firmó un cheque nominativo a su favor contra la cuenta corriente de la comunidad, el cual fue presentado al cobro y abonado pese a resultar precisas para la realización de tales reintegros al menos dos firmas mancomunadas y autorizadas (casos similares de distracción de dinero por parte de administrador de fincas, que se siguen castigando como apropiación indebida, en las SSTS 654/2020, 2-12; 650/2022, 27-6; la explicación de ello quizás pueda estar, aparte de que se refieren a hechos anteriores a 2015, en que una comunidad de propietarios no entra dentro del concepto de sociedad del art. 297 CP, con lo que no se podía aplicar el anterior art. 295 CP y se reconducían esos abusos al anterior art. 252 CP); 152/2018, 2-4: directora de residencia de mayores que utilizando un poder de contratación otorgado con plenitud de facultades del residente vende una vivienda en construcción e incorpora a su patrimonio las cantidades obtenidas; 806/2022, 7-10: dos apoderados que se aprovechan del poder general dado por una anciana para la enajenación de diversas fincas en su propio beneficio, extrayendo el dinero que se ingresaba, sin emplearlo en el cuidado de la poderdante y además falsificando documentos de supuestos reintegros en los que se imitaba la firma de la perjudicada; 355/2023, 11-5: Presidente de la Federación Andaluza de Hockey que dispuso de 280.000 € de la Federación, pero se alegó que 206.000 € fueron en concepto de sueldo como Gerente de la Federación, cargo, que, por cierto, era incompatible con el de Presidente de la Federación (*vid. supra* apart. III.3.4. Lección Administración desleal, sobre las retribuciones indebidas de consejeros de entidades bancarias), aun así, se condenó por apropiación indebida por la diferencia; o en la SAP, Madrid, Sección 23ª, 104/2005, 29-10 (*Tol 796477)*: agente de bolsa que distrae 17.500.000 pesetas de la cuenta de un cliente y luego simula la compra de unas acciones, que nunca tuvo lugar.

Sin embargo, lo dicho no quita para que un administrador pueda tener un encargo específico o estar sometido a puntuales obligaciones específicas de entrega o devolución. En ese caso, no ya como administrador, sino como obligado a entregar o devolver los bienes que le hubieran sido confiados, podría cometer apropiación indebida si hace suyos dichos bienes o dispone de ellos para otros fines distintos de los estipulados. Si respeta dichas obligaciones específicas, pero vulnera los deberes de lealtad genéricos de administración leal y fiel (arts. 225 y ss. LSC), entonces sí, podría ser una conducta de administración desleal del art. 252 CP. Igual que si solamente hace un uso abusivo de ellos con perjuicio para el administrado, que habría que calificar como administración desleal. La Jurisprudencia a veces también recurre a ver quién resulta perjudicado, como criterio complementario para distinguir si estamos ante una apropiación indebida o una administración desleal. Si el perjudicado fuese un tercero, estaríamos ante una apropiación indebida; y si la perjudicada fuese la entidad de la cual el autor es administrador, estaríamos entonces ante una administración desleal.

P.ej., habría que calificar como apropiación indebida conforme al art. 253 actualmente vigente, aunque estemos en presencia de un administrador, casos como el de la STS 46/2008, 29-1 (*Tol 1294010)*: administrador que destina a fines propios y de la empresa en que trabajaba el dinero recibido de una cliente para pagar sendas liquidaciones por el impuesto de sucesiones; o el de la STS 117/2022, 10-2: administrador de una mercantil que recibió dinero de varias personas para invertirlo en la adquisición y rehabilitación de un concreto inmueble, pero luego lo destinó a un fin que nada tenía que ver con lo pactado. En este caso —dice la STS— *"no es que el administrador de una sociedad haya abusado de su condición en perjuicio de ella; es que ha defraudado la confianza depositada, en él o en la sociedad, por terceros que son los perjudicados; eso se castigaba en la fecha de los hechos como apropiación indebida"*.

En cuanto a la introducción de la "*custodia*" como ejemplo de los títulos idóneos para cometer apropiación indebida, debemos decir que no tiene tanta importancia como la desaparición de la "administración". La "custodia", en cuanto comporta una obligación de "*guardar algo con cuidado y vigilancia*" (según la definición de la voz "custodiar" del *Diccionario de la Lengua española* de la RAE), no es más que una especie del género de los títulos que producen una obligación de entregar o devolver la cosa recibida. Custodia significa algo más que simple tenencia o mero acceso a los bienes. Quien custodia algo tiene la obligación de guardarlo, defenderlo, asegurarlo, conservarlo, etc., pero en última instancia no puede quedarse con ello, tiene que devolverlo o entregarlo a alguien. En este sentido, el custodio tiene un encargo muy concreto sobre bienes ajenos, careciendo por completo de facultades de disposición, o, como mucho, teniéndolas muy limitadas. La custodia viene a ser una especie de depósito, la cual podría comprender supuestos como el del promotor que percibe cantidades anticipadas para la construcción de viviendas, que no es administrador de dichos fondos, pero tampoco es un depositario en sentido estricto (*infra* VIII.2).

La obligación de entregar o devolver las cosas recibidas puede tener su origen bien en un pacto entre las partes, ya sea por escrito o verbalmente [como en la STS 782/2008, 20-11 (*Tol 1413513*); en la SAP, Barcelona, Sección 6ª, 117/2016, 28-1], o en una disposición legal. A este respecto hay que destacar que la LO 1/2015, de 30 de junio, ha eliminado el tipo agravado que estaba previsto en el último inciso del art. 252 CP antes de 2015 relativo al "*depósito necesario o miserable*", regulado en los arts. 1781-1784 CC. Según el art. 1781 CC, "*es necesario el depósito: 1. Cuando se hace en cumplimiento de una obligación legal. 2. Cuando tiene lugar con ocasión de alguna calamidad, como incendio, ruina, saqueo, naufragio u otras semejantes*". Ahora se han equiparado en pena a los supuestos normales, cosa que igual no está justificada, sin perjuicio de aplicar en algún caso los tipos agravados del art. 250.1.1º CP ("*cosas de primera necesidad*") o 4º ("*especial gravedad, atendiendo... a la situación económica en que deje a la víctima o a su familia*").

El fundamento de aquella agravación residía en un mayor desvalor de acción, en tanto que la libertad a la hora de elegir depositario se encuentra cercenada por una obligación legal o por algún tipo de desastre. Además, en el caso de que el depósito tuviese su origen en algún tipo de catástrofe la agravación punitiva encontraba su razón de ser también en la obstaculización que puede ocasionarse a la ayuda destinada a las personas afectadas por el desastre y también por el desprecio e indiferencia del autor de la apropiación hacia la situación de necesidad y penuria en que se encuentran aquéllas.

En este tipo agravado entrarían todos aquellos supuestos en los que el depósito nace de una disposición legal, pero descartando los depósitos judiciales, que normalmente habría que calificarlos como malversación impropia del art. 435 CP. En la apropiación indebida podrían incluirse, por ejemplo, los depósitos de objetos en establecimientos hoteleros (art. 1783 CC), y CEREZO MIR ha considerado que se podía aplicar este tipo agravado a los incumplimientos del deber de retener el 3% del precio de la subasta de obras de arte para satisfacer el derecho de participación de los artistas (regulado por el RD 1434/1992, de 27-11) (sobre la retención del canon digital a favor de las sociedades de autores, *supra* III.3.1).

La obligación de entregar o devolver, como acuerdo entre dos (o más) personas, se rige básicamente por el principio de autonomía entre las partes, con lo cual el acreedor puede disponer libremente de dicha obligación, sin que el reconocimiento de la deuda por parte del autor de la apropiación pueda extinguir su responsabilidad penal por la infracción ya consumada. Sería algo así como si en el hurto el reconocimiento de la obligación de devolver la cosa por parte del autor excluyese su responsabilidad penal por la sustracción ya cometida. El sujeto pasivo podrá renunciar a la devolución de la cosa, pero su voluntad no excluye la responsabilidad penal por el delito consumado. Por tanto, el consentimiento de la víctima previo a la apropiación excluye la tipicidad, pero el posterior sólo puede tener relevancia a efectos de responsabilidad civil; y el reconocimiento de la deuda por parte del autor, no excluye la apropiación si la situación objetiva revela ya la imposibilidad de cumplir con la obligación de entrega o devolución.

A este respecto, el TS negó la posibilidad de apreciar delito de apropiación indebida en la condonación de la deuda por parte de la Caixa al PSC: ATS 22-02-2006 (*Tol 871923*); en cambio, en la STS 750/2006, 7-7 (*Tol 979547*) textualmente se dice obiter dicta que un "*Consejo de Administración no puede regalar a un tercero, sin justificación (acto de disposición), una cantidad de 25 millones de pesetas en perjuicio de los accionistas*", bien es cierto que en este caso, en el que se condenó, se trataba de un empleado que se estaba apropiando de dinero de la sociedad con conocimiento de los directivos de la Compañía y aunque no se denunciase por un tiempo los hechos ello no suponía aquiescencia al comportamiento delictivo. Y en efecto, la STS 1242/2005, 3-10 (*Tol 863950*) declara que "los directamente implicados (autor y víctima del delito) no pueden pactar nada que implique la extinción de la responsabilidad penal (art. 130 CP), por ser ello contrario a la ley (art. 1.255 CC), ya que los interesados únicamente pueden pactar sobre los aspectos concernientes a la responsabilidad civil". En sentido similar, la STS 30/2007, 17-1 (*Tol 1311944*). A este respecto cabe señalar que condonar una deuda, puede que no constituya apropiación indebida, pero puede ser constitutivo de un delito de administración desleal por omisión (*vid. supra* III.2. Lección Administración desleal).

El título puede ser, por tanto, cualquiera que transmita la posesión [la STS 273/2004, 5-3 (*Tol 365473*) absolvió por las dudas acerca de la verdadera naturaleza del contrato mercantil, próximo a un mecanismo de garantía, pero sin cesión], pero tiene que ser una posesión lícita y de buena fe. Si fuese ilícita o de mala fe, no se puede afirmar que estemos ante una apropiación indebida, sino más bien ante una estafa, una receptación, un blanqueo de capitales o simplemente ante una forma de participación punible en la conducta del que se la entregó, en función de las circunstancias del caso, o incluso ni siquiera eso, sino ante un simple ilícito civil (el negocio que transmite la posesión podría ser impugnable en esa vía).

El ladrón, por ejemplo, tiene en su poder la cosa, evidentemente no adquiere la propiedad y también tiene la obligación legal de devolver lo robado —art. 110 CP—, pero no posee la cosa lícitamente. Si se queda con la cosa no comete, además del robo o hurto, también apropiación indebida (por otra parte, tampoco se puede decir que haya «recibido» la cosa) y si se la entrega a un tercero de mala fe, es decir, que conozca el origen ilícito del bien, éste no cometería apropiación indebida vía participación punible, sino una receptación, o un blanqueo de capitales, o una cooperación necesaria en una estafa… Si el tercero es de buena fe, en cambio, sí que puede haber apropiación indebida, porque, aunque resulte paradójico, puede seguir existiendo la obligación de devolver la cosa al ladrón. Así, el art. 1.771 CC establece que «el depositario no puede exigir que el depositante pruebe ser propietario de la cosa depositada. Sin embargo, si llega a descubrir que la cosa ha sido hurtada y quién es su verdadero dueño, debe hacer saber a éste el depósito. Si el dueño, a pesar de esto, no reclama en el término de un mes, quedará libre de toda responsabilidad el depositario, devolviendo la cosa depositada a aquel de quien la recibió».

MANJÓN-CABEZA OLMEDA ha sintetizado las características que debe reunir el título idóneo de la apropiación indebida en las siguientes:

1) El título que provoca la inicial entrega de las cosas objeto de apropiación tiene que ser el mismo que el que obliga a la devolución de las cosas o a darles un destino concreto.

2) Las obligaciones de devolver en que consiste la responsabilidad por incumplimiento del débito no son aptas a los efectos del art. 252 CP, porque no se derivan del mismo título que motivó la entrega. Es decir, débito y responsabilidad son títulos distintos.

3) Sin embargo, no cualquier obligación de devolver que integre el débito puede dar lugar a un delito de apropiación indebida, sino sólo aquellas obligaciones de devolver que integren relaciones que no permiten actos de señorío. Así pues, hay que descartar del art. 252 CP aquéllas en las que el sujeto tiene una disponibilidad plena que le permite ejercitar todas las facultades inherentes al dominio.

> "*Lo que distingue radicalmente ambas relaciones* [títulos idóneos e inidóneos para la apropiación indebida] —dice la autora señalada— *no será la identificación de quién sea el propietario del dinero, ni el que se venga obligado a devolver lo mismo que se recibió u otro tanto. La diferencia vendrá marcada por el destino con el que se recibe el dinero, es decir por la* disponibilidad *que de él se permita al sujeto: en el mutuo se permite al sujeto cualquier uso del dinero que recibe, porque ésa es la finalidad de dicho contrato. El préstamo no impone ningún destino:* la disponibilidad es absoluta. *En la comisión, el comisionista no recibe el dinero para su uso, sino que viene obligado por el contenido del contrato a darle un destino determinado:* la disponibilidad queda determinada y restringida".

Dentro de los títulos que darían pie a calificar los hechos como apropiación indebida se incluyen, porque permiten tan sólo una disponibilidad limitada o restringida: el depósito, la comisión, el comodato, el mandato, el transporte, la prenda, el usufructo, el arrendamiento de cosas o de industria (SSAP, Valladolid, Sección 2ª, 310/2015, 24-11; Granada, Sección 2ª, 120/2020, 28-4, y Burgos, Sección 1ª, 61/2023, 15-2), la aparcería, el precario, el leasing [SSTS 1333/2005, 10-11 *(Tol 781385)*, y 684/2022, 7-7], porque hasta el final no se transmite la propiedad, el renting, el corretaje, la mediación [STS 326/2007, 26-4 (*Tol 1092868)*], o un cuaderno particional (STS 599/2022, 15-6). Respecto del contrato de arrendamiento de obra, la STS 304/2023, 26-4 señala que "*es figura contractual inidónea para cubrir las exigencias del delito de apropiación indebida; pero si se tratara de arrendamiento de obra sobre bien mueble y el objeto de apropiación fuera la propia cosa más allá de lo que autoriza el derecho de retención (art. 1.600 CC); o fuere arrendamiento de obra con aportación de materiales por parte del comitente y el contratista se apoderare de los mismos, cabe incurrir en apropiación indebida*".

Ejemplos de apropiación indebida en las SSTS 1168/2005, 18-10 (*Tol 738480)*: representante de Carlos Sobera, que se queda con parte del dinero pagado por *El Corte Inglés* por realizar unos anuncios de TV; 1001/2007, 30-11 (*Tol 1213962)*: empleado de empresa que recibe 50.000.000 pesetas con la finalidad expresa de que adquiera créditos en nombre propio para posteriormente cederlos a la primera, lo que no hizo, los adquirió pero no los cedió; 355/2014, 14-4: cantidades entregadas a los acusados con la exclusiva finalidad de que éstos procediera a pagar los honorarios de la procuradora y del letrado, pero nunca los abonaron ni tampoco han devuelto el dinero a pesar de los múltiples requerimientos; 484/2023, 21-6: recibir 29.000 € con la finalidad de comprar un camión hormigonera, no cumpliendo el mandato y haciendo suya la cantidad recibida; las SSAP, Islas Baleares, Sección 1ª, 65/2007, 22-6 (*Tol 1160356)*: Jefe de Servicio de un transporte de seguridad que hace suyos 200.000 € contenidos en una saca; Madrid, Sección 16ª, 26/2007, 12-3: empleada de una notaría que se apropia de más de 22.000.000 pesetas entregadas por clientes para la gestión de escrituras, como autoliquidación del impuesto, registro y otros trámites; Barcelona, Sección 6ª, 117/2016, 28-1: sujeto que convence a otras dos personas para invertir en Bolsa bajo su intermediación y extrae el dinero de la cuenta bancaria conjunta a través del cajero o en ventanilla para disponer de él como si fuera propio, sin destinarlo a ninguna inversión.

No quedarían incluidos, porque transmiten la propiedad, o mejor dicho, porque permiten una disponibilidad plena: la administración (la apropiación indebida de bienes administrados es ahora reconducible al art. 252), la compraventa [con respecto a las cláusulas de reserva de dominio o prohibición de enajenar, el Acuerdo Sala 2ª TS 3-2-2005 no las considera título del art. 252; SSTS 410/2005, 28-3 (*Tol 622937*); 179/2010, 9-3 (*Tol 1808668*)], la permuta, la dación en pago, la donación (STS 463/2022, 12-5: titular de un depósito a plazo fijo que decide cancelarlo e ingresar su importe en una cuenta de la exclusiva titularidad de la acusada, sin perjuicio de las acciones que pudieran corresponder a los legitimarios en la herencia), el vitalicio [cesión de bienes a cambio de la obligación de dar asistencia y cuidados durante toda la vida del o de los cedentes, véase la STS 132/2009, 9-2 (*Tol 1454155*)], el mutuo y el depósito irregular, sin perjuicio de la reclamación civil correspondiente. Así, la no devolución de la señal, arras confirmatorias o reserva entregada directamente al vendedor para la adquisición de un bien, que no se recibe, no daría lugar a apropiación indebida [p.ej., SSTS 974/2002, 27-5 (*Tol 203243*); 90/2006, 30-1 (*Tol 839460*): entrega de 1.000.000 pesetas a cuenta de la compra de un piso; 247/2006, 1-3: compraventa de vehículos; 7/2008, 17-1; SAP, Islas Baleares, Sección 1ª, 93/2006, 18-10]. Tampoco daría lugar a apropiación indebida por parte de abogados y procuradores si se trata del dinero recibido en concepto de provisión de fondos o como parte de sus honorarios (*infra* IX.6); como tampoco dan lugar a apropiación indebida la no devolución del pago por adelantado o anticipo [STS 33/2007, 1-2 (*Tol 1033429*)] o del dinero recibido en virtud de ejecución provisional cuando después la sentencia resulta revocada (STS 280/2022, 23-3: la ejecución provisional de condena dineraria supone que el ejecutante recibe el dinero como si fuese la ejecución definitiva, esto es, como efectivo pago de la obligación; la revocación posterior de la sentencia tendrá simplemente relevancia a efectos civiles). Distinto sería el caso de que se hubiese comisionado a un intermediario en el pago (p.ej., una agencia inmobiliaria, de viajes o una correduría de seguros) para la compra y éste se quedase con el dinero, sin entregárselo al vendedor ni devolverlo al comprador [SSTS 1020/2006, 5-10 (*Tol 1006856*); 858/2006, 14-9 (*Tol 995516*); 802/2007, 16-10 (*Tol 1177298*); 1077/2007, 13-12 (*Tol 1227422*); 143/2008, 10-4 (*Tol 1297070*); 835/2009, 14-7 (*Tol 1577852*); 92/2010, 11-2; 128/2019, 12-3; 899/2021, 18-11, y 703/2022, 11-7]; o el caso —así lo entendió la STS 997/2007, 21-11 (*Tol 1022907*)— de recibir dinero por los compradores de un inmueble para hacer efectivas las cargas, no destinándolo los vendedores a tal fin haciéndolo suyo (casos parecidos en las SSTS 10/2014, 21-1; 184/2015, 24-3; 9/2023, 19-1, y 204/2023, 26-4, que condenaron por apropiación indebida, lo cual puede ser discutible, cuando el vendedor no cumple con lo estipulado de levantar las cargas existentes sobre la finca vendida cuando parte del dinero obtenido con la venta estaba destinado a ese fin).

Así, respecto del **no cumplimiento del compromiso adquirido de destinar el dinero recibido al levantamiento de una hipoteca**, habría que distinguir según que dicho dinero forme parte del precio de venta o si forma parte del objeto de un mandato o comisión. Si no hay una separación nítida del dinero recibido en uno y otro concepto, la calificación como apropiación indebida no está clara. En la STS 204/2023, 26-4, se dice que "*el título por el que se recibe la cantidad correspondiente a la carga hipotecaria, aunque derive del contrato de compraventa era a modo de mandato y/o comisión para destinarlo en parte a la cancelación hipotecaria. Al no hacerlo quebrantó la confianza o lealtad debida, y se produjo la incorporación de la cantidad expresada al patrimonio de la sociedad*". Sin embargo, esta calificación puede resultar discutible, porque como han puesto de manifiesto los Magistrados A. del Moral y C. Lamela en el Voto particular a la STS 9/2023, 19-1: "*Una venta que transmite el dominio y un préstamo de dinero que, igualmente, transmite el dominio no pueden sustentar la tipicidad del art. 253 actual (anterior art. 252)* [...]. *El hecho probado proclama que los perjudicados entregaron a la empresa representada por los acusados... el pleno dominio de sus viviendas, así como 40.000 euros en efectivo a cambio de que los acusados formalizaran un contrato de reconocimiento de deuda y préstamo personal por virtud del cual se comprometían a abonarles una renta mensual de 1.200 euros como intereses y 120.000 euros en 2020. El incumplimiento de ese compromiso no supone apropiación. Sólo los títulos que transmiten la posesión, pero no el dominio, pueden alimentar esa tipicidad. Ni el préstamo ni la compraventa han sido jamás reconocidos en nuestra jurisprudencia como base habilitante para una condena por apropiación indebida... No destinar a la devolución del préstamo lo que se recibe en ese concepto y no destinar un dinero a cancelar una hipoteca de una finca propia (pues se está adquiriendo), ni, por supuesto, dejar de pagar los intereses pactados de un préstamo, puede ser apropiación indebida, salvo que empujemos al Código penal todos los impagos parciales o totales de créditos que se producen en la economía lo que supondría el colapso de la jurisdicción penal y una superpoblación reclusa que no sería absorbible por nuestro sistema penitenciario*".

Dicho todo esto sin perjuicio de que en el caso concreto se pueda demostrar un engaño previo, de tal manera que el autor no pretendía de antemano cumplir el compromiso que iba a asumir, lo que pudiera dar lugar a una condena por estafa.

4. Conducta típica

La conducta típica consiste en "*apropiarse*", de la cual "*negar haber recibido*" no es más que una forma de manifestarse la apropiación ya consumada. Por tanto, aunque aparentemente en el art. 253 CP figuren dos modalidades diferentes de conducta, en realidad estamos ante una sola: la de apropiarse.

4.1. Apropiarse: única conducta típica

Apropiarse supone disponer de la cosa como si fuera dueño, es decir, como si fuera propia, realizando sobre ella actos incompatibles con el título de su posesión y pretendiendo excluir de modo definitivo a su propietario de las facultades que ostenta sobre ella. La apropiación puede ser en beneficio propio o de un tercero. La LO 1/2015, de 30 de marzo, ha hecho referencia de modo expreso, a que se puede llevar a cabo "*para sí o para un tercero*".

A veces se dice, de modo incorrecto, que apropiarse significa hacer suya la cosa, hacerse dueño de ella, o que comporta incorporar de modo definitivo la cosa a su patrimonio, o que supone la conversión del título de posesión en título de dominio. Esto no es posible por la sencilla razón de que quien comete este delito no puede hacerse dueño del objeto. El propietario sigue siendo su propietario, de lo que se ve privado es de las facultades inherentes a su derecho (usar, disfrutar o disponer). El delito de apropiación indebida no es uno de los modos de adquirir la propiedad (art. 609 CC). Por tanto, el que se apropia de una cosa mueble ajena no se convierte en su dueño, sino que sólo actúa ilícitamente sobre ella como si lo fuese.

Dicho esto, conviene señalar que no todo el que se comporta respecto de la cosa como si fuese dueño, sin serlo, comete apropiación indebida. Puede disponerse en contra de lo pactado y no cometer apropiación indebida, porque se pretende devolver o entregar después la cosa recibida. E inversamente, puede no disponerse de la cosa y cometer apropiación indebida, porque la cosa recibida no se devuelve o no se entrega. Dicho con otras palabras, habría que distinguir entre lo que son *usos ilícitos dominicales apropiatorios* y *otros que no son apropiatorios*. Lo relevante, a efectos de esta distinción es si el uso no pactado, y por tanto ilícito, resulta compatible o no con el título idóneo del art. 253 CP y en virtud del cual se ha recibido la cosa: si es incompatible estamos ante un auténtico acto de apropiación (uso ilícito dominical constitutivo de apropiación indebida) y si es compatible estaríamos ante un mero ilícito civil o, si acaba causándose un perjuicio, ante una posible administración desleal (uso ilícito dominical no apropiatorio). Con otras palabras, la incompatibilidad con la obligación de entregar o devolver la cosa recibida significa que se trata de actos de apropiación definitiva y no de simples usos abusivos respecto de la cosa. De todas formas, la diferencia entre el ilícito civil y el ilícito penal también puede depender del elemento subjetivo.

Así pues, en esta conducta se deben distinguir dos aspectos: uno objetivo y otro subjetivo. El subjetivo lo veremos en el siguiente apartado. En el aspecto objetivo cabe distinguir, a su vez, dos vertientes. Por un lado, la realización de actos *uti dominus*, tales como la consumición, la enajenación, la donación, la conmixtión, la especificación u otra facultad dominical que impida cumplir con el título de su posesión que le obliga a entregar o devolver la cosa poseída. La otra vertiente está representada por la privación de estos bienes que experimenta el titular del derecho a exigir esa entrega o devolución de la cosa y que pierde las facultades inherentes al dominio de usar, disfrutar o disponer (física o jurídicamente) del bien, con el consiguiente perjuicio que ello le acarrea, tanto desde el punto de vista económico, como desde el punto de vista funcional o teleológico.

La apropiación (de *Aneignung* hablan los alemanes) y la correlativa expropiación (*Enteignung*) que comporta estos usos dominicales ilícitos convierten a la apropiación indebida en un delito de resultado (otros autores, como BAJO FERNÁNDEZ, califican este delito de mera actividad, porque según ellos no cabría una separación espacio-temporal de ambos aspectos), con la repercusión que ello tiene en las formas imperfectas de ejecución (*infra* VI) y también en la admisión de la comisión por omisión (art. 11 CP).

A propósito de la comisión por omisión en el delito de apropiación indebida, véase una amplia exposición en la STS 37/2006, 25-1 (*Tol 863885*), relacionada con la STS 71/2004, 2-2 (*Tol 352511*) —caso Torras I (operación Wardbase)—, en la que se condenó a Juan José Folchi, como cooperador necesario, por haber facilitado el número de cuenta secreto de un banco en Suiza (la cuenta de Prado y Colón de Carvajal) donde fueron a parar los 2.000.000.000 de pesetas distraídos del Grupo Torras, pero se absolvió del delito de apropiación indebida en comisión por omisión a Miguel Soler y José María Sot, ambos apoderados del Grupo Torras, porque ya existía un peligro de origen diverso a su omisión y cronológicamente anterior generado por otras personas, con lo que no se pudo imputar a ellos la producción del resultado.

También es muy importante, la STS 234/2010, 11-3 (*Tol 1808644*), que considera que la posición de garante de los miembros de un consejo de administración no conlleva un especial deber de vigilancia respecto del aprovechamiento de las actividades delictivas de otros miembros del consejo en el ejercicio de su cargo, es decir, existen deberes de vigilancia, pero que no alcanzan a vigilar la comisión de delitos por otros miembros del consejo, lo cual, prima facie, parece una solución razonable (SILVA SÁNCHEZ; *vid. infra* Lección delitos societarios apartado II.2.2). En cambio, el Magistrado Bacigalupo Zapater, en el Voto particular formulado a esta sentencia, ha expresado su parecer contrario, afirmando que "*por el contrario, un ordenado comerciante tiene la obligación de vigilar que otros miembros del consejo de administración no distraigan dinero de la sociedad*".

4.2. La distracción de dinero como conducta apropiadora

El tipo penal de apropiación indebida antes de la reforma de 2015 mencionaba junto a la conducta de "*apropiarse*" también la de "*distraer*". Como ya se indicó, ello dio pie a una corriente jurisprudencial que distinguía ambas conductas. La

Doctrina mayoritaria, en cambio, consideraba que se trataban de conductas equivalentes. Distraer no sería más que una modalidad de apropiarse. No bastaba con dar a la cosa un uso distinto del debido, sino que eran precisos verdaderos actos de apropiación definitiva, es decir, el uso o destino que se le diese a la cosa tenía que ser incompatible con la obligación de entrega o devolución.

La STS 1212/2003, 9-10 (*Tol 316526*) (caso IGS-PSV), por ejemplo, señaló que "*los actos dispositivos realizados por el acusado no se acomodaban, ni mucho menos, a tal limitada autorización. Sería factible que tales fondos se pudieran invertir en letras del Tesoro, por poner un ejemplo, ya que en cualquier momento podría recuperarse el numerario invertido, con los correspondientes rendimientos. Lo que hizo el impugnante, fue aplicarlo a otras sociedades y fines, dentro del complejo creado por UGT, en los cuales no existían ingresos propios. Como la sentencia combatida repite hasta la saciedad, los únicos ingresos de PSV eran las aportaciones de los cooperativistas, demandantes de viviendas, de tal suerte que las aplicaciones desviadas llevadas a cabo por el acusado recurrente provenientes de los fondos recibidos en el concepto mencionado no tenían posibilidades de retorno a su origen, al haber sido consumidas y gastadas en otros fines sociales distintos que desarrollaban las diversas entidades, agrupadas a través de IGS... Por tanto, cabe estimar, en contra de lo aducido por el motivo, que el elemento subjetivo (conciencia y voluntad del autor) abarcaba la propia conducta de distracción, el perjuicio que se originaba, así como el incumplimiento de la obligación de devolver que se asumía, desde el momento en que se utilizaban los fondos para fines distintos, sin garantizarse a través de los medios adecuados la devolución de aquéllos en el caso de incumplimiento de la finalidad que motivó su entrega...*".

La Jurisprudencia (y cierto sector de la Doctrina), sin embargo, hablaban de una distracción sin apropiación, lo que permitió castigar al administrador de un banco que dispuso de 600.000.000 pesetas sin dar explicación admisible de su acto de disposición, pero sin requerir además que existiese prueba del ingreso del dinero en su patrimonio [*leading case*: STS 224/1998, 26-2 (*Tol 78342*)—caso Argentia Trust].

Esta interpretación fue ratificada en numerosas SSTS posteriores (*supra* I.2 de la Lección sobre Administración desleal). En ellas se puede leer que

"*el [anterior] art. 252 CP sanciona dos tipos distintos de apropiación indebida: la que consiste en la «apropiación» propiamente dicha que comete el poseedor legítimo que incorpora a su patrimonio las cosas muebles ajenas con ánimo de lucro, o niega haberlas recibido, y la legalmente caracterizada como «distracción» o gestión desleal que se comete perjudicando patrimonialmente a su principal distrayendo el dinero cuya disposición tiene a su alcance... En la modalidad de apropiación consistente en la gestión desleal, el elemento específico, además de la administración encomendada, radica en la infracción de un deber de fidelidad, deducible de una relación especial derivada de algunos de los títulos consignados en el art. 252 del Código penal y la actuación en perjuicio del patrimonio ajeno producido por la infidelidad, y el tipo se realiza, aunque no se pruebe que el dinero ha quedado incorporado al patrimonio del administrador, únicamente con el perjuicio que sufre el patrimonio del administrado, como consecuencia de la gestión desleal de aquel, esto es, como consecuencia de una gestión en que él mismo ha violado los deberes de fidelidad inherentes a su status. Así, la acción típica es la disposición del dinero que se administra en perjuicio de la persona física o jurídica titular del patrimonio administrado, sin que sea imprescindible en este tipo —aunque tampoco cabe descartarla— la concurrencia del* animus rem sibi habendi, *sino solo la del dolo genérico que consiste en el convencimiento y consentimiento del perjuicio que se ocasiona.*

En definitiva —según esta Jurisprudencia—, *apropiarse significa incorporar al propio patrimonio la cosa que se recibió en posesión con la obligación de entregarla o devolverla. Distraer es dar a lo recibido un destino distinto del pactado. Si la apropiación en sentido estricto recae siempre sobre cosas no fungibles, la distracción tiene como objeto cosas fungibles y especialmente dinero. La apropiación indebida de dinero es normalmente distracción, es empleo del mismo en atenciones ajenas al pacto en cuya virtud el dinero se recibió, que redundan generalmente en ilícito enriquecimiento del detractor, aunque ello no es imprescindible para que se entienda cometido el delito.*

Por ello, cuando se trata de dinero u otras cosas fungibles, el delito de apropiación indebida requiere como elementos del tipo objetivo:

a) Que el autor lo reciba en virtud de depósito, comisión, administración o cualquier otro título que contenga una precisión de la finalidad con que se entrega y que produzca consiguientemente la obligación de entregar o devolver otro tanto de la misma especie y calidad.

b) Que el autor ejecute un acto de disposición sobre el objeto o el dinero recibidos que resulta ilegítimo en cuanto que excede de las facultades conferidas por el título de recepción, dándole en su virtud un destino definitivo distinto del acordado, impuesto o autorizado.

c) Que como consecuencia de ese acto se cause un perjuicio en el sujeto pasivo, lo cual ordinariamente supondrá una imposibilidad, al menos transitoria, de recuperación".

Hay algunas afirmaciones en el texto transcrito que no compartimos, como que la apropiación recae sobre cosas no fungibles, mientras que la distracción tiene como objeto cosas fungibles y especialmente el dinero. También se pueden distraer cosas específicas y concretas, destinándolas a usos distintos de los debidos. Pero lo importante no es esto. Lo importante es, ya sean cosas fungibles o no, si el sujeto incumple o no con la obligación específica de entregarlas o devolverlas. Ya se ha dicho que uno puede disponer, incluso como si fuese dueño, de las cosas recibidas sin cometer delito de apropiación indebida, siempre y cuando dicho acto dispositivo no impida el cumplimiento de la obligación de devolución o entrega (p.ej., constituir un depósito a plazo fijo con el dinero recibido con la intención de quedarse con los intereses y luego devolver el capital invertido). Una cosa son los usos ilícitos dominicales no apropiatorios y otra distinta es la apropiación indebida, y en este sentido es correcta esta Jurisprudencia cuando afirma que tiene que darse al objeto "*un destino definitivo distinto del acordado, impuesto o autorizado*". La Jurisprudencia maneja también el criterio de llegar a un punto sin retorno o de no retorno para constatar la existencia de una apropiación indebida (*vid. infra* VI).

La EM de la LO 1/2015, de 30 de marzo, parece que quiere responder a aquella Jurisprudencia que admitía la existencia de una administración desleal dentro del delito de apropiación indebida en la modalidad de distracción, al afirmar que queda "*ya fuera de su ámbito la administración desleal por distracción de dinero, que pasa a formar parte del tipo penal autónomo de la administración desleal, lo que hace necesaria una revisión de su regulación, que se aprovecha para simplificar la normativa anterior*". Sin embargo, tampoco es del todo cierta esta afirmación, porque lo determinante, desde nuestro punto de vista, es el título en virtud del cual se ha recibido el objeto y no se puede decir con absoluta rotundidad que la distracción de dinero es ahora siempre administración desleal del art. 252 CP (como hace, por ejemplo, la STS 278/2018, 12-6: "*si el dinero o lo recibido* —dice— *no hay que devolverlo, sino que ha de administrarse, empleándolo en un fin concreto* [¿esto no es una obligación concreta de entregar?], *no habrá apropiación indebida sino administración desleal*"). En unos casos será administración desleal, en otros será apropiación indebida, en función de la conducta llevada a cabo, sí, pero también en función del título en virtud del cual se tenga la disponibilidad sobre el dinero.

Parece que no le da importancia al título y se fija exclusivamente en la conducta, la STS 631/2023, 20-7, cuando señala que "*En definitiva, se establece como criterio diferenciador entre el delito de apropiación indebida y el de administración desleal la disposición de los bienes con carácter definitivo en perjuicio de su titular (caso de la apropiación indebida) y el mero hecho abusivo de aquellos bienes en perjuicio de su titular, pero sin pérdida definitiva de los mismos (caso de la administración desleal), por todas STS 476/2015, de 13 de julio*". "*Tras la reforma legal operada por la LO 1/2015* —continúa—, *el art. 252 recoge el tipo de delito societario de administración desleal del art. 295 derogado, extendiéndolo a todos los casos de administración desleal de patrimonios en perjuicio de su titular, cualquiera que sea el origen de las facultades administradoras [cualquiera no: por ley, por encomienda de una autoridad, o mediante negocio jurídico], y la apropiación indebida los supuestos en los que el perjuicio ocasionado al patrimonio de la víctima consiste en la definitiva expropiación de sus bienes, incluido el dinero, conducta que antes se sancionaba en el art. 252 y ahora en el art. 253 (STS 700/2016, de 9 de septiembre, 163/2016, 2 de marzo, etc.)*", pero habría que añadir: siempre y cuando los bienes se hayan recibido en virtud de un título que comporta una disponibilidad limitada de ellos, pues si es en virtud de amplias facultades para administrarlos, entonces, la conducta apropiativa habría que reconducirla al delito de administración desleal del art. 252 actual.

Incluso tampoco habría por qué descartar otras figuras delictivas. P.ej., en la STS 163/2016, 2-3, consideramos que habría que haber calificado los hechos más bien como una estafa informática de la letra a) del art. 248.2 CP en la fecha de los hechos [hoy 249.1.a) CP] consistente en conseguir una transferencia no consentida de cualquier activo patrimonial con ánimo de obtener un beneficio económico ilícito. En aquel caso el contable de una empresa, poseedor de las claves para operar a través de la banca electrónica, efectuó un total de 2.124 transferencias desde la cuenta de la empresa a otras de su titularidad, por importes entre los 40 y 4.200 €, sumando un total de casi 300.000 €. La STS confirmó la condena de la SAP, Barcelona, Sección 8ª, 423/2015, 11-5, por apropiación indebida, fijándose más bien en si había una distracción de dinero, pero sin entrar a analizar el título en virtud del cual se tenía la disponibilidad del dinero de la empresa. No obstante, cabe admitir la idoneidad del título del art. 253, por cuanto se dice que el contable era el único que se ocupaba de las deudas de clientes y de los pagos que estaban pendientes, y en este sentido se puede entender que tuviese un encargo específico de dar un fin concreto al dinero del cual podía disponer. No obstante, compárese con la SAP, Lleida, Sección 1ª, 173/2021, 28-5, citada *supra* I.2.1, que calificó los hechos como hurto y no como apropiación indebida, en el caso del contable del Club de Tenis que, aprovechando que tenía acceso a la caja fuerte del Club, se fue apoderando de diversas cantidades en metálico.

Si se trata de un título que otorga una disponibilidad limitada, o si se prefiere, si el título obliga a dar un destino concreto y determinado al dinero, estamos ante una apropiación indebida si se incumple definitivamente con dicha obligación. En cambio, si el sujeto activo tiene amplios poderes de disposición, como sucede en la administración o en un mandato general expreso, estaríamos ante una administración desleal, aunque se haya apropiado del dinero para sí o para un tercero.

No obstante, la práctica de los Tribunales en la actualidad muestra que el criterio decisivo, sobre todo cuando se trata de **disposiciones no consentidas de dinero ajeno por parte de personas autorizadas en cuentas bancarias**, no es tanto el título en virtud del cual se tiene acceso a dicha cuenta y se puede operar con ella, sino la conducta llevada a cabo por el sujeto. Basta con que se demuestre que se ha distraído el dinero, en el sentido de llevar a cabo actos apropiativos sin consentimiento de los titulares, para condenar por apropiación indebida. Botón de muestra sería, por ejemplo, la STS 586/2022, 14-6, que confirma una condena por apropiación indebida del sobrino que realizó diversos reintegros y extracciones *"aprovechando que figuraba en la cuenta corriente de su tío como autorizado"*, sencillamente porque *"la recepción se concreta en la facultad de disposición otorgada de los fondos de la cuenta corriente y las disposiciones económicas implican el punto sin retorno por el que los bienes entregados en virtud de confianza llegan al patrimonio del autor que se los apropia"*; o la STS 442/2023, 14-6, que confirmó la condena por apropiación indebida de la SAP, Zaragoza, Sección 3ª, 57/2021, 9-2, en la cual se describe cómo, fruto de la *"relación de amistad"* entablada entre el acusado y el matrimonio, se le llegó a incluir como autorizado en una cuenta bancaria. Sin su consentimiento, el autorizado solicitó y obtuvo una tarjeta de débito, que le permitió realizar diversas extracciones dinerarias a través de cajeros automáticos, además de hacer también otras disposiciones en efectivo a través de ventanilla y hasta realizar una transferencia a un concesionario para comprar un coche a su hija.

En nuestra opinión, los Tribunales deberían fundamentar mejor la calificación de los hechos, pues es necesario diferenciar el tipo de relación que vincula al autor con el patrimonio ajeno, pues en algunos supuestos estaríamos más que ante una apropiación indebida, ante una administración desleal, o incluso, ante un simple hurto. *Vid. supra* III.1.2. Lección Administración desleal, allí traíamos a colación la STS 491/2021, 3-6, en la que se condenó por administración desleal en un supuesto similar, en el que *"la acusada llegó a tener facultades para administrar el patrimonio ajeno y que aprovechando la situación de especial vulnerabilidad de la víctima, por los problemas de salud que tenía y de los que ella era conocedora, así como su condición de autorizada en la cuenta del titular, dispuso del mismo hasta dilapidar los ahorros íntegros de su pareja"*. Téngase en cuenta que para la administración desleal tampoco basta tener un mero poder fáctico para poder incidir en la esfera patrimonial ajena, sino que es necesario ostentar una determinada posición jurídica para actuar en virtud de la *"ley"*, por encomienda de la *"autoridad"* o asumida *"mediante un negocio jurídico"*. ¿Para qué se autoriza a alguien a operar en una cuenta bancaria? Ese es el quid de la calificación de los hechos como apropiación indebida, como administración desleal o simplemente como hurto. La mera facultad de disposición de los fondos de la cuenta corriente puede concebirse como una recepción, pero todavía resta por determinar en virtud de qué título se habrían recibido. La Jurisprudencia recalca que la distracción, como modalidad de apropiación, consiste en dar al dinero un destino *"definitivo"* y *"distinto del acordado, impuesto o autorizado"*. ¿Es por amistad o porque sencillamente es su hijo/a o sobrino/a *"por si pasa cualquier cosa"*? En estos casos las distracciones de dinero no consentidas serían más bien hurtos con la agravante, en su caso, de abuso de confianza (art. 22.6ª CP) (por cierto, en la STS 586/2022, 14-6, antes citada, de modo más que discutible, corroboró la aplicación del tipo agravado del art. 250.1.6º de abuso de relaciones personales, simplemente por el parentesco de tío-sobrino). Evidentemente la autorización en una cuenta bancaria no es una donación del dinero que hay en ella (así lo remarca la STS 303/2021, 9-4). Si se autoriza a alguien, ¿es para que pueda gestionar cobros y pagos que deba hacer el titular de la cuenta? En este caso podríamos decir que hay un mandato general para administrar y podríamos calificar la distracción de fondos como administración desleal del art. 252 CP, porque se han asumido las facultades para administrar *"mediante un negocio jurídico"* en interés del titular. ¿Es para que se encargue sólo de sacar dinero para ir a la compra, p.ej.? Entonces sí, podríamos decir que la distracción de dinero de la cuenta sería constitutiva de apropiación indebida del art. 253 CP, pues la facultad para disponer está limitada, no es tan amplia como en el caso anterior, y se tiene la obligación de dar un destino concreto y determinado al dinero, sería un mandato especial y se tiene una obligación específica de *"entregar"*. Por eso entendemos que hay que precisar exactamente el tipo de relación jurídica que se ha establecido entre autor y víctima, pues la calificación penal puede variar. Volviendo al caso de la STS 442/2023, 14-6, la condena por apropiación indebida estaría justificada no tanto porque se le haya autorizado *"por amistad"*, lo cual no pasaría de un simple hurto, sino porque se le autorizó, se dice, porque *"no tenía ninguna cuenta corriente y para facilitar el ingreso de los pagos de gas, de agua, luz, etc."*. Es decir, el matrimonio le dejó la cuenta corriente para que él domiciliase ahí los recibos; para nada más. Por tanto, la autorización era con un encargo muy concreto, con una facultad de disposición muy limitada, y, por tanto, al distraer los fondos de la cuenta corriente y destinarlos a otros fines de los autorizados en beneficio propio y de su hija, cometería una apropiación indebida, más que una administración desleal, o un simple hurto. En este mismo sentido, la STS 303/2021, 9-4, también condenó por apropiación indebida a una empleada doméstica que se convirtió en cuidadora de un anciano y que abusó del poder conferido para *"extraer el dinero necesario para atender las necesidades diarias de D. Roque y gastos ordinarios de la vivienda; ya que todos los demás gastos, su pago lo tenía domiciliado en otra cuenta"*. A partir de ahí la acusada comenzó a disponer del dinero para menesteres distintos de los encomendados, realizando sucesivas extracciones de dinero en cajeros automáticos y en ventanilla.

Hay que tener en cuenta que la administración ya no es un título expresamente mencionado en el art. 253 CP, por lo que en estos casos de dar al dinero un destino definitivo distinto del autorizado no podría calificarse como apropiación indebida, sino que habría que reconducir estos supuestos a la administración desleal del art. 252 CP. Del mismo modo, si el administrador hace simplemente una utilización de los bienes administrados en beneficio propio o de un tercero con perjuicio para el principal (daño emergente o lucro cesante), pero sin intención de apropiarse de ellos y sin excluir al propietario de ellos (p.ej., el administrador que con dinero de la entidad se concede un crédito abusivo en condiciones perjudiciales para el administrado), hoy habría que calificarlo como un delito de administración desleal del art. 252 CP y no de apropiación indebida del art. 253 CP.

La Jurisprudencia actual, que hemos citado antes a propósito del dinero como objeto material del delito (entre otras, las SSTS 163/2016, 2-3, 700/2016, 9-9 —caso NovaCaixaGalicia—, y 407/2020, 20-7 —caso Secretario del SOMA-UGT), creemos que acierta cuando califica como administración desleal "*el mero hecho abusivo de aquellos bienes en perjuicio de su titular, pero sin pérdida definitiva de los mismos*", frente a "*la disposición de los bienes con carácter definitivo en perjuicio de su titular*", que sería apropiación indebida. Sin embargo, consideramos que incurre en cierta confusión cuando califica como apropiación indebida todos aquellos "*supuestos en los que el perjuicio ocasionado al patrimonio de la víctima consiste en la definitiva expropiación de sus bienes, incluido el dinero*", sin tener en cuenta el título en virtud del cual se han recibido y la disponibilidad limitada o amplia que otorga sobre ellos. Volvemos a insistir en que no se debe perder de vista que la administración ya no figura como título idóneo para cometer apropiación indebida. Y es que se puede apreciar cierto batiburrillo en la enumeración que se hace de las SSTS que han mantenido la calificación por delito de apropiación indebida de dinero. Así, por ejemplo, parece claro calificar como apropiación indebida del art. 253 el caso de la STS 431/2015, 7-7 (apropiación por comisionista de dinero de su empresa), el de la STS 485/2015, 16-7 (dinero entregado para la cancelación de un gravamen sobre una vivienda), el de la STS 732/2015, 23-11 (dinero entregado a un agente inmobiliario para la compra de una vivienda y no se lo entrega a la vendedora, sino a un amigo), el de la STS 65/2016, 8-2 (apropiación de dinero por agente de viajes), o el de la STS 89/2016, 12-2 (apropiación de dinero entregado como anticipo de la compra de viviendas). Pero más discutibles son los casos como el de la STS 430/2015, 2-7 (apropiación de dinero por el Consejero Delegado de una empresa), el de la STS 414/2015, 6-7 (apropiación por la tutora del dinero de sus pupilos), el de la STS 592/2015, 5-10 (apropiación de dinero por Director General de una empresa), el de la STS 80/2016, 10-2 (apropiación indebida de dinero por el patrono de una fundación), o el de la STS 152/2018, 2-4 (directora de residencia de mayores que utilizando un poder de contratación otorgado con plenitud de facultades del residente vende una vivienda en construcción y se queda con las cantidades obtenidas), que parecen más bien constitutivos de administración desleal del art. 252 CP.

Habrá que ver cómo discurre la Jurisprudencia en el futuro, porque en gran medida los casos que llegan al TS se refieren todavía a hechos cometidos antes de la entrada en vigor de la reforma de 2015 en julio de ese año, pero podemos advertir en las decisiones que ya se han pronunciado sobre esta cuestión cierta inercia o vis atractiva de la apropiación indebida del art. 253 CP respecto de administraciones desleales apropiativas más propias del art. 252 CP, particularmente cuando recaen sobre dinero, olvidándose que la "*administración*" ya no es título idóneo del art. 253 CP (p.ej., la STS 318/2022, 30-3, condena por apropiación indebida al cónyuge en trámites de separación que transfiere una cantidad de dinero de la cuenta ganancial a una de titularidad propia).

Aparte de las SSTS antes citadas, véase, p.ej., la SAP, Cantabria, Sección 1ª, 168/2022, 17-5, que condenó por apropiación indebida al administrador de una sociedad mercantil, el cual efectuó numerosas disposiciones de efectivo, extracciones de dinero de cajeros, pagos con tarjeta y transferencias con cargo a la cuenta de la entidad para fines que no eran en beneficio de la sociedad, sino propios del administrador, como compras personales, abono de aparcamientos, pagos de viajes, restaurantes, combustible, incluso hasta para el abono de pensiones alimenticias en favor de su ex cónyuge. Dice que es cierto que *"la actuación del hoy acusado ocasionó con su administración incompatible con los principios básicos de la recta utilización de los bienes de la sociedad un perjuicio patrimonial a la misma, pero ello precisamente constituyó el delito de apropiación indebida, por cuanto consta que destinó los fondos de la sociedad a fines distintos de los que le eran propios superando el punto sin retorno y beneficiándose de ello. Por lo tanto, no cabe castigar por dos delitos distintos al acusado con el mismo fundamento y por el mismo hecho"*.

4.3. Negar haber recibido: forma de manifestación de la apropiación ya consumada

Negar haber recibido (o afirmar falsamente que se ha devuelto), quedando demostrada la entrega de la cosa, sólo puede ser interpretado como una voluntad de apropiación [así, las SSTS 1056/2005, 27-9 (*Tol 725636*), y 634/2007, 2-7 (*Tol 1124017*), entre otras]. Ahora bien, esto no quiere decir que nos encontremos ante una modalidad de conducta distinta de la apropiación en sí. Simplemente supone que se confirma lo ya acaecido, esto es, la apropiación ya se habría consumado, o todo lo más se produciría a la vez. Como decía QUINTANO RIPOLLÉS, esta modalidad carece de trascendencia típica en sí misma, "*constituyendo un engaño adicional morfológicamente intrascendente, indicativo a lo sumo de la realidad del ánimo de hacer suya la cosa por parte del receptor*".

El silencio reiterado tras los correlativos requerimientos de entrega de la cosa también puede ser punible, aunque no tanto como apropiación indebida por omisión, sino como prueba de la previa apropiación.

La STS 128/2008, 28-2 (*Tol 1292766)*, revocó la condena por estafa procesal, pero mantuvo la de apropiación indebida, para quien negó la recepción de una cantidad dineraria con el propósito de cobrar dos veces por un mismo concepto. Sin embargo, esta resolución es discutible, porque no se recibió el dinero con la obligación de entregar o devolverlo, fue en pago de parte de unos trabajos de construcción.

IV. TIPO SUBJETIVO

El tipo subjetivo está compuesto por el dolo o voluntad de apropiación. No es necesario el ánimo de lucro, pues la Ley no lo exige expresamente, aunque tradicionalmente Doctrina y Jurisprudencia lo vienen exigiendo implícitamente.

1. El *dolo* debe abarcar todos los elementos típicos, en particular, el haber recibido la cosa en virtud de un título que produzca obligación de entregarla o devolverla; y además debe concurrir una voluntad de apropiación o *animus rem sibi habendi* (elemento volitivo).

La STS 1206/2005, 14-10 (*Tol 738488)*, absolvió a dos empleados de banca que hicieron un cargo de 6.000.000 pesetas sin autorización escrita de las titulares, pero creyendo que la persona que lo había autorizado, el padre, tenía poderes suficientes para ello; la STS 145/2006, 20-2 (*Tol 843471)*, absolvió a los promotores de viviendas que recibieron dinero de los compradores, pero construyeron sólo un 30% de la obra, sin que se apropiasen de dinero ni lo invirtieran en finalidades ajenas al destino por el que se entregó, sino que la falta de conclusión de las obras se debió simplemente a su mala gestión o imprevisión, pero nunca con la intención de perjudicar dolosamente a los compradores; la STS 245/2007, 16-3 (*Tol 1075972)*, absolvió a los patronos que imputaron inicialmente a la fundación los costes judiciales contra otro patrono, pero ante el planteamiento de una controversia sobre si la fundación debía hacerse cargo de los gastos, consignaron las cantidades inicialmente imputadas, no observando en su actuación la presencia de *"dolo de enriquecimiento propio o de generar perjuicio para la fundación"*; la STS 824/2007, 21-9 (*Tol 1174783)*, absolvió a una mujer casada en régimen de separación de bienes, que se apropió de mobiliario de la vivienda familiar, porque no tenía conocimiento de que fuese ajeno; la STS 374/2008, 24-6 (*Tol 1343759)*, absolvió al administrador de una sociedad mercantil que tras detectar ciertas irregularidades en la actuación del resto de administradores abrió una cuenta bancaria a su nombre con dinero de la sociedad y posteriormente ordenó al banco emitir un cheque a favor de ella, depositándolo en una notaría; la SAP, Zaragoza, Sección 3ª, 18/2003, 21-2 (*Tol 425300)*, absolvió —por entender que se trataba de una cuestión civil de incumplimiento de contrato— al arrendatario de una apisonadora que no pagaba la renta y que además la abandonó; o la SAP, Granada, Sección 2ª, 225/2020, 9-7, absolvió por no quedar claro que existiese una voluntad apropiadora, en un caso en que se dejó de amortizar un préstamo hipotecario destinado a los débitos de las entidades mercantiles administradas por los acusados, al no poder hacer frente a las deudas, lo que perjudicó a la garantía hipotecaria y personal de los querellantes y de los acusados, siendo inocuo que éstos efectuasen luego un cambio del régimen económico matrimonial de gananciales a separación de bienes, puesto que ambos respondían solidariamente con todos sus bienes de dicho préstamo.

La SAP, Guipúzcoa, Sección 3ª, 10/2020, 27-1, condenó por apropiación indebida al no devolver un ordenador recibido en préstamo de una biblioteca valorado en 450 €, deduciendo el elemento volitivo de *"indicios y elementos concomitantes, centrándonos particularmente en su conducta con posterioridad al momento en el cual venció el plazo para la devolución del aparato… es preciso destacar como evidente síntoma de su propósito apropiatorio la conducta evitativa del acusado ante el conocimiento de lo que debía hacer… En tal sentido, ni acudió a la biblioteca para explicar la supuesta sustracción, ni atendió a los requerimientos que le fueron dirigidos por dicho centro tanto a través de correo electrónico como por teléfono —al respecto sólo dice que cree que habló con alguien pero ni siquiera muestra plena convicción al respecto, a diferencia de lo manifestado por la responsable de la biblioteca que lo niega con rotundidad—, y ni tan siquiera interpuso denuncia alguna ante la policía respecto a lo que manifiesta que le sucedió. Y no es que su actitud fuese transitoria, sino que dejó pasar varios meses, los que transcurrieron hasta que la representante de la biblioteca interpuso la denuncia, sin que diese noticia alguna durante dicho lapso temporal... ni siquiera su justificación acerca del motivo de no haber acudido a la policía es creíble, ya que manifiesta que no lo hizo porque no tiene papeles y porque está irregular en territorio nacional, cuando ello es manifiestamente falso, por cuanto a que... resulta que por mucho que tenga la nacionalidad ghanesa, también es nacional del Reino Unido, es decir, es una persona perteneciente a la Unión Europea con pleno derecho a permanecer en territorio nacional".*

Por consiguiente, queda excluida del ámbito del art. 253 CP la apropiación indebida de uso (no obstante, para los vehículos a motor se podría plantear la aplicación del art. 244.1 CP en la modalidad de utilización sin la autorización debida; y sin perjuicio de que los hechos puedan ser subsumibles en el delito de administración desleal del art. 252 CP, en su caso).

La STS 117/2022, 10-2, aclara que no es exactamente apropiación indebida de uso el hecho de desviar fondos en la confianza, más o menos fundada, de poder reponerlos. "*La esperanza de devolver* —dice— *no excluye el dolo característico de la apropiación, interpretemos como interpretemos el antiguo término distraer (que en ocasiones se interpretó como apropiación con ánimo de restituir). No se ignora desde luego que alguna línea jurisprudencial, plasmada en no pocas sentencias, refrendaría esa línea de argumentación que, no obstante, obliga a la difícil tarea de discriminar entre los casos en que existe un decidido propósito de restitución de aquellos otros (en los que parece encuadrarse este supuesto) en que la voluntad de real apropiación (usos dominicales) viene adornada o matizada con la intención de reponer si al final resulta posible (dolo eventual)*".

Para la modalidad de distracción de dinero, la Jurisprudencia había señalado que "*el tipo subjetivo no consiste exactamente en el ánimo de apropiarse la cantidad recibida, sino en la conciencia y voluntad de burlar las expectativas del sujeto pasivo en orden a la recuperación o entrega del dinero, o dicho de otra manera, en la deslealtad con que se abusa de la confianza de aquél, en su perjuicio y en provecho del sujeto activo o de un tercero*" [STS 576/2007, 22-6 (*Tol 1113068*), y ATS 187/2008, 24-1].

2. Quienes exigen el *ánimo de lucro* lo interpretan como en otros delitos. Ahora bien, la Jurisprudencia, aun admitiendo la presencia del ánimo de lucro en la mayoría de los casos, aclara que en la modalidad de distracción no siempre formaría parte de esta [STS 1212/2003, 9-10 (*Tol 316526*)].

Así, la STS 474/2016, 2-6, trayendo a colación otras sentencias (SSTS 47/2009, 27-1; 625/2009, 16-6; 732/2009, 7-7; 547/2010, 2-6; y 504/2013, 10-6), afirma que "*dos requisitos tan sólo han de concurrir para que esta conducta se integre en el tipo de apropiación indebida: que la distracción suponga un abuso de la confianza depositada en quien recibe el dinero y que la acción se realice en perjuicio de quienes se lo han confiado, esto es, a sabiendas de que se les perjudica y con voluntad de hacerlo, bien entendido que la apropiación indebida no requiere un enriquecimiento del sujeto activo, sino perjuicio del sujeto pasivo, lo que rige tanto en el supuesto de apropiación de cosas como en la consistente en la distracción del dinero, y que el elemento subjetivo del tipo del art. 252 sólo requiere que el autor haya tenido conocimiento de que la disposición patrimonial dirigida a fines diversos de los que fueron encomendados, produciría un perjuicio del titular. No es necesario que se produzca un lucro personal o enriquecimiento del autor, sino lisa y llanamente un perjuicio del sujeto pasivo. La razón es sencilla: el contenido criminal de este delito se da íntegramente con el conocimiento de que el dinero distraído no se ha incorporado al patrimonio de su titular o se le ha dado un destino distinto a aquel para el que fue recibido".*

V. JUSTIFICACIÓN

Doctrina y Jurisprudencia han venido resolviendo el tema de la liquidación de cuentas pendientes a través de la causa de justificación de obrar en el ejercicio legítimo de un derecho. Sin embargo, en la actualidad se va imponiendo la solución de tratar estos supuestos como causas de atipicidad (bien por la ausencia de dolo o bien de perjuicio).

El TS ha reiterado numerosas veces que existiendo créditos recíprocos y una posibilidad de compensación entre ellos, en las condiciones de los arts. 1195 y 1196 CC, es decir, que se trate de obligaciones principales, vencidas, líquidas y exigibles, compensables por su naturaleza al tratarse, por ejemplo, de deudas dinerarias, y sin que exista pendencia o reclamación sobre ellas, no cabe subsumir los hechos en el delito de apropiación indebida [p.ej., SSTS 930/2003, 27-6 (*Tol 293920*): existencia de créditos recíprocos entre los socios con posibilidad de compensación entre ellos; 658/2009, 12-6 (*Tol 1567571*): admitió la compensación, aunque no existía una liquidación definitiva, pero sí constaba la remisión de minuta relativa a honorarios profesionales como letrado].

Sin embargo, la liquidación de cuentas pendientes como causa excluyente del dolo penal, no es aplicable cuando se trata de relaciones perfectamente determinadas (así, las SSTS 407/2020, 20-7; 814/2021, 27-10; 1006/2021, 17-12; 318/2022, 30-3; 632/2022, 23; 97/2023, 15-2, y 355/2023, 11-5). *"La apropiación indebida exige, en efecto, que se demuestre que la retención es efectivamente indebida, pero no basta para excluirla la artificiosa generación de una necesidad de previa liquidación. La existencia de una postergada liquidación de cuentas no opera como justificación automática. Al contrario, sólo procederá cuando se trate de relaciones jurídicas ciertas y complejas, confusas y duraderas en el tiempo"*. Cuando no exista una aclaración del estado de débitos y créditos entre el propietario y el poseedor legítimo, es cuando se puede admitir una liquidación de cuentas y excluirse la apropiación indebida. Las relaciones mercantiles o de contenido económico de tal complejidad que sea imposible establecer la existencia de una cantidad perteneciente a uno de ellos de la que se haya apropiado el otro, conducen a la absolución por falta de prueba [SSTS 42/2006, 27-1 (*Tol 827096*); 228/2006, 3-3 (*Tol 862751*); 142/2007, 12-2 (*Tol 1050646*); 1245/2011, 22-11; 434/2014, 3-6; 86/2017, 16-2, y 817/2017, 13-12]. No apreció tal complejidad en la STS 632/2022, 23-6, en que un oficial hizo múltiples disposiciones desde las cuentas del Registro que gestionaba a las personales, sin que tuvieran como objeto satisfacer créditos vencidos y exigibles de los que fuera titular o para responder de alguna obligación que pesara sobre el principal. *"La liquidación pendiente —limitada a un determinado importe— no 'acompleja' en términos obligacionales la relación contractual mantenida entre el hoy recurrente y su principal entre 2002 y 2007 y, en consecuencia, no genera una expectativa legítima de compensación con las cantidades distraídas sin causa justificativa alguna"*. Incluso, la Jurisprudencia tampoco descarta la condena en casos de relaciones económicas complejas y no finiquitadas, pues, como dice la STS 24/2020, 29-1, "*el problema no es propiamente jurídico. No se trata de dilucidar si cabe condenar por apropiación indebida cuando hay una liquidación de cuentas pendiente. No es ese un problema sustantivo... Es una cuestión de prueba. Es perfectamente imaginable y los repertorios dan buena muestra de ello, una apropiación indebida en el contexto de ese tipo de relaciones que aguardan una liquidación y aclaración de las cuentas, para precisar débitos y créditos recíprocos y establecer las compensaciones que procedan. Singularmente es ello posible cuando el autor se embolsa cantidades muy por encima de las que le corresponderían o realiza actuaciones que por su clandestinidad o mecánica o morfología fraudulenta revelan de forma inequívoca ese ánimo de apoderamiento de lo que corresponde al principal, o a la entidad administrada, o al cosocio*" (en este mismo sentido también la STS 1006/2021, 17-12).

Por otra parte, el derecho de retención es una excepción a la interdicción general del principio de autotutela que sólo puede admitirse en casos de especial reconocimiento, como en el arrendamiento de obras (art. 1600 CC) o en el depósito (art. 1780 CC). Así, la Jurisprudencia ha negado que exista un derecho de retención que corresponda a los letrados en relación a sus honorarios, de manera que las cantidades que reciban de terceros para ser entregadas a sus clientes, deben ser entregadas en su integridad [p.ej., SSTS 1593/2005, 23-12 (*Tol 809308*); 147/2006, 6-2 (*Tol 843459*); 117/2007, 13-2 (*Tol 1050637*); 92/2008, 31-1 (*Tol 1292771*), y SAP, Barcelona, Sección 8ª, 30-11-2001] (*infra* IX.6).

En la STS 1423/2005, 25-11 (*Tol 795507*), se rechazó igualmente la alegación de que el importe de lo dispuesto (más de 76.000.000 pesetas) era en concepto de honorarios y el resto una donación de su cliente (un anciano con demencia senil, que había nombrado heredero único de sus bienes al ayuntamiento de Calatayud, y antes de morir otorga unos poderes al abogado que le permitieron apropiarse de todo el dinero).

La STS 598/2018, 27-11 —caso parking Atocha 70—, analizó la posible concurrencia de la eximente de legítima defensa, pero la descartó por ausencia de agresión ilegítima.

La supuesta agresión ilegítima consistía en que se vendió el 80% del capital de Atocha 70, que pertenecía a una sociedad controla por el acusado (Cauce), a otra sociedad no controlada por el acusado (Fiolasa), y dicha venta se habría realizado a espaldas de los socios y consejeros, teniéndose conocimiento cuatro años después. Para evitar el riesgo de perjuicio patrimonial a la sociedad controlada por el acusado (Cauce) por la pérdida de esas participaciones, éste y el secretario de Atocha 70 llevaron a cabo diversos negocios vacíos para transmitir los inmuebles destinados al parking a dos sociedades controladas por el acusado (Justapio y Blasconell). El TS hace suyas las palabras de la SAP, Madrid, Sección 2ª, de 10-2-2017, que dice que *"no se ha acreditado que se estuviera ante una agresión ilegítima, se produce con un 'exceso cronológico' evidente —cuatro años después— y no cabe reputarla como proporcionada, sino que más bien constituye una 'retorsión', que el diccionario de la RAE define como 'Acción de devolver o inferir a alguien el mismo daño o agravio que de él se ha recibido'. Y ello, no constituye sino una 'venganza' o ejercicio de 'autotutela', que el derecho, como resulta notorio, no ampara". "Aun prescindiendo de la existencia de la previa agresión ilegítima* —añade el TS—, *lo que está acreditado es que los acusados pudieron acudir a las vías legales para obtener la reparación del supuesto agravio y sin embargo prefirieron no hacerlo y tomarse la supuesta justicia por su mano"*.

VI. *ITER CRIMINIS*

1. La conspiración, la proposición y la provocación para cometer una apropiación indebida son punibles según el art. 269 CP.

2. La apropiación indebida es un delito de resultado (opinión mayoritaria, aunque algunos autores lo configuran como un delito de mera actividad, como BAJO FERNÁNDEZ), y como tal requiere su producción para que se consume. Dicho resultado consiste, por un lado, en la apropiación de los bienes, y por otro, en el perjuicio. El art. 252 CP alude expresamente a que la conducta se realice "*en perjuicio de otro*" (no obstante, hay autores que configuran este requisito típico como un elemento subjetivo del injusto: p.ej., POLAINO NAVARRETE).

La acción consistiría en realizar actos dispositivos y el resultado sería la pérdida de la cosa, con el consiguiente perjuicio para el titular del derecho a exigir la entrega o devolución de la cosa. La consumación, por tanto, exigiría no sólo la apropiación, sino también la producción de un perjuicio típico, con lo que quedaría abierta la puerta a formas imperfectas de ejecución.

MAGALDI PATERNOSTRO pone el siguiente ejemplo: El depositario que, sin atribuirse falsamente su titularidad en el sentido típico del delito de estafa, dona el cuadro cuya custodia tiene encomendada (tentativa acabada) al hijo menor de un amigo, quien, teniendo reservas sobre su procedencia, no lo acepta en nombre de aquél como representante legal (dado que la donación requiere la aceptación para transmitir el dominio, el expolio no se habría hecho efectivo). El ejemplo que pone MUÑOZ CONDE, al traer a colación una STS de 25-10-1882 (el autor sustituyó un cuadro que tenía en depósito por una copia, pero al entregarla al depositante éste notó el cambio y reclamó el original que inmediatamente le fue devuelto), creo que sería también un caso de tentativa punible, porque entiendo que el desistimiento no habría sido voluntario. La STS 1149/2006, 23-11 (*Tol 1022939)*, apreció una tentativa desistida.

De todas formas, la cuestión de la consumación del delito de apropiación indebida es más compleja todavía, pues la Doctrina discute acerca de cómo concebir ese perjuicio necesario para la misma. Hay quien lo entiende como en la estafa, de tal modo que no se habría consumado el delito si no hay una disminución del valor del patrimonio del sujeto pasivo globalmente considerado (p.ej., PAREDES CASTAÑÓN). Sin embargo, si se admite que la apropiación indebida no es un delito contra el patrimonio, como es la estafa, sino contra la propiedad (o en el caso de las cosas fungibles contra el derecho de crédito a recibir el *tantundem*), como entendemos que hay que hacer, entonces el perjuicio se produciría simplemente con la pérdida de la cosa para el titular del derecho a exigir la entrega o devolución de ella (identifican el perjuicio con la expropiación, entre otros, BAJO FERNÁNDEZ, CASTIÑEIRA PALOU, DE LA MATA BARRANCO). Es decir, la apropiación indebida estaría más próxima en este punto al hurto que a la estafa, pues lo importante del perjuicio no sería tanto la pérdida del valor económico que la cosa tiene, como la pérdida de la cosa misma.

Por ejemplo, el dueño del taller al que hemos llevado nuestro coche para repararlo comete apropiación indebida si lo vende sin nuestra autorización, aunque nos entregue el precio obtenido por él (en contra de lo aquí sostenido, BORJA JIMÉNEZ, de quien hemos tomado este ejemplo). Desde el punto de vista jurídico, es indudable que se ha producido un perjuicio, porque se lesiona nuestro derecho de propiedad; pero es que incluso desde el punto de vista económico también puede haberlo, pues probablemente si quisiésemos recuperar inmediatamente el coche su precio sería más elevado que tras la primera venta. Esta interpretación del perjuicio necesario para la consumación de la apropiación indebida, por otra parte, impide que los usos dominicales no apropiatorios o las apropiaciones indebidas de uso puedan ser punibles, pues, aunque pudiera existir perjuicio económico, no hay privación definitiva de los bienes para el titular del derecho a exigir su entrega o devolución. Siguiendo con el ejemplo del taller: si el dueño del taller utiliza sin nuestro permiso el coche para hacer un viaje, podrá cometer un delito del art. 244 CP, pero no un delito de apropiación indebida.

También es difícil determinar el momento de la consumación, pues el criterio de la disponibilidad que se utiliza en el hurto y en el robo no sirve para determinar la consumación en la apropiación indebida, porque por definición el sujeto activo ya tiene la disponibilidad del bien.

En la STS 712/2006, 3-7 (*Tol 964510*), creemos que se planteó otro problema distinto, que tiene que ver con la naturaleza del objeto material sobre el que recayó (un cupón de la ONCE). En esta sentencia se consideró que hubo ya consumación al depositar en el Banco el cupón con el mayor premio, aunque no lo hiciese efectivo (el otro se lo dejó a su primo con quien había comprado los dos cupones indistintamente), porque el acusado tuvo en sus manos hacerse con el premio, por cuanto era poseedor legítimo de un título al portador y podía haber reintegrado su importe en cualquier momento. En este caso no es que el agente tuviese la posibilidad de hacer propio lo que tenía obligación de poner a disposición de otro, es que en cuanto que el cupón es el título-valor representativo del mismo, basta con apropiarse del boleto para entender que se apropia del premio (recuérdese que el art. 252 CP expresamente ha mencionado como posibles objetos materiales de la apropiación indebida el dinero, los efectos y los «*valores*»). Sobre la apropiación de billetes de lotería y de los premios, *vid. supra* III.1.

En nuestra opinión, teniendo en cuenta cómo hemos definido la conducta de "*apropiarse*", el criterio decisivo para determinar la consumación hemos de hallarlo en el momento en que el sujeto incumple definitivamente la obligación de entrega o devolución haciendo propia la cosa o haciendo un acto incompatible con el título por el que la tenía en su poder. No bastaría, por tanto, con que transcurra el plazo para la devolución o la entrega del bien, sino que habría que exigir además un verdadero acto apropiatorio o al menos que el sujeto negase haberlo recibido. De lo contrario, se podrían castigar simples incumplimientos contractuales, que ni siquiera deberían ser constitutivos de tentativa.

P.ej., en la STS 996/2009, 9-10 (*Tol 1726710)* —caso Viajes Abando—, se dice que se habría incurrido en mora a la hora del pago de la liquidación, pero no que los acusados no hubieran conservado propiedad suficiente para el cumplimiento íntegro de la deuda con los transportistas, lo que implicaría —dice el Tribunal— la imposibilidad de afirmar que el patrimonio a entregarles, precisamente a ellos, haya sido objeto de distracción.

Pueden darse situaciones en las que lo recibido se destina a una finalidad distinta de la acordada, pero con el propósito de reintegrarlo más tarde. En este momento se produce una situación de pendencia o de cierta equivocidad en la conducta, que hace que la Jurisprudencia maneje para resolver estos supuestos el criterio de llegar a un "*punto sin retorno o de no retorno*", es decir, aquel "*momento en que se aprecia una voluntad definitiva de no devolver el dinero que permite excluir con suficiente certeza el mero uso indebido*" y que permite "*diferenciar una modalidad de apropiación de uso no delictiva, de la apropiación indebida en sentido propio*" (SSTS 409/2018, 18-9; 407/2020, 20-7; 654/2020, 2-12; 1006/2021, 17-12; 632/2022, 23-6, y 87/2023, 9-2, entre otras).

Es decir, la consumación se produciría en aquel momento en que se produce el incumplimiento definitivo de la obligación de dar a la cosa el destino pactado, como acontecería en el caso de gastar o emplear en distinta forma el dinero recibido (p.ej., en la STS 87/2023, 9-2, se obtuvo un préstamo para financiar la adquisición de una finca y la promoción de viviendas, pero se dispuso de gran parte de él para fines particulares en beneficio propio, como disposición de cantidades en efectivo sin justificar, levantamiento de cargas de un tercero, abono de obras en inmuebles de éste…, originando de este modo un desfalco y vaciamiento patrimonial de la mercantil, que condujo a que no tuviera fondos ni liquidez suficiente para hacer frente a las deudas, dejando a deber una buena suma a la contratista principal, que a su vez tampoco pudo pagar a las subcontratadas).

Como ha dicho la STS 540/2021, 21-6: "*En los delitos de apropiación indebida no siempre la decisión criminal se exterioriza al producirse, máxime en casos de apropiación de un bien fungible como es el dinero. Las dificultades se agigantan cuando la cantidad entregada con una finalidad específica constituye una parte del monto total transmitido. La apropiación indebida tiene siempre como presupuesto una tenencia legítima. No siempre se traducirá en un cambio externo perceptible sensorialmente la decisión del autor de convertir en propiedad ilegítima esa posesión legítima. Por eso o se requieren actos que exterioricen esa decisión; o se habla de un punto de no retorno. Pero esa realidad no significa que mientras pueda revertirse la situación ilegítima ya producida, haya de considerarse no perfeccionado el delito. No hay que confundir la cuestión dogmática con los problemas probatorios. Quien recibe una cantidad de dinero para invertir en bolsa, v.gr., y la dedica a gastos personales comete una apropiación indebida. Está consumada. Si en el momento en que se le reclama el dinero lo restituye porque, a pesar de no haber invertido en bolsa, unos golpes de fortuna le han proporcionado inyecciones dinerarias, y logra esconder su fechoría, no diremos que no se ha producido delito alguno; o que no ha llegado a consumarse. Existió un delito consumado en el momento en que gastó ese dinero*".

Este criterio del llegar a un punto sin retorno puede retardar el momento de la consumación, lo que a su vez puede tener relevancia a efectos de desistimiento y de prescripción del delito. Pero si la apropiación ya está consumada, lo que puedan acordar autor y víctima después, como pueda ser un reconocimiento de deuda (como en la STS 638/2019, 19-12) o una novación (como en la STS 540/2021, 21-6), no significa que no se haya alcanzado ese punto de no retorno y no tendrá relevancia penal.

En la STS 364/2009, 8-4 (*Tol 1500561)* —caso Grupo Torras III (operación Croesus)—, por ejemplo, se absolvió a Javier de la Rosa del delito de apropiación indebida, porque se entendió que había prescrito. El delito se habría consumado *"en la fecha en que se dio el destino irregular"* a los 27.400.000 $ prestados (sale del control de los bancos británicos o españoles y va a parar a Suiza, a una cuenta de Enrique Sarasola), y no se admitió que la utilización luego de parte de esa cantidad para acallar a los acreedores, ocultar la distracción o incluso consolidar la apropiación diese lugar a un delito continuado. En esta sentencia, trayendo a colación la STS 600/2007, 11-9 (*Tol 1213905)* —caso Grupo Torras II (operaciones Oakthorn I y II, Pincinco y Quail)—, se dice también que *"según consolidada jurisprudencia, el delito de apropiación indebida, tratándose de la modalidad de distracción de dinero o bienes por no darles el destino adecuado, se consuma en la fecha en que se les dio el destino irregular, y, por lo tanto, en tal caso el delito se perfecciona cuando la disposición fraudulenta es irreversible por salir del dominio del autor la posibilidad de su control"*. En términos parecidos, la STS 409/2018, 18-9, también entendió que había prescrito el delito, porque habían transcurrido cinco años (plazo de prescripción en ese caso) desde que se materializó la disposición de la segunda partida dineraria de la que se apropiaron hasta que se dirigió el procedimiento contra los investigados, por lo que el TS anuló la previa condena y les absolvió. Igualmente, la STS 540/2021, 21-6, también consideró que había prescrito el delito, porque la apropiación del dinero recibido para cancelar la hipoteca se produjo, sin duda, llegado el plazo pactado de entrega de la vivienda (se entregó el dinero en febrero de 2004 y la vivienda en julio), sin que el acuerdo de las partes de escriturar la venta en 2011, asumiendo el acusado los pagos pendientes para levantar la carga hipotecaria supusiese que todavía no se había llegado a un punto sin retorno. *"La escritura pública* —dice—, *supone, sin más, el reconocimiento de la pendencia de la obligación y de su flagrante incumplimiento"*, pero no que no se hubiese consumado anteriormente el delito de apropiación indebida. Sería como si *"el perjudicado, por las razones que sean, descubierto ya el hecho, concede al autor un plazo de seis años asegurándole que si, llegado ese momento, le ha devuelto el principal distraído con sus intereses, no denunciará"*, en este caso, *"el inicio del cómputo prescriptivo no se ve desplazado"*, pues *"los pactos entre las partes no pueden distorsionar la eficacia y forma de operar una causa legal de extinción de la responsabilidad criminal"*. La querella se presentó en mayo de 2015. La STS 143/2005, 10-2 (*Tol 591084)*, tampoco aplicó el criterio de punto sin retorno, lo que permitió considerar que el delito había prescrito (apropiación por el párroco de una Iglesia de dos documentos históricos).

La STS 97/2006, 8-2 (*Tol 846367)*, distingue entre consumación y agotamiento y afirma que *"no es preciso que el acusado hubiera gastado, despilfarrado o hecho desaparecer el dinero (agotamiento) para que el delito se entendiera cometido; la voluntad* rem sibi habendi *la consiguió cuando puso a su exclusiva disposición todo el caudal relicto (posibilidad efectiva de disponer)"*. En la STS 712/2006, 3-7 (*Tol 964510)*, antes citada sobre el cupón de la ONCE se dijo lo mismo: una cosa es apropiarse del boleto y otra cobrarlo, que pertenecería a la fase de agotamiento.

VII. AUTORÍA Y PARTICIPACIÓN

La apropiación indebida es un delito especial, porque se tiene que «*haber recibido*» la cosa mueble o el activo patrimonial en virtud de un "*título que produzca obligación de entregarlos o devolverlos*", con lo que ello implica a efectos de autoría y participación (p.ej., arts. 31 y 65.3 CP).

Como recuerda la STS 236/2023, 30-3, "*el sujeto no cualificado* [tutor de hecho] *solo puede contribuir a la lesión del bien jurídico mediante una conducta de participación en el hecho cometido por el sujeto cualificado* [tutora legal]"; o la STS 530/2019, 31-10, condenó como cooperador necesario al empleado de banco que facilitó la extracción de cantidades sin exigir la firma mancomunada del otro administrador de la sociedad titular de la cuenta de donde se extrajo el dinero.

En el caso de "Pepe, el del Popular" (SAP, Cantabria, Sección 1ª, 22/2004, 26-11, y STS 759/2006, 13-7) el único condenado, a título de cooperador necesario, fue una persona, que no reunía las características necesarias para ser autor del delito: no fue él quien recibió el dinero de los clientes, ni tampoco los administraba. El autor fue el director de la sucursal bancaria, quien hizo suyo el dinero de los clientes del banco creando una "*banca paralela*", pues, aunque entregaba al cliente una libreta en la que quedaba reflejada la imposición, daba al dinero otros destinos: unas veces se quedaba para sí el dinero en metálico o cobraba directamente los cheques entregados; en otras abría una o más cuentas ocultas para el cliente a través de las que utilizaba el dinero para sí o para prestarlo. La persona condenada, beneficiario de esos préstamos, lo fue a título de cooperación necesaria, pero además sucesiva (y no por receptación, que parecería la solución más lógica), porque prometió recibir los dineros una vez producida la apropiación y además pagar unos intereses (seguramente menores que los corrientes) de los que el director de la sucursal se apropiaría en perjuicio del banco. Por otra parte, el TS deduce la necesidad de esta cooperación psicológica de la naturaleza del acuerdo entre ambos: "*Cuando el medio de comisión del delito es un contrato sinalagmático, aunque sea ilegal, la participación de ambas partes es necesaria*" [STS 759/2006, 13-7 (*Tol 1002339)*]. La STS 416/2007, 23-4, que juzgó el caso de la Escuela de Relaciones Laborales de la Universidad de Lleida (por cierto, una Fundación privada, lo que descarta la malversación de caudales públicos), condenó al Director de la Escuela, al Subdirector-Jefe de Estudios y a dos miembros del PAS, como coautores de apropiación indebida de las matrículas abonadas por los estudiantes (más de 200.000 €). Respecto de uno de los administrativos, se admite su coautoría —lo cual es discutible, más bien sería una cooperación necesaria— sin necesidad de acreditar la realización de al menos parte de los actos típicos (apropiación del dinero recibido), siendo suficiente con dar cobertura contable a los mismos: "*aun cuando se admitiera que no intervino de manera directa y personal en la inicial apropiación del dinero de las matrículas abonado en efectivo, sí se integró desde el primer momento en el plan común de la apropiación, realizando las acciones subsiguientes igualmente integradoras del diseño completo de la acción delictiva y que permitieron consumar el desplazamiento patrimonial y materializar el perjuicio, teniendo con su conducta —dando cobertura contable a la falta de ingreso en las cuentas bancarias de aquellas matrículas oficiales lo que impedía la comprobación y verificación de los pagos efectuados por los alumnos, cuyo importe era percibido, en todo caso, por el acusado Silvio—, el condominio funcional del hecho*". "*En efecto* —continúa— *la apropiación indebida, tal y como estaba diseñada, se configuraba como un único proyecto delictivo desarrollado en varias fases, todas ellas integradas en la acción delictiva unitaria, por lo que el hecho de que el papel asumido por este acusado se desarrollase en una segunda fase, no excluiría que nos encontremos ante un supuesto de autoría conjunta".*

En el caso Eurobank (SAN 8/2017, 31-3 y STS 643/2018, 13-12), la falta de enjuiciamiento del autor al estar rebelde no impidió la condena de dos acusados como cooperadores necesarios *extraneus*. A uno se le rebajó la pena en un grado (art. 65.3 CP), al ser su participación de menor entidad, pero al otro no, al tener una participación relevante en el delito continuado hasta dominar negativamente el hecho. Además, se descartó el delito de asociación ilícita del art. 515 CP y se calificó como simple codelincuencia, porque la toma de una posición dominante en el banco no se llevó a cabo con el fin de perpetrar delitos, sino que surge un aprovechamiento concreto del poder sobre su gestión para cometerlos. El Presidente y accionista mayoritario de la entidad bancaria, Eduardo de Pascual Arxé (por cierto, en busca y captura desde 2015 cuando aprovechó la libertad provisional concedida por la entonces instructora del caso de los ERE, Mercedes Alaya, tras haber depositado una fianza de 6.000 euros, para fugarse de España, siendo localizado en Burkina Faso en 2017, pero un error procesal impidió su extradición, y sigue todavía en 2023 en paradero desconocido, sin que haya comparecido tampoco en la investigación llevada a cabo por el JCI nº 6 de la AN en el llamado caso Fortia, investigado por la supuesta sustracción de fondos y activos en una mutua de seguros por un importe de más de 6.000.000 €), de acuerdo con dos de los acusados, constituyó un entramado societario, realizando operaciones de ventas inmobiliarias con obtención de liquidez para el presidente, recibiendo comisiones por servicios no prestados, despatrimonializando y sustrayendo dinero de la entidad, todo lo cual acabó provocando su disolución, perjudicando a los accionistas de Eurobank en más de 5.000.000 €.

La STS 324/2009, 27-3 (*Tol 1499123)* consideró que el mero hecho de tener con la autora una cuenta corriente conjunta a donde se desviaron cantidades obtenidas ilícitamente por la primera no motiva una cooperación necesaria, pues no existe prueba de que supiese su procedencia ilícita, lo cual descartó también la condena por receptación del art. 298 CP.

En caso de un delito continuado de apropiación indebida en que hayan intervenido diversas personas a lo largo del tiempo, habrá que dilucidar el título de participación de cada una de ellas en dicho delito graduando la responsabilidad penal de cada uno en función de la calidad y cantidad del tramo de la continuidad delictiva en que participó, pero sin que se pueda responder en concepto de más de un título de intervención. Por ejemplo, no se puede condenar como autor y cooperador necesario a la vez, como si hubiese habido dos delitos diferentes en los que intervendría, en uno como autor y en otro como cooperador necesario, o como cooperador necesario y cómplice (no olvidemos que las formas de participación son subsidiarias de la autoría, y que, a tenor de lo dispuesto en el art. 29 CP, la complicidad es subsidiaria de la autoría, la inducción y la cooperación necesaria). Esto fue lo que sucedió en el caso de las Tarjetas Black. La STS 438/2018, 3-10 —caso de las Tarjetas Black—, revocó la condena del Director General de Medios como cómplice en la apropiación indebida, que la SAN 4/2017, 23-2, había impuesto, ya que también le había condenado como cooperador necesario.

"De un lado —dice la STS 438/2018, 3-10—, *cuando utiliza la tarjeta realiza actos de apropiación que contribuyen de forma muy relevante a la consumación de la apro-*

piación por el importe total, mediante el añadido de sus propias disposiciones. De otro lado, al desarrollar sus funciones como Director General de Medios, llevaba la operativa relacionada con estas tarjetas, con lo que su aportación no solo se concretaba en la ejecución de sus propios actos de disposición, sino que, además, cooperaba con el desarrollo de la mecánica operativa de todas las tarjetas que funcionaban en la época que desempeñaba esa responsabilidad... Desde el punto de vista de su responsabilidad penal, no es posible separar las dos modalidades de cooperación en el mismo delito para sancionarlas independientemente sin vulnerar la prohibición del bis in idem. *Por lo tanto, la complicidad apreciada por la Audiencia en el desarrollo de la operativa de las tarjetas debe considerarse englobada con la cooperación en los actos de apropiación en una sola cooperación necesaria".*

En la STS 292/2021, 8-4 —caso CAM II— se consideró que no existió indefensión o vulneración del principio acusatorio al condenar al Director General de la CAM como autor, aunque hubiese sido acusado sólo como cooperador necesario, pues no existe una alteración relevante del título de imputación (es homogéneo, en cambio no lo sería si hubiese sido acusado como cómplice y condenado como autor), ni tampoco se han impuesto penas superiores a las solicitadas por la acusación. "*Lo importante* —dice— *es reflejar que la homogeneidad en la imputación ubicada en el art. 28 CP, la no modificación de los hechos, y la no imposición de pena superior a la pedida determina que no hay indefensión ni vulneración del principio acusatorio*". "*La clave de la inexistencia de la indefensión* —dice en otro lugar— *es que aunque en la vía de la cooperación podría serle de aplicación el art. 65.3 CP, ello siempre es opcional atendiendo a la gravedad de los hechos*", y el Tribunal consideró que la conducta concreta desplegada por el Director General y su grado de influencia en la consecución final de los hechos no llevaría a la rebaja de pena del art. 65.3 CP, aunque sí se tuvo en cuenta en la determinación de la pena.

VIII. PENA

1. La pena, igual que para la administración desleal, se fija por remisión a la de la estafa (tanto el art. 253, como el art. 252 CP, se remiten a los arts. 248 o 250 CP). Por tanto, se prevén penas de prisión de seis meses a tres años para el tipo básico [cabe recordar que la LO 15/2003, de 25 de noviembre, rebajó el límite máximo de la estafa de 4 a 3 años: véase, al respecto, entre otras, la STS 679/2006, 23-6 (*Tol 963465*)] y de uno a seis años y multa de seis a doce meses para los tipos agravados. No obstante, las penas del art. 250 correspondientes a los tipos agravados de estafa se aplicarán "*en su caso*", es decir, si resultan compatibles con la apropiación indebida, pues no todos lo son.

La remisión *in toto* al art. 248 CP implica también que rijan los criterios de individualización de la pena previstos en el párr. 2º de dicho artículo: "*el importe de lo [apropiado], el quebranto económico causado al perjudicado, las relaciones entre este y el [autor de la apropiación], los medios empleados por este y cuantas otras circunstancias sirvan para valorar la gravedad de la infracción*". Sobre esta equiparación punitiva entre los tres delitos (estafa, administración desleal y apropiación indebida), nos remitimos a lo ya dicho en la Lección anterior (*supra* VI de la Lección de la Administración desleal). También explicamos allí el origen de la innecesaria cláusula de subsidiariedad prevista en el art. 253 CP (“*salvo que ya estuvieran castigados con una pena más grave en otro precepto de este Código*”).

2. En cuanto a la remisión a los **tipos agravados del art. 250 CP**, de modo similar a lo dicho para la administración desleal, habrá que descartar alguno de ellos. Parece lógico excluir la **modalidad 7ª** del art. 250.1 CP, relativa a la “estafa procesal”, ya que el engaño al Juez hace prevalente la estafa (eso no quita para que se pueda cometer a posteriori con la finalidad de encubrir la apropiación indebida ya consumada, dándose un concurso real, como sucedió en el caso de la STS 899/2021, 18-11, en la que un agente inmobiliario, que se había quedado con unas arras penitenciales, aportó un documento manipulado con la finalidad de provocar un error a su favor en el procedimiento judicial que tuvieron que entablar los compradores para que se las devolviese). Tampoco hay mayor dificultad en admitir la aplicación de la modalidad 5ª, cuando el valor de lo apropiado excede de 50.000 €. Pero en otras modalidades agravadas se pueden plantear ciertos problemas de compatibilidad entre los tipos agravados diseñados para la estafa y su aplicación en la apropiación indebida. Particularmente con la **modalidad 6ª** (“*con abuso de las relaciones personales existentes entre víctima y defraudador, o aproveche éste su credibilidad empresarial o profesional*”), la Jurisprudencia relativa a la apropiación indebida ha sido mucho más restrictiva que en la estafa. En principio, dicha modalidad podríamos decir que resulta inherente a la apropiación indebida, pues este delito ya comporta el quebrantamiento de cierta confianza que se ha entablado entre autor y víctima. Sin embargo, los Tribunales la han admitido si se observa un plus de desvalor de acción que haga de mayor gravedad el quebrantamiento de esa confianza implícita en la apropiación indebida [así, SSTS 758/2000, 28-4; 776/2002, 30-4 (*Tol 162790*); 2004/2002, 28-11 (*Tol 229890*); 382/2004, 26-3 (*Tol 376918*); 145/2005, 7-2 (*Tol 648738*); 410/2006, 5-4 (*Tol 928555*); 672/2006, 19-6 (*Tol 964474*), y 925/2006, 6-10 (*Tol 1014226*)]. Ello se produciría si previamente se han entablado ciertas relaciones ajenas al título en virtud del cual se han recibido los bienes y que conllevan una situación de mayor confianza, la cual ha hecho que la víctima relaje la adopción de medidas de autoprotección, vigilancia o control todavía más.

Así, se ha admitido, p.ej., en la STS 67/2022, 27-1 (intensidad de las relaciones que a través de la religión el acusado entabló con la perjudicada, de avanzada edad, físicamente impedida y sin familiares cercanos, rellenando el vacío emocional y aparentando una acción de acompañamiento altruista; dice la STS: *“no solo defraudó el deber de confianza que se deposita en aquel a quien se encomienda la gestión de un patrimonio, sino algo más”*). La STS 894/2014, 22-12, apreció la agravación de aprovecharse de la credibilidad empresarial o profesional, al ampararse en el emblema de una conocida marca de automóviles (Hyundai), que aparece en el local y en la documentación, cuando en realidad era un particular ajeno a esa marca quien los vendía. En cambio, se descartó dicha agravación de aprovecharse de credibilidad empresarial o profesional en la

STS 5/2022, 12-1 (varios clientes llevaron sus fondos a la nueva sucursal bancaria en la que el acusado trabajaba como director en atención a la confianza en su trabajo previo en otra sucursal); o en la STS 725/2022, 14-7 (subdirector de una oficina bancaria, sin que tuviese una relación de especial confianza con los clientes); o en la STS 146/2023, 2-3 (jefe de contabilidad de Lex Nova, S.A. que durante una década hizo suyas cantidades incluidas en el pago a proveedores). El TS considera que el condenado no es que hubiera generado un plus de confianza más allá del vínculo laboral que le unía con la entidad perjudicada, ni parece que gozase de un crédito profesional singular del que de algún modo se aprovechara. "*El abuso de la credibilidad empresarial o profesional* —dice— *obliga a fijarse no tanto en la previa relación entre autor y víctima, sino en las propias cualidades del sujeto activo, cuya consideración en el mundo de las relaciones profesionales o empresariales harían explicable la rebaja en las prevenciones normales de cualquier víctima potencial*". "*No basta hablar de confianza total; ni describir que era un empleado con capacidad para disponer de fondos. Si no fuese así, no podría ser autor del delito del art. 252. Sólo la persona a la que se confían los fondos distraídos puede cometer el delito de apropiación indebida. En otro caso estaríamos hablando de un hurto, este sí, con abuso de confianza*". Tampoco se ha apreciado esta agravación en la STS 381/2009, 14-4 (*Tol 1509884)*, porque se entendió que el estado mental de las víctimas (dos ancianos: uno con Alzehimer y otro con demencia senil) impedía apreciar un abuso de confianza (por ello, también en este caso se condenó por estafa, y no por apropiación indebida); en cambio, en la STS 1038/2003, 16-7 (*Tol 305570)*, en otro supuesto parecido, sí se estimó. Tampoco se aplicó en la STS 719/2022, 14-7 (con abundantes referencias jurisprudenciales), lo cual a su vez determinó que el plazo de prescripción se rebajase a tres años y se estimase la extinción de la responsabilidad penal por parte de un abogado que se quedó con parte de la provisión de fondos recibida para la gestión de la venta de dos inmuebles y el abono de gastos de notaría e impuestos, aparte de sus honorarios. Descartada la relación personal entre ambos (no existía relación familiar o de amistad), la AP Málaga considera —y el TS suscribe— que se le contrató por el mero hecho de ser abogado en ejercicio en la misma localidad que el perjudicado, "*como podían haberse encargado a un Asesor Fiscal o un Graduado Social que se dedique a tales menesteres*". En este sentido, la STS 254/2007, 3-4, casó la SAP, Cádiz, Sección 8ª, 127/2006, 20-4, que había considerado aplicable este tipo agravado simplemente porque el acusado se aprovechó de su condición de abogado en ejercicio y abusó de la total ignorancia de la víctima en temas jurídicos. Otros supuestos en que se apreció este tipo agravado, p.ej., en las SSAP, Navarra, Sección 2ª, 104/2008, 11-6: una persona se ganó la confianza de una anciana de 82 años, sin hijos, que acababa de enviudar y que consiguió que le concediese un amplio poder para administrar sus bienes, y en particular poder disponer de las cantidades existentes en las cuentas corrientes, libretas de ahorro, fondos de pensiones, etc., apoderándose en sucesivas operaciones de más de 245.000 €; y Navarra, Sección 2ª, 216/2008, 30-12, confirmada por la STS 271/2010, 30-3: intermediario financiero que se apropió del dinero que le había confiado, entre otros, quien fuera profesor suyo de Derecho y con quien tenía una estrecha relación.

Por lo que se refiere a la **modalidad 1ª** del art. 250.1 (cuando "*recaiga sobre cosas de primera necesidad, viviendas u otros bienes de reconocida utilidad social*"), el supuesto más común es el relativo a las viviendas. Ahora bien, hay que tener en cuenta que la Jurisprudencia limita la aplicación de este tipo agravado a aquellos supuestos en los que la vivienda se destina a residencia habitual del perjudicado, de tal manera que quedan fuera de su ámbito típico supuestos de adquisición de segundas viviendas, o viviendas adquiridas como inversión o con finalidad recreativa. No se aplicó, p.ej., en la STS 152/2018, 2-4, relativa a la directora de una residencia de mayores que, utilizando un poder de contratación otorgado con plenitud de facultades del residente, vende una vivienda en construcción e incorpora a su patrimonio las cantidades obtenidas, ya que no se acreditó que en el futuro fuese a ser la vivienda habitual de aquel. Además, aunque en realidad estas conductas recaen sobre el dinero —y el dinero no es una cosa de primera necesidad—, la Jurisprudencia no tiene inconveniente en reconducir estos supuestos a los tipos agravados si el dinero está destinado a su adquisición. Así, se consideró que concurría el tipo agravado relativo a "*bienes de reconocida utilidad social*" en la SAP, Tenerife, Sección 5ª, 107/2017, 31-3, confirmada después por la STS 262/2019, 24-5 —caso ALPE—, en la que se condenó por estafa, pues el plan consistía desde un principio en organizar una gala benéfica sin la intención de repartir los beneficios entre los padres de los niños afectados por enfermedades raras, pero bien podía haberse condenado por apropiación indebida si no se hubiese declarado probado ese engaño previo. En ejecución de dicho plan el Presidente y el Tesorero de la Asociación española de lucha contra la poliomelitis (ALPE) hicieron suyos en torno a 6.000 € recaudados en la gala benéfica y que estarían destinados a sufragar los gastos inherentes al tratamiento de los niños enfermos [por cierto, esta asociación ya había sido objeto de otra apropiación indebida años antes por parte de su Gerente: SAP, Madrid, Sección 6ª, 179/2009, 11-5 (*Tol 1570488*), confirmada por la STS 374/2010, 20-4]. El TS considera que "*la sustracción de fondos de una asociación con fin de tutela y/o protección de personas con enfermedad conlleva la aplicación de este tipo agravado*", teniendo en cuenta, además, que la asociación ha sido declarada de utilidad pública por una Orden Ministerial.

El supuesto más frecuente de esta modalidad agravada es el de la **apropiación por parte del promotor de las cantidades anticipadas por los compradores para la construcción de viviendas**, siempre que éstas estén destinadas a residencia habitual del perjudicado, insistimos. A este respecto hay que empezar por señalar que la Disp. Derogatoria Única, apart. 1, letra f) del CP derogó expresamente el art. 6 de la Ley 57/1968, de 27 de julio, sobre percibo de cantidades anticipadas en la construcción y venta de viviendas, que consideraba constitutivo de delito o falta de apropiación indebida la "*no devolución*" por el promotor de la totalidad de las cantidades anticipadas por los compradores. Hoy la simple ausencia de devolución no significa que se incurra en responsabilidad penal, pero nada impide que se pueda responder por estafa o apropiación indebida si se dan sus requisitos típicos [así se estimó, p.ej., en la STS 1212/2003, 9-10 (*Tol 316526*) —caso IGS y PSV; SSAP, Islas Baleares, Sección 2ª, 13/2006, 20-2 (*Tol 1027800*), y Albacete, Sección 2ª, 20/2009, 1-7 (*Tol 1724233*) —caso Ibercivil]. En principio, habría que descartar la administración desleal, pues el promotor no se convierte en administrador de esos fondos, sino más bien en una especie de depositario con facultades de disposición limitadas (*vid.* la Disp. Adic. 1ª de la Ley 38/1999, de 5 de noviembre, de Ordenación de la Edificación).

En estos años de vigencia del CP se han podido observar dos corrientes en el seno de la Jurisprudencia sobre este tema. En una bastaba para condenar por apropiación indebida con el mero incumplimiento de las obligaciones establecidas en la Ley 38/1999, de 5 de noviembre, de Ordenación de la Edificación, de establecer con las cantidades percibidas un patrimonio separado y garantizado, si el promotor no entrega la vivienda o no devuelve el dinero, *"con independencia del fin al que lo haya destinado"* (así, p.ej., las SSTS 89/2016, 12-2; 151/2017, 10-3). De modo rotundo, decía la STS 89/2016, 12-2: *"Hora es, ya, de que esta normativa legal que el Legislador mantiene vigente y ha reiterado tres veces desde hace casi cincuenta años* [se refiere a la Ley 57/1968, a la Ley 38/1999, y a la Ley 20/2015], *se cumpla de manera efectiva. Y que su incumplimiento, conlleve las sanciones penales procedentes cuando determine la definitiva disminución del patrimonio del perjudicado, por la ilegal disposición por el promotor del dinero entregado, sin necesidad de imponer al perjudicado la carga de acreditar el destino de las cantidades indebidamente dispuestas. Porque el desvalor de la conducta penada no está ligado al destino del dinero indebidamente apropiado, sino al hecho de haber dispuesto el acusado de bienes ajenos que la Ley le impedía expresa e imperativamente disponer, y haber ocasionado con ello un perjuicio patrimonial definitivo al perjudicado, titular de los bienes objeto de apropiación"*. Sin embargo, en dicha STS el Magistrado A. del Moral García, haciéndose eco también de otra corriente jurisprudencial, emitió un Voto particular en el cual consideraba que la infracción penal sólo se comete *"cuando el promotor destina las cantidades recibidas a otros fines —personales o empresariales—"*, y *"tal desvío deberá estar acreditado"*. No es suficiente con dejar de asegurar o avalar las cantidades, ni con no constituir con ellas un patrimonio separado afecto a un fin, esto es, no puede ser suficiente para que estemos ante un delito de apropiación indebida con el mero incumplimiento de las obligaciones impuestas al promotor. Tendrá que constatarse si el dinero aportado al promotor fue empleado en usos propios o en un fin diferente para el que fue específicamente entregado. Por tanto, se podrá condenar por apropiación indebida cuando *"no solo no se satisfacen esas garantías, sino además se emplean los fondos recibidos total o parcialmente en otros destinos (otras promociones, gastos propios, abono de previas deudas empresariales…)"*. Sin embargo, no se podría condenar si todas las cantidades se han invertido en lo convenido, si se pone a disposición de los compradores lo construido hasta ese momento, o si el fracaso de la promoción obedece a causas imprudentes (como no calcular bien los costes, no prever dificultades financieras, fiasco de la campaña comercial, quedarse sin financiación a mitad de la construcción…) o fortuitas (una huelga imprevisible, el incremento de los precios de los materiales, un robo de cuantía significativa, el desfalco perpetrado por uno de los empleados…). Y todo esto deberá quedar demostrado más allá de cualquier duda razonable, lo cual podrá conseguirse, según el Magistrado discrepante, *"por prueba indiciaria soportada en dos premisas: a) la constancia de que el dinero ha sido gastado; combinada con b) la incapacidad del promotor de acreditar que ha sido invertido precisamente en esa obra. Si no demuestra que en esa promoción se ha gastado más dinero del recibido (o al menos, la misma cifra) podrá deducirse de forma concluyente que se han producido desvíos"*. De no proceder de este modo, dice, *"surge una especie de presunción: si no se devuelven las cantidades y no se demuestra su destino, habrá apropiación indebida"*, lo cual viene a rescatar el derogado art. 6 Ley 57/1968, en el que la conducta típica no era la apropiación, sino la no devolución. Por tanto, *"no es correcta la ecuación incumplimiento de las obligaciones más no devolución es igual a apropiación indebida"*. En esta ecuación *"se ha omitido jugar con otras variables que la defensa legítimamente introdujo"* (documental contable que acreditaría que todo ese dinero fue invertido en gastos de la promoción).

El Acuerdo de Pleno no jurisdiccional de la Sala 2ª del TS, de 23-5-2017, viene a tomar partido por la segunda de las líneas jurisprudenciales, y establece que *"1. En caso de cantidades anticipadas a los promotores para la construcción de viviendas, el mero incumplimiento, por sí solo, de las obligaciones previstas en la Disposición Adicional Primera de la Ley 38/1999, de 5 de noviembre, de Ordenación de la Edificación, en la redacción dada por la Ley 20/2015, de 14 de julio, consistentes en garantizar mediante un seguro la devolución de dichas cantidades para el caso de que la construcción no se inicie o no llegue a buen fin, y de percibir esas cantidades a través de cuenta especial en entidades de crédito, no constituye delito de apropiación indebida.– 2. Cuando las cantidades entregadas no se hayan destinado a la construcción de las viviendas comprometidas con los adquirentes, podrá apreciarse un delito de estafa si concurren los elementos del tipo, entre ellos un engaño determinante del acto de disposición, o bien un delito previsto en los artículos 252 o 253 CP si concurren los elementos de cada tipo"* (*vid.*, entre otras, las SSTS 406/2017, 5-6; 800/2017, 11-12; 522/2018, 5-11; 585/2018, 23-11; 321/2019, 19-6; 335/2019, 28-6; 430/2021, 20-5, y 256/2022, 17-3, que revocaron condenas previas y absolvieron a los promotores).

Poco antes de este Acuerdo, la STS 151/2017, 10-3, había confirmado la condena de un promotor, porque *"una vez que no se devolvió el dinero ni se ejecutó obra alguna, ni tampoco se garantizaron los riesgos estableciendo un patrimonio separado para asegurar el reintegro mediante las cauciones y avales que prevé la ley, es el acusado el que ha de asumir la carga procesal de aportar una prueba de descargo de la que, en principio, sólo él puede disponer"*. Entrando a examinar la alegación de la defensa de que el dinero se invirtió en la adquisición de la parcela donde iba a construirse, sin embargo, se pudo comprobar que fue más bien lo contrario, porque de la documental aportada por el acusado se desprendía que la entidad del acusado ya era propietaria de dicha parcela. Por motivos parecidos, la STS 739/2017, 16-11, también acabó condenando al promotor; así como la STS 412/2018, 20-9, que dio por acreditado el pago a terceros cuando la obra estaba paralizada, por lo que era clara la no voluntad de terminar la obra y hacer ineficaz el compromiso pactado con los adquirentes.

En cambio, y ya después del citado Acuerdo, la STS 131/2018, 20-3, revocó una previa condena por apropiación indebida y alzamiento de bienes, y absolvió al promotor que adquirió los terrenos mediante documento privado con entrega de un primer plazo de más de 720.000 €, cantidad notoriamente superior a la recibida por parte de los reservistas 237.000 €; o la STS 42/2018, 25-1 —caso AIFOS—, también revocó una previa condena y absolvió al promotor, porque tres de los diez bloques de la promoción se encontraban terminados y con licencia de primera ocupación solicitada, encontrándose el resto de la promoción en alto grado de desarrollo.

Aun con la adopción del Acuerdo del TS de 2017, sin embargo, la cuestión no parece que haya quedado totalmente zanjada, pues sigue habiendo discusión en el seno del TS Por ejemplo, en la STS 832/2021, 29-10, se confirma la condena a dos administradores (uno de hecho y otro de derecho) de la mercantil promotora de la construcción de unas viviendas, por no avalar las cantidades entregadas por un comprador a cuenta del precio de la vivienda, no le entregaron dicha vivienda al quedar paralizada la obra, no le devolvieron las sumas ingresadas (37.500 €), ni tampoco aperturaron ninguna cuenta bancaria de la que fuera titular la mercantil, separada del resto de sus ingresos y pagos. El Magistrado A. del Moral García volvió a emitir un Voto particular en términos similares a los de antes. En él se puede leer que *"presumir que los 37.500 euros abonados por el adquirente son justamente los destinados a esas pocas salidas ajenas a la actividad promotora, que se destacan, y no otros fondos provenientes de fuentes distintas de ingresos*

> *reconocidas; o concluir que la obra construida, que necesariamente exigió una muy alta inversión —muy superior a lo que se declara defraudada— no cubría esos 37.500 euros es una presunción contra reo que no solo no es concluyente sino que parece más bien fruto de un bienintencionado y forzado voluntarismo alentado por razones victimológicas. Es casi imposible que el fracaso de la promotora llegase por el supuesto desvío de esos 37.500 euros. Hay muchas pruebas que acreditan —y el tribunal no lo niega—, que en la construcción se invirtió mucho, muchísimo más de esos 37.500 euros".*

La **modalidad 2ª** del art. 250.1 de abuso de firma de otro se ha aplicado, p.ej., en la STS 165/2016, 2-3, en la que el Director financiero de un grupo empresarial, aunque ostentaba amplios poderes y autorizaciones, dispuso de casi 20.000.000 € en beneficio propio y de terceros. En una de esas transferencias por importe de 550.000 € utilizó la firma de otro socio apoderado que tenía escaneada en el ordenador; o también en la SAP, Baleares, Sección 2ª, 479/2022, 21-11: administrador de una comunidad de propietarios que había recibido con la firma del Presidente dos cheques en blanco para atender al pago de proveedores, los rellenó al portador, presentándolos al cobro y haciendo propios casi 10.000 €. No se considera firma, a efectos de este tipo agravado, la clave de banca electrónica (STS 256/2015, 7-5).

La **modalidad 3ª** del art. 250.1 se aplicó, entre otras, en la STS 827/2021, 28-10, en la que se había entregado a la acusada el cuadro "*Anna Sofía, condesa de Carnarvon*" de Anton Van Dyck en depósito para que estudiase si lo compraba o no. Siguiendo un concepto material de "*bienes que integren el patrimonio artístico, histórico, cultural o científico*", "*no es necesario que los mismos estén inventariados como tales*" y trayendo a colación la STC 181/1998, 17-9, basta con "*el valor intrínseco de los bienes*". En el caso de autos, el TS entiende que "*aun cuando el cuadro no fuere relevante en la obra de Anton Van Dyck, el hecho de la participación del mismo en su creación y factura, que como es notorio se trata de un pintor que cuenta con retratos colgados en las paredes del Louvre, del Prado, de la National Gallery, del Hermitage, del Rijksmuseum, de la Galería de los Uffizi…, y un ingente número de colecciones más, su integración en el patrimonio histórico artístico cultural deviene mera obviedad*". También en la STS 830/2021, 29-10: párroco que dispuso como propios decenas de objetos religiosos y de culto, imágenes religiosas, muebles y otros objetos pertenecientes a las parroquias de las que era titular y que por su condición de párroco tenía acceso a esos bienes y era el encargado de su custodia. La falta de un informe detallado objeto a objeto para determinar su valor no impidió apreciar el tipo agravado, pues al menos sí existían dos en los que estuvo acreditada dicha relevancia y también su incorporación al patrimonio histórico provincial de Lugo.

La **modalidad 4ª** del art. 250.1 CP de especial gravedad atendiendo a la situación económica en que se deje a la víctima o a su familia se aplicó por la SAP, Asturias, Sección 8ª, 5/2021, 17-2, confirmada en cuanto a la calificación penal por la STS 195/2023, 17-3, en la que un abogado, abusando del poder que le había concedido su clienta, se fue apropiando durante años de la pensión de invalidez permanente que percibía su marido, hasta el punto de quedar en números rojos, sufriendo el matrimonio una penuria económica que llevó a la mujer a pedir limosna en la puerta de una iglesia, ya que cuando acudía a sacar dinero del banco para cubrir sus necesidades, no lo podía hacer por no existir metálico.

Podríamos discutir si hoy habría que calificar este supuesto como administración desleal del art. 252 CP debido a las amplias facultades de disposición que tenía el abogado en virtud del poder otorgado. No obstante, pudiera mantenerse todavía la calificación como apropiación indebida del actual art. 253 si se entiende, como se alude en la SAP, Asturias, a que el poder fue para *"la realización de pequeñas gestiones, relativas exclusivamente a pago de impuestos y gestión de alquiler del piso y residencia"*. Es decir, en vez de un poder general de actuación, que permitiría la calificación como administración desleal, estaríamos ante un poder o mandato especial (art. 1.719 CC), que sí sería un título idóneo de la apropiación indebida (*supra* III.4.2, lo dicho sobre disposiciones no consentidas de dinero ajeno por parte de personas autorizadas en cuentas bancarias).

Otros supuestos, por ejemplo, en la STS 726/2007, 27-9 (*Tol 1156504)* (emigrante que retorna a su país como consecuencia de un accidente que le privaba de su capacidad para poder seguir trabajando), y en la STS 683/2016, 26-7 (avocar a la perjudicada a una situación de precariedad por constituir el dinero apropiado para la compra de una vivienda los ahorros de toda su vida, llevando desde entonces viviendo en alquiler y cobrando una pensión de poco más de 600 €).

La STS 129/2018, 20-3, lo aplicó en un caso de persona jurídica perjudicada, al concluir el procedimiento concursal con la extinción de la persona jurídica por insuficiencia de la masa activa para la satisfacción de los créditos. Lo que pasa es que no queda claro si la aplicación del tipo agravado es por conducir a su extinción o porque al final hayan resultado afectadas personas físicas a través de la quiebra de la empresa, por ejemplo, creando una grave situación económica a sus empleados, cosa que no fue objeto de valoración por parte del Tribunal.

Respecto de la **modalidad 5ª** del art. 250.1 CP, relativa a que valor de la apropiación supere los 50.000 €, cabe señalar que es la que con mayor frecuencia se aplica. Sin embargo, debe quedar demostrada la superación de esa cuantía, fuera de toda duda (p.ej., la STS 242/2020, 26-5, no la aplicó, porque el valor de la tasación pericial del cuadro entregado en depósito y del que se apropia, osciló entre los 50.000 y 60.000 €, por lo que se tomó la cifra inferior por ser más favorable al acusado). La STS 274/2023, 19-4, recuerda que en caso de actuación conjunta de los dos acusados, el total debe atribuirse a ambos, con independencia de lo ganado individualmente por cada uno. Y en cuanto a su compatibilidad con la regla penológica del art. 74.1 CP *vid. infra* IX.2.

Por último, en cuanto a la **modalidad 8ª** del art. 250.1, relativa a la multirreincidencia, hay que destacar que la LO 9/2022, de 28 de julio, por la que se ha reintroducido en el delito de hurto un tipo específico de multirreincidencia relativo a la condena en firme por tres delitos leves, no se ha reproducido en la estafa, ni, por tanto, tampoco en la apropiación indebida, ni en la administración desleal, y según tiene señalado la Jurisprudencia, este tipo agravado de multirreincidencia del art. 250.1.8 CP no se aplica a los delitos leves (así, la STS 684/2019, 3-2).

La STS 26/2023, 25-1, recuerda que el plazo de prescripción para los tipos agravados de apropiación indebida (en ese caso se trataba del de especial gravedad en atención a la cuantía) era en el momento de los hechos (antes de la LO 5/2010, y lo sigue siendo ahora) de 10 años. El plazo de prescripción de los tipos agravados no ha cambiado tras las sucesivas reformas que ha experimentado el art. 131 CP. En aquel caso también se rechazó la discutible atenuante de "cuasiprescripción", pues siendo el plazo de prescripción 10 años, no puede considerarse próximo a él los 7 años que transcurrieron desde que tienen lugar los hechos y la presentación de la querella. Además, tampoco se apreció la atenuante de dilaciones indebidas como muy cualificada, pues el transcurso de 8 años y algunos meses desde la toma de declaración al querellado y la sentencia de la Audiencia fue debido a la actuación del procesado por sucesivos cambios de defensa, con suspensión del juicio en varias ocasiones. Se apreció como simple.

3. "*La aplicación de la excusa absolutoria del art. 268 CP a los delitos de apropiación indebida es indiscutible*" (STS 94/2023, 14-2). Ahora bien, se plantean dudas cuando el delito se comete en el seno de una sociedad mercantil constituida por estos familiares, ya que el delito se comete contra la persona jurídica, que no es un familiar. En la Lección sobre Administración desleal, a donde nos remitimos (apart. VI.4), hemos visto que existe una Jurisprudencia vacilante en este punto, aunque parece que la última opta por aplicarla (así, la citada STS 94/2023, 14-2). La excusa absolutoria no cabe entre cuñados, pues son afines en segundo grado (la STS 355/2014, 14-4, no la aplicó porque, como el dinero distraído era común del matrimonio denunciante, el acusado era hermano por naturaleza de la esposa y cuñado del esposo, y, además, cuando ocurrieron los hechos la también acusada era excuñada del matrimonio; por tanto, entre cuñados no concurre tal excusa absolutoria). Cabe recordar que la LO 1/2015, de 30 de marzo, también modificó el art. 268, excluyendo la operatividad de la excusa absolutoria, no sólo cuando concurra violencia o intimidación, sino también cuando haya habido "*abuso de la vulnerabilidad de la víctima, ya sea por razón de edad, o por tratarse de una persona con discapacidad*" (este fue el caso, entre otros, de la STS 331/2023, 10-5: vacía las cuentas de la madre en que figuraba como autorizada, haciéndolo con el conocimiento de que ella carecía de capacidad para consentir los reintegros al encontrarse afectada de demencia senil).

IX. CONCURSOS

1. La cuestión más debatida, tanto en la Doctrina como en la Jurisprudencia, ha sido la relación entre la apropiación indebida y la administración desleal. No vamos a insistir en ello (nos remitimos a lo ya dicho en otros apartados, *supra* I.2.3. de esta Lección y *supra* I.2 de la Lección anterior).

2. En cuanto a la compatibilidad del tipo agravado de especial gravedad en atención al importe de lo apropiado con la regla penológica del apart. 1 del art. 74 CP relativa al **delito continuado**, hubo un período en que la Jurisprudencia fue vacilante, pues unas resoluciones exigían para poder aplicar el tipo agravado que cada uno de los hechos que componen la continuidad delictiva revistiese esa especial gravedad; otras que al menos uno de ellos la tuviese; y en fin, otras que bastaba que el monto total sí alcanzase esa gravedad, aunque las cuantías apropiadas fueran individualmente insuficientes. Los Acuerdos de Pleno no jurisdiccional de la Sala 2ª del TS, de 18-7-2007 y de 30-10-2007, han venido a unificar criterio al respecto y la Jurisprudencia posterior que los interpretó ha tomado partido por la solución intermedia. Así, el Acuerdo Sala 2ª TS de 18-7-2007 estableció que "*en los delitos continuados patrimoniales, lo previsto en el apartado segundo del artículo 74 CP constituye una regla no incompatible con el criterio general de punición de los delitos continuados previsto en el apartado primero de ese mismo artículo*". Y el Acuerdo Sala 2ª de 30-10-2007 señala que "*el delito continuado siempre se sanciona con la mitad superior de la pena. Cuando se trata de delitos patrimoniales la pena básica no se determina en atención a la infracción más grave, sino al perjuicio total causado. La regla primera, art. 74.1 CP, queda sin efecto cuando su aplicación fuera contraria a la prohibición de doble valoración*".

Con estos Acuerdos, dice la STS 199/2018, 25-4, exponiendo detenidamente cuál es la Jurisprudencia de la Sala 2ª del TS entorno a la continuidad delictiva en los delitos patrimoniales (*vid.* también, entre otras, las SSTS 278/2015, 18-5; 474/2016, 2-6; 489/2016, 7-6; 128/2019, 12-3; 192/2019, 9-4; 109/2020, 11-3, y 507/2020, 14-10 —caso Gürtel—, que aplicó esta doctrina jurisprudencial a la malversación; 172/2023, 9-3), se ha pretendido un doble objetivo. En primer lugar, resolver las dudas referidas a la aplicación de la regla primera del art. 74 del CP a los delitos continuados de naturaleza patrimonial. "*No existe razón alguna de política criminal* —señala— *que justifique la sustracción del delito continuado de naturaleza patrimonial respecto de la regla agravatoria prevista en el art. 74.1º del CP. De ahí la importancia del acuerdo adoptado en el mencionado Pleno, con arreglo al cual, el delito continuado de naturaleza patrimonial también habrá de ser sancionado mediante la imposición de la pena, determinada con arreglo al perjuicio total causado, en su mitad superior. Ello no es sino consecuencia de aplicar al delito patrimonial las razones de política criminal que justifican la norma del art. 74.1º del CP*". Y, en segundo lugar, vetar el efecto agravatorio del art. 74.1º CP en determinados supuestos, pues "*en las ocasiones en que la suma del perjuicio total ocasionado se tome en consideración para aplicar el subtipo agravado de especial gravedad atendiendo al valor de la defraudación, resulta redundante aplicar además el efecto agravatorio de la regla primera del art. 74 del CP. Se trata de evitar la aplicación de la regla general agravatoria, prevista en el art. 74.1º del CP, a aquellos delitos en los que el importe total del perjuicio ha determinado ya un cambio de calificación jurídica y la correlativa agravación, es decir a delitos de estafa o apropiación indebida que, por razón de su importe total, se desplazan del tipo básico al subtipo agravado (o de la falta al delito). En estos supuestos, mantener la aplicación incondicional del art. 74.1º del CP, determinaría la vulneración de la prohibición constitucional del* bis in idem".

En casos de sucesión de diferentes acciones apropiatorias a lo largo del tiempo, en primer lugar, habría que determinar si estamos ante un supuesto de unidad natural de acción o no.

P.ej., la SAN 21/2021, 28-10, absolvió a Bárcenas del delito de apropiación indebida del que se le acusaba por haber tomado para sí una cantidad de dinero de la "Caja B" del Partido Popular para comprar a través de su esposa acciones de Libertad Digital y hacer entrega de otra cantidad a Álvaro Lapuerta con la misma finalidad de lucrarse con la compra de esas acciones. La AN entiende que en este caso *"se cometieron dos acciones de apoderamiento, una por el Sr. Lapuerta y otra por el Sr. Bárcenas, pero éste es autor en ambas, en el primer caso por cooperación necesaria..., luego a la vista de la inmediación espacial y temporal en que se cometen tales acciones, han de ser consideradas realizadas en unidad de acto, y por tanto englobadas en una sola unidad típica de acción, un solo delito de apropiación indebida, del que respondería el acusado como autor, y dado que el mismo ya ha sido condenado por este delito, no procede una nueva condena, sin incurrir en una vulneración del* non bis in idem".

En caso de unidad de acción, la calificación de los hechos y la petición de pena se hará en función del valor de la cantidad apropiada conforme al sistema de escalas establecido en el Código (menos de 400 €, entre más de 400 y 50.000 €, entre más de 50.000 y 250.000 €, y más de 250.000 €).

En caso de pluralidad de acciones, pero pudiendo apreciar continuidad delictiva, se aplica con preferencia por razón de especialidad (art. 8.1 CP) la regla penológica del art. 74.2 CP, es decir, la calificación de los hechos y la petición de pena se hará conforme al importe total de la apropiación y al sistema de escalas establecido en el CP. Luego habrá que ver, conforme a la Jurisprudencia antes citada, si procede o no aplicar sobre este marco penal a su vez la regla penológica del art. 74.1 CP, que obliga a imponer la pena en la mitad superior y facultativamente en la mitad inferior de la pena superior en grado.

Tratándose de una apropiación indebida continuada, la regla penológica del art. 74.1 CP sólo resulta compatible con la modalidad agravada del art. 250.1.5° CP, si al menos uno de los hechos es por importe superior a 50.000 €; y con la modalidad hiperagravada del art. 250.2 CP, si al menos uno de los actos apropiatorios supera los 250.000 €. Por el contrario, si ninguno de los hechos en que se descompone el delito continuado de apropiación indebida franquea estos umbrales, pero la suma total ya ha dado lugar a un salto penológico (de delito leve al tipo básico, del tipo básico al tipo agravado del art. 250.1.5° CP o incluso al hiperagravado del art. 250.2 CP), entonces, y para no incurrir en *bis in idem*, no se podrá aplicar la regla penológica del art. 74.1 CP (mitad superior) (p.ej., STS 390/2020, 11-2). En cambio, si todos los hechos que conforman la apropiación indebida continuada superan los 400 €, pero el monto total no excede de 50.000 €, la regla penológica del art. 74.1 CP sí se puede aplicar sobre la prevista para el tipo básico del párr. 1° del art. 249 CP, porque no habría una doble agravación.

En caso de pluralidad de acciones, sin que se aprecie continuidad delictiva entre ellas, habrá un concurso real de apropiaciones indebidas, que se regirá por lo dispuesto en los arts. 73, 75, 76 y 78 CP. En caso de condenas sucesivas por cada una de estas conductas delictivas habrá que estar a lo dispuesto en el art. 76.2 CP, sin perjuicio de lo dispuesto en el art. 250.1.8 CP.

En alguna ocasión se ha apreciado un solo delito continuado de estafa y de apropiación indebida, en cuanto que el art. 74 CP se refiere a que las conductas infrinjan el mismo precepto penal o preceptos de igual o semejante naturaleza [SSTS 1594/2001, 11-9 (*Tol 66778*); 381/2009, 14-4 (*Tol 1509884*); 209/2018, 3-5; 371/2023, 18-5; SAP, Barcelona, Sección 6ª, 24-3-2005 (*Tol 842268)*]. Sin embargo, parece más correcto apreciar dos delitos continuados distintos, porque su naturaleza es distinta: uno descansa sobre el engaño, el otro sobre el abuso de confianza [así, STS 802/2007, 16-10 (*Tol 1177298)*]. Por esta razón no habría inconveniente en apreciar un único delito continuado de apropiación indebida y administración desleal, cosa que han hecho los Tribunales en numerosas ocasiones (SSTS 428/2012, 6-6; 622/2016, 12-7; 209/2018, 3-5; 316/2018, 28-6; 643/2018, 13-12; 407/2020, 20-7; 56/2021, 27-1, y 177/2023, 13-3; *vid. supra* VII de la Lección relativa a la Administración desleal), lo cual, por otra parte, también ha permitido justificar su homogeneidad a efectos procesales (p.ej., STS 62/2016, 13-7). Tampoco habría inconveniente en apreciar un único delito continuado de apropiación indebida y malversación, en caso de recaer la conducta delictiva parte sobre bienes de carácter privado y parte sobre bienes de carácter público (así lo calificó la STS 693/2019, 29-4-2020 —caso Palau de la Música).

3. La STS 129/2005, 11-2 (*Tol 603624)* no aprecia el **delito masa** cuando se trata de un grupo de personas perfectamente circunscrito —45 personas— y no una colectividad indeterminada o difusa de individuos. También en este sentido, la SAP, Barcelona, Sección 6ª, 24-3-2005 (*Tol 842268).* La STS 769/2006, 13-7 —caso Pepe, el del Popular— tampoco apreció una generalidad de personas, que sí había hecho la SAP, Cantabria, Sección 1ª, 22/2004, 26-11, porque el autor principal en este delito no estaba ligado a cada uno de los clientes del banco por un vínculo jurídico constitutivo de la relación exigida por el art. 252 CP, por lo tanto, el único perjudicado por este delito fue el banco. Tampoco lo apreció la SAN 16/2022, 22-12 —caso Promalar—, que además conllevó que se estimase la prescripción de los hechos. En cambio, sí apreció el delito masa la STS 668/2013, 4-7, aunque con voto particular del Magistrado A. del Moral García, al que se adhiere M. Marchena Gómez, porque considera que no debería haberse aplicado la regla penológica del delito masa del art. 74.2 CP sobre el tipo hiperagravado del art. 250.2 CP, sino sólo sobre el tipo agravado de especial gravedad del 250.1 CP.

> *"No se niega* —dice— *la posibilidad de que el art. 74.2 CP, inciso final (delito masa) concurra con el art. 250.2 construido sobre el art. 250.1.6º (especial gravedad) e incluso actual art. 250.1.5ª (más de cincuenta mil euros). Pero para eso será preciso que se*

identifiquen dos factores diferentes para edificar la 'notoria gravedad' que exige el delito masa; y la especial gravedad del art. 250.1.6º".

4. Sobre su relación con los **delitos contra la Hacienda Pública**, ya nos hemos referido a que el no ingreso por parte del empresario de la retención de IRPF o de las cuotas de la Seguridad Social en los correspondientes organismos no constituye apropiación indebida (*supra* III.3.1). En estos casos no puede haber concurso de delitos entre ambos. Puede darse el concurso si el administrador de una sociedad oculta ingresos de ésta a Hacienda y además se apropia de ellos, pero hay que demostrar ambas cosas [p.ej., la STS 737/2006, 20-6 (*Tol 964514*), absolvió porque no existió prueba de que también se hubiese apropiado de los fondos ocultados a la Hacienda Pública]; o si deduce del impuesto de sociedades unos gastos que han sido el objeto de la apropiación/administración desleal (p.ej., en la STS 523/2015, 5-10, se apreciaron los dos delitos en un supuesto en que el autor en concierto con otros simuló unas facturas falsas que se abonaron, causando un perjuicio a la empresa, se ingresó el IVA en Hacienda, pero tales facturas se dedujeron también del Impuesto de Sociedades como gastos, causando así un perjuicio a la Hacienda Pública; otro caso similar en la STS 686/2020, 14-12). También se ha apreciado un concurso real de delitos con el **fraude de subvenciones**, en un caso en que se llevaron a cabo actos previos para conseguir ayudas de la Administración, en virtud de las cuales la sociedad dispuso de efectivo, que luego fue detraído de las cuentas (STS 470/2021, 2-6). Respecto de las ganancias no declaradas a Hacienda obtenidas directa e inmediatamente de una apropiación indebida, el delito fiscal quedaría consumido en ésta (art. 8.3 CP) [STS 906/2009, 23-9 (*Tol 1639030*)]. Sin embargo, sí se ha considerado punible el **autoblanqueo** en concurso real con una apropiación indebida como delito previo (STS 165/2016, 2-3, con Voto particular del Magistrado A. Martínez Arrieta).

Cabe recordar aquí la STS 20/2001, 28-3 (caso Urralburu), la cual ha señalado que la sanción penal por el delito fuente directa de los ingresos absorbe el delito fiscal y se debe considerar consumido en aquél, siempre y cuando concurran tres requisitos: 1º) que los ingresos ocultados que generen el delito fiscal procedan de modo directo e inmediato del delito anterior, ya que cuando no suceda así y nos encontremos ante ingresos de una pluralidad de fuentes o que sólo de manera indirecta tengan un origen delictivo porque los beneficios del delito han sido reinvertidos y han dado lugar a nuevas ganancias, no cabe apreciar el concurso normativo; 2º) Que el delito inicial sea efectivamente objeto de condena, pues caso contrario, ya sea por prescripción, por insuficiencia probatoria u otras causas, debe mantenerse la sanción por delito fiscal, dado que el desvalor de la conducta no ha sido sancionado en el supuesto delito fuente; y 3º) Que la condena penal del delito fuente incluya el comiso de las ganancias obtenidas en el mismo o la condena a su devolución como responsabilidad civil.

La SAP Barcelona, Sección 2ª, 12-2-2008 (*Tol 1251038*) —caso Grand Tibidabo—, en la que se juzgó un delito de apropiación indebida, se planteó la cuestión de la fiscalidad del dinero objeto de apropiación, pero no por parte de los autores, sino por parte de la víctima, en este caso una sociedad. Pues bien, ha señalado que "si un empleado o un tercero ajeno a la sociedad se apropia de fondos de ésta, es indudable que existe una pérdida que debe contabilizarse como tal y que es fiscalmente deducible. Y si quien realiza la apropiación (indebida) es un administrador o un socio, debe procederse de la misma manera, a no ser que la participación del mismo en el capital social sea tan sumamente elevada (prácticamente del 100%, que era el caso) que pierda todo sentido el tratamiento contable y fiscal de la sociedad como una entidad independiente".

5. Es frecuente que entre en concurso (en muchas ocasiones, medial) con las **falsedades documentales**. Sin embargo, si la falsedad se hace *a posteriori*, para encubrir la apropiación, no estaríamos ante un concurso medial, sino ante un concurso real (p.ej., la STS 272/2016, 6-4; o la STS 100/2023, 15-2, en la que un abogado finge sendas diligencias de ordenación del LAJ en las que se hizo constar que el órgano judicial había suspendido el pago a su cliente de la indemnización consignada por el deudor en virtud de una supuesta interposición de un recurso de amparo; no obstante, en alguna ocasión se ha considerado que la falsificación de documento mercantil falso debía quedar absorbida en el delito de apropiación indebida y calificarse como un acto posterior copenado, así en la STS 446/2003, 28-5).

La STS 2017/2002, 3-2 (*Tol 297645)*, condenó al director de una sucursal del Banco Herrero en Orense que se apropió de más de 941.000.000 pesetas, emitiendo documentos que no respondían a la realidad relativos a la adquisición de productos financieros o entregando libretas confeccionadas con impresos oficiales, con los que las dotaba de una apariencia de normalidad, pero que nunca tenían reflejo en la contabilidad del banco (con voto particular de Bacigalupo Zapater respecto de la falsificación; en un caso similar —el de "Pepe, el del Popular"—, que juzgaron las SAP, Cantabria, Sección 1ª, 22/2004, 26-11, y STS 759/2006, 13-7, ni siquiera se planteó acusación por delito de falsedad); o la STS 1028/2007, 11-12 condenó al director de una oficina bancaria que vendió las participaciones de una cliente fallecida en un fondo de inversión como si lo hubiera hecho ella e ingresó el dinero en otra cuenta sin conocimiento ni consentimiento de sus herederos; o la STS 47/2010, 2-2 (*Tol 1788416)*, condenó a un administrador que utilizó sus poderes, una vez ya fallecido el poderdante, para vender unas acciones haciendo suyo el importe recibido, tratando de justificar el hecho mediante la creación de un documento falso en el que el titular le donaba el dinero; o la STS 30/2022, 19-1, condenó a los tres acusados como autores y cooperadores necesarios en la apropiación de casi 20.000.000 € de una empresa china dedicada a la energía fotovoltaica fingiendo unos contratos de intermediación generando unas facturas falsas por servicios no prestados; o la SAP, Jaén, Sección 1ª, 6/2000, 25-2 condenó a un empleado de banco que se apropió de más de 185.000.000 pesetas mediante la falsificación de más de 4.000 documentos de contabilizaciones ficticias; o la SAP, Las Palmas, Sección 1ª, 44/2008, 31-3 (*Tol 1376039)*, que condenó a una administrativa encargada de la oficina de la Asociación para la integración del minusválido de Canarias —ASINMI— que se adueñó de más de 10.000.000 pesetas procedentes de los ingresos entregados por los vendedores de cupones de la asociación, pues ingresaba en la cuenta corriente de la asociación una cantidad inferior a la realmente entregada y luego modificaba los resguardos de ingresos de la entidad de crédito reflejando una cantidad superior a la realmente ingresada; o la SAP, Madrid, Sección 6ª, 179/2009, 5-11 (*Tol 1771553)*, que condenó a la tesorera y a la encargada de contabilidad de la Asociación Española de la Lucha contra la Poliomielitis (ALPE), que entre 1992 y 2000, mediante la creación de facturas falsas para aparentar trabajos que nunca se realizaron, con el fin de abonarlas a cargo y con fondos de la asociación, se apoderaron de casi 45.000.000 ptas. (la STS 374/2010, 20-4, confirmó la condena a la tesorera, pero absolvió a la encargada de contabilidad).

A efectos de prescripción, debe entenderse de modo conjunto y no cabe apreciar aisladamente la del delito instrumental (falsedad documental), mientras no prescriba el delito principal (apropiación indebida) [STS 600/2007, 11-9 (*Tol 1213905)* —caso Grupo Torras II].

6. Se puede producir también un concurso con el **delito de deslealtad profesional** del art. 467 CP cuando un abogado o un procurador hace suyas cantidades entregadas por su cliente para destinarlas a un determinado fin, o recibidas por él a favor suyo. Ha habido cierta vacilación en la Jurisprudencia al respecto [en contra, la STS 92/2008, 31-1 (*Tol 1292771*); a favor, entre otras muchas, las SSTS 819/2006, 14-7 (*Tol 984873*); 964/2008, 23-12 (*Tol 1448803*); en la STS 907/2006, 19-9, no se condenó por apropiación indebida y sí por estafa procesal —aunque no entró en concurso con la deslealtad profesional, porque no se le acusó de ello—, a un abogado que desistió de una acción ejecutiva emprendida, porque todavía no se había producido la entrega del dinero], que el Acuerdo de Pleno no jurisdiccional de la Sala 2ª del TS, de 16-12-2008, trata de resolver al señalar lo siguiente: "*I. El letrado que distrajere dinero recibido de su cliente por alguno de los títulos del art. 252 CP, comete delito de apropiación indebida. II. La aplicación de la agravación prevista en el art. 250.1.7 CP se ajustará a las reglas generales* [p.ej., STS 719/2022, 14-7]. *III. Además cometerá un delito del art. 467.2, en concurso ideal, si con el mismo hecho perjudicara a los intereses que le fueron encomendados en el caso, estrictamente, en atención a sus funciones profesionales como letrado*". En atención a esta Doctrina, la STS 964/2008, 23-12 (*Tol 1448803*), absolvió al letrado del delito de deslealtad profesional, casando la SAP, Guadalajara, Sección 1ª, 11/2007, 27-6 (*Tol 1153218*). Igualmente, en atención a este Acuerdo, que exige acreditar la existencia de un perjuicio manifiesto de los intereses encomendados, y que ese perjuicio se derive de su acción u omisión, la STS 207/2022, 9-3, revocó la condena a un Abogado por el delito de deslealtad profesional, ya que "*el acusado realizó las gestiones que se le encomendaron con éxito; no hubo, por tanto, para su cliente más perjuicio que ese apoderamiento ilegítimo de unas cantidades*"; y la STS 869/2002, 4-11, revocó también la condena por el delito de deslealtad profesional a un Procurador que se quedaba con parte del dinero de los mandamientos de pago expedidos en favor de su representado (una entidad bancaria), porque "*la comisión de un delito patrimonial producido en el seno de la relación representativa no implica por sí sola la comisión del delito de deslealtad profesional, al no perjudicarse las acciones judiciales de las que el dinero proviene*". En cambio, sí se condenó por ambos delitos, en la STS 713/2022, 13-7, en la que un Abogado se apropió, primero, de 20.000 € que el cliente le había entregado para que tramitar la compraventa de un inmueble, y, después, de 6.500 € que el propietario del inmueble le entregó para que se lo diera a su cliente en concepto de indemnización por la frustración de la operación. En este caso el TS

apreció un concurso real de delitos, en vez de un concurso ideal como apunta el Acuerdo Sala 2ª del TS de 2008, porque no sólo se desprende una apropiación indebida del dinero entregado para un fin concreto y que no sea devuelto, que a la postre frustra la operación de compraventa de inmueble y la pérdida del negocio para el cliente, sino que también hubo después "*más acciones judiciales que son desestimadas por la insistencia del [abogado] de mantener la ficción que había creado, con lo que siguió perjudicando a su cliente una vez más*". Por eso, el TS concluye, que "*en el presente caso no concurre esa 'integración de la antijuridicidad' de la deslealtad profesional en la apropiación indebida. Hay un plus de la misma*".

En cuanto a la **apropiación de dinero de los clientes por parte de Abogados y Procuradores**, cabe traer a colación la STS 341/2020, 22-6 y el ATS 277/2023, 2-3, que hacen una exposición general de la Jurisprudencia existente al respecto, y distinguen en función de si se ha recibido en concepto de provisión de fondos como parte de sus honorarios o por otro concepto. En el caso que conoció el ATS 277/2023 se acordó no haber lugar a un recurso de casación presentado frente a una condena por apropiación indebida para el abogado que se quedó con el importe de la fianza que se había depositado para eludir la prisión provisional y que aquél recibió una vez que ésta quedó sin efecto. Y es que "*cuando el Letrado recibe cantidades como provisión de fondos* —continúa el ATS 227/2023, 2-3— *no se aprecia el delito de apropiación indebida, aunque no cumpla lo contratado, si lo recibido es a cuenta de los honorarios. Por el contrario, cuando se recibe la provisión de fondos con destino a gestiones concretas que el Abogado deba pagar a terceros, se comete el delito si, no dándoles el destino concertado, las hace suyas. Del mismo modo cuando aplica a sus honorarios lo que ha recibido de un órgano jurisdiccional o de terceros para entregarlo a su cliente. Pues en estos casos es un gestor de dinero ajeno, mientras que en aquellos recibe un pago por sus servicios, de forma que lo hace legítimamente propio*". Asimismo, la STS 150/2018, 27-3, en otro caso parecido, señaló que "*la Jurisprudencia de esta Sala ha considerado reiteradamente que la relación profesional entablada por un Letrado en ejercicio con su cliente se encuadra en el arrendamiento de servicios, título que no da lugar a la comisión de un delito de apropiación indebida cuando el profesional que ha recibido una cantidad en concepto de provisión de fondos como parte de sus honorarios no cumple el encargo recibido. Pues las cantidades recibidas en ese concepto lo han sido como pago anticipado de sus servicios, por lo que las hace legítimamente suyas, aunque se produzca un incumplimiento contractual, que podría dar lugar, en su caso, a un delito de deslealtad profesional o a una obligación civil de reintegro.* [Pero], *por otro lado, en ocasiones, la entrega de cantidades en concepto de provisión de fondos puede tener como finalidad anticipar el pago de parte de los honorarios o bien atender gastos concretos por gestiones encargadas al Letrado. En este segundo caso, se apreciará un delito de apropiación indebida si el Letrado, en lugar de destinarlas a la finalidad pactada, las hace suyas*".

En la misma línea se han pronunciado las SSTS 2163/2002, 27-12; 123/2013, 18-2, y 265/2020, 29-5, la cual advierte que "*sólo la existencia de un derecho de retención con arreglo a las normas civiles puede integrar la causa de justificación del ejercicio legítimo de un derecho del artículo 20.7 del Código Penal, lo que no es apreciable respecto de abogados y procuradores en la medida en que el derecho de retención sólo se refleja en el Código Civil para el arrendamiento de obra o para el mandato de obra (art. 1.600 y art. 1.730), quedando excluidos cuando estos contratos se proyecta sobre la prestación de servicios*". Y como dice la STS 117/2007, 13-2, hay que negar "*que tal derecho corresponda a los letrados en relación a sus honorarios, de manera que las cantidades que estos profesionales perciban de terceros para entregar a sus clientes en relación con sus servicios profesionales no puede ser aplicadas por un acto unilateral de propia autoridad a satisfacer las minutas que consideren que les deben ser abonadas, sino que deben ser entregadas en su integridad a aquellas personas a favor de quienes han sido recibidas, sin perjuicio de la reclamación que corresponda para hacer efectivo el pago de sus honorarios como Letrado".*

Conforme a este planteamiento, la STS 4/2009, 23-12-2008 (*Tol 1448799)*, condenó por apropiación indebida al abogado que hizo suya la provisión de fondos entregada por el cliente, pero no como un anticipo de los honorarios, sino como cobertura dineraria de un mandato para la tramitación de un divorcio, incorporando el dinero a su patrimonio sin realizar gestión alguna. En cambio, en un caso parecido, la SAP, Málaga, Sección 2ª, 420/2006, 5-7 (*Tol 1038818)*, no condenó por apropiación indebida a la abogada que recibió una provisión de fondos para interponer una querella y luego no la presentó, porque el dinero de la provisión no lo recibió con el encargo de devolverlo o de destinarlo a un determinado fin, sino en pago por los servicios que como letrada había acordado con su cliente, lo que sería constitutivo de un delito de estafa, por el que finalmente fue condenada; y tampoco fue condenada por el delito del art. 467 CP, porque en el caso en cuestión no se apreció que se hubiese causado perjuicio alguno, aparte del derivado de la estafa (por cierto, en esta sentencia también se declaró responsable civil directa a la compañía aseguradora que tenía contratada la letrada por el delito de estafa que cometió en el ejercicio de sus funciones, sin perjuicio del derecho de repetición frente a la asegurada). En la SAP, Asturias, Sección 2ª, 393/2018, 30-9, confirmada por la STS 341/2020, 22-6, se condenó a la abogada por delitos continuados de deslealtad profesional, apropiación indebida y estafa; e igualmente se declaró responsable civil directa a la compañía aseguradora.

En efecto, conviene tener presente que las víctimas de apropiaciones indebidas cometidas por abogados y procuradores cuentan con acción civil directa frente a los aseguradores (art. 117 CP), pues ésta no se ve afectada por las exclusiones de cobertura y alcanza a los daños ocasionados por delitos dolosos cometidos por el asegurado, e incluso también la responsabilidad civil por daño moral a la que puedan ser condenados dichos profesionales (SAP, Asturias, Sección 2ª, 393/2018, 30-9, confirmada por la STS 341/2020, 22-6).

Otros casos de condenas por este delito a abogados, p.ej., en la SAP, Barcelona, Sección 7ª, 666/2004, 24-6, que condenó a un abogado que hizo suyas cantidades entregadas por su cliente —concretamente dos cheques, por lo que también se calificó como delito continuado— para depositar en la cuenta de consignaciones del Juzgado para pagar el principal, los intereses y las costas a que había sido condenado; en el ATS 72/2019, 5-12-2018 (inadmite el recurso de casación interpuesto frente a la SAP, Madrid, Sección 16ª, 2018, 5-7, que condenó al abogado que se quedó con las costas); en las SSTS 341/2020, 22-6 (recibe en concepto de provisiones de fondos sumas de dinero para realizar servicios profesionales que sabe desde el primer momento que no podrá cumplir las obligaciones que asume, lo cual sería constitutivo de estafa; y quedarse con dinero que percibía por indemnizaciones y otros conceptos para sus clientes, que sería constitutivo de apropiación indebida); 1022/2022, 13-3 (abogado que recibe encargo profesional, pero sólo realiza ciertos trabajos; la parte recibida para la atención de gastos que no tuvo es la única que puede servir para la condena, lo cual debe ser tenido en cuenta para la determinación de la pena); o 100/2023, 15-2 (hizo suya una indemnización a favor de su cliente). Más sangrante fue todavía el caso de la SAP, Asturias, Sección 8ª, 5/2021, 17-2, antes citada y confirmada en cuanto a la calificación penal por la STS 195/2023, 17-3, de un abogado que durante años, abusando de un poder que le había concedido su clienta, se apropió de la pensión de invalidez permanente que recibía el marido de ella, llegando a dejar al matrimonio en una situación económica de absoluta penuria.

7. También se ha apreciado en alguna ocasión el concurso con el **alzamiento de bienes** [p.ej., la STS 1021/2009, 23-10 (*Tol 1641310*), que condenó por apropiación indebida a la administradora de una sociedad que recibió unos cerdos para transformarlos en jamones y no entregó lo convenido, pero además por alzamiento de bienes porque dispuso de unos locales de la sociedad en su propio beneficio, con la única intención de no responder de las deudas; o la SAP, Barcelona, Sección 10ª, 530/2009, 14-4 (*Tol 1598610*), confirmada por la STS 382/2010, 28-4, en cuanto a la calificación penal, relativa a maniobras de despatrimonialización para no hacer efectiva la mitad del importe de un premio de lotería a su pareja estable con la que jugaba conjuntamente; en cambio no apreció alzamiento de bienes, sino sólo apropiación indebida, en virtud de la Doctrina sentada por el Acuerdo Pleno Sala 2ª del TS de 25-10-2005, la SAP, Islas Baleares, Sección 2ª, 11/2009, 19-5 (*Tol 1588106*), confirmada por la STS 256/2010, 8-3: despatrimonialización de la sociedad de gananciales; a la inversa, la STS 250/2023, 11-4, no apreció concurso de delitos y condenó solamente por alzamiento de bienes, porque entendió que la distracción por el administrador de la sociedad —socio con casi dos tercios del capital— de cantidades en perjuicio de los acreedores, pudo haber sido consentida por los restantes titulares; si estos "*han sido absueltos por no ser seguro que consintiesen con esa distracción, la consecuencia lógica es considerar, al menos, posible que sí consintieran*"].

Estas sentencias plantean un problema de gran calado, como es el de si comete alzamiento quien oculta bienes procedentes de la comisión de un delito tratando de eludir la responsabilidad civil derivada de dicho delito (art. 258 CP). Con independencia de que pueda discutirse que tales bienes, obtenidos ilícitamente, sean propiedad del autor del delito, con lo cual no cometería un alzamiento sobre "sus bienes" (art. 257.1.1º CP), lo que sí puede ponerse en duda es que estemos ante un concurso de delitos y no ante un concurso aparente de leyes penales, pues la ocultación referida a los bienes obtenidos ilícitamente vendría a ser un acto posterior copenado, esto es, el injusto de la apropiación indebida ya comprendería el perjuicio económico derivado del alzamiento. Así, la STS 616/2009, 2-6, pero admitió la insolvencia punible respecto de la enajenación de otros bienes.

Otra cuestión importante que plantea el concurso con el alzamiento de bienes es de carácter procesal, y consiste en si el acreedor perjudicado por el alzamiento de bienes tiene también legitimación activa para ejercer la acusación particular por un delito de apropiación indebida en el cual no es perjudicado. A este respecto, la STS 87/2023, 9-2, señala que "*es práctica jurisprudencial, que admitida la condición de perjudicado en un delito enjuiciado, condición y por ende la posición de acusación particular, no discutida en relación con el delito de alzamiento, ello posibilita también calificar y ejercitar la acusación por otros delitos relacionados con aquel, como es el caso de autos, que fueran enjuiciados en el mismo proceso*" (con cita de la STS 476/2007, 3-5).

8. Se ha apreciado un concurso con los **daños** (STS 445/2009, 17-4: arrendadores de un Llagar-sidrería que no reintegran al dueño diversos enseres y que además ordenan a terceras personas la causación de múltiples daños en un local, con el fin de coaccionar a la propiedad a vender); con el **delito contra los dere-**

chos de los trabajadores del art. 311 [STS 1613/2005, 29-12 (*Tol 827063*): apropiación de la fianza que se exigía a los trabajadores con la excusa de recibir una formación o de garantizar un plazo de permanencia en la empresa]; con el de **coacciones** [STS 587/2006, 18-5 (*Tol 952902*): administradora judicial de una anciana que, además de valerse de su condición para apropiarse del dinero de unas cuentas bancarias de la anciana, también forzó su voluntad para ingresar en una residencia, para poder disponer de sus bienes y para que otorgara testamento a su favor]; o con el **abandono de familia** (STS 121/2014, 19-2: esposa nombrada tutora de su marido por haber quedado incapacitado como consecuencia de un accidente de tráfico, que dispone de la indemnización de aquél —casi 800.000 €— a su antojo y desatiende las obligaciones tanto materiales como morales exigidas). No se ha apreciado concurso de delitos con el de desobediencia al hacer caso omiso de los requerimientos judiciales para la restitución a la administración judicial nombrada en un procedimiento civil de las cantidades apropiadas, porque la desobediencia constituye un acto de autoencubrimiento impune [SAP, Madrid, Sección 5ª, 134/2008, 30-12 (*Tol 1484054*), anulada por la STS 155/2010, 30-7, que absuelve también de la apropiación indebida].

X. MODALIDAD SUBSIDIARIA DE APROPIACIÓN INDEBIDA (ART. 254 CP)

La LO 1/2015, de 30 de marzo, dentro de la remodelación del delito de apropiación indebida, decide también "*aprovecha[r] para simplificar la normativa anterior*", como dice la Exposición de Motivos, y aglutina en un mismo precepto lo que vendrían a ser las anteriores modalidades asemejadas de apropiación de cosa perdida o de dueño desconocido (del anterior art. 253) y la apropiación de cosa recibida por error (del anterior art. 254). Esa ha sido la *voluntas legislatoris* a la luz de la EM de dicha norma:

> "*Se diferencia ahora con claridad* [¡como si antes no se hiciese o no se pudiese hacer!] *según se trate de un supuesto de apropiación con quebrantamiento de la relación de confianza con el propietario de la cosa, supuesto que continúa estando castigado con la pena equivalente a la de la administración desleal y la estafa; o de supuestos de apropiación de cosas muebles ajenas sin quebrantamiento del deber de custodia, como es el caso de la apropiación de cosa perdida no susceptible de ocupación, en donde se mantiene la actual agravación de la pena aplicable en los casos de apropiación de cosas de valor artístico, histórico, cultural o científico, y el caso de la apropiación de cosas recibidas por error*".

Sin embargo, lamentablemente, pese a ese loable propósito de la reforma, la nueva regulación resulta criticable por varios motivos.

En primer lugar, por la pérdida de taxatividad en la descripción del ámbito de lo punible, hasta el punto de poder tacharse de inconstitucional por este motivo, frente a la redacción mucho más precisa de los anteriores arts. 253 y 254 CP, en la cual sí estaba claro a qué supuestos se refería.

GILI PASCUAL considera que hubiese resultado preferible la relación taxativa de los supuestos que se desea incriminar. Este autor señala que tal vez podrían sumarse ahora otros supuestos dentro del ámbito del art. 254, como los casos en los que el autor introduce la cosa en su custodia sin ánimo inicial de apropiación ni de enriquecimiento y luego la retiene frente al dueño (similar a lo previsto en el § 134.2 CP austríaco), o aquellos en los que el bien entra en el ámbito del autor por causa natural o caso fortuito (como contempla el art. 209 CP portugués). Pero eso no se ha hecho.

El Legislador de 2015 no se limitó a reunir en un único precepto los dos anteriores, yuxtaponiendo las conductas de apropiación de cosa perdida o de dueño desconocido y de cosa recibida por error. No. Lo que ha hecho es incriminar, genéricamente, el «*apropiarse de cosa mueble ajena*». Ahora es un cajón de sastre (el delito de apropiación de lo ajeno), pero sin saber muy bien hasta dónde alcanza (MAGRO SERVET dice que el art. 254 CP no ha despenalizado las figuras tradicionales, sino que siguen estando incluidas "*junto a otras conductas, cualesquiera que sean estas*").

En segundo lugar, como consecuencia de esa falta de claridad, el nuevo art. 254 CP resulta criticable por los problemas que genera de delimitación entre la apropiación indebida y el hurto, y ello está también relacionado con la mención expresa de la "*custodia*" como título de posesión como presupuesto del delito de apropiación indebida. En efecto, la EM dice que la distinción entre el art. 253 y 254 CP estriba en que se produzca o no el "*quebrantamiento del deber de custodia*". Habrá que entender, que ese deber de custodia se tiene que traducir en que se ha recibido un objeto con la obligación de entregar o devolverlo luego, que es la clave de bóveda sobre la que se asienta el delito de apropiación indebida en sentido estricto (*supra* III.3): un título de posesión que otorga una facultad de disponibilidad limitada; y también una relación de confianza con su propietario. Por eso, con anterioridad los supuestos en que se tuviese la tenencia de una cosa mueble ajena, pero sin haberla recibido con esa obligación específica de entregar o devolverla, eran calificados como hurto (*supra* I.2.1). Ahora parece que los simples servidores de la posesión que se apropian de lo que no les pertenece, no estarían cometiendo hurto, sino esta apropiación indebida subsidiaria del art. 254 CP, lo cual puede producir un efecto punitivo privilegiado sin justificación alguna.

Y, en tercer lugar, a este ámbito de tipificación potencialmente expansivo le podemos sumar, como efecto "colateral" no pretendido por la LO 1/2015 (GONZÁLEZ RUS), que todas las conductas que queden bajo el paraguas del nuevo art. 254 CP se han convertido simple y llanamente en infracciones leves al cambiarse la clasificación de los delitos y de las penas (arts. 13 y 33 CP), con todo lo que ello conlleva.

Así, entre otros efectos, la clasificación de una infracción como delito leve supone que no se puedan computar los antecedentes penales a efectos de reincidencia ni de suspensión de la ejecución de penas cortas privativas de libertad (arts. 22.8ª y 80.2.1ª CP), cabe cumplir la responsabilidad personal subsidiaria en régimen de localización permanente (art. 53.1 CP), la duración de las penas accesorias que se puedan imponer no excederá de seis meses (art. 57.3 CP), no rigen las reglas generales de determinación de la pena (art. 66.2 CP), se reduce el plazo de prescripción de la infracción y de la pena a un año (arts. 131.1 y 133.1 CP) y el plazo de cancelación de los antecedentes penales también se ve reducido a seis meses [art. 136.1.a) CP]. Esta clasificación, a su vez, tiene importantes consecuencias tanto a nivel policial, como procesal, pues se enjuiciará por el procedimiento de los delitos leves (arts. 962 y ss. LECrim), siendo competente para ello el Juez de Instrucción (art. 14.1 LECrim), y sin que pueda dar lugar a detención de los autores (art. 495 LECrim).

En vista de todos estos argumentos, concluimos que conviene interpretar restrictivamente el actual art. 254 CP y entender que en realidad está tipificando lo mismo que antes: apropiaciones de cosas perdidas o de dueño desconocido o de cosas recibidas por error. ¡Para este viaje no hacían falta estas alforjas!

La Jurisprudencia viene a mantener este criterio, porque, pese a que diga que *"dicho precepto sanciona toda clase de apropiaciones de cosa mueble ajena que no puedan ser subsumidas en el artículo 253 del Código Penal"*, sin embargo, parece que, al final, acaba reconduciendo el ámbito de lo punible a las tradicionales figuras. Así, las SSTS 119/2021, 11-2, y 502/2021, 9-6, establecen como elementos de tal delito: *"1) un acto de apropiación, que lo será de incorporación al patrimonio del sujeto activo del delito, en modo alguno un acto de distracción; tampoco lo será el simple uso de una cosa mueble ajena, que le puede venir otorgado por cualquier título jurídico legítimo; 2) que el objeto sobre el que recaiga lo sea una cosa mueble ajena, que será interpretada conforme al Código Civil (arts. 335 y siguientes), de manera que lo será el dinero, efectos o valores o cualquier otra cosa mueble, conforme a una interpretación sistemática de este precepto con el anterior; 3) que el título por el cual el sujeto tenga la posesión de tal cosa mueble ajena no sea alguno de los que justifican la aplicación del art. 253 del Código Penal. Desde esta perspectiva, la LO 1/2015 engloba en la tipología del nuevo art. 254, conductas anteriores tales como la apropiación de cosa perdida o de dueño desconocido (art. 253), o la recepción indebida por error del transmitente de dinero o alguna otra cosa mueble, o niegue haberla recibido, o comprobado el error, no proceda a su devolución (art. 254). En suma, el tipo comentado se configura como un tipo residual o subsidiario"*. En el caso concreto de la STS 502/2021, 9-6, parece muy discutible la calificación como apropiación indebida subsidiaria del art. 254 CP, pues se trataba de un marchante de arte que actúa como intermediario en la venta de un lienzo con la firma de Salvador Dalí. La posesión que tiene del lienzo es un título idóneo para la apropiación indebida del art. 253. Compárese con un caso parecido juzgado unos pocos meses después en la STS 827/2021, 28-10, relativa a un cuadro de Anton Van Dyck, que condenó por apropiación indebida en sentido estricto.

1. Apropiación de bien perdido o de persona desconocida

1. La apropiación indebida de bien perdido o de persona desconocida es un híbrido entre el hurto y la apropiación indebida. Tradicionalmente (hasta la reforma operada por la LO 8/1983, de 8 de junio) la apropiación de cosa perdida estaba regulada entre el hurto y se calificaba como "*hurto de hallazgo*" (art. 514.2° CP/1973). Sin embargo, en puridad no se trata de un hurto (RODRÍGUEZ RAMOS), porque no hay sustracción en el sentido de acto de desplazamiento físico desde la esfera patrimonial del sujeto pasivo a la del sujeto activo. Por esta razón, a partir de 1983 se incluyó entre la apropiación indebida (art. 535 párr. 2° CP/1983, que preveía la misma pena que para la apropiación indebida propiamente dicha). Ahora bien, aunque es cierto que existe una obligación de entrega de los animales y objetos perdidos (arts. 611 y 615 CC), no se puede decir que la infracción de este deber constituya en sí misma una apropiación indebida, porque sencillamente no se han recibido por un título de los previstos en el art. 253 CP [véase la STS 295/2008, 3-6 (*Tol 1333386*), que condenó a un policía que se apropió del dinero contenido en una cartera extraviada que le fue entregada por quienes la encontraron para que se hiciese cargo de su devolución]. Parece oportuno, por tanto, incriminar esta figura en un precepto distinto, es decir, no es que estemos ante un tipo privilegiado de apropiación indebida, sino sencillamente, ante un tipo distinto.

En caso de animales perdidos (dejando al margen abejas, palomas, conejos y peces, que se rigen por lo dispuesto en los arts. 612 y 613 CC), el art. 611 CC establece que "*quien encuentre a un animal perdido deberá restituirlo a su propietario o a quien sea responsable de su cuidado, si conoce su identidad*", salvo que existan "*indicios fundados de que el animal hallado sea objeto de malos tratos o de abandono*" (artículo introducido por la Ley 17/2021, de 15 de diciembre, sobre régimen jurídico de los animales). El art. 24.2 letra g) Ley 7/2023, de 28 de marzo, de protección de los derechos y el bienestar de los animales, establece la obligación a sus tutores o responsables de "*comunicar a la autoridad competente la pérdida o sustracción del animal en el plazo máximo de cuarenta y ocho horas desde que se produjo la misma*", considerándose el no hacerlo como infracción administrativa leve o grave, según los casos [art. 74 letras k) y m) Ley 7/2023], castigándose con sanciones que van desde el apercibimiento hasta una multa que puede llegar a los 50.000 € (compárese con la pena prevista para el delito del art. 254 CP: está mucho más castigado no comunicar la pérdida del animal, que la apropiación del animal perdido). Corresponde, en principio, a los ayuntamientos, aunque puede recaer en agrupaciones de municipios o en las diputaciones, la responsabilidad de recogida de animales extraviados y abandonados y su alojamiento en un centro de protección animal, debiendo contar con un servicio de urgencia para la recogida y atención veterinaria de estos animales, disponible las 24 horas del día (art. 22 Ley 7/2023). Un animal extraviado es todo aquel animal que entra dentro del ámbito de la Ley 7/2023 (por tanto, animal doméstico o silvestre en cautividad) y que vaga sin destino y sin control, siempre que sus titulares o responsables hayan comunicado su extravío o pérdida [art. 3 letra g) Ley 7/2023]; en caso de no haberlo hecho, se considera animal abandonado [art. 3 letra e) Ley 7/2023], así como el que permanezca atado o en el interior de un recinto o finca sin ser atendido en sus necesidades básicas y todo aquel que no fuere recogido de los centros de recogida en el plazo establecido.

En caso de pérdida de objetos, según el art. 615 CC, "*el que encontrare una cosa mueble, que no sea tesoro, debe restituirla a su anterior poseedor*" y "*si éste no fuere conocido, deberá consignarla inmediatamente en poder del Alcalde del pueblo donde se hubiese verificado el hallazgo*"; luego "*el Alcalde hará publicar éste, en la forma acostumbrada, dos domingos consecutivos*»; y «*pasados dos años, a contar desde el día de la segunda publicación, sin haberse presentado el dueño, se adjudicará la cosa encontrada o su valor al que la hubiese hallado*"; "*si se presentare a tiempo el propietario* —dice el art. 616 CC—, *estará obligado a abonar, a título de premio, al que hubiese hecho el hallazgo, la décima parte de la suma o del precio de la cosa encontrada*", aunque "*cuando el valor del hallazgo excediese de 2.000 pesetas, el premio se reducirá a la vigésima parte en cuanto al exceso*". En muchos Ayuntamientos se ha regulado el depósito, custodia y devolución de los objetos perdidos, a través de la llamada Oficina de Objetos Perdidos (*vid.*, p.ej., el Acuerdo de 30 de julio de 2014 del Pleno del Ayuntamiento de Madrid, BOAM nº 7227, de 11 de agosto de 2014). Teniendo en cuenta que el art. 23 de la Ley 33/2003, de 3 de noviembre, del Patrimonio de las Administraciones Públicas, prevé que éstas puedan adquirir bienes muebles por ocupación, si transcurrido el plazo de 2 años previsto en el art. 615 CC el hallador no existiera o renunciara a su derecho, el objeto perdido pasará a ser propiedad municipal.

Esta diferencia con la apropiación indebida propiamente dicha se traduce también en una pena sensiblemente menor (en el tipo básico, simplemente multa de 3 a 6 meses). Y, en efecto, se puede entender que estas conductas revisten un menor contenido de injusto que las del hurto o las de la apropiación indebida. En todas ellas se atenta contra la propiedad, sin embargo, la forma en que se hace en el art. 254 es de menor gravedad. No es que se despoje de la cosa a su propietario, como en el hurto; ni tampoco que se quebrante un negocio jurídico (muchas veces basado también en la confianza) en virtud del cual el propietario ha trasladado voluntariamente la posesión de la cosa, como en la apropiación indebida. Por el contrario, simplemente "*se vulnera el principio de buena fe y de lealtad que deben presidir las relaciones humanas en el tráfico jurídico*" [SAP, Barcelona, Sección 2ª, 317/2007, 16-4 (*Tol 1136617*)].

Desde un punto de vista criminológico también puede tener explicación esta menor sanción, en tanto que el apoderamiento del bien obedece a que se ha presentado la oportunidad de apropiarse de algo ajeno, sin buscarlo de propósito. Sería como si se le castigase por haber caído en la tentación y no haber evitado el apropiarse de lo ajeno. Es más, si preguntásemos a cualquier persona qué haría en el caso de encontrarse por la calle una cartera con 600 € en su interior, seguramente un porcentaje altísimo diría que se quedaría con el dinero y entregaría la cartera (con documentación) a la autoridad. Hasta resulta llamativo (los periódicos lo convierten en noticia), que una persona sea un "buen ciudadano" y no se apropie de un maletín o un sobre con una gran cantidad de dinero que alguien ha perdido o lo ha dejado olvidado.

Supuestos como estos, en los que alguien se apropia de lo ajeno, pero "sin ir a por ello" (por "haber caído en la tentación", como decíamos), pueden merecer un menor reproche penal. Sin embargo, el tipo penal actualmente vigente comprende también otros supuestos en los que dicha pena tan leve podría no estar ya justificada. Y es que en el CP/1973 se exigía que el sujeto activo se encontrase la cosa perdida (art. 514.2º CP/1973 y después en el art. 535 párr. 2º CP/1983), mientras que en el CP/1995 inicialmente se hablaba de "*apropiarse de cosa perdida o de dueño desconocido*" y ahora simplemente se dice "*apropiarse de cosa mueble ajena*". Es decir, entrarían dentro del ámbito del tipo conductas en las que se busca voluntariamente el bien perdido, como hacen, por ejemplo, los buscadores de objetos perdidos por los veraneantes en las playas que utilizan detectores de metales para encontrarlos y quedarse con ellos. Recordemos que, según el art. 464 CC, "*el que hubiese perdido una cosa mueble o hubiese sido privado de ella ilegalmente podrá reivindicarla de quien la posea*" y que el art. 615 CC ordena que "*el que encontrare una cosa mueble, que no sea tesoro, debe restituirla a su anterior poseedor*". Estos casos quizás no merezcan una pena tan leve, pues no es que se encuentren la cosa, sino que hacen algo por hallarla. Habría que diferenciar punitivamente estos supuestos de diferente gravedad.

La amplitud de la conducta típica tiene también otra consecuencia importante desde el punto de vista procesal. Este delito tiene una naturaleza mixta o híbrida, como decíamos. Por un lado, la apropiación de cosa perdida se asemeja a la apropiación indebida del art. 253 CP; pero, por otro lado, la apropiación de cosa de dueño desconocido se aproxima a un hurto del art. 234 CP. Esto último es importante, porque con el art. 254 CP se pueden castigar supuestos en los que no se hubiesen podido encontrar pruebas suficientes para condenar al acusado por hurto o robo.

P.ej., la SAP, Zaragoza, Sección 3ª, 25/2004, 21-1 (*Tol 432702)*, condenó a los acusados que se apropiaron de mercancía en perfecto estado y correctamente embalada previamente sustraída de unos camiones por individuos no identificados; o la SAP, Madrid, Sección 6ª, 48/2011, 22-2, condenó a los acusados que se encontraron el bolso con los efectos de la denunciante que previamente había sido sustraído en un lugar de la biblioteca, metiendo sus efectos en las bolsas de deporte que portaban con ánimo de hacerlos propios. En cambio, la SAP, Granada, Sección 1ª, 500/2021, 16-12, absolvió a quien los agentes de la Guardia Civil encontraron portando en el interior de su coche dos cajas con objetos de origen íbero y romano. La AP Granada entiende que no se ha establecido *"la forma en que llegaron a manos del acusado, ni, en consecuencia, se dice nada respecto a si realizó algún acto demostrativo consistente en comportarse como propietario de las mismas"*, y *"no existe ninguna prueba de que el apelante encontrase en algún yacimiento las piezas que portaba"*. Sin embargo, insistimos en que el actual art. 254 CP no exige que el sujeto se encuentre la cosa mueble ajena, basta —dice el precepto— con apropiarse de cosa mueble ajena.

Lo que sí se tiene que haber conseguido acreditar es que el procesado se apropió de una cosa que no era suya. Tiene que disponer de la cosa como si fuera dueño, realizando sobre ella actos como si fuera propia y pretendiendo excluir de modo definitivo a su propietario de las facultades que ostenta sobre ella. Por ello, no vulneraría el principio acusatorio condenar por este delito habiendo sido acusado por hurto, robo o apropiación indebida (p.ej., STS 995/2002, 13-1, y SAP, Cádiz, Sección 4ª, 8-2-2001: en ambas sentencias los acusados de apropiaron de un ciclomotor que encontraron), pues serían delitos homogéneos (en contra, SAP, Sevilla, Sección 4ª, 52/2004, 26-1). En cambio, la estafa sería heterogénea [STS 260/2005, 28-2 (*Tol 614376)*].

2. El núcleo central de esta modalidad de apropiación de cosa perdida o de dueño desconocido reside en el objeto material. *Cosa perdida* es aquella que teniendo dueño (no la *res nullius*), sale de la esfera de posesión y custodia por un acto involuntario (no la *res derelicta*), desconociendo el dueño su ubicación de forma permanente. La cosa perdida no es detentada por su dueño, por lo que, si uno se apropia de ella, no se puede decir que se la esté quitando. Esta es la razón por la que este delito tiene menor pena que el hurto. Pues bien, esta misma característica debe darse también en la *cosa de dueño desconocido*, de tal manera que parezca perdida, aunque luego se compruebe que no lo estaba, sino oculta u olvidada. La diferencia a veces es muy sutil, pero tiene su importancia, porque los casos de apropiación de cosas ocultas y de cosas olvidadas deben ser tratados como auténticos hurtos. Respecto del tesoro oculto ya se ha dicho que su sustracción debe calificarse como un hurto de la mitad, según lo dispuesto en el art. 351 CC (*supra* Lección del hurto). Y en cuanto a las cosas olvidadas, hay que tener en cuenta que siguen estando en posesión de su titular, aunque momentáneamente ignore su paradero (art. 461 CC), por lo que su sustracción tiene un desvalor equivalente al del hurto. P.ej., quien olvida el paraguas en un bar y alguien se lo lleva, debe considerarse delito leve de hurto y no de apropiación de cosa de dueño desconocido. Si el paraguas ya lleva unos cuantos días en el paragüero del bar, pudiera admitirse que es una cosa perdida o de dueño desconocido, pero en ningún caso abandonada, que haría lícita su apropiación por cualquiera. A efectos de infracciones patrimoniales leves estos matices carecen de importancia (hay una ligera diferencia en cuanto al máximo de la pena de multa: los arts. 234.2 y 253.2 CP prevén un máximo de 3 meses multa, mientras que en el art. 254.2 CP es de 2 meses), pero si el valor del objeto sustraído excede de 400 €, entonces la cosa cambia (el hurto y la apropiación indebida son delitos menos graves, mientras que la apropiación subsidiaria del art. 254 CP es delito leve).

La Jurisprudencia califica la cosa perdida como aquella cosa que por la propia naturaleza tiene un valor ostensible que haga increíble o impensable que ha sido abandonada [SSTS 15-11-1989 (*Tol 456260)*; 1807/1999, 22-12 —un Rolex]. Pero también se pueden perder cosas de poco valor, pero de evidente utilidad, sin que se pueda deducir entonces que han sido abandonadas, como unas llaves o un lápiz de memoria.

3. El tipo subjetivo es quizás el aspecto de este delito que más problemas puede plantear en la práctica. Es posible que el autor crea que las cosas han sido

abandonadas, y en este caso sufría un error de tipo (error sobre una característica del objeto material: cosa mueble "*ajena*"). Aunque fuese vencible, al no estar expresamente incriminada su comisión imprudente, dicho error excluiría la responsabilidad penal (otra cosa es la civil, art. 118.2 CP). La Jurisprudencia para no absolver, en ocasiones, ha calificado estos casos, de modo discutible, como error de prohibición (p.ej., la SAP, Valencia, Sección 2ª, 662/2002, 14-12: apropiación de 50 rollos de cable metálico, de aproximadamente 1 tn. de peso, con cierto deterioro por su uso, pero tasados en 960 €), cuando lo correcto, en nuestra opinión, sería comprobar si el error era burdo o no. En otras ocasiones, con mejor criterio, la Jurisprudencia ha absuelto, porque no encuentra voluntad de apropiación en estos hechos (la SAP, Granada, Sección 2ª, 598/2002, 23-10, no consideró demostrada dicha voluntad, porque, aunque el equipo fotográfico que se apropió tenía gran valor —más de 600.000 pesetas—, sin embargo, se lo encontró en un contenedor de basura, por lo que el sujeto se pudo imaginar que el dueño había renunciado a su derecho de propiedad).

La STS 260/2005, 28-2 (*Tol 614376)* condenó por estafa en un caso en el que el acusado no sólo se apoderó de un cheque extraviado, sino que además lo presentó al cobro en una entidad bancaria; en cambio, la SAP, Barcelona, Sección 2ª, 317/2007, 16-4 (*Tol 1136617)*, en un caso algo parecido, aplicó el anterior art. 253 CP. Por cierto, en este caso se condenó a los dos acusados como autores —directo uno, y mediato otro, que trató de cobrar un cheque a través de su cuñada— de una tentativa inidónea, pues ya se habían trabado las cuentas en que se podían hacer efectivos los cheques, porque su titular había denunciado al banco la sustracción, con lo cual era imposible cobrarlos.

En el caso de cobro de cheques al portador creemos que hay que distinguir diversos supuestos: 1) la sustracción de un talonario o de un cheque en blanco, en sí misma considerada, no puede constituir más que un delito leve de hurto; 2) si además se rellena y se trata de cobrar estaríamos ante un concurso medial entre una falsedad en documento mercantil y una estafa (entendemos que el delito leve de hurto quedaría absorbido por el desvalor de la estafa); 3) pero si el cheque al portador ya está rellenado y se trata de cobrar, el delito cometido sería un hurto por el importe representado por el título-valor; 4) si no se sustrae el cheque, sino que se encuentra tirado en la calle, en el caso de que ya estuviese rellenado no se puede hablar de hurto, porque no se sustrae, y la figura delictiva a aplicar sería la apropiación del art. 254 CP (algunas sentencias han retrasado el momento de la consumación hasta que se presenta ante la entidad bancaria para cobrarlo, lo que favorecería el desistimiento de la tentativa); 5) finalmente, si el cheque que se encuentra está en blanco, se rellena y se trata de cobrar, estaríamos entonces ante un concurso medial entre falsedad en documento mercantil y estafa (al igual que en el supuesto nº 2, el desvalor de la apropiación del art. 254 quedaría absorbido por la estafa).

4. Se prevé un tipo agravado cuando las cosas sean de valor artístico, histórico, cultural o científico. Aquí el salto punitivo es importante, porque la infracción pasa a ser un delito menos grave castigado con prisión de seis meses a dos años. No hay que confundir este supuesto con un delito de hurto sobre cosas que tengan dicho valor, previsto en el art. 235.1 CP, ni tampoco con los "*actos de expolio en yacimientos arqueológicos, terrestres o subacuáticos*" del art. 323 CP, que resultan

de aplicación preferente. El tipo agravado del art. 254 CP tiene que quedar circunscrito a supuestos de menor gravedad, que no impliquen la desposesión a su legítimo poseedor ni tampoco el expolio.

La SAP, Granada, Sección 1ª, 500/2021, 16-12, revocó una condena por este tipo a quien encontraron los agentes de la Guardia Civil portando en el interior de su coche dos cajas que contenían 17 piezas de bronce de origen ibérico (siglos IV y II a.C.) y 13 ungüentarios de vidrio de origen romano (siglos I y II d.C.), valorados en 11.900 €. La AP Granada entiende que la Jueza a quo piensa que esas piezas fueron halladas por el acusado en algún yacimiento y se apoderó de ellas (lo cual sería un acto de expolio), pero al no constar en el relato de hechos probados no se puede condenar por apropiación indebida.

2. *Apropiación de bien transmitido por error o sin causa*

1. La apropiación de bien transmitido por error es una modalidad de apropiación que introdujo *ex novo* el CP/1995. El CP/1973 sólo se refería a la apropiación de cosa perdida (arts. 514.2º primero y 535 párr. 2º CP/1983) [p.ej., la SAP, Madrid, Sección 3ª, 111/2001, 11-2, revocó una condena por delito continuado de apropiación indebida, porque tan sólo uno de los hechos se cometió después de la entrada en vigor del CP, los anteriores serían hechos atípicos; o la SAP, Madrid, Sección 15ª, 319/2001, 26-7 (*Tol 126019*), absolvió en un supuesto parecido —cobro por el hijo de una pensión de la madre tras su fallecimiento (un caso parecido también en la SAP, León, 4-6-1998)—, porque consideró que el momento de la consumación debe entenderse el de los ingresos, no el de la negativa a la devolución, y como aquél se produjo antes de la entrada en vigor de esta figura delictiva, no la aplicó retroactivamente; hoy en día estos supuestos relativos al cobro indebido de una pensión habría que reconducirlos al art. 307 ter CP].

No es hurto, puesto que no hay sustracción; ni estafa, porque no hay engaño (sí lo hay, por el contrario, en el timo del cambio); ni apropiación indebida, porque no se recibe el bien por un título de los que producen obligación de entregarlo o devolverlo; ni tampoco apropiación de bien perdido o de persona desconocida, ya que el dueño sabe a quién se lo entregó.

2. Al igual que en la apropiación indebida propiamente dicha del art. 253 CP, en esta modalidad de apropiación de cosa recibida por error existe una relación especial entre el sujeto activo y el objeto material, por cuanto que el sujeto habría recibido indebidamente por parte del transmitente —por error— una cosa mueble, y, al igual que en la apropiación indebida, se ostenta la posesión de la cosa por un título que produce obligación de devolverla. El art. 1.895 CC establece que "*cuando se recibe alguna cosa que no había derecho a cobrar, y que por error ha sido indebidamente entregada, surge la obligación de restituirla*". Sin embargo, la diferencia estriba en que en la apropiación indebida del art. 253 CP el título por el que se

recibe la cosa comporta su posesión legítima. En cambio, si la recepción de la cosa es por error del transmitente, la posesión es ilegítima ("*fuera de los supuestos del artículo anterior*"), pues se habría recibido indebidamente. No es legítima, porque no se corresponde con el pago de una obligación, ni con la contraprestación de un negocio jurídico, ni con el cumplimiento de un deber legal.

P.ej., la STS 403/2015, 19-6, revocó la SAP Ciudad Real, Sección 2ª, 19/2014, 11-7, que había condenado por apropiación indebida en sentido estricto, y dictó segunda sentencia condenando por apropiación indebida de cosa recibida por error. Se trataba de unos acusados de enviar un fax a una entidad bancaria gibraltareña haciéndose pasar por titulares de una cuenta, ordenando una transferencia de 152.000 € en su beneficio, que el banco hizo sin realizar gestión alguna de comprobación de la identidad de los ordenantes. No se calificó como estafa, porque el engaño era burdo. El TS descartó también la calificación como apropiación indebida, porque el dinero no se había recibido en virtud de uno de los títulos idóneos previstos en el art. 253 CP. Pero sí podía ser calificado como apropiación indebida de cosa recibida por error del transmitente del anterior art. 254 CP, y que resulta subsumible también en el actual art. 254.

Según la Jurisprudencia, "*la exigencia de que la recepción de los fondos derivara de un error del transmitente, debe ser entendida como un elemento negativo del tipo, en el sentido de no existir título o razón de cobro y que la posesión respondiera a una indebida entrega, dándose así entrada a una protección penal de los cuasicontratos del art. 1.895 CC, cuando confluía con la voluntad de apropiarse o hacer propios los bienes*" (así, la STS 944/2016, 15-12, con ulteriores referencias, que condenó a quien percibió un sueldo público por una contratación que no debió hacerse).

En este caso que acabamos de citar, la SAP, Vizcaya, Sección 2ª, 10/2016, 26-2, condenó por malversación al delegado territorial del Departamento de Vivienda y Asuntos Sociales del Gobierno Vasco, al transferir 420.000 € desde la cuenta de la Cámara de la Propiedad Urbana, que estaba en proceso de liquidación, a una asociación de la que él era administrador, y también por pagar con cargo a dicha Cámara unos gastos y facturas ajenos por completo a la institución. Sin embargo, quedó excluido del delito continuado de malversación el desembolso por la contratación irregular de un administrativo a tiempo completo, por lo que esta persona fue absuelta de una eventual cooperación necesaria como *extraneus* en el delito de malversación. Sin embargo, y como recoge el relato de hechos probados, dicha persona fue contratada "*conociendo su naturaleza pública y la ausencia de causa para ello*". Por ello, el Ministerio Fiscal recurrió en casación y pidió que se le condenase por haberse apropiado de una cosa recibida indebidamente del art. 254 entonces vigente. El TS le da la razón al Ministerio Fiscal, puesto que entiende que la reforma de 2015 no ha despenalizado estas conductas y que "*la sanción en el artículo 254 del CP a aquellos que 'fuera de los supuestos del artículo anterior se apropien de una cosa mueble ajena', entraña acoger todos los comportamientos en los que la apropiación se realiza sin un quebranto del deber de custodia, esto es, los casos de apropiación de bienes perdidos no susceptibles de ocupación (anteriormente contemplados en el artículo 253) y la apropiación de bienes erróneamente entregados (anterior artículo 254)*". Sin embargo, habiéndole condenado por este delito, no se entiende por qué el TS no aplicó retroactivamente el nuevo art. 254 CP, puesto que prevé una pena más favorable. El TS le impuso una pena de prisión de un mes y 15 días (la prevista en el art. 254 CP antes de 2015, rebajada en un grado), que luego sustituye en virtud del art. 71.2 CP por pena de multa por tiempo de tres meses y cuota diaria de 10 €, pero según el art. 254 CP después de 2015 habría que haberle impuesto una pena de multa de un mes y 15 días.

La apropiación de cosa mueble transmitida por otra causa que no sea error o que se haya recibido indebidamente (p.ej., si es por mera liberalidad u otra justa causa), si admitimos la interpretación restrictiva que venimos haciendo de este precepto de circunscribirlo exclusivamente a las modalidades tradicionales de apropiación de cosa perdida o de dueño desconocido y apropiación de cosa recibida por error, resulta atípica y daría lugar, todo lo más, a un ilícito civil (arts. 1.895 ss. CC).

El error del transmitente normalmente se refiere a la cuantía o a la identidad del beneficiario, pero a veces el error puede ser más complicado, como puede ser un fallo en el programa informático de un cajero automático.

Ejemplos de apropiaciones de cosas recibidas por error: las SSTS 2159/2002, 28-12 (*Tol 240960*); 1416/2004, 2-12 (*Tol 528699*): se recibieron 708.196 euros en vez de 708.196 pesetas; 44/2007, 29-1 (*Tol 1036580*); 513/2007, 19-6 (*Tol 1106861*): condenó por dos delitos del art. 252, pero uno de ellos más bien era del actual art. 254; SAP, Cádiz, Sección 4ª, 15-2-2000: el banco reflejó un ingreso de 500.000 pesetas en vez de 500 pesetas, y apercibido del error el acusado retiró dicha cantidad el mismo día, en un cajero automático y en dos oficinas distintas de la misma entidad; SAP, Cuenca, Sección 1ª, 35/2005, 20-4 (*Tol 632865*): se dispuso de parte de los 11.600 € que se recibieron en vez de 11.600 pesetas, sin que se otorgase ninguna relevancia posterior a la devolución de parte de lo indebidamente utilizado; SAP, Madrid, Sección 15ª, 64/2009, 16-2: el director de la empresa Uralita, SA que cobró por duplicado una indemnización por despido, algo más de 14.000.000 pesetas; SAP, Valencia, Sección 2ª, 485/2009, 27-7 (*Tol 1862502*): administrador de una sociedad que, después de haber vendido un local alquilado, consiente que se sigan ingresando las rentas del alquiler en la cuenta de la sociedad que administra, y luego dispone del dinero.

3. La conducta consiste en "*apropiarse*", lo cual puede llevarse a cabo negando haber recibido la cosa o en no procediendo a su devolución una vez requerido para ello. También los arts. 1895 ss. CC regulan el llamado "cobro de lo indebido", pero la diferencia con el ilícito penal (art. 254 CP) estriba en que "*el acto de apoderamiento debe tener carácter definitivo, de forma que la negativa consciente y deliberada de haberla recibido o de proceder a su devolución tiene que venir acompañado de una voluntad de apoderamiento definitivo del dinero u otra cosa mueble indebidamente percibidos*" (SAP, Barcelona, Sección 2ª, 907/1998, 5-11: absuelve).

La STS 944/2016, 15-12, también advirtió que el hecho de que "*el artículo 254 del CP no contemple expresamente al dinero, no supone que el precepto deba interpretarse en el sentido de que sólo los bienes muebles (en el sentido de bienes apropiables y trasladables) sean susceptibles de protección*".

El TS absolvió del delito del art. 254 CP a quien intentó cobrar un cheque, que fue emitido por cantidad superior a la que la se debía entregar, pero al advertirse el error la entidad bancaria lo anuló, pues el cheque anulado carecía de valor económico [STS 1296/2006, 27-11 (*Tol 1026944)*]. De todas formas, cabe preguntarse, si los hechos enjuiciados no podrían haber sido punibles como tentativa inidónea.

XI. RESPONSABILIDAD CIVIL

La responsabilidad civil comprende la restitución de las cantidades apropiadas, pero también la indemnización de los daños y perjuicios ocasionados.

No es admisible la devolución de los bienes que se hayan adquirido con las cantidades de dinero apropiadas. La STS 407/2020, 20-7, determina que no puede imponerse al perjudicado que acepte como indemnización la sustitución del dinero del que fue indebidamente privado por los bienes adquiridos, una vez consumado el delito de apropiación indebida.

Respecto al daño moral, el Acuerdo de Pleno no jurisdiccional de la Sala 2ª del TS, de 20-12-2006, señala que "*por regla general no se excluye la indemnización por daños morales en los delitos patrimoniales y es compatible con el art. 250.1.6 CP*" [hoy el art. 250.1.4 CP], pero no siempre resulta posible cuantificarlo como algo distinto al perjuicio derivado de la propia apropiación.

En cuanto a los perjuicios materiales, la indemnización es el interés legal de las cantidades reconocidas en la sentencia a favor del perjudicado. La restitución de las cantidades apropiadas viene a ser la reparación del daño emergente, mientras que la indemnización a través del interés legal sería la compensación por el lucro cesante, lo cual se alcanzaría a través de los intereses moratorios del art. 1.108 CC (los convenidos, y a falta de convenio, el interés legal). Distintos de estos intereses son los llamados intereses procesales del art. 576 LEC (interés legal incrementado en dos puntos) que tienen como finalidad conseguir una pronta satisfacción del perjudicado, disuadiendo al condenado de maniobras dilatorias que puedan retrasar el pago de la cantidad líquida a la que se le condena en la sentencia. Estos intereses procesales se computan desde que se dicta sentencia en primera instancia, en esto no hay discusión, pues así lo dispone expresamente el art. 576.1 LEC; además, nacen sin necesidad de petición previa por parte del perjudicado. En cambio, respecto de los intereses moratorios que tratan de compensar el lucro cesante, se tienen que solicitar por el perjudicado y se puede discutir el momento desde el cual se computan. Mientras que hay sentencias que han considerado que se deben computar desde la fecha de la comisión de los hechos hasta la fecha de la resolución de instancia [p.ej., la STS 918/2008, 31-12 (*Tol 1432469)*, con ulteriores referencias], hay otras, en cambio, que fijan el inicio del cómputo desde el día en que se reclame judicial o extrajudicialmente, según lo dispuesto en el art. 1.100 CC, que en el ámbito penal se traduciría en la fecha de la interposición de la denuncia o de la querella, o, en todo caso, desde la presentación del escrito de acusación por quien se personó posteriormente, o por parte del Ministerio Fiscal si el perjudicado no ejercita personalmente la acción civil, pero no ha renunciado a ella, ni se ha reservado el derecho a ejercitarla en la vía civil (así la STS 30/2022, 19-1, con ulteriores referencias).

En la STS 30/2022, 19-1, la cuestión tenía su trascendencia, dado el importe total apropiado —casi 20.000.000 €— y el tiempo transcurrido —diferentes transferencias que arrancan en marzo hasta octubre de 2008 y la denuncia en diciembre del mismo año. La SAP, Madrid, Sección 7ª, 85/2020, 17-2, no había dicho nada en su fallo acerca de los intereses moratorios, y se pidió aclaración sobre este extremo, dictando Auto de aclaración el 15 de junio de 2020, en el cual se señalaba que los intereses moratorios se computarán desde la fecha de interposición de la denuncia y la fecha de la sentencia. En el recurso de casación interpuesto contra la SAP de Madrid se solicitó que se retrasase el inicio del cómputo de los intereses moratorios hasta el trámite de conclusiones provisionales, en junio de 2017, en el que serían reclamados expresamente por primera vez por la acusación particular. El TS desestima este motivo del recurso de casación y confirma el AAP: desde la fecha de la denuncia.

Asimismo, la responsabilidad civil comprende no sólo las cantidades apropiadas destinadas al pago de impuestos, sino también las sanciones, recargos e intereses legales que tuvo que abonar el perjudicado [STS 1261/2006, 20-12 (*Tol 1022907*), y SAP, Valencia, Sección 5ª, 379/2020, 3-11, confirmada por la STS 950/2022, 14-12].

La responsabilidad civil comprende también la declaración de nulidad de los actos celebrados para cometer la apropiación indebida (la STS 598/2018, 27-11 —caso parking Atocha 70—, confirma la nulidad de dos de las cuatro escrituras).

A este respecto, la citada STS 598/2018, 27-11 —caso parking Atocha 70— señala que *"estamos dentro de la acción civil, sujeta al principio de rogación y la parte perjudicada y con legitimación para ello, no pidió en casación la citada nulidad de las dos primeras escrituras"*. Además, resalta que se confunden las posiciones procesales, ya que *"los perjudicados por el delito de apropiación indebida no son ni Justapío, ni Blasconell, siendo precisamente sus representantes quienes resultaron acusados por haberse apropiado del único activo de Atocha 70, sociedad en la que sólo tenían el 5% respectivamente frente al 90% de los querellantes"*. Y concluye: *"resulta procedente anular las escrituras en las que se materializa el delito que causa daños y perjuicios a los querellantes y que es lo que, en definitiva, disponen los citados preceptos del Código Penal"*. Parece que fueron a por lana y salieron trasquilados, pues las mercantiles Justapío y Blasconell se deshicieron de sus participaciones en Atocha 70 para generar un crédito a su favor, pero sin cobrarlo, que luego utilizaron cediéndolo a Atocha 70 como pago en la venta de los inmuebles del parking. Al decretarse la nulidad de esta venta, se quedaron sin las participaciones en Atocha 70 y sin los inmuebles.

La renuncia de acciones frente a dos responsables subsidiarios (IGS y PSV) se hace extensiva frente a un tercer responsable subsidiario (UGT) dada la solidaridad existente entre ellos [STS 1212/2003, 9-10 (*Tol 316526*); en sentido similar también en la SAP Albacete, Sección 2ª, 20/2009, 1-7 (*Tol 1724233*)].

La obligación de pago de una cantidad de dinero en moneda extranjera se efectuará según el cambio oficial en el día de despacho de la ejecución [STS 600/2007, 11-9 (*Tol 1213905*) —caso Grupo Torras II].

Se ha admitido como atenuante de reparación del daño (art. 21.5 CP) la devolución antes de la conclusión del *iter* delictivo de una parte relevante de lo apropiado (STS 507/2017, 4-7). Para que pueda dar lugar a una atenuante, es preciso que la reparación sea relevante en función de la importancia del daño causado (p.ej., la STS 192/2023, 16-3, no la aplicó porque los actos reparatorios sólo alcanzaron el 25% del importe del daño a resarcir). Por ello, en la STS 438/2018, 3-10 —caso de las Tarjetas Black— tampoco se aplicó dicha atenuante a Rodrigo Rato, pese a que devolvió la cantidad de que dispuso con su tarjeta (casi 100.000 €), porque la responsabilidad civil a la que debía hacer frente era muchísimo mayor (casi 2.700.000 €), ya que respondía solidariamente de todas las cantidades que los demás condenados dispusieron con sus respectivas tarjetas durante el período en que él fue el Presidente de las entidades perjudicadas. Entre el resto de los consejeros que devolvieron el dinero apropiado, la SAN 4/2017, 23-2, distinguió entre los que habían ingresado el dinero antes del juicio a disposición de Bankia o del FROB como perjudicados y los que habían consignado dichas cantidades como fianza para hacer frente a las posibles responsabilidades pecuniarias (entre las que no están sólo la responsabilidad civil). A los primeros se les aplicó la atenuante como muy cualificada, a los segundos como atenuante simple. El TS, sin embargo, entiende que el hecho de la consignación judicial, sin mayores precisiones, no permite hacer distinciones con los acusados que devolvieron directamente a los perjudicados y tampoco es posible descartar que la finalidad de la consignación fuera la de entregar al perjudicado lo reclamado. Por ello, también apreció como muy cualificada la atenuante de reparación del daño para quienes hicieron la consignación como fianza.

Ahora bien, el TS también tiene exigido que, para que la atenuante de reparación del daño opere como muy cualificada, se produzca además de la reparación completa del perjuicio sufrido, "*algo más, mucho más, pues, aunque la reparación haya sido total, el que de modo sistemático la reparación total se considere como atenuante muy cualificada supondría llegar a una objetivación inadmisible y contraria al fin preventivo general de la pena*". Por eso, la STS 907/2022, 17-11 (con ulteriores referencias) exige "*un particular valor cualificado en el acto consignativo*", que complemente la restitución. Ese plus de merecimiento de un efecto atenuatorio lo ha situado en la intención o la motivación que inspira el acto reparatorio, que haga patente una incondicionada voluntad reparatoria, a modo de una especie de acto de contrición, como sería el caso si el acusado asume su responsabilidad y acepta las conclusiones definitivas del Ministerio Fiscal, como apreció la STS 907/2022,

17-11. De este modo, se evidencia, dice, "*un verdadero* "actus contrarius" *con un destacado valor normativo como indicador de una conducta postdelictual que reivindica los fines de la norma contenida en el artículo 21.5ª CP: la prevalencia de los fines de reparación de quien ha sufrido las consecuencias del delito, por un lado, y de reinserción de quien lo ha infringido, por otro*".

La STS 201/2023, 22-3, apreció la atenuante de reparación habiendo sido hechas las devoluciones antes de la querella y la última, 6 años más tarde, cuando se conoce el importe determinado por las acusaciones, que el acusado consigna inmediatamente. No importa que la devolución pueda tener una motivación oportunista, pues no es necesario ningún tipo de arrepentimiento.

XII. CUESTIONES PROCESALES

La administración desleal es delito homogéneo con la apropiación indebida (STS 627/2016, 13-7). No obstante, también se advertía bajo la regulación vigente antes de 2015 que dicha afirmación no era reversible (no podía condenarse por el delito del art. 252 cuando se acusaba por el art. 295 CP: aquél es más grave). Bajo la regulación actualmente vigente no habría inconveniente.

Se ha apreciado también homogeneidad entre el art. 252 CP antes de 2015, por un lado, y los arts. 253 [STS 554/2002, 21-3 (*Tol 156589)*] y 254 CP (SAP, Lleida, Sección 1ª, 397/2003, 19-6), por otro, hoy equivalentes al art. 254 CP. Sin embargo, no hay homogeneidad entre la apropiación indebida y el hurto, el robo y la estafa [SSTS 362/1998, 14-3 (*Tol 77728)*; 1280/1999, 17-9 (*Tol 272499)*; 1773/1999, 10-12 (*Tol 272302)*; 210/2002, 15-2 (*Tol 135664)*; 5/2003, 14-1 (*Tol 240863)*; 84/2005, 1-2 (*Tol 564858)*; 513/2007, 19-6 (*Tol 1106861)*; 1024/2012, 19-12; 600/2019, 4-12, y SAP, Málaga, Sección 2ª, 420/2006, 5-7 (*Tol 1038818)*; en contra, SSTS 25-1-1993; 646/2001, 17-4 *(Tol 27625)*, y SAP, Madrid, Sección 4ª, 193/2004, 30-11 (*Tol 744981)*]. No obstante, no se ha considerado vulnerado el principio acusatorio en una condena por hurto habiéndose acusado por apropiación indebida, al respetarse los hechos probados y resultando una pena inferior (SAP, Lleida, Sección 1ª, 173/2021, 28-5); tampoco si hay un cambio de la tipificación penal en las conclusiones definitivas, pero existe identidad esencial fáctica con las provisionales y además la defensa no hizo nada durante el juicio (no instó aplazamiento ni formuló protesta, según el art. 788.4 LECrim) [STSS 6-4-1995, 1035/2006, 16-10 (*Tol 1002313)*; SAP, Pontevedra, Sección 5ª, 5/2003, 14-1]. Tampoco hay inconveniente en utilizar conclusiones alternativas diferentes no homogéneas (estafa y apropiación indebida, por ejemplo), conforme a lo previsto en los arts. 653 y 732 LECrim, sin que ello suponga indefensión, siempre y cuando el abanico de posibilidad que se abre, incluso fácticas y no simplemente de calificación jurídica, no se aparte del objeto del proceso (SSTS 295/2012, 25-3, y 627/2016, 13-7).

> Los Magistrados de las Secciones de lo Penal de la AP de Madrid el 25-05-2007 han adoptado un Acuerdo, en virtud del cual *"cuando la acusación, de forma totalmente gratuita, incluye subtipos agravados que generan la exasperación punitiva de tal forma que acaban afectando a la competencia de los juzgados y de las audiencias, para corregir tales excesos, que constituyen fraude de Ley, las Salas pueden abrir un trámite —traslado a las partes para alegaciones, por un término de cinco días, con el fin de que expongan lo que estimen pertinente sobre la competencia—. Una vez sustanciado, se decidirá definitivamente cuál es la competencia para enjuiciar los delitos indiciariamente existentes, excluyendo así con carácter previo el conocimiento de las causas que claramente quedan fuera de las competencias de la Audiencia Provincial"*.

El AAP, Castellón, Sección 1ª, 60/2003, 7-3 ha señalado que la competencia de los tribunales para la instrucción del delito de apropiación indebida no corresponde a los juzgados de instrucción del partido judicial donde se hace la entrega de la cosa (en ese caso se trataba del cuadro de Picasso "*Le Peintre et son Modele*", que se entregó a un marchante en Benicassim para que procurase su venta), sino en el lugar donde la posesión inicialmente lícita se convierte en ilícita (lo cual, en el caso en cuestión, se produjo en Nueva York con la venta del cuadro sin reintegrar el precio, y puesto que el delito se habría cometido en el extranjero por un ciudadano español, la competencia para la instrucción y enjuiciamiento correspondería a los Juzgados Centrales de Instrucción y a la Sala de lo Penal de la Audiencia Nacional) (asunto resuelto definitivamente por la SAN 39/2008, 16-6, con condena por apropiación indebida). La STS 540/2008, 18-9 (*Tol 1378489*), declaró la competencia de la Audiencia Provincial de Madrid, en defecto de la Audiencia Nacional, porque fue a Madrid al lugar donde se remitieron dos de las cinco transferencias objeto del delito continuado, pudiendo además conocer de todas las infracciones, agrupadas en una sola por tal carácter continuado.

No se aprecia cosa juzgada en una condena anterior por hechos idénticos, pero sobre distintos sujetos pasivos [SAP, Sevilla, Sección 1ª, 424/2007, 13-7 (*Tol 1632786*): no obstante, como los hechos se podían considerar como un único delito continuado, la Audiencia descontó la pena anteriormente cumplida].

No se vulnera el derecho a la intimidad y a la protección de datos cuando se hace una relación de los gastos efectuados con cargo a las tarjetas de crédito corporativas con la finalidad de controlar su uso. En la STS 438/2018, 3-10 —caso de las Tarjetas Black—, se elaboraron unos informes por parte de la auditoría interna de Bankia y en un documento Excel se contenían los gastos efectuados con dichas tarjetas. En un principio, esos informes contenían unos listados en los que constaban los totales dispuestos por cada uno de los titulares, sin figurar los gastos efectuados por cada titular. Uno de esos listados hacía referencia a los gastos agrupados por conceptos, pero no se relacionaban con cada uno de los titulares de forma individualizada. De este modo, no resultó ninguna información acerca del empleo particular que cada uno de los titulares ha hecho de la tarjeta emitida que pueda comprometer el núcleo central de la intimidad. Los datos concretos sólo se unieron a la causa con posterioridad, cuando el Ministerio Fiscal, que había recibido esos informes de auditoría y esos listados con el total dispuesto por cada uno de los titulares de las tarjetas, lo solicitó a Bankia, que se lo remitió junto con los contratos. Esta cesión al Ministerio Fiscal estaba amparada por lo dispuesto en el art. 11 LO 15/1999, de 13 de diciembre, entonces vigente (hoy tal comunicación constituye una obligación conforme a lo dispuesto en el art. 7 de la LO 7/2021, de 26 de mayo, de protección de datos personales tratados para fines de prevención, detección, investigación y enjuiciamiento de infracciones penales y de ejecución de sanciones penales). Por cierto, diversos medios de comunicación han publicado los susodichos datos: https://elpais.com/especiales/2014/tarjetas-opacas-caja-madrid/

La STS 30/2022, 19-1, hace una exposición de los requisitos necesarios para admitir como prueba válida la grabación de conversaciones directas entre particulares (que sea íntegra y no entrecortada, que la conversación fluya de modo natural y no se lleven a cabo interrogatorios para alcanzar una respuesta, que no se haya realizado para aportarla a un proceso penal, y que quien la realizó sea uno de los interlocutores). En el caso enjuiciado no se pudo identificar quién realizó la grabación sin que se pueda aportar al proceso por un tercero (parece que estuvo implicado el Comisario Villarejo).

XIII. BIBLIOGRAFÍA

ALMELA VICH, C. "El delito de estafa y el de apropiación indebida", *Actualidad Penal: AP*, 1998; ANDRÉS DOMÍNGUEZ, A. C. "Los delitos de apropiación indebida y administración desleal tras la reforma de 2015 (Ley Orgánica 1/2015, de 30 de marzo)", *La Ley Penal: LL-penal*, nº 121, 2016; BAJO FERNÁNDEZ, M. "La determinación de la pena en el delito de apropiación indebida (art. 535 párr. 1º del Código penal)", *Comentarios a la Legislación Penal: CLP*, t. V vol. 2, 1985; id. "Las faltas de estafa y apropiación indebida (art. 587.3 del Código penal)", *CLP* t. V vol. 2, 1985; id. "Administración desleal y apropiación indebida", *Diario La Ley: LL*, 2001-1 [=*Revista Jurídica de la Universidad Autónoma de Madrid: RJUAM*, nº 4, 2001]; BELTRÁN BALLESTER, E. *El hurto de hallazgo. Protección penal de la propiedad perdida en la legislación española, histórica y actual*, Valencia, 1979; BLANCO LÓPEZ, M. D./MARTÍN VILLA, P. "Algunos aspectos prácticos del tipo en el delito de alzamiento de bienes y en el de apropiación indebida", *Revista Jurídica de Cataluña: RJCat*, 1990; BORJA JIMÉNEZ, E. "Apropiación indebida", en *Diccionario de Derecho Penal Económico*, 2008; id. "Apropiación de cosa perdida o de dueño desconocido", en *Diccionario de Derecho Penal Económico*, 2008; id. "Apropiación por error del transmitente", en *Diccionario de Derecho Penal Económico*, 2008; CASTELLÓ NICÁS, N. "Administración desleal y apropiación indebida tras la reforma de 2015: ¿compartimentos estancos?", *Revista Electrónica de Ciencia Penal y Criminología: RECPC*, nº 19-06, 2017; CASTIÑEIRA PALOU, M. T. *Venta a plazos y apropiación indebida*, Barcelona, 1983; id. "Incumplimiento contractual y responsabilidad penal. Sobre el art. 12 de la Ley de Venta a Plazos de Bienes Muebles", *LH-Pérez Vitoria*, 1983, t. I.; id. "El impago a la Seguridad Social de las cuotas retenidas a los trabajadores como delito de apropiación indebida", *Anuario de Derecho Penal y Ciencias Penales: ADPCP*, 1985; CEREZO MIR, J. "El derecho de participación de los artistas en el precio de la reventa de sus obras y el delito de apropiación indebida del artículo 252 del Código Penal", *Actualidad Jurídica Aranzadi: AJA*, nº 746, 28 febrero 2008; CHOCLÁN MONTALVO, J. A. "Acerca de la mal llamada «apropiación indebida» de dinero", *AJA*, nº 335, 26 marzo 1998; CONDE-PUMPIDO FERREIRO, C. *Apropiaciones indebidas*, Valencia, 1997; CORRECHER MIRA, J. "Responsabilidad penal en el ámbito bancario: la delimitación entre los delitos de apropiación indebida y administración desleal en el caso de las tarjetas black", *Revista de Derecho Penal y Criminología: RDPC*, nº 21, 2019; CUGAT MAURI, M. "La capacidad del Derecho Penal ante la mala gestión bancaria", *LL-penal*, nº 105, 2013; DELGADO LÓPEZ, L. M. "La doctrina del Tribunal Supremo sobre la falta de ingreso en las cuotas obreras de la Seguridad Social retenidas por el empresario", *ADPCP*, 1985; DELGADO SANCHO, C. D. "Administración desleal y apropiación indebida tras la reforma de la Ley Orgánica 1/2015", *Revista General de Derecho Penal: RGDP*, nº 32, 2019; DÍAZ PALOS, F. "Posesión de muebles y apropiación indebida", *LH-Castán Tobeñas*, t. III, 1969; DOLZ LAGO, M. J. "Delito de apropiación indebida: el contrato de leasing es título hábil para cometer el delito...", *LL*, nº 8797, 5 julio 2016; DOMINGO MONFORTE, J. "Tipicidad penal de las tarjetas de crédito: desviaciones del deber de fidelidad", *AJA*, nº 893, 2014; id. "La administración desleal y la excusa absolutoria de parentesco", *LL*, nº 9158, 14 marzo 2018; FERNÁNDEZ PANTOJA, P. "De nuevo sobre la retención de cuotas de la Seguridad Social como modalidad de apropiación indebida. (Comentario a la STS de 9 de junio de 1986)", *Revista de la Facultad de Derecho de la Universidad de Granada: RFDUG*, nº 14, 1987; FERNÁNDEZ TERUELO, J. G. "La nueva interpretación jurisprudencial del delito de apropiación indebida", *LL*, 2000-7; FERRER SAMA, A. *El delito de apropiación indebida*, Murcia, 1945; id. "Apropiación indebida", *Nueva Enciclopedia Jurídica Seix*, t. II, 1983; GIL MARTÍNEZ, A. "Particularidades de la apropiación indebida", *Estudios de Derecho Judicial: EDJ*, nº 93, 2006; GILI PASCUAL, A. "Pago de comisiones en el ámbito de los negocios y kick-backs: entre la administración desleal, la apropiación indebida y la corrupción privada", *CPC*, nº 109, 2013; GÓMEZ BENÍTEZ, J. M. "El delito de administración desleal: criterios diferenciadores con la apropiación indebida y los ilícitos mercantiles", *LL*, 1997-1 (=en *Jornadas sobre el nuevo Código Penal de 1995*, San Sebastián, 1998); id. "De nuevo: Sobre la diferencia entre los delitos de apropiación indebida y administración desleal", *LL*, 1998-6; id. "Los delitos de apropiación indebida y disposición abusiva de los bienes sociales en el Código penal y en la jurisprudencia", *AJA*, nº 608, 22 enero 2004; GÓMEZ GONZÁLEZ, O. "Relación entre los tipos de administración desleal y apropiación indebida: interpretación doctrinal y jurisprudencial", *CPC*, nº 97, 2009; GÓMEZ-JARA DÍEZ, C./JAKOBS, G./SCHÜNEMANN, B. *La administración desleal de los órganos societarios*, Barcelona, 2008; GONZÁLEZ CUSSAC, J. L. "Apropiación y percepción de cantidades anticipadas en la construcción y venta de viviendas", *Revista General del Derecho: RGD*, 1995; HAVA GARCÍA, E. "La apropiación indebida y su relación con la administración fraudulenta", en ÁLVAREZ GARCÍA (dir.), *La adecuación del Derecho penal español al ordenamiento de la Unión Europea*, Valencia, 2008; HIJAS PALACIOS, J. "De la apropiación indebida. Exégesis jurisprudencial", *ADPCP*, 1977; HORMAZÁBAL MALARÉE, H. "Una discutible interpretación extensiva del delito de apropiación indebida", *RJCat*, 1988; HUERTA TOCILDO, S. "Fraudes inmobiliarios", *CDJ*, nº 36, 1994; JIMÉNEZ VILLAREJO, J. "Apropiación indebida de dinero", *CDJ*, nº 7, 1999; JUANES PECES, A. "Administración desleal y apropiación indebida: criterios de distinción. Análisis de la figura del albacea-contador desde la perspectiva del delito de administración desleal", *LL-penal*, nº 146, 2020; LÓPEZ BARJA DE QUIROGA, J. "Problemas actuales de los delitos de estafa, fraude de subvenciones, apropiación indebida y administración desleal", *Manual de Formación Continua: MFC*, nº 14, 2001; MADRIGAL MARTÍNEZ PEREDA, C. "Apropiación indebida", en AA.VV.: *El nuevo Código Penal y su aplicación a empresas y profesionales*, vol. II, Madrid, 1996; MAGRO SERVET, V. "¿Puede cometerse delito de apropiación indebida en la disposición de cuentas en la pareja o se aplica la excusa absolutoria del artículo 268 CP?", *LL-penal*, nº 90, 2012; id. "Retención de primas de seguro por agente mediador: ¿ilícito civil o ilícito penal?", *LL-penal*, nº 111, 2014; id. "La tipificación penal de cosa mueble encontrada y no devuelta y del dinero cobrado indebidamente bajo la nueva redacción del artículo 254 CP", *LL*, nº 8936, 8 marzo 2017; id. "Diferencias entre el delito de apropiación indebida y la administración desleal", *LL*, nº 9222, 20 junio 2018; MANJÓN-CABEZA OLMEDA, A. "Cuentas corrientes indistintas y apropiación indebida", *Revista de la Facultad de Derecho de la Universidad Complutense de Madrid: RFDUCM*, nº 74, 1989; id. *Nuevo enfoque de la apropiación indebida. Especial consideración de la no devolución de cantidades entregadas a cuenta para la construcción y adquisición de viviendas*, Madrid, 1988; MARCHENA GÓMEZ, M. y MORENO VERDEJO, J. *El delito de apropiación indebida en el Código Penal de 1995*, Madrid, 1999; MARTÍNEZ LUCAS, J. A. *El delito de apropiación indebida de la cuota obrera de la Seguridad Social. Régimen legal. Criterios jurisprudenciales*, Valencia, 1995; MARTÍNEZ-BUJÁN PÉREZ, C. "Apropiación de la cuota obrera de la Seguridad Social y apropiación de cantidades retenidas en el IRPF", *Estudios Penales y Criminológicos: EPC*, nº 9, 1986; id. "El delito societario de administración fraudulenta. (Entre el delito patrimonial de la «infidelidad» y el delito societario del «abuso de facultades jurídico-sociales»)", *EPC*, nº 17, 1994; id. *El delito societario de administración desleal*, Valencia, 2001; MARTÍNEZ VAL, J. M. "El momento consumativo de la apropiación indebida", *RGD*, 1957; DE LA MATA BARRANCO, N. "La no devolución por el promotor de las cantidades anticipadas en la construcción y venta de viviendas. A propósito de la Sentencia del Tribunal Supremo (Sala 2ª) de 17 de octubre de 1986", *ADPCP*, 1987; id. *Tutela penal de la propiedad y delitos de apropiación. El dinero como objeto material de los delitos de hurto y apropiación indebida*, Barcelona, 1994; MAYO CALDERÓN, B. "La interpretación del delito de apropiación indebida en la jurisprudencia del Tribunal Supremo", *Revista Jurídica de la Comunidad Valenciana: RJCV*, nº 21, 2007; MORALES HERNÁNDEZ, M. A. "La reforma del delito de malversación de patrimonio público en el Código Penal español: ¿Un avance o un retroceso en la lucha contra la corrupción?", *RECPC*, nº 25-14, 2023; MORALES PRATS, F. "Apropiación indebida y administración desleal: reflexiones político criminales sobre la Reforma de 2015 del Código Penal", *LH-Octavio de Toledo y Ubieto*, 2016; MORENO VELASCO, V. "El delito de apropiación indebida sobre bienes gananciales. La importancia del principio de intervención mínima", *LL*, nº 7451, 22 julio 2010; MORENO VERDEJO, J. "La apropiación indebida", en AA.VV.: *Delitos y cuestiones penales en el ámbito empresarial*, Madrid, 1999; MORENO VERDEJO, J. y MARCHENA GÓMEZ, M. *El delito de apropiación indebida en el Código Penal de 1995: jurisprudencia del Tribunal Supremo y de las Audiencias Provinciales, consultas de la Fiscalía General del Estado*, Madrid, 1998; MORILLAS CUEVA, L. "El no reintegro de cantidades anticipadas para la construcción de viviendas como modalidad de apropiación indebida", *ADPCP*, 1979; MUÑOZ CONDE, F. "Aspectos jurídico-penales de la no devolución de las cantidades entregadas a cuenta para la construcción de viviendas", *LH-Rodríguez Devesa*, t. II, 1989; MUÑOZ CUESTA, J. "Concurso de normas entre apropiación indebida y el delito societario de administración desleal. Comentario a la STS, Sala 2ª, de 19 de septiembre de 2003", *Repertorio de Jurisprudencia Aranzadi: RJA*, nº 7, 2003; id. "Apropiación indebida: atipicidad. Venta de vehículo sin haber abonado el comprador su precio a la entidad financiera, teniendo el financiador el dominio del mismo a efectos de garantía", *RJA*, nº 7, 2005; id. "No es autor de apropiación indebida quien hace suya cantidad que debía entregarse a su principal al tener su socio y no él relación con la empresa para la que vendían conjuntamente productos a comisión: comentario a la STS, Sala 2ª, de 3 de marzo de 2006», *RJA*, nº 7, 2006; "Distintos escenarios punitivos de las tarjetas de crédito opacas", *AJA*, nº 893, 2014; NUÑO DÍEZ DE LA LASTRA MARTÍNEZ, S. "Evolución jurisprudencial de la responsabilidad penal del promotor cuando recibe cantidades a cuenta de la compra de viviendas y no las destina a la construcción o no las reintegra", *LL*, nº 9186, 26 abril 2018; PAREDES CASTAÑÓN, J. M. "Lesión del bien jurídico y consumación en el delito de apropiación indebida", *Revista Poder Judicial: PJ*, nº 46, 1997; DE PRADA BENGOA, M. P. "Periferia del delito de apropiación indebida", *CDJ*, nº 22, 1993; PREGO DE OLIVER TOLIVAR, A. "Apropiación indebida y administración desleal: una propuesta de diferenciación", *LL*, nº 7119, 20 febrero 2009; QUERALT JIMÉNEZ, J. J. "Derecho a la legalidad penal y recurso de casación: La apropiación indebida como ejemplo. A propósito de la STS 11-9-2007", *LH-Mir Puig* (2010); id. "Apropiación indebida, administración desleal y corrupción privada tras la reforma penal de 2015: otra mala solución", *LH-Bajo Fernández*, 2017; QUINTANAR DÍEZ, M. "Sobre el «título» y la «apropiación» en el delito de apropiación indebida del artículo 535 del Código Penal. (Comentario a la sentencia de la Excma. Sala II del Tribunal Supremo de 27 de septiembre de 1990)", *CPC*, 1993; QUINTERO OLIVARES, G. "Límites problemáticos: Apropiación indebida, administración fraudulenta y falsedad documental", *Revista de Derecho y Proceso Penal: RdPP*, nº 1, 1999; RAGUÉS I VALLÈS, R. "El ánimo de hacerse pago en las defraudaciones. ¿Elemento subjetivo o causa de justificación?", *LH-Bajo Fernández*, 2017; RAMÓN RIBAS, E. "El delito de quebrantamiento de depósito (art. 252 CP)", *RdPP*, nº 36, 2014; REDONDO HERMIDA, A. "La apropiación indebida de bienes inmuebles en la reciente jurisprudencia del Tribunal Supremo", *LL-penal*, nº 33, 2006; RODRÍGUEZ MONTAÑÉS, T. "Apropiación indebida", *Enciclopedia Jurídica Básica*; id. "Apropiación indebida", *Enciclopedia Penal Básica*; RODRÍGUEZ PUERTA, M. J. "No todo incumplimiento de las obligaciones dispuestas en la Ley de la Ordenación de la Edificación constituye delito de apropiación indebida", *RdPP*, nº 56, 2019; RODRÍGUEZ RAMOS, L. "Apropiación de la totalidad del tesoro oculto. (Resumen y crítica de la postura jurisprudencial)", *CPC*, nº 3, 1977; id. "Apropiación indebida y cosa entregado por error", en *Temas de Derecho penal*; id. "Aspectos penales de los apoderamientos de dinero indebido y abonado por error", *CPC*, 1982; id. "Apropiación de lo hallado (art. 535 párr. 2º del Código penal)", *CLP*, t. V vol. 2, 1985; ROSO CAÑADILLAS, R. "La apropiación indebida en la pareja. Amor, codicia y desamor", *RDPC*, 2013, nº extra 1; id. "Las relaciones entre la apropiación indebida y la administración desleal y su nueva regulación en el Proyecto de Reforma de 2013", *CPC*, nº 114, 2014; SAINZ-PARDO CASANOVA, J. A. *El delito de apropiación indebida*, Barcelona, 1978; SÁNCHEZ MELGAR, J. "Actualización jurisprudencial en relación con los delitos de estafa, apropiación indebida y administración desleal. Análisis crítico. Perspectivas de futuro", *EDJ, nº* 120, 2007; SÁNCHEZ-VERA GÓMEZ-TRELLES, J. "Administración desleal y apropiación indebida: consecuencias de la distinción jurisprudencial", *LH-Bacigalupo Zapater*, 2004; SILVA CASTAÑO, M. L. *El delito de apropiación indebida y la administración desleal de dinero ajeno*, Madrid, 1997; id. "Problemas de autoría y participación en los delitos de los arts. 252, 253 y 254 del Código penal", *Icade*, nº 42, 1997; id. "De nuevo sobre el delito de apropiación indebida y la administración desleal del patrimonio ajeno: resolución del concurso de los artículos 252 y 295 del Código Penal. Estudio de la Sentencia del Tribunal Supremo de 26/02/98 y el Auto del Tribunal Constitucional 1295/98", *Revista Canaria de Ciencia Penal*, nº 6, 2000; SIMONS VALLEJO, R. "Sobre el contenido de injusto de los delitos de apropiación indebida (reflexiones a propósito de los artículos 252 y siguientes del Código Penal español)", *Revista de Estudios Penales*, nº 1, 2003 [=*RP*, nº 15, 2005]; TRILLO NAVARRO, J. P. "Complejo delictivo continuado: sentencia *Torras-Kio*", *RdPP*, nº 20, 2008; ZUGALDÍA ESPINAR, M. "Hurto y apropiación indebida, criterios de demarcación", *CPC*, 1986.

Lección 11ª

Defraudaciones de fluido eléctrico y análogas

ALBERTO ALONSO RIMO

SUMARIO. I. ASPECTOS GENERALES. II. BIEN JURÍDICO PROTEGIDO. III. NATURALEZA. IV. MODALIDADES TÍPICAS. 1. Las defraudaciones de fluido eléctrico y análogas del art. 255 CP. 1.1. Conducta. 1.2. El perjuicio económico. 1.3. Objeto material. 1.4. Sujetos. 1.5. Tipo subjetivo. 1.6. *Iter criminis*. 1.7. Autoría y participación. 1.8. Justificación. 1.9. Penalidad. 1.10. Concursos. 1.11. Responsabilidad civil. 2. El uso fraudulento de equipos terminales de telecomunicación del art. 256 CP. 2.1. Conducta. 2.2. El perjuicio económico. 2.3. Objeto material. 2.4. Sujetos. 2.5. Tipo subjetivo. 2.6. *Iter criminis*. 2.7. Penalidad. 2.8. Concursos. V. BIBLIOGRAFÍA

Artículo 255

1. Será castigado con la pena de multa de tres a doce meses el que cometiere defraudación utilizando energía eléctrica, gas, agua, telecomunicaciones u otro elemento, energía o fluido ajenos, por alguno de los medios siguientes:

1º Valiéndose de mecanismos instalados para realizar la defraudación.

2.º Alterando maliciosamente las indicaciones o aparatos contadores.

3º. Empleando cualesquiera otros medios clandestinos.

2. Si la cuantía de lo defraudado no excediere de 400 euros, se impondrá una multa de uno a tres meses.

Artículo 256

1. El que hiciere uso de cualquier equipo terminal de telecomunicación, sin consentimiento de su titular, y causando a este un perjuicio económico, será castigado con la pena de multa de tres a doce meses.

2. Si la cuantía del perjuicio causado no excediere de 400 euros, se impondrá una pena de multa de uno a tres meses.

I. ASPECTOS GENERALES

Las defraudaciones de fluido eléctrico y análogas se ubican en la sección 3ª del capítulo VI —relativo a las defraudaciones— del título XIII de la Parte Especial del CP, junto con las estafas, la apropiación indebida y, desde la LO 1/2015, de 30 de marzo, también la administración desleal.

La infracción ahora prevista en el art. 255 CP se tipifica por primera vez como tipo autónomo en nuestro ordenamiento por la Ley de 10 de marzo de 1941, si bien acotada todavía en ese momento a las defraudaciones en el consumo de fluido eléctrico. En virtud de la reforma de 1963 (Decreto 168/1963, de 24 de enero) se introduce en el Código penal (de 1944, arts. 536-538), en una nueva sección específica en el ámbito de las defraudaciones bajo el título "De las defraudaciones de fluido eléctrico y análogas", abarcando ya también "las defraudaciones de gas, agua u otro elemento, energía o fluidos ajenos". Hasta entonces los comportamientos de apropiación o sustracción de energías y elementos semejantes se habían castigado en general como hurtos, aunque en alguna ocasión también como estafa.

De hecho, en el CP de 1928 (art. 703.2) se contempló la sustracción ilícita de energía como una modalidad de hurto. Y, en el sentido destacado en la STS de 20-7-1981 (*Tol 2307909)*, hasta que la citada Ley de 10 de marzo de 1941 reguló específicamente la materia "se controvirtió sobre si su sustracción o utilización fraudulenta o abusiva constituía delito de hurto, de estafa, de daños o de hurto de uso, triunfando en la jurisprudencia de este Tribunal la primera solución". A favor, en cambio, de considerarlas constitutivas de estafa se pronunció la Fiscalía del TS en su memoria de 1899 (reflejándolo, MORILLAS CUEVA).

La creación de los delitos en examen obedece precisamente a las dudas que había generado el encaje de esta clase de conductas en dichas figuras delictivas. En el caso del hurto, dadas las dificultades para considerar cosa mueble las energías y fluidos, al no tratarse de bienes aprensibles, ni susceptibles, por tanto, de apoderamiento material, a excepción de los supuestos particulares en los que la conducta se proyecta sobre fluidos envasados (una botella de agua o una bombona de gas, por ejemplo), que no son los que aquí constituyen objeto de atención. En el de la estafa, porque no se produce un acto de disposición que, derivado del error en que incurre el perjudicado, transfiera el uso de la energía a consecuencia del engaño del sujeto activo (ROCA AGAPITO, SALINERO ALONSO, BERENGUER PASCUAL), o, en palabras del TS, por "las dificultades técnicas —ya superadas legalmente— para admitir el engaño característico de la estafa cuando no se dirige a una persona sino al dispositivo que dispensa la entrega que permite la obtención del beneficio" [SSTS 787/2022, 26-9 (*Tol 9253194)*, y 432/2024, 17-5 (*Tol 10032546)*; *cfr.* también en esa línea la Consulta nº 3/2001, de 10 de mayo, de la FGE].

El CP de 1995 mantiene en términos muy parecidos la regulación de la materia. Se limita, fundamentalmente, a incluir, en relación con la conducta principal (art. 255 CP), las telecomunicaciones como objeto material y a ampliar los modos comisivos con la mención genérica al empleo de "cualesquiera otros medios clandestinos". Al CP de 1995 se debe asimismo la figura específica de defraudación de equipos terminales de telecomunicación (art. 256 CP) y el traslado y extensión de la conducta de facturación ilícita (en la versión precedente, solo del fluido eléctrico) por parte del suministrador al ámbito de los delitos relativos al mercado y a los consumidores (art. 283 CP). La reforma operada por la LO 1/2015, de 30 de marzo, que como es sabido elimina las faltas del CP, convierte los comportamientos defraudatorios de los arts. 255 y 256 CP por importe inferior a 400 euros en delitos leves y aprovecha para incrementar la pena de esos casos, hasta entonces constitutivos de falta.

Ello es un ejemplo más de que, como ha puesto de relieve la doctrina (entre muchos otros, MIRA BENAVENT), la supuesta descriminalización que el legislador de 2015 decía que iba a comportar la supresión de las faltas, en la práctica, no fue tal, y que en no pocos supuestos, como los ahora analizados, tuvo justo el efecto contrario, un aumento de la presión punitiva (en términos de penalidad, pero no solo, también en la medida en que los delitos leves generan antecedentes penales y que en ellos resulta más extenso el plazo de prescripción).

En otros ordenamientos de nuestro entorno estas conductas se tipifican como modalidades de hurto; así en el francés, en el que se asimila expresamente al delito de *vol* —que comprende comportamientos equivalentes a nuestros hurto y robo— la "sustracción fraudulenta de energía en perjuicio de otro" (art. 311.2 CP francés), o en el italiano, cuyo CP atribuye a esos mismos efectos la condición de cosa mueble a la energía eléctrica y a cualquier otra energía con valor económico (art. 624 CP italiano). En Alemania el delito de sustracción de energía eléctrica (§ 248c *StGB*) se ubica en la sección de la Parte Especial titulada "Hurto y apropiación indebida" y en el Reino Unido la infracción homóloga (*abstracting of electricity*) en la *Theft Act* 1968 (*section* 13). En los cuatro países los citados tipos delictivos llevan aparejada pena privativa de libertad, ya sea de manera alternativa o acumulativa a la de multa o bien como pena única.

Se ha sugerido que la cifra negra de estos delitos en España es muy abultada, que en los últimos tiempos se advierte un aumento progresivo de la tasa de fraudes eléctricos detectados por las empresas suministradoras —lo que se atribuye a una pluralidad de factores, como el encarecimiento de la energía o la inexistencia de sanciones suficientemente disuasorias, entre otros (CASAS MARÍN, ALBA RÍOS y GARCÍA MADRUGA)— y que, pese a lo anterior, el número de acusaciones formuladas por el Ministerio Público por tales ilícitos se mantiene más o menos estable (BERENGUER PASCUAL; *cfr.*, no obstante, la Memoria de la FGE de 2024, refiriendo que en tiempos recientes esta clase de delitos viene teniendo un comportamiento poco definido, si bien advirtiendo a la vez que en el último año se aprecia, en lo que respecta en concreto a las calificaciones, un "claro descenso"). Frente a lo que de entrada cabría pensar (*cfr.* PARDO MIRANDA, PEDREIRA GONZÁLEZ), no se observa un número significativo de supuestos enjuiciados por nuestros tribunales en los que la conducta se haya cometido por consumidores en situación de pobreza energética. Con notable frecuencia, a la vista de la jurisprudencia recaída últimamente, los hechos se llevan a cabo por propietarios de plantaciones de marihuana, para salvar el gasto energético que implica su mantenimiento. La Memoria de la FGE de 2024 destaca en este sentido que el cultivo de cannabis *indoor* "lleva pareja la comisión de delitos de defraudación de fluido eléctrico en números sorprendentes".

II. BIEN JURÍDICO PROTEGIDO

El objeto de tutela en los arts. 255 y 256 CP es el patrimonio [así, entre otros, MORILLAS CUEVA, BAJO FERNÁNDEZ, CARRACEDO CARRASCO y MOLINA FERNÁNDEZ, BENÍTEZ ORTÚZAR, FARALDO CABANA, PEDREIRA GONZÁLEZ, BORJA JIMÉNEZ, y las SSAP, Alicante, Sección 1ª, 170/2007, 23-2 (*Tol 7561979*); Burgos, Sección 1ª, 181/2011, 3-6 (*Tol 2169864*); Las Palmas, Sección 1ª, 62/2020, 26-2 (*Tol 7912333*); Tarragona, Sección 2ª, 437/2019, 30-10 (*Tol 7736874*), y Sección 2ª, 121/2020, 13-3 (*Tol 8015025*), y SJP, nº 3, Palma de Mallorca, 507/2009, 11-12 (*Tol 2157772*)], en las que se resalta que el bien jurídico protegido es "la propiedad o valor de la cantidad defraudada a tenor del uso indebido que se tipifica", ya sea tal patrimonio el de la empresa suministradora de la energía o servicio, de la Administración pública o del particular, pues todos ellos, como veremos, pueden ser sujetos pasivos de estos delitos.

De acuerdo con esto último no es posible identificar (exclusivamente) el bien jurídico con los intereses financieros y los beneficios económicos de los monopolios y oligopolios que controlan la producción, distribución y suministro de las energías y fluidos integrantes del objeto material de estas infracciones. Así lo estima MIRA BENAVENT, para quien con las figuras delictivas tipificadas en los arts. 255 y 256 CP "se instrumentaliza (...) la intimidación penal para reforzar en los consumidores de tales energías la decisión de hacer un uso sumiso y obediente de las mismas mediante el pago del precio correspondiente por el consumo realizado a la empresa productora y/o suministradora, con lo que el Derecho penal se pone al servicio de aquellos que hacen negocio con sectores estratégicos que deberían estar orientados exclusivamente a la satisfacción de las necesidades materiales básicas y de supervivencia de la población". El citado autor destaca el afianzamiento habido en los últimos tiempos del fenómeno de la pobreza energética, razona por qué el acceso a las energías y fluidos que conforman el objeto material de estos delitos es presupuesto para el ejercicio de la libertad en condiciones de igualdad en los términos en que se proclama en los arts. 1.1 y 9.2 CE, y pone de manifiesto la trascendencia que cobra en este contexto la declaración del art. 128.1 CE, a tenor de la cual "(t)oda la riqueza del país en sus distintas formas y sea cual fuere su titularidad está subordinada al interés general". Comparto la acerada crítica de fondo que realiza MIRA BENAVENT a las políticas estatales en materia de suministro energético y la opinión de que, no solo por razones éticas o morales, sino también constitucionales, la producción y distribución de semejantes productos, imprescindibles para satisfacer las necesidades básicas de todos los seres humanos, debería estar controlada por el Estado atendiendo a intereses colectivos y no a criterios de rentabilidad económica. El problema es, pues, sobre todo, la existencia de esas políticas. Se habría de postular un cambio de rumbo en relación con las mismas. Sin perjuicio de ello, es verdad, y esta es la idea que creo que quiere poner de relieve MIRA, que el Estado podría optar por no fortalecerlas a través del Derecho penal. La propuesta que aboga por evitar esto último eliminando del Código penal las defraudaciones de fluido eléctrico y análogas puede resultar adecuada partiendo de la premisa que limita el objeto formal de dichas figuras delictivas a los referidos intereses económicos de las grandes empresas suministradoras. Plantea más dudas, en cambio, desde la concepción —claramente mayoritaria en doctrina y en jurisprudencia, y que es, por las razones que se expondrán más adelante, la que mejor se ajusta a su configuración típica— que considera que el bien jurídico protegido es aquí el patrimonio ajeno en general, no solo de las mencionadas empresas, también de los particulares y de la Administración que pueden resultar afectados por estas conductas.

Algún autor ha afirmado la naturaleza pluriofensiva del art. 255 CP. De acuerdo con esta tesis se tutelaría también en dicho precepto, además del patrimonio individual, el interés de los consumidores en general en no ver aumentadas sus facturas de luz, agua, gas, etc., en las que las compañías suministradoras repercuten las pérdidas derivadas del fraude (*cfr.* PARDO MIRANDA). La incidencia que puedan tener estos comportamientos, a medio o largo plazo, en el incremento de las facturas de los servicios afectados y, con ello, en el conjunto de los consumidores, resulta cuestionable que constituya un daño susceptible de castigo penal. Se trata de un perjuicio que no se deriva directa ni necesariamente de la conducta tipificada. Visto así, estaríamos ante una suerte de tipo acumulativo, al que le serían aplicables las críticas atribuidas comúnmente a esta figura dogmática (vulneración de los principios de culpabilidad y de proporcionalidad).

III. NATURALEZA

La ubicación sistemática —en un capítulo titulado "De las defraudaciones"— y la propia denominación legal de los delitos ("defraudaciones de fluido eléctrico y análogas") indican que se trata de infracciones de carácter defraudatorio. La formulación típica del art. 255 CP lo confirma, cuando para describir la conducta se habla del que "cometiere defraudación", o al definirse los medios comisivos típicos, en el inciso 1º, se alude a mecanismos instalados "para realizar la defraudación" (*cfr.*, no obstante, considerando que esta figura se acerca más al hurto que a las defraudaciones en sentido estricto, MORILLAS CUEVA, o que tiene una naturaleza muy similar al hurto, PASTOR MUÑOZ y COCA VILA). En el caso del art. 256 CP la cuestión queda, según se verá, más abierta.

Desde el punto de vista de su estructura son delitos de resultado, que requieren la efectiva causación de un perjuicio patrimonial [así, por ejemplo, MORILLAS CUEVA, VIVES ANTÓN y GONZÁLEZ CUSSAC, MESTRE DELGADO, BAJO FERNÁNDEZ, CARRACEDO CARRASCO y MOLINA FERNÁNDEZ, BORJA JIMÉNEZ, y, entre otras, las SSAP, Girona, Sección 3ª, 4/2003, 7-1 (*Tol 4085405*);

Alicante, Sección 1ª, 170/2007, 23-2 (*Tol 7561979*); Burgos, Sección 1ª, 181/2011, 3-6 (*Tol 2169864*); Soria, Sección 1ª, 60/2019, 19-6 (*Tol 7411248*); Tarragona, Sección 2ª, 437/2019, 30-10 (*Tol 7736874*); Las Palmas, Sección 1ª, 62/2020, 26-2 (*Tol 7912333*); Tarragona, Sección 2ª, 121/2020, 13-3 (*Tol 8015025*), y SJP, nº 3, Palma de Mallorca, 507/2009, 11-12 (*Tol 2157772*)], y, en atención a su grado de afectación al bien jurídico, de lesión, puesto que de su realización típica se sigue un efecto lesivo para el bien jurídico patrimonio y no su mera puesta en peligro.

Además, en la medida en que su consumación no es instantánea sino que exige cierta prolongación en el tiempo se suele afirmar, en concreto del tipo del art. 255 CP, que tiene carácter permanente [*vid.*, por todos, QUERALT JIMÉNEZ y SSAP, Madrid, Sección 6ª, 185/2018, 8-3 (*Tol 6603237*), y Las Palmas, Sección 1ª, 62/2020, 1ª, 26-2 (*Tol 7912333*)].

Las consecuencias que se derivan de todas estas consideraciones atinentes a la naturaleza de los delitos estudiados se irán desgranando en las páginas que siguen.

IV. MODALIDADES TÍPICAS

1. Las defraudaciones de fluido eléctrico y análogas del art. 255 CP

1.1. Conducta

La conducta típica consiste en cometer defraudación utilizando alguna de los fluidos o energías especificados en el precepto, a través de una serie de medios comisivos (clandestinos) y causando un perjuicio económico.

Se trata, pues, de una figura defraudatoria, según se avanzaba algunas líneas más arriba. Ello deja fuera del marco de tipicidad de este delito los comportamientos consistentes en la utilización de fluidos o energías en los que está ausente el engaño, aun cuando tal utilización se lleve a cabo sin autorización del titular y causando un perjuicio económico a este. El engaño es, en efecto, el elemento esencial al que remiten en última instancia las defraudaciones (MUÑOZ CONDE, PÉREZ MANZANO, PEDREIRA GONZÁLEZ). De ahí que "la derivación irregular de energía no es conducta típica por sí sola si no va acompañada de defraudación económica, mediante la manipulación o elusión de los medios técnicos puestos por las compañías suministradoras para la cuantificación económica del servicio", debiendo destacarse a este respecto que el hecho de beneficiarse "del consumo de electricidad no abonado no implica por sí solo la comisión del tipo penal" [SSAP, Tarragona, Sección 2ª, 437/2019, 30-10 (*Tol 7736874*), y Sección 2ª, 121/2020, 13-3 (*Tol 8015025*); en sentido parecido, STS 509/2004, 20-4 (*Tol 420787*), y SAP, Barcelona, Sección 3ª, 13-5-1998; *cfr.* también las SSAP, Valladolid, Sección 4ª, 17/2009, 13-1 (*Tol 1508430*); Ávila, Sección 1ª, 186/2010, 30-11 (*Tol 2033964*), y SJP, nº 3, Palma de Mallorca, 507/2009, 11-12 (*Tol 2157772*), calificando todas ellas esta figura como una forma impropia del delito de estafa]. En los términos en que lo expresa MIRA BENAVENT, en atención al carácter fragmentario y subsidiario del Derecho penal "para que la conducta sea constitutiva de delito es necesario que la causación del perjuicio económico derivada de un uso no consentido de la energía o fluido (desvalor del resultado) vaya acompañada de una forma de actuar especialmente grave que el tipo del art. 255 CP ha concretado en la realización de una defraudación (desvalor de acción)". De acuerdo con ello, se ha absuelto en un supuesto en el que por parte de la compañía eléctrica no fue "cortado el suministro de energía ni quitado el contador", con base en que "el impago del fluido eléctrico consumido no supone infracción penal alguna, sino un simple incumplimiento contractual que debiera ser reclamado en la vía civil" y en que no ha quedado probado que el sujeto "haya consumido fluido eléctrico valiéndose de algún mecanismo o artificio ajeno a los instalados (...) o empleando cualquier otro procedimiento encaminado a ocultar, en todo o en parte, ese consumo a la entidad suministradora" (SAP, Granada, Sección 1ª, 555/2002, 21-9).

Las modalidades comisivas previstas son las tres siguientes:

– 1º Valerse de mecanismos instalados para defraudar

Por ejemplo, un enganche indirecto del cableado de la instalación eléctrica del edificio a la red eléctrica general, mediante una toma fraudulenta a la altura de la caja de fusibles instalada en el interior de un pabellón en el que el acusado tenía una plantación de marihuana y que coincidía, en el exterior, con un contador de la luz ubicado en la fachada, accediendo así a la acometida eléctrica de la entrada del pabellón y evitando mediante dicho mecanismo que el consumo quedase reflejado en el contador citado, o la captación de una vía de agua procedente del sistema anti-incendios de una estación de servicio, el cual atravesaba el pabellón [ambos supuestos se reflejan en la STS 2/2018, 9-1 (*Tol 6536391*)]; un enganche directo a la conexión eléctrica de modo que el consumo de energía no quedaba contabilizado por la empresa suministradora [STS 593/2022, 15-6 (*Tol 9045416*)]; realización de un butrón en el suelo de 2 metros de longitud hacia un lugar en el que se efectuaba la conexión a la acometida subterránea de la empresa eléctrica, obtenida la cual se transportaba mediante cables de gran calibre hasta un interruptor magnetotérmico para poder tener un control total de la alimentación y desconectarla en el caso de que se estimara necesario a fin de evitar controles por parte de los inspectores de la compañía [STS 692/2024, 27-6 (*Tol 10091689*)]; derivación ilícita a la red de suministro de agua potable, situada en un punto anterior a la ubicación del contador de paso, aprovechándose así de modo irregular del suministro de dicho fluido en perjuicio del Ayuntamiento [SAP, Toledo, Sección 2ª, 52/1998, 15-10 (*Tol 7957867*)].

El hecho de que en este inciso 1º del art. 255.1 CP se hable de *valerse* ("valiéndose") de mecanismos instalados para realizar la defraudación evidencia que es suficiente con que el defraudador se aproveche de esos medios a tal fin, sin que se requiera que haya instalado él mismo los mecanismos.

– 2º Alterar maliciosamente las indicaciones o aparatos contadores

Se ha castigado en aplicación de esta modalidad, por ejemplo, a quienes practicaron un agujero en la parte superior de la tapa de un contador, por el que, introduciendo un alambre o cosa análoga, paraban la marcha normal del disco con el fin de que el aparato no registrara el fluido eléctrico realmente consumido [SSTS 1521/1952, 18-1 (*Tol 4448873)*, y 756/1976, 6-3 (*Tol 4249804)*], a quien hizo manipular los contadores de energía eléctrica de un hotel para que marcaran menos consumo del realmente habido [STS 20-7-1981 (*Tol 2307909)*], o a quien instaló un latiguillo flexible en un contador precintado con la finalidad de obtener agua potable sin que el consumo quedara registrado (SAP, Jaén, Sección 1ª, 127/2000, 28-6). Otras formas de defraudación más sofisticadas que tienen lugar habitualmente (CASAS MARÍN, ALBA RÍOS y GARCÍA MADRUGA) y que encajarían en esta variante típica son la utilización de *shunts* (resistencias que sirven para ampliar los límites de medición de la intensidad de la corriente de los aparatos de medida y que si se instalan en paralelo al contador falsean los datos de la medida) o el acoplamiento de un sistema electrónico en la placa base del contador que permite activarlo y desactivarlo a través de un mando a distancia sin que se pueda apreciar fraude en las revisiones (salvo que se abra el contador).

Se ha dicho que en estos supuestos, frente a los de la modalidad comisiva anterior —que implicarían apoderamiento subrepticio o sustracción, en la medida en que en aquellos se extrae la energía o fluido antes de que se refleje en el aparato contador o evitando que pase por ellos—, cabría hablar más propiamente de utilización fraudulenta o abusiva, por cuanto aquí lo que se hace es alterar el contador para que marque un consumo inferior al real [STS 20-7-1981 (*Tol 2307090)*, y, en sentido parecido, SAP, Santander, Sección 3ª, 7/2001, 18-1]. En el primer grupo de casos —también puede explicarse así— la actuación fraudulenta recae sobre la red de suministro o distribución, de la energía o fluido, en el segundo lo hace sobre los instrumentos de medición de su consumo (GARCÍA ARÁN, MIRA BENAVENT).

Quedan excluidos del ámbito de tipicidad de este delito las hipótesis de lectura falsa del contador, pues en ellas no se produce la alteración que requiere el art. 255.1.2º CP (GONZÁLEZ RUS, GARCÍA ARÁN). Se ha defendido (FARALDO CABANA) que la utilización en las cabinas telefónicas públicas de tarjetas que incorporan circuitos electrónicos integrados, fabricados con el propósito de suplantar el uso de las auténticas tarjetas prepago a fin de realizar llamadas sin coste alguno para el usuario, cabría en este inciso segundo, frente a la opinión mantenida por la FGE en la Consulta nº 3/2011, de 10 de mayo, que remite este supuesto a los incisos primero o tercero (favorable también a la última de las tres opciones, MORILLAS CUEVA, y pareciendo inclinarse por la aplicación del inciso primero la SAP, Madrid, Sección 16ª, 777/2003, 17-11), si bien la discusión no tiene excesiva trascendencia una vez que se acepta que se trata de un medio comisivo típico del art. 255 CP, pues la penalidad es la misma en todos los casos. En realidad, dada la vaguedad con que está formulado el precepto, y en particular los incisos 1° y 3°, no es extraño que se plantee la duda en relación con algunos supuestos. Sin perjuicio de lo anterior, el caso concreto citado (uso de tarjetas telefónicas falsas), dado que el comportamiento no implica propiamente una intervención material sobre la red de suministro de la telecomunicación ni sobre el aparato medidor de su consumo, debería castigarse, a mi juicio, a través de la figura delictiva contemplada en el art. 256 CP (*vid.* sobre ello, *infra*: epígrafe IV.2.1 de esta Lección).

– 3° Emplear cualesquiera otros medios clandestinos

Esta —ciertamente amplia— modalidad comisiva se ha apreciado, por ejemplo, en el caso de elaboración y uso de una tarjeta apta para la descodificación, no autorizada, de la señal de televisión de un canal de pago, lo que se logró insertándose en la tarjeta los correspondientes códigos, obtenidos a través de internet, de personas o entidades que carecían de cualquier autorización de la empresa titular de la señal televisiva, circunstancia que el acusado conocía [SAP, León, Sección 1ª, 16/2005, 20-1 (*Tol 690909*), y, parecido, SAP, Illes Balears, Sección 2ª, 16/2006, 18-1 (*Tol 871092*)], o en el de conexión a internet desde ordenador propio a través de líneas 900 contratadas por empresas ajenas, habiéndose obtenido de forma no autorizada el nombre de usuario y la palabra de paso [SAP, Zaragoza, Sección 3ª, 19/2005, 26-1 (*Tol 7937595*)].

MIRA BENAVENT considera que este apartado no admite comportamientos distintos a los contemplados en los dos incisos anteriores, y alega en apoyo de esta exégesis que de otro modo la descripción detallada realizada en los dos primeros resultaría superflua. Creo, no obstante, que interpretar el inciso 3° dándole un contenido propio, al margen ahora de que sea la lectura más respetuosa con su tenor literal —que habla de cualesquiera *otros* medios clandestinos (que no por deber ser todos ellos clandestinos tienen por qué no poder constituir medios diferentes, como parece argumentar el autor)—, sigue otorgando a los incisos previos un importante valor ejemplificativo de la clase de conductas más comunes que integran el tipo. Y que, además, no hacerlo así permitiría utilizar el mismo argumento en sentido inverso, en este caso pienso que con mayor fundamento, pues desde la perspectiva mantenida por MIRA BENAVENT sí que sería difícil concederle al art. 255.1.3° CP alguna utilidad o sentido, dado que el marco típico se reduciría, de acuerdo con dicho entendimiento, a los dos medios comisivos descritos en los números precedentes. La interpretación que hacen nuestros tribunales de este inciso coincide con la aquí defendida, habida cuenta de que lo aplican, como hemos visto, a supuestos diversos de los anteriores, que en sentido estricto no encajarían en estos —así, entre otros, el ya mencionado de confección de tarjetas para descodificar de manera no autorizada la señal de una televisión de pago—, aunque también hayan recurrido a él en ocasiones para sancionar supuestos que tendrían perfecta entrada en los anteriores, y en concreto en el primero [realización en viviendas de acometidas de electricidad no consentidas, STS 981/2022, 21-12 (*Tol 9339505*); e instalación de enganches irregulares a la red eléctrica sita en la vía pública, SAP, Almería, Sección 3ª, 238/2024, 9-5 (*Tol 10147043*)].

Con esta cláusula genérica y abierta se demuestra, en opinión de MESTRE DELGADO, la voluntad legal de incorporar al tipo todos los comportamientos imaginables a través de los que se pueda perjudicar económicamente a un tercero con relación al consumo de energías o fluidos. Es preciso recordar aquí, sin embargo, la necesidad —ya justificada en líneas anteriores— de que la conducta tenga en todo caso carácter fraudulento. Como apunta la SAP, Las Palmas, Sección 1ª, 62/2020, 26-2 (*Tol 7912333*), el legislador ha optado por una fórmula amplia, pero en la que se han de integrar, en definitiva, "actuaciones materiales con las que se pretende engañar al suministrador por cualesquiera medios, mecanismo o artilugios con los que obtener un lucro propio en perjuicio del titular de las energías o fluidos". De manera añadida, se debe matizar que los comportamientos integrantes del inciso 3º del art. 255.1 CP habrán de ser en todo caso equiparables —lo que no quiere decir iguales— a los previstos en los dos primeros, de modo que habrán de comportar también una intervención directa sobre la red de suministro o bien sobre los mecanismos de medición de este (GARCÍA ARÁN). Esta interpretación permite atenuar las críticas que cabe realizar a la referida cláusula desde el punto de vista del mandato de taxatividad (de distinto parecer, estimando, a partir de una exégesis literal, que los medios tienen que ser subrepticios —por clandestinos—, pero no análogos a los de los números anteriores, MORILLAS CUEVA). En la línea señalada es posible entender que se sitúa la STS 1281/2005, de 14-12 (*Tol 795468*), al considerar no aplicable el delito estudiado a un supuesto en el que "(n)o se defraudó (utilizando telecomunicaciones) mediante la alteración del funcionamiento de los aparatos de control del consumo ni mediante el empleo de otros medios clandestinos, sino mediante el engaño al suscribir el contrato". De acuerdo también con ello ha de concluirse que quedaría fuera del tipo el uso de agua, gas o cualquier otro fluido o energía con ocasión de la entrada y permanencia ilícitas en una propiedad ajena, puesto que tal modo comisivo, que podría resultar clandestino, no sería asimilable, en el sentido apuntado, a los descritos en los incisos 1º y 2º del precepto (sin perjuicio, naturalmente, de que de la actuación citada se pudiera derivar responsabilidad por otros delitos como el de ocupación de inmuebles). Y lo mismo sucede, y por motivos parecidos, tratándose de la sustracción de una tarjeta de teléfono móvil seguida de su utilización en un terminal propio en perjuicio del titular de la tarjeta al que se le factura el importe de las llamadas, o en el supuesto ya referido de utilización de tarjetas telefónicas falsas (en ambos casos correspondería aplicar mejor el tipo del art. 256 CP, de acuerdo con lo que se explica más adelante). O también en el de lectura engañosa de contadores, que en la medida en que acabara plasmándose en la modificación de indicaciones de los recibos de pago (no de las indicaciones de los contadores, que son a las que cabe entender que se refiere el precepto y que de producirse cumplimentaría el inciso 2º del art. 255.1 CP) sí podría ser constitutivo de una falsedad documental (QUINTANO RIPOLLÉS, MORILLAS CUEVA).

Por último, se ha de precisar que el carácter clandestino de los medios resulta exigible en las tres modalidades comisivas del art. 255 CP. Aunque de entrada el tenor literal del precepto parezca requerirlo solo en la tercera, la referencia legal en esta a "cualesquiera otros medios clandestinos" permite entender que las anteriores también deben reunir esa condición, que se alude con ello a otros medios (pero clandestinos, como los precedentes), lo que resulta acorde además con la naturaleza defraudatoria que ya se ha señalado que tiene el delito. Es importante resaltar que tal requisito de clandestinidad de los medios, ya consistan estos en mecanismos instalados para defraudar, en la alteración de los aparatos contadores o en cualquier otro ardid homologable, implica la atipicidad de los empleados de manera ostentosa, sin unas mínimas condiciones que permitan calificarlos de ocultos o secretos (clandestinos) —si, por ejemplo, la toma del suministro tiene lugar en un tramo muy visible de la vía pública y de manera indisimulada—, por mucho que acaben causando igualmente un perjuicio económico al titular de la energía o fluido suministrado. Ello se justifica por las razones gramaticales ya indicadas, y asimismo por razones de injusto, relacionadas en concreto con el necesario desvalor de acción que debe concurrir vinculado al reiterado carácter defraudatorio de la infracción —en los términos explicados más arriba—, y, en estrecha relación con lo anterior, también por razones de imputación objetiva, parecidas en última instancia a las que fundamentan que en la estafa el engaño deba ser "bastante" (diversamente, afirmando que el término "clandestinos" debe interpretarse en este contexto en sentido amplio, como equivalente a "ilícitos", QUERALT JIMÉNEZ, o a "no autorizados por la empresa suministradora", PÉREZ MANZANO y MORILLAS CUEVA).

En principio, aunque el tipo del art. 255 CP no aluda explícitamente a la necesidad de ausencia de consentimiento —tal referencia expresa sí existe, como veremos, en el delito de defraudación de telecomunicaciones del art. 256 CP—, dado que el bien jurídico protegido es disponible, resulta obvio que aquel requisito típico habrá de concurrir, de la misma forma que sucede en la generalidad de los delitos patrimoniales. No obstante, si por ejemplo el titular del suministro autorizara la conexión a su instalación eléctrica de un vecino, de tal forma que el consumo añadido de este último fuera asumido por el primero en su factura, habría normalmente utilización de medios clandestinos, tal y como exige el tipo, dirigidos en este caso en concreto a evitar que la empresa suministradora detectara la conducta y a facilitar de ese modo la continuidad en el uso de la energía por parte del vecino de nuestro ejemplo. Y lo más habitual es que se produjera también en ese caso un perjuicio económico para la empresa que presta el suministro, habida cuenta de que, aunque esta se beneficiara del consumo adicional del titular del contrato, dejaría de percibir el importe mínimo mensual que se suele cobrar a todo usuario por la conexión, en concepto de canon por la tenencia y disfrute del contador. En esa medida, y bien entendido que en lo que respecta a este último importe no habría consentimiento (de la empresa suministradora), cabría plantearse en principio la aplicación a tales hipótesis del delito del art. 255 CP, en tanto que se considerara que concurre un fraude mediante el uso de energía eléctrica, posibilitado a través de medios subrepticios, y del que podría derivarse un menoscabo patrimonial cuantificable y no consentido. Con todo, cabría discutir la tipicidad de un supuesto así con base en que, como argumenta QUERALT JIMÉNEZ, no habría en él, propiamente, defraudación de fluido eléctrico alguno.

1.2. El perjuicio económico

Aun cuando en el art. 255.1 CP, al definirse el delito, no se aluda expresamente a la necesidad de que se produzca un perjuicio económico ajeno, este requisito se deriva del propio concepto de defraudación y también de la previsión contenida en el párrafo segundo del mismo precepto, que establece que "(s)i la cuantía de lo defraudado no excediere de 400 euros" se impondrá una penalidad inferior. La utilización fraudulenta de energías, fluidos y demás elementos ajenos será típica, pues, en la medida en que de ella se siga un perjuicio económico para tercero, con independencia de si a través de la acción fraudulenta realizada se facilita un suministro de tales elementos previamente inexistente o se consigue solo que se contabilicen y facturen cantidades inferiores a las consumidas.

La cantidad defraudada ha de referirse al valor de facturación, no al valor económico (QUINTERO OLIVARES). La jurisprudencia precisa que no debe incluirse aquí "el coste de la instalación general efectuada para el suministro de electricidad, gas, agua o cualquier otro fluido ajeno, porque precisamente esa instalación general ajena es el presupuesto fáctico de la actividad delictiva del agente", habiendo de entenderse defraudado "únicamente el valor de la energía o fluido ilícitamente distraído o usurpado a su legítimo dueño" [SSAP, Pontevedra, Sección 3ª, 2/2002, 15-1, y Burgos, Sección 1ª, 181/2011, 3-6 (*Tol 2169864*), entre otras].

En los supuestos de acceso fraudulento a un servicio por el que el usuario paga una tarifa plana el comportamiento no implica un perjuicio para el contratante del citado servicio, que no ve incrementado su coste, pero sí cabe entender que lo supone para la compañía suministradora, que, pese a estar proporcionando la energía o elemento específico de que se trate, no percibe a cambio el correspondiente precio [*cfr.* SSAP, Illes Balears, Sección 2ª, 16/2006, 18-1 (*Tol 871092)*, y León, Sección 1ª, 16/2005, 20-1 (*Tol 690909)*; de otra opinión, entendiendo que en tales casos no hay perjuicio patrimonial y que, por lo tanto, la conducta es atípica, CORCOY BIDASOLO, MIRA BENAVENT y FARALDO CABANA].

Si el perjuicio no excede de 400 euros entrará en aplicación, decíamos, el tipo atenuado del art. 255.2 CP. La incriminación de esta última figura se ha censurado por su insignificante gravedad (QUERALT JIMÉNEZ). En este punto es ilustrativo destacar que, por ejemplo, en la SAP, Burgos, Sección 1ª, 181/2011, 3-6 (*Tol 2169864)* se ha aplicado a un supuesto en el que el valor defraudado de agua es de 9,02 euros. Si bien tal crítica se podría extender, en coherencia, a otros delitos patrimoniales leves como el hurto por valor no superior a 400 euros (art. 234.2 CP), que tiene asignada idéntica penalidad que aquella (multa de uno a tres meses).

La cuantificación del perjuicio causado resulta trascendente, pues, porque va a condicionar la apreciación del párrafo primero o segundo del art. 255 CP (delito menos grave o leve) —en función de si su valor rebasa o no el mencionado importe de 400 euros— y asimismo en todo caso —en tanto que constituye un elemento determinante del grado de injusto, en concreto del desvalor de resultado— el cálculo de la concreta pena proporcionada a la gravedad del hecho cometido (además de la responsabilidad civil derivada del delito). Tal cuantificación constituye, según destaca la jurisprudencia, "uno de los mayores obstáculos a los que se enfrenta la aplicación del tipo en cuestión", pues "(a)l asentarse la tipicidad sobre la utilización de mecanismos fraudulentos para la obtención del suministro de que se trate, las expectativas depositadas en el mecanismo destinado de ordinario a su contabilización, es decir, los correspondientes contadores, por lo general quedan frustradas" [STS 432/2024, 17-5 (*Tol 10032546)*].

A tal fin, en ocasiones nuestros tribunales han considerado adecuado recurrir a la pauta establecida por el Real Decreto 1995/2000, de 1 de diciembre, por el que se regulan las actividades de transporte, distribución, comercialización, suministro y procedimientos de autorización de instalaciones de energía eléctrica, para calcular la cuantía de energía defraudada; en concreto, a lo dispuesto por su art. 87, en virtud del cual "(d)e no existir criterio objetivo para girar la facturación en estos supuestos, la empresa distribuidora la girará facturando un importe correspondiente al producto de la potencia contratada, o que se hubiese debido contratar, por seis horas de utilización diarias durante un año, sin perjuicio de las acciones penales o civiles que se puedan interponer". Así, por ejemplo, en la SAP, Zaragoza, Sección 3ª, 205/2024, 4-6 (*Tol 10276682*), en la que se afirma que, aunque es cierto que se desconoce desde cuándo se había producido el enganche ilegal, "de tal extremo no puede concluirse que procede la absolución del delito de defraudación de fluido eléctrico ni tampoco que no proceda indemnización alguna", que "(e)stá acreditado que en la nave en la que vivía el acusado y en la que se dedicaba al cultivo de marihuana había una doble acometida antes del contador que alimentaba la plantación de marihuana" y que "por ello, al no poderse obtener datos reales de consumo, ha de acudirse a otros parámetros fiables", en concreto en el caso de autos a lo dispuesto en el Real Decreto 1955/2000, "habiendo realizado la empresa Endesa una valoración del perjuicio causado por un año de conexión ilegal (...) con un uso medio de 6 horas al día" y sin que la parte apelante haya acreditado "la improcedencia de los criterios utilizados por la empresa mencionada para la valoración del perjuicio causado". En sentido similar se pronuncian, entre otras, las SSAP, León, Sección 3ª, 49/2021, 8-2 (*Tol 8351007*), y Sección 3ª, 117/2019, 12-3 (*Tol 7158196*), alegando que, a falta de aportación por la parte recurrente de un informe técnico que contradiga el efectuado por la distribuidora, debe estarse al valorado por la misma en tanto que se ajusta al citado precepto reglamentario.

Para respetar el principio de presunción de inocencia habría de quedar probada la duración del período de utilización fraudulenta, no siendo posible presumir, de no poder concretarse la fecha de su inicio, que aquel se prolongó durante un año, como sucede en las resoluciones referidas, con base en el criterio establecido en el Real Decreto 1955/2000.

En otras sentencias se ha cuantificado el período de consumo en un año sobre la base de que "el ciclo de cultivo de esta planta (marihuana) es de un año, y que cuando los agentes policiales realizaron el registro ocuparon plantas dispuestas ya en fardos" (SAP, Barcelona 408/2020, 14-9, o en seis meses por ser tal el "de crecimiento de las plantas (de marihuana) ocupadas" [SAP, Almería, 204/2018, 14-5 (*Tol 6828558*)].

Y lo mismo cabe afirmar respecto a la intensidad del consumo, es decir, en cuanto a la específica cantidad de horas diarias de energía defraudada en el período de que se trate. Es claro que dicha cantidad podrá haber sido en el caso concreto de un número inferior a seis horas o, por el contrario, muy superior, si bien solo la cuantía efectivamente demostrada de horas de consumo habría de cobrar relevancia a efectos típicos. Desde este punto de vista resulta cuestionable la ya citada SAP, Zaragoza, Sección 3ª, 205/2024, 4-6 (*Tol 10276682*), en la que se adopta, en términos presuntivos, el criterio de seis horas, apoyándose en el art. 87 del Real Decreto y en el hecho de que la defensa no había acreditado que fuera menos, lo que supone una inversión de la carga de la prueba. Similares criterio y argumentación refleja la SAP, Bizkaia, Sección 6ª, 23/2018, 13-4 (*Tol 6671130*), en la que se resalta además, a fin de reforzar la justificación de la regla seguida, que la propia acción delictiva "impide conocer la cantidad defraudada y la indemnización procedente por tal motivo", siendo "el propio legislador (...) el que establece un criterio auténtico", criterio que se estima "ponderado" "por fijar un elemento horario máximo", aun cuando a renglón seguido se reconoce que no se ha acreditado qué tiempo concreto de funcionamiento de los aparatos eléctricos pueden haber demandado las necesidades de la plantación de cannabis, "pues es posible que la energía eléctrica defraudada no fuera la misma en todo momento".

Debe, pues, rechazarse la trascendencia penal del criterio establecido en el art. 87 del RD 1955/2000. Como concluye la SAP, Madrid 206/2002, Sección 1ª, 6-5 (*Tol 225073)* "(l)as dificultades probatorias que se le presentan a las empresas distribuidoras de electricidad (...) no pueden resultar obstáculo al respeto a un derecho fundamental como es el derecho que asiste a toda persona acusada de un delito a que se presuma su inocencia mientras no se pruebe su culpabilidad. Una liquidación ajustada al Reglamento de Verificaciones Eléctricas podría ser, desde luego, suficiente para a acreditar el montante de la deuda dentro de un proceso civil, proceso presidido por principios diferentes a los que rigen en el proceso penal. Pero tales principios no son trasladables al enjuiciamiento penal, cuya función consiste en someter al contraste probatorio la hipótesis acusatoria, de modo que, si esta no resulta debidamente acreditada, la consecuencia ineludible es, o bien la absolución o la aplicación de la norma penal más leve, como es el caso, si la ausencia de prueba afecta, únicamente, al elemento del tipo que determinaría la aplicación de la modalidad delictiva en lugar de la modalidad de mera falta. Por las anteriores razones (...) es claro que esta prueba no es apta para acreditar, con carácter de prueba directa de cargo, cuánta energía se ha consumido de manera fraudulenta, durante qué períodos y cuál es su precio" [*vid.* en sentido similar, entre otras, la SAP, Girona, Sección 4ª, 491/2018, 31-10, (*Tol 8422967)*]. En la misma línea, ha subrayado la doctrina la necesidad de que la estimación del consumo esté basada en "circunstancias objetivas y contrastables, que puedan ser discutidas y, en su caso, contradichas" (BERENGUER PASCUAL).

En resumen, de no quedar convenientemente probados los referidos elementos de duración e intensidad del consumo habrá de absolverse, o, a lo sumo, si se ha conseguido probar que ha existido un mínimo consumo, aunque no se haya podido concretar la cantidad concreta, apreciar el tipo atenuado. Este último es el caso, por ejemplo, de las SSAP, Pontevedra, Sección 3ª, 2/2002, 15-1; Madrid, Sección 2ª, 68/2022, 28-1 (*Tol 8903686),* y Albacete, Sección 2ª, 66/2022, 21-2 (*Tol 8972108).* Es importante remarcar que también la aplicación del tipo atenuado requiere la prueba de un consumo ilícito mínimo.

De interés en este punto es la SAP, Tarragona, Sección 3ª, 13-7-2000, en la que se estima el recurso de apelación contra una sentencia que condenaba por la antigua falta relativa a las defraudaciones de fluido eléctrico y análogas con base en que "aparte de que no se ha podido determinar el importe de la cantidad de agua consumida y no computada en el contador", no se ha acreditado "que exista un determinado consumo de agua, superior, medio o inferior al del resto de parcelistas", o, en sentido parecido, la SAP, Girona, Sección 3ª, 4/2003, 7-1 (*Tol 4085405*), confirmando la absolución de la misma infracción por no haberse comprobado "que se hubiere efectuado por el acusado un consumo eléctrico no contabilizado a través del contador".

Un ejemplo razonable de valoración probatoria se contiene en la SAP, Madrid 206/2002, Sección 1ª, 6-5 (*Tol 225073*), en la que se atiende para fundamentar la condena por el delito del art. 255.1 CP a un cúmulo de circunstancias indiciarias, tales como el período de tiempo por el que se prolongó la defraudación, superior a 1 año, el importe de la deuda anterior impagada y el lapso de tiempo en el que aquella se devengó y la actividad a la que se destina el local (un bar), o el de la SAP, La Rioja, Sección Única, 1-10-2002 (*Tol 239689*), en la que se comparan los consumos anteriores a ser dada de baja del suministro eléctrico la acusada y los posteriores, los producidos una vez corregida y suprimida la manipulación, hallándose la media correspondiente.

Más discutible, en cambio, es la que se refleja en la STS 604/2020, 12-11 (*Tol 8211505*), en la que se aduce con carácter principal que el acusado "necesariamente consumía agua de manera ilegal a través de la conducción que instaló subrepticiamente, aunque no se pueda cuantificar la cantidad por la falta de contador al ser una conexión ilegal, pero sin duda bastante, dado que posteriormente hubo de abrir un pozo subterráneo y porque para no necesitar agua no se realiza una conexión ilegal".

Recientemente, la STS 432/2024, 17-5 (*Tol 10032546*) realiza una síntesis adecuada de los criterios que deben regir a este respecto. Destaca en primer lugar que no se trata de una cuestión que se proyecte exclusivamente sobre el ámbito de la responsabilidad civil, dado que la cuantificación de la defraudación opera como elemento de tipicidad graduando la entidad de la infracción, con el correspondiente reflejo no solo en la penalidad sino en todo el régimen jurídico que acompaña a las infracciones penales de una y otra clase, lo que obliga, "con fundamento en la garantía de presunción de inocencia, a operar con elementos probatorios que aporten bases sólidas en la concreción de tal elemento, huyendo de protocolizaciones maximalistas" que pudieran encontrar justificación en otras áreas del ordenamiento jurídico facilitando considerablemente la cuantificación. De ahí, continúa la citada resolución jurisprudencial, "que sea necesario acudir a técnicas de ponderación que proyecten los métodos de estimación sobre las circunstancias de cada caso", a "(p)arámetros objetivos acomodados a la diversificación en función del tipo de viviendas, su tamaño, la actividad que normalmente se desarrolle en la misma, características de la instalación, etc.". Esto último lo ejemplifica señalando que "(n)o es lo mismo el consumo que se pueda presumir de una vivienda de escasos metros, ubicada en un bloque, que en otra unifamiliar con amplia capacidad de alojamiento y zonas verdes que regar", y que "(t)ampoco lo será una vivienda destinada a domicilio, que otra en la que se desarrolle una actividad productiva". Se trata, concluye, de "establecer patrones que introduzcan elementos de diferenciación lo más ajustados posible a las concretas condiciones y circunstancias", no queriendo ello decir "que los módulos incorporados en las diferentes normativas no sean aptos para ser tomados en consideración, sino que estos habrán de ajustarse al máximo posible a los datos individuales de cada caso".

Pese a todo lo afirmado anteriormente, lo cierto es que, a la hora de valorar la aplicación de tales criterios al caso concreto enjuiciado, el citado pronunciamiento es poco exigente, a mi juicio, en lo que respecta a esas necesarias pautas de individualización en función de las características particulares de las viviendas afectadas, conformándose a este respecto con que, una vez acotado el lapso temporal durante el que se prolongó el fraude, el tribunal de instancia tomara como base del cálculo "el que correspondería al consumo legal obtenido directamente del contador instalado en el inmueble —acorde a las características del mismo— que se beneficia del suministro clandestino", pero sin atender a otros aspectos relevantes, como por ejemplo la actividad que habitualmente se desarrolla en las mismas o el número de moradores. Consciente quizás de ello es por lo que la sentencia citada concluye su razonamiento sobre ese punto afirmando, a modo de justificación general, que "el rescate como elemento de ponderación de los parámetros objetivos contenidos en la normativa municipal relativo al servicio público de abastecimiento de agua, con las modulaciones que hemos realizado acerca de la necesaria individualización, parte de una premisa que no es cuestionable, como es la enorme dificultad que entraña determinar la cuantía total de agua consumida y, por ende, su valoración real, lo que invita a articular fórmulas que eviten que el art. 255 devenga inaplicable".

1.3. Objeto material

El objeto material del delito está constituido por la energía eléctrica, el gas, el agua, las telecomunicaciones u otros elementos, energías o fluidos ajenos. Se trata, como se suele recalcar, de elementos que carecen de corporeidad, que son inaprensibles. Ello excluye ya claramente del tipo las conductas que se proyectan sobre líquidos o energías envasados (bidones de gasolina, bombonas de gas, baterías eléctricas, etc.), que sí son susceptibles de apoderamiento y que en esa medida pueden integrar el objeto material de delitos como el hurto o el robo (MIRA BENAVENT). Como se precisa en la SAP, Las Palmas, Sección 2ª, 38/1998, 28-9, del contexto del precepto —en alusión al art. 538 en relación con el art. 536 del CP de 1944 y a un caso concreto de desvío de aguas— se deduce que su aplicación se refiere al "agua como fluido" y no a la almacenada en un recipiente.

De la denominación legal atribuida a esta figura en virtud de la rúbrica de la Sección 3 del capítulo de Defraudaciones en el que se ubica el art. 255 CP, que reza "De las defraudaciones de fluido eléctrico y análogas", cabe inferir que habrá de tratarse en todo caso de defraudaciones *análogas* a la del fluido eléctrico. Esto condiciona la enumeración de los objetos materiales contenida en el propio tipo, de modo que cuando este habla, a modo de cláusula final abierta, de otro elemento, energía o fluido ajenos ha de concluirse que remite a elementos, energías o fluidos análogos a los anteriores, con características similares (en el mismo sentido, MORILLAS CUEVA, MIRA BENAVENT).

Usualmente, como características comunes añadidas a la inmaterialidad ya indicada, y de manera estrechamente vinculada a esta, la doctrina ha exigido, a efectos de acotar la holgada fórmula utilizada por el legislador para definir el objeto material de este delito, que exista una instalación permanente del suministrador para generar el elemento, una red que lo distribuya y dirija hasta el usuario, y aparatos contadores que midan su consumo (PÉREZ MANZANO, GONZÁLEZ RUS, MORILLAS CUEVA, GARCÍA ARÁN, MIRA BENAVENT). En la jurisprudencia se ha subrayado, en sentido convergente, que "el *telos* de esta regulación no es otro que el de proteger los fluidos o elementos energéticos fluyentes cuyo alejamiento de las empresas suministradoras, en razón de la distancia que recorren, impide no pocas veces el eficaz control de los mismos; cosa muy distinta de aquellos otros elementos o agentes físicos que subyacen en cisternas o depósitos de los que periódicamente y no de manera continua, se extraen" (STS 1-4-1977, citada por MORILLAS CUEVA).

Asimismo se ha observado que no es necesario a esos efectos que el elemento en cuestión (en ese caso se trataba de agua) deba venderse libremente al público, que el hecho de que esto no ocurra no impide su comercialización, más o menos restringida, ni que su desvío no implique un perjuicio patrimonial, habiéndose considerado que cumplimenta el tipo en ese sentido la realización de una conexión ilícita a la red de aguas residuales-depuradas propiedad de una empresa con el fin de regar los jardines y zonas verdes de un complejo hotelero (SAP, Las Palmas, Sección 2ª, 38/1998, 28-9).

De lo dicho hasta aquí se deriva que comportamientos como el de extraer clandestinamente gasolina de un surtidor de una estación de servicio para llenar el depósito de un vehículo quedarían fuera de esta figura delictiva por cuanto aquí, además de que no se defraudaría utilizando el fluido, tal y como exige el tipo, tal fluido se presentaría como producto encerrado en tanque o depósito del que se extrae y se computa solo en el momento de la venta —sí podría encajar en aquella, en cambio, obtener la gasolina de un oleoducto alterando los aparatos destinados a medir su distribución— (MORILLAS CUEVA, recogiendo la doctrina jurisprudencial más arriba citada). Y por similares razones, pues tampoco en este caso se suministraría a través de una red acompañada de aparatos medidores de su utilización, habría que descartar también como integrante del objeto material de este delito la energía genésica animal, la conducta por ejemplo de usar sin consentimiento de su dueño a un caballo de raza para la reproducción, que algún autor ha planteado que podría integrar el precepto (MUÑOZ CONDE, y, sumándose a su opinión, SUÁREZ GONZÁLEZ, ANDRÉS DOMÍNGUEZ, ANDRÉS DOMÍNGUEZ y JAVATO MARTÍN, PEDREIRA GONZÁLEZ, PARDO

MIRANDA; en contra, MORILLAS CUEVA, MIRA BENAVENT). Todos los supuestos apuntados, por los motivos que se han explicado, difícilmente admitirían clasificarse como defraudaciones *análogas* a la del fluido eléctrico, según hemos visto que requiere la regulación legal.

Se ha señalado que las telecomunicaciones a las que alude el precepto abarcarían solo el servicio telefónico y que calificar a los servicios de televisión de pago como telecomunicación significaría utilizar analogía (QUINTERO OLIVARES). No obstante, la Ley 11/2022, de 28 de junio, General de Telecomunicaciones (*Tol 9093453)* define como telecomunicación a "toda transmisión, emisión o recepción de signos, señales, escritos, imágenes, sonidos o informaciones de cualquier naturaleza por hilo, radioelectricidad, medios ópticos u otros sistemas electromagnéticos" (Anexo II, punto 79). Y en cualquier caso, de acuerdo con lo hasta ahora expuesto, incluso si se diera la afirmación del citado autor por buena, tales servicios podrían encontrar perfecta cabida en el marco de la configuración típica deliberadamente abierta [SAP, Las Palmas, Sección 1ª, 62/2020, 26-2 (*Tol 7912333)* y MESTRE DELGADO] del delito en examen, en calidad de esos otros elementos (análogos) a los que se refiere el tipo. Ya era así bajo la regulación precedente, antes de que con el CP de 1995 se incorporara al tipo la mención expresa a las telecomunicaciones (PÉREZ MANZANO). Y de esa forma lo ha considerado también, vigente ya el actual texto punitivo, por ejemplo la SAP, León, Sección 1ª, 41/2004, 12-3 (*Tol 7656144)*, en la que se castiga a través de la antigua falta del art. 623.4 CP la conducta consistente en derivar el cable principal del repartidor de la señal de televisión a una vivienda particular, permitiendo a su morador disfrutar de los servicios de televisión sin pagar por ellos, o, entre otras, la SAP, León, Sección 1ª, 16/2005, 20-1 (*Tol 690909)*, que aplica el art. 255.1 CP a un supuesto en el que se elabora y utiliza una tarjeta apta para la descodificación no autorizada de una señal de televisión de pago, o, en un caso similar, la SAP, Illes Balears, Sección 2ª, 16/2006, 18-1 (*Tol 871092)*. Como afirma, pues, la SAP, Barcelona, Sección 8ª, 1036/2002, 4-11, "la señal televisiva emitida bajo determinados códigos que restrinjan su recepción" debe quedar incluida dentro del concepto de telecomunicación como objeto material del delito del art. 255 CP.

Sobre la delimitación del delito del art. 255 con respecto al del art. 286 CP, referido a servicios de radiodifusión sonora o televisiva, *vid.* lo indicado en el epígrafe IV.1.10 de esta Lección.

1.4. Sujetos

Se trata de un delito común, que puede llevar a cabo cualquiera que utilizando energías, fluidos o elementos con los caracteres especificados en el apartado anterior cometa defraudación facilitada por los medios clandestinos contemplados en el art. 255 CP y causando un perjuicio económico. El sujeto activo de este delito es, pues, el beneficiario, cualquier consumidor que realice la conducta típica, no necesariamente el titular legítimo del contrato [STS 78/2024, 25-1 (*Tol 9884466)*], con independencia también de si hay o no contrato. Si el que defrauda es el suministrador de la energía, elemento o fluido y lo hace facturando cantidad superiores a las debidas mediante la alteración de los aparatos automáticos de medición resultará de aplicación el delito contra los consumidores regulado en el art. 283 CP.

No es preciso que el sujeto que utiliza fraudulentamente la energía o fluido sea a su vez el que lo haya posibilitado a través de los medios clandestinos a los que se refiere el art. 255.1 CP. Así se deduce claramente del hecho de que entre esos modos comisivos la ley hable, según veíamos más arriba, de *valerse* ("valiéndose") de mecanismos instalados para realizar la defraudación, reflejando así que basta con que el defraudador se aproveche de esos medios a tal fin, sin que sea necesario que haya instalado él mismo los mecanismos (destacándolo, por ejemplo, VIVES ANTÓN y GONZÁLEZ CUSSAC).

En principio, que solo en relación con los medios contemplados en el primer inciso se establezca explícitamente esta posibilidad de servirse o aprovecharse de la acción de otro —en los incisos segundo y tercero, recuérdese, se alude simplemente a *alterar* (los aparatos contadores) o *emplear* (medios clandestinos) respectivamente— podría llevar a concluir que solo en ese primer caso se admite falta de coincidencia entre quien utiliza fraudulentamente la energía (sujeto activo) y quien lo facilita a través de la instalación previa de los medios clandestinos. Pero ello carecería de sentido. No existen razones materiales para que aceptándose en uno de los supuestos no se haga en los otros. Y desde un punto de vista formal, la amplitud con está formulado el inciso tercero, que se refiere al empleo de "cualesquiera otros medios clandestinos", tampoco obliga a ello. Es posible entender que quien defrauda utilizando energía o fluidos a través de modos facilitados por persona distinta lo hace asimismo "empleando" medios clandestinos, y que incluso si estos consistieran en la alteración de aparatos contadores contemplada en el inciso segundo, se estarían utilizando de esa forma "otros" medios (diversos) —a efectos de cumplir en sentido estricto con la literalidad del inciso tercero—, pues no se trataría aquí, propiamente, de alterar los aparatos contadores, sino de aprovecharse de esa acción realizada por un tercero.

Debe considerarse, por tanto, que son razones de tipicidad las que justifican esta comprensión del precepto y no las dificultades de prueba —relativa a quién es el autor de la instalación del mecanismo o medio clandestinos o de la alteración del aparato contador— y la limitada aplicación del delito que de ahí se podría derivar, tal y como aducen BAJO FERNÁNDEZ, CARRACEDO CARRASCO y MOLINA FERNÁNDEZ, pues tal argumento, de carácter pragmático, tiene, en sí mismo, escaso peso jurídico. Por lo demás, se trata de una interpretación plenamente consolidada en la doctrina (MUÑOZ CONDE, SUÁREZ GONZÁLEZ, PÉREZ MANZANO, GONZÁLEZ CUSSAC, MORILLAS CUEVA, ORTS BERENGUER y ROIG TORRES, MIRA BENAVENT, FARALDO CABANA, MESTRE

DELGADO, PARDO MIRANDA, BORJA JIMÉNEZ, entre otros) y también mayoritaria en la jurisprudencia. Aunque sí existen pronunciamientos que exigen para condenar que el sujeto activo sea, además de quien consuma la energía o fluido fraudulentamente, el que haya instalado el mecanismo u otro medio clandestino, o alterado el contador, que haga posible lo anterior [así, por ejemplo, *a sensu contrario*, las SSAP, Jaén, Sección 1ª, 127/2000, 28-6; Tarragona, Sección 3ª, 13-7-2000; Girona, Sección 3ª, 4/2003, 7-1 (*Tol 4085405*), y Gipuzkoa, Sección 3ª, 77/2018, 23-3 (*Tol 6673707*)], la opinión dominante es la de que, como se recoge en la STS 981/2022, 21-12 (*Tol 9339505*), resulta indiferente quién sea el autor material de la conexión ilegal, sujeto activo del delito es aquella persona que se beneficia conscientemente del fraude —causando, en el caso de autos, un perjuicio económico a Endesa, al disfrutar del fluido eléctrico que era necesario para las plantaciones de marihuana sin pagar contraprestación alguna por su utilización—. En la misma línea, en la reciente STS 78/2024, 25-1 (*Tol 9884466*) se insiste en que "(p)oco importa quién hizo el enganche, puesto que quienes disfrutan de él y defraudaban fluido eléctrico eran los acusados, que consumían electricidad sin pagarla". Se manifiestan en sentido similar, entre otras, la STS 29-1-1982 (*Tol 2309963*), y SSAP, Toledo, Sección 2ª, 52/1998, 15-10 (*Tol 7957867*); La Rioja, 156/2002, 1-10 (*Tol 239689*); Soria, Sección 2ª, 47/2012, 7-2 (*Tol 2481730*); Madrid, Sección 30ª, 475/2019, 24-7; Valencia, Sección 5ª, 373/2019, 4-9 (*Tol 7486917*); Las Palmas, Sección 1ª, 62/2020, 26-2 (*Tol 7912333*), y León, Sección 3ª, 49/2021, 8-2 (*Tol 8351007*), habiendo asimismo avalado esta posición la FGE en su Consulta nº 3/2001, de 10 de mayo.

De acuerdo con lo acabado de exponer, quien se limita a hacer viable la defraudación a través de los medios citados —instalando el mecanismo, alterando el contador, etc.— no será autor sino partícipe del delito, generalmente cooperador necesario (MORILLAS CUEVA, ORTS BERENGUER y ROIG TORRES, GARCÍA ARÁN, MIRA BENAVENT, BENÍTEZ ORTÚZAR, BORJA JIMÉNEZ). En esa línea se pronuncia la ya citada Consulta nº 3/2001, de 10 de mayo, de la FGE, en la que se califica como cooperadores necesarios del autor del delito del art. 255 CP a quienes fabrican instrumentos electrónicos que imitan el funcionamiento de las legítimas tarjetas prepago para ser utilizadas en las cabinas públicas de teléfono con el fin de realizar llamadas sin coste alguno para el usuario, lo mismo que a quienes de cualquier manera se los proporcionan o facilitan a los usuarios finales. La SAP, Barcelona, Sección 8ª, 1036/2002, 4-11, en un supuesto relativo al uso de tarjetas aptas para la descodificación de la señal de televisión emitida por un canal de pago, absuelve a dos sujetos por entender que únicamente puede responder de la defraudación "a título de autor material quien emplea o utiliza —conecta— esos medios clandestinos (...) y recibe a su través descodificadas unas imágenes a las que de otra forma no hubiese podido acceder" y al no haber quedado probado que "cualquiera de los dos acusados (...) hubiere personalmente llevado a cabo aquella concreta acción de emplear una de las tarjetas que ellos mismos fabricaban para recibir en su terminal de televisión señales emitidas con códigos neutralizados", resalta que "la responsabilidad única que les podría ser exigida en la defraudación perseguida lo sería en todo caso a título de cooperación necesaria, en cuanto que proporcionaban a los autores materiales las tarjetas sin las cuales aquellos no podían llevar a cabo la defraudación típica", y concluye que a tal fin concurre "el obstáculo insalvable que deriva del carácter accesorio de su título participativo y (el) de haber sido declaradas atípicas en la instancia las conductas de aquellos acusados que lo eran precisamente por haber utilizado las tarjetas con la finalidad para la que fueron fabricadas y distribuidas" por los primeros. Lo que el citado pronunciamiento pone de relieve es, pues, dicho con otras palabras, que dado que no hay inicio de ejecución típica a cargo de un autor sino mera participación en un futuro delito aún no comenzado —el que llevaría a cabo el tercero al emplear la tarjeta ilícitas accediendo a la señal de televisión de pago sin abonar nada por ello— tal conducta, igual que en general las de los sujetos que se limitan a instalar el mecanismo clandestino o a alterar el aparato contador en beneficio de un tercero y sin que haya comenzado por parte de este la utilización fraudulenta de la energía o fluido, no puede ir más allá de una participación intentada, es decir, constituiría un acto preparatorio impune. Cuestión distinta es que supuestos como este, relativos a la facilitación del acceso inteligible a servicios de radiodifusión sonora o televisiva, puedan encajar en la figura prevista en el art. 286.1 o 3 CP (*vid.* sobre ello lo indicado en el apartado IV.1.10 de esta Lección y en la Lección 21).

Se ha destacado que a quien altera los aparatos contadores de otro consumidor para perjudicar a la compañía suministradora no cabría atribuirle responsabilidad por este delito, sino a lo sumo por uno de daños (PASTOR MUÑOZ y COCA VILA, parecido ROCA AGAPITO), lo mismo que a quien realiza la conducta sin que esta le reporte un beneficio económico propio (PARDO MIRANDA). Es lo que sucede en la SAP, Guadalajara, Sección 1ª, 12/2000, 31-1, en la que se enjuició un sujeto que, disgustado por diferencias con los vecinos, vació los depósitos de abastecimiento de agua del municipio con el fin de verterla en la red general de saneamiento y eliminarla, dejando así a la población con escasa agua para el consumo. A tal fin instaló en su nave un mecanismo que le permitía dirigir el agua hacia el desagüe sin que en su contador se registrase consumo alguno. El tribunal estimó que tal conducta era constitutiva de un delito de daños y no de defraudación de fluido (que es el que era objeto de acusación, razón por la cual, en aplicación del principio acusatorio, hubo de dictar un pronunciamiento absolutorio). Ello se justifica por la necesaria concurrencia del ánimo de lucro, especial elemento subjetivo del injusto que, como se precisará en el apartado siguiente, requiere el tipo (subjetivo) de este delito. Cabría matizar simplemente aquí que, conforme a lo expuesto hasta ahora, al margen de que pudiera haber también —en su caso— un delito de daños, en la medida en que un sujeto utilizara la energía o fluido aprovechándose conscientemente de la alteración clandestina del contador efectuada por el tercero, sería posible apreciar sin dificultad un delito del art. 255 CP, del que respondería como autor el consumidor y podría responder a título de cooperador necesario el tercero, toda vez que su dolo, de manera compatible con una tal finalidad de perjudicar a la compañía suministradora, abarcara el comportamiento del consumidor.

Sujeto pasivo del delito será la persona, física o jurídica, que sufre el perjuicio económico derivado de la conducta de utilización fraudulenta de energías, fluidos o elementos análogos. Podrá tratarse de la empresa encargada de suministrar estos o bien del consumidor obligado al pago del precio del suministro. El citado perjuicio económico cabe que se produzca, en efecto, solo para la compañía suministradora si la conducta defraudatoria consiste en un enganche no autorizado a la acometida general de distribución de fluido eléctrico, que evita que aquella pueda facturar por el servicio prestado (como sucede en los hechos enjuiciados en la SAP, Ciudad Real, Sección 1ª, 29/2000, 4-12, entre muchas otras similares), pero también es posible que afecte directa y principalmente al consumidor, cuya red individual o contador han sido manipulados por un tercero para obtener energía gratuitamente, que será facturada al primero, ya sea este un particular [si, como se recoge en la SJP, nº 3, Palma de Mallorca, 507/2009, 11-12 (*Tol 2157772)*, existe un mecanismo instalado en el tubo de alimentación del contador de agua de una vivienda que permite a la vivienda contigua el disfrute del correspondiente suministro de agua sin pagar por ello, o bien desde el cuarto de contadores se efectúa una conexión directa de la luz de un local al contador eléctrico de otro propietario, según se refleja en la SAP, Murcia, Sección 3ª, 93/2019, 26-11 (*Tol 7740979)*], ya sea una comunidad de vecinos [cuando se ha manipulado la caja de conexión eléctrica de una comunidad de propietarios ubicada en el rellano de la escalera a fin de realizar un enganche no autorizado a una vivienda particular, o se ha conectado un equipo de aire acondicionado de uso individual de una vivienda al cuadro de luz de emergencia de la comunidad de vecinos, como acontece en los casos juzgados respectivamente en las SSAP, Murcia, Sección 5ª, 39/2020, 3-3, y Madrid, Sección 6ª, 185/2018, 8-3 (*Tol 6603237)*], o bien la propia Administración [si la conexión ilícita se efectúa a la red de suministro de energía eléctrica del sistema de alumbrado público y asimismo a la red de suministro de agua potable, aprovechándose de modo irregular el suministro de ambos fluidos en perjuicio del Ayuntamiento, SAP, Toledo, Sección 2ª, 52/1998, 15-10 (*Tol 7957867)*]. La primera clase de supuestos, los que afectan a las empresas suministradoras de las energías o fluidos, es a los que se aplica mayoritariamente el precepto en análisis, pero no de forma exclusiva, como hemos visto [resaltándolo, entre otros, PÉREZ MANZANO, GONZÁLEZ RUS, BAJO FERNÁNDEZ y CARRACEDO CARRASCO y MOLINA FERNÁNDEZ, ROCA AGAPITO, QUERALT JIMÉNEZ, MIRA BENAVENT, FARALDO CABANA, PEDREIRA GONZÁLEZ, y, por ejemplo, las SSAP, Santander, Sección 3ª, 7/2001, 18-1; Las Palmas, Sección 1ª, 62/2020, 26-2 (*Tol 7912333)*, y SJP, nº 3, Palma de Mallorca, 507/2009, 11-12, (*Tol 2157772)*].

No obstante, un sector minoritario de la doctrina y de la jurisprudencia dejan fuera del delito del art. 255 CP al segundo grupo de casos, es decir, aquellos en los que el perjuicio económico se ocasiona al consumidor y no a la empresa suministradora. En esa línea se pronuncia, por ejemplo, GONZÁLEZ RUS, aunque sin justificar por qué, limitándose a afirmar que lo que en el tipo se sanciona es "el uso en beneficio propio y en perjuicio del suministrador de este tipo de energías o fluidos cuando ello se hace con comportamientos que afectan directamente a la red de distribución o prestación del servicio o a los mecanismos o verificaciones precisas para la determinación del consumo efectuado", o también, en términos parecidos, la SAP, Barcelona, Sección 6ª, 115/2010, 8-1 (*Tol 1831376)*, en la que se absuelve del delito por el hecho de que el enganche no autorizado estuviera conectado a la instalación particular de un vecino y no a la red general de la compañía eléctrica, indicándose que el acto de suministrarse energía de un vecino podrá conculcar normas administrativas e incluso causar un perjuicio a la empresa suministradora, pero "no supone defraudación en el sentido que describe el art. 255 CP", o SAP, Soria, Sección 1ª, 60/2019, 19-6 (*Tol 7411248)*, en la que se afirma que el delito exige la causación de "un perjuicio a la empresa suministradora". Para VIVES ANTÓN y GONZÁLEZ CUSSAC, quienes también comparten esta tesis, las defraudaciones en perjuicio del consumidor deben canalizarse por la vía del delito de estafa sobre la base de que la redacción de precepto convierte en objeto material del delito no solo la energía eléctrica, sino también el gas, el agua, las telecomunicaciones, u otros elementos energías o fluidos ajenos. Sin embargo, no solo las defraudaciones de fluido eléctrico pueden ocasionar perjuicios a sujetos distintos a los suministradores. La práctica jurisprudencial refleja, según se ha comprobado ya en diversos pronunciamientos aludidos en líneas anteriores, que comportamientos de estas características —que perjudican a consumidores (particulares o no)— se producen también con cierta habitualidad defraudando agua, y lo mismo resulta también perfectamente viable tratándose, por ejemplo, de servicios de teléfono, televisión o internet, y telecomunicaciones en general. Es verdad que en las —habituales, hoy en día— hipótesis en que el consumidor haya contratado una tarifa plana la conducta de conectarse ilícitamente a la red del vecino ocasionará el perjuicio económico a la empresa suministradora, que dejará de percibir el importe correspondiente por el uso que hace el defraudador del servicio, y no en cambio al particular, que no sufrirá incremento del precio. Por el contrario, si la tarifa contratada es por pasos o en función del consumo efectivo el daño económico sí recaerá en el consumidor. Con independencia de lo anterior, se ha de tener en cuenta que, incluso si en relación con algunos de los elementos concretos que integran el objeto material del delito no cupiese en la práctica la posibilidad de defraudación perjudicial para el consumidor, bastaría con que sí fuera así en uno de ellos —y hemos visto que lo es con carácter general, o al menos en la gran mayoría de supuestos— para que pudiera afirmarse que sujeto pasivo del delito es (también) el consumidor.

Se ha defendido asimismo —en este caso por alguna sentencia (aislada)— que la interpretación que excluye al sujeto pasivo consumidor del marco de tipicidad del art. 255 CP viene avalada por el hecho de que haya desaparecido en la actual regulación el tipo previsto en el art. 537 del CP precedente, en el que se castigaba al que, "con ánimo de obtener lucro ilícito en perjuicio del consumidor, alterare maliciosamente las indicaciones o aparatos contadores de fluido eléctrico o cometiere cualquier otro género de defraudación" [SAP, Cáceres, 2ª, 75/1998, 30-11 (*Tol 7717241*)]. Si bien en el art. 255 del CP de 1995, más que eliminarse dicho tipo, lo que se hace, según opinión común (así, por ejemplo, VIVES ANTÓN y GONZÁLEZ CUSSAC), es fusionar las conductas previamente contenidas en los arts. 536 a 538 del CP anterior, salvo en lo que respecta a las de facturar cantidades superiores por productos o servicios cuyo precio se mida por aparatos automáticos, que son ahora constitutivas, como ya hemos apuntado, del delito contra los consumidores del art. 283 CP.

Lo cierto es que a la luz de la configuración típica del vigente art. 255 CP —dada la amplitud con que se definen los medios defraudatorios de los incisos primero y tercero, y dado también que en lo que respecta a su objeto material, como pone de relieve MIRA BENAVENT, se especifica solo que las energías, fluidos o elementos utilizados fraudulentamente sean "ajenos"— no se ve por qué habrían de quedar descartados los comportamientos realizados en perjuicio de un consumidor y derivarse estos a la estafa, restringiéndose el ámbito de aplicación del precepto a los llevados a cabo en perjuicio del suministrador. Como se afirma en la ya citada SJP, nº 3, Palma de Mallorca, 507/2009, 11-12 (*Tol 2157772*), "(e)stamos ante un delito contra el patrimonio, sin que (…) sea un elemento determinante de la especialidad la titularidad del patrimonio defraudado. La especialidad viene determinada por el objeto de la defraudación, defraudación que puede perjudicar tanto al usuario del suministro de que se trate, como de la empresa suministradora del respectivo fluido. Si el perjudicado es un tercero privado, el perjuicio resultará al comparar la facturación con el consumo real". La exclusión del ámbito típico del art. 255 CP de las defraudaciones que afectan a los consumidores y el diferente trato penológico que de ahí resultaría para estos comportamientos, pues la sanción atribuida a la estafa es bastante mayor, tampoco es posible justificarlos en términos de injusto: el ataque al patrimonio se produce en similar medida y a través de similares medio comisivos en un caso y en otro, se trata de supuestos de similar gravedad y que deben recibir por eso similar pena.

1.5. Tipo subjetivo

Se trata de un tipo de exclusiva comisión dolosa. Así resulta de que no exista previsión expresa en la ley de la modalidad imprudente. Lo refuerza el hecho de que el segundo medio comisivo típico hable de alterar "maliciosamente" las indicaciones o aparatos contadores (art. 255.1.2º CP). Además, según opinión doctrinal y jurisprudencial muy extendida, se requiere, aun cuando el tipo no lo señale explícitamente, un ánimo de lucro, elemento subjetivo especial del injusto que resulta inherente a la conducta en la medida en que esta consiste en "la incorporación de un objeto con valor económico (el uso y desgaste de la energía, elemento…) al patrimonio del sujeto activo" [PÉREZ MANZANO, y, en sentido parecido, la STS, 20-7-1981 (*Tol 2307909*), recogiéndose en ella, además, discutiblemente, y al igual que —entre otras— en las SSAP, Ciudad Real, Sección 1ª, 29/2000, 4-12, y Santander, Sección 3ª, 7/2001, 18-1, la doctrina de que dicho elemento subjetivo del injusto se presume, salvo prueba en contrario, en estas infracciones, "pues ordinariamente no hay «*periculum sine pecunia*»", y la STS, 29-1-1982 (*Tol 2309963*), en la que se afirma que aquí el "dolo de lucro a costa del perjuicio ajeno (…) constituye el núcleo anímico de la defraudación castigada"].

De lo dicho se deriva que si existiera error de tipo, fuera vencible o invencible, la conducta resultaría en todo caso impune. De ahí que no se haya castigado, por ejemplo, a quien estuvo disfrutando, durante los 25 años que llevaba habitando una vivienda, del suministro de agua potable por conexión directa a la red sin contador instalado por la empresa ni póliza de abono que amparase el consumo, creyendo que abonaba el agua entre los diferentes cargos que le pasaba el arrendador del edificio [SAP, Granada, Sección 1ª, 328/2000, 20-5 (*Tol 2141495*)]. O que, de modo similar, se diera por acreditada la concurrencia de error de tipo en la conducta de quienes, pese a la existencia de una canalización ilegal que permitía el paso del agua desde la acometida general a su vivienda, estaban en la creencia errónea de que el suministro de agua procedía de pozos particulares de la Urbanización La Moraleja y que estaba incluido en los gastos comunitarios que se abonaban a la Entidad de Conservación de la Moraleja, tal y como les había comunicado en su momento el constructor [SAP, Madrid, Sección 16ª, 718/2019, 2-12 (*Tol 7805923*)].

La prueba del dolo se ha derivado indiciariamente, por ejemplo en la STS 981/2022, 21-12 (*Tol 9339505*), del hecho de ser los acusados "conocedores de que estaban disfrutando del suministro de electricidad, y en tan elevada cantidad por los requerimientos de la plantación (de marihuana), sin pagar ningún tipo de precio a cambio". En sentido parecido, en la STS 78/2024, 25-1 (*Tol 9884466*), se concluye que, a pesar del desconocimiento alegado por los acusados, de que estos afirmaran ignorar que los contadores hubieran sido manipulados, "el amasijo de cables que presentaba la instalación (…) hace simplemente imposible que aquellos no (lo) conocieran", dado que vivían allí y que además eran "los únicos beneficiarios de la conexión ilegal" y hacían uso del servicio sin pagar contraprestación alguna, y en la SAP, Valencia, Sección 5ª, 373/2019, 4-9 (*Tol 7486917*), se precisa que la prueba del dolo en la utilización podría cuestionarse en una situación de disfrute limitado en el tiempo de energía eléctrica en la vivienda sin pagar cantidad alguna, pero que ello no tiene cabida cuando se trata de un uso dilatado, siendo que se atribuye al acusado la utilización del suministro durante al menos seis meses.

Cabe plantearse si podría cometerse la conducta con dolo eventual (se posicionan en contra, MORILLAS CUEVA, GONZÁLEZ RUS, PEDREIRA GONZÁLEZ, PARDO MIRANDA). Por ejemplo, en el caso de un sujeto que, sospechando que puede haber un mecanismo defraudatorio instalado, no está seguro de ello y de si, por tanto, está defraudando al consumir la energía o fluido y causando el correspondiente perjuicio económico. Sin embargo, no lo considera improbable y lo acepta, por si de esa forma se está ahorrando dinero en la factura, que aún no le ha llegado, y aunque no busca directamente ese propósito, ni tampoco, de acuerdo con lo dicho, tiene la certeza de que vaya a lograrse. Además de dolo eventual, en un supuesto así concurriría también el ánimo de lucro con una intensidad equivalente al dolo eventual. Pese a que algunos autores opinan lo contrario (por todos, ACALE SÁNCHEZ), creo que dogmáticamente es posible el dolo eventual en los tipos con especiales elementos subjetivos del injusto, en particular cuando estos se presentan como correlato del dolo eventual —es decir, con un grado de intensidad homologable al dolo eventual— (*vid.* sobre ello, ALONSO RIMO). Tales hipótesis, pues, en caso de darse, serán punibles.

De no concurrir el ánimo de lucro no podría apreciarse, naturalmente, el delito, por faltar uno de los elementos que, según se viene diciendo, requiere su tipo subjetivo. Así se consideró en la ya citada SAP, Guadalajara, Sección 1ª, 12/2000, 31-1, con base en que "la finalidad perseguida por el acusado con su actuación, consistente en vaciar los depósitos de abastecimiento de agua del pueblo de Gajanejos, no fue otra que dejar a la población sin agua para su consumo, estando motivada su conducta por las diferencias que había tenido con los vecinos del citado municipio" y habiendo sido acreditado que "no pretendía beneficiarse de dicha agua sino que su propósito no era otro que eliminarla no aprovechándose de ella", de modo que "no concurriría el elemento subjetivo del injusto preciso para la existencia de la infracción penal objeto de acusación, cual es el ánimo de lucro".

1.6. Iter criminis

El delito del art. 255 CP exige, como se ha destacado en páginas anteriores, la causación de un perjuicio económico. Se trata en esa medida, también se ha apuntado ya, de un delito de resultado. Por consiguiente, cabe la tentativa punible si no llega a producirse dicho perjuicio, por ejemplo si los propios sujetos que pretenden defraudar fluido eléctrico se encaraman al cuadro eléctrico existente en la fachada del edificio y comienzan a manipularlo a tal fin pero, al ser sorprendidos por una vecina, no consiguen finalizar la operación, ni tampoco, pues, utilizar la energía [SAP, Zaragoza, Sección 6ª, 106/2020, 6-4 (*Tol 7947052)*], o si colocado el medio clandestino o manipulado el contador, en una vivienda en la que está dado de alta el suministro de energía, se hace uso de esta a continuación pero el mecanismo falla o la manipulación efectuada no resulta eficaz, de modo que no se acaba produciendo el perjuicio económico. Sin embargo, en la práctica jurisprudencial no son frecuentes las condenas por tentativas en este ámbito delictivo.

Se ha afirmado genéricamente que la instalación de los medios clandestinos para defraudar sin que se llegue a utilizar la energía o fluido ni producir, por tanto, el perjuicio económico sería una conducta constitutiva de tentativa (MORILLAS CUEVA, GARCÍA ARÁN, GONZÁLEZ RUS, FARALDO CABANA, PEDREIRA GONZÁLEZ, ANDRÉS DOMÍNGUEZ y JAVATO MARTÍN), mientras que para otros autores en estos casos lo que habría sería una preparación impune (QUERALT JIMÉNEZ). En realidad, depende. En este punto se debe recordar que, conforme a la posición ampliamente mayoritaria, el sujeto que instala los mecanismos o altera los aparatos contadores no en beneficio propio sino de otro responde solo como partícipe, y que autor del delito será ese otro que utilice fraudulentamente la energía, haya o no intervenido en la previa instalación de los medios comisivos o en la manipulación del aparato de medición. Teniendo esto presente, y si se parte de dicha interpretación mayoritaria, en aquellos casos en que el sujeto sea sorprendido él solo manipulando la instalación para facilitar que otro pudiera defraudar la energía, es decir, a título de (futuro) cooperador necesario, se trataría, en efecto, de un acto preparatorio impune (en concreto, de una tentativa de cooperación necesaria), pues no podría haber en tales supuestos inicio de ejecución delictiva a cargo de un autor y por tanto, en virtud del principio de accesoriedad, no cabría castigar tampoco al partícipe. En cambio, si junto a este estuviera realizando la manipulación ilícita también el beneficiario de la energía con el propósito de inmediatamente a continuación empezar a consumirla de manera defraudatoria sería posible ya —dependiendo de la teoría de la que se parta para delimitar la frontera entre actos ejecutivos y preparatorios— plantearse respecto de este la existencia de una autoría de tentativa y respecto del tercero entonces una cooperación necesaria a una tentativa. Si se acoge la tesis (minoritaria) que requiere que el sujeto activo, además de consumir la energía, realice la previa manipulación o alteración del contador, en los supuestos de manipulación por parte de uno o varios sujetos en favor de un tercero beneficiario, pero sin intervención de este en aquella, no cabría hablar ni siquiera de preparación delictiva, pues lo que se estaría facilitando sería un hecho atípico (el del beneficiario que se limitaría en el futuro a consumir fraudulentamente la energía pero que, por no haber ejecutado la acción previa de manipulación no incurriría, de acuerdo con esta exégesis, en conducta delictiva alguna). Y en caso de que sí que interviniera también este último en la manipulación precedente, dado que desde esta perspectiva se considera que tal actuación formaría parte claramente de los actos ejecutivos descritos en la ley, se habría de apreciar sin duda una tentativa y al resto de sujetos se les podría atribuir responsabilidad a título de partícipes en la misma.

En resumen, para determinar si la conducta consistente en instalar los medios clandestinos no seguida de la producción del perjuicio económico se puede calificar o no como tentativa se debe diferenciar entre los supuestos en los que en dicho comportamiento previo interviene el beneficiario de la defraudación y en los que no, porque solo en los primeros, tanto si se parte de la concepción del sujeto activo amplia como de la restrictiva, será posible afirmar la existencia de tentativa. Por el contrario, en los segundos, realizándose la instalación del medio clandestino exclusivamente a cargo del tercero (no beneficiario del fraude), cabrá hablar de un acto preparatorio del delito impune, si se acoge la concepción amplia del sujeto activo, o de ni siquiera eso, si se acoge la concepción estricta, pues en tal caso se trataría de un mero acto facilitador de una conducta atípica, también en todo caso irrelevante penalmente.

De acuerdo con todo ello, del mismo modo que en la sentencia referida más arriba en el texto principal, en la SAP, Granada, Sección 1ª, 431/2019, 28-10 (*Tol 7888565)*, se sanciona por tentativa a dos sujetos que fueron sorprendidos, en este caso por un policía, manipulando una arqueta de electricidad con el fin de facilitar el consumo gratuito de energía en la vivienda ocupada por uno de ellos, quien sería autor, mientras que el otro, el que se limita a manipular la instalación en beneficio del anterior, respondería como cooperador necesario (de la tentativa). Resulta incorrecto, no obstante, atribuir responsabilidad como cooperador necesario de una tentativa al técnico que, contratado a tal efecto por el beneficiario, manipula una instalación eléctrica —en un caso así, cabe entender, sin que tal beneficiario intervenga en la instalación del mecanismo clandestino— no produciéndose finalmente la utilización de la energía por parte de este último y el consiguiente perjuicio económico (de otra opinión, BERENGUER PASCUAL). Con arreglo a lo explicado, no habría en un tal supuesto inicio de ejecución del delito por parte del autor y no cabría entonces la posibilidad de castigar tampoco al partícipe.

Por otra parte, en atención a que la realización del delito se prolonga en el tiempo, que exige una actividad lesiva que tenga al menos una cierta duración, y que resulta posible por ello diferenciar entre el inicio de la consumación y el momento de terminación de la infracción, cabe hablar aquí, como también se ha avanzado más arriba, de un delito permanente. Se habrá de tener en cuenta, por tanto, el margen temporal existente entre el comienzo de la consumación del delito —cuando se empieza a utilizar el elemento, energía o fluido ajeno con un método que impida la contabilización o el cobro del importe del servicio utilizado [SSAP, Zaragoza, Sección 3ª, 19/2005, 26-1 (*Tol 7937595)*; Alicante, Sección 1ª, 170/2007, 23-2 (*Tol 7561979)*; Burgos, Sección 1ª, 181/2011, 3-6 (*Tol 2169864)*, y SJP, nº 3, Palma de Mallorca, 507/2009, 11-12 (*Tol 2157772)*, entre otras]— y su finalización (cuando se deja de usar la energía de modo fraudulento, porque se corta, por ejemplo, el suministro). Ello resultará relevante, en este caso principalmente, a efectos del momento de inicio del cómputo del plazo de prescripción del delito, lo que, en virtud del art. 132 CP, ha de entenderse que sucede desde que se elimina la situación ilícita, es decir, por lo que aquí respecta, desde que cesa el aprovechamiento ilícito de la energía o fluido ajenos [SAP, Las Palmas, Sección 1ª, 62/2020, 26-2 (*Tol 7912333)*].

Aunque el art. 269 CP sí que contempla el castigo de la conspiración, la proposición y la provocación para cometer algunos delitos patrimoniales (el robo, la extorsión, la estafa y la apropiación indebida), no es el caso de la infracción aquí estudiada. Por tanto, habida cuenta de que en los actos preparatorios, a diferencia de lo que sucede en la tentativa, rige un sistema de *numerus clausus*, las tres figuras preparatorias citadas, definidas en los arts. 17 y 18 CP, carecerán de trascendencia penal en el caso que nos ocupa. Esta decisión político-criminal resulta acorde con el principio de proporcionalidad en sentido amplio y el criterio de punición —en teoría— excepcional de los actos preparatorios que de dicho principio se deriva.

Pese a lo dicho, en la SAP, Illes Balears, Sección 2ª, 16/2006, 18-1 (*Tol 871092)*, se aprecia proposición al delito de defraudación del art. 255 en relación con el art. 17.2 CP en el comportamiento de quien anunció a través de su página web y contactos por medio de dos direcciones de correo electrónico y dirigido a terceros usuarios información explícita de códigos y procedimientos para la programación de tarjetas piratas para la descodificación de la señal que permitía el acceso a una televisión de pago, entendiéndose no obstante que tal proposición "quedó absorbida y agotada en la defraudación misma que perpetró y ejecutó el propio acusado", quien tenía en su domicilio un descodificador con una de esas tarjetas insertadas, lo que le permitía, sin ser abonado, acceder a los servicios de televisión. Es llamativo que se considere aplicable la proposición a un supuesto delictivo para el que no está previsto su castigo en la regulación vigente, pero también que se estime absorbida tal figura por un hecho consumado —la citada defraudación llevada a cabo por el acusado en su domicilio, consistente en visionar contenidos de la televisión de pago sin autorización— distinto de los llamados a cometer por él a terceros a través de internet, siendo que esta última conducta incitadora es la que integraría supuestamente la proposición. En realidad, como se destaca algunas líneas más arriba en la propia resolución, se desconoce si tales defraudaciones se llegaron a cometer por los terceros, lo que justificaría que "tal conducta no super(e) la proposición al delito de defraudación".

Al parecer, se publican anuncios en los que sujetos con conocimientos técnicos en la materia se ofrecen a trucar los aparatos de medición del suministro a cambio de un precio fijo, garantizando una importante reducción en la factura eléctrica (CASAS MARÍN, ALBA RÍOS y GARCÍA MADRUGA, BERENGUER PASCUAL). De manera diversa a lo que sucede en el ordenamiento jurídico alemán, en el que se tipifica como conducta preparatoria el mero declararse dispuesto a la comisión de un delito (§ 30.2 *StGB*), en nuestra legislación penal esta conducta es impune. Por ello, aunque se incluyeran las defraudaciones de fluido eléctrico y análogas en el ámbito de aplicación del art. 269 CP, tal y como reclama BERENGUER PASCUAL —a efectos de acabar con semejante "espacio de impunidad" injustificado—, dichos comportamientos resultarían igualmente atípicos (salvo que se añadiera también esa específica figura de ofrecerse a delinquir en el marco de los arts. 17 y 18 CP y la remisión a ella en el art. 269 CP).

1.7. Autoría y participación

Ya se ha explicado en páginas anteriores (*vid.* apartado III.1.4 de esta Lección) que autor de este delito es quien utiliza fraudulentamente la energía, fluido o elemento ajenos, y que quien se limita a instalar el mecanismo o medio clandestino o a alterar los aparatos contadores para facilitar la defraudación responderá con carácter general como cooperador necesario. Ello al margen de si en la referida manipulación interviene o no, junto con este último, también el beneficiario del fraude, quien —asimismo se ha señalado ya— para ser autor, de acuerdo con la opinión ampliamente dominante, no necesita tomar parte en esa fase previa de articulación de los mecanismos clandestinos, sino que basta con que se valga de ellos para defraudar utilizando el fluido eléctrico o demás suministros, tal y como por lo demás establece de modo expreso el art. 255.1.1º CP.

> La SAP, Ávila, Sección 1ª, 186/2010, 30-11 (*Tol 2033964)* parece considerar autor mediato del delito en examen —aunque con un razonamiento ciertamente confuso— a quien vende a otros descodificadores de una señal de televisión de pago haciéndoles creer que el producto es lícito, de manera que el delito se consumaría "cuando el culpable con conocimiento de la manipulación, y sabiendo como se utiliza, la vende a terceros lucrándose con la operación, fingiendo o aparentando ser una operación lícita".

Algunos autores han denunciado, con razón, la "sonora ausencia" de las defraudaciones de fluido eléctrico y análogas del catálogo de delitos en los que se prevé la responsabilidad de las personas jurídicas, por político-criminalmente incomprensible a la luz de la frecuencia con que las empresas cometen esta clase de comportamientos y de que, a la vez, sí que se prevea en delitos como la estafa (BERENGUER PASCUAL, PARDO MIRANDA).

1.8. Justificación

Se ha dicho que la referencia legal —de la versión del delito contenida en el art. 536 del CP anterior, se debe entender— a que la utilización de los suministros tuviera lugar "ilícitamente" servía para subrayar que la antijuridicidad podía quedar excluida a través del estado de necesidad (BAJO FERNÁNDEZ y CARRACEDO CARRASCO y MOLINA FERNÁNDEZ). Esta posibilidad sigue, naturalmente, existiendo, a pesar de que el citado adverbio ha desaparecido del tenor literal del actual art. 255 CP. Y, según se ha afirmado, dado que el objeto material del delito está constituido por productos de primera necesidad que condicionan el derecho de cualquier persona a una vida digna, y que en esa medida aparecen estrechamente ligados a las exigencias dimanantes de lo proclamado en la CE, entre otros, en sus arts. 9.2 (libertad e igualdad de los individuos reales y efectivas), 10 (dignidad personal), 13 (libertades públicas de los extranjeros), 14 (igualdad de los españoles ante la ley), 39.3 (deber de los padres de prestar asistencia de todo orden a los hijos menores de edad), 43 (derecho a la salud), 47 (derecho a una vivienda digna) y 128 (subordinación de la riqueza del país al interés general), no debería haber aquí "ninguna dificultad para poder aplicar (…) las causas de justificación previstas en el art. 20 CP, como el estado de necesidad o (el) ejercicio legítimo de un derecho (del derecho a disfrutar, por ejemplo, de una vivienda digna con acceso a agua, luz o gas)" (MIRA BENAVENT). No obstante, a la vista de la jurisprudencia, las eximentes posibles no se alegan tanto como en principio cabría pensar, y en cualquier caso apenas se aprecian.

En la SAP, Valencia, Sección 5ª, 373/2019, 4-9 (*Tol 7486917)*, se rechaza la aplicación de la eximente incompleta de estado de necesidad argumentando que no basta a esos efectos con la mera alegación de "la condición de ocupante ilegal para dar por sentado que todo ocupante ilegal lo sea compelido a esa situación sin alternativa familiar alguna y extensivo a procurarse energía eléctrica sin ofrecimiento alguno de pago", siendo además que "(n)ada se ha probado de situación de entorno social y familiar ni de esfuerzo por tramitar ayuda para pago de energía eléctrica y que denoten estado de precariedad absoluta y ajena a su propia responsabilidad". Y lo mismo sucede con la pretensión de estimación de la eximente completa de estado de necesidad en la SAP, Granada, Sección 2ª, 368/2021, 5-10 (*Tol 8775355)*, en la que, tras resaltarse que la versión del acusado está fundada en su sola palabra y que no se ha aportado ni un solo elemento objetivo que conduzca a acreditar que se cumplen "los rigurosos requisitos que exige el art. 20.5 CP para la aplicación" de dicha eximente como causa de justificación, se recuerda la doctrina jurisprudencial que complementa y amplía tales requisitos y en virtud de la cual se requieren "ciertas prevenciones que hacen inviable el estado de necesidad como eximente para justificar impunidades inadmisibles si cualquier conflicto de intereses abocara a la comisión del delito", aludiéndose en ese sentido a las exigencias de que el mal haya de ser "actual, inminente, grave, injusto, ilegítimo", que "el necesitado no tenga otro remedio que salvaguardar el peligro que amenaza", habiéndose agotado antes todos los recursos a su alcance para solucionar el conflicto de intereses —lo que incluye, según precisa en la misma línea la SAP, Madrid, Sección 30ª, 475/2019, 24-7, la demanda de la intervención de las instituciones públicas competentes en la materia—, y que no concurran "móviles distintos" que enturbiarían la preponderancia de la situación eximente. En sentido parecido se pronuncian las SSAP, Jaén, Sección 3ª, 329/2022, 23-11 (*Tol 9476221*), y Madrid, Sección 2ª, 693/2022, 30-11 (*Tol 9366973*).

1.9. Penalidad

Se ha afirmado que no tiene sentido castigar con la misma pena a quien comete la defraudación de fluido eléctrico y otros suministros contra un particular que contra una multinacional, que *de lege ferenda* en el segundo caso se debería incluso despenalizar el delito y a fin de evitar que subsidiariamente pudiera entrar en aplicación la estafa, cuya pena es superior, añadir a esta una cláusula que limitara de forma expresa su apreciación a los fraudes entre consumidores particulares y excluyera los supuestos en que el perjuicio económico se causa solo a la empresa suministradora, cuyo patrimonio está menos necesitado de protección (MIRA BENAVENT). Aceptar esta propuesta obligaría, entiendo, a replantearse a mayor escala la sanción de los delitos patrimoniales llevados a cabo contra grandes empresas, también, por ejemplo, en el caso del hurto o de las estafas en general —no solo de las relativas a energías, fluidos y elementos análogos—. Al margen ahora de ello, considero que lo decisivo en punto a fijar la entidad de la pena de estas conductas ha de ser la gravedad del daño patrimonial concretamente ocasionado por ellas, no si aquel ha afectado a un particular o a una empresa. De nuevo con la SJP, nº 3, Palma de Mallorca, 507/2009 (*Tol 2157772*), se debe recordar que "estamos ante un delito contra el patrimonio, sin que (...) sea un elemento determinante de la especialidad la titularidad del patrimonio defraudado. La especialidad viene determinada por el objeto de la defraudación, defraudación que puede perjudicar tanto al usuario del suministro de que se trate, como a la empresa suministradora del respectivo fluido". Otra cosa es que pudiera plantearse permitir aquí, modificación legislativa mediante, la aplicación de algunas de las circunstancias agravantes específicas previstas en el art. 250 CP para la estafa, y en términos parecidos, en los arts. 235 y 240.2 CP, para el hurto y para el robo, en particular la relativa a que los hechos revistan especial gravedad atendiendo a la entidad del perjuicio y a la situación económica de la víctima y su familia, lo que resultaría aplicable fundamentalmente a las defraudaciones de suministros realizadas contra consumidores particulares, por lo demás, las menos frecuentes. Que en el delito del art. 283 CP, consistente en facturar cantidades superiores por productos o servicios medidos por aparatos automáticos mediante la manipulación de estos y en perjuicio del consumidor, se prevea una penalidad más alta se justifica por la indefensión existente en estos casos de los consumidores frente a los suministradores (MORILLAS CUEVA, con ulteriores referencias), con el consiguiente riesgo para sus intereses desde la perspectiva supraindividual y difusa en que son objeto de tutela en dicha infracción (CARRASCO ANDRINO).

Se ha censurado asimismo, por MIRA BENAVENT y BERENGUER PASCUAL —aunque restringida la crítica en el caso de estos autores a las hipótesis de fraude contra el patrimonio de pequeños consumidores—, que la pena del art. 255.1 CP sea inferior a la de la estafa. Esta, como es sabido, puede llegar hasta 3 años de prisión frente a la máxima de 12 meses de multa que tienen asignadas las defraudaciones de fluido eléctrico y análogas. En este punto se debe recordar el estrecho parentesco existente entre ambos ilícitos, hasta el punto de que la jurisprudencia suele calificar el primero, según se ha reflejado más arriba, como modalidad impropia o especial del delito de estafa [SSAP, Valladolid, Sección 4ª, 17/2009, 13-1 (*Tol 1508430*); Ávila, Sección 1ª, 186/2010, 30-11 (*Tol 2033964*), y SJP, nº 3, Palma de Mallorca, 507/2009, 11-12 (*Tol 2157772*); *cfr.* también, DE LA MATA BARRANCO]. Esta desproporción punitiva fue denunciada ya en los años ochenta del siglo pasado por MORILLAS CUEVA, quien se refería a las defraudaciones de fluido eléctrico como "infracciones privilegiadas" con respecto a la estafa y al hurto (en distinta dirección, QUERALT JIMÉNEZ considera que el CP de 1995 puso "las cosas en su sitio" al atribuir al delito un castigo sustancialmente menor al del hurto). En esta última figura delictiva, aun siendo menos grave que la estafa, la pena puede llegar, en efecto, hasta los 18 meses de prisión, muy por encima igualmente de los 12 meses de multa que constituye el límite superior del marco punitivo del delito del art. 255.1 CP. En cambio, los ataques patrimoniales por valor de hasta 400 euros tienen asignada la misma penalidad en el hurto (art. 234.2 CP), en la estafa (art. 248.3 CP) y en las defraudaciones de fluido eléctrico (art. 255.2 CP), multa de 1 a 3 meses. Es significativo también en este sentido que, como veíamos al principio del capítulo, en el derecho comparado las penas de las infracciones homólogas a la del art. 255 de nuestro CP se castiguen generalmente con privación de libertad, de hasta 3 años en Italia y en Francia, por ejemplo, o de hasta 5 años en Alemania y en Reino Unido.

En particular la diferencia de penalidad frente a la estafa, tratándose de conductas tan asimilables en términos de injusto, invita a reflexionar sobre la conveniencia de introducir algún cambio en este ámbito. Las propuestas doctrinales al respecto van desde las que postulan una equiparación plena a los delitos de hurto y de estafa a través de una cláusula legal que otorgue expresamente a las energías, fluidos y elementos análogos la condición de cosa mueble (MORILLAS CUEVA), en la línea del modelo seguido en Francia y en Italia, a las que se decantan por añadir como pena alternativa a la de multa la de prisión, según el ejemplo alemán, si bien con una extensión que permita su suspensión (BERENGUER PASCUAL). Esta segunda solución tendría la ventaja de que permitiría responder de modo más contundente a las defraudaciones de elevada gravedad, llevadas a cabo generalmente por negocios y grandes consumidores a los que delinquir bajo la regulación actual les puede resultar económicamente rentable, sin a la vez perder de vista la condición de productos esenciales para satisfacer necesidades humanas básicas que adquiere el objeto material de este delito (MIRA BENAVENT) y el consiguiente conflicto de intereses subyacente a las situaciones en las que, aun no concurriendo los exigentes requisitos para la aplicación de la eximente completa o incompleta de estado de necesidad, pueden encontrarse parte de los potenciales autores de estas conductas (BERENGUER PASCUAL). El estado de necesidad atenuado o la situación de semiexigibilidad que seguramente están detrás de la inferior penalidad de esta infracción frente a la de otros ilícitos patrimoniales como la estafa o el hurto no tiene sentido, en efecto, que se presuma y que implique una rebaja de la pena en algunos de los supuestos a los que, en la práctica, con frecuencia se aplica, las defraudaciones de fluido eléctrico o análogas cometidas por grandes empresas o por productores de marihuana al por mayor.

Pese a que se ha sugerido lo contrario (BERENGUER PASCUAL), no cabe entender que el art. 250.1.8 CP castigue la multirreincidencia de las defraudaciones de fluido eléctrico y análogas. Se trata de un subtipo agravado de estafa, de modo que solo al cometerse tal infracción podrá agravarse la penalidad de esta por existir condena ejecutoria por cualesquiera tres delitos comprendidos en el capítulo VI (del Título XIII del Libro II) relativo a las defraudaciones, entre ellos los de defraudación de suministros del art. 255 CP.

1.10. Concursos

Se ha resaltado ya en páginas anteriores que el delito del art. 255 CP tiene naturaleza defraudatoria, que la jurisprudencia lo califica como modalidad impropia de estafa, y que surge como delito autónomo para solventar los problemas de ajuste de esta clase de conductas en las figuras del hurto y de la estafa. De ahí que, con carácter general, tratándose de defraudaciones relativas a energía eléctrica, gas, agua, telecomunicaciones o elementos semejantes, deba acudirse al tipo del art. 255 CP.

Al decir de la SAP, Illes Balears, Sección 2ª, 16/2006, 18-1 (*Tol 871092)*, el delito del art. 255 CP actuaría como ley especial frente al de estafa informática, porque cuando la manipulación informática ha sido empleada para disfrutar de suministros de energía o telecomunicaciones gratuitamente, "constituyendo, precisamente, la transferencia de activos patrimoniales en la falta de pago de esos suministros energéticos o de telecomunicaciones, debe ser incardinada en el delito de defraudación de las telecomunicaciones del art. 255 CP, por haber sido expresamente previsto por el (l)egislador para castigar este tipo de conductas defraudatorias, mientras que las más genéricas manipulaciones informáticas o que comporten el uso de un artificio semejante y que tengan por objeto la transferencia de activos patrimoniales distintos de los consistentes en el disfrute ilícito y sin contraprestación de los suministros de energía y de telecomunicaciones y que no tengan especial encaje en esa norma, habrán de ser reconducidas al tipo genérico de la estafa informática". En la misma línea, las SSAP, Cuenca, Sección 1ª, 94/2006, 31-10 (*Tol 6278645)*; Valladolid, Sección 4ª, 17/2009, 13-1 (*Tol 1508430)*, y Ávila, Sección 1ª,

186/2010, 30-11 (*Tol 2033964)*, consideran que el art. 255.3 CP es la norma más específica frente al delito de estafa informática y que este último debe quedar desplazado en virtud del principio de especialidad, y en sentido similar se pronuncia también la FGE en su Circular 3/2001, de 10 de mayo.

Se ha dicho en este contexto que la consecuencia de la tipificación autónoma de la apropiación de energías es que tal comportamiento "solo tiene relevancia penal si reúne los requisitos exigidos por la disposición que las tipifica como defraudaciones" (PÉREZ MANZANO; en sentido similar, GONZÁLEZ RUS y PEDREIRA GONZÁLEZ, entre otros). Con todo, la jurisprudencia ha apreciado el delito de estafa en supuestos de defraudación de energía eléctrica o análogos en los que la conducta no se orienta a disfrutar gratuitamente de la energía sino a obtener un beneficio patrimonial ulterior. Así en la STS 787/2022, 26-9 (*Tol 9253194)*, referida a unos hechos de acceso repetido a cajas terminales o armarios exteriores de distribución de Telefónica S. A. situados en la vía pública para manipular gran cantidad de líneas telefónicas y realizar fraudulentamente numerosas llamadas a tres concretas líneas de tarificación adicional con prefijo 803, de las que al menos dos eran propiedad del acusado. El TS, tras afirmar en dicho pronunciamiento que "existen puntos de coincidencia en la porción típica abarcada" por los delitos de estafa informática y del art. 255 CP, señala que en el caso enjuiciado "prima la maquinación insidiosa para la obtención de un lucro (…) frente a la obtención de una prestación gratuita del servicio de telecomunicación", que el objetivo del acusado "no era consumir sin coste el fluido (…), sino incrementar su patrimonio a costa, no solo de la entidad que ofrece esos servicios, que se veía obligada a abonar ingentes cantidades de llamadas a líneas de tarificación adicional, sino de otros usuarios de líneas telefónicas que también manipulaba", concluyendo que es correcta la aplicación del delito de estafa frente al del art. 255 CP "en aquellas ocasiones en que la acción defraudatoria va más allá del deseo de obtener sin coste una prestación de energía eléctrica, gas, agua o de telecomunicaciones, esto es, cuando el origen de la defraudación mira a la obtención de un beneficio patrimonial que no se contenta con el disfrute gratuito de una prestación, sino que encierra una estrategia encaminada a valerse de un sofisticado engaño capaz de reportar ganancias añadidas que nada tienen que ver con el disfrute propio de esos fluidos". Se aplica también la estafa a un supuesto similar en la STS 1281/2005, 14-12 (*Tol 795468)*.

Asimismo se plantean problemas de delimitación del delito del art. 255 CP, en su modalidad concreta de defraudación de aguas, con el de distracción de aguas del art. 247 CP, en el que castiga al que, "sin hallarse autorizado, distrajere las aguas de uso público o privado de su curso, o de su embalse natural o artificial". El primero se habrá de aplicar, de acuerdo con lo apuntado en páginas anteriores, tratándose de aguas respecto de las que exista una instalación permanente del suministrador para generar el elemento, una red que la distribuya y dirija hasta el usuario, y aparatos contadores que midan su consumo, y el segundo cuando se distraigan aguas de su curso o de su embalse, en condiciones, por tanto, distintas a las del supuesto anterior, y sin que deban concurrir necesariamente los medios o modos clandestinos previstos en el art. 255 CP.

Se ha afirmado que si la utilización fraudulenta estuviera referida específicamente a equipos o programas que permiten el acceso no autorizado a servicios de acceso condicional o equipos de telecomunicación resultaría de aplicación preferente, por razones de especialidad, el tipo previsto en el art. 286.4 CP, con el que el art. 255 CP se encontraría en una relación de concurso de normas (MIRA BENAVENT). Lo cierto es que, como también pone de relieve el autor citado, en la práctica jurisprudencial se han dado casos de utilización de tarjetas manipuladas y de aparatos descodificadores no autorizados para acceder fraudulentamente a la señal de televisiones de pago y en ellos nuestros tribunales han apreciado directamente el delito del art. 255 CP, sin hacer mención alguna a aquella otra figura delictiva [*vid.*, entre otras, SSAP, León, Sección 1ª, 16/2005, 20-1 (*Tol 690909)*, e Illes Balears, Sección 2ª, 16/2006, 18-1 (*Tol 871092)*, afirmándose en este último caso, según se ha indicado ya antes, la existencia de un concurso de normas entre el delito del art. 255 CP y el de estafa informática, a resolver a favor del primero en virtud del principio de especialidad]. El hecho de que se omita la aplicación del delito del art. 286.4 CP en estos supuestos, más allá de su significación técnica, hasta la reforma del CP por la LO 1/2015 tenía también relevancia desde el punto de vista penológico, dado que, aunque el art. 286.4 CP remita a la pena del art. 255 CP, lo hace "con independencia de la cuantía de la defraudación". Esto implicaba que, de entenderse que el delito del art. 286.4 CP desplaza efectivamente al del art. 255 CP, la pena a aplicar había de ser en todo caso, también en los supuestos en que la cuantía de lo defraudado no excediera de 400 euros, la del delito del art. 255 CP a la que remitía el anterior (multa de 3 a 12 meses) y no la de la (antigua) falta del art. 623.4 CP (multa de 1 a 2 meses). Una vez que, a consecuencia de la citada reforma, la conducta constitutiva de falta pasa a integrar, convertida en delito leve, el párrafo segundo que se añade al art. 255 CP, parece razonable entender, y además tal es la interpretación más favorable al reo, que, puesto que el art. 286.4 CP sigue remitiendo a la pena del art. 255 CP en general, y no solo a la de su párrafo primero, remite también, cuando la cuantía de lo defraudado no exceda los 400 euros, a la de su párrafo segundo. De este modo, a partir de la LO 1/2015, la mención del art. 286.4 CP a la autonomía de la pena respecto de la cuantía de la defraudación pierde cualquier relevancia práctica y deja de tener sentido.

En la medida en que, en atención a la ubicación sistemática del art. 286.4 CP, se estimara que la conducta en él recogida afecta al correcto funcionamiento del mercado podría apreciarse, toda vez que se tratara de una defraudación consistente en la utilización de servicios de radiodifusión sonora o televisiva o de servicios interactivos prestados a distancia por vía electrónica, un concurso de delitos entre dicho tipo y el del art. 255 CP, con cuya pena se estaría castigando, además, el ataque patrimonial que implica esta última infracción. Sin embargo, no me parece que sea fácil derivar de la conducta de mero uso de equipos o programas diseñados o adaptados para hacer posible el acceso a tales servicios, que es la tipificada en el art. 286.4 CP, una repercusión en el funcionamiento del mercado, salvo que tal incidencia sea concebida en términos acumulativos y de peligro muy remoto. Considero más adecuado, por eso, la opción hermenéutica más arriba apuntada del concurso de normas, lo que también resulta coherente con el hecho de que el art. 286.4 CP se remita, a efectos de penalidad, al art. 255 CP. Desde esta perspectiva, cabe entender que la figura específica del art. 286.4 CP tiene naturaleza patrimonial, que en ella se castiga el ataque al patrimonio referido particularmente a los servicios de telecomunicaciones, y que, de manera coherente con ello, exige la causación de un perjuicio patrimonial, el derivado para los proveedores de dicho uso no autorizado (también de esta opinión, considerando que dicho tipo requiere defraudación efectiva, DOPICO GÓMEZ-ALLER y LASCURAÍN SÁNCHEZ; y en sentido contrario, BENÍTEZ ORTÚZAR y CRUZ BLANCA, FARALDO CABANA, MOYA FUENTES). Más dudoso es que se pueda concluir lo mismo en los casos de las conductas reguladas en los párrafos anteriores del art. 286 CP, en los que se sancionan respectivamente la facilitación (fabricación, distribución, venta, posesión, etc.) de equipos o programas informáticos no autorizados diseñados o adaptados para hacer posible el acceso inteligible o condicional a un servicio de radiodifusión sonora o televisiva, o a servicios interactivos prestados a distancia por vía electrónica (art. 286.1 CP), conductas similares pero realizadas sin ánimo de lucro o bien la comunicación pública de información a una pluralidad de personas para conseguir el acceso no autorizado a dichos servicios y programas (art. 286.3 CP), y la alteración o duplicación del número identificativo de equipos de telecomunicaciones o su comercialización (art. 286.2 CP). Estos comportamientos son susceptibles de calificarse, claramente al menos en algunos supuestos (así los consistentes en la mera posesión de los equipos o programas referidos en el art. 286.1 CP, la duplicación o comercialización de los equipos a los que alude el art. 286.2 CP o la comunicación pública de información para acceder de manera no autorizada a los servicios o programas citados en el art. 286.3), como tipos de preparación (o tentativas de cooperación) de la conducta del art. 286.4 CP (en sentido parecido, MARTÍNEZ-BUJÁN PÉREZ, BENÍTEZ ORTÚZAR y CRUZ BLANCA, MOYA FUENTES, MENDOZA BUERGO y BRAVO BOLADO). No obstante, la pena asignada a estos resulta mucho más elevada que la del delito-fin consumado (la efectiva utilización de los equipos o programas, prevista en el art. 286.4 CP) que sirve de referencia de dichas conductas. Ello carece de todo sentido desde un punto de vista valorativo y político-criminal. De ahí que, a mi juicio, no quede más remedio que concluir que, frente a la señalada naturaleza patrimonial del tipo del art. 286.4 CP —homologable al del art. 255 CP, del que sería, según decíamos, ley especial—, los tipos delictivos previstos en los arts. 286.1, 2 y 3 CP deben verse como delitos en los que se tutela el adecuado funcionamiento del mercado de esta clase de servicios (de distinto parecer, entendiendo, pese a la disfunción penológica señalada, que constituyen infracciones de naturaleza exclusivamente patrimonial individual, en las que se protegen los intereses económicos de las entidades que prestan servicios de radiodifusión o interactivos, MUÑOZ CONDE, MARTÍNEZ-BUJÁN PÉREZ, MOYA FUENTES, MENDOZA BUERGO y BRAVO BOLADO). Partiendo de estas premisas resulta razonable requerir, a efectos de tipicidad, que los comportamientos allí sancionados, consistentes en facilitar de muy variadas formas el acceso no autorizado a los referidos servicios, se lleven a cabo de manera plural o al por mayor, tal y como sucede, por ejemplo, en el caso enjuiciado en la SAP, Ávila, Sección 1ª, 186/2010, 30-11 (*Tol 2033964)*, referente a un sujeto que vendió 116 codificadores que permitían el acceso no autorizado a la señal de una televisión de pago, y al que, pese a lo anterior, se le aplicó el delito del art. 255 CP, habiendo de recurrirse para ello, dado que este exige la efectiva utilización de los servicios por parte del autor, y tal circunstancia no concurría en el supuesto, a construir una autoría mediata de dudosa justificación.

De interés también a este respecto, la ya citada SAP, Barcelona, 8ª, 1036/2002, 4-11, en la que se absolvió a dos sujetos entregados durante un año a la fabricación, venta y distribución de tarjetas aptas para la decodificación no autorizada de la señal de una televisión de pago, por no quedar probado su empleo y consiguiente acceso a dicha señal por parte de aquellos, no considerándose siquiera, tampoco en este caso, la aplicación del art. 286.1 CP. Sí lo aprecian, por el contrario, en supuestos similares, las SSAP, Madrid, Sección 29ª, 421/2013, 23-12 (*Tol 4117387)*, y Sección 4ª, 214/2023, 29-6 (*Tol 9709272)*, señalándose en esta que no corresponde aplicar la figura del delito continuado "pues se trata de un delito compuesto por una pluralidad de actos que constituyen una unidad típica, de tal manera que la repetición de los actos de venta no da lugar a continuidad delictiva, sino a un único delito que engloba todos los actos plurales de venta realizados", o también la STS 190/2023, 15-3 (*Tol 9487649)*, en este último caso en grado de tentativa.

De esa forma, con base en la configuración supraindividual del bien jurídico de las conductas contenidas en el art. 286.1, 2 y 3 CP puede fundamentarse la señalada diferencia de pena existente entre ellas y la prevista en el 286.4 CP. Pero, a la vez, dicha regulación adquiere así también más congruencia desde un punto de vista sistemático. Esto por dos razones. La más evidente es que, interpretadas en tales términos, requiriéndose esa proyección más amplia de las respectivas conductas, es posible conectar su injusto a la alteración del correcto funcionamiento del mercado, en el sentido que sugiere su ubicación en la sección de los delitos relativos al mercado y a los consumidores. En segundo lugar, porque, concebida de ese modo, la regulación del delito del art. 286.4 CP resulta asimismo más coherente con la prevista para el delito del art. 255 CP, y en esa medida implica un tratamiento sistemáticamente más adecuado de dos tipos delictivos que guardan entre sí una cercanía evidente. Ello por cuanto en la última figura citada no se castiga la cooperación no seguida de ejecución (o tentativa de cooperación). La instalación de los mecanismos defraudatorios —comportamiento constitutivo, según vimos, de una cooperación— solo puede penarse, en efecto, de acuerdo con las reglas de accesoriedad de la participación, si va seguida de la efectiva defraudación por parte del beneficiario, dado que, en el marco de las defraudaciones de fluido eléctrico y análogas, no se tipifican de manera autónoma esa clase de conductas. Y en el caso del art. 286.4 CP, solo si se interpretan los tipos de los arts. 286.1, 2 y 3 CP en la línea propuesta sería posible concluir lo mismo. De otro modo, interpretados estos en clave patrimonial, ya hemos visto que quedan abocados a operar como formas de cooperación anticipada del delito del art. 286. 4 CP.

Por otro lado, dado que el tipo del art. 255 CP es, de acuerdo con lo explicado más arriba, de carácter permanente, no se debe apreciar, tratándose de una defraudación continuada en el tiempo contra un mismo patrimonio, el delito continuado [en esta línea, entre otras, la SAP, Illes Balears, Sección 2ª, 16/2006, 18-1 (*Tol 871092)*; *cfr.*, no obstante, aplicándolo en un caso así, la SAP, Logroño, 156/2002, 1-10 (*Tol 239689*)]. Ello sí es posible, en cambio, en supuestos en los que la defraudación se ha llevado a cabo simultáneamente en diversos inmuebles, de forma que, como subraya la STS 432/2024, 17-5 (*Tol 10032546),* la continuidad delictiva "se sustenta no en la defraudación mantenida en el tiempo en cada una de las viviendas, sino en el dato incontestable de que se realizaron enganches fraudulentos de agua" en varias de ellas (en concreto, en el caso referido, en 14) [en sentido similar, por ejemplo, la SAP, Girona, Sección 4ª, 491/2018, 31-10, (*Tol 8422967)*, y *cfr.* también SAP, Barcelona, Sección 6ª, 85/2009, 8-1 (*Tol 1467576)*], lo que, tratándose de un delito contra el patrimonio obliga a imponer la pena teniendo en cuenta el perjuicio total causado, con arreglo a lo establecido en el art. 74.2 CP, y, en su caso, a aplicar el art. 255.1 CP en lugar de la modalidad típica del párrafo segundo, prevista para los casos en que la cuantía de lo defraudado no excede de los 400 euros. También se ha aplicado la figura del delito continuado en relación con el tipo del art. 255 CP, e igualmente aquí de manera razonable, en un caso en el que, habiendo roto los acusados los precintos colocados una vez descubierto el primer fraude, volvieron a realizar a continuación un enganche ilegal [SAP, Madrid, Sección 30ª, 476/2018, 22-6 (*Tol 6779285)*].

1.11. Responsabilidad civil

La responsabilidad civil comprenderá los perjuicios causados por el consumo fraudulento del fluido eléctrico o análogo, ya sea a la empresa encargada de suministrarlo o al consumidor obligado al pago del precio del suministro (que, como ya se ha señalado, podrá ser un particular, pero también una comunidad de vecinos o la Administración). A efectos del cálculo de tales perjuicios se habrá de atender a los criterios indicados más arriba (apartado IV.1.2). La responsabilidad civil deberá incluir asimismo los costes de normalización de la instalación que, en su caso, se hayan podido derivar para la empresa suministradora.

2. El uso fraudulento de equipos terminales de telecomunicación del art. 256 CP

2.1. Conducta

Según se suele destacar, esta figura delictiva se introdujo en nuestro ordenamiento con el CP de 1995 para hacer frente a los abusos telefónicos del personal en determinados sectores como el de los trabajadores del hogar o de la Administración Pública. Pero lo cierto es que, en los términos en que se acabó plasmando en la ley, no queda limitada a esos ámbitos concretos (destacándolo asimismo, VIVES ANTÓN y GONZÁLEZ CUSSAC, MIRA BENAVENT), ni tampoco exclusivamente a las actuaciones referidas a servicios de telefonía (QUERALT JIMÉNEZ), por más que estas últimas sí que constituyan, con diferencia, la principal casuística en la que se aprecia en la práctica. Habitualmente se aplica, en efecto, a supuestos de utilización de un teléfono sin consentimiento de su titular, por ejemplo para llamar a parientes o amigos por parte de quien presta servicios en una casa como cuidadora [SAP, Álava, Sección 2ª, 169/2013, 16-5 (*Tol 4318414)*], de un administrativo que trabaja para una mercantil [SAP, Asturias, Sección 2ª, 303/2005, 27-10 (*Tol 761094)*], de un sujeto al que se le habían dejado las llaves del inmueble para que hiciera trabajos de albañilería y aprovecha para llamar a teléfonos con prefijo 906 de contactos, líneas eróticas y servicios de lectura del tarot (SAP, Burgos, Sección 1ª, 124/2001, 27-9), o en casos de llamadas llevadas a cabo por quienes se han encontrado previamente un teléfono móvil o lo han sustraído [SSAP, Ciudad Real, 178/2003, 30-10, y Madrid, Sección 16ª, 144/2006, 1-3 (*Tol 876016)*].

Los principales problemas exegéticos que plantea este delito son el alcance a otorgar a su acción típica y, estrechamente vinculado a ello, su delimitación respecto al tipo del art. 255 CP. Partiendo de una interpretación literal del art. 256 CP, habida cuenta de que se habla en este caso simplemente de *hacer uso* de un equipo terminal de telecomunicación sin consentimiento del titular y causando a este un perjuicio económico, sin que, a diferencia de lo que sucede en el caso del art. 255 CP se haga a referencia a cometer defraudación o al empleo de medios clandestinos, se ha entendido generalmente por doctrina y jurisprudencia que bastaría en principio para cumplimentar el tipo con cualquier clase de utilización no consentida del terminal de telecomunicación. No sería necesario, pues, de acuerdo con este entendimiento del precepto, y dado que no se exige expresamente, que la referida conducta vaya acompañada del engaño característico de las defraudaciones, y de esa forma vendría dada su diferenciación con el delito del art. 255 CP.

Lo interpreta así, por ejemplo, PÉREZ MANZANO, subrayando que no es preciso que el equipo terminal se manipule fraudulentamente, sino que se utilice correctamente pero sin autorización del titular, o en sentido similar, GONZÁLEZ RUS, GALLEGO SOLER, BAJO FERNÁNDEZ y CARRACEDO CARRASCO y MOLINA FERNÁNDEZ, ROCA AGAPITO y FARALDO CABANA, entre otros. En el marco de esta concepción, algunos entienden que es típico solo el uso no autorizado [BAJO FERNÁNDEZ y CARRACEDO CARRASCO y MOLINA FERNÁNDEZ, GALLEGO SOLER, PEDREIRA GONZÁLEZ, BENÍTEZ ORTÚZAR; SAP, Madrid, 728/2015, 19-10 (*Tol 5586928)*], mientras que otros consideran que lo sería también el abuso —es decir, la utilización del terminal por parte de quien cuenta con autorización para ello pero extralimitándose en las condiciones de su uso, realizando llamadas de carácter personal, por ejemplo, pese a tratarse de un teléfono de empresa— [VIVES ANTÓN y GONZÁLEZ CUSSAC, MUÑOZ CONDE, GONZÁLEZ RUS, ROCA AGAPITO, SALINERO ALONSO; SAP, Asturias, Sección 2ª, 303/2005, 27-10 (*Tol 761094)*]. A mi juicio llevan razón los segundos, pues el empleo del equipo terminal fuera de las coordenadas en las que se ha autorizado, para fines o en horarios distintos a los convenidos, puede considerarse un uso no consentido, y el ataque patrimonial derivado del mismo se produce en similar medida si no ha existido consentimiento en absoluto o si este se hallaba sujeto a determinados límites que se han incumplido.

En la jurisprudencia es un buen ejemplo de la interpretación literal del art. 256 CP a que se viene haciendo referencia la SAP, Álava, Sección 2ª, 169/2013, 16-5 (*Tol 4318414)*, en la que se resalta que el delito contenido en dicho precepto no es una defraudación en los términos que requiere la figura del art. 255 CP, por cuanto en aquel no se contemplan los medios o formas de defraudación típicos que definen a esta. O la SAP, Santander, Sección 3ª, 567/2012, 2-11 (*Tol 2702115)*, que singulariza el delito del art. 256 frente al anterior con base en que en él el uso no autorizado tiene lugar sin la utilización de medios clandestinos, "mediante el simple empleo no consentido del equipo terminal conforme a su destino". Asimismo pronunciamientos como los de las SSAP, Zamora, Sección 1ª, 29/2003, 26-2, y Barcelona, Sección 5ª, 25/2005, 15-12 (*Tol 835612)*, o el AAP, Soria, Sección 1ª, 33/2004, 6-2 (*Tol 356250)*, en los que se enumeran como requisitos típicos de la figura del art. 256 CP: "a) la utilización de un terminal o teléfono móvil por quien no aparece como titular del mismo; b) la falta de consentimiento por parte de su titular para esta utilización efectuada por el sujeto activo de la infracción; c) la causación de un perjuicio económico (...); y d) el elemento subjetivo del injusto típico que ha de abarcar la falta de consentimiento del titular del equipo telefónico y el perjuicio económico para el mismo", no requiriéndose a esos efectos, por tanto, ninguna clase de comportamiento engañoso. O, en fin, aquellos que, aun sin enunciar expresamente esta caracterización del tipo, condenan por el art. 256 CP acciones de mero uso del terminal sin consentimiento de su titular [entre otras, SSAP Burgos, Sección 1ª, 124/2001, 27-9; Asturias, Sección 2ª, 303/2005, 27-10 (*Tol 761094*), y Gipuzkoa, Sección 1ª, 217/2006, 15-6 (*Tol 1629025*)].

Dado que el precepto se ubica en el capítulo del CP relativo a las defraudaciones y que tiene asignada idéntica pena que el delito del art. 255 CP —que es, según se ha comprobado en páginas anteriores, una defraudación—, creo que se debería interpretar también aquel como un tipo defraudatorio, y de ese modo, aun cuando no lo exija explícitamente su tenor literal, restringir su aplicación a conductas de utilización no autorizada de carácter engañoso o llevadas a cabo de manera fraudulenta, por ejemplo accediendo al terminal empleado marcando la clave de acceso obtenida ilícitamente. Conforme a esta exégesis, no bastaría entonces para apreciar el delito del art. 256 CP con un uso no consentido del equipo terminal (de esta opinión también, GARCÍA ARÁN, ANDRÉS DOMÍNGUEZ y JAVATO MARTÍN). Más allá de las razones sistemáticas y de proporcionalidad en sentido estricto ya apuntadas, esta concepción se sustenta asimismo en los mandatos de fragmentariedad y subsidiariedad penal. La posición que interpreta el tipo del art. 256 CP desvinculándolo del especial desvalor de acción inherente a los comportamientos defraudatorios obliga, en efecto, a considerar delictivos comportamientos de gravedad muy escasa. Desde esa perspectiva, una simple llamada no autorizada con un teléfono móvil ajeno, aunque sea por un valor económico insignificante, cubriría ya las exigencias típicas del art. 256 CP. Y esto resulta difícilmente conciliable, como decía, con la exigencia de mínima intervención penal, que se ha de recordar aquí que constituye una derivación del principio constitucional de proporcionalidad en sentido amplio o de prohibición de exceso.

Se suele criticar con dureza la tipificación penal de estas conductas. Se destaca que se podrían prevenir con medios técnicos de control y a través de normas laborales, disciplinarias y civiles, y que la intervención penal resulta por tal razón "desmesurada" (MORÓN LERMA, SÚAREZ GONZÁLEZ, PÉREZ MANZANO, QUINTERO OLIVARES, GONZÁLEZ RUS, ROCA AGAPITO, GARCÍA ARÁN, HERRERA MORENO, MIRA BENAVENT, SALINERO ALONSO, PEDREIRA GONZÁLEZ, entre otros). No obstante, a la vez, la gran mayoría de esos autores optan por defender *de lege lata* una interpretación literal del delito que amplía en exceso su ámbito de aplicación y conduce a la vulneración de los principios citados.

En la misma línea, la SAP Santander, Sección 3ª, 567/2012, 2-11 (*Tol 2702115*), empieza cuestionando la distinción entre los delitos de los arts. 255 y 256 CP sentada en la premisa de que solo en el primer caso se requiere a efectos típicos el uso de maniobras clandestinas y considerando necesaria una interpretación restrictiva del art. 256 CP que acote su aplicación a los comportamientos engañosos, si bien a renglón seguido afirma que una tal interpretación no se ha impuesto en la práctica, justificando que ello sea así con base en un argumento histórico (la desaparición en la versión final del precepto del adverbio "subrepticiamente", que acompañaba a la conducta típica en el Proyecto de CP de 1994).

Algunos autores (VIVES ANTÓN y GONZÁLEZ CUSSAC, ORTS BERENGUER y ROIG TORRES, GONZÁLEZ CUSSAC, QUERALT JIMÉNEZ) ponen el acento, para delimitar ambas figuras delictivas, en el dato de si el perjuicio económico se ocasiona al suministrador del servicio, en cuyo caso se aplicaría el art. 255 CP, o bien al consumidor, debiendo apreciarse solo en estos últimos supuestos, según dicha concepción, el tipo del art. 256 CP. Pero nada en la configuración legal de ambos preceptos obliga a concluir esto. Al contrario, ya se explicó extensamente en páginas anteriores por qué sujetos pasivos del delito del art. 255 CP podían ser tanto la empresa suministradora como el consumidor, y se constató que así, de hecho, sucede habitualmente en la práctica jurisprudencial. Veremos cómo también en el delito del art. 256 CP, aunque lo habitual es que el titular del equipo terminal de telecomunicación al que se le causa el perjuicio económico sea un consumidor, caben comportamientos que redunden en detrimento del suministrador del servicio.

MIRA BENAVENT ha apuntado que la jurisprudencia estima como criterio diferenciador entre las dos infracciones analizadas el carácter propio o ajeno del terminal de comunicación utilizado, de tal forma que cuando este es propio se aplicaría el art. 255 CP y si es ajeno el art. 256 CP. La asunción de dicho criterio por parte de nuestros tribunales resulta, a mi juicio, dudosa. Más bien da la impresión de que no se maneja un concepto claro de equipo terminal de comunicación (*vid.* sobre ello *infra*: apartado IV.2.3 de esta Lección), que es el elemento sobre el que ha de recaer la conducta del art. 256 CP, y ello genera dudas sobre el ámbito típico del precepto. En cualquier caso, debe señalarse que el carácter ajeno del terminal es algo que, ciertamente, exige la configuración legal del delito del art. 256 CP, en la medida en que la conducta típica consiste en la utilización del terminal sin consentimiento de su titular y causando a este un perjuicio económico. Ambos requisitos carecerían de sentido si se tratara de un terminal propio. Por tanto, en el marco del art. 256 CP no hay duda de que no caben las defraudaciones realizadas —lógicamente contra un tercero— desde un terminal propio. Sin embargo, lo que no está tan claro es que el terminal que pudiera utilizarse para acceder al proceso fraudulento de telecomunicación constitutivo del comportamiento típico del art. 255 CP haya de ser necesariamente propio. Cabría pensar en supuestos de acceso desde un terminal ajeno a un servicio de telecomunicación que causaran un perjuicio económico a persona distinta de su titular (al suministrador), que por tal motivo no podrían encontrar acomodo en el art. 256 CP y que, atendiendo al tenor literal del art. 255 CP y a razones de injusto, no hubiera razón para no castigarlos por la vía de este último precepto.

La doctrina y la jurisprudencia absolutamente mayoritarias ya hemos visto que establecen la distinción entre los delitos de los arts. 255 y 256 CP a partir del carácter no defraudatorio del segundo. Pero si, como aquí se hace, por las razones sistemáticas y garantistas apuntadas, se concluye en la obligatoriedad de interpretar el tipo del art. 256 CP en clave defraudatoria, se ha de acudir entonces a otras pautas delimitadoras. En mi opinión, la diferenciación entre ambas infracciones, en el ámbito en el que confluyen —el de las defraudaciones relativas a las telecomunicaciones—, debe verse principalmente en el hecho de que el comportamiento tipificado en el art. 256 CP se proyecta sobre un equipo terminal (de telecomunicación), mientras que en el caso del art. 255 CP se trata de conductas que, según vimos, han de comportar necesariamente una intervención material sobre la red de suministro o distribución del elemento, energía o fluido, o bien sobre los mecanismos medidores de su consumo, pero no sobre los dispositivos o aparatos que permiten el uso del elemento, energía o fluido. Como se ha comprobado antes, los supuestos a los que se aplica mayoritariamente en la práctica el delito del art. 256 CP se refieren al empleo de teléfonos, fijos o móviles. Por la razón acabada de explicar, tales conductas no podrían castigarse por la vía del art. 255 CP, del mismo modo que tampoco cabría castigar, en referencia a elementos distintos a las telecomunicaciones, las de uso de una lámpara, de un aparato de calefacción o de un grifo, pues en ninguna de ellas habría una actuación, en los términos que implica la figura del art. 255 CP, atinente al suministro o a su medición, sino al dispositivo a través del cual se utiliza el elemento, energía o fluido. También por eso, como he apuntado ya en páginas precedentes, creo que las hipótesis de uso de tarjetas telefónicas falsas a las que alude la FGE en la Consulta nº 3/2011 encajan en el tipo del art. 256 CP y no, como se sostiene en la citada Consulta, en el del art. 255 CP.

Dado que, según se ha concluido más arriba, en el art. 286.4 CP se regula una suerte de modalidad específica del delito del art. 255 CP, referida concretamente al área de las telecomunicaciones, para la demarcación entre aquel tipo delictivo y el del art. 256 CP debe acudirse al criterio diferenciador entre los arts. 255 y 256 CP acabado de explicar.

2.2. El perjuicio económico

El tipo del art. 256 CP exige, en este caso expresamente, que se cause un perjuicio económico y que sea al titular del equipo terminal de comunicación. Integrará dicho perjuicio típico el coste generado por el uso fraudulento del terminal, en concepto por ejemplo de gasto telefónico, de acceso a bases de datos, etc. No en cambio el relativo a las cuotas de línea y equipo, que corresponde pagar al titular (*cfr.* SAP, Burgos, Sección 1ª, 124/2001, 27-9, y Zamora, Sección 1ª, 29/2003, 26-2). Tampoco los perjuicios que sean consecuencia eventual y mediata del uso ilegítimo del terminal, como el tiempo no trabajado por el autor mientras realizaba la comunicación no autorizada o retrasos habidos en el trabajo por causa de la saturación del sistema de telecomunicación derivada de los accesos indebidos (GONZÁLEZ RUS). Si el perjuicio no excede de 400 euros entrará en aplicación el tipo atenuado previsto en el párrafo segundo del precepto. El hecho de que se requiera en todo caso la causación de un perjuicio convierte a ambos tipos (arts. 256.1 y 2 CP), desde el punto de vista de su estructura, en delitos de resultado.

La generalización del régimen de tarifas planas en el uso de servicios de telecomunicaciones, ya sean de telefonía, internet o de televisión, supone en la práctica una considerable restricción del ámbito de operatividad de delito del art. 256 CP, pues será mucho menor el margen de supuestos en los que la utilización fraudulenta del equipo terminal de telecomunicación redunde en un perjuicio económico para el titular del terminal, tal y como demanda el tipo (destacándolo, MIRA BENAVENT). La utilización de un terminal de teléfono ajeno, aun cuando no haya sido consentida por su titular, lo normal es, en efecto, bajo el citado régimen de tarifa plana, que no implique un aumento del importe a pagar por este. El perjuicio, a lo sumo, se producirá para el suministrador del servicio, en tanto que dejará de percibir el importe que, de otro modo, habría tenido que abonar el usuario ilegítimo por la utilización del servicio. Pero ese no será ya un perjuicio causado al titular del equipo terminal, que es lo que exige el tenor literal del art. 256 CP. Sí tendrán cabida aquí, sin embargo, las llamadas a números de tarificación adicional, a teléfonos con determinados prefijos que implican un coste más elevado del habitual y que comúnmente quedan fuera de las tarifas ordinarias, de forma que en esos casos sí que ocasionará el perjuicio económico, requerido a efectos típicos, al titular del equipo terminal de telecomunicación.

2.3. Objeto material

El objeto material de este delito es el equipo terminal de telecomunicación. Usualmente se toma como referencia conceptual a este respecto la noción de equipo terminal que incorpora la Ley General de Telecomunicaciones. Esta, en su versión actual (Ley 11/2022, de 28 de junio, *Tol 9093453*), dispone que habrá de entenderse por tal "el equipo conectado directa o indirectamente a la interfaz de una red pública de telecomunicaciones para transmitir, procesar o recibir información". Se señala también que "(e)n ambos casos (conexión directa o indirecta), la conexión podrá realizarse por cable, fibra óptica o vía electromagnética", que "(l)a conexión será indirecta si se interpone un aparato entre el equipo terminal y la interfaz de la red pública", y que "(t)ambién se considerarán como equipos terminales los equipos de las estaciones terrenas de comunicación por satélite" (punto 19 del Anexo II de la Ley citada).

En el caso de los equipos o sistemas informáticos, el sentido que precisa GONZÁLEZ RUS, la conducta solo será típica si consiste en utilizar aquellos en cuanto terminales de telecomunicación; es decir, para comunicarse a distancia. Pero no si el uso se hace a los solos efectos de procesar información de manera autónoma. Asimismo debe quedar fuera del tipo el empleo de equipos terminales conectados directamente entre sí, comunicados entre ellos sin conexión a redes externas de transmisión de datos, pues en tal caso tampoco operarían estos como terminales de telecomunicación, sino como sistema informático (GONZÁLEZ RUS, MOYA FUENTES; de otra opinión, PEDREIRA GONZÁLEZ). En esta clase de supuestos no habrá, además, con carácter general, perjuicio económico alguno.

Resulta controvertido si la utilización de una tarjeta SIM de otro en un teléfono propio puede considerarse que es hacer uso de un equipo terminal de telecomunicación (ajeno), como requiere el tipo del art. 256 CP. Algunas sentencias han sancionado el comportamiento descrito a través del art. 255.1.3º CP. En concreto, la SAP, Barcelona, Sección 5ª, 29-12-2003, n.º de recurso 429/2003, justifica esta solución con base en que "cuando el tipo penal (del art. 256 CP) consigna un equipo terminal de telecomunicaciones, solo puede referirse a aquel equipo que por sí solo, y sin ningún aditamento, puede realizar y recibir comunicaciones, es decir, a un equipo completo, que constará, en caso de teléfonos móviles, tanto del equipo físico como del programa que se halla incorporado normalmente en una tarjeta". También aplican el art. 255.1.3º CP en casos así, aunque aquí sin razonar por qué no se habría de apreciar el art. 256 CP, las SSAP, Cuenca, Sección 1ª, 94/2006, 31-10 (*Tol 6278645*), y Valladolid, Sección 4ª, 17/2009, 13-1 (*Tol 1508430*), y en la misma línea se han pronunciado autores como FARALDO CABANA, afirmando —si bien aquí tampoco se especifican los motivos— que esta solución se acomoda mejor al concepto de equipo terminal contemplado en la Ley General de Telecomunicaciones que se ha transcrito algunas líneas más arriba. Otro sector de la jurisprudencia se inclina por apreciar en estos supuestos el delito del art. 256 CP, argumentándose que "lo que realmente hace operativo al aparato y permite la utilización del servicio de telefonía a cargo del legitimo titular del servicio es precisamente la tarjeta, que (...) no es parte del teléfono sino que por sí sola funciona como terminal, pues (...) tiene programación específica que le permite ser operativa en cualquier aparato, sin necesidad de código PIN o PUK", y que "(e)n definitiva, la tarjeta es el único elemento que permite el consumo telefónico con cargo al número contratado por su titular" [SAP, Madrid, Sección 16ª, 144/2006, 1-3 (*Tol 876016*); en sentido muy parecido, SAP, Valencia, Sección 4ª, 930/2014, 16-12 (*Tol 4757168*), y aplicando asimismo el art. 256 CP a estos casos, SSAP, Gipuzkoa, Sección 1ª, 217/2006, 15-6 (*Tol 1629025*), y Madrid, Sección 7ª, 191/2008, 5-3 (*Tol 7124883*)]. A esta posición se adscriben, entre otros, ROCA AGAPITO y BENÍTEZ ORTÚZAR. De acuerdo con la delimitación entre los tipos de los arts. 255 y 256 CP defendida más arriba, estimo más adecuado catalogar estas hipótesis como defraudación de telecomunicaciones tipificada en el segundo de los preceptos aludidos. Ello porque no se trata aquí de una intervención material sobre la red de suministro o distribución del elemento, energía o fluido, o bien sobre los mecanismos medidores de su consumo, que es lo que define, según veíamos, la esfera de tipicidad del art. 255 CP, sino, más bien, de actuaciones sobre el dispositivo (el equipo terminal) que permite el uso del elemento (la telecomunicación), bien entendido que una tarjeta SIM, conforme a lo explicado en las SSAP, Madrid, Sección 16ª, 144/2006, 1-3 (*Tol 876016*), y Valencia, Sección 4ª, 930/2014, 16-12 (*Tol 4757168*), ya citadas, admite ser calificada como equipo terminal a estos efectos. En cualquier caso, la penalidad a aplicar no variará, pues es la misma en ambos preceptos.

Se ha considerado que cumplimenta también el tipo del art. 256 CP el comportamiento de acceder a internet repetidas veces desde un ordenador instalado en el propio domicilio utilizando una identidad de usuario y una contraseña que permitía cargar el precio del consumo de ese servicio en una cuenta ajena, destacándose que el servidor de internet constituye terminal en el sentido típico que requiere el precepto referido [SAP, Madrid, Sección 16ª, 508/2003, 23-7 (*Tol 322874*)], el uso del teléfono de un vecino a través del propio móvil, habiendo solicitado previamente la acusada un desvío de llamadas desde dicho teléfono ajeno a su móvil (SAP, Madrid, Sección 2ª, 16/2002, 14-1), o igualmente el empleo de un USB encontrado por el acusado y la realización a través de aquel de gastos de comunicación que se le cargaron al propietario [SAP, Melilla, Sección 7ª, 119/2015, 23-11 (*Tol 5624851*)].

2.4. Sujetos

Sujeto activo del delito del art. 256 CP puede ser cualquiera que no sea titular o cotitular del equipo terminal de telecomunicación. Sujeto pasivo, el titular del equipo terminal, que es, según establece el precepto, a quien debe causarse el perjuicio económico. Como señala GONZÁLEZ CUSSAC, por titular debe entenderse aquí a quien ostenta su uso legítimo, que no tiene por qué coincidir necesariamente con el dueño del equipo terminal; no lo hará, por ejemplo, en supuestos de equipos en régimen de *leasing*. Ha de resultar en todo caso la persona obligada al pago de los servicios (MESTRE DELGADO). Normalmente el sujeto pasivo será el consumidor, ya se trate de un particular o de la Administración [si el autor es, por ejemplo, un funcionario público, como sucede en la SAP, Illes Baleares, Sección 1ª, 203/1999, 11-11, en la que la acusada ordenó y obtuvo el traslado de llamadas a cobro revertido procedentes de Cuba, que se cargaron en el presupuesto del Ayuntamiento de Bunyola, o en un supuesto similar en la SAP, Zaragoza, 192/2022, 3-5 (*Tol 9133365*); *cfr.*, no obstante, condenando por malversación de caudales públicos un hecho semejante, la SAP, Granada, Sección 1ª, 53/2021, 19-2 (*Tol 8821826)*], pero también podrá serlo, aunque resulte menos frecuente, la empresa suministradora, si la conducta recae sobre el terminal de una cabina telefónica propiedad de aquella.

2.5. Tipo subjetivo

El delito del art. 256 CP es de exclusiva comisión dolosa, dado que no está previsto en la modalidad imprudente. De modo que si el sujeto errara, por ejemplo, respecto al consentimiento de su titular, el error de tipo, tanto si fuera vencible como invencible, determinaría la impunidad de la conducta (art. 14.1 CP). Además, por las mismas razones ya apuntadas en relación con la figura del art. 255 CP, se suele entender que es necesario que exista ánimo de lucro, si bien no de apropiación del objeto utilizado (MESTRE DELGADO, PEDREIRA GONZÁLEZ). Cabría el dolo eventual, si el sujeto por ejemplo hiciera uso del equipo terminal sin estar seguro de si su titular tiene contratada tarifa plana y de si se derivará, por tanto, perjuicio económico para el mismo, según requiere el tipo, pero asumiendo que pudiera ser así (ORTS BERENGUER y ROIG TORRES).

2.6. Iter criminis

El delito se consuma con la causación del perjuicio económico al titular del equipo terminal derivado de su utilización. Habrá tentativa, por ejemplo, si el sujeto marca un número de teléfono a fin de hacer uso del terminal, pero no llega a establecerse comunicación por falta de cobertura del destinatario o porque este simplemente no responde. Puesto que en esos supuestos no podrá establecerse el coste económico que se hubiera producido en caso de consumación, habrá de entenderse que la tentativa lo es del tipo atenuado del art. 256.2 CP, que sanciona las defraudaciones por importe no superior a 400 euros.

Ya vimos que no se prevé en estos delitos el castigo de la conspiración, la proposición y la provocación para delinquir.

2.7. Penalidad

Se ha destacado antes que la doctrina suele reprobar el castigo de estas conductas apelando al principio de mínima intervención penal. Concebir el delito como defraudatorio, en el sentido propuesto en estas páginas y a diferencia de lo que hace la doctrina y jurisprudencia mayoritarias, permite atenuar dicha crítica, además de evitar la palmaria vulneración del principio de proporcionalidad en sentido estricto a la que la interpretación dominante aboca, en la medida en que lleva a castigar igual —recuérdese que la pena contemplada en los arts. 255 y 256 CP es la misma— comportamientos de distinta gravedad (uno defraudatorio y otro no).

2.8. Concursos

La utilización instrumental del equipo terminal de telecomunicación ajeno que cause perjuicio económico para cometer otro delito, por ejemplo un descubrimiento y revelación de secretos del art. 197 CP, podrá dar lugar a un concurso medial de delitos. No creo que, como afirma GONZÁLEZ RUS, en un caso tal quepa entender que el delito contra la intimidad consume al del art. 256 CP, pues así las cosas el injusto patrimonial derivado de este último quedaría sin castigar. Tampoco si el delito fin es asimismo contra el patrimonio; de modo que si el uso no autorizado del terminal ajeno que redunda en perjuicio patrimonial para su titular sirve para llevar a cabo una estafa consistente en una transferencia indebida de fondos, tanto si es en perjuicio de aquel como de un tercero, deberá aplicarse, además del art. 256 CP, el correspondiente delito de estafa (de otra opinión, entendiendo que solo si el delito fin es contra un tercero será posible apreciar un concurso de delitos, y en otro caso un concurso de normas, SUÁREZ GONZÁLEZ y GONZÁLEZ RUS). Cuando la comisión del tipo del art. 256 CP va precedida del hurto, el robo o la apropiación indebida del terminal de telecomunicación se aprecia generalmente un concurso de delitos (con el correspondiente hurto, robo o apropiación indebida), que aunque se suele considerar real [SSAP, Ciudad Real, Sección 1ª, 178/2003, 30-10; Madrid, Sección 16ª, 144/2006, 1-3, (*Tol 876016*), y Santander, Sección 3ª, 567/2012, 2-11 (*Tol 2702115*)], podría ser también medial si la infracción previa estuviera preordenada al uso no autorizado del terminal y en el caso concreto resultara necesaria a tal efecto.

En supuestos de uso reiterado de un mismo equipo terminal de telecomunicación la jurisprudencia ha aplicado en ocasiones al tipo del art. 256 CP la figura del delito continuado [por ejemplo, tratándose de una auxiliar administrativa que a lo largo de los 5 meses en que duró su relación laboral con una autoescuela realizó frecuentes llamadas a números de tarificación adicional, en la SAP, Madrid, Sección 15ª, 728/2015, 19-10 (*Tol 5586928*), o en hechos parecidos en las SSAP, Zaragoza, 192/2022, 3-5 (*Tol 9133365*), o Barcelona, Sección 5ª, 25/2005, 15-12 (*Tol 835612*)], aunque en otros casos similares —sin especificarse aquí si es porque, del mismo modo que veíamos que sucede con el tipo del art. 255 CP, se considera que tiene carácter permanente— se ha apreciado un solo delito del art. 256 CP [así, en la SAP, Illes Balears, Sección 1ª, 203/1999, 11-11, en la que resultó probado la recepción por la acusada de una pluralidad de llamadas a cobro revertido realizadas en diferentes ocasiones y que se cargaron al presupuesto municipal de un ayuntamiento, o en la SAP, Melilla, Sección 7ª, 119/2015, 23-11 (*Tol 5624851*), en la que se enjuició la utilización durante un período de 3 meses de un terminal previamente hurtado, o en otro supuesto semejante en la SAP, Madrid, 16ª, 508/2003, 23-7 (*Tol 322874*)].

V. BIBLIOGRAFÍA

ACALE SÁNCHEZ, M., *El tipo de injusto en los delitos de mera actividad*, Granada, 2000; ALONSO RIMO, A., *El tipo subjetivo de los actos preparatorios del delito. Un estudio de las figuras preparatorias de la Parte General y Especial del Derecho penal*, Valencia, 2023; ANDRÉS DOMÍNGUEZ, C., "Art. 255", en GÓMEZ TOMILLO, M. (dir.), *Comentarios al Código penal*, Valladolid, 2011; ANDRÉS DOMÍNGUEZ, C. y JAVATO MARTÍN, M., "Arts. 255 y 256 CP", en GÓMEZ TOMILLO, M. (dir.), *Comentarios prácticos al Código penal. Delitos contra el patrimonio y socioeconómicos. Arts. 234-318 bis CP*, T. III, Cizur Menor, 2015; BAJO FERNÁNDEZ, M., CARRACEDO CARRASCO, E. y MOLINA FERNÁNDEZ, F., "Defraudaciones de fluido eléctrico y análogas", en MOLINA FERNÁNDEZ, F. (coord.), *Memento Penal 2025*, Madrid, 2024; BENÍTEZ ORTÚZAR, I. F., "Capítulo 24. Delitos contra el patrimonio y el orden socioeconómico (VI)", en MORILLAS CUEVA, L. (dir.), *Sistema de Derecho Penal. Parte especial*, Madrid, 5ª edición, 2024; BENÍTEZ ORTÚZAR, I. F. y CRUZ BLANCA, M. J., "Art. 286 CP", en COBO DEL ROSAL, M. (dir.), *Comentarios al Código penal. Tomo IX, Delitos contra el patrimonio y el orden socioeconómico. Arts. 273 a 304*", Madrid, 2005; BERENGUER PASCUAL, S., "La lucha frente al fraude eléctrico: Deficiencias y mejoras en el Código Penal", *RGDP* 37, 2022; BORJA JIMÉNEZ, E., "De las defraudaciones de fluido eléctrico y análogas", en CUERDA ARNAU, M. L. (dir.), *Comentarios al Código penal*, T. I., Valencia, 2023; CARRASCO ANDRINO, M., "Delitos relativos al mercado y a los consumidores (II)", en ÁLVAREZ GARCÍA, J. (dir.) y MANJÓN-CABEZA OLMEDA, A. y VENTURA PÜSCHEL, A. (coords.), *Derecho Penal Español Parte Especial* (II), volumen 2, Madrid, 2011; CASAS MARÍN, J., ALBA RÍOS, J. J., GARCÍA MADRUGA, M., "El fraude en el mercado eléctrico español", *Cuadernos de Energía*, nº 50, 2016; CORCOY BIDASOLO, M., "Problemática de la persecución penal de los denominados delitos informáticos particular referencia a la participación criminal y al ámbito espacio temporal de comisión de los hechos", *Eguzkilore: Cuaderno del Instituto Vasco de Criminología*, nº 21, 2007; DE LA MATA BARRANCO, N., "Delitos contra los sistemas de información", en AA.VV. *Derecho penal económico y de la empresa*, Dykinson, 2024; DOPICO GÓMEZ-ALLER, J. y LASCURAÍN SÁNCHEZ, J. A., "Delitos contra los consumidores (publicidad engañosa, facturación automática fraudulenta) y piratería de servicios de comunicación", en AA.VV. *Derecho penal económico y de la empresa*, Madrid, 2024; FARALDO CABANA, P., "Capítulo 16. Defraudaciones de fluido eléctrico y análogas", en CAMACHO VIZCAÍNO, A. (dir.), *Tratado de Derecho Penal Económico*, Valencia, 2019; GALLEGO SOLER, J. I., "Defraudaciones de fluido eléctrico y análogas (art. 255)", en CORCOY BIDASOLO, M. (dir.), *Manual de Derecho penal. Parte Especial*, T. I., Valencia, 2023; GALLEGO SOLER, J. I., "De las defraudaciones de fluido eléctrico y análogas", en CORCOY BIDASOLO, M. y MIR PUIG, S. (dirs.), *Comentarios al Código penal. Reformas LLOO 1/2023, 3/2023 y 4/2023*, 2ª edición, Valencia, 2024; GARCÍA ARÁN, M., "De las defraudaciones de fluido eléctrico y análogas", en CÓRDOBA RODA, J. y GARCÍA ARÁN, M. (dirs.), *Comentarios al Código penal. Parte Especial*, tomo I., Madrid-Barcelona, 2004; GONZÁLEZ CUSSAC, J. L., "Delitos contra el patrimonio y el orden socioeconómico (VII): administración desleal. Apropiación indebida. Defraudaciones de fluido eléctrico y análogas", en GONZÁLEZ CUSSAC, J. L., (coord.), *Derecho penal. Parte Especial*, 8ª edición, Valencia, 2023; GONZÁLEZ RUS, J. J., "Artículo 256", en COBO DEL ROSAL, M. (dir.), *Comentarios al Código penal*, tomo VIII, Madrid, 1999; GONZÁLEZ RUS, J. J., "Lección 22. Delitos contra el patrimonio y contra el orden socioeconómico (VI). Apropiación indebida. Defraudaciones de fluido eléctrico y análogas", en COBO DEL ROSAL, M. (coord.), *Derecho Penal Español. Parte Especial*, 2ª ed., Madrid, 2005; HERRERA MORENO, M., "Lección 5ª Estafa. Apropiación indebida. Defraudación de fluido eléctrico", en POLAINO NAVARRETE, M. (dir.), *Lecciones de Derecho Penal. Parte Especial*, tomo II, Madrid, 2011; MARTÍNEZ-BUJÁN PÉREZ, C., *Derecho penal económico y de la empresa. Parte Especial*, 7ª edición, Valencia, 2023; MENDOZA BUERGO, B. y BRAVO BOLADO, A., "Delitos relativos al mercado y a los consumidores", en MOLINA FERNÁNDEZ, F. (coord.), *Memento Penal 2025*, Madrid, 2024; MESTRE DELGADO, E., "Delitos contra el patrimonio y contra el orden socioeconómico", en LAMARCA PÉREZ, C. (coord.), *Delitos. La parte especial del Derecho penal*, 7ª edición, Madrid, 2022; MIRA BENAVENT, J., "Delitos contra el patrimonio y contra el orden socioeconómico: defraudaciones de fluido eléctrico y análogas", en BOIX REIG, J. (coord.), *Derecho penal: parte especial*, volumen 2, Madrid, 2012; MIRA BENAVENT, J., "El delito de defraudación de fluido eléctrico y análogas (con especial referencia crítica a su bien jurídico protegido y al objeto del delito)", *RGDP* 26, 2016; MORILLAS CUEVA, L., "Defraudaciones de fluido eléctrico", *RGLJ*, tomo 251, 1981; MORILLAS CUEVA, L., "ARTÍCULO 255", en COBO DEL ROSAL, M. (dir.), *Comentarios al Código Penal*, tomo VIII, Madrid, 2005; MORÓN LERMA, E., *Internet y Derecho penal: hacking y otras conductas ilícitas en la red*, Pamplona, 1999; MOYA FUENTES, M., "La alteración y duplicación del número identificativo de equipos de telecomunicaciones, su comercialización y su utilización: art. 286.2 y 4 CP", *RECPC* 11-02 (2009); MUÑOZ CONDE, F., *Derecho penal: Parte Especial*, 25ª edición, revisada y puesta al día, con la colaboración de C. López Peregrín, Valencia, 2023; ORTS BERENGUER, E. y ROIG TORRES, M., *Delitos informáticos y delitos comunes cometidos a través de la informática*, Valencia, 2001; PARDO MIRANDA, M., "El tratamiento de las defraudaciones de fluido eléctrico en el Código penal español", *EPC*, 45 (2024); PASTOR MUÑOZ, N. y COCA VILA, I., "Delitos contra el patrimonio (II)", en SILVA SÁNCHEZ, J. M. (dir.) y RAGUÉS I VALLÈS, R. (coord.), *Lecciones de Derecho Penal. Parte Especial*, 9ª edición, Barcelona, 2023; PEDREIRA GONZÁLEZ, F., "Defraudaciones de fluido eléctrico y análogas", en ÁLVAREZ GARCÍA, F. J. (dir.) y MANJÓN-CABEZA OLMEDA, A. y VENTURA PÜSCHEL, A. (coords.) *Derecho Penal Español Parte Especial* (II), volumen 2, Valencia, 2011; PEDREIRA GONZÁLEZ, F., "Las objetables y escasamente atendidas «defraudaciones de fluido eléctrico y análogas»: ¿castigo penal de la pobreza energética e ilícitos civiles criminalizados?", *Revista Penal*, enero 2025, 55; PÉREZ MANZANO, M., "De las defraudaciones (II). Apropiación indebida y defraudaciones del fluido eléctrico y análogas", en BAJO FERNÁNDEZ, M. (dir.), *Compendio de Derecho penal (Parte Especial)*, volumen II, Madrid, 1998; QUERALT JIMÉNEZ, J., *Derecho penal español. Parte Especial*, Valencia, 2015; QUINTERO OLIVARES, G., "De las defraudaciones de fluido eléctrico y análogas", en QUINTERO OLIVARES, G. (dir.) y MORALES PRATS, F. (coord.), *Comentarios a la Parte Especial del Derecho penal*, 9ª edición, Cizur Menor, 2011; QUINTANO RIPOLLÉS, A., *Tratado de la Parte Especial del Derecho Penal*, tomo III. *Infracciones patrimoniales de apoderamiento*, 2ª edición puesta al día por GARCÍA VALDÉS, C., Madrid, 1977; ROCA AGAPITO, L., "Defraudaciones del fluido eléctrico y análogas", en AA.VV. (dir.) y MANJÓN-CABEZA OLMEDA, A. y VENTURA PÜSCHEL, A. (coords.), *Esquemas de la parte especial de derecho penal* (I), Valencia, 2011; RODRÍGUEZ DEVESA, J. M., "Defraudaciones de fluido eléctrico y análogas", en *Nueva Enciclopedia Jurídica Seix*, T. VI, Barcelona, 1954; SALINERO ALONSO, C., "Defraudaciones: estafa, apropiación indebida, defraudaciones de fluido eléctrico y análogas", en TERRADILLOS BASOCO, J. M., (coord.), *Lecciones y materiales para el estudio del Derecho penal*, tomo III, *Derecho penal, Parte Especial*, volumen I., 2ª edición, 2016; SUÁREZ GONZÁLEZ, C., "De las defraudaciones de fluido eléctrico y análogas", en RODRÍGUEZ MOURULLO, G. (dir.), *Comentarios al Código penal*, Madrid, 1997; VIVES ANTÓN, T. S. y GONZÁLEZ CUSSAC, J. L., "De las defraudaciones de fluido eléctrico y análogas", en VIVES ANTÓN, T. S. (coord.), *Comentarios al Código penal de 1995*, volumen II, Valencia, 1996.

Lección 12ª

Frustración de la ejecución e insolvencias punibles

FERNANDO VÁZQUEZ-PORTOMEÑE SEIJAS

Artículo 257

1. Será castigado con las penas de prisión de uno a cuatro años y multa de doce a veinticuatro meses:

1.º El que se alce con sus bienes en perjuicio de sus acreedores.

2.º Quien con el mismo fin realice cualquier acto de disposición patrimonial o generador de obligaciones que dilate, dificulte o impida la eficacia de un embargo o de un procedimiento ejecutivo o de apremio, judicial, extrajudicial o administrativo, iniciado o de previsible iniciación.

2. Con la misma pena será castigado quien realizare actos de disposición, contrajere obligaciones que disminuyan su patrimonio u oculte por cualquier medio elementos de su patrimonio sobre los que la ejecución podría hacerse efectiva, con la finalidad de eludir el pago de responsabilidades civiles derivadas de un delito que hubiere cometido o del que debiera responder.

3. Lo dispuesto en el presente artículo será de aplicación cualquiera que sea la naturaleza u origen de la obligación o deuda cuya satisfacción o pago se intente eludir, incluidos los derechos económicos de los trabajadores, y con independencia de que el acreedor sea un particular o cualquier persona jurídica, pública o privada.

No obstante lo anterior, en el caso de que la deuda u obligación que se trate de eludir sea de Derecho público y la acreedora sea una persona jurídico pública, o se trate de obligaciones pecuniarias derivadas de la comisión de un delito contra la Hacienda Pública o la Seguridad Social, la pena a imponer será de prisión de uno a seis años y multa de doce a veinticuatro meses.

4. Las penas previstas en el presente artículo se impondrán en su mitad superior en los supuestos previstos en los numerales 5.º o 6.º del apartado 1 del artículo 250.

5. Este delito será perseguido aun cuando tras su comisión se iniciara un procedimiento concursal.

Artículo 258

1. Será castigado con una pena de prisión de tres meses a un año o multa de seis a dieciocho meses quien, en un procedimiento de ejecución judicial o administrativo, presente a la autoridad o funcionario encargados de la ejecución una relación de bienes o patrimonio incompleta o mendaz, y con ello dilate, dificulte o impida la satisfacción del acreedor.

La relación de bienes o patrimonio se considerará incompleta cuando el deudor ejecutado utilice o disfrute de bienes de titularidad de terceros y no aporte justificación suficiente del derecho que ampara dicho disfrute y de las condiciones a que está sujeto.

2. La misma pena se impondrá cuando el deudor, requerido para ello, deje de facilitar la relación de bienes o patrimonio a que se refiere el apartado anterior.

3. Los delitos a que se refiere este artículo no serán perseguibles si el autor, antes de que la autoridad o funcionario hubieran descubierto el carácter mendaz o incompleto de la declaración presentada, compareciera ante ellos y presentara una declaración de bienes o patrimonio veraz y completa.

Artículo 258 bis

Serán castigados con una pena de prisión de tres a seis meses o multa de seis a veinticuatro meses, salvo que ya estuvieran castigados con una pena más grave en otro precepto de este Código, quienes hagan uso de bienes embargados por autoridad pública que hubieran sido constituidos en depósito sin estar autorizados para ello.

Artículo 258 ter

Cuando de acuerdo con lo establecido en el artículo 31 bis una persona jurídica sea responsable de los delitos comprendidos en este Capítulo, se le impondrán las siguientes penas:

a) Multa de dos a cinco años, si el delito cometido por la persona física tiene prevista una pena de prisión de más de cinco años.

b) Multa de uno a tres años, si el delito cometido por la persona física tiene prevista una pena de prisión de más de dos años no incluida en el inciso anterior.

c) Multa de seis meses a dos años, en el resto de los casos.

Atendidas las reglas establecidas en el artículo 66 bis, los jueces y tribunales podrán asimismo imponer las penas recogidas en las letras b a g del apartado 7 del artículo 33.

Artículo 259

1. Será castigado con una pena de prisión de uno a cuatro años y multa de ocho a veinticuatro meses quien, encontrándose en una situación de insolvencia actual o inminente, realice alguna de las siguientes conductas:

1ª Oculte, cause daños o destruya los bienes o elementos patrimoniales que estén incluidos, o que habrían estado incluidos, en la masa del concurso en el momento de su apertura.

2ª Realice actos de disposición mediante la entrega o transferencia de dinero u otros activos patrimoniales, o mediante la asunción de deudas, que no guarden proporción con la situación patrimonial del deudor, ni con sus ingresos, y que carezcan de justificación económica o empresarial.

3ª Realice operaciones de venta o prestaciones de servicio por precio inferior a su coste de adquisición o producción, y que en las circunstancias del caso carezcan de justificación económica.

4ª Simule créditos de terceros o proceda al reconocimiento de créditos ficticios.

5ª Participe en negocios especulativos, cuando ello carezca de justificación económica y resulte, en las circunstancias del caso y a la vista de la actividad económica desarrollada, contrario al deber de diligencia en la gestión de asuntos económicos.

6ª Incumpla el deber legal de llevar contabilidad, lleve doble contabilidad, o cometa en su llevanza irregularidades que sean relevantes para la comprensión de su situación patrimonial o financiera. También será punible la destrucción o alteración de los libros contables, cuando de este modo se dificulte o impida de forma relevante la comprensión de su situación patrimonial o financiera.

7ª Oculte, destruya o altere la documentación que el empresario está obligado a conservar antes del transcurso del plazo al que se extiende este deber legal, cuando de este modo se dificulte o imposibilite el examen o valoración de la situación económica real del deudor.

8ª Formule las cuentas anuales o los libros contables de un modo contrario a la normativa reguladora de la contabilidad mercantil, de forma que se dificulte o imposibilite el examen o valoración de la situación económica real del deudor, o incumpla el deber de formular el balance o el inventario dentro de plazo.

9ª Realice cualquier otra conducta activa u omisiva que constituya una infracción grave del deber de diligencia en la gestión de asuntos económicos y a la que sea imputable una disminución del patrimonio del deudor o por medio de la cual se oculte la situación económica real del deudor o su actividad empresarial.

2. La misma pena se impondrá a quien, mediante alguna de las conductas a que se refiere el apartado anterior, cause su situación de insolvencia.

3. Cuando los hechos se hubieran cometido por imprudencia, se impondrá una pena de prisión de seis meses a dos años o multa de doce a veinticuatro meses.

4. Este delito solamente será perseguible cuando el deudor haya dejado de cumplir regularmente sus obligaciones exigibles o haya sido declarado su concurso.

5. Este delito y los delitos singulares relacionados con él, cometidos por el deudor o persona que haya actuado en su nombre, podrán perseguirse sin esperar a la conclusión del concurso y sin perjuicio de la continuación de este. El importe de la responsabilidad civil derivada de dichos delitos deberá incorporarse, en su caso, a la masa.

6. En ningún caso, la calificación de la insolvencia en el proceso concursal vinculará a la jurisdicción penal.

Artículo 259 bis

Los hechos a que se refiere el artículo anterior serán castigados con una pena de prisión de dos a seis años y multa de ocho a veinticuatro meses, cuando concurra alguna de las siguientes circunstancias:

1ª Cuando se produzca o pueda producirse perjuicio patrimonial en una generalidad de personas o pueda ponerlas en una grave situación económica.

2ª Cuando se causare a alguno de los acreedores un perjuicio económico superior a 600.000 euros.

3ª Cuando al menos la mitad del importe de los créditos concursales tenga como titulares a la Hacienda Pública, sea esta estatal, autonómica, local o foral y a la Seguridad Social.

Artículo 261

El que en procedimiento concursal presentare, a sabiendas, datos falsos relativos al estado contable, con el fin de lograr indebidamente la declaración de aquel, será castigado con la pena de prisión de uno a dos años y multa de seis a 12 meses.

Artículo 261 bis

Cuando de acuerdo con lo establecido en el artículo 31 bis una persona jurídica sea responsable de los delitos comprendidos en este Capítulo, se le impondrán las siguientes penas:

a) Multa de dos a cinco años, si el delito cometido por la persona física tiene prevista una pena de prisión de más de cinco años.

b) Multa de uno a tres años, si el delito cometido por la persona física tiene prevista una pena de prisión de más de dos años no incluida en el inciso anterior.

c) Multa de seis meses a dos años, en el resto de los casos.

Atendidas las reglas establecidas en el artículo 66 bis, los jueces y tribunales podrán asimismo imponer las penas recogidas en las letras b) a g) del apartado 7 del artículo 33.

I. CONSIDERACIONES GENERALES

La reforma operada por la LO 1/2015, de 30 de marzo, sin duda una de las más importantes sufridas por esta materia en el CP, incidió en la sistemática y el contenido de las figuras tradicionalmente reguladas bajo la rúbrica "Insolvencias punibles". Además de en la incorporación de tipos novedosos (como el favorecimiento de acreedores anterior a la declaración del concurso o los delitos falsarios en el ámbito de los procesos de ejecución), su especial relevancia estribó, fundamentalmente, en la reorganización de estos delitos y de sus contenidos en dos capítulos dentro del Título XIII: el VII, destinado a la "Frustración de la ejecución" (arts. 257 a 258 ter CP) y el VIII bis, que lleva por rúbrica "De las insolvencias punibles" (arts. 259 a 262 bis CP). Anteriores modificaciones habían afectado a aspectos menos relevantes. En la llevada a cabo por la LO 5/2010, de 22 de junio, se habían incluido dos nuevos apartados en el art. 257 y el art. 261 bis, que prevé la responsabilidad penal de las personas jurídicas (GARCÍA RIVAS). Con anterioridad, la LO 15/2003, de 25 de noviembre, les había dado una nueva redacción a los arts. 259, 260 y 262 CP, adaptada al nuevo régimen concursal de la Ley 22/2003, de 9 de julio.

Como acaba de apuntarse, la modificación del Capítulo VII no se limitó únicamente a la denominación de la rúbrica. Aunque en el actual art. 257 CP pueden encontrarse los vestigios de los anteriores arts. 257.1.1º, 257.1.2º y 258 CP, tanto en lo relativo a las conductas como a las penas, en él se introdujeron cambios de calado a los que se hace referencia en el Preámbulo de la LO 1/2015, que alude a la criminalización de "dos nuevas figuras delictivas que están llamadas a completar la tutela penal de los procedimientos de ejecución y, con ello, del crédito: la ocultación de bienes en un procedimiento judicial o administración de ejecución (art. 258 CP) y la utilización no autorizada por el depositario de bienes embargados por la autoridad (art. 258 bis CP).

Por su parte, las modificaciones introducidas en el Capítulo VII bis, que sí conserva la rúbrica del anterior Capítulo VII ("de las insolvencias punibles"), se orientaron —a tenor de ese mismo Preámbulo— a conjugar "una doble necesidad: la de facilitar una respuesta penal adecuada a los supuestos de realización de actuaciones contrarias al deber de diligencia en la gestión de asuntos económicos que se producen en el contexto de una situación de crisis económica del sujeto o empresa y que pone en peligro los intereses de los acreedores y el orden socioeconómico, o son directamente causales de la situación de concurso; y la de ofrecer suficiente certeza y seguridad en la determinación de las conductas punibles, es decir, aquellas contrarias al deber de diligencia en la gestión de los asuntos económicos que constituyen un riesgo no permitido". Para ello, el legislador amplió de forma significativa el catálogo de conductas típicas, dando entrada al favorecimiento a determinados acreedores —distinguiendo las conductas realizadas con anterioridad a la declaración del concurso, pero cuando el deudor se hallaba ya en situación de insolvencia actual o inminente, de aquellas otras cuya ejecución se produce después de la admisión a trámite del procedimiento concursal— y al falseamiento del estado contable para obtener la declaración de insolvencia.

La doctrina ha puesto de manifiesto que la reforma se produjo, al menos parcialmente, a partir del alcance que la jurisprudencia le había venido dando a los delitos de insolvencias punibles (GALLEGO SOLER); y es que, vista con perspectiva histórica, la decisión de traer a primer plano la idea de la frustración de la ejecución constituye el final de un cierto proceso evolutivo que la ha llevado, en los últimos diez años, a situar el centro de gravedad de estos delitos, no en la mera enajenación de los bienes del patrimonio, sino en la propia frustración de las pretensiones de los acreedores que tengan su fundamento en obligaciones asumidas por el deudor, de ahí que "devenga irrelevante que el acreedor en la ejecución civil no haya instado diligencias en busca de otros bienes de su propiedad, no cabiendo exigirle ultimar el procedimiento de ejecución de su crédito hasta realizar los bienes embargados ni que tenga que agotar el patrimonio del deudor embargándole uno tras otro día todos sus bienes para, de este modo, llegar a conocer su verdadera y real situación económica" [SAP, Murcia, 15-6-2015 (*Tol 5205585*)]. Cosa distinta es que, en puridad, el empleo de esa referencia en el intitulado del Capítulo VII no es coherente con el hecho de que no todas las conductas que engloba —comenzando por la figura tradicional de alzamiento del art. 257.1º CP, por ejemplo— requieren que se haya iniciado el procedimiento de ejecución del crédito para su consumación (ROCA DE AGAPITO, ESQUINAS VALVERDE, SOUTO GARCÍA, BENÍTEZ ORTÚZAR; en contra GÓMEZ LANZ).

El legislador de 2015 optó, pues, por un modelo de sistematización que opone los delitos clásicos de alzamiento de bienes (realizados con anterioridad a la declaración de ejecución universal) a los concursales (posteriores a un procedimiento de ejecución universal). Ciertamente, dicho modelo no se compadece empero ni con la tradición jurídica en esta materia (GONZÁLEZ CUSSAC), ni con la naturaleza de las conductas incluidas en el Capítulo VII, cuyo presupuesto necesario es también la noción de insolvencia (SOUTO GARCÍA). En aspectos como la referencia al autor del delito del art. 257.2 CP como persona que hubiere cometido el delito "o del que debiera responder" la técnica legislativa es, no obstante, tras la reforma, más correcta.

Antes de entrar a analizar cada uno de los tipos conviene abordar un elemento común a todos o a prácticamente todos los de los Capítulos VII y VII bis (como se verá, los únicos en los que no parece jugar ningún papel son los de los arts. 257.1.2º y 261 CP) y que es el que les permite, según se ha señalado, cumplir con las exigencias propias de un Derecho penal material, que protege un interés jurídico digno de tutela penal: el concepto de insolvencia. Suele definirse como una situación fáctica que encierra un desequilibrio patrimonial entre los valores realizables y las prestaciones exigibles y que impide que el acreedor tenga a su disposición medios para poder satisfacer su crédito en el patrimonio del deudor (GALLEGO SOLER, BAJO FERNÁNDEZ/BACIGALUPO SAGGESE, MARTÍNEZ-BUJÁN PÉREZ). En tanto se produzca una frustración de las pretensiones de cobro, el legislador permite incluir dentro del ámbito de aplicación de estos tipos a las insolvencias reales (inexistencia efectiva de activos en el patrimonio del deudor) y a las aparentes (en que la insuficiencia del patrimonio del deudor para satisfacer el crédito viene provocada por la ocultación fraudulenta de bienes que, de no haber sido mutilados, habrían bastado para dar satisfacción a las obligaciones contraídas) (BAJO FERNÁNDEZ/BACIGALUPO SAGGESE, SOUTO GARCÍA, MARTÍNEZ-BUJÁN PÉREZ, GUTIÉRREZ PÉREZ). Concretamente, mientras los delitos del alzamiento se asientan o pivotan sobre el concepto de insolvencia aparente, los concursales incluyen, además de conductas de ocultación, modalidades reales de disminución o destrucción del patrimonio (MARTÍNEZ-BUJÁN PÉREZ). Por lo que se refiere al binomio insolvencia total-insolvencia parcial, su desaparición tras la reforma de 2015 del art. 257.2 CP (había sido introducido en los arts. 258 y 260.1 y 3 del CP de 1995) hace innecesario manejarlo a efectos interpretativos. Dicho ello, cabe advertir que la totalidad o, al menos, una buena parte de las figuras del Capítulo VII se configura a partir del elemento de la insolvencia total del deudor. De hecho, la jurisprudencia mayoritaria no aprecia el delito de alzamiento —al no haber insolvencia ni dificultarse la vía de apremio— cuando existe algún bien no ocultado y conocido, de valor suficiente y libre de otras responsabilidades.

Entre las sentencias que sostienen ese criterio puede mencionarse, entre otras, SSTS, 27-4-2000 (*Tol 3730593*); 18-10-2002 (*Tol 4914479*); 21-11-2002 (*Tol 229821*); 31-1-2003 (*Tol 4920940*); 5-7-2005 (*Tol 697824*), y 10-2-2006 (*Tol 843466*); SAP, Castellón, 23-5-2006 (*Tol 981427*), y STS, 28-11-2013 (*Tol 4031005*), en la que se señala que "la existencia de este tipo delictivo no supone una conminación al deudor orientada a la inmovilización total de su patrimonio en tanto subsista su deuda, por lo que no existirá delito, aunque exista disposición de bienes si permanecen en poder del deudor patrimonio suficiente para satisfacer adecuadamente los derechos de los acreedores". La STS, 21-3-2019 (*Tol 7147649*), hace también uso de él en un supuesto en que "se desconoce si el deudor tenía y tiene otros bienes suficientes para el pago de las cantidades adeudadas a los prestamistas y se desconoce el resultado de los procesos de ejecución civil sobre los que no hay información en autos, cuestión que en este caso es trascendental porque la realización de actos dispositivos sobre algunas fincas no excluye que pudiera haber otras sobre las que llevar a cabo una traba para el cobro de las cantidades adeudadas". "La información —termina diciendo— ha sido muy fragmentaria y no existe prueba bastante para hacer una valoración completa de la situación del deudor".

Afirmado ese estado (de insolvencia total), es irrelevante que el deudor pueda o no hacer frente a una parte de sus deudas (VIVES ANTÓN/GONZÁLEZ CUSSAC). Así las cosas, la operatividad de esa distinción se reduce al ámbito de la responsabilidad civil: lo habitual en la práctica forense es que, en la pieza de responsabilidad civil, se distinga entre quienes pueden hacer frente a alguna obligación y quienes carecen de bienes [BAJO FERNÁNDEZ/BACIGALUPO SAGGESE, RODRÍGUEZ MOURULLO, SOUTO GARCÍA, MARTÍNEZ-BUJÁN PÉREZ; STS 15-6-2006 (*Tol 964526*)].

La correcta delimitación de estos delitos obliga a distinguir asimismo entre ese estado de insolvencia y las situaciones de insolvencia provisional o falta de liquidez —en que el deudor, contando con un activo superior al pasivo, no puede cumplir sus obligaciones en el momento del vencimiento por la imposibilidad de convertir los bienes en dinero—, por una parte, y de mera insuficiencia —en que, aunque el activo es inferior al pasivo, las expectativas patrimoniales del deudor generan un crédito que le permite dar cumplimiento a las obligaciones contraídas—, por otra. Ninguna de ellas supone una verdadera insolvencia a los efectos de estos delitos (SOUTO GARCÍA, GARCÍA RIVAS, BAJO FERNÁNDEZ/BACIGALUPO SAGGESE). *De lege ferenda* debe también diferenciarse entre insolvencia y cesación de pagos: un deudor solvente podría decidir dejar de pagar obligaciones vencidas y uno insolvente, haciendo uso de medios o procedimientos fraudulentos, obtener medios económicos suficientes para el pago (BAJO FERNÁNDEZ/BACIGALUPO SAGGESE, MARTÍNEZ-BUJÁN PÉREZ). Tampoco puede integrarse en el concepto de insolvencia, en fin, el de sobreendeudamiento, si bien podría reconducirse a la cláusula del número 9 del art. 259.1 CP (SÁNCHEZ DAFAUCE).

Para completar este esquema conceptual hay que mencionar los conceptos de "insolvencia actual" e "insolvencia inminente", introducidos por la LO 1/2015 y actualmente recogidos, tras la reforma operada por la Ley 16/2022, de 5 de septiembre, en el art. 3.2 del texto refundido de la Ley Concursal (TRLC). En su primer inciso dicha norma indica que se encuentra en estado de insolvencia actual "el deudor que no puede cumplir regularmente sus obligaciones exigibles". En cambio, se hallará en estado de insolvencia inminente —prosigue— "el deudor que prevea que dentro de los tres meses siguientes no podrá cumplir regular y puntualmente sus obligaciones", una previsibilidad que debe interpretarse en términos de incapacidad patrimonial y no de mera iliquidez (GUTIÉRREZ PÉREZ). Siendo evidente que cada uno de los tipos y subtipos en que se organizan estos delitos presenta perfiles diferentes, el papel que puedan desempeñar esas caracterizaciones legales tendrá que determinarse caso a caso, atendiendo siempre a las fórmulas y descripciones elegidas por el legislador para cada uno de ellos (GARCÍA RIVAS).

El bien jurídico protegido se identifica por un sector de la doctrina y la gran mayoría de la jurisprudencia con el derecho de los acreedores a satisfacer sus créditos en el patrimonio del deudor tras la evasión de los bienes que, conforme al art. 1911 del Código civil, se hallan adscritos al cumplimiento de las obligaciones [DEL ROSAL BLASCO, OCAÑA RODRÍGUEZ, GONZÁLEZ PASTOR, BENÍTEZ ORTÚZAR, GONZÁLEZ PASTOR, BENÍTEZ ORTÚZAR, HUERTA TOCILDO, VIVES ANTÓN/ GONZÁLEZ CUSSAC, BAJO FERNÁNDEZ / BACIGALUPO SAGGESE, GONZÁLEZ RUS; SSTS, 15-6-2005 (*Tol 674643*); 30-6-2005 (*Tol 697826*); 28-2-2006 (*Tol 862742*), y 27-12-2007 (*Tol 1235303*); SAP, Alicante, 13-10-2008 (*Tol 1802680*); SSTS, 14-6-2017 (*Tol 6355920*), y 12-12-2018 (*Tol 6962975*)].

La jurisprudencia del Tribunal Supremo se refiere, sin embargo, al derecho de crédito como garantía de los acreedores sobre el patrimonio del deudor en dos sentidos distintos. Algunas sentencias lo hacen en un sentido muy estricto como equivalente a una auténtica garantía real, fundamentada en lo dispuesto en el art. 1911. Dotar de ese contenido al derecho de crédito depara problemas técnicos bien percibidos por otro sector jurisprudencial, para el que la finalidad del alzamiento "no puede consistir en prohibir todo negocio jurídico de enajenación, sino en imponer una obligación de mantenimiento del valor global del patrimonio, dentro de lo que resulte socialmente adecuado" [STS, 8-5-1990 (*Tol 2403251*)]. En esa línea se ha entendido que a través de su protección pretende afianzarse, más bien, "la actitud de respeto y atención que gravita sobre el obligado en una relación jurídica obligacional... no defraudando la confianza de sus acreedores" [STS, 25-10-1990 (*Tol 2413189*)].

Junto a lo anterior, otras opiniones definen también el bien jurídico en referencia al correcto funcionamiento del sistema crediticio como pilar del orden económico [SSTS, 17-3-2001; 27-11-2001 (*Tol 4085439*); 19-9-2003 (*Tol 314195*); 17-3-2011 (*Tol 2075813*); 3-5-2012 (*Tol 2558934*); 22-3-2013 (*Tol 3671312*); 23-2-2018 (*Tol 6542214*); 20-3-2018 (*Tol 6554469*); 10-12-2019 (*Tol 7653679*); 7-6-2019 (*Tol 7278715*); 28-11-2013 (*Tol 4031005*); 23-2-2018 (*Tol 6542214*), y 17-12-2018

(*Tol 6976728*)]. Algunos autores, incluso, lo identifican directamente con "la exigencia del sistema de crédito que se basa en la fluidez de las operaciones y en la confianza en el buen éxito en las mismas", de modo que el castigo de estas conductas serviría para demostrar "la seriedad del sistema de cara a los demás miembros de la comunidad" (QUERALT JIMÉNEZ). Por último, un cuarto planteamiento entiende que se trata de delitos pertenecientes a la categoría de los que presentan un "referente individual intermedio o mediatizado", al orientarse a evitar la lesión de un bien de naturaleza patrimonial y circunscribirse la operatividad de la vertiente socioeconómica al momento de la determinación de la pena en abstracto (MARTÍNEZ-BUJÁN PÉREZ, SOUTO GARCÍA). Esta interpretación permitiría adscribirlos al grupo de los delitos socioeconómicos en sentido amplio, esto es, aquellos en los que por causa del carácter difuso del bien jurídico el peligro se halla muy alejado de la conducta incriminada.

Aquí se comparte este último planteamiento. La severidad de la pena prevista para el art. 257 CP (superior a la de otros delitos patrimoniales) obliga, efectivamente, a aceptar el carácter en cierto modo instrumental del bien jurídico. Dicho ello, parece claro que en su configuración típica no se ha considerado preferente esa virtualidad para afectar también la funcionalidad del sistema crediticio, sino sólo su incidencia en el interés individual del acreedor a la satisfacción de sus créditos (GALLEGO SOLER). Por otra parte, esa dimensión social y supraindividual que algunos autores ponen de relieve se conjuga mal con el criterio de la jurisprudencia de admitir el delito también en supuestos de insolvencias con poca entidad o con pocos acreedores (GALLEGO SOLER). Naturalmente, cosa distinta es que en la definición de los intereses privados que subyacen a estas conductas deba darse entrada a parámetros que exceden de lo meramente económico-contable y tenerse en cuenta que con ellas se impide, como explica GARCÍA SÁNCHEZ, la participación efectiva de otros sujetos en las relaciones económico-sociales que puedan mantener con el autor, incidiendo así de forma grave en el libre desarrollo de sus derechos patrimoniales.

II. FRUSTRACIÓN DE LA EJECUCIÓN

1. Alzamiento de bienes genérico

El art. 257.1.1° CP contiene el tipo básico del delito de alzamiento, centrado en la conducta de quien "se alce con sus bienes en perjuicio de sus acreedores". La doctrina y la jurisprudencia le atribuyen un cierto carácter "residual" con respecto a los tipos referidos a alzamientos específicos, que resultarán de aplicación preferente cuando concurran los requisitos especiales exigidos en ellos. A ese respecto debe concederse que ni el tipo del art. 257.1.2° CP ("Quien con el mismo fin realice cualquier acto de disposición patrimonial o generador de obligaciones que dilate, dificulte o impida la eficacia de un embargo o de un procedimiento ejecutivo o de apremio, judicial, extrajudicial o administrativo, iniciado o de previsible iniciación"), ni el del 257.2 CP ("Con la misma pena será castigado quien realizare actos de disposición, contrajere obligaciones que disminuyan su patrimonio u oculte por cualquier medio elementos de su patrimonio sobre los que la ejecución podría hacerse efectiva, con la finalidad de eludir el pago de responsabilidades civiles derivadas de un delito que hubiere cometido o del que debiera responder") presuponen la realización de conductas delictivas distintas de la contemplada en el tipo básico del art. 257.1.1° CP (FARALDO CABANA, CASTELLÓ NICÁS, BENÍTEZ ORTÚZAR, ALASTUEY DOBÓN, GÓMEZ LANZ). En ellos sigue aludiéndose a una ocultación de bienes dirigida a hacer imposible o a dificultar la satisfacción de un crédito contraído.

El bien jurídico es el derecho de crédito, privado (bien jurídico individual) o público (bien jurídico supraindividual). La entrada en liza de este último es consecuencia obligada de la inclusión en el presupuesto del delito de las obligaciones de Derecho público.

Las sentencias del Tribunal Supremo que sustentan esta interpretación netamente patrimonialista del alzamiento pueden reconducirse a dos grupos. Algunas se refieren al derecho de crédito en un sentido muy estricto, haciéndolo equivalente a una auténtica garantía real fundamentada en lo dispuesto en el art. 1911 CC [SSTS, 19-6-1989; 14-5-1991 (*Tol 2428380*); 9-3-1992 (*Tol 5113270*); 16-3-1993 (*Tol 399021*), y 8-11-1989 (*Tol 2378273*), señalando que el elemento objetivo o acción del alzamiento de bienes "ya no se identifica con su más grave manifestación histórica del deudor fugitivo, sino con cualquier otra actividad que tienda a menoscabar fraudulentamente su patrimonio... de acuerdo con la traslación operada por el moderno derecho liberal y progresista, eximiendo de la acción del acreedor a la persona del deudor (de ahí también la abolición de la prisión por deudas) y centrándola con exclusividad en el patrimonio, como garantía real y universal de las obligaciones, así proclamadas en el artículo 1911 del Código Civil"]. Otras incluyen alguna referencia al entorpecimiento de las acciones procesales que pudiera emprender el acreedor —a pesar de que el tipo no autoriza a exigir dicho ejercicio como requisito esencial del delito. En esos términos se pronuncia, por ejemplo, la STS, 31-5-1991 (*Tol 459591*), que sostiene que el alzamiento se consuma "no con la frustración definitiva del crédito del acreedor, sino con la frustración de la ejecución del mismo, mediante una clara forma de fraude a la ley..., que consiste en valerse de formas jurídicas legales para lograr una finalidad antijurídica... pues el autor, al excluir sin causa lícita del patrimonio los bienes que garantizaban el crédito, ha frustrado, de todos modos, la ejecución normal del crédito, remitiendo al acreedor a un procedimiento, en principio, de resultados inciertos" [véanse, además, SSTS, 27-2-1990 (*Tol 2379734*; 21-1-1992 (*Tol 5018876*); 17-9-1992 (*Tol 400020*); 12-2-1992 (*Tol 5113291*); 20-4-1994; 24-1-1998 (*Tol 8407*) y, ya con anterioridad, 8-11-1975 (*Tol 4252118*), que indica que con este delito el deudor hace "ineficaces las acciones que contra él pudieran ejercitarse para el cobro de lo adeudado, ... bastando la situación de riesgo y peligro dolosamente creada que dificulte o enerve la validez y poder normal de las acciones reconocidas por el ordenamiento jurídico para su ejercicio y efectividad en el ámbito jurisdiccional establecido"].

1.1. Tipo objetivo

Aunque sujeto activo es quien se alza "en perjuicio de sus acreedores", es decir, quien posee la condición jurídica de deudor (STS 22-4-2019), no se requiere una declaración judicial expresa de dicha situación (las dudas sobre la existencia de la deuda constituyen cuestión prejudicial de carácter devolutivo de acuerdo con el art. 4 LECrim). Al no preverse una estructura típica paralela para los particulares, nos hallamos ante un delito especial propio, rasgo que condicionará el tratamiento de la autoría y la participación.

En coherencia con las posiciones mantenidas con relación al bien jurídico, la doctrina considera que a quien le corresponde la condición de sujeto pasivo es al titular del derecho de crédito, esto es, el acreedor o el ente público correspondiente.

Todos los bienes que pertenecen al patrimonio del deudor y que posean la condición de embargables (muebles, inmuebles y derechos sujetos al cumplimiento de las obligaciones, a tenor de lo dispuesto en el art. 1911 CC) son susceptibles de convertirse en objeto material del delito (RUIZ MARCO, MARTÍNEZ-BUJÁN PÉREZ). Quedan excluidas, por consiguiente, las meras expectativas (no las contraprestaciones obtenidas con su transferencia a título oneroso) (VIVES ANTÓN/GONZÁLEZ CUSSAC). Debe recordarse asimismo que los herederos responden ilimitadamente por las deudas del causante-deudor, salvo que invoquen el beneficio de inventario al aceptar la herencia, en cuyo caso la responsabilidad patrimonial se circunscribirá a determinados bienes de su patrimonio (MUÑOZ CONDE).

Presupuesto del delito es la existencia de una previa relación jurídica obligacional [SAP, Castellón, 23-5-2006 (*Tol 981427)*, y SAP, Madrid, 20-11-2007 (*Tol 1278969)*, ambas relativas al otorgamiento de capitulaciones previas al nacimiento de la deuda], si bien se discute si es preciso que la conducta típica se desarrolle con posterioridad a su vencimiento. La doctrina y la jurisprudencia mayoritarias defienden que la ocultación puede también producirse cuando los créditos todavía no fueran vencidos o líquidos y, por consiguiente, no exigibles [DEL ROSAL BLASCO, JORGE BARREIRO, OCAÑA RODRÍGUEZ, VIVES ANTÓN/GONZÁLEZ CUSSAC, PÉREZ MARTINEZ, BENÍTEZ ORTÚZAR; SSTS, 26-2-1990 (*Tol 5108341)*; 27-9-1990 (*Tol 458166)*; 22-11-1990 (*Tol 108333)*; 4-7-1991 (*Tol 2420811)*; 11-9-1992 (*Tol 5019273)*, y 7-3-1996 (*Tol 5135290)*; SSAP, Barcelona, 22-10-2002 —recogiendo lo declarado por la STS, 20-4-1991 (*Tol 2429722)*— en el sentido de que el delito "se puede cometer ante el simple temor de que una deuda existente, aunque todavía no haya vencido, puede ser objeto de reclamación, y también puede cometerse aunque la deuda no haya emergido aún al campo del derecho obligacional, bastando por tanto con que exista la expectativa fundada de que la reclamación crediticia pueda ser emprendida en cualquier momento y subsiguientemente acordada por resolución judicial"; Madrid, 23-3-2009 (*Tol 6769045*); Sevilla, 18-6-2009 (*Tol 6711517*); STS, 21-1-2019]. En esa misma línea, el ATS, 11-11-2004 (*Tol 544294*), inadmite un recurso de casación que había planteado como cuestión jurídica la necesidad de vencimiento de la obligación en tanto requisito del tipo y la STS, 25-11-1992 (*Tol 5018655*), caracteriza el supuesto típico del delito como sigue: "es muy frecuente que los defraudadores, ante la inminencia o proximidad del advenimiento de un crédito futuro, de su liquidez o de su irremisible vencimiento, augurando un evidente perjuicio para sus intereses patrimoniales que no desean erosionarse, se adelanten o se anticipen a la materialización del crédito o créditos, a su vencimiento, liquidez o exigibilidad, frustrando y abortando las legítimas expectativas de sus acreedores, mediante la adopción de medidas de desposesión de sus bienes, tendentes a burlar los derechos de aquellos y a eludir su responsabilidad patrimonial, la que, como ya se ha dicho, no por tener que concretarse en el futuro, dejará normalmente de llegar a constituir amenaza potencial para el deudor remiso en el cumplimiento de sus obligaciones". En cambio, requieren que el crédito se halle ya vencido y sea líquido y exigible las STS 17-5-2017 y 18-5-2019. Se volverá sobre esta cuestión en un momento posterior.

De contraerse la obligación una vez ejecutada ya la maniobra de ocultación será el patrimonio del deudor en el momento de la acción el que *responda*. Naturalmente, si el sujeto se alzase con sus bienes, simulando una solvencia inexistente para asumir una deuda, lo procedente sería calificar el hecho como estafa (MARCOS CARDONA).

En ese presupuesto se incluyen tanto las obligaciones jurídico-privadas (también las relacionadas con el derecho de alimentos del *nasciturus*, existente desde el mismo momento en que se puede hablar de vida humana dependiente), como las públicas. El CP de 1995 resolvió definitivamente la controversia existente sobre estas últimas, al introducir el apartado 2º del art. 257 CP, cuyo contenido fue trasladado al apartado 3 inciso 1º tras la entrada en vigor de la LO 1/2015 ("Lo dispuesto en el presente artículo será de aplicación cualquiera que sea la naturaleza u origen de la obligación o deuda cuya satisfacción o pago se intente eludir, incluidos los derechos económicos de los trabajadores, y con independencia de que el acreedor sea un particular o cualquier persona jurídica, pública o privada"). Con posterioridad, la LO 5/2010 reforzaría este entendimiento amplio de la naturaleza de las obligaciones que están en la base del alzamiento, optando por agravar la pena justamente cuando "la deuda u obligación que se trate de eludir sea de Derecho público y la acreedora sea una persona jurídico-pública, o se trate de obligaciones pecuniarias derivadas de la comisión de un delito contra la Hacienda Pública o la Seguridad Social" (actual art. 257.3º, inciso 2º, CP). A propósito de las públicas, el hecho de que, a diferencia de lo que sucede en el ámbito de los delitos de defraudación tributaria y a la seguridad social, en el alzamiento no se exija ningún límite cuantitativo ni se prevea una causa personal de anulación de la pena semejante a la regularización fiscal pone de manifestó una cierta descoordinación técnica que puede generar problemas interpretativos (FEIJOO SÁNCHEZ, SOUTO GARCÍA). De entre ellas, al margen de las deudas tributarias y las cuotas de la Seguridad Social, deben resaltarse las siguientes: las costas judiciales, las obligaciones *ex lege* y *ex delicto*, las surgidas por causa de subvenciones, becas u obligaciones derivadas de expropiación forzosa y, por último, los derechos económicos de los trabajadores (en el bien entendido de que debe tratarse de derechos de naturaleza patrimonial, como la masa salarial, las cotizaciones a la Seguridad Social o las indemnizaciones por jubilación, cierre empresarial o despido) (MARTÍNEZ-BUJÁN PÉREZ). Fuera del ámbito del art. 257.1.1º CP quedará la ocultación de bienes para no pagar una multa impuesta como pena, en cuyo caso no existiría relación obligacional y la sanción penal sería absolutamente desproporcionada, al preverse ya la responsabilidad subsidiaria en caso de impago (GALLEGO SOLER; SSAP, Granada, 26-3-1996; Madrid, 31-1-2000, y Barcelona, 29-10-2001).

Aunque desapareció del texto en las primeras fases de tramitación parlamentaria, la tipificación expresa de la ocultación de los bienes en perjuicio de los acreedores, que se incluía en el texto del proyecto de ley que derivaría en la LO 1/2015, dio lugar a una interesante polémica. Tanto para el Consejo General del Poder Judicial, como para el Consejo Fiscal (en su informe al Anteproyecto de Ley Orgánica por la que se modifica la LO 10/1995, de 24 de noviembre, del Código penal, de 8 de enero de 2013) se trataba de una forma de alzamiento incluida en el art. 257.1.1º CP, tal y como venía reconociendo pacíficamente la jurisprudencia, por lo que debía valorarse como innecesaria.

Por "alzarse con los bienes" hay que entender "defraudar a un acreedor, especialmente ocultando fondos o ausentándose con ellos" (acepción 19ª del Diccionario de la RAE), lo que aplicado al tipo implica que lo determinante será —también a la hora de diferenciarlo de los simples incumplimientos contractuales— que exista un fraude o engaño y una apariencia de insolvencia, y no un estado real de insolvencia (MARTÍNEZ-BUJÁN PÉREZ, GARCÍA RIVAS, GALLEGO SOLER). El delito se abre, pues, a cualesquiera actuaciones fraudulentas realizadas sobre bienes o derechos de los que el sujeto activo es titular y dirigidas a causar o acrecentar su estado de insolvencia (un sector de la doctrina —PÉREZ FERRER— ha llegado a invocar la existencia de un verdadero derecho del acreedor a que el deudor no comprometa de forma fraudulenta la satisfacción de su crédito). Entre las formas o modalidades que pueden darle vida se encuentran esconder materialmente los bienes o huir con ellos, la realización de transmisiones reales o ficticias, la creación de un crédito ficticio o real, pero preferente (injustamente) al de los demás acreedores e, incluso, su destrucción (QUINTERO OLIVARES, GARCÍA RIVAS, SOUTO GARCÍA).

Uno de los rasgos definitorios del tipo es su estructura "abierta" (MARTÍNEZ-BUJÁN PÉREZ), capaz de dar cabida a cualquier comportamiento dirigido a situar los bienes fuera del del alcance de sus acreedores. La doctrina ha tratado de sistematizar las principales formas de "alzarse" recogidas en los repertorios jurisprudenciales sobre la base de lo indicado en la legislación concursal. Los principales supuestos que suelen traerse a colación son (GALLEGO SOLER, SOUTO GARCÍA, BAJO FERNÁNDEZ/BACIGALUPO SAGGESE, PAREDES CASTAÑÓN): 1) donaciones onerosas o gratuitas, reales o ficticias, de bienes a familiares o terceros; 2) compraventa de inmuebles entre familiares en condiciones distintas a las del mercado [SSAP, Badajoz, 21-11-2007 (*Tol 7553530*); León, 4-12-2007 (*Tol 7447453*), y Madrid, 24-11-2008]; 3) desaparición física de bienes embargados por parte del depositario de los mismos [SAP, Cuenca, 7-12-2007 (*Tol 7501053*)]; 4) creación de sociedades instrumentales para ocultar un bien o no pagar obligaciones familiares [SSAP, Valencia, 28-1-1998; Valencia, 13-5-1998; Zaragoza, 27-11-2006 (*Tol 1074256*), y STS, 4-5-2007 (*Tol 1079772*)]; 5) descapitalización de la sociedad o empresa, para evitar el pago de los débitos existentes con los acreedores (SAP, Alicante, 7-3-2008, y STS, 11-4-2008); 6) descapitalización y posterior adquisición de las participaciones de la sociedad beneficiaria (STS 1-9-2008); 7) compra ficticia de bienes (SAP, Alicante, 30-9-1998); 8) constitución de una hipoteca sobre vivienda de su propiedad tras ser requerido para pagar una indemnización [SAP, Alicante, 13-10-2008 (*Tol 1802680*)]; 9) ocultación de elementos del activo [SAP, Madrid, 6-5-2008 (*Tol 1338404*)]; 10) venta ficticia de las participaciones de una sociedad cuando empiezan a tenerse problemas de solvencia empresarial [STS, 27-12-2007 (*Tol 1235303*)]; 11) modificación del régimen económico matrimonial y otorgamiento de capitulaciones matrimoniales sin justificación [SSAP, A Coruña, 6-7-2000; Toledo, 23-10-2000; Girona, 30-10-2000; Santander, 14-3-2001 (*Tol 113172*), y Burgos, 6-6-2002 (*Tol 1879541*)].

Esta última es la modalidad recogida en la STS, 7-10-2021, que resolvió un recurso en el que se denunció que la sentencia de instancia se había basado "en un informe tendencioso y lleno de errores", al no poder afirmarse ni que las capitulaciones se hicieran para eludir las obligaciones fiscales del recurrente, ni que se hubiera producido una insolvencia o disminución del patrimonio "que imposibilitara o dificultara hacer frente a las deudas", ni, finalmente, que concurriese el imprescindible elemento tendencial o ánimo de defraudar. El TS desestimó el recurso por entender que "la Audiencia ha descrito en el apartado de hechos probados de la sentencia que el acusado, con el fin de eludir sus obligaciones fiscales con la Hacienda Pública correspondientes a las liquidaciones realizadas de la sociedad SGGP, de la que era administrador solidario junto al querellante, relativas a los ejercicios 2003 a 2008, el 27 de noviembre de 2009 otorgó con su esposa escritura de modificación del régimen económico matrimonial pactando sustituir el régimen de sociedad de gananciales por el de separación de bienes, adjudicándose a la esposa la totalidad de los bienes inmuebles que hasta entonces habían sido comunes por valor muy superior a los bienes adjudicados al acusado consistentes en participaciones sociales de SGGP y Sociedad General Construcción Alfaro y Ramos SL. De esta forma obstaculizó la completa ejecución de las deudas con la Agencia Tributaria. Igualmente, la fundamentación jurídica explica el ánimo que guiaba al acusado con la realización de tales actos y la evidencia del perjuicio que ello supuso para la AEAT, obstaculizando con su acción las posibilidades de resarcimiento de ésta". Frente a la indicación del recurrente de que podría ser titular de otros bienes o activos sobre los que trabar embargo, el Tribunal contesta que "ello no convierte en atípica su conducta", que "al día de la fecha, o al menos el día de la celebración del juicio la deuda aun persistía" y que "la adjudicación de bienes a la esposa sí supuso la imposibilidad de ejecutar los bienes que a ella fueron adjudicados".

Los supuestos derivados de obligaciones civiles o contratos mercantiles serán atípicos siempre que no se supere el ámbito del riesgo permitido, que estará determinado por la posición concreta que ocupa el deudor en el tráfico jurídico (PAREDES CASTAÑÓN, MARTÍNEZ-BUJÁN PÉREZ). Esta (la de la atipicidad) es, también, la solución que se impone para los casos de no reclamación por el deudor de sus propios créditos en perjuicio de sus acreedores (cuya inclusión en el tipo daría al traste con la vocación de *ultima ratio* del Derecho penal, al existir acciones civiles, como la acción directa, que le permiten al acreedor reclamar el crédito al deudor de su deudor) y de favorecimiento de acreedores, en que el deudor, tras una insolvencia fortuita, entrega sus bienes a alguno de sus acreedores, burlando la preferencia de los créditos mismos. Así lo ha entendido la STS 26-3-2001, que concluye que "la conducta de selección prioritaria de deudas contraídas que hace que unos acreedores cobren con preferencia a otros" es un supuesto atípico" y que pagar parte de las deudas", otorgando preferencia a unos sobre otros, impide apreciar el ánimo defraudatorio general, que es lo que da vida al tipo penal de alzamiento". Idéntica interpretación sostiene la STS 10-12-2019, que afirma rotundamente que "si era realmente existente la deuda que se satisfizo con la enajenación de los bienes del deudor, si el crédito no fue fraudulentamente incrementado, y si la salida de los activos no se realizó a un precio simulado que oculte la distracción parcial de su patrimonio, debe concluirse que el patrimonio del deudor estuvo afecto al pago de sus débitos y que la acción su pudo responder al ánimo defraudatorio general que contempla el artículo 257.1.1.º del Código Penal". Esa no ha sido, sin embargo, la tesis mantenida por otras resoluciones, que han considerado necesario acudir a la inexistencia de la conducta típica o de la causación o aumento de la insolvencia para fundamentar a la atipicidad [STS, 23-2-2001 (*Tol 4925833*), y SAP, Madrid, 20-11-2007 (*Tol 1278969*)]. Conviene aclarar que esa clase de comportamientos sí podrán dar lugar a los delitos de los arts. 260.1 ó 260.2 CP, que se analizarán posteriormente.

Aunque en línea de principio la redacción legal obliga a considerar típicos solo los comportamientos activos (y, en consecuencia, impunes las omisiones), no debe olvidarse que en muchas ocasiones no podrá definirse la conducta realizada de forma indubitada como sólo activa o sólo omisiva, siendo un escenario perfectamente representable el de la existencia de una combinación de actuaciones activas y pasivas. A partir de esas premisas para la jurisprudencia nada impide la consideración de las bajas voluntarias en el trabajo o de las solicitudes de excedencia como modalidades de realización del alzamiento.

Así, la SAP, Córdoba, 29-11-2022 (*Tol 10107391)*, aprecia delito del art. 257.1.2º CP en un caso en que el acusado, obligado a satisfacer en concepto de pensión de alimentos para su hija menor de edad la cantidad de 350 € mensuales revisables anualmente conforme a las variaciones del IPC y el 50% de los gastos extraordinarios, "haciendo caso omiso a la obligación impuesta y a pesar de tener capacidad económica, al menos parcial, dejó de abonar la pensión", hasta que, "de forma por completo voluntaria, abandonó un puesto de trabajo fijo que le permitía atender a sus obligaciones, al mismo tiempo que a su sustento". Contestando el —"débil"— argumento incluido en el recurso de apelación, relativo a que si solicitó la excedencia en el puesto de trabajo fijo "fue porque su empresa (Securitas Direct) no quería en la plantilla a personas que pudieran estar condenadas por la comisión de delitos, algo que se deduciría de la llegada a su conocimiento de diversos embargos judiciales provenientes del juzgado de violencia de género, y, en dicho estado de cosas, ya no le permitió reincorporarse antes de la finalización del período anual de excedencia que había interesado", la Audiencia explica que "aunque ello hubiera sido cierto, que no está acreditado, pues no obra en las actuaciones documento alguno de Direct Seguros que lo sostenga", lo que, desde luego, no causaría perjuicio alguno a su hija "hubiera sido aguardar a que la entidad tomara la decisión que creyere oportuna y, si esta era la de despedirlo, mientras se debatía en los tribunales la pertinencia o no del despido, no renunciar de antemano a un eventual derecho a la posible indemnización que pudiera corresponderle, y, entretanto, contar con el abono del subsidio de desempleo, que hubiera permitido hacer frente a los pagos tanto de la pensión como de las necesidades ordinarias". Concluyendo, la sentencia afirma que la decisión de pedir la excedencia en su trabajo, y otras actuaciones posteriores, dificultaron gravemente la satisfacción de los derechos "que podrían ser exigidos en un procedimiento de más que previsible iniciación, como indica el precepto aplicable, el de ejecución forzosa del título en el que se establecía la pensión de alimentos", al traducirse en una "evaporación" de los recursos sobre los que hubiera podido trabarse embargo en el proceso de ejecución, "al menos durante el tiempo que duró la situación de excedencia voluntaria, un año". Por su parte, la STS, 8-7-2002 (*Tol 202508)*, subsumió en ese mismo precepto la conducta realizada por el acusado "a partir del momento en que comunicó a la empresa en que trabajaba —de la que su hermano era teóricamente administrador— su deseo de causar baja voluntaria en la misma" y que suponía "la imposibilidad de que en el procedimiento judicial de ejecución de la sentencia de divorcio se le embargasen tanto la parte del sueldo que hubiere de ser destinada al pago de las pensiones, puesto que dejó de percibir el sueldo, como la parte del subsidio de desempleo con que tenía que responder de las mismas obligaciones". "El elemento tendencial o subjetivo del delito de alzamiento de bienes, que consiste en la intención de defraudar a los acreedores haciendo desaparecer el activo con que podrían satisfacer sus créditos, se infiere fácilmente —prosigue la sentencia-..., no sólo de la propia dinámica comisiva sino, muy especialmente, del comportamiento anterior del acusado, que venía demostrando desde años atrás su decidido propósito de no cumplir las obligaciones asistenciales que había contraído con su ex-esposa y con sus hijos, por lo que su renuncia voluntaria al puesto de trabajo no podía ser sino un último ardid para evitar que las retenciones reiteradamente ordenadas se llevasen a efecto". En definitiva, "la actuación del acusado reprodujo todos y cada uno de los elementos que integran el delito básico de alzamiento de bienes y la modalidad específica del mismo que le ha sido aplicada en la sentencia recurrida: sobre el presupuesto de unos créditos preexistentes, vencidos, líquidos y exigibles, se desarrollaron unos actos encaminados a neutralizar la eventual iniciativa de los acreedores para asegurar, mediante un embargo, el cobro de sus créditos y se logró así una situación de insolvencia en que efectivamente hubiese sido ilusorio todo esfuerzo por conseguir tan legítima finalidad".

Se ha discutido si tiene cabida la comisión por omisión en este delito, debiendo optarse —cuando menos con relación a los supuestos habitualmente aludidos por la doctrina— por la negativa, en la medida en que el Ordenamiento Jurídico no establece ningún deber de cooperar y, por tanto, de actuar (SOUTO GARCÍA, MARTÍNEZ-BUJÁN PÉREZ, MUÑOZ CONDE, GALLEGO SOLER). En el caso concreto de la repudiación de una herencia en perjuicio de los acreedores, en puridad, ni siquiera cabría hablar de una ocultación de bienes pertenecientes al patrimonio del deudor (SAP, Pontevedra, 7-6-2022), que nunca llegó a adquirir nada (el ingreso de los bienes hereditarios en su patrimonio requiere la aceptación de la herencia). La incriminación de esos hechos resultaría, además, criticable por la lejanía del peligro para el bien jurídico protegido y la consiguiente quiebra del principio de ultima ratio, ante la existencia de mecanismos civiles para la resolución de los problemas derivados de la no aceptación de negocios jurídicos (donaciones, herencias) en fraude de acreedores (GALLEGO SOLER). Sin ir más lejos, el art. 1001 CC les brinda protección atribuyéndoles una acción específica para que puedan intervenir en defensa de sus créditos, permitiéndoles solicitarle al juez la autorización que les permita aceptar la herencia en nombre del deudor (a pesar de que el fundamento y naturaleza de dicha acción distan de ser pacíficos, la opinión dominante en la doctrina y en la jurisprudencia destaca que representa un medio de reacción frente a los perjuicios que sufren los acreedores, en la línea de la acción pauliana).

La respuesta debe ser igualmente negativa en los casos de ocultación de dinero, créditos o derechos en el balance y que, en realidad, aluden a comportamientos activos y no implican, en absoluto, la sustracción de los bienes a la acción de los acreedores (A favor de aceptar el alzamiento (en comisión por omisión) en esos casos BAJO FERNÁNDEZ / BACIGALUPO SAGGESE; en contra VIVES ANTÓN / GONZÁLEZ CUSSAC, GONZÁLEZ CUSSAC). La SAP, Granada, 20-7-2020 (*Tol 122260*), discute la posible condena como autor o, en su caso, inductor de un marido que animó a su esposa a vender bienes de su propiedad (participaciones indivisas en bienes comunes hereditarios) con la finalidad de frustrar la satisfacción de créditos cuya existencia ella misma desconocía. El marido resultó absuelto, entre otras razones, al considerar la sala que "no existe ningún deber jurídico ex art. 11 del CP, en tanto que codeudor, de advertir a otro deudor (supuestamente ignorante de la existencia de la deuda) que no podrá disponer de su patrimonio por estar afecto a la responsabilidad patrimonial universal de todo deudor respecto a los acreedores".

Probablemente, el elemento típico que suscita mayor controversia es la expresión "en perjuicio", utilizada ya por el art. 519 del Código Penal de 1973.

El sector doctrinal y jurisprudencial mayoritarios apoya la tesis del elemento subjetivo del tipo distinto del dolo [QUINTERO OLIVARES, REY GONZÁLEZ, CERES MONTES, FARALDO CABANA, VIVES ANTÓN/GONZÁLEZ CUSSAC, GARCÍA RIVAS, MUÑOZ CONDE, GONZÁLEZ CUSSAC, BAJO FERNÁNDEZ/ BACIGALUPO SAGGESE, NIETO MARTÍN; SSTS 13-4-2002, 14-12-2004 (*Tol 636365*), 16-12-2004; SAP, Toledo, 24-3-2014 (*Tol 4195154*), en la que puede leerse que esa referencia "ha sido siempre interpretada por la doctrina de esta Sala, no como exigencia de un perjuicio real y efectivo en el titular del derecho de crédito, sino en el sentido de intención del deudor que pretende salvar algún bien o todo su patrimonio en su propio beneficio o en el de alguna otra persona allegada, obstaculizando así la vía de ejecución que podrían seguir sus acreedores"], consistente en la "intención del deudor que pretende salvar algún bien o todo su patrimonio en su propio beneficio o en el de alguna otra persona, obstaculizando así la vía de ejecución que podrían seguir sus acreedores" [SSTS, 18-2-2015 (*Tol 4738320*); 20-2-2018, y 7-6-2019 (*Tol 7278715*)]. A esa conclusión podría llegarse a partir de la decisión del legislador de castigar con las penas previstas en el nº 2 del art. 257 a quienes "con el mismo fin" (el buscado con el tipo del nº 1) lleven a cabo las conductas de obstrucción aludidas en él. La STS, 13-2-1992 (*Tol 400130*), sintetiza las principales consecuencias de este planteamiento: a) la necesidad de que existan "uno o varios derechos de crédito reales y existentes"; b) la inclusión en el tipo de "un elemento subjetivo del tipo que impide la realización de este delito por imprudencia"; y c), y a resultas de los dos primeros, la consideración del alzamiento como un delito "de tendencia en el que basta la intención de perjudicar a los acreedores mediante la ocultación que obstaculiza la vía de apremio, sin que sea necesario que esta vía ejecutiva quede total y absolutamente cerrada, ya que basta con que se realice esa ocultación o sustracción de bienes que es el resultado exigido en el tipo, pues el perjuicio real pertenece, no a la fase de perfección del delito, sino a la de su agotamiento". El planteamiento al que me adscribo le otorga, en cambio, naturaleza de verdadero resultado material, de manera que el tipo se consumaría con la causación de un perjuicio económico dimanante de la frustración del derecho de crédito (MARTÍNEZ-BUJÁN PÉREZ, SOUTO GARCÍA, HUERTA TOCILDO, RUIZ MARCO). En su apoyo pueden traerse varios argumentos. No todas las acepciones del vocablo "fin" en el DRAE apuntan a un elemento anímico que trasciende a la acción (en su acepción primera su significado es el de "término, remate o consumación de una cosa") (MARTÍNEZ-BUJÁN PÉREZ). Además, una intervención penal que se anticipe a la existencia de un perjuicio patrimonial efectivo redundaría en una sobreprotección del derecho de crédito con respecto a otros intereses de naturaleza patrimonial (RUIZ MARCO). Tampoco puede dejar de señalarse la incongruencia que late detrás de la extensión de la tesis dominante (la del elemento subjetivo del injusto) al ámbito de las obligaciones tributarias, que permitiría apreciar delito consumado de alzamiento con anterioridad a la iniciación del período de declaración del tributo y, en consecuencia, de que el sujeto activo tenga la posibilidad de realizar un delito de defraudación tributaria; y ello contando, además, con que en los tributos que exigen un acto administrativo de liquidación dicha tesis abocaría a que el alzamiento se consumase en un momento en que el sujeto activo nunca podría conocer el *quantum* de la deuda, al competerle la liquidación a la Administración tributaria (MARTÍNEZ-BUJÁN PÉREZ). A mayor abundamiento, la configuración del delito que aquí se defiende parece la única capaz de explicar la remisión del tipo cualificado del art. 257.4 al art. 250.5º CP (que "el valor de la defraudación supere los 50.000 euros") (MARTÍNEZ-BUJÁN PÉREZ). La discrepancia con la construcción del elemento subjetivo del injusto se sustenta también, en fin, en razones político-criminales: acoger la del resultado lesivo le deja margen de operatividad al delito en los casos de insolvencias inmediatamente anteriores al vencimiento de la deuda [*vid.* en cambio SSTS, 10-6-1999 (*Tol 272280)*, y 8-4-2009 (*Tol 1577939)*], y, asimismo, al desistimiento, cuando, después de alzarse y situarse en situación de insolvencia, el deudor satisface el crédito en el momento del vencimiento (o antes), evitándole el perjuicio al acreedor (HUERTA TOCILDO, MARTÍNEZ-BUJÁN PÉREZ). Son asimismo razones de esa índole las que abogan por castigar como cooperadores a quienes ayudan a mantener la ocultación de los bienes con actuaciones sucesivas realizadas antes del vencimiento de la deuda. Por lo demás, importa aclarar que tratándose de un alzamiento dirigido al impago deudas tributarias, el perjuicio vendrá referido al importe total de la deuda impagada, que incluye (en los términos indicados por el art. 58 LGT) la cuota, el interés de demora, los recargos y las sanciones (MARTÍNEZ-BUJÁN PÉREZ).

Por razones de estricta legalidad, un pago de la deuda con posterioridad a la obstaculización sólo podrá tener relevancia a efectos de la apreciación de la atenuante de reparación del daño [SAP, Barcelona, 8-1-2009 (*Tol 1463702)*; FARALDO CABANA].

1.2. Tipo subjetivo

El tipo exige que las conductas típicas se lleven a cabo con dolo, requiriéndose el conocimiento de todos los términos típicos, incluida la existencia de la relación crediticia y del perjuicio económico que la ocultación de bienes le ocasiona al acreedor, en términos de frustración del derecho de crédito. Su desconocimiento —por ejemplo, la creencia errónea del sujeto de que la transmisión de un bien no le colocaba en situación de insolvencia— dará lugar a un error de tipo impune [STS, 28-2-2002 (*Tol 156136)*]. Una corriente jurisprudencial insiste en que el tipo no requiere ningún dolo específico distinto del defraudatorio [STS, 31-10-2006 (*Tol 1009755*), y STS, 20-3-2018 (*Tol 6594469)*]. En consonancia con ese planteamiento, un sector doctrinal, con el que me alineo, entiende suficiente el dolo eventual (QUINTERO OLIVARES, MARTÍNEZ-BUJÁN PÉREZ, PÉREZ MARTÍNEZ).

Otros autores y la mayoría de la jurisprudencia, sin embargo, restringen el tipo al dolo directo, en coherencia con la interpretación de la expresión "en perjuicio" como elemento subjetivo del injusto y con la calificación del delito como de tendencia y de consumación anticipada [MUÑOZ CONDE, GALLEGO SOLER; STS, 1-2-2006; SAP, Barcelona, 8-1-2008; SSTS, 28-4-2010 (*Tol 1860844*); 20-2-2019, y 22-4-2019 (*Tol 7205216*)]. Con arreglo a este otro esquema, el tipo incorporaría un elemento tendencial consistente en la intención de causar perjuicio al acreedor [STS, 11-4-2005 (*Tol 639143*); SAP, Barcelona, 8-1-2008 (*Tol 1283138*) —identificándolo con el propósito específico del sujeto de frustrar legítimas esperanzas de cobro de sus acreedores—; SAP, Granada, 24-7-2014 (*Tol 4587170*)], y que serviría, entre otras cosas, para evitar el castigo de "quien se ha visto perjudicado por fluctuaciones del mercado que hayan conllevado una depreciación patrimonial o quien haya llevado a cabo inversiones de capital o mercantiles que le hayan generado pérdidas, cuando éstas fueron razonables" (COBO DEL ROSAL). Dicho "dolo específico" tendría que inferirse "de los actos realizados por el deudor en orden a provocar su insolvencia, que normalmente consisten en la transmisión de los bienes a familiares, amigos o personas de su confianza que ya saben de antemano lo ficticio o irreal de esa transmisión" [SAP, Murcia, 6-10-2020 (*Tol 8201985*)].

Así, se ha considerado acreditado en base a indicios como: el precio vil en la transmisión; la proximidad temporal entre la realización de las conductas y las fechas de nacimiento y/o vencimiento de obligaciones; la irracionalidad económica de los negocios llevados a cabo; inexperiencia del comprador en el sector; la formalización de la venta sin valoración de los activos para conocer el valor real de las participaciones; la inexistencia de rastreo bancario del pago del comprador; o la no justificación del destino dado al dinero recibido, entre otros [SSTS 31-5-1991 (*Tol 459591*); 11-10-2005 (*Tol 738277*), y 27-12-2007 (*Tol 1235303*)]. La SAP, Alicante, 7-5-2020 (*Tol 8286732*), menciona como indicio más frecuente la ausencia de racionalidad económica de la operación [*vid.* también SAP, Barcelona, 27-10-2017 (*Tol 7404936*)]. Por su parte, la STS, 8-4-2009, ve ese "ánimo tendencial" en quien, después de recibir una cantidad de dinero mediando la ejecución provisional de una sentencia recurrida, le dio un destino oculto, "consciente de que la disposición del dinero impediría definitivamente el retorno en la eventualidad de una revocación parcial de la sentencia" —que es lo que terminaría sucediendo. En cambio, un simple impago de deudas o el cierre empresarial no servirían por si solos para sustentarlo [STS 11-4-2006 (*Tol 928549*)]. La STS 18-9-2001 (*Tol 1932231*) ve incompatible el empleo de lo sustraído a la posible vía de apremio en el pago de otras deudas con el tipo subjetivo, en la medida en que el art. 257 "no es una tipificación penal de la violación de las normas civiles o mercantiles relativas a la prelación de créditos".

1.3. Justificación

Son imaginables supuestos de estado de necesidad, cuando la enajenación de los bienes es la única solución para salir del estado de precariedad o indigencia en que se hallen el sujeto activo o su familia (MUÑOZ CONDE, BAJO FERNÁNDEZ/BACIGALUPO SAGGESE) o para "pagar tratamientos médicos o quirúrgicos que alivien su salud" (VIVES ANTÓN/GONZÁLEZ CUSSAC). Además, en la medida en que el alzamiento esté dirigido a salvar la empresa, abonar los salarios de los trabajadores o evitar un despido masivo podría plantearse la cuestión del estado de necesidad incompleto (MUÑOZ CONDE).

La STS 4-6-1993 (*Tol 400902)* rechaza, sin embargo, traerlo en aplicación en relación con el alzamiento cometido mediante la venta de un local a la mujer con la que el acusado "hacía vida marital desde hacía varios años", argumentando que dicha eximente "tanto en su vertiente plena como en la incompleta, requiere como presupuesto necesario e imprescindible la existencia de una situación angustiosa e inminente de puesta en peligro de bienes jurídicos. Y, evidentemente, el que hubiese tenido tres hijos con la mujer —en estas diligencias coencausada— con la que convivía no puede exculparle, como pretende..., de su conducta de alcanzar una situación de insolvencia con el fin de eludir su obligación de satisfacer las pensiones fijadas en la correspondiente sentencia de divorcio". El recurrente había alegado que dicha venta buscaba únicamente "salvar lo indispensable para su subsistencia y la de los tres hijos" habidos con la compradora.

Un sector doctrinal ha venido recurriendo al expediente de la justificación para resolver la calificación penal del pago a algún acreedor de una obligación exigible en detrimento del derecho de los demás, en los casos en que el deudor no puede atenderlos a todos (MUÑOZ CONDE, decantándose por el ejercicio legítimo de un derecho). En realidad, ni puede apreciarse estado de necesidad, al no existir la situación límite que requiera la realización de la acción típica enjuiciada como única forma de salvar otro bien jurídico —es decir, la situación de necesidad—, ni el ejercicio legítimo de un derecho cuya existencia debería demostrarse (VIVES ANTÓN/GONZÁLEZ CUSSAC). Otros autores optan, en cambio, por su atipicidad, al no cumplirse los requisitos de la intención de perjudicar o de que la insolvencia sea consecuencia de la realización de maniobras de ocultación, salvo en los casos en que deba venir en aplicación el art. 260 CP por existir ya un estado de insolvencia actual o inminente o un procedimiento concursal en que se haya asignado una prelación a los créditos (BAJO FERNÁNDEZ/BACIGALUPO SAGGESE, GONZÁLEZ CUSSAC).

1.4. Iter criminis

La doctrina y jurisprudencia consideran que se trata de un delito de consumación anticipada, que se consuma en el momento en que el deudor se coloca en situación de insolvencia, total o parcial, real o ficticia, "provocada con el propósito en el agente de frustrar legítimas esperanzas de cobro de sus acreedores depositarios de los bienes inmuebles o muebles o derechos de contenido económico del deudor" [SAP, Girona, 27-5-2002 (*Tol 263659*); DEL ROSAL BLASCO, VIVES ANTÓN/GONZÁLEZ CUSSAC, BAJO FERNÁNDEZ/BACIGALUPO SAGGESE, FARALDO CABANA; SSTS, 5-7-2002 (*Tol 202481*); 20-1-2004, y 14-12-2004; SSAP, Barcelona, 15-6-2005, y Barcelona, 27-12-2007 (*Tol 1235303*); STS, 1-9-2008; SAP, Guadalajara, 26-10-2017 (*Tol 6457141*); SSTS 21-1-2018; 24-4-2018 (*Tol 6591844*), y 17-12-2018 (*Tol 6976728*)].

La STS, 23-11-2018 (*Tol 6955949*), resume la jurisprudencia en la materia de la siguiente manera: "La constante doctrina de esta Sala expuesta en las SSTS. 667/2002 de 15.4, 1471/2004 de 15.12, 1459/2004 de 14.12 dice que 'la expresión en perjuicio de sus acreedores" que utilizaba el art. 519 del Código Penal de 1973 (EDL 1973/1704), y hoy reitera el artículo 257.1° del Código Penal de 1995 (EDL 1995/16398), ha sido siempre interpretada por la doctrina de esta Sala, no como exigencia de un perjuicio real y efectivo en el titular del derecho de crédito, sino en el sentido de intención del deudor que pretende salvar algún bien o todo su patrimonio en su propio beneficio o en el de alguna otra persona allegada, obstaculizando así la vía de ejecución que podrían seguir sus acreedores. Este mismo precedente jurisprudencial precisa que, como resultado de este delito, no se exige una insolvencia real y efectiva, sino una verdadera ocultación o sustracción de bienes que sea un obstáculo para el éxito de la vía de apremio. Y por eso las sentencias de esta Sala, que hablan de la insolvencia como resultado del alzamiento de bienes, siempre añaden los adjetivos total o parcial, real o ficticia (SS de 28.5.79, 29.10.88, STS. 1540/2002 de 23.9). Por ello, para la consumación del delito no es necesario que el deudor quede en una situación de insolvencia total o parcial, basta con una insolvencia aparente, consecuencia de la enajenación real o ficticia, onerosa o gratuita de los propios bienes o de cualquier actividad que sustraiga tales bienes al destino solutorio al que se hallen afectos (SSTS. 17.1 y 11.9.92, 24.1.98) porque no es necesario en cada caso hacerle la cuenta al deudor para ver si tiene o no más activo que pasivo, lo cual no sería posible en muchos caos precisamente por la actitud de ocultación que adopta el deudor en estos supuestos. Desde luego no se puede exigir que el acreedor, que se considera burlado por la actitud de alzamiento del deudor, tenga que ultimar el procedimiento de ejecución de su crédito hasta realizar los bienes embargados (STS. 4.5.89), ni menos aún que tenga que agotar el patrimonio del deudor embargándole uno tras otro todos sus bienes para, de este modo, llegar a conocer su verdadera y real situación económica. Volvemos a repetir que lo que se exige como resultado en este delito es una efectiva sustracción de alguno o algunos bienes, que obstaculice razonablemente una posible vía de apremio con resultado positivo y suficiente para cubrir la deuda, de modo que el acreedor no tiene la carga de agotar el procedimiento de ejecución, precisamente porque el deudor con su actitud de alzamiento ha colocado su patrimonio en una situación que no es previsible la obtención de un resultado positivo en orden a la satisfacción del crédito (SSTS. 425/2002 de 11.3, 1540/2002 de 23.9, 163/2006 de 10.2, 1101/2007 de 27.12)". En esa misma línea, la SAP Barcelona de 20 de abril de 2015, apunta que en el caso del ocultamiento de bienes "el delito se consuma a pesar de que el autor mantiene un patrimonio solvente. Basta pues que se produzca un impedimento importante a la hora de la ejecución de las deudas, de modo tal que sea razonable prever un fracaso en la eventual vía de apremio".

Estaríamos, entonces, ante un delito de peligro abstracto y de mera actividad, que se consuma con la puesta en riesgo de los derechos de los acreedores por consecuencia de la ocultación o sustracción de bienes, sin necesidad de que la vía ejecutiva haya quedado totalmente cerrada [GARCÍA RIVAS, BENÍTEZ ORTÚZAR; SSTS 27-12-2007 (*Tol 1235303*), 16-2-2017 (*Tol 964506*), 20-2-2018 y 1-10-2018]. La decisión del legislador de tipificar una forma de consumación anticipada invitaría, en este orden de cosas, a excluir el castigo de las formas imperfectas de ejecución por razones de orden político-criminal (MUÑOZ CONDE). Como ya se ha avanzado, la causación de un perjuicio efectivo del acreedor se considera, con arreglo a este punto de vista, un acto de agotamiento del delito [BENÍTEZ ORTÚZAR; SSTS, 13-2-1992 (*Tol 400130*), 27-4-2000 (*Tol 3730593*), y 15-10-2003 (*Tol 4973764*); SAP, Granada, 24-7-2014, y STS 24-4-2018].

Frente a esta posición, otro sector jurisprudencial y doctrinal defiende que se trata de un delito de peligro concreto, cuyo resultado típico coincidiría, justamente, con la producción de la insolvencia (bastando con que sea parcial o ficticia) [MUÑOZ CONDE, FARALDO CABANA, GONZÁLEZ CUSSAC/VIVES ANTÓN, DEL ROSAL BLASCO, GALÁN MUÑOZ, GONZÁLEZ CUSSAC; SSTS, 8-11-2016 (*Tol 5877394*), 6-7-2017 (*Tol 6206019*), y 24-4-2018 (*Tol 6591844*)]. Cabría, pues, la tentativa cuando la ocultación no llegase a colocar al sujeto en esa situación y, por consiguiente, a poner en peligro la efectividad de los créditos (GONZÁLEZ CUSSAC). Al igual que el anterior, este planteamiento se nutre de la idea de que la ocultación de bienes por el deudor, para quedarse de forma definitiva con ellos, representa un adelantamiento de las barreras de intervención a un momento en que todavía no se ha producido la frustración de los derechos de los acreedores.

Por último, HUERTA TOCILDO, MARTÍNEZ-BUJÁN PÉREZ, SOUTO GARCÍA y VÁZQUEZ IRUZUBIETA entienden que la conducta típica exige para su consumación que se provoque directamente ese perjuicio económicamente evaluable, un perjuicio —precisa HUERTA TOCILDO— que surgiría desde el momento en que el acreedor viese frustradas sus expectativas de satisfacer su crédito y no le quedase otra salida, para conseguirlo, que acudir a un costoso y lento procedimiento judicial. Esta conclusión, que veo acertada, se ve reforzada por el hecho de que el tipo parece presuponer que la relación obligacional que debe preexistir a la conducta de ocultación se halle vencida y sea exigible. Estamos, por tanto, ante un delito de lesión y de resultado. BAJO FERNÁNDEZ/BACIGALUPO SAGGESE comparten ese mismo criterio, si bien partiendo de que la realización del injusto típico requiere que el deudor se haya colocado en una situación de insolvencia "impidiendo el cobro del crédito" (véanse también DE LA MATA BARRANCO, GUTIÉRREZ PÉREZ, acogiendo la idea de la causación de un perjuicio asociado a la aparición de la insolvencia, que determinaría la lesión del derecho de crédito y la consumación). En consecuencia, serían perfectamente posibles la tentativa —en las insolvencias anteriores al vencimiento o cuando, tras haberse colocado dolosamente en situación de insolvencia, el deudor alcanza un convenio con sus acreedores, sin que opere el vencimiento anticipado de las deudas, al no tener lugar la apertura de la fase de liquidación— y el desistimiento —por ejemplo, cuando, después de haberse colocado en esa situación, el deudor se arrepiente y satisface el crédito del deudor en el instante del vencimiento (MARTÍNEZ-BUJÁN PÉREZ, SOUTO GARCÍA).

En este trabajo se opta por esta interpretación, tanto por el entendimiento que aquí se tiene de las diferentes categorías dogmáticas implicadas, como por razones político-criminales: no es cierto —como sugiere la STS, 18-1-1980 (*Tol 2307046)*— que con ella se abra la puerta a la impunidad de ocultaciones de patrimonio dotadas de gran "carga fraudulenta" y llevadas a cabo, de forma "cautelosa y premeditada", con anterioridad a la posibilidad de reclamar el cumplimiento de las deudas. Los defraudadores a que alude la STS, 25-11-1992 (*Tol 5018655)*—aquellos que "ante la inminencia o proximidad del advenimiento de un crédito futuro, de su liquidez o de su irremisible vencimiento, augurando un evidente perjuicio para sus intereses patrimoniales que no desean erosionarse, se adelanten o se anticipen a la materialización del crédito o créditos, a su vencimiento, liquidez o exigibilidad, frustrando y abortando las legítimas expectativas de sus acreedores, mediante la adopción de medidas de desposesión de sus bienes, tendentes a burlar los derechos de aquellos y a eludir su responsabilidad patrimonial"— deberían sancionarse como autores de una tentativa. Idéntica solución debe darse a los casos de no producción final de un perjuicio efectivo para la Hacienda Pública, en que tras los actos de vencimiento patrimonial del deudor un recurso tributario reconoce la prescripción de la deuda. La STS 25-2-2003, declaró que la prescripción de la deuda nunca puede alegarse para negar su existencia sobre la base de un error de tipo (comenta esta sentencia MARCOS CARDONA, defendiendo, sin embargo, la consumación del alzamiento desde la óptica del delito "como delito de peligro, por haberse obstaculizado o impedido la eficacia del procedimiento de apremio por los actos de vaciamiento patrimonial"). Para otros, como los descritos por GUTIÉRREZ PÉREZ, en que se alcanza un convenio que incluye una quita en los derechos de los acreedores o una espera o demora temporal en la satisfacción del crédito, la protección jurídico-civil resulta, en mi opinión, más que suficiente.

Hay que conceder, con todo, que esta discusión se ve inevitablemente distorsionada por el hecho de que, en la práctica —y salvo que, con anterioridad, el acreedor tuviera acceso a informaciones fiables sobre las maniobras de ocultación que está desarrollando el deudor y la insuficiencia de su patrimonio para responder a sus deudas (CASTELLÓ NICÁS)—, la persecución sólo tendrá lugar tras el vencimiento de la deuda (y comprobado el perjuicio del derecho de crédito) (SOUTO GARCÍA, CASTELLÓ NICÁS, PÉREZ MARTÍNEZ).

1.5. Autoría y participación

Por tratarse de un delito especial, que limita el círculo de sujetos activos a quienes posean la cualidad de deudor (el directamente obligado desde una perspectiva jurídico-civil y los restantes sujetos que responden subsidiariamente de la obligación principal), aquel es el único que podrá ser calificado como autor, debiendo darse entrada a los criterios de imputación personal con relación a los *extranei* que participen en el hecho. Si la deuda tuviera varios cotitulares, todos los que realicen los actos que se corresponden con la conducta típica serían coautores (MUÑOZ CONDE, PÉREZ MARTÍNEZ). De servirse el deudor de otro sujeto a modo de instrumento para llevar a cabo la ocultación podrá ser castigado como autor mediato.

MARTÍNEZ-BUJÁN PÉREZ propone resolver los supuestos dudosos que puedan plantearse de la siguiente manera: 1) Cuando la conducta típica no sea ejecutada por el deudor, sino por quien actúa en su nombre y representación, vendrá en aplicación el art. 31 CP; 2) La conducta de quien, sin poseer el dominio social típico, determina la frustración del crédito de los acreedores (por ejemplo haciendo desaparecer maquinaria o instrumentos de trabajo integrantes del patrimonio de la empresa) deberá encuadrarse en la participación en el alzamiento del administrador (si actúa en connivencia con él) o en la autoría del delito patrimonial de que se trate (hurto, robo, apropiación indebida, daños) o, en otro caso, sancionarse con la impunidad (MARTÍNEZ-BUJÁN PÉREZ, GARCÍA CAVERO); 3) El socio-deudor que instrumentaliza al administrador para realizar la conducta constitutiva de alzamiento será autor mediato del delito, pero si aquel es consciente del carácter delictivo de su actuación se abren varias posibilidades: a) participación del socio-deudor en el alzamiento del administrador (GARCÍA CAVERO); b) coautoría de ambos fundamentada en el dominio funcional del hecho (MUÑOZ CONDE); c) autoría mediata del socio-deudor en aplicación de la construcción de la autoría mediata por aparatos organizados de poder (FARALDO CABANA); y d) autoría del socio-deudor en comisión por omisión (MARTÍNEZ-BUJÁN PÉREZ); 4) El socio-deudor que ejecuta la conducta típica sin poseer el dominio social típico no puede ser considerado autor de alzamiento, pero sí de los delitos patrimoniales que corresponda (en este supuesto el administrador que conociese la conducta del socio y no hiciese nada para impedirla podría considerarse autor de alzamiento en comisión por omisión (GARCÍA CAVERO)).

La colaboración sucesiva de varias personas después de realizado el primer acto de ocultación sería, a juicio de la opinión mayoritaria, atípica, dado que el delito ya se habría consumado con la colocación del deudor en estado de insolvencia (en su caso podrá subsumirse en la receptación, el encubrimiento o el blanqueo de capitales) (GARCÍA RIVAS, VIVES ANTÓN/GONZÁLEZ CUS-

SAC). La solución sería muy distinta si —como aquí se hace— se acoge la tesis que refiere el momento consumativo al de la efectiva frustración del derecho de crédito (SOUTO GARCÍA, MARTÍNEZ-BUJÁN PÉREZ) o si se considera que, aunque la consumación coincide con el instante en que el titular del patrimonio se alza con los bienes y derechos que lo integran, los efectos del estado antijurídico originado se prolongan a lo largo del tiempo, con "evidente repercusión en los patrimonios de aquellas personas que quedan directamente afectados" (GARCÍA SÁNCHEZ): la de la cooperación necesaria o la complicidad.

La calificación que debe darse a quienes se hayan puesto de acuerdo con el sujeto activo para realizar maniobras fraudulentas de ocultación es, a tenor de numerosas resoluciones dictadas por el Tribunal Supremo en esta materia, la de cooperadores necesarios [MUÑOZ CONDE, GALLEGO SOLER, GARCÍA SÁNCHEZ, PÉREZ MARTÍNEZ, MARTÍNEZ-BUJÁN PÉREZ, GONZÁLEZ CUSSAC; SSTS 21-11-2002 (*Tol 229821)*, 14-1-2003 (*Tol 240862)*, y 3-2-2017 (*Tol 5960281)*].

A propósito de la participación del cónyuge, la STS, 30-6-2005 (*Tol 697826)*, recuerda que la Sala 2ª del Alto Tribunal "admite la participación del cónyuge del acusado en el delito de alzamiento de bienes, como cooperador necesario, tanto cuando otorga poder en favor del esposo para que éste realice actos de ocultación de bienes (STS. 4.5.91) como cuando colabora en la modificación de capitulaciones matrimoniales o adquiere los bienes adjudicados a su esposo (STS. 4.3.91, 14.1.2003)". La sentencia apreció el delito en un caso en que "el recurrente Cornelio enajenó sus mitades indivisas a su cónyuge Celestina, dificultando, cuando no imposibilitando que responda de una deuda liquida, vencida y exigible, vigente ya el régimen de separación de bienes". En la relación de hechos probados se hace constar que, en abril de 2000, modificaron su régimen económico ganancial, adjudicándole al esposo bienes transmitidos por él mismo a Celestina en pago de supuestas entregas de dinero adelantadas por ella para satisfacer deudas —de Cornelio— "con personas cuya identidad no consta, dinero, que, a su vez, la Sra. Celestina habría recibido de parientes sin constancia documental alguna". Consecuentemente, concluye el Alto Tribunal, "no cabe duda que el esposo tiene la cualidad directa de deudor y por tanto puede perfectamente serle imputado el delito a título de autor, sin que sea necesario indagar ni profundizar acerca si esas deudas eran gananciales o no, ni si por tanto la esposa era o no deudora, por cuanto es evidente su participación al menos en concepto de cooperadora necesaria, equiparándose la penalidad en el art. 28 CP, pues como se ha indicado, conociendo la problemática y la deuda que su marido estaba generando con el Sr. Jesús María, no ha podido ofrecer una mínima explicación convincente del porqué del otorgamiento de las capitulaciones y la compra por su parte de los bienes de su esposo".

De esta opinión se apartan quienes ven dudoso que, por relevante que pueda ser la participación de terceros, no sea posible concebir contribuciones no necesarias, susceptibles de merecer la calificación de complicidad (VIVES ANTÓN/ GONZÁLEZ CUSSAC, GARCÍA SÁNCHEZ).

En la necesidad de distinguir las distintas clases de participación criminal abunda la STS 18-11-2021 (*Tol 8662242)*, en la que se afirma que una "mera aportación causal-natural favorecedora del plan criminal de quien domina el hecho como autor no convierte por sí al interviniente en partícipe criminal", so pena de contravenirse "los principios de culpabilidad, autorresponsabilidad y prohibición de regreso". De ahí —prosigue— que "la clave normativa de la calificación como penalmente relevante ex artículos 257.1.1° y 28, ambos, CP de los actos negociales otorgados por un tercero que recaen sobre bienes de quien tiene obligaciones pendientes, radique en determinar si mediante aquellos cooperó de forma decisiva para producir una situación de insolvencia parcial o total, real o ficticia, que comprometa el derecho de los acreedores del deudor a hacer efectivos sus créditos, asumiendo dicho resultado". La sentencia enjuicia un supuesto en el que se produjo un significativo vaciamiento patrimonial del deudor a consecuencia de un contrato con la sociedad DISJASA que comportó salidas de mercancía sin un retorno económico "mínimamente equivalente", alcanzando el precio efectivamente satisfecho apenas el 20% del valor de la mercancía entregada. A continuación, el Alto Tribunal se adentra en una serie de consideraciones que le llevan a concluir que los recurrentes —la socia mayoritaria de DISJASA, que actuaba "con conocimiento de todo lo que se realizaba y plenos poderes", y su administrador único— participaron de un plan de despatrimonialización diseñado o asumido por el deudor, favoreciendo así el resultado de "generar una situación de insolvencia, introduciendo el riesgo específico de frustración de los créditos preexistentes". Además de la ausencia de retorno equivalente al valor de las mercaderías entregadas, los datos (suministrados por los hechos declarados probados) que acreditan que la participación de los recurrentes "reúne todas las notas de relevancia penal exigidas por el artículo 28 CP" serían: "primero, la propia fragilidad mercantil y empresarial de la sociedad DISJASA S.L., constituida por los recurrentes con un capital social de 3.050 euros, para cumplir con los términos del contrato. Hasta el punto de no disponer de naves apropiadas para la recepción y conservación de los productos; segundo, los mecanismos de pago fraccionado establecidos —algunos de los pagarés se libraron para su presentación al cobro a más de seis años— carentes de toda justificación desde los usos comunes de la práctica mercantil; tercero, la extracción descontrolada, sin constancia precisa en forma de albaranes y facturas, por indicaciones directas del tercero fallecido, utilizando medios humanos y logísticos puestos a disposición por los ahora recurrentes... de alrededor de 66.000 piezas cárnicas de los almacenes de JAMÓN SALAMANCA S.A, entre los días 7 a 14 de octubre de 2011, por un valor de más de 2.100.000 euros, que no ha sido satisfecho y cuyo destino, además, se desconoce; cuarto, la proximidad temporal entre dicha extracción masiva de jamones y paletas... y la solicitud formal del concurso realizada apenas un mes después". Otras sentencias se sitúan en esa misma línea restrictiva. La STS, 23-2-1992, castiga como cooperador necesario al cónyuge de una de las coautoras, Raúl, con la siguiente argumentación: "No parece serio poner en duda que Raúl, esposo de Rosario, y que tuvo intervención en muchas operaciones del negocio de 'Talleres Usón, S. L.', como se acredita con los numerosos documentos por él mismo aportados a la presente causa, y que accedió a fingir la realidad de la deuda en cuyo pago se enajenaron a su favor los dos inmuebles de autos, obró, desde luego, a sabiendas de los propósitos defraudadores de su esposa y cuñado. La intervención de Raúl antes descrita, sin la cual no podía haberse producido la sustracción de los bienes por él adquiridos a las posibilidades de ejecución de sus créditos por parte de los acreedores, teniendo en cuenta la forma concreta en que se produjo el delito en el caso presente, es claro que ha de calificarse como una conducta de cooperación necesaria que encaja perfectamente en el núm. 3 del art. 14 del CP". La STS, 19-6-2004 (*Tol 483717)*, entiende que no existen suficientes fundamentos para considerar cómplices a quienes participaron en la apertura de la cuenta corriente utilizada por el deudor para llevar a cabo los actos idóneos para favorecer o acelerar su insolvencia, ya que el tribunal "a quo no ha podido determinar la fecha en la que se produjo la apertura de la cuenta detallada en el punto 5 de los hechos probados. Tampoco ha podido establecer que alguno de los

> dos acusados... haya intervenido en operaciones en las que se haya ingresado o extraído de la citada cuenta corriente cantidad alguna de dinero y, consecuentemente, si tuvieron conocimiento de tales operaciones. Cabría, naturalmente, suponer que estos acusados hubieran cooperado a la realización del delito mediante la apertura misma de la cuenta. Sin embargo, la complicidad debe ser en todo caso dolosa, dado que la responsabilidad por imprudencia sólo es factible si la ley la prevé en forma expresa... El dolo de la complicidad requiere que el cómplice, cuando a éste sólo se le imputa un hecho socialmente adecuado como la apertura de una cuenta corriente, haya tenido conocimiento del plan delictivo que se llevaría a cabo".

Las SSTS 15-6-2006 (*Tol 964526*), y 18-11-2021 (*Tol 8662242*), hacen uso de lo dispuesto en el art. 65.3 CP para rebajarle la pena al *extraneus* partícipe.

1.6. Concursos

La forma en que el legislador alude al sujeto pasivo ("sus acreedores") aboca a entender que cuando una misma conducta de alzamiento lesione los derechos de varios acreedores habrá un único delito (MUÑOZ CONDE, BAJO FERNÁNDEZ/BACIGALUPO SAGGESE, FARALDO CABANA). El alzamiento de bienes se desarrolla con frecuencia, sin embargo, en escenarios económicos complejos, en que se acompaña de otras actuaciones dirigidas a la preparación y aseguramiento del resultado del delito (MONTOYA VACADÍEZ). Veámoslo a continuación.

1.6.1. Con el delito concursal

Una de las cuestiones más debatidas es la de su relación con el delito concursal. Para su análisis nos remitimos al epígrafe XI de este trabajo.

1.6.2. Con la estafa del art. 248 CP

La relación del alzamiento con el delito del art. 248 CP —estafa genérica— merece también atención, en los supuestos en que el sujeto contrae una obligación con la finalidad de no darle nunca cumplimiento, ocultando posteriormente los bienes. La jurisprudencia y la doctrina consideran como solución más razonable la de un concurso de leyes, a resolver en favor de la estafa por consunción [SSTS 20-12-2005 (*Tol 809207*), y 25-5-2012 (*Tol 2567194*), BAJO FERNÁNDEZ/BACIGALUPO SAGGESE, GALLEGO SOLER] o alternatividad [STS, 21-1-2019 (*Tol 7012426*); VIVES ANTÓN/GONZÁLEZ CUSSAC, MARTÍNEZ-BUJÁN PÉREZ, matizando que el art. 8.4ª obligará a priorizar el alzamiento si deben aplicarse el tipo de la estafa del art. 249 o el cualificado de alzamiento del 257.3 CP].

En la jurisprudencia los mayores problemas se plantean, quizá, en los casos en que la realización del negocio o actividad fraudulentos y la provocación de la situación de insolvencia tienen lugar en un marco temporal relativamente próximo, pero con solución de continuidad. En ellos la necesidad de contemplar todo el desvalor del injusto ha llevado al Tribunal Supremo a considerar que la estafa "admite el concurso real con el posterior delito de alzamiento de bienes que tenga como presupuesto la deuda generada con la previa defraudación" [STS 23-4-2014 (*Tol 4376641*], añadiendo que "sancionar exclusivamente con las penas del alzamiento de bienes a quien ha maquinado un ardid para lograr engañar a otro impulsándole a un acto de disposición en su beneficio y luego extrae fraudulentamente de su patrimonio bienes para dificultar el debido resarcimiento, supone desdeñar una relevante porción de injusto, negar trascendencia penal a toda la actividad inicial defraudatoria equiparando esa conducta a la de quien sencillamente quiere eludir el pago de una deuda contraída a través de un negocio lícito"). La opción por esa solución vendría avalada ulteriormente, según la STS, 25-5-2012 (*Tol 2567194)*, por argumentos "de coherencia penológica"; y es que, en el supuesto enjuiciado en ella (la realización de una operación mercantil fraudulenta de compra de madera y de posteriores negocios y actividades de despatrimonialización catalogados como delito de alzamiento de bienes), acoger el expediente del concurso de normas a resolver por consunción, en que la estafa anterior absorbería el posterior alzamiento, "lleva a dislates punitivos que no pueden asumirse". Así, explica la sentencia, un alzamiento que tuviese como base una relación obligacional derivada de un contrato lícito y legítimo recibiría más pena (prisión de uno a cuatro años y multa de doce meses) que otro que fuese la secuela de un delito de estafa no agravada y que, con arreglo a la tesis de la consunción, quedaría absorbido por aquella, recibiendo, en consecuencia, una única pena de prisión comprendida entre seis meses y tres años (art. 249).

De existir otros acreedores diferentes al sujeto pasivo de la estafa deberá apreciarse asimismo un concurso de delitos [STS, 25-5-2012 (*Tol 2567194)*].

1.6.3. Con la estafa del art. 251.2º CP

Otra cuestión debatida es la de sus vínculos con la figura del art. 251.2º CP. Con la mirada puesta en los supuestos de doble venta, esto es, en que un deudor dispone de un bien como libre sabiendo que estaba gravado y le causa un perjuicio al acreedor titular del gravamen, quienes ven en aquella una estafa propia, que participa de la naturaleza del fraude, no se plantean otra opción que la de su subsunción en el tipo del alzamiento (GONZÁLEZ CUSSAC, apuntando que la estructura típica del delito del art. 251.2º CP exige "un engaño en virtud del cual se realiza el acto de disposición" y que ese mecanismo "sólo puede concurrir, en el caso que nos ocupa, respecto del adquirente del bien al que se oculta el gravamen"). El sector de opinión que la califica como estafa impropia (por no requerir ni la inducción a error ni el acto de disposición) es partidario del concurso aparente de leyes penales a resolver por especialidad o alternatividad (MARTÍNEZ-BUJÁN PÉREZ). A su vez, cuando la ocultación del gravamen se emplea como medio de engaño para inducir a error al adquirente del bien, que termina realizando un acto de disposición perjudicial para su patrimonio, estaremos ante un concurso ideal (MUÑOZ CONDE, BAJO FERNÁNDEZ/BACIGALUPO SAGGESE). MARTÍNEZ-BUJÁN PÉREZ, en cambio, trata esta última hipótesis como concurso real con la estafa del art. 248 CP, al entender que no se da la necesaria unidad de hecho.

1.6.4. Con la estafa del art. 251.3º CP

Debe considerarse, asimismo, la relación con la estafa del art. 251.3º CP, en aquellos casos en que la conducta de alzarse se ejecuta por medio del otorgamiento de un contrato simulado entre el deudor y otra persona. Para la opinión dominante se produce un concurso de normas que se resuelve en favor del alzamiento por razones de alternatividad o de especialidad [optan por la solución de la alternatividad FARALDO CABANA, DEL ROSAL BLASCO, VIVES ANTÓN/GONZÁLEZ CUSSAC, DE VICENTE REMESAL; para MUÑOZ CONDE y la STS, 4-4-2007 (*Tol 1069846*), debe aplicarse el de especialidad].

1.6.5. Con el fraude fiscal

Si la ocultación de bienes se produce en fase de liquidación de tributos y sirve de medio para defraudar a la Hacienda pública, el único delito que vendrá en aplicación será, en su caso, el del art. 305 CP (para la realización del alzamiento se requiere el vencimiento previo de la deuda). Naturalmente, si además de servir como medio para defraudar a la Hacienda pública, la ocultación constituyese un alzamiento frente a otros acreedores titulares de un crédito anterior ya vencido y exigible debería aplicarse el correspondiente concurso real [MARTÍNEZ-BUJÁN PÉREZ, PÉREZ MARTÍNEZ, GONZÁLEZ CUSSAC; STS 22-4-2019 (*Tol 7205216*)]. Si el deudor se sitúa en situación de insolvencia en la fase de recaudación de los tributos, sólo entra en juego el alzamiento, siempre y cuando la ocultación se lleve a cabo después de la liquidación (MARTÍNEZ-BUJÁN PÉREZ). Si el sujeto realiza primero la defraudación (en fase de liquidación) y luego el alzamiento (en fase de recaudación), existirán dos delitos distintos en concurso real (SOUTO GARCÍA, MARTÍNEZ-BUJÁN PÉREZ; en contra de esta solución VIVES ANTÓN/GONZÁLEZ CUSSAC, esgrimiendo, entre otros, el argumento de que "parece difícil concebir un concurso real entre un delito de peligro, el alzamiento, y un delito de lesión, el delito fiscal, por ejemplo, cuando ambos se refieren a la misma deuda, esto es, a la puesta en peligro y a la lesión del patrimonio de la Hacienda Pública").

La SAP, Barcelona, 22-3-2021, optó por un concurso real de delitos para castigar a los accionistas y administradores de una sociedad mercantil que vendió fincas de su propiedad a otra, percibiendo una cantidad que excedía de 120.000 euros y que no fue declarada en el Impuesto de Sociedades. En el momento en que se produce la venta era administradora única de la sociedad otra mercantil, bajo control de los acusados, que, en fecha posterior a la venta, compró sus acciones. Tras dicha operación, que formaba parte de un plan no sólo para eludir el pago del tributo devengado por la venta sino también para vaciar el patrimonio de la entidad obligada tributariamente y hacer infructuosa así la ejecución que previsiblemente iniciaría la Administración Tributaria para el cobro de la deuda tributaria, se encontraba el administrador de hecho de la sociedad, que, como tal, llevó a cabo diversas operaciones dirigidas a descapitalizarla (suscripción de acciones de otras entidades, su posterior venta por un precio muy inferior al de adquisición con interposición de hasta cinco sociedades pantallas instrumentales, extracción de sumas importantes de dinero de sus cuentas mediante transferencias, cheques y retiradas en efectivo) y a dispersar y volatilizar el dinero para no ingresar en el Erario Público las cantidades por las cuotas correspondientes al Impuesto de Sociedades. Con esa misma idea de impedir o, al menos, dificultar el éxito de la previsible ejecución de la Administración Tributaria por la deuda devengada en las operaciones de las que le dieron cuenta —mediante la presentación de las correspondientes autoliquidaciones del IVA repercutido en las mismas—, los acusados utilizaron otras sociedades mercantiles, a través de las que canalizaron los fondos recibidos con la venta de las parcelas, transfiriéndolos a sus cuentas para fingir inversiones que ni eran reales ni respondían a ninguna lógica económica y simulando operaciones de venta que no reportaron ingreso alguno. Para la SAP, Jaén, 16-11-2015, cabe, asimismo, concurso (real) de delitos en un supuesto en que el acusado, con ánimo de defraudar a la Agencia Tributaria, beneficiándose del sistema de tributación de las adquisiciones intracomunitarias previsto en la Ley 37/1992, de 28 de diciembre, reguladora del IVA, procedió mediante una compleja trama societaria a la obtención indebida de devoluciones tributarias (a través de diversos circuitos de compraventa de aceite se generaban cuotas de IVA soportado o deducible en sede de la empresa que administraba y que no se ingresaban por las sociedades vinculadas). La sentencia señala que, mediante esa maquinación, consiguió hacer ineficaces las expectativas crediticias de la AEAT, al no poseer la sociedad deudora otros bienes embargables.

1.6.6. Con la malversación impropia

Si el deudor dispone de sus bienes cuando se hallan embargados y él mismo es el depositario puede plantearse un concurso ideal con la malversación impropia (BAJO FERNÁNDEZ/BACIGALUPO SAGGESE). Algunos autores consideran, en cambio, que es un concurso de normas a resolver, en favor de la malversación, a partir de los principios de especialidad, consunción o alternatividad (VIVES ANTÓN/GONZÁLEZ CUSSAC, DEL ROSAL BLASCO, MARTÍNEZ-BUJÁN PÉREZ).

1.6.7. Con otros delitos

Teniendo en cuenta la diversidad de bienes jurídicos protegidos, en los supuestos, frecuentes, en los que se recurra a un delito de falsedad documental para ocultar los bienes nos encontraremos ante un concurso medial, siempre y cuando, como indica MARTÍNEZ-BUJÁN PÉREZ, no se trate de una falsedad en documento privado del art. 395 (de la misma opinión MUÑOZ CONDE, BA-

CIGALUPO SAGGESE). De ser así se apreciaría un concurso de normas a resolver, en favor del alzamiento, en virtud del principio de consunción (MUÑOZ CONDE, SOUTO GARCÍA, FARALDO CABANA). El alzamiento podrá entrar asimismo en concurso ideal con el delito de desobediencia del art. 556 CP, en aquellos supuestos en que el deudor se niega a entregar en el juzgado los bienes designados por el juez (MUÑOZ CONDE, VIVES ANTÓN/GONZÁLEZ CUSSAC, PÉREZ MARTÍNEZ). MARTÍNEZ-BUJÁN PÉREZ y SOUTO GARCÍA optan por el concurso real.

Con el impago de pensiones en el ámbito familiar la relación es, según unos autores, de concurso aparente de leyes penales a resolver en favor del alzamiento (ROBLES PLANAS/PASTOR MUÑOZ). Para otros, en cambio, estaremos ante un concurso ideal, medial (SOUTO GARCÍA, LAURENZO COPELLO, MARTÍNEZ-BUJÁN PÉREZ, PÉREZ MARTÍNEZ) o, si el alzamiento tiene lugar después de que el sujeto ya hubiera sido condenado por el impago, real (MARTÍNEZ-BUJÁN PÉREZ).

En la jurisprudencia pueden verse diversas soluciones ([SSAP, Granada, 9-12-2010 (*Tol 2154424*); Barcelona, 26-9-2010 (*Tol 1987394*), y Asturias, 3-6-2010]. Por la del concurso real opta, por ejemplo, la STS, 17-3-2021 (*Tol 8367292*), a cuyo tenor en el caso de autos existía prueba bastante y suficiente "para entender concurrente el delito de alzamiento de bienes ocultando y dificultando las posibilidades de cobro de deudas, y existe delito de impago de pensión alimenticia que puede configurarse como una especie de violencia económica, dado que el incumplimiento de esta obligación deja a los propios hijos en un estado de necesidad en el que, ante su corta edad, y carencia de autosuficiencia, necesitan de ese sustento alimenticio del obligado a prestarlo". El primero, puesto que la conducta que se va desplegando "es tendencial dirigida a ocultar y dificultar la conducta de sus acreedores para cobrar sus deudas", centrándose en: a) concluir la actividad de la sociedad de responsabilidad limitada de la que era administrador solidario para darse de alta posteriormente en la actividad que realizaba; b) utilizar los bienes, infraestructuras y clientes de la sociedad pero imputándose los resultados a si mismo, no destinándolos a hacer frente a las deudas contraídas por aquella; y c) descapitalizarla, "al cederse, de modo fraudulento, medios personales, materiales, clientes etc, dejando a la empresa en situación estática, desorganizada y despatrimonializada y, por tanto, sin posibilidad alguna de sostenerse y generar ingresos, con claro perjuicio de sus acreedores". Por lo que se refiere al impago, su concurrencia se deriva de que "en el año 2008, el Sr. Constancio, dejó de abonar las pensiones de alimentos a partir de la que debía ingresar en octubre de 2008 hasta el final de esta anualidad, siendo su importe actualizado a dicha fecha de 382,20 euros. Tampoco hizo frente al abono de la mitad de los gastos extraordinarios de los menores. Y en los años sucesivos, 2009 hasta finales de 2015, sigue sin abonar las pensiones de alimentos y la mitad de los gastos extraordinarios a los que venía obligado, salvo los pagos parciales que se han declarado probados".

Con el blanqueo de capitales, por su parte, podrá existir de nuevo un concurso ideal [*vid.* el supuesto de hecho descrito en la STS, 29-6-2016 (*Tol 5761857*): transferencias de fondos a cuentas bancarias abiertas a nombre de sociedades en paraísos fiscales]. La STS, 10-2-2023 (*Tol 9416297*), alude a un concurso de delitos con los de los arts. 282 bis y 290 CP.

La STS 22-12-1987, aprecia alzamiento y apropiación indebida en un supuesto de compra de un motor marino por un precio de 6.785.703 pesetas, de las que el comprador pagó en la fecha de formalización del contrato 1.000.902 pesetas y aceptó por el resto 33 letras de cambio (por valor de 175.297 pesetas cada una) con vencimientos mensuales, reservándose la vendedora el dominio del objeto vendido hasta el total pago del precio. Pese a ello, el comprador, contrariando lo pactado, incorporó el motor a un buque pesquero construido para su hijo, que, conociendo la procedencia del motor, y con el consentimiento de su padre, vendió posteriormente el barco a un vecino. No atendidas a sus respectivos vencimientos once letras de cambio aceptadas para el pago del motor, la vendedora instó ante el Juzgado de 1ª Instancia de Sevilla demanda ejecutiva, cuyas consecuencias se vieron frustradas con la transferencia por el acusado de su patrimonio inmobiliario (dos viviendas en Isla Cristina, una plaza de garaje en la misma ciudad y un apartamento en Punta del Caimán) a su hijo político, simulando la existencia de un crédito a favor del mismo. La STS 12-2-1992 (*Tol 5113291*), optó, en cambio, por una solución distinta para un supuesto muy similar. El procesado había comprado diversos objetos y electrodomésticos destinados a la explotación de un bar de su propiedad, librando para su pago una letra de cambio que, al resultar impagada, fue reclamada judicialmente por el vendedor ante el Juzgado de Primera Instancia núm. 2 de Castellón a través del correspondiente juicio ejecutivo. En él se trabó embargo sobre la totalidad de los bienes mencionados y posteriormente fueron vendidos en pública subasta, si bien no pudo llevarse a efecto su adjudicación al haberse concertado el procesado con un tercero, en cuyo favor había otorgado poder notarial por el que lo autorizaba para que procediese a su venta. En lo que aquí interesa, la sentencia reconoce la existencia de una apropiación indebida, que no de un alzamiento, puesto que lo enajenado fueron bienes ajenos al procesado (por haber sido objeto de un contrato de venta con pacto de reserva de dominio).

1.7. Delito continuado

La jurisprudencia no considera posible la apreciación de un delito continuado. La STS 24-12-1992, señala que es la propia estructura del delito ("que exige la ocultación, enajenación real o ficticia, simulación fraudulenta de créditos o actos similares para llegar a una situación de insolvencia") la que obliga a concluir que, aunque sean muchos los hechos realizados, se estará "en presencia de toda una actuación global que absorbe esos actos con el denominador común finalístico en una sola figura punible sin que pueda escindirse cada una de esas acciones individualizadas con otros tantos hechos delictivos por separado y al no ser así no es posible tampoco tomarlas en cuenta a los efectos de constituir con ellas la ficción jurídica de un delito continuado". La STS 13-3-2002 (*Tol 2671333*), por su parte, se apoya en la inclusión en el tipo de la palabra "bienes", en plural, para afirmar que se puede disponer "de varios bienes… —e incluso será ocurrencia frecuente que así sea— mediante actos concretos realizados en diferentes momentos… porque la estructura de tal delito se refiere a una actuación global que absorbe datos aislados pero realizados todos con una común finalidad defraudatoria, lo que excluye también la posibilidad de aplicar la figura del delito continuado".

1.8. Aplicación de la excusa absolutoria del art. 268 CP

En el art. 268 CP se establece una excusa que alcanza a la responsabilidad penal por los delitos patrimoniales que se causen entre si determinados parientes, siempre que no concurra violencia o intimidación. La cláusula, perfectamente aplicable al alzamiento, exige que los cónyuges no estén "separados legalmente o de hecho o en proceso judicial de separación, divorcio o nulidad de su matrimonio". Se ha defendido su aplicación en los casos de alzamiento para frustrar una futura reclamación de alimentos del hijo ya concebido, pero no nacido, así como en los de desavenencia matrimonial, cuando, antes de llegar a una previsible separación legal o de hecho, uno de los cónyuges prepara su insolvencia en perjuicio del otro, en previsión de que pueda ser condenado a pagar una pensión (MUÑOZ CONDE). Otros autores optan, en cambio, por su subsunción en el tipo, partiendo de la base de que el delito sólo puede consumarse una vez iniciado el proceso judicial de separación (MARTÍNEZ-BUJÁN PÉREZ, SOUTO GARCÍA). La apreciación de la excusa afecta a la responsabilidad penal, no a la civil, que se mantiene. Además, según el art. 268.2 CP, "no es aplicable a los extraños que participaren en el delito", consecuencia obligada de su naturaleza de causa personal de exención de pena, no sujeta al principio de accesoriedad que permitiría extender sus efectos a los partícipes.

1.9. Responsabilidad civil

La opinión mayoritaria viene señalando que el importe de la responsabilidad civil por alzamiento no se identifica con el de las deudas preexistentes, en la medida en que no nacen o son consecuencia del delito [MUÑOZ CONDE, BAJO FERNÁNDEZ/BACIGALUPO SAGGESE, VIVES ANTÓN/GONZÁLEZ CUSSAC, GARCÍA RIVAS, MARCOS CARDONA; SSTS 30-7-1996, 23-1-2020 (*Tol 7831830*), y 17-2-2022 (*Tol 8818885*)]. Para MARTÍNEZ-BUJÁN PÉREZ, dada la configuración típica del delito, que difiere la consumación al momento en que concurra un crédito vencido y exigible, lo más correcto será, sin embargo, que la condena incluya la obligación de abonar el importe del crédito defraudado y en descubierto. También RUIZ MARCO ve razonable que el importe de la deuda "se incluya, como concepto fundamental, en el monto de esas cantidades cuyo objetivo es, precisamente, devolver al sujeto pasivo a la situación anterior al delito. Este planteamiento coincide con la tesis de MIR PUIG/GALLEGO SOLER de que el alzamiento genera en todo caso un perjuicio especifico, derivado de la insolvencia y consistente en la pérdida de valor económico que trae consigo la imposibilidad total o parcial de realización del crédito (MIR PUIG/GALLEGO SOLER).

Tras reafirmarse en la idea de que los perjuicios causados por el alzamiento no son equivalentes al valor de la obligación impagada, la jurisprudencia acepta que podrían existir daños específicos derivados del delito, cuya estimación deberá llevarse a cabo caso a caso y que deberían incluirse en la responsabilidad civil *ex delicto*, en concepto de reparación del daño e indemnización de perjuicios materiales y morales [SSTS, 24-2-2005 (*Tol 603664*), y 23-7-2004 (*Tol 495673*)], advirtiendo que "no se trata de utilizar retorcidamente la categoría de los daños morales para basar una compensación económica que puede aparecer intuitivamente como adecuada", sino que lo correcto "es desentrañar en cada caso si las acciones catalogables como alzamiento de bienes o han generado un perjuicio económico añadido; o han ampliado la esfera de sujetos responsables"). Se ha admitido, excepcionalmente, por ejemplo, que deben indemnizarse los perjuicios causados por la imposibilidad de reintegrar el bien que abandonó indebidamente el patrimonio del deudor —al no poder ser localizado o no poder satisfacer el importe de las deudas [MUÑOZ CONDE; SSTS 14-7-1986 (*Tol 5111696*), 1-7-1991 (*Tol 2425202*), y 12-7-1996 (*Tol 406003*)], o ser irreivindicable, por la circunstancia que se apuntará a continuación.

El pronunciamiento en torno a la responsabilidad civil conllevará, naturalmente, el reintegro al patrimonio del deudor de los bienes ocultados, para intentar procurar seguidamente, en su caso, la satisfacción de los créditos que pretendían frustrarse (MUÑOZ CONDE, VIVES ANTÓN/GONZÁLEZ CUSSAC), es decir, el restablecimiento del orden jurídico al momento previo a la conducta delictiva. Ello implicará, a su vez, la declaración de nulidad del negocio fraudulentamente realizado por el deudor: la nulidad de la escritura y de cualquier documento público fraudulento o simulado, la cancelación de la inscripción en el Registro de la Propiedad y la reposición del bien vendido a la situación jurídica anterior al juicio ejecutivo [SSTS, 25-5-1983 (*Tol 2311474*), y 21-10-1998 (*Tol 149844*); MORENO VERDEJO]. Dicha declaración tiene como límite, no obstante, la intervención en las transmisiones fraudulentas de terceros que no hayan sido parte en el proceso y que se verán afectados por el resultado de la sentencia (VIVES ANTÓN/GONZÁLEZ CUSSAC). Hay que tener en cuenta, además, que a tenor del art. 111.1 CP la restitución nunca será posible en los casos "en que el tercero haya adquirido el bien en la forma y con los requisitos establecidos por las leyes para hacerlo irreivindicable", esto es, en los arts. 464 CC, 85, 86, 324 y 545 CCo y 34 LH, por el que se establece que el tercero de buena fe adquiriente a título oneroso de algún derecho de persona que en el Registro aparezca con facultades para transmitirlo, quedará protegido manteniéndose en su adquisición, "una vez que haya inscrito su derecho, aunque después se anule o resuelva el del otorgante por virtud de causas que no consten en el mismo Registro". En ese caso, la reparación podría articularse a través de una indemnización que, como indica la STS, 15-10-2002 (*Tol 229764*), supone también "un medio sustitutivo de la integridad patrimonial cercenado por el acto de disposición fraudulenta cuando la reintegración es imposible" [STS, 7-7-2006 (*Tol 979500*); SAP, Las Palmas, 30-11-2007 (*Tol 1625305*), y STS, 28-4-2010 (*Tol 1860844*)]. La indemnización tendría como límite el valor del bien sustraído en la ejecución (MARCOS CARDONA).

Va de suyo que, además del deudor condenado por haber ocultado los bienes en perjuicio de sus acreedores, podrán responder los partícipes, en consideración a lo indicado en el art. 116.2 CP ("solidariamente entre sí por sus cuotas, y subsidiariamente por las correspondientes a los demás responsables"). La aplicación de la excusa absolutoria de la responsabilidad penal incluida en el art. 268 CP no trae consigo la exclusión de la responsabilidad civil, que sólo podrá ser consecuencia de renuncia expresa o reserva de la acción civil por parte de la víctima (SOUTO GARCÍA).

1.10. Perseguibilidad

Aunque se sujeta a la regla general de la persecución de oficio, el alzamiento se muestra en la práctica como un delito perseguible a instancia de parte, por la especial complejidad que plantea su prueba.

Una de las principales novedades del CP de 1995 en esta materia fue la de eliminar la prejudicialidad civil, en el sentido de que el proceso penal no podrá interrumpirse, aunque se hubiese iniciado un procedimiento civil por insolvencia (art. 257.5 CP). Al tratarse de una declaración de carácter procesal, no conlleva en absoluto la posibilidad de sancionar penalmente por ambos delitos (VIVES ANTÓN/GONZÁLEZ CUSSAC) y permite apreciar la excepción de cosa juzgada si el procedimiento concursal desembocó en un delito concursal y, tras haberse producido una condena por alzamiento, se hubiera abierto el correspondiente proceso penal basado en el mismo hecho (MARTÍNEZ-BUJÁN PÉREZ, MUÑOZ CONDE, SOUTO GARCÍA). Algunos autores han apuntado, incluso, que implica una derogación fáctica del art. 896 CCo, a cuyo tenor "en ningún caso, ni a instancia de parte ni de oficio, se procederá, por los delitos de quiebra culpable o fraudulenta, sin que antes el Juez o Tribunal haya hecho la declaración de quiebra y la de haber méritos para proceder criminalmente" (JORDANA DE POZAS).

Tal y como aclara MARTÍNEZ-BUJAN PÉREZ, una cosa es la posibilidad de sustanciar los dos procedimientos (civil/ mercantil y penal) de manera simultánea, y otra muy distinta la pretensión de investigar (y castigar) una misma conducta como constitutiva de alzamiento de bienes y a la vez de delito concursal *ex* art. 259 CP, que conllevaría una vulneración del principio *ne bis in idem*.

2. *Alzamiento para eludir la eficacia de un embargo o de un procedimiento ejecutivo o de apremio (art. 257.1.2º CP)*

El art. 257.1.2º CP describe el alzamiento procesal o impropio, dirigido a quienes realizan actos de disposición patrimonial o generadores de obligaciones que dilaten, dificulten o impidan "la eficacia de un embargo o de un procedimiento ejecutivo o de apremio, judicial, extrajudicial o administrativo, iniciado o de previsible iniciación" y que la jurisprudencia y doctrina dominantes han venido considerando como un mero desarrollo descriptivo del alzamiento propio del art. 257.1.1º CP (SSTS 1-10-2003 y 8-11-2007; VIVES ANTÓN/GONZÁLEZ CUSSAC, MUÑOZ CONDE, BAJO FERNÁNDEZ/BACIGALUPO SAGGESE, CABALLERO BRUN, GÓMEZ LANZ). Otros autores matizan esa postura. GONZÁLEZ CUSSAC lo califica como "alzamiento específico" con (dos) características "que le confieren una autonomía propia": el propósito de alzarse —que no es preciso que se logre— y la conducta típica —que debe producir una consecuencia muy determinada en los procedimientos delimitados por el tipo. FARALDO CABANA encuentra la razón de ser del delito en el significativo uso que la jurisprudencia ha venido haciendo de él. Su principal dificultad está en definir la expresión "de previsible iniciación", que debe alinearse con la exigencia de que la deuda contraída por el deudor esté ya vencida (SOUTO GARCÍA, BENÍTEZ ORTÚZAR, FARALDO CABANA, MARTÍNEZ-BUJÁN PÉREZ). Esta interpretación restrictiva tiene la virtualidad de limitar el ámbito de lo punible en un tipo que equipara la sanción de penal de conductas de diversa gravedad (alzamientos para eludir la eficacia de procedimientos ejecutivos ya iniciados y de previsible iniciación). De la mano de ella, el delito vendría a cubrir, pues, aquellos supuestos en que, al realizarse la ocultación con posterioridad al momento de vencimiento de la deuda, la aparición del estado de insolvencia coincide exactamente con la causación del perjuicio al patrimonio del deudor (MARTÍNEZ-BUJÁN PÉREZ, HUERTA TOCILDO, SOUTO GARCÍA, FARALDO CABANA, GALÁN MUÑOZ). Para VIVES ANTÓN/GONZÁLEZ CUSSAC, sin embargo, dichos términos indicarían que las maniobras de ocultación sólo revestirán carácter típico (siendo constitutivas de tentativa) cuando el inicio de la actividad judicial dirigida al cobro de la deuda es inminente, al tratarse de deudas inmediatas cuyo cumplimiento puede provocar la puesta en marcha de los procedimientos previstos en la LEC, la LH, el Reglamento General de Recaudación (RGR) o la LGT (VIVES ANTÓN/GONZÁLEZ CUSSAC, CABALLERO BRUN, para el que "'previsible iniciación' implica previsibilidad objetiva de la ejecución. Es decir, la posibilidad cierta de que objetivamente se inicie la ejecución con independencia de la eficacia del título que contenga la obligación; situación que se da no solo respecto de las obligaciones exigibles, sino también en aquellas cuya exigibilidad está sujeta a plazo").

Un primer grupo de opiniones, sin dejar de reconocer la confluencia de otros intereses, circunscribe el bien jurídico protegido al derecho de crédito de los acreedores, esto es, al del tipo básico (VIVES ANTÓN/GONZÁLEZ CUSSAC, SOUTO GARCÍA, GUTIÉRREZ PÉREZ). Para otro sector de la propia doctrina y la jurisprudencia (GÓMEZ LANZ, con mención de la STS 8-10-2009), en cambio, el carácter supraindividual del bien jurídico se refleja en la referencia del tipo a la existencia de un "embargo o de un procedimiento ejecutivo o de apremio, judicial, extrajudicial o administrativo, iniciado o de previsible iniciación", que expresaría la decisión del legislador de proteger un bien jurídico dotado de autonomía, como interés colectivo, que va más allá de la mera protección del patrimonio de los acreedores: la eficacia de los embargos o procedimientos ejecutivos o de apremio. La idea sería la de que, por mucho que el fin pretendido por el sujeto activo siguiese siendo el de dar al traste con las expectativas de cobro de sus acreedores, el medio elegido para ello (la obstaculización del procedimiento de ejecución) supondría alterar el correcto funcionamiento de los instrumentos públicos con los que el ordenamiento jurídico quiere garantizar la ordenada ejecución crediticia. Este otro planteamiento puede verse, por ejemplo, en la STS 12-2-2021, que declara que esta figura "protege los mecanismos tendentes a la ejecución de las deudas sin perjuicio de la prevalencia de estas o las garantías de las que puedan gozar" y que la lesión del bien jurídico que conduce la conducta típica "no se produce porque mediante dichos actos negociales se provoque de forma necesaria una situación de insolvencia sino porque se afecte de forma significativa la eficacia de los mecanismos institucionalizados con los que el ordenamiento jurídico tutela el crédito. Muy en particular, los tendentes a asegurar y ejecutar, en su caso, los bienes con los que se debe responder". El mismo orden de ideas se deja ver en la STS 13-7-2023, que declara que a través del tipo específico del art. 257.1.2° CP se extiende el alcance de la regulación histórica del delito de alzamiento "a la realización de todo negocio jurídico que dilate, dificulte o impida la eficacia de un procedimiento en curso o de inminente activación de embargo, apremio o ejecución judicial o extrajudicial", protegiéndose con ello "los mecanismos tendentes a la ejecución de las deudas sin perjuicio de la prevalencia de estas o las garantías de las que puedan gozar". Esta interpretación no es, desde luego, la única posible, ni la que dota de mayor coherencia a la figura del art. 257.1.2° CP. Para un tercer grupo de opiniones, finalmente, el delito es pluriofensivo o tiene un bien jurídico de naturaleza mixta (patrimonial y socioeconómico a la vez), pues de manera directa o inmediata se protege la satisfacción de un crédito concreto y, específicamente el crédito objeto de un procedimiento de ejecución o embargo iniciado o de previsible iniciación y mediatamente "la correcta sustanciación de los instrumentos públicos puestos al servicio de la ordenada ejecución crediticia" (PÉREZ MARTÍNEZ). En la jurisprudencia se inscribe en esa línea interpretativa la STS 14-6-2023 (*Tol 9615761)*, que indica que esta modalidad de alzamiento no sólo ampara el derecho de crédito, en su vertiente individual y supraindividual, sino también, "la eficacia inmediata de los instrumentos públicos puestos al servicio de la ordenada ejecución crediticia, lo que sugiere, con claridad, el carácter pluriofensivo de la acción", de modo que la lesión del bien jurídico se producirá, no en el momento en que de los actos de disposición se derive la insolvencia del deudor, sino cuando "se afecte de forma significativa la eficacia de los mecanismos institucionalizados con los que el ordenamiento jurídico tutela el crédito".

En mi opinión, existen argumentos sólidos, tanto de índole formal como material, a favor de la tesis patrimonialista. Por un lado, la afirmación de la eficacia de los embargos o de los procedimientos ejecutivos o de apremio como bien jurídico independiente choca con la decisión del legislador de abrir el tipo a comportamientos llevados a cabo aunque no se hubieran iniciado. Por otro, no parece razonable que la intervención penal en esta materia se fundamente en la necesidad de amparar mecanismos procesales que no son sino un instrumento para preservar aquello que se aspira a satisfacer mediante ellos: el crédito en tanto elemento patrimonial.

La conducta típica, coincidente con la que da vida al alzamiento genérico (DE LA MATA BARRANCO, PÉREZ MARTÍNEZ, FARALDO CABANA), viene constituida por la realización de un acto de disposición patrimonial o generador de obligaciones (compraventas, arrendamientos de inmuebles propios, constitución de hipotecas) que tenga como consecuencia la de "dilatar, dificultar o impedir" la eficacia del embargo o el procedimiento ejecutivo o de apremio, judicial, extrajudicial o administrativo. El embargo podría ser acordado, en primer lugar, de forma preventiva, esto es, como medida cautelar destinada a "asegurar la ejecución de sentencias de condena a la entrega de cantidades de dinero o de frutos, rentas y cosas fungibles computables a metálico por aplicación de precios ciertos" (art. 727 LEC) o una vez instado un procedimiento de ejecución, en la medida en que el ejecutado no consigne la cantidad discutida (arts. 584 y ss. LEC). La conversión de los bienes que integran el patrimonio del deudor en dinero se realiza a través del procedimiento de apremio. Conviene recordar que el art. 101 de la Ley 39/2015 establece como uno de los medios de ejecución forzosa el apremio sobre el patrimonio, que no requiere de intervención judicial alguna. El procedimiento se inicia con la notificación de la providencia de apremio, en la que se liquidan los recargos del período ejecutivo y se concede un plazo para pagar el importe total de lo adeudado y del correspondiente recargo. De no haberse procedido al pago, la Administración podrá ejecutar las garantías aportadas por el deudor y, en su defecto, llevar a cabo actuaciones de embargo y ejecución de sus bienes para el cobro de las deudas.

La redacción del precepto es, en cualquier caso, confusa, pues el embargo y el apremio no son sino fases del procedimiento de ejecución, de modo que, como explica SOUTO GARCÍA, la mención al "procedimiento ejecutivo" habría bastado para dar cobertura a todos los casos actualmente sancionados por el delito. Se ha destacado también la enorme amplitud con que viene descrito el ámbito procedimental sobre el que debe proyectarse la conducta (GARCÍA RIVAS).

Abundando en la estructura del delito, para un sector de la doctrina (BENÍTEZ ORTÚZAR), los términos "dilatar, dificultar o impedir" constituyen un elemento subjetivo del tipo, que respondería a la estructura de los delitos de resultado cortado: el autor ejecutaría la acción típica —realizar actos de disposición patrimonial o generador de obligaciones— para producir un resultado —de dilatar, dificultar o impedir la eficacia de un embargo o de un procedimiento ejecutivo o de apremio— que queda fuera del tipo. Una interpretación integral y sistemática del precepto obliga, sin embargo, a entenderlos como resultados que llevan consigo la producción de un perjuicio patrimonial (HUERTA TOCILDO, MARTÍNEZ-BUJÁN PÉREZ, FARALDO CABANA). Por lo demás, aunque para algún autor cualquier maniobra de ocultación o disminución del patrimonio ya tiene el sentido de obstruir el procedimiento ejecutivo (MUÑOZ CONDE, PÉREZ MARTÍNEZ), a la inclusión de esa referencia en el tipo debe dársele el valor de remarcar que debe proceder justamente del comportamiento obstativo del autor.

El supuesto de hecho de la STS 25-5-2007 (*Tol 1081786*), es el de la venta simulada de una finca que representaba el único activo patrimonial y que impidió así el embargo preventivo que se había decretado.

Otra de las cuestiones controvertidas que plantea esta modalidad de alzamiento es que no parece posible obstaculizar o impedir un procedimiento de ejecución que todavía no se ha iniciado. A juicio de SOUTO GARCÍA, como el tipo penal se circunscribe a los actos de disposición fraudulentos realizados en el lapso temporal que media entre el vencimiento de la deuda y el inicio del procedimiento de ejecución (cuyo inicio sería "previsible" precisamente al haberse producido el vencimiento de la deuda y no haberse satisfecho el crédito), los actos de disposición realizados con anterioridad a dicho inicio deberían castigarse como forma imperfecta de ejecución. Para otras opiniones, en cambio, la alusión típica a un procedimiento de ejecución o embargo "de previsible iniciación" obliga a desechar sin ambages la consideración de la ocultación de los bienes en ese lapso como tentativa: lo que tendrá lugar es "su comisión como tal" (PÉREZ MARTÍNEZ). En realidad, a lo único a lo que conduce la tesis de SOUTO GARCÍA, que estimo correcta, es a la calificación del tipo como de consumación anticipada, en el que se adelantan las barreras de protección describiéndose una ejecución imperfecta elevada a la categoría de delito independiente.

A la hora de determinar qué clase de negocios concretos podrían dar vida a la conducta, por determinar la pérdida por el acreedor de la garantía y eficacia de los procedimientos legalmente establecidos para la reclamación de créditos insatisfechos, se han planteado básicamente dos posibilidades (VIVES ANTÓN/ GONZÁLEZ CUSSAC): los negocios ficticios de los que pueda desprenderse una disminución del patrimonio del deudor [la STS, 14-6-2023 (*Tol 9615761*), considera que no dan vida al alzamiento las trasmisiones patrimoniales realizadas a sociedades íntegramente participadas por el deudor, porque no conllevan la realización de actos de disposición que impliquen una mengua de su patrimonio] y aquellos otros que, aunque no determinan de por si una minoración de su patrimonio, impiden en la práctica que se ejecute el crédito, al aparecer un tercero como titular del dominio o de un derecho real. La SAP, Badajoz, 29-1-2015, sitúa extramuros del tipo la constitución de un préstamo hipotecario, "pudiéndose sólo hablar de disminución, cuando, producido el impago del préstamo, se hubiera ejecutado el bien que garantizaba la deuda".

La STS 1-3-2023, considera aplicable el art. 257.1.2º CP a los supuestos de aportación de inmuebles a una sociedad de capital, con sustitución del dominio de las fincas por la detentación en el patrimonio individual de las participaciones que el deudor haya suscrito mediante la aportación de sus inmuebles, cuando en su patrimonio no quedan otros activos susceptibles de atender la deuda "con idéntica operatividad y facilidad".

La sentencia recuerda que, si bien no existe una prohibición general de disponer o un mandato absoluto de que el deudor inmovilice su patrimonio "hasta que se inicie y finalice el proceso de ejecución por deudas preexistentes, incluso por las no vencidas pero de próximo vencimiento", el tipo penal "sí observa una exigencia de buena fe negocial y que los negocios así abordados generen la entrada de nuevos activos de contenido económico patrimonial equivalente, de modo que no se frustre una realización ejecutiva de los créditos pendientes que hubiera sido fácilmente abordable de no haberse desplegado la actuación patrimonial". "Ni la acción de nulidad de la aportación en aquellos supuestos en los que exista un solapamiento abusivo entre la identidad del deudor y la personalidad jurídica de la entidad receptora, ni el embargo de las participaciones —razona—, reequilibran la posición procesal del acreedor en orden a la satisfacción de sus créditos"; bien al contrario, dichas alternativas "tornan penosa, y claramente compleja, la realización forzosa de los créditos, frente al ventajoso mecanismo que hubiera supuesto la subasta de los inmuebles de haber continuado en el patrimonio individual del obligado al pago" [véase también la STS 12-12-2023 (*Tol 9826756)*].

Si bien la tipicidad no se supedita expresamente a la existencia de un estado de insolvencia del deudor, debe considerarse presupuesto del delito [BAJO FERNÁNDEZ/BACIGALUPO SAGGESE, FARALDO CABANA, SOUTO GARCÍA, HUERTA TOCILDO; STS, 23-7-2001 (*Tol 4085425*); SSAP, León, 25-7-2018; Salamanca, 27-1-2020 (*Tol 7900709*), y Badajoz, 10-2-2020 (*Tol 7909989*); en contra NIETO MARTÍN, GÓMEZ LANZ; SSTS, 24-1-1998 (*Tol 8407*), 1-7-1998 (*Tol 211206*), y 12-12-2023 (*Tol 9826756*), según la cual el que la conducta típica estribe en "neutralizar o complicar, material o temporalmente pero de manera esencial, el despliegue de los instrumentos dispuestos legalmente para tutelar o cobrar los créditos", y no en "que se ejecuten acciones de ocultación o de desapoderamiento del patrimonio del deudor que hubiera permitido el pago de sus deudas, generándose un estado de insolvencia" sería el elemento diferenciador del delito del art. 257.1.2º CP con el del art. 257.1.1º CP].

El tipo exige dolo, esto es, conciencia y voluntad en la realización de los elementos objetivos del tipo. Además, en la medida en que requiere, como elemento subjetivo del tipo, la finalidad de alzarse con los bienes en perjuicio de los acreedores, sólo podrá admitirse el dolo directo (para MARTÍNEZ-BUJÁN PÉREZ y SOUTO GARCÍA la expresión "con el mismo fin" debe interpretarse en referencia al mismo resultado de perjudicar al que se alude en el art. 257.1.1º CP).

La interposición de un recurso o un procedimiento incidental podrán constituir supuestos de ejercicio legítimo de un derecho.

El delito se consumará una vez producida la consecuencia de dilatar, dificultar o impedir la eficacia de los procedimientos aludidos por el tipo, sin que se requiera que el autor consiga su propósito de alzarse con sus bienes (GALLEGO SOLER, FARALDO CABANA). La STS 23-11-2018 (*Tol 6955949*), se muestra de acuerdo con esta opinión, indicando que la consumación del delito necesita "la efectiva sustracción de alguno o algunos bienes, que obstaculice razonablemente una posible vía de apremio con resultado positivo y suficiente para cubrir la deuda, de modo que el acreedor no tiene la carga de agotar el procedimiento de ejecución, precisamente porque el deudor con su actitud de alzamiento ha colocado su patrimonio en una situación que no es previsible la obtención de un resultado positivo en orden a la satisfacción del crédito".

En el caso de autos, el sujeto había acumulado una deuda con la entidad bancaria Banc Internacional d'Andorra de 352.715,61 euros y, aprovechando el procedimiento de su separación matrimonial, el día 26 de mayo del año 2000, a través del convenio regulador de su separación, transmitió a su esposa su mitad indivisa de la que fuera su vivienda familiar". Con ello, explica, obstaculizó "las posibilidades de resarcimiento de la entidad bancaria", que en fecha 6 de diciembre de ese mismo año interpuso demanda de embargo preventivo de los bienes, acordado por auto de 13 de diciembre de 2000.

Por lo demás, el hecho de que no sea suficiente con que el deudor se autoposicione en un estado de insolvencia del que se derive su imposibilidad de afrontar el cumplimiento de sus obligaciones, sino que sea necesario, además, que ello tenga lugar en el contexto de un procedimiento de ejecución y que obstaculice su correcto desarrollo, ha llevado a entender que adopta una estructura de peligro concreto para los derechos de crédito objeto de un procedimiento de ejecución ya iniciado o del que pueda preverse una próxima iniciación (VIVES ANTÓN/GONZÁLEZ CUSSAC).

Se trata de un delito de resultado y de consumación anticipada. Ello no impide, naturalmente, que pueda apreciarse la tentativa, si bien algunas opiniones suscitan la cuestión de su no punición de la tentativa, al estar demasiado alejada de la lesión del bien jurídico, teniendo en cuenta que la consumación supone únicamente su puesta en peligro.

Con relación a los concursos con los delitos de desobediencia y malversación impropia me remito a lo analizado a propósito del alzamiento genérico.

3. Alzamiento para eludir la responsabilidad civil **ex delicto** *(art. 257.2 CP)*

La LO 1/2015 reformó esta figura (hasta ese momento prevista en el art. 258 CP), trasladándola al art. 257.2 CP e incluyéndola, con ello, en el radio de acción de los apartados 3, 4 y 5 del art. 257 CP. Ya se ha avanzado que la conducta típica reitera el esquema del tipo básico, pivotando sobre la existencia de una deuda y de un acto de ocultación de elementos pertenecientes al patrimonio del deudor para generar una situación de insolvencia (aparente) con que lograr la insatisfacción de los derechos de los acreedores. La doctrina ha señalado como razones para su tipificación diferenciada: a) la voluntad del legislador de dejar zanjado el debate interpretativo relativo al momento de nacimiento de las responsabilidades *ex delicto* (VIVES ANTÓN/GONZÁLEZ CUSSAC, GALLEGO SOLER,

NIETO MARTÍN, GARCÍA RIVAS); y b) su afán por precluir interpretaciones extensivas o analógicas del tipo básico, haciendo un esfuerzo de concreción de las conductas y su especialidad (PÉREZ MARTÍNEZ). Por lo demás, el tipo sigue configurándose como uno especial reservado a cualquiera que pueda tener responsabilidades civiles derivadas de las penales.

El bien jurídico protegido lo constituye un interés individual de naturaleza patrimonial que se identifica con el derecho de los acreedores a satisfacer sus créditos sobre el patrimonio del deudor [FARALDO CABANA, MARTÍNEZ-BUJÁN PÉREZ, PÉREZ MARTÍNEZ; SAP, Toledo, 16-1-2021, y STS 7-6-2019 (*Tol 7278715*), destacando que el tipo tiene "un estricto componente económico siendo el bien jurídico protegido el evitar que se pueda llevar a efecto la ejecución de la responsabilidad civil o el pago de créditos de terceros haciendo desaparecer bienes y colocando al penado en una situación de insolvencia"]. En apoyo de este planteamiento SOUTO GARCÍA trae la posibilidad de que el perjudicado pueda renunciar a la acción civil (no cabría si se sostuviese que el delito protege el interés supraindividual relacionado con el buen funcionamiento del sistema judicial).

Tal y como pone de manifiesto el elemento subjetivo del injusto incorporado al tipo, el art. 257.2 CP circunscribe el sujeto activo del delito a quienes cumplan la condición de ser "responsables civiles", directos o subsidiarios. Entre los sujetos idóneos para perpetrarlo deben mencionarse, así, entre otros, a los inimputables, a quienes han obrado en error de prohibición o cubiertos por una causa de exculpación, a los sujetos en cuyo favor se haya precavido el mal tras la ejecución de una conducta delictiva en estado de necesidad, a los responsables civiles solidarios del art. 61 de la LO 5/2000, a los aseguradores del art. 117 CP, a los sujetos mencionados en el art. 118. 1. 4º CP y a los partícipes a título lucrativo del art. 122 CP (ESQUINAS VALVERDE, MARTÍNEZ-BUJÁN PÉREZ, FARALDO CABANA, SOUTO GARCÍA, BENÍTEZ ORTÚZAR, PÉREZ FERRER, GALLEGO SOLER). Fuera de su ámbito de aplicación quedarían, en cambio, el impago de las fianzas acordadas como medida cautelar, el de cualesquiera obligaciones derivadas de otras resoluciones judiciales y, asimismo, el de las penas pecuniarias (VIVES ANTÓN/GONZÁLEZ CUSSAC, GONZÁLEZ CUSSAC). La condición de responsable del autor debe considerarse, en cualquier caso, un elemento del tipo (HUERTA TOCILDO, MARTÍNEZ-BUJÁN PÉREZ, SOUTO GARCÍA; en contra NIETO GARCÍA y VIVES ANTÓN/GONZÁLEZ CUSSAC, que la consideran, respectivamente, una condición objetiva de punibilidad y de procedibilidad o perseguibilidad), que no concurrirá en caso de que no haya recaído sentencia condenatoria dictada por el juez competente.

El art. 257.2 CP recoge un tipo mixto alternativo en el que se castiga la realización de actos de disposición, la contracción de obligaciones que disminuyan el patrimonio o, finalmente, la ocultación de elementos patrimoniales sobre los que podría hacerse efectiva la ejecución, modalidad que no implica, sino, una manera de disponer de los mismos. La desaparición del texto, con la reforma de 2015, de la referencia al carácter total o parcial de la insolvencia debe entenderse, como propone la doctrina mayoritaria, en el sentido de dar por sentado que la segunda constituye una verdadera insolvencia a los efectos de la tipicidad de todos y cada uno de los tipos o subtipos recogidos en el Capítulo VII del Título XIII. En coherencia con todo ello, parece claro que lo que se tipifica es únicamente la realización de actos simulados de disposición y de contracción de obligaciones. La inclusión, también en 2015, de la modalidad típica de la ocultación de elementos patrimoniales —que había desaparecido en la tramitación legislativa del Proyecto de 4 de octubre de 2013, probablemente al comprobarse que la Sala 2ª del TS ha venido describiendo la acción típica del alzamiento de bienes como "la ocultación de sus activos por el deudor" [SSTS 1-9-2007 y 7-6-2019 (*Tol 7278715)*]— corrobora lo correcto de esta interpretación. La retirada de dinero para hacer frente a los gastos corrientes y el abono de deudas, unas existentes y otras de segura aparición (por ejemplo, honorarios de abogado, procurador y peritos) serán conductas atípicas [GALLEGO SOLER, con cita a la STS, 3-5-2001 (*Tol 4925695)*].

Importa subrayar que, al vincular expresamente la conducta con la finalidad de eludir el pago de la responsabilidad civil *ex delicto*, también resultará atípica la ocultación de bienes u objetos sobre los que se hubiera acordado el comiso. Este es supuesto de hecho contemplado en la STS, 7-6-2019 (*Tol 7278715)*, según el cual el recurrente, "conociendo que la representante del Ministerio Fiscal iba a mantener la solicitud de comiso del vehículo marca Peugeot modelo 306 matricula HI-...-F. con el que... había cometido los hechos", acordó con un tercero su venta, para mostrar después su conformidad con la acusación de la Fiscalía, "dictándose sentencia in voce incluyendo el comiso del vehículo, y declarada firme en el acto". El Tribunal concluye que "el comiso es una tercera clase de sanción penal, y puede entenderse como una consecuencia patrimonial del delito que aparece en la condena, o como una consecuencia jurídica de la misma, pero no estamos ante una responsabilidad civil ex delicto, por lo que difícilmente podemos entender que estamos ante un derecho de crédito real y existente a favor del Estado, pues se trata en realidad de una sanción". Por ello, "la conducta declarada probada no integra el delito de alzamiento de bienes por el que viene condenado el recurrente", aunque sí "podría ser constitutivo de un delito contra la Administración de Justicia o una estafa procesal, e incluso podría ser causa de nulidad de la sentencia de conformidad".

Los supuestos en que el sujeto se coloca en situación de insolvencia ignorando la posibilidad de que, a resultas de su intervención en el delito anterior, pueda llegar a ser declarado responsable civil (por ejemplo, su desconocimiento de que el contrato no cubría la responsabilidad civil *ex delicto*) deben sujetarse a las reglas del error sobre un elemento del tipo de injusto incluidas en el art. 14.2 CP (MARTÍNEZ-BUJÁN PÉREZ, GALLEGO SOLER), que conducirán a la atipicidad de la conducta. El tipo requiere que la conducta se lleve a cabo con la finalidad de eludir el pago de responsabilidades civiles derivadas del hecho delictivo precedente. Se trata de un elemento subjetivo del injusto que hace imposible el dolo eventual (MARTÍNEZ-BUJÁN PÉREZ, FARALDO CABANA; de otra opinión, NIETO GARCÍA, VIVES ANTÓN/GONZÁLEZ CUSSAC).

Un sector doctrinal (GONZÁLEZ CUSSAC, BENÍTEZ ORTÚZAR, GARCÍA RIVAS, DE LA MATA BARRANCO, PÉREZ MARTÍNEZ, GALÁN MUÑOZ, VIVES ANTÓN/GONZÁLEZ CUSSAC, BAJO FERNÁNDEZ/BACIGALUPO SAGGESE, BENÍTEZ ORTÚZAR) y la mayoría de la jurisprudencia han considerado que no es preciso esperar al resultado del enjuiciamiento del hecho del que dimana la responsabilidad civil para entender consumado el delito, sino únicamente a la provocación de la insolvencia con la realización de los actos de disposición, la contracción de obligaciones que disminuyen el patrimonio o la ocultación de elementos patrimoniales sobre los que podría hacerse efectiva la ejecución. La STS, 9-4-2008 (*Tol 1311925*), entre otras [véanse también STS, 3-5-2001 (*Tol 4925695*), y SAP, Madrid, 25-10-2004], recoge ese criterio, señalando que: "basta que el autor prevea que de la comisión de aquel 'hecho delictivo' se originarán responsabilidades civiles, poniendo a buen recaudo su patrimonio, para que el delito se consume, con independencia de cuál sea cualquiera que sea el resultado final del proceso, incluso por prescripción de aquél". En ese mismo sentido, la SAP, Granada, 27-4-2018 (*Tol 6655669*), sostiene la tipicidad de la conducta de quien "incurso en un hecho delictivo de cualquier naturaleza, nada más ocurrir éste, y con objeto de eludir las responsabilidades civiles que pueden dimanar de su conducta en un futuro una vez se celebre el correspondiente proceso penal, trata de ponerse a cubierto, disminuyendo su patrimonio, y en particular, enajenando aquellos bienes más realizables, como son los caudales, acciones y los bienes inmuebles, para eludir el pago de una hipotética, pero ciertamente probable, responsabilidad civil 'ex delicto'". Con arreglo a este planteamiento, como en tanto no exista condena no se sabrá si el que lo cometió será el responsable del delito, el juez o tribunal que conozca del alzamiento no tendrá otro remedio que suspender el procedimiento hasta que esa cuestión no se resuelva como prejudicial.

La cuestión dista de ser pacífica. Una parte de la doctrina, de hecho, considera incluso la opción de que la conducta pueda llevarse a cabo incluso antes de que se haya realizado el hecho delictivo cuya responsabilidad civil se pretende frustrar (SÁNCHEZ DAFAUCE). Hay que reafirmarse no obstante en la idea de que el delito sólo cobra vida tras la existencia de un pronunciamiento judicial del que se deriven responsabilidades civiles. La conclusión contraria generaría no pocas disfunciones, ya que supondría reservarles el mismo tratamiento jurídico-penal a supuestos completamente heterogéneos: los derivados de una obligación distinta de la que se deriva de un delito, en los que el juez penal podría pronunciarse sobre la existencia de la obligación misma sin necesidad de esperar a la resolución civil —por no ser una cuestión prejudicial esencial para la calificación de la conducta típica—, y los casos de ocultación para eludir una responsabilidad civil *ex delicto*, en que la única con virtualidad jurídica para destruir la presunción de inocencia es la sentencia condenatoria previa (aunque el sujeto hubiera procedido a reconocer su responsabilidad civil derivada de un hecho delictivo en un acto jurídico) MARTÍNEZ-BUJÁN PÉREZ, GALLEGO SOLER). Cosa distinta es que *de lege ferenda* debiera admitirse el comienzo del proceso penal por alzamiento cuando ya se hubiese abierto juicio oral por el delito previo o, con más razón, cuando el juicio ya se hubiese celebrado, lo que permitiría la adopción de medidas cautelares para asegurar la integridad del patrimonio del deudor (VIVES ANTÓN/GONZÁLEZ CUSSAC). Debe darse la razón, por ello, a quienes entienden que la consumación sólo podría tener lugar en el momento en que se produce la declaración de responsabilidad civil del delito por sentencia firme [FARALDO CABANA, MARTÍNEZ-BUJÁN PÉREZ, GALLEGO SOLER; SAP, Valencia, 7-2-2001 (*Tol 9573)*], existiendo ya, por ello, una deuda exigible, una vez que el sujeto activo se ha colocado en situación de insolvencia.

La conducta de quien, anticipadamente, oculte sus bienes con la finalidad de no contar con patrimonio suficiente en el momento en que sea condenado a su abono se situará completamente extramuros del tipo (SOUTO GARCÍA).

La STS, 9-6-1999 (*Tol 5151080)*, aplicó el tipo específico en un caso en que ya había recaído condena. Si se asume, como aquí se hace, que el tipo se asienta sobre una responsabilidad declarada en sentencia, esperar a esta será, no una cuestión de perseguibilidad, sino, pura y llanamente, de legalidad penal.

No es posible la tentativa (MARTÍNEZ-BUJÁN PÉREZ): en el caso de que la ocultación se haya realizado cuando todavía no se había declarado ni llegue a declararse la responsabilidad civil nos hallaríamos ante un supuesto de delito putativo.

4. *Tipos cualificados de alzamiento (arts. 257. 3 y 4 CP)*

En la reforma operada por la LO 1/2015, los tipos cualificados descritos en los apartados 3 y 4 del art. 257 sufrieron modificaciones de importancia: 1°) en el apartado 3, procedente de la LO 5/2010, se introdujo un segundo párrafo destinado a acoger una cualificación aplicable cuando "la deuda u obligación que se trate de eludir sea de Derecho público y la acreedora sea una persona jurídico-pública". Además, se añadió la expresión "o se trate de obligaciones pecuniarias derivadas de la comisión de un delito contra la Hacienda Pública o la Seguridad Social" (calificada por el Consejo Fiscal como innecesaria, "por tratarse de una especie del género 'deuda de derecho público con persona jurídico pública como acreedora'"); 2°) se reorganizaron los contenidos del tipo agravado del apartado 4, poniéndose en relación exclusivamente con los números 5° y 6° del apartado 1 del art. 250 CP; y 3°) los tipos cualificados alcanzaron también al alzamiento destinado a eludir las deudas derivadas de la responsabilidad civil *ex delicto*, una vez que el precepto contenido en el antiguo art. 258 CP fue trasladado al apartado 2 del art. 257 CP.

A la hora de comentar la cualificación del apartado 3, que hace del delito uno grave y atribuye la competencia de la fase de plenario a las Audiencias Provinciales o, en su caso, a la Audiencia Nacional, lo primero que debe destacarse es que pretende dar cobertura a toda clase de deudas u obligaciones, independientemente de su naturaleza u origen y de que sean públicas o privadas. La doctrina ha destacado también su relevancia a efectos de incrementar el plazo de prescripción del delito (DE LA MATA BARRANCO, PÉREZ MARTÍNEZ) y apuntado los problemas que suscita la determinación de lo que debe entenderse por "obligaciones pecuniarias derivadas de la comisión de un delito contra la Hacienda Pública o la Seguridad Social": a) la cuantía de la defraudación cometida en la fase en que se materializaría el alzamiento, la de recaudación (el delito fiscal aparecerá en la de liquidación) (SOUTO GARCÍA); b) las obligaciones pecuniarias referidas al abono de los intereses derivados de la deuda tributaria; o c) la multa impuesta por la previa realización de un delito de esa naturaleza (MARTÍNEZ-BUJÁN PÉREZ, ROCA DE AGAPITO, BENÍTEZ ORTÚZAR). SÁNCHEZ DAFAUCE, GÓMEZ LANZ y GALLEGO SOLER son partidarios de excluir el impago de multas derivadas de la comisión del delito, ya no sólo por la existencia del sistema de responsabilidad personal subsidiaria, sino también porque la pena de multa no representa una carga pecuniaria de carácter resarcitorio que busque la reparación del daño causado por el delito, ni es parte integrante de la obligación tributaria principal (arts. 19 a 22 LGT) o de las accesorias (arts. 25 a 28 LGT), no pudiendo compensarse con otro crédito que pudiera tener el contribuyente a su favor. A mi modo de ver, si el presupuesto de esta modalidad agravada fuese la elusión del pago de la deuda tributaria en si misma, su aplicación conculcaría el principio *ne bis in idem* (BENÍTEZ ORTÚZAR). La solución más adecuada parece, por ello, la de restringir su aplicación a los supuestos de elusión de obligaciones pecuniarias referidas al abono de los intereses derivados de la deuda tributaria

De otro lado, la reforma de 2015 supuso la desaparición en el apartado 4 de las agravaciones de los números 1º y 4º del art. 250.1 CP (para un sector doctrinal la extensión al alzamiento de los tipos agravados de estafa pierde su razón de ser desde el momento en que aquella recae sobre bienes ajenos, en tanto que el alzamiento se proyecta sobre el propio patrimonio: *vid.* ROCA DE AGAPITO). La de la primera fue bien acogida, con carácter general, en la medida en que pivotaba sobre objetos de difícil realización (bienes de primera necesidad, viviendas u otros bienes de reconocida utilidad social), cuya ocultación no es lo más adecuado para lograr frustrar el derecho de los acreedores. En cambio, la eliminación de la circunstancia del número 4º (que el hecho "revista especial gravedad, atendiendo a la entidad del perjuicio y a la situación económica en que deje a la víctima o a su familia") es resultado, según SÁNCHEZ DAFAUCE, de un error durante la tramitación parlamentaria y supuso un retroceso difícil de entender (la LO 1/2015 introdujo en relación con el delito concursal una agravación similar) (SÁNCHEZ DAFAUCE). A efectos de traerla en aplicación, la SAP, Palencia, 19-2-2018 (*Tol 6589054*), exigió que la "sociedad acreedora" —a la que identifica con la víctima— haya quedado "en una situación económica difícil o insegura como consecuencia del impago".

El "valor superior a 50.000 euros" (agravación del número 5º del art. 250.1 CP) no remite, naturalmente, al valor de mercado de los bienes ocultados (QUINTERO OLIVARES). Fuera de ello, no está claro si se refiere: a) al montante total de la deuda; o —como parece más correcto—, o b) al perjuicio total causado como consecuencia del alzamiento [PÉREZ MARTÍNEZ, trayendo en su apoyo la STS, 23-1-2020 (*Tol 7831830*), a cuyo tenor "si alguien, oculta 2.000 euros de su patrimonio... para eludir su embargo con motivo de una deuda por importe de 100.000 euros, lo defraudado a efectos de la aplicación de ese novedoso subtipo agravado del delito de alzamiento no será el total de la deuda, sino el total de lo ocultado, de los bienes alzados"]. En punto a esta agravación se aprecian, además, severas disfunciones penológicas en la comparación con las agravaciones del delito concursal, que apelan al perjuicio causado (superior a 600.000 euros) o a la afectación a una generalidad de personas. Fijar la cuantía del daño en 50.000 € aporta seguridad jurídica, pero obligará a modificar el Código Penal cuando quede por debajo de lo que socialmente pueda estimarse una "defraudación grave" (GARCÍA RIVAS).

La agravante 6ª del art. 250.1 CP (abuso de las relaciones personales existentes entre víctima y defraudador o aprovechamiento por este de su credibilidad empresarial o profesional) parece perder su sentido en el ámbito del alzamiento (QUINTERO OLIVARES). Su ámbito de aplicación debería circunscribirse a los casos en que el sujeto se sirvió de dichas relaciones personales o de su credibilidad empresarial para llevar a cabo los actos de disposición patrimonial fraudulentos (GALÁN MUÑOZ).

En la doctrina se ha puesto en duda la posibilidad de extender estas circunstancias al ámbito del alzamiento, habida cuenta de que, mientras la estafa se proyecta sobre bienes ajenos, aquel lo hace sobre bienes propios (ROCA DE AGAPITO).

5. *Ocultación de bienes en procedimiento judicial o administrativo de ejecución (art. 258 CP)*

El art. 589. 1 LEC dispone que "salvo que el ejecutante señale bienes cuyo embargo estime suficiente para el fin de la ejecución, el Secretario judicial requerirá, mediante diligencia de ordenación, de oficio al ejecutado para que manifieste relacionadamente bienes y derechos suficientes para cubrir la cuantía de la ejecución, con expresión, en su caso, de cargas y gravámenes, así como, en el caso de inmuebles, si están ocupados, por qué personas y con qué título". Ese requerimiento, prosigue el art. 589.2 LEC, "se hará con apercibimiento de las sanciones que pueden imponérsele, cuando menos por desobediencia grave en caso de que no presente la relación de sus bienes, incluya en ellos bienes que no sean suyos, excluya bienes propios susceptibles de embargo o no desvele las cargas y gravámenes que sobre ellos pesaren". A favor de la supresión de esa alusión a la desobediencia grave se pronunció en su momento el CGPJ. Tras la entrada en vigor de la LO 1/2015, de 30 de marzo, la remisión a las normas reguladoras de dicha desobediencia debe entenderse hecha al propio art. 258.1, que incrimina un supuesto especial de desobediencia en el marco del procedimiento de ejecución judicial o administrativo.

El ordenamiento jurídico (la LEC, en concreto) establece, pues, un deber específico de colaboración consistente en la presentación de una relación de bienes para garantizar el derecho del acreedor a ver satisfecho su crédito. Es ese deber orientado a posibilitar la satisfacción de una ejecución concreta lo que ayudará a configurar el objeto de tutela del delito del art. 258, que no se dirige, en absoluto, a lograr el conocimiento del patrimonio íntegro del ejecutado. Llama la atención, sin embargo, que, con carácter general, dicho deber brille por su ausencia en el procedimiento ejecutivo administrativo (SOUTO GARCÍA, BENÍTEZ ORTÚZAR, ROCA DE AGAPITO), en el que las obligaciones del deudor embargado no van más allá de uno genérico de colaboración con la Administración (para algunos procedimientos sí se contempla el deber de proporcionar información sobre los bienes por parte de quienes están obligados a realizar el pago, por ejemplo, en el art. 89 del RD 1415/2004, de 11 de junio, por el que se aprueba el Reglamento General de Recaudación de la Seguridad Social) (GONZÁLEZ CUSSAC). Las dudas sobre la justificación político-criminal de la intervención penal en estos casos quedaron plasmadas en la enmienda del Senado 222 presentada por el Grupo Parlamentario Entesa pel Progrés de Catalunya, que proponía la supresión de la referencia a los procedimientos ejecutivos administrativos (SOUTO GARCÍA).

De la interpretación literal del precepto se infiere que la ocultación debe realizarse en un procedimiento de ejecución judicial o administrativo y que la situación de insolvencia se sitúa extramuros tanto del tipo objetivo, como del subjetivo [BENÍTEZ ORTÚZAR; identifican en su provocación el momento consumativo del delito, en cambio, SOUTO GARCÍA, ESQUINAS VALVERDE, y SAP, Madrid, 5-12-2019 *(Tol 7861900)*]. Ese rasgo deja traslucir las verdaderas razones para la creación del delito (de orden político criminal), que guardan relación con la necesidad de cubrir posibles áreas de impunidad en los casos en que, al no declararse la totalidad de los bienes en los procedimientos civiles de embargo o, sencillamente, no comparecer, el acusado imposibilita que se haga efectiva la sentencia de condena (GALLEGO SOLER). Es cierto que para hacer frente a esos comportamientos el Derecho penal español ya contaba con el delito de desobediencia, teniendo en cuenta lo indicado por el precitado art. 589.2 LEC para los casos en que no se presente relación de bienes. Conviene recordar, sin embargo, que a tenor de la LEC es al secretario judicial al que compete requerir al acusado para que manifieste bienes y que la única que podría efectuar el apercibimiento y/o deducir testimonio es la autoridad judicial, así que, de no existir el actual art. 258 CP, la designación parcial de bienes siempre sería impune.

Las modalidades que puede revestir la conducta típica están también previstas en el Derecho comparado, con modelos de tipificación que permiten residenciar el bien jurídico ya no en el derecho de crédito del deudor, sino en la Administración de Justicia (FGE). Es el caso del CP austríaco, cuyo parágrafo 292 a castiga a quien, ante un tribunal u órgano ejecutivo, firma un listado patrimonial incompleto o mendaz, poniendo en peligro con ello la satisfacción del acreedor. La redacción del parágrafo 156 del Código penal alemán es muy similar.

En el caso del Código penal español, tal y como acaba de apuntarse, la razón de la intervención penal en esta materia no se agota en el interés patrimonial individual del titular del derecho de crédito, sino que se fundamenta y se orienta hacia la salvaguarda de la eficacia de los procedimientos de ejecución (SÁNCHEZ DAFAUCE; GUTIÉRREZ PÉREZ, indicando que "nos hallamos ante un delito contra la Administración de Justicia o, en cualquier caso, ante un supuesto especial de falsedad documental en el que se falta a la verdad en la narración de los hechos"). De esta manera, la protección del patrimonio del deudor se presenta, más bien, como *ratio legis* o fin de protección de la norma, cuya afectación permite delimitar el ámbito de aplicación del tipo, pero no debe constatarse en el caso concreto (SÁNCHEZ DAFAUCE). Para otro sector doctrinal, sin embargo, el delito es pluriofensivo o tiene un bien jurídico de naturaleza mixta, puesto que se protege el patrimonio de forma directa e inmediata y el interés supraindividual a la eficacia en los procesos de ejecución como interés mediato (SOUTO GARCÍA, FARALDO CABANA).

5.1. Tipo objetivo

Si bien en los procedimientos de ejecución judicial o administrativo pueden intervenir otros sujetos distintos, el sujeto activo del art. 258 CP solo puede serlo el deudor (principal o subsidiario) (MARTÍNEZ-BUJÁN PÉREZ). Fiadores y avalistas podrían considerarse autores únicamente en el caso en que sean llamados a intervenir como deudores (SOUTO GARCÍA). Como explica FARALDO CABANA, fuera del ámbito de la autoría deben situarse asimismo los sujetos aludidos por los arts. 538.2.3º LEC (quien sin figurar como deudor en el título ejecutivo "resulte ser propietario de los bienes especialmente afectos al pago de la deuda en cuya virtud se procede, siempre que tal afección derive de la ley o se acredite mediante documentos fehacientes") y 538.3 LEC (las personas "frente a las que no se haya despachado ejecución, pero a cuyos bienes haya dispuesto el tribunal que esta se extienda por entender que, pese a no pertenecer dichos bienes al ejecutado, están afectos los mismos al cumplimiento de la obligación por la que se procede") (FARALDO CABANA).

La conducta típica se concreta en la presentación de una relación de bienes o patrimonio incompleta o mendaz, lo que ha llevado al CGPJ a calificarla como "supuesto especial de falsedad ideológica especial, consistente en la falta de veracidad de la relación del patrimonio presentada ante la autoridad o funcionario competente", impune, por lo demás, en sede de falsedades documentales (por ser un particular el que la lleva a cabo). En el trasfondo de esta modalidad se hallarían los casos en que se realiza una transmisión simulada de los bienes, ocultándose su situación real: la permanencia en poder del deudor (SOUTO GARCÍA, ROCA DE AGAPITO). La relación de bienes podría ser confeccionada por el propio deudor o por un tercero, si bien sólo adquirirá relevancia jurídico-penal desde el momento en que sea presentada en el procedimiento de ejecución.

El carácter incompleto de la relación se derivará de los hechos descritos en el párrafo segundo del apartado 1 y que operarán a modo de presunción *iuris tantum*: que el deudor "utilice o disfrute de bienes de titularidad de terceros y no aporte justificación suficiente del derecho que ampara dicho disfrute y de las condicione a que está sujeto". Cuestión controvertida es si dicho precepto alude a la falta de acreditación "del derecho personal o real, que justifica el uso de un bien ajeno" o, más bien, a "la presunta titularidad ficticia de un bien que formalmente figura a nombre de un tercero, pero, de hecho, pertenece al deudor" (CGPJ). Para unos lo que se tipifica es una modalidad de alzamiento de bienes, en la que el deudor, recurriendo a los mecanismos allí mencionados, continúa ejercitando facultades que no son compatibles con el dominio, pero evita que el bien figure formalmente como suyo (ROCA DE AGAPITO, FARALDO CABANA). Así entendido, este tipo funcionaría a modo de uno privilegiado de alzamiento, transmitiendo a los administrados un mensaje quizá equívoco. Otra interpretación considera, si embargo, que dicha referencia típica lo es a una falta de colaboración con la autoridad judicial o administrativa encargada del procedimiento, de modo que si con esa facilitación de información incompleta se provocase el alzamiento debería venir en aplicación el art. 257.1.1º CP, que absorbería las conductas posteriores (BENÍTEZ ORTÚZAR).

Se ha apuntado la necesidad de dotar de mayor precisión a la descripción típica, para evitar condenas por hechos no acreditados más allá de toda duda, es decir, con vulneración del derecho a la presunción de inocencia. Otra de las críticas que debe dirigirse a este precepto es la referida a la quiebra del principio de proporcionalidad (BENÍTEZ ORTÚZAR), careciendo de sentido que se imponga la misma sanción por actuaciones dirigidas a la mera dilatación del procedimiento de ejecución que a las que terminan por impedirlo completamente (ROCA DE AGAPITO, BENÍTEZ ORTÚZAR). Además, el que le corresponda al deudor acreditar el derecho que ampara el disfrute de bienes titularidad de terceros y las condiciones a que viene sometido podría generar dudas en cuanto a la vulneración del principio acusatorio y la inversión de la carga de la prueba (ROCA DE AGAPITO, BENÍTEZ ORTÚZAR, ROIG TORRES, GÓMEZ LANZ, VÁZQUEZ IRUZUBIETA). En cualquier caso, las acusaciones tendrán que demostrar más allá de cualquier duda razonable, esa utilización o disfrute por parte del deudor de bienes que no ha indicado como propios.

Aunque de la redacción legal del apartado primero del art. 258 CP parece desprenderse la necesidad de una forma activa de comportamiento ("presentar" es una conducta claramente activa), el segundo describe una modalidad omisiva (GONZÁLEZ CUSSAC, MARTÍNEZ-BUJÁN PÉREZ), tipificando la infracción —por parte del deudor— del deber de facilitar la relación de bienes o patrimonio tras haber sido requerido para ello. Frente a quienes defienden su naturaleza de comisión por omisión, considero preferible calificarlo como delito de acción con equivalencia expresamente tipificada, en que el resultado de obstaculización o frustración del procedimiento de ejecución debe imputarse objetivamente a la acción u omisión del deudor, sin necesidad de acreditar que este tiene, *ab initio* y de forma genérica, una posición de garante respecto del buena marcha de dicho procedimiento. En cualquier caso, la obligación de contestar el requerimiento ha de notificársele personalmente (y no a su representante procesal), siendo preferible que en el propio requerimiento se haga advertencia de la posible comisión de este delito para evitar que se incurra en error de prohibición (GALLEGO SOLER).

Nos encontramos ante un delito de resultado cuya consumación requiere la producción de dos de diversa naturaleza: uno de carácter procedimental —consistente en el incorrecto funcionamiento del procedimiento (MARTÍNEZ-BUJÁN PÉREZ, FARALDO CABANA, BENÍTEZ ORTÚZAR)— y otro de orden patrimonial —consistente en el perjuicio sufrido por el acreedor que ve obstaculizado o frustrado el cobro de su deuda— (GONZÁLEZ CUSSAC, SOUTO GARCÍA, que exige, además, como resultado intermedio, "la provocación de la insolvencia"). En cuanto al primero, y a diferencia de lo que sucede con el (mucho más grave) delito del art. 257.1.2º CP, referido al alzamiento para eludir la eficacia de un procedimiento ejecutivo, la conducta típica del art. 258 CP exige para su consumación que se dilate, dificulte o impida la satisfacción del acreedor. La doctrina no ha dejado de señalar esta paradoja, además de lo que supone en términos de atentado contra el principio de *ultima ratio* (SÁNCHEZ DAFAUCE).

Cuestión importante es la de la idoneidad de la declaración para producir el resultado en la modalidad activa de contestar al requerimiento aportando relación incompleta o mendaz (el silencio del ejecutado siempre dilatará la ejecución, al abocar a una investigación judicial de su patrimonio, *ex art.* 590 LEC). Comparto el criterio de quienes entienden que no satisfarán ese requisito las incompletas en que el listado de bienes sea suficiente para cubrir la ejecución y cuya presentación ni dilate el procedimiento, ni impida o dificulte la satisfacción del acreedor (BENÍTEZ ORTÚZAR, GALLEGO SOLER). En cambio, las que sean totalmente mendaces (porque ninguno de los bienes indicados sea del ejecutado o este haya mentido indicando que carece de cualquier bien ejecutable) ya cubren por si mismas las exigencias típicas (GALLEGO SOLER). La fórmula acogida por el precepto también permite considerar típica la presentación de bienes o patrimonio insuficientes para cubrir las pretensiones del acreedor por los deudores que ya sean insolventes con anterioridad a que se inicie el proceso de ejecución (de otra opinión BENÍTEZ ORTÚZAR, SOUTO GARCÍA, para quien la conducta podrá encontrar cobertura entre los tipos de los arts. 257.1.1º CP, si el deudor se insolventa dolosamente justamente antes del inicio del procedimiento ejecutivo judicial o administrativo, ó 257.1.2º CP, si conlleva un alzamiento de bienes en perjuicio de los acreedores).

5.2. Tipo subjetivo

Estamos ante un delito doloso, debiendo abarcar el dolo del sujeto activo todos los elementos típicos a que he hecho referencia en el epígrafe anterior. El error vencible o invencible sobre cualquiera de ellos conducirá a la impunidad de la conducta, dada la falta de incriminación expresa del delito imprudente. Cabe el dolo eventual.

5.3. Autoría y participación

El delito responde a las reglas de los delitos especiales propios, pudiendo ser autores únicamente quienes, teniendo la cualidad de deudores, sean requeridos en un procedimiento de ejecución judicial o administrativo para la presentación de bienes o patrimonio suficiente para cubrir la cuantía de la ejecución. Los que sin ostentar tal condición elaboren la relación mendaz o incompleta podrán responder como cooperadores necesarios o cómplices.

5.4. Concursos

5.4.1. Con el delito de alzamiento del art. 257.1.2º CP

Con el delito de alzamiento del art. 257.1.2º CP, en el caso de que la forma de realizar la ocultación sea realizar una declaración de bienes o patrimonio mendaz o incompleta en que el deudor simula ser insolvente, dilatando, dificultando o impidiendo la eficacia del procedimiento ejecutivo, habrá un concurso aparente de leyes penales, a resolver por consunción a favor de aquel (SOUTO GARCÍA, BENÍTEZ ORTÚZAR). Para MARTÍNEZ-BUJÁN PÉREZ, en cambio, la estructura de ambos hace imposible la concurrencia: el art. 257.1.2º CP "presupone ya la efectiva obstaculización del procedimiento de ejecución, y, situados en esa hipótesis, no se pueden cumplir entonces los requisitos del art. 258 CP, que exige que la obstaculización sea precisamente la consecuencia de la presentación de la relación mendaz de los bienes".

5.4.2. Con el delito de desobediencia del art. 556 CP

La tipificación de la modalidad omisiva del apartado 2 excluye la posibilidad de que la conducta típica del art. 258 CP pueda dar vida al delito de desobediencia del art. 556 CP (SOUTO GARCÍA acepta la existencia de un concurso de leyes a resolver en favor de la ocultación de bienes en virtud del principio de especialidad). Más interesante resulta la relación entre ambas figuras cuando la presentación de la declaración se produce en el procedimiento de ejecución ya iniciado tras haberse insolventado el deudor, en cuyo caso, teniendo en cuenta la configuración del delito del art. 258 CP, debería aplicarse exclusivamente el del 257.1.2º CP, que absorbe el desvalor de la falsedad ideológica posterior.

5.4.3. Con el delito de estafa

Cabe el concurso con la estafa del art. 250.1.7 CP, que se resolverá por especialidad o consunción en favor de la presentación de la relación mendaz (FARALDO CABANA). No, en cambio, con el delito del art. 396 CP, que alude al uso de documentos privados que sean resultado de una falsedad material, no ideológica.

5.5. Aplicación de la causa de levantamiento de la pena del art. 258.3 CP

El apartado 3 del art. 258 CP incluye una excusa absolutoria, es decir, que afecta a la punibilidad, eliminándola, pero deja subsistentes la tipicidad, la antijuridicidad y la culpabilidad. Se nutre de un comportamiento post-delictivo y totalmente voluntario dirigido a la colaboración con las autoridades (la comparecencia ante la autoridad o funcionario, antes de que hubieran descubierto el carácter mendaz o incompleto de la declaración de bienes, y la presentación ante ellos de otra veraz y completa), que el legislador tiene en cuenta positivamente en orden a la exclusión de la pena, actuando a modo de causa de levantamiento

(FARALDO CABANA). Esta es, posiblemente, la interpretación más razonable, considerando que desde el mismo momento en que se produce la presentación de la declaración falsa ya se opera un efecto de obstaculización del proceso —por estar adoptándose medidas sobre la base de datos no veraces— (SOUTO GARCÍA). Por el contrario, quienes cifran el daño que opera la consumación del delito en la toma de conocimiento por el funcionario o autoridad de los actos que dan lugar a la realización del delito ven en lo dispuesto en el art. 258.3 CP, congruentemente, una modalidad específica de desistimiento voluntario (ESQUINAS VALVERDE, BENÍTEZ ORTÚZAR). Las razones que subyacen a esta exención de pena son, de cualquier modo, de orden político criminal, siendo irrelevante la motivación que pueda guiar al sujeto al tiempo de realizar la comparecencia y presentación.

Para la aplicación del precepto es imprescindible que la "nueva" presentación sea voluntaria, tal y como acredita el uso de la fórmula "antes de que la autoridad o funcionario hubieran descubierto". A tal efecto es indiferente que dicho descubrimiento se derive de actos de comprobación o inspección realizados por la Administración, de actos de investigación realizados por la policía judicial o el Ministerio Fiscal o de la incoación de un proceso penal por denuncia o querella. De no haberse producido el resultado de la obstaculización del procedimiento de ejecución, podrá hacerse valer la figura del desistimiento. Sin duda el aspecto más controvertido de esta disposición es el relativo a la no previsión de un límite temporal para la rectificación.

Las falsedades instrumentales realizadas en conexión con la presentación de la declaración siguen siendo punibles (FARALDO CABANA).

6. Uso no autorizado de los bienes embargados (art. 258 bis CP)

Mientras para GONZÁLEZ CUSSAC y SOUTO GARCÍA el tipo no debe restringirse a los deudores depositarios (sí a los deudores), FARALDO CABANA identifica el sujeto activo con cualquier persona que sea conocedora de la situación de los bienes y sea consciente de que no cuenta con autorización para su uso, incluyendo en el círculo de autores, entre otros, al cónyuge del ejecutado depositario, a quienes sean nombrados depositarios al amparo de los arts. 626 y siguientes de la LEC (incluyendo a los depositarios interinos aludidos por el art. 627.2). ROCA DE AGAPITO, por su parte, excluye del ámbito de la autoría al deudor depositario de los bienes embargados. Posiblemente la opinión más razonable sea la de MARTÍNEZ-BUJÁN PÉREZ, para el que estamos ante un delito especial destinado a los deudores depositarios de los bienes embargados en el marco de un procedimiento administrativo o judicial de ejecución. No advertirles de que llevar a cabo un uso no autorizado podría acarrear responsabilidades penales abre la puerta al error de prohibición (FARALDO CABANA).

Dos son los problemas interpretativos que suscita esta figura. El primero se plantea con relación al dato de que, aunque el tipo no exige que la conducta tenga por consecuencia una obstaculización del procedimiento de ejecución, las penas con que viene sancionada no difieren de forma significativa de las previstas en el art. 258 CP, que sí la contempla. Parece, por ello que la interpretación que debe hacerse, acogiendo una hermenéutica teleológica, es la de considerar atípicos los usos insignificantes, incapaces de afectar al derecho de crédito, circunscribiéndola así a los casos en que se materializa en un acto que consume o reduce significativamente el valor de los bienes (FARALDO CABANA). Para ser delictivos, los actos de utilización o aprovechamiento ilícitos deben, además, realizarse sin autorización legal o judicial (en este punto la normativa que sirve de complemento al tipo debe buscarse en los arts. 127 *octies* CP; 6.3 Ley 12/1995, de 12 de diciembre, de Represión del Contrabando; 626 y siguientes LEC; 108 y 109 del Real Decreto 1415/2004, de 11 de junio, por el que se aprueba el Reglamento General de Recaudación de la Seguridad Social; y 95.1.2º RGR).

Mayor discusión ha generado su delimitación con el delito de malversación del art. 432 bis CP en relación con el 435.3º CP, sobre todo teniendo en cuenta que la descripción típica del art. 258 bis CP incorpora una cláusula de subsidiariedad (y no una cláusula concursal), en virtud de la cual se castiga a quienes realicen la conducta típica "salvo que ya estuvieran castigados con una pena más grave en otro precepto de este Código". Para ROCA DE AGAPITO la diferencia con la malversación impropia del art. 435.3º CP se cifraba en que el autor del uso no autorizado de bienes embargados nunca podía ser su administrador o depositario (SOUTO GARCÍA, ROCA DE AGAPITO). Trayendo en su apoyo lo indicado por la propia Exposición de Motivos de la LO 1/2015 (que lo describe como "la utilización no autorizada por el depositario de bienes embargados por la autoridad"), MARTÍNEZ-BUJÁN PÉREZ, GALLEGO SOLER y BENÍTEZ ORTÚZAR, por su parte, le reservaban al art. 258 bis CP un campo aplicativo autónomo del de la malversación: el de las conductas de uso que no causaban ningún perjuicio patrimonial en el sentido del art. 252 CP (al que remitía el 432 CP). Tras la entrada en vigor de la LO 14/2022 MARTÍNEZ-BUJÁN PÉREZ asume que todas y cada una de las conductas incardinables en aquel podrán calificarse al propio tiempo con arreglo al nuevo 432 bis CP, que incluye penas considerablemente superiores, deviniendo así un tipo penal completamente superfluo.

Por último, el artículo 258 bis CP podría concurrir con el artículo 236 CP, en cuyo caso supuesto sería la norma especial, pudiendo acudirse, incluso, al principio de alternatividad para darle preferencia.

El art. 96.3 RGR indica que el depositario que incumpla las obligaciones que le incumben como tal podrá ser declarado responsable solidario de la deuda en los términos señalados en el art. 42.2 de la Ley 58/2003, de 17 de diciembre, General Tributaria.

7. La responsabilidad de las personas jurídicas (art. 258 ter CP)

Con la reorganización de las insolvencias punibles en los capítulos VII y VII bis, la responsabilidad penal de las personas jurídicas introducida por el art. 261 bis CP (LO 5/2010) había quedado circunscrita a las insolvencias punibles de los arts. 259 y ss. CP. La LO 1/2015 la reconoció en el art. 258 ter CP para los delitos actualmente ubicados en el Capítulo VII (alzamiento de bienes y otras figuras que obstaculizan o frustran la ejecución provocando la insatisfacción del derecho de crédito de los acreedores). Se prevé la imposición de pena de multa de dos a cinco años (si el delito cometido por la persona física tiene prevista una pena de prisión de más de dos años y menos de cinco años) y seis meses a dos años, en el resto de los casos. Con arreglo a ese esquema, la duración máxima se impondrá en el alzamiento y cuando la deuda que se busca eludir sea de Derecho público y la acreedora sea una persona jurídico-pública (art. 257.3 CP). La mínima corresponderá a los casos contemplados en los arts. 258 y 258 bis CP. La opción por una pena pecuniaria es discutible, teniendo en cuenta las dificultades económicas en que estará sumida la persona jurídica y lo improbable de que llegue a cobrarse (FARALDO CABANA, SOUTO GARCÍA). Si la condena a pena de multa es anterior a la declaración del concurso se le aplicará el régimen de los créditos subordinados (arts. 92.4º, 158.1 y 158. 2 TRLC), y si es posterior el de los créditos contra la masa (arts. 84.2.10º y 154 TRLC).

III. INSOLVENCIAS PUNIBLES

1. Consideraciones previas

Ya se ha indicado que con la reforma de 2015 el legislador organizó la materia correspondiente a las insolvencias punibles en dos capítulos distintos del Título XIII del Libro II: el VII, dedicado a la "Frustración de la ejecución", y el VII bis, que lleva por rúbrica "De las insolvencias punibles". La regulación contenida en el nuevo Capítulo VII bis (arts. 259 a 261 bis CP) obedece, a tenor de la Exposición de Motivos de la LO 1/2015, a una doble necesidad: "la de facilitar una respuesta penal adecuada a los supuestos de realización de actuaciones contrarias al deber de diligencia en la gestión de asuntos económicos que se producen en el contexto de una situación de crisis económica del sujeto o empresa y que ponen en peligro los intereses de los acreedores y el orden socioeconómico, o son directamente causales de la situación de concurso"; y "la de ofrecer suficiente certeza y seguridad en la determinación de las conductas punibles, es decir, aquellas contrarias al deber de diligencia en la gestión de los asuntos económicos que constituyen un riesgo no permitido". La técnica incriminatoria seleccionada ha merecido, no obstante, severas críticas, al traducirse en el recurso a cláusulas valorativas de no fácil concreción y que habrán de ser ponderadas por el juez y, sobre todo, en una notable expansión de la intervención penal en la actividad económica y empresarial (por ejemplo, en relación con la tipificación de una modalidad imprudente de insolvencia punible o del favorecimiento de acreedores realizado con anterioridad a la admisión a trámite del concurso) (SOUTO GARCÍA, GÓMEZ LANZ, GALLEGO SOLER, GONZÁLEZ CUSSAC, QUINTERO OLIVARES, MARTÍNEZ-BUJÁN PÉREZ, GUTIÉRREZ PÉREZ, SÁNCHEZ DAFAUCE). Además, aunque se han extrapolado conceptos básicos de la legislación concursal, como no podía ser de otra forma, se ha hecho propiciando la confusión y hasta una superposición de los mismos (SOUTO GARCÍA); y es que, a diferencia del legislador concursal, el penal ha optado por separar los conceptos de insolvencia inminente o actual de la declaración de concurso, que para aquel son presupuestos de ella (GONZÁLEZ CUSSAC). Al capítulo de las críticas pertenecen también la tipificación como delito de insolvencia de comportamientos falsarios relacionados con la contabilidad de los deudores y que ya daban vida a delitos de falsedad (SOUTO GARCÍA, GALLEGO SOLER, BENÍTEZ ORTÚZAR) y la equiparación de las penas previstas para los delitos concursales (cuya eliminación venía reclamada por un amplio sector doctrinal, por los problemas que suscitaba la delimitación de su ámbito de aplicación con respecto al del alzamiento de bienes (MARTÍNEZ-BUJÁN PÉREZ)) y este último (SOUTO GARCÍA, BENÍTEZ ORTÚZAR). Esa asimilación viene a agravar los problemas interpretativos de la redacción anterior. En cambio, se ha valorado positivamente tanto la nueva redacción recibida por el art. 259.2 CP —su configuración como un tipo agravado del art. 259.1 CP suponía la práctica absorción en el primero de los supuestos englobados en este último (SOUTO GARCÍA)—, como la inclusión en él de una referencia a la transgresión del deber de diligencia en la gestión de asuntos económicos.

En relación con la configuración de los tipos, algunas de las consecuencias de la reforma fueron las siguientes:

1ª) El favorecimiento de acreedores podrá calificarse de acuerdo con los apartados 1 ó 2 del art. 260 CP (anteriormente debía subsumirse en el art. 259 CP).

2ª) En la descripción del delito de concurso punible (art. 259.1 CP) se incluyen conductas que, además de ser bastante similares entre si, podrían ser constitutivas, al propio tiempo, de alzamiento de bienes (la ocultación de bienes, la simulación de créditos).

3ª) Se contemplan conductas que, al poder sancionarse siempre que el deudor se halle en una situación de "insolvencia actual o inminente" (art. 259.1 CP), no presuponen la existencia de un procedimiento concursal.

4ª) Se prevé una modalidad imprudente de insolvencia punible (art. 259.3 CP) y se incluyen tipos agravados en el art. 259 bis CP.

El contenido del Capítulo VII bis viene organizado a partir de la distinción entre conductas de insolvencia punible no causal (art. 259.1 CP) y de insolvencia punible causal (art. 259.2 CP).

2. *Insolvencia punible (art. 259 CP)*

La descripción del concurso punible o bancarrota (términos usados para designar a este delito en el Preámbulo de la LO 1/2015) pivota sobre una compleja fórmula que combina la estructura de los delitos de peligro con la inclusión de una condición objetiva de punibilidad (art. 259.4 CP), pero sin exigir la conclusión del procedimiento concursal (art. 259.5 CP), ni vincular la calificación de la insolvencia en el procedimiento concursal a la jurisdicción penal (art. 259.6 CP).

A las modificaciones introducidas en ella por la LO 1/2015 alude su Preámbulo en los siguientes términos: "El nuevo delito de concurso punible o bancarrota se configura como un delito de peligro, si bien vinculado a la situación de crisis (a la insolvencia actual o inminente del deudor) y perseguible únicamente cuando se declara efectivamente el concurso o se produce un sobreseimiento de pagos; y se mantiene la tipificación expresa de la causación de la insolvencia por el deudor. La norma delimita, con la finalidad de garantizar un grado de seguridad y certeza ajustado a las exigencias derivadas del principio de legalidad, las conductas prohibidas por medio de las cuales puede ser cometido el delito. Para ello, tipifica un conjunto de acciones contrarias al deber de diligencia en la gestión de asuntos económicos mediante las cuales se reduce indebidamente el patrimonio que es garantía del cumplimiento de las obligaciones, o se dificulta o imposibilita el conocimiento por el acreedor de la verdadera situación económica del deudor".

Merece destacarse que la antijuridicidad de estas conductas no guarda relación con la simulación de una insolvencia aparente y el engaño, sino con el desvalor que comporta la gestión desordenada e irregular del patrimonio por parte de quien se halla en situación de insolvencia real y que conllevan su disminución o destrucción. Sobre el papel se equiparan, por lo tanto, las irregularidades en la gestión del patrimonio realizadas por los empresarios y por los particulares (GONZÁLEZ CUSSAC), si bien la mayor parte de las conductas típicas sólo es concebible con respecto a los primeros (críticos con que se haya hecho llegar al Derecho penal el incumplimiento de los deberes de gestión de una situación de insolvencia por parte de personas que no desempeñan una actividad profesional que incluya la protección del crédito SÁNCHEZ DAFAUCE, BENÍTEZ ORTÚZAR, MARTÍNEZ-BUJÁN PÉREZ, GONZÁLEZ CUSSAC). No es ese el único desajuste que apunta a la necesidad de que el legislador haga valer el principio de proporcionalidad en una nueva intervención sobre una figura que presenta rasgos de excepcionalidad como los que se reseñan a continuación: el adelantamiento de las barreras de protección penal a momentos anteriores a la declaración de concurso y que se corresponden más bien con el ámbito de aplicación del alzamiento de bienes (SOUTO GARCÍA, BENÍTEZ ORTÚZAR); el solapamiento o coincidencia entre algunas conductas falsarias relativas a la contabilidad y los delitos de falsedad; la ampliación de la intervención punitiva a casos de creación imprudente de un peligro para el patrimonio de los acreedores, para los que sería suficiente con la intervención del Derecho mercantil (QUINTERO OLIVARES, BENÍTEZ ORTÚZAR, SÁNCHEZ DAFAUCE); y lo absurdo de una definición típica que determina que decaiga el delito (por incumplimiento de la condición del apartado 4 del art. 259 CP) cuando el deudor-empresario no ha dejado de cumplir regularmente sus obligaciones exigibles por haberse producido una aportación de dinero público que haya frenado el concurso.

El bien jurídico protegido suele asociarse a los intereses patrimoniales de los acreedores, que verán insatisfechos sus créditos por consecuencia de la conducta del deudor. Se entiende, así, que se trata del mismo bien jurídico individual (excepción hecha de los supuestos en que el acreedor sea una persona jurídico-pública) con el que guarda relación el alzamiento de bienes (SOUTO GARCÍA, GONZÁLEZ CUSSAC, MARTÍNEZ-BUJÁN PÉREZ, SÁNCHEZ DAFAUCE, MAGDALENA CÁMARA, BENÍTEZ ORTÚZAR). Un sector de la jurisprudencia acoge también esa opción interpretativa.

La STS, 14-5-2003 *(Tol 4926713)*, afirma que "es el mismo en todas las modalidades de insolvencia punible: la garantía de que goza todo acreedor de ejecutar y hacer efectivo su crédito, caso de incumplimiento, contra el patrimonio del deudor, conforme dispone el art. 1911 C.Civil". Lo que se trata de salvaguardar es —prosigue la sentencia— "el derecho a no impedir u obstaculizar que tal ejecución logre plena efectividad", y, por ello, "cuantos actos, operaciones, negocios, contratos o maniobras, tendentes a impedir u obstaculizar la regular realización de un crédito deben tener cabida y ser considerados como un delito, sean cuales fueran el número de acreedores o de deudas, bien afecten al patrimonio personal o al de las sociedades que les pertenecen, bien se logre a través de un sólo acto o a través de varios". Abundando en esa idea, la SAP, Barcelona, 5-7-2017 (*Tol 6400821)*, entiende que las insolvencias punibles tutelan "el derecho que tienen los acreedores a realizar el patrimonio del deudor sin obstáculos derivados de conductas o maniobras ilícitas que hayan determinado la crisis económica, la insolvencia o su agravación, ya sean estas maniobras fraudulentas, dolosas e incluso imprudentes (desde la reforma operada por la LO 1/15), de forma que, mediante el derogado art. 260 y el vigente art. 259, se protege un bien individual aunque referido a una pluralidad de acreedores, es decir el derecho de crédito de cada uno de los acreedores concurrentes". En esta misma sentencia se considera que será sujeto pasivo del delito "todo acreedor cuyo derecho se haya visto lesionado por la situación de insolvencia. Y en este sentido los trabajadores son sujeto pasivo del delito, aunque su crédito tenga carácter de privilegiado por cuanto en primer lugar, deben ser tenidos por acreedores no solo en cuanto a los salarios que por la insolvencia de la empresa hubiesen dejado de satisfacer sino también por sus derechos consolidados en relación con el cálculo de la indemnización por despido, por más que este sea una consecuencia directa del cierre de la empresa".

De forma minoritaria, otras opiniones sostienen que su configuración típica exige la virtualidad de la conducta para lesionar también un bien jurídico de naturaleza colectiva, obligando así a los operadores jurídicos a constatar en cada caso concreto algo difícilmente apreciable: la afectación de la economía crediticia, el buen funcionamiento del orden socioeconómico o la funcionalidad del procedimiento ejecutivo para conseguir la satisfacción de los créditos de los acreedores (NIETO MARTÍN, FEIJOO SÁNCHEZ, PAVÍA CARDELL, Preámbulo de la LO /2015, considerando que las conductas del art. 259.1 CP "ponen en peligro los intereses de los acreedores y el orden socioeconómico"). No faltan autores, incluso, que ven en la economía o el sistema crediticios el verdadero y genuino objeto de tutela (QUERALT JIMÉNEZ, GÓMEZ LANZ, CABALLERO BRUN, CAMPANER MUÑOZ).

Esa es asimismo la tesis que parece sostenerse en la STS 21-11-2017, que afirma que "al margen de la protección que se pretende del derecho personal de crédito, se aprecia la concurrencia con un interés difuso de naturaleza económico-social que se sitúa en la confianza precisa para el desarrollo de las operaciones financieras, en aras a la consecución de un desarrollo económico adecuado a una economía de mercado libre (STS nº 771/2006, de 17 de julio)"; y es por ello —subraya— que dicho bien "aparecerá de forma más intensa y, por lo tanto, con mayor necesidad de protección, en algunos casos, especialmente cuando se trata de empresas de gran tamaño, en que el perjuicio no solo afectará a una gran cantidad de acreedores, con créditos importantes, sino también a un alto número de trabajadores y proveedores, e incluso al sector de la economía en el que desenvolviera su actividad, ya que, junto a la conducta estrictamente típica del delito de estafa, aparecen otras actividades ajenas a la conducta delictiva, como contrataciones con terceros, o relaciones económicas o laborales, que por sus características resultan suficientemente relevantes". En esos supuestos, concluye, "no es posible identificar íntegramente los bienes jurídicos protegidos por los delitos de estafa e insolvencia, por lo que no puede acudirse al artículo 8 CP, sino que deben aplicarse las reglas que regulan el concurso de delitos". En esa misma línea, la STS 14-6-2017 (*Tol 6355920*), subraya que, si bien la reforma de la LO 1/2015 "ha supuesto una modificación esencial en la configuración de los delitos de bancarrota o concurso, en el sentido en que el derogado artículo 260.1 exigía una relación causal entre los actos dispositivos defraudatorios y el nacimiento o la agravación de la insolvencia (delito de resultado), mientras que el actual artículo 259, sanciona al deudor que se encuentre en una situación de insolvencia actual o inminente, siempre que incurra en determinas actuaciones de fraude (patrimonial, contable o documental), aun cuando no llegue a acreditarse una relación causa-efecto entre su actuación y el estado de insolvencia", "tanto el artículo 260 que se ha aplicado, como el actual artículo 259 que le sustituye, tienen por bien jurídico protegido el derecho personal de crédito, apreciándose en ellos un interés difuso de naturaleza económico-social, que hace referencia a la confianza precisa para el desarrollo de operaciones financieras y mercantiles (STS 1757/02, de 25 de octubre) y que permite apreciar una mayor dificultad en que la antijuricidad del fraude sobre la solvencia se agote con la conducta captatoria de la estafa". En relación con el supuesto enjuiciado en ella, el Tribunal ve muy difícil poder afirmar que "en un grupo empresarial de más de 38 entidades y que cuenta con una actividad mercantil real, la despatrimonialización de las entidades o el perjuicio de su activo, no afecte a otros individuos distintos de los que engañadamente hicieron las aportaciones de capital, trascendiendo así el mero agotamiento de la estafa". Adentrándose en otras consideraciones, la sentencia concluye que en el marco de un procedimiento concursal, "cualquier fraude de la masa activa, no sólo compromete la capacidad de retorno a quienes entregaron las cantidades dinerarias defraudadas, sino que produce resultados de un pronosticable mayor alcance, pues se compromete también el crédito de quienes contratan con la empresa en virtud de sus actuaciones mercantiles ordinarias, además de afectar a la relación laboral de sus empleados, al crédito privilegiado de su trabajo o incluso a un organismo autónomo de carácter administrativo como es el Fondo de Garantía Salarial".

No veo inconveniente en admitir que lo que el legislador pretende preservar, en última instancia, es, efectivamente, la economía crediticia, pero el bien jurídico cuya lesión o puesta en peligro aparecen conectados con las conductas típicas —y, que, en esa medida, debe considerarse preferente y prioritario— es, sin duda, el relativo al derecho de los acreedores a la satisfacción de sus créditos (GUTIÉRREZ PÉREZ). Creo, además, que el "sistema crediticio" designa una estructura compleja, integrada por un conjunto de elementos totalmente heterogéneos y que dificultan la tarea del intérprete de delimitar el ámbito de lo penalmente relevante. Como explica FARALDO CABANA, "podrá ocurrir que los comportamientos que aparezcan como claramente perjudiciales para uno de los elementos de esa estructura —sistema crediticio— resulten ser beneficiosos para el equilibrio global".

Desde la perspectiva de su afección al derecho de crédito del acreedor, algunas de las modalidades típicas —las de los números 6, 7 y 8— se configuran claramente como delitos de peligro concreto, en los que se hace necesario constatar con un juicio *ex post* la existencia de un resultado asociado a la dificultad para comprender o a la imposibilidad para valorar la valoración de la situación patrimonial o financiera del deudor (FARALDO CABANA, GUTIÉRREZ PEREZ). En cambio, afirman que responden a la estructura típica del peligro abstracto SÁNCHEZ DAFAUCE, GÓMEZ LANZ, FRANCÉS LECUMBERRI. Para PAVÍA CARDELL estamos ante figuras de peligro presunto. Las de los números 1 a 5, sin embargo, siempre traen consigo un empeoramiento de la situación económica de un deudor que ha asumido nuevas obligaciones y provocado, con ello, un incremento de su pasivo o una disminución de su activo (GUTIÉRREZ PÉREZ). No parece que deba excluirse siempre para la mayor parte de ellas, en consecuencia, la calificación de delitos de lesión —al menos cuando exista una obligación crediticia vencida y exigible— (así, en referencia a las de los números 1 a 4, MARTÍNEZ-BUJÁN PÉREZ, JOSHI JUBERT, SÁNCHEZ DAFAUCE).

2.1. La condición objetiva de punibilidad de la insolvencia punible (art. 259.4 CP)

Aunque buena parte de las conductas típicas de la insolvencia punible se consuman con anterioridad a la declaración concursal y sin necesidad de que el sujeto deje de dar cumplimiento regular a sus obligaciones, el art. 259.4 CP incluye, a modo de condición objetiva de punibilidad (MARTÍNEZ-BUJÁN PÉREZ, SÁN-

CHEZ DAFAUCE, GUTIÉRREZ PÉREZ, FEIJOO SÁNCHEZ; de otra opinión, considerándola una condición de procedibilidad, GÓMEZ LANZ, BENÍTEZ ORTÚZAR, SÁNCHEZ DAFAUCE, GALLEGO SOLER, GONZÁLEZ CUSSAC), la declaración civil de concurso, es decir, una condición formal, o el cese en el cumplimiento regular de las obligaciones exigibles, por lo tanto, una de carácter material y cuya mención ha operado el efecto de trasladar el centro de gravedad de la insolvencia a la situación de impago generalizado (SÁNCHEZ DAFAUCE). Esta exigencia, dirigida a armonizar las normas penales con las mercantiles en materia de concursos y que obliga a realizar una interpretación conjunta de los apartados 1 y 4 del art. 259 CP, genera diversos problemas interpretativos y, también, alguna incoherencia en el tratamiento penal del delito concursal. Así, no hay que olvidar que el art. 2 TRLC señala que la declaración de concurso procede en los supuestos de insolvencia del deudor común (art. 2.1 TRLC), que se definen por su incapacidad de "cumplir regularmente sus obligaciones exigibles" (art. 2.2). Su puesta en relación con la normativa concursal obliga a entender, por lo tanto, que, por mucho que se aluda a dos supuestos diferenciados, lo normal será que se haya declarado el concurso o que, cuando menos, se verifique su presupuesto objetivo (GALLEGO SOLER). Tampoco tiene mucho sentido requerir el cumplimiento de una circunstancia que coincide exactamente con el resultado típico del art. 259.2 CP y parcialmente con el presupuesto de la conducta típica del art. 259. 1 CP. Otra de las críticas que se ha dirigido al precepto es la referida a la quiebra que supone introducir una condición de carácter formal en el sistema de responsabilidad diseñado en el art. 259 CP y que se basa en criterios materiales económicos. La única forma de salvar esa contradicción sería, quizá, a través de la incorporación de la intervención pública a modo de tercera condición alternativa, pensando en los casos en que de no ser por la aportación de fondos públicos, se produciría un sobreseimiento general de los pagos (GONZÁLEZ CUSSAC, MARTÍNEZ-BUJÁN PÉREZ, SÁNCHEZ DAFAUCE, QUINTERO OLIVARES).

Lo dispuesto en el art. 259.4 CP reviste, en cualquier caso, una especial importancia a la hora de concretar el ámbito de aplicación del delito en aquellos casos en que, en el momento en que lleva a cabo las actuaciones de gestión de su patrimonio, el deudor se halla en la situación de insolvencia inminente: teniendo en cuenta que viene caracterizada por la mera previsión de cese en el cumplimiento regular y puntual de las obligaciones exigibles (art. 2.3 TRLC), para subsumirlas en los tipos penales del art. 259 CP habrá que esperar, bien a la declaración del concurso, bien a la constatación de una insolvencia actual (SOUTO GARCÍA, GÓMEZ LANZ, MARTÍNEZ-BUJÁN PÉREZ).

Por lo demás, parece claro que, al igual que el antiguo art. 260.1 del CP de 1995, el art. 259 no contiene presupuesto de procedibilidad alguno relacionado con la calificación de la situación concursal o con cualquier autorización o mandato para proceder del juez civil (MARTÍNEZ-BUJÁN PÉREZ). Así se deduce de lo indicado por los artículos 259.5 CP, que permite expresamente perseguir el delito ("y los delitos singulares relacionados con él") —haciendo posible que los procesos corran de forma paralela— sin necesidad de esperar a la finalización del concurso, y sin perjuicio de su continuación, y 259.6 CP, que proclama que la calificación de un concurso punible en el marco de un proceso penal es competencia exclusiva de la jurisdicción de aquel orden ("en ningún caso, la calificación de la insolvencia en el proceso concursal vinculará a la jurisdicción penal").

A los efectos de determinar la existencia de la declaración civil de concurso puede resultar de interés lo señalado en el art. 2 TRLC, que precisa que su solicitud puede ser presentada por el deudor —justificando su endeudamiento y su estado de insolvencia (art. 2.3)— o por un acreedor, que tendrá que fundarla "en título por el cual se haya despachado ejecución o apremio sin que del embargo resultasen bienes libres bastantes para el pago" o en la existencia de alguno de los hechos que se indican a continuación: "1) el sobreseimiento general en el pago corriente de las obligaciones del deudor; 2) la existencia de embargos por ejecuciones pendientes que afecten de una manera general al patrimonio del deudor; 3) el alzamiento o la liquidación apresurada o ruinosa de sus bienes por el deudor; 4) el incumplimiento generalizado de obligaciones de alguna de las clases siguientes: las de pago de obligaciones tributarias exigibles durante los tres meses anteriores a la solicitud de concurso; las de pago de cuotas de la Seguridad Social, y demás conceptos de recaudación conjunta durante el mismo período; las de pago de salarios e indemnizaciones y demás retribuciones derivadas de las relaciones de trabajo correspondientes a las tres últimas mensualidades" (art. 2.4 TRLC). Por otra parte, el auto de declaración deberá incluir determinados pronunciamientos, especificados en el art. 28.

2.2. Tipo objetivo

2.2.1. Tipo objetivo de la insolvencia no causal (art. 259.1 CP)

Nos encontramos con un delito especial propio, además de por las alusiones al "deudor" contenidas en otros apartados del art. 259 (4 y 5) CP, por la referencia típica a que el autor deba "encontrarse en una situación de insolvencia" [GONZÁLEZ CUSSAC, citando la STS, 14-12-2018 (*Tol 6962959)*]. Dicho ello, es preciso poner de relieve que, aunque la mayoría de las conductas típicas consiste en incumplimientos del deber de diligencia en la gestión de los asuntos económicos propios del empresario, ninguno de los tipos del art. 259. 1 delimita ulteriormente —de manera expresa y concreta— los sujetos activos, que no deberán reunir, por ello, ninguna cualificación profesional adicional ni cumplir ningún otro requisito formal (por ejemplo, el de haber sido declarados en concurso).

Por lo demás, algunos de los comportamientos delictivos podrían ser constitutivos del delito (común) de alzamiento de bienes (BENÍTEZ ORTÚZAR), en la medida en que con ellos el sujeto se alza con sus bienes en perjuicio de los acreedores concursales (por ejemplo, la ocultación de bienes, la causación de daños o la destrucción de bienes o elementos patrimoniales incluidos en la masa del concurso en el momento de su apertura o la simulación de créditos), lo que explica que en algunos casos de insolvencias de los no comerciantes la Jurisprudencia haya venido excluyendo la aplicación del delito concursal en favor de aquel (MARTÍNEZ-BUJÁN PÉREZ). De acometerse algún día una reforma que circunscriba el ámbito de la insolvencia punible a los casos de bancarrota empresarial podría incorporarse, además, a la pena principal una de inhabilitación especial (GÓMEZ LANZ).

El apartado 5 del art. 259 CP aclara que deben considerarse incluidos en el círculo de la autoría quienes hayan actuado en nombre del deudor. Aunque se ha propuesto traerlo en aplicación para castigar como autores a los deudores que se valen de quien no reúne las cualidades subjetivas típicas para ejecutar la conducta típica, la cláusula resulta a todas luces innecesaria por redundante, teniendo en cuenta la regla del "actuar por otro" del art. 31 CP.

Presupuesto indispensable del delito es la existencia de una "situación de insolvencia actual o inminente" (BENÍTEZ ORTÚZAR), a la que el legislador alude a modo de "suceso ulterior", desvinculado de la intención y el control del autor (QUINTERO OLIVARES). Por insolvencia actual debe entenderse un estado de hecho, no valorado jurídicamente, relacionado con la imposibilidad del deudor de cumplir regularmente sus obligaciones exigibles (art. 2.3 TRLC), con independencia de cuál haya sido su origen (a saber, la realización por el deudor de un alzamiento de bienes o cualquier otra circunstancia ajena a su voluntad). Por su parte, la inminente debe asociarse a la previsión de que el deudor no podrá cumplir de manera regular y puntual dichas obligaciones dentro de los tres meses siguientes, tal y como se deduce de lo establecido en ese precepto. De cualquier manera, resulta criticable la vaguedad o indeterminación de dicha expresión, que abarcará también irremediablemente las situaciones en que, al existir únicamente frente a una parte de los acreedores o en parte del territorio nacional, la insolvencia no será real (QUINTERO OLIVARES). Un sector doctrinal propone *de lege ferenda*, por ello, interpretarla (restrictivamente) en el sentido de "previsibilidad objetiva" (SÁNCHEZ DAFAUCE, GÓMEZ LANZ). También se ha hecho notar, negativamente, que la similitud de las conductas del art. 259.1 CP a las previstas en el art. 443 TRLC distorsiona las relaciones entre ambas clases de preceptos y que la no previsión en los tipos penales de coeficientes adicionales de gravedad que reflejen la vigencia de los principios de intervención mínima y fragmentariedad demuestra una descoordinación técnica que puede generar problemas interpretativos y de subsunción (MONGE FERNÁNDEZ, GÓ-

MEZ LANZ). A modo de ejemplo se ha destacado que la declaración mercantil de responsabilidad concursal del actual art. 456 TRLC —un ilícito de mayor gravedad que el que representa el concurso culpable, pero que no se corresponde con ninguna acción penalmente relevante— requiere de una causalidad, en términos de generación o agravación de la insolvencia, que resulta ajena a los tipos del art. 259.1 CP (GÓMEZ LANZ).

En cualquier caso, es obvio que el legislador alude a las situaciones de insolvencia en sentido técnico, quedando fuera del tipo los casos —ya referidos en un momento anterior— en que las obligaciones de una entidad coyunturalmente insolvente por la mala gestión de sus directivos han quedado cubiertas por el Banco de España o el Fondo de Garantía de Depósitos o Inversiones. Extramuros del delito permanecerán, asimismo, los supuestos en que la realización de las conductas típicas se orienta precisamente a provocar la insolvencia (a subsumir en el apartado 2) o en que esta se busca con la intención de no afrontar las deudas y perjudicar a los acreedores (que podrá calificarse, de cumplirse la totalidad de los requisitos típicos, con arreglo al tipo del alzamiento de bienes).

Junto a las modalidades comisivas —un complejo conjunto que suma hasta ocho—, el precepto incluye una cláusula abierta en virtud de la cual se otorga relevancia, como conducta típica, a "cualquier otra conducta activa u omisiva que constituya una infracción grave del deber de diligencia en la gestión de asuntos económicos y a la que sea imputable una disminución del patrimonio del deudor o por medio de la cual se oculte la situación económica real del deudor o su actividad empresarial". De la mano de algunas consideraciones puede intentar reducirse la inicial indeterminación de esta disposición, una especie de "cajón de sastre" en el que, a juicio de algún autor, cabría subsumir, incluso, el incremento de sueldos y remuneraciones directas o indirectas de administradores y directivos incompatible con los criterios mínimos de racionalidad económica, siempre que hubieran determinado una disminución del patrimonio del deudor (SÁNCHEZ DAFAUCE; sobre otros casos que, acaso, podrían también dar vida a la cláusula *vid.* GUTIÉRREZ PÉREZ). Así, hay que darle la razón a MARTÍNEZ-BUJÁN PÉREZ y a SÁNCHEZ DAFAUCE cuando subrayan que sólo deberían revestir relevancia típica los comportamientos que posean una gravedad similar a las anteriores modalidades y que conlleven o una disminución efectiva del patrimonio del deudor o una ocultación de su situación económica (*vid.* las consistentes críticas de GÓMEZ LANZ a la propuesta de BENÍTEZ ORTÚZAR de condicionar la relevancia penal de todas las modalidades del art. 259.1 CP a la existencia de elementos volitivos vinculados a la finalidad del autor). En cuanto a los límites que debe rebasar la discrecionalidad empresarial para adquirir trascendencia jurídico-penal hay que decir lo siguiente: tanto la naturaleza jurídica del delito, como los principios de intervención mínima, seguridad jurídica y no contradicción interna del ordenamiento jurídico conducen a la atipicidad de los casos que se ajusten a los estándares de diligencia de un ordenado empresario, por haber actuado de buena fe, sin interés personal, con suficiente información y respetando los procedimientos adecuados de decisión (GALLEGO SOLER, trayendo a colación el principio de discrecionalidad empresarial introducido por el art. 226 LSC; de acuerdo con las SSTS, 13-3-2002 (*Tol 5113291*), y 13-4-2005 (*Tol 703362*), el dolo típico del derogado art. 260 era incompatible con las actuaciones de reflotación o saneamiento, al requerir en todo caso el propósito del autor de perjudicar a los acreedores).

El tipo se construye como uno mixto alternativo, por lo que realización de cualquiera de las conductas colmará las exigencias típicas y la ejecución de varias, por el mismo sujeto, dará lugar a un único delito. Si bien podrían barajarse otros criterios de clasificación, la mayoría de los autores las reconducen a dos grupos: a) las que suponen actuaciones sobre el patrimonio del deudor (las de los apartados 1.1ª a 1.5ª); y b) las que pivotan sobre un inadecuado cumplimiento de los deberes contables (apartados 1.6ª a 1.8ª) (SOUTO GARCÍA, GÓMEZ LANZ, GALLEGO SOLER).

Para la interpretación de la primera de las modalidades ("oculte, cause daños o destruya los bienes o elementos patrimoniales que estén incluidos, o que habrían estado incluidos, en la masa del concurso en el momento de su apertura") habrá que tomar como referencia la "ocultación" incluida en la descripción típica del alzamiento de bienes (GALLEGO SOLER). Así, y teniendo en cuenta que el tipo exige que ya exista la insolvencia del deudor (si es la ocultación la que causa la insolvencia el aplicable sería el del art. 259.2 CP), su radio de acción vendrá integrado por los supuestos que impliquen una agravación de una insolvencia existente y actual, así como aquellos que no conllevan siquiera dicha agravación (SOUTO GARCÍA, GONZÁLEZ CUSSAC). Una enmienda de 11 de marzo de 2015 eliminó la alusión a que las conductas de este apartado no se ajustasen "al deber de diligencia en la gestión de asuntos económicos", que formaba parte de la redacción original del artículo en la ley de reforma y cuya interpretación había suscitado no pocas reservas doctrinales (SOUTO GARCÍA). Esta modalidad se configura, por lo demás, como un delito de resultado material, que exige —sin mencionarlo expresamente— la producción de un perjuicio a los acreedores, concretado en la afección negativa a sus posibilidades de cobro (así, SOUTO GARCÍA, apoyándose en el radio de acción del tipo agravado del art. 259 bis CP: la creación de un peligro de perjuicio para una pluralidad de personas).

Más problemático es delimitar qué comportamientos integran la modalidad consistente en la realización de "actos de disposición mediante la entrega o transferencia de dinero u otros activos patrimoniales, o mediante la asunción de deudas, que no guarden proporción con la situación patrimonial del deudor, ni con sus ingresos, y que carezcan de justificación económica o empresarial", típica igualmente en sede de alzamiento de bienes (la entrega del dinero es merma del activo y la asunción de deudas una manera de aumentar el pasivo). Lo más razonable es atender a lo previsto en el art. 227 TRLC, en el que se presume la existencia de perjuicio patrimonial cuando se realizan ciertos actos de disposición a título gratuito u oneroso o la constitución de ciertas garantías reales a favor de obligaciones preexistentes (GONZÁLEZ CUSSAC). La referencia a la carencia de justificación económica o empresarial —que, como la desproporción con la situación del deudor, no parece compatible con la seguridad jurídica buscada con la reforma, a tenor de su Exposición de Motivos (GALLEGO SOLER)— parece apoyar la restricción del círculo de la autoría a los empresarios y la consiguiente derivación de la entrega de dinero o la asunción de deudas protagonizadas por particulares al ámbito de aplicación del alzamiento (BENÍTEZ ORTÚZAR). Estamos de nuevo ante un delito resultativo cuya consumación se fiará a la producción de un perjuicio para los acreedores (de otra opinión GALLEGO SOLER). Como explica QUINTERO OLIVARES, el tipo no proporciona indicación alguna sobre el plazo de extensión retroactiva de los actos de disposición (el art. 443.2º TRLC califica como culpable el concurso cuando "durante los dos años anteriores a la fecha de la declaración... hubieran salido fraudulentamente del patrimonio del deudor bienes o derechos").

La tercera conducta (realizar "operaciones de venta o prestaciones de servicio por precio inferior a su coste de adquisición o producción, y que en las circunstancias del caso carezcan de justificación económica") sigue suponiendo una disminución del activo y aumento del pasivo del deudor coincidente con la conducta del alzamiento de bienes, teniendo en cuenta que las ventas o prestaciones de servicios siempre provocarán pérdidas. La exigencia de que se realicen sin justificación económica —que deberá ser examinada de acuerdo con las circunstancias del caso concreto (BENÍTEZ ORTÚZAR)— deparará no pocos problemas interpretativos, por las dificultades para perfilar los límites entre las actividades justificables y no justificables (QUINTERO OLIVARES menciona las ventas o prestaciones de servicios cuyos precios resulten inviables en una concreta coyuntura económica y que el vendedor-prestador lleva a cabo por resultarle más gravosa la suspensión definitiva del negocio). La venta a la baja exigirá que las partes se hayan puesto previamente de acuerdo para emitir una declaración de voluntad contraria a su verdadera intención: disponer ficticiamente del bien a un precio inferior al normal. Sería el caso de las ventas a un familiar que esconden una modificación ficticia de propietario, al mantener el deudor (ocultamente) las facultades de disposición sobre los bienes. QUINTERO OLIVARES ha propuesto, *de lege ferenda*, restringir el tipo a las ventas de mercancías que, al haber sido compradas a crédito, no le pertenezcan plenamente al deudor.

La siguiente modalidad típica (la 4ª) se refiere a la simulación de créditos de terceros o al reconocimiento de créditos ficticios, supuestos que podrían dar vida a un delito de administración desleal, falsedad en documento mercantil, falsedad societaria o, incluso, alzamiento de bienes del art. 257.1.1ª CP (GALLEGO SOLER). Debe tenerse presente, asimismo, que a tenor del art. 443.3º TRLC calificará el concurso como culpable el que el deudor, con anterioridad a la fecha de declaración del concurso, hubiese llevado a cabo cualquier acto jurídico orientado a simular una situación patrimonial ficticia. SÁNCHEZ DAFAUCE califica con arreglo a este apartado —y al 1º— las insolvencias inminentes que van acompañadas de un impago generalizado determinado por una circunstancia distinta de la incapacidad actual de pago.

La quinta conducta (participar "en negocios especulativos, cuando ello carezca de justificación económica y resulte, en las circunstancias del caso y a la vista de la actividad económica desarrollada, contrario al deber de diligencia en la gestión de asuntos económicos) nos sitúa en un escenario muy distinto, definido por expresiones controvertidas o, cuando menos, no unívocas y que le restan al tipo la imprescindible taxatividad (GÓMEZ LANZ, QUINTERO OLIVARES, apuntando que con su incorporación al art. 259 CP el legislador ha optado por el modelo de criminalización del art. 283.2 del Código penal alemán, pero haciendo equivalente la ausencia de justificación económica a la realización de los negocios de modo contrario a lo que implica una ordenada gestión económica, que es la cláusula recogida en aquel). Alude a aquellos casos de mala gestión en que el deudor realiza negocios especulativos, es decir, que por sus características o naturaleza deban calificarse como de alto riesgo de producción de pérdidas económicas, sin evaluar correctamente las circunstancias que son relevantes para la decisión de invertir o, incluso, a pesar de conocer todas las claves de la inversión y conocer mejores alternativas (GUTIÉRREZ PÉREZ). Lo decisivo para que pueda afirmarse motivadamente su concurrencia serán —a tenor del texto del precepto— las circunstancias del caso concreto, la actividad económica desarrollada por el sujeto y también, y en primer lugar, la carencia de justificación económica (GONZÁLEZ CUSSAC; SOUTO GARCÍA; QUINTERO OLIVARES). A propósito del significado de esta última expresión, quizá la posición más razonable sea la que la asocia a la no realización de una actividad económica que pudiera considerarse productiva (optar por una interpretación que pivotase, por ejemplo, sobre la intención de obtener un beneficio abocaría a la imposibilidad de aplicar el tipo). Debe dárseles la razón, por todo ello, a quienes restringen el círculo de la autoría a los empresarios titulares de aquella (BENÍTEZ ORTÚZAR).

Las modalidades 6ª a 8ª describen irregularidades contables dirigidas a imposibilitar o a dificultar gravemente el conocimiento de la situación económica real del deudor (GUTIÉRREZ PÉREZ), equivalentes a la destrucción u ocultación de activos patrimoniales (NIETO MARTÍN) y muy similares, por lo demás, a las tipificadas en los arts. 290 CP (falseamiento de cuentas societarias) y 310 CP (delito contable) del texto punitivo.

La 6ª, que debe ponerse en consonancia con lo establecido en el art. 443.5º TRLC, consiste en incumplir el deber legal de llevar contabilidad, llevar doble contabilidad, cometer en su llevanza irregularidades que sean relevantes para la comprensión de su situación patrimonial o financiera o destruir o alterar los libros contables, cuando de este modo se dificulte o impida de forma relevante la comprensión de la situación patrimonial o financiera [hasta la entrada en vigor de la LO 1/2015 la jurisprudencia había establecido la atipicidad tanto de la conducta omisiva de la llevanza de libros, como las irregularidades en la declaración contable que no obedecieran a un propósito dirigido a facilitar el fraude: SSTS, 17-5-1997 (*Tol 5140239*), 19-1-1998 (*Tol 77378*), y 18-7-2006 (*Tol 984846*)]. Aunque sólo haga mención a ello en relación con las dos últimas, la necesidad de establecer un nexo de imputación objetivo-subjetivo con la creación de un obstáculo para la precitada comprensión debe exigirse para todas y cada una de esas actuaciones (FRANCÉS LECUMBERRI), con las que probablemente ha pretendido atenderse a una amplísima fenomenología referida por GUTIÉRREZ PÉREZ y entre la que se incluyen, por ejemplo, no reflejar o plasmar elementos no existentes en partidas de activo o pasivo, encubrir salidas de bienes y derechos bajo préstamos de la sociedad a los socios o personas y sociedades vinculadas, imputar gastos personales sin relación con la actividad de la sociedad, manejar incorrectamente provisiones y cuentas de deterioro o usar cuentas de anticipo de clientes y de personal para modificar los resultados. En la enumeración que hace el legislador se advierten, no obstante, redundancias y superposiciones: la destrucción es asimilable a la no llevanza de la contabilidad, en tanto que la inclusión de irregularidades no es otra cosa que su alteración (SOUTO GARCÍA, FRANCÉS LECUMBERRI). Orientada, de nuevo, a los titulares de actividades económicas obligados a seguir la formalidad en la contabilidad, con arreglo a lo establecido en la normativa mercantil —el art. 25.1 CCo dispone que "todo empresario deberá llevar una contabilidad ordenada, adecuada a la actividad de su Empresa, que permita un seguimiento cronológico de todas sus operaciones, así como la elaboración periódica de balances e inventarios", debiendo llevar necesariamente "sin perjuicio de lo establecido en las leyes o disposiciones especiales, un libro de Inventarios y Cuentas anuales y otro Diario"—, planteará problemas concursales, además de con el delito contable y el falseamiento de cuentas societarias, con la falsedad en documento mercantil de los artículos 390 y siguientes. Se discute si la referencia a la contabilidad ha de entenderse en sentido amplio, comprensivo de las cuentas anuales y de los soportes contables, o ponerse en conexión con los documentos internos de la empresa en sentido estricto (de esta última opinión FRANCÉS LECUMBERRI, oponiéndola a la expresión "cuentas anuales" del apartado 8º del art. 259 CP, que sí sería alusiva a todos los documentos que las componen).

La 7ª (ocultar, destruir o alterar la documentación que el empresario está obligado a conservar antes del transcurso del plazo al que se extiende este deber legal, cuando de este modo se dificulte o imposibilite el examen o valoración de la situación económica real del deudor) alude también a que se dificulte o impida conocer la situación económica del deudor. Planteará de nuevo dificultades concursales con los delitos de falsedad en documento mercantil o con el delito de falsedad contable en el ámbito de la delincuencia societaria (SOUTO GARCÍA). El precepto no abarca la contabilidad, objeto de la modalidad anterior. Para determinar las obligaciones de las empresas en esta materia habrá que acudir a la normativa extrapenal, fundamentalmente a la mercantil y a la tributaria (QUINTERO OLIVARES).

Por último, la 8ª (formular las cuentas anuales o los libros contables de un modo contrario a la normativa reguladora de la contabilidad mercantil, de forma que se dificulte o imposibilite el examen o valoración de la situación económica real del deudor, o incumplir el deber de formular el balance o el inventario dentro de plazo) conlleva el incumplimiento de las formalidades contables a que vienen obligados los titulares de actividades económicas o empresariales, que es el ámbito en el que se sitúan los documentos a que hace referencia el tipo (BENÍTEZ ORTÚZAR). La conducta referida al incumplimiento del deber de formular el balance o el inventario ha sido objeto de críticas por entenderse que sanciona la infracción de obligaciones meramente formales, "alguna de las cuales ni siquiera se considera relevante para calificar civilmente el concurso como culpable" (FARALDO CABANA, FRANCÉS LECUMBERRI). Sin embargo, para GUTIÉRREZ PÉREZ sirve a una finalidad político-criminal muy atendible: la de garantizar que el deudor no termine contrayendo obligaciones con acreedores que no pudieron valorar de forma correcta su situación (GUTIÉRREZ PÉREZ. La descripción típica no requiere ninguna falsificación de los datos económicos incorporados.

El análisis de los datos que figuran en el relato de los hechos probados en la SAP, Valladolid, 6-5-2019 (*Tol 7316514)*, llevó al tribunal a apreciar la concurrencia de las modalidades previstas en los apartados 6º, 7º, 8º y 9º. El supuesto enjuiciado era el siguiente. El 27 de noviembre de 2015 la entidad Gestión de Marcas Audiovisuales, S.A. presentó solicitud de concurso necesario ante el Juzgado de lo Mercantil de Valladolid, que dictó auto del 15 de enero de 2016 declarando el concurso y su conclusión por falta de masa activa. Dicha resolución fue revocada por la Audiencia Provincial en grado de apelación, dictando el Juzgado el 18 de mayo de 2016 un nuevo auto dando trámite al concurso, suspendiendo las facultades del órgano de administración y designando como administrador concursal a Gustavo Vallejo Robles. Al no encontrarse en el domicilio que constaba en el Registro como de la entidad Desarrollos de Hostelería Gran Vía, S.L., un despacho de abogados, el administrador concursal le remitió al administrador único (Jesús Ángel), el 16 de junio de 2016, un burofax, que dirigió también a la persona que con anterioridad había sido administrador mancomunado con él (Elías). El 22 de junio de 2016 una persona que dijo ser un familiar de Jesús Ángel envió un escrito al Juzgado de lo Mercantil en el que indicaba que Jesús Ángel estaba enfermo y no podía dar cumplimiento al requerimiento de aportación de documentos en el plazo que le había señalado, que fue ampliado infructuosamente (los documentos finalmente no fueron aportados). En consecuencia, el administrador concursal, pese a las gestiones realizadas, no contó con más información que la que constaba en el Registro Mercantil, en el que las últimas cuentas presentadas eran las correspondientes al año 2013. El 27 de julio de 2016 presentó finalmente escrito al Juzgado de lo Mercantil en el que solicitaba la conclusión del concurso y el archivo de las actuaciones por inexistencia de masa activa acreditada, bienes o derechos susceptibles de reintegración o fundamentos sólidos para el ejercicio de acciones a tal fin. El Juzgado dictó auto el 19 de octubre de 2016 en el que acordaba la conclusión del concurso por inexistencia de masa activa. La sentencia trae en aplicación, en primer lugar, el apartado 6º del art. 259.1 CP, "pues con las conductas reflejadas en él, concretadas en la falta de contabilidad o infracción de la normativa contable, el sujeto activo empresario, como titular de una actividad económica y obligado a la llevanza de contabilidad, dificultó el conocimiento de la situación económico-real del deudor, con la intención... de ocultar su situación financiera o patrimonial, en estado de insolvencia, con infracción del PGC y demás normativa concordante". Ahora bien, a juicio de la Sala cabía también acudir a los tipos del apartado 7º —"pues con la ocultación de la documentación que el agente debe llevar, entre otros el Libro de Socios (al tratarse de una SRL), de Actas, el de contratos entre la empresa y el socio o el de facturas a efectos de IVA, se impidió en el caso conocer su situación económica"— y 8º —"pues con su conducta omisiva respecto a la presentación de las cuentas de Desarrollo del año 2014 y siendo ya él administrador único desde el 4-7-2014, incumplió formalidades contables a él exigidas, impidiendo otra vez y en el caso conocer la situación económico-real de la concreta mercantil"—. Finalmente, resolvió aplicar asimismo el apartado 9º, "auténtica cláusula de cierre dirigida al empresario escasamente diligente con sus deberes profesionales, a partir en el caso de una conducta omisiva por parte del recurrente, constitutiva de infracción grave de su deber de diligencia en la gestión de los asuntos económicos, tendentes a disminuir el patrimonio del deudor, incluso que oculte la situación real empresarial o económica".

2.2.2. *Tipo objetivo de la insolvencia punible causal (art. 259.2 CP)*

El apartado 2 CP del art. 259 CP traspasa la frontera del peligro para los intereses de los acreedores para convertirse en un delito de lesión y resultado (MARTÍNEZ-BUJÁN PÉREZ, MONGE FERNÁNDEZ, FEIJOO SÁNCHEZ). Hasta la tramitación de la LO 1/2015, de 30 de marzo, en el Senado se incluía como una modalidad agravada —con penas de dos a seis años— aplicable en los supuestos en que alguna de las conductas del apartado primero del art. 259 CP causaba o agravaba la situación de insolvencia. A resultas de dicha tramitación, la agravación devino atípica y las conductas siempre tendrán que producir un resultado: causarla. La penalidad es, en cualquier caso, idéntica a la contemplada en el art. 259.1 CP.

Las modalidades de conducta coinciden, en principio, con las del anterior, si bien, como se ha indicado, la redacción típica exige que provoquen la insolvencia del deudor. La diferencia en la configuración del injusto típico, que los hace incompatibles entre sí, refuerza los argumentos político-criminales que sirven para justificar la intervención penal en relación con el apartado 1, pero cuestiona el sometimiento de ambos al mismo régimen punitivo.

No parece razonable que la exigencia de imputación objetiva de la insolvencia a la acción típica no tenga ningún impacto en la gravedad de la sanción (GÓMEZ LANZ, QUINTERO OLIVARES; de otra opinión GUTIÉRREZ PÉREZ, que ve justificada esa asimilación habida cuenta de que en una situación de insolvencia "al acreedor únicamente le resta la satisfacción de su crédito mediante el patrimonio de deudor, por lo que todos aquellos comportamientos que no cuenten con una justificación económica o empresarial afectarán de igual modo al bien jurídico-penal")

Para un sector doctrinal el hecho de que, por imperativo del art. 259.4 CP, la tipicidad de las conductas descritas en el art. 259.1 CP siempre deba venir condicionada a la existencia de una insolvencia —bien porque se haya declarado así en el concurso, bien porque el deudor no pueda cumplir con regularidad sus obligaciones exigibles—, obliga a circunscribir la aplicación del art. 259.2 CP a los casos de conversión de una insolvencia inminente en actual (SOUTO GARCÍA, GONZÁLEZ CUSSAC). Para otras opiniones, en cambio, la única consecuencia que debe extraerse del art. 259.4 CP —a estos efectos— es la necesidad de verificar el cumplimiento de la condición una vez provocado el resultado, que habrá de entenderse como la causación de una insolvencia actual (MARTÍNEZ-BUJÁN PÉREZ; requieren también la causación de una insolvencia actual GALLEGO SOLER, SÁNCHEZ DAFAUCE, GUTIÉRREZ PÉREZ) o, también, inminente (GÓMEZ LANZ) e imputarse objetivamente al comportamiento del deudor. A esa conclusión se llega, también, argumentando con relación a la alusión del art. 259.2 CP a la producción de la insolvencia "mediante alguna de las conductas a que se refiere el apartado anterior", cuyo sentido no sería el de exigir que el deudor las llevase a cabo, además, "encontrándose en una situación de insolvencia actual o inminente", esto es, cumpliendo el presupuesto que condiciona su relevancia penal en el marco del art. 259.1 CP (GÓMEZ LANZ).

Prima facie, para darle vida al delito será suficiente con la constatación de que alguno de los actos puntuales previstos en el primer apartado —también los casos de quiebra no planeada, que responden más a una mala o arriesgada gestión empresarial, atípicos en el marco del art. 260 en su redacción anterior a la LO 1/2015 [SSAP, A Coruña, 11-10-2004 (*Tol 7576905*), e Illes Balears, 26-7-2004 (*Tol 494306*)]— ha provocado la situación de insolvencia actual, con el consiguiente perjuicio económico [SOUTO GARCÍA, GONZÁLEZ CUSSAC, MARTÍNEZ-BUJÁN PÉREZ, GALLEGO SOLER; STS, 14-12-2018 (*Tol 6962959*)]. De las conductas descritas en aquel y que pueden "causar" la insolvencia —a todas luces las descritas en los números 1º a 5º (MARTÍNEZ-BUJÁN PÉREZ, PAVÍA CARDELL)—, aquellas que se traduzcan en una ocultación de bienes, sin comportar un perjuicio patrimonial efectivo del deudor, vendrán cubiertas ya por el tipo del alzamiento de bienes (MARTÍNEZ-BUJÁN PÉREZ, BENÍTEZ ORTÚZAR).

Teniendo en cuenta la semejanza de las respuestas punitivas previstas en los arts. 257 y 259.2 CP (prisión de uno a cuatro años y multa de 12 a 24 meses y prisión de uno a cuatro años y multa de ocho a veinticuatro meses, respectivamente), no parece quedar otro ámbito para el segundo que el de las conductas que, sin ocultarlos, menoscaban los elementos patrimoniales del deudor con anterioridad a que hubiera sido declarado en concurso o a que hubiera dejado de cumplir regularmente sus obligaciones exigibles (MARTÍNEZ-BUJÁN PÉREZ). Esta solución pone en entredicho el principio de intervención mínima del Derecho Penal y su carácter subsidiario y fragmentario, que exigirían atender a los comportamientos más graves, dotados del desvalor de acción ínsito en medios comisivos ajenos situados fuera del tipo (el engaño, el fraude de los acreedores). En todo caso debe quedar claro que la previsión de la condición objetiva de punibilidad del art. 259.4 CP, que refleja una decisión político criminal por la que se limita el ámbito de intervención del Derecho penal, implicará la necesidad de esperar a su cumplimiento para poder sancionar las conductas típicas.

En suma, la actual redacción del precepto nos presenta a un delito de estructura compleja, dudosamente conciliable con determinados requerimientos propios del Derecho penal del Estado social y democrático de derecho y cuya interpretación depara, por consiguiente, no pocas dificultades.

2.3. Tipo subjetivo: la insolvencia punible imprudente (art. 259.3 CP)

Apoyándose en el tenor literal del art. 260 CP 1995, y en el hecho de que el bien jurídico lo sean los intereses patrimoniales de los acreedores y de que lo injusto deba consistir, por consiguiente, en un ataque a ellos, un sector doctrinal y jurisprudencial venía exigiendo, justamente como elemento subjetivo de lo injusto, que la conducta se realizase en perjuicio de aquellos [RODRÍGUEZ MOURULLO; en la jurisprudencia *vid.* las SSTS 6-6-2006 (*Tol 956085*), indicando que esa nota sería la que permitiría distinguir las insolvencias punibles de una prisión por deudas—, y 15-3-2002 (*Tol 4921956*), que consideró que no quedaba acreditado que en “quien actúa con el propósito de incrementar su patrimonio mediante el desarrollo de su empresa” concurriera “el propósito de perjudicar a sus acreedores” y, por lo tanto, “el dolo directo que configura el carácter criminal de las conductas” del art. 260.1 CP 1995]. En cambio, otras opiniones entendían que era suficiente el dolo genérico, que absorbería el elemento del perjuicio (GONZÁLEZ CUSSAC, NIETO MARTÍN, FARALDO CABANA).

El texto procedente de la LO 1/2015 dejó claro, sin embargo, que el del delito concursal no es, en línea de principio, un tipo doloso por naturaleza, con elementos subjetivos que excluyan otras consideraciones subjetivas. El tipo no exige la presencia de ningún elemento subjetivo de lo injusto más allá del dolo, que deberá abarcar todos los elementos del objetivo, entre los que se incluye la circunstancia de que el deudor se halle en una situación de insolvencia actual o inminente, en lo que toca al art. 259.1 CP, y la orientación de su acción (u omisión) a la consecución de un estado de insolvencia, en el caso del art. 259.2 CP. Frente a otras posibles interpretaciones, creo que lo correcto es, por ello, defender que no existen obstáculos dogmáticos para la admisibilidad del dolo eventual en todas y cada una de las figuras recogidas en el art. 259 CP (MARTÍNEZ-BUJÁN PÉREZ, PAVÍA CARDELL, RUIZ BLAY; GUTIÉRREZ PÉREZ, en cambio, parece acotar el campo del dolo eventual a las que llama "insolvencias punibles basadas en una gestión indebida" —aquellas en que concurren las circunstancias 2ª, 3ª, 5ª y 9ª del art. 259.1 CP). En el caso de la quinta de las modalidades contempladas en el art. 259.1 CP, por ejemplo, será perfectamente posible que el sujeto sólo sea consciente de la elevada probabilidad de no obtener el beneficio que se espera de la inversión efectuada y que, a pesar de ello, lleve a cabo "operaciones económicas de riesgo" sin cumplir con el deber de informarse previamente sobre la materia objeto de la decisión, que no respondan al interés social o, simplemente, que no resulten racionales (que no puedan justificarse con una explicación lógica y coherente) (GUTIÉRREZ PÉREZ).

La STS 30-4-2024 (*Tol 10011530)*, señala que "el elemento subjetivo, doloso, ha de abarcar lo que se puede considerar un doble resultado: insolvencia del deudor y perjuicio del acreedor, sin que aparezca exigible un específico elemento subjetivo tendencial de causar perjuicio a los acreedores" y que la relación "entre ese elemento subjetivo y el perjuicio de los acreedores no ha de manifestarse necesariamente como directamente encaminado a la causación de éste, pues nada impide que el incremento del riesgo se deba a un dolo eventual".

La reforma quiso zanjar, además, las dudas interpretativas que suscitaba la regulación anterior a propósito de la identificación de las circunstancias —siempre suficientemente acreditadas— de las que debía inferirse el dolo en los supuestos en que no era sencillo hacerlo a partir de la conducta objetivamente realizada por el sujeto.

Véanse la SAP, Barcelona, 9-2-2000, y la STS 17-5-1997 (*Tol 5140239)*, que lo hacía del "dato objetivo de que, sin razón justificativa de clase alguna, se descapitalice la sociedad quebrada empleando para ello el mecanismo de constituir una nueva a la que se transfirieron todos los elementos existentes y propiedad de aquellas, tanto humanos como mecánicos, e incluso de clientela, con la simple sustitución del nombre comercial y el traslado del domicilio social". En su Preámbulo la LO 1/2015 reconoce expresamente su voluntad de delimitar, "con la finalidad de garantizar un grado de seguridad y certeza ajustado a las exigencias derivadas del principio de legalidad, las conductas prohibidas por medio de las cuales puede ser cometido el delito", tipificando para ello "un conjunto de acciones contrarias al deber de diligencia en la gestión de asuntos económicos mediante las cuales se reduce indebidamente el patrimonio que es garantía del cumplimiento de las obligaciones, o se dificulta o imposibilita el conocimiento por el acreedor de la verdadera situación económica del deudor".

El art. 259.1 CP ofrece ahora un elenco de hechos reveladores de la situación de insolvencia y en los que deberá encuadrarse la actuación del deudor.

Puede traerse a colación en este sentido la SAP, Barcelona, 5-7-2017 (*Tol 6400821)*, que absolvió al no poder concluirse que los acusados actuaron con el dolo "directo, consciente y voluntario" requerido por el delito del art. 259 CP. Según ella, en primer lugar, la realización de cualquier clase de gasto debe evidenciar un "ánimo fraudulento de perjudicar a los acreedores", y no una mera "mala gestión". En el caso de autos se les imputaba a los acusados la realización de una serie de gastos con cargo a fondos de la empresa "en beneficio propio por compras de naturaleza personal y particular" y que no guardaban relación con la actividad desarrollada. Para la Audiencia, tales gastos (en joyerías, farmacias, electrodomésticos, textiles, zapaterías y ópticas), "por sus conceptos y periodicidad... ponen de manifiesto una mala gestión por parte de los acusados que se desarrolló de forma constante al menos durante el periodo de tiempo que, a efectos del concurso, ha sido objeto de estudio y análisis contable". Además, y atendiendo ya a su cuantía, continúa la resolución, "no pueden considerarse desproporcionados teniendo en cuenta los ingresos de la mercantil", que fueron decreciendo con el tiempo "a medida que la situación de la empresa empeora, (cuestión diferente sería si hubiese sucedido al revés, lo que sí evidenciaría el ánimo de aumentar dolosamente la situación de crisis económica), lo que en definitiva nos lleva de nuevo, a una gestión desordenada y por lo tanto a una actuación culpable de los acusados, como así es tenida por el Administrador concursal en su informe (folio 910 de la causa) pero no hay elementos que permitan afirmar que estamos ante una conducta encaminada a minorar dolosamente el capital o el patrimonio de la mercantil por parte de los acusados". Tampoco concurriría el dolo típico en otras conductas atribuidas a los acusados. En el caso de la ejecución de obras en el domicilio de un particular y la adquisición de mobiliario sin que la empresa —a cuya costa se realizaron— emitiese factura o recibiese contraprestación alguna, "surgen dudas —puede leerse en la sentencia— respecto a si la conducta se realizó en aras a agravar una situación de insolvencia en perjuicio de los acreedores, ya que no hay elementos para considerar que se trató de una operación simulada y no real, con la consecuencia de la existencia de un crédito cobrable y exigible por la concursada que en todo caso, se habrían realizado en el año 2006, es decir, tres años antes de la declaración de concurso, no resultando verosímil que con tanta anticipación a la presentación del concurso, se cometiese un solo hecho destinado a descapitalizar la sociedad en perjuicio de los acreedores que no hubiese sido acompañado de otros con similar intención y mayor alcance". Por su parte, aunque el pago por la administración de la propia empresa "de tres facturas emitidas el 20 de abril de 2009, solo unos días antes de presentarse la solicitud de declaración de concurso de acreedores, por el importe total de 96.479 euros" se había justificado por el arrendamiento inexistente de un almacén, revistiendo, en consecuencia, "indicios de irregularidad", no cabe desconocer —razona la Audiencia— que, "pese a la resolución tácita del contrato de arrendamiento y a la contratación de los servicios de otra empresa, un empleado mantuvo su puesto de trabajo en la nave... de la que seguía saliendo material en función de las necesidades comerciales, trabajador que incluso permaneció durante la liquidación concursal, dando salida a la mercancía almacenada". La empresa concursada siguió, por ello, "en posesión de la nave industrial, lo que ciertamente le atribuía el derecho a percibir cierta compensación económica, aunque no fuese por el importe percibido".

Cuando las conductas típicas de los apartados 1 y 2 sean realizadas por imprudencia serán sancionadas con la pena de pena de prisión de seis meses a dos años o multa de doce a veinticuatro meses, de acuerdo con lo dispuesto en el art. 259. 3. La inclusión de sanciones para el concurso culposo en la Ley 22/2003, de 9 de julio, pone en solfa la compatibilidad de esta cláusula con el principio de intervención mínima, que, como se sabe, reclama que el Derecho penal no ha de proteger todos los bienes jurídicos, sino solo los más importantes, y no frente a cualquier tipo de ataques, sino únicamente frente a los más graves e intolerables (QUINTERO OLIVARES, BENÍTEZ ORTÚZAR, RUIZ BLAY, aludiendo a la contundencia de las medidas previstas en la jurisdicción civil-mercantil contra las actuaciones imprudentes de los administradores que provocan la declaración de concurso y a la incoherencia técnica de castigar en sede de delito concursal lo que no se ha tipificado en relación con la administración desleal del art. 252, delito que pivota sobre conductas que "por lo general, terminan siendo similares").

A ese respecto conviene recordar que la jurisprudencia venía ya abundando en la idea de que los cálculos erróneos no deben acceder al sistema penal, por lo difícil de señalar momentos de toma de decisiones empresariales que no vengan precedidos por uno anterior de incertidumbre entre distintas opciones. En referencia al delito de insolvencia fraudulenta del art. 260.1 del CP 1995, en concreto, la STS 15-3-2002 (*Tol 4921956)*, afirmó que "es necesario que el autor haya realizado actos con entidad para producir la insolvencia de una manera verdaderamente injustificable desde el punto de vista de la racionalidad mercantil" y que dicha insolvencia "debe provenir de negocios cuya reprobación jurídica sea claramente establecida". Una administración no adecuada al fin económico que se persigue, que pueda calificarse como gestión "arriesgada", nunca sería, por ello, constitutiva de delito: "un plan para adquirir una posición determinada en el mercado, basado en un cálculo económico y financiero erróneo no es todavía insuficiente para configurar los elementos del tipo objetivo". Además, cabe dudar razonablemente de que la sanción penal de una gestión empresarial imprudente sea respetuosa con el derecho a la propiedad privada y la libertad de empresa en el marco de una economía de mercado, proclamado en el art. 38 de la Constitución (GALLEGO SOLER, GÓMEZ LANZ). Por todo ello, un sector doctrinal ha propuesto, de *lege ferenda*, restringir el tipo a los supuestos de causación o agravación de la insolvencia (GONZÁLEZ CUSSAC, GÓMEZ LANZ, SOUTO GARCÍA, SÁNCHEZ DAFAUCE).

Ahora bien, y más allá de que, efectivamente, suponga un ejemplo claro de extensión desmesurada del Derecho penal para irrumpir en un ámbito que debería reservarse al Derecho mercantil, en lo que realmente debe incidirse es en la imposibilidad de conciliar la imprudencia tanto con la naturaleza "falsaria" de las conductas de los apartados 6º a 8º, como con el carácter eminentemente doloso de las de los apartados 1º y 4º (BENÍTEZ ORTÚZAR, PAVÍA CARDELL). La técnica empleada en la redacción de la cláusula (que tampoco podría ponerse en relación con los tipos agravados del art. 259 bis CP, al aludir exclusivamente a los apartados 1 y 2 del art. 259 CP) es claramente defectuosa.

Suele indicarse que, por consecuencia de la decisión del legislador de 2015 de situar la imprudencia leve extramuros del Código penal, las únicas modalidades sujetas a la disciplina del art. 259.3 CP serán las realizadas con imprudencia grave

(GONZÁLEZ CUSSAC, SOUTO GARCÍA, MONGE FERNÁNDEZ, GALLEGO SOLER; de otra opinión GÓMEZ LANZ). El argumento puede reforzarse con lo apuntado por PAVÍA CADELL en el sentido de que la pena máxima de prisión con se castiga el delito imprudente —2 años— supera la pena mínima de prisión del delito doloso —1 año— (PAVÍA CARDELL). Para su calificación los jueces y tribunales atenderán a los criterios habituales en el ámbito de la delincuencia culposa.

2.4. Iter criminis

La especial configuración típica del delito concursal, que incluye una condición objetiva de punibilidad, debería implicar que no resulte posible apreciar formas de ejecución intentada (MARTÍNEZ-BUJÁN PÉREZ). EL TRLC permite, sin embargo, que en los supuestos de concurso voluntario el deudor siga administrando sus bienes después de que se haya producido la declaración de concurso (art. 106.1 TRLC). Al margen de otras consideraciones sobre el modelo de tutela penal de los intereses de los acreedores que comporta, este dato parece confirmar que es posible reconocerles relevancia típica a los actos ejecutados con posterioridad a aquella (MARTÍNEZ-BUJÁN PÉREZ; entre quienes aceptan la posibilidad de realizar el delito en tentativa se incluye también SÁNCHEZ DAFAUCE). Así, podría apreciarse la tentativa en relación con la figura del apartado 2, dada su configuración como delito de resultado.

En el caso de la del apartado 1, la heterogeneidad de las conductas que describe exigiría que la determinación del momento consumativo y, en conexión con ello, la posibilidad de castigar la tentativa deba analizarse por grupos de casos (MARTÍNEZ-BUJÁN PÉREZ). No existirán en principio inconvenientes teóricos para la admisión tanto de la inacabada como de la acabada en las que describen resultados materiales (PAVÍA CARDELL, para el que las palabras vertidas por el legislador en el Preámbulo de la LO 1/2015 a la hora de caracterizar las conductas recogidas en el art. 259.1 CP, por una parte, y una interpretación sistemática del art. 259.1.9ª CP, por otra, abocan a exigir como elemento común a las conductas 1ª a 5ª una "disminución efectiva patrimonial"), así como en el tipo de omisión y resultado del número 9. Pueden aparecer dudas en relación a las modalidades de los apartados 6º, 7º y 8º, al tratarse de delitos de peligro. La respuesta deberá ser negativa, sin ambages, si se defiende para ellas la naturaleza de delitos de peligro abstracto (GÓMEZ LANZ, FRANCÉS LECUMBERRI) o presunto. Al tipificarse una infracción de deberes contables no asociada a ninguna consecuencia perjudicial para la masa del concurso o para los intereses económicos de los acreedores (FEIJOO SÁNCHEZ), su castigo supondría una intervención excesiva y desproporcionada del Derecho punitivo, esto es, del peligro de un peligro. Si se entiende que acogen delitos de peligro concreto, cuya consumación requiere un resultado de dificultar la comprensión o imposibilitar la valoración de la situación patrimonial o financiera reales del deudor (GUTIÉRREZ PÉREZ), podría llegar a plantearse algún caso de tentativa (como en el supuesto de que la existencia de una contabilidad falsa no llegue a producir ese resultado de déficit informativo, al haberse tenido conocimiento por terceros de dicha situación y, contar, por tanto, con los datos suficientes datos para valorar el riesgo que se asumía).

2.5. Autoría y participación

La condición de deudor es requisito necesario para la realización de la conducta delictiva, por lo que quienes no la tengan —incluidos los obligados subsidiariamente al pago: fiadores, avalistas o responsables civiles subsidiarios— serán *extranei*, que —naturalmente— podrán intervenir en el delito a título de inductores, cooperadores necesarios o cómplices. A pesar de venir configurado como un delito especial propio, el delito concursal no es, sin embargo, un delito de infracción de deber, entrando en juego el incremento del riesgo no permitido como criterio de imputación del hecho al autor (MARTÍNEZ-BUJÁN PÉREZ, MONGE FERNÁNDEZ, RUIZ BLAY).

Las reglas contenidas en el art. 31 CP permitirán castigar a los administradores concursales, figura clave en los procesos de insolvencia y reestructuración empresarial. Conviene recordar al respecto que en los concursos voluntarios su autorización o conformidad será imprescindible para que el deudor pueda llevar a cabo determinadas acciones (art. 106 TRLC). En los concursos necesarios, en cambio, la regla general es la de la suspensión de las facultades del deudor, viniendo a asumir el administrador el control, la gestión, la administración y la disposición del patrimonio. Cabrá también la intervención —a título de autores— de los auxiliares delegados, cuyo nombramiento deberá solicitar la administración concursal, especificando las funciones a delegar y que podrían incluir "las relativas a la continuación de la totalidad o parte de la actividad del deudor" (art. 75 TRLC).

Va de suyo que en los supuestos de actuación mancomunada o colegiada no todos los administradores serán automáticamente responsables del delito, ni responderán del mismo modo, debiendo procederse a una individualización de las responsabilidades de cada uno (el art. 95 TRLC dispone que "los administradores concursales responderán solidariamente con los auxiliares delegados de los actos y omisiones lesivos de estos, salvo que prueben haber empleado toda la diligencia debida para prevenir o evitar el daño") (MONGE FERNÁNDEZ). El deudor-representado que consiente que el representante realice la conducta típica, tras haber asumido fácticamente las funciones de administración, será partícipe en comisión por omisión (MONGE FERNÁNDEZ, MARTÍNEZ-BUJÁN PÉREZ).

2.6. Tipos agravados (art. 259 bis CP)

La LO 1/2015 incluyó en el art. 259 bis CP tres subtipos agravados aplicables a "los hechos a que se refiere el artículo anterior" y cuya concurrencia determina la imposición de una pena de prisión de dos a seis años y multa de ocho a veinticuatro meses. La falta de atención legislativa a mínimos requerimientos de calidad técnica se evidencia en la equivocidad de la redacción legal, que ha dado pie a divergencias sobre la posibilidad de extender la agravación a la realización imprudente de las conductas (a favor PAVÍA CARDELL, GÓMEZ LANZ; en contra, restringiéndola a la modalidad dolosa de los apartados 1 y 2 del art. 259 CP, MARTÍNEZ-BUJÁN PÉREZ, SOUTO GARCÍA, GONZÁLEZ CUSSAC, GALLEGO SOLER, BENÍTEZ ORTÚZAR).

La cualificación abarca tres circunstancias: "cuando se produzca o pueda producirse perjuicio patrimonial en una generalidad de personas o pueda ponerlas en una grave situación económica", "cuando se causare a alguno de los acreedores un perjuicio económico superior a 600.000 euros" y "cuando al menos la mitad del importe de los créditos concursales tenga como titulares a la Hacienda Pública, sea esta estatal, autonómica, local o foral y a la Seguridad Social". Adopta la forma de conducta mixta alternativa: su aplicación sólo requiere la concurrencia de una de ellas, si bien el tribunal podrá imponer justificadamente la pena en su extensión máxima para el caso de que puedan apreciarse varias.

En la primera sorprende que sean tratadas con la misma pena la causación de un perjuicio efectivo y la posibilidad de causarlo, cuando evidentemente no son equiparables (GALLEGO SOLER, BENÍTEZ ORTÚZAR, GUTIÉRREZ PÉREZ). Acoger una hermenéutica teleológica, entendiendo que lo relevante es que el perjuicio o peligro a que se alude lo es siempre para una pluralidad de acreedores, no para uno, no permite salvar el efecto distorsionador de dispensar un tratamiento igualitario a supuestos que no tienen las mismas características ni igual gravedad.

De forma minoritaria, por lo que alcanzo a ver, PAVÍA CARDELL pone el acento en el empleo del término "personas", que abarcaría, además de a los acreedores, a los socios de la sociedad insolvente y a los trabajadores del deudor.

También se ha censurado que no se establezca la cantidad o número de acreedores que deben haber podido sufrir el perjuicio —en su primera acepción en el diccionario RAE "generalidad" equivale a "muchedumbre", por lo que, según GALLEGO SOLER, el tipo sólo sería aplicable cuando exista una gran cantidad de ellos—, ni se aporte referencia alguna para concretar cuando la situación económica puede considerarse "grave" (GALLEGO SOLER). Otras críticas que deben dirigirse a este precepto son las referidas al sinsentido de construir un tipo agravado fundamentado en la creación de un peligro para una pluralidad de acreedores, cuando la implicación de varios de ellos es, justamente, la regla general en los procesos concursales (GONZÁLEZ CUSSAC) y a su solapamiento con la modalidad básica del art. 259 CP, que ya sanciona la creación de un peligro de causar un perjuicio o la causación del mismo (con anterioridad a las enmiendas del Senado, la ley de reforma restringía la agravación a los casos de creación del peligro de causar un perjuicio patrimonial relevante) (SOUTO GARCÍA).

La introducción de la segunda ha ido acompañada asimismo de numerosas críticas en cuanto a la exigencia de que el perjuicio supere el límite de los 600.000 euros, a la imposibilidad legal de que pueda llegarse a esa cantidad sumando el perjuicio causado a varios acreedores y, por último, a la amplitud de la descripción típica, que no precisa si el perjuicio debería ser consecuencia necesaria de la frustración de un crédito o si puede serlo de la de varios (de los que sea titular el mismo acreedor) (MARTÍNEZ-BUJÁN PÉREZ, SOUTO GARCÍA).

En cuanto a la tercera, se ha puesto de manifiesto la sobreprotección del crédito de la Hacienda pública y la Seguridad Social que le subyace (es decir, lo injustificado de una agravación asociada al carácter público de los acreedores) y su diversa configuración con respecto a las agravaciones relacionadas con las deudas a la Hacienda Pública o la Seguridad Social previsto para los supuestos de alzamiento de bienes (mientras que en la modalidad agravada del art. 259 bis CP es suficiente con que la mitad de los créditos concursales tenga como titulares a la Hacienda Pública y a la Seguridad Social, en los casos de alzamiento del art. 257.3 CP se requiere que con su actuación el deudor trate de eludir una deuda u obligación derivada de la realización de un delito contra la Hacienda Pública o contra la Seguridad Social) (GÓMEZ LANZ, QUINTERO OLIVARES, MONGE FERNÁNDEZ, GALLEGO SOLER, BENÍTEZ ORTÚZAR, FARALDO CABANA, GONZÁLEZ CUSSAC, PAVÍA CARDELL). Con relación a esto último, al haberse vinculado la agravación a un porcentaje de las deudas —y no a la deuda total que se debe a la Hacienda o Seguridad Social— podrían producirse resultados paradójicos y desproporcionados, como su empleo en casos menos graves que otros en los que no existen acreedores públicos (GALLEGO SOLER).

Respetando el principio de legalidad, la circunstancia sólo podrá apreciarse cuando se tenga el listado definitivo de acreedores y quepa hablar en puridad, de créditos concursales. En consecuencia, si en el momento de formularse escrito de conclusiones provisionales, en los supuestos en que el procedimiento penal se está tramitando de forma paralela al concursal, no existe todavía informe definitivo de la administración concursal que contenga el listado, no parece que pueda recurrirse a ella (GALLEGO SOLER).

Algunos autores echan en falta la previsión de una agravación para los supuestos en que las conductas fuesen ejecutadas por gestores de entidades bancarias o de crédito insolvencia que con posterioridad hubieran sido intervenidas o recibido ayuda financiera.

2.7. Relaciones entre la insolvencia punible y el alzamiento de bienes

Los hechos que hayan servido para fundamentar una condena por alzamiento de bienes ya no podrán tomarse en consideración, posteriormente, para castigar por delito concursal una vez cumplida la exigencia de la declaración civil de insolvencia contenida en el art. 259, procediendo traer en aplicación la excepción de cosa juzgada. Dicho ello, y por lo que se refiere a las relaciones concursales entre los arts. 257 y 259.1 CP, lo correcto será distinguir dos supuestos: en aquellos en que, después de causar su insolvencia actual o inminente, ya declarado el concurso, el deudor continúa llevando a cabo actos de ocultación o destrucción de bienes que dan vida a las conductas descritas en el art. 259.1 CP, habrá que aplicar la doctrina general sobre el concurso real de delitos (MARTÍNEZ-BUJÁN PÉREZ, SÁNCHEZ DAFAUCE; optan, en cambio, por un concurso aparente de normas a resolver, por consunción o especialidad, en favor del delito del art. 259 CP SOUTO GARCÍA, MAGDALENA CÁMARA, PAVÍA CARDELL). Por el contrario, una ocultación realizada con posterioridad a una situación de insolvencia sólo puede estimarse comprendida en el art. 259.1 CP (MARTÍNEZ-BUJÁN PÉREZ, defendiendo esta misma solución para los supuestos de realización de actuaciones de ocultación y destrucción del patrimonio tras la insolvencia, en que la técnica del tipo mixto alternativo utilizada en el art. 259.1 CP permitiría apreciar un solo delito; de otra opinión, reconduciéndolos al concurso ideal de delitos, SÁNCHEZ DAFAUCE).

Es posible encontrar una zona de confluencia entre el alzamiento y el delito del art. 259.2 CP cuando el deudor oculta fraudulentamente sus bienes causándole un perjuicio patrimonial efectivo al acreedor, al existir una obligación crediticia exigible. Como solución más razonable habrá que considerar la de un concurso de leyes a resolver por el principio de alternatividad (MARTÍNEZ-BUJÁN PÉREZ, DE LA MATA BARRANCO, GUTIÉRREZ PÉREZ), a pesar de las dificultades para concretar el delito que lleva aparejada mayor pena cuando deba darse entrada a los tipos cualificados (el art. 259 bis CP prevé una penalidad superior, pero si entrasen en juego conjuntamente las circunstancias de los apartados 3 y 4 del art. 257 CP el límite mínimo sería superior a la del art. 259 bis CP).

Las relaciones entre los delitos de los artículos 259 y 260 CP serán de concurso aparente de normas (el injusto del primero recoge todo el desvalor del hecho cuando el deudor, además de otorgar preferencia a determinados créditos, incremente su pasivo, provocando o agravando su situación de insolvencia) o de delitos (si la conducta no trae consigo ninguna disminución del pasivo, vulnerando sólo la *par conditio concurrentium*) (NIETO MARTÍN, GONZÁLEZ CUSSAC; SÁNCHEZ DAFAUCE entiende que la relación entre las figuras de los arts. 259 y 260.2 CP es siempre de concurso de delitos). Igualmente deberá aplicarse con carácter preferente el delito concursal cuando la presentación de datos falsos del art. 261 CP revista un carácter meramente instrumental. Aunque algunos autores son partidarios de apreciar un concurso de delitos (QUINTERO OLIVARES), debe dársele la razón a quienes identifican aquí un supuesto de progresión en el ataque al bien jurídico (MARTÍNEZ-BUJÁN PÉREZ, GONZÁLEZ CUSSAC). La eventual concurrencia de la presentación de datos falsos con una tentativa de delito concursal ha de resolverse conforme a la regla de la alternatividad, aplicando la pena del más grave de los delitos: el del art. 261 CP (NIETO MARTÍN).

Cuando la consumación del tipo del art. 259 CP suponga la realización de una malversación de caudales públicos, por haber cometido el administrador concursal una apropiación indebida o un delito de administración desleal con relación a la masa concursal o a los intereses económicos de los acreedores (por ejemplo por haber alterado el orden de pagos de los créditos establecidos en la ley), una aplicación a usos privados o un favorecimiento de acreedores, el conflicto habrá de solventarse haciendo uso del principio de alternatividad (art. 8.4 CP). Cuando vengan en aplicación los tipos de los arts. 434 ó 432 bis CP, así como en caso de que las conductas se hubieran perpetrado por imprudencia, la condición de delito prevalente le corresponderá, así, al del art. 259 CP (MARTÍNEZ-BUJÁN PÉREZ, SÁNCHEZ DAFAUCE).

2.8. Régimen de perseguibilidad (art. 259.5 inciso primero CP)

No existen condiciones procesales para exigir la responsabilidad penal de los deudores (o de quienes hayan actuado en su nombre) por el delito concursal y los delitos singulares relacionados con él: conforme al art. 259.5 CP su persecución podrá iniciarse "sin necesidad de esperar a la conclusión del proceso civil y sin perjuicio de la continuación de este"; y según dispone el 259.6 CP —y reitera el art. 462 TRLC— "en ningún caso, la calificación de la insolvencia en el proceso civil vincula a la jurisdicción penal". Las principales críticas que deben dirigirse a la autonomía de la calificación penal de la insolvencia son las referidas a las enormes dificultades que le supone a un juez no especializado en materia mercantil o contable determinar la situación de insolvencia (PAVÍA CARDELL) y a la contradicción en que entraría el ordenamiento jurídico consigo mismo en aquellos supuestos en que ambas jurisdicciones, actuando en paralelo, llevaran a cabo determinaciones de hechos o valoraciones discordantes (CUGAT MAURI, PAVÍA CARDELL, QUINTERO OLIVARES). Esta última podría, quizá, limitarse considerando que la declaración civil de insolvencia fraudulenta no conlleva necesariamente la existencia de un delito concursal (las sentencias penales firmes sí deben vincular al juez civil) (RODRÍGUEZ MOURULLO, MARTÍNEZ-BUJÁN PÉREZ). En virtud de la interpretación gramatical y teleológica que entiendo más correcta, la expresión "delitos singulares relacionados" debe ponerse en relación con lo previsto en el art. 17.3 LECrim y concluirse, así, que abarca aquellos que están en conexión instrumental o material con la creación o aumento de la situación de insolvencia: fundamentalmente las falsedades, los alzamientos y las apropiaciones indebidas (MARTÍNEZ-BUJÁN PÉREZ; de otra opinión QUINTERO OLIVARES, reservando la condición de acreedor a quienes la tengan, justamente, por resultar perjudicados por delitos que hayan aumentado la insolvencia o que correspondan a las relaciones de comercio o actividades industriales ordinarias). Para prevenir posibles conflictos de competencias, alineándose con lo preceptuado por el art. 259.5 CP, el art. 519 TRLC establece una excepción a la regla de la denominada prejudicialidad penal ("la incoación de procedimientos criminales relacionados con el deudor o por hechos que tuvieran relación o influencia en el concurso de acreedores no provocarán la suspensión de la tramitación de este, ni de ninguna de las secciones en que se divide").

2.9. Responsabilidad civil y medidas cautelares (art. 259.5 inciso segundo CP)

En su inciso segundo, el art. 259.5 CP contiene una regla especial para la determinación de la responsabilidad civil derivada del delito concursal, estableciendo que el importe de la responsabilidad civil derivada de los delitos singulares relacionados con aquel deberá incorporarse, "en su caso", a la masa destinada a satisfacer a los créditos de los acreedores. Se ha señalado que su sentido es el de evitar que el juez penal sucumba a la tentación de sumarse a lo decidido por el civil, así como el que las limitaciones de prueba y especialidad del objeto del procedimiento concursal "no aseguren la impunidad o el mejor trato punitivo del deudor concursado sometido a un procedimiento penal" (PAVÍA CARDELL). Se le ha dado una especial trascendencia a la expresión "en su caso", que para algunas opiniones tiene el sentido de permitirle al juez ordenar la indemnización o reparación integrantes de la responsabilidad civil derivada de dichos delitos (GONZÁLEZ CUSSAC), en tanto que otras la entienden referida a los casos en que, por ser el deudor una persona jurídica, la responsabilidad penal recaerá sobre las personas físicas que actúan en su nombre (MONGE FERNÁNDEZ, SÁNCHEZ DAFAUCE).

Finalmente, el art. 520 TRLC establece la posibilidad de que el juez del concurso decrete como medidas cautelares, una vez "admitida a trámite querella o denuncia criminal contra el deudor o por hechos que tuvieran relación o influencia en el concurso" y siempre "a solicitud del juez o tribunal de orden jurisdiccional penal", la retención de pagos a los acreedores inculpados o cualquier otras "de carácter penal patrimonial que afecte a la masa activa". Dichas medidas "en ningún caso deben impedir continuar la tramitación del procedimiento concursal, y se acordarán del modo más conveniente para garantizar la ejecución de los pronunciamientos patrimoniales de la eventual condena penal", no pudiendo "alterar o modificar la clasificación de los créditos concursales, ni las preferencias de pago establecidas en esta ley".

3. Favorecimiento injustificado de acreedores (art. 260.1 CP)

El art. 260 CP incluye dos modalidades de favorecimiento indebido de acreedores. El apartado 2 sanciona el mismo delito de favorecimiento que describía el art. 259 CP en su redacción anterior a la reforma de la LO 1/2015. En el primer apartado se contempla una modalidad de nuevo cuño, cuyo referente principal en el derecho comparado parece hallarse en el § 283.e) del Código penal alemán y a la que se asigna una pena sensiblemente inferior. En punto a ella la opción político-criminal ha sido, como se verá, la del adelantamiento de la intervención penal a actuaciones de carácter preconcursal y extraconcursal (ESQUINAS VALVERDE).

Con anterioridad a la reforma, la doctrina y la jurisprudencia mayoritarias abogaban por la atipicidad, en el marco del art. 257 CP, de los supuestos en que el deudor llevaba a cabo pagos a unos acreedores en vez de a otros, sin llegar a causar su insolvencia (VIVES ANTÓN/GONZÁLEZ CUSSAC, GÓMEZ LANZ). En apoyo de esa solución se traía el argumento de que no superaban los ámbitos de riesgo permitido a partir de cuyo reconocimiento debe articularse la intervención penal en materia de alzamiento de bienes (en el entendimiento de que el deber del deudor de no empeorar las expectativas patrimoniales de sus acreedores encuentra su límite en su propia libertad para decidir entre sus deudas y acreedores) (PAREDES CASTAÑÓN). Ello explica, probablemente, que la descripción típica vigente incluya exigencias y condiciones que, por otra parte, no hacen otra cosa que acentuar su estrechísima relación con el delito de insolvencia punible del art. 259.1 CP, entre cuyas modalidades podría haberse integrado sin forzamientos de ninguna clase (PAVÍA CARDELL, GUTIÉRREZ PÉREZ): a) el deudor debe encontrarse "en una situación de insolvencia actual o inminente" que debe valorar el juez de lo penal, una vez que no se exige que el concurso haya sido siquiera admitido a trámite (SOUTO GARCÍA, GUTIÉRREZ PÉREZ); b) ha de favorecer a un acreedor realizando un acto de disposición patrimonial o generador de obligaciones destinado a pagar un crédito no exigible o a facilitarle una garantía a la que no tenía derecho —por ejemplo, constituyendo una garantía hipotecaria o una prenda sin desplazamiento o modificando el carácter de un crédito no privilegiado a privilegiado—; y c) la operación tendrá que carecer "de justificación económica o empresarial", cláusula esta que obligará a valorar supuesto a supuesto las circunstancias concurrentes "por si desde el punto de vista económico o empresarial el deudor tenía un motivo" para realizarla (PAVÍA CARDELL, GALLEGO SOLER, MARTÍNEZ-BUJÁN PÉREZ).

El favorecimiento debe interpretarse tomando como referencia la expresión "pagar a uno o varios acreedores... con posposición del resto", utilizada en el art. 260.2 CP. Naturalmente, con carácter previo deberá constatarse que los acreedores sean reales (MARTÍNEZ-BUJÁN PÉREZ, PAVÍA CARDELL). De no ser así deberá aplicarse el delito concursal del art. 259 CP, por tratarse de un caso de aumento ficticio del pasivo. Téngase presente empero que este último presupone que la insolvencia o se haya declarado en un proceso concursal o sea actual. Fuera de esos supuestos, la única posibilidad de sancionar penalmente las actuaciones del deudor será trayendo en aplicación el tipo del alzamiento de bienes, naturalmente una vez que hayan causado la insolvencia (SOUTO GARCÍA).

Otros elementos típicos coinciden con los recogidos en preceptos que ya han sido objeto de análisis: "insolvencia actual o inminente" (en el art. 259 CP) y "realizar un acto de disposición patrimonial o generador de obligaciones destinado a pagar" (en el art. 257.1.2º CP).

Llama la atención el hecho de que respecto de este delito no rija el requisito de procedibilidad de carácter económico (art. 259.4 CP) al que sí se sujetan las conductas descritas en el art. 259.1 CP. En opinión de algún autor, la exigencia de que el deudor se halle en la precitada situación de insolvencia (actual o inminente) implica ya materialmente su cumplimiento (GÓMEZ LANZ). Entiendo, no obstante, que, justamente en la medida en que el tipo incorpora como presupuesto la existencia de una insolvencia inminente, será perfectamente posible realizarlo aunque el deudor esté haciendo frente a sus obligaciones con regularidad (obviamente siendo absolutamente previsible que dejará de hacerlo con carácter inmediato) (BENÍTEZ ORTÚZAR, SÁNCHEZ DAFAUCE, ESQUINAS VALVERDE).

4. *Favorecimiento ilícito de acreedores (art. 260.2 CP)*

El delito descrito en el art. 260. 2 ocupa una zona intermedia entre el alzamiento de bienes y el delito concursal (VIVES ANTÓN/GONZÁLEZ CUSSAC) y lleva aparejado un régimen punitivo muy semejante al previsto en el actual art. 259 CP. Su redacción había sido objeto de reforma por la LO 15/2003, con el propósito de adaptarla a la Ley 22/2003, de 9 de julio. Tras la entrada en vigor del TRLC, aprobado por Real Decreto Legislativo 1/2020, de 5 de mayo, y su posterior modificación por la Ley 16/2022, de 5 de septiembre, la normativa de complemento del tipo debe buscarse principalmente en los artículos 106.1 y 106.2, por una parte, y 10.2 y 14.2, por otra, del TRLC. El primero indica que, en caso de concurso voluntario, el deudor mantiene sus facultades de administración y disposición sobre la masa activa, si bien quedan sujetas a la intervención del administrador concursal, "que podrá autorizar o denegar la autorización según tenga por conveniente". El 10.2 TRLC alude a la suspensión del ejercicio de las facultades de administración y disposición del administrador y a su reemplazo por los administradores concursales en los supuestos de concurso necesario. Con arreglo al 14.2.1° TRLC, en tercer lugar, en los supuestos en que el concurso haya sido solicitado por el acreedor, si la solicitud se basa en la existencia de una previa declaración judicial administrativa firme de insolvencia del deudor, de un título por el que se hubiera despachado ejecución o apremio sin que hubieran resultado del embargo bienes libres bastantes para pagar o de embargos por ejecuciones pendientes que afecten de manera general al patrimonio del deudor, "el juez declarará el concurso de acreedores el primer día hábil siguiente"; en cambio, si se basa en alguno de los hechos externos reveladores del estado de insolvencia indicados en el propio TRLC distinto de los anteriores o si la solicitud procediera de cualquier otro legitimado, "el juez el primer día hábil siguiente dictará auto admitiéndola a trámite, ordenando el emplazamiento del deudor, con traslado de la solicitud, para que comparezca en el plazo de cinco días, dentro del cual se le pondrán de manifiesto los autos y podrá formular oposición a la solicitud, proponiendo los medios de prueba de que intente valerse" (art. 14.2.2° TRLC).

La razón de ser del precepto parece estar en la necesidad de prevenir la connivencia del deudor con algún acreedor para dar al traste con la preferencia de la ejecución de los créditos. El bien jurídico protegido lo constituirá, por ello, el derecho de los acreedores a que se garantice una ordenada satisfacción de los mismos y a que se preserve la igualdad de trato entre ellos con arreglo a las reglas sentadas en el procedimiento concursal (VIVES ANTÓN/GONZÁLEZ CUSSAC, BAJO FERNÁNDEZ / BACIGALUPO ZAPATER, MARTÍNEZ-BUJÁN PÉREZ, SOUTO GARCÍA, GONZÁLEZ CUSSAC, PAVÍA CARDELL, y SAP, Valencia, 7-5-1998). Algunas opiniones doctrinales califican de injustificada la intervención penal para castigar la mera quiebra del principio de la *par conditio creditorum* (QUINTERO OLIVARES).

Otras, también desde un planteamiento crítico, ponen el acento en el dato de que los actos de disposición llevados a cabo sin autorización judicial o de modo contrario a los arts. 106.1 y 106. 2 TRLC son meramente anulables, concibiendo el delito como un mero instrumento de tutela del normal funcionamiento de la Administración de Justicia (GALLEGO SOLER).

Para la aplicación del tipo es preciso que concurran tres requisitos: a) que se haya admitido a trámite la solicitud de concurso; b) que el deudor lleve a cabo un acto de disposición patrimonial o que genere obligaciones, dirigido a pagarles a uno o a varios acreedores (preferentes o no) con posposición de los restantes; y c) que no exista autorización, ni judicial ni por parte de los órganos concursales, para llevar a cabo dicho acto.

Requisito de procedibilidad del delito —que lo diferencia del delito concursal— es la admisión a trámite de la solicitud de declaración del estado de insolvencia (GALLEGO SOLER). Desde el punto de vista de su —necesaria— integración con la normativa concursal, parece que el tipo tan sólo podría cobrar sentido si esa admisión se hace equivalente al auto judicial de declaración del concurso al que aluden los arts. 10.2 y 14.2.1º TRLC (SOUTO GARCÍA), equiparación ya sancionada, por otra parte, por los arts. 14.3 y 31.1 TRLC a los efectos de proceder a la formación de la sección primera del procedimiento de declaración. Cuestiones de procedibilidad al margen, para un sector doctrinal los supuestos en que no llega a producirse la declaración de concurso carecerían de idoneidad para afectar al bien jurídico (PAVÍA CARDELL; en contra, GALLEGO SOLER).

4.1. Tipo objetivo

La conducta delictiva coincide punto por punto con la incluida en los tipos de los arts. 257.1.2º y 260.1 CP. Su nota más característica es la necesidad de que el pago o la contracción de obligaciones se hagan en favor de uno o varios acreedores reales anteriores al proceso concursal (GALLEGO SOLER, GONZÁLEZ CUSSAC, SOUTO GARCÍA). De introducir el deudor un crédito en la masa contrayendo una obligación inexistente o de realizar un pago a quien no era acreedor con anterioridad a la admisión a trámite de la solicitud de la declaración judicial de insolvencia vendrá en aplicación el art. 259 CP, si se hubiera producido la declaración judicial de concurso, o el tipo del alzamiento de bienes, en otro caso (MARTÍNEZ-BUJÁN PÉREZ).

En la descripción legal se han introducido sendos elementos normativos de formulación negativa relacionados con la realización del acto de disposición o generador de obligaciones: que se lleve a cabo sin autorización judicial o de los administradores concursales y "fuera de los casos permitidos por la Ley". La incorporación de ambas exigencias no debe considerarse una redundancia (GONZÁLEZ CUSSAC, MARTÍNEZ-BUJÁN PÉREZ; de otra opinión PAVÍA CARDELL), desde el momento en que es posible adjetivar determinadas acciones típicas como "no autorizadas" pero, al propio tiempo, como ajustadas a la normativa extrapenal. Es el caso de los actos (de disposición o generadores de obligaciones) previstos en el art. 111.2 TRLC, es decir, los que, sujetándose "a las condiciones normales del mercado", sean imprescindibles para la continuación de la actividad del deudor (y que este destine a pagar a uno o varios acreedores tras la admisión a trámite de la solicitud de concurso).

Por lo que se refiere específicamente a la cláusula de autorización, se actuará sin ella, además de en las ocasiones obvias en las que no se tiene ninguna, cuando se cuenta con una que no reúne los requisitos legalmente exigidos. La norma de remisión es, evidentemente, el TRLC, que, junto con los supuestos en que el deudor conserva las facultades de administración y disposición sobre su patrimonio precisando únicamente la autorización o conformidad de los administradores concursales (art. 106.1 TRLC), menciona otros en que requiere de una autorización particular (arts. 119.1, en relación con la interposición de demandas o recursos que puedan afectar a la masa activa, o 112 TRLC, en cuanto al ejercicio de su actividad profesional o empresarial) o judicial (imprescindible para la realización directa de los bienes y derechos afectos a créditos con privilegio especial —art. 210.1 TRLC— y para la enajenación directa o a través de persona o de entidad especializada —art. 216 TRLC). Una vez obtenida, la tipicidad del hecho no puede hacerse depender de que, con posterioridad a la realización del acto de disposición que se trate, pueda establecerse que no era autorizable y, en consecuencia, anularse (CUGAT MAURI, MARTÍNEZ-BUJÁN PÉREZ).

4.2. Tipo subjetivo

Al incluirse en el tipo la exigencia de que el acto se destine a pagar a uno o varios acreedores se está restringiendo la intervención penal a los casos en que el deudor actúa con esa finalidad específica (VIVES ANTÓN/GONZÁLEZ CUSSAC), de modo que el pago debería referirse a la fase de agotamiento del delito. Otras opiniones entienden, no obstante, que el legislador lo sitúa en el ámbito del tipo objetivo, identificándolo con la acción típica (MARTÍNEZ-BUJÁN PÉREZ). El error sobre cualquiera de los elementos de la descripción típica, incluyendo los normativos, deberá sujetarse a las reglas del error de tipo, que, en todo caso, conducirá a la impunidad de la conducta, al no estar prevista la modalidad imprudente.

4.3. Iter criminis

La cuestión de si el momento consumativo debe circunscribirse a aquel en que se produce un perjuicio cierto y cuantificado para los restantes acreedores suscita cierta controversia. El planteamiento que parece más correcto es el que defiende que el delito se orienta únicamente a la ordenada satisfacción de los créditos en los procesos concursales, consumándose con el acto de disposición o generador de obligaciones (que podrían realizarse perfectamente en favor de un acreedor privilegiado, al que asista el derecho de satisfacer preferentemente su crédito) (VIVES ANTÓN/GONZÁLEZ CUSSAC, MARTÍNEZ-BUJÁN PÉREZ, SOUTO GARCÍA).

4.4. Autoría y participación

Estamos ante un delito especial propio, en el que se ha limitado el círculo de la autoría a los deudores. De acreditarse su connivencia, los acreedores que se hayan visto favorecidos por la acción típica podrán responder como partícipes

(VIVES ANTÓN/GONZÁLEZ CUSSAC, GÓMEZ LANZ, SOUTO GARCÍA). En opinión de algún autor, sin embargo, sería un contrasentido considerar complicidad conductas que, de haberse producido antes de la declaración del estado concursal, y dejando aparte los casos descritos en el art. 260.1 CP, carecerían de toda relevancia penal (QUINTERO OLIVARES). Un concierto de voluntades entre el deudor y los administradores concursales (o los auxiliares delegados), nombrados por el juez después de que se haya declarado el concurso y de que se haya ordenado la formación de la "sección segunda", para autorizar ilegalmente el acto de disposición o generador de obligaciones prepara su calificación como cooperadores necesarios (MARTÍNEZ-BUJÁN PÉREZ). Debe recordarse también que los administradores que autorizan actos de disposición ilícitos podrían ser autores de malversación (art. 435.3 CP), cohecho (art. 423 CP) o, incluso, negociaciones prohibidas (art. 440 CP).

5. Presentación de datos falsos (art. 261 CP)

El art. 261 CP, introducido por el CP de 1995 y reformado por la LO 15/2003, prevé una conducta falsaria realizada en el seno de un procedimiento concursal y dirigida a "lograr indebidamente la declaración de aquel", es decir, de concurso. Parte de la doctrina se ha manifestado en contra de este precepto, al que considera superfluo por incluir conductas ya subsumibles en los arts. 393, 396 y 461.2 CP (GONZÁLEZ RUS). Frente a esta opinión hay que recordar que el concepto de procedimiento concursal no puede ser reconducido, en ningún caso, al de "juicio" (RODRÍQUEZ MOURULLO) y que los documentos a que se refieren los arts. 393 y 261 CP tampoco presentan características homogéneas: el primero será uno materialmente falso, en tanto que el segundo es uno verdadero, en el que lo falso es el contenido (MARTÍNEZ-BUJÁN PÉREZ). Entre las conductas típicas del delito del art. 261 CP y del de estafa procesal se aprecian también diferencias sustanciales (GONZÁLEZ CUSSAC).

La justificación para sujetar a los deudores (que son particulares) al deber de veracidad que, en línea de principio, vincula únicamente a los funcionarios se deriva de consideraciones político-criminales: la clarificación de la situación económica del deudor es del todo punto esencial para garantizar el interés de los acreedores en la satisfacción ordenada de los créditos en los procedimientos concursales (MARTÍNEZ-BUJÁN PÉREZ).

El punto de partida del delito es el deber del deudor que solicita el concurso de presentar determinada documentación dirigida a reflejar su estado contable y patrimonial (arts. 6, 7 y 8 TRLC). El bien jurídico inmediatamente afectado, lo que debe colocarse en primer plano del injusto, es claramente, pues, el derecho de crédito de los acreedores afectados por las actuaciones falsarias del autor, realizadas con anterioridad o con posterioridad a la declaración de la quiebra (GA-

LLEGO SOLER, MARTÍNEZ-BUJÁN PÉREZ, SOUTO RODRÍGUEZ, BENÍTEZ ORTÚZAR), si bien algunos autores y un sector de la jurisprudencia sostienen que el tipo protege también, como interés inmediato, el correcto funcionamiento del procedimiento concursal [GÓMEZ BENÍTEZ, GONZÁLEZ CUSSAC; SAP, A Coruña, 11-10-2004 (*Tol 7576905*)].

La etiqueta dogmática que ha de aplicársele a la creación de riesgo típica dista mucho, con todo, de ser una cuestión pacífica. Para unas opiniones estamos ante un peligro concreto de que se produzca la declaración judicial de insolvencia, determinado por la presentación de un documento con datos falsos en una solicitud concreta (GÓMEZ BENÍTEZ; califican la presentación de datos falsos como delito de peligro, genéricamente, BENÍTEZ ORTÚZAR, GONZÁLEZ CUSSAC). Otras apuntan más bien a un delito de aptitud, de peligro hipotético o posible, en el que debe comprobarse la peligrosidad de la conducta para perjudicar a los acreedores (MARTÍNEZ-BUJÁN PÉREZ). Se ha indicado también que la fórmula elegida por el legislador para describir el hecho contraviene el principio de intervención mínima, al permitir subsumir en el tipo aquellos casos en que, a pesar de lo que indica su estado contable, el deudor conserva una cierta capacidad de crédito (que no puede reflejarse contablemente).

5.1. Tipo objetivo

Sujeto activo lo será, según la doctrina mayoritaria, cualquiera con capacidad para instar la declaración de concurso (FARALDO CABANA, SOUTO GARCÍA, GONZÁLEZ CUSSAC, SÁNCHEZ DAFAUCE): el deudor, los integrantes del órgano de administración o liquidación y los socios personalmente responsables de las deudas de la persona jurídica —para el caso de que el deudor fuese, justamente, una persona jurídica— y, por último, y según el art. 3 TRLC, el acreedor. Un sector de la doctrina, al que me sumo, ha puesto de manifiesto la inidoneidad de este último para vulnerar el bien jurídico, al no conocer suficientemente los datos contables del deudor (CUGAT MAURI, MARTÍNEZ-BUJÁN PÉREZ; PAVÍA CARDELL reconoce que, en el caso de que el acreedor presentase documentos contables del deudor en apoyo de su solicitud de concurso, lo procedente sería que el juez la rechazase de plano). En los casos en que quien aparece como deudor es una persona jurídica, al amparo de la cláusula del art. 31 CP, responderán el administrador de hecho o de derecho que hubieran obrado en nombre o representación de aquella. Podrán hacerlo, asimismo, las personas legitimadas para solicitar la declaración de concurso, esto es, quienes forman el órgano de liquidación o los socios, miembros o integrantes responsables de sus deudas, cuando su posición en la empresa pueda calificarse como la de un administrador de hecho (MARTÍNEZ-BUJÁN PÉREZ, SOUTO GARCÍA, SÁNCHEZ DAFAUCE).

El objeto material abarca todos los datos falsos relativos al estado contable y que reflejen la comparación entre el activo y el pasivo [GÓMEZ BENÍTEZ, MARTÍNEZ-BUJÁN PÉREZ, SOUTO GARCÍA; SAP, A Coruña, 11-10-2004 (*Tol 7576905)*], con independencia de que afecten a la situación financiera, a la fiscal o a la empresarial (QUINTERO OLIVARES). El art. 7 TRLC enumera los documentos que debe presentar el deudor con su solicitud de concurso, entre ellos un poder especial, una memoria expresiva de diversos extremos, un inventario de bienes y derechos, una relación de acreedores y, en su caso, "el número de trabajadores, con expresión del centro de trabajo al que estuvieran afectos, y la identidad de los integrantes del órgano de representación de los mismos si los hubiere, con expresión de la dirección electrónica de cada uno de ellos". En el art. 8 TRLC se indica que, si está obligado a llevar contabilidad, tendrá que acompañar a mayores ciertos documentos —como cuentas anuales, informes de gestión y de auditoría o memorias de los cambios significativos operados en el patrimonio o de las operaciones realizadas con posterioridad a las últimas cuentas anuales— que, sin duda, incluirán datos relacionados con su estado contable. Los datos aportados en cualquiera de ellos deben considerarse, en principio, idóneos para dar vida al delito; no así en la memoria o las certificaciones del consejo de administración, cuya falsificación y presentación podrán ser constitutivas de los delitos de los arts. 392 y 396 CP (GALLEGO SOLER, GONZÁLEZ CUSSAC, FRANCÉS LECUMBERRI; en contra FARALDO CABANA, partidaria de dar entrada a la memoria, al formar una unidad legal con las cuentas anuales).

Ya que el sujeto activo debe realizar la conducta en un procedimiento concursal "con el fin de lograr indebidamente la declaración de aquel", parece claro que el presupuesto típico viene referido a la fase de provisión sobre la solicitud (MARTÍNEZ-BUJÁN PÉREZ). Se trata de la fase procedimental que se abre tras la solicitud de declaración de concurso (con arreglo a los arts. 10 y ss. —sección 3ª del Cap. 3º, T. I., "De la provisión sobre la solicitud del deudor"— y 14 y ss. —sección 2ª del Cap. 4º, T. I., "De la provisión sobre la solicitud de acreedor y otros legitimados"— TRLC), orientada inicialmente a proveer sobre ella y que culminará con un acto de declaración del concurso o de admisión a trámite.

La conducta, de gran amplitud, viene referida a la presentación de un documento que incluya una contabilidad falseada —por el propio autor de la presentación o por un tercero— en el procedimiento concursal. Aunque suele adscribirse al grupo de las falsedades ideológicas, esto es, aquellas que afectan a la veracidad y no a la autenticidad de los documentos (GALLEGO SOLER, GONZÁLEZ CUSSAC, PAVÍA CARDELL, SOUTO GARCÍA), está claro que, desde el punto de vista de la literalidad del precepto, lo que se castiga no es la confección de una falsedad contable, ni mucho menos su llevanza, sino, como se ha indicado, la acción de presentar una contabilidad falsa o fraudulenta (MARTÍNEZ-BUJÁN PÉREZ, SOUTO GARCÍA, PAVÍA CARDELL; SAP, Zaragoza, 4-10-2009).

Tampoco podrán constituir delito (del art. 261) las falsedades que se cometan en los documentos que el deudor debe poner a disposición de la administración concursal una vez declarado el concurso —los libros de llevanza obligatoria y cualesquiera otros, documentos y registros relativos a los aspectos patrimoniales de su actividad profesional y empresarial—: con ellos ya no podría conseguirse la declaración a que alude el tipo (PAVÍA CARDELL).

El concepto de "contabilidad falsa" es de carácter normativo y, por lo tanto, en su interpretación habrá de estarse a lo que determine la normativa —financiera, empresarial— en la materia. Teniendo en cuenta que existen diversos criterios para establecer lo que es una "contabilidad verdadera", sin embargo, lo razonable será delimitarlo de modo negativo y ponerlo en conexión con "un resultado contable al que no se puede llegar cualquiera que sea el método empleado" (QUINTERO OLIVARES). Por lo demás, resulta inherente a la conducta la aptitud de la falsificación para inducir a error y alterar el tráfico jurídico.

Aunque estamos ante un delito de acción (= presentar datos contables falsos), es evidente que la conducta falsaria podría ejecutarse tanto de manera activa —trasladando al documento información no real— como omisiva —no incluyendo datos o información relevante— (MARTÍNEZ-BUJÁN PÉREZ).

5.2. Tipo subjetivo

En contra de lo apuntado por un sector doctrinal (GONZÁLEZ CUSSAC, MARTÍNEZ-BUJÁN PÉREZ), parece que deben excluirse los casos de dolo eventual: mediante la inclusión de la expresión "a sabiendas" se ha querido subrayar que la tipicidad de la conducta requiere de un dolo especialmente intenso, directo (así lo reconoce el propio MARTÍNEZ-BUJÁN PÉREZ). A mayor abundamiento, el art. 261 CP se configura claramente como un delito de mera actividad con resultado cortado, por la inclusión de un elemento subjetivo trascendente al propio dolo falsario: la finalidad de lograr la declaración de concurso (MARTÍNEZ-BUJÁN PÉREZ, SOUTO GARCÍA).

La STS 20-4-2009 (*Tol 1530909*) —referida a un administrador que, con una demanda de solicitud de pagos, acompañó el estado de situación confeccionado por él mismo "y en el resultaba una diferencia a favor del activo de 62.019.574 ptas"— no encuentra dificultades para dar por probado el elemento subjetivo del delito. La providencia que admitió a trámite la solicitud establecía un plazo de 30 días para presentar el balance definitivo, desde que quedó constituida la intervención. En dicho balance, presentado el 31-1-1997, el administrador hizo constar "una diferencia a favor del activo de 117.137.194 ptas". Por su parte, en el dictamen de la intervención judicial se estableció una diferencia a favor del pasivo de 491.040.495 ptas, recogida también en el auto (de 28-4-1997) en el que se declaró a la sociedad en insolvencia definitiva. El Alto Tribunal sostiene que, aunque el balance "verdaderamente determinante para la prosecución del procedimiento" no era el presentado por el administrador, sino el definitivo, da por sentado que el acusado "habría de conocer al menos aproximadamente, en razón al cargo que desempeñaba en la Sociedad, el verdadero estado de cuentas de ésta", de modo que "la consciencia de la falsedad del contenido de aquel resulta obvia". A continuación, y sin mencionar la imposibilidad de prueba directa del elemento subjetivo relativo al fin de lograr la declaración de concurso y la necesidad de acudir a las inferencias, indica que "su intención, con semejante acción evidenciada, era sin duda perseguir la finalidad de la improcedente aprobación del concurso, toda vez que no cabe otra explicación para ello y teniendo en cuenta además que de esa forma se posibilitaba la presentación de la demanda y el dictado de la correspondiente Providencia que admitía a trámite la solicitud e incoaba el procedimiento".

5.3. Iter criminis

Para la consumación del delito es suficiente con la presentación de datos falsos en el procedimiento concursal, sin que sea necesario que tenga lugar la declaración formal del concurso, como ya ha quedado indicado. Estamos ante un delito de mera actividad, en el que no cabe la tentativa (MARTÍNEZ-BUJÁN PÉREZ; en contra GONZÁLEZ CUSSAC, que ve la tentativa posible pero irrelevante en la práctica).

5.4. Autoría y participación

Quienes hayan intervenido en la confección de los datos contables falsos —peritos, auditores, expertos— pueden ser partícipes en el propio delito de presentación, siempre que reúnan los requisitos exigidos para ello, incluido el conocimiento de que la falsedad se orientaba a ser presentada en un procedimiento concursal (PAVÍA CARDELL, QUINTERO OLIVARES).

La emisión por los interventores judiciales de dictámenes falsos avalando los datos contables presentados no puede ser considerada participación, al constituir una actuación posterior a la consumación del delito. Al igual que el falseamiento de los datos llevados a cabo por otras personas en el transcurso del proceso o expediente, sí podrá ser constitutiva de un delito contra la Administración de Justicia del art. 459 CP (faltar a la verdad en dictamen o traducción presentada a juicio por perito o intérprete) o de la modalidad falsaria descrita en el art. 390. 4º CP (MARTÍNEZ-BUJÁN PÉREZ).

5.5. Concursos

Cuando la falsedad incluida en el documento contable presentado por el deudor en el procedimiento concursal se corresponda con alguna de las descritas en los tres primeros números del art. 390 CP se dará un concurso aparente de leyes penales a resolver por consunción en favor del art. 261 CP, al tratarse de un supuesto de uso (por el propio falsificador) de un documento falsificado (MARTÍNEZ-BUJÁN PÉREZ). Esta misma solución debe defenderse para los supuestos en que el sujeto activo, tras falsificar el balance previamente confeccionado de modo correcto, lo presenta en el procedimiento concursal, acto copenado con respecto a la falsedad documental del art. 392 CP (GALLEGO SOLER, MARTÍNEZ-BUJÁN PÉREZ). De presentar el deudor un documento materialmente falsificado por otra persona, en los términos descritos por los tres primeros números del art. 390 CP, y juntamente con él una contabilidad mendaz en la que se incluye su contenido, el tipo del art. 261 CP absorbería el injusto del 393 CP, en aplicación nuevamente del principio de consunción (SOUTO GARCÍA). Dicho precepto es, también, el único que debería venir en aplicación cuando la contabilidad falsa no fuese únicamente el reflejo contable de las falsedades documentales de que se acompaña, sino también de otros datos (MARTÍNEZ-BUJÁN PÉREZ). Fuera de estos supuestos, en los casos de presentación en el procedimiento concursal de documentos falsificados que no tuvieran reflejo en los datos contables mendaces ya no será posible la consunción de desvalores y habrá que acudir al concurso de delitos.

6. Responsabilidad penal de las personas jurídicas (art. 261 bis CP)

Una de las novedades introducidas en el Código penal por la LO 5/2010, de 22 de junio, fue la de declarar la responsabilidad penal de las personas jurídicas (art. 261 bis CP), duplicándose en ese precepto lo ya previsto en el art. 258 ter CP (frustración de la ejecución). Las penas previstas son: multa de dos a cinco años, si el delito cometido por la persona física tiene prevista una pena de prisión de más de cinco años; multa de uno a tres años, si el delito cometido por la persona física tiene prevista una pena de prisión de más de dos años no incluida en el inciso anterior; y multa de seis meses a dos años, en el resto de los casos. Con arreglo a ello, la duración máxima de la multa quedará reservada a los casos en que se haya apreciado alguna de las agravantes del art. 259 bis CP, mientras que en los restantes casos recogidos en los tipos del Título VII bis no podrá exceder de los tres años. Junto con la pena pecuniaria, de imposición obligatoria, se faculta al juez para imponer las sanciones descritas en las letras b) a g) del apartado 7 del art. 33 CP, atendidas las reglas establecidas en el art. 66 bis CP.

Es preciso hacer una lectura crítica de estas penas, inadecuadas para personas jurídicas que se hallan en situación de insolvencia actual o inminente (GÓMEZ LANZ). Esta impresión se ve reforzada al comprobar que el art. 33.7 CP incluye otras sanciones que permitirían que la intervención penal estuviese mucho más en consonancia con las necesidades preventivas (SOUTO GARCÍA, ROIG TORRES, FARALDO CABANA).

De acuerdo con lo dispuesto en el art. 281.4º TRLC, los créditos "por multas y demás sanciones pecuniarias" reciben la consideración de créditos subordinados, cuyo pago "no se realizará hasta que hayan quedado íntegramente satisfechos los créditos ordinarios" (art. 435.1 TRLC), que, por su parte, se abonarán únicamente "una vez satisfechos los créditos contra la masa y los privilegiados" (art. 433.1 TRLC). El pago de los créditos subordinados —indica el art. 435.2 TRLC— se llevará a cabo "por el orden establecido en esta ley y, en su caso, a prorrata dentro de cada número". Sin embargo, una multa impuesta por hechos realizados con posterioridad a la fecha de declaración de concurso conlleva una obligación de pago nacida de la ley (art. 242.13º TRLC) y, en consecuencia, un crédito contra la masa que se abonará con anterioridad a los restantes créditos concursales "con cargo a los bienes y derechos no afectos al pago de créditos con privilegio especial" (art. 244 TRLC) (ROCA DE AGAPITO/SÁNCHEZ DAFAUCE, FARALDO CABANA).

IV. BIBLIOGRAFÍA

ALASTUEY DOBÓN, C. "Frustración de la ejecución e insolvencias punibles", en ROMEO CASABONA, C. M., SOLA RECHE, E., y BOLDOVA PASAMAR, M. A. (coords.), *Derecho penal. Parte Especial*, Granada, 2016; BACIGALUPO SAGGESE, S. "Insolvencia y Derecho Penal", *La Ley*, nº 9537, 2010; BAJO FERNÁNDEZ, M., y BACIGALUPO SAGGESE, S. *Derecho penal económico*, Madrid, 2001; BENÍTEZ ORTÚZAR, I. F. "Frustración en la ejecución e insolvencias punibles", en MORILLAS CUEVA, L. (coord.), *Estudios sobre el Código Penal reformado. Leyes orgánicas 1/2015 y 2/2015*, Madrid, 2015; CAMPANER MUÑOZ, J. "El derecho penal de las insolvencias. Cuestiones dogmáticas y procesales a la luz de los bienes jurídicos protegidos", *Cuadernos de política criminal*, nº 113, 2014; CASTELLÓ NICÁS, N. "El delito de alzamiento de bienes del artículo 257.2 del Código penal (Ley Orgánica 1/2015, de 30 de marzo): naturaleza jurídica y exigencia de declaración de responsabilidad civil en sentencia condenatoria previa", *Cuadernos de Política Criminal*, nº 115, 2015; CERES MONTES, J. F. "Perspectiva jurídico-penal del Derecho concursal: la insolvencia punible", *Diario La Ley*, 1995; COBO DEL ROSAL, M. "Apunte jurisprudencial sobre el delito de alzamiento de bienes", *Cuadernos de Política Criminal*, nº 106, 2012; DE LA MATA BARRANCO, N. J., "Delitos de frustración de la ejecución y delitos de insolvencia» en DE LA MATA BARRANCO, N. J., DOPICO GÓMEZ-ALLER, J., LASCURAÍN SÁNCHEZ, J. A., y NIETO MARTÍN, A. *Derecho penal económico y de la empresa*, Madrid, 2018; DE VICENTE REMESAL, J. "Alzamiento de bienes, otorgamiento de contrato simulado y falsedad en documento público: delimitación y cuestiones concursales. Comentario a la STS (Sala 2ª) de 14 de junio de 1989", *La Ley*, nº 3, 1990; DEL ROSAL BLASCO, B. "Las insolvencias punibles a través del análisis del delito de alzamiento de bienes", *Anuario de Derecho penal y ciencias penales*, tomo 47, 1994; ESQUINAS VALVERDE, P. "La nueva regulación de los delitos de alzamiento de bienes en el Anteproyecto de Código penal de 2012/2013", *La Ley Penal*, nº 105, 2013; FARALDO CABANA, P. "Los delitos de insolvencia fraudulenta y de presentación de datos falsos ante el nuevo Derecho concursal y la reforma penal", *Estudios Penales y Criminológicos*, vol. 24, 2004; FARALDO CABANA, P. "Los delitos de alzamiento de bienes en el proyecto de reforma del código penal de 2013", *Revista Aranzadi Doctrinal*, nº 6, 2014; FEIJOO SÁNCHEZ, B. J. "La reforma de las insolvencias punibles", en DÍAZ-MAROTO Y VILLAREJO, J. *Estudios sobre las reformas del Código penal (operadas por las LO 5/2010, de 22 de junio, y 3/2011, de 28 de enero)*, Madrid, 2011; FEIJOO SÁNCHEZ, B. *Orden socioeconómico y delito. Cuestiones actuales de los delitos económicos*, Buenos Aires, 2016; FRANCÉS LECUMBERRI, P. "El delito de insolvencia punible documental (art. 259.1 aps. 6º a 8º CP). Críticas y claves para su interpretación", *InDret*, nº 2, 2019; GALLEGO SOLER, J. I. "Capítulo VII bis. De las insolvencias punibles", en CORCOY BIDASOLO, M., y MIR PUIG, S. *Comentarios al Código penal. Reforma LO 1/2015 y LO 2/2015*, Valencia, 2015; GARCÍA CAVERO, P. *La responsabilidad penal del administrador de hecho de la empresa: criterios de imputación*, Barcelona, 1999; GARCÍA RIVAS, N. "Insolvencias punibles", en ÁLVAREZ GARCÍA, F. J. (dir.) *Derecho Penal Español, Parte Especial (II)*, Valencia, 2011; GARCÍA SÁNCHEZ, A. *La función social de la propiedad en el delito de alzamiento de bienes*, Granada, 2003; GÓMEZ LANZ, J. "Las insolvencias punibles en el Código penal", *La Ley*, nº 9944, 2016; GÓMEZ BENÍTEZ, J. M., *Curso de Derecho Penal de los negocios a través de casos*, Madrid, 2001; GONZÁLEZ CUSSAC, J. L. "Delitos contra el patrimonio y el orden socioeconómico (VIII): frustración de la ejecución e insolvencias punibles", en GONZÁLEZ CUSSAC, J. L. *Derecho penal. Parte Especial*, 8ª ed., Valencia, 2023; GONZÁLEZ PASTOR, C. P. "La insolvencia punible, modalidades previstas en el Código Penal de 1995, en la reforma del mismo y la incidencia en esta materia de la nueva Ley Concursal", *La Ley Penal*, nº 3, 2004; GONZÁLEZ RUS, J. J. "Las insolvencias punibles", en COBO DEL ROSAL, M. (coord.) *Derecho Penal Español. Parte Especial*, Madrid, 2004; GONZÁLEZ RUS, J. J. "Delitos contra el patrimonio y contra el orden socioeconómico (VII). Las insolvencias punibles. Alteración de precios en concursos públicos y subastas. Daños. Disposiciones Comunes", *Sistema de Derecho Penal Español. Parte Especial*, en MORILLAS CUEVA, L. (coord.) Madrid, 2011; GUTIÉRREZ PÉREZ, E. *Alzamiento de bienes e insolvencias punibles. Bases para una teoría general*, Alicante, 2020; HUERTA TOCILDO, S. "Bien jurídico y resultado en los delitos de alzamiento de bienes", *LH-Torío López*, Granada, 1999; JORGE BARREIRO, A. "El delito de alzamiento de bienes. Problemas prácticos", *Cuadernos de derecho judicial, ejemplar dedicado al Derecho Penal Económico*, 2003; JOSHI JUBERT, U. "Protección penal de los acreedores", en CORCOY BIDASOLO, M., y GÓMEZ MARTÍN, V. *Manual de Derecho penal económico y de la empresa*, Valencia, 2016; LAURENZO COPELLO, P. *Los delitos de abandono de familia e impago de pensiones*, Valencia, 2001; MAGDALENA CÁMARA, M. *Aspectos dogmáticos y político-criminales de las insolvencias punibles*, Barcelona, 2016; MARCOS CARDONA, M. "El delito de alzamiento de bienes y su compatibilidad con la autotutela ejecutiva. Concurrencia de procedimientos administrativo y penal", *Crónica Tributaria*, nº 188, 2023; MARTÍNEZ-BUJÁN PÉREZ, C. "Los elementos subjetivos del tipo de acción (Un estudio a la luz de la concepción significativa de la acción)", *Teoría y Derecho: revista de pensamiento jurídico*, nº 13, 2013; MARTÍNEZ-BUJÁN PÉREZ, C. *Derecho penal económico y de la empresa. Parte Especial*, 7ª ed., Valencia, 2023; MIR PUIG, S., y GALLEGO SOLER, J. I. "Responsabilidad civil derivada de los delitos de alzamiento", *LH-Bacigalupo Zapater*, vol. 2, Madrid, 2004; MONTOYA VACADÍEZ, D. M., "Sentencia del Tribunal Supremo (Sala de lo Penal, Sección 1ª) 576/2016, de 29 de junio [ROJ: STS 2983/2016] Alzamiento de bienes y conductas afines", *Ars Iuris Salmanticensis*, vol. 4, 2016; MORENO VERDEJO, J. "El tratamiento de las insolvencias en el nuevo Código Penal", en SERRANO BUTRAGUEÑO, I., FONTÁN, M., y RODRÍGUEZ, J. L. (coord.) *El nuevo Código Penal y su aplicación a las empresas y profesionales. Manual teórico práctico*, vol. II, Madrid, 1996; MUÑOZ CONDE, F. "Autonomía del delito de alzamiento de bienes y su relación con otros delitos afines", *Revista Jurídica de Catalunya*, vol. 76, 1977; MUÑOZ CONDE, F. *El delito de alzamiento de bienes*, 2ª ed., Barcelona, 1999; NIETO MARTÍN, A. "Las insolvencias punibles en el nuevo Código penal", *Actualidad Penal*, nº 40, 1996; NIETO MARTÍN, A. *El delito de quiebra*, Valencia, 2000; OCAÑA RODRÍGUEZ, A. *El delito de alzamiento de bienes. Sus aspectos civiles*, Barcelona, 1997; OCAÑA RODRÍGUEZ, A. *El delito de insolvencia punible del art. 260 del CP a la luz del nuevo Derecho concursal: aspectos penales y civiles*, Valencia, 2005; PAREDES CASTAÑÓN, J. M. "Lo subjetivo y lo objetivo en el tipo de alzamiento de bienes" *LH-Valle Muñiz*, Navarra, 2001; PAVÍA CARDELL, J. "Los delitos de insolvencia punible", en CAMACHO VIZCAÍNO, A. (dir.) *Tratado de Derecho penal económico*, Valencia, 2019; PÉREZ FERRER, F. "Sobre el delito de alzamiento de bienes en los casos de crisis matrimoniales y parejas de hecho", *Revista Internacional de Doctrina y Jurisprudencia*, vol. 30, 2023; PEREZ MARTINEZ, A. B. *La frustración del derecho de crédito: el delito de alzamiento de bienes y sus tipos específicos (art. 257 CP)*, Murcia, 2004; QUERALT JIMÉNEZ, J. J. *Derecho penal. Parte especial*, Valencia, 2015; QUINTERO OLIVARES, G. *El alzamiento de bienes*, Barcelona, 1973; QUINTERO OLIVARES, G. "Frustración de la ejecución", en QUINTERO OLIVARES, G. *Comentarios al Código penal*, Tomo II, 7ª ed., Cizur Menor, 2016; QUINTERO OLIVARES, G. "Artículo 259", en QUINTERO OLIVARES, G. (dir.) *Comentarios al Código penal español*, Tomo II, 7ª ed., Cizur Menor, 2016; QUINTERO OLIVARES, G. "Artículo 260", en QUINTERO OLIVARES, G. (dir.) *Comentarios al Código penal español*, Tomo II, 7ª ed., Cizur Menor, 2016; QUINTERO OLIVARES, G. "Artículo 261", en QUINTERO OLIVARES, G. (dir.) *Comentarios al Código penal español*, Tomo II, 7ª ed., Cizur Menor, 2016; REY GONZÁLEZ, C. "El delito de alzamiento de bienes en el Código vigente y en el nuevo Código (insolvencia punible)", *Revista de Derecho Penal y Criminología*, nº 5, 1995; ROBLES PLANAS, R., y PASTOR MUÑOZ, N., "Delitos contra el patrimonio (III)", en SILVA SÁNCHEZ, J. Mª (dir.) *Lecciones de Derecho Penal Parte Especial*, Barcelona, 2023; ROCA DE AGAPITO, L., y SÁNCHEZ DAFAUCE, M. "Las insolvencias y la reforma de 2010", en ÁLVAREZ GARCÍA, F. J., y GONZÁLEZ CUSSAC, J. L. (dir.) *Comentarios a la reforma penal de 2010*, Valencia, 2010; ROCA DE AGAPITO, L. "Alzamiento de bienes. Rúbrica del Capítulo VII del Título XIII del Libro II", en ÁLVAREZ GARCÍA, F. J. (dir.) *Estudio crítico sobre el anteproyecto de reforma penal de 2012*, Tomo II, Valencia, 2013; RODRÍGUEZ MOURULLO, G. "Acerca de las insolvencias punibles", *LH-Bacigalupo Zapater, Vol. 2*, Madrid, 2004; RUIZ BLAY, G. *Análisis de los aspectos fundamentales del delito de insolvencia fraudulenta tras la reforma del Código Penal por la LO 1/2015*, Madrid, 2017; RUIZ MARCO, F. *La tutela penal del derecho de crédito*, Madrid, 1995; SÁNCHEZ DAFAUCE, M. *Estudio crítico sobre el delito concursal*, Valencia, 2020; SÁNCHEZ DAFAUCE, M. "Incumplimiento de las obligaciones exigibles y concepto penal de insolvencia", *Revista penal*, nº 48 (2021); SOUTO GARCÍA, E. *Los delitos de alzamiento de bienes*, Valencia, 2009; SOUTO GARCÍA, E. "Problemática concursal en torno al delito de presentación de datos contables falsos del art. 261 del cp", *Anuario da Facultade de Dereito da Universidade da Coruña*, nº 9, 2005; SOUTO GARCÍA, E. "Frustración de la ejecución e insolvencias punibles", en GONZÁLEZ CUSSAC, J. L. (dir.) *Comentarios a la reforma del Código penal de 2015*, 2ª ed., Valencia, 2015; SOUTO GARCÍA, E. "La tutela penal del Derecho de crédito tras la reforma operada por la Ley orgánica 1/2015, de 3 de marzo. Los 'nuevos' delitos de frustración de la ejecución y de insolvencia punible", *Revista de derecho y proceso penal*, nº 38, 2015; VÁZQUEZ IRUZUBIETA, C. *Código penal comentado*, Barcelona, 2015; VIVES ANTÓN, T. S., y GONZÁLEZ CUSSAC, J. L. *Los delitos de alzamiento de bienes*, Valencia, 1998.

Lección 13ª

Alteración de precios en concursos y subastas públicas

NATALIA PÉREZ RIVAS

SUMARIO. I. INTRODUCCIÓN. II. BIEN JURÍDICO PROTEGIDO. III. TIPO OBJETIVO. 1. Ámbito objetivo de aplicación. 2. Modalidades típicas. 2.1. La solicitud de dádivas o promesas para no tomar parte en un concurso o subasta pública. 2.2. El intento de alejar a los postores. 2.3. El hecho de concertarse entre sí con el fin de alterar el precio del remate. 2.4. El quebrantamiento o el abandono fraudulento de una subasta pública habiendo obtenido la adjudicación. IV. TIPO SUBJETIVO. 1. Dolo general. 2. Dolo específico. V. *ITER CRIMINIS*. VI. AUTORÍA Y PARTICIPACIÓN. VII. PENALIDAD Y OTRAS CONSECUENCIAS JURÍDICAS. 1. La responsabilidad penal de las personas físicas. 2. La responsabilidad penal de las personas jurídicas. 3. Responsabilidad civil. VIII. CIRCUNSTANCIAS MODIFICATIVAS Y EXTINTIVAS DE LA RESPONSABILIDAD PENAL. 1. Tipo agravado. 2. Causa de levantamiento de la pena. IX. CONCURSOS. X. BIBLIOGRAFÍA.

Artículo 262

1. Los que solicitaren dádivas o promesas para no tomar parte en un concurso o subasta pública; los que intentaren alejar de ella a los postores por medio de amenazas, dádivas, promesas o cualquier otro artificio; los que se concertaren entre sí con el fin de alterar el precio del remate, o los que fraudulentamente quebraren o abandonaren la subasta habiendo obtenido la adjudicación, serán castigados con la pena de prisión de uno a tres años y multa de 12 a 24 meses, así como inhabilitación especial para licitar en subastas judiciales entre tres y cinco años. Si se tratare de un concurso o subasta convocados por las Administraciones o entes públicos, se impondrá además al agente y a la persona o empresa por él representada la pena de inhabilitación especial que comprenderá, en todo caso, el derecho a contratar con las Administraciones públicas por un período de tres a cinco años.

2. El juez o tribunal podrá imponer alguna o algunas de las consecuencias previstas en el artículo 129 si el culpable perteneciere a alguna sociedad, organización o asociación, incluso de carácter transitorio, que se dedicare a la realización de tales actividades.

3. Quedarán exentos de responsabilidad criminal los directores, administradores de hecho o de Derecho, gerentes y otros miembros del personal actuales y anteriores de cualquier sociedad, constituida o en formación, que en esa condición hayan cometido alguno de los hechos previstos en este artículo, cuando pongan fin a su participación en los mismos y cooperen con las autoridades competentes de manera plena, continua y diligente, aportando informaciones y elementos de prueba de los que estas carecieran, que sean útiles para la investigación, detección y sanción de las demás personas implicadas, siempre que se cumplan las siguientes condiciones:

a) Cooperen activamente en este sentido con la autoridad de la competencia que lleva el caso,

b) estas sociedades o personas físicas hayan presentado una solicitud de exención del pago de la multa de conformidad con lo establecido en la Ley de Defensa de la Competencia,

c) dicha solicitud se haya presentado en un momento anterior a aquel en que los directores, administradores de hecho o de Derecho, gerentes y otros miembros del personal actuales o anteriores de la sociedad, constituida o en formación, hayan sido informados de que están siendo investigados en relación con estos hechos,

d) se trate de una colaboración activa también con la autoridad judicial o el Ministerio Fiscal, proporcionando indicios útiles y concretos para asegurar la prueba del delito e identificar a otros autores.

I. INTRODUCCIÓN

Dentro del Título XIII del CP, que lleva por rúbrica "delitos contra el patrimonio y contra el orden socioeconómico", el Capítulo VIII trata en un único artículo, el 262 CP, "de la alteración de precios en concursos y subastas públicas". Este precepto posee su inmediato precedente legislativo en el anterior delito de maquinaciones para alterar el precio de las cosas, que contemplaba la especificidad de alteración del precio de remate en las subastas públicas en el art. 539 del Texto punitivo de 1973.

La norma actual, manteniendo el núcleo de su antecedente inmediato, opera un doble ensanchamiento en su ámbito de criminalización. Así, a las subastas públicas, como marco en el que se puede desenvolver la conducta típica, se añaden los concursos públicos. Por otro lado, a las tradicionales conductas de solicitar dádiva o promesa para no tomar parte en la licitación o intentar alejar de ella a los postores, se incorporan las conductas de concertarse entre sí para alterar el precio del remate y quebrar o abandonar fraudulentamente la subasta habiendo obtenido la adjudicación.

La reforma operada por la LO 15/2003, de 25 de noviembre, habilitó a los órganos judiciales para decretar la imposición de alguna de las consecuencias accesorias previstas en el art. 129 CP cuando el autor del delito perteneciere a alguna sociedad, organización o asociación, incluso de carácter transitorio, que se dedicare a la realización de tales actividades. Más recientemente, la LO 14/2022, de 22 de diciembre, ha añadido un nuevo apartado a efectos de regular una causa personal de levantamiento de la punibilidad cuya apreciación exige un determinado comportamiento postdelictivo del sujeto.

II. BIEN JURÍDICO PROTEGIDO

La ubicación sistemática de un concreto tipo delictivo en la estructura del Libro II del Código penal suele ser utilizada como indicador del bien jurídico que con su regulación se tutela. En ese sentido, el art. 262 CP se contempla dentro del Capítulo VIII "de la alteración de precios en concursos y subastas públicas" del Título XIII "de los delitos contra el patrimonio y el orden socioeconómico" del Libro II del Código penal, por lo que en esta línea debe, lógicamente, situarse el bien jurídico tutelado en el tipo analizado.

A este respecto, resultan sumamente orientadores los debates que tuvieron lugar durante su tramitación parlamentaria en los que se hacía referencia a la necesaria tutela de los "principios básicos de las subastas: competencia, igualdad entre las partes y transparencia" (DOCG. Comisión de Justicia del Congreso de los Diputados, 5 de junio de 1995). El precepto penal pone el acento, por tanto, en una finalidad supraindividual consistente en la garantía de la libertad de pujar, la igualdad de oportunidades de los postores y, en general, la correcta formación de los precios en el mercado cuando los bienes se adjudican mediante los procedimientos de concurso o subasta proscribiendo el que los posibles licitadores o postores obtengan beneficios injustificados en perjuicio de la Administración, del resto de los licitadores o de los propios deudores que sacan a subasta su bien en propiedad [BACIGALUPO SAGGESE, EIRANOVA ENCINAS, MESTRE DELGADO, MORENO CÁNOVES/RUIZ MARCO, QUINTERO OLIVARES, SÁNCHEZ-JUNCO MANS, SERRANO GÓMEZ/SERRANO MAÍLLO, ZUGALDÍA ESPINAR; STS, 508/2015, 27-7 (*Tol 5417891*); SAP, Barcelona, 425/2016, 27-5 (*Tol 5847776*); AAAP, Logroño, 354/2021, 30-7 (*Tol 8720457*); Castellón de la Plana, 278/2017, 5-4 (*Tol 9474174*); Burgos, 206/2017, 29-3 (*Tol 6114150*); Vizcaya, 849/2011, 21-12 (*ECLI:ES:APBI:2011:1300A*), y Almería, 14/2006, 9-2 (*Tol 6423978*)]. En esta línea apunta el art. 1 de la Ley 9/2017, de 8 de noviembre, de Contratos del Sector Público (LCSP), la misma tiene por objeto la regulación de la contratación en el sector público, "a fin de garantizar que la misma se ajusta a los principios de libertad de acceso a las licitaciones, publicidad y transparencia de los procedimientos, y no discriminación e igualdad de trato entre los licitadores". En esencia, se protegen los pilares estructurales de una economía de mercado basada en la libre concurrencia, afectando a la estabilidad de los precios los cuales se ven distorsionados artificiosamente repercutiendo ello de forma negativa en el orden socioeconómico [SAP, Barcelona, 118/2016, 8-2 (*Tol 5981665*)]. Esta interpretación se ve avalada en la actualidad por la cláusula premial incorporada al apartado 3 del art. 262 CP con ocasión de la trasposición a nuestro ordenamiento de la Directiva (UE) 2019/1 del Parlamento Europeo y del Consejo, de 11 de diciembre de 2018 que incide en el ámbito del derecho de la competencia.

Asimismo, ello incidirá en la protección de intereses patrimoniales individuales tanto de los postores concurrentes que actúan de buena fe [AAP Barcelona, 210/2023, 21-2 *(Tol 9645710)*] como de los propietarios de los bienes objeto de los concursos o subastas públicas quienes esperan obtener el máximo rendimiento económico de la cosa subastada [SAP, Ávila, 21/1999, 27-2 *(ECLI:ES:APAV:1999:71)*]. Es más, desde ciertas posiciones se aboga por su conceptuación como un delito contra el patrimonio [BOIX REIG/ANARTE BORRALLO; SAP, León, 115/2001, 21-12 (*Tol 141855)*], habiéndose incluso apreciado con relación al mismo la causa de exención de responsabilidad criminal prevista en el art. 268 CP [SAP, Burgos, 150/2000, 9-10 *(ECLI:ES:APBU:2000:1393)*].

Cierto grado de consenso puede alcanzarse entre ambos posicionamientos articulando el mismo como un delito pluriofensivo (BLANCO LOZANO, HAVA GARCÍA, LÓPEZ-PALOP GARCÍA DE CEA, MELÉNDEZ SÁNCHEZ, MENDO ESTRELLA, PEREA GONZÁLEZ, QUERALT JIMÉNEZ, SERRANO GÓMEZ/SERRANO MAÍLLO). En este sentido se pronunció el TS en su sentencia 508/2015, 27-07 al señalar que el tipo penal pone “el acento de la protección penal no solo en el patrimonio individual de los deudores o concursantes sino que alcanza una finalidad supraindividual relativa a garantizar la libertad de pujar, la igualdad de oportunidades de los postores y en general la correcta formación de los precios cuando los bienes se adjudican mediante los procedimientos de concurso o subasta, lo que tiene un interés que rebasa el individual de los postores”. Clarificadora es, en este punto, la SAP, Barcelona, 118/2016, 8-2 (*Tol 5981665)*, señala que “en efecto, si en general atentan contra el orden socioeconómico en la medida que se alteran los precios de mercado pero también el patrimonio particular de los postores ajenos de buena fe, en la concreta modalidad que aquí concierne (que es, decididamente, un delito de resultado a diferencia de las demás que lo son de mera actividad), no cabe desdeñar tampoco el ataque al derecho de crédito del ejecutante que se ventila como no cabe hacerlo del legítimo interés del deudor en que no queden artificiosamente devaluados sus bienes ejecutados ni, en último término, el normal funcionamiento del procedimiento de ejecución judicial” [en la misma línea, SAN, 4/2025, 05-02 (*Tol 10388311)*, SAP, Barcelona, 210/2023, 21-02 *(Tol 9645710)*].

III. TIPO OBJETIVO

1. Ámbito objetivo de aplicación

El delito de alteración de precios tiene por ámbito objetivo de aplicación los concursos y subastas públicas.

SAP Barcelona 425/2016, 27-05 *(Tol 5847776)*: "Es un delito de un ámbito determinado, cual es el de las subastas públicas y concursos (...)".

El calificativo de "público" se aplica a ambos términos, aun cuando su formulación adolece de un error gramatical (BOIX REIG/ANARTE BORRALLO, BRAGE CENDÁN, MARTÍNEZ-BUJÁN PÉREZ, MORENO CÁNOVES / RUIZ MARCO). No obstante, mientras que en el caso de los concursos dicho adjetivo reviste un carácter normativo, en el ámbito de las subastas ostenta únicamente un valor descriptivo (EIRANOVA ENCINAS).

El término concurso público alude al procedimiento administrativo por el que se regula "la contratación del sector público, a fin de garantizar que la misma se ajusta a los principios de libertad de acceso a las licitaciones, publicidad y transparencia de los procedimientos, y no discriminación e igualdad de trato entre los licitadores; y de asegurar, en conexión con el objetivo de estabilidad presupuestaria y control del gasto, y el principio de integridad, una eficiente utilización de los fondos destinados a la realización de obras, la adquisición de bienes y la contratación de servicios mediante la exigencia de la definición previa de las necesidades a satisfacer, la salvaguarda de la libre competencia y la selección de la oferta económicamente más ventajosa" (art. 1 LCSP). De conformidad con el art. 2 LCSP, son contratos del sector públicos los contratos cualquiera sea su naturaleza, en los que el contratista obtenga algún tipo de beneficio económico, ya sea de forma directa o indirecta, que se celebran con alguna de las entidades enumeradas en el art. 3 de la citada ley pudiendo tener por objeto la ejecución o realización de obras, la concesión de obras o suministros, el contrato de servicios o suministros o servicios.

Por su parte, el vocablo subasta pública hace referencia al "sistema o procedimiento de enajenación de carácter público, basado en la publicidad de la oferta, que se caracteriza por no dirigirse de forma específica a un exclusivo potencial adquirente o destinatario de la misma, sino al público en general, o bien a una determinada categoría que cumpla las condiciones establecidas en sus normas generales reguladoras o en las especiales, propias de cada subasta" (DE PABLOS O'MULLONY), de tal manera que la adjudicación del bien mueble o inmueble subastado se hace al mejor postor en un contexto de concurrencia pública abierta a cualquier licitador (BACIGALUPO SAGGESE, BLANCO LOZANO, BRAGE CENDÁN, DE URBANO CASTRILLO, EIRANOVA ENCINAS, GUTIÉRREZ RODRÍGUEZ, LÓPEZ-PALOP GARCÍA DE CEA, MARTÍNEZ-BUJÁN PÉREZ, MENDO ESTRELLA, MESTRE DELGADO, MORENO CÁNOVES/RUIZ MARCO, MUÑOZ CONDE, PEDREIRA GONZÁLEZ, PEREA GONZÁLEZ, QUERALT JIMÉNEZ, SÁNCHEZ-JUNCO MANS, ZUGALDÍA ESPINAR). La misma revestirá carácter oficial cuando su convocatoria sea realizada bajo la dirección y responsabilidad de una autoridad o funcionario público (DE PABLOS O'MULLONY) distinguiéndose, a estos efectos, entre subasta administrativa, judicial y notarial.

La subasta administrativa es aquella organizada por una Administración Pública. Las reglas que deben seguirse en su tramitación, así como los supuestos en los que resulta factible, se hallan contempladas en diferentes normas en atención al concreto ámbito de afectación. Así, de conformidad con el art. 135.1 de la Ley 33/2003, de 3 de noviembre, del Patrimonio de las Administraciones Públicas, "el órgano competente para enajenar los bienes inmuebles de la Administración General del Estado será el Ministro de Hacienda" correspondiente "la incoación y tramitación del expediente corresponderá a la Dirección General del Patrimonio del Estado". Su enajenación podrá realizarse mediante "subasta, concurso o adjudicación directa" (art. 137.1). La subasta podrá celebrarse "al alza o a la baja, y, en su caso, con presentación de posturas en sobre cerrado; podrá acudirse igualmente a sistemas de subasta electrónica. La modalidad de la subasta se determinará atendiendo a las circunstancias de la enajenación, y la adjudicación se efectuará a favor de quien presente la oferta económica más ventajosa" (art. 137.2). En el marco de los contratos de las Administraciones Públicas, para su adjudicación "podrá celebrarse una subasta electrónica" (art. 143.1 LCSP). Conforme a la Ley 58/2003, de 17 de diciembre, General Tributaria, "la enajenación de los bienes embargados se realizará mediante subasta, concurso o adjudicación directa, en los casos y condiciones que se fijen reglamentariamente" (art. 172.1). Este desarrollo reglamentario se ha efectuado por los arts. 100 a 107 del Real Decreto 939/2005, de 29 de julio, por el que se aprueba el Reglamento General de Recaudación, en la redacción dada por el Real Decreto 1071/2017, de 29 de diciembre, y el Real Decreto 117/2024, de 30 de enero.

La subasta notarial, regulada en los arts. 72 a 77 de la Ley del Notariado de 28 de mayo de 1862 —añadidos por la disposición final 11.1 de la Ley 15/2015, de 2 de julio— es aquella que se hace ante Notario quien, "a requerimiento de persona legitimada para instar la venta de un bien, mueble o inmueble, o derecho determinado, procederá a convocar la subasta, previo examen de la solicitud, dando fe de la identidad y capacidad de su promotor y de la legitimidad para instarla" (art. 73.1, I).

La subasta judicial forzosa o de apremio es "aquel procedimiento de enajenación de los bienes embargados que se lleva a cabo por parte del Secretario Judicial responsable de la ejecución, el cual se encargará de convocarla y anunciarla públicamente, y en cuyo desarrollo todas aquellas terceras personas interesadas (licitadores), e incluso el propio acreedor ejecutante, pueden presentar sus pujas, posturas u ofertas económicas para hacerse con la propiedad de los bienes embargados objeto de subasta, aprobándose la mejor postura de cuantas se presentase, para, así, una vez satisfecho de manera efectiva el precio de compra del bien por parte del adquirente (rematante), entrar la cantidad obtenida al acreedor ejecutante a fin de lograr la completa satisfacción de su derecho de crédito" (GARBERÍ LLOBREGAT). En el orden jurisdiccional civil, esta subasta se halla regulada en los arts. 643 y ss. LEC, siendo esta normativa de aplicación supletoria al resto de órdenes jurisdiccionales.

La subasta judicial voluntaria se conceptúa como una enajenación en subasta de bienes o derechos determinados, a instancia de propio interesado y fuera de un procedimiento de apremio. La competencia para su celebración concierne, en el caso de bienes muebles o derechos, al Letrado de la Administración de Justicia del Juzgado de Primera Instancia que corresponda al domicilio del titular y, en caso de ser varios los titulares, el correspondiente a cualquiera de ellos. Tratándose de bienes inmuebles, será competente el Juzgado de Primera Instancia del lugar en donde aquellos radiquen. Esta modalidad de subasta judicial se encuentra regulada en los arts. 108 y ss. de la Ley 15/2015, de 2 de julio, de la Jurisdicción Voluntaria.

En caso contrario, si su convocatoria se efectúa por personas física o jurídicas privadas se conceptuará como una subasta pública particular, la cual tendrá siempre carácter voluntario. Se excluyen del ámbito objetivo de aplicación del tipo las subastas privadas —caracterizadas por el hecho de que la participación en las mismas se circunscribe a un círculo limitado de personas restringiéndose, en consecuencia, la libre concurrencia— en las que la directa afectación del patrimonio individual se tutelará, de concurrir los requisitos exigidos, por el delito de amenazas o de estafa (MORENO CÁNOVES/RUIZ MARCO, VÁZQUEZ IRUZUBIETA).

De lo expuesto se infiere claramente que la cualidad de "pública" que se predica respecto de la subasta viene referida, exclusivamente, a la forma de convocatoria de los postores y no a la cualidad de la persona física o jurídica convocante (BACIGALUPO SAGGESE, MARTIN PALLÍN, SOTO NIETO). Esta interpretación se ve corroborada por la propia redacción del tipo penal en que, en el caso de tratarse de un concurso convocado por la Administración o por un ente público, se especifica que al agente y a la persona o empresa por él representada se le impondrá, en todo caso, la prohibición del derecho a contratar con las Administraciones públicas por un período de tres a cinco años. Y es que, si su ámbito de aplicación se circunscribiese exclusivamente a los concursos y subastas convocadas por una autoridad dicha concreción resultaría del todo superflua (GUTIÉRREZ RODRÍGUEZ, PEREA GONZÁLEZ).

SAP, Barcelona, 425/2016, 27-5 (*Tol 5847776*): "(...) la Sala no puede compartir los argumentos de los recurrentes de que no es de aplicación el art. 262 del CP a las conductas que contempla cuando las mismas se llevan a cabo en una subasta privada y voluntaria por cuanto la misma es pública, y es que precisamente se convoca a ella a quienes, dentro del público o la población en general, estén interesados en pujar para adjudicarse el bien subastado, y precisamente dicho tipo penal está concebido para proteger la libertad de pujas en las subastas, la igualdad de oportunidades de los postores que acuden a ella y de la formación de precios en el mercado mediante la libre concurrencia proscribiendo el que los posibles licitadores o postores obtengan beneficios injustificados en perjuicio de la Administración, del resto de los licitadores o de los propios deudores que sacan a subasta su bien en propiedad. No exige el precepto que se trate de subastas judiciales o administrativas como pretende hacernos ver la apelante, se refiere a todo tipo de subastas, y es lógico que también se proteja dentro de las subastas privadas y voluntarias pero abiertas a la concurrencia pública, si lo que se pretende es obtener el precio más alto por los bienes subastados, que se respeten las reglas del juego y del mercado y se descarten maniobras torticeras y fraudulentas encaminadas a hacer salir de esa libre concurrencia a los postores cuyas pujas puedan frustrar las expectativas de aquéllos que persiguen adjudicarse el bien por debajo de su valor de mercado (...) En definitiva, subasta pública es toda aquélla abierta al público, si la organiza un particular, y si la organiza un ente público estaremos ante una subasta o un concurso oficial, imponiéndose así el criterio jurisprudencial que trae causa de la STS de 25 de marzo de 1976. Y tanto es así que el último inciso del apartado primero del art. 262 del CP establece que si se tratare de un concurso o subasta convocados por las Administraciones o entes públicos, se impondrá además al agente y a la persona o empresa por él representada la pena de inhabilitación especial que comprenderá, en todo caso, el derecho a contratar con las Administraciones públicas por un período de tres a cinco años; ello significa que si la subasta o concurso no tuviera tal carácter no habrá lugar a imponer dicha pena de inhabilitación, pero las conductas típicas analizadas que se lleven a cabo respecto de ella seguirán siendo igualmente sancionadas".

La exigencia de un concurso o una subasta como presupuesto previo obliga a precisar el *dies a quo* a partir del cual puede afirmarse su existencia como realidades jurídicas. De acuerdo con la posición mayoritaria de la doctrina, dicho momento se identifica con el acuerdo formal de la correspondiente convocatoria, en cuanto acto administrativo que determina el inicio oficial de su tramitación y, con ello, la producción de los efectos jurídicos propios del procedimiento (GARCÍA ARÁN, BOIX REIG/ANARTE BORRALLO, NUÑEZ CASTAÑO).

2. Modalidades típicas

El delito de alteración de precios en concursos y subastas pública se configura como un tipo mixto alternativo [STS 223/2008, 7-5 (*Tol 1370019*); SSAP, Vizcaya, 90187/2013, 4-6 (*Tol 4358204*); Almería, 114/2007, 20-4 (*Tol 7557838*); Valladolid, 126/2005, 19-4 (*Tol 635927*); AAAP, Burgos, 206/2017, 29-3 (*Tol 6114150*) y Barcelona, 118/2016, 8-2 (*Tol 5981665*)] en el que son objeto de tipificación cuatro conductas activas (MORENO CANOVÉS/RUIZ MARCO): a) solicitar dádivas o promesas para no tomar parte en un concurso o subasta pública; b) intentar alejar de un concurso o subasta pública a los postores por medio de amenazas, dádivas, promesas o cualquier otro artificio; c) concertarse entre sí con el fin de alterar el precio del remate; d) quebrar o abandonar fraudulentamente una subasta pública habiendo obtenido la adjudicación. Por tanto, es suficiente con la realización de una de ellas para la aplicación del tipo sin que la ejecución de varias de esas conductas por un mismo sujeto de lugar a la apreciación de un concurso de delitos (BACIGALUPO SAGGESE, BAJO FERNÁNDEZ, BOIX REIG/ANARTE BORRALLO, BRAGE CENDÁN, GONZÁLEZ RUS, MARTÍNEZ-BUJÁN PÉREZ, MORENO CÁNOVES/RUIZ MARCO, MUÑOZ CONDE, QUINTERO OLIVARES).

2.1. La solicitud de dádivas o promesas para no tomar parte en un concurso o subasta pública

La acción típica en la primera de las modalidades objeto de regulación gira en torno al verbo "solicitar". La solicitud supone una declaración unilateral de voluntad del sujeto activo dirigida, en este caso, al resto de eventuales postores para la percepción de una determinada dádiva o promesa a cambio de no tomar parte en un determinado concurso o subasta pública en que aquellos han mostrado interés en resultar como adjudicatarios. Es el sujeto activo quien, mediante su comportamiento, pone en marcha la conducta delictiva vendiendo su inasistencia a un concurso o subasta públicos que se va a celebrar. La petición puede ser expresa o tácita, oral o escrita, por sí o por persona interpuesta. Lo esencial en este punto, para la consumación del tipo, es que la solicitud llegue a conocimiento de la otra parte y que esta revista las notas de seriedad y concreción. En consecuencia, resulta atípica la conducta de aquél que, sin haber realizado con carácter previo solicitud alguna, reciba una dádiva por entender otro eventual postor que el mismo va a concurrir a un determinado concurso o subasta públicos en que aquél tiene interés en resultar como adjudicatario (BAJO FERNÁNDEZ, MORENO CANOVÉS/RUIZ MARCO).

La solicitud debe tener por objeto, como decíamos, "dádivas o promesas", lo cual constituye la contraprestación requerida para no participar en el concurso o subastas públicos. Se trata, en suma, de un intercambio mutuo de prestaciones lo que exige su concreción. De la redacción del precepto se infiere que el término promesa va unido al de dádiva, pero mientras que en el primer caso su concesión es inmediata —o, en todo caso, en un periodo de tiempo muy breve—, en la promesa ello queda diferido en el tiempo pudiendo hablarse de dádiva futura (PEREA GONZÁLEZ). La postura mayoritaria, a la hora de definir la naturaleza y contenido de la dádiva como elemento típico, es la que defiende su carácter económico al vincularse su origen histórico al cobro de retribuciones indebidas (BACIGALUPO SAGESSE, BOIX REIG/ANARTE BORRALLO, GONZÁLEZ RUS, LÓPEZ-PALOP GARCÍA DE CEA, MELÉNDEZ SÁNCHEZ, MESTRE DELGADO). Con todo, esta concepción estrictamente patrimonialista de la dádiva no resulta satisfactoria en aras a la correcta tutela del bien jurídico afectado por el delito aquí analizado cuya afectación condiciona, indudablemente, el alcance que debe atribuírsele a los distintos elementos que integran el injusto penal; y, en ese sentido, hay que darle la razón al sector de la doctrina que, en el contexto del delito de alteración de precios en subastas y concursos públicos, apuesta por un entendimiento amplio del objeto corruptor (BRAGE CENDÁN, GARCÍA ARÁN, NÚÑEZ CASTAÑO, PEDREIRA GONZÁLEZ, SOTO NIETO). La solicitud o aceptación de ventajas que no poseen dimensión económica alguna —ni directa ni indirecta—, como un empleo con mejor horario, el ascenso laboral a un puesto que reviste mayor prestigio social, los favores sexuales o, incluso, la obtención de beneficios puramente subjetivos (cuestiones afectivas o vengativas) puede ser la causa eficiente que termine por poner en peligro la libertad de pujar y de la formación de precios en el mercado mediante la libre concurrencia.

SAP, Burgos, 150/2000, 9-10 *(ECLI:ES:APBU:2000:1393)*: "Por el ahora acusado, Agustín, mayor de edad y sin antecedentes penales, (ante los comentarios hechos por su hermano de que se iba a quedar con la casa y haciendo alarde de su buena capacidad económica), con el fin de que la casa no se adjudicase a su hermano Carlos Ramón, ofreció la cantidad de 25.000.000 ptas., y a quien se le eximió de la consignación del 20% del tipo de la subasta para tomar parte en la misma, por ser parte en el procedimiento. Y, abriendo el Sr. Secretario el pliego cerrado en el que se ofrecía la cantidad de 4.050.005 ptas. por Álvaro (consuegro del acusado), postura que fue superada por Carlos Ramón ofreciendo 5.000.000 ptas., el cual estaba exento de la consignación recogida en la Ley. (...) se puso en conocimiento de Agustín la obligación de consignar en el Juzgado, en el plazo de 8 días, la cantidad ofrecida de 25.000.000 ptas. Y dándose a continuación por terminada el acta de esa primera subasta. Por diligencia de constancia de fecha 13 de mayo de 1999 se indicó por el Secretario Judicial como en este día transcurría el plazo de que disponía el postor, Agustín, para consignar el precio del remate, sin haberlo verificado. Y por propuesta de providencia de fecha 26 de mayo de 1999 se acordó dejar sin efecto el remate aprobado a favor de Agustín, con pérdida del depósito constituido, y proceder a la celebración de una nueva subasta en las condiciones en la que tuvo lugar la última, en quiebra, (...)".

En definitiva, todo aquello que implique un beneficio o interés personal para el sujeto activo, suponga o no una mejora económica efectiva de su situación, posee la capacidad de moverlo a tener esa intervención que mediatice la correcta formación de los precios en los concursos y subastas públicas. Esta interpretación resulta coherente con la opción del legislador por el sistema de días-multa como pena cumulativa a imponer por la comisión de este delito y la ausencia de previsión legal en cuanto al decomiso de las dádivas. En este sentido, nos mostramos partidarios de la sustitución del término "dádiva" por la expresión "beneficio o ventaja de cualquier naturaleza" que se emplea en la regulación de la corrupción en los negocios (art. 286 bis CP) en la que quedan abarcados, claramente, no solo los rendimientos de índole económica —que serán los más habituales—, sino también cualquier prestación que material o inmaterialmente suponga una mejora en la situación económica, laboral, profesional, jurídica..., del sujeto corrupto o al que se propone corromper.

SAP, Ávila, 21/1999, 27-2 *(ECLI:ES:APAV:1999:71)*: "En el caso de autos ha quedado suficientemente probado que Primitivo H. M. y José Javier M. R. solicitaron a Félix Ángel L. M. 30.000 pesetas para no tomar parte en la subasta pública que se iba a celebrar en el Juzgado de Primera Instancia núm. 3 de los de Ávila, en este sentido es especialmente relevante el testimonio de Félix Ángel L. M. que en el acto del juicio oral identificó sin ninguna duda a los acusados, manifestando que cada uno de ellos le había pedido 30.000 pesetas para no hacer subir el precio de la furgoneta, marca «Citroën», matrícula AV-...-D., que quería adquirir en la subasta, y en aquel momento no les entregó las cantidades solicitadas porque no disponía de tales sumas (...)".

Por lo que respecta al contenido de la contraprestación consistente en "no tomar parte en un concurso o subasta pública", coincide la doctrina en señalar que cubre tanto los supuestos en los que el sujeto no asiste a los mismos, como aquéllos en los que, concurriendo, no puja o lo hace sólo de manera aparente, lo que incluiría todos los casos en los que el solicitante no llegue a concurrir de manera real (BRAGE CENDÁN, GONZÁLEZ RUS, SOTO NIETO). Por lo tanto, entendemos que si el sujeto activo, al tiempo de solicitar la dádiva o promesa, tiene la intención de concurrir de manera efectiva, no responderá por este delito, ya que la intención de no participar en el concurso o subasta, en el momento de llevar a cabo la solicitud, se convierte en requisito típico, si bien tal comportamiento podría encajar en otros tipos delictivos como la estafa (BOIX REIG/ ANARTE BORRALLO, GONZÁLEZ RUS). De este modo, tanto la conducta de quien, sin ninguna intención de participar desde un principio, solicita la dádiva o promesa haciendo creer a otro su intención de participar, como la de quien la solicita para no tomar parte, albergando la intención de concurrir de forma efectiva, podrían encontrar acomodo en la figura de la estafa si se dan los restantes elementos típicos requeridos por la misma (BRAGE CENDÁN).

Esta es la única de las modalidades típicas que comprende en su ámbito objetivo de aplicación, de forma expresa, tanto a los concursos como a las subastas públicos [LÓPEZ-PALOP GARCÍA DE CEA; STS 508/2015, 27-7 (*Tol 5417891*)].

2.2. El intento de alejar a los postores

La segunda modalidad típica sanciona la conducta de quien, mediante sus actos, intenta ahuyentar, disuadir o apartar a otros eventuales postores alterando así, de manera artificial, la formación del precio de remate.

De forma mayoritaria, la doctrina estima que su ámbito objetivo de aplicación se circunscribe, exclusivamente, a las subastas públicas como se infiere, por un lado, de la utilización del femenino singular "alejar de ella" y, de otro, con la expresa referencia a "los postores" término que alude al licitador que ofrece un precio en una subasta (AGUDO FERNÁNDEZ/JAÉN VALLEJO/PERRINO PÉREZ, BACIGALUPO SAGGESE, BRAGE CENDÁN, CARBONELL MATEU, FISCALÍA GENERAL DEL ESTADO, GARCÍA ARÁN, LÓPEZ-PALOP GARCÍA DE CEA, MARTÍNEZ-BUJÁN PÉREZ, MENDO ESTRELLA, MESTRE DELGADO, NÚÑEZ CASTAÑO, PEDREIRA GONZÁLEZ, PEREA GONZÁLEZ; SOTO NIETO). Por el contrario, otros autores consideran, en una interpretación más voluntarista que legalista a través de la que se trata suplir la desidia del legislador en la correcta adaptación de la redacción del tipo penal a la extensión que su ámbito objetivo experimentó con su regulación por el CP de 1995, que también resulta de aplicación a los concursos al tratarse de un mero error material del legislador que debe ser corregido por el intérprete (BOIX REIG / ANARTE BORRALLO, EIRANOVA ENCINAS, MORENO CÁNOVES/RUIZ MARCO). Pese a lo deseable de la reforma del precepto para abarcar, claramente, los concursos públicos ante el idéntico desvalor que la conducta actualmente descrita (FISCALÍA GENERAL DEL ESTADO), ello no genera una total laguna de punibilidad al resultar de aplicación a esos hechos, cuando proceda, el delito de alteración de precios libres regulado en el art. 284 CP —más genérico— o los tipos penales en los que se concreten los medios comisivos empleados para intentar que no participen en el concurso (PEDREIRA GONZÁLEZ).

Para conseguir ese propósito de alejar a otros eventuales postores, el autor debe emplear alguno de los medios comisivos que aparecen descritos en el precepto pudiendo, a tal efecto, proferir amenazas, ofrecer dádivas, realizar promesas o utilizar cualquier otro artificio idóneo para lograr ese constreñimiento psíquico del postor [AAP, Madrid 614/2006, 17-11 *(Tol 6022524)*].

El AAP, Girona, 33/2023, 17-1 (*Tol 9768978)*, señala que "el tipo penal que examinamos comprende tres grupos de modalidades típicas: conductas de apartamiento de eventuales postores de la subasta; el concierto para la alteración del precio del remate; y la quiebra o abandono fraudulento de la subasta. A criterio del denunciante, el hecho de cambiar la cerradura del inmueble y de colocar un cartel de una empresa de alarmas, encaja en la primera de las modalidades típicas referidas anteriormente. La Sala no comparte el criterio de la parte recurrente por cuanto las modalidades comisivas a las que refiere el artículo 262 del Código Penal '[...] amenazas, dádivas, promesas o cualquier otro artificio [...]' hacen referencia a conductas que se realizan sobre las personas para coartar su libertad, sin que en ningún caso las conductas sobre los bienes hallen acomodo en el redactado típico. A las anteriores consideraciones cabe añadir la escasa relevancia de las conductas denunciadas en la voluntad de terceros de concurrir a una eventual subasta, por cuanto la realidad registral de la finca es pública, así como la situación física y el su estado de conservación".

Su apreciación exige la constatación de la realidad de las personas destinatarias, "no bastando abstractas versiones con base en meras conjeturas o suposiciones, sin corroboración convincente de actos dirigidos al apartamiento de eventuales postores" [STS 692/1997, 7-11 (*Tol 1999045)*, y AAP, Guipúzcoa, 186/2008, 13-10 (*Tol 1479987)*]. En todo caso, resulta necesario concretar su significado.

Así, la amenaza hace referencia al anuncio consciente, mediante hechos o expresiones —verbales, manuscritas o de otra especie—, de la causación de un mal futuro, injusto, determinado y posible, dependiente exclusivamente de la voluntad del sujeto activo, con el único propósito de crear una intranquilidad de ánimo, inquietud o zozobra en el amenazado, pero sin la intención de dañar materialmente al sujeto pasivo [STS 774/2012, 25-10 (*Tol 2666256)*]. Ese anuncio debe ser serio, firme y creíble, atendiendo a las circunstancias objetivas y subjetivas concurrentes, e idónea para alterar el proceso de motivación de la voluntad del sujeto [STS 63/2013, 7-2 (*Tol 3011825)*], pero sin que sea preciso que conlleve una real intimidación al castigarse el mero intento (EIRANOVA ENCINAS, MELÉNDEZ SÁNCHEZ, SÁNCHEZ-JUNCO MANS).

El ofrecimiento de dádivas o la realización de promesas debe interpretarse en los mismos términos anteriormente expuestos.

SAP, Asturias, 45/2004, 25-2 (*Tol 367150)*: "En cuanto al fondo, de entrada llama poderosamente la atención a este Tribunal que el recurrente, en sus propias declaraciones y en su ánimo de intentar justificar su actuación, reconoce llanamente su autoría en una actividad delictiva, al manifestar que su «trabajo» o parte de él, consistió en alejar de la subasta a los postores, mediante el empleo de los métodos clásicos utilizados en estos menesteres y que en este caso se confesaron en invitaciones a comidas aunque se diga que finalmente no se llevaron a término".

La enumeración de los medios comisivos no constituye, en todo caso, un *numerus clausus* a la vista de la cláusula general que hace referencia al empleo de "cualquier otro artificio", expresión mediante la que se abarcan aquellas actuaciones que comporten un cierto grado de doblez, engaño o artimaña que resulten aptas para disuadir a eventuales postores de participar en la subasta [SOTO NIETO; SAP, Vizcaya, 90187/2013, 4-6 (*Tol 4358204)*].

Asimismo, un sector de la doctrina estima que dicha expresión comprende, también, medios de naturaleza coactiva (QUERALT JIMÉNEZ, SÁNCHEZ-JUNCO MANS) o violenta (BRAGE CENDÁN, FARALDO CABANA, QUERALT JIMÉNEZ), afirmación esta que no se cohonesta con el tenor literal del vocablo artificio —"4.m. disimulo, cautela, doblez" (DRAE)— ni con la interpretación jurisprudencial del término que lo conceptúa como sinónimo de engaño [BOIX REIG/ANARTE BORRALLO, EIRANOVA ENCINAS, GONZÁLEZ RUS, MORENO CANOVÉS/RUIZ MARCO, PEDREIRA GONZÁLEZ; STS 692/1997, 7-11 (*Tol 1999045)*].

En aplicación de esta cláusula se han penado, por estimarse aptos para poner en peligro el bien jurídico protegido, supuestos de simulación de un negocio jurídico consistente en el arrendamiento de una finca objeto de subasta [STS 223/2008, 7-5 (*Tol 1370019)*] o la ocultación de la subasta de un bien por parte del director de una oficina bancaria a personas que se interesaban por la misma [AAP, Badajoz, 65/2021, 26-2 (*Tol 8425348)*]. Por el contrario, el AAP, Vizcaya, 671/2007, 12-11 (*Tol 7289524)*, no apreció la concurrencia del delito de alteración de precios del art. 262 CP al considerar que la acción consistente en la retirada de un edicto colocado en el panel de anuncios del juzgado cuando faltaban cuatro meses para su celebración no resultaba idónea para limitar seriamente la divulgación de las condiciones esenciales de la subasta (objeto subastado, precio de salida, lugar y hora de celebración) condicionado la libre concurrencia de postores y, por ende, el precio final en la medida en que "la ausencia del edicto presuntamente sustraído era de fácil apreciación y corrección y que la Ley de Enjuiciamiento Civil prevé que la publicidad se opere por otros diversos medios" por lo que "difícilmente podría impedir una adecuada divulgación del anuncio y, en consecuencia, no sería apta para alterar el precio final del remate".

2.3. El hecho de concertarse entre sí con el fin de alterar el precio del remate

Esta modalidad típica, conocida coloquialmente como "subastillas" o "subasteros", fue introducida en la redacción del precepto en el CP de 1995 fruto de las reivindicaciones formuladas a tal efecto por la doctrina y la jurisprudencia ya que, pese a constituir la forma más habitual de alteración de precios subastas públicas, no hallaba acomodo en ninguna de las acciones típicas contempladas en el art. 539 del CP/1973.

Así, la STS, 3-10-1986 *(ECLI:ES:TS:1986:5165)*, consideró atípica la conducta de quienes se concertaban para distribuirse las áreas, sectores o lotes de una subasta múltiple o se comprometen a no rebasar o rebasar en la menor medida posible las posturas mínimamente admisibles, con la finalidad de alterar el precio de remate, al no materializarse ello un intento de alejamiento de postores [SSTS, 508/2015, 27-7 (*Tol 5417891*), y 692/1997, 7-11 (*Tol 1999045*)]. Por su parte, en la SAP, Zaragoza, 359/1999, 7-9 *(ECLI:ES:APZ:1999:2023)*, se relata como "el apelante y otros subasteros acudieron a Calatayud para adjudicarse una vivienda sita en Móstoles propiedad ganancial de Marcos T. P. y Pilar R. G. y que previamente al acto de la subasta judicial, 24 de junio de 1994, se reunieron todos ellos en un bar próximo a la sede de los Juzgados, acordando poner 50.000 pesetas cada uno de los posibles licitadores, con lo que el precio máximo sería de 250.000 pesetas por el inmueble urbano y después de adjudicado al recurrente, vendido, se repartirían las ganancias por quintas e iguales partes. Así lo expresa con nitidez el contrato privado suscrito entre las partes. Con ello logran una auténtica «ganga» pero independientemente de su calificación ética o moral las Sentencias del Tribunal Supremo de 7 de noviembre de 1997 (...) basándose en la que cita de 3 de octubre de 1986 (...), interpretan que tal conducta es atípica e impune, por no llevar consigo aparejado el intento de alejamiento de postores".

Con carácter general se estima, al igual que ocurre respecto a la segunda de las conductas tipificadas en el precepto, que su ámbito objetivo de aplicación se circunscribe a las subastas (BACIGALUPO SAGGESE, BRAGE CENDÁN, FISCALÍA GENERAL DEL ESTADO, FONSECA FORTES-FURTADO, LÓPEZ-PALOP GARCÍA DE CEA, MARTÍNEZ-BUJÁN PÉREZ, MENDO ESTRELLA, MESTRE DELGADO, PEDREIRA GONZÁLEZ, SERRANO GÓMEZ/SERRANO MAÍLLO). Para ello se utiliza como principal argumento la referencia que en su redacción se hace al "precio de remate", término que alude a la cantidad final de la mejor puja a la que se adjudica el bien subastado.

STS 508/2015, 27-7 (*Tol 5417891*): "Según la doctrina, el inciso tercero del artículo 262 del CP, que hace referencia a concertarse entre sí con el fin de alterar el precio del remate, se refiere exclusivamente a las subastas, precisamente por la referencia al remate como resultado de la puja. (...) Entiende que ha quedado demostrada la imposibilidad de hacer extensiva la conducta que se le reprocha, al supuesto legal que se aplica. El tipo penal exige una subasta, que en el presente supuesto no se da y en consecuencia no procede su aplicación".

En sentido contrario, otro sector doctrinal estima que el término "remate" debe interpretarse como la finalización o conclusión del procedimiento de que se trate, ya sea a través de la adjudicación en el concurso o del remate en la subasta (NÚÑEZ CASTAÑO). Asimismo, se sostiene que nos encontraríamos nuevamente ante un error material del legislador, derivado de la falta de adecuación del texto previo a la ampliación del ámbito objetivo del tipo, circunstancia que correspondería corregir al intérprete y aplicador de la norma con el fin de incluir tanto las subastas como los concursos (BOIX REIG/ANARTE BORRALLO, EIRANOVA ENCINAS, MORENO CÁNOVAS/RUIZ MARCO). Se indica a este respecto en la SAN, 4/2025, 05-02 *(Tol 10388311)* que no es sostenible la exclusión de los concursos de su ámbito de aplicación sobre la base de tres razones principales: i) la denominación del Capítulo como "Delito de alteración de precios en concursos y subastas públicas"; ii) en su comienzo el art. 262.1 CP emplea de forma indistinta los términos concurso o subasta pública, precisando seguidamente que ello se efectúa solo con relación a la primera de las conductas típicas; iii) en el inciso final del párrafo 1°, se contempla como subtipo agravado "si se tratare de un concurso o subasta convocados por las Administraciones o entes públicos", sin que este subtipo agravado limite su aplicación a alguna de las conductas típicas, por lo que ha de entenderse que se extiende a las cuatro descritas. En nuestra opinión, la correcta observancia del principio de legalidad penal exige la reforma del precepto para añadir a la expresión "precio del remate" la referencia al "precio de adjudicación" u "oferta" a efectos de abarcar, de forma clara, la conducta de los cárteles en licitaciones públicas (GUTIÉRREZ RODRÍGUEZ, MENDO ESTRELLA).

El tipo penal exige el concierto, la puesta de acuerdo o la connivencia, con una terminología idéntica a la conspiración (art. 17.1 CP) [SAP, Madrid, 464/2017, 21-7 (*Tol 6421666)*], que se alcanza entre una pluralidad de postores —sin necesidad de violencias, coacciones o turbias proposiciones a los aspirantes a participar en las mismas— en cuanto a una determinada forma de proceder a implementar durante la celebración de una subasta pública sobre la base de un proyecto dislocador común de su curso natural [SAP, Barcelona, 671/2012, 27-9 (*Tol 5352832)*]. La acreditación de su existencia se fundamentará en datos probatorios indiciarios tales como la concurrencia de relaciones familiares entre los postores supuestamente concertados y el deudor ejecutado, la presentación de una oferta de puja por una cantidad notablemente superior al valor de mercado del bien subastado [SAP, Valladolid, 126/2005, 19-4 (*Tol 635927)*], la opción de reserva de puja por una persona lega en derecho y no profesional de las subastas, etc. [SAP, Almería, 114/2007, 20-4 (*Tol 7557838)*].

> SAP, Valladolid, 126/2005, 19-4 (*Tol 635927*): "(...) el acusado ofreció una cantidad totalmente desproporcionada en la subasta pública, evitando así que, al menos en dicho acto, se pudiera adjudicar el resultado de la subasta a otro postor. Es decir, el acusado tenía el claro propósito de alterar fraudulentamente el precio de la subasta, perjudicando con ello los derechos de terceros, que, en este caso, eran la entidad ejecutante y la compañía deudora. Las pruebas en que se basa el juzgador son contundentes, tanto en cuanto a lo llamativamente elevado de la postura del acusado, que sabe que el precio de salida se establece mediante la valoración de los bienes efectuados por personas designadas por la Tesorería General de la Seguridad Social o por los órganos de recaudación, según precios de mercado, y sometido a tasación pericial contradictoria, como al hecho de que, posteriormente a la adjudicación, el acusado no consigna el precio. Es ilógico

efectuar una puja tan elevada, conociendo la concordancia entre el precio de salida y el de marcado de los bienes (…)".

Para resultar típico, dicho acuerdo debe tener lugar una vez efectuada la convocatoria de la subasta pública ya que, de alcanzarse dichos pactos con anterioridad a la existencia misma de la subasta, estaríamos en presencia de actos preparatorios los cuales, como veremos, son impunes de conformidad con lo preceptuado en el art. 269 CP (BONILLA PELLA, GUTIÉRREZ RODRÍGUEZ).

STS 508/2015, 27-7 (*Tol 5417891*): "(…) una cosa es que no sea exigible que la alteración haya tenido lugar, y otra que sí lo sea para la ejecución la existencia del concurso o subasta y otra distinta que hayan existido negociaciones previas a la convocatoria de estos procedimientos de adjudicación que constituirían actos meramente preparatorios que son impunes por disposición del artículo 269 CP".

Los compromisos o pactos posteriores sobre el bien adjudicado resultan perfectamente lícitos al haber ya alcanzado el precio de remate su límite y consolidación por lo que ya "no existe potencialmente oportunidad de que unos licitadores sobrevenidos puedan alterarlo" [STS 692/1997, 7-11 (*Tol 1999045*); AAP, Burgos, 206/2017, 29-3 (*Tol 6114150*)]. Es más, conforme al art. 647.3 LEC, "el ejecutante o los acreedores posteriores podrán hacer postura reservándose la facultad de ceder el remate a un tercero. La cesión se verificará mediante comparecencia ante el Letrado de la Administración de Justicia responsable de la ejecución, con asistencia del cesionario, quien deberá aceptarla, y todo ello previa o simultáneamente al pago o consignación del precio del remate, que deberá hacerse constar documentalmente". Resulta indiferente, a efectos del tipo penal, que la cesión del remate a un tercero, incluidos otros postores, estuviese concebida de antemano al no suponer "más que la realización de un beneficio, ya ponderado por el adquirente de origen" [STS 692/1997, 7-11 (*Tol 1999045*)]. La concertación entre los postores debe ostentar, en todo caso, una determinada capacidad-finalidad objetiva para alterar el precio de remate (BRAGE CENDÁN, GUTIÉRREZ RODRÍGUEZ, MARTÍNEZ-BUJÁN PÉREZ) [STS 508/2015, 27-7 (*Tol 5417891*)]. Con ello se persigue, en última instancia, que en el caso de una subasta pública el bien sea adjudicado por el menor precio posible [SAP, León, 115/2001, 21-12 (*Tol 141855*)].

SAP, Islas Baleares, 265/2013, 24-10 (*Tol 4009565*): "(…) los acusados tenían el claro propósito de alterar fraudulentamente el precio de la subasta, perjudicando con ello los derechos de terceros. Las pruebas en que se basa el juzgador son contundentes, tanto en cuanto a lo llamativamente elevado de la postura del acusado, a sabiendas de que el bien no valía la cantidad ofrecida por los acusados, como en el hecho de que no tenían intención alguna de adquirir efectivamente los bienes, ya que pese a los requerimientos que le fueron efectuados por la Unidad Ejecutiva, no consignó el precio en el plazo reglamentario, de lo que se infiere el claro propósito de alterar fraudulentamente el precio de la subasta, perjudicando con ello los derechos de terceros, siendo contrario a la lógica efectuar una puja tan elevada, máxime cuando el precio final de adjudicación coincide con la propia valoración ofrecida por la entidad deudora para fijar el precio de salida de las participaciones a subastar (...). De todo ello, se infiere una manipulación por parte de los acusados centrada en la primera subasta para evitar la concurrencia efectiva de otros postores, adjudicándose las participaciones por un precio elevadísimo, para luego tratar de negociar con Hacienda la adjudicación real por precio muy inferior al anunciar un acuerdo fraudulento entre adjudicataria y deudora para el cobro del resto de la cantidad ofrecida en la subasta, sin visos de pago; (...). Es ilógico efectuar una puja tan elevada y desproporcionada con el valor de salida, sino es con la intención de evitar a los otros licitadores seguir adelante, haciéndoles desistir de su propósito de continuar con la subasta, máxime cuando la sociedad que pujó, según indicó el acusado carecía en ese momento del dinero que ofertaba".

2.4. El quebrantamiento o el abandono fraudulento de una subasta pública habiendo obtenido la adjudicación

La última de las modalidades típicas castiga la quiebra o el abandono fraudulento de una subasta pública tras haber obtenido la adjudicación del bien subastado, por lo que resultan atípicas aquellas renuncias que se producen con anterioridad a dicha adjudicación. Mediante la primera de las conductas, el adjudicado determina con su comportamiento la ineficacia del remate al no consignar su importe en el plazo habilitado para proceder a ello o que la venta deje de tener efecto (art. 653.1 LEC). Por su parte, el abandono conlleva retirarse de la subasta o renunciar a la posta realizada una vez obtenida la adjudicación provisional del bien subastado al no proceder, por ejemplo, a la formalización del contrato en un plazo no superior a 15 días hábiles siguientes a aquel en que se realice la notificación de la adjudicación (art. 153.3 LCSP). En todo caso deberá acreditarse que ese incumplimiento contractual o ese abandono obedecía a un fraude, es decir, a un comportamiento de naturaleza falsaria (VALLDECABRES ORTIZ). De no ser así, la sanción será meramente administrativa (arts. 653.2 LEC y 153.4 LCSP).

SAP, Barcelona, 832/2006, 6-10 (*Tol 1068178*): "(...) el legislador al imponer expresamente la actuación fraudulenta para la tipicidad de la conducta pretendió incriminar no cualquier incumplimiento contractual sino un comportamiento propio de sujetos dedicados profesionalmente a la compra de bienes en subastas públicas, conocidos como 'subasteros' quienes, abandonando la subasta después de haber obtenido la adjudicación del bien, sin formalizar la adquisición del mismo, pretenden la nueva salida a licitación sin establecimiento del precio inicial, propiciando así una nueva adquisición del bien subastado a precios irrisorios respecto de los del mercado. Y puesto que se utiliza dicho procedimiento para obtener un precio distinto del resultante del remate, debe probarse la finalidad de alterar el precio de los bienes subastados, es decir, la finalidad de provocar una nueva licitación sin sujeción al tipo (...)".

En ambos supuestos, la consecuencia es la celebración de una nueva convocatoria "mecanismo a través del cual se consigue la posterior salida a licitación sin establecimiento de precio inicial de manera que el bien puede ser adjudicado por precios irrisorios o inalcanzables en perjuicio de los ejecutados y en beneficio directo o indirecto del sujeto activo" [AAP, Burgos, 863/2022, 21-11 (*Tol 9530294)*] o, en su caso, la adjudicación del bien al siguiente licitador que haya formulado la mejor oferta (arts. 652 y 653 LEC).

Su ámbito objetivo de aplicación comprende, exclusivamente, a las subastas públicas (EIRANOVA ENCINAS, LÓPEZ-PALOP GARCÍA DE CEA, MORENO CANOVÉS/RUIZ MARCO, PEDREIRA GONZÁLEZ) y, más concretamente, a las subastas judiciales y administrativas (MESTRE DELGADO) como se infiere de su propia nomenclatura. Por el contrario, desde otras posiciones minoritarias se sostiene que "las alusiones legales a las subastas al describir las conductas típicas habrán de entenderse referidas siempre también a los concursos, lo que concuerda con el encabezamiento que se refiere a concursos y subastas" (BOIX REIG/ANARTE BORRALLO). En nuestra opinión, esta interpretación exigiría una reforma en la redacción del precepto que hiciese referencia expresa a los concursos so pena de incurrir, en caso contrario, en una vulneración del principio de legalidad penal.

AAP, Burgos, 863/2022, 21-11 (*Tol 9530294*): "(...) el artículo 262 del Código Penal castiga a los que solicitaren dádivas o promesas para no tomar parte en un concurso o subasta pública, los que intentaren alejar de ella a los postores por medio de amenazas, dádivas o promesas o cualquier otro artificio, los que se concertaren entre sí con el fin de alterar el precio del remate, o los que fraudulentamente quebraren o abandonaren la subasta habiendo obtenido la adjudicación. Son por tanto cuatro acciones diferentes las que se penalizan, con un presupuesto necesario común, la existencia de un concurso o subasta pública, salvo en el caso de la quiebra o abandono de la subasta, referida tan sólo a las subastas públicas y no al concurso".

SAN, 4/2025, 05-02 (*Tol 10388311*): "Se tipifican en el art. 262.1 CP cuatro acciones diferentes, con un presupuesto común, la existencia de un concurso o subasta pública, salvo en el caso de la última modalidad, la quiebra o abandono de subasta, referida solamente a las subastas públicas y no al concurso".

IV. TIPO SUBJETIVO

1. Dolo general

El delito de alteración de precios en concursos y subastas públicas solo podrá realizarse de forma dolosa, siendo de admisión, únicamente, el dolo directo como se colige de la propia terminología empleada en la redacción del precepto ("los que solicitaren", "intentaren alejar", "se concertaren entre sí" y "los que fraudulentamente quebraren o abandonaren"), de su configuración como delito de consumación anticipada —al menos en las tres primeras modalidades típicas— y de la exigencia de fraude en su comisión (BOIX REIG/ANARTE BO-

RRALLO, BRAGE CENDÁN, LÓPEZ-PALOP GARCÍA DE CEA, MANZANARES SAMANIEGO, MARTÍNEZ-BUJÁN PÉREZ, MENDO ESTRELLA, SERRANO GÓMEZ/SERRANO MAÍLLO, SOTO NIETO).

Tratándose del intento de alejar de la subasta a los postores, el dolo debe abarcar necesariamente no solo los concretos medios comisivos referenciados en el tipo penal, sino también la condición de pujador del sujeto al cual se dirigen [SAP, Vizcaya, 90187/2013, 4-6 (*Tol 4358204*), y AAP, Burgos, 206/2017, 29-3 (*Tol 6114150*)]. En caso de intentar alejar a quien no es postor o solicita dádiva a quien carece de todo interés en la subasta, el autor incurrirá en un error de tipo (BRAGE CENDÁN, LÓPEZ-PALOP GARCÍA DE CEA, SÁNCHEZ-JUNCO MANS).

Por su parte, la última de las modalidades típicas tiene por objetivo la instrumentalización de la quiebra o el abandono con un propósito fraudulento, es decir, la persecución de finalidades contrarias al ordenamiento jurídico y, por tanto, repudiadas por este [SAP, Barcelona, 118/2016, 8-2 (*Tol 5981665*)], por lo que el tipo subjetivo se agota en el dolo proyectado sobre los elementos del tipo objetivo (BOIX REIG/ANARTE BORRALLO). Pretendiendo concretar más su alcance, este enlazaría con la infracción intencional del deber de cumplimiento de las condiciones de la subasta por parte del adjudicatario rematante entre las que se encuentra la de asumir las condiciones de la adjudicación [SAP, Barcelona, 118/2016, 8-2 (*Tol 5981665*), y AAP, Madrid, 1057/2010, 30-11]. Ello exigirá la constatación probatoria de que, con su actuación, el adjudicatario rematante intentaba forzar la celebración de una nueva subasta sin sujeción al tipo al haber provocado con su puja, de importe notablemente desproporcionado al valor de mercado del bien subastado, el abandono de otros postores y, de este modo, conseguir la adquisición de dicho bien a precios inferiores a los del mercado [SSAP, Las Palmas de Gran Canaria, 26/2010, 5-2 (*Tol 5279851*); Barcelona, 832/2006, 6-10 (*Tol 1068178*), y Valladolid, 126/2005, 19-4 (*Tol 635927*)]. En este sentido, resultarán atípicos los meros incumplimientos contractuales de carácter civil [SSAP, Las Palmas de Gran Canaria, 26/2010, 5-2 (*Tol 5279851*), y Barcelona, 832/2006, 6-10 (*Tol 1068178*)] o la falta de consignación del depósito por causas ajenas a la voluntad del licitador [AAP, Burgos, 863/2022, 21-11 (*Tol 9530294*)], hechos que determinarán, en todo caso, la pérdida del depósito efectuado conforme a los arts. 653 LEC y 32.5 del Real Decreto 948/2015, de 23 de octubre, por el que se regula la Oficina de Recuperación y Gestión de Activos —ello sin perjuicio del correspondiente resarcimiento por los daños y perjuicios que hubieran podido ocasionar en lo que exceda de la caución efectuada y siempre que lo acredite la Administración Pública. Tampoco resultarán típicos, por no apreciarse dolo ni maniobra fraudulenta alguna, aquellas actuaciones a través de las que el propietario del bien subastado persiga la obtención del mayor rendimiento posible, es decir, un lícito incremento de lucro propio y no, por el contrario, la causación de un perjuicio ajeno [SAP, Burgos, 150/2000, 9-10 *(ECLI:ES:APBU:2000:1393)*].

SAP, Valladolid, 126/2005, 19-4 (*Tol 635927*): "(...) el acusado ofreció una cantidad totalmente desproporcionada en la subasta pública, evitando así que, al menos en dicho acto, se pudiera adjudicar el resultado de la subasta a otro postor. Es decir, el acusado tenía el claro propósito de alterar fraudulentamente el precio de la subasta, perjudicando con ello los derechos de terceros, que, en este caso, eran la entidad ejecutante y la compañía deudora. Las pruebas en que se basa el juzgador son contundentes, tanto en cuanto a lo llamativamente elevado de la postura del acusado (10.000 euros), que sabe que el precio de salida (601,01 euros) se establece mediante la valoración de los bienes efectuados por personas designadas por la Tesorería General de la Seguridad Social o por los órganos de recaudación, según precios de mercado, y sometido a tasación pericial contradictoria, como al hecho de que, posteriormente a la adjudicación, el acusado no consigna el precio. Es ilógico efectuar una puja tan elevada, conociendo la concordancia entre el precio de salida y el de marcado de los bienes, como lo es el hecho de que la excusa alegada por el acusado, para no consignar, no se sostiene, porque la propia adquisición posterior por el primer postor da fe de la situación real de los bienes".

2. *Dolo específico*

Ahora bien, su tipo subjetivo no se agota en el dolo general al exigirse en la redacción de la primera y la tercera de las conductas descritas en el tipo la concurrencia de un dolo específico.

Así, la solicitud de dádivas o promesas debe tener por tendencia lesiva que el solicitante no tome parte en el concurso o en la subasta pública [SAP, Tarragona, 38/1999, 14-11 (*Tol 255942)*].

En aquellos casos en los que el solicitante tenga, pese a todo, la efectiva intención de participar en el referido concurso o subasta pública o, por el contrario, no hubiera tenido en ningún caso la intención de participar se plantearía, asimismo, la eventual comisión de un delito de estafa (BOIX REIG/ANARTE BORRALLO).

Por su parte, la concertación entre los postores ha de pretender la alteración del precio final de adjudicación. La actual redacción del precepto diferenciando con punto y coma cada una de las conductas que conforman el tipo penal, en vez de una coma, clarifica, de forma definitiva, las dudas existentes con relación al texto del art. 539 CP/1973 en torno a si dicho elemento subjetivo era exigible a ambas acciones —solicitud de dádiva o promesa para no tomar parte en una subasta pública e intentar alejar de ella a los postores por medio de amenazas, dádivas, promesas o cualquier otro artificio— o solo respecto de aquélla en la que aparecía referenciado en la propia descripción típica, circunscribiéndose en la actualidad, únicamente, a esta tercera modalidad típica (BRAGE CENDÁN, MARTÍNEZ-BUJÁN PÉREZ, PEREA GONZÁLEZ, QUINTERO OLIVARES).

STS 692/1997, 7-11 (*Tol 1999045*): "(...) el propósito de alterar el precio de remate pasa a constituir la finalidad típica de una sola de las modalidades delictuales del artículo 262, de nueva regulación, «los que se concertaren entre sí con el fin de alterar el precio del remate»".

SAP, Vizcaya, 90187/2013, 4-6 (*Tol 4358204*): "Con carácter general la sala ha de partir de que la nueva redacción del art. 262 del Código penal, con respecto al anterior art. 539 del Código de 1973, conscientemente ha eliminado la polémica con respecto a si la finalidad de alterar el precio de remate es exigible en las modalidades comisivas de "solicitar dadivas... para no tomar parte en un concurso o subasta pública" y a" los que intentaren alejar a los postores por medio de"...; ya que estas dos modalidades se hayan en el nuevo texto separadas de la modalidad de concertarse entre sí para alterar el precio de remate por un punto y coma, en vez de una coma, modificación que fue realizada en fase de tramitación al llegar el proyecto de ley al Senado".

V. *ITER CRIMINIS*

El delito de alteración de precios en concursos y subastas públicas se configura como un delito de mera actividad, de tendencia o finalístico (LÓPEZ-PALOP GARCÍA DE CEA, SÁNCHEZ-JUNCO MANS). Su consumación se producirá a partir que se efectúen las correspondientes acciones típicas motoras que deben comportar una determinada capacidad-finalidad objetiva para alterar el precio [STS 508/2015, 27-7 (*Tol 5417891*)], aun cuando el sujeto activo no consiguiese el objetivo pretendido [SSAP, Alicante, 105/2020, 4-3 (*Tol 8161722*); Málaga, 17/2017, 20-1 (*Tol 6594457*); Barcelona, 425/2016, 27-5 (*Tol 5847776*); Barcelona, 671/2012, 27-9 (*Tol 5352832*); Palencia, 31/2012, 30-3 (*Tol 2532180*); Álava, 324/2007, 16-10 (*Tol 7563876*), y Ávila, 21/1999, 27-2 (*ECLI:ES:APAV:1999:71*); AAAP, Logroño, 354/2021, 30-7 (*Tol 8720457*); Vizcaya, 90187/2013, 4-6 (*Tol 4358204*); Barcelona, 538/2010, 30-7 (*Tol 5300619*); Guipúzcoa, 186/2008, 13-10 (*Tol 1479987*), y Valladolid, 126/2005, 19-4 (*Tol 635927*)]. Este servirá, *ex post*, para revelar el agotamiento del delito [STS 692/1997, 7-11 (*Tol 1999045*); SAP, Barcelona, 671/2012, 27-9 (*Tol 5352832*), y AAP, Guipúzcoa, 186/2008, 13-10 (*Tol 1479987*)]. De esta configuración se exceptúa, en cambio, la última de sus modalidades típicas que se articula como un delito de resultado [STS 508/2015, 27-7 (*Tol 5417891*); SSAP, Barcelona, 425/2016, 27-5 (*Tol 5847776*); Barcelona, 118/2016, 08-2 (*Tol 5981665*); Las Palmas de Gran Canaria, 26/2010, 5-2 (*Tol 5279851*), y AAP, Burgos, 863/2022, 21-11 (*Tol 9530294*)].

Así, la conducta consistente en la solicitud de dádivas o promesas para no tomar parte en un concurso o subasta pública se consumará con la mera formulación de la petición con independencia de que la misma sea aceptada por aquél a quien se dirige, que el solicitante llegue a recibir efectivamente lo requerido y de su decisión final en cuanto a su participación en la subasta o concurso públicos (AGUDO FERNÁNDEZ/JAÉN VALLEJO/PERRINO PÉREZ, BRAGE CENDÁN,

GONZÁLEZ RUS, HAVA GARCÍA, MORENO CÁNOVES/RUIZ MARCO, MUÑOZ MARÍN, PEREA GONZÁLEZ, SOTO NIETO). Es más, resulta frecuente que el solicitante acuda a la subasta afectada, pero se abstenga de pujar o lo haga únicamente de manera aparente.

SAP, Málaga, 17/2017, 20-1 (*Tol 6594457*): "La consumación se produce por el hecho de solicitar dádiva o promesa, sin precisarse que aquella instancia encuentre adecuado eco y respuesta y, menos que, efectivamente, se reciba la compensación sugerida".

SAP, Ávila, 21/1999, 27-2 *(ECLI:ES:APAV:1999:71)*: "(…) quedan cubiertos por el artículo 262 del Código Penal tanto los casos en que el sujeto no asiste a la subasta, como aquellos otros en los que, concurriendo, no puja".

La concurrencia de estas circunstancias acreditativas, en todo caso, de la fase de agotamiento del delito podrá ser tomada en consideración por el órgano judicial, a efecto de determinar la concreta extensión de la pena a imponer dentro del marco penológico que ha previsto el legislador para este tipo penal (MUÑOZ MARÍN). Aunque las formas imperfectas de ejecución no resultarán habituales al ser configurado como un delito de carácter unilateral de mera actividad, la apreciación de su consumación en grado de tentativa es posible en aquellos supuestos en los que la solicitud de dádiva o promesa se canalice a través de un intermediario o se formule mediante un escrito sin que la misma llegue a conocimiento de su destinatario [en este sentido se pronuncia la jurisprudencia del TS en el marco del delito de cohecho, STS 208/2006, 20-2 (*Tol 850021)*].

SAP, Ávila, 21/1999, 27-2 *(ECLI:ES:APAV:1999:71)*: "Se trata de un delito de pura actividad, de tendencia o finalístico, no necesitado de un resultado lesivo; la presencia de un daño no es precisa para la perfección del tipo, y la constatación de aquél será de un «post» revelador del agotamiento, por lo que ha de entenderse consumado merced a la producción de la acción típica motora (solicitud); la jurisprudencia ha sido constante en esta línea aceptando que se trata de una figura que se perfecciona con la simple proposición, alcanzando su consumación por la solicitud aunque la misma no fuera aceptada (Sentencias del Tribunal Supremo de 7 de diciembre de 1961, 25 de marzo de 1976, 3 de octubre de 1986, 1 de junio de 1992 y 30 de diciembre de 1993)".

Por su parte, la segunda de las modalidades típicas se consuma con la mera realización de la acción consistente en intentar alejar a los postores por los medios previstos, sin que se precise la producción de un resultado separable de la propia conducta. No resulta necesario, en consecuencia, que debido a este comportamiento del autor su destinatario deje de acudir a la subasta [STS 223/2008, 7-5 (*Tol 1370019)*, SAP, Madrid 444/2023, 26-07 *(Tol 9799834)* y SAP, Álava, 324/2007, 16-10 (*Tol 7563876)*].

En cuanto a la acción de concertarse, el delito se consuma con el mero acuerdo o convenio para alterar el precio de remate, sin que sea necesario que éste sea fructuoso y se consiga, con ello, la adjudicación del bien [STS 223/2008, 7-5 (*Tol 1370019)*, y SAP, Málaga, 17/2017, 20-1 (*Tol 6594457)*]. Es posible apreciar la concurrencia de tentativa en aquellos supuestos en los que el acuerdo no llegue a fructificar bien por causas ajenas a la voluntad de las partes bien porque una de las partes no acepte la propuesta de acuerdo formulada.

Por el contrario, la quiebra o abandono de subasta habiendo obtenido la adjudicación se formula como delito de resultado (AGUDO FERNÁNDEZ/JAÉN VALLEJO/PERRINO PÉREZ, HAVA GARCÍA, QUINTERO OLIVARES, SOTO NIETO), concebido como conducta fraudulenta al no asumir el adjudicatario sus deberes de consignación del precio o valor de la subasta ocasionando perjuicios a los demás postores o al propio dueño del bien ejecutado [STS 508/2015, 27-7 (*Tol 5417891*); SSAP, Barcelona, 425/2016, 27-5 (*Tol 5847776*); Barcelona, 118/2016, 8-2 (*Tol 5981665*), y Las Palmas, 26/2010, 5-2 (*Tol 5279851*)]. Conforme al proceder más común, "alcanzada por el postor la puja y oferta más alta, sobreponiéndose a las restantes, pero albergando con decidido propósito de no atender las condiciones de la adjudicación provocando la quiebra y convocatoria de nueva subasta para así obtener el bien a precio más bajo (alteración del precio, extrayéndolo de sus coordenadas de valor dentro de la normalidad en el tráfico jurídico)" [SAP, Barcelona, 118/2016, 8-2 (*Tol 5981665*)]. Ello impide a los postores leales y de buena fe acceder al bien subastado, afecta al ejecutado al dilatar el saldo de la deuda y también perturba el derecho de crédito del acreedor a quien demora su satisfacción. Su comisión en grado de tentativa se observará en dos supuestos: a) cuando los postores hagan uso de su facultad de reservar las cantidades depositadas hasta el pago efectivo por parte del rematante contemplada en el art. 652.1 LEC. Conforme a dicho precepto, "finalizada la subasta, se liberarán o devolverán las cantidades consignadas por los postores excepto lo que corresponda al mejor postor, que se reservará en depósito como garantía del cumplimiento de su obligación y, en su caso, como parte del precio de la venta. Sin embargo, si los demás postores lo solicitan, también se mantendrá la reserva de las cantidades consignadas por ellos, para que, si el rematante no entregare en plazo el resto del precio, pueda aprobarse el remate en favor de los que le sigan, por el orden de sus respectivas posturas y, si fueran iguales, por el orden cronológico en el que hubieran sido realizadas"; b) cuando con los depósitos constituidos por los rematantes se pueda satisfacer el capital e intereses del crédito del ejecutante y las costas. Los depósitos de los rematantes que provocaron la quiebra de la subasta se aplicarán por el LAJ a los fines de la ejecución, con arreglo a lo dispuesto en los artículos 654 y 672 LEC, en tanto que el sobrante, si lo hubiere, se entregará a los depositantes (art. 653 LEC).

En el marco de las disposiciones comunes a los capítulos que integran el Título XIII, el art. 269 CP contempla el castigo de los actos preparatorios respecto de los delitos de robo, extorsión, estafa o apropiación indebida. En consecuencia, se excluye su punición en el ámbito del delito de alteración de precios en concursos y subastas públicas [STS 508/2015, 27-7 (*Tol 5417891*)].

STS 508/2015, 27-7 (*Tol 5417891*): "Frente al argumento de la Audiencia relativo a que el delito es de mera actividad y que lo descrito implicaría ya consumación del concierto para alterar el precio del remate, una cosa es que no sea exigible que la alteración haya tenido lugar, y otra cosa que sí lo sea para la ejecución la existencia del concurso o subasta, y otra distinta que hayan existido negociaciones previas a la convocatoria de estos procedimientos de adjudicación que constituirían actos meramente preparatorios que son impunes por disposición del artículo 269 CP. En este extremo tiene razón la recurrente cuando argumenta que la conducta que se le reprocha, «concretamente el pacto con Ángel Leopoldo para la fijación de precios en la revisión de la ordenanza, podría haber sido objeto de reproche, a los solos efectos de acusación, de otros ilícitos penales, como pudiera ser el tráfico de influencias o negociaciones prohibidas, pero nunca el tipo que se ha aplicado, pues como se ha reiterado a lo largo del presente motivo exige la concurrencia de una subasta y el concierto para alterar el precio del remate». Es evidente que los actos preparatorios siempre se darán «en relación» a la ejecución de un delito posterior y por ello esta alternativa de la Audiencia es insuficiente para entender la concurrencia del concurso como elemento del tipo objetivo del delito. Esta consideración equivale a una interpretación extensiva del mismo en perjuicio del acusado, contraria a la legalidad y taxatividad penales".

VI. AUTORÍA Y PARTICIPACIÓN

El delito de alteración de precios en concursos y subastas públicos se articula como una figura compleja desde el punto de vista del sujeto activo al hacer referencia en su descripción típica tanto a sujetos activos comunes como a sujetos activos que aparecen específicamente cualificados (BOIX REIG/ANARTE BORRALLO, BRAGE CENDÁN, EIRANOVA ENCINAS, MORENO CÁNOVES/ RUIZ MARCO).

Así, las dos primeras conductas descritas en el tipo penal se conceptúan como delitos comunes que puede ser perpetrados a título de autor por cualquier sujeto sin que se requiera, en el intento de alejar a los "postores", que los mismos ostenten la condición legal de licitador [STS 692/1997, 7-11 (*Tol 1999045*); SAP, Vizcaya, 90187/2013, 4-6 (*Tol 4358204*), y AAP, Guipúzcoa, 186/2008, 13-10 (*Tol 1479987*)]. Es suficiente para integrar el tipo penal que la acción de dirija a sujetos en los que concurra la decisión y voluntad de participar en la subasta aun cuando no resulten identificados o identificables (BRAGE CENDÁN, EIRANOVA ENCINAS, LÓPEZ-PALOP GARCÍA DE CEA, MESTRE DELGADO, SOTO NIETO).

AAP, Vizcaya, 671/2007, 12-11 (*Tol 7289524*): "La duda interpretativa que plantea el recurrente se centra en la definición del sujeto pasivo del delito, que viene descrito en el tipo como 'postor'. Para el apelante, no bastaría con que las personas afectadas por el artificio quedaran comprendidas en una colectividad difusa, sino que sería necesaria la identificación del individuo en cuestión. (...) Esta noción restringida del sujeto pasivo podría adecuarse cómodamente a la acepción más exacta del término 'postor' empleado por el art. 262 del CP, que se asocia a la persona que cubre los requisitos que para concurrir a la subasta exige el art. 647 de la Ley de Enjuiciamiento Civil (identificarse, declarar conocer las condiciones de la subasta y justificar el depósito o aval) de la cantidad, o, cuando menos, a persona que tenga un concreto interés en una subasta dada. Sin embargo, en sentido opuesto cabe argumentar que la literalidad de la descripción típica no acota la identificación que las personas directamente afectadas por la conducta del sujeto activo; que desde la perspectiva político criminal no se halla fundamento para situar la respuesta punitiva en un estadio tan avanzado de la eventual conducta de riesgo; y que la escasa jurisprudencia disponible no contempla hechos análogos al denunciado, e incluso una sentencia del TS de 24 de mayo de 1948 sobre la base de la legislación vigente en dicha época consideró que existía delito cuando se silenciaba la publicidad de una subasta dando instrucciones para que no se publicara, caso en el que, como en el presente, no se contaba con postores identificados o identificables. En atención a lo anterior, entiende esta Sala que a priori no es descartable que los comportamientos dirigidos a evitar o perjudicar seriamente la publicidad de una subasta constituyan un artificio de los sancionados en el art. 262 del CP".

La doctrina ha debatido sobre la responsabilidad penal en la que incurre el sujeto que entrega la dádiva solicitada a cambio de abstenerse de participar en una subasta o concurso público. Frente a quienes sostienen que su conducta sería impune, al producirse con posterioridad a la consumación del delito —que, como se ha señalado, se perfecciona con la mera solicitud— y, por tanto, no susceptible de castigo como forma de participación (NÚÑEZ CASTAÑO, PEDREIRA GONZÁLEZ), otros autores defienden que el sujeto que accede a entregar la dádiva solicitada debe ser sancionado como autor de la segunda modalidad prevista en el tipo penal, pues con su actuación contribuye de manera inequívoca a apartar a ese postor de la subasta en un marco de concurrencia de intereses mutuos (BACIGALUPO SAGESSE, BAJO FERNÁNDEZ, BRAGE CENDÁN, GARCÍA ARÁN, GONZÁLEZ RUS, PEDREIRA GONZÁLEZ, QUINTERO OLIVARES, SÁNCHEZ-JUNCO MANS). En la misma línea también se ha discutido sobre la posible responsabilidad del que accede a retirarse de la subasta en virtud la dádiva o promesa, en la medida en que la acción de aceptar no puede conceptuarse como equivalente a la de solicitar que conforma el verbo típico de la primera de las modalidades del art. 262 CP. Al tratarse de un comportamiento que se desarrolla con posterioridad a la consumación del hecho típico protagonizado por el postor que intenta alejarlo de la subasta no resulta posible su castigo como partícipe en la misma (BACIGALUPO SAGESSE, PEDREIRA GONZÁLEZ, NÚÑEZ CASTAÑO, SÁNCHEZ-JUNCO MANS).

En cuanto a la tercera de las modalidades típicas, la concertación con la finalidad de alterar el precio del remate se configura como un delito de convergencia en el que una pluralidad de sujetos activos, en el marco de un plan común, acuerda una determinada forma de proceder orientada a manipular dicho precio, siendo todos ellos coautores del hecho delictivo (BOIX REIG/ANARTE BORRALLO). La autoría puede recaer en cualquiera de los partícipes, sin que resulte necesario ostentar la condición legal de postor (BRAGE CENDÁN; EI-

RANOVA ENCINAS; MORENO CÁNOVES/RUIZ MARCO; SÁNCHEZ-JUNCO MANS). Ahora bien, entre dichos coautores deberá encontrarse, necesariamente, el postor que finalmente se adjudique el remate.

Tratándose de una quiebra o abandono fraudulento de subasta, su comisión a título de autor solo podrá ser efectuada por aquellos que ostenten la cualidad de adjudicatario rematante [BOIX REIG/ANARTE BORRALLO, BRAGE CENDÁN, EIRANOVA ENCINAS, MESTRE DELGADO, MORENO CANOVÉS/RUIZ MARCO, PEDREIRA GONZÁLEZ; SAP, Barcelona, 118/2016, 8-2 (*Tol 5981665)*]. En tanto que delito especial propio, la intervención de terceros que nos ostenten la condición legal de adjudicatario rematante no resulta atípica, sino que serán castigados a título de partícipes bien como cooperadores necesarios —atenuándose su pena de conformidad con lo dispuesto en el art. 65.3 CP— bien como cómplices, según el concreto tipo de actos realizados. Resulta de interés, en este punto, lo dispuesto en el art. 1459 CC en que se prohíbe la adquisición por compra, aunque sea en subasta pública o judicial, por sí ni por persona alguna intermedia, a los siguientes sujetos: a) los que desempeñen el cargo de tutor o funciones de apoyo, los bienes de la persona o personas a quienes representen; b) los mandatarios, los bienes de cuya administración o enajenación estuviesen encargados; c) los albaceas, los bienes confiados a su cargo; d) los empleados públicos, los bienes del Estado, de los Municipios, de los pueblos y de los establecimientos también públicos, de cuya administración estuviesen encargados; e) los Jueces y peritos que de cualquier modo intervinieren en la venta; f) los Magistrados, Jueces, individuos del Ministerio Fiscal, Secretarios de Tribunales y Juzgados y Oficiales de Justicia, los bienes y derechos que estuviesen en litigio ante el Tribunal, en cuya jurisdicción o territorio ejercieran sus respectivas funciones, extendiéndose esta prohibición al acto de adquirir por cesión; g) los Abogados y Procuradores respecto a los bienes y derechos que fueren objeto de un litigio en que intervengan por su profesión y oficio, extendiéndose esta prohibición al acto de adquirir por cesión. En atención a ello, la solicitud por algunos de los sujetos referenciados de una dádiva como condición para no intervenir en la subasta no integrará el delito prevenido en el art. 262 CP, pero sí podrá constituir, en su caso, un delito de estafa (BOIX REIG/ANARTE BORALLO). Por el contrario, el acreedor ejecutante puede ser, al mismo tiempo, depositario del bien y licitador (arts. 626.4º y 647 LEC) no concurriendo, en consecuencia, impedimento alguno para que pueda incurrir en la comisión, a título de autor, del delito de alteración de precios en concursos o subastas públicos.

STS 1377/2001, 11-7 (*Tol 4925248*): "Alega el recurrente que, al ser depositario judicial del bien embargado, el art. 1459.2º del Código Civil le prohíbe participar en la subasta, por lo que no puede ser autor del delito prevenido en el art. 262 del Código Penal. Los motivos no pueden ser estimados. En efecto el art. 1459.2º del Código Civil, que se refiere a los mandatarios, no incluye expresamente en la prohibición (que ha de interpretarse restrictivamente) a los depositarios de bienes embargados designados judicialmente, y la práctica judicial pone de manifiesto su frecuente participación en las subastas, debiendo recordarse que la LECiv prevé expresamente la posibilidad de que el propio acreedor ejecutante sea designado depositario (art. 626.4º de la LECiv), así como la intervención de dicho ejecutante como licitador (art. 647 de la misma ley). En consecuencia, la condición de depositario no impedía, en principio y conforme a la interpretación habitual de la referida norma prohibitiva, la intervención del recurrente en la subasta, por lo que su solicitud de una dádiva como condición para no intervenir integra el delito prevenido en el art. 262, objeto de sanción".

VII. PENALIDAD Y OTRAS CONSECUENCIAS JURÍDICAS

1. La responsabilidad penal de las personas físicas

El texto del art. 539 del CP/1973 preveía la sanción de este delito con una multa del diez al cincuenta por ciento del valor de la cosa subastada, sin que su importe pudiese, en ningún caso, ser inferior a 5.000 pesetas.

Por el contrario, el legislador de 1995 decidió implementar el sistema de días-multa conforme al que el importe de la cuota diaria será determinado tomando en consideración, exclusivamente, a la situación económica del penado (art. 50.5 CP), lo cual no exige que "los Tribunales deban efectuar una inquisición exhaustiva de todos los factores directos o indirectos que pueden afectar a las disponibilidades económicas del acusado, lo que resulta imposible y es, además, desproporcionado, sino únicamente que deben tomar en consideración aquellos datos esenciales que permitan efectuar una razonable ponderación de la cuantía proporcionada de la multa que haya de imponerse" [STS 175/2001, 12-2 (*Tol 4925991*)]. En cuanto a su extensión, esta se fija entre los 12 a los 24 meses —duración máxima de la pena de multa para las personas físicas (art. 50.3 CP).

De forma cumulativa, el precepto contempla la imposición de una pena de prisión de uno a tres años, para cuya individualización podrá tomarse en consideración, entre otros factores, la pluralidad de acciones típicas perpetradas por el sujeto (BOIX REIG/ANARTE BORRALLO). Esta previsión habilita al órgano judicial para imponer alguna de las penas accesorias contempladas en el art. 56 CP. En este punto debemos traer a colación lo preceptuado en el art. 71.1.a) LCSP conforme al que toda condena a la pena de inhabilitación especial para el ejercicio de profesión, oficio, industria o comercio lleva aparejada, administrativamente, la prohibición de contratar con las entidades del sector público enumerada en el art. 3 de la referida ley.

2. *La responsabilidad penal de las personas jurídicas*

El art. 31 bis CP regula un modelo de autorresponsabilidad limitado conforme al que la responsabilidad penal de la persona jurídica debe determinarse a partir del análisis acerca de si el delito cometido por la persona física en el seno de aquélla ha sido posible, o facilitado, por la ausencia de una cultura de respeto al Derecho, como fuente de inspiración de la actuación de su estructura organizativa e independiente de la de cada una de las personas físicas que la integran [STS 154/2016, 29-2 (*Tol 5651211)*]. Las vías de imputación por el hecho de conexión son dos: a) por los delitos cometidos por sus representantes legales, por las personas autorizadas para tomar decisiones en su nombre o por personas con facultades de organización y control dentro de la misma (art. 31 bis a CP); y, b) por los delitos cometidos por los empleados como consecuencia de un incumplimiento grave de los deberes de dirección, supervisión, vigilancia o control sobre los mismos (art. 31 bis 1 b CP). En esencia, es siempre el personal de dirección, quien, con su actuación puede, directa o indirectamente, comprometer penalmente a la entidad. Este régimen de responsabilidad penal de la persona jurídica se circunscribe a un concreto catálogo de delitos, que constituye un *numerus clausus*, entre los que no incluye el delito de alteración de precios en subastas y concursos públicos, hecho que es objeto de crítica por la doctrina penal.

No obstante, el órgano judicial podrá imponer a la persona jurídica alguna de las consecuencias accesorias previstas en el art. 129 CP, siempre que la actividad delictiva se haya desarrollado en el seno, con la colaboración, a través o por medio de una sociedad, organización o asociación —incluso de carácter transitorio—, y se haya declarado la responsabilidad penal de una persona física vinculada a su dirección o gestión que, conociendo la situación, no hubiera adoptado las medidas necesarias para remediarla. Conforme a dicho precepto, podrán imponerse una o varias de las siguientes consecuencias: i) la suspensión de sus actividades por un plazo máximo de cinco años; ii) la clausura de sus locales o establecimientos por igual periodo; iii) la prohibición de realizar en el futuro, de forma temporal (por un plazo máximo de quince años) o definitiva, las actividades en cuyo ejercicio se haya cometido, favorecido o encubierto el delito; iv) la inhabilitación para obtener subvenciones y ayudas públicas, contratar con el sector público y disfrutar de beneficios o incentivos fiscales o de la Seguridad Social, por un periodo que no podrá exceder de quince años; v) la intervención judicial de la entidad para salvaguardar los derechos de los trabajadores o de los acreedores, por el tiempo que se estime necesario, con un límite máximo de cinco años. Asimismo, también podrá acordarse la prohibición definitiva de llevar a cabo cualquier actividad, incluso lícita. Aunque el apartado 3 del art. 129 CP contempla la posibilidad de aplicar estas consecuencias como medidas cautelares durante la instrucción, en este supuesto ello no resultaría procedente, al exigir el precepto que se haya declarado previamente la culpabilidad del sujeto afectado.

Se articula, así, una especie de tercera vía de responsabilización de la persona jurídica al margen del art. 31 bis CP en el que las medidas a imponer tienen carácter facultativo, hallándose limitadas en contenido y duración (Circular FGE 1/2011, de 1 de junio). Las disfuncionalidades que de ello se derivan exigen una reforma legal en un doble sentido: ampliar, por un lado, el ámbito objetivo del régimen de responsabilidad de las personas jurídicas a efectos de contemplar, entre otros, el delito aquí objeto de estudio y, de otro, limitar la aplicación de las consecuencias accesorias reguladas en el art. 129 CP a los entes sin personalidad jurídica.

3. *Responsabilidad civil*

La condena por la comisión de un delito de alteración de precios en concurso o subasta públicos conllevará que se decrete la nulidad del concreto negocio jurídico, así como de todos los actos posteriores que, por inexistentes, no podrán afectar a terceros como el acreedor [SAP, Almería, 114/2007, 20-4 (*Tol 7557838)*]. Ello obliga a la restitución del bien subastado (art. 111.1 CP). En caso de haberse enajenado el bien subastado por el rematante o adjudicatario a un tercero con carácter irreivindicable, **se deberá proceder al abono del valor de restitución que será el que tenía el bien al tiempo de ser adquirida por el tercero de buena fe a quienes el rematante o adjudicatario lo enajenó ya que "la pérdida de la cosa (...)** no la produjo por sí sola la subasta, sino la posterior transmisión de las fincas a terceros de buena fe" [STS 474/2013, 17-7 (*Tol 3919268)*].

VIII. CIRCUNSTANCIAS MODIFICATIVAS Y EXTINTIVAS DE LA RESPONSABILIDAD PENAL

1. *Tipo agravado*

El art. 262.1 CP contempla una agravación en atención al concreto ámbito objetivo al que afecte la alteración de precios.

Así, el tipo se verá agravado cuando el delito se perpetre en el marco de una subasta judicial imponiéndose al autor, además de las sanciones previstas para el tipo básico, la pena accesoria de inhabilitación especial para licitar en esa concreta clase de subastas en un periodo de entre tres y cinco años. Se trata de una previsión sumamente acertada que pretende cercenar las posibilidades de actuación del penado en el mismo campo en el que ya delinquió, lo que nos sitúa en el marco de la prevención especial negativa (BRAGE CENDÁN, DOMÍNGUEZ IZQUIERDO, QUINTERO OLIVARES, RAMOS VÁZQUEZ). Con arreglo a ello, no llega a comprenderse por qué el legislador ha optado por circunscribir su ámbito de aplicación a las subastas judiciales, más allá de tratar de dar una respuesta penal apropiada a la práctica de los denominados subasteros, impune, como ya hemos indicado, hasta la tipificación de los acuerdos colusorios en el CP/1995, y que centraban su actividad, precisamente, en el ámbito de las subastas judiciales (GUTIÉRREZ RODRÍGUEZ, MORENO CANOVÉS/RUIZ MARCO).

A este respecto, el diputado López Garrido, en el seno de la Comisión de Justicia del Congreso de los Diputados calificó este delito como una "aportación muy importante para luchar contra la corrupción en las subastas judiciales" (Diario Oficial de las Cortes Generales. Comisión de Justicia del Congreso de los Diputados, 5 de junio de 1995).

El restrictivo carácter de esta previsión ajustado a la actualidad de un concreto momento limita, notablemente, la potencialidad de esta pena de inhabilitación como mecanismo de prevención de la reiteración delictiva. A la vista de ello, se aboga por una reforma que prevea su imposición, con carácter general, a toda clase de subasta (EIRANOVA ENCINAS, MORENO CÁNOVES/RUIZ MARCO, RAMOS VÁZQUEZ, SÁNCHEZ-JUNCO MANS).

En los casos en los que su comisión se realice en el marco de un concurso o subasta convocados por las Administraciones o entes públicos, al autor se le impondrá la pena de privación del derecho a contratar con las Administraciones públicas por un período de tres a cinco años. Esta prohibición resultará también de aplicación a la persona física o jurídica representada por el autor ejecutivo del delito, siendo conceptuada, en este caso, como consecuencia accesoria. En todo caso, ello exigirá que la persona o entidad representada sea conocedora de los hechos perpetrados por su representante (MESTRE DELGADO). La prueba por parte de los empresarios de no estar incursos en prohibiciones para contratar podrá realizarse mediante testimonio judicial o certificación administrativa, según los casos (art. 85 LCSP).

2. *Causa de levantamiento de la pena*

La reforma operada por la LO 14/2022, de 22 de diciembre, de transposición de directivas europeas y otras disposiciones para la adaptación de la legislación penal al ordenamiento de la Unión Europea, y reforma de los delitos contra la integridad moral, desórdenes públicos y contrabando de armas de doble uso (en adelante, LO 14/2022) ha introducido un nuevo apartado a la redacción del art. 262 CP. Ello obedece a la transposición de la Directiva (UE) 2019/1 del Parlamento Europeo y del Consejo, de 11 de diciembre de 2018, encaminada a dotar a las autoridades de competencia de los Estados miembros de medios para aplicar más eficazmente las normas sobre competencia y garantizar el correcto funcionamiento del mercado interior (conocida como Directiva ECN+) en que se insta a los Estados Miembros a que prevean la exoneración o, en su caso, la atenuación de la responsabilidad penal de personas que hayan podido cometer un delito relacionado con prácticas de anticompetencia y presten cooperación activa en los términos que establece la Directiva (art. 23.2). La decisión de la implementación de una u otra medida queda a la discrecionalidad de los Estado Miembro en función del resultado de la evaluación del interés por procesar o por sancionar en función de la contribución del sujeto a la detección e investigación del cártel (art. 23.3).

Pues bien, haciendo uso de esa potestad facultativa, el legislador español ha optado por articular una causa personal de supresión, anulación o levantamiento de la punibilidad, cuya apreciación exige un determinado comportamiento postdelictivo del sujeto (JERICÓ OJER, MARTÍNEZ-BUJÁN PÉREZ). Dos son los argumentos principales que justifican esta decisión frente a su configuración como una atenuación de la pena (apartado III de la Exposición de Motivos de la LO 14/2022): a) la efectividad de las políticas de clemencia en la lucha contra conductas anticompetitivas como incentivo para que integrantes de cárteles secretos denuncien sus prácticas a las autoridades de competencia, lo que contribuye al enjuiciamiento eficiente y la imposición de sanciones a las infracciones más graves del Derecho de la competencia; b) la previsión de la exención de la responsabilidad criminal en los ordenamientos de nuestro entorno jurídico con relación a los directivos gestores y otros miembros del personal, presentes y pasados, que acuden a los programas de clemencia.

Su ámbito subjetivo de aplicación se restringe a los directores, administradores de hecho o de Derecho, gerentes y otros miembros del personal actuales y anteriores de cualquier sociedad, constituida o en formación. La implementación de este beneficio premial se halla condicionado a la observancia por parte de los referidos sujetos de los siguientes comportamientos:

a) en primer lugar, se exige "que pongan fin a su participación en los hechos delictivos". Se trata esta de una condición susceptible de mejora en cuanto a su redacción técnica en que la que el término "participación" —alusiva, en sentido jurídico, a aquellos que realizan los hechos a título de inductor, cooperador necesario o cómplice— debiera ser sustituido por el vocablo más omnicomprensivo de "intervención" en los hechos delictivos (MARTÍNEZ-BUJÁN PÉREZ). No se dispone, a diferencia de lo preceptuado en el marco de los delitos contra la salud pública (art. 376 CP), así como de las organizaciones y grupos terrorismo y de los delitos de terrorismo (art. 579 bis.3 CP), que el abandono de las actividades delictivas deba ser voluntario.

b) De forma cumulativa se exige, en segundo lugar, "que cooperen con las autoridades de manera plena, continua y diligente".

Estos requerimientos en cuanto a la forma en la que debe desarrollarse la cooperación, ausentes en cláusulas premiales similares ya existentes en otros preceptos penales, obedece a una transcripción literal del art. 19 de la Directiva ECN+ en que se describe, precisamente, las condiciones generales de los programas de clemencia. Su concreción va a generar no pocos problemas en su aplicación práctica pudiendo llegar a excluirse de este beneficio premial aquellas revelaciones absolutamente claves para la investigación del hecho delictivo perpetrado, pero que se sustancien en una única aportación. Problemática también resultará su apreciación en los supuestos en los que, frente a los requerimientos de colaboración por parte de las autoridades, el sujeto no ofrezca más información alegando que no dispone de más datos o elementos probatorios (JERICÓ OJER).

Este deber de colaboración se configura como una exigencia esencial para acceder a eventuales beneficios jurídico-penales, y se articula expresamente, de forma reiterativa, a través de los requisitos previstos en las letras a) y d) del precepto. En la letra a), se establece la necesidad de una cooperación activa con la Autoridad de Competencia (CNMC) que esté conociendo del caso; mientras que en la letra d), se exige una colaboración también activa con la autoridad judicial o con el Ministerio Fiscal. De ello parece inferirse que se establece una condición previa de acudir primero a la autoridad de competencia a poner en conocimiento los hechos y aportar toda la prueba, rellenando el formulario de exención de pago de la multa, para seguidamente presentar la denuncia y prestar igual colaboración con el Juez o el fiscal, lo cual "no deja de ser contradictorio, pues ciertamente cuando alguien acude a la policía o a la fiscalía a denunciar unos hechos porque es consciente, y así se lo aconseja su abogado, de que son delictivos y quiere cesar en su participación y como es el caso aporta datos que permiten identificar a las personas y sociedades que integran un cartel delictivo que está vulnerando gravemente la libre concurrencia, carece de razón de ser la exigencia de tener que cumplimentar un trámite previo ante la autoridad de competencia, cuando existe prejudicialidad penal, declarada en el art. 46 de la Ley de Defensa de la Competencia" [SAN, 4/2025, 05-02 *(Tol 10388311)*]. En efecto, no resulta razonable exigir como condición ineludible para apreciar esta causa de levantamiento de la pena la colaboración con la Autoridad de Competencia en aquellos supuestos en los que la investigación de los hechos ya ha sido asumida, con carácter prioritario, por el Ministerio Fiscal o por el órgano judicial competente. Esta interpretación, fundada en el principio de prejudicialidad penal, evita una innecesaria duplicidad de actuaciones y asegura una aplicación razonable y proporcionada del deber de colaboración, en consonancia con la lógica secuencial propia del procedimiento penal y del procedimiento administrativo sancionador.

La colaboración con las autoridades prevista en el art. 262.3 CP exige —según el inciso final de su primer párrafo— aportar información y elementos probatorios inexistentes al inicio o durante la investigación, y útiles para (i) la detección, investigación y sanción de otros implicados, y (ii) asegurar la prueba del delito e identificar a posibles autores, de acuerdo con la letra d) del mismo precepto, que reitera innecesariamente tales fines. A diferencia de lo previsto en otros supuestos de arrepentimiento activo y delación (arts. 305.6, 307.5, 308.8, 376, 434, 570 quáter 4 o 579 bis 3 CP), estos requisitos han de cumplirse de forma cumulativa, como evidencia el uso del término copulativo "y" para conectar las finalidades delatoras exigidas (MARTÍNEZ-BUJÁN PÉREZ).

c) Además, es necesaria la concurrencia de dos presupuestos especificados en sus letras b) y c): 1°) que la sociedad o persona física haya presentado una solicitud de exención del pago de la multa, de conformidad con lo dispuesto en el art. 65 de la Ley 15/2007, de 3 de julio, de Defensa de la Competencia (en adelante, LDC), lo que presupone su participación en un cártel en los términos definidos en el apartado 2 de la disposición adicional cuarta de la LDC, conforme a la autoevaluación de la conducta realizada (MARTÍNEZ-BUJÁN PÉREZ); 2°) que dicha solicitud se haya presentado en un momento anterior a aquel en que los directores, administradores de hecho o de derecho, gerentes y a cualesquiera otros integrantes, presentes o pasados, del personal de toda sociedad, constituida o en formación, hayan sido informados de que están siendo investigados en relación con estos hechos.

La SAN 4/2025, 05-02 (*Tol 10388311)* considera que la negativa a reconocer la aplicación del beneficio por el mero incumplimiento del requisito formal de cumplimentar el formulario disponible en la página web de la CNMC obedece a un rigorismo formalista incompatible con la finalidad perseguida por la Directiva. Esta tiene por objeto incentivar la revelación de prácticas colusorias mediante la concesión de beneficios a quienes colaboren eficazmente con las autoridades, especialmente en el contexto de cárteles secretos, y no puede interpretarse de manera que desincentive o penalice formas alternativas de cooperación igualmente útiles y efectivas para la investigación.

La rigurosa regulación normativa, al exigir la concurrencia de múltiples presupuestos de hecho, condiciones y requisitos acumulativos para la concesión de la exención de pena, puede derivar en la inaplicación práctica del precepto. Esta complejidad normativa dificultará, sin duda, su valoración por parte del órgano jurisdiccional, comprometiendo la eficacia y la finalidad premial inherentes a dicha previsión (FARALDO CABANA, MARTÍNEZ-BUJÁN PÉREZ).

IX. CONCURSOS

El delito de alteración de precios en concursos y subastas públicos presenta una clara relación con el delito de alteración de aquellos precios que se conforman a través de la libre competencia, es decir, de las leyes del mercado basadas en la oferta y la demanda sin intervención alguna de la Administración (art.

284 CP). Su existencia autónoma se justifica en atención a su ámbito objetivo de aplicación y a las conductas especiales que el mismo abarca, difícilmente encajables en las previstas en el precepto citado [BACIGALUPO SAGGESE, BOIX REIG/ANARTE BORALLO, BRAGE CENDÁN, PEDREIRA GONZÁLEZ); STS 508/2015, 27-7 (*Tol 5417891*), y SAP, Barcelona, 425/2016, 27-5 (*Tol 5847776*)].

El art. 539 CP/1973 contemplaba expresamente que la sanción del delito de alteración de precios en subasta pública se impondría sin perjuicio de las penas que pudieran corresponder a los delitos individuales en que se hubiesen concretado las amenazas u otros medios que se hubieran empleado para intentar alejar a los postores con el fin de alterar el precio del remate, que se castigaría de forma separada. La ausencia de dicha previsión en la actual redacción del tipo en el art. 262 CP no es óbice para que no puedan seguir castigándose de forma separada, conforme a las reglas generales de los concursos, aquellos actos que, perpetrados en el marco del delito de alteración de precios en concursos y subastas públicos, constituyen por sí mismos un tipo delictivo autónomo (BACIGALUPO SAGESSE). Así, en el marco de las amenazas, la misma acción no puede integrar, a la vez, la descripción fáctica de ambos tipos delictivos so pena de vulnerarse el principio *ne bis in idem* al apreciarse la triple identidad proscrita. Conforme a ello, la solución que viene siendo arbitrada por los órganos judiciales en estos casos es la de entender absorbidas por el art. 262 CP las acciones de menor entidad conforme a las reglas del concurso de normas penales (art. 8.3ª CP), castigándose por el tipo correspondiente las que revistan una mayor gravedad en concurso medial con el delito de alteración de precios en concursos o subastas públicos (LÓPEZ-PALOP GARCÍA DE CEA; MANZANARES SAMANIEGO; QUERALT JIMÉNEZ). A los hechos concretos habrá de estarse también para la resolución del concurso respecto del delito de estafa procesal habiéndose apreciado en alguna ocasión la existencia de un concurso real [STS 223/2008, 07-05 *(Tol 1370019)]*.

Respecto al concurso entre el delito de asociación ilícita y el delito de concierto para la alteración de concursos públicos, se considera que entre ambos concurre un conflicto de normas que debe resolverse conforme al principio de especialidad previsto en el art. 8. 1ª CP [SAN 4/2025, 05-02 *(Tol 10388311)*]. En efecto, mientras que el delito de asociación ilícita (art. 515 CP) contempla una finalidad delictiva genérica —la de cometer delitos en abstracto—, la tercera de las conductas tipificadas en el art. 262 CP exige una finalidad específica: el concierto entre al menos dos personas con el propósito de alterar el precio del remate, lo que presupone, por su propia naturaleza, una estructura asociativa.

La intervención de una autoridad o funcionario público a título de autor o cooperador necesario en la comisión de un delito de alteración de precios en concursos o subastas públicos podrá dar lugar a la apreciación de un concurso ideal de delitos con los delitos de prevaricación o cohecho (LÓPEZ-PALOP GARCÍA DE CEA, MANZANARES SAMANIEGO).

X. BIBLIOGRAFÍA

AGUDO FERNÁNDEZ, E., JAÉN VALLEJO, M. y PERRINO PÉREZ, Á. L. *Derecho penal aplicado parte especial: delitos contra el patrimonio y contra el orden socioeconómico*, Madrid, 2018; BACIGALUPO SAGGESE, S. "Alteración de los precios en concursos y subastas públicos", en AA.VV., *Memento Práctico Penal Francis Lefebvre*, Madrid, 2025; BENÍTEZ ORTÚZAR, I. F. "Delitos contra el patrimonio y el orden socioeconómico (VIII): "De la alteración de precios en concursos y subastas públicas". "De los daños". "Disposiciones comunes a los delitos patrimoniales", en MORILLAS CUEVA, L. (dir.), *Sistema de derecho penal: parte especial*, Madrid, 2025, BLANCO LOZANO, C. "Alteración de precios en concursos y subastas públicas. Sustracción de cosa propia a su utilidad social o cultural", en POLAINO NAVARRETE, M. (coord.), *Lecciones de derecho penal: parte especial*, Madrid, 2011; BOIX REIG, F. J. y ANARTE BORRALLO, E. "Delitos contra el patrimonio y contra el orden socioeconómicos: alteración de precios en concursos y subastas públicas", BOIX REIG, F. J. (coord.), *Derecho penal: parte especial*, Ed. Tirant lo Blanch, Valencia, 2012; BONILLA PELLA, J. "Alteración de precios en subastas y concursos públicos", en AYALA GÓMEZ, I. y ORTIZ DE URBINA GIMENO, I. (eds.), *Memento Práctico Penal Económico y de la Empresa*, Madrid, 2016; BRAGE CENDÁN, S. *Los delitos de alteración de precios. Especial atención a los artículos 262, 281 y 284 del Código penal*, Granada, 2001; DE PABLOS O'MULLONY, J. Mª *Código de Subastas Electrónicas*, Madrid, 2024; EIRANOVAS ENCINAS, E. "La alteración de los precios en concursos y subastas públicos", *La Ley: revista jurídica española de doctrina, jurisprudencia y bibliografía*, nº 6, 1997; FARALDO CABANA, P. "Artículo 262: de la alteración de precios en concursos y subastas públicas", en GÓMEZ TOMILLO, M. (dir.), *Comentarios prácticos al Código penal*, Pamplona, 2015; FISCALÍA GENERAL DEL ESTADO *Memoria de la Fiscalía General del Estado 2022*, Madrid, 2023; FONSECA FORTES-FURTADO, R. H. "Cárteles duros y Derecho penal: reflexiones a partir de su reciente criminalización en España", *InDret: Revista para el Análisis del Derecho*, nº 2, 2023; GARCÍA ARÁN, M. "De la alteración de precios en concursos y subastas públicas", en CÓRDOBA RODA, J./GARCÍA ARÁN, M. (dirs.), *Comentarios al Código Penal, parte especial*, Barcelona, 2004; GONZÁLEZ RUS, J. J. "Delitos contra el patrimonio y contra el orden socioeconómico (VII). Las insolvencias punibles. Alteración de precios en concursos y subastas. Daños. Disposiciones comunes", en COBO DEL ROSAL, M. (coord.), *Derecho penal español: parte especial*, Madrid, 2005; GUTIÉRREZ RODRÍGUEZ, Mª "Déficits de la regulación penal española para la lucha contra la manipulación de licitaciones", *Revista Electrónica de Ciencia Penal y Criminología*, nº 25-28, 2023; HAVA GARCÍA, E. "Alteraciones de precios en concursos y subastas públicas", en QUINTERO OLIVARES, G., CARBONELL MATEU, J. C., MORALES PRATS, F., GARCÍA RIVAS, N. y ÁLVAREZ GARCÍA, F. J. (dirs.), *Esquemas de la parte especial del derecho penal (I)*, Valencia, 2011; JERICÓ OJER, L. "La figura del arrepentido y la justicia penal negociada: a propósito de la incorporación de nuevas cláusulas premiales en el Código Penal (arts. 262.3 y 288 bis CP), *Revista Penal*, nº 52, 2023; LÓPEZ-PALOP GARCÍA DE CECA, P. "Delitos de alteración de precios en concursos y subastas públicas", en CAMACHO VIZCAÍNO, A. *Tratado de Derecho Penal Económico*, Valencia, 2019; MANZANARES SAMANIEGO, J. L. *Comentarios al Código penal*, Madrid, 2016; MARTÍN PALLÍN, J. A. "Maquinaciones para alterar el precio de las cosas", *Cuadernos de Derecho Judicial*, nº 15, 1995; MARTÍNEZ-BUJÁN PÉREZ, C. "Delitos contra el patrimonio y el orden socioeconómico (IX): delitos relativos a la propiedad intelectual e industrial, al mercado y a los consumidores. Alteración de precios en concursos y subastas públicas", en GONZÁLEZ CUSSAC, J. L. (coord.), *Derecho Penal Parte Especial*, Valencia 2023; MARTÍNEZ-BUJÁN PÉREZ C. "La nueva causa de anulación de la pena de los arts. 262-3 y 288 bis del Código Penal", en GONZÁLEZ CUSSAC, J. L. (coord.), *Comentarios a la LO 14/2022 de reforma del Código Penal*, Valencia, 2023; MELÉNDEZ SÁNCHEZ, F. L. "Frustración de la ejecución. Insolvencias punibles. Alteración de precios en concursos y subastas públicas", en SERRANO TÁRRAGA, Mª D. (coord.), *Derecho Penal. Parte Especial*, Valencia, 2024; MENDO ESTRELLA, A. "¿Es posible sancionar penalmente a los cárteles económicos actualmente en España? Propuestas de futuro

(1)", *ADPCP*, vol. LXV, 2012; MESTRE DELGADO, E. "Los delitos de alteración de los precios en un sistema de economía de mercado", en LAMARCA PÉREZ, C. (coord.), *Delitos: la Parte especial del Derecho Penal*, Madrid, 2022; MUÑOZ CONDE, F. *Derecho Penal Parte Especial*, Valencia, 2023; MUÑOZ MARÍN, A. "Alteración de precios en concursos y subastas públicas", *CEFLegal*, nº 8, 2005; NAVARRO FRÍAS, I. y ROMEO CASABONA, C. M. "Delitos contra el patrimonio y el orden socioeconómico II: Defraudaciones, insolvencias punibles, alteración de precios en concursos y subastas públicas y daños", en ROMEO CASABONA, C. M. (coord), *Derecho Penal: Parte Especial*, Comares, Granada, 2023; NÚÑEZ CASTAÑO, E. "XII. Alteración de precios en concursos y subastas públicas", en GONZÁLEZ CUSSAC, J. L. (dir.), *Tratado de Derecho Penal Económico y de la Empresa*, Valencia, 2025; PEDREIRA GONZÁLEZ, F. Mª "Alteración de precios en concursos y subastas públicas", en ÁLVAREZ GARCÍA, F. J. (dir.) *Derecho penal español, (Parte Especial II)*, Valencia, 2011; PEREA GONZÁLEZ, A. "La puja criminalizada: el artículo 262 del Código Penal. Un análisis del delito de alteración de precios en concursos y subastas públicas", *Revista General de Derecho Penal*, nº 28, 2017; QUERALT JIMÉNEZ, J. J. *Derecho Penal español. Parte Especial*, Valencia, 2015; QUINTERO OLIVARES, G. "Arts. 262, 281, 284, 285 CP", en QUINTERO OLIVARES, G. (dir.), *Comentarios a la parte especial del Derecho penal*, Pamplona, 2016; RAMOS VÁZQUEZ, J. A. "Las especiales inhabilitaciones especiales en el Código Penal", *Diario La Ley*, nº 7997, 2013; SÁNCHEZ-JUNCO MANS, J. "De la alteración de precios en concursos y subastas públicas", en DEL MORAL GARCÍA, A. y SERRANO BUTRAGUEÑO, I. (coords.), *Código Penal. Comentarios y jurisprudencia*, Granada, 2002; SOTO NIETO, F. "Alteración de precios en concursos y subastas públicas", *La Ley: Revista jurídica española de doctrina, jurisprudencia y bibliografía*, nº 2, 1998; VALLDECABRES ORTIZ, I. en COBO DEL ROSAL, M. (coord.) *Comentarios al Código penal de 1995*, Valencia, 1996; ZUGALDÍA ESPINAR, J. M. "Delitos contra la propiedad, el patrimonio y el orden socioeconómico (IV)", en MARÍN DE ESPINOSA CEBALLOS, E. (dir.) *Lecciones de Derecho penal parte especial*, Valencia, 2025.

REFERENCIAS LEGALES

- Directiva (UE) 2019/1 del Parlamento Europeo y del Consejo, de 11 de diciembre de 2018, encaminada a dotar a las autoridades de competencia de los Estados miembros de medios para aplicar más eficazmente las normas sobre competencia y garantizar el correcto funcionamiento del mercado interior (*Tol 6978684*).
- Ley Orgánica 14/2022, de 22 de diciembre, de transposición de directivas europeas y otras disposiciones para la adaptación de la legislación penal al ordenamiento de la Unión Europea, y reforma de los delitos contra la integridad moral, desórdenes públicos y contrabando de armas de doble uso (*Tol 9328596*).
- Ley 9/2017, de 8 de noviembre, de Contratos del Sector Público (*Tol 6414318*).
- Ley 15/2015, de 2 de julio, de la Jurisdicción Voluntaria *(Tol 5189143)*.
- Ley 15/2007, de 3 de julio, de Defensa de la Competencia *(Tol 1082683)*.
- Ley 58/2003, de 17 de diciembre, General Tributaria *(Tol 327278)*.
- Ley 33/2003, de 3 de noviembre, del Patrimonio de las Administraciones Públicas *(Tol 315498)*.
- Ley 1/2000, de 7 de enero, de Enjuiciamiento Civil (*Tol 172336*).
- Ley de 28 de mayo de 1862 del Notariado *(Tol 63786)*.
- Real Decreto 117/2024, de 30 de enero, por el que se desarrollan las normas y los procedimientos de diligencia debida en el ámbito del intercambio automático obligatorio de información comunicada por los operadores de plataformas, y se modifican el Reglamento General de las actuaciones y los procedimientos de gestión e inspección tributaria y de desarrollo de las nor-

mas comunes de los procedimientos de aplicación de los tributos, aprobado por el Real Decreto 1065/2007, de 27 de julio, en transposición de la Directiva (UE) 2021/514 del Consejo de 22 de marzo de 2021 por la que se modifica la Directiva 2011/16/UE relativa a la cooperación administrativa en el ámbito de la fiscalidad, y otras normas tributarias *(Tol 9847966)*.

- Real Decreto 1071/2017, de 29 de diciembre, por el que se modifica el Reglamento General de Recaudación, aprobado por el Real Decreto 939/2005, de 29 de julio *(Tol 6462562)*.
- Real Decreto 939/2005, de 29 de julio, por el que se aprueba el Reglamento General de Recaudación *(Tol 675844)*.

Lección 14ª

Daños

ANA CRISTINA ANDRÉS DOMÍNGUEZ

Artículo 263

1. El que causare daños en propiedad ajena no comprendidos en otros títulos de este Código, será castigado con multa de seis a veinticuatro meses, atendidas la condición económica de la víctima y la cuantía del daño.

Si la cuantía del daño causado no excediere de 400 euros, se impondrá una pena de multa de uno a tres meses.

2. Será castigado con la pena de prisión de uno a tres años y multa de doce a veinticuatro meses el que causare daños expresados en el apartado anterior, si concurriere alguno de los supuestos siguientes:

1.º Que se realicen para impedir el libre ejercicio de la autoridad o como consecuencia de acciones ejecutadas en el ejercicio de sus funciones, bien se cometiere el delito contra funcionarios públicos, bien contra particulares que, como testigos o de cualquier otra manera, hayan contribuido o puedan contribuir a la ejecución o aplicación de las Leyes o disposiciones generales.

2.º Que se cause por cualquier medio, infección o contagio de ganado.

3.º Que se empleen sustancias venenosas o corrosivas.

4.º Que afecten a bienes de dominio o uso público o comunal.

5.º Que arruinen al perjudicado o se le coloque en grave situación económica.

6.º Se hayan ocasionado daños de especial gravedad o afectado a los intereses generales.

Artículo 264

1. El que por cualquier medio, sin autorización y de manera grave borrase, dañase, deteriorase, alterase, suprimiese o hiciese inaccesibles datos informáticos, programas informáticos o documentos electrónicos ajenos, cuando el resultado producido fuera grave, será castigado con la pena de prisión de seis meses a tres años.

2. Se impondrá una pena de prisión de dos a cinco años y multa del tanto al décuplo del perjuicio ocasionado, cuando en las conductas descritas concurra alguna de las siguientes circunstancias:

1ª Se hubiese cometido en el marco de una organización criminal.

2ª Haya ocasionado daños de especial gravedad o afectado a un número elevado de sistemas informáticos.

3ª El hecho hubiera perjudicado gravemente el funcionamiento de servicios públicos esenciales o la provisión de bienes de primera necesidad.

4ª Los hechos hayan afectado al sistema informático de una infraestructura crítica o se hubiera creado una situación de peligro grave para la seguridad del Estado, de la Unión Europea o de un Estado Miembro de la Unión Europea. A estos efectos se considerará infraestructura crítica un elemento, sistema o parte de este que sea esencial para el mantenimiento de funciones vitales de la sociedad, la salud, la seguridad, la protección y el bienestar económico y social de la población cuya perturbación o destrucción tendría un impacto significativo al no poder mantener sus funciones.

5ª El delito se haya cometido utilizando alguno de los medios a que se refiere el artículo 264 ter.

Si los hechos hubieran resultado de extrema gravedad, podrá imponerse la pena superior en grado.

3. Las penas previstas en los apartados anteriores se impondrán, en sus respectivos casos, en su mitad superior, cuando los hechos se hubieran cometido mediante la utilización ilícita de datos personales de otra persona para facilitarse el acceso al sistema informático o para ganarse la confianza de un tercero.

Artículo 264 bis

1. Será castigado con la pena de prisión de seis meses a tres años el que, sin estar autorizado y de manera grave, obstaculizara o interrumpiera el funcionamiento de un sistema informático ajeno:

a) realizando alguna de las conductas a que se refiere el artículo anterior;

b) introduciendo o transmitiendo datos; o

c) destruyendo, dañando, inutilizando, eliminando o sustituyendo un sistema informático, telemático o de almacenamiento de información electrónica.

Si los hechos hubieran perjudicado de forma relevante la actividad normal de una empresa, negocio o de una Administración pública, se impondrá la pena en su mitad superior, pudiéndose alcanzar la pena superior en grado.

2. Se impondrá una pena de prisión de tres a ocho años y multa del triplo al décuplo del perjuicio ocasionado, cuando en los hechos a que se refiere el apartado anterior hubiera concurrido alguna de las circunstancias del apartado 2 del artículo anterior.

3. Las penas previstas en los apartados anteriores se impondrán, en sus respectivos casos, en su mitad superior, cuando los hechos se hubieran cometido mediante la utilización ilícita de datos personales de otra persona para facilitarse el acceso al sistema informático o para ganarse la confianza de un tercero.

Artículo 264 ter

Será castigado con una pena de prisión de seis meses a dos años o multa de tres a dieciocho meses el que, sin estar debidamente autorizado, produzca, adquiera para su uso, importe o, de cualquier modo, facilite a terceros, con la intención de facilitar la comisión de alguno de los delitos a que se refieren los dos artículos anteriores:

a) un programa informático, concebido o adaptado principalmente para cometer alguno de los delitos a que se refieren los dos artículos anteriores; o

b) una contraseña de ordenador, un código de acceso o datos similares que permitan acceder a la totalidad o a una parte de un sistema de información.

Artículo 264 quater

Cuando de acuerdo con lo establecido en el artículo 31 bis una persona jurídica sea responsable de los delitos comprendidos en los tres artículos anteriores, se le impondrán las siguientes penas:

a) Multa de dos a cinco años o del quíntuplo a doce veces el valor del perjuicio causado, si resulta una cantidad superior, cuando se trate de delitos castigados con una pena de prisión de más de tres años.

b) Multa de uno a tres años o del triple a ocho veces el valor del perjuicio causado, si resulta una cantidad superior, en el resto de los casos.

Atendidas las reglas establecidas en el artículo 66 bis, los jueces y tribunales podrán asimismo imponer las penas recogidas en las letras b) a g) del apartado 7 del artículo 33.

Artículo 265

El que destruyere, dañare de modo grave, o inutilizare para el servicio, aun de forma temporal, obras, establecimientos o instalaciones militares, buques de guerra, aeronaves militares, medios de transporte o transmisión militar, material de guerra, aprovisionamiento u otros medios o recursos afectados al servicio de las Fuerzas Armadas o de las Fuerzas y Cuerpos de Seguridad, será castigado con la pena de prisión de dos a cuatro años si el daño causado excediere de mil euros.

Artículo 266

1. Será castigado con la pena de prisión de uno a tres años el que cometiere los daños previstos en el apartado 1 del artículo 263 mediante incendio, o provocando explosiones, o utilizando cualquier otro medio de similar potencia destructiva o que genere un riesgo relevante de explosión o de causación de otros daños de especial gravedad, o poniendo en peligro la vida o la integridad de las personas.

2. Será castigado con la pena de prisión de tres a cinco años y multa de doce a veinticuatro meses el que cometiere los daños previstos en el apartado 2 del artículo 263, en cualquiera de las circunstancias mencionadas en el apartado anterior.

3. Será castigado con la pena de prisión de cuatro a ocho años el que cometiere los daños previstos en los artículos 265, 323 y 560, en cualquiera de las circunstancias mencionadas en el apartado 1 del presente artículo.

4. En cualquiera de los supuestos previstos en los apartados anteriores, cuando se cometieren los daños concurriendo la provocación de explosiones o la utilización de otros medios de similar potencia destructiva y, además, se pusiera en peligro la vida o integridad de las personas, la pena se impondrá en su mitad superior.

En caso de incendio será de aplicación lo dispuesto en el artículo 351.

Artículo 267

Los daños causados por imprudencia grave en cuantía superior a 80.000 euros, serán castigados con la pena de multa de tres a nueve meses, atendiendo a la importancia de los mismos.

Las infracciones a que se refiere este artículo sólo serán perseguibles previa denuncia de la persona agraviada o de su representante legal. El Ministerio Fiscal también podrá denunciar cuando aquélla sea menor de edad, persona con discapacidad necesitada de especial protección o una persona desvalida.

En estos casos, el perdón de la persona ofendida extingue la acción penal.

I. CONSIDERACIONES GENERALES

El Capítulo IX del Título XIII del CP regula la figura de daños en cosa ajena. Se trata de un delito contra el patrimonio, entendido éste en el sentido de la teoría económico jurídica del patrimonio como "suma de valores económicos pertenecientes a una persona bajo la protección del Ordenamiento Jurídico" (WELZEL); un delito patrimonial sin enriquecimiento —delitos que se caracterizan por suponer un detrimento patrimonial que sufren los dueños sin un correlativo beneficio patrimonial por parte de los autores (RODRÍGUEZ MESA)— que consiste en la destrucción, deterioro e inutilización de una cosa ajena económicamente valorable.

II. TIPO BÁSICO

El art. 263.1, inciso primero, CP tras la reforma de la LO 1/2015, de 30 de marzo, recoge el tipo básico de daños.

1. Bien jurídico protegido

Constituyendo los daños una infracción contra el patrimonio y teniendo en cuenta, por un lado, que éste es objeto de protección en nuestro Código Penal como un conjunto diferenciado de valores patrimoniales y no como unidad, y, por otro, que el art. 263 CP es claro y rotundo al afirmar que los daños han de cometerse en "propiedad ajena", el concreto elemento patrimonial que resulta atacado por esta figura es la propiedad [SSTS 445/2009 17-4 (*Tol 1-514.420*), y 2037/2000, 26-12 (*Tol 117576*); SSAP, Salamanca, Sección 1ª, 36/2021, 22-9 (*Tol 8665596*); La Rioja, Sección 1ª, 61/2016, 19-2 (*Tol 5651184*); Alicante, Sección 2ª, 507/2009, 31-7 (*Tol 1240479*); Badajoz, Sección 3ª, 194/2008, 19-12 (*Tol 7275338*), y Córdoba, Sección 2ª, 249/2007, 10-12 (*Tol 7505123*)].

El objeto de protección en los daños en cosa ajena es la propiedad en su sentido estricto jurídico-privado. Propiedad que se encuentra protegida como derecho y como valor; en los supuestos de destrucción se lesiona el derecho de propiedad como tal derecho, con la desaparición del objeto se extingue el derecho de propiedad sobre el mismo; por el contrario, en los de deterioro e inutilización el derecho subsiste no así el valor que subyace al mismo: su contenido jurídico y económico [(SAP, Salamanca, Sección 1ª, 36/2021 (*Tol 8665596)*].

Ahora bien, si a ello añadimos que la verdadera naturaleza de esta figura delictiva es el constituir un ataque a la integridad material de la cosa, la conclusión a la que se llega es que se protege el derecho a la integridad o consistencia material de una cosa, el derecho a su existencia o permanencia incólume, derecho que corresponde al titular de la propiedad sobre ella. En consecuencia, el bien jurídico protegido en el delito de daños en cosa ajena es la propiedad, su contenido jurídico y económico, sobre la integridad material de un objeto, sobre su existencia o permanencia incólume (ANDRÉS DOMÍNGUEZ).

2. *Los sujetos*

2.1. Sujeto pasivo

Sujeto pasivo sólo puede ser el propietario de la cosa destruida o deteriorada, al ser el único que detenta el conjunto de facultades que integran la propiedad [SSAP, Alicante, Sección 2ª, 507/2009, 31-7 (*Tol 1240479)*, y Badajoz, Sección 3ª, 194/2008, 19-12 (*Tol 7275338)*].

En el supuesto de que los derechos del propietario concurran con otros derechos que terceras personas ostentan sobre la cosa (usufructo, arrendamiento, posesión, etc…), la condición de sujeto pasivo la sigue ostentando el propietario, en la medida en que la propiedad es un derecho unitario, abstracto y elástico, con una existencia distinta e independiente de las facultades que le integran, las cuales pueden faltar sin que la propiedad pierda su naturaleza esencial revirtiendo de nuevo al dominio, cuando desaparecen los obstáculos que las comprimían. El propietario puede estar privado de la posesión de la cosa, o haber cedido a un tercero el derecho de goce sobre la misma, pero sigue siendo el propietario, sigue conservando la propiedad sobre la cosa.

El poseedor legítimo, el usufructuario, el arrendatario o cualquier otra persona que, sin ser propietario, ostenta la titularidad de un derecho sobre la cosa, no pueden disfrutar de la cualidad de sujetos pasivos del delito por cuanto no son titulares del interés específico que protege la norma incriminadora de los daños. Podrán ostentar, eso sí, la cualidad de "sujetos pasivos de la acción", puesto que sobre ellos recae directamente la acción delictiva llevada a cabo por el agente. Consecuentemente, gozarán de la condición de perjudicados, concepto más amplio que el de sujeto pasivo del delito, al comprender a toda persona que haya podido sufrir algún perjuicio, ya de naturaleza material ya de naturaleza moral, por la perpetración del delito, sin necesidad de que ostente la titularidad del bien jurídico protegido.

2.2. Sujeto activo

Sujeto activo no podrá ser nunca el propietario; sí el poseedor legítimo, arrendatario, usufructuario o cualquier otra persona titular de un derecho sobre la cosa. El daño causado por el propietario sobre la cosa de su propiedad, en perjuicio de quien legítimamente ostenta un derecho sobre ella, es atípico a los efectos del delito de daños en cosa ajena, debiendo ser sancionado en virtud de los preceptos civiles correspondientes, en particular el art. 1902 CC.

3. Objeto material

3.1. Cosa corporal

Objeto material es la cosa, elemento descriptivo típico de daños que, aun siendo perceptible por los sentidos, requiere una interpretación o fijación en el sentido de que ha de reunir una serie de propiedades para ser objeto material idóneo de daños.

En primer lugar, ha de tratarse de una cosa susceptible de sufrir una destrucción, deterioro o inutilización, un quebranto material, ha de ser pues una cosa corporal. Aun cuando el Derecho positivo español únicamente exige que los daños se proyecten en propiedad ajena y no estén comprendidos en otros títulos del Código (art. 263.1 CP), el significado gramatical del vocablo "daños" que se refleja en los restantes términos que emplea el Código Penal (destruir, deteriorar, inutilizar…) proporcionan la base suficiente para afirmar que objeto material solo pueden ser aquellas cosas susceptibles de sufrir un quebranto material, una destrucción, deterioro o inutilización; el tipo de lo injusto exige por lo tanto que el objeto de la acción sea material o corporal [(STS 333/2021, 22-4 (*Tol 8422293*); SSAP, Salamanca, Sección 1ª, 36/2021, 22-9 (*Tol 8665596*), y Valencia, Sección 5ª, 290/2020, 8-9 (*Tol 8174222*); en contra, SUAY HERNÁNDEZ, ROMEO CASABONA, GONZÁLEZ RUS, MATA Y MARTÍN]. Esta exigencia de corporalidad o materialidad no implica, sin embargo, la tangibilidad de la cosa, siendo suficiente que se trate de una entidad perceptible por alguno de los sentidos (no necesariamente el tacto) (RODRÍGUEZ MESA).

La exigencia de corporalidad conduce a excluir del objeto material de daños las fuerzas naturales y las energías. Con relación a esta última es preciso distinguir, por un lado, los objetos o medios necesarios para su percepción, transmisión o transformación, y, por otro, la energía como tal, como propiedad que algunos cuerpos presentan para obtener de los mismos un determinado rendimiento o utilidad, que es concebida mediante un proceso intelectual. Los primeros pueden constituir perfectamente objeto material del delito de daños, pero no así la energía como tal en la medida que crece de corporalidad, aunque pueda ser considerada cosa mueble (ANDRÉS DOMÍNGUEZ, RODRÍGUEZ MESA).

Es indiferente el estado de agregación en el que la misma se encuentre (sólido, líquido o gaseoso), así como su aspecto de unidad natural o cosa compuesta. En estas últimas ha de darse, una unión corporal entre las partes, aun cuando el carácter de unidad funcional que presentan determinadas cosas compuestas constituye una excepción a este requisito de unión corporal (por ejemplo, un enjambre de abejas). Igualmente, poco importa que se trate de una cosa mueble, inmueble o semoviente aunque, en ocasiones, el casuismo de los tipos que recoge el Código Penal se refiera a una u otras categorías (ANDRÉS DOMÍNGUEZ).

3.2. Ajenidad

La cosa corporal o material ha de ser ajena [SSTS 333/2021, 22-4 (*Tol 8422293)*, y 1216/2003, 29-9 (*Tol 322284)*, y SAP, Valencia, Sección 5ª, 290/2020, 8-9 (*Tol 8174222)*] en el sentido de estar sujeta a la propiedad de una persona. No son ajenas y, por lo tanto, no son objeto material de daños ni las *rei nullius* ni las *rei derelictae;* las primeras, porque no pertenecen a nadie, su propiedad se adquiere por ocupación, y en tanto en cuanto ésta no tenga lugar queda descartada toda idea de daños; las segundas, porque se han abandonado y una vez abandonadas no pertenecen a nadie, en la medida en que el que abandona pierde no solo la posesión sino también la propiedad.

Sí pueden ser objeto material idóneo de daños las cosas perdidas y la cosa común, si bien respecto de esta última es preciso distinguir si se trata de una comunidad *pro indiviso*, en cuotas ideales, o una comunidad en cuotas proporcionales. En este segundo caso sí se puede afirmar la ajenidad de cada cuota respecto de las que pertenecen a los demás, puesto que la perfecta asignación de cuotas permite definir el derecho de propiedad concreto de cada copropietario; en este sentido, para el propietario de una de las cuotas tienen la condición de ajena las cuotas que pertenecen a los demás copropietarios, de manera que habrá delito de daños si destruye o deteriora alguna de ellas.

Por el contrario, tratándose de una comunidad *pro indiviso* habrá que negar la existencia del requisito de la ajenidad puesto que la cosa pertenece a todos los condóminos, todos son propietarios y poseedores de ella. En este supuesto no es posible admitir un delito de daños porque el sujeto activo del mismo tendría la propiedad del objeto dañado, sería uno de los propietarios del objeto dañado, situación absurda si lo que se protege a través de esta figura es la propiedad [de otra opinión y en relación al hurto, ÁLVAREZ GARCÍA; por su parte, RODRÍGUEZ MESA considera que "la ajenidad de la cosa que resulta precisa para la consumación del delito de daños se satisface con la ausencia de titularidad exclusiva sobre la cosa", de manera que habrá daños en propiedad ajena en los supuestos de propiedad horizontal cuando los daños causados por los dueños de los pisos sobre sus bienes privativos originen daños en los elementos comunes, así como, en una sociedad de gananciales, por los daños causados por un cónyuge en los bienes de carácter ganancial; igualmente, en este último sentido, SSAP, Jaén, Sección 3ª, 62/2022, 2-3 (*Tol 9357601)*, y Granada, 97/2020, 6-3 (*Tol 8123404)*].

3.3. Valor económico

Por último, la cosa corporal o material y ajena ha de estar dotada de valor económico, valor convertible directamente en dinero, valor que ha de estar ínsito en la misma, en la medida en que los daños se castigan atendiendo al valor de la cosa dañada y no a los efectos en el patrimonio del sujeto al cual aquélla pertenece. En consecuencia, los bienes privados de valor de cambio, pero poseedores de gran valor afectivo (bienes de valor afectivo) no pueden ser objeto material de daños: su destrucción o deterioro será objeto de indemnización y reparación a través del art. 1902 CC. Igualmente, el daño moral o dolor que sufre una persona por la destrucción o deterioro de un objeto querido integra la responsabilidad civil derivada de delito, siempre sobre la base del daño material efectivo, de la destrucción o el menoscabo de la cosa corporal ajena y en función de su valor.

La cuantía ha de exceder de 400 euros para integrar el delito previsto en el art. 263. 1 inciso primero; la cuantía inferior conduce al delito leve de daños recogido en el inciso segundo.

4. Conducta típica

4.1. Acción

El comportamiento típico consiste en destruir, deteriorar, inutilizar y dañar. La principal cuestión que plantea la conducta típica del delito de daños es si éstos requieren el ataque a la integridad de la cosa ocasionando en ella un quebranto material o si es suficiente, por el contrario, el ataque al valor de uso del objeto sin quebranto material alguno; discusión que se complica habida cuenta de que en el término "inutilizar", que junto a los de destruir, deteriorar y dañar se emplea en la descripción de la figura, tienen cabida ambas acepciones. En definitiva, ¿es necesaria la "lesión en la sustancia" o es suficiente el "ataque al valor de uso"?

La respuesta viene proporcionada por la interpretación histórico-dogmática de la figura. Históricamente los daños se han caracterizado por la protección que se brinda a la propiedad de una cosa respecto de los ataques que se dirigen a su corporalidad o consistencia material. Esta esencia específica se refleja en los elementos que caracterizan el injusto típico. Se prohíbe la causación de daños en propiedad ajena; la propiedad constituye el bien jurídico protegido que ha de tomar cuerpo en un objeto real: la cosa. El daño que importa es el concreto efecto causado sobre la cosa objeto material: se trata de un daño real y material. La forma de llevar a cabo esta lesión adquiere una relevancia especial: la lesión de la propiedad solo es típica cuando se haya llevado a cabo a través de una actuación dirigida a la consistencia material de la cosa, originando en ella una serie de modificaciones físicas que anulan o disminuyen su valor.

Esta exigencia de ataque a la integridad material del objeto se adecua, por otra parte, al significado gramatical de los términos dañar ("causar detrimento"), destruir ("deshacer, arruinar, asolar una cosa material") o deteriorar ("estropear, menoscabar"). Mayor problema plantea, ciertamente, el término "inutilizar", que implica "hacer nula o vana una cosa", en la medida en que se puede anular la función de un objeto tanto ocasionando un desperfecto físico (el hecho de que una cosa no exista más en su integridad o consistencia material supone al mismo tiempo la pérdida total de su funcionalidad) como sin producir el más mínimo quebranto material. Pues bien, la inutilización integra el injusto típico de daños siempre que la anulación de la función derive del quebranto físico del objeto. La configuración típica del injusto de daños requiere, en consecuencia, tanto un daño físico como un daño funcional: el "ataque al valor de uso" es típico en la medida en que proceda de una "lesión en la sustancia" o consistencia material de la cosa. No son típicos los supuestos de ataque al valor de uso o pérdida de la utilidad del objeto sin lesión en la sustancia (sustracción u ocultación de la cosa al propietario) [ANDRÉS DOMÍNGUEZ; SSTS 273/2022, 23-3 (*Tol 8893175*), y 333/2021, 22-4 (*Tol 8422293*); SAP, Valencia, Sección 5ª, 290/2020, 8-9 (*Tol 8174222*); con ligeros matices, GONZÁLEZ RUS, GARCÍA ARÁN; en contra, BAJO FERNÁNDEZ, ORTS BERENGUER].

Los daños constituyen un delito material prototipo de los delitos de resultado en el ámbito de las infracciones patrimoniales. El tipo prohíbe la causación de un resultado determinado: el daño en la consistencia material de la cosa ajena. Tipo de resultado o prohibitivo de causar que perfectamente admite la comisión por omisión: lo esencial es que se produzca aquel resultado que prohíbe la ley siendo indiferente que haya tenido lugar a través de un hacer o un no hacer. Sin embargo, no es suficiente el "no hacer" que ocasiona el resultado prohibido; es indispensable que el sujeto activo se encuentre en posición de garante y que sea posible la imputación objetiva del resultado producido a la actitud pasiva de aquél [RODRÍGUEZ MESA: "... es preciso, que el resultado producido se corresponda con el fin de protección de la norma, es decir, que coincida con la clase de resultados que pretende evitar la norma de cuidado infringida"; ANDRÉS DOMÍNGUEZ; STS, 20-4-1972 (*Tol 4262950*); SSAP, Pontevedra, Sección 4ª, 77/2020, 14-9 (*Tol 8135946)*, y Murcia, Sección 4ª, 5/2009, 21-5 (*Tol 6744974)*].

4.2. Delimitación daño penal-daño civil

Consecuencia inmediata de definir la acción típica de daños como aquélla que lesiona la integridad material de la cosa anulando o disminuyendo su valor, es que es éste el único criterio que permite distinguir el ilícito civil del injusto penal. El daño civil y el daño penal se configuran como dos círculos concéntricos, más amplio el correspondiente al daño civil, puesto que todas las figuras generadoras de daño (funcional, físico, privación del derecho de disfrute al propietario...) respecto de una cosa de propiedad ajena constituyen un mero ilícito civil. De este amplio abanico de conductas el Legislador penal interviene extrayendo aquellas que, en su opinión, integran las formas más graves del comportamiento antijurídico —principio de intervención mínima—, bien en razón a la importancia y trascendencia del objeto, bien por la gravedad de las formas a través de las cuales se llevan a cabo, y las incorpora al Derecho penal tipificándolas como delito. Son aquellas conductas que atacan la propiedad existente sobre una cosa corporal, a través de una acción que lesiona su integridad o existencia incólume generando un quebranto físico tal que elimina o aminora su valor (destrucción, deterioro e inutilización).

Todos aquellos comportamientos que se dirigen al valor funcional de la cosa privando al propietario de su derecho de disfrute, pero sin afectar a su integridad material permanecen, pues, en el ámbito civil (liberar un pájaro exótico enjaulado, esconder un diamante, abrir el grifo y dejar escapar el agua, poner un cepo a la rueda de un coche o deshinchar ésta...) (ANDRÉS DOMÍNGUEZ).

5. Resultado típico

Es el daño, el efecto concreto que sobre el objeto material produce la acción llevada a cabo por el autor [SSAP, Pontevedra, Sección 4ª, 77/2020, 14-9 (*Tol 8135946)*; Salamanca, Sección 1ª, 64/2009, 13-7 (*Tol 1572664)*, y Jaén, Sección 2ª, 192/2008, 3-12 (*Tol 1468872)*: "*El resultado es la destrucción, equivalente a pérdida total de su valor, la inutilización, que supone la desaparición de sus cualidades o utilidades y el menoscabo, que consiste en una destrucción parcial, un cercenamiento de la integridad, perfección o valor de la cosa*"], con independencia de sus repercusiones en el patrimonio del sujeto. Se trata de un daño físico-funcional: el quebranto que sufre la cosa en su propia integridad corporal o material, bien en la forma de destrucción, bien en la de deterioro o inutilización, perdiendo o viendo disminuida aquélla su valor o utilidad para el fin al que estaba destinada; y, económico, en cuanto que el valor que desaparece o disminuye es el valor económico, directamente convertible en dinero, ínsito en la cosa.

Los daños se castigan atendiendo al valor económico de la cosa dañada y no a los posibles efectos en el patrimonio del sujeto al que ésta pertenece. Ha de constar la realidad y cuantía del daño, debiendo cuantificarse el valor de la cosa e incluirse el IVA correspondiente [SSAP, Barcelona, Sección 5ª, 99/2022, 27-1 (*Tol 8921241*); Zamora, Sección 1ª, 60/2009, 30-11; Barcelona, Sección 2ª, 500/2009, 16-7 (*Tol 1605332*); Badajoz, Sección 3ª, 194/2008, 19-12 (*Tol 7275338*), y Las Palmas, Sección 1ª, 311/2007, 13-12 (*Tol 1623344*): "*La falta de prueba sobre la cuantía de daño debe conllevar que no pueda considerarse probado que lo sea por importe superior a 400 euros y condenar por falta*"]. Los perjuicios causados integran el *quantum* de la responsabilidad civil que deriva de todo delito; en este sentido, el coste de la mano de obra necesaria para la reparación no debe tenerse en cuenta a efectos de determinar la cuantía del daño sino que, por el contrario, entra dentro de los perjuicios indemnizables en concepto de responsabilidad civil [STS 475/2020, 25-9 (*Tol 8111616*): "*... en el delito de daños ha de cuantificarse el valor de la cosa, sin mano de obra, e incluirse el IVA correspondiente. El importe de la mano de obra será no obstante tenido en cuenta para determinar la responsabilidad civil, como reparación total del perjuicio, pero no para la evaluación del daño identificado con la destrucción de la cosa. Tal doctrina es acorde con el concepto de daño que contempla el Código Penal como destrucción o menoscabo de la cosa ajena independientemente del perjuicio patrimonial que conlleve. De esta forma la regulación de los daños contenida en el Código Penal castiga este delito en atención al valor de la cosa dañada y no en función del perjuicio patrimonial causado, con la excepción de daños causados a datos, programas o sistemas informáticos*"; SSAP, Guadalajara, Sección 1ª, 89/2023, 5-5 (*Tol 9635185*); Madrid, Sección 2ª, 166/2023, 17-4 (*Tol 9644667*); Barcelona, Sección 5ª, 99/2022, 27-1 (*Tol 8921241*): "*... en el delito de daños ha de cuantificarse el valor de la cosa, sin mano de obra, e incluirse el IVA correspondiente. El importe de la mano de obra será no obstante tenido en cuenta para determinar la responsabilidad civil, como reparación total del perjuicio, pero no para la evaluación del daño identificado con la destrucción de la cosa*"; Lleida, Sección 1ª, 386/2021, 21-12 (*Tol 8896300*): "*... debe distinguirse entre lo que integra propiamente el concepto de daño, es decir, la inutilización que supone la desaparición de las cualidades y utilidades de la cosa, que es lo que servirá para la calificación de los hechos como delito menos grave o leve, de lo que es el perjuicio patrimonial de su propietario, que servirá para calcular la indemnización; así las cosas, no constando en este caso el desglose del valor de reparación de los daños, es decir la discriminación de lo que corresponde al valor de los materiales y lo que es mano de obra, tal circunstancia debe favorecer al reo, tratándose además de un valor de reparación muy próximo a la cuantía de 400 euros que sirve de límite entre el delito menos grave y leve, de modo que, sin perjuicio de que el valor de reparación y por tanto la indemnización al perjudicado debe ascender a 485 euros más IVA, la duda en cuanto a qué cantidad corresponde exactamente al valor* *de los daños propiamente dichos y cuál a la mano de obra debe suponer la calificación de los hechos como delito leve de daños...*"; Vizcaya, Sección 2ª, 90239/2021, 25-7: "*Se distingue en consecuencia la esencia del daño como destrucción o menoscabo de la cosa en sí (material a precio de mercado más IVA), por un lado, y su reparación con mano de obra y gastos asociados, por otro, especie esta última que se adscribe a la reparación, esto es, a la responsabilidad civil*"; Barcelona, Sección 5ª, 589/2020, 26-10 (*Tol 8221514*): "*... en el delito de daños ha de cuantificarse el valor de la cosa, sin mano de obra, e incluirse el IVA correspondiente. El importe de la mano de obra será no obstante tenido en cuenta para determinar la responsabilidad civil, como reparación total del perjuicio, pero no para la evaluación del daño identificado con la destrucción de la cosa. Tal doctrina es acorde con el concepto de daño que contempla el* Código Penal (RCL 1995, 3170 y RCL 1996, 777) *(RCL 1995, 3170 y RCL 1996, 777) como destrucción o menoscabo de la cosa ajena independientemente del perjuicio patrimonial que conlleve. De esta forma la regulación de los daños contenida en el Código Penal (RCL 1995, 3170 y RCL 1996, 777) castiga este delito en atención al valor de la cosa dañada y no en función del perjuicio patrimonial causado, con la excepción de daños causados a datos, programas o sistemas informáticos. En consecuencia, excluida de la cuantificación del daño el importe de la mano de obra, es evidente que también debe quedar excluido el IVA generado por esta partida*"; Las Palmas, Sección 2ª, 13/2019, 24-1 (*Tol 7206787*), y Barcelona, 20-5-2012 (*Tol 2552471*); en contra de incluir en la valoración del daño no solo la mano de obra sino también el IVA, SSAP, Álava, Sección 2ª, 363/2008, 21-11 (*Tol 1628401*): "*Los daños, a efectos del delito de daños, son los correspondientes a la destrucción de la cosa o su reparación, pero no las cuantías correspondientes a la mano de obra y al IVA, cuyas partidas deben quedar excluidas de la valoración del daño a los efectos de la cualificación penal, e incluirse en el perjuicio patrimonial del perjudicado, indemnizable por vía de responsabilidad civil*", y Barcelona, Sección 20ª, 294/2007, 21-3 (*Tol 1079698*)]. Incluso, pueden darse supuestos en los que existe daño para la cosa, sin perjuicio económico para el total de los valores patrimoniales del sujeto pasivo, subsistiendo el delito de daños.

Las anteriores consideraciones no se ven enturbiadas por la presencia, entre las agravantes específicas de daños, de la ruina del perjudicado; dicha cualificación es indicativa de que el Legislador ha desvalorado la conducta en función de un mayor resultado producido: al efecto perjudicial concreto sufrido por la cosa se une la causación de un perjuicio en el patrimonio total del sujeto; este último es tomado en cuenta a efectos de agravar la pena (ANDRÉS DOMÍNGUEZ).

6. Tipo subjetivo

Requiere únicamente el dolo, conciencia y voluntad de destruir, deteriorar o inutilizar la cosa ajena, sin ser preciso ningún propósito ulterior en el agente [STS 97/2004, 27-1 (*Tol 347030*), y SAP, Asturias, Sección 8ª, 23/2019, 25-1 (*Tol 7900398*)]. La intención de dañar (*animus damnandi/animus nocendi*) se corresponde con el dolo [SSAP, Asturias, Sección 8ª, 23/2019, 25-1; La Rioja, Sección 1ª, 103/2018, 26-6 (*Tol 6802478*); Las Palmas, Sección 1ª, 44/2016, 8-2 (*Tol 5701905*); Salamanca, Sección 1ª, 64/2009, 13-7 (*Tol 1572664*); Jaén, Sección 2ª, 192/2008, 3-12 (*Tol 1468872*); Palencia, Sección 1ª, 67/2007, 28-12 (*Tol 7369180*), y Málaga, Sección 8ª, 689/2007, 7-12 (*Tol 1351662*)].

Es suficiente el dolo eventual [SSTS, 16-6-2015 (*Tol 5185896*), y 97/2004, 27-1 (*Tol 347030*); SSAP, Salamanca, Sección 1ª, 36/2021, 22-9 (*Tol 8665596*); Pontevedra, Sección 4ª, 77/2020, 14-9 (*Tol 8135946*); Badajoz, Sección 3ª, 80/2019, 15-5 (*Tol 7284215*), y Las Palmas, Sección 2ª, 310/2007, 5-12 (*Tol 1229874*)].

7. Iter criminis

Aunque entre las formas típicas de acción el Legislador ha incluido el deterioro y la inutilización, elevando a la categoría de daños consumados supuestos que, en ocasiones y atendiendo a la voluntad del autor, no pasarían de ser más que un principio de ejecución, es perfectamente admisible la apreciación del daño en grado de tentativa. En este sentido, habrá tentativa de daños cuando se haya iniciado la destrucción, el deterioro o la inutilización creando un peligro directo de lesión para la propiedad ajena, debiendo deducirse la intención del autor de los hechos objetivos externos (sujeto que es inmovilizado en el momento en que se dispone a arrojar al suelo el valioso jarrón que tiene entre las manos); o bien, cuando se realiza la acción de destruir, deteriorar o inutilizar, creando un peligro directo de lesión para la propiedad ajena sin que llegue a producirse el daño (tirar al suelo un reloj de oro sin conseguir romperlo, lanzar piedras contra un pájaro exótico ajeno sin matarlo …) (ANDRÉS DOMÍNGUEZ).

8. Delimitación con las figuras de incendio, estragos y hurto

8.1. Daños-incendio

La distinción entre el delito de incendio previsto en el Título XVII ("De los delitos contra la seguridad colectiva"), Capítulo II, arts. 351 a 358 CP, y el de daños, ha de hacerse partiendo de una rigurosa y exacta ponderación de los respectivos bienes jurídicos protegidos por ambos delitos.

De todos los bienes jurídicos que se vulneran en el incendio el menos trascendente de todos, en la inmensa mayoría de los casos, es el patrimonial. Por el contrario, es temido como uno de los más graves peligros para la seguridad, la vida y la integridad física de las personas. Peligro que deriva o es ocasionado por el propio fuego al propagarse, al levantarse en llamas: por el riesgo de propagación inherente a él. Este sentido se encuentra ínsito en la voz "incendio", la cual es apropiada para aquellas cosas que presuponen una propagación o un riesgo, pero resulta inadecuada para aquellos objetos que pueden quemarse, pero no incendiarse. Lo característico, en definitiva, del incendio es el riesgo de propagación, el peligro que puede derivar para la vida y la integridad de las personas, para la seguridad general o colectiva.

No es el medio incendiario el que impone una distinción infranqueable entre daños e incendios. El criterio más firme de distinción radica en el diverso objeto de protección asumido por cada figura: la propiedad sobre la integridad material de las cosas en el delito de daños en cosa ajena, y la seguridad colectiva en el delito de incendio en base al riesgo o peligro de propagación inherente a él. La destrucción de objetos por cremación, sin riesgo alguno de propagación que pueda poner en peligro la seguridad de las personas, constituye delito de daños no de incendio [STS, 19-5-2011 (*Tol 2152669*); SSAP, La Rioja, Sección 1ª, 161/2020, 18-12 (*Tol 8246121*); Madrid, 10-5-2016 (*Tol 5799281*); Madrid, 15-2-2016 (*Tol 5687868*); Las Palmas, 10-3-2015 (*Tol 5424826*); Alicante, Sección 1ª, 749/2008, 28-11 (*Tol 7278207*); Valladolid, Sección 2ª, 455/2001, 20-6 (*Tol 1540284*), y Lérida, Sección 1ª, 497/2000, 8-11].

8.2. Daños-estragos

Otro tanto cabe decir con relación a la distinción entre el delito de estragos, previsto en el Título XVII ("Delitos contra la seguridad colectiva"), Capítulo I, Sección 2ª, arts. 346 y 347 CP, y el de daños. Lo esencial del delito de estragos no radica en la destrucción de aeropuertos, puertos, estaciones, etc…, sino en el empleo de medios de gran poder destructivo que ponen en peligro la seguridad colectiva. El elemento fundamental del delito de estragos consiste en la existencia de ese peligro, siendo, a su vez, este elemento el que permite señalar la diferencia entre esta especie delictiva y los daños.

Si bien es cierto que se trata de un delito de resultado inmediato real (una explosión, una inundación, etc…), de manera que los eventos dañosos patrimoniales se le incorporan dotándole de un carácter patrimonial, no hay que olvidar, y éste constituye el dato fundamental que permite determinar la naturaleza jurídica específica de esta figura delictiva, que por encima de esta cualidad patrimonial debe suponer un riesgo común, el cual se encuentra implícito en la peligrosidad del medio empleado. La razón, pues, de la incriminación del delito de estragos se encuentra en el peligro colectivo que entraña: lo relevante no es el patrimonio sino la seguridad común.

El delito de estragos aparece como un delito de resultado, en cuanto a los daños a la propiedad, en la medida en que dichos daños deben incorporarse necesariamente a este delito, y como un delito de peligro en relación al riesgo que implica para la vida e integridad de un número indeterminado de personas. El criterio diferencial es el peligro común para la seguridad colectiva; la característica esencial de este delito es la existencia de un daño potencial, indefinido y gravísimo, que puede extenderse no sólo a las propiedades sino, principalmente, a las personas.

En consecuencia, en ausencia de todo riesgo para la seguridad colectiva, el empleo de explosivos es un medio idóneo para ejecutar el delito de daños [SSAN 12/2021, 14-5 (*Tol 8459017*), y 26/2011, 19-5 (*Tol 2634543*); SSTS 1132/2005, 7-10 (*Tol 725667*), y 218/2003, 18-2 (*Tol 265602*)].

8.3. Daños-hurto

La delimitación con el hurto se plantea en aquellos supuestos en los que el sujeto sustrae la cosa con la intención de destruirla y obtener así un beneficio económico. La diferencia se encuentra en el hecho de que en el delito de hurto el ánimo de lucro, la intención de obtener un beneficio económico, es directo, deriva de la apropiación de la cosa, lo que deja fuera el beneficio obtenido por la destrucción, el cual permanece en el ámbito típico del delito de daños (GARCÍA ARÁN).

9. Concursos

Concurso de leyes con el delito de conducción temeraria que se rige por el principio de alternatividad (SAP, Sevilla, Sección 4ª, 78/1999, 9-3) y de delitos con las figuras de incendio, energía nuclear y estragos.

10. Penalidad

La pena es de multa de seis a veinticuatro meses, "atendidas la condición económica de la víctima y la cuantía del daño", criterios éstos últimos que operan como complementarios de las reglas generales de determinación de la multa (art. 50 CP) (GARCÍA ARÁN).

11. El delito leve de daños

Tras la reforma operada por la LO 1/2015, de 30 de marzo, por la que se modifica la Ley Orgánica 10/1995, de 23 de noviembre, del Código Penal, el inciso segundo del apartado primero del art. 263 CP recoge el delito leve de daños: "*Si la cuantía del daño no excediere de 400 euros, se impondrá una pena de multa de uno a tres meses*". Sin embargo, esta redacción definitiva del art. 263.1 CP, inciso segundo, no coincide con la redacción inicial del delito leve de daños otorgada tanto por el Anteproyecto de 2012 como por el Proyecto de 2013.

11.1. Anteproyecto de Ley Orgánica por la que se modifica la Ley Orgánica 10/1995, de 23 de noviembre, del Código Penal, de 2012

El Anteproyecto de 2012 —tras recoger en el inciso primero del apartado 1 del art. 263 CP el tipo básico de daños en los mismos términos que el Código Penal actual— hacía referencia, en el inciso segundo, al tipo leve de daños: "*Si el hecho, en atención a tales circunstancias, fuera de escasa gravedad, se impondrá la pena de multa de uno a tres meses. En ningún caso se considerarán de escasa gravedad los casos en los que el valor de los daños fuera superior a 1000 euros*". Tipo atenuado que se incorpora —como consecuencia de la derogación de las faltas— para sancionar aquellas conductas que por sus circunstancias puedan ser consideradas delictivas, pero de "escasa gravedad". Con ello —de acuerdo con la Exposición de Motivos del Anteproyecto de 2012— "*se elimina el rígido criterio de los cuatrocientos euros para delimitar entre delitos y faltas, y aumentan las posibilidades para la actuación judicial unido al amplio margen que se introduce en la fijación de las penas previstas para este tipo de conductas. No obstante, la nueva regulación evita que los tipos atenuados sean aplicables a los supuestos de gravedad objetiva, cuando la cuantía excede de 1000 euros*".

De acuerdo con esta nueva redacción, conductas que venían siendo sancionadas conforme al tipo básico de daños del art. 263.1 CP con pena de multa de seis a 24 meses, se convertían en delito leve de daños siendo castigadas con multa de uno a tres meses —al haberse incrementado la cuantía a partir de la cual se castiga el hecho por el tipo básico, que pasaba de 400 a 1000 euros— por lo que la penalidad en estos supuestos resultaba ser inferior a la prevista en el Código Penal para los daños constitutivos de delito cuya cuantía se situase entre los 400 y los 1000 euros (Informe del Consejo Fiscal al Anteproyecto de Ley Orgánica por la que se modifica la Ley Orgánica 10/1995, de 23 de noviembre, del Código Penal).

En definitiva, la conversión de la falta de daños del artículo 625 CP en delito leve de daños, no iba a coadyuvar a la descongestión de la justicia penal —finalidad a la que estaba orientada la supresión del Libro III del Código Penal a tenor de la Exposición de Motivos del Anteproyecto de 2012— por cuanto hechos que venían constituyendo delito básico de daños —al exceder su cuantía de 400 euros— pasaban a ser delitos leves si superando la citada cuantía no excedían de 1000 euros; delitos leves que se sustanciaban conforme al procedimiento previsto para el juicio de faltas (Disposición Transitoria Cuarta Anteproyecto de Ley Orgánica por la que se modifica la Ley Orgánica 10/1995, de 23 de noviembre, del Código Penal: La instrucción y el enjuiciamiento de los delitos leves. "*Mientras no entre en vigor la nueva Ley de Enjuiciamiento Criminal, los delitos leves tipificados en los artículos 147.2, 147.3, 171.7, 172.3, 249, 263, 274.2 párrafo 2º, 270.1 párrafo 2º y 234.2, tendrán la consideración de faltas penales a los efectos de la aplicación de la vigente Ley de Enjuiciamiento Criminal* [...]. *Del mismo modo, la instrucción y el enjuiciamiento de dichos delitos se sustanciarán conforme al procedimiento previsto para el juicio de faltas en el Libro VI de la vigente Ley de Enjuiciamiento Criminal, cuyos preceptos se adaptarán a la presente reforma en todo lo que sea necesario*").

Centrándonos en la redacción del art. 263.1 CP, el Anteproyecto tipificaba el tipo básico de daños castigando con pena de seis a 24 meses los daños causados en propiedad ajena y no comprendidos en otros títulos del CP, en función de la condición económica de la víctima y la cuantía del daño; a continuación se indicaba que los casos de escasa gravedad —en atención de nuevo a la condición económica de la víctima y la cuantía del daño— se castigan con pena de uno a 3 meses, con la salvedad de los daños cuya cuantía fuese superior a 1000 euros que, en ningún caso, serían considerados de escasa gravedad. Se trataba de una farragosa redacción que planteaba importantes problemas interpretativos, en la medida que no se podía saber a ciencia cierta si los daños inferiores a 1000 euros eran siempre de escasa gravedad o, por el contrario, la determinación de si se estaba en presencia del tipo básico de daños o del delito leve de daños quedaba al arbitrio judicial en función de la situación económica de la víctima y de la cuantía del daño y no, exclusivamente, del criterio objetivo de los 1000 euros. En conclusión, se producía una clara vulneración del principio de taxatividad y, por ende, del principio de Legalidad (ANDRÉS DOMÍNGUEZ).

11.2. Proyecto de Ley Orgánica por la que se modifica la Ley Orgánica 10/1995, de 23 de noviembre, del Código Penal, de 2013

El Proyecto de 2013 modifica la redacción del inciso segundo del apartado 1 del art. 263 CP, castigando con pena de multa de uno a tres meses, si la cuantía del daño no excediese de 500 euros. La única diferencia que existe entre el tipo básico y el delito leve de daños, conforme al Proyecto de 2013, es la cuantía del daño; cuantía que, de los 400 euros fijados por el Código Penal que se modifica, pasa a ser de 500 euros.

Se mantienen las objeciones efectuadas en relación a la redacción del Anteproyecto de 2012, por cuanto conductas que con arreglo al CP que se modifica eran sancionadas conforme al tipo básico de daños del art. 263.1 CP con pena de multa de seis a 24 meses, con la nueva redacción otorgada por el Proyecto de 2013 pasan a ser constitutivas de un delito leve de daños sancionado con multa de uno a tres meses, al haberse incrementado la cuantía a partir de la cual se castiga el hecho por el tipo básico, que, conforme al Proyecto de 2013, pasa de 400 a 500 euros: la penalidad en estos supuestos resulta, en consecuencia, ser inferior a la prevista en el CP en su redacción anterior al Proyecto de 2013 para los daños cuya cuantía se situase entre los 400 y los 500 euros (ANDRÉS DOMÍNGUEZ).

Así mismo, la conversión de la falta de daños en delito leve de daños tampoco era de utilidad para la descongestión de la justicia penal —finalidad a la que sigue estando orientada la supresión del Libro III del Código Penal, como dispone el Preámbulo del Proyecto— por cuanto los delitos leves siguen sustanciándose conforme al procedimiento previsto para el juicio de faltas (Disposición adicional tercera Proyecto de Ley Orgánica por la que se modifica la Ley Orgánica 10/1995, de 23 de noviembre, del Código Penal: "*Los delitos leves cometidos tras la entrada en vigor de la presente Ley, tendrán la consideración de faltas penales a los efectos de la aplicación de la vigente Ley de Enjuiciamiento Criminal. En consecuencia, la instrucción y el enjuiciamiento de dichos delitos se sustanciarán conforme al procedimiento previsto para el juicio de faltas en el Libro VI de la vigente Ley de Enjuiciamiento Criminal, cuyos preceptos se adaptarán a la presente reforma en todo aquello que sea necesario*").

Afortunadamente, el Proyecto de 2013 no mantiene la redacción que el Anteproyecto de 2012 otorgaba al inciso segundo del apartado 1 del art. 263 CP ("*Si el hecho, en atención a tales circunstancias (la condición económica de la víctima y la cuantía del daño), fuera de escasa gravedad, se impondrá la pena de multa de uno a tres meses. En ningún caso se considerarán de escasa gravedad los caos en los que el valor de los daños fuera superior a 1000 euros*"), farragosa redacción que planteaba —como se ha indicado al hablar del Anteproyecto de 2012— importantes problemas interpretativos.

11.3. Ley Orgánica 1/2015, de 30 de marzo, por la que se modifica la Ley Orgánica 10/1995, de 23 de noviembre, del Código Penal

La Ley Orgánica 1/2015, de 30 de marzo, por la que se modifica la Ley Orgánica 10/1995, de 23 de noviembre, del Código Penal, con el propósito, tal y como indica en su Preámbulo, de "incrementar la eficacia de la justicia penal", suprime las faltas que históricamente venían siendo objeto de regulación en el Libro III del CP, si bien algunas de ellas —al igual que en el Anteproyecto de 2012 y el Proyecto de 2013— se incorporan al Libro II del CP tipificándose como delitos leves.

La reducción del número de faltas —delitos leves en la nueva regulación que se introduce— viene orientada, conforme indica el citado Preámbulo, por el principio de intervención mínima, y debe facilitar una disminución relevante del número de asuntos menores que, en gran parte, pueden encontrar respuesta a través del sistema de sanciones administrativas y civiles. En el ámbito de las infracciones contra el patrimonio, la derogación de las faltas supone la incorporación de nuevos subtipos atenuados en los correspondientes delitos de referencia, manteniendo el criterio cuantitativo para sancionar las infracciones de menor gravedad.

Todo lo anterior, en el supuesto concreto de los daños, se traduce en la modificación del apartado 1 del art. 263 CP al tipificar como delito leve la anterior falta de daños prevista en el art. 625 CP que se reforma —artículo que queda suprimido— manteniéndose el límite cuantitativo entre el tipo básico de daños y el delito leve en 400 euros (como indica el Preámbulo de la Ley Orgánica 1/2015, de 30 de marzo, "*por razones de seguridad jurídica y de mayor precisión posible en la descripción penal*". La cuantía queda definitivamente fijada en 400 euros en el Senado) —desapareciendo pues las objeciones que se venían efectuando con relación a la cuantía tanto al Anteproyecto de 2012 como al Proyecto de 2013— cuantía que tradicionalmente ha constituido el límite entre el delito patrimonial y la correspondiente falta.

Sin embargo, se mantiene la objeción de que la conversión de la falta de daños del desaparecido art. 625 CP en delito leve de daños no va a coadyuvar a la descongestión de la justicia penal, finalidad a la que, igualmente, está orientada la supresión del Libro III del CP, como se dispone en el Preámbulo, por cuanto los delitos leves siguen sustanciándose conforme al procedimiento previsto para el juicio de faltas (Disposición adicional tercera Ley Orgánica 1/2015, de 30 de marzo: "*Los delitos leves cometidos tras la entrada en vigor de la presente Ley, tendrán la consideración de faltas penales a los efectos de la aplicación de la vigente Ley de Enjuiciamiento Criminal. En consecuencia, la instrucción y el enjuiciamiento de dichos delitos se sustanciarán conforme al procedimiento previsto para el juicio de faltas en el Libro VI de la vigente Ley de Enjuiciamiento Criminal, cuyos preceptos se adaptarán a la presente reforma en todo aquello que sea necesario*").

La pena del delito leve de daños —daños inferiores a 400 euros— es de multa de uno a tres meses, mayor que la prevista para la anterior falta de daños (multa de 10 a 20 días) (CASTRO CORREDOIRA/VÁZQUEZ-PORTOMEÑE SEIJAS: "...el cambio de falta a delito trasciende a lo meramente nominal, contemplando un endurecimiento de la respuesta punitiva").

Otra consecuencia que deriva de la derogación del Libro III del CP en relación con el delito de daños es la desaparición de la infracción consistente en el deslucimiento de bienes muebles e inmuebles del artículo 626 CP en su redacción anterior a la LO 1/2015, de 30 de marzo, por la que se modifica la Ley Orgánica 10/1995, de 23 de noviembre, del Código Penal ("*Los que deslucieren bienes muebles e inmuebles de dominio público o privado, sin la debida autorización de la Administración o de sus propietarios, serán castigados con la pena de localización permanente de dos a seis días o tres a nueves días de trabajos en beneficio de la comunidad*"). De acuerdo con el Preámbulo de la LO 1/2015, de 30 de marzo, la citada infracción puede reconducirse al delito de daños cuando revista cierta entidad, o bien acudir a un resarcimiento civil y, en el supuesto de bienes de dominio público, a la sanción administrativa. Sin embargo, la afirmación que efectúa el Preámbulo —en el sentido de derivar los casos más graves de deslucimiento de bienes muebles e inmuebles a la figura del delito de daños— resulta ser contraria a la propia esencia de la misma.

En efecto, como ya se ha indicado, los daños consisten en la destrucción, deterioro o inutilización del objeto atacando tanto su integridad material como su valor de uso; la configuración típica del injusto de daños requiere tanto un daño físico como un daño funcional. El resultado típico es el daño, el efecto concreto que sobre el objeto material produce la acción llevada a cabo por el autor, con independencia de sus repercusiones en el patrimonio del sujeto. Un daño físico-funcional: el quebranto que sufre la cosa en su propia integridad material (bien en la forma de destrucción, bien en la forma de deterioro o inutilización), perdiendo o viendo disminuida aquélla su valor o utilidad para el fin al que estaba destinada; y, económico, en cuanto que el valor que desaparece o disminuye es el valor económico, directamente convertible en dinero, ínsito en la cosa. Los daños se castigan en atención al valor económico de la cosa dañada, no a los posibles efectos en el patrimonio del sujeto al que pertenece ésta. Por el contrario, con el deslucimiento el objeto únicamente resulta deteriorado o inutilizado de manera reversible y superficial; derivar los supuestos más graves de deslucimiento de bienes mueble e inmuebles a la figura de daños implica que se va a tomar en consideración el perjuicio ocasionado y no tanto el daño efectivamente producido en el objeto material (Informe del Consejo Fiscal al Anteproyecto de Ley Orgánica por la que se modifica la Ley Orgánica 10/1995, de 23 de noviembre, del Código Penal, citando la STS, 1579/2000, 10-10: "*el prelegislador está confundiendo daños con perjuicio, el gasto que hay que realizar para revertir el estado de deslucimiento*").

El deslucimiento de bienes muebles e inmuebles es una conducta diferente a la de daños, que al no causar el menoscabo o deterioro del bien queda fuera del ámbito típico del delito y de la falta de daños. Por tanto, una vez desaparecida la falta de deslucimiento de bienes tras la reforma efectuada por la LO 1/2015, la realización de pintadas, manchas o grafitis en bienes públicos o privados que no supongan un menoscabo o deterioro de la cosa más allá de los necesarios trabajos de limpieza ha de considerarse un comportamiento atípico, relegado en este caso al ámbito administrativo sancionador y de la responsabilidad civil [RODRÍGUEZ MESA, BENÍTEZ ORTÚZAR; SSTS 628/2023, 19-7 (*Tol 9662783*); 273/2022, 23-3 (*Tol 8893175*): "*... despenalizada la conducta del art. 626 CP, que constituía un precepto penal especial, al contemplar supuestos en los que el resultado básico solo requería de labores de limpieza, la conducta puede encuadrarse en el delito de daños si resultan perjuicios patrimoniales y será en función de su cuantía la que llevará a la aplicación del delito o del delito leve. Si cuando estaba vigente el art. 626 CP, la discusión se producía entre el delito de daños y la falta de deslucimiento, ahora la discusión se produce entre el de-*

lito y el delito leve y la infracción administrativa del art. 34 de la Ley de Seguridad Ciudadana, que ha de solucionarse de acuerdo a los criterios clásicos de diferenciación de las infracciones penal y administrativa en función de la gravedad de la conducta y del resultado, siendo preciso actuar, en cada caso, criterios de proporcionalidad", y 333/2021, 22-4 (*Tol 8422293*): "*... el daño que se declara probado es el resultado de una acción dirigida a su producción. Este se produce por la destrucción, por el menoscabo y por el deterioro de la cosa cuando la conducta desplegada afecta a la sustancia del bien con tal intensidad que su reparación, pues todo es susceptible de ser reparado, comporta una lesión al patrimonio ajeno, consistente en el empobrecimiento de un patrimonio ajeno causado por el mal producido. La fachada ha sido objeto de un daño pues el bien afectado ha sufrido un menoscabo de su sustancia en la cantidad en la que se ha tasado la recuperación del bien*"; SSAP, Cantabria, Sección 1ª, 222/2022, 8-7 (*Tol 9261633*); Asturias, Sección 3ª, 479/2021, 30-12 (*Tol 8800769*); Cantabria, Sección 1ª, 41/2021, 15-2 (*Tol 8436981*); Barcelona, Sección 3ª, 21/2021, 7-1; Lleida, Sección 1ª, 267/2020, 9-12 (*Tol 8355966*): "*... la diferencia entre el delito o falta de daños y la falta de deslucimiento de bienes inmuebles se encuentra en que, en este segundo caso, la pintada o grafiti es susceptible de ser limpiado, mientras que en el tipo penal de daños la pintada no es susceptible de ser limpiada, siendo necesario, para reponer el objeto dañado a su situación originaria, proceder a pintarlo de nuevo* [...]. *En el supuesto que ahora nos ocupa, partiendo de los hechos declarados probados, que según lo argumentado anteriormente deben ser íntegramente respetados, no cabe de duda de que estamos ante un delito de daños porque la restitución de los vagones a su estado anterior exigió no sólo la limpieza de los graffitis mediante utilización de disolventes, como indicó el perito Joaquín, sino también la sustitución de los aislantes de las ventanas debido a que la goma queda afectada por el graffiti y volver a pintar íntegramente los vagones*"; Cantabria, Sección 3ª, 184/2020, 17-4 (*Tol 8207352*); Gipuzkoa, Sección 1ª, 690/2019, 24-10 (*Tol 7754258*): "*...el menoscabo abarca el deteriorar y deslustrar algo, quitándole parte de la estimación o lucimiento que antes tenía, y el deterioro contempla el estropear, el empeorar o el degenerar el objeto. Consecuentemente, existen ámbitos en los que, no produciéndose una destrucción o una disminución del objeto material (falta de afectación de su intangibilidad), se produce, sin embargo, un menoscabo o deterioro del mismo, dado que se produce una alteración o novación relevante de su apariencia externa. En el campo axiológico es perfectamente posible diferenciar las conductas de pintado o grafiti de bienes cuyo restañamiento precisa de una limpieza limitada o de escasa importancia, que tendrán la consideración de deslucimiento, de los comportamientos de pintado o grafiti que precisan para la restauración del objeto material de unas labores de limpieza más profunda, o de una combinación de tareas relevantes de limpieza y pintado, que integran un menoscabo. Este planteamiento no ha resultado modificado por la reforma operada por la LO 1/2015, de 30 de marzo, dado que la derogación de la falta de deslucimiento descrita en el artículo 626 del Código Penal no ha venido motivada por su incardinación en el delito de daños (de hecho, lo que se hace es convertir la antigua falta de daños, descrita en el artículo 625.1 del pretérito Código Penal, en delito leve de daños, contenido en el artículo 263.1 del Código Penal) sino, como puede colegirse de la filosofía que preside la derogación de* *las faltas explicitada en la Exposición de Motivos, expulsarla del orden penal y calificarla como ilícito civil o administrativo*"; Sevilla, Sección 1ª, 520/2018, 27-9 (*Tol 6978616*); Murcia, Sección 3ª, 230/2017, 24-5 (*Tol 6210434*), y AAP, Valencia, Sección 5ª, 499/2018, 28-5 (*Tol 6627660*)].

III. TIPOS AGRAVADOS

1. Consideraciones generales

Tras la reforma operada por la LO 5/2010, de 22 de junio, por la que se modifica la Ley Orgánica 10/1995, de 23 de noviembre, del Código Penal, el apartado 2 del art. 263 CP recoge los daños cualificados o agravados que antes figuraban en el apartado 1 del art. 264 CP. Ahora es un único precepto el que describe la figura de daños en cosa ajena tanto en su modalidad básica y atenuada (apartado 1, incisos primero y segundo respectivamente —si bien este último tras la reforma llevada a cabo por la LO 1/2015, de 30 de marzo) como agravada.

El apartado 2 del art. 263 CP establece una pena agravada —prisión de uno a tres años y multa de doce a veinticuatro meses— para los daños que se causen concurriendo alguna de las circunstancias que se indican en los seis números siguientes. Se trata de circunstancias alternativas, bastando la concurrencia de una de ellas para agravar la figura. Si concurriere más de una, la primera servirá para cualificar el hecho y las restantes funcionarán como circunstancias agravantes genéricas —aunque no sean reconducibles a las agravantes genéricas recogidas en el art. 22 CP; en este último caso les será aplicable el régimen general de las circunstancias (ÁLVAREZ GARCÍA; por el contrario, para GARCÍA ARÁN y RODRÍGUEZ MESA si concurre más de una circunstancia la pena a imponer será la misma).

2. Daños vindicativos

El número 1º recoge los "daños de tendencia" o "daños vindicativos". Esta agravante se caracteriza por la naturaleza específica de los motivos; no es suficiente la intención de dañar las cosas (el daño *in re ipsa*), se requiere además que este fin dañoso o lesivo real vaya acompañado de la intención de impedir el ejercicio de la Autoridad o de vengarse de sus determinaciones [SSAP, Coruña, Sección 1ª, 46/2015, 22-1 (*Tol 4743631*): "*En supuestos como el presente puesto que lo que se pretende no es tanto impedir la ejecución de la orden judicial, dado que el lanzamiento se va a producir en todo caso y no se evita con los daños causados por los condenados, como producir el mayor daño posible a los dueños del bien, de manera que la respuesta destructiva se dirige no frente a la decisión de la autoridad judicial sino frente a aquellos que van a poder disfrutar del bien tras la ejecución del lanzamiento, estimamos que no procede la aplicación del mencionado tipo agravado. Resulta forzado entender que, no dirigiéndose el daño contra funcionarios públicos, quepa calificar a los perjudicados como "particulares que, como testigos o de cualquier otra manera, hayan contribuido o puedan contribuir a la ejecución o aplicación de las leyes o disposiciones generales", destinatario del daño según la dicción legal, puesto que no es un caso en que las víctimas ejerzan una función propia de la administración de justicia, por ejemplo, como depositarios de bienes, o se deba a una represalia por haber sido parte en el proceso, como testigos,…, sino que se trata de alguien que tiene la condición de parte interesada en un procedimiento que pretende la ejecución forzosa de lo ordenado, ejecución que efectivamente se lleva a cabo con la actuación del lanzamiento; y así cabe pensar que lo mismo, idéntica causación de daños, podría suceder en el caso de desalojo voluntario de la finca y que en este supuesto no parece que resultase aplicable la agravación y, sin embargo, la motivación de los daños sería la misma. De ahí que se considere que los hechos deben integrarse en el tipo básico del delito de daños (art. 263 del C. Penal)*"; Málaga, 27/2014, 24-4, y Coruña, Sección 2ª, 298/2013, 10-5 (*Tol 5371649)*]. Lo que se privilegia aquí no son los bienes de los funcionarios o de los particulares que han contribuido o puedan contribuir a la ejecución o aplicación de las leyes, sino la función misma.

Sujetos pasivos son los funcionarios públicos en general, cuyo concepto, al igual que el de autoridad, ha de buscarse en el art. 25 CP, así como los particulares que presentan una determinada relación con el ejercicio de la autoridad, esto es, la contribución pasada o futura (como testigos o de cualquier otra manera) en la ejecución o aplicación de las leyes o disposiciones generales. Entre el funcionario o el particular y el ejercicio de la autoridad ha de existir una relación específica (GARCÍA ARÁN).

Este tipo agravado puede entrar en colisión con otras figuras, principalmente con los daños causados en la propiedad como represalia por la colaboración en funciones públicas tipificado en el art. 464.2 CP, tipo que resulta ser más específico y prevalente en aplicación del principio de especialidad; no obstante lo acabado de señalar, para la SAP, Murcia, Sección 1ª, 6/2002, 7-2: "*no estamos ante un concurso de normas, ya que el delito previsto en el apartado 1.1° del art. 264 del Código penal se refiere a los daños realizados para impedir el libre ejercicio de la autoridad o en venganza de sus determinaciones, contemplando tanto si el ataque se dirige directamente contra los bienes de los funcionarios públicos o de particulares que hayan contribuido a la aplicación de las Leyes, pero ese no es el supuesto que se contempla en el art. 464.2, en el que el ataque es directamente contra el testigo, por su participación en un proceso, no suponiendo un ataque contra la Autoridad, sino contra la persona que ha colaborado con la Administración de Justicia. En todo caso, la cuestión sería irrelevante a efectos penológicos, pues la pena impuesta sería idéntica en uno y otro caso*".

Ahora bien, en aplicación de lo dispuesto en el art. 464.2 *in fine* CP, la pena de éste debe entrar en concurso de delitos con la de los daños cometidos que, en aras de evitar el *bis in idem,* deberá ser la del tipo básico de daños no la del cualificado (QUINTERO OLIVARES).

3. Infección o contagio en el ganado

El número 2º prevé los daños por "infección o contagio en el ganado". Es preciso que se produzca la infección o el contagio, siendo indiferente los medios (inoculación o suministro de sustancia, contacto con otros animales enfermos...). El objeto material se encuentra constituido por el ganado o conjunto de animales criados con el ser humano con un fin específico (carne, leche, cuero, lana, pieles, etc.). Así, el objeto de este delito podrá ser el ganado ovino, vacuno, porcino, equino y caprino (RODRÍGUEZ MESA).

Si se trata de ganado destinado al consumo humano y se produce, con la infección o el contagio, riesgo para las personas, será de aplicación el art. 364.2.1º CP, (CORCOY BIDASOLO: "salvo que la existencia de daño en propiedad ajena pueda dar lugar, en su caso, a un concurso ideal entre alguno de esos artículos y el tipo básico o imprudente de daños").

4. Sustancias venenosas o corrosivas

El número 3º castiga los daños causados mediante el empleo de "sustancias venenosas o corrosivas". Se trata de una circunstancia que cualifica los daños en base a los medios empleados por el agente para su comisión. Sustancia venenosa es "toda aquélla que introducida en el organismo en pequeña cantidad e independientemente de su mecanismo de actuación, sea capaz de producir la enfermedad o la muerte" [ÁLVAREZ GARCÍA; SAP, Barcelona, Sección 10ª, 773/2012, 16-7 (*Tol 2666302*): "... *no cabe equiparar a sustancia venenosa toda aquella que sea meramente nociva a la salud, puesto que de hacerse así de extensivo el ámbito de su aplicación podría llegar a integrar productos de uso cotidiano, por ejemplo de limpieza, en los que se encuentran presentes sustancias de mayor o menor toxicidad. No ocurre así con el producto que fue vertido en los hechos, que debe tenerse como veneno al compadecerse con la definición que de éste ofrece el Diccionario de la RAE ("sustancia que, incorporada a un ser vivo en pequeñas cantidades, es capaz de producir graves alteraciones funcionales, e incluso la muerte")*"; el objeto material ha de ser un ser vivo: una planta o un animal (RODRÍGUEZ MESA)].

En el supuesto de que dichas sustancias se utilicen para dañar la flora o la fauna es de preferente aplicación el art. 336 CP (GARCÍA ARÁN, para RODRÍGUEZ MESA, si se producen daños en animales o plantas propiedad de un tercero, habrá de apreciarse concurso entre el delito previsto en el art. 336 CP y en su caso el tipo básico o imprudente de daños).

Sustancia corrosiva "es aquélla que estropea o deteriora lentamente una cosa mueble" [GROIZARD GÓMEZ DE LA SERNA; SAP, Málaga, Sección 9ª, 182/2011, 31-3 (*Tol 2243960*): "*El citado precepto habla de la utilización de "sustancias venenosas o corrosivas", tratándose de un concepto que requiere de la realización de análisis periciales o al menos conocer la composición del medio utilizado a fin de determinar si efectivamente tiene la condición de corrosivo*"].

5. Bienes de dominio público o comunal

El número 4º recoge los daños a "bienes de dominio o uso público o comunal". El fundamento de la agravación se halla en el menoscabo de la utilidad pública prestada por los bienes o en los perjuicios que ocasiona en el funcionamiento del servicio público a que los bienes se encuentran afectos [SSTS 92/2022, 7-2 (*Tol 8803737*]: "*El legislador penal al señalar la agravación no la refiere exclusivamente a la titularidad pública, por título dominical o por afectación, de un concreto bien, sino que lo referencia, como alternativa al dominio, al uso público o comunal. Esa alternativa permite ampliar la protección a los bienes que son destinados al cumplimiento de las competencias públicas, siendo indiferente que ese desarrollo de una competencia esencial la realice la Entidad Local o una empresa concesionaria, pues se trata de una opción de gestión de una competencia pública. Lo relevante es el destino del bien, el uso público o comunal, sobre el que recae la acción dirigida por la causación de daños. La elección del contenedor no es casual, sino elegida para perjudicar el servicio público que desarrolla. La previsión normativa es clara, en orden a la naturaleza pública del servicio que el objeto incendiado presta. Lo relevante de cara a la concurrencia del tipo agravado no es tanto la titularidad, pública o privada del contenedor, que la sentencia considera de titularidad privada de la empresa concesionaria, sino la afectación a la prestación al servicio público de la recogida de residuos cumpliendo así una previsión legal que califica de competencia esencial de la Administración Local. Desde la perspectiva expuesta, el contenedor sobre el que se realiza una acción de destrucción, que aparece dispuesto para la recogida de residuos, en el desarrollo de una competencia que el ordenamiento jurídico atribuye a la Administración tiene la consideración de bien de uso público o comunal y rellena la tipicidad del art. 263.2.4 del Código Penal (RCL 1995, 3170 y RCL 1996, 777)*", y 983/2016, 11-1-2017 (*Tol 5933392*): "*Sobre este punto nuestro Código acoge la idea de que el bien dañado esté afecto a un servicio público, destacando que la afectación o vinculación a dicho servicio es sin exigencia añadida de que tal destino o aplicación lo sea en función a su especial naturaleza o por haber sido objeto de algún tipo de acondicionamiento*"]. La protección agravada que dispensa el tipo se refiere a todos los bienes de dominio público, estén estos afectos al servicio público, como al uso público, como al comunal [STS 1579/2000, 10-10 (*Tol 6890*); SSAP, Vizcaya, Sección 1ª, 234/2009, 8-4 (*Tol 1568310*), y Guadalajara, 12/2000, 31-1 (*Tol 11673*)].

Se trata de un concepto normativo que debe tener la oportuna cobertura legal, debiendo interpretarse siempre con arreglo a la legislación específica que describe unos u otros, en ocasiones ajena a la concepción vulgar o común acerca del uso público o comunal, que no coincida con la descripción legal [SAP, Valencia, Sección 2ª, 28/2010, 4-1 (*Tol 1859997)*]. Para la delimitación de qué bienes tienen la consideración de "dominio o uso público o comunal" hay que tener en cuenta no solo los arts. 338 y siguientes CC, sino la Ley de Patrimonio del Estado (*Tol 254969)*, la Ley 7/1985, de 2 de abril, Reguladora de Bases de Régimen local (*Tol 257364)* y el Real Decreto 1372/1986, de 13 de junio, por el que se aprueba el Reglamento de bienes de las Entidades Locales (*Tol 255041)*, así como la Ley 33/2003, de 3 de noviembre, de Patrimonio de las Administraciones Públicas (*Tol 315498*) [SSAP, Valencia, 2ª, 28/2010, 10-1; Cantabria, Sección 3ª, 102/2009, 15-3; Madrid, Sección 15ª, 525/2007, 10-12 (*Tol 1281546)*, y Sevilla, Sección 7ª, 33/2000, 30-3]. En defecto de disposición legal, si no puede acreditarse un acto normativo de afectación que le atribuya a los bienes privativos el carácter de bien de uso público, estos quedarán excluidos del ámbito de la agravación (RODRÍGUEZ MESA; SAP, Madrid, Sección 17ª, 1012/2012, 18-7 (*Tol 2622348)*.

Esta cualificación es subsidiaria de cualquier otra tipificación especial de estas destrucciones (QUINTERO OLIVARES, GARCÍA ARÁN).

6. La ruina del perjudicado

El número 5º se refiere a los "daños ruinosos o especialmente graves para el perjudicado". La primera cuestión que suscita esta agravante es la relativa al significado del término "perjudicado", en el sentido de si se refiere únicamente al sujeto pasivo, al titular de la propiedad sobre el o los objetos atacados o, también, al tercero perjudicado, a aquél que sin ser propietario ostenta un derecho real sobre la cosa objeto material del delito. Pues bien, si tenemos en cuenta que los tipos cualificados son simples adiciones que se incorporan al concepto común de delito de daños determinando una mayor responsabilidad, hay que concluir que esta cualificación sólo puede entrar en aplicación cuando el arruinado sea el sujeto pasivo del delito, el propietario.

El término "perjudicado" en este precepto es equivalente a sujeto pasivo del delito de daños (en contra, ORTS BERENGUER). Si además de la ruina del sujeto pasivo se ocasiona la de un tercero no propietario, este último hecho será objeto de apreciación a través de las normas que rigen la responsabilidad civil derivada del delito, tomándose en consideración, pues, a los efectos de la indemnización de daños y perjuicios.

Por "ruina" hay que entender aquí el estado en el cual se encuentra una persona a la que se le ha arrebatado la mayor parte de su fortuna; no importa que la víctima pueda seguir viviendo con cierta holgura, es decir, la ruina no supone caer en la miseria o en la indigencia (QUERALT JIMÉNEZ; en contra, SERRANO BUTRAGUEÑO).

La exigencia de que se cause la ruina no implica que el perjuicio patrimonial sea elemento constitutivo y esencial de los daños, sólo es indicativa de que el Legislador ha tomado en cuenta el mayor resultado producido para elevar la pena.

Al igual que el resto de las circunstancias, debe ser conocida por el autor; es decir, ha de ser captada por el dolo del autor.

7. Daños de especial gravedad o afección a intereses generales

La LO 1/2015, de 30 de marzo, por la que se modifica la Ley Orgánica 10/1995, de 23 de noviembre, del Código Penal, incorpora un nuevo tipo cualificado de daños al catálogo del art. 263.2 CP: "*6. Se hayan ocasionado daños de especial gravedad o afectado a los intereses generales*". Se trata de la misma circunstancia que agravaba los daños informáticos conforme lo dispuesto en el apartado 3 del art. 264 CP, introducido por la Ley Orgánica 5/2010, de 22 de junio, por la que se modifica la Ley Orgánica 10/1995, de 23 de noviembre, del Código Penal, precepto que también resulta afectado por la LO 1/2015, de 30 de marzo.

La especial gravedad de los daños habrá de valorarse atendiendo exclusivamente a la cuantía del daño, con independencia de la situación económica en que se deje a la víctima o del perjuicio causado, que será tenido en cuenta a los efectos de responsabilidad civil pero no a los de valorar el daño producido. Se trata de un concepto jurídico indeterminado que dependerá del criterio orientativo que siga la Jurisprudencia (RODRÍGUEZ MESA, CASTRO CORREDOIRA/ VÁZQUEZ-PORTOMEÑE SEIJAS).

Lo mismo ocurre con el término "intereses generales", concepto difuso con múltiples interpretaciones, que implica que la conducta trasciende de los intereses particulares (RODRÍGUEZ MESA).

IV. DAÑOS INFORMÁTICOS

1. Consideraciones generales

Nos encontramos ante el denominado "sabotaje informático", esto es, "la destrucción o inutilización del soporte lógico de un ordenador con el fin inmediato de imposibilitar la información procesada o almacenada" (CORCOY BIDASOLO). A diferencia de otros tipos de delitos en los que la computadora es un instrumento para cometer otros delitos, el objeto de ataque en los daños informáticos es el propio sistema y los datos informáticos. Se trata de comportamientos dirigidos a atacar los elementos lógicos del sistema, es decir al software en general y a los ficheros o archivos informáticos en los que se recogen datos, información o documentos electrónicos, cualquiera que sea su contenido concreto (MATA Y MARTÍN).

Estamos, pues, ante el denominado *crackering*. *Cracker* es el término que se emplea para aludir a aquél que viola la seguridad de un sistema informático para hacer daño de manera intencionada, eliminando o borrando ficheros, rompiendo los sistemas informáticos o introduciendo virus (categoría distinta es la de *hackering; hacker* es el intruso informático, el que accede de manera no autorizada a un sistema informático con el objetivo de obtener determinada información pero sin ánimo destructivo, conductas que pueden llegar a tener relevancia penal a través de los delitos contra la intimidad (arts. 197 y ss. CP) (MORÓN LERMA, FERNÁNDEZ TERUELO: "En todo caso, dentro de los llamados *crackers* pueden distinguirse varias categorías: por ejemplo, los llamados *script kiddies*, esto es bromistas de mal gusto; suele tratarse de personas normalmente muy jóvenes que penetran sin autorización en sistemas o crean y difunden virus informáticos para sentir su poder, para medirse con los otros y para desafiar al mundo de los adultos. Otros *crackers*, más sofisticados, penetran en sistemas informáticos para desafiar personalmente a los poderes establecidos, por ejemplo, a las grandes empresas y algunos utilizan su capacidad tecnológica como forma de protesta social o política frente al orden establecido"). Su conducta puede consistir en introducirse virtualmente en el sistema donde se encuentran los datos o bien en difundir algún elemento, dañando así los elementos lógicos del sistema (FERNÁNDEZ TERUELO, GONZÁLEZ RUS).

2. Evolución histórica

El delito de daños informáticos o "sabotaje informático" aparece por primera vez en el CP de 1995. Para el Legislador de 1995 el "sabotaje informático" integraba una mera agravación —ubicada en el apartado 2 del art. 264 CP, cuyo apartado 1 recogía los daños agravados— basada en la peculiar naturaleza del objeto material: los elementos lógicos de un sistema informático (QUINTERO OLIVARES, JORGE BARREIRO) y que, en cierto modo, respondía a la significación social y al papel que éstos desempeñan en el desarrollo socioeconómico de las sociedades modernas (MATA Y MARTÍN). Esta primera regulación penal dejaba fuera del delito de daños informáticos las conductas consistentes en la obstaculización de los sistemas informáticos, por lo que seguían siendo atípicas una buena parte de las conductas constitutivas de sabotaje informático previstas en la Recomendación R.(89)9 del Consejo de Europa (RODRÍGUEZ MESA: "ya la Recomendación (89)9 del Consejo de Europa recogía también el sabotaje informático (en el que se encuentran incardinados las conductas de obstaculización) entre los actos que deberían o podrían ser objeto de sanción penal por parte de los Estados Miembros").

Tras la reforma llevada a cabo por la LO 5/2010, de 22 de junio, por la que se modifica la Ley Orgánica 10/1995, de 23 de noviembre, del Código Penal, el "sabotaje informático" se configura como una modalidad específica de daños y no como un subtipo agravado (MORALES GARCÍA: "la reforma profundiza en la separación del delito de daños informáticos respecto a la figura del delito de daños materiales, pues ahora estos no son una modalidad residual de los daños ordinarios (como sucedía en el art. 264.2 CP) sino que el precepto en su completud se dedica a la regulación del también llamado sabotaje informático"). El art. 264 CP tipifica dos clases o modalidades de conducta, adaptándose a la Decisión Marco 2005/222/JAI del Consejo, de 24 de febrero: borrar, dañar, deteriorar, alterar, suprimir o hacer inaccesibles, de manera grave y sin autorización, datos, programas informáticos o documentos electrónicos ajenos (art. 264.1), conducta que integra el tipo básico de daños informáticos castigada con pena de prisión de seis meses a dos años; y, obstaculizar o interrumpir, de manera grave y sin autorización, el funcionamiento de un sistema informático ajeno introduciendo, transmitiendo, deteriorando, alterando, suprimiendo o haciendo inaccesibles datos informáticos (art. 264.2 CP), tipo cualificado de daños informáticos que conlleva una pena de prisión de seis meses a tres años; esta última conducta, antes de la reforma de 2010, era atípica.

La Decisión Marco 2005/222/JAI del Consejo, relativa a los ataques contra los sistemas de información, adoptada el 24 de febrero de 2005 (DO L69, de 16 de marzo de 2005), tras definir algunos de los términos esenciales para la determinación del objeto de protección (art. 1.a) "sistemas de información": "*todo aparato o grupo de aparatos interconectados o relacionados entre sí, uno o varios de los cuales realizan, mediante un programa, el tratamiento automático de datos informáticos, así como los datos informáticos almacenados, tratados, recuperados o transmitidos por estos últimos para su funcionamiento, utilización, protección y mantenimiento*"; art. 1. b) "*datos informáticos*": "*toda representación de hechos, informaciones o conceptos de una forma que permite su tratamiento por un sistema de información, incluidos los programas que sirven para hacer que dicho sistema de información realice una función*") describe, en términos muy similares a los empleados en el Convenio de Cibercriminalidad adoptado en el seno del Consejo de Europa el 23 de noviembre de 2001, las conductas a cuya tipificación se obligan los Estados. Por un lado, la "*intromisión ilegal en los sistemas de información*", consistente en "*obstaculizar o interrumpir de manera significativa el funcionamiento de un sistema de información, introduciendo, transmitiendo, deteriorando, alterando, suprimiendo o haciendo inaccesibles datos informáticos*" (art. 3), y, por otro, la "*intromisión ilegal en los datos*", consistente en "*borrar, dañar, deteriorar, alterar, suprimir o hacer inaccesibles —de forma intencionada y sin autorización— datos informáticos contenidos en un sistema de información*" (art. 4). Así mismo se prevé el castigo de la inducción, complicidad y tentativa (art. 5) y la responsabilidad de las personas jurídicas (art. 8) (RODRÍGUEZ MESA: "Ahora bien, a pesar de su adecuación en líneas generales a las directrices establecidas por el Derecho internacional y Europeo, la reforma penal de 2010 no recoge la tipificación de los abusos informáticos previstos en el art. 6 del Convenio de Budapest, con lo que podrían quedar fuera del ámbito penal acciones como la de difundir virus informáticos en Internet").

La LO 1/2015, de 30 de marzo, reforma el art. 264 CP relativo a los daños informáticos; dicha reforma no estaba prevista en el Proyecto de 2013, sino que tuvo lugar durante la tramitación parlamentaria en virtud de cuatro enmiendas del Grupo Popular (enmienda nº 828 —relativa al art. 264 CP—; enmienda nº 829 —relativa al art. 264 bis CP—; enmienda nº 830 —relativa al art. 264 ter CP—, y enmienda nº 831 —relativa al art. 264 quater CP).

Los cambios introducidos en los daños informáticos obedecen a la necesidad de incorporar a nuestro Ordenamiento Jurídico la Directiva 2013/40/UE del Parlamento Europeo y del Consejo de 12 de agosto de 2013, relativa a los ataques contra los sistemas de información por la que se sustituye la Decisión marco 2005/222/JAI del Consejo (DOUE-L-218/8 de 14/8/2013), y cuyo plazo de transposición vencía el 4 de septiembre de 2015 (art. 16 Directiva 2013/40/UE del Parlamento Europeo y del Consejo, de 12 de agosto) (ANDRÉS DOMÍNGUEZ). En su Considerando Primero, la Directiva 2013/40/UE señala que su objetivo primordial es "*aproximar las normas de Derecho penal de los Estados miembros en materia de ataques contra los sistemas de información, mediante el establecimiento de normas mínimas relativas a la definición de las infracciones penales y las sanciones aplicables, y mejorar la cooperación entre las autoridades competentes*", por lo que, en consecuencia, resulta necesario "*llegar a un enfoque común respecto de los elementos constitutivos de las infracciones penales introduciendo las infracciones comunes de acceso ilegal a un sistema de información, de intromisión ilegal en el sistema, de intromisión ilegal en los datos y de interceptación ilegal*" (Considerando Octavo, Directiva 2013/40/UE).

Tras la reforma operada por la Ley Orgánica 1/2015, de 30 de marzo, por la que se modifica la Ley Orgánica 10/1995, de 23 de noviembre, del Código Penal, el art. 264 CP pasa a ser art. 264, art. 264 bis, art. 264 ter y art. 264 quater CP. Ahora bien, no obstante esta nueva configuración de los daños informáticos como tipo específico de daños y no simple cualificación, su mantenimiento en el capítulo de los daños, y en el título relativo a los delitos patrimoniales, impide romper definitivamente con las ligaduras interpretativas que acompañan al delito común de daños y que son de difícil encaje en el delito de "sabotaje informático" (en contra, FERNÁNDEZ TERUELO).

3. La interferencia ilegal en los datos: art. 264 CP

3.1. Art. 264.1 CP

El art. 264.1 tipifica la interferencia ilegal en los datos informáticos, programas informáticos o documentos electrónicos ajenos, en cumplimiento del art. 5 de la Directiva 2013/40/UE del Parlamento Europeo y del Consejo, de 12 de agosto ("*Los Estados miembros adoptarán las medidas necesarias para que borrar, dañar, deteriorar, alterar, suprimir o hacer inaccesibles datos informáticos contenidos en un sistema de información, intencionalmente y sin autorización, sea sancionable como infracción penal, al menos en los casos que no sean de menor gravedad*"), manteniendo la redacción anterior excepto en lo relativo al máximo de la pena de prisión que pasa de dos a tres años (ANDRÉS DOMÍNGUEZ).

3.1.1. Objeto material

El objeto material de esta figura son los "datos, programas informáticos o documentos electrónicos"; es decir, los elementos lógicos (*software*) de un sistema informático: el *software* de programación y el *software* de aplicación (RODRÍGUEZ MESA). Un objeto que se caracteriza por su naturaleza inmaterial, característica que, asimismo, le aleja totalmente del objeto material propio del genuino delito de daños.

La figura prevista en el art. 264 CP exige un objeto incorporal o inmaterial, los elementos lógicos de un sistema informático: órdenes, ideas que se registran electrónicamente y que pueden ser definidos como un "flujo electromagnético" (GONZÁLEZ RUS). El delito del art. 264 CP queda circunscrito, pues, a los daños en los elementos lógicos o inmateriales de un sistema informático (Circular de la FGE 3/2017, de 21 de septiembre, sobre la reforma del Código Penal operada por la LO 1/2015, de 30 de marzo, en relación con los delitos de descubrimiento y revelación de secretos y los delitos de daños informáticos: "*Ha de tenerse en cuenta que el objeto de la acción típica no son las herramientas, dispositivos o elementos externos (hardware), a través de las cuales operamos informáticamente, sino los elementos lógicos o de carácter inmaterial (software) de un sistema de información*"); en consecuencia, los causados en los elementos materiales o físicos (*hardware*) constituirán el delito básico de daños previsto en el art. 263 CP (para FLORES PRADA solo quedarían fuera del campo de protección específica del art. 264 CP los daños producidos sobre elementos físicos del *hardware* que no forman parte de un sistema operativo apto para funcionar (componentes informáticos no ensamblados o montados como, por ejemplo, pantallas de ordenador, discos duros vírgenes, elementos de conexión, teclados, etc.), los elementos averiados o desechados, o los ataques contra elementos físicos que no afecten directamente al funcionamiento del sistema ni resulten esenciales para el mismo (ratón, altavoces, etc.); por el contrario, GONZÁLEZ RUS, MATA Y MARTÍN estiman que el art. 264 CP comprende los daños que con una misma conducta se causan en elementos lógicos y físicos de un sistema informático). En el supuesto, pues, de que lo dañado sean tanto los elementos lógicos como el soporte físico, habrá que acudir al concurso de delitos entre los arts. 263 y 264 CP (medial para RODRÍGUEZ MESA; sin embargo, para ORTS BERENGUER/ROIG TORRES el concurso es de leyes a resolver, en virtud del principio de especialidad, a favor del art. 264 CP).

"Datos" son las unidades básicas de información, cualquiera que sea su contenido, que al ser procesadas dan lugar a la información que resulta de la conexión de uno o más datos; los "programas" son el cuerpo sistemático de instrucciones legibles por la computadora que le permiten realizar una tarea concreta; y, por último, "documento electrónico" es el conjunto de datos o información creado informáticamente o susceptible de procesamiento informático (GONZÁLEZ RUS); por su parte, la Directiva 2013/40/UE del Parlamento Europeo y del Consejo, de 12 de agosto, define en el art. 2, letra b) los "datos informáticos" como "*toda representación de hechos, informaciones o conceptos de una forma que permite su tratamiento por un sistema de información, incluidos los programas que sirven para hacer que dicho sistema de información realice una función*", se trata de un concepto amplio que incluye en su ámbito los programas informáticos o conjunto de instrucciones que una vez ejecutadas realizarán una o varias tareas en una computadora (en este sentido entiende RODRÍGUEZ MESA que "por razones de economía legislativa y coherencia con las definiciones recogidas en la Directiva, el legislador de 2015 debería haber suprimido la tradicional referencia a los programas informáticos, pues ya se encuentran incluidos en el concepto de datos informáticos").

Aunque el precepto no lo mencione expresamente, los datos, programas o documentos han de estar contenidos en redes, soportes o sistemas informáticos (RODRÍGUEZ MESA: "lo característico de estos datos, programas o documentos electrónicos es, en todo caso, su naturaleza de impulsos electromagnéticos y la necesidad de ser procesados por algún sistema informático"). Por "redes" se entiende el conjunto de técnicas, conexiones físicas y programas informáticos que sirven para conectar dos o más ordenadores, y que les permite compartir ficheros, enviar mensajes, intercambiar información, etc; "sistema informático" es el conjunto de dispositivos físicos y de ficheros y aplicaciones lógicas que permiten el procesamiento informático de datos, programas y documentos electrónicos; por último, los "soportes" son los dispositivos físicos en donde se almacenan los ficheros, programas o documentos, cualquiera que sea su naturaleza y funcionamiento (GONZÁLEZ RUSS; la Directiva 2013/40/UE del Parlamento Europeo y del Consejo, de 12 de agosto, art. 2, letra a) define los "sistemas de información" como "*todo aparato o grupo de aparatos interconectados entre sí, uno o varios de los cuales realizan, mediante un programa, el tratamiento automático de datos informáticos, así como los datos informáticos almacenados, tratados, recuperados o transmitidos por estos últimos para su funcionamiento, utilización, protección y mantenimiento*").

El objeto material sobre el que recae la acción debe ser ajeno; ahora bien, la propia naturaleza del objeto material impide que se pueda interpretar el termino ajeno en el sentido que tiene en el delito de daños, como algo propiedad de un tercero. Por el contrario, y al igual que ocurre con las obras literarias, artísticas o científicas, en el caso de los componentes lógicos de un sistema lo que realmente importa no es la propiedad de los mismos, sino la titularidad y alcance de los derechos que puedan existir sobre ellos; en aquellos supuestos en que el titular del *software* y del *hardware* sean distintos, a efectos de considerar o no su ajenidad, es esencial determinar la titularidad de los archivos digitales creados o almacenados por el usuario (en opinión de MATA Y MARTÍN, para determinar esta titularidad habrá que acudir a la normativa civil de propiedad intelectual). El problema se plantea especialmente —como pone de manifiesto RODRÍGUEZ MESA— en el ámbito empresarial cuando el trabajador o el empresario realiza alguna de las conductas descritas en el tipo, pues es preciso delimitar hasta qué punto los datos, programas informáticos o documentos electrónicos contenidos en los ordenadores utilizados por un trabajador son propiedad de la empresa o del trabajador; al respecto el AAP, Madrid, Sección 4ª, 23/2016, 15-1 (*Tol 5646441*), considera que "*el ordenador es solo el continente y los ficheros constituyen un contenido ajeno creado o almacenado en la herramienta informática, por lo que la titularidad de los dispositivos electrónicos y herramientas informáticas suministradas a un trabajador no se extiende sin más, salvo acuerdo previo, a los ficheros digitales creados con ellas ni a aquellos otros que en las mismas hayan podido ser almacenados por el usuario*"; en similar sentido, la Circular FGE 3/2017: "*Este requisito resulta sin duda perturbador por la dificultad de concretar qué ha de entenderse por ajenidad en referencia no ya a objetos físicos sino a elementos de carácter inmaterial, concebidos para operar y ser utilizados en un entorno virtual en muchas ocasiones diseñado con el objetivo específico de compartir información y gestionarla para su mejor aprovechamiento colectivo. Ciertamente habrá supuestos en que esa ajenidad resulte incuestionable, como aquellos en los que la agresión provenga de un agente completamente externo, pero en muchos supuestos el origen del ataque puede estar en la acción ilícita de personas o colectivos que interactúan o son usuarios del propio sistema y a dicho fin incorporan o comparten información a través del mismo. En estos casos acreditar el requisito de la ajenidad puede entrañar dificultades. Por esta razón dicho elemento habrá de integrarse e interpretarse conjuntamente con el de la falta de autorización o, dicho de otra forma, con la falta de disponibilidad de los contenidos o del sistema sobre el que se actúa; de tal forma que serían típicas aquellas acciones que se realizan intencionadamente sobre los mismos, con los objetivos indicados, sin estar habilitado para ello. En consecuencia, solo la actuación no necesitada de autorización sobre sistemas informáticos propios, respecto de los cuales su titular tiene pleno control y disposición, quedarían al margen de la aplicación de este precepto*".

Se pueden plantear casos problemáticos, como, por ejemplo, aquellos supuestos en los que el propietario del programa lo distribuye de tal forma que él mismo tiene prevista su destrucción o inutilización cuando el usuario lleva a cabo una maniobra ilícita (una copia no autorizada) o no procede al mantenimiento acordado (CORCOY BIDASOLO); la destrucción o inutilización, en estos casos, es atípica a efectos del delito de daños, en la medida que falta el requisito del carácter ajeno del objeto. El hecho ha de ser reconducido a la vía civil (MATA Y MARTÍN).

3.1.2. Comportamiento típico

El precepto tipifica los "atentados a la integridad de los datos" —denominación que emplea el Convenio sobre Cibercriminalidad adoptado en el seno del Consejo de Europa el 23 de noviembre de 2001— o "interferencia ilegal en los datos" —denominación que figura en la Directiva 2013/40/UE del Parlamento Europeo y del Consejo de 12 de agosto: "borrar, dañar, deteriorar, alterar, suprimir o hacer inaccesibles, de manera grave y sin autorización, datos informáticos, programas informáticos o documentos electrónicos ajenos". Con esta redacción, el Legislador ha pretendido abarcar todas las conductas susceptibles de afectar a los elementos informáticos, aquellas que impliquen su destrucción, total o parcial, así como aquellas otras que comporten una modificación de los mismos que podría producirse tanto por eliminación, supresión o borrado parcial del elemento afectado como por la incorporación de nuevos datos que impliquen la variación del alcance o contenido inicial de aquellos. Por su parte, la conducta de hacer inaccesible abarca aquellos supuestos en los que la acción ilícita, ejercida sobre los datos y/o programas informáticos o documentos electrónicos, produce como consecuencia, sin afectar a la existencia o esencia de los mismos, la imposibilidad de acceder a ellos ya sea para conocer su contenido, para operar con ellos o, en general, para utilizarlos en cualquier modo (Circular FGE 3/2017: "*Un buen ejemplo de este efecto es el que produce el programa malicioso conocido como ransomware, que restringe el acceso a determinadas partes o archivos del sistema infectado, generalmente a través de su cifrado, situación que, en principio, solo podría solventarse, y así lo suele plantear el atacante informático, abonando el rescate que con esa finalidad reclama a sus víctimas*").

Ahora bien, las consideraciones efectuadas en relación al delito de daños previsto en el art. 263.1 CP, en orden a la exigencia de un ataque a la integridad material del objeto ocasionando la pérdida o disminución de su valor —la exigencia, en definitiva, de un daño físico —funcional y económico— no pueden ser trasladadas al delito de daños informáticos previsto en el art. 264.1 CP. En efecto, daño físico y funcional, y en consecuencia daño típico a los efectos del delito de daños, habría, únicamente, en el supuesto de que la alteración o inutilización de los datos informáticos, programas informáticos o documentos electrónicos, del elemento lógico, fuese consecuencia de un daño al soporte físico; pero no cuando la alteración de los datos no afecta a la integridad del *hardware*, a su plena capacidad de funcionamiento o al soporte físico de almacenamiento que puede seguir funcionando (ANDRÉS DOMÍNGUEZ). Sin embargo, el art. 264.1 CP, como ya se ha indicado, queda limitado, única y exclusivamente, a los daños en los elementos lógicos de un sistema informático, elementos de naturaleza inmaterial; ello trae como inmediatas consecuencias, en primer lugar, que los ataques a éstos, susceptibles de subsunción en el art. 264.1 CP, son los que se llevan a cabo a través de procedimientos informáticos y no a través de comportamientos físicos sobre su soporte (Circular 3/2017: "*...es importante recordar que tanto la Decisión Marco 2005/222/JAI del Consejo, de 24 de febrero, de cuya implementación deriva el art. 264 CP en su inicial redacción, como la Directiva 2013/40/UE, incorporada por la Ley Orgánica 1/2015, tienen por objeto el establecimiento de criterios comunes para sancionar penalmente los ataques contra los sistemas de información que se llevan a efecto en el ciberespacio a través, por tanto, de las tecnologías de la información y la comunicación y en el ámbito de realidades de carácter virtual*"; en contra, MATA Y MARTÍN).

En segundo lugar, los daños informáticos previstos en este artículo no requieren un ataque a la integridad física del objeto, un quebranto en su consistencia material, la cual no existe (en contra, GONZÁLEZ RUS); es suficiente, pues, el ataque al valor de uso.

En tercer, y último, lugar, el resultado no es el daño físico-funcional y económico, el quebranto material del objeto, sino simplemente el daño funcional (MORALES GARCÍA/FERNÁNDEZ DE PALMA; Circular 3/2017: "*... los resultados derivados de este tipo de acciones no tienen por qué afectar a la integridad física de uno o varios objetos sino que, en muchas ocasiones, sus consecuencias serán de carácter exclusivamente inmaterial concretándose en definitiva, y en palabras de la Convención de Budapest, en la disponibilidad y/o integridad de la información que, en su caso, se haya visto dañada alterada, suprimida o haya resultado inaccesible, o en la propia funcionalidad u operatividad del programa o programas que se hayan visto afectados como consecuencia de la actividad ilícita. Es decir, el delito de daños informáticos no requiere un ataque a la integridad física del objeto, sino que la acción sobre los elementos lógicos puede ejecutarse a través de procedimientos informáticos*"). Un daño funcional para cuyo cómputo, dadas las dificultades que entraña la cuantificación del objeto (datos o programas informáticos) por un lado, y, por otro, el hecho de que el fin perseguido con la tipificación de estas figuras no es tanto la mera tutela de los datos como el quebranto que puede ocasionar su destrucción, habrá de ser tenido en cuenta, además del valor en sí de los datos, su utilidad y el reflejo del menoscabo en la utilidad del titular (ORTS BERENGUER/ROIG TORRES, MATA Y MARTÍN; en contra, limitando el valor relevante al económico, GONZÁLEZ RUS). Estas mismas razones conducen a considerar que el límite cuantitativo de 400 euros previsto en el art. 263 CP y que sirve de criterio para la delimitación con el delito leve de daños no es aquí de aplicación [en idéntico sentido, si bien en relación con el anterior límite de 400 euros como frontera entre el delito y la falta, MORALES GARCÍA/FERNÁNDEZ PALMA, ORTS BERENGUER/ROIG TORRES; SAP, Madrid, Sección 6ª, 345/2013, 3-6 (*Tol 3784442*): "[...] *la frontera de los 400 euros establecida para diferenciar el delito de la falta de daños (art. 263 del Código Penal), no resulta de aplicación al delito de daños informáticos, recogido en el segundo número del* art. 264 *del Código Penal. El delito que ahora examinamos fue introducido por virtud de la Ley Orgánica 10/95, que, como se pone de manifiesto en la SAP de Valencia de 10 de junio de 2011, amplía su ámbito, de un lado dándole carta de naturaleza propia al dejar de contemplarlo junto a las circunstancias cualificadoras de los daños, dotándole de autonomía sistemática, y de otro lado, recogiendo incluso un elenco de conductas más amplio, para solventar así todo debate en relación a su alcance, a que manipulaciones debían valorarse, pasando a contemplar prácticamente cualquier injerencia en un programa ajeno, con tal de que esta pueda tacharse de grave, ya que en su número primero, como elenco de conductas punibles alude a: borrar, dañar, deteriorar, alterar, suprimir o hacer inaccesibles datos, programas o documentos (...), conductas todas éstas que no dejan de ser exponente de un funcionamiento anómalo de un sistema informático y, por extensión, de un determinado terminal, por consecuencia de una conducta voluntaria y deliberada de un tercero (...) por lo que se trata de un delito con sustantividad propia*"; Circular 3/2017: "... *para valorar la gravedad de la conducta y/o de su resultado no puede trasladarse a los delitos informáticos la cuantía diferenciadora de los 400 euros, prevista en el art. 263 CP a efectos punitivos para los daños clásicos, pues esta cuantía se refiere al menoscabo que sufre un objeto material, mientras que los delitos informáticos tienen por objeto, como se ha dicho, elementos inmateriales*"; en contra, GONZÁLEZ RUS, MATA Y MARTÍN].

La Circular 3/2017, de 21 de septiembre, sobre la reforma del Código Penal operada por la LO 1/2015, de 30 de marzo, en relación con los delitos de descubrimiento y revelación de secretos y los delitos de daños informáticos, de la Fiscalía General del Estado, señala los siguientes criterios a tener en cuenta para cuantificar el daño funcional: el valor de la destrucción definitiva de los datos informáticos, el valor económico cuantificable del coste de restablecimiento de la operatividad de los datos, programas o, en su caso, del sistema afectado, el perjuicio económico que haya supuesto para la víctima o el afectado·el periodo de tiempo en que los sistemas han permanecido inutilizados y/o el necesario para restaurar su funcionamiento, las consecuencias que podrían derivarse, a efectos de la reputación de una determinada empresa, entidad o persona física, del hecho de haber sido objeto de un ataque informático —pues ello puede conllevar un perjuicio intangible por el daño causado a la imagen pública de aquéllas—, los perjuicios ocasionados no solamente para el directamente ofendido sino también para el interés general, los bienes jurídicos afectados por la acción ilícita, o el riesgo que se genera para intereses públicos o privados por causa de la perdida de los datos, programas o documentos, etc. Todos estos datos deberán analizarse caso a caso y en atención a las circunstancias concurrentes, lo que en muchos supuestos determinará la necesidad de recabar dictámenes técnicos, así como informes periciales.

Entre los procedimientos informáticos de ataque a los elementos lógicos de un sistema informático, o vandalismo electrónico, también denominado *ciberpunking* —término totalmente distinto al de *hacking* o intrusismo informático y *cracking* o vulneración de los derechos de autor (MORÓN LERMA)— cabe citar (CORCOY BIDASOLO): los *crash programs* o programas de destrucción progresiva, a través de los cuales se pueden borrar un gran número de datos en un corto período de tiempo; pueden ser de utilidades, escribirse por sí mismos o actuar como caballos de Troya creando rutinas dentro del sistema operativo o del programa de aplicación; las bombas lógicas de actuación retardada o *time bombs*, que causan la destrucción de los ficheros tras un lapso de tiempo en virtud de indicaciones precisas como la presencia o ausencia de un dato, de una hora, de un código, de un nombre…; la destrucción de los ficheros se produce de forma autónoma por el propio sistema informático (GONZÁLEZ RUSS) —una modalidad de esta clase de sabotaje surge en aquellos supuestos en los que la destrucción ha sido programada por el mismo propietario del *software*, conducta que, como se ha indicado, es atípica al faltar el requisito de la ajenidad; el *superzapping*, o uso no autorizado de un programa de utilidad para alterar, borrar… todos los datos almacenados en el ordenador o en los soportes magnéticos; se pueden alterar registros sin que quede constancia de la modificación, y, aun en caso de descubrirse, es difícil detectar quién, cuándo y cómo se hizo; *cancer rutine*, que consiste en introducir una serie de órdenes que provocan su propia reproducción en otros programas arbitrariamente escogidos; pueden ser detectadas y extraídas, pero si permanece alguna el cáncer sigue extendiéndose; *virus programs* o virus, programas que pueden multiplicarse y contaminar otros programas que están en el disco duro y los programas y datos de otras empresas en el transcurso de una conexión; puede destruir no solo rutinas y datos sino que, combinado con bombas lógicas, activado al mismo tiempo o posteriormente infecta el sistema completo e incluso las copias de seguridad, provoca una mayor lentitud en la ejecución de los programas y el bloqueo del funcionamiento de la pantalla o la aparición en ésta de signos extraños, la desaparición de informaciones del disco duro, etc.; "Puertas falsas", procedimiento que requiere una especial cualificación técnica y consiste en la producción de interrupciones que hacen los programadores para el chequeo del programa, con lo que se dejan puertas falsas para entrar en él; "Caballo de Troya", con el que se introducen en un programa de uso habitual una rutina o conjunto de instrucciones para que dicho programa actúe de forma distinta a la prevista —para su utilización se requiere una capacitación técnica suficiente, al menos saber programar y tener acceso al programa para poder manipularlo, es un método difícil de detectar pero fácil de prevenir, que tiene similitud con las bombas lógicas, aunque generalmente el caballo de Troya se usa para cometer un fraude y aquéllas como medio de sabotaje; *system crosh,* introducción de órdenes que provocan el bloqueo del sistema informático; "Ataques asincrónicos", procedimiento complejo que se basa en la forma de funcionar de los sistemas operativos y sus conexiones con los programas de aplicación a los que sirven y soportan en su ejecución, etc. (CORCOY BIDASOLO, GONZÁLEZ RUS).

La conducta se ha de llevar a cabo sin autorización y de forma grave y el resultado ocasionado ha de ser, igualmente, grave. La falta de autorización es un elemento esencial del tipo cuya ausencia determina la atipicidad de la conducta. La autorización equivale tanto al consentimiento como a los supuestos cubiertos por las leyes e incluso acuerdos contractuales entre las partes (art. 2. letra d) Directiva 2013/40/UE del Parlamento Europeo y del Consejo, de 12 de agosto: "*sin autorización*": "*un comportamiento al que se refiere la presente Directiva, incluido el acceso, la interferencia o la interceptación, que no haya sido autorizado por el propietario u otro titular del derecho sobre el sistema o parte del mismo o no permitido por el Derecho nacional*"; RODRÍGUEZ MESA: "Dada la naturaleza del objeto material sobre el que recae la acción, y el hecho de que puedan existir acuerdos entre las partes que concedan diferentes facultades de disposición habrá que analizar en cada caso concreto de que potestad dispone cada uno de ellos con relación a la conducta realizada por el otro o por un tercero").

Respecto a la exigencia de gravedad, en ningún momento el precepto concreta los criterios de gravedad de la conducta, lo que puede plantear importantes problemas a la hora de delimitar los ataques molestos, pero penalmente insignificantes de aquellos otros que, por su mayor gravedad, revistan relevancia penal (MORÓN LERMA). La reforma ha introducido, pues, un elemento imposible de precisar que abre la puerta a la máxima inseguridad jurídica. Ahora bien, teniendo en cuenta que la gravedad del resultado ha de ir necesariamente referida al borrado, daño, deterioro, alteración, supresión o inaccesibilidad de datos o programas, la gravedad de la pérdida de funcionalidad habría de valorarse en función de parámetros tales como la naturaleza, contenido y cantidad de objetos afectados, permanencia o reversibilidad y duración del ataque [RODRÍGUEZ MESA; Circular FGE 3/2017: "*... habrían de considerarse graves y, por tanto, encuadrables por su resultado en el art. 264.1º CP. todas aquellas acciones ilícitas, sobre los elementos lógicos, que tuvieran trascendencia significativa o generaran consecuencias apreciables en datos, programas informáticos o documentos electrónicos o en los intereses en juego*"; SSTS 91/2020, 7-2-2022 (*Tol 8810357*): "*La gravedad de la acción viene determinada por el daño funcional que el comportamiento genere, resultando atípicas todas aquellas actuaciones que, pese a satisfacer objetivamente alguna de las modalidades de obrar previstas en el tipo penal, resulten cualitativa o cuantitativamente irrelevantes para* *que el servicio o el sistema operen de manera rigurosa. Solo si la función digital deviene imposible o si se trastoca de manera relevante la utilidad o facilitación que introduce, la actuación dolosa de pervertir el sistema puede llegar a merecer el reproche penal. En todo caso, la tipicidad exige además que la disfunción electrónica genere un resultado realmente gravoso para el titular de los instrumentos digitales* [...] *la gravedad típica se alcanza cuando es imposible recuperar la operatividad del sistema o cuando su recomposición es difícilmente reversible sin notables esfuerzos de dedicación técnica y económica. Debe observarse que las unidades o procesos informáticos que aquí se protegen, son elementos intangibles que no siempre presentan un valor económico intrínseco, ni siquiera lo tienen por el valor estimado de una recuperación incierta. El borrado del histórico fotográfico digital que una persona acopia durante toda su vida o la pérdida de las pruebas de diagnóstico y evolución que conforman su largo historial médico, ni son susceptibles de valoración intrínseca, ni existe la posibilidad de cuantificar el coste del trabajo preciso para una recuperación imposible, lo que no impide apreciar la trascendencia del perjuicio y lo dañino del resultado*", y 220/2020, 22-5 (*Tol 7966219*): "*La gravedad se adueña de la descripción del tipo básico y de los tipos agravados. No basta con que el resultado sea grave, lo ha de ser también la acción de borrar, dañar, deteriorar, alterar, suprimir o hacer inaccesible el sistema o los datos que éste incorpora. No es fácil modular la gravedad de una acción sin la referencia que proporciona su resultado que, al exigirlo el legislador, ha de ser también grave. Se trata pues, de una gravedad encadenada, acumulativa, que no siempre podrá afirmarse sin dificultad. Una manipulación limitada al simple pulsado de varias teclas y comandos puede propiciar daños informáticos de especial gravedad y que conduzcan a la inutilización del sistema. En tales casos, la levedad de la acción tendrá como punto de contraste la gravedad del resultado, suscitando fundadas dudas acerca de su tipicidad. Por si fuera poco, el apartado 2 del mismo art. 264 construye un tipo agravado para el caso en que los daños hayan sido "de especial gravedad" y el apartado 5 del mismo precepto incluye un tipo hiperagravado si "... los hechos hubieran resultado de extrema gravedad". La primera conclusión a la que conduce el análisis del tipo es que los daños informáticos son atípicos cuando el resultado —en su descripción más básica— no es grave. Es cierto que se trata de un concepto normativo que habrá de ser fijado sin aferrarnos a un criterio puramente cuantitativo que lleve, por ejemplo, a entender que esa gravedad, cuando no alcanza la frontera de los 400 euros, carece de relevancia típica. Se trata de una gravedad por el daño funcional que entorpece el sistema operativo. La constatación de ese daño será evidente, claro es, cuando sea imposible recuperar la plena operatividad del sistema. También podrá entenderse que se alcanza la gravedad típica —con inspiración en la Circular de la Fiscalía General del Estado núm. 3/2017— en supuestos en los que el retorno operativo del sistema exija grandes esfuerzos de dedicación técnica y económica* [...]. *El borrado de 54 carpetas que incluyen 1074 archivos, que al ser eliminados se alojan en la papelera de reciclaje y sobre los que el acusado no vuelve a intentar ninguna acción destructiva, no alcanza la relevancia típica exigida por el art. 264.1 del CP*"; SAP, Madrid, Sección 23ª, 23/2017, 10-1 (*Tol 5990907*): "*El resultado grave de los daños causados en los datos informáticos deberá ser estimado caso por caso atendiendo a criterios que permitan apreciar esa gravedad, criterios como puede ser la posibilidad o no de recuperar los datos informáticos, la pérdida definitiva de los mismos o la posibilidad de recuperación y, en este último caso, el coste económico de la reparación del daño causado, la complejidad técnica de los trabajos de recuperación, la duración de las tareas de recuperación, el valor del perjuicio causado al titular de los datos, bien como lucro cesante o como daño emergente*"].

3.1.3. Formas imperfectas de ejecución

La consumación tiene lugar cuando se produce el borrado, el daño, la destrucción, el deterioro, la alteración, la supresión o inutilización de los datos, programas informáticos o documentos electrónicos. Es perfectamente posible la tentativa cuando el procedimiento de destrucción no lleva a cabo de manera efectiva su misión, como, por ejemplo, si una vez introducido el virus, éste resulta inefectivo por tener instalado un anti-virus adecuado el ordenador destinatario (ORTS BERENGUER/ROIG TORRES).

Un supuesto problemático, en relación a las formas imperfectas de ejecución, lo plantea la existencia de copias de seguridad; MATA Y MARTÍN y GONZÁLEZ RUS, en base a la particularidad de los medios informáticos de permitir obtener infinitas copias idénticas de un fichero o programa, entienden que la consumación requiere la desaparición definitiva y completa de los datos; en consecuencia, la destrucción de datos o programas cuando se cuenta con copias de seguridad constituye tentativa (para MATA Y MARTÍN, tentativa imposible). Por el contrario, ANDRÉS DOMÍNGUEZ considera que, al exigir el Código la destrucción de elementos lógicos de un sistema informático, producida ésta se estará en presencia de un delito de daños informáticos consumado, con independencia de la existencia o no de copias de seguridad (en el mismo sentido, RODRÍGUEZ MESA); dato, este último, que deberá ser tenido en cuenta a la hora de valorar la gravedad del daño.

3.1.4. Tipo subjetivo

En cuanto al elemento subjetivo, es suficiente el dolo, el conocimiento y la voluntad de destruir, alterar o inutilizar los datos informáticos, programas informáticos o documentos electrónicos; el dolo de dañar o *animus damnandi/nocendi*. No se requiere la presencia de un ulterior elemento subjetivo.

En virtud del art. 267 CP, se castigan los daños imprudentes cuando la imprudencia es grave y los daños causados superan los 80.000 euros, siendo necesaria, en este caso, la previa denuncia de la persona agraviada o de su representante legal, o, si el ofendido es menor de edad, persona con discapacidad necesitada de especial protección o persona desvalida, del Ministerio Fiscal. En estos casos, el perdón de la persona ofendida extingue la acción penal (Párrafo redactado conforme LO 8/2021, de 4 de junio, de protección integral a la infancia y la adolescencia frente a la violencia).

La admisión de la imprudencia, en relación con los daños informáticos, puede tener trascendencia en ciertos supuestos de sabotaje, en concreto en aquellos que consisten en introducir órdenes que provocan su autorreproducción, y el resultado final escapa al control o previsión del autor; la imputación de este tipo de comportamientos se moverá entre el dolo eventual y la imprudencia (MATA Y MARTÍN, GONZÁLEZ RUS).

3.2. Art. 264.2 y 3 CP

El apartado 2 recoge las circunstancias agravantes, cuya concurrencia determina la imposición de una pena de prisión de dos a cinco años y una multa proporcional (del tanto al décuplo del perjuicio ocasionado), pudiendo imponerse la pena superior en grado si los hechos hubieran resultado de extrema gravedad (Considerando Trece Directiva 2013/40/UE, del Parlamento Europeo y del Consejo, de 12 de agosto: "*Es conveniente establecer sanciones más severas cuando un ataque contra un sistema de información se comete en el contexto de una organización delictiva, tal como se define en la Decisión marco 2008/841/JAI del Consejo, de 24 de octubre de 2008, relativa a la lucha contra la delincuencia organizada), o cuando el ciberataque se realiza a gran escala y afecta a un número importante de sistemas de información, en particular cuando el ataque tiene por objeto crear una red infectada o si el ciberataque causa un daño grave, incluido cuando se lleva a cabo a través de una red infectada. Conviene también establecer sanciones más severas cuando el ataque se lleva a cabo contra una infraestructura crítica de los Estados miembros o de la Unión*"). Por último, el apartado 3 del art. 264 CP establece la imposición —en sus respectivos casos— de las penas en su mitad superior cuando "los hechos se hubieran cometido mediante la utilización ilícita de datos personales de otra persona para facilitarse el acceso al sistema informático o para ganarse la confianza de un tercero".

Ambos apartados 2 y 3 responden al cumplimiento de lo previsto en el art. 9.3, 4 y 5 de la Directiva 2013/40/UE del Parlamento Europeo y del Consejo, de 12 de agosto ("*9. 3. Los Estados miembros adoptarán las medidas necesarias para garantizar que, cuando se hayan cometido intencionalmente, siempre que hayan afectado a un número significativo de sistemas de información o cuando para cometerlas se haya utilizado uno de los instrumentos a que se refiere el artículo 7, las infracciones mencionadas en los artículos 4 y 5, se castiguen con una sanción máxima de privación de libertad de al menos tres años. 4. Los Estados miembros adoptarán las medidas necesarias para garantizar que las infracciones mencionadas en los artículos 4 y 5 se castiguen con una sanción máxima de privación de libertad de al menos cinco años cuando: a) se cometan en el contexto de una organización delictiva con arreglo a la Decisión marco 2008/841/JAI, con indepen-*

dencia del nivel de la sanción que se establezca en la misma; b) causen daños graves, o c) se cometan contra el sistema de información de una infraestructura crítica. 5. Los Estados miembros tomarán las medidas necesarias para garantizar que, cuando las infracciones a que se refieren los artículos 4 y 5 sean cometidas utilizando ilícitamente datos de carácter personal de otra persona con la finalidad de ganar la confianza de un tercero, causando así daños al propietario legítimo de la identidad, ello pueda ser considerado, de conformidad con el Derecho nacional, como circunstancia agravante, a menos que tal circunstancia ya esté contemplada en otra infracción que sea sancionable con arreglo al Derecho nacional").

– Art. 264.2.1ª CP: La circunstancia agravante se refiere exclusivamente a la organización, por lo que no es aplicable al "grupo criminal" definido el art. 570 ter.1 CP (Circular FGE 3/2017: "… *por lo que en este último supuesto habría de aplicarse un concurso real de delitos, entre el que nos ocupa y sus circunstancias y el del art. 570 ter, cuando el sujeto activo del delito de daños constituya, financie o integre a su vez un grupo criminal, en las circunstancias y condiciones que se establecen en dicho precepto*").

La aplicación de la circunstancia no exige la "pertenencia o integración", en consecuencia, es perfectamente aplicable a quien comete el delito en colaboración con una organización sin formar parte de la misma. Si el sujeto pertenece además a la organización criminal, la imposición de la pena prevista para el tipo agravado junto a la correspondiente al delito de pertenencia a organización criminal podría dar lugar a una vulneración del principio *non bis in ídem*; en este caso el concurso de delitos habrá de darse entre el delito de pertenencia a organización criminal y el tipo básico del delito informático (RODRÍGUEZ MESA).

– Art. 264.2.2ª CP: Si el CP no proporciona criterios para delimitar el daño informático grave del no grave a efectos de tipicidad, difícil va a ser la determinación de que se entiende por "daños de especial gravedad", teniendo en cuenta que la aplicación de este subtipo agravado procederá cuando concurriendo los requisitos del tipo básico, los efectos lesivos causados por el delito merezcan, por su entidad, la consideración de especialmente graves y además no estuvieran incluidos en ninguno de los supuestos previstos en los restantes subtipos contemplados en el mismo artículo (Circular FGE 3/2017). Nuevamente es la Jurisprudencia la que deberá establecer los criterios para determinar la gravedad tanto para la aplicación del tipo básico como del agravado (la Directiva 2013/40/UE del Parlamento Europeo y del Consejo, de 12 de agosto, parece indicar ciertas pautas interpretativas al disponer en su Considerando 5 que "*los Estados miembros deben poder establecer qué constituyen daños graves de conformidad con su ordenamiento jurídico y práctica nacionales, tales como interrumpir los servicios del sistema de una importancia pública relevante, o causar importantes costes económicos o pérdidas de datos de carácter personal o de información sensible*"; RODRÍGUEZ MESA: "la jurisprudencia viene entendiendo por especial gravedad a efectos de otros delitos "la que se sale de lo corriente"").

La otra cualificación prevista en el art. 264.2.2ª CP es la afectación a "un número elevado de sistemas informáticos", concepto jurídico indeterminado que habrá de ser concretado por la Jurisprudencia; si bien, y en base al significado gramatical de la expresión "un número elevado", parece que su apreciación habrá de limitarse a aquellos supuestos en los que se haya perjudicado un número importante de sistemas (RODRÍGUEZ MESA; Circular FGE 3/2017: "*... la razón de ser de la agravación* [...], *está en el especial riesgo que generan aquellos ataques en los que se ven afectados un número considerable de ordenadores que a su vez, y tras ser infectados, pueden servir para poder llevar a efecto un posterior ataque masivo y coordinado. Por ello, y con independencia de que la cantidad de sistemas informáticos afectados pueda ser un factor a tener en cuenta a efectos de integrar el primer inciso de este mismo apartado del art. 264.2 por ocasionar daños de especial gravedad, la circunstancia recogida en el segundo inciso habría de aplicarse más específicamente en los supuestos en los que se vieran afectados un número tal de sistemas de información que pudieran generar el riesgo de un ataque masivo de dichas características*").

– Art. 264.2.3ª CP: La agravante responde a la amenaza que suponen los ciberataques para el funcionamiento de estos servicios, y, en consecuencia, para la seguridad de las estructuras sociales y económicas consideradas esenciales. La interpretación de lo que haya de entenderse por servicios públicos esenciales en este caso va a depender de los criterios y definiciones establecidos en el marco estatal y europeo de la ciberseguridad (Ley 8/2011, de 28 de abril, por la que se establecen medidas para la protección de las infraestructuras críticas; Directiva 2016/1148/UE, de 6 de julio de 2016, relativa a las medidas destinadas a garantizar un elevado nivel común de seguridad de las redes y sistemas de información en la Unión) (RODRÍGUEZ MESA). Respecto a los "bienes de primera necesidad", existe una extensa jurisprudencia penal relativa a los delitos de hurto, robo y estafa, en los que tradicionalmente se vienen contemplando supuestos agravados cuando afecten a bienes de primera necesidad (véase en esta misma obra, la Lección 2ª "Delitos de hurto y *furtum possessionis*").

La agravación será aplicable cuando el ataque informático a datos, programas o documentos afecte gravemente a la prestación ordinaria de los indicados servicios esenciales o a la provisión de bienes de primera necesidad. La utilización del adverbio gravemente supone la introducción de un criterio de valoración indeterminado, cuya concurrencia habrá de analizarse individualizadamente y en función del servicio o prestación de que se trate, pero que excluye en todo caso la aplicación de esta circunstancia cuando los efectos de la acción ilícita hayan resultado intrascendentes o no se hubiera generado una alteración apreciable en el funcionamiento de dichos servicios (Circular FGE 3/2017).

Cuando el grave perjuicio a los servicios o al aprovisionamiento de bienes sea consecuencia del ataque informático a una infraestructura crítica, será de aplicación preferente la circunstancia 4ª de este mismo artículo, lo que dada la naturaleza de las infraestructuras críticas convierte a la circunstancia 3ª en una circunstancia residual y de escasa aplicación práctica (RODRÍGUEZ MESA).

– Art. 264.2.4ª CP: El art. 9.4.c) de la Directiva (UE) 2013/40, obliga a los Estados miembros a castigar con una sanción máxima de privación de libertad de al menos cinco años cuando los hechos se cometan contra el sistema de información de una infraestructura crítica. La circunstancia 4ª del art. 264.2 CP recoge esta agravante en términos más amplios que los establecidos en la Directiva, pues junto a la afectación al sistema informático de una infraestructura crítica, contempla la agravante también para los supuestos en los que se haya creado un peligro grave para la seguridad del Estado, de la Unión Europea, o de un Estado Miembro de la Unión Europea.

El precepto define las "infraestructuras críticas" trasponiendo el concepto que proporciona la Directiva (UE) 2013/40 (Considerando 4), sin embargo, tales infraestructuras han de estar incluidas como tales en el Catálogo Nacional de Infraestructuras Estratégicas, elaborado por el Ministerio del Interior a través de la Secretaría de Estado de Seguridad (Ley 8/2011, de 28 de abril, por la que se establecen medidas para la protección de las infraestructuras críticas). Con relación a las infraestructuras críticas europeas serían aquellas infraestructuras críticas situadas en algún Estado Miembro de la Unión Europea, cuya perturbación o destrucción afectaría gravemente al menos a dos Estados miembros, todo ello con arreglo a la Directiva 2008/114/CE, del Consejo, de 8 de diciembre, sobre la identificación y designación de Infraestructuras Críticas Europeas y la evaluación de la necesidad de mejorar su protección (RODRÍGUEZ MESA).

– Art. 264.2.5ª CP: Para la apreciación de esta agravación es preciso que la conducta típica se haya llevado a cabo utilizando un programa informático, una contraseña de ordenador o código de acceso en las circunstancias previstas en el art. 264 ter CP: que el programa o código se haya producido, adquirido, importado o facilitado sin autorización con la intención de cometer el delito previsto en los arts. 264 y/o 264 bis CP.

Es cierto que el uso de programas maliciosos diseñados o adaptados para cometer ataques masivos e indiscriminados entraña una especial gravedad, tal y como reconoce la Directiva; sin embargo, no es así cuando se trate de programas informáticos maliciosos concebidos para efectuar ataques informáticos de carácter aislado o individualizado o, cuando lo que se usa sean contraseñas de ordenador, códigos de acceso o datos similares que hagan factible la intromisión en un sistema de información perfectamente determinado. Así lo reconoce la Circular FGE 3/2017: "*El empleo de estas herramientas o de las claves y códigos, en principio diferentes en cada uno de los sistemas, no tiene por qué estar vinculado a ataques informáticos plurales. Ello es especialmente claro en lo que respecta al uso de contraseñas o claves de acceso ajenas, que es el mecanismo que se utilizará con frecuencia en muchas de las acciones ilícitas cuyo objeto sean datos, programas o sistemas informáticos aisladamente considerados. Por esta razón llama la atención que el Legislador haya optado por penalizar la utilización de estas claves, perfectamente individualizadas, con una sanción considerablemente más elevada que la correspondiente al tipo básico, en el cual, por definición legal, la acción de borrar, dañar, deteriorar, alterar, suprimir o hacer inaccesibles los efectos inmateriales protegidos puede llevarse a efecto por cualquier medio"*; y, en este sentido, dispone que *"los Sres. Fiscales deberán valorar con especial cautela la aplicación de este subtipo en estos últimos supuestos restringiendo su apreciación a aquellos casos en los que el uso de dichas claves o contraseñas implique efectivamente un incremento en el plus de antijuridicidad de la conducta"*.

Al igual que ocurre con la cualificación relativa a la "afectación a un número elevado de sistemas informáticos" (art. 264.2 2ª CP), el Legislador nacional va más allá de lo exigido en la Directiva, que en estos supuestos solo obliga a que se castiguen con una sanción máxima de privación de libertad de al menos tres años, y no de cinco (RODRÍGUEZ MESA).

– Art. 264.3 CP: Esta circunstancia va más allá de lo exigido por el art. 9.5 de la Directiva 2013/40/UE del Parlamento Europeo y del Consejo, de 12 de agosto: no se exige en todo caso el elemento subjetivo consistente en que la utilización de los datos personales sea para ganarse la confianza de un tercero, también será de aplicación esta circunstancia hiperagravada cuando los datos se utilicen para acceder al sistema informático. Por otra parte, se prescinde de la exigencia comunitaria de que se haya producido daño al titular de la identidad (RODRÍGUEZ MESA: "Si lo que nuestro legislador pretende es castigar con mayor severidad la conducta cuando además se haya llevado a cabo una usurpación de identidad en las redes sociales, quizá lo más acertado habría sido tipificar un delito de usurpación o suplantación de la identidad digital, que al concurrir en situación de concurso ideal o medial con estos delitos habría dado lugar a la misma pena, pero que permitiría a su vez castigar la usurpación de identidad digital como un delito autónomo).

4. La interferencia ilegal en los sistemas de información (art. 264 bis CP)

4.1. Art. 264 bis.1 CP

El art. 264 bis apartado 1 CP tipifica la interrupción u obstaculización del funcionamiento de un sistema informático, dando así cumplimiento a lo dispuesto en el art. 4 de la Directiva 2013/40/UE del Parlamento Europeo y del Consejo, de 12 de agosto (*"Los Estados miembros adoptarán las medidas necesarias para que la obstaculización o la interrupción significativas del funcionamiento de un sistema de información, introduciendo, transmitiendo, dañando, borrando, deteriorando, alterando, suprimiendo o haciendo inaccesibles datos informáticos, intencionalmente y sin autorización, sea sancionable como infracción penal, al menos en los casos que no sean de menor gravedad*"); esta conducta ya era castigada —con la misma pena (prisión de seis meses a tres años)— por el art. 264.2 CP en su redacción anterior a la reforma —y tras la reforma operada por la LO 5/2010, de 22 de junio, por la que se modifica la Ley Orgánica 10/1995, de 23 de noviembre, del Código Penal, ya que con anterioridad a esta reforma esta conducta era atípica (ANDRÉS DOMÍNGUEZ).

La única novedad, en lo que respecta a este apartado 1 del art. 264 bis CP, viene constituida por la incorporación de un nuevo modo de interrumpir u obstaculizar el funcionamiento de un sistema informático: destruyendo, dañando, inutilizando, eliminando o sustituyendo un sistema informático, telemático o de almacenamiento de información electrónica —supuesto no previsto en el art. 4 de la Directiva 2013/40/UE— (RODRÍGUEZ MESA: "la tipificación expresa de estas conductas, aunque en cierto modo pudiera parecer redundante, permite considerar típicos aquellos comportamientos en los que el resultado típico se produce como consecuencia de un ataque físico —no cibernético— contra los sistemas informáticos, de almacenamiento o de redes. Sería el caso, por ejemplo, el corte del suministro eléctrico o el daño a los componentes físicos del sistema, provocándose en ambos casos una interrupción de su correcto funcionamiento"), así como la imposición de la pena en su mitad superior —pudiéndose alcanzar la pena superior en grado— cuando los hechos hubieran perjudicado de forma relevante la actividad normal de una empresa, negocio o de una Administración pública. De nuevo, el Legislador omite cualquier indicación sobre los criterios que han de tomarse en consideración para apreciar dicha relevancia, dejando la puerta abierta al arbitrio judicial (CASTRO CORREDOIRA/VÁZQUEZ-PORTOMEÑE SEIJAS, RODRÍGUEZ MESA: "Un supuesto de tal entidad podría ser el ciberataque masivo llevado a cabo en EEUU en octubre de 2016 que provocó interrupciones prolongadas en los servicios DNS que dieron lugar a que miles de usuarios no pudieran conectarse por más de dos horas a Twitter, eBay, Reddit o Netflix, entre otras").

4.1.1. Objeto material

El objeto material de esta figura son los sistemas informáticos, conjunto de dispositivos físicos y de ficheros y aplicaciones lógicas que permiten el procesamiento informático de datos, programas y documentos electrónicos o "*todo aparato o grupo de aparatos interconectados entre sí, uno o varios de los cuales realizan, mediante un programa, el tratamiento automático de datos informáticos, así como los datos informáticos almacenados, tratados, recuperados o transmitidos por estos últimos para su funcionamiento, utilización, protección y mantenimiento*" (Art. 2, letra a) Directiva 2013/40/UE del Parlamento Europeo y del Consejo, de 12 de agosto) (CASTRO COREDOIRA/VÁZQUEZ-PORTOMEÑE SEIJAS).

Quedan fuera del tipo las acciones dirigidas contra datos, programas informáticos y documentos electrónicos —objeto material del art. 264 CP— salvo que el ataque a los mismos constituya el instrumento utilizado para afectar al sistema (art. 264 bis 1.a) CP) (CASTRO COREDOIRA/VÁZQUEZ-PORTOMEÑE SEIJAS, RODRÍGUEZ MESA: "… por ejemplo, el caso de los ataques informáticos con "*ramsomware*" en el que por medio de un virus se encriptan los archivos del sistema, bloqueando todo el sistema hasta que se pague un rescate").

Al igual que ocurre con relación al objeto material de la figura tipificada en el art. 264 CP, el sistema electrónico ha de ser ajeno. Requisito —que como ya se ha indicado al comentar esta figura— difícil de concretar dada la naturaleza inmaterial del objeto y que ha de interpretarse conjuntamente con el de falta de autorización o disponibilidad del sistema sobre el que se actúa (Circular 3/2017, de 21 de septiembre, sobre la reforma del Código Penal operada por la LO 1/2015, de 30 de marzo, en relación con los delitos de descubrimiento y revelación de secretos y los delitos de daños informáticos, de la Fiscalía General del Estado).

4.1.2. Acción y resultado

El art. 264 bis 1 CP tipifica pues los "atentados contra la integridad del sistema" (en la denominación del Convenio sobre Cibercriminalidad) o "interferencia ilegal en los sistemas de información" (en la denominación de la Directiva 2013/40/UE del Parlamento Europeo y del Consejo de 12 de agosto), que consiste en "*obstaculizar o interrumpir, de manera grave y sin autorización, el funcionamiento de un sistema informático ajeno borrando, dañando, deteriorando, alterando, suprimiendo o haciendo inaccesibles datos informáticos, programas informáticos o documentos electrónicos; introduciendo o transmitiendo datos o destruyendo, dañando, inutilizando, eliminando o sustituyendo un sistema informático, telemático o de almacenamiento de información electrónica*" (Circular FGE 3/2017: "… *muchas de las conductas que contempla el art. 264 bis son reconducibles a las acciones típicas sancionadas en el art. 264. 1 CP, por lo que en una pluralidad de ocasiones la aplicación de una u otra figura típica vendrá determinada por la capacidad de la acción ilícita para afectar a la operatividad del sistema informático en su conjunto*").

Entre los procedimientos informáticos que se dirigen a la alteración u obstaculización del funcionamiento del sistema informático cabe destacar —además de los señalados en el comentario al art. 264 CP, respecto de los datos, programas informáticos y documentos electrónicos siempre y cuando el ataque a estos últimos sea el medio utilizado para afectar al sistema informático conforme al art. 264 bis.1.a) CP— entre otros, el *mail bomber*, procedimiento que bloquea la dirección del correo electrónico del usuario mediante el envío masivo de información; las *bombas ansi*, que manipulan el funcionamiento del teclado, asignando a las teclas funciones diferentes a las habituales (ORTS BERENGUER/ROIG

TORRES); y la denegación de servicio o *ataques DdS*, que pueden producirse de formas muy variadas, siendo la más común la de solicitar datos o información a un servidor sin aceptar posteriormente lo demandado, lo que provoca múltiples intentos del envío y acaba saturando las posibilidades del equipo (GONZÁLEZ RUS), o, mediante la introducción de datos, así, por ejemplo, el denominado "ping de la muerte" introduce un ping (un tipo de programa informático) que por su gran tamaño causa un error en el sistema de desbordamiento de búfer (RODRÍGUEZ MESA).

El resultado consiste en obstaculizar o interrumpir de manera grave el funcionamiento del sistema informático, consumándose el delito en el instante en que se produce la obstaculización o interrupción del funcionamiento del mismo. La obstaculización o interrupción del funcionamiento del sistema electrónico ha de ser grave. Ahora bien, y al igual que ocurre con relación a la conducta prevista en el art. 264 CP, en ningún momento se concretan criterios de gravedad, encontrándonos ante un elemento imposible de precisar que abre la puerta a la máxima inseguridad jurídica. Ello obligará a analizar cada supuesto en particular y, en la mayoría de las ocasiones, acudir a los informes técnicos para determinar si se ha afectado real y significativamente la funcionalidad del sistema atacado y, por lo tanto, la obstaculización o interrupción se puede calificar de grave (Circular FGE 3/2017).

4.1.3. Formas imperfectas de ejecución

La Directiva 2013/40/UE del Parlamento Europeo y Consejo, de 12 de agosto, obliga a los Estados miembros a sancionar la tentativa tanto en los supuestos de interferencia ilegal en los datos —conducta recogida en el art. 5 Directiva 2013/40/UE así como en el art. 264. 1 CP— como en los de interferencia ilegal en los sistemas de información —art. 4 Directiva 2013/40/UE y art. 264 bis CP (Art. 7.2 Directiva 2013/40/UE: "*Los Estados miembros garantizarán que la tentativa de cometer las infracciones mencionadas en los artículos 4 y 5 sea sancionable como infracción penal*").

4.1.4. Tipo subjetivo

En cuanto al elemento subjetivo, es suficiente el dolo, el conocimiento y la voluntad de obstaculizar o interrumpir el funcionamiento de un sistema informático ajeno; el dolo de dañar o *animus damnandi/nocendi*. No se requiere la presencia de un ulterior elemento subjetivo (ANDRÉS DOMÍNGUEZ).

4.2. Art. 264 bis.2 y 3 CP

El apartado 2 del art. 264 bis CP prevé la imposición de una pena más grave (prisión de tres a ocho años y multa del triplo al décuplo del perjuicio ocasionado) si concurre alguna de las agravantes del apartado 2 del art. 264 CP; ahora bien, en este caso el Legislador eleva la pena a prisión de tres a ocho años y multa del triplo al décuplo del perjuicio ocasionado, sin que se encuentren razones que justifiquen la previsión de una pena tan elevada —la más alta de todos los delitos patrimoniales— sobre todo si se tiene en cuenta que el tipo básico de los ataques a los sistemas de información tiene el mismo marco penal que el tipo básico del delito de ataque a los datos (RODRÍGUEZ MESA: "Nuestro legislador penal, eleva la exigencia comunitaria de una sanción máxima no inferior a tres o cinco años (según la circunstancia) a una sanción máxima de ocho años y mínima de tres, en detrimento de las exigencias derivadas del principio de proporcionalidad").

El apartado 3 reproduce el apartado 3 del art. 264 CP.

5. Art. 264 ter CP

Este precepto es completamente nuevo y carece de antecedentes en nuestro Ordenamiento Jurídico. Hace referencia a los instrumentos que pueden utilizarse para la comisión de estos delitos, como programas informáticos maliciosos, contraseñas, catálogos de acceso, etc.; instrumentos a los que alude la Directiva 2013/40/UE del Parlamento Europeo y Consejo, de 12 de agosto, en su Considerando Dieciséis: "*Dadas las diferentes formas en que pueden realizarse los ataques y la rápida evolución de los programas y equipos informáticos, la presente Directiva se refiere a los «instrumentos» que pueden utilizarse para cometer las infracciones enumeradas en la presente Directiva. Dichos instrumentos pueden ser programas informáticos maliciosos, incluidos los que permiten crear redes infectadas, que se utilizan para cometer ciberataques. Aun cuando uno de estos instrumentos sea adecuado o incluso especialmente adecuado para llevar a cabo las infracciones enumeradas en la presente Directiva, es posible que dicho instrumento fuera creado con fines legítimos. Teniendo en cuenta la necesidad de evitar la tipificación penal cuando estos instrumentos sean creados y comercializados con fines legítimos, como probar la fiabilidad de los productos de la tecnología de la información o la seguridad de los sistemas de información, además del requisito de intención general también debe cumplirse el requisito de que dichos instrumentos sean utilizados para cometer una o varias de las infracciones enumeradas en la presente Directiva*".

Con la incorporación de este precepto, se da cumplimiento a lo dispuesto en el art. 7 de la Directiva 2013/40/UE del Parlamento Europeo y Consejo, de 12 de agosto, que exige a los Estados miembros la adopción de las "*medidas necesarias para garantizar que la producción intencional, venta, adquisición para el uso, importa-*

ción, distribución u otra forma de puesta a disposición de los siguientes instrumentos, sin autorización y con la intención de que sean utilizados con el fin de cometer cualquiera de las infracciones mencionadas en los artículos 3 a 6, sea sancionable como infracción penal, al menos en los casos que no sean de menor gravedad: a) un programa informático, concebido o adaptado principalmente para cometer una infracción de las mencionadas en los artículos 3 a 6; b) una contraseña de ordenador, un código de acceso o datos similares que permitan acceder a la totalidad o a una parte de un sistema de información".

– Art. 264 ter.a) CP: La conducta consiste en producir, adquirir para su uso, importar o facilitar de cualquier modo —lo que permite incluir tanto la distribución como la puesta a disposición conductas a las que expresamente se refiere la Directiva 2013/40/UE del Parlamento Europeo y Consejo, de 12 de agosto (RODRÍGUEZ MESA)— a terceros "un programa informático concebido o adaptado principalmente para cometer alguno de los delitos previstos en los artículos 264 y 264 bis". La conducta se ha de llevar a cabo sin la debida autorización y con la intención de facilitar la comisión de los citados delitos.

– Art. 264 ter.b) CP: La conducta es la misma, pero en este caso ha de tratarse de una "contraseña de ordenador, código de acceso o datos similares que permitan acceder a la totalidad o una parte de un sistema de información".

La circunstancia agravante 5ª del art. 264 CP —de aplicación común tanto al delito de interferencia ilegal en los datos como la de interferencia ilegal en los sistemas— absorbe la adquisición para su uso prevista en el art. 264 ter CP cuando el ataque informático se haya consumado (art. 8.3 CP). Con relación a los autores del art. 264 ter CP que, hayan facilitado a terceros los dispositivos o códigos con lo que realizar el delito, podrían considerarse también cooperadores necesarios o cómplices de los delitos tipificados en los arts. 264 y 264 bis CP. En este caso, la solución será también la de apreciar un concurso de normas a resolver por el criterio previsto en la art. 8.4 CP (RODRÍGUEZ MESA).

6. Art. 264 quater CP

El precepto recoge la responsabilidad penal de las personas jurídicas, prevista ya en el art. 264.4 CP en su redacción anterior a la reforma. La LO 1/2015, de 30 de marzo, por la que se modifica la Ley Orgánica 10/1995, de 23 de noviembre, del Código Penal, se ha limitado a modificar la pena a imponer en estos casos: multa de dos a cinco años o del quíntuplo a doce veces el valor del perjuicio causado, si resulta una cantidad superior, cuando se trate de delitos castigados con una pena de prisión de más de tres años o multa de uno a tres años o del triple a ocho veces el valor del perjuicio causado, si resulta una cantidad superior, en el resto de los casos.

El párrafo final del precepto autoriza a jueces y tribunales a imponer las penas recogidas en las letras b) a g) del apartado 7 del art. 33 CP, atendidas las reglas establecidas en el art. 66 bis CP.

7. Reflexión político criminal

Tras la reforma operada por la LO 1/2015, de 30 de marzo, la redacción otorgada a la figura de los daños informáticos es farragosa y dificultará en gran medida la labor del intérprete. La necesaria transposición de la Directiva 2013/40/UE del Parlamento Europeo y Consejo, de 12 de agosto, a nuestro Ordenamiento Jurídico no conlleva, obligatoriamente, la conversión de un artículo en cuatro con redacciones cuasi idénticas e innecesarias reproducciones de apartados.

Hubiera sido suficiente dos preceptos; el primero que recogiera los tipos básicos de interferencia ilegal en los datos (apartado 1 del art. 264 CP) e interferencia ilegal en los sistemas informáticos (apartado 1 del art. 264 bis CP), las circunstancias agravantes aplicables a ambos tipos básicos (apartados 3 y 4 de los arts. 264 y 264 bis CP), así como la producción, adquisición, importación o facilitación de instrumentos para la comisión de estos delitos (actual art. 264 ter); y un precepto relativo a la responsabilidad penal de las personas jurídicas en relación con la comisión de esos delitos (actual art. 264 quater CP).

Por otro lado, el Legislador podía haber aprovechado la necesidad de adaptar los "daños informáticos" o "sabotaje informático" a la Directiva 2013/40/UE, para ubicar esta figura en un Título independiente y romper definitivamente con las ligaduras interpretativas que acompañan al delito común de daños y que son de muy difícil encaje en el delito de "sabotaje informático". El "sabotaje informático" es, en definitiva, un delito autónomo dirigido a proteger la seguridad de la información telemática, en concreto la disponibilidad e integridad de los datos y sistemas informáticos (en este mismo sentido, RODRÍGUEZ MESA, DE LA MATA BARRANCO).

V. DAÑOS A OBJETOS DE LAS FUERZAS ARMADAS O FUERZAS Y CUERPOS DE SEGURIDAD

La LO 1/2015, de 30 de marzo, por la que se modifica la Ley Orgánica 10/1995, de 23 de noviembre, del Código Penal, ha modificado este precepto únicamente para adaptar la cuantía de los daños que aún figuraba en pesetas. Se subsana así un imperdonable olvido o error del Legislador puesto que ninguna de las reformas que se han llevado a cabo tras la incorporación, por el CP de

1995, del art. 265 al Capítulo IX del Título XIII, había procedido a modificar la cuantía del daño (ANDRÉS DOMÍNGUEZ).

Error u olvido que daba lugar a la polémica sobre su subsanación, en orden a si la misma debía tener lugar mediante la aplicación del sistema de conversión establecido en la Ley Orgánica 10/1998, de 17 de diciembre, Complementaria a la Ley sobre Introducción del Euro (*Tol 146445)*, en cuyo caso el importe de 50.000 pesetas equivaldría a 300,50 euros (MUÑOZ CONDE); o si, por el contrario, la referencia a las 50.000 pesetas debía ser directamente transformada en 400 euros, límite que el Código Penal de 1995 fijaba como frontera entre los delitos y faltas de naturaleza patrimonial.

Con la nueva redacción la cuantía es de 1000 euros.

1. Consideraciones generales

El CP de 1995 incorpora al Capítulo IX, del Título XIII, la figura de los daños a objetos de las Fuerzas Armadas o Fuerzas y Cuerpos de Seguridad del Estado; figura que, en el CP1973, se encontraba en el Título I., Capítulo II Bis ("De los delitos relativos a la defensa nacional"), Sección 2ª ("De los atentados contra los medios o recursos de la defensa nacional"), art. 135 bis e). Figuras concordantes las encontramos en el CPM (LO 14/2015, de 14 de octubre, del Código Penal Militar), art. 27 ("*El militar que, con el propósito de atentar contra los medios o recursos de la seguridad o defensa nacionales, cometiere alguno de los delitos previstos en los artículos 264 a 266 o 346 del Código Penal será castigado con la pena prevista para dichos delitos incrementada en un quinto de su límite máximo. La misma pena se impondrá al que cometiere el delito tipificado en el artículo 346 del Código Penal, en situación de conflicto armado o estado de sitio, cuando no tenga la condición militar*"). Si bien el art. 27 CPM remite a los delitos comprendidos en los arts. 264 a 266 CP coincidiendo, por tanto, la conducta típica, es posible, no obstante, señalar una serie de diferencias entre este precepto y la figura prevista en el art. 265 CP.

Así, en relación con los sujetos, el CPM solo es de aplicación cuando el sujeto activo es un militar, sin distinción alguna —a diferencia del CPM de 1985— de si los hechos acaecen en tiempo de guerra o en tiempo de paz. Además, el art. 27 CPM hace referencia a los medios o recursos de la seguridad o defensa nacional, mientras que el art. 265 CP alude a los afectados a las Fuerzas Armadas o de las Fuerzas y Cuerpos de Seguridad; basta pues con que el bien esté afecto al servicio de las Fuerzas Armadas o Fuerzas y Cuerpos de Seguridad, aunque no sea de su propiedad (terrenos cedidos durante un cierto tiempo a las Fuerzas Armadas para la enseñanza de técnicas militares y que, transcurrido el mismo, vuelven a su propietario).

El art. 265 CP castiga los daños recaídos sobre objetos destinados al servicio de las Fuerzas Armadas o Fuerzas y Cuerpos de Seguridad; se da entrada a un supuesto que no se caracteriza únicamente por el objeto de la acción y el titular perjudicado (como así entienden, VALDECABRES ORTIZ y QUERALT JIMÉNEZ; para este último, sujeto pasivo es la Administración pública de la que dependa el bien dañado, ya sea estatal, autonómica o local, nunca ninguno de los ejércitos ni de las Fuerzas de Seguridad, dado que carecen de personalidad jurídica), sino por el comportamiento típico y el bien jurídico directamente lesionado.

2. *Bien jurídico*

El daño que castiga el precepto no se dirige contra la propiedad sino contra las Fuerzas Armadas o Fuerzas y Cuerpos de Seguridad, puesto que es requisito imprescindible que el objeto se encuentre afecto al servicio de éstas, lo que no siempre implica que sea de su propiedad. El daño se encuentra integrado por el ataque al servicio al que está afecto el bien, objeto material de la conducta que no es otro que el servicio a las Fuerzas Armadas o Fuerzas y Cuerpos de Seguridad y lo que representan, en definitiva a la defensa nacional en el caso de las Fuerzas Armadas y el mantenimiento del orden público o la legalidad vigente tratándose de las Fuerzas o Cuerpos de Seguridad del Estado (ANDRÉS DOMÍNGUEZ, RODRÍGUEZ MESA: "Esta conclusión se ve reforzada por la inclusión en el tipo de objetos de la acción tales como las transmisiones militares, ajeno a las características propias del objeto sobre el que recae el delito de daños previsto en el art. 263 CP. Es la defensa nacional, y no el patrimonio de las fuerzas armadas, lo que se ve amenazado cuando se altera o se impide el funcionamiento satisfactorio de las comunicaciones militares"; en contra, dada la ubicación sistemática del precepto, VALDECABRES ORTIZ, ORTS BERENGUER, GARCÍA ARÁN, QUINTERO OLIVARES).

En consecuencia, el lugar sistemático del precepto no es el capítulo de daños, ni siquiera el título de los delitos patrimoniales.

3. *Objeto material*

El precepto enumera de manera muy amplia los objetos sobre los que recae la acción (obras, establecimientos o instalaciones militares, buques de guerra, aeronaves militares, medios de transporte o transmisión militar, material de guerra, aprovisionamiento u otros medios o recursos afectados al servicio de las Fuerzas Armadas o de las Fuerzas y Cuerpos de Seguridad), equiparando penológicamente hechos de distinta magnitud. Esta amplitud desmesurada lleva a GARCÍA ARÁN a interpretar restrictivamente el precepto, entendiendo, en primer lugar, que el último inciso ("otros medios o recursos afectados al servicio") constituye una cláusula general de analogía que cierra la enumeración anterior de objetos y que debe dotarse de contenido incluyendo en ella sólo objetos de similar importancia; y, en segundo lugar, interpretando la expresión "afectados al servicio" en sentido funcional y no orgánico, es decir, acogedora, únicamente, de objetos destinados a la prestación del servicio; con este punto de vista se destaca el carácter público de los objetos especialmente protegidos que da razón al mayor rigor penal.

La Jurisprudencia, por el contrario, mantiene una interpretación amplia [la STS 1579/2000, 13-10 (*Tol 117433*), apreció este delito en un supuesto en el que se prendió fuego a la colchoneta de un calabozo de la Comisaría Nacional de Policía]. Por otro lado, no hay que olvidar que la aplicación de los daños es residual, y en el caso de destrucciones graves normalmente serán de aplicación los delitos de terrorismo o los sometidos a leyes militares o especiales (QUINTERO OLIVARES).

4. Comportamiento típico

La acción consiste en destruir, dañar de forma grave o inutilizar para el servicio, aun de forma temporal.

La expresa mención, junto a la destrucción y el daño grave, es decir, el quebranto material del objeto, de la inutilización, incluso temporal, para el servicio, permite afirmar que, en este supuesto, a diferencia de los daños del art. 263 CP, lo esencial no es el quebranto material y funcional del objeto, sino la puesta fuera de servicio de un recurso de las Fuerzas Armadas o Fuerzas y Cuerpos de Seguridad. Supuestos como retirar una pieza, bloquear un mecanismo, cortar el suministro de energía, ocultar la llave que posibilita la utilización, constituyen, concurriendo los demás requisitos, el injusto típico del art. 265 CP.

Con respecto a esta modalidad de la acción típica —inutilización— es preciso hacer una referencia al supuesto de que la misma tenga como objeto las transmisiones militares; No cabe duda de la actual importancia que han adquirido los satélites de comunicaciones en las transmisiones militares, y las dos grandes vulnerabilidades de las redes de telecomunicaciones por satélite: vulnerabilidad física del sistema y de la señal. Así, además de mediante las acciones sobre el satélite y sobre el enlace tierra-satélite, las comunicaciones militares por satélite pueden inutilizarse mediante la introducción de *software* que provocan un mal funcionamiento o incluso un bloqueo del equipo (virus). Cuando la conducta típica se lleva a cabo mediante sabotaje o daños informáticos, el art. 265 CP es precepto especial frente a los arts. 264 y 264 bis CP. Sin embargo, si el resultado de la acción típica va más allá de una aminoración de las condiciones de seguridad, creando una situación de peligro grave para la seguridad del Estado, de la Unión Europea o de un Estado Miembro será de aplicación preferente la cualificación prevista en el apartado cuarto del art. 264.2 CP, que permite castigar la conducta con una pena de dos a cinco años, y ello con independencia de que el daño alcance o no los 1.000 euros (RODRÍGUEZ MESA).

La exigencia de que el daño sea grave, unido al hecho de que este concepto se encuentra yuxtapuesto a los de destrucción e inutilización, obliga a considerar que se incluye en el precepto el deterioro o menoscabo de los objetos, pero únicamente los casos graves (GARCÍA ARÁN).

RODRÍGUEZ MESA destaca la dificultad de compatibilizar la exigencia típica de que el daño causado excediere los 1.000 euros con la defensa nacional como bien jurídico protegido. Como bien indica esta autora, "es cierto que tal requisito podrá valorarse en aquellos casos en los que la conducta típica haya supuesto un daño, destrucción o deterioro de un elemento patrimonial, pero difícilmente podrá ser valorado en supuestos de inutilización temporal que no impliquen un daño patrimonial, pues de lo que se trata es de valorar el daño y no el perjuicio ocasionado. En todo caso, si no es posible probar el valor del daño o este es inferior a los 1.000 euros podrían ser de aplicación, en el caso de que se cumpliesen los restantes requisitos, los arts. 263, 264 y 264 bis CP".

VI. LAS AGRAVACIONES DEL ART. 266 CP

1. Consideraciones generales

La redacción del precepto es fruto de la reforma operada por la LO 7/2000, de 22 de diciembre, de modificación de la Ley Orgánica 10/19995, de 23 de noviembre del Código Penal, en relación con los delitos de terrorismo. La finalidad de la reforma no era otra que incluir supuestos que no estaban adecuadamente regulados; en concreto, agravar los daños cometidos mediante incendio o medios especialmente destructivos sin peligro para la vida e integridad física de las personas, ya que en estos supuestos no eran aplicables los delitos de incendio (art. 351 CP) y estragos (art. 346 CP), que exigían dicha puesta en peligro. Sin embargo, al referirse el precepto a aquellos supuestos en los que sí se pone en peligro la vida e integridad física de las personas, la consecuencia ha sido la confusión de límites entre las citadas figuras y los daños, complicando la tarea de encontrar un criterio diferenciador (MUÑOZ CONDE, QUINTERO OLIVARES, GARCÍA ARÁN).

La LO 1/2015, de 30 de marzo, por la que se modifica la Ley Orgánica 10/1995, de 23 de noviembre, del Código penal, procede a modificar los apartados 1 y 2 del art. 266 CP con el fin de sustituir la remisión que los mismos efectuaban a los arts. 263 y 264 CP respectivamente y que ahora han de entenderse referidos al art. 263.1 y 263.2 CP (ANDRÉS DOMÍNGUEZ). El apartado nº 2 del art. 266 CP en su redacción anterior agravaba la pena de los daños informáticos previstos en el art. 264 CP cuando éstos eran causados mediante "incendio, provocando explosiones u otro medio de similar potencia destructiva o poniendo en peligro la vida o integridad de las personas"; previsión que carecía de toda lógica. Con la nueva redacción la agravación va referida a los daños cualificados o agravados tipificados en el apartado 2 del art. 263 CP y no a los daños informáticos del art. 264 CP.

La consecuencia inmediata de esta nueva redacción era la necesidad de modificar también el apartado 1 del art. 266 CP. En efecto, el art. 266.1 CP en su redacción anterior a la LO 1/2015, de 30 de marzo, recogía la agravación de los daños del art. 263 CP (tipo básico) cuando éstos eran causados mediante "incendio, provocando explosiones u otro medio de similar potencia destructiva, o poniendo en peligro la vida o integridad de las personas". Si con la nueva redacción otorgada por la LO 1/2015, de 30 de marzo, el apartado 2 del art. 266 CP agrava los daños cualificados del art. 263.2 CP cuando son causados mediante "incendio, provocando explosiones u otro medio de similar potencia destructiva, o poniendo en peligro la vida o integridad de las personas", el apartado 1 del art. 266 CP habrá de hacer referencia única y exclusivamente al tipo básico de daños ubicado ahora en el art. 263.1 CP y agravar, en consecuencia, los daños tipificados en el art. 263.1 CP cuando son causados mediante "incendio, provocando explosiones u otro medio de similar potencia destructiva, o poniendo en peligro la vida o integridad de las personas" (ANDRÉS DOMÍNGUEZ).

2. Las cualificaciones de los daños comunes, tipo básico y tipos agravados

Los números 1 y 2 del artículo 266 CP prevén la cualificación de los daños descritos en el art. 263 CP. En relación con los daños cualificados del apartado 2 del citado precepto, se ha de ponderar si son vinculables todas las cualificaciones previstas con los medios señalados en este número del art. 266 CP, pues —como indica QUINTERO OLIVARES—, "es difícil de sostener respecto las descritas en los números 2º y 3º, pero sí de las demás".

La cualificación abarca cuatro circunstancias: mediante incendio, provocando explosiones, utilizando cualquier otro medio de similar potencia destructiva o poniendo en peligro la vida o integridad de las personas. El tipo adopta la forma de conducta mixta alternativa, por lo que es suficiente la concurrencia de una de ellas para su aplicación. Las tres primeras, basadas en los medios empleados, coinciden con los descritos para los delitos de incendio y estragos, pero son de aplicación preferente siempre que no concurra peligro para la vida e integridad de las personas [GARCÍA ARÁN; STS 234/2018, 17-5 (*Tol 6624750*); SSAP, La

Rioja, Sección 1ª, 161/2020, 18-12 (*Tol 8246121*); Madrid, Sección 17ª, 853/2018, 28-12 (*Tol 7101292*), y Barcelona, Sección 8ª, 264/2018, 12-6 (*Tol 7065876*)]. Respecto de la cuarta cualificación, ésta queda reservada a aquellos supuestos en los cuales la conducta se comete sin emplear los medios violentos señalados, pero poniendo en peligro la vida o integridad de las personas (RODRÍGUEZ MESA: "... la concurrencia de incendio, explosión u otros medios de similar eficacia destructiva con la puesta en peligro de la vida o integridad física de las personas daría lugar a la aplicación del art. 266.4 CP y no del 266.1 CP"). Sin olvidar que se pueden plantear problemas concursales entre este delito y los delitos de homicidio o lesiones consumados o en grado de tentativa (QUINTERO OLIVARES).

La cuestión que planteaba este precepto antes de la reforma llevada a cabo por la LO 1/2015, de 30 de marzo, por la que se modifica la LO 10/1995, de 23 de noviembre, era si la remisión efectuada en el art. 266.1 CP al art. 263 CP implicaba que, en todo caso, la provocación de un incendio supondría la imposición de la pena correspondiente al delito, contemplada en el mismo, con independencia de la cuantía de los daños causados o si, por el contrario, si ésta era inferior a 400 euros la infracción debería ser considerada falta. La duda se centraba en si al referirse el art. 266 CP a los daños del art. 263 CP lo hacía únicamente a los causados en propiedad ajena no contemplados en otros preceptos, como tipo residual, o si también la referencia se efectuaba a éstos cuando, además, la cuantía excedía de 400 euros, es decir, excluyendo aquéllos que serían constitutivos de una falta del art. 625 CP. Al respecto, la STS 1132/2005, 7-10 (*Tol 725667*), entiende que "*la agravación de las penas básicas del artículo 263 hasta una pena privativa de libertad comprendida entre uno y tres años prevista en el artículo 266.1, debe encontrar explicación en las previsiones contenidas en éste, todas las cuales se sitúan en la Ley al mismo nivel agravatorio. De ellas, algunas se refieren al modo comisivo, en atención a su especial peligrosidad, lo cual teóricamente no impediría tener en cuenta la cuantía para distinguir entre delito y falta. Así ocurre cuando se refiere a daños causados mediante incendio, o provocando explosiones o utilizando cualquier otro medio de similar potencia destructiva. Pero la última previsión, del mismo nivel que las anteriores, según la cual la agravación tiene lugar cuando, con independencia del modo de ejecución empleado, se causa el daño poniendo en peligro la vida o integridad de las personas no puede compaginarse con una consideración a la cuantía del daño efectivamente causado, pues este dato resulta absolutamente irrelevante ante la consideración a aquel peligro. Sucede así, que los daños del artículo 263, cuando se cometan poniendo en peligro la vida o la integridad física de las personas se castigarán conforme al artículo 266.1, con independencia de la cuantía, pues el dato típico determinante es la creación del peligro. Se trata, por lo tanto, de infracciones en las que el bien jurídico protegido no es solamente el patrimonio, sin perjuicio de la corrección sistemática de su ubicación. Situadas las demás previsiones de agravación al mismo nivel de consideración, como se ha dicho, no se justificaría un tratamiento distinto a unas y otras en función del daño efectivamente causado, pues no es ese dato el que la*

Ley tiene en cuenta para establecer una sanción más grave. Sin embargo, no sería posible una aplicación automática del artículo 266, solo en atención a la concurrencia formal del empleo de un determinado medio, siendo por el contrario exigible una comprobación de la concurrencia de las condiciones que justifican la agravación, es decir, de la existencia de un peligro, debido precisamente al medio empleado. Es cierto, como se acaba de decir, que la agravación se justifica en el empleo de medios de ejecución que por sí mismos son especialmente peligrosos. Pero precisamente por ello, deberán excluirse de la aplicación del precepto aquellos supuestos en los que, además del daño causado, no es posible apreciar ningún peligro, pues entonces carece de justificación la agravación. Los delitos contra el patrimonio tienen en cuenta principalmente el daño causado. También pueden atender, como ocurre en estos casos, al peligro existente a causa de la forma o el medio de causación, pero si tal peligro no es apreciable dadas las circunstancias, solo se debería atender a la entidad del daño". En el mismo sentido de degradar a falta en atención a la cuantía del daño, cuando está ausente el riesgo dada la escasa entidad del incendio, las SSTS 1021/2007, 3-12 (*Tol 1223041*), y 1186/2005, 14-10 (*Tol 738526*); por el contrario, mantenían la calificación del delito por el mero hecho del empleo del incendio, con total independencia de la cuantía y de la existencia o no de riesgo, las SSTS 977/2006, 11-10 (*Tol 1002326*), y 1132/2006, 7-10. Tras la reforma de 2015, los daños inferiores a 400 euros se encuentran incluidos en el ámbito del art. 263.1 CP, de manera que también quedan cubiertos, en su caso, por la agravación (RODRÍGUEZ MESA).

3. Las cualificaciones de los daños de los arts. 265, 323 y 560 CP

El número 3 castiga a quien con los medios indicados en el número anterior cause los daños previstos en los arts. 265, 323 y 560 CP.

4. Cualificación general

El número 4, en su primer párrafo, establece que, en cualquiera de los supuestos previstos en los apartados anteriores, la pena se impondrá en su mitad superior si los daños se causan provocando explosión o utilizando otros medios de similar potencia destructiva y además se pusiera en peligro la vida o integridad de las personas. Este apartado constituye el principal supuesto de confluencia entre el delito de daños y los estragos, en la medida en que en estos últimos también se incluyen los medios destructivos y el peligro personal. La solución a esta confluencia normativa ha de buscarse en el objeto de la acción: la cualificación prevista en el número 4 del art. 266 CP es de aplicación cuando los daños no afecten a ninguno de los bienes que señala el art. 346 CP en relación al delito de estragos. En consecuencia, para los daños causados sobre objetos no relacionados en el delito de estragos con peligro personal es de aplicación el art. 266.4

CP; por el contrario, para los causados sobre objetos relacionados en el delito de estragos, con peligro personal, el precepto aplicable es el art. 346 CP (GARCÍA ARÁN, QUINTERO OLIVARES, RODRÍGUEZ MESA: "... se puede afirmar que el art. 266.4 CP contempla un tipo hiperagravado de daños que, a su vez, constituye un tipo residual del tipo de estragos").

El segundo y último párrafo del número 4 establece la relación con el incendio, remitiendo expresamente al delito de incendio del art. 351 CP los supuestos en que se produzca un peligro para la vida o integridad de las personas; este párrafo confirma, pues, que en los supuestos en los que no exista este peligro es de aplicación el art. 266 CP (GARCÍA ARÁN; SAP, Zamora, Sección 1ª, 9/2008, 8-11).

Las dificultades a las que conduce este precepto a la hora de delimitar las figuras de incendio, estragos y daños, aconsejan su supresión y sustitución por una nueva agravación cuando los daños se hubieran causado mediante incendio o provocando explosiones o utilizando otro medio de similar potencia destructiva, remitiendo expresamente a los delitos de incendio (art. 351 CP) y estragos (art. 346 CP) los supuestos en los que además se pusiera en peligro la vida o la integridad de las personas o la seguridad colectiva.

VII. LOS DAÑOS IMPRUDENTES

1. Ámbito de aplicación

El precepto castiga los daños imprudentes limitando la intervención penal en base a dos criterios: la entidad de la imprudencia y la cuantía de los daños. En efecto, sólo son punibles los daños cometidos por imprudencia grave, esto es por la infracción de las normas más elementales de cuidado siempre y cuando superen la cuantía de 80.000 euros, cuantía que se corresponde con el valor de la cosa dañada y no con los perjuicios ocasionados, los cuales integrarán el montante de la responsabilidad civil.

En consecuencia, quedan sometidos a la jurisdicción civil, en aplicación del art. 1902 CC, los daños causados por imprudencia leve, cualquiera que sea su cuantía, y los ocasionados por imprudencia grave en cuantía inferior a 80.000 euros. Existiendo imprudencia, la diferencia entre el ilícito civil y el penal es puramente cuantitativa (SAP, Pontevedra, Sección 4ª, 47/2021, 29-4 (*Tol 8497997).*

Para la determinación de la pena de multa se ha de atender a la importancia de los daños, expresión que equivale a su cuantía económica, sin atención al perjuicio patrimonial (GARCÍA ARÁN).

En virtud de lo dispuesto en el párrafo segundo el delito de daños imprudentes es un delito semipúblico, puesto que para su persecución requiere la previa denuncia de la persona agraviada o su representante legal. Por persona agraviada hay que entender el propietario de la cosa dañada, sujeto pasivo del delito, y no los restantes perjudicados que sí tendrán derecho a la responsabilidad civil. Ahora bien, en virtud de la Disposición Adicional tercera los perjudicados pueden, una vez formulada denuncia e incoado el procedimiento penal, comparecer en las diligencias y mostrarse parte en el proceso, pudiendo ejercitar tanto las acciones penales como las civiles (ANDRÉS DOMÍNGUEZ).

El último párrafo de este precepto regula el perdón de la persona ofendida, el cual extingue la acción penal.

La admisión de la imprudencia, en relación con los daños informáticos, puede tener trascendencia en ciertos supuestos de sabotaje, en concreto en aquellos que consisten en introducir órdenes que provocan su autorreproducción y el resultado final escapa al control o previsión del autor; la imputación de este tipo de comportamientos se moverá entre el dolo eventual y la imprudencia (MATA Y MARTÍN, GONZÁLEZ RUS).

VIII. BIBLIOGRAFÍA

ANDRÉS DOMÍNGUEZ, A. C. "Delimitación de las figuras de daños, incendios y estragos", en AA.VV. *Estudios sobre el ordenamiento jurídico español. Libro conmemorativo del X aniversario de la Facultad de Derecho, Universidad de Burgos,* Burgos, 1996; *id.* "Los daños a objetos de las Fuerzas Armadas", *LL,* 1997-4; id. *El delito de daños. Consideraciones jurídico-políticas y dogmáticas,* Burgos, 1999; *id.* "Los daños informáticos en la Unión Europea", *LL,* 1999; *id.* "Los daños informáticos en el Derecho penal europeo", en AA.VV. *La adecuación del Derecho penal español al ordenamiento de la Unión Europea,* 2008; *id.* "Daños: Arts. 263 y 264 CP", en ÁLVAREZ GARCÍA, F. J. y GONZÁLEZ CUSSAC, J. L. (dirs.) *Consideraciones a propósito del Proyecto de Ley de 2009 de Modificación del Código Penal (Conclusiones del Seminario interuniversitario sobre la reforma del Código Penal celebrado en la Universidad Carlos III de Madrid),* Valencia, 2010; *id.* "Daños", en ÁLVAREZ GARCÍA, F. J. y GONZÁLEZ CUSSAC, J. L. (dirs.) *Comentarios a la Reforma Penal de 2010,* Valencia, 2010; *id.* "Falta de daños", en ÁLVAREZ GARCÍA, F. J. (dir.), *Estudio Crítico sobre el Anteproyecto de Reforma Penal de 2012. Ponencias presentadas al Congreso de Profesores de Derecho Penal "Estudio Crítico sobre el Anteproyecto de Reforma Penal de 2012", celebradas en la Universidad Carlos III de Madrid los días 31 de enero y 1 de febrero de 2013,* Valencia, 2013; *id.* "Reformas en daños", en QUINTERO OLIVARES, G. (dir) *Comentarios a la Reforma Penal de 2015,* Valencia, 2015; *id.* "De los daños", en GÓMEZ TOMILLO, M. (dir.) *Comentarios al Código Penal,* Valladolid, 1ª edic. 2010, y 2ª edic. 2011; *id.* "De los daños", en GÓMEZ TOMILLO, M. (dir.) *Comentarios prácticos al Código Penal,* T. III, Pamplona, 2015; *id.* "Los daños en propiedad ajena. Consideraciones tras la reforma llevada a cabo por la Ley Orgánica 1/2015, de 30 de marzo", *Gaceta penal & Procesal Penal,* nº 84, junio 2016; BENÍTEZ ORTUZAR, I. "De los daños", en MORILLAS CUEVA (dir.) *Estudios sobre el Código Penal reformado. Leyes Orgánicas 1/2015 y 2/2015,* Madrid, 2015; BARRIENTOS PACHO, J. M. "Imprudencia con resultado de daños", *CDJ,* t. I., 1993; CASTRO CORREDOIRA, N. y VÁZQUEZ-PORTOMEÑE SEIJAS, F. "La reforma de los delitos de daños: arts. 263, 264, 264 bis, 264 ter,

264 quater, 265, 266. 1 y 2", en GONZÁLEZ CUSSAC, J. L. (dir) *Comentarios a la Reforma del Código Penal de 2015,* Valencia, 2015; CORCOY BIDASOLO, M. "Protección penal del sabotaje informático. Especial consideración de los delitos de daños", *LL,* 1990-1; *id.* "El sabotaje informático", en AA.VV. *Actas del Congreso sobre Derecho Informático,* Zaragoza; *id.* "De los daños", en CORCOY BIDASOLO, M. y MIR PUIG, S. (dirs.) *Comentarios al Código Penal. Reforma LO 1/2015 y LO 2/2015,* Valencia, 2015; DE LA MATA BARRANCO, N. J. "Los delitos contra la integridad y disponibilidad de datos y sistemas informáticos después de la LO 1/2015", *LH-Bajo Fernández,* 2016; DE LA MATA BARRANCO, N. J. y HERNÁNDEZ DÍAZ, L. "El delito de daños informáticos: una tipificación defectuosa", *EPC,* t. XXIX, 2009; FELIZ MARTÍNEZ, M. A. "Tratamiento de las lesiones y los daños en el Código Penal después de la reforma por Ley Orgánica 3/1989 de 21 de junio", *LL,* 1990-1; FERNÁNDEZ TERUELO, J. G. "Daños informáticos: Art. 264.1 CP", en ÁLVAREZ GARCÍA, F. J. y GONZÁLEZ CUSSAC, J. L. (dirs.) *Consideraciones a propósito del Proyecto de Ley de 2009 de Modificación del Código Penal (Conclusiones del Seminario interuniversitario sobre la reforma del Código Penal celebrado en la Universidad Carlos III de Madrid),* Valencia, 2010; *id. Cibercrimen. Los delitos cometidos a través de Internet —estafas, distribución de pornografía infantil, atentados contra la propiedad intelectual, daños informáticos, delitos contra la intimidad y otros delitos en la Red—,* Oviedo, 2007; FLORES PRADA, I. *Criminalidad informática (Aspectos sustantivos y procesales),* Valencia, 2012; GALÁN MUÑOZ, A. "Ataques contra sistemas informáticos", *BIMJ,* suplemento 2015, 2006; GARCÍA ARÁN, M. "De los daños", en CÓRDOBA RODA, J. y GARCÍA ARÁN, M. (dirs.) *Comentarios al Código Penal. Parte Especial, t. I.,* Madrid, 2004; GONZÁLEZ-CUÉLLAR GARCÍA, A. "Los daños a la propiedad y el principio de intervención mínima", *PJ,* nº esp. 12, 1990; GONZÁLEZ RUS, J. J. "Naturaleza y ámbito de aplicación del delito de daños en elementos informáticos (artículo 264.2 del Código penal)", *LH-Cerezo Mir,* 2002; *id.* "Daños a través de Internet y denegación de servicios", *LH-Rodríguez Mourullo,* 2005; *id.* "De los daños", en COBO DEL ROSAL, M. (dir.) *Manual de Derecho penal PE. Delitos contra la propiedad,* Madrid, 1996; *id.* "Art. 264.2", en COBO DEL ROSAL, M. (dir.) *Comentarios al Código Penal, Tomo VIII,* Madrid, 1999; *id.* "Aproximación a los ilícitos patrimoniales relacionados con medios o procedimientos informáticos", *RFDUCM,* monográfico nº 12, 1986; *id.* "Protección penal de sistemas, elementos, datos, documentos y programas informáticos", *RECPC,* 1-14, 1999; *id.* "Los ilícitos en la red (I): hackers, crackers, cyberpunks, sniffers., denegación de servicios y otros comportamientos semejantes", en ROMEO CASABONA, C. (coord.) *El cibercrimen: nuevos retos jurídico-penales, nuevas respuestas político-criminales,* Granada, 2006; GUI MORI, T. "Daños causados por animales. Responsabilidad civil y penal", *LL,* 1992-1; JORGE BARREIRO, A. "El tipo de daños en el Código Penal español", *ADPCP,* 1983; *id.* "Daños", *EJB,* 1995, y *EPB,* 2002; *id.* "Consideraciones generales sobre la regulación del delito de daños en el Código Penal español de 1995", *LH-Cobo del Rosal,* 2005; MATA Y MARTÍN, R. *Delincuencia informática y Derecho Penal,* Madrid, 2001; *id.* "Avances tecnológicos y evaluación de nuevas necesidades iniciales de tutela penal", *LH-Lorenzo Salgado,* 2021; MORALES GARCÍA, O., "Comentario a los delitos informáticos de los arts. 197, 248 y 264 CP", en *Delincuencia informática. Tiempo de cautela y* amparo, Navarra, 2012; MORALES GARCÍA, O. y FERNÁNDEZ PALMA, R. "El delito de daños informáticos y el caso *HISPAHACK", LL,* 2000-1; MORÓN LERMA, E. *Internet y Derecho Penal: Hacking y otras conductas ilícitas en la red,* Navarra, 2002; *id.* MORÓN LERMA, E. "Daños informáticos: Art. 264 CP", en ÁLVAREZ GARCÍA, F. J. y GONZÁLEZ CUSSAC, J. L. (dirs.) *Consideraciones a propósito del Proyecto de Ley de 2009 de Modificación del Código Penal (Conclusiones del Seminario interuniversitario sobre la reforma del Código Penal celebrado en la Universidad Carlos III de Madrid),* Valencia, 2010; ORTS BERENGUER, E. Y ROIG TORRES, M. *Delitos informáticos y delitos comunes cometidos a través de la informática,* Valencia, 2001; POLAINO NAVARRETE, M. "Pastoreo abusivo doloso con causación de daños (art. 593 del Código Penal)", *CLP,* t. V vol. 2; QUINTANO RIPOLLÉS, A. "Daños", *NEJ,* t. VI, 1975; *id.* "Dogmática del delito de daños", *RGLJ,* nº 197, 1954; QUINTERO OLIVARES, G. "De los daños", en QUINTERO OLIVARES, G. (dir) *Comentarios al Nuevo Código Penal,* 3ª ed., Navarra, 2004; RODRÍGUEZ MESA, M. J. *Los delitos de daños. Capítulo IX del Título*

XIII del Código Penal tras la reforma de 2015, Valencia, 2017; RODRÍGUEZ MOURULLO, G. "El hurto de los productos de un daño cometido por el propio dañador", *ADPCP*, 1961; ROMEO CASABONA, C. "Los delitos de daños en el ámbito informático", *CPC*, nº 43, 1991; *id.* "Tendencias actuales sobre las formas de protección jurídica ante las nuevas tecnologías", *PJ*, nº 31, 1993; RUIZ ANTÓN, L. F. "El delito de daños en las cosas (art. 563)", *CLP*, t. XIV vol. 2, 1992; *id.* "La falta de daños causados intencionadamente (art. 597)", *CLP*, t. XIV, vol. 2, 1992; SANTA CECILIA GARCÍA, F. "Daños patrimoniales imprudentes en el Código penal de 1995", *LH-Ruiz Antón*, 2004; SERRANO BUTRAGUEÑO, I. *Los delitos de daños*, Pamplona, 1994; *id.* "Breve estudio de los delitos de daños y algunas propuestas para su reforma", *AP*, 1995; SOTO NIETO, F. "Condena penal por daños dolosamente causados con vehículo de motor", *LL*, 1997-1; "Daños dolosamente causados con vehículos de motor", *LL*, 1997-3; SUAY HERNÁNDEZ, C. "El delito de daños en cosa propia de utilidad social y el fraude a la ley", *LH-Jiménez de Asúa*, 1986; *id. Los elementos básicos de los delitos y faltas de daños*, Barcelona, 1991; TERRADILLOS BASOCO, J. M. "Sustracción de cosa propia a su utilidad social", *D. J.*, nº 37-40, vol. 2, 1983; TORÍO LÓPEZ, Á. "Perspectivas civil y penal del derecho de daños", *LH-Sánchez Calero*, 2002; TRAPERO BARREALES, M. A. *Los delitos de incendio, estragos y daños tras la reforma de la LO 7/2000 y la LO 15/2003*, Valencia, 2006; VALDECABRES ORTIZ, I., "Art. 264.2", en VIVES ANTÓN, T. S. (coord.) *Comentarios al Código Penal, Vol. II*, Valencia, 1996; *id.* "Art. 265", en VIVES ANTÓN, T. S. (coord.) *Comentarios al Código Penal, Vol. II*, Valencia, 1996.

Lección 15ª

Disposiciones comunes a los capítulos anteriores (arts. 268 y 269 CP)

ARACELI MANJÓN-CABEZA OLMEDO

SUMARIO. I. LA EXCUSA ABSOLUTORIA DE PARENTESCO. 1. Fundamento y naturaleza jurídica. 2. Ámbito de aplicación objetivo. 3. Ámbito de aplicación subjetivo. 3.1 Hermanos. 3.2 Afines en primer grado. 3.3. Análoga relación de afectividad a la matrimonial. 3.4. Cónyuges separados o en proceso de separación, divorcio o nulidad. 3.5. Otros parientes. Herencia yacente. 3.6. Abuso de vulnerabilidad. 4. Efectos. 5. Cuestiones procesales. 6. Consideraciones críticas. II. ACTOS PREPARATORIOS PUNIBLES. III. BIBLIOGRAFÍA.

Artículo 268

1. Están exentos de responsabilidad criminal y sujetos únicamente a la civil los cónyuges que no estuvieren separados legalmente o de hecho o en proceso judicial de separación, divorcio o nulidad de su matrimonio y los ascendientes, descendientes y hermanos por naturaleza o por adopción, así como los afines en primer grado si viviesen juntos, por los delitos patrimoniales que se causaren entre sí, siempre que no concurra violencia o intimidación, o abuso de la vulnerabilidad de la víctima, ya sea por razón de edad, o por tratarse de una persona con discapacidad.

2. Esta disposición no es aplicable a los extraños que participaren en el delito.

Artículo 268 (texto vigente hasta el 30-6-2015)

1. Están exentos de responsabilidad criminal y sujetos únicamente a la civil los cónyuges que no estuvieren separados legalmente o de hecho o en proceso judicial de separación, divorcio o nulidad de su matrimonio y los ascendientes, descendientes y hermanos por naturaleza o por adopción, así como los afines en primer grado si viviesen juntos, por los delitos patrimoniales que se causaren entre sí, siempre que no concurra violencia o intimidación.

Artículo 269

La provocación, la conspiración y la proposición para cometer los delitos de robo, extorsión, estafa o apropiación indebida, serán castigadas con la pena inferior en uno o dos grados a la del delito correspondiente.

I. LA EXCUSA ABSOLUTORIA DE PARENTESCO

1. Fundamento y naturaleza jurídica

En el Derecho romano se negaba la acción por hurto entre padres e hijos y entre cónyuges. Los Códigos penales sujetos a la tradición romana incorporaron, con mayor o menor amplitud exenciones de pena para ciertos delitos patrimoniales cometidos contra ciertos familiares. Quintano Ripollés se mostró muy crítico con la institución de la excusa absolutoria de parentesco, recogida en el art. 564 CP 1973, por entender que "sacrifica las realidades de la vida a una ficción tantas veces de palmaria falsedad, constituyendo una patente de corso para despojar de sus bienes a determinados parientes, que, por muy cercanos que lo sean, sólo ellos son llamados a excusar el despojo, no el Estado, siempre espléndido con los bienes ajenos". Creo que esta crítica sigue teniendo actualidad y no hay ninguna razón que justifique la amplitud objetiva y subjetiva de la excusa en el vigente art. 268 CP.

En el art. 268 CP se establece una excusa que alcanza a la responsabilidad penal por los delitos patrimoniales que entre sí se causen determinados parientes, siempre que no concurra violencia o intimidación o abuso de vulnerabilidad de la víctima, por su edad o su discapacidad. La referencia a la violencia e intimidación aparecía en el precepto en su redacción originaria de 1995 y deja fuera de la excusa a todos los delitos patrimoniales en los que se dan estas modalidades comisivas, tal como se analizará más adelante. Por lo que se refiere al abuso de vulnerabilidad de la víctima, por edad o discapacidad, su mención se introduce con la LO 1/2015, de 30 de marzo, por la que se modifica la Ley Orgánica 10/1995, de 23 de noviembre, de Código Penal. El abuso de la vulnerabilidad impide la apreciación de la excusa en cualquier delito patrimonial.

La excusa no afecta a la responsabilidad civil que subsiste.

Se ha mantenido que el fundamento de la exoneración estaría en una disminución de la culpabilidad de quien no se representa la gravedad del comportamiento y, además, se sabe perdonado, si bien con esto no se explica la total exención de responsabilidad (BAJO FERNÁNDEZ); actualmente se apuntan razones de Política Criminal [STS 334/2003, 5-3 (*Tol 385244)*] que persiguen no interferir en las relaciones que se mantienen entre algunos familiares próximos o por razón de convivencia, habiéndose llegado a afirmar la existencia de una comunidad de bienes fáctica entre los familiares que conviven (STS 22-4-1985). Se trata, en todo caso de razones de oportunidad y no de Justicia.

Para la STS 91/2005, 11-4 (*Tol 646466*), "*el fundamento de la excusa absolutoria inserta en el art. 268 del Código penal hay que buscarlo en el respeto al ámbito familiar, en donde el legislador ha considerado que no se diriman sus controversias, afectantes a elementos típicos que incidan en el patrimonio o la propiedad, fuera de todo acto de violencia, por el derecho penal sino por el derecho privado*". En la STS 91/2006, 30-1, se apuntan razones de política criminal que exigen no castigar actos efectuados en grupos familiares unidos por fuertes lazos de sangre.

Se señala que hay determinadas instituciones en el CP que cuestionan la idea de la función absoluta de la pena como realizadora de la Justicia: la prescripción, el indulto, el perdón, la necesidad de denuncia o querella, las condiciones objetivas de punibilidad y las excusas absolutorias (Mir Puig). Las excusas absolutorias pueden explicarse partiendo de que siendo cierto que no hay pena sin culpabilidad, lo contrario no es cierto: hay casos en los que, habiendo culpabilidad, sin embargo, no procede la aplicación de la pena.

La exención contemplada en el art. 268 CP es una excusa absolutoria (denominación introducida por SILVELA), es decir afecta a la punibilidad, eliminándola, pero deja subsistentes tipicidad, antijuridicidad y culpabilidad. Actúa como causa personal de exclusión de la pena que evita el castigo a determinadas personas —los parientes—, pero no a otras que hayan intervenido en el hecho —los no parientes— que serán castigadas —art. 268.2— precisamente porque el hecho sigue siendo penalmente relevante.

Ni la naturaleza de las excusas absolutorias es pacífica —"*se vienen comprendiendo un conjunto de circunstancias de dudosa y controvertida naturaleza jurídica...que aconsejan dejar sin punición determinados hechos delictivos no obstante estar presentes en ellos las notas de antijuridicidad tipificada y culpabilidad*" (STS 26-12-1986)—, ni la punibilidad es una categoría aceptada por todos como último elemento del delito —para algunos es una consecuencia del delito, pero no uno de sus elementos. Sin embargo, la punibilidad es útil para dar cabida a un considerable número de supuestos que condicionan o impiden la pena y que no pueden incardinarse en los clásicos elementos del delito —conducta, tipicidad, antijuridicidad y culpabilidad. Criterios materiales de oportunidad o conveniencia de la pena, desvinculados del injusto culpable, que van más allá de la estricta necesidad o merecimiento de la misma, pueden incardinarse en la punibilidad.

Se nutre la excusa de una circunstancia preexistente al delito, el parentesco, que cuando no es permanente —matrimonio o afinidad— ha de mantenerse durante la realización del delito, a diferencia de otras excusas absolutorias que consisten en actos coetáneos (el desistimiento en la tentativa) o posteriores (la regularización de los arts. 305.4, 307.3 y 308.4 CP).

Es constante la Jurisprudencia que expresa la necesidad de interpretar estrictamente la excusa, dado que se trata de un privilegio establecido por razón de Política Criminal, lo que impide interpretaciones extensivas a situaciones o personas no contempladas [STS 2176/2003, 23-12 (*Tol 240929*)]. La STS 91/2005, 11-4 (*Tol 646466*), parte de esta idea al afirmar que "*la jurisprudencia ha mantenido respecto a la interpretación de tal excusa absolutoria una línea rígida, de modo que ésta, en cuanto norma de privilegio, no admite interpretaciones extensivas a hechos distintos, a situaciones diferentes o a otras personas que las expresamente recogidas en el texto legal*", no obstante, lo cual esta resolución aplica la excusa a un supuesto no contemplado: las relaciones de afectividad análogas al matrimonio.

2. *Ámbito de aplicación objetivo*

La excusa absolutoria de parentesco del art. 268 CP se refiere, genéricamente, a todos los delitos patrimoniales de los nueve Capítulos anteriores, excluidos aquéllos en los que concurra violencia o intimidación. Es decir, la excusa no alcanza al robo del art. 242 CP, ni a la extorsión del art. 243 CP, ni al robo de vehículo de motor del art. 244.4 CP, ni a la usurpación del art. 245.1 CP, ni a la alteración de precios con amenaza del art. 262 CP. La STS 370/2003, 15-3 (*Tol 385209*), extrae consecuencias de la inaplicabilidad de la excusa a los delitos patrimoniales violentos o intimidatorios trasladables a la circunstancia mixta de parentesco del art. 23 CP, afirmando que actuará como agravante en caso de extorsión. Distinto es el ámbito de aplicación de la otra disposición común, la contenida en el art. 269 CP, que refiere el castigo de los actos preparatorios a cuatro delitos concretos: robo, extorsión, estafa y apropiación indebida.

Cabe la aplicación de la excusa de parentesco en supuestos de fuerza en las cosas (robo del art. 238 CP y robo de vehículo de motor del art. 244.2 CP) o engaño (estafas de los arts. 248 y siguientes CP). También procede la apreciación de la excusa en el hurto de uso de vehículo de motor (art. 244.1 CP).

En casos de retirada fraudulenta de fondos en oficina bancaria puede afirmarse que el perjudicado no es el titular de la cuenta —pariente del sujeto activo—, sino la entidad bancaria, lo que imposibilita la aplicación de la excusa; y ello porque el art. 156 de la Ley Cambiaria y del Cheque (Ley 19/1985, de 16 de julio) dice que "*el daño que resulte del abono de un cheque falso o falsificado será imputado al librado, a no ser que el librador haya sido negligente en la custodia del talonario de cheques o hubiese procedido con culpa*", norma que se extiende a los casos de talones de ventanilla con firma falsificada que, de ser aceptados, no pueden cargarse en la cuenta del depositante o el cargo debe anularse una vez acreditada la falsedad. Siendo esto así es evidente que no procede aplicar la excusa al no ser el pariente la víctima. A pesar de lo anterior, la STS 634/2000, 26-6 (*Tol 273325*), aprecia la excusa del art. 268 CP en un supuesto en el que "*el Tribunal sentenciador ha considerado expresamente como perjudicado al hermano del acusado, imponiendo el abono de la indemnización correspondiente en favor de éste y no de la Entidad bancaria, al no estimar acreditado que ésta hubiese reintegrado el saldo al titular de la cuenta*".

La excusa absolutoria se ha aplicado en algunos casos en los que los perjudicados por la conducta, familiares del autor, son socios de una sociedad. La STS 42/2006, 27-1 (*Tol 827096*), teniendo en cuenta la doctrina del "*levantamiento del velo*", afirma que "*si tal teoría se ha utilizado en contra del reo para impedir que bajo la cobertura societaria se cometan impunemente delitos patrimoniales, con más razón, siguiendo una interpretación "in bonam partem" debemos levantar el velo y concluir que los intereses de la sociedad son los mismos y además coincidentes con los de los socios, todos ellos hermanos de la querellante y por tanto incluidos en el alcance beneficioso u órbita de aplicación de la excusa ab— solutoria prevista en el art. 268 CP*". En contra la STS 1255/2009, 9-12 (*Tol 1762132*), considera que no procede la excusa en el caso concreto porque la relación entre los sujetos estaba excluida del art. 268 CP (tío-sobrino) y porque "*se está ante una apropiación efectuada a una sociedad, aunque ésta sea familiar*".

Cuando una misma conducta puede ser calificada de apropiación indebida (art. 252 CP) y de delito societario en la modalidad de distracción de fondos (art. 295 CP), procede resolver el concurso a favor del delito más gravemente castigado o del que consume, que es la apropiación indebida, sin que pueda oponerse a esta solución el artificio de inaplicar el concurso de normas para eludir la aplicación de la excusa absolutoria [STS 42/2006, 27-1 (*Tol 827096*)].

Según JGTS de 25-10-2005 "el régimen de la sociedad de gananciales no es obstáculo para la comisión de un de— lito de apropiación indebida, en su modalidad de distracción, por uno de los cónyuges, sin perjuicio de la aplicación, en su caso, de la excusa absolutoria del art. 268 del Código penal" [STS 1013/2005, 7-11 (*Tol 765925*)].

No cabe aplicar la excusa cuando el marido sustrae algo a su mujer, que tiene la sola posesión, pero que no es propietaria. Así la STS 711/2009, 10-6 (*Tol 1594284*), afirma que "*la excusa absolutoria, pues, solamente será aplicable cuando el objeto sustraído sea propiedad de uno de los cónyuges, participando el otro en la infracción penal, y sin involucrar desde luego a terceros —dueños de la cosa— que se verían afectados por el delito*".

Cuando la falsedad es el medio para cometer la estafa, la excusa que alcanza a la defraudación no puede cubrir la falsedad.

No puede extenderse al delito de falsedad la excusa absolutoria que se aprecia para la estafa, pues son delitos independientes aunque aparezcan vinculados a través de las reglas especiales de aplicación de penas de los arts. 73 a 79 CP [SSTS 171/2006, 16-2 (*Tol 856226*); 190/2007, 5-3 (*Tol 1049935*), y 493/2009, 8-5 (*Tol 1525304*)].

La STS 246/2005, 25-2 (*Tol 1793029*) afirma que la excusa "*es aplicable a los delitos de estafa, pero no a los de falsedad, que en sí mismos no afectan al patrimonio, sino que atentan contra un bien jurídico (la seguridad y confianza en la regularidad de las operaciones mercantiles) netamente diferenciado, que es lo que justifica su subsistencia y que hayan sido tomados en cuenta para la calificación de la conducta y la imposición de la pena*" [ver STS 618/2010, 23-6 (*Tol 1920037*), y ATS 927/2010, 13-6].

La ubicación del art. 268 en el Capítulo X —dentro del Título XIII— y su rúbrica —"*Disposiciones comunes a los capítulos anteriores*"— impide hacer operativa la excusa en delitos que estén fuera de los nueve capítulos precedentes; la referencia del art. 268.1 CP a "*los delitos patrimoniales*" debe restringirse a los de los nueve capítulos anteriores y no extenderse a cualquier otro delito de posible naturaleza patrimonial que se encuentre fuera de tales capítulos, so pretexto de una aplicación analógica favorable que está prohibida. Por esta razón no cabe aplicar la excusa a los delitos de receptación —que están en el Capítulo XIII— aunque se quiera sostener su naturaleza patrimonial.

Hecha la anterior delimitación, puede afirmarse que los delitos patrimoniales en los que no hay violencia ni intimidación son compatibles con la excusa, pero ello no obsta para afirmar su inviabilidad en algunos casos. Téngase en cuenta la necesidad de la relación personal de parentesco entre el sujeto activo y el sujeto pasivo y que determinadas modalidades de delito patrimonial no se refieren a un bien jurídico del que sea titular una persona, sino a titularidades o usos públicos; así, la alteración de términos y lindes referidas a dominio público (art. 246 CP) o la distracción de aguas de uso público (art. 247 CP). En cambio, cuando estas conductas se refieren a dominio privado o a uso privativo no hay inconveniente en aplicar la excusa absolutoria.

Se ha negado la aplicación de la excusa cuando hay afectación de intereses generales (valor histórico, servicio público), en la quiebra y en el balance falso y en la alteración de precios, señalándose que debería alcanzar la excusa a los delitos contra la propiedad intelectual (GONZÁLEZ RUS).

Tratándose de daños, algunos de sus supuestos imposibilitan la aplicación de la excusa, (art. 264.4 CP, daños en los que se pone en peligro la vida o la integridad y daños en instalaciones militares de los arts. 265 y 266 CP). En casos de sustracción de cosa propia (art. 236 CP) y defraudaciones de fluido eléctrico y análogas no hay inconveniente en aplicar la excusa de darse la relación personal descrita en el art. 268 CP. Sobre la concurrencia de la excusa en casos de alzamiento de bienes, nos remitimos a la Lección correspondiente.

3. Ámbito de aplicación subjetivo

El CP 1973 refería la excusa absolutoria del art. 564 a los cónyuges, ascendientes y descendientes o afines en la misma línea; al cónyuge viudo, respecto de los bienes del difunto que no hubiesen pasado a poder de un tercero; y a los hermanos y cuñados si viviesen juntos. Distinto es el contenido subjetivo que el CP 1995 da al art. 268 CP:

– cónyuges no separados legalmente o de hecho o en proceso judicial de separación, divorcio o nulidad,

– ascendientes, descendientes y hermanos por naturaleza o por adopción,

– afines en primer grado si viviesen juntos.

No es pacífica la interpretación de las circunstancias que han de acompañar a alguna de estas relaciones para tener cabida en la excusa, ni si puede aplicarse la excusa a situaciones subjetivas no recogidas en el precepto.

3.1. Hermanos

El art. 564 CP 1973 era claro respecto de exigir la convivencia a los hermanos y a los cuñados. La redacción del vigente art. 268 CP es confusa, pues no queda claro si la convivencia se exige sólo para los afines o para todos los familiares antes enumerados.

La cuestión debatida se refiere a si en el caso de los hermanos ha de exigirse la convivencia o, si por lo contrario, tal convivencia solo es requisito para los afines en primer grado. La STS 634/2000, 26-6 (*Tol 273325*), consideró aplicable la excusa en el caso de "*hermanos, por naturaleza o por adopción, aunque no vivan juntos*", pero la cuestión no quedó resuelta en el TS que poco después, en la STS 1801/2000, 20-12 (*Tol 117530*) conoció del siguiente supuesto: la AP había condenado por la sustracción de un ciclomotor, rechazando la aplicación de la excusa absolutoria del art. 268 CP por entender que los hermanos no vivían juntos, siendo la convivencia exigible en todos los casos, incluido el del matrimonio. Dada la discusión existente al respecto en la Doctrina y en la Jurisprudencia, reflejada en la deliberación de este asunto concreto (hubo de designarse nuevo Ponente, formulando Voto Particular el Ponente inicialmente establecido), se llevó la cuestión a Sala General, adoptándose lo siguiente en JGTS de 15-12-2000:

> *"No se exige la convivencia entre hermanos, para la aplicación de la excusa absolutoria del art. 268 del Código Penal"*.

A la vista de este Acuerdo, se resuelve en la STS 1801/2000, 20-12 (*Tol 117530)*, aplicar la excusa al caso, razonándose que *"de los términos en los que aparece redactado el texto vigente resulta innecesaria la convivencia cuando se trata de hermanos, lo que si se exige, por el contrario, cuando los delitos patrimoniales se hubieren cometido entre afines en primer grado, como sería el caso de los suegros. Entender que el texto vigente sigue exigiendo la convivencia entre hermanos conduciría al absurdo, dada la vigente redacción, de requerir esa convivencia a los ascendientes y descendientes, lo que ni siquiera se precisaba en el texto derogado y que supondría una excesiva intervención del derecho penal que iría en contra de las razones de política criminal que han aconsejado establecer esta excusa absolutoria"*. El Voto Particular a la Sentencia expresa la opinión contraria, recordando que el art. 268 CP sigue el criterio del derogado CP y solo amplía la excusa a los hermanos por adopción, siempre que convivan. Se entiende que una interpretación gramatical, lógica y sistemática —excluyente del absurdo— lleva a requerir la convivencia. Se argumenta que tal conclusión se deriva de *"las precisiones en torno a la situación de ruptura matrimonial como la locución adverbial y coyuntural normativamente utilizada en el Texto Legal que, según el diccionario de la Real Academia Española, denota comparación equivalente "a de igual manera que". De no ser así, se homologarán jurídicamente situaciones de esperpéntica impunidad en las que, a pesar de no existir vínculo afectivo o de convivencia e, incluso, estar presentes reales enfrentamientos entre hermanos, podrán llevarse a cabo todo tipo de actos depredatorias, expoliatorios o defraudatorios (eso sí, sin concurrir violencia o intimidación) bajo el amparo protector de la "fraternidad""*. Se considera que el legislador no ha querido tal resultado —*"aún cuando sea con confusa sintaxis"*— por lo que se rechaza el criterio de la mayoría.

En la doctrina se critica con razón la tesis del TS (SILVA SÁNCHEZ, CORTÉS BECHIARELLI). SILVA SÁNCHEZ indica que la redacción del precepto es confusa desde el punto de vista gramatical, siendo posible interpretar que se exige la convivencia en todos los casos o, por lo contrario, que solo se exige en el matrimonio y entre afines; considera que a igual conclusión no clara se llega haciendo un análisis sintáctico. En la opinión que aquí se sostiene, el inciso "*si viviesen juntos*", en realidad, no es tal inciso, sino una parte de un inciso abrazado por dos comas ("*…, así como los afines en primer grado si viviesen juntos,*"), que se contrapone al inciso anterior ("*…los cónyuges…y los ascendientes y hermanos por naturaleza o por adopción*"). La separación entre los dos incisos es clara, debiendo deducirse lo siguiente:

1º) a los cónyuges solo se les aplica la excusa si no están separados legalmente o de hecho o en proceso de separación, divorcio o nulidad;

2º) a los descendientes, ascendientes y hermanos se les aplica la excusa vivan juntos o no;

3º) a los afines en primer grado solo se les aplica la excusa si conviven.

La anterior conclusión es insatisfactoria porque en el segundo caso debería exigirse la convivencia, pero la literalidad del precepto nos lleva a esta interpretación.

Tratándose de hermanos, no puede negarse la aplicación de la excusa absolutoria a los que no son de doble vínculo porque "ni el Código Penal ni el civil cuando habla de hermanos distingue a los consanguíneos o uterinos de los de doble vínculo" [STS 42/2006, 27-1 (*Tol 827096*)].

3.2. Afines en primer grado

El art. 564 CP 1973 no exigía la convivencia entre afines para la aplicación de la excusa, lo que claramente reclama el art. 268 del CP vigente [STS 1763/2002, 25-10 (*Tol 229858*)].

La STS 83/2010, 11-2 (*Tol 1792977*), recuerda que los cuñados no pueden ejercitar acción penal entre sí, salvo que sea por delitos contra las personas (art. 103 LECrim), entre los que no se incluye delitos patrimoniales y socioeconómicos y que "*aunque el art. 268 no excluye la punibilidad de los cuñados cuando no viviesen juntos, pero no acuerda el derecho de ejercer la acción penal entre cuñados. En tales casos el perjudicado podrá, de todos modos, denunciar para que el Ministerio Fiscal asuma el ejercicio de la acción pública y ejercer, eventualmente, la acción civil*". La cuestión que se plantea en esta Sentencia tiene cierta relevancia que, sin embargo, no ha merecido el tratamiento suficiente (COBO DEL ROSAL). El art. 103 LECrim establece que:

"Tampoco podrán ejercitar acciones penales entre sí:

Los cónyuges, a no ser por delito o falta cometidos por el uno contra la persona del otro o la de sus hijos y por el delito de bigamia.

Los ascendientes, descendientes y hermanos por naturaleza, por la adopción o por afinidad a no ser por delito o falta cometidos por los unos contra las personas de los otros".

Se trata de una limitación clara de la acción penal que es pública (arts. 125 CE y 101 LECrim): las personas citadas solo pueden ejercer la acción penal contra los parientes citados si se trata de delitos *"contra la/s persona/s"*, pero se les impide si se trata de delitos que no sean contra las personas. La dificultad que plantea este precepto está en la interpretación de la expresión *"delito o falta cometidos por el uno (los unos) contra la persona del otro (contra las personas de los otros)"*. En la Sentencia citada se excluyen los delitos patrimoniales y los socioeconómicos (en el mismo sentido, COBO DEL ROSAL) respecto de los que no sería posible el ejercicio de la acción penal, que sin embargo puede ser ejercida por otra persona o por el Ministerio Fiscal, entrando después en acción o no la excusa del art. 268 CP.

El ATS 365/2022, 10-3 (*Tol 8909095)*, recuerda que la excusa *"es aplicable a los delitos patrimoniales cometidos entre ascendientes, descendientes, hermanos y afines en primer grado si viviesen juntos. Tal requisito de convivencia es necesario para la aplicación de la excusa absolutoria para los afines en primer grado, tal y como ha puesto de relieve esta Sala en numerosas ocasiones (por todas, vid. STS 551/2019, de 12 de noviembre)"*.

3.3. Análoga relación de afectividad a la matrimonial

El art. 268 CP no recoge entre las relaciones que posibilitan la excusa las que mantienen los convivientes no casados.

Según la STS 67/2009, 3-2 (*Tol 1459589*), *"Quizá por rutina o tradición histórica, no se han incluido en esta excusa absolutoria las relaciones afectivas de hecho, como sucede con el artículo 23 del Código Penal"*.

En otros preceptos del CP se incluye expresamente, junto al matrimonio, la análoga relación de afectividad. Consecuencia de lo anterior es que la excusa absolutoria no puede aplicarse en caso de delito patrimonial que tiene por sujeto activo y sujeto pasivo a los dos miembros de una pareja unida por relación de afectividad análoga a la matrimonial; esto es así con independencia de que se considere acertado o desacertado. Por otro lado hay que tener en cuenta que el ámbito personal del art. 268 CP es más pequeño que el de la circunstancia mixta de parentesco, pues no alcanza a los casos de separación, divorcio o nulidad, ni a los supuestos en los que se tramitan judicialmente esas situaciones, ni a la separación de hecho, no habiendo mención alguna a la análoga relación de afectividad con el matrimonio (todo lo que, sin embargo, cabe en la mixta). Si se trata de delitos patrimoniales que se causan entre sí dos divorciados o los miembros de una pareja de hecho deberá aplicarse la atenuante de parentesco y no la excusa absolutoria por analogía (que sería analogía general aplicable a la excusa y no atenuante analógica).

Esta opinión fue sostenida en la STS 2176/2002, 23-12 (*Tol 240929)*, que resolvía un recurso en el que se denuncia la inaplicación de la excusa absolutoria en relación con el delito de hurto. En la Sentencia recurrida se declaraba probado que la víctima era compañera sentimental del acusado desde hacía aproximadamente un año. El TS desestimó el recurso por entender que "*así como el legislador ha incluido la relación de analógica equiparable a la matrimonial en determinados preceptos del Código Penal, no lo ha hecho en otros casos. Véase que tal equiparación aparece en el art. 23 que regula la circunstancia mixta de parentesco que invoca el recurrente. Igual ocurre con el art. 454 que declara exentos de las penas impuestas a los encubridores a quienes lo sean de su cónyuge o de persona a quien se hallen ligados de forma estable por análoga relación de afectividad, así como la misma equiparación se hace en el art. 153 que tipifica la denominada "violencia doméstica". Sin embargo, la fórmula legal utilizada en estos preceptos brilla por su ausencia en el art. 268, que en ningún momento incluye tal similitud a efectos de extender la excusa absolutoria a personas ajenas a las relacionadas en el precepto, sin que aparezca razón alguna para presumir que ello sea debido a un olvido del legislador y no a la exclusiva voluntad de éste, en armonía con la jurisprudencia de esta Sala que, al interpretar el antiguo artículo 564 declaraba que "ha de estarse a los términos en que está concebido tal artículo sin extensiones ni recortes que no desnaturalicen y la de que, hecho pre— supuesto normativo de la excusa el vínculo matrimonial, ha de tomarse éste tal cual es sin condicionamiento alguno, de donde resulta, de un lado que la misma no puede aplicarse a los casos de vida marital extraconyugal, y, de otro, que no cabe rechazar su vigencia y aplicabilidad cuando los cónyuges estén separados judicialmente, o de hecho, si no media sentencia de nulidad o divorcio, que es la que rompe la unidad matrimonial, por lo que este motivo debe estimarse desde luego en el supuesto de autos" (STS de 21 de mayo de 1991); doctrina reiterada por la posterior STS de 22 de enero de 1996, que insiste en afirmar que las excusas absolutorias las establece la ley por motivos de política criminal, y en cuanto normas de privilegio, no admiten interpretaciones extensivas a hechos distintos, a situaciones diferentes o a otras personas que las expresamente recogidas en el texto legal*".

El mismo argumento manejado en esta Sentencia —la no inclusión de las relaciones análogas a las matrimoniales en el art. 268 CP, que sin embargo se citan expresamente en otros preceptos del CP— ha sido utilizado para negar la dispensa de declarar del art. 416 LECrim en caso de análoga relación a la matrimonial. La STS 1540/2003, 21-11 (*Tol 352335)*, afirma que "*la Ley no ha incluido los supuestos de convivencia análogos al matrimonio entre las exenciones a declarar prevenidas en el art. 416.1º de la Lecrim, o en cualquier otro precepto legal. Cuando el Legislador ha apreciado, en el ámbito de la jurisdicción penal, la conveniencia o necesidad de asimilar los efectos de las uniones sentimentales estables, o convivencia "more uxorio", con los del matrimonio lo ha establecido así expresamente, como sucede por ejemplo en el art. 23 del Código Penal de 1995 (circunstancia mixta de parentesco), en el art. 153 del Código Penal de 1995 (violencia doméstica), en el art. 424 (atenuación del cohecho), en los arts. 443 y 444 (abusos sexuales de funcionario) o en el art. 454 (encubrimiento entre parientes), preceptos en los que se asimila a los cónyuges con las "personas ligadas de forma estable con análoga relación de afectividad". Pero esta asimilación no tiene carácter general y el Legislador la ha excluido, por ejemplo, en el art. 268 Código Penal de 1995 (excusa absolutoria entre parientes)*". No obstante, lo anterior, la Sentencia llama la atención sobre la posible conveniencia de establecer legalmente la asimilación entre el matrimonio y la pareja de hecho. Este es el proceder correcto: aplicar la Ley, aun señalando la oportunidad de su reforma, y no el de enmendar la Ley, tal como se hace en el Acuerdo al que inmediatamente nos referimos. Por LO 1/2021, de 4 de junio, de protección integral a la infancia y a la adolescencia frente a la violencia, se ha modificado el art. 416.1 LECrim para incluir a la persona unida por relación de hecho análoga a la matrimonial.

Distinta opinión se ha sostenido posteriormente por el TS que en JGTS de 1 de marzo de 2005, ha decidido lo siguiente:

"a los efectos del art. 268 las relaciones estables de pareja son asimilables a la relación matrimonial".

Lo acordado se ha aplicado por la STS 91/2005, 11-4 (*Tol 646466)*, que maneja tres argumentos a favor de la inclusión de las parejas no casadas: *"Las diversas modificaciones del Código penal han venido equiparando la situación legal matrimonial a la de aquellas personas ligadas por análoga relación de afectividad. Así, los artículos 23, 57, 173.2, 424, 443, 444 y 454. Concretamente, este último también establece una excusa absolutoria para los encubridores, y cita especialmente este tipo de relación análoga a la matrimonial. En estos términos: "están exentos de las penas impuestas a los encubridores los que lo sean de su cónyuge o de persona a quien se hallen ligados de forma estable por análoga relación de afectividad, de sus ascendientes, descendientes, hermanos, por naturaleza, por adopción, o afines en los mismos grados, con la sola excepción de los encubridores que se hallen comprendidos en el supuesto del núm. 1° art. 451"*. En esta resolución se subraya la exigencia de estabilidad y la subsistencia del vínculo para aplicar la excusa. También recoge la doctrina contenida en JGTS de 2005 la STS 244/2010, 22-3 (*Tol 1854604)*, si bien no aplica la excusa absolutoria al rechazar la calificación de los hechos como daños en propiedad ajena (supuestamente de la compañera sentimental) mediante incendio de los arts. 263 y 266.1 CP, por ser pertinente la de incendio en bienes propios (la titularidad real correspondía al sujeto activo) para defraudar a terceros. Sobre los límites que han de considerarse al aplicar la ampliación de la excusa, ver STS 424/2018, 26-09 (*Tol 6823284)*, que exige situación de estabilidad, subsistencia del vínculo y que las acciones típicas se produzcan exclusivamente entre los miembros de la pareja, sin afectar a terceros.

Creo que la solución preconizada por el TS es una ampliación (que no interpretación) analógica que, por mucho que favorezca, está vedada. La misma opinión sostiene QUINTERO OLIVARES, cuando tras criticar la exclusión del art. 268 CP de las personas unidas por análoga situación de afectividad (lo que a su entender antes o después provocará problemas constitucionales), dice que no cabe incluirlas por analogía dado el art. 4 CP y la existencia de una solución formal en la atenuante de parentesco.

3.4. Cónyuges separados o en proceso de separación, divorcio o nulidad

El art. 268 CP al referirse a los cónyuges, como sujetos respecto de los que puede operar la excusa absolutoria, exige que no estén "separados legalmente o de hecho o en proceso judicial de separación, divorcio o nulidad de su matrimonio". El art. 564 CP 1973 se refería a los cónyuges sin requisito alguno relativo a la permanencia de la relación o del vínculo.

La STS 91/2005, 11-4 (*Tol 646466*), exige que el vínculo matrimonial (o análogo) subsista "*para que pueda darse entrada a este privilegio...sin que puedan ampararse en el mismo cuando concurre una situación de separación legal o de hecho*". La STS 6825/2010, 9-12, considera que aunque el matrimonio estuviese "roto" o en crisis en el momento de cometerse los hechos, compartiéndose domicilio, procede aplicar la excusa porque todavía no había separación, ni se habían iniciado los trámites de divorcio.

La STS 334/2003, 5-3 (*Tol 385244*), no establece doctrina general a propósito de cónyuges separados y no niega ni afirma la viabilidad de la excusa en estos casos, pero resuelve el supuesto objeto del recurso argumentando que en el momento de cometerse la estafa no había separación. Se trataba de un matrimonio que se separa, otorgando escritura de capitulaciones matrimoniales en la que se acordaba la separación de bienes. Con posterioridad el marido solicita un préstamo para adquirir una vivienda como único propietario. Después y tras reanudarse la convivencia, solicitan los dos cónyuges un préstamo para amortizar el anteriormente pedido por el marido, cediéndose, reconociéndose y trasmitiéndose a la mujer el dominio de la mitad en proindiviso de la vivienda. Tras acordarse judicialmente la reconciliación de la pareja, dejándose sin efecto las medidas de separación, el marido suscribe una escritura de préstamo hipotecario sobre la vivienda, sin conocimiento de su mujer, adquiriendo con el préstamo una segunda vivienda. Meses después los esposos presentan demanda de separación. En la Sentencia de separación se adjudica el uso y disfrute de la primera vivienda a la mujer. Como consecuencia de algunos impagos del último de los préstamos por parte del marido y de los correspondientes embargos preventivos, la esposa tuvo que pagar una mensualidad de 142.000 pesetas. La AP condenó al marido por estafa (según el CP 1973). El TS acogió las razones del recurrente y del Ministerio Fiscal porque el engaño del que fue víctima la mujer acaeció después de la reconciliación y del restablecimiento de la convivencia, apreciándose la concurrencia de la excusa absolutoria. Aunque no se dice expresamente en la Sentencia analizada, parece deducirse que si el engaño se hubiese producido en el momento en el que los cónyuges estaban separados de hecho no se habría admitido la exención de responsabilidad.

Se aprecia la excusa en la STS 493/2009, 8-5 (*Tol 1525304*), porque cuando ocurrieron los hechos los cónyuges no estaban separados legalmente ni de hecho, aunque después se produjo la ruptura y no se aprecia en la STS 112/2008, 6-2 (*Tol 1294016*), porque el marido abandonó el domicilio familiar y se separó de su mujer antes de ocurrir los hechos.

3.5. Otros parientes. Herencia yacente

La excusa se aplica cuando el parentesco es entre abuela y nieta [STS 1196/2004, 22-10 (*Tol 514570*)] y no procede entre tío y sobrino [STS 1255/2009, 9-12 (*Tol 1762132*)].

La SAP, Alicante, 21-6-2003 (*Tol 302791*), se refiere a la retirada de fondos de la mujer cuando el marido ya había muerto, imitando su firma, negando la aplicación de la excusa. En sentido contrario, la STSJ, Cataluña, 16/2005, 6-10 (*Tol 778144*), apreció la excusa a un supuesto de actuación contra la herencia yacente.

3.6. Abuso de vulnerabilidad

El art. 268 CP excluye la aplicación de la excusa, tras la reforma de 2015, en los casos en los que hay "*abuso de la vulnerabilidad de la víctima, ya sea por razón de edad, o por tratarse de una persona con discapacidad*". Esta exclusión no se refiere a ningún delito en concreto, sino a cualquiera en el que se actúe abusando de la vulnerabilidad de la víctima, aunque en el mismo no se aprecie violencia o intimidación.

Dicha vulnerabilidad, por si sola, no es suficiente para impedir la apreciación de la excusa, requiriéndose el abuso de esa situación de vulnerabilidad. Lo que se pretende con el nuevo inciso es acabar con la desprotección de personas discapacitadas o de avanzada edad que sufren daños patrimoniales en su entorno familiar, en ocasiones, por parte de los familiares que les atienden y que abusan de su situación. En los textos previos a la aprobación de la reforma de 2015, se indicaba que la coyuntura económica había expuesto a los más vulnerables dentro de la familia a ser víctimas de expolios patrimoniales.

Las razones de la vulnerabilidad que señala el legislador son dos; edad y discapacidad y se expresan de manera taxativa y cerrada, sin que otros motivos de vulnerabilidad sean relevantes a la hora de impedir la aplicación de la excusa. En el Proyecto que precedió a la Ley se introducía un tercer motivo de vulnerabilidad, "persona desvalida", que, sin embargo, desaparece en el texto aprobado.

La edad puede referirse a casos de poca edad o de mucha edad, cuando esas circunstancias generen vulnerabilidad y se abuse de la misma, lo que no siempre ocurrirá; basta pensar en personas de edad avanzada, con formación y trayectoria en el mundo económico, que tienen plena capacidad para tomar decisiones relevantes sobre su patrimonio.

Por lo que se refiere a la discapacidad, no se incluye determinación alguna, por lo que debe tenerse en cuenta la interpretación auténtica que el legislador de 2015 ha introducido en el art. 25 CP, a cuyo tenor

> *"A los efectos de este Código se entiende por discapacidad aquella situación en que se encuentra una persona con deficiencias físicas, mentales, intelectuales o sensoriales de carácter permanente que, al interactuar con diversas barreras, puedan limitar o impedir su participación plena y efectiva en la sociedad, en igualdad de condiciones con las demás.*
>
> *Asimismo a los efectos de este Código, se entenderá por persona con discapacidad necesitada de especial protección a aquella persona con discapacidad que, tenga o no judicialmente modificada su capacidad de obrar, requiera de asistencia o apoyo para el*

ejercicio de su capacidad jurídica y para la toma de decisiones respecto de su persona, de sus derechos o intereses a causa de sus deficiencias intelectuales o mentales de carácter permanente".

La STS 941/2021, 1-12 (*Tol 8690166*), considera que no hay abuso de vulnerabilidad en una víctima de avanzada edad que, si bien pudiera ser influenciable, no sufría "demencia", ni estaba sujeta a medida de protección alguna (tutela o curatela).

4. Efectos

1. La apreciación de la excusa absolutoria afecta a la responsabilidad penal, pero no a la civil que subsiste. Si se llega a Sentencia, puede el juez penal determinar esa responsabilidad civil si tiene los datos necesarios para fijar su importe [SSTS 719/1992, 6-4 (*Tol 1073444*); 198/2007, 5-3 (*Tol 1049935*), y 928/2021, 26-11, (*Tol 8674626*), que, con cita de resoluciones anteriores, afirma que "*no hay obstáculo alguno para que el Tribunal del orden penal, junto con el pronunciamiento absolutorio del acusado del delito imputado, por juego de la excusa, determine la pertinente responsabilidad civil y fije la correspondiente indemnización, si existe datos suficientes para su concreción, pues resultaría ilógico y contrario a la economía procesal remitir a los interesados a un ulterior juicio civil*"]. En contra, se niega en algunas resoluciones tal posibilidad, por entenderse que "*una vez acordada la absolución...no es posible un pronunciamiento respecto a la responsabilidad civil que se hubiera derivado...debiendo acudir a la jurisdicción civil*" [STS 618/2010, 23-6 (*Tol 1920037*), apoyándose en la STS 430/2008, 25-6 (*Tol 1335360*), según la cual "*la estimación de una causa extintiva de la responsabilidad criminal impide resolver la reclamación civil en el proceso penal*"].

Cuando la excusa se aprecia en Instrucción debe acudirse a la jurisdicción civil para reclamar la responsabilidad civil.

La STS 1288/2005, 28-10 (*Tol 738489*), afirma que "*la responsabilidad civil dimanante de delito, sólo por razones de economía procesal ha considerado el legislador que debe conocer de ella la jurisdicción penal. De ahí que en su modalidad de responsabilidad directa, subrogada, subsidiaria, etc. sólo será posible cuando tal previsión se halle contenida en los arts. 116 a 122 del C. Penal y en nuestro caso no se acomoda a ninguna modalidad indemnizatoria, prevista en derecho penal*". Se había aplicado la excusa absolutoria, negándose la responsabilidad penal por lo que no cabía pronunciarse sobre la responsabilidad civil derivada del delito.

La STS 198/2007, 5-3 (*Tol 1049935*), sostiene que "*aunque en principio parecería procedente mantener... la responsabilidad civil correspondiente al hecho ilícito eximido de la responsabilidad criminal, ya que, según proclamaba la STS de 6 de abril de 1992: "...si se considera a la llamada «excusa absolutoria» como excusa «personal» que libera de pena, consecuencia y no componente del tipo delictivo, como lo entienden las SS. de 23 de junio de 1972 y 10 de mayo de 1988, como si se conceptúa a la «punibilidad» como elemento esencial e integrante de la infracción, tesis acogida en el recurso, ejercitada la acción penal, conjuntamente con la civil, como en el supuesto realizó el Ministerio*

Fiscal, según lo prevenido en el art. 108 de la Ley de Enjuiciamiento Criminal, no hay obstáculo alguno para que el Tribunal del orden penal, junto con el pronunciamiento absolutorio del acusado del delito imputado, por juego de la excusa, determine la pertinente responsabilidad civil y fije la correspondiente indemnización, si existe datos suficientes para su concreción, pues resultaría ilógico y contrario a la economía procesal remitir a los interesados a un ulterior juicio civil, como dice la S., antes citada, de 10 de mayo de 1988", lo cierto es que, en este caso, y toda vez que en ningún momento se solicitó, ni por la Acusación Pública ni por la Particular personada, ese pronunciamiento favorable a los verdaderos perjudicados, en virtud del principio de "justicia rogada", vigente en el ámbito civil, tampoco podemos otorgar indemnización alguna".

2. Según el art. 268.2 CP la excusa "*no es aplicable a extraños que participaren en el delito*", lo que resulta consecuencia obligada de la naturaleza de causa personal de exención de pena, que no se rige por el principio de accesoriedad que hace extensible el efecto de las causas de justificación a los partícipes. Se separan las excusas absolutorias de las condiciones objetivas de punibilidad, porque en estas últimas si la condición no se cumple la impunidad alcanza a todos los intervinientes, en cambio, dándose el parentesco exigido por la excusa quedan excluidos de la misma los que no reúnan tal condición de parentesco.

La referencia en el precepto a la participación no debe ser interpretada en sentido estricto excluyente de la autoría, sino que debe ser entendida como intervención en el delito como autor o como partícipe. Es decir, la excusa exonera de responsabilidad al pariente ya sea autor o partícipe, y no exonera al no pariente ya sea autor o partícipe.

3. El hecho cubierto por la excusa absolutoria es típico, antijurídico y culpable, por lo que puede reaccionarse contra el mismo al amparo de las causas de justificación.

4. La STS 19-5-2009 (*Tol 1525172)*, de la Sala III de lo Contencioso Administrativo, consideró que sustraer con fuerza el coche de la mujer, hecho que no llegó a juicio por apreciarse la excusa absolutoria del art. 268 CP, no podía considerarse falta de buena conducta cívica, a los efectos del art. 22 CC, para denegar la nacionalidad española.

5. Cuestiones procesales

1. La excusa absolutoria de parentesco puede apreciarse de oficio.

La STS 42/2006, 27-1 (*Tol 827096)*, sostiene que *"los Tribunales pueden conocer... de oficio casos de no punibilidad de una conducta por la admisión de una excusa absolutoria o de la prescripción... la doctrina de esta Sala ha posibilitado la estimación de una eximente o atenuante no alegada"*. También se aplicó de oficio y en casación la excusa en un supuesto en el que había pasado inadvertida al Tribunal de instancia, a las acusaciones y a la defensa [STS 1763/2002, 25-10 (*Tol 229858)*].

2. No es necesario llegar a Sentencia para hacer actuar la excusa, pudiéndose —y debiéndose— apreciar en Instrucción o en la fase intermedia [STS 618/2010, 23-6 (*Tol 1920037*)]; de hecho, así ocurre en muchas ocasiones y es deseable que así se produzca cuando no debe sustanciarse ninguna otra cuestión que exija Juicio Oral y Sentencia y aparecen claros los requisitos legales de la exención. A pesar de ello son varios los casos en los que la excusa ha pasado inadvertida al Juez o Tribunal, al Fiscal y a la Defensa.

La STS 91/2006, 30-1 (*Tol 843457*), reprocha *"la prosecución forzada de las actuaciones a pesar de la concurrencia de excusa absolutoria del art. 564 del CP de 1973...debió haber operado la excusa absolutoria en la fase de instrucción de la causa, habiéndose impedido la perpetuación de la instrucción y la celebración del juicio...en contra de la doctrina de esta Sala que ha señalado, en sentencias como la de 5-3-2003, nº 334/2003, que: "la razón de ser de la excusa absolutoria de los delitos contra la propiedad que no impliquen violencia ni intimidación entre los parientes incluidos en la excusa absolutoria del art. 268 del vigente Código Penal, equivalente al art. 564 del anterior Código Penal se encuentra en una razón de política criminal que exige no criminalizar actos efectuados en el seno de grupos familiares unidos por fuertes lazos de sangre en los términos descritos en el art. 268 porque ello, sobre provocar una irrupción del sistema per se dentro del grupo familiar poco recomendable que perjudicaría la posible reconciliación familiar, estaría en contra de la filosofía que debe inspirar la actuación penal de mínima intervención y última ratio, siendo preferible desviar el tema a la jurisdicción civil que supone una intervención menos traumática y más proporcionada a la exclusiva afectación de intereses económicos como los únicos cuestionados, de ahí que se excluya los apoderamientos violentos o intimidatorios en los que quedan afectados valores superiores a los meramente económicos como son la vida, integridad física o psíquica, la libertad y seguridad"*.

La STS 361/2007, 24-4 (*Tol 1073444*), afirma que *"nada habría impedido la apreciación del efecto exoneratorio —se base éste en la consideración del art. 268 del CP como causa personal de exclusión de la pena o como excusa absolutoria—, durante la investigación o fase intermedia, mediante la oportuna resolución de sobreseimiento al amparo del art. 637.3 de la LECrim. Basta para ello que se dibujen con la precisión exigida los presupuestos fácticos a los que el art. 268 asocia la extinción de responsabilidad. La STS 42/2006, 27 de enero, recuerda incluso la posibilidad de aplicación de oficio de la mencionada excusa absolutoria. Es cierto, sin embargo, que la delimitación de tales presupuestos, sobre todo, aquellos relacionados con la extensión que haya de darse a los requisitos referidos a la naturaleza de la relación y a la convivencia entre los parientes afectados, no es cuestión pacífica en la doctrina. La jurisprudencia de la Sala Segunda (cfr. Acuerdos de Pleno no jurisdiccional de 15 diciembre 2000 y 1 de marzo de 2005, así como SSTS 1288/2005, 28 de octubre y 1801/2000, 20 de diciembre) se ha encargado de despejar algunas de las incógnitas para la aplicación del art. 268, de cuyo antecedente —el derogado art. 564 del CP— llegó a decir algún penalista que consagraba una inaceptable patente de corso)"*.

6. Consideraciones críticas

El ámbito personal y objetivo de la excusa absolutoria parece desmedido. Así se entiende desde antiguo y también ahora. En alguna Sentencia se ha cuestionado el efecto que el CP otorga al parentesco en las infracciones patrimoniales, ya sea a través de la excusa absolutoria, ya sea a través de la atenuante del art. 23 CP: "*En realidad cabría cuestionar si la defraudación de la confianza depositada en el autor por uno de los parientes contemplados en el texto legal debe merecer menos pena que la ejecutada sobre un extraño. Pero es cuestión resuelta por la ley*" [STS 950/2007, 13-11 (*Tol 1213942)*]. Si el fundamento de la excusa está en la idea de no interferir con el instrumento penal en un ámbito de relación familiar estrecho que ofrece un mejor control interno y que facilita la reconciliación [STS 334/2003, 5-3 (*Tol 385244)*], entonces no puede extenderse la amplitud subjetiva de la excusa, máxime si se tiene en cuenta la evolución de la familia. No tiene ningún sentido que la excusa opere, con carácter general, entre herma— nos o afines, sobre todo cuando se refiere a delitos de cierta gravedad que nada tienen que ver con un determinado entendimiento del patrimonio familiar. Con la interpretación que hace el TS, que no exige la convivencia entre hermanos para aplicar la excusa, se alcanzan resultados indeseables: la exención de pena por graves estafas o alzamientos entre hermanos que no conviven y que pueden estar enfrentados en profundas disputas por razón del disfrute del patrimonio o por razón de una herencia. La excusa solo se puede justificar cuando se trata de pequeñas sustracciones o, si se quiere, de delitos con mínimo perjuicio y siempre que sujeto activo y pasivo, además de ser parientes, convivan en el mismo núcleo familiar (BAJO FERNÁNDEZ). Pero lo que parece absurdo es desproteger a ciertos parientes que no tienen una estrecha relación con el autor frente a graves conductas patrimoniales. La realidad de las cosas impone una severa limitación, en lo objetivo y en lo subjetivo, del alcance de la excusa. Por otro lado, me parece atendible la opinión de que la convivencia efectiva debería ser una exigencia para aplicar la excusa en todas las situaciones parentales enumeradas (SILVA SÁNCHEZ), pues solo así el ámbito de la excusa se acomodaría a su fundamento (no intervención del Derecho Penal en el círculo familiar para que sean los mecanismos de control internos de ese círculo los que resuelvan el conflicto).

Otras posibilidades para limitar el ámbito de la excusa son fijar una cuantía por encima de la cual no pueda aplicarse o eliminar ciertos delitos o relaciones personales de la exención que quedarían sometidos al régimen de persecución propio de los delitos perseguibles a instancia de parte (así se hace en el CP italiano —art. 649— que establece casos de no punibilidad, por ejemplo para los hermanos que conviven o cónyuges no separados legalmente, y casos de necesidad de querella del ofendido, por ejemplo para hermanos no convivientes o cónyuges separados legalmente). La exigencia de querella o denuncia con posibilidad de perdón sería mejor alternativa que la excusa absolutoria.

II. ACTOS PREPARATORIOS PUNIBLES

El art. 269 CP extiende el castigo de los actos de conspiración, proposición y provocación a determinados delitos patrimoniales, concretamente al robo, a la extorsión, a la estafa y a la apropiación indebida, quedando excluidos todos los demás. Algunos autores han manifestado que el robo con fuerza en las cosas debería quedar al margen de la punición de los actos preparatorios, mientras que deberían haberse incluido las usurpaciones violentas del art. 245.1 CP y las conductas de alteración de precios en concursos o subastas públicas cuando van acompañadas de intimidación del art. 262 CP (VIVES ANTÓN y GONZÁLEZ CUSSAC). Otros han criticado que el castigo de estos actos se extienda a los cuatro delitos patrimoniales señalados en el art. 269 CP y muy especialmente a la estafa y a la apropiación indebida, por no encontrar ninguna razón político criminal que avale esa decisión (QUINTERO OLIVARES). Admitiendo esta crítica, lo que más sorprende es la inclusión de la estafa o de la apropiación indebida y la exclusión de los daños.

También se ha criticado que el Legislador castigue los actos preparatorios de estafa, apropiación o robo con fuerza y no tales actos referidos a las agresiones sexuales (OLMEDO CARDENETE). La STS 24-3-1998 (*Tol 238633)*, confirma la condena por conspiración porque "el recurrente se concertó con otras personas para la ejecución tanto del robo como de la muerte que consideraban necesaria para encubrir el mismo, resolviendo ejecutarlos y planteando que sería el propio acusado quien conduciría el vehículo que les conduciría al lugar del crimen, no llegando a participar materialmente, como ya se ha expresado, por el hecho de su detención, pero existiendo ya el acuerdo firme de voluntades entre todos ellos para llevarlo a efecto, como efectivamente se hizo".

III. BIBLIOGRAFÍA

BAJO FERNÁNDEZ, M. *El parentesco en el Derecho penal*, Barcelona, 1973; CARMONA SALGADO, C. "¿Es la excusa absolutoria del art. 268 CP una figura jurídica a extinguir?", *LH-Martín Ruíz*, 2022; CORTÉS BECHIARELLI, E. "¿Estimación de la excusa absolutoria de los delitos contra la propiedad en el caso de hermanos no convivientes?", *El Derecho*, nº 1362, 2001; HIGUERA GUIMERÁ, J. F., *Las excusas absolutorias*, Madrid, 1993; MANJÓN-CABEZA OLMEDA, A-, *Las excusas absolutorias en Derecho español. Doctrina y jurisprudencia*, Valencia, 2014; PASTOR ALCOY, F. "La excusa absolutoria de parentesco", *RGD*, nº 598-599, 1994; SILVA SÁNCHEZ, J. M. "Hermanos, pero no "primos". Los delitos patrimoniales y el alcance de la excusa absolutoria del artículo 268 del Código penal. Una crítica a la doctrina del Tribunal Supremo", *LL*, nº 5318, 2001.

REFERENCIAS LEGALES

- Ley 19/1985, de 16 de julio, Cambiaria y del Cheque (*Tol 151647)*.

Lección 16ª

Delitos relativos a la propiedad intelectual

MARÍA DEL MAR CARRASCO ANDRINO

SUMARIO. I. CONSIDERACIONES GENERALES: BIEN JURÍDICO PROTEGIDO. II. ELEMENTOS COMUNES. 1. Sujeto activo. 2. Sujeto pasivo. 3. Objeto de la acción. 3.1. El concepto de obra. 3.2. El concepto de prestación. 3.3. Su trasformación, interpretación o ejecución artística. 4. Elementos subjetivos. 5. Ausencia de autorización de los titulares de los derechos de propiedad intelectual o de sus cesionarios. III. MODALIDADES TÍPICAS. 1. El tipo básico del art. 270.1, CP. 1.1. Reproducir. 1.2. Plagiar. 1.3. Distribuir. 1.4. Comunicar. 1.5. Explotar económicamente de cualquier otro modo. 2. El tipo del art. 270.2, CP: facilitar el acceso o la localización en internet. 3. Los tipos atenuados del art. 270.4, CP: la distribución o comercialización ambulante u ocasional. 4. Los tipos de almacenamiento, importación o exportación del apartado 5º del art. 270, CP. 5. Los tipos de favorecimiento o facilitación. 5.1. Las conductas relativas a las medidas tecnológicas eficaces de protección de derechos de propiedad intelectual: apartados c) y d) del art. 270.5, CP. 5.2. Las conductas relativas a los medios dirigidos a facilitar la supresión o neutralización de dispositivos técnicos utilizados para proteger programas de ordenador y cualquiera de las otras obras, interpretaciones o ejecuciones (art. 270.6, CP). IV. *ITER CRIMINIS*. V. CONCURSOS. VI. TIPOS AGRAVADOS. 1. Que el beneficio obtenido o que hubiera podido obtenerse posea especial trascendencia económica. 2. Especial gravedad de los hechos. 3. Pertenencia del culpable a una organización o asociación, incluso de carácter transitorio, que tuviese como finalidad la realización de estos delitos. 4. La utilización de menores de dieciocho años. VII. RESPONSABILIDAD CIVIL Y OTRAS CONSECUENCIAS JURÍDICAS. 1. La responsabilidad civil. 2. La publicación de la sentencia. 3. La retirada de contenidos, interrupción de la prestación y bloqueo de acceso. VIII. CUESTIONES PROCESALES. IX. BIBLIOGRAFÍA.

Artículo 270

1. Será castigado con la pena de prisión de seis meses a cuatro años y multa de doce a veinticuatro meses el que, con ánimo de obtener un beneficio económico directo o indirecto y en perjuicio de tercero, reproduzca, plagie, distribuya, comunique públicamente o de cualquier otro modo explote económicamente, en todo o en parte, una obra o prestación literaria, artística o científica, o su transformación, interpretación o ejecución artística fijada en cualquier tipo de soporte o comunicada a través de cualquier medio, sin la autorización de los titulares de los correspondientes derechos de propiedad intelectual o de sus cesionarios.

2. La misma pena se impondrá a quien, en la prestación de servicios de la sociedad de la información, con ánimo de obtener un beneficio económico directo o indirecto, y en perjuicio de tercero, facilite de modo activo y no neutral y sin limitarse a un tratamiento meramente técnico, el acceso o la localización en internet de obras o prestaciones objeto de propiedad intelectual sin la autorización de los titulares de los correspondientes derechos o de sus cesionarios, en particular ofreciendo listados ordenados y clasificados de enlaces a las obras y contenidos referidos anteriormente, aunque dichos enlaces hubieran sido facilitados inicialmente por los destinatarios de sus servicios.

3. En estos casos, el juez o tribunal ordenará la retirada de las obras o prestaciones objeto de la infracción. Cuando a través de un portal de acceso a internet o servicio de la sociedad de la información, se difundan exclusiva o preponderantemente los contenidos objeto de la propiedad intelectual a que se refieren los apartados anteriores, se ordenará la interrupción de la prestación del mismo, y el juez podrá acordar cualquier medida cautelar que tenga por objeto la protección de los derechos de propiedad intelectual.

Excepcionalmente, cuando exista reiteración de las conductas y cuando resulte una medida proporcionada, eficiente y eficaz, se podrá ordenar el bloqueo del acceso correspondiente.

4. En los supuestos a que se refiere el apartado 1, la distribución o comercialización ambulante o meramente ocasional se castigará con una pena de prisión de seis meses a dos años.

No obstante, atendidas las características del culpable y la reducida cuantía del beneficio económico obtenido o que se hubiera podido obtener, siempre que no concurra ninguna de las circunstancias del artículo 271, el Juez podrá imponer la pena de multa de uno a seis meses o trabajos en beneficio de la comunidad de treinta y uno a sesenta días.

5. Serán castigados con las penas previstas en los apartados anteriores, en sus respectivos casos, quienes:

a) Exporten o almacenen intencionadamente ejemplares de las obras, producciones o ejecuciones a que se refieren los dos primeros apartados de este artículo, incluyendo copias digitales de las mismas, sin la referida autorización, cuando estuvieran destinadas a ser reproducidas, distribuidas o comunicadas públicamente.

b) Importen intencionadamente estos productos sin dicha autorización, cuando estuvieran destinados a ser reproducidos, distribuidos o comunicados públicamente, tanto si éstos tienen un origen lícito como ilícito en su país de procedencia; no obstante, la importación de los referidos productos de un Estado perteneciente a la Unión Europea no será punible cuando aquellos se hayan adquirido directamente del titular de los derechos en dicho Estado, o con su consentimiento.

c) Favorezcan o faciliten la realización de las conductas a que se refieren los apartados 1 y 2 de este artículo eliminando o modificando, sin autorización de los titulares de los derechos de propiedad intelectual o de sus cesionarios, las medidas tecnológicas eficaces incorporadas por éstos con la finalidad de impedir o restringir su realización.

d) Con ánimo de obtener un beneficio económico directo o indirecto, con la finalidad de facilitar a terceros el acceso a un ejemplar de una obra literaria, artística o científica, o a su transformación, interpretación o ejecución artística, fijada en cualquier tipo de soporte o comunicado a través de cualquier medio, y sin autorización de los titulares de los derechos de propiedad intelectual o de sus cesionarios, eluda o facilite la elusión de las medidas tecnológicas eficaces dispuestas para evitarlo.

6. Será castigado también con una pena de prisión de seis meses a tres años quien fabrique, importe, ponga en circulación o posea con una finalidad comercial cualquier medio principalmente concebido, producido, adaptado o realizado para facilitar la supresión no autorizada o la neutralización de cualquier dispositivo técnico que se haya utilizado para proteger programas de ordenador o cualquiera de las otras obras, interpretaciones o ejecuciones en los términos previstos en los dos primeros apartados de este artículo.

Artículo 271

Se impondrá la pena de prisión de dos a seis años, multa de dieciocho a treinta y seis meses e inhabilitación especial para el ejercicio de la profesión relacionada con el delito cometido, por un período de dos a cinco años, cuando se cometa el delito del artículo anterior concurriendo alguna de las siguientes circunstancias:

a) Que el beneficio obtenido o que se hubiera podido obtener posea especial trascendencia económica.

b) Que los hechos revistan especial gravedad, atendiendo el valor de los objetos producidos ilícitamente, el número de obras, o de la transformación, ejecución o interpretación de las mismas, ilícitamente reproducidas, distribuidas, comunicadas al público o puestas a su disposición, o a la especial importancia de los perjuicios ocasionados.

c) Que el culpable perteneciere a una organización o asociación, incluso de carácter transitorio, que tuviese como finalidad la realización de actividades infractoras de derechos de propiedad intelectual.

d) Que se utilice a menores de 18 años para cometer estos delitos.

Artículo 272

1. La extensión de la responsabilidad civil derivada de los delitos tipificados en los dos artículos anteriores se regirá por las disposiciones de la Ley de Propiedad Intelectual relativas al cese de la actividad ilícita y a la indemnización de daños y perjuicios.

2. En el supuesto de sentencia condenatoria, el Juez o Tribunal podrá decretar la publicación de ésta, a costa del infractor, en un periódico oficial.

I. CONSIDERACIONES GENERALES: BIEN JURÍDICO PROTEGIDO

Los delitos relativos a la propiedad intelectual, tipificados en los arts. 270 a 272 CP, abren el Capítulo XI "De los delitos relativos a la propiedad intelectual e industrial, al mercado y a los consumidores", constituyendo su Sección Primera. Se comienza así, con este Capítulo, el grupo de delitos de naturaleza socioeconómica dentro del Título XIII —Delitos contra el patrimonio y contra el orden socioeconómico—, tras la cesura que representa el Capítulo X de Disposiciones Comunes a los capítulos anteriores, dedicados a los delitos patrimoniales tradicionales. Si bien, como se verá seguidamente, el bien jurídico protegido en los delitos relativos a la propiedad intelectual no apunta a la salvaguarda de un interés socioeconómico, sino de uno puramente patrimonial. Su ubicación sistemática resulta por ello controvertida, máxime cuando se vincula a la competencia económica, esfera a la que pertenecen claramente los restantes delitos del Capítulo XI al incidir sobre aspectos concretos de ésta: la capacidad competitiva del empresario (propiedad industrial, secreto de empresa), los intereses de los consumidores (publicidad engañosa, facturación indebida, etc.), la libre fijación de precios, etc.

Es cierto que la propiedad intelectual, al igual que la industrial, tiene por objeto bienes inmateriales sobre los que se concede un monopolio legal de explotación exclusiva con la finalidad de incentivar la creatividad en el ámbito comercial, industrial e intelectual en general, lo que en definitiva acaba repercutiendo de forma mediata en la competencia económica (MARTÍNEZ-BUJÁN PÉREZ, MIRÓ LLINARES, GIMBERNAT ORDEIG); si bien la propiedad industrial, a diferencia de la intelectual, está directamente vinculada con la empresa y la vida comercial de ésta. El orden socioeconómico en estos delitos expresa, en consecuencia, la finalidad político criminal o la razón que motiva la incriminación de estas conductas, pero no el bien jurídico que resulta afectado por la realización del tipo de injusto. Se trata, por tanto, de proteger la propiedad intelectual en cuanto que instrumento o mecanismo que sirve para la promoción de la cultura y del mercado de las creaciones intelectuales (RODRÍGUEZ MORO).

Su ubicación sistemática resulta todavía más sorprendente a la vista de su *iter* legislativo, pues, a excepción del Proyecto de Código Penal de 1980 que situaba estas infracciones entre los delitos contra el orden socioeconómico, tanto el derogado CP 1973 como la Propuesta de Anteproyecto de Código penal de 1983 y el Proyecto de Código Penal de 1992, los incluían en el ámbito de los delitos patrimoniales como defraudaciones.

A diferencia de los delitos contra la propiedad industrial, en los relativos a la propiedad intelectual ya se había abandonado la técnica de la ley penal en blanco antes de la promulgación del CP vigente. Concretamente la LO 6/1987, de 11 de noviembre, incorporó al CP derogado el art. 534 bis.a), b) y c), adaptando la regulación penal a la nueva Ley 22/1987, de 11 de noviembre, de Propiedad Intelectual. Se llega así a la regulación actualmente vigente en los arts. 270 a 272, CP, que, con la reforma operada por la LO 1/2015, de 30 de marzo, experimentó una redefinición de las conductas típicas, ampliando el ámbito de la tipicidad, al introducir conductas nuevas y extender el objeto material a las prestaciones, modificar el elemento subjetivo, incluyendo el ánimo de obtener un beneficio económico tanto directo como indirecto, y en definitiva, adelantar las barreras de intervención penal, endureciendo también su penalidad.

En cuanto a los datos sobre infracciones de propiedad intelectual, el informe presentado por el Observatorio de Piratería y Hábitos de Consumo de Contenidos Digitales en

2023 manifiesta que el número de contenidos ilícitos a los que se accedió en este año fue un total de 5.079 millones, repartidos en música (30%), películas (22%), videojuegos (15%), libros (37%), series (22%), periódicos (26%), revistas (22%), imágenes (25%). Su valor estimado asciende a 33.957 millones de euros, lo que constituye un 5% más que el año anterior, debido al aumento de los costes de producción de los mismos. En la comparativa con el año 2022, se observa un aumento en el consumo de revistas (incremento del 27%), de series (incremento del 10%) y de libros digitales piratas (incremento del 4%), reduciéndose en el resto de contenidos. En la comparativa con los años previos (2021 y 2022), se observa una tendencia descendente del consumo de contenidos ilícitos (en el año 2022, un 1% menos que en el año anterior; en 2021 un 8% menos que en 2020; un 20% menos desde 2018 y un 30% desde 2015), incrementándose esencialmente el de libros digitales "piratas", periódicos y revistas. No obstante, la valoración que se hace del perjuicio causado es elevada, al haberse elevado también el valor de los contenidos. Así, la industria valora el lucro cesante en 2.271 millones de euros en 2021, lo que habría supuesto para las arcas públicas una ganancia de 653 millones, que no han sido recaudados. Curiosamente este perjuicio experimentó un ligero decrecimiento en 2022: el lucro cesante para la industria se cifró en 1.995 millones de euros, y el de las arcas públicas de 551 millones de euros. En el año 2023, estas pérdidas se mantienen con pocas oscilaciones, estimándose en 1.992 millones para la industria y 600 millones para las arcas públicas.

Por su parte, el informe, publicado por la EUIPO en 2023, sobre violaciones de derechos de autor en línea en la UE indica que los contenidos "piratas" digitales a los que se accede desde España son, con diferencia, los de "contenido de televisión" (49%), seguidos de "publicaciones" (20%), películas (14%), *software* (10%), y música (7%); evidenciándose en el periodo de 2017 a 2022 una tendencia creciente en el consumo de los contenidos de televisión "pirata", relativamente estable en los de publicaciones y *software*, y claramente decreciente en música y películas. En cuanto a los métodos empleados, el informe llega a la conclusión de que el 58% de la piratería se produce a través del *streaming* y el 32% a través de descargas, advirtiendo que muchos de los usuarios parecen acostumbrados a consumir contenidos pirateados, pues la principal fuente son los accesos directos al sitio de piratería en cuestión, y una cuarta parte de ellos se realizan a través de buscadores. En el caso de los contenidos de televisión el principal método es el *streaming*, mientras que en las publicaciones parece ser la descarga. En estas últimas el género más pirateado es el "maga", seguido de los audiolibros y los libros electrónicos. En el *software*, el de los dispositivos móviles y los juegos representan aproximadamente la mitad de todos los accesos. Entre las conclusiones alcanzadas en el estudio econométrico de la piratería musical, de películas y de contenido de televisión se constata que hay una relación inversa entre el consumo de contenido legal y la piratería en estos ámbitos, en particular, el número de oferta legal contribuye a una reducción de aquella, además de estar influida también por factores socioeconómicos como el PIB per cápita de un país, la desigualdad, la estructura demográfica o el desempleo juvenil.

La presencia de elementos normativos en los tipos penales hace ineludible la referencia a la normativa extrapenal, esencialmente al RD Legislativo 1/1996, de 12 de abril, que aprueba el texto refundido de la Ley de Propiedad Intelectual (LPI); pero también habrá que tener en cuenta la Ley 34/2002, de 11 de julio, de Servicios de la Sociedad de la Información y de Comercio Electrónico (LSSI), así como la normativa internacional y comunitaria sobre la materia. Lo que ha valido que el Tribunal Supremo califique estos tipos delictivos como "complejo punitivo preñado de elementos normativos" [STS 876/2001, 19-5 (*Tol 103139*)].

A saber, en el ámbito internacional se han de tener en cuenta el Convenio de Berna para la Protección de las Obras Literarias y Artísticas de 1886, la Convención Universal sobre Derechos de Autor de 1952, la Convención de Roma de 1961, el Acuerdo sobre los aspectos de los Derechos de Propiedad Intelectual relacionados con el Comercio de 1994, la Convención Internacional sobre Protección de los Artistas, Intérpretes o Ejecutantes, los Productores de Fonogramas y los organismos de Radiodifusión de 1961, y en el entorno digital los Tratados sobre Derechos de Autor y sobre Interpretación o Ejecución y Fonogramas de la OMPI (Organización Mundial de la Propiedad Intelectual) de 1996; sin olvidar tampoco la profusa normativa comunitaria: la Directiva 96/9/CE del Parlamento Europeo y del Consejo, de 11 de marzo de 1996, sobre Protección Jurídica de Bases de Datos; la Directiva de la CE 2001/29/CE del Parlamento Europeo y del Consejo sobre la Armonización de ciertos aspectos de los Derechos de Autor y Derechos Afines en la Sociedad de la Información de 22 de mayo de 2001, modificadas ambas por la Directiva (UE) 2019/790 del Parlamento Europeo y del Consejo, de 17 de abril de 2019, sobre Derechos de Autor y Derechos Afines en el Mercado Único Digital; la Directiva 2006/115 CE, de 12 de diciembre, sobre Derechos de Alquiler y Préstamo y otros Derechos Afines a los Derechos de Autor en el Ámbito de la Propiedad Intelectual (versión codificada); la Directiva 2006/116/CE, de 12 de diciembre de 2006, relativa al Plazo de Protección del Derecho de Autor y de Determinados Derechos Afines (versión codificada); Directiva 2004/48/CE del Parlamento Europeo y del Consejo, de 29 de abril de 2004, relativa a las Medidas y Procedimientos destinados a garantizar el respeto de los derechos de Propiedad Intelectual; Directiva 2009/24/CE del Parlamento Europeo y del Consejo, de 23 de abril de 2009, sobre Protección Jurídica de los Programas de Ordenador (versión codificada); Directiva 2012/28/UE del Parlamento Europeo y del Consejo, de 25 de octubre de 2012, sobre determinados usos permitidos de las obras huérfanas; Directiva 2014/26/UE del Parlamento Europeo y del Consejo, de 26 de febrero de 2014, sobre la gestión colectiva de los derechos de autor y derechos afines y la concesión de licencias multiterritoriales de derechos sobre obras musicales para su uso en línea en el mercado interior; el Reglamento (UE) 2017/1563 del Parlamento Europeo y del Consejo, de 13 de septiembre de 2017, relativo al intercambio transfronterizo entre la Unión y terceros países de copias en formato accesible de determinadas obras y otras prestaciones protegidas por derechos de autor y derechos afines para la beneficio de las personas ciegas, con discapacidad visual o con otras dificultades para acceder al texto impreso.

De acuerdo con el art. 2, LPI, la propiedad intelectual se compone de "derechos de carácter personal y patrimonial, que atribuyen al autor la plena disposición y el derecho exclusivo a la explotación de la obra, sin más limitaciones que las establecidas en la ley". El contenido patrimonial de la propiedad intelectual está integrado por los derechos de explotación de la obra en cualquier forma, y en especial, la reproducción, distribución, comunicación pública y transformación (arts. 17 y sigs., LPI). A su contenido personal se refieren los derechos morales que incluyen, además de la paternidad intelectual de la obra, el derecho a su divulgación, a modificarla o a retirarla del mercado, al respeto de su integridad, así como el derecho de acceso al ejemplar raro o único de la obra (arts. 14 y sigs. LPI).

Además, hay que tener en cuenta que el derecho de autor nace con la creación de la obra (art. 1, LPI), de manera que el registro sólo tiene valor declarativo, no constitutivo, y que los derechos de explotación tienen una limitación temporal: toda la vida del autor y 70 años después de su muerte o declaración de fallecimiento (art. 26, LPI). Conviene mencionar que, a efectos prácticos, debe considerarse el plazo de 80 años que la disposición transitoria cuarta, LPI aplica a los autores fallecidos antes de diciembre de 1987. Estos plazos tan largos de vigencia del derecho, sobre todo *post mortem*, resultan difícilmente justificables en base a la tesis del incentivo para la creación literaria o artística, sobre todo cuando se comparan con la duración de los derechos de exclusiva que se otorgan a otras creaciones intelectuales como invenciones patentables (20 años) o modelos de utilidad (10 años), y sobre todo si se tiene en cuenta que el proceso creador es también deudor de las condiciones sociales, culturales, educativas o históricas en las que éste tiene lugar (GÓMEZ RIVERO, GALÁN MUÑOZ). No hay más que pensar en el conflicto —derechos de autor *versus* acceso al patrimonio cultural de la humanidad— que se suscitó respecto de la digitalización de las llamadas obras huérfanas —obras todavía protegidas por derechos de autor, pero cuyos titulares no pueden ser identificados o localizados— y su acceso a través de buscadores de internet —caso *Google books*—, o en los problemas que plantea la preservación digital de los fondos de las bibliotecas nacionales, o en fin, con otros usos de las obras que no supongan su explotación y que tienen que ver con acceder al conocimiento, con compartir información, con la recombinación de elementos culturales, etc. (RODRÍGUEZ MORO). En este punto, como acertadamente ha indicado BERCOVITZ RODRÍGUEZ-CANO los causahabientes *inter vivos* de los derechos de explotación han tenido no poca influencia en la prolongación de la duración del derecho de autor para asegurar la rentabilidad de sus inversiones en la obra.

En cuanto a los derechos conexos, también denominados por la doctrina civilista "prestaciones", son los que esencialmente corresponden a los intérpretes, ejecutantes, productores de fonogramas o de grabaciones audiovisuales y entidades de radiodifusión, los realizadores de meras fotografías, o los divulgadores de obras en dominio público, cuya duración temporal es más limitada: en el caso de intérpretes y ejecutantes, 50 años (art. 112, LPI), respecto de los productores de fonogramas, 50 años desde la grabación y 70 años desde su publicación lícita (art. 119, LPI); los productores de grabaciones audiovisuales y las entidades de radiodifusión, 50 años (arts. 125 y 127, LPI); las meras fotografías y las divulgaciones de obras en dominio público, 25 años (arts. 128 y 130, LPI).

Pues bien, la protección penal de la propiedad intelectual se dirige, de acuerdo con la visión mayoritaria de la Doctrina (entre otros, GIMBERNAT ORDEIG, MUÑOZ CONDE, JORGE BARREIRO, GONZÁLEZ RUS, GARCÍA RIVAS, MARTÍNEZ-BUJÁN PÉREZ, RODRÍGUEZ MORO, etc.), a su dimensión patrimonial (derechos de explotación de la obra), sin perjuicio de que, de forma mediata, en alguna de las modalidades típicas se ampare también su dimensión moral. Así ocurre con la conducta de plagio, en la que se tutela además el derecho a la paternidad de la obra, pero, como se verá más adelante, sólo cuando va dirigida a la explotación económica de la obra. No obstante, algunos autores (MIRÓ LLINARES, QUERALT JIMÉNEZ, FARALDO CABANA) han limitado la protección penal a la dimensión patrimonial, dejando la moral para la esfera tuitiva civil; y, en fin, no faltan voces que consideran directamente protegidas ambas dimensiones (BAJO FERNÁNDEZ/BACIGALUPO SAGGESE, MORENO CANOVES/RUIZ MARCO, MAYO CALDERÓN). También hay quien, respecto de la conducta de importación, sin autorización, de obras que tienen un origen lícito, esto es: de ejemplares originales —no falseados—, otorga al bien jurídico una dimensión socioeconómica, definiéndolo como "la estabilidad y funcionamiento normal de los canales de distribución" y no de los derechos de explotación económica (PALMA HERRERA). Lo cierto es que en este caso también se afectan intereses patrimoniales individuales, si bien ahora de los distribuidores nacionales, a los que se han cedido tales derechos de explotación. Esta naturaleza patrimonial del bien jurídico protegido ha quedado definitivamente consolidada con la incorporación, en el art. 270.1, CP, de una cláusula abierta que castiga a "el que... de cualquier otro modo explote económicamente", junto a las conductas de reproducción, plagio, distribución y comunicación pública (entre otros, MIRO LLINARES, PLANCHADELL GARGALLO/VIDALES RODRÍGUEZ, TIRADO ESTRADA).

Así las cosas, su fundamento constitucional hay que buscarlo en el art. 33.1, CE (derecho a la propiedad privada), más que en el art. 20.1.b), CE (derecho a la producción y creación literaria, artística, científica y técnica), dado que es el aspecto patrimonial el directamente protegido por los tipos penales. Por otro lado, tal y como ha manifestado la Doctrina civilista (STORCH DE GRACIA), la propiedad intelectual incide sobre el resultado o el producto de la actividad creadora, y no sobre la actividad creadora en sí misma considerada: el derecho a la creación o producción intelectual sólo puede ser afectado mediante las coacciones o amenazas; así lo ha entendido también el TS (STS, Sala 1ª, 1688/1985, 9-12).

Por lo que se refiere a la sistemática de la Sección, se contemplan distintas modalidades típicas en los apartados 1, 2, 5 y 6 del art. 270, CP, que sancionan conductas de explotación económica de los derechos patrimoniales de propiedad intelectual o de favorecimiento o facilitación de éstas; dos tipos atenuados en el apartado 4, art. 270, CP, para los casos de distribución o comercialización ambulante o meramente ocasional, o de reducida cuantía del beneficio obtenido o que hubiera podido obtenerse; y cuatro tipos agravados en el art. 271, CP. El art. 272, CP se ocupa de la responsabilidad civil derivada de estos delitos, así como de la posibilidad de publicación de la sentencia condenatoria, lo que tendrá que ser completado con lo dispuesto en el art. 288, CP.

II. ELEMENTOS COMUNES

1. Sujeto activo

Como delito común puede ser cometido por cualquiera. La Doctrina discute acerca de si puede ser sujeto activo el propio autor de la obra en relación al cesionario en exclusiva de los derechos de explotación o a los coautores. Para la opinión doctrinal mayoritaria (CARMONA SALGADO, QUINTERO OLIVARES, GONZÁLEZ RUS, MIRÓ LLINARES, MARTÍNEZ-BUJÁN PÉREZ, GALÁN MUÑOZ) no existe inconveniente en que el autor de la obra sea sujeto activo del delito, en la medida en que los derechos de explotación a los que se circunscribe el bien jurídico protegido son transmisibles a terceros conforme dispone la LPI en sus arts. 43 y ss. Otro sector doctrinal, en cambio, niega esta posibilidad, al considerar que el autor de la obra sigue siendo titular del bien jurídico protegido, puesto que conserva la titularidad de la faceta moral de la propiedad intelectual que es intransferible. En consecuencia, en tales casos se está ante un incumplimiento contractual, o bien, si se dan los requisitos, ante un delito de estafa (JORGE BARREIRO, FERRÉ OLIVÉ, CARMONA SALGADO, GONZÁLEZ GÓMEZ, TIRADO ESTRADA). En realidad, lo que subyace a estas interpretaciones es una determinada concepción, monista o dualista, de la propiedad intelectual. Si se concibe como un derecho *sui generis* integrado por facultades morales y patrimoniales indisolublemente unidas es lógico que se niegue la posibilidad de ser sujeto activo al creador de la obra; mientras que, si se reconoce la existencia de dos derechos de naturaleza diversa, no hay obstáculo para otorgar la condición de sujeto activo al autor de la obra original en los casos de cesión en exclusiva de los derechos de explotación. A este respecto, el art. 48, LPI —con independencia de la naturaleza monista o dualista que la Doctrina reconozca al derecho de autor— atribuye al cesionario la facultad de explotación de la obra con exclusión de cualquier otra persona, comprendido el propio cedente. No sucede lo mismo en los supuestos de cesión no exclusiva (art. 50, LPI), en los que el autor conserva la titularidad de estos derechos. De cualquier modo, aun cuando pueda admitirse la posibilidad de que el creador de la obra original pueda llegar a ser sujeto activo del delito respecto de algunas modalidades de la conducta típica, ha de quedar excluido en todo caso de la de plagio.

Por su parte, la Jurisprudencia ha admitido la posibilidad de que el creador de la obra pueda llegar a ser autor del delito en determinados casos de transmisión de sus derechos de explotación (AAP, Barcelona, Sección 5ª, 143/2005, 14-2).

Así, en el caso del creador de un programa informático en virtud de "relación laboral con 'Dipisa', a la cual se ha de entender transmitido, como empresaria, el derecho de explotación de la obra, según resulta de lo dispuesto por el artículo 51.1 y 2 de la Ley de Propiedad Intelectual, y es precisamente el titular de este derecho de exclusiva el que lo es de la propiedad intelectual a los efectos de autorizar la reproducción de la obra, como específicamente establece para los programas de ordenador el artículo 99.2 de la LPI; se ha realizado, pues, en el caso la conducta típica, sin que tenga relevancia el derecho moral de autor, referido exclusivamente a la divulgación y al arrepentimiento, por cierto que de discutida posibilidad conceptual en materia de programas de ordenador, pues el titular de dicho derecho se halla obligado a respetar el de explotación, que infringe si plagia el contenido del programa sobre el que ostenta la exclusiva otra persona, aquí el empresario cesionario de los derechos sobre la obra creada en el ámbito de la relación laboral" (SAP, Barcelona, Sección 6ª, 3-6-1998).

Para los casos de cotitularidad se distingue, de forma semejante a como se hace en los delitos de apoderamiento, entre la existencia de cuotas ideales o proporcionales. Así cuando es posible la explotación separada de cada una de las aportaciones, si uno de los coautores explota sin su consentimiento las de los demás, puede ser sujeto activo. En cambio, cuando no es posible la explotación separada de las distintas aportaciones, el coautor que dispone, sin consentimiento de los demás, de la obra así elaborada no podrá ser considerado sujeto activo, pues es el titular (cotitular) del bien jurídico protegido. En este sentido, excluye la posibilidad de ser sujeto activo al coautor de la obra intelectual la SAP, Barcelona, Sección 7ª, 177/2000, 28-2.

Hay que tener en cuenta que en los casos de cesión exclusiva no siempre se ceden todos los derechos de explotación a un mismo sujeto, de manera que puede ocurrir que uno tenga el derecho exclusivo de reproducción y otro el de distribución, por lo que si excede su derecho —que además también está limitado territorialmente— puede llegar a ser sujeto activo del delito (MIRÓ LLINARES).

En otro orden de ideas, la Doctrina discute sobre si es aplicable a estos delitos el régimen de responsabilidad en cascada previsto en el art. 30, CP, cuando la conducta típica se ha realizado utilizado medios o soportes de difusión mecánica (reproducción, plagio, una comunicación pública, etc.). Para un sector doctrinal no hay inconveniente alguno en que esto sea así y resulta además político criminalmente adecuado (QUINTERO OLIVARES, BAUCELLS LLADÓS, BOIX REIG/JAREÑO LEAL, GONZÁLEZ RUS, etc.). Otros (MARTÍNEZ-BUJÁN PÉREZ, LATORRE LATORRE, GIMBERNAT ORDEIG, MIRÓ LLINARES, TIRADO ESTRADA, etc.), en cambio, rechazan su aplicabilidad en base a distintas razones: en primer lugar, porque en muchas de las modalidades típicas el autor del texto, al que se refiere el primer escalón de responsabilidad del art. 30, CP, es la propia víctima. Piénsese en la reproducción, distribución, comunicación pública, etc. GIMBERNAT ORDEIG sólo admite su aplicación respecto de la imitación fraudulenta (plagio parcial) que se publica "como artículo en un producto que, como lo pueden ser un periódico o una revista, en todo lo demás tiene perfecta cobertura legal, y que por ello no puede ser considerado *in totum* como 'copia ilícita'". En segundo lugar, porque el régimen restrictivo de la responsabilidad penal que impone el art. 30, CP, choca con la tipificación de todas las conductas de la cadena de producción y comercialización —reproducir, distribuir, importar, exportar, comunicar públicamente, etc. (GONZÁLEZ GÓMEZ). En tercer lugar, porque este régimen de responsabilidad en cascada implica una posición de garante en cada responsable y esto sólo es admisible cuando la lesión que se debe evitar puede ser detectada: no puede exigirse al editor, al director o al impresor garantizar que no va a producirse un plagio (LÓPEZ BARJA DE QUIROGA). En este sentido, la SAP, Málaga, Sección 1ª, 635/2003, 6-11 (*Tol 351329*), rechazó la aplicación de la responsabilidad en cascada en estos delitos.

Además, tras la reforma de la LO 5/2010, las personas jurídicas, de acuerdo con los criterios estipulados en el art. 31 bis, CP, también pueden ser responsables por este delito, aplicándose en tal caso las penas previstas en el art. 288, CP; a saber:

a) Multa del doble al cuádruple del beneficio obtenido, o que se hubiera podido obtener, si el delito cometido por la persona física tiene prevista una pena de prisión de más de dos años;

b) Multa del doble al triple del beneficio obtenido, favorecido o que se hubiera podido obtener, en el resto de los casos.

Asimismo, los jueces y tribunales podrán imponer las penas recogidas en las letras b) a g) del apartado 7 del artículo 33 CP, atendiendo a las reglas establecidas en el artículo 66 bis CP.

Se ha reconocido responsabilidad penal a la persona jurídica en sentencia de conformidad en AP, Pontevedra, Sección 5ª, 309/2023, 2-11, en un caso en que la empresa se dedica a la venta de decodificadores que, a través de servidores ubicados en Lituania y Alemania, permitían el acceso al servicio de acceso condicional por la técnica del *cardsharing*, y con ello a los contenidos protegidos, ello con independencia de lo que más adelante diremos sobre el concurso con los tipos del art. 286, CP. También se condena a la persona jurídica en SJP, nº 4, Málaga, 365/2019, 9-10.

2. *Sujeto pasivo*

Es el titular de los correspondientes derechos de explotación exclusiva o sus cesionarios, ya sea persona física o jurídica. En la categoría de titular se incluye a los autores o creadores de la obra original, así como a los autores de la obra derivada (traductor de la traducción, el adaptador de la adaptación, en general el transformador).

La determinación del autor puede resultar problemática en algunos casos: obra en colaboración, la obra compuesta o la colectiva.

Con respecto a la cesión decir que sólo adquiere la condición de sujeto pasivo el cesionario en exclusiva, ya lo sea de todos o de alguno de los derechos de explotación, siempre que en este caso también lo sea en exclusiva (GONZÁLEZ RUS, MIRÓ LLINARES). El cesionario que no tiene la explotación exclusiva únicamente podrá ser perjudicado. Aquí hay que tener en cuenta que la LPI establece una presunción *iuris tantum* de cesión exclusiva de algunos derechos de explotación a favor del empresario-empleador (los relacionados con la actividad habitual de éste), y respecto de quien ha sido contratado como autor para la entrega de una obra (art. 51, LPI). Algo parecido ocurre en el caso de la obra colectiva (art. 8, LPI). En este sentido, el AAP Badajoz, Sección 3ª, 10000/2018, 27-9, manifiesta que el titular del informe arqueológico que la querellante elaboró cuando estaba al servicio del Consorcio pertenecía a este último, quien no autorizó el plagio que después realizó otra colega, también a servicio del Consorcio; todo ello sin perjuicio de admitir que el derecho moral de paternidad correspondía a la querellante.

También serán sujetos pasivos del delito los titulares de los derechos conexos (artistas, intérprete o ejecutantes, productores de fonogramas, etc.) cuando la conducta típica recaiga sobre la fijación de sus actuaciones o de sus emisiones. De acuerdo con el art. 105, LPI "se entiende por artista intérprete o ejecutante a la persona que represente, cante, lea, recite, interprete o ejecute en cualquier forma una obra", incluyendo en esta categoría expresamente al director de escena y al director de orquesta. En esta categoría también se incluyen a los productores de fonogramas —fijación exclusivamente sonora de la ejecución de la obra— y de grabaciones audiovisuales —fijación de un plano o secuencia de imágenes, con o sin sonido— a los que se refieren, respectivamente, los arts. 114.2 y 120.2, LPI, como la persona natural o jurídica bajo cuya iniciativa y responsabilidad se realiza por primera vez la fijación sonora o audiovisual de la obra; y en fin, las entidades de radiodifusión por lo que atañe a sus emisiones o transmisiones (fijación en cualquier soporte, reproducción de las fijaciones, retransmisión o comunicación pública de obras o interpretaciones o ejecuciones) conforme dispone el art. 126, LPI, y los editores respecto de las obras inéditas (art. 129.1, LPI). No así los editores de obras de dominio público (art. 129.2, LPI), dado que el objeto de su derecho no es una obra o prestación literaria, artística o científica o su transformación, interpretación o ejecución. Por la misma razón tampoco podrán serlo los realizadores de meras fotografías.

Un caso particular en la determinación de la titularidad de los derechos de propiedad intelectual lo constituye el de las emisiones, transmisiones o grabaciones de eventos deportivos, concretamente de los futbolísticos, en los que la entidad organizadora de la competición —La Liga, la UEFA, etc.— parece constituirse en titular de aquellos derechos, cuando en realidad la titularidad incide sobre los derechos audiovisuales sobre la competición deportiva (art. 2.2. RD Ley 5/2015, 30-4, de medidas urgentes en relación con la comercialización de los derechos de explotación de contenidos audiovisuales de las competiciones de fútbol profesional). Estos derechos audiovisuales no son derechos de autor o conexos, sino derechos subjetivos de naturaleza patrimonial, que se vinculan al derecho de admisión y que se regulan por las normas de competencia, pues se trata de la obtención de unos réditos o beneficios asociados a una actividad empresarial. Su explotación comercial se encuentra regulada en el mencionado RD Ley 5/2015, 30-4; y en Ley 39/2022, 30-12, del Deporte, art. 95, e). Es el hecho de la producción de la grabación audiovisual o de la emisión por la entidad de radiodifusión lo que genera los derechos conexos de propiedad intelectual, de manera que la titularidad la ostentará el correspondiente operador de televisión al que se faculta para la realización de tales actividades. Así lo manifestó acertadamente el TS, Sala de lo Civil, en su Sentencia 439/2013, 25-6. En la Jurisprudencia penal, el AAP, Pontevedra, Sección 5ª, 356/2019, 5-6, niega la condición de titulares de los derechos de propiedad intelectual a la Liga, manifestando que "Por tanto, en modo alguno puede considerarse que La Liga tenga atribuidas las funciones de producción y realización de la grabación audiovisual sino sólo de comercialización de derechos audiovisuales y de control de la producción y realización para establecer un mismo patrón que garantice un estilo común. Nada más". De hecho, en la gestación de la Directiva UE 2019/790 sobre los derechos de autor y derechos afines en el mercado único digital se propuso en el Parlamento Europeo [P8_TA(2018)0337] en 2018 incorporar un nuevo derecho conexo en favor de los organizadores de eventos deportivos, en lo que hubiera sido el art. 12 bis, lo que fue finalmente desechado.

No obstante, un sector doctrinal minoritario (QUINTERO OLIVARES, FERRÉ OLIVÉ, BAUCELLS LLADÓS), con el texto anterior a la reforma de 2015, restringía la protección penal a los autores de la obra original, a los intérpretes y ejecutantes y a sus cesionarios, excluyendo, por tanto, a los autores de obras derivadas (pese a que éstos son auténticos titulares originarios de creaciones originales objeto de propiedad intelectual, art. 11 LPI) y a los restantes titulares de derechos conexos (productores de fonogramas, entidades de radiodifusión, etc.), entendiendo que su inclusión suponía una analogía prohibida en Derecho penal en la medida en que el tipo no se refería expresamente a ellos. La protección de sus derechos quedaba, según esta corriente doctrinal, en manos de la Ley de Propiedad Intelectual, pero no del Código Penal.

Lo cierto era que el art. 270, CP al referirse a la "obra literaria, artística o científica, o su transformación, interpretación o ejecución artística fijada en cualquier tipo de soporte o comunicada a través de cualquier medio", estaba ya aludiendo a los restantes titulares de esos derechos conexos o afines (por todos, RODRÍGUEZ MORO). Lo que sucedía y sucede es que sobre un mismo objeto concurren derechos de explotación que corresponden a sujetos distintos: el que pertenece al autor de la obra, el que corresponde al productor del fonograma cuando aquélla ha sido fijada en soporte sonoro, el que corresponde al intérprete y/o el que se otorga a la entidad de radiodifusión cuando es transmitida por este medio. La mención expresa a las prestaciones, incorporada con la reforma de 2015, junto a las obras literarias, artísticas o científicas, no deja lugar a dudas de que sus titulares también pueden ser sujetos pasivos del delito.

3. Objeto de la acción

El objeto de la acción es la "obra o prestación literaria, artística o científica, o su transformación, interpretación o ejecución artística fijada en cualquier tipo de soporte o comunicada a través de cualquier medio" (art. 270.1, CP). A este respecto hay que recordar que una cosa es el soporte material en el que se plasma la obra (*corpus mechanicum*) y otra la obra en sí misma (*corpus misthicum*), que constituye un bien inmaterial y en cuanto tal, susceptible de ser materializado en un número indeterminado de objetos y de ser disfrutado simultáneamente y de forma total por un número también indeterminado de personas (MASSAGUER FUENTES, ASCARELLI). El objeto de la acción es aquí la creación intelectual en la que la obra consiste, lo que ha permitido calificar a estos tipos como delitos con objeto plural inequívocamente ilícito (GIMBERNAT ORDEIG), al realizarse sobre una pluralidad de cosas que ostentan, desde el inicio o en un momento posterior, un inequívoco carácter ilícito. Es, por ello, que el soporte material puede ser objeto de otros delitos como el hurto, el robo, etc.

3.1. El concepto de obra

Para determinar lo que debe entenderse por obra literaria, artística o científica hay que acudir a la LPI, en cuyos arts. 10 a 13, se ofrece una definición, incluyéndose una enumeración meramente ejemplificativa de estas obras (elemento normativo de valoración legal). En concreto, el art. 10, LPI indica que "son objeto de propiedad intelectual las creaciones originales literarias, artísticas o científicas expresadas por cualquier medio o soporte, tangible o intangible, actualmente conocido o que se invente en el futuro, comprendiéndose entre ellas: a) libros, folletos, impresos, epistolarios, escritos, discursos y alocuciones, conferencias, informes forenses, explicaciones de cátedra y cualesquiera otras obras de la misma naturaleza; b) las composiciones musicales, con o sin letra; c) las obras dramáticas o dramático-musicales, las coreografías, las pantomimas y, en general, las obras teatrales; d) las obras cinematográficas y cualesquiera otras obras audiovisuales; e) las esculturas y las obra de pintura, dibujo, grabado, litografía y las historietas gráficas, tebeos o comics, así como sus ensayos o bocetos y las demás obras plásticas, sean o no aplicadas; f) los proyectos, planos, maquetas, diseños de obras arquitectónicas y de ingeniería; g) los gráficos, mapas y diseños relativos a la topografía, la geografía y, en general, a la ciencia; h) las obras fotográficas y las expresadas por procedimiento análogo a la fotografía; i) los programas de ordenador". A las que se suman como obras derivadas (art. 11, LPI) "las traducciones y adaptaciones, las revisiones, actualizaciones y anotaciones, los compendios, resúmenes y extractos, los arreglos musicales y cualesquiera transformación de una obra literaria, artística o científica", así como las colecciones (art. 12, LPI) de obras ajenas (antologías) y "las de otros elementos o datos que por la selección o disposición de las materias constituyan creaciones intelectuales", entre las que se incluyen las bases de datos (art. 12.2, LPI), quedando excluidas "las disposiciones legales o reglamentarias y sus correspondientes proyectos, las resoluciones de los órganos jurisdiccionales y los actos, acuerdos, deliberaciones y dictámenes de los organismos públicos, así como las traducciones oficiales de todos los textos anteriores" (art. 13, LPI).

En consecuencia, los elementos definitorios de una obra literaria, artística o científica (por todos, BERCOVITZ RODRÍGUEZ-CANO) son los siguientes:

a) originalidad de la creación. Es esta una característica que genera controversia entre la Doctrina civilista. Se distingue entre la originalidad desde el punto de vista subjetivo y objetivo. La primera tiene en cuenta el esfuerzo creativo del autor, de manera que la obra, como resultado de dicho esfuerzo, es expresión o manifestación de la personalidad de su autor. Desde esta perspectiva, bastará con constatar que el autor ha concebido la obra sin ninguna interferencia ajena para adquirir el carácter de original, lo que a la postre vacía de contenido este requisito. La "originalidad objetiva" alude, en cambio, a la idea de novedad o singularidad de la obra, de manera que aquella depende de la incorporación de algo novedoso o singular que permite su distinción de otras preexistentes. En consecuencia, si la obra no tiene una cierta "altura creativa" no puede ser objeto de propiedad intelectual; si bien, el nivel exigible vendrá condicionado por la libertad creativa de que goce el autor. Así, la altura creativa será máxima cuando aquella también lo sea, como sucede con las obras pictóricas, literarias, etc., pero será menor cuando dicha libertad quede limitada por exigencias técnicas o materiales, como, por ejemplo, ocurre con las obras derivadas, los programas de ordenador o las obras científicas (BERCOVITZ RODRÍGUEZ-CANO). Así las cosas, aunque existen divergentes opiniones doctrinales, puede afirmarse que una obra es original cuando es expresión o manifestación de la personalidad de su autor, lo que implica que debe contener algún elemento peculiar que permita diferenciar a una obra de otra, pero sin que sea necesario un gran nivel de originalidad, bastando con que haya algo novedoso en su contenido, estructura, en la forma de ordenación de las ideas, datos, hechos, etc. Así se protegen las traducciones, adaptaciones, las bases de datos, etc. (GONZÁLEZ RUS, MIRÓ LLINARES, MARTÍNEZ-BUJÁN PÉREZ). En este mismo sentido se ha manifestado el TJUE, quien considera que la originalidad es el elemento indispensable del concepto de obra protegible, y que ésta depende de si el autor "ha podido expresar su capacidad creativa, al realizar la obra, tomando decisiones libres y creativas" (SSTJUE, caso

Painer, 1-12-2011, 1-12-2011, asunto C.-145/10, EU:C.:2011:798, apartado 122, y caso Renckhoff, 7-8-2018, asunto C.-161/17, EU:C.:2018:634, apartado 14); lo que no se produce cuando “la expresión de los componentes del objeto en cuestión viene impuesta por su función técnica”, de manera que “las diferentes maneras de poner en práctica una idea son tan limitadas que la idea y la expresión se confunden” (SSTJUE, caso Bezpe⊠nostní softwarová asociase, 22-12-2010, asunto C.-393/09, apartado 49, y caso Brompton Bicycle Ltd, 11-6-2020, asunto C-833/2018, apartado 76). Resulta, por ello, necesario identificar con suficiente precisión y objetividad el objeto de la protección del derecho de autor (STJUE, caso Cofemel, 12-9-2018, asunto C-683/17, apartados 23 a 26).

En la Jurisprudencia penal se ha rechazado la existencia de plagio cuando lo reproducido forma parte del acervo cultural, no constituyendo expresión de la originalidad de la obra primigenia (así SAP, Santa Cruz de Tenerife, Sección 2ª, 245/2013, 17-5, respecto de los pasajes de un proyecto de fin de carrera del denunciante que se vierten en un proyecto que la empresa donde éste prestó sus servicios presenta a un cliente); respecto de la reproducción y comercialización de unos mapas geográficos en los que no se especifican los elementos singulares (SAP, Toledo, Sección 1ª, 5/2024, 17-1); sí se estima la existencia de reproducción típica en SAP, Sevilla, Sección 7ª, 253/2013, 28-6, porque los dibujos de escudos elaborados por el denunciante, aunque no tengan mucha calidad artística, se consideran obras originales en cuanto que materializan “la personal expresión plástica de su autor sobre los escudos de las cofradías sevillanas”.

En todo caso, dado que la creación lo ha de ser del ingenio humano, no tienen cabida en la propiedad intelectual las creaciones de animales (canto de un pájaro) o de la naturaleza (fósiles, etc.), ni tampoco los resultados generados por una máquina sin aportación personal del ser humano en su creación. En este contexto, la irrupción de la inteligencia artificial generativa, capaz de elaborar de forma autónoma textos, música, pinturas, código de programación, etc. constituye un reto, pues el producto resultante puede considerarse original desde un punto de vista objetivo y aun así no quedar amparado por derecho de autor, precisamente, por no ser manifestación de su personalidad (SAÍZ GARCÍA, EVANGELIO LLORCA). En nuestro país ya ha habido algún intento ante el Registro Territorial de la Comunidad de Madrid, que ha rechazado, al menos, dos solicitudes de inscripción: la de la obra *“The Art of the Artificial Inteligence”*, por resolución del 2-1-2023; y de “Iris: Primera novela escrita por una Inteligencia Artificial”, el 14-3-2023, apoyándose para ello en el concepto de originalidad que determina la existencia de una obra protegida por derecho de autor. En el ámbito comparado, la Oficina de Derechos de Autor de EEUU, el 14 de febrero de 2023, rechazó por segunda vez la pretensión del Sr. Thaler de registrar como obra artística *“A recent entrance to Paradise”*, que había sido generada por inteligencia artificial, constando en la solicitud que el autor originario de la misma era “la máquina de la creatividad”. Se indicaba que el Sr. Thaler la obtenía como propietario de la máquina, aplicando analógicamente la doctrina de la obra creada por encargo, de acuerdo con la sección 201 (b) *Copyright Act* (esta es la propuesta por la que aboga YANISKY-RAVID). La Oficina rechaza la solicitud, primero, porque en el proceso creativo no hay intervención del ingenio o intelecto humano y porque, en segundo lugar, la máquina, en cuanto tal, no tiene personalidad jurídica para contratar y, en consecuencia, comprometerse a ningún encargo (https://www.copyright.gov/rulings-filings/review-board/docs/a-recent-entrance-to-paradise.pdf). La misma Oficina unos días después, el 21 de febrero de 2023, denegó el "copyright" a las imágenes de un cómic, creadas utilizando *Midjourney*, limitando la autoría de Kristina Kashtanova a sólo el texto y la selección, coordinación y disposición de los elementos escritos y visuales como una obra de compilación. *Midjourney* es una inteligencia artificial que genera imágenes a partir de las indicaciones que el usuario le va proporcionando en forma de texto, transformando éstas en palabras o frases que compara con su base de datos para construir la imagen demandada. Aunque la Sra Kashtanova alegó que sólo había utilizado la IA como un instrumento o herramienta en el proceso creativo, la Oficina denegó la autoría porque en dicho proceso no había ninguna intervención humana creativa, sino que funcionaba de manera aleatoria, automatizada, a través de un sistema de "prueba y error" con cientos de iteraciones con la máquina (https://www.copyright.gov/docs/zarya-of-the-dawn.pdf, última consulta 3-2-2024). Esta limitación de la normativa de propiedad intelectual para otorgar protección a las creaciones de la IA está siendo suplida por la misma tecnología, que se sirve del sistema de *blockchain* para explotar la obra digital a través de los NFT (*non fungibles tocken*), que permiten blindar el contenido digital a través de las unidades de información encriptadas en cadenas de bloques, no intercambiables, garantizando así un derecho de acceso exclusivo al titular del NFT. La explotación de estas obras digitales encriptadas se realiza gracias a los *"smart contracts"* que permiten el establecimiento y devengo autónomo de los *royalties* correspondientes con cada operación (ROSELLÓ RUBERT, EVANGELIO LLORCA).

b) La exteriorización de la obra. Con ello se alude a su plasmación o expresión en un soporte tangible (libro, C. D., filmación, etc.) o intangible (una conferencia, un recital de poesía, etc.). No debe confundirse, por tanto, este elemento con la materialización física de la obra. Se trata de que la creación salga de la esfera personal de su autor, haciéndose perceptible para otros. En este punto conviene recordar que la protección jurídica no requiere la inscripción registral de la obra, si bien ésta puede ser un buen medio de acreditar su pertenencia.

c) El carácter literario, artístico o científico de la obra. Pese a no tener esta expresión o descripción de géneros valor normativo alguno (responde a la inercia de la tradición), siguiendo la definición del Convenio de Berna de 9 de septiembre de 1886, se ha definido la obra literaria como aquella que se plasma por escrito, y con capacidad estética, aunque sólo sea apreciable por unos pocos (QUINTERO OLIVARES). Se trataría por tanto de una especie concreta de obra artística. Con esta última expresión se alude a creaciones intelectuales que sean manifestaciones de las seis restantes artes clásicas (música, pintura, escultura, arquitectura, teatro y cine).

Respecto a los proyectos arquitectónicos, la Jurisprudencia penal ha entendido que el proyecto de edificación realizado no ampara más construcciones que aquellas para las que fue diseñado y que, por tanto, el derecho no se entiende cedido más que por el tiempo y finalidad del contrato, no cubriendo futuras construcciones o edificaciones no previstas en aquél [SAP, Toledo, Sección 2ª, 12-5-2005 (*Tol 647297)*]. En este punto conviene recordar que, aunque la LPI se refiere a los “proyectos, planos, maquetas y diseños” de las obras arquitectónicas o de ingeniería, pero no a las obras en sí, la Doctrina civilista (por todos, BERCOVITZ RODRÍGUEZ-CANO) considera que estas últimas también están abarcadas por el derecho de autor, y ello porque, aunque se rechazara su inclusión en el listado del art. 10, LPI durante la tramitación parlamentaria de la Ley, lo cierto es que se encuentran referenciadas en el Convenio de Berna, además de constituir obras plásticas aplicadas, y en todo caso estar comprendidas dentro de los derechos de explotación otorgados a los titulares de los proyectos.

No tendrán este valor artístico o literario las creaciones que constituyan infracción delictiva como, por ejemplo, el material pornográfico de menores (MIRÓ LLINARES), y tampoco las meras fotografías sin valor artístico (CARMONA SALGADO, RODRÍGUEZ MORO), esto es: sin la impronta personal que las dote de originalidad. En este sentido, la STS, Sala de lo Civil, Sección 1ª, 82/2021, 16-2, ha rechazado que la faena de un torero pueda ser una obra artística, pues no resulta posible identificar de forma objetiva en qué consiste la creación artística original, más allá de los concretos pases, lances y suertes, respecto de los que no cabe pretender la exclusiva. Lo mismo que sucede con los partidos de futbol y, en general, con los eventos deportivos.

Con respecto a las obras periodísticas, el caso “youkioske” (SAN, Sección 2ª, 2/2016, 5-2) abordó la cuestión de si pueden considerarse obras de suficiente nivel creativo para ser objeto de propiedad intelectual. Se distinguió, así, entre informaciones asépticas, que sólo dan cuenta de los hechos del “día a día”, de una forma objetiva y por ello con escaso o nulo margen de creatividad, y aquellas otras que incorporan elementos creativos en los que se manifiesta la personalidad de su autor (artículos de opinión, reportajes, crónicas, editoriales, etc.), respecto de las que no existe duda de su carácter de obra creativa.

En cuanto a las obras científicas u obras de cualquier género desarrolladas o tratadas con arreglo a métodos científicos (que no conviene confundir con la llamada “propiedad científica” que se refiere al reconocimiento de la prioridad en la idea, carente en cuanto tal de derechos exclusivos), el problema reside en deslindar lo que es objeto de propiedad intelectual y lo que lo es de propiedad industrial. Tradicionalmente se dice que en la propiedad industrial la creación intelectual no tiene un fin en sí misma (propiedad intelectual), sino que se concibe para proporcionar una utilidad o servicio técnico (QUINTERO OLIVARES); pero ésta es, sin embargo, una distinción que ha quedado muy desdibujada con la incorporación de nuevos objetos al ámbito de protección de la propiedad intelectual como, por ejemplo, los programas de ordenador, equiparados a las obras literarias siendo como son soluciones técnicas ante un determinado problema. También se afirma que el derecho de autor no protege las ideas, sino la forma o manera en que éstas se expresan. Esta afirmación, sin embargo, no puede sostenerse con carácter general y en su integridad, pues, por ejemplo, el contenido, plan o argumento de algunas obras —las audiovisuales— se protege conforme se extrae de la declaración de autoría del art. 87, LPI; y en consecuencia el art. 14.d) del Reglamento del Registro de la Propiedad Intelectual, aprobado por Real Decreto 611/2023, de 11 de julio, requiere para las obras cinematográficas y demás obras audiovisuales "una descripción por escrito de la obra". También la transformación de la obra (art. 21, LPI) es vista como una manifestación de la protección del contenido de la obra original, al que se le cambia la forma con la transformación (SÁNCHEZ ARISTI). En cualquier caso, las ideas no quedan desprotegidas, pues pueden ser tuteladas por la propiedad industrial, el derecho de la competencia o el secreto empresarial, según el caso. En este sentido, el art. 3, LPI admite la compatibilidad o acumulación de ambos regímenes jurídicos: el de la propiedad industrial y el de la propiedad intelectual. No obstante, tiene razón MIRÓ LLINARES cuando advierte que, aunque dicha acumulación sea posible en el ámbito civil, en el penal puede abocar a un *bis in idem* cuando dichos derechos recaen sobre un mismo objeto, dado que lo protegido es el interés patrimonial que deriva de los derechos de explotación exclusiva sobre la creación intelectual, de manera que la explotación de cualquiera de los derechos ya comprende la del otro. Los supuestos que han llegado a la Jurisprudencia penal tienen que ver con el empleo de personajes de obras audiovisuales de animación o de dibujos artísticos que han sido concebidos y empleados como identificadores del origen empresarial de los productos (prendas de vestir, bolsos, etc.). Estamos aquí ante el problema de las obras artísticas aplicadas: si tienen cabida en el ámbito de los delitos de propiedad intelectual en cuanto que obras artísticas, o si deben quedan extramuros de este ámbito delictivo, al concebirse formando parte de un producto que se destine a la explotación comercial. Pues bien, salvo la SAP, Madrid, Sección 17ª, 1256/2007, 3-12, en la que se argumenta la existencia de dos delitos, uno contra la propiedad intelectual y otro contra la industrial en concurso ideal, por corresponder a titulares distintos; en los restantes casos analizados se concluye con la comisión de un único delito contra la propiedad industrial al primar el uso que se hace del dibujo o del "personaje de animación" en su aplicación al producto como signo distintivo. Así, la SAP, Las Palmas, Sección 1ª, 27/2014, 25-2, que concluye que "al margen de la protección internacional y civil que pueda tener la reproducción no autorizada de los personajes de series de dibujos animados, comics y películas cinematográficas, así como de videojuegos, la reproducción de esos personajes en productos comerciales no colman las exigencias del tipo penal del delito contra la propiedad intelectual, que protege la reproducción de la obra artística (en este caso, la serie de dibujos animados, los comics, las películas y los videojuegos), pero no la incorporación a un producto comercial del dibujo del personaje, pues, en este caso, el empleo del personaje realizaría funciones de signo distintivo del producto; y, en tal caso, la protección penal de la conducta vendría dada a través de los delitos contra la propiedad industrial". También la SAP, Madrid, Sección 23ª, 647/2015, 29-9, en la que se debatía si la incorporación de unos determinados dibujos, registrados en el registro de la propiedad de Barcelona, a unos bolsos, imitando con ello los producidos por una concreta marca, era constitutivo del art. 270.1, CP. El Tribunal rechaza la existencia de este delito, porque entiende que el objeto de la conducta no es tanto el dibujo, como el uso distintivo que de él se hace al incorporarlo al producto: "Lo que el consumidor adquiría, desde una interpretación común y lógica, no era un dibujo, sino un bolso con ese dibujo y remate similar al de la marca original. Lo principal, en consecuencia, es el producto en conjunto, el bolso (bolsa de mano usada para llevar objetos de uso personal), y no específica, prioritaria ni exclusivamente uno de sus elementos identificadores (tal vez el principal) que es el dibujo". En el mismo sentido, la SAP, Madrid, Sección 17ª, 324/2018, 23-4, en la que se aborda el uso de "personajes de animación" en determinados productos (llaveros, relojes, pegatinas, coches de juguete, etc.), concluye que apreciar dos delitos por ello implicaría sancionar "separadamente dos veces el uso del mismo dibujo incorporado a los productos falsificados: el uso comercial de la reproducción artística y el uso comercial de la reproducción artística como signo distintivo. Pero, en realidad, no existe este doble uso comercial de los dibujos, sino que la conducta del acusado solo va dirigida a vender las copias no autorizadas de los dibujos en su función como signo distintivo incorporado a un producto". En el mismo sentido, la SAP, Madrid, Sección 30ª, 640/2019, 31-10, ratificada por la STS 884/2021, 17-11, que rechaza que el uso del dibujo en su aplicación industrial o comercial a un producto como diseño distintivo pueda encuadrarse dentro de la conducta de "explotación económica de la obra artística" del art. 270.1, CP, pues "[l]os productos imitados por los que fueron objeto de intervención (bolsos, monederos y neceseres) no eran una obra artista protegida registralmente conforme a la normativa de propiedad intelectual. Lo registralmente protegido era un dibujo que se incorporaba a tales bolsos, monederos y neceseres. En cuanto que incorporado, la sustantividad del dibujo se difuminaba en la del producto en que se insertaba. Y dada las características de la marca DESIGUAL, esos dibujos otorgaban la distinción a la misma respecto de sus competidores". Sin embargo, la STS 193/2024, 29-2, en un caso muy semejante, en el que se comercializan también bolsos con dibujos que imitan a los registrados como "obra artística" por la entidad mercantil de la marca "desigual", afirma su tipicidad conforme al art. 270.1, CP, manifestando que "el ámbito de tipicidad que describe este precepto impide considerar ajenos a la protección penal aquellos casos en los que la obra plástica protegida registralmente va más allá de la finalidad estética de su simple contemplación visual y se reproduce e incorpora a un objeto útil —en el presente caso, 3.746 bolsos— que incrementa mediante la imitación su valor económico"; dándose con ello a entender que tiene cabida bajo la nueva modalidad de explotación económica genérica.

En cualquier caso, dicho régimen de acumulación requiere —obvio es decirlo— que la creación intelectual, objeto de un derecho de propiedad industrial —por ejemplo, un dibujo o modelo industrial—, cumpla también las condiciones de originalidad y de identificación precisa y objetiva que requiere la "obra". A este respecto, conviene tener en cuenta que el TJUE, en el caso Cofemel, 12-9-2019, asunto C-683/17, sentencia en la que se dilucida si pueden concurrir sobre unos modelos de prendas de vestir la protección dispensada por los dibujos y modelos industriales y por el derecho de autor, ha manifestado que "el reconocimiento de una protección mediante derechos de autor a un objeto protegido como dibujo o modelo no puede ir en menoscabo de la finalidad y la eficacia respectivas de estas dos protecciones" (apartado 51); a saber, mientras con estos últimos se pretende la salvaguarda de objetos que "presentan carácter práctico y se conciben para la producción en masa", y por ello acotada a "un tiempo limitado pero suficiente para permitir que se rentabilice la inversión necesaria para crear y producir dichos objetos, sin obstaculizar por ello excesivamente la competencia"; la tutela de los derechos de autor "cuya duración es, con mucho, significativamente superior, está reservada a los objetos que merecen ser calificados de obras" (apartado 50). Es por ello que esta acumulación sólo es posible en determinadas situaciones (apartado 52). No siendo suficiente con el efecto estético que el dibujo o modelo pueda producir en la persona que lo contemple para que pueda ser caracterizado como "obra" (apartado 55), en la medida que las sensaciones subjetivas de quien lo observe no permiten una identificación precisa y objetiva del objeto protegible por el derecho de autor (apartado 53).

Asimismo, en el caso Brompton Bicycle Ltd, 11-6-2020, asunto C-833/18, en que se plantea si un modelo de bicicleta —la Brompton—, que había gozado de un derecho de patente sobre el sistema de plegado, puede continuar siendo protegido ahora por un derecho autor, el Tribunal recuerda que ésta queda excluida cuando la forma del producto viene impuesta por razones técnicas, dado que entonces no habrá margen para el ejercicio de la libertad creativa de su autor, esto es, de originalidad (apartado 33).

El peligro que para la competencia puede representar la acumulación de los regímenes de protección de la propiedad intelectual e industrial ha llevado también al TJUE, en el caso Lego Iuris/OAMI, 14-9-2010, asunto C.-48/09, a rechazar que se pueda registrar como marca un signo constituido por la forma del producto necesaria para obtener un resultado técnico; precisamente porque "garantiza que las empresas no puedan utilizar el derecho de marcas para perpetuar, sin limitación de tiempo, derechos exclusivos sobre *soluciones técnicas*" (apartado 45).

3.2. El concepto de prestación

La reforma operada por la LO 1/2015 incorporó como objeto de la acción la "prestación" literaria, artística o científica, pero, a diferencia de lo que sucede con la "obra", la LPI no recoge una definición para la "prestación", aunque este término sí se encuentra en su articulado, normalmente acompañando al de "obra", aludiendo con ello a las actividades (interpretación, ejecución, fijación o grabación audiovisual, transmisión) sobre las que recaen los llamados derechos conexos, afines o vecinos al derecho de autor. Así, por ejemplo, el art. 25.7, 3° c), LPI, se refiere a "obras y *prestaciones* artísticas, fonogramas y videogramas"; el art. 31.2.b), LPI, a "obra o prestación"; o, en fin, el art. 31.5 ter, LPI, que menciona las "obras y otras prestaciones protegidas por derechos de autor y derechos afines", entre otros. El origen del vocablo se halla en la Directiva 2001/29/CE del Parlamento europeo y del Consejo de 22 de mayo de 2001, relativa a la armonización de determinados aspectos de derechos de autor y derechos afines a los de autor en la sociedad de la información, que específicamente se refiere a las "prestaciones protegidas mediante derechos afines a los derechos de autor" en varios de sus considerandos (los números 12, 25, etc.) y en su art. 3.2. Así las cosas, por prestación hay que entender la actividad de comunicación pública, difusión o ejecución, según el caso, que llevan a cabo artistas, intérpretes o ejecutantes, productores de fonogramas y de grabaciones audiovisuales o entidades de radiodifusión, en cuanto que intermediarios entre el autor-obra y el público receptor de la misma (GALÁN CORONA). Un significado unánimemente aceptado por la Doctrina civilista, que se corresponde con su sentido literal, identificado con la "acción de prestar un servicio, una ayuda; o servicio que una persona 'contrata con otra' (Diccionario del uso del español, María Moliner). Con lo que el objeto de la acción abarca ahora, de forma indubitada, no solo las interpretaciones o ejecuciones artísticas —a las que ya se refería y sigue refiriéndose expresamente el art. 270.1, CP—, sino además los fonogramas, grabaciones audiovisuales y las emisiones o transmisiones de la obra; no, en cambio, las meras fotografías, por lo que diremos seguidamente. Y es que la incorporación al tipo penal de las prestaciones junto a las obras zanja una discusión, pero abre otra concerniente al alcance del contenido de aquella, al requerir el tipo penal respecto de ambos objetos que sean "literaria, artística o científica". Una limitación que no está presente en la normativa extrapenal para las prestaciones, que reciben protección con independencia de si su contenido se conecta con la difusión, ejecución o interpretación de una creación intelectual original.

> En efecto, el art. 114.1, LPI indica que el fonograma abarca "la fijación exclusivamente sonora de la ejecución de una obra", pero también "de otros sonidos"; lo mismo sucede respecto de las grabaciones audiovisuales que, de acuerdo con el art. 120.1, LPI, pueden constituir o no obras audiovisuales del art. 86 de esta Ley, y en fin, las entidades de radiodifusión tienen atribuidos, según el art. 126, LPI, los derechos sobre sus emisiones o retransmisiones, sean éstas del tipo que sean (películas, obras teatrales, conciertos, competiciones deportivas, concursos, etc.).

Es por ello que la Circular de la Fiscalía General del Estado 8/2015, sobre los Delitos contra la Propiedad Intelectual cometidos a través de los Servicios de la Sociedad de la Información, entendió que la referencia expresa a la "prestación" en el tipo penal permitía incluir también a "tales prestaciones aunque ni la grabación ni la transmisión tuvieran por objeto una obra intelectual", apoyándose en la "protección autónoma y con independencia de cuál sea su contenido" que reciben en la norma extrapenal. Con lo que se acababa concluyendo que "las retransmisiones de un evento deportivo, de un concurso, de un debate, etc.", sin autorización de sus titulares, quedaban ahora abarcadas por el tipo penal. A esta misma conclusión llegó también un autorizado sector doctrinal (TIRADO ESTRADA, TOMÁS-VALIENTE LANUZA, críticamente MIRÓ LLINARES, MATA Y

MARTÍN, MARTÍNEZ-BUJÁN PÉREZ), aduciendo que la adjetivación "literaria, artística o científica" que el art. 270.1, CP, predica respecto de la prestación, debía entenderse circunscrita a la "obra", considerando que la finalidad del Legislador había sido otra, como se desprendía de su tramitación parlamentaria, y que por ello la dicción legal no era más que una muestra de una deficiente técnica legislativa, evidenciada también en la reiteración innecesaria que suponía la mención de las interpretaciones o ejecuciones, en cuanto que no eran otra cosa que "prestaciones". En consecuencia, desde esta perspectiva, el tipo penal no solo ampliaba su radio de acción a fonogramas, grabaciones audiovisuales, emisiones o retransmisiones que no tuviesen por objeto una obra, sino también a las meras fotografías y a las bases de datos; lo que se valora positivamente por estos autores (en contra MIRÓ LLINARES), en la medida en que con ello se ofrece tutela penal a todos los titulares de derechos de explotación en propiedad intelectual, lo que resulta más coherente con la finalidad político criminal perseguida por el Legislador de salvaguardar la competencia en este mercado.

En cambio, otra corriente de opinión (GALÁN MUÑOZ, ESTRADA I CUADRAS, MAYO CALDERÓN), con la que nos identificamos por ser más acorde con los postulados del principio de legalidad, restringe el alcance del concepto de "prestación" en función de los adjetivos presentes en el texto punitivo. Se limita, así, la tutela penal a solo las que sean literarias, artísticas o científicas, lo que vendrá dado por la conexión de su contenido con una previa creación intelectual original. Con lo que quedan fuera del tipo penal las retransmisiones "piratas" de partidos de futbol o de otras competiciones deportivas, o de eventos semejantes como los taurinos. El Derecho penal se reserva, así, para un tipo de prestación, aquella que tiene una vinculación con el derecho de autor *strictu sensu* y con la función de incentivar la labor creativa y artística que se le otorga, lo que resulta coherente, a nuestro modo de ver, con el carácter de *ultima ratio* que corresponde a este sector del ordenamiento jurídico.

En la Jurisprudencia menor, a la que han llegado los casos de transmisiones de competiciones futbolísticas "piratas", en las que se emplea un decodificador ilícito que burla el sistema de acceso condicional del canal de pago que lo retransmitía, la mayoría de resoluciones se ha decantado por esta interpretación restrictiva que limita las prestaciones protegidas penalmente a las que tienen un contenido literario, artístico o científico, sin perjuicio de que estos hechos puedan constituir un delito del art. 286, CP. A mayor abundamiento, ya antes de la reforma de la LO 1/2015, alguna resolución había negado la existencia de este delito precisamente en base a que "un partido de futbol de la Liga de Campeones organizada por la UEFA" no era "obra literaria, artística o científica" (SSAP, León, Sección 3ª, 182/2011, 29-7, y Almería, Sección, 1ª, 98/2014, 25-3). Se trataba en ambos casos de excesos cometidos en un contexto contractual por establecimientos hoteleros, que habían contratado una determinada tarifa comercial para la emisión de un determinado canal de pago en el bar o cafetería, pero que al final se había ampliado, transmitiendo a las habitaciones del hotel en cuestión. Tras la referida reforma de 2015 y la ampliación del objeto de la acción a la "prestación", algunas resoluciones judiciales consideraron que las transmisiones "piratas" de competiciones deportivas tenían ahora cabida en el tipo del art. 270.1, CP, invocando para ello lo manifestado en la ya citada Circular de la Fiscalía General del Estado 8/2015 (entre otras, SAP, A Coruña, Sección 2ª, 352/2021, 30-6; AAP, Burgos, Sección 1ª, 634/2020, 8-10; AAP, Madrid, Sección 2ª, 1137/2019, 20-11, y SAP, Málaga, Sección 2ª, 396/2017, 6-10). Las más, sin embargo, sostuvieron la atipicidad de la conducta, sobre la base de que, con independencia de que el término "prestación" abarque en la legislación extrapenal grabaciones audiovisuales y trasmisiones de entidades de radiodifusión de cualquier contenido, el tipo penal requiere que éstas tengan carácter literario, artístico o científico, lo que no puede predicarse de un evento deportivo, que no puede considerarse obra intelectual, por más que en el mismo puedan apreciarse lances más o menos artísticos que aluden a su perfección técnica. Otro entendimiento supone una vulneración del art. 25.1 CE, concluyendo que su incorporación al tipo penal hubiera sido tan sencilla como añadir al resto de calificativos el de "deportivas" (AAP, Pontevedra, Sección 5ª, 356/2019, 5-6; AAP, Madrid, Sección 29ª, 487/2019, 20-7; Acuerdo de la Junta de Magistrados de las Secciones Penales de la AP, Madrid de 10-10-2019; AAAP, Madrid, Sección 4ª, 386/2020, 2-7; Valencia, Sección 2ª, 1169/2020, 10-12, y Barcelona, Sección 6ª, 308/2021, 3-5; SSAP, Vizcaya, Sección 2ª, 90170/2021, 4-6; Valencia, Sección 4ª, 347/2021, 7-6; Guadalajara, sección 2ª, 170/2021, 15-7; Madrid, Sección 3ª, 531/2021, 28-10; Asturias, Sección 3ª, 60/2022, 17-2, y Madrid, Sección 30ª, 383/2022, 12-7; AAP, Castellón, Sección 1ª, 585/2022, 19-7; SSAP, Madrid, Sección 16ª, 476/2022, 22-9; Madrid, Sección 4ª, 214/2023. 29-6, y Lugo, Sección 2ª, 211/2023, 14-9). En este sentido, ya el propio Tribunal de Justicia de la Unión Europea en Sentencia de 4 octubre de 2011 (TJUE 2011/294), caso *Football Association Premier League*, había manifestado que los partidos de futbol no eran obras originales en el sentido de ser creaciones intelectuales propias de su autor, al estar delimitados por reglas de juego que no dejan espacio a la libertad creativa, aun admitiendo que dichas competiciones pueden tener un carácter único (apartados 96 a 100).

La cuestión ha llegado ya al TS, en cuya Sentencia (Pleno) 546/2022, 2-7, confirmatoria de la SAP, Valencia, Sección 4ª, 347/2021, 7-6, rechaza la tipicidad de este tipo de conductas conforme al art. 270.1, CP, pero no así respecto del delito del art. 286, CP, siempre y cuando se den todos sus elementos (no se dieron, por ejemplo, en SAP, Burgos, Sección 1ª, 246/2022, 6-7, que absuelve por el delito de acceso ilícito a servicios condicionados, al no constar la utilización de los aparatos decodificadores aprehendidos en el establecimiento; en cambio, la SAP, Madrid, Sección 30ª, 383/2022, 12-7, condena por este delito, aunque no se utiliza aparato decodificador ilícito, sino una licencia de acceso particular, lo que a nuestro modo de ver sólo supone una infracción contractual, que queda fuera del Derecho penal). El TS argumenta que la cuestión no es si tales transmisiones de eventos deportivos constituyen, o no, una "prestación" de acuerdo con la normativa extrapenal, ni tampoco si sobre ellas existen, o no, derechos de exclusiva en favor de las entidades de radiodifusión, sino determinar si tienen encaje en el tipo penal del art. 270.1, CP, lo que se niega al no versar sobre contenidos artísticos, literarios o científico. Esta doctrina ha sido reiterada en la STS 581/2023, 11-7, que casa la dictada por la AP, A Coruña, Sección 2ª, 352/2021, 30-6.

No obstante, la SAP, Valencia, Sección 3ª, 231/2023, 25-4, confirmatoria de la condena emitida por SJP, nº 6, Valencia, 499/2022, 23-12, ha entendido que los partidos de futbol sí tienen cabida en el nº 2 del art. 270 CP, al referirse el tipo de manera genérica a "obras o prestaciones objeto de propiedad intelectual", sin incluir los calificativos "literaria, artística o científica" presentes en el nº 1 del art. 270, CP, argumentando en este sentido que las dos resoluciones dictadas hasta la fecha por el TS se refieren precisamente al tipo del art. 270.1, CP. Esta ampliación del objeto de la acción no puede aceptarse, por cuanto supone admitir un distinto ámbito de protección según cuál sea la modalidad de comunicación pública, en el mundo físico o en el virtual, que se lleve a cabo: facilitando el acceso o la localización en internet de dichos eventos deportivos (actividad de enlaces), o fuera de ese ámbito, por ejemplo, proyectándose en un establecimiento abierto al público. En contra de esta interpretación extensiva del objeto de la acción en el art. 270.2 CP se ha pronunciado la SAP, Albacete, Sección 2ª, 88/2024, 27-2, aduciendo acertadamente que la expresión legal es fruto de la simplificación en la redacción, y que se refiere por tanto a los mismos objetos que el nº 1, resultando por ello su inclusión "contradictoria con la consideración de los partidos de futbol realizada por el Tribunal Supremo".

3.3. "Su transformación, interpretación o ejecución artística"

Ciertamente, la incorporación del término "prestación" resultaba innecesaria, toda vez que el texto anterior a la reforma ya aludía expresamente a la "interpretación, ejecución artística fijada en cualquier tipo de soporte o comunicada a través de cualquier medio", lo que permitía incorporar al objeto de la acción los fonogramas, grabaciones audiovisuales y emisiones o transmisiones; si bien esta mención explícita a la prestación zanja la discusión doctrinal acerca de si la expresión "su transformación" —que se mantiene en el texto vigente—, en alusión a las obras literarias, artísticas o científicas, era indicativa de una modalidad de conducta (transformar) o del objeto de la acción (la obra transformada). La utilización del sustantivo y no del verbo avala, tanto antes como ahora, que dicha expresión apunte al objeto de la acción, de manera que la conducta típica puede recaer sobre la obra original o sobre la derivada, o en fin, sobre las ejecuciones o interpretaciones de éstas, fijadas en cualquier soporte (grabaciones) o comunicadas a través de cualquier medio (emisiones o transmisiones).

En efecto, algunos autores (CARMONA SALGADO, ROMEO CASABONA, VEGA VEGA) entendieron que la protección penal quedaba limitada a las obras originales y, en consecuencia, resultaba punible, por ejemplo, la traducción o adaptación de una obra no autorizada por el autor con ánimo de lucro y en perjuicio de tercero, pero no lo era, en cambio, la reproducción, distribución o plagio de la obra transformada (la traducción o adaptación, etc.). Otras opiniones (QUINTERO OLIVARES y FERRÉ OLIVÉ) incluyeron en el tipo penal no sólo al autor de la obra original, sino también al intérprete o ejecutante y a los cesionarios de los derechos de éstos, dejando fuera a los autores de obras derivadas (traductores, adaptadores, etc.), a los productores de fonogramas, de grabaciones audiovisuales, etc. En fin, tampoco faltó quien sostuvo (BOIX REIG/JAREÑO LEAL) que la referencia a la transformación, interpretación o ejecución incidía tanto en el objeto material como en la conducta típica, de manera que el tipo penal abarcaba las obras derivadas, las ejecuciones y las interpretaciones, y también el transformar las obras originales con los demás requisitos típicos. La interpretación mayoritaria (entre otros GONZÁLEZ GÓMEZ, GARCÍA RIVAS, GONZÁLEZ RUS, MIRÓ LLINARES, RODRÍGUEZ MORO, etc.) se decantó, sin embargo, por considerar que la mención a "su transformación" era indicativo del objeto de la acción, por lo que el tipo penal comprendía tanto las obras originales como las derivadas. Se dejaba así para el ilícito civil la transformación de una obra sin el consentimiento de su autor. A este respecto, conviene tener en cuenta que entre la Doctrina civilista existe controversia, pues un sector relevante considera que sólo se produce el ilícito civil cuando se explota sin autorización el resultado de la transformación, no, en cambio, en el caso de transformar sin explotar (por todos BERCOVITZ RODRÍGUEZ-CANO). Esta opinión mayoritaria sobre el objeto material fue la que nos pareció más razonable, no sólo por el empleo legal del sustantivo y no del verbo, sino además porque en el antiguo art. 270.2, CP, expresamente se citaba a las "obras, producciones o ejecuciones a que se refiere el apartado anterior". Las referencias típicas a la fijación en cualquier soporte y a la comunicación a través de cualquier medio de las transformaciones, ejecuciones e interpretaciones dejaban claro también que el tipo penal protegía los derechos conexos o afines junto a los del autor de la obra original. Eran, por tanto, también objeto material del delito los fonogramas, las grabaciones audiovisuales y las emisiones radiofónicas de obras literarias, artísticas o científicas o de sus ejecuciones o interpretaciones. No obstante, en la Jurisprudencia sí se encuentran casos en los que se ha debatido sobre la tipicidad de la transformación. Así, la SAP, Madrid, Sección 16ª, 223/2011, 3-5, se plantea si una película de animación constituye, o no, la adaptación de un comic; absolviéndose finalmente al acusado, al estimar que los elementos comunes empleados pertenecen al acervo cultural común del género fantástico de dragones, y no pueden considerarse originales de la obra del comic. En consecuencia, no se estima que aquella sea una transformación de ésta, sino una obra original nueva, de carácter audiovisual, que presenta diferencias sustanciales con la anterior (desarrollo argumental, estética de los personajes, historia, el argumento, los diálogos, etc.). En la SAP, Guipúzcoa, Sección 1ª, 268/2012, 15-6, se estima que las adaptaciones de las piezas de una vajilla diseñada artesanalmente, para que pueda ser producida de forma industrial, constituyen una transformación de la obra original del artista, que no queda abarcada por el tipo penal.

En cualquier caso, no es necesario que las obras estén registradas, pues, como ya se adelantó, el valor del registro en la propiedad intelectual es meramente declarativo. Sirve, no obstante, como medio de prueba. Además, al concretarse el bien jurídico protegido en el aspecto patrimonial de la propiedad intelectual, la posibilidad de ser objeto de la acción de estos delitos estará limitada temporalmente por la duración de los derechos de explotación correspondientes. Como regla general este plazo para las obras abarca toda la vida del autor y setenta años después de su muerte o declaración de fallecimiento (art. 26, LPI), limitándose a 50 años respecto de algunos de los derechos conexos (interpretaciones o ejecuciones, entidades de radiodifusión, etc.).

4. Elementos subjetivos

El tipo requiere que las conductas se realicen con el ánimo de obtener un beneficio económico directo o indirecto y en perjuicio de tercero. Con respecto al primero, tanto Doctrina como Jurisprudencia, admiten de forma unánime que se trata de un elemento subjetivo del injusto que permite delimitar el ilícito penal del ilícito civil (en la regulación anterior al CP 1995, no había un elemento subjetivo equivalente en el tipo básico; solo uno de los tipos agravados exigía ánimo de lucro).

El ánimo de obtener un beneficio económico fue incorporado con esta terminología en la reforma operada por la citada LO 1/2015, sustituyendo al de lucro, que contaba con más tradición jurídica, para superar las divergencias existentes sobre su alcance y contenido.

En efecto, tradicionalmente en los delitos patrimoniales el Tribunal Supremo identifica el ánimo de lucro con cualquier ventaja, utilidad, beneficio o rendimiento, que se proponga obtener el sujeto activo, aunque sean de carácter meramente contemplativo, sin importar ni el modo de materialización de su propósito lucrativo, ni si llegó a obtenerlo efectivamente (SSTS 1266/1989, 21-4; 10-11-1987, 27-2-1984; 10-3-1981, etc.). Esta interpretación amplia del TS, sin embargo, no fue seguida en los delitos relativos a la propiedad intelectual, en los que se excluía de este concepto tanto el lucro cesante como la mera contemplación o disfrute del ejemplar ilícito [SAP, Valladolid, Sección 2ª, 431/2000, 23-5 (*Tol 1532617*), en la que se excluye del lucro el donativo que se entrega para una asociación cultural, sin ánimo de lucro; o la SAP, Valladolid, 341/2000, Sección 2ª, 19-4 (*Tol 1538860*), en la que no se estima lucro suficiente el dinero que se cobra por realizar una copia de un C. D., pues obedece al uso del aparato grabador y no a la posterior utilización que se hiciera de las copias realizadas; en el mismo sentido, SAP, Cantabria, Sección 1ª, 40/2008, 18-2 (*Tol 1274453*), en la que se declara que "el ahorro personal gracias al intercambio de material, no constituye ánimo de lucro"] o los hipotéticos beneficios de índole política que se pudieran derivar por proporcionar de forma gratuita a los vecinos un servicio de televisión de pago, contratado por el Ayuntamiento (SAP, Cáceres, Sección 2ª, 196/2017, 9-6). Por su parte, la Doctrina restringía el ánimo de lucro a la finalidad o propósito de obtener una ventaja o utilidad de orden patrimonial (GONZÁLEZ RUS, BAJO FERNÁNDEZ/BACIGALUPO SAGGESE, GARCÍA RIVAS, PALMA HERRERA, etc.). Sin embargo, la FGE, en la Circular 1/2006 (*Tol 889065*), se decantó por una interpretación más restrictiva que la Doctrina, que fue acogida también por un significativo sector jurisprudencial, en la que se limitaba el "ánimo de lucro" al lucro o fin comercial, esto es, al que se buscaba a través de una actividad propia del tráfico comercial, que supone la obtención de una ganancia o beneficio económico. Se excluían, con ello, las conductas orientadas a un mero ahorro del precio del ejemplar de la obra (reticentes con esta interpretación: CASTIÑEIRA PALOU/ROBLES PLANAS; a favor de ella, PUENTE ABA, FERNÁNDEZ TERUELO, MIRÓ LLINARES, RODRÍGUEZ MORO, entre otros). De acuerdo con dicha interpretación más restrictiva, quedaban excluidos del tipo penal, sin perjuicio de que fueran ilícitos civiles, los casos de intercambios de archivos a través de redes *p2p*, la actividad de "subida" a la red o la de descarga de ella (*uploading* y *downloading*) de obras lesivas de los derechos de propiedad intelectual (no, cuando la cantidad y variedad de copias ilegales intervenidas denota la existencia de ánimo de lucro, SAP, Las Palmas, Sección 1ª, 300/2014, 28-11), también los llamados videos comunitarios, en los que los vecinos conectan sus dispositivos para disfrutar colectivamente de la obra o de los servicios de televisión por cable o por internet, que previamente son contratados por uno de ellos, siempre y cuando no se lleven a cabo con propósito comercial. Por el mismo motivo resultaban atípicas las proyecciones de películas o documentales que, con fines formativos, se proyectasen en centros educativos.

Esta interpretación restrictiva de la Fiscalía resultaba, además, acorde con la normativa internacional y europea, en la que se alude a la escala comercial de las infracciones de propiedad intelectual (Acuerdo, adoptado en 1994 en el seno de la Organización Mundial del Comercio, sobre los aspectos de los derechos de propiedad intelectual relacionados con el comercio, art. 61; Convenio sobre Ciberdelincuencia de 2001, art. 10; Directiva 2004/48/CE del Parlamento Europeo y del Consejo de 29 de abril 2004 relativa al respeto de los derechos de propiedad intelectual, considerando 14; Propuesta de Directiva y de Decisión Marco del Parlamento y del Consejo, presentada por la Comisión el 12 de julio 2005 sobre medidas penales para asegurar el respeto de los derechos de propiedad intelectual, art. 3).

Pues bien, la nueva dicción dada al elemento subjetivo excluye claramente las conductas que solo persiguen un ahorro, pues la referencia al "beneficio económico" es indicativa de una ganancia o rendimiento patrimonial (también TOMÁS-VALIENTE LANUZA, GARCÍA RIVAS, MIRÓ LLINARES, MARTÍNEZ-

BUJÁN PÉREZ, ESTRADA I CUADRAS); lo que ya resulta dudoso es si este ánimo lo ha de ser a escala comercial, pues el Legislador bien podría haberse referido explícitamente al ánimo de obtener un beneficio o ganancia comercial y no meramente "económica", sobre todo, porque en el tipo relativo a la neutralización de dispositivos "anticopia", previsto en el número 6 del mismo art. 270, CP, se alude a la finalidad comercial; y también en los delitos contra la propiedad industrial se requiere actuar "con fines industriales o comerciales" (arts. 273 y 274, CP). Sin embargo, estamos de acuerdo con la Circular de la FGE 8/2015, de 21 de diciembre, en que la interpretación restrictiva puede seguir manteniéndose por las mismas razones que antes de la reforma: la normativa internacional apunta a la represión de las conductas que tienen una dimensión comercial, y ello aunque la normativa internacional se dirija a establecer acuerdos sobre mínimos de protección; el principio de fragmentariedad avala el castigo sólo de los hechos que alcanzan cierta gravedad, dejando para el ámbito de la responsabilidad civil los que no lleguen a ésta; y en fin, porque una interpretación amplia supondría una diferencia de trato, difícil de justificar, respecto de la tutela penal de la propiedad industrial, cuyos tipos sí exigen una finalidad industrial o comercial (también TOMÁS-VALIENTE LANUZA, críticamente TIRADO ESTRADA). Asimismo, la ampliación del alcance del beneficio económico al que deriva no sólo directamente de la conducta infractora de los derechos de explotación, sino también al indirecto, aboga por una interpretación restrictiva.

Por lo que se refiere a la controversia sobre el alcance del antiguo ánimo de lucro, se cuestionaba si sólo debía abarcar el que guardase una relación directa con la conducta típica de reproducción, distribución, etc. (de esta opinión, GONZÁLEZ RUS), o si habían de incluirse además aquellos casos de lucro indirecto, por ejemplo: obtención de beneficio económico no vinculado directamente a la reproducción o distribución, sino a través de la publicidad inserta en la página web en la que se ofrecen de forma gratuita obras que lesionan los derechos de autor, al facturarse aquella en función del número de visitas que recibe dicha página [Circular FGE 1/2006 (*Tol 889065*), MIRÓ LLINARES, FERNÁNDEZ TERUELO, RODRÍGUEZ MORO]. La Jurisprudencia se manifestaba vacilante en este aspecto. Así, rechazaron la existencia de ánimo de lucro en estos casos, los AAAP, Madrid, Sección 23ª, 554/2010, 11-5; Sección 1ª, 364/2010, 27-4 (*Tol 1827670*); Sección 2ª, 582/2008, 11-9; Sección 5ª, 3-11-2008; Sección 1ª, 159/2011, 10-3, y SJP, nº 4, Murcia, 222/2019, 21-6; mientras que lo admitieron AAP, Barcelona, Sección 3ª, 732/2009, 11-11; Murcia, Sección 5ª, 16-9-2009; Cantabria, Sección 1ª, 18-2-2008; Alicante, Sección 7ª, 551/2010, 20-9; León, Sección 3ª, 42/2021, 1-2; Murcia, Sección 2ª, 55/2021, 26-2, y Murcia, Sección 5ª, 274/2021, 26-10. Asimismo, en relación con la obtención de copias no autorizadas en establecimientos mercantiles, la Jurisprudencia consideró que no había ánimo de lucro cuando se pone a disposición del cliente el aparato reproductor para que sea éste quien realice las copias, cobrando sólo por su uso y no por la explotación de las copias realizadas [SSAP, Valladolid, Sección 2ª, 341/2000, 19-4 (*Tol 1538860)*, y A Coruña, Sección 6ª, 229/2005, 26-9 (*Tol 794640)*]; tampoco se apreciaba, aunque se realice la copia por el dueño o el empleado del establecimiento, si se trata de una sola copia del original proporcionado por el cliente [SAP, Madrid, Sección 1ª, 215/2002, 10-5 (*Tol 225243)*]. En cambio, sí lo consideraban presente cuando se cobra por la realización de copias de libros originales en establecimiento mercantil (SSAP, Sevilla, Sección 3ª, 524/2003, 17-10; Sevilla, Sección 3ª, 56/2003, 7-3; de CDs originales, SAP, Madrid, Sección 16ª, 478/2001, 19-9), o si la obra objeto de reproducción se encontraba ya en el establecimiento mercantil y no era proporcionada por el cliente (SAP, Castellón, Sección 3ª, 56/2003, 27-2; también tras la reforma de 2015, SSAP, Murcia, Sección 3ª, 49/2020, 5-2, y Sta. Cruz de Tenerife, Sección 2ª, 47/2021, 16-2, aunque por el libro fotocopiado sólo se cobre el precio ordinario de la fotocopia multiplicado por su número de hojas, de manera que no hay un beneficio distinto al que se hubiera obtenido por otra fotocopia).

La mención expresa, tras la LO 1/2015, al beneficio económico, directo o indirecto, permite incluir sin lugar a dudas los casos en los que éste deriva de la publicidad existente en la página web que aloja los contenidos protegidos, cuya facturación se hace depender del número de visitas que recibe aquella o de las inscripciones o registros en la misma, o del visionado de "videos *pre-roll*" (los que necesariamente han de ser vistos antes de acceder al contenido ilícito), o de la venta de los datos personales recopilados con tales registros. Pero el problema, ya advertido por la Doctrina (GALÁN MUÑOZ, TOMÁS-VALIENTE LANUZA, MIRÓ LLINARES, MARTÍNEZ-BUJÁN PÉREZ, etc., antes de la reforma RODRÍGUEZ MORO), es el peligro de una extensión desmesurada de la tipicidad penal. ¿Cualquier conexión con la conducta infractora sirve? Los ejemplos, sacados de la Jurisprudencia, y sobre los que ha debatido la Doctrina son el del hostelero que comunica en su bar (SSJP, nº 13, Madrid 144/2005, 12-4; nº 4, A Coruña 400/2006, 13-12; nº 3, A Coruña 423/2008, 19-11, y nº 1, Cáceres 412/2010), sin autorización, contenidos protegidos (música, películas, series, etc.) o el del hotelero (SAP, Badajoz, Sección 1ª, 149/2012, 11-10) que ofrece en las habitaciones acceso a tales contenidos protegidos, sin autorización, para mayor entretenimiento de su clientela, sin que ello suponga un incremento del precio de las consumiciones o del hospedaje, respectivamente. ¿Podremos decir que hay un beneficio económico indirecto a los efectos típicos en base a la existencia de clientela? La respuesta afirmativa supone un incremento no justificado del ámbito de intervención penal en detrimento del civil, que se manifiesta suficientemente idóneo para reprimir dichas conductas, pues de otro modo se acabarán sancionando penalmente lo que no son más que infracciones contractuales, como ocurrió en el mencionado caso de la SAP, Badajoz, Sección 1ª, 149/2012, 11-10, en la que el administrador de hecho del hotel utilizó un descodificador contratado con Canal Plus para uso doméstico o particular, pero que fue finalmente usado para, aprovechando una red de cableado anterior para distribución de video, comunicar de forma no autorizada a un colectivo los contenidos del servicio de acceso condicionado de Canal Plus. Es, por ello, que entendemos que no bastará con cualquier relación entre el beneficio y la conducta infractora de los derechos de explotación, sino que será necesario constatar que ésta es determinante, aunque de forma indirecta, porque, por ejemplo, su actividad principal no se entiende sin la conducta infractora (una sala de baile donde se emite sin autorización música protegida por derecho de autor) o se dispone en función de ésta (sobrecoste de la consumición o del servicio de hospedaje, se adecúa el local para la exhibición del material prohibido con pantallas gigantes, altavoces, disposición del mobiliario, etc.). En este sentido, se rechaza la existencia de este ánimo de obtener un beneficio económico en la remuneración vinculada al contrato de trabajo, en el curso del cual se plagia el informe arqueológico de otra colega (AAP, Badajoz, Sección 3ª, 10000/2018, 27-9), aunque ello represente un tiempo de trabajo cuantificable económicamente, pues se requiere un lucro comercial, no cualquier beneficio o ventaja. También el AAP, Lleida, Sección 1ª, 559/2018, 20-11, rechaza, en un caso de plagio parcial de una tesis doctoral, que el beneficio económico que indirectamente pudiera venir aparejado a la obtención del grado de doctor (oportunidades académicas inherentes a esta condición, ayudas, becas, etc.) integre el elemento subjetivo requerido en el tipo, entendiendo que el beneficio siempre ha de ser lucro comercial, y remitiendo por ello, al orden civil y administrativo. En el mismo sentido, SAP, Madrid, Sección 3ª, 245/2019, 12-4, absolviendo al acusado que regenta un bar en el que se estaba reproduciendo música desde el portal "YouTube", "que permite la reproducción gratuita en el ámbito privado, pero no en el público", rechazando que se colme el elemento de perseguir un beneficio económico —directo, indirecto— en base al "reclamo para realizar consumiciones en el bar" que pudiera suponer la reproducción de la música. No obstante, en alguna resolución se sostiene que el nuevo elemento subjetivo abarca "la intención de obtener ingresos, o cualquier otro rendimiento evaluable económicamente y susceptible de obtenerse por motivo o con ocasión de la realización de una conducta típica", incluyéndose así los casos de "aumento de clientela del local", esto es, de recaudación por las consumiciones de los clientes que acuden al local a ver los partidos de futbol de la Liga, retransmitidos a través de un servicio de pago que había sido contratado para uso particular (AAP Burgos, Sección 1ª, 634/2020, 8-10).

Mayor discusión ha suscitado el elemento "en perjuicio de tercero" por lo que se refiere a su naturaleza jurídica. Así, para unos se trata del resultado del delito, de manera que el tipo se consuma con la causación de un perjuicio económico (BAJO FERNÁNDEZ/BACIGALUPO SAGGESE, QUERALT JIMÉNEZ,

BAUCELLS LLADÓS). Otros, en cambio, le otorgan naturaleza de elemento subjetivo del injusto [JORGE BARREIRO, GARCÍA RIVAS, BOIX REIG/JAREÑO LEAL, ORTS BE— RENGUER/ROIG TORRES, QUINTERO OLIVARES, MIRÓ LLINARES/DEL ROSAL BLASCO, Circular FGE 1/2006 (*Tol 889065)*]. En fin, un último grupo doctrinal —con el que nos identificamos— lo configura como condición objetiva de la conducta, indicativa de la capacidad lesiva o de la idoneidad de la conducta para lesionar el bien jurídico (GUINARTE CABADA, GONZÁLEZ RUS, MARTÍNEZ-BUJÁN PÉREZ, GÓMEZ LANZ, FERNÁNDEZ TERUELO, RODRÍGUEZ MORO, FARALDO CABANA, TIRADO ESTRADA, ESTRADA I CUADRAS). A esta conclusión se llega, de una parte, porque cuando el Legislador ha querido exigir la producción de un perjuicio efectivo lo ha hecho de manera clara con expresiones como "con perjuicio"; así se hace de manera inequívoca en el tipo agravado del art. 271.b), CP. De otra parte, no todas las modalidades típicas son actos de comercio —piénsese en la reproducción o el almacenaje—, y por tanto no generan un perjuicio efectivo, sino sólo un peligro para el bien jurídico protegido. Además, la realidad demuestra que el sujeto activo lo que persigue no es actuar en perjuicio del titular de los derechos de explotación, sino obtener un beneficio económico o una utilidad o ventaja lúdica.

La Jurisprudencia no exige la causación de un perjuicio efectivo (STS 13-10-1988), sino que basta con la idoneidad para producirlo [SSAP, Valencia, Sección 2ª, 302/2004, 17-5 (*Tol 578392),* y Madrid, Sección 3ª, 65/2015, 4-2]; incluso aun cuando "no conste que el titular de los derechos de propiedad intelectual tuviera intención de editar por sí mismo, o autorizar expresamente a terceros, la edición y comercialización de la obra" (SAP, Barcelona, Sección 7ª, 751/2017, 24-11, caso "*Mein Kampf* de la Librería Europa"); aunque no han faltado resoluciones que lo configuran como un elemento tendencial (SAP, Castellón, Sección 1ª, 426/2014, 12-11) o directamente como resultado del delito (SAP Oviedo, Sección 3ª, 73/2004, 7-4, y SSAN, Sección 2ª, 6/2015, 5-3, y 2/2016, 5-2). Precisamente, con base en este elemento se declara la absolución en los casos de venta callejera o ambulante en mercadillos —el llamado fenómeno del "top manta"—, argumentando que no hay perjuicio por la baja calidad de la copia que impide que sean confundidas con los originales, o por el escaso número de copias ilícitas vendidas frente al volumen de ventas de las grandes multinacionales [SSAP, Las Palmas, Sección 2ª, 25/2001, 7-2 (*Tol 112574)*; Burgos, Sección 1ª, 206/2004, 26-11; Barcelona, Sección 7ª, 487/2007, 28-5 (*Tol 1137482)*; Sección 7ª, 11-12-2006 (*Tol 1092150)*; Sección 7ª, 259/2006, 24-2 (*Tol 988034)*; Madrid, Sección 17ª, 1311/2009, 9-12 (*Tol 1786769),* etc.]. En este sentido, CASTIÑEIRA PALOU/ROBLES PLANAS estiman que no hay perjuicio cuando el ejemplar ilícito no se confunde de ninguna manera con la obra original.

El tipo exige que las conductas típicas se realicen con dolo, requiriendo el conocimiento de todos los elementos del tipo incluido el del origen ilícito de los ejemplares o de la falta de autorización para la reproducción, distribución, etc., o, en fin, de la ajenidad de la obra. Su desconocimiento dará lugar a un error de tipo. Así, se absuelve por ausencia de dolo cuando el sujeto creía que estaba vendiendo ejemplares defectuosos, ofrecidos por ello a inferior precio y de aspecto muy similar a los originales [SAP, Madrid, Sección 17ª, 1052/2004, 29-10 (*Tol 746149)*]; también se aprecia ausencia de dolo cuando se desconoce la existencia de la entidad gestora de los derechos de los productores de fonogramas AGEDI, entendiendo que con el pago a la SGAE quedaban satisfechas todas las obligaciones relativas a la propiedad intelectual de la música que se "pinchaba" en la discoteca, sin que tampoco la referida entidad hubiera contactado con la empresa comunicando su existencia y la obligación de pagar por la comunicación pública de los fonogramas (SAP, Valencia, Sección 2ª, 453/2018, 16-7); o cuando el administrador de la sociedad arrendataria del local desconocía que los ordenadores tenían instalado *software* "pirata" (SAP, Barcelona, Sección 7ª, 886/2013, 8-10); o en fin, cuando se actúa bajo la creencia razonable de que podía comercializar los bolsos, monederos y neceseres, en base a la cobertura que le proporcionaba su registro como diseño industrial, y en el que como elementos decorativos se plasmaban dibujos semejantes a unos registrados y sobre los que recaían derechos de autor de la querellante (STS 335/2021, 22-4).

Un sector doctrinal considera suficiente el dolo eventual (JORGE BARREIRO, QUINTERO OLIVARES, BAUCELLS LLADÓS, MARTÍNEZ-BUJÁN PÉREZ, CASTIÑEIRA PALOU/ROBLES PLANAS). Otros autores, en cambio, se decantan por exigir un dolo directo ante la presencia de elementos subjetivos del injusto (BOIX REIG/JAREÑO LEAL, GONZÁLEZ RUS, DEL ROSAL BLASCO/MIRÓ LLINARES). En fin, ya antes de la Reforma de la LO 1/2015, algunas opiniones —BAJO FERNÁNDEZ/BACIGALUPO SAGGESE— distinguían entre los tipos de los antiguos nº 1 y 2 del art. 270, CP, de manera que, dado que el entonces art. 270.2, CP (ahora art. 270.5, CP) exigía expresamente que las conductas se realizaran intencionadamente, era necesario dolo directo; mientras que respecto del nº 1 del art. 270 bastaba el dolo eventual. Tras la reforma de 2015, se puede sostener esta última interpretación respecto del art. 270.1, CP, siempre que no se configure el actuar en perjuicio de tercero como elemento subjetivo del injusto (RODRÍGUEZ MORO); requiriéndose, en cambio, dolo directo para los tipos del art. 270.5, CP, en los que está presente el adverbio "intencionadamente". La Jurisprudencia ha admitido el dolo eventual [SSAP, Cantabria, Sección 1ª, 74/2003, 25-9 (*Tol 356169*); Córdoba, Sección 3ª, 45/2002, 12-6; Zaragoza, Sección 3ª, 548/2000, 26-12, y Barcelona, Sección 9ª, 605/2017, 5-7].

5. *Ausencia de autorización de los titulares de los derechos de propiedad intelectual o de sus cesionarios*

La falta de autorización del titular de los derechos de propiedad intelectual o de sus cesionarios constituye un elemento del tipo que lo delimita negativamente. Es por ello que para la casi totalidad de la Doctrina el consentimiento funciona en estos delitos como causa de atipicidad, al impedir la lesión del bien jurídico protegido (por todos, RODRÍGUEZ MORO). Sin embargo, algún autor, como ROMEO CASABONA, ha entendido que el consentimiento tiene valor de causa de justificación cuando se afecta el derecho moral de paternidad, que por definición es irrenunciable e inalienable, y naturaleza de causa de atipicidad cuando incide sobre los derechos económicos.

Sólo pueden autorizar los sujetos titulares de los correspondientes derechos de reproducción, distribución, importación, exportación, etc. o sus cesionarios, pudiendo pertenecer a distintos sujetos los derechos sobre una misma obra (autor, intérprete, etc.). En los casos de pertenencia de la propiedad intelectual a varias personas (obra en colaboración, obra colectiva, obra cinematográfica, etc.) habrá de estarse a lo dispuesto en la LPI para que la autorización tenga validez. Así, en el caso de obra en colaboración se requerirá el consentimiento de todos los autores; en cambio, en la obra colectiva la autorización deberá provenir del editor o divulgador de la obra como único titular de la obra (art. 8, LPI). Como regla general, el art. 45.1, LPI requiere que la cesión se formalice por escrito, lo que lleva a la Doctrina a excluir la autorización tácita, sin perjuicio del error de tipo en que puede incurrir el sujeto si cree que está actuando con el consentimiento del autor (también RODRÍGUEZ MORO). Para algunos autores, sin embargo, esta última creencia motiva un error de prohibición y no de tipo (QUINTERO OLIVARES, BAUCELLS LLADÓS); aunque para estos mismos autores el error sobre la existencia del derecho de propiedad intelectual, creyendo, por ejemplo, que la obra está en dominio público y, por tanto, no siendo necesaria autorización, se trata como error de tipo.

En el caso del plagio no será suficiente con el consentimiento del cesionario de derechos económicos. Dado que el derecho moral de paternidad es inalienable e irrenunciable, será necesario también el del autor. En estos casos, aunque el consentimiento del autor en el ámbito civil sea irrelevante, en el ámbito penal surtirá eficacia. En este sentido, la Doctrina señala que el titular más que disponer del derecho, que es inalienable, lo que hace es hacer uso de él y es este ejercicio del derecho moral lo que se cede y tiene eficacia penal (ROMEO CASABONA).

El consentimiento no tendrá sentido respecto de algunas modalidades típicas en las que el objeto material es de origen ilícito: almacenamiento, importación o exportación de ejemplares ilícitos.

Los casos de exceso en la autorización otorgada pueden dar lugar al delito contra la propiedad intelectual, si se dan el resto de elementos típicos, aunque lo habitual será que se trate de ilícitos contractuales. Así, cuando el cesionario explota la obra más tiempo del pactado, o en territorio distinto del acordado o autoriza otros actos sobre la obra a los que no tiene derecho (traducción, adaptación de la obra, etc.). En este grupo entra el caso de la SAP, Barcelona, Sección 3ª, 26-10-1999, en la que se condena por distribución ilícita a los comerciantes que tenían autorizada la distribución de los programas de los sistemas operativos para su instalación únicamente en los ordenadores vendidos en el mismo establecimiento, pero no para venta independiente de aquellos para que el adquirente se los instalase.

Una corriente jurisprudencial, desarrollada en supuestos de venta callejera, requiere acreditar la falta de autorización de los titulares concretos, declarando, en otro caso, la absolución por este motivo [SSAP, Madrid, Sección 1ª, 331/2009, 16-7 (*Tol 1582093*); Barcelona, Sección 10ª, 298/2010, 23-2 (*Tol 1847482*); Girona, Sección 3ª, 750/2009, 11-12 (*Tol 1814048*); Girona, Sección 3ª, 716/2009, 20-11 (*Tol 1776766*), y Madrid, Sección 17ª, 428/2012, 20-3]. En cambio, en otras resoluciones (por todas, SSAP, Alicante, Sección 10ª, 350/2013, 30-9, y Cádiz, Sección 1ª, 30/2017, 1-3) se estima que no es necesario dicha prueba, cuando se puede deducir de las circunstancias y las características de los objetos vendidos (venta en la vía pública, productos falsificados, etc.).

III. MODALIDADES TÍPICAS

1. El tipo básico del art. 270.1, CP

El apartado primero del art. 270, CP recoge un tipo mixto alternativo en el que se castiga la reproducción, el plagio, la distribución, la comunicación pública o cualquier otro modo de explotación económica, en todo o en parte, de una obra o prestación literaria, artística o científica, o su transformación, interpretación o ejecución artística fijada en cualquier tipo de soporte o comunicada a través de cualquier medio. La incorporación de la explotación económica confirma el carácter patrimonial del delito y convierte a esta conducta en el género del que las demás son las manifestaciones más comunes.

1.1. Reproducir

"Reproducir" es fijar, provisional o permanentemente, la obra por cualquier medio y en cualquier forma que permita su comunicación o la obtención de copias (art. 18, LPI). Para un sector doctrinal ha de darse un cierto componente cuantitativo en la reproducción que diferencie el ilícito penal del civil, exigiendo, por tanto, que aquélla sea plural, aunque no necesariamente numerosa (GONZÁLEZ GÓMEZ, QUINTERO OLIVARES, etc.). Otros autores, en cambio, consideran suficiente para la reproducción típica, con que la obra se incorpore o se plasme en un soporte que permita su posterior comunicación u obtención de sucesivas copias (GONZÁLEZ RUS, MIRÓ LINARÉS, MARTÍNEZ-BUJÁN PÉREZ). De esta manera el tipo penal alcanza a aquellas fijaciones que se hacen directamente de una obra expresada en forma inmaterial (recitales, conciertos, filmaciones clandestinas de actuaciones teatrales o de exhibiciones cinematográficas, etc.). Basta, por tanto, con la plasmación de la obra en un soporte tangible o intangible, sin que sea necesario un número de copias significativo, siendo típicas las grabaciones de actuaciones en directo, sin perjuicio de que puedan, finalmente, considerarse atípicas por faltar algún otro elemento típico (ánimo de obtener un beneficio económico, en perjuicio de tercero, etc., y esencialmente el peligro para el bien jurídico protegido). Así, faltará tal potencialidad lesiva cuando se trate de una copia para uso personal o privado (copia privada), que no será destinada, por tanto, a la obtención de futuras copias ni a su difusión o comunicación pública. En este sentido, en el ámbito civil sólo es lícita la copia privada que se realiza por el propio copista para su uso privado o familiar, sin que sea objeto de utilización colectiva ni lucrativa y siempre que se haya obtenido a partir de obras a las que se haya accedido legalmente (art. 31.2, LPI), excluyendo los programas de ordenador y las bases de datos electrónicas. La copia para uso personal de estos objetos será atípica, aunque pueda resultar ilícita conforme a la LPI. Así, en el caso de los programas de ordenador sólo se permite una copia de seguridad (art. 100.2, LPI).

También resulta controvertido el grado de semejanza que tiene que guardar la copia con el original para considerar típica la reproducción. No es necesaria una copia servil o una identidad absoluta, sino que basta con la reproducción de una parte esencial de la obra: aquella que permite reproducir y transmitir el contenido artístico o intelectual que determina la originalidad objetiva de su creación —MIRÓ LLINARES, GONZÁLEZ RUS, MARTÍNEZ-BUJÁN PÉREZ (se suele entender de manera unánime por la Doctrina civilista que la fotografía de una escultura constituye un acto de reproducción).

1.2. Plagiar

El plagio consiste en la apropiación de la obra de otro, atribuyéndose falsamente su creación. Se niega la paternidad de la obra a quien es su verdadero autor. Pero para que sea típico el plagio tiene que incidir sobre la explotación de la obra, lo que supone que se ha de realizar algún acto de reproducción, distribución o comunicación pública; ello es así porque el tipo exige que el plagio se realice con ánimo de obtener un beneficio económico y en perjuicio de tercero. Así, no será punible el plagio de una obra cuyos derechos de explotación han caducado (dominio público). El tipo castiga no sólo la realización de copias serviles o reproducciones exactas de la obra original (plagio total) sino también de copias parciales (plagio parcial), haciendo difícil su distinción de lo que sea una mera influencia o falta de originalidad que resultaría impune.

El concepto de "plagio" ha sido elaborado por la Jurisprudencia de la Sala 1ª del Tribunal Supremo señalando que: "en su acepción más simple, es todo aquello que supone copiar obras ajenas en lo sustancial, presentándose más bien como una actividad material mecanizada y muy poco intelectual, carente de toda originalidad. Las situaciones que representan plagio hay que entenderlas como las de identidad, así como las encubiertas, pero que descubren, al despojarlas de los ardides y ropajes que las disfrazan, su total similitud con la obra original, produciendo un estado de apropiación y aprovechamiento de la labor creadora y esfuerzo ideario o intelectivo ajeno. El concepto de plagio ha de referirse a las coincidencias estructurales básicas y fundamentales, y no a las accesorias, añadidas, superpuestas o modificaciones no transcendentales" [SSTS 12/1995, 28-1 (*Tol 1667031*); 886/1997, 17-10 (*Tol 216604*); 237/1999, 23-3 (*Tol 170479*); 963/2001, 23-10 (*Tol 66491*); 1125/2003, 26-11 (*Tol 348285*), y 1204/2008, 18-12 (*Tol 1432562*), entre otras]. En este mismo sentido se pronuncia la Jurisprudencia penal (SSAP, Madrid, Sección 23ª, 58/2003, 4-6; Sevilla, Sección 1ª, 192/2001, 4-4; Toledo, Sección 1ª, 29/1999, 4-6, etc.). Deberá, pues, estarse al criterio de la identidad en lo sustancial, teniendo en cuenta que lo que hace protegible a una obra es su originalidad objetiva como aportación intelectual del autor que hace a la obra diversa de las anteriores. La copia de ideas o argumentos no constituye plagio. En este sentido la Jurisprudencia ha manifestado que "el derecho de autor no otorga protección a las ideas, temas o hechos históricos. La utilización de los mismos no constituye delito por cuanto el derecho de autor protege las creaciones formales y no las ideas contenidas en las obras cuando plasman una realidad histórica coincidente, ya que tales son de libre utilización en aras al desarrollo cultural, por lo que sobre una determinada idea y/o hechos históricos puede ser lícito crear un número ilimitado de obras" (SAP, Madrid, Sección 16ª, 25/2000, 24-1). En el mismo sentido la SAP, Santa Cruz de Tenerife, Sección 2ª, 245/2013, 17-5, rechaza la existencia de plagio, pues lo reproducido del informe del denunciante es "una mera recopilación histórica de datos, citándose por otra parte en todo momento la fuente y el autor", por lo que "no contiene innovación alguna, no aportando descubrimiento alguno ni reflejando datos que no fueren conocidos y formase parte por tanto del acervo científico". Con este planteamiento resulta muy difícil apreciar plagio de un programa de ordenador que ofrece las características esenciales de otro (piénsese en un procesador de textos o en una hoja de cálculo, por ejemplo), aunque se ha condenado cuando se trata de "una imitación, una auténtica copia servil del GQ, apenas disimulada mediante algunas variaciones y adiciones irrelevantes, por lo que carece de toda trascendencia que el acusado G. hubiese sido uno de los creadores de este último, pues cualquiera hubiese podido llevar a cabo su plagio a partir de la copia del Código fuente y de la aplicación del mismo que aquél tomó de «Dipisa» antes de abandonar la empresa" (SAP, Barcelona, Sección 6ª, 3-6-1998). Otro caso de plagio de programas de ordenador se contiene en la STS 65/2024, 24-1, en la que los antiguos trabajadores de la empresa titular de los dos programas plagiados, explotan estos en su nueva empresa, inscribiéndolos además en el registro de la propiedad intelectual, aprovechando que sus creadores no lo habían hecho. Por otra parte, se ha negado la existencia de plagio en la utilización de la obra ajena con elusión de la cita correspondiente (SAP, Toledo, Sección 1ª, 29/1999, 4-6). Se ha admitido la existencia de plagio parcial de un proyecto arquitectónico al coincidir la distribución general de plantas (SAP, Sevilla, Sección 1ª, 192/2001, 4-4); de plagio de planos constructivos de viviendas unifamiliares por ser coincidentes "tanto en su distribución como en las superficies útiles, y los alzados o fachadas (...) en disposición de huecos como los acabados y materiales" (SAP, Toledo, Sección 2ª, 7/2005, 12-5); también en el caso de unas joyas —cadena de bisutería— que reproduce la pulsera preexistente, modificando su grosor y el sistema de cierre (SAP, Vizcaya, Sección 6ª, 815/2011, 2-11). Un caso de plagio total se encuentra en la SAP, Granada, Sección 1ª, 606/2016, 14-11, en la que el ex cónyuge de la autora edita y distribuye para su venta en varias librerías de Granada el libro escrito por ésta, cambiándole el título y atribuyéndose su autoría. Como plagio —cuando en realidad se trata de una "reproducción"— se califica por la SAP, Madrid, Sección 1ª, 117/2023, 15-2, la copia de obras pictóricas que se atribuyen falsamente a su autor original y su venta y exposición en una sala de subastas.

Se discute si las *cover version*, también conocidas como "versiones encubiertas" o "plagio inverso", tienen cabida en el tipo. Se trata de los casos en los que un autor poco conocido atribuye —por el título o por la portada del soporte— la versión propia de una obra a otro autor normalmente más conocido, suplantando así la personalidad del más famoso, con la intención de aprovecharse de su fama. Para la mayoría quedan fuera del tipo, pues no se trata del plagio de una obra, ni tampoco de su interpretación, pues no se niega la paternidad de la obra, tampoco se reproduce la interpretación de otro o del fonograma, sino que se trata de una nueva ejecución de la obra protegida (GONZÁLEZ RUS, MIRÓ LLINARES). En realidad, cuando un autor ve asociado su nombre a una obra que no ha creado, no se está infringiendo su derecho moral de paternidad o maternidad intelectual (art. 14. 3º, LPI), sino más bien su derecho al nombre y, en su caso, su derecho al honor. En la medida en que se hayan satisfecho los derechos de los autores de la obra (letra y música) no habrá infracción de los derechos de autor, sin perjuicio de que pueda dar lugar a una estafa o una reproducción ilícita del título o del diseño del fonograma. Considera, sin embargo, típicos estos supuestos GONZÁLEZ GÓMEZ. En la Jurisprudencia anterior al CP 1995 se encuentran condenas por plagio en casos de "*cover version*" de unas canciones popularizadas por Julio Iglesias (SSTS 14-2-1984 y 30-5-1984) y de otras de Rocío Jurado (STS 9-6-1990). La SAP, Madrid, Sección 23ª, 81/2009, 28-1, absuelve al productor de un "*cover*" por ausencia de ánimo defraudatorio al haber satisfecho los derechos a la SGAE, por lo que cree estar actuando lícitamente. La Circular de la FGE 2/1989 distingue entre lo que denomina plagio usurpativo o suplantación de la personalidad y los casos de "nuevas versiones de interpretaciones musicales, presentadas como propias, en forma parecida a la del artista creador originario, pero sin hacerse pasar por éste (las llamadas *cover versión*)". Mientras que el primero puede constituir un plagio parcial, en el que la prueba pericial será determinante para apreciar si existe acción plagiaria antijurídica o no; los segundos quedan fuera del tipo. No hay plagio cuando se crea una obra pictórica original y se atribuye a otro que no ha sido el autor, "pero que es un pintor famoso cuyos temas, estilo, tonalidades cromáticas o/y firmas habituales se imitan y cuya firma y buen nombre se aprovechan para obtener un mayor beneficio" [AAP, Madrid, Sección 23ª, 895/2009, 17-7; en el mismo sentido, SAP, Asturias, Sección 8ª, 7/2006, 3-2 (*Tol 982817)*].

Finalmente, no constituye plagio la falsificación de obras, pues se realiza la reproducción de la obra atribuyéndola a su verdadero autor; no se niega la condición de autor. Aquí se producirá, normalmente, una estafa (AAP, Madrid, Sección 23ª, 895/2009, 17-7) y/o una reproducción ilícita: así, la Jurisprudencia sanciona como autor de delito contra la propiedad intelectual, por dominio funcional, a quien vende las reproducciones de copias de cuadros originales que recreaban temas tratados por el pintor original en obras auténticas, con independencia de que el autor material de la reproducción fuera un tercero no identificado [SAP, Madrid, Sección 15ª, 74/2006, 22-2 (*Tol 937419*); confirmada por STS 139/2007, 23-2 (*Tol 1044205)*]. Tampoco es plagio, ni reproducción de la obra, la imitación de la firma de un pintor atribuyéndole falsamente una obra que no es suya, sin perjuicio de que pueda constituir delito de estafa (SSAP, Burgos, Sección 1ª, 72/1997, 15-7, y Barcelona, Sección 22ª, 818/2016, 29-9; STSJ, Madrid, Sala de lo Civil y Penal, 231/2023, 6-6).

1.3. Distribuir

La distribución, según el art. 19.1, LPI, consiste en "la puesta a disposición del público del original o de las copias de la obra, en soporte tangible, mediante su venta, alquiler, préstamo o de cualquier otra forma". La distribución puede hacerse tanto respecto de la obra original como de copias, lícitas o ilícitas, pues se puede tener el derecho de reproducción y no el de distribución, dado que tales derechos se pueden transmitir de forma independiente. Además, la distribución exige que la obra se encuentre plasmada en un soporte tangible o físico, característica que diferencia la distribución de la comunicación pública. La primera cuestión que se suscita es la relativa al concepto de "puesta a disposición", pues la Doctrina civilista considera suficiente el ofrecimiento de la obra, sin necesidad de que se produzca su ulterior entrega. Esta interpretación ha sido también adoptada por un sector de la Doctrina penal, lo que adelanta el momento de la consumación al del ofrecimiento de la obra, aunque algún autor exige con buen criterio que en todo caso el ejemplar ha de existir antes del ofrecimiento público (GONZÁLEZ RUS, BAUCELLS LLADÓS, FARALDO CABANA), pues de otro modo no podrá distinguirse de la comunicación pública. La cuestión es especialmente transcendente respecto de la piratería informática, en la que se realizan normalmente las copias ilícitas a demanda, esto es, después de que han sido solicitadas por el consumidor.

En cambio, otro sector doctrinal considera que la consumación requiere la efectiva entrega de la copia ofertada, pues es en ese momento en el que se aprecia la lesión del bien jurídico (QUINTERO OLIVARES, BUSCH, GARCÍA RIVAS, MATA Y MARTÍN, MIRÓ LLINARES, etc.). En consecuencia, desde esta perspectiva, el ofrecimiento se considera un acto preparatorio impune. No ha sido esta la visión de la Jurisprudencia mayoritaria, sobre todo, en su aplicación a los casos de los llamados "top manta" o ventas callejeras en las que se expone la mercancía sobre una manta. Así, una corriente jurisprudencial mayoritaria ha seguido el concepto amplio de distribución de la LPI, incluyendo, por tanto, la venta y el ofrecimiento para la misma (exhibición y mera puesta a disposición, previa a la venta), por lo que condena en estos casos: SSAP, Barcelona, Sección 3ª, 13-7-2001; Madrid, Sección 16ª, 586/2008, 11-9 (*Tol 1400995*); Salamanca, Sección 1ª, 7/2008, 31-1 (*Tol 1375926*); Barcelona, Sección 8ª, 489/2009, 1-9 (*Tol 1651052*); Madrid, Sección 15ª, 128/2009, 23-3 (*Tol 1570451*); Madrid, Sección 23ª, 316/2009, 17-3; León, Sección 3ª, 30/2010, 9-2 (*Tol 1824034*); Valencia, Sección 2ª, 116/2010, 8-2 (*Tol 1859924*); Madrid, Sección 1ª, 386/2011, 22-12; Madrid, Sección 2ª, 429/2011, 28-11; Sevilla, Sección 1ª, 549/2011, 25-11; León, Sección 3ª, 271/2012, 16-12, y Madrid, Sección 3ª, 65/2015, 4-2. De forma minoritaria, algunas resoluciones requerían para la consumación de la conducta que se realizara el acto traslativo correspondiente (venta, alquiler, etc.), absolviendo cuando sólo constaba la puesta a disposición del público (por todas, SAP, Pontevedra, Sección 2ª, 99/2007, 29-6). En este mismo sentido, se ha apreciado tentativa de distribución en el porte para su venta de 969 DVDs de películas, 1422 CDs de música y 37 videojuegos, copias de los originales, que son intervenidos por la policía, tras el accidente de tráfico que sufren los acusados, al considerar que el transporte es parte del proceso de distribución (SAP, Cádiz, Sección 4ª,

29/2015, 5-2); también en la actividad de intermediación entre productor y vendedor que realiza el acusado, transportando para su venta 175 CDs y 1059 DVDs en el interior de una maleta (SAP, Madrid, Sección 7ª, 50/2014). En cambio, en SAP, Madrid, Sección 2ª, 586/2013, 30-12, se descarta la existencia de tentativa de distribución, al no haberse acreditado que la finalidad de portar los 507 discos compactos ilegales en el interior de su vehículo fuera ésta, no pudiendo descartarse tampoco, en su caso, el desistimiento.

Otra corriente jurisprudencial reivindicó la autonomía del Derecho penal para mantener un concepto restrictivo de distribución, excluyendo no sólo los casos de oferta y exhibición, sino también de venta al detalle, advirtiendo que el Legislador penal distingue ambas conductas en otros delitos. Así, en los relativos a la pornografía infantil [art. 189.1, b), CP] se castiga expresamente la venta, exhibición y distribución. Desde esta perspectiva se llega a la absolución en casos de venta callejera [SSAP, Valencia, Sección 2ª, 17-5-2004 (*Tol 578392*), Voto Particular; Barcelona, Sección 7ª, 8-2-2006 (*Tol 886855*); Córdoba, Sección 2ª, 174/2009, 30-6, y AAP, Barcelona, Sección 7ª, 31/2009, 9-1].

Tras la reforma de 2015, también la SAP, Murcia, Sección 3ª, 49/2020, 5-2, ha estimado en un caso de venta de la obra ilícitamente fotocopiada y ofertada por internet en un establecimiento mercantil de papelería, que la consumación se produce “en el momento en que se disponen a la venta tales efectos sin la autorización de sus titulares cesionarios de los derechos de propiedad intelectual, no siendo necesaria la venta en sí de una copia (acto que supondría el agotamiento de los efectos del delito)”.

Además, la distribución exige poner la obra a disposición del público, esto es, de una pluralidad indeterminada de personas. No será distribución el envío de copias dentro del círculo privado (amigos y/o familiares). No se exige un mínimo cuantitativo de copias (en contra QUINTERO OLIVARES), basta con una sola copia dirigida al público en general, de forma indiscriminada.

En cuanto a las formas de distribución típicas, es claro que queda fuera del tipo el préstamo (falta el ánimo de obtener un beneficio económico), y que la venta y el alquiler son típicas —el precio deja clara la presencia del ánimo de obtener un beneficio económico (así, sanciona por la modalidad de alquiler la SAP, Granada, Sección 1ª, 576/1999, 11-9, declarando, además, que la primera venta no supone el agotamiento de los derechos de alquiler para los productores de fonogramas). La duda se suscita respecto de la donación o distribución gratuita. Para GONZÁLEZ RUS el ánimo de lucro —ahora ánimo de obtener un beneficio económico— está presente en la medida en que se ahorra la adquisición de la copia que entrega. MIRÓ LLINARÉS, en cambio, estima que es atípica por falta de dicho ánimo, aunque reconoce que la lesión del bien jurídico se produce en la misma medida.

Finalmente, hay que tener en cuenta también el agotamiento del derecho de distribución que rige para las sucesivas ventas u otros títulos de transmisión de la propiedad de la copia lícitamente adquirida en el ámbito de la Unión Europea (art. 19.2 LPI). No se reconoce, pues, el agotamiento internacional, ni tampoco alcanza al alquiler, como ya indicamos antes. En consecuencia, el adquirente del ejemplar de una obra puede volver a venderla sin autorización del autor, pero no así alquilarla. En este sentido se considera típico el alquiler, realizado por entidades bajo la apariencia de asociaciones sin ánimo de lucro, de ejemplares lícitamente adquiridos, cobrando un precio que supuestamente se destina a fines altruistas [MIRÓ LLINARES, GONZÁLEZ RUS; *vid.*, entre otras, SSAP, Palencia 6/1998, 28-1; Vizcaya, Sección 3ª, 156/1998, 14-4; La Rioja, Sección Única, 21/1999, 22-1; Cantabria, Sección 1ª, 151/1999, 29-10; Valladolid, Sección 2ª, 51/2002, 28-1 (*Tol 1541333*); Salamanca, Sección Única, 23/2001, 12-3; Madrid, Sección 2ª, 248/2001, 10-7; Granada, Sección 1ª, 576/1999, 11-9; etc.]. También se ha considerado "distribución" la puesta a disposición del público de equipos informáticos con sistemas operativos y *software*, carentes de la licencia de explotación pertinente, en un locutorio a cambio de precio (SSAP, Granada, Sección 1ª, 468/2015, 15-7; Madrid, Sección 2ª, 66/2015, 26-1; Barcelona, Sección 5ª, 353/2016, 12-5; Barcelona, Sección 9ª, 605/2017, 5-7, y Madrid, Sección 16ª, 72/2018, 31-1) o en el equipo informático de un negocio de lavanderías para su gestión (SAP, Madrid, Sección 2ª, 476/2022, 15-7). En cambio, acertadamente, la SAP, Madrid, Sección 23ª, 1097/2014, 26-12, rechaza que constituya "distribución" la puesta a disposición de la clientela de terminales informáticos, en los que se aloja un sistema operativo "pirata", para consultar internet o conectarse a servicios de telefonía o de internet, consistiendo el negocio en facturar por el número de minutos de uso del servicio de conexión. En tales casos, o bien se produce una reproducción ilícita o bien una "explotación de cualquier otro modo" como se desprende de la argumentación vertida en la SAP, Barcelona, Sección 9ª, 605/2017, 5-7, y claramente respecto del uso de *software* sin licencia en equipos utilizados en locutorios o para la gestión de establecimientos mercantiles (SAP, Madrid, Sección 15ª, 140/2020, 27-3; confirmada por la STS 335/2021, 22-4). Tampoco se estima distribución por el simple hecho de la existencia de la copia "pirata" del sistema operativo o de la aplicación de ofimática en los ordenadores de un establecimiento dedicado a la reparación y venta de ordenadores y productos informáticos, sin que conste su ofrecimiento al público (SAP, Las Palmas, Sección 1ª, 311/2016, 6-9). Distinto es el caso en el que se instalan videojuegos en ordenadores de un negocio abierto al público, adquiridos con licencia de uso personal, pero utilizados en la explotación comercial (SAP, Cádiz, Sección 4ª, 93/2015, 9-3), o en el que se instalaba copias piratas de software auténtico (sistema operativo y paquete de office) en los ordenadores que se ponían a la venta en el establecimiento mercantil dedicado a la venta de productos informáticos (SAP, Albacete, Sección 2ª, 396/2017, 9-10).

1.4. Comunicar

La comunicación pública es definida en el art. 20, LPI, como "todo acto por el cual una pluralidad de personas pueda tener acceso a la obra sin previa distribución de ejemplares de cada una de ellas". La diferencia entre la comunicación pública y la distribución radica en que en la primera el acceso a la obra se realiza sin necesidad de que esté fijada en soporte alguno. Es una forma de explotación de naturaleza inmaterial y como tal supone la lesión del bien jurídico protegido. Hay que tener en cuenta, además, que el art. 20.2.i), LPI, contempla, como una modalidad de comunicación pública, la puesta a disposición interactiva que permite acceder a la obra en el momento y desde el lugar que la persona elija. Con ello se dan cabida aquí a actividades de *uploading* (subida de archivos a la red) y su puesta a disposición por *FTP* o páginas web o por programas que permiten el intercambio de archivos (*P2P*) o por *streaming*—visualización en tiempo real directamente desde la página web de origen, sin necesidad de descarga en el propio ordenador [véanse al respecto Circular de la FGE 1/2006 (*Tol 889065*), FERNÁNDEZ TERUELO, FARALDO CABANA]. Así, en la SAP, Madrid, Sección 7ª, 409/2018, 2-5, se considera comunicación pública la gestión de los servidores FTP ubicados en el extranjero, en los que se alojaba material protegido por derechos de autor sin la autorización de sus titulares, y accesible para su descarga tras el abono de una suscripción por el usuario.

El problema se planteó con las páginas de enlaces que, bien directamente o a través de un programa P2P, dirigían a contenidos ilícitos alojados en otra página web distinta, desde donde al clicar sobre el enlace dispuesto en la primera, se activaba la descarga o la visualización en *streaming* de la copia ilícita en la segunda. Al no alojar los contenidos ilícitos, su actividad era considerada atípica tanto por la Doctrina (MIRÓ LLINARES, RODRÍGUEZ MORO) como por la mayoría de la Jurisprudencia menor, pues ni reproducían ni tampoco publicaban las obras ilícitas, sino sólo información sobre ellas, constituyendo, por tanto, actos de intermediación que quedaban sometidos al régimen de responsabilidad estipulado en la Ley 34/2002, de 11 de julio, de Servicios de la Sociedad de la Información y del Comercio Electrónico, en cuyo art. 17 se estipula que los prestadores de servicios que faciliten enlaces a contenidos o instrumentos de búsqueda no son responsables por "la información a la que dirijan a los destinatarios de sus servicios" siempre que no tuvieran "conocimiento efectivo de que la actividad o la información a la que remiten o recomiendan es ilícita o de que lesiona bienes o derechos de un tercero susceptibles de indemnización, o si lo tienen, actúen con diligencia para suprimir o inutilizar el enlace correspondiente"; indicando que dicho conocimiento efectivo se produce cuando hay una resolución emitida por autoridad competente sobre la ilicitud de los datos o la lesividad de la actividad, conocida por aquel, sin perjuicio de los procedimientos que el prestador establezca para la detección y retirada de contenidos y de otros medios de conocimiento efectivo que pudieran establecerse (SAP, Barcelona, Sección 7ª, 8/2005, 22-12; AAAP, Madrid, Sección 2ª, 528/2008, 11-9, caso *Sharemula*; León, Sección 3ª, 463/2009, 15-10; Madrid, Sección 23ª, 554/2010, 11-5, Cantabria, Sección 1ª, 214/2010, 8-6, caso *cinegratis*; Huelva, Sección 1ª, 508/2010, 1-9; Madrid, Sección 2ª, 202/2011, 8-3; Madrid, Sección 1ª, 159/2011, 10-5; Madrid, Sección 1ª, 179/2011, 15-3; Madrid, Sección 2ª, 369/2011, 30-6; Álava, Sección 2ª, 52/2012, 3-2; A Coruña, Sección 1ª, 22/2013, 8-1; León, Sección 3ª, 67/2014, 20-1; Girona, Sección 4ª, 317/2015, 5-6, rechazando la interpretación hecha en la STJUE, caso *Svensson*, 13-2-2014, asunto C.-466/12, sobre la comunicación pública, por haber sido dictada con posterioridad a los hechos; SAP, Madrid, Sección 16ª, 632/2015, 17-9, y SJP, nº 4, Murcia, 222/2019, 21-6).

Esta visión jurisprudencial convivía con otra, más minoritaria, favorable a su encaje típico como comunicación pública, disponiendo en consecuencia la continuación del procedimiento (AAAP, Barcelona, Sección 3ª, 732/2009, 11-11; Valencia, Sección 3ª, 630/2010, 26-10; Alicante, Sección 7ª, 551/2010, 20-9, etc.), argumentado que lo decisivo en la "comunicación pública" no era si se alojaban en las páginas web los contenidos ilícitos, sino que con su actividad hacían accesible la obra a una pluralidad indeterminada de personas, bien porque se introducían en el contexto de intercambio, cuando de redes *P2P* se trataba, o bien porque localizaban directamente, al apuntar con el enlace, el servidor donde se encontraba dicho contenido, posibilitando con ello que los usuarios con la simple "acción de hacer clic en 'descargar' accedan a la película o a la música correspondiente, permitiendo una descarga directa de su contenido" (SAP, Vizcaya, Sección 1ª, 530/2011, 27-9; en el mismo sentido SSAP, Castellón, Sección 1ª, 426/2014, 12-11, caso "bajatetodo"; Valencia, Sección 4ª, 40/2014, 20-1; etc.).

En realidad, esta era una cuestión también problemática en el orden civil, en donde la Jurisprudencia había rechazado que la actividad de las páginas web de enlaces constituyese "comunicación pública", precisamente porque no alojaban los contenidos ilícitos, sino los enlaces que permitían llegar hasta ellos, una actividad de facilitación de la infracción que declaraban no prevista en la LPI como conducta propiamente infractora (entre otras, SSAP, Barcelona, Sección 15ª, 83/2011, 24-2; Barcelona, Sección 15ª, 301/2011, 7-7; SJP, nº 2, Madrid, 124/2013, 22-7, caso Sharemula, etc.); Esta falta de previsión legal de las actividades de contribución indirecta es una de las razones del fracaso del procedimiento administrativo para la salvaguarda de los derechos de propiedad intelectual en el ámbito de la Sociedad de la Información, atribuido a la Sección Segunda de la Comisión de Propiedad Intelectual (art. 158, LPI), creada por Ley 2/2011, de 4 de marzo, de Economía Sostenible, en su Disposición final 43ª (también conocida como Ley Sinde). Así las cosas, se procede a la modificación de la LPI a través de la Ley 21/2014, de 4 de noviembre, incorporando referencia expresa a la contribución indirecta por medio de la inducción, la cooperación necesaria o la capacidad de control sobre la conducta del infractor (art. 138, párrafo 2º, LPI), y declarando también como responsable en el procedimiento de restablecimiento de la legalidad encomendado a la Comisión de Propiedad Intelectual (art. 158 ter, LPI), a los "prestadores de servicios que infringen la propiedad intelectual, "facilitando la descripción o la localización de las obras o prestaciones que indiciariamente se ofrezcan sin autorización, desarrollando a tal efecto

> una labor activa y no neutral, y que no se limiten a actividades de mera intermediación técnica. En particular, se incluirá a quienes ofrezcan listados ordenados y clasificados de enlaces a las obras y prestaciones referidas anteriormente, con independencia de que dichos enlaces puedan ser proporcionados inicialmente por los destinatarios del servicio".

Estas discrepancias interpretativas motivaron, como veremos, el que en la reforma de la LO 1/2015 se incorporará expresamente en el apartado 2º del art. 270, CP, la conducta de facilitar el enlace o la localización en internet de obras o prestaciones protegidas; si bien, en realidad, aquellas quedaron zanjadas antes al dictarse la STJUE, caso Svensson, 13-2-2014, asunto C-466/12, que abordaba precisamente la cuestión de si la inserción en una página web de un enlace, que al pulsarlo conduce a un artículo de prensa sobre el que existen derechos de autor, constituía o no comunicación pública a los efectos del art. 3.1 de la Directiva 2001/29/CE. En efecto, la sentencia concluye que ciertamente "el hecho de facilitar enlaces sobre los que se puede pulsar y que conducen a obras protegidas debe calificarse de «puesta a disposición» y, en consecuencia, de «acto de comunicación» en el sentido de la referida disposición" (apartado 20), pero para que integre un "acto de comunicación al público en el sentido del art. 3 apartado 1 de la citada Directiva 2001/29/CE es necesario constatar que dicha nueva puesta a disposición se dirige a un público nuevo, "a saber, un público que no fue tomado en consideración por los titulares de los derechos de autor cuando autorizaron la comunicación inicial al público" (apartado 24). En el litigio se trataba de un "enlace profundo" que dirigía a la página web donde se encontraba publicado, con autorización de los titulares de derechos, el artículo periodístico en abierto y accesible sin restricción alguna; de manera que el Tribunal estimó que no había un público nuevo, pues los usuarios de la página de enlaces eran también destinatarios potenciales de la comunicación inicial, y ello aunque la técnica del enlace profundo diera la impresión de que el artículo periodístico se encontraba en la misma página de los enlaces (apartado 30). "Por el contrario, en el caso de que el enlace sobre el que se puede pulsar permitiera a los usuarios de la página en la que se encuentra dicho enlace eludir las medidas de restricción, adoptadas en la página en la que se encuentra la obra protegida para limitar el acceso a ésta a los abonados y constituyera, de este modo, una intervención sin la cual dichos usuarios no podrían disfrutar de las obras difundidas, habría que considerar que el conjunto de esos usuarios es un público nuevo que no fue tomado en consideración por los titulares de los derechos de autor cuando autorizaron la comunicación inicial, de modo que tal comunicación al público exigiría la autorización de los titulares. Así sucede, en particular, cuando la obra ya no está a disposición del público en la página en la que fue comunicada inicialmente o cuando ya sólo lo está para un público limitado, mientras que es accesible en otra página de Internet sin la autorización de los titulares de los derechos de autor" (apartado 31).

En consecuencia, con la STJUE en el caso Svensson quedaba claro que los casos que habían llegado a la Jurisprudencia penal en los que la página de enlaces dirigía a contenidos "piratas", cuya publicación o reproducción no había sido autorizada por los titulares de derechos, constituía comunicación a un público nuevo, en cuanto que puesta a disposición de una pluralidad de sujetos desde el lugar y momento que considerasen oportuno.

El asunto también llegó al TS con el conocido caso "Youkioske", que dio lugar a dos sentencias en la AN y otras dos en casación en el TS, al anularse por el Alto Tribunal la primera sentencia condenatoria dictada por la AN. En efecto, la SAN, Sección 2ª, 6/2015, 5-3, condenó a los administradores de la página web que dio nombre al caso —youkioske— por poner a disposición del público periódicos y revistas de distintos países en su versión editada en papel, alojados en otros servidores, a través de una colección indexada de enlaces, de manera que al pulsar sobre dichos enlaces se accedía a la obra directamente en pantalla —*streaming*—, sin necesidad de abonar la correspondiente suscripción o pago del ejemplar físico, y sin autorización de los titulares de derechos de propiedad intelectual. La AN argumentó con el derecho de puesta a disposición previsto en el art. 3.1 de la Directiva 2001/29/CE, e incorporado por la Ley 23/2006 en la LPI, por lo que concluía "que el derecho de puesta a disposición es una modalidad del más general derecho de comunicación pública, por lo que no es necesario el establecimiento de una nueva conducta típica penal, sino que la realización de conductas de puesta a disposición en Internet con ánimo de lucro y en perjuicio de tercero, sin permiso de sus titulares y con la consiguiente lesión del derecho de explotación, debe ser considerado comunicación pública delictiva del art. 270 del CP". La STS 638/2015, 27-10, anuló, sin embargo, la referida sentencia de la AN, porque los hechos probados no estaban debidamente perfilados, pues de una parte las obras ilícitas a las que se facilitaba el acceso no quedaban suficientemente precisadas, y de otra, tampoco podía extraerse si la puesta a disposición que representaba la actividad de enlazar podía finalmente catalogarse como comunicación al público, en cuanto que diera acceso a un público nuevo, pues los periódicos y revistas también publicaban en abierto sus artículos y noticias. Así las cosas, la AN dictó nueva sentencia condenatoria —SAN, Sección 2ª, 2/2016, 5-2—, clarificando los hechos probados, al identificar debidamente las distintas publicaciones a las que se enlazaba, y dejando claro que las obras a las que se accedía eran las versiones impresas, que requerían el pago de una suscripción digital o comprar el ejemplar impreso, porque lo publicado en abierto no eran todas las noticias o artículos de tales publicaciones o no lo eran en toda su extensión; con lo cual, la puesta a disposición del enlace integraba una comunicación pública al ser sus destinatarios un público nuevo. El caso se zanja con la STS 920/2016, 12-12, confirmatoria de la última condenatoria dictada por la AN. También ha considerado típica como "comunicación pública" la actividad de enlace tras el caso Svensson, STS 29/2023, 25-1.

La Jurisprudencia menor posterior, dictada tras la entrada en vigor de la LO 1/2015, pero referida a hechos acaecidos con anterioridad a la reforma, no es uniforme. Una corriente jurisprudencial se adhiere a la interpretación del TS y del TJUE sobre estas páginas webs de enlaces. Así, la SJP, nº 2, Jaén, 241/2019, 13-5, en la que se condena al administrador de la página "ps3pirata.com", cuyo principal objeto era la puesta a disposición de videojuegos de la video consola "play station 3", mediante enlaces, exigiendo para la descarga ser usuario de la página, mediante la aportación de los datos personales, y financiándose mediante la "banners publicitarios". También la SAP, Murcia, Sección 2ª, 55/2021, 26-2, en el caso "seriesyonkis", considera típica la actividad de las páginas de enlace como comunicación pública, aunque acaba absolviendo por apreciar falta de dolo —en realidad, ausencia de conocimiento de la antijuridicidad, pues se refiere al error de prohibición—. En el mismo sentido, SJP, nº 2, Huelva, 290/2019, 11-11; SAP, Barcelona, Sección 10ª, 334/2020, 26-6, etc. En cambio, algunas otras resoluciones, como la dictada por el J. P., nº 4, Murcia, 222/2019, 21-6, en el citado caso "seriesyonkis", estimaron que aplicar retroactivamente la doctrina de la STJUE en el caso Svensson quebraba la seguridad jurídica, pues se oponía al que era el parecer mayoritario en la Jurisprudencia penal a la fecha de los hechos; en el mismo sentido, rechazando la tipicidad conforme al número 1 del art. 270 CP y la irretroactividad de la norma contenida en el nuevo art. 270.2, CP, la SAP, León, Sección 3ª, 42/2021, 1-2; STSJ, Castilla y León, Sala de lo Civil y Penal, Sección 1ª, 9/2020, 13-2, caso "palcoTV"; SAP, Santa Cruz de Tenerife, Sección 2ª, 62/2023, 17-3, argumentando quc, de una parte los hechos acontecieron entre 2007 y 2009, por tanto, antes del caso Svensson, y por otra, que "la introducción expresa de la conducta en la norma a través del apartado segundo del art. 270 manteniendo la conducta tipificada en el párrafo primero, hubiese resultado innecesaria, lo que revela que en la regulación anterior aquellas conductas relativas a las webs de enlace eran atípicas".

De la misma forma la SAP, Murcia, Sección 5ª, 274/2021, 26-10, aunque declara que la actividad de la página de enlaces, en este caso conteniendo "un listado completo y ordenado de enlaces con programas del tipo *P2P* que a su vez descargaban en otro mega servidor obras protegidas", es típica, acaba absolviendo igualmente por falta de conocimiento de la ilicitud de la actividad. En el mismo sentido, SAP, Barcelona, Sección 2ª, 141/2023, 24-2, caso "seriesly", considera típica la actividad de la página web, que pretendía ser una red social en la que los usuarios debían registrarse para acceder al contenido audiovisual (películas, series, documentales, programas de televisión…), que era subido a la red por otros usuarios en distintos servidores, permitía organizar de manera personalizada el contenido favorito y, a través del servicio *premium*, eliminar la publicidad y aumentar la velocidad de descarga; pero acaba absolviendo también por falta de conocimiento de la ilicitud de la actividad desplegada.

En otro grupo de casos se ha cuestionado el carácter público de la comunicación, pues el párrafo 2º del art. 20.1, LPI dispone que "no se considerará pública la comunicación cuando se celebre dentro de un ámbito estrictamente doméstico que no esté integrado o conectado a una red de difusión de cualquier tipo". En consecuencia, la comunicación pública implica que pueda tener acceso a la obra, de forma simultánea o sucesiva, una pluralidad de personas que exceda el ámbito puramente doméstico, esto es: el ámbito de las relaciones personales, familiares o de amistad. Concretamente, se discute si tienen cabida en el tipo penal, pues no hay duda de que sí lo tienen en el ilícito civil, los casos de videos comunitarios u hoteleros o la reproducción de discos u otras obras o prestaciones en establecimientos abiertos al público (discotecas, bares, etc.), en medios de transporte público, etc.

Respecto de los videos comunitarios y también de los hoteleros el problema se agrava, al realizarse la comunicación a través de una conexión a una red de difusión, convirtiendo en pública una difusión que inicialmente puede estar circunscrita al ámbito doméstico. Es por ello que un sector doctrinal se ha inclinado por restringir su aplicación a las redes también públicas, lo que permitiría excluir del tipo penal los casos en los que el terminal se encuentra dentro de la misma finca o de la colindante, que pertenece a la misma comunidad de vecinos, pues, aunque se dirige a un colectivo indeterminado, la red no está abierta a cualquiera (QUINTERO OLIVARES, GONZÁLEZ GÓMEZ, BAUCELLS LLADÓ, JORGE BARREIRO). Esta idea se apoyaba en el art. 25.3 de la derogada Ley de Ordenación de las Telecomunicaciones 31/1987, de 18 de diciembre, conforme a la cual se consideraban "televisión" los casos de videos comunitarios, en los que los cables de conexión invadieran dominio público —por ejemplo, cruzando calles (Circular de la FGE 2/1989, 20 de abril).

En cambio, para otros autores (MIRÓ LLINARES, FARALDO CABANA) tales supuestos son comunicaciones públicas ilícitas, cuyo carácter delictivo dependerá de que concurra o no ánimo de lucro —ahora de obtención de beneficio económico—, directo o indirecto, por parte de quien las realice.

Por su parte, la Jurisprudencia ha estimado suficiente para apreciar "comunicación pública" que exista una red de difusión que dé acceso a una pluralidad de personas, sin valorar si el cableado invade o no zonas de dominio (entre otras, SAP, Madrid, Sección 16ª, 88/1998, 6-2; STS 876/2001, 19-5; SJP, nº 5, Sevilla, 196/2004, 26-5; SSAP, Sevilla, Sección 1ª, 400/2007, 2-7; Huelva, Sección 3ª, 119/2007, 12-6, y Sevilla, Sección 7ª, 491/2022, 27-10). No obstante, en algún caso sólo se ha condenado por defraudación del servicio de radiodifusión de acceso condicional del art. 286.1, CP, a pesar de haberse instalado un cableado propio que permitía trasladar a distintas viviendas y establecimientos mercantiles la señal de televisión de pago, que previamente había contratado para uso particular (SAP, Madrid, Sección 29ª, 160/2016, 28-3).

Por lo que se refiere a los casos de reproducción de discos en establecimientos abiertos al público sin los correspondientes permisos, BUSCH defiende que son atípicos por aplicación del principio de insignificancia, mientras que MIRÓ LLINARES (también, GONZÁLEZ RUS, RODRÍGUEZ MORO) entiende que lo que se afecta es el derecho de remuneración del artista y del productor de fonogramas, no el de comunicación pública que aquí no se reconoce al autor por la LPI. Por tanto, aunque sean ilícitas no serán típicas. En la Jurisprudencia se encuentran condenas respecto de los dueños o encargados de bares o pubs en los que para ambientar el local se reproducía música sin contar con la autorización de los titulares de derechos de propiedad intelectual, normalmente a través de copias ilícitas (SJP, nº 13, Madrid, 411/2004, 21-10, y 144/2005, 12-4; nº 4, A Coruña, 400/2006, 13-12; nº 3, A Coruña, 423/2008, 19-11; nº 1, Cáceres 412/2010, 31-12, etc.).

La SJP, nº 4, Santander, 309/2006, 14-7, consideró que no se verificaba el tipo penal cuando se intercambian copias de obras musicales a través de correo electrónico con usuarios de internet que participan en distintos *chats*, pues se trata de copias para uso privado. Sin embargo, la SAP, Cantabria, Sección 1ª, 40/2008, 18-2 (*Tol 1274453)*, que desestima el recurso de apelación, sostuvo acertadamente que "la expresión 'utilización colectiva', aun interpretada restrictivamente, abarca todos aquellos casos en que la obra se comparte con usuarios ajenos al círculo familiar o íntimo del copista, con personas indeterminadas mediante una oferta general de acceso o intercambio, como ocurre en el sistema 'Peer to Peer' (*P2P*) o en el caso presente, en que el acusado ofertaba libremente en la red el listado de sus discos, películas y juegos facilitando luego copias de sus archivos a quien se lo solicitaba a cambio de otras obras de su interés. Las copias que con esta finalidad eran poseídas por el acusado no podían, por tanto, considerarse copias para uso privado estrictamente, ni podían considerarse entonces —ni ahora conforme a la legislación vigente—, amparadas por la excepción legal a la prohibición de reproducción sin autorización de los titulares de los derechos de propiedad intelectual. Además, resulta claro que mediante esa conducta de reproducción y oferta pública a terceros de tales copias y sus reproducciones, el acusado realizaba las conductas objetivas típicas descritas en el art. 270 del CP de reproducir y distribuir, lo que unido a la falta de autorización de los titulares de los derechos antes comentada conduce a afirmar, en definitiva y a los efectos de esta jurisdicción, que la conducta del acusado no era civilmente lícita y colmaba ya en su momento el tipo objetivo del delito del art. 270 del CP". La sentencia mantiene, no obstante, la absolución del acusado al considerar que no había ánimo de lucro "en el ahorro del coste de adquisición legal de la copia".

1.5. Explotar económicamente de cualquier otro modo

Se trata de una cláusula abierta, incorporada con la reforma operada por la LO 1/2015, que permite ir incorporando nuevas formas de explotación de la obra que pueden ir surgiendo como consecuencia de la evolución tecnológica. Se persigue, por tanto, evitar posibles lagunas de punición como la vivida con la actividad de las páginas de enlaces. Ofrece además el mínimo común denominador de todas las modalidades típicas del precepto, de manera que éstas no son sino manifestaciones particulares del género "explotación económica" de la obra o prestación protegida.

Explotar significa "Sacar utilidad de un negocio o industria en provecho propio", sinónimo de "utilizar, emplear, aprovechar" (RAE). La exigencia de que dicha utilidad sea de carácter "económico" confirma el ámbito de protección penal a solo los derechos de índole patrimonial de la propiedad intelectual, como ya indicamos. En este sentido, hay quien ha considerado que la incorporación de esta cláusula constituye un cambio de paradigma, pues ciñe el ámbito de lo punible a infracciones que se produzcan en el desarrollo de una actividad económica (GÓMEZ RIVERO), dejando fuera las que persigan un mero aprovechamiento personal (Circular FGE nº 8/2015). Lo cierto es que la interpretación restrictiva del antiguo "ánimo de lucro" —ahora "lucro comercial"— ya había permitido alcanzar esta conclusión.

La determinación de qué actividades pueden tener cabida en esta cláusula ha abierto la discusión sobre la punición de la transformación no consentida de la obra, cuya tipicidad ya resultaba controvertida antes de la reforma de la LO 1/2015 sobre la base de la redacción dada al objeto de la acción ("su transformación, interpretación o ejecución artística"), como ya se expuso más atrás. A favor de su encaje típico en la nueva modalidad típica del art. 270.1, CP, está el que constituye una forma de explotación de la obra, que se encuentra legalmente tipificada en el art. 17, LPI, junto a la "reproducción, distribución y comunicación pública". De ahí que la práctica totalidad de la Doctrina se decante ahora por su punición (TOMÁS-VALIENTE LANUZA, MIRÓ LLINARES, GÓMEZ RIVERO, TIRADO ESTRADA, etc.). Si bien, GARCÍA RIVAS ha advertido que en tales casos la explotación económica recae sobre un objeto material distinto al tutelado penalmente: la obra derivada, transformada sin autorización, y por ello sin cobertura de protección penal.

A este respecto se observa que, efectivamente, la LPI considera que con la transformación de la obra se obtiene "una obra diferente" (art. 21.1, LPI), cuyos derechos se otorgan al autor de esta última "sin perjuicio del derecho del autor de la obra preexistente de autorizar, durante todo el plazo de protección de sus derechos sobre ésta, la explotación de esos resultados en cualquier forma" (art. 21.2, LPI). Lo que significa, siguiendo a la mayoría de la Doctrina civilista, en primer lugar, que la actividad de transformación no es en sí misma ilícita, se cuente o no con consentimiento del autor de la obra primigenia (por ejemplo, una traducción para uso particular); lo ilícito es su explotación no autorizada (por todos, RIVERO HERNÁNDEZ, MARISCAL GARRIDO-FALLA, etc.). Es, por ello, que se entiende que cuando el autor consiente el acto transformador está consintiendo también la explotación directa del producto resultante, esto es, la reproducción, distribución y comunicación pública. En este punto, conviene advertir que la transformación de la obra guarda una estrecha relación con el derecho moral a la integridad de la obra, por lo que el consentimiento para transformar determinará el alcance y la forma del acto transformador, a veces, incluso, quien lo efectuará. Por ello, sí será necesario nuevo consentimiento para la sucesiva transformación de la obra derivada (MARISCAL GARRIDO-FALLA).

Según el art. 21.1, LPI, transformar una obra es realizar una modificación en su forma, mencionándose expresamente la traducción o la adaptación de la obra. Mientras en la primera el cambio incide en el lenguaje en el que fue escrita la versión original, en la segunda se cambia el género artístico en el que aquella se expresa (convertir una novela en una película, etc.). Ejemplos de obras derivadas son recogidos también en la propia LPI, en su art. 11 (revisiones, actualizaciones, anotaciones, compendios, resúmenes, extractos, arreglos musicales, a los que la Doctrina añade otros, como la finalización de las obras inacabadas (MARISCAL GARRIDO-FALLA).

En segundo lugar, que la obra derivada goza de un régimen jurídico particular (MARISCAL GARRIDO-FALLA), pues supone una concurrencia de derechos que recaen sobre partes distintas de la obra, que corresponden a sujetos distintos: el autor de la obra preexistente y el de la obra derivada, cada uno sobre la actividad creativa original que ha llevado a cabo. Así, se dice que el autor de la obra derivada no podrá impedir ulteriores transformaciones de la obra original acordadas por el autor de ésta (por ejemplo, la realización de una serie televisiva a partir de la novela original, respecto de la que previamente se autorizó su transformación en largometraje cinematográfico); ni tampoco el autor de la obra preexistente desplegar su dominio sobre la parte original del transformador (así, por ejemplo, no podrá impedir la creación de una nueva serie televisiva a partir de un personaje creado para la adaptación cinematográfica de la novela).

En tercer lugar, se observa que la transformación, a diferencia de los demás derechos de explotación legalmente tipificados en el art. 17, LPI, consiste en una alteración de la "forma" de la obra preexistente, de manera que esta se transmuta en otra diferente por aplicación de la actividad creativa del transformador. Ello supone, como agudamente ha evidenciado SÁNCHEZ ARISTI, que lo que en realidad permanece inalterado en la obra derivada es el "contenido" de la preexistente, algo que choca con la máxima de que la propiedad intelectual no protege las ideas, y que por ello se trata de explicar por la Doctrina civilista recurriendo a categorías intermedias como la de la "estructura interna" o la "composición", que a la postre resultan de difícil o imposible delimitación. A lo que se añade el que en determinados tipos de obras sea arduo distinguir entre la forma y el contenido, o en las que todo sea forma (obras musicales), o en las que estén tutelados determinados contenidos como el argumento, los personajes, los ambientes, escenas, etc., como sucede en las novelas, obras teatrales, cinematográficas, etc. (BERCOVITZ RODRÍGUEZ-CANO).

Todo ello y particularmente el aspecto de alteración de la forma, que desemboca en una nueva obra, diferente de la preexistente, en la que también se aprecia actividad creativa del transformador, es lo que, a nuestro modo de ver, puede justificar el que el tipo penal no haga mención expresa —a diferencia de lo que sucede en el art. 17, LPI— de la conducta de transformación. Lo que nos lleva a sostener una interpretación restrictiva de la cláusula que solo incluya modalidades de explotación económica que guarden equivalencia con las expresamente tipificadas en el sentido de que no representen alteración de su forma. De otro modo, el tipo se abre en demasía, incluyendo conductas que conllevan la aplicación o utilización económica no solo de la forma —lo característico del derecho de autor—, sino también del contenido de la obra (piénsese en el uso de obras protegidas por la inteligencia artificial).

En este sentido alguna Doctrina antes de la reforma de la LO 1/2015, había justificado la no inclusión de la transformación entre las conductas típicas del art. 270.1, CP, en el hecho de que el transformador explotaba lo que constituía una "creación intelectual personal" (GONZÁLEZ GÓMEZ, BUSCH), o en que la transformación sin autorización conllevaba un menor desvalor por cuanto no dejaba de ser para el transformador la explotación de "su obra", a diferencia de las otras modalidades típicas que suponen usurpación de derechos ajenos (RODRÍGUEZ MORO). Para otros, se trataba de un mero olvido del Legislador (MIRÓ LLINARES), reclamándose su inclusión en el tipo penal (VEGA VEGA), que podía ser subsanado a través de la conducta de plagio (BAYLOS CORROZA).

A la Jurisprudencia ya había llegado antes de la reforma de la LO 1/2015 algún caso de adaptación de una obra preexistente. En concreto, la SAP, Madrid, Sección 16ª, 223/2011, 3-5, absuelve al productor de una película de dibujos animados, al no quedar demostrado que los elementos de coincidencia (los dragones alados y el pequeño submarino) entre la película y los comics, de los que se supone aquella es adaptación, fueran creación original del titular de estos, y no acervo común del género fantástico de civilizaciones antiguas. En concreto se indica que "la película tiene un desarrollo argumental, una historia, unos diálogos, que se apartan por completo de la obra del Sr. Rodrigo. (...). En este sentido, no puede decirse que la película sea tributaria del comic en el nivel argumental. Las diferencias son, por tanto, esenciales, puesto que la historia, la trama, el argumento y los diálogos son diferentes. Estamos hablando de dos producciones completamente diferentes, una audiovisual y otra en soporte escrito, las diferencias de entrada ya son especialmente significativas". También el AAP, Madrid, Sección 30ª, 668/2010, 12-11, que rechaza la existencia de plagio de un libro de autoayuda publicado con anterioridad por la denunciante en un programa de televisión emitido por "Antena 3 TV". En concreto se alegaba la copia del título, de la estructura, del contenido e incluso de algunos personajes de su libro: el programa de 3 episodios, tenía el mismo título (cambio de rumbo) y consiste también en "entrevistar a personas que han decidido dar un cambio a su vida dedicándose a cosas absolutamente distintas a las que constituían su quehacer habitual", igual que el libro que bajo ese mismo formato y título, recoge las entrevistas a dos de los personajes que aparecen en el programa. El auto recuerda que la tutela penal se extiende a la obra original, no a las ideas ni al método, y que, "en todo caso, la idea y el título del libro forman parte del acervo común pues constituye un lugar común propio de 'un modelo de vida de la civilización de las grandes ciudades', y, en fin, que el formato del libro y del programa son diversos: uno es un libro de autoayuda y el otro, una obra televisiva con el formato y estructura propias de un reportaje. Por la vía del plagio se han intentado también proteger las obras primigenias respecto de la obra derivada (BAYLOS CORROZA), aunque sin éxito. Así, la SJP, nº 25, Madrid, 254/2015, 21-7, rechaza la existencia de plagio en la serie de RTVE "La señora" respecto de una novela.

En consecuencia, los conflictos entre el titular de la obra primigenia y el de la derivada quedaran así relegados al orden civil.

Por otra parte, aunque tengan significación económica, no quedan incluidos en esta cláusula general las actividades que se hallan cubiertas con un derecho de remuneración como, por ejemplo, la reventa de una obra de arte por su propietario, que genera en favor del autor un derecho de participación (art. 24, LPI); o la compensación equitativa por copia privada con cargo a los fabricantes de equipos, aparatos o soportes materiales que permitan la reproducción (art. 25, LPI), cuya vulneración ha de quedar relegada al ámbito civil, pues estamos ante "otros derechos" distintos a los de explotación, recogidos en la sección 3ª del Capítulo III, Título II, LPI.

Asimismo, se ha planteado la posibilidad de incluir en esta modalidad típica algunos supuestos de los denominados "falsos", esto es, aquellas copias —no mecánicas— de obras artísticas de autores reconocidos, que en la medida en que constituyen una nueva ejecución de la obra puedan comportar cierta actividad creativa y no considerarse por ello meras reproducciones (TOMÁS VALIENTE-LANUZA). Entendemos que tales casos comportaran normalmente una reproducción de la obra preexistente, en la medida en que la concepción o configuración de la misma sea lo original.

GÓMEZ RIVERO también apunta a la concesión de licencias sin el consentimiento de sus titulares como conducta a incluir bajo esta modalidad típica.

En la Jurisprudencia se encuentran casos de utilización de videojuegos adquiridos legalmente con licencia de uso doméstico, pero utilizados en ordenadores de un negocio abierto al público para su uso a cambio de precio (SAP, Cádiz, Sección 4ª, 93/2015, 9-3); también el uso de *software* sin licencia que ha sido instalado en ordenadores, cuyo uso se cede a cambio de precio para conectarse a internet o comunicarse de cualquier otra forma en locutorios u otros locales comerciales. En concreto, la SAP, Madrid, Sección 15ª, 140/2020, 27-3, confirmada por STS 335/2021, 22-4, enumera las formas de explotación abarcadas por esta nueva modalidad típica: "actos de explotación de *software* con un número de licencias menor a las que realmente se estarían utilizando (obtención de licencia para un número determinado de usuarios y/o equipos y utilización por mayor número de usuarios y/o instalación en un mayor número de equipos); actos de explotación de *software* con licencias inapropiadas (*e.g.* obtención de licencias para uso no comercial que finalmente se destinarían a actividades comerciales); actos de explotación de *software* "pirata" (*e.g.* *software* obtenido por canales de distribución ilegales y sin autorización/licencia del titular de los derechos sobre el mismo)". No obstante, antes de la reforma de LO 2015, el uso de *software* "clonado" en equipos informáticos de locutorios se había calificado como reproducción o distribución (SSAP, Sevilla, Sección 1ª, 597/2011, 29-12; Granada, Sección 1ª, 468/2015, y Madrid, Sección 2ª, 66/2015), aunque alguna sentencia lo había considerado también atípico (SAP, Madrid, Sección 23ª, 1097/2014, 23-10). Tras la reforma de LO 1/2015, también se ha calificado como distribución en la SSAP, Madrid, Sección 16ª, 72/2018, 31-1, y Madrid, Sección 2ª, 476/2022, 15-7. La actividad negocial consistente en la instalación de *software* "pirata" en ordenadores de terceros encaja en la modalidad de distribución (SSAP, Valencia, Sección 4ª, 94/2000, 13-4; Cáceres, Sección 2ª, 249/2015, 1-6, y Las Palmas, Sección 6ª, 111/2010, 16-4).

Otros supuestos posibles, incluidos por la Doctrina civil, tienen que ver con la aplicación industrial de la creación artística, por ejemplo, unos dibujos estampados en bolsos, monederos, etc. que pueden servir, o no, para identificar la procedencia de estos productos. Pero ya entraríamos en el ámbito de la propiedad industrial, y habría que valorar si un solo delito abarcaría ya todo el desvalor de la conducta. Sobre ello volveremos al analizar los concursos delictivos.

2. El tipo del art. 270.2, CP: facilitar el acceso o la localización en internet

Una de las novedades más destacadas de la reforma de los delitos relativos a la propiedad intelectual, operada por la LO 1/2015, fue la incriminación expresa de la facilitación del acceso o de la localización en internet de obras y prestaciones protegidas por derechos de autor al elenco de las conductas punibles. Con ello, se pretendía acabar con el dispar tratamiento jurisprudencial, al que nos hemos referido más atrás, que recibían las denominadas páginas de enlaces y la controversia acerca de su encaje típico en alguna de las conductas del art. 270, CP, particularmente, en la de "comunicación pública". En efecto, como vimos al analizar esta última conducta, la corriente jurisprudencial mayoritaria se decantaba por la atipicidad de la actividad de enlace, en cuanto que no alojaba los contenidos ilícitos, sino únicamente el vínculo que facilitaba el acceso a los mismos: bien directamente a los megaservidores, en los que aquellos contenidos se encontraban publicados por los propios usuarios, o bien a través de los programas de intercambio *P2P* que conectaban con los propios ordenadores de los usuarios, en los que dichos contenidos estaban disponibles para ser compartidos. Se consideraba, por tanto, como una actividad de intermediación, cuya responsabilidad debía articularse conforme a lo dispuesto en el art. 17 de la Ley 34/2002, de Servicios de la Sociedad de la Información y el Comercio Electrónico. Es, por ello que su incriminación expresa fue demandada por la propia Fiscalía del Estado en su Memoria de 2013, que, consciente del papel que desempeñaba en la infracción de los derechos de autor y del volumen de negocio que movía, propuso la incorporación de la conducta de "facilitar el acceso" para "hacer factible la persecución de este tipo de comportamientos" (Capítulo VI, I.1).

Aun cuando la STJUE, caso Svensson, 13-2-2014, asunto C-466/12, dejó claro —como vimos más atrás— que la actividad de enlace era una forma de comunicación pública en su modalidad de puesta a disposición del público, siempre que afectase a un público nuevo —lo cual zanjaba el debate sobre su subsunción en el tipo penal—, el Legislador, sin embargo, mantuvo la tipificación expresa de estas conductas de facilitación en la reforma del CP, que se había iniciado meses antes con el Proyecto de LO de 23 septiembre de 2013. Es por ello que el nuevo tipo, así incorporado al CP, se ha tildado de innecesario por redundante, configurándose como ley especial frente a la modalidad típica de comunicación pública del art. 270.1, CP, pues restringe la tipicidad al ámbito de la sociedad de la información, como veremos seguidamente (TIRADO ESTRADA, TOMÁS-VALIENTE LANUZA). A mayor abundamiento, la valoración de los enlaces como una forma de comunicación pública de la obra protegida realizada por el TJUE, en concreto, la de su puesta a disposición, convirtió en conductas de autoría lo que, en principio, podían ser considerados actos de participación en la infracción de derechos de autor protagonizados por otro (así antes del caso Svensson, MIRÓ LLINARES; tras la citada sentencia, mantienen el carácter de conducta de participación GALÁN MUÑOZ, GÓMEZ RIVERO, MATA Y MARTÍN).

La doctrina vertida en el caso Svensson se ha ido perfilando con sucesiva jurisprudencia del TJUE sobre la actividad de hiperenlaces. En el caso BestWater (Auto TJUE, 21-10-2024, asunto C-348/13), en el que se emplea la técnica del "*framing*" para enlazar, de manera que la obra protegida parece encontrarse en el sitio web desde donde se enlaza (*inline linking*), cuando en realidad apunta a la plataforma de compartición de videos "*youtube*", el TJUE estima que no hay comunicación a un público nuevo ni tampoco empleo de un medio técnico distinto, pues el contenido enlazado se encontraba ya libremente accesible para el conjunto de los internautas en la web enlazada, con la autorización, o al menos la aquiescencia, de los titulares de los derechos, que podrían haber instado la retirada del contenido de aquella plataforma con relativa facilidad.

En el caso GS Media (STJUE, 8-9-2016, asunto C-160/15), el hiperenlace apuntaba a unas fotografías "pirateadas", encargadas por la editora de la revista *Playboy* para su publicación en dicha revista, que se encontraban libremente disponibles en otro sitio de internet sin la autorización del titular de los derechos de autor. El TJUE concluye que en este caso hay comunicación pública. Para ello, aun cuando recuerda el papel que tienen los hiperenlaces en internet para el intercambio de opiniones y la libertad de expresión, y la dificultad del enlazador para saber si el sitio web en el que se encuentra el contenido protegido cuenta con la autorización de sus titulares, el Tribunal considera que hay que barajar dos criterios para dilucidar si existe infracción del derecho de autor por parte del enlazador: el primero, es el conocimiento que tiene este sujeto sobre el carácter no consentido de la comunicación de los contenidos, esto es, si sabe o puede saber razonablemente que el contenido enlazado no cuenta con la autorización de sus titulares para su divulgación en el sitio web al que se dirige el enlace. Para ello bastaría con que hubiera sido advertido por el titular de derechos, o bien que el enlazador hubiera dado acceso a los usuarios, eludiendo las medidas de restricción del sitio donde se encuentra la obra protegida; el segundo criterio incide en la existencia o no de ánimo de lucro por parte de quien realiza la vinculación con el contenido, lo que resulta decisivo para que le sea o no exigible un mayor deber de diligencia en la actividad de hiperenlace. Así si "la colocación de hipervínculos se efectúa con ánimo de lucro, cabe esperar del que efectúa la colocación que realice las comprobaciones necesarias para asegurarse de que la obra de que se trate no se publica ilegalmente en el sitio al que lleven dichos hipervínculos, de modo que se ha de presumir que la colocación ha tenido lugar con pleno conocimiento de la naturaleza protegida de dicha obra y de la eventual falta de autorización de publicación en Internet por el titular de los derechos de autor". En consecuencia, en el caso examinado, el TJUE concluye que GS Media infringió el derecho de autor al enlazar con ánimo de lucro a las fotografías protegidas "pirateadas", lo que le obligaba a ser más cuidadoso con la actividad de enlace, además de haber sido advertido por sus titulares sobre la ilicitud de la publicación en el sitio web enlazado.

Más interesante es el caso *Filmspeler (*STJUE, 26-4-2017, asunto C-527/15), en el que el demandado, el Sr. Wullems, comercializaba un aparato reproductor —"*filmspeler*"—, en el que había preinstalado unas extensiones creadas por terceros y libremente disponibles en la red, que permitían una conexión directa entre los sitios de internet que difunden contenidos "pirateados" y los usuarios del dispositivo (listados de enlaces). El TJUE entiende que esta actividad de comercialización con dichas extensiones constituye comunicación pública. El criterio que aplica es el subjetivo que ya había utilizado en el caso GS Media, esto es, el conocimiento de la ilicitud de los contenidos por el enlazador, respecto del que, además, rige la presunción *iuris tantum,* dado que el Sr. Wullems actuaba con ánimo de lucro al insertar tales listados en el dispositivo. En concreto, el Sr. Wullems había hecho publicidad del dispositivo destacando, precisamente, que permitía ver gratuita y fácilmente, en una pantalla de televisión, los contenidos ilícitos así disponibles en internet; sin que tampoco pudiera considerarse que su actividad de comercialización entraba dentro de lo que el considerando 27 de la Directiva 2001/29 había calificado como "mera puesta a disposición de las instalaciones materiales destinadas a permitir o a realizar una comunicación", que quedaba fuera del concepto de comunicación pública conforme a la citada Directiva 2001/29, pues el comerciante había preinstalado, con pleno conocimiento de las consecuencias de este comportamiento, las extensiones y el *software* de código abierto que tenía dicha funcionalidad de localizar y acceder a los contenidos ilícitos que se encontraban ya publicados en la web. Unos sitios web que no eran fácilmente identificables por el público y que cambiaban a menudo, lo que hacía decisiva la actividad del Sr. Wullems para llegar a tales contenidos.

Así las cosas, el elemento distintivo del tipo del nº 2 frente al del nº 1 del art. 270, CP, reside en que la conducta típica ha de llevarse a cabo "en la prestación de servicios de la sociedad de la información", lo que circunscribe el ámbito del sujeto activo al "prestador de servicios", convirtiendo el tipo en un delito especial. De acuerdo con el anexo de la Ley 34/2002, 11-7, de Servicios de la Sociedad de la Información y de Comercio Electrónico, el prestador de servicios es una "persona física o jurídica que proporciona un servicio de la sociedad de la información", entendiendo por tal "todo servicio prestado normalmente a título oneroso, a distancia, por vía electrónica y a petición individual del destinatario", y comprendiendo también "los servicios no remunerados por sus destinatarios, en la medida en que constituyan una actividad económica para el prestador de servicios". Por tanto, lo determinante es que el servicio se preste en la red y que constituya una actividad económica, esto es, que proporcione algún lucro o beneficio económico para el prestador. Aun cuando es cierto que, como advierten GALÁN MUÑOZ y MIRÓ LLINARES, cualquiera pueda convertirse en prestador de servicios de la sociedad de la información, ello no obsta a que la conducta típica quede restringida a quienes despliegan una actividad económica de carácter lucrativa en la red.

El tipo contempla dos modalidades de facilitación: la que se refiere al acceso de la obra o prestación protegida, y la que incide sobre su localización. Facilitar significa "hacer fácil o posible la ejecución de algo o la consecución de un fin", "proporcionar o entregar". La diferencia entre ambas modalidades se ha visto en que, mientras la primera permite una "conexión directa" con la obra alojada en otra página web —usualmente un megaservidor—, de manera que con su acceso se produce la descarga del contenido a través del protocolo *FTP*; con la segunda se incide en la labor de intermediación al recopilar y publicar los enlaces que permiten llegar a estos contenidos, alojados en los ordenadores de los propios usuarios y accesibles a través del sistema de intercambio *P2P* (Circular FGE 8/2015, MARTÍNEZ-BUJÁN PÉREZ). En consecuencia, la conducta de facilitar la localización resulta ser mucho más amplia, pudiendo comprender —como apunta MIRÓ LLINARES— la publicación del nombre de dominio, sin necesidad de enlazar, pero siempre y cuando estén presentes el resto de elementos típicos, y particularmente el ánimo de obtener un beneficio económico directo o indirecto. Así la STS 190/2023, 15-3, rechaza la tipicidad de la inserción en un blog, de forma estructurada y ordenada, de enlaces a unas 300 obras audiovisuales, para su visionado en *streaming* o su descarga directa, precisamente por falta del ánimo de lucro, pues no consta en los hechos probados que se obtuviese o se pretendiese obtener beneficio económico alguno directo o indirecto, por dicha actividad. También casos como el *Filmspeler* (STJUE 26-4-2017), al que nos hemos referido más atrás, y en el que la facilitación consiste en incorporar a un dispositivo extensiones con listados de enlaces que permiten visualizar directamente en el televisor los contenidos ilícitamente difundidos en la web, comercializados en las redes sociales o en páginas web, tendrían cabida en el tipo. Así, un caso muy próximo es enjuiciado en la SAP, Zamora, Sección 1ª, 14/2022, 20-6, dictada en conformidad, en el que se comercializaba a través de las redes sociales un dispositivo con la aplicación *IPTV Extreme*, en la que se insertaban los listados de canales de pago que, tras el pago de una suscripción y la correspondiente introducción, en acceso remoto, del código por el vendedor, permitía el acceso a los contenidos.

El tipo exige que la facilitación se realice "de modo activo y no neutral y sin limitarse a un tratamiento meramente técnico". Con esta limitación típica se dejan fuera actividades que forman parte del buen funcionamiento de la Sociedad de la Información, como la desplegada por los buscadores o indexadores de contenidos en internet, dedicados continuamente a recopilar la información existente en la red y a registrarla en sus índices de forma automática, sin que haya en principio discriminación de contenidos, dado que su finalidad es mostrar lo que existe en la web. Su labor es, pues, de mera intermediación técnica. También quedan fuera, como ha advertido TOMÁS-VALIENTE LANUZA, las actividades de creación del *software* de intercambio de archivos y la de los operadores de estos sistemas, esto es, de las empresas que ponen en el mercado estos programas, fundamentalmente por el carácter neutro de esta tecnología. Así en el caso "PalcoTV" (SAP, Valladolid, Sección 4ª, 293/2019, 24-10) se absuelve al creador de la extensión PalcoTV, porque, entre otras razones, su utilidad era la de "agrupar en un único *addon* listas que encontraba en abierto en internet", de manera que con "dicho *addon*, se pueden reproducir listas de contenidos, solamente reproducir listas, pero no tienen funcionalidad *per se*, salvo que se demuestre lo contrario, que permita quebrar protección o facilitar contenidos ilícitos. Pero el programa no desencripta ni crackea, sólo descarga listas de video de origen público, es un código abierto, que además cuando el nuevo Código Penal de 2015 entra en vigor, ya no está en activo".

A este respecto, el tipo menciona expresamente como ejemplo de actividad no neutral el ofrecimiento de listados, ordenados y clasificados de enlaces a las obras y contenidos, "aunque dichos enlaces hubieran sido facilitados inicialmente por los destinatarios de sus servicios". Este último inciso alude a una práctica relativamente frecuente, en la que es el propio usuario quien proporciona, bien de forma desinteresada estos contenidos, por el mero hecho de incrementar su número; o bien a partir de un acuerdo con el propio prestador de servicios, dedicándose, por ejemplo, a grabar ilícitamente las obras audiovisuales en las salas de cine, o a "piratearlas" de los soportes correspondientes o de las plataformas de pago en las que se encuentran disponibles. Como recuerda la Circular Fiscalía General del Estado 8/2015 ya citada, estos usuarios-facilitadores sólo incurrirán en responsabilidad penal cuando su actuación venga imbuida por la finalidad de obtener un beneficio económico, directo o indirecto.

En la primigenia versión del precepto presentada ante el Congreso (BOCG 4-10-2013), la responsabilidad penal se hacía depender de la concurrencia cumulativa de cuatro condiciones, a saber: "1.º) Participe adquiriendo conocimiento o control de los medios por los que se facilite el acceso o la localización de las obras o prestaciones ofrecidas ilícitamente, en la vulneración de los derechos de forma significativa considerando, entre otros, su nivel de audiencia en España o el volumen de obras y prestaciones protegidas no autorizadas; 2.º) desarrolle una labor específica de mantenimiento y actualización de las correspondientes herramientas tecnológicas, en particular ofreciendo listados ordenados y clasificados de enlaces a las obras y prestaciones referidas anteriormente, aunque dichos enlaces hubieran sido facilitados inicialmente por los destinatarios del servicio; 3.º) no se limite a un tratamiento meramente técnico o automático de los datos facilitados por terceros con los que no mantenga una colaboración, control o supervisión; y 4.º) actúe con ánimo de obtener un beneficio económico directo o indirecto y en perjuicio a tercero". De ellas —esencialmente de la 2ª y la 3ª— se deduce que el carácter no neutral de la conducta típica depende de que se haya desplegado una labor específica de mantenimiento y actualización de herramientas tecnológicas, que implica algún tipo de control, supervisión o colaboración respecto de la información proporcionada por terceros.

Las enmiendas presentadas en el Senado (nº 521, del Grupo Entesa pel Progrés de Catalunya; nº 650, del Grupo Socialista; y nº 999, del Grupo Popular), reclamando acertadamente una redacción más concisa y sencilla, libre de conceptos jurídicos indeterminados, fructificaron en el texto definitivo de la LO, suprimiendo algunas de aquellas condiciones. En realidad, el texto proyectado había tratado de establecer una redacción coordinada con la de la reforma de la LPI, que también se estaba gestando, y en cuyo art. 158 ter —actual 195.2, LPI—, se contemplaba un ilícito administrativo muy semejante para los prestadores de servicios de la sociedad de la información que vulnerasen los derechos de propiedad intelectual, en el que se requería una determinada entidad lesiva en función del nivel de audiencia en España y del número de obras y prestaciones protegidas a las que fuera posible acceder.

Esta ausencia de neutralidad exigida en el tipo penal se corresponde con los límites que, para cualquier tipo de responsabilidad, penal, civil o administrativa, establece la Ley 34/2002, 11 de julio de Servicios de la Sociedad de la Información y del Comercio Electrónico (LSSI), en su art. 17, para quienes faciliten enlaces a contenidos o instrumentos de búsqueda, y que se cifra en la ausencia de conocimiento efectivo de la ilicitud de los contenidos a los que se enlaza, o en caso de tenerlo, en la diligencia en la supresión o inutilización del enlace correspondiente. Un conocimiento efectivo que se vincula en el art. 17, LSSI, a la existencia de una resolución judicial o administrativa que "haya declarado la ilicitud de los datos, ordenado su retirada o que se imposibilite el acceso a los mismos, o se hubiera declarado la existencia de la lesión, y el prestador conociera la correspondiente resolución, sin perjuicio de los procedimientos de detección y retirada de contenidos que los prestadores apliquen en virtud de acuerdos voluntarios y de otros medios de conocimiento efectivo que pudieran establecerse". En este punto conviene tener en cuenta los criterios de ilicitud manejados en la Jurisprudencia del TJUE para determinar la existencia de infracción de los derechos de propiedad intelectual en la actividad de enlace, a los que nos hemos referido más atrás y que inciden en la existencia, o no, de un ánimo de lucro en la actividad desplegada, y de comunicación de los propios titulares de derechos de los contenidos enlazados advirtiendo de la infracción.

A este respecto la Circular de la Fiscalía General del Estado 8/2015 se refiere a la "presentación al usuario de una relación de enlaces o *links*, cada uno de ellos acompañado de una caratula con una imagen representativa y/o un breve resumen del contenido de la obra correspondiente. De esta manera el administrador de la página (*webmaster*) asume la función de organizar estos enlaces y ordenarlos para facilitar el acceso y utilización de los mismos por los terceros usuarios".

Así, en el caso ya citado de la extensión "PalcoTV" (SAP, Valladolid, Sección 4ª, 293/2019, 24-10), se condena a quien "desencriptaba los enlaces para que se pudieran ver desde KODI, y lo hacía contratando una señal de manera oficial y la reproducía, abonándole entre 8 y 10 euros los usuarios"; absolviendo a quien "del que lo único que se acredita es que, en Twiter, efectuaba publicidad de PalcoTV". La condena fue, no obstante, anulada en STSJ, Castilla y León, Sala de lo Civil y Penal, Sección 1ª, 9/2020, 13-2, al considerar que "Los hechos probados de la sentencia impugnada sostienen en afirmación indiscutida que el Addon o plugin desarrollado por uno de los acusados, que se denominó PalcoTV, a través del cual se posibilitaba a los usuarios el acceso gratuito a contenidos audiovisuales, estuvo operativo desde el mes de enero de 2014 hasta, aproximadamente, el mes de enero de 2015, por lo que no cabe aplicarles una norma cuya vigencia es posterior".

De la misma forma, la SAP, Zamora, Sección 1ª, 14/2022, 20-6, considera como actividad no neutral el facilitar de modo remoto, y tras una suscripción, el código que permitía desbloquear el listado de enlaces a los canales de pago, recogidos en la aplicación IPTV Extreme. También la SAP, Burgos, Sección 1ª, 235/2020, 18-9, condena al administrador de la página www.todoescompartido.com, en la que se facilitaban enlaces a archivos fonográficos "pirateados" que se encontraban en la red, porque su actividad no era neutral, dado que controlaba el contenido de aquella, "introduciendo publicidad antes de llegar al archivo listo para descargar", creando además un índice, que mantenía actualizado, para localizar los archivos, algunos de los cuales eran facilitados por los propios usuarios, de lo que era también conocedor el administrador de la página (confirmada por STS 29/2023, 25-1). En fin, la STSJ, Castilla y León, Sala de lo Civil y Penal, Sección 1ª, 68/2020, 27-11, condena al administrador de la página www.todoescompartido.com, en la que se recogían enlaces a descargas directas de los contenidos alojados en *cyberlockers* o servidores externos, que habían sido "subidos" por el propio acusado o por otros usuarios-colaboradores. Para ser admitidos en el foro, los usuarios tenían que registrarse. La búsqueda se realizaba a través de un índice y un buscador, que el acusado se encargaba de mantener y actualizar. Además, en varios de los enlaces se insertaba una página intermedia de publicidad, que había de visualizarse previamente para acceder a la descarga. El acusado disponía también de una cuenta PayPal, en la que se hacían contribuciones de los usuarios para el mantenimiento de la página web.

Por otra parte, se ha planteado la necesidad de tener en cuenta los límites de gravedad fijados en el ilícito administrativo incorporado a la LPI, en su art. 195.2.b), en donde se sancionan conductas muy próximas al tipo penal, a saber: facilitar "la descripción o la localización de obras y prestaciones que indiciariamente se ofrezcan sin autorización, desarrollando a tal efecto una labor activa y no neutral, y que no se limiten a actividades de mera intermediación técnica". Dichas actuaciones dan lugar al procedimiento de restablecimiento de la legalidad, encomendado a la Sección 2ª de la Comisión de Propiedad Intelectual, siempre que el ilícito tenga cierta entidad, pues para su adopción hay que considerar "su nivel de audiencia en España, y al número de obras y prestaciones protegidas indiciariamente no autorizadas a las que es posible acceder a través del servicio o a su modelo de negocio" (art. 195.2.a), LPI). Estos criterios se incluyeron también en la condición 1ª en la versión original del precepto penal en el Proyecto de LO de 2013, como parámetros de una vulneración significativa de los derechos de propiedad intelectual. El carácter de *ultima ratio* y mínima intervención del Derecho penal aboga por tenerlos en cuenta, aunque hayan desaparecido en el texto vigente, pues de otra manera podría suceder que lo que no puede constituir un ilícito administrativo, acabara siendo sancionado penalmente (GALÁN MUÑOZ, ESTRADA I CUADRAS). No obstante, tiene razón TOMÁS-VALIENTE LANUZA, cuando advierte que limitar la tipicidad de la conducta, exigiendo una determinada entidad lesiva de la misma, resulta incoherente con el resto de conductas previstas en el art. 270.1, CP, y particularmente con la de "comunicación pública", de la que la actividad de enlace (facilitar la localización o el acceso a la obra) se presenta como una modalidad tras la sentencia del TJUE en el caso Svensson.

3. Los tipos atenuados del art. 270.4, CP: la distribución o comercialización ambulante u ocasional

El apartado 4º del art. 270, CP, incluye dos tipos atenuados, uno de carácter preceptivo incorporado por la LO 1/2015 (párrafo 1º, art. 270.4, CP); y otro, potestativo, introducido por la LO 5/2010 y modificado por la misma LO 1/2015 (párrafo 2º, art. 270.4, CP). En ambos casos la atenuación incide sólo sobre una de las modalidades típicas del art. 270.1, CP: la de distribución, que ahora para gozar de la minoración de pena ha de ser "ambulante o meramente ocasional", facultándose en el párrafo 2º una atenuación mayor "atendidas las características del culpable y la reducida cuantía del beneficio económico obtenido o que se hubiera podido obtener, siempre que no concurra ninguna de las circunstancias del art. 271, CP. Esta limitación a solo una de las modalidades típicas del art. 270.1, CP no encuentra justificación, ni desde el punto de vista de la proporcionalidad —sobre la que se sustentó su introducción en el CP (TOMÁS-VALIENTE LANUZA)—, ni desde el punto de vista de la igualdad y la ofensividad del bien jurídico (ESTRADA I CUADRAS). Con razón su incorporación se ha vinculado a una especie de Derecho penal de autor *in bonam partem* (SILVA SÁNCHEZ/ROBLES PLANAS/GÓMEZ-JARA DÍEZ). En este sentido, ESTRADA I CUADRAS aboga por la aplicación analógica de la atenuación, algo que no compartimos por suponer un quebranto del carácter democrático del principio de legalidad. La Jurisprudencia, sin embargo, ha aplicado el antiguo tipo atenuado de "distribución al por menor" a otras modalidades típicas, así SAP, Islas Baleares, Sección 1ª, 148/2015, 24-9, castiga como falta la grabación con el móvil durante la emisión de una película en la sala de cine; también la SAP, Madrid, Sección 17ª, 167/2013, 4-2, a la tenencia de 50 CDs y 80 DVDs que estaban dentro de la bolsa, al no constar la cuantía del beneficio obtenido. Rechaza, sin embargo, su aplicación en un caso de uso de copias fraudulentas de *software* instaladas en ordenador de un locutorio, la SAP, Madrid, Sección 3ª, 122/2014, 28-3; también la SAP, Sevilla, Sección 1ª, 597/2011, 29-12, niega la aplicación del tipo atenuado y de la falta en otro caso de explotación en un cibercafé de los videojuegos "pirateados", considerando que el uso constituye reproducción y comunicación al público, tratándose de un local abierto al público en el que se ejerce actividad comercial.

En efecto, la LO 5/2010 introdujo un segundo párrafo en el antiguo art. 270, CP, que facultaba al juzgador a castigar con una menor pena (multa de tres a seis meses o trabajos en beneficio de la comunidad de treinta y uno a sesenta días) en los casos de distribución al por menor, atendidas las características del culpable y la reducida cuantía del beneficio económico, que había de ser superior a 400 euros, pues si no excedía de dicha cuantía, el hecho se castigaba como falta del antiguo art. 623.5, CP —también introducido en dicha reforma (críticamente MESTRE DELGADO). Del Preámbulo de la LO 5/2010 se desprendía que la pretensión era dar una respuesta penal más proporcionada a casos de mínima lesividad, como eran los del llamado "top manta", protagonizados por individuos que además se encontraban en una situación de vulnerabilidad por razones sociales y económicas (circunstancias de pobreza, utilizados por organizaciones criminales y como medio de obtener unos ingresos mínimos de subsistencia). Con ello, el Legislador del 2010 se decantó por la punición de unas conductas de escasa entidad lesiva (así, por ejemplo, el AAP, Madrid, Sección 23ª, 1068/2012, 14-11, que aplicó este nuevo tipo atenuado del párrafo segundo del art. 270.1, CP, por ser el perjuicio sólo de 543,51 euros; o la SAP, La Coruña, Sección 2ª, 15/2012, 18-1, que estimó atípica la distribución al por menor antes de la incorporación al CP del tipo atenuado y de la falta, absolviendo por ello a quien "compraba los CDs a 1 euro y los DVDs a 1,50 euros y que después las vendía a 3 euros, lo que da idea de la escasa relevancia económica del menudeo y de la situación del acusado que, según manifestó, no tiene otra forma de ganarse la vida"), lo que se contraponía a una significativa corriente jurisprudencial que se había manifestado partidaria de su absolución, alegando muy diversas razones, a saber: falta de ánimo de lucro [SSAP, Madrid, Sección 17ª, 416/2008, y Barcelona, Sección 10ª, 15-6-2004 (*Tol 479886)*], de perjuicio [SSAP, Cáceres, Sección 2ª, 11/2009, 20-1; Córdoba, Sección 2ª, 180/2008, 10-7 (*Tol 1624957)*; Orense, Sección 2ª, 29/2005, 13-4 (*Tol 659979)*; Burgos, Sección 1ª, 206/2004, 26-11, etc.] o de dolo del sujeto [SSAP, Madrid, Sección 17ª, 1052/2004, 29-10 (*Tol 746149)*; Valencia, Sección, 2ª, 315/2005, 31-5 (*Tol 693416)*, etc.] o incluso en la falta de prueba de otros elementos del tipo como la vigencia del derecho de explotación [STS 1578/2002, 2-10 (*Tol 222556)*] o de la ausencia de autorización [SSAP, Madrid, Sección 17ª, 1052/2004, 29-10 (*Tol 746149)*, y Castellón, 237/2005, 30-5 (*Tol 696940)*] o del contenido de los soportes (SSAP, Madrid, Sección 29ª, 114/2009, 4-5, y 111/2009, de 28-5). Las críticas doctrinales no solo se vertieron contra una opción de política criminal que parecía criminalizar la pobreza y la inmigración irregular, características atribuidas a los "manteros" (MARTÍNEZ ESCAMILLA), cuestionándose la necesidad de intervención penal respecto de unos hechos —venta callejera de copias piratas—, cuyo perjuicio para los titulares de derechos resultaba discutible (los compradores no eran potenciales clientes del producto original), y que comenzaban a tener una presencia cada vez más residual como consecuencia de las nuevas formas de comercialización propiciadas por los avances tecnológicos (plataformas de tarifa plana de acceso a música, obras audiovisuales, etc.) (MORÓN LERMA, RODRÍGUEZ MORO, etc.); sino también respecto de la pena de multa que como alternativa de los trabajos en beneficio de la comunidad o de la localización permanente se fijaba, respectivamente, para el tipo atenuado y para la falta, pues dada la precariedad económica del culpable acabaría transformándose en una pena de prisión en caso de impago, que además sólo se cancelaría tras haberse satisfecho la responsabilidad civil (art. 126, CP), fijada por los tribunales en base al valor de mercado de las copias incautadas. La pena alternativa de localización permanente, prevista para la falta en el art. 623.5, CP, también suscitaba reticencias, pues en no pocos casos "el mantero" era un inmigrante irregular que carecía de domicilio determinado, lo que abocaría a la aplicación de la multa, cuyo impago finalmente podía desembocar o en ingreso en prisión, o al igual que antes, en una nueva localización permanente, esta vez como pena sustitutiva (art. 53.1, CP), que sería de mayor duración que la prevista como principal y alternativa a la de multa, cuyo impago se sustituía (MARTÍNEZ ESCAMILLA, RODRÍGUEZ MORO, etc.).

La posibilidad de extender la atenuación a otras conductas distintas de la distribución la abre el apartado 5 del art. 270, CP, al remitir a las penas previstas en los apartados anteriores, en sus respectivos casos, de manera que en principio se habilita para las conductas allí contempladas.

En cualquier caso, la nueva configuración legal dada con la reforma de la LO 1/2015 no deja lugar a dudas del carácter derivado de los tipos contenidos en el art. 270.4, CP, al remitir expresamente al apartado 1° del mismo artículo; por lo que habrán de concurrir los restantes elementos del tipo básico: el ánimo de obtener un beneficio económico directo o indirecto, la actuación en perjuicio, etc. (MORÓN LERMA, excluía el ánimo de lucro y el perjuicio de tercero, en el antiguo tipo atenuado del párrafo 2° del art. 270.1, CP).

En ambos tipos atenuados la conducta queda circunscrita a la "distribución o comercialización ambulante o meramente ocasional", a diferencia del redactado anterior que se refería a la "distribución al por menor". El concepto de distribución es el mismo que el manejado en el apartado 1° del art. 270, CP, al que nos remitimos. Si bien el significado de "comercializar", equivalente según la RAE a "dar a un producto condiciones y vías de distribución para su venta o poner a la venta un producto", permite incluir en el tipo los casos de exhibición para la venta u ofrecimiento de la obra, que desde la interpretación restrictiva del concepto de "distribución" eran calificados como actos preparatorios impunes (también MARTÍNEZ-BUJÁN PÉREZ; a favor de una interpretación restrictiva de la atenuación MATA Y MARTÍN), o como tentativa por la Jurisprudencia. Así, la SAP, La Rioja, Sección 1ª, 39/2019, 14-3, rechaza la tipicidad de la tenencia de un total de 143 CDs y DVDs, agrupados en bolsas en el maletero de un vehículo, al no haberse acreditado el destino a la distribución o comercialización.

El carácter ambulante alude a "una actividad comercial de venta al por menor realizada generalmente en lugares públicos sin establecimiento comercial permanente que utiliza instalaciones desmontables, transportables o móviles" (Diccionario Panhispánico del español jurídico); mientras que el término "ocasional" equivale a algo que solo sucede en alguna ocasión, de forma esporádica, y no frecuente o habitualmente. Así las cosas, mientras que la expresión "distribución al por menor" permitía incluir casos de venta al por menor realizados en establecimientos mercantiles (comercios, grandes almacenes, naves, etc.) o incluso por internet, la nueva redacción dada con la reforma de LO 1/2015 sólo admitiría su inclusión cuando se tratase de un hecho puntual o aislado (también TOMÁS-VALIENTE LANUZA, MATA Y MARTÍN, TIRADO ESTRADA). Se rechaza el carácter ocasional de la conducta por tener la página web una vigencia de 6 años después de su creación en 2013, y 10.494 usuarios registrados (STS 29/2023, 25-1).

La referencia a la distribución al por menor en la anterior dicción dada al tipo atenuado permitió su aplicación a casos que nada tenían que ver con la "venta callejera", aplicándose a comerciantes que habían instalado *software* sin licencia en los 11 ordenadores de un locutorio, que los alquilaba para su uso (SAP, Barcelona, Sección 9ª, 605/2017, 5-7); o que contaban en el locutorio con cuatro programas de *Microsoft Office 2000* que no tenían la correlativa licencia (SAP, Valencia, Sección 2ª, 605/2013, 30-7), o que ofrecían para su venta 54 soportes digitales que contenían copias fraudulentas de video juegos y películas (SAP, Salamanca, Sección 1ª, 101/2013, 23-9); se rechazó la existencia de distribución al por menor cuando es el propio autor plagiario quien se autoedita el libro y lo distribuye a unas pocas librerías para su venta (SAP, Granada, Sección 1ª, 606/2016, 14-11).

Para la aplicación del tipo "semiatenuado" del párrafo 1º del art. 270.4, CP, bastaría con que se dieran estas condiciones en la comercialización o la distribución, lo que prácticamente limita la atenuación preceptiva a la venta callejera, en mercadillos, etc., sin importar ni la cantidad de producto, ni la cuantía del beneficio, ni tampoco las circunstancias del culpable. La atenuación no evita la pena de prisión, pero sí rebaja su límite máximo hasta los 2 años —lo que, como es sabido, abre la puerta a la suspensión de la ejecución—, frente a los 4 años del tipo básico, y sin la conjunta de multa.

El tipo hiperatenuado del segundo párrafo del art. 270.4, CP, castigado con una pena alternativa de multa de uno a seis meses o trabajos en beneficio de la comunidad de treinta y uno a sesenta días —la misma que fijaba el antiguo tipo atenuado del art. 270.1, CP, segundo párrafo—, exige para su posible consideración atender a tres circunstancias que han de concurrir cumulativamente: la primera tiene que ver con las "características del culpable", con las que en realidad se pretendía aludir a las circunstancias que incidían en la menor culpabilidad del sujeto, y que esencialmente, según se desprendía del Preámbulo de la LO 5/2010 que introdujo la atenuación, tenían que ver con la situación de pobreza en la que se encontraban frecuentemente los autores de estos hechos, utilizados por organizaciones criminales, y que se servían de la venta callejera de copias ilícitas como medio para alcanzar unos ingresos mínimos de subsistencia. No obstante, la Jurisprudencia entendió que "La razón de la atenuación, pues, no estriba tanto en que el vendedor responda a un perfil de persona que aspira a alcanzar ingresos mínimos de subsistencia y que es el último eslabón de organizaciones criminales dedicadas a la fabricación, importación y distribución a mayor escala, como en la circunstancia de que se trate de un supuesto de distribución al por menor de escasa trascendencia, de ventas a pequeña escala" (SAP, Granada, Sección 2ª, 625/2015, 26-10).

La expresión "características del culpable" ha sido censurada por la Doctrina (MIRÓ LLINARES, citando en el mismo sentido el informe del Consejo General del Poder Judicial de 13-12-201; MATA Y MARTÍN, criticando su indefinición; TIRADO ESTRADA; ESTRADA I CUADRAS, etc.), pues remite a atributos o rasgos personales (raza, sexo, grupo social, etc.) que resultan difícilmente justificables para fundar una menor culpabilidad del sujeto). Hubiera sido mejor aludir a las circunstancias personales del culpable e indicar en el texto legal, y no ya sólo en el Preámbulo de la Ley, algún criterio que permitiese identificar cuáles han de ser éstas. Una expresión, por otra parte, con más tradición en nuestro texto punitivo. Así, se emplea en agresiones sexuales (art. 178.4, CP y 181, CP) o con mayor tradición en tráfico de drogas (art. 368, CP).

El segundo requisito incide en la reducida cuantía del beneficio económico obtenido o que se hubiera podido obtener. Con ello se ha dado un giro a la estructura del tipo, que en la versión de la LO 5/2010 venía siendo interpretado como de resultado, al requerir la producción de un beneficio efectivo (TOMÁS-VALIENTE LANUZA, GARCÍA RIVAS, MARTÍNEZ BUJÁN PÉREZ, etc.; en contra, considerando que también con la redacción vigente es necesaria la entrega del ejemplar para la consumación MATA Y MARTIN), que había de ser cuantificado para determinar si era menor de 400 euros o no; y cuya imposibilidad de determinación abocaba a la imposición de la antigua falta del art. 623.5, CP. Ahora, será suficiente con acreditar la posibilidad de obtención de un beneficio económico.

El concepto de beneficio económico remite a las ganancias obtenidas o por obtener con la actividad ilícita, no identificándose ni con el perjuicio ocasionado, ni con el valor de mercado del producto auténtico (también, con el redactado anterior, AAP, Sevilla, Sección 1ª, 216/2012, 22-3). Su determinación habrá de realizarse a partir del número de copias ilícitas aprehendidas al sujeto y del precio con el que se ofertaba al público, del que habrían de descontarse los costes correspondientes (GALÁN MUÑOZ), por ejemplo, los gastos de adquisición de los soportes de la copia ilícita. En cualquier caso, el beneficio obtenido no es equivalente al perjuicio causado a sus titulares, para cuya consideración habría de tenerse en cuenta el lucro cesante en función del precio de venta al público del producto original. La SAP, Madrid, Sección 30ª, 134/2019, 7-3, aplica el tipo atenuado del párrafo 2º del art. 270.4, CP, a un individuo que ofrecía copias ilícitas a los viandantes: 75 discos compactos de música en formato CD y 124 discos de películas en formato DVD, sin que se hubiera acreditado la venta de ninguno de ellos; también la SAP, Madrid, Sección 7ª, 377/2018, 21-5, condena por ofrecer a una pareja los objetos que portaba en una mochila, entre los que había 110 películas DVD, 81 CDs de autores con las caratulas fotocopiadas. En cambio, 866 ejemplares de CD falseados de contenido musical dentro de una furgoneta para su venta en un mercadillo, se considera una cantidad excesiva para entender que se está ante una distribución al por menor (SAP, Sevilla, Sección 4ª, 124/2014, 17-3.

Agudamente, TOMÁS-VALIENTE LANUZA advierte que esta ampliación del tipo al beneficio hipotético cambia la valoración del encaje típico que se venía haciendo por los Tribunales en los casos en que, acreditado el ofrecimiento al público del ejemplar, no se pudiese constatar venta efectiva alguna, que, aunque constituían una tentativa del entonces tipo atenuado, en la Jurisprudencia se sancionaban como falta del art. 623.5, CP, si bien consumada, como ya había advertido en su momento MARTÍNEZ ESCAMILLA. Así, por ejemplo, la SAP, Castellón, Sección 2ª, 352/2011, 28-7, declaró que "tal beneficio no puede sino ser el que, en su caso, hubiera tenido el infractor con la utilización ilícita del material intervenido, y no los beneficios que presumiblemente hubieran obtenido los titulares del derecho de propiedad intelectual, si el infractor hubiera pedido autorización para su utilización", y no constando acreditado éste se presume que es menor de 400 euros (también SSAP, Lleida, Sección 1ª, 206/2011, 8-3; Madrid, Sección 1ª, 455/2011, 16-11, y Madrid, Sección 2ª, 429/2011, 28-11; AAP, Madrid, Sección 7ª, 58/2012, 15-6; SAP, A Coruña, Sección 6ª, 27/2012, 2-3; AAP, Sevilla, Sección 7ª, 244/2012, 30-3; SSAP, Valencia, Sección 2ª, 605/2013, 30-7; Albacete, Sección 1ª, 42/2014, 10-2; A Coruña, Sección 6ª, 129/2015, 6-5; Granada, Sección 2ª, 626/2015, 26-10; SAP, y Cádiz, Sección 1ª, 30/2017, 1-3, distinguiendo entre el beneficio efectivamente obtenido, único a considerar antes de la reforma LO 1/2015, y el que hubiera podido obtener, al que se extiende la tipicidad tras la citada reforma; en cambio, la SAP, Sevilla, Sección 1ª, 549/2011, 25-11, rechaza la aplicación de la falta, aplicando el antiguo tipo atenuado de la "distribución al por menor" a quien transportaba escondidos en el coche 453 discos pirateados para su venta en un mercadillo ambulante, porque el beneficio que hubiera obtenido en cualquier caso habría superado los 400 euros).

Con lo que la modificación legislativa de la LO 1/2015 ha supuesto una agravación de la conducta, por cuanto la pena ahora prevista (multa de 1 a 6 meses o trabajos en beneficio de la comunidad de 31 a 60 días) de este tipo más atenuado es superior a la que recibía la derogada falta (multa de 1 a 2 meses o localización permanente de 4 a 12 días). En el mismo sentido MIRÓ LLINARES, GARCÍA RIVAS.

Con respecto a la concreta cantidad que puede suponer una "reducida cuantía del beneficio económico", es claro que lo será la inferior a 400 euros, antiguo límite que marcaba la separación entre el delito y la falta, pero también las que superen este umbral, pues a ellas se refería el antiguo tipo atenuado del art. 270.1, párrafo 2º, CP. A partir de aquí, GARCÍA RIVAS ha propuesto situarlo en cantidades menores a 6000 euros, aunque sin indicar las razones para establecer este límite.

Finalmente, se requiere como elemento negativo que no concurra ninguna de las circunstancias agravantes del art. 271, CP (beneficio económico de especial transcendencia, especial gravedad de los hechos, pertenencia a organización o asociación criminal, utilización de menor de 18 años). De ellas, como ha destacado la Doctrina (GÓMEZ RIVERO), sólo parece que pudiera tener relevancia la relativa a la pertenencia del culpable a una organización o asociación, incluso de carácter transitorio, que tuviese como finalidad la realización de actividades infractoras de derechos de propiedad intelectual, pues en no pocos casos estos vendedores callejeros de copias ilícitas representan el último eslabón de una cadena de producción dedicada a esta actividad ilícita. Si bien, como advierte TIRADO ESTRADA, en la medida en que estos sujetos hayan sido utilizados por las organizaciones criminales en base a sus condiciones de vulnerabilidad socioeconómica —como indicaba el Preámbulo de la LO 5/2010—, no debería tener cabida la agravación.

4. Los tipos de almacenamiento, importación o exportación del apartado 5º del art. 270, CP

Los apartados a) y b) del art. 270.5, CP agrupan las conductas de exportación y almacenamiento y de importación, respectivamente, que antes de la reforma de la LO 1/2015 se encontraban en el número 2 del mismo artículo.

Se trata de un tipo mixto alternativo, de peligro abstracto (por todos, MIRÓ LLINARES, RODRÍGUEZ MORO, TIRADO ESTRADA), en el que se sancionan dichas conductas sobre los ejemplares de las obras, producciones o ejecuciones a las que se refieren los dos primeros apartados del art. 270, CP.

"Almacenar" consiste en reunir ejemplares ilícitos, pues acumular las copias lícitas no está prohibido en la LPI (también MARTÍNEZ-BUJÁN PÉREZ, RODRÍGUEZ MORO). Para la Jurisprudencia "almacenaje" no es equivalente a la tenencia o posesión, puntualizando que "el término 'almacenar' se define como 'depositar en un almacén' y por almacén se entiende 'local donde se guardan mercancías o se venden al por mayor'. Es evidente que una mochila no es un local, es un espacio muy pequeño, portátil y por tanto conceptualmente diferente al del almacén. Incluso en el lenguaje popular atentaría contra el sentido común que llevar algo en una mochila equivaliera a almacenar algo. Cuando el Legislador castiga el 'almacenaje', lo hace con un criterio claro y es el de castigar las conductas más graves de acopio de gran cantidad de efectos con vistas a su posterior distribución. El término 'almacén' inevitablemente hace referencia a una mayor cantidad de productos de los que caben en una pequeña mochila"

[SAP, Madrid, Sección 16ª, 748/2007, 24-10; en el mismo sentido SSAP, Valencia, Sección 2ª, 281/2010, 19-4 (*Tol 1896343*); Madrid, Sección 2ª, 586/2013, 30-12; La Rioja, Sección 1ª, 102/2017, 22-9; también tras la reforma de la LO 1/2015, SAP, Cádiz, Sección 7ª, 155/2023, 22-6, respecto de 289 CDs y 44 DVDs, que se portaban en un vehículo]. En contra, equiparando tenencia a almacenaje, aprecia la existencia del delito por la ocupación de 281 CDs piratas en dos bolsas la SAP, Madrid, Sección 2ª, 211/2004, 10-5. Sí cabría en el caso de la acumulación de litografías falsas de obras artísticas de autores famosos en un local para su venta por internet (AAP, Barcelona, Sección 8ª, 34/2023, 17-1); también de copias de CDs y DVs que eran reproducidos ilícitamente y acumulados en distintos pisos para su posterior venta (SAP, Barcelona, Sección 3ª, 455/2019, 1-10).

Con respecto al objeto material, la LO 1/2015 incorporó la mención expresa a las copias digitales. Aunque alguna Doctrina había considerado que la referencia a los "ejemplares de las obras, producciones o ejecuciones" suponía una limitación a solo las copias físicas, las incorporadas en un soporte material (RODRÍGUEZ MORO), lo cierto es que el término "ejemplares" equivale también a la "reproducción sacada de un mismo modelo u original" (RAE, tercera acepción), lo que permite también incluir a las digitales (también MIRÓ LLINARES).

> Antes de la citada reforma de 2015, RODRÍGUEZ MORO indicaba que el tipo no podía abarcar conductas como la acumulación de copias digitales en internet, precisamente porque el concepto de "ejemplar" remitía a copias físicas o materiales de las obras. El problema, como hemos visto, era otro: el mismo concepto de almacenamiento.

Exportar e importar es equivalente, respectivamente, a sacar del territorio español o a introducir en éste tales ejemplares. Se trata de facultades integradas en los derechos de explotación y concretamente en el de distribución del titular de los derechos de propiedad intelectual. Estas facultades de importación y exportación sólo se reconocen expresamente en la LPI, como inherentes al derecho de distribución, en el art. 117.3 respecto de los productores de fonogramas. Lo controvertido en estas modalidades típicas ha sido si se circunscribían a los ejemplares ilícitos o abarcaban también las copias lícitas.

Para un sector doctrinal (CARMONA SALGADO, QUINTERO OLIVARES, FERRÉ OLIVÉ) el tipo penal se circunscribía sólo a las copias ilícitas, pues se remitía a los ejemplares de las obras del apartado anterior —ahora a los ejemplares de los dos primeros apartados de este artículo—, esto es: los que han sido reproducidos ilícitamente. Por otra parte, castigar con la misma pena ambos supuestos —los que inciden sobre ejemplares lícitos e ilícitos— representaba una quiebra del principio de proporcionalidad penal. Por ello, desde esta perspectiva, la exportación e importación de copias lícitas infringiendo el derecho de distribución limitado territorialmente se dejaba en la esfera del ilícito civil. Esta interpretación fue avalada, además, por STS 529/2001, 2-4 (*Tol 31146*). En el mismo sentido ya la SAP, Barcelona, Sección 5ª, 16-9-1998. Frente a ello, otra corriente doctrinal admitía la tipicidad de estas conductas también cuando versaba sobre copias lícitas; así se señalaba que "los ejemplares del apartado anterior" no tienen que ser necesariamente ilícitos, pues en muchas ocasiones las actividades ilícitas del apartado 1 del art. 270, CP, se realizaban sobre reproducciones lícitas, como la comunicación pública no autorizada de una obra adquirida legalmente o el alquiler sin autorización de un ejemplar lícitamente adquirido (GIMBERNAT ORDEIG, BUSCH, GARCÍA RIVAS, GONZÁLEZ GÓMEZ, MIRÓ LLINARES, etc.).

La discusión fue zanjada, por lo que se refiere a la importación, con la modificación operada por la LO 10/2003 —mantenida en la última reforma de la LO 1/2015—, que expresamente se refirió al origen lícito o ilícito de los ejemplares en su país de procedencia. Con ello, queda claro que el tipo abarca las llamadas importaciones paralelas, esto es, la introducción en territorio español de ejemplares de la obra —normalmente fonogramas— que han sido adquiridos lícitamente en países extracomunitarios para luego ser comercializados en España. El tipo excluye las importaciones procedentes de países de la Unión Europea, pues en este ámbito rige el agotamiento del derecho de distribución tras la primera venta [arts. 19.2, 109.2, 117.2, 133.2 y 126.1.e), LPI], que permite las ventas sucesivas del ejemplar lícitamente adquirido sin necesidad de autorización del derecho correspondiente. No alcanza, sin embargo —tal y como hemos señalado más atrás—, dicho agotamiento a otras modalidades de distribución como el alquiler o el préstamo. Esta opción de política criminal resulta contraria a los principios de mínima intervención y proporcionalidad del Derecho penal, para cuyo abordaje hubieran sido suficientes las herramientas del orden civil, pues en definitiva se trata de un comportamiento que se aprovecha de la competencia en un mercado globalizado.

Respecto de la exportación se siguen manteniendo las dos corrientes interpretativas: la mayoritaria que incluye tanto los ejemplares lícitos como ilícitos (GONZÁLEZ RUS, MIRÓ LLINARES, MARTÍNEZ-BUJÁN PÉREZ; lo admite, aunque críticamente RODRÍGUEZ MORO; proponiendo una menor pena para los ejemplares lícitos, TIRADO ESTRADA, etc.), y la de quienes restringen el tipo sólo a la exportación de ejemplares ilícitos, lo que explicaría el tratamiento separado de la conducta de importación respecto a las de almacenamiento e importación [Circular FGE 1/2006 (*Tol 889065)*, BAUCELLS LLADÓS, QUINTERO OLIVARES, FARALDO CABANA]. Tanto la importación como la exportación se consuman al traspasar las fronteras, sin necesidad de puesta a disposición del público.

La punición de estas conductas, como ha confirmado la incorporación del elemento subjetivo del injusto relativo al destino de los productos, sólo tenía sentido como acto preparatorio de una posterior distribución —ahora también reproducción o comunicación pública—, de manera que, aunque no se siga mencionando en el tipo, deben concurrir los elementos del beneficio económico, directo o indirecto, y la actuación en perjuicio de tercero (entre otros, GIMBERNAT ORDEIG, QUINTERO OLIVARES, GONZÁLEZ RUS, MARTÍNEZ-BUJÁN PÉREZ, RODRÍGUEZ MORO, etc.). Sólo de esta manera se aprecia el peligro abstracto para el bien jurídico protegido. Es por ello que se valora positivamente la incorporación del elemento subjetivo del injusto por la LO 1/2015, relativo a que la finalidad de las conductas típicas sea la realización de los delitos de los apartados 1 y 2 del art. 270, CP.

5. Los tipos de favorecimiento o facilitación

5.1. Las conductas relativas a las medidas tecnológicas eficaces de protección de derechos de propiedad intelectual: apartados c) y d) del art. 270.5, CP

Las conductas de favorecimiento o facilitación recogidas en los apartados c) y d) del art. 270.5, CP, fueron incorporadas con la reforma de la LO 1/2015, teniendo su razón de ser en la Directiva 2001/29/CE, del Parlamento Europeo y del Consejo, de 22 de mayo de 2001, relativa a la armonización de determinados aspectos de los derechos de autor y derechos afines a los derechos de autor en la sociedad de la información, concretamente en su art. 6.1, en el que se demanda una protección jurídica adecuada por parte de los Estados miembros contra la elusión de cualquier medida tecnológica efectiva.

Ambos tipos delictivos tienen como objeto de la acción las "medidas tecnológicas eficaces" que recaen sobre las obras o prestaciones para impedir o restringir conductas de explotación no autorizadas por sus titulares. A ellas se refiere el art. 196.3, LPI, que las define como "toda técnica, dispositivo o componente que, en su funcionamiento normal, esté destinado a impedir o restringir actos, referidos a obras o prestaciones protegidas, que no cuenten con la autorización de los titulares de los correspondientes derechos de propiedad intelectual", manifestando que son "eficaces" "cuando el uso de la obra o de la prestación protegida esté controlado por los titulares de los derechos mediante la aplicación de un control de acceso o un procedimiento de protección como por ejemplo, codificación, aleatorización u otra transformación de la obra o prestación o un mecanismo de control de copiado que logre este objetivo de protección". Luego, pueden ser de distintos tipos: medidas de control de acceso, que impiden, precisamente, acceder al objeto protegido, como, por ejemplo, la codificación o aleatorización; y medidas "anticopia" que se dirigen, como su nombre indica, a impedir la copia o reproducción. En la normativa internacional (Tratados WIPO) tan sólo se alude a éstas últimas.

A esta categoría pertenecen, como ha ejemplificado la Circular FGE 8/2015, un *software* que imposibilita llegar a la obra hasta que no se introduzca la contraseña, que además puede tener un periodo de validez por un tiempo determinado; o un sistema que impide la reproducción de la obra, o que la limita a una o a determinadas copias, o que evita la transformación de la obra en otros formatos, o su reproducción en otros dispositivos, o en fin, que permiten solo la visualización o audición en *streaming*, pero no su descarga, etc.

El apartado c) del art. 270.5, CP sanciona el favorecimiento o facilitación de las conductas de los apartados 1 y 2 del art. 270, CP, eliminando o modificando las medidas tecnológicas eficaces incorporadas para impedir o restringir la infracción de derechos de explotación de propiedad intelectual, sin autorización de sus titulares. Por "favorecer" se entiende "ayudar o amparar a alguien", "apoyar un intento, empresa u opinión", y por "facilitar" "hacer fácil o posible la ejecución de algo o la consecución de un fin" (Diccionario RAE). Se trata, por tanto, de la tipificación de conductas previas a la ejecución de los delitos de los dos primeros apartados del art. 270, CP, elevados así a delito autónomo, con lo que ello supone de adelantamiento de las barreras de intervención penal, en los que solo puede apreciarse un peligro abstracto para el bien jurídico, y que resulta difícilmente justificable cuando, como es el caso, se trata de la tutela de un interés patrimonial individual, máxime cuando se cuenta con ilícitos civiles muy próximos en la LPI (arts. 102.2 y 196).

Además, el favorecimiento o la facilitación ha de realizarse de una determinada manera: eliminando o modificando las medidas tecnológicas eficaces dispuestas para impedir la explotación no autorizada de la obra o prestación, lo que convierte al tipo en uno de medios determinados. En todo caso, la eliminación o modificación de estas medias tendrá que ser idónea para facilitar la posterior reproducción, distribución, comunicación pública o explotación de la obra o prestación.

Por otra parte, la Circular de la FGE 8/2015, ha entendido que estas conductas han de realizarse por un sujeto distinto al que comete alguno de los hechos delictivos de los dos primeros apartados del art. 270, CP, lo que es compartido por parte de la Doctrina que considera que se tipifica una forma de participación o complicidad en el hecho de otro (MIRÓ LLINARES, ESTRADA I CUADRAS; de otra opinión, incluyendo también la conducta de pre-autoría, GALÁN MUÑOZ; restringiéndolo solo a actos preparatorios del autor de los delitos de los apartados 1 y 2 del art. 270, CP, MATA Y MARTÍN). Es cierto, que el verbo "favorecer" remite a la actuación en beneficio de otro, pero el concepto de "facilitar" permite su aplicación respecto de actuaciones futuras del propio sujeto como de un tercero. Como ha indicado TOMÁS-VALIENTE LANUZA, las opciones interpretativas de este precepto pasaban por considerarlo un acto preparatorio de los tipos de los dos primeros apartados del art. 270, CP, en cuyo caso, basta con que esté presente el elemento subjetivo del injusto de facilitar o favorecer la comisión de estos delitos; o bien, considerar que se ha tipificado una forma de participación en ellos, lo que exigirá para la consumación del delito en examen, que aquellos hayan comenzado ejecutarse. Sólo desde este último punto de vista, entenderíamos que la incriminación de la facilitación va dirigida a un sujeto distinto del autor de la reproducción, distribución, comunicación pública u otra forma de explotación de las obras o prestaciones.

Desde el punto de vista subjetivo, el sujeto ha de actuar sabiendo que con su intervención se va a favorecer o facilitar la comisión de los delitos del apartado 1 o 2 del art. 270, CP, sin que sea necesario para su consumación que se produzca la comisión de alguno de estos. Se ha calificado por ello de delito de resultado cortado (GARCÍA RIVAS; lo considera, en cambio, como delito mutilado de dos actos, GALÁN MUÑOZ).

Por lo demás, ninguna referencia hay en este tipo al ánimo de obtener un beneficio económico —a diferencia de lo que sucede en la letra d) del art. 270.5, CP—, lo que contrasta con el resto de los tipos penales y también con el paralelo ilícito civil del art. 160, LPI, en el que se requiere que el sujeto haya actuado con interés comercial, y que ha motivado la crítica doctrinal por lo que de quiebra de la mínima intervención penal supone (GARCÍA RIVAS). No es extraño, por ello, que también se haya sostenido que la remisión que hace el tipo a las conductas de los dos primeros apartados del art. 270, CP, habilita para entender presente el ánimo de obtener un beneficio económico, además de los otros elementos típicos (MATA Y MARTÍN); aunque, lo cierto, es que ello no es requerido por el tipo, precisamente por su vinculación a la comisión de otros delitos. Es ahí donde radica también la distinción entre el ilícito penal y el civil (de igual opinión GALÁN MUÑOZ).

En cuanto al tipo del apartado d) del art. 270.5, CP, se castiga con las mismas penas a quien eluda o facilite la elusión de las medidas tecnológicas eficaces dispuestas para evitar el acceso a un ejemplar de la obra literaria, artística o científica o a su transformación, interpretación o ejecución artística, fijada en cualquier tipo de soporte o comunicado a través de cualquier medio, sin autorización de los titulares de los derechos de propiedad intelectual o de sus cesionarios, cuando se realice con ánimo de obtener un beneficio económico directo o indirecto y con la finalidad de facilitar dicho acceso inconsentido a terceros. "Eludir" significa "evitar con astucia una dificultad o una obligación", lo que aplicado a las medidas tecnológicas eficaces supone tanto como anular su operatividad o funcionalidad, suprimiéndolas, modificándolas o simplemente contrarrestando su funcionalidad, que es la de controlar el acceso a la obra protegida. La diferencia con el tipo del apartado c) del art. 270.5, CP, reside en que ahora el sujeto no actúa en colaboración o para facilitar la comisión de los delitos de los dos primeros apartados del art. 270.5, CP, sino guiado por el ánimo de obtener un beneficio económico en el sentido más atrás expuesto; pues, como acertadamente ha indicado ESTRADA I CUADRAS, se trata aquí de facilitar el acceso a quienes serían los usuarios finales de la obra, aquellos que van a realizar un uso particular o doméstico de la misma. Así tendrían cabida conductas como la difusión de videotutoriales que expliquen como desactivar estas medidas tecnológicas en páginas web, que se financien con la publicidad en base al número de visitas; o la anulación, a cambio de un rendimiento económico, de las medidas de protección de videoconsolas para que puedan reproducir videojuegos "pirateados" (Circular FGE 8/2015, TOMÁS-VALIENTE LANUZA). Se trata, por tanto, de la tipificación autónoma de un acto preparatorio de una posterior infracción de la propiedad intelectual que no es delictiva.

Se ha planteado, finalmente, la distinción de estos tipos penales con el previsto en el art. 286.3, CP, en el que se castiga a quien facilite el acceso inteligible a un servicio de acceso condicional o suministre el acceso a los mismos de alguna de las maneras tipificadas en el apartado 1° del mismo artículo. La Circular de la FGE 8/2015 indica que la diferencia entre este tipo y el del apartado d) del art. 270.5, CP, reside en la ausencia de ánimo de lucro en el primero de ellos. A nuestro modo de ver, la diferencia ha de buscarse también en el distinto objeto sobre el que recaen las medidas de protección: mientras el tipo del art. 286.3, CP, incide sobre las medidas técnicas que tratan de impedir el acceso no consentido al servicio de acceso condicional, y solo indirectamente afectan a los contenidos protegidos que dicho servicio proporciona; en los tipos del art. 270.5, c) y d), CP, se trata de medidas tecnológicas que controlan el acceso a la concreta obra o prestación. Además, el tipo del 286.3, CP, es más restrictivo, por que exige "incitar", como se expone en la Lección 21, a la que nos remitimos.

Por lo que se refiere a la penalidad, sancionar con la misma pena estos actos preparatorios, y la ejecución de las conductas que infringen la propiedad intelectual supone una quiebra del principio de proporcionalidad. Por otra parte, se establece una distinta punición entre los actos preparatorios tipificados en los apartados c) y d) del art. 270.5, CP (prisión de 6 meses a 4 años y multa de 12 a 24 meses) y los del art. 270.6, CP (prisión de 6 meses a 3 años), cuya justificación se ha querido ver en el mayor alejamiento de la infracción de los derechos de autor que representan las conductas tipificadas en el apartado 6, en cuanto que recaen sobre los medios que después se emplearán para facilitar la neutralización de las medidas técnicas (Circular FGE 8/2015, GÓMEZ RIVERO, TOMÁS-VALIENTE LANUZA, GALÁN MUÑOZ, TIRADO ESTRADA, etc.).

5.2. Las conductas relativas a los medios dirigidos a facilitar la supresión o neutralización de dispositivos técnicos utilizados para proteger programas de ordenador y cualquiera de las otras obras, interpretaciones o ejecuciones (art. 270.6, CP)

El apartado 6 del art. 270, CP, tipifica también actos preparatorios de la posterior infracción de los derechos de propiedad intelectual prevista en los apartados 1 y 2 del art. 270, CP. La LO 1/2015, además de cambiar su ubicación del apartado 3 al 6 del art. 270, CP, introdujo algunas modificaciones técnicas, según indica su Preámbulo, para adaptar su terminología a la más amplia de la Directiva 2001/29/CE, ya citada.

Estas mejoras han permitido paliar algunas de las deficiencias valorativas que suponía el que el ilícito civil resultase más restrictivo que el penal, si bien acosta de su práctica aproximación y coincidencia, lo que choca con el principio de mínima intervención penal (también MATA Y MARTÍN). En efecto, mientras el texto penal anterior a la reforma de la LO 1/2015 omitía toda referencia a la finalidad comercial, el art. 102.c), LPI, respecto de los programas de ordenador, limitaba las conductas a la puesta en circulación o la tenencia con fines comerciales. Asimismo, la LPI requería que el instrumento tuviese como "único uso" facilitar la supresión o neutralización no autorizadas de cualquier dispositivo técnico utilizado para proteger un programa de ordenador; mientras que el antiguo tipo penal se refería a "medio específicamente destinado a facilitar [...]". Con respecto al resto de obras y prestaciones protegidas, La Ley 23/2006, de 7 julio, incorporó un ilícito semejante —primero en el art. 160, LPI, actualmente en el art. 196.2, LPI—, que comprendía también la conducta de fabricación de estos dispositivos.

En cualquier caso, la incriminación de actos preparatorios supone, como ya hemos indicado más atrás, un criticable adelantamiento de las barreras de intervención penal que no se encuentra justificado por la protección de un bien jurídico individual de carácter patrimonial, y, aunque la reforma operada por la LO 1/2015 modificó las penas, elevándolas con respecto a la dicción anterior (prisión de 6 meses a 2 años y multa de 12 a 24 meses), pero con un límite máximo de la pena de prisión menor al establecido para los delitos consumados de los apartados 1 y 2 del art. 270, CP, se siguen apreciando problemas con la proporcionalidad penal, en cuanto que se acaba castigando más un acto preparatorio que la tentativa de estos delitos (también GALÁN MUÑOZ).

Las conductas típicas son la fabricación, importación, puesta en circulación o posesión con finalidad comercial. La "fabricación" se presenta como el acto preparatorio de la ulterior posesión, importación o puesta en circulación, que, a su vez, son actos preparatorios de las conductas de los apartados 1 y 2 del art. 270, CP. Se advierte aquí una desmesura en la intervención penal. La "importación", introducida por la LO 15/2003, no tiene relevancia en la práctica, pues estos medios son fácilmente accesibles a través de internet, sin necesidad de recurrir a la importación (MARTÍNEZ-BUJÁN PÉREZ). En cuanto a la "puesta en circulación" abarca todos los actos de comercialización que permitan ponerlos a disposición del público, excluyendo la puesta a disposición en el ámbito privado (MIRÓ LLINARES).

Antes de la reforma de la LO 1/2015, el problema se presentaba, sobre todo, respecto de la tenencia —ahora posesión—, dado que el tipo no requería expresamente el ánimo de lucro ni tampoco la actuación "en perjuicio de tercero". No obstante, la Doctrina, de forma casi unánime, reivindicaba la presencia de ambos elementos, pues la tenencia tenía que ir preordenada a la puesta en circulación. Esta era la interpretación más razonable a la vista que el entonces art. 160, LPI —actual 196, LPI—, sólo consideraba y considera ilícitos estos actos preparatorios de la elusión de las medidas tecnológicas cuando se realizan con fines comerciales. Además, tampoco se podía olvidar que tales medidas tecnológicas debían resultar compatibles con ciertos límites de los derechos de autor, especialmente el relativo a la copia privada (art. 197, LPI). Así, se establece la obligación de proporcionar los medios adecuados a los beneficiarios de esta limitación, siempre que éstos hayan tenido acceso legal a la obra y sin perjuicio de que los titulares de los derechos puedan limitar el número de reproducciones en concepto de copia privada. De acuerdo con ello la mayoría de la Doctrina defendía la atipicidad de la tenencia de estos medios de elusión para uso privado [Circular FGE 1/2006 (*Tol 889065*); también GÓMEZ MARTÍN, ORTS BERENGUER/ROIG TORRES, FERNÁNDEZ TERUELO, FARALDO CABANA, etc.; de otra opinión MARTÍNEZ-BUJÁN PÉREZ, al haberse ampliado con la reforma de la LO 15/2003 el objeto material a las "obras, interpretaciones o ejecuciones", aunque más adelante requería la profesionalidad o habitualidad en las conductas típicas]. La incorporación expresa de la finalidad comercial que debe presidir todas las conductas recogidas en el precepto, permite superar estas objeciones. El Legislador ha empleado aquí una expresión diferente a la del resto de los tipos que tutelan la propiedad intelectual para definir el elemento subjetivo del injusto: finalidad comercial en lugar del ánimo de obtener un beneficio económico. Con ello, se alude a la persecución de un rendimiento o beneficio económico que se pretende sostener en el tiempo como resultado de una actividad continuada.

En cuanto al objeto material, éste ha sufrido modificaciones a lo largo del tiempo. En su versión originaria correspondiente a la aprobación del CP vigente, aquel se circunscribió a cualquier medio específicamente destinado a facilitar la supresión no autorizada o la neutralización del dispositivo técnico utilizado para proteger los programas de ordenador, pues su incriminación se vinculaba a lo prescrito en la Directiva 91/250/CEE, de 14 de mayo, sobre protección jurídica de programas de ordenador. La reforma del CP operada por la LO 15/2003 amplió los objetos protegidos a medios de protección de "cualquiera de las otras obras, interpretaciones o ejecuciones", manteniéndose la referencia expresa a los programas de ordenador, a pesar de que también estás catalogados como obras en la LPI. La dicción actual se debe a la última reforma operada por la LO 1/2015, en la que se cambia la expresión "específicamente destinado" por la de "principalmente concebido, producido, adaptado o realizado para facilitar la supresión no autorizada o la neutralización" referida a un dispositivo técnico empleado para aquellos objetos (programas de ordenador o cualquiera de las otras obras, interpretaciones o ejecuciones). Con ello se supera la interpretación restrictiva que había restringido el ámbito típico a los medios que no tuvieran otras funciones o aplicaciones distintas de la supresión o neutralización de las medidas técnicas de protección (GONZÁLEZ RUS, GONZÁLEZ GÓMEZ, MIRÓ LLINARES, FARALDO CABANA, RODRÍGUEZ MORO, etc.), identificando el adverbio "específicamente" con "exclusivamente", en coherencia con el ilícito civil del art. 102, LPI, que requería que fuera el "único uso" facilitar la supresión o neutralización no autorizada de estas medidas técnicas. Lo que suponía dejar vacío de contenido este precepto, en la medida que bastaba con añadir nuevas funciones al programa destinado a la vulneración de tales medidas de protección para que la conducta resultase atípica (GÓMEZ MARTÍN). De esta manera quedaban excluidos los chips multisistema de las consolas de videojuegos, programas que además de copiar obras, permiten comprimir o descomprimir ficheros, etc. Así, la Jurisprudencia se decantaba por la atipicidad cuando el medio tenía otras utilidades: SJP, nº 4, Palma de Mallorca, 21/2001, 30-3, rechaza la tipicidad de un chip multisistema que sirve para permitir la ejecución de videojuegos adquiridos en América y Asia; también el AAP, Valencia, Sección 5ª, 101/2008, 7-3, dado que la funcionalidad del chip permite la ejecución de videojuegos legales adquiridos en otras zonas y también convertir a la consola en un ordenador portátil; AAP, Salamanca, Sección 1ª, 412/2011, 13-12; distinguiendo entre la interpretación restrictiva del "específicamente", y su sustitución por el "principalmente", SSAP, A Coruña, Sección 2ª, 124/2016, 1-3, y 464/2016, 15-7; también quedan fuera del tipo los adaptadores para videoconsolas que no incorporan ningún *software* (cartuchos vacíos), así SJP, nº 1, Avilés, 199/2011, 7-6. Sin embargo, ya antes de la reforma de LO 1/2015, otra corriente jurisprudencial apreciaba la existencia del delito, aunque los chips tuvieran otras funcionalidades, si los indicios encontrados apuntaban a la finalidad ilícita: SJP, nº 1, Jerez de la Frontera, 414/2011, 20-10, ratificada por SAP, Cádiz, Sección 8ª, 169/2013, 23-5; también SJP, nº 23, Madrid, 46/2012, 3-2; SJP, nº 5, Zaragoza, 137/2012, 9-5, y SAP, Madrid, Sección 3ª, 373/2012, 28-6. La SAP, Sevilla, Sección 3ª, 159/2022, 22-4, aprecia el delito ya sin entrar a considerar si hay otras funcionalidades de los chips ofertados a través de anuncios en plataformas de segunda mano, bajo la nueva redacción dada al tipo.

En cuanto al concepto de "medio", la SAP, Málaga, Sección 2ª, 27/2003, 28-1, no estima que la publicación de un artículo periodístico en el que se proporciona información sobre como se realiza la desencriptación de la señal de Canal Satélite Digital, encaje en las conductas típicas de fabricación, puesta en circulación o tenencia del mecanismo concreto, por tratarse solo de datos o información; sin embargo, SAP, Barcelona, Sección 7ª, 882/2010, 23-11, aunque rechaza el encaje típico la publicación en la página web de las claves para acceder de forma gratuita a Digital+, por no haberse acreditado su efectiva funcionalidad, no descarta que la información integre "medio específicamente destinado…".

IV. *ITER CRIMINIS*

La Doctrina ha incardinado los delitos contra la propiedad intelectual en los de mera actividad en los que cabe la tentativa (GONZÁLEZ RUS, JORGE BARREIRO, FARALDO CABANA; admitiendo la tentativa, BENÍTEZ ORTUZAR, TIRADO ESTRADA, etc.); otros, sin embargo, los calificaron de delitos de resultado, bien porque requerían la producción de un perjuicio efectivo como resultado típico de la reproducción, comunicación pública, etc. (QUERALT JIMÉNEZ, BAJO FERNÁNDEZ/BACIGALUPO SAGGESE, BAUCELLS LLADÓS), bien porque, sin exigir dicho perjuicio económico, consideran que en las distintas conductas típicas se puede establecer una separación espacio-temporal entre la acción del sujeto y el resultado (GIMBERNAT ORDEIG, MARTÍNEZ-BUJÁN PÉREZ). Así, se dice que, en la reproducción, el resultado está integrado por las copias ilícitas.

A nuestro modo de ver no se puede dar una respuesta genérica para todas las modalidades típicas, sino que dependerá de cada una de estas. Serán de mera actividad la comunicación pública, la importación, la exportación, el almacenaje (considera, en cambio, estas tres modalidades como de resultado, MARTÍNEZ-BUJÁN PÉREZ). La comunicación pública se consumará con la puesta a disposición del público, sin necesidad de que algún sujeto llegué a tener acceso efectivo a la obra o prestación; la importación y exportación se perfeccionan con el traspaso de las fronteras, sin necesidad de que se llegue a poner a disposición del público; el almacenaje con la acumulación de ejemplares ilícitos. Se presentan como delitos de resultado, en cambio, la reproducción, la distribución y el plagio. La reproducción se consumará con la obtención de copias ilícitas o con la fijación de la obra en un soporte tangible o intangible, sin necesidad de obtener ulteriores copias (también RODRÍGUEZ MORO); la distribución con la entrega efectiva del ejemplar. En cuanto al plagio la consumación se producirá cuando realizada la reproducción total o parcial se atribuya la paternidad de la obra a quien no sea su verdadero autor.

La Jurisprudencia se ha pronunciado sobre esta cuestión en relación con la modalidad de distribución, no requiriendo que se produzca la entrega efectiva para su consumación, sino que es suficiente con el ofrecimiento de venta de copias ilegales o su exhibición para la venta [SSAP, Alicante, Sección 1ª, 282/2005, 20-4, y Sección 3ª, 397/2005, 26-7; Valladolid, Sección, 4ª, 15/2008, 11-1 (*Tol 1519640*); Madrid, Sección 3ª, 111/2007, 22-1; Vizcaya, Sección 2ª, 90153/2007, 13-3; Sevilla, Sección 1ª, 496/2007, 17-9, y Madrid, Sección, 23ª, 77/2009, 28-1], pues la venta efectiva supone el agotamiento del delito.

Se castigan como tentativa los casos de posesión para su posterior distribución o comercialización, que se hallan normalmente en el vehículo en el que se transporta la mercancía [SSAP, Murcia, Sección 1ª, 81/2004, 1-12; Granada, Sección 2ª, 486/2006, 18-9; Sevilla, Sección 1ª, 672/2006, 4-12; Madrid, Sección, 6ª, 265/2009, 9-6 (*Tol 1574238*); Málaga, Sección 3ª, 76/2011, 11-2, y Barcelona, Sección 6ª, 737/2011, 4-11]. En los casos de "top manta" o de distribución al por menor, la Jurisprudencia se ha mostrado vacilante. Así se ha rechazado la existencia de tentativa (SSAP, Madrid, Sección 16ª, 748/2007, 24-10, y Sección 16ª, 81/2008, 6-2), porque no se acredita el elemento subjetivo de su destino para la posterior distribución; pero también se ha castigado como tentativa por portar en la manta o en las bolsas de lona una cantidad suficiente de ejemplares (SSAP, Cáceres, Sección 2ª, 105/2007, 20-6; Valladolid, Sección 4ª, 15/2008, 11-1, y Lleida, Sección 1ª, 178/2010, 20-5). También alguna Jurisprudencia, en un exceso interpretativo, ha estimado que el mero transporte en un vehículo consumaba el delito porque se incluye dentro del proceso de distribución (SSAP, Lleida, Sección 1ª, 132/2007, 2-4, y Sevilla, Sección 1ª, 513/2007, 21-9) o por la cantidad de 214 copias musicales que portaba en dos bolsas (SAP, Castellón, Sección 1ª, 23/2008, 18-1).

Se ha calificado como tentativa de distribución un caso de entrega controlada al disponerse a recoger los ejemplares "piratas" enviados por vía aérea, y no haber sido puestos todavía a disposición del público (SAP, Islas Baleares, Sección 2ª, 352/2012, 17-12).

V. CONCURSOS

Son varias las cuestiones que se suscitan en el ámbito concursal. La primera de ellas afecta a la relación entre las distintas modalidades típicas del art. 270, CP, que entendemos ha de ser de concurso de normas cuando un mismo sujeto, por ejemplo, realiza la reproducción y luego la posterior distribución o el almacenaje y la exportación, pues su trata de conductas que se encuentran en la misma progresión delictiva, en cuanto que se dirigen al disfrute ilícito de la obra o prestación (también GÓMEZ RIVERO), y constituyen —como ya dijimos— tipos mixtos alternativos, no cumulativos, por ello no compartimos la visión de algunos autores que plantean la existencia de un concurso real cuando las conductas infractoras no están en la misma línea de progresión delictiva, por ejemplo, porque se distribuyen copias ilícitas a unos sujetos, a la par que se comunica públicamente la misma obra (MIRÓ LLINARES, GÓMEZ RIVERO), y ello porque entiendo que se afecta el mismo bien jurídico protegido: el interés patrimonial sobre la explotación de la obra, bajo la forma de reproducción, distribución, etc. Ello, claro está, siempre y cuando la titularidad de los derechos patrimoniales afectados corresponda al mismo sujeto. En otro caso, bien porque tenemos titulares distintos para los derechos de explotación, o bien porque recae sobre obras o prestaciones distintas, podrá apreciarse un concurso real o, en su caso, un delito continuado. En este sentido, la Jurisprudencia ha apreciado continuidad delictiva en casos de reproducción y/o distribución en establecimientos abiertos al público de videojuegos "piratas" (SSAP, Madrid, Sección 2ª, 768/2000, 27-12; Madrid, Sección 7ª, 336/2001, 10-7, y Cádiz, Sección 8ª, 78/2002, 16-12) o de administración de varias páginas web de enlace para la descarga por el sistema de intercambio de archivos *P2P* (SJP, nº 4, Castellón, 453/2013, 30-10, confirmada por SAP, Castellón, Sección 1ª, 426/2014, 12-11). Llamativa es la SAP, Zaragoza, Sección 1ª, 384/2008, 29-10, que construye una continuidad delictiva considerando que el almacenaje de obras pirateadas en los distintos domicilios de los acusados integra la pluralidad de acciones requerida por el art. 74.1, CP, sin importar que estemos ante sujetos activos distintos. Se ha rechazado, en cambio, la continuidad delictiva respecto de la modalidad de comunicación pública, porque se entiende que la pluralidad de actos es expresión misma de la publicidad y la pluralidad de la comunicación (SAP, Alicante, Sección 10ª, 426/2011, 18-11, en la que de forma sorprendente se castiga por el apartado 1 del art. 270, CP, a quien se dedica a fabricar y comercializar las tarjetas que permitían descodificar los canales de pago de TV, sin que el sujeto hubiera reproducido, distribuido ni comunicado públicamente obra alguna, sino sólo facilitado el que el adquirente-usuario final de la tarjeta lo hiciera). Se valoró también como una sola infracción la comunicación pública no autorizada de películas por cable, SAP, Córdoba, Sección 2ª, 24/2004, 6-2. Asimismo, se rechaza la continuidad delictiva en un caso de almacenaje en un piso y entrega para su distribución a dos sujetos de una cantidad determinada de CDs y DVDs pirateados (SAP, Madrid, Sección 6ª, 423/2009, 29-10).

Particular relevancia tiene la cuestión que se suscita respecto de las conductas de facilitación o favorecimiento previstas en los apartados c) y d) del art. 270.5 y 270.6, CP, cuando concurren con las de los apartados 1 ó 2 del art. 270, CP, o en su caso, con los tipos atenuados del nº 4 del art. 270, CP, obvio es decirlo, realizadas por un mismo sujeto. En tales supuestos, como hemos advertido más atrás, la tentativa resulta menos penada que tipos que incriminan actos preparatorios y/o de complicidad, como consecuencia del establecimiento de un mismo marco penal para conductas tan diversas —a salvo de las previstas en el art. 270.6, CP, castigadas solo con una prisión cuyo límite máximo es inferior a la de pena establecida en los restantes apartados del art. 270, CP. Esta quiebra de la proporcionalidad explica que se haya propuesto acudir a la regla de la alternatividad, en lugar de la de consunción, que es la que correspondería aplicar para resolver el concurso de normas (GARCÍA RIVAS), lo que no resulta satisfactorio. En este sentido, FARALDO CABANA ya abordaba antes de la reforma operada por la LO 1/2015 la relación entre la comisión del antiguo tipo del apartado 3 —actual art. 270.6, CP—, y la tentativa o la consumación de los antiguos apartados 1 o del 2 del art. 270, CP —actuales apartados 1 y 3 del art. 270, CP—, proponiendo como solución apreciar un concurso ideal, pues, por un lado, no tiene sentido que el acto preparatorio consuma a la tentativa, y por otro, la tentativa se sanciona con menor pena que el acto preparatorio, lo que sólo se explica si se parte de que el injusto del acto preparatorio reside en el peligro abstracto para una pluralidad de patrimonios que no quedaría consumido por el peligro concreto creado para un solo patrimonio individual (en contra por suponer una extensión de un ilícito que supone un adelantamiento injustificado de la tutela penal, GÓMEZ RIVERO). MARTÍNEZ-BUJÁN PÉREZ, por su parte, entiende que el concurso de leyes puede mantenerse respecto de la posesión de medios para facilitar la supresión de la protección y la posterior reproducción de la obra, pero no cuando se trata de la fabricación o la puesta en circulación de tales medios y alguna otra conducta del apartado 1° o 2° art. 270, CP, pues aquí aprecia una mayor peligrosidad ex ante de tales conductas en cuanto que los dispositivos pueden ser utilizados por terceros, lo que excede el peligro propio de los primeros apartados del art. 270, CP.

En segundo lugar, la separación entre los derechos que versan sobre la creación intelectual y los que recaen sobre el soporte explica que puedan afectarse bienes jurídicos distintos a la propiedad intelectual. Así, el apoderamiento del soporte para la posterior reproducción ilícita de la obra da lugar a hurto o robo, además del delito contra la propiedad intelectual; por ejemplo, se ha sancionado como concurso medial la sustracción de planos con la finalidad de copiarlos (SAP, Guipúzcoa, Sección 2ª, 28-9-1998).

También es posible la concurrencia con la estafa cuando el engaño se construye a partir de la infracción de los derechos de autor, por ejemplo, se realiza una reproducción ilícita que una obra pictórica y se vende como original (SAP, Pontevedra, Sección 5ª, 232/2014, 21-5, aprecia concurso medial entre estafa intentada y delito contra la propiedad intelectual por poner el gerente de la galería de arte reproducciones de cuadros de un pintor como si se tratase de obras originales). Para la Doctrina mayoritaria se trata de un concurso ideal o medial (GARCÍA RIVAS); mientras MARTÍNEZ-BUJÁN PÉREZ, lo trata como concurso real, al considerar que se da una pluralidad de hecho.

Un caso peculiar lo constituye la estafa de gravamen (art. 251, CP), cuando el propio autor transmite a un sujeto en exclusiva los derechos sobre su obra, posteriormente modifica ésta mínimamente y transmite nuevamente a otro sujeto distinto los derechos sobre la misma. La Doctrina que se ha pronunciado sobre el caso lo ha valorado como un concurso de normas, a resolver por el principio de especialidad a favor del delito contra la propiedad intelectual (QUINTERO OLIVARES, LATORRE). MIRÓ LLINARES, sin embargo, considera que sólo se cometerá el delito contra la propiedad intelectual, pues el objeto de la acción en este delito es la creación intelectual, no la cosa, como ocurre en la estafa de gravamen.

También es posible que concurran los delitos relativos a la propiedad intelectual con los que protegen la propiedad industrial cuando la conducta lesione los derechos del titular registral de propiedad industrial —por ejemplo, una marca, un diseño industrial—, que también suponga una creación original protegida por propiedad intelectual, en tales casos la Doctrina mayoritaria defiende la existencia de un concurso de delitos (LARRIBA HINOJAR, PAREDES CASTAÑÓN, MORENO CÁNOVES, RUIZ MARCO, MARTÍNEZ-BUJÁN PÉREZ). Si bien PAREDES CASTAÑÓN matiza advirtiendo que el concurso de delitos se dará en la medida en que los sujetos pasivos de los delitos contra la propiedad industrial y contra la propiedad intelectual puedan ser diversos, o cuando siendo coincidentes se afecte no sólo el aspecto patrimonial del derecho de propiedad intelectual, cubierto también por el derecho de propiedad industrial, sino también el moral. Pues, en otro caso, se aboca a un *bis in ídem* cuando hay una concurrencia del derecho de explotación exclusiva —intelectual e industrial— sobre un mismo objeto, dado que, como ha señalado MIRÓ LLINARES, la tutela penal se dirige a salvaguardar la facultad negativa de estos derechos, esto es a impedir el uso no autorizado por terceros para garantizar la explotación económica exclusiva. Desde esta perspectiva es claro que en tales supuestos solo cabe un concurso de leyes, pues una sola infracción agota todo el desvalor del hecho (también GÓMEZ RIVERO). No obstante, la Jurisprudencia ha admitido el concurso ideal de delitos en las SSAP, Sevilla, Sección 1ª, 66/2006, 31-1 (caso toro de Osborne); Cádiz, Sección 1ª, 300/2008, 29-9 (videojuegos y productos con dibujos de marcas identificativas), o Madrid, Sección 17ª, 1256/2007, 3-12 (productos con dibujos utilizados como identificativos del fabricante); aunque también hay resoluciones que aplican el concurso de leyes (SSAP, Barcelona, Sección 2ª, 508/2008, 9-6, caso Osborne; Salamanca, Sección 1ª, 99/2010, 30-12; Barcelona, Sección 2ª, 621/2018, 26-9, y Madrid, Sección 17ª, 324/2018, 23-4). Distinto es el caso en que los derechos de propiedad intelectual recaen sobre distintos objetos, por ejemplo, copias piratas de obras musicales o audiovisuales, junto a otros productos con marcas falsificadas (SAP, Madrid, Sección 16ª, 13/2003, 9-1).

Finalmente, se plantea la posible concurrencia con el delito del art. 286, CP, en el que, como veremos más adelante en este mismo Tratado, se protege más que un interés del consumidor, el económico del titular del servicio de radiodifusión o interactivo de acceso condicional, lo que aboca como acertadamente ha puesto de manifiesto GARCÍA RIVAS a un concurso de leyes, a resolver por el principio de alternatividad, pues la finalidad de la tutela penal en tales casos es la de proteger a quienes han adquirido los derechos de emisión y se ven así perjudicados por el acceso fraudulento (también GÓMEZ RIVERO). Otra solución supondría un *bis in ídem*, dada la coincidencia de los intereses económicos. En cambio, TIRADO ESTRADA considera que la relación entre ambos tipos delictivos es de concurso de ideal de delitos, en base a la afectación de dos bienes jurídicos distintos. En este sentido, la SAP, Valencia, Sección 3ª, 231/2023, 25-4, aprecia concurso ideal-medial entre el art. 270.2, CP y el 286.1.1ª, CP, en un supuesto en que se proporciona en una página web acceso a los partidos de la Liga emitidos desde plataformas y canales de pago, y ello a pesar de que —como vimos— aquellos no pueden ser considerados obras artísticas. En tales casos, el TS aprecia solo delito del art. 286, CP (STS 546/2022, 2-6, como ya vimos; también SSAP, Vizcaya, Sección 2ª, 90170/2021, 4-6, y SAP, Asturias, Sección 3ª, 60/2022, 17-2, entre otras).

También aprecia concurso medial entre los delitos del art. 270.1 y 271.a) y b) y art. 286.1, CP, la SAP, Pontevedra, Sección 5ª, 309/2023, 2-11; también como concurso de delitos, SAP, Zamora, Sección 1ª, 14/2022, 20-6 (ofrecer a través de Telegram canales de televisión de pago y también terminales adaptados para acceder a la lista de canales).

Se rechaza la existencia de continuidad delictiva, considerando que es un único delito por unidad normativa de acción en un supuesto de comunicación pública (SAP, Córdoba, Sección 2ª, 24/2004, 6-2; en el mismo sentido, SAP, Salamanca, Sección 1ª, 99/2010, 30-12, rechaza esta posibilidad, pues, "al no haber habido interrupción de la referida actividad, faltaría el presupuesto de la pluralidad de hechos diferenciados; en tal caso nos encontraríamos más propiamente en presencia del denominado "delito permanente"". En el mismo sentido, se manifiesta SAP, A Coruña, Sección 1ª, 76/2015, 9-2. No obstante, también hay resoluciones que admiten la continuidad delictiva, bien porque se acreditan hechos independientes susceptibles de constituir una pluralidad de acciones distintas (SAP, Cádiz, Sección 4ª, 244/2007, 25-7), o bien porque entienden que la pluralidad de acciones está presente en cuanto que se constata la explotación durante un lapso de tiempo (SJP, nº 1, Segovia, 263/2002, 13-11, utilización de video juegos "piratas" en cibercafé en distintos ordenadores; SAP, Sevilla, Sección 3ª, 524/2003, 17-10, reproducción de libros en establecimiento mercantil; SAP, A Coruña, Sección 6ª, 250/2006, 13-11, reproducir y distribuir entre la clientela fonogramas obtenidos ilícitamente de internet).

VI. TIPOS AGRAVADOS

El art. 271, CP agrava la responsabilidad penal, castigando con una pena conjunta de prisión de 2 a 6 años, multa de 18 a 36 meses e inhabilitación especial de profesión por un período de 2 a 5 años, cuando concurra alguna de las cuatro circunstancias siguientes:

1. *Que el beneficio obtenido o que hubiera podido obtenerse posea especial trascendencia económica*

Dada la naturaleza patrimonial del bien jurídico protegido, el beneficio debe ser económico, abarcando tras la reforma de la LO 1/2015 también el beneficio potencial o el que podía haberse alcanzado, además del efectivamente conseguido. El beneficio, como ya vimos al examinar los tipos atenuados— alude a la ganancia, lo que se determinará teniendo en cuenta el valor de venta de los objetos intervenidos, descontando los costes correspondientes; sin que guarde correlación con el perjuicio irrogado al sujeto pasivo, que puede no estar en absoluto presente. Así, por ejemplo, SAP, Madrid, Sección 2ª, 515/2014, 21-7, rechaza la aplicación de la agravación por constar solo en el informe pericial la cuantía de los perjuicios, no de los beneficios; no obstante, en alguna Jurisprudencia se ha confundido el perjuicio con el beneficio obtenido (SAP, Albacete, Sección 1ª, 22/2004, 15-3).

La inclusión del beneficio potencial permite extender la agravación a todas las modalidades típicas del art. 270, CP, en las que la consecución de aquel es la finalidad que guía la conducta típica, sin circunscribirse ya únicamente a las que constituyan actos propiamente de explotación de la obra o prestación o de los medios técnicos de supresión de medidas tecnológicas de protección (distribución, comunicación pública, importación y exportación).

El requisito de la "especial transcendencia económica" como concepto jurídico indeterminado que deberá precisarse judicialmente, constituye una quiebra de la obligada taxatividad penal. La Jurisprudencia ha manifestado que el concepto de especial transcendencia económica "hay que fijarlo en función de la repercusión externa que produce la cuantía de la defraudación producida en los intereses derivados de la titularidad de la propiedad unilateral", y que a falta de determinación del *quantum* por el Legislador pueden servir de orientación los parámetros establecidos en otros delitos patrimoniales como la estafa o la apropiación indebida, apreciándose, por ello, cuando "la declaración del acusado a efectos de impuesto sobre el valor añadido es de 6.331.286 pts." [STS 876/2001, 19-5 (*Tol 103139*)] por superar la frontera de los entonces 6 millones de pts., o cuando el beneficio supera los 36.066 euros [SAP, Madrid, Sección 15ª, 74/2006, 22-2 (*Tol 937419*)]. Expresamente la SJP, nº 16, Barcelona, 171/2017, 6-4, toma como referencia la cuantía fijada en el art. 250, CP, para la estafa, que marca la especial gravedad en 50.000 euros (la SAP, Barcelona, Sección 7ª, 751/2017, 24-11, revocó la aplicación del tipo agravado por falta de acreditación del beneficio). En consecuencia, se rechaza cuando "la comunicación pública se producía sólo a 135 abonados que pagaban mensualmente 1.740 ptas." [SAP, Córdoba, Sección 2ª, 24/2004, 6-2 (*Tol 360943)*] o cuando el beneficio solo llega a algo más de cuatro millones de pts. (SAP, Barcelona, Sección 6ª, 30-7-2001).

2. *Especial gravedad de los hechos*

La especial gravedad de los hechos se ha de determinar atendiendo al valor de los objetos producidos ilícitamente, el número de obras, o de la transformación, ejecución o interpretación de las mismas, ilícitamente reproducidas, distribuidas, comunicadas al público o puestas a su disposición, o a la especial importancia de los perjuicios ocasionados.

Nuevamente nos encontramos con una quiebra del principio de taxatividad al emplear la fórmula de "especial gravedad", si bien el Legislador aquí proporciona algunos criterios: el valor de los objetos producidos, y tras la reforma de la LO 1/2015, también el número de obras, no estipula ningún *quantum* al respecto, lo que remite nuevamente a valoración judicial. Con ambos criterios se logra abarcar las distintas modalidades típicas del art. 270, CP, lo que con la referencia a solo el valor de los objetos producidos antes de la citada reforma de la LO 1/2015, resultaba difícil para las modalidades típicas que no requerían la producción de una copia, y particularmente los casos de comunicación pública o de puesta a disposición a través de internet. También ofrece una alternativa de agravación cuando no se puede acreditar perjuicio alguno, porque no se ha llevado a cabo acto de comercialización alguno. Es cierto que la Jurisprudencia anterior a la citada reforma de 2015 ya se había referido al número de obras, si bien, lo hacía para considerar la transcendencia del valor de lo incautado. Así, por ejemplo, la SAP, Barcelona, Sección 8ª, 219/2008, 1-4, considera aplicable la agravación con 15.950 CDs música, cuyo valor peritado es de 239.250 euros, y con una grabadora con capacidad para copiar unos 5670 CDs al día; en el mismo sentido, SAP, Madrid, Sección 2ª, 50/2010, 1-2, considera suficiente el elevado número de CDs y DVDs (3.830 CDs y 2.045 DVDs respecto de uno de los sujetos, y 8.255 CDs del otro); SAP, Madrid, Sección 3ª, 116/2011, 17-3, atiende al precio de las copias incautas (4800 DVDs de películas, 8100 CDs y 3420 de producciones fonográficas 30 videojuegos); y SAP, Valencia, Sección 4ª, 524/2015, 22-7, que la aprecia porque se trata de 11.625 copias de videos y audios.

Se ha rechazado la agravación cuando el valor medio de mercado de 243 "musicassettes" es de 486.000 pts. (SAP, Alicante, Sección 3ª, 324/2001, 19-6).

Por su parte, la SAN, Sección 2ª, 6/2015, 5-3 —caso youkioske—, valoró en la comunicación pública de periódicos y revistas "pirateadas" el número de visitas recibidas de la página web (20.757.885), que la mayoría se realizaran desde España y que el sistema solo soportara unas 500.000 visitas a la vez. La posterior STS 920/2016, 12-12, dictada en el mismo caso, ratifica la aplicación de la agravación sustentada en el número de publicaciones sobre las que se actúa, 17.000 y en la cantidad de visitas realizadas, más de 20 millones.

En cuanto a la importancia de los perjuicios ocasionados, la discusión se centra en si deben ser abarcados además de los daños materiales efectivamente causados —daño emergente—, el lucro cesante y el daño moral. La mayoría doctrinal entiende que sólo quedan abarcados los de índole patrimonial, teniendo en cuenta que el bien jurídico tiene este carácter, dejando los de carácter moral en el ámbito de la responsabilidad civil (MIRÓ LLINARES, BAUCELLS LLADÓS, MARTÍNEZ-BUJÁN PÉREZ, GONZÁLEZ RUS, RODRÍGUEZ MORO, modificando su posición GARCÍA RIVAS). No obstante, otro sector doctrinal incluye tanto el daño moral como el patrimonial (VEGA VEGA, TIRADO ESTRADA). En la Jurisprudencia, se ha rechazado la aplicación de esta agravación en base al desprestigio que produce en la obra del pintor plagiado (SAP, Madrid, Sección 15ª, 74/2006, 22-2).

La apreciación del perjuicio efectivo limita la aplicación de la agravante, al igual que ocurriera antes de la reforma de la LO 1/2015 con la del beneficio, a las modalidades típicas del art. 270, CP, que consisten en actos de explotación, no así en los casos de reproducción, posesión, almacenamiento, en los que no se ha producido todavía la lesión del bien jurídico protegido. Así, la Jurisprudencia rechazó la apreciación de la agravación cuando la mercancía no había llegado todavía al mercado, pues era imposible acreditar los beneficios [SAP, Barcelona, Sección 8ª, 219/2008, 1-4 (*Tol 1326080)*], declarando que la "cantidad abultada de objetos no permite por sí aplicar la agravación" (SAP, Alicante, Sección 1ª, 157/2006, 8-3). En todo caso, el perjuicio es el que incide sobre el sujeto pasivo del delito, no abarcando el que pueda derivarse para los consumidores o para la sociedad en general. La Jurisprudencia ha apreciado que el perjuicio es de especial importancia, aplicando los criterios cuantitativos que en cada momento regían para la estafa y la apropiación indebida, cuando supera los 10.000.000 pts. [SSAP, Barcelona, Sección 7ª, 95/2008, 29-1 (*Tol 1294958),* y Sevilla, Sección 1ª, 483/2002, 5-11], aunque también se ha estimado cuando asciende a 5.388.053 pts. [SAP, Albacete, Sección 1ª, 22/2004, 15-3 (*Tol 479515)*], no cuando el perjuicio es tan sólo de 900.000 pts. [SAP, Barcelona, Sección 6ª, 30-7-2001 (*Tol 1778394)*], porque en aquellos delitos patrimoniales se fijaba más de 6 millones de pts., después más de 36.000 euros, y actualmente más de 50.000 euros (art. 250, CP). Se ha rechazado cuando el perjuicio es mínimo (151,47 euros) (AAP, Barcelona, Sección 7ª, 250/2008, 28-3).

3. *Pertenencia del culpable a una organización o asociación, incluso de carácter transitorio, que tuviese como finalidad la realización de estos delitos*

Esta circunstancia, junto con la siguiente, fue introducida por la LO 15/2003 probablemente porque los datos criminológicos indicaban que estos hechos estaban siendo cometidos por bandas organizadas [Circular FGE 1/2006 (*Tol 889065)*], y ello había sido reflejado en el parágrafo 9 de la Directiva 2004/48/CE, de 29-4, del Parlamento Europeo y del Consejo, relativa al respeto a los derechos de propiedad intelectual. Coherentemente con ello estos delitos fueron incorporados al art. 282 bis, LECrim, que permite la utilización de la técnica de investigación del agente encubierto. Se critica la indefinición de los conceptos de organización o asociación, tradicionalmente vinculados a la existencia de una cierta estructura organizativa y de permanencia junto a un número de personas, al menos, tres, lo que se corresponde con el concepto de organización criminal al que se refiere el art. 570 bis, CP. Si bien la nota de permanencia queda aquí sin efecto, pues expresamente se declara aplicable la agravante también ante agrupaciones de carácter transitorio.

La diferencia con la codelincuencia se ha determinado en función del número de personas agrupadas y del modo fortuito, o no, en que se conforma la asociación para la comisión inmediata del delito. Es, por ello, que la Jurisprudencia requiere, para delimitar la agravación de los meros supuestos de codelincuencia, que se determine el papel de los sujetos en la organización o una repetición de los hechos [SAP, Zaragoza, Sección 3ª, 300/2008, 7-5 (*Tol 1476319)*], o una infraestructura personal y de medios materiales (dos pisos para almacenar material, entrega a pequeños vendedores, número de objetos falsificados, envío de dinero al extranjero, etc. (SAP, Zaragoza, Sección 1ª, 90/2008, 22-2).

Con respecto a la concurrencia con los delitos del art. 570 bis y sigs., CP, hay que estar a lo dispuesto en la regla 4ª del art. 8, CP, esto es, a la alternatividad. En razón de ello, la Circular de la FGE 8/2015 propone la aplicación del concurso de delitos entre el art. 570 bis o art. 570 ter, CP, en su caso, y el tipo correspondiente específicamente cometido con todas sus circunstancias si bien prescindiendo de la agravación específica, cuando la pena así aplicada sea superior a la prevista en el tipo agravado de la propiedad intelectual. En el caso "youkioske, la SAN, Sección 2ª, 2/2016, 5-2, resuelve la concurrencia normativa en favor del concurso de delitos, aplicando el tipo agravado del art. 271.b), CP, por razón de la especial transcendencia del hecho y el tipo del art. 570.1 bis, CP, al considerar que los acusados adoptaron un papel de organizadores o directores de la organización criminal. No compartimos, sin embargo, las disquisiciones del citado Tribunal sobre la posible aplicación de la regla de consunción del art. 8.3, CP, considerando que el tipo agravado del apartado c) del art. 271, CP, consumiría el del art. 570.1 bis, CP, por cuanto, este último tiene una distinta penalidad en función del papel que el sujeto desarrolla en la organización criminal, en este caso, el de dirección o constitución, a lo que no se alude en el tipo agravado del art. 271.c), CP, que solo considera la pertenencia. Sólo cuando el sujeto ha desplegado un papel activo, pero sin llegar a ser de carácter directivo u organizativo, es cuando podría sostenerse que este tipo agravado recoge todo el desvalor del hecho. La mencionada SAN 2/2016 contiene también un voto particular en el que se cuestiona precisamente la aplicación de la agravación o del tipo específico, porque son solo dos los condenados, y aunque se acredita que participaron otros individuos, así estaban quienes administraban la página web, quienes eran los encargados de gestionarla, decidiendo los contenidos que se subían a la misma, y quienes realizaban las copias y las subían al servidor, no se ha podido constatar la comunidad de fines de estos últimos o si simplemente realizaban un trabajo a cambio de un salario.

4. La utilización de menores de dieciocho años

La utilización de menores de 18 años para cometer estos delitos responde también a razones de política criminal, pues se dirige a evitar la impunidad del hecho ante posibles casos de autoría mediata (también RODRÍGUEZ MORO). La realidad, sin embargo, es que no se ha encontrado ningún supuesto en la Jurisprudencia en que se haya aplicado esta agravación.

En todo caso, se pone el acento en que ha de haber una "utilización", lo que el Pleno no jurisdiccional del TS, en su Acuerdo de 26-2-2006, en relación con el tráfico de drogas que contempla una agravación semejante, ha entendido que requiere un prevalimiento de la situación de ascendencia sobre el menor o de cualquier otra forma de autoría mediata. Luego si no se produce la instrumentalización del menor de 18 años, sino que su intervención es plenamente consciente, la agravación no tendría lugar (MATA Y MARTÍN, GARCÍA RIVAS).

VII. RESPONSABILIDAD CIVIL Y OTRAS CONSECUENCIAS JURÍDICAS

1. La responsabilidad civil

El art. 272, CP, dispone, como regla especial para la determinación de la responsabilidad civil derivada de estos delitos, que se regirá por lo dispuesto en la LPI en lo relativo al cese de la actividad ilícita y a la indemnización de daños y perjuicios.

Del cese de la actividad ilícita se ocupa el art. 139, LPI, comprendiendo la suspensión, prohibición de la explotación, retirada del comercio de los ejemplares ilícitos y su destrucción, inutilización de los moldes, planchas, etc., la remoción o el precinto de aparatos utilizados en la comunicación pública no autorizada; el comiso, la inutilización y, en caso necesario, la destrucción de los instrumentos destinados a facilitar la supresión o neutralización de dispositivo técnico utilizado para proteger programa de ordenador o de otras obras y prestaciones, o para eludir las medidas tecnológicas eficaces de protección. El titular del derecho puede también solicitar la entrega de los ejemplares ilícitos y el material a precio de coste, y a cuenta de la correspondiente indemnización de daños y perjuicios.

Especial trascendencia reviste "la suspensión de los servicios prestados por intermediarios a terceros que se valgan de ellos para infringir derechos de propiedad intelectual, sin perjuicio de lo dispuesto en la Ley 34/2002, de 11 de julio, de Servicios de la Sociedad de la Información y de Comercio Electrónico, en cuyo apartado 2 del art. 8, introducido por la Ley 2/2011, de 4 de marzo, de Economía Sostenible (*Tol 2043021*), se permite que los titulares de derechos de propiedad intelectual puedan solicitar, a través de un órgano competente (la Comisión de Propiedad Intelectual) y previa autorización judicial, los datos que permitan la identificación de los vulneradores. Se faculta, asimismo, para que dicha Comisión pueda acordar la retirada de contenidos que vulneren la propiedad intelectual, llegando incluso a la interrupción del servicio a través del cual se tenga acceso a los contenidos; si bien para su ejecución necesitará contar también con autorización judicial.

El art. 140, LPI, regula la indemnización de daños y perjuicios, estableciendo que ésta comprenderá no sólo el valor de la pérdida que haya sufrido (daño emergente), sino también el de la ganancia que haya dejado de obtener a causa de la violación de su derecho (lucro cesante). La cuantía indemnizatoria podrá incluir, en su caso, los gastos de investigación en los que se haya incurrido para obtener pruebas razonables de la comisión de la infracción objeto del procedimiento judicial. La indemnización se fijará, a elección del perjudicado, atendiendo a alguno de los dos criterios siguientes: a) las consecuencias económicas negativas, entre ellas la pérdida de beneficios que haya sufrido la parte perjudicada y los beneficios que el infractor haya obtenido por la utilización ilícita; b) la cantidad que como remuneración hubiera percibido el perjudicado, si el infractor hubiera pedido autorización para utilizar el derecho de propiedad intelectual.

Se admite, asimismo, la indemnización del daño moral, aunque no haya perjuicio económico; si bien se asocia al criterio de "consecuencias económicas negativas", por lo que solo podrá tener cabida cuando se hubiere optado por fijar la indemnización conforme a aquel, y no cuando se hubiera escogido la cuantía de la remuneración dejada de percibir.

La opción por uno u otro criterio vendrá normalmente determinada por las posibilidades de prueba con que cuente el perjudicado, dado que en el ámbito de la responsabilidad civil rige el principio rogatorio o de petición de parte, de manera que corresponde a ésta la prueba de lo demandado.

En cualquier caso, para que proceda la indemnización tiene que acreditarse que la modalidad típica conlleva un daño o perjuicio. En este sentido, la Jurisprudencia rechaza la procedencia de aquella cuando no hay actos concretos de explotación acreditados, advirtiendo que "los propios criterios que establece el artículo 140 del texto refundido de la Ley de Propiedad Intelectual para concretar la indemnización están partiendo de la premisa de que el autor de la infracción haya llegado a explotar económicamente la propiedad intelectual ajena, pues utiliza el concepto del beneficio obtenido y del dejado de obtener, y de la remuneración que hubiera percibido el perjudicado en el caso de que la explotación de sus derechos hubiera sido lícita por haber dado su autorización a un tercero. Por consiguiente, la inexistencia de actos concretos de explotación impide hablar de un perjuicio económico real susceptible de indemnización" (SSAP, Madrid, Sección 30ª, 464/2013, 9-10, y 855/2018, 20-12). Así, no se aprecia daño indemnizable en las conductas de almacenamiento o distribución —ofrecimiento para la venta— en las que no llega a producirse ninguna venta efectiva (SSAP, Barcelona, Sección 8ª, 219/2008, 1-4; Madrid, Sección 15ª, 38/2009, 3-2; Islas Baleares, Sección 1ª, 78/2010, 26-3; Madrid, Sección 15ª, 282/20210, 29-7; Málaga, Sección 9ª, 425/2010, 6-9; Madrid, Sección 15ª, 423/2010, 7-12; Sevilla, Sección 7ª, 184/2012, 26-3, y Madrid, Sección 30ª, 463/2013). No obstante, la SAP, Las Palmas, Sección 2ª, 109/2014, 30-4, dedujo responsabilidad civil bajo la forma de la remuneración que le hubiera correspondido al titular del derecho de haber autorizado el uso de la obra, aunque "no hayan quedado demostradas operaciones de venta de los productos a terceras personas, sin embargo, ello no impide entender acreditado el perjuicio causado a las distribuidoras, al margen de que las obras sean o no efectivamente vendidas".

Con respecto al lucro cesante, la regla es la misma: se parte de los actos de explotación concretamente acreditados. En este sentido, se ha reconocido en favor de CEDRO respecto de las fotocopias realizadas en un establecimiento mercantil, la tarifa base que le habría correspondido por el fotocopiado del 10% de las obras impresas, no aplicando las tasas de penalización previstas cuando el volumen fotocopiado de la obra excede de esta proporción (SAP, Madrid, Sección 16ª, 715/2010, 23-11); también en favor de Mediaproducción S.L.U. por la venta de un decodificador "pirateado" en la cuantía de lo que habría supuesto el pago de la licencia mínima para el acceso al canal de pago (AAP, Barcelona, Sección 6ª, 672/2023, 12-9); en el caso de reproducción plagiaria de una conferencia en una guía de proyectos de urbanización sostenible, se rechaza la apreciación de lucro cesante, porque no se acredita ganancia alguna que hubiera dejado de percibir (ulteriores cursos, conferencias sobre esta temática) ni siquiera en situaciones anteriores similares (SAP, Toledo, Sección 1ª, 138/2014, 7-11); en el mismo sentido, la SAP, Alicante, Sección 2ª, 302/2014, 3-6, recuerda que la "necesidad de prueba debe proyectarse también a las reclamaciones por lucro cesante, en este caso ganancia dejada de obtener, que no puede convertirse en una vía para solicitar indemnizaciones con base a meras expectativas no acomodadas a unas previsiones sólidamente asentadas", por lo que entiende que la indemnización por el uso de los decodificadores "piratas" no se funda en la realidad, porque no constan las fechas de uso ni tampoco se puede partir del coste por todos los contenidos de pago a disposición de los adquirentes. En todo caso, el beneficio que hubiera obtenido el titular no puede extraerse sin más del precio de venta al público que tiene el ejemplar lícito, sino que hay que tener en cuenta los costes de producción y, en el caso de los distribuidores e importadores videográficos y productores audiovisuales, estos vendrán condicionados por el tipo de mercado: el del adquirente final del ejemplar, el de la exhibición de salas de cine o el del alquiler de películas (SAP, Cádiz, Sección 1ª, 230/2006, 13-11).

El daño moral ha sido admitido por la Jurisprudencia también asociado a los actos de explotación realizados. Así, fundado en la posible confusión en el consumidor sobre la procedencia y la calidad del producto adquirido, en un caso de instalación de copias "piratas" del sistema operativo en los ordenadores que son objeto de venta en un establecimiento mercantil (SAP, Madrid, Sección 2ª, 279/1999, 10-6; en el mismo sentido, respecto de la venta de copias ilícitas de videojuegos, SAP, Navarra, Sección 3ª, 132/2004, 6-10). Su cuantía, según dispone el art. 140, LPI, ha de determinarse teniendo en cuenta las circunstancias de la infracción, la gravedad de la lesión y el grado de difusión de la obra. Por ejemplo, en un caso de plagio, se valora el carácter novedoso y poco estudiado en la obra técnica plagiada, su uso limitado en una sola comunidad autónoma, el limitado número de ejemplares de la edición, y su difusión en abierto en la web (SAP, Toledo, Sección 1ª, 138/2014, 7-11); respecto de la utilización en la carátula de unos DVDs de unos dibujos de escudos, que habían sido previamente publicados en una obra impresa por su autor, se valora el escaso número de ejemplares distribuidos y el número de establecimientos que los ofrecían en venta (SAP, Sevilla, Sección 7ª, 253/2013, 28-6).

2. La publicación de la sentencia

El art. 272.2, CP, prevé, con carácter facultativo, que el Juez o Tribunal publique la sentencia condenatoria a costa del infractor en un periódico oficial. Esta disposición resulta en cierta medida contradictoria con lo dispuesto en el art. 288, CP, que, como Disposición Común a todo el Capítulo XI, también resulta aplicable. En concreto, el art. 288, CP, se refiere a la publicación de la sentencia en los periódicos oficiales y, a solicitud del perjudicado, su reproducción en cualquier otro medio de información a costa del condenado. Mientras que la primera tiene carácter imperativo, la segunda es de carácter potestativo, limitada además a la solicitud previa del perjudicado. Hay que entender que la sentencia condenatoria debe ser firme. Adviértase que la reproducción se refiere a cualquier medio informativo: periódico, radio, televisión, etc., y puede comprender toda la sentencia o algunos extremos de ésta. La referencia al perjudicado debe entenderse en sentido amplio, pues de otro modo en muchos de estos delitos, al ser de peligro, resultaría difícilmente aplicable, incluyendo, por ejemplo, a las asociaciones de consumidores (BAUCELLS LLADÓS). La medida, de fuerte contenido sancionador (para GÓMEZ TOMILLO, naturaleza civil restauradora del daño moral), ha sido aplaudida por la Doctrina por el efecto preventivo que tiene en el ámbito de los delitos que afectan a la competencia.

Esta duplicidad de medidas lleva a un sector doctrinal a interpretar que existe una relación de especialidad a favor del art. 272.2, CP, (GONZÁLEZ RUS, FARALDO CABANA, GÓMEZ TOMILLO), mientras que para otros autores la relación es de complementariedad (QUINTERO OLIVARES, BAUCELLS LLADÓS). Conforme a este último entendimiento, y en caso de sentencia condenatoria, el Tribunal puede decretar la publicación en el periódico oficial y el perjudicado, por su parte, puede solicitar la publicación en un medio informativo distinto al oficial. No falta quien ha entendido que el carácter preceptivo de la norma del art. 288, CP, frente al potestativo de la medida prevista en el art. 277.2, CP, otorga preferencia a la primera, y supone *de facto* una derogación de la segunda (MARTÍNEZ-BUJÁN PÉREZ, RODRÍGUEZ MORO).

3. La retirada de contenidos, interrupción de la prestación y bloqueo de acceso

El apartado 3 del art. 270, CP, dispone que, en los casos de los apartados anteriores, esto es, para los englobados en los nº 1 y 2 del art. 270, CP, se aplicarán una serie de medidas, a saber: con carácter imperativo, la retirada de obras o prestaciones objeto de la infracción y cuando a través de un portal de acceso a internet o servicio de la sociedad de la información se difundan exclusiva o preponderantemente dichos contenidos ilícitos, la interrupción de la prestación; también en este último caso, potestativamente, se podrá acordar cualquier medida cautelar para proteger los derechos de propiedad intelectual; y excepcionalmente, se podrá ordenar el bloqueo de acceso cuando exista reiteración de las conductas, y cuando resulte una medida proporcionada, eficiente y eficaz.

De la confusa redacción del precepto se podría deducir que se trata de medidas cautelares a adoptar durante la tramitación del proceso penal (GARCÍA RIVAS). Sin embargo, esta idea ha de desecharse, pues algunas son de imposición imperativa, lo que choca con el carácter potestativo de aquellas, ante la necesidad de realizar una evaluación particularizada en función de las circunstancias del caso y de los indicios existentes. Lo que sucede es que en el precepto se contemplan dos tipos de medidas: unas, de carácter definitivo y obligatorias, a imponer en la sentencia condenatoria; y otras, de carácter provisional y potestativo, no especificadas y, por tanto, con el mismo contenido que las definitivas u otro distinto, a las que podrá acudir el juzgador durante la tramitación del proceso para proteger los derechos de propiedad intelectual (también Circular FGE 8/2015, TIRADO ESTRADA). En este sentido, recuerda la Circular FGE 8/2015 que la adopción de tales medidas cautelares podrá realizarse de oficio o a petición del Ministerio Fiscal, sin que resulte necesaria la petición del titular del derecho infringido.

Por otra parte, al no encontrarse tales medidas definitivas en el catálogo de penas del art. 33, CP, pero sí entre las que pueden adoptarse en el procedimiento civil para el cese de la actividad ilícita (art. 139, LPI), o en el administrativo de restablecimiento de la legalidad a dilucidar por la Sección Segunda de la Comisión de Propiedad Intelectual (art. 195.4, LPI), y a las que aluden también los arts. 8.1 y 11.1, LSSI, relativos, respectivamente, a las medidas de restricción a prestaciones de servicio de la sociedad de la información, y al deber de colaboración de los prestadores de servicios de intermediación, podría pensarse que su naturaleza es civil, máxime cuando además el art. 272.1, CP, se remite a las disposiciones de la LPI en lo concerniente al cese de la actividad ilícita dentro de la responsabilidad civil. Esta conclusión, sin embargo, no puede compartirse, por cuanto su imposición en la sentencia condenatoria es imperativa —"el juez o tribunal ordenará"—, lo que aboga por una naturaleza sancionatoria, pues las medidas de orden civil están sometidas al principio de petición de parte. Es por ello que la Doctrina se decanta por aproximarlas a las consecuencias accesorias de los arts. 127 y sigs., CP, concretamente al comiso de bienes, medios o instrumentos con que se haya ejecutado el delito (Circular FGE 8/2015, también TIRADO ESTRADA, TOMÁS-VALIENTE LANUZA vinculándolas al art. 129, CP).

La retirada de obras o prestaciones tiene aplicación tanto en las infracciones en el mundo físico como en el virtual.

La interrupción de la prestación o servicio se contempla cuando la infracción tiene lugar a través de un portal de acceso a internet o de un servicio de la sociedad de la información. En este mismo ámbito se incluye la posibilidad de bloqueo de acceso como una medida excepcional a imponer cuando haya reiteración de las conductas y cuando resulta proporcionada, eficiente y eficaz. Con razón se ha criticado el distinto tratamiento que recibe esta medida, al preverse como potestativa y excepcional frente a la obligatoriedad de la interrupción del servicio, pues ambas responden a una finalidad semejante y requieren de la misma colaboración de los prestadores de servicios de intermediación; siendo además la única medida efectiva en el caso de páginas web ubicadas fuera de la

Unión Europea (TOMÁS-VALIENTE LANUZA). Así las cosas, la interrupción del servicio supondrá el cierre de la página web por el prestador del servicio; mientras que la de bloqueo requerirá que los prestadores de servicios de intermediación impidan desde nuestro país el acceso a la página que difunde los contenidos ilícitos.

En cuanto a la reiteración delictiva requerida para adoptar el bloqueo, la Circular de la FGE 8/2015 proponía tomar como pauta interpretativa lo dispuesto en el antiguo 158 ter, LPI, apartado 6º —actual 195.7, LPI—, conforme al cual la reanudación de las actividades ilícitas por parte de un mismo prestador de servicios se considera incumplimiento reiterado, lo que en el ámbito del delito puede sustentarse en la persistencia de la actividad delictiva que denota la existencia de una mínima estructura, a escala comercial, para la explotación de los contenidos ilícitos.

VIII. CUESTIONES PROCESALES

Tras la reforma de la LO 15/2003, los delitos contra la propiedad intelectual dejaron de necesitar la denuncia previa, convirtiéndose en delitos perseguibles de oficio. Además, se incorporaron estos delitos al catálogo de los que permiten la utilización de la figura del agente encubierto en la investigación de estos delitos (art. 282 bis, LECrim), y al de los juicios rápidos cuando son delitos flagrantes (art. 795.1, regla 2ª, LECrim). Asimismo, el art. 771, LECrim, circunstancia 1º, inciso segundo, reconoce legitimación propia a las entidades gestoras de derechos para intervenir en procesos penales. Esta había sido discutida por un sector jurisprudencial que requería acreditación de la concreta representación conferida por los titulares de los derechos de propiedad intelectual para ejercitar acciones penales [SSAP, Asturias, Sección 2ª, 67/2002, 21-3; Sevilla, Sección 4ª, 626/2004, 22-11 (*Tol 586328*); Sevilla, Sección 1ª, 390/2005, 5-7 (*Tol 774988*); Madrid, Sección 16ª, 405/2006, 16-6 (*Tol 1027395*); Toledo, Sección 1ª, 26/2007, 8-3; Granada, Sección 2ª, 330/2005, 16-6, etc.]. Para otro sector jurisprudencial, en cambio, era suficiente la aportación de la copia de los Estatutos, acreditación de la autorización administrativa como entidad de gestión y, en su caso, relación de asociados [SSAP, Valencia, Sección 1ª, 53/2006, 14-2 (*Tol 990392*); Granada, Sección 1ª, 515/2005, 9-9; Valencia, Sección 1ª, 204/2005, 10-6 (*Tol 693325*); Lleida, Sección 1ª, 467/2004, 8-10 (*Tol 538167*); Sevilla, Sección 1ª, 571/2006, 19-10; Cádiz, Sección 8ª, 270/2008, 2-9; etc.].

Finalmente, el art. 141, LPI, establece la posibilidad de que se decreten como medidas cautelares la intervención y el depósito de ingresos obtenidos por la actividad ilícita, la suspensión de la actividad ilícita, el secuestro de los ejemplares ilícitos, el embargo de los equipos, aparatos o materiales empleados en la actividad infractora, así como una medida idéntica a la reflejada, como cese de actividad infractora a través de internet, en el antes transcrito art. 140, h), LPI.

IX. BIBLIOGRAFÍA

ARMENDÁRIZ LEÓN, C. "Delitos relativos a la propiedad intelectual: referencia al tipo básico del art. 270 CP", *Revista de las Facultades de Derecho y Ciencias Económicas y Empresariales Icade*, nº 42, 1997; BAYLOS CORROZA, H. *Tratado de Derecho Industrial, Propiedad industrial, propiedad intelectual y derecho de la competencia económica, disciplina de la competencia desleal*, 2ª ed., Madrid, 1993; BERCOVITZ RODRÍGUEZ-CANO, R. (coord.) "Propiedad intelectual: aspectos civiles y penales", *CDJ*, 1995, t. XXXIV; id. "Las llamadas *cover version* fonográficas y la jurisprudencia penal", *LH-Rodríguez Mourullo*, 2005; id. "Artículo 10", en BERCOVITZ RODRÍGUEZ-CANO, R. (coord.) *Comentarios a la Ley de Propiedad Intelectual*, 4ª ed., Madrid, 2017; BOIX REIG, J. "Nuevo sistema de protección penal de los derechos de autor", *RFDUG*, nº 12, 1987 (=*LH-Sainz Cantero*, 1989, I); BUSCH, C. *La protección penal de los derechos de autor en España y Alemania. Análisis de derecho comparado. Perspectiva comunitaria de la lucha contra la piratería intelectual*, Barcelona, 1995; CABAÑAS GARCÍA, J. C. "Especialidades procesales en la persecución de los delitos contra la propiedad industrial e intelectual", *LL-Penal*, nº 6, 2004; CARMONA SALGADO, C. *La nueva ley de propiedad intelectual. Especial consideración al delito introducido en el Código Penal tras la reforma de 1987*, Madrid, 1988; id. "El delito de infracción de los derechos de autor a la luz del Proyecto de nueva Ley de Propiedad Intelectual de 1986", *RFDUG*, nº 9, 1986; id. "Algunas consideraciones sobre el plagio como modalidad de conducta del nuevo delito contra la propiedad intelectual", *RFDUG*, nº 12, 1987) (=*LH-Sainz Cantero*, 1989, I); id. "Algunas reflexiones acerca del objeto material del nuevo delito contra la propiedad", *LH-Fernández Albor*, 1989; id. "Sujetos penalmente protegidos en la reforma de 1987 sobre propiedad intelectual", *PJ*, nº esp. 9, 1989; id. "El tipo básico del nuevo delito contra la propiedad intelectual", *CLP* t. XIII, 1991; id. "Los tipos agravados del nuevo delito contra la propiedad intelectual", *CLP* t. XIII, 1991; id. "Medida cautelar de publicación de la sentencia condenatoria", *CLP*, t. XIII, 1991; id. "Responsabilidad civil", *CLP*, t. XIII, 1991; DE NOVA LABIÁN, A. *Delito contra la propiedad intelectual en el ámbito de internet. (Especial referencia a los sistemas de intercambio de archivos)*, Madrid, 2010; DE VICENTE MARTÍNEZ, R. *Delitos contra la propiedad intelectual*, Madrid, 2021; DÍAZ Y GARCÍA-CONLLEDO, M. "Los derechos de autor y conexos. Su protección penal: cuestiones generales y naturaleza patrimonial, personal o mixta del bien jurídico protegido", *ADPCP*, 1990; id. "Infracciones de derechos de autor", *EJB*, 1995; id. "Delitos contra la propiedad intelectual", *EPB*, 1992; EVANGELIO LLORCA, R. "Resultados generados con intervención de sistemas de inteligencia artificial y su protección (o no) por la propiedad intelectual", *Cuadernos de Derecho Privado*, 2024, nº 10; FARALDO CABANA, P. *Las nuevas tecnologías en los delitos contra el patrimonio y el orden socioeconómico*, Valencia, 2009; FERNÁNDEZ TERUELO, J. G. "Respuesta penal frente a la piratería en Internet: subsunción típica y criterios de imputación subjetiva de los ISPs", *RDP*, nº 8, 2003; id. *Cibercrimen. Los delitos cometidos a través de internet (Estafas, distribución de pornografía infantil, atentados contra la propiedad intelectual, daños informáticos, delitos contra la intimidad y otros delitos en la Red)*, Oviedo, 2007; FERRÉ OLIVÉ, J. C. "Delitos contra los derechos de autor", *ADPCP*, 1991; GALÁN CORONA, E. "Artículo 3", en BERCOVITZ RODRÍGUEZ-CANO, R. (Coord.) *Comentarios a la Ley de Propiedad Intelectual*, 4ª ed., Madrid, 2017; GALÁN MUÑOZ, A. "El Derecho penal español ante la piratería de los servicios de radiodifusión", *RGDP*, nº 9, 2008; id. "la reforma de los delitos contra la propiedad intelectual e industrial", en QUINTERO OLIVARES, G. (Dir.) *Comentario a la reforma penal de 2015*, Cizur Menor, 2015; GARCÍA ALBERO, R. "Delitos contra la propiedad intelectual", en *Diccionario de DPE*, 2008; 2ª ed., 2017; GARCÍA

RIVAS, N. "Los delitos contra la propiedad intelectual en el Código Penal de 1995", *CDJ*, t. XXXIV, 1995; id. "La tutela penal de la propiedad intelectual tras la reforma de 2015", en BERCOVITZ RODRÍGUEZ-CANO, R. *Comentarios a la Ley de Propiedad Intelectual*, 4ª ed., Madrid, 2017.; GIL GIL, A./MARTÍN FERNÁNDEZ, C. "Sobre la tipicidad de la conducta de colgar en la red una obra protegida con ánimo comercial y la atipicidad de su descarga a pesar de su ilicitud. A la vez una propuesta técnica y jurídica de solución a la violación de derechos de propiedad intelectual a través de las redes p2p", *InDret* nº 2, 2009; GIMBERNAT ORDEIG, E. "Consideraciones sobre los nuevos delitos contra la propiedad intelectual", *LH-Beristain Ipiña*, 1989 [=PJ, nº esp. 9, 1989]; id. "Otra vez: los delitos contra la propiedad intelectual. (Al mismo tiempo, algunas reflexiones sobre los delitos con objeto plural inequívocamente ilícito, sobre los de actividad y sobre el ámbito de aplicación de los artículos 13 y 15 del Código Penal)", *EPC*, t. XV, 1992 [*JpD*, nº 13, 1991; *LH-J. del Rosal*, 1993]; id. "Los delitos contra la propiedad intelectual", CDJ, 1995, t. XV; id. "Sobre el concepto de "plagio" en los delitos contra la propiedad intelectual. Comentario a la STC 40/1994, de 15 de febrero", *Derecho privado y Constitución*, nº 6, 1995; id. "Las llamadas 'importaciones paralelas' y el artículo 270, párrafo segundo, del Código Penal", *LH-Torío López*, 1999 [=*La armonización legislativa de la Unión Europea II*, Madrid, 1999; GÓMEZ BENÍTEZ, J. M./QUINTERO OLIVARES, G. *Protección penal de los derechos de autor y conexos*, Madrid, 1988; GÓMEZ MARTÍN, V. "El delito de fabricación, puesta en circulación y tenencia de medios destinados a la neutralización de dispositivos protectores de programas informáticos (art. 270, párr. 3º CP). A la vez, un estudio sobre los delitos de emprendimiento o preparación en el CP de 1995", *RECPC*, nº 4, 2002; id. "La protección penal de los derechos de autor sobre los programas informáticos: un ejemplo de la naturaleza patrimonialista de los delitos contra la propiedad intelectual en el CP de 1995", *PJ*, nº 66, 2002; GÓMEZ RIVERO, M. C. *La tutela penal de los derechos sobre bienes inmateriales. Los delitos contra la propiedad intelectual e industrial*, Valencia, 2012; id. "Novedades de la reforma del Código penal en materia de propiedad intelectual e industrial", en MUÑOZ CONDE, F. *Análisis de las reformas penales, presente y futuro*, Valencia, 2015; GONZÁLEZ GÓMEZ, A. *El tipo básico de los delitos contra la propiedad intelectual. De la reforma de 1987 al Código Penal de 1995*, Madrid, 1998; GONZÁLEZ RUS, J. J. "Bien jurídico protegido en los delitos contra la propiedad intelectual", *LH-Torío López*, 1999; JIMÉNEZ SEGADO, C. "La cuestión de los delitos — manta: ¿Qué se puede encontrar en una manta que merezca «la pena»?", *LL-penal*, nº 51, 2008; JIMÉNEZ VILLAREJO, J. "La responsabilidad civil dimanante de las infracciones de la propiedad intelectual y las vías judiciales para su exigencia", *PJ*, nº esp. 9, 1989; JORGE BARREIRO, A. "Reflexiones sobre el bien jurídico protegido en las infracciones punibles contra la propiedad intelectual", *LH-Aurelio Menéndez*, 1996; id. "El artículo 13 de la Ley de Propiedad Intelectual y los delitos relativos a la propiedad intelectual en el Código penal de 1995", en ROGEL VIDE, C. (coord.), *Leyes, actos, sentencias y propiedad intelectual*, Barcelona, 2004; LATORRE LATORRE, V. *Protección penal del derecho de autor*, Valencia, 1994; LIMA VIANNA, T. "La ideología de la propiedad intelectual: la inconstitucionalidad de la tutela penal de los derechos patrimoniales", *ADUM*, nº 24, 2006; LÓPEZ BARJA DE QUIROGA, J. "Los delitos contra la propiedad intelectual", *CDJ*, 1998 t. X; id. "La protección penal de los programas de ordenador", *PJ*, nº 88, 2009; MARISCAL GARRIDO-FALLA, P. "Artículo 11" y "Artículo 21", en BERCOVITZ RODRÍGUEZ-CANO, R. (Coord.) *Comentarios a la Ley de Propiedad Intelectual*, 4ª ed., Madrid, 2017; MARTÍNEZ ESCAMILLA, M. "Distribución al por menor ("top manta") en los delitos contra la propiedad intelectual e industrial", en *Memento Experto, Reforma Penal 2010*, LO 5/2010; MARTÍNEZ RUIZ, J. "La copia para uso privado observada desde el art. 270 del Código Penal", *LL*, 1997, nº 5; MATA Y MARTÍN, R. M. "Protección penal de la propiedad intelectual y servicios de radiodifusión e interactivos: excesos y equívocos. Su continuación en la reforma de 25.11.2003", *LH-Cobo del Rosal*, 2005; id. "Protección penal de los derechos del autor en internet", *EDJ*, 2007; MÉNDEZ REBOLLAL, A. "Delitos contra la propiedad intelectual relativos a programas de ordenador: Aspectos prácticos", *LL-penal*, nº 34, 2007; MESTRE DELGADO, E. "La reforma (*piccola* y picara) de los delitos contra la propiedad intelectual", *LL* nº 1496, 2010; MIRÓ LLINARES, F. *La protección penal de la propiedad intelectual en la sociedad de la información*, Madrid, 2003; id. "La protección penal de los derechos de explotación exclusiva sobre el software", *RP*, nº 13, 2004; id. *Internet y delitos contra la propiedad intelectual*, Madrid, 2005; id. "Sobre la posible concurrencia y compatibilidad de tutelas penales de propiedad industrial e intelectual sobre un mismo objeto", *Eguzkilore*, nº 21, 2007; id. "Delitos contra bienes inmateriales, corrupción y receptación, análisis y consideraciones críticas ante la nueva reforma penal", en MORILLAS CUEVA, L. (Dir.) *Estudios sobre el Código penal reformado (Leyes Orgánicas 1/2015 y 2/2015)*, Madrid, 2015; MORENO Y BRAVO, E. "Protección penal de la propiedad intelectual: la importación paralela de fonogramas", *AJA*, nº 484, 2001; MORENO CÁNOVES, A./RUIZ MARCO, F. *Delitos socioeconómicos. Comentario a los art. 262, 270 a 310 del nuevo Código Penal (concordados y con jurisprudencia)*, Zaragoza, 1996; MORETÓN TOQUERO, A. *Delitos contra la propiedad intelectual*, Barcelona, 2002; MORILLAS CUEVA, L. "Sobre la denominación de la sección III del Capítulo IV del Título XIII del Libro II del Código Penal", *PJ*, nº esp. 9, 1989; PALMA HERRERA, J. M. "Las redes P2P de intercambio de archivos desde la perspectiva del Derecho penal", *LH-Cobo del Rosal*, 2005; PLAZA PENADES, J. *Propiedad intelectual y protección de sistemas de inteligencia artificial y metaversos*, Cizur Menor, 2023; POLAINO NAVARRETE, M. "Los delitos contra la propiedad intelectual en la reforma penal española", *LH-Beristain Ipiña*, 1989; id. "Aspectos de la protección típica de la propiedad intelectual", *PJ*, nº esp. 9, 1989; PORCUNA DE LA ROSA, F. "A propósito de la sentencia del Juzgado de lo Penal núm. 1 de Logroño que condena a un administrador de un sitio de enlaces a redes P2P por infracción de derecho de la propiedad intelectual", *LL*, 2009, nº 3; QUINTERO OLIVARES, G. "Internet y propiedad intelectual", *CDJ*, 2001, t. X; RODRÍGUEZ ANDRÉS, M. A. "Los delitos contra la propiedad intelectual en la Circular 1/2006, de 5 de mayo, de la Fiscalía General del Estado sobre delitos contra la propiedad intelectual", *LL-penal* 34 (2007); RODRÍGUEZ MORO, L. *Tutela penal de la propiedad intelectual*, Valencia, 2012; ROMEO CASABONA, C. M. "La protección penal del software en el derecho español", *AP*, 1988; ROSELLÓ RUBERT, F. M. *Criptoarte en tókenes no fungibles (NFT): aspectos jurídicos*, Valencia, 2025; SAIZ GARCÍA, C. ""Las obras creadas por sistemas de inteligencia artificial y su protección por el derecho de autor", *InDret*, 2019, nº 1; SÁNCHEZ ARISTI, R. "Las ideas como objeto protegible por la propiedad intelectual", *Revista de Propiedad Intelectual*, nº 4, 2000; id. "Artículo 17", en BERCOVITZ RODRÍGUEZ-CANO, R. (Coord.) *Comentarios a la Ley de Propiedad Intelectual*, 4ª ed., Madrid, 2017; SANTANA VEGA, D. M. "Aspectos penales y político-criminales de la piratería musical", *LH-Cobo del Rosal*, 2005; SOTO NIETO, F. "Delitos contra los derechos de los titulares de la propiedad intelectual", *LL*, 1989, nº 3 [=*PJ*, nº esp. 9, 1989]; TASENDE CALVO, J. "Los delitos contra la propiedad intelectual. Tipicidad y doctrina legal", *AP*, 2003; TIRADO ESTRADA, J. J. *La protección penal de la propiedad intelectual en la era digital (análisis tras la reforma del Código penal de 2015)*, Granada, 2016; TOMÁS-VALIENTE LANUZA, C. "Delitos contra la propiedad intelectual (arts. 270 y 271 CP)", en GONZÁLEZ CUSSAC, J. L. (Dir.) *Comentarios a la Reforma del Código penal de 2015*, Valencia, 2015; VALEIJE ÁLVAREZ, I. "Observaciones sobre los delitos contra la propiedad intelectual", *AFDO*, 2002; VEGA VEGA, J. A. "Consideraciones de política criminal sobre el plagio como infracción de los derechos de autor", *RIntDP*, 1978; id. *Derecho de autor*, Madrid, 1990; id. *Protección de la propiedad intelectual*, Madrid, 2002; VIEIRA MORANTE, F. J. "Delitos contra la propiedad intelectual e industrial", *CDJ*, 2003 t. II; YANISKY-RAVID, S. "Generating Rembrandt: artificial intelligence, copyright, and accountability in the 3A era —the human-like authors are already here— a new model", *Michigan State Law Review*, 2017, nº 4.

REFERENCIAS LEGALES

- Ley de Propiedad Intelectual (*Tol 292119*).

- Ley de Economía Sostenible (*Tol 2043021*).
- Ley 34/2002, de 11 de julio, de servicios de la sociedad de la información y de comercio electrónico.
- Real Decreto 1130/2023, de 19 de diciembre, por el que se desarrollan la composición y el funcionamiento de la Sección Segunda de la Comisión de Propiedad Intelectual y por el que se modifica el Real Decreto 1023/2015, de 13 de noviembre, por el que se desarrolla reglamentariamente la composición, organización y ejercicio de funciones de la Sección Primera de la Comisión de Propiedad Intelectual.
- Real Decreto-ley 5/2015, de 30 de abril, de medidas urgentes en relación con la comercialización de los derechos de explotación de contenidos audiovisuales de las competiciones de fútbol profesional.

Lección 17ª

Delitos relativos a la propiedad industrial

MARÍA DEL MAR CARRASCO ANDRINO

SUMARIO. I. CONSIDERACIONES GENERALES. II. BIEN JURÍDICO PROTEGIDO. III. DELITOS RELATIVOS A INVENCIONES Y CREACIONES INDUSTRIALES. 1. Sujetos. 1.1. Sujeto activo. 1.2. Sujeto pasivo. 2. Conducta típica. 2.1. Modalidades típicas. 2.2. El objeto de la acción. 2.2.1. El art. 273.1, CP, incide sobre las patentes y modelos de utilidad, prohibiendo su fabricación, importación, utilización, ofrecimiento o introducción en el comercio. 2.2.2. El apartado 2 del art. 273, CP, prohíbe utilizar u ofrecer la utilización de un procedimiento objeto de una patente, así como poseer, ofrecer, introducir en el comercio o utilizar el producto directamente obtenido por el procedimiento patentado. 2.2.3. El art. 273.3, CP, tipifica las mismas conductas del apartado 1 respecto de los modelos y dibujos industriales o artísticos y las topografías de un producto semiconductor. 2.3. Ausencia de consentimiento del titular del derecho de exclusiva. 3. Tipo subjetivo. 4. Justificación. 5. *Iter criminis*. 6. Concursos. 7. Cuestiones procesales. IV. DELITOS RELATIVOS A LOS SIGNOS DISTINTIVOS. 1. Sujetos. 1.1. Sujeto activo. 1.2. Sujeto pasivo. 2. El objeto material. 3. Conducta típica. 3.1. Modalidades típicas. 3.1.1. Fabricar, producir o importar productos con un signo distintivo idéntico o confundible con aquel: art. 274.1.a), CP. 3.1.2. Ofrecer, distribuir o comercializar al por mayor productos con signo distintivo idéntico o confundible con aquel y almacenar con esta finalidad: art. 274.1.b), CP. 3.1.3. El ofrecimiento, distribución o comercialización al por menor o prestación de servicios o desarrollo de actividades, que incorporen un signo distintivo idéntico o confundible (art. 274.2 I., CP). 3.1.4. Reproducir o imitar un signo distintivo idéntico o confundible con aquél para su utilización para la comisión de las conductas sancionadas en este artículo (art. 274.2 II, CP). 3.1.5. La venta ambulante u ocasional de los productos que incorporen un signo distintivo idéntico o confundible con aquél (art. 274.3, CP). 4. Ausencia de consentimiento del titular registral del signo distintivo. 5. Tipo subjetivo. 6. Causas de exclusión del tipo de injusto. 7. *Iter criminis*. 8. Concursos. 9. Responsabilidad civil. 10. Cuestiones procesales. V. DELITOS RELATIVOS A LAS OBTENCIONES VEGETALES. 1. Sujetos. 2. Conducta típica. 2.1. Modalidades típicas. 2.2. El objeto material. 3. La ausencia de consentimiento del titular del derecho de obtención vegetal. VI. DELITO RELATIVO A LAS DENOMINACIONES DE ORIGEN O INDICACIONES GEOGRÁFICAS. 1. Bien jurídico protegido. 2. Sujetos. 3. Objeto material. 4. Conducta típica. 5. Tipo subjetivo. 6. Antijuridicidad. 7. *Iter criminis*. 8. Concursos. VII. TIPOS AGRAVADOS. 1. Especial trascendencia económica del beneficio obtenido o que se hubiera podido obtener. 2. Especial gravedad de los hechos. 3. Pertenencia del culpable a una organización o asociación criminal. 4. Utilizar a menores de edad para cometer estos delitos. VIII. REVELACIÓN DE PATENTE SECRETA. 1. Bien jurídico protegido. 2. Sujetos. 3. Conducta típica. 4. Tipo subjetivo. 5. *Iter criminis*. 6. Concursos. IX. BIBLIOGRAFÍA.

Artículo 273

1. Será castigado con la pena de prisión de seis meses a dos años y multa de 12 a 24 meses el que, con fines industriales o comerciales, sin consentimiento del titular de una patente o modelo de utilidad y con conocimiento de su registro, fabrique, importe, posea, utilice, ofrezca o introduzca en el comercio objetos amparados por tales derechos.

2. Las mismas penas se impondrán al que, de igual manera, y para los citados fines, utilice u ofrezca la utilización de un procedimiento objeto de una patente, o posea, ofrezca, introduzca en el comercio, o utilice el producto directamente obtenido por el procedimiento patentado.

3. Será castigado con las mismas penas el que realice cualquiera de los actos tipificados en el párrafo primero de este artículo concurriendo iguales circunstancias en relación con objetos amparados en favor de tercero por un modelo o dibujo industrial o artístico o topografía de un producto semiconductor.

Artículo 274

1. Será castigado con las penas de uno a cuatro años de prisión y multa de doce a veinticuatro meses el que, con fines industriales o comerciales, sin consentimiento del titular de un derecho de propiedad industrial registrado conforme a la legislación de marcas y con conocimiento del registro,

a) fabrique, produzca o importe productos que incorporen un signo distintivo idéntico o confundible con aquel, u

b) ofrezca, distribuya, o comercialice al por mayor productos que incorporen un signo distintivo idéntico o confundible con aquel, o los almacene con esa finalidad, cuando se trate de los mismos o similares productos, servicios o actividades para los que el derecho de propiedad industrial se encuentre registrado.

2. Será castigado con las penas de seis meses a tres años de prisión el que, con fines industriales o comerciales, sin consentimiento del titular de un derecho de propiedad industrial registrado conforme a la legislación de marcas y con conocimiento del registro, ofrezca, distribuya o comercialice al por menor, o preste servicios o desarrolle actividades, que incorporen un signo distintivo idéntico o confundible con aquél, cuando se trate de los mismos o similares productos, servicios o actividades para los que el derecho de propiedad industrial se encuentre registrado.

La misma pena se impondrá a quien reproduzca o imite un signo distintivo idéntico o confundible con aquél para su utilización para la comisión de las conductas sancionadas en este artículo.

3. La venta ambulante u ocasional de los productos a que se refieren los apartados anteriores será castigada con la pena de prisión de seis meses a dos años.

No obstante, atendidas las características del culpable y la reducida cuantía del beneficio económico obtenido o que se hubiera podido obtener, siempre que no concurra ninguna de las circunstancias del artículo 276, el Juez podrá imponer la pena de multa de uno a seis meses o trabajos en beneficio de la comunidad de treinta y uno a sesenta días.

4. Será castigado con las penas de uno a tres años de prisión el que, con fines agrarios o comerciales, sin consentimiento del titular de un título de obtención vegetal y con conocimiento de su registro, produzca o reproduzca, acondicione con vistas a la producción o reproducción, ofrezca en venta, venda o comercialice de otra forma, exporte o importe, o posea para cualquiera de los fines mencionados, material vegetal de reproducción o multiplicación de una variedad vegetal protegida conforme a la legislación nacional o de la Unión Europea sobre protección de obtenciones vegetales.

Será castigado con la misma pena quien realice cualesquiera de los actos descritos en el párrafo anterior utilizando, bajo la denominación de una variedad vegetal protegida, material vegetal de reproducción o multiplicación que no pertenezca a tal variedad.

Artículo 275

Las mismas penas previstas en el artículo anterior se impondrán a quien intencionadamente y sin estar autorizado para ello, utilice en el tráfico económico una denominación de origen o una indicación geográfica representativa de una calidad determinada legalmente protegidas para distinguir los productos amparados por ellas, con conocimiento de esta protección.

Artículo 276

Se impondrá la pena de prisión de dos a seis años, multa de dieciocho a treinta y seis meses e inhabilitación especial para el ejercicio de la profesión relacionada con el delito cometido, por un período de dos a cinco años, cuando concurra alguna de las siguientes circunstancias:

a) Que el beneficio obtenido o que se hubiera podido obtener posea especial trascendencia económica.

b) Que los hechos revistan especial gravedad, atendiendo al valor de los objetos producidos ilícitamente, distribuidos, comercializados u ofrecidos, o a la especial importancia de los perjuicios ocasionados.

c) Que el culpable perteneciere a una organización o asociación, incluso de carácter transitorio, que tuviese como finalidad la realización de actividades infractoras de derechos de propiedad industrial.

d) Que se utilice a menores de 18 años para cometer estos delitos.

Artículo 277

Será castigado con las penas de prisión de seis meses a dos años y multa de seis a veinticuatro meses, el que intencionadamente haya divulgado la invención objeto de una solicitud de patente secreta, en contravención con lo dispuesto en la legislación de patentes, siempre que ello sea en perjuicio de la defensa nacional.

I. CONSIDERACIONES GENERALES

Los delitos contra la propiedad industrial se encuentran recogidos en la Sección 2ª —"De los delitos relativos a la propiedad industrial"— del Capítulo XI "Delitos relativos a la propiedad intelectual e industrial, al mercado y a los consumidores", dentro del Título XIII "Delitos contra el patrimonio y contra el orden socioeconómico", en los arts. 273 y sigs., CP. Su ubicación sistemática pone de relieve la proximidad existente entre la propiedad industrial y la intelectual en cuanto que ambas comparten el ser derechos de exclusiva sobre bienes inmateriales. Aunque se ha dicho que la expresión "propiedad industrial" no es la más afortunada (PORTELLANO DÍEZ), pues ni se trata de una verdadera propiedad ni se queda en el ámbito industrial, lo cierto es que es con la que tradicionalmente se alude a la protección jurídica que, como derechos de exclusiva oponibles *erga omnes,* reciben las creaciones e invenciones que se aplican en la industria y en otros sectores económicos, fortaleciendo de esta manera la posición de su titular en el mercado. En concreto, el art. 1.2 del Convenio de la Unión de Paris sobre la protección de la propiedad industrial, enmendado el 28 de septiembre de 1979, declara que ésta "tiene por objeto las patentes de invención, los modelos de utilidad, los dibujos y modelos industriales, las marcas de fábrica o de comercio, las marcas de servicio, el nombre comercial, las indicaciones de procedencia o denominaciones de origen, así como la represión de la competencia desleal".

La regulación introducida en el CP de 1995 fue valorada positivamente por la Doctrina, pues supuso el abandono de la técnica de la ley penal en blanco que caracterizaba al derogado art. 534, CP 1973, el cual se limitaba a castigar al que infringiere intencionadamente los derechos de propiedad industrial, lo que hacía indispensable acudir a la normativa extrapenal para determinar las conductas punibles y el resto de elementos del injusto penal. El nuevo texto legal tipificó expresamente las modalidades de conducta en función de los particulares derechos de propiedad industrial protegidos: invenciones y creaciones industriales (art. 273, CP), signos distintivos (art. 274, CP) y denominaciones de origen e indicaciones geográficas (art. 275, CP). El art. 276, CP, contiene un delito extraño al Capítulo, pues, como veremos, aun cuando incide sobre la patente, no se dirige a proteger la propiedad industrial, sino intereses que tienen que ver con la Defensa Nacional. En cualquier caso, la existencia de numerosos elementos normativos obliga a no perder de vista la normativa extrapenal en esta materia, a saber: la Ley 24/2015, 24 de julio, de Patentes (LP); la Ley 17/2001, de 7 de diciembre, de Marcas (LM); la Ley 20/2003, de 7 de julio, de Protección Jurídica del Diseño Industrial (LDI); la Ley 3/2000, de 7 de enero, de régimen jurídico de la protección de las obtenciones vegetales, etc.

La LO 15/2003, respondiendo a una demanda doctrinal reiterada, extendió la protección penal a las obtenciones vegetales, pero dejó sin embargo huérfanos de tutela a otras nuevas formas de propiedad industrial como son los certificados complementarios de protección de medicamentos.

La LO 5/2010 modificó los tipos relativos a los signos distintivos. Concretamente depuró la redacción del apartado 1 del art. 274, CP, sustituyendo el verbo típico "utilizar" por el de "usurpar", eliminándose además las referencias en la importación al origen lícito o ilícito del producto en su país de procedencia, así como al agotamiento del derecho en el ámbito de la Unión Europea y a la exigencia de que se realizara "intencionadamente" y "sin dicho consentimiento". En el apartado 2 del art. 274, CP se introdujo un tipo atenuado para los casos de distribución a pequeña escala, así como una falta contra el patrimonio en el art. 623.5, CP, para el supuesto de que el beneficio obtenido no superase los 400 euros.

La LO 1/2015, además de elevar las penas, volvió a modificar el art. 274, CP, redefiniendo las conductas punibles, de las que eliminó la de usurpación, y estableciendo un nuevo régimen de responsabilidad escalonado, en el que se distinguen, por un lado, las conductas que tienen que ver con el proceso de fabricación, distribución y comercialización de los productos que incorporan los signos distintivos registrados idénticos o confundibles con aquellos —que reciben más pena cuando son al por mayor o a mayor escala, y menos cuando lo son al por menor; y por otro, las que inciden sobre el signo distintivo en sí mismo (reproducción o imitación).

En cuanto a las cifras del comercio de productos falsificados, los informes elaborados por la EUIPO permiten conocer sus dimensiones y algunas de sus consecuencias económicas. En particular, el informe EUIPO/OECD sobre "Tendencias en el comercio de productos falsificados y pirateados", de 2023, concluye que los cinco sectores más afectados durante los años 2016, 2019 y 2021 fueron el de la perfumería y cosmética, los artículos de cuero, la ropa, el calzado y los relojes. Se estima que la repercusión económica de estas prácticas ilícitas ha supuesto para la industria en España un total de 1.511 millones de pérdidas en ventas directas en las industrias de la confección, los cosméticos y el juguete (EUIPO, Impacto económico de la falsificación en los sectores de la confección, los cosméticos y los juguetes en la UE, 2024). En particular, durante los años 2018 a 2021, la pérdida media de ventas en el sector de la confección en Europa, como consecuencia de la presencia de productos falsificados, ascendió al 5,2% de las ventas totales (a precios de mercado), lo que supone casi 12.000 millones de euros; situando España entre los países en que este impacto fue menor: sólo un 3,8% en este sector; mientras que en el ámbito de los cosméticos éste se elevó a los 5,5% de ventas perdidas y al 11,1% en el del juguete. Los compradores intencionales de estos productos falsificados parecen ser en su gran mayoría jóvenes de entre 15 y 24 años y de 25 a 35 años. España es uno de los países con un mayor volumen de ciudadanos que declararon haber adquirido intencionadamente productos falsificados —un 20%—, solo detrás de Bulgaria —24%. En torno a un 43% de los encuestados españoles manifestaron haberse cuestionado si el producto adquirido era original o falsificado, frente a la media europea que se situó en el 39%. De ellos el 15% informaron que compraron la falsificación como consecuencia de un engaño (EUIPO, "Los ciudadanos europeos y la propiedad intelectual: percepción, concienciación y conducta", 2023).

II. BIEN JURÍDICO PROTEGIDO

Para la práctica unanimidad de la Doctrina el bien jurídico protegido en estos delitos lo constituye un interés individual de naturaleza patrimonial, que, para unos —con los que nos identificamos— (entre otros, GUINARTE CABADA, SEGURA GARCÍA, JORGE BARREIRO, MARTÍNEZ-BUJÁN PÉREZ, VALLE MUÑIZ), se identifica con el derecho de explotación exclusiva sobre el bien inmaterial que constituye su objeto (patente, modelo de utilidad, marca, etc.); y, para otros, se concreta en el *ius prohibendi* de tales derechos (MÓRENO CÁNOVES/RUIZ MARCO) o en "la intangibilidad de la exclusividad en el uso y en la disposición sobre invenciones por parte del titular del derecho" (PAREDES CASTAÑÓN) o, en fin, en "el patrimonio que se pone en peligro cuando se lesiona el derecho de exclusividad" (FARALDO CABANA). Tan sólo algún autor (BERDUGO GÓMEZ DE LA TORRE) ha sostenido, en relación con el Proyecto de 1980, que estos delitos lesionaban "la norma de intervención del Estado en la vida económica, que concede este monopolio y el interés individual que de ella emana". Con ello se le otorga al bien jurídico una naturaleza supraindividual, obligándose a constatar en cada caso concreto algo difícilmente apreciable: la afectación del correcto funcionamiento del sistema económico. Se llega así a un mero ilícito formal de desobediencia, en el que falta una auténtica lesividad material (GUINARTE CABADA, JORGE BARREIRO).

Ahora bien, la razón de la intervención penal en esta materia no se agota en el interés patrimonial individual del titular del derecho, sino que se fundamenta y se orienta hacia la salvaguarda de una competencia de mercado en la que no sólo se tienen en cuenta los intereses de los competidores, sino el de todos sus intervinientes (consumidores, el general del Estado a una competencia eficiente basada en prestaciones). La protección del orden concurrencial del mercado se presenta de esta manera como *ratio legis* o fin de protección de la norma (SEGURA GARCÍA, JORGE BARREIRO, VALLE MUÑIZ, GONZÁLEZ RUS), lo que permite delimitar el ámbito de aplicación del tipo penal, sin que requiera la constatación de su afectación en el caso concreto. Ello permitirá conectar, por ejemplo, la función desempeñada por los derechos de propiedad industrial en el tráfico económico y la actividad comercial concretamente desplegada, de manera que, si no existe una conexión directa entre ellas, deberá excluirse la tipicidad de la conducta (ausencia de relación de riesgo) (PAREDES CASTAÑÓN, CASTIÑEIRA PALAU, FARALDO CABANA, etc.).

Para otro sector doctrinal, sin embargo, el delito es pluriofensivo o tiene un bien jurídico de naturaleza mixta: patrimonial y socioeconómica a la vez, pues de manera directa o inmediata se protege el derecho de propiedad industrial y mediatamente el interés supraindividual a un orden concurrencial de mercado o el colectivo de los intereses de los consumidores (QUERALT JIMÉNEZ, MUÑOZ CONDE, BAUCELLS LLADÓS, GARCÍA RIVAS). Desde esta perspectiva resultaría necesario constatar la afectación de estos intereses, lo que como ya hemos advertido resulta difícilmente apreciable. Es, por ello, que a nuestro modo de ver la preservación del orden concurrencial de mercado constituye la *ratio legis* del precepto, pero no el bien jurídico protegido.

La Jurisprudencia identifica el bien jurídico protegido con los derechos de uso exclusivo derivados del Registro de Propiedad Industrial (SSAP, Madrid, Sección 3ª, 23/2002, 29-5, y Granada, Sección 2ª, 266/2024, 28-5, etc.) o con las facultades concedidas al titular del derecho de exclusiva desde una perspectiva negativa como facultad de impedir a terceros la realización de determinados actos referidos al invento objeto de la patente [SAP, Guipúzcoa, Sección 1ª, 84/2006, 13-3 (*Tol 948572)*]. En el caso de los delitos relativos a los signos distintivos, una corriente jurisprudencial extendió la protección también al consumidor que ve frustradas sus expectativas respecto a las características del producto asociadas a la marca [SSTS 1249/1993, 31-7 (*Tol 402176)*; 30-10-1987; 8-11-1989 (*Tol 459923)*; SSAP, Barcelona, Sección 5ª, 704/2000, 8-4 (*Tol 1700658)*; Gerona, Sección 3ª, 653/2005, 15-11, y Barcelona, Sección 6ª, 411/2005, 26-4 (*Tol 665001)*]. Más modernamente, la Jurisprudencia mayoritaria considera que "el bien jurídico protegido por el delito contra la propiedad industrial no es el mercado en general o los derechos e intereses de los consumidores, sino el derecho al uso exclusivo por parte del titular del derecho industrial registrado" (SSAP, Sección 5ª, 571/2023, 30-6; León, Sección 3ª, 347/2022, 16-6; Ávila, Sección 1ª, 60/2024, 5-7; Albacete, Sección 2ª, 61/2024, 12-2, etc.). No obstante, alguna resolución sigue indicando que el hecho de que "el bien jurídico protegido no sea el derecho de los consumidores, en detrimento del derecho de la empresa titular del derecho de marca, pero sí implica la necesidad de relacionarlo de acuerdo con el objeto de ese derecho, que no es otro que la facultad de identificar y diferenciar sus productos o servicios en el mercado. Lo que es muy diferente a sostener que el bien protegido sea el patrimonio del empresario, pues esa premisa nos llevaría a castigar cualquier conducta que pueda acarrear perjuicios económicos, solapando la jurisdicción civil (SAP, Palma de Mallorca, Sección 2ª, 342/2024, 23-7).

III. DELITOS RELATIVOS A INVENCIONES Y CREACIONES INDUSTRIALES

1. Sujetos

1.1. Sujeto activo

Puede serlo cualquiera. Es un delito común. No obstante, algún autor lo configura como delito especial en la medida en que la realización de la conducta típica requiere de un contexto comercial o industrial, lo que se estima indicativo de la cualidad empresarial del sujeto activo (BENEYTEZ MERINO). Resulta controvertido si puede ser sujeto activo el licenciatario o incluso el titular original de los derechos de exclusiva en los casos en que el derecho haya sido objeto de transmisión o licencia (arts. 82 y sigs., LP). En cuanto al licenciatario, cometerá el delito en la medida en que se exceda de lo pactado en el contrato de licencia realizando alguna conducta típica (GUINARTE CABADA, SEGURA GARCÍA). Respecto del titular original de la patente hay que distinguir los siguientes casos:

a) Que la patente hubiere sido objeto de un contrato de cesión. En este supuesto, el cesionario se convierte en nuevo titular del derecho, por lo que si el titular original realizare algún acto de explotación sobre aquella contraviniendo lo pactado cometería el delito.

b) Que la patente haya sido objeto de un contrato de licencia. En este caso, el licenciatario no asume la posición jurídica del titular del derecho, por lo que, con independencia de la responsabilidad de otro orden, no puede afirmase que el licenciante —titular del derecho de exclusiva— cometa el delito si realiza un acto de explotación infringiendo lo pactado en el contrato de licencia. No puede llegarse a otra conclusión a la vista de que el tipo exige que se actúe "sin consentimiento del titular de una patente..." (de otra opinión GUINARTE CABADA, SEGURA GARCÍA).

c) Casos de cotitularidad, en los que uno de los cotitulares realiza un acto de explotación sin el consentimiento de los restantes cotitulares. La respuesta debe ser la misma que en el caso anterior: no podrá ser sujeto activo del delito, pues no deja de ser titular del derecho de explotación y ello, aunque no lo haya notificado previamente a los otros cotitulares, tal y como exige el art. 80.2.b), LP.

Conforme al art. 288.1º, CP, las personas jurídicas pueden ser responsables de este delito, de acuerdo con lo establecido en el art. 31 bis, CP. La SJP, nº 3, Arrecife de Lanzarote, 54/2019, 18-3, absuelve a la empresa acusada, pues no se ha constatado el incumplimiento de deberes de organización o supervisión sobre los que se construye la responsabilidad penal de la persona jurídica, conforme al art. 31 bis, CP.

1.2. Sujeto pasivo

Es el titular registral del derecho de explotación exclusiva de que se trate. No debe identificarse con el inventor de la patente. A éste se le reconoce por la LP un derecho moral a la paternidad de la invención (art. 14, LP) y un derecho de patentabilidad, esto es, a solicitar y obtener una patente (art. 10, LP). Así es posible que el inventor no coincida con el titular registral del derecho de explotación sobre la invención, bien porque ésta haya sido objeto de transmisión a un tercero o bien porque se trate de invenciones laborales.

A estas últimas se refieren los arts. 15 y sigs., LP, distinguiendo entre las invenciones de encargo, las libres y las de servicio. Las primeras son el resultado o fruto de la actividad de investigación para la que fue contratado el inventor. Pertenecen, por tanto, directamente al empresario (art. 15.1, LP), quien será, por tanto, el sujeto pasivo del delito. Si el trabajador-inventor explotase esta invención estaría cometiendo el delito del art. 273, CP. En este caso, PAREDES CASTAÑÓN sostiene la atipicidad de la conducta cuando el trabajador-inventor actúa con la finalidad de obtener una retribución lícita por su invención —derecho que reconoce el art. 15.2, LP, si la invención es de importancia— en base a una reinterpretación del "ánimo de lucro" exigido en el tipo y a la protección constitucional del derecho a la creación [art. 20.1.b), CE]. Las invenciones de servicio no forman parte del objeto del contrato de trabajo, aunque sí guardan relación con la actividad profesional del inventor, habiendo sido decisivos para la obtención de la invención bien los conocimientos adquiridos en la empresa, o bien la utilización de medios proporcionados por la empresa. Éstas pertenecen originariamente al inventor, aunque el empresario tiene derecho a asumir la titularidad o a reservarse un derecho de utilización sobre aquélla (art. 17.1, LP). La condición de sujeto pasivo dependerá, por tanto, de quien adquiera finalmente la titularidad del derecho de explotación. Aquí hay que tener en cuenta que la no comunicación al empresario producirá la pérdida del derecho a la patentabilidad para el empleado-inventor (art. 18.1, LP). Las invenciones libres son las que nacen absolutamente desvinculadas de la relación de servicios, por lo que son de exclusiva titularidad del inventor (art. 16, LP) y, en consecuencia, quien ostentará la condición de sujeto pasivo del delito.

2. Conducta típica

2.1. Modalidades típicas

La protección penal de las invenciones y creaciones industriales se recoge en el art. 273, CP, agrupando varios tipos penales:

– Fabricar, importar, poseer, utilizar y ofrecer o introducir en el comercio patentes o modelos de utilidad (art. 273.1, CP), o modelos o dibujos industriales o artísticos o topografías de un producto semiconductor (art. 273.3, CP).

– Utilizar u ofrecer la utilización de un procedimiento objeto de una patente (art. 273.2, CP).

– Poseer, ofrecer, introducir en el comercio o utilizar el producto directa— mente obtenido por el procedimiento patentado (art. 273.2, CP).

En ellos se pueden distinguir dos grupos de conductas, que dan lugar a tipos distintos en función del objeto material sobre el que recaen:

i) Fabricar, importar, poseer, utilizar, ofrecer o introducir en el comercio objetos amparados por derechos de patente, modelo de utilidad, modelos o dibujos industriales o artísticos o topografías de un producto semiconductor. Estas conductas resultan coincidentes con las facultades de exclusión que reconoce el art. 59.a), LP, para el titular de una patente y recogen prácticamente todo el proceso de explotación de los referidos derechos de propiedad industrial. En este sentido, puede decirse que se han tipificado los usos ilícitos de una patente de producto o modelo de utilidad (apartado 1º) o de los modelos, dibujos industriales o artísticos o de las topografías de un producto semiconductor (apartado 3º).

ii) Utilizar u ofrecer la utilización de un procedimiento objeto de una patente y poseer, ofrecer, introducir en el comercio o utilizar el producto directamente obtenido por el procedimiento patentado. Aquí se recogen las mismas conductas a las que se refieren los apartados b) y c) del art. 59, LP, a excepción de la importación de los productos directamente obtenidos del procedimiento patentado.

Se trata de tipos mixtos alternativos, en los que la realización de una de las modalidades típicas es suficiente para consumar el delito, constituyendo un solo delito la realización de varias de ellas (GUINARTE CABADA, MARTÍNEZ-BUJÁN PÉREZ, FARALDO CABANA, etc.).

Por "fabricar" hay que entender producir objetos en serie, generalmente por medios mecánicos (Diccionario de RAE), lo que aplicado al tipo en cuestión es tanto como la reproducción del bien inmaterial, objeto del derecho de propiedad industrial de que se trate, esto es, la realización de copias ilícitas del producto. En consecuencia, pueden integrar el tipo tanto la realización de copias idénticas (serviles) o similares (copia de los elementos esenciales, variando los de carácter secundario) como de copias perfeccionadas en las que sea necesario utilizar la invención patentada para fabricar lo que constituye una mejora o perfeccionamiento. Lo determinante será que se reproduzca la parte original o novedosa de la invención que constituye el núcleo del derecho de patente (GONZÁLEZ RUS, SEGURA GARCÍA, PAREDES CASTAÑÓN). En este sentido, la Circular FGE 1/2006, de 5 de mayo (*Tol 889065)*, señala que para determinar el grado de similitud habrá de estarse al "contenido de las reivindicaciones" interpretadas con ayuda de la descripción del invento y de los dibujos de la solicitud que acompañan a la solicitud de la patente, pues es en las reivindicaciones donde el inventor determina lo que, a su criterio, constituye su invención y sobre la cual se va a conceder el derecho de exclusividad (art. 68, LP). Algún autor (PAREDES CASTAÑÓN) añade también la necesidad de que la conducta de fabricación conlleve una cierta estructura productiva y un cierto nivel de permanencia de la actividad, excluyendo del tipo la elaboración artesanal de un solo objeto. A este respecto hay que recordar que el art. 61.1.a), LP, excluye del derecho de patente los actos realizados en el ámbito privado y con fines no comerciales.

"Importar" significa introducir en el territorio español el producto objeto del derecho de propiedad industrial, pues éstos tienen además de limitaciones temporales, limitaciones territoriales. No constituye importación el tránsito de productos. La Jurisprudencia ha adoptado el concepto de territorio aduanero propio de los delitos de contrabando, de manera que es el traspaso de las líneas aduaneras el que determina cuándo se han introducido en España los productos ilícitos (SAP, Valencia, Sección 3ª, 3-5-2002). Con respecto a la reimportación (la exportación al país desde el que se importó) un sector doctrinal considera que está incluida en el concepto de importación (PORTELLANO DÍEZ, SEGURA GARCÍA, MARTÍNEZ-BUJÁN PÉREZ), mientras que para otro esta conclusión supone una analogía *in malam partem*, admitiendo que puede, no obstante, ser típica, bajo la modalidad de "introducción en el mercado" (PAREDES CASTAÑÓN). La exportación no está expresamente recogida, pero también tiene cabida dentro de la modalidad de "introducción en el comercio" (también MARTÍNEZ-BUJÁN PÉREZ).

"Poseer" hace referencia a tener en su poder algo, en este caso la disponibilidad real sobre el producto objeto del derecho de exclusiva o sobre el producto directamente obtenido del procedimiento patentado. Algunos autores han criticado el que, respecto de estas dos modalidades de conducta, el tipo penal sea más extenso que el art. 59.1.a), LP, en la medida en que en ésta la posesión e importación sólo se prohíben cuando tienen como finalidad fabricar, ofrecer o introducir en el mercado. Sin embargo, lo cierto es que ha de llegarse a la misma conclusión restrictiva en el ámbito penal. Así, de una parte, el tipo exige que la conducta se realice con fines industriales o comerciales y, de otra, como ya hemos indicado más atrás, los actos realizados en el ámbito privado y con fines no concurrenciales están excluidos del ámbito de los derechos de patente —art. 61.1.a), LP—, bien jurídico protegido en el tipo penal. Resultan atípicas, por tanto, la importación o posesión para el consumo (GUINARTE CABADA, BENEYTEZ MERINO, GONZÁLEZ RUS). Lo mismo sucede con la utilización: será atípica la que se destine al uso particular.

"Utilizar" significa usar o valerse de algo, aprovecharse de algo, lo que aplicado al tipo en examen alude a actos de explotación distintos de los expresamente previstos en el tipo (GUINARTE CABADA, SEGURA GARCÍA). No obstante, para PAREDES CASTAÑÓN deben excluirse del concepto de utilización los actos de disposición (licencias, usufructos, etc.), pues en estos existirá generalmente un fin de lucro, pero no una finalidad industrial (nuevos productos con incorporación de los objetos protegidos) o comercial (puesta a disposición de consumidores finales). De acuerdo con ello, el licenciatario que, por ejemplo, excediéndose en sus derechos de licencia, constituye una sublicencia o un usufructo no será autor del tipo de utilización, sino a lo sumo cooperador necesario en la utilización industrial realizada por el tercero. La cuestión determinante será si el fin de lucro está, o no, comprendido en los fines industriales o comerciales, algo que abordaremos más adelante. En cualquier caso, de este concepto ha de quedar excluida la utilización con fin comercial en cuanto que constituya ya la modalidad típica de introducción en el mercado.

Por "introducir en el mercado" se entenderá la penetración del objeto en el ámbito comercial, o lo que es lo mismo: poner el objeto a disposición de los consumidores en un sentido amplio, incluyendo por tanto no sólo a los finales, sino también a los intermediarios en la cadena comercial (distribuidores, comerciantes, etc.).

Se castiga también el ofrecimiento de objetos amparados por estos derechos de propiedad industrial y el ofrecimiento de la utilización del procedimiento objeto de una patente. Con ello se alude a dar a conocer la disponibilidad del objeto (BENEYTEZ MERINO), castigándose así un acto preparatorio, que implica un adelantamiento de las barreras penales, lo que es criticado por algunos (VALLE MUÑIZ) y valorado positivamente por otros (SEGURA GARCÍA). Por su parte PAREDES CASTAÑÓN restringe su significado a sólo las conductas de abastecimiento de una posterior comercialización o utilización que faciliten el acceso a los objetos protegidos.

2.2. El objeto de la acción

Está integrado por los distintos derechos de propiedad industrial a los que se refieren los tres apartados del art. 273, CP. Antes de entrar a analizar cada uno de ellos, conviene abordar un elemento común: la necesidad de que se encuentren debidamente registrados. Es éste un presupuesto del delito que se deduce de la referencia típica al conocimiento del registro. Hubiera resultado menos perturbador, como veremos más adelante, establecer esta exigencia directamente como un elemento objetivo del tipo y no de forma subjetiva como componente del dolo. En consecuencia, la protección penal comienza con el registro definitivo y válido del derecho de exclusiva, sin que alcance a la solicitud de registro de dicho derecho. Ello a pesar de que la LP retrotraiga el cómputo del plazo de vigencia del derecho, aunque no de sus efectos, al momento de la presentación de la solicitud (art. 58, LP) y de que otorgue cierta protección provisional a dicha solicitud, consistente en el derecho a indemnización por utilización de la invención después de que se ha publicado la solicitud de patente y hasta su concesión definitiva (art. 67.1, LP), que además se extiende, respecto de la persona a la que se hubiere notificado la presentación de la solicitud, incluso antes de la publicación de dicha solicitud (art. 67.2, LP). El registro definitivo, según dispone el art.

41, LP, se produce en el momento en que se publica en el Boletín Oficial de la Propiedad Industrial.

Cuestión problemática será determinar los efectos que tendrá la nulidad de la inscripción registral sobre el tipo penal respecto de los hechos acaecidos antes de dicha declaración de nulidad. En principio, el art. 104.1, LP, dispone que "la declaración de nulidad implica que la patente no fue nunca válida, considerándose que ni la patente ni la solicitud que la originó han tenido nunca los efectos previstos en el Título VI de la presente Ley". En consecuencia, un sector doctrinal entiende, a nuestro modo de ver correctamente, que la declaración de nulidad provoca la exclusión del tipo de injusto por inexistencia del derecho de exclusiva (VALLE MUÑIZ, PORTELLANO DÍEZ, SEGURA GARCÍA, BENEYTEZ MERINO, FARALDO CABANA). PAREDES CASTANÓN (se adhiere MARTÍNEZ-BUJÁN PÉREZ) distingue, sin embargo, según cuál sea la causa de nulidad: si ésta se debe a graves defectos formales en el procedimiento [apartados b), c) y d) del art. 102, LP], ha de entenderse que el delito existe, pues dicha declaración no niega el derecho a obtener la patente, pudiendo incluso subsistir ésta parcialmente; en cambio, si la nulidad se produce por faltar requisitos sustanciales para el nacimiento del derecho [apartados a) y e) del art. 102, LP] faltará la antijuridicidad material necesaria para la existencia del delito. Lo cierto es que ya se trate de una causa u otra, la declaración de nulidad tiene efectos *ex tunc* y significa que los derechos de exclusiva nunca existieron porque no fueron válidamente registrados (art. 104.1, LP). Cuestión diversa es el de los casos de nulidad parcial, en los que subsiste el derecho y en los que, por tanto, habrá que determinar si la conducta típica incide sobre los aspectos subsistentes del derecho o sobre la parte declarada nula.

Las consecuencias procesales de la declaración de nulidad en el proceso penal dependerán de la fase en que se halle el procedimiento. En la fase de Instrucción dará lugar al archivo de la causa por auto de sobreseimiento, en la fase de Juicio Oral obligará a dictar sentencia absolutoria. Las dudas pueden suscitarse respecto de la sentencia condenatoria firme, pues el apartado 3 del art. 104, LP, dispone que "el efecto retroactivo de la nulidad no afectará (...) a) a las resoluciones sobre infracción de la patente que hubieran adquirido fuerza de cosa juzgada y hubieran sido ejecutadas con anterioridad a la declaración de nulidad". No obstante, hay que entender que la declaración de nulidad es un hecho nuevo sobrevenido que tiene como efecto el que no haya existido infracción penal, por lo que procederá el recurso de revisión del art. 954, LECrim. Así lo ha entendido la STS 349/2020, 25-6, anulando la condena de la SJP, nº 6, Málaga, 28-12-2017, confirmada por la SAP, Málaga, Sección 1ª, 26-6-2018, "dado que el pronunciamiento del tribunal civil al declarar la nulidad del modelo de utilidad excluye la presencia de un elemento normativo del tipo".

La caducidad de la patente supondrá también la atipicidad de la conducta por inexistencia de objeto material, pues según dispone el art. 108.2, LP, "la caducidad de la patente incorpora el objeto patentado al dominio público, desde el momento en que se produjeron los hechos u omisiones que dieron lugar a ella". De acuerdo con ello, si la patente se hallaba incursa en una causa de caducidad (expiración del plazo, renuncia de su titular, falta de pago, incumplimiento de la obligación de explotar) su uso sin consentimiento del titular resultará atípico, aunque la caducidad no hubiera sido todavía declarada formalmente por el Registro de la Propiedad Industrial (actualmente Oficina Española de Patentes y Marcas, ver disposición adicional de la Ley 21/1992, de 16 de julio, de Industria, BOE 23-6-1992) y publicada en el Boletín Oficial de la Propiedad Industrial.

Finalmente hay que tener en cuenta que respecto de los productos amparados por la patente rige lo que se conoce como agotamiento de los derechos de patente y que consiste en que una vez puestos aquellos en el comercio con autorización de su titular, éste no puede oponerse a ulteriores utilizaciones o sucesivas ventas de los mismos. Así se desprende de lo estipulado por el art. 61.2, LP, al declarar que "los derechos conferidos por la patente no se extienden a los actos relativos a un producto protegido por ella después de que ese producto haya sido puesto en el comercio en el Espacio Económico Europeo por el titular de la patente o con su consentimiento".

2.2.1. El art. 273.1, CP, incide sobre las patentes y modelos de utilidad, prohibiendo su fabricación, importación, utilización, ofrecimiento o introducción en el comercio

A estos objetos se refiere la citada LP, de cuyo art. 4.1 se extrae que las patentes son invenciones nuevas, que implican actividad inventiva y que son susceptibles de aplicación industrial, pudiendo estar integradas por un producto o por un procedimiento. No constituyen invenciones los descubrimientos, teorías científicas, métodos matemáticos, obras literarias, artísticas o cualquier otra creación estética, las obras científicas, así como los planes, reglas y métodos para el ejercicio de las actividades intelectuales, para juegos o para actividades económico-comerciales, los programas de ordenadores, las formas de presentar informaciones (art. 4.4, LP). Se excluyen también del ámbito de las patentes, en general, aquellas invenciones contrarias al orden público y a las buenas costumbres, entre las que el art. 5, LP, recoge los procedimientos de clonación de seres humanos, la modificación de la identidad genética germinal del ser humano, la utilización de embriones humanos con fines industriales o comerciales, los métodos de tratamiento quirúrgico o terapéutico del cuerpo humano o animal, los métodos de diagnóstico aplicados al cuerpo humano o animal, etc.

La novedad se define en su art. 6, LP, por referencia al estado de la técnica antes de la fecha de presentación de la patente, comprendiendo "todo lo que antes de la fecha de presentación de la solicitud de patente se ha hecho accesible al público en España o en el extranjero por una descripción escrita u oral, por una utilización o por cualquier otro medio", así como "el contenido de las solicitudes españolas de patentes o de modelos de utilidad, de solicitudes de patentes europeas que designen a España y de solicitudes de patente internaciones PCT que hayan entrado en fase nacional en España" presentados antes de aquella fecha y que hubieran sido publicadas en español. El art. 8, LP, considera que hay actividad inventiva si la invención no resulta del estado de la técnica de una manera evidente para cualquier experto en la materia. Finalmente, el art. 9, LP, declara que "una invención es susceptible de aplicación industrial cuando su objeto puede ser fabricado o utilizado en cualquier clase de industria, incluida la agrícola".

Como objeto material de este delito ha de incluirse también la Patente Europea. Así se deduce de lo dispuesto en el art. 2.2 del Convenio de Múnich sobre la Patente Europea, de 5 de octubre de 1973, al que España se incorporó el 10 de julio de 1986 y que ha sufrido dos revisiones: la de 17 diciembre de 1991 (BOE 5-6-1997) y la de 29 de noviembre de 2000 (BOE 25-1-2003).

Un sector doctrinal (GUINARTE CABADA, MARTÍNEZ-BUJÁN PÉREZ) admite la posibilidad de que los certificados complementarios de los medicamentos puedan ser objeto material del tipo del art. 273.1, CP, al considerarlos abarcados por el concepto de patente. Los certificados complementarios de protección para los medicamentos fueron creados por el Reglamento 1768/1992 del Consejo de la CEE, de 18 de junio de 1992. Constituyen nuevos títulos de propiedad industrial que extienden la protección otorgada por una patente a un ingrediente activo o combinación de ingredientes por un periodo máximo de cinco años, después de que aquélla ha caducado. De esta forma se busca compensar el prolongado tiempo que transcurre desde que se solicita la patente hasta que ésta finalmente se concede, debido al procedimiento sanitario de autorización al que han de someterse estos productos y que, en definitiva, reduce la vida útil de la patente y de comercialización del producto en exclusiva. El periodo máximo de protección que se alcanza con este nuevo título de propiedad industrial depende del tiempo que tarde la concesión de la patente base. En la misma situación se encuentran los certificados complementarios de protección para los productos fitosanitarios, creados por el Reglamento (CE) nº 1610/96 del Parlamento Europeo y del Consejo, de 23 de julio de 1996 (*Tol 548414*). Pues bien, aunque materialmente estos certificados otorgan los mismos derechos de exclusiva que la patente base a la que se asocian, en puridad no pueden considerarse patentes y, por tanto, no resultan abarcados por el tipo. Otra interpretación, a nuestro modo de ver, supondría analogía prohibida en Derecho penal. Lo que no impide sostener que de *lege ferenda* se defienda su inclusión en el tipo, pues participan de las mismas razones de merecimiento de pena que se predican de otros derechos de propiedad industrial (así también, SEGURA GARCÍA, PAREDES CASTAÑÓN, JORGE BARREIRO, PORTELLANO DÍEZ, ESTRADA I CUADRAS).

En cuanto a los modelos de utilidad, el art. 137, LP, los define como "las invenciones industrialmente aplicables que, siendo nuevas e implicando actividad inventiva, consisten en dar a un objeto o producto una configuración, estructura o composición de la que resulte alguna ventaja prácticamente apreciable para su uso o fabricación", no pudiendo serlo "además de las materias e invenciones excluidas de patentabilidad en aplicación de los arts. 4 y 5 de esta Ley, las invenciones de procedimiento, las que recaigan sobre materia biológica y las sustancias o composiciones farmacéuticas" (art. 137.2, LP). Son, por tanto, invenciones de forma de las que deriva una mayor utilidad para el objeto. Se considera que son invenciones menores, aunque la nueva LP requiere que el estado de la técnica con respecto al cual se examina la novedad y la actividad inventiva ya no se limite al territorio español, sino que sea el mismo que el establecido para las patentes de invención (art. 139, LP); si bien se sigue entendiendo que hay actividad inventiva cuando no se deduce de ese estado de la técnica de una manera *muy evidente* para un experto en la materia (art. 140.1, LP).

2.2.2. El apartado 2 del art. 273, CP, prohíbe utilizar u ofrecer la utilización de un procedimiento objeto de una patente, así como poseer, ofrecer, introducir en el comercio o utilizar el producto directamente obtenido por el procedimiento patentado

Tal y como dispone el art. 4.1, LP, las patentes pueden tener por objeto un producto o un procedimiento. A estos últimos se dedica el apartado 2º del art. 273, CP, las llamadas patentes de procedimiento, respecto de las que deben darse todos los requisitos de novedad, actividad inventiva y aplicación industrial ya comentados, y a los productos obtenidos con dicho procedimiento patentado. Respecto de estos últimos, el tipo sólo abarcará los obtenidos de una previa utilización ilegítima del procedimiento patentado, pero no cuando proceden de una utilización legítima de dicho procedimiento, aunque su utilización posterior sea ilegítima porque, por ejemplo, no se ajuste a lo pactado en el contrato de licencia (PAREDES CASTAÑÓN). La referencia a productos directamente obtenidos alude a aquellos que provienen de forma inmediata del procedimiento patentado, excluyendo los que hubieran resultado a partir de alteraciones de éstos, al combinarse con otro o emplearse en otro procedimiento productivo.

2.2.3. El art. 273.3, CP, tipifica las mismas conductas del apartado 1 respecto de los modelos y dibujos industriales o artísticos y las topografías de un producto semiconductor

A los modelos y dibujos industriales y artísticos se refería el Estatuto de Propiedad Industrial (EPI) de 26 de julio de 1929, derogado y sustituido en lo que a esta materia respecta por la LDI, que ya no alude a estas categorías, sino al diseño industrial y al producto. Así, el art. 182, EPI, ofrecía una definición de modelo y dibujo industrial. El modelo industrial se identificaba con "todo objeto que pueda servir de tipo para la fabricación de un producto y que puede definirse por su estructura, configuración, ornamentación o representación", mientras que el dibujo industrial equivalía a "toda disposición o conjunto de líneas o colores o líneas y colores aplicables con un fin comercial a la ornamentación de un producto, empleándose cualquier medio manual, mecánico, químico o combinados". Por su parte, el art. 190, EPI, se refería a los dibujos artísticos como una clase de dibujo o modelo industrial, que consiste en la reproducción de una obra artística con una finalidad de explotación industrial. La nueva LDI engloba bajo un mismo concepto —el de diseño industrial— a los modelos y dibujos industriales que se identificarán ahora con los diseños tridimensionales y bidimensionales, respectivamente. El diseño se define en el art. 1 LDI como "la apariencia de la totalidad o de una parte de un producto, que se derive de las características de, en particular, las líneas, contornos, colores, forma, textura o materiales del producto en sí o de su ornamentación". Para su registro se requiere que sean nuevos y tengan carácter singular (art. 5, LDI), requisitos que son definidos, respectivamente, por el art. 6 y 7, LDI. Con el diseño industrial se hace referencia, por tanto, a las creaciones estéticas que se proyectan sobre los productos. Se trata de proteger, en definitiva, la creación de la apariencia de los productos. Coinciden, pues, con los modelos de utilidad en que ambos son creaciones de forma, si bien la diferencia estriba en que los modelos de utilidad suponen una novedad en la forma que afecta a su función técnica (innovaciones tecnológicas), mientras que los diseños industriales sólo representan creaciones de forma que constituyen una novedad en el patrimonio de las formas estéticas y que pueden ser formas útiles que no sean necesarias para cumplir una determinada regla técnica.

La normativa en esta materia se completa con el Reglamento CE 6/2002 del Consejo de 12 de diciembre de 2001, sobre Dibujos y Modelos Comunitarios (DOCE L. 3/1, 5-1-2002) (*Tol 157411*), que se definen en su art. 3.a), como "la apariencia de la totalidad o de una parte de un producto, que se derive de las características especiales de, en particular, línea, configuración, color, forma, textura o material del producto en sí o de su ornamentación". Lo relevante es que se establecen dos niveles de protección: el de los modelos y dibujos registrados y el de los no registrados. Estos últimos resultan interesantes a determinados sectores industriales como el del calzado, el textil, los juguetes, etc. A los efectos penales tan sólo podrán ser objeto material del delito los registrados, pues como seguidamente examinaremos el tipo penal exige que se realice "con conocimiento de su registro". La SJP, nº 3, Arrecife, 54/2019, 18-3, aprecia la existencia de este delito en la utilización de copia de la Valla Sagrera que gozaba de un diseño industrial comunitario.

Por su parte, las topografías de un producto semiconductor han sido reguladas por la Ley 11/1988, de 3 de mayo, sobre la Protección Jurídica de las Topografías de Productos Semiconductores (LTPS), que incorporó la Directiva 87/54/CEE, de 16 de diciembre de 1986 (*Tol 554339*), sobre la protección jurídica de las topografías de los productos semiconductores. El art. 1.1, LTPS, define el producto semiconductor como "la forma final o intermedia de cualquier producto, constituido por un sustrato que incluya una capa de material semiconductor y que tenga una o más capas suplementarias de materiales conductores, aislantes o semiconductores, dispuestas en función de una estructura tridimensional predeterminada, destinado a desempeñar, exclusivamente o junto con otras funciones, una función electrónica"; y la topografía como "una serie de imágenes interconectadas, sea cual fuera la manera en que estén fijadas o codificadas que representan la estructura tridimensional de las capas que componen el producto semiconductor, en la cual cada imagen tenga la estructura o parte de la estructura de una de las superficies del producto semiconductor en cualquiera de sus fases de fabricación". El objeto material del delito está integrado por la topografía, esto es, por el diseño de la estructura de distintas capas y elementos que componen el circuito integrado, su disposición tridimensional y sus interconexiones, pues su funcionalidad depende de este diseño.

2.3. Ausencia de consentimiento del titular del derecho de exclusiva

Es este un elemento del tipo que se formula de manera negativa, por lo que su presencia dará lugar a la atipicidad del hecho. Aunque no hubiera sido previsto expresamente en el tipo se llegaría a la misma conclusión de atipicidad, dado que el bien jurídico protegido es esencialmente disponible por su titular. Así, el art. 10.1, LP, declara que el derecho de exclusiva pertenece a su titular o sus causahabientes y es transmisible por todos los medios que el Derecho reconoce (art. 10.1, LP), pudiendo ser objeto de garantía, de otros derechos reales, licencias, opciones de compra, embargos u otros negocios jurídicos o medidas que resulten del procedimiento de ejecución (art. 82.1, LP). En este mismo sentido, el art. 59, LP, confiere al titular el derecho de impedir determinadas actividades que no cuentan con su consentimiento.

El sujeto que puede prestar el consentimiento es el titular del derecho o aquel al que se le hubiera transmitido esta facultad. Así, por ejemplo, el licenciatario cuyo contrato de licencia le faculte para constituir sublicencias o el mismo usufructuario en la medida en que ostenta el derecho de uso del derecho de explotación de la patente o del modelo de utilidad. No será eficaz, en cambio, el consentimiento prestado por el acreedor pignoraticio, pues no tiene tal derecho de uso (PAREDES CASTAÑÓN).

El consentimiento será eficaz aun cuando no se haya prestado con las formalidades requeridas por la legislación extrapenal. Concretamente, el art. 82.1, LP, exige que los actos de transmisión y concesión de licencias y usufructos de una patente, cuando se realicen entre vivos, deberán constar por escrito para que sean válidos. El art. 79.2, LP, exige además que cualquier acto de transmisión para que sea válido frente a terceros de buena fe sea inscrito en el Registro. A los efectos de enervar la tipicidad penal será suficiente con el consentimiento tácito o con el expreso prestado verbalmente (entre otros, GUINARTE CABADA, SEGURA GARCÍA, TERRADILLOS BASOCO, PAREDES CASTAÑÓN, BAUCELL LLADÓS, MARTÍNEZ-BUJÁN PÉREZ, FARALDO CABANA).

3. Tipo subjetivo

El tipo exige que las conductas se realicen con fines comerciales o industriales. Para la mayoría de la Doctrina se trata de un elemento subjetivo del injusto que se identifica con un ánimo de explotar el derecho de propiedad industrial (QUERALT JIMÉNEZ), excluyendo del ámbito típico las conductas realizadas con ánimo de lucro personal o para el particular provecho, comodidad, etc. (entre otros, MUÑOZ CONDE, BAUCELLS LLADÓS, GUINARTE CABADA, MARTINÉZ-BUJÁN PÉREZ), por lo que se valora como innecesario en la medida en que ya la propia LP en su art. 61.1.a), declara que "los derechos contenidos por la patente no se extienden a los actos realizados en el ámbito privado y con fines no comerciales" (VALLE MUÑIZ, JORGE BARREIRO, etc.). No obstante, para un sector doctrinal (SEGURA GARCÍA, GONZÁLEZ RUS, PORTELLANO DÍEZ, BENEYTEZ MERINO, PAREDES CASTAÑÓN, LARRIBA HINOJAR) se trata de un componente objetivo de la conducta que permite restringir el ámbito de lo típico a un contexto determinado: el del ámbito del mercado o del comercio (SEGURA GARCÍA, GONZÁLEZ RUS) o el de una actividad de producción o de comercialización que se conecta funcionalmente con las conductas típicas de fabricar, poseer, importar, etc. (PAREDES CASTAÑÓN) o el de que se trate de actos en masa, no singulares o privados, que exigen una organización de medios personales y reales (BENEYTEZ MERINO). En cualquier caso, hay que tener en cuenta que la LP excluye de los usos con fines comerciales los realizados con fines experimentales [art. 61.1.b), LP], a la realización de estudios y ensayos necesarios para obtener la autorización de comercialización de medicamentos, a la preparación de medicamentos realizada en las farmacias extemporáneamente y por unidad en ejecución de una receta médica, el empleo de objeto de invención patentada a bordo de buques o en la construcción o funcionamiento de medios de locomoción, aérea o terrestre, que pertenezcan a países miembros de la Unión de Paris a los que se refieren las letras e) y f) del art. 61.1, LP; y en fin, a los actos previstos por el art. 27 del Convenio sobre Aviación Civil Internacional.

A pesar de que algunas sentencias [SAP, Las Palmas de Gran Canaria, Sección 1ª, 152/2016, 21-4; SJP, nº 2, Málaga, 18-6-1997; SAP, Madrid, Sección 1ª, 461/1999, 22-9, o SAP, Burgos, Sección 1ª, 31-1-2003 (*Tol 264496)*] hagan referencia a un ánimo de defraudar o perjudicar, éste no está previsto en el tipo ni expresa ni implícitamente (GUINARTE CABADA, SEGURA GARCÍA). Algunos autores sí que aprecian la existencia implícita en el tipo del ánimo de lucro, entendido de forma amplia como ánimo de enriquecimiento patrimonial propio o ajeno (PAREDES CASTAÑÓN, MARTÍNEZ-BUJÁN PÉREZ).

Los tipos del art. 273, CP, exigen, además, que las conductas atentatorias de los derechos de propiedad industrial se realicen "con conocimiento de su registro". Constituye ésta una referencia expresa a un elemento del dolo que resulta por ello innecesaria y que puede perturbar el entendimiento del delito. En efecto, por un lado, se trata de una condición innecesaria, dado que el dolo comprende el conocimiento de los elementos objetivos del tipo, entre los que se encuentra la existencia de un derecho de propiedad industrial que sólo nace con el registro (VALLE MUÑIZ, BAUCELLS LLADÓS). Por otro lado, la mención expresa del conocimiento del registro puede tener un efecto limitador del ámbito de lo típico, en la medida en que ha de acreditarse dicho conocimiento registral del derecho, cuando lo relevante para el dolo debería ser conocer, vía registro o por cualquier otro medio, la existencia del derecho de propiedad industrial. Esto ha llevado a algún autor a exigir en la práctica el requerimiento o notificación fehaciente como manera de acreditar dicho conocimiento registral (MORENO CÁNOVES/RUIZ MARCO), lo que puede resultar de imposible ejecución cuando estamos ante casos de venta ambulante. En cualquier caso, no debe ser interpretada esta mención como una limitación de la imputación subjetiva a sólo los casos de dolo directo, pues como ha destacado la Doctrina (SEGURA GARCÍA, PAREDES CASTAÑÓN, también MARTÍNEZ-BUJÁN PÉREZ) dicho conocimiento es compatible con el dolo eventual. Así, por ejemplo, cuando se duda sobre el transcurso del tiempo de caducidad de la patente, sabiendo que está registrada. La Jurisprudencia exige dolo directo (SAP, Zamora, Sección Única, 53/1998, 16-6), y se aprecia este cuando se constata que ha habido un requerimiento en el que se advierte de la existencia de un registro del signo distintivo con el que entra en confusión (SAP, Barcelona, Sección 10ª, 12/2017, 10-1). También se absuelve cuando los bolsos importados para su venta con los dibujos semejantes habían sido objeto previamente de inscripción como diseños industriales, con lo que concedido el registro la acusada podía confiar en que la comercialización era lícita (STS 884/2021, 17-11).

4. *Justificación*

Como se ha manifestado más arriba, el consentimiento del sujeto pasivo da lugar a la atipicidad de la conducta. No obstante, algún autor ha entendido que su eficacia justificante, eliminando por tanto la antijuridicidad (BENEYTEZ MERINO).

Como ejercicio legítimo de un derecho se presenta el llamado derecho de preuso al que se refiere el art. 63.1, LP, y que permite explotar el objeto de una patente a quien de buena fe y con anterioridad a la fecha de prioridad de la patente hubiese venido explotándola o hubiese hecho preparativos serios y efectivos para explotarla. Este derecho de explotación sólo es transmisible juntamente con la empresa y debe limitarse a lo que resulta adecuadamente razonable para la empresa.

Asimismo, el derecho de retención del usufructuario o del acreedor pignoraticio permite prolongar el uso de la patente en tanto no se satisfagan los importes de las reparaciones extraordinarias o el del crédito, respectivamente, conforme establecen los arts. 502 y 522, CC, en un caso, y 1866, CC, en el otro y, por tanto, podrán constituir también supuestos de ejercicio legítimo de un derecho.

5. *Iter criminis*

Para la mayoría de la Doctrina la consumación no exige la producción de un perjuicio económico como resultado material típico (BAJO FERNÁNDEZ, BENEYTEZ MERINO, MARTÍNEZ-BUJÁN PÉREZ, SEGURA GARCÍA). Algunos autores, sin embargo, han estimado necesaria la presencia de un perjuicio, aunque el texto legal no lo mencione expresamente, consistente en la mengua de los devengos de explotación de los derechos de propiedad industrial (lucro cesante) y/o el daño emergente (QUERALT JIMÉNEZ, BAUCELLS LLADÓS). En consecuencia, para este sector doctrinal se trata de un delito de resultado. De esta misma opinión, aunque sin vincularlo a la exigencia de perjuicio económico, se manifiesta PAREDES CASTAÑÓN haciendo una interpretación restrictiva de las distintas modalidades típicas.

No obstante, no faltan autores que se decantan por configurar el delito como sólo de mera actividad (MORENO CÁNOVES/RUIZ MARCO, BENEYTEZ MERINO, MAPELLI CAFFARENA) en la idea de que algunas de sus modalidades tipifican actos preparatorios, rechazándose de manera general la posibilidad de tentativa, por lo que la fabricación o la utilización sólo serán punibles cuando hayan culminado con la obtención de un producto. La mayoría doctrinal, por su parte, considera que el carácter de delito de resultado o de mera actividad depende de la modalidad de que se trate (entre otros, MARTÍNEZ-BUJÁN PÉREZ, FARALDO CABANA). Así, la posesión o el ofrecimiento para la utilización o la utilización misma se aproximan a estructuras típicas de mera actividad, mientras que las modalidades de fabricar, importar o introducir en el comercio pertenecen a la categoría de los delitos de resultado, admitiéndose en todo caso la posibilidad de tentativa en la medida en que la conducta típica sea fraccionable. Desde esta perspectiva habrá tentativa cuando comienza el proceso de fabricación o de utilización del objeto patentado. Se ha apreciado tentativa por la Jurisprudencia cuando la mercancía se encuentra con el "levante" suspendido en la Aduana (SAP, Valencia, Sección 3ª, 235/2002, 3-5).

6. Concursos

La concurrencia de varias de las modalidades típicas del art. 273, CP, dará lugar a un concurso de leyes en coherencia con la naturaleza de tipo mixto alternativo que se ha atribuido al delito, y dado que se están tipificando las distintas fases de producción y comercialización de la propiedad industrial, siempre claro está que objeto material y sujeto activo sean los mismos. Para PAREDES CASTAÑÓN, sin embargo, es posible en algunos casos apreciar un concurso de delitos. En primer lugar, cuando a pesar de que se da identidad de sujeto activo, de derecho violado y de fin lesivo, lo que se importe y lo que se ofrezca sean cosas diferentes, porque, por ejemplo, se trata de dos elementos de un mismo objeto o procedimiento patentado. Aquí, a nuestro modo de ver, nada hay que objetar en la medida en que en realidad estamos ante un objeto material diverso: son aspectos diferentes de un mismo derecho de explotación. En segundo lugar, cuando concurren dos modalidades típicas de lesión sobre un mismo objeto jurídico, por ejemplo, la utilización y la introducción en el comercio, en mi opinión, no hay dos lesiones diversas de un mismo bien jurídico, sino una progresión en el ataque al bien jurídico, pues se recogen las distintas fases del ciclo de explotación del derecho de propiedad industrial (en el mismo sentido, GUINARTE CABADA, GONZÁLEZ RUS, JORGE BARREIRO). A este respecto, la Jurisprudencia también rechaza la aplicación de la continuidad delictiva entendiendo que "no estamos en presencia de una serie continuada de actos aislados sino ante una actividad compleja y continuada en el tiempo propia de cualquier actividad industrial, entendiéndose que el delito no se comete cada vez que *v.gr.*, se fabrica o vende una pieza de forja protegida, sino con el desarrollo de la actividad empresarial [SAP, Burgos, Sección 1ª, 31-1-2003 (*Tol 264496)*]. Como concurso de normas se resuelve el caso de uso de marca falsa en unas carcasas de teléfono, también falsas, para teléfonos Nokia [SAP, Madrid, 491/2008, 9-7 (*Tol 1366944)*]. La continuidad delictiva, no obstante, ha sido admitida doctrinalmente en estos delitos (PAREDES CASTAÑÓN, MARTÍNEZ-BUJÁN PÉREZ, LARRIBA HINOJAR).

Este delito también puede concurrir con las falsedades documentales (arts. 390 a 399, CP) si, junto a alguna de estas modalidades típicas, se produce alguna falsedad en el documento de inscripción en la Oficina Española de Patentes y Marcas, dando lugar a un concurso ideal o medial del art. 77, CP (PAREDES CASTAÑÓN, MARTÍNEZ-BUJÁN PÉREZ, MORENO CÁNOVES/RUIZ MAR-

CO, SEGURA GARCÍA, FARALDO CABANA, GÓMEZ RIVERO). La misma relación concursal puede darse con la estafa en la medida en que la conducta de defraudación sea la base del engaño sobre la que se asiente el perjuicio económico que se cause a terceros (consumidores, proveedores o distribuidores de los productos) (GUINARTE CABADA, SEGURA GARCÍA, PAREDES CASTAÑÓN, FARALDO CABANA, GÓMEZ RIVERO).

Se plantea también por la Doctrina la posible concurrencia de este delito con los que protegen la propiedad intelectual, pues tal y como admite la Ley de Propiedad Intelectual, en su art. 3.2, ambos derechos son compatibles y pueden concurrir sobre una misma obra. Así cuando la acción recaiga sobre una creación artística realizada con fines industriales o comerciales (diseño industrial, marca, etc.) se apreciará un concurso de delitos, que para unos sería real (MARTÍNEZ-BUJÁN PÉREZ, SEGURA GARCÍA) y para otros, ideal (PAREDES CASTAÑÓN), siempre que además de lesionarse el derecho de exclusiva de la propiedad industrial se afecte también el del creador del dibujo que constituye, por ejemplo, la marca. En este sentido matiza, con razón, PAREDES CASTAÑÓN que el concurso de delitos se dará en la medida en que los sujetos pasivos de los delitos contra la propiedad industrial y contra la propiedad intelectual puedan ser diversos, o cuando siendo coincidentes se afecte no sólo el aspecto patrimonial del derecho de propiedad intelectual, cubierto también por el derecho de propiedad industrial, sino también el moral. En otro caso, ello puede llevar a un *bis in ídem* cuando hay una concurrencia del derecho de explotación exclusiva —intelectual e industrial-sobre un mismo objeto, dado que, como ha indicado MIRÓ LLINARES, se trata de salvaguardar la facultad negativa de estos derechos, esto es, impedir el uso no autorizado por terceros para salvaguardar así la explotación económica exclusiva (también GÓMEZ RIVERO). La SAP, Málaga, Sección 1ª, 635/2003, 6-11 (*Tol 351329*), condenó por ambos delitos a un comerciante que fue sorprendido con camisetas, sudaderas, postales, bolsos, imanes, etc. que reproducían la figura del "Toro de Osborne", marca registrada y a la par creación intelectual. También reconoce un concurso ideal con delito contra la propiedad intelectual, la SAP, Madrid, Sección 17ª, 1256/2007, 3-12 (*Tol 1278820*), por la posesión de prendas de vestir con marca falsificada de Camel, Disney, etc. para su comercialización. Sin embargo, la SAP, Barcelona, Sección 2ª, 508/2008, 9-6 (*Tol 1357354*), apreció un concurso de normas por el uso de la marca gráfica "Toro de Osborne" al ser el titular de la marca y el del derecho de propiedad intelectual la misma persona y estar todo el aspecto patrimonial recogido en el delito relativo a los signos distintivos.

Finalmente ha de aludirse a la posibilidad de concurso con los delitos de revelación de secreto de empresa. A nuestro modo de ver la publicidad registral que conlleva la inscripción de los derechos de patente convierten al objeto de la misma en un hecho notorio, lo que, por definición, impide admitir la existencia de un secreto de empresa (en la misma dirección GUINARTE CABADA, TERRADILLOS BASOCO, MARTÍNEZ-BUJÁN PÉREZ). En este sentido hay que recordar que secreto de empresa y propiedad industrial representan dos regímenes de explotación incompatibles y que son manifestación del derecho a la libertad de empresa del art. 38, CE, (CARRASCO ANDRINO). No obstante, PAREDES CASTAÑÓN no rechaza la posibilidad del concurso cuando junto al núcleo, patentado, de la invención se desarrollan posteriormente facetas complementarias no patentadas y que se explotan en régimen de secreto. Nada hay que objetar en estos casos, pues en realidad se trata de objetos materiales diversos: por un lado, la invención patentada, y por otro, la información adicional, ahora sí, secreta, en la medida en que no ha sido publicada en la Oficina española de Patentes y Marcas.

Cuestión diversa es que este delito concurra con la divulgación de una patente secreta del art. 277, CP. En este caso, dado que se trata de bienes jurídicos distintos, uno de carácter patrimonial y otro con incidencia en la seguridad nacional, la relación entre ambos ilícitos habrá de ser de concurso de delitos, normalmente ideal (PAREDES CASTAÑÓN).

7. Cuestiones procesales

Según la opinión doctrinal mayoritaria (GUINARTE CABADA, MASSAGUER FUENTES, SEGURA GARCÍA, BAUCELLS LLADÓS, FARALDO CABANA) las dudas sobre la titularidad registral del derecho o la existencia misma de éste (nulidad o caducidad de la patente), constituyen una cuestión prejudicial de carácter devolutivo de acuerdo con el art. 4, LECrim, pues inciden en la culpabilidad o inocencia del sujeto. En este mismo sentido se ha manifestado la Fiscalía General del Estado en su Circular 1/2006, de 5 de mayo, sobre delitos contra la propiedad intelectual e industrial (*Tol 889065)*, tras la reforma de la LO 15/2003, que remite al orden contencioso-administrativo. Algún autor (BAJO FERNÁNDEZ), sin embargo, ha sostenido que son competentes los tribunales penales, amparándose en lo dispuesto en el art. 6, LECrim, que otorga la posibilidad de resolver las cuestiones prejudiciales civiles a los tribunales penales cuando se refieran a un derecho de propiedad sobre un inmueble o a otro derecho real. La Jurisprudencia atribuye también a los tribunales penales la competencia sobre las cuestiones de validez del registro en la Oficina Española de Patentes y Marcas (SSTS 8-11-1974, y 12-5-1971; SAP, Madrid, Sección 3ª, 23/2002, 29-5).

Declarada la nulidad de la patente procederá el sobreseimiento de la causa si el procedimiento se encuentra en la fase de Instrucción, la absolución si se está en fase de Juicio Oral, o revisar la sentencia condenatoria firme, de acuerdo con lo establecido en el art. 954, LECrim, (recurso extraordinario de revisión). Así, la STS 1236/2005, de 20 de octubre *(Tol 816733)*, en la que se procede a la revisión de la sentencia condenatoria de la Audiencia Provincial de Madrid como consecuencia de una sentencia civil posterior que declara nula la marca, pues "la vulneración de la propiedad industrial ha devenido inexistente como consecuencia de un pronunciamiento posterior de la Jurisdicción Civil, lo que indudablemente debe favorecer al condenado en su momento". En el mismo sentido, la STS 349/2020, 25-6, revisa la condena al declarar la sentencia civil la inexistencia de un modelo de utilidad.

Hay que tener en cuenta también que, tras la reforma de LO 15/2003, se elimina de estos delitos la necesidad de denuncia previa del agraviado para su persecución, convirtiéndose en delitos perseguibles de oficio. Además, los delitos flagrantes contra la propiedad industrial entran en el ámbito de los llamados juicios rápidos, tal y como dispone el art. 795, LECrim, en su apartado 1º, regla 2ª. Asimismo, en los casos de delincuencia organizada se admite la utilización del "agente encubierto" [art. 282 bis.d), LECrim].

IV. DELITOS RELATIVOS A LOS SIGNOS DISTINTIVOS

Tras la reforma de la LO 1/2015, son los tres primeros apartados del art. 274, CP los que se ocupan de los delitos contra los derechos de propiedad industrial registrados conforme a la legislación de marcas, esto es, los tradicionalmente conocidos como signos distintivos. Estos delitos presentan elementos comunes con los que protegen las invenciones y creaciones industriales, a saber: el bien jurídico protegido, la ausencia de consentimiento del titular del derecho y el fin industrial o comercial, para cuyo tratamiento nos remitimos a lo ya manifestado al estudiar aquellos tipos.

Es cierto, como ha puesto de relieve ESTRADA I CUADRAS, que el fundamento de la protección jurídica de los signos distintivos se aparta del tradicionalmente otorgado a las creaciones o invenciones industriales, pues más que en el fomento de la innovación y el progreso tecnológico hunde sus raíces en el más amplio principio de no aprovechamiento del esfuerzo ajeno, que rige la lealtad en la competencia económica. No obstante, el otorgamiento de un derecho de explotación exclusiva vinculado al origen empresarial del producto justifica su incorporación en el ámbito de la "propiedad" industrial. Esta función identificativa que despliega la marca y el nombre comercial en el ámbito de la competencia económica es la que debe guiar la interpretación de los tipos penales.

1. Sujetos

1.1. Sujeto activo

Se trata de un delito común, de manera que puede ser cometido por cualquiera. Se plantea si puede serlo también el titular de la marca en algunos supuestos particulares:

a) Cotitularidad de la marca. De acuerdo con el art. 46, LM, ésta puede pertenecer "pro indiviso" a varias personas. En este caso puede cuestionarse si el uso de la marca por uno de los cotitulares, sin autorización de los restantes, realizaría el tipo del art. 274, CP. La respuesta debe ser negativa, aunque el art. 46, LM, dispone que la concesión de licencias y el uso independiente de la marca por cada partícipe deberán ser acordados conforme a lo dispuesto en el art. 398, CC —que remite al pacto de la mayoría—, como cotitular del derecho sigue siendo sujeto pasivo del delito y por tanto con capacidad para consentir válidamente el uso de la marca y excluir la tipicidad del hecho. En consecuencia, no habrá ilícito penal (GUINARTE CABADA, SEGURA GARCÍA), sin perjuicio de las responsabilidades jurídicas de otro orden en que hubiere incurrido.

b) Transmisión o cesión de la marca. A ella se refiere el art. 47, LM, declarando que la transmisión de la empresa en su totalidad implicará la de sus marcas, salvo que exista pacto en contrario o ello se desprenda claramente de las circunstancias del caso. También puede realizarse una transmisión o cesión de la marca de forma independiente de la empresa a la que pertenece, tal y como dispone el art. 46.2, LM. La transmisión o cesión supone una traslación o cambio de la titularidad o propiedad de la marca en base a un negocio jurídico, por lo que si el cedente utiliza ésta, una vez transmitido el derecho, sin autorización del adquirente o cesionario, cometerá el delito del art. 274, CP, aunque no se hayan cumplido todavía los requisitos formales de inscripción de la modificación del derecho a que se refieren los arts. 49 y 50, LM [Circular de la Fiscalía General del Estado 1/2006 (*Tol 889065*), SEGURA GARCÍA], pues aquéllos determinan la eficacia de este acto frente a terceros, pero no entre las partes (art. 46.3, LM).

c) Más controvertido resulta el caso de la licencia en exclusiva sobre la marca, en la que el licenciante no deja de ser titular o propietario de la misma, por lo que se plantea si puede cometer el delito en el caso de que use el signo distintivo en contra de lo pactado en el contrato de licencia en exclusiva. No parece que pueda ser sujeto activo, en la medida en que ostenta la cualidad de sujeto pasivo del delito al seguir siendo titular de la marca y poder consentir su uso, haciendo atípica la conducta. En estos casos, se producirá un ilícito civil pero no penal (Circular de la Fiscalía General del Estado 1/2006 (*Tol 889065*), SEGURA GARCÍA). El licenciatario, en cambio, puede ser sujeto activo del delito cuando usa el signo distintivo actuando al margen de lo pactado en el contrato de licencia (GUINARTE CABADA, JORGE BARREIRO).

Conforme al art. 288.1°, CP, las personas jurídicas pueden ser responsables de este delito, de acuerdo con lo establecido en el art. 31 bis, CP. En este sentido, la SAP, Madrid, Sección 15ª, 137/2020, 24-4, rechaza la petición de condena para la empresa, porque no se han acreditado los criterios del art. 31 bis, CP; en el mismo sentido, SSAP, Madrid, Sección 17ª, 632/2020, 30-11, y 384/2021, 13-7. Se condena a la persona jurídica en la SAP, Madrid, Sección 2ª, 902/2019, 17-12, a pesar de que el delito fue cometido por quien era el único socio y administrador de la misma, también condenado, lo que a todas luces supone una doble sanción, en la medida en que se confunde la persona física con la jurídica. También es condenatoria la SAP, Madrid, Sección 6ª, 156/2021, 23-3, considerando suficiente con que "además de resultar incuestionable que las actividades delictivas llevadas a cabo por los acusados se ejecutaron en provecho de dicha sociedad, como lo acredita, además, que estuviera domiciliada en el almacén en el que se hallaron el mayor monto de objetos imitados, y se encontrara activa en el momento de tener lugar los hechos enjuiciados".

1.2. Sujeto pasivo

Es el titular del derecho de exclusiva registrado conforme a la legislación de marcas, esto es, el titular registral de la marca o del nombre comercial o su cesionario, ya sea persona física o jurídica. En los casos de cotitularidad de la marca (art. 46, LM) el consentimiento de uno de los cotitulares será suficiente para determinar la atipicidad de la conducta (GUINARTE CABADA, PAREDES CASTAÑÓN). El licenciatario de una marca en exclusiva no será sujeto pasivo del delito (lo admite, RUÍZ RODRÍGUEZ), aunque pueda ejercitar las acciones civiles y penales correspondientes en caso de infracción de su derecho, tal y como dispone el art. 117.2, LP, aplicable a las marcas por remisión de la Disposición Adicional Primera de la LM. El licenciatario de una marca que no lo sea en exclusiva debe requerir fehacientemente al titular de la marca para que entable la acción judicial correspondiente, si bien puede solicitar la interposición de medidas cautelares al Juez. Sólo tras la pasividad del licenciante transcurrido el plazo de tres meses, podrá el licenciatario entablar la acción en su propio nombre (art. 117.3, LP).

2. El objeto material

Tras la reforma de 2015, el objeto material de los tipos relativos a los signos distintivos recogidos en el art. 274, CP, lo constituyen, según la modalidad de que se trate, los "productos que incorporen un signo distintivo idéntico o confundible con aquel", o también "servicios o actividades" (...), cuando se trate de los mismos o similares productos, servicios o actividades para los que el derecho de propiedad industrial se encuentre registrado", o con "un signo distintivo idéntico o confundible con aquel" (apartado 2, II del art. 274, CP).

Al igual que ocurría en los tipos relativos a las invenciones industriales, la tutela penal solo alcanza a los signos distintivos de carácter registral, pues además de deducirse del conocimiento del registro que exige el tipo, en éste también se indica expresamente que el derecho de propiedad industrial ha de estar registrado conforme a la legislación de marcas. Se limita así el ámbito típico del art. 274, CP, a las marcas y los nombres comerciales, dado que son los únicos signos distintivos a los que se refiere la Ley 17/2001, de 7 de diciembre, de Marcas (LM). El rótulo de establecimiento, que, como su nombre indica, distinguía el establecimiento de otros destinados a actividades idénticas o similares, ha dejado de tener carácter registral, regulándose ahora por las normas comunes de competencia desleal, por lo que no queda abarcado por el tipo penal. Se valora positivamente, por ello, el que la reforma de 2015 suprimiera las referencias a los establecimientos, presentes en la formulación típica anterior.

Transcurrido ya tiempo suficiente, los rótulos de establecimiento registrados conforme a la derogada LM 32/1988, de 10 de noviembre, que, de acuerdo con el régimen transitorio de la Disposición Transitoria Tercera de la nueva LM, conservaron su vigencia durante un determinado plazo de tiempo, y por ello podían ser objeto material del delito (CASTIÑEIRA PALOU, SEGURA GARCÍA), quedan completamente fuera del tipo penal. La SAP, Barcelona, Sección 6ª, 699/2021, 6-10, enjuicia un caso, acaecido antes de la reforma de 2015, de uso de rótulo de establecimiento y nombre comercial de un supermercado, sin consentimiento de su titular, del que es finalmente absuelto el sujeto por no revestir los hechos gravedad suficiente como para constituir el elemento objetivo del tipo penal (tan solo se acreditó el uso durante 7 días).

Además, para la interpretación de los tipos penales, hay que tener en cuenta el Reglamento (UE) 2017/1001 del Parlamento Europeo y del Consejo, de 14 de junio de 2017, sobre la marca de la Unión Europea (RMU), que sustituye al Reglamento 207/2009, del Consejo, de 26 de febrero de Marca comunitaria (RMC), que crea un signo distintivo nuevos —la marca de la Unión Europea— cuyos efectos se extienden a todo el territorio de la Unión Europea. La marca de la Unión y la nacional producen iguales efectos en España, aunque se rijan por normativas distintas.

Según el art. 4.1, LM, la marca es todo signo, "especialmente las palabras, incluidos los nombres de personas, los dibujos, las letras, las cifras, los colores, la forma del producto o de su embalaje, o los sonidos, a condición de que tales signos sean apropiados para: a) distinguir los productos o los servicios de una empresa de los de otras empresas y, b) ser representados en el Registro de Marcas de manera tal que permita a las autoridades competentes y al público en general determinar el objeto claro y preciso de la protección otorgada a su titular". Por su parte, el nombre comercial se define como el signo susceptible de representación gráfica que identifica a una empresa en el tráfico mercantil y que sirve para distinguirla de las demás empresas que desarrollan actividades idénticas o similares (art. 87.1, LM). La función característica de los signos distintivos es, por tanto, identificar la procedencia empresarial de los productos o servicios, a la que se asocia una determinada calidad de los mismos (función indicativa de la calidad) que integra el prestigio o buen nombre de la marca o prestigio de la empresa a la que se vincula el signo distintivo (función condensadora del *goodwill* o fama del empresario). El tipo penal sólo protege, como veremos, la función identificadora del origen empresarial del producto, no estas otras.

Las marcas pueden ser de titularidad individual o colectiva. Las marcas colectivas son aquellas que han sido registradas por las asociaciones de productores, fabricantes, comerciantes o prestadores de servicios o las personas jurídicas de Derecho público, para diferenciar los productos o servicios de sus miembros de los productos o servicios de otras empresas (art. 62, LM). El art. 62.3, LM, permite registrar como marcas colectivas los signos o indicaciones que puedan servir para señalar la procedencia geográfica de los productos o servicios. En tal caso el derecho conferido por la marca colectiva no permite a su titular prohibir a un tercero el uso en el comercio de tales signos o indicaciones, siempre que dicho uso se realice con arreglo a prácticas leales en materia industrial o comercial: en particular, no podrá oponerse a un tercero autorizado a utilizar una denominación geográfica. Con estas peculiaridades las marcas colectivas, en tanto que signos distintivos registrados, quedan también abarcadas por el tipo.

Las marcas de garantía son utilizadas también por una pluralidad de empresas, si bien bajo el control y autorización de su titular que certifica que los productos o servicios a los que se aplica cumplen unos requisitos comunes, en especial, en lo que concierne a los materiales, el modo de fabricación de los productos o de prestación de los servicios, el origen geográfico, la calidad, la precisión u otras características de los productos o servicios que no posean esa certificación (art. 68.1, LM). Al igual que las marcas colectivas, las de garantía pueden consistir en indicaciones de procedencia geográfica (art. 69.3, LM); en este caso, el reglamento de uso deberá prever que cualquier persona, cuyos productos o servicios provengan de esa zona geográfica y cumplan las condiciones prescritas por el mismo, podrá utilizar la marca. Su función es, pues, certificar una cierta calidad de productos o servicios más que indicar la procedencia empresarial de éstos. De hecho, el art. 68.2, LM, impone una separación absoluta entre el titular de la marca y su usuario, que será quien suministre productos o preste los servicios. A partir de aquí, SEGURA GARCÍA consideró, en relación con la configuración típica anterior a la reforma de 2015, que debían quedar excluidas del tipo penal, dado que éste sólo se refería a los signos que sirvieran para "distinguir idénticos o similares productos, servicios, actividades o establecimientos para los que el derecho de propiedad industrial se encuentre registrado". A nuestro modo de ver, esta limitación del tipo penal a sólo marcas identificadoras de la procedencia empresarial del producto o servicio no resultaba adecuada, pues las indicadoras de la calidad —las marcas de garantía— también cumplen con la función distintiva a la que se refería y se refiere el tipo penal, pues permiten distinguir unos productos o servicios de otros idénticos o similares, aunque en este caso en base a parámetros que tienen que ver con la calidad. La Circular FGE 1/2006 (*Tol 889065*) y la mayoría doctrinal (entre otros, VALLE MUÑIZ, QUERALT JIMÉNEZ, MARTÍNEZ-BUJÁN PÉREZ) también las consideraron abarcadas por el tipo.

De la marca o nombre comercial renombrados se ocupa el art. 8, LM, que, tras la modificación operada por el RD Ley 23/2018, de 21 de diciembre, de transposición de directivas en materia de marcas, ya no recoge una definición de éstos, y suprimiendo la referencia a las marcas y nombres comerciales notorios. En efecto, en la anterior redacción de la LM, la renombrada era la que conocida por el público en general, mientras que la notoria circunscribía el alcance del conocimiento al público interesado en ese tipo de productos o servicios. El Preámbulo del RD Ley 23/2018 que modificó la LM indica que la renombrada es la conocida "por una parte significativa del público interesado en los productos o servicios". Respecto de ellos hay que tener en cuenta que no rige el llamado principio de especialidad de la marca, que limita la protección sólo a los productos o servicios para los que fue registrado el signo distintivo; de manera que se extiende a cualquier género de productos, servicios o actividades, pero ello siempre que estén registradas [art. 34.2.c), LM]. Esta extensión tiene efectos sólo en el ámbito civil (ilícito de competencia desleal), pero acertadamente no afecta al tipo penal que limita su radio de acción a los usos del signo idéntico o similar "cuando se trate de los mismos o similares productos o servicios, actividades para los que el derecho de propiedad industrial se encuentra registrado" (JORGE BARREIRO, SEGURA GARCÍA, GARCÍA RIVAS).

Más relevante a los efectos del tipo penal es el que las marcas notorias puedan estar registradas o no (sólo usadas), pues conforme al derogado RMC 2009, las marcas notorias eran siempre marcas no registradas [art. 8.2.b), RMC], lo que se reconoce en el RMU 2017, en el art. 8.2.c). Cuando no están registradas reciben la protección que les otorga el art. 6 bis del Convenio de la Unión de París, ahora recogida en el art. 6.2.d), LM, que las concibe como prohibiciones relativas, sin superación del principio de especialidad. Así el titular de la marca notoria no registrada podrá oponerse al registro de una marca idéntica para productos o servicios idénticos o de una marca semejante con la que exista riesgo de confusión en el público, al recaer sobre productos o servicios idénticos o semejantes. Este reconocimiento civil no tiene, sin embargo, consecuencias en el ámbito penal, en la medida en que el tipo penal requiere como presupuesto del delito que se trate de derechos registrados. Así lo ha entendido también la Jurisprudencia, que ha declarado la atipicidad cuando no está acreditado el registro, aunque se trate de marcas notorias [SSAP, Madrid, Sección 1ª, 552/2009, 15-12 (*Tol 1792151)*; Salamanca, Sección 1ª, 73/2009, 15-5 (*Tol 1546339)*; Granada, Sección 1ª, 427/2009, 21-7 (*Tol 1757919)*; Palencia, Sección 1ª, 91/2009, 14-12; Madrid, Sección 2ª, 548/2009, 23-11 (*Tol 1771726)*; Las Palmas, Sección 2ª, 1/2003, 9-1; STS 733/1998, 2-6 (*Tol 8913)*, etc.]. Sorprendente es la SAP, Madrid, Sección 15ª, 119/2023, 28-2, (ponente: Ana Victoria Revuelta Iglesias), en la que se mantiene la condena por el tipo del art. 274.2, CP, cuando el objeto sobre el que recae la comercialización es un uniforme de colegio, que había sido registrado como diseño industrial, no como signo distintivo.

También pueden ser objeto del delito las marcas internacionales, que son aquellas creadas de acuerdo con el Arreglo de Madrid de 14 de abril de 1891, relativo al Registro Internacional de Marcas, siempre y cuando la Oficina Española de Patentes y Marcas haya concedido la extensión territorial a España del registro internacional de una marca, tal y como dispone el art. 79, LM.

La marca de la Unión queda igualmente abarcada por el tipo, pues produce los mismos efectos que la marca nacional y se adquiere siempre por el registro (art. 6, RMU), pudiéndose solicitar ante la Oficina de Propiedad Intelectual de la Unión Europea (art. 30.1, RMU).

Además, los signos distintivos han de estar incorporados al producto y ser idénticos o confundibles con éstos. Esto es, el tipo penal trata de evitar el riesgo de confusión sobre el origen empresarial de los productos o servicios, pues requiere que sea, al menos, "confundible. Esta es la función esencial que cumple el signo distintivo, que constituye, como vimos, el fundamento de su tutela jurídica y, con ello, del otorgamiento de un derecho de exclusiva: identificar el origen del producto o servicio y distinguirlo de otros semejantes, no preservar el buen nombre de la marca. Estas otras funciones asociadas (buen nombre, calidad, status del usuario de la marca, etc.) encuentran ya suficiente protección a través de la legislación de marcas, y de competencia desleal.

En este sentido, se ha dicho que la expresión "signo distintivo idéntico o confundible" no resulta la más acertada, pues tanto el idéntico como el semejante deben ser idóneos para generar riesgo de confusión en el consumidor, por ello, la Doctrina entendió, ya antes de la reforma de 2015, que hubiera sido mejor que se refiriera a "signo idéntico o semejante que pueda producir confusión" (GUINARTE CABADA, JORGE BARREIRO, PORTELLANO DÍEZ, VALLE MU-

ÑIZ, SEGURA GARCÍA, MARTÍNEZ-BUJÁN PÉREZ). Esta es la razón por la que las circunstancias que rodean la conducta —mercadillo ambulante, bajo precio, etc.— y/o las características del producto —una copia burda—, han de ser tenidas en cuenta a la hora de valorar si son idóneas para generar engaño sobre su origen empresarial en el consumidor, porque si no lo son, no se estaría afectando dicha función esencial, y la conducta carecería de lesividad, aun cuando se tratase de una reproducción casi perfecta (también GUINARTE CABADA, FARALDO CABANA, MARTÍNEZ-BUJÁN PÉREZ, ESTRADA I CUADRAS, etc.). En este punto hay que tener en cuenta que el riesgo de confusión comprende el de asociación entre el signo y la marca, esto es, el riesgo de que el público pueda establecer algún tipo de conexión económica entre el usuario del signo y el titular de la marca (existencia de una licencia, franquicia, etc.), pero siempre con el límite del principio de especialidad (productos, servicios o actividades para los que el derecho de propiedad industrial se encuentra registrado). No hay que olvidar que el tipo penal requiere que la identidad o similitud con riesgo de confusión se dé también en los productos, servicios, actividades o establecimientos para los que el signo se encuentra registrado ("cuando se trate de los mismos o similares productos…"), extremos que deberán ser acreditados en el plenario, normalmente a través de una pericial (absolviendo por falta de acreditación de la similitud, SAP, Salamanca, Sección 1°, 63/2023, 20-11).

La Circular FGE 1/2006 (*Tol 889065)*, consideró, sin embargo, que este elemento no era necesario cuando se estaba ante signos idénticos en productos idénticos o bien cuando se trataba de marcas renombradas; rechazando, así, la corriente jurisprudencial [*vid.* STS 22-1-1988, caso Paco Rabanne; también SSAP, Cantabria, Sección 4ª, 15-1-2002 (*Tol 161569)*; Valencia, Sección 4ª, 5-3-2002; Barcelona, 411/2005, 26-4 (*Tol 665001)*; Valencia 454/2010, 1-7 (*Tol 1926612)*, y Tarragona 292/2007, 17-7] que valora estos factores secundarios más allá de la similitud o identidad de la marca, como la diferente presentación del producto, los distintos lugares de venta o la diferencia de precio o calidad, para considerar atípica la conducta por ausencia de bien jurídico protegido. Se trataba y se trata de los casos encuadrables en los tipos atenuados del art. apartado 3° del art. 274, CP: ventas de productos idénticos o muy semejantes con marcas renombradas idénticas o muy semejantes a la original, pero realizadas en circunstancias tales (bajo precio, menor calidad del producto, venta en mercadillos de forma incontrolada o irregular, sobre una manta en las calles de la ciudad, etc.) que no tendrían la potencialidad de inducir a error al consumidor sobre el origen empresarial del producto. En tales casos no se cometería ni siquiera el tipo atenuado del art. 274.3, CP, porque no se está afectando el bien jurídico, al no incidirse sobre la función esencial que corresponde al signo distintivo, que es identificar la procedencia empresarial de los productos o servicios, tal y como se deduce de la definición del art. 4, LM, (SEGURA GARCÍA).

No compartimos, por ello, la argumentación de alguna Jurisprudencia que estima que lo que hay que comparar son los signos distintivos —el registrado con el utilizado por la persona a la que se imputa el delito— para dilucidar si pueden confundirse y constatar seguidamente que los productos, en los que se ha incorporado dicho signo confundible, pertenecen a la categoría de los relacionados en la certificación expedida por la Oficina de Marcas y Patentes como protegidos por el signo distintivo [SAP, Córdoba 128/2004, 16-6 (*Tol 575969*); también SSAP, Barcelona, Sección 8ª, 55/2011, 8-11-2010; Orense, Sección 2ª, 152/2022, 13-6; Zaragoza, Sección 3ª, 154/2018, 6-4, etc.]; o que aboga por un concepto amplio de confusión que se remite al mercado en general, estimando que "la imitación de la marca legítima supone a la larga un manifiesto descrédito de la misma ya que su generalización lleva a anular su capacidad de identificación por parte del consumidor, especialmente en relación a productos de alto coste, muchas veces adquiridos exclusivamente en atención a la marca y con independencia de su calidad" [SSAP, Zaragoza 321/2009, 7-4 (*Tol 1537425*), y Huesca 141/2009, 18-9 (*Tol 1650040*)]. El tipo penal no está para tutelar el *goodwill* de lujo, estatus o exclusividad de uso o reputación asociados a la marca. La intervención penal, regida por el principio de intervención mínima y de exclusiva protección de bienes jurídicos, dignos, merecedores de protección penal y necesitados de ella, se justifica sólo por la función esencial atribuida al signo distintivo, para aquellas otras que tengan que ver con la publicidad, la captación de una determinada clientela, etc. es suficiente con la normativa civil de competencia desleal y la de marcas.

Ahora bien, la exigencia del riesgo de confusión no debe llevar a penar que el interés del consumidor forme parte del bien jurídico protegido. Así, por ejemplo, AAP, Madrid, Sección 2ª, 25/2008, 15-1, exige también que se afecte la seguridad de los consumidores en la autenticidad del producto adquirido, además de los derechos de exclusiva. No se trata de la protección del consumidor en concreto, sino del patrón objetivo que sirve como referente en la valoración de la confundibilidad del signo, no en sí mismo, sino en lo atinente a su origen empresarial: el consumidor medio o normalmente informado y razonablemente atento y cuidado al que alude el TJUE (GARCÍA RIVAS, MARTÍNEZ-BUJÁN PÉREZ). Por ello, no compartimos la interpretación del TS, cuando declara que "el *riesgo de confusión* no tiene por qué hacerse realidad generando el error en el consumidor. El legislador ha querido hacer extensiva la protección de la marca incluso en aquellos casos en los que, por las circunstancias en las que se ofertan las copias del producto original, el consumidor tiene sobradas razones para pensar que no está adquiriendo el producto genuino. Así se desprende, a raíz de la reforma operada por la LO 1/2015, 30 de marzo, del contenido del art. 274.3 del CP, conforme al cual 'la venta ambulante u ocasional de los productos a los que se refieren los apartados anteriores será castigada con la pena de prisión de seis meses a dos años'. Es más que evidente que el consumidor que adquiere en un puesto ambulante objetos de diseño protegido, a un precio sensiblemente inferior al que el mercado asocia al producto original, tiene motivos para sospechar —incluso, para tener la certeza— de que no está haciéndose con la marca exclusiva. Sin embargo, la credulidad o incredulidad del consumidor no puede jugar como un elemento neutralizante de la protección penal. La estructura del tipo no exige ese dato añadido para concluir la corrección del juicio de subsunción. El delito previsto en el art. 274 del CP tampoco impone para su comisión una referencia locativa que, por ejemplo, exija que la venta de los productos apócrifos se lleve a cabo en zonas urbanas exclusivas" (STS 682/2024, 27-6). El TS olvida que la función principal del signo distintivo es identificar el origen empresarial del producto, y que la tutela penal se funda en el riesgo de confusión, para cuya valoración no queda otra que tener en cuenta el potencial destinatario de esos bienes en el mercado: el consumidor entendido como patrón objetivo. Ello con independencia de que el TJUE (STJUE, asunto L.'Oreal, 18-6-2998, C-487/07, y asunto Google-Louis Vuitton, 23-3-2010) haya admitido infracción del derecho de marca porque se afectan otras funciones de la misma que tienen que ver con su prestigio social, su publicidad, etc., pues para su tutela se manifiesta suficiente la normativa extrapenal sobre signos distintivos y competencia desleal. Más acertadas nos parecen, por ello, aquellas resoluciones en las que el riesgo de confundibilidad se pone en relación con el bien jurídico penalmente protegido. Así la SAP, Barcelona, Sección 10ª, 12/2017, 10-1, en la que se condena por uso indebido de nombre comercial para una discoteca, manifestando que "la norma debe abarcar únicamente la indebida utilización de signos que generen el riesgo de que el consumidor identifique erróneamente el origen del producto, y ello es así, no porque lo protegido por la norma sea el interés del consumidor, sino porque lo que se está protegiendo es el derecho del empresario a identificar en el mercado sus productos o servicios".

Finalmente, indicar que tiene razón GUINARTE CABADA cuando observa que el hecho de que el tipo requiera que el signo esté "incorporado" al producto, supone que en aquellos casos en los que la reproducción figure en una etiqueta, un marbete, etc. que se adhiere a aquel por medio de un cordón, hilo, etc., esto es, que es fácilmente separable del mismo, el encaje a tipo de la conducta requería que se haya producido su fijación o unión, dejando a salvo el tipo del párrafo 2º art. 274.2, CP.

3. Conducta típica

3.1. Modalidades típicas

Tras la reforma operada por la LO 1/2015 las modalidades típicas quedaron distribuidas en distintos niveles de responsabilidad, asignando el más grave (prisión de 1 a 4 años y multa de 12 a 24 meses) a las conductas de fabricación, producción o importación de los productos que incorporan los signos distintivos falseados junto a las de ofrecimiento, distribución o comercialización al por mayor o almacenamiento con esta finalidad; en un lugar intermedio (prisión de 6 meses a 3 años) sitúa a las de comercialización al por menor (ofrecimiento, distribución y comercialización) y las de reproducción o imitación del signo distintivo idéntico o confundible; dejando el escalón más bajo de responsabilidad penal para la venta ambulante u ocasional de los productos falseados (prisión de 6 meses a 2 años), que puede ser potestativamente atenuado (multa de 1 a 6 meses o trabajos en beneficio de la comunidad de 31 a 60 días), atendidas las características del culpable y la reducida cuantía del beneficio económico obtenido o que se hubiera podido obtener, y siempre que no concurra ninguna de las circunstancias agravantes del art. 276, CP.

Aunque la reforma de 2015 ha supuesto un aplaudido cambio de enfoque en la tipificación de las conductas, en cuanto que antes se encontraban referidas a los signos distintivos y ahora lo hacen directamente al producto que incorpora el signo distintivo falseado (GALÁN MUÑOZ, GUINARTE CABADA, MARTÍNEZ-BUJÁN PÉREZ), lo cierto es que como ha indicado la Doctrina (GUINARTE CABADA, MIRÓ LLINARES), la reforma no representa un gran cambio en el ámbito de las conductas punibles, pues, aparte de que algunas modalidades típicas también hacían mención expresa a los productos o servicios que incorporaban un signo distintivo falseado (importación, posesión para la comercialización, la puesta en el comercio), por vía interpretativa ya se exigía que el signo distintivo estuviera vinculado a un producto o servicio, concretamente a los de la clase o género para los que había sido reconocido el derecho de exclusiva (principio de especialidad) para apreciar una mínima lesividad. En todo caso, la nueva formulación es técnicamente más correcta, porque se ajusta mejor a la dinámica comisiva, y representa más precisamente la afectación al bien jurídico protegido.

Estas modalidades típicas constituyen tipos mixtos alternativos entre sí, y en relación con las distintas conductas abarcadas por cada una de ellas, de manera que el sujeto activo en cada una de estas ha de ser distinto. Con ello, se ha querido sancionar todas las conductas que inciden en el proceso de fabricación y en el de comercialización respecto de todos los sujetos intervinientes. En consecuencia, si el mismo sujeto, por ejemplo, fabrica y además comercializa al por mayor, estos actos posteriores se considerarán copenados (entre otros, con respecto a la formulación típica antes de la reforma de 2015, MORENO CÁNOVES/RUIZ MARCO, GONZÁLEZ RUS, VALLE MUÑIZ, etc.).

3.1.1. Fabricar, producir o importar productos con un signo distintivo idéntico o confundible con aquel: art. 274.1.a), CP

Fabricar y producir son términos sinónimos o equivalentes, en la medida en que fabricar significa “producir objetos en serie, generalmente por medios mecánicos”, y producir “fabricar, elaborar cosas útiles”, a salvo de la matización que permite limitar el primero a procesos más industrializados, mientras que el segundo engloba también los de carácter más artesanal o manual (GUINARTE

CABADA). La importación, a diferencia de las dos conductas anteriores, ya se incluía en la anterior formulación típica. Con ella se alude a la introducción en el territorio español de los productos falseados. En efecto, fue incorporada al texto penal por la LO 15/2003 con la finalidad de hacer evidente la punibilidad de la introducción en nuestro país de forma ilícita de productos fabricados en el territorio extra comunitario.

Hasta su tipificación, el problema se planteaba sobre todo respecto de las intervenciones de género falsificado en la aduana, sin que se llegara a alcanzar por su destinatario "la posesión entendida como mínima disposición real y efectiva o material para ponerlo en el comercio". En consecuencia, la Jurisprudencia consideraba en tales casos que la conducta era atípica, pues no encajaba en ninguna de las dos modalidades del entonces vigente art. 274.2, CP: respecto de la posesión para comercializar, porque ésta no se había conseguido finalmente, al quedar retenido el género en la aduana; y respecto de la de "poner en el comercio", porque "difícilmente se puede poner en el mercado, esto es, comercializar, lo que ni siquiera se ha tenido a su disposición", sin que cupiera tampoco la sanción de las formas imperfectas. "En el primer caso, por la propia naturaleza de delito de resultado cortado de la conducta, en el segundo porque la forma imperfecta de ejecución de la misma quedaría absorbida por la modalidad del precedente tipo de resultado cortado: posesión para comercializar pero sin comercialización efectiva" [SSAP, Las Palmas, Sección 1ª, 44/2003, 28-2; Sección 1ª, 233/2005, 12-1 (*Tol 607617)*; Sección 1ª, 32/2009, 30-1; Barcelona, Sección 8ª, 729/2008 (*Tol 1439175)*; Madrid, Sección 29ª, 40/2010, 2-2 (*Tol 1818026)*, etc.]. No obstante, también hubo algunas sentencias condenatorias, admitiendo la posesión mediata [SSAP, Alicante, Sección 1ª, 750/2006, 28-11; Santa Cruz de Tenerife, Sección 2ª, 580/2004, 21-5 (*Tol 467583)*; Valencia, Sección 2ª, 562/2006, 27-9 *(Tol 1039383)* etc.] o estimando que se trataba de una tentativa, como la SAP, Valencia, Sección 3ª, 235/2002, 3-5. Con la entrada en vigor de la reforma de la LO 15/2003, estos hechos podían ser sancionados como tentativa de importación, en la medida en que se encontraban retenidos en la aduana. Si bien, la SAP, Valencia, Sección 2ª, 561/2009, 15-9 (*Tol 1860276)*, en la que se enjuiciaban unos hechos acaecidos en 2005, siguió considerando la importación como una modalidad de la posesión en sentido amplio, comprensiva tanto de la posesión mediata como inmediata, condenando por delito consumado.

A diferencia de lo que sucede en los delitos contra la propiedad intelectual (art. 270.5.b, CP), en el presente tipo no se indica nada sobre el origen lícito o ilícito de los productos importados, por lo que habrá de entenderse que sólo abarca la conducta de importación de productos inauténticos (también MARTÍNEZ-BUJÁN PÉREZ).

En su primigenia formulación de 2003, la importación se castigaba tanto cuando el producto tuviera un origen lícito como ilícito. Con ello el texto penal tenía en cuenta el principio de territorialidad al que están sometidos los derechos de propiedad industrial, y que hace que lo que es lícito en un país puedo no serlo en otro, por el hecho de que el titular de la marca se haya reservado estos derechos en otro país. En consecuencia, el tipo abarcaba también los casos en que se trataba de productos auténticos —"de origen lícito"—, pero respecto de los cuales un tercero tenía los derechos de importación o distribución en España. La razón era evitar las llamadas importaciones paralelas, pero, al estar éstas permitidas en el ámbito del Espacio Económico Europeo (países de la Unión

Europea y de la EFTA, menos Suiza), en razón del principio de libre circulación de mercancías, el tipo recogía expresamente la excepción del conocido como "agotamiento del derecho de marca" en este ámbito territorial. Básicamente dicha limitación consiste en que el titular de la marca no puede oponerse a ulteriores usos comerciales de la marca sobre productos comercializados en la Unión Europea, una vez que se haya producido la primera comercialización del producto con la marca con el consentimiento de su titular (art. 36, LM, y 13, RMC), con una excepción (art. 36.2, LM): que los productos hayan sido alterados o modificados, en cuyo caso el titular de la marca podrá oponerse a la sucesiva utilización. Este agotamiento del derecho de marca sólo se reconoce, entonces como ahora, en el ámbito intracomunitario, pero no respecto de las importaciones paralelas desde un Estado que no pertenezca al Espacio Económico Europeo (agotamiento internacional del derecho de marca). Obviamente, tampoco afecta a productos cuyo origen es ilícito, esto es, productos falsificados o inauténticos.

La LO 5/2010 eliminó las referencias al origen lícito o ilícito de los productos en el país de procedencia, así como al agotamiento del Derecho en el ámbito de la Unión Europea y a la exigencia de que se realizare "intencionadamente" y "sin dicho consentimiento". Con ello se aprecia una voluntad de eliminar del ámbito penal las vulneraciones de la propiedad industrial en los casos acabados de mencionar de importaciones paralelas extracomunitarias, sin perjuicio de que puedan ser sancionadas conforme a la legislación de marcas o de competencia desleal.

A pesar de que la exportación se encuentra comprendida en el ámbito de las facultades de prohibición del titular de la marca [art. 34.3.c), LM], el tipo no lo menciona expresamente. Ello no quiere decir que no pueda ser punible, en la medida en que puede tener encaje en la modalidad de "distribución o comercialización" (también GUINARTE CABADA, MARTÍNEZ-BUJÁN PÉREZ.

El objeto material se limita a los productos y no incide, como si hace el apartado b) del art. 274.1, CP, sobre "servicios o actividades para los que el derecho de propiedad industrial se encuentre registrado", lo que resulta coherente con la naturalcza dc las conductas (GUINARTE CABADA), quc qucdan así limitadas a la marca.

3.1.2. *Ofrecer, distribuir o comercializar al por mayor productos con signo distintivo idéntico o confundible con aquel y almacenar con esta finalidad: art. 274.1.b), CP*

Estas conductas castigan ya la fase de comercialización de los productos inauténticos, y salvo la "distribución", coinciden con las prohibiciones establecidas en el art. 34.3, b), LM. Ofrecer es "comprometerse a dar algo", en este caso, los productos inauténticos; distribuir significa "entregar una mercancía a los vendedores y consumidores" (RAE, 3º acepción) y comercializar es equivalente a "dar a un producto condiciones y vías de distribución para su venta" o "poner a la venta un producto". Su solapamiento es evidente.

En la redacción anterior a la reforma de 2015, el tipo se refería a "poner en el mercado", lo que se había interpretado de forma equivalente a la "introducción en el comercio" del art. 273.1, CP, comprendiendo, por tanto, cualquier conducta de distribución desde su lugar de fabricación hasta el de su utilización o consumo. El tipo vigente limita su alcance al requerir que se efectúen "al por mayor", lo que no impide que sigan teniendo cabida —como formas de distribución o comercialización— la importación y la exportación (FARALDO CABANA). Si bien la expresa tipificación en el apartado a) del art. 274.1, CP, obliga a excluir aquí la importación.

El ofrecimiento, distribución o comercialización han de realizarse "al por mayor". Es esta condición la que marca la diferencia con el tipo atenuado del art. 274.2, CP, en el que se sancionan las mismas conductas —salvo el almacenaje— cuando se llevan a cabo "al por menor". Con estas expresiones se está aludiendo, en primer término, a la dimensión cuantitativa de la conducta. Así, "al por mayor" significa "en una cantidad grande" (RAE), y "al por menor" "en pequeñas cantidades". A lo que habrá de añadirse lo que se deduce de la Ley 7/1996, de 15 de enero, de Ordenación del Comercio Minorista (LOCM), en cuyo art. 1.2 se vincula el comercio minorista con el destinado a los consumidores finales, de manera que la comercialización o distribución al por mayor quedaría reservada a la que no tiene como destinatario el consumidor final, esto es, la que va destinada a la reventa, bien porque tiene lugar entre el fabricante o productor y el distribuidor o de éste con el vendedor último (en el mismo sentido GUINARTE CABADA, FARALDO CABANA). Una conclusión que se refuerza a la vista de la normativa aprobada por alguna CA, pues esta es una materia reservada a su competencia. Por ejemplo, el art. 5.4, Ley 18/2017, 1 de agosto, de comercio, servicios y ferias, de la Comunidad Autónoma de Cataluña, declara que "La actividad comercial mayorista o al por mayor es la actividad desarrollada profesionalmente y con ánimo de lucro por parte de empresas mayoristas consistente en: a) vender cualquier tipo de producto con los correspondientes servicios complementarios, en su caso, a otros comerciantes; b) actuar de intermediarios en las condiciones de adquisición y suministro de productos o servicios por cuenta o encargo de otros comerciantes". Una comercialización, por tanto, a mayor escala, no destinada al consumidor final, sino a los intermediarios comerciales, lo que justifica la mayor pena asignada a esta modalidad respecto de la del apartado 2º del art. 274, CP; y resulta acorde con la equiparación penológica con las conductas de producción, fabricación e importación del apartado a) del art. 274.1, CP.

Con respecto al almacenaje, su significado literal ("poner o guardar en almacén", "reunir, guardar o registrar en cantidad algo") también remite a un acopio importante de productos inauténticos. En este sentido, la Doctrina ha valorado muy positivamente la sustitución de la "posesión para comerciar" del antiguo art. 274.2, CP, por la de "almacenar con la misma finalidad", pues con ello se incide en que ha de constituir "un acopio de un número relevante de productos falsificados y no simplemente un mero dominio fáctico sobre alguno de ellos" (GALÁN MUÑOZ). Es cierto, como ha puesto de manifiesto GUINARTE CABADA, que el almacenamiento en cuanto tal no es ni minorista ni mayorista, pero la exigencia típica de que haya de realizarse "con esa finalidad" remite a una comercialización al por mayor, no propia del comercio minorista. El almacenamiento destinado a este tipo de comercio a menor escala resulta así atípico respecto de esta modalidad (GUINARTE CABADA, GALÁN MUÑOZ, ESTRADA I CUADRAS), sin perjuicio de que pudiera tener encaje como tentativa de una distribución o comercialización al por menor.

El objeto material de estas modalidades típicas ha de quedar restringido, al igual que el del apartado a) del art. 274.1, CP, a solo los "productos" inauténticos, pues, aunque la redacción del tipo resulta confusa, al mencionar en su inciso final "los servicios o actividades para los que el derecho de propiedad industrial se encuentre registrado", es lo cierto, que las conductas típicas —ofrecer, distribuir, comercializar al por mayor, e incluso almacenar— se restringen a los "productos" inauténticos (también GUINARTE CABADA, ESTRADA I CUADRAS).

En la formulación anterior a la reforma de 2015, la posesión para la comercialización y la puesta en comercio sólo concernían a los "productos o servicios", restringiendo con ello su radio de acción a las marcas, de manera que quedaban excluidas las actividades o establecimientos, propios del nombre comercial.

3.1.3. *El ofrecimiento, distribución o comercialización al por menor o prestación de servicios o desarrollo de actividades, que incorporen un signo distintivo idéntico o confundible (art. 274.2 I, CP)*

Se trata de un tipo mixto alternativo y atenuado —la pena de prisión se rebaja en su límite mínimo y máximo (de 6 meses a 3 años), eliminado la de multa— respecto del tipo básico del art. 274.1, CP. Las conductas típicas, como hemos adelantado, son las mismas que las previstas en el art. 274.1.b), CP, si bien ahora ejecutadas a menor escala —"al por menor"—, pues tienen como destinatario al consumidor final, según lo dispuesto en la citada LOCM, comentado más arriba. El concepto de comercialización al por menor es independiente de que se lleve a cabo por medio de un establecimiento físico o a través de internet, o de cualquier otra forma a distancia, tal y como se desprende del art. 1.2 LOCM. En todo caso, queda excluida la venta ambulante u ocasional, al constituir el supuesto atenuado previsto en el apartado 3º del art. 274, CP.

Estas conductas, como en el precepto anterior, habrán de venir referidas a los productos falseados, aunque no se hayan mencionado expresamente más que en el inciso final que alude al principio de especialidad del derecho de exclusiva ("los mismos o similares productos, servicios o actividades para los que el derecho de propiedad industrial se encuentre registrado). Además, en esta modalidad se incluyen las conductas que afectan a los servicios y actividades, que incorporen un signo distintivo idéntico o confundible, en concreto, la prestación de los primeros y el desarrollo de las segundas. Se ha cuestionado por la Doctrina si aquí será suficiente con el ofrecimiento del servicio o actividad, o habrán de prestarse o desarrollarse estos efectivamente para entender perfeccionado el tipo. Aunque no sea la solución política criminalmente más adecuada, la literalidad del precepto, al menos respecto del desarrollo de actividades, aboca a este último entendimiento, lo que deja el ofrecimiento de las mismas como una posible tentativa (GUINARTE CABADA).

3.1.4. *Reproducir o imitar un signo distintivo idéntico o confundible con aquél para su utilización para la comisión de las conductas sancionadas en este artículo (art. 274.2 II, CP)*

Al igual que en las modalidades precedentes, estamos ante un tipo mixto alternativo, en el que se sancionan conductas que ya se encontraban en la redacción previa a la reforma de 2015, de las que se han eliminado dos —"modificar" y la de "usurpar de cualquier otro modo el signo distintivo"—, que habían sido objeto de cierta controversia doctrinal.

En efecto, la primera, porque no aportaba nada diferente a la modalidad de "imitar", por lo que resultaba anómala y vacía de contenido (GUINARTE CABADA, VALLE MUÑIZ, SEGURA GARCÍA, FARALDO CABANA, de otro parecer MAPELLI CAFARENA). No obstante, BENEYTEZ MERINO consideró que "modificar" constituía una alteración del signo distintivo que producía su desnaturalización, imposibilitando que pudiera cumplir su función de individualizar el producto, con lo que parecía incluir bajo esta modalidad típica la supresión de la marca. Esta interpretación no resultaba aceptable, porque excedía con mucho el tenor literal del precepto, en cuanto que la supresión de la marca no quedaba abarcada por el tipo penal (GUINARTE CABADA, PORTELLANO DÍEZ, SEGURA GARCÍA). En este sentido la SAP, Asturias 117/2002, 27-5 (*Tol 201661*), estimó que "la imitación y la modificación se delimitan negativamente y por un efecto común: no son copia exacta, pero pueden ocasionar confusión con el signo auténtico". La segunda conducta integraba una cláusula abierta, que fue incorporada al texto punitivo por la reforma de la LO 5/2010, en la que se sustituyó el verbo "utilizar" por el de "usurpar", dotando así a la conducta típica de un contenido valorativo negativo que no estaba presente en el verbo "utilizar", y que aludía al disfrute indebido de las facultades inherentes a los derechos de explotación sobre el signo distintivo. Es, por ello, que para la determinación de su contenido se acudía a los usos prohibidos recogidos en el art. art. 34.3, LM, como, por ejemplo, la utilización del signo en los documentos mercantiles y la publicidad, poner el signo en envoltorios, embalajes, etiquetas u otros medios de identificación u ornamentación del producto o servicio, usar el signo en redes de comunicación telemáticas y como nombre de dominio. En relación con este último no resultaba infrecuente el uso de los llamados dominios parásitos, esto es, aquellos nombres de dominio, semejantes a marcas renombradas, que aprovechan los errores tipográficos más repetidos por los usuarios al conectarse a un sitio web (*typosquatting*), o nombres de dominio coincidentes con la marca o el nombre comercial de una empresa. Pues bien, de acuerdo con el art. 8.1, letra c), Orden CTE/662/2003, de 18 de marzo, que aprueba el Plan Nacional de nombres de dominio de internet (*Tol 636167*) bajo el código de país correspondiente a España (".es")

—en vigor por disposición transitoria de la Orden ITC/1542/2005, de 19 de mayo—, las marcas y los nombres comerciales sólo pueden solicitarse como nombres de dominio por quienes son sus titulares o licenciatarios, siempre que estén legalmente registrados en la Oficina Española de Patentes y Marcas, la Oficina de armonización del Mercado Interior o la Oficina Internacional de la Propiedad intelectual. La Orden ITC/1542/2005 (*Tol 636167)* prevé la creación de un sistema de resolución extrajudicial de conflictos sobre la utilización de nombres de dominio en relación con los derechos de propiedad industrial protegidos en España (Disposición Adicional Única), que garantice una protección eficaz de éstos frente al empleo de nombres de dominio abusivos o especulativos. La cuestión era si estos casos constituían o no una utilización comercial —usurpación— del signo distintivo conforme al antiguo al texto punitivo. La respuesta era afirmativa en la medida en que se tratase de un signo distintivo registrado (marca o nombre comercial) y se generara el riesgo de confusión al que hemos aludido más arriba, lo que obligaba a que los productos, servicios o actividades asociados al nombre de dominio fueran idénticos o semejantes a los vinculados al signo distintivo registrado (SEGURA GARCÍA, FARALDO CABANA). Así, la SJP, nº 23, Madrid, 9/2001, 29-1 (*Tol 1-920.458*), castigó en base al entonces art. 274.1, CP, la oferta de servicios financieros empleando una página web cuyo nombre de dominio coincide con la marca "Chase Manhattan". También, la SAP, Sección 15ª, 96/2017, 13-2, confirma la condena por uso indebido de la marca "la tienda del espía" en nombres de dominio semejantes, en los que se ofertan productos de la categoría "espía". Este uso ilícito como nombre de dominio también tendría encaje en la reproducción o imitación del signo distintivo. Además, esta cláusula general, relativa a la usurpación de cualquier otro modo del signo distintivo, convertía en superfluas las restantes modalidades típicas (posesión para la comercialización o la puesta en el comercio), que pasaban a ser mejor ejemplos de aquella (GUINARTE CABADA, en contra PORTELLANO DÍEZ; incluyendo en la cláusula general sólo los usos comerciales no expresamente tipificados, MARTÍNEZ-BUJÁN PÉREZ).

Por otra parte, la reproducción o imitación recaen ahora únicamente sobre el signo distintivo idéntico o confundible, sin necesidad de que se haya utilizado en un producto o servicio; siendo suficiente con que se tenga la finalidad de usarlo para la comisión de las otras conductas típicas del precepto (elemento subjetivo del injusto), bien por sí mismo o por un tercero. Con lo cual, se eleva a delito autónomo lo que no es, sino un acto preparatorio o de participación de las modalidades anteriores, que permite castigar estos comportamientos sin necesidad de esperar al comienzo de ejecución de aquellas. Así las cosas, reproducir o imitar son conductas que inciden en la fase de fabricación del producto con el signo distintivo, de manera que constituyen actos preparatorios de la posterior comercialización cuando son realizados por el mismo sujeto y actos de participación cuando quien fabrica el producto es un sujeto distinto de quien lo comercializa (GUINARTE CABADA).

Por reproducir hay que entender la copia o repetición del signo distintivo como si fuera el original, esto es, se falsifica el mismo; mientras que la imitación supone la ejecución de uno semejante, que ha de ser confundible con el original en los términos ya indicados más atrás. En este sentido, la SAP, Asturias, Sección 8ª, 117/2002, 27-5 *(Tol 201661)* entendió con respecto a la formulación típica anterior a la reforma de 2015 que reproducir consiste en "la copia exacta del producto genuino".

3.1.5. La venta ambulante u ocasional de los productos que incorporen un signo distintivo idéntico o confundible con aquél (art. 274.3, CP)

El apartado 3 del art. 274, CP, contiene dos tipos atenuados, uno de carácter preceptivo, para los casos de venta ambulante u ocasional de productos con signo distintivo idéntico o confundible, y otro potestativo, que supone una mayor atenuación de la responsabilidad en cuanto que la pena a imponer no será la de prisión, sino la alternativa de multa o trabajos beneficio de la comunidad, y para el que se requiere la concurrencia de tres condiciones: las características del culpable, la reducida cuantía del beneficio económico obtenido o que se hubiera podido obtener y la no concurrencia de ninguna de las agravantes del art. 276, CP. El paralelismo con las atenuaciones del art. 270.4, CP, en los delitos relativos a propiedad intelectual es evidente. Al igual que aquellas, fueron incorporadas por la LO 5/2010 en relación con el fenómeno de la venta callejera, los denominados "manteros", y modificadas por la LO 1/2015, en lo que constituye su formulación actual.

En efecto, la LO 5/2010 introdujo un segundo párrafo en el entonces apartado 2º del art. 274, CP, que facultaba al Juez para atenuar la pena —multa de 3 a 6 meses o trabajos en beneficio de la comunidad de 31 a 60 días— para los casos de distribución al por menor de reducida cuantía —que debía ser superior a 400 euros por remisión a la falta, también incorporada en dicha reforma, en el entonces art. 623.5, CP— y atendidas las características del culpable. Con ello el Legislador optaba por la atenuación de la responsabilidad frente a la impunidad que, en estos casos de venta callejera, venía demandándose desde distintos colectivos y que había seguido una corriente jurisprudencial mayoritaria [*vid.* STS 22-1-1988, caso Paco Rabanne; también SSAP, Cantabria, Sección 4ª, 15-1-2002 (*Tol 161569)*; Valencia, Sección 4ª, 5-3-2002; Barcelona, Sección 6ª, 411/2005, 26-4 (*Tol 665001)*; Sección 2ª, 326/2005, 1-4, y Sección 5ª, 678/2006, 30-6 (*Tol 1033273)*; Zaragoza, Sección 1ª, 422/2007, 5-12; Tarragona, Sección 4ª, 292/2007, 17-7; Las Palmas, Sección 6ª, 279/2009, 3-11 (*Tol 6731824)*; Valencia, Sección 2ª, 454/2010, 1-7 (*Tol 1926612)*; Valencia, Sección 2ª, 350/2013, 12-4 (*Tol 3942255*), etc.]. No obstante, como se defendió en la 1ª edición de este Tratado y puede seguir manteniendo también respecto de la versión vigente (MIRÓ LLINARES, GUINARTE CABADA, ESTRADA I CUADRAS), la atipicidad podía seguir sosteniéndose sobre la base de la ausencia de riesgo de confusión, esto es, de riesgo de error para el consumidor en el origen empresarial del producto falsificado [*vid.* en este sentido, SAP, Salamanca, Sección 1ª, 57/2014, 26-5 (*Tol 4394310*)]. La LO 1/2015, al suprimir las faltas del CP, eliminó la referencia a la concreta cuantía de los beneficios, tipificando, como ya hemos indicado, dos tipos atenuados, uno en función de la clase de venta (ambulante u ocasional) y otro en el que la pena podía rebajarse aún más atendiendo las características del culpable y la reducida cuantía de los beneficios.

La venta ambulante u ocasional se presenta como una modalidad de comercialización al por menor, por lo que ha de interpretarse como un tipo atenuado respecto del previsto en el art. 274.2 I, CP. Ello permite incluir dentro del concepto de venta —dado que su tenor literal no lo impide— no solo la transacción económica propiamente dicha, sino también el ofrecimiento o puesta en venta de los productos inauténticos (GUINARTE CABADA). Pero no el transporte de las mercancías para su venta, que constituiría un acto preparatorio impune. Sin embargo, la SAP, Murcia, Sección 3ª, 216/2022, 26-5, aplica este tipo penal por solo portar en el vehículo bolsas con "*342 prendas en las que constaba la imitación del anagrama de la marca Adidas, 286 en las que constaba la imitación del anagrama de la marca Nike, 31 con el anagrama imitado de New Balance, 34 de Kappa, 9 de Puma y 31 de Calvin Klein*", siendo que la posesión para vender ya no es punible. Como ya dijimos más atrás al analizar los tipos paralelos en propiedad intelectual, el carácter "ambulante" remite a "una actividad comercial de venta al por menor realizada generalmente en lugares públicos sin establecimiento comercial permanente que utiliza instalaciones desmontables, transportables o móviles" (Diccionario Panhispánico del español jurídico); mientras que el término "ocasional" equivale a algo que solo sucede en alguna ocasión, de forma esporádica, y no frecuente o habitualmente. La formulación típica anterior a la reforma de 2015 utilizaba la expresión "distribución al por menor", lo que hacía posible abarcar tanto las ventas callejeras o ambulantes, como las que podían tener lugar en establecimientos mercantiles o por internet. Ahora, sólo podrán incluirse en el tipo atenuado en cuanto que fueran ocasionales. En este mismo sentido, la LOCM, en su art. 4, se refiere a la "actividad comercial efímera" —que equipara a la ocasional, véase art. 4.d) LOCM— como aquella que se lleva a cabo en un lugar determinado, con independencia de su modalidad, durante un periodo máximo de un mes y sin periodicidad establecida; y a la "venta de mercancías y prestación de servicios no sedentaria" como la actividad comercial que se lleva a cabo con instalaciones de todo tipo desmontables o transportables o en vehículos tienda en espacios de titularidad pública o privada. Este sería el caso enjuiciado en la SAP, Madrid, Sección 2ª, 602/2021, 6-10, de venta al consumidor de productos falsificados en un stand de una feria *outlet* por quien está registrado como comerciante al por mayor.

La atenuación se refiere sólo a productos a que se refieren los apartados anteriores, esto es, a los que llevan incorporados el signo distintivo idéntico o confundible, cuando se trate de los mismos o similares productos para los que el derecho de propiedad industrial se encuentra registrado. Nos remitimos a lo ya dicho más atrás sobre el alcance de estas expresiones y la necesidad de riesgo de confusión con el origen empresarial del producto. Sin embargo, condena por el tipo hiperatenuado (son solo 5 pares de zapatillas), aunque se trata de una reproducción burda de la marca SAP, Madrid, Sección 30ª, 16/2021, 15-1.

La hiperatenuación del párrafo 2º art. 274.3, CP, requiere tener en cuenta las características del culpable, la reducida cuantía del beneficio obtenido o que hubiera podido obtenerse y la no concurrencia de ninguna de las agravantes de art. 276, CP, todas ellas conjuntamente. Sin embargo, la SAP, Madrid, Sección 29ª, 271/2021, 3-6, aplica la atenuación a la venta de 135 bufandas falsificadas con la marca del Juventus en un puesto de venta al público por quien es un comerciante. A las dos primeras circunstancias nos hemos referido más atrás al analizar las paralelas atenuaciones de los delitos relativos a la propiedad intelectual, que se dan ahora por reproducidas. Tan solo insistiremos ahora en que supone una opción político criminal equivocada iniciada con la reforma de 2010 y mantenida con la de 2015, en cuanto que se decanta por la incriminación de hechos de bagatela frente a la corriente jurisprudencial mayoritaria que se había decantado por la atipicidad.

En efecto, antes de la reforma de 2010, que introdujo estos tipos atenuados, los supuestos del llamado fenómeno del "top manta" eran considerados por la Doctrina como atípicos, en base a la ausencia del riesgo de confundibilidad, pues, como ya hemos señalado, no se trata de proteger penalmente la reputación asociada a la marca, sino el derecho de exclusiva que sólo se afecta cuando se ataca su función esencial de identificar el origen empresarial del producto o servicio y distinguirlo así de otros semejantes (SEGURA GARCÍA, CARRASCO ANDRINO). Las circunstancias que rodean la venta —mercadillo ambulante, bajo precio, etc.— y/o las características del producto (mala calidad, reproducción burda, etc.), no generaban engaño sobre el origen empresarial del mismo. Conductas que eran, además, protagonizadas por sujetos que se encontraban en situación de vulnerabilidad económica y social (inmigrantes en situación irregular, sin otro medio de vida), a los que se refería cínicamente el Preámbulo de la LO 5/2010 ("sujetos en situación de pobreza…aspiran a alcanzar ingresos mínimos de subsistencia") para justificar la atenuación en base a la falta de proporcionalidad que suponía aplicar a tales casos la pena del tipo básico, cuando en realidad la corriente jurisprudencial mayoritaria se decantaba por la absolución, bien por falta de riesgo de confusión en el consumidor [SSAP, Madrid, Sección 17ª, 281/2010, 12-3 (*Tol 1875890)*; Valencia, Sección 2ª, 79/2010, 25-1 (*Tol 1859840)*; Valencia, Sección 2ª, 41/2010, 14-1 (*Tol 1853394)*; Madrid, Sección 17ª, 1249/2009, 20-11 (*Tol 1771131)*; Badajoz, Sección 1ª, 138/2009, 30-10; Sevilla, Sección 1ª, 323/2009, 21-3; etc.], bien por aplicación del principio de intervención mínima (AAP, Asturias, Sección 3ª, 48/2010, 3-2). Es cierto que otro sector jurisprudencial abogaba por la punibilidad de tales hechos, considerando que el bien jurídico no era ni el mercado ni los consumidores y que la venta callejera tenía cabida dentro del tipo [SSAP, Barcelona, Sección 8ª, 254/2009, 27-3 (*Tol 1591287)*; Castellón, Sección 1ª, 349/2009, 18-9; Valencia, Sección 4ª, 733/2009, 1-12 (*Tol 1815903)*; Albacete, Sección 1ª, 15/2010, 8-2 (*Tol 1823406)*, etc.]; o incluso en la existencia de riesgo de confusión debido a la gran calidad de la imitación [SSAP, Barcelona, Sección 5ª, 666/2009, 21-9 (*Tol 1651104)*, y Barcelona, Sección 6ª, 743/2009, 9-11 (*Tol 1778369)*, etc.]; pero era una corriente minoritaria.

En lo atinente a la no concurrencia de las agravaciones específicas, como acertadamente ha puesto de relieve GUINARTE CABADA, solo sería posible la concurrencia con las de los apartados c) y d), esto es, la pertenencia a organización o asociación criminal y la utilización de menores de 18 años, pues las otras dos agravaciones (beneficio obtenido y especial gravedad) resultan incompatibles con el presupuesto de la atenuación. También ha llamado la atención sobre el contrasentido a que puede llevar la limitación de la agravación relativa a la utilización de menores de 18 años, en aquellos casos en que la actividad comercial se presenta como el medio de subsistencia familiar, del que participan estos menores como miembros de la unidad familiar, máxime si tenemos en cuenta que desde los 16 años se goza de capacidad laboral. Para paliar este inconveniente, propone aplicar en tales casos en los que concurra alguna de las circunstancias del art. 276, CP, la pena del tipo atenuado del primer párrafo del art. 274.3, CP, y no la del art. 276, CP. A mi modo de ver, esta conclusión chocaría con el principio de legalidad, por más que sea una solución preferible desde el punto de vista político criminal y sobre todo de proporcionalidad. Ahora bien, nada impide sostener incluso la hiperatenuación si se entiende que la "utilización" conlleva una instrumentalización del menor de 18 años, que resultaría incompatible con la situación, sobre todo de los mayores de 16 años que participan de esa actividad de venta ambulante como medio de subsistencia familiar. De la misma manera, como también apuntamos con la pertenencia a la organización y asociación criminal en el paralelo tipo de propiedad intelectual, tampoco puede hablarse de tal cuando hay una instrumentalización de la situación de vulnerabilidad de determinados colectivos sociales.

4. Ausencia de consentimiento del titular registral del signo distintivo

Es un elemento común a todos los delitos relativos a la propiedad industrial, coherente con el carácter disponible del bien jurídico, por lo que nos remitimos a lo ya manifestado al tratar los tipos del art. 273, CP.

5. Tipo subjetivo

En el ámbito subjetivo, también resultan coincidentes los tipos del art. 273 y de los apartados 1, 2 y 3 del art. 274, CP, por lo que se refiere a la exigencia de actuar con fines industriales o comerciales y con conocimiento del registro, por lo que nos remitimos a lo ya dicho. Baste ahora con mencionar que los arts. 34 y 39, LM, se refieren a la utilización del signo distintivo en el tráfico económico.

Eliminadas en la última reforma de 2015 las expresiones "intencionadamente" (antiguo art. 274.1, CP) o "a sabiendas" (antiguo art. 274.2, CP), queda superada la controversia doctrinal sobre la admisión del dolo eventual. En efecto, la mayoría de la Doctrina se decantaba por excluir el dolo eventual [GONZÁLEZ RUS, GUINARTE CABADA, JORGE BARREIRO, MAPELLI CAFFARENA, BAUCELLS LLADÓS; Circular FGE 1/2006 (*Tol 889065)*]. También la Jurisprudencia era de esta opinión [SSAP Córdoba, Sección 2ª,

128/2004, 16-6 (*Tol 575969)*, y 243/2003, 19-12 (*Tol 339907)*; AAP, Lleida, Sección 1ª, 22/1998, 22-1]. Acertadamente, sin embargo, un sector doctrinal se manifestaba favorable a la inclusión de cualquier clase de dolo, pues, de una parte, la exclusión del dolo eventual en tales casos daba lugar a una descompensación entre los antiguos tipos del apartado 1 y los del 2 del art. 274, CP, al aceptarse el dolo eventual para los primeros, pero no para los segundos (PORTELLANO DÍEZ, MARTÍNEZ-BUJÁN PÉREZ) y de otra parte, porque dogmáticamente no son incompatibles estas expresiones con el dolo eventual (SEGURA GARCÍA).

La Jurisprudencia ha considerado que constituyen indicios de la concurrencia del dolo: "a) que el acusado no aporte justificación de la adquisición o procedencia de las prendas intervenidas, ni haya identificado a proveedor alguno; b) poseer un alto número de prendas para su venta en el vehículo que conducía; c) que el precio de la venta sea notoriamente inferior al valor que corresponda a las prendas que operan con marcas oficiales; d) que el acusado suela desplazarse a diversos mercadillos para vender" (SAP, Zamora, 91/2017, 19-12; SJP, nº 1, Lorca, 20/2020, 29-1; SSAP, Sevilla, Sección 3ª, 591/2003, 7-11; Madrid, Sección 16ª, 13/2003, 9-1, etc.). La SAP, Ceuta, Sección 6ª, 24/2023, 22-2, excluye la tipicidad por no acreditarse que los sujetos conocieran la falsedad de los productos que comercializaban, pues acreditan su suministro a través de dos empresas italianas.

6. *Causas de exclusión del tipo de injusto*

Al igual que ocurre en los tipos sobre invenciones y creaciones patentables, resultan atípicas las conductas que no se desarrollan en el ámbito del comercio ("con fines industriales o comerciales"), planteándose también problemas semejantes en los casos de nulidad y caducidad del signo distintivo, asociados a la exigencia de inscripción registral del tipo.

Así, los arts. 51 y sigs. LM se refieren a la nulidad de la marca, manifestando su art. 60.2 que "la marca registrada se considerará que no ha tenido, desde el principio, los efectos señalados en la presente Ley en la medida en que se haya declarado la nulidad de la marca". Esta declaración tiene efectos *ex tunc*, por lo que impide la existencia del delito en la medida en que no hubo derecho válidamente concedido. En consecuencia, según cuál sea la fase procesal en que se halle el procedimiento procederá dictar auto de sobreseimiento o sentencia absolutoria, o si se hubiere dictado sentencia condenatoria firme antes, recurso extraordinario de revisión (art. 954, LECrim.), pues es claro que la limitación del art. 60.3.b), LM, no afecta al ámbito penal. En este sentido, la ya comentada STS 1236/2005, de 20 de octubre (*Tol 816733)*, dictó sentencia absolutoria en recurso de revisión, al haber devenido inexistente la vulneración de la propiedad industrial "como consecuencia de un pronunciamiento posterior de la Jurisdicción Civil".

A la declaración de caducidad se dedican los arts. 54 y sigs. LM. Según el art. 60.1 "la marca registrada se considerará que no ha tenido, a partir de la fecha de la solicitud de caducidad o de la demanda de reconvención, los efectos señalados en la presente Ley en la medida en que se haya declarado la caducidad de los derechos del titular. Luego, si la conducta se realiza después de incurrir la marca en causa de caducidad, pero antes de que haya producido su declaración, la conducta será atípica.

7. *Iter criminis*

La nueva dicción dada a tipos del art. 274, CP, por la reforma de 2015, en la que se tipifican distintas fases del proceso de producción y comercialización de los productos falseados y respecto de los distintos intervinientes, deja muy poco o ningún margen a la apreciación de la tentativa. Así, la reproducción o imitación de un signo distintivo idéntico o confundible del párrafo 2º del art. 274.2, CP, supone la elevación a delito autónomo de lo que no es sino un acto de ejecución imperfecta de una fabricación o producción de un producto falseado del apartado 1º.a) del art. 274, CP. La consumación de esta última modalidad típica requerirá, por tanto, que el signo distintivo idéntico o confundible se haya incorporado al producto.

Con la anterior formulación típica, la reproducción o imitación de un signo distintivo exigía para su consumación que éste se hubiera aplicado al producto, servicio o actividad, [así, Circular de la FGE 1/2006 (*Tol 889065)*], pues el tipo solo sancionaba las conductas que recaían sobre el signo distintivo, no sobre el producto. Se interpretaba, así, de modo coincidente a la prohibición establecida en el art. 34.3, a), LM, consistente en poner el signo en los productos o en su presentación. Con lo cual, si el signo distintivo reproducido o imitado había sido ya elaborado, pero todavía no se había incorporado al producto, por ejemplo, se había fabricado la etiqueta, pero no se había fijado todavía al producto, se apreciaba tentativa (SEGURA GARCÍA, GONZÁLEZ RUS, PORTELLANO DÍEZ sólo si la actividad ya era también ilícita civilmente). No obstante, algunos autores rechazan la punición de la tentativa en tales, aduciendo que se trataba de un delito de mera actividad (BENEYTEZ MERINO, BAJO FERNÁNDEZ/BACIGALUPO SAGGESE). En realidad, lo que subyacía era la idea de que la reproducción o imitación del signo distintivo constituía un acto preparatorio de una posterior comercialización, por lo que su sanción suponía un adelantamiento de las barreras de intervención penal respecto del patrimonio del titular del derecho. Ahora bien, el bien jurídico protegido no era el patrimonio del titular del derecho, sino el derecho de exclusiva, y desde esta perspectiva tales conductas constituían ya una violación del mismo, en tanto que representan usos comerciales del signo distintivo, prohibidos si no se cuenta con la autorización de su titular.

En cualquier caso, la caracterización como delito de resultado o de mera actividad dependerá de la modalidad concreta de conducta de que se trate, como sucede en los delitos relativos a la propiedad intelectual. MARTÍNEZ-BUJÁN PÉREZ entiende que la fabricación, producción, ofrecimiento, distribución o comercialización constituyen modalidades en las que la lesión del bien jurídico es un auténtico resultado típico; mientras que almacenar o importar representarían modalidades de peligro.

El almacenamiento para comercializar constituye un delito de mera actividad y mutilado de dos actos. La puesta en el comercio o comercialización constituye un tipo de resultado, cuya tentativa ya se encuentra tipificada a través de la modalidad anterior. La distribución requiere también la entrega efectiva del producto falseado, al igual que sucedía en los delitos contra la propiedad intelectual.

Para la Jurisprudencia —referida a la antigua posesión para comercializar, de la que el almacenamiento constituye una forma de manifestación— se trataba de un delito de resultado cortado [SSAP, Zaragoza, Sección 3ª, 734/2009, 2-1 (*Tol 1477206*); Las Palmas, Sección 1ª, 67/2008, 5-3 (*Tol 1376052*); Sección 2ª, 83/2007, 10-4; Sección 1ª, 32/2009, 30-1, etc.], que no admite la tentativa y requiere para la consumación una cierta posibilidad de disposición, que no se da cuando los géneros son retenidos en la aduana [SSAP, Las Palmas, Sección 2ª, 44/2003, 28-2; Sección 1ª, 233/2005, 12-1 (*Tol 607617*); Sección 1ª, 32/2009, 30-1; Barcelona, Sección 8ª, 729/2008, 31-10 (*Tol 1439175*); Madrid, Sección 2ª, 40/2010, 2-2 (*Tol 1818026*), etc.]. Pero también hubo resoluciones que admitieron la posesión mediata y condenaron por delito consumado [SSAP, Santa Cruz de Tenerife, Sección 2ª, 580/2004, 21-5 (*Tol 467583*); Alicante, Sección 1ª, 750/2006, 28-11); e incluso como tentativa de importación en un supuesto de hecho semejante (SSAP, Valencia, Sección 2ª, 704/2013, 25-9; Valencia, Sección 3ª, 235/2002, 3-5; Barcelona, Sección 8ª, 2-5-2001, y SJP, nº 19, Madrid, 104/2018, 12-3). También se apreció tentativa de ofrecimiento para la venta en un envío aéreo en el que se detectó en aduanas el contenido ilícito del paquete (SAP, Palma de Mallorca, Sección 2ª, 352/2012, 17-12).

Constituye un exceso castigar como tentativa del art. 274.3, CP, la incautación de mercancía falsificada en un coche (SAP, Pontevedra, 206/2019, 10-10), cuando "se disponía a entrar con la mercancía falsificada en la zona del recinto ferial donde se colocan los vendedores", pues es claro que no hemos rebasado la línea de la preparación delictiva (también MAYO CALDERÓN, advirtiendo que el almacenaje para el ofrecimiento o distribución al por menor es atípico).

Por otra parte, ninguna de las modalidades típicas de los tres primeros apartados del art. 274, CP, requiere la causación de un perjuicio económico en el patrimonio del titular del signo distintivo.

Respecto de la formulación anterior a la reforma de 2015, algún autor [QUERALT JIMÉNEZ; en contra MORENO CÁNOVES/RUIZ MARCO, SEGURA GARCÍA, Circular de la FGE 1/2006 (*Tol 889065*)] sí lo había exigido como resultado material separable de la conducta típica (delito de resultado), implícitamente previsto en el tipo por tratarse de un delito defraudatorio contra el patrimonio. Un perjuicio que, además, se asocia a la distorsión en el mercado que produce la acción ilícita de excluir al legítimo titular del signo distintivo o de aprovecharse ilícitamente de la reputación de la marca. En este mismo sentido, se manifestaba la Jurisprudencia más antigua (SSTS 392/1983, 19-12; 7074/1988, 13-10, y 17297/1993, 31-5), si bien resoluciones posteriores ya se decantaron por la naturaleza de delito de mera actividad, sin requerir ni la efectiva consecución de los fines comerciales o industriales ni el perjuicio patrimonial [SSAP, Huelva, Sección 1ª, 43/2007, 8-3; Baleares, Sección 1ª, 81/2006, 10-4 (*Tol 926501*), y Asturias, Sección 8ª, 117/2002, 27-5 (*Tol 201661*)].

8. Concursos

Son varias las cuestiones que surgen en el ámbito concursal. La primera de ellas incide sobre la relación entre las distintas modalidades típicas del art. 274, CP. Tal y como se manifestó más arriba, si el sujeto que fabrica los productos inauténticos posteriormente los comercializa, comete sólo un hecho delictivo, porque la lesión al bien jurídico es única. Lo mismo puede decirse de quien reproduce o imita el signo distintivo falseado y luego lo incorpora al producto. La posterior comercialización se presenta como un acto copenado (SEGURA GARCÍA, GONZÁLEZ RUS, MARTÍNEZ-BUJÁN PÉREZ). PORTELLANO DÍEZ, sin embargo, ha sostenido que existe un concurso de delitos. Lo cierto es que se han tratado de tipificar las conductas que integran el proceso de comercialización desde su fabricación hasta su puesta a disposición del público, de manera que el Legislador está pensando en sujetos diversos en las distintas modalidades típicas. Por lo que, de ser el mismo se producirá un concurso de normas, pues como acabamos de manifestar sólo hay un ataque al bien jurídico. En este sentido la SAP, Madrid, Sección 17ª, 384/2021, 13-7, aprecia concurso de normas entre las modalidades del apartado a) y b) del art. 274.1, CP, y el art. 273.3, CP, en un caso de almacenamiento de prendas falsificadas en las que se reproducen también los modelos industriales de las prendas; también SSAP, Madrid, Sección 17ª, 632/2020, 30-11, y Sección 15ª, 137/2020, 24-4.

En cuanto a la continuidad delictiva, la Jurisprudencia la rechaza, aduciendo que se está ante una actividad compleja [SAP, Burgos, Sección 1ª, 31-1-2003 (*Tol 264496*)] o que "los conceptos utilizados para definir el tipo (fabricar, producir e importar) sugieren una pluralidad de comportamientos con una proyección más o menos duradera en el tiempo. Nos encontramos ante lo que un sector doctrinal denomina 'tipos que incluyen conceptos globales', es decir, hechos plurales incluidos en una única figura delictiva, lo que obliga a considerar que una variedad de acciones punibles de contenido semejante no supone tantos delitos como actos perpetrados, sino una sola infracción penal" (SAP, Melilla, Sección 7ª, 15/2024, 7-3). Tampoco se aprecia continuidad delictiva cuando se trata de una única acción consistente en la importación de determinada mercancía falsificada que infringe los derechos de titulares diversos (SAP, Madrid, Sección 30ª, 689/2016, 29-9) o la venta de uniformes colegiales con logos de distintos colegios privados (SAP, Madrid, Sección 17ª, 864/2017, 29-12). No obstante, se admite el delito continuado en base a dos intervenciones con tres meses de diferencia —una el 20-2-2003 y otra 11-5-2003— de géneros imitados o falsificados

[SAP, Barcelona, Sección 8ª, 676/2009, 5-11 (*Tol 1778225*)]; o, en sentencia de conformidad, en un caso de venta de productos falsificados a través de diferentes dominios en internet (SAP, Valencia, Sección 3ª, 319/2023, 6-6); también cuando constan distintos atestados de importaciones de productos falsificados en un periodo determinado (SAP, Melilla, Sección 7ª, 15/2024). Respecto de la concurrencia de los delitos relativos a la propiedad industrial y los que protegen la propiedad intelectual nos remitimos a lo ya manifestado al tratar de las invenciones patentables.

En segundo lugar, también puede concurrir con la estafa cuando la falsedad de la marca constituye el engaño que genera un perjuicio efectivo en el consumidor, dando lugar a un concurso medial (MORENO CÁNOVES/RUIZ MARCO, GUINARTE CABADA, QUERALT JIMÉNEZ, MARTÍNEZ-BUJÁN-PÉREZ). En este sentido, entre otras, SSAP, Valencia, Sección 2ª, 105/2005, 24-2 (*Tol 621303*); Badajoz, Sección 1ª, 31/2010, 23-9 (*Tol 1972719*), etc.; concurso real, SAP, Barcelona, Sección 5ª, 18/2024, 10-1. Asimismo, se puede producir un concurso medial con el delito de publicidad falsa, cuando el uso del signo distintivo imitado o reproducido se utilice en la publicidad o en las ofertas y exista el riesgo de grave perjuicio a los consumidores (QUERALT JIMÉNEZ, MARTÍNEZ-BUJÁN PÉREZ).

En tercer lugar, se cuestiona la concurrencia de estos delitos con el de falsedad documental, concretamente, falsedad en documento mercantil del art. 392, CP, cuando se falsifique el propio título o certificado de marca. La Doctrina entiende que en este caso existe un concurso de normas y no de delitos (MORENO CÁNOVES/RUIZ MARCO, MARTÍNEZ-BUJÁN PERÉZ), porque, aunque la materialidad del signo distintivo puede integrar el concepto de documento del art. 26, CP, la falsificación se encuentra ya comprendida en la conducta de "reproducir", máxime cuando el legislador de 1995 eliminó el tipo específico de falsificación de marcas (antiguo art. 281 CP).

También se ha apreciado concurso de delitos con el contrabando, en la importación de cajetillas de tabaco de marcas falseadas (SAP, Navarra, Sección 1ª, 240/2012, 28-12).

Finalmente se ha planteado la concurrencia de estos delitos con el de hurto o apropiación indebida. Así cuando un tercero se apodere subrepticiamente de las etiquetas lícitamente elaboradas por otro y las aplique a los productos imitados o reproducidos, en este caso se producirá un concurso de delitos entre el tipo correspondiente del art. 274, CP, y el delito de hurto (PORTELLANO DÍEZ, SEGURA GARCÍA). Si quien está autorizado a elaborar las etiquetas, pero no a fijarlas en los productos, desvía parte de éstas y las pone en los productos o en sus envoltorios comete el delito del apartado 1 del art. 274, CP, y para PORTELLANO DÍEZ, también el de apropiación indebida. Como acertadamente señala SEGURA GARCÍA sólo se realizará el delito contra la propiedad industrial, pues la apropiación indebida exigiría que el titular del derecho de exclusiva le hubiere cedido la posesión de éste, lo que no ocurre en estos casos.

9. Responsabilidad civil

En el ámbito de los delitos contra la propiedad industrial no se hay una norma específica de remisión a la normativa extrapenal en materia de responsabilidad civil, como sí sucede en los delitos relativos a la propiedad intelectual. Rigen, por tanto, las reglas generales de los arts. 109 y sigs., CP. Si bien, no faltan resoluciones que se guían por las normas estipuladas en la LM, LPDI o LP, especialmente para la determinación del *quantum*. Así, el art. 43, LM, y de forma semejante también el art. 74, LP o el art. 55, LPDI, dejan a elección del perjudicado la opción entre, de una parte, "las consecuencias económicas negativas", en las que se computan los beneficios que el titular habría obtenido mediante el uso de la marca, o alternativamente, los beneficios que haya obtenido el infractor de estas, y de otra, una cantidad a tanto alzado "que al menos comprenda la cantidad que el infractor hubiera debido pagar al titular de la marca por la concesión de una licencia que le hubiera permitido llevar a cabo su utilización conforme a derecho", incluyendo además el daño, respecto del que se indica que "procederá su indemnización, aun no probada la existencia del perjuicio económico". De acuerdo con ello, la SAP, Santander, Sección 3ª, 201/2020, 5-5, ha seguido la elección del titular del derecho de cuantificar la responsabilidad civil a partir de los beneficios que se hubieran obtenido por el uso de la marca, valorando estos, por tanto, sobre la base del precio de mercado del bien original, siendo un caso de almacenamiento, sin comercialización del producto falsificado. En el mismo sentido, ya antes la SAP, Barcelona, Sección 6ª, 16/2018, 14-12, aplica el mismo criterio del lucro cesante en un caso de incautación de los bienes falsificados en distintos domicilios, en los que se guardaba para su posterior venta.

Más acertada nos parece la postura de las resoluciones que valoran aquellos criterios extrapenales como meramente orientativos, ajustándolos a la necesidad de que se acredite un verdadero perjuicio como consecuencia del hecho delictivo y ajustado al daño efectivamente causado. Así la SAP, Madrid, Sección 17ª, 384/2021, 13-7; STSJ, Cataluña, Sección, 2ª, 149/2020, 22-6; SAP, Málaga, 19/2019, 19-3, etc. En todo caso, hay que acudir al precio de venta del producto falsificado, descontando los gastos, como hacen las SSAP, Madrid, Sección 17ª, 632/ 2020, 30-11, y 384/2021, 13-7, pues como se recuerda por esta Jurisprudencia el criterio del lucro cesante no expresa el perjuicio real a la marca "toda vez que la venta de los productos falsificados ni suple, ni reduce las ventas de los productos originales, y no puede entenderse que sean las mismas en número, puesto que los productos falsificados llegan a un público más extenso que las mercancías originales, cuyos productos implican unas ventas más limitadas; ni que decir tiene, que quien compra una camiseta falsificada de la Selección Española de Fútbol, por 2 euros, no compra esa misma camiseta original por 80 euros". Por su parte, la SAP, Ávila, 69/2024, 5-7, realiza una pormenorizada argumentación en la determinación del *quantum* conforme al sistema de regalía o de licencia hipotético, en un caso de utilización de la marca, después de haber caducado la licencia de uso por falta de abono de la regalía correspondiente.

El debate se ha suscitado sobre el daño moral. En principio, la STS 774/2002, 6-5, en un caso de incautación de bebidas adulteradas en las que se usa una conocida marca de bebidas alcohólicas falsificada, manifestó que "tratándose de una empresa comercial, dedicada a la importación y distribución de bebidas alcohólicas, el daño en su imagen no puede ser moral sino material por lo que, para lograr su compensación debe ser cuantificado, siquiera sea en términos probabilísticos, mediante un estudio de solvencia científica en que, con las debidas precisiones espacio-temporales, se alcancen conclusiones fiables sobre la diferencia entre la situación del mercado del producto en cuestión antes y después de la realización de los hechos que puedan haber ocasionado el daño". Esto es, el criterio del que se parte es que la responsabilidad civil solo ha lugar cuando se acredita la causación de un daño material, o en su caso moral, susceptible de ser razonablemente argumentado.

A partir de aquí, en las modalidades típicas en las que no hay comercialización del producto, esto es, esencialmente los supuestos de fabricación, producción o almacenamiento —también en la antigua posesión para la venta—, se han desarrollado dos corrientes jurisprudenciales bien definidas a las que se refiere la STSJ, Madrid, Sala de lo Civil y Penal, 401/2021, 30-11: la de quienes mantienen "que la violación de un derecho como es el de la marca produce *per se* un daño emergente, por lo que la referida necesidad de prueba se satisface con la propia demostración del acto antijurídico, al entender consustancial al hecho infractor la producción de daños y perjuicios"; y la de quienes requieren la necesidad de acreditar efectivamente el daño, lo que aboca, en los aludidos casos de fabricación y almacenamiento, en los que no se llega a producir la comercialización del producto, a que no pueda apreciarse un daño real y tangible. Así, la SAP, Madrid, Sección 6ª, 901/2018, 11-12, rechaza la procedencia de responsabilidad civil, manifestando que "no podemos considerar razonable fijar la indemnización con base en el beneficio que hubiera podido obtener el acusado con la venta de los efectos incautados, como efectúa la sentencia impugnada, ni con base a los beneficios que pudiera haber obtenido la entidad ADIDAS con la venta de los originales de dichas equipaciones deportivas, como pretendía la acusación particular, puesto que ello requeriría la acreditación de las ventas de forma que hubiera restado dicha venta a la titular de la marca", pues en el caso se trata de una incautación en un almacén en un polígono industrial, en que hay una zona donde los productos se encuentran dispuestos para su venta al público. En el mismo sentido, la SAP, Pontevedra, 206/2019, 10-10, pues se trata de la incautación de la mercancía falsificada en un coche que estaba entrando al recinto ferial (también STSJ, Madrid, Sala de lo Civil y Penal, 256/2021, 20-7, en un supuesto de almacenamiento en un polígono industrial, sin que se llegase a comercializar el producto). Explícitamente sobre el daño moral, la SAP, Barcelona, Sección 9ª, 210/2023, 27-2, indica que "en cuanto al pago de la *responsabilidad civil* tratándose de una empresa el daño en su imagen no puede ser moral sino material, por lo que no existiendo valoración pericial alguna sobre el beneficio que pudiera reportar al acusado la comercialización de los objetos intervenidos la ausencia de valoración pericial debería determinar la ausencia de *responsabilidad civil*".

A la primera corriente pertenece la STSJ, Valencia, Sala de lo Civil y Penal, 219/2021, 20-7, en la que se manifiesta: "No obstante, los perjudicados se quejan del daño moral sufrido a causa del desprestigio de la marca. Y, en efecto, desde el momento en que la mercancía ilícita es expuesta para su venta y ofrecida al público, introduciéndola en el mercado, podemos inferir un perjuicio moral implícito que, como dispone la Ley de Marcas, no necesita de mayor prueba", calculando su cuantificación de acuerdo con el volumen de prendas aprehendidas: "partiremos del precio medio de los bolsos sin marca intervenidos, de acuerdo con su calidad y características, y sobre ese precio se aplicará un porcentaje de beneficio del 25 por ciento, que es como mínimo el que los titulares de las marcas obtenían para sus propios productos y que también puede entenderse probable para esta clase de mercancía. Con esta operación se puede obtener un resultado que, como parámetro objetivo, sirva para la cuantificación del daño moral producido, en función del volumen de mercancía ilícita intervenida. Lógicamente, con el límite de las cantidades reclamadas a favor de cada uno de los perjudicados" (también SAP, Sección 9ª, Barcelona 210/2023, 27-2). Una sentencia que ha sido ratificada por la STS 611/2023, 13-7, en la que se admite la existencia de "daño indemnizable en la medida en que considera que de la propia exhibición para la venta de los productos que lesionan los derechos de marca por imitación o confundibilidad de sus signos distintivos se deriva un perjuicio moral implícito que no necesita de mayor prueba", aunque no se haya acreditado venta alguna ni perjuicio objetivable alguno, ni siquiera el que podría derivarse de la devaluación de una marca que asocia sus productos a la exclusividad de determinada clientela, pues no han sido comercializados aún.

10. Cuestiones procesales

Al igual que ocurre en los delitos relativos a las invenciones o creaciones industriales, las cuestiones de nulidad o caducidad del signo distintivo constituyen cuestión prejudicial de carácter devolutivo para la mayoría doctrinal, mientras que para un sector doctrinal (BAJO FERNÁNDEZ, GUINARTE CABADA) deben ser abordadas por el mismo tribunal penal.

En cuanto a la legitimación activa, el titular de la licencia en exclusiva sobre la marca, aunque no sea sujeto pasivo del delito, podrá ejercitar las acciones penales, tal y como se desprende del art. 117.2, LP, al que se remite la Disposición Adicional Primera de la Ley de Marcas.

V. DELITOS RELATIVOS A LAS OBTENCIONES VEGETALES

Las obtenciones vegetales constituyen una nueva modalidad de propiedad industrial dirigida a proteger las invenciones en el ámbito de la botánica y concretamente las variedades vegetales a través de la concesión de un derecho de explotación exclusiva. Su protección penal se remonta a la Ley 12/1975, de 12 de marzo, de Protección de Obtenciones Vegetales, cuyo art. 19 remitía al art. 534, CP 1973, considerado por alguna Doctrina (PORTELLANO DÍEZ) soporte legal suficiente para incluirlas en el objeto material del art. 273, CP —heredero del derogado 534, CP 1973—, a pesar de que no habían sido mencionadas expresamente en el CP de 1995. La Ley 3/2000, de 7 de enero, de régimen jurídico de la protección de las obtenciones vegetales, actualmente vigente con las modificaciones introducidas por la Ley 3/2002, de 12 de marzo y Ley 11/2020, 30 de diciembre, cerró esta errónea vía interpretativa al derogar la Ley 12/1975.

No será hasta la reforma del CP, operada por la LO 15/2003, que incorpora los entonces apartados 3 y 4 en el art. 274, CP, que se retome su protección penal, acogiéndose así las peticiones que había formulado la Doctrina (por todos, JORGE BARREIRO, GUINARTE CABADA, SEGURA GARCÍA), si bien ubicándose de forma poco acertada en el art. 274, CP, dedicado a la tutela de los signos distintivos, pues su régimen jurídico se halla más próximo al de las patentes y modelos industriales que al de los signos distintivos (SEGURA GARCÍA, MORÓN LERMA). La LO 1/2015 ha cambiado su ubicación, agrupándolos en el actual apartado 4 del art. 274, CP, en el que se contemplan dos tipos penales, dirigidos a tutelar la función que la obtención vegetal cumple como invención técnica (primer párrafo) y como función distintiva (segundo párrafo). En la ubicación sistemática parece haber pesado más esta última faceta.

En cualquier caso, comparte con los tipos anteriores el bien jurídico protegido —derecho de explotación exclusiva—, la ausencia de consentimiento del titular del título de obtención vegetal, el conocimiento del registro y los fines, ahora, agrarios o comerciales. En este sentido, manifiesta la SAP, Soria, Sección 1ª, 19/2006, 20-4 (*Tol 943481)*, que la LO 15/2003 introdujo en el art. 274 CP dos apartados que, por primera vez, incluyen las obtenciones vegetales como objeto material del delito y en cuya virtud, por tanto, se otorga protección penal a dichos bienes inmateriales. Con ellos el Legislador penal da satisfacción a una legítima necesidad empresarial —en especial del sector agrícola— y social, remediando el olvido en el que incurrió el Legislador del CP de 1995, al no mencionar expresamente estos bienes inmateriales como objetos integrantes de la propiedad industrial. Se trata de tutelar las costosas inversiones necesarias para obtener una nueva variedad vegetal, así como de estimular la investigación, con ello se facilita el acceso de los agricultores a las nuevas tecnologías, se incrementa la productividad y se mejora la competitividad de los productos y renta de los agricultores, como declara la Exposición de Motivos de la Ley 3/2000, de 7 de enero, de régimen jurídico de la protección de las obtenciones vegetales (LPOV).

La LPOV supuso la adaptación de la legislación española a la normativa internacional, representada por el Acta de 19 de marzo de 1991 del Convenio Internacional para la protección de obtenciones vegetales (*Tol 1091542*), y al Derecho de la Unión Europea, integrado por el Reglamento CE 2100/94 del Consejo, de 27 de julio, relativo a la protección comunitaria de las obtenciones vegetales (*Tol 548409*) y la Directiva 98/44/CE, del Parlamento Europeo y el Consejo de 6 de julio de 1998, relativa a la protección jurídica de invenciones biotecnológicas (*Tol 554344*). La normativa se completa con el Reglamento de protección de obtenciones vegetales, aprobado por RD 1261/2005, de 21 de octubre (*Tol 720126*).

1. Sujetos

Sujeto activo puede serlo cualquiera. Conforme al art. 288.1°, CP, las personas jurídicas pueden ser responsables de este delito, de acuerdo con lo establecido en el art. 31 bis, CP. Así el AAP, Salamanca, Sección 1ª, 530/2022, 23-11, entiende acertada la ampliación de la acusación contra la Cooperativa, tras haber sido imputadas dos personas que formaban parte de su Consejo Rector.

Sujeto pasivo es el obtentor o titular registral del título de obtención vegetal que, según el art. 3.1, LPOV, será la persona que haya creado o descubierto y desarrollado una variedad, o sus causahabientes.

2. Conducta típica

2.1. Modalidades típicas

Hay que distinguir las modalidades del primer párrafo del apartado 4 del art. 274, CP, de las contenidas en el segundo, como ya hemos adelantado.

Las primeras coinciden con las facultades de explotación exclusiva que el art. 12.2, LPOV, otorga al obtentor o titular del derecho de obtención vegetal y que comprenden tanto la fase de elaboración o fabricación de la obtención vegetal —producir o reproducir, acondicionar con vistas a la producción o reproducción— como la de comercialización —ofrecer en venta, vender o comercializar de otra forma, exportar o importar o poseer para cualquiera de los fines mencionados. Así las cosas, esta coincidencia dificulta la diferenciación entre el ilícito civil y el penal, si no fuera porque el tipo penal restringe su objeto material a sólo el material vegetal de reproducción o multiplicación. Al igual que los tipos de patentes y marcas, este apartado 4 se configura como un tipo mixto alternativo. Las modalidades de conducta coinciden —con las diferencias propias del nuevo objeto— con las del art. 273.1, CP. Así, en lugar de fabricar se refiere ahora a producir o reproducir, sancionándose con la misma pena lo que son actos preparatorios como el "acondicionamiento para la reproducción" o la posesión con esos fines, con conductas de agotamiento del delito como "vender", "exportar" o "importar", lo que resulta criticable (GÓMEZ RIVERO, FARALDO CABANA).

Estas conductas han de realizarse con fines agrarios o comerciales. Se trata de un elemento redundante en la medida en que conforme declara el art. 15, LPOV, la protección del derecho no se extenderá a los actos realizados en el marco privado con fines no comerciales, o a los llevados a cabo a título experimental o de investigación. En este ámbito se encuadra la llamada excepción del agricultor que permite el uso, con fines de propagación en sus propias explotaciones, del producto de la cosecha obtenido de la siembra en ellas de material de propagación de una variedad protegida, que haya sido adquirida lícitamente y no sea híbrida ni sintética (art. 14.1, LPOV). Así, se aprecia la existencia de delito en la SAP, Cuenca, Sección 1ª, 133/2010, 22-2, ante "la imposibilidad fáctica de que el grano almacenado se utilice en las propias tierras del acusado dado que existiría un sobrante de unos 255.970 kgr". Se excluye, en cambio, la tipicidad cuando no consta acreditado que "el material injertado ni que la actividad investigada estuviese dirigida a la multiplicación y comercialización de la variedad vegetal, sino antes bien a la producción agrícola de autoconsumo o privada" (AAP, Castellón, Sección 2ª, 607/2019, 15-10).

La Jurisprudencia ha considerado acreditada la finalidad de venta en base a diversos indicios: la separación en montones de las distintas variedades, bien envasadas o con el grado de pureza señalado, la existencia de una máquina seleccionadora, la gran cantidad de variedad vegetal protegida [SSAP, Ávila, Sección 1ª, 174/2009, 18-11 (*Tol 1769670*), y 38/2010, 26-2 (*Tol 1862063*)].

En el segundo párrafo del apartado 4 del art. 274, CP, se incorpora un injusto más próximo a los delitos relativos a los signos distintivos, pues se trata de proteger la función distintiva que tiene la denominación que, de acuerdo con el art. 47.1, LPOV, se puede atribuir a una variedad vegetal y que permite identificarla sin riesgo de confusión con otra. El bien jurídico protegido se limita a sólo este aspecto del derecho de exclusiva [la Circular de la FGE 1/2006 (*Tol 889065*), así como MORÓN LERMA, MARTÍNEZ-BUJÁN PÉREZ y BAUCELLS LLADÓS se refieren a una manifestación del derecho moral del obtentor]. La conducta típica consiste, por tanto, en utilizar —realizando alguno de los actos del primer párrafo del mismo apartado 4—, bajo la denominación de una variedad vegetal protegida, material vegetal de reproducción o multiplicación que no pertenezca a la misma.

Críticamente en contra de su tipificación, se manifestó SEGURA GARCÍA al considerarlo superfluo "por resultar todos los supuestos de ilicitud incluidos en el párrafo 3" (actual primer párrafo del apartado 4).

La SAP, Teruel, Sección 1ª, 21/2007, 5-9, declaró que habían sido "lesionados los derechos patrimoniales del titular de la obtención (el obtentor), que tiene un derecho patrimonial (...) que le otorga la facultad exclusiva de producir, reproducir, acondicionar, propagar, vender, etc." en un caso de venta de una imitación de semilla siendo este extremo conocido por el adquirente. ESTRADA I CUADRAS ha comentado que, a diferencia de los signos distintivos, en la obtención vegetal la tutela penal comprende no sólo la función distintiva, sino también su faceta como invención, por lo que la condena se justifica aun cuando no hay riesgo de confusión.

2.2. El objeto material

Está constituido por el material vegetal de reproducción o multiplicación de una variedad vegetal protegida conforme a la legislación nacional o de la Unión Europea sobre protección de obtenciones vegetales. Esta última referencia a la normativa comunitaria fue incorporada expresamente al texto punitivo con la reforma de la LO 1/2015, sin que por ello haya variado la interpretación del tipo penal, pues, obviamente, al igual que ocurre en el resto de objetos de propiedad industrial, se ha de tener en cuenta la normativa comunitaria (también GUINARTE CABADA), sin perjuicio de que alguna Jurisprudencia, como veremos más abajo, hubiera entendido otra cosa.

Pues bien, según el art. 2.1, LPOV, se entiende por "variedad" "un conjunto de plantas de un solo taxón botánico del rango más bajo conocido, que (...) pueda: a) definirse por la expresión de los caracteres resultantes de un cierto genotipo o de una cierta combinación de genotipos; b) distinguirse de cualquier otro conjunto de plantas por la expresión de uno de dichos caracteres por lo menos; y c) considerarse como una unidad, habida cuenta de su aptitud a propagarse sin alteración". La concesión del título de obtención vegetal exige, además, que concurran los requisitos de novedad, distinción, homogeneidad y estabilidad, definidos en los arts. 6 a 9, LPOV. El título de obtención vegetal concedido deberá ser inscrito en el Registro de Variedades Vegetales Protegidas (art. 44.4 LPOV) o en el Registro de Protección Comunitaria [Reglamento (CE) nº 2100/1994, de 27 julio 1994 relativo a la protección comunitaria de obtenciones vegetales (*Tol 548409)*], marcando dicha inscripción el momento de relevancia penal de las conductas típicas, pues el tipo, al igual que ocurría en los de patentes y marcas, exige que se actúe con conocimiento del registro. En consecuencia, los hechos anteriores al momento de la solicitud e incluso de la concesión del derecho —todavía no inscrito— quedan en el ámbito de la tutela civil.

La SAP, Soria, Sección 1ª, 19/2006, 20-4 (*Tol 943481),* erróneamente, declara la atipicidad de la conducta por no encontrarse inscrita la variedad vegetal en el Registro Oficial de Variedades Protegidas de España, aunque sí lo estaba en el Registro de Protección comunitaria de Obtenciones Vegetales. Más acertadamente se pronuncia la SAP, Valladolid, Sección 4ª, 32/2010, 16-7 (*Tol 1930935),* declarando que "la variedad Prestige, en este caso, colma las exigencias del tipo, ya que su inscripción comunitaria es eficaz en España, ya que la doble inscripción, como decimos, no cabe, con lo que no se precisa su inscripción en el Registro de Obtenciones Vegetales Protegidas de la Oficina Española de Variedades Vegetales". En este mismo sentido, ya la SAP, Teruel, Sección 1ª, 21/2007, 5-9, había manifestado la validez de la inscripción en el Registro comunitario pues "el tipo del art. 274.3 del CP no exige en modo alguno la inscripción de la variedad protegida en ningún registro nacional sino únicamente que la variedad vegetal esté protegida "conforme a la legislación sobre protección de obtenciones vegetales" y es claro que el Reglamento comunitario forma parte de esta legislación. De la misma opinión, la SAP, Ávila, Sección 1ª, 38/2010, 26-2 (*Tol 1862063).*

Además, el art. 273.4, CP, menciona sólo el material vegetal de reproducción o multiplicación, lo que lleva a la Doctrina a restringir el objeto material del tipo, excluyendo el producto de la cosecha, los productos elaborados directamente a partir de éste (zumos) y las variedades derivadas de la protegida, a los que se refiere el art. 13 LPOV, para extender el *ius prohibendi* del obtentor [Circular FGE 1/2006 (*Tol 889065),* MORÓN LERMA; ESTRADA I CUADRAS; de otra opinión, BAUCELLS LLADÓS]. En este sentido la SAP, Soria, Sección 1ª, 25/2006, 16-5 (*Tol 956523),* excluyó como objeto material del delito el producto de la cosecha en un caso en que se ponía a la venta "cebada obtenida mediante la siembra previa de 2000 Kg, de semilla UNIA R-1, que había adquirido legítimamente, es decir, puso a la venta un producto de su propia cosecha [...]. Distinto hubiera sido que el acusado hubiera procedido a vender una parte de los 2000 Kg, adquiridos, por no haberlos sembrado en su totalidad por ejemplo, pues entonces sí estaría ofreciendo a la venta "material vegetal de reproducción o multiplicación de una variedad vegetal protegida conforme a la legislación sobre protección de obtenciones vegetales". Tampoco se aprecia objeto material en las uvas variedad vegetal Ralli Seedles, una variedad sin semilla, porque no es material de reproducción, ni tampoco se acredita que se hayan estimulado las yemas de la planta

(SAP, Murcia, Sección 2ª, 314/2019, 5-11). En el mismo sentido, los AAP, Castellón, Sección 1ª, 563/2019, 7-6, y Sección 1ª, 788/2017, 10-11, rechazan la tipicidad porque "su actividad agrícola o comercial no está dirigida a la multiplicación de la variedad vegetal protegida sino a la producción citrícola o "producto de la cosecha" obtenido", habiendo obtenido el material que injertaron en sus frutales "con anterioridad a la fecha de concesión del registro de la obtención vegetal".

3. La ausencia de consentimiento del titular del derecho de obtención vegetal

Incide en el carácter esencialmente disponible que tiene el bien jurídico protegido, admitiéndose su transmisión por cualquiera de los medios admitidos en Derecho (art. 20, LPOV) así como la concesión de licencias de explotación (arts. 23 y sigs., LPOV). La exigencia de que todos estos actos consten por escrito para que tengan validez (art. 20.3, LPOV) ha llevado a algún autor (BAUCELLS LLADÓS) a negar la exclusión de la tipicidad cuando la autorización es tácita o verbal, sin perjuicio de que pueda llegar a tener valor para un error de prohibición. Sin embargo, no parece que sea necesario exigir dicha formalidad en sede penal.

VI. DELITO RELATIVO A LAS DENOMINACIONES DE ORIGEN O INDICACIONES GEOGRÁFICAS

1. Bien jurídico protegido

El art. 275, CP, castiga la utilización, sin estar autorizado, en el tráfico económico de una denominación de origen o una indicación geográfica representativa de una calidad determinada legalmente protegidas para distinguir los productos amparados por ellas. Se ha cuestionado por la Doctrina (SEGURA GARCÍA, MARTÍNEZ-BUJÁN PÉREZ, de otra opinión, PORTELLANO DÍEZ) su ubicación en la Sección 2ª entre los delitos relativos a la propiedad industrial, en lugar de en la Sección 3ª, pues no constituyen derechos subjetivos de exclusión, ejercitables *erga omnes* —característica de las instituciones de propiedad industrial—, sino que todos los productores que cumplan con las condiciones exigidas en la correspondiente reglamentación tienen derecho a que se les conceda su utilización. En este sentido, la STC 211/1990, 20-12 (*Tol 80414*), ha declarado que las denominaciones de origen quedan fuera de la propiedad industrial, pues responden a una lógica comunal distinta de la individualista que caracteriza a la propiedad industrial.

Es cierto que, al igual que las marcas, cumplen una función distintiva de los productos frente al consumidor, pero, a diferencia de éstas, no identifican su origen empresarial, sino el origen geográfico de los productos al que se asocia determinada calidad y/o características. Confluyen, pues, diversos intereses, ninguno puramente individual: el de los productores o empresas que los utilizan para distinguir sus productos, el económico general del país ya que contribuye al desarrollo económico de la zona, y el de los consumidores que asocian unas determinadas características a tales denominaciones de origen o indicaciones geográficas (FERNÁNDEZ NOVOA). Así las cosas, el bien jurídico protegido tiene un carácter colectivo o supraindividual en la medida en que engloba el interés del consumidor (calidad del producto) y el derecho de uso concedido al productor o empresario de manera colectiva (MARTÍNEZ-BUJÁN PÉREZ, aunque sólo de *lege ferenda*). SEGURA GARCÍA lo circunscribe sólo al interés de los consumidores, mientras la mayoría doctrinal, sin dejar de reconocer la confluencia de intereses diversos, lo limita al derecho de uso exclusivo de tales signos distintivos (GUINARTE CABADA, JORGE BARREIRO, confusamente MORENO CÁNOVES/RUIZ MARCO, pues a la par hablan de titularidad colectiva del bien jurídico que lo dota de contenido supraindividual; GARCÍA RIVAS).

La Jurisprudencia considera que el bien jurídico protegido es el derecho al uso exclusivo de las denominaciones de origen [STS 357/2004, 19-3 (*Tol 376913)*], si bien en otras resoluciones se reconoce una pluralidad de intereses confluyentes: el de las empresas y los productores que emplean las denominaciones de origen para individualizar sus productos, el de los consumidores que reconocen en los productos que portan esas denominaciones unas determinadas cualidades y el fin económico o social general, entendiendo que las denominaciones son un valioso instrumento para contribuir al desarrollo económico (SAP, La Rioja, Sección 1ª, 201/2003, 23-12).

El carácter supraindividual del bien jurídico se refleja en la referencia del tipo a la falta de autorización, dado que el derecho de uso tiene su origen en un acto público de concesión, sin que el consentimiento del cotitular del derecho sea eficaz para autorizar la utilización de estos bienes inmateriales en el tráfico económico (también PAREDES CASTAÑÓN, MATA I MARTÍN, GÓMEZ RIVERO).

2. *Sujetos*

El sujeto activo puede serlo cualquiera que no esté autorizado a usar el signo distintivo, bien porque no elabora sus productos en la correspondiente zona geográfica, bien porque no está inscrito en el Consejo Regulador de que se trate, o bien porque aplica el signo distintivo a productos diversos de los autorizados.

Conforme al art. 288.1°, CP, las personas jurídicas pueden ser responsables de este delito, de acuerdo con lo establecido en el art. 31 bis, CP.

El sujeto pasivo es plural. Se identifica con el colectivo de empresarios a los que se ha autorizado el uso del signo distintivo y los consumidores.

3. Objeto material

Está integrado por la denominación de origen o la indicación geográfica representativa de una calidad determinada. Se trata de conceptos que no se encontraban claramente perfilados en la normativa mercantil, que se han desarrollado originalmente en relación con el sector vinícola, para después trasladarse a otros productos agrícolas. Es una regulación, por tanto, muy sectorial, que además es de competencia de las CCAA por su componente geográfico, a salvo de la regulación estatal ofrecida por la Ley 6/2015, de 12 de mayo, cuando su alcance territorial se extiende a varias de aquellas; y sobre la que se proyecta también normativa comunitaria relativa a la regulación de estos mercados, a la que alude la Disposición Adicional 5ª de dicha Ley.

Así, la Doctrina mercantilista configuraba las denominaciones de origen y las indicaciones de procedencia como subtipos de la categoría más genérica de las denominaciones geográficas —que posteriormente pasaron a designarse también como indicaciones geográficas (por todos, FERNÁNDEZ NOVOA).

Por su parte la normativa, definía en el art. 79 de la derogada Ley 25/1970, de 2 de diciembre, del Estatuto del vino, la viña y los alcoholes, las denominaciones de origen, habilitando su Disposición Adicional Quinta para su extensión a otros productos agroalimentarios. Surgen, entonces, las denominaciones específicas y las denominaciones genéricas para productos agroalimentarios no vínicos, reguladas por el RD 1573/1985, de 1 de agosto (*Tol 273130)*, y RD 728/1988, de 8 de julio (*Tol 273128)*. Éstas fueron usadas profusamente con menciones geográficas, por lo que en la práctica se acababan confundiendo con las denominaciones de origen (PORTELLANO DÍEZ). Ahora bien, de ellas, las denominaciones genéricas no se vinculaban con el medio geográfico, pues, según el art. 2, RD 1573/1985, hacían referencia a "la naturaleza de los productos, a los sistemas de producción empleados o a los procedimientos de transformación, elaboración y fabricación". En consecuencia, no eran ni denominaciones de origen ni tampoco entraban en el concepto típico de "indicación geográfica representativa de una calidad". Tan sólo algunas de las denominaciones específicas podrían tener cabida en esta categoría: aquellas que conforme al art. 3, RD 1573/1985, se vinculaban "al medio natural", esto es, al lugar geográfico del que dependía la calidad del producto amparado. Así lo corroboraba el art. 17, RD 728/1988 (*Tol 273128)*, que expresamente manifestaba que "la denominación específica hará referencia al lugar geográfico cuando el producto amparado se comercialice habitualmente con dicho nombre y la obtención de la materia prima, así como los procesos de elaboración y transformación se realicen en un área geográfica delimitada en relación con dicho nombre geográfico y la calidad y especificidad del producto amparado dependan del mismo". Quedaban, en consecuencia, fuera del tipo penal las denominaciones específicas con referencia a la raza o variedad productora de la materia prima o al método de elaboración, transformación o maduración, de las que se ocupaba el art. 16 RD 728/1988 (*Tol 273128)*. Sólo entraban en el concepto típico de "indicación geográfica representativa de una calidad" aquellas denominaciones específicas que hacían referencia al lugar geográfico (VALLE MUÑIZ, PORTELLANO DÍEZ, BAUCELLS LLADÓS, MARTÍNEZ-BUJÁN PÉREZ). GUINARTE CABADA, por su parte, extendía la protección penal a las denominaciones de origen y a todas las denominaciones específicas, y de forma dubitativa también a las denominaciones genéricas.

Ahora bien, la terminología empleada por el art. 275, CP, hay que buscarla en el Reglamento CEE 2081/1992, del Consejo, de 14 de julio, relativo a la protección de las indicaciones geográficas y de las denominaciones de origen de los productos agrícolas y alimenticios. En concreto, la Orden de 25 de enero de 1994 precisó la correspondencia entre la legislación española y el Reglamento CEE 2081/1992, declarando en su artículo único que la denominación de origen protegida [art. 2.2.a) del citado Reglamento] era equivalente a la denominación de origen del derogado art. 79, Ley 25/1970 (antiguo Estatuto del vino), y que la indicación geográfica protegida [art. 2.2.b) del citado Reglamento] se correspondía con la denominación específica del art. 96, Ley 25/1970 y de los art. 3, RD 1573/1985, y art. 17, RD 728/1988.

Este Reglamento de 1992 fue derogado por el Reglamento CEE 510/2006 del Consejo, de 20 de marzo de 2006 (*Tol 1293047)*, cuyo ámbito de aplicación se circunscribe a los productos agrícolas y alimenticios respecto de los cuales exista un vínculo entre sus características y su origen geográfico; derogado a su vez por el Reglamento (UE) 1151/2012 del Parlamento Europeo y del Consejo, de 21 de noviembre de 2012, sobre los regímenes de calidad de los productos agrícolas y alimenticios; recientemente sustituido por el vigente Reglamento (UE) 2024/1143 del Parlamento Europeo y del Consejo, de 11 de abril de 2024, relativo a las indicaciones geográficas para vinos, bebidas espirituosas y productos agrícolas, así como especialidades tradicionales garantizadas y términos de calidad facultativos para productos agrícolas.

Pues bien, en el vigente Reglamento comunitario se establecen dos niveles de descripción geográfica: las indicaciones geográficas y las denominaciones de origen, cuya protección requiere la inscripción en el Registro de Indicaciones Geográficas de la Unión. De acuerdo con el art. 46.1, Reglamento 2024/1143, la denominación de origen identifica un producto: a) originario de un lugar determinado, región o, excepcionalmente, un país; b) cuya calidad o características se deben fundamental o exclusivamente a un medio geográfico particular, con los factores ambientales y humanos inherentes a él, y c) cuyas fases de producción tienen lugar en su totalidad en la zona geográfica definida". Por su parte, la indicación geográfica se refiere a "un nombre que identifica un producto: a) originario de un lugar, una región o un país determinados; b) cuya calidad, reputación u otra característica específica son esencialmente atribuibles a su origen geográfico, y c) de cuyas fases de producción, una al menos tiene lugar en la zona geográfica definida" (art. 46.2 Reglamento 2014/1143).

La diferencia entre una y otra reside en que la denominación de origen protegida establece una vinculación más estricta con el lugar, al exigir que la producción, la transformación y la elaboración se realicen en la misma zona geográfica;

mientras que en la indicación geográfica protegida no es preceptivo que todas las fases se realicen en la misma zona geográfica.

Estos signos distintivos deben estar además "legalmente protegidos", lo que alude a la publicación en el boletín oficial (CCAA o del Estado, Diario Oficial de la UE) del signo distintivo y, en su caso, a la inscripción en el Registro de Indicaciones Geográficas de la Unión. Hay que tener en cuenta que, en este procedimiento de registro, solicitada la inscripción, se puede solicitar también hasta tanto aquella se conceda la protección nacional transitoria, que otorga una protección a nivel nacional y que, por tanto, tiene cabida dentro del tipo ahora analizado.

Además, el objeto material se puede ampliar a las denominaciones de origen e indicaciones geográficas internacionales, incorporadas al Registro Internacional de la Organización Mundial de la Propiedad Intelectual, conforme al Arreglo de Lisboa relativo a las Denominaciones de Origen y las Indicaciones geográficas, pues la Unión Europea se ha adherido a dicho acuerdo por la Decisión 2019/1754 del Consejo, de 7 de octubre de 2019. Ahora bien, de acuerdo con el Reglamento (UE) 2019/1753 del Parlamento Europeo y del Consejo, de 23 de octubre de 2019, sobre la actuación de la Unión tras su adhesión al Acta de Ginebra del Arreglo de Lisboa relativo a las Denominaciones de Origen y las Indicaciones Geográficas, cuando dichos objetos procedan de terceros países tendrán que ser sometidos a un proceso de validación por la Comisión, que incluye su publicación en el Diario Oficial de la Unión Europea, sobre su conformidad con los aspectos protegidos en la Unión. Sólo en este último caso, podrán constituir objeto de la acción del tipo penal, dado que España no ha ratificado todavía el Acta de Ginebra.

4. Conducta típica

La conducta típica consiste en utilizar en el tráfico económico, sin estar autorizado para ello, una denominación de origen o una indicación geográfica. La utilización en el tráfico económico comprende cualquier uso que se haga en el etiquetado, envoltorio o empaquetado del producto, y cualquier intercambio de carácter económico: venta, importación, exportación, etc. (MARTÍNEZ-BUJÁN PÉREZ, GÓMEZ RIVERO, entre otros). La Doctrina suele referirse a los usos enumerados en el art. 34.3, LM. Se cuestiona si tiene cabida la utilización de indicaciones geográficas o denominaciones geográficas semejantes a las legalmente protegidas que puedan inducir a error. La mayoría doctrinal rechaza esta posibilidad por razones de estricta legalidad, dado que el tipo se refiere a la utilización de la denominación de origen o indicación geográfica legalmente protegida y no a una semejante a ésta (RUÍZ RODRÍGUEZ, GUINARTE CABADA, MARTÍNEZ-BUJÁN PÉREZ). Para PORTELLANO DÍEZ estos supuestos están incluidos en el tipo, pues constituyen una manifestación de la faceta o dimensión negativa del signo distintivo, a la que expresamente se aludía en el derogado art. 13.1.d), Reglamento CEE 2081/1992, que se corresponde con el vigente art. 26.1.d) Reglamento (UE) 2024/1143. Más bien parece que el Código penal se ha limitado a proteger la faceta positiva de este derecho (MARTÍNEZ-BUJÁN PÉREZ). Tan sólo quedarían incluidos los usos de las mismas denominaciones de origen o indicaciones geográficas legalmente protegidas a las que se les añadieran deslocalizadores como "tipo", "estilo", etc. (GUINARTE CABADA, también GÓMEZ RIVERO), y siempre y cuando se empleen sobre los mismos productos para los que se creó la denominación de origen o la indicación geográfica (principio de especialidad de la denominación de origen o indicación geográfica) y no respecto de otros semejantes o diversos (de otra opinión, PORTELLANO DÍEZ). En cualquier caso, debe darse la aptitud objetiva de confusión en el mercado a la que alude el tipo cuando se refiere a la finalidad de distinción de los productos amparados por aquellas [VALLE MUÑIZ, BAUCELLS LLADÓS, Circular FGE 1/2006 (*Tol 889065)*]. La SAP, Valencia, Sección 3ª, 388/2001 24-5 (*Tol 238319)*, consideró que había utilización fraudulenta de la denominación de origen en el hecho de colocar "a unos lotes de Tortas de T. D. de cacahuetes una pegatina que tapaba esa última palabra y que hacía rezar "Fabricado en jijona".

Además, la utilización tiene que realizarse "sin estar autorizado para ello". Con ello se alude al acto de otorgamiento del que surge el derecho al uso del signo distintivo en favor de aquellos sujetos que reúnan las condiciones establecidas en el correspondiente Reglamento o Pliego de Condiciones. El carácter colectivo del derecho impide que el cotitular pueda consentir el uso de estos signos distintivos por un tercero. Sólo el correspondiente Consejo Regulador puede dar tal autorización (PORTELLANO DÍEZ).

La remisión a las penas del artículo anterior, el 274, CP, en el que se contemplan como hemos visto diversas modalidades típicas a las que asignan distintas penas, deja en una indeterminación incomprensible la pena por la utilización de la denominación de origen o la indicación geográfica protegida.

5. *Tipo subjetivo*

El tipo exige que la conducta se realice intencionadamente lo que ha sido interpretado por la mayoría doctrinal como un impedimento para admitir el dolo eventual [GUINARTE CABADA, BAUCELLS LLADÓS, VALLE MUÑIZ, MARTÍNEZ-BUJÁN PÉREZ, GÓMEZ RIVERO; Circular FGE 1/2006 (*Tol 889065)*]. No parece que esta expresión sea incompatible con el dolo eventual (PORTELLANO DÍEZ, SEGURA GARCÍA). De manera semejante a como ocurría en los otros tipos relativos a la propiedad industrial, el art. 275, CP, requiere que se actúe con conocimiento de que estos signos distintivos se hallan protegidos legalmente, lo que constituye una referencia al elemento intelectivo del dolo que se estima innecesaria (SEGURA GARCÍA).

6. *Antijuridicidad*

Como no podía ser de otra manera, señala la SAP, La Rioja, Sección 1ª, 17/2003, 12-2, que la alegación relativa a la necesidad de llevar a cabo los hechos, es decir, pretender comercializar un producto que no reunía las características con las que se ofertaba, al tener los acusados pedidos de vino con la Denominación de Origen "Rioja", que no podían atender a causa de no disponer de vino de tal denominación, en ningún caso puede justificar su proceder, por lo que al no existir la situación límite que requiere la realización de la acción típica enjuiciada como única forma de salvar otro bien jurídico, no puede apreciarse estado de necesidad, por faltar la situación de necesidad, y, con ella, la justificación de la conducta.

7. *Iter criminis*

La consumación del delito dependerá de la concreta modalidad de uso en el tráfico económico (reproducción, introducción en el comercio, importación, etc.). En particular, la utilización del signo distintivo en la etiqueta, envoltorio o empaquetado del producto exigirá que dicho signo se aplique al producto, constituyendo tentativa la posesión e impresión ilícitamente de etiquetas con el signo distintivo sin haber llegado a colocarlas todavía sobre el producto en cuestión (PORTELLANO DÍEZ). Otro sector doctrinal (MÓRENO CÁNOVES/ RUIZ MARCO) rechaza la punición de la tentativa, considerando que no es posible en un delito de mera actividad —entendemos que unisubsistente, pues su naturaleza de delito de mera actividad no constituye obstáculo dogmático para la tentativa.

8. *Concursos*

Este delito podrá concurrir con la estafa si se produce el perjuicio económico respecto del adquirente o adquirentes del producto identificado, sin autorización, con la denominación de origen o la indicación geográfica, bajo la modalidad de concurso medial [también GARCÍA RIVAS; SSAP, Ciudad Real, Sección 1ª, 18/2007, 25-6 (*Tol 1176868*); La Rioja, Sección 1ª, 55/2006, 8-3 (*Tol 862692*); Granada, Sección 1ª, 228/2000, 3-4, y STS 357/2004, 19-4 (*Tol 376913*); en cambio, se aprecia concurso de normas, por aplicación de la regla de alternatividad, en favor de la estafa en concurso ideal con la falsedad en documento mercantil, en la SAP, Valencia, Sección 4ª, 298/2016, 9-5]. También puede apreciarse concurso ideal con el delito de publicidad engañosa del art. 282, CP, en la medida en que la utilización de estos signos distintivos sin autorización supone una característica de calidad incierta o falsa del producto, siempre que además pueda causar perjuicio grave y manifiesto a los consumidores (concurso real para MARTÍNEZ-BUJÁN PÉREZ). La configuración supraindividual del bien jurídico en el delito objeto de estudio, comprensivo del derecho de uso del empresario y del interés del consumidor en la calidad del producto que se asocia a este tipo de signos distintivos aboga por un concurso ideal. Así SAP, La Rioja, Sección 1ª, 17/2003, 12-2, lo califica como concurso ideal-medial. El TS considera que la publicidad engañosa queda absorbida por la estafa cuando, comenzada a ejecutar a ésta, el engaño está constituido por dicha publicidad falsa. "Otra cosa podría ocurrir cuando para configurar ese engaño, esencial en la estafa, hubieran concurrido otros elementos diferentes a esa publicidad falsa y aptos para provocar el error en la persona que realiza el acto de disposición perjudicial para él o para otra persona [STS 357/2004, 19-4 (*Tol 376913)*].

Asimismo, la imitación de las etiquetas o precintos de garantía del Consejo Regulador puede dar lugar a falsedades documentales, apreciándose en ese caso un concurso ideal. Así la citada STS 357/2004, 19-4 (*Tol 376913)*, aplica un concurso ideal con las falsedades documentales del art. 399.1, CP (falsificación de certificados) y no del art. 392, CP (documento público, oficial o mercantil). En el mismo sentido, la SAP, Ciudad Real, Sección 1ª, 18/2007, 25-6 (*Tol 1176868).* En contra, sin embargo, alguna resolución considera que el falseamiento es un elemento constitutivo del tipo penal contra la propiedad industrial, por lo que no puede ser valorado como infracción independiente (SSAP, La Rioja, Sección 1ª, 17/2003, y 12-2; 201/2003, 23-12).

VII. TIPOS AGRAVADOS

El art. 276, CP, recoge cuatro circunstancias agravantes, las dos últimas incorporadas por la reforma de LO 15/2003, del mismo tenor literal a las contempladas en el art. 271 CP en relación con los delitos contra la propiedad intelectual, y que al igual que éstas han sido modificadas por la reforma de la LO 1/2015 en el sentido que ahora comentaremos. Todas ellas son, en principio, aplicables a los tipos recogidos en los tres artículos anteriores, con las salvedades que seguidamente se formularán.

1. *Especial trascendencia económica del beneficio obtenido o que se hubiera podido obtener*

Resulta criticable la vaguedad o indeterminación de la expresión empleada (falta de taxatividad). Hasta la reforma de 2015, la agravación sólo se refería al beneficio obtenido, por lo que solo era apreciable respecto de las modalidades típicas que implicaban una introducción del objeto de propiedad industrial en el mercado, quedando fuera las que sólo constituían actos preparatorios de su puesta en el mercado (BAUCELLS LLADÓS). La incorporación del "beneficio que hubiera podido obtenerse" abre su aplicación a estas otras modalidades o a supuestos de ejecución imperfecta o de tentativa (GÓMEZ RIVERO, GUINARTE CABADA). La STS 440/2014, 27-5, estima que no son equiparables los tipos de la estafa gravedad (art. 250.1.5ª, CP) y el de la propiedad industrial, pues aquél sólo tiene en cuenta la gravedad cuantitativa de conducta (superior a 50.000 euros), y este apunta otros criterios más complejos, aparte del distinto significado económico de las conductas en uno y otro caso, y de diversa cualidad de los perjudicados; ello no obsta a que el criterio cuantitativo se considere un buen punto de partida, apreciando en el caso enjuiciado la agravación "a la vista del importe total de la venta, casi 300.000 euros, y el escasísimo precio de adquisición de los productos, lo que supuso a los recurrentes unas elevadas ganancias". La SAP, Barcelona, Sección 5ª, 18/2024, 10-1, aprecia la agravación respecto del ofrecimiento en venta de productos cosméticos falsificados en diferentes páginas web en un periodo de aproximadamente dos años. No entra en la agravación en un caso de almacenamiento y comercialización al por menor con un beneficio que se hubiera obtenido de 5.648,78 euros (SAP, Madrid, Sección 137/2020, 24-4).

2. *Especial gravedad de los hechos*

Nuevamente se utiliza una fórmula vaga, a pesar de que el Legislador se refiere expresamente a dos criterios: el valor de los objetos producidos ilícitamente, distribuidos, comercializados u ofrecidos, o la especial importancia de los perjuicios ocasionados.

Con respecto al primero, hasta la reforma de 2015, que incorporó la referencia a los productos distribuidos, comercializados u ofrecidos, se cuestionaba si su ámbito de aplicación se circunscribía a las modalidades típicas de los artículos anteriores que daban lugar a objetos producidos (así PAREDES CASTAÑÓN). En este sentido, SAP, Zaragoza, Sección 3ª, 154/2018, 6-4, que descarta su aplicación a un caso de importación de prendas falsificadas. En particular, se excluía la agravación respecto de los tipos de "ofrecimiento de la utilización de un procedimiento patentado" o de "utilización del producto directamente obtenido del procedimiento patentado (MORENO CÁNOVES/RUIZ MARCO). La mayoría doctrinal abogaba, en cambio, por una aplicación a todas las modalidades típicas (MARTÍNEZ-BUJÁN PÉREZ, SEGURA GARCÍA, GONZÁLEZ RUS, GUINARTE CABADA, FARALDO CABANA), pues se entendía que de otra manera se produciría el contrasentido de no poder agravar la conducta de quien comercializaba o introducía los productos en el mercado, pero sí la de quien los fabricaba. A nuestro modo de ver, sin embargo, este aparente contrasentido se paliaba si se atendía a que los dos criterios sobre los que se funda la agravación —el valor y el perjuicio— funcionan como alternativos, esto es, referidos a modalidades de conducta distintas (VALLE MUÑIZ, BAUCELLS LLADÓS); de manera que la especial gravedad, atendiendo al valor de los objetos, se aplicase en aquéllas en las que no era posible la producción de un perjuicio, porque el objeto material no había sido introducido en el mercado; mientras que la especial gravedad, atendiendo el perjuicio ocasionado, quedaba así reservada para las otras. La mención a los productos distribuidos, comercializados u ofrecidos permite extender la agravación también a estas otras modalidades típicas, con independencia de su encaje en el criterio valorativo. Tras la reforma de 2015 se ha cuestionado la aplicación de esta agravación a los tipos atenuados de venta ambulante del apartado 3 del art. 274, CP, por cuanto sus presupuestos de hecho son incompatibles: hechos de escasa entidad o de bagatela no es razonable que puedan calificarse de especial gravedad (GUINARTE CABADA).

En cuanto a los parámetros indicativos del valor, se ha señalado el de la cantidad junto a la valoración económica (GUINARTE CABADA), pero también la afectación a los intereses generales o a una pluralidad de personas (MORENO CÁNOVES/RUIZ MARCO, MARTÍNEZ-BUJÁN PÉREZ). Si bien respecto de la cantidad se ha llamado la atención sobre una posible *bis in idem* (MORENO CÁNOVES/RUIZ MARCO), pues se parte, equivocadamente, de la idea de que la finalidad industrial o comercial exigida en el tipo básico requiere necesariamente que el objeto material tenga esta dimensión cuantitativa.

La Jurisprudencia ha estimado la agravación atendiendo fundamentalmente a la cantidad. Así, en la importación de 51.840 pantalones falsificados [SAP, Guipúzcoa, Sección 1ª, 195/2008, 7-7 (*Tol 1628853*)]; por el elevado número total de carcasas intervenidas: 13.008 [SAP, Madrid, Sección 16ª, 491/2008, 9-7 (*Tol 1366944*)]; por las numerosas prendas y artículos de vestir incautados: un total de 38.360 (SAP, Madrid, 324/2007, 25-7). No se aprecia en un supuesto de venta al por mayor con 2.309 prendas incautadas, cuyo valor era de 5 euros por cada una de ellas (SAP, Madrid, Sección 15ª, 137/2020, 24-4).

Con respecto a la especial importancia del perjuicio ocasionado, se advierte que su mención como agravación no debe llevar a la conclusión de que es éste un elemento exigido en los tipos básicos. Se convierte así el tipo agravado en delito de resultado, sólo apreciable en aquellas modalidades típicas del tipo básico que admitan la producción de un perjuicio, básicamente aquellas que implican una comercialización del objeto material. Se cuestiona si dichos perjuicios han de tener sólo carácter económico o pueden ser de otro tipo (confusión en los consumidores, distorsión en el mercado, etc.). La Doctrina se inclina por limitarlos al ámbito económico en la medida en que los derechos de explotación exclusiva —bien jurídico protegido— tienen un contenido esencialmente económico (MARTÍNEZ-BUJÁN PÉREZ, PAREDES CASTAÑÓN, GUINARTE CABADA, FARALDO CABANA). Aun cuando puede ser cierto para los tipos relativos a patentes y marcas, no ocurre lo mismo en los que protegen las denominaciones de origen o las indicaciones geográficas, en los que no concurren intereses puramente económicos, pues tales signos distintivos se conectan con la calidad de los productos.

Se ha rechazado su aplicación de la agravación cuando no se acreditaban los perjuicios ocasionados, considerándose además que el valor de los objetos "no merece la calificación de importante, al tratarse de piezas de forja, y que la producción de dicho modelo por el perjudicado constituía una parte de su producción total, debiendo igualmente de ponderarse el hecho de que tanto la empresa del querellante como la de los querellados tienen una implantación fundamentalmente local, y por ello el ámbito de difusión de sus productos se encuentra limitado" [SAP, Burgos, Sección 1ª, 9/2003, 31-1 (*Tol 264496*)]. En el mismo sentido, rechaza la aplicación de la agravación por no acreditarse los perjuicios, SSAP, Málaga, Sección 1ª, 184/2024, 21-5, y Madrid, Sección 17ª, 384/2021, 12-7.

Se rechaza la conjugación de ambos criterios (el del valor y el del perjuicio), porque una interpretación en tal sentido incrementaría la indeterminación de las cláusulas analizadas, al convertirlas en graduables, al margen de que el tenor literal claramente emplea la conjunción disyuntiva "o" (así PAREDES CASTAÑÓN, MARTÍNEZ-BUJÁN PÉREZ).

Alguna Jurisprudencia toma como referencia la cuantía aplicada al tipo agravado de estafa (50.000 euros), apreciando la agravación examinada cuando el perjuicio total causado asciende a 55.153,92 euros [SAP, Madrid, Sección 16ª, 491/2008, 9-7 (*Tol 1366944*)]. Sin embargo, la SAP, Madrid, Sección 15ª, 137/2020, 24-4, rechaza su aplicación "aun asumiendo lo reclamado por la acusación particular (89.015 euros)". La STS 440/2014, 27-5, descartó utilizar únicamente el criterio cuantitativo establecido en el tipo agravado de estafa, que sitúa en 50.000 euros la gravedad del perjuicio, debido precisamente al distinto significado económico de una y otra conducta, de la cualidad de los perjudicados en cada caso, etc.

3. Pertenencia del culpable a una organización o asociación criminal

El fundamento de la agravación hay que buscarlo en la potencialidad lesiva que la estructura organizativa representa para el bien jurídico. Damos por reproducido aquí *mutatis mutandi* lo dicho respecto del equivalente tipo agravado en los delitos relativos a la propiedad intelectual.

4. Utilizar a menores de edad para cometer estos delitos

La agravación se presenta como el contrapunto a la impunidad que se persigue con la instrumentalización del menor para la realización del hecho delictivo.

VIII. REVELACIÓN DE PATENTE SECRETA

1. Bien jurídico protegido

En el art. 277, CP, se tipifica un delito cuyo bien jurídico poco o nada tiene que ver con la propiedad industrial o el orden socioeconómico, por lo que no resulta adecuada su actual ubicación sistemática en la Sección 2ª del Capítulo XI del Título XIII (GUINARTE CABADA, MORENO CÁNOVES/RUIZ MARCO, VALLE MUÑIZ, MARTÍNEZ-BUJÁN PÉREZ, etc.). La única vinculación con los delitos relativos a la propiedad industrial reside en su objeto material: una invención patentable. En concreto se castiga la divulgación de la invención objeto de una solicitud de patente secreta, en contravención con lo dispuesto en la legislación de patentes, siempre que ello sea en perjuicio de la defensa nacional. Su ubicación correcta se encuentra entre los delitos de descubrimiento y revelación de secretos e informaciones relativas a la defensa nacional (cap. III del Título XXIII).

De acuerdo con el art. 111.1, LP, cuando el Registro de la Propiedad Industrial estime que la invención objeto de una solicitud de patente pueda ser de interés para la Defensa Nacional, deberá prorrogar hasta cuatro meses el período inicial de secreto sobre su contenido —que es de un mes—, notificándolo al solicitante y trasladando una copia de la solicitud al Ministerio de Defensa, quien constatado este interés requerirá que la tramitación de la solicitud sea secreta antes de que concluya el plazo de cuatro meses (art. 111.3, LP). Concedida la patente se inscribirá en un registro secreto, manteniéndose este régimen por un año, prorrogable por períodos iguales (art. 113, LP).

En consecuencia, el bien jurídico protegido en este delito no es el derecho de explotación exclusiva, sino el interés del Estado en mantener reservada una invención relativa a la Defensa nacional. Se trata, por tanto, de un bien supraindividual (por todos, GUINARTE CABADA, VALLE MUÑIZ, JORGE BARREIRO).

2. *Sujetos*

Es un delito común, por lo que sujeto activo puede serlo cualquiera, incluido el solicitante de la patente o su titular, un tercero o quien intervenga en la tramitación de la patente. En particular, el art. 111.4, LP, impone un deber de secreto al solicitante o al titular de la patente, sancionándole con la pérdida del derecho a compensación por parte del Estado, si la invención se divulgare por su culpa o negligencia (art. 114.3, LP).

Sujeto pasivo es el Estado como titular del bien jurídico protegido.

3. *Conducta típica*

Consiste en divulgar la invención objeto de una solicitud de patente secreta. Divulgar consiste en dar a conocer la invención a una o varias personas fuera del círculo de los autorizados a conocerla. Se plantea si la divulgación debe permitir una explotación de la invención —art. 27.1, LP— o si sería suficiente para realizar el tipo con que se comunicara alguna de las reivindicaciones de la patente. Para GUINARTE CABADA el respeto al principio de legalidad impone la necesidad de que la comunicación de la invención sea completa o detallada, aunque con la parcial fuera posible afectar al interés de la defensa nacional, al permitir dicho conocimiento parcial neutralizar el arma o sistema inventado, pero no reproducirlo. A nuestro modo de ver, sin embargo, el tipo debe entenderse perfeccionado con la comunicación de todo o parte de la información objeto de secreto, siempre que en ella se aprecie la idoneidad objetiva para afectar a la defensa nacional. No se trata aquí de evitar la explotación económica no autorizada de una patente, sino de preservar esa información por razones de interés general que tienen que ver con la defensa nacional. La referencia típica a la invención objeto de una solicitud de patente secreta es la manera de delimitar la información protegida.

La divulgación debe realizarse "en perjuicio de la defensa nacional", lo que se ha interpretado de forma casi unánime no como exigencia de un perjuicio efectivo (como resultado, GUINARTE CABADA, MARCHENA GÓMEZ), sino como idoneidad objetiva para afectar al interés de la defensa nacional (VALLE MUÑIZ, JORGE BARREIRO, BAUCELLS LLADÓS, FARALDO CABANA, etc.).

El objeto material lo constituye la invención objeto de una solicitud de patente secreta. Se ha empleado una dicción legal un tanto desafortunada, en primer lugar, porque en puridad la LP considera secretas todas las solicitudes de patente durante el primer mes de su tramitación (art. 111.1, LP). Este régimen de secreto puede prorrogarse hasta cuatro meses si se estima que la invención puede ser de interés para la defensa nacional, notificándolo al solicitante y transmitiendo copia de la solicitud al Ministerio de Defensa (art. 111.3, LP). De manera que no se trata de una solicitud secreta, pues todas lo son, sino de la tramitación secreta de una solicitud en base a dicho interés general. En segundo lugar, el tipo se refiere sólo a la solicitud de patente, pero nada dice una vez que ésta se ha concedido e inscrito en el correspondiente Registro secreto (art. 113, LP). Limitar la protección penal al estadio inicial de solicitud no tendría sentido desde el punto de vista del bien jurídico protegido, pues sólo en la medida en que se constate el interés para la defensa nacional de la invención y que cumple con los requisitos de patentabilidad, la conducta de divulgación será típica o no. En consecuencia, hay que interpretar que el tipo se refiere a la invención que se mantiene en régimen de secreto por razones de defensa nacional, ya sea en su fase de solicitud o en su fase de inscripción registral como patente ya reconocida (VALLE MUÑIZ, BAUCELLS LLADÓS; de otra opinión, FARALDO CABANA, proponiendo aplicar el art. 598, CP, en tales casos). Por tanto, la referencia a la solicitud se hace en el sentido de que en el momento de la conducta típica la invención sea o haya sido una solicitud secreta (GUINARTE CABADA). En este sentido, la referencia típica a la contravención de lo dispuesto en la legislación de patentes remite al régimen de secreto que ésta establece que, de una parte, impide que la invención sea de acceso general (se inscribe en un registro secreto) y de otra, que el solicitante o el titular de la patente esté obligado a guardar la reserva sobre ella (art. 111.4, LP).

4. Tipo subjetivo

El tipo requiere que la divulgación se realice "intencionadamente", lo que se ha interpretado de forma unánime como exigencia de un dolo directo. La divulgación imprudente no ha sido prevista, por lo que resulta impune. Tan sólo se plantea la posibilidad de aplicar el art. 601, CP, cuando la divulgación se realiza de forma imprudente (grave) por quien conozca la invención por razón de su cargo, comisión o servicio (en el Ministerio de Defensa o en la Oficina de Patentes). La Doctrina rechazaba la punición en estos casos, aunque sea teóricamente posible, porque la voluntad de la ley había sido no castigar la comisión imprudente, aduciendo que la LP tan sólo preveía, para el caso de revelación imprudente del solicitante o titular, la pérdida del derecho a compensación económica que puede reclamar al Estado (art. 121.3, LP 1986) (VALLE MUÑIZ, BAUCELLS LLADÓS). Con la nueva LP 2015 está conclusión ha de revisarse, pues el art. 114.3, LP, deja a salvo la responsabilidad penal a que hubiere lugar, que bien puede ser la del art. 601, CP.

5. Iter criminis

La mayoría de la Doctrina, al no exigir la causación de un perjuicio efectivo a la defensa nacional parece configurar el tipo como de mera actividad, en el que es posible apreciar la tentativa (MORENO CÁNOVES/RUIZ MARCO, BAUCELLS LLADÓS, etc.). Un sector minoritario, en cambio, considera que se trata de un delito de resultado (GUINARTE CABADA, MARCHENA GÓMEZ), requiriendo para su perfección el citado perjuicio efectivo. A mi modo de ver se trata de un delito de resultado, si bien el resultado no radicaría tanto en la exigencia de un perjuicio efectivo para la defensa nacional, como en que la información secreta sobre dicha invención entre en el ámbito de disponibilidad del destinatario de la divulgación.

6. Concursos

En el ámbito concursal hay que considerar, en primer lugar, la relación que guarda con los delitos de "descubrimiento y revelación de secretos e informaciones relativas a la defensa nacional" y concretamente con los arts. 598, CP, o 602, CP. Para un sector doctrinal se produce un concurso de normas que se resuelve bien en favor del art. 277, CP, por razones de especialidad del objeto material (GUINARTE CABADA), bien en favor del art. 598, CP, porque establece mayor pena (GONZÁLEZ RUS). Sin embargo, tiene razón VALLE MUÑIZ al señalar que sus ámbitos de aplicación son distintos o separados en la medida que en el art. 598, CP, se trata de "información legalmente clasificada como reservada o secreta", lo que se determina conforme a la Ley de secretos oficiales (también BAUCELLS LLADÓS). FARALDO CABANA, en cambio, considera que el art. 1.2 Ley de Secretos Oficiales, permite extender el objeto material de aquellos delitos a la información que ha sido declarada secreta por Ley, sin necesidad de previa clasificación.

En segundo lugar, si la divulgación fuera realizada por funcionario público o autoridad, puede ser aplicable el art. 417, CP, que castiga la revelación de secretos o informaciones de los que tengan conocimiento estos sujetos por razón de su oficio o cargo. En opinión de algunos autores se produce un concurso de normas, aplicándose el art. 277, CP, por razones de especialidad (VALLE MUÑIZ, JORGE BARREIRO). GUINARTE CABADA considera, en cambio, que existe un concurso ideal de delitos.

En tercer lugar, la comunicación de la invención a varios sujetos sucesivamente daría lugar a un solo delito de divulgación de patente secreta, pues esta dimensión plural del destinatario es propia de la conducta típica de divulgar. También habrá un solo delito cuando la transmisión completa del contenido de la invención se realice en sucesivas ocasiones (BAUCELLS LLADÓS).

Finalmente hay que referirse a la posibilidad de que el art. 277, CP, concurra con alguno de los tipos del art. 273, CP, lo que daría lugar a un concurso ideal de delitos (VALLE MUÑIZ, JORGE BARREIRO, como medial lo califica PAREDES CASTAÑÓN).

IX. BIBLIOGRAFÍA

ASENCIO GALLEGO, J. M. (dir.) *La protección penal de la propiedad industrial y los derechos de autor*, Valencia, 2024; BATLLÓ BUXÓ-DULCE, L. "La reforma del Código Penal en relación con los delitos contra la propiedad industrial", *LL* 2004-4; BERCOVITZ RODRÍGUEZ-CANO, A. (Coord.) *Marca y diseño comunitarios*, Pamplona, 1996; BERDUGO GÓMEZ DE LA TORRE, I. "La reforma de los delitos contra la propiedad industrial", *D. J.* nº 37-40 (1983), vol. 2; id. "La tutela de la competencia en la Propuesta de Anteproyecto del Nuevo Código penal", en BARBERO SANTOS, M. (ed.), *Los delitos socioeconómicos*, Madrid, 1985; CABAÑAS GARCÍA, J. C. "Especialidades procesales en la persecución de los delitos contra la propiedad industrial e intelectual", *LL-Penal* 6, 2004; CASTIÑEIRA PALOU, T. "Los delitos contra la propiedad industrial", en ASÚA BATARRITA, (ed.), *Jornadas sobre el nuevo Código Penal de 1995*, San Sebastián, 1998; id. "Sobre el alcance de la protección penal de la propiedad industrial", en SILVA SÁNCHEZ, J. M. (coord.), *¿Libertad económica o fraudes punibles? Riesgos penalmente relevantes e irrelevantes en la actividad económico-empresarial*, Madrid, 2003; id. "El denominado toro de Osborne. Comentario a la SAP Sevilla, Penal, Sec. 1ª, de 31.1.2006 (M. P.: P. Izquierdo Martín)", *InDret*, nº 3, 2006; COMORERA ESTARELLAS, J. "El eterno debate sobre la confundibilidad en los delitos contra la propiedad industrial (art. 274 CP)", en ORTEGA BURGOS, E. (Dir.) *Derecho penal 2023*, Valencia, 2023; DANNECKER, G. "Protección penal de las marcas comunitarias", en AA.VV. *Eurodelitos. El Derecho penal económico en la Unión Europea*, Cuenca, 2004 (trad. A. Nieto Martín); FARALDO CABANA, P. *Las Nuevas Tecnologías en los delitos contra el patrimonio y el orden socioeconómico*, Valencia, 2009; FERNÁNDEZ LÓPEZ, J. M. (Dir.) *Propiedad industrial, EDJ*, nº 49, 2003 FERNÁNDEZ TERUELO, J. G. *Cibercrimen. Los delitos cometidos a través de internet*, 2007; GARCÍA RIVAS, N. "Delitos relativos a denominaciones de origen e indicaciones geográficas", en *Diccionario de DPE*, 2008; GIMBERNAT ORDEIG, E. "El bien jurídico protegido en los delitos contra la propiedad industrial", *LH-Rodríguez Mourullo*, 2005; GUERRERO ZAPLANA, J. "Los delitos contra la propiedad intelectual e industrial", *EDJ, nº* 93, 2006; GUINARTE CABADA, G. *La tutela penal de los derechos de propiedad industrial*, Madrid, 1988; id. "Las infracciones de los derechos de propiedad industrial del artículo 534 del Código Penal", *CLP*, t. XIII, 1991; id. "Los delitos contra la propiedad industrial en el Proyecto de Código penal español de 1992", en *Actas de Derecho Industrial, nº* 14, 1991-1992; JORDÁN DÍAZ-RONCERO, M. J./COMES RAGA, I. "Tutela penal de la propiedad industrial: Aspectos sustantivos y procesales", *RDP*, nº 30, 2010; LARRIBA HINOJAR, B. "La tutela comunitaria del diseño industrial: su regulación penal", *RCCPP*, nº 4, 2002; id. *La tutela penal del diseño industrial*, Valencia, 2006; MAPELLI CAFFARENA, B. "Consideraciones en torno a los delitos contra la propiedad industrial", *LH-Cerezo Mir*, 2002 [=*Derecho y conocimiento. Anuario jurídico sobre la sociedad de la información y del conocimiento*, nº 1, 2001 (disponible en www.uhu.es/derechoyconocimiento); MASSAGUER FUENTES, J. (Dir.) *Protección penal, competencia desleal y tribunales de marcas comunitarios, EDJ, nº* 19, 1999; MASCAREÑAS, C. F. "¿Gozan de protección penal las modalidades de Propiedad Industrial creadas por el Real Decreto-Ley de 26 de julio de 1928?", *RJCat, nº* 69, 1952; id. "Notas para un estudio de la defraudación de la Propiedad Industrial", *RJCat, nº* 70, 1953; id. "Delitos contra la propiedad industrial", *NEJ*, VI, 1975; id. "Falsificación de marca", *NEJ*, IX, 1982; id. "Imitación de marca", *NEJ*, XI, 1979; id. "Imitación de modelo y de dibujo industriales", *NEJ*, XI, 1979; id.

"Imitación de nombre comercial", *NEJ,* XI, 1979; id. "Imitación de rótulo de establecimiento", *NEJ,* XI, 1979; id. "Imitación de título de película cinematográfica", *NEJ,* XI, 1979; MATA Y MARTÍN, R. M. "Infracciones penales y administrativas por el uso no autorizado de denominaciones de origen: el principio *non bis in idem*", *LL,* nº 6, 2007; MIRÓ LLINARES, F. "Derecho penal y libre competencia en Internet: la protección de nuevas creaciones industriales y del ingenio frente a nuevas formas de explotación en Internet", *CPC, nº* 94, 2008; MOIX BLÁZQUEZ, M. "La protección penal de la marca: aspectos relevantes de la Circular 1/2006 de la Fiscalía General del Estado", *EDJ, nº* 145, 2007; MOLINA BLÁZQUEZ, C. "La criminalización de la competencia desleal en el proyecto de Código Penal de 1992", *PJ,* nº 28 (1992); MOLINA GIMENO, F. J. "Conveniencia político criminal de introducir la modalidad imprudente para complementar la protección penal de los secretos de empresa", *LL,* nº *1.* 2009; MORA GONZÁLEZ, J. I. "Protección penal de las denominaciones de origen en el sector vitivinícola", *RP,* nº 19, 2007; MORENO Y BRAVO, E. "Delitos contra la propiedad industrial", *EDJ, nº* 35, 2001; MORENO CÁNOVES, A./RUIZ MARCO, F. *Delitos socioeconómicos. Comentario a los art. 262, 270 a 310 del nuevo Código Penal (concordados y con jurisprudencia),* Zaragoza, 1996; MORILLAS CUEVA, L. "La protección de las invenciones biotecnológicas en el ámbito de los delitos contra la propiedad industrial", en AA.VV. *Aspectos legales de la agricultura transgénica,* Almería, 2004; id. "Protección jurídico-penal de las obtenciones vegetales", en AA.VV. *Estudios jurídico-penales sobre genética y biomedicina,* 2006; id. "Protección penal de invenciones y creaciones industriales", en *Diccionario de DPE,* 2008; id. "Protección penal de obtenciones vegetales", *ibidem*; id. "Protección penal de signos distintivos", *ibidem*; MOSCARDÓ, M. "Delitos relativos a la propiedad industrial", en AA.VV. *Delitos y cuestiones penales en el ámbito empresarial,* Madrid, 1999; MUÑOZ CONDE, F./CUADRADO RUIZ, M. A. "Infracciones de la propiedad industrial", *EJB,* 1995; *EPB,* 2002; ORÉ SOSA, E. *La protección penal de la marca en el Derecho Español,* Salamanca, 2006; ORLANDO, S. "La regulación de los delitos contra la propiedad industrial en el Nuevo Código Penal. Novedades introducidas y consecuencias de su aplicación", *EDJ, nº* 19, 1999; PAREDES CASTAÑÓN, J. M. *La protección penal de las patentes e innovaciones tecnológicas,* Madrid, 2001; id. "Los delitos de usurpación de marcas y otros signos distintivos: ¿protección del derecho, protección del patrimonio o protección del consumidor?", *LH-Rodríguez Mourullo,* 2005; PORTELLANO DÍEZ, P. "Los nuevos delitos contra la propiedad industrial. Reflexiones de un mercantilista", *CPC,* nº 60, 1996; PUENTE ABA, L. M. "La prueba del dolo en los delitos referentes a la infracción del derecho de marca. Comentario a la jurisprudencia reciente", *AFDUC,* nº 6, 2002; RODRÍGUEZ FERNÁNDEZ, R. "La protección penal de los derechos de propiedad industrial", *LL* 2008-5; RODRÍGUEZ PADRÓN, C. "Los delitos contra la propiedad industrial, trascendencia de la ubicación en el Código Penal de 1995", *EDJ,* nº 19, 1999; RODRÍGUEZ RAMOS, L. "Planteamiento", en AA.VV.: *Propiedad industrial. Teoría y práctica,* Madrid, 2001; id. "Aspectos globales de la actual regulación", *ibidem*; id. "Análisis de los tipos delictivos", *ibidem*; DEL ROSAL BLASCO, B. (Dir.) *Delitos relativos a la propiedad industrial, al mercado y a los consumidores, CDJ,* 1997 t. XIV; id. "La infracción del derecho de marcas en el nuevo Código Penal de 1995", *CDJ,* 1997 t. XIV; DEL ROSAL BLASCO, B./SEGURA GARCÍA, M. J. "El denominado jurisprudencialmente «dolo específico» y la necesidad del conocimiento del registro en el ámbito de la infracción penal del derecho de marcas", *EDJ,* nº 19 (1999); SEGURA GARCÍA, M. J. *Derecho Penal y propiedad industrial,* Madrid, 1995; id. "La protección penal de los derechos integrantes de la propiedad industrial", *CDJ,* 1998 t. X; id. "Derecho penal y signos distintivos", *EDJ, Nº* 35, 2001; id. *Los delitos contra la propiedad industrial en el Código Penal de 1995,* Valencia, 2004; SORIANO SORIANO, J. R. "Los delitos contra la propiedad industrial", *CDJ,* 1996 t. XX; TERRADILLOS BASOCO, J. M. *Derecho penal de la empresa,* Madrid, 1995; TIRADO ESTRADA, J. J. "Delincuencia organizada y tráfico ilícito de productos de marca: perspectivas de acción internacional en el ámbito del tercer pilar", *EDJ, nº* 49, 2003; TORRES-DULCE LINFANTE, E. "La tipificación objetiva en los delitos contra la propiedad industrial", *EDJ, nº* 19, 1999; id. "La respuesta judicial a la legislación de marcas", *EDJ, nº* 49, 2003; VIDORRETA RUIZ, C. "Comentarios al artículo

227 del Código Penal de 1995", *CPC, nº 62*, 1997; VIEIRA MORANTE, F. J. "Delitos contra la propiedad intelectual e industrial", *CDJ*, 2003, t. II; id. "La protección penal de la marca: aspectos relevantes de la Circular 1/2006 de la Fiscalía General del Estado", *EDJ, nº* 145, 2007.

REFERENCIAS LEGALES

- Ley de Marcas 17/2001, de 7 de diciembre (*Tol 293443*).
- Ley 24/2015, de 24 de julio, de Patentes.
- Ley 20/2003, de 7 de julio, sobre Protección Jurídica del Diseño Industrial (*Tol 275056*).
- Ley 3/2000, de 7 de enero, de régimen jurídico de la protección de las obtenciones vegetales (*Tol 123576*).
- Ley 24/2003, de 10 de julio, de la Viña y el Vino (*Tol 275507*).
- Reglamento (CE) 6/2002 del Consejo, de 12 de diciembre de 2001, sobre los dibujos y modelos comunitarios.
- Reglamento (CE) 491/2009 del Consejo, de 25 de mayo de 2009, que modifica el Reglamento (CE) 1234/2007 por el que se crea una organización común de mercados agrícolas y se establecen disposiciones específicas para determinados productos agrícolas.
- Reglamento (UE) 2017/1001 del Parlamento Europeo y del Consejo, de 14 de junio de 2017, sobre la marca de la Unión Europea.
- Reglamento (UE) 2019/1753 del Parlamento Europeo y del Consejo, de 23 de octubre de 2019, sobre la actuación de la Unión tras su adhesión al Acta de Ginebra del Arreglo de Lisboa relativo a las Denominaciones de Origen y las Indicaciones Geográficas.
- Reglamento (UE) 2024/1143 del Parlamento Europeo y del Consejo, de 11 de abril de 2024, relativo a las indicaciones geográficas para vinos, bebidas espirituosas y productos agrícolas, así como especialidades tradicionales garantizadas y términos de calidad facultativos para productos agrícolas, por el que se modifican los Reglamentos (UE) 1308/2013, (UE) 2019/787 y (UE) 2019/1753, y se deroga el Reglamento (UE) 1151/2012.

Lección 18ª

Delitos relativos al mercado y a los consumidores (I)

MARÍA DEL MAR CARRASCO ANDRINO

Artículo 278

1. El que, para descubrir un secreto de empresa se apoderare por cualquier medio de datos, documentos escritos o electrónicos, soportes informáticos u otros objetos que se refieran al mismo, o empleare alguno de los medios o instrumentos señalados en el apartado 1 del artículo 197, será castigado con la pena de prisión de dos a cuatro años y multa de doce a veinticuatro meses.

2. Se impondrá la pena de prisión de tres a cinco años y multa de doce a veinticuatro meses si se difundieren, revelaren o cedieren a terceros los secretos descubiertos.

3. Lo dispuesto en el presente artículo se entenderá sin perjuicio de las penas que pudieran corresponder por el apoderamiento o destrucción de los soportes informáticos.

Artículo 279

La difusión, revelación o cesión de un secreto de empresa llevada a cabo por quien tuviere legal o contractualmente obligación de guardar reserva, se castigará con la pena de prisión de dos a cuatro años y multa de doce a veinticuatro meses.

Si el secreto se utilizara en provecho propio, las penas se impondrán en su mitad inferior.

Artículo 280

El que, con conocimiento de su origen ilícito, y sin haber tomado parte en su descubrimiento, realizare alguna de las conductas descritas en los dos artículos anteriores, será castigado con la pena de prisión de uno a tres años y multa de doce a veinticuatro meses.

I. CONSIDERACIONES GENERALES

La Sección 3ª del Capítulo XI del Título XIII, a diferencia de las dos anteriores, reúne bajo la denominación "delitos relativos al mercado y a los consumidores" un conjunto de figuras delictivas heterogéneas que protegen distintos bienes jurídicos, cuyo denominador común reside en la protección de la competencia como institución básica en una economía de mercado. La doctrina distingue tres grupos o familias de delitos: en primer lugar, aquél que incide sobre la capacidad competitiva del empresario, protegiendo la información reservada de las empresas que tiene valor económico-competitivo a través de los delitos de violación de secreto de empresa (arts. 278 a 280, CP). En segundo lugar, los tipos que se dirigen a proteger los intereses, esencialmente económicos, de los consumidores. Aquí se incluyen los delitos de publicidad engañosa (art. 282, CP) y de facturación falsa (art. 283, CP). Finalmente, un tercer grupo que salvaguarda aspectos concretos de la libre competencia como el de la oferta de las materias primas o de productos de primera necesidad (art. 281, CP), la formación de los precios (art. 284, CP), la transparencia en el mercado de valores (art. 285, CP) o las defraudaciones en el mercado de servicios de acceso condicionado (art. 286, CP).

No obstante, la mayoría de la Doctrina sitúa el delito del art. 281, CP, entre los que protegen los intereses de los consumidores (SUÁREZ GONZÁLEZ, MUÑOZ CONDE, MORALES PRATS/MORÓN LERMA, MARTÍNEZ-BUJÁN PÉREZ reconociendo su carácter ambivalente, etc.). Por su parte PUENTE ABA, aunque lo agrupa entre los delitos contra los consumidores, defiende su carácter pluriofensivo considerando que resultan afectados tanto los intereses difusos de los consumidores como la libertad de competencia.

La LO 5/2010 introdujo un nuevo ilícito penal en el art. 282 bis, CP —estafa de inversores—, CP, dirigido a proteger los intereses del colectivo de inversores, que también incidirá en la salvaguardia de la transparencia en el mercado de activos financieros, por lo que podrá ser incluido tanto en el grupo de delitos dirigidos a proteger los intereses de los consumidores como en el destinado a garantizar aspectos concretos de la libre competencia. En esta reforma se modificó también el art. 284, CP, introduciendo una pena de inhabilitación especial para intervenir en el mercado financiero como actor, agente, mediador o informador.

A nuestro modo de ver, sin embargo, podría establecerse una distinción entre dos grupos delictivos, coincidentes con la rúbrica de la Sección, de manera que, por un lado, estarían los ilícitos encaminados a la protección de los intereses de los consumidores (arts. 282 y 283, CP), y por otro, aquellas figuras delictivas que inciden en lo que es esencial a la economía de mercado: la competencia por eficiencia, esto es, la obligación de que los agentes económicos compitan por méritos o en base a la eficiencia de sus propias prestaciones. Este principio de competencia por eficiencia es transgredido tanto cuando se violentan los secretos empresariales (aprovechamiento del esfuerzo ajeno) como cuando se realizan determinadas maniobras que inciden en la oferta, en la formación de los precios, o en determinadas prácticas respecto de mercados concretos como el financiero o el de los servicios de acceso condicional. Ello sin dejar de reconocer que los secretos empresariales, aunque abarcan un conjunto de informaciones más extenso, cumplen una función complementaria respecto de la propiedad industrial como alternativa al régimen de patentes y protección de las fases de investigación y desarrollo previas (SUÑOL LUCEA), lo que bien hubiera permitido situar estos delitos en la Sección 2ª del Capítulo XI.

Algunos autores echan en falta en esta sección el delito de difamación comercial que aparecía previsto en el Proyecto de CP de 1992 (SUÁREZ GONZÁLEZ, MARTÍNEZ-BUJÁN PÉREZ). Por su parte, la Propuesta de Anteproyecto de Código Penal de 1983 recogía el delito de competencia desleal que acertadamente no se incluyó finalmente en el texto legal vigente, pues la lealtad competitiva se encuentra suficientemente protegida por la Ley 3/1991, de 10 de enero, de Competencia Desleal, aparte de que no reúne los requisitos de merecimiento de pena para configurarse como bien jurídico penalmente protegido.

Entre las Disposiciones Comunes de la Sección 3ª, que serán objeto de un análisis pormenorizado en una lección posterior, conviene referirse a la necesidad de denuncia de la persona agraviada o de sus representantes legales como condición de procedibilidad para estos delitos (art. 287.1, CP), que convierte a los tipos de violación de secreto empresarial en delitos semipúblicos. Aquí hay que tener en cuenta que el art. 287.2, CP, devuelve estos tipos a la regla general de persecución de oficio cuando se afecta a los intereses generales o a una pluralidad de personas, lo que sucederá siempre respecto de los delitos que afectan a los intereses de los consumidores o a determinados aspectos de la libre competencia. En este sentido, llama la atención que se haya limitado esta condición de procedibilidad a los delitos de la Sección 3ª del Capítulo XI, en los que la mayoría de los tipos inciden sobre bienes jurídicos colectivos, dejando en cambio los delitos de las secciones anteriores (propiedad intelectual e industrial) que protegen intereses individuales al régimen general de persecución de oficio. No se comprende tampoco la razón de limitar la persecución penal en los tipos de violación de secreto que también protegen intereses individuales, a no ser por el hecho de que la fragilidad de la situación de reserva sobre la que se asienta el secreto pueda hacer aconsejable dejar en manos de su titular la decisión sobre el inicio de la persecución penal.

Finalmente, conviene también recordar que los delitos de violación de secreto empresarial pueden generar responsabilidad penal de la persona jurídica, según dispone el art. 288 II, CP, cuando se den los criterios estipulados en el art. 31 bis, CP.

II. DELITOS RELATIVOS AL SECRETO DE EMPRESA

1. Consideraciones generales. Bien jurídico protegido

Los arts. 278 a 280, CP, aglutinan los tipos dedicados a la protección penal del secreto de empresa. Su ubicación, en el CP vigente, entre los delitos relativos al mercado y a los consumidores supuso una mejora considerable respecto de la decimonónica regulación contemplada en el art. 499 del CP 1973. Esta ubicación, en primer lugar, resulta más adecuada en la medida que se trata de tutelar un bien económico, con relevancia en la capacidad competitiva de las empresas en el mercado, y no, de proteger la libre voluntad del empresario de mantener la reserva sobre determinada información de su empresa, conclusión a la que abocaba su inclusión, en el CP 1973, entre los delitos contra la libertad y seguridad. Con la actual ubicación, en la Sección 3ª del Capítulo XI, dedicado a los delitos relativos a la propiedad intelectual e industrial, al mercado y a los consumidores, dentro del Título XIII relativo a los delitos contra el patrimonio y contra el orden socioeconómico, queda, por tanto, patente su valor patrimonial y su vinculación con el mercado y la lealtad competitiva. En segundo término, el texto penal vigente, a diferencia de los que le precedieron, ofrece una salvaguarda del secreto de empresa no sólo frente a quien quebranta su deber de sigilo o reserva, después de haber accedido lícitamente a su conocimiento (art. 279, CP), sino también frente a quien accede al mismo de forma ilícita, no permitida, lo que configura las conductas de espionaje industrial (art. 278, CP), y también frente a quien se aprovecha del secreto así revelado o adquirido (art. 280, CP). En tercer lugar, se abandona la obsoleta nomenclatura del derogado CP —secreto de industria— por la más moderna y omnicomprensiva de "secreto de empresa". No obstante, como se comprobará, su tipificación arrastra todavía un significativo paralelismo con los tipos que protegen la intimidad personal —descubrimiento y revelación de secretos relativos a la intimidad.

Además, en el estudio de estos tipos penales ha de tenerse en cuenta que el secreto de empresa goza también de protección en otros ordenes jurídicos. En concreto, en el orden civil, la Ley 3/1991, de 10 de enero, de Competencia Desleal (LCD), se refiere al mismo en su art. 13, disponiendo que "*se considera desleal la violación de secretos empresariales, que se regirá por lo dispuesto en la legislación de secretos empresariales*". Por otra parte, la Ley 1/2019, de 20 febrero, de Secretos Empresariales (LSE), incorpora por primera vez, en su art. 1, un concepto legal de secreto empresarial, disponiendo cuándo su obtención, utilización o revelación es lícita (art. 2, LSE) y cuándo constituye una violación del secreto (art. 3, LSE). También por primera vez un texto legal reconoce la existencia de un derecho de propiedad sobre la información reservada de la empresa, si bien no oponible *erga omnes*, al quedar limitado por el acceso lícito de terceros, y en tanto pueda ser objeto de transmisión (cesión o licencia de uso) (art. 4, LSE), regulando también la cotitularidad bajo el régimen de comunidad *pro indiviso* (art. 5, LSE).

La normativa laboral también cuenta con disposiciones que sirven a la protección de la información reservada de la empresa. En particular, el deber de buena fe que, de acuerdo con los art. 5.a) y 20.2 del Estatuto de los Trabajadores (ET), aprobado por Real Decreto Legislativo 2/2015, de 23 de octubre, rige la relación laboral del trabajador con su empleador, y cuya infracción puede suponer una sanción de despido para aquel; a lo que se añaden los pactos de reserva o de no competencia, que pueden establecerse expresamente en el contrato laboral.

En el ámbito internacional, los textos que inciden en la protección del secreto de empresa son el Convenio de la Unión de Paris, a través de la cláusula general prohibitiva de actos de competencia desleal recogida en el art. 10 bis, y el Acuerdo sobre los Aspectos de Derecho de Propiedad Intelectual relacionados con el Comercio de 15 de abril 1994 —anexo 1C al Acuerdo de Marrakech que establece la Organización Mundial del Comercio—, conocido por sus siglas en inglés "*TRIPS agreement*", en cuyo art. 39 se aborda la protección de la información no divulgada (pormenorizadamente, MURUAGA HERRERO). Este último texto es el que ha servido de base a la Directiva (UE) 2016/943 del Parlamento Europeo y del Consejo de 8 de junio de 2016, relativa a la protección de los conocimientos técnicos y la información empresarial no divulgados (secretos comerciales) contra su obtención, utilización y revelación ilícitas, cuya transposición se ha plasmado en la citada LSE.

Así las cosas, el fundamento de la protección jurídica del secreto de empresa reside en el fomento del desarrollo industrial y comercial, en la medida en que su salvaguardia sirve para incentivar la inversión en investigación y creación de información valiosa relacionada con la empresa (GÓMEZ SEGADE, MASSAGUER FUENTES, SUÑOL LUCEA). Se ofrece así una contrapartida al empresario que por regla general realiza un despliegue de medios económicos para obtener dicha información valiosa, pues de otra manera cualquiera podría hacer uso de las experiencias y resultados obtenidos sin soportar los costes asociados a su desarrollo. La protección de la información valiosa bajo el régimen del secreto empresarial permite a su titular obtener beneficios de la inversión realizada, de su propio esfuerzo o actividad, pero no sólo en términos de costes, sino también como ventaja competitiva que le proporciona su uso, sea cual sea éste, incluido el "no uso" (competencia en base a las propias prestaciones). Su naturaleza se inserta en la competencia desleal, no en el ámbito de los derechos de exclusiva (GÓMEZ SEGADE).

En este orden de cosas, una autorizada corriente doctrinal (BAJO FERNÁNDEZ/BACIGALUPO SAGGESSE, GONZÁLEZ RUS, MARTÍNEZ-BUJÁN PÉREZ, TERRADILLOS BASOCO, MORALES PRATS/MORÓN LERMA, DE LA MATA BARRANCO, etc.) identifica el bien jurídico protegido con la capacidad competitiva de la empresa o con la competencia leal (MUÑOZ CONDE). Se trata con ello de destacar la naturaleza socioeconómica de esta figura, orientada a la protección de la competencia, como elemento característico del orden económico, a través de la afectación de un interés patrimonial individual (delito socioeconómico en sentido amplio). FERNÁNDEZ SÁNCHEZ, en cambio, coloca en primer plano del injusto la dimensión colectiva del bien jurídico, que concreta en el correcto funcionamiento del mercado; si bien la autora admite que la capacidad competitiva del empresario concretamente afectado es un bien jurídico mediato, también protegido en el tipo, otorgándole así una naturaleza pluriofensiva. El sector doctrinal mayoritario se ha decantado, sin embargo, por una configuración individual del bien jurídico protegido, de naturaleza patrimonial, que se define, para unos, como el interés económico del empresario en el mantenimiento de la reserva (CARRASCO ANDRINO, MORÓN LERMA, BAUCELLS LLADÓS), esto es, con el valor económico que, como bien inmaterial, tiene la información que el empresario desea mantener oculta o reservada; para otros, se identifica con el patrimonio individual (FARALDO CABANA) o, más concretamente, con las expectativas de ganancia que en la actividad empresarial están asociadas a la información secreta (ESTRADA I CUADRAS), o en fin, directamente, con un derecho de propiedad sobre el bien inmaterial (FERNÁNDEZ DÍAZ).

Es cierto que la LSE admite que el secreto de empresa pueda ser objeto de un derecho de propiedad, al referirse al mismo en la intitulación de su Capítulo III, a los efectos de regular su transmisión y la cotitularidad, pero —como también reconoce la autora— es un derecho de propiedad peculiar en cuanto que no es oponible *erga omnes*. Su exclusividad es solo relativa, dado que solo juega frente a la adquisición o uso ilícito, pero el titular no puede impedir que un tercero por medios lícitos (ingeniería inversa, investigación propia, etc.) llegue al mismo conocimiento y lo explote. Es por ello que preferimos referirnos al interés económico que la información reservada supone en la actividad empresarial, y que permite abarcar también información relevante (ensayos, pruebas, investigaciones fallidas, etc.) que evidentemente tiene un valor económico propio, pero respecto de la cual es difícil apreciar un derecho de propiedad.

La Jurisprudencia, por su parte, ha identificado el bien jurídico protegido con el interés económico de la empresa (SSAP, Lleida, Sección 1ª, 56/2001, 12-2, y Madrid, Sección 23ª, 222/2020, 17-3), con el valor estratégico y patrimonial que encierra el secreto de empresa [SAP, Córdoba, Sección 1ª, 426/2004 (*Tol 576057)*] o con "*la competencia leal entre empresas*" [STS, 285/2008, 12-5 (*Tol 1335978)*; SAP, Zaragoza, Sección 3ª, 124/2009, 11-2 (*Tol 1497128)*; SJP, nº 16, Barcelona, 534/2010, 17-11; SSAP, Baleares, Sección 2ª, 345/2019, 3-6, y Las Palmas, Sección 1ª, 253/2020, 16-11]; con la "*capacidad competitiva de la empresa en el mercado*" (SAP, Madrid, Sección 23ª, 222/2020, 17-3, y STS 735/2024, 12-7).

Su fundamento constitucional se encuentra en la libertad de empresa (art. 38, CE) y en concreto en la preservación de lo que es esencial al sistema económico constitucionalizado: la competencia por eficiencia, esto es, la competencia en base a las propias prestaciones. La violación del secreto de empresa se presenta desde esta perspectiva como una modalidad de aprovechamiento del esfuerzo ajeno, entendido no sólo en términos de costes materiales, personales o temporales, sino también de actividad desplegada. La protección jurídica del secreto de empresa cumple así una función de estímulo o incentivo para el desarrollo económico y social semejante a la que cumple el sistema de patentes, a la que complementa. El bien jurídico así definido no tiene nada que ver con la intimidad, ni siquiera de la empresa o, en general, de la persona jurídica.

FERNÁNDEZ DÍAZ, en coherencia con su definición del bien jurídico protegido y siguiendo a Galán Corona, se apoya también en el art. 20.1.b) (derecho a la producción y creación literaria, artística científica y técnica) y 33.1, CE (derecho a la propiedad privada), en cuanto que la información reservada es resultado de una actividad inventiva, intelectual o creativa, reconociéndose por el Ordenamiento Jurídico facultades de dominio sobre ésta. No compartimos esta visión, pues, de una parte, su vinculación al art. 20.1.b, CE, convierte al secreto de empresa en manifestación de un derecho de la personalidad que, sin embargo, fallaría cuando el titular del secreto y el creador de la información reservada fueran sujetos distintos; y de otra, como ya hemos indicado, la LSE solo ha reconocido ese derecho de propiedad peculiar frente a información susceptible de ser explotada directamente u objeto de cesión a terceros, otorgando, en todo caso, unas facultades de disposición no excluyentes, cuando se llega al conocimiento de forma lícita.

2. *Objeto de la acción: concepto de secreto de empresa*

El secreto es un conocimiento reservado sobre algo. En el ámbito jurídico este concepto tiene carácter instrumental, amparando intereses diversos (intimidad, seguridad del Estado, competencia, etc.).

El art. 1 de la LSE define el secreto de empresa como "*cualquier información o conocimiento, incluido el tecnológico, científico, industrial, comercial, organizativo o financiero*", que reúna las condiciones de ser secreto, tener valor empresarial y haber sido objeto de medidas razonables por su titular para mantener su carácter secreto.

Lo primero que ha de advertirse es que su carácter de bien inmaterial impide en puridad referirse al objeto material del delito, pues éste estará representado por el soporte material en el que se contenga la información reservada (documentos, soporte informático, objetos, etc.) que es lo que constituye el secreto de empresa. Es, por ello, que se prefiere la denominación de objeto de la acción.

Un bien inmaterial es una creación del espíritu humano no perceptible directamente por los sentidos, sino a través de los medios adecuados que permiten su apreciación y utilización en las relaciones socioeconómicas. Se requiere, por tanto, para su aprehensión por los sentidos una materialización en algo corpóreo, lo que supone que no puede ser objeto inmediato de disfrute económico. Además, su representación material es ilimitada, repetible, lo que permite a su vez que pueda ser objeto de posesión simultánea por distintos sujetos, permaneciendo idéntico en todas sus multiplicaciones; y en fin, tiene un valor económico, que deriva de su propia individualidad como bien inmaterial con identidad distinta a la de sus reproducciones inmateriales (GÓMEZ SEGADE).

Así las cosas, el secreto de empresa se referirá a información relativa a la actividad empresarial, que es conocida por un número limitado de personas, y respecto de la cual su titular ha adoptado medidas razonables de protección (voluntad de mantener la reserva), para preservar su valor competitivo.

2.1. Contenido del secreto de empresa

Tradicionalmente la doctrina mercantilista ha asociado la información empresarial sobre la que puede versar el secreto de empresa a tres ámbitos diferenciados (GÓMEZ SEGADE), también presentes en la definición legal recogida en el art. 1 LSE, a saber:

a) Información relativa al ámbito técnico industrial de la empresa (secreto industrial): descubrimientos científicos, invenciones patentables no patentadas, aplicaciones industriales, ejecuciones de detalle, aspectos del software que no son objeto de un derecho de exclusiva y, en general, todo lo relativo a los conocimientos técnicos que afectan a la manera de fabricar un producto, aplicar un procedimiento o prestar un servicio, incluyendo los ensayos o prototipos fallidos (información negativa), prácticas manuales, etc.

b) Información relativa al sector comercial de la empresa (secreto comercial), que puede consistir en una idea comercial (estrategia comercial, publicitaria, proyectos futuros de producción, etc.) o en una recopilación de datos (listados de clientes, proveedores, precios, etc.).

c) Información relativa a la organización interna de la empresa y a su gestión, esto es, a las relaciones de la empresa con el personal, a su situación financiera, a proyectos sobre celebración de contratos o negociaciones con terceros, etc.

La Jurisprudencia ha reconocido como contenido del secreto de empresa tanto los datos relativos a la faceta técnico-industrial (secreto industrial) como los estrictamente comerciales [SSAP, Granada, Sección 2ª, 561/2005, 24-10; Asturias, Sección 2ª, 205/2003 14-7 (*Tol 318180*); Granada, Sección 2ª, 72/2007, 2-2 (*Tol 1624494*), y STS 864/2008, 16-12 (*Tol 1460249*)], si bien los pronunciamientos sobre información técnica de la empresa son muy escasos, lo que puede ser un indicativo de la preferencia en tales casos por los mecanismos extrapenales de protección del secreto (GARCÍA MOSQUERA) por distintas razones, entre las que podría estar el mayor riesgo de revelación del secreto durante el proceso penal, o el menor coste que puede suponer acudir a la vía penal cuando de empresas titulares del secreto de pequeño o mediano tamaño se trate. Se ha apreciado respecto del código fuente de programas comerciales pertenecientes a la empresa, en los cuales constaba el «*copyright*» [SAP, Tarragona, Sección 2ª, 127/2003, 4-4 (*Tol 311203*); también en la SAP, Valencia, Sección 2ª, 455/2022, 16-9, aunque los hechos se consideran prescritos]; también en relación con los códigos desencriptadores de las tarjetas inteligentes o los dispositivos descodificadores que se usaban para acceder a los servicios de televisión de pago (SAP, Barcelona, Sección 8ª, 1036/2002, 4-11; SJP, nº 1, León, 32/2004, 9-2, y SAP, Madrid, Sección 1ª, 274/2008, 12-6).

El de los códigos desencriptadores es un supuesto controvertido, en el que se acabó confundiendo lo que era información reservada de la empresa con lo que constituye un verdadero secreto de empresa, pues, como acertadamente identificó la SJP, nº 1, Valencia, 394/2006, 27-7, ratificada por la SAP, Valencia, Sección 3ª, 3/2007, 3-1 (*Tol 1029415*), no tenía entidad para constituir un secreto empresarial, porque *"aunque (...) sean reservados, no constituyen propiamente un patrimonio empresarial ni su conocimiento aprovecha a empresas competidoras, en el ámbito de un mercado lícito"*. La realidad era que el resto de competidores utilizaban técnicas semejantes de encriptación de los contenidos emitidos, por lo que el conocimiento concreto de los códigos de acceso no proporcionaba ninguna información relevante sobre las características del servicio. Las meras secuencias numéricas aleatorias generadas constituían solo la llave que daba acceso al servicio, que además podían ser fácilmente cambiadas por el prestador de servicio impidiendo el acceso de los receptores "piratas" (MOYA FUENTES, GALÁN MUÑOZ).

Se ha rechazado la existencia de secreto de empresa respecto de las claves de acceso a la página web "eurofestival.net", pues habría que probar que la gestión de la página constituía una actividad empresarial y que su contenido era secreto [SAP, Barcelona, Sección 2ª, 440/2006, 10-5 (*Tol 1007983*)]; también niega entidad para ser secreto de empresa el AAP, Madrid, Sección 4ª, 363/2012, 18-6, a documentación relativa a condiciones laborales del personal de la empresa (órdenes de contratación y modificación de condiciones económicas de determinadas personas, contenidos de datos personales y retribuciones salariales, salarios de encargados, jefes y personal, propuestas de subidas salariales, vacaciones a trabajadores o problemas de cobros, etc.).

El gran volumen de casos jurisprudenciales se ha concentrado en información comercial reservada de la empresa como puedan ser los listados de proveedores y clientes [SSAP, Albacete, Sección 2ª, 128/2022, 5-4; Barcelona, Sección 7ª, 672/2019, 29-10, absolviendo por falta de pruebas; SSTS 285/2008, 12-5 (*Tol 1335978*), y 864/2008, 16-12 (*Tol 1460249*)], los precios de adquisición de los productos (SAP, Alicante, Sección 1ª, 891/1998, 19-2) o las fichas de los productos con su composición (AAP, Guadalajara, Sección 1ª, 167/2024, 18-4); la cartera o listado de clientes [AAP, Barcelona, Sección 8ª, 351/2023, 14-4; SSAP, Islas Baleares, Sección 1ª, 32/2018, 30-1, y Sección 2ª, 345/2019, 3-6; Valencia, Sección 2ª, 94/2020, 20-2; Las Palmas, Sección 1ª, 253/2020, 16-11; Madrid, Sección 29ª, 324/2020, 13-10; Zaragoza, Sección 3ª, 512/1999 (*Tol 394479*), 3-12; Huesca, Sección 1ª, 138/2003, 15-9 (*Tol 361028*); AAAP, Barcelona, Sección 5ª, 166/2006, 17-3; Barcelona, Sección 10ª, 81/2010, 18-1, etc.; en contra, no considerándolo como secreto de empresa, AAP, Barcelona, Sección 8ª, 387/2005, 8-6; SAP, Girona, Sección 3ª, 168/2008, 19-2 (*Tol 1303513*), casada por la STS 864/2008, 16-12 (*Tol 1460249*)]; la situación financiera, facturas y balances y listados de los clientes de la empresa (STS 735/2024, 12-7); también se admiten las ofertas estudiadas para nuevos concursos públicos [SAP, Barcelona, Sección 2ª, 253/2006, 9-3 (*Tol 991308*)]; estrategias comerciales, estudios de mercado y actuaciones comerciales estratégicas realizadas (AAP, Barcelona, Sección 8ª, 415/2023, 31-5).

La mayoría de la doctrina penal (MORÓN LERMA, MARTÍNEZ-BUJÁN PÉREZ, GONZÁLEZ RUS, FERNÁNDEZ DÍAZ, ESTRADA I CUADRAS, etc.) incluye en el secreto de empresa protegido penalmente toda la información reservada de carácter técnico-industrial, comercial y de gestión u organización interna, que tiene valor competitivo para la empresa porque incide directa o indirectamente en la capacidad competitiva de la misma. Para un sector doctrinal, sin embargo, no toda la información reservada de la empresa, cuya revelación pueda tener una incidencia en su posición de mercado, será secreto de empresa protegible penalmente. Así BAJO FERNÁNDEZ/SUÁREZ GONZÁLEZ y MUÑOZ CONDE dejan fuera de estos tipos penales la información financiera o económica de la empresa o sus relaciones con Hacienda. CARRASCO ANDRINO sólo incluye la información que tiene un valor económico por sí misma en el sector económico de que se trate, y no por su eventual vinculación a una determinada empresa, pues solo ésta es la información socialmente valiosa que potencia la competencia por eficiencia —fin de protección de la norma penal— y el desarrollo económico y social (fundamento jurídico de la protección del secreto). No se está con ello limitando el contenido del secreto de empresa al ámbito técnico-industrial o de creaciones intelectuales susceptibles de constituir un derecho de exclusiva (propiedad industrial), sino a la información reservada que constituye un bien económico en sí mismo, un bien económico inmaterial, que sería susceptible de transmisión para su uso o explotación en la actividad económica de que se trate. Con ello se alcanza el necesario merecimiento de pena que justifica la intervención penal en esta materia. La reciente LSE parece sustentar esta idea al configurar el secreto de empresa como objeto de un derecho de propiedad, transmisible a través de contratos de cesión o de licencia de uso, lo que solo es posible respecto de conocimientos, ideas, procedimientos, etc. que sirvan al mejor desarrollo de la actividad económica de que se trate, y no exclusivamente a la reputación de su titular.

A este respecto, la Jurisprudencia ha negado que puedan ser objeto del secreto de empresa penalmente protegido los extractos de cuentas bancarias de la empresa, el contrato de trabajo de un empleado, sus nóminas o los informes sobre su vida laboral [AAP, Vizcaya, Sección 6ª, 235/2005, 27-4 (*Tol 686952)*], las cuentas de resultado de la entidad recurrente que se aportan en procedimiento civil (AAP, Madrid, Sección 4ª, 614/2008, 24-6), el fondo de comercio, la estructura de la empresa o los trabajadores (AAP, Barcelona, Sección 8ª, 325/2005, 18-7); las obligaciones fiscales o la información relativa al levantamiento del velo sobre las sociedades del grupo "no produce perjuicio en la capacidad de competencia de la empresa afectada" (AAP, Barcelona, Sección 5ª, 166/2006, 17-3); o los códigos desencriptadores de los dispositivos descodificadores porque "*no constituyen propiamente un patrimonio empresarial ni su conocimiento aprovecha a empresas competidoras, en el ámbito de un mercado lícito*" [SJP, nº 1, Valencia, 394/2006, 27-7, ratificada por la SAP, Valencia, Sección 3ª, 3/2007, 3-1 (*Tol 1029415)*], o en fin, las pólizas de seguro que tiene la empresa (SAP, Segovia, Sección 1ª, 112/2022, 13-12). Sin embargo, la STS 735/2024, 12-7, incluye dentro del contenido del secreto de empresa la situación financiera de la empresa, sus facturas y balances, información valiosa para la empresa, lo que, a nuestro modo de ver, no es suficiente por si sola para integrar un secreto de empresa protegible penalmente.

Por su parte, ESTRADA I CUADRAS propone introducir un criterio valorativo a considerar en el elemento del interés objetivo en el mantenimiento de la reserva, que modularía la responsabilidad penal en función del valor patrimonial de la información, gracias a la aplicación de la atenuante analógica del art. 21.7, CP, de manera semejante a como sucede en los delitos patrimoniales clásicos, a los que se aproximaría en base al interés protegido, y en los que la pena se asigna en función del perjuicio causado, según sea inferior, o superior, a 400 euros, y hasta los 50.000 euros, o supere esta última cuantía. Así las cosas, si el valor patrimonial de la información reservada fuera inferior a 400 euros, entiende el autor que podría aplicarse la atenuante analógica del art. 21.7, CP, como muy cualificada, lo que permitiría bajar en dos grados la pena; si el valor de la información se encontrase en el tramo intermedio, entonces la rebaja sería solo de un grado, tras la aplicación de dicha atenuante muy cualificada; dejando el marco penal fijado en los tipos de violación de secreto solo para los casos en que el valor de la información superase los 50.000 euros. Dejando aparte que el autor no aporta criterios para la valoración de la información —un asunto complejo (FARALDO CABANA, DE LA MATA BARRANCO)—, la propuesta no puede admitirse de *lege lata*, porque choca frontalmente con el principio de legalidad. Primero, porque supone un exceso interpretativo que va más allá del tenor literal del art. 21.7, CP, que limita la relación analógica a las "circunstancias anteriores", por tanto, a las enumeradas en dicho precepto, entre las que no está el mayor o menor valor de la cosa, el perjuicio o daño causados. Segundo, porque la alteración del marco penológico (bajadas en grado en función de la mayor o menor afectación de los intereses patrimoniales del titular) supone una reducción teleológica que vulnera el fundamento democrático del principio de legalidad. Por otra parte, como ha puesto de manifiesto FERNÁNDEZ DÍAZ, esta propuesta se olvida que el valor del secreto es relativo, en tanto que guarda relación con el tamaño y el tipo de empresa.

2.2. Elementos definitorios del secreto de empresa

La información industrial, comercial u organizativa sobre la que puede versar el secreto de empresa ha de reunir una serie de condiciones para que tenga tal entidad, a las que se refirió inicialmente la doctrina mercantil (GÓMEZ SEGADE) y que han quedado recogidas finalmente en la LSE.

En primer lugar, el carácter oculto o reservado de la información, de manera que si la información es notoria no podrá ser objeto del secreto. La notoriedad se alcanza cuando la información es de dominio público o cuando es fácilmente accesible para cualquier interesado dentro del ámbito económico correspondiente. Así, se rechaza por la Jurisprudencia cuando la información es conocida por todas las empresas que trabajan en el sector (AAP, Castellón, Sección 1ª, 270/2006, 15-5) o cuando se encuentra publicada en la propia web de la empresa, de modo que es "de libre acceso a cualquier persona, inclusive a las empresas de la competencia" (SAP, Barcelona, 525/2017, 14-7, ratificada por la STS 679/2018, 20-12) o se trata de contratos tipo que se "obtenían de una página web, de tal manera que estaban a disposición de todo el que quisiera utilizarlos" (SAP, Sección 29ª, 324/2020, 13-10). La publicación que va aparejada al registro de los derechos de propiedad industrial convierte a la información en un hecho notorio, al igual que la publicación en revistas especializadas, pero solo respecto de lo que haya sido publicado. Así no es extraño que la patente no recoja toda la información necesaria para conseguir una explotación rentable de la invención, de modo que junto a ella puede subsistir un *know-how*, que se disfruta en régimen de secreto.

En cualquier caso, ha de quedar claro que la reserva no es absoluta, sino relativa, esto es, no se exige que la información sea poseída en exclusiva por su titular, por más que esto pueda ser un indicio de su carácter reservado, sino que basta con que no sea fácilmente accesible para los competidores —actuales o potenciales (GÓMEZ SEGADE). En particular, el art. 1, LSE, se refiere a que "*no es generalmente conocido por las personas pertenecientes a los círculos en que normalmente se utilice el tipo de información o conocimiento en cuestión, ni fácilmente accesible para ellas*". No se trata tanto de que sea exclusiva —que puede serlo— sino de que no sea fácilmente accesible para los interesados en ella. Además, hay que tener en cuenta que, como ya hemos señalado, la información reservada pueda ser transmitida contractualmente con pacto de reserva a los competidores, o puede ser adquirida lícitamente por éstos por sus propios medios (análisis del producto, investigación propia, ingeniería inversa, etc.), sin que se pierda por ello el carácter de secreto.

En base a ello se ha negado el carácter de secreto a "ficheros sobre buenas prácticas de laboratorio y procedimientos normalizados de trabajo" (AAP, Barcelona, Sección 9ª, 441/2006, 18-4), o a documentación estandarizada (contratos modelo, partes de alta o baja de la seguridad social, partes de horas, etc.) utilizada por la empresa en su funcionamiento, por ser fácilmente accesible por internet (SAP, Islas Baleares, Sección 1ª, 32/2018, 30-1).

Tampoco debe confundirse este requisito con la novedad absoluta de la información. En el ámbito del secreto de empresa, a diferencia de lo que sucede en los derechos de patente, basta con que exista un *quid novi,* que puede consistir en una mejora de un procedimiento ya conocido que le dota de mayor eficacia o rapidez o en la combinación novedosa de una serie de datos conocidos, al que se vincula el interés económico de su titular en mantenerlo reservado.

En segundo término, la voluntad del titular de mantener reservada la información. Si falta, no sólo no habrá secreto que revelar o difundir, sino que tampoco existirá bien jurídico que proteger. Se convierte, así, en un elemento implícito del tipo la ausencia de consentimiento del titular para que la información sea revelada o difundida. Así, alguna Jurisprudencia ha negado acertadamente la existencia de secreto empresarial cuando la información no está protegida frente al acceso de terceros (SSAP, Barcelona, Sección 7ª, 47 /2001, 18-1, y Girona, Sección 3ª, 168/2008, 19-2; esta última, sin embargo, fue casada por la STS 864/2008, 16-12, sin entrar a valorar este extremo).

El problema será su recognoscibilidad cuando aquella no sea expresa, por ejemplo, por no haberse adoptado medidas de seguridad específicas en torno a su objeto, distinguiéndose entre las medidas *ad extra,* frente a terceros ajenos a la empresa, y las adoptadas *ad intra,* frente a los propios empleados, estableciéndose un distinto nivel de protección en uno y otro caso: mientras que frente a terceros ajenos a la empresa esta voluntad sería recognoscible con medidas de carácter general, por ejemplo, las dirigidas a controlar el acceso a la empresa o al lugar donde se encuentra la información reservada; en cambio, respecto de los propios empleados serían necesarias medidas específicas destinadas a preservar la concreta información reservada (SUÑOL LUCEA). En este sentido, el art. 1, LSE, establece, como una de las condiciones definitorias del concepto de secreto empresarial, que se hayan adoptado medidas razonables por parte de su titular para mantener el secreto. El estándar de razonabilidad remite al examen del caso concreto, en el que habrán de tenerse en cuenta las posibilidades reales con las que cuenta su titular para preservar el secreto (por ejemplo, tamaño de la empresa, ámbito del mercado en el que opera, valoración de riesgos y de costes que representa su abordaje, etc.)

Problemático se presenta el caso de las invenciones laborales no comunicadas por el trabajador, en las que este elemento subjetivo se pone en cuestión ante el propio desconocimiento del empresario-titular. En estos casos, lo relevante es que dicha voluntad sea considerada por el Ordenamiento Jurídico como jurídicamente apreciable. Así, respecto de las invenciones de encargo (aquellas que constituyen el objeto de la relación laboral) la voluntad de mantener la reserva se desprende implícitamente (deber de buena fe) o expresamente del contrato de trabajo; y respecto de las de servicio (aquellas relacionadas con la actividad profesional del trabajador y obtenidas con conocimientos adquiridos en la empresa o con los medios proporcionados por esta) es la propia Ley 4/2015, de 24 de julio, de Patentes (LP) la que permite apreciar jurídicamente dicha voluntad en favor del empresario, al disponer que si el trabajador-inventor incumple su deber de información, perderá todos los derechos que le pudieran corresponder (art. 18.1 LP), pasando entonces a ser de titularidad del empresario y, en consecuencia, a quedar bajo el régimen de reserva laboral, en el que, al menos, puede apreciarse una voluntad tácita de mantener la reserva.

Por su parte, ESTRADA I CUADRAS ha abogado por una configuración puramente objetiva del concepto de secreto de empresa, dejando este elemento subjetivo como un aspecto a considerar en el enjuiciamiento del desvalor de la conducta típica. No ha sido, sin embargo, ésta la visión del Legislador, que expresamente exige la adopción de medidas de seguridad razonables (art. 1, LSE) para que la información reservada tenga entidad de secreto empresarial (GÓMEZ SEGADE).

En tercer lugar, el interés objetivo en el mantenimiento de la reserva. Con ello se alude al valor competitivo de la información en relación con el desarrollo de la actividad económica de que se trate, por ejemplo, porque supone una mejora de la calidad de los productos o de los servicios, ofrece mejores o nuevas prestaciones, permite un ahorro en los costes, etc. Es lo que la LSE denomina *"valor empresarial, ya sea real o potencial, precisamente por ser secreto"*. Se trata, en definitiva, de la expectativa de ganancia que se asocia a su uso o explotación (obtención o incremento de ganancias actuales o potenciales) o de la ventaja competitiva que proporciona su conocimiento, incluso por el mero mantenimiento de la reserva cuando de "información negativa" se trata (ahorro de costes), esto es, de información acerca de que una determinada línea de investigación, método o procedimiento no funciona, que es inadecuado, inútil o ineficaz (SUÑOL LUCEA). En este sentido, se ha negado que tenga carácter de secreto de empresa la información relativa a varias pólizas de seguro contratadas por la empresa con una competidora (SAP, Segovia, Sección 1ª, 112/2022, 13-12).

Como recuerda GÓMEZ SEGADE, la ventaja competitiva no debe circunscribirse exclusivamente al mercado de bienes y servicios, sino que también un mercado de la ciencia, de las ideas y la investigación.

No pueden formar parte del secreto de empresa los secretos con objeto ilícito (ocultar un ilícito administrativo, civil, o incluso penal), pues la capacidad competitiva de la empresa o el interés económico del empresario en el mantenimiento de la reserva sólo se protegen en cuanto que se ajusten a los principios de lealtad competitiva. A este respecto, la STS 285/2008, 12-5 (*Tol 1335978*), ha añadido a las notas características del secreto de empresa (exclusividad, confidencialidad y valor económico), la licitud, indicando que "la actividad ha de ser legal para su protección". Así, la SAP, Madrid, Sección 7ª, 561/2021, 29-11, rechaza que pueda integrar un secreto de empresa la documentación (convenios, listados de movimientos bancarios de la empresa) que forma parte de la denuncia presentada por el empleado contra su empresa ante la Hacienda Pública por conductas defraudatorias en el IVA, manifestando que "por sí solos y en este contexto no son susceptibles de integrar los tipos penales objeto de la acusación".

2.3. Secreto de empresa y experiencia profesional

Una de las cuestiones más complejas en la protección del secreto de empresa es su delimitación de lo que constituyan experiencia, conocimientos o habilidades profesionales del trabajador, en cuyos casos más extremos se evidencia la tensión entre el interés económico del titular a seguir explotando la información de forma restringida y el derecho del empleado a su progreso profesional.

En la práctica jurisprudencial norteamericana se han barajado, entre otros criterios de distinción, el de la *memory*, que considera que todo aquello que se ha memorizado (aprendido) por el trabajador forma parte de sus conocimientos profesionales; también cuando se trata de conocimientos comunes del sector económico en el que el trabajador prestó sus servicios (teoría objetiva); no así, en cambio, cuando se trata de información que el ex empleado es incapaz de desarrollar por sí sólo, de manera que su obtención es el resultado de una colaboración con terceros (teoría subjetiva).

En nuestra doctrina mercantilista más reciente la experiencia profesional ha sido identificada con aquellos conocimientos, capacidades o habilidades que se encuentran inextricablemente unidos a la persona del trabajador, de los que éste no se puede desprender para el ejercicio de su profesión (SUÑOL LUCEA). Comprendería, por lo tanto, las capacidades personales desarrolladas por el trabajador en el ámbito laboral (liderazgo, organización, creatividad, persuasión, etc.), y los conocimientos generales del sector económico de que se trate, pero también, en los casos más extremos, aquella información reservada de la empresa que ha sido internalizada por el trabajador de tal manera que acaba constituyendo parte inseparable de su persona, de la que no puede desprenderse para el ejercicio de su especialización profesional. En tales casos, el derecho al trabajo y al progreso profesional del trabajador se convierte en un límite a la protección del secreto empresarial, que cede en favor de aquel derecho. El art. 1.3, LSE, parece haber acogido esta idea de límite en la tutela jurídica del secreto empresarial, al disponer que *"tampoco podrá restringir la movilidad de los trabajadores; en particular, no podrá servir de base para justificar limitaciones del uso por parte de estos de experiencia y competencias adquiridas honestamente durante el normal transcurso de su carrera profesional o de información que no reúna todos los requisitos del secreto empresarial, ni para imponer en los contratos de trabajo restricciones no previstas legalmente*". Ahora bien, esta alusión a las restricciones legalmente previstas abre una vía para mantener la protección del secreto empresarial incluso en estos casos tan extremos, en los que la prohibición de uso de los conocimientos adquiridos supone *de facto* una renuncia al ejercicio de la profesión. Nos referimos a la posibilidad de establecer un pacto de no concurrencia, previsto en el art. 21.2 ET para después de extinguida la relación laboral, que tiene una limitación temporal predeterminada (2 años para los técnicos y 6 meses para el resto de trabajadores) y que, en todo caso, requiere para su validez de una compensación económica adecuada en favor del trabajador, además de un interés comercial o industrial del empresario.

En la Jurisprudencia penal este problema se ha planteado sobre todo en relación con información de carácter comercial, particularmente con los listados de clientes, proveedores de servicios, etc. Así, en no pocas resoluciones se considera que estos listados no pueden integrar un secreto empresarial, considerando precisamente que son "conocimientos que por su cargo tenía" el sujeto y que "él mismo elaboró" [SSAP, Córdoba, Sección 1ª, 426/2004, 20-10 (*Tol 576057*); Barcelona, Sección 7ª, 1037/2007, 28-11; Córdoba, Sección 3ª, 48/2007, 12-3 (*Tol 1624916*); AAAP, Barcelona, Sección 6ª, 523/2008, 8-10, y Murcia, Sección 3ª, 403/2009, 18-11)]; fruto "de que llevaban más de 20 años trabajando en la empresa querellante, con lo cual es lógico que tuviesen un amplio conocimiento del sector con todo lo que ello implica: clientes, proveedores, precios de mercado, ofertas, packs, etc., y no se aprecia relevancia penal ninguna en el hecho de aprovechar dichos conocimientos para crear una nueva empresa (AAP, Barcelona, Sección 6ª, 195/2024, 4-3; en el mismo sentido SAP, Oviedo, Sección 2ª, 291/2023, 13-7); o que existía una relación personal y directa establecida con los clientes (SAP, A Coruña, Sección 6ª, 80/2012, 29-6), incluso de forma previa o independiente del trabajo realizado (así en SAP, A Coruña, Sección 2ª, 17/2011, 25-3, algunos clientes eran parientes o conocidos por distintos motivos), o en fin, porque simplemente se dirigió a los clientes —que no mantenían relación de exclusividad con la empresa— para captarlos ofreciéndoles los mismos precios que la anterior empresa, sin necesidad de haber accedido a los datos informáticos de la empresa querellante (SAP, Guipúzcoa, Sección 1ª, 121/2007, 15-5); o porque el hecho de que algunos de ellos pasaran a ser clientes de la nueva empresa ha podido deberse al conocimiento o experiencia profesional acumulado por los ex empleados, o la preferencia del propio cliente por la profesionalidad del antiguo empleado (SAP, Ciudad Real, Sección 1ª, 19/2012, 17-9). Muy reveladora es la SAP, Valencia, Sección 3ª, 458/2015, 19-6, en la que se distingue entre "*lo que constituyen los actos de llevarse consigo información secreta perteneciente a la empresa, que tendrían relevancia penal, y por otro lado, lo que es la ulterior aplicación de los conocimientos e informaciones adquiridos por dicho acusado por el ejercicio de su actividad profesional, bien sea referidos a los clientes, bien sea a los precios, cuando continúe trabajando en el mismo sector en el que hasta entonces había trabajado, fuera ya de la precedente relación profe-*

sional cuando no se ha pactado ninguna limitación de competencia" (también las SSAP, Valencia, Sección 3ª, 539/2018, 14-9, y Albacete, Sección 2ª, 128/2022, 5-4). Una distinción que ya había apuntado la SAP, A Coruña, Sección 6ª, 80/2012, 29-6, en la que advertía de que "*no cabe confundir "lista de clientes" con el conocimiento personal de algunos de los clientes que obtiene el trabajador en el desempeño de su labor. Este conocimiento adquirido por el trabajador que se ha dedicado a la comercialización de los productos de una compañía es personal y no constituye secreto de empresa*". También se rechaza acertadamente que pueda constituir secreto empresarial "una lista que no incluía más datos que la identidad de las empresas" —que venían comprando christmas— (SAP, Madrid, Sección 7ª, 561/2021, 29-11).

En otras resoluciones, en cambio, se admite que tales listados pueden integrar un secreto de empresa. Así lo estimó la SJP, Palma de Mallorca, 63/2013, 12-2, que enjuiciaba el apoderamiento del listado de clientes de una inmobiliaria por quien había sido agente de la misma y su posterior utilización en la empresa que fundó, argumentando que "*muchos de ellos (los clientes) son exclusivos de dicha agencia inmobiliaria, y al tratarse de clientes de nacionalidad extranjera y de un alto poder adquisitivo, sus datos personales son ofrecidos de forma muy sigilosa por los mismos*". También la SAP, Córdoba, Sección 3ª, 532/2014, 12-12, respecto de "*los listados de clientes y demás archivos de la empresa que contenían información reservada sobre las obras y servicios que iba a presupuestar, contenido y condiciones de la oferta, y demás datos relevantes para la actividad comercial de la entidad Demoliciones Córdoba S.L.*". La información era utilizada por el empleado para beneficio de la empresa competidora que había constituido, sin saberlo su empleador. También la SAP, Valencia, Sección 3ª, 17/2014, 7-1, considerando que "*los datos estaban debidamente sistematizados y estructurados, con la información de contactos en los proveedores, márgenes comerciales y ofertas personalizadas a clientes concretos, con información igualmente de sus correspondientes contactos*".

Asimismo, el TS también ha admitido los listados de clientes dentro de los posibles objetos del secreto empresarial. Concretamente, de forma expresa se reconoce en la STS 285/2008, 12-5, en la que dos directivos de una empresa de suministros industriales recopilan distintos datos comerciales de ésta para emplearlos posteriormente en una nueva empresa que pretenden crear tras despedirse de la primera. Aunque la cuestión problemática del caso tenía que ver con la existencia y alcance del deber de reserva, el Alto Tribunal aprovecha para dejar claro que "el secreto de empresa (…) no cabe duda que comprende datos comerciales, tales como la catalogación de productos, descripción gráfica, precios de adquisición y venta al público y listado de proveedores y clientes". Es la STS 864/2008, 16-12, la que abordó de forma específica esta cuestión: el caso versaba sobre el apoderamiento del listado de clientes de una gestoría por parte de quienes habían sido sus empleados y su utilización posterior en la nueva empresa fundada por estos. La base de datos de la clientela de ambas empresas era coincidente en un 97% en cuanto a su contenido, y del 100% en cuento a la estructuración de la información recopilada (datos personales, código de cliente, fecha de alta en la antigua empresa, etc.). El TS indicó "*que ciertamente los datos individuales de cada cliente no son secretos sino para el propio interesado; pero sí han de considerarse tales las listas de todos ellos que tienen las empresas para el buen desarrollo de sus actividades comerciales, con las cuales pueden desarrollar de modo adecuado su trabajo, máxime cuando se trata de gestorías administrativas, a realizar los diferentes trámites ante organismos estatales, locales o institucionales, como en lo relativo a los pagos de impuestos, tasas, cuotas de la seguridad social, mutualidades laborales, etc. Estas listas de clientes son un elemento importante para conservar y afianzar un mercado frente a otros competidores que, sobrepasando lo lícito, pudieran valerse de esas listas para ofrecer su actividad negocial a quienes, precisamente por esas listas, pueden llegar a saber la identidad y datos personales de futuros clientes. Ciertamente las empresas tienen unos conocimientos derivados de esas listas que guardan celosamente en sus ordenadores que quieren mantener al margen del conocimiento de otras de la competencia*". Es cierto que, en STS 679/2018, 20-12, el Tribunal Supremo no aprecia la existencia de secreto de empresa en información comercial relativa a proveedores, clientes y precios, confirmando con ello la SAP, Barcelona, Sección 10ª, 525/2017, 14-7, si bien se debe a que dicha información no cumplía con las condiciones de reserva o confidencialidad propias del secreto, pues se encontraba publicada en la página web de la empresa, al alcance, por tanto, de cualquiera que estuviera en ella.

Así las cosas, de lo expuesto pueden extraerse varias conclusiones: en primer lugar, que las relaciones interpersonales y el conocimiento derivado de ellas que haya podido establecer el empleado en el desempeño de su trabajo forman parte, en principio, de su experiencia profesional, y que salvo que se establezca un pacto de no concurrencia el trabajador podrá hacer uso de ellas. Segundo, no hay experiencia profesional cuando el sujeto lo que hace es desplegar actos de apoderamiento de la información que ha conocido en su actividad laboral, por ejemplo, copiando las bases de datos sobre la clientela, fotocopiando documentación, desviando información a la empresa de la competencia, etc., y ello con independencia de que al final dicha información constituya o no un secreto de empresa. Tercero, los listados de clientes pueden integrar un secreto de empresa, lo que normalmente se dará cuando, además de reunir las notas definitorias de aquel, incorpore información que, más allá de la relación de nombres, resulte difícil de conseguir o, al menos, sea fruto de la relación comercial entablada con ellos (desde datos personales exclusivos hasta preferencia o hábitos de consumo, estrategias comerciales, etc.). Cuarto, aun así, los clientes no dejan de ser individuos con libertad de elección y en el ejercicio de ésta pueden optar por una mejor oferta o por la fiabilidad profesional que les reporta un individuo ya conocido.

3. El acceso ilícito al secreto de empresa: los tipos de espionaje industrial

La expresión "espionaje industrial" se emplea en la doctrina mercantil para referirse a conductas de acceso ilícito —no autorizado, subrepticio, etc.— a la información reservada, e incide, a pesar de lo que pueda indicar su tenor, sobre cualquier tipo de información susceptible de constituir un secreto empresarial (SUÑOL LUCEA). Los tipos de espionaje industrial, introducidos por primera vez en el CP 1995, son dos: uno básico, con dos modalidades típicas, recogido en el art. 278.1, CP, y otro agravado, al que se refiere el art. 278.2, CP. El número 3 del art. 278, CP, contiene una cláusula concursal peculiar.

3.1. Tipo básico

3.1.1. Sujeto activo

Se trata de un delito común, que puede ser cometido por cualquiera siempre que no haya tenido acceso a la información reservada de manera lícita (MORÓN LERMA, MARTÍNEZ-BUJÁN PÉREZ, FARALDO CABANA, FERNÁNDEZ DÍEZ, etc.). A esta conclusión se llega a partir de una interpretación sistemática de los tipos recogidos en los arts. 278 y 279 CP, como ya veremos. En la Jurisprudencia, sin embargo, algunas de las primeras sentencias dictadas en esta materia sancionaron, en nuestra opinión erróneamente, por el art. 278 CP a quien había tenido un acceso lícito al secreto, revelándolo cuando ya no tenía obligación de guardar reserva [STS 1607/2000, 16-2; SAP, Córdoba, Sección 1ª, 426/2004, 20-10 (*Tol 576057*), y AAP, Vizcaya, Sección 6ª, 235/2005, 27-4 (*Tol 686952*)], lo que convertía en tipo básico o de recogida al art. 278, CP, cuando ya no existía obligación de guardar reserva. El TS parece corregir esta interpretación en dos sentencias posteriores: la STS 285/2008, 12-5, en la que, aunque no se pronuncia directamente sobre el círculo de posibles sujetos activos del delito del art. 278, CP, sí se indica que el art. 279, CP, es un delito especial propio en el que se vincula la conducta típica al acceso lícito al secreto, gravado con una obligación de guardar reserva; y la STS 864/2008, 16-12, en la que se desarrolla el distinto ámbito de aplicación de los tipos del art. 278 y 279, CP, indicando expresamente que los sujetos activos del art. 278, CP, son quienes no conocen el secreto y tratan de descubrirlo (seguida por SSAP, Santander, Sección 1ª, 23/2023, 31-1; Toledo, Sección 1ª, 93/2015, 30-7; Palma de Mallorca, 63/2013, 12-2; SJP, Palma de Mallorca, 63/2013, 12-2, y SAP, Las Palmas, Sección 1ª, 253/2020, 16-11, entre otras). Sin embargo, la STS 735/2024, 12-7, parece haber vuelto a la interpretación originaria, pues sanciona por el tipo agravado del apartado 2° del art. 278, CP, en relación con el del apartado 1° del mismo artículo, al informático que revela información financiera, facturas, listados de clientes de la empresa que lo había contratado para diseñar la página web, y que había guardado previamente en un *pendrive.* La cuestión —

que no queda clara en los hechos probados— es si dicha información había sido conocida lícitamente, esto es, por necesidad del servicio que tenía que prestar; o si, era información a la que accedió sin tener autorización de la empresa, y por tanto hubo un verdadero acceso ilícito. Sólo en este último caso, podrían aplicarse los tipos del apartado 1 y 2 del art. 278, CP. En la Jurisprudencia menor, también hay resoluciones que siguen aplicando el art. 278, CP, a quien tuvo un acceso ilícito y lo que hizo fue utilizar la información reservada de su antigua empresa en la nueva, que constituyó tras haberse despedido (SAP, Islas Baleares, Sección 2ª, 345/2019, 3-6), cuando lo procedente hubiera sido aplicar el tipo atenuado del art. 279.2, CP, como veremos.

Una opinión particular mantiene ESTRADA I CUADRAS quien, desde una interpretación de estos tipos como delitos de infracción de deber —que no se comparte—, entiende que el sujeto activo del art. 278 CP puede serlo también quien haya tenido acceso lícito a la información reservada, pues el tenor literal no lo impide y lo relevante en el apartado 1 del art. 278, CP, es que se infrinja el deber de no aseguramiento material (apoderamiento) de la información, esto es, que no se incorpore ésta a la esfera de control del sujeto, por ejemplo, fotocopiándola, enviándola a su cuenta de correo, grabándola en su lápiz de memoria, etc. Algo que realiza tanto quien tiene acceso lícito, pero con deber de no asegurarse la información, como quien tiene un acceso ilícito. A nuestro modo de ver esta interpretación choca con la propia regulación positiva, en particular con la agravación prevista en el art. 278.2, CP, que sanciona las mismas conductas que el art. 279.1, CP. Esto es lo que parece hacer la comentada STS 735/2024, 12-7, al apoderarse de la información reservada de la empresa en un *pendrive*. De manera que al extenderse también el círculo de posibles sujetos activos de este tipo agravado a los que hubieran tenido acceso lícito, la revelación ulterior podría sancionarse tanto por este tipo o por el previsto el art. 279.1, CP, según que se infringiera o no la obligación de guardar reserva. Lo que llevaría al absurdo de castigar con una pena más leve, la prevista en el art. 279.1, CP —prisión de 2 a 4 años y multa de 12 a 24 meses—, cuando se infringiera dicha obligación de reserva, y con una más grave, la del art. 278.2, CP, —prisión de 3 a 5 años y multa de 12 a 24 meses—, cuando aquella obligación ya no estuviera vigente. El autor trata de salvar esta incoherencia restringiendo las revelaciones del art. 279.1, CP, a solo las basadas en la información memorizada por el sujeto, quedando las que se realizan mediante soporte material para el tipo del art. 278.2, CP, que entiende tienen más potencialidad lesiva. Una reducción del ámbito de la tipicidad del art. 279.1, CP, que no se cohonesta con el tenor literal del precepto, en el que tienen cabida todas las revelaciones de un secreto de empresa por parte de quien tenga obligación de guardar reserva.

Algunos autores (FERNÁNDEZ DÍAZ, BAJO FERNÁNDEZ/BACIGALUPO SAGGESE) indican, además, que el soporte en el que se contiene la información secreta no puede pertenecer al sujeto activo del delito para que haya "apoderamiento". En este sentido se cita el caso de la SAP, Ciudad Real, Sección 1ª, 151/2015, 2-12, que condena por el art. 278.1, CP, al arrendador del local, en el que había desplegado su actividad económica la empresa titular de la información reservada, que no eliminó del ordenador que allí se encontraba, propiedad también del arrendador, la información reservada sobre su listado de clientes. Dicha información era fácilmente accesible al encender el ordenador, sin necesidad de clave alguna o descodificación. El listado fue utilizado por el arrendador en su nuevo negocio de estética. Ciertamente lo más frecuente será que el soporte que contiene la información secreta no pertenezca al sujeto activo, pero hay que tener en cuenta que el apoderamiento va referido al bien inmaterial, al secreto de empresa que se encuentra en el soporte. De manera que lo relevante es si el sujeto activo tiene permitido el acceso a la información o no. Pensemos en que se utilicen los servicios de alojamiento de información en internet, o como sucede en el caso en cuestión el ordenador, cuyo uso fue cedido por el arrendador junto con el local que se alquiló. La cuestión en este caso particular es si existe un verdadero secreto de empresa, dado que no se han adoptado medidas de seguridad para proteger la información.

3.1.2. Sujeto pasivo

Es el titular del bien jurídico protegido, que, según cual sea la posición que se baraje, será para unos, el titular del interés económico en el mantenimiento de la reserva; para otros, el titular de la empresa cuya capacidad competitiva se ve afectada o, en definitiva, el titular del derecho patrimonial que recae sobre el bien económico que integra el secreto de empresa, ya sea persona física o persona jurídica. FERNÁNDEZ SÁNCHEZ, en coherencia con su posición sobre el bien jurídico, reconoce un sujeto pasivo doble: uno directo que sería el titular del concreto secreto de empresa, y otro representado por el mercado entendido en sentido amplio como el conjunto de agentes que lo conforman. En cualquier caso, no existe una limitación en el tipo que obligue a que el titular del secreto de empresa (titular del bien jurídico protegido) sea el mismo que posee el soporte que contiene la información reservada (papel, documentos, etc.). El sujeto pasivo del delito y el de la acción pueden ser distintos. Así ocurrirá, cuando el titular del secreto sea, por ejemplo, una persona jurídica y quien lo posea el empleado de la misma (GONZÁLEZ RUS, MORENO CÁNOVES/RUIZ MARCO).

El titular del secreto empresarial no tiene que ser necesariamente un empresario, persona física o jurídica, sino que puede ser también una entidad pública, como Universidad o entidad de investigación, pues como ha señalado GÓMEZ SEGADE, también existe un mercado de ideas y de investigación.

3.1.3. Conducta típica

Se trata de un tipo mixto alternativo con dos modalidades: a) el apoderamiento por cualquier medio de datos, documentos escritos o electrónicos, soportes informáticos u otros objetos que se refieran a un secreto de empresa; b) emplear alguno de los medios o instrumentos señalados en el apartado 1 del art. 197, CP; a saber: interceptación de telecomunicaciones o utilización de artificios técnicos de escucha, transmisión, grabación o reproducción del sonido o de la imagen, o de cualquier otra señal de comunicación. Para algún autor (ROMEO CASABONA), son tres las modalidades, al distinguir la interceptación de la utilización de artificios de escucha, transmisión, grabación o reproducción del sonido o de la imagen.

El apoderamiento en estos delitos no se restringe al concepto tradicionalmente empleado en los delitos contra el patrimonio: la aprehensión material con desplazamiento físico de la cosa, sino que abarca también la captación intelectual de la información reservada (leerla, memorizarla, escucharla, anotarla en un papel, etc.). "Apoderarse" viene a ser equivalente a "procurarse" (por todos, MORÓN LERMA, GUTIERREZ FRANCÉS). No puede ser de otra manera cuando el tipo se refiere tanto al apoderamiento de datos —esto es, de información— cuanto de soportes en los que se contiene el secreto. Hay que recordar que el secreto de empresa es un bien inmaterial, una creación intelectual (*corpus mysticum*) que necesita para ser aprehendido por los sentidos de su plasmación en algo corpóreo (*corpus mechanicum*). Lo único que se requiere es que el sujeto haya buscado el acceso ilícito a dicha información —desvalor de acción— y no lo haya obtenido de forma casual o fortuita (GONZÁLEZ RUS, FARALDO CABANA). Acertadamente distingue FERNÁNDEZ DÍAZ entre lo que es el mero acceso a la información y lo que constituye apoderamiento de la misma, mientras el primero puede representar solo la vulneración de medidas de seguridad, el apoderamiento implica que la información se incorpora al control del sujeto, por ejemplo, porque la memorización le permite una reproducción ulterior, o su copia. Además, la referencia típica a un apoderamiento "por cualquier medio" debe entenderse como una cláusula de equiparación valorativa con el resto de medios comisivos a los que se refiere el precepto —esencialmente los del art. 197.1, CP—, y que presuponen una intromisión ilegítima en la esfera de reserva de la empresa, lo que supone que el sujeto ha de haber desplegado alguna energía criminal para vencer las medidas de protección dispuestas por el titular del secreto, lo que no estará presente cuando la información se encuentra a la vista o al alcance de terceros, por ejemplo, memorización de datos de la pantalla que descuidadamente se ha dejado abierta (FERNÁNDEZ DÍAZ). En este sentido, MORÓN LERMA añadía además otro criterio: que el apoderamiento o acceso se realizase sin actividad propia y con aprovechamiento del esfuerzo ajeno, lo que permite excluir no sólo los casos de apoderamiento fortuito, sino también los de ingeniería inversa, en los que se obtiene la información a partir de la mercancía final que incorpora el secreto, por ejemplo, se profundiza en el funcionamiento de un programa informático de cuyo código fuente no se dispone hasta el punto de poder modificar ese código o generar uno propio que cumpla las mismas funciones. Esta limitación ha sido recogida en la LSE, que alude explícitamente a estos casos en su art. 2.1.b), disponiendo que es una forma lícita de obtención del secreto empresarial "*la observación, estudio, desmontaje o ensayo de un producto u objeto que se haya puesto a disposición del público o esté lícitamente en posesión de quien realice estas actuaciones, sin estar sujeto a ninguna obligación que válidamente le impida obtener de este modo la información constitutiva del secreto empresarial*"; lo que obliga a su exclusión del tipo penal como forma de apoderamiento ilícito en base al principio de no contradicción del Ordenamiento Jurídico.

En consecuencia, tiene cabida en el tipo tanto un apoderamiento intelectual o mental —apoderamiento de datos— como un apoderamiento material que recae sobre los objetos corporales que contienen el secreto (documentos, soportes, etc.) con las limitaciones señaladas.

ESTRADA I CUADRAS realiza una interpretación más restrictiva del tipo, a partir de la comparativa de las penas con los delitos patrimoniales clásicos y de la naturaleza de delito patrimonial que atribuye a los delitos relativos al secreto de empresa. Entiende, así, que la obtención ilícita viene marcada por la superación de las barreras de autoprotección dispuestas para la preservación de la información secreta, y que, en atención a las penas fijadas en el tipo, estas barreras tienen que ser equivalentes a las exigidas por los tipos patrimoniales que tienen asignadas penas análogas (escalamiento, fractura interna, externa o uso de llave falsa, inutilización de sistemas específicos de alarma y guarda, violencia o intimidación, engaño bastante) o funcional y valorativamente equivalentes como, por ejemplo, la vulneración de sistemas de seguridad informáticos. De acuerdo con esta interpretación serían atípicos los casos de apoderamiento por medios subrepticios, lo que no parece aceptable, pues supone una reducción interpretativa que contraviene el tenor literal del precepto, que expresamente se refiere a "cualquier medio", sin que tampoco pueda decirse que en tales supuestos la conducta es inocua.

La Jurisprudencia rechaza que haya apoderamiento cuando las listas de clientes han sido elaboradas por los acusados durante los años de trabajo en la empresa [SAP, Córdoba, Sección 3ª, 48/2007, 12-3 (*Tol 1624916)*]. Sí lo hay cuando se remite correo electrónico a uno de los empleados de la competencia, haciéndose pasar por su jefe, con el propósito de obtener el listado de productos y precios de la empresa [SAP, Zaragoza, Sección 3ª, 124/2009, 11-2 (*Tol 1497128)*].

Resulta controvertido en la Doctrina el contenido que ha de darse al apoderamiento de documentos electrónicos, pues hay que delimitarla tanto del apoderamiento del soporte informático como del empleo de los medios del art. 197.1, CP —interceptación de telecomunicaciones. Ello lleva a algunos autores a recoger aquí los casos en que los documentos electrónicos tienen un soporte documental físico (SUÁREZ MONTES). Se incluyen así, por ejemplo, los casos de apoderamiento de mensajes de telefax o de mensajes de correo electrónico ya impresos y su captación intelectual (MORÓN LERMA, BAUCELLS LLADÓS), dejando para el segundo inciso los casos de interceptación o grabación electrónica subrepticia, por ejemplo, vulnerando el *password* o la clave de acceso electrónica (MORALES PRATS/MORÓN LERMA). Otro sector doctrinal (CASTRO MORENO), más acertadamente, incluye como apoderamiento de documentos electrónicos la reproducción en un soporte de su propiedad (en contra MORÓN LERMA), o su captación intelectual en pantalla siempre que esté presente el desvalor de acción al que hemos hecho referencia más atrás (FERNÁNDEZ SÁNCHEZ, GONZÁLEZ RUS, FERNÁNDEZ TERUELO, MARTÍNEZ-BUJÁN PÉREZ). En nuestra opinión la reproducción o grabación de la información lógica en otro soporte es la forma natural de apoderamiento de documentos electrónicos, por contraposición al apoderamiento de documentos escritos previsto en el tipo (también FERNÁNDEZ DÍAZ). El apoderamiento de soporte informático se produce cuando el sujeto se lleva, por ejemplo, el lápiz de memoria, el ordenador, el C. D., DVD, etc. en el que se guarda la información reservada. No se ha apreciado, sin embargo, este delito, pero sí el de hurto, cuando se sustrae el ordenador de la oficina con todo su contenido y complementos por falta de ánimo de descubrir los secretos (SAP, Barcelona, Sección 10ª, 157/2001, 29-11). La mención "*a cualquier otro objeto que se refiera al secreto*" permite incluir cualquier otro soporte de la información reservada sea sonoro, audiovisual, maquetas, prototipos, etc.

La segunda modalidad típica consiste en el empleo de los medios o instrumentos del art. 197.1, CP: la interceptación de telecomunicaciones y la utilización de artificios técnicos de escucha, transmisión, grabación o reproducción del sonido o de la imagen, o de cualquier otra señal de telecomunicación. Por interceptación se entiende la captación del contenido de la comunicación sin impedir que llegue a su destino. Se incluye la grabación o reproducción subrepticia de datos que circulan por una red (intranet o red externa), por ejemplo, a través de los llamados *sniffers*, programas rastreadores de información, o de los *keylogger* o *screenloggers* que permiten el registro de las teclas pulsadas o de las imágenes de la pantalla, de troyanos en general que facilitan el acceso al equipo informático, etc. (GONZÁLEZ RUS, MORÓN LERMA, FARALDO CABANA, etc.). Para FERNÁNDEZ DÍAZ el concepto de interceptación debe abarcar los apoderamientos de la información, no solo cuando está siendo transmitida, en el proceso de comunicación, sino también cuando ya está almacenada en los equipos informáticos, en las cuentas de correo, teléfonos móviles, relojes inteligentes, aunque con ello se supere el tenor literal del término "interceptar", apoyándose para ello en la propia extensión que se contiene en el art. 3 del Instrumento de Ratificación del Convenio sobre la Ciberdelincuencia, hecho en Budapest el 23 de noviembre de 2001 (BOE 17-09-2010). Ciertamente lo que refleja el texto internacional es una obligación de sancionar determinadas conductas, que pueden quedar o no, en la tipificación concreta que realicen los Estados firmantes, bajo el término "interceptación".

La utilización de artificios técnicos excluye los casos de escucha directa de la información, por ejemplo, a través de la puerta. Aquí se incluye el empleo de micrófonos, cámaras, y en general de cualquier señal de comunicación (telefónica, fax, inalámbrica, informática, infrarrojos, etc.). Según FERNÁNDEZ DÍAZ esta modalidad ha de reservarse para una captación de la imagen o sonido que se está produciendo *in situ* (grabación en el mismo espacio de la reunión física de personas o en el que está teniendo lugar una videoconferencia, por ejemplo), de manera que esos artificios no actuarían sobre un medio de telecomunicación, sino que tendrían un carácter más estático. Como acertadamente advierte la autora la referencia a "cualquier otra señal de comunicación" operaria en contra de esta limitación, que podría referirse a la captación de paquetes de datos en comunicaciones entre equipos informáticos.

Se trata, en ambas modalidades, de un delito de peligro hipotético (MORÓN LERMA). FERNÁNDEZ SÁNCHEZ lo califica, sin embargo, de peligro concreto (también DE LA MATA BARRANCO), y ESTRADA I CUADRAS de peligro a secas. Para FERNÁNDEZ DÍAZ, en cambio, estamos ante un delito de lesión, porque el apoderamiento de la información ya lesiona el derecho de propiedad sobre el bien inmaterial, al quebrar la exclusividad sobre el mismo. No compartimos esta visión del bien jurídico y con ello tampoco esta conclusión, porque se trata de un derecho de propiedad en el que el señorío sobre la cosa (bien inmaterial) se ha flexibilizado sobremanera, en función de la forma lícita o ilícita de la obtención de la información que constituye su objeto (arts. 2 y 3, LSE). No hay una exclusividad *erga omnes*, y por ello, la cuantificación del daño patrimonial es difícil de determinar, que es lo que supondría aceptar la lesión.

En cuanto a la Jurisprudencia, la SAP, Madrid, Sección 23ª, 222/2020, 17-3, entiende que se trata de un delito de peligro concreto.

3.1.4. Elementos subjetivos

El tipo exige un elemento subjetivo del injusto: el ánimo de descubrir los secretos de empresa. Se configura, así, como un delito de intención, mutilado de dos actos (descubrir para revelar). En este sentido se ha pronunciado tanto la Doctrina (MORALES PRATS/MORÓN LERMA, DE LA MATA BARRANCO, FERNÁNDEZ DÍAZ, etc.) como la Jurisprudencia [STS 1607/2000, 16-2; SSAP, Alicante, Sección 1ª, 19-12-1998; Córdoba, Sección 1ª, 20-10-2004 (*Tol 576057*), y Sección 3ª, 12-3-2007, y Sevilla, Sección 1ª, 19-10-2007 (*Tol 1632743*), y AAP, Vizcaya, Sección 6ª, 235/2005, 27-4 (*Tol 686952*)]. Para ANARTE BORRALLO, en cambio, se trata de un aspecto del dolo.

Lo controvertido es la determinación de su contenido. Para la mayoría de la Doctrina el ánimo de descubrir se identifica con el de conocer el secreto (MORÓN LERMA, ANARTE BORRALLO, FARALDO CABANA, etc.); otros, en cambio, lo equiparan al de revelar o transmitir la información a otro (CASTRO MORENO). Si se opta por la primera opción interpretativa —como hace un sector doctrinal—, la consecuencia es la atipicidad cuando el sujeto se apodera de la información reservada con la intención de cederla a otro, pero sin llegar a conocerla. Es por ello que algunos de los autores (MORENO CÁNOVES/RUIZ-MARCO, MORÓN LERMA, BAJO FERNÁNDEZ/BACIGALUPO SAGGESE) que le dan este contenido propugnan, a la vez, su modificación *de lege ferenda* en el sentido de lo previsto en la LCD —ánimo de obtener un provecho propio, o de un tercero o de perjudicar al titular del secreto. En cambio, para otro sector doctrinal (CASTRO MORENO) y la mayoría de la Jurisprudencia (STS 1607/2000, 16-2; seguida por SSAP, Barcelona, Sección 10ª, 29-11-2001; Córdoba, Sección 1ª, 426/2004, 20-10; Barcelona, Sección 7ª, 1037/2007, 28-11, y Sevilla, Sección 7ª, 516/2011, 30-12) lo relevante en este delito no es el llegar a conocer la información reservada, pues se trata de un bien jurídico económico, sino el poder llegar a utilizar o revelar esta información, por lo que aquí el ánimo de descubrir será el de difundir o revelar la información reservada. Particularmente el TS en la STS 864/2008, 16-12, indica que la finalidad de descubrir supone que "algo que conocen una o varias personas que tiene o tienen interés en que no lo conozcan los demás, particularmente los que se dedican a la misma clase de actividad". La SAP, Madrid, Sección 6ª, 32/2012, 25-1, absuelve por falta del elemento subjetivo, indicando la intención que guiaba al sujeto era "*la de* "conocer" el contenido de cuanta información relativa a la empresa contuvieran esas cuentas de correo electrónico", pero no de "revelar a terceras personas la información que llegara a obtener".

Ahora bien, como ha advertido MARTÍNEZ-BUJÁN PÉREZ, este entendimiento como ánimo de revelación lleva a otra laguna de punibilidad. Se trataría del caso en el que el sujeto realiza el apoderamiento con el fin de utilizar el secreto él mismo y, por tanto, sin trasmitirlo a tercero. Pero cabe otra posibilidad interpretativa: que el "*para descubrir un secreto*" sea equivalente a conocer el secreto, pero no limitado solo al sujeto que realiza el apoderamiento ilícito, sino también incluyendo el conocimiento que se abre a terceros a los que se entrega la información, esto es, el ánimo de descubrir es el ánimo de romper la preclusión de la reserva establecida por su titular a un determinado ámbito de sujetos. Lo que otros autores han identificado como el ánimo de conocer o de poner en conocimiento de otro (BAJO FERNÁNDEZ/BACIGALUPO SAGGESE, FERNÁNDEZ DÍAZ).

En cualquier caso, el propósito debe ser anterior o coetáneo a la conducta típica, pues un descubrimiento del secreto que se produce por un apoderamiento fortuito queda excluido del tipo.

El tipo sólo se castiga en su versión dolosa, admitiendo sólo el dolo directo por la concurrencia del elemento subjetivo del injusto; debiendo abarcar el dolo todos los elementos del tipo, y específicamente que su apoderamiento o acceso ilícito al secreto supone una quiebra del ámbito de reserva fijado por el titular de la información. Así el AAP, Islas Baleares, Sección 2ª, 113/2005, 8-6, niega la existencia de delito por faltar el dolo tendente al descubrimiento del secreto, al enviarse por error en el desvío del número telefónico del fax, que compartieron las dos empresas durante un tiempo.

3.1.5. *Iter criminis*

El delito se consuma con el apoderamiento de los datos o de los soportes en los que se contiene la información reservada o con el empleo de los artificios técnicos, sin que se requiera el efectivo conocimiento del secreto ni la producción de perjuicio económico efectivo alguno, pero sí la incorporación de la información a la esfera de control del sujeto, de manera que pueda disponer de ella en cualquier momento. Se trata de un delito de consumación anticipada (MARTÍNEZ-BUJÁN PÉREZ habla, en este sentido, de una ejecución imperfecta elevada a la categoría de delito independiente; en contra, FERNÁNDEZ DÍAZ para quien es de lesión). Así, también la STS 864/2008, 16-12. Ello no impide que pueda apreciarse la tentativa tanto respecto de las conductas de apoderamiento como de las de interceptación o empleo de artificios técnicos, si bien respecto de la segunda modalidad de conducta, un sector doctrinal (SUÁREZ GONZÁLEZ) rechaza la posibilidad de tentativa y considera atípica la mera instalación de los aparatos de escucha, grabación, transmisión o reproducción del sonido o de la imagen, sin que se haya activado todavía para la captación de información. Otros, en cambio, castigan este supuesto como tentativa (BAJO FERNÁNDEZ/BACIGALUPO SAGGESE, MORÓN LERMA, FERNÁNDEZ DÍAZ), lo que consideramos más acertado, pues es el acto inmediatamente anterior a la captación.

La calificación como delito de resultado ha sido defendida por algunos autores, si bien en basc a critcrios distintos. Para unos, el resultado se integra por la disposición efectiva de los datos u objetos de la acción (MORENO CÁNOVES/RUIZ MARCO), algo que, sin embargo, no parece cohonestarse con el tenor literal. Otra opinión lo sustenta en el peligro concreto (FERNÁNDEZ SÁNCHEZ); y, en fin, la que nos parece más acertada, lo cifra en la incorporación del bien inmaterial a la esfera de dominio del sujeto activo (FERNÁNDEZ DÍAZ). Otro sector doctrinal, en cambio, estima que se trata de un delito de mera actividad en el que es admisible la tentativa inacabada (MORÓN LERMA, GONZÁLEZ RUS).

La STS 662/2025, 10-7, ha estimado que el intento fracasado de acceder al servidor informático que comparten dos empresas, con credenciales ya no autorizadas, tras haber sido despedido el sujeto activo constituye un supuesto de tentativa relativamente inidónea punible. Se revoca así el AAP, Barcelona, Sección 7ª, 522/2022, 19-7, que había acordado el sobreseimiento libre y archivo de la causa, al entender acertadamente que los medios empleados —claves incorrectas y no autorizas— eran absolutamente inidóneos para producir el resultado de acceso pretendido. La cuestión que ha de plantearse es si una tentativa de acceso al sistema informático sin claves constituye ya un comienzo de ejecución del apoderamiento del secreto de empresa, lo que no parece el caso, pues, a nuestro modo de ver, la tentativa de apoderamiento requeriría precisamente haber penetrado en el lugar (sistema) donde se encuentra la información reservada debidamente protegida para apreciarse alguna peligrosidad para el bien jurídico protegido. Por ello nos parece más acertada la conclusión a la que llegó la SAP, Vizcaya, 821/2011, 4-11, en un caso semejante de tentativa fallida de acceso al sistema informático de la empresa por parte del ex empleado, utilizando el nombre de usuario de otra compañera, pero desconociendo sus claves. La inidoneidad del medio (empleo de una clave que ha dejado de ser válida) no parece ser relativa, en la medida en que *ex ante* es absolutamente improbable que de esa manera pueda introducirse en el sistema. Se trata de penetrar en el sistema sin claves, ya sea porque nunca se tuvieron o porque dejaron de serlo, al quedar anuladas.

3.2. Tipo agravado

Se recoge en el art. 278.2, CP.

3.2.1. Sujetos

El sujeto activo tiene que ser la misma persona que ha realizado el apoderamiento ilícito, la interceptación o la utilización de los artificios técnicos. Ello es así porque el tipo se refiere a los "secretos descubiertos" y no a los secretos de empresa de manera general. Por tanto, no tiene cabida el tipo respecto de quien, habiendo tenido acceso lícito al secreto, lo revela cuando ya no está vigente su obligación de guardar reserva, como, por ejemplo, ocurre en el caso del ex empleado. En consecuencia, aun cuando el art. 278.2 y el 279.1, CP castigan la revelación, difusión o cesión del secreto de empresa, su ámbito de aplicación es diverso: en un caso se parte del acceso ilícito, no permitido, al secreto, y en el otro se trata de un acceso lícito.

Como ya indicamos más atrás, ESTRADA I CUADRAS propone otra interpretación de los tipos del art. 278, CP, que amplía el tipo a cualquier sujeto, haya tenido o no acceso lícito a la información reservada, considerando que lo relevante es si se llevó a cabo un aseguramiento ilegítimo de esta información que revela posteriormente. Para evitar reiteraciones nos remitimos a las valoraciones hechas al analizar el tipo básico.

Además, se trata de un tipo de participación necesaria o pluripersonal en cuanto que exige, al menos, la intervención de dos sujetos: el que revela y el que recibe la información reservada, de modo que, aunque el tipo sólo alude explícitamente a las acciones de revelar, difundir o ceder, contempla implícitamente la de recibir el secreto (MORÓN LERMA, CARRASCO ANDRINO respecto al art. 279.1, CP; en contra MARTÍNEZ-BUJÁN PÉREZ, FERNÁNDEZ DÍAZ). La consecuencia inmediata es que quien recibe la información secreta no puede ser sancionado como participe de la revelación, ni siquiera, aunque hubiera inducido la revelación. Para este sujeto siempre cabría la posibilidad de aplicar la normativa civil de competencia desleal (MORÓN LERMA, CARRASCO ANDRINO; sí la admiten MARTINEZ BUJÁN, FERNÁNDEZ DÍAZ). La SAP, Granada, Sección 1ª, 664/2006, 24-10, absuelve como cooperador necesario al destinatario de la información.

Con respecto al sujeto pasivo nos remitimos a lo ya manifestado en el tipo básico.

3.2.2. Conducta típica

Consiste en difundir, revelar o ceder a terceros los secretos descubiertos. Es un tipo compuesto de dos actos: el sujeto activo primero ha tenido que realizar la conducta del art. 278.1, CP, y luego, una vez que ha alcanzado el conocimiento del secreto, en el sentido de romper la preclusión de la reserva al tener en su poder de disposición la información, proceder a transmitirlo a un tercero. Si es un tercero el que realiza la difusión, revelación o cesión su conducta será atípica a no ser que tenga cabida en el art. 279 o en el 280, CP.

El fundamento de la agravación está en un mayor desvalor de resultado pues se amplía el número de los conocedores de la información reservada, poniéndose en peligro la situación de reserva de la que depende el bien económico que representa el secreto, y con ello el interés económico en el mantenimiento de la reserva. Para unos se trata de un peligro concreto (FERNÁNDEZ SÁNCHEZ, GONZÁLEZ RUS, MORÓN LERMA), mientras que otros se refieren a un peligro hipotético o de aptitud (MARTÍNEZ-BUJÁN PÉREZ) o incluso a una intensificación de la lesión del bien jurídico, por el mayor número de potenciales sujetos que al acceder al secreto inciden en la exclusividad del derecho de propiedad sobre el bien inmaterial (FERNÁNDEZ DÍAZ). Para FERNÁNDEZ SÁNCHEZ también se produce un incremento del desvalor de acción, pues se exige el efectivo descubrimiento del secreto.

Es un tipo mixto alternativo que consta de tres modalidades que, aunque deberían tener contornos o perfiles diversos, acaban siendo equiparables. Así entre difundir y revelar la mayoría de la Doctrina sólo aprecia un matiz respecto de los destinatarios de la información: difundir se dirigiría a una pluralidad más indeterminada de personas, mientras que revelar incidiría sobre un número concreto y limitado (FERNÁNDEZ SÁNCHEZ, GONZÁLEZ RUS, CARRASCO ANDRINO respecto al 279, CP, etc.). Se apreciaría así una mayor carga de desvalor en el caso de la difusión que en el de la revelación, dado que la transmisión a una pluralidad indeterminada de sujetos hace que se destruya la reserva —hecho notorio— y con ello que se pierda el valor económico que aquella información suponía. Aunque tiene razón FERNÁNDEZ DÍAZ cuando indica que el término "revelar" puede abarcar también la transmisión de la información a una pluralidad de personas, por lo que hubiera bastado con éste como veremos seguidamente.

En cuanto al término "ceder" es equivalente a transmitir o comunicar el secreto a otro. A esta conclusión se llega tanto desde un concepto descriptivo del término como normativo, que remitiría a lo dispuesto en el art. 3 de la derogada LO 15/1999, de 13-12, de Protección de Datos de Carácter Personal, en el que se equipara la cesión con la comunicación de datos, definiéndola como "toda revelación de datos realizada a una persona distinta del interesado", como ha indicado un sector doctrinal (MORÓN LERMA, FERNÁNDEZ DÍAZ). La vigente LO 3/2018, de 5-12, de Protección de Datos Personales y garantía de los derechos digitales, no contempla ninguna definición al respecto, aunque si se refiere a la cesión de datos a lo largo de su articulado para aludir a la transmisión de los mismos a terceros, lo que coincide con su significado descriptivo.

En consecuencia, la conducta consiste en comunicar el secreto a otro no autorizado a conocerlo, introduciendo esta información en su esfera de disponibilidad. Se configura, pues, como un delito de resultado en el que se distingue la acción de comunicar o transmitir —revelar, difundir o ceder— y el resultado: la disponibilidad de la información revelada por el tercero (MORÓN LERMA, GONZÁLEZ RUS, MARTÍNEZ-BUJÁN PÉREZ, FERNÁNDEZ DÍAZ, CARRASCO ANDRINO respecto al art. 279.1, CP, etc.). Como delito de mera actividad lo ha configurado FERNÁNDEZ SÁNCHEZ.

3.2.3. Elemento subjetivo

Se requiere dolo que, para algunos, solo podrá ser directo (GONZÁLEZ RUS, FERNÁNDEZ SÁNCHEZ), mientras que otro sector doctrinal opina que también es posible el dolo eventual (MARTÍNEZ-BUJÁN PÉREZ, BAUCELLS LLADÓS, FERNÁNEZ DÍAZ) cuando, por ejemplo, el sujeto no sabe con certeza si a quien lo comunica lo conoce ya o no, o si la información es constitutiva de secreto empresarial o no. A nuestro modo de ver, el carácter de delito compuesto, en el que tiene que haberse producido un previo apoderamiento ilícito de la información reservada con ánimo de descubrirla, y posteriormente trasladarla a otro, abona la exclusión del dolo eventual. El que el receptor tuviera ya en su poder la información reservada que se le transmite podría constituir una tentativa inidónea.

3.2.4. *Iter criminis*

El delito se consuma con la introducción de la información reservada en la esfera de control o de dominio del destinatario de la revelación, difusión o cesión, de manera que tiene la disponibilidad sobre aquella. No es necesario que la información sea comprendida por el receptor (descifrada, interpretada, entendida), bastando con que sea conocida; aunque algunos autores exigen que el receptor tenga la capacidad de llegar a comprenderla, pues de otra manera no se podría llegar a lesionar el bien jurídico protegido (BAJO FERNÁNDEZ/ BACIGALUPO SAGGESE).

Aunque como delito de resultado admitiría la tentativa, las formas imperfectas de ejecución deben castigarse como consumación del tipo básico, pues de otro modo se llegaría a sancionar con menos pena un intento de revelación o difusión que un apoderamiento ilícito consumado (entre otros, MORALES PRATS/MORÓN LERMA, MARTÍNEZ-BUJÁN PÉREZ, SUÁREZ GONZÁLEZ, GONZÁLEZ RUS, etc., en contra, admitiendo la tentativa, BAJO FERNÁNDEZ/ BACIGALUPO SAGGESE, FERNÁNDEZ DÍAZ). MORÓN LERMA propone en estos casos apreciar un concurso medial entre el tipo consumado del art. 278.1, CP, y la tentativa del tipo agravado, de esta forma, explica la autora, se alcanza la valoración íntegra del hecho; esta solución, sin embargo, no termina de convencer por cuanto supone incurrir en la prohibición del *bis in idem* (MARTÍNEZ-BUJÁN PÉREZ). FERNÁNDEZ DÍAZ considera que castigar por la tentativa del 278.2, CP, es la solución que abarca todo el desvalor del hecho, sin que ello comporte necesariamente una menor pena que el tipo básico, pues, aunque es cierto que la rebaja en un grado por la tentativa supone una pena cuyo límite mínimo es inferior al de la pena del tipo básico, su límite máximo permite al juzgador imponer una pena más grave que la del básico. Para ello, indica la autora, tanto en la tentativa acabada como inacabada se ha de operar con la rebaja de un grado. Lo cierto es que, de aplicarse esta interpretación, un intento de revelación precedido de un apoderamiento ilícito podría ser menos sancionado que un apoderamiento ilícito, debido al solapamiento de las penas del tipo básico (prisión de 2 a 4 años y multa de 12 a 24 meses) y del agravado (prisión de 3 a 5 y multa de 12 a 24 meses).

En cuanto a la Jurisprudencia la SAP, Salamanca, Sección 1ª, 42/2004, 14-6 (*Tol 478107*), absolvió en un caso en que la base de datos con la información comercial reservada de la empresa se encontraba en un correo electrónico no enviado todavía por el empleado.

3.3. Cláusula concursal

El art. 278.3, CP, contiene una cláusula concursal que se ha calificado de innecesaria y perturbadora a la vez (MORÓN LERMA, FARALDO CABANA, ANARTE BORRALLO, FERNÁNDEZ SÁNCHEZ, etc.), al establecer que "*lo dispuesto en el presente artículo se entenderá sin perjuicio de las penas que pudieran corresponder por el apoderamiento o destrucción de los soportes informáticos*". Se está admitiendo, como no podía ser de otra manera, dado que se trata de bienes jurídicos diversos, la posibilidad de concurso de delitos entre los tipos de descubrimiento y/o revelación de secreto de empresa y los de hurto, robo, daños o sabotaje informático; pero se trata de una cláusula perturbadora, porque la referencia a sólo los soportes informáticos podría llevar a interpretar, *a sensu contrario*, que no es posible tal concurso de delitos respecto de otro tipo de soportes, lo que de forma unánime se descarta por la doctrina. SUÁREZ GONZÁLEZ estima, en cambio, positiva la referencia a la destrucción de los soportes informáticos, pues con ello se evita el que pudiera entenderse consumida por las conductas del art. 278, CP.

En cuanto a las relaciones que guardan estos tipos con los que protegen la intimidad (arts. 197 y sigs., CP), lo normal será que operen en ámbitos separados: el de la intimidad y el económico de la competencia, y ello a pesar de la extrema similitud de las conductas típicas. En este sentido, el elemento subjetivo del injusto del art. 278.1, CP, permitirá deslindar unos tipos de apoderamiento de otros (así SSAP, Córdoba, Sección 3ª, 532/2014, 12-10; Madrid, Sección 2ª, 329/2015, 30-7; Toledo, Sección 1ª, 93/2015, 30-7, y Madrid, Sección 23ª, 222/2020, 17-3). El objeto del secreto será otro criterio a tener en cuenta; en particular debe advertirse que la referencia que se contiene en el art. 200, CP, a los datos reservados de personas jurídicas no es una alusión al secreto de empresa, sino a los datos de personas físicas que obran en poder de personas jurídicas (MORALES PRATS, CARRASCO ANDRINO, etc.).

No obstante lo dicho, en algún supuesto es posible apreciar un concurso ideal de delitos. Así, cuando la información reservada de la empresa contiene datos personales confidenciales —listado de clientes, proveedores, etc.— (CASTRO MORENO, CARRASCO ANDRINO, MARTÍNEZ-BUJÁN PÉREZ). En algún caso, la Jurisprudencia ha considerado absorbido el descubrimiento de secretos personales por el art. 278.1, CP, [SAP, Sevilla, Sección 1ª, 593/2007, 19-10 (*Tol 1632743*); aprecia también concurso de leyes la SAP, Lleida, Sección 1ª, 56/2001, 12-2]. En cambio, como concurso ideal se sanciona en la SAP, Barcelona, Sección 7ª, 47/2001, 18-1.

En la Jurisprudencia se han planteado relaciones concursales con la apropiación indebida (SAP, Valencia, Sección 5ª, 151/2002, 19-6, y STS 285/2008, 12-5), con la estafa (SAP, Zaragoza, Sección 3ª, 512/1999, 3-12, y STS, Sección 1ª, 679/2018, 20-12, rechazándola); los delitos contra la propiedad intelectual y las defraudaciones de fluido eléctrico (SAP, Barcelona, Sección 8ª, 1036/2002, 4-11).

4. *El acceso lícito al secreto de empresa: los tipos de revelación y utilización por quien tiene obligación de guardar reserva*

4.1. Sujetos

4.1.1. Sujeto activo

Se trata de un delito especial propio, dado que sólo pueden cometer estos delitos los sujetos que tuvieren legal o contractualmente la obligación de guardar reserva. A diferencia de los tipos del art. 278, CP, en los que el acceso es ilícito, en los del art. 279, CP, el sujeto ha de haber tenido un acceso lícito, permitido, a la información reservada, y precisamente por ello, gravado con la obligación de guardar reserva.

La obligación de guardar reserva tiene que estar estipulada legal o contractualmente y estar vigente en el momento en que se realiza la conducta típica.

Como sujetos obligados legalmente a guardar reserva se encuentran, por ejemplo, los administradores de la sociedad anónima o de la de responsabilidad limitada, el inspector de trabajo, etc. Discutido en la Doctrina penal es el caso del trabajador por cuenta ajena, respecto del cual no se contempla en el ET una obligación expresa de reserva. Tan sólo el art. 5.a) ET se refiere al deber de buena fe, del que la doctrina especializada extrae implícitamente un deber de sigilo laboral.

Para la mayoría de la Doctrina penal será necesario que dicho deber se estipule contractualmente de forma expresa, rechazando la incriminación sobre la base de deberes genéricos (BAUCELLS LLADÓS, MARTÍNEZ-BUJÁN PÉREZ, FERNÁNDEZ SÁNCHEZ, ESTRADA I CUADRAS, etc., de otra opinión CARRASCO ANDRINO). No obstante, esta doctrina no aprecia inconveniente en entender suficiente, a los efectos penales ahora analizados, la estipulación de un pacto de no competencia, que regiría una vez extinguido el contrato de trabajo —art. 21.2 ET— y en el que ahora sí se considera presente la obligación de guardar reserva, aunque no se haya estipulado expresamente en dicho pacto de no competencia (MARTÍNEZ-BUJÁN PÉREZ); de manera que habría implícitamente obligación penal de guardar reserva con el pacto de no competencia, pero no con el contrato de trabajo. Un sector jurisprudencial ha exigido también la referencia expresa en el contrato laboral del deber de confidencialidad para que pueda haber obligación penal de guardar la reserva, entendiendo que la transgresión de la buena fe contractual sólo puede llevar a la reclamación civil [AAP, La Rioja, 148/2001,

23-10; SSAP, Barcelona, Sección 3ª, 7-6-1999; Huesca, Sección 1ª, 138/2003, 15-9 (*Tol 361028*); Córdoba, Sección 1ª, 426/2004, 20-10 (*Tol 576057*); AAP, Guipúzcoa, Sección 3ª, 22/2007, 19-2, y SAP, León, Sección 3ª, 15/2007, 21-2].

MARTÍNEZ-BUJÁN PÉREZ matiza su posición inicial, contraria a incluir el deber general de buena fe contractual como base del deber legal de reserva del trabajador "en los supuestos en que el empleado mantenga una relación profesional actual con su empresa", y acaba admitiendo una obligación de reserva relevante penalmente sin necesidad de pacto expreso, si bien exigiendo que se indague en la labor concreta que desempeña el trabajador.

A nuestro modo de ver, como expone CARRASCO ANDRINO en trabajos anteriores, la obligación de guardar reserva, que está legal o contractualmente presente en la relación jurídica, se fundamenta en el conocimiento funcional que tiene el sujeto de la información reservada para poder desarrollar las tareas que le son propias, bien directamente, porque dicha información es la materia propia de su trabajo, o bien de forma indirecta, porque al realizar dichas tareas se ha llegado a acceder a la información reservada (por ejemplo, de forma casual por error o imprudencia de tercero). Deben quedar excluidas del tipo las revelaciones —aún por sujeto obligado a guardar reserva— de secretos que se han conocido de forma ilícita por dicho sujeto (hurto, robo, soborno, engaño, etc.). En este caso, se realiza el tipo del art. 278.1, CP, pues se trata de un acceso no permitido.

Contractualmente estarán obligados, por ejemplo, los cesionarios de una licencia de *know-how* y trabajadores por cuenta ajena cuando así se recoja, al igual que los ex empleados cuando así se haya estipulado expresamente dentro de un pacto de no competencia (art. 21.2 ET), siempre que, en este último caso, se cumpla con las condiciones que dan validez al pacto, entre las que destaca la de la indemnización al ex empleado durante su vigencia (2 años para los técnicos, 6 meses para los restantes trabajadores: art. 21 ET). A pesar de ello, el Tribunal Supremo ha considerado suficiente, como fuente del deber penal de guardar reserva, un pacto de no concurrencia que era nulo por incumplir la normativa laboral que exige el haber satisfecho una indemnización suficiente [STS 285/2008, 12-5 (*Tol 1335978*)]. Se convierte así en ilícito penal lo que para el ámbito laboral se considera jurídicamente inexistente, y que podría haber sido reprimido, en su caso, como un supuesto de competencia desleal de acuerdo con la normativa civil. El delicado equilibrio entre los intereses económicos del empresario titular de la información reservada y el derecho del trabajador a un progreso profesional, que trata de preservar la normativa laboral, se quiebra aquí de manera incomprensible en el ámbito penal. No obstante, la STS, 679/2018, 20-12, parece haber modificado esta posición inicial, al ratificar la SAP, Barcelona, Sección 10ª, 525/2017, 14-7, y particularmente la conclusión vertida en ésta de que el pacto de no competencia firmado con los acusados no reúne todos los requisitos exigidos por el art. 21.2, ET, para su validez. Si bien, es cierto, que la *ratio decidendi* de la sentencia estriba en la inexistencia de secreto de empresa, al encontrarse la información publicada en la página web de libre acceso.

Otra de las cuestiones controvertidas es la relativa a la extensión temporal de la obligación de guardar reserva, dado que la conducta sólo será típica si el sujeto tiene dicha obligación en el momento en el que revela, difunde, cede o utiliza, y no únicamente en el que accede al conocimiento del secreto. A este respecto hay que tener en cuenta que la obligación de guardar reserva puede perdurar más allá de la relación jurídica de la que trae causa, bien porque así se estipule legalmente —caso de los administradores de las sociedades— o bien porque se pacte expresamente —caso del ex empleado con pacto expreso de no competencia y de reserva. Así las cosas, no será típica la revelación que se produce una vez extinguido el contrato de trabajo sin que haya un posterior pacto válido expreso de reserva. Un sector doctrinal, sin embargo, matiza esta conclusión atendiendo a criterios de adecuación social para evitar posibles fraudes de ley, y declara típicas estas conductas cuando el sujeto se despide para poder revelar impunemente (MORALES PRATS/MORÓN LERMA, BAUCELLS LLADÓS, PÉREZ DEL VALLE lo sustentan en el deber de buena fe laboral, etc.). A nuestro modo de ver, por muy insatisfactoria que sea la solución legal, no le corresponde al intérprete rellenar lagunas de punibilidad, pues ello constituye una quiebra del principio de legalidad (también GONZÁLEZ RUS, FERNÁNDEZ SÁNCHEZ). Ya nos hemos referido a la llamativa resolución [STS 285/2008, 12-5 (*Tol 1335978)*], en la que se declara que el deber de reserva no termina con el fin de la relación laboral y que "independientemente de la eventual cláusula de duración contractual determinada, se encuentra vigente, respecto de las personas que cesan en la empresa, mientras esté en condiciones de aportar valor económico" [STS 285/2008, 12-5 (*Tol 1335978)*]. Siguiendo esta doctrina jurisprudencial, la SJP, nº 16, Barcelona, 534/2010, 17-11, ha condenado también a quien utilizó la información reservada una vez extinguido el contrato de trabajo, habiéndose apropiado de ella durante la vigencia de éste por la vía de remitírsela a sus cuentas personales de correo electrónico, en base a que se recogía en el contrato de trabajo un pacto expreso de secreto profesional y protección de datos. Más correcta nos parece la conclusión alcanzada por la SAP, Barcelona, Sección 10ª, 525/2017, 14-7, que requiere un pacto de no competencia válido; que, como hemos señalado, parece haber sido respaldada en la STS más reciente, la 679/2018, 20-12.

Con respecto a la perduración de la obligación de guardar reserva *sine die* o indefinidamente, como ocurre en los casos de los administradores de sociedades mercantiles, la Doctrina penal considera que no se puede mantener subsistente la responsabilidad penal de forma ilimitada en el tiempo, por lo que se acude a criterios teleológicos y de adecuación social: el tiempo necesario que hubiera llevado conseguir la información de forma independiente o el tiempo en el que tiene valor económico la información reservada, etc. (MORALES PRATS/ MORÓN LERMA, BAUCELLS LLADÓS, MORENO CANOVES/RUIZ MARCO, SUÁREZ GONZÁLEZ, etc.). Ahora bien, esta conclusión debe revisarse a la luz de lo dispuesto en la LSE, en cuyo art. 3.2 se configura como una forma de obtención ilícita el incumplimiento de acuerdos de confidencialidad o de cualquier otra obligación de no revelar, o el de una obligación contractual o de otra índole que limite la utilización del secreto empresarial, sin establecer excepciones temporales.

4.1.2. Sujeto pasivo

Es el titular del bien jurídico protegido al que ya nos hemos referido al analizar los tipos del art. 278 CP, por lo que nos remitimos a lo allí manifestado.

No obstante, en estos tipos, en los que se tiene un acceso lícito a la información reservada, hay casos en que puede resultar controvertida la titularidad del secreto de empresa, al que va asociado el interés económico en el mantenimiento de su reserva, bien jurídico que entendemos tutelado en el precepto. Así ocurre, por ejemplo, respecto de las invenciones laborales de servicio, esto es: aquellas que se realizan por quien no fue contratado para investigar, pero para las que se emplean los conocimientos o los medios proporcionados por la empresa y relacionadas con la actividad profesional del trabajador. La cualidad de sujeto pasivo se predica tanto del empresario como del trabajador de forma conjunta, pues ambos tienen interés económico en el mantenimiento de la reserva, con independencia de quien sea finalmente titular de la invención (CARRASCO ANDRINO). ESTRADA I CUADRAS se refiere a ellos como potenciales titulares jurídicamente reconocidos. En las invenciones de encargo (las que constituyen el objeto propio del contrato laboral) y en las libres, la titularidad se atribuye, respectivamente, al empresario y al trabajador.

En el caso del contrato de cesión de know-how, sujeto pasivo será el cesionario, nuevo titular de la información reservada y con ello del interés económico; en el caso de la licencia de know-how, la condición de sujeto pasivo la ostenta el licenciante, no el licenciatario —que sólo será un perjudicado—, pues quien tiene el poder de disposición sobre la información reservada es aquél, a quien le corresponde la voluntad de mantener la reserva o de revelar el objeto del secreto (CARRASCO ANDRINO).

4.2. Tipo de revelación (art. 279 I., CP)

La conducta típica es la misma que en el tipo del art. 278.2, CP: difundir, revelar o ceder, por lo que nos remitimos a lo allí manifestado; si bien ahora el sujeto tiene que haber accedido lícitamente al secreto y por ello resulta gravado con un deber de guardar reserva. Deber que como ya hemos reseñado tiene que estar vigente en el momento de la revelación, difusión o cesión de la información reservada. Alguna Jurisprudencia (SAP, Córdoba, Sección 3ª, 532/2014, 12-12), sin embargo, considera que lo que denomina "autocesión" es una forma de "cesión" típica del párrafo 1º, lo que se produce cuando el sujeto de forma no autorizada se envía información reservada a sus cuentas personales de correo, hace fotocopias o se asegura la información de alguna otra forma para poder disponer de ella cuando quiera. En realidad, aquí estaremos ante una tentativa del tipo de revelación si su propósito era trasladar ese secreto a un tercero o del tipo atenuado de utilización si perseguía su explotación posterior. Así la SAP, Valencia, Sección 3ª, 17/2014, 7-1, considera que, puesto que la finalidad era la de utilizarla en su propio beneficio en la nueva empresa (ventaja laboral o económica con su nuevo empleador) el tipo aplicable es el atenuado.

Se trata, por tanto, de un tipo mixto alternativo, de resultado y de peligro —para unos, peligro concreto (MORÓN LERMA, FERNÁNDEZ SÁNCHEZ, GONZÁLEZ RUS), para otros, peligro hipotético (MARTÍNEZ-BUJÁN PÉREZ), o peligro abstracto (TERRADILLOS BASOCO, CARRASCO ANDRINO, PÉREZ DEL VALLE).

La ruptura de la preclusión del círculo de los sujetos autorizados al conocimiento del secreto representa un peligro para la situación de reserva, sobre la que se asienta el bien económico que el secreto representa, y con ello del interés económico al mantenimiento de la reserva. Esto, a nuestro modo de ver, es un delito de peligro abstracto en la medida en que la lesión del bien jurídico no está tan inmediatamente vinculada a la acción típica. Se trata de la peligrosidad *in re ipsa* a la que se refiere la doctrina italiana, esto es, una peligrosidad inherente a la acción en cuanto que idoneidad para afectar a dicho interés económico, llámese por la Doctrina peligro abstracto o peligro concreto. Faltaría esta peligrosidad para el bien jurídico cuando el destinatario de dicha revelación no puede incidir en el ámbito competitivo del titular del secreto, como por ejemplo cuando se traslada información confidencial de la empresa al abogado que dirige una demanda contra la empresa para la que trabaja su cliente (AAP Madrid, Sección 17ª, 1262/2008, 9-12), o cuando se aporta la información confidencial de la empresa a la autoridad administrativa y al Juzgado de lo Social (AAAP, Barcelona, Sección 5ª, 23-2-2004; Madrid, Sección 4ª, 363/2012, 18-6, y Sevilla, Sección 7ª, 39/2012, 26-1).

En consecuencia, para la consumación no se requiere perjuicio económico alguno, ni tampoco que el tercero llegue a comprender la información transmitida. Sólo que ésta llegue a entrar en la esfera de dominio del receptor.

Como delito de resultado admite las formas imperfectas de ejecución (CARRASCO ANDRINO, MARTÍNEZ-BUJÁN PÉREZ). Rechaza, sin embargo, la posibilidad de tentativa FERNÁNDEZ SÁNCHEZ, a pesar de admitir que es un delito de resultado, al considerar —en lo que parece ser una confusión del plano estructural con el valorativo de la conducta típica— que cometida una de las acciones descritas en el tipo se constata el resultado de peligro (concreto) para el bien jurídico. Para la Jurisprudencia se trata, en cambio, de un delito de mera actividad. Así el AAP, Guipúzcoa, Sección 3ª, 169/2004, 30-9 (*Tol 538086)*, y la SAP, Salamanca, Sección 1ª, 42/2004, (*Tol 478107)*, en la que se absuelve pues el correo con la base de datos de los clientes de la empresa no llega a ser enviado por causa no acreditada. Tampoco se aprecia tentativa, sino delito consumado, en un caso en el que no se llega a entregar el material fotocopiado a la competencia (SAP, Granada, Sección 1ª, 664/2006, 24-10).

La mayoría doctrinal admite también la posibilidad de comisión por omisión (PÉREZ DEL VALLE, CARRASCO ANDRINO, MARTÍNEZ-BUJÁN PÉREZ, FERNÁNDEZ SÁNCHEZ, MORALES PRATS/MORÓN LERMA, etc.), sin que sea suficiente a estos efectos con la asunción de deberes genéricos de reserva, sino que se requerirá la asunción de un compromiso concreto de actuar de una determinada manera, que implique un control sobre el riesgo equiparable al que se tiene por la vía de su creación activa. Esto sólo ocurre cuando al sujeto obligado a guardar reserva le han sido confiados los secretos de empresa, bien porque constituyen el objeto de su contrato (investigador, licenciatario, etc.) o bien porque son la materia que le corresponde analizar para desarrollar las tareas propias de su profesión (inspector de trabajo, administrador, funcionario público, etc.). No obstante, MORÓN LERMA (también BAUCELLS LLADÓS) se manifiesta reticente a la admisión de la comisión por omisión, pues, aun siendo teóricamente posible en la mayoría de los casos, existirá algún acto concluyente que permita su sanción como modalidad activa, o incluso como participación en un acceso ilícito del art. 278, CP.

No se trata de un delito de infracción de deber, pues, si bien la infracción de la obligación de guardar reserva forma parte del contenido de injusto, no se agota en dicha infracción, sino que requiere la afectación del interés económico en el mantenimiento de la reserva. No toda revelación es típica, sólo aquella que se realiza a sujetos que pueden afectar al bien jurídico protegido (CARRASCO ANDRINO, GONZÁLEZ RUS, FERNÁNDEZ DÍAZ). Para MARTÍNEZ-BUJÁN PÉREZ el delito tiene una naturaleza mixta, de dominio y de infracción de deber.

Por lo que se refiere al aspecto subjetivo del tipo, sólo se tipifica el dolo, que deberá abarcar todos los elementos del tipo, significativamente que la información revelada es secreto de empresa y que está vigente la obligación de guardar reserva, de manera que el error sobre estos extremos dará lugar a un error de tipo. En todo caso la mayoría de la Doctrina admite el dolo eventual (CARRASCO ANDRINO, BAUCELLS LLADÓS, MARTÍNEZ-BUJÁN PÉREZ, etc.; en contra, FERNÁNDEZ SÁNCHEZ).

Al igual que el art. 278.2, CP, se trata de un tipo de participación necesaria, con las consecuencias que ya reseñamos más atrás para el receptor de la información.

4.3. Tipo de utilización en provecho propio (art. 279 II, CP)

El art. 279 II, CP, rebaja las penas a la mitad inferior si el secreto se utilizara en provecho propio. A pesar de la rebaja de la pena y de la remisión implícita al tipo del art. 279 I CP, no se trata de un tipo privilegiado en el sentido de tipo derivado, dependiente del tipo básico, sino que es un tipo autónomo o, quizás más apropiadamente, un subtipo básico (MARTÍNEZ-BUJÁN PÉREZ).

Sujeto activo es, en opinión de la Doctrina mayoritaria, el mismo que el del párrafo primero, a saber: el que ha tenido un acceso lícito al secreto y pende sobre él la obligación de guardar reserva en el momento en que utiliza la información reservada. Se trataría, por tanto, de un delito especial propio.

Frente a esta posición MORÓN LERMA amplía el ámbito de aplicación incluyendo tanto al sujeto que tuvo un acceso lícito (art. 279.1, CP) como al que se apoderó de él ilícitamente (art. 278.1, CP). CASTRO MORENO, por su parte, considera que el sujeto activo del art. 279 II, CP, es quien infringe un deber genérico de buena fe contractual, mientras que el sujeto del párrafo 1° sería quien infringe un deber especifico de reserva. Sin embargo, y como ha puesto de manifiesto MARTÍNEZ-BUJÁN PÉREZ, ni una ni otra postura resultan acertadas, pues superan el tenor literal del precepto que se remite de manera clara al tipo del art. 279 I., CP, no sólo por las referencias a "las penas" y "al secreto", sino porque, además, se recoge en el mismo artículo que los supuestos de acceso lícito, lo que impide que puedan entenderse comprendidos también los de revelación del artículo anterior —acceso ilícito— si falta una mención expresa en este sentido. Tampoco la tesis de CASTRO MORENO convence, pues valorativamente no resulta justificable que se sancione, de una parte, respecto de quien ostenta un deber genérico de buena fe, la conducta más leve de utilización, pero no la más grave de revelación o difusión y, de otra parte, que se castigue la conducta de "utilización" respecto de quien tiene un deber genérico de buena fe y no, en cambio, respecto de quien tiene un deber específico de secreto (MARTÍNEZ-BUJÁN PÉREZ).

La Jurisprudencia ha condenado a quien lo utiliza sin obligación de reserva vigente, habiéndose apoderado previamente de él mientras estaba en vigor dicha obligación de reserva [STS 864/2008, 16-12 (*Tol 1460249*)].

La conducta típica consiste en utilizar en provecho propio el secreto de empresa. Con ello se ha cubierto una laguna de punibilidad ya denunciada por la Doctrina respecto del antiguo art. 499 del derogado CP, a saber: aquellos casos en los que el sujeto destina la información reservada para desarrollar su propia empresa, bien exclusivamente o asociado con otros, y en los que no necesariamente tiene que haber una transmisión de la información reservada a tercero. En consecuencia, por "utilización" hay que interpretar cualquier uso distinto del de revelar a tercero, y concretamente una utilización que comporte el aprovechamiento económico en el mercado de la información reservada, disfrutando de la ventaja competitiva que proporciona aquella.

La expresión "en provecho propio" es interpretada por la mayoría doctrinal como un elemento subjetivo del injusto que indica la finalidad del sujeto de obtener un beneficio económico para sí del uso del secreto (CARRASCO ANDRINO, MORÓN LERMA, GONZÁLEZ RUS, BAUCELLS LLADÓS, GRACIA MARTÍN, etc.). Se excluyen así usos del secreto con distinta finalidad, como el de investigación. En la Jurisprudencia, no se ha admitido el tipo atenuado cuando el acusado no tenía ninguna participación en la nueva empresa que lo contrata y que es quien explota la información, castigando por el tipo de revelación del art. 279 I, CP (SJP, nº 16, Barcelona, 534/2010, 17-11). En otras resoluciones, en cambio, si se aprecia cuando se sirvió de la información recopilada durante la vigencia del contrato de trabajo para facilitar la andadura profesional de su nueva empresa [SAP, Granada, Sección 2ª, 72/2007, 2-2 (*Tol 1624494*); también SAP, Valencia, Sección 3ª, 17/2014, 7-1, porque "podía suceder (…) que tal información solo llegara a ser usada por el acusado sin aprovechar directamente a su nueva empresa"]. La SAP, Toledo, Sección 1ª, 93/2015, 30-7, considera que el tipo de utilización debe venir presidido por la finalidad de obtener un lucro, ventaja o beneficios, pues en otro caso la conducta ha de ser reprimida por la vía civil. Parece, por tanto, que se identifica la expresión" en provecho propio" como ánimo de lucro.

Existen, sin embargo, dos posibilidades interpretativas más: la primera, entender que "en provecho propio" alude al resultado material del delito: la obtención de un beneficio económico. Esta es la posición seguida por un sector minoritario de nuestra Doctrina (JORDANA DE POZAS, MARTÍNEZ-BUJÁN PÉREZ). No se comparte esta opinión, porque implica no sólo retrasar el momento de la consumación, sino, además, hacer depender ésta de un hecho no siempre controlable por el sujeto, cual es que la operación económica de aprovechamiento del secreto llegue a buen puerto. La segunda alternativa interpretativa configura este elemento como expresión o referencia del peligro concreto para el bien jurídico. También hay que rechazarla, pues se acabaría sancionando con menos pena la conducta más próxima a la lesión del bien jurídico —la de la explotación de la información reservada— y con más pena, aquella que está más alejada del mismo —la de revelación, que requerirá una posterior explotación.

Así las cosas, se trata de un delito de peligro abstracto (CARRASCO ANDRINO, MARTÍNEZ-BUJÁN PÉREZ) y de mera actividad, que se consuma con la puesta en funcionamiento del secreto con dicha finalidad sin necesidad de que se consiga un beneficio efectivo por el sujeto, y en el que es posible la tentativa pues la conducta es claramente fraccionable en varios actos. Para otro sector doctrinal se trata, sin embargo, de un delito de peligro concreto (MORÓN LERMA, FERNÁNDEZ GÓMEZ, etc.). La SAP, Valencia, Sección 3ª, 17/2014, 7-1, apreció tentativa del tipo atenuado de utilización a quien se remitió a su cuenta de correo electrónico abundante información confidencial de la empresa (estrategias de marketing, listados de clientes, costes de proveedores, tarifas de transporte, almacenaje, etc.) para la que había estado trabajando, con la finalidad de utilizarla, aunque finalmente no hubiera tenido oportunidad de hacerlo. En cambio, la SAP, Vizcaya, Sección 2ª, 90083/2015, 1-4, considera que para que hubiera comenzado la ejecución, al menos, debería haberse fundado por los ex empleados la nueva empresa en la que se pretendía utilizar la documentación supuestamente constitutiva de secreto de empresa, que se habían llevado de su antigua empresa, y que finalmente no tenía entidad de secreto empresarial. No bastaría así con las conductas de aseguramiento ilícito de la información para su posterior explotación por el ex trabajador.

No hay unanimidad doctrinal respecto al fundamento de la atenuación. Para unos, la razón de la disminución de la pena reside en un menor desvalor de resultado, bien porque la utilización en beneficio propio acota más el marco de la competencia ilícita y la retarda (MORALES PRATS/MORÓN LERMA), bien porque "recorta menos la capacidad competitiva de la empresa" (TERRADILLOS BASOCO), o, en fin, porque la potencialidad lesiva o el radio de la acción peligrosa es ahora menor que en la conducta de revelación o difusión en la que la frontera del peligro se halla indeterminada (MARTÍNEZ-BUJÁN PÉREZ). Para otros, el motivo de la atenuación se busca en un menor desvalor de acción, al entender que el sujeto que posee esta información reservada puede que haya contribuido a la obtención de la misma, esto es: se está beneficiando en definitiva del resultado de su propio esfuerzo creativo (GONZÁLEZ RUS) o actúa a favor de sí mismo pues no se introduce en un conflicto ajeno (PÉREZ DEL VALLE). En nuestra opinión, la atenuación se explica tanto por un menor desvalor de acción como de resultado. Lo primero porque el sujeto, aunque tiene que estar obligado a guardar reserva, no transgrede este deber al utilizar el secreto en provecho propio, dado que no ataca la esfera de reserva sobre la que se asienta el bien económico que el secreto representa —la existencia del secreto no se ve afectada—, sino sólo la situación de exclusividad en su aprovechamiento, aparte de que —como se ha dicho ya— la información reservada puede ser consecuencia del esfuerzo propio del sujeto, lo que plantea el difícil problema de deslindar lo que es objeto de secreto de empresa y lo que es experiencia profesional. Menor desvalor de resultado, porque su potencialidad lesiva —para el interés económico— está determinada o concretada, mientras que en el tipo del párrafo 1º no ocurre así, pudiéndose llegar incluso a la destrucción del bien económico —difusión.

En la Jurisprudencia, puede citarse la SAP, Toledo, Sección 1ª, 93/2015, 30-7, en la que se indica que "el beneficiarse solo a sí mismo en principio deja más reducida la posibilidad de la competencia ilícita, que en el caso de que se difunda más allá".

4.4. Concursos

Como ya hemos manifestado es posible un concurso de delitos con los tipos de descubrimiento y revelación de secretos de los arts. 197 y sigs. del CP. También con los que protegen el patrimonio (hurto, robo, daños, etc.) y respecto del soporte que contiene la información reservada. También cuando se destruye o altera la información reservada contenida en un soporte informático se producirá un concurso de delitos con los daños informáticos.

Con los tipos del art. 598 y sigs., CP (revelación de información y secretos atinente a la defensa nacional) el de revelación del art. 279, CP entrará en concurso de normas, a resolver por el principio de consunción a favor del primero (CARRASCO ANDRINO).

Con los tipos del art. 417, CP (revelación de funcionario público) y del 442, CP (uso de información privilegiada) existirá un concurso ideal con el art. 279, CP (CARRASCO ANDRINO).

5. La violación de secreto por quien no ha tomado parte en su descubrimiento

El CP 1995 introduce esta figura delictiva por primera vez en el texto legal, cubriendo así una laguna de punibilidad denunciada ya por la Doctrina respecto del aprovechamiento de la información reservada por terceros.

5.1. Sujeto activo

El sujeto activo está limitado en el tipo de forma negativa: aquel que no ha tomado parte en el descubrimiento del secreto. Una interpretación literal eliminaría como sujetos activos de este delito a aquellos a los que se les transmitió directamente el secreto por quien tenía obligación de guardar reserva (art. 279, CP) o por quien accedió de manera ilícita (art. 278, CP), pues intervinieron en las figuras delictivas de los art. 278.2 y 279, CP. Se trata, sin embargo, de que el sujeto activo del tipo del art. 280, CP, sea uno distinto a aquel que se apoderó ilícitamente y luego reveló (sujeto activo del art. 278, CP), o a aquel que reveló o utilizó en su propio provecho estando obligado a guardar reserva (sujeto activo del art. 279, CP). No obstante, algunos autores (FERNÁNDEZ GONZÁLEZ, GONZÁLEZ RUS) limitan la posibilidad de ser sujeto activo sólo a la persona a la que le fue revelado directamente el secreto por los autores del art. 278.2 ó 279, CP. En nuestra opinión, no se ve razón para establecer tal limitación subjetiva y no abarcar ulteriores revelaciones o utilizaciones en provecho propio, pues la referencia a "las conductas descritas en los artículos anteriores" debe ser entendida no a las figuras delictivas, sino a las acciones típicas allí descritas.

5.2. Conducta típica

Su determinación se realiza por remisión a las conductas descritas en los dos artículos anteriores, lo que suscita la discusión sobre el alcance de tal expresión. La Doctrina está de acuerdo en que no todas las conductas son abarcadas por el tipo del art. 280, CP. De forma unánime se excluye la de apoderamiento ilícito del art. 278.1, CP en la medida en que es consustancial el haber tomado parte en el descubrimiento del secreto. En este sentido, quien se apodera ilícitamente de una información que obra en poder de quien también la obtuvo de manera ilícita, cometerá el tipo del art. 278.1, CP y no el del art. 280, CP (SUÁREZ GONZÁLEZ, GONZÁLEZ RUS, MARTÍNEZ-BUJÁN PÉREZ). Un sector doctrinal minoritario excluye también las conductas del art. 279, CP, en las que no se haya realizado un descubrimiento ilícito de la información reservada, pues la obligación de guardar reserva presupone un acceso lícito al secreto, lo que no se corresponde con la exigencia típica de "conocer el origen ilícito" (MORALES PRATS/MORÓN LERMA, FERNÁNDEZ SÁNCHEZ). Otros autores sólo descartan las conductas de los arts. 278.1 y 279.2, CP, porque en la utilización en beneficio propio está excluida la transmisión a terceros (GONZÁLEZ RUS). Pues bien, coincidimos con MARTÍNEZ-BUJÁN PÉREZ en que el art. 280, CP, no contiene ningún dato que permita inferir una limitación de la conducta típica sólo a las que impliquen transmisión a terceros, por lo que quedará abarcada también la utilización en provecho propio efectuada por el tercero. Asimismo, la referencia al origen ilícito de la información reservada no tiene tampoco porqué quedar circunscrita a un acceso ilícito, sino que puede muy bien identificarse con el hecho de que el secreto proceda de alguno de los delitos cometidos en los artículos anteriores (MORENO CÁNOVES/RUIZ MARCO, FERNÁNDEZ SÁNCHEZ, GONZÁLEZ RUS). MARTÍNEZ-BUJÁN PÉREZ, incluso, amplía el origen ilícito a cualquier obtención de la información contraria a la voluntad del titular del secreto de mantenerlo oculto, por ejemplo, un conocimiento fortuito provocado por un empleado de forma imprudente.

En consecuencia, el art. 280, CP, comprende las conductas de revelación, difusión, cesión o utilización en provecho propio, a cuyo contenido ya nos hemos referido en los tipos anteriores a los que nos remitimos.

5.3. Elemento subjetivo

Se trata de un tipo doloso por cuanto la conducta típica tiene que realizarse "con conocimiento de su origen ilícito". La mayoría interpreta esta cláusula en el sentido de que sólo cabe un dolo directo, excluyendo los casos de mera sospecha o de previsión de la posibilidad de dicho origen (SUÁREZ GONZÁLEZ, MUÑOZ CONDE, FERNÁNDEZ SÁNCHEZ, GONZÁLEZ RUS, etc.). Para otros autores, sin embargo, es posible el dolo eventual (MARTÍNEZ-BUJÁN PÉREZ).

5.4. Concursos

Como ya avanzamos más atrás con los delitos que protegen la intimidad sólo entrarán en concurso de delitos en el supuesto de que la información reservada de la empresa contenga también datos relativos a la intimidad de las personas físicas (trabajadores, clientes, distribuidores, empresario, etc.).

Habrá concurso de delitos también respecto de los delitos que protegen el patrimonio (hurto, robo, estafa, etc.). En este sentido la SAP, Zaragoza, Sección 3ª, 3-12-1999 (*Tol 394479*), aprecia un concurso entre el delito de estafa y el del art. 280, CP, al utilizarse en provecho propio los listados de clientes de su antigua empleadora "Fontanilla" y vender a éstos los filtros de agua haciéndose pasar por empleados de una empresa llamada "Fontanilla-Fragater".

La Jurisprudencia adopta una posición restrictiva respecto a la aplicación de la continuidad delictiva en estos delitos. Así, se ha rechazado por la SAP, Barcelona, Sección 8ª, 4-11-2002, el delito continuado en el caso de la distribución a terceros de tarjetas descodificadoras con los códigos secretos que permitan la desencriptación de la señal de televisión emitida por Canal Satélite Digital SL., en base a que un solo acto de entrega de estas tarjetas no es apto para afectar la posición en el mercado de la empresa, únicamente la repetición de estas entregas es la que produce una lesión en la capacidad competitiva de la empresa. En el mismo sentido, rechazando la continuidad delictiva en los sucesivos envíos que hacía de los pedidos de la empresa a la que había constituido, sin saberlo su empleador, SAP, Córdoba, Sección 3ª, 532/2014, 12-12. La tipificación de la difusión al lado de la revelación y cesión propicia este entendimiento, aunque podría admitirse una continuidad delictiva si los actos individuales, pero sucesivos, afectasen a secretos distintos (MARTÍNEZ-BUJÁN PÉREZ).

III. BIBLIOGRAFÍA

ABANTO VÁSQUEZ, M. A. "Delitos contra el mercado, viejas prácticas, nuevas figuras: delitos contra la libre y leal competencia", en SERRANO-PIEDECASAS FERNÁNDEZ, J. R./DEMETRIO CRESPO, E. (Dirs.) *Cuestiones actuales de derecho penal empresarial*, Madrid, 2010; ANARTE BORRALLO, E. "Incidencias de las nuevas tecnologías en el sistema penal. Aproximación al derecho penal en la sociedad de la información", *Derecho y conocimiento: anuario jurídico sobre la sociedad de la información y del conocimiento*, nº 1, 2001; CAMPUZANO LAGUILLO, A. B. "Aspectos penales de la disciplina de la competencia desleal", en AA.VV.: *Escritos jurídicos en memoria de Luis Mateo Rodríguez*, Santander, 1993, vol. 2; CARRASCO ANDRINO, M. M. *La protección penal del secreto de la empresa*, Barcelona, 1998; id. "La tutela penal del secreto comercial y la concreción de la obligación de reserva: Un análisis de la reciente jurisprudencia", *RDPC*, nº 7, 2001; CASTRO MORENO, A. "El Derecho penal español ante el espionaje industrial y el secreto de empresa (artículos 278-280 CP)", *Rivista Trimestrale di Diritto penale dell'Economia*, 2006, vol. 19, fascículo 1/2; CORCOY BIDASOLO, M./GÓMEZ MARTÍN, V. "Apoderamiento y revelación de secreto de empresa", en *Diccionario de DPE*, Madrid, 2008; 2ª ed., 2017; id. "Secreto de empresa", en *Diccionario de DPE*, Madrid, 2008; 2ª ed., 2017; DE LA MATA BARRANCO, N. J. "delitos contra la propiedad intelectual, industrial y violación de secretos de empresa", en AA.VV. *Derecho penal económico y de la empresa*, 2º ed., Madrid, 2024; DE LA RÚA MORENO, J. L. "La instrucción de los delitos relativos al mercado y a los consumidores: especial referencia a los secretos de empresa y delito publicitario", *EDJ*, nº 64, 2004; DOVAL PAIS, A. "La intimidad y los secretos de empresa como objetos de ataque por medios informáticos", *Eguzkilore*, 2008; ESTRADA I CUADRAS, A. *Violaciones de secreto empresarial. Un estudio de los ilícitos mercantiles y penales*, Barcelona, 2016; id. *El secreto empresarial, una perspectiva jurídico-penal*, Madrid, 2017; FERNÁNDEZ DÍAZ, C. R. "El secreto de empresa como objeto material del delito", en VALENCIA SAIZ, A. (coord.) *Investigaciones en ciencias jurídicas: desafíos actuales del Derecho*, Universidad de Málaga, 2014; id. "La finalidad de descubrir un secreto de empresa en el delito de espionaje industrial", *RGDP*, nº 26, 2016; id. *El Derecho penal frente al espionaje industrial*, Valencia, 2018; FERNÁNDEZ SÁNCHEZ, M. T. *Protección penal del secreto de empresa*, Madrid, 2000; GARCÍA MOSQUERA, M. "La protección penal del secreto de empresa: perspectivas actuales y su proyección a los listados de clientes, *Actas de Derecho Industrial*, n º 38, 2017-2018; id. "Breves apuntes sobre el concepto penal de secreto de empresa", en *LH-Jorge Barreiro*, 2019; GÓMEZ PAVÓN, P. "Los delitos de descubrimiento y revelación de secreto de empresa", en GÓMEZ PAVÓN, P./BUSTOS RUBIO, M./PAVÓN HERRADÓN, D. *Delitos económicos: Análisis doctrinal y jurisprudencial. Adaptado a la LO 1/2019, de 20 de febrero, por la que se modifica la LO del CP, para transponer Directivas de la UE en los ámbitos financiero y de terrorismo*, Madrid, 2019; GÓMEZ SEGADE, J. A. *El Secreto industrial (know-how). Concepto y protección*, Madrid, 1974; id. "La nueva Ley de Secreto Empresariales", *Actas de Derecho Industrial y de Derecho de Autor*, t. 40, 2020; LEÓN ALAPON, J. "tutela penal y procesal de los secretos de empresa frente al espionaje económico", en GONZÁLEZ CUSSAC, J. L./FLORES GIMÉNEZ, F. *Seguridad y derechos: análisis de las amenazas, evaluación de las respuestas y valoración del impacto en los derechos*, Valencia, 2018; LÓPEZ BARJA DE QUIROGA, J. "Los secretos de empresa: (el espionaje en las empresas)", *RDPP*, nº 44, 2016; MARCHENA GÓMEZ, M. "Delitos relativos contra el mercado y los consumidores", en AA.VV. *El nuevo Código Penal y su aplicación a empresas y profesionales*, vol. III, Madrid, 1996; MARTÍNEZ-BUJÁN PÉREZ, C. *Delitos relativos al secreto de empresa*, Valencia, 2010; MORÓN LERMA, E. *El secreto de empresa: protección penal y retos que plantea ante las nuevas tecnologías*, Madrid, 2002; MOYA FUENTES, M. M. "Piratería" de la televisión de pago: posibilidades de sanción penal", *RdPP*, nº 28, 2012; MURUAGA HERRERO, P. *Los modelos de protección jurídica de los secretos empresariales: una perspectiva supranacional, europea y nacional*, Madrid, 2025; PRATS CANUT, J. M. "Descubrimiento y revelación de secretos de empresa en el Código Penal de 1995", *CDJ*, 1997, t. XIV; SERRANO-PIEDECASAS FERNÁNDEZ, J. R. "Consideraciones entorno a la protección penal del Know-how", *ADPCP*,

1990; id. "El Know-How y el secreto de empresa", en RUÍZ RODRÍGUEZ, L. (ed. lit.) *Sistema penal de protección del mercado y de los consumidores,* Valencia, 2002; SUÑOL LUCEA, A. *El secreto empresarial. Un estudio del artículo 13 de la Ley de Competencia Desleal,* Cizur Menor, 2009; ZÁRATE CONDE, A/MAÑAS DE ORDUÑA, A. Los delitos relativos al secreto de empresa a la luz de la ley de secretos empresariales, *LL-Penal,* nº 145, 2020.

Lección 19ª

Delitos relativos al mercado y a los consumidores (II)

MARÍA DEL MAR CARRASCO ANDRINO

SUMARIO. I. DELITO DE DETRACCIÓN DE MATERIAS PRIMAS O PRODUCTOS DE PRIMERA NECESIDAD. 1. Consideraciones previas. 2. Bien jurídico protegido. 3. Sujetos. 3.1. Sujeto activo. 3.2. Sujeto pasivo. 4. Tipo básico. 4.1. Conducta típica. 4.2. Objeto material. 4.3. Elemento subjetivo. 4.4. *Iter criminis*. 4.5. Concursos. 4.6. Cuestiones procesales. 5. Tipo agravado. II. DELITO DE PUBLICIDAD ENGAÑOSA. 1. Consideraciones generales. Bien jurídico protegido. 2. Sujetos. 2.1. Sujeto activo. 2.2. Sujeto pasivo. 3. Conducta típica. 3.1. Presupuesto de la conducta típica: "sus ofertas o publicidad". 3.2. El engaño publicitario. 3.3. El perjuicio manifiesto y grave. 3.4. Objeto material. 4. Elemento subjetivo. 5. *Iter criminis*. 6. Concursos. 7. Cuestiones procesales. III. DELITO DE FACTURACIÓN FALSA. 1. Consideraciones previas. Bien jurídico protegido. 2. Sujetos. 2.1. Sujeto activo. 2.2. Sujeto pasivo. 3. Conducta típica. 4. Objeto material. 5. Elemento subjetivo. 6. *Iter criminis*. 7. Concursos. 8. Cuestiones procesales. IV. BIBLIOGRAFÍA.

Artículo 281

1. El que detrajere del mercado materias primas o productos de primera necesidad con la intención de desabastecer un sector del mismo, de forzar una alteración de precios, o de perjudicar gravemente a los consumidores, será castigado con la pena de prisión de uno a cinco años y multa de doce a veinticuatro meses.

2. Se impondrá la pena superior en grado si el hecho se realiza en situaciones de grave necesidad o catastróficas.

Artículo 282

Serán castigados con la pena de prisión de seis meses a un año o multa de doce a veinticuatro meses los fabricantes o comerciantes que, en sus ofertas o publicidad de productos o servicios, hagan alegaciones falsas o manifiesten características inciertas sobre los mismo, de modo que puedan causar un perjuicio grave y manifiesto a los consumidores, sin perjuicio de la pena que corresponda aplicar por la comisión de otros delitos.

Artículo 283

Se impondrán las penas de prisión de seis meses a un año y multa de seis a dieciocho meses a los que, en perjuicio del consumidor, facturen cantidades superiores por productos o servicios cuyo costo o precio se mida por aparatos automáticos, mediante la alteración o manipulación de éstos.

I. DELITO DE DETRACCIÓN DE MATERIAS PRIMAS O PRODUCTOS DE PRIMERA NECESIDAD

1. Consideraciones previas

El delito de detracción de materias primas carece de precedente en los códigos penales históricos, a excepción del antiguo delito de acaparamiento de la postguerra, recogido en la Ley de 26 de octubre de 1939, que estuvo vigente hasta 1971 (QUERALT JIMÉNEZ). Constituye, por tanto, una figura delictiva novedosa que se incorpora en el Código penal de 1995, si bien había sido ya prevista en los proyectos que precedieron al vigente CP, con un texto más o menos semejante. Así, figuraba en el art. 347 del Proyecto de CP 1980, en el art. 285 de la Propuesta de Anteproyecto de CP de 1983 o en el art. 286 del Proyecto de CP de 1992. Es un delito que hasta la fecha ha tenido escasa incidencia práctica.

Tan sólo se han encontrado tres autos judiciales que desestiman su aplicación por no ajustarse los hechos a la tipicidad del delito: el AAN, Sección 2ª, 579/2022, 22-11, relativo a misivas intimidatorias de un despacho de abogados británicos que, en representación de una petrolera rusa, son enviadas a la distribuidora en España para que no retire su producto de los tanques de almacenamiento; el AAP, Valencia, Sección 5ª, 871/2017, 20-7, atinente a la recapitalización de empresas automovilísticas, lo que queda alejado del objeto material del delito circunscrito a "materias primas o productos de primera necesidad"; y el AAP, Tarragona, Sección 2ª, 36/2013, 17-1, que se ocupa de un caso de comercialización de participaciones preferentes).

La ilicitud de estas conductas goza, en cambio, de una gran tradición en el ámbito del Derecho de la competencia. Concretamente, puede constituir un ilícito como práctica colusoria del art. 1.1 Ley 15/2007, de 3 de julio, de Defensa de la Competencia (*Tol 1082683*), que prohíbe "todo acuerdo, decisión o recomen— dación colectiva, o práctica concertada o conscientemente paralela, que tenga por objeto o produzca o pueda producir el efecto de impedir, restringir o falsear la competencia en todo o en parte del mercado nacional y, en particular, los que consistan en: a) la fijación, de forma directa o indirecta, de precios o de otras condiciones comerciales o de servicio, b) la limitación o el control de la producción, la distribución, el desarrollo técnico o las inversiones, c) el reparto del mercado o de las fuentes de aprovisionamiento; d)..."; o como abuso de posición dominante del art. 2 de la misma Ley de Defensa de la Competencia, que expresamente declara, en su número 2, que el abuso puede consistir en "la imposición, de forma directa o indirecta, de precios u otras condiciones comerciales o de servicios no equitativos; b) la limitación de la producción, la distribución o el desarrollo técnico en perjuicio injustificado de las empresas o de los consumidores; c) la negativa injustificada a satisfacer las demandas de compra de productos o de prestación de servicios; d)...". La Doctrina mercantilista también señala que puede llegar a constituir un ilícito de competencia desleal como práctica discriminatoria o de boicot del art. 16 Ley de Competencia Desleal.

Por lo que respecta al ilícito penal, se articula en un tipo básico recogido en el número 1 del art. 281, CP y un tipo agravado en su número 2. Un sector doctrinal considera, en cambio, que el delito de desabastecimiento de materias primas y productos de primera necesidad constituye un tipo agravado respecto del contenido en el art. 284, CP —alteración de precios— (QUERALT JIMÉNEZ). La solución a esta controversia estará en función de la consideración de este tipo como delito independiente o agravado respecto del art. 284, CP, lo que dependerá, como seguidamente veremos, de cómo se configure el bien jurídico protegido, bien acentuando su vinculación a los intereses de los consumidores, bien destacando su incidencia en aspectos esenciales del mercado y de la competencia de prestaciones: la formación de la oferta que tendrá consecuencias en los precios y en el acceso a los bienes (de primera necesidad y materias primas) que se mencionan en el tipo.

Su fundamento constitucional se encuentra no sólo en el art. 51.1, CE dirigido a la protección de los consumidores (VALLE MUÑIZ/MORALES PRATS), sino también en el art. 38, CE que proclama la libertad de empresa en el marco de la económica de mercado, y con ello que la libre competencia se presenta como el núcleo mínimo esencial del sistema económico constitucional; y también encuentra fundamentación en los arts. 128.2 —iniciativa pública y reserva de recursos y servicios esenciales en régimen de monopolio— y 131.1, CE —planificación de la actividad económica general— que funcionan como límites a la libre competencia, al igual que el mencionado art. 51.1, CE, y todo ello modulado por el mandato del art. 9.2, CE en orden a conseguir una libertad e igualdad efectivas (específicamente BRAGE CENDÁN).

2. *Bien jurídico protegido*

La Doctrina se divide entre quienes consideran este delito como un ilícito relativo a los intereses de los consumidores, y quienes lo configuran como un ilícito de mercado. La corriente dominante defiende que el bien jurídico protegido reside en los intereses de los consumidores en el normal abastecimiento de materias primas y productos de primera necesidad, lo que mediatamente acaba incidiendo en la libre competencia o libre mercado, pues puede alterar la formación de precios de estos bienes, lo que al final acaba también teniendo consecuencias para el patrimonio o la libertad de disposición económica de los consumidores (MARTÍNEZ-BUJÁN PÉREZ, BAUCELLS LLADÓS, SUÁREZ GONZÁLEZ, VALLE MUÑIZ/MORALES PRATS, MUÑOZ CONDE, QUINTANAR DÍEZ, etc.). Para el sector minoritario, en cambio, el bien jurídico protegido incide directamente en la protección del mercado lo que, para unos, se traduce en la libre concurrencia y el intervencionismo estatal como mecanismos de fijación de precios (BAJO FERNÁNDEZ, GONZÁLEZ RUS, BRAGE CERDÁN), y para otros, en el equilibrio relativo entre la oferta y la demanda (MORENO CÁNOVES/RUIZ MARCO), que de forma indirecta acaba afectando a los intereses económicos del consumidor.

Una posición intermedia, representada por PUENTE ABA, configura este delito como un híbrido de los delitos contra la competencia y de los relativos a los intereses de los consumidores, considerando que el bien jurídico es doble: el interés difuso de los consumidores en el normal abastecimiento del mercado de materias primas y de productos de primera necesidad, y también la libre competencia o competencia de mercado. Se defiende así un entendimiento pluriofensivo del delito, en el que se matiza que en función de la concreta actividad pueden resultar más afectados los intereses de los competidores y con ello, la libertad de competencia, y en otros supuestos, los intereses económicos de los consumidores.

En cualquier caso, el tipo se configura como un delito de peligro abstracto, acorde con su naturaleza socioeconómica.

Para unos integra un verdadero delito socioeconómico en sentido estricto (BAJO FERNÁNDEZ), mientras que otras opiniones estiman que queda alejado de esta categoría, dado que protege un bien jurídico supraindividual de carácter social general (MARTÍNEZ-BUJÁN PÉREZ), que encaja mejor en los socioeconómicos en sentido amplio, caracterizados por la lesividad económica colectiva, en los que debido al carácter difuso del bien jurídico el peligro se encuentra muy alejado de la conducta incriminada (TERRADILLOS). En este sentido, TORÍO LÓPEZ propuso que de *lege ferenda* se restringiese el tipo a las detracciones efectuadas en situaciones económicas de crisis de desabastecimiento general, normalmente con propósitos especulativos. De esta manera —dice el autor— estaríamos ante un auténtico delito socioeconómico, atentatorio contra el orden socioeconómico general y desprovisto del carácter sectorial propio de los delitos contra el consumo. Según BAJO FERNÁNDEZ los delitos socioeconómicos en sentido amplio son las infracciones penales que, afectando a un bien jurídico patrimonial individual, lesionan o ponen en peligro en segundo término la regulación jurídica de la producción, distribución y consumo de bienes y servicios; mientras que los delitos socioeconómicos en sentido estricto son los que lesionan o ponen en peligro el orden económico entendido como regulación jurídica del intervencionismo estatal en la economía del país. Sólo estos últimos integran un bien jurídico supraindividual en sentido técnico.

3. Sujetos

3.1. Sujeto activo

Es un delito común, por lo que puede en principio ser cometido por cualquiera que actúe en el mercado de esa manera, aunque sea ocasionalmente. Ahora bien, teniendo en cuenta la conducta típica en la práctica tan sólo unos pocos estarán en condiciones de poder realizarla (CARBONELL MATEU), siendo normalmente empresas con una cierta capacidad o poder económico, que resulta de su posición de dominio en el mercado o de los acuerdos ilícitos por colusorios con otras empresas del sector (PUENTE ABA). En este sentido, resulta positiva la reciente reforma del CP que permite sancionar también a las personas jurídicas, si se dan los requisitos estipulados en el nuevo art. 31 bis, CP, correspondiendo en este caso aplicar las penas señaladas en el nuevo art. 288, CP: multa de uno a tres años y la posibilidad de aplicar alguna de las penas del art. 33.7, CP.

3.2. Sujeto pasivo

En coherencia con las posiciones mantenidas respecto del bien jurídico, la Doctrina considera que el sujeto pasivo está constituido por los consumidores como colectivo difuso (PUENTE ABA), y/o en la medida en que incide sobre la libre competencia o el mercado se incluye a la comunidad en general (MORENO CÁNOVES/RUIZ MARCO, BRAGE CERDÁN) o a quienes forman parte del mercado: competidores y consumidores (GONZÁLEZ RUS).

4. Tipo básico

4.1. Conducta típica

La conducta típica consiste en detraer del mercado materias primas o pro— ductos de primera necesidad con la intención de desabastecer un sector del mismo, de forzar una alteración de precios o de perjudicar gravemente a los consumidores.

De acuerdo con el significado gramatical del término, detraer equivale a "restar, sustraer, apartar o desviar" (RAE). En el ámbito económico se utiliza en el sentido de acopio o acaparamiento de mercancías, esto es: la acción de retirarlas total o parcialmente del mercado, consiguiendo alterar los precios. Esto sirve de base a una corriente doctrinal para limitar el tipo a sólo las conductas activas, excluyendo las meramente omisivas (MORENO CÁNOVES/RUIZ MARCO, VALLE MUÑIZ/MORALES PRATS, MARTÍNEZ-BUJÁN PÉREZ, BRAGE CERDÁN).

Otros autores, en cambio, admiten las conductas omisivas, pues se trata de un delito de medios indeterminados que consiste en disminuir la oferta de los productos hasta el punto de impedir el acceso a los mismos, bien retirando del mercado los que ya se encuentran en él o bien evitando que lleguen a incorporarse a aquél (GONZÁLEZ RUS, BAUCELLS LLADÓS). Se incluyen, así, las compras masivas, la retención de productos, la disminución o destrucción de productos, etc.

Básicamente la discusión se circunscribe a las conductas de retención o no introducción en el mercado de productos, que para quienes niegan la omisión sólo serían típicas si van precedidas de actos de adquisición masiva; es decir, se requiere que previamente los productos estuvieran en el mercado para poder así retenerlos, impidiendo que lleguen a los consumidores o a los competidores (MORENO CÁNOVES/RUIZ MARCO, SUÁREZ GONZÁLEZ, BRAGE CERDÁN). PUENTE ABA ha matizado esta conclusión admitiendo la tipicidad de algunas omisiones —retención o no introducción en el mercado, como el desvío de productos a mercados de otros países— que tendrían cabida dentro del significado gramatical de "detraer". Desde esta posición sólo quedarían excluidas los supuestos de falta total de producción, esto es, de no elaboración de los productos para no introducirlos en el mercado.

En cuanto al mercado al que se refiere el tipo, la Doctrina ha indicado que debe ser interpretado en el sentido de la rúbrica de la Sección 3ª en la que se inserta el delito, y referido, por tanto, a las operaciones comerciales que inciden en un determinado sector económico de bienes (MARTÍNEZ-BUJÁN PÉREZ). BAUCELLS LLADÓS entiende que en razón del bien jurídico protegido —los intereses de los consumidores— el mercado no puede ser el global, ni tan siquiera el nacional, sino el de la Comunidad Autónoma o el Municipio.

4.2. Objeto material

El objeto material está constituido por las materias primas o los productos de primera necesidad que se encuentran en el mercado. Se trata de términos de valoración cultural, difíciles de precisar, por lo que se ha reclamado por la Doctrina una regulación extrapenal que ayude a concretar el alcance del precepto. En cualquier caso, sólo podrán ser objeto material las llamadas *res intra commercium*, esto es, bienes con los que se pueda comerciar y que estén en el mercado, pues la conducta típica consiste en "detraer del mercado". En consecuencia, se excluyen del tipo las *res extra commercium* (MORENO CÁNOVES/ RUIZ MARCO, MORENO Y BRAVO, BRAGE CERDÁN).

Con respecto a las materias primas, la mayoría de la Doctrina considera que el empleo de la conjunción disyuntiva "o" obliga a entender que éstas no quedan circunscritas a las de primera necesidad, sino que el tipo incluye aquellas que inciden sobre la producción de cualquier bien (MUÑOZ CONDE, QUERALT JIMÉNEZ, BRAGE CERDÁN, etc.). Un sector minoritario, en cambio, realiza una interpretación restrictiva limitando el objeto material a los productos de primera necesidad, o bien, a las materias primas que sirvan para la elaboración de tales productos (GONZÁLEZ RUS, JORDANA DE POZAS, BAUCELLS LLADÓS). Por "materias primas" se entiende los productos básicos que se emplean en los procesos industriales para la elaboración de alimentos, textiles, calzado y toda clase de bienes industriales y artículos de consumo duradero (TAMAMES), ya provengan directamente de la naturaleza o hayan sufrido algún proceso de transformación industrial (GONZÁLEZ RUS, SUÁREZ GONZÁLEZ, BRAGE CERDÁN).

Los productos de primera necesidad son las cosas producidas —creaciones con valor económico— de las que no se puede prescindir (Diccionario RAE). Es esta una expresión que cuenta con mayor tradición jurídica, pues constituye una circunstancia de agravación de algunos delitos patrimoniales como la estafa o el hurto. En relación con ellos, la Doctrina ha considerado que las cosas de primera necesidad son aquellas que sirven para satisfacer las necesidades básicas, primarias o esenciales del sujeto (alimenticias, sanitarias, etc.). Se han incluido así los alimentos, el vestido, el calzado, los medicamentos, los artículos de limpieza e higiene, la vivienda y lo que ésta necesita para que cumpla su función (agua, gas, electricidad, combustible) (MORENO CÁNOVES/RUIZ MARCO), las energías y las telecomunicaciones (QUERALT JIMÉNEZ).

Para algunos autores, además, estas necesidades esenciales deben interpretarse a la luz del Estado Social y Democrático de Derecho en que se configura el Estado español tal y como dispone el art. 1, CE, lo que amplía el concepto a, por ejemplo, los libros de texto de primera enseñanza (MORENO CÁNOVES/RUIZ MARCO, BRAGE CERDÁN), mientras que otros lo rechazan expresamente excluyendo los libros (QUERALT JIMÉNEZ). Algún autor descarta también las viviendas al entender que no son objetos sobre los que pueda recaer la conducta típica, dado que son de difícil acaparamiento (JORDANA DE POZAS). Se argumenta también que ambas categorías se distinguen en la agravación de la estafa, por lo que de forma sistemática hay que entender que los productos de primera necesidad no engloban aquellas (VÁZQUEZ IRUZUBIETA). Sin embargo, la Doctrina y jurisprudencia mayoritarias las incluyen como bienes de primera necesidad, abarcando incluso los precios de alquiler, pues no se trata de una conducta de apoderamiento, sino también de obstaculizar la distribución (BAUCELLS LLADÓS, BRAGE CERDÁN).

El concepto de primera necesidad englobará, por tanto, lo que es indispensable no sólo para la vida física (necesidades biológicas básicas) sino también para la vida en sociedad.

En cualquier caso, dentro de cada categoría de bienes tendrán que ser cosas verdaderamente imprescindibles, en el bien entendido que no todos los alimentos lo son, ni todos los calzados, ni todas las viviendas. Así se precisa por la Doctrina que no lo serán los productos concretos —la col—, sino categorías genéricas con propiedades comunes como por ejemplo las verduras, los medicamentos genéricos, pero no marcas concretas de medicamentos; las viviendas habituales, pero no las segundas residencias, etc. (PUENTE ABA). En definitiva, son dos los criterios empleados para que puedan integrarse en esta categoría de productos de primera necesidad: que lo sean para la generalidad de la población y que sirvan al funcionamiento básico de la sociedad (QUERALT JIMÉNEZ), adaptando la interpretación en todo caso al momento histórico de que se trate (VALLE MUÑIZ/MORALES PRATS).

La Jurisprudencia ha interpretado restrictivamente este concepto, manifestando que cosas de primera necesidad son aquellas de las que no se puede prescindir, que son de consumo imprescindible para la subsistencia o salud de las personas [SSTS 30-5-2001; 30-1-2001 (*Tol 27988)*]; y que, en particular, "la comercialización de vehículos privados con destino al consumidor final" no entra en estas categorías (SAP, Valencia, Sección 5ª, 871/2017, 20-7); tampoco la comercialización de participaciones preferentes (AAP, Tarragona, Sección 2ª, 36/2013, 17-1).

4.3. Elemento subjetivo

Se trata de un delito doloso, en concreto de un dolo de peligro que elimina la posibilidad de dolo eventual (MARTÍNEZ-BUJÁN PÉREZ, PUENTE ABA, BRAGE CERDÁN).

Además, se exige la concurrencia de un elemento subjetivo del injusto, que se formula alternativamente: bien la intención de desabastecer un sector del mercado, bien la de forzar una alteración de los precios o bien la de perjudicar gravemente a los consumidores. Basta con que concurra una de las tres finalidades para que el tipo se realice, aunque, como ha señalado la Doctrina, son en cierta medida reiterativas. Así, si se produce la primera, las otras dos concurrirán cumulativamente, dado que el desabastecimiento del mercado provoca una alteración de precios y ello supone un perjuicio para los consumidores (BAUCELLS LLADÓS, MARTÍNEZ-BUJÁN PÉREZ, PUENTE ABA, BRAGE CERDÁN), si bien puede pensarse en actuaciones dirigidas a perjudicar a los consumidores que no supongan una alteración de precios o un desabastecimiento del mercado. De aquí que algún autor haya propuesto eliminar la referencia a la alteración de precios, en la medida en que está ya comprendida en la de desabastecimiento del mercado (PUENTE ABA). En cualquier caso, no es necesario que se produzca ni el desabastecimiento ni el perjuicio grave, ni tampoco la alteración efectiva, pues se trata de un delito de resultado cortado en el que se adelantan las barreras de punición elevando a delito autónomo una conducta de tentativa.

En cuanto al contenido concreto de estos elementos, con respecto a la alteración de precios se ha indicado que ésta tiene que tener una cierta transcendencia o gravedad, no cuando se persigue una mínima oscilación de los precios. La alteración de precios puede ir referida a los mismos productos que han sido detraídos del mercado o a otros distintos con los que aquellos guardan relación; así, por ejemplo, se detrae aceite de oliva para alterar el precio del aceite de soja (GONZÁLEZ RUS, BRAGE CERDÁN). La alteración puede comprender tanto el abaratamiento como el encarecimiento de los precios (GONZÁLEZ RUS), si bien algunos lo limitan sólo al abaratamiento (QUERALT JIMÉNEZ, BRAGE CERDÁN) y puede afectar tanto a los precios libres como a los autorizados o comunicados.

Con respecto al desabastecimiento, la referencia a un sector del mercado permite que pueda ir referido a un territorio, un concreto producto o ciertas variedades del producto (GONZÁLEZ RUS). En cuanto al perjuicio grave a los consumidores se ha limitado por la Doctrina al de naturaleza económica (GONZÁLEZ RUS), si bien otros autores parecen admitir perjuicios de otro tipo asociados a la conducta de acaparamiento (BAUCELLS LLADÓS, PUENTE ABA).

La presencia de estos elementos subjetivos, por un lado, limita la intervención penal, convirtiendo en atípicos los acaparamientos que no vengan provocados por ninguna de estas finalidades (PUENTE ABA se refiere al caso italiano en el que se dejó de abastecer de pan como medida de presión al Gobierno para que modificase los precios impuestos por la propia Administración); y por otro, presenta el inconveniente de su dificultad probatoria, lo que puede dejar inoperativo al precepto.

Precisamente por este último motivo la Doctrina reclama, *de lege ferenda*, su sustitución por fórmulas que expresen la idoneidad objetiva de la conducta para poner en peligro al bien jurídico, tal y como se hace en el delito de publicidad engañosa; esto es, con la idoneidad para producir un desabastecimiento, forzar una alteración, o perjudicar gravemente a los consumidores (VALLE MUÑIZ/MORALES PRATS, MARTÍNEZ-BUJÁN PÉREZ, MUÑOZ CONDE, etc.). Aparte de que en la mayoría de los supuestos no se corresponde con la psicología criminal del autor, quien se moverá para obtener un lucro personal más que para perjudicar al consumidor (MORENO CÁNOVES/RUÍZ MARCO). Se han señalado como indicios de la presencia de estas finalidades el hecho de que el acaparamiento haya sido realizado por una empresa que ostenta la posición de dominio o por un grupo de empresas coordinadas entre sí (PUENTE ABA).

4.4. Iter criminis

El delito se consuma en el momento en el que se realiza la detracción del mercado de las materias primas o de los productos de primera necesidad, con alguna de las finalidades típicas y sin necesidad de que se logre efectivamente el desabastecimiento, la alteración de precios o el perjuicio grave para los consumidores. Se trata, por tanto, de un delito de mera actividad, de consumación anticipada, pues se está tipificando una tentativa. Concretamente la Doctrina habla de "delito de tentativa de resultado" (BRAGE CERDÁN). Además, es un delito de resultado cortado, pues el autor ejecuta la acción típica para producir determinados resultados que quedan fuera del tipo (QUERALT JIMÉNEZ, MARTÍNEZ-BUJÁN PÉREZ, etc.).

Este adelantamiento de las barreras penales lleva a un sector doctrinal a negar la posibilidad de las formas imperfectas de ejecución (MORENO CÁNOVES/ RUÍZ MARCO, JORDANA DE POZAS, VÁZQUEZ IRUZUBIETA). Para otra corriente doctrinal, en cambio, la tentativa es perfectamente posible cuando iniciada la detracción, por ejemplo, a través de la compra masiva del producto, aquella no llega efectivamente a conseguirse (MARTÍNEZ-BUJÁN PÉREZ, BAUCELLS LLADÓS, GONZÁLEZ RUS, PUENTE ABA, BRAGE CERDÁN, etc.).

Si se produjera el resultado perseguido sólo cabe considerarlo en el ámbito de la responsabilidad civil o bien en la determinación de la pena atendiendo a la gravedad de los hechos. En este sentido BRAGE CERDÁN propone, *de lege ferenda*, la introducción de una agravación en el caso de que se logre el resultado perseguido de alterar los precios, desabastecer el mercado o perjudicar gravemente a los consumidores.

4.5. Concursos

En el ámbito concursal destaca la relación de este delito con el art. 284, CP —maquinaciones para alterar el precio de las cosas. La Doctrina, de forma unánime, entiende que el art. 281, CP prevalecerá respecto del art. 284, CP, para unos porque el delito de detracción de materias primas o productos de primera necesidad es ley especial frente al de maquinaciones para alterar el precio de las cosas (MUÑOZ CONDE, SUÁREZ GONZÁLEZ, VALLE MUÑIZ/ MORALES PRATS, BAUCELLS LLADÓS), para otros por aplicación del principio de consunción a favor del art. 281, CP (MARTÍNEZ-BUJÁN PÉREZ, BRAGE CERDÁN, PUENTE ABA).

Asimismo, la Doctrina reconoce la posibilidad de concurso real de delitos con otras infracciones delictivas de naturaleza diversa, cuando a consecuencia de la detracción se produjeran lesiones —normalmente imprudentes o en dolo eventual— (QUERALT JIMÉNEZ, BAUCELLS LLADÓS) o se causasen perjuicios patrimoniales efectivos: estafas, apropiación indebida, etc. (MORENO CÁNOVES/ RUIZ MARCO, MARTÍNEZ-BUJÁN PEREZ).

Finalmente, la diferencia entre el ilícito civil o administrativo contra la competencia y el ilícito penal viene dada por el hecho de que la conducta de detracción del mercado debe recaer sobre productos de primera necesidad o materias primas —objeto material limitado— y debe perseguir unas finalidades determinadas (desabastecer el mercado, alterar los precios o perjudicar gravemente a los consumidores) (VALLE MUÑIZ/MORALES PRATS, BAUCELLS LLADÓS, BRAGE CERDÁN)

4.6. Cuestiones procesales

Aunque rige respecto de este delito el requisito de procedibilidad al que se refiere el art. 287, CP —denuncia del agraviado o de su representante legal—, lo cierto es que la afectación de los intereses generales o, al menos, de una pluralidad de personas (los consumidores), obligará al Ministerio Fiscal a intervenir de oficio tal y como dispone el número 2 del art. 287, CP.

Al igual que en todos los delitos de este Capítulo el Tribunal puede imponer la publicación de la sentencia en los periódicos oficiales a la que se refiere el art. 288, CP, y si lo solicita el perjudicado también podrá ordenar su reproducción total o parcial en cualquier otro medio informativo a costa del condenado. Asimismo, se podrán imponer, además, alguna de las medidas del art. 129, CP.

Al tratarse de un delito de peligro habrá de entenderse que el perjudicado a estos efectos serán las asociaciones o entidades que defiendan los intereses colectivos tutelados en el precepto (asociaciones de consumidores), a las que también se le reconoce legitimación activa conforme al art. 7.3, LOPJ.

5. Tipo agravado

El apartado segundo del art. 281, CP incrementa la pena hasta la superior en grado —prisión de cinco a siete años y medio y multa de 24 a 36 meses— cuando el hecho se realice en situaciones de grave necesidad o catastróficas. Se configura así un tipo agravado en el que, por tanto, es necesario que se den todos los elementos objetivos y subjetivos acabados de comentar respecto del tipo básico, junto con las especiales circunstancias económicas: situación de grave necesidad o catastrófica.

Para algunos autores es en estas circunstancias cuando el precepto puede cobrar operatividad (MARTÍNEZ-BUJÁN PÉREZ, MUÑOZ CONDE, etc.), mientras que otros lo califican de auténtico Derecho penal simbólico (QUINTANAR

DÍEZ). La razón de la agravación reside en el incremento de injusto que representa la situación extrema en la que se produce la conducta típica, que debe afectar al mercado y no a los consumidores (BAUCELLS LLADÓS) y ser abarcada por el dolo del sujeto.

El problema a dilucidar es si para apreciar la agravación se requiere que la Administración competente haya procedido a la declaración de estado de alarma o zona catastrófica, o bastará con la apreciación de facto de estas circunstancias por los tribunales. La Doctrina entiende que es suficiente con esto último, pues no existe una regulación especial que determine cuándo se está ante una situación de grave necesidad, aunque sí la haya respecto de la declaración de zona catastrófica, aparte de que la ratio del precepto penal no coincide con la de la declaración administrativa de zona catastrófica (MARTÍNEZ-BUJÁN PÉREZ, BAUCELLS LLADÓS, QUERALT JIMÉNEZ, etc.). La Jurisprudencia [SSTS 7/2002, 19-1 (*Tol 130081*), y 30-11-1990 (*Tol 457899*)], que existe respecto de otros delitos en los que se mencionan estas circunstancias, también se ha manifestado favorable a su apreciación fáctica (BAUCELLS LLADÓS).

II. EL DELITO DE PUBLICIDAD ENGAÑOSA

1. Consideraciones generales. Bien jurídico protegido

Hasta la entrada en vigor del CP de 1995 el delito publicitario era una figura inexistente en nuestro ordenamiento jurídico, no contando con precedentes legislativo en ninguno de los códigos penales históricos. Si bien no era del todo desconocida, pues había sido incluida en los textos proyectados que se desarrollaron entre 1980 y hasta la aprobación del denominado "Código penal de la democracia". En particular, el Proyecto de CP de 1980 tipificó la realización de alegaciones falsas sobre la naturaleza, composición, origen o cualidades sustanciales de los productos o servicios anunciados, capaces por sí mismas de inducir a grave error al consumidor, previéndose una agravación respecto a objetos de primera necesidad (sustancias alimenticias, medicamentos, viviendas, etc.). El texto se mantuvo prácticamente invariable en la Propuesta de Anteproyecto de Nuevo Código Penal de 1983, en la que básicamente se modificó el límite de la pena de multa y se introdujo una referencia expresa a los productos infantiles dentro de la agravación. Los Proyectos de CP de 1992 y 1994 incluyeron también esta figura delictiva con una redacción más próxima a la del texto actualmente vigente, en la que, por un lado, desaparecía la agravación prevista para los objetos de primera necesidad —prevista en los textos prelegislativos anteriores— y por otro, se introducía en la conducta típica una referencia al perjuicio a los demás concurrentes en el mercado que, de forma alternativa al de los consumidores, puede causarse a consecuencia de las alegaciones falsas o la manifestación de características inciertas sobre los productos o servicios.

De esta figura delictiva se ha dicho que constituye el paradigma de los delitos socioeconómicos relativos a los consumidores (MORENO Y BRAVO, GONZÁLEZ RUS, MARTÍNEZ-BUJÁN PÉREZ, etc.), pues el principio de veracidad en la publicidad incide de manera directa en la libertad de disposición económica del consumidor —decisión económica de consumo—, contribuyendo decisivamente a la transparencia de mercado y a la competencia de prestaciones, mínimos del sistema económico recogidos en la constitución (CARRASCO ANDRINO).

No obstante, un sector doctrinal se manifestó reticente a su incorporación al Código Penal, cuestionando la necesidad de intervención penal en una materia que ya recibía protección suficiente a través del Derecho administrativo, civil o mercantil (MUÑOZ CONDE, TAMARIT SUMALLA, SÁNCHEZ GARCÍA). Ahora bien, el que otros sectores del Ordenamiento Jurídico tutelen los mismos intereses no implica que, en los casos más graves, resulte injustificado acudir al Derecho penal como *última ratio*, como así ocurre en el ámbito de la seguridad en el trabajo o del delito fiscal (TERRADILLOS BASOCO).

Su fundamento constitucional se encuentra en el art. 51, CE —intereses del consumidor— y en el art. 38, CE —libre competencia. El art. 51, CE, recoge los derechos fundamentales del consumidor (salud, seguridad y legítimos intereses económicos), desarrollados en el Real Decreto Legislativo 1/2007, de 16 de noviembre, por el que se aprueba el texto refundido de la Ley General para la Defensa de los Consumidores y Usuarios (*Tol 13747)* y otras Leyes complementarias, en cuyo art. 8 se definen los derechos básicos de los consumidores (MUÑAGORRI LAGUÍA, CUGAT MAURI, CARRASCO ANDRINO, PUENTE ABA, etc.).

Con la prohibición de la publicidad engañosa se trata de preservar el interés del consumidor como parte más débil en la relación de mercado. El empresario, obligado a no generar engaño con su publicidad, tendrá que buscar la diferenciación de sus productos o servicios en la mejora real de las características o prestaciones que se alegan en su publicidad. El art. 51, CE, y la legislación que lo desarrolla funcionan como un límite a la libertad de iniciativa económica del empresario dentro del ámbito publicitario, contribuyendo a la libertad e igualdad efectivas a las que se refiere el art. 9.2, CE (no obstante lo dicho, un sector de la Doctrina excluye expresamente de la finalidad de protección de la norma penal la tutela de la competencia —SIERRA LÓPEZ, CASTELLÓ NICÁS—, lo que tiene consecuencias en el análisis de los términos típicos, como seguidamente veremos).

Ni la publicidad ni el derecho del consumidor a una información correcta se fundamentan en el derecho constitucional a comunicar y recibir libremente información veraz por cualquier medio de difusión —art. 20.1, d), CE. Esencialmente, porque, en primer término, no se trata aquí del ejercicio de libertades en el ámbito político, sino en el económico y, en segundo término, porque la publicidad no es información imparcial u objetiva, sino información interesada —persigue persuadir al consumidor— y además sugestiva —se dirige al plano de las emociones y sensaciones antes que al de la racionalidad.

Para el análisis del tipo penal habrá que tener en cuenta la normativa extrapenal que comprende además de la referida Ley General para la Defensa de los Consumidores y Usuarios (*Tol 13747*); la Ley 34/1988, de 11 de noviembre, General de Publicidad (LGP) (*Tol 1754583*), y la Ley 3/1991, de 10 de enero, de Competencia Desleal (*Tol 257367*); también la Ley 7/1996, de 15 de enero, de Ordenación del Comercio Minorista (*Tol 291048*). En cuanto a la legislación comunitaria destaca la Directiva 2006/114/CE del Parlamento Europeo y del Consejo, de 12 de diciembre de 2006, sobre publicidad engañosa y publicidad comparativa (*Tol 1032614*), y la Directiva 2005/29/ CE, 11 de marzo del Parlamento Europeo y del Consejo, relativa a prácticas desleales de las empresas en sus relaciones con los consumidores en el mercado interior (*Tol 1032612*), modificada por la Directiva (UE) 2019/2161 del Parlamento Europeo y del Consejo, de 27 de noviembre de 2019, en lo que respecta a una mejor aplicación y modernización de las normas de protección de los consumidores de la Unión.

Para la mayoría de la Doctrina, el bien jurídico protegido se identifica con el interés de los consumidores en la veracidad de los medios publicitarios como medio para salvaguardar sus intereses económicos (VALLE MUÑIZ, SUÁREZ GONZÁLEZ, MORENO Y BRAVO, TERRADILLOS BASOCO, GONZÁLEZ RUS, PUENTE ABA, DE LA CUESTA AGUADO, etc.) o su libertad de disposición económica (HERNÁNDEZ PLASENCIA, MUÑAGORRI LAGUÍA, BAUCELLS LLADÓS, MACÍAS ESPEJO; incluyendo también la seguridad de los consumidores, ESTRADA I CUADRAS), o su posición negocial en el marco de las relaciones de carácter jurídico-privado (MARTÍNEZ GUERRA); o, incluso de modo más genérico, con el correcto funcionamiento del mercado que deriva de la veracidad de la información sobre los productos o servicios ofertados (MAYO CALDERÓN). Se entiende, así, que se trata de un bien jurídico supraindividual dentro de la categoría de los que se han llamado "espiritualizado o institucionalizado de referente individual" (MARTÍNEZ-BUJÁN PÉREZ) o colectivo de referente individual (DOVAL PAIS), dado que se tutela un bien jurídico colectivo para evitar la lesión de bienes jurídicos individuales que se ponen en peligro. Las divergencias surgen respecto del contenido de este referente individual, para unos integrado sólo por el patrimonio o la libre disposición económica de los consumidores (MARTÍNEZ-BUJÁN PÉREZ, PUENTE ABA, MUÑOZ CUESTA) y para otros, abarcando además la salud (DE VICENTE MARTÍNEZ, SÁNCHEZ GARCÍA, CUGAT MAURI, GÓMEZ RIVERO, BAUCELLS LLADÓS, DOVAL PAIS/ANARTE BORRALLO, ESTRADA I CUADRAS). Otras opiniones doctrinales definen el bien jurídico sólo por la referencia a los intereses económicos de los consumidores (MAPELLI CAFFARENA, SIERRA LÓPEZ, GALÁN MUÑOZ), a la libertad de elección económica de los consumidores (GONZÁLEZ TAPIA), al patrimonio del consumidor, entendido desde una concepción personal del mismo (SAN MILLÁN FERNÁNDEZ), o en fin, a los intereses individuales del consumidor, patrimonio y salud, que pueden ser perjudicados por la publicidad engañosa (CARRASCO ANDRINO, GÓMEZ RIVERO).

Básicamente lo que se alega para excluir la salud de los consumidores es, por un lado, la ubicación sistemática del art. 282, CP, entre los delitos patrimoniales y socioeconómicos y específicamente dentro de los relativos al mercado y a los intereses de los consumidores, lo que limitaría el bien jurídico a sus intereses económicos. Por otro lado, se entiende que la salud del consumidor se encuentra ya comprendida en los delitos contra la salud pública, en cuyo art. 362 bis, CP (antes de la LO 1/2015, el art. 361.1.3ª, CP) se contiene una referencia expresa a anunciar o hacer publicidad (MARTÍNEZ-BUJÁN PÉREZ, VALLE SIERRA). Como veremos no existe solapamiento entre este grupo de delitos y el de publicidad engañosa, pues, de un lado, la configuración del peligro es diversa y los elementos típicos también lo son, por lo que de no incluirse la salud entre los intereses protegidos en el art. 282, CP, se producirían lagunas de punición; y de otro, no resulta razonable que se sancionen penalmente las prácticas engañosas que supongan peligro para los intereses económicos, y no las que incidan sobre un bien jurídico de mayor rango como es la salud. En este sentido, la SJP, nº 18, Madrid, 268/2014, 4-7, rechazó la aplicación del delito farmacológico y castigó por publicidad engañosa en el caso "Biobac", un producto comercializado como falso antitumoral cuando en realidad era un complemento alimenticio. En concreto, se le atribuían propiedades terapéuticas como antitumoral regenerativo, condroprotector, inmunoestimulante e inmunomodulador, con efectos beneficios para enfermos con patologías graves (sida, hepatitis, cáncer metastásico). La atipicidad como delito contra la salud pública derivaba del carácter inocuo del compuesto, sin efectos positivos ni negativos para la salud, con lo cual no podía apreciarse peligro concreto para la vida o la salud de las personas, ni siquiera por abandono del tratamiento convencional. Sí se admitía, en cambio, que la comercialización de dicho producto era idónea para generar dicho peligro de abandono del tratamiento convencional. La sentencia fue ratificada por la SAP, Madrid, Sección 7ª, 619/2015, 22-6.

Para la Jurisprudencia el bien jurídico protegido se ha identificado con los intereses de los consumidores [SSAP, La Rioja, Sección Única, 17/2003, 12-2, y Barcelona, Sección 9ª, 30-11-2005 (*Tol 1137603*); SJP, nº 23, Madrid, 9/2001, 29-1; SJP, nº 2, Vilanova i la Geltrú (Barcelona), 10-9-2004], con el derecho a una información veraz de los consumidores (SAP Barcelona, Sección 7ª, 828/2001, 8-11; AAP, Madrid, Sección 7ª, 206/2000, 27-4; SJP, nº 18, Madrid, 268/2014, 4-7;

AJI, nº 3, Santiago de Compostela, 13-1-2016) o con la información veraz de las ofertas y publicidad en el mercado (SAP, Granada, Sección 1ª, 228/2000, 3-4) o con el principio de veracidad en la actividad publicitaria (SSAP, Madrid, Sección 7ª, 619/2015, 22-6, y Barcelona, Sección 6ª, 217/2021, 18-3). Aunque hay resoluciones que excluyen la protección de la salud de los consumidores (AAP, Madrid, Sección 6º, 595/2009, 11-9), también hay otras en las que no solo se consideran abarcados los intereses económicos [SAP, Ciudad Real, Sección 2ª, 218/2002, 11-11, y SAP, Barcelona, Sección 9ª, 30-11-2005 (*Tol 1137603*)].

2. Sujetos

2.1. Sujeto activo

Se trata de un delito especial propio, pues sujeto activo sólo pueden serlo los fabricantes o comerciantes (entre otros, MARTÍNEZ-BUJÁN PÉREZ, CARRASCO ANDRINO, PUENTE ABA, SIERRA LÓPEZ, etc., en contra GONZÁLEZ RUS).

Con el texto refundido de la LGDCU ha desaparecido la amplia definición legal de "fabricante" que contenía la antigua Ley 22/1984, de 6 julio, de responsabilidad civil por los daños causados por productos defectuosos, y en la que tenían cabida no sólo los que elaboran un producto industrial o en serie, sino también los productores de materias primas, los agricultores, constructores, etc., y ha sido sustituida por la de productor (art. 5, LGDCU), configurándose, ahora, el fabricante como un tipo de productor. Así, fabricante será quien produce o elabora algo (MARIA MOLINER). En cuanto al concepto de comerciante se define en el art. 1, CCo como "los que, teniendo capacidad legal para ejercer el comercio, se dedican a él habitualmente", lo que se ha identificado por la Doctrina mercantil como equivalente al concepto más moderno de empresario que incluye a quien realiza una actividad en el mercado no sólo comercial, sino también de carácter industrial, de transporte, bancaria, etc. No habría tampoco inconveniente en incluir a los profesionales y los artistas (PUENTE ABA, MARTÍNEZ-BUJÁN PÉREZ). En este sentido, el art. 4 LGDCU comprende también en el concepto de "empresario" a los que realizan una actividad profesional. De manera sorprendente, el AAP Castellón, Sección 1ª, 311/2006, 30-5, declara que los constructores no se pueden catalogar de fabricantes o comerciantes. Asimismo, AAP Madrid, Sección 2ª, 613/2012, 24-7, tampoco ha considerado comerciante al empleado de banca, aunque realice operaciones de productos financieros por cuenta del banco, su empleador, sin plantearse la aplicación del art. 31 CP. En cambio, sí lo aplica la STS 357/2004, 19-3, respecto de los únicos socios de la empresa que comercializó botellas de vino con denominación de origen falsificada.

Así las cosas, con la referencia en el tipo penal al fabricante y al comerciante el Legislador ha querido aludir a las distintas formas de intervención en el mercado como oferente de bienes y servicios y posible anunciante: la de creación o elaboración (industriales, agricultores, ganaderos, etc.) y la de comercialización (importadores, distribuidores, profesionales, etc.). La nota característica común a ambos conceptos es la de profesionalidad en la fabricación o en la comercialización. Se excluye, pues, del tipo penal a los particulares que ocasionalmente anuncian la venta de algún objeto de su propiedad, a las asociaciones de consumidores respecto de los análisis de consumo que publican (CARRASCO ANDRINO, MARTÍNEZ-BUJÁN PÉREZ, PUENTE ABA, ESTRADA I CUADRAS), y en el comercio electrónico a los titulares de "portales de venta", en los que otros —comerciantes, fabricantes o particulares— ofertan sus productos o servicios (GONZÁLEZ TAPIA). Otros autores (MUÑAGORRI LAGUÍA, CUGAT MAURI) incluyen también a las agencias de publicidad como sujetos activos del delito, considerando que el posesivo "sus" va referido sólo a las ofertas, pero no a la publicidad; o, de modo más discutible, en base a la extensión de responsabilidad penal atribuida a las personas jurídicas en el art. 288, CP (MAYO CALDERÓN), lo que evidentemente no resulta suficiente pues estos sujetos habrán de cumplir también los elementos de autoría.

La restricción de la condición de autoría a los fabricantes o comerciantes plantea el problema de la sanción a las agencias de publicidad que son quienes en la mayoría de los casos elaboran el mensaje publicitario. Como extraños al delito no podrán ser ni autores, mediatos o inmediatos, ni coautores, por más que no haya problema para castigar su intervención como partícipes, pues ninguna objeción hay a la participación de un extraño —la agencia de publicidad— en el delito cometido por el *intraneus* —fabricante o comerciante; en estos casos ha de atenderse al dictado del artículo 65.3, CP.

PUENTE ABA ha propuesto aquí la aplicación del art. 31, CP, para castigar como autores o coautores a las agencias de publicidad, considerando que tienen cabida como administradores de hecho, pues se hallan en una situación de dominio equivalente a una posición de garante para el bien jurídico protegido cuando reciben el encargo de realizar una determinada publicidad, asumiendo la función de promoción de bienes y servicios que corresponde al empresario oferente, ocupando su lugar.

El mayor problema en materia de autoría y participación se encuentra en la aplicación del art. 30, CP cuando la publicidad —como será el caso frecuente— se realiza a través de algún medio o soporte de difusión mecánico: prensa, radio, televisión, internet. Para la mayoría de la Doctrina será aplicable el régimen de responsabilidad escalonado que marca el art. 30, CP, pues se trata de un injusto que se capta en virtud de la extensión del conocimiento generalizado de lo que se manifiesta (MARTÍNEZ-BUJÁN PÉREZ, MUÑAGORRI LAGUÍA, SÁNCHEZ

GARCÍA, PUENTE ABA, LUZÓN PEÑA, CASTELLÓ NICÁS, etc.). Un sector doctrinal se ha manifestado, en cambio, contrario a su aplicación, pues el régimen restrictivo de responsabilidad penal del art. 30 CP —que excluye a cooperadores necesarios y cómplices— fue introducido en el CP para delitos cuyo bien jurídico puede ser atacado mediante el ejercicio de la libertad de expresión, y que consisten en la difusión de un contenido de pensamiento punible, esencialmente, delitos contra el honor y la intimidad (TERRADILLOS BASOCO, CARRASCO ANDRINO, MORENO Y BRAVO, SIERRA LÓPEZ, SERRANO GONZÁLEZ DE MURILLO, PORTERO HENARES).

Finalmente, el art. 288, CP abre la posibilidad de autoría a las personas jurídicas, de acuerdo con los criterios que marca el art. 31 bis, CP, y siempre y cuando se cumplan las condiciones de autoría. La pena prevista en estos casos es de multa de seis meses a dos años, o del tanto al duplo del beneficio obtenido o que se hubiere podido obtener si la cantidad resultante fuese más elevada, a la que podrá sumarse alguna de las dispuestas en las letras b) a g) del art. 33.7, CP, atendidas las reglas del art. 66 bis, CP.

2.2. Sujeto pasivo

El sujeto pasivo es el consumidor como colectivo (MORENO CÁNOVES / RUIZ MARCO, MARTÍNEZ-BUJÁN PÉREZ, TERRADILLOS BASOCO, PUENTE ABA, CASTELLÓ NICÁS, etc.) o la pluralidad de sujetos a los que se dirige la publicidad y cuyos intereses pueden resultar afectados (CARRASCO ANDRINO). Se trata de un sujeto pasivo vago o indeterminado. El consumidor individual sólo podrá constituirse en perjudicado por el delito (MARTÍNEZ-BUJÁN PÉREZ). En este sentido, acertadamente se ha apuntado que el fundamento del adelantamiento de la intervención penal que representa este delito reside en la capacidad de difusión de la ofensa, de manera que la gravedad en tal caso viene determinada por el número de bienes jurídicos individuales que pueden resultar lesionados (SAN MILLÁN FERNÁNDEZ).

Como colectivo general e indeterminado ha calificado el Tribunal Supremo al consumidor en cuanto que sujeto pasivo del delito publicitario [STS 357/2004, 19-3 (*Tol 376913*)]. La Jurisprudencia rechaza la existencia de delito cuando no consta la pluralidad de destinatarios (SAP, Toledo, Sección 1ª, 26/2007, 19-4), o cuando no incide en la generalidad de consumidores, sino en un reducido número de éstos (SAP, Granada, Sección 1ª, 228/2000, 3-4; AAP, Guadalajara, Sección Única, 88/2002, 28-11) o se dirige a una sola persona con folleto publicitario personalizado (AAP, Madrid, 605/2008, 9-10). Se refiere a un sujeto pasivo colectivo que impone la vocación de dirigirse a una pluralidad de destinatarios SJP, nº 2, Vilanova i la Geltrú, (Barcelona), 10-9-2004.

La cuestión es determinar a qué clase de consumidor se refiere el tipo: sí sólo al consumidor final o a cualquiera al que se destinen los bienes o servicios anunciados, sea o no su adquirente último. Una corriente doctrinal (MAPELLI CAFFARENA, SÁNCHEZ GARCÍA, GONZÁLEZ RUS, MARTÍNEZ GUERRA, BAUCELLS LLADÓS, SIERRA LÓPEZ, CASTELLÓ NICÁS, DOPICO GÓMEZ-ALLER, ESTRADA I CUADRAS, GONZÁLEZ TAPIA, SAN MILLÁN FERNÁNDEZ) limita el ámbito de aplicación de este precepto al consumidor final, apoyándose en la definición que de este sujeto ofrecía la LGDCU en su derogado art. 1.2; y en la idea de que el fundamento de la tutela penal reside en el desequilibrio entre la posición del consumidor final frente al comerciante. Este argumento, por más que la legislación haya sido modificada, se puede seguir sosteniendo perfectamente a la vista del contenido del nuevo art. 3 LGDCU, según el cual: "son consumidores o usuarios las personas físicas que actúen con un propósito ajeno a su actividad comercial, empresarial, oficio o profesión. Son también consumidores a efectos de esta norma las personas jurídicas y las entidades sin personalidad jurídica que actúen sin ánimo de lucro en un ámbito ajeno a una actividad comercial o empresarial". Como puede observarse se mantiene la identificación del consumidor con el adquirente último de los bienes o servicios. No obstante lo dicho, para otro sector doctrinal, en una opinión que preferimos, no hay razón para limitar el sujeto pasivo a sólo los destinatarios finales, pues el fin de protección de la norma, ligado a la competencia, aconseja un concepto amplio que abarque a todos los potenciales adquirentes de bienes o servicios (CARRASCO ANDRINO, MARTÍNEZ-BUJÁN PÉREZ, FARALDO CABANA, PUENTE ABA). Un pequeño o mediano empresario puede encontrarse en una posición de inferioridad semejante a la del consumidor final frente a una gran empresa mayorista. Por otra parte, no toda la normativa extrapenal parte de un concepto restringido de consumidor. Así, la LGP, en su art. 2, considera como "destinatarios" a "las personas a las que se dirige el mensaje publicitario o a las que este alcance".

En cuanto a la Jurisprudencia, la SAP, Toledo, Sección 1ª, 26/2007, 19-4, ha negado esta condición a los empresarios de actividades comerciales a los que se dirige un folleto publicitario sobre una máquina de placas de escayola. En el mismo sentido, el AAP, Madrid, Sección 7ª, 885/2010, 11-10, excluye del concepto de consumidores a los empresarios destinatarios de la publicidad de un material supuestamente ignífugo empleado en la construcción.

3. Conducta típica

La conducta típica consiste en hacer alegaciones falsas o manifestaciones de características inciertas sobre los productos o servicios en las ofertas o publicidad, de modo que puedan causar un perjuicio grave y manifiesto a los consumidores.

3.1. Presupuesto de la conducta típica: "sus ofertas o publicidad"

Al exigir el tipo que la conducta se realice en el marco de las ofertas o publicidad de los productos o servicios se limita la intervención penal al ámbito de la publicidad comercial, quedando excluida del tipo la publicidad política (ATS 13-6-2018), la institucional, etc.

La publicidad se define en el art. 2 LGP como "toda forma de comunicación realizada por una persona física o jurídica, pública o privada, en el ejercicio de una actividad comercial, industrial, artesanal o profesional, con el fin de promover de forma directa o indirecta la contratación de bienes muebles o inmuebles, servicios, derechos y obligaciones". El concepto de publicidad abarca así cualquier forma de comunicación escrita, gráfica, sonora, etc., en cualquier medio —prensa, radio, televisión, etc.—, siempre que se dirija a promover la contratación de bienes o servicios. Se incluyen también bajo este concepto las formas indirectas de publicidad, esto es, aquellas que se realizan de forma individualizada, pero con alcance colectivo porque se transmiten sucesivamente a distintos consumidores (publicidad por teléfono, buzoneo, publicidad a domicilio, etc.). Llama la atención, sin embargo, que la Jurisprudencia haya excluido del tipo supuestos de verdadera publicidad, bien porque no consta el alcance público de los anuncios [cartel publicitario de una promoción de viviendas visible desde la carretera; STS 522/2009, 14-5 (*Tol 1577904)*] o porque se entrega el folleto publicitario personalmente [SSAP, A Coruña, Sección 2ª, 14/2008, 17-3 (*Tol 1376615)*, y Toledo, Sección 1ª, 26/2007, 19-4].

Así las cosas, el concepto de "oferta" resulta redundante, pues ya tiene cabida en un concepto tan amplio de publicidad del que tan sólo se excluyen los tratos preliminares a la adquisición del producto. Un sector doctrinal interpreta este término en el sentido empleado en la Ley de Ordenación del Comercio Minorista, concretamente en su art. 27 que se ocupa de las llamadas ventas en oferta o promoción. Con lo que, equivaldría a la propuesta u ofrecimiento de productos o servicios en condiciones más ventajosas a las habituales (GONZÁLEZ RUS, HERNÁNDEZ PLASENCIA). Para otros autores el término "oferta" se referiría a la información incorporada al producto en su ofrecimiento directo al consumidor, esto es a su presentación y etiquetado (MARTÍNEZ-BUJÁN PÉREZ, CARBONELL MATEU, VALLE MUÑIZ/MORALES PRATS, en contra ESTRADA I CUADRAS, remitiéndose al ámbito administrativo sancionador; DOVAL PAIS/ANARTE BORRALLO). A nuestro modo de ver, estas propuestas constituyen intentos loables de dotar de significación a un término redundante, pues no deja de formar parte de la publicidad la información que se incorpora a la presentación y el etiquetado del producto o la llamada oferta en promoción. Por otra parte, no se comparte la opinión de quienes excluyen del concepto de "ofertas" la información contenida en el etiquetaje del producto, considerando que carece de valor comercial en cuanto que no está dirigida específicamente a atraer la atención del consumidor. En nuestra opinión sucede, más bien al contrario, esta información es cada vez más relevante para mover la decisión de un consumidor que se encuentra cada día más preocupado y atento a lo que consume.

La Jurisprudencia considera abarcada por el tipo la información recogida en el etiquetado (SSAP, La Rioja, Sección Única, 17/2003, 12-2, etiquetas falsas sobre denominación de origen; Ciudad Real, Sección 2ª, 218/2002, 11-11, relativa a la composición del aceite que figura en la etiqueta; Granada, Sección 1ª, 228/2000, 3-4) y en la presentación del producto [SAP, Barcelona, Sección 9ª, 30-11-2005 (*Tol 1137603)*, leyenda "petardos de seguridad" recogida en la caja que contiene los artificios pirotécnicos], excluyendo, como no puede ser de otra manera, la información particularizada que se ofrece en los tratos preliminares, que forman parte ya del acto de contratación (AAP, Castellón, Sección 1ª, 311/2006, 30-5). La SAP, Salamanca, Sección 1ª, 7/2008, 14-2, ha declarado que "la razón de incluir oferta es para englobar en la conducta la información falsaria que está incorporada en el producto".

3.2. El engaño publicitario

El tipo exige que las alegaciones sean falsas y las manifestaciones inciertas. La locución "manifestaciones" permite incluir las expresiones gráficas o sonoras; con esto se superan las dudas que había suscitado el vocablo "alegaciones" invocado en los textos prelegislativos, en el sentido de que con semejante término parecían abarcarse sólo las expresiones escritas u orales. En segundo lugar, hay que considerar que ambas expresiones son equivalentes, de modo que lo incierto sea equivalente a lo falso o no cierto, esto es aquello que no es verdadero o que no se corresponde con la realidad. Se trata, por tanto, de una falsedad objetiva, no subjetiva —inducción a error al consumidor—, por lo que quedan excluidas del tipo aquellas manifestaciones que no puedan someterse a un juicio de verdad/falsedad. Este es el criterio también adoptado por la Jurisprudencia (tríptico informativo sobre un master supuestamente homologado por Universidad británica, cuando no es así, SAP, Granada, Sección 1ª, 383/2002, 28-6; etiquetado que no coincide con las características de lo envasado, SAP, Ciudad Real, Sección 2ª, 218/2002, 11-11; etiqueta falsa de denominación de origen de botellas de vino, SAP, La Rioja, Sección Única, 17/2003, 12-2; anuncio de urbanización de viviendas con servicios comunes, cuando la empresa no tuvo nunca intención de llevarlos a cabo, SAP, Sección 2ª, A Coruña, 14/2008, 17-3; ofrecer por internet colocaciones en concretas empresas multinacionales, previa realización de cursos de formación por los que se pagaban unos 3.000 euros, cuando realmente no había concierto con las empresas para los puestos de trabajo prometidos, SAP, Barcelona, Sección 7ª, 115/2012, 9-2; producto anunciado con propiedades curativas, cuando se trata de un complemento dietético (caso "Biobac", SJP, nº 18, Madrid, 268/2014, 4-7 y SAP, Madrid, Sección 7ª, 619/2015, 22-6); existencia de sistema de seguridad RTMS en la línea ferroviaria, operativo al tiempo de su entrada en funcionamiento, aunque después se desconectase por razones técnicas (AJI, nº 3, Santiago de Compostela, 13-1-2016).

En el ámbito de la publicidad se puede distinguir entre las frases vacías —expresiones triviales, carentes de contenido, que son simples incitaciones a la compra o adquisición del producto—, las opiniones o juicios de valor y las alegaciones concretas y comprobables. Las primeras quedan fuera del tipo penal, las últimas están sin lugar a dudas incluidas en el ámbito típico. El problema reside en los juicios de valor, pues, en principio, como apreciaciones subjetivas no pueden estar sometidas a un juicio de verdad/falsedad, a no ser que se basen en datos objetivos comprobables, en cuyo caso si tendrían cabida en el tipo. No hay más que pensar en la publicidad comparativa o incluso en la publicidad testimonial.

También presentan problemas las exageraciones publicitarias. Se trata de expresiones sobre hechos comprobables que no son tomadas en serio por el público, pues el mínimo núcleo de veracidad del que parten queda desvirtuado por la inexactitud de la información. Quedan fuera del tipo penal, no porque no admitan un juicio de verdad/falsedad, sino porque, al no ser tomadas "en serio", no pueden causar el grave perjuicio al consumidor que exige el tipo penal. Carecen, por tanto, de la mínima lesividad requerida por el tipo (GONZÁLEZ RUS, CARRASCO ANDRINO, MUÑAGORRI LAGUÍA, GÓMEZ RIVERO).

En ocasiones, el límite entre una exageración publicitaria y una alegación falsa resulta difícil de perfilar. Para ello se recurre a los criterios elaborados por la Doctrina mercantil. Se analiza la estructura o configuración del anuncio: las expresiones gráficas tienden más a la exageración que las escritas o habladas; los versos, sátiras, frases humorísticas son más propias de exageraciones, las expresiones genéricas, etc. Se tiene en cuenta también la naturaleza del producto o el sector económico (no son admisibles exageraciones en el ámbito de los medicamentos y los productos técnicos). Se examinan también las características de la empresa anunciante, en cuanto que suele tomarse más en serio la publicidad que realizan las empresas más grandes y prestigiosas (CARRASCO ANDRINO, PUENTE ABA). La SAP, Barcelona, Sección 9ª, 30-11-2005 (*Tol 11367603*), ha considerado que la expresión "petardo de seguridad", que contenía la caja en la que se vendían los artificios pirotécnicos, es un juicio de valor no abarcable por el tipo, dado que la misma no puede eliminar la peligrosidad inherente a esta clase de productos, pues nunca podrá garantizarse una seguridad absoluta o una ausencia completa de riesgo.

Se discute en la Doctrina si tiene cabida la omisión en este delito, esto es: si con la sola omisión de determinadas circunstancias del producto o servicio en la publicidad se puede cometer este delito. La respuesta debe ser negativa, por cuanto los verbos típicos "hacer y manifestar" exigen en todo caso un comportamiento activo, además de que nos encontramos ante un delito de mera actividad. Por otra parte, en principio el fabricante o comerciante no está obligado a informar sobre los "puntos débiles" de su producto o servicio. Ahora bien, puede suceder que se omitan datos que lleguen a contradecir lo alegado o manifestado, convirtiendo el mensaje en algo falso. En este caso, en realidad no se está ante una verdadera omisión, sino ante lo que constituye un acto concluyente o una acción por actos concluyentes, en el que el sujeto activo no comunica una determinada información que impide que el sujeto pasivo salga de un error, provocado en realidad por el propio mensaje publicitario (TAMARIT SUMALLA, MARTÍNEZ-BUJÁN PÉREZ, CARRASCO ANDRINO, PUENTE ABA). Estos son los casos que la Doctrina mercantil denomina de "alegaciones incompletas" frente a las meras omisiones. En la alegación incompleta el anunciante silencia determinados datos o informaciones sobre aspectos tratados en el mensaje publicitario, de modo que se generan falsas expectativas en el consumidor. Por ejemplo, una entidad bancaria hace publicidad sobre los tipos de interés de sus depósitos bancarios omitiendo que éstos comenzarán a aplicarse sólo cuando se alcance una determinada cantidad (caso de la SJI, nº 51, Madrid, 4-5-1995; también el de la SAP, Málaga, 14-10-1998, sobre un seguro de accidentes, en el que se omitían restricciones importantes de la cobertura; no, en cambio, cuando en el tríptico de la urbanización aparece la fotografía de una piscina, omitiéndose toda referencia a ella como elemento común en la publicidad, en la memoria o en los contratos, SAP, Salamanca, Sección 1ª, 7/2008, 14-2; tampoco cuando se omiten desperfectos en un anuncio sin ponderaciones positivas del producto, SAP, Vizcaya, Sección 2ª, 26/2020, 29-4). En todo caso, la STS 1097/2009, 17-11, admite que "también es relevante si se ha omitido información sustancial que necesite el consumidor medio para tomar una decisión", aunque en el caso enjuiciado no se aborde, al no haberse incluido en los hechos probados que el curso de homologación o conversión de los estudios de osteopatía para su reconocimiento por el centro británico habría de realizarse en Londres, y no Madrid, como se había dado a entender.

3.3. El perjuicio manifiesto y grave

El tipo exige, además, que las alegaciones falsas o las manifestaciones inciertas "puedan causar un perjuicio grave y manifiesto a los consumidores". Se expresa la idoneidad lesiva de la conducta típica que lo configura como un delito de peligro abstracto de los de carácter hipotético (MARTÍNEZ-BUJÁN PÉREZ, PUENTE ABA, FARALDO CABANA, MUÑOZ CONDE, VALLE MUÑIZ/MORALES PRATS, etc.), en los que se hace necesario constatar con un juicio *ex post* la idoneidad de la conducta para generar un resultado de peligro en el caso concreto, en función de las circunstancias particulares. Un sector minoritario lo configura, en cambio, como un delito de peligro concreto (SUÁREZ GONZÁLEZ, CUERDA RIEZU).

La idoneidad de la conducta típica para causar un perjuicio al consumidor remite implícitamente a la falsedad subjetiva o inducción a error al consumidor, pues sólo recurriendo a este criterio se puede determinar la capacidad de las alegaciones o manifestaciones falsas para causar un perjuicio al consumidor (MUÑOZ CONDE, HERNÁNDEZ PLASENCIA, SÁNCHEZ GARCÍA, CARRASCO ANDRINO, BAUCELLS LLADÓS, PUENTE ABA, IGLESIAS RIO, ESTRADA I CUADRAS). No se trata de constatar un efectivo error en el consumidor, sino la idoneidad de lo manifestado para inducirlo a error. En este mismo sentido se ha manifestado la Jurisprudencia [SAP, Barcelona, Sección 9ª, 30-11-2005 (*Tol 1137603)*].

Todo lo cual nos lleva a la siguiente cuestión: ¿a qué consumidor se está refiriendo el tipo? ¿Al consumidor medio, al avezado o al más descuidado? De la respuesta dependerá el grado de veracidad exigible a la publicidad. La Doctrina se refiere al consumidor medio como aquel que tiene un nivel normal de resistencia crítica al mensaje publicitario, teniendo en cuenta las particularidades que objetivamente presenta el grupo de destinatarios de la publicidad —niños, expertos en la materia, público en general, etc. Este patrón ha sido el acogido por la Ley de Competencia Desleal (*Tol 257367)*, en cuyo art. 4.2 se dispone que: "*para la valoración de las conductas cuyos destinatarios sean consumidores, se tendrá en cuenta al consumidor medio*"; añadiéndose en el número 3 del mismo artículo que "*las prácticas comerciales que, dirigidas a los consumidores y usuarios en general, únicamente sean susceptibles de distorsionar de forma significativa, en un sentido que el empresario o profesional pueda prever razonablemente, el comportamiento económico de un grupo claramente identificable de consumidores o usuarios especialmente vulnerables a tales prácticas o al bien o servicio al que se refieran, por presentar una discapacidad, por tener afectada su capacidad de comprensión o por su edad o su credulidad, se evaluarán desde la perspectiva del miembro medio de ese grupo. Ello se entenderá sin perjuicio de la práctica publicitaria habitual y legitima de efectuar afirmaciones exageradas o respecto de las que no se pretenda una interpretación literal*".

El Tribunal Supremo utiliza el concepto de consumidor medio empleado por la Directiva de Prácticas Desleales: "*aquel que está normalmente informado y es razonablemente atento y perspicaz, teniendo en cuenta los factores sociales, culturales y lingüísticos, y distinguiéndolo del consumidor típico que sería aquel grupo de consumidores a los que se dirige la publicidad como colectivo específico*" [STS 1097/2009, 17-11 (*Tol 1762085)*]. También la SAP, Madrid, Sección 30ª, 705/2016, 27-10.

Como ya adelantamos, la mayoría de la Doctrina limita el contenido del perjuicio al ámbito de los intereses patrimoniales o económicos del consumidor

(GONZÁLEZ RUS, MARTÍNEZ-BUJÁN PÉREZ, PUENTE ABA, SIERRA LÓPEZ, MAPELLI CAFFARENA, DOPICO GÓMEZ-ALLER, GONZÁLEZ TAPIA, SAN MILLÁN FERNÁNDEZ, etc.), mientras que un sector minoritario incluye además la salud y seguridad de los consumidores (SUÁREZ GONZÁLEZ, GÓMEZ RIVERO, CUERDA RIEZU, CARRASCO ANDRINO, BAUCELLS LLADÓS, QUERALT JIMÉNEZ, ESTRADA I CUADRAS). Un perjuicio que, además, ha de ser grave y manifiesto, lo que tendrá que valorarse aplicando diversos criterios o pautas cuantitativas y cualitativas: número de potenciales perjudicados —más destinatarios igual a mayor gravedad—, coste del producto o servicio —a mayor desembolso mayor gravedad de la falsedad—, importancia y cantidad de los datos falsos, fuentes informativas del consumidor —si la publicidad es el único medio porque no hay más contacto entre oferente y demandante— (PUENTE ABA). Otros autores han visto en estos elementos una limitación del ámbito de lo punible a productos de primera necesidad (CHOCLÁN MONTALVO) o un referente de que la entidad de los posibles perjuicios a la salud o al patrimonio de los consumidores debería alcanzar la categoría de delito (lo que tras la LO 1/2015, sería un delito grave o menos grave), y no de simple falta (lo que equivaldría tras la citada reforma al delito leve), otorgando al ilícito publicitario un carácter instrumental para la comisión de otros delitos y, en consecuencia, la virtualidad práctica de agravar la pena de estos a través de la regla penológica del concurso ideal (GÓMEZ RIVERO). GALÁN MUÑOZ, en un entendimiento a nuestro parecer equivocado, cifra el perjuicio no tanto en la no adquisición del producto a la vista de la falsedad típica, sino en la adquisición de productos carentes de cualquier valor o hacerlo por un precio superior al de mercado.

En la Jurisprudencia, alguna resolución ha admitido que el perjuicio no tiene que ser estrictamente económico, eliminando otros posibles relativos a la salud y seguridad [SAP, Barcelona, Sección 9ª, 30-11-2005 (*Tol 1137603*)], aunque otras lo vinculan con los intereses económicos (AJI, nº 3, Santiago de Compostela, 13-1-2016, caso del accidente ferroviario Alvia, excluye el delito de publicidad engañosa porque éste no abarca riesgos para la vida o la salud; en el caso "Biobac", SJP, nº 18, Madrid, 268/2014, 4-7, solo se afirma el perjuicio económico que supone el desembolso para adquirir un producto costoso con propiedades terapéuticas falsas).

En cuanto a la gravedad, el TS ha indicado que puede determinarse por el tipo de producto, el precio que se quiere obtener, el número y características de los destinatarios, el medio de propaganda empleado, la cualidad de los destinatarios de mensaje, particularmente, su situación económica [STS 357/2004, 19-3 (*Tol 376913*); en el mismo sentido, AAP, La Rioja, Sección 1ª, 321/2012, 20-12; AJI, nº 3, Santiago de Compostela, 13-1-2016, caso accidente ferroviario Alvia]. Se ha rechazado gravedad suficiente cuando falta "el requisito de la generalidad e indeterminación del colectivo de los consumidores", teniendo en cuenta que son dos los concretos sujetos afectados por "la falta de acomodo de la construcción al proyecto redactado por el arquitecto" (AAP, Guadalajara, Sección Única, 88/2002, 28-11), o "la entidad y capacidad de los productos envasados" (botellas de alcohol adulteradas envasadas con etiquetas falsas de conocidos fabricantes), aun cuando se habían distribuido por diversas cajas en bares y supermercados, y otras estaban almacenadas en los domicilios de los acusados (SAP, Granada, Sección 1ª, 228/2000, 3-4).

Sobre este particular no puede dejar de llamarse la atención sobre el contrasentido en el que incurre la citada STS 357/2004, 19-3, en la que, después de sostenerse, respecto del delito publicitario, que "*parece que en el caso presente siempre habría de faltar el elemento cuarto antes referido [la posibilidad de un resultado de peligro grave y manifiesto], que establece un límite para estos delitos*" —a pesar de que las botellas se estaban comercializando en varios supermercados alemanes—, considera, sin embargo, consumada la estafa —que, en su erróneo planteamiento, absorbe el engaño publicitario—, en base a la existencia de un perjuicio, ahora sí presente, para las empresas alemanas importadoras de las botellas de vino con denominación de origen falsificada, que estima ha de exceder las 50.000 pts. —límite entonces entre el delito y la falta—, presumiendo que "este tipo de operaciones comerciales de exportación a un país extranjero siempre se hacen en cuantías importantes, de modo que no cabe concebir que alguna pudiera haberse hecho de modo que el menor valor de la mercancía no rebasara esas 50.000 ptas.".

3.4. Objeto material

Las alegaciones falsas o las manifestaciones inciertas tienen que recaer sobre las características de los productos o servicios, objeto material del tipo. Queda así excluido del tipo el engaño que recae sobre el propio carácter publicitario de la información —publicidad encubierta, publicidad indirecta (*product placement*), etc.— o sobre los motivos de la oferta, los aspectos personales del anunciante, el destino que vaya a darse a las ganancias, los premios o galardones obtenidos, siempre que en este caso no tengan incidencia sobre la calidad del producto, etc. (CARRASCO ANDRINO, HERNÁNDEZ PLASENCIA, CASTELLÓ NICÁS), sin perjuicio de que puedan llegar a constituir un ilícito publicitario y/o una estafa. Algunos autores entienden, sin embargo, abarcados por el tipo los engaños sobre el motivo o la finalidad de la venta, como pueda ser el que todo o parte de las ganancias obtenidas con la venta del producto se destine a un fin benéfico (MARTÍNEZ-BUJÁN PÉREZ, PUENTE ABA); e incluso sobre la identidad del fabricante, incentivos promocionales, premios, etc. (ESTRADA I CUADRAS).

"Producto" alude a cualquier cosa susceptible de ser adquirida en el mercado, sea mueble o inmueble, incluyendo materias primas o productos financieros, si bien en el caso de estos últimos pueden integrar el tipo específico del art. 282

bis, CP (también MARTÍNEZ-BUJÁN PÉREZ). Por "servicio" se entiende la prestación de actividades. Se recogen, así, por el tipo penal las dos grandes categorías de bienes que pueden ser ofertados en el mercado.

PUENTE ABA limita el tipo a determinados bienes: aquellos que son más relevantes o importantes para el consumidor, excluyendo los productos exóticos o de lujo. No compartimos tal limitación, pues va en contra del fin de protección de la norma: salvaguardar los intereses de los consumidores —tengan mayor o menor capacidad económica— con el fin de fomentar la transparencia en el mercado y la competencia por eficiencia (en el mismo sentido CASTELLÓ NICÁS).

A diferencia de los textos proyectados, el texto vigente no menciona expresamente qué características son las relevantes a los efectos del tipo penal (el Proyecto de CP de 1980 aludía a la "naturaleza, composición, origen o cualidades sustanciales", la Propuesta de Anteproyecto de Nuevo Código penal 1983 se refería también a "la naturaleza, composición, virtudes o cualidades sustanciales de los productos o servicios anunciados"). La exigencia de que sean idóneas para causar un perjuicio grave y manifiesto limita el tipo a las características esenciales del bien. A partir de aquí la Doctrina se refiere a la calidad, la composición, la naturaleza, el origen del bien, el precio, modo y fecha de fabricación, cantidad de existencias, garantías ofrecidas por el anunciante, etc. (PUENTE ABA, MARTÍNEZ-BUJÁN PÉREZ).

En la Jurisprudencia los casos enjuiciados han incidido sobre los siguientes grupos de bienes o servicios:

a) productos alimenticios o bebidas alcohólicas, respecto de las que no coincidía lo descrito en la etiqueta con el producto envasado, falsificando denominaciones de origen [SAP La Rioja, Sección Única, 17/2003, 12-2; STS 357/2004, 19-3 (*Tol 376913*)], utilizando componentes distintos de los recogidos en la etiqueta: aceite fraudulento, contiene uno derivado de semillas en lugar del etiquetado (SAP Sevilla, Sección 4ª, 496/2004, 17-9), alcohol adulterado que sirve para rellenar botellas con etiquetas auténticas de marcas reconocidas (SAP, Granada, Sección 1ª, 228/2000, 3-4; SAP, Ciudad Real, Sección 2ª, 218/2002, 11-11); o producto dietético "bio-bac" con falsas propiedades terapéuticas para enfermedades graves (SJP, nº 18, Madrid, 268/2014, 4-7; confirmada por SAP, Madrid, Sección 7ª, 619/2015, 22-6).

b) viviendas en promoción respecto de las que no se ejecuta todo lo proyectado que consta en la publicidad del proyecto (folleto publicitario, memoria de calidades, etc.): no tiene entidad delictiva cuando afecta a la piscina por ser un simple accesorio de la promoción (SAP, Salamanca, Sección 1ª, 7/2008, 14-2) o cuando existe una reducción de la superficie útil en la ejecución del proyecto debida a causas sobrevenidas y otros defectos de construcción [SAP, Sevilla, Sección 4ª, 608/2008, 12-12 (*Tol 1478263)*], o unas distintas calidades respecto de la memoria entregada (AAAP, Castellón, Sección 1ª, 311/2006, 30-5, Guadalajara, Sección Única, 88/2002, 28-11), o la ventana de una habitación queda tapada por un panel de fachada cuya colocación no aparecía en el proyecto y que se decidió sobrevenidamente (AAP, Granada, Sección 2ª, 356/2008, 13-5); sí, en cambio, cuando incide sobre servicios imprescindibles como el agua, la electricidad, alcantarillado y otras dotaciones lúdicas de la urbanización [STS 522/2009, 14-5 (*Tol 1577904)*].

c) cursos respecto de los que se afirma su homologación o reconocimiento por parte de una universidad británica con la que no se cuenta en el momento de la oferta y que finalmente no se otorgó (SAP, Granada, Sección 1ª, 383/2002, 28-5); o cursos de formación técnica en informática anunciando que, previa realización del curso, se producía la incorporación a una multinacional en un puesto de trabajo con un remuneración determinada, cuando no había ningún acuerdo al respecto con dichas empresas (SAP, Barcelona, Sección 7ª, 115/2012, 9-2); no se condena, en cambio, cuando la oferta no era intencionalmente engañosa pues, al realizarse la publicidad, se contaba con la expectativa razonable de la convalidación por organismo oficial británico de los cursos de osteopatía [STS 1097/2009, 17-11 (*Tol 1762085)*]; tampoco cuando se ofrecen cursos de formación de peritos judiciales inmobiliarios publicitando la existencia de diversas plazas en los juzgados, en las que se podría ejercer la actividad tras la obtención del diploma, así como la posibilidad de darse de alta en los juzgados como perito, pero sin hacer referencia a que a tenor de la normativa legal tendrían preferencia los que tuvieran titulación oficial [AAP, Barcelona, Sección 2ª, 2/2005, 3-1 (*Tol 556184)*].

d) productos financieros, seguros médicos, etc.: se rechaza la existencia de delito cuando en el folleto explicativo se hace constar el riesgo del producto financiero y la penalización por cancelación (AAAP, Madrid, 16ª, 605/2008, 9-10, y Pontevedra, Sección 4ª, 27/2006, 27-1), o las condiciones del seguro médico indican la existencia de un servicio de urgencias, pero no la obligación de que exista especialista en ginecología en dicho servicio de urgencias [SAP, Sevilla, Sección 4ª, 608/2008, 12-12 (*Tol 1478263)*]; tampoco hay delito en la compra de participaciones preferentes que se venden por el banco como AAA, porque el acto trae causa del querellante, actuando el empleado de banco como mediador en el mercado secundario (AAP, Madrid, Sección 2ª, 613/2012, 24-7).

e) programas de afiliación a servicios vacacionales, en cuya publicidad —vía telefónica y con sesiones presenciales grupales— no se aprecia falsedad (se disfrutó del regalo estipulado, etc.), residiendo la controversia sobre la cláusula contractual de desvinculación del programa (SAP, Madrid, Sección 30ª, 705/2016, 27-10, y ATS 935/2017, 1-6).

f) plazas de aparcamiento, cuya cesión de uso incorpora el compromiso de transferencia de la propiedad por la empresa concesionaria, lo que finalmente no acontece por divergencias sobrevenidas con el ayuntamiento. No se aprecia falsedad, sino incumplimiento contractual (AAP, La Rioja, Sección 1ª, 321/2012, 20-12).

g) servicio ferroviario anunciado con los últimos sistemas de seguridad, entre los que está el sistema RTMS. No se aprecia delito, porque dicho sistema se encontraba operativo al inicio del funcionamiento de la línea ferroviaria, desconectado posteriormente por razones técnicas, por lo que no había falsedad (AJI, nº 3, Santiago de Compostela, 13-1-2016, caso accidente ferroviario del tren Alvia).

h) joyas, que contienen un relleno no metálico, con la leyenda "plata de primera ley: no integra el delito, porque no es equivalente a "plata maciza", y la utilización de estos rellenos es lícita, de acuerdo con el art. 55 Reglamento de Metales Preciosos, para realizar uniones o conferir estabilidad al metal precioso (AJCI, 24-2-2020, caso Tous).

i) vehículos: furgoneta de segunda mano con graves desperfectos, ausencia de base fáctica suficiente, aparte de que se trata de una omisión que queda fuera del tipo (SAP, Vizcaya, Sección 2ª, 26/2020, 29-4); vehículo de segunda mano, en cuyo anuncio de venta se indica que su antigüedad es de "2002", cuando su primera matriculación fue en 2001: se considera aspecto irrelevante por la escasa diferencia y porque la fecha real constaba en todos los documentos entregados en la compra (SAP, Asturias, Sección 8ª, 11/2016, 4-3). En realidad, estos casos de compraventa de objetos de segunda mano, aunque los sujetos activos cumplan con la condición de autoría —se trataba de comerciantes—, carecen de la peligrosidad para un colectivo indeterminado de potenciales consumidores, dado que solo se cuenta con un producto. Distinto es el caso Volkswagen, en el que los vehículos fueron manipulados con un software para falsear las lecturas de emisiones en las revisiones técnicas (STS 710/2021, 20-9, que acaba inhibiéndose en favor de los tribunales alemanes).

Además, la Jurisprudencia requiere que la falsedad recaiga sobre extremos esenciales del producto o servicio [SAP Barcelona, Sección 2ª, 2/2005, 3-1 (*Tol 556184)*], o sobre información sustancial que necesite el consumidor medio para tomar una decisión [STS 1097/2009, 17-11 (*Tol 1762085)*].

4. *Elemento subjetivo*

El tipo requiere dolo para su realización, debiendo abarcar tanto la falsedad de lo alegado o manifestado como el carácter transcendente o relevante —para los intereses de los consumidores— de las características sobre las que recae la falsedad. Cabe el dolo eventual, por ejemplo, respecto de la idoneidad para causar un perjuicio grave al consumidor (MARTÍNEZ-BUJÁN PÉREZ, SÁNCHEZ GARCÍA, CARRASCO ANDRINO, PUENTE ABA, CASTELLÓ NICÁS, BAUCELLS LLADÓS). El Tribunal Supremo admite también el dolo eventual [STS 357/2004, 19-3 (*Tol 376913)*].

5. *Iter criminis*

Se trata de un delito de mera actividad que se consuma con la realización de la alegación o manifestación falsa con la idoneidad lesiva requerida por el tipo (MARTÍNEZ-BUJÁN PÉREZ, GONZÁLEZ RUS, SÁNCHEZ GARCÍA, CARRASCO ANDRINO, PUENTE ABA, CASTELLÓ NICÁS). No obstante, algún autor lo configura como delito de resultado, considerando que la consumación requiere la creación de peligro típico (TERRADILLOS BASOCO). Lo cierto es que el carácter expansivo de la actividad publicitaria hace prácticamente imposible la determinación de un peligro concreto como contacto entre la conducta típica y el colectivo de consumidores, siendo suficiente con la emisión de la comunicación, sin necesidad de que se llegue a comprender o a recibir efectivamente. Basta con que se haya producido una posibilidad de recepción del mensaje, de contacto entre la alegación o manifestación publicitaria y el consumidor-destinatario para que el delito se entienda consumado.

La tentativa es conceptualmente posible, pues la conducta típica puede descomponerse en varios actos, de manera que es factible que el mensaje publicitario se encuentre ya elaborado, pero no haya llegado todavía al público, o que esté a punto de emitirse y por razones técnicas no llegue a difundirse, etc. (CARRASCO ANDRINO, PUENTE ABA). GONZÁLEZ RUS niega, en cambio, la posibilidad de tentativa porque o bien se produce la comunicación al público y se consuma, o bien no llega al público y entonces estamos ante un acto preparatorio impune. Otros autores plantean la no punición de la tentativa al estar demasiado alejada de la lesión del bien jurídico, en cuanto que la consumación supone un peligro abstracto, por lo que la tentativa constituiría el peligro de un peligro (CASTELLÓ NICÁS). Ahora bien, en los delitos de peligro abstracto la peligrosidad se predica de la propia conducta típica, lo que hace que aquél esté presente desde el inicio de la ejecución de ésta.

Para la Jurisprudencia se trata de un delito de mera actividad [SSTS 1097/2009, 17-11 (*Tol 1762085)*, y 357/2004, 19-3 (*Tol 376913)*; SSAP, La Rioja, Sección Única, 17/2003, 12-2; Ciudad Real, Sección 2ª, 218/2002, 11-11, y Granada, Sección 1ª, 383/2002, 28-6], en el que es posible la tentativa cuando la oferta o la publicidad no llega a conocimiento de los consumidores al haberse aprehendido las botellas —con la denominación de origen falsificada— en la sede de la bodega y ello a pesar de que parte de la producción se encontraba ya en varios supermercados alemanes (SAP, La Rioja, Sección Única, 17/2003, 12-2; casada por STS 357/2004, 19-3, que entendió, a nuestro modo de ver erróneamente, que el engaño publicitario quedaba absorbido por la estafa a los distribuidores alemanes, pero en la que se declara posible la comisión del delito en grado de tentativa).

6. Concursos

El último inciso del art. 282, CP, contempla la posibilidad de concurso de delitos cuando se afecten a otros bienes jurídicos. Son varios los ilícitos con los que puede surgir esta relación concursal. En primer lugar, con la estafa se apreciará un concurso ideal (real para MARTÍNEZ BUJÁN y PUENTE ABA) cuando se pueda acreditar el perjuicio económico para algún consumidor, pues todo el peligro generado con la publicidad engañosa (sujeto pasivo plural) no queda absorbido por el delito de lesión al patrimonio individual (estafa). A nuestro modo de ver será ideal al existir una coincidencia parcial entre ambos tipos. La SAP, A Coruña, Sección 2ª, 14/2008, 17-3 (*Tol 1376615)*, aprecia un concurso medial entre el delito publicitario y la estafa [casada por el TS, admitiendo solo la estafa, STS 522/2009, 14-5 (*Tol 1577904)*]; también como concurso medial, SAP, Barcelona, Sección 7ª, 115/2012, 9-2. Lo califican, en cambio, como concurso real MARTINEZ-BUJÁN y PUENTE ABA, al exigir para el ideal una coincidencia total entre los hechos de ambos tipos. El Tribunal Supremo, en cambio, ha apreciado un concurso de leyes cuando la publicidad falsa es el único elemento constitutivo del engaño típico, resolviéndose por consunción a favor de la estafa [STS 357/2004, 19-3 (*Tol 376913)*], o cuando "nada se nos dice sobre el alcance público de los anuncios aludidos", lo que llama la atención al haberse empleado como medio una valla publicitaria visible desde la carretera (STS 522/2009, 14-5).

En segundo lugar, y en relación con los delitos contra la salud pública, concretamente con los tipos de los arts. 362 bis, CP —medicamentos, productos sanitarios, etc.— y los números 1 y 4 del art. 363, CP —productos alimentarios—, entiende la mayoría de la Doctrina que se producirá un concurso de delitos —ideal o real— siempre que el peligro se refiera tanto a la salud como al patrimonio de los consumidores; mientras que se sancionará sólo por el delito contra la salud pública cuando el peligro incida únicamente en la salud (MARTÍNEZ-BUJÁN PÉREZ, PUENTE ABA, GONZÁLEZ RUS, etc.).

La configuración como injusto instrumental respecto de la lesión o puesta en peligro de los bienes jurídicos tutelados en otros tipos penales lleva a GÓMEZ

RIVERO a defender coherentemente la solución del concurso ideal, otorgando al ilícito publicitario la función práctica de agravación de estos otros ilícitos penales contra la salud o el patrimonio. La autora reconoce que la lesividad del delito publicitario deriva de la dimensión de la actividad publicitaria, al afectar a una pluralidad indeterminada de sujetos, y al alcance de los perjuicios que aquélla puede causarles, pero rechaza que la intervención penal se legitime en la protección de la veracidad publicitaria en sí misma considerada, sino en la lesión o puesta en peligro de esos otros bienes jurídicos tutelados en otros tipos penales y que configuran el perjuicio grave al que se refiere el tipo.

Para la opinión minoritaria que entiende comprendida la salud del consumidor entre los intereses protegidos por el delito publicitario, la solución no tiene que ser siempre de concurso de normas, pues no en todos los casos se da tal solapamiento de las conductas. En primer lugar, el peligro exigido en los tipos relativos a la salud pública es el concreto, no el abstracto del delito publicitario, por lo que sólo cuando se afecte únicamente la salud se producirá la consunción del delito publicitario por el relativo a la salud pública. Subsisten, sin embargo, un grupo de casos que no tendrían cabida en los delitos relativos a la salud pública, a pesar de que el peligro incidiera en la salud del consumidor a través de publicidad falsa. Nos referimos a aquellos supuestos que no tienen por objeto material a medicamentos alterados, en investigación o una sustancia activa o excipiente del medicamento, o productos sanitarios (art. 362 bis, CP) o alimentarios (art. 363, CP), sino a otro tipo de bienes o servicios como, por ejemplo, juguetes, cosméticos, fitosanitarios, etc. En el mencionado caso "Biobac", se trataba de un complemento alimenticio que se publicitaba como medicamento al atribuírsele propiedades terapéuticas de las que carecía. La ausencia de riesgo concreto para la salud supuso la atipicidad de acuerdo con el antiguo art. 362.2° y 3°, CP (actual art. 362 bis, CP, tras la modificación de LO 1/2015).

En tercer lugar, también es posible el concurso de delitos con los tipos relativos a la propiedad industrial, en concreto: con los del art. 274.1, CP —infracción del derecho de marcas— los del art. 275, CP —empleo ilícito de denominaciones de origen e indicaciones geográficas— y con el delito de facturación falsa del art. 283, CP. Así la SAP, La Rioja, Sección Única, 17/2003, 12-2, apreció un concurso ideal medial con el delito de utilización fraudulenta de denominaciones de origen.

Finalmente, se cuestiona la Doctrina la posibilidad de delito continuado en los casos en que se realizan varias emisiones del mismo anuncio o actos de publicidad engañosa sobre distintos productos o servicios. Para un sector doctrinal no hay inconveniente en apreciar delito continuado en ambos supuestos, pues el tipo se consuma con la emisión de un único mensaje (MARTÍNEZ-BUJÁN PÉREZ, PUENTE ABA, DOPICO GÓMEZ-ALLER). Otro sector doctrinal, aunque entiende que la consumación se produce con un solo anuncio, considera que la reiteración sobre el mismo producto en el mismo medio publicitario constituiría un solo delito, pues en el tipo se utiliza el plural para referirse a las ofertas y porque la publicidad se desarrolla a través de campañas que suponen la difusión continuada durante un cierto tiempo del mismo mensaje publicitario (HERNÁNDEZ PLASENCIA, CARTAGENA PASTOR, TERRADILLOS BASOCO, CARRASCO ANDRINO).

Sólo cuando se trate de publicidad relativa a productos distintos, podrá apreciarse un delito continuado si se dan los requisitos para ello. No cabe apreciar delito masa por cuanto el sujeto pasivo del delito publicitario es ya un sujeto plural (PUENTE ABA).

7. Cuestiones procesales

De la propia naturaleza y estructura del delito publicitario se deduce que afectará a una pluralidad de personas, lo que lo convierte en un delito perseguible de oficio a tenor de lo dispuesto en el art. 287.2, CP, quedando en consecuencia fuera de la regla general del art. 287.1, CP, que establece como requisito de procedibilidad la denuncia del agraviado o de sus representantes legales (VALLE MUÑIZ/MORALES PRATS, MARTÍNEZ-BUJÁN PÉREZ, PUENTE ABA, etc.).

Asimismo, no hay inconveniente en admitir la legitimación activa de las asociaciones de consumidores y usuarios, en la medida en que el sujeto pasivo es plural e indeterminado, en base a lo dispuesto en el art. 7.3, LOPJ. BAUCELLS LLADÓS considera que también tienen legitimación activa las agrupaciones de empresarios, dado que considera a los competidores como sujetos pasivos mediatos. La Jurisprudencia ha rechazado la acción popular en estos delitos (AAP, Madrid, Sección 7ª, 206/2000, 27-4).

Asimismo, resulta aplicable la publicación de la sentencia a la que se refiere el art. 288 CP, ya comentada respecto de otros delitos, y que en el presente caso resulta sumamente adecuada.

Finalmente, no se ha estimado vulnerado el principio acusatorio cuando se acusa por estafa y se condena por delito del art. 282, CP (SAP, La Rioja, Sección Única, 17/2003, 12-2).

III. DELITO DE FACTURACIÓN FALSA

1. Consideraciones previas. Bien jurídico protegido

Constituye una figura novedosa introducida por el CP 1995 por lo que representa de tutela del consumidor como colectivo difuso, si bien en el derogado CP

1973 ya se recogían algunas conductas próximas dentro del ámbito de las faltas (MUÑOZ CONDE, SUÁREZ GONZÁLEZ, CASTELLÓ NICÁS).

Concretamente el derogado arts. 537, CP 1973, castigaba la alteración maliciosa de las indicaciones o aparatos contadores de fluido eléctrico o al que cometiere cualquier otro género de defraudación con ánimo de obtener lucro ilícito y en perjuicio del consumidor, ampliando la punición el art. 538, CP 1973, a las defraudaciones de gas, agua u otro elemento, energía o fluido ajenos. Igualmente, los números 3 y 4 del derogado art. 573, CP 1973, relativos a defraudaciones en las pesas y medidas, pueden considerarse precedentes de esta figura (PUENTE ABA).

Entre los proyectos de CP que precedieron al actualmente vigente, el Proyecto de 1980 y la Propuesta de Anteproyecto de CP 1983 tan sólo recogieron figuras próximas a las faltas de los números 3 y 4 del derogado art. 573, CP 1973, consistentes en ofrecer en el mercado productos cuya sustancia, cantidad o calidad fueran de valor inferior a la expresamente manifestada en público, agravando las penas cuando se tratase de productos envasados o etiquetados que no cumpliesen las condiciones expuestas en el envase o etiqueta. El Proyecto de CP de 1992 incluyó el delito de facturación ilícita vinculado a la publicidad engañosa en el mismo art. 287. Es en el Proyecto de CP de 1994 en el que ocupará un lugar independiente, en el art. 279, manteniéndose así en el vigente CP.

Se trata de un delito muy próximo a la figura de la estafa, en el que llama la atención su escasa incidencia práctica, quizás por lo insidioso o subrepticio de la conducta típica, difícil de detectar para el consumidor medio. Tan sólo se han encontrado tres supuestos examinados por la Jurisprudencia. Uno, sancionado finalmente por delito continuado de estafa, primero por la SAP, Barcelona, Sección 10ª, 10-1-2000, y después, por el TS en STS 2520/2001, 31-12 (*Tol 129127*), en el que se manipularon los aparatos contadores de los camiones que medían el precio del gasóleo que se distribuía a domicilio, facturándose una cantidad mayor de combustible de la que realmente se suministraba; otro, relativo al fraude en las gasolineras, consistente en manipular los surtidores para facturar un precio mayor que el que correspondía a la cantidad de combustible suministrado, en el que sí se ha condenado con apoyo en el art. 283, CP [SAP, Madrid, Sección 3ª, 580/2003, 4-12 (*Tol 393792*), y SAN, Sección 2ª, 18/2005, 28-4]; y finalmente, la colocación de un dispositivo que alteraba el taxímetro, a instancias de su conductor, cuya condena fue confirmada en la SAP, Madrid, Sección 16ª, 248/2009, 22-4.

En cuanto al bien jurídico protegido, la opinión doctrinal mayoritaria entiende que es un delito que protege los intereses económicos de los consumidores, que aquí se concretan en el interés en la autenticidad del precio y en su correspondencia con la cantidad de productos o servicios que se van a suministrar (MORENO CÁNOVES/RUIZ MARCO, MARTÍNEZ-BUJÁN PÉREZ, BAUCELLS

LLADÓS, PUENTE ABA, etc.) o en el interés en la fiabilidad de la determinación mediante aparatos automáticos del precio de las transacciones comerciales (ESTRADA I CUADRAS) o, en fin, los intereses de los consumidores tanto económicos como morales de tranquilidad y sosiego en sus relaciones comerciales (JIMÉNEZ DÍAZ). Se trata, por tanto, de un bien jurídico institucionalizado o espiritualizado de referente individual, un auténtico delito socioeconómico de consumo (MARTÍNEZ-BUJÁN PÉREZ, PUENTE ABA). VARONA GÓMEZ, por su parte, lo configura como un delito de lesión del patrimonio de los consumidores en la medida en que la conducta típica consiste en facturar, no en ofrecer en el mercado.

La escasa Jurisprudencia también lo caracteriza como un bien jurídico supraindividual. Así la STS 2520/2001, 31-12 (*Tol 129127*), se refiere a los intereses económicos de los consumidores como colectivo y la SAP, Barcelona, Sección 10ª, 10-1-2001 menciona las reglas de confianza y buena fe en las relaciones de intercambio de bienes.

2. *Sujetos*

2.1. Sujeto activo

Se trata de un delito común. Aunque el tenor literal del precepto puede producir algún equívoco —los que facturen—, el sujeto activo será aquel que altera o manipula el aparato contador, el que lo tiene a su cargo (cualidad que para MESTRE DELGADO lo convierte en delito especial), particularmente cuando es el propio aparato el que factura las cantidades automáticamente (SUÁREZ GONZÁLEZ, GONZÁLEZ RUS, PUENTE ABA, CASTELLÓ NICÁS). QUERALT JIMÉNEZ se refiere al suministrador, final o no, del consumidor del producto o servicio de que se trate.

Habrá coautoría cuando varios sujetos se repartan la ejecución de las distintas conductas (alterar el aparato automático y facturar), así cuando el dueño de la empresa manipula el aparato y es el empleado el que ejecuta la facturación de forma consciente (también DOPICO GÓMEZ-ALLER). Si no tuviera conocimiento, habría autoría mediata al instrumentalizar al empleado (BAUCELLS LLADÓS, CASTELLÓ NICÁS). Hay que tener en cuenta que nos encontramos ante un delito que será cometido normalmente por personas que actúan en el marco de la estructura organizada de una empresa. Así si el dueño o el directivo de la empresa sólo hubiera tomado la decisión y quien hubiera ejecutado la manipulación y la facturación fuera el empleado, éste último sería el verdadero autor del delito, pasando a castigarse al primero como inductor (PUENTE ABA, CASTELLÓ NICÁS) o como autor si se admite la autoría mediata con instrumento doloso —autor tras el autor.

De acuerdo con el nuevo art. 31 bis, CP, introducido en el CP por la LO 5/2010, podrán ser sujetos activos de estos delitos las personas jurídicas, aplicándose entonces la pena prevista en el también reformado art. 288, CP.

2.2. Sujeto pasivo

Para la mayoría de la Doctrina es el consumidor como colectivo genérico, sin que tengan cabida como sujetos pasivos los concretos consumidores defraudados, pues la consumación no exige la causación de perjuicio, sólo la facturación (por todos PUENTE ABA). QUERALT JIMÉNEZ, sin embargo, considera que también es sujeto pasivo la comunidad junto con los consumidores defraudados. Por su parte VARONA GÓMEZ, en coherencia con la postura mantenida respecto del bien jurídico, sostiene que sujeto pasivo es el consumidor individualmente defraudado. La SAP, Barcelona, Sección 10ª, 10-1-2000, rechaza la existencia del delito de facturación falsa, porque la manipulación realizada en los camiones suministradores tenía un alcance limitado, determinado por los concretos clientes de la empresa, no alcanzando genéricamente a un colectivo indeterminado.

3. Conducta típica

La conducta típica consiste en facturar cantidades superiores por productos o servicios cuyo coste o precio se mida por aparatos automáticos y hacerlo mediante la alteración o manipulación de dichos aparatos. Se compone de dos acciones diferentes: alterar o manipular los aparatos automáticos de medición de precio y después facturar. Se requiere una vinculación causal entre ambas conductas: la facturación por una cantidad superior a la debida debe haberse producido como consecuencia de la alteración o manipulación del aparato contador. Es, por tanto, un delito de medios comisivos determinados y, en consecuencia, son atípicas, sin perjuicio de que puedan integrar otro delito, las facturaciones indebidas que sean consecuencia de un funcionamiento anómalo del aparato sin que haya sido manipulado o alterado, aun cuando el sujeto se aproveche dolosamente de ello y facture en perjuicio de los consumidores (BAUCELLS LLADÓS, MARTÍNEZ—BUJÁN PÉREZ; en contra GONZÁLEZ RUS, CASTELLÓ NICÁS); también son atípicas las lecturas falsas hechas por una persona de una indicación correcta de la máquina; igualmente el aplicar un precio superior o un cargo adicional indebido (GONZÁLEZ RUS) o, finalmente, la introducción fraudulenta de datos erróneos en el aparato que funciona correctamente, derivándose de ello una facturación con un precio superior al debido (MARTÍNEZ-BUJÁN PÉREZ).

Facturar es extender o emitir facturas, esto es, una cuenta detallada con expresión de número, peso o medida, calidad y valor o precio; si bien la Doctrina considera que no debe adoptarse un concepto excesivamente formal en el que sea necesaria la emisión de una factura, pues de otro modo el precepto devendría prácticamente inaplicable. No hay más que pensar en la proliferación de máquinas de *vending*, en las cabinas telefónicas, gasolineras, etc. En consecuencia, facturar también incluirá los casos en que se abona previamente el importe para obtener directamente el producto o servicio del aparato (GONZÁLEZ RUS, BAUCELLS LLADÓS, MARTÍNEZ-BUJÁN PÉREZ, CASTELLÓ NICÁS, etc.), sin necesidad de que se emita documento de facturación alguno, bastando la comunicación verbal o visual.

Se debe además facturar por un costo o precio superior al debido, lo que implica que el engaño recae o sobre la cantidad del producto suministrado o sobre el precio final del mismo. Se excluyen, por tanto, los engaños que versen sobre la calidad o la sustancia, sin perjuicio de que puedan constituir una estafa, como vender gasolina rebajada con agua o de calidad inferior, o vender un vehículo con el marcador del kilometraje alterado (PUENTE ABA, JIMÉNEZ DÍAZ; de otra opinión, VARONA GÓMEZ). Los términos costo y precio son equivalentes.

La facturación además es por cantidades superiores, pero no se indica con respecto a qué, lo que plantea algunos problemas. En principio, habrá de entenderse que se refiere a las cantidades —inferiores— que procederían de no haberse realizado la manipulación o alteración en el aparato. Ello plantea el problema de si debe existir en todo caso una cantidad inferior de producto o servicio entregada o pueden considerarse también incluidos aquellos casos en que directamente no se ofrece el producto o servicio. Así la máquina expendedora que no ofrece el producto, una vez satisfecho el precio, y claro está habiendo sido manipulada para ello. Un sector doctrinal considera que no es contrario al principio de legalidad entender que en estos casos también se está facturando por cantidades superiores (MARTÍNEZ-BUJÁN PÉREZ, PUENTE ABA, BAUCELLS LLADÓS, JIMÉNEZ DÍAZ). CASTELLÓ NICÁS se aparta, sin embargo, de esta conclusión por contraria al tenor literal del precepto, pues al referirse a cantidades por los productos o servicios debe haber una cierta cantidad de producto o servicio recibido.

También respecto de la cantidad se cuestiona por la Doctrina si aquélla debe ser significativamente superior para evitar el castigo de bagatelas. La naturaleza supraindividual o colectiva del bien jurídico aboga por castigar también los casos de diferencias poco significativas o insignificantes desde la perspectiva individual, siempre y cuando se acredite que la conducta se dirigía al colectivo de posibles consumidores de forma generalizada (BAUCELLS LLADÓS, MARTÍNEZ-BUJÁN PÉREZ). Por otra parte, la criminológica del delito aboga por no imponer límites en cuanto a la cuantía de la defraudación, pues para evitar que el consumidor se aperciba lo habitual será que aquella sea mínima individualmente considerada (JIMÉNEZ DÍAZ). Ello explica que en el tipo no se fije una cuantía mínima de defraudación.

En cuanto a los verbos "alterar" y "manipular", se considera que son términos equivalentes a los efectos del tipo, que aluden a una intervención sobre el aparato automático aplicando un ardid, trucaje, artificio o una trampa que permite reclamar un precio superior al que procedería; de manera que la introducción de datos erróneos en el aparato no constituye manipulación o alteración, dado que el aparato funciona debidamente, sino engaño, por lo que puede constituir una estafa (MARTÍNEZ-BUJÁN PÉREZ).

JIMÉNEZ DÍAZ ha matizado esta interpretación, considerando que, mientras la manipulación implica una intervención directa sobre el contador del precio o de la cantidad suministrada, la alteración puede producirse sin que se afecte el mecanismo contador, por ejemplo, una incorrecta calibración del aparato. A nuestro modo, sin embargo, no hay ningún inconveniente en considerar ambos supuestos como manipulación, pues su significado literal lo único que exige es "operar con las manos o con cualquier instrumento" (primera acepción RAE) o "intervenir con medios hábiles y, a veces, arteros, en la política, en el mercado, en la información, etc., con distorsión de la verdad o la justicia, y al servicio de intereses particulares" (tercera acepción RAE). Por su parte, el concepto de "alteración", según la primera acepción del diccionario RAE, equivale a "cambiar las características, la esencia o la forma de una cosa", lo que remite a una modificación sustancial del aparato automático que incida sobre su función (de pesar, medir, contar, sumar, etc.), lo que permitiría también incluir ambos supuestos.

La facturación debe realizarse además "en perjuicio del consumidor". Son varias las posibilidades interpretativas: en clave subjetiva como un ánimo o finalidad específica del sujeto (MESTRE DELGADO); interpretación que se rechaza porque no expresa la realidad criminológica del hecho, en el que lo que se busca es obtener un lucro (SUÁREZ GONZÁLEZ). En clave objetiva, entendiendo que se refiere al resultado del delito: el perjuicio (MARCHENA GÓMEZ, VARONA GÓMEZ); se rechaza también porque el tipo sólo tiene sentido como delito de peligro con independencia de la cuantía efectivamente defraudada o de que puedan acreditarse las concretas defraudaciones particulares (MUÑOZ CONDE), pues la estafa ya protege el patrimonio individual de los consumidores en caso de lesión o perjuicio efectivo. En clave objetiva, pero interpretando que se refiere a la lesividad objetiva de la conducta, a la idoneidad o aptitud lesiva para el patrimonio de los consumidores. Esta es la opción seguida por la mayoría de la Doctrina (MARTÍNEZ-BUJÁN PÉREZ, TERRADILLOS BASOCO, MORENO CÁNOVES/RUIZ MARCO, PUENTE, ABA, etc.). Así, no sería *ex ante* objetivamente idónea para cumplimentar el tipo una facturación desmesurada que permitiese detectar el fraude al consumidor (MORENO CÁNOVES/RUIZ MARCO), claro está antes del pago efectivo. El hecho de que no sea suficiente para consumar el tipo con la manipulación de los aparatos automáticos, sino que sea necesario, además, que se llegue a facturar, lleva a algunos autores a entender que el tipo adopta una estructura de peligro concreto para el patrimonio de los consumidores. Tras la facturación sólo quedaría el pago para llegar al perjuicio efectivo del consumidor —lesión— (PUENTE ABA, VALLE MUÑIZ/MORALES PRATS, etc.). Lo que ocurre, en definitiva, es que se trata de un delito de peligro respecto de un colectivo, que se aprecia en el momento en el que se factura indebidamente a un consumidor. Agudamente se ha llamado la atención de que no siempre el resultado es de peligro, pues cuando el producto se abona previamente para obtener después la prestación de la máquina automática expendedora de productos —máquinas de *vending*— la consumación supone ya una lesión al patrimonio del consumidor (GONZÁLEZ RUS, CASTELLÓ NICÁS).

Por su parte, el TS considera que es un delito de peligro concreto que "no conlleva ningún resultado material en el sentido de efectivo perjuicio patrimonial del consumidor para su consumación" (STS 2520/2001, 31-12). En el mismo sentido, la SAP, Madrid, Sección 16ª, 248/2009, 22-4.

En cuanto a la posibilidad de comisión por omisión, la mayoría de la Doctrina lo rechaza aduciendo que lo impide la índole activa de los verbos típicos. A lo que se añade que su estructura típica es la de un delito de mera actividad, al que no resulta por tanto aplicable la cláusula del art. 11, CP y en el que, además, los medios comisivos están determinados (BAUCELLS LLADÓS, JIMÉNEZ DÍAZ). Para un sector minoritario (CASTELLÓ NICÁS), en cambio, la omisión tiene cabida dentro del tipo, pues por un lado —se alega— el delito consiste en la producción de un resultado —la facturación errónea que produce un perjuicio a los consumidores—, y por otro, el sujeto activo ostenta una posición de garante que deriva de la normativa que protege al consumidor —básicamente la Ley para la Defensa de los consumidores y usuarios— y de la relación contractual concreta que le obliga a prestar el servicio en óptimas condiciones, lo que incluye que los aparatos de medición del producto o servicio estén en debidas condiciones y que, por tanto, esté obligado a reparar el aparato (CASTELLÓ NICÁS, implícitamente GONZÁLEZ RUS). Se trata de aquellos casos en los que, detectado el mal funcionamiento del aparato, el sujeto se aprovecha de ello, no lo repara, facturando cantidades superiores a las que procedería. En nuestra opinión estos casos no tienen cabida en el tipo, sin perjuicio de que puedan constituir estafa, pues aun cuando se interpretara el tipo como delito de resultado, el medio está determinado: no se ha alterado o manipulado el aparato automático (también ESTRADA I CUADRAS; JIMÉNEZ DÍAZ).

4. Objeto material

El objeto material está integrado por los productos o servicios cuyo costo o precio se mide por aparatos automáticos. El objeto se descompone en dos elementos que se corresponden con las dos acciones típicas: por un lado, los aparatos automáticos que se alteran o manipulan, y por otro los productos o servicios que se facturan en cantidades superiores.

De acuerdo con la definición ofrecida por la RAE, por aparato automático se entiende un conjunto de piezas construido para funcionar unitariamente con una finalidad práctica determinada que funciona en todo o en parte por sí solo. Se excluyen, así, los de carácter manual como la cinta métrica, la balanza manual o incluso el envoltorio de papel que incrementa el peso del producto (PUENTE ABA). La razón de esta limitación típica se ha visto en que los medios automáticos quizás generan un mayor grado de confianza en el consumidor, de aquí que su manipulación le deje más indefenso, si bien la Doctrina se manifiesta favorable, *de lege ferenda,* a la inclusión de los manuales (PUENTE ABA, BAUCELLS LLADÓS). Los aparatos deben utilizarse para medir el costo o precio de un producto o servicio, por ejemplo: el lector de códigos de barras o el visor del precio de un tanque de gasolina; pero también incluye los que inciden indirectamente en el precio midiendo el volumen de lo suministrado, como los contadores de agua, electricidad, gas, etc. u otros aparatos medidores de cualquier producto o servicio como las máquinas calculadoras de pesos, de superficies o de cantidades de servicio telefónico, de datos, expendedoras de bebidas, de tabaco o de cualquier otro producto, incluyendo las fotocopiadoras o reproductoras de C. D. que funcionan con monedas (MUÑOZ CONDE, PUENTE ABA, etc.).

En cuanto a productos o servicios, los primeros hacen referencia a algo producido, esto es algo creado con valor económico. Algún autor (MORENO CÁNOVES/RUIZ MARCO) excluye de este concepto a las materias primas, pues desde una visión sistemática el Legislador las distingue de lo que sean los productos en el art. 281, CP. Se aduce, además, que así quedan excluidos del tipo de facturación los consumidores intermedios —industriales o fabricantes—, dado que el tipo va dirigido a proteger a los consumidores o usuarios finales (BAUCELLS LLADÓS). No compartimos esta opinión, pues, de una parte, las materias primas se presentan como un tipo de producto o de cosas creadas con valor económico que serán empleadas por las fábricas o industrias para elaborar otros productos (SUÁREZ GONZÁLEZ, MARTÍNEZ-BUJÁN PÉREZ); y de otra, no se ve razón alguna para excluir a los consumidores intermedios, pues la razón última de la intervención penal es proteger un determinado sistema de competencia, el de competencia por eficiencia.

5. Elemento subjetivo

Se trata de un tipo doloso que sólo admite el dolo directo (MARTÍNEZ-BUJÁN PÉREZ, PUENTE ABA, JIMÉNEZ DÍAZ), en la medida que el conocimiento debe abarcar las conductas de manipular el aparato y facturar los productos o servicios en cantidades superiores, y que ello sea idóneo para perjudicar el patrimonio de los consumidores.

La Jurisprudencia ha excluido la aplicación del art. 283, CP, a favor de la estafa cuando "el ánimo de perjudicar no se dirige contra los consumidores en general, sino contra personas concretas, alterando los aparatos sólo en las relaciones con determinados clientes" (SAP, Barcelona, Sección 10ª, 10-1-2000).

6. *Iter criminis*

La consumación se produce en el momento de la facturación, después de haber manipulado previamente los aparatos, se haya abonado o no el precio en función del tipo de aparato automático empleado. Así puede ocurrir que la máquina requiera previamente el pago para después prestar el servicio o puede que éste se preste antes y se extienda la factura después.

Ya se configure como delito de mera actividad o de resultado, constituye tentativa punible la mera manipulación de los aparatos automáticos con la finalidad de facturar cantidades superiores en perjuicio del consumidor (BAUCELLS LLADÓS, SUÁREZ GONZÁLEZ, MARTÍNEZ-BUJÁN PÉREZ, CASTELLÓ NICÁS, PUENTE ABA, GONZÁLEZ RUS, etc.).

De manera errónea la SAP, Barcelona, Sección 10ª, 10-1-2000, y la STS 2520/2001, 31-12 (*Tol 129127*), sitúan el momento de la consumación en la mera manipulación de los aparatos medidores o contadores —y no en el de la facturación—, sin necesidad de que se cause un perjuicio efectivo al consumidor, lo que la SAP, Madrid, Sección 3ª, 4-12-2003 (*Tol 393792*), acertadamente entiende pertenece a la fase de agotamiento del delito.

7. *Concursos*

En el ámbito concursal destaca la relación de este delito con el de la estafa cuando se acredite la causación de un perjuicio patrimonial efectivo respecto de uno o varios consumidores. La posición mayoritaria en la Doctrina entiende que en estos casos se produce un concurso de delitos —ideal para unos (MORENO CÁNOVES/RUIZ MARCO, SUÁREZ GONZÁLEZ, MUÑOZ CONDE, JIMÉNEZ DÍAZ, ESTRADA I CUADRAS), mientras que para otros puede llegar, en su caso, a ser medial (MARTÍNEZ-BUJÁN PÉREZ, PUENTE ABA)—, en la medida en que el concreto perjuicio producido no absorbe todo el peligro generado que afecta al colectivo de consumidores y no al consumidor concreto o individual. Esto hace que en la práctica el delito de facturación falsa funcione como una agravación del delito individual cometido (MUÑOZ CONDE), pues normalmente a la facturación le seguirá el abono de su importe. En este sentido, GONZÁLEZ

RUS considera que en los casos en que la consumación del delito del art. 283, CP, suponga ya un perjuicio patrimonial —máquinas que exigen el pago previo para después suministrar el servicio— la primera estafa quedará absorbida por este delito (en contra PUENTE ABA).

Un sector minoritario entiende, sin embargo, que se produce un concurso de normas a resolver a favor de la estafa por consunción (LÓPEZ GARRIDO/GARCÍA ARÁN) o del art. 283, CP, como ley especial (QUERALT JIMÉNEZ). Por su parte, VARONA GÓMEZ opta, también, por el concurso de normas, pero resuelto de una manera peculiar en función de la cuantía de lo defraudado, de manera que, si ésta no llega a la cuantía de 400 euros, que marca la diferencia entre el delito leve y el menos grave de estafa (art. 248, CP), se aplicará el art. 283, CP, sancionándose, en cambio, con el delito de estafa cuando alcance o supere dicha cuantía.

La Jurisprudencia se ha decantado por el concurso de leyes, al considerar que la estafa absorbe la manipulación de los aparatos y "a la misma conclusión se llega aplicando el principio de especialidad que impone la aplicación del precepto con mayor riqueza fáctica, en este caso la estafa" [STS 2520/2001, 31-12 (*Tol 129127)*].

En cuanto al posible concurso con el delito de falsedad en documento mercantil (art. 395, CP) al expedir la factura por cantidades superiores, la Doctrina se ha pronunciado en sentido negativo, pues este comportamiento tan sólo constituye una falsedad ideológica —faltar a la verdad en la narración de los hechos— que es impune cuando la comete un particular (BAUCELLS LLADÓS, PUENTE ABA).

Con respecto a las defraudaciones de fluido eléctrico y análogas del art. 255, CP, su ámbito de aplicación es diverso, aunque la conducta típica consista en manipular también los aparatos contadores automáticos, pues aquí el sujeto pasivo es la compañía suministradora de la energía o elemento que se suministra por redes generales, y el sujeto activo el consumidor (GONZÁLEZ RUS, BAUCELLS LLADÓS).

Con el delito de publicidad engañosa del art. 282, CP, o con los delitos de fraudes alimentarios entrará en concurso real, en caso de que la facturación ilícita vaya precedida de una campaña publicitaria engañosa (MARTÍNEZ-BUJÁN PÉREZ, BAUCELLS LLADÓS, PUENTE ABA), o de un ofrecimiento en el mercado de productos que pongan en peligro la salud de los consumidores al incumplir requisitos relativos a la caducidad o la composición de los mismos.

Finalmente, la Doctrina también considera posible la apreciación de un delito continuado en la medida en que no se trata de un bien jurídico personalísimo y siempre que se realicen manipulaciones en diversos aparatos y en diferentes lugares, pues, aunque el tipo se refiere en plural a manipular "aparatos", es suficiente con la manipulación de uno solo para consumar el tipo (MARTÍNEZ-BUJÁN PÉREZ, PUENTE ABA, CASTELLÓ NICÁS, MUÑOZ CONDE, ESTRADA I CUADRAS, etc.); resultando más discutible la posibilidad de apreciar un delito masa (lo admite ESTRADA I CUADRAS; en contra, JIMÉNEZ DÍAZ), pues no se trata de un delito patrimonial, sino socioeconómico, en el que no se exige la producción de un perjuicio, que resultará, por otra parte, difícil de determinar.

8. Cuestiones procesales

Como sucede respecto de todos los delitos de la Sección 3ª, el art. 287.1, CP, marca un requisito de procedibilidad: la denuncia de la persona agraviada o de su representante legal, si bien el carácter socioeconómico del delito de facturación falsa provoca que entre en juego la excepción del número 2 del art. 287, CP, que lo devuelve al régimen común de persecución de oficio, al afectar a los intereses generales o a una pluralidad de personas.

IV. BIBLIOGRAFÍA

ALONSO ÁLAMO, M. "Los consumidores como portadores de bienes jurídicos colectivos", en HERNÁNDEZ PLASENCIA, J. M. (Coord.) La intervención penal de los intereses económicos de los consumidores, Madrid, 2020; ABANTO VÁSQUEZ, M. A. "Delitos contra el mercado, viejas prácticas, nuevas figuras: delitos contra la libre y leal competencia", en SERRANO-PIEDECASAS FERNÁNDEZ, J. R./DEMETRIO CRESPO, E. (Dirs.) *Cuestiones actuales de derecho penal empresarial*, Madrid, 2010; ALHAMBRA PÉREZ, M. C. P. "Facturación ilícita. Estudio sistemático del art. 283 del Código Penal", *MFC*, nº 15, 2001; BACIGALUPO ZAPATER, E. "La protección penal de la libre competencia en España y el Proyecto de Código penal español de 1980", *LH-Pérez Vitoria*, 1983, t. I.; id. "La protección penal de la competencia en la CEE", en *Estudios sobre la PE*, Madrid, 1991; BADENAS CARPIO, J. M./GUILBERT, S. "El artículo L. 121 del Código de consumo francés antecedente del artículo 282 del vigente Código Penal", *Estudios sobre consumo* nº 62, 2002; BAUCELLS I. LLADÓS, J. "La protección penal de los intereses económicos de los consumidores: Una propuesta de bien jurídico", *RdPP*, nº 8, 2002; BRAGE CEDÁN, S. B. *Los delitos de alteración de precios*, Granada, 2001; BUENO ARÚS, F. "Las sanciones penales en los delitos contra los consumidores", AP, 1989 [=PJ nº esp. 9, 1989]; BUSTOS RUBIO, M. "El delito de publicidad falsa: notas y aspectos controvertidos", en BUSTOS RUBIO, M./ABADÍAS SELMA, A. (Dirs.) Protección penal del mercado y los consumidores, Navarra, 2022; CARRASCO ANDRINO, M. M. La publicidad engañosa y el Derecho penal. Una aproximación al tipo del artículo 282 del CP, Madrid, 2000; CHOCLÁN MONTALVO, J. A. "El delito publicitario en el nuevo Código Penal", *AJA*, nº 256, 1996; CUADRADO RUIZ, M. A. "¿Protege el Derecho penal a los consumidores?", *AP*, 1999; DE LA CUESTA AGUADO, P. M. "Protección penal de los consumidores", *RGD*, 2000; CUGAT MAURI, M. "La protección de intereses colectivos: el caso del delito publicitario", *LH-Valle Muñiz*, 2001; DANNECKER, G. "Sanciones y principios de la parte general en el Derecho de la competencia en las Comunidades Europeas", *LH-Tiedemann*, 1995, (trad. J. A. Lascuraín Sánchez); DE JESÚS SÁNCHEZ, M. G. "La publicidad engañosa como figura típica objeto de criminalización", *PJ*, nº esp. 9, 1989; DEMETRIO CRESPO, E. "A propósito del bien jurídico en el delito publicitario tipificado en el art. 282 del Código Penal Español.

(Una contribución a partir de una «hermenéutica valorativa»)", *RdPP*, nº 12, 2004 [=GARCÍA RIVAS, N. (Coord.) *Protección penal del consumidor en la Unión Europea,* 2005]; DOPICO GÓMEZ-ATELIER, J. "Tema 11, Delitos contra los consumidores (publicidad engañosa y facturación automática fraudulenta), en *Derecho penal económico y de la empresa,* Madrid, 2018; DOPICO GÓMEZ-ATELIER, J./LASCURAÍN SÁNCHEZ, J. A. "Tema 12, delitos contra los consumidores (publicidad engañosa, facturación automática fraudulenta) y piratería de servicios de comunicación, en *Derecho penal económico y de la empresa,* Madrid, 2º ed., 2024; DOVAL PAIS, A. "Facturación indebida por productos o servicios", en *Diccionario de DPE,* Madrid, 2008; 2º ed., 2017; FARALDO CABANA, P. "Consentimiento y adecuación social en los delitos contra los consumidores", en AA.VV.: *Sistema penal de protección del mercado y de los consumidores,* Valencia, 2002; GALLEGO SOLER, J. I. "Algunas cuestiones político-criminales sobre la eficacia de la protección penal de los consumidores", en Mir Puig/Corcoy Bidasolo (dirs.), *La política criminal en Europa,* Barcelona, 2004; GARCÍA PLANAS, G. "Hacia un delito publicitario", EPC, t. XVI, 1993; GARCÍA RIVAS, N. (coord.): *Protección penal del consumidor en la Unión Europea,* Cuenca, 2005; GASCÓN INCHAUSTI, F. "La tutela de los consumidores y usuarios a través del proceso penal", *MFC,* nº 15, 2001; GIMENO JUBERO, M. A. "La publicidad engañosa: conductas inmersas en el ámbito penal", *EDJ* 72 (2005); GÓMEZ RIVERO, M. C. "Hacia una nueva interpretación del delito publicitario", *LL,* 1997, nº 4; GONZÁLEZ RUS, J. J. *Los intereses económicos de los consumidores,* Madrid, 1986; id. "Delitos relativos al mercado y a los consumidores", en Asúa Batarrita (ed.), *Jornadas sobre el nuevo Código Penal de 1995,* San Sebastián, 1998; id. "Reformas pretendidas en los delitos relativos al mercado y los consumidores y en los delitos societarios por el proyecto de Ley Orgánica 121/000119, de modificación del Código Penal", en AA.VV.: *Reforma del Código Penal,* 2009; GONZÁLEZ TAPIA, M. I. "Protección penal del consumidor: especial consideración al delito de publicidad falsa", en CUBILLO LÓPEZ, J. I. (Coord.) *Cuestiones actuales sobre la protección de los consumidores: tutela penal, civil y arbitral,* Madrid, 2010; GOÑI URRIZA, N. "La protección de los derechos de los consumidores en el Derecho europeo de la competencia", en AA.VV. *Derecho penal de la empresa,* Pamplona, 2002; GUINARTE CABADA, G. "Consideraciones político-criminales en torno a la competencia desleal", *EPC,* t. XV, 1992; HERNÁNDEZ PLASENCIA, J. U. "El delito publicitario", AP 1997; IGLESIAS RÍO, M. A. "Imagen del consumidor y delito de publicidad engañosa: necesidad y merecimiento de protección. Una aproximación a partir de la reciente interpretación alemana", en *LH-Rodríguez Ramos,* 2012; JIMÉNEZ DÍAZ, M. J. "el delito de facturación abusiva", en MORILLAS CUEVA, L./SUÁREZ LÓPEZ, J. M. (Dir./coord.) *Derecho y consumo: aspectos penales, civiles y administrativos,* Madrid, 2013; LAMPE, E. J. "La protección jurídico penal de la competencia económica en el Anteproyecto de Código Penal español de 1983", en BARBERO SANTOS, M. (coord.), *Los delitos socio-económicos,* 1985; LESCANO, M. J. "el denominado delito de publicidad engañosa", en LH-Berdugo Gómez de la Torre, 2022, vol. 1; LÓPEZ ORTEGA, J. J. "Publicidad engañosa penal", *Diccionario DPE,* 2º ed., 2017; MACÍAS ESPEJO, B. "El delito de publicidad engañosa", en MORILLAS CUEVA, L./SUÁREZ LÓPEZ, J. M. (Dir./coord.) *Derecho y consumo: aspectos penales, civiles y administrativos,* Madrid, 2013; id. *El delito de publicidad engañosa,* Madrid, 2016; MANZANARES SAMANIEGO, J. L. "La tipificación del delito publicitario en el Derecho español", PJ, nº esp. 9, 1989; MAPELLI CAFFARENA, B. *El delito de publicidad fraudulenta,* Valencia, 1999; MARCHENA GÓMEZ, M. "Delitos relativos contra el mercado y los consumidores", en AA.VV. *El nuevo Código Penal y su aplicación a empresas y profesionales,* vol. III, Madrid, 1996; MARTÍN PALLÍN, J. A. "Protección penal de los consumidores", *LL,* 1996, nº 3; id. "Fraudes a los consumidores en el ámbito de la Unión Europea", en AA.VV. *Delitos y cuestiones penales en el ámbito empresarial,* Madrid, 1999; MARTÍNEZ GUERRA, A. *Publicidad y Derecho penal. Estudio comparado del modelo americano y europeo,* Valencia, 2007; MARTÍNEZ-BUJÁN PÉREZ, C. "Repercusión penal del artículo 8.3 de la Ley General para la defensa de los consumidores y usuarios", en *Actas de Derecho Industrial,* nº 9, 1983; id. "Delitos publicitarios", D. J., nº 37-40, 1983, vol. 2; id. "Consideraciones en torno a la creación de un delito relativo a la publicidad engañosa", *CPC,* 1984; id. "La Ley General de

Publicidad y el futuro delito publicitario", en *Actas de Derecho Industrial*, nº 13, 1989-1990; id. "El delito de publicidad engañosa en el proyecto de Código Penal español de 1992", en *Actas de Derecho Industrial*, nº 14, 1991-1992; id. "Los delitos relativos al mercado y a los consumidores en el Proyecto de Código penal de 1992", *EPC*, t. XVI, 1993; id. "El delito de publicidad engañosa en el anteproyecto de Código penal español de 1992", *LH-Tiedemann*, 1995; id. "La protección penal de los consumidores en el ámbito de los delitos socio-económicos en el proyecto de Código Penal de 1994", *LH - Casabó Ruiz*, 1997, vol. 2; id. "Facturación ilícita", *CDJ*, 1997, t. XIV; id. "El delito de facturación ilícita en perjuicio de los consumidores", *RDPC*, 1998; id. "El delito de publicidad falsa", en AA.VV. *Derecho penal de la empresa*, Pamplona, 2002; DEL MORAL GARCÍA, A. "La protección del consumidor frente a la actividad publicitaria: perspectiva penal", *MFC*, nº 15, 2001; MORENO Y BRAVO, E. *El delito de publicidad falsa*, Barcelona, 2001; MORENO CÁNOVES, A/RUIZ MARCO, F. *Delitos socioeconómicos. Comentario a los art. 262, 270 a 310 del nuevo Código Penal (concordados y con jurisprudencia)*, Zaragoza, 1996; MUÑOZ CUESTA, J. "Publicidad engañosa: una figura delictiva de contornos poco definidos que dificultan su aplicación", *RAD*, nº 1, 2010; MUSCO, E. "Perfiles penales de la publicidad engañosa", *RP*, nº 12, 2003, (trad. S. Barón); NAVARRO SANCHÍS, F. J. "Protección al consumidor en el Código Penal vigente", *PJ*, nº esp. 9, 1989; PÉREZ DEL VALLE, C. "Problemas dogmáticos en la protección penal de los consumidores", *MFC*, nº 15, 2001; PORTERO HENARES, M. *El delito publicitario en el Código penal español*, Valencia, 2004; id. "La solución de conflictos en la regulación de la publicidad ilícita", en AA.VV.: *Protección penal del consumidor en la Unión Europea*, 2005; id. "Fraudes contra los consumidores", en AA.VV.: *Fraude y corrupción en el Derecho penal económico europeo*, Cuenca, 2006; id. "Publicidad ilícita", en *Diccionario de DPE*, 2008,; 2º ed, 2017; PUENTE ABA, L. M. "Los genuinos delitos socioeconómicos de consumo en el Código penal de 1995: protección de un auténtico bien jurídico-penal", *RCCPP*, nº 2, 1999; id. "Comentario a la sentencia de la Audiencia Provincial de Barcelona de 10 de enero de 2000: Estafa y delito contra los consumidores", *AFDUC*, nº 5, 2001; id. *Delitos económicos contra los consumidores y delito publicitario*, Valencia, 2002; id. *Los delitos contra los consumidores (arts. 281 a 283 del Código Penal)*, Valencia, 2003; id. "Comentario a las primeras sentencias que estudian la aplicación del delito de publicidad falsa (art. 282 del CP)", *RDPC*, nº 14 (2004; id. "los genuinos delitos socioeconómicos contra los consumidores: balance de las cuestiones problemáticas surgidas en su aplicación judicial", en HERNÁNDEZ PLASENCIA, J. M. (coord.) *La intervención penal de los intereses económicos de los consumidores*, Madrid, 2020; RODRÍGUEZ FERRÁNDEZ, S. "La tipificación del delito de publicidad engañosa en el Código Penal de 1995", *RestP*, nº 1, 2003; id. "Intereses sociales protegidos a través del bien jurídico penal del delito de publicidad engañosa", *Revista Internacional de Doctrina y Jurisprudencia*, nº 26, 2021; DEL ROSAL BLASCO, B. "Mercado bursátil y publicidad engañosa: la intervención del Derecho penal", *LH-Bacigalupo Zapater*, 2004 [=AA.VV.: *Temas de Derecho penal económico*, 2004]; DE LA RÚA MORENO, J. L. "La instrucción de los delitos relativos al mercado y a los consumidores: especial referencia a los secretos de empresa y delito publicitario", *EDJ*, nº 64, 2004; RUIZ RODRÍGUEZ, L. (ed.) "Sistema penal de protección del mercado y de los consumidores", *Actas del II Seminario Internacional de derecho penal económico* (Jerez 2000), Valencia, 2002; SÁNCHEZ GARCÍA, I. "El nuevo delito publicitario (artículo 282 del Código Penal)", *AP*, 1997; SANTAELLA LÓPEZ, M. *El delito publicitario. Aspectos penales de la comunicación publicitaria*, Madrid, 1981; SANTANA VEGA, D. M./ESTUPIÑÁN CÁCERES, R. "La publicidad enañosa: delimitación de ilícitos", Derecho penal de la empresa, 2002; SERRANO GONZÁLEZ DE MURILLO, J. L. "Títulos de imputación en el delito publicitario. La publicidad (engañosa) como «asunto del anunciante»", *CPC*, nº 88, 2006; SANTANA VEGA, D. M./ ESTUPIÑÁN CÁCERES, R. "La publicidad engañosa: delimitación de ilícitos", en AA.VV. *Derecho penal de la empresa*, Pamplona, 2002; SIERRA LÓPEZ, M. V. *Análisis jurídico-penal de la publicidad engañosa en Internet*, Valencia, 2003; id. "el delito de publicidad engañosa en la jurisprudencia", LH-Díaz Pita, 2008; SUÁREZ LÓPEZ, J. M. "La proyección penal de los principios limitadores del *ius puniendi* de un Estado social y democrático de Derecho en la protección penal del consumidor", en MORILLAS CUEVA, L./SUÁREZ LÓPEZ, J. M. (Dir./coord.) *Derecho y consumo: aspectos penales, civiles y administrativos*, Madrid, 2013; TALEGÓN RAMOS, B. "El delito publicitario del artículo 282 del Código penal", *AFDUAH*, 2004; TAMARIT SUMALLA, J. M. "La tutela penal de los intereses de los consumidores en la actividad publicitaria: problemas fundamentales", *CPC*, 1990; TERRADILLOS BASOCO, J. M. *Derecho Penal de la empresa*, Madrid, 1995; id. "El delito de publicidad engañosa", en AA.VV. *Sistema penal de protección del mercado y de los consumidores*, Valencia, 2002; TOMÁS-VALIENTE LANUZA, C. "Detracción del mercado de materias o productos de primera necesidad con intención de desabastecerlo", en *Diccionario de DPE*, 2008, 2ª ed., 2017; id. "La intervención de los poderes públicos frente a las pseudoterapias: posibilidades y límites", en *Academic Journal of Health Sciences*, 2021, nº 36 (3); TORÍO LÓPEZ, A. "Reflexión sobre la protección penal de los consumidores", en AA.VV. *Estudios sobre el derecho de consumo*, 2ª ed., Bilbao, 1994; VALS PRIETO, J. "Delimitación conceptual y legitimidad de la intervención penal, en MORILLAS CUEVA, L./SUÁREZ LÓPEZ, J. M. (Dir./coord.) *Derecho y consumo: aspectos penales, civiles y administrativos*, Madrid, 2013; VARONA GÓMEZ, D. "El delito de facturación fraudulenta en perjuicio de los consumidores (art. 283 Código penal). (Reflexiones al hilo de la sentencia de la Audiencia Provincial de Barcelona 10-1-2000)", en *Estudios sobre Consumo*, nº 60, 2002; DE VEGA RUIZ, J. A. "La protección jurídica del consumidor y la Administración de Justicia: procedimientos judiciales", *LL*, 1987, nº 4; id. "Protección penal del consumidor", *LL*, 1989, nº 1 [=PJ, nº esp. 9, 1989]; id. *Los delitos contra el consumidor en el Código Penal de 1995*, Madrid, 1996; AA.VV. "Delitos relativos a la propiedad industrial, al mercado y a los consumidores", *CDJ*, 1997, t. XIV; AA.VV. "Protección penal de consumidores y usuarios", *MFC*, nº 15, 2001; AA.VV. "IV Jornadas de Derecho penal: el empresario y el consumidor", *RestP*, nº 1, 2003, Valencia; AA.VV. *Responsabilidad penal por defectos en productos destinados a los consumidores*, Madrid, 2005; ZOIDO ÁLVAREZ, J. I. "Protección penal de los consumidores", *CDJ*, 1993, t. XXII.

Lección 20ª

Los delitos contra el mercado financiero

JOSÉ MIGUEL SÁNCHEZ TOMÁS

SUMARIO. I. CONSIDERACIONES GENERALES. II. EL FALSEAMIENTO DE INFORMACIÓN FINANCIERA OBLIGATORIA PARA LA CAPTACIÓN DE INVERSORES. 1. Consideraciones generales. 2. Sujeto activo. 3. Objeto material. 4. Conducta típica. 5. Elemento subjetivo. 6. Agravaciones. 7. *Iter criminis*, participación y concursos. III. LA MANIPULACIÓN DE LOS PRECIOS. 1. Consideraciones generales. 2. La manipulación personal. 3. La manipulación informativa. 4. La manipulación operativa. 5. Agravaciones. 6. Exención por delación. IV. EL USO DE INFORMACIÓN PRIVILEGIADA. 1. Consideraciones generales. 2. Sujeto activo y accesos reservado y no reservado a la información privilegiada. 3. La información privilegiada. 4. Conductas típicas. 5. Otras circunstancias adicionales de la responsabilidad penal. 6. Agravaciones. 7. *Iter criminis* y participación. 8. Penalidad y concursos. 9. El delito de revelación de información privilegiada. V. BIBLIOGRAFÍA.

Artículo 282 *bis*

Los que, como administradores de hecho o de derecho de una sociedad emisora de valores negociados en los mercados de valores, falsearan la información económico-financiera contenida en los folletos de emisión de cualesquiera instrumentos financieros o las informaciones que la sociedad debe publicar y difundir conforme a la legislación del mercado de valores sobre sus recursos, actividades y negocios presentes y futuros, con el propósito de captar inversores o depositantes, colocar cualquier tipo de activo financiero, u obtener financiación por cualquier medio, serán castigados con la pena de prisión de uno a cuatro años, sin perjuicio de lo dispuesto en el artículo 308 de este Código.

En el supuesto de quc sc llcgue a obtener la inversión, el depósito, la colocación del activo o la financiación, con perjuicio para el inversor, depositante, adquiriente de los activos financieros o acreedor, se impondrá la pena en la mitad superior. Si el perjuicio causado fuera de notoria gravedad, la pena a imponer será de uno a seis años de prisión y multa de seis a doce meses.

Artículo 284

1. Se impondrá la pena de prisión de seis meses a seis años, multa de dos a cinco años, o del tanto al triplo del beneficio obtenido o favorecido, o de los perjuicios evitados, si la cantidad resultante fuese más elevada, e inhabilitación especial para intervenir en el mercado financiero como actor, agente o mediador o informador por tiempo de dos a cinco años, a los que:

1.º Empleando violencia, amenaza, engaño o cualquier otro artificio, alterasen los precios que hubieren de resultar de la libre concurrencia de productos, mercancías, instrumentos financieros, contratos de contado sobre materias primas relacionadas con ellos, índices de referencia, servicios o cualesquiera otras cosas muebles o inmuebles que sean objeto de contratación, sin perjuicio de la pena que pudiere corresponderles por otros delitos cometidos.

2.º Por sí, de manera directa o indirecta o a través de un medio de comunicación, por medio de internet o mediante el uso de tecnologías de la información y la comunicación, o por cualquier otro medio, difundieren noticias o rumores o transmitieren señales falsas o engañosas sobre personas o empresas, ofreciendo a sabiendas datos económicos total o parcialmente falsos con el fin de alterar o preservar el precio de cotización de un instrumento financiero o un contrato de contado sobre materias primas relacionado o de manipular el cálculo de un índice de referencia, cuando obtuvieran, para sí o para tercero, un beneficio, siempre que concurra alguna de las siguientes circunstancias:

a) que dicho beneficio fuera superior a doscientos cincuenta mil euros o se causara un perjuicio de idéntica cantidad;

b) que el importe de los fondos empleados fuera superior a dos millones de euros;

c) que se causara un grave impacto en la integridad del mercado.

3.º Realizaren transacciones, transmitieren señales falsas o engañosas, o dieren órdenes de operación susceptibles de proporcionar indicios falsos o engañosos sobre la oferta, la demanda o el precio de un instrumento financiero, un contrato de contado sobre materias primas relacionado o índices de referencia, o se aseguraren, utilizando la misma información, por sí o en concierto con otros, una posición dominante en el mercado de dichos instrumentos o contratos con la finalidad de fijar sus precios en niveles anormales o artificiales, siempre que concurra alguna de las siguientes circunstancias:

a) que como consecuencia de su conducta obtuvieran, para sí o para tercero, un beneficio superior a doscientos cincuenta mil euros o causara un perjuicio de idéntica cantidad;

b) que el importe de los fondos empleados fuera superior a dos millones de euros;

c) que se causara un grave impacto en la integridad del mercado.

2. Se impondrá la pena en su mitad superior si concurriera alguna de las siguientes circunstancias:

1ª Que el sujeto se dedique de forma habitual a las anteriores prácticas abusivas.

2ª Que el beneficio obtenido, la pérdida evitada o el perjuicio causado sea de notoria importancia.

3. Si el responsable del hecho fuera trabajador o empleado de una empresa de servicios de inversión, entidad de crédito, autoridad supervisora o reguladora, o entidad rectora de mercados regulados o centros de negociación, las penas se impondrán en su mitad superior.

Artículo 285

1. Quien de forma directa o indirecta o por persona interpuesta realizare actos de adquisición, transmisión o cesión de un instrumento financiero, o de cancelación o modificación de una orden relativa a un instrumento financiero, utilizando información privilegiada a la que hubiera tenido acceso reservado en los términos del apartado 4, o recomendare a un tercero el uso de dicha información privilegiada para alguno de esos actos, será castigado con la pena de prisión de seis meses a seis años, multa de dos a cinco años, o del tanto al triplo del beneficio obtenido o favorecido o de los perjuicios evitados si la cantidad resultante fuese más elevada, e inhabilitación especial para el ejercicio de la profesión o actividad de dos a cinco años, siempre que concurra alguna de las siguientes circunstancias:

a) que, como consecuencia de su conducta obtuviera, para sí o para tercero, un beneficio superior a quinientos mil euros o causara un perjuicio de idéntica cantidad;

b) que el valor de los instrumentos financieros empleados fuera superior a dos millones de euros;

c) que se causara un grave impacto en la integridad del mercado.

2. Se impondrá la pena en su mitad superior si concurriera alguna de las siguientes circunstancias:

1ª Que el sujeto se dedique de forma habitual a las anteriores prácticas de operaciones con información privilegiada.

2ª Que el beneficio obtenido, la pérdida evitada o el perjuicio causado sea de notoria importancia.

3. Las penas previstas en este artículo se impondrán, en sus respectivos casos, en su mitad superior si el responsable del hecho fuera trabajador o empleado de una empresa de servicios de inversión, entidad de crédito, autoridad supervisora o reguladora, o entidades rectoras de mercados regulados o centros de negociación.

4. A los efectos de este artículo, se entiende que tiene acceso reservado a la información privilegiada quien sea miembro de los órganos de administración, gestión o supervisión del emisor o del participante del mercado de derechos de emisión, quien participe en el capital del emisor o del participante del mercado de derechos de emisión, quien la conozca con ocasión del ejercicio de su actividad profesional o empresarial, o en el desempeño de sus funciones, y quien la obtenga a través de una actividad delictiva.

5. Las mismas penas previstas en este artículo se impondrán cuando el responsable del hecho, sin tener acceso reservado a la información privilegiada, la obtenga de cualquier modo distinto de los previstos en el apartado anterior y la utilice conociendo que se trata de información privilegiada.

Artículo 285 *bis*

Fuera de los casos previstos en el artículo anterior, quien poseyera información privilegiada y la revelare fuera del normal ejercicio de su trabajo, profesión o funciones, poniendo en peligro la integridad del mercado o la confianza de los inversores, será sancionado con pena de prisión de seis meses a cuatro años, multa de doce a veinticuatro meses e inhabilitación especial para el ejercicio de la profesión o actividad de uno a tres años.

A los efectos de lo dispuesto en este artículo, se incluirá la revelación de información privilegiada en una prospección de mercado cuando se haya realizado sin observar los requisitos previstos en la normativa europea en materia de mercados e instrumentos financieros.

Artículo 285 *ter*

Las previsiones de los tres artículos precedentes se extenderán a los instrumentos financieros, contratos, conductas, operaciones y órdenes previstos en la normativa europea y española en materia de mercado e instrumentos financieros.

Artículo 285 *quater*

La provocación, la conspiración y la proposición para cometer los delitos previstos en los artículos 284 a 285 bis se castigará[n], respectivamente, con la pena inferior en uno o dos grados.

I. CONSIDERACIONES GENERALES

1. En el Título XIII —delitos contra el patrimonio y el orden socioeconómico—, dentro de su Capítulo XI, dedicado a los delitos relativos a la propiedad intelectual e industrial, al mercado y a los consumidores, la Sección 3ª —de los delitos relativos al mercado y los consumidores—, incluye una serie de preceptos que se configuran como el núcleo esencial de la protección penal del mercado financiero. Este mercado, cuyo objeto esencial son los instrumentos financieros, recibe un tratamiento penal específico que se justifica no sólo en razón de su singularidad y especialización sino también por la situación de posición asimétrica que en su marco adquieren los consumidores/inversores en una coyuntura de lo que se ha dado en llamar el capitalismo popular.

Desde la segunda mitad del siglo XX, la expansión del ahorro y el desarrollo económico ha posibilitado que amplias capas de la población de los países occidentales hayan accedido al mercado financiero como pequeños inversores, animados por las políticas de privatización de las empresas públicas y por una agresiva maquinaria de captación de capitales propiciada por las necesidades de financiación empresarial. En ese contexto, si bien con carácter general tanto el art. 51 CE como el art. 38 CDFUE disponen la necesidad de garantizar la protección de los consumidores, ha resultado polémica la posibilidad de subsumir dentro de ese concepto a los inversores. Hoy es plenamente aceptado dicho encaje, pero es significativa la evolución sufrida por el concepto de consumidor y usuario hasta llegar a esa situación. Así, en la redacción originaria de la Ley 26/1984, de 19 de julio, General para la Defensa de los Consumidores y Usuarios, el art. 1.2 caracterizaba al consumidor como el destinatario final, de bienes muebles o inmuebles, productos, servicios, actividades o funciones, con lo que resultaba complejo incluir en esa definición al partícipe en el mercado financiero. Ya en la Directiva 93/13/CEE, de 5 de abril de 1993, sobre las cláusulas abusivas en los contratos celebrados con consumidores, se estableció una definición de consumidor como toda persona física que actuara con un propósito ajeno a su actividad profesional (art. 2.b), lo que incluía a los contratos, entre otros, propios de los mercados financieros y de valores, siendo una normativa traspuesta por la Ley 7/1998, de 13 de abril, sobre Condiciones Generales de la Contratación. Al día de hoy, el Texto Refundido de la Ley General para la Defensa de los Consumidores y Usuarios y otras leyes complementarias, aprobado por Real Decreto Legislativo 1/2007, de 16 de noviembre, considera, en un concepto poco expresivo, pero que no deja duda sobre la inclusión de los inversores minoristas participantes en el mercado financiero, que *"son consumidores o usuarios las personas físicas que actúen con un propósito ajeno a su actividad comercial, empresarial, oficio o profesión"* (art. 3.1, en la redacción dada por la Ley 4/2022, de 25 de febrero).

2. Uno de los presupuestos necesarios para el correcto funcionamiento del mercado financiero es garantizar su transparencia e integridad con el fin de mantener la paridad de trato y la necesaria confianza de los consumidores/inversores. Ello ha propiciado el diseño de un sistema de protección penal de este mercado que se ha concretado en tres ejes fundamentales: (i) el falseamiento de información financiera obligatoria para la captación de inversiones, (ii) la manipulación para la alteración de los precios y (iii) el uso de información privilegiada. Al estar vinculada la protección del mercado financiero con el establecimiento de un mercado único comunitario de servicios financieros, el diseño de las políticas contra los abusos en este mercado se ha desarrollado a partir de la normativa de la Unión Europea, trasladándose después, en caso de no utilizar instrumentos de aplicación directa, a la normativa española, donde ha dado lugar no sólo a una amplia legislación sectorial, incluyendo la de carácter sancionador, sino también a la tipificación de una serie de conductas que se consideran merecedoras de represión a través del Derecho penal.

La primera iniciativa comunitaria reguladora de aspectos relativos al abuso del mercado de valores fue la Directiva 89/592/CEE, de 13 de noviembre, sobre coordinación de las normativas relativas a las operaciones con información privilegiada. La necesidad de ampliar y coordinar esa lucha con nuevas formas de abuso como era la manipulación del mercado provocó su sustitución por la Directiva 2003/6/CE, de 28 de diciembre, sobre las operaciones con información privilegiada y la manipulación del mercado (abuso del mercado) y la aprobación de toda una serie de Directivas de aplicación (Directivas 2003/124/CE y 2003/125/CE, de 22 de diciembre, y 2004/72/CE, de 29 de abril) y otras complementarias (Directivas 2003/71/CE, de 4 de noviembre, sobre el folleto que debe publicarse en caso de oferta pública o admisión a cotización de valores; y 2004/109/CE, de 15 de diciembre, sobre armonización de los requisitos de transparencia relativos a la información sobre los emisores cuyos valores se admiten a negociación en un mercado regulado). Los cambios legislativos, en los mercados y en las tecnologías que se sucedieron a la entrada en vigor de este conjunto de directivas propiciaron una importante modificación de la Directiva 2004/109/CE y la sustitución de las restantes por un segundo paquete normativo, compuesto, por un lado, por el Reglamento (UE) nº 596/2014 del Parlamento Europeo y del Consejo, de 16 de abril, sobre el abuso de mercado (Reglamento sobre abuso de mercado), el Reglamento (UE) nº 600/2014 del Parlamento Europeo y del Consejo, de 15 de mayo, relativo a los mercados de instrumentos financieros, y el Reglamento (UE) 2017/1129 del Parlamento Europeo y del Consejo de 14 de junio, sobre el folleto que debe publicarse en caso de oferta pública o admisión a cotización de valores en un mercado regulado, con la finalidad de asegurar, mediante este instrumento legislativo comunitario de aplicación directa, la uniformidad de las normas y unas reglas de juego únicas, evitando las divergencias entre requisitos nacionales que se producían con la transposición de una directiva; y, por otro, por la Directiva 2014/65/UE del Parlamento Europeo y del Consejo, de 15 de mayo, relativa a los mercados de instrumentos financieros; y, específicamente, por lo que se refiere a los ilícitos penales en la materia, la Directiva 2014/57/UE del Parlamento Europeo y del Consejo, de 16 de abril, sobre las sanciones penales aplicables al abuso de mercado (Directiva sobre abuso de mercado).

En relación con ello, la normativa interna española, desde la aprobación de la Ley 24/1988, de 28 de julio, del Mercado de Valores (LMV) [sustituida, primero por el Real Decreto Legislativo 4/2015, de 23 de octubre, por el que se aprueba el texto refundido de la Ley del Mercado de Valores (TRLMV) y, en la actualidad, por la Ley 6/2023, de 17 de marzo, de los Mercados de Valores y de los Servicios de Inversión (LMVSI)], ha ido incorporando normas mínimas encaminadas a velar por la transparencia del mercado y el establecimiento de un régimen de control contra el abuso del mercado financiero. Así, son de destacar las Leyes 44/2002, de 22 de noviembre, y 6/2007, de 12 de abril, y el Real Decreto-ley 5/2002, de 11 de marzo. La primera, en la medida en que ampliaba la regulación del uso de la información privilegiada, la segunda al profundizar en las normas de trasparencia, incidiendo en la obligación de la elaboración de informes periódicos y la comunicación de participaciones significativas en el capital de sociedades cotizadas, y el último, al modificar la regulación del contenido obligatorio de los folletos de emisión de los instrumentos financieros. De ese modo, en el Capítulo II del Título VII de la LMV se transpusieron las obligaciones en relación con el abuso de mercado, referidas tanto al uso de información privilegiada (arts. 81 y 82) como a la manipulación del mercado (arts. 83 a 83 ter), siendo sancionado administrativamente su incumplimiento en los arts. 99 y 100. Esta normativa fue desarrollada por el Real Decreto 1333/2005, de 11 de noviembre, en materia de abuso de mercado (modificado por el Real Decreto 364/2007, de 16 de marzo; y derogado finalmente por el Real Decreto 1464/2018, de 21 de diciembre) y por el Real Decreto 1362/2007, de 19 de octubre, por el que se desarrolla la Ley 24/1988, de 28 de julio, del Mercado de Valores, en relación con los requisitos de transparencia relativos a la información sobre los emisores cuyos valores estén admitidos a negociación en un mercado secundario oficial o en otro mercado regulado de la Unión Europea (modificado por los Reales Decretos 1698/2012, de 21 de diciembre, y 1336/2012, de 21 de septiembre). Por su parte, son de reseñar como modificaciones relevantes ya sobre el TRLMV, el Real Decreto-ley 21/2017, de 29 de diciembre, de medidas urgentes para la adaptación del derecho español a la normativa de la Unión Europea en materia del mercado de valores, y el Real Decreto-ley 19/2018, de 23 de noviembre, de servicios de pago y otras medidas urgentes en materia financiera. El TRLMV fue desarrollado reglamentariamente por el también derogado Real Decreto 1464/2018, de 21 de diciembre. La actualización de esta legislación se ha producido en el año 2023, mediante su sustitución íntegra, con la entrada en vigor de la LMVSI, que ha sido desarrollada, en lo que ahora interesa, por el Real Decreto 814/2023, de 8 de noviembre, sobre instrumentos financieros, admisión a negociación, registro de valores negociables e infraestructuras de mercado; manteniéndose la vigencia, por lo que se refiere a los requisitos de transparencia relativos a la información sobre los emisores cuyos valores estén admitidos a negociación en un mercado secundario oficial o en otro mercado regulado de la Unión Europea, del ya citado Real Decreto 1362/2007, de 19 de octubre; pero con importantes modificaciones operadas por los Reales Decretos 878/2015, de 2 de octubre, y 827/2017, de 1 de septiembre. A estos efectos, el régimen administrativo sancionador en materia de abuso del mercado se regula en el art. 297.1.c) LMVSI, que establece, de una forma un tanto imprecisa, que *"son infracciones los incumplimientos de las obligaciones establecidas en los siguientes artículos del Reglamento (UE) nº 596/2014 del Parlamento Europeo y del Consejo, de 16 de abril de 2014 (...) c) El incumplimiento de lo dispuesto en el artículo 15 del Reglamento (UE) nº 596/2014, del Parlamento Europeo y del Consejo, de 16 de abril de 2014"*; limitándose ese art. 15 a disponer que *"ninguna persona manipulará o intentará manipular el mercado"*. Por su parte, el art. 297.2.b) LMVSI establece que *"las infracciones previstas en el apartado anterior serán muy graves en los supuestos en los que concurran las siguientes circunstancias y graves en los demás supuestos. (...) b) La infracción tipificada en la letra c) del apartado anterior, cuando concurra alguna de las siguientes circunstancias: 1.º la conducta produzca una alteración significativa de la cotización, 2.º el importe de los fondos utilizados o el volumen o el valor de los instrumentos financieros utilizados en la comisión de la infracción sea relevante, o 3.º el beneficio real o potencial o las pérdidas evitadas como consecuencia de la comisión de la infracción sea relevante"*.

3. La normativa penal en la materia ha seguido una evolución en paralelo al diseño de la normativa sectorial del mercado financiero. Desde la ausencia de un tratamiento penal específico en el CP 1944/1973, se pasó en la redacción originaria del CP 1995 a incluir un tipo específico de uso de información privilegiada en el mercado financiero (arts. 285 y 286 CP) y a sancionar, de manera conjunta con el resto de bienes y servicios, las conductas de manipulación del precio de los instrumentos financieros (art. 284 CP). La reforma operada en el CP por la LO 15/2003 incidió en el delito de uso de información privilegiada para integrar en un solo artículo el tipo básico y los subtipos agravados y elevar la cuantía del perjuicio (art. 285 CP). No obstante, fue la LO 5/2010 la que consolidó el actual modelo de tratamiento penal en la materia, concretado en la tipificación de tres conductas consistentes en:

(i) El delito de falseamiento de la información económico-financiera obligatoria en el mercado financiero con el fin de captar inversores o depositantes, colocar cualquier tipo de activo financiero, u obtener financiación por cualquier medio (art. 282 *bis* CP), que mantiene su vigencia con esa misma redacción.

(ii) El delito de manipulación del mercado para alterar los precios de los instrumentos financieros (art. 284 CP), cuya redacción vigente ha sido dada por la LO 1/2019, de 20 de febrero, distinguiendo la manipulación referidas a las siguientes conductas: (a) Manipulación personal, caracterizada por el uso de las modalidades comisivas de violencia, amenaza, engaño o cualquier otro artificio para alterar los precios de cualquier objeto de contratación en cualquiera de los mercados, incluyendo el financiero (art. 284.1.1º CP). (b) Manipulación informativa, caracterizada por la difusión de noticias, rumores o transmisión de señales falsas o engañosas para incidir sobre los precios de cotización de un instrumento financiero (art. 284.1.2º CP). (c) Manipulación operativa para fijar los precios de un instrumento financiero en niveles anormales o artificiales (art. 284.1.3º CP). Se establece para estas modalidades las agravaciones por habitualidad, notoria importancia (art. 284.2 CP) y condición profesional (art. 284.3 CP). Y (d) el delito de provocación, conspiración y proposición para su comisión (art. 285 *quater* CP). Por su parte, el art. 285 *ter* CP extiende su tipicidad a los instrumentos financieros, contratos, conductas, operaciones y órdenes previstos en la normativa europea y española en materia de mercado e instrumentos financieros.

(iii) Los delitos de uso y revelación de información privilegiada en el mercado financiero, cuya redacción vigente responde a la dada por la LO 1/2019, de 20 de febrero, a los arts. 285.1 a 4, y 285 *bis* a *quater* CP, y por la LO 14/2022, de 22 de diciembre, al art. 285.5 CP. Su sistemática es la siguiente: (a) El delito de uso de información privilegiada o recomendación a tercero de su uso por quien la hubiera obtenido por un acceso reservado (art. 285.1 CP) —definiéndose en el art. 285.4 CP el concepto típico de acceso reservado— y (b) el delito de uso de información privilegiada o recomendación a tercero de su uso por quien la hubiera obtenido sin un acceso reservado (art. 285.5 CP); a los que son aplicables las agravaciones por habitualidad, notoria importancia (art. 285.2 CP) y condición profesional (art. 285.3 CP). (c) El delito de revelación de información privilegiada fuera del ámbito profesional poniendo en riesgo el mercado (art. 285 *bis* CP). Y (d) el delito de provocación, conspiración y proposición para su comisión (art. 285 *quater* CP). Por su parte, el art. 285 ter CP extiende su tipicidad a los instrumentos financieros, contratos, conductas, operaciones y órdenes previstos en la normativa europea y española en materia de mercado e instrumentos financieros.

Bajo la vigencia de la normativa comunitaria establecida en la Directiva 2003/6/CE, la decisión político-criminal de incluir un tratamiento penal específico de las conductas de abuso del mercado financiero no cabía achacarla a una imposición de la normativa comunitaria, sino a una opción del legislador nacional, toda vez que tanto el art. 14.1 de la citada directiva como el art. 28.1 de la Directiva 2004/109/CE, de 15 de diciembre, sobre la armonización de los requisitos de trasparencia relativos a la información sobre las emisiones cuyos valores se admiten a negociación en un mercado regulado, establecían que *"sin perjuicio del derecho de los Estados miembros a imponer sanciones penales los Estados miembros garantizarán, de conformidad con su Derecho nacional, que se tomen las medidas administrativas apropiadas o que se impongan sanciones administrativas contra las personas responsables cuando no se hayan cumplido las disposiciones adoptadas con arreglo a la presente Directiva. Los Estados miembros se asegurarán de que estas medidas tienen un carácter efectivo, proporcionado y disuasorio"*. No obstante, ya con la aprobación de la Directiva 2014/57/UE, con un plazo de transposición límite el 3 de julio de 2016, se imponía la obligación de sancionar penalmente las conductas de (i) operaciones con información privilegiada, recomendación o inducción a otra persona a realizar operaciones con información privilegiada (art. 3), (ii) comunicación ilícita de información privilegiada (art. 4), y (iii) manipulación de mercado (art. 5), con una sanción máxima privativa de libertad de, al menos, cuatro años (art. 7.2); así como las de (iv) incitación, complicidad y tentativa (art. 6), con una sanción máxima privativa de libertad de, al menos, dos años (art. 7.3); incluyendo la responsabilidad penal de las personas jurídicas (arts. 8 y 9). La normativa penal interna española en la materia cuando finalizó el plazo de transposición no respondía en su integridad al debido cumplimiento de lo dispuesto en esta directiva. Ello determinó la tramitación del procedimiento formal de infracción nº 2016/627, culminando con la aprobación de la LO 1/2019, de 20 de febrero, por la que se modifica la Ley Orgánica 10/1995, de 23 de noviembre, del Código Penal, para transponer Directivas de la Unión Europea en los ámbitos financiero y de terrorismo, y abordar cuestiones de índole internacional. A pesar de ello, la LO 14/2022, de 22 de diciembre, de transposición de directivas europeas y otras disposiciones para la adaptación de la legislación penal al ordenamiento de la Unión Europea, y reforma de los delitos contra la integridad moral, desórdenes públicos y contrabando de armas de doble uso, debió incidir en la reforma del art. 285.5 CP para adecuar la pena del delito de uso de información privilegiada por quien, sin tener acceso reservado a la misma, conozca su carácter privilegiado a la exigencia de que fuera castigado con una pena privativa de libertad cuya duración máxima fuera de, al menos, cuatro años.

4. Respecto de todos los delitos contra el mercado y los consumidores —y, por tanto, en relación con delitos contra el mercado financiero previstos en los arts. 282 *bis*, 284 y 285 *bis* y *quater*—, se establece, por un lado, "*la publicación de la sentencia en los periódicos oficiales y, si lo solicitara el perjudicado, el Juez o Tribunal podrá ordenar su reproducción total o parcial en cualquier otro medio informativo, a costa del condenado*" (art. 288, I CP); y, por otro, la responsabilidad penal de las personas jurídicas por su comisión, introducida en el art. 31 *bis* CP por la LO 5/2010 (art. 288, II CP).

Al menos en relación con los delitos relativos al mercado financiero, la obligación de publicación de las sentencias condenatorias, sin perjuicio de que aparecía ya en la redacción originaria del actual Código Penal para la totalidad de los delitos contra el mercado y los consumidores, derivaba del art. 14.4 de la Directiva 2003/6/CE y del art. 28.2 de la Directiva 2004/109/CE, que preveían que *"los Estados miembros establecerán que la autoridad competente pueda revelar al público las medidas o sanciones que se impongan por el incumplimiento de las medidas adoptadas de conformidad con la presente Directiva, salvo que la revelación comprometiera seriamente a los mercados financieros o causara un daño desproporcionado a las partes implicadas"*. Esta previsión se mantiene en la actualidad solo en relación con las sanciones administrativas [art. 34 Reglamento (UE) nº 596/2014 sobre el abuso de mercado y art. 335 LMVSI], estando ausente de las previsiones de las obligaciones previstas respecto de los ilícitos penales en la Directiva 2014/57/UE sobre las sanciones penales aplicables al abuso de mercado, aunque esa directiva establece en su considerando 18, en relación con la responsabilidad de las personas jurídicas, que las *"sanciones u otras medidas pueden incluir la publicación de una decisión definitiva sobre una sanción, incluida la identidad de la persona jurídica responsable, teniendo en cuenta los derechos fundamentales, el principio de proporcionalidad y los riesgos para la estabilidad de los mercados financieros y de las investigaciones en curso (...) La presente Directiva no debe impedir a los Estados miembros publicar las decisiones definitivas sobre responsabilidad y sanciones".*

Por su parte, el art. 288, II CP, en su redacción originaria dada por la LO 5/2010, excluyó de la responsabilidad penal de las personas jurídicas el delito de manipulación de los precios del mercado (art. 284 CP), lo que fue modificado con ocasión de la LO 3/2011, de 28 de enero. La LO 1/2019, con la inclusión de los arts. 285 *bis* y *quater* CP, amplió también a estos ilícitos la responsabilidad penal de las personas jurídicas. Se desarrollan más ampliamente estas cuestiones en la lección dedicada a las disposiciones comunes al capítulo XI, que es donde se regulan específicamente.

5. La baja calidad de la elaboración de datos en materia policial y judicial en España impide conocer la incidencia real de la tasa de delincuencia en esta materia que, sin duda, en cuanto a la incoación de procedimientos penales resulta escasa si se atiende tanto a la circunstancia de la limitada existencia de sentencias sobre el particular, como al hecho de que para el total de los delitos contra el mercado y los consumidores la FGE afirma que el número de procedimientos incoados ha sido de 50, 132, 41, 37, 37, 31 en los años 2018, 2019, 2020, 2021, 2022 y 2023, respectivamente. En todo caso, en el año 2024 se han incoado 354 procedimientos, lo que implica un significativo aumento de 1041,59% respecto del año anterior.

II. EL FALSEAMIENTO DE INFORMACIÓN FINANCIERA OBLIGATORIA PARA LA CAPTACIÓN DE INVERSORES

1. *Consideraciones generales*

1. La LO 5/2010 incluyó el nuevo tipo penal de falseamiento de la información financiera obligatoria en el mercado de valores en el art. 282 *bis* CP, con la finalidad de sancionar a los administradores —de hecho o de derecho— de sociedades emisoras de valores negociados en mercados de valores que falseen las informaciones financieras con el fin de captar inversores u obtener créditos o préstamos, cuyo tipo básico se sanciona con una pena de prisión de uno a cuatro años. La finalidad político-criminal de esta previsión es sancionar el incumplimiento de los deberes de veracidad por parte de estas entidades participantes en el mercado de valores en cuanto a la obligación de información establecida normativamente para garantizar la trasparencia y dotar de confianza a las inversiones en las transacciones en dicho mercado.

Uno de los pilares fundamentales para mantener las óptimas condiciones de igualdad de trato de los inversores son las políticas de trasparencia en la información financiera que pueden afectar a los instrumentos o sociedades que son objeto u operan en el mercado financiero. A esos efectos, si bien en la exposición de motivos de la LO

5/2010 se afirma que la incorporación del delito del art. 282 *bis* CP tiene como referente la Directiva 2003/06/CE, del Parlamento y del Consejo, de 28 de enero, sobre las operaciones con información privilegiada y la manipulación del mercado, lo cierto es que los referentes normativos comunitarios inmediatos de este concreto delito fueron, más propiamente, la Directiva 2003/71/CE, de 4 de noviembre, sobre el folleto que debe publicarse en caso de oferta pública o admisión a cotización de valores mobiliarios, y la Directiva 2004/109/CE, de 15 de diciembre, sobre la armonización de los requisitos de transparencia relativos a la información sobre los emisores cuyos valores se admiten a negociación en un mercado regulado. La primera de ellas estableció en su art. 3.1 la prohibición de autorizar cualquier tipo de oferta pública de valores sin la publicación previa de un folleto, lo que fue traspuesto en el art. 26.1 LMV, en la redacción dada por el Real-Decreto Ley 5/2005, de 11 de marzo, y, posteriormente, en el art. 34 TRLMV. Esta obligación, tras la derogación de esa Directiva, ha sido recogida en el vigente Reglamento (UE) 2017/1129 del Parlamento Europeo y del Consejo de 14 de junio, sobre el folleto que debe publicarse en caso de oferta pública o admisión a cotización de valores en un mercado regulado, que dentro de la legislación interna aparece actualmente prevista en el art. 35 LMVSI. Por su parte, para garantizar esa trasparencia la legislación en materia de mercado de valores estableció, en trasposición de la ya citada Directiva 2004/109/CE, de 15 de diciembre [con las sucesivas modificaciones operadas por las Directivas 2008/22/CE, 2010/73/UE, 2010/78/UE, 2013/50/UE, (UE) 2022/2464, (UE) 2023/2864 y Reglamento (UE) 2021/337], una serie de obligaciones de publicitar datos financieros de carácter periódico sobre los recursos, actividades y negocios de las sociedades emisoras de valores, que hoy aparecen traspuestos en los arts. 99 a 104 LMVSI.

En este contexto, el art. 282 *bis* CP viene a sancionar las conductas de falseamiento de esa información financiera obligatoria. De ese modo, puede ser considerado (i) un subtipo del delito de publicidad engañosa en el ámbito del mercado de valores, lo que se refuerza con la circunstancia de que se regula inmediatamente después del delito genérico de publicidad engañosa del art. 282 CP; (ii) una modalidad especial del delito de estafa, en tanto que es elemento constitutivo del tipo el conseguir una disposición patrimonial por parte del sujeto pasivo, siendo relevante que la propia exposición de motivos de la LO 5/2010 denomine a este delito como "estafa de inversores"; o (iii) un tipo especial del delito de falsedad en documento mercantil, que, por su parte, tenía ya regulado en el art. 290 CP una modalidad específica referida al falseamiento de información social en perjuicio económico de terceros. Cuestión distinta es la necesidad político-criminal de este concreto delito, siendo mayoritaria una posición doctrinal favorable a su tipificación expresa (LLEDÓ BENITO, MARTÍNEZ-BUJÁN PÉREZ, RODRÍGUEZ PUERTA/MORÓN LERMA, DEL ROSAL BLASCO, QUINTERO OLIVARES, VILLACAMPA ESTIARTE, ZABALA LÓPEZ-GÓMEZ; en contra o con dudas sobre su necesidad, FARALDO CABANA, NUÑEZ CASTAÑO, PUENTE ABA), si bien con propuestas alternativas de tipificación y de ubicación sistemática. A pesar de ciertos rasgos del delito de estafa, son evidentes las diferencias estructurales y de bien jurídico entre ambos. Por tanto, su estructura es mucho más cercano a los delitos de falsedad documental y publicidad engañosa.

2. La determinación del bien jurídico protegido en este delito, al igual que sucede con el delito genérico de publicidad engañosa, varía entre la defensa de incidir en su carácter individual (CARRASCO ANDRINO, FARALDO CABANA, VILLACAMPA ESTIARTE), vinculándolo a la protección de los intereses de los consumidores/inversores, y poner el acento en su carácter colectivo (GALÁN MUÑOZ, LLEDÓ BENITO, NIETO MARTÍN, PUENTE ABA), conectándolo

con la protección del correcto funcionamiento del mercado de valores. La relación directa entre el funcionamiento trasparente del mercado y la protección del inversor permite defender que el bien jurídico protegido inmediato es el funcionamiento trasparente de este mercado y el mediato los intereses de los inversores. Esta conclusión se ve reforzada por el hecho de que el tipo básico del art. 282 *bis*, I CP se configura como un delito de peligro cuyo tipo básico no exige ni la propia colocación de los valores en el mercado ni, por tanto, la causación de un perjuicio al inversor, que sólo se establecen como circunstancias agravatorias (art. 282 *bis*, II CP). En su contra, redunda el hecho de que el art. 287 CP exija la denuncia de la persona agraviada para proceder contra este delito, a no ser que afecte a los intereses generales o a una pluralidad de personas, lo que parece poner de manifiesto una especial protección de intereses individuales patrimoniales de los inversores.

La Jurisprudencia parece haber optado por considerar que se trata de un delito en protección de intereses generales y difusos. Así, ya desde los primeros pronunciamientos sobre este delito, la SAN, Sección 4ª, 28/2017, 17-10 (*Tol 6382194*), destacó que "*el artículo 282 bis del Código Penal va referido a deberes de la propia entidad como sociedad cotizada de cara al correcto funcionamiento del mercado de valores, deberes que asumen los administradores en nombre y representación de la entidad*". A esos efectos, afirma que "*el bien jurídico-penal protegido en este delito es variado: la defensa del cumplimiento de la normativa vigente sobre mercado de valores, el correcto funcionamiento del mercado de valores y la buena fe de los inversores en el mercado bursátil. En definitiva, protege la transparencia como una de las cualidades fundamentales para el correcto funcionamiento del mercado de valores*" [FD 1.B)]. Por su parte, la STS 369/2019, 22-7 (*Tol 7416406*), incide en que "*el bien jurídico puede identificarse con el derecho de quienes operan en esos mercados a la transparencia de los mismos y a recibir información veraz sobre las sociedades existentes en ellos, si bien el tipo se restringe a proteger la veracidad de la información relativa a sociedades emisoras de valores negociados en los mercados de valores*" (FD 14). Esta idea se reitera después en la SAN (4ª) 13/2020, 29-9, FD 3 (*Tol 8101041*).

También se ha destacado por la Jurisprudencia que "*se trata de un delito de peligro abstracto que adelanta la tutela penal con respecto a los delitos patrimoniales. Si el propósito efectivamente se cumple será de aplicación el subtipo agravado, pero la relevancia penal de la conducta depende exclusivamente de que exista un determinado propósito —en este caso, captar inversores—, que es lo que le concede a la conducta su significado delictivo. En su modalidad básica, por tanto, estamos ante un delito de peligro abstracto, sin exigir una puesta en peligro concreta y aún menos esperar a que se produzca el perjuicio, el cual, en caso de producirse se convierte en un elemento de agravación de la pena*" [SAN, Sección 4ª, 28/2017, 17-10, FJ 1.B, (*Tol 6382194*)]; reiterando esa idea la SAN, Sección 4ª, 13/2020, 29-9 (*Tol 8101041*), FD 3º.

3. El art. 287.1 CP, a diferencia de lo que ocurre con los otros delitos de abuso del mercado financiero (arts. 284 y 285 CP), exige para el delito del art. 282 *bis* CP, como condición de procedibilidad, la denuncia de la persona agraviada o de sus representantes legales, estableciendo la posibilidad de denuncia del Ministerio Fiscal en los casos de que el agraviado sea un menor, persona con dis-

capacidad necesitada de especial protección o persona desvalida. Esta exigencia de denuncia sólo se excepciona en el caso de que el delito afecte a los intereses generales o a una pluralidad de personas (art. 287.2 CP).

Resulta sorprendente que un tipo penal en el que, como ya se ha expuesto y se desarrollará más adelante, no es precisa ni siquiera la colocación en el mercado de los valores se exija la denuncia de un perjudicado o agraviado que, estructuralmente, está ausente del tipo básico; al margen de tratarse de un delito con un bien jurídico supraindividual (TERRADILLOS BASOCO, ZABALA LÓPEZ-GÓMEZ). Esta crítica, sin embargo, queda matizada por el hecho de que, en atención a la propia dinámica comisiva de este delito, resulta complejo que la conducta típica no sea susceptible de afectar a una pluralidad de personas y, por tanto, que pueda ser perseguida de oficio a iniciativa del Ministerio Fiscal (FEIJÓO SÁNCHEZ, TERRADILLOS BASOCO). En cualquier caso, una interpretación mínimamente sistemática y teleológica de la exigencia del art. 287.1 CP aboga por limitar su aplicación al subtipo del art. 282 *bis*, II CP, pero no al tipo básico. A esos efectos, la posibilidad de persecución de este delito, en su modalidad de que se haya concretado un perjuicio, mediante la sola actuación de la acción popular sin la intervención de una acusación particular o del Ministerio Fiscal ha sido vedada por la STS 110/2020, 11-03 (*Tol 7922117)*, en el caso de la venta de participaciones preferentes y deuda subordinada por parte de la Caja de Ahorros del Mediterráneo. No obstante, se volverá sobre esta cuestión en la lección dedicada a las disposiciones comunes al capítulo XI, que es donde se regula específicamente.

2. *Sujeto activo*

1. El art. 282 *bis* CP configura un delito especial al limitarse el ámbito de sujetos activos a "*los administradores de hecho o de derecho de una sociedad emisora de valores negociados en los mercados de valores*". La determinación de este concreto sujeto activo está vinculada con el ejercicio de la responsabilidad jurídica o fáctica de administración de las entidades sometidas a las obligaciones de publicidad en materia de emisión de valores negociados en los mercados regulados. De ese modo, atendiendo a las definiciones aportadas en la normativa comunitaria de la que derivan dichas obligaciones [Directiva 2004/109/CE y Reglamento (UE) 2017/1129 y, por remisión, la Directiva 2014/65/UE] y la normativa interna (LMVSI y Real Decreto 1362/2007, de 19 de octubre), por este tipo de entidades debe entenderse toda persona jurídica que emita o se proponga emitir valores negociados en los mercados regulados. Los valores negociados serían (i) las acciones de sociedades y otros valores equiparables a las acciones de sociedades, asociaciones u otras entidades, y certificados de depósito de valores representativos de acciones; (ii) los bonos y obligaciones u otras formas de deuda titulizada, incluidos los certificados de depósito de valores representativos de tales valores; y (iii) los demás valores que dan derecho a adquirir o a vender tales valores negociables o que dan lugar a una liquidación en efectivo, determinada por referencia a valores negociables, divisas, tipos de interés o rendimientos, materias primas u otros índices o medidas, con excepción de los que se negocian habitual-

mente en el mercado monetario, como letras del Tesoro, certificados de depósito y efectos comerciales, cuyo vencimiento sea inferior a 12 meses [art. 4.1.44 de la Directiva 2014/65/UE y art. 2.1.a) LMVSI]. Por su parte, los mercados regulados serían el sistema multilateral, operado o gestionado por un organismo rector del mercado, que reúne o brinda la posibilidad de reunir —dentro del sistema y según sus normas no discrecionales— los diversos intereses de compra y de venta sobre instrumentos financieros de múltiples terceros para dar lugar a contratos con respecto a los instrumentos financieros admitidos a negociación conforme a sus normas o sistemas, y que está debidamente autorizado de conformidad con la normativa al efecto [art. 4.1.21 de la Directiva 2014/65/UE y art. 42.2 a) LMVSI].

En los términos expuestos, la referencia a sociedad emisora de valores negociados es distinta y más amplia que la de sociedad cotizada, entendiendo por esta última aquélla sociedad anónima cuyas acciones están admitidas a cotización en un mercado regulado (art. 495.1 del Real Decreto Legislativo 1/2010, de 2 de julio, por el que se aprueba el texto refundido de la Ley de Sociedades de Capital). Así, sociedades no cotizadas como las ya casi extintas Cajas de Ahorros, sin embargo, son sujetos activos posibles de este delito en tanto que, no estando constituidas en acciones cotizadas en un mercado regulado, emiten otros valores o instrumentos financieros que sí son objetos de negociación en el mercado financiero, como pueden ser sus cuotas participativas y, desde luego, multitud de contratos de opciones, futuros, permutas, acuerdos de tipos de interés a plazo y otros contratos de instrumentos financieros.

La definición penal, al referirse únicamente a sociedad emisora, pudiera parecer que deja fuera de su ámbito de aplicación a aquellas sociedades que acuden por primera vez al mercado financiero, toda vez que, por definición, no serían todavía sociedades emisoras de valores negociados. Sin embargo, sí que las abarca dentro de su ámbito de aplicación, ya que, asumiendo que se está ante un concepto normativo en que hay que remitirse a la legislación sectorial, el art. 2.1.h) del Reglamento (UE) 2017/1129, ya define como emisor a los efectos de la obligación de publicación del folleto informativo, a *"toda persona jurídica que emita o se proponga emitir valores"*. No obstante, por lo que se refiere a la obligación de información referida a la situación de la entidad emisora, sí queda limitada a las entidades cuyos valores ya estén admitidos a negociación en el mercado regulado (así, art. 1.1 de la Directiva 2004/109/CE, arts. 99 y 100 LMVSI y art. 1.3 Real Decreto 1362/2007).

El precepto deja fuera del posible ámbito de sujetos activos de este delito a otros participantes en el mercado financiero distintos de los emisores respecto de los que la normativa sectorial establece responsabilidades en relación con la información contenida en el folleto de emisión. En efecto, el art. 11 del Reglamento (UE) 2017/1129; el art. 38 LMVSI y los arts. 69 a 74 del Real Decreto 814/2023, establecen que la responsabilidad de la información que figura en el folleto recae, al menos, sobre el emisor, el oferente o la persona que solicita la admisión a negociación en un mercado regulado y los administradores y administradoras de los anteriores, así como al garante de los valores, quienes no solo serán responsables de todos los daños y perjuicios que hubiesen ocasionado a los titulares de los valores negociables adquiridos como consecuencia de las informaciones falsas o las omisiones de datos relevantes del folleto o del documento que en su caso deba elaborar el garante (art. 38.2 LMVSI), sino que, además, incurrirán en infracción administrativa por dichas actuaciones (art. 283 LMVSI). En ese sentido, la existencia de una responsabilidad administrativa y civil solidaria de diversos sujetos en relación al contenido del folleto y, por tanto, más amplia que la del emisor, hubiera exigido, para evitar situaciones de atipicidad injustificada, que se hubiera optado por configurar un delito común en el que la eventual limitación de sujetos activos se derivara de las personas y entidades sobre las que recae la responsabilidad en relación con la información contenida Esa discordancia no se produce, sin embargo, en relación con el falseamiento de las informaciones que la sociedad debe publicar y difundir conforme a la legislación del mercado de valores sobre sus recursos, actividades y negocios presentes y futuro, en tanto que, de conformidad con el art. 104 LMVSI, la responsabilidad por la elaboración y publicación de esta información solo recae sobre el emisor y sus administradores.

Por último, la referencia en el art. 282 *bis* CP a emisores en *"el mercado de valores"* debe entenderse referida a los *"centros de negociaciones regulados"*, en el sentido definido en los arts. 4.1.24 de la Directiva 2014/65/UE y 42 LMVSI, que incluye, además de los mercados regulados, los sistemas multilaterales de negociación (SMN) y los sistemas organizados de contratación (SOC). Los argumentos en favor de esa tesis son que los emisores en estos centros de negociaciones no están excluidos por la normativa comunitaria ni por la nacional del cumplimiento de ciertas obligaciones de información resultándoles, además, expresamente aplicables las normas de abuso de mercado previstas en el Reglamento (UE) 596/2014 (art. 2.1) y en la Directiva 2014/57/UE (art. 1.2).

3. Objeto material

1. El art. 282 *bis* CP refiere la conducta típica de falseamiento a dos tipos de documentos que se configuran como el objeto material de este delito: (i) la información económico-financiera contenida en los folletos de emisión de cualquier instrumento financiero y (ii) las informaciones que la sociedad debe publicar y difundir sobre sus recursos, actividades y negocios presentes y futuros. Ambas informaciones están conectadas con el principio de trasparencia del mercado y ampliamente reguladas en la normativa del mercado de valores en protección de los inversores, por lo que es necesario acudir a esta normativa para la más concreta determinación del objeto de este delito.

Con carácter general, el deber de información en los folletos de emisión se vincula con la protección del llamado mercado primario; siendo más amplia la protección ante el incumplimiento de los deberes de información genéricos sobre la situación de las empresas cotizadas (FEIJÓO SÁNCHEZ).

2. La admisión a negociación de valores negociables en un mercado regulado no requiere autorización administrativa previa (art. 37.1 LMVSI). Sin embargo, está sometida a una serie de requisitos entre los que está, cuando resulte exigible, la aportación, aprobación y registro en la Comisión Nacional del Mercado de Valores (CNMV) de un folleto, así como su publicación [art. 37.1.c) LMVSI]. En la actualidad este folleto de emisión está completamente regulado por el derecho comunitario a través de un instrumento normativo que no exige transposición como es el Reglamento (UE) 2017/1129 del Parlamento Europeo y del Consejo de 14 de junio, sobre el folleto que debe publicarse en caso de oferta pública o admisión a cotización de valores en un mercado regulado, que ha sido modifi-

cado por los Reglamentos (UE) 2019/2115, de 27 de noviembre; 2020/1503, de 7 de octubre; 2021/337, de 16 de febrero y 2023/2869, de 13 de diciembre. Esta normativa determina el contenido informativo de folleto cuando se ofertan al público o se admiten a cotización valores en un mercado regulado situado o en funcionamiento en un Estado miembro, estableciendo que "*incluirá la información necesaria que sea pertinente para que el inversor pueda hacer una evaluación informada de: a) los activos y pasivos, las pérdidas y ganancias, la situación financiera y las perspectivas del emisor y de todo garante; b) los derechos inherentes a los valores; y c) los motivos de la emisión y sus consecuencias para el emisor*" (art. 6.1).

El art. 13 del Reglamento (UE) 2017/1129 establece que la Comisión adoptará actos delegados para complementar los esquemas que definan la información específica que se deberá incluir en el folleto. A esos efectos, se han aprobado: (i) El Reglamento Delegado (UE) 2019/979 de la Comisión, de 14 de marzo, por el que se completa el Reglamento (UE) 2017/1129 del Parlamento Europeo y del Consejo en lo que respecta a las normas técnicas de regulación sobre la información financiera fundamental en la nota de síntesis de un folleto, la publicación y clasificación de los folletos, la publicidad de los valores, los suplementos de un folleto y el portal de notificación, que ha sido modificado por el Reglamento Delegado (UE) 2020/1272, de 4 de junio, en el que se incluyen diferentes anexos con los apartados a incluir en cada uno de los modelos de folletos. (ii) El Reglamento Delegado (UE) 2019/980 de la Comisión, de 14 de marzo, por el que se completa el Reglamento (UE) 2017/1129, en lo que respecta al formato, el contenido, el examen y la aprobación del folleto que debe publicarse en caso de oferta pública o admisión a cotización de valores en un mercado regulado, que ha sido modificado por el Reglamento Delegado UE 2020/1273, de 4 de junio. Y (iii) el Reglamento Delegado (UE) 2021/528 de la Comisión de 16 de diciembre, por el que se completa el Reglamento (UE) 2017/1129, en lo que respecta al contenido mínimo de información del documento que debe publicarse con objeto de acogerse a una exención de la obligación de publicar un folleto en relación con una adquisición mediante una oferta de canje, una fusión o una escisión. En estos reglamentos delegados se incluyen diferentes anexos con los apartados a incluir en cada uno de los modelos de folletos o notas.

Respecto de las operaciones o situaciones en las que los emisores tienen exceptuada la obligación de aprobación del folleto de emisión, pero ésta se realice voluntariamente, con validez transfronteriza, no aparece justificado su exclusión como objeto material apto para este delito.

3. En relación con la obligación de información que compete a las entidades emisoras en que España sea el Estado de origen deben distinguirse las de carácter periódico y las adicionales. En relación con las primeras, los arts. 99 y 100 LMVSI establecen que estas entidades publicarán y difundirán, incluyendo su remisión a la CNMV, (i) un informe financiero anual auditado, que comprenderá las cuentas anuales y el informe de gestión revisados por el auditor, así como las declaraciones de responsabilidad de su contenido; y (ii) otro semestral, relativo a los seis primeros meses del ejercicio, que comprenderá los estados financieros semestrales, un informe de gestión intermedio y las declaraciones de responsabilidad sobre su contenido.

Por su parte, en relación con las obligaciones adicionales de información, se establece que estas entidades (i) harán pública y difundirán, remitiéndola también a la CNMV, toda modificación producida en los derechos inherentes a los valores emitidos que estén admitidos a negociación (art. 103 LMVSI); (ii) deberán comunicar a la CNMV tan pronto como sea posible la información privilegiada que les concierna [arts. 226 LMVSI y 7 y 17 Reglamento (UE) 596/2014]; y (iii) deberá comunicar también a la CNMV otra información relevante, entendiendo por tal las restantes informaciones de carácter financiero o corporativo relativas al propio emisor o a sus valores o instrumentos financieros que cualquier disposición legal o reglamentaria les obligue a hacer públicas en España o que consideren necesario, por su especial interés, difundir entre los inversores (art. 227 LMVSI).

La regulación del contenido de esta información ha sido complementada por el todavía vigente Real Decreto 1362/2007, de 19 de octubre, por el que se desarrolla la Ley 24/1988, de 28 de julio, del Mercado de Valores, en relación con los requisitos de transparencia relativos a la información sobre los emisores cuyos valores estén admitidos a negociación en un mercado secundario oficial o en otro mercado regulado de la Unión Europea (modificado por los RRDD 1336/2012, de 21 de septiembre; 1698/2012, de 21 de diciembre; 878/2015, de 2 de octubre; y 827/2017, de 1 de septiembre), así como por la Orden EHA/1421/2009, de 1 de junio, por la que se desarrolla el artículo 82 de la Ley 24/1988, de 28 de julio, del Mercado de Valores, en materia de información relevante; la Circular 3/2018, de 28 de junio, de la Comisión Nacional del Mercado de Valores, sobre información periódica de los emisores con valores admitidos a negociación en mercados regulados relativa a los informes financieros semestrales, las declaraciones intermedias de gestión y, en su caso, los informes financieros trimestrales; y la Circular 4/2022, de 22 de diciembre, de la Comisión Nacional del Mercado de Valores, sobre normas contables, cuentas anuales y estados financieros intermedios de las infraestructuras del mercado español de valores.

4. Conducta típica

1. El art. 282 *bis* CP establece como conducta típica la de falsear la información de contenido obligatorio a que se refieren los documentos descritos como objeto material de este delito, esto es, folletos de emisión e informaciones periódicas o adicionales sobre las entidades. Ello implica que, a pesar de que este delito se constituye como una subespecie de los delitos de falsedad documental, se haya optado, al igual que sucede con el delito contable (art. 290 CP), por delimitar la conducta típica alejándose de la compleja fórmula del art. 390 CP, en el que se incluye una relación de conductas falsarias. Atendiendo a las específicas características del objeto material sobre el que recae la falsificación debe concluirse que se está ante una verdadera falsedad ideológica que afectará a la veracidad y no a la autenticidad del documento, que en la mayoría de los casos se realizará a través de la narración inveraz de hechos.

Esta conducta falsaria se puede ejecutar tanto de una manera activa —vertiendo información que no sea real— u omisiva —sustrayendo información relevante— (FARALDO CABANA, LLEDÓ BENITO, NIETO MARTÍN, PUENTE ABA, RODRÍGUEZ PUERTA/MORÓN LERMA, VILLACAMPA ESTIARTE). Más dudosa es la posibilidad de comisión por omisión. Sin embargo, no parece que puede negarse en los supuestos de incumplimiento absoluto del deber de facilitar información, tal como sucede en los casos de no aportar al órgano regulador del mercado de valores, por ejemplo, la información privilegiada o la relevante a las que se refieren los arts. 226 y 227 LMVSI (en contra, VILLACAMPA ESTIARTE).

Esta conclusión se fundamenta en la circunstancia de que el tenor literal del art. 282 *bis* CP se refiere al falseamiento de las informaciones que la sociedad debe publicar y no a las que haya publicado. Esto es, este delito, si bien se configura como de incumplimiento de un deber de veracidad en lo que se refiere al folleto de emisión y a las obligaciones de información periódica sobre las entidades; sin embargo, en relación con el resto de obligaciones adicionales y puntuales —y especialmente las referidas a las informaciones privilegiadas y relevantes de los arts. 226 y 227 LMVSI— el legislador ha optado por configurarlo, además, como de incumplimiento de un deber de información.

La Jurisprudencia ha establecido que la conducta típica de este delito queda limitada al hecho del falseamiento de la información con independencia de quien la difunde o remita al supervisor para su publicitación [STS 369/2019, 22-07, FD 12 (*Tol 7416406)*] y también ha incidido en su carácter de falsedad ideológica la SAN, Sección 4ª, 28/2017, 17-10 (*Tol 6382194)*, pero destacado que *"se trata de un supuesto de falsedad ideológica, si bien admite otras modalidades de comisión, que encuentra su razón de ser en la importancia que en la economía de mercado tiene la información que ofrecen las sociedades que pretenden captar inversores, en tanto que permiten a los terceros posibles inversores conocer su estado, especialmente su aspecto económico, y tomar decisiones informadas en sus relaciones empresariales, así como a los socios en el ámbito de las decisiones que les competen y a los inversores en el ámbito de las sociedades cotizadas. De ahí que los datos económico— financieros del sujeto emisor de valores deben ser reales y veraces, objetivos y actualizados"* [FJ 1.B)]. La Doctrina también mayoritariamente ha considerado que se trata de una falsedad ideológica (FARALDO CABANA, LLEDÓ BENITO, MARTÍNEZ BUJÁN-PÉREZ, MUÑOZ CONDE, RODRÍGUEZ PUERTA/MORÓN LERMA).

2. La información falseada debe ser apta para inducir a error en los inversores. Esta conclusión cabe derivarla no sólo del bien jurídico protegido y de la configuración de este tipo penal como un delito de peligro, sino también de su conexión con los delitos de falsedad documental, en que también resulta exigible, y con el delito genérico de publicidad engañosa (art. 282 CP), en el que expresamente se hace mención como elemento del tipo a la potencialidad de causación de un perjuicio grave a los consumidores. Además, la inclusión de un elemento subjetivo del tipo, como es el propósito de captar inversores u obtener financiación, también redunda en favor de la exigencia de la aptitud de la falsedad para inducir a error en los inversores. En cualquier caso, es necesario delimitar el falseamiento de la información con las maniobras de maquillaje de datos o la contabilidad creativa que permite el juego del uso flexible de conceptos

financieros y, especialmente, contables. Así, por ejemplo, en la medida en que no suponga una grosera alteración de lo comúnmente aceptado, no sería una conducta falsaria el asumir, en beneficio de la imagen societaria, determinados criterios de contabilidad.

La valoración de esta aptitud debe realizarse desde una perspectiva *ex ante* tomando como referencia a un sujeto económico medio. Además, atendiendo al ya señalado carácter de delito contra los intereses generales del mercado, esa aptitud no resulta predicable respecto de las maniobras fraudulentas que pudieran desarrollarse en relación con un concreto inversor, lo que, en su caso, sólo podría constituir una conducta típica del genérico delito estafa, pero no el tipo del art. 282 *bis* CP, al no haberse puesto en peligro la trasparencia e integridad del mercado de valores. En efecto, una de las singularidades de este delito frente a la estafa básica es que la puesta en escena mendaz para inducir a engaño a los potenciales inversores o financiadores se ejecuta de una manera pública en el propio escaparate que representa el mercado financiero, dirigida a sujetos pasivos —potenciales inversores— indeterminados.

> La jurisprudencia afirma que *"a diferencia de lo que ocurre en el artículo 290 CP, no se exige que el falseamiento de la información sea idóneo para causar un perjuicio al inversor o financiador. Sin embargo, ha de entenderse que, como ocurre en general con los delitos básicos de falsedad documental, quedan excluidas las falsedades burdas incapaces por sus propias características, de alterar el tráfico jurídico. Ha de apreciarse, por lo tanto, una mínima capacidad de la información falseada para captar la inversión o el crédito"* [STS 369/2019, 22-07, FD 12 (*Tol 7416406)* y, en la misma línea, la SAN, Sección 4ª, 13/2020, 29-9, FD 3 (*Tol 8101041)*, y 14/2020, 6-10, FD 13 (*Tol 8115174)*].

3. Un último aspecto problemático es el carácter esencial de la información falseada. La finalidad del deber de información veraz está vinculada con posibilitar al inversor una toma de decisión razonablemente fundada. Teniendo en cuenta que este tipo de decisiones no se adopta necesariamente por una circunstancia puntual o concreta sino ante un panorama de posibilidades inversoras rentables, la determinación de qué información es más o menos esencial o relevante puede no resultar sencilla. En primer lugar, es importante tener en cuenta la propia finalidad de la información respecto de la que se exige el deber de veracidad. Así, en un folleto de emisión, al vincularse esa información con la decisión de adquisición del valor negociable, adquieren tintes esenciales las características del instrumento financiero, las condiciones de contratación o la rentabilidad. Sin embargo, respecto de la información económico-financiera de la empresa, más vinculada a la decisión del mantenimiento de la inversión y, especialmente a la obtención de financiación, lo relevante será la situación global de la sociedad y no cada instrumento financiero particular. Es más, teniendo en cuenta la estrecha relación de la situación financiera con los progresos o perspectivas del propio objeto de negocio de la sociedad emisora —por ejemplo, la evo-

lución de prospecciones geológicas en caso de las petroleras o de una concreta investigación en caso de las farmacéuticas o las sociedades biotecnológicas—, en la medida en que dicha información quede incorporada a los documentos objeto material de este delito, también puede ser considerada esencial a los efectos de la exigencia del deber de veracidad.

La STS 839/2022, 24-10 (*Tol 9276621*) —con el fin de solventar las dudas planteadas en el supuesto de la absolución en el caso BFA-Bankia en la controversia sobre la posición sostenida por la Sala de lo Civil del Tribunal Supremo en la STS 24/2016, 3-2 (*Tol 5630373)*, que sí consideró la existencia de irregularidad e inexactitudes en el folleto informativo que se acompañó a la salida a Bolsa de Bankia a los efectos de no revocar la declaración de nulidad de la suscripción de acciones por un particular por vicios en el consentimiento— afirma que *"en el proceso penal no es relevante cualquier inexactitud de los datos contables ni cualquier aplicación controvertida de la normativa contable y del mercado de valores, solo lo es aquella inexactitud y aquellos incumplimientos que permitan calificar de delictiva la actuación de los administradores imputados y fundar una sentencia penal condenatoria"* (FD 2). Por su parte, la STS 89/2023, 10-02, (*Tol 9416297)*, en el conocido como caso Pescanova, incidió en que determinadas decisiones contables volcadas al documento de cuentas anuales como era el "neteo" de cuentas —compensación de activos y pasivos—, además de ser una práctica contable prohibida, resultaba relevante para conocer la verdadera naturaleza de los activos y pasivos de la empresa (FD 5.1).

5. Elemento subjetivo

1. El art. 282 *bis* CP se configura como un delito de resultado cortado en tanto que la tipicidad de su conducta se vincula a la existencia de un elemento subjetivo del tipo trascendente al propio dolo falsario (FARALDO CABANA, FEIJÓO SÁNCHEZ, HURTADO ADRIÁN, LLEDÓ BENITO, MARTÍNEZ BUJÁN-PÉREZ, PUENTE ABA). De ese modo, no basta con que concurra en el sujeto activo el conocimiento y voluntad de falsear la información económico-financiera, es preciso, además, que se haga con la concreta intención alternativa de: (i) captar inversores o depositantes, (ii) colocar cualquier tipo de activo financiero u (iii) obtener financiación por cualquier medio. La descripción de este elemento subjetivo del tipo puede plantear controversia en cuanto a la finalidad de la consecución de otros fines que, estando muy vinculados a estos, también tienen rasgos propios, como puede ser el fin de retención de inversores o de fuentes de financiación. A este respecto, el uso de verbos activos —captar, colocar, obtener— dificulta las posibilidades de que la finalidad de la conducta se vincule con decisiones de salida o retirada de la inversión o financiación.

2. El art. 282 *bis*, II CP incluye como circunstancia agravatoria el perjuicio para el inversor. Sin embargo, no se exige como un elemento subjetivo del tipo básico la finalidad de causar un perjuicio a terceros. Para el tipo básico de este delito, como otra singularidad diferencial respecto del delito de estafa y su acercamien-

to al delito de publicidad engañosa, lo determinante no es el riesgo económico o patrimonial del inversor o financiador sino el falseamiento de la información para obtener una ventaja comercial.

Así, por ejemplo, la publicitación de un instrumento financiero como asegurado, cuando no lo es, no implica necesariamente que con su contratación se perjudique o intente perjudicar al inversor. Al contrario, incluso es posible que, relacionado con el mayor riesgo, finalmente se pueda obtener una mayor rentabilidad. Sin embargo, lo que el tipo pretende evitar es que al inversor se le hurte la posibilidad de tomar una decisión informada. De ese modo, lo que es inherente a este tipo es la finalidad de obtener una ventaja del sujeto activo —la captación de la inversión, la contratación del activo o la obtención de la financiación— y no la causación de un eventual perjuicio en el sujeto pasivo. Es, por tanto, irrelevante desde la perspectiva del tipo que, una vez obtenida la ventaja para el sujeto activo, el sujeto pasivo se vea patrimonialmente perjudicado o no, puesto que lo que ya ha sido efectivamente lesionado ha sido la trasparencia e integridad del mercado de valores, que, como es evidente, no se legitima por la obtención de beneficios puntuales para los inversores.

6. *Agravaciones*

1. El art. 282 *bis,* II CP establece dos agravaciones específicas para este delito que están en relación de progresión: a) la obtención de la inversión, depósito, colocación del activo o financiación con causación de un perjuicio, que se sanciona con la pena en la mitad superior a la del tipo básico —esto es, prisión de dos años y seis meses a cuatro años— y b) cuando en la situación anterior, además, el perjuicio causado fuera de notoria gravedad, que se sanciona con la pena de prisión de uno a seis años y multa de seis a doce meses.

La exigencia de la obtención de lo pretendido por el emisor y la causación de un perjuicio no tienen mayores problemas de acreditación, al referirse a situaciones objetivas de fácil comprobación procesal *ex post.* Los problemas radican en acreditar la existencia de una conexión entre el falseamiento de la información, la obtención de lo pretendido y el perjuicio causado. Las decisiones económicas, con carácter general, y las de inversión en el mercado de valores, en particular, no dependen de la información puntual sobre un sólo elemento sino de una visión general sobre la relación riesgo/rentabilidad de la inversión. En ese sentido, las posibilidades probatorias de la conexión entre el elemento falseado y la concreta decisión de contratación resultará difícil en muchas ocasiones, quedando reducida a los casos más ostensibles en que la falsedad era de tal magnitud que, habiéndose conocido *ex ante,* fuera evidente la imposibilidad de colocación en el mercado.

La jurisprudencia, por ejemplo, en el caso del falseamiento de la información del primer trimestre del año 2011 por parte de los administradores de la Caja de Ahorros del Mediterráneo para simular una solvencia de la que en aquel momento carecía la entidad, negó que hubiera quedado acreditado que los adquirentes de cuotas participadas de la entidad aportaran el capital basándose en la información falseada [STS 369/2019, 22-7, FD 17 (*Tol 7416406)*]. Del mismo modo, la conexión entre la falsedad y el perjuicio causado no es simple de determinar. En contratos de riesgo, como son por esencia los instrumentos financieros negociados en los mercados regulados, puede ser complejo achacar la causación de un perjuicio a un único elemento, dependiendo normalmente de una multitud de variables. En ese sentido, las posibilidades probatorias también se reducen a los casos en los que pueda acreditarse que el perjuicio causado ha estado exclusiva o predominantemente vinculado con el concreto elemento falseado, por ejemplo en casos de folletos de emisión, o con la propia insolvencia de la entidad, por ejemplo en caso de información obligatoria para obtención de financiación. En todo caso, la conexión entre estos elementos, habida cuenta del actual estado de la dogmática, no puede hacerse en términos de causalidad, máxime tratándose de conexiones económicas, sino de imputación objetiva.

2. El concepto de notoria gravedad usado en el art. 282 *bis,* II CP es de carácter indeterminado y no aparece definido legalmente en este precepto. En atención a su ambivalencia lingüística la notoria gravedad puede aparecer referida bien al número de perjudicados, lo que lo identificaría con una especie de delito masa y sería especialmente apto para afrontar los supuestos de colocación fraudulenta en el mercado de activos; bien, en los términos expuestos para definir la especial gravedad en el art. 250.1.6º CP para el delito de estafa, al elevado perjuicio económico causado o la situación económica en que se deje a un concreto inversor o financiador o grupo de ellos; bien a una situación mixta en se pondere el número de perjudicados y la cantidad global del daño económico causado.

3. La falta de atención legislativa a mínimos requerimientos de calidad técnica se evidencia, de nuevo, en la determinación de la pena de estas concretas agravaciones en las que, a pesar de constituirse como tipos agravados en relación de progresión (lógicamente solo procede considerar un perjuicio de notoria gravedad cuando se ha causado un efectivo perjuicio); sin embargo, se establece un límite mínimo de pena para la agravación básica de dos años y seis meses y, por tanto, superior, a la de la agravación específica en que el límite inferior es de un año. Parece lógico que sí para esta segunda agravación es preciso que se consumen los elementos de la primera, la pena de aquélla tenga, al menos, el mismo límite inferior; aspecto que deberá ser ponderado por el juzgador.

7. *Iter criminis*, participación y concursos

1. La consumación de este delito, al recaer la falsedad sobre documentos objeto de una específica regulación en cuanto a su notificación, registro e, incluso, en algunos casos —como los folletos de emisión— de aprobación, no se produce con el simple falseamiento de la información. Es preciso que, en atención al concreto bien jurídico protegido en este delito, además, esa información llegue al mercado y, por tanto, que esté disponible para los inversores y financiadores (NIETO MARTÍN, RODRÍGUEZ PUERTA/MORÓN LERMA, VILLACAMPA ESTIARTE; en contra, MARTÍNEZ BUJÁN-PEREZ, PUENTE ABA). De ese mo-

do, en relación con la información periódica obligatoria, la información específica por modificación y las informaciones privilegiadas y las relevantes, al ejercer el órgano de supervisión sólo funciones de recepción y registro, la consumación se producirá con la mera remisión. Por el contrario, en relación con el folleto de emisión, al estar sujeto a aprobación, será necesario obtener ésta y acceder a las posibilidades de su difusión en los términos de la legislación del mercado de valores para considerar que se ha consumado el tipo.

La STS 89/2023, 10-02 (*Tol 9416297*), afirma "*la condena del ahora recurrente como autor de un delito de los previstos en el artículo 282 bis del Código Penal no descansa, ni primera ni principalmente, en las afirmaciones que éste pudiera haber realizado en la nota de acciones y el documento de registro presentado con motivo de la ampliación de capital acerca de la posible existencia de riesgos de vencimientos anticipados, que efectivamente resultaba de las cuentas anuales y del conjunto de la documentación (falsa) aportada para conocimiento de los inversores con tal fin, sino precisamente en la presentación de estos últimos documentos, con plena conciencia por parte del acusado de que no reflejaban la imagen fiel de la mercantil*" (FD 7.3).

2. En cuanto a la autoría y participación, como se señaló anteriormente, se está ante un delito especial en el que, además, se ha limitado el ámbito de sujetos activos a entidades que respecto de ciertas obligaciones de información veraz tiene una responsabilidad administrativa y civil concurrente con otras entidades. Ello va a suponer complejos problemas de coautoría y participación de *extranei* en estos delitos y, en algunos casos, incluso de autoría mediata por la utilización de instrumentos dolosos en que, no cumpliéndose las condiciones de sujeto activo, la legislación sectorial permite asumir la responsabilidad en la confección de documentos informativos.

A este delito le resulta de aplicación la responsabilidad penal de las personas jurídicas, introducida en el art. 31 *bis* por la LO 5/2010. Así, el art. 288, II.2º CP establece la imposición de la sanción de multa de dos a cinco años, o del triple al quíntuple del beneficio obtenido o que se hubiere podido obtener si la cantidad resultante fuese más elevada, en la medida en que la sanción del art. 282 *bis* CP prevista para la persona física autora de los hechos es de más de dos años de privación de libertad. Asimismo, podrán imponerse las penas recogidas en las letras b) a g) del apartado 7 del art. 33 CP.

La SAN, Sección 4ª, 14/2020, 6-10 (*Tol 8115174*), en el caso Pescanova, consideró cooperador necesario del delito del art. 282 *bis* CP al auditor externo de las cuentas anuales de la entidad, asumiendo la jurisprudencia establecida en la STS 94/2018, 23-2 (*Tol 6542214*), respecto del delito del art. 290 CP, afirmando que "*la aportación del auditor avalando con su informe, cuando es necesario en tanto que exigido por la ley, unas cuentas que sabe que ocultan la imagen fiel, dada la relevancia de la misma, debe ser considerada como constitutiva de cooperación necesaria, ya que el informe de auditoría, como pone de manifiesto la doctrina autorizada, opera como un elemento de seguridad de enorme trascendencia para la correcta valoración de la información suministrada por las sociedades a través de la publicidad de sus cuentas anuales*" (FD 13). No obstante, esta sentencia fue anulada en casación en este extremo. Así, la STS 89/2023, 10-2 (*Tol 9416297*), si bien no advierte inconveniente alguno en considerar cooperador necesario del delito del art. 282 *bis* CP del auditor que firma las cuentas, destaca que "*el conocimiento de la falsedad de las cuentas es un elemento imprescindible para sostener la comisión de un delito de falsedad de las cuentas anuales a través de su aportación como auditor, omitiendo las salvedades necesarias en su informe*"; ya que "*quien incumple las normas de auditoría como consecuencia de su impericia o desidia profesional habrá de responder, desde luego, de los daños y perjuicios que pudiera haber causado con ello, en la vía civil. Y podrá también incurrir en la correspondiente responsabilidad disciplinaria. Pero su actuación, así descrita, evidentemente, no alcanzará para que pueda predicarse su participación en un delito doloso*" (FD 13). Por ello, en este caso, al no advertir la concurrencia de dolo, estimó el recurso de casación absolviendo al auditor. Por otra parte, esta misma sentencia también confirma la condena de la entidad Pescanova, S.A., como persona jurídica, por la comisión de este delito. A esos efectos, destaca que cabe considerar que los administradores han actuado en beneficio de la entidad una vez acreditado que la operativa desarrollada "*se enderezaba, precisamente, a lograr para la mercantil la financiación que ésta precisaba para mantener su actividad y a la que no podía acceder en condiciones más favorables, con el propósito de sostener la continuidad de la empresa hasta tanto las importantes inversiones realizadas comenzaran a producir los beneficios esperados*" (FD 25).

3. El tipo básico del art. 282 *bis* CP está sancionado con una pena de prisión de uno a cuatro años, si bien expresamente se establece la regla concursal de que dicha sanción lo es "*sin perjuicio de lo dispuesto en el artículo 308 de este Código*". El art. 308 CP, que ha recibido una nueva redacción en la LO 1/2019, establece, como delito contra la Hacienda Pública, la obtención de subvenciones o ayudas de las Administraciones Públicas, incluida la Unión Europea, en una cantidad o por un valor superior a cien mil euros falseando las condiciones requeridas para su concesión u ocultando las que la hubiesen impedido. De ese modo, si con el falseamiento de la información obligatoria prevista en el art. 282 *bis* CP también se han obtenido estos beneficios fiscales existirá un concurso —real o ideal— de delitos (LLEDÓ BENITO, MARTÍNEZ-BUJÁN PÉREZ, PUENTE ABA). Igualmente, debe apreciarse concurso de delitos y no de normas en su relación con el delito de estafa —incluso ante la existencia de un perjuicio económico concreto para determinadas personas— en atención a la diversidad de bienes jurídicos y a la diferencia, ya comentada, en sus dinámicas comisivas (en sentido contrario, GONZÁLEZ RUS, RODRÍGUEZ PUERTA/MORÓN LERMA y, parcialmente, VILLACAMPA ESTIARTE, que mantiene el concurso de delitos cuando hay riesgo para el resto de inversores).

Este delito también puede plantear dificultades concursales con los delitos de publicidad engañosa (art. 282 CP), el contable (art. 290 CP) o los de falsedad documental que, en principio, cabe resolver como concursos normativos conforme al principio de especialidad (art. 8.1 CP). No obstante, en los supuestos del art. 290 CP, cuando la conducta falsaria/engañosa sea dirigida no solo a perjudicar a los derechos de los inversores, sino, además, a la propia entidad o sus socios, existiría un concurso ideal de delitos (art. 77.1 y 2 CP) para poder abarcar la totalidad del ilícito. Igualmente, la eventual manipulación de precios (art. 284 CP) que podría derivarse del falseamiento de la información obligatoria también constituye un concurso normativo a resolver por el principio de consunción (art. 8.3 CP).

La STS 369/2019, 22-7 (*Tol 7416406*), en el asunto de las cuotas participativas de la CAM, ha reconocido que el delito del art. 282 *bis* CP, cuando se refiere a la información financiera periódica de la entidad, y el de falsedad contable (art. 290 CP) están en concurso de leyes a resolver en favor del primero por aplicación del principio de especialidad, afirmando, por un lado, que en ambos delitos "*se protege la transparencia y la seguridad de los mercados a través de la protección del derecho de quienes operan en ellos a recibir información veraz. La existencia de subtipos agravados en los que se hace referencia al perjuicio de la sociedad, de los socios o de terceros, permite incluir en ellos otro bien jurídico relativo a la integridad del patrimonio de quienes operan en esos mercados*"; y, por otro, que "*la conducta tipificada en el artículo 290 es más amplia que la descrita en el artículo 282 bis, siendo esta, por ello, de mayor especialidad*" (FD 14). Sin embargo, la STS 89/2023, 10-2 (*Tol 9416297*), FD 5.2, confirmó en el caso Pescanova la calificación de concurso medial entre ambos delitos hecha en la sentencia de instancia, que se justificó en la propia dinámica comisiva de "*que para captar inversores (art. 282 bis), era necesario convencerlos de la buena situación económica de la Sociedad (art. 290), y ello requería, previamente, conseguir dinero de los bancos utilizando contratos inexistentes (arts. 392 y 248)*" [SAN, Sección 4ª, 14/2020, 6-10 (*Tol 8115174*), FD 13]. Esta argumentación no parece con solidez suficiente para justificar el apartamiento de la jurisprudencia previa, que parecería tener mejor sustento en la idea de que mientras la finalidad de la conducta falsaria en el asunto de la CAM lo era solo en perjuicio de potenciales inversores; sin embargo, en el caso Pescanova lo era también en perjuicio de la propia sociedad y sus socios. Pero, en tal caso, sería un concurso ideal y no medial.

El art. 288, I CP establece como consecuencia jurídica obligatoria por la comisión de este delito, que se desarrolla más ampliamente en la lección dedicada a las disposiciones generales del capítulo XI, la publicación de la sentencia en los periódicos oficiales y, si lo solicitara el perjudicado, se podrá ordenar su reproducción total o parcial en cualquier otro medio informativo, a costa del condenado.

III. LA MANIPULACIÓN DE LOS PRECIOS DEL MERCADO

1. Consideraciones generales

1. El art. 284 CP, profundamente modificado sucesivamente por la LO 5/2010, de 22 de junio, y la LO 1/2019, de 20 de febrero, establece una amplia regulación del delito de manipulación de los precios de los mercados. Algunas manipulaciones aparecen referidas a los precios de todo tipo de bienes y servicios (manipulación personal de art. 284.1.1º CP) y otras solo a los precios de instrumentos negociados en el mercado financiero o índices de referencia. Estas reformas han modificado de una manera muy significativa el contenido clásico del delito de maquinaciones para alterar el precio de las cosas y, siguiendo la estela iniciada

con la redacción que originariamente se le dio en el CP vigente, lo ha reconvertido prácticamente en un delito contra el mercado financiero.

La nueva sistemática de este artículo permite distinguir la descripción de tres modalidades típicas de manipulación de los mercados: (i) La manipulación personal, caracterizada por el uso de las modalidades comisivas de violencia, amenaza, engaño o cualquier otro artificio produciendo una alteración de los precios (art. 284.1.1º CP). (ii) La manipulación informativa, caracterizada por la difusión de noticias y rumores o transmisión de señales falsas o engañosos para alterar los precios obteniendo con ello un beneficio (art. 284.1.2º CP). Y (iii) la manipulación operativa, caracterizada por la realización de transacciones y operaciones susceptibles de proporcionar indicios falsos o engañosos o asegurarse una posición dominante con la finalidad de fijar artificialmente los precios (art. 284.1.3º CP). La primera modalidad resulta de aplicación respecto de todo tipo de bienes y servicios, constituyéndose como un delito de resultado al exigirse una efectiva alteración de los precios. Las dos últimas son exclusivas para la protección de instrumentos financieros, pero mientras la manipulación informativa se configura como un delito de resultado al exigirse la obtención de un beneficio, la tipicidad de la manipulación operativa no se vincula con la necesidad de la producción de un resultado. Junto con ello se establece una serie de circunstancias agravantes de esos tres tipos básicos de manipulación por habitualidad o notoria importancia (art. 284.2 CP) y condición profesional (art. 284.3 CP). Por su parte, el art. 285 *quater* CP tipifica las conductas de provocación, la conspiración y la proposición para cometer estos delitos castigándolos con la pena inferior en uno o dos grados.

El art. 540 CP 1944, en su redacción originaria, tipificaba el delito de manipulación de *"los precios naturales que resultarían de la libre concurrencia de mercancías, acciones, rentas públicas o privadas, o cualesquiera otras cosas que fueren objeto de contratación (…)"*, estableciendo como medios comisivos *"esparciendo falsos rumores o usando de cualquier otro artificio"* y exigiendo una efectiva alteración *"consiguieren alterar"*. Este precepto ya aparece, con motivo de la reforma de la Ley 44/1971, de 15 de noviembre, en el texto refundido del CP de 1973, estableciendo como objeto de manipulación *"los precios que habían de resultar de la libre concurrencia de productos, mercancías, monedas, títulos o valores, o cualesquiera otras cosas, muebles o inmuebles, que fueran objeto de contratación"*, como medios comisivos *"difundiendo noticias falsas o tendenciosas, empleando violencia amenaza o engaño, usando de cualquier otra maquinación"* y, como gran novedad, que ya no se configuraba como un delito de resultado en que fuera precisa la alteración sino como un delito de tendencia —*"intentaren alterar"*.

En el CP de 1995, el art. 284 recibió una redacción inicial en la que el objeto de manipulación, en línea con el CP derogado, aparecía referido a *"los precios que habrían de resultar de la libre concurrencia de productos, mercancías, títulos valores, servicios o cualesquiera otras cosas muebles o inmuebles que sean objeto de contratación"*; limitándose los medios comisivos a *"difundiendo noticias falsas, empleando violencia, amenaza o engaño, o utilizando información privilegiada"* y manteniéndose también como delito de tendencia —*"intentaren alterar"*. La modificación operada en el art. 284 CP por la LO 5/2010 redujo severamente la tipicidad respecto de las alteraciones de precios de los bienes y servicios en general, que quedó restringida a las situaciones de empleo de violencia, intimidación o engaño, si bien haciendo referencia expresa en su objeto material a los instrumentos financieros junto con los títulos valores (art. 284.1° CP). Ahora bien, independizó dos conductas de manipulación de precios específicas del mercado financiero, como son las manipulaciones informativas (art. 284.2° CP) y las operativas mediante el uso de información privilegiadas (art. 284.3° CP). Esa reforma supuso, desde el punto de vista técnico, una variación completa de la fisonomía de este delito, convirtiéndolo en tres ilícitos distintos en los que se sancionaban modalidades comisivas diferentes con estructuras de tipificación diversas que venían vinculadas con la Directiva 2003/06 del Consejo, de 28 de enero de 2003, sobre las operaciones con información privilegiada y la manipulación del mercado.

La LO 1/2019, que es la que da la actual redacción de este precepto, tuvo como objeto la transposición de la Directiva 2014/57/UE del Parlamento Europeo y del Consejo, de 16 de abril de 2014, sobre las sanciones aplicables al abuso de mercado. En concreto, el preámbulo de esta LO describe esta modificación señalando que "*incorpora, en los medios comisivos, la utilización de artificios y el empleo de las tecnologías de la información para la alteración de precios; en el objeto de protección, los contratos de contado sobre materias primas relacionadas con instrumentos financieros y los índices de referencia y, en la punición, un incremento de las sanciones para cumplir con las exigencias de la directiva. Además, se prevé una agravación específica para los supuestos en que el autor del hecho fuera trabajador o empleado de una empresa de servicios de inversión, una entidad de crédito, una autoridad supervisora o reguladora, o una entidad rectora de mercados regulados o centros de negociación*". La LO 1/2019 incidió en otros aspectos relevantes vinculados al deber de transposición de la Directiva 2014/57/UE como son (i) incluir en el art. 285 *ter* CP una extensión de la tipicidad, entre otros del art. 284 CP, a los instrumentos financieros, contratos, conductas, operaciones y órdenes previstos en la normativa europea y española en materia de mercado e instrumentos financieros; y (ii) tipificar los actos preparatorios (art. 285 *quater* CP). No obstante, como se irá desarrollando más detenidamente en el estudio de las conductas tipificadas en el art. 284.1 CP, especialmente las referidas a las manipulaciones informativas y operativas del mercado financiero, no puede decirse que España haya dado un cumplimiento estricto de las obligaciones de transposición, lo que, como viene siendo demandado por parte de la Doctrina, exigiría una modificación legislativa urgente en diferentes aspectos (FEIJÓO SÁNCHEZ, GÓMEZ-JARA DÍEZ/TEJADA PLANA).

2. La finalidad político-criminal de este precepto se vincula, en sentido amplio, con la defensa de los más graves ataques a las reglas de libre competencia del mercado en cuanto a la formación de los precios. Ello ha llevado a identificar de manera casi unánime como bien jurídico protegido el interés colectivo del correcto funcionamiento del mercado y no el interés individual de los consumidores que, incluso en casos puntuales, podrían verse inicialmente favorecido con determinadas prácticas de manipulación de precios a la baja para conseguir, por ejemplo, una posición dominante en el mercado con anulación de la competencia (GÓMEZ PAVÓN).

En el Preámbulo de la LO 1/2019, se afirma que la tipificación, entre otras, de las conductas de manipulación del mercado se hace "*con el fin de garantizar, en primer término, la integridad de los mercados financieros de la Unión y de aumentar, en un segundo plano, la protección de los inversores y la confianza en esos mercados*". La posición doctrinal en favor de la tutela penal de un interés colectivo es de casi práctica unanimidad (BACIGALUPO SAGGESE, BENÍTEZ ORTÚZAR, CRUZ BLANCA, DOVAL PAIS/ANARTE BORRALLO, ESTRADA I CUADRAS, FEIJÓO SÁNCHEZ, FERNÁNDEZ PANTOJA, GALÁN MUÑOZ, GARCÍA SANZ, GARCÍA-PABLOS MOLINA, GÓMEZ PAVÓN, GÓMEZ TOMILLO, GÓMEZ-JARA DÍEZ, GÓMEZ-JARA DÍEZ/TEJADA PLANA, MARTÍNEZ FLÓREZ, MARTINEZ-BUJÁN PÉREZ, MAYO CALDERÓN, MENDOZA BUERGO, MESTRE DELGADO, MORALES PRATS, MUÑOZ DE MORALES ROMERO, NIETO MARTÍN, PAREDES CASTAÑÓN, QUINTERO OLIVARES, SEGRELLES DE ARENAZA; SUÁREZ GONZÁLEZ, ZABALA LÓPEZ-GÓMEZ).

La protección de la libre competencia, tanto desde la perspectiva empresarial como del consumidor, cuenta con una amplia regulación. Así, pueden destacarse, en el plano empresarial, la Ley 15/2007, de 3 de julio, de defensa de la competencia, desarrollada reglamentariamente por el Real Decreto 261/2008, de 21 de febrero, y la Ley 3/1991, de 10 de enero, de competencia desleal. En el plano de los consumidores, cabe citar la Ley 7/1998, de 13 de abril, sobre condiciones generales de la contratación y el Real Decreto Legislativo 1/2007, de 16 de noviembre, por el que se aprueba el Texto Refundido de la Ley General para la Defensa de los Consumidores y Usuarios y otras leyes complementarias. Más específicamente, respecto del mercado financiero, la protección general contra las conductas de manipulación de precios se disciplina bajo la regulación directa de una normativa comunitaria de aplicación directa como es el Reglamento (UE) nº 596/2014 del Parlamento Europeo y del Consejo, de 16 de abril de 2014, sobre el abuso de mercado; estableciéndose deberes de protección penal en la Directiva 2014/57/UE del Parlamento Europeo y del Consejo, de 16 de abril de 2014, sobre las sanciones aplicables al abuso de mercado.

3. Una cuestión común a todas las conductas tipificadas en este delito es la descripción de su objeto material en lo que afecta al mercado financiero, que ha sido modificado tras la reforma operada en el precepto por la LO 1/2019 y la inclusión por esta misma ley del art. 285 *ter* CP. A esos efectos, en las tres conductas del art. 284.1 CP, frente a la mención que con la redacción dada por la LO 5/2010 se hacía a valor, título valor o instrumentos financieros, en la actualidad se utiliza la referencia a "*instrumentos financieros*", "*contratos de contado sobre materias primas relacionadas con ellos*" e "*índices de referencia*". Conjuntamente, el art. 285 *ter* CP establece que "*las previsiones de los tres artículos precedentes se extenderán a los instrumentos financieros, contratos, conductas, operaciones y órdenes previstos en la normativa europea y española en materia de mercado e instrumentos financieros*", lo que determina la extensión de estas conductas a instrumentos financieros que no sean los estrictamente negociados en un mercado regulado, incluyéndose los no regulados, formales o informales (BENÍTEZ ORTÚZAR, FEIJÓO SÁNCHEZ).

La inclusión, junto con la mención a instrumentos financieros, a contratos de contado sobre materias primas relacionadas con ellos y a los índices de referencia, se deriva directamente de los arts. 1.4 y 5 de la citada Directiva 2014/57/UE sobre sanciones aplicables al abuso del mercado, que obliga también a su protección penal. Los conceptos utilizados para la descripción de este objeto material son de carácter normativo y no meramente descriptivo. Por tanto, para su debida comprensión es preciso acudir a la normativa sectorial del mercado financiero establecida en el Derecho de la UE (FEIJÓO SÁNCHEZ, MUÑOZ DE MORALES ROMERO).

Así, por *"instrumento financiero"* debe entenderse, por remisión de lo establecido en el art. 2.1) de la Directiva 2014/57/UE y art. 3.1.1) del Reglamento (UE) nº 596/2014, a *"1) valores negociables. 2) Instrumentos del mercado monetario. 3) Participaciones y acciones en instituciones de inversión colectiva. 4) Contratos de opciones, futuros, permutas (swaps), acuerdos de tipos de interés a plazo y otros contratos de derivados relacionados con valores, divisas, tipos de interés o rendimientos, derechos de emisión u otros instrumentos derivados, índices financieros o medidas financieras que puedan liquidarse en especie o en efectivo. 5) Contratos de opciones, futuros, permutas (swaps), contratos a plazo y otros contratos de derivados relacionados con materias primas que deban liquidarse en efectivo o que puedan liquidarse en efectivo a elección de una de las partes por motivos distintos al incumplimiento o a otro suceso que lleve a la rescisión del contrato. 6) Contratos de opciones, futuros, permutas (swaps) y otros contratos de derivados relacionados con materias primas que puedan ser liquidados mediante entrega física, siempre que se negocien en un mercado regulado o un SMN o un SOC, excepto por lo que respecta a los productos energéticos al por mayor que se negocien en un SOC y deban liquidarse mediante entrega física. 7) Contratos de opciones, futuros, permutas (swaps) acuerdos a plazo y otros contratos de derivados relacionados con materias primas que puedan ser liquidados mediante entrega física no mencionados en el punto 6 de la presente sección y no destinados a fines comerciales, que presenten las características de otros instrumentos financieros derivados. 8) Instrumentos derivados para la transferencia del riesgo de crédito. 9) Contratos financieros por diferencias. 10) Contratos de opciones, futuros, permutas (swaps), acuerdos de tipos de interés a plazo y otros contratos de derivados relacionados con variables climáticas, gastos de transporte o tipos de inflación u otras estadísticas económicas oficiales, que deban liquidarse en efectivo o que puedan liquidarse en efectivo a elección de una de las partes por motivos distintos al incumplimiento o a otro suceso que lleve a la rescisión del contrato, así como cualquier otro contrato derivado relacionado con activos, derechos, obligaciones, índices y medidas no mencionados en la presente sección C., que presentan las características de otros instrumentos financieros derivados, teniendo en cuenta, entre otras cosas, si se negocian en un mercado regulado, SOC o SMN. 11) Derechos de emisión consistentes en unidades reconocidas a los efectos de la conformidad con los requisitos de la Directiva 2003/87/CE (Régimen de comercio de derechos de emisión)"* [Sección C. del Anexo I de la Directiva 2014/65/UE del Parlamento Europeo y del Consejo de 15 de mayo de 2014, relativa a los mercados de instrumentos financieros, en relación con el art. 4.1.15) de esa directiva en la redacción dada por el Reglamento (UE) 2022/858 del Parlamento Europeo y del Consejo de 30 de mayo de 2022].

La referencia a *"contrato de contado sobre materias primas"* debe entenderse como *"un contrato negociado en un mercado de contado para el suministro de una materia prima que se entrega tan pronto se liquida la operación, así como el contrato para el suministro de una materia prima que no tiene la consideración de instrumento financiero, incluyendo el contrato con entrega aplazada"* [art. 3.1.15) del Reglamento (UE) nº 596/2014, por remisión del art. 2.2) de la Directiva 2014/57/UE].

Por último, la definición de *"índice de referencia"* es *"cualquier tasa, índice o cifra, puesto a disposición del público o publicado, que se determina de forma periódica o regular, mediante la aplicación de una fórmula o sobre la base del valor de uno o varios activos subyacentes o precios, incluyendo precios estimados, tipos de interés u otros valores reales o estimados, o a datos de estudios, y que se utiliza como referencia para determinar la cantidad pagadera por un instrumento financiero o el valor de un instrumento financiero"* [art. 3.1.29) del Reglamento (UE) nº 596/2014, por remisión del art. 2.6) de la Directiva 2014/57/UE]. Las reglas para la fijación de los índices de referencia resultan de gran complejidad y, habida cuenta de su relevancia para los mercados, están altamente reguladas y supervisadas desde el sector público. Destacan, en el mercado financiero, el Reglamento (UE) 2016/1011 del Parlamento Europeo y del Consejo de 8 de junio de 2016, sobre los índices utilizados como referencia en los instrumentos financieros y en los contratos financieros o para medir la rentabilidad de los fondos de inversión; y el Reglamento de Ejecución (UE) 2016/1368 de la Comisión de 11 de agosto de 2016 por el que se establece una lista de los índices de referencia cruciales utilizados en los mercados financieros. La mención a índices de referencia en el art. 284.1.1ª CP, al tratarse de una conducta que afecta a cualquier mercado y no solo al financiero, determina que, en el contexto de ese precepto, debe referirse a la manipulación de cualquier índice de referencia en cualquiera de los mercados. Por el contrario, en el contexto de los arts. 284.1.2º y 3º CP, la mención a índice de referencia, al tratarse de conductas limitadas al mercado financiero, determina que debe quedar restringida, por razones sistemáticas y teleológicas, a los índices de referencia específicos del mercado financiero.

El art. 285 *ter* CP, de forma un tanto torpe técnicamente, generando con ello delicados problemas desde la perspectiva de la seguridad jurídica (FEIJÓO SÁNCHEZ), establece que las previsiones, entre otros, del art. 284 CP *"se extenderán a los instrumentos financieros, contratos, conductas, operaciones y órdenes previstos en la normativa europea y española en materia de mercado e instrumentos financieros"*. Esta referencia, por razones de seguridad jurídica, y sin perjuicio de que hubiera sido más respetuoso con el art. 25.1 CE una enumeración expresa, debe entenderse limitada, al menos por exigencias de transposición de la normativa comunitaria, a lo establecido en el art. 1.2 a 5 de la Directiva 2014/57/UE. En efecto, el art. 1 de la citada directiva establece su aplicación —en tanto que su finalidad es determinar las normas mínimas en materia de sanciones penales, entre otras, de la manipulación del mercado financiero— a los siguientes instrumentos, contratos y operaciones: (a) los instrumentos financieros admitidos a negociación en un mercado regulado o para los que se haya solicitado la admisión a negociación en un mercado regulado; (b) los instrumentos financieros negociados en un sistema multilateral de negociación (SMN), los admitidos a negociación en un SMN o para los que se haya solicitado la admisión a negociación en un SMN; (c) los instrumentos financieros negociados en un sistema organizado de contratación (SOC); (d) los instrumentos financieros no comprendidos en las letras a), b) o c), cuyo precio o valor dependa de los instrumentos financieros mencionados en esas letras o tenga un efecto sobre el precio o el valor de los mismos, incluidos, aunque no de forma exclusiva, las permutas de riesgo de crédito y los contratos financieros por diferencias. Además, se aplica también a las conductas y operaciones, incluidas las ofertas, relativas a las subastas en una plataforma de subasta autorizada como mercado regulado de derechos de emisión u otros productos subastados basados en ellos. Sin perjuicio de las disposiciones específicas sobre las ofertas presentadas en el contexto de una subasta, cualquier disposición de la presente Directiva que se refiera a órdenes de negociar será de aplicación a dichas ofertas (art. 1.2 de la Directiva 2014/57/UE). También se incluyen (a) los contratos de contado sobre materias primas, que no sean productos energéticos al por mayor, en los que la operación, orden o conducta influya sobre el precio o el valor de un instrumento financiero de los mencionados anteriormente; (b) los tipos de instrumentos financieros, incluidos los contratos de derivados o instrumentos financieros derivados destinados a transferir el riesgo de crédito, en los que la operación, la orden, la oferta o la conducta influyan en el precio o valor de un contrato de contado sobre materias primas cuando el precio o valor dependa del precio o valor de dichos instrumentos financieros; y (c) la conducta en relación con los índices de referencia (art. 1.4 de la Directiva 2014/57/UE). Además, también se aplica a toda operación, orden o conducta relativa a un instrumento financiero cualquiera de los mencionados anteriormente, con independencia de que dicha operación, orden o conducta se realice o no en un centro de negociación (art. 1.5 de la Directiva 2014/57/

UE). Por el contrario, expresamente quedan excluidos (a) la negociación con acciones propias en programas de recompra, cuando esa negociación se realice de conformidad con el art. 5.1 a 3 del Reglamento (UE) nº 596/2014; (b) la negociación de valores o de instrumentos asociados con arreglo al art. 3.2.a) y b) del Reglamento (UE) nº 596/2014 para la estabilización de valores, cuando esa negociación se realice de conformidad con el art. 5.4 y 5 de dicho Reglamento; y (c) las operaciones, órdenes o conductas que respondan a fines de política monetaria, tipo de cambio o gestión de la deuda pública, de conformidad con el art. 6.1 del Reglamento (UE) nº 596/2014, las operaciones, órdenes o conductas de conformidad con su art. 6.2, las actividades que respondan a la política climática de la Unión, de conformidad con su art. 6.3, o las actividades que respondan a la política agrícola común de la Unión y a la política pesquera común de la Unión, de conformidad con su art. 6.4 (art. 1.3 de la Directiva 2014/57/UE).

En relación con ello, resulta problemático si el objeto material de la manipulación de los mercados financieros cabe extenderlo a *"un producto subastado basado en derechos de emisión"*. El art. 12 Reglamento (UE) nº 596/2014 hace una mención expresa, al describir las actividades de manipulación del mercado, no solo a instrumentos financieros, contratos de contado sobre materias primas relacionados con ellas y a índices de referencia, sino también a *"un producto subastado basado en derechos de emisión"*. El art. 1.2, II de la Directiva 2014/57/UE, por su parte, establece su aplicación también a *"las conductas y operaciones, incluidas las ofertas, relativas a las subastas en una plataforma de subasta autorizada como mercado regulado de derechos de emisión u otros productos subastados basados en ellos, aun cuando los productos subastados no sean instrumentos financieros (...)"*. Sin embargo, en el art. 5 de esa directiva, al establecer las actividades mínimas de manipulación del mercado a sancionar penalmente por los Estados, se elimina cualquier referencia a *"un producto subastado basado en derechos de emisión"*, que queda limitado como objeto material de las operaciones con información privilegiada (art. 3 y 4 de la Directiva 2014/57/UE). En atención a ello, cabría interpretar que la voluntad del legislador penal español es excluir de la tipicidad de las conductas del art. 284 CP aquellas que tuvieran como objeto material *"un producto subastado basado en derechos de emisión"*; optando por la sanción estricta de las conductas a las que obliga la citada directiva. No parece que esa sea la conclusión interpretativa adecuada si se toma en consideración que el art. 285 *ter* CP establece, también en aplicación al art. 284 CP, su extensión a los instrumentos financieros, contratos, conductas, operaciones y órdenes previstos en la normativa europea y española en materia de mercado e instrumentos financieros, que también incluye a *"un producto subastado basado en derechos de emisión"*. De ese modo, al menos en relación con el objeto material de las conductas del art. 284 CP, hay que concluir que el legislador español, a través de la inclusión del art. 285 *ter* CP, ha optado por una protección penal más amplia que la estrictamente exigida por el art. 5 de la Directiva 2014/57/UE, extendiéndola también a la alteración de precios de productos subastados basado en derechos de emisión (NIETO MARTÍN). No obstante, son de destacar posiciones doctrinales que sustentan que el art. 285 *ter* CP no permite una extensión típica siendo una mera regla hermenéutica (DOVAL PAIS/ANARTE BORRALLO).

4. La LO 1/2019 no sólo ha afectado a la descripción típica de este delito, sino que también ha incidido en su penalidad elevándola notoriamente desde el punto de vista cualitativo —número de sanciones a imponer— y cuantitativo —extensión de la pena a imponer—. Así, frente al sistema previo de alternatividad entre la pena de prisión y la de multa, junto con la de inhabilitación, se ha

establecido la imposición de una triple pena obligatoria de prisión, multa e inhabilitación. La pena de prisión se ha fijado en seis meses a seis años; triplicando su anterior límite máximo. La pena de multa es la más grave de las siguientes: bien, mediante el sistema de días-multa, la de dos a cinco años, doblando la cuantía mínima y casi triplicando la máxima en la regulación previa, que era de dos años; bien, mediante el sistema de multa proporcional, del tanto al triplo del beneficio obtenido o favorecido, o de los perjuicios evitados. La pena de inhabilitación para intervenir en el mercado financiero como actor, agente o mediador o informador se ha fijado en uno a cinco años, casi triplicando el anterior límite máximo, que era de dos años. En atención a la propia naturaleza de la inhabilitación, su aplicación, a pesar de ser obligatoria, debe quedar limitada a los supuestos de manipulación de precios en el mercado financiero; no estando justificada la exclusión de una pena semejante de inhabilitación por la comisión de delitos del art. 284.1.1º CP para actor, agente o mediador o informador en otros tipos de mercados.

La evolución de la penalidad de estas conductas ha resultado llamativa. Así, mientras en la redacción originaria del CP de 1995, la pena a imponer era alternativamente la de prisión de seis meses a dos años o multa de seis a dieciocho meses; ya con la LO 15/2003 se modificó la pena alternativa de multa para elevarla de 12 a 24 meses. Por su parte, La LO 5/2010 introdujo, junto con la alternativa entre las penas de prisión o la multa, la imposición de la pena de inhabilitación de uno a dos años para intervenir en el mercado financiero como actor, agente o mediador o informador. Finalmente, la LO 1/2019 ha incidido en todas las sanciones, de modo que (i) las penas de prisión y la de multa ya no son alternativas sino acumuladas; (ii) ha elevado la cuantía máxima de la pena de prisión al fijar un marco de seis meses a seis años; (iii) ha elevado la cuantía general de la pena de multa al fijar un marco de dos a cinco años, de modo que supera la establecida como límite general en el art. 50.3 CP para las personas físicas —dos años— del que se debe considerar que es una excepción (ESTRADA I CUADRAS, MUÑOZ DE MORALES ROMERO), al igual que sucede en otros artículos (así, arts. 271, 276, 285, 311 *bis* CP); (iv) ha añadido la imposición de una multa proporcional del tanto al triplo del beneficio obtenido o favorecido, o de los perjuicios evitados, si la cantidad resultante fuese más elevada que la establecida con el sistema de días-multa; y (v) ha elevado la cuantía general de la inhabilitación para intervenir en el mercado financiero como actor, agente o mediador o informador al fijar un marco penal de dos a cinco años.

La elevación de la pena de prisión y su carácter acumulado con la pena de multa está vinculada con la previsión establecida en el art. 7.2 de la Directiva 2014/57/UE, que establece que este tipo de conductas deben ser castigadas *"con una sanción máxima de privación de libertad de al menos cuatro años"*. Por otra parte, el art. 288, I CP establece, también como consecuencia obligatoria por la comisión de estos ilícitos, la publicación de la sentencia en los periódicos oficiales y, potestativamente, si lo solicitara el perjudicado, su reproducción total o parcial en cualquier otro medio informativo, a costa del condenado, lo que es más ampliamente desarrollada en la lección dedicada a las disposiciones comunes al capítulo XI.

5. Este delito, desde la reforma operada por la LO 5/2010, no está sometido a la exigencia de denuncia previa como condición de procedibilidad impuesta a

los delitos de la Sección 3ª del Capítulo XI por el art. 287 CP. Además, desde la reforma operada por la LO 3/2011 en el art. 288, II.2º CP, se establece la responsabilidad penal de las personas jurídicas en la comisión de estos delitos.

El art. 287 CP no hace referencia expresa a que se excepcione de la exigencia de denuncia el art. 285 *quater* CP, en el que se sancionan la provocación, la conspiración y la proposición para cometer, entre otros, los delitos del art. 284 CP. Sin embargo, elementales razones de interpretación sistemática determinan que, al igual que las formas intentadas de ejecución de estos delitos, también se extienda a esos actos preparatorios la posibilidad de su persecución de oficio.

La LO 5/2010 introdujo la posibilidad de la responsabilidad penal de las personas jurídicas en el Derecho penal español. Sin embargo, a pesar de que esa misma ley fue la que reguló de forma más acabada los delitos de manipulación de precios del mercado, entonces no estableció en el art. 288, II CP esa posibilidad a pesar de que sí incluyó los delitos de los arts. 282 *bis* y 285 CP. Esa omisión fue remediada, de manera casi inmediata, con la modificación del art. 288, II CP por la LO 3/2011. La pena a imponer a las personas jurídicas por la comisión de este delito es la de multa de dos a cinco años, o del triple al quíntuple del beneficio obtenido o que se hubiere podido obtener si la cantidad resultante fuese más elevada [art. 288, II.2º.a) CP], así como, potestativamente, (i) la disolución de la persona jurídica, (ii) la suspensión de sus actividades por un plazo que no podrá exceder de cinco años, (iii) la clausura de sus locales y establecimientos por un plazo que no podrá exceder de cinco años, (iv) la prohibición de realizar en el futuro las actividades en cuyo ejercicio se haya cometido, favorecido o encubierto el delito, (v) la inhabilitación para obtener subvenciones y ayudas públicas, para contratar con el sector público y para gozar de beneficios e incentivos fiscales o de la Seguridad Social, por un plazo que no podrá exceder de quince años, y (vi) la intervención judicial para salvaguardar los derechos de los trabajadores o de los acreedores por el tiempo que se estime necesario, que no podrá exceder de cinco años. Más ampliamente se volverá sobre estas cuestiones en la lección dedicada a las disposiciones comunes del capítulo XI.

6. La competencia para conocer de las conductas tipificadas en el art. 284 CP, en tanto que herederas del antiguo delito de maquinación para alterar el precio de las cosas, corresponde, de conformidad con lo previsto en el art. 65.1.c) LOPJ, a la Audiencia Nacional siempre que "*(…) puedan producir grave repercusión en la seguridad del tráfico mercantil, en la economía nacional o perjuicio patrimonial en una generalidad de personas en el territorio de más de una Audiencia*". La Jurisprudencia ha destacado, por un lado, que es suficiente la concurrencia de uno de tales presupuestos para que deba reconocerse la competencia de la Audiencia Nacional y, por otro, que la valoración de estas circunstancias desde hacerse desde el análisis provisional que el momento de la instrucción exige y tomando en consideración el conjunto de potenciales afectados y el perjuicio patrimonial posible [ATS 18-9-2019 (*Tol 7509916)*].

2. La manipulación personal

1. El art. 284.1.1º CP tipifica la conducta, redactada por la LO 1/2019, de los que "*empleando violencia, amenaza, engaño o cualquier otro artificio, alterasen los precios*

que hubieren de resultar de la libre concurrencia de productos, mercancías, instrumentos financieros, contratos de contado sobre materias primas relacionadas con ellos, índices de referencia, servicios o cualesquiera otras cosas muebles o inmuebles que sean objeto de contratación, sin perjuicio de la pena que pudiere corresponderles por otros delitos cometidos". En ese sentido, los elementos objetivos de esta tipo penal son los siguientes: (i) sujeto activo: "*los que*"; (ii) medios comisivos: "*empleando violencia, amenaza, engaño o cualquier otro artificio*"; (iii) resultado: "*alterar*"; y (iv) objeto material: "*los precios que hubieren de resultar de la libre concurrencia de productos, mercancías, instrumentos financieros, contratos de contado sobre materias primas relacionadas con ellos, índices de referencia, servicios o cualesquiera otras cosas muebles o inmuebles que sean objeto de contratación*". La pena aplicable es la de prisión de seis meses a seis años, multa de dos a cinco años, o del tanto al triplo del beneficio obtenido o favorecido, o de los perjuicios evitados, si la cantidad resultante fuese más elevada, e inhabilitación especial para intervenir en el mercado financiero como actor, agente o mediador o informador por tiempo de dos a cinco años. El art. 285 *quater* CP prevé la sanción penal de la provocación, la conspiración y la proposición para cometer este delito, castigándolo con la pena inferior en uno o dos grados.

2. Desde la perspectiva del sujeto activo, este delito, al igual que sucede con el resto de modalidades comisivas del art. 284 CP, se configura como un delito común y, por tanto, puede ser cometido por cualquiera de los actores que intervienen en el mercado, sean estos ofertantes de bienes o servicios, demandantes, intermediarios e incluso supervisores; pudiendo también ser cometidos por las personas jurídicas (art. 288.2º CP). Por lo que respecta al objeto material, ésta es la única modalidad comisiva de manipulación de precios que mantiene un objeto amplio referido a cualquier tipo de bienes o servicios en cualquier mercado, con exclusión de aquéllos de carácter ilícito o extracomercial, lo que se ve potenciado por la cláusula abierta referida a "*cualesquiera otras cosas muebles o inmuebles que sean objetos de contratación*".

En la descripción del objeto material de este delito se hace referencia expresa a los "*precios que hubieren de resulta de la libre concurrencia (…)*". Ello ha llevado a sustentar que solo resulta típica la afectación, por un lado, a los precios de los bienes y servicios de comercio lícito y, por otro, a los precios libres, que son aquellos que resultan del juego de la oferta y la demanda en el mercado, pero no a aquellos precios que están fijados administrativamente [BACIGALUPO SAGGESE, BENÍTEZ ORTÚZAR, BRAGE CENDÁN, CASTELLÓ NICÁS, CRUZ BLANCA, DOVAL PAIS/ANARTE BORRALLO, ESTRADA I CUADRAS, GALÁN MUÑOZ, GÓMEZ PAVÓN, GONZÁLEZ RUS, MARTÍNEZ-BUJÁN PÉREZ, MENDO ESTRELLA, MUÑOZ CONDE, NIETO MARTÍN, PAREDES CASTAÑÓN, SUÁREZ GONZÁLEZ; STSJ Canarias, 8/2014, 3-9 (*Tol 4494328)*; SAP, Las Palmas, Sección 6ª, 293/2018, 31-7 (*Tol 6998667)*]; habiéndose destacado que ello supondría una laguna de protección respecto de estos últimos precios (DOVAL PAIS/ANARTE BORRALLO, ESTRADA I CUADRAS). Más allá de ello, las reglas de formación de los precios en la nueva economía de mercado de los sistemas del estado de bienestar no responden a un ideal de libre mercado ajeno a una intervención estatal de todo tipo en salvaguarda de intereses colectivos. Por tanto, es preciso atender respecto de esa libre concurrencia a las reglas establecidas en cada uno de los mercados por los estados y también a las singularidades de cómo se forman los precios en cada uno de ellos (PAREDES CASTAÑÓN); sin perjuicio, obviamente, de la incidencia de la eventual intervención estatal específica en cada uno de esos mercados como puede ser, por ejemplo, además de en el mercado financiero mediante la LMVSI, en el mercado de alimentos mediante la Ley 12/2013, de 2 de agosto, de medidas para mejorar el funcionamiento de la cadena alimentaria. Por tanto, la comprensión del concepto *"libre concurrencia"* no puede entenderse en un sentido tradicional de la economía liberal de los precios obtenidos a partir del libre juego de la oferta y la demanda sino de una fijación del precio en los mercados respectivos de conformidad con las reglas de intervención que, en su caso, hayan sido fijadas por el ordenamiento jurídico.

Con ocasión de la reforma operada en el art. 284.1.1° CP por la LO 1/2019, se ha dado una singular importancia, sin duda por la relevancia y complejidad técnica del mercado financiero y a impulso de la normativa de la UE en la materia, a las conductas de abuso de este mercado. A esos efectos, cabe llamar la atención sobre la incorrección técnica que supone la descripción del objeto material de este ilícito en tanto que vincula los precios que hubieran de resultar de la libre concurrencia, entre otros, con los índices de referencia, cuando, por su propia naturaleza, al no tratarse de un bien o servicio, carece técnicamente de precio resultado de la libre concurrencia (ESTRADA I CUADRAS, GÓMEZ-JARA DÍEZ/TEJADA PLANA, MUÑOZ DE MORALES ROMERO, QUINTERO OLIVARES, SEGRELLES DE ARENAZA); sin perjuicio de que para su fijación se utilicen precios que sí pueden ser manipulados [art. 3.1.29) del Reglamento (UE) n° 596/2014]. En ese sentido, el art. 5.2.a) a c) de la Directiva 2014/57/UE, mientras en relación con los instrumentos financieros y contratos de contado sobre materias primas relacionadas con ellos, sí hace una referencia expresa a la manipulación de sus precios; sin embargo el art. 5.2.d) de la citada directiva, de manera más correcta técnicamente, se refiere a la manipulación del "cálculo" de un índice de referencia; que también es la expresión utilizada en el art. 284.1.2° CP. Teniendo en cuenta que un índice de referencia se determina mediante la aplicación de fórmulas tomando como base precios reales o estimados, es claro que la voluntad de la Directiva 2014/57/UE es la tipificación penal no solo de la alteración o manipulación de los precios que hubieren de resulta de la libre concurrencia que sean tomados en cuenta para fijar el índice de referencia sino también, en su caso, el de los precios estimados y las propias fórmulas de cálculo, lo que, al tenor del art. 284.1.1° CP, no parece que quede sancionado, con la laguna de punición y el incumplimiento de la normativa comunitaria que ello implica. De ese modo, cabe proponer una nueva redacción al art. 284.1.1ª CP en la que la determinación del objeto material quede más adecuadamente descrito como *"(...) alteración del cálculo de un índice de referencia o los precios que hubieren de resultar de la libre concurrencia de productos, mercancías, instrumentos financieros, contratos de contado sobre materias primas relacionadas con ellos (...)".*

Por otra parte, en el contexto del art. 284.1.1° CP, que de manera amplia se refiere a cualquier bien y servicio, la mención a índice de referencia no queda limitado a los aplicables en el mercado financiero sino a cualquier mercado, incluyendo, por ejemplo, los genéricos índice de precios de consumo (IPC) —con sus subgrupos y sus subclases— e índice de garantía de competitividad (IGC); así como, respecto del mercado de alquiler de inmuebles, el índice de referencia para la actualización de arrendamientos de vivienda (IRAV). No obstante, algún autor ha defendido, por su vinculación estrecha con las obligaciones comunitarias de sanción de conductas de abuso del mercado financiero, pero ignorando la contundencia del tenor literal en la descripción de su objeto material, que el art. 284.1.1° CP debe restringir su aplicación al mercado financiero, abogando incluso por *"confiar en el criterio interpretativo que utilicen los jueces para evitar la aplicación indebida de estos preceptos a abusos que se puedan cometer en cualquier otra clase de mercado o en simple relaciones de contratación de bienes y servicios"* (QUINTERO OLIVARES). Al margen de esta singular opinión doctrinal, la circunstancia de que el art. 284.1.1º CP tenga un objeto material amplio determina que este precepto resulte de aplicación subsidiaria a los arts. 284.1.2º y 3º CP en lo que se refiere a los instrumentos financieros, contratos de contado sobre materias primas relacionadas con ellos o índices de referencia del mercado financiero (FEIJÓO SÁNCHEZ, NIETO MARTÍN, NIETO MARTÍN/FOFFANI, SEGRELLES DE ARENAZA).

3. Los medios comisivos delimitadores de este delito se caracterizan por recaer personalmente sobre los participantes en el mercado de bienes y servicios, a través de la utilización de violencia, amenaza, engaño o cualquier otro artificio. El ámbito de aplicación propio de cada uno de los tres primeros medios comisivos hay que remitirlo, en cuanto a la violencia y la amenaza, a la vis física y psíquica propia de los delitos de coacciones y amenazas, y en cuanto al engaño, al delito de estafa, si bien, tomando en consideración que, por la conexión con el bien jurídico supraindividual protegido en este delito, el engaño no estará dirigido al consumidor final (NIETO MARTÍN), por lo que lo relevante no será su capacidad de viciar la voluntad de los singulares contratantes sino la ocultación de la información de los precios en detrimento de la transparencia del mercado (PAREDES CASTAÑÓN, DEL ROSAL BLASCO); lo que también impide exigir una relación de causalidad entre engaño, error y disposición patrimonial (BENÍTEZ ORTÚZAR, CRUZ BLANCA). La inclusión del medio comisivo "*cualquier otro artificio*", que se produce con ocasión de la reforma operada por la LO 1/2019, supone la recuperación de una cierta apertura de medios comisivos que, habiendo sido eliminada en la redacción originaria de este precepto en el CP 1995, sí estaba presente en el art. 540 del CP derogado. En esta cláusula deben entenderse incluidas no solo las tradicionales conductas de acaparamiento o adulteraciones y las más modernas colusorias o de formación de cárteles sino, a partir de una comprensión sistemática, diversas conductas prohibidas por la Ley 3/1991, de 10 de enero, de competencia desleal.

La descripción de los medios comisivos en el art. 284.1.1ª CP ha ido modificándose con el tiempo. En la redacción originara de este precepto se incluían como medio comisivo, junto con la violencia, amenaza o engaño, la difusión de noticias falsas y el uso de información privilegiada. La LO 5/2010 eliminó las referencias a la difusión de noticias falsas y el uso de información privilegiada, que pasaron a tener una regulación específica en los entonces arts. 284.2º y 3º y 285 CP.

La inclusión de la referencia a *"cualquier otro artificio"* en la redacción dada al art. 284.1.1º CP por la LO 1/2019 no debe entenderse como una recuperación del medio comisivo uso de información privilegiada, en tanto que no encaja en la idea de artificio y tiene un sentido muy delimitado en la normativa sectorial del mercado financiero, debiendo entenderse sancionado de manera específica en los delitos de los arts. 285.1 y 5 y 285 *bis* CP. Parece adecuado considerar que el concepto de artificio debe incluir aquellas conductas que tengan una entidad similar a los medios comisivos de este precepto

(BENÍTEZ ORTÚZAR, GÓMEZ PAVÓN), pero pueden existir dudas si debe identificarse solo con el engaño o constituye un medio comisivo con un significado plenamente autónomo. En favor de una identificación limitada del artificio al engaño podría abogar su interpretación gramatical. La cuarta acepción de la RAE define *"artificio"* mediante sinónimos como son *"disimulo, cautela, doblez"*; dando a entender el significado de cada uno de ellos también la idea de engaño —disimular con el sentido de ocultar o encubrir una realidad; cautela con el sentido de *"astucia, maña y sutileza para engañar"*; y doblez con el sentido de *"astucia o malicia en la manera de obrar, dando a entender lo contrario de lo que se siente"*. También podría utilizarse en su favor una interpretación histórica ya que, por un lado, en la redacción originaria del art. 540 CP del CP 1944 la descripción del medio comisivo era esparcir falsos rumores o *"usando de cualquier otro artificio"*, en lo que parece una clara identificación del artificio con las conductas mendaces; y, por otro, con ocasión de la reforma de este precepto por la Ley 44/1971, al incluirse ya el engaño como medio comisivo específico —junto con la difusión de noticias falsas o tendenciosas y el empleo de violencia o amenaza— la cláusula de apertura utilizada entonces fue la de *"cualquier otra maquinación"*, en vez la de *"cualquier otro artificio"*. No obstante, parece más adecuado dotarlo de un significado autónomo al del engaño atendiendo a un criterio sistemático. El concepto artificio aparece con una doble utilización en el CP, bien referido a un artefacto o instrumento (arts. 197.1, 197 *bis*.2, 348.1, 536 o 584 CP), bien a un medio comisivo [arts. 249.1.a), 262.1 o 436 CP; además del ahora analizado art. 284.1.1° CP]. En todos ellos el uso del concepto artificio como medio comisivo goza de un sentido completamente autónomo al de engaño. Así, el art. 249.1.a) CP hace referencia, para tipificar el delito de estafa informática, a conseguir una transferencia no consentida de cualquier activo patrimonial en perjuicio de otro *"obstaculizando o interfiriendo indebidamente en el funcionamiento de un sistema de información o introduciendo, alterando, borrando, transmitiendo o suprimiendo indebidamente datos informáticos o valiéndose de cualquier otra manipulación informática o artificio semejante"*; el art. 262.1 CP, al tipificar el delito de alteración de precios en concursos y subastas públicas, a los que *"intentaren alejar (...) a los postores por medio de amenazas, dádivas, promesas o cualquier otro artificio"* y el art. 436 CP, en el contexto del delito de fraudes y exacciones ilegales, a concertarse con los interesados o usar *"de cualquier otro artificio para defraudar a cualquier ente público"*. En ese sentido, la Doctrina ha defendido su autonomía conceptual del engaño, lo que le permitiría cubrir las lagunas de punibilidad del resto de manipulaciones del mercado (FEIJÓO SÁNCHEZ), y que dentro de este medio comisivo cabe incluir, por ejemplo, las conductas colusorias (BAJO FERNÁNDEZ/BACIGALUPO SAGGESE, BARDAVÍO ANTÓN, DOVAL PAIS/ANARTE BORRALLO, ESTRADA I CUADRAS, GALÁN MUÑOZ, GONZÁLEZ-CUÉLLAR SERRANO, MENDO ESTRELLA), compras de autocartera (ESTRADA I CUADRAS) y adulteraciones de productos (DOVAL PAIS/ANARTE BORRALLO). También se ha destacado que la inclusión de este medio comisivo trae causa y resulta equivalente a la referencia al uso de mecanismos ficticios o cualquier otra forma de artificio en el art. 5.2.b) de la Directiva 2014/57/UE (MUÑOZ DE MORALES ROMERO).

En la legislación sectorial de competencia también aparecen definidos algunos medios comisivos prohibidos que pueden ser útiles como legislación de referencia para la apreciación de los medios comisivos típicos del art. 284.1.1° CP. Así, por ejemplo, el vigente art. 5 de la Ley 3/1991, de 10 de enero, de competencia desleal, dentro de las conductas desleales incluyen los actos de engaño, que se definen como *"cualquier conducta que contenga información falsa o información que, aun siendo veraz en su contenido o presentación induzca o pueda inducir a error a los destinatarios, siendo susceptible de alterar su comportamiento económico"*. También puede incluirse dentro de ese medio comisivo mendaz, las conductas de omisiones engañosas definidas en el art. 7 de la Ley 3/1991, de 10 de enero, en la redacción dada por la Ley 29/2009, de 30 de diciembre, como "*la omisión u ocultación de la información necesaria para que el destinatario adopte o pueda adoptar una decisión relativa a su comportamiento económico con el debido conocimiento de causa. Es también desleal si la información que se ofrece es poco clara, ininteligible, ambigua, no se ofrece en el momento adecuado, o no se da a conocer el propósito comercial de esa práctica, cuando no resulte evidente por el contexto*". Los arts. 20 a 27 de la Ley 3/1991 también hacen una detallada relación de prácticas que se consideran desleales por engañosas en relación con los consumidores y usuarios. Por su parte, el art. 8 de la Ley 3/1991, en la redacción dada por la Ley 29/2009, define como prácticas agresivas "*todo comportamiento que teniendo en cuenta sus características y circunstancias, sea susceptible de mermar de manera significativa, mediante acoso, coacción, incluido el uso de la fuerza, o influencia indebida, la libertad de elección o conducta del destinatario en relación al bien o servicio y, por consiguiente, afecte o pueda afectar a su comportamiento económico. A estos efectos, se considera influencia indebida la utilización de una posición de poder en relación con el destinatario de la práctica para ejercer presión, incluso sin usar fuerza física ni amenazar con su uso*". Los arts. 28 a 31 de la Ley 3/1991 también hacen una detallada relación de prácticas que se consideran desleales por agresivas en relación con los consumidores y usuarios.

En cuanto a la definición de "*cualquier otro artificio*", también pueden servir de referencia otros actos considerados desleales por la citada Ley 3/1991 como son, por ejemplo, los actos de confusión —todo comportamiento que resulte idóneo para crear confusión con la actividad, las prestaciones o el establecimiento ajenos (art. 6)—, los actos de denigración —la realización o difusión de manifestaciones sobre la actividad, las prestaciones, el establecimiento o las relaciones mercantiles de un tercero que sean aptas para menoscabar su crédito en el mercado, a no ser que sean exactas, verdaderas y pertinentes (art. 9)—, explotación de la reputación ajena —el aprovechamiento indebido, en beneficio propio o ajeno, de las ventajas de la reputación industrial, comercial o profesional adquirida por otro en el mercado (art. 12)—, inducción a la infracción contractual —la inducción a trabajadores, proveedores, clientes y demás obligados, a infringir los deberes contractuales básicos que han contraído con los competidores (art. 14)—, violación de normas —prevalerse en el mercado de una ventaja competitiva significativa adquirida mediante la infracción de las leyes (art. 15)—, discriminación del consumidor en materia de precios y la dependencia económica entendida como explotación por parte de una empresa de la situación de dependencia económica en que puedan encontrarse sus empresas, clientes o proveedores, que no dispongan de alternativa equivalente para el ejercicio de su actividad (art. 16), etc.

Singular importancia tiene en la alteración de los precios de los mercados no financieros las conductas colusorias o formación de cárteles. Por ello parece que hubiera sido adecuado hacer una referencia expresa en este precepto a este medio comisivo y no remitirlo interpretativamente a su inclusión en la cláusula de cualquier otro artificio. A esos efectos, el art. 2.1.11) y 12) de la Directiva (UE) 2019/1 del Parlamento Europeo y del Consejo, de 11 de diciembre de 2018, encaminada a dotar a las autoridades de competencia de los Estados miembros de medios para aplicar más eficazmente las normas sobre competencia y garantizar el correcto funcionamiento del mercado interior; y la disposición adicional cuarta.2 de la Ley 15/2007, de 3 de julio, de defensa de la competencia, en la redacción dada por el Real Decreto-ley 9/2017, de 26 de mayo, define como cárteles todo acuerdo o práctica concertada entre dos o más competidores, cuya existencia está parcial o totalmente oculta, cuyo objetivo consiste en coordinar su comportamiento competitivo en el mercado o influir en los parámetros de la competencia mediante prácticas tales como, entre otras, la fijación o la coordinación de precios de compra o de venta u otras condiciones comerciales, incluso en relación con los derechos de propiedad intelectual e industrial; la asignación de cuotas de producción o de venta; el reparto de mercados y clientes, incluidas las colusiones en licitaciones, las restricciones de las importaciones o exportaciones o las medidas contra otros competidores contrarias a la competencia. En el mercado financiero también tienen proyección las conductas colusorias y, en ese sentido, el art. 12.2.a) del Reglamento (UE) nº 596/2014 considera como manipulación del mercado financiero *"la intervención de una persona, o de varias en concierto, para asegurarse una posición dominante sobre la oferta o demanda de un instrumento financiero, de un contrato de contado sobre materia primas relacionado o de un producto subastado basado en derechos de emisión, que afecte o pueda afectar a la fijación, de forma directa o indirecta, de precios de compra o de venta o que cree o pueda crear otras condiciones de negociación no equitativas"*.

La eliminación en su día de la cláusula "cualquier otra maquinación" como medio comisivo fue determinante, por ejemplo, de que la SAN, Sección 1ª, 27/2006, 23-6 (*Tol 981612)* absolviera en un supuesto en el que la maquinación para alterar el precio de las acciones de una empresa se produjo mediante la compra de acciones por sociedades interpuestas financiadas por la empresa matriz (FD 2), lo que fue confirmado en casación por la STS 600/2007, 11-9 (*Tol 1213905)*, (FD 16), o que la SAP, Asturias, Sección 3ª, 304/2018, 9-7 (*Tol 6835733)*, absolviera, por no apreciar la concurrencia de ninguno de estos medios comisivos. No obstante, la STS 670/2015, 30-10 (*Tol 5563733)*, confirmando con ello la STSJ Canarias, 8/2014, 3-9 (*Tol 4494328)*, considera que sí concurre un medio comisivo típico de este delito en un supuesto en que se amañó la adjudicación pública de una promoción inmobiliaria de viviendas de protección oficial.

La ejecución de estos medios comisivos plantea los mismos problemas dogmáticos que en el resto de delitos en que están previstos, por lo que también se reproduce la polémica sobre la posibilidad de ejecución omisiva (DOVAL PAIS/ANARTE BORRALLO) e incluso en comisión por omisión (ESTRADA I CUADRAS).

4. Estos medios comisivos deben ponerse en relación con el resultado típico de la efectiva alteración de los precios, lo que determina, por un lado, que no baste el mero uso de violencia, amenaza, engaño o cualquier otro artificio y, por otro, que la efectiva alteración de los precios —al alza, a la baja o manteniéndolos artificialmente— sea causal con el uso de dichos medios comisivos, por lo que es necesario su aptitud objetiva *ex ante* para producir esa alteración. No es necesaria para la consumación, aunque pueda conformar parte de la lógica y fenomenología criminológica de este tipo penal, la obtención de un beneficio o la creación de un perjuicio vinculados a la efectiva alteración. La ausencia de la alteración permite la responsabilidad por delito intentado.

En la redacción del art. 284.1º CP vigente hasta la reforma operada por la LO 1/2019, se utilizaba la expresión *"intentaren alterar"*, siendo a partir de esa reforma cuando el art. 284.1.1º CP incluye la exigencia de que haya una efectiva alteración. De ese modo, se revierte la reforma histórica operada en el art. 540 CP de 1944 por la Ley 44/1971, en la que se sustituyó la referencia a *"consiguieren"* por la de *"intentaren"*. Esta modificación ha permitido superar la polémica doctrinal que se había producido sobre la naturaleza de la referencia a *"intentaren alterar"*, que algunos consideraban como la descripción de un elemento subjetivo del tipo [GONZÁLEZ RUS, MUÑOZ CONDE; SAN, Sección 3ª, 6/2015, 6-3 (*Tol 4776086)*, y SAP, Las Palmas, Sección 6ª, 293/2018, 31-7 (*Tol 6998667)*], y otros como la descripción de la aptitud objetiva de la conducta para provocar la alteración (BRAGE CENDÁN, GÓMEZ PAVÓN, MARTÍNEZ-BUJÁN PÉREZ).

En cualquier caso, desde una perspectiva subjetiva, se sigue exigiendo dolo directo respecto de la pretensión de alteración de los precios (DOVAL PAIS/ANARTE BORRALLO, GÓMEZ PAVÓN, ESTRADA I CUADRAS).

En la actualidad, la necesidad de que exista una alteración de los precios causal al uso del medio comisivo, que era una propuesta político-criminal de parte de la Doctrina (PAREDES CASTAÑÓN), no impide seguir exigiendo que los medios comisivos deban tener una aptitud objetiva *ex ante* para producir la alteración de los precios o el cálculo del índice de referencia (PAREDES CASTAÑÓN), que cabe reconducir a la imputación objetiva (DOVAL PAIS/ANARTE BORRALLO). Se defiende de manera prácticamente unánime que la alteración de los precios puede ser al alza, a la baja o para su mantenimiento artificial tanto en la Doctrina (BAJO FERNÁNDEZ/BACIGALUPO SAGGESE, BENÍTEZ ORTÚZAR, CRUZ BLANCA, DOVAL PAIS/ANARTE BORRALLO, ESTRADA I CUADRAS, FERNÁNDEZ PANTOJA, GALÁN MUÑOZ, GARCÍA-PABLOS MOLINA, GÓMEZ PAVÓN, MARTÍNEZ-BUJÁN PÉREZ, MENDO ESTRELLA, MUÑOZ DE MORALES ROMERO, SUÁREZ GONZÁLEZ, ZABALA LÓPEZ-GÓMEZ) como en la Jurisprudencia [así, STS 670/2015, 30-10 (*Tol 5563733)*, o SAP, Asturias, SeccIÓN 3ª, 304/2018, 9-7 (*Tol 6835733)*], sin que tampoco sea preciso, según la primera de las resoluciones, la existencia de perjuicios reales finales. Tampoco resulta necesaria para la consumación la obtención de un beneficio para los autores (DOVAL PAIS/ANARTE BORRALLO, SEGRELLES DE ARENAZA).

También ha sido debatido si resulta suficiente la comisión de un solo acto de compulsión personal para la comisión de este delito (QUINTERO OLIVARES) o si es necesario, en atención al carácter colectivo del interés tutelado, que la conducta trascienda a un solo sujeto (GONZÁLEZ RUS, SUÁREZ GONZÁLEZ). En principio, atendiendo a la propia tipificación de la conducta, parece que lo determinante sería la capacidad de la conducta para alterar el normal funcionamiento del sistema de formación de precios en el mercado y no tanto el carácter aislado o colectivo de la actuación (GÓMEZ PAVÓN, MARTÍNEZ-BUJÁN PÉREZ). No obstante, lo que sí resulta exigible es que la alteración de precios tiene que tener una vocación de generalidad y no de una concreta operación o transacción (GALÁN MUÑOZ, GOMEZ PAVÓN) y, además, cualitativamente, tener un potencial disruptivo sobre los patrones generalizados de comportamiento de los intervinientes en el mercado (PAREDES CASTAÑÓN) o representar un grave impacto en la integridad del mercado (FEIJÓO SÁNCHEZ).

Por otra parte, la sustitución de *"intentaren alterar"* por *"alteraren"* también es determinante de que la vieja concepción de este tipo penal como un delito de peligro con resultado cortado, que impedía su apreciación intentada (GONZÁLEZ RUS, PAREDES CASTAÑÓN, SUÁREZ GONZÁLEZ, QUINTERO OLIVARES), haya sido modificada por su nueva consideración de un delito de resultado en que cabe la tentativa (BENÍTEZ ORTÚZAR, DOVAL PAIS/ANARTE BORRALLO, ZABALA LÓPEZ-GÓMEZ); lo implica, en el caso de la modalidad intentada, una significativa rebaja de la pena respecto de su anterior configuración como delito de tendencia (BENÍTEZ ORTÚZAR).

5. Por lo que se refiere a la cuestión concursal, el propio tipo establece la posibilidad de concurrencia con otros delitos, normalmente lo que consistan en el ejercicio de la violencia o la amenaza, que podrán ser castigados de modo independiente, para evitar incurrir en *bis in idem*, no solo cuando tengan suficiente gravedad (DOVAL PAIS/ANARTE BORRALLO, MENDO ESTRELLA), sino cuando, además, se lesione un bien jurídico distinto al de la libertad de decisión. Por su parte, respecto de la modalidad comisiva del engaño, si se produce una

alteración del precio con un perjuicio patrimonial para terceros, debe apreciarse un concurso ideal con el delito de estafa por la duplicidad de bienes jurídicos lesionados. En el caso en que estas manipulaciones tengan como objeto alterar los precios en concursos y subastas públicas, el concurso normativo que se produce con el delito del art. 262 CP debe resolverse a favor de este por aplicación del principio de especialidad (art. 8.1ª CP).

3. La manipulación informativa

1. El art. 284.1.2º CP tipifica la conducta de los que "*por sí, de manera directa o indirecta o a través de un medio de comunicación, por medio de internet o mediante el uso de tecnologías de la información y la comunicación, o por cualquier otro medio, difundieren noticias o rumores o transmitieren señales falsas o engañosas sobre personas o empresas, ofreciendo a sabiendas datos económicos total o parcialmente falsos con el fin de alterar o preservar el precio de cotización de un instrumento financiero o un contrato de contado sobre materias primas relacionado o de manipular el cálculo de un índice de referencia, cuando obtuvieran, para sí o para tercero, un beneficio, siempre que concurra alguna de las siguientes circunstancias: a) que dicho beneficio fuera superior a doscientos cincuenta mil euros o se causara un perjuicio de idéntica cantidad; b) que el importe de los fondos empleados fuera superior a dos millones de euros; c) que se causara un grave impacto en la integridad del mercado*". La sanción de esta conducta, ahora sí limitada al mercado financiero, está vinculada con las medidas sectoriales de protección contra el abuso de dicho mercado consistente en el intento de alteración de los precios de los instrumentos financieros o contratos de contado sobre materias primas relacionado con ellos o del cálculo de un índice de referencia a través de la manipulación de la información sobre las variables que influyen en sus cotizaciones. La pena aplicable es la de prisión de seis meses a seis años, multa de dos a cinco años, o del tanto al triplo del beneficio obtenido o favorecido, o de los perjuicios evitados, si la cantidad resultante fuese más elevada, e inhabilitación especial para intervenir en el mercado financiero como actor, agente o mediador o informador por tiempo de dos a cinco años. El art. 285 *quater* CP prevé la sanción penal de la provocación, la conspiración y la proposición para cometer este delito, castigándolo con la pena inferior en uno o dos grados.

El art. 5.2.c) y d) de la Directiva 2014/57/UE establece la obligación de los Estados de sancionar penalmente las siguiente actividades, que son las que, de manera principal, vendrían a concretarse en el art. 284.1.2º CP: "*c) difundir información a través de los medios de comunicación, incluido internet, o por cualquier otro medio, transmitiendo así señales falsas o engañosas en cuanto a la oferta, la demanda o el precio de un instrumento financiero o de un contrato de contado sobre materias primas relacionado, o pudiendo así fijar en un nivel anormal o artificial el precio de uno o varios instrumentos financieros o de un contrato de contado sobre materias primas relacionado, cuando las personas que difundieron la información en cuestión obtengan de ella una ventaja o un beneficio para sí mismas o para terceros; o d) transmitir información falsa o engañosa, suministrar datos falsos o engañosos, o cualquier otra conducta que suponga una manipulación del cálculo de un índice de referencia"*. En ello viene a coincidir con las actividades de manipulación de mercado definidas en el art. 12.1.c) y d) del Reglamento (UE) nº 596/2014, si bien excluyendo del ámbito de posibles objetos materiales a sancionar penalmente *"un producto subastado basado en derechos de emisión"*. En desarrollo de estas conductas, el art. 12.2.d) de dicho Reglamento establece que se considera también una manipulación del mercado financiero *"aprovechar el acceso, ocasional o regular, a los medios de comunicación, tradicionales o electrónicos, para exponer una opinión sobre un instrumento financiero, contrato de contado sobre materias primas relacionado o producto subastado basado en derechos de emisión (o, de modo indirecto, sobre el emisor de los mismos) después de haber tomado posiciones sobre ese instrumento, contrato o producto subastado basado en derechos de emisión, y, a continuación, aprovechar los efectos que las opiniones expresadas tengan sobre el precio de dicho instrumento, contrato o producto subastado basado en derechos de emisión, sin haber revelado al público simultáneamente el conflicto de intereses de una manera adecuada y efectiva"*.

2. Los elementos de este tipo penal son los siguientes: (i) sujeto activo: "*los que*"; (ii) conducta típica: alternativamente, la "*difusión de noticias o rumores*" o la "*transmisión de señales falsas o engañosas*" en ambos casos "*ofreciendo a sabiendas datos económicos total o parcialmente falsos*"; (iii) objeto material: "*sobre personas o empresas*"; (iv) medios comisivos: "*por sí, de manera directa o indirecta o a través de un medio de comunicación, por medio de internet o mediante el uso de tecnologías de la información y la comunicación, o por cualquier otro medio*"; (v) elemento subjetivo tendencial: alternativamente, "*con el fin de alterar o preservar el precio de cotización de un instrumento financiero o un contrato de contado sobre materias primas relacionado*" o "*manipular el cálculo de un índice de referencia*"; (vi) resultado: obtención de un beneficio propio o para un tercero; y (vi) circunstancias adicionales de la responsabilidad penal: alternativamente, que el "*beneficio fuera superior a doscientos cincuenta mil euros o se causara un perjuicio de idéntica cantidad*", "*el importe de los fondos empleados fuera superior a dos millones de euros*" o "*que se causara un grave impacto en la integridad del mercado*".

La vigente redacción de esta conducta es la dada por la LO 1/2019. Las principales modificaciones en relación con la establecida por la LO 5/2010 son las siguientes: (i) se hace una ampliación de las conductas típicas, que en la versión de la LO 5/2010 quedaba limitada a la difusión de noticias y rumores sobre personas o empresas en que a sabiendas se ofrecieren datos económicos total o parcialmente falsos; (ii) se amplían también los medios comisivos, que en la versión derogada solo se circunscribía a *"por sí o a través de un medio de comunicación"*; (iii) igualmente, la ampliación del tipo alcanza al elemento subjetivo tendencial, que en la anterior versión era solo *"el fin de alterar o preservar el precio de cotización de un valor o instrumento financiero"*; y (iv) por último, también se modifica la descripción de las circunstancias adicionales de la responsabilidad penal, que en la redacción de la LO 5/2010 era *"obteniendo para sí o para tercero un beneficio económico superior a los 300.000 euros o causando un perjuicio de idéntica cantidad"*.

3. Desde la perspectiva del sujeto activo, este delito, al igual que sucede con el resto de modalidades comisivas del art. 284 CP, se configura como un delito común y, por tanto, puede ser cometido por cualquiera de los actores que intervienen en el mercado, sean estos ofertantes de bienes o servicios, demandantes, intermediarios e incluso supervisores; pudiendo también ser cometidos por las personas jurídicas (art. 288.2° CP).

Podría resultar discutible, desde una perspectiva político-criminal, que no se haya configurado el delito del art. 284.1.2° CP como especial, teniendo en cuenta que este tipo de manipulaciones informativas del mercado financiero, en igual medida que las manipulaciones operativas del art. 284.1.3° CP y el uso de información privilegiada del art. 285 CP, es propia de los iniciados. También en ese sentido, puede destacarse que las circunstancias adicionales de la responsabilidad penal de la conducta de manipulación operativa evidencian un nivel de intervención en el mercado financiero que es ajeno a cualquier participe ocasional no especializado. No obstante, es el art. 5.2 de la Directiva 2014/57/UE, el que, al establecer las actividades de manipulaciones del mercado financiero que deben ser objeto de sanción penal, no limita el ámbito de los potenciales sujetos activos. Por tanto, su configuración como delito común responde a exigencias de la transposición de la normativa comunitaria.

4. El verbo rector que se usa en la descripción típica del art. 284.1.2° CP es doble pues se hace referencia alterativa, por un lado, a la difusión de noticias o rumores y, por otro, a la transmisión de señales falsas o engañosas; en ambos casos ofreciendo "*a sabiendas*" datos económicos total o parcialmente falsos sobre personas o empresas, que constituyen el objeto material sobre el que recae esta conducta falsaria.

La selección de los verbos rectores de este tipo penal como una conducta alternativa es una novedad de la redacción dada a este precepto por la LO 1/2019, toda vez que en la redacción previa dada por la LO 5/2010 el único verbo rector era el de difundir noticias o rumores sobre personas ofreciendo datos económicos total o parcialmente falsos. La razón de la inclusión de la conducta referida a la transmisión de noticias falsas o engañosas podría traer causa de la referencia a ese particular en el art. 5.2.c) y d) de la Directiva 2014/57/UE. Sin embargo, hay que reparar sobre un aspecto relevante: los apartados c) y d) se refieren a diferentes actividades dirigidos a la obtención de resultados también diferentes. Desde el punto de vista del resultado, el apartado c) se refiere a la alteración del precio de los instrumentos financieros o de un contrato de contado sobre materias primas relacionado y el apartado d) se refiere a la manipulación del cálculo de un índice de referencia. Pues bien, las conductas y medios comisivos a sancionar penalmente según la normativa comunitaria respecto de esos distintos resultados de la manipulación también son diferente. La actividad que obliga a sancionar penalmente el art. 5.2.c) de la Directiva 2014/57/UE de la alteración de los precios de los instrumentos financieros o contratos de contado sobre materia primas relacionado es la de *"difundir información"*, bien *"transmitiendo así señales falsas o engañosas en cuanto a la oferta, la demanda o el precio (...)"*, bien *"pudiendo así fijar en un nivel anormal o artificial el precio (...)"*. Por el contrario, la actividad que obliga a sancionar penalmente el art. 5.2.d) de la Directiva 2014/57/UE en relación con la manipulación del cálculo de un índice de referencia es la de *"transmitir información falsa o engañosa, suministrar datos falsos o engañosos, o cualquier otra conducta (...)"*. Por tanto, la normativa comunitaria no establece esa obligación, establecida en el art. 284.1.2º CP de sanción penal alternativa entre la difusión de noticias y rumores y la de trasmitir señales falsas o engañosas respecto de la alteración del precio de los instrumentos financieros o de un contrato de contado sobre materias primas relacionado; sino la de que el resultado de la difusión de información sea bien la de transmisión así de señales falsas o engañosas bien pudiendo así fijar en un nivel anormal o artificial el precio. Del mismo modo, la normativa comunitaria no establece esa obligación, establecida en el art. 284.1.2º CP, de sanción penal solo a partir de la alternativa entre la difusión de noticias y rumores y la de trasmitir señales falsas o engañosa en relación con la manipulación del cálculo de un índice de referencia, sino también de *"cualquier otra conducta"*, por lo que sería un delito de resultado —manipulación del cálculo de un índice de referencia— con medios comisivos indeterminados —la referencia a transmitir información falsa o engaños y a suministrar datos falsos o engañosos es solo ejemplificativa por la inclusión de la mención a *"cualquier otra conducta"*. En ese sentido, la regulación de la conducta típica rectora del art. 284.1.2º CP, en relación con el precio de los instrumentos financieros o de un contrato de contado sobre materias primas relacionado, implica una tipicidad ampliada respecto de la obligación comunitaria de penalización. Por el contrario, en relación con el cálculo de un índice de referencia, implicaría una tipicidad restringida respecto de la obligación comunitaria de penalización. Esta circunstancia, sin embargo, no puede entenderse como un incumplimiento de los deberes de transposición, toda vez que el debido cumplimiento de la obligación de sancionar la manipulación del cálculo de un índice de referencia impuesta por el art. 5.2.d) de la Directiva 2014/57/UE a partir de *"cualquier otra conducta"* debería entenderse colmado con el delito del art. 284.1.1ª CP cuyo medio comisivo resulta relativamente indeterminado a partir de la referencia a *"cualquier otro artificio"*. Ahora bien, entonces lo que habría que preguntarse es por la utilidad práctica de haber incluido como objeto material de los arts. 284.1.2º y 3º CP los índices de referencia si ya quedaba colmada la tipicidad penal de las manipulaciones informativas y operativa respecto del cálculo de un índice de referencia en un mercado financiero con el medio comisivo *"cualquier otro artificio"* del art. 284.1.1º CP. Como reflexión de técnica legislativa, es preferible, desde la perspectiva del art. 25.1 CE, una normativa penal clara que no una normativa penal con duplicidades o solapamientos de conductas a sancionar. Parece que ante la sencillez y claridad de la obligación de sanción penal de la conducta de *"transmitir información falsa o engañosa, suministrar datos falsos o engañosos, o cualquier otra conducta que suponga una manipulación del cálculo de un índice de referencia"*, establecida en el art. 5.2.d) de la Directiva 2014/57/UE, nada aporta, sino que resta a los efectos de exigencias de certeza y previsibilidad, diluir su tipificación penal en las conductas de los tres apartados del art. 284.1 CP. En ese sentido, cabe asumir la crítica de ciertos autores en relación con la confusión creada en este precepto al intentar trasponerse la sanción de las llamadas manipulaciones informativas (DOVAL PAIS, FEIJÓO SÁNCHEZ, GALÁN MUÑOZ, GÓMEZ-JARA DÍEZ/TEJADA PLANA, MUÑOZ DE MORALES ROMERO, SEGRELLES DE ARENAZA).

En cuanto al objeto de las conductas alternativas de difundir noticia o rumor o transmitir señales falsas o engañosas, el art. 284.1.2º CP sólo hace referencia a las personas o empresas —se entiende participantes en el mercado financiero. Sin embargo, cuando lo que se trata de proteger es la libre concurrencia en la fijación del precio de un instrumento financiero o de un contrato de contado sobre materias primas relacionado no se entiende esa limitación que, por otra parte, es heredada de la redacción dada por la LO 5/2010. Ello supone un aspecto delimitador de esta conducta típica que no responde a las exigencias de transposición de la normativa comunitaria (críticos también con esta limitación GÓMEZ-JARA DÍEZ/TEJADA PLANA, MUÑOZ DE MORALES ROMERO, NIETO MARTÍN). Como ya se ha expuesto, el art. 5.2.d) de la Directiva 2014/57/UE, respecto de la manipulación del cálculo de un índice de referencia, bajo ningún concepto limita a que la conducta típica recaiga sobre personas o empresas. Del mismo modo, el art. 5.2.c) de la Directiva 2014/57/UE, respecto de la alteración del precio de un instrumento financiero o de un contrato de contado sobre materias primas relacionado, tampoco limita que la conducta de difusión de la información sea respecto de personas o empresas. De hecho, lo refiere, de manera más coherente con el interés de tutela penal, a *"la oferta, la demanda o el precio de un instrumento financiero o de un contrato de contado sobre materias primas relacionado"*. Por tanto, ello podría implicar, en apariencia, otro incumplimiento del deber de transposición de la normativa comunitaria, ya que hay un desvió significativo en el art. 284.1.2º CP del objeto sobre el que debe recaer la difusión de noticias o rumores o la transmisión de señales falsas o engañosas, que no debe ser —o solo ser— el relativo a personas o empresas, sino el de la oferta, demanda o precio del instrumento financiero o de un contrato de contado sobre materias primas relacionado. Este defecto de transposición podría quedar remediado, en parte, con la asistemática y criticada (FEIJÓO SÁNCHEZ) reiterativa inclusión en el art. 284.1.3º CP de la conducta de trasmitir señales falsas o engañosas, que esta vez sí tiene como objeto *"la oferta, la demanda o el precio de un instrumento financiero, un contrato de contado sobre materias primas relacionado o índices de referencia"*; pero que no alcanzaría a la conducta de difusión de noticias o rumores mendaces sobre la oferta, la demanda o el precio. En cualquier caso, más allá del incumplimiento de los deberes de transposición que ello implica y de las consecuencias que pudiera conllevar, las exigencias del principio de legalidad provocan que sea atípica la conducta de difusión de noticias falsas o rumores sobre la oferta, la demanda o el precio de un instrumento financiero o de un contrato de contado sobre materias primas relacionado, quedando limitada a cuando se refiera a personas o empresas; remitiéndose la tipicidad en el caso de la conducta de transmisión de señales falsas o engañosas al art. 284.1.3º CP.

Los incumplimientos de trasposición expuestos se agravan si se toma en consideración que los datos total o parcialmente falsos objeto de la noticia o rumor o de las señales falsas o engañosas, además de la restricción anterior de que versen sobre una persona o empresa, sólo pueden ser de carácter económico, lo que supone una nueva restricción sin mucha justificación en que, por ejemplo, resultaría atípica la divulgación de un rumor sobre el fracaso de una investigación médica, principal activo de una empresa de biotecnología. No obstante, buena parte de la Doctrina sustenta un concepto amplio del carácter económico de la información en el sentido de que no hace falta que sea estrictamente económica sino con repercusiones económicas (DOVAL PAIS, DOVAL PAIS/ANARTE BORRALLO, ESTRADA I CUADRAS, FEIJOÓ SÁNCHEZ, GÓMEZ TOMILLO, GÓMEZ-JARA DÍEZ, GÓMEZ-JARA DÍEZ/TEJADA PLANA, MUÑOZ DE MORALES ROMERO, SEGRELLES DE ARENAZA; en contra NIETO MARTÍN, GÓMEZ PAVÓN), que no parece respetuoso con la prohibición de interpretaciones ampliatorias de los tipos penales. También ha sido objeto de crítica doctrinal la referencia a ofrecer datos económicos *"total o parcialmente falsos"* por las dudas interpretativas que ello puede generar (GÓMEZ TOMILLO, LUZÓN CÁNOVAS, NIETO MARTÍN, VARGAS LOZANO). Más polémica se ha generado en relación con si, en los casos de transmisión de señales falsas o engañosas mediante la ejecución de determinadas operaciones, resulta necesario que se trate de operaciones simuladas (FEIJÓO SÁNCHEZ, LUZÓN CÁNOVAS, MARTÍNEZ-BUJÁN PÉREZ) o caben también las auténticas cuya intención sea causar la alteración de los precios (DOVAL PAIS/ANARTE BORRALLO, ESTRADA I CUADRAS, GALÁN MUÑOZ, GÓMEZ-JARA DÍEZ, NIETO MARTÍN, PAREDES CASTAÑÓN); siendo preferible esta última opción, ya que la tipicidad se vincula con la transmisión de señales engañosas y no necesariamente con que esas señales provengan de operaciones o actuaciones mendaces o simuladas.

Se exige que el difusor de la noticia sea consciente de la falsedad de los datos aportados, lo que se refuerza con el uso del concepto *"a sabiendas"*. Esta exigencia de dolo directo, al menos respecto de este elemento del tipo, está en línea de coherencia con lo establecido en el art. 5.1 de la Directiva 2014/57/UE, que limita los deberes de tipificación penal de estas actividades *"cuando se haya cometido intencionalmente"*.

Jurisprudencialmente, este delito ha sido aplicado, aunque en la versión del art. 284.2º CP de la LO 5/2010, por la SJP, nº 29, Madrid, 167/2016, 24-5 (*Tol 5839936)*, en el llamado "caso Titánica" en un supuesto en el que el administrador único de una sociedad, que era accionista significativa de un 3,5% del Banco Popular, con la finalidad de provocar un repunte en el valor de las acciones, *"hizo circular durante el mes de junio de 2008 a través de los medios de comunicación, especialmente de la prensa económica, la noticia mendaz de que un grupo de inversores mejicanos estaba interesado en lanza una oferta pública de adquisición de acciones sobre Banco Popular a un precio muy ventajoso"*, provocando con ello un rebote alcista. Esta resolución fue confirmada en apelación por la SAP, Madrid, Sección 29ª, 189/2017, 31-3 (*Tol 6114950)*.

5. La referencia que se hace en el art. 284.1.2º CP a que este delito se comete por los que "*por sí, de manera directa o indirecta o a través de un medio de comunicación, por medio de internet o mediante el uso de tecnologías de la información y la comunicación, o por cualquier otro medio* [...]" resulta confusa en la medida en que no parece distinguirse adecuadamente y con la suficiente nitidez el ámbito subjetivo de comisión del verbo rector del tipo —a lo que respondería la mención a "*por sí, de manera directa o indirecta*"— y los eventuales canales a través de los cuales puede ejecutarse —"*a través de un medio de comunicación, por medio de internet o mediante el uso de tecnologías de la información y la comunicación, o por cualquier otro medio*". La interpretación gramatical derivada del uso de la conjunción adversativa "o" para unir la expresión "*de manera directa o indirecta*" y la relación de medios a través de los cuales puede ejecutarse la conducta típica determina que resulte necesario entender que la expresión "*por sí, de manera directa o indirecta*" no aparece referida a una eventual concreción del ámbito de los sujetos activos, sino que también sería un medio de ejecución. Por tanto, cabe concluir que el tipo lo que sanciona es la difusión de noticias o rumores o transmisión de señales falsas o engañosas bien sea ejecutada por el sujeto activo o por un tercero de persona a persona —"*por sí, de manera directa o indirecta*"— bien a través de medios de difusión y alcance general.

En la primera edición de este volumen, en comentario a la redacción del art. 284.2º CP dada por la LO 5/2010, sostuve que la entonces referencia a que la difusión de noticias o rumores lo fuera *"por sí o a través de un medio de comunicación"* debía interpretarse de una manera más vinculada al ámbito de sujetos activos, concluyendo entonces que esta expresión no parecía referirse tanto al canal de comunicación como al sujeto que expande el rumor o la noticia, siendo apta la utilización de personas interpuestas incluidos los periodistas, especializados o no. En principio, con la nueva redacción dada al precepto por la LO 1/2029, pudiera haberse mantenido esa interpretación en el sentido de que la nueva referencia a *"por sí, de manera directa o indirecta"*, estaría referida a que la conducta típica debe ser imputada subjetivamente al autor en régimen de autoría directa, mediata o incluso por inducción. Esa conclusión podría vincularse a que el art. 5.2.c) de la Directiva 2014/57/UE limita la obligación de sancionar penalmente esta manipulación informativa del mercado financiero "[...] *cuando las personas que difundieron la información en cuestión obtengan de ella una ventaja o un beneficio para sí mismas o para terceros*" y a la circunstancia de que ese mismo precepto refiere únicamente la actividad a sancionar penalmente la difusión de información "*a través de los medios de comunicación, incluido internet, o por cualquier otro medio*". Ahora bien, gramaticalmente, en los términos ya expuestos, parece que el uso de la conjunción adversativa "*o*" para unir la entera descripción de todos los elementos que componen el complemento circunstancial de modo, impone que todos esos elementos deban cumplir esa misma función de descripción modal de la conducta típica. Esta conclusión, sin embargo, a pesar de la confusión interpretativa que se haya podido generar con la redacción de este precepto, no implica ninguna ampliación del mandato de tipificación penal de la directiva, ya que la mención en su art. 5.2.c) a "*por cualquier otro medio*" permite incluir de forma natural en su ámbito de aplicación la difusión de información de persona a persona y no únicamente la que se realice mediante aquellos canales adecuados para conseguir que la noticia o rumor se expanda llegando a un número indeterminado de sujetos.

A estos efectos, la Doctrina, si bien ha defendido la tipicidad de la conducta dirigida a un solo destinatario (ESTRADA I CUADRAS), también ha incidido en la necesidad de que alcance a una pluralidad de personas (BENÍTEZ ORTÚZAR, DOVAL PAIS/ANARTE BORRALLO, GÓMEZ PAVÓN, NIETO MARTÍN). Por otra parte, si bien se admite la posible ejecución del delito mediante una conducta omisiva en supuestos de no desmentir una noticia (BENÍTEZ ORTÚZAR) u ocultar información relevante (DOVAL PAIS/ANARTE BORRALLO) e incluso la comisión por omisión ante eventuales posiciones de garantía (DOVAL PAIS, ESTRADA I CUADRAS, GÓMEZ-JARA DÍEZ), también existen ciertas posiciones contrarias a su posible comisión omisiva (NIETO MARTÍN).

6. El art. 284.1.2º CP exige que la manipulación informativa lo sea "*con el fin de alterar o preservar el precio de cotización de un instrumento financiero o un contrato de contado sobre materias primas relacionado o de manipular el cálculo de un índice de referencia*". En este caso, la dicción del texto evidencia que se trata de la exigencia de un específico elemento subjetivo del tipo. De ese modo, no bastará para la tipicidad de la conducta la mera difusión de noticias o rumores o la transmisión de señales falsas o engañosas, incluso siendo consciente de la falsedad de los datos, sino que será preciso que esta conducta sea movida por el ánimo de procurar una alteración o preservar el precio de una cotización o la manipulación de índice de referencia y, por tanto, de que, desde una perspectiva *ex ante*, se presente como apta objetivamente para producir la concreta alteración de la cotización o manipulación del cálculo pretendida.

La redacción previa dada a esta conducta por la LO 5/2010 solo se refería expresamente a la finalidad de alteración de precios, lo que interpretativamente puede ser para forzarlos al alta o a la baja. La LO 1/2019, con acierto, ha incluido la preservación, lo que permite dar un más exacto cumplimiento a la exigencia comunitaria de sanción no tanto de la alteración del precio como de fijarlo en un nivel anormal o artificial. No obstante, es de señalar, como ya se ha expuesto anteriormente, que la normativa comunitaria no ha configurado el mandato de penalización de las conductas de manipulación informativa del mercado financiero sobre la base de un especial ánimo subjetivo del sujeto activo al difundir la información sino, de manera más resultativa, vinculado, en el caso de los instrumentos financieros o de un contrato de contado sobre materias primas relacionado, bien a que con ello se transmitan señales falsas o engañosas en cuanto a la oferta, la demanda o el precio de estos bien a que con ello pueda fijarse en un nivel anormal o artificial el precio de estos [art. 5.2.c) de la Directiva 2014/57/UE]; y, en el caso del cálculo de un índice de cotización, al desarrollo de cualquier conducta que suponga una manipulación del mismo [art. 5.2.d).

La Doctrina ha defendido mayoritariamente que esta finalidad de alteración o preservación es un elemento subjetivo (DOVAL PAIS/ANARTE BORRALLO, ESTRADA I CUADRAS, GALÁN MUÑOZ, MAYO CALDERÓN, GÓMEZ-JARA DÍEZ, GÓMEZ-JARA DÍEZ/TEJADA PLANA; en contra RUIZ RODRÍGUEZ, que considera que es un elementos propio del dolo), que excluye la posibilidad de la comisión del delito con dolo eventual (BENÍTEZ ORTÚZAR, FEIJÓO SÁNCHEZ, FERNÁNDEZ PANTOJA, GALÁN MUÑOZ, GONZÁLEZ RUS). No obstante, parece adecuado exigir idoneidad en la falsedad para la alteración pretendida (DOVAL PAIS/ANARTE BORRALLO, ESTRADA I CUADRAS, GALÁN MUÑOZ, NIETO MARTÍN).

7. Junto con la conducta típica de la difusión de noticias y rumores o la transmisión de señales falsas o engañosas se incluye como resultado típico la obtención para el autor o un tercero, de un beneficio económico, que debe ser causal a dicha conducta. Además de ese resultado, el tipo penal exige que alternativamente concurra algunas de las siguientes circunstancias adicionales de la responsabilidad penal: (i) que el beneficio sea superior a doscientos cincuenta mil euros; (ii) se cause un perjuicio en la misma cantidad, (iii) que el importe de los fondos empelados fuera superior a los dos millones de euros o (iv) que se causara un grave impacto en la integridad del mercado.

La obtención de un beneficio económico es una exigencia típica constitutiva del resultado del delito (ESTRADA I CUADRAS, GALÁN MUÑOZ, GÓMEZ-JARA DÍEZ/TEJADA PLANA, FEIJÓO SÁNCHEZ), por lo que se excluye la tipicidad de manipulaciones que se concreten exclusivamente en un daño o perjuicio ajeno (GALÁN MUÑOZ), a no ser que de dicho daño —por ejemplo, la desaparición de un competidor del mercado— se puede obtener un beneficio indirecto. Esta exigencia no deja de contrastar con el hecho de que el art. 284.1.2º.a) CP establezca como una de las circunstancias adicionales de la responsabilidad penal, junto con que el beneficio fuera superior a doscientos cincuenta mil euros, la causación de un perjuicio en idéntica cantidad. Probablemente, esa referencia a la causación de un perjuicio sea un vestigio de la redacción dada al art. 284.2º CP por la LO 5/2010, que puede carecer de un sentido pleno con la nueva configuración de este tipo penal como un delito de resultado vinculado a la obtención de un beneficio. No obstante, se trate de un mero error legislativo o no, el hecho es que, atendiendo a una interpretación literal del art. 284.1.2º.a) CP, su comisión puede derivarse de que el autor haya obtenido para sí o para un tercero de un beneficio causal a su conducta —exigencia que se incorpora a la proposición normativa principal del art. 284.1.2º CP— bien en una cuantía superior a los doscientos cincuenta mil euros —primer inciso de la letra a) de ese artículo— bien con un beneficio en cualquier cuantía, pero causando, además, un perjuicio en una cantidad superior a los doscientos cincuenta mil euros —segundo inciso de la letra a) de ese artículo.

La exigencia de relación causal entre la conducta de la difusión de información mendaz y la obtención de un beneficio no deja de plantear problemas probatorios (DOVAL

PAIS/ANARTE BORRALLO), pudiendo ser utilizada al efecto la prueba pericial [así, SAP, Madrid, Sección 29ª, 189/2017, 31-3 (*Tol 6114950)*]. En la redacción originaria de este precepto dada por la LO 5/2010 la única exigencia era que el beneficio fuera superior a trescientos mil euros o se causara un perjuicio de idéntica cantidad. Por lo que es una novedad aportada por la LO 1/2019 que la cuantía se rebaje a los doscientos cincuenta mil euros y se incluyan como alternativas las circunstancias de que el importe de los fondos empleados fuera superior a dos millones de euros o de que se causara un grave impacto en la integridad del mercado.

La inclusión de estas circunstancias adicionales de la responsabilidad penal está vinculada con que en el mandato comunitario de penalización de los arts. 5.2.c) y d) de la Directiva 2014/57/UE se establece *"al menos en los casos graves"* y, en relación con ello, en que el considerando (12) de esta directiva establece que *"a efectos de la presente Directiva, la manipulación de mercado se debe considerar grave en casos en que sea elevado el impacto en la integridad del mercado, el beneficio derivado real o potencial o las pérdidas evitadas (…)"* y que el considerando (24) expone que *"(…) la imposición de sanciones debe ser proporcionada, tomando en consideración los beneficios obtenidos o las pérdidas evitadas por las personas consideradas responsables, así como los daños resultantes de la infracción para otras personas y, si procede, los daños causados al funcionamiento de los mercados o a la economía en general"*.

En principio, estas circunstancias adicionales de la responsabilidad penal del art. 284.1.2º CP podrían parecer miméticas con las establecidas en los arts. 284.1.3º y 285 CP. Ciertamente, es común su ámbito de aplicación. Sin embargo, por las razones que se expondrán a continuación su naturaleza dogmática puede no ser idéntica. En el art. 284.1.2º CP la obtención del beneficio se integra dentro de la proposición descriptiva de tipo, configurándose, por tanto, como un resultado típico necesario —es un delito de resultado—, siendo solo otras circunstancias adicionales de la responsabilidad penal que, alternativamente, ese beneficio o un eventual perjuicio causado fuera superior a los 250.000 euros, se emplearan fondos en una cantidad superior a los dos millones de euros o se causara un grave impacto en la integridad del mercado. Por el contrario, los arts. 284.1.3º y 285 CP se configuran como delitos de mera actividad en los que la obtención de un beneficio —también en la cantidad de esos 250.000 euros— no es un resultado necesario típico —no se integra en la proposición descriptiva del tipo— sino una más de las circunstancias adicionales de la responsabilidad penal. Esto es, mientras no cabe responsabilidad penal en grado consumación por el delito del art. 284.1.2º CP sin la obtención de un beneficio —en cualquier cantidad; esa exigencia es perfectamente prescindible para los delitos de los arts. 284.1.3º y 285 CP, que puede consumarse sin la obtención de ningún tipo de beneficio; sin perjuicio, en ambos casos, de que deban concurrir cualquiera de las otras circunstancias adicionales de la responsabilidad penal alternativas.

En ese sentido, considero que, dentro de la polémica sobre la naturaleza dogmática de estas circunstancias adicionales de la responsabilidad penal, debe mantenerse la defensa que ya hice en la primera edición de este volumen de que, con carácter general, la cuantía del beneficio tiene la naturaleza dogmática de condición objetiva de punibilidad, con las características que le son propias de que no resulta necesaria una relación de causalidad ni ser abarcadas por el dolo del sujeto, para cuyo análisis más extenso me remito a lo que se expone al estudiar el art. 285 CP. Ahora bien, la nueva redacción dada a estos tipos penales por la LO 1/2019 determina que, mientras en el art. 284.1.2º CP la obtención, para sí o para un tercero, de un beneficio, sea el elemento típico resultado de la manipulación informativa, limitándose la condición objetiva de punibilidad a su cuantía superior a los 250.000 euros; sin embargo, en el contexto de los arts. 284.1.3º y 285 CP, tanto la obtención, para sí o para un tercero, de un beneficio, como que su cuantía sea superior a 250.000 euros se configuran como una condición objetiva de punibilidad. Más allá de ello, lo que sí comparten las conductas de manipulación informativa, operativa y uso de información privilegiada, es que el resto de circunstancias adicionales de la responsabilidad penal alternativas —el importe de los fondos empelados fuera superior a dos millones de euros y que se causara un grave impacto en la integridad del mercado— por su propio contenido no pueden ser consideradas condiciones objetivas de punibilidad, sino, en el primer caso, una delimitación del medio comisivo —las manipulaciones u operaciones con uso de información privilegiada lo debe ser por medio de empleo de fondos superior a los dos millones de euros— y en el segundo un resultado típico adicional —la causación de un grave impacto en la integridad del mercado debe sumarse a la obtención de un beneficio para el sujeto activo o un tercero pero con independencia de su cuantía.

8. La especial configuración típica de este ilícito, que es un delito de resultado —a partir de la exigencia de que se obtenga, para sí o para un tercero, de un beneficio— en el que se incluyen, además, un elemento subjetivo del tipo —el fin de alterar o preservar el precio o de manipular el cálculo de un índice de referencia— y otras circunstancias adicionales de la responsabilidad penal —alternativamente, que ese beneficio o un eventual perjuicio causado fuera superior a 250.000 euros, el importe de los fondos empleados fuera superior a dos millones de euros o se causara un grave impacto en la integridad del mercado—, implica, a los efectos de determinar la plena consumación de un delito de manipulación informativa, que no baste, como se producía con la anterior redacción del art. 284.2º CP, dada por la LO 5/2010, la difusión de la noticia o rumor falso o la transmisión de señales falsas o engañosas junto con la concurrencia del elemento subjetivo del delito y alguna de las circunstancias adicionales de la responsabilidad penal, sino el resultado de la efectiva obtención de un beneficio. De ese modo, ante la posible ausencia de un beneficio, y siempre que concurran alguna de las circunstancias adicionales de la responsabilidad penal no vinculadas a la cuantificación de dicho beneficio, no hay objeción dogmática para apreciar formas de ejecución intentada.

Las conductas típicas de difusión de las noticias o rumores falsos o de transmisión de señales falsas o engañosas sobre personas o empresas, en la medida en que, por sí mismas, pudieran ser consideradas típicas por afectar a otros bienes jurídicos como el derecho al honor, a la intimidad o a la propia imagen deben ser sancionada en concurso ideal con este tipo penal.

El art. 6.2 de la Directiva 2014/57/UE establece que se garantizará la sanción penal intentada de, entre otras, las infracciones de manipulación informativa del mercado financiero. Esa exigencia se cumple en este caso por la ya citada configuración del tipo como un delito de resultado. A ello no es obstáculo la inclusión de unas determinadas circunstancias adicionales de la responsabilidad penal en tanto que son de formulación alternativa y no todas ellas están vinculadas con el resultado de la obtención de un beneficio. Así, desde una perspectiva dogmática, no cabría objetar la calificación como delito intentado de una conducta de manipulación informativa en la que, si bien no se obtiene beneficio alguno —por eso no habría responsabilidad por un hecho consumado—, concurre cualquiera de las circunstancias adicionales de la responsabilidad penal de que se haya causado un perjuicio superior a los 250.000 euros, los fondos empleados fueran superior a los dos millones de euros o se haya causado un grave impacto en la integridad del mercado.

4. La manipulación operativa

1. El art. 284.1.3º CP tipifica la conducta de los que "*realizaren transacciones, transmitieren señales falsas o engañosas, o dieren órdenes de operación susceptibles de proporcionar indicios falsos o engañosos sobre la oferta, la demanda o el precio de un instrumento financiero, un contrato de contado sobre materias primas relacionado o índices de referencia, o se aseguraren, utilizando la misma información, por sí o en concierto con otros, una posición dominante en el mercado de dichos instrumentos o contratos con la finalidad de fijar sus precios en niveles anormales o artificiales, siempre que concurra alguna de las siguientes circunstancias: a) que como consecuencia de su conducta obtuvieran, para sí o para tercero, un beneficio superior a doscientos cincuenta mil euros o causara un perjuicio de idéntica cantidad; b) que el importe de los fondos empleados fuera superior a dos millones de euros; c) que se causara un grave impacto en la integridad del mercado*". La sanción de esta conducta, también limitada al mercado financiero como la manipulación informativa (art. 284.1.2º CP), está igualmente vinculada con las medidas sectoriales de protección contra el abuso de dicho mercado consistente en el intento de alteración de los precios de los instrumentos financieros o contratos de contado sobre materias primas relacionado con ellos o del cálculo de un índice de referencia, en este caso a través de la ejecución de operaciones con el fin de que influyan en sus cotizaciones. La pena aplicable es la de prisión de seis meses a seis años, multa de dos a cinco años, o del tanto al triplo del beneficio obtenido o favorecido, o de los perjuicios evitados, si la cantidad resultante fuese más elevada, e inhabilitación especial para intervenir en el mercado financiero como actor, agente o mediador o informador por tiempo de dos a cinco años. El art. 285 *quater* CP prevé la sanción penal de la provocación, la conspiración y la proposición para cometer este delito, castigándolo con la pena inferior en uno o dos grados.

El art. 5.2.a) y b) de la Directiva 2014/57/UE establece la obligación de los Estados de sancionar penalmente las siguientes actividades, que son las que, de manera principal, vendrían a concretarse en el art. 284.1.3º CP: "*a) ejecutar una operación, dar una orden de negociación o cualquier otra conducta que: i) transmita señales falsas o engañosas en cuanto a la oferta, la demanda o el precio de un instrumento financiero o de un contrato de contado sobre materias primas relacionado con él, o bien ii) fije en un nivel anormal o artificial el precio de uno o varios instrumentos financieros o de un contrato de contado sobre materias primas relacionado con ellos, a menos que las razones por las que la persona que hubiese efectuado la operación o dado las órdenes de negociación sean legítimas y que esas operaciones u órdenes se ajusten a las prácticas de mercado aceptadas en el centro de negociación de que se trate; b) ejecutar una operación, dar una orden de negociación o cualquier otra actividad o conducta que afecte, mediante mecanismos ficticios o cualquier otra forma de engaño o artificio, al precio de uno o varios instrumentos financieros o de un contrato de contado sobre materias primas relacionado con ellos"*. En ello viene a coincidir con las actividades de manipulación de mercado definidas en el art. 12.1.a) y b) del Reglamento (UE) nº 596/2014, si bien excluyendo del ámbito de posible objetos materiales a sancionar penalmente *"un producto subastado basado en derechos de emisión"*. No obstante, también se ha defendido que la transposición de las conductas de manipulación operativa del art. 5.2.b) de la Directiva 2014/57/UE, tiene más exacto encaje en el art. 284.1.1º CP (GÓMEZ-JARA DÍEZ/TEJADA PLANA) o, al menos, también parte de su ilícito está recogido en dicho precepto (NIETO MARTÍN).

En desarrollo de estas conductas, el art. 12.2 del citado Reglamento (UE) nº 596/2014 establece que se considera también una manipulación del mercado financiero las siguientes conductas: *"a) la intervención de una persona, o de varias en concierto, para asegurarse una posición dominante sobre la oferta o demanda de un instrumento financiero, de un contrato de contado sobre materia primas relacionado o de un producto subastado basado en derechos de emisión, que afecte o pueda afectar a la fijación, de forma directa o indirecta, de precios de compra o de venta o que cree o pueda crear otras condiciones de negociación no equitativas; b) la compra o venta de instrumentos financieros, en el momento de apertura o cierre del mercado, que tenga o pueda tener el efecto de inducir a confusión o engaño a los inversores que operen basándose en las cotizaciones mostradas, incluidas las cotizaciones de apertura o de cierre; c) la formulación de órdenes en un centro de negociación, incluidas la cancelación o modificación de las mismas, a través de cualesquiera métodos de negociación disponibles, incluidos los medios electrónicos, como las estrategias de negociación algorítmica y de alta frecuencia, que produzca alguno de los efectos contemplados en el apartado 1, letras a) o b), al: i) perturbar o retrasar el funcionamiento del mecanismo de negociación utilizado en el centro de negociación, o hacer que ello tenga más probabilidades de ocurrir, ii) dificultar a otras personas la identificación de las órdenes auténticas en el mecanismo de negociación del centro de negociación, o aumentar la probabilidad de dificultarla, en particular introduciendo órdenes que den lugar a la sobrecarga o a la desestabilización del carné de órdenes, o iii) crear, o poder crear, una señal falsa o engañosa sobre la oferta y demanda o sobre el precio de un instrumento financiero, en particular, emitiendo órdenes para iniciar o exacerbar una tendencia; d) aprovechar el acceso, ocasional o regular, a los medios de comunicación, tradicionales o electrónicos, para exponer una opinión sobre un instrumento financiero, contrato de contado sobre materias primas relacionado o producto subastado basado en derechos de emisión (o, de modo indirecto, sobre el emisor de los mismos) después de haber tomado posiciones sobre ese instrumento, contrato o producto subastado basado en derechos de emisión, y, a continuación, aprovechar los efectos que las opiniones expresadas tengan sobre el precio de dicho instrumento, contrato o producto subastado basado en derechos de emisión, sin haber revelado al público simultáneamente el conflicto de intereses de una manera adecuada y efectiva; e) la compra o venta en el mercado secundario, antes de la subasta prevista en el Reglamento (UE) nº 1031/2010, de derechos de emisión o de instrumentos derivados relacionados con ellos, con el resultado de fijar el precio de adjudicación de los productos subastados en un nivel anormal o artificial o de inducir a confusión o engaño a los oferentes en las subastas"*. Por su parte, el art. 12.3 del citado Reglamento establece que *"a los efectos de la aplicación del apartado 1, letras a) y b), y sin perjuicio de las conductas recogidas en el apartado 2, el anexo I define de forma no exhaustiva indicadores de uso de mecanismos ficticios o de cualquier otra forma de engaño o artificio, y asimismo de forma no exhaustiva indicadores de señales falsas o engañosas y de fijación de los precios"*, sobre lo que se volverá más adelante.

2. Este tipo penal describe dos conductas diferentes que solo comparten la descripción del (i) sujeto activo: "*los que*" y (ii) las circunstancias adicionales de la responsabilidad penal: alternativamente, "*que como consecuencia de su conducta obtuvieran, para sí o para tercero, un beneficio superior a doscientos cincuenta mil euros o causara un perjuicio de idéntica cantidad*", "*el importe de los fondos empleados fuera superior a dos millones de euros*" o "*que se causara un grave impacto en la integridad del mercado*". A partir de ello las dos conductas típicas diferentes son (i) "*realizaren transacciones, transmitieren señales falsas o engañosas, o dieren órdenes de operación susceptibles de proporcionar indicios falsos o engañosos sobre la oferta, la demanda o el precio de un instrumento financiero, un contrato de contado sobre materias primas relacionado o índices de referencia*"; y (ii) "*se aseguraren, utilizando la misma información, por sí o en concierto con otros, una posición dominante en el mercado de dichos instrumentos o contratos con la finalidad de fijar sus precios en niveles anormales o artificiales*".

La vigente redacción de esta conducta es la dada por la LO 1/2019. Las principales modificaciones en relación con la establecida por la LO 5/2010 son las siguientes: (i) se mantiene la dualidad de conductas típicas, si bien se elimina el nexo común del medio comisivo "*utilizando información privilegiada*", a pesar de que en la segunda de las conductas se arrastra de la vieja redacción la mención a "*utilizando la misma información*", que ahora carece de referente; (ii) se incluyen unas circunstancias adicionales de la responsabilidad penal inexistentes en la anterior redacción; (iii) en la primera de las conductas típicas se incluye entre las acciones sancionadas la transmisión de señales falsas o engañosas, que es un reduplicación un tanto perturbadora de lo ya previsto en el art. 284.1.2º CP; y (iv) también se produce la ampliación del objeto material de ambas conductas, ya que se incluyen, además de los instrumentos financieros, el contrato de contado sobre materias primas relacionado y, respecto de la primera, también los índices de referencia. La eliminación del uso de información privilegiada como elemento rector había ya sido defendida por la Doctrina (GÓMEZ-JARA DÍEZ, NIETO MARTÍN).

3. Las conductas delictivas del art. 284.1.3º CP se ha configurado como un delito común en que no queda limitado el ámbito de los sujetos activos. Por tanto, puede ser cometido por cualquiera de los actores que intervienen en el mercado financiero; pudiendo también ser cometidos por las personas jurídicas (art. 288.2º CP).

En la vigente redacción de este precepto, una vez eliminado el medio comisivo "*utilizando información privilegiada*", resulta más adecuada su configuración como delito común si se pone en relación con la circunstancia de que el art. 5.2 de la Directiva 2014/57/UE, al establecer las actividades de manipulaciones del mercado financiero que deben ser objeto de sanción penal, no limita el ámbito de los potenciales sujetos activos. No obstante, aunque menos acusadamente que con la redacción dada por la LO 5/2010, también resulta discutible, desde una perspectiva político-criminal, que no se haya configurado como un delito especial, teniendo en cuenta no solo que este tipo de manipulaciones operativas o de concertación es propia de los iniciados sino que, además, las circunstancias adicionales de la responsabilidad penal exigidas para estos delitos evidencia un nivel de intervención en el mercado financiero que es ajeno a cualquier participe ocasional no especializado.

4. La primera conducta típica del art. 284.1.3º CP está delimitada por tres verbos rectores alternativos: (i) realizar transacciones, (ii) transmitir señales falsas o engañosas y (iii) dar órdenes de operación. A partir de ello, en atención a la naturaleza de estas actuaciones, todavía puede hacerse una nueva subdivisión en la que, partiendo del aspecto común de que el objeto material recae sobre el precio de un instrumento financiero, un contrato de contado sobre materias primas relacionado o índices de referencia, cabe diferenciar entre, por un lado, la consistente en realizar transacciones o dar órdenes de operación, que son la propias de actos de ejecución en el mercado por parte de los sujetos del mercado financiero; y, por otro, la consistente en trasmitir señales falsas o engañosas, que rememora la conducta tipificada en el art. 284.1.2º CP relativa a las manipulaciones informativas.

Las actuaciones propias de la manipulación operativa consistentes en realizar transacciones y dar órdenes de operación tienen como característica común que sean susceptibles de proporcionar indicios falsos o engañosos, lo que implica que resulte exigible que se trate de conductas que *ex ante* tengan la potencialidad propia de resultar engañosas para el mercado. Por el contrario, la actuación consistente en la transmisión de señales falsas o engañosas, al igual que en el contexto del art. 284.1.2º CP, no basta con que sea susceptible de proporcionar esos indicios de falsedad sino la acreditación de su falsedad o mendacidad real. En ese sentido, la gran diferencia entre la conducta de transmisión de señales falsas o engañosas de los apartados 2º y 3º del art. 284.1 CP radica en que, mientras el primero refiere esas señales mendaces a los personas o empresas, el del art. 284.1.3º CP lo es directamente sobre la oferta, la demanda o el precio. Por otra parte, la finalidad de fijar los precios en niveles anormales o artificiales no forma parte de los elementos de esta primera conducta típica.

La nueva redacción dada por la LO 1/2019 a esta primera conducta típica del art. 284.1.3º CP ha supuesto una importante modificación en relación con la dada por la LO 5/2010. En la redacción derogada, lo relevante era el medio comisivo *"utilizando información privilegiada"*, por lo que la mera operativa de realizar transacciones o dar órdenes susceptibles de proporcionar indicios engañosos sobre la oferta, demanda o el precio de los instrumentos financieros no colmaba el tipo penal entonces vigente. Por el contrario, eliminado el medio comisivo del uso de la información privilegiada, cuya tipicidad ha pasado tras la LO 1/2019 por completo a los arts. 285 y 285 *bis* CP, la acción de este tipo penal se concreta solo en la ejecución de las acciones referidas a la realización de transacciones, la transmisión de señales falsas o engañosas y el dar órdenes de operación susceptibles de proporcionar indicios falsos o engañosos. A esos efectos, también es relevante que esta nueva redacción incluye, de manera novedosa, como conducta típica la de trasmitir señales falsas o engañosas. De ese modo, se configura como un mero delito de peligro (GALÁN MUÑOZ), sin que resulte necesario que se trate de operaciones simuladas (en contra, NIETO MARTÍN/FOFFANI).

Esta nueva redacción no llega a captar con la necesaria fidelidad la conducta de manipulación del mercado descrita en el art. 5.2.a).i) de la Directiva 2014/57/UE referida a *"ejecutar una operación, dar una orden de negociación o cualquier otra conducta que: i) transmita señales falsas o engañosas en cuanto a la oferta, la demanda o el precio de un instrumento financiero o de un contrato de contado sobre materias primas relacionado con él* [...]" ni tampoco la del art. 5.2.b) de esa misma directiva de "*ejecutar una operación, dar una orden de negociación o cualquier otra actividad o conducta que afecte, mediante mecanismos ficticios o cualquier otra forma de engaño o artificio, al precio de uno o varios instrumentos financieros o de un contrato de contado sobre materias primas relacionado con ellos*". El mandato comunitario de penalización del art. 5.2.a).i) de la citada directiva refiere las conductas de ejecutar una operación o dar una orden de negociación solo a modo de ejemplificación, ya que, inmediatamente después, incluye la fórmula abierta y omnicomprensiva "*o cualquier otra conducta*", poniéndose todo el énfasis de la ilicitud en que el resultado de esa conducta sea trasmitir señales falsas o engañosas en cuanto a la oferta, la demanda o el precio de un instrumento financiero o de un contrato de contado sobre materias primas relacionado con él. A diferencia de ello, el precepto penal español no atiende a esa formulación abierta de que sea típica cualquier conducta operativa que tenga como resultado esa transmisión de señales falsas o engañosas y lo reconvierte en una modalidad más de conducta.

Del mismo modo, el mandato comunitario de penalización del art. 5.2.b) de la citada directiva refiere las conductas de ejecutar una operación o dar una orden de negociación solo a modo de ejemplificación, ya que, inmediatamente después, también incluye la fórmula abierta y omnicomprensiva "*o cualquier otra actividad o conducta*", poniéndose todo el énfasis de la ilicitud en que el resultado de esa conducta afecte, mediante mecanismos ficticios o cualquier otra forma de engaño o artificio, al precio de un instrumento financiero o de un contrato de contado sobre materias primas relacionado. A diferencia de ello, el precepto penal español tampoco atiende a esa formulación abierta de que sea típica cualquier conducta operativa que, mediante mecanismos ficticios u otras formas de engaño o artificio, tenga como resultado la afectación al precio de los instrumentos financieros o de un contrato de contado sobre materias primas relacionado. De ese modo, a los efectos de la transposición de la directiva, por un lado, resultan perfectamente prescindibles las referencias a realizar transacciones o dar órdenes de operaciones, bastando con la referencia a la transmisión de señales falsas o engañosas; y, por otro, tampoco parece que se haya hecho una correcta transposición de la manipulación consistente en el uso de mecanismos ficticios o cualquier otra forma de engaño o artificio, que afecte al precio de uno o varios instrumentos financieros o de un contrato de contado sobre materias primas relacionado, que no aparece en esa literalidad reflejada en las conductas del art. 284.1 CP. En ausencia de una cláusula abierta, tampoco parece fácil considerarla incluida en algunas de las actuaciones típicas. A estos efectos, ya ha sido señalado en la Doctrina que el concepto de transmisión de señales falsas o engañosas tiene un sentido más razonable como elemento configurador de las conductas típicas que como conducta típica autónoma a añadir a las que ya estaban contempladas antes de la reforma (FEIJÓO SÁNCHEZ).

Lo que sí es innovador en la norma española respecto de la redacción de la norma comunitaria es que esas señales falsas recaigan sobre la oferta, la demanda o el precio no solo de un instrumento financiero o un contrato de contado sobre materias primas relacionado, sino también a los índices de referencia. En los términos ya expuestos anteriormente, más allá de la imprecisión técnica de aplicar los conceptos de oferta, demanda o precio a los índices de referencia, que no son un bien o servicio, su inclusión permite salvar su infraprotección en el art. 284.1.2º CP, ya que el art. 5.2.c) de la Directiva 2014/57/UE impone la protección penal frente a cualquier manipulación de los indicies de referencia con independencia de la conducta de la que provenga esa manipulación.

En relación con los indicadores de señales falsas o engañosas y de fijación de los precios, el anexo I.A) del Reglamento (UE) nº 596/2014 establece que "*(...) se tendrán en cuenta los siguientes indicadores no exhaustivos, que no pueden considerarse por sí mismos como constitutivos de manipulación de mercado, cuando las operaciones u órdenes de negociar sean examinadas por los participantes del mercado y por las autoridades competentes: a) en qué medida las órdenes de negociar dadas o las operaciones realizadas representan una proporción significativa del volumen diario de operaciones del correspondiente instrumento financiero, el contrato de contado sobre materias primas relacionado o el producto subastado basado en derechos de emisión, en especial cuando estas actividades produzcan un cambio significativo en los precios; b) en qué medida las órdenes de negociar dadas o las operaciones realizadas por personas con una posición significativa de compra o venta en un instrumento financiero, un contrato de contado sobre materias primas relacionado o un producto subastado basado en derechos de emisión producen cambios significativos en el precio de ese instrumento financiero, contrato de contado sobre materias primas relacionado o producto subastado basado en derechos de emisión; c) si las operaciones realizadas no producen ningún cambio en la titularidad final de un instrumento financiero, un contrato de contado sobre materias primas relacionado o un producto subastado basado en derechos de emisión; d) en qué medida las órdenes de negociar dadas o las operaciones realizadas o las órdenes canceladas incluyen revocaciones de posición en un período corto y representan una proporción significativa del volumen diario de operaciones del correspondiente instrumento financiero, el contrato de contado sobre materias primas relacionado o el producto subastado basado en derechos de emisión, y pueden estar vinculadas a cambios significativos en el precio de un instrumento financiero, un contrato de contado sobre materias primas relacionado o un producto subastado basado en derechos de emisión; e) en qué medida las órdenes de negociar dadas o las operaciones realizadas se concentran en un período de tiempo corto en la sesión de negociación y producen un cambio de precios que se invierte posteriormente; f) en qué medida las órdenes de negociar dadas cambian los mejores precios de demanda u oferta de un instrumento financiero, contrato de contado sobre materias primas relacionado o producto subastado basado en derechos de emisión, o en general la configuración del carné de órdenes disponible para los participantes del mercado, y se retiran antes de ser ejecutadas; y g) en qué medida se dan las órdenes de negociar o se realizan las operaciones en el momento específico, o en torno a él, en que se calculan los precios de referencia, los precios de liquidación y las valoraciones y producen cambios en los precios que tienen repercusión en dichos precios y valoraciones"*.

Por su parte, aunque, como ya se ha dicho, no aparece como un elemento típico, respecto de los indicadores de uso de mecanismos ficticios o de cualquier otra forma de engaño o artificio, el anexo I.B) del Reglamento (UE) nº 596/2014 establece que "[...] *se tendrán en cuenta los siguientes indicadores no exhaustivos, que no podrán considerarse por sí mismos como constitutivos de manipulación de mercado, cuando las operaciones u órdenes de negociar sean examinadas por los participantes del mercado y por las autoridades competentes: a) si las órdenes de negociar dadas o las operaciones realizadas por cualesquiera personas van precedidas o seguidas de la difusión de información falsa o engañosa por esas mismas personas o por otras que tengan vinculación con ellas, y b) si las órdenes de negociar son dadas o las operaciones son realizadas por cualesquiera personas antes o después de que esas mismas personas u otras que tengan vinculación con ellas presenten o difundan recomendaciones de inversión que sean erróneas, sesgadas o pueda demostrarse que están influidas por un interés importante"*.

En el último inciso del párrafo primero del art. 284.1.3º CP, aparece la referencia, a modo de elementos subjetivo del tipo, a "[...] *con la finalidad de fijar sus precios en niveles anormales o artificiales*". En principio, este complemento circunstancial de finalidad, por su ubicación en la proposición lingüística, podría resultar sintácticamente también aplicable a esta primera conducta típica y no solo a la segunda. De hecho, esa fue la posición que mantuve en la primera edición de este volumen. Sin embargo, ahora resulta necesario mantener una posición contraria en atención a consideraciones sobre el origen de esta tipificación en el mandato comunitario de sanción penal de determinadas actuaciones de manipulación del mercado financiero. El origen de la exigencia de la finalidad de fijar los precios en niveles anormales o artificiales no trae causa de las conductas descritas en los arts. 5.2.a).i) o b) de la Directiva 2014/57/UE, que serían las que se pretenden transponer en esta primera conducta del art. 284.1.3° CP, sino de la conducta descrita en el art. 5.2.a).ii) de la citada directiva, cuya transposición aparecería reflejada en la segunda conducta típica del art. 284.1.3° CP, que es la única respecto de la cual con la nueva redacción se podría predicar la exigencia de este elemento finalista del tipo. Por otro lado, sintácticamente, parece que lo congruente con la redacción dada a este ilícito, y especialmente por el uso del artículo *"sus precios"*, es entender que la proposición *"con la finalidad de fijar sus precios en niveles anormales o artificiales"* solo aparece referida al objeto material *"dichos instrumentos o contratos"* a los que se refiere la segunda conducta típica y no al objeto material de la primera, que se refiere, de manera más amplia, a *"el precio de un instrumento financiero, un contrato de contado sobre materias primas relacionado o índices de referencia"*.

5. La segunda conducta típica del art. 284.1.3° CP aparece referida "*a los que* [...] *se aseguraren, utilizando la misma información, por sí o en concierto con otros, una posición dominante en el mercado de dichos instrumentos o contratos con la finalidad de fijar sus precios en niveles anormales o artificiales* [...]". De ese modo, el ámbito de sujetos activos aparece delimitado por la expresión "*por sí o en concierto con otros*", lo que resulta innecesario al redundar en aspectos de coautoría regulados en el art. 28 CP. El verbo rector es el de asegurarse una posición dominante en el mercado financiero, que en sí mismo no resulta ilícito sino se abusa de dicha posición. Por ello, se adiciona como elemento subjetivo que esa posición dominante los sea con la finalidad de fijar los precios de los productos negociados en ese mercado financiero en niveles anormales o artificiales; que si bien es la misma que la exigida en el art. 284.1.2° CP para las manipulaciones informativas, sin embargo recibe una redacción diferente, huyendo de una mínima unicidad. Por último, se exige como medio comisivo el uso de "*la misma información*", que se configura como el único y exclusivo para el desarrollo de la conducta de asegurarse una posición dominante, lo que hace inviable cualquier tipo de aplicación posible de esta conducta típica ante la indefinición de la información a la que aparece referida.

Esta segunda conducta parece que pretende configurar un nuevo delito de peligro con un elemento subjetivo del tipo, de modo tal que no basta asegurarse la posición dominante, en el sentido de mantener la ya lograda o acceder a ella (MENDO ESTRELLA), sino el hacerlo, además, con la finalidad de manipulación de los precios (FEIJOÓ SÁNCHEZ, GÓMEZ-JARA DÍEZ), que para parte de la Doctrina se configura como el verdadero contenido del dolo o, al menos, se confunde con él (DOVAL PAIS/ANARTE BORRALLO, RUIZ RODRÍGUEZ), sin que resulte necesaria una alteración efectiva (MAYO CALDERÓN).

La nueva redacción dada por la LO 1/2019 a esta segunda conducta típica del art. 284.1.3° CP parece que no pretendía aportar ninguna modificación relevante respecto de la redacción dada por la LO 5/2010 más allá de la inclusión, por un lado, como objeto material, junto con los instrumentos financieros, a los contratos de contado sobre materias primas relacionados; y, por otro, la delimitación de la responsabilidad penal a la concurrencia de determinadas circunstancias de su gravedad. Sin embargo, la torpeza legislativa de mantener la referencia a que el único modo de comisión es *"utilizando la misma información"*, que es un remedo de la derogada redacción dada por la LO 5/2010, en el que la manipulación operativa estaba vinculada exclusivamente al uso de información privilegiada, hace inviable cualquier posibilidad aplicativa de esta conducta. En ningún caso resulta posible, conforme a exigencias de legalidad penal del art. 25.1 CE, subsumir conducta alguna en la acción de asegurar una posición dominante en el mercado, cuando la misma solo puede ser cometida utilizando una información cuya naturaleza o características no aparecen definidas en el tipo penal. En contra de esta posición se muestra parte de la Doctrina, que no objeta el pleno significado a este ilícito (BENÍTEZ ORTÚZAR, ESTRADA I CUADRAS, FEIJÓO SÁNCHEZ, GÓMEZ-JARA DÍEZ/TEJADA PLANA; MUÑOZ DE MORALES ROMERO, SEGRELLES DE ARENAZA), llegando a sustentarse que sería suficiente para su tipicidad cualquier información relevante para la oferta, la demanda o el precio de un instrumento financiero o de un contrato de contado sobre materias primas relacionado (FEIJÓO SÁNCHEZ). El problema, no obstante, sigue siendo sintáctico y semántico toda vez que la mención a *"misma"* información, al carecer de una referencia precedente en el art. 284.1.3º CP a algún tipo de información, tiene un significado inaprehensible; siendo, por tanto, una proposición lingüística semánticamente ininteligible.

Esta conducta típica intenta dar cumplimiento a la obligación comunitaria de sancionar penalmente la manipulación del mercado descrita en el art. 5.2.a).ii) de la Directiva 2014/57/UE, referida a *"ejecutar una operación, dar una orden de negociación o cualquier otra conducta que:* [...] *ii) fije en un nivel anormal o artificial el precio de uno o varios instrumentos financieros o de un contrato de contado sobre materias primas relacionado con ellos"*. Comparando la previsión comunitaria y la interna son de apreciar algunas importantes diferencias que, al margen de la ya señalada imposibilidad de aplicación del art. 284.1.3º CP, provoca tanto una infraprotección como una ultraprotección. La ultraprotección vendría causada porque, si bien la normativa comunitaria insta exclusivamente la penalización del efectivo resultado de fijar un nivel anormal o artificial de los precios del mercado financiero, sin embargo, la norma penal española no exige la efectiva concurrencia de dicho resultado sino que configura un delito de mera actividad con resultado cortado, mediante la mera exigencia del elemento subjetivo del tipo del intento de fijar esos precios en niveles anormales o artificiales. Por el contrario, la infraprotección deriva de que, mientras la normativa comunitaria extiende la sanción penal a cualquier conducta que tenga como resultado la efectiva fijación en un nivel anormal o artificial de los precios, la norma penal española limita esas conductas operativas a la consistente en lograr una situación de posición dominante en el mercado, con exclusión de cualquier otra, sin perjuicio de que pueda alcanzarse una suplementaria protección reconduciendo su sanción a la primera conducta típica del art. 284.1.3º CP. En ese sentido, se ha criticado que, al limitar la sanción al aseguramiento de la posición dominante, se desprotegen otras posibles actuaciones concertadas, además de la omisión de protección de los índices de referencia frente a esta conducta (GÓMEZ-JARA DÍEZ/TEJADA PLANA, MUÑOZ DE MORALES ROMERO).

Por lo que se refiere al aseguramiento de una posición dominante, debe incidirse en que, si bien la Directiva 2014/57/UE no hace ninguna referencia expresa a las conductas de posición dominante, quizá por considerarlo innecesario al utilizar reiteradamente la fórmula abierta a cualquier otra conducta; sin embargo, el art. 12.2.a) del Reglamento (UE) nº 596/2014 también considera como manipulación del mercado financiero *"la intervención de una persona, o de varias en concierto, para asegurarse una posición dominante sobre la oferta o demanda de un instrumento financiero, de un contrato de contado sobre materia primas relacionado o de un producto subastado basado en derechos de emisión, que afecte o pueda afectar a la fijación, de forma directa o indirecta, de precios de compra o de venta o que cree o pueda crear otras condiciones de negociación no equitativas*".

En los casos de manipulación operativa resulta de gran complejidad la prueba de la intención de alteración de precios, especialmente en el caso en que concurra con otros fines, legítimos o no. Así, por ejemplo, la STS 600/2007, 11-9 (*Tol 1213905*), concluyó la atipicidad de la conducta por evidenciarse un fin prevalente al de alteración del precio de la cotización como era el de posibilitar la operativa de recompra de acciones.

6. La normativa comunitaria establece como excepciones a la tipicidad de estas manipulaciones operativas, por un lado, que la persona que hubiese desarrollado la conducta demuestre que se ha efectuado por razones legítimas y de conformidad con una práctica de mercado aceptada y, por otra, que se trate de programas de recompra y medidas de estabilización. Estas excepciones, aunque no aparecen recogidas expresamente en la norma penal española, su aplicación se deriva del art. 285 *ter* CP, constituyéndose como supuestos de atipicidad de la conducta.

El art. 5.2.a), último párrafo, de la Directiva 2014/57/UE y el art. 12.1.a), último párrafo, del Reglamento (UE) nº 596/2014 establecen como causa excluyente de la consideración de conducta de manipulación del mercado —y, por tanto, de la obligación de penalización— que "*la persona que hubiese efectuado la operación o dado la orden de negociación o realizado cualquier otra conducta demuestre que esa operación, orden o conducta se han efectuado por razones legítimas y de conformidad con una práctica de mercado aceptada* […]". A esos efectos, el art. 13.2 del Reglamento (UE) nº 596/2014 establece que "*Las autoridades competentes podrán determinar que una práctica de mercado es aceptada teniendo en cuenta los criterios siguientes: a) si la práctica de mercado ofrece un grado de transparencia sustancial para el mercado; b) si la práctica de mercado garantiza un alto grado de protección del funcionamiento de las fuerzas del mercado y la adecuada interacción de las fuerzas de la oferta y la demanda; c) si la práctica de mercado tiene un impacto positivo en la liquidez y eficiencia del mercado; d) si la práctica de mercado tiene en cuenta el mecanismo de negociación del mercado en cuestión y permite a los participantes del mercado reaccionar de forma adecuada y oportuna a la nueva situación del mercado creada por dicha práctica; e) si la práctica de mercado no genera riesgos para la integridad de los mercados directa o indirectamente relacionados, regulados o no, en el instrumento financiero de que se trate dentro de la Unión; f) el resultado de cualquier investigación realizada sobre la práctica de mercado en cuestión por parte de cualquier autoridad competente u otra autoridad, en particular sobre la posible infracción por dicha práctica de mercado de normas o reglamentos destinados a impedir el abuso de mercado, o de códigos de conducta, tanto si se refiere al mercado de que se trate como si se refiere, directa o indirectamente, a mercados relacionados dentro de la Unión, y g) las características estructurales del mercado en cuestión, incluyendo, entre otros, si se trata de un mercado regulado o no, los tipos de instrumentos financieros que se negocian y el tipo de participantes del mercado, incluido el grado de participación de inversores particulares en el mercado en cuestión*". Por su parte, el art. 13.12 de este Reglamento también establece que "[…] *los emisores de instrumentos financieros admitidos a cotización en un mercado de pymes en expansión podrán celebrar contratos de liquidez respecto de sus acciones cuando concurran todas las condiciones siguientes: a) que las condiciones del contrato de liquidez se atengan a los criterios establecidos en el apartado 2 del presente artículo y en el Reglamento Delegado (UE) 2016/908 de la Comisión; b) que el contrato de liquidez se elabore de conformidad con el modelo de la Unión a que se refiere el apartado 13 del presente artículo; c) que el proveedor de liquidez esté debidamente autorizado por la autoridad competente de conformidad con la Directiva 2014/65/UE y esté registrado como miembro del mercado ante el organismo rector del mercado o la empresa de servicios de inversión que gestione el mercado de pymes en expansión; d) que el organismo rector del mercado o la empresa de servicios de inversión que gestione el mercado de pymes en expansión reconozca por escrito ante el emisor haber recibido un ejemplar del contrato de liquidez y acepte las condiciones de dicho contrato"*. Incide sobre este extremo el Reglamento Delegado (UE) 2016/908 de la Comisión de 26 de febrero de 2016 por el que se completa el Reglamento (UE) nº 596/2014 del Parlamento Europeo y del Consejo mediante el establecimiento de normas técnicas de regulación sobre los criterios, el procedimiento y los requisitos para establecer una práctica de mercado aceptada, así como los requisitos para mantenerla, derogarla o modificar las condiciones para su aceptación.

El art. 225.3 LMVSI faculta a la CNMV determinar cuáles son las prácticas de mercado aceptadas, de conformidad con lo dispuesto con el artículo 13 del Reglamento (UE) nº. 596/2014, mediante su aprobación por la correspondiente Circular, lo que ha dado lugar a la Circular 1/2017, de 26 de abril, de la Comisión Nacional del Mercado de Valores, sobre los contratos de liquidez, modificada por la Circular 2/2019, de 27 de noviembre.

Parte de la Doctrina considera que, sin perjuicio de que en los casos en que exista un reconocimiento normativo de que una operativa tiene el carácter de práctica de mercado aceptada se trataría de un supuesto de mera atipicidad, no resulta siempre necesaria esa declaración normativa para que quepa apreciar que es un supuesto de riesgo permitido (FEIJÓO SÁNCHEZ, GÓMEZ-JARA DÍEZ, PAREDES CASTAÑÓN). No obstante, si se atiende a la circunstancia de que el art. 284.1.3º CP no recoge expresamente el concepto *"práctica de mercado aceptada"*, sino que solo resulta de aplicación a partir de la referencia que a ese concepto se hace en la normativa comunitaria, que exige, en todo caso, un reconocimiento normativo, las posibilidades de fundamentar en unas eventuales *"prácticas de mercado aceptadas"* no declaradas formalmente un supuesto de riesgo permitido resultan muy voluntaristas.

Hay que reiterar que, por previsión expresa contenida en el art. 1.3 de la Directiva 2014/57/UE, son también operaciones excluidas de la tipicidad de este delito *"a) la negociación con acciones propias en programas de recompra, cuando esa negociación se realice de conformidad con el art. 5.1 a 3 del Reglamento (UE) nº 596/2014; b) la negociación de valores o de instrumentos asociados con arreglo al art. 3.2.a) y b) del Reglamento (UE) nº 596/2014 para la estabilización de valores, cuando esa negociación se realice de conformidad con el art. 5.4 y 5 de dicho Reglamento; c) las operaciones, órdenes o conductas que respondan a fines de política monetaria, tipo de cambio o gestión de la deuda pública, de conformidad con el art. 6.1 del Reglamento (UE) nº 596/2014, las operaciones, órdenes o conductas de conformidad con su art. 6.2, las actividades que respondan a la política climática de la Unión, de conformidad con su art. 6.3, o las actividades que respondan a la política agrícola común de la Unión y a la política pesquera común de la Unión, de conformidad con su art. 6.4"*. En lo que se refiere a la exención de los programas de recompra, el art. 5.1 a 3 del Reglamento (UE) nº 596/2014, en la redacción dada por el Reglamento (UE) 2024/2089, establece, en su apartado 1 que *"las prohibiciones de los artículos 14 y 15 del presente Reglamento no se aplicarán a la negociación de acciones propias en el marco de programas de recompra cuando: a) los detalles completos del programa se hagan públicos antes del comienzo de la negociación; b) las operaciones sean notificadas como elementos integrantes del programa de recompra, a la autoridad competente del centro de negociación de conformidad con el apartado 3 y a continuación sean difundidas al público de forma agregada; c) se respeten límites adecuados en cuanto al precio y al volumen, y d) se efectúe de conformidad con los objetivos a que se refiere el apartado 2 y las condiciones establecidas en el presente artículo y en las normas técnicas de regulación contempladas en el apartado 6*"; en su apartado 2 que "*para beneficiarse de la exención prevista en el apartado 1, los programas de recompra tendrán uno de los objetivos siguientes como su único propósito: a) la reducción del capital de un emisor; b) el cumplimiento de las obligaciones inherentes a los instrumentos financieros de deuda convertibles en acciones, o c) el cumplimiento de las obligaciones derivadas de los programas de opciones de acciones u otras asignaciones de acciones para los empleados o los miembros de los órganos de administración o supervisión del emisor o de una empresa asociada*"; y en su apartado 3 que "*para beneficiarse de la exención establecida en el apartado 1, el emisor comunicará todas las operaciones relacionadas con el programa de recompra a la autoridad competente del mercado más importante en términos de liquidez a que se refiere el artículo 26, apartado 1, del Reglamento (UE) nº 600/2014. La autoridad competente receptora transmitirá la información, previa solicitud, a las autoridades competentes del centro de negociación en el que las acciones hayan sido admitidas a cotización y coticen*". Por su parte, en lo que se refiere a la estabilización de valores, el art. 5.4 a 5 del Reglamento (UE) nº 596/2014 establece, en su apartado 4 que "*las prohibiciones de los artículos 14 y 15 del presente Reglamento no se aplicarán a los valores o instrumentos asociados para la estabilización de valores cuando: a) la estabilización se realice durante un período limitado; b) la información relevante sobre la estabilización se haya hecho pública y se haya notificado a la autoridad competente de acuerdo con el apartado 5; c) se respeten límites adecuados en cuanto al precio, y d) dicha negociación cumpla con las condiciones para la estabilización establecidas en las normas técnicas de regulación mencionadas en el apartado 6*"; y en su apartado 5 que "*sin perjuicio de lo dispuesto en el artículo 23, apartado 1, los emisores, oferentes o entidades que realicen la estabilización, actúen o no en nombre de esas personas, notificarán los detalles de todas las operaciones de estabilización a la autoridad competente del centro de negociación a más tardar al final de la séptima sesión diaria del mercado siguiente a la fecha de ejecución de dichas operaciones*". El art. 5.6 del Reglamento (UE) nº 596/2014 establece que a fin de garantizar una aplicación homogénea de estas previsiones la AEVM elaborará proyectos de normas técnicas de regulación para establecer las condiciones que deberán cumplir los programas de recompra y las medidas de estabilización y que se delega en la Comisión la facultad de adoptar esas normas técnicas de regulación. A esos efectos, se ha aprobado el Reglamento Delegado (UE) 2016/1052 de la Comisión, de 8 de marzo de 2016, por el que se completa el Reglamento (UE) nº 596/2014 del Parlamento Europeo y del Consejo en lo que respecta a las normas técnicas de regulación relativas a las condiciones aplicables a los programas de recompra y a las medidas de estabilización.

7. La responsabilidad penal de estas conductas de manipulación operativa queda delimitada por la necesidad de que concurran las circunstancias alternativas de que (i) como consecuencia de la conducta los autores obtuvieran, para sí o para tercero, un beneficio superior a doscientos cincuenta mil euros o causara un perjuicio de idéntica cantidad; (ii) el importe de los fondos emplea-

dos en estas manipulaciones operativas fuera superior a dos millones de euros; y (iii) se causara un grave impacto en la integridad del mercado. La naturaleza dogmática de estas circunstancias adicionales de la responsabilidad penal no resulta uniforme, sino que está vinculada con su propia redacción y la función que cumple en la determinación de la responsabilidad penal. De ese modo, mientras la obtención de un beneficio superior a doscientos cincuenta mil euros para el sujeto activo o un tercero o la causación de un perjuicio de idéntica cantidad se configuran como condiciones objetivas de punibilidad; sin embargo, el empleo de fondos superior a los dos millones de euros es una delimitación del medio comisivo para la manipulación operativa y la causación de un grave impacto en la integridad del mercado constituiría un resultado típico.

En la redacción originaria de este precepto dada por la LO 5/2010 no se incluía ningún tipo de delimitación en la sanción de las manipulaciones operativas, a diferencia de lo que se hacía con la manipulación informativa, que sí estaba limitada con aquella redacción a que el autor hubiera obtenido para sí o para un tercero un beneficio económico superior a los 300.000 euros o causando un perjuicio de idéntica cantidad. Ello implica que la nueva redacción dada al precepto por la LO 1/2019 haya producido una restricción muy severa de la conducta típica de las manipulaciones operativas. La inclusión de estas circunstancias en el art. 284.1.3º CP está vinculada con que el mandato comunitario de penalización en los arts. 5.2.a) y b) de la Directiva 2014/57/UE se establece *"al menos en los casos graves"* y, en relación con ello, que el considerando (12) de esta directiva establece que *"a efectos de la presente Directiva, la manipulación de mercado se debe considerar grave en casos en que sea elevado el impacto en la integridad del mercado, el beneficio derivado real o potencial o las pérdidas evitadas (…)"* y el considerando (24) expone que *"(…) la imposición de sanciones debe ser proporcionada, tomando en consideración los beneficios obtenidos o las pérdidas evitadas por las personas consideradas responsables, así como los daños resultantes de la infracción para otras personas y, si procede, los daños causados al funcionamiento de los mercados o a la economía en general"*. Esta exigencia es mimética en cuanto a su ámbito de aplicación, finalidad político-criminal y problemas técnicos que plantea con las establecidas en los art. 284.1.2º y 285 CP. Se remite su estudio a lo que se expondrá al analizar el art. 285 CP. En todo caso, es preciso destacar que, a diferencia de la referencia a *"beneficio"* contenida en el art. 284.1.2º CP, que, al estar en su párrafo primero, lo convertía en un resultado típico de la manipulación informativa; en los arts. 284.1.3º y 285 CP, la referencia a *"beneficio"* aparece en su apartado a), lo que lo convierte en una mera condición objetiva de punibilidad junto con la exigencia de perjuicio y de su cuantificación superior a los 250.000 euros.

8. La compleja configuración típica de este ilícito, vinculada a la exigencia de determinadas circunstancias adicionales alternativas, que tienen una diferente naturaleza dogmática, y a que se exija, además, respecto de la conducta de asegurarse una posición dominante en el mercado, un elemento subjetivo del tipo —la finalidad de fijar sus precios en niveles anormales o artificiales—, que no resulta extensible a la conducta de realizar transacciones y dar órdenes de operación, implica que no se pueda establecer un momento consumativo unitario y

tampoco una posición común respecto de la posibilidad de apreciar formas de ejecución intentada.

La configuración de la circunstancia adicional de la obtención de un beneficio superior a doscientos cincuenta mil euros para el sujeto activo o un tercero o la causación de un perjuicio de idéntica cantidad como una condición objetiva de punibilidad, con las características que le son propias de que no resulta necesaria una relación de causalidad ni ser abarcadas por el dolo del sujeto, determina que no quepa apreciar una forma intentada y que su consumación se produzca con la acreditación de la concurrencia de esa condición objetiva de punibilidad. Por su parte, la configuración de la circunstancia adicional del empleo de fondos superior a los dos millones de euros, en la medida en que se trata de una mera delimitación del medio comisivo para la manipulación operativa, pero no se exige ningún resultado típico, se configura como un delito de mera actividad y de peligro abstracto, por lo que dogmáticamente también puede resultar compleja su modalidad intentado, consumándose con la mera realización de transacciones y dar órdenes de operación susceptibles de proporcionar indicios falsos o engañosos por esa cuantía de dos millones de euros. Por el contrario, la configuración de la circunstancia adicional de la causación de un grave impacto en la integridad del mercado como un resultado típico implica que no haya inconveniente dogmático en apreciar su modalidad intentada siempre que *ex ante* quepa apreciar la potencialidad de la conducta para la producción de ese grave impacto.

El art. 6.2 de la Directiva 2014/57/UE establece que se garantizará la sanción penal intentada de, entre otras, las infracciones de manipulación operativa del mercado financiero. Esa exigencia se cumple en este caso para algunos de los supuestos alternativos de concurrencia de circunstancias adicionales. En concreto, en los términos ya expuestos, no hay objeción para el caso de la causación de un grave impacto en la integridad del mercado y, en relación con el empleo de fondos superior a los dos millones de euros, en la medida en que se configura como un delito de mera actividad y peligro abstracto, no resulta necesaria su punición intentada al coincidir con la conducta de la consumada.

5. Agravaciones

El art. 284.2 CP establece, de manera conjunta para todas las conductas de manipulación del mercado del art. 284.1 CP, las agravaciones de que el responsable se dedique de forma habitual a las prácticas abusivas (art. 284.2.1ª CP) o de que el beneficio obtenido, la pérdida evitada o el perjuicio causado sea de notoria importancia (art. 284.2.2ª CP), lo que determinaría la imposición de la pena en su mitad superior. Por su parte, el art. 284.3 CP incluye una nueva circunstancia agravatoria conforme a la cual "*si el responsable del hecho fuera trabajador o empleado de una empresa de servicios de inversión, entidad de crédito, autoridad supervisora o reguladora, o entidad rectora de mercados regulados o centros de negociación, las penas se impondrán en su mitad superior*".

Estas agravaciones, que no responden a una exigencia de transposición de la normativa comunitaria, fueron incluidas por la LO 1/2019; no existiendo ningún régimen de agravación específica para estos delitos en la redacción derogada dada por la LO 5/2010. No obstante, la agravación por habitualidad o notoria importancia, ya estaban incluidas por la LO 15/2003 para el delito del uso de información privilegiada. En la actualidad la

LO 1/2019 ha establecido que este régimen de agravaciones resulte idéntico en los delitos del art. 284 y 285 CP. Esta circunstancia permitiría solventar una de las principales dudas interpretativas que plantea el art. 284.3 CP como es dilucidar si la agravación de iniciado prevista en ese apartado es una agravación más con carácter de alternatividad con las previstas en el art. 284.2 CP, en la medida en que la consecuencia que prevé es la misma, esto es, imponer la pena en su mitad superior; o, sin embargo, implicaría una agravación superpuesta en relación con las ya establecidas en el art. 284.2 CP, lo que llevaría a la imposición de la pena en la mitad superior de la mitad superior. Un argumento en favor de esta última solución es, además de la circunstancia de que esta prevista en un apartado diferenciado a las agravaciones de habitualidad y notoria importancia, que, si bien el art. 284.3 CP se limita a referir esta agravación con su consecuencia jurídica, en el caso del art. 285.3 CP sí se hace una referencia expresa a que las penas previstas *"se impondrán, en sus respectivos casos"*, en su mitad superior. No obstante, no habría que excluir una posible interpretación *sensu contrario* conforme a la cual pudiera sostenerse que, teniendo la redacción de los arts. 284.3 y 285.3 CP el mismo origen en la LO 1/2019; solo en el art, 285.3 CP se hace mención expresa a la imposición, en sus respectivos casos, de la pena en su mitad inferior. En ese caso, la segunda duda sería determinar si en los casos de concurrir las tres agravaciones de los apartados 2 y 3 del art. 284 CP es de aplicación la regla general del art. 66.4ª CP conforme a la cual *"cuando concurran más de dos circunstancias agravantes y no concurra atenuante alguna, podrán aplicar la pena superior en grado a la establecida por la ley, en su mitad inferior"*. Parece, por elementales razones de la interpretación más favorable, en defecto de una referencia expresa, que la agravación del art. 284.3 CP debe entenderse parificada con las de art. 284.2 CP, sin la posibilidad de aplicación del art. 66.1.4ª CP, de modo que la agravación del art. 284.3 CP en caso de concurrir con una o las dos agravaciones del art. 284.2 CP solo permitirá la imposición de la pena en la mitad superior del marco penal de este delito.

El análisis sobre el ámbito de aplicación de estas agravaciones se remite al que se va a realizar más adelante en el comentario al art. 285 CP.

6. *Exención por delación*

1. La LO 14/2022, de 22 de diciembre, ha regulado en el art. 288 *bis* CP una exención de la responsabilidad penal por delación de aplicación, entre otros, al delito de manipulación de los precios del mercado (arts. 284 CP), que se comparte también con el delito de alteración de precios en concursos subastas públicas (art. 262.3 CP). Subjetivamente, esta exención es aplicable a los directores, administradores de hecho o de Derecho, gerentes y otros miembros del personal actuales y anteriores de cualquier sociedad, constituida o en formación, que en esa condición hayan cometido este delito. La aplicación de la exención exige que los potenciales beneficiarios pongan fin a su conducta delictiva y cooperen con las autoridades competentes de manera plena, continua y diligente, aportando informaciones y elementos de prueba de los que estas carecieran, que sean útiles para la investigación, detección y sanción de las demás personas implicadas, concretado en el cumplimiento de las siguientes condiciones: (i) Cooperen activamente con la autoridad de la competencia que lleva el caso. (ii) Las sociedades o personas físicas hayan presentado una solicitud de exención del pago de la multa

de conformidad con lo establecido en la Ley de Defensa de la Competencia. (iii) La solicitud haya sido presentada en un momento anterior a aquel en el que los potenciales beneficiarios de la exención hayan sido informados de que están siendo investigados en relación con estos hechos. Y (iv) la colaboración sea activa con la autoridad judicial o el Ministerio Fiscal proporcionando indicios útiles y concretos para asegurar la prueba del delito e identificar a otros autores.

Esta exención responde a la posibilidad otorgada en la Directiva (UE) 2019/1 del Parlamento Europeo y del Consejo, de 11 de diciembre de 2018, encaminada a dotar a las autoridades de competencia de los Estados miembros de medios para aplicar más eficazmente las normas sobre competencia y garantizar el correcto funcionamiento del mercado interior. Más ampliamente se volverá sobre esta exención en la lección dedicada a las disposiciones comunes del capítulo XI.

IV. EL USO DE INFORMACIÓN PRIVILEGIADA EN EL MERCADO FINANCIERO

1. Consideraciones generales

1. Los principios de paridad de trato y trasparencia son axiomas en los que se fundamenta el correcto funcionamiento del mercado de valores. Por ello, se ha desarrollado una amplia normativa comunitaria y nacional tendente a la protección del mercado de valores a través de diversos mecanismos de prevención y control de las conductas abusivas que pongan en riesgo estos principios. En ese marco, la finalidad político-criminal de las conductas tipificadas en los arts. 285 y 285 *bis* CP es, en protección del superior interés por conservar la confianza del inversor en el mercado financiero, sancionar lo que se considera uno de los más graves ataques contra las exigencias del mantenimiento de la igualdad: el uso y revelación de información privilegiada. En ese sentido, hay un consenso general en afirmar que el bien jurídico protegido por estos delitos es el respeto a los principios que garantizan el correcto funcionamiento del mercado financiero.

La necesidad político-criminal de esta protección es ampliamente debatida. Si bien fue un precepto reclamado por parte de la Doctrina (DOVAL PAIS/ANARTE BORRALLO, GONZÁLEZ CUSSAC, QUERALT JIMÉNEZ, RODRÍGUEZ MOURULLO), que incluso se ha pronunciado en favor de la tipificación de las recomendaciones del uso de información privilegiada (BENÍTEZ ORTÚZAR, PRIETO DEL PINO), también ha sido puesta en duda la necesidad de su criminalización, incidiendo en algunos casos en que es inherente a la propia estructura del mercado financiero la obtención de ventajas por el uso de información privilegiada (BAJO FERNÁNDEZ/BACIGALUPO SAGGESE). En cualquier caso, más allá de la eventual suficiencia del derecho administrativo sancionador para reprimir estas conductas y de que su delimitación típica evidencia que se ha optado legislativamente por una intervención penal restrictiva, lo cierto es que su incidencia es anecdótica, al tenor de la jurisprudencia sobre el particular, que se reduce a dos únicos procedimientos que haya llegado al TS: (i) El asunto tabacalera, [STS 1136/2010, 21-12

(*Tol 2008799)*, que confirma la absolución por prescripción acordada en la SAP, Madrid, Sección 17ª, 768/2009, 17-7 (*Tol 1558887)*]. Y (ii) El asunto "Parquesol" [STS 491/2015, 23-7 (*Tol 5390995)*, que confirmó la condena impuesta en la SAN, Sección 4ª, 44/2014, 23-12 (*Tol 4605681)*. No obstante, también existe jurisprudencia menor resolutoria en apelación, destacando, entre las últimas, la SAP, Madrid, Sección 7ª, 556/2017, 30-6 (*Tol 6340824)*, o la SAP, Madrid, Sección 15ª, 62/2019, 28-1 (*Tol 7168197)*. Cuestión distinta es si la técnica de tipificación utilizada es la más adecuada para la protección del bien jurídico —que casi unánimemente se considera de carácter colectivo (BACIGALUPO SAGGESE, BARDAVÍO ANTÓN, BENÍTEZ ORTÚZAR, BONILLA PELLA, CALDERÓN SUSÍN, DOVAL PAIS/ANARTE BORRALLO, FARALDO CABANA, FERNÁNDEZ PANTOJA, FERRANDIS CIPRIÁN/MARTÍNEZ GARAY, GALÁN MUÑOZ, GARCÍA SANZ, GÓMEZ INIESTA, GONZÁLEZ CUSSAC, GONZÁLEZ RUS, HORMAZÁBAL MALARÉE, MARTÍNEZ FLÓREZ, LUZÓN CANOVAS, MARTINEZ-BUJÁN PÉREZ, MORALES PRATS, MUÑOZ CONDE, NIETO MARTÍN, PRIETO DEL PINO, SERRANO GONZÁLEZ DE MURILLO, SUÁREZ GONZÁLEZ, URBANO CASTRILLO, VÁZQUEZ CAÑIZARES/SANTOS ALONSO, ZABALA LÓPEZ-GÓMEZ)— o propicia ámbitos de impunidad ante los insalvables problemas de prueba que plantea la acreditación de los elementos del tipo (crítico con esta técnica, RODRÍGUEZ MOURULLO). Por su parte, la STS 491/2015, 23-7 (*Tol 5390995)*, afirma que el interés a tutelar es "*la igualdad de oportunidades de los inversores respecto a acceso a la información que evite que unos sujetos obtengan indebidamente una posición de ventaja cognoscitiva por la posesión de información relevante reservada; transparencia informativa que posibilita además la confianza de los inversores en el funcionamiento del mercado*".

El debate sobre la necesidad de la sanción penal del uso de información privilegiada en la actualidad está superado por responder a un mandato de la normativa comunitaria. Así, en lo que se refiere al uso de información privilegiada, el art. 3 de la Directiva 2014/57/UE establece, en su apartado primero, que "*1. Los Estados miembros adoptarán las medidas necesarias para asegurarse de que las operaciones con información privilegiada o la recomendación o inducción a otra persona a realizar operaciones con información privilegiada a que se refieren los apartados 2 a 8 constituyan infracciones penales, al menos en los casos graves y cuando se hayan cometido intencionalmente*". A partir de ello, en el apartado tercero se define el ámbito de sujetos activos posibles, al prever que "*3. El presente artículo se aplicará a cualquier persona que posea información privilegiada por encontrarse en alguno de los supuestos siguientes: a) ser miembro de los órganos de administración, gestión o supervisión del emisor o del participante del mercado de derechos de emisión; b) participar en el capital del emisor o del participante del mercado de derechos de emisión; c) tener acceso a dicha información en el ejercicio de su trabajo, profesión o funciones, o d) estar involucrada en actividades delictivas. El presente artículo se aplicará también a toda persona que obtenga información privilegiada en circunstancias distintas de las mencionadas en el párrafo primero cuando dicha persona sepa que se trata de información privilegiada*". Por su parte, este precepto también establece en los apartados segundo y cuatro a octavo una descripción de las concretas conductas a sancionar desarrolladas por los que posean información privilegiada. Así, se afirma que "*2. A efectos de la presente Directiva, las operaciones con información privilegiada son las realizadas por una persona que dispone de información privilegiada y que la utiliza adquiriendo, transmitiendo o cediendo, por cuenta propia o de terceros, directa o indirectamente, los instrumentos financieros a los que se refiere esa información*"; "*4. Se considerará asimismo como operación con información privilegiada la utilización de este tipo de información cancelando o modificando una orden relativa al instrumento financiero al que se refiere la información, cuando se hubiese dado la orden antes de que el interesado tuviera conocimiento de la información privilegiada*"; "*5. En relación con las subastas de derechos de emisión u otros productos subastados basados en esos derechos, celebradas de conformidad con el Reglamento (UE) n o 1031/2010, la utilización de información privilegiada en el sentido del apartado 4 del presente artículo también incluirá la presentación, modificación o retirada de una oferta por una persona tanto cuando actúe por cuenta propia como de terceros"; "6. A efectos de la presente Directiva, recomendar que una persona realice operaciones con información privilegiada o inducir a una persona a que realice operaciones con información privilegiada se produce cuando una persona que posee dicha información: a) recomienda, sobre la base de dicha información, que otra persona adquiera, transmita o ceda instrumentos financieros a los que se refiere la información, o induce a esa persona a realizar la adquisición, transmisión o cesión, o b) recomienda, sobre la base de dicha información, que otra persona cancele o modifique una orden relativa a un instrumento financiero al que se refiere la información, o induce a dicha persona a realizar la cancelación o modificación"; "7. Seguir las recomendaciones o inducciones a que se refiere el apartado 6 se considerará como operación con información privilegiada cuando la persona que siga la recomendación o inducción sepa que estas se basan en información privilegiada"; y "8. A efectos del presente artículo, del mero hecho de que alguien esté o haya estado en posesión de información privilegiada no se considerará que la haya utilizado y que, por lo tanto, haya realizado operaciones con información privilegiada en relación con alguna adquisición, transmisión o cesión, siempre que su conducta pueda considerarse legítima con arreglo al artículo 9 del Reglamento (UE) nº 596/2014"*. En relación con estas conductas, los arts. 6.1 y 2 de la Directiva 2014/57/UE obligan a la sanción penal de la inducción, complicidad y tentativa; el art. 7, a que la sanción máxima de privación de libertad a imponer sea, al menos, de cuatro años; y los arts. 8 y 9, la responsabilidad de las personas jurídicas por su comisión.

La segunda de las conductas relacionadas con la información privilegiada que la normativa comunitaria impone sancionar penalmente es la prevista en el art. 4 de la Directiva 2014/57/UE relativa a la comunicación ilícita de información privilegiada. A esos efectos se establece lo siguiente: *"1. Los Estados miembros adoptarán las medidas necesarias para garantizar que la comunicación ilícita de información privilegiada a que se refieren los apartados 2 a 5 constituya infracción penal, al menos en los casos graves y cuando se haya cometido intencionalmente. 2. A efectos de la presente Directiva, existe comunicación ilícita de información privilegiada cuando una persona posee información privilegiada y la revela a cualquier otra persona, excepto cuando dicha revelación se produce en el normal ejercicio de su trabajo, profesión o funciones, incluyendo el caso en que la revelación se considere una prospección de mercado realizada de acuerdo con el artículo 11, apartados 1 a 8, del Reglamento (UE) n o 596/2014. 3. El presente artículo se aplicará a cualquier persona que se encuentre en las situaciones o las circunstancias a que se hace referencia en el artículo 3, apartado 3. 4. A efectos de la presente Directiva, las recomendaciones o las inducciones a que se refiere el artículo 3, apartado 6, se considerarán como comunicación ilícita de información privilegiada en virtud del presente artículo cuando la persona de quien proceda la recomendación o inducción sepa que se basaba en información privilegiada. 5. 1. El presente artículo se aplicará de acuerdo con la necesidad de proteger la libertad de prensa y de expresión"*. En relación con estas conductas, también los arts. 6.1 y 2 de la Directiva 2014/57/UE obligan a la sanción penal de la inducción, complicidad y tentativa; y los arts. 8 y 9, la responsabilidad de las personas jurídicas por su comisión. Por su parte, el art. 7 lo que determina es que la sanción máxima de privación de libertad a imponer sea, al menos, de dos años.

Ya en el contexto del mandato comunitario de penalización, el debate doctrinal se ha desplazado sobre el nivel de sanción por el que ha optado el legislador español, en tanto que, en general, las penas son superiores a las previstas como mínimas en la directiva

(NIETO MARTÍN). Esta mayor penalidad, sin embargo, se ve compensada con las altas exigencias de tipicidad establecidas mediante la necesidad de que concurran determinadas circunstancias vinculadas a la lesividad en el mercado financiero, que se considera que tienen una función delimitadora entre la infracción administrativa y la penal.

2. La regulación vigente de los delitos relacionados con el uso de información privilegiada en el mercado financiero responde a la redacción dada por la LO 1/2019, de 20 de febrero, a los arts. 285.1 a 4, y 285 *bis* a *quater* CP, y por la LO 14/2022, de 22 de diciembre, al art. 285.5 CP. La sistemática aparente de esta regulación, que es la heredada de la redacción de la LO 1/2019, es la siguiente: (i) El delito de uso de información privilegiada o recomendación a tercero de su uso por quien la hubiera obtenido por un acceso reservado (art. 285.1 CP) —definiéndose en el art. 285.4 CP el concepto típico de acceso reservado— y (ii) el delito de uso de información privilegiada o recomendación a tercero de su uso por quien la hubiera obtenido sin un acceso reservado (art. 285.5 CP). A ambos delitos son aplicables las agravaciones por habitualidad y notoria importancia (art. 285.2 CP) y condición profesional (art. 285.3 CP). (iii) El delito de revelación de información privilegiada fuera del ámbito profesional poniendo en riesgo el mercado (art. 285 *bis* CP). Y (iv) el delito de provocación, conspiración y proposición para su comisión (art. 285 *quater* CP). Ahora bien, tomando en consideración que la LO 14/2022 ha parificado las consecuencias jurídicas de las conductas de los arts. 285.1 y 285.5 CP, carece ya de sentido diferenciar entre los delitos de uso de información privilegiada o recomendación a tercero de su uso según se hubiera tenido acceso reservado o no a esa información, por lo que también resulta prescindible la definición de acceso reservado del art. 285.4 CP.

Una de las importantes novedades que supuso la aprobación del CP vigente en materia de delitos socioeconómicos fue la introducción del delito de uso información privilegiada en el mercado de valores. En aquel momento, se optó por regular el tipo básico en el art. 285 CP y dejar el art. 286 CP para los subtipos agravados. La LO 15/2003 incidió en la regulación de esta conducta fusionando ambos preceptos como apartados 1 y 2, respectivamente, del art. 285 CP, aumentando la cuantía mínima del beneficio a 600.000 euros para dotar de relevancia penal la conducta e incluyendo una pena de inhabilitación junto con las de prisión y la multa proporcional. La LO 5/2010 no afectó directamente a la descripción típica de este delito —que se mantuvo con un tipo básico (art. 285.1 CP) y un subtipo agravado (art. 285.2 CP)—, pero sí introdujo modificaciones relevantes en las disposiciones comunes contenidas en los arts. 287 y 288 CP que afectaron a este delito, toda vez que el primero suprimió la exigencia de denuncia previa como condición de procedibilidad para este delito y el segundo estableció la posibilidad de que las personas jurídicas respondieran por la comisión de este delito. La LO 1/2019 estableció una nueva sistemática general para este delito, que en esencia es la actualmente vigente, en la que destaca, para dar cumplimiento a las ya señaladas exigencias de transposición de la normativa comunitaria, la inclusión de (i) un tipo básico de uso de información privilegiada obtenida por acceso reservado (de la que se da una definición auténtica en el art. 285.4 CP), delimitado por las conductas de ejecución de operaciones o de recomendación de terceros para que las realicen; (ii) un subtipo atenuado —con una pena inferior en grado— para quien hubiera obtenido esa información privilegiada sin tener acceso reservado a la misma (art. 285.5, en la redacción de la LO 1/2019); (iii) un delito autónomo de revelación de información privilegiada fuera del ámbito profesional poniendo en riesgo el mercado (art. 285 *bis* CP); y (iv) la responsabilidad de todos estos delitos por provocación, conspiración y proposición para su comisión (art. 285 *quater* CP). Destaca también, en línea con la modificación operada por la LO 1/2019 en los delitos de manipulación informativa y operativa (art. 284.1.2ª y 3ª CP), la inclusión de una serie de circunstancias relacionadas con el impacto de la conducta en el mercado financiero adicionales para establecer la responsabilidad penal como son la obtención de un beneficio o causación de un perjuicio superior a quinientos mil euros, que el valor de los instrumentos financieros empleados fuera superior a dos millones de euros o que se causara un grave impacto en la integridad del mercado. Por su parte, la LO 14/2022 quizá tuviera solo la pretensión de dar cumplimiento al mandato comunitario de sanción en determinados niveles de pena para las conductas desarrolladas por quienes usaran la información privilegiada sin haber tenido acceso reservado a la misma. Sin embargo, su alcance sistemático ha sido mucho mayor, ya que, al establecer la misma pena para las conductas de los arts. 285.1 y 285.5 CP ha eliminado cualquier relevancia en la diferenciación entre que la información privilegiada haya sido obtenida por acceso reservado o no. Por tanto, pierde también cualquier sentido la definición autentica de acceso reservado del art. 285.4 CP.

El uso y revelación de información privilegiada en el ámbito bursátil fue una novedad del CP 1995, pues el art. 368 CP 1973 había tipificado el delito de uso de información privilegiada por autoridad o funcionario público con ánimo de lucro, pasando después al art. 442 del CP 1995 —modificado después por la LO 1/2015, de 30 de marzo. Igualmente, también sancionaba el CP 1973 en su art. 367 el delito de revelación de información reservada por autoridad o funcionario público, que pasó al art. 417 CP 1995, —que, además, añadió en el art. 418 CP el delito de aprovechamiento de esa información por particular, ahora modificado por la LO 1/2015. De ese modo, el CP 1973 sancionaban alguna de las conductas del art. 285 CP vigente, como es el uso y revelación de información privilegiada por parte de autoridades o funcionarios de los organismos administrativos de supervisión del mercado financiero.

3. El delito de uso de información privilegiada, tras la reforma del art. 285 CP por la LO 14/2022, aparece delimitado por los siguientes elementos del tipo: (i) sujeto activo: quien hubiera tenido acceso —reservado o no— a información privilegiada; (ii) medio comisivo: "*utilizando información privilegiada*"; (iii) modo de ejecución: "*de forma directa o indirecta o por persona interpuesta*"; (iv) conductas típicas: alternativamente, "*realizare actos de adquisición, transmisión o cesión de un instrumento financiero*", "*realizare actos (...) de cancelación o modificación de una orden relativa a un instrumento financiero*", o "*recomendare a un tercero el uso de dicha información privilegiada para alguno de esos actos*"; (v) las circunstancias adicionales de la responsabilidad penal: alternativamente, de "*a) que como consecuencia de su conducta obtuvieran, para sí o para tercero, un beneficio superior a quinientos mil euros o causara un perjuicio de idéntica cantidad*", "*b) que el valor de instrumentos financieros empleados fuera superior a dos millones de euros*" o "*c) que se causara un grave impacto en la integridad del mercado*".

2. *Sujeto activo y accesos reservado y no reservado a la información privilegiada*

1. El art. 285.1 CP formalmente se configura como un delito común. La descripción típica del sujeto activo —"quien"— no incorpora ninguna delimitación de este elemento del tipo. Sin embargo, tal como se sostiene de manera general, cuando con ocasión de la descripción del medio comisivo "*utilizando información privilegiada*", la circunscribe "*a la que hubiera tenido acceso reservado en los términos del apartado 4*" y este se defina en términos puramente subjetivos, se pone de manifiesto que este delito se configura como un verdadero delito especial (así, por ejemplo, BENÍTEZ ORTÚZAR, DOVAL PAIS/ANARTE BORRALLO, ESTRADA I CUADRAS, GALÁN MUÑOZ, GONZÁLEZ CUSSAC, MAYO CALDERÓN, MARTINEZ-BUJÁN PÉREZ, MORALES PRATS, NIETO MARTÍN, ZABALA LÓPEZ-GÓMEZ). En efecto, el art. 285.1 CP, combinado con el art. 285.4 CP, determina que formalmente solo pueden ser autores de este delito aquellos que hubieran hecho uso de una información privilegiada por tener acceso a la misma en su cualidad personal de ser "*miembro de los órganos de administración, gestión o supervisión del emisor o del participante del mercado de derechos de emisión*", "*partícipe en el capital del emisor o del participante del mercado de derechos de emisión*", conocerla "*con ocasión del ejercicio de su actividad profesional o empresarial, o en el desempeño de sus funciones*" u obtenerla "*a través de una actividad delictiva*". Por tanto, en apariencia, el resto de personas, incluyendo aquellas que hubieran obtenido la información derivada de estos, no pueden ser sujetos activos del art. 285.1 CP. Ahora bien, la circunstancia de que el art. 285.5 CP haya establecido, con la redacción dada a ese párrafo por la LO 14/2022, la misma pena para el uso de información privilegiada por quien no hubiera tenido acceso a la misma en los términos del art. 285.4 CP hace que, sistemáticamente, la combinación de las conductas del art. 285.1 y 285.5 CP determine que, en definitiva, las conductas ilícitas del uso de información privilegiada —que como se verá son idénticas para los arts. 285.1 y 285.5 CP— se constituyan como un delito común comisible por cualquier persona que estuviera en posesión de esa información conociendo su carácter privilegiado.

La regulación del uso de información privilegiada bajo la vigencia de la redacción dada al art. 285 CP por la LO 15/2003 delimitaba el ámbito de sujetos activos a quienes hubieran tenido acceso reservado con ocasión del ejercicio de su actividad profesional o empresarial, lo que determinaba que se defendiera su carácter de delito especial [por ejemplo, en la Doctrina, FARALDO CABANA, GÓMEZ INIESTA, NIETO MARTÍN, QUINTANAR DÍEZ, SUÁREZ GONZÁLEZ, VALLE MUÑIZ/MORALES PRATS; y, en la Jurisprudencia, STS 491/2015, 23-7 (*Tol 5390995*); SAN, Sección 4ª, 44/2014, 23-12 (*Tol 4605681*), y SAP, Madrid, Sección 7ª, 556/2017, 30-6 (*Tol 6340824*)]. Esa delimitación era de tal manera inherente a esa figura típica que incluso se la denominaba delito de *insider trading* —delito de tráfico de información de los iniciados—, destacando con ello que la materia de prohibición no se vinculaba con el hecho objetivo del uso de información sensible sino con la circunstancia subjetiva de que ese uso se realizaba por determinadas personas que actuaban profesionalmente en el mercado de valores y habían obtenido la información en esa condición. En aquel momento, esa limitación subjetiva fue una decisión político-criminal que no derivaba de la existencia de exclusivos deberes de abstención dirigidos a estos sujetos en la legislación del mercado de valores. En la legislación sectorial del momento, la obligación de abstención del uso de información privilegiada, al igual que la de manipulación del mercado, era universal y afectaba a la totalidad de las personas que conocieran de la misma y fueran conscientes de la naturaleza reservada de esa información. Así, en aquel momento, el art. 2.1.II de la entonces vigente Directiva 2003/6/CE, cuando establecía la relación de personas con obligación de abstención, ya se refería a aquéllos que hubieran tenido contacto con la información a) por ser miembro de los órganos de administración, gestión o control del emisor, b) por su participación en el capital del emisor, c) debido al ejercicio de su trabajo, de su profesión o de sus funciones, o d) debido a sus actividades delictivas. Pero es que, además, el art. 4 de esta misma Directiva imponía también que se garantizara la obligación de abstención a cualquier otra persona que *"posea información privilegiada, cuando esa persona sepa, o hubiera debido saber, que se trata de información privilegiada"*. En coherencia con ello, la entonces vigente LMV 1988 era más incisiva si cabe, ya que, con carácter general, disponía en su art. 80.1, en la redacción dada por la Ley 47/2007, que eran sujetos obligados a respetar las normas de conducta, entre las que se incluye la prohibición del uso de información privilegiada, *"las empresas de servicios de inversión, las entidades de crédito, las instituciones de inversión colectiva, los emisores, los analistas y, en general, cuantas personas o entidades realicen, de forma directa o indirecta, actividades relacionadas con los mercados de valores"*, añadiendo el art. 81.2, en la redacción dada por la Ley 44/2002, ya en relación concreta con el uso de información privilegiada, que la prohibición se aplica *"a cualquier persona que posea información privilegiada cuando dicha persona sepa, o hubiera debido saber, que se trata de esta clase de información"*. La normativa sectorial del mercado financiero ha evolucionado manteniendo esa obligación general de prohibición del uso de información privilegiada a partir de la mera posesión de la misma y conocimiento de dicha condición con independencia del modo de acceder a la misma. Así, el art. 14 del Reglamento (UE) nº 596/2014, bajo el categórico título de *"prohibición de las operaciones con información privilegiada y de la comunicación ilícita de información privilegiada"*, establece que *"ninguna persona podrá: a) realizar o intentar realizar operaciones con información privilegiada; b) recomendar que otra persona realice operaciones con información privilegiada o inducirla a ello, o c) comunicar ilícitamente información privilegiada"*.

Lo relevante desde una perspectiva político-criminal en la evolución de la normativa comunitaria en la materia es que la Directiva 2014/57/UE obligó a la sanción penal de cualquier persona que hubiera hecho uso de información privilegiada con conocimiento de que tenía tal carácter con independencia del modo de acceso —reservado o no— a ella. Fue singular el modo en que lo hizo, ya que, a semejanza de lo que sucede en el art. 8.4 del Reglamento (UE) nº 596/2014, el art. 3.3 de la Directiva 2014/57/UE delimita el ámbito de posibles autores de este delito, especificando, en primer lugar, que es toda persona que la posean por (i) ser miembro de los órganos de administración, gestión o supervisión del emisor o del participante del mercado de derechos de emisión; (ii) participar en el capital del emisor o del participante del mercado de derechos de emisión; (iii) tener acceso a dicha información en el ejercicio de su trabajo, profesión o funciones; (iv) estar involucrada en actividades delictivas. Ahora bien, inmediatamente, añade, como cláusula abierta *"a toda persona que obtenga información privilegiada en circunstancias distintas de las mencionadas en el párrafo primero cuando dicha persona sepa que se trata de información privilegiada"*. Es de destacar, como elemento diferencial, que mientras la cláusula de cierre del art. 8.4 del Reglamento (UE) nº 596/2014, se refiere no solo a las personas que sepan que se trata de información privilegiada, sino también las que deban saberlo; sin embargo, la cláusula del art. 3.3 de la Directiva 2014/57/UE limita el mandato de sanción penal, en coherencia con la exigencia de intencionalidad en la comisión de estas conductas para su tipificación penal, respecto de las personas que hagan uso de la misma sabiendo que se trata de información privilegiada con exclusión de los que debieran haberlo sabido.

A partir de esa exigencia comunitaria, la LO 1/2019 modificó la anterior sistemática de la LO 15/2003, que solo sancionaba penalmente a los iniciados, estableciendo la sanción penal tanto para los que tuvieran acceso reservado a la misma como a los que no, pero con una gravedad diferenciada, que se eliminó con la LO 14/2022, parificando sus gravedades. En efecto, la LO 1/2019, con buen criterio, constituyó un subtipo atenuado cuando el uso de la información privilegiada lo era por quien no había tenido un acceso reservado (art. 285.5 CP), pero lo hizo en unos límites de atenuación que incumplía el mandato del art. 7.2 de la Directiva 2014/57/UE de que la pena máxima de privación de libertad fuera de, al menos, cuatro años, ya que fijó su pena en un grado inferior a la del art. 285.1 CP y, por tanto, de prisión de tres a seis meses. La solución a ese incumplimiento vino propiciada por la LO 14/2022, que modificó la redacción del art. 285.5 CP, estableciendo que su pena sería la misma que la del art. 285.1 CP. La Directiva 2014/57/UE no establece una prelación de gravedad en la utilización de información privilegiada entre quienes tienen acceso reservado y no reservado a ella, pero si el legislador español consideraba que esta última era de una gravedad comparativa inferior, tampoco existía ninguna objeción desde la perspectiva del derecho comunitario para que la pena de prisión a imponer en el art. 285.5 CP por la LO 14/2022 hubiera sido, por ejemplo, de tres meses a cuatro años. Con ello se respetaba el mandado comunitario de establecer para esta conducta una pena máxima de, al menos, cuatro años, a la vez que se mantenía el criterio político-criminal de que se trata de una conducta de inferior gravedad a la de quienes han tenido acceso reservado a la información privilegiada (también defiende la consideración de su inferior gravedad GÓMEZ INIESTA, MARTÍNEZ-BUJÁN PÉREZ).

2. Aun con la pérdida de efectos prácticos de la definición de acceso reservado contenida en el art. 285.4 CP, hay que destacar que las referencias a los supuestos en que debe considerarse que concurre tal acceso son de carácter normativo para cuya definición es necesario acudir a la normativa sectorial comunitaria.

El primer supuesto al que se refiere el art. 285.4 CP es a *"quien sea miembro de los órganos de administración, gestión o supervisión del emisor o del participante del mercado de derechos de emisión"*. Los miembros de los órganos de administración, gestión o supervisión, aparecen definidos en el art. 3.1.25).a) del Reglamento (UE) nº 596/2014 como uno de los supuestos de *"persona con responsabilidad de dirección"*, junto, en la letra b), con *"alto directivo que no es miembro de los órganos mencionados en la letra a) y que tiene acceso regular a información privilegiada relativa, directa o indirectamente, a dicha entidad, así como competencias para adoptar decisiones en materia de gestión que afectan a la evolución futura y a las perspectivas empresariales de dicha entidad"*. El hecho de que tanto el legislador comunitario como el nacional hayan decidido, a pesar de la existencia de un concepto normativo más amplio de *"persona con responsabilidad de dirección"*, el limitar la condición de acceso reservado a los miembros de los órganos de administración, gestión o supervisión de esas entidades con exclusión de los altos directivos que no sean miembros de esos órganos, permite concluir que la intención legislativa es excluir a estos últimos del concepto del art. 285.4 CP; sin perjuicio de que pudieran tener su encaje en el supuesto de "quien la conozca con ocasión del ejercicio de su actividad profesional o empresarial, o en el desempeño *de sus funciones*".

La referencia a *"participar en el capital del emisor o del participante del mercado de derechos de emisión"* implica que, conforme a los arts. 3.1.20) y 21) del Reglamento (UE) nº 596/2014, deba entenderse, por *"participante del mercado de derecho de emisión"*, *"cualquier persona que ejecute operaciones con derechos de emisión, productos subastados basados en ellos, o derivados de aquellos, incluyendo dar órdenes de negociación, y que no esté exenta en virtud del artículo 17, apartado 2, párrafo segundo"*; y por *"emisor"*, *"una entidad jurídica de Derecho privado o público que emite o propone emitir instrumentos financieros, siendo el emisor, en el caso de los certificados de depósito representativos de instrumentos financieros, el emisor del instrumento financiero representado"*.

El supuesto de acceso reservado referido a *"quien la conozca con ocasión del ejercicio de su actividad profesional o empresarial, o en el desempeño de sus funciones"* es de contenido muy semejante al que ya aparecía como exclusivo supuesto en la redacción del art. 285.1 CP por la LO 15/2003 —*"con ocasión del ejercicio de su actividad profesional o empresarial"*. A esos efectos, como se incidía en la primera edición de esta publicación, esa referencia, en los términos de los entonces vigentes arts. 2.1, II de la Directiva 2003/6/CE y art. 81.2 LMV, se remitía a quienes ejercían labores directivas o profesionales en los órganos de administración, gestión o control de la sociedad emisora y en la propia sociedad emisora de valores, así como en sociedades que presten servicios de inversión, entidades de crédito e instituciones de inversión colectiva. Se afirmaba también que a ellos habría que añadir aquéllos que de manera amplia ejerzan labores profesionales en el mercado financiero, bien de manera habitual, incluyendo a los analistas y agentes, bien de manera más coyuntural —abogados, economistas, etc.; pero que, en todo caso, no bastaba con la mera constatación objetiva de las circunstancias profesionales o empresariales reseñadas, sino que era necesario, además, que fuera en el marco de ese ejercicio profesional o empresarial cuando se accediera a la información. En la actualidad, si bien se mantiene la exigencia de que el acceso a la información sea causal de ese ejercicio profesional (NIETO MARTÍN), no resulta necesaria una interpretación tan amplia, aunque, como ya se ha señalado, sí permite la inclusión de los altos directivos que no son miembros de los órganos de administración, gestión o supervisión de las entidades implicadas. Por otra parte, es de destacar que el art. 18 del Reglamento (UE) nº 596/2014 impone a los emisores o las personas que actúen en su nombre o por su cuenta la elaboración y comunicación de listas de iniciados, así como su actualización, en la que incluir *"todas las personas que tengan acceso a información privilegiada y trabajen para ellas en virtud de un contrato de trabajo, o que desempeñen funciones a través de las cuales tengan acceso a información privilegiada, como asesores, contables o agencias de calificación crediticia"*. Esta exigencia ha sido objeto de desarrollo por el Reglamento de Ejecución (UE) 2022/1210, de la Comisión, de 13 de julio de 2022, por el que se establecen normas técnicas de ejecución orientadas a la aplicación del Reglamento (UE) nº 596/2014, del Parlamento Europeo y del Consejo, en lo que respecta al formato de las listas de iniciados y las actualizaciones de dichas listas. De ese modo, todos esos iniciados, sin perjuicios de su inclusión entre otros supuestos del art. 285.4 CP, tienen encaje directo en el referido *"a quien la conozca con ocasión del ejercicio de su actividad profesional o empresarial, o en el desempeño de sus funciones"*.

El supuesto de acceso reservado de *"quien la obtenga a través de una actividad delictiva"* resulta singular, por una parte, porque no describe un caso clásico de acceso de iniciados; y, por otra, porque no reproduce literalmente la normativa comunitaria, que se refiere a cualquier persona que posea esa información por *"estar involucrada en actividades delictivas"* [art. 3.3.d) de la Directiva 2014/57/UE y 8.4.d) del Reglamento (UE) nº 596/2014]. Más allá de ello, parece que este supuesto se refiere tanto a los casos de acceso a esa información de manera delictiva como el hackeo, espionaje industrial o revelación de secretos (BENÍTEZ ORTÚZAR, NIETO MARTÍN) como aquellos en los que se genera esa información de manera delictiva mediante conductas de manipulación del mercado (NIETO MARTÍN).

3. El concepto de información privilegiada

1. Los arts. 285.1, 285.5 y 285 *bis* CP construyen su tipicidad con eje principal en el concepto de "*información privilegiada*". Los arts. 285.1 y 285.5 CP configuran la utilización de la "*información privilegiada*", por un lado, como medio comisivo típico en la conducta de realización de actos operativos en el mercado financiero consistentes en la "*adquisición, transmisión o cesión de un instrumento financiero, o de cancelación o modificación de una orden relativa a un instrumento financiero*"; y, por otro, como el objeto material en la conducta de recomendar a un tercero el uso de dicha información privilegiada para alguno de esos actos. Por su parte, el art. 285 *bis* CP también configura la "*información privilegiada*" como objeto material de la conducta de su revelación.

El concepto de *"información privilegiada"* en la redacción originaria de CP 1995 y bajo la vigencia de la sistemática dada a la sanción de estas conductas por la LO 15/2003, quedaba limitada a la configuración del medio comisivo propio del delito de alteración de los precios de los mercados (art. 284 CP). El concepto entonces utilizado por el art. 285.1 CP era el de *"información relevante"*. La reforma operada por la LO 5/2010, si bien solo incidió en el art. 284 CP, mantuvo esa dualidad conceptual, reiterando el concepto de *"información privilegiada"* en la descripción típica de la manipulación operativa del mercado de valores del art. 284.3º CP y el de información relevante en el art. 285.1 CP. Fue la reforma operada por la LO 1/2019 en el art. 285 CP la que elimina del Código Penal el concepto de *"información relevante"* y consagra el uso del concepto *"información privilegiada"* en este ilícito, a la vez que lo suprimía como medio comisivo típico del delito de manipulación operativa del mercado financiero del art. 284.1.3ª CP. Desde la redacción original del CP 1995 hasta la reforma operada por la LO 1/2019 ambos conceptos —información privilegiada y relevante— cumplían una función de medio comisivo típica; siendo a partir de la citada LO 1/2019, cuando en el contexto de los arts. 285 y 285 *bis* CP empieza también a cumplir la función de objeto material de las conductas de recomendación de su uso y de su revelación.

2. El concepto de "*información privilegiada*" aparece expresamente definido en el art. 442, II CP a los efectos de ese precepto (uso de información privilegiada por autoridad o funcionario público) como "*toda información de carácter concreto que se tenga exclusivamente por razón del oficio o cargo público y que no haya sido notificada, publicada o divulgada*". Sin embargo, no aparece ninguna definición auténtica a los efectos de los arts. 285 y 285 *bis* CP. No obstante, en atención a la previsión del art. 285 *ter* CP, debe considerarse que este concepto, en el contexto de estos delitos, es de carácter normativo y su definición debe ser la establecida en la normativa comunitaria de referencia [art. 2.4 de la Directiva 2014/57/UE, en relación con el art. 7.1 a 4 del Reglamento (UE) nº 596/2014]. Sus elementos

esenciales delimitadores son (i) su concreción; (ii) que recaiga sobre emisores o instrumentos o derecho de emisión del mercado financiero; (iii) ser susceptible de influir apreciablemente sobre los precios de los instrumentos financieros; y (iv) que se mantenga reservada.

La exigencia de concreción también es, a su vez, un elemento normativo y no descriptivo definido en el art. 7.2 del Reglamento (UE) nº 596/2014 y cuyas características esenciales son que (i) debe referirse a una serie de circunstancias o hechos concurrentes o que se puede esperar razonablemente que se van a dar; y (ii) debe ser lo suficientemente específica para extraer alguna conclusión sobre los efectos que tendría en los instrumentos financieros; no quedando excluido de este requisito el carácter de mero rumor de los difundido.

El objeto sobre el que recae esa información ha de ser, de manera directa o indirecta, (i) los propios emisores, entendiendo por tales las entidades jurídicas que emiten o se proponen emitir instrumentos financieros [art. 3.1.21) del Reglamento (UE) nº 596/2014]; (ii) los instrumentos financieros y los derivados relacionados con ellos; (iii) contratos de contado sobre materias primas o los instrumentos derivados sobre estas materias primas; y (iv) los derechos de emisión o con los productos subastados basados en esos derechos, entendiendo por tales las unidades reconocidas a los efectos de la conformidad con los requisitos de la Directiva 2003/87/CE, que es "*el derecho a emitir una tonelada equivalente al de dióxido de carbono durante un período determinado*" [art. 3.1.19) del Reglamento (UE) nº 596/2014, en relación con el anexo I., sección C).11 de la Directiva 2014/65/UE, en relación con el art. 3.a) de la Directiva 2003/87/CE].

Por su parte, la susceptibilidad de que pudiera influir en los precios se refiere a la cualidad de la información de que un inversor razonable utilizaría probablemente como uno de los elementos de la motivación básica de sus decisiones de inversión, por lo que debe ser valorado desde una perspectiva *ex ante* (ESTRADA I CUADRAS, LIÑAN LAFUENTE, NIETO MARTÍN).

El concepto de "*información relevante*" utilizado antes de la reforma de la LO 1/2019, aunque más estricto que el de "*información privilegiada*" (GÓMEZ INIESTA, NIETO MARTÍN), venía siendo identificado con este y considerado un elemento normativo que remitía su definición a la utilizada en la normativa sectorial como eran, en aquel momento, el art. 1.1 de la Directiva 2003/6/CE, de 28 de enero, que la definía, de manera muy semejante a como se hace en la actualidad, como "*la información de carácter concreto, que no se haya hecho pública, y que se refiere directa o indirectamente a uno o varios emisores de instrumentos financieros o a uno o varios instrumentos financieros, y que, de hacerse pública, podría influir de manera apreciable sobre la cotización de esos instrumentos financieros o sobre la cotización de instrumentos financieros derivados relacionados con ellos*". Por su parte, el art. 1.1 de la Directiva 2003/124, de 22 de diciembre —y, en trasposición de la misma, el art. 1.1 del RD 1333/2005—, especificaba tanto lo que se debía entender por información concreta o precisa como por su influencia apreciable sobre la cotización. Respecto de lo primero, se afirmaba que "*se considerará que la información es de carácter concreto si indica una serie de circunstancias que se dan, o pueda esperarse razonablemente que se den, o un hecho que se ha producido, o que pueda esperarse razonablemente que se produzca, cuando esa información sea suficientemente específica para permitir que se pueda llegar a concluir el posible efecto de esa serie de circunstancias o hechos sobre los precios de los valores negociables o instrumentos financieros correspondientes o, en su caso, de los instrumentos financieros derivados relacionados con aquéllos*". En relación con lo segundo, se señalaba que "*se considerará que una información puede influir de manera apreciable sobre la cotización cuando dicha información sea la que podría utilizar un inversor razonable como parte de la base de sus decisiones de inversión*". Igualmente, en la normativa sectorial citada se precisaba que la información con eventual influencia sobre la cotización derivaba no sólo de circunstancias y hechos relativos al propio instrumento financiero sino también a su emisor y a la información trasmitida por un cliente en relación con sus propias órdenes pendientes de ejecución.

La actual definición de "*información privilegiada*" aparece recogida de manera unificada en el art. 7 del Reglamento (UE) nº 596/2014, siendo redactado su apartado 1.d) por el Reglamento (UE) nº 2024/2809, del Parlamento Europeo y del Consejo, de 23 de octubre de 2024. A esos efectos, el apartado 1 define cuatro tipos de información privilegiada que son "*a) la información de carácter concreto que no se haya hecho pública, que se refiera directa o indirectamente a uno o varios emisores o a uno o varios instrumentos financieros o sus derivados y que, de hacerse pública, podría influir de manera apreciable sobre los precios de dichos instrumentos o de los instrumentos derivados relacionados con ellos; b) en relación con los instrumentos derivados sobre materias primas, la información de carácter concreto que no se haya hecho pública, que se refiera directa o indirectamente a uno o varios de esos instrumentos derivados o directamente a un contrato de contado sobre materias primas relacionado con ellos y que, de hacerse pública, podría influir de manera apreciable sobre los precios de dichos instrumentos derivados o contratos de contado sobre materias primas relacionados con ellos, y siempre que se trate de información de la que quepa razonablemente esperar que se haga pública o que deba hacerse pública obligatoriamente, de acuerdo con lo previsto en las disposiciones legales o reglamentarias de la Unión o nacionales, en las normas del mercado, en los contratos o en los usos y las prácticas de los correspondientes mercados de derivados sobre materias primas o de contado; c) en relación con los derechos de emisión o con los productos subastados basados en esos derechos, la información de carácter concreto que no se haya hecho pública, que se refiera directa o indirectamente a uno o varios de esos instrumentos financieros y que, de hacerse pública, podría influir de manera apreciable sobre los precios de dichos instrumentos o de los instrumentos financieros derivados relacionados con ellos; d) la información transmitida por un cliente o por otras personas que actúen en su nombre, o la información conocida en virtud de la gestión de una cuenta propia o de un fondo gestionado, en relación con sus órdenes pendientes relativas a instrumentos financieros, que sea de carácter concreto, que se refiera directa o indirectamente a uno o varios emisores o a uno o varios instrumentos financieros y que, de hacerse pública, podría influir de manera apreciable sobre los precios de esos instrumentos financieros, los precios de contratos de contado sobre materias primas o los precios de los instrumentos financieros derivados relacionados con ellos*".

En desarrollo del carácter concreto de la información, los apartados 2 y 3 establecen, respectivamente, que "*2. A efectos del apartado 1, se considerará que la información tiene carácter concreto si se refiere a una serie de circunstancias que se dan o que se puede esperar razonablemente que se van a dar, o a un hecho que ha sucedido o que se puede esperar razonablemente que va a suceder, siempre que esa información sea suficientemente específica para permitir extraer alguna conclusión sobre los efectos que esas circunstancias o ese hecho podrían tener en los precios de los instrumentos financieros o de los instrumentos derivados relacionados, de los contratos de contado sobre materias primas relacionados con ellos, o de los productos subastados basados en derechos de emisión. A este respecto, en el caso de tratarse de un proceso prolongado en el tiempo con el que se pretenda generar o que tenga como consecuencia determinadas circunstancias o un hecho concreto, podrán tener la consideración de información de carácter concreto tanto esa circunstancia o ese hecho futuros como las etapas intermedias de ese proceso que estén ligadas a la generación o provocación de esa circunstancia o ese hecho futuros" y "3. Una etapa intermedia de un proceso prolongado en el tiempo tendrá la consideración de información privilegiada si, por sí misma, cumple los criterios relativos a la información privilegiada mencionados en el presente artículo"*. La STJUE (Gran Sala), 15-03-2022, C-302/20, establece, de manera novedosa, aunque lo sea en interpretación de la definición de información privilegiada contenida en la derogada Directiva 2003/14, que la información puede ser privilegiada —en el sentido de que no cabe excluir que cumpla la exigencia de concreción— incluso cuando su origen es un mero rumor, siendo indiferente que la información sea real o no, o que provenga o no de la entidad afectada (§§ 42-52).

Por su parte, en cuanto a la característica de que sea susceptible de influir de manera apreciable, el apartado 4, establece que *"a efectos del apartado 1, se entenderá por información que, de hacerse pública, podría influir de manera apreciable sobre los precios de instrumentos financieros, instrumentos financieros derivados, contratos de contado sobre materias primas relacionados con ellos, o productos subastados basados en derechos de emisión, aquella información que un inversor razonable utilizaría probablemente como uno de los elementos de la motivación básica de sus decisiones de inversión. En el caso de los participantes del mercado de derechos de emisión con emisiones agregadas o una potencia térmica nominal igual o inferior al umbral establecido de conformidad con el artículo 17, apartado 2, párrafo segundo, se considerará que la información sobre sus operaciones físicas no tiene un efecto significativo sobre el precio de los derechos de emisión, de los productos subastados basados en esos derechos o de los instrumentos financieros derivados"*. La falta de acreditación de este extremo fue lo que determinó que la SAN, Sección 2ª, 1/2014. 15-1 (*Tol 4125531*), absolviera a los acusados con el argumento de que la información a la que accedieron con ocasión del estudio para la financiación parcial para una hipotética OPA sobre una empresa no era susceptible de influir de manera apreciable sobre las acciones de la empresa a absorber pues, además de no tener ninguna capacidad de decisión sobre si se aprobaría o no la OPA, desconocía a qué precio se lanzaría o no; y ello sin perjuicio de que quedó acreditado *ex post*, cuando se retiró la OPA, que no hubo una variación a la baja en la cotización, lo que era demostrativo de su falta de influencia en el precio.

3. La característica más relevante de la información privilegiada es la de su carácter reservado, pero que debiera haber sido hecho pública. Esto es, si la esencia del injusto de estos ilícitos es la infracción del deber de transparencia para mantener la igualdad de oportunidades en el mercado financiero, el eje principal definitorio del delito de uso de la información privilegiada es que teniendo la obligación normativa de socializarse dicha información se mantiene oculta o reservada. A esos efectos, el art. 17 del Reglamento (UE) nº 596/2014 establece en sus apartados 1 y 2 la obligación tanto del emisor como de los participantes del mercado de derechos de emisión a hacer pública "*tan pronto como sea posible*" o "*sin demora*" la información privilegiada que le concierne en la forma que se es-

tablezca legalmente, con la excepcional posibilidad de su retraso en los términos de los apartados 3 a 7. Por su parte el art. 7.5 del Reglamento (UE) nº 596/2014, desarrollando competencias de la Autoridad Europea de Valores y Mercados (AEVM), establece su obligación de emitir directrices para la elaboración de una lista indicativa y no exhaustiva de información, de la que razonablemente quepa esperar que sea divulgada o que deba ser divulgada.

La obligación de la difusión pública de la información privilegiada recibe una regulación muy minuciosa en el citado art. 17 del Reglamento (UE) nº 596/2014, modificado por los Reglamentos (UE) nº 2019/2115, de 27 de noviembre, y 2024/2809, de 23 de octubre. La estructura de este precepto es la siguiente: (i) Su apartado 1 establece la obligación de difusión, tan pronto como sea posible, de la información privilegiada que concierna directamente a los emisores, *"de una forma que permita un acceso rápido y una evaluación completa, correcta y oportuna de la información por el público"*; sin combinar *"la difusión pública de información privilegiada con la comercialización de sus actividades"*, incluyendo y manteniendo *"en su sitio web por un período de al menos cinco años toda la información privilegiada que esté obligado a hacer pública"*. (ii) Su apartado 2 hace lo propio con los participantes del marcado de derechos de emisión, ampliando el objeto de esa información no solo a los derechos de emisión que posean sino también a los de su empresa matriz o a otra empresa vinculada, o de las que dicho participante, su empresa matriz u otra empresa vinculada sea, total o parcialmente, responsable a efectos operativos, incidiendo en que *"respecto a las instalaciones, la publicación incluirá la información relevante acerca de la capacidad y utilización de las mismas, incluida su indisponibilidad, estuviera o no planificada"* y estableciendo la posibilidad de excepcionar la obligación de difusión pública en atención a emisiones que no superen un umbral mínimo. (iii) Sus apartados 3 a 7 establecen los supuestos y forma de proceder cuando resulta posible retrasar la difusión pública en los casos en los que a) la difusión inmediata pueda perjudicar los intereses legítimos del emisor o del participante del mercado de derechos de emisión; b) el retraso en la difusión no pueda inducir al público a confusión o engaño; y c) esté en condiciones de garantizar la confidencialidad de la información. Para el caso de un emisor que tenga la consideración de entidad de crédito o entidad financiera, las condiciones justificativas del retraso son que a) entrañe el riesgo de socavar la estabilidad financiera del emisor y del sistema financiero; b) convenga al interés público retrasar la difusión; c) pueda garantizar la confidencialidad de la información. (iv) Su apartado 8 establece como condición de paridad en la difusión que cuando los obligados *"comuniquen información privilegiada a un tercero en el curso normal del ejercicio de su trabajo, profesión o funciones, de conformidad con el artículo 10, apartado 1, deberán hacer pública esa misma información de forma completa y efectiva, simultáneamente si se trata de comunicación intencionada, o de inmediato si se trata de comunicación no intencionada. No se aplicará lo dispuesto en el presente apartado si la persona que recibe la información está sujeta a la obligación de confidencialidad, independientemente de que esa obligación se base en una norma legal, reglamentaria, estatutaria o contractual"*. (v) Su apartado 9 establece una regulación específica de difusión para emisores en un mercado de PYME en expansión. (vi) Sus apartados 10 a 12 establecen la posibilidad de la AEVM y de la Comisión de la UE de elaboración de normas técnicas y directrices para la correcta aplicación de estas obligaciones. Por su parte, el art. 7.5 del Reglamento (UE) nº 596/2014 establece que *"la AEVM emitirá directrices para la elaboración de una lista indicativa y no exhaustiva de información, de la que razonablemente quepa esperar que sea divulgada o que deba ser divulgada de conformidad con las disposiciones legales o reglamentarias de la Unión o nacionales, con las normas del mercado, con los contratos, con las prácticas o los usos establecidos sobre los mercados de derivados sobre materias primas o los mercados de contado pertinentes mencionados en el apartado 1, letra b). La AEVM tendrá debidamente en cuenta las especificidades de dichos mercados".*

A los efectos expuestos, hasta el momento la AEVM ha dictado las directrices siguientes: (i) Retraso en la difusión de información privilegiada, de 20 de octubre de 2016. (ii) Personas receptoras de las prospecciones de mercado, de 10 de noviembre de 2016. (iii) Información relativa a los mercados de derivados sobre materias primas o mercados de contado pertinentes, a efectos de la definición de información privilegiada acerca de derivados sobre materias primas, de 17 de enero de 2017. (iv) Retraso en la difusión de información privilegiada e interacciones con la supervisión prudencial, de 13 de abril de 2022. Por lo que respecta a los Reglamentos de ejecución o delegados de la Comisión de la UE más relevantes en la materia, destacan el Reglamento Delegado (UE) 2016/522, de 17 de diciembre de 2015, por el que se completa el Reglamento (UE) nº 596/2014 del Parlamento Europeo y del Consejo en lo que respecta a la exención relativa a determinados bancos centrales y organismos públicos de terceros países, los indicadores de manipulación de mercado, los umbrales de divulgación, la autoridad competente para las notificaciones de retrasos, la autorización de negociación durante períodos limitados y los tipos de operaciones de notificación obligatoria realizadas por los directivos; y el Reglamento de Ejecución (UE) 2016/1055 de la Comisión, de 29 de junio de 2016, por el que se establecen normas técnicas de ejecución en relación con las modalidades técnicas de la difusión pública adecuada de información privilegiada y del retraso de la difusión pública de información privilegiada de conformidad con el Reglamento (UE) nº 596/2014 del Parlamento Europeo y del Consejo.

4. Conductas típicas

1. Las conductas típicas de uso de información privilegiada —que comparten los arts. 285.1 y 285.5 CP— se pueden dividir en dos grandes grupos según que la información privilegiada sea el medio comisivo o el objeto material de las conductas. Las conductas típicas en las que el uso de la información privilegiada es el medio comisivo son la realización, de forma directa o indirecta o por persona interpuesta, de alguno de los siguientes actos: (i) "*adquisición, transmisión o cesión de un instrumento financiero*" y (ii) "*cancelación o modificación de una orden relativa a un instrumento financiero*". Por su parte, la conducta típica en la que el uso de información privilegiada es el objeto material, es la de (iii) recomendar a un tercero el uso de la información privilegiada para alguno de esos actos. En todos los casos se trata de conductas regidas por verbos eminentemente activos, que excluyen una responsabilidad por omisión (así, DOVAL PAIS/ANARTE BORRALLO, GALÁN MUÑOZ, LIÑAN LAFUENTE, MUÑOZ CONDE), y de carácter doloso (DOVAL PAIS/ANARTE BORRALLO, ESTRADA I CUADRAS, GALÁN MUÑOZ, MAYO CALDERÓN, NIETO MARTÍN, ZABALA LÓPEZ-GÓMEZ).

Las conductas típicas de los arts. 285.1 y 285.5 CP son idénticas y solo las diferencia, en los términos ya expuestos, que el autor hubiera tenido acceso reservado o no la información privilegiada utilizada. La redacción del art. 285.5 CP puede resultar un tanto confusa, ya que usa como único verbo rector de la conducta típica el término *"utilice"*. De ese modo, una lectura del precepto podría llevar a concluir que las únicas conductas sancionadas en el art. 285.5 CP son aquellas en las que la información privilegiada se configura como una medio comisivo —adquisición, transmisión o cesión de un instrumento financiero y cancelación o modificación de una orden relativa a un instrumento financiero— pero no la relativa a recomendar el uso de esa información, ya que, precisamente, en la descripción de esta última conducta de recomendación y referida a las anteriores se emplea la expresión *"el uso"*, que podría pretenderse sinónimo del de utilización. Hay importantes razones interpretativas para no defender esta conclusión. Semánticamente, el significado de *"utilizar"* la información privilegiada puede predicarse tanto en su dimensión de medio comisivo como de objeto material toda vez que, en ambos casos, el sujeto activo hace algo que sirve a su fin, que es la primera acepción de este verbo en la RAE. Por otra parte, el contexto gramatical del art. 285.5 CP apunta a que el único elemento diferencial que el legislador intentaba establecer con el art. 285.1 CP es el acceso no reservado a la información privilegiada manteniendo una parificación tanto de las consecuencias jurídicas como en la conducta típica a desarrollar vinculada a la información privilegiada. Esta conclusión se ve reforzada con la constatación de que en el art. 3 de la Directiva 2014/57/UE el mandato de tipificación penal de quienes obtenga la información privilegiada sin acceso reservado no se establece de manera independiente a la redacción de las conductas a tipificar, sino inmediatamente y dentro de mismo precepto —art. 3.3— en el que se describen a los que debe responder por las mismas. Esa misma situación se reproduce en el art. 8 del Reglamento (UE) nº 596/2014. Por tanto, también es patente la finalidad del legislador comunitario de sancionar por las mismas conductas de uso de información privilegiada con independencia de que se hubiera tenido acceso reservado o no a la misma.

En contraste con la concreción de estas conductas típicas, que tiene su origen en la redacción dada al art. 285.1 CP por la LO 1/2019 y al art. 285.5 CP por la LO 14/2022, la LO 15/2003 había establecido la conducta típica del delito de uso de información privilegiada en quien de forma directa o por persona interpuesta usare información relevante para la cotización de cualquier clase de valores o instrumentos negociados en algún mercado organizado, oficial o reconocido o la suministrare. De ese modo, la conducta de uso se concretaba en la ejecución de operaciones relacionadas con los instrumentos financieros a los que se refiera la información, lo que no significaba que, necesariamente, tuviera que ser una operación realizada en el mercado de valores sino que cabían operaciones sobre bienes, servicios u otros elementos referenciados fuera del mercado de valores pero con incidencia en la cotización. Por su parte, el suministro aparecía definido como la revelación o comunicación de la información a terceros. De ese modo, cabe apreciar que con la LO 1/2019, por un lado, se ha propiciado una ampliación de la conducta típica con la inclusión de la acción de recomendación a un tercero del uso de esa información, lo que ha sido considerado por algún autor como desproporcionado (DOVAL PAIS/ANARTE BORRALLO); y, por otro, que la conducta de mera revelación de la información sin intención de recomendación de su uso se ha degradado en su gravedad con la configuración del nuevo delito del art. 285 *bis* CP.

La circunstancia de que bajo la vigencia de la LO 15/2003 no estuviera sancionada penalmente la conducta de recomendación a un tercero del uso de información privilegiada fue una decisión político-criminal del legislador orgánico español, toda vez que ya en aquel momento la legislación sectorial comunitaria e interna prohibía, además de las conductas de uso y suministro, la de recomendar a un tercero que adquiriera o cediera valores negociables o instrumentos financieros o que hiciera que otro los adquiera o ceda basándose en dicha información [art. 3.b) Directiva 2003/6/CE y art. 81.2.c) LMV, en la redacción dada por la Ley 44/2002]. Sin embargo, en aras del principio de intervención mínima no se consideró necesario entonces incluir la conducta de recomendación en el tipo penal que era, por tanto, atípica, a no ser que fuera unida con el traslado de la propia información privilegiada, en cuyo caso constituía la conducta de suministro (BAJO FERNÁNDEZ, FARALDO CABANA GÓMEZ INIESTA, JERICÓ OJER, MARTÍNEZ-BUJÁN PÉREZ, RUIZ RODRÍGUEZ, PRIETO DEL PINO). Esta circunstancia, como después se desarrollará, ha cambiado en la actualidad por el mandato de penalización contenido en el art. 3.6 y 7 de la Directiva 2014/57/UE en relación con esta conducta.

Las conductas sancionadas son de carácter doloso, en coherencia con lo previsto en el art. 3.1 de la Directiva 2014/57/UE, en el que el mandato de penalización se extiende a los casos en que se hayan *"cometido intencionalmente"*, habiéndose defendido incluso la exclusión del dolo eventual (GALÁN MUÑOZ, MAYO CALDERÓN); no incluyéndose ningún elemento subjetivo del tipo adicional al propio dolo. Así, sólo es necesario que el sujeto conozca el carácter privilegiado de la información que se utiliza y, por tanto, el deber de abstenerse de su uso; en lo que parte de la Doctrina ha señalado es la necesidad de un nexo psicológico ente la información privilegiada y la operación ejecutada (HERNÁNDEZ SAINZ, LÓPEZ BARJA DE QUIROGA, PRIETO DEL PINO, VEGA GUTIÉRREZ).

2. Las conductas típicas de uso de información privilegiada vinculadas a su carácter de medio comisivo son, por una parte, la de realizar actos de adquisición, transmisión o cesión de un instrumento financiero y, por otro, la de cancelación o modificación de una orden relativa a un instrumento financiero. Los actos de adquisición y transmisión se refieren a conductas bien de incorporación de los instrumentos financieros al patrimonio del sujeto activo mediante su compra, se entiende que por considerar que conforme a la información privilegiada que se posee se dan elementos de proyección futura de que se revalorizarán; bien de eliminación de esos instrumentos del citado patrimonio mediante su venta, se entiende que por considerar que conforme a la información privilegiada que se posee se dan elementos de proyección futura de que se depreciarán. La mención del acto de cesión puede resultar redundante a la de transmisión y aparece vinculada a actos contractuales en que, sin transmitir la propiedad de los instrumentos financieros, sí lo hacen de otros derechos a cambio de una prestación económica o la titularidad de otros derechos. Por su parte, la de cancelación o modificación se refieren a actos de alteración sobrevenida al acceso a la información privilegiada de una operación respecto de la que ya se había dado una orden de adquisición, transmisión o cesión, bien para anularla —cancelación— o para cambiar su sentido —modificación—, en pretensión, a partir de la información privilegiada obtenida, de una minimización de los perjuicios o de una maximización de los beneficios que se derivarían de la ejecución de la orden inicial dada.

Estas conductas han sido tipificadas siguiendo el mandato de sanción penal establecido en la normativa comunitaria. Así, el art. 3 de la Directiva 2014/57/UE establece, en su apartado 2, que *"a efectos de la presente Directiva, las operaciones con información privilegiada son las realizadas por una persona que dispone de información privilegiada y que la utiliza adquiriendo, transmitiendo o cediendo, por cuenta propia o de terceros, directa o indirectamente, los instrumentos financieros a los que se refiere esa información"* y, en su apartado 4, que *"se considerará asimismo como operación con información privilegiada la utilización de este tipo de información cancelando o modificando una orden relativa al instrumento financiero al que se refiere la información, cuando se hubiese dado la orden antes de que el interesado tuviera conocimiento de la información privilegiada"*. A los efectos de esta última conducta, el apartado 5 especifica que *"en relación con las subastas de derechos de emisión u otros productos subastados basados en esos derechos, celebradas de conformidad con el Reglamento (UE) nº 1031/2010, la utilización de información privilegiada en el sentido del apartado 4 del presente artículo también incluirá la presentación, modificación o retirada de una oferta por una persona tanto cuando actúe por cuenta propia como de terceros"*. Esta regulación es mimética a la establecida en el art. 8.1 del Reglamento (UE) nº 596/2014 —en que se agrupan las previsiones de los aparatos 2, 4 y 5 del art. 3 de la Directiva 2014/57/UE.

En la regulación penal previa a la modificación del art. 285.1 CP por la LO 1/2019, en la medida en que el verbo rector era el de usar información relevante, la posición mayoritaria era que la no ejecución de lo previamente ordenado no constituía un delito del art. 285.1 CP (BAJO FERNÁNDEZ, BAUCELLS LLADÓS, BENÍTEZ ORTÚZAR, FERRADIS CIPRIÁN/MARTÍNEZ GARAY, GÓMEZ INIESTA, GÓMEZ PAVÓN, HERNÁNDEZ SAINZ, JORNADA DE POZAS, MARTÍNEZ-BUJÁN PÉREZ, PRIETO DEL PINO; en contra VEGA GUTIÉRREZ). En ese sentido, la recepción de mandato comunitario de sancionar este tipo de conductas ha supuesto una ampliación de las conductas a sancionar penalmente.

3. El art. 285 CP, a diferencia del art. 284 CP, utiliza únicamente el concepto de "*instrumento financiero*", sin referirse expresamente a "*contrato de contado sobre materias primas relacionado*". Esta circunstancia puede plantear problemas sobre si las operaciones con información privilegiada también recaen sobre este tipo de contratos o queda limitado estrictamente a los instrumentos financieros. En atención a una interpretación sistemática y a la previsión del art. 285 *ter* CP debe concluirse que, en el contexto de este precepto, deben incluirse tanto los contratos de contado como los derechos de emisión, pero solo en la medida en que aparecen definidos en el ámbito de aplicación de la Directiva 2014/57/UE en sus arts. 1.2 y 2.1).

El art. 284.1 y 2 CP, al describir las conductas de manipulación informativa y operativa, respectivamente, usan junto con el concepto de *"instrumento financiero"* el de *"contratos de contado sobre materias primas relacionadas"*. Por el contrario, el art. 285 CP utiliza en la descripción de la conducta típica del apartado 1 únicamente el concepto de *"instrumento financiero"*. No obstante, el art. 285.4 CP, al hacer referencia a los sujetos que tienen acceso reservado a la información privilegiada, incluye una referencia expresa a los participantes del mercado de los derechos de emisión. Las dudas que podrían plantearse sobre la extensión de la conducta de información privilegiada debe resolverse, conforme a lo previsto en el art. 285 *ter* CP, en favor de un interpretación intrasistemática vinculada tanto con el ámbito de aplicación de la Directiva 2014/57/UE establecido en su art. 1.2 como de la definición que de instrumento financiero aparece en su art. 2.1) a modo de definición diferenciada de *"contrato de contado sobre materias primas"* [art. 2.2)] y derecho de emisión [art. 2.5)]. A esos efectos, si bien puede parecer que se trata de tres conceptos excluyentes entre sí, lo cierto es que se trata de elementos que tienen ámbitos de significado compartidos, por lo que, en la medida en que los contratos de contado sobre materias primas relacionadas y derechos de emisión quedaran incluidos en la definición de instrumentos financieros del art. 2.1) de la Directiva 2014/57/UE, no habría ningún inconveniente en considerar que está abarcado por el ámbito de significado del art. 285 CP. En ese sentido, es de recordar que el art. 2.1) de la Directiva 2014/57/UE remite la definición de instrumento financiero a lo previsto en el art. 4.1.15) de la Directiva 2014/65/UE, que, a su vez, se remite a su anexo I., sección C., cuyo tenor literal ha sido transcrito en el apartado 3 de las consideraciones generales de los delitos de manipulación de los precios del mercado, poniendo de manifiesto que sus apartados 5) a 7) incluyen diversos contratos derivados con materias primas y su apartado 11) los derechos de emisión. De ese modo, lo único que cabe excluir de la tipicidad del art. 285 CP son aquellos contratos de contado sobre materias primas incluidos en la definición del art. 2.2 de la Directiva 2014/57/UE, que se remite a la establecida en el art. 3.1.15) del Reglamento (UE) nº 596/2014, que expresamente se afirma que no tienen la consideración de instrumento financiero como son los contratos de suministro de una materia prima que no se entrega tan pronto se liquida la operación, incluyendo el contrato con entrega aplazada. Por el contrario, no cabe excluir ningún derecho de emisión pues su definición en el art. 2.5 de la Directiva 2014/57/UE se remite directamente al apartado 11) del anexo I., sección C) del Reglamento (UE) nº 596/2014, que es, precisamente, uno de los supuestos de instrumento financiero.

4. La conducta típica de uso de información privilegiada vinculada a su carácter de objeto material es la de recomendar a un tercero el uso de dicha información privilegiada bien para realizar actos de adquisición, transmisión o cesión de un instrumento financiero bien para la cancelación o modificación de una orden relativa a un instrumento financiero ya dada. La idea de recomendación, establecida como verbo típico del art. 285 CP, no cabe ser identificada como sinónimo del concepto de inducción establecido en el art. 28.a) CP, toda vez que en el ámbito de la regulación comunitaria del mercado financiero la conducta de recomendación de inversión tiene unos perfiles muy definidos a la que es consustancial que sea elaborada por personas jurídicas o físicas cuya actividad principal sea hacer recomendaciones de inversión en las que se exprese, de manera directa o indirecta, una propuesta de inversión concreta respecto de un instrumento financiero.

Por otra parte, la recomendación tiene como objeto específico, por un lado, el uso de esa información privilegiada, lo que implica que debe transmitirse y poner en conocimiento del tercero que se posee esa información privilegiada (ESTRADA I CUADRAS, GÓMEZ INIESTA, en contra, NIETO MARTÍN) y, por otro, que ese uso los sea para la realización de los actos ya señalados de adquisición, transmisión o cesión de un instrumento financiero bien para la cancelación o modificación de una orden relativa a un instrumento financiero ya dada, y no cualquier otro (GALÁN MUÑOZ). Por tanto, son atípicas, de conformidad con el tenor literal del art. 285 CP, tanto las recomendaciones en las que no se pone en conocimiento del tercero el carácter privilegiado de la información que se posee y que sustenta la recomendación como, a pesar de trasmitirse ese carácter privilegiado, cuando la recomendación lo es, por ejemplo, para omitir una inversión pretendida en relación con un instrumento financiero, pero respecto de la que no existe una orden ya dada. La conducta de recomendación es también eminentemente activa no cabiendo su ejecución omisiva.

En principio, la mera conducta de recomendación no exigiría, por su propia naturaleza, que el tercero ejecutara los actos recomendados. Sin embargo, al condicionarse la responsabilidad penal para esta conducta de recomendación también a la concurrencia alternativa de las circunstancias de que, como consecuencia de la conducta, se obtuviera un beneficio o se causara un perjuicio superior a quinientos mil euros, que el valor de los instrumentos financieros empleados fuera superior a los dos millones de euros o de que se causara un grave impacto en la integridad del mercado, resulta necesario para acreditar cualquier de esas circunstancias que el tercero ejecute lo recomendado. De ese modo, la responsabilidad penal del sujeto que realiza la recomendación exige que el tercero la ejecute. Por su parte, la ejecución por parte del tercero de la recomendación recibida implica para este la comisión de un delito autónomo del uso de información privilegiada del art. 285 CP.

La regulación penal de esta conducta presenta desviaciones respecto del mandato de penalización comunitario que, en alguno de los aspectos, hace dudar de que exista una correcta transposición. Una primera cuestión controvertida de la transposición es que el art. 285.1 CP se refiere exclusivamente a la conducta de "recomendar a un tercero" sin hacer mención alguna a la conducta de *"inducir"*. Esta regulación contrasta con el mandato de tipificación comunitario establecido en los arts. 3.1 y 3.6 de la Directiva 2014/57/UE en que, junto con la conducta de *"recomendación"*, aparece la de *"inducción"*. Es más, en los diferentes apartados del art. 3.6 de esta directiva hay una regulación diferenciada de ambas. Así, en dicho apartado se establece lo siguiente: "*6. A efectos de la presente Directiva, recomendar que una persona realice operaciones con información privilegiada o inducir a una persona a que realice operaciones con información privilegiada se produce cuando una persona que posee dicha información: a) recomienda, sobre la base de dicha información, que otra persona adquiera, transmita o ceda instrumentos financieros a los que se refiere la información, o induce a esa persona a realizar la adquisición, transmisión o cesión, o b) recomienda, sobre la base de dicha información, que otra persona cancele o modifique una orden relativa a un instrumento financiero al que se refiere la información, o induce a dicha persona a realizar la cancelación o modificación*". Esa regulación es la misma que la establecida en el art. 8.2 del Reglamento (UE) nº 596/2014.

En principio, la omisión de la inclusión de la conducta de inducción podría entenderse que queda suplida con la regulación general de la inducción del art. 28.a) CP. Sin embargo, no parece que el concepto de inducción utilizado en la normativa comunitaria lo sea en el sentido técnico-penal usado en el art. 28.a) CP de que a la incitación personal hubiera seguido su ejecución, sino que parece más cercano a la idea de incitación individual no seguida de la ejecución. Sólo así puede entenderse, por un lado, que en el art. 3.7 de la Directiva 2014/57/UE se establezca que *"seguir las recomendaciones o inducciones a que se refiere el apartado 6 se considerará como operación con información privilegiada cuando la persona que siga la recomendación o inducción sepa que estas se basan en información privilegiada"*; y, por otro, que el art. 6.1 de esta misma Directiva establezca el mandato de tipificación de estas conductas también respecto de la incitación a cometer estas infracciones. En ese sentido, tampoco la sanción de la provocación y la proposición para la comisión de este delito prevista en el art. 285 *quater* CP resultan suficientes para colmar los deberes de transposición, ya que (i) no toda incitación individual al uso de información privilegiada no seguida de su ejecución a la que parece referirse el art. 3.6 de la Directiva 2014/57/UE puede ser calificada como provocación —que exige una incitación de carácter público y no individual (art. 18.1 CP)— o proposición —que exige una invitación a la comisión conjunta del delito con el proponente (art. 17.2 CP); y, (ii) en cualquier caso, las sanciones de esos actos de participación con uno o dos grados inferior no colmaría el mandato establecido en el art. 7.2 de la Directiva 2014/57/UE de que las infracciones consistentes en la inducción a un tercero no seguidas de su ejecución previstas en el art. 3.6 de esa directiva se castiguen con una sanción máxima de privación de libertad de, al menos, cuatro años.

Una alternativa interpretativa sería considerar que la conducta de recomendación prevista en el art. 285 CP subsume en su significado la de incitación personal no seguida de su ejecución (en ese sentido, GALÁN MUÑOZ, que considera que la recomendación es una conducta de emprendimiento de la inducción no seguido de ejecución). En algunos casos esa solución podría ser viable. Sin embargo, parece que el sentido que se pretende dar a la conducta de recomendación en la normativa comunitaria es muy específico y debe imponerse por imperativo de lo dispuesto en el art. 285 *ter* CP, lo que va a impedir que la mayoría de los supuestos de incitación personal no seguida de ejecución pueda subsumirse en el concepto técnico de recomendación. Así, cabe destacar que el art. 3.1 del Reglamento (UE) nº 596/2014 define, en su apartado 34), por *"información en la que se recomiende o sugiera una estrategia de inversión"*, *"la información: i) elaborada por un analista independiente, una empresa de servicios de inversión, una entidad de crédito, cualquier otra persona cuya actividad principal sea hacer recomendaciones de inversión o las personas físicas que trabajen para ellas en virtud de un contrato de trabajo, o de otra forma, en la que se exprese, de manera directa o indirecta, una propuesta de inversión concreta respecto de un instrumento financiero o un emisor, o ii) elaborada por personas distintas de las contempladas en el inciso i), en la que se proponga directamente una decisión de inversión concreta respecto de un instrumento financiero"* y, en su apartado 35), por *"recomendaciones de inversión"*, *"la información en la que se recomiende o sugiera una estrategia de inversión, de forma explícita o implícita, en relación con uno o varios instrumentos financieros o con los emisores, incluida toda opinión sobre el valor o precio actuales o futuros de esos instrumentos, destinada a los canales de distribución o al público"*. En relación con ello, el art. 20 del citado Reglamento (UE) nº 596/2014 establece una regulación específica de las recomendaciones de inversión, en cuyo apartado 1 se prevé que *"las personas que elaboren o difundan recomendaciones de inversión o información de otro tipo en la que se recomiende o sugiera una estrategia de inversión actuarán con la diligencia debida para garantizar que la información se presenta de manera objetiva y para comunicar sus intereses particulares o indicar los conflictos de intereses relativos a los instrumentos financieros a los que se refiere dicha información"*. Por su parte, el art. 20.3 del Reglamento (UE) nº 596/2014 establece que a fin de garantizar una aplicación homogénea de esta previsión la AEVM elaborará proyectos de normas técnicas de regulación para establecer las condiciones que deberán cumplir los programas de recompra y las medidas de estabilización y que se delega en la Comisión la facultad de adoptar esas normas técnicas de regulación. A esos efectos, se ha aprobado el Reglamento Delegado (UE) 2016/958 de la Comisión de 9 de marzo de 2016 por el que se completa el Reglamento (UE) nº 596/2014 del Parlamento Europeo y del Consejo en lo que respecta a las normas técnicas de regulación relativas a las medidas técnicas aplicables a la presentación objetiva de las recomendaciones de inversión o información de otro tipo en las que se recomiende o sugiera una estrategia de inversión y a la comunicación de intereses particulares o indicaciones de conflictos de intereses. Por tanto, el sentido técnico de recomendación de inversión en el contexto de la normativa sectorial del mercado financiero parece alejar su comprensión de la incitación personal a realizar determinadas operaciones.

Una segunda desviación en la transposición del mandato de penalización respecto de la conducta de recomendación a terceros es que, como ya se ha expuesto, la normativa comunitaria, tanto el art. 3.6 de la Directiva 2014/57/UE como el art. 8.2 del Reglamento (UE) nº 596/2014, se refieren a recomendar, *"sobre la base de dicha información"*, a que otra persona bien adquiera, transmita o ceda instrumentos financieros a los que se refiere la información, bien cancele o modifique una orden relativa a un instrumento financiero al que se refiere la información. Por el contrario, el art. 285.1 CP lo que tipifica es recomendar *"a un tercero el uso de dicha información privilegiada para alguno de esos actos"*. La diferencia entre ambas regulaciones es notable. En la normativa comunitaria la información privilegiada cumple como única función la de elaborar la recomendación o estrategia de inversión y, por tanto, al receptor de la misma no se le trasmite necesariamente que se fundamenta en una información privilegiada. Por el contrario, en el art. 285.1 CP, al referir que el objeto de la recomendación es el uso de esa información privilegiada, lo recomendado al tercero no es solo la estrategia de inversión sino también que está fundamentada en una información privilegiada. Ciertamente, el art. 14.b) del Reglamento (UE) nº 596/2014 utiliza la confusa expresión de que *"ninguna persona podrá: (...) b) recomendar que otra persona realice operaciones con información privilegiada o inducirla a ello"* y el art. 3.1 de la Directiva 2014/57/UE hace lo propio al establecer el mandato de penalización, entre otras, de *"la recomendación o inducción a otra persona a realizar operaciones con información privilegiada"*, en lo que podría interpretarse que el ámbito de la prohibición es recomendar realizar operaciones con información privilegiada, que es la conducta típica que, finalmente, ha quedado plasmada en el art. 285 CP. Sin embargo, ante lo categórico de la dicción literal de los arts. 3.6 de la Directiva 2014/57/UE y 8.2 del Reglamento (UE) nº 596/2014 de que lo prohibido es recomendar, *"sobre la base de dicha información"*, no parece que debieran albergarse dudas al respecto. Por otra parte, también resulta relevante que el art. 3.7 de la Directiva 2014/57/UE establezca que seguir las recomendaciones o inducciones se considerará como operación con información privilegiada *"cuando la persona que siga la recomendación o inducción sepa que estas se basan en información privilegiada"*, ya que ello evidencia que la recomendación en este contexto normativo no incluye que la transmisión al tercero necesariamente dé a conocer a este que está basada en una información privilegiada.

Una tercera desviación del mandato comunitario de tipificación penal vendría constituida porque el art. 285 CP, al sancionar la conducta de recomendación, exige una efectiva ejecución por parte del tercero, ya que, en los términos en que se analizará posteriormente, la responsabilidad penal por esta conducta está también determinada por la concurrencia, alternativa, de la obtención de un beneficio o causación de un perjuicio superior a los quinientos mil euros, el valor de los instrumentos financieros empelados fuera superior a los dos millones de euros o se causare un grave impacto en la integridad del mercado; circunstancias, todas ellas, que solo pueden concurrir si el tercero ha ejecutado o dado comienzo a la ejecución. Por el contrario, el mandato del art. 3.6 de la Directiva 2014/57/UE, por la propia naturaleza de la conducta a sancionar —recomendar o inducir a terceros—, no parece que responda a la pretensión de castigar estas conductas solo cuando sea seguido de su ejecución. En esta conclusión redunda el hecho ya señalado de que el art. 3.7 de esta directiva tenga una previsión expresa sobre la responsabilidad en que incurriría el tercero de seguir las recomendaciones o inducciones.

La ejecución por parte del tercero de la recomendación recibida implica la comisión de un delito autónomo de abuso de información privilegiada (NIETO MARTÍN). Esa responsabilidad lo es del art. 285.1 o 5 CP, en tanto que no deja de tratarse de una persona que ha ejecutado actos típicos de uso de información privilegiada a la que ha accedido bien de manera reservada, a través de una actividad delictiva —la del sujeto que le recomendó el uso de la información privilegiada—, bien, si se considera que ese acceso solo lo puede ser a partir de una actividad delictiva propia, de manera no reservada (BENÍTEZ ORTÚZAR).

5. La normativa comunitaria establece excepciones a la tipicidad de estas conductas de uso de información privilegiada. Así, (i) el art. 3.8 de la Directiva 2014/57/UE establece que la mera yuxtaposición de la posesión de información privilegiada sobre un instrumento financiero y la realización de actos de adquisición, transmisión o cesión no se configura necesariamente como una operación con información privilegiada en determinados casos de conductas legítimas establecidas en el art. 9 del Reglamento (UE) nº 596/2014; y, (ii) el art. 1.3 de la Directiva 2014/57/UE también excluye de su ámbito de aplicación a los programas de recompra y medidas de estabilización. Estas excepciones, aunque no aparecen recogida expresamente en la norma penal española, su aplicación se deriva del art. 285 *ter* CP, constituyéndose como supuestos de atipicidad de la conducta.

El art. 3.8 de la Directiva 2014/57/UE establece que *"a efectos del presente artículo, del mero hecho de que alguien esté o haya estado en posesión de información privilegiada no se considerará que la haya utilizado y que, por lo tanto, haya realizado operaciones con información privilegiada en relación con alguna adquisición, transmisión o cesión, siempre que su conducta pueda considerarse legítima con arreglo al artículo 9 del Reglamento (UE) nº 596/2014"*. El art. 9 del Reglamento (UE) nº 596/2014 establece una muy detallada regulación de aquellas conductas que han de considerarse legítimas, a pesar del hecho de que una personas posea o haya poseído información privilegiada y haya realizado operaciones en relación con alguna adquisición, transmisión o cesión. Así, en su apartado 1, en relación con las conductas de una persona jurídica, se considera que son legítimas cuando concurras las circunstancias siguientes: *"a) haya establecido, aplicado y mantenido mecanismos y procedimientos internos adecuados y eficaces que garantizan eficazmente que ni la persona física que adoptó en su nombre la decisión de adquirir, transmitir o ceder los instrumentos financieros a los que se refiere la información, ni ninguna otra persona física que pueda haber influido en dicha decisión, estaba en posesión de la información privilegiada, y b) no haya alentado, recomendado o inducido a la persona física que, por cuenta de la persona jurídica, adquirió, transmitió o cedió los instrumentos financieros a los que se refiere la información, o no haya influido en esa persona física por cualquier otro medio"*. Por su parte, su apartado 2, hace lo propio en relación con cualquier persona física o jurídica, señalando como circunstancias concurrentes las siguientes: *"a) por lo que respecta al instrumento financiero al que se refiere dicha información, sea un creador de mercado o una persona autorizada para actuar como contraparte, y la adquisición, transmisión o cesión de los instrumentos financieros a los que se refiere dicha información se realice de forma legítima en el curso normal del ejercicio de su función como creador de mercado o como contraparte en relación con dicho instrumento financiero, o b) esté autorizada a ejecutar órdenes por cuenta de terceros, y la adquisición, transmisión o cesión de los instrumentos financieros a los que se refiere la orden se realice de forma legítima en el curso normal del ejercicio de su trabajo, profesión o funciones"*. Los apartados 3 a 5 también configuran conductas legítimas en supuestos singulares. Así, el apartado 3 establece que *"A efectos de lo dispuesto en los artículos 8 y 14, del mero hecho de que una persona posea información privilegiada no se considerará que la haya utilizado y que, por lo tanto, haya realizado operaciones con información privilegiada en relación con alguna adquisición, transmisión o cesión, siempre que dicha persona realice una operación para adquirir, transmitir o ceder instrumentos financieros y esta operación se efectúe de buena fe en cumplimiento de una obligación vencida y no para eludir la prohibición de operaciones con información privilegiada, y: a) dicha obligación se derive de una orden dada o de un acuerdo celebrado antes de que la persona en cuestión tuviera conocimiento de la información privilegiada, o b) esa operación tenga por objeto cumplir una disposición legal o reglamentaria anterior a la fecha en que la persona en cuestión tuviera conocimiento de la información privilegiada".* El apartado 4 establece que *"A efectos de lo dispuesto en los artículos 8 y 14, del mero hecho de que una persona posea información privilegiada no se considerará que la haya utilizado y que, por lo tanto, haya realizado operaciones con información privilegiada, siempre que dicha persona haya obtenido esa información privilegiada en el transcurso de una oferta pública de adquisición o fusión con una empresa y utilice dicha información privilegiada con el mero objeto de llevar a cabo esa fusión u oferta pública de adquisición, siempre que en el momento de la aprobación de la fusión o aceptación de la oferta por los accionistas de la empresa en cuestión toda información privilegiada se haya hecho pública o haya dejado de ser información privilegiada. El presente apartado no se aplicará a la formación de una participación".* Y el apartado 5 establece que *"A efectos de lo dispuesto en los artículos 8 y 14, el mero hecho de que una persona utilice su propio conocimiento de que ha decidido adquirir, transmitir o ceder instrumentos financieros en la adquisición, transmisión o cesión de dichos instrumentos financieros no constituirá en sí mismo utilización de información privilegiada". El apartado 6, como cláusula de cierre, establece que "no obstante lo dispuesto en los apartados 1 a 5 del presente artículo, también podrá considerarse que se ha infringido la prohibición de operar con información privilegiada establecida en el artículo 14 si la autoridad competente determina que tras esas operaciones, órdenes de negociación o conductas no hubo razones legítimas".*

Una explicación de esta regulación aparece en los considerandos 30) y 31) del Reglamento (UE) nº 596/2014 en los que se afirma, en el primero, que *"no debe considerarse operación con información privilegiada el mero hecho de que los creadores de mercado o las personas autorizadas para actuar como contrapartes se limiten a proseguir su negocio legítimo de compra y venta de instrumentos financieros, o de que las personas autorizadas a ejecutar órdenes por cuenta de terceros con información privilegiada se limiten a ejecutarlas o modificarlas diligentemente. No obstante, la protección que dispensa el presente Reglamento a los creadores de mercado, a organismos autorizados para actuar como contrapartes o a personas autorizadas a ejecutar en nombre de terceros órdenes con información privilegiada no se extiende a actividades claramente prohibidas en virtud del presente Reglamento, incluida la práctica comúnmente conocida como* front-running *(operativa anticipada a la de los clientes). Cuando las personas jurídicas adoptan todas las medidas razonables para evitar que se produzcan abusos de mercado, pero, aun así, alguna persona física empleada por ellas comete abusos de mercado en su nombre, no debe imputarse abuso de mercado a la persona jurídica. Otro ejemplo que no debe considerarse utilización de información privilegiada lo constituyen las operaciones realizadas en cumplimiento de una obligación vencida. El mero hecho de tener acceso a la información privilegiada de otra empresa y la utilización de la misma en el contexto de una oferta pública de adquisición con el fin de obtener el control de dicha empresa o de proponer una fusión con la misma no deben considerarse operaciones con información privilegiada"*; y, en el segundo que *"dado que la adquisición o la cesión de instrumentos financieros supone necesariamente la adopción previa de la decisión relativa a la adquisición, transmisión o cesión por parte de la persona que efectúa una u otra de estas operaciones, el mero hecho de realizar dicha adquisición, transmisión o cesión no debe considerarse en sí mismo como utilización de información privilegiada. La actuación sobre la base de planes y estrategias de negociación propios no debe considerarse operación con información privilegiada. No obstante, ninguna de dichas personas, ya sean personas físicas o jurídicas, deben estar protegidas por su función profesional; solo deben estar protegidas si actúan de forma adecuada y correcta, respetando las normas propias de su profesión y del presente Reglamento, es decir, la integridad del mercado y la protección de los inversores. Sin embargo, se podría considerar que se ha producido una infracción si la autoridad competente determina que, tras esas operaciones u órdenes, o esas conductas, hubo razones ilegítimas o que la persona operó con información privilegiada"*.

Esta regulación de las conductas legítimas no tiene un reflejo expreso en el art. 285 CP, por lo que podría haber dudas sobre la relevancia que tendría a efectos penales. Dos son los argumentos en favor de su efectiva proyección sobre el derecho penal como causas de atipicidad. El primero es que toda la regulación penal en esta materia supone un ámbito del derecho penal administrativizado en el que lo que se protege penalmente es el incumplimiento de los deberes administrativos en la materia, en este caso el de la abstención del uso de la información privilegiada. En ese sentido, una conducta que es considerada legítima en la normativa administrativa sectorial, en este caso representada por el Reglamento (UE) nº 596/2014, y que, además, se excluye expresamente del mandado de tipificación penal en el art. 3.8 de la Directiva 2014/57/UE, no puede reputarse penalmente típica. Por otra parte, es de recordar que el art. 285 *ter* CP establece el mandato de interpretación conforme de los elementos típicos de los delitos contra el mercado financiero a la normativa sectorial también respecto de las conductas y operaciones entre las que hay que incluir la citada regulación de las conductas legítimas en materia de uso de información privilegiada.

No obstante, desde la perspectiva penal, se plantea una cuestión singular con la cláusula de cierre del art. 9.6 del Reglamento (UE) nº 596/2014, toda vez que su previsión es convertir lo que, *ex ante*, se considera, en atención a la concurrencia de determinadas circunstancias objetivas descritas normativamente como una conducta legítima, en ilegítima cuando la autoridad competente, que es de carácter administrativo, determina, *ex post*, que no hubo razones legítimas para la realización de esas operaciones. En la medida en que se trata de un supuesto ampliatorio de la responsabilidad penal, que se condiciona a una decisión *ex post* de una autoridad administrativa, por razones de seguridad jurídica ínsitas en el principio de legalidad penal, no es un supuesto de aplicación en el Derecho penal.

El art. 1.3 de la Directiva 2014/57/UE estable que son también operaciones excluidas de la tipicidad de este delito *"a) la negociación con acciones propias en programas de recompra, cuando esa negociación se realice de conformidad con el art. 5.1 a 3 del Reglamento (UE) nº 596/2014; b) la negociación de valores o de instrumentos asociados con arreglo al art. 3.2.a) y b) del Reglamento (UE) nº 596/2014 para la estabilización de valores, cuando esa negociación se realice de conformidad con el art. 5.4 y 5 de dicho Reglamento; c) las operaciones, órdenes o conductas que respondan a fines de política monetaria, tipo de cambio o gestión de la deuda pública, de conformidad con el art. 6.1 del Reglamento (UE) nº 596/2014, las operaciones, órdenes o conductas de conformidad con su art. 6.2, las actividades que respondan a la política climática de la Unión, de conformidad con su art. 6.3, o las actividades que respondan a la política agrícola común de la Unión y a la política pesquera común de la Unión, de conformidad con su art. 6.4"*. La regulación de los programas de recompra y de las medidas de estabilización ya ha sido expuesta el analizar el delito de manipulación operativa en que también se configuran como supuestos de exención de la responsabilidad penal.

5. Otras circunstancias adicionales de la responsabilidad penal

1. La responsabilidad penal de los delitos de uso de información privilegiada de los arts. 285.1 y 5 CP está también condicionada a la concurrencia alternativa de alguna de las siguientes circunstancias adicionales: (i) que, como consecuencia de la conducta el sujeto activo obtuviera, para sí o para tercero, un beneficio superior a quinientos mil euros o causara un perjuicio de idéntica cantidad; (ii) que el valor de los instrumentos financieros empleados fuera superior a dos millones de euros; y (iii) que se causara un grave impacto en la integridad del mercado.

La inclusión de estas circunstancias para delimitar la responsabilidad penal por este tipo penal está vinculada con que en el mandato comunitario de penalización de los arts. 5.2.c) y d) de la Directiva 2014/57/UE se establece *"al menos en los casos graves"* y, en relación con ello, en que el considerando (11) de esta directiva establece que *"a efectos de la presente Directiva, se han de considerar graves las operaciones con información privilegiada y la comunicación ilícita de información privilegiada en casos en que sea elevado el impacto en la integridad del mercado, el beneficio derivado real o potencial o las pérdidas evitadas, la importancia del daño causado al mercado o el valor general de los instrumentos financieros, entre otros. Otras circunstancias que podrían tenerse en cuenta son, por ejemplo, el hecho de que la infracción se haya cometido en el marco de una organización delictiva o de que la persona ya haya cometido esa infracción previamente"* y que el considerando (24) expone que *"(...) la imposición de sanciones debe ser proporcionada, tomando en consideración los beneficios obtenidos o las pérdidas evitadas por las personas consideradas responsables, así como los daños resultantes de la infracción para otras personas y, si procede, los daños causados al funcionamiento de los mercados o a la economía en general"*.

En la redacción dada al art. 285 CP por la LO 15/2003, la responsabilidad penal por este delito se condicionaba a la obtención, para el sujeto activo o para un tercero, de un beneficio económico superior a 600.000 euros o la causación de un perjuicio de idéntica cantidad, que era también la única circunstancia exigida, aunque en la cuantía de 300.000 euros, en el delito de manipulación informativa (art. 284.2º CP), en la redacción dada por la LO 5/2010. Sin embargo, en lo que parece una intención de coordinación de los ilícitos contra el mercado financiero, la LO 1/2019, tanto en las conductas de manipulación informativa y operativa (arts. 284.12º y 3º CP) como en las de uso de información privilegiada (art. 285 CP), han incluido estas tres circunstancias adicionales. No obstante, se ha hecho con alguna significativa diferencia, ya que en el art. 284.1.2º CP se exige dentro de la proposición normativa principal la obtención de un beneficio para el sujeto activo o de un tercero —a modo de resultado típico, pero sin establecer una cuantificación—, limitando la primera circunstancia adicional a que la cuantía del beneficio fuera superior a los doscientos cincuenta mil euros o se causara un perjuicio de idéntica cantidad.

2. La naturaleza dogmática de cada una de estas circunstancias adicionales de la responsabilidad penal es, en atención a su propio contenido y función, diferente. El delito del uso de información privilegiada, si se omite la exigencia de la concurrencia alternativa de alguna de estas circunstancias adicionales, se configura como un delito de mera actividad. A partir de ello, la necesaria adición de

cualquiera de esas circunstancias altera esa configuración en función del contenido semántico de esas circunstancias y la función que cumple en la delimitación del ilícito. A esos efectos, "*que el valor de los instrumentos financieros empleados fuera superior a dos millones de euros*" [art. 285.1.b) CP] es una circunstancia añadida a la descripción del medio comisivo de este delito, en el sentido de que los actos de adquisición, transmisión o cesión o de cancelación o modificación de una orden ya dada lo sea respecto de instrumentos financieros por valor superior a los dos millones de euros o que la recomendación a un tercero del uso de información privilegiada para alguna de esos actos lo sea también por ese mismo valor. Por tanto, como tal elemento delimitador del medio comisivo, no implica ninguna alteración de la naturaleza jurídica de este ilícito, que sigue siendo un delito de mera actividad y peligro abstracto. Sin embargo, "*que se causara un grave impacto en la integridad del mercado*" [art. 285.1.c) CP] es una circunstancia añadida que incide en la descripción de un resultado lesivo del bien jurídico tutelado. De ese modo, es una circunstancia que tiene la naturaleza jurídica de un resultado típico, que provoca que este delito se configure como de resultado lesivo, con las exigencias inherentes al mismo de que sea necesario acreditar una relación de riesgo entre la conducta desarrollada y el grave impacto y de que ese resultado sea abarcado por el dolo del sujeto, aunque lo sea de modo eventual. Esta exigencia de grave impacto en la integridad del mercado resulta de muy difícil concreción —con los problemas de seguridad jurídica que ello implica— por el carácter tan abierto y valorativo de los conceptos que se utilizan.

La cuantificación del valor de los instrumentos financieros superior a los dos millones de euros, frente a los que se dirá después respecto de la cuantificación de los beneficios o perjuicios vinculados a la conductas, resulta de más fácil determinación, ya que se conoce tanto el momento en que ha de procederse a la valoración como las referencias para obtenerla. El momento para determinación del valor ha de coincidir con el de la ejecución de la conducta típica. De ese modo, la referencia temporal es bien el momento en el que se produce la adquisición, transmisión o cesión del instrumento financiero bien el momento en el que se produce la cancelación o modificación, en cuyo caso su cuantificación se concreta en el efectivo valor que en ese momento tenga ese instrumento financiero en el mercado. En el caso de la recomendación, en la medida en que la concurrencia de esta circunstancia exige que los instrumentos hayan sido empleados y, por tanto, que solo sería sancionable esta conducta si a la recomendación le ha seguido la ejecución por el tercero del acto recomendado, también habrá que estar para su determinación a la cuantificación de la concreta operación desarrollada.

El resultado del grave impacto de mercado está en la línea de ese tipo de cláusulas cada vez más utilizadas en la normativa penal para delimitar las conductas con relevancia penal incidiendo en la intensidad de la lesión sobre el bien jurídico tutelado. En ese sentido, no se diferencia, en cuanto a su naturaleza dogmática, de elementos como, por ejemplo, "*enfermedad que perjudique su normal desarrollo*" (art. 157 CP); "*se produjeren perjuicio de especial consideración*" (art. 235.1.5º CP); "*hubiera perjudicado gravemente el funcionamiento de los servicios públicos esenciales o la provisión de bienes de primera necesidad*" (art. 264.2.3ª CP); "*hubiera perjudicado de forma relevante la actividad de una empresa, negocio o de una Administración Pública*" (art. 264 *bis*.1 I CP); "*especial importancia de los perjuicios ocasionados*" [arts. 271.b) y 276.b) CP]; "*causar daños sustanciales a la calidad del aire, del suelo o de las aguas"* o *"perjudicar gravemente el equilibrio de los sistemas naturales"* (art. 326.1 CP); *"perjudique el equilibrio biológico"* (art. 333 CP); *"perjudicando gravemente el medio natural"* (art. 356 CP). En principio, más allá de lo casuístico que puede ser la conceptuación de un impacto *"grave"*, la referencia a la integridad del mercado determina que no tenga que ser necesariamente de carácter económico (GÓMEZ INIESTA), pudiendo incluirse una crisis generalizada o la alteración anormal de las cotizaciones de los instrumentos financieros en su conjunto (LIÑAN LAFUENTE, MUÑOZ DE MORALES ROMERO). Se ha llegado a afirmar, ante el carácter poco taxativo en la descripción de esta circunstancia (BENÍTEZ ORTÚZAR, LIÑÁN LAFUENTE), que, en realidad, las circunstancias adicionales de las letras a) y b) no son más que una interpretación auténtica del concepto de grave impacto en la integridad del mercado, que tienen más bien un valor ejemplificativo (FEIJOÓ SÁNCHEZ, NIETO MARTÍN). No obstante, también se ha defendido que la única circunstancia adicional de este delito debería haber sido la del valor de la operación realizada y que el impacto en la integridad del mercado y la importancia del beneficio o perjuicio hubiera sido más adecuado configurarlas como agravaciones (MUÑOZ DE MORALES ROMERO, NIETO MARTÍN/FOFFANI).

3. La naturaleza dogmática de la circunstancia adicional de "*que, como consecuencia de su conducta obtuviera, para sí o para tercero, un beneficio superior a quinientos mil euros o causara un perjuicio de idéntica cantidad*" [art. 285.1.c) CP] ha sido objeto de un vivo debate doctrinal y jurisprudencial ya desde su inclusión como elemento adicional de la responsabilidad penal en la redacción dada al art. 285 CP por la LO 15/2003. La solución de que se configura como una condición objetiva de punibilidad resulta preferible, ya que, desde un perspectiva estructural y teleológica, si el interés a tutelar es la integridad del mercado, la exigencia de un perjuicio —y menos aún de un beneficio— no guarda relación directa con dicha protección, evidenciando que la decisión del legislador ha sido incluir este elemento como criterio político-criminal de delimitación entre responsabilidad penal y administrativa. Al margen de ello, procesalmente, resultaría inviable la prueba de una relación de riesgo conducta-resultado, toda vez que la propia naturaleza del contexto en que se desarrolla impide la necesaria individualización de las causas. Por tanto, se trataría de una circunstancia adicional, en lo relativo tanto a la obtención de un beneficio o la causación de un perjuicio como a que lo sean en una cuantía superior a quinientos mil euros, respecto de la que no es preciso acreditar una relación de riesgo ni ser abarcada por el dolo del sujeto. Por su parte, en lo relativo a la cuantificación del beneficio obtenido o perjuicio causado, parece que la solución más adecuada es la aportada por la teoría de la "*revalorización latente*", conforme a la cual su valoración será el diferencial entre el valor latente en el momento de comenzar las operaciones impulsadas por la información privilegiada y el valor latente máximo obtenido con dichas maniobras.

La naturaleza jurídica de esta circunstancia adicional fue muy debatida previa a la modificación operada en este precepto por la LO 1/2019. En aquel contexto normativo, la Doctrina estaba dividida entre las posiciones favorables a que debía ser considerado un auténtico resultado típico, al que alcanzan, por tanto, las exigencias de relación de riesgo con la conducta típica y de ser abarcado por el dolo (BAJO FERNÁNDEZ/ BACIGALUPO SAGGESE, ESTRADA I CUADRAS, FARALDO CABANA, GONZÁLEZ CUSSAC, GÓMEZ INIESTA, MARTÍNEZ-BUJÁN PÉREZ, NIETO MARTÍN, RODRÍGUEZ MOURULLO, VALLE MUÑIZ/MORALES PRATS); y aquellos que lo categorizaban como una condición objetiva de punibilidad (GÓMEZ-JARA DÍEZ, GÓMEZ TOMILLO, GONZÁLEZ RUS, LÓPEZ BARJA DE QUIROGA, MUÑOZ CONDE, PAREDES CASTAÑON, PRIETO DEL PINO, QUINTANAR DÍEZ, RASILLO LÓPEZ, ZABALA LÓPEZ-GÓMEZ), que no exige acreditar una estricta relación de riesgo ni ser abarcada por el dolo. Jurisprudencialmente, se había optado por una defensa preferente de su categorización de condición objetiva de punibilidad [STS 491/2015, 23-7 (*Tol 5390995*); SJP, nº 29, Madrid, 167/2016, 24-5 (*Tol 5839936*), y SAN, Sección 4ª, 28/2017, 17-10 (*Tol 6382194*)].

En este debate, que ha continuado con la nueva redacción, ha tomado un nuevo impulso la defensa de su consideración como resultado típico, vinculado, especialmente, con el argumento de que su categorización como condición objetiva de punibilidad impediría la responsabilidad por tentativa en contradicción con lo dispuesto en el art. 6.2 de la Directiva 2014/57/UE (BARDAVÍO ANTÓN, BENÍTEZ ORTÚZAR, DOVAL PÁIS, DOVAL PAÍS/ANABARTE BORRALLO, ESTRADA I CUADRAS, FEIJOÓ SÁNCHEZ, GÓMEZ-JARA DÍEZ/TEJADA PLANA, MARTÍNEZ-BUJÁN PÉREZ, MUÑOZ DE MORALES ROMERO, NIETO MARTÍN), o con el cambio de redacción en que la expresión *"obteniendo"* ha sido sustituida por la de *"como consecuencia de su conducta obtuviera un beneficio"* (GÓMEZ INIESTA). No obstante, sigue defendiéndose su consideración bien como condición objetiva de punibilidad (GALÁN MUÑOZ, GÓMEZ PAVÓN, LIÑÁN LAFUENTE, LUZÓN CÁNOVAS, QUINTERO OLIVARES) bien como situación o elemento típico de distinta naturaleza (SEGRELLES DE ARENAZA).

No parece que los argumentos utilizados en favor de su consideración como resultado típico resulten definitivos, ya que (i) la actual dicción del precepto no resulta inequívoca desde el punto vista gramatical como para obtener una conclusión sobre la naturaleza dogmática de esta circunstancia adicional; (ii) la referencia que se hace en la determinación de las consecuencias jurídicas del delito, dentro del sistema de multa proporcional, a la cuantía del beneficio obtenido o perjuicio causado no implica tampoco que deba tener la naturaleza de resultado del tipo, toda vez que es una consecuencia aplicable también a supuestos de responsabilidad penal no vinculados a esa circunstancia adicional —valor de los instrumentos empleados y causación de grave impacto en la integridad del mercado; y (iii) la eventual imposibilidad de sanción de la conducta intentada en relación con esta concreta circunstancia adicional no implica un incumplimiento del mandato comunitario de penalización, pues ni impide la sanción intentada en el caso del grave impacto en la integridad del mercado ni es precisa la sanción por ese grado de ejecución en el caso del empleo de instrumentos por valor superior a dos millones de euros, al tratarse de un delito de mera actividad. En ese sentido, tanto razones dogmáticas como pragmáticas abogan por mantener su consideración como una condición objetiva de punibilidad. Dogmáticamente, la unánime defensa que se hace de que el interés tutelado por este delito es la integridad y transparencia del mercado, provoca que la exigencia de un perjuicio o la de un beneficio resulte un elemento ajeno a dicha protección, poniendo de manifiesto que se trata de una circunstancia adicionada a la responsabilidad penal por parte del legislados nacional vinculada con razones político-criminal de delimitación entre responsabilidad penal y administrativa. Por otra parte, en atención a la propia descripción de la dinámica delictiva, que hace residenciar el ilícito en la infracción de los deberes relativos a la información privilegiada, la existencia de un resultado lesivo como el ahora comentado no parece aportar nada relevante, en defecto de una clara y manifiesta voluntad del legislador nacional, como para elevarlo a la categoría de elemento configurador del injusto, máxime cuando se omite en la legislación comunitaria a trasponer una referencia expresa a la misma. Desde una perspectiva pragmática, además, las exigencias procesales de prueba propia de su configuración como un resultado típico —principalmente la de la relación de riesgo con la conducta desarrollada por el sujeto activo— haría inaplicable este tipo penal por la imposibilidad de individualización de las causas eficientes de la oscilaciones de los precios en los mercados financieros. De hecho, ha llegado a sustentarse que ha sido, precisamente, esa dificultad la que explica la falta de aplicación práctica de este delito (NIETO MARTÍN).

También resulta problemática la cuantificación del beneficio obtenido o del perjuicio causado para alcanzar la cifra mínima exigida de los quinientos mil euros, toda vez que, al tratarse de instrumentos financieros en los que son muy diversos los factores que influyen para la determinación de su valor, es necesario poder concretar el momento y el criterio de valoración. A esos efectos, al no resultar posible remitir la cuantificación al futuro incierto del momento de la efectiva liquidación de los instrumentos (MARTÍNEZ-BUJÁN PÉREZ, RODRÍGUEZ MOURULLO, PRIETO DEL RÍO), que dejaría en manos del autor el momento consumativo para la determinación de esta circunstancia adicional y desconoce que, aunque no se haya monetarizado el instrumento, este tiene un valor cierto en el mercado financiero, que forma parte del patrimonio del autor, se viene defendiendo la solución de la llamada *"revalorización latente"* tanto en la Doctrina (BENÍTEZ ORTÚZAR, LIÑÁN LAFUENTE) como en la Jurisprudencia [STS 1136/2010, 21-12 (*Tol 2008799*); STS 491/2015, 23-7 (*Tol 5390995*); SAP, Madrid, Sección 15ª, 62/2019, 28-1 (*Tol 7168197*)]. Esta solución determina que lo relevante para la cuantificación del instrumento es el momento en el que, tras la conducta delictiva desarrollada para la alteración de su precio, el instrumento se encuentra en su máxima revalorización o nivel de ganancia o, en el caso de la cuantificación de los perjuicios derivados de una alteración a la baja, cuando el instrumento se encuentra en su máxima depreciación o nivel de perdida. No obstante, también se ha destacado que cualquier solución cuantificadora no deja de ser muy complicada en caso de operaciones complejas y dilatadas en el tiempo [SAP, Madrid, Sección 17ª, 768/2009, 17-7 (*Tol 1558887*)]. A esos efectos, por ejemplo, la SAP, Madrid, Sección 15ª, 62/2019, 28-1 (*Tol 7168197*), en caso de un operación de información privilegiada sobre *warrants* —instrumentos financiero que da derecho a comprar o vender un activo a un precio preestablecido en una fecha futura— consideró que, frente a lo concluido en la sentencia apelada, el momento de cuantificación no era el día en el que estaba fijada la amortización del *warrant*, *"sino en función de la máxima cotización del valor, al cierre del día que se publicó el hecho relevante en el mercado bursátil, sin ser necesario que el iniciado realice la liquidación"*, con el argumento de que, aun no siendo susceptibles de liquidación en ese momento, siguen siendo instrumentos autónomamente negociables en el mercado financiero por el valor que en cada momento le aporte el mercado. Por otra parte, en lo relativo a esta cuantificación, también jurisprudencialmente se ha señalado que no es necesario que el beneficio obtenido o el perjuicio causado no lo sea exclusivamente por una sola persona sino que puede serlo por el sumatorio de todos los beneficiados o perjudicados [SAP, Madrid, Sección 7ª, 486/2013, 27-5 (*Tol 4098557*)].

6. Agravaciones

1. El art. 285.2 CP prevé como circunstancias agravatorias para el delito de uso de información privilegiada —con independencia de que hubieran tenido acceso a la misma de manera reservada (art. 285.1 CP) o de cualquier otro modo (art. 285.5 CP)—, alternativamente, "*1ª Que el sujeto activo se dedique de forma habitual*

a las anteriores prácticas de operaciones con información privilegiada. 2ª Que el beneficio, la perdida evitada o el perjuicio causado sea de notoria importancia"; sancionando su concurrencia con la imposición de la pena en su mitad superior. Por su parte, el art. 285.3 CP establece una segunda agravación para imponer las penas, "*en sus respectivos casos, en su mitad superior*", *en los casos en los que "(...) el responsable del hecho fuera trabajador o empleado de una empresa de servicios de inversión, entidad de crédito, autoridad supervisora o reguladora, o entidades rectoras de mercados regulados o centros de negociación*".

Este régimen de agravaciones, que proviene de la redacción dada a estas previsiones por la LO 1/2019 y que no está vinculado a ninguna exigencia de transposición de la normativa comunitaria, varía en relación con el establecido por la LO 15/2003 y parece responder a una supuesta finalidad unificadora con el régimen de agravaciones previstas para los delitos de manipulación del mercado financiero en el art. 284.2 y 3 CP, que también fueron reformados por la LO 1/2019. El régimen de agravaciones que se estableció en el art. 285 CP por la LO 15/2003 fue el configurar un subtipo agravado, sancionando con una pena de prisión de cuatro a seis años, multa del tanto al triplo del beneficio obtenido o favorecido e inhabilitación especial para el ejercicio de la profesión o actividad de dos a cinco años cuando en la ejecución del tipo básico concurrían las circunstancias alternativas de que (i) los sujetos se dedicaran de forma habitual a tales prácticas abusivas; (ii) el beneficio obtenido fuera de notoria importancia; o (iii) se hubiera causado un grave daño a los intereses generales. En ese sentido, las modificaciones que cabe apreciar entre el sistema de la LO 17/2023 y el de la LO 1/2019 consisten en lo siguiente: (i) La LO 1/2019 ha optado por caracterizar determinadas circunstancias como agravatorias y no como elementos configuradores de un subtipo agravado del delito de uso de información privilegiada. (ii) La LO 1/2029 suprimió como elementos agravatorio del delito la causación de un grave daño a los intereses generales y lo ha configurado como una de las circunstancias alternativas para la delimitación de la responsabilidad penal por este delito, junto con las circunstancias de que como consecuencia de la conducta el sujeto activo hubiera obtenido, para sí o para tercero, un beneficio superior a quinientos mil euros o causara un perjuicio de idéntica cantidad o que el valor de los instrumentos financieros empleados fuera superior a dos millones de euros. (iii) La LO 1/2019 ha incluido dentro de los elementos agravatorios la notoria importancia no solo del beneficio obtenido, sino también de la pérdida evitada o el perjuicio causado. Y (iv) la LO 1/2019 prevé como una nueva circunstancia agravatoria, inexistente en la redacción dada por la LO 15/2003, de que el responsable del hecho fuera trabajador o empleado de una empresa de servicios de inversión, entidad de crédito, autoridad supervisora o reguladora, o entidades rectoras de mercados regulados o centros de negociación.

2. La primera circunstancia agravatoria es "*que el sujeto se dedique de forma habitual a las anteriores prácticas de operaciones con información privilegiada*", refiriéndose, por tanto, a las de realización de actos de adquisición, transmisión o cesión de un instrumento financiero o de cancelación o modificación de una orden relativa a un instrumento financiero, como consecuencia de uso de la información privilegiada, o la recomendación a un tercero del uso de dicha información privilegiada para alguno de esos actos. La dicción de esta agravación, al referirse directamente a dedicarse a estas prácticas pero no a la comisión de estos delitos,

determina que no sea necesario que existan conductas previas de desarrollo de estas prácticas que tengan la consideración de ilícitos penales, bastando su calificación como ilícitos administrativos, ni, desde luego, que haya recaído sentencia penal o decisión administrativa firme, ya que al tratarse de un elemento del tipo puede apreciarse en el procedimiento penal en el que se esté enjuiciando el delito. Para la apreciación de la habitualidad resulta inadecuada la definición aportada por el art. 94 CP, siendo más procedente y conforme con la propia dicción y naturaleza de esta circunstancia acudir a la definición aportada por el art. 173.3 CP, por lo que deberá atenderse al número de actos de desarrollo de esas prácticas que resulten acreditados y a la proximidad temporal de los mismos.

La habitualidad, como elemento configurador típico, ha ido perdiendo paulatinamente terreno dentro de la legislación penal española —sin duda por su vinculación con una concepción más propia del derecho penal de autor que del hecho. A esos efectos, la habitualidad aparece en la actualidad en el CP, además de como elemento agravatorio en los arts. 284.2.1ª y 285.2.1ª CP, como elemento configurador de los delitos de atentado contra la integridad moral en el ámbito familiar (art. 173.2 CP); acoso sexual (art. 184.1 CP) y autoadoctrinamiento terrorista (art. 575.2, II CP). También aparece como elemento relevante en la aplicabilidad de los sustitutivos penales en los arts. 80.3 y 94 CP. En ambos contextos aparecen definiciones de la habitualidad. Así, el art. 173.3 CP, a los efectos del delito de maltrato familiar, establece que *"para apreciar la habitualidad a que se refiere el apartado anterior, se atenderá al número de actos de violencia que resulten acreditados, así como a la proximidad temporal de los mismos, con independencia de que dicha violencia se haya ejercido sobre la misma o diferentes víctimas de las comprendidas en este artículo, y de que los actos violentos hayan sido o no objeto de enjuiciamiento en procesos anteriores"*. Por su parte, el art. 94 I CP, a los efectos de definir el concepto de reo habitual para poder ser beneficiario de determinados sustitutivos penales, establece que *"a los efectos previstos en la sección 2ª de este capítulo, se consideran reos habituales los que hubieren cometido tres o más delitos de los comprendidos en un mismo capítulo, en un plazo no superior a cinco años, y hayan sido condenados por ello"*. En esta dicotomía definitoria la mayoría de la Doctrina sustenta que el concepto *"habitual"* utilizado en el art. 285.2.1ª CP —al igual que en el art. 284.2.1ª CP—, es de carácter normativo intrapenal que se remite a la previsión del art. 94 I CP, exigiendo por ello que la conducta previa desarrollada sea delictiva y que haya una condena bien previa o en el mismo proceso (BENÍTEZ ORTÚZAR, GALÁN MUÑOZ, DOVAL PAIS/ANARTE BORRALLO, LIÑAN LAFUENTE, MORALES PRATS, SUÁREZ GONZÁLEZ, VÁZQUEZ CAÑIZARES, ZABALA LÓPEZ-GÓMEZ). Reitero lo ya expuesto en la primera edición de esta publicación, de que no comparto esa conclusión, no solo por los problemas ya señalados por algún autor que plantea de concurrencia con la agravación de reincidencia (art. 22.8ª CP) (BENÍTEZ ORTÚZAR, VÁZQUEZ CAÑIZARES) y de reincidencia cualificada (art. 66.1.5ª CP) (GALÁN MUÑOZ), sino, especialmente, porque parece más coherente con la naturaleza de elemento desvalorativo del injusto que tiene este elemento agravatorio en el contexto de los delitos contra el mercado financiero acudir a una definición que comparte esa naturaleza, como es la del art. 173.3 CP, en vez de acudir a una definición que, por su contextualización entre los sustituidos penales, tiene una naturaleza más cercana a consideraciones vinculadas a los fines de la pena. Por tanto, a pesar de la relativa vaguedad de la definición aportada por el art. 173.3 CP para apreciar la habitualidad, considero que respecto de los delitos contra el mercado financiero deberá atenderse para apreciar la habitualidad como elemento agravatorio al número de actos de uso de información privilegiada que resulten acreditados y a la proximidad temporal de los mismos y de que los actos hayan sido o no objeto de enjuiciamiento en procesos anteriores.

3. El segundo elemento agravatorio es que el beneficio obtenido, la pérdida evitada o el perjuicio causado sea de notoria importancia (art. 285.2.2ª CP). El concepto de notoria importancia, también utilizado en el contexto de otros ilícitos [arts. 189.2.e), 336, 369.1.5ª, 376 CP] es indeterminado y difícil de definir fuera del caso concreto, pero, necesariamente, debe ser predicado del beneficio, la pérdida o el perjuicio y no de la conducta en general. En la medida en que la obtención de un beneficio, la evitación de una pérdida o la causación de un perjuicio no son elementos necesarios del tipo básico, al definirse la concurrencia de las circunstancias a) a c) del art. 285.1 CP de manera alterativa, debe atenderse de manera casuística a la eventual aplicabilidad en el caso concreto a esta circunstancia agravatoria para evitar incurrir en un *bis in ídem*.

Este elemento agravatorio aparecía con la redacción previa a la LO 1/2019 definido únicamente como que el beneficio obtenido hubiera sido de notoria importancia. Esa redacción tenía una coherencia con la entonces vigente redacción del tipo básico de uso de información privilegiada en la medida en que era necesario que se hubiera obteniendo un beneficio económico superior a 600.000 euros o causando un perjuicio de idéntica cantidad. Ahora bien, una vez que se ha ampliado la responsabilidad penal, no solo a los casos en que se hubiera obtenido un beneficio superior a quinientos mil euros o causara un perjuicio de idéntica cantidad; sino también a los casos en los que el valor de los instrumentos financieros empleados fuera superior a dos millones de euros o se causara un grave impacto en la integridad del mercado, la casuística en la aplicabilidad de esta agravación aumenta y debe atenderse a las circunstancias concretas. En primer lugar, es preciso destacar que la dualidad *"beneficio obtenido"* y *"pérdida evitada"* resulta innecesaria. No parece controvertido que dentro de la idea de "beneficio obtenido" por el sujeto activo o por un tercero cabe incluir no solo un aumento patrimonial efectivo al preexistente al del momento de la comisión del delito sino también el de evitación de la eventual pérdida patrimonial que se hubiera producido si no se hubiera hecho el uso de la información privilegiada. A partir de ello, la extendida opinión doctrinal de que la agravación por notoria importancia exigiría la obtención de un beneficio o la causación de un perjuicio notablemente superior a los 500.000 euros (BENÍTEZ ORTÚZAR, DOVAL PAIS/ANABARTE BORRALLO, GALÁN MUÑOZ, VÁZQUEZ CAÑIZARES; GÓMEZ INIESTA menciona, al menos, el doble o el triple), solo puede resultar cierta, por evidentes razones de prohibición de incurrir en *bis in ídem*, en los casos en los que la responsabilidad por el tipo básico se produzca por la concurrencia de que se hubiera obtenido un beneficio o causado un perjuicio superior a esa cantidad. Ahora bien, no tendría por qué excluirse la aplicabilidad de esta agravación, incluso con cuantías inferiores a los 500.000 euros, en supuestos de comisión del tipo básico por el empleo de instrumentos financieros por un valor superior a dos millones de euros o de causación de un grave impacto en la integridad del mercado, ya que, en tales casos, la circunstancia concurrente para establecer la responsabilidad por el tipo básico y la agravación inciden en aspectos diferentes del injusto, eludiendo con ello cualquier reproche de *bis in ídem*. Esta conclusión es incluso aplicable en relación con la circunstancia de que se causara un grave impacto en la integridad del mercado (en sentido contrario, BENÍTEZ ORTÚZAR), toda vez que la agravación se refiere, en los términos ya expuestos, solo a la notoria importancia de beneficio o perjuicios singulares, y no al mercado en su conjunto.

4. El art. 285.3 CP establece una circunstancia agravante de eficacia penológica agravatoria autónoma a la prevista en el art. 285.2 CP en los casos en los que "[...] *el responsable del hecho fuera trabajador o empleado de una empresa de servicios de inversión, entidad de crédito, autoridad supervisora o reguladora, o entidades rectoras de mercados regulados o centros de negociación*". Los conceptos trabajador o empleado deben entenderse incluyendo las relaciones laborales de alta dirección; siendo los conceptos de servicios de inversión, entidad de crédito, autoridad supervisora o reguladora, o entidades rectoras de mercados regulados o centros de negociación de carácter normativo que han de ser reconducidos a la legislación sectorial. Esta agravación, en principio, podría entrar en conflicto, desde una perspectiva de la prohibición de incurrir en *bis in ídem*, con el delito de uso de información privilegiada por quien hubiera tenido acceso reservado a la misma (art. 285.1 CP), en el caso de "*quien la conozca con ocasión del ejercicio de su actividad profesional o empresarial, o en el desempeño de sus funciones*" (art. 285.4 CP). Sin embargo, la pérdida de cualquier efecto penológico práctico entre el uso de información privilegiada a la que se tuvo acceso reservado o no, con motivo de la parificación de penas entre las conductas de los arts. 285.1 y 285.5 CP por la LO 14/2022, ha provocado que ya no haya conflicto posible en la aplicación de esta agravación.

La agravación del art. 285.3 CP fue introducida por la LO 1/2019, pero no implica la transposición de un mandato comunitario específico de la Directiva 2014/57/UE. En cuanto al ámbito de aplicación de esta agravante, el concepto trabajador o empleado se refiere a cualquier relación laboral incluyendo a los directivos que tienen una relación laboral especial de alta dirección regida por el Real Decreto 1382/1985, de 1 de agosto, sean miembros o no de los órganos de administración. No obstante, como ha sido señalado por algún autor, hubiera sido deseable haber hecho una referencia expresa en el art. 285.3 CP a los directivos de las empresas por razones de prevención (DOVAL PAIS/ANARTE BORRALLO). Por "*empresa de servicios de inversión*" ha de entenderse, conforme está definido en el art. 122.1 LMVSI, como "[...] *aquellas empresas cuya actividad principal consiste en prestar servicios de inversión o en realizar actividades de inversión con carácter profesional a terceros sobre los instrumentos financieros sometidos a esta ley y sus disposiciones de desarrollo y adoptan una de las formas jurídicas que establece el artículo 128.1 de esta ley*". A esos efectos el art. 128.1 LMVSI, de manera más descriptiva, establece que "*son empresas de servicios de inversión las siguientes: a) Las sociedades de valores, que pueden operar profesionalmente, tanto por cuenta ajena como por cuenta propia, y realizar todos los servicios y actividades de inversión y servicios auxiliares previstos en los artículos correspondientes de esta ley. b) Las agencias de valores, que profesionalmente solo pueden operar por cuenta ajena, con representación o sin ella. Podrán realizar los servicios y actividades de inversión y los servicios auxiliares previstos en los artículos 125 y 126, respectivamente, con excepción de los previstos en el artículo 125.1.c) y f), y en el artículo 126.b). c) Las sociedades gestoras de carteras, que exclusivamente pueden prestar los servicios y actividades de inversión previstos en el artículo 125.1.d) y g). También podrán realizar los servicios auxiliares previstos en el artículo 126.c) y e). Estas empresas no estarán autorizadas a tener fondos o valores de clientes por lo que, en ningún caso, podrán colocarse en posición deudora con respecto a sus clientes. d) Las empresas de asesoramiento financiero, que son aquellas personas jurídicas que exclusivamente pueden prestar el servicio de inversión previsto en el artículo 125.1.g) y los servicios auxiliares previstos en el artículo 126.c) y e). Estas empresas no estarán autorizadas a tener fondos o valores de clientes por lo que, en ningún caso, podrán colocarse en posición deudora con respecto a sus clientes"*. El concepto de "*entidad de crédito*" se establece en el art. 1 de la Ley 10/2014, de 26 de junio, de ordenación, supervisión y solvencia de entidades de crédito, en la redacción dada por la Ley 11/2023, de 8 de mayo, afirmando, que "*1. Son entidades de crédito: a) Las empresas autorizadas cuya actividad consiste en recibir del público depósitos u otros fondos reembolsables y en conceder créditos por cuenta propia; b) Las empresas autorizadas referidas en el artículo 4.1.1.b) del Reglamento (UE) nº 575/2013 del Parlamento Europeo y del Consejo de 26 de junio de 2013 sobre los requisitos prudenciales de las entidades de crédito, y por el que se modifica el Reglamento (UE) nº 648/2012. 2. Tienen la consideración de entidades de crédito a efectos de la letra a) del apartado anterior: a) Los bancos. b) Las cajas de ahorros. c) Las cooperativas de crédito. d) El Instituto de Crédito Oficial*". La definición de "*autoridad supervisora o reguladora*" aparece establecida en el art. 22 del Reglamento (UE) 596/2014, de modo tal que sería la autoridad administrativa única que asume las competencias relativas al citado reglamento, que en el caso de España es la Comisión Nacional del Mercado de Valores regulado en los arts. 16 y ss. LMVSI. Por último, para una interpretación de "*entidades rectoras de mercados regulados o centros de negociación*" es preciso remitirse al art. 44 LMVSI, en el que se establece que "*los centros de negociación estarán regidos y administrados por un organismo rector que, en el caso de los SMN o SOC, podrá ser una entidad constituida al efecto por uno o varios organismos rectores o una empresa de servicios de inversión que cumpla los siguientes requisitos: a) deberá estar debidamente autorizado por la CNMV, b) proporcionará a la CNMV una descripción de cualquier modificación de la información que previamente le hubiera presentado que resulte pertinente para evaluar si el organismo rector o el centro de negociación cumple con las obligaciones derivadas de esta ley y sus normas de desarrollo y de las normas europeas que se resulten de aplicación, y c) será responsable de la administración, gestión y supervisión del funcionamiento del centro de negociación*".

Su finalidad tenía más sentido en relación con los delitos contra el mercado financiero previstos en el art. 284 CP que con los delitos de uso de información privilegiada, toda vez que las conductas del art. 284 CP son delitos comunes en que su función es desvalorar el concreto injustico consistente en esa cualificación de profesional en el mercado financiero. En el contexto del art. 285 CP, en la redacción dada por la LO 1/2019, no aparece clara la funcionalidad de esta agravación, en tanto que la diferencia penológica entre las conductas de los arts. 285.1 y 285.5 CP tenía como elemento esencial la existencia de un acceso reservado previo a la información privilegiada para cuya apreciación era relevante, entre otras circunstancias, la de "*quien sea miembro de los órganos de administración, gestión o supervisión del emisor o del participante del mercado de derechos de emisión, quien participe en el capital del emisor o del participante del mercado de derechos de emisión, quien la conozca con ocasión del ejercicio de su actividad profesional o empresarial, o en el desempeño de sus funciones*". De ese modo, el alcance de la agravación del art. 285.3 CP, en evitación del bis in ídem, quedaba limitado, con carácter general, al art. 285.5 CP y el marginal supuesto del art. 285.1 CP de que el acceso reservado fuera mediante una actividad delictiva, lo que carece de sentido habida cuenta de que, precisamente, esa cualificación procesional era uno de los elementos relevantes de la delimitación típica entre las conductas de los arts. 285.1 y 285.5 CP. La reforma operada en el art. 285.5 CP por la LO 14/2022 de parificación de penas de ese delito con el del art. 285.1 CP parece que ha dado un nuevo sentido a esta agravación dentro de la sistemática del art. 285 por la pérdida de relevancia, desde la perspectiva de la delimitación típica del delito básico, de la cualificación profesional del autor.

El carácter autónomo penológico de esta agravación aparece avalada por su ubicación sistemática —está prevista en el art. 285.3 CP, tras la tipificación del tipo básico (art.

285.1 CP) y de las agravaciones genéricas del tipo básico (art. 285.2 CP)— y por la inclusión del inciso "en sus respectivos casos". Ello implica que, en el caso de concurrir esta agravación con el tipo básico, pero sin ninguna de las agravaciones del art. 285.2 CP, su eficacia penológica agravatoria es idéntica a la de dichas agravaciones del art. 285.2 CP, debiendo imponerse la pena del tipo básico en su mitad superior. Por su parte, en el caso de concurrir esta agravación con alguna de las agravaciones del art. 285.2 CP, su eficacia penológica agravatoria es acumulativa a la anterior, debiendo imponerse la pena en la mitad superior —eficacia penológica agravatoria autónoma del art. 285.3 CP— de la mitad superior del tipo básico —eficacia penológica agravatoria del art. 285.2 CP— (en el mismo sentido, BENÍTEZ ORTÚZAR, DOVAL PAIS/ANARTE BORRALLO, GALÁN MUÑOZ, ESTRADA I CUADRAS, MAYO CALDERÓN).

7. Iter criminis y participación

1. El delito de uso de información privilegiada tiene una compleja configuración típica en atención a la exigencia de que concurra alternativamente alguna de las circunstancias adicionales de la responsabilidad penal, ya que cada una de ellas, como ya se ha expuesto, tiene una naturaleza dogmática que determina un momento consumativo y una posible imputación a título de tentativa diferente. En principio, la delimitación típica de estos ilícitos, excluida la exigencia de la concurrencia de alguna de las circunstancias adicionales, los configuraría como un delito de mera actividad y peligro abstracto. Esa configuración se mantiene para la circunstancia adicional de que el valor de los instrumentos financieros empleados fuera superior a dos millones de euros, pues incide solo en la descripción del medio comisivo. De ese modo, su consumación se produce con la mera ejecución —siempre por un valor superior a dos millones de euros— de los actos, según las conductas típicas, bien de adquisición, transmisión o cesión de un instrumento financiero, bien de cancelación o modificación de una orden relativa a un instrumento financiero, bien de la recomendación para la ejecución de dichos, sin que resulte posible apreciar la responsabilidad en grado de tentativa. Por el contrario, para la circunstancia adicional de que se causare un grave impacto en la integridad del mercado, en la medida en que se trata de un resultado típico lesivo, ese ilícito se configuraría como un delito de lesión. De ese modo, su consumación exige que se acredite la causación de ese resultado de grave impacto y cabe la responsabilidad a título de tentativa cuando, habiéndose ejecutado la conducta típica, con la intención de causación de ese resultado, este finalmente no se verifica. Por último, para la circunstancia adicional de que, como consecuencia de la conducta del sujeto activo se obtuviera, para él o para un tercero, un beneficio superior a quinientos mil euros o se causara un perjuicio de idéntica cantidad, ese ilícito se configura como un delito con una condición objetiva de punibilidad en relación tanto con la efectiva obtención de un beneficio o de causación de un perjuicio como que lo sea en una cuantificación superior a los quinientos mil euros. Ello determina que la consumación del delito se produzca

en el momento en que quede acreditada la condición objetiva de punibilidad y que no quepa la responsabilidad en grado de tentativa.

El art. 6.2 de la Directiva 2014/57/UE establece que se garantizará la sanción penal intentada de, entre otras, las infracciones constitutivas del uso de información privilegiada. Esa exigencia se cumple en este caso para algunos de los supuestos alternativos de concurrencia de circunstancias adicionales. En concreto, en los términos ya expuestos, no hay objeción para el caso de la causación de un grave impacto en la integridad del mercado, por ser un resultado típico de lesión, ni tampoco en relación con el empleo de fondos superior a los dos millones de euros, en la medida en que se configura como un delito de mera actividad y peligro abstracto, en que no resulta necesaria su punición intentada al coincidir con la conducta de la consumada. No puede afirmarse lo mismo en relación con la circunstancia adicional de la obtención de un beneficio o causación de un perjuicio superior a los quinientos mil euros. Esto no implica un incumplimiento del mandato de transposición, toda vez que el legislador nacional no está obligado a sancionar todos los posibles ilícitos intentados vinculados con esas conductas una vez seleccionado dentro de ellos algunas circunstancias singulares de delimitación entre el ilícito penal y el administrativo.

2. El delito de uso de información privilegiada por quien ha tenido acceso reservado a la misma (art. 285.1 CP) se configura formalmente, por la definición en términos subjetivos de acceso reservado del art. 285.4 CP, como un delito de iniciados y, por tanto, como un delito especial. Sin embargo, sistemáticamente, por la parificación de pena de dicho delito con el de uso de información privilegiada por quien no ha tenido acceso a la misma de forma reservada (art. 285.5 CP) operada por la LO 14/2022, su funcionalidad es la de un delito común por la indiferencia penológica vinculada a las especiales cualidades del autor. En ese sentido, pierde cualquier relevancia práctica el análisis de las complejas cuestiones de coautoría y participación de la intervención de *extranei* y también de autoría mediata por la posible utilización de testaferros o sujetos interpuestos que no cumplan las condiciones requeridas para ser sujeto activo, que estaban presentes con las redacciones dadas al art. 285 CP previas a la reforma de la LO 14/2022. Por tanto, cabe sin mayores problemas la responsabilidad penal por autoría y participación con un mismo marco penal tanto de iniciados como de no iniciados gracias al efecto combinado de los arts. 285.1 y 285.5 CP. Por su parte, el art. 285 *quater* CP tipifica las conductas de provocación, la conspiración y la proposición para cometer estos delitos castigándolos con la pena inferior en uno o dos grados.

La circunstancia de que se haga expreso que el delito de uso de información privilegiada pueda realizarse *"de forma directa o indirecta o por persona interpuesta"* puede resultar de interés a efectos criminológicos o de estricto cumplimiento de compromisos de trasposición de la normativa comunitaria, pero no añade nada relevante desde una perspectiva técnica a la previsión general sobre la autoría mediata regulada en el art. 28, en que ya se menciona la posibilidad de autoría cuando se realiza el hecho *"por medio de otro del que se sirve como instrumento"*. Por otra parte, por las razones también expuestas, esta cláusula, que podría servir de utilidad en el contexto de los delitos especiales propios, también pierde relevancia en un contexto de parificación de la responsabilidad penal entre las conductas de iniciados y no iniciados.

La sanción de las conductas de la provocación, la conspiración y la proposición establecida expresamente en el art. 285 *quater* CP para los ilícitos del art. 285 CP está vinculado al mandato comunitario del art. 6.1 de la Directiva 2014/57/UE.

3. A las conductas del art. 285 CP les resulta de aplicación la regulación de la responsabilidad penal de las personas jurídicas, introducida en el art. 31 *bis* CP por la LO 5/2010. Así, el art. 288, II.2º CP establece la imposición de las siguientes penas de multa: "*a) Multa de dos a cinco años, o del triple al quíntuple del beneficio obtenido o que se hubiere podido obtener si la cantidad resultante fuese más elevada, cuando el delito cometido por la persona física tiene prevista una pena de más de dos años de privación de libertad. b) Multa de seis meses a dos años, o del tanto al duplo del beneficio obtenido o que se hubiere podido obtener si la cantidad resultante fuese más elevada, en el resto de los casos*". Del mismo modo, de conformidad con lo establecido en el art. 288, II.3º CP se podrán imponer las penas de las letras b) a g) del art. 33.7 CP.

La LO 5/2010 introdujo la posibilidad de la responsabilidad penal de las personas jurídicas en el Derecho penal español. En aquel momento, ya se estableció en el art. 288, II CP la responsabilidad por los delitos de uso de información privilegiada del art. 285 CP, si bien lo hizo en el apartado 1, cuyas penas de multa eran proporcionales, y no en el apartado 2, cuyas penas de multa estaban determinadas por el sistema de día-multa. Esa situación se mantuvo tras las reformas operadas en el art. 288 CP por la LO 3/2011 y por la LO 1/2015. La LO 1/2019 fue la que incluyó las penas por responsabilidad de las personas jurídicas por la comisión de las conductas del art. 285 CP en el aparado 2º del art. 288, II CP, entre las más gravemente penas.

En la actualidad, la responsabilidad de las personas jurídicas por la comisión de conductas relativas a la información privilegiada de los arts. 285 y 285 *bis* CP responde a la exigencia de los arts. 8 y 9 de la Directiva 2014/57/UE. No obstante, la elevación de la categoría de estas conductas en la imposición de las penas de multa es una decisión político-criminal interna no vinculada al derecho comunitario.

8. Penalidad y concursos

1. El delito del art. 285.1 CP —uso de información privilegiada por quien tuvo acceso reservado a la misma en los términos del art. 285.4 CP— y el delito del art. 285.5 CP —uso de información privilegiada por quien tuvo un acceso a la misma de un modo distinto al reservado definido en el art. 285.4 CP— están sancionados con la misma pena de prisión de seis meses a seis años, multa de dos a cinco años, o del tanto al triplo del beneficio obtenido o favorecido o de los perjuicios evitados si la cantidad resultante fuese más elevada, e inhabilitación especial para el ejercicio de la profesión o actividad de dos a cinco años.

Las novedades que aporta la redacción dada a este precepto por la LO 1/2019 en cuanto a la penalidad de las personas físicas por las conductas del art. 285.1 CP son las siguientes: (i) Hay un aumento significativo de la pena de prisión para el tipo básico, a la vez que un mayor margen de discrecionalidad judicial, ya que se pasa de un marco penal de uno a cuatro años a otro de seis meses a seis años. El aumento del límite máximo del art. 285.1 CP no cabe considerar que responda a exigencia de transposición comunitaria, ya que el art. 7.2 de la Directiva 2014/57/UE establece que esta conducta, entre otras, debe castigarse *"con una sanción máxima de privación de libertad de al menos cuatro años"*, por lo que la sanción prevista en la redacción dada por la LO 15/2003 ya colmaba las exigencias comunitarias. No ocurre lo mismo con la penalidad que se estableció por la LO 1/2019 a la conducta del art. 285.5 CP que, siendo un tipo penal de nueva creación vinculado a lo previsto en el art. 3.7 de la Directiva 2014/57/UE, quedó establecida en un grado inferior a la del art. 285.1 CP —esto es, en cuanto a la pena de prisión, de tres a seis meses. Esta penalidad era manifiestamente inferior a la ya señalada de, al menos, cuatro años en su límite máximo, por lo que con la aprobación de la LO 14/2022 se decidió parificar las penas —incluida la de prisión— con la correspondiente al art. 285.1 CP. El aumento de esta pena de prisión determinó que el plazo de prescripción par estos delitos pasara a ser de 10 años (art. 131.1, III CP). (ii) La pena de multa, que bajo la redacción de la LO 15/2003 era únicamente de carácter proporcional, con la LO 1/2019 pasa a ser una pena de multa alternativa, en favor de la más grave, con otra fijada por el sistema de día-multa. De ese modo, de una pena de multa única de *"tanto al triplo del beneficio obtenido o favorecido"* se pasa a una pena alternativa de *"multa de dos a cinco años, o del tanto al triplo del beneficio obtenido o favorecido o de los perjuicios evitados si la cantidad resultante fuese más elevada"*. Es de destacar que la previsión de una pena de multa con un límite máximo de cinco años supera la establecida como límite general en el art. 50.3 CP para las personas físicas —dos años— del que se debe considerar que es una excepción (ESTRADA I CUADRAS), al igual que sucede en otros artículos (así, arts. 271, 276, 284, 311 *bis* CP). (iii) La pena de multa proporcional se establece tomando como referencia no solo el *"beneficio obtenido o favorecido"*, como sucedía con la redacción de la LO 15/2003, sino también el *"de los perjuicios evitados"*. La opción por una pena de multa proporcional en vez del sistema genérico de días-multa si bien resulta adecuada para un delito de estas características, podía llevar bajo la redacción de la LO 15/2003 a situaciones de inaplicación al haberse tomado como exclusivo criterio referencial el beneficio obtenido o favorecido. En efecto, el tipo básico describía entonces el resultado de la conducta tanto en términos de beneficio como en términos de perjuicio. De ese modo, si la conducta era punible por haberse causado un perjuicio superior a los 600.000 euros, entonces no había posibilidad legal de aplicación de la multa al no existir ningún criterio para determinarla, ya que no necesariamente todo perjuicio conlleva un correlativo beneficio. En ese sentido, la modificación operada por la LO 1/2019 de incluir como elemento referencia de la multa proporcional los perjuicios evitados ha subsanado aquella disfunción, que ya fue señalada en la primera edición de esta publicación. (iv) La pena de inhabilitación se mantiene invariada en cuanto a su naturaleza y extensión, siendo la de inhabilitación especial para el ejercicio de la profesión o actividad de dos a cinco años.

El art. 288, I CP establece también respecto del art. 285 CP *"la publicación de la sentencia en los periódicos oficiales y, si lo solicitara el perjudicado, el Juez o Tribunal podrá ordenar su reproducción total o parcial en cualquier otro medio informativo, a costa del condenado"*. La persecución de las conductas del art. 285 CP, así como de la provocación, la conspiración y la proposición para su comisión (art. 285 *quater* CP) están excluidas de la exigencia de denuncia previa establecida en el art. 287.1 CP.

2. El delito de uso de información privilegiada puede plantear problemas concursales con diversos delitos. En relación con otros delitos contra el mercado fi-

nanciero, a pesar de compartir la protección general del funcionamiento de ese mercado, las reglas que se verían lesionadas por las conductas de los arts. 282 *bis*, 284 y 285 CP son diversas como también lo son los requisitos típicos delimitadores, especialmente en el caso del art. 285 CP por la singularidad que representa el medio comisivo de la información privilegiada. Ello hace preferible considerar que, con carácter general, las eventuales conductas que den cumplimiento a las diversas tipicidades deban resolverse como concurso de delitos —reales o ideales— y no como concurso de normas (en favor de esta solución, GALÁN MUÑOZ, MAYO CALDERÓN, ZABALA LÓPEZ-GÓMEZ; prefieren la solución del concurso de normas a resolver por el principio de especialidad, DOVAL PAIS/ANARTE BORRALLO). Mayores problemas se plantean con los supuestos en los que el delito del art. 285 CP lo cometa una autoridad o funcionario público. El art. 442 CP tipifica el delito de uso de información privilegiada por autoridad o funcionario público con ánimo de lucro y el art. 417 CP el delito de revelación de información reservada por autoridad o funcionario público. En la medida en que los delitos de uso de información privilegiada no hay objeción a que puedan ser cometido por miembros de los organismos públicos de control del mercado de valores, la eventual concurrencia de ambos tipos penales ha de resolverse, como concurso normativo, conforme a la regla del principio de alternatividad (art. 8.4ª CP), aplicando la pena del más grave de los delitos. Esa misma solución parece la más adecuada por los concursos con el art. 418 CP relativo al aprovechamiento del particular de la información privilegiada obtenida de funcionario público o autoridad. Por su parte, la eventual concurrencia con el delito de revelación de secreto de empresa (art. 279 CP) también debe ser resuelta como concurso de normas a favor de la preeminencia del art. 285 CP en aplicación de la regla concursal del art. 8.3ª CP.

VALLE MUÑIZ/MORALES PRATS, a pesar de reconocer la complejidad para aportar una solución al concurso de normas del art. 285 CP cuando concurra con los arts. 417 y 442 CP, defienden que la regla aplicable sería la de especialidad a favor del delito de funcionarios. Sin embargo, teniendo en cuenta que los delitos de funcionarios ponen el acento en la cualidad del sujeto activo con independencia de la naturaleza de la información y el uso de información privilegiada y que el art. 285 CP incide en que la conducta se desarrolle en el contexto de un mercado financiero con independencia del carácter público o privado del iniciado, no resulta adecuado hacer una prelación en términos de especialidad por lo heterogéneo de los tipos, especialmente tras la reforma operada por la LO 1/2019, en la que se ha incluido en el art. 285.3 CP un agravante especifica referida que el responsable sea trabajador o empelado, entre otros, de autoridad supervisora o reguladora o entidades rectoras de mercados regulados o centros de negociación. No obstante, en estos casos también se defiende que se trata de un concurso de delitos y no de normas (DOVAL PAIS/ANARTE BORRALLO, GALÁN MUÑOZ). Por su parte, en relación con el art. 418 CP, MOYA FUENTES considera que un eventual concurso normativo debía resolverse conforme al principio de especialidad en favor del art. 285 CP al tutelar éste un tipo concreto de información privilegiada relativa al mercado financiero. No obstante, considera, siguiendo a NIETO MARTÍN, que una eventual concurrencia entre los arts. 285 y 418 CP debería tratarse como un concurso ideal de delitos, ya que mientras que el primero tutela sólo a la igualdad informativa en el mercado bursátil, en el art. 418 CP se protege, además, a la Administración Pública.

9. El delito de revelación de información privilegiada

1. El art. 285 *bis* CP, introducido por la LO 1/2019, establece el delito de revelación de información privilegiada, en el que se tipifican dos conductas netamente diferenciadas que aparecen reguladas en los párrafos primero y segundo de este artículo. La primera es la que de quien, poseyendo información privilegiada, la revela fuera del normal ejercicio de su trabajo, profesión o funciones poniendo en peligro la integridad del mercado o la confianza de los inversores (art. 285 *bis*, I CP). La segunda es la de quien, poseyendo información privilegiada, la revela dentro del normal ejercicio de su trabajo, profesión o funciones en el contexto de una prospección de mercado, pero con infracción de los requisitos previstos en la normativa europea en materia de mercados e instrumentos financieros, poniendo en peligro la integridad del mercado o la confianza de los inversores (art. 285 *bis*, II CP).

El origen de este precepto está, de nuevo, en un mandato de tipificación comunitario previsto en el art. 4 de la Directiva 2014/57/UE, cuyo apartado 2 establece que *"(...) existe comunicación ilícita de información privilegiada cuando una persona posee información privilegiada y la revela a cualquier otra persona, excepto cuando dicha revelación se produce en el normal ejercicio de su trabajo, profesión o funciones, incluyendo el caso en que la revelación se considere una prospección de mercado realizada de acuerdo con el artículo 11, apartados 1 a 8, del Reglamento (UE) núm 596/2014"*. Como puede comprobarse, el mandato es de una formulación más sencilla que la concreción penal que se ha hecho en los dos párrafos del art. 285 *bis* CP, ya que la pretensión comunitaria es sancionar toda revelación de la información privilegiada que se produce fuera del normal ejercicio de la labor profesional. A partir de ello, la tipificación penal —frente a la opción de la sanción administrativa— en los casos de que la revelación tenga lugar dentro del ejercicio laboral en el contexto de una prospección de mercado, pero con infracción de sus requisitos normativos, es una decisión político-criminal de derecho interno español. No obstante, como ya se ha destacado, el delito de revelación de información privilegiada no deja de suponer una degradación del delito de suministro de dicha información establecido en el art. 285.1 CP, en la redacción dada por la LO 15/2003, cuya pena se parificaba con el delito de uso de información privilegiada. Es de recordar que, ya con aquella tipificación, la posición doctrinal mayoritaria era contraria a la necesidad de sanción (FARALDO CABANA, GÓMEZ INIESTA, HERNÁNDEZ SAINZ, JUAN Y MATEU, RUIZ RODRÍGUEZ, PRIETO DEL PINO, VEGA GUTIÉRREZ; a favor, FERRADIS CIPRIÁN/ MARTÍNEZ GARAY).

2. Los elementos comunes de los dos ilícitos penales del art. 285 *bis* CP son (i) el sujeto activo: "*quien poseyera información privilegiada*"; (ii) la conducta típica: la revelación de información privilegiada; (iii) el resultado típico: "*poniendo en peligro la integridad del mercado o la confianza de los inversores*"; y (iv) su carácter doloso. A pesar de la común descripción del sujeto activo no se configuran ambas

conductas como delitos comunes, siendo el tipo penal del art. 285 *bis,* II CP, un delito especial propio, por el contexto de prospección de mercado en el que se produce. La conducta de revelación, que no excluye la posibilidad de la comisión por omisión, debe recaer exclusivamente sobre la información privilegiada, trasmitiendo, además, ese carácter privilegiado y tener como destinatario a alguien que no la conociera. Se trata de delitos de peligro concreto, si bien resulta complejo por la naturaleza de la conducta típica identificar los supuestos en los que quepa apreciar ese concreto peligro para la integridad del mercado o la confianza de los inversores. Son delitos de carácter doloso en los que el sujeto activo debe conocer el carácter privilegiado de la información que se revela y también la peligrosidad de su difusión para la integridad del mercado o la confianza de los inversores.

El art. 285 *bis,* I CP da comienzo con la expresión *"fuera de los casos previstos en el artículo anterior"*. No parece que su interpretación deba ir más allá de dar preferencia por razones de consunción a la aplicación del tipo penal de recomendación del art. 285 CP en caso de concurrencias de conductas, ya que, como se ha expuesto, necesariamente la conducta típica de recomendación del art. 285 CP debe incluir la puesta en conocimiento de que se basa en información privilegiada, que es precisamente el núcleo de la tipicidad del art. 285 *bis* CP. En ese sentido, se ha considerado al art. 285 *bis* CP como un tipo subsidiario (GALÁN MUÑOZ).

En principio, podrían surgir dudas en relación con el carácter de delito especial o común de estos tipos penales. Su carácter de delito especial podría venir vinculado a que ambas conductas típicas aparecen referidas a la divulgación de la información en el desarrollo laboral por lo que parece que se vincula a la conducta de iniciados o que desarrollen su desempeño profesional en el ámbito del mercado financiero y que han tenido, por tanto, un acceso reservado a esa información (BENÍTEZ ORTÚZAR, DOVAL PAIS/ANARTE BORRALLO; MARTÍNEZ-BUJÁN PÉREZ; SEGRELLES DE ARENAZA). Sin embargo, el carácter de delito común viene también impuesto por el mandado comunitario, ya que el art. 4.3 de la Directiva 2014/57/UE, que establece que *"el presente artículo se aplicará a cualquier persona que se encuentre en las situaciones o las circunstancias a que se hace referencia en el artículo 3, apartado 3"*, evidencia que la pretensión de la normativa comunitaria es sancionar a todos los que posean información privilegiada con independencia de la forma —reservada o no— a la que se haya accedido a la misma (GÓMEZ PAVÓN, JUAN Y MATEU, LIÑAN LAFUENTE, MUÑOZ CONDE, SANTANA VEGA, URBANO CASTRILLO). Más allá de ello, esta conclusión solo resulta predicable de la conducta típica del art. 285 *bis,* I CP, pero no de la del art. 285 *bis,* II CP. El delito de revelación de información privilegiada en el contexto de una prospección de mercado con incumplimiento de los requisitos normativos, que es un tipo penal no impuesto por el ordenamiento comunitario, solo puede ser cometido por los responsables de las entidades participantes en el mercado financiero sometidas a prospección y, por tanto, resulta preciso cumplir una serie de características singulares para ser sujeto activo de este ilícito en el sentido de un acceso reservado a esa información.

El objeto de la revelación del art. 285 *bis* CP, a pesar de su relativa vinculación con la conducta de recomendación del art. 285 CP, queda limitado a la información privilegiada sin que sea necesario incluir ningún tipo de recomendación de inversión o actuación relacionada con ella (BENÍTEZ ORTÚZAR), siendo también exigible por el propio sentido semántico del verbo rector *"revelar"* —su primera acepción en el Diccionario RAE es *"descubrir o manifestar lo ignorado o secreto"*— y por la finalidad pretendida por el precepto de evitar la divulgación desigualitaria de la información, que el destinatario de la revelación no conociera ya esa información (NIETO MARTÍN). En coherencia con ello, parece también necesario que lo revelado no sea solo un contenido que sea constitutivo de información privilegiada sino también ese carácter, que debe necesariamente ser captado por el tercero (en contra, NIETO MARTÍN).

El verbo típico revelar tiene un matiz activo que puede hacer dudar sobre la posibilidad de su comisión omisiva. No obstante, no cabe excluir la posibilidad de comisión por omisión (DOVAL PAIS/ANARTE BORRALLO, MUÑOZ CONDE), especialmente en aquellos casos en los que la información privilegiada se posee mediante un acceso reservado que no sea la comisión de un delito, ya que habrían adquirido un deber de garantía respecto de su comunicación (LIÑAN LAFUENTE). En esta línea, ya bajo la vigencia de la regulación del delito de suministro de información relevante en el art. 285.1 CP por la LO 15/2003, se venía defendido la posibilidad de comisión por omisión en los supuestos de permitir el acceso a la información por parte de terceros (BENÍTEZ ORTUZAR, BAUCELLS LLADÓS, GÓMEZ PAVÓN, LÓPEZ BARJA DE QUIROGA, MARTÍNEZ-BUJÁN PÉREZ, MESTRE DELGADO, MUÑOZ CONDE, RASILLO LÓPEZ, RUIZ RODRÍGUEZ; en contra, CALDERÓN SUSÍN, GONZÁLEZ RUS, HERNÁNDEZ SAINZ, JERICÓ OJER).

La vinculación de estas conductas a un resultado de peligro es una de las novedades de la redacción dada a estos ilícitos por la LO 1/2019, ya que en la redacción de la LO 15/2003, si bien también se tipificaba en el art. 285.1 CP la conducta de suministrar información relevante, junto con la de su uso, se exigía que ello supusiera la obtención para el sujeto activo o para un tercero de un beneficio superior a 600.000 euros o la causación de un perjuicio en esa cantidad. A pesar de que el carácter de delito de peligro de este tipo penal es posición doctrinal mayoritaria (BENÍTEZ ORTÚZAR, DOVAL PAIS/ANARTE BORRALLO, GALÁN MUÑOZ, LIÑAN LAFUENTE), también se defiende por razones de proporcionalidad en la sanción de estos ilícitos en relación con la del art. 285 CP y vinculado a la inicial cláusula del art. 285 *bis*, I CP referida a *"fuera de los casos previsto en el artículo anterior"*, que la tipicidad de estos delitos exige también el cumplimiento de las circunstancias del art. 285 CP —beneficio o perjuicio superior a 500.000 euros, inversión superior a dos millones de euros o causación de grave impacto a la integridad del mercado— (NIETO MARTÍN). Por loable que pueda ser la finalidad restrictiva de esta interpretación no parece, desde una perspectiva lógica, exigir el cumplimiento de esas circunstancias del art. 285 CP cuando, por un lado, el propio art. 285 *bis* CP establece una delimitación típica vinculada expresamente al resultado de peligro *"la integridad del mercado o la confianza de los inversores"*; y, por otro, que una de las circunstancias del art. 285 CP es el resultado de lesión de *"que se causara un grave impacto en la integridad del mercado"*. La prueba de la puesta en peligro de la integridad del mercado o de la confianza de los inversores resultará de difícil acreditación por lo indeterminado de las exigencias (LIÑAN LAFUENTE), pero parece apuntar tanto a que la información trasmitida sea de relevancia para esa puesta en peligro (GALÁN MUÑOZ) como a que deba tomarse en consideración el número amplio o indeterminado de personas que la reciban (NIETO MARTÍN).

Los delitos del art. 285 *bis* CP son de carácter netamente intencional en el que el dolo del sujeto activo debe abarcar no solo el conocimiento del carácter privilegiado de la información que se revela sino también el concreto peligro que con esa revelación —por su contenido y/o modo en que se difunde— se está generando para el mercado financiero o los inversores que en él participan, por ello se ha defendido no solo su carácter doloso (NIETO MARTÍN) sino también la exclusión del dolo eventual (GALÁN MUÑOZ, MAYO CALDERÓN).

3. La conducta típica del art. 285 *bis,* I CP es la revelación de la información privilegiada que se posee "*fuera del normal ejercicio del trabajo, profesión o funciones del sujeto activo*". De ese modo, en la medida en que la referencia al normal ejercicio profesional se establece como un elemento negativo, la ilicitud se predica de cualquier divulgación de la información privilegiada por cualquier persona dentro o fuera de una labor profesional a excepción de que esa difusión sea inherente al normal desarrollo de esa actividad laboral, que normalmente aparece referida al debido cumplimiento de los deberes de transparencia sobre la información relevante para el mercado. Por tanto, son típicas las revelaciones de información privilegiada cuando se produce dentro del ejercicio profesional sino cabe definirlo como una conducta normal de dicho ejercicio. Se incluye dentro de la tipicidad de esta conducta a quien, habiendo recibido una recomendación de inversión constitutiva del delito del art. 285 CP, revele la información privilegiada en que se fundamenta a un tercero ya sin ese carácter de recomendación; así como las revelaciones sucesivas (LIÑAN LAFUENTE). Adquiere una singular importancia en este contexto la revelación de información privilegiada como aspecto noticioso de relevancia pública, incluso en forma de rumores, a través de los medios de comunicación o redes social por parte de analistas del mercado, en cuyo caso es preciso ponderar, a efectos de una eventual responsabilidad penal, el ejercicio del derecho a la libertad de información.

El art. 4.4 de la Directiva 2014/57/UE en la versión española está redactado en los siguientes términos: *"a efectos de la presente Directiva, las recomendaciones o las inducciones a que se refiere el artículo 3, apartado 6, se considerarán como comunicación ilícita de información privilegiada en virtud del presente artículo cuando la persona de quien proceda la recomendación o inducción sepa que se basaba en información privilegiada"*. Una interpretación literal de este precepto, tomando en consideración que el sujeto de la proposición normativa es *"las recomendaciones o las inducciones a que se refiere el artículo 3, apartado 6"* y que su predicado es *"se considerarán como comunicación ilícita de información privilegiada en virtud del presente artículo"*, limitado a los supuestos en los que *"la persona de quien proceda la recomendación o inducción sepa que se basaba en información privilegiada"*, determina que lo establecido en este precepto es que las recomendaciones del art. 3.6 son a la vez constitutivas de comunicación ilícita del art. 4.4, con la también identidad de que en ambos casos es exigible que el que realiza la recomendación sepa que se basa en información privilegiada. Se produce, por tanto, la confusa conclusión de que el mandato comunitario es que la conducta de recomendación sobre la base de información privilegiada se sancione como ilícito de recomendación (art. 3.6 de la Directiva 2014/57/UE) y simultáneamente como ilícito de divulgación de información privilegiada (art. 4.4 de la Directiva 2014/57/UE) con la agravante de que para el primer caso la pena a imponer debería tener como límite máximo, al menos, cuatro años y en el segundo de dos años (arts. 7.2 y 3 de la Directiva 2014/57/UE).

Esta confusa conclusión viene derivada, en realidad, de un problema de la redacción del art. 4.4 de la Directiva 2014/57/UE en su versión española. En el resto de versiones lingüísticas de esta norma (con excepción de la estonia, italiana y húngara, que son semejantes a la española), el sujeto de la proposición lingüística no es la recomendación o incitación del art. 3.6 de la citada directiva sino *"la divulgación"* de esa recomendación o inducción y, en coherencia con ello, la persona que debe conocer que se basa en información privilegiada no es la que hizo la recomendación sino la que la divulgó. En muchas de las versiones lingüísticas, incluso la referencia a la divulgación aparece reforzada con el adverbio *"posterior"*, *"ulterior"* o *"sucesivo"* (griego, inglés, francés, serbio, letón, lituano, maltés, holandés, polaco, eslovaco, fines), poniendo de manifiesto que la pretensión del mandato comunitario de penalización conforme al art. 4.4 de la Directiva 2014/57/UE es sancionar a quien habiendo recibido una recomendación del uso de información privilegiada del art. 3.6 de esa directiva, a su vez la divulgue a terceros. En ese sentido, de conformidad con la jurisprudencial del TJUE sobre la equivalencia de validez normativa de todas las versiones lingüísticas de las normas comunitarias, que por razones de seguridad jurídica deben ser objeto de una interpretación uniforme, en caso de notorias divergencias en su literalidad, como sucede en este caso, resulta preciso atender a una interpretación sistemática o teleológica y, específicamente, a la finalidad de la reglamentación en la que se inscribe la disposición en cuestión [SSTJUE 6-10-1982, C-283/81, § 20; 7-12-1995, C-449/93, § 28; o 13-04-2000, C-420/98 *(Tol 105322)*, § 21]. A esos efectos, hay que destacar que en el art. 10.2 del Reglamento (UE) nº 596/2014, al definir en la versión española las conductas de comunicación ilícita de información privilegiada, ya se hace de una manera más coordinada con las versiones no españolas del art. 4.4 de la Directiva 2014/57/UE, al establecer que *"a efectos del presente Reglamento, la subsiguiente revelación de las recomendaciones o inducciones a que se refiere el artículo 8, apartado 2, constituirá asimismo comunicación ilícita de información privilegiada en virtud del presente artículo, cuando la persona que revele la recomendación o inducción sepa o deba saber que se basaba en información privilegiada"*; lo que también sucede con las versiones estonia, italiana y húngara. En definitiva, a pesar de la literalidad de la versión española del art. 4.4 de la Directiva 2014/57/UE, cuya interpretación lingüística llevaría a una aporía jurídica, su interpretación teleológica y sistemática determina que la conducta que se pretende considerar como de comunicación ilícita a los efectos del mandato de penalización es la de revelación subsiguiente de esa información por quien recibió una recomendación o incitación a su uso, conociendo que se trataba de información privilegiada.

Un supuesto singular que puede plantear esta conducta típica es la revelación de información privilegiada, bien como evento noticioso o como rumor público, a través de los medios de comunicación o redes sociales por parte de analistas de los mercados. En estos casos, hay que tomar en consideración que el art. 4.5 de la Directiva 2014/57/UE establece que *"el presente artículo se aplicará de acuerdo con la necesidad de proteger la libertad de prensa y de expresión"* y que el art. 21 del Reglamento (UE) nº 596/2014, al regular la *"publicación o difusión de información en los medios de comunicación"*, establece que *"cuando se publique o difunda información o se emitan o difundan recomendaciones por motivos periodísticos o de expresión de otro tipo en los medios de comunicación, tales publicación o difusión de información se evaluarán teniendo en cuenta las normas que regulan la libertad de prensa y la libertad de expresión en otros medios de comunicación, así como las normas o códigos que regulan la profesión periodística, salvo que: a) las personas afectadas o las personas estrechamente vinculadas con ellas obtengan, directa o indirectamente, una ventaja o beneficio de la publicación o difusión de la información en cuestión, o b) la publicación o difusión se lleve a cabo con la intención de inducir a confusión o engaño al mercado en cuanto a la oferta, la demanda o el precio de los instrumentos financieros"*. A ese respecto, es de singular relevancia la STJUE (Gran Sala), 15-03-2022, C-302/20, en la que se reitera que tanto las publicaciones como los actos preparatorios de una publicación, así como la recogida de información y las actividades de búsqueda e investigación de un periodista, son inherentes a la libertad de prensa, consagrada en el artículo 10 CEDH, y, por ello, están protegidas por este; lo que determina que *"si el objetivo último de la actividad periodística consiste en comunicar información al público, procede considerar que constituye una publicación de información por motivos periodísticos, en el sentido del artículo 21 del Reglamento nº 596/2014, una comunicación que tiene por finalidad realizar esa actividad, incluida la efectuada en el marco de los trabajos preparatorios de investigación que realiza un periodista"* (§ 69).

La atipicidad de la conducta de revelación de la información privilegiada cuando se producen en el normal ejercicio de una actividad laboral aparece referida al debido cumplimiento de los deberes de transparencia sobre dicha información establecidos en el art. 17 del Reglamento (UE) nº 596/2014, incluyendo también, sobre lo que se volverá más adelante, las prospecciones de mercado reguladas en el art. 11 de citado reglamento; siendo en ese sentido en el que NIETO MARTÍN afirma que esta circunstancia sería una causa de justificación.

4. La conducta típica del art. 285 *bis*, II CP es la de revelación de la información privilegiada dentro del normal ejercicio del trabajo, profesión o funciones en el contexto de una prospección de mercado, pero con infracción de los requisitos previstos en la normativa europea en materia de mercados e instrumentos financieros. Las eventuales infracciones a las que se refiere este precepto, más allá de que hubiera sido más adecuada una mayor concreción por respeto al principio de legalidad penal, deben estar en conexión directa con la finalidad de protección que tengan los requisitos infringidos para la evitación de publicitar una información que, por su carácter, pudiera constituir información privilegiada; lo que determina que ese incumplimiento ha de ser el generador del riesgo (DOVAL PAIS/ANARTE BORRALLO, LIÑAN LAFUENTE).

La regulación específica de la prospección de mercado aparece establecida en el art. 11 del Reglamento (UE) nº 596/2014. Los apartados 1, 1 *bis* y 2 delimitan el concepto de *"prospección"* estableciendo, en el apartado 1, en la redacción dada por el Reglamento (UE) nº 2024/2809, que *"la prospección de mercado consiste en la comunicación de información a uno o más inversores potenciales, con anterioridad al anuncio de una operación, si la hubiera, a fin de evaluar el interés de los mismos en una posible operación y las condiciones relativas a la misma, como su precio o volumen potencial, efectuada por: a) un emisor; b) un oferente en el mercado secundario de un instrumento financiero, cuando el volumen o valor de la operación la hagan diferente de las negociaciones habituales e implique un método de venta basado en la evaluación previa del interés potencial de los inversores potenciales; c) un participante del mercado de derechos de emisión, o d) un tercero que actúe en nombre o por cuenta de alguna de las personas contempladas en las letras a) b) o c)"*. A partir de esa definición, el apartado 1 *bis*, en la redacción dada por el Reglamento (UE) nº 2019/2115, excluye de ese concepto los supuestos de comunicación de información de un emisor dirigidas exclusivamente a inversores cualificados a efectos de negociar las condiciones contractuales de su participación en una emisión de bonos, considerando que dicha comunicación se ha realizado en el normal ejercicio del trabajo, la profesión o las funciones de una persona y, por lo tanto, que no constituirá una comunicación ilícita de información privilegiada; y el apartado 2, que sí constituye prospección de mercado la comunicación de información privilegiada por una persona que pretenda realizar una oferta pública de adquisición de valores de una empresa o una fusión con una empresa a los titulares de los valores, si: *"a) la información es necesaria para permitir a dichos titulares formarse una opinión sobre su disposición a ofrecer sus valores, y b) la disposición de dichos titulares a ofrecer sus valores es razonablemente necesaria para tomar la decisión de realizar la oferta pública de adquisición o fusión"*. Por lo que se refiere a la necesidad de esta regulación, en el considerando (32) de este reglamento se afirma que *"las prospecciones de mercado son interacciones entre un vendedor de instrumentos financieros y uno o más inversores potenciales, antes del anuncio de la operación, destinadas a evaluar el interés de los inversores potenciales en una posible operación, su precio, volumen y estructura. Las prospecciones de mercado pueden implicar una oferta inicial o secundaria de valores relevantes y son diferentes de las negociaciones normales. Constituyen un instrumento muy valioso para evaluar la opinión de los potenciales inversores, reforzar el diálogo con los accionistas y velar por que las negociaciones se desarrollen sin problemas, así como para armonizar las opiniones de los emisores, los accionistas existentes y los nuevos potenciales inversores. Pueden ser particularmente beneficiosas cuando los mercados no infunden confianza, carecen de un índice de referencia o son volátiles. Por lo tanto, la capacidad de realizar prospecciones de mercado es importante para el correcto funcionamiento de los mercados financieros y dichas prospecciones no deben ser consideradas por sí mismas abuso de mercado"*. El considerando (33) ejemplifica contextos de prospección señalando que *"(...) incluyen las situaciones en que la empresa vendedora dialoga con un emisor sobre una posible operación y decide evaluar el interés del inversor potencial con objeto de determinar las condiciones de la operación; los casos en que un emisor anuncia una emisión de deuda o una oferta adicional de acciones y la empresa vendedora contacta a inversores relevantes y les informa sobre todas las condiciones de la operación con objeto de obtener un compromiso financiero de participación en la operación; o cuando la empresa vendedora pretende vender una gran cantidad de valores en nombre de un inversor e intenta evaluar el interés potencial en dichos valores de otros inversores potenciales"*.

Por su parte, como exigencias para la lícita comunicación de información privilegiada en el contexto de una prospección de mercado, el art. 11.3 de este reglamento establece que *"el participante del mercado que comunica información valorará específicamente, antes de realizar una prospección de mercado, si ello implica la comunicación de información privilegiada. El participante del mercado que comunica información registrará por escrito su conclusión y los motivos de la misma. A requerimiento de la autoridad competente, proporcionará a esta esos registros escritos. Dicha obligación se aplicará a cada comunicación de información a lo largo de toda la prospección de mercado. El participante del mercado que comunica la información actualizará en consecuencia los registros a que se refiere el presente apartado"*. En relación con ello, el considerado (34) pone de manifiesto que *"la realización de prospecciones de mercado puede requerir la comunicación de información privilegiada a inversores potenciales. Por lo general, solo será posible obtener un beneficio financiero de una negociación sobre la base de información privilegiada comunicada en una prospección de mercado si existe un mercado para el instrumento financiero objeto de la prospección de mercado o para un instrumento financiero relacionado. Dado el calendario de tales diálogos, es posible que la información privilegiada pueda ser comunicada al inversor potencial durante la prospección de mercado después de que el instrumento financiero haya sido admitido a negociación en un mercado regulado o negociado en un SMN o SOC. Antes de iniciar una prospección de mercado, el participante del mercado que comunica información debe evaluar si esta implicará la comunicación de información privilegiada"*. El art. 11.4 de este reglamento, en la redacción dada por el Reglamento (UE) nº 2024/2809, incide en que *"se considerará que el participante del mercado que comunica información ha divulgado información privilegiada en el transcurso de una prospección de mercado en el ejercicio normal del empleo, la profesión o las funciones de una persona a efectos del artículo 10, apartado 1, cuando dicho participante en el mercado cumpla las condiciones siguientes: a) haber obtenido el consentimiento de la persona receptora de la prospección de mercado para la recepción de información privilegiada; b) haber informado a la persona receptora de la prospección de mercado de que se le prohíbe utilizar dicha información, o intentar utilizarla, adquiriendo, transmitiendo o cediendo, por cuenta propia o de terceros, directa o indirectamente, instrumentos financieros que guarden relación con esa información; c) haber informado a la persona receptora de la prospección de mercado de que se le prohíbe utilizar dicha información, o intentar utilizarla, mediante la cancelación o modificación de una orden ya dada relativa a un instrumento financiero al que se refiere la información; d) haber informado a la persona receptora de la prospección de mercado de que al aceptar la recepción de la información se obliga a mantener su confidencialidad; e) haber realizado y mantenido un registro de toda la información comunicada a la persona receptora de la prospección de mercado, incluida la información comunicada con arreglo a las letras a) a d) y la identidad de los inversores potenciales a los que se ha revelado la información, incluidas, aunque no exclusivamente, las personas jurídicas y las personas físicas que actúen en nombre del inversor potencial, así como la fecha y la hora de cada comunicación; f) a requerimiento de la autoridad competente, haber proporcionado a esta dicho registro"*.

Los apartados 6 a 8, de manera complementaria, establecen que *"6. Cuando la información que se haya divulgado en el transcurso de una prospección de mercado deje de ser información privilegiada a criterio del participante del mercado que comunica la información, este informará de ese hecho al receptor lo antes posible. Esta obligación no se aplicará en los casos en que la información se haya anunciado públicamente de otro modo. El participante del mercado que comunica la información mantendrá un registro de la información comunicada de conformidad con el presente apartado y lo proporcionará a la autoridad competente a requerimiento de esta"; "7. No obstante lo dispuesto en el presente artículo, las personas que reciban la prospección de mercado evaluarán por sí mismas si poseen información privilegiada"; y "8. El participante del mercado que comunica la información conservará los registros a que se hace referencia en el presente artículo durante un período de al menos cinco años"*. Por último, los apartados 9 a 11 establecen que, a fin de garantizar una aplicación homogénea de esta previsión, la AEVM elaborará proyectos de normas técnicas de regulación y que se delega en la Comisión la facultad de adoptar esas normas técnicas de regulación. A esos efectos, se han aprobado (i) el Reglamento de Ejecución (UE) 2016/959, de la Comisión, de 17 de mayo de 2016, por el que se establecen normas técnicas de ejecución en relación con las prospecciones de mercado en lo que respecta a los sistemas y las plantillas de notificación que deberán utilizar los participantes del mercado que comunican información y al formato de los registros de conformidad con el Reglamento (UE) nº 596/2014 del Parlamento Europeo y del Consejo; y (ii) el Reglamento Delegado (UE) 2016/960, de la Comisión, de 17 de mayo de 2016, por el que se completa el Reglamento (UE) nº 596/2014, del Parlamento Europeo y del Consejo, en lo relativo a las normas técnicas de regulación aplicables a las disposiciones, los sistemas y los procedimientos adecuados de realización de prospecciones de mercado por parte de los participantes del mercado que comunican información. La AEVM ha dictado la directriz relativa a las personas receptoras de las prospecciones de mercado, de 10 de noviembre de 2016.

En conexión con todos estos deberes sobre el correcto desarrollo de una prospección de mercado al que pueda ser sometidos los emisores y otros partícipes en el mercado financiero, el art. 285 *bis*, II CP, de una manera poco taxativa, se limita a tipificar "*la revelación de información privilegiada en una prospección de mercado cuando se haya realizado sin observar los requisitos previstos en la normativa europea en materia de mercados e instrumentos financieros*". Habida cuenta de que no todos los requisitos tienen una igual relevancia en la protección del mercado y la confianza de los inversores, no bastará con el incumplimiento de cualquiera de esos requisitos sino solo aquellos que *ex ante* puede ya considerarse que son susceptibles de resultar peligrosos para el interés tutelado.

5. El art. 285 *bis* CP sanciona estos delitos con unas penas acumuladas de prisión de seis meses a cuatro años, multa de doce a veinticuatro meses e inhabilitación especial para el ejercicio de la profesión o actividad de uno a tres años, además de la publicación de la sentencia en los periódicos oficiales y, si lo solicitara el perjudicado, su reproducción total o parcial en cualquier otro medio informativo, a costa del condenado (art. 288, I CP); estableciéndose también la sanción de las conductas de la provocación, la conspiración y la proposición, con una pena inferior a uno o dos grados (art. 285 *quater* CP) y la responsabilidad de las personas jurídicas por su comisión (art. 288, II.2° CP). Su persecución, de manera un tanto sorprendente tratándose de delitos de peligro, no queda excluida de la necesidad de una previa denuncia de los ofendidos (art. 287.1 CP).

La sanción de estas conductas de revelación, como delitos de peligro, aparece como desproporcionada no solo en relación con las tipificadas en el art. 285 CP (BENÍTEZ ORTÚZAR, NIETO MARTÍN) sino también con lo dispuesto en el art. 7.3 de la Directiva 2014/57/UE, que establece para estos delitos una sanción máxima de privación de libertad de, al menos, dos años. La sanción de las conductas de la provocación, la conspiración y la proposición establecida expresamente en el art. 285 *quater* CP suele también vincularse al mandato comunitario del art. 6.1 de la citada directiva, a pesar de su muy difícil posibilidad de apreciación dogmática y de que, de manera un tanto incoherente, el art. 6.2 de esa directiva no impone la sanción de su forma intentada.

Por su parte, desde la inclusión de este tipo penal por la LO 1/2019, ya se introdujo por esa misma norma la posibilidad de la responsabilidad penal de las personas jurídicas, estableciendo que la pena a imponer es la de multa de dos a cinco años, o del triple al quíntuple del beneficio obtenido o que se hubiere podido obtener si la cantidad resultante fuese más elevada [art. 288, II.2°.a) CP], así como, potestativamente, (i) la disolución de la persona jurídica, (ii) la suspensión de sus actividades por un plazo que no podrá exceder de cinco años, (iii) la clausura de sus locales y establecimientos por un plazo que no podrá exceder de cinco años, (iv) la prohibición de realizar en el futuro las actividades en cuyo ejercicio se haya cometido, favorecido o encubierto el delito, (v) la inhabilitación para obtener subvenciones y ayudas públicas, para contratar con el sector público y para gozar de beneficios e incentivos fiscales o de la Seguridad Social, por un plazo que no podrá exceder de quince años, y (vi) la intervención judicial para salvaguardar los derechos de los trabajadores o de los acreedores por el tiempo que se estime necesario, que no podrá exceder de cinco años.

La persecución de estos delitos, de conformidad con el art. 287.1 CP, no queda excluida de la necesidad de una previa denuncia de la persona agraviada o de sus representantes legales (art. 287.1 CP), en lo que parece que, en atención a su carácter de delito de peligro en que no es necesaria la existencia de persona agraviada, debe entenderse como una omisión de la LO 1/2019 que no modificó el art. 287.1 CP (LIÑAN LAFUENTE). Más allá de ello, este probable error puede entenderse minimizado por la previsión del art. 287.2 CP, que establece que no será necesaria la denuncia *"cuando la comisión del delito afecte a los intereses generales o a una pluralidad de personas",* exigencia inherente a la tipicidad de estos delitos, pero que difícilmente puede proyectarse sobre las conductas de provocación, la conspiración y la proposición establecida en el art. 285 *quater* CP. Más ampliamente se volverá sobre estas cuestiones y sobre la consecuencia jurídica de la publicitación de una eventual sentencia condenatoria en la lección dedicada a las disposiciones comunes del capítulo XI.

V. BIBLIOGRAFÍA

ALEMANY EGUIDAZU, J. *La manipulación de los mercados de valores: estudio multidisciplinar ilustrado con casos reales*, Madrid, 2001; ARMAZA ARMAZA, E. J. "Aspectos problemáticos del delito de falsedad en la inversión en los mercados de valores", AA.VV. *Nuevos instrumentos jurídicos en la lucha contra la delincuencia económica y tecnológica*, Granada, 2012; ARROYO ZAPATERO, L. "El abuso de información privilegiada en el Derecho español vigente y en el Proyecto de Código Penal", AA.VV. *Hacia un derecho penal económico europeo - Jornadas en honor del profesor Klaus Tiedemann*, Madrid, 1995. BAJO FERNANDEZ, M. "Uso de información privilegiada", *LH-Torío* (1999); BAJO FERNANDEZ, M./BACIGALUPO SAGGESE, S. *Derecho penal económico*, Madrid, 2001; BARDAVÍO ANTÓN, C. "El delito de manipulación de precios de mercado del art. 284 CP: Una ultraprotección del subsistema económico funcionalmente incorrecta", *RDPPr*, nº monográfico 37, 2022; BENÍTEZ ORTUZAR, I. F. "El uso de información relevante para la cotización en el mercado de valores. Relevancia jurídico-penal del insider trading", *LH-Cobo del Rosal* (2005); BLASCO JORDÁN, M. "La responsabilidad civil de la manipulación de mercado", *Revista de Derecho Bancario y Bursátil*, nº 173, 2024; BOIX REIG, J. "Las prácticas restrictivas de la competencia en el Proyecto de Código Penal de 1980", *CPC*, nº 16, 1982; BRAGE CENDÁN, S. B. *Los delitos de alteración de precios*, Granada, 2001; CALDERÓN SUSÍN, E. "Abuso de información privilegiada en el mercado de valores", AA.VV. *Delitos socioeconómicos en el nuevo código penal*, Madrid, 1996; CARDONA CARDONA, L. M. "Causas de justificación en el derecho penal económico: especial mención a los delitos de alteración de precios en el mercado en la legislación española", *LH-De Vicente Remesal*, 2024; CARRASCO ANDRINO, M. M. *La publicidad engañosa y el Derecho penal*, Valencia, 2002; CASTILLO GARCÍA, M. "("Split") en el mercado de valores, ¿sanción administrativa o penal?", *LL*, nº 9489, 2019; CASTRO MORENO, A/OTERO GONZÁLEZ, P. *El abuso de información privilegiada en la función pública*, Valencia, 2007; CORCOY BIDASOLO, M. (dir) *Derecho penal de la empresa*, Navarra, 2002; DELGADO GIL, A. "El concepto de información privilegiada en los delitos de abuso de información privilegiada en mercados financieros", *LLP*, nº 140, 2019; DOVAL PAÍS, A. "La confusa armonización de los delitos de manipulación de mercado (art. 284 CP) por la LO 1/2019", *EPC*, vol. XL, 2020; ENTRENA RUIZ, *D. El empleo de información privilegiada en el mercado de valores: un estudio de su régimen administrativo sancionador*, Madrid, 2006; ESTRADA I. CUADRAS, A. "Presente y futuro del delito de alteración de precios (art. 284 CP)", *InDret*, nº 1. 2014; FARALDO CABANA, P. *El delito societario de falsedad en documentos sociales*, Valencia, 2003; FARALDO CABANA, P. "Algunos aspectos del delito de uso de información reservada en el mercado de valores en el proyecto de Código penal de 1994", *EPCr*, nº 18, 1994-1995; FEIJÓO SÁNCHEZ, B. J. "Imputación objetiva en el Derecho penal económico: el alcance del riesgo permitido reflexiones sobre la conducta típica en el derecho penal del mercado de valores e instrumentos financieros y de la corrupción entre particulares", AA.VV. *La teoría del delito en la práctica penal económica*, Madrid, 2013; FEIJÓO SÁNCHEZ, B. J. "El Derecho penal español frente a fraudes bursátiles transnacionales. ¿Protege el Derecho penal del mercado de valores los mercados financieros internacionales?, AA.VV. *Crisis financiera y derecho penal económico*, Madrid, 2014; FEIJÓO SÁNCHEZ, B. J., "Crisis bancarias y derecho penal. Comentario de urgencia a la Sentencia nº 28/2017, de 17 de octubre, de la

Sección Cuarta de la Sala de lo Penal de la Audiencia Nacional (Caso Caja de Ahorros del Mediterráneo)", *LLP*, nº 132, 2018; FEIJOO SÁNCHEZ, B. J. "Los delitos de manipulación del precio de cotización de un instrumentos financiero del art. 284 CP tras la LO 1/2019: retos dogmáticos frente a un desatino legislativo", *LLP*, nº 138, 2019; FERNÁNDEZ DE ARAOZ GÓMEZ-ACEBO, A. "La regulación de la denuncia de infracciones y delitos contra la integridad de los mercados de valores: el nuevo marco legal del «whistleblowing»", *Revista de Derecho Bancario y Bursátil*, n. 146, 2017; FÉRNANDEZ PANTOJA, P. "El delito de maquinaciones para alterar el precio de las cosas"; AA.VV. *Derecho y consumo. Aspectos penales, civiles y administrativos*, Madrid, 2013; FERNÁNDEZ TERUELO, J. G. "La protección de los inversores a través del delito contenido en el art. 282 *bis* del Código Penal", AA.VV. *Corrupción y fraudes a consumidores: perspectivas y casos actuales*, Granada, 2016; FERRANDIS CIPRIÁN, D. y MARTÍNEZ GARAY, L. "Tratamiento penal de abuso de información privilegiada en el mercado financiero", *EPyCr*, nº 23, 2002; GALÁN MUÑOZ, A. "El fraude de inversores del art. 282 *bis* CP ¿Una figura protectora del correcto funcionamiento de los mercados financieros en tiempos de crisis?", *RDPPr*, nº 31, 2013; GALÁN MUÑOZ, A. "Manipulaciones bursátiles, redes sociales y desinformación. El 'Caso Gamestop' como piedra de toque del delito del art. 284.1.2º del Código Penal", *RP*, nº 55, 2025; GARCÍA SANZ, J. "La protección penal del mercado financiero", AA.VV. *Nuevos instrumentos jurídicos en la lucha contra la delincuencia económica y tecnológica*, Granada, 2012; GARCÍA SANZ, J. "El delito de abuso de información privilegiada", *Anales de la Facultad de Derecho*, nº 29, 2012; GARCÍA SANZ, J. La protección penal del mercado financiero", AA.VV. *Nuevos instrumentos jurídicos en la lucha contra la delincuencia económica y tecnológica*, Granada, 2012; GARCÍA-PABLOS DE MOLINA, A. "Sobre la figura del delito de maquinaciones para alterar los precios naturales de las cosas", *CPC*, nº 14, 1981; GIMENO BEVIÁ, J. "La protección penal de los mercados de valores a través de la extraterritorialidad de la jurisdicción", AA.VV. *Halcones y palomas: corrupción y delincuencia económica*, Madrid, 2015; GÓMEZ BENÍTEZ, J. M. *Curso de Derecho penal de los negocios a través de casos*, Madrid, 2001; GÓMEZ INIESTA, D. J. *La utilización abusiva de información privilegiada en el mercado de valores*, Barcelona, 1997; GÓMEZ INIESTA, D. J. "Fraudes en el Mercado de Valores: a propósito de la propuesta de eurodelitos de manipulaciones bursátiles y abuso de información privilegiada, *AA. VV. Fraude y corrupción en el derecho penal económico europeo: eurodelitos de corrupción y fraude*, Cuenca, 2006; GÓMEZ INIESTA, D. J. "Abuso de información privilegiada y manipulación", *BIMJ*, suplemento al nº 2015, 2006; GÓMEZ INIESTA, D. J. "La protección penal de la información privilegiada", AA.VV. *Derecho penal económico y teoría del delito*, Valencia, 2020; GÓMEZ LANZ, J. "Derecho penal y mercado de valores", AA.VV. *Mercado de valores*, Madrid, 2009; GÓMEZ PAVÓN, P. "Algunas cuestiones en torno al art. 284 del Código Penal", *LH-Bacigalupo Zapater*, 2004; GÓMEZ PAVÓN, P. "El delito de alteración de precios", *LLP*, nº 137, 2019; GÓMEZ-JARA DÍEZ, C. "La reforma del art. 284 del Código penal: menos maquinación y más manipulación", DÍAZ-MAROTO VILLAREJO, J. (dir) *Estudios sobre las reformas del Código penal (operadas por las LO 5/2010, de 22 de junio, y 3/2011, de 28 de enero)*, Madrid, 2011; GÓMEZ-JARA DÍEZ, C. "La reforma del art. 284 del Código Penal: menos maquinación y más manipulación", AA.VV. *Estudios sobre las reformas del Código Penal*, 2011, Madrid; GÓMEZ-JARA DÍEZ, C. "La protección penal transnacional de los mercados financieros", *Revista de Derecho del Mercado de Valores*, nº 13, 2013; GÓMEZ-JARA DÍEZ, C. *El delito de manipulación del mercado*, Valencia, 2016; GÓMEZ-JARA DÍEZ, C. "Delito de manipulación de mercado y regulación europea. Necesidad de reforma penal española e interpretación conforme", AA.VV. *Derecho penal económico y derechos humanos*, Valencia, 2018; GÓMEZ-JARA DÍEZ, C. y TEJADA PLANA, D. "La reforma del delito de manipulación de mercado en el Código Penal español: luces, sombras y algún claroscuro", *LL*, nº 9376, 2019; GONZÁLEZ CUSSAC, J. L. "El abuso de información privilegiada", *CPC*, nº 37, 1989; GONZÁLEZ RUS, J. J. "Reformas pretendidas en los delitos relativos al mercado y los consumidores y en los delitos societarios por el proyecto de ley LO 121/000119, de modificación del código penal", AA.VV. *Reforma del Código Penal. Respuestas para una sociedad del siglo XXI*, Madrid, 2009; GONZÁLEZ-CUÉLLAR SERRANO, N. "¿Criminalización de las prácticas restrictivas de la competencia? Los cárteles ante la Justicia penal", SERRANO-PIEDECASAS FERNÁNDEZ, J. R. (coord) *Cuestiones actuales de Derecho penal económico*, Madrid, 2008; HERNÁNDEZ SAINZ, E. *El abuso de información privilegiada en los mercados de valores*, Madrid, 2007; HORMAZÁBAL MALARÉE, H. "El uso de información privilegiada y bien jurídico", *LH-Ruiz Antón*, 2004; HURTADO ADRIÁN, A. "Estafa de inversores y/o de crédito (art. 282 *bis)*", AA.VV. *Reforma del Código Penal*, Madrid, 2010; ÍÑIGO CORROZA, E. "La relevancia del fraude en los delitos de competencia. En concreto: maquinaciones para elevar el precio de las cosas (art. 284 CP) y uso de información privilegiada (art. 285 CP)", AA.VV. *¿Libertad económica o fraudes punibles? Riesgos penalmente relevantes e irrelevantes en la actividad económico empresarial*, Madrid, 2005; JAÉN VALLEJO, M. "Información privilegiada en el mercado de capitales y Derecho penal", *CPC*, nº 97, 2009; JERICÓ OJER, L. "Utilización de información privilegiada en el ámbito del mercado de valores", AA.VV. *Derecho penal de la empresa*, Pamplona, 2002; JIMÉNEZ-BLANCO CARRILLO DE ALBORNOZ, G. "Abuso de mercado. Normativa comunitaria y española", AA.VV. *"Liber amicorum" José María Gondra Romero*, Madrid, 2012; JUAN Y MATEU, F. *La comunicación de información privilegiada*, Valencia, 2023; LIÑÁN LAFUENTE, A. "La reforma del delito de utilización del información privilegiada y la incorporación del nuevo tipo penal de comunicación ilícita de información privilegiada en la ley", *LLP*, nº 137, 2019; LIZARZA ALZÚA, P. y LÓPEZ SERRANO L. "Delito de estafa de inversores: análisis de la figura delictiva y de la jurisprudencia reciente", AA.VV. *Actualidad penal 2019*, Valencia, 2019; LLEDÓ BENITO, I. *El fraude de inversores (especial consideración al tipo básico del artículo 282 bis CP y con actualización al texto refundido de la Ley del Mercado de Valores, Real Decreto Legislativo 4/2015 de 23 de octubre*, Madrid, 2017; LLORIA GARCÍA, P. "Responsabilidad penal de las personas jurídicas por delitos relacionados con el mercado de valores", *Actualidad Jurídica Iberoamericana*, nº 7, 2017; LÓPEZ BARJA DE QUIROGA, J. "El abuso de información privilegiada", *LH-Bacigalupo Zapater*, 2004; LÓPEZ PEREGRÍN, M. C. "El ìnsider trading'o abuso de información privilegiada bursátil", *AP*, 1995-I.; MARTÍN PALLÍN, J. A. "Uso de información relevante para la cotización en mercado de Valores", AA.VV. *Delitos relativos a la propiedad industrial, al mercado y a los consumidores*, Madrid, 1997; MARTÍNEZ FLÓREZ, A. *Los fundamentos de la prohibición del abuso de mercado*, Valencia, 2019; MARTÍNEZ-BUJÁN PÉREZ, C. "La tutela penal de la información societaria dirigida al público en el ámbito del mercado financiero", *LH-Bacigalupo Zapater*, 2004; MARTÍNEZ-BUJÁN PÉREZ, C. *Derecho penal económico y de la empresa. Parte especial*, Valencia, 2005; MARTÍNEZ-BUJÁN PÉREZ, C. *Estafa de inversores y de crédito (el art. 282 bis del Código penal)*, Valencia, 2012; MARTÍNEZ-BUJÁN PÉREZ, C. "La nueva causa de anulación de la pena de los arts. 262.3 y 288 *bis* del Código Penal" y "La elevación de las penas previstas para el delito de abuso de información privilegiada del art. 285-5 del Código Penal", AA.VV. *Comentarios a la LO 14/2022, de reforma del Código Penal*, Valencia, 2023; MENDO ESTRELLA, A. "¿Es posible sancionar penalmente a los cárteles económicos actualmente en España?: Propuestas de futuro", *ADPCP*, n. 65, 2012; MONROY ANTÓN, A. J. *El delito de abuso de información privilegiada en el mercado de valores*, Madrid, 2006; MORALES PRATS, F. "La protección de los inversores y la confianza en los mercados financieros: la modificación del art. 285 CP", AA.VV. *Las reformas penales de 2019*, Navarra, 2019; MOYA FUENTES, M. M. "El delito de abuso de información privilegiada por particular", *LLP*, nº 120, 2016; MUÑOZ DE MORALES ROMERO, M. *El delito de manipulación del mercado de valores*, Madrid, 2023; NUÑEZ CASTAÑO, E. *La estafa de crédito*, Valencia, 1998; NIETO MARTÍN, A. "El abuso del mercado: un nuevo paradigma en el Derecho Penal económico europeo", AA.VV. *El Derecho penal económico y empresarial ante los desafíos de la sociedad mundial del riesgo*, Madrid, 2010; NIETO MARTÍN, A. "Protección penal de la competencia y del mercado de valores", AA.VV. *Derecho Penal económico y de la empresa, Madrid*, 2ª ed., 2024; NIETO MARTÍN, A. y FOFFANI, L. "Abusos de mercado y Derecho penal: España e Italia frente al impulso europeo", *LH-Terradillos Basoco*, 2018; PAREDES CASTAÑÓN, J. M. "Problemas de tipicidad en las conductas de manipulación de precios de los mercados de valores", AA.VV. *Crisis financiera y derecho penal económico*, Madrid, 2014; PAREDES CASTAÑÓN, J. M. "Manipulaciones permitidas en los mercados de valores", *LH-De Vicente Remesal*, 2024; PÉREZ VALERO, I. *El delito societario de falsedad en las cuentas anuales*, Valencia, 2001; PRAT WESTERLINDH, C. "Estafa de inversores", *LLP*, nº 77, 2020; PRIETO DEL PINO, A. M. *El derecho penal ante el uso de información privilegiada en el mercado de valores*, Navarra, 2004; PRIETO DEL PINO, A. M. *El Derecho penal ante el uso de información privilegiada en el mercado de valores*, Pamplona, 2005; PRIETO DEL PINO, A. M. "Uso de información privilegiada en el mercado de valores", *BIMJ*, suplemento al nº 2015, 2006; PUENTE ABA, L. M. *Delitos económicos contra los consumidores y delito publicitario*, Valencia, 2002; PUENTE ABA, L. M. "El art. 282 *bis* del Código Penal: las falsedades en la inversión en los mercados de valores", AA.VV. *El nuevo Código penal*, Madrid, 2011; PUENTE ABA, L. M. "El artículo 282 *bis* del Código Penal: Las falsedades en la inversión en los mercados de valores", *RDPCr*, nº 7, 2012; PUENTE ABA, L. M. "El delito del art. 282 *bis* del Código Penal y la sanción de los fraudes en la inversión en valores: cuestiones problemáticas", AA.VV. *Corrupción y fraudes a consumidores: perspectivas y casos actuales*, Granada, 2016; PUENTE ABA, L. M. "El caso Nueva Rumasa: examen desde la perspectiva de los delitos de estafa y de falsedades en los mercados de valores", AA.VV. *Fraude a consumidores y Derecho penal: fundamentos y talleres de leading cases*, Madrid, 2016; QUINTANAR DÍEZ, M. *Un concreto aspecto del llamado Derecho penal económico: los delitos bursátiles*, Madrid, 2006; QUINTANAR DÍEZ, M. "Análisis de la naturaleza jurídica y del objeto material del tipo de injusto del artículo 285 del Código Penal: delito de abuso de información privilegiada, *CPC*, nº 88, 2006; QUINTERO OLIVARES, G. "Tutela de mercado y de consumidores. Información financiera. Adaptaciones posibles del Código español", *BIMJ*, suplemento al nº 2015, 2006; QUINTERO OLIVARES, G. "La reforma del Código Penal de 2019: La modificación de los delitos contra el mercado", AA.VV. *Las reformas penales de 2019*, Navarra, 2019; RASILLO LÓPEZ, E. "Actuación penal en defensa de los consumidores ante el mercado financiero único: las consecuencias de la Directiva 2003/06 sobre las operaciones con información privilegiada y manipulación del mercado", AA.VV. *La adecuación del Derecho penal español al Ordenamiento de la Unión Europea. La política criminal europea*, Valencia, 2009; RODRÍGUEZ MOURULLO, G. "La utilización abusiva de información privilegiada en el mercado de valores ante el Derecho penal", *PJ*, nº especial 9, 1989; RODRÍGUEZ MOURULLO, "La criminalización del uso de información privilegiada entre el sí y el no", *Anales de la Real Academia de Jurisprudencia y Legislación*, nº 37, 2007; RODRÍGUEZ PUERTA, M. J. y MORÓN LERMA, E. "Delitos relativos al mercado y a los consumidores", AA.VV. *La adecuación del Derecho penal español al Ordenamiento de la Unión Europea. La política criminal europea*, Valencia, 2009; RODRÍGUEZ RAMOS, L. "Protección penal del mercado financiero", AA.VV. *Derecho bancario y bursátil*, 2ª ed., Madrid, 2012; DEL ROSAL BLASCO, B. "Mercado bursátil y publicidad engañosa: la intervención del Derecho Penal", *LH-Bacigalupo Zapater*, 2004; RUIZ RODRÍGUEZ, L. R. *La protección penal del mercado de valores*, Valencia, 1997; SEGRELLES DE ARENAZA, I. "Delitos de manipulación de los mercados financieros. En especial, problemas de tipicidad", *LLP*, nº 154, 2022; SERRANO GONZÁLEZ DE MURILLO, J. L. "Tentativa y consumación en el abuso de información privilegiada (art. 285 CP)", *LH-Bajo Fernández*, 2016; SUÁREZ GONZÁLEZ, C. J. "Difusión de noticias falsas, empleo de violencia, amenaza o engaño, o utilización de información privilegiada para alterar los precios del mercado", AA.VV. *Delitos relativos a la propiedad industrial, al mercado y a los consumidores*, Madrid, 1997; TIEDEMANN, K. (dir.) *Eurodelitos. El Derecho penal económico de la Unión Europea*, Cuenca, 2003; URBANO CASTILLO, E. "El nuevo delito de información privilegiada, *LLP*, nº 137, 2019; VARGAS LOZANO, R. "La alteración del precio de los instrumentos financieros y su relevancia penal a la luz del artículo 284 del Código Penal Español", en AA.VV. *Crisis financiera y derecho penal económico*, Madrid, 2014; VÁZQUEZ CAÑIZARES, J. C. y SANTOS ALONSO, J. "El bien jurídico protegido en el delito de uso de información privilegiada en el mercado de valores: merecimiento y necesidad de protección", *La Ley Mercantil*, nº 8, 2014; VÁZQUEZ CAÑIZARES, J. C. "Subtipos agravados del delito de abuso de información privilegiada; análisis del artículo 285.2 del Código Penal", *Anuario Jurídico Villanueva*, nº 15, 2015; VEGA GUTIÉRREZ, J. Z. *Mercado de valores en derecho penal: abuso de información privilegiada bursátil, "inside trading"*, Madrid, 2013; VEGA GUTIÉRREZ, J. Z. "Problemas exegéticos en las modalidades de insider trading (art. 285 CP español)", *NFP*, nº 81, 2013; VEGA GUTIÉRREZ, J. Z. "Concurso entre el delito de estafa y el uso de información privilegiada bursátil" AA.VV. *Crisis financiera y derecho penal económico*, Madrid, 2014; VILLACAMPA ESTIARTE, C. "Las falsedades contables en el Proyecto de Ley Orgánica de modificación del Código Penal de 2007", en AA.VV. *La adecuación del Derecho penal español al Ordenamiento de la Unión Europea. La política criminal europea*, Valencia, 2009; ZABALA LÓPEZ-GÓMEZ, C. *Los delitos bursátiles*, Madrid, Madrid, 2011.

REFERENCIAS LEGALES

- Directiva 89/592/CEE, de 13 de noviembre, sobre coordinación de las normativas relativas a las operaciones con información privilegiada.
- Directiva 93/13/CEE, de 5 de abril de 1993, sobre las cláusulas abusivas en los contratos celebrados con consumidores (*Tol 6192*).
- Directiva 2003/6/CE, de 28 de enero, sobre las operaciones con información privilegiada y la manipulación del mercado (abuso del mercado) (*Tol 257833*).
- Directiva 2003/71/CE, de 4 de noviembre, sobre el folleto que debe publicarse en caso de oferta pública o admisión a cotización de valores y por la que se modifica la Directiva 2001/34/CE, (*Tol 1993854*).
- Directiva 2003/87/CE del Parlamento Europeo y del Consejo, de 13 de octubre de 2003, por la que se establece un régimen para el comercio de derechos de emisión de gases de efecto invernadero en la Comunidad y por la que se modifica la Directiva 96/61/CE del Consejo (*Tol 526432*).
- Directiva 2003/124/CE, de 22 de diciembre, a efectos de la aplicación de la Directiva 2003/6/CE, sobre la definición y revelación pública de la información privilegiada y la definición de manipulación del mercado.
- Directiva 2003/125/CE, de 22 de diciembre, a efectos de la aplicación de la Directiva 2003/6/CE, sobre la presentación imparcial de recomendaciones de inversión y la revelación de conflictos de intereses.
- Directiva 2004/25/CE, de 21 de abril, relativa a las ofertas públicas de adquisición (*Tol 870458*).
- Directiva 2004/72/CE, de 29 de abril, a efectos de la aplicación de la Directiva 2003/6/CE, en lo relativo a las practicas del mercado aceptadas, la definición de información privilegiada para los instrumentos derivados sobre materias primas, la elaboración de listas de personas con información privilegiada, la notificación de las operaciones efectuadas por directivos y la notificación de las operaciones sospechosas (*Tol 502154*).
- Directiva 2004/109/CE, de 15 de diciembre, sobre la armonización de los requisitos de trasparencia relativos a la información sobre las emisiones cuyos valores se admiten a negociación en un mercado regulado y por la que se modifica la Directiva 2001/34/CE (*Tol 1993855*).
- Reglamento (UE) nº 596/2014 del Parlamento Europeo y del Consejo, de 16 de abril de 2014, sobre el abuso de mercado (Reglamento sobre abuso de mercado) (*Tol 4422338*).
- Directiva 2014/57/UE del Parlamento Europeo y del Consejo, de 16 de abril de 2014, sobre las sanciones penales aplicables al abuso de mercado (Directiva sobre abuso de mercado) (*Tol 4424793*).
- Reglamento (UE) nº 600/2014 del Parlamento Europeo y del Consejo, de 15 de mayo de 2014, relativo a los mercados de instrumentos financieros (*Tol 4423458*).

- Directiva 2014/65/UE del Parlamento Europeo y del Consejo, de 15 de mayo de 2014, relativa a los mercados de instrumentos financieros (*Tol 4427930*).
- Reglamento Delegado (UE) 2016/522, de 17 de diciembre de 2015, por el que se completa el Reglamento (UE) nº 596/2014 del Parlamento Europeo y del Consejo en lo que respecta a la exención relativa a determinados bancos centrales y organismos públicos de terceros países, los indicadores de manipulación de mercado, los umbrales de divulgación, la autoridad competente para las notificaciones de retrasos, la autorización de negociación durante períodos limitados y los tipos de operaciones de notificación obligatoria realizadas por los directivos.
- Reglamento Delegado (UE) 2016/908 de la Comisión, de 26 de febrero de 2016, por el que se completa el Reglamento (UE) nº 596/2014 del Parlamento Europeo y del Consejo mediante el establecimiento de normas técnicas de regulación sobre los criterios, el procedimiento y los requisitos para establecer una práctica de mercado aceptada, así como los requisitos para mantenerla, derogarla o modificar las condiciones para su aceptación.
- Reglamento Delegado (UE) 2016/1052 de la Comisión de 8 de marzo de 2016 por el que se completa el Reglamento (UE) nº 596/2014 del Parlamento Europeo y del Consejo en lo que respecta a las normas técnicas de regulación relativas a las condiciones aplicables a los programas de recompra y a las medidas de estabilización.
- Reglamento Delegado (UE) 2016/958 de la Comisión de 9 de marzo de 2016 por el que se completa el Reglamento (UE) nº 596/2014 del Parlamento Europeo y del Consejo en lo que respecta a las normas técnicas de regulación relativas a las medidas técnicas aplicables a la presentación objetiva de las recomendaciones de inversión o información de otro tipo en las que se recomiende o sugiera una estrategia de inversión y a la comunicación de intereses particulares o indicaciones de conflictos de intereses.
- Reglamento de Ejecución (UE) 2016/959 de la Comisión de 17 de mayo de 2016 por el que se establecen normas técnicas de ejecución en relación con las prospecciones de mercado en lo que respecta a los sistemas y las plantillas de notificación que deberán utilizar los participantes del mercado que comunican información y al formato de los registros de conformidad con el Reglamento (UE) nº 596/2014 del Parlamento Europeo y del Consejo.
- Reglamento Delegado (UE) 2016/960 de la Comisión, de 17 de mayo de 2016, por el que se completa el Reglamento (UE) nº 596/2014 del Parlamento Europeo y del Consejo en lo relativo a las normas técnicas de regulación aplicables a las disposiciones, los sistemas y los procedimientos adecuados de realización de prospecciones de mercado por parte de los participantes del mercado que comunican información.
- Reglamento (UE) 2016/1011 del Parlamento Europeo y del Consejo, de 8 de junio de 2016, sobre los índices utilizados como referencia en los instrumentos financieros y en los contratos financieros o para medir la rentabilidad de los fondos de inversión (*Tol 7615554*).
- Reglamento de Ejecución (UE) 2016/1055 de la Comisión, de 29 de junio de 2016, por el que se establecen normas técnicas de ejecución en relación con las modalidades técnicas de la difusión pública adecuada de información privilegiada y del retraso de la difusión pública de información privilegiada de conformidad con el Reglamento (UE) nº 596/2014 del Parlamento Europeo y del Consejo (*Tol 8010369*).
- Reglamento de Ejecución (UE) 2016/1368 de la Comisión, de 11 de agosto de 2016, por el que se establece una lista de los índices de referencia cruciales utilizados en los mercados financieros.
- Reglamento (UE) 2017/1129 del Parlamento Europeo y del Consejo, de 14 de junio de 2017, sobre el folleto que debe publicarse en caso de oferta pública o admisión a cotización de valores en un mercado regulado (*Tol 6197279*).

- Reglamento Delegado (UE) 2019/979 de la Comisión, de 14 de marzo, por el que se completa el Reglamento (UE) 2017/1129 del Parlamento Europeo y del Consejo en lo que respecta a las normas técnicas de regulación sobre la información financiera fundamental en la nota de síntesis de un folleto, la publicación y clasificación de los folletos, la publicidad de los valores, los suplementos de un folleto y el portal de notificación.
- Reglamento Delegado (UE) 2019/980 de la Comisión, de 14 de marzo, por el que se completa el Reglamento (UE) 2017/1129, en lo que respecta al formato, el contenido, el examen y la aprobación del folleto que debe publicarse en caso de oferta pública o admisión a cotización de valores en un mercado regulado (*Tol 8010286*).
- Reglamento Delegado (UE) 2021/528 de la Comisión, de 16 de diciembre, por el que se completa el Reglamento (UE) 2017/1129, en lo que respecta al contenido mínimo de información del documento que debe publicarse con objeto de acogerse a una exención de la obligación de publicar un folleto en relación con una adquisición mediante una oferta de canje, una fusión o una escisión.
- Reglamento de Ejecución (UE) 2022/1210 de la Comisión, de 13 de julio de 2022, por el que se establecen normas técnicas de ejecución orientadas a la aplicación del Reglamento (UE) nº 596/2014 del Parlamento Europeo y del Consejo en lo que respecta al formato de las listas de iniciados y las actualizaciones de dichas listas.
- Reglamento (UE) 2024/2809 del Parlamento Europeo y del Consejo, de 23 de octubre de 2024, por el que se modifican los Reglamentos (UE) 2017/1129, (UE) nº 596/2014 y (UE) nº 600/2014 para hacer que los mercados de capitales públicos de la Unión resulten más atractivos para las empresas y para facilitar el acceso al capital a las pequeñas y medianas empresas.
- Ley 26/1984, de 19 de julio, General para la Defensa de los Consumidores y Usuario (*Tol 254967*).
- Ley 24/1988, de 28 de julio, del Mercado de Valores (*Tol 888703*).
- Ley 3/1991, de 10 de enero, de Competencia Desleal (*Tol 257367*).
- Ley 7/1998, de 13 de abril, sobre Condiciones Generales de la Contratación (*Tol 214477*).
- Ley 15/2007, de 3 de julio, de Defensa de la Competencia (*Tol 1082683*).
- Real Decreto Legislativo 1/2007, de 16 de noviembre, por el que se aprueba el Texto Refundido de la Ley General para la Defensa de los Consumidores y Usuarios y otras leyes complementarias (*Tol 1175543*).
- Real Decreto Legislativo 1/2010, de 2 de julio, por el que se aprueba el texto refundido de la Ley de Sociedades de Capital (*Tol 1880028*).
- Ley 12/2013, de 2 de agosto, de medidas para mejorar el funcionamiento de la cadena alimentaria (*Tol 3856047*).
- Real Decreto Legislativo 4/2015, de 23 de octubre, por el que se aprueba el texto refundido de la Ley del Mercado de Valores (*Tol 5513077*).
- Real Decreto-ley 21/2017, de 29 de diciembre, de medidas urgentes para la adaptación del derecho español a la normativa de la Unión Europea en materia del mercado de valores (*Tol 6462560*).
- Real Decreto-ley 19/2018, de 23 de noviembre, de servicios de pago y otras medidas urgentes en materia financiera (*Tol 6920021*).
- Ley Orgánica 1/2019, de 20 de febrero, por la que se modifica la Ley Orgánica 10/1995, de 23 de noviembre, del Código Penal, para transponer Directivas de la Unión Europea en los ámbitos financiero y de terrorismo, y abordar cuestiones de índole internacional (*Tol 7063726*)
- Ley 5/2021, de 12 de abril, por la que se modifica el texto refundido de la Ley de Sociedades de Capital, aprobado por el Real Decreto Legislativo 1/2010, de 2 de julio, y otras normas

financieras, en lo que respecta al fomento de la implicación a largo plazo de los accionistas en las sociedades cotizadas (*Tol 8381277*)

- Ley Orgánica 14/2022, de 22 de diciembre, de transposición de directivas europeas y otras disposiciones para la adaptación de la legislación penal al ordenamiento de la Unión Europea, y reforma de los delitos contra la integridad moral, desórdenes públicos y contrabando de armas de doble uso (*Tol 9328596*)
- Ley 6/2023, de 17 de marzo, de los Mercados de Valores y de los Servicios de Inversión (*Tol 9449187*).
- Real Decreto 1382/1985, de 1 de agosto, por el que se regula la relación laboral de carácter especial del personal de alta dirección (*Tol 17867*).
- Real Decreto 1310/2005, de 4 de noviembre, por el que se desarrolla parcialmente la Ley 24/1988, de 28 de julio, del Mercado de Valores, en materia de admisión a negociación de valores en mercados secundarios oficiales, de ofertas públicas de venta o suscripción y del folleto exigible a tales efectos (*Tol 730744*).
- Real Decreto 1333/2005, de 11 de noviembre, por el que se desarrolla la Ley 24/1988, de 28 de julio, del Mercado de Valores, en materia de abuso de mercado, modificado por el Real Decreto 364/2007, de 16 de marzo (*Tol 735185*).
- Real Decreto 1362/2007, de 19 de octubre, por el que se desarrolla la Ley 24/1988, de 28 de julio, del Mercado de Valores, en relación con los requisitos de transparencia relativos a la información sobre los emisores cuyos valores estén admitidos a negociación en un mercado secundario oficial o en otro mercado regulado de la Unión Europea (*Tol 1152047*).
- Real Decreto 261/2008, de 22 de febrero, por el que se aprueba el Reglamento de la Ley 15/2007, de 3 de julio, de Defensa de la Competencia (*Tol 1252011*).
- Real Decreto 1464/2018, de 21 de diciembre, por el que se desarrollan el texto refundido de la Ley del Mercado de Valores, aprobado por el Real Decreto Legislativo 4/2015, de 23 de octubre (*Tol 6963424*).
- Real Decreto 814/2023, de 8 de noviembre, sobre instrumentos financieros, admisión a negociación, registro de valores negociables e infraestructuras de mercado (*Tol 9759257*).
- Orden EHA/1421/2009, de 1 de junio, por la que se desarrolla el artículo 82 de la Ley 24/1988, de 28 de julio, del Mercado de Valores, en materia de información relevante (*Tol 1512716*).
- Circular 1/2017, de 26 de abril, de la Comisión Nacional del Mercado de Valores, sobre los contratos de liquidez (*Tol 6074330*).
- Circular 3/2018, de 28 de junio, de la Comisión Nacional del Mercado de Valores, sobre información periódica de los emisores con valores admitidos a negociación en mercados regulados relativa a los informes financieros semestrales, las declaraciones intermedias de gestión y, en su caso, los informes financieros trimestrales (*Tol 6653961*).
- Circular 4/2022, de 22 de diciembre, de la Comisión Nacional del Mercado de Valores, sobre normas contables, cuentas anuales y estados financieros intermedios de las infraestructuras del mercado español de valores (*Tol 9339420*).

Lección 21ª

Delitos contra los servicios de radiodifusión e interactivos y delitos de manipulación de equipos de telecomunicaciones

MARÍA DEL MAR MOYA FUENTES[1]

Artículo 286

1. Será castigado con las penas de prisión de seis meses a dos años y multa de seis a 24 meses el que, sin consentimiento del prestador de servicios y con fines comerciales, facilite el acceso inteligible a un servicio de radiodifusión sonora o televisiva, a servicios interactivos prestados a distancia por vía electrónica, o suministre el acceso condicional a los mismos, considerado como servicio independiente, mediante:

1.º La fabricación, importación, distribución, puesta a disposición por vía electrónica, venta, alquiler, o posesión de cualquier equipo o programa informático, no autorizado en otro Estado miembro de la Unión Europea, diseñado o adaptado para hacer posible dicho acceso.

2.º La instalación, mantenimiento o sustitución de los equipos o programas informáticos mencionados en el párrafo 1.

2. Con idéntica pena será castigado quien, con ánimo de lucro, altere o duplique el número identificativo de equipos de telecomunicaciones, o comercialice equipos que hayan sufrido alteración fraudulenta.

3. A quien, sin ánimo de lucro, facilite a terceros el acceso descrito en el apartado 1, o por medio de una comunicación pública, comercial o no, suministre información a una

[1] El presente trabajo se enmarca en "Derecho penal y distribución de la riqueza en la sociedad tecnológica (II)": Proyecto PID2022-13877OB-I00, financiado por MICIU/AEI10.13039/501100011033 y por FEDER, UE.

pluralidad de personas sobre el modo de conseguir el acceso no autorizado a un servicio o el uso de un dispositivo o programa, de los expresados en ese mismo apartado 1, incitando a lograrlos, se le impondrá la pena de multa en él prevista.

4. A quien utilice los equipos o programas que permitan el acceso no autorizado a servicios de acceso condicional o equipos de telecomunicación, se le impondrá la pena prevista en el artículo 255 de este Código con independencia de la cuantía de la defraudación.

I. CONSIDERACIONES GENERALES

La LO 15/2003 introduce en el art. 286, CP —Sección 3ª del Título XIII del Libro II relativo a los "delitos contra el patrimonio y el orden socioeconómico"— dos nuevas figuras delictivas —pues carecen de antecedentes legislativos en nuestro Ordenamiento jurídico— relativas al acceso ilícito a servicios de radiodifusión e interactivos prestados a distancia por vía electrónica de carácter condicional, y a la manipulación de equipos de telecomunicaciones, que se mantienen inalteradas desde su adopción hace ya dos décadas.

Con la primera de estas figuras se da cumplimiento a la Directiva 98/84/CE (BAUCELLS LLADÓS, GARCÍA ALBERO, MARTÍNEZ-BUJÁN PÉREZ, LASCURAÍN SÁNCHEZ) que es definida por la Jurisprudencia, como no puede ser de otra manera, como el texto normativo rector para la interpretación de este delito [así, SAP, Madrid, Sección 29ª, 421/2012, 23-12 (*Tol 4117387*), y SAP, León, Sección 3ª, 42/2021, 1-2 (*Tol 8351137*) —ratificada por STS 190/2023, 15-3 (*Tol 9487649*)—, aunque también se recurre para ello puntualmente en alguna resolución a la Directiva 2001/29/CE, de 22 de mayo, relativa a la armonización de determinados aspectos de los derechos de autor y derechos afines a los derechos de autor en la sociedad de la información: SAP, Pontevedra, Sección 4ª, 175/2014, 30-9 (*Tol 4537779*)], cuya tardía incorporación supuso la condena de España por el Tribunal de Justicia de las Comunidades Europeas (STJCE, 7-1-2004, asunto C-58/20). Se adopta específicamente el art. 286, CP, al entenderse que no pueden encajarse la mayor parte de las conductas prohibidas en el art. 4 de la mencionada directiva a través de figuras delictivas ya existentes en nuestro Ordenamiento jurídico, y en base a las que los tribunales habían sancionado el acceso desautorizado a canales de televisión de pago.

En efecto, con anterioridad a la entrada en vigor del art. 286, CP, califican la fabricación y venta de tarjetas inteligentes y descodificadores ilícitos, que permiten el acceso a canales de televisión de pago, como delito de estafa informática: SJP, nº 1, Córdoba, 55/2002, 11-2 (*Tol 5353019*), y SAP, Segovia, Sección 1ª, 3/2004, 16-3 (*Tol 409827*); como falta de defraudaciones de fluido eléctrico y análogas: SSAP, A Coruña, Sección 4ª, 74/2003, 13-6 (*Tol 332644*), y 78/2004, 22-7 (*Tol 4164323*); como delito de descubrimiento y revelación de secretos: SAP, Barcelona, Sección 8ª, 1036/2002, 4-11, y como delito contra la propiedad intelectual: SAP, Alicante, Sección 10ª, 426/2011, 18-11 (*Tol 3054644)*. Asimismo, son numerosas las sentencias que, en la década de 1990, tras la implantación de Canal Plus, sancionan por este último ilícito a los propietarios de vídeos comunitarios que emiten inteligiblemente a sus usuarios los contenidos de dicho canal [entras otras, por ejemplo, SAP, Jaén, Sección 2ª, 24/1998, 28-1; SAP, Almería, Sección 2ª, 410/1999, 22-11, y STS 876/2001, 19-5 (*Tol 103139)*].

Ahora bien, la subsunción en los anteriores tipos penales se rechaza primordialmente por los siguientes motivos (a este respecto, por todos, MOYA FUENTES): a) en la estafa informática, porque no existe con el empleo del dispositivo "pirata" una transferencia patrimonial con la que se genera ni una situación contable ficticia ni un traslado de activos patrimoniales en favor del sujeto que lo emplea o de un tercero, sino que con ello simplemente se accede de forma subrepticia al servicio audiovisual (así, SJP, nº 1, Valencia, 394/2006, 27-7; SAP, Vizcaya, Sección 6ª, 120/2009, 30-12; AAP, Pontevedra, Sección 4ª, 262/2010, 9-7); b) en el delito de defraudaciones de fluido eléctrico y análogas, porque esta figura delictiva sólo permite castigar a quien usa dichos medios para acceder al servicio protegido —conducta cuya incriminación no exige la Directiva 98/84/CE—, pero en ningún caso las actividades preparatorias a su disfrute ilegítimo que son las que esta última precisamente ordena perseguir (en esta línea, SAP, Barcelona, Sección 8ª, 1036/2002, 4-1; sentencia del TJCE, Sala 5ª, 7-1-2004, párrafos 19 y 27); c) en el delito de descubrimiento y revelación de secretos, porque los códigos de acceso a canales de televisión de pago no constituyen un secreto de empresa, ya que son meros dispositivos de seguridad aplicados por el prestador del servicio para evitar que pueda acceder a éste un usuario desautorizado, en el mismo sentido en que lo es, por ejemplo, el número secreto de una caja fuerte o la clave de acceso a un laboratorio, de modo que no constituye esta información una ventaja empresarial del proveedor de servicios de acceso condicional (en estos términos, SJP, nº 1, Valencia, 394/2006, 27-7), y d) en los delitos contra la propiedad intelectual, porque los dispositivos empleados para lograr el acceso fraudulento a un canal de televisión de pago no pueden configurar el objeto material de estos ilícitos —más concretamente del art. 270, CP—, en tanto en cuanto las tarjetas "piratas" y los códigos que incluyen no reúnen las características para estar tuteladas por los derechos de autor conforme a lo dispuesto por el art. 10 del Texto refundido de la Ley de Propiedad Intelectual [Real Decreto Legislativo 1/1996, de 12 de abril (*Tol 292119)*; así lo sostienen, por ejemplo, SAP, Barcelona, Sección 8ª, 1036/2002, 4-11; SJP, nº 1, León, 32/2004, 9-2; SJP, nº 7, Palma de Mallorca, 77/2005, 21-3; SAP, Alicante, Sección 10ª, 426/2011, 18-11 y SAP, Almería, Sección 1ª, 98/2014, 25-3].

Se opta así por una protección penal de los servicios de acceso condicional en el art. 286, CP (números 1, 3 y 4) no exigida por la Directiva 98/84/CE y que, como se verá seguidamente, supera con creces las directrices marcadas por ésta.

Téngase aquí presente que tanto la normativa europea como la española nacen, respectivamente, a finales y principios del año 2000; periodo en el que el mercado audiovisual era muy diverso al actual, puesto que en aquellos momentos eran solo unos pocos los canales de televisión de pago los que emitían su señal por aire, cable o satélite y, de manera muy incipiente, los que lo hacían a través de la red (lo que se conoce como "Televisión por Protocolo de Internet" o, más comúnmente por sus siglas en inglés, como *IPTV*). Ésta última se caracteriza porque los contenidos se ofrecen en directo y a la carta mediante un *router* —es decir, por medio de una conexión de banda ancha— combinado con un descodificador al televisor del usuario con la flexibilidad añadida de poder pausar o grabar programas (tal y como hace, por ejemplo, Movistar+ en la actualidad). En la siguiente década surgen nuevos modelos audiovisuales que también transmiten su señal por medio de la red, aunque sin necesidad de emplear un descodificador para desencriptarla. Este es el caso, por un lado, de las plataformas digitales en *streaming* (o servicios *"over the top"* —OTT), que dan acceso a un catálogo de contenidos —películas, series, documentales— bajo demanda, pero a través de cualquier dispositivo conectado a la red (teléfono, *smart TV*, portátil, tableta; no necesariamente un televisor) de forma gratuita (aunque normalmente requiere el registro del usuario en la plataforma o la visualización de anuncios) o a cambio de una tarifa (bien periódica, bien puntual por la compra o alquiler de un concreto contenido), accediendo los clientes a aquellos por medio de una clave o contraseña (este es el caso de las conocidas por todos: Netflix, Amazon Prime, HBO, DAZN, Disney+). Y, por otro lado, de las "listas de canales *IPTV*" (o listas *m3u*), a saber: colecciones, directorios o índices de enlaces a canales de televisión y radios que se trasmiten en línea y que el usuario visualiza por medio de una aplicación —las más común, *VLC Media Player*— instalada en uno de los anteriores dispositivos. Estas listas pueden emitir canales tanto en abierto como a cambio de una remuneración con la que obtener las claves de acceso al canal, siendo muy frecuente que en esta segunda modalidad se retransmitan sin licencia contenidos protegidos por derechos de autor.

La popularización de estos modelos audiovisuales a la carta y, sobre todo, los atractivos planes de contratación y la sencillez de las interfaces de las plataformas digitales en *streaming* parecen encontrarse entre los motivos que han favorecido un paulatino descenso de los accesos ilícitos a contenidos audiovisuales en el último lustro en nuestro país; tal y como refrendan los informes del Observatorio de Piratería y Hábitos de Consumo de Contenidos de estos último años y el número irrisorio de procedimientos incoados ante nuestros tribunales por los delitos que nos ocupan, que según la última Memoria de la Fiscalía General del Estado de 2024 asciende a tan solo 7. Sin embargo, pese a lo indicado, el acto picaresco de burlar el pago de la remuneración para disfrutar de los contenidos sigue estando, al igual que hace 20 años atrás, a la orden del día, máxime tras el reciente cambio de política de las mencionadas plataformas que no permiten la suscripción compartida del servicio y que hace inviable, en no pocos casos, a los usuarios contratar varias de ellas para poder acceder a unos contenidos disgregados en múltiples operadoras audiovisuales, optando así muchos de estos por visualizarlos fraudulentamente. Clara muestra de lo dicho es que la Oficina de Propiedad Intelectual de la Unión Europea (EUIPO) en su informe acerca de los modelos de negocio ilegales de televisión de pago a través de la red en la Unión Europea (*Illegal IPTV in the European Union, Research on Online Business Models Infringing Intellectual Property Rights —Phase 3,* 2019) señala que ya en 2018 el 13,7 millones de ciudadanos europeos (y a la cabeza de estos ingleses, franceses y españoles, que entre los tres suman más de 6 millones) utilizaron este tipo de servicios audiovisuales irregulares, generando con ello cerca de 1 billón de euros de ingresos para sus ilegítimos proveedores [en la misma línea se manifiestan otros estudios más recientes como *Illicit IPTV in Europe*, Audiovisual Anti-Piracy Alliance, 2022 y *Online copyright infrigment in the European Union films, music, publications, sotfware and tv* (2017-2023), EUIPO, 2024, que se hacen eco, además, de la popularización de estas prácticas fraudulentas entre los más jóvenes (primordialmente en la franja que va de los 16 a los 24 años), así como del deterioro que suponen para la creación de empleo —tanto directo como indirecto— en el sector audiovisual y de las pérdidas que generan para los operadores audiovisuales —aproximadamente 3 billones de euros anuales— y a las arcas públicas que dejan de percibir importantes ingresos en conceptos de impuestos o cotizaciones]. Será necesario, por tanto, en las siguientes líneas valorar si las técnicas de acceso fraudulentos a estos nuevos servicios audiovisuales tienen encaje en los ilícitos objeto de estudio.

La segunda de estas figuras delictivas viene a cubrir una necesidad político-criminal asociada a la sustracción de terminales móviles para su posterior venta a un precio más reducido en el "mercado negro" (necesidad que cuestiona LASCURAÍN SÁNCHEZ, al mostrar sus dudas sobre cómo esta actividad fraudulenta afecta al mercado de venta de móviles, en la medida en que, por un lado, este mercado paralelo compite con precios bajos y, por otro, el propio apoderamiento ilícito genera nuevas necesidades de consumo).

Con ésta se completan las medidas técnicas adoptadas para combatir este fenómeno delictivo. En efecto, tras la sustracción de un teléfono móvil su titular puede bloquearlo comunicando a la compañía telefónica el número identificativo del equipo (también conocido como número IMEI —*International Mobile Equipment Identity*), quedando éste inutilizado. Ahora bien, el terminal puede ser manipulado para eliminar el bloqueo y lograr así que funcione nuevamente. De ahí que los tipos del art. 286.2 y 4, CP, vengan a sancionar la alteración o duplicación del número identificativo de terminales sustraídos, así como su comercialización y utilización a fin de evitar su introducción en el mercado de las telecomunicaciones.

Por lo que se refiere a la sistemática del precepto, se distinguen en los delitos contra los servicios de radiodifusión e interactivos un tipo básico (art. 286.1, CP), dos tipos atenuados (art. 286.3, inciso primero, y art. 286.4, CP) y un tipo autónomo (art. 286.3, segundo inciso, CP), y en los delitos de manipulación de equipos de telecomunicaciones un tipo básico (art. 286.2, CP), y un tipo atenuado (art. 286.4, CP).

II. DELITOS CONTRA LOS SERVICIOS DE RADIODIFUSIÓN E INTERACTIVOS

1. *Bien jurídico protegido*

Un sector doctrinal defiende la naturaleza supraindividual del bien jurídico, identificándolo con el correcto funcionamiento del mercado de los servicios de acceso condicional, esto es, con su prestación normalizada, fundada en el respeto de las reglas de la libre competencia (CALDERÓN CEREZO/CHOCLÁN MONTALVO, RUBIO LARA, BENÍTEZ ORTÚZAR; en esta línea, MORALES PRATS, van más allá al concretar el objeto de protección en los intereses económicos de los prestadores de estos servicios, que adquieren dimensión supraindividual en la medida en que aquellos "se erigen en operadores indispensables", así como, LASCURAÍN SÁNCHEZ quien, tras un cambio de opinión, sostiene que es cierto que los intereses patrimoniales de los prestadores del servicio están al final de estas conductas ilícitas, pero para el legislador lo importante no es tanto este daño patrimonial, sino la perspectiva macro que de ello se deriva en tanto en cuanto lo que se ha de tutelar "es la generación y difusión de dispositivos y programas que amenazan la condición de supervivencia de un sector del mercado", lo que explica su ubicación entre los delitos "relativos al mercado" y no en el capítulo de las defraudaciones). Consecuencia directa de este entendimiento es que quedarán tutelados por el art. 286, CP, todos los servicios de radiodifusión e interactivos con independencia de cuál sea la razón por la que se ha restringido su acceso, a saber, para asegurar su remuneración, por motivos contractuales, jurídicos, comerciales o de seguridad y de confidencialidad (a modo de ejemplo, BENÍTEZ ORTÚZAR señala que esta condición puede obedecer a limitar el acceso a menores a determinados contenidos específicos para adultos). Además, con arreglo a esta perspectiva, los perjuicios patrimoniales ocasionados a los intereses individuales de las empresas suministradoras de este tipo de servicios deberán incluirse en la responsabilidad civil derivada de delito (BENÍTEZ ORTÚZAR/ CRUZ BLANCA).

Otros autores, en cambio, afirman que se está ante un bien jurídico individual que protege el patrimonio de las empresas o entidades que prestan los servicios de radiodifusión e interactivos (QUERALT JIMÉNEZ, FARALDO CABANA, CRUZ DE PABLO, ZUGALDÍA ESPINAR) y otros —entre los que nos incluimos—, más concretamente, sus intereses económicos (MUÑOZ CONDE, MARTÍNEZ-BUJÁN PÉREZ, GALÁN MUÑOZ, BAUCELLS LLADÓS, MATA Y MARTÍN, ORTS BERENGUER/GONZÁLEZ CUSSAC, ANARTE BORRALLO, LUZÓN CÁNOVAS, SANTANA VEGA, RUIZ RODRÍGUEZ/SOLARI MERLO); lo que se avala por las referencias típicas a "con fines comerciales" y a la "ausencia de consentimiento del prestador del servicio", elemento propio de bienes jurídicos disponibles. En contra de esta disponibilidad del consentimiento, se manifiestan BENÍTEZ ORTÚZAR/CRUZ BLANCA, al entender que aquél viene referido exclusivamente a la actividad empresarial del prestador del servicio, quien puede autorizar en determinados momentos el acceso libre a un precio más reducido que el surgido del propio mercado, como ejercicio de su libre estrategia comercial, pero en ningún caso podría admitir la creación clandestina de tarjetas decodificadoras o exceder el interés general que impide el acceso a una concreta programación a determinados colectivos —por ejemplo, el de los menores respecto de contenidos reservados exclusivamente para un público adulto— o el límite geográfico permitido por la correspondiente autorización administrativa. Su naturaleza se aproxima más a las defraudaciones; razón por la que proponen la inserción de este precepto junto con las defraudaciones de fluido eléctrico y análogas (CRUZ DE PABLO, GONZÁLEZ RUS, LASCURAÍN SÁNCHEZ, LUZÓN CÁNOVAS; en este punto va más allá BENÍTEZ ORTÚZAR al afirmar que de sustentarse esta naturaleza patrimonial del objeto de tutela también habría resultado correcta su ubicación dentro de la Sección primera del Capítulo IV del Título XIII relativa a las estafas —y más concretamente entre las informáticas— o bien, haber procedido a crear una Sección específica titulada "De las defraudaciones relativas a los servicios de acceso condicional" o simplemente "Delitos relativos a la prestación de servicios de acceso condicional") —o incluso entre los delitos de propiedad intelectual (MARTÍNEZ-BUJÁN PÉREZ)—, principalmente por la remisión que realiza el art. 286.4, CP, en materia de penas al art. 255, CP, de lo que se desprende su naturaleza defraudatoria. No obstante, algunos autores justifican acertadamente la ubicación del art. 286, CP, en base a la protección mediata de los consumidores de este tipo de servicios condicionados (este es el caso, por ejemplo, de BAUCELLS LLADÓS, quien rechaza su tutela inmediata por más que el considerando 15 de la Directiva 98/84/CE afirme que: "estas actividades comerciales van en perjuicio de los consumidores a los que no se manifiesta el origen de los dispositivos ilícitos"; también en esta línea LUZÓN CÁNOVAS) y, en definitiva, a nuestro parecer, del correcto funcionamiento de este mercado por las graves distorsiones que en él puede generar la presencia de agentes que no compiten conforme a la eficiencia de sus propias prestaciones.

Una interpretación peculiar —representada por GARCÍA ALBERO— sostiene el carácter pluriofensivo del delito, al entender que el art. 286, CP, protege a toda clase de servicio condicionado con independencia de cuál sea el motivo por el que se condicione, tutelándose así tantos bienes jurídicos como razones por las que el acceso al servicio puede restringirse. De ahí que su ubicación entre los "delitos relativos al mercado y a los consumidores" sea "la menos mala", ya que su inclusión junto con las defraudaciones de fluido eléctrico y análogas no resultaría acertada por la desconexión eventualmente lesiva del patrimonio del prestador que puede tener lugar en determinados supuestos como, por ejemplo, aquellos en los que el servicio se restringe para evitar el acceso de menores a contenidos de adultos (lo que justificaba, además, que el art. 286.4, CP, a diferencia del art. 255, CP —en su redacción anterior a la reforma penal de 2015— no exigiera para su aplicación la causación de un perjuicio patrimonial).

La Jurisprudencia apenas se ha pronunciado sobre esta cuestión, existiendo puntualmente alguna resolución que aboga por el carácter supraindividual del bien jurídico, al afirmar que estos ilícitos protegen el "correcto funcionamiento del mercado de los servicios de acceso condicional de conformidad con sus reglas reguladoras y, de forma mediata, los intereses económicos de la empresa o entidad que presta servicios de radiodifusión" [así, SAP, Madrid, Sección 29ª, 421/2013, 23-12 (*Tol 4117387)*; también en esta línea la SAP, Valencia, Sección 3ª, 231/2023, 25-4 (*Tol 9845155)*, que alude a la tutela de un interés colectivo "estando orientado a preservar bienes jurídicos de naturaleza supraindividual, o referidos a las reglas de ordenación de la competencia"]; frente a otra que defiende su naturaleza patrimonial individual y que lo concreta en "los intereses económicos de las entidades que prestan los servicios aludidos" [SAP León, Sección 3ª, 42/2021, 1-2 (*Tol 8351137)*, ratificada por la STS 190/2023, 15-3 (*Tol 9487649)*].

2. Sujetos activo y pasivo

1. Sujeto activo. Se trata de un delito común. Se rechaza la calificación del art. 286.1, CP, como un delito especial a partir de la interpretación de los "fines comerciales" como una cualidad exigida al sujeto activo, ya que dichos fines se refieren al ánimo que debe concurrir en el sujeto de obtener un beneficio económico de la actividad fraudulenta y no a su condición de comerciante (BENÍTEZ ORTÚZAR/CRUZ BLANCA).

Los delitos contra los servicios de radiodifusión e interactivos son cometidos en la realidad criminológica en buena parte por organizaciones criminales dedicadas a la distribución a gran escala de dispositivos de acceso condicional ilícitos, que ocultan sus negocios frecuentemente tras empresas dedicadas a la venta de productos electrónicos, lo que exigirá tener en cuenta eventuales concursos con los delitos de asociación ilícita (art. 515, CP) u organización criminal (art. 570 bis, CP), así como las reglas sobre responsabilidad penal de las personas jurídicas, al preverse expresamente su sanción por la comisión de estos delitos en el art. 288, CP. Sin embargo, pese a ser recurrentes las informaciones periodísticas sobre operaciones policiales contra redes criminales —dedicadas normalmente a facilitar la visualización ilícita de partidos de fútbol—, la casuística judicial es bien distinta, pues apenas se han encontrado resoluciones que aborden y condenen la comisión de los ilícitos objeto de estudio en el marco de asociaciones criminales o entes colectivos.

En concreto, en lo que se refiere a las primeras, merece ser destacada la SAP Pontevedra, Sección 5ª, 309/2023, 2-11 (*Tol 10017909)*, por condenar por un delito del art. 286, CP, en concurso medial con el art. 270, CP, junto con el delito de pertenencia y dirección de organización criminal del art. 570 bis, CP a los integrantes de la empresa ENGEL SYSTEMS S.L. dedicada a la venta de descodificadores programados con un *firmware* que permite el acceso a contenidos audiovisuales de pago sin la autorización de sus titulares, contando para su distribución con delegaciones comerciales en todo el territorio nacional, así como con foros especializados en internet en los que a su vez publican manuales, listas de canales o programas informáticos para su uso y de los que derivan también ganancias por la publicidad en ellos contenida (es más, para incrementar en mayor medida sus pingües beneficios por la venta de los mencionados dispositivos provocaban periódicamente "apagones" de los servidores desde los que emitían contenidos audiovisuales protegidos, obligando a los usuarios a comprar un nuevo descodificador que le permitiría acceder otra vez a los canales de pago de forma gratuita). Lo interesante de este caso, además de lo apuntado, es que: de una parte, constituye el ejemplo paradigmático de actividad comercial de dispositivos ilícitos que posibilitan o facilitan soslayar las medidas técnicas adoptadas para proteger la remuneración de servicios condicionados contra la que pretende actuar el legislador comunitario [*vid.*, Considerando 14 Directiva 98/84/CE; habrá que estar aquí pendiente de la resolución del asunto abordado en el AAN, Sección 4ª, 478/2024, 17-9 (*Tol 10224270)*, en el que se acuerda la extradición de uno de los acusados por proporcionar el acceso ilícito a cambio de una suscripción a contenidos de pago a través de dispositivos manipulados, que se considera puede ser culpable de un delito de pertenencia a organización criminal del art. 570 bis, CP, así como del art. 286.1, CP, y del art. 270.2 y 5, CP]. Y, de otra parte, llama poderosamente la atención el que, pese a desarrollarse todo el entramado comercial fraudulento en el ámbito de una sociedad limitada, no se aprecie la responsabilidad penal de esta persona jurídica conforme a lo dispuesto en el art. 288, CP, planteándose únicamente su eventual sanción como responsable civil subsidiario, la cual también decae finalmente sin mayor argumentación; lo que parece obedecer al hecho de que esta sentencia se dicta en conformidad [también así, la SAP, Ciudad Real, Sección 1ª, 2/2024, 30-1 (*Tol 9958319*), en la que nuevamente por conformidad queda exenta de responsabilidad penal la mercantil por medio de la que se comercializa y distribuye ilícitamente la señal de canales extranjeros árabes que emitían eventos deportivos y, en particular, partidos de fútbol].

En relación precisamente con esta cuestión de la responsabilidad penal de los entes colectivos en base a los delitos que nos ocupan únicamente la SAP, Madrid, Sección 3ª, 365/2021, 14-7 (*Tol 8610999*), ha entrado a valorar jurídicamente la eventual sanción de una persona jurídica por la facilitación vía internet del acceso inteligible a canales de televisión de pago, la cual finalmente rechaza por no estarse ante una verdadera empresa independiente de la persona física que la constituyó, ya que se trata de una sociedad unipersonal en la que el acusado es el socio único y actúa en su propio nombre; de modo que la existencia de aquélla es una mera forma externa que no comporta una verdadera independencia de patrimonios y, por lo tanto, la sanción de ambos agentes llevaría a incurrir en un palmario *ne bis in idem* [en cambio, la SJP, nº 4, Málaga, 9-10-2019 (*Tol 7606812*), sí sanciona tanto al sujeto que es administrador de hecho y de derecho de una mercantil como a dicha mercantil través de la que vende descodificadores manipulados para acceder al contenido de canales de pago que retransmitían partidos de fútbol sin el consentimiento de la prestadora de servicios a cambio de un canon mensual por un delito relativo al mercado y a los consumidores del art. 286.1, CP, y un delito contra la propiedad intelectual del art. 270.1, CP, en concurso de normas por especialidad, aunque al hacerlo por conformidad no ofrece mayor fundamentación sobre esta decisión].

2. Sujeto pasivo. Desde una perspectiva socioeconómica del bien jurídico protegido ostentará la cualidad de sujeto pasivo la colectividad social, incluyendo también algunos al titular de la empresa que explota el servicio (RUBIO LARA), mientras que para otros éste tan sólo es el agraviado o perjudicado civil (BENÍTEZ ORTÚZAR/CRUZ BLANCA). Desde una concepción patrimonial serán sujetos pasivos del delito el prestador del servicio protegido, esto es, de un servicio de radiodifusión, de un servicio interactivo o de acceso condicional considerado como servicio independiente (de forma más sintética, según MARTÍNEZ-BUJÁN PÉREZ, las entidades que prestan los servicios enumerados). GARCÍA ALBERO, defensor de la tesis pluriofensiva, aunque no concreta quién será el sujeto pasivo parece decantarse por el titular del interés (remuneración, intimidad, etc.) que en cada caso se salvaguarde con el condicionamiento técnico del servicio.

A este respecto, como se verá más adelante, al analizar los problemas concursales y los requisitos de procedibilidad, devendrá especialmente relevante en el caso de los eventos deportivos determinar quién es el prestador del servicio de acceso condicional y el titular de los derechos de propiedad intelectual.

3. Objeto material

El objeto material está constituido por "*los equipos o programas informáticos, no autorizados en otro Estado miembro, diseñados o adaptados para facilitar el acceso inteli-*

gible a los servicios protegidos". No obstante, MARTÍNEZ-BUJÁN PÉREZ puntualiza acertadamente que en el art. 286.4, CP, el objeto material no será el equipo o programa en sí, sino el propio servicio o prestación al que se consigue acceder a través de los mismos, configurándose aquéllos como el medio comisivo de este tipo.

Esta configuración del objeto material se identifica literalmente con la definición de "dispositivo ilícito" ofrecida por el art. 2.e de la Directiva 98/84/CE. De ahí que se considere como equipo o programa informático diseñado o adaptado para hacer posible el acceso, todo aquel *hardware* (descodificadores, tarjetas inteligentes, *chips*) o *software* (programa empleado para reprogramar los anteriores instrumentos, o bien para calcular las claves de acceso) creado o dispuesto para la consecución de dicho fin. Lo que dejará fuera del ámbito de aplicación del art. 286, CP, las conductas típicas que recaigan sobre contraseñas (BAUCELLS LLADÓS, ANARTE BORRALLO) o meros enlaces que, en ningún caso, podrán ser catalogados como programas informáticos.

Esta última apreciación resulta especialmente relevante en el moderno escenario digital, dado que no serían subsumibles en los ilícitos en estudio aquellas prácticas consistentes en facilitar las claves de acceso a plataformas de contenidos audiovisuales en *streaming*, bases de datos, prensa digital y, en general, a cualquier servicio de la sociedad de la información condicionado para asegurar el cobro de una remuneración a otro sujeto no autorizado. Se está pensado aquí concretamente en el sujeto que facilita a un familiar, amigo, vecino o, incluso, un tercero tales claves y aun cuando no lo hace a cambio de precio. Esta suplantación de la "identidad virtual" con el consentimiento del legítimo usuario no será, por tanto, punible, a nuestro entender, conforme al apartado primero ni al tercero del art. 286, CP, sin perjuicio de que con ello se pudiera incurrir en un incumplimiento contractual de las condiciones de prestación del servicio en las que habitualmente se advierte del uso personal e intransferible de los *passwords* (GARCÍA ALBERO). Asimismo, en aquellos supuestos en los que el usuario accede fraudulentamente al contenido protegido por un servicio condicionado mediante un enlace web sin más —esto es, simplemente pulsando sobre el mismo y sin necesidad de instalar o emplear programa o aplicación informática alguna— habrá de valorarse si es un acto constitutivo de un delito contra la propiedad intelectual y, más concretamente, de comunicación pública del art. 270.2, CP.

A la vista de esta regulación se infiere que el equipo o programa informático debe haber sido "diseñado", esto es, creado *ex profeso* para hacer posible el acceso ilícito a los servicios protegidos, o bien "adaptado", es decir, manipulado con esta finalidad. No se considerarán ilícitos en sí, sino sólo cuando el equipo o el programa informático haya sido creado o alterado para eludir expresamente las medidas de acceso condicional que aseguran el cobro de la remuneración del servicio a su prestador. De modo que en el primer supuesto (creado *ad hoc*) la función original del equipo o programa informático es facilitar el acceso inteligible al servicio de forma fraudulenta, mientras que en el segundo (adoptado) la adquiere tras ser modificado.

En la Jurisprudencia se constata una absoluta preponderancia de los "equipos informáticos adaptados" como objeto material del ilícito que nos ocupa y, más concretamente, de descodificadores digitales de televisión por satélite cuyo *firmware* ha sido manipulado para permitir el acceso a los contenidos audiovisuales de plataformas televisivas de pago sin proceder a realizar abono alguno y, en definitiva, sin consentimiento del prestador del servicio [entre otras muchas, SSAP, Almería, Sección 2ª, 430/2016, 25-10; Burgos, Sección 1ª, 70/2017, 23-2; Islas Baleares, Sección 2ª, 381/2017, 7-7; Córdoba, Sección 2ª, 279/2018, 29-6; Málaga, Sección 2ª, 393/2019, 8-11; Madrid, Sección 1ª, 294/2020, 16-6; Ourense, 2ª, 186/2020, 12-10; León, 3ª, 42/2021, 1-2 —ratificada por STS 190/2023, 15-3 (*Tol 9487649*); Madrid, Sección 29ª, 36/2021, 28-1; Vigo, Sección 5ª, 68/2022, 4-4; Sevilla, Sección 1ª, 276/2023, 13-6 (*Tol 9725186*); Madrid, Sección 4ª, 214/2023, 29-6 (*Tol 9709272*) —ratificada por la STSJ, Madrid, Sala de lo Civil y Penal, 1ª, 393/2023, 31-10—, y Ciudad Real, Sección 1ª, 2/2024, 30-1 (*Tol 9958319*)].

De hecho, la ausencia de esta exigencia típica lleva, por ejemplo, al AAP, Madrid, Sección 5ª, 3975/2008, 3-11, a desestimar el recurso planteado por la acusación particular, al confirmar las pruebas periciales que los programas a los que alude el acusado en su página web para la visión de partidos de la liga de fútbol emitidos por canales chinos, y en nuestro país por cadenas de pago, son de "libre uso y su utilización es abierta y universal, no precisando ninguna licencia de uso". De modo que, es cierto, que éste facilita el acceso a terceros por medio de su servidor a la información necesaria para conseguir con ellos el acceso inteligible a un servicio de radiodifusión sonora o televisiva, pero lo hace por medio de dispositivos lícitos (en la misma línea, AAP, Pontevedra, Sección 4ª, 330/2011, 6-7). En cambio, disienten de este entendimiento mayoritario algunas resoluciones que valoran como delictiva la facilitación de un dispositivo "mixto" o de "doble uso", esto es, aquel que si bien es concebido para la realización de funciones o actividades lícitas se emplea para vulnerar las medidas de acceso condicional de los servicios protegidos en el art. 286, CP. En este sentido, destaca la SAP, Madrid, Sección 29ª, 421/2013, 23-12, que condena a quien suministra con fines comerciales desde su página web programas que posibilitan el acceso a eventos deportivos emitidos por canales de televisión de pago. Fundamenta su decisión en la idea de que han de distinguirse dos dimensiones: una primera relativa al acceso al programa y otra segunda referida a la utilización del mismo, que puede ser licita o bien constitutiva de infracción penal. En base a ello considera que en el caso de autos, el acceso al programa (primera dimensión) no es contrario a Derecho, al encontrarse aquél en la web de forma gratuita y abierta, pero sí es constitutiva de delito (segunda dimisión) porque facilita la visualización de un programa de televisión a través de una forma no autorizada ni en nuestro país ni en otro comunitario, pues no puede existir ninguna norma española, ni tampoco del ordenamiento de la Unión Europea o de un país miembro "que autorice la utilización de la compilación de programas suministrada por el acusado para visualizar desde territorio español la retransmisión en directo de eventos deportivos cuya titularidad corresponden con exclusividad en España a la plataforma Digital +". Luego lo relevante no es la alteración del equipo o programa informático en sí, sino la utilización fraudulenta que se hace de este tipo de *hardware* o *software* aun cuando su naturaleza sea lícita (también así, aunque en relación al art. 286.4, CP, la SAP, Las Palmas, Sección 6ª, 319/2016, 26-9). A nuestro modo de ver, esta argumentación es inadmisible por realizar una interpretación analógica *in malam partem* del art. 286.1, CP, en tanto en cuanto con ella se sancionan supuestos en los que el acceso irregular al servicio condicionado no se facilita a través del objeto material tasado en el precepto, lo que supone a todas luces una flagrante vulneración del principio de legalidad. Luego no es admisible abogar por un entendimiento amplio del objeto material que incluya dispositivos *lícitos,* pero usados fraudulentamente.

Así, pues, constituirán equipos informáticos diseñados o adaptados conforme al art. 286.1, CP, por un lado, aquellos dispositivos estándar en los que se introducen modificaciones dirigidas a su posterior utilización delictiva, tales como los descodificadores de televisión por satélite o, más recientemente, por internet manipulados para permitir el acceso desautorizado al servicio; y, por otro lado, aquellos mecanismos cuyo único destino es la comisión de delitos contra los servicios de radiodifusión e interactivos. Este es el caso, por ejemplo, de los programas de ordenador creados específicamente para que los anteriores descodificadores puedan acceder al servicio condicional de forma subrepticia.

En el nuevo escenario de consumo audiovisual resulta cada vez más frecuente la venta e instalación de los *Smart TV Box* (dispositivos electrónicos compactos que conectados mediante un cable *HDMI* y programados con aplicaciones informáticas —como "*Kodi*", "*Stremio*" o "*Plex*"— que convierten un televisor tradicional en uno inteligente con el que acceder a contenido multimedia), que tras su alteración permiten disfrutar gratuitamente de la emisión de canales de pago de *IPTV* o de contenidos prestados por servicios *OTT,* sin necesidad de grandes requisitos técnicos —pues no exige la instalación de una antena parabólica, tal y como acaecía años atrás, por ejemplo, con los descodificadores de televisión por satélite combinados en no pocos casos, además, con tarjetas inteligentes— ni de especiales conocimientos informáticos; lo que la convierte en una técnica de acceso ilícito cada vez más popular por su sencillez y asequibilidad frente como, por ejemplo, el *cardsharing,* al que más adelante se hará alusión [véase a este respecto, por ejemplo, la SAP, Madrid, Sección 4ª, 214/2023, 29-6 (*Tol 9709272)* —ratificada por la STSJ, Madrid, Sala de lo Civil y Penal, 1ª, 393/2023, 31-10—, en la que el acusado vendió a través de su página web un total de ciento treinta de estos dispositivos electrónicos previamente manipulados en la forma descrita con los que los compradores podían ver partidos de fútbol con solo enchufar el aparato y conectarlo a internet y navegar por el listado de canales adquirido, sin pagar cantidad alguna al operador oficial de radiodifusión que los ofrecía].

En base a lo anterior no resultarán típicos los casos en que no hay manipulación fraudulenta alguna en el dispositivo por parte de quien realiza las conductas de facilitación o suministro del art. 286.1, CP, y el disfrute ilícito de un servicio condicionado es consecuencia de un defecto de programación del dispositivo condicional "oficial", que no ha previsto esta limitación de acceso. Piénsese así, por ejemplo, en el abonado a un canal de pago que por un error en la desencriptación de la señal por parte del descodificador accede gratuitamente a los contenidos de pago por visión que no ha contratado (verbigracia, partidos de fútbol de competiciones no suscritas o bien, películas o series de estreno que se encuentran únicamente disponibles en la modalidad de compra o alquiler).

Asimismo, también serán atípicas aquellas conductas que se realicen con un equipo o programa informático con el que se logre el acceso fraudulento, pero que no haya sido diseñado o adaptado para tal fin, esto es, que no haya sido manipulado. Se está pensando aquí concretamente en aquellos supuestos en los que se utiliza un dispositivo de acceso condicional "oficial", aunque para un uso distinto al establecido contractualmente. Este sería el caso, por ejemplo, de aquellos usuarios que se abonan a un canal de televisión de pago, entregándoseles el descodificador autorizado para la recepción inteligible de la señal, pero que no lo destinan a un uso doméstico o particular, sino más o menos público, a saber: para retransmitir la señal en establecimientos públicos (bares, restaurantes, hoteles, etc.), vídeos comunitarios o televisiones locales.

A este respecto, por ejemplo, la SAP, Almería, Sección 2ª, 48/2013, 12-2, absuelve al acusado —art. 286.1, CP— por la colocación en el cuarto de ascensores del inmueble el dispositivo conversor de señal digital de televisión de pago por él contratado, que permitía la visión de los contenidos a todas las televisiones de los vecinos de la comunidad; aunque ciertamente la absolución se fundamenta no tanto en la inidoneidad del objeto material, como en la ausencia de prueba de que aquél hubiese instalado el dispositivo con la intención de proporcionar los contenidos que DIGITAL+ le suministraba al resto de los vecinos a cambio de precio; ni que los vecinos tuviesen conocimiento de la posibilidad de acceder a dichos contenidos a través de su televisor; ni que hayan visionado los contenidos proporcionados por DIGITAL+ al acusado. Asimismo, en un asunto similar, aunque en relación con la facilitación del acceso inteligible sin ánimo de lucro del inciso primero del art. 286.3, CP, la SAP, Pontevedra, Sección 4ª, 175/2014, 30-9, absuelve a la acusada (condenada en primera instancia por un delito del art. 286.3, inciso primero, CP, por la SJP, nº 2, Pontevedra, 37/2014, 3-2) que puso al servicio de la comunidad de propietarios el descodificador digital para la redistribución de la señal recibida del "Digital+" por la red de toda la instalación comunitaria, aduciendo que, si bien aquélla facilitó el acceso inteligible al servicio de radiodifusión sin consentimiento de su prestador a través de la antena colectiva del edificio, lo cierto es que no lo hizo por los medios que relaciona el art. 286.1, CP. Esto es, un equipo publicitado, vendido, suministrado o concebido con la finalidad de vulnerar ninguna medida tecnológica prevista por la entidad prestadora del servicio y permitido en la Unión Europea. De manera que el empleo del equipo facilitado por el proveedor del canal de pago ha de concluirse que es atípico a los efectos de los apartados 1º y 3º del art. 286, CP, (en cambio, ante un supuesto de hecho similar, la SAP, Granada, Sección 1ª, 746/2011, 28-12, sí condena por este tipo, al vecino que redistribuye la señal al resto de la comunidad de propietarios, pero en su fundamentación no valora la adecuación del objeto material, sino que se limita a rebatir el carácter doloso de la actuación del acusado y la existencia de prueba de cargo suficiente contra el mismo). Idéntica argumentación es aplicada por la SAP, Cáceres, Sección 2ª, 196/2017, 9-6, para declarar la atipicidad —también conforme al art. 286.3, inciso primero, CP— de la conducta consistente en amplificar y distribuir, entre los habitantes de una localidad, la señal de un canal de pago descodificada con los equipos oficiales entregados por la plataforma digital tras la suscripción del servicio.

En estos supuestos se estará, a nuestro juicio, ante un mero incumplimiento contractual [así, también: SAP, Valladolid, Sección 4ª, 73/2012, 13-2 (*Tol 2456344*); SAP, Albacete, Sección 2ª, 478/2022, 14-9, y AAP, Pontevedra, Sección 4ª, 262/2010, 9-7; todas ellas en relación al uso de este tipo de dispositivos en el marco del art. 286.4 CP] y, en último caso, ante un delito de comunicación pública de los contenidos emitidos conforme al art. 270.1, CP, si la conducta se realiza con "ánimo de obtener un beneficio económico directo o indirecto" y "en perjuicio de tercero" [cuestión, no obstante, que resulta polémica en la Jurisprudencia cuando se refiere a la comunicación de eventos deportivos, respecto de los que, como veremos en breve, se discute su condición como "obra" literaria, científica o artística a los efectos de tipicidad del mencionado ilícito, véase, por todas: STS 546/2022, 2-6, (*Tol 9045190)*].

Aunque, quizá lo más importante en este punto es que quedan excluidas las conductas propias del denominado "mercado gris". Esto es, aquellos supuestos en los que un residente en un Estado Miembro obtiene la suscripción a un servicio de radiodifusión de su país de origen —a través de la dirección de un amigo o familiar que vivan en aquél— y con la que logra ver programas, series o películas para los que no han sido concedidos los derechos de explotación en el Estado en que residen. En este caso no existe un disfrute fraudulento del servicio, porque el usuario paga la remuneración estipulada para acceder a éste, haciéndolo mediante los dispositivos "oficiales" proporcionados por su proveedor —que lo considera un cliente más— y que, por lo tanto, se encuentran también autorizados en otro Estado miembro de la Unión Europea, cumpliendo así con la segunda exigencia que debe reunir los programas o equipos informáticos con arreglo al art. 286.1, CP. Luego, queda fuera del ámbito de aplicación del precepto en cuestión la infracción contractual de los derechos de explotación de obras audiovisuales que se produce con este tipo de prácticas, lo que resulta acorde con los principios de intervención mínima y ultima *ratio* del Derecho Penal. En esta misma línea se pronuncia la STJUE (Gran Sala), 4-10-2011, sobre los asuntos acumulados C-403 y C-429 (*Tol 2166024*), al señalar expresamente que a los efectos del art. 2.e) de la Directiva 98/84/CE el "dispositivo ilícito" no comprende los descodificadores obtenidos o activados facilitando un nombre y un domicilio falsos y, los utilizados incumpliendo una limitación contractual que permita su uso únicamente para fines privados.

En base a este razonamiento puede afirmarse que también han de quedar extramuros del art. 286, CP —y más concretamente de su apartado 4º—, los casos más recientes de contratación de plataformas digitales en otros países comunitarios en el que precio de la suscripción es menor al del servicio en España, conectándose el usuario a *posteriori* a dicha plataforma a través de una red privada virtual (*VPN*), con la que oculta o "enmascara" su dirección IP real y, por tanto, su ubicación, superando así las restricciones territoriales para la visualización de los contenidos, sin perjuicio del correspondiente incumplimiento contractual en que el usuario pueda incurrir.

En otro orden de ideas, no es necesario que los equipos o programas permitan por sí solos el acceso fraudulento al servicio, ya que puede ser necesario que deban utilizarse junto con otros para lograr el disfrute gratuito del servicio. Clara muestra de ello es que el descodificador ilícito deba actuar combinadamente con una tarjeta inteligente ilícita o que ésta, como se ha dicho, sea programada por un concreto *software* o bien, que sea necesaria la instalación de determinadas aplicaciones informáticas en la televisión, teléfono móvil o tableta para ver canales de *IPTV*.

Ahora bien, en todo caso, los dispositivos habrán de ser idóneos para permitir el acceso efectivo al servicio condicionado, pues de no hacerlo no existirá afección del bien jurídico, resultando impune la conducta por la ausencia de idoneidad del objeto, lo que ocurrirá, por ejemplo, cuando la tarjeta inteligente —o más modernamente el dispositivo *Smart TV Box*— sea programada con códigos de acceso erróneos, obsoletos o grabados incorrectamente que no permitan descodificar la señal encriptada de un canal de televisión de pago y, por tanto, acceder a sus contenidos.

En este sentido, por ejemplo, la SJP, nº 1, León, 32/2004, 9-2 (ratificada por la SAP, León, Sección 1ª, 16/2005, 20-1), afirma que no puede condenarse al acusado como autor de un delito de distribución y venta de tarjetas inteligentes, pues las tarjetas incautadas, no estaban "grabadas adecuadamente" para lograr el acceso gratuito a los servicios de cadenas de televisión de pago. De modo que no existe prueba bastante de que distribuyesen tarjetas codificadas que emulasen a las auténticas. Asimismo, en la SAP, Valencia, Sección 3ª, 485/2010, 12-7 —que confirma la SJP, nº 7, Valencia, 534/2010, 3-2— se constata la imposibilidad de demostrar pericialmente la idoneidad de los descodificadores de televisión para acceder ilícitamente a los servicios de televisión de pago impide afirmar la existencia en este caso de los delitos de estafa informática (art. 248.2, CP), defraudaciones de fluido eléctrico y análogas (art. 255, CP), relativos a la propiedad intelectual (art. 270, CP) y, fundamentalmente, contra los servicios de radiodifusión e interactivos del art. 286.4, CP. Más recientemente la SAP, Barcelona, Sección 6ª, 33/2015, 15-12, también niega la tipicidad de la conducta de quien a través de una página web facilita los códigos de acceso a la programación codificada de Canal Satélite Digital, al no acreditarse que publicase más información que dichas claves, respecto de las que además no se comprueba que estuvieran en vigor ni que fueran válidas para obtener el acceso (en este sentido, también SAP, Barcelona, Sección 7ª, 882/2010, 23-10).

Por último, el objeto material de estos tipos, esto es, el equipo o programa informático, nunca ha de identificarse con aquello a lo que se accede —interpretaciones o ejecuciones de la obra que contiene—, sino con el objeto en sí que facilita el acceso (también de esta opinión, RUIZ RODRÍGUEZ/SOLARI MERLO). Piénsese en este sentido en un usuario que ha contratado el paquete básico de un canal de televisión y accede mediante una tarjeta o un descodificador "pirata" a un partido de fútbol, a una película de estreno o un concierto de música en la modalidad de pago por visión, que bien ve en su domicilio o en un establecimiento público (por ejemplo, un bar que regenta). El acceso fraudulento por medio de la tarjeta o descodificador —u otro tipo de *hardware* o *software* manipulado— será efectivamente sancionado a través del art. 286.4, CP (*vid. infra* el comentario a este precepto). Sin embargo, la visión de los contenidos y, en especial, su comunicación pública desautorizada en el caso de que la utilice en el establecimiento público se castigará, a través de los delitos relativos a la propiedad intelectual conforme a los arts. 270 y ss., CP (cuestión esta última, no obstante, controvertida en nuestra Jurisprudencia en lo que respecta a los eventos deportivos y, en particular, a los partidos de fútbol, tal y como se verá más adelante al valorar las relaciones concursales entre ambos ilícitos).

4. Modalidades típicas

4.1. Tipo básico (art. 286.1, CP)

El art. 286.1, CP, sanciona a quien facilite o suministre el acceso inteligible a un servicio de radiodifusión sonora o televisiva, a servicios interactivos prestados a distancia por vía electrónica, o suministre el acceso condicional a los mismos considerado como servicio independiente. De ello se deduce que no quedan cubiertos por el precepto "todos" los servicios de radiodifusión e interactivos, sino únicamente aquellos prestados sobre la base del acceso condicional, esto es: "*cualquier medida o mecanismo técnico en virtud del cual se condicione el acceso al servicio protegido en forma inteligible a una autorización individual previa*" [art. 2.b) de la Directiva 98/84/CE].

Ahora bien, a diferencia de la mencionada Directiva, el art. 286.1, CP, no requiere expresamente que los servicios prestados condicionalmente lo sean para asegurar la remuneración del servicio. Lo que confirmaría que son protegidos por el anterior precepto todos los servicios de radiodifusión, interactivos o de acceso condicional, considerados como un servicio propio, prestados condicionalmente, con independencia de la razón por la que se haya restringido su acceso; planteamiento que se corresponde con el que defienden los partidarios de la concepción socioeconómica y pluriofensiva del bien jurídico de estos delitos. Sin embargo, los defensores de una interpretación patrimonialista entendemos que pese a esta falta de mención expresa únicamente quedarán cubiertos por el art. 286, CP, los prestados a cambio de remuneración, pues con el acceso ilícito a servicios condicionados por razones distintas a asegurar su cobro (por ejemplo, para evitar que menores accedan a contenidos exclusivos de adultos, para que éstos no sean vistos más allá de una determinada área territorial o para garantizar su seguridad), no se afectará el interés económico del proveedor en recibir la contraprestación económica derivada de la realización del servicio. Luego, al igual que en la norma comunitaria las notas de carácter condicional y remuneración delimitarán el ámbito de aplicación de estos ilícitos.

En cuanto al contenido de los servicios protegidos será necesario acudir, de conformidad con el principio de unidad del Ordenamiento jurídico, a la normativa extrapenal que regule los servicios de radiodifusión, interactivos y el acceso condicional como servicio independiente.

Se entiende por "servicio de radiodifusión sonora": *"cualquier transmisión por hilo o radioeléctrica, incluida la transmisión por satélite, de programas de radio destinados a su recepción por el público"* [art. 2.a) Directiva 98/84/CE]; quedando así excluidos de estos servicios a efectos del tipo que analizamos, como bien sostiene BAUCELLS LLADÓS, las comunicaciones de radioaficionados o los canales privados de radiocomunicación (también así MARTÍNEZ-BUJÁN PÉREZ, ANARTE BORRALLO). El "servicio de radiodifusión televisiva" consiste en "la emisión primaria, con o sin hilo, por tierra o por satélite, codificada o no, de programas televisados destinados al público", según la letra del art. 1 de la Directiva 89/552/CEE (*Tol 169222)*, a la que se remitía en su texto la anterior norma comunitaria y que fue transpuesta a nuestro Ordenamiento jurídico por la Ley 25/1994, de 12 de junio, por la que se incorpora al Ordenamiento jurídico español la Directiva 89/552/CEE, sobre la coordinación de disposiciones legales, reglamentarias y administrativas de los Estados miembros relativas al ejercicio de actividades de radiodifusión televisiva (*Tol 317171)*, que definía de modo muy similar este tipo de servicios en su art. 3.a. Ahora bien, esta última norma ha sido derogada por la Ley 13/2022, de 7 de julio, General de Comunicación Audiovisual (*Tol 9105579)*, con el fin de adecuarse al nuevo escenario digital, razón por la que ahora alude en su art. 2 al término servicio de comunicación audiovisual televisivo o radiofónico que engloba los contenidos prestados a través de redes de comunicaciones electrónicas, esto es, por cable, por satélite, por vía terrestre o por internet [según el considerando 310 y el art. 2 del Código Europeo de las Comunicaciones Electrónicas regulado por la Directiva (UE) 2018/1972, 11-12] y que pueden ser emitidos tanto en abierto como en acceso condicional de forma lineal —emisión de contenidos audiovisuales sobre la base de un horario de programación— o no lineal —emisión de contenidos audiovisuales en el momento elegido por el espectador y a su propia petición sobre la base de un catálogo de programas seleccionado por el prestador del servicio. Luego a los efectos del delito que nos ocupa se incluirán ahora también aquí —y no entre los servicios interactivos prestados a distancia por vía electrónica como se hacía hasta ahora— los servicios de radiodifusión sonora o televisiva emitidos por las plataformas de contenidos audiovisuales en *streaming*, esto es, por los servicios más arriba denominados como OTT —*Over The Top*—, lo que tampoco tiene mayor transcendencia, pues sigue siendo objeto de tutela por la norma penal. Por lo que respecta a la técnica de acceso condicional empleada por estos prestadores de servicios seguirá siendo primordialmente la encriptación, dado que en los canales de *IPTV* la señal televisiva se envía encriptada a un descodificador conectado a un *router* y al televisor, que permite ver de forma inteligible el contenido, al tiempo que grabarlo o guardarlo en la memoria del dispositivo, dado que la operadora reserva específicamente una cantidad del ancho de banda para la transmisión de la señal televisiva. Ahora bien, en el caso de las plataformas digitales en *streaming* y en las listas de canales *IPTV* de pago, la técnica de acceso condicional empleada en estos servicios es normalmente la autenticación, a saber, la comprobación de la identidad de un usuario a través de una contraseña alfanumérica, un código *PIN* o una firma electrónica, que se inserta en la interfaz de la plataforma o aplicación.

Por lo que se refiere a los "servicios interactivos prestados a distancia por vía electrónica" deben entenderse aquellos para cuyo acceso es necesario un mínimo de actividad por parte del receptor de los mismos, esto es, un diálogo entre la máquina y el usuario, que puede darse, por ejemplo, a través del mando del televisor, el teclado del ordenador o las teclas del teléfono móvil (BAUCELLS LLADÓS). Estos servicios, además, deberán ser prestados a distancia —sin presencia de las partes— y por vía electrónica —mediante equipos electrónicos. Se incluirán aquí fundamentalmente los servicios de la sociedad de la información que cada vez más son ofertados como servicios de suscripción o abono, tales como la versión electrónica de publicaciones; bases de datos electrónicas; la descarga legal de música, películas o videojuegos. La técnica de acceso condicional que se aplica en estos servicios es también la autenticación.

El "suministro de acceso condicional, como servicio independiente", consiste en la actividad llevada a cabo por un tercero que proporciona al prestador de servicios de radiodifusión y de la sociedad de la información la tecnología necesaria para condicionar su servicio, encargándose en su lugar de hacer cumplir las condiciones de acceso a éste. Es decir, comprueba qué usuarios finales están o no autorizados para recibir inteligiblemente el servicio protegido. Este sería el caso, por ejemplo, de una empresa que encripta las señales y gestiona su desencriptado en base a los abonos de un canal de televisión por cuya cuenta actúa (GARCÍA ALBERO; también así LASCURAÍN SÁNCHEZ).

El art. 286.1, CP, reproduce íntegramente el catálogo de actividades infractoras previstas en el art. 4.a) de la Directiva 98/84/CE, al que añade la conducta de "*puesta a disposición por vía electrónica*" de dispositivos ilícitos. En concreto, el tipo básico sanciona a quien, sin consentimiento del prestador del servicio y con fines comerciales, facilite el acceso inteligible a un servicio de radiodifusión —sonora o televisiva— o a servicios interactivos prestados a distancia por vía electrónica o bien, suministre el acceso condicional, considerado como servicio independiente, a los mencionados servicios. Esta infracción se castiga con pena cumulativa de prisión de 6 meses a 2 años y multa de 6 a 24 meses.

Ahora bien, tanto facilitar el acceso al servicio como suministrar el acceso condicional debe realizarse por alguna de las conductas previstas en los incisos primeros y segundos de este art. 286.1, CP, a saber: la *fabricación, importación, distribución, puesta a disposición por vía electrónica, venta, alquiler, posesión, instalación, mantenimiento* o *sustitución* de un equipo o programa informático diseñado o adaptado para facilitar el acceso inteligible. Se configura así el mencionado precepto, como un tipo mixto alternativo en el que la realización de varias de estas conductas dará lugar a la comisión de un único delito, siendo suficiente para su consumación con una sola.

Critica aquí un sector doctrinal que las conductas suministrar y facilitar —pese a realizarse a través de las mismas actividades típicas— sean sancionadas con la misma penalidad. Consideran que ambas implican un desvalor jurídico diferente, ya que con la primera se ofrece directamente el acceso inteligible a un tercero —tratándose de una conducta de auténtica autoría—, mientras que con la segunda simplemente se hace más viable y asequible el acceso ilícito a otro, dependiendo dicho acceso de la conducta de este último (GALÁN MUÑOZ, FARALDO CABANA).

En cuanto a su contenido se discute el alcance de la conducta de fabricación, afirmando unos que debe consistir en la producción en serie de equipos o programas informáticos diseñados o adoptados para hacer posible el acceso fraudulento (BENÍTEZ ORTÚZAR/CRUZ BLANCA), frente a otros que la interpretan como sinónimo de elaborar, pues de lo contrario quedarían fuera los actos de fabricación puntual de un solo dispositivo ilícito, no pareciendo ser ésta la voluntad del Legislador ni de la Directiva (BAUCELLS LLADÓS). Por el contrario, existe acuerdo en que la importación consistirá en la introducción o entrada en territorio español de los anteriores equipos o programas. Por su parte, la conducta de distribución deberá interpretarse a la luz del Considerando 20 de la Directiva 98/84/CE que la define como "*la transferencia por cualquier medio y la puesta en el mercado de dispositivos ilícitos para su circulación dentro y fuera de la Comunidad*". Concepto amplísimo de distribución del que quedarán excluidos por encontrarse expresamente tipificados en el precepto la venta, el alquiler y la puesta a disposición por vía electrónica de dispositivos ilícitos. Dentro de esta última se subsumirá la práctica muy común de "colgar en la red los programas informáticos" para acceder ilícitamente a los servicios protegidos [BAUCELLS LLADÓS; así acaece, por ejemplo, en la SAP, Madrid, Sección 29ª, 421/2012, 23-12 (*Tol 4117387*), en la que el acusado "puso a disposición de las personas en su página web una compilación o paquete de programas que, una vez descomprimidos, posibilitaban el acceso a los programas de televisión protegidos"]. La posesión con fines comerciales consistirá en la tenencia de un equipo o programa informático para su posterior distribución, venta o alquiler (MORALES GARCÍA), asemejándose así a la actividad de almacenaje. De este modo se supera la contradicción que supondría producir el resultado de facilitar el acceso inteligible con la mera tenencia de un dispositivo (BAUCELLS LLADÓS), siendo indiferente a efectos de su consumación la tenencia de un mayor o menor número de dispositivos y, lo más importante, se reduce la órbita de la incriminación a márgenes razonables que no alcanzan al simple consumidor final que carece de un objetivo comercial (MORALES PRATS). Las conductas de instalación, mantenimiento o sustitución del dispositivo ilícito vienen a regular los denominados "servicios vinculados", esto es, aquellas conductas que tras la adquisición del dispositivo permiten lograr el primer acceso desautorizado al servicio (instalación) o bien, continuar disfrutando de aquél cuando el dispositivo ha quedado inutilizado por las medidas de seguridad aplicadas por el proveedor del servicio (mantenimiento y sustitución).

Las conductas descritas deberán realizarse sin consentimiento del prestador de servicios, que en caso de concurrir las hará atípicas. Este consentimiento se define como un elemento objetivo del tipo penal, con lo que el error se tratará conforme a las reglas del error de tipo, previstas en el art. 14.1, CP. De modo que al no sancionarse su versión imprudente serán impunes tanto el error vencible como invencible (BAUCELLS LLADÓS).

Desde su entrada en vigor en octubre de 2004, la Jurisprudencia sobre estos delitos es escasa. Así, en sus primeros años de andadura fueron contadas las resoluciones condenatorias —emitidas todas ellas por conformidad— por delitos contra los servicios de radiodifusión e interactivos en base al art. 286.1, CP, a saber, la SJP, nº 3, Ciudad Real, 394/2004, 1-12; SJP, nº 4, Córdoba, 45/2007, 2-2, y la SJMer, A Coruña, 22-5-2008, que sancionaban a los acusados por la fabricación y venta de descodificadores y tarjetas inteligentes "piratas", que permitían el acceso gratuito a canales de televisión de pago. Ello parecía deberse a que los tribunales continuaban calificando estos hechos, fundamentalmente, como delitos contra la propiedad intelectual [SSAP, Valencia, Sección 1ª, 3/2007, 3-1 (*Tol 1029415*), y Cádiz, Sección 6ª, 21/2007, 19-1], dada su mayor penalidad y tradición jurídica y, por tanto, su mejor conocimiento judicial frente a los delitos objeto de estudio. A partir de 2010 comienza a apreciarse en mayor medida este tipo penal y prácticamente siempre en relación a la facilitación del acceso fraudulento a contenidos audiovisuales de pago —y no de otro tipo de servicios—, procediendo para ello primordialmente los acusados a poner a disposición por vía electrónica descodificadores o programas informáticos manipulados que permiten el acceso fraudulento a los contenidos de plataformas de televisión de pago a cambio de una contraprestación económica (normalmente mediante anuncios en *blogs* o páginas webs especializadas en técnicas de piratería o de compraventa de artículos de segunda mano, que se acompañan en no pocos casos de elocuentes eslóganes como: "toda la televisión de pago… gratis", "vendo decodificador para ver todo los canales de Digital Plus en abierto", "haz tu pedido de este producto todo preparado y listo para disfrutar de todos los canales gratis, al teléfono …"), llegando incluso algunos de ellos a ofrecer garantía por el dispositivo "pirata" y asistencia técnica en caso de bloqueo por el operador de la señal televisiva [en esta línea, entre otras, SSAP, Madrid, Sección 29ª, 421/2013, 23-12 (*Tol 4117387)*; Almería, Sección 2ª, 430/2016, 25-10 (*Tol 5973404)*; Burgos, Sección 1ª, 70/2017, 23-2 (*Tol 6028063)*; Islas Baleares, Sección 2ª, 381/2017, 7-9 (*Tol 6379072)*; Córdoba, Sección 2ª, 279/2018, 29-6 (*Tol 6828916)*; Madrid, Sección 15ª, 461/2019, 5-7; Cádiz, Sección 4ª, 290/2019, 31-10 (*Tol 8202326)*; Málaga, Sección 2ª, 393/2019, 8-11; Madrid, Sección 1ª, 249/2020, 16-6; Ourense, Sección 2ª, 186/2020, 29-10; León, Sección 3ª, 42/2021, 1-2 (*Tol 8351137)* —ratificada por STS 190/2023, 15-3 (*Tol 9487649)*—, y Vigo, Sección 5ª, 132/2024, 4-4]. En este punto, mención especial merece la sanción de la técnica subrepticia del *cardsharing*, esto es: la utilización de una tarjeta inteligente legalmente obtenida por un usuario para redistribuir el servicio de televisión de pago —en particular, el transmitido por satélite— a otros consumidores distintos a él —y no suscritos al mencionado servicio—, por medio de una red inalámbrica; de modo que con una sola *smart card* y el pago de las cuotas correspondientes, disfrutan del servicio no solo su titular, sino también otros sujetos no autorizados a hacerlo (MOYA FUENTES). En este sentido, nuestros tribunales han considerado que la alteración de la función original del equipo oficial para permitir el disfrute inteligible de los contenidos audiovisuales a otros consumidores no abonados al servicio configura un dispositivo ilícito del art. 286.1, CP, lo que les ha llevado a sancionar su venta o puesta a disposición electrónica con fines lucrativos conforme a dicho precepto [entre otras, SSAP Valencia, Sección 4ª, 596/2016, 8-9; Castellón, Sección 1ª, 36/2017, 2-1; Navarra, Sección 1ª, 128/2018, 22-5; Girona, Sección 3ª, 207/2019, 4-4; León, Sección 3ª, 42/2021, 1-2 (*Tol 8351137)* —ratificada por la STS 190/2023, 15-3 (*Tol 9487649)*; Málaga, Sección 1ª, 91/2022, 14-3; Vigo, Sección 5ª, 309/2023, 2-11, y Sevilla, Sección 1ª, 276/2023, 13-6 (*Tol 9725186)*].

Ahora bien, nótese que desde el inicio del 2020 están comenzando a darse las primeras resoluciones que abordan la facilitación del acceso ilícito a canales de *IPTV* —que se auguran serán las predominantes en los próximos años en nuestros tribunales—, lo que tiene lugar sobre todo por medio de: 1) la comercialización de dispositivos —normalmente *Smart TV Box* que se conectan al televisor— o aplicaciones informáticas —más conocidas como *App IPTV*— que se descargan en ordenadores, teléfonos, tabletas, programados ambos subrepticiamente con listas *M3U1* que permiten al cliente conectarse a servidores que retransmiten el contenido de canales de pago sin autorización y que se ofertan de manera abierta en internet, por ejemplo, a través de grandes plataformas de comercio electrónico —*Amazon* o *AliExpress*—, o de venta de productos de segunda mano —*Mil Anuncios* o *Wallapop*—, de aplicaciones para dispositivos móviles —*Google Play Store* o *Apple Store*— o bien, de redes sociales —*Facebook* o *Twitter*—, llegando así al público general [*vid.*, en este sentido, AAP, Valladolid, Sección 4ª, 5/2025, 7-1 (*Tol 10433336)*, que admite continuar el procedimiento contra el acusado que ofrece a través de su página web los mencionados dispositivos *Smart TV Box,* así como un servicio de video bajo demanda con los que acceder subrepticiamente a obras y prestaciones audiovisuales que se contienen en unos 8000 canales de televisión a sus suscriptores], y 2) de páginas webs que contienen enlaces directos a dichas listas de canales a cambio de una suscripción o bien de forma gratuita [obteniendo aquí sus ilegítimos proveedores beneficios de la publicidad que aparece directamente en el sitio web o bien, por cada *"click"* sobre el anuncio —en no pocos casos con botones falsos de cierre de las ventanas emergentes en las que aparecen y con los que lograr precisamente esa pulsación—, así como de la venta de los datos personales de los usuarios que aquellos facilitan con la configuración de un perfil de usuario —aunque también es común que tanto estas webs como los anteriores dispositivos o aplicaciones vengan "infectados" con programas maliciosos —*malware*— con los que obtener subrepticiamente estos datos y poder emplearlos a *posteriori* en la comisión de otros ilícitos contra el propio usuario —por ejemplo, acceso a sus datos íntimos o bancarios— o terceros —creación de perfiles digitales falsos con los que, precisamente, obtener abonos lícitos a canales televisivos en otros países, dando lugar así a las "mulas de suscripción"— o crear cuentas bancarias a las que desviar los ingresos económicos —"mulas de dinero"— o, simplemente cometer otros delitos como estafas informáticas, distribución de pornografía infantil, etc. [*cfr.*, aquí, la SAP, Valencia, Sección 3ª, 231/2023, 25-4 (*Tol 9845155)*, en las que los condenados distribuyen desautorizadamente contenidos de televisión por internet a través de páginas web y obtienen beneficios indirectos por la publicidad en ellas contenidas, así como el ATS 20039/2024, 16-1, en el que tras dirimirse la cuestión de competencia planteada por las partes, el tribunal ordena proseguir con la denuncia presentada contra quien a través de su perfil en la red social *Facebook* oferta el servicio "IPTV&PLEX-Nashflix España", con el que facilita el acceso desautorizado a un listado de más de 140 canales web]. Ahora bien, en relación con este modo de facilitación por medio de páginas web téngase en cuenta, tal y como ya se ha apuntado más arriba, que solo resultará típica a los efectos del art. 286, CP, en la medida en que el acceso fraudulento se facilite por medio de un programa o aplicación informática, pero no por la mera pulsación sobre el enlace, en cuyo caso sería valorar si el hecho es constitutivo de un delito del art. 270.2, CP.

A mayor abundamiento, siguiendo el informe de la EUIPO *Illegal IPTV in the European Union, Research on Online Business Models Infringing Intellectual Property Rights —Phase 3—*, las anteriores formas de facilitación de acceso ilícito a contenidos audiovisuales de pago por la red se clasifican en dos grandes modelos de negocio en función de si exigen el abono de una suscripción al servicio fraudulento (*Illegal IPTV Subscription*) o lo hacen de forma gratuita (*Illegal IPTV Free Streaming Portal*). Junta a ellas, el mencionado informe aprecia una tercera modalidad de negocio en la que no hay un contacto directo entre el proveedor ilícito y el consumidor final, sino que el primero lo que hace es revender a —modo de mayorista— a otros agentes sus productos para que estos a su vez los distribuyan entre los usuarios finales (*Illegal IPTV for Resellers*), siendo, no obstante, habitual en la práctica que aquél combine la venta a ambos, es decir, a los revendedores y a los usuarios finales [paradigmática resulta, en este sentido, la SAP, Zamora, Sección 1ª, 14/2022, 20-6 (*Tol 9153027*), que sanciona —en conformidad— por un delito del art. 270, CP, en concurso con el art. 286.1, CP, a quien comercializa a través de las redes sociales —*Telegram, Instagram*— listas M3U y descodificadores programados con la aplicación *IPTV Extreme,* que permiten el acceso ilícito a dichos listados previo pago de una suscripción —por una cuantía muy inferior al que se abonaría a su legítimo proveedor—, aunque lo más relevante de esta resolución conforme a lo acabado de señalar es que junto a éste también son castigados sus colaboradores —o *resellers*—, a saber, individuos a los que les resignan sus listas *M3U*, a cambio de una remuneración para que éstos a su vez puedan tener su propia estructura comercial, configurándose así una distribución de carácter piramidal].

En otro orden de ideas, es relevante señalar que sea cual sea la modalidad de negocio empleada, estos proveedores ilícitos se sirven mayoritariamente de la mencionada más arriba técnica del *cardsharing* para la distribución fraudulenta de los contenidos de canales de pago, aunque adaptada en este caso al nuevo modelo televiso por internet. Así, tras la lícita contratación del servicio distribuyen por medio de servidores web —por lo tanto de forma inalámbrica— los contenidos a otros usuarios no autorizados que los reciben —como se acaba de indicar— bien a través de descodificadores o de aplicaciones manipulados, bien de listas de canales disponibles en páginas web, solicitando el pago de estos servicios —normalmente mediante *PayPal*, tarjetas de crédito/débito o, cada vez más en criptomonedas (por ejemplo, *Bitcoin*) (así, sucede en AAN 325/2022, 27-5) por el anonimato que estas brindan— [véase a este respecto, la SAP, Vigo, Sección 5ª, 309/2023, 2-11, en la que se aprecia la evolución y adaptación de esta técnica a la televisión por la red y en la que se sanciona el acceso a estos canales mediante la venta de decodificadores manipulados para eludir su suscripción oficial].

Precisamente, en la lucha por combatir esta práctica fraudulenta está resultando especialmente controvertida la táctica aplicada por la LaLiga, que está procediendo al bloqueo semanal de direcciones IP —con la colaboración de las principales operadoras de telecomunicaciones de nuestro país— durante los partidos de fútbol más populares con los que se pretende desalentar al consumidor que accede desautorizadamente. Si bien estos bloqueos encuentran amparo en la SJMer, nº 6, Barcelona, 310/2024, 18-12 (*Tol 10464494)*, y con anterioridad a la misma, en el AJMer, nº 8, Barcelona, 13-2-2024, que acuerda en el marco de este procedimiento como diligencia preliminar que dichas operadoras proporcionen a LaLiga datos identificativos de los individuos que se conectan a direcciones IP asociadas a servicios de *cardsharing* de *IPTV* y más concretamente —tal y como puntualizó con posterioridad el Tribunal Superior de Justicia de Cataluña— de quienes redifunden la señal a terceros y obtienen un lucro con ello], lo cierto es que no afectan solo a retransmisiones no autorizadas, sino que también —siguiendo el símil futbolístico— "dejan fuera de juego" a otros servicios lícitos alojados en la misma infraestructura (esto es, la misma IP), y que ven como sus sitios web no funcionan o se ralentizan. Hecho que, a nuestro modo de ver, no puede ser más que criticado en la medida en que no se concibe cómo los intereses comerciales de una organización de fútbol pueden estar por encima del de otros legítimos proveedores de servicios y, en particular, del de los usuarios a acceder a internet, cuyo derecho fundamental "a comunicar o recibir libremente información veraz por cualquier medio de difusión" —art. 20.d) CE— es claramente vulnerado (así, lo ha planteado ya en un recurso presentado por distintas empresas e internautas independientes en una demanda de amparo constitucional frente al mencionado autor judicial). Es más, resulta deleznable que esta capacidad de bloqueo de acceso generalizado a la red se ponga al servicio de la tutela de un mero interés patrimonial y no de otros de mayor relevancia y transcendencia social y jurídica como puede ser la lucha contra la pornografía (en esta línea, igual de sorprendente y criticable resulta el reciente AAN, Juzgado Central de Instrucción, nº 5, D. Previas 52/2023, 22-3-2024, que, con distintos protagonistas, ordenó el cierre de *Telegram* para la protección de los derechos de autor de diversas plataformas audiovisuales, y que fue revocado tres días más tarde por el mismo órgano judicial, al entender que se trataba de una medida excesiva y no proporcional para los usuarios que utilizan esta aplicación sin vinculación con actividad ilícita alguna).

A la vista de las modalidades de facilitar o suministrar el acceso ilícito a un servicio protegido se pone de manifiesto que se elevan a delito autónomo meros actos preparatorios y actos de participación o tentativa (MARTÍNEZ-BUJÁN PÉREZ). Lo que lleva a afirmar que la principal característica de este precepto es la represión de los "precursores", siguiéndose así la misma línea que en otros delitos como los relativos a la propiedad intelectual (art. 270.6, CP) o a las falsedades (art. 400, CP) (así, MORALES PRATS, quien puntualiza en este sentido que este precepto sigue la lógica incriminadora del abuso de dispositivos y herramientas técnicas que fomenta el art. 6 del Convenio de Budapest, aunque las dirige a un ámbito de valores diversos, a saber: la comisión de conductas conculcatorias de los intereses económicos de los prestadores de servicios de radiodifusión, en vez de a la represión de infracciones relativas a la integridad, confidencialidad y disponibilidad de los datos y de los sistemas). Con este adelantamiento de la intervención penal se pretende luchar contra el mercado de dispositivos ilícitos de acceso condicional, pues reprimiendo la fase previa de comercialización se evitará que estos dispositivos lleguen a manos del usuario final. De ahí que al tratarse de un proceso altamente fragmentado y en el que pueden intervenir diversos agentes se haya optado por una "descripción río" (QUERALT JIMÉNEZ), en la que se castigan todas las conductas de producción, venta y postventa de dispositivos con una sanción unitaria. Un sector doctrinal critica con acierto la creación de tipos de peligro para la protección de un mero interés individual (GALÁN MUÑOZ), así como la equiparación punitiva entre conductas preparatorias (fabricación, distribución, importación de dispositivos) y realmente lesivas del interés económico del proveedor del servicio (la utilización del dispositivo).

4.2. Tipo atenuado (art. 286.3, primer inciso, CP)

El inciso primero del art. 286.3, CP, regula un tipo atenuado, que sanciona a quien, sin ánimo de lucro, facilite el acceso previsto en el número 1, esto es, facilite el acceso inteligible a un servicio de radiodifusión o interactivo o suministre el acceso condicional como servicio independiente, sin la finalidad de obtener un beneficio económico (BENÍTEZ ORTÚZAR/CRUZ BLANCA). La pena prevista para este delito es la de multa de 6 a 24 meses.

Con la punición de estas conductas realizadas "sin ánimo de lucro" se excede lo exigido por la Directiva 98/84/CE, que queda circunscrita a actividades comerciales sobre dispositivos ilícitos. Se quiere con este precepto combatir la denominada "piratería casera", esto es, las actividades de acceso fraudulento llevadas a cabo por los propios particulares. En concreto, se está pensando aquí en aquellos usuarios que —con los equipos o programas informáticos (descodificadores, tarjetas en blanco, *software*, etc.) y la información que obtienen de sitios web especializados en la materia— elaboran sus propios dispositivos de acceso condicional. Dispositivos que con posterioridad entregan gratuitamente a terceros (familiares, amigos, vecinos, compañeros de trabajo) a fin de que éstos disfruten ilícitamente de un servicio protegido. La facilidad con la que se realizan estas actividades en la práctica sea quizás lo que ha llevado al Legislador a ampliar la protección hasta estos supuestos.

Ahora bien, su punición ha de ser rechazada por la quiebra del principio de intervención mínima que implica, ya que el reducido ámbito de actuación en el que operan estos agentes (familiares y amigos), hace que el número de potenciales infractores al que pueden alcanzar no sea muy amplio. De ahí que la afección al bien jurídico en estos supuestos sea tan lejana y, en ocasiones, tan poco probable, que difícilmente puede justificar su mayor penalidad respecto de la conducta de acceso ilícito llevada a cabo por el usuario final.

En cuanto a las conductas típicas consistirán al igual que en el art. 286.1, CP, en facilitar o suministrar el acceso ilícito a través de las formas previstas en los apartados 1º (fabricar, importar, distribuir, poner a disposición por vía electrónica, vender, alquilar y poseer dispositivos ilícitos) y 2º (instalar, mantener y sustituir). Se excluyen las de venta y alquiler de dispositivos ilícitos, pues implican necesariamente una contraprestación y, por tanto, un ánimo de lucro (FARALDO CABANA). Se propone aquí acertadamente que la concurrencia del consentimiento del prestador del servicio también haga atípica la conducta (GALÁN MUÑOZ).

Se ha discutido acerca de la identidad del tipo penal del art. 286.3, CP (sin distinguir entre su inciso primero y segundo, tal y como aquí se hace) y el previsto en el art. 270.5.d), CP, relativo a la facilitación a un tercero, con ánimo de obtener un beneficio económico directo o indirecto, el acceso a una obra o prestación protegida por derechos de autor mediante la elusión de las medidas tecnológicas dispuestas para evitarlo. A este respecto, la Circular de la FGE 8/2015, de 21 de diciembre, sostiene que se está ante dos ilícitos distintos, radicando la diferencia entre ambos en la ausencia de ánimo de lucro del art. 286.3, CP. Ahora bien, como apuntan otras voces en la Doctrina, ésta también ha de buscarse en el distinto objeto sobre el que recaen las medidas de protección. A saber, el art. 286.3, CP, incide sobre las medidas técnicas que tratan de impedir el acceso ilícito a un servicio de acceso condicional y que afectan de forma indirecta a los contenidos protegidos que dicho servicio proporciona; en cambio, el art. 270.5.d) —y también c)— recae sobre medidas tecnológicas que controlan el acceso a la concreta obra o prestación (de este parecer, CARRASCO ANDRINO, quien también afirma que este precepto es más restrictivo, porque exige "incitar", aunque esta exigencia es, a nuestro modo de ver, solo predicable respecto del tipo del inciso segundo del 286.3, CP).

La razón de la atenuación reside en un menor desvalor de acción al faltar el ánimo de lucro frente a los fines comerciales (*vid. infra* el análisis del elemento subjetivo de estos tipos), pues estas últimas conductas expresan una mayor potencialidad lesiva y por ello su configuración como tipo atenuado respecto del tipo básico del art. 286.1, CP (BENÍTEZ ORTÚZAR/CRUZ BLANCA).

En la práctica jurisprudencial se ha condenado —residualmente— por este ilícito a quien, tras haber contratado legítimamente un servicio de televisión de pago distribuye a través del dispositivo oficial al resto de inmuebles de una comunidad de vecinos la señal descodificada de canales de televisión de pago (SSAP, Granada, Sección 1ª, 746/2011, 28-12, y A Coruña, Sección 1ª, 76/2015, 9-2). En cambio no se aprecia este delito en otros supuesto similares por: a) no ser informado el acusado de que la señal televisa solo puede distribuirse en el bar del hotel y no a las habitaciones (SAP, Almería, Sección 1ª, 98/2014, 25-3); b) no constarse que el encausado procurarse altruistamente a sus vecinos el servicio audiovisual, esto es, sin ánimo de obtener un lucro, ventaja o beneficio económico alguno, sino con fines crematísticos al obtener por ello una reducción económica consistente en la minoración de su cuota en las cargas comunitarias (SAP, Murcia, Sección 2ª, 52/2014, 3-2, lo que será objeto de valoración crítica más adelante al analizar el elemento subjetivo de los ilícitos en estudio); c) por la atipicidad del objeto material, al tratarse —como ya se apuntó más arriba— de un equipo oficial no manipulado para lograr el acceso fraudulento [SSAP, Pontevedra, Sección 4ª, 175/2014, 30-9, y Cáceres, Sección 2ª, 196/2017, 9-6 (*Tol 6204470)*], y d) por la mera falta de prueba de la instalación por parte del imputado del equipo distribuidor de la señal inteligible (SAP, Sevilla, Sección 1ª, 216/2013, 3-5). En los próximos años es posible que aumente la prevalencia de este tipo delictivo de incardinarse en él los casos de transmisión gratuita de canales *IPTV* en sitios web, en los que no se acredite la obtención de un beneficio —directo ni indirecto— por la puesta a disposición de listados de enlaces que conducen a redes de intercambio de archivos a través de las cuales descargar ilícitamente los contenidos audiovisuales (piénsese aquí, por ejemplo, como se apuntó más arriba, en aquellos casos en los que lo que se persigue es infectar con programas maliciosos los dispositivos del usuario); aunque ello solo será factible en la medida en que la conexión requiera del empleo de un programa informático y no del mero acceso a través del enlace, que no puede ser considerado como tal y, por tanto, como objeto material del ilícito que nos ocupa, como ya se ha apuntado en varias ocasiones en esta lección.

4.3. Tipo autónomo (art. 286.3, segundo inciso, CP)

El inciso segundo del art. 286.3, CP, regula un tipo específico que sanciona a quien suministre sin ánimo de lucro información por medio de una comunicación pública, comercial o no, a una pluralidad de personas sobre el modo de conseguir el acceso no autorizado a los servicios protegidos o el uso de un dispositivo o programa que facilite el acceso inteligible a los anteriores, incitando a lograrlos. Se incorpora así la conducta c) del art. 4 de la Directiva 98/84/CE que prevé la punición del uso de comunicaciones comerciales para la promoción de dispositivos ilícitos. Se quiere con esta conducta combatir la facilitación gratuita a través de publicaciones especializadas y, sobre todo, de internet (foros y *chats*) de la información sobre el modo de adquirir, elaborar o simplemente utilizar dispositivos de elusión.

A *priori* esta conducta parece realmente amplia al sancionar todo tipo de comunicación con independencia de su naturaleza comercial o no, lo que permitiría una lucha eficaz contra los anteriores agentes. Sin embargo, queda limitada por dos exigencias, de carácter objetivo y subjetivo.

La primera de ellas es que la conducta deberá realizarse mediante una comunicación pública dirigida a una pluralidad de personas. Por comunicación pública se entenderá, tomando como referente el art. 20 del Real Decreto Legislativo 1/1996, de 12 de abril, por el que se aprueba el texto refundido de la Ley de Propiedad Intelectual, regularizando, aclarando y armonizando las disposiciones legales vigentes sobre la materia (*Tol 292119)*, todo acto realizado por un medio público, comercial o no, idóneo para difundir la información a una pluralidad de personas, sobre el modo efectivo de acceso a un servicio protegido (BENÍTEZ ORTÚZAR/CRUZ BLANCA). Más problemático es delimitar qué integra una "pluralidad de personas". Unos sostienen que habrá que esperar a que la Jurisprudencia determine —atendiendo al peligro potencial al bien jurídico— el número de personas que deben conocer la información relativa al modo de acceder al servicio protegido para que se considere cumplido este requisito del tipo (BENÍTEZ ORTÚZAR/CRUZ BLANCA). Otros en cambio, defienden que ésta existe cuando la comunicación es recibida por dos o más personas (RUBIO LARA). Aunque lo más razonable es a nuestro entender que se está ante una pluralidad de personas cuando existe la posibilidad de que accedan a la comunicación pública un colectivo indeterminado de personas. En todo caso, quedarán excluidas del tipo aquellas comunicaciones que, pese a contener información idónea para vulnerar los sistemas de acceso condicional, no sean públicas ni vayan dirigidas a una pluralidad de personas, tales como las realizadas en el ámbito privado o individualmente (BENÍTEZ ORTÚZAR/CRUZ BLANCA). Así, por ejemplo, resultan atípicos el suministro privado de información sobre el modo efectivo de acceder ilícitamente al servicio condicionado o el suministro individualizado por medio de correo electrónico, fax o cartas, pues pese a ser recibido por una pluralidad de personas, no se transmite de forma pública (CRUZ DE PABLO, BENÍTEZ ORTÚZAR/ CRUZ BLANCA).

Particularmente problemático resulta en este punto determinar la responsabilidad penal de los prestadores de servicios que faciliten enlaces a contenidos o instrumentos de búsqueda, siendo estos responsables únicamente cuando hayan tenido conocimiento directo de los contenidos difundidos por sus servicios. Así, el art. 17 de la Ley 34/2002, de 11 de julio, de servicios de la sociedad de la información y de comercio electrónico (*Tol 164416)*, que dispone que dicho conocimiento directo o efectivo se produce cuando hay una resolución emitida por autoridad competente sobre la ilicitud de los datos o la lesividad de la actividad, conocida por aquel, sin perjuicio de los procedimientos que el prestador establezca para la detección y retirada de contenidos y de otros medios de conocimiento efectivo que pudieran establecerse. En este sentido, por ejemplo, el AJI, nº 9, Barcelona, 7-3-2003, sobresee las diligencias previas abiertas por un delito de descubrimiento y revelación de secretos contra el titular de la página web www.ajoderse.com —que contiene hiperenlaces a otros sitios web donde se publica información relativa al modo de ver gratuitamente canales de televisión de pago— por no apreciar responsabilidad del titular de dicha página conforme al anterior precepto.

En cuanto a la información que se comunica debe ser idónea para vulnerar las medidas técnicas aplicadas por el proveedor y lograr el acceso desautorizado al servicio; de lo contrario la conducta será atípica. En concreto, resulta aquí especialmente discutible que la difusión de las claves (contraseñas o códigos) de acceso pueda constituir este tipo de información, pues no parece que con su publicación se informe sobre el modo de acceder fraudulentamente a los servicios protegidos, sino que simplemente permite suplantar la identidad virtual de un usuario autorizado (GARCÍA ALBERO; en esta línea, la SAP, Barcelona, Sección 6ª, 33/2015, 15-12, absuelve del delito en cuestión al acusado de distribuir en una página web claves de acceso a una plataforma de televisión, al entender que con ellas no se "facilita" el modo de conseguir el acceso no autorizado a un servicio o el uso de un dispositivo o programa de los referidos en el apartado primero del art. 286, CP, sino solo una parte de lo necesario para la consecución de tal fin, lo que impide apreciar la tipicidad de la conducta).

Ahora bien, aun cuando la sanción de la comunicación de las contraseñas fuera posible, ello tampoco aseguraría el cierre de las páginas web en las que éstas se publiquen, pues debería demostrarse que al tiempo de la comisión de los hechos delictivos tales sitios web contenían las claves o contraseñas pertinentes para vulnerar el acceso a servicios de televisión de pago, lo que no siempre resulta sencillo (así, AAP, Madrid, Sección 2ª, 79/2008, 7-2, y SAP, Barcelona, Sección 7ª, 882/2010, 23-10; en sentido contrario, AAP, Madrid, Sección 17ª, 1001/2009, 28-9). Lo que ha llevado en algún caso a sancionar nuevamente estos supuestos como delitos de revelación y descubrimiento de secretos de empresa (SAP, Madrid, Sección 1ª, 274/2008, 12-6).

La segunda de las limitaciones es que la comunicación deberá realizarse "incitando" a los destinatarios a lograr un acceso ilícito a los servicios protegidos. Lo que supone que el sujeto activo no sólo debe transmitir la información públicamente a una pluralidad de personas, sino que, además, debe hacerlo con la intención de animar a terceros a utilizarla para lograr el mencionado acceso, estándose en definitiva ante una forma de provocación (GALÁN MUÑOZ, MARTÍNEZ-BUJÁN PÉREZ, BENÍTEZ ORTÚZAR, VÁZQUEZ ESCOLAR, MAYO CALDERÓN). De ahí que se señale que no es suficiente facilitar el acceso a un servicio protegido "colgando" en internet las instrucciones necesarias para descodificar los servicios protegidos, sino que también debe incitarse a lograrlos (ORTS BERENGUER/GONZÁLEZ CUSSAC). De modo que resultarán atípicas aquellas comunicaciones llevadas a cabo por el sujeto activo sin ánimo de incitar a terceros a que accedan fraudulentamente a los servicios de radiodifusión e interactivos de carácter condicional, sino con un simple ánimo de divulgación científica, periodística, informativa, etc. (tal y como bien señala, GARCÍA ALBERO; en igual sentido BENÍTEZ ORTÚZAR, quien, no obstante, considera que junto a este requisito subjetivo, también ha de valorarse otro de orden objetivo relativo a la potencialidad que ha de reunir el suministro de la información para hacer surgir en los terceros la idea de proceder a usar determinados mecanismos fraudulentos de acceso a servicios condicionales para poder afirmar su tipicidad; así será determinante, en su opinión, atender junto a la finalidad de la información también al medio de comunicación por el que se suministra, la entidad de la misma y el público al que va dirigido).

En línea con lo anterior, son diversas las resoluciones judiciales que han negado la responsabilidad del titular de una página web en la que se contiene información sobre cómo acceder ilícitamente a canales de televisión de pago, porque en estas páginas se advertía que no debía realizarse un uso indebido de la información en ellas contenidas y, por tanto, está ausente el ánimo de incitación que requiere el tipo (así, por ejemplo, acontece en la SJP, Málaga, 405/2000, 10-10; AAP, Madrid, Sección 2ª, 79/2008, 7-2, o SAP, Zaragoza, Sección 1ª, 73/2011, 16-2; resolución esta última en la que expresamente se hacía constar, que su empleo para el visionado de sistemas de acceso condicional sin el correspondiente abono a su proveedor se encontraba tipificado como delito en el Código Penal). Asimismo, se ha rechazado la responsabilidad del titular del sitio web: a) por no poder acreditarse que el acusado era efectivamente su creador [SAP, León, Sección 3ª, 104/2009, 10-6 (*Tol 1547712)*] o, simplemente, no poder concretarse quién era el responsable del servidor (AAP, Madrid, Sección 4ª, 102/2008, 2-2), y b) por entender que la actividad que realiza el acusado no es delictiva desde el momento en que los programas informáticos que ofrece a los usuarios para ver partidos de fútbol codificados en nuestro país —pero emitidos en abierto desde canales de televisiones extranjeras— son de libre uso y su utilización es pública y universal, no necesitando para su utilización ninguna licencia de uso (AAP, Madrid, Sección 5ª, 3975/2008, 3-11; de otra opinión, el AAP, Madrid, Sección 16ª, 389/2009, 12-5, que en un caso similar —acogiendo el motivo del recurrente— considera que estos hechos sí pueden llegar a ser calificados como delitos contra los servicios de radiodifusión e interactivos del art. 286, CP, en la medida en que si bien que los programas se encuentran en la red y son de acceso público y gratuito, lo cierto es que "no todo el mundo los conoce ni sabe cómo llegar hasta ellos" y esa información es precisamente la que ofrecían los imputados en sus páginas web y por la que cobraban una contraprestación y por lo que ordena continuar con el procedimiento, aunque no dejando de reconocer la posible declaración de atipicidad de la conducta).

Por otra parte, se configura este tipo delictivo como un delito de mera actividad, que se consuma con el suministro de la información, independientemente de que alguno de los destinatarios la use o no (también así, BENÍTEZ ORTÚZAR).

La principal consecuencia de este segundo requisito es que convierte en prácticamente inaplicable la conducta que se analiza, pues para evitar su aplicación los usuarios simplemente deben alegar que transmiten la información con fines meramente divulgativos o informativos (QUERALT JIMÉNEZ).

En otro orden de ideas, la ejecución del presente delito se llevará a cabo "sin ánimo de lucro", como parece deducirse de la ambigua redacción del precepto. La no exigencia de ánimo de lucro parece deberse, por un lado, a que la comunicación pública a una pluralidad indeterminada de personas implica ya en el plano objetivo un desvalor suficiente sin necesidad de ulteriores requisitos

(MARTÍNEZ-BUJÁN PÉREZ). Por otro lado, a que la realidad criminológica pone de manifiesto que en la mayoría de los casos el sujeto que comunica en internet la información sobre cómo acceder fraudulentamente al servicio, lo realiza "sin ánimo de lucro"; suprimiéndose este requisito para facilitar su persecución (FARALDO CABANA, MATA Y MARTÍN). Aunque no debe olvidarse que en muchos de estos casos quienes publican la información obtienen un beneficio indirecto derivado de la publicidad inserta en la página web.

Ahora bien, un sector doctrinal critica con acierto la incriminación de estos hechos por la lejanía del peligro para el bien jurídico protegido —los intereses económicos de los proveedores de servicios de acceso condicional— (MUÑOZ CONDE), constituyendo una quiebra del principio de última *ratio* al no tipificar esta figura delictiva hechos cuyo injusto alcance el mínimo para resultar penalmente significativa (MATA Y MARTÍN). Se afirma, por ello, que el Legislador emplea simbólicamente en este caso el Derecho Penal a fin de obtener un amplio efecto intimidatorio entre los usuarios que suministran información sobre el modo de acceder ilícitamente a los servicios protegidos a través de la red; actividad muy común en la práctica (MORALES GARCIA).

4.4. Tipo autónomo (art. 286.4, CP)

El número 4 del art. 286, CP, sanciona a quien utilice los equipos o programas que permitan el acceso no autorizado a servicios condicionados, esto es, el mero uso privado de dispositivos ilícitos; conducta no recogida en la Directiva 98/84/CE. Se establece así una cláusula de cierre que castiga todo el proceso de comercialización de dispositivos ilícitos al sancionar al usuario final que los emplee (en este sentido, MAYO CALDERÓN, va más allá al afirmar que el Legislador ha convertido en un tipo independiente conductas de receptación). Lo que impide sostener, según un sector doctrinal, que el bien jurídico protegido en los delitos en cuestión sea el interés del consumidor, pues es éste, en definitiva, el sujeto activo del delito (CRUZ DE PABLO, MATA Y MARTÍN; una posición particular en este punto es la de ALONSO RIMO, al considerar que este carácter patrimonial del objeto de tutela es únicamente predicable del tipo en cuestión, pero no de los recogidos en los párrafos precedentes del art. 286, CP, en los que se tutela, a su entender, el adecuado funcionamiento del mercado de los servicios de acceso condicional).

En relación con el sujeto activo, al señalar el art. 286.4, CP que se sancionará "*a quien utilice los equipos o programas que permitan el acceso no autorizado a servicios de acceso condicional*" surge la duda de si sólo puede ser sujeto activo el usuario que utiliza dispositivos facilitados por un tercero de conformidad con los tipos del art. 286.1 y 3, CP. A favor de este entendimiento está el hecho de que una interpretación sistemática del precepto lleva a pensar que el consumidor que no ha participado en los delitos anteriores es el sujeto activo del art. 286.4, CP, en tanto que último eslabón del tracto comercial (QUERALT JIMÉNEZ). Sin embargo, de aceptarse esta propuesta no sería posible sancionar a través del art. 286.4, CP, la conducta de quienes han elaborado por sí mismos tales instrumentos ilícitos —siguiendo las indicaciones, por ejemplo, publicadas en la red— ni tampoco a los autores de los tipos del art. 286.1 y 3, primer inciso, CP, que utilicen uno de los dispositivos que distribuyen, sino que cabría acudir al art. 255, CP. Una conclusión que no parece acertada, pues la lesión a los intereses económicos del prestador del servicio condicionado, tanto si el equipo o programa informático le ha sido suministrado al usuario por un tercero como si lo ha fabricado él mismo, es idéntica, ya que con su utilización se le priva en todo caso a aquél de la remuneración que le corresponde por la realización de la prestación. De ahí, que en base a la especialidad del art. 286.4, CP, respecto del tipo general de las defraudaciones del art. 255, CP, resulte más acertada una interpretación amplia de quién puede ser sujeto activo de tal delito, aun cuando ello pueda suponer en algunos supuestos una sanción más gravosa para el usuario. Además, consecuencia directa de este entendimiento será la aplicación de un concurso de normas entre el tipo del art. 286.1, CP, o del primer inciso del art. 286.3, CP, y el tipo del art. 286.4, CP, en aquellos supuestos en los que el sujeto activo comercializa los dispositivos de elusión, y a la vez hace un uso particular de ellos. En este caso, se plantea el problema de cuál sería el precepto aplicable, pues a diferencia de lo que ocurre, por ejemplo, en los arts. 248.2.b), CP, o el art. 270.3, CP, en los que las actividades preparatorias se castigan con igual pena que las ejecutivas, en este caso las conductas peligrosas son penadas más gravemente que las directamente lesivas del bien jurídico protegido. De ahí, que en estos supuestos lo más acertado sea acudir al principio de alternatividad y aplicar el precepto más grave (arts. 286.1 y 3, primer inciso, CP; también admite esta solución LASCURAÍN SÁNCHEZ, así como el concurso de delitos).

En cuanto al objeto material conviene advertir, en primer lugar y como ya se hizo más arriba, que en este tipo penal (a diferencia del tipo básico del art. 286.1, CP y del tipo atenuado del inciso primero del art. 286.3, CP), los equipos o programas informáticos que permiten el acceso no autorizado a servicios de acceso condicional no constituyen aquí dicho objeto, sino el medio comisivo a través del que se comete el delito (por todos, MARTÍNEZ-BUJÁN PÉREZ). En efecto, no se trata en este ilícito de fabricar o de distribuir dichos dispositivos, sino de acceder fraudulentamente al servicio mediante ellos. En segundo término, si bien el art. 286.4, CP, no concreta los equipos o programas informáticos que deben utilizarse para lograr el acceso fraudulento al servicio protegido, se deduce claramente del tenor literal del tipo que éstos serán los descritos en el art. 286.1, CP, pues son los únicos que posibilitarán el "acceso no autorizado" que el tipo en cuestión exige (PASTOR MUÑOZ); cuyas características ya han sido vistas *ut supra* (en particular, en lo que se refiere a la problemática entorno a la utilización por el usuario final de dispositivos oficiales).

La conducta típica consiste en la utilización, sin ningún ánimo específico, de dispositivos ilícitos que faciliten el acceso desautorizado a un servicio de carácter condicional, sin necesidad de ocasionar un perjuicio económico a su proveedor. El delito se consuma con el "efectivo" acceso ilícito al servicio protegido, esto es, con el acceso en forma inteligible (FARALDO CABANA, QUERALT JIMÉNEZ).

La casuística jurisprudencial de este ilícito nos muestra que en los primeros años desde su entrada en vigor, la utilización de dispositivos de acceso condicional ilícitos se continuaba sancionando fundamentalmente: 1) como delitos de defraudaciones de fluidos eléctricos y análogas [SSAP, León, Sección 1ª, 16/2005, 20-1 (*Tol 690909)*; Castellón de la Plana, Sección 2ª, 193/2005, 14-6 (*Tol 697049)*, y Baleares, Sección 2ª, 16/2006, 18-1 (*Tol 871092)*; a excepción de la SAP, A Coruña, Sección 1ª, 138/2008, 27-5, que absuelve de este delito al condenado por no quedar acreditada la utilización de una tarjeta inteligente "pirata" para ver canales de televisión de pago, sino únicamente su mera tenencia; más tardíamente la SJP, nº 2, Pamplona, 35/2015, 32-12, condena —en conformidad— también por este delito a quien difunde la señal lícitamente obtenida de Digital Plus a otros usuarios no autorizados a cambio de un precio, lo que debería haberse incardinado dentro del tipo del art. 286.1, CP] y, 2) como delitos relativos a la propiedad intelectual cuando el empleo de los dispositivos de elusión se lleva a cabo para difundir los contenidos de canales de pago a través de vídeos comunitarios [SSAP, Sevilla, Sección 1ª, 400/2007, 2-7 (*Tol 1632793)*, y Huelva, Sección 3ª, 119/2007, 12-6].

Ahora bien, a partir de 2010 se aprecia un cambio de tendencia, al aumentar considerablemente el número de resoluciones que se pronuncian en base al art. 286.4, CP y que, en su gran mayoría, vienen a sancionar la emisión no autorizada de partidos de fútbol en establecimientos públicos —bares o locales de apuestas— mediante el uso de descodificadores manipulados o alterados. Así lo hacen, entre otras, AAP, Pontevedra, Sección 5ª, 356/2019, 5-6 (*Tol 7379572)*; SAP, Madrid, Sección 23ª, 55/2020, 20-1; SAP, Madrid, Sección 29ª, 36/2021, 28-1; SJP, nº 7, Valencia, 80/2021, 1-3 (*Tol 9135826)* —confirmada por STS 516/2022, 2-6; SSAP, Vizcaya, Sección 2ª, 90170/2021, 4-6 (*Tol 8618574)*; Pontevedra, Sección 4ª, 55/2021, 18-10 (*Tol 8704627)*; Pontevedra, Sección 4ª, 66/2021, 15-11; Madrid, Sección 3ª, 531/2021, 28-10 (*Tol 8736432)*; Asturias, 3ª, 60/2022, 17-2; Pontevedra, Sección 2ª, 164/2022, 13-6; Málaga, Sección 7ª —unidad apoyo procesal de apoyo directo Melilla—, 60/2022, 28-6 (*Tol 9221263)*; STS 581/2023, 11-7 (*Tol 9647656)*; SAP, Pontevedra, Sección 5ª, 54/2023, 29-3; SAP, Madrid, Sección 7ª, 135/2023, 14-3; en contra, absolviendo por falta de prueba en relación: a) al dolo del sujeto activo, porque el empleado por cuenta ajena alega desconocer la ilicitud de la transmisión [SAP Vizcaya, Sección 2ª, 14/2025, 20-1 (*Tol 10460161)*], y b) a la comisión de la conducta, pues solo se acredita la posesión de un aparato descodificador, pero no su efectiva utilización que es lo que exige el tipo delictivo [SSAP, Girona, Sección 3ª, 248/2022, 10-5; Burgos, Sección 1ª, 251/2022, 12-7 (*Tol 9223452)*, y Burgos, Sección 1ª, 246/2022, 6-7; en este sentido, merece ser especialmente criticada la estrategia procesal de los prestadores del servicio de pago que fundamentan, en no pocas ocasiones, únicamente la comisión de dicha conducta en la mera ausencia en la imagen de los símbolos necesarios para acreditar la procedencia lícita de la señal (a saber, el logotipo o "mosca" de la plataforma y el "*fingerprint*" del cliente: código alfanumérico que identifica al titular del contrato) y en la falta de documentación que certifique la contratación de un servicio de televisión de pago por parte del establecimiento público, lo que no puede más que ser rechazado —y así lo están haciendo acertadamente nuestros tribunales—, pues no se justifica en estos casos ni tan si quiera cuál es el mecanismo de captación empleado por los acusados para la supuesta retransmisión ilícita del contenido y, por tanto, no existe una carga incriminatoria suficiente que enerve la presunción de inocencia [se hacen eco de esta precariedad probatoria, por ejemplo, SAP, Lugo, Sección 2ª, 211/2023, 14-9 (*Tol 9763066*), y 5/2024, 10-1; en esta línea, la SAP, Pontevedra, Sección 5ª, 57/2020, procede a la absolución de la acusada al considerar que no se puede sustentar su culpabilidad por emisión desautorizada de partidos de fútbol en su establecimiento de restauración en base tan sólo a un atestado policial que no ha sido ratificado en sede judicial y que, por tanto, no puede ser considerado como fuente de prueba de las afirmaciones que en él sostienen sus autores, sino como una mera denuncia insuficiente para enervar la presunción de inocencia]. Junto a estas están comenzando a darse también las primeras resoluciones que sancionan por la utilización de aplicaciones *IPTV* con las que acceder a canales de este tipo de televisión [así, por ejemplo, SAP, Albacete, Sección 2ª, 135/2024, 27-3 (*Tol 10054218*)].

En otra orden de ideas, se criticaba por la Doctrina hasta la reforma penal de 2015 que el delito se realizase con independencia de la cuantía de la defraudación, a diferencia de lo que ocurría en las defraudaciones de fluido eléctrico y análogas del art. 255, CP —precepto al que se remite el art. 286.4, CP, en materia de pena—, que exigía la producción de un perjuicio de 400 euros, límite que distinguía el delito de la falta quedando en el ámbito de estas las defraudaciones inferiores a 400 euros (GALÁN MUÑOZ). En concreto, se sostenía, de una parte, que ello llevaría a la bagatelización del delito al procederse en la práctica por defraudaciones de cuantía ínfima (BAUCELLS LLADÓS), lo que era inaceptable desde la perspectiva del principio de intervención mínima (BLANCO LOZANO). De otra parte, la ausencia de este montante mínimo en el art. 286.4, CP, daba lugar a dos indeseables consecuencias. La primera es que sería sancionada con la misma pena tanto aquel usuario que realiza un único acceso desautorizado al servicio protegido como aquel otro que lo hace de un modo continuado. La segunda es que se otorgaba un tratamiento privilegiado a los prestadores de servicios de radiodifusión e interactivos condicionados frente a los que prestan energías de fluido eléctrico o análogas (MARTÍNEZ-BUJÁN PÉREZ, QUERALT JIMÉNEZ, BENÍTEZ ORTÚZAR/CRUZ BLANCA) sin vislumbrarse cuáles eran las razones que llevaban a considerar más grave el art. 286.4, CP, que el art. 255, CP, (GALÁN MUÑOZ); cuando ciertamente el segundo cubre servicios de primera necesidad (agua, electricidad, gas, etc.) que merecen de mayor protección y sanción. Se constataba, pues, una clara quiebra del principio de proporcionalidad al no existir diferencia alguna en el desvalor de acción entre ambas defraudaciones, que llevase a explicar la exigencia en un caso sí y en otro no de un mayor desvalor de resultado a todas luces ilógico e ilegítimo (GALÁN MUÑOZ). Razón por la que acertadamente se reclamaba de *lege ferenda* que el art. 286.4, CP, viniese limitado a la exigencia de un perjuicio patrimonial que ayudase a diferenciar entre el delito y la falta, con lo que se conseguiría evitar la sanción del mero uso de los dispositivos de acceso condicional, restringiéndose así el tipo a supuestos de gravedad o entidad suficiente para ser considerados un ilícito penal (MARTÍNEZ-BUJÁN PÉREZ, GALÁN MUÑOZ, MATA Y MARTÍN). Si bien, algún autor consideraba justificada la ausencia de este montante por la dificultad para tasar la defraudación que tiene lugar en servicios condicionados protegidos por otras razones distintas a asegurar su remuneración (GARCÍA ALBERO, también se hace eco de esta dificultad probatoria del perjuicio, aunque con carácter general respecto cualquier tipo de servicio condicionado: LUZÓN CÁNOVAS).

Ahora bien, tras la mencionada reforma operada por la LO 1/2015, el art. 255, CP, no exige la causación de tal perjuicio, disponiendo que la defraudación que no exceda de 400 euros será castigada como delito leve, esto es, con multa de 1 a 3 meses, mientras que de hacerlo lo será con multa de 3 a 12 meses. Ello obliga a interrogarse sobre cuál ha de ser la pena aplicable a los responsables del art. 286.4, CP —la del tipo básico o la del tipo atenuado de defraudaciones—, en tanto en cuanto éste no se remite ahora a un único delito ni a una única pena; problemática en la que —hasta día de hoy— no parece haber reparado nuestro Legislador y respecto de la que se han formulado dos soluciones interpretativas. La primera considera que, al igual que entonces, ha de ser de aplicación la pena prevista para el tipo básico de dicho delito, pues así parece querer seguir haciéndolo el vigente art. 286, CP, lo que llevaría consecuentemente a mantener las críticas expuestas en el párrafo precedente [GALÁN MUÑOZ, también así la SAP, Vizcaya, 2ª, 90259/2021, 30-9 (*Tol 8773419)*]. La segunda, en cambio, parte de la idea de que antes de la reforma en cuestión la pena a aplicar había de ser en todo caso la del delito del art. 255, CP, es decir, la conducta de uso de dispositivos ilícitos se quería sancionar en todo caso como delito y no como falta de defraudaciones del art. 623.4, CP. Ahora bien, estos últimos supuestos en los que el perjuicio ocasionado no supera los 400 euros pasan a calificarse ahora como delito leve del párrafo segundo del art. 255, CP. En base a ello, parece que lo más razonable —y también la interpretación más favorable al reo— es entender que el art. 286.4, CP, se remite a la pena del vigente art. 255, CP, en general, y no solo a la de su párrafo primero, lo que lleva a afirmar que la mención del art. 286.4, CP, a la autonomía de la pena respecto de la cuantía de la defraudación pierde toda relevancia práctica y, por ende, deja de tener sentido (en estos términos, ALONSO RIMO). Esta última posición nos parece la más acertada, dado que el art. 286.4, CP, se remite a un contexto normativo —el del art. 255, CP— que ha cambiado y por ende también el del art. 286.4, CP; luego su penalidad se habrá de modular en función de la cuantía de lo defraudado [así, lo ha apreciado ya alguna resolución: SSAP, Madrid, Sección 23ª, 55/2020, 20-1; Madrid, Sección 3ª, 531/2021, 28-10 (*Tol 8736432)*, y Burgos, Sección 1ª, 246/2022, 6-7]. Además, este entendimiento permite superar el injustificado tratamiento privilegiado de estos proveedores frente a otros de servicios esenciales, tal y como se hizo notar más arriba, al tiempo que adecuar la proporcionalidad de la pena a la gravedad del ilícito.

En la Jurisprudencia también se ha planteado esta problemática, aunque no a efectos de determinación de la pena a aplicar, sino de dirimir el concreto procedimiento procesal a seguir —leve o abreviado. A este respecto, el AAP, Pontevedra, Sección 2ª, 655/2024, 2-10 (*Tol 10361818)*, señala que la penalidad del art. 255, CP —al que se remite el art. 286.4, CP— abarca tanto una pena leve (multa de 1 a 3 meses) como otra menos grave (multa de 3 a 12 meses), disyuntiva ante la que el art. 13.4, CP, dispone expresamente que "cuando la pena, por su extensión, pueda considerarse como leve y como menos grave, el delito se considerará, en todo caso, como leve"; luego por imperativo legal el delito del art. 286.4, CP, será considerado como leve [también así, aunque sin ofrecer mayor argumentación, por ejemplo, SAP, Sevilla, Sección 3ª, 339/2021, 7-10 (*Tol 8824420)*].

5. Elemento subjetivo

Los delitos de acceso ilícito a servicios de radiodifusión e interactivos de carácter condicional son dolosos, no admitiéndose su modalidad imprudente.

A modo de ejemplo, la SAP, A Coruña, Sección 1ª, 76/2015, 9-2, infiere la concurrencia de dolo del comportamiento externo de quien facilita el acceso a otros vecinos a canales de televisión de pago, pues no es de recibo que pretenda achacarla a un mero altruismo cuando se benefició de ella ni al hecho de que la prestación objeto de un contrato establecido entre dos partes pueda extenderse unilateralmente a terceros ajenos a dicha relación (lo que es cuestionable a nuestro entender); en cambio, no se aprecia tal conducta dolosa en quien se limita a firmar el contrato de continuidad suscrito por su antecesor, sin que conste que fuera informado expresamente de que la autorización se limitaba al bar del hotel y no incluía la dirección de la señal a las habitaciones (SAP, Almería, Sección 1ª, 98/2014, 25-3), ni tampoco en quien tras dar de baja el contrato con un operador televisivo de pago, adquiere un descodificador —que considera legal— con el que emite sin autorización en su establecimiento de restauración partidos de fútbol, dado que lo hace sin intención de obtener un lucro ilícito con su emisión (SAP, Lugo, Sección 2ª, 5/2024, 10-1).

Su tipo básico (art. 286.1, CP) exige que las conductas "facilitar" o "suministrar" el acceso inteligible a los servicios protegidos sean realizadas además "con fines comerciales" (finalidad que impide admitir su comisión con dolo eventual), si bien hay que tener en cuenta que estas mismas conductas son sancionadas cuando se cometen "sin ánimo de lucro" (inciso primero del art. 286.3, CP), lo que como veremos condiciona la interpretación que se hace de este elemento, pues esta falta de simetría entre la finalidad comercial y la falta de ánimo de lucro lleva fundamentalmente a interrogarse sobre cuál habrá de ser la respuesta normativa ante los casos en que concurra ánimo de lucro, pero no finalidad comercial (LASCURAÍN SÁNCHEZ).

A este respecto, para la Doctrina mayoritaria, los "fines comerciales" del art. 286.1, CP, constituyen un elemento subjetivo del tipo, cuyo contenido resulta discutido. En opinión, de BENÍTEZ ORTÚZAR/CRUZ BLANCA, BAUCELLS LLADÓS, una interpretación integral y sistemática del precepto obliga a entender estos fines comerciales como equivalentes al ánimo de lucro, esto es, como un ánimo de enriquecimiento o acrecimiento patrimonial del sujeto activo [SSAP, Madrid, Sección 29ª, 421/2013, 23-12 (*Tol 4117387*), y Girona, Sección 3ª, 207/2019, 4-4]. Pues, si se definiesen por el propósito de desarrollar una actividad comercial se llegaría a la paradójica situación de castigar las actividades de facilitar y suministrar el acceso fraudulento realizadas como una actividad profesional (art. 286.1, CP) o "sin ánimo de lucro" (inciso primero del art. 286.3, CP), resultando atípicas las llevadas a cabo "con ánimo de lucro" pero de forma ocasional [en esta línea, la SAP, Madrid, Sección 29ª, 421/2013, 23-12 (*Tol 4117387*), y la SAP León, Sección 3ª, 42/2021, 1-2 (*Tol 8351137*)—ratificada por STS 190/2023, 15-3 (*Tol 9487649*)—, que vinculan la existencia de la finalidad comercial con la obtención del beneficio económico derivado de facilitación de dispositivos ilícitos].

En cambio, para GALÁN MUÑOZ, con el que coincidimos, los "fines comerciales" del tipo básico exigen que la conducta, además de realizarse con un ánimo lucrativo, esté dirigida a una indeterminada masa de posibles consumidores (a fin de obtener un cobro masivo y no meramente individual), al igual que toda actividad propia del tráfico negocial, lo que equivale, en definitiva, a exigir la concurrencia de un ánimo de lucro en una actividad plural (una línea interpretativa similar a la aquí defendida, es la seguida por SANTANA VEGA, quien considera que los fines comerciales más allá del ánimo de lucro, exigen una cierta infraestructura y números de aparatos que acrediten la dedicación comercial del sujeto activo). Asimismo, también deberán dirigirse a esta masa indeterminada las conductas del inciso primero del art. 286.3, CP, porque la no exigencia de ánimo de lucro excluye únicamente que la acción se realice con un propósito lucrativo, pero no para favorecer a un grupo más o menos amplio de sujetos, tal y como se desprende del hecho de que el mencionado precepto requiera que se facilite el acceso inteligible a "terceros". Así, este entendimiento deja fuera del ámbito típico de estos preceptos las actividades realizadas a favor de un único beneficiario (amigo, familiar, vecino, etc.), tratando de justificar al mismo tiempo que conductas tan alejadas de la lesión del bien jurídico protegido, como las comentadas, sean sancionadas con mayor pena que aquéllas que efectivamente lo lesionan (la utilización de dispositivos de elusión del art. 286.4, CP). La peligrosidad para el bien jurídico protegido deriva del acceso que se facilita a un grupo más o menos número de personas.

Por su parte, LASCURAÍN SÁNCHEZ aporta una tercera vía interpretativa conforme a la que considera el "sin ánimo de lucro" como "sin necesidad de que concurra ánimo de lucro", lo que evitaría excluir aquellos supuestos de ánimo de lucro sin finalidad comercial (llegando así a igual solución, a nuestro modo de ver, que quienes identifican la finalidad comercial con el ánimo de lucro) y, por tanto, resoluciones a su juicio tan sorprendentes —o "chuscas" en términos del mencionado autor y que otros califican de absurdas: BENÍTEZ ORTÚZAR— como la de la SAP, Murcia, 2ª, 52/2014, 3-2, que absuelve al acusado de un delito del tipo atenuado del art. 283.1, CP, por haber obtenido una compensación económica de los vecinos (en concreto, una reducción de las cargas comunitarias) a los que facilitaba el acceso a contenidos audiovisuales de pago, pero que habría sido condenado si hubiera "procurado altruistamente a sus convecinos esos servicios" (en esta línea también, VÁZQUEZ GONZÁLEZ, al considerar que en esta modalidad atenuada se sanciona a quien no tiene como propósito obtener un lucro, ventaja o beneficio económico, sino, a su juicio, un ánimo de ocasionar un perjuicio económico a las empresas dedicadas a la venta o alquiler de programas electrónicos derivado de facilitar el acceso a tales programas, pero con el que su autor no logra ningún provecho económico).

Por otro lado, en opinión de FARALDO CABANA, sin embargo, los fines comerciales del art. 286.1, CP, constituyen un elemento objetivo del tipo, que alude al hecho de que las conductas de fabricación, distribución y comercialización de dispositivos ilícitos se enmarca en una actividad empresarial. Lo que excluye del ámbito típico del art. 286.1, CP, los actos puntuales referidos un único programa o equipo informático y los realizados por un usuario o consumidor en provecho exclusivamente propio o de otra persona, sin dirigirse a una pluralidad determinada.

En otro orden de ideas, el que las conductas del art. 286.3, CP, se deban realizar "sin ánimo de lucro" parece responder a la observación práctica de que la mayoría de los usuarios dependen de páginas web para obtener las herramientas de elusión de las medidas técnicas de protección y que se presentan normalmente como iniciativas privadas sin propósito económico. De ahí que la exigencia de ánimo de lucro en este apartado dificultaría su punición (FARALDO CABANA, MATA Y MARTÍN).

6. *Iter criminis*

Desde un punto de vista teórico puede afirmarse que cabe la tentativa, sino en todas, en algunas de las modalidades típicas del art. 286, CP, tales como las conductas de distribución, venta o alquiler de dispositivos ilícitos (QUERALT JIMÉNEZ; la admite en todas sin distinción: SANTANA VEGA). Ahora bien, desde una perspectiva político-criminal parece conveniente rechazar su punición, pues si se atiende a que el art. 286.1 y 3, CP, castigan como actos ejecutivos simples actos preparatorios (fabricar, importar, distribuir, vender, etc.) la punición de la tentativa de estas conductas no sólo parece imposible como se apunta (BAUCELLS LLADÓS), sino que sobre todo resultará desproporcionada, en tanto que éstas se encontrarán muy alejadas de producir no sólo la lesión, sino la puesta en peligro del bien jurídico. Piénsese aquí que si con la fabricación de un dispositivo ilícito que facilite el acceso inteligible a un servicio protegido se produce únicamente la puesta en peligro del interés económico del prestador del servicio al cobro de su remuneración, no se concibe la afección a este bien jurídico con el inicio del proceso de manipulación de un descodificador de televisión.

Sin embargo, nuestros Tribunales sí han apreciado tentativa del art. 286.1, CP, en un caso de oferta de descodificadores y del *firmware* necesario para su modificación ilegal, en que no se llegó a producir la venta de ningún dispositivo [SAP, León, Sección 3ª, 42/2021, 1-2 (*Tol 8351137)*, ratificada por STS 190/2023, 15-3 (*Tol 9487649)*].

Deberán tenerse en cuenta aquí las reglas del delito continuado del art. 74 CP, al no afectar el ilícito en cuestión a bienes eminentemente personales, siempre y cuando se parta de una concepción patrimonial del mismo [así, lo ha apreciado la Jurisprudencia menor, por ejemplo: SAP, Castellón, Sección 1ª, 36/2017, 2-1; SJP, nº 7, Valencia, 80/2021, 1-3; SSAP Madrid, Sección 1ª, 294/2020, 16-6 (*Tol 8040797*); Ourense, Sección 2ª, 186/2020, 29-10, y Cádiz, Sección 4ª, 290/2019, 31-10; en contra, de una parte, ANARTE BORRALLO, para quien sería posible apreciar en determinados supuestos el criterio de unidad de acción y, de otra parte, la SAP, Madrid, Sección 4ª, 214/2023, 29-6 (*Tol 9709272)*—ratificada por la STSJ, Madrid, Sala de lo Civil y Penal, Sección 1ª. 393/2023, 31-10—, al defender que se está ante un delito compuesto por una pluralidad de actos que constituyen una unidad típica, de tal manera que la repetición de los actos de venta no da lugar a continuidad delictiva, sino a un único delito que engloba todos los actos plurales de venta realizados, así como la SAP, A Coruña, Sección 1ª, 76/2015, 9-2 (*Tol 4755563)*, que aboga por considerar los delitos que nos ocupan como permanentes].

7. Participación

Los tipos delictivos regulados en el art. 286, CP, responden a la naturaleza de delitos comunes, en tanto que el sujeto activo de los mismos no debe reunir ninguna característica o cualificación especial para realizarlos. De modo que cualquiera puede ser autor del delito, rigiendo las reglas generales en materia de autoría y participación. En este sentido, no existe inconveniente alguno en admitir la coautoría o la autoría mediata, pero sí para apreciar la participación. En efecto, nuevamente la elevación a delito autónomo de conductas de preparación que pueden ser realizadas por partícipes hace difícil su apreciación, ya que todo ha sido contemplado como autoría (MORALES GARCÍA). Así, aquel que fabrique, importe o distribuya el dispositivo ilícito no será calificado como partícipe de un delito del art. 286.1, CP, sino como autor de este de tipo. No es, por tanto, posible en este precepto distinguir una contribución diferente a la autoría (en contra, SAP, A Coruña, Sección 1ª, 76/2015, 9-2, que la cooperación necesaria).

A este respecto, téngase en cuenta que la SAP, Sevilla, Sección 1ª, 276/2023, 13-6 (*Tol 9725186)*, sanciona como partícipe a título lucrativo (art. 122, CP) a la pareja del acusado de la puesta a disposición y venta electrónica de aparatos ilícitos para el visionado de canales de televisión de pago a través de la técnica del *cardsharing*, en la medida en que no queda acreditada su intervención ni en la manipulación, publicidad o venta de aquéllos y, por tanto, su responsabilidad como autora del art. 286.1.1º, CP, pero sí su enriquecimiento derivado de los ingresos que obtiene su compañero con la descrita actividad fraudulenta y que se ingresan en su cuenta bancaria, constituyendo parte de la economía familiar.

8. Concursos

Dentro de los problemas concursales que pueden plantearse entre los delitos contra los servicios de radiodifusión e interactivos y otras figuras delictivas son dos primordialmente los supuestos a considerar. En primer lugar, las relaciones del art. 286. CP, respecto de los delitos contra la propiedad intelectual, en la medida en que las conductas de facilitación o suministro de sus apartados primero y tercero pueden concurrir con la comisión de actos de comunicación pública (como bien pone de manifiesto GALÁN MUÑOZ) y, por descontado, con la de utilización por el usuario final del dispositivo ilícito con el que accede efectivamente a un servicio protegido (especialmente, a un canal de televisión de pago) de su apartado cuarto. Dos son las soluciones interpretativas que aquí se ofrecen:

Primera. Existencia de un concurso de normas, porque ambos preceptos vienen a contemplar y sancionar una misma y una única lesión patrimonial: la del prestador del servicio de radiodifusión o interactivo de acceso condicional que ha adquirido los derechos de difusión de los contenidos y que resulta perjudicado por el acceso fraudulento a los mismos [así, GALÁN MUÑOZ, GARCÍA RIVAS, abogando este último por la aplicación del principio de alternatividad para su resolución, propuesta a lo que se adhiere CARRASCO ANDRINO al considerar que otra solución supondría un *bis in ídem*, dada la coincidencia de los intereses económicos en juego en estos supuestos; también en esta línea la SJP, nº 4, Málaga, 9-10-2019, aunque resuelve el concurso conforme al principio de especialidad, lo que hace sin ofrecer argumentación alguna sobre esta cuestión al ser dictada por conformidad (*Tol 7606812)*].

Segunda. Se está ante un concurso de delitos, dado que se afectan dos bienes jurídicos distintos, el cual en unos casos se califica como ideal [por ejemplo,

SSAP, Ciudad Real, Sección 1ª, 2/2024, 30-1 (*Tol 9958319*); Vizcaya, Sección 2ª, 90170/2021, 4-6; Asturias, Sección 3ª, 60/2022, 17-2] y en otros, como medial [a saber: SSAP Almería, Sección 2ª, 329/2012, 30-11; Zamora, Sección 1ª, 14/2022, 20-6; Valencia, Sección 3ª, 231/2023, 25-4 (que confirma la condena emitida por SJP, nº 6, Valencia, 499/2022, 23-12), y Pontevedra, Sección 5ª, 309/2023, 2-11 (*Tol 10017909*)], aunque sin más argumentación, pues varias de ellas son dictadas en conformidad.

A mayor abundamiento, ha resultado especialmente controvertida en la Jurisprudencia menor la calificación concursal del supuesto en que se ha producido el disfrute ilícito de la retransmisión de un partido de fútbol mediante un aparato decodificador "pirata", abogándose en unos casos por la existencia de un concurso ideal entre los ilícitos mencionados (así, por ejemplo, SAP, A Coruña, Sección 2ª, 352/2021, 30-6, invocando lo dispuesto por la Circular de la FGE 8/2015, de 21 de diciembre), y en otros por la atipicidad del delito contra la propiedad intelectual, al considerarse que la retransmisión deportiva no constituye una prestación literaria, artística o científica de las protegidas en el mencionado ilícito, en tanto en cuanto la transmisión o la grabación en directo de un partido de fútbol carece de la mínima originalidad y altura creativa necesarias para ser considerada como "obra" protegida por la propiedad intelectual [entre otras muchas, AAP Pontevedra, Sección 5ª, 356/2019, 5-6 (*Tol 7379572*); SJP, nº 7, Valencia, 80/2021, 1-3; SSAP, Vizcaya, Sección 2ª, 90170/2021, 4-6; Valencia, Sección 4ª, 347/2021, 7-6; Guadalajara, Sección 2ª, 170/2021, 15-7; Madrid, Sección 3ª, 531/2021, 28-10; Asturias, Sección 3ª, 60/2022, 17-2; Madrid, Sección 30ª, 383/2022, 12-7; AAP, Castellón, Sección 1ª, 585/2022, 19-7; también así el Acuerdo de la Junta Sectorial de Magistrados de las Secciones penales de la AP Madrid del 10 de octubre de 2019, en el que se dispone que esta emisión desautorizada debe ser únicamente subsumida en el art. 286.4, CP, y, muy especialmente, en esta línea el Tribunal Superior de Justicia de la Unión Europea que ya en su sentencia de 4-10-2011 (TJUE 2011/294), asunto *Football Association Premier League,* había sostenido que los partidos de fútbol no eran obras originales fruto de la creación intelectual de su autor, en la medida en que están delimitados por las reglas de juego que no dejan espacio a la libertad creativa (apartados 96 a 100)].

Este último entendimiento, es el adoptado por el Tribunal Supremo en la sentencia del Pleno 546/2022, 2-6 (*Tol 9045190*) —que confirma la SAP, Valencia, Sección 4ª, 347/2021, 7-6—, en la que analiza la retransmisión de un partido de la Liga de Fútbol Profesional en dos establecimientos públicos, sin autorización de los titulares o cesionarios de los derechos de la obra audiovisual y mediante el uso de un descodificador no autorizado que hacía posible el acceso a la retransmisión. En concreto, acoge ésta el anterior argumento de que, si bien las "prestaciones" se incluyen en los llamados derechos afines de la propiedad intelectual —entre los que se incardinan las grabaciones audiovisuales de acceso condicionado y las transmisiones de las entidades de radiodifusión— lo cierto es que el art. 270.1, CP, adjetiva el concepto normativo señalando que las "prestaciones" deben ser científicas, artísticas o literarias, y esas cualidades no pueden atribuirse a una retransmisión deportiva, porque: "el fútbol, desde luego, no es literatura. Tampoco es ciencia. Es cierto que en un partido de fútbol —en general, en cualquier espectáculo deportivo— pueden sucederse lances de innegable valor estético, pero interpretar esos momentos o secuencias de perfección técnica como notas definitorias de un espectáculo artístico puede conducir a transgredir los límites del principio de tipicidad. Un partido de fútbol es un espectáculo deportivo, no artístico". Por este motivo, el tipo de conductas que se examinan aquí no cumplen a su entender con las exigencias de tipicidad del mencionado precepto, sino con las establecidas en el artículo 286.4,

CP; luego forzar lo contrario, esto es, la integración de los espectáculos deportivos en el molde de las creaciones artísticas, literarias o científicas —aun cuando pudiera haber sido esto la voluntad del Legislador sería un objetivo que quebrantaría a todas luces las exigencias impuestas por el principio de legalidad [reitera esta doctrina el Alto Tribunal en STS 581/2023, 11-7 —que precisamente casa la anterior SAP, A Coruña, Sección 2ª, 352/2021, 30-6—, partidaria de la interpretación opuesta), la reproducen en la jurisprudencia menor, entre otras: AAP, Castellón, Sección 2ª, 589/2022, 2-11 (*Tol 9815113)*; SSAP, Madrid, Sección 16ª, 476/2022, 22-9; Madrid, Sección 4ª, 214/2023, 29-6; Lugo, Sección 2ª, 211/2023, 14-9 (*Tol 9763066)*, y Madrid, Sección 15ª, 119/2024, 27-2].

Ahora bien, se apartan de esta doctrina la SAP, Valencia, Sección 3ª, 231/2023, 25-4, y la STSJ, Castilla La Mancha, Sección 1ª, 81/2024, 4-10, al entender que proporcionar el acceso ilícito a través de páginas web a partidos de fútbol emitidos de manera condicional por plataformas de pago tiene encaje típico en el art. 270.2, CP, en la medida en que éste sanciona la facilitación del acceso o localización en internet de "obras o prestaciones objeto de propiedad intelectual", no limitándose su protección a las obras científicas, artísticas o literarias, como sí lo hace el art. 270.1, CP, al que se refieren las dos anteriores resoluciones del Alto Tribunal. Sin embargo, como bien argumenta la SAP, Albacete, Sección 2ª, 88/2024, 27-2 (desestimada precisamente por la anterior resolución del TSJ de Castilla La Mancha), esta distinta alusión al objeto de protección en el art. 270.2, CP, obedece a una mera simplificación en la redacción del tipo, refiriéndose éste, en todo, a los mismos objetos que el punto primero. Además, una interpretación extensiva del objeto tutelado en el art. 270.2, CP, como la propuesta por las anteriores resoluciones llevaría a admitir —como certeramente apunta CARRASCO ANDRINO— un incomprensible ámbito de protección de las prestaciones y, más concretamente, de los eventos deportivos según cual sea la modalidad de comunicación pública que se realice: facilitando el acceso o la localización en internet de dichos eventos (actividad de enlaces), o fuera de ese ámbito, por ejemplo, proyectándose en un establecimiento abierto al público. Habrá que esperar aquí, por tanto, a conocer cuál de las dos interpretaciones es finalmente acogida por nuestros tribunales.

En segundo lugar, debe valorarse el art. 286.4, CP, en relación con los delitos de defraudaciones de fluido eléctrico y análogas (art. 255, CP), en aquellos casos en los que se defraudan servicios de telecomunicaciones de carácter condicional mediante el empleo de medios clandestinos. Más concretamente, en aquellos supuestos en los que se ven gratuitamente canales de televisión de pago empleando, por ejemplo, tarjetas inteligentes, descodificadores o *Smart TV Box* ilícitos. En estos casos existirá un concurso de leyes que se resolverá en base al principio de especialidad a favor del art. 286.4, CP, al concretar tanto los medios comisivos como los servicios que deben ser defraudados, a saber: el empleo de equipos o programas informáticos diseñados o adaptados para acceder ilícitamente a servicios de radiodifusión e interactivos no autorizados en otro Estado miembro (también partidarios de este tipo de concursos: ALONSO RIMO, RUIZ RODRÍGUEZ/SOLARI MERLO).

III. DELITOS DE MANIPULACIÓN DE EQUIPOS DE TELECOMUNICACIONES

1. *Bien jurídico protegido*

Un sector doctrinal define el bien jurídico protegido como el correcto funcionamiento del mercado de las telecomunicaciones, frente al peligro que presenta la existencia de un mercado negro de equipos de telecomunicaciones (así, BENÍTEZ ORTÚZAR/CRUZ BLANCA; aunque el primero manifiesta en un posterior trabajo sus dudas acerca de esta interpretación que si bien considera la más correcta, entiende que no se corresponde con la extensión de la conducta típica del ilícito en cuestión del que en ningún caso se puede extraer una gravedad tal que llegue a poner en peligro el mercado de los equipos de telecomunicaciones). Sin embargo, la exigencia en este precepto de que la conducta se realice "con ánimo de lucro" lleva a otros autores a defender una naturaleza patrimonial e individual del bien jurídico protegido, que en opinión de BAUCELLS LLADÓS se concretaría en los intereses de las empresas de telecomunicación. Aunque, si se atiende a que los tipos del art. 286.2, CP, se consuman con la mera alteración o duplicación del equipo de telecomunicaciones o con su comercialización —sin necesidad de su posterior utilización—, y que dichas conductas —hasta donde se tiene conocimiento— se realizan sólo para poder desbloquear un terminal, que previamente ha sido sustraído o perdido por su titular, parece más bien que lo que se trata de proteger en estos delitos es el patrimonio de los titulares de estos equipos de telecomunicaciones (también así, ANARTE BORRALLO; SJP Cáceres, nº 1, 31/2020, 20-1).

Ahora bien, aunque el objetivo que se persigue evitar con estos delitos es loable no es posible justificar el recurso al Derecho Penal para sancionar conductas que podrían haberse subsumido en otras figuras delictivas ya existentes, y en las que la penalidad resulta excesiva (en esta línea, BENÍTEZ ORTÚZAR/CRUZ BLANCA, para quienes no es posible sustentar el uso del *ius puniendi* para castigar conductas que no supongan al menos una puesta en peligro abstracto de un valor fundamental para la sociedad y el individuo). A lo que se añade que la adopción de medidas técnicas o mercantiles se rebela como la mejor solución para evitar la entrada y circulación en el mercado de terminales sustraídos (en igual sentido, BENÍTEZ ORTÚZAR, para quien bastaría con una adecuada legislación mercantil y administrativa en la materia). De ahí que de *lege ferenda* se proponga la supresión de estos delitos, máxime si se tiene en cuenta, primero, que tras el cambio de política de las compañías telefónicas —conforme al que es relativamente sencillo renovar el teléfono móvil a través de los denominados "programas de puntos"—, el robo de terminales ha descendido en gran medida. Segundo, su práctica inaplicación judicial, pues desde la entrada en vigor del precepto en 2004 —hace ya dos décadas— no se tiene conocimiento de Jurisprudencia, al menos en sede de Audiencia, sobre estos delitos.

Únicamente la referenciada más arriba SJP, nº 1, Cáceres, 31/2020, 20-1, valora la eventual sanción de quien meramente sustituye la placa base de un teléfono móvil para su reparación con autorización de su titular conforme al art. 286.2, CP, declarando esta actividad atípica, al no dar lugar con ella la alteración del número IMEI del terminal que requiere el mencionado precepto.

2. *Sujetos activo y pasivo*

Los tipos previstos en los arts. 286.2 y 4, CP, se configuran como delitos comunes, al no tener que reunir el sujeto activo ninguna característica o cualificación especial. En concreto, en el caso del art. 286.2, CP, aunque podría pensarse lo contrario, no será necesario que el sujeto posea conocimientos electrónicos para realizar las conductas de alteración o duplicación del número identificativo, pues normalmente logran este objetivo gracias a la información que encuentran en la red sobre cómo realizarlo. Asimismo, tampoco deberá reunir la condición de comerciante quien comercialice los equipos manipulados, esto es, no deberá dedicarse habitualmente a ello (también así, BENÍTEZ ORTÚZAR). En el art. 286.4, CP, el sujeto activo se identifica con el usuario final de los equipos de telecomunicaciones, pudiendo ser éste tanto quien previamente sustrajo el teléfono móvil y posteriormente lo manipuló y comercializó, como quien realizó sólo una de estas conductas.

Ostentará la cualidad de sujeto pasivo de estos delitos el titular del equipo de telecomunicaciones, si se parte de que lo que se protege son sus intereses patrimoniales, o bien la colectividad o las empresas de telecomunicaciones, según se entienda que lo tutelado es el mercado de las comunicaciones o los intereses de estas compañías.

3. *Objeto material*

El objeto material de estos delitos es el "equipo de telecomunicaciones". La Ley 11/2022, de 28 de junio, General de Telecomunicaciones (*Tol 9093453*), entiende por tal *"cualquier aparato o instalación fija que se utilice para la transmisión, emisión o recepción a distancia de signos, señales, escritos, imágenes, sonidos o informaciones de cualquier naturaleza por hilo, radioelectricidad, medios ópticos u otros sistemas electromagnéticos"* (apartado 15 del Anexo II). Luego constituye un equipo de telecomunicaciones todo dispositivo que permite la transmisión, y recepción de información o contenidos a través de alguno de las mencionadas vías. Así, por ejemplo, constituirían objeto material de este precepto el teléfono, el fax o el télex. Ahora bien, al exigir el art. 286.2, CP, que se altere o duplique el número identificativo de equipos de telecomunicaciones, el objeto material de estos delitos queda limitado a aquellos de estos equipos que lo poseen, reduciéndose éstos a los teléfonos móviles (BAUCELLS LLADÓS) u otros dispositivos electrónicos que pueden ser utilizados como tal; así, por ejemplo, una PDA (*Personal Digital Assistant*) o una tableta (en contra, LASCURAÍN SÁNCHEZ, para quien también pueden serlo otros equipos de telecomunicación con "DNI", como son los ordenadores y su dirección *IP*).

En efecto, los teléfonos móviles incorporan el denominado número IMEI, número que se caracteriza por permitir reconocer al dispositivo en sí cuando se conecta a la red de telecomunicaciones. Este número se compone de 15 dígitos, que pueden estar escritos seguidos o separados por signos, y que posee el teléfono móvil anotado, normalmente, en su batería y en su embalaje. Dicho número no debe confundirse con el número IMSI (*International Suscriber Identity*); código también de 15 dígitos que identifica al abonado de la red, esto es, al titular de la línea, y que posee la tarjeta SIM. Resultarán, por tanto, típicas únicamente las conductas que se realicen sobre el número IMEI (en este sentido, también ANARTE BORRALLO), quedando excluidas del tipo aquellas relativas, por ejemplo, a la alteración o duplicación del número de línea de abonado (de opinión contraria: GARCÍA ALBERO). Asimismo, también quedará fuera del tipo la manipulación de los números PIN (*Personal Identity Number*) —en sentido contrario, BAUCELLS LLADÓS, FARALDO CABANA, MARTÍNEZ-BUJÁN PÉREZ, VÁZQUEZ GONZÁLEZ, ZUGALDÍA ESPINAR, LUZÓN CÁNOVAS, MENDOZA BUERGO— o PUK (*Personal Unblocking Key*), que imposibilitan el acceso a la tarjeta SIM e IMSI (*International Mobile Subscriber Identity*), al no identificar, por tanto, ninguno de ellos al terminal.

4. Modalidades típicas

4.1. Tipo básico (art. 286.2, CP)

El art. 286.2, CP, se configura como un tipo mixto alternativo, que sanciona la alteración o duplicación del número identificativo de equipos de telecomunicaciones (primer inciso) o su comercialización (segundo inciso). Será de aplicación la pena cumulativa de 6 meses a 2 años y multa de 6 a 24 meses, prevista en el art. 286.1, CP.

Por lo que respecta a las conductas del primer inciso, alterar consistirá en cambiar, variar o modificar el número IMEI del terminal; a saber, cambiar el orden, suprimir o sustituir alguno o varios de los dígitos de dicho número, para lograr desbloquear el terminal y poder seguidamente utilizarlo fraudulentamente. Ahora bien, únicamente resultará típica la alteración sobre el número IMEI grabado internamente en el teléfono y no sobre el número registrado en su batería o embalaje, pues en estos supuestos el teléfono continuará conectándose a la red con el IMEI original.

Se plantea si la conducta de "liberalización" del teléfono móvil a través del número IMEI quedaría subsumida bajo esta conducta de alteración. En concreto, cuando se habla de "liberalizar" o "liberar" el teléfono móvil se hace referencia a aquella acción que permite desbloquear las medidas de "fidelidad" aplicadas por la empresa suministradora al terminal, y que impiden su funcionamiento con la tarjeta SIM de otra operadora telefónica. En opinión de CRUZ DE PABLO, esta conducta sí debería incluirse bajo el ámbito de aplicación del art. 286.2, CP, porque con ella se produce un perjuicio patrimonial para las distintas compañías de telecomunicaciones, que entregaron los terminales al usuario previo compromiso contractual de mantenerse en su servicio de telefonía durante un período determinado. Sin embargo, como señalan acertadamente BENÍTEZ ORTÚZAR/ CRUZ BLANCA, el art. 286.2, CP, no alcanza a otras conductas distintas a alterar el número identificativo del equipo de telecomunicaciones para desbloquear el terminal sustraído. Lo que se confirma si se tiene en cuenta que con la sanción de la conducta de "liberalización" del terminal se procedería a criminalizar un mero incumplimiento contractual. Asimismo, tampoco quedarían cubiertas por este art. 286.2, CP, las alteraciones que se realicen sobre las tarjetas SIM, pero no porque el tipo se limite a los propios terminales telefónicos, pues dicha tarjeta constituye un componente del terminal (como así sostienen BENÍTEZ ORTÚZAR/CRUZ BLANCA), sino porque el tipo se limita a la alteración del número identificativo del terminal (IMEI) y no de otros elementos como la tarjeta SIM o el número IMSI que ésta contiene, cuya manipulación podría sancionarse a través del delito de defraudación de telecomunicaciones (art. 255.3, CP).

Por duplicar se entendería, en principio, copiar o reproducir el número identificativo de un equipo de telecomunicaciones. Ahora bien, la mera copia, por ejemplo, en un papel u otro soporte material, de dicho número no implica una afección al bien jurídico protegido. De ahí que deba interpretarse la conducta duplicar como la reproducción o copia del número identificativo en un terminal distinto al que originalmente estaba vinculado (BENÍTEZ ORTÚZAR/CRUZ BLANCA). Se está pensado aquí concretamente en aquellos supuestos en los que se aplica el número IMEI de un teléfono móvil válido a otro que previamente ha sido bloqueado, para de esta manera habilitar nuevamente su uso. En estos casos existirá una suplantación del terminal, pero no del titular de la línea que se identifica a través de la tarjeta SIM del móvil. Puede, concluirse, por tanto, que la conducta duplicar el número identificativo de equipo de telecomunicaciones constituye, en definitiva, una variedad de la conducta "alterar" consistente en lograr el acceso ilícito a través del duplicado de dicho número (BAUCELLS LLADÓS).

El inciso segundo del art. 286.2, CP, sanciona a quien "*comercialice equipos que hayan sufrido alteración fraudulenta*". Al constituir la duplicación una forma más de alteración se entenderá castigada la comercialización tanto de los equipos con el número identificativo alterado como duplicado. Una interpretación en otro sentido llevaría al absurdo de sancionar la distribución de los equipos alterados y la impunidad de los duplicados, cuando ambas conductas son castigadas en el inciso precedente.

Se entenderá por "comercializar" realizar las actividades necesarias para la distribución y puesta a la venta en el mercado de los equipos de telecomunicaciones manipulados. Bastará para la consumación de la conducta con la mera oferta de los equipos manipulados, resultando así típica, por ejemplo, la mera oferta de estos equipos a través de una página web; aunque para ello será necesario que el ofertante posea el terminal con el número identificativo manipulado, pues de lo contrario la acción resultaría atípica al carecer de objeto material, constituyendo un mero acto preparatorio impune (también de este parecer, ANARTE BORRALLO). Se observa, pues, como con esta conducta se quiere sancionar a quienes distribuyen en el mercado ilícitamente equipos de telecomunicaciones, pero que previamente no han alterado o duplicado su número identificativo, aunque sí tienen conocimiento de ello. Se sancionan así conductas que, sin estar dirigidas a la manipulación del aparato, contribuyen a la expansión de estos fenómenos delictivos (BAUCELLS LLADÓS).

4.2. Tipo atenuado (art. 286.4, CP)

El número 4 del art. 286, CP, sanciona con la pena prevista para el delito de defraudaciones del art. 255, CP (nos remitimos a lo dicho más arriba sobre la penalidad de este precepto tras la reforma de 2015), a quien utilice los equipos o programas que permitan el acceso no autorizado a servicios de acceso condicional o equipos de telecomunicaciones. Pese a la mala técnica legislativa de este precepto, que no se refiere expresamente a los equipos cuyo número identificativo haya sido alterado o duplicado, razones de coherencia sistemática llevan a entender que el art. 286.4, CP, se remite alternativamente, primero, a los números 1 y 3 de este precepto —relativo a los delitos contra los servicios de radiodifusión e interactivos de carácter condicional— y, después, a su número segundo —relativo a los ilícitos de manipulación de los equipos de telecomunicaciones— (MORALES PRATS, también así ANARTE BORRALLO).

Así pues, el art. 286.4, CP, sanciona la utilización de un equipo de telecomunicaciones con su número identificativo alterado o duplicado, con independencia de la cuantía defraudada. El tipo se consumará con el "efectivo" acceso al servicio telefónico, esto es, cuando el sujeto activo logra acceder a la línea telefónica para realizar y recibir llamadas, enviar mensajes de texto o conectarse a internet.

La atenuación de este precepto respecto del tipo básico (art. 286.2, CP) parece responder a la idea de sancionar más duramente a quien manipula técnicamente un equipo de telecomunicaciones o lo comercializa, que a quien lo utiliza finalmente. No obstante, aunque pueda ser razonable la finalidad de castigar al consumidor final para influir, de este modo, en la demanda de este tipo de equipos de telecomunicaciones, no puede justificarse el exceso punitivo al que da lugar. Ello se debe a que el usuario final es castigado con un rigor excesivo, máxime si se tiene en cuenta que el mero uso de un terminal manipulado puede no generarle daño económico alguno a su titular, y que las conductas de alteración y duplicación del art. 286.2, CP, ya se dirigen a combatir este mercado negro de telefonía móvil.

5. Elemento subjetivo

Los tipos anteriores admiten únicamente su modalidad dolosa. En el art. 286.2, CP, se exige que las conductas de alteración y duplicación sean realizadas "con ánimo de lucro", de manera que, en opinión de la Doctrina mayoritaria, el sujeto activo debe perseguir obtener un beneficio, ventaja o provecho de índole económica con su acción, resultando atípica la conducta realizada con fines terroristas o con cualquier otro fin ilícito ajeno al lucro (por todos, MORALES PRATS; de otra opinión, VÁZQUEZ GONZÁLEZ para quien este lucro debe entenderse como cualquier ventaja que se obtenga, aunque no se dineraria o la obtenga un tercero). Contrariamente, un sector doctrinal defiende que la exigencia de "ánimo de lucro" no debe ser interpretada como un elemento subjetivo del tipo sino como un elemento objetivo, alusivo a que la conducta típica se ha de realizar en el contexto de una actividad empresarial; lo que excluye del ámbito típico los actos puntuales referidos a un único equipo, así como los realizados por un usuario en provecho exclusivamente propio o de otra persona sin dirigirse a una pluralidad indeterminada de personas (FARALDO CABANA).

En otro orden de cosas, la dificultad para reconocer externamente si el terminal ha sido o no manipulado dará lugar a numerosos supuestos de error de tipo en el art. 286.4, CP. Lo que conducirá a la exención de responsabilidad penal del consumidor al no preverse la modalidad imprudente de este delito (BAUCELLS LLADÓS).

6. Iter criminis

Cabe la tentativa en la conducta de comercialización de equipos terminales con el número identificativo manipulado, pues se trata de un delito de resultado, pero el adelantamiento de la intervención penal que representa la elevación a delito de lo que son actos preparatorios aconseja su no punición. Serán de aplicación las reglas del delito continuado del art. 74, CP.

7. *Concursos*

Son diversos los problemas concursales que se plantean entre el art. 286.2, CP, y otras figuras delictivas. En primer lugar, puede darse el caso de que quien manipula el equipo de telecomunicaciones lo haya sustraído previamente; conductas ambas que lesionarían el patrimonio del titular del terminal, si bien la manipulación del equipo no representa un nuevo ataque a dicho bien, pues constituye en definitiva el agotamiento del delito de sustracción que no genera una nueva merma económica en el patrimonio de la víctima. En efecto, sólo tras conseguir desbloquearlo, el terminal volverá a funcionar, pudiendo el sujeto activo entonces obtener el beneficio o lucro al que había dirigido su acción inicial de hurto, robo o apropiación indebida, ya que podrá, por ejemplo, revenderlo o utilizarlo. Por consiguiente, la manipulación no representa una afección al patrimonio distinta de la que se ha producido ya con la sustracción. Luego, existiría en este caso un concurso de normas entre el art. 286.2, CP, precepto y los delitos de hurto (art. 234, CP), robo (art. 237, CP) o apropiación indebida (art. 254, CP).

En segundo término, otra relación concursal problemática sería la del art. 286.2 y el delito de receptación del art. 298.1 ambos del CP en aquellos casos en los que el sujeto manipula un terminal móvil sustraído, o bien lo comercializa, a sabiendas de su origen ilícito, pero sin haber participado en la acción delictiva procedente. En estos supuestos, podría pensarse en un concurso de normas entre ambos preceptos que se resolvería conforme al principio de especialidad en favor del art. 286.2, CP. Sin embargo, al tratarse la receptación de un delito pluriofensivo la solución debe ser otra, ya que el art. 286.2, CP, únicamente abarcaría la afección del patrimonio del titular del terminal sustraído, pero no la lesión de la Administración de Justicia, que se ocasiona al dificultar el descubrimiento y persecución de los delitos de referencia. De ahí que en estos casos deba aplicarse un concurso ideal entre el art. 286.2, CP, y el art. 298.1, CP.

En cuanto al número 4 del art. 286, CP, puede apreciarse igualmente, en primer lugar, un concurso de normas entre este precepto y los delitos de hurto (art. 234, CP), robo (art. 237, CP) y apropiación indebida (art. 254, CP) y manipulación de equipos de telecomunicaciones del art. 286.2, CP. Se entenderá en este caso que el injusto del tipo que recoge todo el desvalor del hecho grave absorbe al resto de conductas que, en definitiva, son necesarias para que el sujeto pueda aprovecharse de su acción ilícita. En segundo término, deberá aplicarse un concurso de delitos entre el art. 286.4, CP, y el art. 255, CP, en aquellos supuestos en los que se utilice un terminal con el número identificativo manipulado y una tarjeta SIM manipulada para defraudar a la compañía telefónica. Ello se debe a que, como ya se apuntó, la manipulación de dicha tarjeta no constituye la modificación del equipo de telecomunicaciones, por lo que no puede subsumirse esta conducta dentro del art. 286.4, CP. A lo que se añade que ambos preceptos protegen bienes jurídicos distintos, a saber, la propiedad del terminal telefónico (art. 286.4, CP) y los intereses económicos de la compañía telefónica (art. 255, CP). En tercer lugar, será de aplicación un concurso de normas aparente entre el art. 286.4, CP, y el art. 256, CP, relativo al uso de equipos de telecomunicaciones, que se resolverá de conformidad con el principio de especialidad a favor del primero. En efecto, ambos preceptos comparten la misma conducta típica consistente en la utilización indebida de un equipo de telecomunicaciones, sin consentimiento de su titular. Aunque, en el primero, a diferencia del segundo, dicho equipo deberá tener alterado o duplicado su número IMEI. Luego es evidente que el art. 286.4, CP, constituye *lex specialis* respecto del art. 256, CP.

IV. CUESTIONES PROCESALES

De conformidad con el apartado primero del art. 287, CP, los delitos contra los servicios de radiodifusión e interactivos y los delitos de manipulación de equipos de telecomunicaciones, serán perseguibles previa denuncia de la persona agraviada, de sus representantes legales o del Ministerio Fiscal si se trata de un menor de edad, persona con discapacidad necesitada de especial protección o una persona desvalida. Se configuran así los tipos del art. 286, CP, como delitos semiprivados o semipúblicos (también en este sentido, MAYO CALDERÓN).

A este respecto, el AAP, Pontevedra, Sección 2ª, 63/2023, 3-2, niega la legitimación de la entidad de Gestión de Derechos de los Productores Audiovisuales, EGEDA, en un asunto de venta de dispositivos concebidos para facilitar el acceso a los consumidores a obras y prestaciones audiovisuales de plataformas de pago como Movistar+, Netflix o HBO, al no haber acreditado aquélla tener confiada la gestión de los derechos patrimoniales por los autores o por sus cesionarios de las obras reproducidas. Por su parte, la SAP, Málaga, Sección 7ª —unidad apoyo procesal de apoyo directo Melilla—, 60/2022, 28-6 (*Tol 9221263*), sí ha apreciado la de la LaLiga en diversos casos de retransmisión ilícita de partidos de fútbol en establecimientos públicos, al afirmarse que "sería agraviada por el delito más allá del interés económico, pues locales sin su autorización, están emitiendo los partidos, derechos que son de su titularidad aunque ceda su explotación a Mediaproducción, en tanto que tiene todo el derecho a oponerse a que nadie emita sus partidos sin derecho a ello y sin abonar cantidad alguna", no solo por estas emisiones sino también por el hecho de que Mediaproduccion paga a esta en función de los establecimientos a los que a su vez cede sus derechos. En esta misma línea, el AAP, Pontevedra, Sección 5ª, 356/2019, 5-6 (*Tol 7379572*), y la SAP, Pontevedra, Sección 4ª, 55/2021, 18-10, señalan que dada la consideración de los derechos audiovisuales como titularidad de los equipos de fútbol y que con el tipo del art. 286, CP, se estarían protegiendo estos de forma más amplia en tanto que defendería a todo sujeto con derechos económicos procedentes de derechos audiovisuales. De modo que la visualización ilícita de estos eventos deportivos de los que la LaLiga es la cesionaria de las facultades de comercialización también afectados sus derechos económicos, sin perjuicio de que sea adjudicataria de la explotación de los derechos audiovisuales de LaLiga en establecimientos públicos la entidad Mediaproducción, o de que se haya utilizado un dispositivo distinto al decodificador de Movistar [también en esta línea, SAP, Pontevedra, Sección 4ª, 59/2021, 15-9; de otra opinión, la SAP, Barcelona, Sección 6ª, 308/2021, 3-5 (*Tol 8600102)*, que, haciéndose eco de la STS, Sala 1ª, 439/2013, 25-6, considera con buen tino que la LaLiga es únicamente la comercializadora en exclusiva de los derechos audiovisuales titularidad de los clubes o entidades participantes, y como tal, los vendió a una plataforma audiovisual, por lo que el perjuicio se produce única y directamente a dicha plataforma de pago, y en su caso, al resto de los bares].

En cambio, según el apartado segundo del art. 287, CP, no será precisa tal denuncia cuando la comisión del delito afecte a los intereses generales o a una pluralidad de personas, lo que, en opinión de FARALDO CABANA, difícilmente acaecerá en tanto en cuanto los delitos que nos ocupan no suelen afectar a un número cuantioso de sujetos, pues tutelan un interés individual y no general.

Quizás esta necesidad de denuncia y la preferencia por los delitos contra la propiedad intelectual de los prestadores de servicios —dada su mayor penalidad y tradición jurídica, tal y como ya se apuntó más atrás—, sean las principales razones que expliquen la escasa prevalencia de estos delitos en nuestra realidad judicial, tal y como atestiguan las últimas memorias de la Fiscalía General del Estado en las que no se alcanza en ningún caso el centenar de diligencias incoadas por el art. 286 CP y en las que se aprecia un descenso paulatino de las mismas que lleva en la última de 2024 a cifrarlas en 7 [la cifra más baja con gran diferencia de las últimas anualidades: 42 (2023), 23 (2022) y 87 (2021)].

Por su parte, el art. 288, CP, dispone la publicación de la sentencia en los periódicos oficiales, que en caso de solicitarlo el perjudicado podrá la autoridad judicial ordenar su reproducción total o parcial en cualquier otro medio informativo, a costa del condenado [así, lo hacen la SAP, A Coruña, Sección 1ª, 76/2015, 9-2 (*Tol 4755563)*, que acordó la publicación en el Boletín Oficial de la mencionada provincia, y la SAP, León, Sección 3ª, 42/2021, 1 2 (*Tol 8351137)* —ratificada por STS 190/2023, 15-3 (*Tol 9487649)*— en un periódico oficial].

En relación con la responsabilidad civil, la Jurisprudencia se muestra especialmente vacilante respecto a su cuantificación en los tipos de comercialización y puesta a disposición de los dispositivos de acceso ilícito (art. 286.1 y 3, CP). Concretamente, se fija en unos —en clara sintonía con lo dispuesto en el art. 140 de la LPI— en base al perjuicio causado al operador televisivo, que incluye también el lucro cesante derivado del importe de las mensualidades no pagadas por la contratación del servicio audiovisual [así, por ejemplo, SSAP, A Coruña, Sección 1ª, 76/2015, 9-2 (*Tol 4755563)*; Almería, Sección 2ª, 430/2016, 25-10 (*Tol 5973404)*; Valencia, Sección 4ª, 596/2016, 8-9 (*Tol 5877703)*; Girona, Sección 3ª, 207/2019, 4-4 (*Tol 7509728)*, que añade también la cuota de instalación del servicio; Cádiz, Sección 4ª, 290/2019, 31-10 (*Tol 8202326)*, que puntualiza que el abono lo será únicamente por el acceso a los concretos canales que se ha probado era posible ver fraudulentamente; Almería, Sección 2ª, 329/2012, 30-11, que lo limita a la mensualidad en que ha quedado acreditada la emisión desautorizada de la señal televisiva en el establecimiento hostelero; Madrid, Sección 1ª, 294/2020, 16-6 (*Tol 8040797)*; Madrid, Sección 3ª, 365/2021, 14-7 (*Tol 8610999)*, y Sevilla, 1ª, 276/2023, 13-6 (*Tol 9725186)*]. En otros, en cambio, atienden —más acertadamente— a la concreta ganancia obtenida por los acusados con la venta o puesta a disposición electrónica de los dispositivos ilícitos, al considerar que no existe el grado de probabilidad imprescindible para poder asegurar que los adquirientes de los aparatos fraudulentos hubieran suscrito contratos con los correspondientes suministradores de contenidos para el acceso legal y de pago a estos últimos de no haber adquirido los aparatos ilícitos, así como de eventuales prórrogas del servicio tras el primer año de suscripción, luego se fijará en base a los datos objetivos probados y no en meras hipótesis o conjeturas [SSAP Madrid, Sección 29ª, 421/2013, 23-12; Alicante, Sección 2ª, 302/2014, 3-6 (*Tol 4462000)*; Castellón, Sección 1ª, 36/2017, 2-1; Ourense, Sección 2ª, 186/2020, 29-10 (*Tol 4117387)*; Madrid, Sección 4ª, 214/2023, 29-6 (*Tol 9709272)* —ratificada por la STSJ, Madrid, Sala de lo Civil y Penal, Sección 1ª, 393/2023, 31-10; resolución esta última que también rechaza la posible indemnización por el concepto de "daños a la imagen" o "daño moral" al operador audiovisual, al no ser posible articular prueba alguna de su producción por el acusado]. En relación con la responsabilidad civil en el tipo del art. 286.4, CP, en su gran mayoría se adopta el *quantum* propuesto en el informe pericial de la parte demandante sin mayor argumentación [excepcionalmente, la SAP, Vizcaya, Sección 2ª, 90170/2021, 4-6 (*Tol 8618574)*, señala que se ha de atender al concreto perjuicio ocasionado por la retransmisión ilícita en el establecimiento del acusado de un único partido de fútbol de los cuatro emitidos por la plataforma de pago ese mes, debiéndose abonar la cuarta parte de esa mensualidad].

En otro orden de ideas, rigen, como es por todos sabido, en estos delitos las reglas generales sobre el decomiso de los efectos, ganancias y bienes, medios o instrumentos del delito (arts. 127 y ss., CP), consistente primordialmente en estos casos en la retirada y destrucción del equipo receptor ilícito —que se acompaña también en ocasiones de la de su correspondiente mando a distancia y fuente de alimentación— [SAP, Valencia, Sección 4ª, 596/2016, 28-9; SJP, nº 7, Valencia, 80/2021, 1-3 (*Tol 9135826)*, y STS 581/2023, 11-7], y de la prescripción (art. 131, CP), que se aprecia, por ejemplo, en la SAP, Teruel, Sección 1ª, 3/2021, 4-1, en la que transcurre más de un año entre la incoación del procedimiento por un delito leve del art. 286.4, CP, y la celebración del juicio sin actuación alguna que justifique su interrupción [no lo hace así en cambio en un supuesto similar la SAP, Sevilla, Sección 3ª, 339/2021, 7-10 (*Tol 8824420)*, ni tampoco la SAP, Sevilla, 121/2021, 12-4, ni la SAP Madrid, Sección 15ª, 119/2024, 27-2]. Asimismo, se ha valorado puntualmente la concurrencia del delito provocado, cuya existencia se ha negado en la SAP, Islas Baleares, Sección 2ª, 381/2017, 7-9 (*Tol 6379072)*, en la que la empresa demandante compra un descodificador manipulado al acusado, pues se entiende que la intención de delinquir de éste ya existía claramente con anterioridad al ofertar este producto ilícito en la web, no obedeciendo por tanto su actuación delictiva a provocación alguna.

V. BIBLIOGRAFÍA

ANARTE BORRALLO, E. "Piratería de servicios de acceso condicional y asimilados", en BOIX REIG, J. (dir.), *Derecho Penal, Parte especial, Vol. II, Delitos económicos,* 2ª ed., Madrid, 2020; BAUCELLS LLADÓS, J. "Art. 286 CP", en CÓRDOBA RODA, J./GARCÍA ARÁN, M. (dirs.), *Comentarios al Código penal, Parte Especial,* Tomo I., Madrid, 2004; BENÍTEZ ORTÚZAR, I. F. "Delitos contra el patrimonio y el orden socioeconómico (XI), en MORILLAS CUEVA, L. (dir.), *Sistema de Derecho Penal, Parte Especial,* 5ª ed., Madrid, 2024; BENÍTEZ ORTÚZAR, I. F./CRUZ BLANCA, M. "Art. 286 CP", en COBO DEL ROSAL, M. (dir.), *Comentarios al Código Penal, Tomo IX. Delitos contra el patrimonio y el orden socioeconómico (continuación) arts. 273 a 304*, Madrid, 2005; CALDERÓN CEREZO, A/ CHOCLÁN MOTALVO, J. A. *Manual de Derecho Penal. Tomo II. Parte Especial*, Barcelona, 2005; CRUZ DE PABLO, J. A. *Derecho Penal y nuevas tecnologías: aspectos sustantivos*, Barcelona, 2006; EUROPEAN UNION INTELLECTUAL PROPERTY OFFICE (EUIPO) *Illegal IPTV in the European Union*, 2019, DOI: 10.2814/28041; *id. Online copyright infringment in the European Union: films, music, publications, software and tv* (2017-2022), 2023, doi: 10.2814/966644; *id.*, European Union Intellectual Property Office, *European Union Intellectual Property Office, Illegal IPTV in the European Union —Research on online business models infringing intellectual property rights— Phase 3*, 2019, DOI:10.2814/2804; FARALDO CABANA, P. *Las nuevas tecnologías en los delitos contra el patrimonio y el orden socioeconómico*, Valencia, 2009; *id.*, "Art. 286 CP", en GÓMEZ TOMILLO, M. (dir.), *Comentarios prácticos al Código penal*, Tomo III, Cizur Menor, 2015; FONSECA LUJÁN, J. A. "Discusión sobre el bien jurídico tutelado en el delito de piratería de servicios de radiodifusión en España", *Boletín Mexicano de Derecho Comparado*, nueva serie, año XLVIII, nº. 142, enero-abril, 2015; GALÁN MUÑOZ, A. "El Derecho Penal español ante la piratería de los servicios de radiodifusión", *Eguzkilore: cuaderno del instituto vasco de criminología*, nº. 9, 2008; *id.*, "Expansión e intensificación del Derecho Penal de las nuevas tecnologías: un análisis crítico de las últimas reformas legislativas en materia de criminalidad informática", *RdPP*, nº. 15, 2006; *id.* "Delitos contra el mercado y los consumidores", en GALÁN MUÑOZ, A/NÚÑEZ CASTAÑO, E. (dirs.), *Manual de Derecho económico y de la empresa*, 5ª ed., actualizada y revisada conforme a lo establecido en la LO 14/2022, de 22 de diciembre, Valencia, 2023; GARCÍA ALBERO, R. "Voz: piratería de servicios de radiodifusión o interactivos", en BOIX REIG, J. (dir.), LLORIA GARCÍA, P. (coord.), *Diccionario de Derecho Penal económico*, Madrid, 2008; GONZÁLEZ RUS, J. J. "Delitos contra el patrimonio y contra el orden socioeconómico (VIII)", en COBO DEL ROSAL, M. (dir.), *Derecho Penal español, Parte Especial*, Madrid, 2004; LASCURAÍN SÁNCHEZ, J. A. "Piratería de servicios de comunicación", en DE LA MATA BARRANCHO, N. y otros *Derecho Penal económico y de la empresa*, 2ª ed., Madrid, 2024; LUZÓN CÁNOVAS, A. "Art. 286", en CUERDA ARNAU, M. L. (dir.), *Comentarios al Código penal*, Tomo I., Valencia, 2023; MARTÍNEZ-BUJÁN PÉREZ, C. *Derecho Penal y económico y de la empresa. Parte especial*, 7ª ed., Valencia, 2023; *id.*, "Delitos contra el patrimonio y el orden socioeconómico (IX): delitos relativos a la propiedad intelectual e industrial, al mercado y a los consumidores. Alteración de precios en concursos y subastas públicas", en GONZÁLEZ CUSSAC, J. L. (coord.), *Derecho penal, Parte especial*, 8ª ed., Valencia, 2023; MATA Y MARTÍN, R. M. "Protección penal de la propiedad intelectual y servicios de radiodifusión e interactivos: excesos y equívocos. Su continuación en la reforma de 25.11.03", en *LH-Cobo del Rosal*, Madrid, 2005; MAYO CALDERÓN, B. "Delitos contra el patrimonio y el orden socioeconómico III. Delitos relativos a la propiedad intelectual e industrial, al mercado y a los consumidores y a la sustracción de cosa propia a su utilidad social o cultural", en ROMEO CASABONA, C. M./ SOLA RECHE, E./BOLDOVA PASAMAR, M. A. (coords.), *Derecho Penal Parte Especial*, 3ª ed., Granada, 2023; MORALES GARCÍA, O. "Derecho Penal y sociedad de la información", en PEGUERA POCH, M. (coord.) *Derecho y nuevas tecnologías*, Barcelona, 2005; MORALES PRATS, F. "Art. 286 CP", en QUINTERO OLIVARES, G. (dir.), *Comentarios al Código penal español*, Tomo II, 8ª ed., Cizur menor, 2024; MOYA FUENTES, M. M. "La alteración y duplicación del número identificativo de equipos de telecomunicaciones, su comercialización y su utilización: art. 286.2 y 4 CP", *RECPC*, nº 11-02, 2009; *id.*, *La protección jurídica de los servicios de acceso condicional*, 2012; *id.*, "Nueva forma de ataque a las telecomunicaciones: el cardsharing", *LL-Penal*, nº 107, 2014.; *id.* "Piratería" de la televisión de pago: posibilidades de sanción penal", *RdPP*, nº. 28, 2012; MUÑOZ CONDE, F. *Derecho Penal Parte Especial*, 25ª ed., Valencia, 2023; ORTS BERENGUER, E./ GONZÁLEZ CUSSAC, J. L. *Compendio de Derecho Penal (Parte General y Parte Especial)*, Valencia, 2004; PRADO, E. "El audiovisual on line over the top. El futuro del audiovisual europeo y español"; en *Informe sobre el estado de la cultura en España 2017, Igualdad y diversidad en la era digital (Ice-2017)*, Madrid, 2017; QUERALT JIMÉNEZ, J. J. "Tres ejemplos de reciente política legislativa del olvido del Derecho Penal liberal al amasijo de letras", en *LH-Cobo del Rosal*, Madrid, 2005; *id.*, *Derecho Penal español, Parte especial*, 7ª ed., Valencia, 2015; RUBIO LARA, P. A. *Parte Especial de Derecho Penal económico español (una aproximación al Estado de la cuestión en la doctrina y jurisprudencia españolas)*, Madrid, 2006; RUIZ RODRÍGUEZ, L. R./SOLARI MERLO, M. N. "Delitos relativos al mercado y a los consumidores y la corrupción en los negocios", en ACALE SÁNCHEZ, M., (coord.), *Lecciones y materiales para el estudio del Derecho penal. Tomo IV. Derecho penal. Parte especial (Derecho penal económico)*, Madrid, 2023; SANTANA VEGA, D. "Actividad societaria. Mercado y consumidores", en CORCOY BIDASOLO, M./ GÓMEZ MARTÍN, V. (dirs.), *Manual de Derecho penal económico y de empresa, parte general y parte especial (adaptado a las LLOO 1/2015 y 2/2015 de Reforma del Código* penal), Tomo 2, Valencia, 2016; VÁZQUEZ ESCOLAR, D. "Los nuevos delitos relativos a los servicios de radiodifusión e interactivos", *LL*, nº 26, 2006; VÁZQUEZ GONZÁLEZ, C. "Delitos relativos al mercado y a los consumidores y corrupción en los negocios", en SERRANO TÁRRAGA, M. D., (coord.), *Derecho penal, Parte especial*, Valencia, 2023; ZUGALDÍA ESPINAR, J. M. "Delitos contra la propiedad, el patrimonio y el orden socioeconómico (IV)", en MARÍN DE ESPINOSA CEBALLOS, E. (dir.), *Lecciones de Derecho Penal, Parte Especial*, 2ª ed., actualizadas conforme a la LO 8/2021, de 4 de junio, Valencia, 2021.

REFERENCIAS LEGALES

- Directiva 98/84/CE del Parlamento Europeo y del Consejo, de 20 de noviembre de 1998, relativa a la protección jurídica de los servicios de acceso condicional o basados en dicho acceso, Diario Oficial de las Comunidades Europeas L. 320/54, de 28-11-1998.
- Ley 11/2022, de 28 de junio, General de Telecomunicaciones (*Tol 9093453*).
- Ley 13/2022, de 7 de julio, General de Comunicación Audiovisual (*Tol 9105579*).
- Ley 34/2002, de 11 de julio, de servicios de la sociedad de la información y de comercio electrónico (*Tol 164416*).
- Ley 37/1995, de 12 de diciembre, de Telecomunicaciones por satélite (*Tol 241867*).
- Real Decreto 2296/2004, de 10 de diciembre, por el que se aprueba el Reglamento sobre mercados de comunicaciones electrónicas, acceso a las redes y numeración, relativas a los sistemas de acceso condicional (*Tol 518904*).
- Recomendación núm. R. (91) 14 del Consejo de Europa sobre la protección legal de los servicios de televisión codificados, de 27-9-1991.

Lección 22ª

Corrupción en los negocios y en el deporte

ARTURO VENTURA PÜSCHEL

SUMARIO. I. INTRODUCCIÓN Y DELIMITACIÓN DEL OBJETO. REMISIÓN A OTRO LUGAR PARA EL ESTUDIO DEL DELITO DE CORRUPCIÓN DE FUNCIONARIOS EN LAS TRANSACCIONES INTERNACIONALES (ART. 286 TER CP, ANTES ART. 445 CP). II. CORRUPCIÓN EN LOS NEGOCIOS. 1. Antecedentes. Bien jurídico protegido. 2. Análisis de los tipos. 2.1. Sujetos responsables. 2.2. Conductas típicas. 2.3. Tipos agravados. 3. Concursos. 4. Penas. III. CORRUPCIÓN EN EL DEPORTE. 1. Introducción. 2. Conducta típica. Especificidades en materia de sujetos activos y ámbito de aplicación. IV. BIBLIOGRAFÍA. REFERENCIAS LEGALES.

Artículo 286 bis

1. El directivo, administrador, empleado o colaborador de una empresa mercantil o de una sociedad que, por sí o por persona interpuesta, reciba, solicite o acepte un beneficio o ventaja no justificados de cualquier naturaleza, u ofrecimiento o promesa de obtenerlo, para sí o para un tercero, como contraprestación para favorecer indebidamente a otro en la adquisición o venta de mercancías, o en la contratación de servicios o en las relaciones comerciales, será castigado con la pena de prisión de seis meses a cuatro años, inhabilitación especial para el ejercicio de industria o comercio por tiempo de uno a seis años y multa del tanto al triplo del valor del beneficio o ventaja.

2. Con las mismas penas será castigado quien, por sí o por persona interpuesta, prometa, ofrezca o conceda a directivos, administradores, empleados o colaboradores de una empresa mercantil o de una sociedad, un beneficio o ventaja no justificados, de cualquier naturaleza, para ellos o para terceros, como contraprestación para que le favorezca indebidamente a él o a un tercero frente a otros en la adquisición o venta de mercancías, contratación de servicios o en las relaciones comerciales.

3. Los jueces y tribunales, en atención a la cuantía del beneficio o al valor de la ventaja, y a la trascendencia de las funciones del culpable, podrán imponer la pena inferior en grado y reducir la de multa a su prudente arbitrio.

4. Lo dispuesto en este artículo será aplicable, en sus respectivos casos, a los directivos, administradores, empleados o colaboradores de una entidad deportiva, cualquiera que sea la forma jurídica de ésta, así como a los deportistas, árbitros o jueces, respecto de aquellas conductas que tengan por finalidad predeterminar o alterar de manera deliberada y fraudulenta el resultado de una prueba, encuentro o competición deportiva de especial relevancia económica o deportiva.

A estos efectos, se considerará competición deportiva de especial relevancia económica, aquélla en la que la mayor parte de los participantes en la misma perciban cualquier tipo de retribución, compensación o ingreso económico por su participación en la actividad; y competición deportiva de especial relevancia deportiva, la que sea calificada en el calendario deportivo anual aprobado por la federación deportiva correspondiente como competición oficial de la máxima categoría de la modalidad, especialidad, o disciplina de que se trate.

5. A los efectos de este artículo resulta aplicable lo dispuesto en el artículo 297.

Artículo 286 quater

Si los hechos a que se refieren los artículos de esta Sección resultaran de especial gravedad, se impondrá la pena en su mitad superior, pudiéndose llegar hasta la superior en grado.

Los hechos se considerarán, en todo caso, de especial gravedad cuando:

a) el beneficio o ventaja tenga un valor especialmente elevado,

b) la acción del autor no sea meramente ocasional,

c) se trate de hechos cometidos en el seno de una organización o grupo criminal, o

d) el objeto del negocio versara sobre bienes o servicios humanitarios o cualesquiera otros de primera necesidad.

En el caso del apartado 4 del artículo 286 bis, los hechos se considerarán también de especial gravedad cuando:

a) tengan como finalidad influir en el desarrollo de juegos de azar o apuestas; o

b) sean cometidos en una competición deportiva oficial de ámbito estatal calificada como profesional o en una competición deportiva internacional.

I. INTRODUCCIÓN Y DELIMITACIÓN DEL OBJETO. REMISIÓN A OTRO LUGAR PARA EL ESTUDIO DEL DELITO DE CORRUPCIÓN DE FUNCIONARIOS EN LAS TRANSACCIONES INTERNACIONALES (ART. 286 TER CP, ANTES ART. 445 CP)

La LO 5/2010, de 22 de junio, incorporó como artículo único de una nueva sección 4ª —*De la corrupción entre particulares*— del Capítulo XI —*De los delitos relativos a la propiedad intelectual e industrial, al mercado y a los consumidores*— del Título XIII del Libro II del CP —*Delitos contra el patrimonio y contra el orden socioeconómico*— el art. 286 bis CP con una redacción algo diferente a la más arriba transcrita, conforme seguidamente se analizará. Luego vinieron: (i) la reforma derivada de la aprobación de la en tantos aspectos funesta LO 1/2015, de 30 de marzo, que, principalmente, y más allá de modificar la rúbrica de la sección que pasó a intitularse "corrupción en los negocios", o retocar la redacción de las modalidades típicas introducidas en el año 2010, desplazó, de manera prácticamente inalterada y en una decisión harto discutible, el delito de corrupción en las transacciones internacionales (que había sido introducido por la reforma del CP operada por mor de la LO 3/2000, de 11 de enero, primero como art. 445 bis CP, para posteriormente y a partir de la entrada en vigor de la subsiguiente reforma derivada de la LO 15/2003, de 25 de noviembre, ubicarse en el art. 445 CP), desde el ámbito de los delitos contra la Administración Pública —Capítulo X del Título XIX CP— hasta el de los delitos contra el patrimonio y el orden socioeconómico —Sección 4ª, Capítulo XI del Título XIII CP— como una modalidad específica de la "corrupción en los negocios", asentándolo en el actual art. 286 ter CP; así como (ii) la reforma que trajo consigo la LO 1/2019, de 20 de febrero circunscrita a un nuevo retoque —sugerido por el GRECO— en la redacción del apartado 1 del art. 286 bis CP y una ampliación del concepto penal de funcionario so pretexto, así la Exposición de Motivos, de "solucionar grietas detectadas en la regulación de nuestro ordenamiento", consolidando los textos actualmente vigentes los arts. 286 bis y 286 quater CP. A dichos artículos, más arriba transcritos, es a los que se circunscribe el objeto de la presente lección, omitiendo intencionadamente abordar el análisis del tipo contenido en el art. 286 ter CP, en régimen de coherencia con los argumentos —sistemáticos, históricos y político criminales— desplegados en la primera edición de los Tomos II y III de este Tratado respecto de la naturaleza del delito de corrupción en los negocios entonces recién incorporado al CP y su distinción respecto del delito de corrupción en las transacciones internacionales, 10 años más antiguo.

Sorprenden, a nuestro juicio, los cambios habidos en la redacción y ordenación de los tipos de corrupción privada desde su relativamente reciente introducción en el CP, a la vista de su escasa aplicación práctica, tanto en el período 2010 al 2015 (primera reforma), como del 2015 al 2019 (segunda reforma) o desde el 2019 y hasta la fecha. Los escasos pronunciamientos jurisprudenciales sobre estos delitos —lo que acaso deba asociarse a la proverbial y lastimosa lentitud de nuestra justicia penal— discurren, también de modo llamativo, de manera inversamente proporcional al interés que sin embargo ha despertado su incriminación en la Doctrina penal, según acredita, por ejemplo, el notable incremento del volumen de la bibliografía de la lección, si la comparamos con la reseñada allá por el año 2011, al tiempo de publicarse la 1ª edición del Tomo II de esta obra. En aquella edición, cuasi coetánea a la aparición del delito de corrupción entre privados en el CP (entonces llamada corrupción entre particulares), apuntábamos —más allá de la severa crítica a la aparente decisión político criminal de su incriminación— a la necesidad de esperar a la progresiva interpretación y aplicación por los Tribunales de las novedosas modalidades delictivas para desgranar y analizar sus elementos integradores. Casi quince años después, podemos afirmar que, conforme por lo demás con lo que ya habíamos anticipado en otro lugar, seguimos sin tal soporte interpretativo vista su prácticamente nula aplicación, antes y después de las reformas sucesivamente implementadas en los años 2015 y 2019. Y lo anterior, pese a la reconocida evidencia de que la explotación de la venalidad de determinados sujetos (particulares o funcionarios) como estrategia de negocios desplegada por los responsables —de la compraventa de mercaderías o la prestación de servicios primero y ahora también, más genéricamente— de las relaciones comerciales con o sin autorización empresarial, continúa siendo una práctica común en el mercado y su incriminación, acaso simbólica, atrae el interés corporativo empresarial. Pero estas prácticas, a las que hace ya mucho tiempo definimos como "estrategias de captación de clientela o negocio que, como complemento o alternativa a la calidad y las condiciones de las prestaciones ofrecidas en el mercado, recurren activa o pasivamente al soborno de los empleados de las empresas con las que se pretende comerciar" y pensando en una política criminal orientada a la prevención de las prácticas anticompetenciales intolerables —que es a las que formalmente se apela como razón político criminal para la incriminación de dichas conductas—, siendo a nuestro juicio relevantes, lo son mucho menos desde dicho prisma político criminal que las constantes, recurrentes y cuasi consustanciales (al capitalismo) conductas colusorias, de abuso de posición dominante y de falseamiento de la libre competencia, es decir, de corrupción entre y para empresarios que a diario consuman las empresas de prácticamente todos los sectores económicos. Tales conductas, indiscutiblemente las más graves y nocivas por el daño que son susceptibles de causar, permanecen, y permanecerán indefectiblemente circunscritas al ámbito administrativo sancionador, y sus protagonistas, en España, sometidos al control (¿acogidos al amparo?) de esa singular, por no decir extraña y cuasi omnímoda institución llamada Comisión Nacional de los Mercados y la Competencia (CNMC), que lo mismo impulsa y/o regula la competencia, que pretendidamente controla y sanciona los ataques más graves a la misma, entre otras muchas y variadas funciones. Como preclaro exponente de la dudosa naturaleza y función de dicho organismo público, invitamos al buen entendedor a visitar su web y consultar la lista de temas y ponentes de la Jornada intitulada "Juez Penal y Derecho de la Competencia", celebrada en el mes de julio del 2025, en el Centro de Política de la Competencia y Regulación (CPCR) del Real Instituto Universitario de Estudios Europeos de la Universidad CEU San Pablo, organizado en colaboración con la CNMC.

En lo que se refiere al soborno de autoridades y/o funcionarios públicos —en la extendida versión que de los mismos hacen los actuales arts. 24 y 427 CP tras las reformas operadas por las LLOO 1/2019 y 9/2021, a los que se remite el apartado 2 del art. 286 ter CP realojado en 2015 en la Sección 4ª del Capítulo XI del Título XIII del CP desde su anterior ubicación en el Capítulo X del Título XIX del CP—, hemos optado en esta obra por ignorar la traslación normativa de dicha modalidad delictiva por seguir considerando la corrupción en las transacciones internacionales como una modalidad de cohecho, es decir, como un delito contra la Administración pública, a cuyo estudio y análisis dedicamos la Lección 20ª del Tomo III de nuestro Tratado de Derecho Penal Español y a la que, por tanto, ahora nos remitimos *in toto*. Desde nuestra consideración, y en contra del parecer de un sector de la Doctrina (OTERO GONZÁLEZ, entre otros, por más que califica estas conductas como "cohecho transnacional"), el que fuera el art. 445 CP hasta la reforma operada por la LO 1/2015, pero también su trasmutación en el vigente art. 286 ter CP no incriminan sino "una modalidad de cohecho de particular con ciertas singularidades pero que mantiene los elementos esenciales de los delitos de cohecho" (SÁNCHEZ TOMÁS). De ahí que patrocinemos que su correcta ubicación sistemática —caso de no optar como debiera haberse hecho por derogarlo— está donde se encontraba, máxime cuando, como asimismo ya habíamos defendido en 2013, se le ha dado una nueva redacción al art. 427 CP para incluir dentro de la punición general del delito de cohecho a los funcionarios públicos extranjeros y de organizaciones internacionales públicas (LO 2015) y seguidamente se ha ampliado "a quienes gestionan intereses financieros de la Unión Europea" (LO 2019). Y lo mismo, además, por motivos ligados a la propia naturaleza del bien jurídico que patrocinamos protege dicha modalidad delictiva, que determinan su más correcto acomodo entre los delitos contra la Administración Pública, considerando dicha ubicación sistemática preferible a las posiciones defendidas de forma aparentemente mayoritaria en la Doctrina (RODRÍGUEZ PUERTA, FABIÁN CAPARRÓS, BENITO SÁNCHEZ, CUESTA ARZAMENDI/BLANCO CORDERO, DÍAZ-MAROTO VILLAREJO, NÚÑEZ PAZ) de situarlo, como finalmente optó por hacer el Legislador en 2015, entre los delitos contra el orden socioeconómico.

Con la novedosa incriminación del año 2010, y al menos por lo que se refiere a los tres primeros apartados del art. 286 bis entonces incorporado al CP, pretendió el Legislador, conforme indicábamos en la 1ª edición de esta obra, consumar la trasposición a nuestro ordenamiento de la Decisión Marco 2003/568/JAI, de 22 de julio, relativa a la lucha contra la corrupción en el sector privado (véase la Disposición Final 6ª de la LO 5/2010), conforme con la cual la "*competencia justa y honesta*" o "*las reglas de buen funcionamiento del mercado*" demandarían su consideración como bienes jurídico-penalmente relevantes por parte de los ordenamientos de los países de la UE.

En lo que atañe al apartado 4, relativo a la corrupción en el deporte profesional, su previsión, al contrario del entonces todavía mal llamado delito de corrupción entre particulares, no estaba contenida en los Anteproyectos de reforma del CP de 2006 y 2008 (que ya apelaban a nuestros compromisos internacionales para justificar la novedad incriminatoria), apareciendo por primera vez en el Anteproyecto de 11 de julio de 2009, aprovechando así nuestro Legislador aquella reforma del año 2010 para ampliar la criminalización del soborno al ámbito deportivo profesional —siguiendo de este modo la estela italiana (véase la Ley núm. 401, de 13 de diciembre de 1989); habrá que entender que desde su consideración del fenómeno se trata, principalmente, como una modalidad específica de la corrupción en los negocios.

Así se colige de la lacónica declaración que sobre este particular se recoge en el Preámbulo de la LO 5/2010, que ahora transcribimos:

"XIX

Otro de los aspectos importantes de la reforma es la transposición de la Decisión Marco 2003/568/JAI, relativa a la lucha contra la corrupción en el sector privado. La idea fuerza en este ámbito es que la garantía de una competencia justa y honesta pasa por la represión de los actos encaminados a corromper a los administradores de entidades privadas de forma similar a lo que se hace a través del delito de cohecho. Porque con estos comportamientos, que exceden de la esfera de lo privado, se rompen las reglas de buen funcionamiento del mercado. La importancia del problema es grande si se repara en la repercusión que pueden tener las decisiones empresariales, no solo para sus protagonistas inmediatos, sino para otras muchas personas. Obviamente, las empresas públicas o las empresas privadas que presten servicios públicos serán sometidas a la disciplina penal del cohecho obviando, por voluntad legal, la condición formal de funcionario que ha de tener al menos una de las partes.

Se ha considerado conveniente tipificar penalmente las conductas más graves de corrupción en el deporte. En este sentido se castigan todos aquellos sobornos llevados a cabo tanto por los miembros y colaboradores de entidades deportivas como por los deportistas, árbitros o jueces, encaminados a predeterminar o alterar de manera deliberada y fraudulenta el resultado de una prueba, encuentro o competición deportiva, siempre que estas tengan carácter profesional".

Sea como fuere, el resultado de las sucesivas reformas de los tipos más arriba reseñadas, acaso y en contra del parecer doctrinal mayoritario, tampoco haya contribuido a mejorar las expectativas de aplicación de los tipos en pos de despejar el "enigma" que dichos delitos continúan representando en el parecer de algún integrante del Ministerio Fiscal. Al punto de concluir que "el origen de la aparición de este delito en el Código Penal, sus continuas reformas, la necesaria presencia de la legislación europea y los escasos pronunciamientos jurisprudenciales sobre este tipo penal caracterizan esta figura pero no ayudan a solucionar cuestiones controvertidas que plantea su interpretación, su aplicación y en definitiva su comprensión por la sociedad", llegando a plantear "muchas dudas" sobre su necesidad y legitimidad (ZURDO GARAY-GORDÓVIL). Algo en lo que la Doctrina, incluso la más acrítica, es coincidente cuando literalmente se afirma que "sobran reformas y falta efectividad de las que están en vigor" (OTERO GONZÁLEZ).

II. CORRUPCIÓN EN LOS NEGOCIOS

1. Antecedentes. Bien jurídico protegido

Si hemos de creer a la propia Comisión Europea (véase el Informe de la Comisión al Consejo, de 18 de junio de 2007, "basado en el artículo 9 de la Decisión-Marco del Consejo 2003/568/JAI de 22 de julio de 2003, relativa a la lucha contra la corrupción en el sector privado"), la intención de los autores de la Decisión Marco traspuesta al Ordenamiento español con la reforma del CP del año 2010 era la de dotar al sector privado de una protección eficaz contra la amenaza —económica y lesiva de la *competencia*, pero también *contra el Estado de Derecho*— que, en su criterio, representan las iniciativas que recurren al soborno de los responsables de la contratación para establecer vínculos o relaciones comerciales.

A ello se refería también el Preámbulo a la Decisión-Marco 2003/5668/JAI, en cuyas "consideraciones" se apelaba al carácter transnacional del fenómeno de la corrupción y se invocaba la necesidad de prevenir las conductas de soborno en los negocios entre particulares en tanto en cuanto *"distorsionan la competencia respecto de la adquisición de bienes o servicios comerciales e impiden un desarrollo económico sólido"*. En efecto, la Comisión Europea, siguiendo por lo demás una ya inveterada tradición en el marco de las muchas veces grandilocuentes declaraciones previas a los Tratados y Convenios Internacionales, sobre el particular realizaba las siguientes "consideraciones" en el Preámbulo a la Decisión-Marco 2003/5668/JAI, "consideraciones" que, parcialmente transcribimos ahora en tanto en cuanto reseñan los propios antecedentes normativos de la Decisión Marco:

"(1) Junto con la mundialización, los últimos años han traído un aumento del comercio transfronterizo de bienes y servicios, por lo que la corrupción en el sector privado de un Estado miembro ha dejado de ser un problema meramente interno para convertirse en un problema también transnacional, que se aborda más eficazmente mediante una actuación conjunta de la Unión Europea.

[...]

(4) El consejo también adoptó, el 22 de diciembre de 1998, la Acción Común 98/742/ JAI, sobre la corrupción en el sector privado. En relación con la adopción de dicha Acción Común, el Consejo manifestó en una declaración que acordaba que la Acción Común era un primer paso a escala de la Unión Europea en la lucha contra este tipo de corrupción y que se adoptaría nuevas medidas en una fase posterior, a la luz del resultado de la evaluación que debía efectuarse con arreglo al apartado dos del art. 8 de la Acción Común. No se dispone aún de un informe sobre la manera en que los Estado miembros han incorporado la Acción Común a la legislación nacional.

(5) El 13 de junio de 2002, el Consejo adoptó la Decisión Marco 22/584/JAI relativa a la orden de detención europea y a los procedimientos de entrega entre Estados miembros en la que la corrupción se incluye en la lista de delitos contemplados en la orden de detención europea respecto de los cuales no se pide la verificación previa de la doble tipicidad.

(6) Con arreglo al art. 29 del Tratado de la Unión Europea, el objetivo de la Unión es ofrecer a los ciudadanos un alto grado de seguridad dentro de un espacio de libertad, seguridad y justicia, objetivo que habrá de lograrse mediante la prevención y lucha contra la delincuencia, organizada o no, incluida la corrupción.

(7) Según el punto 48 de las Conclusiones del Consejo de Europa de Tampere de los días 15 y 16 de octubre de 1999, la corrupción es un ámbito de especial importancia a la hora de establecer las normas mínimas sobre las que se constituye una infracción penal en los Estados miembros y las sanciones aplicables.

[...]

(9) Los Estados miembros conceden una importancia especial a la lucha contra la corrupción tanto en el sector público como en el sector privado, por estimar que en ambos sectores constituye una amenaza para el Estado de Derecho, al tiempo que distorsiona la competencia respecto de la adquisición de bienes o servicios comerciales e impide un desarrollo económico sólido...

(10) El objetivo de la presente Decisión Marco es, en especial, asegurar que la corrupción activa y pasiva sea una infracción penal en todos los Estados miembros, que las personas jurídicas también puedan ser consideradas responsables de tales delitos y que éstos se castiguen con sanciones efectivas, proporcionadas y disuasorias".

Debe destacarse, sin embargo, que la presente iniciativa legal se adoptó por nuestro Legislador sin que existiera una verdadera reflexión interna acerca de la necesidad de incriminación de tales conductas, que, las más de las veces, aparecían y continúan apareciendo aglutinadas, asimiladas o meramente ligadas al fenómeno de la "corrupción", tanto en los textos de los grandes convenios internacionales cuanto en los específicamente comunitarios.

En efecto, la Doctrina ha evidenciado cómo la reforma de 2010 se produjo sin un previo debate a propósito de esa pretendida necesidad de incriminación de los comportamientos venales en el ámbito de los negocios privados. En España la nueva tipificación se consumó, casi de modo inopinado, y como consecuencia directa, en realidad, de otra Decisión Marco previa: la Decisión Marco 22/584/JAI relativa a la orden de detención europea y a los procedimientos de entrega entre Estados miembros, adoptada por el Consejo en sesión de 13 de junio de 2002, y en la que la *corrupción*, sin más adjetivos, se incluyó en la lista de delitos contemplados en la orden de detención europea respecto de los cuales se decidió no exigir la verificación previa de la doble tipicidad. Y lo anterior, sin que se hubiera escuchado previamente ni una sola voz relevante —en la doctrina mercantil; en la doctrina penal— demandando la necesidad de dicha incriminación.

Lo cierto es que, visto con perspectiva histórica, la decisión de los países de UE a propósito de la presente incriminación constituye, en realidad, el final de un lento proceso evolutivo, en dos sentidos:

1.– Uno, de corte más general o global, que ha llevado en los últimos treinta años a ampliar la tradicional consideración del fenómeno de la "corrupción" que, desde el punto de vista jurídico penal, y hasta entonces, se había ligado siempre al ejercicio de funciones públicas. Esa evolución, de naturaleza transversal, se centró primero en el desenvolvimiento de esas funciones públicas en el ámbito de los negocios, trascendiendo luego a las relaciones comerciales internacionales —los negocios internacionales en los que intervienen funcionarios—, y culminó integrando bajo la etiqueta de la corrupción también conductas de soborno en las relaciones mercantiles o comerciales estrictamente privadas (en el ámbito de los mercados nacionales o internacionales). Si bien que, por lo que hace a la llamada política criminal común europea, a la que se dijo que obedecía la reforma del CP que introdujo este delito en España, aquélla opera de manera harto limitada, en tanto que la incriminación queda circunscrita a las conductas de soborno vinculadas a las decisiones de aquellas personas (directivos, administradores, empleados o colaboradores) que, actuando por cuenta de las entidades privadas que operan en el mercado (las empresas), ostentan capacidad de decisión corporativa —para la compraventa de mercaderías, para la contratación de servicios profesionales y, en general y desde 2015 también para "las relaciones comerciales"—, mientras se olvida, a nuestro juicio intencionadamente, criminalizar las concertaciones fraudulentas entre empresarios propias de la normativa antimonopolio, y se limita el alcance de su propia y autónoma responsabilidad penal, ex párrafo segundo, apartado 2° del art. 288 CP, al ámbito de los defectos organizativos que le sean objetiva y subjetivamente imputables, siempre que impliquen un grave incumplimiento de sus deberes de supervisión, vigilancia y control y determinen un beneficio directo o indirecto para las mismas (ex art. 31 bis CP).

En la Doctrina española (NIETO MARTÍN) se ha puesto de manifiesto cómo la referida evolución enmascara, en realidad, una concreta estrategia, y debe residenciarse en el interés de los agentes económicos internacionales más poderosos que, en el marco de la llamada "globalización", y so pretexto de una campaña general para lavar su mala imagen ligada a los escándalos económicos de las últimas seis décadas —desde los escándalos de Enron y Siemens, pasando por Petrobras, hasta los más actuales de Odebrecht o su versión peruana conocida como Lava Jato, PDVSA o Gürtel y Bankia en España, por citar solo algunos—, pretenden recuperar prestigio y autoridad moral en la política (económica) internacional ajustando sus modelos de gestión y organización empresarial a la llamada ideología de la *corporate governance* y forzando la imposición de tal modelo mediante su acogimiento en los ordenamientos jurídicos estatales. Desde este punto de vista, la prohibición de la corrupción como estrategia empresarial no sería entonces sino una regla más de buen gobierno, cuyo cumplimiento se respalda con sanciones penales, según en efecto venía en imponer la Decisión-Marco 2003/5668/JAI, y, en su cumplimiento, se incorporaron a nuestro Derecho penal en el año 2010 mediante la incriminación autónoma de las personas jurídicas y la tipificación de las conductas recogidas en el nuevo art. 286 bis 1, 2 y 3 CP, también como delitos imputables a aquellas. La evolución "buenista" de dicho modelo de negocio es lo que hoy se conoce con el nombre de "capitalismo de stakeholders", atribuido al famoso economista neokeynesiano Joseph Stiglitz.

2.- Otro, más específicamente europeo, consistente en un acelerado proceso de *privatización* de las empresas públicas y de las actividades de prestación de servicios (públicos) que implica una cada vez menor actividad del Estado (de todas y cada una de las administraciones públicas) en sus características vertientes de programación y planificación, cuando no directa intervención en el mercado. Este continuado proceso de abandono por el Estado de su condición de agente económico directo implicaría, desde el punto de vista penal, y según ha destacado la Doctrina, una importante reducción del área tradicionalmente asignada a la normativa penal de la Administración Pública, con la consecuente "dislocación" del control penal de las actividades económicas de la esfera pública a la privada. Como quiera que la referida ampliación de los ámbitos de libertad económica genera, o puede generar, el riesgo de afectación de las bases de una competencia leal en los mercados (*intra* o *extra* comunitarios), se ha considerado la necesidad de que el Legislador (de cada uno de los países integrados en la UE) prevenga dichas consecuencias nocivas a través de medidas adecuadas que las eviten. En dicho proceso se enmarca la política de la Unión Europea en materia de defensa de la competencia, concretada, esencialmente, en el férreo control de las ayudas públicas a las empresas y del cumplimiento de sus deberes fiscales, y es aquí también, como supuesta concreción de una política criminal común, donde debe situarse la decisión de tipificar penalmente las conductas de corrupción en el sector privado (inicial e incorrectamente identificadas en nuestro país como "corrupción entre particulares" y, ya a partir del año 2015, conforme habíamos sugerido, como "corrupción en los negocios"), que en realidad incriminan la venalidad de los responsables comerciales de los operadores en el mercado y a estos por no vigilarlos adecuadamente.

Una y otra perspectiva confluyen en una invocación (algunos hablan de regreso) a la *ética de los negocios*, que explicaría así también esta pretendida política criminal común (de los negocios), en el ámbito estrictamente europeo. Resulta sin embargo francamente discutible que la inclusión de esta modalidad delictiva en nuestro CP a partir del año 2010, y más allá de sus sucesivas reformas en 2015 y 2019, responda a la supuesta necesidad de armonización de los ordenamientos de los países miembros de la Unión Europea. Más allá de la total ausencia de justificación de la *necesidad* de la medida, en aras a la consecución del espacio de libertad, seguridad y justicia a que se refiere el art. 2 del TUE, se ha destacado en la Doctrina (VENTURA PÜSCHEL) cómo las conductas recogidas en el art. 286 bis 1, 2 y 3 CP, tanto en su redacción original, cuanto en la derivada de las reformas operadas en los años 2015 y 2019, son perfectamente subsumibles en los tipos sancionadores —administrativos; civiles— recogidos en las normas de Defensa de la Competencia (i) y en el Derecho contra la Competencia Desleal (ii), sectores que, siendo en su origen claramente diferenciables (y diferenciados), actualmente se consideran convergentes, siquiera sea por su común defensa, en algunos supuestos al menos, de la posición más débil (los consumidores).

Dichas normas —comunes, por lo demás, a todos los países que integran la UE— tienen como expresos objetivos, precisamente, los de garantizar la existencia de una competencia suficiente y protegerla frente a todo ataque contra el interés público (Ley 15/2007, de 3 de julio de Defensa de la Competencia) y la persecución de ciertas conductas que, implicando verdadera competencia, rebasan determinados límites, concretamente, las exigencias de la buena fe (Ley 3/1991, de 3 de enero de Competencia Desleal). La evidencia de la falta de aplicación de dichas normas al real fenómeno de la venalidad en los negocios no justifica, por sí misma, la conversión de tales ilícitos —administrativos; civiles— en delitos.

Añadidamente, en la Doctrina penal se ha evidenciado la relevante circunstancia de que en las ante citadas Leyes se sancionan asimismo otras conductas, esencialmente consumadas por las empresas, con una capacidad lesiva de la competencia extraordinariamente superior a la hoy llamada "corrupción en los negocios" —prácticas concertadas, fijación de precios, limitación o control de la producción; obsolescencia anticipada; reparto del mercado o de sus fuentes de abastecimiento, aplicación de condiciones desiguales para prestaciones equivalentes—, sin que en ningún momento se haya planteado en el marco de la UE la necesidad político criminal de su conversión en comportamientos delictivos (i) y manteniendo su ilicitud (administrativa) tan sólo para supuestos de esencial gravedad en la afectación de la competencia en el mercado (ii).

Finalmente, también se ha destacado cómo en los países en los que las presentes conductas han sido objeto de una temprana criminalización —singularmente en Alemania, cuyo tipo penal sirvió de patrón para la decisión de armonización en el ámbito de la UE— tampoco se ha producido una aplicación relevante de tales delitos que venga en determinar la mayor eficacia preventiva de las normas penales frente a las administrativas sancionadoras. Seguramente el caso más sonado en dicho país ha sido el de la condena, entre otros, al otrora máximo directivo de Media-Markt en Alemania, Michael Rook, por múltiples delitos agravados de corrupción en los negocios por el favorecimiento hasta en 60 ocasiones —3 ocasiones más fueron consideradas prescritas— de una empresa proveedora de servicios de ADSL a cambio de comisiones. La referida condena, dictada por el Tribunal Regional de Augsburgo en el año 2012, fue después confirmada por el Tribunal Supremo alemán (BGH 1 StR 355/13, 11.02.2014), y las conductas que constituyen su objeto recuerdan mucho a aquellas que han determinado en España la condena, que aún no es firme, del otrora presidente de Bankia, Rodrigo Rato, más abajo reseñada.

Se evidencia y consolida así, en realidad, un nuevo hito en la cada vez más profusa tendencia hacia un Derecho penal "simbólico" apartado de lo principios de lesividad y exclusiva protección de bienes jurídicos: bajo la aparente pretensión de velar por un orden concurrencial no falseado —equitativo y leal— o un buen funcionamiento del mercado, y la intencionada omisión de la incriminación de actos de corrupción "entre empresarios" (los clásicos actos prohibidos por el Derecho de Defensa de la Competencia, cuya sanción se mantiene en el ámbito administrativo) se introducen en realidad parámetros ajenos al concepto de bien jurídico y próximos a la ética (a la falta de ética de los trabajadores y, en general, de los servidores del capital) en la decisión de extender el transversal fenómeno de la corrupción a la incriminación del soborno "en los negocios".

Refrenda nuestra perspectiva el propio abordaje que de la cuestión se viene haciendo desde Naciones Unidas, tanto a nivel programático (véase la "Guía práctica para un Programa de Ética y Cumplimiento Anticorrupción para Empresas", publicada en 2013 por la Oficina de las Naciones Unidas contra la Droga y el Delito; https://www.unodc.org/documents/corruption/Publications/2013/13-84498_Ebook.pdf), como en sus iniciativas formativas (véase el llamado "Módulo 5: Corrupción en el sector privado", en el marco del genérico "Módulo universitario sobre anticorrupción", publicado por esa misma oficina vienesa en el año 2017, como "Herramientas de conocimiento para académicos y profesionales: Serie de módulos ONUDD sobre la lucha contra la corrupción"; https://grace.unodc.org/grace/uploads/documents/academics/Anti-Corruption_Module_5_Private_Sector_Corruption_ESP.pdf). En ellas literalmente puede leerse que "Los Módulos buscan mejorar la conciencia ética y el compromiso de los aprendices y estudiantes para actuar con integridad y equiparlos con las habilidades necesarias para aplicar y difundir estas normas en la vida, el trabajo y la sociedad". Por lo demás, tampoco conviene olvidar los escándalos vinculados al pago de sobornos que se han producido en el seno de la propia ONU, por ejemplo, y por citar solo uno de los más sonados, en el marco del Proyecto llamado "Petróleo por alimentos" (1996-2003), que precedió a la invasión de Irak por parte de los EEUU, y en el que de acuerdo con el Informe final (publicado en 2005) de la comisión investigadora nombrada por el propio organismo y presidida por el expresidente de la Reserva Federal de Estados Unidos, Paul Volcker, casi la mitad de las 4500 compañías involucradas recibieron sobornos y pagaron sobretasas ilegales.

En la Doctrina española, y tras algunos titubeos iniciales de una parte de la misma patrocinando la vertiente patrimonialista de la incriminación (NIETO MARTÍN, NAVARRO MASSIP) que exigiría un daño o peligro competencial concreto, incluso respecto a un competidor asimismo concreto —lo que se asociaba a la primigenia exigencia típica, en el apartado 1 del art. 286 bis CP2010, actualmente en el apartado 2, de que la ventaja competencial del favorecido lo fuera "frente a otros"— (i), así como algunas voces que se inclinaron por considerar que la esencia de los tipos la constituía la infracción del deber de fidelidad (contractual) entre el empleado venal y su empleador (ROSA OLIVA; véase también AAP, Castellón, Sección 2ª, 4/2020, 23-12-2019 (*Tol 9759613*), cuando literalmente aduce que las conductas típicas implican "una deslealtad hacia el empresario que confía en su empleado a la hora de obtener las condiciones ventajosas —para la empresa lógicamente, no para el propio operario— que está obligado a concertar") (ii), poco a poco se fue generalizando la consideración netamente anticompetencial y abstracta de dicha incriminación, que se habría reforzardo cuando en el año 2015 desaparecieron del tipo pasivo no sólo la referida exigencia, sino también —en ambas modalidades— la asociada a que el sobornado actuara "incumpliendo sus obligaciones", modificaciones que se valoraron (OTERO GONZÁLEZ) como un refrendo de que la antijuridicidad de las conductas incriminadas "trasciende del ámbito de la empresa para convertirse en un comportamiento socialmente dañoso".

Cuestión distinta es que dicha conclusión quede además acreditada, como patrocina la autora recién mencionada, por el hecho de que, desde la introducción del tipo en el año 2010 y hasta la actualidad, su persecución, al contrario de lo que sucede con otros delitos de la sección previa del Capítulo X en el que se incardina, no exija ex art. 287 CP "denuncia de la persona agraviada o de sus representantes legales", por lo que no pudo tratarse de un error por olvido conforme, sin embargo, algunos defendimos allá por 2009. Que la LO 1/2015 no corrigiera dicho error cometido, en su caso, en el año 2010 en modo alguno acredita que no concurriera tal error: baste recordar que por mor de esa misma reforma, y también por error, la provocación, la conspiración y la proposición para cometer el delito de homicidio, ex art. 141 CP, formalmente resultan ser atípicas por no estar el art. 138 CP previsto "en los tres artículos precedentes" (del art. 141 CP). Que se trata de un craso e involuntario error del Legislador es una auténtica obviedad. Que hasta la fecha nadie haya corregido dicho error, en nada cambia las cosas. Y lo anterior, y a diferencia del caso, resulta más asombroso, al obligar el Legislador desde entonces a los tribunales a efectuar auténticos ejercicios de funambulismo hermenéutico —de "equilibrios en el alambre" habla ÁLVAREZ GARCÍA en la Lección 1ª del Tomo I de este Tratado— para condenar por dichos actos preparatorios del homicidio desde el obligado respeto al principio de legalidad (véase sólo SAP, Barcelona, Sección 9ª, 285/2020, 16-7).

Junto a la referida posición, hoy en día probablemente mayoritaria, y que ve en el ataque potencialmente lesivo del buen funcionamiento del mercado la esencia de estos delitos (BERENGUER PASCUAL), siguen conviviendo otras, desde las que apuestan por seguir identificando el deber de fidelidad del empleado como único bien jurídico protegido (VEGA GUTIÉRREZ), hasta quienes optan por una naturaleza pluriofensiva del delito en cuestión, combinando los anteriores enfoques (patrimonial, contractual y/o competencial). De entre las mismas, por haber abordado desde el origen el análisis de estos delitos y haber modificado su primigenia opinión al albur de los cambios legislativos operados a partir de 2015, destaca la opinión de GILI PASCUAL, quien ahora entiende el delito de corrupción en los negocios desde dos vertientes: una asociada a la infracción de un deber *ad intra* (infidelidad hacia el empresario por parte de quien acepte, reciba o solicite un beneficio o ventaja) y otro *ad extra* (deslealtad frente al mercado —los competidores— por parte de quien entrega o promete tal ventaja o beneficio no justificados para conseguir una injustificada ventaja competitiva en el mercado).

2. *Análisis de los tipos*

La indiscutible decisión de optar por una estructura de *concertación fraudulenta*, al modo del tradicional delito de cohecho, con una naturaleza de delito de *peligro abstracto*, similar, aunque referenciada a un bien jurídico distinto, a la del delito de cohecho en la función pública (BERENGUER PASCUAL), permite e incluso obliga a remitirse a los análisis doctrinales de esos delitos contra la Administración Pública (véase la Lección 12ª del Tomo III de este Tratado), sin renunciar ahora a destacar sus elementos más singulares, haciendo hincapié aquí, al socaire de la revisión de los principales elementos típicos, en las variaciones que en la incriminación de estas conductas se han producido como consecuencia de las reformas del CP de 2015 y 2019, ciertamente que más ligadas a la deficiente técnica incriminatoria y a las discusiones doctrinales que la misma produjo tras la decisión de llevarlas al CP, que a posibles problemas aplicativos de los tipos, visto el bajo nivel de sentencias dictadas al respecto.

De hecho, dejando aparte algún supuesto de condena por conformidad que no ha llegado a los repertorios de jurisprudencia, hasta la fecha solo hemos conocido una condena firme por aplicación de los apartados 1 y 2 del art. 286 bis CP2010: SAP, Barcelona, Sección 9, 173/2018, 28-2 (*Tol 6631147)* —ojo a la incorrecta identificación también como un supuesto de "exhibicionismo y provocación sexual"—, que confirmó la condena al director del departamento de calidad de una conocida empresa de moda textil, por cobrar comisiones a un proveedor especializado en corregir colores y manchas de los tejidos así como de la reparación de pequeñas taras de algunas prendas, a cambio de continuar contratándole. No puede dejar de destacarse ahora, por cierto, la consideración que dicha Audiencia hace del delito como "de peligro concreto", al razonar que "para que el ofrecimiento o concesión, la solicitud o aceptación de un beneficio o ventaja puedan ser constitutivas de delito de corrupción entre particulares, deben concurrir los siguientes requisitos: Que la entrega o recepción del beneficio o ventaja pongan en grave peligro la competencia justa y honrada en la contratación de bienes y servicios entre quien los entrega y quien los recibe. Es decir, que sean potencialmente aptos para colocar al primero, de forma injusta, en una posición de ventaja frente a sus competidores en la contratación con la empresa del segundo. Que dicho peligro sea concreto. Es necesario que el beneficio o ventaja se concedan en el marco de o en consideración a un contrato o un proceso de contratación que se esté llevando a cabo o sea inminente en la empresa para la que presta servicios quien los recibe o solicita. Así, no basta con la concesión de una ventaja o beneficio con la esperanza, inespecífica, de obtener, en un futuro incierto, una ventaja competitiva en la empresa del sobornado". En igual sentido al menos al respecto de la tipología introducida en el año 2010, que es la que consideraba en su caso aplicable por razones temporales, se pronuncia ese mismo año la SAP, Huelva, Sección 2ª, 119/2018, 11-6 (*Tol 6637172)*, en este caso absolviendo al acusado del delito, y en la que al margen de utilizarse, literalmente, la misma argumentación, se añade que "No se encuadran en este delito las propuestas y ofertas encaminadas a excluir la competencia realizando mejores ofertas o propuestas más atractivas para la entidad que otros competidores. Este delito, de hecho, no puede ni debe frenar el adecuado desarrollo de la iniciativa empresarial y de las estrategias y políticas comerciales más o menos agresivas que cada empresario define".

Contradice dicho posicionamiento, aunque carece de firmeza al encontrarse actualmente recurrida, la sentencia condenatoria del expresidente de Bankia (Rodrigo Rato) y de dos sociedades, además de por varios delitos contra la Hacienda Pública y de blanqueo de capitales, por un delito de corrupción entre particulares de los arts. 286 bis.1 y 288 CP2010 [SAP, Madrid, Sección 7ª, 605/2024, 19-12 (*Tol 10323382*), en la que, después de hacer un breve repaso de la evolución de los tipos tras las reformas de los años 2015 y 2019, se concluye, literalmente: "que el bien jurídico sea la competencia, en sentido amplio, implica que no es preciso, para la comisión del delito, que se produzca un perjuicio concreto a un posible competidor, puesto que lo que se sancionan son las conductas que puedan afectar a las reglas generales de la competencia, entre ellas, indudablemente, a la libre concurrencia en el mercado, considerándose lesionado el bien jurídico protegido, simplemente, con la posibilidad de que la conducta del sujeto activo del delito pueda poner en peligro el mismo, sin necesidad de que se produzca un efectivo resultado lesivo para alguien en concreto, por lo que se trata de un delito de peligro, no de resultado".

Como veremos seguidamente, tales cambios se han concretado en la ampliación del ámbito de la actividad de los sujetos a "las relaciones comerciales" en general (i); en la eliminación tanto de la referencia al "incumplimiento de obligaciones" del sobornado cuanto de la limitación, en la modalidad del apartado 1 del art. 286 bis CP, de que el buscado o derivado favorecimiento propio o de terceros lo fuera "frente a otros", ambas contenidas en la versión de 2010 (ii); en la inclusión del "ofrecimiento o promesa de obtención" de una ventaja no justificada, como conducta incriminada de corrupción en los negocios —y no solo el recibir, solicitar o aceptar una ventaja de esa naturaleza, como estaba previsto hasta 2019 (iii); y, también a partir de 2015, en la introducción de una serie de modalidades agravadas, relacionadas en el art. 286 quater CP, de cuya aplicación no tenemos constancia (iv).

Lo cierto es que, al menos en el ámbito de la práctica penal (algunos abogados penalistas especializados en el Derecho penal económico), y con cierto refrendo judicial, existen posiciones que patrocinan que el *iter* reformador asociado a una más clara apuesta por un delito de peligro abstracto orientado a una protección general de la competencia en el mercado constituye en realidad un error, abogando por el mantenimiento de la redacción original de la modalidad pasiva de la corrupción privada, al menos en lo que hace a la referencia a la exigencia de una concreta conducta anticompetencial "frente a otros". Ello permitiría a los jueces, según esta corriente crítica, sostener mejor una interpretación que limite el alcance del tipo a aquellos actos de favorecimiento que tuvieran lugar en el marco o en el contexto de un escenario concreto de competencia privada, y evitaría extender su alcance hasta supuestos donde la lesión a la competencia leal u honesta se les antoja a los partidarios de esta visión como una afirmación dogmática, pero de imposible acreditación práctica. De conformidad con este criterio, y por lo que en general atañe al objeto del delito de corrupción en los negocios, el mismo debiera claramente limitarse a los supuestos de ofrecimiento, aceptación o pago efectivo de comisiones, ocultas en tanto que determinantes de la frustración las concretas expectativas de otros oferentes (esto es, aquellas comisiones que benefician a uno frente a otros); y no a las meramente hipotéticas de quienes, aun participando del mismo mercado, no sólo no aspiran a conseguir ese concreto negocio, sino que incluso pudieran carecer de interés en el mismo.

La cuestión, que enlaza con la del bien jurídico protegido más arriba tratada, tiene también su dimensión procesal en lo atinente a la legitimación activa —como afectados, como perjudicados— de otros operadores en el mercado, y sobre ello versa un interesante apartado de la sentencia, en este caso como en otros, absolutoria de todos los acusados, tanto personas físicas como jurídicas, del delito de corrupción en los negocios del art. 286 bis CP, en el asunto de la contratación de un conocido futbolista por parte del FC Barcelona [SAP, Barcelona, Sección 6ª, 751/2022, 12-12, (*Tol 9312941)*, a la que más adelante nos volvemos a referir].

En lo atinente a la primigenia decisión legislativa de limitar el ámbito típico de las conductas objetivamente distorsionadoras de la competencia, exclusivamente, a aquellas vinculadas a actividades de prestación de servicios y de adquisición o venta de mercancías, recordábamos en la 1ª edición de esta obra cómo España, en su momento, no ejerció su derecho, conforme con el art. 2.3 de la Decisión Marco, a efectuar una "Declaración" sobre la limitación del alcance de estos delitos, como sí la efectuaron Alemania, Italia y Polonia. Habiendo omitido España esa "Declaración" —con una virtualidad provisional de 5 años a partir del 22 de julio de 2005, ex art. 2.4— decíamos entonces que no se justificaba que, sin embargo, se hubiera introducido la misma en la reforma de 2010, cuando lo coherente habría sido extender las conductas incriminadas a cualesquiera actos de comercio de los sujetos activos. Con la LO 1/2015 se corrigió el desatino, resultando ahora ya sí comprendidos dichos actos bajo la genérica alusión a "las relaciones comerciales".

Sea como fuere, en la Doctrina (BERENGUER PASCUAL), por lo que atañe a los elementos típicos característicos de la corrupción en los negocios de los apartados 1 y 2 del art. 286 CP, los mismos se han circunscrito a los siguientes:

a) La recepción, solicitud o aceptación (en la modalidad favorecedora) y/o la promesa, ofrecimiento o concesión (en la modalidad incentivadora);

b) de un incentivo ilícito;

c) como contraprestación de un favorecimiento indebido (con anterioridad a la LO 1/2015, este trato de favor estaba vinculado a un incumplimiento de obligaciones y debía producirse frente a otros);

d) en la actividad empresarial de una entidad privada, en concreto, en la adquisición o venta de mercancías, contratación de servicios, o en las relaciones comerciales;

e) y quienes pueden conceder ese favorecimiento indebido son los administradores, directivos, empleados y colaboradores de una entidad privada (en concreto: de una empresa mercantil o de una sociedad).

En el ámbito judicial, y al hilo de confirmar un sobreseimiento en fase de instrucción, destaca por resumir el estado doctrinal de la cuestión el AAP, Tarragona, Sección 2ª, 11/2024, 2-2 (*Tol 10081678)*, que respecto del delito de corrupción en los negocios tipificado en el artículo 286 bis CP2015 de 30 de marzo, y en un loable ejercicio de sincretismo doctrinal, literalmente dice:

> *"El bien jurídico protegido es la leal competencia (MARTÍNEZ-BUJÁN), al atacar el principio de eficiencia en el mercado (GILI PASCUAL). El tipo penal contiene —siguiendo el mismo esquema del cohecho— dos modalidades: 1) la pasiva que consiste en que los directivos, administradores, empleados o colaboradores de una empresa mercantil o de una sociedad, reciban, soliciten o acepten un beneficio o ventaja no justificados de cualquier naturaleza para sí o para un tercero, como contraprestación para favorecer a otro en la adquisición o venta de mercancías o en la contratación de servicios o en las relaciones comerciales, y 2) la activa que consiste en prometer, ofrecer o conceder a los citados sujetos un beneficio o ventaja no justificados, de cualquier naturaleza, para ellos o para un tercero, como contraprestación para favorecerles indebidamente a ellos o para un tercero. El primero es un delito especial, en tanto que el segundo es un delito común, excluyéndose a los particulares consumidores finales del círculo de sujetos activos del delito en ambas modalidades, pues estos "no compiten" con otros en el mercado (GARCÍA ALBERO). Ambos son de mera actividad y mutilado en dos actos (ANDRES DOMÍNGUEZ) consumándose con la simple solicitud, recepción o aceptación (corrupción pasiva), o con la promesa, el ofrecimiento o la concesión (corrupción activa) del beneficio o ventaja, realizada con la finalidad de favorecer a otro en la adquisición o venta de mercancías o recibir un trato de favor (elemento subjetivo), sin que sea necesario que el sujeto llegue a realizar la acción u omisión contraria a los intereses al cargo, que da lugar a que el corrupto o el tercero resulte efectivamente favorecido, siendo la referencia al beneficio o ventaja "no justificados" y al favorecimiento "indebido" a otro, un elemento normativo para cuya determinación ha de acudirse a la legislación vigente (MAYO CALDERÓN), si bien en la determinación del concepto "no justificado" ha de tenerse en cuenta el principio de insignificancia y la teoría de la adecuación social. La nueva regulación dada por la LO 1/2015 ha suprimido la mención al "incumplimiento de obligaciones en la adquisición o venta de productos y servicios" y extendiéndolo al favorecimiento de las "relaciones comerciales", discutiéndose en la doctrina si tal concepto supone una ampliación, yendo más allá de la simple contratación de bienes y servicios, o si debe entenderse en sentido idéntico a la locución anterior (BOLEA BARDÓN)".*

Nosotros, siguiendo la característica estructura de las lecciones de esta obra, nos vamos a detener ahora en los elementos más relevantes, recordando que, por su identidad estructural, son aplicables aquí gran parte de los comentarios efectuados a propósito del estudio de los delitos de cohecho.

2.1. Sujetos activos

Siendo el caso que, en materia de sujetos activos de la modalidad pasiva de la corrupción privada del apartado 1 del art. 286 bis CP (ahora llamada modalidad "favorecedora", frente a "incentivadora", que sería la activa del apartado 2 de dicho artículo, BERENGUER PASCUAL), se atendieron parcialmente las críticas recogidas en el Informe elaborado por el CGPJ a propósito del Anteproyecto de Ley de 2007, al ampliar el círculo de los mismos, junto a los *directivos, empleados o colaboradores* también a los *administradores* —inexplicablemente excluidos en los Anteproyectos y Proyectos de 2006 y 2008—, y así se ha mantenido hasta la actualidad, aunque con una inversión del orden primigenio de las modalidades activa y pasiva del delito en 2015, su configuración típica impone las siguientes reflexiones críticas:

1.– Se omite, en relación con la categoría de los *administradores*, la consideración ya clásica en nuestro CP, de que dicha categoría comprende tanto a los que lo sean *de Derecho*, cuanto a aquellos que sin haber sido nombrados formalmente, ejerzan *de hecho* dicha labor de administración. Distinción que, por otra parte, sí se respetó en la inicial y coetánea redacción del trascendental art. 31 bis CP introducido en la reforma de 2010, por más que en 2015 —volviendo con ello a la versión del art. 31 bis CP dada en el Anteproyecto de CP de 2006— el Legislador termina por inclinarse por un criterio más material de delimitación del círculo de sujetos que pueden realizar el hecho en beneficio directo o indirecto de la persona jurídica, si bien que sin afectación de la interpretación, también material, que del concepto de administrador (inclusivo del "de hecho") se venía propugnando en la Doctrina penal (GIL NOBAJAS). Y todo ello, en consonancia con el concepto legal que del mismo se incorporó a nuestra legislación mercantil por mor de la reforma del apartado 3 del art. 236 de la Ley de Sociedad de Capital (LSC), operada en el año 2014 y que debe ser puesto en relación con la general prohibición de retribuciones externas de los administradores, recogida en el art. 229.1.e) LSC.

2.– Se mantiene la mención a los *colaboradores*, categoría acertadamente denunciada por su evidente indeterminación, siendo así, y además, que la Decisión Marco 2003/568/JAI, de 22 de julio, se circunscribía, en materia de sujetos, a aquellos que *desempeñen funciones directivas o laborales de cualquier tipo*. En el parecer mayoritario de la Doctrina se aboga —criticando también la indeterminación del concepto— por limitar su alcance, al exigirse al colaborador corrompido que esté en condiciones de influir en la empresa o sociedad para que sea ésta quien formalmente adquiera o venda bienes o servicios del corrupto o se relacione comercialmente con el mismo (GARCÍA ALBERO). Tampoco es inhabitual que, en orden a la interpretación del concepto de colaborador, se haya sugerido que se trataría de una persona que, no siendo empleada —de la empresa mercantil o sociedad en el sentido del actual art. 297 CP—, guarde con las anteriores una relación de servicios que no necesariamente debe ser habitual. Se considera, en definitiva, que la categoría opera a modo de un "cajón de sastre" que sólo puede ser concretado negativamente: "los colaboradores se definen por lo que no son: no pueden estar laboralmente vinculados con la entidad privada, porque entonces pasarían a ser sus empleados (relación laboral ordinaria) o directivos (relación laboral especial); ni tampoco pueden ejercer funciones de gestión y administración en la empresa, porque si no serían administradores (de hecho o de derecho)" (BERENGUER PASCUAL).

3.– Se ha optado por mantener la exclusión formal del círculo de sujetos activos de la modalidad pasiva de la corrupción privada (actual art. 286 bis.1 CP) de los socios o titulares de las empresas personas físicas, cuya exclusión, en línea con las críticas más arriba vertidas, no resulta justificada desde la perspectiva del bien jurídico que se pretende proteger, acogiendo así, al menos aparentemente, tesis mayoritaria de la Doctrina alemana, para la cual "el titular de la empresa no puede ser un autor idóneo, porque el mismo es esencialmente libre en sus decisiones sobre adquisiciones de mercaderías y las actividades relativas a la prestación de servicios empresariales" (SCHÖNKE-SCHRÖDER). Y decimos aparentemente, no tanto por lo que sigue en relación con la específica incriminación de las personas jurídicas como sujetos activos ex arts. 288 y 31 bis CP, sino también por la consideración de que se nos antojan como poco probables supuestos de titulares de negocios o empresas —ya sean socios de pequeñas o medianas empresas, ya detentadores de una posición de control de una gran empresa incluso cotizada— proclives al soborno pasivo ex art. 286 bis.1 CP y que, sin embargo, carezcan, bien de la formal condición de directivos, empleados, administradores o colaboradores de "sus" empresas (i), bien de la material de "administradores de hecho" que, como hemos señalado, en la mayoritaria consideración doctrinal se integran en la genérica de administradores (ii). Añadidamente, y más allá de que todo lo dicho no sería trasladable a la modalidad activa de la corrupción entre particulares (mayoritariamente considerada un delito común, con alguna excepción: OTERO GONZÁLEZ, BERENGUER PASCUAL), eso abre una variable interesante en materia de autoría y participación, pues en principio no debería descartarse la hipótesis de un empresario que induce a su personal a recibir, solicitar o aceptar un beneficio o ventaja no justificados de cualquier naturaleza, u ofrecimiento o promesa de obtenerlo, o coopera activa u omisivamente con el mismo en la tarea, lo que nos sitúa en el escenario de un partícipe *extraneus* en un delito especial, con la entrada en juego en su caso de las previsiones penológicas contenidas en el art. 65.3 CP (LASCURAÍN SÁNCHEZ).

La cuestión, como anticipábamos, torna algo más compleja, en mérito a la ampliación del círculo de sujetos activos que implicó, también allá por 2010, la ruptura del tabú que representaba el principio del *societas delinquere non potest.* En efecto, como ya señalábamos en la primera edición de esta obra, bien que referido a la redacción original del art. 286 bis CP, la apertura de la posibilidad de atribución directa de responsabilidad penal a las personas jurídicas por el delito de corrupción privada de conformidad con el art. 288 CP determinó incertidumbres añadidas a la ya de por sí compleja estructura típica de la modalidad atribuible a las personas físicas. Sin perjuicio de la remisión que ahora hacemos al análisis independiente que de la nueva "*Sección 5ª.– Disposiciones Comunes*" del Capítulo XI se efectúa en la siguiente Lección de este Tratado, conviene despejar ahora si las mismas subsisten tras las sucesivas reformas del CP, no sólo en materia de los delitos objeto de estudio en esta lección, sino también en la propia regulación penal de la responsabilidad penal de las personas jurídicas.

Por lo que atañe a la incongruencia que, denunciábamos hace ya más de 10 años, latía detrás de la exclusión del ámbito de los sujetos responsables de las conductas venales de los socios o titulares de las empresas o entidades que operen en los mercados, pero simultánea extensión de dicha responsabilidad a las personas jurídicas en cuya representación o administración actuaran las posibles personas físicas "corruptas" o "corrompibles", y enlazando con la dicho más arriba, probablemente la misma haya quedado fenomenológicamente superada. Con todo, no son descartables supuestos de empresarios personas físicas —socios únicos o detentadores de la mayoría del capital de una empresa— que, recibiendo, solicitando o aceptando dolosamente sobornos, actúen atípicamente por carecer de la condición de "administradores, empleados o colaboradores" de sus empresas. En tales casos, se produce la paradoja de que acaso ello no excluya la directa atribución de responsabilidad penal a dichas empresas, ex arts. 288 y 31 bis CP, so pretexto de haber actuado aquellos individualmente "ostentado —de facto— facultades de control" de las mismas, por más que dicha responsabilidad penal, corporativa, se fundaría entonces en una (aquí deliberada) apuesta por estrategias comerciales vinculadas al soborno (con evidente, por intencional, falta de control).

Seguramente nos son pocos los casos de empresarios —socios o titulares directos o indirectos del capital— que careciendo de la condición de empleado, directivo, administrador o colaborador, y sin expresos poderes formales, ejercen "su poder" en la empresa o, cuando menos condicionan o determinan las decisiones de aquellos. En opinión doctrinal minoritaria, los mismos deben quedar fuera del ámbito típico por razones aparentemente político-criminales, al considerar (*sic.*) que "quienes compiten en el mercado son las entidades, no sus titulares o propietarios", lo que llevaría a la conclusión de que, por tal motivo "en nada afectaría esta exclusión al hecho de que el delito pretenda tutelar la competencia" (BERENGUER PASCUAL).

Y lo anterior, sin perjuicio, además, de que la limitación derivada de la redacción del art. 31 bis CP (al que se remite el art. 288 CP) imponga que la responsabilidad de las personas jurídicas, en lo que atañe a las modalidades típicas prevenidas en los apartados 1 y 2 del art. 286 bis CP, queda limitada a los supuestos en que el sujeto activo sea *representante legal* de la persona jurídica o cuente con *autorización* para tomar decisiones en su nombre u *ostente facultades de organización y control* dentro de la misma, o sea un subordinado de aquellos, actuando en todo caso en nombre o por cuenta de la persona jurídica y en su beneficio directo o indirecto.

2.2. Conductas típicas

Las modalidades típicas se configuran como hemos dicho como delitos de peligro abstracto, incriminando un concierto fraudulento entre dos partes o la pretensión del mismo, y sancionando todas las posibles formas o modalidades de alcanzarlo, al modo de los tipos mixtos alternativos en los que, como sucede en los delitos de cohecho, basta la consumación de cualquiera de las conductas activas o pasivas relacionadas —en este caso prometer/conceder/ofrecer o recibir/solicitar/aceptar—, con independencia por lo demás de quien asuma la iniciativa de tal concierto y de que efectivamente se llegue a entregar u obtener la ventaja o beneficio injustificados o el favorecimiento buscado u ofrecido como contraprestación. En la Doctrina ello ha llevado calificar tales delitos como delitos de mera actividad y de carácter tendencial (OTERO GONZÁLEZ) en tanto que no exigen para su consumación la concurrencia un perjuicio patrimonial para la empresa del cohechado, ni siquiera un peligro efectivo para dicho patrimonio (MARTÍNEZ-BUJÁN PÉREZ).

Fuimos críticos en la 1ª edición de esta obra, y seguimos siéndolo, con dicha opción legislativa por la estructura de un delito de mera actividad cual es la del delito de cohecho, estructura típica que no venía impuesta por la Decisión Marco. Máxime cuando, como patrocinamos, habría resultado más acorde con la intención incriminadora que se dice perseguir la opción por un delito de resultado —la efectiva lesión de la competencia—, acaso extensible a las formas imperfectas y/o a los actos pre ejecutivos punibles.

Añadidamente, parece evidente que, tratándose de la protección de un bien jurídico de carácter colectivo —la competencia—, y más allá de las dudas que la cuestión suscitó en la primigenia redacción del precepto ex art. 286 bis CP2010, con la actual redacción de los tipos, y conforme ya hemos anticipado, el hipotético consentimiento del responsable del negocio (persona física o persona jurídica) —ya sea aquel al que sirve el directivo, administrador, empleado o colaborador sujeto activo de la conducta prevenida en el apartado 1 del art. 286 bis CP, ya aquel otro al que acaso se debe el común sujeto activo de las conductas prevenidas en el apartado 2 del reseñado artículo— no debería excluir la tipicidad (ni la antijuridicidad) de sus conductas venales.

En la primera edición de esta obra, y al albur de la asimismo primigenia redacción del tipo, apuntábamos a que el principal escollo que habría de provocar la interpretación y aplicación del entonces innovador precepto era la cláusula del *"incumplimiento de sus obligaciones"* que se exigía entonces al *"directivo, administrador, empleado* o *colaborador"* a quien se prometa o conceda el beneficio o ventaja no justificados, o que los reciba, solicite o acepte. Desaparecida dicha cláusula, seguramente por impulso de las críticas doctrinales, con la reforma del año 2015, que además trajo la inversión del orden de las modalidades de la corrupción privada, entendemos que despareció el mencionado escollo, incluso aunque tras las reformas habidas hasta la fecha se haya mantenido la exigencia a la que seguidamente nos referiremos de que la contraprestación —el beneficio o ventaja— que se prometa, ofrezca o conceda, o la que se reciba, solicite o acepte para favorecer a un competidor *no esté justificada*, exigencia a la que entonces asimismo asociábamos aquellas dudas hoy desparecidas. Sean o no consentidas por los operadores en el mercado las conductas venales desplegadas en sus contextos empresariales, entendemos que no cabe ninguna duda acerca de su potencialidad lesiva para la competencia.

Por lo que atañe a la condición de *injustificados* de los beneficios o ventajas, dada su vaguedad, y en consideración a que los bienes jurídicos protegidos por los tipos penales de los apartados 1 y 2 del nuevo art. 286 bis CP parecen ligados al interés por la conservación de la equidad, vinculada a las condiciones de libre competencia en el mercado que, junto a los intereses de los competidores, se ponen en peligro por la intromisión de factores espurios de decisión, o capaces de incidir en la "limpieza" de las condiciones de la competencia, nos parece evidente que, en contra de la literalidad de la dicción típica, no puede tratarse de *cualquier* beneficio o ventaja, sino que habrá que delimitar aquellos que tengan la reseñada virtualidad, en tanto en cuanto deben resultar objetivamente contra prestadores del favorecimiento indebido. Venal tan sólo será, por tanto, una decisión que se adopta o se encuentra dirigida o inducida, directamente, por el beneficio o la ventaja legalmente exigida por los tipos penales, que no necesariamente deberá ser económica sino que puede incluso ser de cualquier otra naturaleza —favor sexual— o incluso inmaterial —condecoraciones—, por más que ello dificulte o incluso impida calcular el importe de la multa, *ex lege* proporcional al importe del beneficio o ventaja. Quedan en todo caso excluidos los pequeños detalles, regalos promocionales o invitaciones a almuerzos o comidas que no implican favorecimientos espurios en la medida en que carecen de virtualidad para inducir decisiones comerciales relevantes. Así lo han venido entendiendo también la Doctrina y Jurisprudencia alemanas, que excluyen asimismo del ámbito típico posibles rebajas en los precios, salvo aquellas que no guarden relación o referencia razonable con el valor del producto, mercadería o servicio objeto de contratación, y esa parece ser también la línea adoptada por la Doctrina en España (CASTRO MORENO). Por principio, tampoco parece que hayan de resultar relevantes determinados gastos para la promoción o el mantenimiento de un "buen clima de negocio", por más que será objeto de difícil delimitación interpretativa el establecimiento de lo que constituya "un marco razonable desde el punto de vista de la competencia". En la Doctrina se ha patrocinado la posibilidad de limitación del alcance de los tipos, exigiendo al respecto la necesaria concurrencia de un vínculo causal —o al menos de una potencialidad causal— entre el beneficio o ventaja y el favorecimiento indebido ofertado o pretendido, lo que excluiría *ab initio* las posibles atenciones post contractuales por agradecimiento o las realizadas en atención al cargo del adjudicante del contrato (OTERO GONZÁLEZ). Corresponderá, probablemente, a las propias empresas establecer los protocolos de actuación de sus empleados o representantes en el marco de sus planes de cumplimiento normativo. Las mismas consideraciones cabe hacer a propósito del carácter *indebido* del favorecimiento, mayoritariamente entendido como "trato de favor" respecto de otros posibles competidores, es decir, en clave de deslealtad competencial, como un comportamiento "anticompetitivo", promoviéndose por parte de la Doctrina recurrir incluso a la jurisprudencia civil delimitadora del ámbito de la buena fe o lealtad competencial, ex art. 4.1 de la LCD (BERENGUER PASCUAL).

Por lo que hace al tipo subjetivo, tratándose de un delito doloso, sin previsión legal de una modalidad imprudente, la discusión doctrinal gira en torno a si los tipos exigen algún elemento subjetivo adicional, un pretendido ánimo de favorecer a otro en el mercado (*animus favendi* le ha llamado el autor recién citado), lo que además limitaría las conductas a las intencionales (dolo directo de primer grado), y si, caso contrario, en alguna de las modalidades típicas estuviera excluida la modalidad doloso eventual.

Comenzando por lo primero, la discusión nace al albur de la primigenia exigencia típica del "fin de favorecer frente a terceros" que debía acompañar la conducta del sujeto activo, más adelante eliminada con la nueva redacción derivada de la reforma del año 2015, si bien, y seguidamente, continuó sustentándose doctrinalmente sobre la preposición "para" que precede a la actual exigencia típica del favorecimiento indebido a otro. La Doctrina se muestra dividida al respecto, pivotando entre quienes consideran que basta el mero reconocimiento de la potencialidad o idoneidad *ex ante* del beneficio o ventaja en orden a causar el favorecimiento indebido, por lo que la corrupción en los negocios admitiría todas las formas o clases de dolo (GILI PASCUAL), y quienes, aduciendo no sólo motivos gramaticales sino también teleológicos, se inclinan, bien por patrocinar la exigencia típica de un elemento subjetivo del injusto, bien, negando dicha exigencia, concluir la necesidad de restringir el alcance subjetivo del tipo, que entonces sólo admitiría el dolo directo de primer grado (BERENGUER PASCUAL). El debate se adentra en parámetros ligados, en nuestro criterio no siempre con acierto, a la dogmática del dolo o, incluso, al alcance de los principios limitadores del *ius puniendi* (fragmentariedad), que entendemos exceden el alcance de esta obra. En nuestra opinión ni los tipos contienen exigencia alguna de un elemento subjetivo adicional al dolo, ni, en principio y más allá de lo que seguidamente se dirá, concurren razones específicas o materiales para restringir el alcance del tipo subjetivo al dolo directo de primer grado. Y lo anterior, sin perjuicio de que fácticamente parece indudable que en la mayoría de los casos las conductas se despliegan por los intervinientes de modo intencional.

Respecto a lo segundo, ya planteamos en la 1ª edición de esta obra, si bien que en referencia a la primigenia incriminación de la entonces aún llamada "corrupción entre particulares", que en nuestro parecer tanto en las modalidades del apartado 1 cuanto en las del apartado 2, ambas del art. 286 bis CP, debe bastar el dolo eventual del autor referido a los elementos objetivos. Sin embargo, destacamos asimismo entonces cómo en la Doctrina alemana se distinguía y se sigue distinguiendo mayoritariamente entre los supuestos del ofrecimiento, promesa o concesión (actual apartado 2 del art. 286 bis CP) de los de la solicitud de la misma (hoy en el apartado 1 del mismo), al patrocinarse que, en el caso de estos últimos, la norma alemana determina que el autor *debe pretender* la concertación fraudulenta, es decir, que su conducta esté dirigida por la intención de que el receptor de la ventaja o beneficio los reconozca como contraprestación al favorecimiento frente a los restantes competidores y los acepte. En la modalidad de aceptación (apartado 1) se considera, en cambio, que bastaría con que el autor sea consciente de la existencia de la concertación fraudulenta. La anterior distinción operaría, para quienes la patrocinan, por ejemplo, para no subsumir bajo ninguno de los tipos penales a quienes, con la finalidad de informar a los consumidores, publican test independientes sobre la calidad de productos, aunque reconozcan que con esa conducta están influyendo en la competencia favoreciendo a algún competidor. La reflexión es interesante, aunque a nuestro juicio la atipicidad de tales conductas deriva de la propia inconcurrencia del esencial elemento típico del "favorecimiento *indebido*", siendo irrelevante a estos efectos el reconocimiento o no por el autor de la probabilidad y/o posibilidad del efecto no necesariamente buscado o pretendido del favorecimiento de otros competidores (que en todo caso no resulta legalmente anticompetitivo).

2.3. Tipos agravados

La reforma de 2015 trajo consigo la introducción en la Sección 4ª del Capítulo XI del Título XIII CP de una serie de modalidades agravadas de corrupción en los negocios —primer párrafo del art. 286 quater CP— que conviven desde entonces con la potestativa facultad atenuatoria de la pena, contenida *ab initio* en el apartado 3 del art. 286 bis CP, en atención "a la cuantía del beneficio o al valor de la ventaja, y a la trascendencia de las funciones del culpable".

Empezando por el final, y dejando de lado la posible discusión a propósito de si la regla del apartado 3 del art. 286 bis CP constituye, como aquí patrocinamos, una regla penológica facultativa y no la previsión de un tipología atenuada de los delitos, merece destacarse ahora cómo en la Doctrina, y sin perjuicio de las generalizadas críticas asociadas a la defectuosa redacción del precepto, se ha producido una parcial división: (i) por una parte, estarían quienes patrocinan una consideración material de la previsión atenuatoria, que ligan a una menor gravedad del injusto, permitiendo así, por ejemplo, asociarla al grado de perfeccionamiento del soborno (OTERO GONZÁLEZ), o, incluso quienes sorprendentemente la asocian con carácter exclusivo al desvalor de acción; literalmente: "a menor desvalor de acción, menor necesidad de castigo" (BERENGUER PASCUAL); y (ii) por otra parte, destacarían quienes, como ORTIZ DE URBINA GIMENO, asocian tal previsión, bien a una cuestión de inseguridad del Legislador sobre el verdadero alcance de los tipos desde el prisma de las pretensiones político criminales más arriba expuestas, bien a consideraciones más adjetivas ligadas a la persecución de tales conductas que, al abrir la previsión de una potestativa reducción de las penas en tales casos, debería fomentar las conductas colaborativas de los culpables en orden a conseguir pactos de conformidad que eviten el cumplimiento de la pena privativa de libertad asociada a los tipos.

Respecto a las específicas modalidades agravatorias contempladas en el primer párrafo del art. 286 quater CP —el segundo párrafo, acaso por error, se circunscribe a corrupción en el deporte del apartado 4 del art. 286 bis CP—, y a falta de resoluciones judiciales que a la vista de su indeterminación las interpreten y delimiten, no cabe sino especular:

Ad exemplum, respecto a la circunstancia del "valor especialmente elevado" del beneficio o ventaja como concreción de los supuestos de "especial gravedad", específicamente recogido en el apartado a) del primer párrafo del referido artículo: más allá de las generales dudas a propósito de si el catálogo de circunstancias, de la a) a la d), constituye o no un *numerus clausus* de cualificaciones agravatorias que concretan los supuestos de especial gravedad, la Doctrina nuevamente se divide al respecto del fundamento, lo que incluye la concreta agravación asociada a la importancia del valor económico de la ventaja. De una parte, están quienes como ORTIZ DE URBINA GIMENO enfatizan las posibles razones asociadas principalmente a la persecución de estos delitos, como la consideración de que la previsión de una pena privativa de libertad abstracta superior a los 5 años posibilita acordar escuchas telefónicas en el marco de las investigaciones, al ser medidas reservadas a los delitos "graves" ex arts. 13 y 33.2.b) CP. De otra parte, y respecto de quienes apelan a un mayor grado de injusto que vinculan a la vigencia del principio de proporcionalidad (ENCINAR DEL POZO), su argumentario, a nuestro juicio acaso algo plano, se apoya en la consideración de que concurre mayor eficiencia corruptora cuanto mayor sea el valor de las ventajas o beneficios solicitados u ofertados, concluyendo que cuanto mayor sea el soborno, al menos en la modalidad activa de la corrupción privada, mayor será la probabilidad de conseguir una ventaja competitiva. Siendo discutible dicha conclusión, en tanto en cuanto se desentiende de la relevancia que para el sujeto venal tenga concretamente la ventaja, sucede, además, que tampoco la conclusión en materia de injusto —"a mayor capacidad objetiva para motivar a un sujeto para conseguir a una ventaja competitiva, mayor riesgo para el buen funcionamiento del mercado" (BERENGUER PASCUAL)— nos parece acertada. Nos atrevemos a decir que la situación, asociada a la lesividad del bien jurídico, podría valorarse incluso en términos inversos: siendo objetivamente aceptable que, en concreto y respecto de un sujeto con propensión venal, a mayor soborno mayor probabilidad de éxito corruptor, entendemos que no debe desconocerse que, en el plano general —el mercado—, cuanto más bajas sean las pretensiones de los sujetos venales en orden a procurar, como contraprestación, favorecimientos indebidos, mayor será la incidencia de tales conductas, globalmente consideradas, en el (des)ordenado funcionamiento del mercado, siquiera sea porque el acceso a dicha estrategia corrupta corre el riesgo de generalizarse. Y todo ello sin despreciar el reconocido efecto de "imitación" que se produce no sólo en la corrupción pública, sino también en la privada (ELVIO ACCINELLI/SÁNCHEZ CARRERA), con connotaciones tanto verticales —si hay corrupción arriba también la habrá abajo (*ad intra*, en la estructura empresarial)—, cuanto horizontales —si lo hacen otros yo también lo hago (*ad extra* en los respectivos ámbitos competenciales).

Por lo demás, desprendida la presente tipología penal de reminiscencias patrimonialistas, y en régimen de coherencia con la paralela reforma de la incriminación de las personas jurídicas ex art. 288 CP, acaso habría sido más razonable, como se hizo en 2015 respecto de la pena de multa proporcional imponible a aquellas, referenciar la mayor gravedad de las conductas, también para las personas físicas, al valor o importancia del indebido favorecimiento ofrecido o pretendido, y no al de la ventaja o beneficio en que se concreta el soborno.

Al respecto de las restantes concreciones de los predeterminados supuestos de "especial gravedad" de las conductas derivadas, recogidos en los apartados b), c) y d) del primer párrafo del art. 284 quater CP, su específica inclusión en esta sección 4ª resulta, cuando menos, cuestionable. Lo dicho sirve para la discutible reformulación negativa de la habitualidad —"b) cuando la acción del autor no sea ocasional"—, innecesaria además por la regulación concursal, hasta la a nuestro juicio contextualmente etizante discriminación ex apartado d) para sobornos en el ámbito de negocios que versen sobre "bienes o servicios humanitarios o de primera necesidad", seguramente importada aquí desde la esfera de los delitos patrimoniales, ex arts. 235.1.1º y 7º y 250.1.1º y 8º CP, pasando por la ya habitual cualificación en caso de que "c) se trate de hechos cometidos en el seno de una organización o grupo criminal", presente desde el año 2010, con algunas variantes, en los delitos de trata de seres humanos (art. 177 bis.6 CP), tráfico de drogas (art. 369 bis CP) o blanqueo de capitales (art. 302.1 CP), y que, por lo que atañe a los delitos de corrupción en los negocios, ha sido justa acreedora de severas críticas doctrinales (PUENTE ABA).

Mientras las reseñadas circunstancias agravatorias, determinantes de una supuesta "especial gravedad" resultan aplicables a todos los delitos de la sección, no sucede lo mismo con las dos últimas recogidas en el siguiente apartado del art. 286 quáter CP, cuya aplicabilidad se circunscribe al ámbito de la corrupción en el deporte del apartado 4 del art. 286 bis CP. La diferenciación, a la vista de su contenido, puede parecer *prima facie* razonable, si bien, al menos por lo que atañe a la segunda, es decir, a que los hechos "b) sean cometidos en una competición deportiva oficial de ámbito estatal calificada como profesional o en una competición deportiva internacional", entendemos que podría —y sería deseable que así lo fuera— ser también aplicable a las demás modalidades de corrupción privada. Estamos hablando de estrategias de soborno desplegadas en el ámbito de las empresas vinculadas al deporte y cuyos equipos participan en competiciones oficiales nacionales o internacionales, pero desplegadas sin la específica "finalidad de predeterminar o alterar de manera deliberada y fraudulenta el resultado de una prueba, encuentro o competición deportiva de especial relevancia económica o deportiva" a la que el apartado 4 del art. 286 bis CP limita su alcance. Por ejemplo: en casos de concurrencia de sobornos en alguno de los múltiples negocios que giran alrededor de las sociedades deportivas, incluida la contratación y/o fichaje de jugadores para sus equipos.

3. Concursos

La concurrencia de la condición de *funcionario público*, en el sentido jurídico penal del término, en cualquiera de las dos partes del concierto fraudulento excluye la aplicabilidad del art. 286 bis CP, en favor, bien del art. 286 ter CP (antiguo art. 445 CP) —si la referencia del soborno es una transacción internacional—, bien de la correspondiente y paralela modalidad de cohecho (arts. 419 y 420 CP, conforme con la nueva redacción derivada de la LO 5/2010). Esto último es lo que sucedería, ahora respecto del delito de corrupción en el deporte del apartado 4 del art. 286 bis CP, en el asunto relativo a la entidad FC Barcelona, conocido como "caso Negreira", dada la condición de funcionario a efectos penales del árbitro y exvicepresidente del Comité Técnico de Árbitros que ha dado nombre al asunto. La causa, recientemente prorrogada, continúa en fase de instrucción a la fecha de la redacción de este trabajo, investigándose así también la posible concurrencia, en régimen de concurso real, de delitos de falsedad documental y administración desleal.

Repárese en la circunstancia de que en materia de soborno en los negocios entre privados, y a diferencia de lo que sucede con la reformada incriminación del cohecho, quedan fuera del ámbito típico, según ya se ha señalado, las conductas de ofrecimiento o recepción de ventajas en mera atención al cargo (cohecho impropio) y de recompensa por favorecimientos ya prestados; salvo que tales actos encubran actos de corrupción de los apartados 1 y/ó 2 del art. 286 bis CP.

Cuando la ventaja competitiva asociada al soborno deriva de la compartición de información empresarial relevante, calificable jurídico penalmente como "secreto de empresa", se abre la hipótesis de la concurrencia de estos delitos, y, en tal caso, en régimen de *concurso ideal*, con las modalidades típicas de los arts. 278 y 279 CP. Tampoco son descartables —y constituyen el objeto de varios procedimientos penales en curso al tiempo de la redacción de esta lección— supuestos tanto de aparente concurrencia normativa como de efectiva concurrencia delictiva, ideal o real, con delitos patrimoniales como la estafa, la apropiación indebida y, sobre todo, la administración desleal corporativa, al menos a partir de su traslación desde el ámbito de los delitos societarios al de los delitos patrimoniales (art. 252 CP).

4. Penas

Por lo que se refiere a las penas, único aspecto que ha permanecido inalterado desde la introducción de los delitos en el año 2010, y en lo atinente a las penas privativas de libertad, se ha optado por un marco penal de 6 meses a 4 años de prisión, que excede las previsiones de la Decisión Marco de la que aquella reforma trae causa. La gravedad de las penas ha sido ampliamente criticada en la Doctrina, más si cabe a la vista de que, con la introducción en el año 2015 de las modalidades agravadas del art. 286 quáter CP, las privativas de libertad pueden llegar a alcanzar los 6 años, límite superior de la pena superior en grado. Junto a las penas privativas de libertad, se dispone la pena inhabilitación especial para el ejercicio de industria o comercio por tiempo de uno a seis años.

Por lo que atañe a las personas jurídicas, la inexplicable opción, en el caso del art. 288 CP2010, por una multa de uno a tres años para la persona jurídica, desligada en este caso —no así en el de los arts. 270, 271, 273, 274, 275, 283, 285, y 286 CP— del beneficio obtenido o favorecido por la misma, fue convenientemente corregida en la reforma del año 2015, por la que, además de las diferentes opciones penológicas entre los delitos de las diversas secciones del Capítulo XI del Título XIII CP, se optó en materia de penas pecuniarias por instaurar una pena alternativa, bien en forma de días multa, bien proporcional y asociada al beneficio obtenido o favorecido (para el caso de que efectivamente concurra tal beneficio).

Por lo demás, y siendo el caso que el Legislador penal ha decidido desligarse de la técnica de protección —administrativa, civil— del bien jurídico, reservada para los supuestos de conductas de concertación fraudulenta entre empresas (por definición no delictivas, y para las que se exige que los acuerdos prohibidos entre las mismas tengan una cierta magnitud económica; véase el art. 5 LDC, que excluye del ámbito de las conductas administrativamente prohibidas los llamados acuerdos "de menor importancia"), pareciera que, al menos parcialmente, ha decidió acoger esa técnica al prevenir, en el apartado 3 del art. 286 bis CP, la ya referida posibilidad de atenuación de la pena, en un grado, en atención "*a la cuantía del beneficio o al valor de la ventaja y la trascendencia de las funciones del culpable*".

III. CORRUPCIÓN EN EL DEPORTE

1. *Introducción*

La preocupación del Legislador respecto de la adulteración de las competiciones deportivas profesionales encontró asimismo su reflejo a través de la reforma del año 2010, en la específica incriminación del soborno en el referido ámbito deportivo. Desligado de otros posible factores de alteración de dichas competiciones, su tipificación en el apartado 4 del art. 286 bis CP sugiere su consideración por el Legislador como una modalidad más de corrupción en los negocios (en el "negocio del deporte"), singularizada por la condición de los sujetos de la acción activa y pasiva de soborno y el ámbito de incidencia del mismo, circunstancias que, conforme con alguna opinión doctrinal (CARUSO FONTÁN), exigían su específica previsión legal, sin perjuicio de su tratamiento en el ámbito del Derecho administrativo sancionador. Con todo, y conforme ya hemos anticipado, la presente incriminación se consumó sin que existiera ningún compromiso internacional concreto, para España, derivado de su condición de Estado miembro de la UE, y sin que existiera una previsión de tipificación de dicha modalidad en los precedentes proyectos de reforma del CP.

La venalidad en las competiciones deportivas —la incorporación, a través del soborno, de factores ajenos a la mera confrontación de habilidades deportivas en pruebas o competiciones en pos de la victoria— se encuentra debidamente prevista en nuestro Ordenamiento, como infracción muy grave, determinante de sanciones que oscilan desde la inhabilitación, suspensión o privación —temporal o definitiva— de licencias federativas, hasta las sanciones pecuniarias, entre otras. Véase, sobre el particular, junto a los arts. 104.1.b) y 108.1.a) a i) de la Ley 39/2022, de 30 de diciembre, del Deporte, y los arts. 14.c) y 21 del Real Decreto 1591/1992, de 23 de diciembre, por el que se aprueba el Reglamento de Disciplina Deportiva, los innumerables Reglamentos de Disciplina Deportiva y/o Estatutos aprobados por todas y cada una de las Federaciones deportivas, territoriales o nacionales. Dichas normas disciplinarias suelen reproducir, sin alteraciones relevantes, la tipificación prevenida en el 104.1.b) de la Ley 39/2022 (a título de puro ejemplo, véanse los arts. 24.c) y 30 del "Título III.–" del Reglamento disciplinario de la Real Federación Española de Tenis).

Respecto a la política criminal común europea, debe ponderarse que la Comisión Europea, a través de su "Libro blanco sobre el deporte", ya había expresado en 2007 su preocupación por el fenómeno de la "corrupción en el deporte", auspiciando el desarrollo por parte de los Estados miembros de "estrategias preventivas y represivas eficaces para combatir dicha corrupción", ligada a la "dimensión económica del deporte profesional".

Por lo que se refiere a otros factores de alteración o distorsión de la limpieza en las competiciones deportivas, como la utilización por parte de los deportistas de sustancias dopantes, ya optó el Legislador español por incriminar el suministro de tales sustancias, como ataque a la salud pública, a través del art. 361 bis CP, introducido por LO 7/2006, de 21 de noviembre, de protección de la salud y de la lucha contra el dopaje en el deporte. Por eso llama la atención la desatención hacia el fenómeno de la alteración de las pruebas o encuentros merced a la realización, por parte de deportistas y/o árbitros —de quienes pueden influir decisivamente en el resultado de una prueba o encuentro—, de apuestas vía internet a un determinado resultado: al tratarse de conductas normalmente individuales, sin *concertación fraudulenta* —los deportistas, árbitros o jueces acomodan su conducta durante la prueba deportiva para conseguir que el resultado coincida con el de sus apuestas—, quedan fuera del ámbito típico del art. 286 bis, apartado 4 CP, siendo así que según informa la doctrina (CASTRO MORENO) se trata de una de las conductas más graves y habituales en el ámbito deportivo profesional (*vid.* también GALLEGO ARRIBAS).

La concreta técnica incriminatoria merece severas críticas, comenzando por la redacción residual del tipo: desde la evidente pretensión de ahorrarse la redacción de un tipo penal específico, el Legislador redactó el apartado 4 del art. 286

bis CP con una incomprensible cláusula de aplicabilidad de "este artículo" que aún hoy sigue inalterada —habrá que entender que en referencia a los tres apartados anteriores del mismo— a los específicos sujetos activos y ámbitos deportivos que seguidamente refiere, siendo así, y en realidad, que dicha aplicabilidad se limita al núcleo de la actividad típica incriminada (el ofrecimiento o solicitud de un soborno en forma de un beneficio o ventaja de cualquier naturaleza no justificados) y, parcialmente, a la pena prevista para las modalidades de los apartados 1 y 2.

La especificidad del ámbito de aplicación al que se referencia el presente apartado, orientado a la preservación de la limpieza en las pruebas, encuentros o competiciones deportivas profesionales, impone que lógicamente le resulten extraños los restantes elementos típicos del tipo de "corrupción en los negocios", singularmente la hoy desaparecida referencia a "obligaciones en materia de adquisición o venta de mercancías o en la contratación de servicios profesionales" (i), mas también —y en ello no parece haber reparado el Legislador— obliga a denunciar la dudosa aplicabilidad a este supuesto de la pena privativa de derechos que, acumulada a la privativa de libertad y a la pecuniaria, previenen los apartados 1 y 2 del art. 286 bis CP, en forma de "inhabilitación especial para el ejercicio de industria o comercio" (ii). Tales penas, así concretadas, difícilmente se compadecen con la actividad desplegada por los sujetos activos de estas modalidades de soborno, singularmente los "deportistas, árbitros o jueces", salvo que aquella venga en considerarse como una actividad industrial y/o comercial. Por otra parte, y sin razón aparente, se ha omitido toda mención a la suspensión o privación de licencias federativas, que resultan ser, por su eficacia preventiva, las sanciones más graves previstas en el ámbito disciplinario deportivo.

Todo lo cual no ha debido parecerle significativo al Legislador, quien en las sucesivas reformas de la corrupción en los negocios acometidas en los años 2015 y 2019 se ha limitado, por lo que hace a la corrupción deportiva, a limitar el alcance de la misma al ámbito de las competiciones "de especial relevancia económica o deportiva", y a añadir un segundo párrafo al apartado 3 del art. 286 bis CP a modo de concreción de lo anterior; literalmente: "A estos efectos, se considerará competición deportiva de especial relevancia económica, aquélla en la que la mayor parte de los participantes en la misma perciban cualquier tipo de retribución, compensación o ingreso económico por su participación en la actividad; y competición deportiva de especial relevancia deportiva, la que sea calificada en el calendario deportivo anual aprobado por la federación deportiva correspondiente como competición oficial de la máxima categoría de la modalidad, especialidad, o disciplina de que se trate", trasmutando la norma precedente en una suerte de norma penal en blanco.

En cualquier caso, conviene no olvidar que el objeto del ámbito deportivo al que se referencia esta específica modalidad de corrupción privada, más allá de las competiciones deportivas, no deja de constituir un negocio en sí mismo, al que son por tanto aplicables las mismas prohibiciones concurrenciales que a las restantes empresas, ex arts. 286 bis.1 y 2 CP. Al respecto, la más arriba ya citada SAP, Barcelona, Sección 6ª, 751/2022, 12-12, (*Tol 9312941*).

Destacamos seguidamente los aspectos más relevantes del asimismo cuasi inaplicado delito de corrupción en el deporte.

2. Conducta típica. Especificidades en materia de sujetos activos y ámbito de aplicación

De la puesta en relación del apartado 4 del art. 286 bis CP con los apartados 1 y 2 del mismo artículo, se desprende que la modalidad activa de este delito consiste en prometer, ofrecer o conceder un beneficio o ventaja de cualquier naturaleza no justificado para la realización o abstención de un acto dirigido a predeterminar o alterar de manera deliberada y fraudulenta el resultado de una prueba, encuentro o competición. La modalidad pasiva implica recibir, solicitar o aceptar un beneficio en los mismos términos. El delito, como en los casos precedentes de corrupción en los negocios, se consuma aun cuando no se consiga un resultado concreto o no se altere la prueba, encuentro o competición deportiva.

En deportes individuales, y por lo que hace a los deportistas, resulta ser un clásico el "tongo" en los combates de boxeo, pero también cabe imaginar conductas fraudulentas en otras modalidades deportivas, como el tenis, a través de la retirada de la competición fingiendo una lesión o enfermedad, y, en deportes de motor, *ad exemplum*, provocando un accidente propio o ajeno, o fingiendo una avería mecánica. Respecto a los jueces o árbitros, parece evidente su capacidad para incidir en el resultado de las pruebas o encuentros. Por seguir con el ejemplo de los deportes de motor, no es inhabitual la decisión de los Comisarios de los grandes premios de Fórmula 1 de descalificar a determinados pilotos o escuderías so pretexto del incumplimiento de las normas contenidas en el Reglamento de la Fórmula 1. Es por ello perfectamente imaginable que dichas decisiones se adopten por razones venales previa concertación fraudulenta.

En lo atinente a los sujetos responsables del soborno, el apartado 4 del art. 286 bis CP introduce dos especificidades propias de su ámbito de incriminación:

1. La primera se refiere a la expresa mención a las "entidades deportivas" que, si bien se encuentran incluidas en la genérica alusión a empresas mercantiles y, sociedades, de los apartados 1 y 2, como elemento normativo del tipo de corrupción en el deporte entronca mejor con la necesaria remisión a la legislación deportiva. El Título III de la vigente Ley del Deporte se destina a identificar y regular a las llamadas "Entidades Deportivas" y dentro de las mismas las federaciones, ligas profesionales y "entidades que participan en competiciones deporti-

vas oficiales estatales", con una específica subsección destinada a las "sociedades anónimas deportivas". Sin perjuicio de lo dicho, parece evidente que ni los socios de los clubes ni sus aficionados podrán ser considerados autores del delito, ni siquiera como "colaboradores" de las referidas entidades deportivas, sin perjuicio de su hipotética incriminación por la vía de la participación (inducción o cooperación necesaria, según de quién parta la iniciativa de la concertación fraudulenta).

La Ley del Deporte y el Reglamento de Disciplina Deportiva, sin embargo, sí atribuyen potestad sancionadora sobre los socios y aficionados de los clubes deportivos.

2. La expresa alusión a los "deportistas, árbitros o jueces" como posibles sujetos activos o pasivos del delito parece entroncar con su complejo estatuto profesional, que no siempre encaja en la etiqueta de "empleado" o "colaborador" de una "entidad deportiva". La específica mención a los mismos evita cualquier problema interpretativo o aplicativo, sobre todo respecto de los árbitros o jueces deportivos, de quienes en la Doctrina (RODRÍGUEZ TEN) se ha dicho que su "estatuto y la regulación del arbitraje deportivo son aspectos olvidados por los legisladores y las Administraciones estatal y autonómicas, constituyendo un limbo jurídico caracterizado por la discrecionalidad, interesadamente definido por las normas federativas, admitido por los Poderes Públicos y asumido por un colectivo indefenso". También se ha denunciado (CASTRO MORENO) la omisión en esta lista de la figura del "técnico" o del "entrenador" pese a su doble cabida en el delito como "empleados" o, incluso, como "colaboradores" de las entidades deportivas. Y lo anterior en mérito a su diferenciado acogimiento en las disposiciones administrativas, en materia deportiva, respecto de los deportistas.

Es dudosa la inclusión o no, dentro de la categoría de jueces o árbitros del apartado 4 del art. 286 bis CP, de los órganos deportivos, como el Juez Único, el Comité de Competición o el Comité de Apelaciones integrados en las Federaciones Deportivas, que, como resulta sabido, tienen naturaleza jurídico privada (art. 43.1 de la Ley del Deporte). Sin embargo, y conforme con el art. 43.2 de la Ley del Deporte, "gozarán de un régimen especial por la actividad que desarrollan y por las funciones públicas delegadas que les son encomendadas, respetando su naturaleza, en los términos establecidos en el apartado anterior", por lo que queda servida la consideración de aquellos, a efectos penales, como funcionarios públicos. Menos dudas plantea el Comité Superior de Disciplina Deportiva, que como órgano de naturaleza pública impone el estatuto de funcionario público, a afectos penales, de todos sus miembros, vedando la aplicación del art. 286 bis CP y remitiendo, en su caso, a alguna de las modalidades de cohecho de los arts. 419 a 427 CP.

La restricción de la conducta típica al deporte profesional, con exclusión de la práctica *amateur* o no profesionalizada, se cohonesta con la consideración del deporte profesional como un negocio más del que se pretenden erradicar las prácticas venales. Con todo, y en mérito a la existencia de competiciones oficiales no profesionales (singularmente, la Copa del Rey de fútbol), por algún sector de la Doctrina (CASTRO MORENO) se ha reclamado la extensión de las prácticas incriminadas también a las relativas a competiciones "oficiales" para evitar la presente laguna de punibilidad.

Mención aparte merece la conocida práctica de "primar" a los deportistas por ganar una prueba, encuentro o competición. Parece evidente que la práctica deportiva orientada a ganar al rival o adversario constituye el fin último de la misma y, por lo que hace al deporte profesional, implica el estricto cumplimiento de las obligaciones del deportista, justificando, precisamente, su retribución económica por parte del club al que pertenece. Así las cosas, las primas que un club deportivo —o un patrocinador— ofrece a sus deportistas por ganar —no así por empatar o perder— no pueden tener otra consideración que la de una lícita retribución variable.

¿Qué sucede si dichas primas son ofrecidas, como es habitual, por terceros interesados? Para CASTRO MORENO la primigenia exigencia del art. 286 bis.2 CP (aplicable por remisión a la modalidad de corrupción deportiva), eliminada a partir de la reforma del año 2015, de que el favorecimiento al tercero que le otorga la ventaja se hiciera "*incumpliendo sus obligaciones*", impedía "incriminar al deportista que recibe una prima de tercero por ganar, pues la prima, ventaja o beneficio que le es ofrecido lo es, justamente, para que cumpla con sus obligaciones, por lo que tal conducta carecería de la necesaria antijuridicidad material para lesionar el bien jurídico". *Sensu contrario* habrá que concluir actualmente lo opuesto, sin perjuicio de que, como indicábamos en la primera edición de esta obra, aquella opinión así expresada adolecía, en nuestro criterio, de cierta puerilidad: siendo cierto que la victoria en la confrontación deportiva es el fin último y legítimo de dicha práctica, no puede desconocerse que en determinadas competiciones no es lo mismo una victoria que otra. La existencia de competiciones deportivas por puntos, en las que participan diversos deportistas, equipos o clubes, impone un sistema de clasificación en el que puede resultar esencialmente relevante para terceros competidores —para ascender; para descender; para ocupar una plaza para competiciones internacionales— la clase de victoria de un equipo sobre otro. Ello abría y sigue abriendo la vía para primar a determinados deportistas en pos de que alcancen una victoria determinada y no otra —*ad exemplum*, por una determinada diferencia de goles si se trata de fútbol—, lo que implica, esencialmente, una deliberada y fraudulenta predeterminación o alteración del resultado de una prueba, encuentro o competición deportiva, conforme exige el apartado 4 del art. 286 bis CP. Añadidamente, y en mérito a la consideración de tales prácticas como reglamentariamente prohibidas por parte de las Federaciones Deportivas, no pueden desconocerse las repercusiones fiscales de tales prácticas, las más de las veces acompañadas de prácticas falsarias y/o fraudulentas.

En relación con el mundo del futbol profesional que, como es sabido, mueve considerables sumas de dinero, no sólo en España, la prohibición por la Real Federación Española de Fútbol de las primas ha determinado al menos dos vías a quienes, ello no obstante, continúan ofreciendo primas a terceros: la primera opción es pagarlas directamente en dinero negro; los jugadores del equipo primado recibirían dinero no declarado a Hacienda, mediante sumas en efectivo —los famosos "maletines" de cada final de Liga—, de abonos en cuentas en paraísos fiscales, etc… Y lo anterior, con el agravante de que, para obtener esos fondos, y dado que las salidas de dinero de los clubes deben estar justificadas, se recurre a facturas falsas y contactos con redes de fiduciarios. La segunda opción es encubrirlas a través de operaciones económicas, las más de las veces simuladas: se hace llegar el dinero a los jugadores a través de contratos y acuerdos cuyo fin último enmascara la prima. Las prácticas más comunes son:

– El equipo pagador ficha a un jugador del equipo primado muy por encima de su valor de mercado. A continuación los jugadores primados reciben su dinero del club como parte de su ficha.

– El equipo pagador llega a acuerdos de colaboración económica con el equipo primado, con idéntico final que el punto anterior.

– Empresas del entorno del club oferente llegan a acuerdos publicitarios (que no se suelen ejecutar) con los jugadores agraciados.

En el ámbito subjetivo del tipo, y por lo que hace a las referencias al carácter *deliberado y fraudulento* de la predeterminación o alteración del resultado a que debe orientarse la promesa, ofrecimiento o concesión del beneficio o de la ventaja, las mismas excluyen, claro está, las modalidades imprudentes del delito, sin que quepa exigir ninguna clase especial de dolo, incriminándose pues, también, las formas doloso eventuales de consumación del mismo.

Respecto a las específicas modalidades agravatorias contenidas en el segundo párrafo del 286 quater CP, las mismas, como ya se ha dicho, se circunscriben a la interferencia en el desarrollo de juegos de azar o apuestas (apartado a), o a que las mismas sean cometidas en una competición deportiva oficial de ámbito estatal calificada como profesional o en una competición deportiva internacional (apartado b), sin que nos conste hasta la fecha su aplicación.

Jurisprudencialmente hablando, las cosas no son muy distintas en este ámbito que en el de la corrupción en los negocios, siendo muy escasas las resoluciones judiciales que se han ocupado del art. 286 bis.3 CP, pese a existir la convicción de que no es anecdótico el recurso al soborno con finalidad de influir en los resultados de las competiciones deportivas. Constituye un hito, por haber sido la primera sentencia condenatoria por corrupción en el deporte, la SAP, Navarra, Sección 2ª, 111/2020, 23-4, en el llamado "Caso Osasuna", que resolvió condenar por corrupción deportiva a 11 acusados entre directivos y jugadores, entre ellos dos futbolistas que, además, fueron inhabilitados. Los pagos a los jugadores se habían realizado para evitar el descenso de Osasuna a Segunda División (hoy Liga Hypermotion) en la temporada 2013-14, y la sentencia dio como probados los pagos que el club navarro les hizo para que ganasen al Real Valladolid en la 37ª jornada de Liga y para que perdiesen en la 38ª frente a Osasuna. La referida sentencia fue recurrida y esencialmente —y por lo que atañe a los hechos— confirmada por el Tribunal Supremo (STS 61/2023, 13-1, ponente Sánchez Melgar (*Tol 7920126*), que mantuvo las penas por el delito de apropiación indebida agravada que impuso la AP de

Navarra, pero redujo ligeramente las penas por delito de falsedad (al establecer que los condenados por este delito sólo pueden ser sancionados por un delito, y no por dos en concurso, como apreció la Audiencia) y por corrupción deportiva, así como las correspondientes multas. Significativa fue también la SJP, nº 7, Valencia, 454/2019, 9-12 (*Tol 7646302)*, esta absolutoria del delito de corrupción en el deporte por falta de prueba, en relación con un posible amaño en un partido de futbol de 1ª División.

IV. BIBLIOGRAFÍA

ANARTE BORDALLO, E. "Los delitos de corrupción en los negocios tras la reforma penal de 2015: bases político-criminales y técnico-jurídicas", *Jueces para la democracia*, nº 87, 2016; ANDRÉS DOMÍNGEZ, A. C. "El nuevo delito de corrupción entre privados (art. 286 bis CP", en ÁLVAREZ GARCÍA, F. J., COBOS GÓMEZ DE LINARES, M. A., GÓMEZ PAVÓN, P. y otros (coords.), *LH-Rodríguez Ramos*, Valencia, 2013; BAIGÚN, D./BISCAY, P. "Actuación preventiva de los organismos estatales y no estatales en el ámbito de la corrupción y la criminalidad económica", en BAIGÚN, D., y GARCÍA RIVAS, N. (dirs.) *Delincuencia económica y corrupción*, Buenos Aires, 2006; BERENGUER PASCUAL, S. "La integración europea en la lucha contra la corrupción privada en torno a la cuestión del interés jurídico penalmente protegido", *Revista de Estudios Europeos*, nº 71, 2018; *id. El delito de corrupción en los negocios*, Madrid, 2020; BLANCO CORDERO, I. "Art. 286 bis", en GÓMEZ TOMILLO, M. (dir.) *Comentarios prácticos al Código penal*, t. III, Valladolid, 2015; *id.* "De la corrupción entre particulares", en GÓMEZ TOMILLO, M. (dir.), *Comentarios al Código* Penal, 2ª. ed., Valladolid, 2011; BLANCO CORDERO, I., y DE LA CUESTA ARIZMENDI, J. L. "La criminalización de la corrupción en el sector privado: ¿asignatura pendiente del derecho penal español?", en DÍEZ RIPOLLÉS, J. L. (coord.) *LH-Cerezo Mir*, Madrid, 2002; BOLEA BARDÓN, C. "El delito de corrupción privada: Bien jurídico, estructura típica e intervinientes", *InDret: Revista para el Análisis del Derecho*, nº 2, 2013; *id.* "El delito de corrupción privada: Bien jurídico y ratio legis", en CASTRO MORENO, A. y OTERO GONZÁLEZ, P. (dirs.), *Prevención y tratamiento punitivo de la corrupción en la contratación pública y privada*, Madrid, 2016; CARUSO FONTAN, M. A. "El concepto de corrupción. Su evolución hacia un delito de fraude en el deporte como forma de corrupción en el sector privado", *FORO. Revista de Ciencias Jurídicas y Sociales, Nueva Época*, nº 9, 2009; CASTRO MORENO, A. "Corrupción entre particulares (deporte): art. 286 bis 1, 2 y 3 PCP", en ÁLVAREZ GARCÍA, F. J., y GONZÁLEZ CUSSAC, J. L. (dirs.) *Consideraciones a propósito del Proyecto de Ley de 2009 de modificación del Código Penal (Conclusiones del Seminario interuniversitario sobre la reforma del Código Penal celebrado en la Universidad Carlos III de Madrid)*, Valencia, 2010; *id.* "El nuevo delito de corrupción en el deporte", *Revista Aranzadi del Derecho del Deporte y Entretenimiento*, 2010; *id.* "Corrupción en el deporte", en ÁLVAREZ GARCÍA, F. J. y GONZÁLEZ CUSSAC, J. L. (dirs.) *Comentarios a la Reforma Penal de 2010*, Valencia, 2010; *id.* "Corrupción en los negocios" en AYALA GÓMEZ, I., y ORTIZ DE URBINA GIMENO, I. (coords.), *Memento Prático. Penal Económico y de la Empresa 2011-2012*, Madrid, 2012; DE LA CUESTA ARIZMENDI, J. L. "Iniciativas internacionales contra la corrupción", *Cuaderno del Instituto Vasco de Criminología*, nº 17, 2003; DE LA MATA BARRANCO, N. "Corrupción en el sector público y corrupción en el sector privado: novedades del Anteproyecto de Reforma del Código Penal de 2008", en CASANUEVA SANZ, I., y PUEYO RODERO, J. A. (prs.) *El Anteproyecto de modificación del Código Penal de 2008: algunos aspectos*, Deusto, 2009; DÍAZ MAROTO Y VILLAREJO, J. "Los delitos de corrupción en los negocios entre particulares", *Derecho Penal y* Criminología, vol. 46, nº 120, 2025; DANNECKER, G. "§ 299. Bestechlichkeit und Bestechung im geschäftlichen Verkehr", en KINDHÄUSER, U. y NEUMANN, U. y PAEFFGEN, H. U. (eds.) *Strafgesetzbuch. Nomos Kommentar*, Tomo 2, 2ª, ed., 2005; ENCINAR DEL POZO, M. A. *El delito de corrupción privada en el ámbito de los* negocios, Cizur Menor, 2016; ELVIO ACCINELLI, E., y SÁCHEZ CARRERA, J. "Instituciones e imitación de conductas corruptas", *Revista legislativa de estudios sociales y de opinión pública,* vol. 5, nº 10, 2012; FARALDO CABANA, P. "Hacia un delito de corrupción en el sector privado", *Estudios Penales y Criminológicos,* vol. XXIII, 2002; FEIJOO SÁNCHEZ, B. "La aplicación extraterritorial de los delitos de corrupción en los negocios", en FERNÁNDEZ BAUTISTA, S. y otros (dirs.), *LH-Queralt Jiménez,* Barcelona, 2021; FERNÁNDEZ BAUTISTA, S. "El delito de corrupción entre particulares (art. 286 bis CP)", en QUERALT JIMÉNEZ, J. J., y SANTANA VEGA, D. (coords.), *Corrupción Pública y Privada en el Estado de Derecho,* Valencia, 2017; FERNÁNDEZ CASTEJÓN, E. B. "Corrupción en los negocios: el "favorecimiento indebido" como elemento nuclear del nuevo art. 286 bis tras la refroma de 2015", *Cuadernos de Política Criminal,* nº 117, 2015; *id.* "El nuevo tipo penal de corrupción en los negocios tras la LO 1/2015", en LÓPEZ ÁLVAREZ, A. y GARCÍA NAVARRO, J. J. (dirs.), *La corrupción política en España: una visión ética y jurídica,* Cizur Menor, 2016; FOFFANI, L. "La 'corrupción privada'. Iniciativas internacionales y perspectivas de armonización", en ARROYO ZAPATERO, L., y NIETO MARTÍN, A. (coords.) *Fraude y corrupción en el derecho penal económico europeo. Eurodelitos de corrupción y fraude,* Cuenca, 2006; *id.* "La corrupción en el sector privado: la experiencia italiana y del derecho comparado", *Revista Penal,* nº 12, 2003; FUNDACIÓN CAROLINA y FUNDACIÓN ECOLOGÍA Y DESARROLLO *Negocios limpios, desarrollo global: el rol de las empresas en la lucha internacional contra la corrupción,* Zaragoza, 2006; GALLEGO ARRIVAS, D. "Entre la estrategia y la estafa: la tipicidad de las apuestas deportivas con información cierta", en FEIJOO SÁNCHEZ, B. y PEÑARANDA RAMOS, E. (dirs.) *Teoría y práctica de los delitos económicos. Hacia una racionalización de la protección penal del orden socioeconómico,* Buenos Aires/Montevideo, 2025; GARCÍA ALBERO, R. "Corrupción en los negocios y modificación del cohecho", en QUINTERO OLIVARES, G. (dir.), *Comentarios a la reforma penal de 2015,* Pamplona, 2015; GARCÍA-PANASCO MORALES, G. "El delito de corrupción en los negocios como medio para la protección de la competencia desleal: un paradigma de ineficiencia legislativa", *La Ley mercantil,* nº 117 (octubre), 2024; *id.* "El delito de corrupción en los negocios: cuando la propia norma impide su aplicación eficaz", *La Ley mercantil,* nº 120, 2025; GIL NOBAJAS, M. S. "El delito de corrupción en los negocios (art. 286 bis): análisis de la responsabilidad penal del titular de la empresa, el administrador de hecho y la persona jurídica en un modelo puro de competencia", *Estudios Penales y Criminológicos,* vol. 35, 2015; *id.* "Corrupción en los negocios privados ¿es posible responsabilizar penalmente al administrador de hecho, al titular de la empresa y a la persona jurídica?" en QUERALT JIMÉNEZ, J. J., y SANTANA VEGA, D. (coords.), *Corrupción Pública y Privada en el Estado de Derecho,* Valencia, 2017; GILI PASCUAL, A. "Bases para la delimitación del ámbito típico en el delito de corrupción privada. Contribución al análisis del art. 286 bis del Código Penal según el Proyecto de reforma de 2007", *Revista Electrónica de Ciencia Penal y Criminología,* nº 09-13, 2007 (http://criminet.ugr.es/recpc/09/recpc09-13.pdf); *id.* "Pago de comisiones en el ámbito de los negocios y kick-backs entre la administración desleal, la apropiación indebida y la corrupción privada", *Cuadernos de Política Criminal,* nº 109, 2013; HERRERO GIMÉNEZ, R. *El tipo de injusto en el delito de corrupción entre particulares,* Madrid, 2017 [tesis en acceso abierto en Docta Complutense]; *id.* "Corrupción privada. Una aproximación al delito de corrupción en los negocios", en LÓPEZ GONZÁLEZ, SP, y GÓMEZ PAVÓN, P. (coords.), *Delitos contra la administración pública y corrupción,* Madrid, 2021; LAFONT NICUESA, L. "Los delitos de corrupción en los negocios y deportiva", en AA.VV. *Delitos patrimoniales y su investigación: especial referencia a la responsabilidad penal de la persona jurídica y a la Fiscalía Europea,* Madrid, 2024; MALEM SEÑA, J. F. "Códigos éticos corporativos y lucha contra la corrupción", en ARROYO ZAPATERO, L., y NIETO MARTÍN, A. (coords.) *Fraude y corrupción en el derecho penal económico europeo. Eurodelitos de corrupción y fraude,* Cuenca, 2006; *id. Globalización, comercio internacional y corrupción,* Barcelona, 2000; *id. La corrupción: aspectos éticos, económicos, políticos y jurídicos,* Barcelona, 2002; MARTÍNEZ-BUJÁN PÉREZ, C. "La corrupción entre particulares (art. 286 bis del CP español)" en ÁLVAREZ GARCÍA, J. J., y COBOS GÓMEZ DE LINARES, M.

A., GÓMEZ PAVÓN, P. y otros (coords.), *LH-Rodríguez Ramos*, Valencia, 2013; MASSAGUER FUENTES, J. "La cláusula de prohibición de la competencia desleal", *Cuadernos de derecho judicial*, nº 11, 2002; MORÓN LEDRO, E., y RODRÍGUEZ PUERTA, M. J. "Art. 286 bis 1, 2 y 3", en QUINTERO OLIVARES, G. (dir.), *Comentarios al Código Penal español*, Cizur Menor, 2011; NAVARRO MASSIP, J. "La corrupción entre particulares", *Revista Aranzadi Doctrinal*, nº 11, 2011; NIETO MARTÍN, A. "La corrupción en el sector privado (Reflexiones desde el ordenamiento español a luz del derecho comparado)", *Revista Penal*, nº 10, 2002; *id.* "Corrupción en los negocios", en DE LA MATA BARRANCO, N. J., DOPICO GÓMEZ-ALLER, J., LASCURAIN SÁNCHEZ, J. A., y NIETO MARTÍN, A. *Derecho penal económico y de la empresa*, 2ª ed., Madrid, 2024 [https://dialnet.unirioja.es/servlet/libro?codigo=994197]; NIETO MARTÍN, A. y BAÑERES SANTOS, F. "Corrupción entre privados", *Boletín de información del Ministerio de Justicia*, Año 60, nº 2015, 2006; OLAIZOLA NOGALES, I. "La influencia de las recomendaciones GRECO en la reforma del CP español", en QUERALT JIMÉNEZ, J. J., y SANTANA VEGA, D. (coords.), *Corrupción Pública y Privada en el Estado de Derecho*, Valencia, 2017; OTERO GONZÁLEZ, P. "La corrupción en el sector privado: el nuevo delito previsto en el artículo 286 bis 1, 2 y 3 del Código Penal", *La Ley Penal: Revista de Derecho Penal, Procesal y Penitenciario*, 2011; *id.* "Los nuevos delitos de corrupción en los negocios tras la reforma penal por LO 1/2015 (análisis de cuestiones concretas de los arts. 286 bis y 286 ter CP)", en VILLORIA MENDIETA, M., GIMENO FELIÚ, J. M., y TEJEDOR BIELSA, J. C. (dirs.), *La corrupción en España. Ámbitos, causas y remedios jurídicos*, Barcelona, 2016; *id.* "La corrupción en los negocios tras la reforma penal por LO 1/2015", *Cuadernos de José María Lidón*, nº 12, 2016; *id* "La progresiva ampliación del ámbito típico del delito de corrupción privada" *InDret: Revista para el Análisis del Derecho*, nº 4, 2019; PALOMO DEL ARCO, A. "El delito de corrupción en el sector privado como ejemplo de incidencia del Derecho comunitario en el Derecho penal de los Estados Miembros", *RGDP*, nº 1, 2004 (disponible en http://www.iustel.com); *id.* "De los delitos de corrupción en las transacciones comerciales internacionales", en GÓMEZ TOMILLO, M. (dir.), *Comentarios al Código Penal*, 2ª ed., Valladolid, 2011; PAVÓN HERRADOR, D. "La corrupción deportiva como delito de corrupción en los negocios", en PÉREZ MANZANO, M. (coord.), *LH-Huerta Tocildo*, Madrid, 2020; PUENTE ABA, L. M. "Tipos agravados en relación a los arts. 286 bis y ter (art. 286 quáter)", en GONZÁLEZ CUSSAC, J. L. (dir.), *Comentarios a la reforma penal de 2015*, Valencia, 2015; RODRÍGUEZ PUERTA, M. J. "Comentario al art. 286 ter y 286 quater: Delitos de corrupción internacional", en QUINTERO OLIVARES, G. (dir.), *Comentarios al Código penal español*, vol. 2, Cizur Menor, 2024; RODRÍGUEZ TEN, J. *Régimen jurídico del arbitraje deportivo. Los jueces y árbitros deportivos en la normativa estatal, autonómica y federativa*, Barcelona, 2010; ROSAS OLIVA, J. I. "Consideraciones para la tipificación de un delito contra la corrupción en el sector privado en España", *Cuadernos de Política Criminal*, nº 99, 2009; HEINE, G. "§ 299", en ESER, A. y otros, *Schönke/Schröder. Strafgesetzbuch*, 27ª ed., Múnich, 2006 (versión electrónica *on line* http://rsw.beck.de, por cortesía de D. Jean-Christophe Puffer-Mariette); SEGRELLES DE ARENAZA, I. "Capítulo IIV. Los delitos de corrupción en los negocios", en DEL ROSAL BLASCO, B. (coord.), *Derecho penal de sociedades mercantiles*, Madrid, 2022; VEGA GUTIÉRREZ, J. Z. "El objeto de protección en el delito de corrupción en los negocios (art. 286 bis CP)", *La Ley Penal: revista de Derecho penal, procesal y penitenciario*, nº 131, 2018; VENTURA PÜSCHEL, A. "Sobre la tipificación de la mal llamada "corrupción entre particulares" (o de cómo la pretendida política criminal común de la Unión Europea entiende la competencia en el mercado)", en ÁLVAREZ GARCÍA, F. J. (dir.) *La adecuación del Derecho Penal español al Ordenamiento de la Unión Europea. La política criminal europea*, Valencia, 2009; *id.* "Corrupción entre particulares (no deporte): art. 286 bis 1, 2 y 3 PCP", en ÁLVAREZ GARCÍA, F. J., y GONZÁLEZ CUSSAC, J. L. (dirs.) *Consideraciones a propósito del Proyecto de Ley de 2009 de modificación del Código Penal (Conclusiones del Seminario interuniversitario sobre la reforma del Código Penal celebrado en la Universidad Carlos III de Madrid)*, Valencia, 2010; *id.* "Corrupción entre particulares", en ÁLVAREZ GARCÍA, F. J., y GONZÁLEZ CUSSAC, J. L. (dirs.) *Comentarios a la Reforma Penal de 2010*, Valencia, 2010; VOGEL, J. "La tutela penale contro la corruzione nel settore privato: l'esperienzia tudesca", en ACQUAROLI, R., y FOFFANI, L. (eds.), *La corruzione tra privati. Esperienze comparatistiche e prospetitve di reforma*, Milano, 2003; VILLEGAS GARCÍA, M. A., y ENCINAR DEL POZO, M. A. "La reforma del delito de corrupción privada", *La Ley Penal: revista de Derecho penal, procesal y penitenciario*, nº 137, 2019; ZURDO GARAY-GORDÓVIL, M. C. "La especialidad de delitos económicos. Objeto, contenido y ámbito de actuación", Ponencia 31 de marzo de 2022 [https://www.cej-mjusticia.es/sede/publicaciones/ver/13699].

REFERENCIAS LEGALES

- Decisión Marco 22/584/JAI del Consejo, de 13 de junio de 2002, relativa a la orden de detención europea y a los procedimientos de entrega entre los Estados miembros (*Tol 507479*).
- Decisión Marco 2003/568/JAI, del Consejo, de 22 de julio de 2003, relativa a la lucha contra la corrupción en el sector privado (*Tol 8950710*).
- Informe de la Comisión Europea al Consejo Europeo, de 18 de junio de 2007, basado en el artículo 9 de la Decisión marco del Consejo 2003/568/JAI.
- Ley 15/2007, de 3 de julio, de Defensa de la Competencia (*Tol 1082683*).
- Ley 3/1991, de 10 de enero, de Competencia Desleal (*Tol 257367*).
- Libro blanco sobre el deporte, Comisión de las Comunidades Europeas, de 11 de julio de 2007, COM(2007)391 final [https://eur-lex.europa.eu/legal-content/ES/TXT/?uri=celex%3A52007DC0391].
- Ley 39/2022, de 30 de diciembre, del Deporte (*Tol 9339416*).
- Real Decreto 1591/1992, de 23 de diciembre, por el que se aprueba el Reglamento de Disciplina Deportiva (*Tol 24121*).

Lección 23ª

Disposiciones comunes del Capítulo XI del Título XIII

JOSÉ MIGUEL SÁNCHEZ TOMÁS

SUMARIO. I. CONSIDERACIONES GENERALES. II. LA EXIGENCIA DE DENUNCIA DEL AGRAVIADO. III. LA PUBLICACIÓN DE LA SENTENCIA. IV. LA RESPONSABILIDAD PENAL DE LAS PERSONAS JURÍDICAS. V. LA EXENCIÓN POR DELACIÓN EN LOS DELITOS DE DETRACCIÓN DE BIENES DE PRIMERA NECESIDAD Y DE MANIPULACIÓN DE LOS PRECIOS. VI. BIBLIOGRAFÍA

Artículo 287

1. Para proceder por los delitos previstos en la Sección 3ª de este Capítulo, excepto los previstos en los artículos 284 y 285, será necesaria denuncia de la persona agraviada o de sus representantes legales. Cuando aquella sea menor de edad, persona con discapacidad necesitada de especial protección o una persona desvalida, también podrá denunciar el Ministerio Fiscal.

2. No será precisa la denuncia exigida en el apartado anterior cuando la comisión del delito afecte a los intereses generales o a una pluralidad de personas.

Artículo 288

En los supuestos previstos en los artículos anteriores se dispondrá la publicación de la sentencia en los periódicos oficiales y, si lo solicitara el perjudicado, el juez o tribunal podrá ordenar su reproducción total o parcial en cualquier otro medio informativo, a costa del condenado.

Cuando de acuerdo con lo establecido en el artículo 31 bis una persona jurídica sea responsable de los delitos recogidos en este Capítulo, se le impondrán las siguientes penas:

1.º En el caso de los delitos previstos en los artículos 270, 271, 273, 274, 275, 276, 283 y 286:

a) Multa del doble al cuádruple del beneficio obtenido, o que se hubiera podido obtener, si el delito cometido por la persona física tiene prevista una pena de prisión de más de dos años.

b) Multa del doble al triple del beneficio obtenido, favorecido o que se hubiera podido obtener, en el resto de los casos.

2.º En el caso de los delitos previstos en los artículos 277, 278, 279, 280, 281, 282, 282 bis, 284, 285, 285 bis, 285 quater y 286 bis al 286 quater:

a) Multa de dos a cinco años, o del triple al quíntuple del beneficio obtenido o que se hubiere podido obtener si la cantidad resultante fuese más elevada, cuando el delito cometido por la persona física tiene prevista una pena de más de dos años de privación de libertad.

b) Multa de seis meses a dos años, o del tanto al duplo del beneficio obtenido o que se hubiere podido obtener si la cantidad resultante fuese más elevada, en el resto de los casos.

3.º Atendidas las reglas establecidas en el artículo 66 bis, los jueces y tribunales podrán asimismo imponer las penas recogidas en las letras b) a g) del apartado 7 del artículo 33.

Artículo 288 *bis*

En los supuestos previstos en los artículos 281 y 284 de este Código, quedarán exentos de responsabilidad criminal los directores, administradores de hecho o de Derecho, gerentes y otros miembros del personal actuales y anteriores de cualquier sociedad, constituida o en formación, que en esa condición hayan cometido alguno de los hechos previstos en ellos, cuando pongan fin a su participación en los mismos y cooperen con las autoridades competentes de manera plena, continua y diligente, aportando informaciones y elementos de prueba de los que estas carecieran, que sean útiles para la investigación, detección y sanción de las demás personas implicadas, siempre que se cumplan las siguientes condiciones:

a) Cooperen activamente en este sentido con la autoridad de la competencia que lleva el caso,

b) estas sociedades o personas físicas hayan presentado una solicitud de exención del pago de la multa de conformidad con lo establecido en la Ley de Defensa de la Competencia,

c) dicha solicitud se haya presentado en un momento anterior a aquel en que los directores, administradores de hecho o de Derecho, gerentes y otros miembros del personal actuales y anteriores de cualquier sociedad, constituida o en formación, que en esa condición hayan sido informados de que están siendo investigados en relación con estos hechos,

d) se trate de una colaboración activa también con la autoridad judicial o el Ministerio Fiscal proporcionando indicios útiles y concretos para asegurar la prueba del delito e identificar a otros autores.

I. CONSIDERACIONES GENERALES

El Capítulo XI —delitos relativos a la propiedad intelectual e industrial, al mercado y a los consumidores— incluye una última Sección, la quinta, en la que se establecen una serie de disposiciones comunes a las Secciones anteriores. Se refieren a la regulación de (i) la exigencia de denuncia previa para la mayoría de los delitos relativos al mercado y a los consumidores (art. 287 CP), (ii) la publicación de las Sentencias condenatorias (art. 288.1 CP), (iii) la responsabilidad penal de las personas jurídicas por la comisión de estos delitos (art. 288.2 CP) y (iv) la exención de responsabilidad penal para los delitos de detracción de bienes de primera necesidad del art. 281 CP y de los manipulación de los precios del art. 284 CP (art. 288 *bis* CP).

La actual numeración de esta Sección proviene de la reforma operada en el CP por la LO 5/2010, de 22 de junio. La redacción originaria del CP vigente establecía que esta Sección fuera la 4ª del Capítulo. Sin embargo, la inclusión por la LO 5/2010 de una nueva Sección en este Capítulo, dedicada a la corrupción entre particulares, ha provocado que ésta pase a numerarse como Sección 4ª y que las disposiciones comunes queden englobadas en una Sección 5ª. La vigente redacción del art. 287 CP ha sido dada por la LO 1/2015, de 30 de marzo; la del art. 288 CP por la LO 1/2019, de 20 de febrero; y la del art. 288 *bis* CP por la LO 14/2022, de 22 de diciembre.

II. LA EXIGENCIA DE DENUNCIA DEL AGRAVIADO

1. El art. 287 CP establece como condición objetiva de procedibilidad la previa denuncia de la persona agraviada o de sus representantes legales respecto de los delitos previstos en la Sección 3ª —delitos relativos al mercado y a los consumidores—, con excepción de los arts. 284 y 285 CP. Se posibilita la denuncia del Ministerio Fiscal en los casos en que el agraviado sea un menor de edad, persona con discapacidad necesitada de especial protección o persona desvalida. Por tanto, es precisa la denuncia previa para los delitos relativos al secreto de empresa (arts. 278 a 280 CP), detracción de bienes de primera necesidad (art. 281 CP), publicidad engañosa (art. 282 CP), falseamiento de información en el mercado de valores (art. 282 *bis* CP), facturación falsa (art. 283 CP), revelación de información privilegiada en el mercado financiero fuera del normal ejercicio de la profesión (art. 285 *bis* CP), así como de los delitos de provocación, conspiración y proposición para su comisión (art. 285 *quater* CP) y los delitos contra los servicios de radiodifusión e interactivos y delitos de manipulación de equipos de telecomunicaciones (art. 286 CP). Se excluye de esta obligación los delitos de manipulación de los precios (art. 284 CP) y de uso de información privilegiada en el mercado financiero (285 CP), así como, sistemáticamente, de los delitos de provocación, conspiración y proposición para su comisión (art. 285 *quater* CP).

La previa denuncia de la persona agraviada como requisito de procedibilidad no es una exigencia muy extendida en la legislación penal, en la que impera el principio de persecución de oficio. Normalmente se pone en conexión con delitos que protegen bienes jurídicos eminentemente personales o disponibles —así, por ejemplo, homicidio imprudente menos grave que no sea cometido utilizando vehículo a motor (art. 142.2,

IV CP), lesiones dolosas o imprudentes menos graves (arts. 147.4 y 152.2, IV CP), reproducción asistida sin consentimiento (art. 161 CP), amenazas, coacciones leves, acoso y trato degradante (arts. 171.7, 172.3, 172 *ter*.4 y 173.4, III CP), contra la libertad sexual (art. 191 CP), descubrimiento y revelación de secretos (art. 201 CP), abandono de familia o impago de pensiones (art. 228 CP)— o de contenido patrimonial —daños imprudentes (art. 267 CP) o delitos societarios (art. 296 CP). En ese sentido, no deja de sorprender que respecto de delitos patrimoniales no violentos como los hurtos, estafas o apropiaciones indebidas, incluso de carácter leve, no se exija este requisito y, sin embargo, sí se haga en relación con delitos como los de la Sección 3ª en que el bien jurídico protegido tiene unos evidentes matices de carácter supraindividual. En estos casos, la exigencia de denuncia podría venir matizada por la concurrencia de la excepción de que queden afectados los intereses generales o una pluralidad de personas prevista en el art. 287.2 CP (ALMODÓVAR PUIG).

La relación de delitos de este capítulo respecto de los que resulta de aplicación la exigencia de la previa denuncia ha sufrido paulatinas restricciones desde la aprobación del CP vigente. Así, si bien en la redacción originaria del CP 1995 esta condición objetiva de procedibilidad se aplicaba a todos los delitos del Capítulo XI, sin ninguna excepción; con la reforma operada por la LO 15/2003 se redujo su ámbito de aplicación a los delitos de la Sección 3ª, especialmente con la finalidad de excluir de esta exigencia los delitos contra la propiedad intelectual e industrial protagonizado por los vendedores callejeros de productos falsificados y pirateados. Ha sido la LO 5/2010 la que, además, ha excluido a los arts. 284 y 285; habiéndose criticado que, en atención al interés de tutela, no se hubiera excluido entonces también el art. 282 *bis* CP (LÍBANO BERISTAIN, MARTÍNEZ-BUJÁN PÉREZ). La LO 1/2019 incluyó los arts. 285 *bis* a *quater* CP, pero no modificó la redacción del art. 287 CP. Ello ha determinado que no quede excepcionada de la exigencia de denuncia el delito de revelación de información privilegiada en el mercado financiero fuera del normal ejercicio de la profesión, en tanto que quedó tipificado en el art. 285 *bis* CP. Sin duda, parece un nuevo caso de desatención legislativa que debería ser remediado, toda vez que la lógica de exclusión de este régimen de procedibilidad del art. 285 CP es directamente predicable de la conducta del art. 285 *bis* CP. Del mismo modo, tampoco el art. 287 CP hace referencia expresa a que se excepcione de la exigencia de denuncia el art. 285 *quater* CP, en el que se sancionan la provocación, la conspiración y la proposición para cometer los delitos, entre otros, de los arts. 284 y 285 CP. Sin embargo, elementales razones de interpretación sistemática determinan que, al igual que las formas intentadas de ejecución de estos delitos, también se extienda a esos actos preparatorios la posibilidad de su persecución de oficio.

En cuanto a la posibilidad de denuncia del Ministerio Fiscal en casos especiales, la LO 1/2015 ha modificado la antigua referencia a *"incapaces"* por la de *"persona con discapacidad necesitada de especial protección"*; que aparece definida en el art. 25 CP como *"aquella persona con discapacidad que, tenga o no judicialmente modificada su capacidad de obrar, requiera de asistencia o apoyo para el ejercicio de su capacidad jurídica y para la toma de decisiones respecto de su persona, de sus derechos o intereses a causa de sus deficiencias intelectuales o mentales de carácter permanente"*. Sobre dicha intervención del Ministerio Fiscal incide la Circular 2/2022, de 20 de diciembre, de la Fiscalía General del Estado, sobre la actividad extraprocesal del Ministerio Fiscal en el ámbito de la investigación penal, en cuyo apartado 4.9, se afirma que *"cuando se trate de una persona con discapacidad con necesidad de medidas de apoyo para el ejercicio de su capacidad jurídica, se le proporcionará la información de forma clara y suficiente, con las adaptaciones y los ajustes que precise, de conformidad con el contenido del art. 7 bis de la Ley 15/2015, de 2 de julio, de la Jurisdicción Voluntaria, y del art. 7 bis LEC (en la redacción introducida por la Ley 8/2021, de 2 de junio)"*.

2. No resulta fácil determinar ni cuándo se ha dado cumplimiento a la exigencia de denuncia, como condición objetiva de procedibilidad, ni tampoco a que la misma haya sido formulada por la "*persona agraviada*". Respecto de lo primero, a pesar de tratarse de una exigencia condicional para la responsabilidad penal que, por tanto, debía ser objeto de una interpretación restrictiva, la tendencia jurisprudencial es a la fexibilización merced a la moderna propensión de los sistemas de justicia penal por consideraciones victimológicas. Esa misma flexibilización debe proyectarse sobre el concepto de persona agraviada que cabe identificar con cualquier victima directa o indirecta en el sentido definido por el art. 2 de la Ley 4/2015, de 27 de abril, del estatuto de la víctima del delito.

En ocasiones se ha sostenido que la nulidad que implicaría la iniciación de oficio del procedimiento no permite la subsanación posterior al suponer la vulneración de derechos fundamentales (SAP, Toledo, Sección 1ª, 26/2007, 8-3). Sin embargo, parece apreciarse una progresiva preferencia por la flexibilización en el cumplimiento de esta exigencia. De ese modo, la ausencia de la previa denuncia de la persona agraviada o de sus representantes legales se ha configurado por alguna Jurisprudencia como un motivo de anulabilidad que puede ser subsanado con su personación tras el ofrecimiento de acciones [AAP, Barcelona, Sección 5ª, 17-12-2001; o AAP, Pontevedra, Sección 5ª, 132/2020, 27-2 (*Tol 7939449)*] y también ha sido defendida doctrinalmente la perfección de la denuncia administrativa mediante su ratificación judicial (IBÁÑEZ LÓPEZ-POZAS; LÍBANO BERISTAIN). Igualmente, se ha hecho especial incidencia, por un lado, en que la posterior renuncia del denunciante a su derecho a ejercer la acusación particular, no impide la continuación del procedimiento [AAP, Valencia, Sección 2ª, 301/2019, 21-3 (*Tol 7237333)*]. En esta tendencia flexibilizadora, aunque sea en el contexto de otros delitos sometidos a la exigencia de denuncia, existe jurisprudencia que establece que se da cumplimiento a esta condición objetiva mediante una mera comunicación verbal del hecho sin que sea necesario una denuncia escrita y formal [STS 311/2020, 15-6 (*Tol 8000922)*] y que la falta de denuncia formal se subsana o convalida si hay constancia de que el perjudicado muestra su consentimiento con la continuación del proceso penal, exteriorizando con su conducta procesal esa voluntad [así, ampliamente, STS 891/2022, 11-11 (*Tol 9339458)*].

En cuanto a que la denuncia sea formulada por la *"persona agraviada"* se ha sostenido que es una referencia al titular del bien jurídico lesionado, por lo que ni el perjudicado civil ni cualquier particular que se haya visto afectado por el hecho delictivo pueden dar cumplimiento a la exigencia de este requisito (SAP, Toledo, Sección 1ª, 26/2007, 8-3). La referencia a *"persona agraviada"* aparece ya en la redacción originaria de este precepto y es la usual en los preceptos que regulan la exigencia de denuncia (así, arts. 142, 147, 152, 161, 171, 172, 172 *ter*, 173, 191, 201, 228, 267, 296 CP), aunque con cierta confusión con el concepto de *"ofendido"*, que es el usual en los preceptos que regulan el perdón como causa de extinción de la responsabilidad (así, art. 191, 201, 214, 215 o 267 CP); llegándose a la máxima confusión en los arts. 80, 214, 456 CP donde se mencionan la denuncia y/o querella del ofendido, o el art. 130.1.5º CP, al establecerse que la responsabilidad criminal se extingue *"por el perdón del ofendido, cuando se trata de delitos leves perseguible a instancias de la persona agraviada* [...]". En ese sentido, la concreción del concepto de persona agraviada plantea los mismos problemas que se derivan de la preferencia en otras normas por otros conceptos que se suelen utilizar como sinónimos —perjudicado, ofendido o dañado (arts. 13, 25, 109, 110, 112, 506, 742, 759, 761, 771, 773, 776, 782, etc. LECrim)— y que no ha venido a ser remediado por la Ley 4/2015, de 27 de abril, del estatuto de la víctima del delito, que ha prescindido de las referencias a agraviado, ofendido o perjudicado en su articulado; optando por los conceptos de victima directa e indirecta (art. 2), respecto de las cuales se regulan sus derechos como denunciante (art. 6). En este confuso contexto normativo, resulta sistemáticamente razonable considerar que por persona agraviada debe entenderse la víctima directa o indirecta del delito en el sentido mencionado en el art. 2 de la Ley 4/2015.

3. La exigencia de denuncia previa se excepciona en el caso de que el delito afecte a los intereses generales o a una pluralidad de personas (art. 287.2 CP). La interpretación sobre los supuestos en que concurren estas circunstancias ha sido ampliamente discutida en la jurisprudencia, especialmente antes de la reforma operada por la LO 15/2003 en relación con los delitos contra la propiedad intelectual por la venta callejera de CDs y DVDs de música y cine, concluyéndose por la Jurisprudencia mayoritaria que el concepto de "una pluralidad de personas" implica, al menos, veinte o más perjudicadas [SSAP, Madrid, Sección 17ª, 1287/2007, 14-12, y Cádiz, Sección 8ª, 270/2008, 2-9 (*Tol 1520939*)].

Por su parte, la SAP, Madrid, Sección 16ª, 566/2007, 12-7, con cita expresa de lo dispuesto en el art. 42 del anexo 1 c) del Acuerdo por el que se estableció la Organización Mundial de Comercio, hecho en Marrakech el 15 de abril de 1994, considera suficiente que haya más de diez perjudicados por el delito perseguido para entender que concurre la *"pluralidad de personas"* a que se refiere el art. 287.2 CP. Por su parte, parece que el concepto de afectación a los intereses generales debe asimilarse a un impacto de carácter económico de cierta relevancia y no a la afectación a la economía nacional (ALMODÓVAR PUIG).

III. LA PUBLICACIÓN DE LA SENTENCIA

El art. 288, I CP establece, respecto de todos los delitos del Capítulo XI, la publicación obligatoria de la Sentencia en los periódicos oficiales y, además de ello, la posibilidad de su reproducción total o parcial en cualquier otro medio informativo a costa del condenado cuando así lo solicite el perjudicado. Esta previsión, en cuanto a la obligatoriedad de la publicación en los periódicos oficiales, y a pesar de que no aparece expresamente regulada como una pena, adquiere una naturaleza sancionadora cercana a la vieja pena de reprensión o amonestación pública por el coste en prestigio reputacional que supone en el mercado la publicidad de la conducta infractora de las reglas esenciales que disciplinan su normal funcionamiento. Sin embargo, en cuanto a la potestad judicial de publicidad en otros medios informativos a solicitud del perjudicado, y a pesar de que tampoco aparece expresamente entre las reglas reguladoras de la responsabilidad civil *ex delicto*, tiene una naturaleza resarcitoria en tanto que puede suponer la restauración pública de la lesión de derechos morales lesionados por los competidores en el mercado. Debe entenderse, ante el silencio de la norma, que estas publicaciones solo proceden una vez que se produzca la firmeza de la sentencia (GILI PASCUAL, MARTÍNEZ-BUJÁN PÉREZ).

La publicación de la Sentencia condenatoria no es una consecuencia jurídica del delito que se prodigue en el CP. De hecho, al margen de la referencia contenida en el art. 288 CP, sólo aparece mencionada como un medio de reparación del daño en relación con las condenas por delitos de injurias y calumnias (art. 216 CP) y respecto de los delitos contra la propiedad intelectual e industrial (art. 272.2 CP). No deja de llamar la atención la doble regulación de la posibilidad de publicación de la sentencia respecto de los delitos contra la propiedad intelectual e industrial, ya que junto a la expresa previsión del citado art. 272.2 CP hay que situar la propia regulación del art. 288 CP que, desde una interpretación sistemática, también es de aplicación a dichos delitos. Ello ha llevado a parte de la Doctrina, con acierto, a concluir que el art. 272.2 CP habría quedado derogado por el art. 288 CP (MARTÍNEZ-BUJÁN PÉREZ, VALLE MUÑIZ), máxime teniendo en cuenta que el art. 288 CP ha recibido sucesivas nuevas redacciones por las LLOO 5/2010, 1/2015 y 1/2019, posteriores a la dada por el art. 272.2 CP que es la original de la LO 10/1995.

La doble naturaleza sancionadora y resarcitoria de la publicación de las Sentencia condenatorias es patente en el Ordenamiento Jurídico español, toda vez que conviven preceptos en que explícitamente se establece como una sanción por la comisión de ilícitos administrativos [por ejemplo, arts. 97.2.c), 98.2.b), 100.2.b), 101.2.b) y 115 de la Ley 10/2014, de 26 de junio, de ordenación, supervisión y solvencia de entidades de crédito; o los arts. 334 y 335 de la Ley 6/2023, de 17 de marzo, de los Mercados de Valores y de los Servicios de Inversión] con otros que también indubitadamente son medios de reparación civil [por ejemplo, art. 32.2 de la Ley 3/1991, de 10 de enero, de Competencia Desleal; art. 138 del Real Decreto Legislativo 1/1996, de 12 de abril, por el que se aprueba la Ley de Propiedad Intelectual; art. 41.1.f) de la Ley 17/2001, de 7 de diciembre, de Marcas; art. 32 de la Ley 29/2009, de 30 de diciembre, por la que se modifica el régimen legal de la competencia desleal y de la publicidad para la mejora de la protección de los consumidores y usuarios; o art. 71.1.f) de la Ley 24/2015, de 24 de julio, de Patentes].

La SAP, Málaga, Sección 1ª, 184/2024, 21-5 (*Tol 10095493)*, en el caso de delitos contra la propiedad Intelectual, ha considerado, en relación con la obligación de publicación en un periódico oficial, que *"la finalidad perseguida con la publicación de la sentencia es la de contribuir con ello también a la reparación del daño causado, toda vez que estos delitos tienen una amplia repercusión entre los consumidores y los agentes que de uno u otro modo intervienen en el mercado"; no obstante, también incide en la necesidad de hacer una ponderación para la aplicación de esta medida, ya que "la publicación también se ha de procurar no multiplicar el efecto infamante que ello puede producir en la persona condenada por el delito, y respetar asimismo su derechos fundamentales que no deban verse afectados por la condena"*. Ello le lleva, por la limitación espacial de la conducta enjuiciada, a acordar la publicación de la sentencia en los Boletines Oficiales de las Provincias de Málaga y Cádiz. La SAP, Málaga, Sección 3ª, 275/2022, 19-9 (*Tol 9357628)*, ha puesto de manifiesto, en relación con la publicación en un medio no oficial, la necesidad de que sea una medida a petición de la parte perjudicada y, además, sometida a la exigencia de motivación; por ello anuló la publicación parcial acordada en la sentencia recurrida en apelación en el Diario Sur de Málaga. Por último, a pesar del tenor literal del art. 288, I CP, es muy casuística en la Jurisprudencia la opción por la publicación en diarios oficiales (provinciales, autonómicos o estatales) o en periódicos comerciales, en este caso, también de ámbitos nacional [SAP, Albacete, Sección 2ª, 88/2024, 27-2 (*Tol 10016666)*] o de ámbitos territoriales más limitados [SAP,

Madrid, Sección 1ª, 117/2023, 15-2 (*Tol 9438584)*]. Igualmente, se aprecia en la Jurisprudencia que, a pesar de ser una obligación impuesta por la norma, no se suele imponer la publicación en un diario oficial, pero ello parece derivarse de exigencias del principio acusatorio al omitir las acusaciones la solicitud de la imposición de esa medida.

Por otra parte, la aplicación de esta consecuencia jurídica a los delitos contra el mercado financiero (arts. 282 *bis* a 285 *quater* CP), derivaba en un principio del art. 14.4 de la derogada Directiva 2003/6/CE, de 28 de enero y del vigente art. 28.2 de la Directiva 2004/109/CE, de 15 de diciembre, que prevé que *"Los Estados miembros dispondrán que la autoridad competente pueda revelar al público todas las medidas adoptadas o sanciones impuestas por incumplimiento de las disposiciones adoptadas de conformidad con la presente Directiva, salvo que la revelación comprometiera seriamente a los mercados financieros o causara un daño desproporcionado a las partes implicadas"*. Esta obligación comunitaria se mantiene en la actualidad solo en relación con las sanciones administrativas [art. 34 del Reglamento (UE) nº 596/2014 del Parlamento Europeo y del Consejo, de 16 de abril de 2014, sobre el abuso de mercado], estando ausente respecto de los ilícitos penales en la Directiva 2014/57/UE del Parlamento Europeo y del Consejo, de 16 de abril de 2014, sobre las sanciones penales aplicables al abuso de mercado, aunque esta directiva establece en su considerando 18, en relación con la responsabilidad de las personas jurídicas, que las *"sanciones u otras medidas pueden incluir la publicación de una decisión definitiva sobre una sanción, incluida la identidad de la persona jurídica responsable, teniendo en cuenta los derechos fundamentales, el principio de proporcionalidad y los riesgos para la estabilidad de los mercados financieros y de las investigaciones en curso (...) La presente Directiva no debe impedir a los Estados miembros publicar las decisiones definitivas sobre responsabilidad y sanciones"*.

IV. LA RESPONSABILIDAD PENAL DE LAS PERSONAS JURÍDICAS

1. El art. 288 II CP incluye a partir de la LO 5/2010 —cuya redacción ha sido sucesivamente modificada por las LLOO 3/2011, 1/2015 y 1/2019— una previsión expresa respecto de la posibilidad de la declaración de responsabilidad penal de las personas jurídicas por la comisión de estos delitos, determinando las consecuencias jurídicas aplicables. A esos efectos, se establece la posibilidad de exigir la responsabilidad penal de las personas jurídicas respecto de todos los delitos del Capítulo XI.

La LO 5/2010 reguló de manera novedosa la responsabilidad penal de las personas jurídicas en relación con concretos delitos. La técnica utilizada ha sido, en primer lugar, establecer en el art. 31 *bis* CP —sucesivamente modificado por las LLOO 7/2012 y 1/2015— una cláusula general conteniendo los requisitos necesarios para declarar la responsabilidad penal de una persona jurídica por los hechos cometidos en su nombre o por cuenta de ella, y en su beneficio directo o indirecto, por sus representantes legales o personas físicas autorizadas para tomar decisiones, así como por quienes han podido realizar los hechos por haberse incumplido gravemente los deberes de supervisión, vigilancia y control atendidas las concretas circunstancias del caso. Esta responsabilidad fue posteriormente matizada por los arts. 31 *ter* y *quinquies* CP, añadidos por la LO 1/2015. A partir de esa cláusula general, en el art. 33.7 CP se han establecido las penas aplicables a las personas jurídicas y en el art. 66 *bis* CP las reglas para determinar la concreta imposición de alguna de esas penas, dejando para la Parte Especial del CP la determinación concreta de los delitos respecto de los que resulta aplicable la cláusula de responsabilidad penal de las personas jurídicas y la pena a imponer. En el contexto de este diseño legislativo, el art. 288, II CP cumple la doble función de establecer, por un lado, los delitos de este capítulo a los que es aplicable la responsabilidad penal de las personas jurídicas y, por otro, las penas aplicables a las personas jurídicas por la comisión de dichos ilícitos.

Sorprende que el art. 288, II CP, en su redacción originaria dada por la LO 5/2010, hubiera excluido de la responsabilidad penal de las personas jurídicas el delito de manipulación de los precios del mercado (art. 284 CP), en tanto que criminológicamente es un delito apto para haber establecido dicha responsabilidad. En todo caso, dado que en el contexto de aquella reforma no se aprobó la enmienda núm. 200 presentada en el Senado por parte del Grupo Parlamentario Entesa Catalana de Progrés —en que se integran, entre otros, los Senadores del Partido Socialista de Cataluña— en la que se pretendía incluir este delito con el argumento de que su falta de mención era seguramente *"producto de un error técnico"*, habrá que concluir que su exclusión en aquel momento no respondía a un error técnico sino a unos fines difíciles de adivinar. No obstante, apenas un mes después de la entrada en vigor de la LO 5/2010, con ocasión de la reforma operada por la LO 3/2011, ya se incluyó la responsabilidad penal de las personas jurídicas en relación con los ilícitos del art. 284 CP. También ha sido criticado que, tras su novedosa tipificación en la LO 1/2019, se establezca la responsabilidad penal de las personas jurídicas en relación con los ilícitos del art. 285 *quater* CP, en tanto que se trata de la incriminación de conductas de provocación, conspiración y proposición (MARTÍNEZ-BUJÁN PÉREZ).

2. A los efectos de determinar las consecuencias jurídicas aplicables a estos delitos, el art. 288, II.1º CP, en la vigente redacción dada por la LO 1/2019, establece que se impondrá la sanción de multa del doble al cuádruple del beneficio obtenido, o que se hubiera podido obtener, si el delito cometido tiene prevista una pena de prisión de más de dos años, o del doble al triple en el resto de los casos, en los supuestos de los delitos contra la propiedad intelectual (arts. 270 y 271 CP) y contra la propiedad industrial (arts. 273 a 276 CP) —con excepción de la divulgación de la invención objeto de una solicitud de patente secreta (art. 277 CP)— y los delitos de facturación falsa (art. 283 CP), uso de información privilegiada (285 CP) y contra los servicios de radiodifusión e interactivos y delitos de manipulación de equipos de telecomunicaciones (art. 286 CP).

Por su parte, el art. 288, II.2º CP establece la sanción de multa de dos a cinco años o del triple al quíntuple del beneficio obtenido o que se hubiere podido obtener si la cantidad resultante fuese más elevada, si la pena es de más dos años de privación de libertad y multa de seis meses a dos años, o del tanto al duplo del beneficio obtenido o que se hubiere podido obtener si la cantidad resultante fuese más elevada en el resto de los casos, en los supuestos de los delitos de divulgación de la invención objeto de una solicitud de patente secreta (art. 277 CP), relativos al secreto de empresa (arts. 278 a 280 CP), detracción de bienes de primera necesidad (art. 281 CP), publicidad engañosa (art. 282 CP), falseamiento de información para la captación de inversores (art. 282 *bis* CP), manipulación de los precios del marcado (arts. 284 y 285 *quater* CP), uso de información privilegiada (arts. 285, 285 *bis* y 285 *quater* CP) y corrupción en los negocios (arts. 286 *bis* a *quater* CP).

Junto con estas penas de multa, el art. 288, II.3° CP establece la posibilidad de que los jueces y tribunales imponga también alguna de las penas previstas en las letras b) a g) del art. 33.7 CP —disolución, suspensión de actividades, clausura de locales, inhabilitación para obtener subvenciones, ayudas, beneficios y contratos con la Administración e intervención judicial—, con sujeción a lo previsto en el art. 66 *bis* CP.

En la redacción originaria dada al art. 288, II CP por la LO 5/2010, en el primer grupo de delitos se incluía el del uso de información privilegiada (art. 285 CP), lo que se mantuvo hasta la LO 1/2019, que lo incluyó en el segundo grupo junto con el delito de manipulación de los precios del mercado (art. 284 CP), que ya estaba incluido en él desde la LO 3/2011. Igualmente, la LO 5/2010 estableció estos dos grupos de delitos para determinar la multa aplicable vinculándolo a la circunstancia de que en el primer grupo de casos los ilícitos se estructuraban sobre la base de la existencia de un beneficio obtenido y favorecido, lo que permitía optar por un sistema de multa proporcional, que estaba ausente del segundo grupo, respecto del que era posible optar por un sistema estricto de días multa, que entonces era de multa de uno a tres años para delitos castigados con pena superior a dos años de prisión y de multa de seis meses a dos años en el resto de los casos. Sin embargo, la LO 1/2015 modificó esta situación, que se mantiene tras la LO 1/2019, de modo tal que, por un lado, para ambos grupos de delitos se estableció la posibilidad de imposición de una pena de multa proporcional, si bien manteniendo para el segundo grupo el sistema de días-multa y solo, subsidiariamente, el proporcional si la cantidad resultante fuera más elevada; y, por otro, se elevó la multa para este segundo grupo de delitos cuando la pena fuera superior a los dos años de privación de libertad desde la multa de uno a tres años a la de dos a cinco años.

V. LA EXENCIÓN POR DELACIÓN EN LOS DELITOS DE DETRACCIÓN DE BIENES DE PRIMERA NECESIDAD Y DE MANIPULACIÓN DE PRECIOS

1. La LO 14/2022, de 22 de diciembre, ha incluido en esta sección dedicada a las disposiciones comunes el art. 288 *bis* CP, en el que se regula una exención de la responsabilidad penal por delación con alcance limitado a los delitos de detracción de bienes de primera necesidad (art. 281 CP) y de manipulación de los precios (arts. 284 CP), que se comparte también con el delito de alteración de precios en concursos y subastas públicas (art. 262.3 CP). Esta exención responde a la posibilidad otorgada en la Directiva (UE) 2019/1 del Parlamento Europeo y del Consejo, de 11 de diciembre de 2018, encaminada a dotar a las autoridades de competencia de los Estados miembros de medios para aplicar más eficazmen-

te las normas sobre competencia y garantizar el correcto funcionamiento del mercado interior.

La posibilidad de establecer un régimen expreso de tratamiento atenuante de las medidas de clemencia en relación con conductas colusorias por su eficacia represora y preventiva respecto de este tipo de actuaciones había sido propuesta por cierta Doctrina especializada, que ya antes de su regulación expresa en la normativa comunitaria abogada por la inclusión de una excusa absolutoria como la que representa el art. 288 *bis* CP (MENDO ESTRELLA). El preámbulo de la LO 14/2022 justifica la inclusión de esta exención limitado a los arts. 263.3, 281 y 284 CP, afirmando que *"el Código Penal español sanciona con penas privativas de libertad conductas subsumibles en los artículos 1 y 2 de la Ley 15/2007, de 3 de julio, de Defensa de la Competencia: la alteración de precios en concursos y subastas públicas (artículo 262), la detracción de materias primas o productos de primera necesidad (artículo 281) y la alteración de los precios (artículo 284.1º)"*.

La referencia expresa en este preámbulo al art. 284.1ª CP ha sido interpretada por algún autor (MARTÍNEZ-BUJÁN PÉREZ) como una errónea referencia que debe entenderse hecha al art. 284.1.1º CP y, por tanto, una discordancia entre la pretensión expuesta en el preámbulo y el texto del precepto —que amplía su aplicación a la totalidad del art. 284 CP—, que, en cualquier caso, debe resolverse en favor de su aplicación completa al art. 284 CP. En principio, no hay base suficiente para dudar de que la referencia al art. 284.1ª CP en el preámbulo lo es el apartado 1 del citado artículo —incluyendo sus tres numerales— y no solo al numeral 1º del art. 284.1 CP, por lo que no se habría producido esa supuesta discordancia, ya que los apartados 2 y 3 del art. 284 se limitan a regular las circunstancias agravatorias. Se defiende doctrinalmente la naturaleza jurídica de esta exención como una causa personal de levantamiento de la pena en atención a que sus presupuestos de aplicación están en conexión con actos posteriores a la comisión del delito (JERICÓ OJER, MARTÍNEZ-BUJÁN PÉREZ).

Un eventual problema interpretativo que también podría surgir en relación con el ámbito de aplicación de esta exención sería su limitación a las conductas de alteración de los precios mediante comportamientos colusorios de cárteles secretos; entendiendo por tales, según el art. 2.1.11) y 12) de la Directiva (UE) 2019/1 y la disposición adicional cuarta.2 de la Ley 15/2007, en la redacción dada por el Real Decreto-ley 9/2017, de 26 de mayo, todo acuerdo o práctica concertada entre dos o más competidores, cuya existencia está parcial o totalmente oculta, cuyo objetivo consiste en coordinar su comportamiento competitivo en el mercado o influir en los parámetros de la competencia mediante prácticas tales como, entre otras, la fijación o la coordinación de precios de compra o de venta u otras condiciones comerciales, incluso en relación con los derechos de propiedad intelectual e industrial; la asignación de cuotas de producción o de venta; el reparto de mercados y clientes, incluidas las colusiones en licitaciones, las restricciones de las importaciones o exportaciones o las medidas contra otros competidores contrarias a la competencia. Esta conclusión podría derivarse de que la normativa comunitaria citada limita la aplicabilidad de estas medidas de exención de responsabilidad a quienes revelen su participación en cárteles secretos [arts. 17.1 y 23.1 de la Directiva (UE) 2019/1]. Ahora bien, en la medida en que el art. 288 *bis* CP no establece esa limitación, no existe base literal alguna para, en principio y en abstracto, aplicarla a cualquier conducta subsumible en los arts. 281 y 284 CP con independencia de que sean colusorias, máxime teniendo en cuenta que se trata de una exención de responsabilidad que no puede ser interpretada restrictivamente. No obstante, como se incidirá más adelante, esa limitación se impone desde una perspectiva pragmática, habida cuenta de la exigencia para verse favorecido por esta exención de que se haya *"presentado una solicitud de exención del pago de la multa de conformidad con lo establecido en la Ley de Defensa de la Competencia"* [art. 288 *bis*.b) CP], que solo aparece posibilitada en relación con la existencia de un cártel [art. 65.1.a) de la Ley 15/2007, en la redacción dada por el Real Decreto-ley 7/2021, de 27 de abril].

El art. 23.2 de la Directiva (UE) 2019/1 no impone la inclusión en las legislaciones nacionales de esta exención de la responsabilidad, sino que, simplemente, lo contempla como una posibilidad potestativa y, además, tampoco prejuzga que se adopte como exención o como mera atenuación, toda vez que su tenor es el siguiente: "[...] *los Estados miembros pueden contemplar que las autoridades competentes tengan facultades para no imponer ninguna sanción en el procedimiento judicial penal o solamente para atenuarla, en la medida en que la contribución de las personas, contemplada en el apartado 2, a la detección e investigación del cártel secreto sea mayor que el interés por el enjuiciamiento o la sanción a estas personas"*. Por tanto, la inclusión de esta exención y su ámbito de aplicación es una decisión político-criminal exclusivamente nacional y no responde a una imposición o necesidad de una transposición de la normativa comunitaria. Las razones dadas en el preámbulo de la LO 14/2022 para justificar, frente a la tradición penal española del efecto atenuante de la delación, su carácter eximente son, además de los perjuicios de estas conductas y la contribución a su enjuiciamiento eficiente, la circunstancia de que la mayoría de los Estados miembros ha optado por la exención de la responsabilidad criminal.

2. El ámbito de aplicación de esta exención de la responsabilidad penal se delimita, en una redacción en exceso farragosa y confusa, por los siguientes elementos: (i) Subjetivamente, se establece que es solo aplicable a los directores, administradores de hecho o de Derecho, gerentes y otros miembros del personal actuales y anteriores de cualquier sociedad, constituida o en formación, que en esa condición hayan cometido alguno de los hechos previstos en ellos. (ii) Objetivamente, resulta preciso que pongan fin a su conducta delictiva y cooperen con las autoridades competentes de manera plena, continua y diligente, aportando informaciones y elementos de prueba de los que estas carecieran, que sean útiles para la investigación, detección y sanción de las demás personas implicadas, concretado en el cumplimiento de las siguientes condiciones: (a) Cooperen activamente en este sentido con la autoridad de la competencia que lleva el caso. (b) Las sociedades o personas físicas hayan presentado una solicitud de exención del pago de la multa de conformidad con lo establecido en la Ley de Defensa de la Competencia. (c) la solicitud haya sido presentado en un momento anterior a aquel los potenciales beneficiarios de la exención hayan sido informados de que están siendo investigados en relación con estos hechos. Y (d) La colaboración sea activa con la autoridad judicial o el Ministerio Fiscal proporcionando indicios útiles y concretos para asegurar la prueba del delito e identificar a otros autores.

La descripción del ámbito de aplicación de la exención, aunque de gran amplitud, resulta extremadamente casuística y contrasta con el carácter de delito común de los ilícitos establecidos en el art. 281 y 284 CP. Carece de sentido político-criminal que una exención que se aplica respecto de delitos comunes, que no tienen delimitado el ámbito de sujetos activos, sin embargo, se restringa con una descripción de su ámbito subjetivo. Parece que esta incongruencia podría deberse bien a la pretensión de hacer una transposición lo más literal posible de la previsión del art. 23.3 de la Directiva (UE) 2019/1, que delimita subjetivamente la posibilidad de esta exención a *"los directivos, gestores y otros miembros del personal, actuales y antiguos, de solicitantes de exención del pago de las multas a las autoridades de competencia"*; bien a ajustarlo a la circunstancia de que la normativa comunitaria lo que pretende es la sola exención de aquellos responsables de las entidades con capacidad legal para poder hacer una solicitud de exención del pago de la multa de conformidad con lo establecido en la Ley de Defensa de la Competencia, lo que, en cualquier caso, contrastaría con la eventual comisión de estas conductas colusorias en la legislación penal española por empresarios no societarios. De ese modo, en aras de la simplicidad e intelección del precepto, parece que hubiera sido más adecuado hacer solo referencia a *"quienes hayan cometido alguno de los hechos previstos en ellos"*.

El hecho de que aparezca solo una referencia expresa a personas físicas y no a personas jurídicas en la delimitación de su ámbito subjetivo no parece que pueda permitir concluir que esta exención no resultara aplicable a la eventual responsabilidad penal de las personas jurídicas, ya que (i) su eventual responsabilidad penal se vincula con la obtención de un beneficio directo o indirecto por los delitos cometidos en su nombre o por su cuenta por sus representantes legales o por aquellos que actuando individualmente o como integrantes de sus órganos estén autorizados para tomar decisiones en su nombre u ostentan facultades de organización y control dentro de la misma [art. 31 *bis*.1.a) CP]; y (ii) esta medida está diseñada tanto en la normativa comunitaria [art. 17.1 de la Directiva (UE) 2019/1] como en la española del defensa de la competencia [art. 65.1 de la Ley 15/2007, en la redacción dada por el Real Decreto-ley 7/2021, de 27 de abril] también para su aplicación respecto de las personas jurídicas.

La descripción de las condiciones objetivas para la aplicación de esta exención también resulta algo asistemática y redundante (JERICÓ OJER, MARTÍNEZ-BUJÁN PÉREZ), ya que, conjuntamente con la referencia a que *"cooperen con las autoridades competentes de manera plena, continua y diligente, aportando informaciones y elementos de prueba de los que estas carecieran, que sean útiles para la investigación, detección y sanción de las demás personas implicadas"*, con posterioridad el precepto incluye una serie de condiciones que redundan en esas exigencias como son, en el apartado a), la cooperación activa con las autoridades de competencia (administrativa, por tanto) y, en el apartado d), la colaboración activa también con la autoridad judicial o el Ministerio Fiscal proporcionando indicios útiles y concretos para asegurar la prueba del delito e identificar a otros autores. Por su parte, sí son condiciones objetivas no redundantes las referidas en los apartados b) y c), a que se haya presentado una solicitud de exención del pago de la multa de conformidad con lo establecido en la Ley de Defensa de la Competencia en un momento anterior a aquel en el que los potenciales beneficiarios de la exención hayan sido informados de que están siendo investigados en relación con estos hechos. La petición de exención del pago de la multa se refiere a la solicitud establecida en los arts. 17 de la Directiva (UE) 2019/1 y 65 de la Ley 15/2007, en la redacción dada por el Real Decreto-ley 7/2021, de 27 de abril. Esta solicitud de exención de pago de la multa, frente a lo que pudiera derivarse de su denominación, no se verifica tras la tramitación de un expediente sancionador y la correspondiente imposición de una multa, sino, precisamente y como condición necesaria para su efectividad, antes de que se inicie cualquier tipo de expediente por las autoridades de defensa de la competencia en los términos establecidos en el art. 46 del Real Decreto 261/2008, de 22 de febrero, por el que se aprueba el Reglamento de Defensa de la Competencia, en la redacción dada por el Real Decreto-ley 7/2021, de 27 de abril.

VI. BIBLIOGRAFÍA

ALMODÓVAR PUIG, B. *Delitos perseguibles a instancia de parte: respuestas materiales y procesales*, Navarra, 2016; ALONSO RIMO, A. *Víctima y sistema penal: las infracciones no perseguibles de oficio y el perdón del ofendido*, Valencia, 2002; FARALDO CABANA, P. *Los delitos leves*, Valencia, 2016; GILI PASCUAL, A. "La publicación de la sentencia como consecuencia jurídica del delito", *RGDP*, nº 34, 2020; IBÁÑEZ LÓPEZ-POZAS, F. L. *Especialidades procesales en el enjuiciamiento de delitos privados y semiprivados*, Madrid, 1993; JERICÓ OJER, L. "La figura del arrepentido y la justicia penal negociada a propósito de la incorporación de nuevas cláusulas premiales en el Código Penal (arts. 262.3 y 288 *bis* CP)", *RP*, nº 52, 2023; LÍBANO BERISTAIN, A. *Los delitos semipúblicos y privados: aspectos sustantivos y procesales: adaptado a la reforma del Código penal LO 5/2010*, Barcelona, 2011; LÍBANO BERISTAIN, A. "Análisis crítico de la categoría de la perseguibilidad a instancia de parte a la luz de la reforma penal de 2015", *RDPr*, nº 1, 2017; MARTÍNEZ-BUJÁN PÉREZ, C. "La nueva causa de anulación de la pena de los arts. 262-3 y 288 *bis* del Código Penal", VV.AA. *Comentarios a la LO 14/2022, de reforma del Código Penal*, Valencia, 2023; MENDO ESTRELLA, A. "¿Es posible sancionar penalmente a los cárteles económicos actualmente en España?: Propuestas de futuro", *ADPCP*, nº 65, 2012; TORRES ROSELL, N. *La denuncia en el proceso penal*, Madrid, 1991.

REFERENCIAS LEGALES

- Directiva 2003/6/CE, de 28 de enero, del Parlamento Europeo y del Consejo, de 28 de enero de 2003, sobre las operaciones con información privilegiada y la manipulación del mercado (abuso del mercado) (*Tol 257833*).
- Directiva 2004/109/CE, de 15 de diciembre, sobre la armonización de los requisitos de trasparencia relativos a la información sobre las emisiones cuyos valores se admiten a negociación en un mercado regulado y por la que se modifica la Directiva 2001/34/CE (*Tol 1993855*).
- Reglamento (UE) núm. 596/2014 del Parlamento Europeo y del Consejo, de 16 de abril de 2014, sobre el abuso de mercado (Reglamento sobre abuso de mercado) (*Tol 4422338*).
- Directiva 2014/57/UE del Parlamento Europeo y del Consejo, de 16 de abril de 2014, sobre las sanciones penales aplicables al abuso de mercado (Directiva sobre abuso de mercado) (*Tol 4424793*).
- Directiva (UE) 2019/1 del Parlamento Europeo y del Consejo, de 11 de diciembre de 2018, encaminada a dotar a las autoridades de competencia de los Estados miembros de medios para aplicar más eficazmente las normas sobre competencia y garantizar el correcto funcionamiento del mercado interior (*Tol 7216799*).
- Ley 3/1991, de 10 de enero, de Competencia Desleal (*Tol 257367*).
- Real Decreto Legislativo 1/1996, de 12 de abril, por el que se aprueba la Ley de Propiedad Intelectual (*Tol 292119*).
- Ley 17/2001, de 7 de diciembre, de Marcas (*Tol 293443*).
- Ley 15/2007, de 3 de julio, de Defensa de la Competencia (*Tol 1082683*).
- Ley 29/2009, de 30 de diciembre, por la que se modifica el régimen legal de la competencia desleal y de la publicidad para la mejora de la protección de los consumidores y usuarios (*Tol 1743032*).
- …2014, de 26 de junio, de ordenación, supervisión y solvencia de entidades de crédito

- Ley 4/2015, de 27 de abril, del Estatuto de la víctima del delito (*Tol 4840867*).
- Ley 24/2015, de 24 de julio, de Patentes (*Tol 2511227*).
- Ley 6/2023, de 17 de marzo, de los Mercados de Valores y de los Servicios de Inversión (*Tol 9449187*).
- Real Decreto 261/2008, de 22 de febrero, por el que se aprueba el Reglamento de Defensa de la Competencia (*Tol 1252011*).
- Circular 2/2022, de 20 de diciembre, de la Fiscalía General del Estado, sobre la actividad extraprocesal del Ministerio Fiscal en el ámbito de la investigación penal (*Tol 9362126*).